유닉스·리눅스 시스템 관리 핸드북 5/e

유닉스·리눅스 시스템 관리 핸드북 5/e

에비 네메스 · 가스 스나이더 · 트렌트 헤인 · 벤 웨일리 · 댄 맥킨 지음

김세영 · 정윤선 옮김

i!i
에이콘

에이콘출판의 기틀을 마련하신 故 정완재 선생님 (1935-2004)

추천의 글

1942년, 윈스턴 처칠^{Winston Churchill}은 2차 세계 대전의 초기 전투에 대해 설명했다. "이것은 끝이 아니다. 끝의 시작도 아니다. 그러나 시작의 끝일 수도 있다". 『유닉스·리눅스 시스템 관리 핸드북 5/e』의 서문을 작성하려고 할 때 이 단어를 떠올렸다. 에비 네메스^{Evi Nemeth}가 해상에서 실종된 것은 유닉스 커뮤니티에 있어 큰 슬픔이었지만 그녀의 유산이 이 책의 형태와 시스템 관리 분야의 많은 공헌으로 지속되는 것을 보게 돼 기쁘다.

세계가 인터넷을 사용하는 방식은 원래 유닉스를 통해 이뤄졌다. 그 당시 복잡하고 독점적인 운영체제에서 눈에 띄게 벗어난 유닉스는 최소한의 도구 기반으로 이식할 수 있었고 다른 사람들과 작업을 공유하려는 사람들에 의해 광범위하게 사용됐다. 오늘날 오픈소스 소프트웨어라고 하는 것은 유닉스와 인터넷의 초기에 이름은 없었지만 널리 퍼져 있었다. 오픈소스는 학술 커뮤니티가 작업하는 방식으로 혜택이 비용보다 훨씬 컸다.

유닉스, 리눅스, 인터넷에 대한 자세한 역사는 다른 곳에서 상세히 소개됐다. 현대 세계가 오픈소스 소프트웨어와 인터넷에 많은 빚이 있고 이 현상의 원초적 기반이 유닉스였다는 것을 우리 모두에게 상기시키고자 이러한 고수준의 접점을 제시한다.

초기 유닉스와 인터넷 회사가 가장 뛰어난 인재를 고용하고 가장 혁신적인 기능을 제공하고자 싸웠을 때 소프트웨어 이식성이 희생되곤 했다. 결국 시스템 관리자는 두 가지 유닉스 스타일 운영체제(당시 또는 현재)가 완전히 똑같지 않았기 때문에 많은 것을 조금씩은 알아야 한다. 1980년대 중반 이후 작동하는 유닉스 시스템 관리자로서 셸 스크립팅과 센드메일^{Sendmail} 구성뿐 아니라 커널 장치 드라이버도 알아야 했다. 8진 디버거로 파일 시스템을 수정하는 방법을 아는 것도 중요했다.

그 시대에 이 책의 초판과 그 뒤를 이은 모든 판이 나왔다. 시대에 맞춰 우리는 저자들을 '에비^{Evi}와 크루' 또는 '에비와 그녀의 아이들'이라고 불렀다. 크론^{Cron}과 바인드^{BIND}에 대한 나의 작업 때문에 에비는 이 책의 판본이 진행될 때마다 그녀가 충분히 말하고 틀린 말은 하지 않고, 각 프로그램에 대한 독특하고 유용한 것을 말하도록 나(그리고 나의 가족, 내 직장)와 함께 1~2주를 보냈다. 솔직히 말해서 에비 주변에 있으면 지칠 수밖에 없다. 특히 그녀가 무언가에 대해 궁금하거나 마감일이거나, (내 경우) 둘 다 궁금할 때 지쳤다. 이렇게 말하는 나는 에비가 몹시 그립고 그녀에 대한 모든 기억과 모든 사진을 소중히 여긴다.

이 책의 여러 버전을 통해 수십 년 동안 많은 변화가 있었다. 유닉스와 함께 진화하는 이 책을 보는 것은 매우 흥미로웠다. 모든 새로운 판본에서는 더 이상 흥미롭지 않거나 관련성이 없는 일부 기술을 생략해 유닉스 관리자에게 중요해졌거나 저자가 곧 그렇게 될 것이라고 생각했던 새로운 주제를 위한 공간을 마련했다.

안드로이드 스마트폰에 비해 성능이 낮은 트럭 크기의 컴퓨터에 수십 킬로와트의 전력을 소비했다고 믿기 어렵다. rdist 같은 구식 기술을 사용해 수백 또는 수천 대의 개별 서버와 데스크톱 컴퓨터를 운영했다는 것도 믿기 어렵다. 그해에 이 책의 다양한 버전은 나 같은(그리고 에비와 같은) 사람들이 가상화된 것이 아니라 각각 실제적인 이기종이나 독점 컴퓨터에 대처하는 데 도움이 됐으며, 패치 또는 업그레이드가 필요할 때마다 각각을 재설치(또는 도커^{Docker}에서 재구축)하기보다 유지 관리해야 했다.

우리는 적응하거나 퇴장한다. 에비의 유산을 계승하는 '에비의 아이들'이 각색됐으며, 최신 유닉스와 리눅스 컴퓨터가 동작하는 방식과 원하는 방식으로 작동하게 만드는 방법을 알아야 하는 사항을 설명하고자 5판으로 돌아왔다. 에비의 손실은 한 시대의 종말을 의미하지만 시스템 관리의 여러 측면이 그녀와 함께 역사에 얼마나 많이 전해졌는지도 중요하다. 랙 장비 뒤에 케이블을 꾸미거나 모뎀 소리를 듣거나 RS-232 케이블을 보지 않는 똑똑하고 성공적인 기술자 수십 명을 알고 있다. 이 버전은 시스템이 클라우드나 가상화된 데이터 센터에 있는 사용자를 위한 것이다. 관리 작업은 크게 자동화와 구성 소스코드의 형태를 취하는 사람들이 사용자들이며, 개발자, 네트워크 엔지니어, 특별 감사 책임자, 현대 벌집에 서식하는 기타 모든 일벌과 긴밀히 협력하는 사람들이 사용자들이다.

유닉스와 인터넷 커뮤니티의 탄생과 진화를 정확하게 추적한 책의 최신판을 손에 쥐고 있다. 에비는 그녀의 아이들을 매우 자랑스럽게 생각한다. 이 책과 그들 각각이 누구인지 밝혀졌기 때문이다. 그들을 알게 돼 자랑스럽다.

2017년 6월

폴 빅시Paul Vixie
라 혼다, 캘리포니아La Honda, California

에비에 대한 감사

모든 분야에는 그 공간을 정의하고 구현하는 아바타가 존재한다. 시스템 관리의 경우 그 사람은 바로 에비 네메스Evi Nemeth다.

이 판은 에비가 거의 30년 동안 저자로서 이끌었던 책의 5판이다. 5판을 작성할 때 물리적으로는 우리와 함께할 수 없었지만 정신적으로, 본문과 예제의 형태로 우리와 함께했다. 우리는 에비의 비범함, 솔직함, 기술적 깊이, 세부 사항에 대한 관심을 유지하고자 많은 노력을 했다.

뛰어난 수학자이며 암호학자인 에비는 볼더Boulder의 콜로라도 대학의 컴퓨터 과학 교수를 지냈다. 시스템 관리가 시작된 방법과 에비의 참여는 이 책의 마지막 장인 시스템 관리의 간략한 역사에서 자세히 설명한다.

교수 생활을 하는 동안 에비는 은퇴 후 세계를 항해하기를 고대했다. 2001년, 그녀는 정확히 실행하고자 요트(원더랜드)를 사서 모험을 떠났다. 수년에 걸쳐 에비는 놀라운 섬, 멋진 새로운 사람들, 다른 항해에 대한 이야기로 우리를 즐겁게 해줬다. 우리는 와이파이Wi-Fi 네트워크에 접속해 초안을 업로드할 수 있도록 해안 시설에 가능한 한 가깝게 정박한 에비와 함께 이 책의 두 가지 버전을 제작했다.

아주 흥미로운 모험을 결코 거절하지 않는 에비는 2013년 6월에 타스만해를 항해하는 역사적인 스쿠너 니나Nina의 승무원으로 계약했다. 니나는 그 후 곧 강력한 폭풍 속으로 사라졌고 우리는 에비의 소식을 듣지 못했다. 그녀는 꿈을 이루며 살고 있었다.

에비는 우리에게 시스템 관리 이상의 것을 가르쳐줬다. 70대에도 그녀는 우리 주위에 있었다. 그녀는 항상 네트워크 구축, 서버 구성, 커널 디버깅, 나무 쪼개기, 닭고기 튀김, 파이 굽기, 가끔 와인 한 잔을 마시는 것으로 최고였다. 에비 옆에서는 무엇이든 달성할 수 있었다.

여기에 에비의 모든 지혜를 요약하는 것이 불가능하지만 다음과 같은 원칙이 우리와 함께한다.

- 보내는 것은 보수적으로, 받는 것은 자유롭게 한다.[1]
- 고용한 사람은 관대하게 대하되 일찍 해고한다.
- 비속어를 사용하지 않는다.
- 학부생은 비밀스러운 초능력자다.
- 너무 많은 빨간색 잉크를 사용하지 말라.
- 구현하기 전까지는 이해한다고 할 수 없다.
- 항상 스시를 위한 시간을 가져라.
- 무언가를 기꺼이 두 번 시도한다.
- 항상 sudo를 사용한다.

일부 독자는 위의 지침 중 일부가 실제로 의미하는 것을 정확히 물어보고자 글을 쓸 것이다. 에비가 했던 것처럼 독자를 위한 연습문제로 남겨졌다. 이제 "직접 시도해 보세요. 어떻게 작동하는지 보십시오."라고 말하는 그녀의 목소리를 들을 수 있다.

순조로운 항해가 되길, 에비. 그립습니다.

---

1. 이 신조는 1969년부터 1998년 사망할 때까지 RFC 시리즈의 편집자로 재직한 존 포스텔(Jon Postel)을 기리고자 명명된 포스텔(Postel)의 법칙으로도 알려져 있다.

지은이 소개

일반적인 의견과 버그 리포트는 ulsah@book.admin.com으로 문의하라. 기술적인 질문에 답변을 드리지 못해 유감이다.

에비 네메스^{Evi Nemeth}

2001년에 콜로라도 대학교의 컴퓨터 과학 교수진에서 은퇴했다. 2013년에 바다에서 길을 잃기 전에 원더랜드^{Wonderland}라는 이름의 40피트 범선을 타고 태평양을 탐험했다. 마지막으로 적극 참여한 책은 4판이지만, 가능한 한 그녀의 글을 그대로 유지했다는 사실이 자랑스럽다.

가스 스나이더^{Garth Snyder}(@GarthSnyder)

넥스트^{NeXT}와 썬^{Sun}에서 근무했으며 스워스모어 대학^{Swarthmore Collage}에서 공학 학사 학위를 취득하고, 로체스터 대학교^{University of Rochester}에서 MD 및 MBA를 취득했다.

트렌트 헤인[Trent R. Hein](@trenthein)

실질적인 사이버 보안 및 자동화에 열정적인 연쇄 창업자다. 기술 이외에도 하이킹, 스키, 플라이 낚시, 캠핑, 블루그래스, 개, 옥스포드 쉼표를 좋아한다. 콜로라도 대학교에서 컴퓨터 과학 학사를 취득했다.

벤 웨일리[Ben Whaley]

독립 컨설팅 회사인 웨일테크[WhaleTech]의 설립자다. 아마존[Amazon]에서 최초의 AWS Community Heroes 중 한 명으로 선정됐다. 볼더[Boulder]의 콜로라도 대학교에서 학사 학위를 받았다.

댄 맥킨[Dan Mackin](@dan_mackin)

볼더의 콜로라도 대학교에서 전기 및 컴퓨터 공학 학사 학위를 취득했다. 작업뿐만 아니라 가정에서의 자동화, 모니터링, 날씨 메트릭 수집 프로젝트에 리눅스와 기타 오픈소스 기술을 적용한다. 스키, 항해, 오지 여행, 아내 및 개와 함께 시간을 보내는 것을 좋아한다.

기여자 소개

제임스 가넷^{James Garnett}

콜로라도 대학교에서 컴퓨터 과학 박사 학위를 받았으며 Secure64 Software, Inc의 선임 소프트웨어 엔지니어로 리눅스 커널용 DDoS 완화 기술을 개발하고 있다. 커널 코드가 무릎길이가 아닐 때 보통 워싱턴주의 캐스케이드 산맥 깊은 곳에 있었다.

파브리지오 브란카^{Fabrizio Branca}(@fbrnc)

AOE의 수석 개발자다. 아내와 두 자녀와 함께 샌프란시스코에서 4년 동안 살다가 독일로 돌아왔다. 여러 오픈소스 프로젝트에 기여했다. 아키텍처, 인프라, 고성능 애플리케이션에 중점을 둔다. 대규모 프로젝트를 위한 개발, 테스트, 배포 프로세스를 촉진한다.

아디안 모앗^{Adian Mouat}(@adrianmouat)

도커^{Docker} 초기부터 컨테이너와 관련돼 있으며 오라일리^{O'Reilly}의 책 『제대로 배우는 도커(Using Docker)』(비제이퍼블릭, 2016)를 저술했다. 현재 마이크로 서비스와 컨테이너에 대한 컨설팅 및 제품 개발에 집중하는 범 유럽 기업 Container Solutions의 수석 과학자다.

감사의 글

많은 사람이 이 프로젝트에 기여해 기술적 검토와 건설적인 제안에서 전반적인 도덕적 지원까지 모든 것을 제공했다. 다음은 함께해줘 특별히 감사드리는 분들이다.

제이슨 카롤란[Jason Carolan], 네드 맥클레인[Ned McClain], 데이브 로스[Dave Roth], 랜디 엘스[Randy Else], 베스 맥앨로이[Beth McElroy], 피터 산코스카스[Peter Sankauskas], 스티브 기드[Steve Gaede], 폴 넬슨[Paul Nelson], 디팩 싱[Deepak Singh], 아시프 칸[Asif Khan], 팀 오라일리[Tim O'Reilly], 폴 빅시[Paul Vixie], 샘 레더스[Sam Leathers], 매드후리 페리[Madhuri Peri]

피어슨[Pearson]의 편집자 마크 타웁[Mark Taub]이 이 책을 제작하는 동안 지혜, 참을성 있고 부드럽게 저자를 도와준 데 대해 큰 감사를 표한다. 이 버전은 그가 없었다면 결실을 맺지 못했을 것이라고 해도 과언이 아니다.

매리 로 노어[Mary Lou Nohr]는 20년 이상 배후에 있던 카피 에디터였다. 이 버전에 대한 작업을 시작했을 때 그녀는 은퇴를 앞두고 있었다. 많은 부탁과 죄책감을 주는 노력 끝에 그녀는 우리와 앙코르에 참가하기로 합의했다(매리 로 노어와 에비 네메스 모두가 표지에 등장한다).

환상적인 기술 검토 팀이 있다. 세 명의 헌신적인 영혼, 조나단 코벳[Jonathan Corbet], 팻 파섹하임[Pat Parseghian], 제니 타운센드[Jennine Townsend]가 전체 책을 검토했다. 그들의 끈기와 재치에 감사한다.

이 버전의 멋진 만화와 표지는 리사 해니[Lisa Haney]가 구상하고 만들어냈다. 그녀의 포트폴리오는 lisahaney.com에서 온라인으로 제공된다.

마지막으로 이 시리즈의 연재를 기꺼이 지지해준 라지오 네메스[Laszlo Nemeth]에게 특별히 감사드린다.

옮긴이 소개

김세영(xtrusia@gmail.com)

성균관대학교 정보통신공학부와 기계공학부를 졸업했으며 웹, 서버, 커널 등 여러 분야에 관심이 많다. 어떻게 하면 지식을 효율적으로 습득, 저장, 관리할 수 있는지 고민하고 있다. 현재 캐노니컬에서 근무하며 우분투를 발전시키고 클라우드 환경의 버그를 잡는 등 오픈소스 프로젝트 발전에 힘쓰고 있다.

정윤선

성균관대학교 정보통신공학부를 졸업했으며 웹 기술과 서버 API, 하이퍼바이저에 관심이 많다. 아헴스, KT클라우드웨어, A2C를 거치며 웹, 가상화 등의 업무를 수행했다. 현재 육아를 병행하며 스포츠 영양사 유튜버와 협업을 통한 next.js 웹 및 react-native를 이용한 모바일 앱 개발을 진행하며 번역에 참여하고 있고, 다시 현업으로 돌아갈 날을 손꼽아 기다리고 있다.

옮긴이의 말

유닉스와 리눅스를 잘 사용하는 것은 현대 모든 기술의 기반 중 하나라고 봐도 과언이 아닙니다. 우리가 사용하는 모든 웹앱 서비스의 이면에는 유닉스나 리눅스 기반의 서버들이 돌아가고 있으며, 그 규모는 상상을 초월합니다. 그만큼 현대 사회에서 유닉스와 리눅스는 떼레야 뗄 수 없습니다.

이 책은 유닉스와 리눅스를 잘 다루는 데 필요한 거의 모든 정보를 다루고 있습니다. 인덱스에서 가볍게 훑어보기만 해도 방대한 양을 짐작할 수 있으며, 실제로 현업에서 쓰이는 중요한 내용을 다루고 있습니다. 부팅, 시스템 관리 데몬, 접근 제어, 프로세스 관리, 파일 시스템, 소프트웨어의 설치와 관리, 셸 스크립트, 사용자 관리, 클라우드 컴퓨팅, 로그 관리, 드라이버와 커널, 네트워킹, 인증, 스토리지, 환경설정, 가상화, 지속적인 통합과 배포, 보안, 모니터링, 성능 분석 등 유닉스와 리눅스 시스템 관리자라면 한 번쯤 접해봤거나 접할 수밖에 없는 주제를 다뤘기 때문에 초보 시스템 관리자나 숙련 시스템 관리자라도 사안과 상황에 따라 참고할 수 있는 주제들로 가득 차 있습니다. 시스템 관리자가 이 책을 구비해 놓는다면 많은 상황에서 도움을 얻을 수 있을 거라 생각합니다.

끝으로 번역 작업을 지원해주신 에이콘 임직원분들께 감사드리며 점점 개구지게 변해가는 사랑스러운 두 아들, 힘든 상황에서 물심양면 도와주시는 부모님, 하늘에 계시는 장인어른, 장모님께도 감사드립니다.

차례

1부   기본 관리

2부 네트워킹

13장 TCP/IP 네트워킹   585

3부   스토리지

20장   스토리지   1061

4부 오퍼레이션

23장 환경설정 관리   1225

들어가며

현대 기술자는 구글^{Google}에서 답을 찾는 기술의 대가다. 다른 시스템 관리자가 이미 문제를 만났거나 해결할 수 있는 경우 인터넷에서 해당 글을 찾을 가능성이 있다. 우리는 아이디어와 솔루션에 대한 공개적인 공유에 박수를 보내고 격려한다.

인터넷에서 훌륭한 정보를 이미 얻을 수 있다면 왜 이 책의 다른 판을 작성해야 하는가? 이 책이 시스템 관리자의 성장을 돕는 방법은 다음과 같다.

- 적절하게 기술을 적용하기 위한 철학, 지침, 내용을 제공한다. 시각 장애인과 코끼리처럼 주어진 문제 영역을 다양한 각도에서 이해하는 것이 중요하다. 가치 있는 관점에는 보안, 규정 준수, 데브옵스^{DevOps}, 클라우드 컴퓨팅, 소프트웨어 개발 생명주기와 같은 인접 분야에 대한 배경 지식이 포함된다.

- 직접 접근한다. 시스템 관리에 대한 집단적인 관점을 요약하고 오랜 시간 견고한 접근 방법을 권장하는 것이 목적이다. 이 책은 수많은 전쟁 이야기와 풍부한 실용적인 조언을 담고 있다.

- 가정에서, 차고에서 또는 스마트폰에서 유닉스 또는 리눅스를 실행하는 방법에 대한 책이 아니다. 대신 기업, 관공서, 대학과 같은 생산 환경에서의 관리를 설명한다. 이러한 환경에는 일반적인 애호가와는 다른 (그리고 훨씬 앞서는) 요구 사항이 있다.

- 전문가가 되는 방법을 가르친다. 효과적인 시스템 관리는 기술 및 '소프트' 기술이 모두 필요하다. 또한 유머 감각도 필요하다.

이 책의 구성

이 책은 기본 관리, 네트워킹, 스토리지, 운영의 네 가지 큰 부분으로 나뉜다.

1부, 기본 관리에서는 시스템 관리자의 관점에서 유닉스와 리눅스에 대한 개괄적인 개요를 제시한다. 1부의 장들에서는 독립형 시스템을 실행하는 데 필요한 대부분의 요소와 기술을 다룬다.

2부, 네트워킹에서는 유닉스 시스템에서 사용되는 프로토콜과 네트워크, 인터넷연결 서버를 설정, 확장, 유지 관리하는 데 사용되는 기술을 설명한다. 여기서는고수준 네트워크 소프트웨어도 다룬다. 특집 주제 중에는 도메인 네임 시스템^{DNS}, 이메일, 통합 인증^{Single sign-on}, 웹 호스팅이 있다.

3부, 스토리지에서는 데이터 저장과 관리에 대한 난제를 해결한다. 이 절에는 네트워크 파일 시스템과 윈도우 친화적인 SMB 프로토콜과 같은 네트워크에서 파일 공유를 허용하는 서브시스템도 다룬다.

4부, 오퍼레이션에서는 시스템 관리자가 프로덕션 환경을 관리할 때 매일 직면하는주요 주제를 다룬다. 이러한 주제에는 모니터링, 보안, 성능, 개발자와의 상호작용, 시스템 관리 그룹을 운영하는 정책이 포함된다.

기고자

이 버전을 위해 기여한 저자로 제임스 가넷^{James Garnett}, 패브리지오 브란카^{Fabrizio Branca}, 안드리안 모우트^{Adrian Mouat}를 만나게 돼 기쁘다. 이러한 기고자들의 다양한영역에 대한 깊은 지식이 이 책의 내용을 매우 풍부하게 했다.

독자 지원

제안, 의견, 버그 리포트는 ulsah@book.admin.com으로 보내기 바란다.[2] 때로는우리 중 한 명이 응답하기까지 며칠이 지날 수 있다. 여기로 수신되는 이메일의

---

2. 한국어판과 관련해 질문이 있다면 이 책의 옮긴이나 에이콘출판사 편집 팀(editor@acornpub.co.kr)으로 문의해 주길 바란다.

양으로 인해 기술적인 질문에 답변할 수 없다는 것을 유감스럽게 생각한다.

현재 버그 목록과 기티 최신 정보의 복사본을 보려면 웹 사이트 admin.com을 방문하라.[3]

이 책을 즐기길 바라며 시스템 관리에 대한 독자 여러분의 모험에 행운을 빈다!

2017 7월

가스 스나이더 Garth Snyder
트렌트 헤인 Trent R. Hein
벤 웨일리 Ben Whaley
단 맥킨 Dan Mackin

---

3. 한국어판의 정오표는 에이콘출판사 도서정보 페이지 http://www.acornpub.co.kr/book/unix-linux-system에서 찾아볼 수 있다.

1부

기본 관리

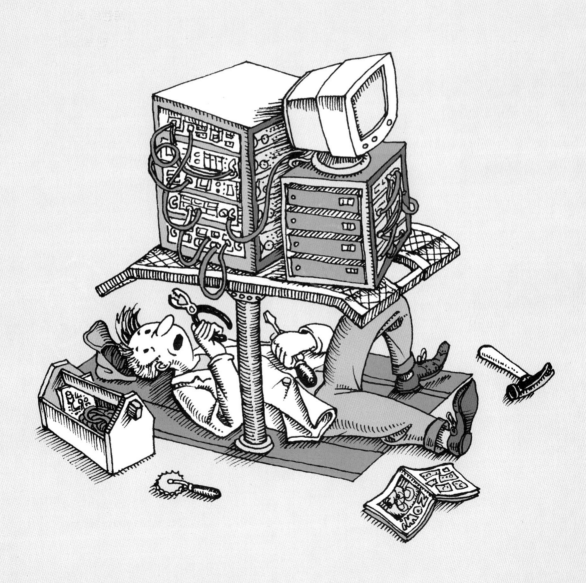

1 시작하기

이 책을 집필한 목적은 유닉스^{UNIX}와 리눅스^{Linux} 관리자에게 필요한 것들에 관한 각종 매뉴얼, 블로그, 잡지, 책, 참고 자료가 넘치는 광범위한 생태계의 특별한 틈새를 공략하기 위해서다.

첫째, 이 책은 오리엔테이션 가이드다. 주요 관리 시스템들을 살펴보고 각각의 차이점을 기술한 후 그들이 어떻게 연동돼 작업을 하는지 설명하는 것이다. 하나의 개념이 여러 가지 형태로 구현되고 그중 하나를 선택해야 하는 경우가 대부분인데, 이 책은 가장 많이 사용하는 옵션의 장점과 단점을 설명한다.

둘째, 이 책은 다양한 형태의 유닉스/리눅스 시스템에서 일반적인 업무를 수행할 때 알아야 할 사항들을 정리해 놓은 빠른 참조가 가능한 핸드북이다. 예를 들면 리눅스 시스템에서 현재 실행되고 있는 프로세스의 상태를 보여주는 **ps** 명령은 80개 이상의 커맨드라인^{Command Line} 옵션을 지원한다. 하지만 그중에서 대부분의 시스템 관리자가 필요로 하는 옵션 조합은 몇 개 되지 않는다.

끝으로 이 책은 엔터프라이즈용 서버와 네트워크 관리에 초점을 뒀다. 즉, 전문적이고 심도 있는 시스템 관리에 중점을 뒀다는 의미다. 단일 시스템 구축은 쉽지만 바이러스 감염이나 네트워크 파티션, 해커의 공격과 같은 상황에서도 원활하게 운영되는 분산 클라우드 기반의 플랫폼을 유지하기는 어렵다. 심각한 상황에서 시스템을 복구하는 데 도움이 되는 여러 가지 테크닉과 경험 법칙^{Rules of Thumb}을 알려주고 기업의 규모와 복잡성, 이질성이 증가함에 따라 발생되는 문제들에 대한 좋은 해결책을 찾도록 돕는 것이 이 책의 목적이다. 이 책의 모든 내용이 완벽하게 객관성을 갖췄다고 할 수는 없지만 텍스트 원문을 통해 편견을 최대한 없앴다고 생각한다. 시스템 관리에 관한 흥미로운 사실 중 하나는 합리적인 사람일지라도 무엇이 가장 적합한 솔루션인가에 대해서는 완전히 다른 관념을 가질 수 있다는 점이다. 이 책에서는 가공되지 않은 데이터로 저자들의 주관적인 의견을 제시하겠다. 그 의견들을 여러분의 환경에 얼마나 수용하고 얼마나 적용할 것인지에 대한 결정은 여러분의 몫이다.

1.1 시스템 관리자의 핵심 임무

다음은 시스템 관리자^{System Administrator}가 수행해야 하는 주요 작업들을 정리한 것이다. 이러한 임무들은 한 사람에 의해 수행되는 것은 아니며, 한 팀을 이루는 여러 멤버가 역할을 분담해 수행하는 사이트가 많다. 하지만 최소한 한 명은 모든 구성 요소를 전부 이해하고 각 업무가 정확히 수행되고 있는지 확인할 수 있어야 한다.

접근 제어

시스템 관리자는 새로운 사용자의 계정 생성이나 비활성화된 계정의 삭제만이 아니라 그 밖의 모든 계정 관련 문제를 다룬다. 예를 들면 암호를 잊거나 키 쌍^{Key Pair}을 분실하는 경우가 이에 해당한다. 계정을 추가하거나 삭제하는 과정은 실제로는 환경설정 관리 시스템이나 중앙 집중식 디렉터리 서비스에 의해 자동으로 수행된다.

하드웨어 추가

클라우드나 호스팅 서비스와는 달리 물리적인 하드웨어를 다뤄야 하는 관리자는 하드웨어를 설치하고 운영체제가 인식하도록 환경을 설정할 수 있어야 한다. 하드웨어 지원 업무는 단순한 네트워크 카드 추가부터 특수한 외장 스토리지 어레이^{Storage Array}에 이르기까지 다양하다.

업무 자동화

도구를 이용해 반복적이고 시간이 많이 소비되는 작업들을 자동화하는 것은 업무 효율성을 높이고 사람에 의해 발생되는 오류들을 감소시키며 변화하는 요건에 신속히 대응하는 능력을 향상시킨다. 관리자는 원활한 시스템 유지에 필요한 수작업의 양을 줄이고자 부단히 애쓴다. 스크립트 언어와 자동화 도구를 잘 알고 있다면 그런 작업의 상당 부분을 해소할 수 있다.

백업 관리

데이터를 백업하고 필요할 때 성공적으로 재저장하는 것은 관리자의 중요한 업무다. 백업은 많은 시간이 소요되는 지루한 작업이지만 현실 세계에서 재난은 너무나 빈번히 발생하기 때문에 백업 작업이 무시돼서는 안 된다.

운영체제와 일부 개별 소프트웨어 패키지들은 백업을 용이하게 해주는 좋은 도구와 테크닉을 제공한다. 백업은 반드시 정기적으로 실행돼야 하며, 백업이 정상적으로 수행되고 있는지 확인하고자 주기적으로 재저장 테스트를 해봐야 한다.

소프트웨어 설치와 갱신

소프트웨어의 선택, 설치, 환경설정은 다양한 운영체제에서 하게 된다. 패치와 보안 업데이트가 배포될 때마다 운영^{production} 시스템의 안정성에 위해를 가하지 않도록 반드시 테스트하고 검토한 후 로컬 환경에 통합돼야 한다.

'소프트웨어 제공^{Software Delivery}'이라는 말은 갱신된 버전^{Version}의 소프트웨어(특히 회사 내부에서 개발된 소프트웨어)를 사용자에게 하향으로 릴리스^{Release}하는 과정을 의미한다. '지속적인 제공$^{Continuous\ Delivery}$'은 소프트웨어가 개발될 때마다 곧바로 사용자에게 자동 릴리스하는 한 단계 더 진화된 방식이다. 시스템 관리자는 기업의 요구를 충족시키는 강력한 제공 시스템을 구현하는 데 기여한다.

모니터링

어떤 문제를 문서화하고 보고하는 데 드는 시간보다 그 문제를 임시로 해결하는 게 더 빠르기 때문에 조직의 내부 사용자는 가장 쉬운 길을 택하곤 한다. 외부 사용자는 공개된 질의응답을 조회하기보다는 그들의 불만을 공개적으로 토로하는 경향이 있다. 시스템 관리자는 어떤 문제점이 공론화되기 전에 문제를 미리 감지하고 해결함으로써 이 두 가지 현상을 모두 회피할 수 있다. 모니터링^{Monitoring} 작업에는 웹 서비스가 신속하고 정확하게 응답하는지 검증하는 일과 로그 파일을 수집하고 분석하는 일, 디스크 공간과 같은 서버 자원의 여유를 감시하는 일도 포함된다. 이 모든 작업은 자동화를 위한 좋은 기회이며 시스템 관리자는 오픈소스나 상용 모니터링 시스템을 이용해 이러한 작업을 수행할 수 있다.

문제 해결

네트워크 시스템은 예상치 못하거나 극단적이고 광범위한 형태로 오류가 발생한다. 문제점을 진단하고 필요에 따라 해당 문제의 전문가를 불러들이는 등의 정비사 역할을 하는 것이 시스템 관리자의 일이다. 때로는 문제의 근원을 찾는 것이 문제를 푸는 것보다 훨씬 어려울 수 있다.

내부 문서 관리

시스템 관리자는 납품업체 선택, 스크립트 작성, 소프트웨어 배포를 하며, 다른 이에게는 명확하거나 직관적일 수도 있는 의사결정들을 수행한다. 빈틈없고 정교한 문서화는 그런 문서가 없다면 문제를 해결하고자 밤 새워 시스템을 역공학$^{Reverse-Engineering}$해야 하는 팀원에는 축복과 다름없다. 어떤 설계 방안을 설명할 때 정성껏 다듬어 만든 하나의 네트워크 다이어그램$^{Network\ Diagram}$은 수십 장의 글자보다 훨씬 유용하다.

상시 보안 모니터링

시스템 관리자는 네트워크에 연결된 시스템을 보호하기 위한 1차 방어선이다. 관리자는 보안 정책^{Security Policy}을 구현하고 시스템 방어선이 뚫리지 않게 하기 위한 절차들을 마련한다. 이러한 책임에는 문맥에 의거해 허가되지 않은 접근을 막기 위한 일부 단순한 점검만 포함될 수도 있고, 트랩^{Trap}과 감사^{Auditing} 프로그램의 정교한 네트워크가 포함될 수도 있다. 시스템 관리자는 천성적으로 조심스러운 성격이며 종종 기술 조직을 통틀어 보안의 최고 상급자이기도 하다.

성능 튜닝

유닉스와 리눅스는 거의 모든 종류의 컴퓨팅 작업에 적합하게 잘 만들어진 범용 운용체제다. 시스템 관리자는 사용자의 요구, 활용 가능한 인프라, 시스템이 제공하는 서비스에 잘 부합하도록 성능 최적화를 위해 시스템을 조절할 수 있다. 서버의 성능이 시원치 않을 때 그 운용 상태를 조사해서 개선이 필요한 영역을 찾아내 밝히는 것은 시스템 관리자의 임무다.

사이트 정책 개발

법적 또는 규정상 근거를 위해 대부분의 사이트는 허용되는 컴퓨터 시스템 사용의 허용 범위, 데이터의 관리와 유지, 네트워크 및 시스템의 보안과 프라이버시, 그 밖의 여러 규제 사항을 다루기 위한 정책들이 필요하다. 시스템 관리자는 법조문이나 법률 취지를 충족하면서 동시에 목표 달성과 생산성을 촉진하는 합리적인 정책을 개발하도록 조직을 돕는다.

거래처 관리

대부분의 사이트는 컴퓨팅 인프라와 관련된 부수적인 서비스와 제품들을 다양하게 제공하고자 외부업체에 의존한다. 이러한 공급업체에는 소프트웨어 개발자, 클라우드 기반 공급자, 서비스형 소프트웨어^{SaaS, Software-as-a-Service} 호스팅, 고객 지원 부서, 컨설턴트, 하도급 업체, 보안 전문가, 플랫폼이나 기반시설 업체 등이 포함될 수 있다. 시스템 관리자에게는 업체 선정이나 계약 협상 지원, 서류 작업 완료 이후의 솔루션 구현 업무가 배정될 수 있다.

진화 작업

다른 사람의 문제 해결을 돕는 일이 시스템 관리자의 직무 규정에 포함되는 경우는 거의 없지만 대부분의 관리자는 이런 일에 상당한 근무 시간을 할애하고 있다. 시스템 관리자는 "어제는 됐는데 지금은 안 되네요. 뭐 바꾼 것 있나요?"부터 "키보드에 커피를 엎질렀어요! 키보드에 물을 부어 커피를 닦아도 될까요?"까지 다양한 문제로 시달린다. 대부분의 경우 시스템 관리자가 어떤 실질적인 기술을 갖고 있느냐보다는 이런 문제에 어떻게 대응하느냐가 관리자의 평판에 훨씬 큰 영향을 미친다. 그러한 부당함에 강력히 항변할 것인가 아니면 디버깅하느라 5시간 동안 야근하는 것보다 한 개의 문제를 잘 처리하는 것이 많은 점수를 딴다는 사실을 즐길 것인가는 여러분의 선택이다.

1.2 필요한 배경 지식

이 책은 독자가 리눅스나 유닉스에 대해 어느 정도의 경험이 있다고 가정한다. 특히 사용자 관점에서 시스템을 어떻게 느끼고 보는가 하는 일반적인 개념은 여기서 다루지 않기 때문에 잘 알고 있어야 한다. 이에 관해 빨리 습득하려면 '추천 자료' 절의 책들을 참고하기 바란다. 사람들은 잘 짜인 그래픽 기반의 인터페이스를 선호한다. 하지만 불행히도 유닉스나 리눅스의 시스템 관리자용 GUI 도구는 풍부한 기저 소프트웨어에 비해 아주 기본적인 것들만 제공된다. 실제 운용 환경에서 시스템 관리자는 커맨드라인을 자유롭게 구사할 수 있어야 한다.

텍스트 편집 도구로는 모든 시스템에서 표준인 vi를 강력히 추천한다. 요즘은 vi가 개량된 vim이 더 널리 사용된다. vi는 간단하면서도 강력하고 효율적이다. 시스템 관리자로서 단번에 최고의 생산성 향상을 꾀할 수 있는 방법이 있다면 그것은 vim을 마스터하는 것이다. vimtutor 명령을 사용하면 아주 훌륭한 대화형 입문서를 만날 수 있다.

다른 대안으로는 GNU의 나노nano가 있다. 나노는 단순하고 부담이 적은 '초보용 편집기'로 스크린에 프롬프트가 있고, 신중하게 사용해야 한다. 전문적인 시스템 관리자도 동료가 나노를 실행하고 있는 모습을 목격한다면 바짝 긴장하는 모습을 보일 것이다.

관리자는 대개 소프트웨어 개발자가 아닌 것으로 간주되지만 이러한 기능의 경계가 점차 모호해지고 있는 것이 업계의 추세다. 유능한 관리자는 필요에 따라 새로운 언어를 선택하는 데 주저함이 없는 다중 언어 프로그래머이기도 하다.

새 스크립트 작성 프로젝트용 도구로는 배시Bash(bash 또는 sh), 루비Ruby, 파이썬Python을 추천한다. 배시는 대부분의 유닉스/리눅스 시스템에서 기본 명령 셸이다. 가장 기초적인 프로그래밍 언어지만 시스템 관리용 툴박스에서는 강력한 접착테이프 역할을 한다. 파이썬은 문법이 쉬울 뿐 아니라 큰 규모의 개발자 커뮤니티를 갖고 있고, 많은 일상적인 작업을 쉽게 해주는 라이브러리를 갖추고 있는 스마트한 언어다. 루비 개발자들은 루비를 '일하기에 즐거운', '보기에 아름다운' 언어라고 표현한다. 루비와 파이썬은 여러 면에서 비슷하기 때문에 시스템 관리용으로는 똑같이 기능한다는 것을 알 수 있다. 둘 중 어떤 것을 선택하느냐는 전적으로 개인 취향이다.

그 밖에 익스펙트expect도 공부하길 권한다. 익스펙트는 대화형 프로그램을 구동하는 데 쓸 수 있는 프론트앤드frontend 프로그래밍 언어는 못 되지만 복잡한 스크립트를 대체할 수 있고 배우기도 쉬운 효율적인 기술이라 할 수 있다.

7장에는 배시, 파이썬, 루비용 스크립트 작성에 관해 알아야 할 가장 중요한 것들이 요약돼 있다. 정규표현식Regular Expression과 시스템 관리에 유용한 셸 관용구들도 살펴볼 것이다.

1.3 리눅스 배포판

리눅스 배포판은 운영체제의 핵심인 리눅스 커널과 시스템에서 실행되는 모든 명령을 만드는 패키지로 구성돼 있다. 모든 배포판은 같은 계통의 커널을 공유하지만 패키지의 형태나 종류, 개수는 조금씩 다르다. 또한 중점을 두는 부분, 지원 사항, 대중성 등이 배포판마다 다르다. 독립적인 리눅스 배포판들이 수없이 계속 나오겠지만 데비안Debian과 레드햇Red Hat 계통에서 파생된 배포판이 앞으로 다년간 상용 환경에서 지배적일 것으로 생각한다.

리눅스 배포판 간에는 대체적으로 그렇게 대단한 차이가 있는 것은 아니다. 사실 배포판들은 저마다 차별적 특징으로 '손쉬운 설치', '방대한 소프트웨어 라이브러리'를 내세우면서 왜 그렇게 많은 배포판이 존재하는지도 미스터리다. 사람들은 새로운 리눅스 배포판을 만들기 좋아한다는 결론밖에는 내릴 수가 없다.

가장 대표적인 배포판에는 비교적 힘들지 않은 설치 과정, 데스크톱 환경, 패키지 관리 방식이 포함돼 있다. 이런 것들은 클라우드 인스턴스Cloud Instance나 로컬 가상 머신Local Virtual Machine을 실행시켜 쉽게 테스트해볼 수 있다.

범용 운영체제의 불안정성은 대부분 그 복잡성에서 파생된다. 사실상 모든 선두적인 배포판에는 사용되지도 않는 소프트웨어 패키지들이 가득 차 있다. 여기에는 보안 취약과 관리 불편도 함께 따라오게 된다. 이런 문제에 대응해 최소 배포판이라는 새로운 형태가 설득력을 얻고 있다. 코어OSCoreOS가 현재 상황을 이끌어가고 있으며 모든 소프트웨어를 컨테이너Container 형태로 실행하는 것을 선호한다. 알파인 리눅스Alpine Linux는 많은 공개 도커Docker 이미지의 기반으로 사용되고 있는 경량 배포판이다. 이런 환원주의적 추세를 고려할 때 앞으로 리눅스가 차지하는 공간은 줄어들 것으로 기대된다.

어떤 배포판을 채택한다는 것은 특정 업체의 작업 방식에 투자하는 것과 같다. 설치되는 소프트웨어의 기능만 보지 말고 자신의 조직과 업체가 어떻게 협업할 것인가를 고려하는 게 현명하다. 따라서 다음과 같은 질문을 던져봐야 한다.

- 이 배포판은 5년간 활용될 수 있는가?
- 이 배포판은 최신 보안 패치를 지속적으로 유지할 수 있는가?
- 이 배포판은 매우 활동적인 커뮤니티와 충분한 양의 문서를 갖고 있는가?
- 문제가 발생할 때 업체와 상담이 가능한가? 그 비용은 얼마인가?

표 1.1은 가장 많이 사용되는 주류 배포판의 목록이다.

가장 생존 가능성이 높은 배포판이라고 해서 가장 기업화된 것은 아니다. 예를 들면 데비안은 회사도 아니고 어떤 상품도 판매하지 않으며 기업 수준의 지원도 제공하지 않지만 오랫동안 생존해 왔다. 데비안의 장점은 헌신적인 기여자 그룹과 데비안 기반인 우분투^{Ubuntu} 배포판의 광범위한 대중성에 있다. lwn.net/Distributions이나 distrowatch.com를 방문하면 비영어권 배포판까지 포함된 전체 배포판 목록을 볼 수 있다.

표 1.1 가장 일반적인 범용 리눅스 배포판

배포판	웹 사이트	설명
아치(Arch)	archlinux.org	커맨드라인 사용에 능숙한 사람에게 적합
센트OS(CentOS)	centos.org	레드햇 엔터프라이즈의 무료 베포판
코어OS(CoreOS)	coreos.com	모든 곳에 컨테이너 적용
데비안(Debian)	debian.org	자유 소프트웨어. 가장 GNU식 배포판
페도라(Fedora)	fedoraproject.org	레드햇 리눅스용 테스트베드
칼리(Kali)	kali.org	보안 침투 테스트용
리눅스민트(Linux Mint)	linuxmint.com	우분투 기반, 데스크톱 친화적
오픈수세(openSUSE)	openwrt.org	라우터와 임베디드 기기용 리눅스
오라클 리눅스(Oracle Linux)	oracle.com	RHEL의 오라클 지원 버전
랜처OS(RancherOS)	rancher.com	20MiB, 모든 것을 컨테이너로 공급
레드햇 엔터프라이즈(Red Hat Enterprise)	redhat.com	높은 신뢰성, 느린 변화, 상용 목적
슬랙웨어(Slackware)	slackware.com	장기간 생존해온 오래된 배포판
수세 리눅스 엔터프라이즈(SUSE Linux Enterprise)	suse.com	유럽에서 강세, 다중 언어
우분투(Ubuntu)	ubuntu.com	데비안의 정화된 버전

1.4 이 책에서 사용된 예시 시스템

이 책에서는 중요한 사례로서 가장 대중적인 세 개의 리눅스 배포판과 한 개의 변형 유닉스를 선정했다. 데비안 GNU/리눅스, 우분투 리눅스, 레드햇 엔터프라이즈 리눅스와 그 도플갱어인 센트OS, FreeBSD다. 이 시스템들은 전체 시장을 대표하며 상당 부분이 대형 사이트에 설치돼 사용되고 있다.

이 책의 정보들은 특별한 언급이 없는 한 일반적으로 모든 사례 시스템에 적용된다. 한 시스템에 특정되는 세부 사항들은 로고로 구분해 표시했다.

 데비안 GNU/리눅스 9.0 스트레치Stretch

우분투® 17.04 제스티 자퍼스Zesty Zapus

RHEL 레드햇® 엔터프라이즈 리눅스® 7.1 및 센트OS® 7.1

FreeBSD® 11.0

이러한 마크는 대부분 해당 소프트웨어를 출시한 업체에 귀속돼 있으며 각 소유자의 친절한 허락을 받아 사용한 것이다. 하지만 업체가 이 책의 내용을 검토하거나 보증하는 것은 아니다.

그 유명한 빨간 중절모 로고를 사용하려고 레드햇에 여러 번 요청했지만 허락을 받지 못했다. 그래서 다른 방법으로 레드햇 엔터프라이즈 리눅스를 뜻하는 머리글자(RHEL)로 표시했으며 최소한 여백을 이용했다.

각 예시 시스템에 관해 좀 더 상세히 알아보자.

리눅스 배포판 예시

어떤 특정 배포판에 국한되지 않고 리눅스에 해당되는 정보는 왼쪽에 보이는 것처럼 턱스Tux 펭귄 로고로 표시했다.

데비안Debian은 가장 오래되고 가장 높이 평가받고 있는 배포판이다(데비안은 지금은 고인이 된 설립자 이안 머독Ian Murdock과 그의 아내 데보라Debra의 이름을 딴 것으로, 뎁Deb-이안ian, 즉 데비안으로 발음한다). 전 세계의 1,000명 이상의 기여자들로 이뤄진 비영리 프로젝트다. 데비안은 공동체 개발과 공개 사용이라는 이념적 지향을 유지하고 있기 때문에 배포판의 어떤 부분을 자유롭게 사용할 수 있고 재배포할 수 있는지에 관해 어떤 의문도 가질 필요가 없다.

데비안은 세 가지 릴리스release를 동시에 유지 관리하고 있다. 상용 서버를 목표로 하는 '안정판stable', 현재 개발 중인 버그나 보안 취약점이 있을지도 모를 '불안정판unstable', 그 중간에 해당하는 '시험판testing'이다.

우분투Ubuntu는 데비안에 기초하고 있으며 자유Free로운 사용과 오픈소스Open Source 소프트웨어라는 데비안의 지침을 유지하고 있다. 우분투를 운영하고 있는 곳은 기업가 마크 셔틀워스Mark Shuttleworth가 설립한 캐노니컬Canonical Ltd.이다.

캐노니컬은 클라우드Cloud, 데스크톱Desktop, 베어메탈Bare Metal을 목표로 하는 다양한 우분투 릴리스를 제공하고 있다. 휴대전화나 태블릿용으로 만들어진 출시판도 있다. 우분투 버전 번호는 출시 연도와 월로 만들어진다. 예를 들어 버전 16.10은 2016년 10월에 나온 것이다. 각 릴리스는 비비드 벨벳Vivid Vervet이나 윌리 워울프Wily Werewolf와 같이 머리글자를 맞춘 코드명도 갖고 있다.

우분투는 매년 2개의 버전을 출시하는데, 하나는 4월에 다른 하나는 10월에 출시한다. 짝수 연도의 4월에 출시되는 릴리스는 장기 지원LTS 릴리스로서 5년간의 유지 보수와 갱신을 약속한다. 상용 목적에는 이러한 LTS 릴리스를 사용하길 권한다.

RHEL 레드햇은 20년 이상 리눅스계를 장악해 왔으며 북아메리카에서 널리 사용되는 배포판이다. 수치가 말해주듯이 레드햇은 세계에서 가장 성공적인 오픈소스 소프트웨어 회사다.

레드햇 엔터프라이즈 리눅스(줄여서 RHEL로 표시)는 원활한 시스템 운용을 유지하고자 지원과 컨설팅 서비스가 필요한 대기업의 상용 서비스 환경을 목표로 한다. 다소 역설으로 RHEL은 오픈소스지만 라이선스를 요구한다.

레드햇은 페도라의 스폰서이기도 하다. 페도라는 충분히 안정적이지는 않지만 RHEL을 위해 최첨단 소프트웨어를 육성하는 역할을 하는 커뮤니티 기반의 배포판이다.

페도라는 소프트웨어와 나중에 RHEL에 적용될 환경설정을 위한 초기 테스트베드로서 사용된다.

 센트OS는 전체적으로 레드햇 엔터프라이즈 리눅스와 동일하나 무료다. 센트OS 프로젝트(centos.org)는 레드햇이 소유하고 있으며 레드햇의 책임급 개발자들을 고용하고 있다. 하지만 그들은 레드햇 엔터프라이즈 리눅스 팀과는 분리해서 운영되고 있다. 센트OS 배포판에는 레드햇 브랜드와 일부 고유한 도구가 빠져 있지만 그 외에는 모두 같다.

센트OS는 레드햇에 비용을 지불하지 않고 생산지향형 배포판을 배포하고자 하는 사이트에 매우 적합하다. 하이브리드 접근법도 합리적이다. 프론트라인front-line 서버들은 레드햇 엔터프라이즈 리눅스를 사용함으로써 레드햇의 우수한 지원을 활용하면서 비생산 부문 시스템은 센트OS를 사용하는 것이다. 이러한 배치 방식은 위험이나 지원 면에서 중요한 기반을 제공함과 동시에 비용과 관리 부담을 최소화하는 효과가 있다.

센트OS는 레드햇 엔터프라이즈 리눅스와 버그까지도 그대로 복제될 만큼의 완벽한 바이너리 호환성을 갖는다. 이 책에서는 '레드햇과 센트OS'라고 계속 반복하는 대신 어느 한쪽만을 언급할 것이다. 별다른 언급을 하지 않는다면 기술하는 내용은 레드햇과 센트OS에 똑같이 적용된다.

기타 특별한 배포판으로 레드햇에서 파생된 것들이 있다. 오라클Oracle은 자신의 기업형 데이터베이스 소프트웨어 고객들에게 맞춰 개조한 센트OS 버전을 다른 브랜드로 판매하고 있다. 아마존 웹 서비스 사용자들이 사용하고 있는 아마존 리눅스Amazon Linux는 처음에 센트OS에서 파생된 것이며 여전히 많은 특징을 공유하고 있다.

대부분 시스템 관리자는 직무상 언젠가는 레드햇 계열의 시스템을 만나게 될 것이므로 자신의 사이트에서 선택한 시스템이 아닐지라도 레드햇에 대해 잘 알아두면 큰 도움이 될 것이다.

유닉스 배포판 예시

유닉스의 인기는 점차 시들해져서 솔라리스^{Solaris}, HP-UX, AIX와 같은 충직한 유닉스 배포판들은 더 이상 널리 사용되지 않게 됐다. BSD의 오픈소스 후속판들은 이런 추세에서 예외였으며 많은 추종자, 특히 운영체제 전문가, 자유 소프트웨어 전도사, 보안에 관심 많은 시스템 관리자들에게 인기가 계속되고 있다. 즉, 세계에서 가장 중요한 운영체제의 권위 일부가 다양한 BSD 배포판에 의존하고 있다는 의미다. 애플의 맥OS^{macOS}는 BSD 유산을 갖고 있다.

 1993년 후반에 처음 출시된 FreeBSD는 BSD 파생상품 중에서 가장 널리 사용된 것이다. 일부 사용도 통계에 따르면 BSD 변형상품 중에서 FreeBSD가 70%의 시장 점유율을 차지하고 있다고 한다. 왓츠앱^{WhatsApp}, 구글^{Google}, 넷플릭스^{Netflix}와 같은 주요 인터넷 회사들이 여기에 포함된다. 리눅스와는 달리 FreeBSD는 단순한 커널이 아니라 완전한 운영체제다. 커널과 사용자 영역 소프트웨어는 모두 BSD 라이선스하에서 라이선스를 받을 수 있으며 거의 제약이 없어 비즈니스 커뮤니티에 의한 개발과 수정을 고무시킨다.

1.5 표기법과 표기 규칙

이 책에서 파일명, 명령, 명령에 넘겨주는 인수^{argument}는 굵은 글씨로 표시한다. 플레이스홀더^{Placeholder}(문자 그대로 적어서는 안 되는 명령 인수)는 이탤릭체로 표시한다. 예를 들어 다음 명령에서 *file*과 *directory*는 실제 파일명과 실제 디렉터리명으로 대체돼야 한다.

```
cp file directory
```

환경설정 파일이나 터미널 세션에서 인용되는 구문들은 코드 폰트^{code font}로 표시된다. 때로는 세션에 대한 주석으로 배시 명령 문자인 #과 이탤릭 문자들을 사용한다. 예를 들면 다음과 같다.

```
$ grep Bob /pub/phonelist # Bob의 전화번호 검색
Bob Knowles 555-2834
Bob Smith 555-2311
```

권한이 없는 보통 사용자의 셸 프롬프트^{Shell Prompt}로는 $을 사용하고 루트 사용자의 셸 프롬프트는 #을 사용한다. 명령이 특정 배포판이나 배포판 계열에 국한되는 경우 프롬프트 앞에 배포판 이름을 덧붙인다. 예를 들면 다음과 같다.

```
$ sudo su - root       # 루트 권한 획득
# passwd               # 루트 암호를 변경
debian# dpkg -l        # 데비안과 우분투에서 설치된 패키지 목록을 표시
```

이런 규칙은 표준 유닉스나 리눅스 셸에서 사용하는 방식에 맞춘 것이다.

이런 특별한 경우 외에는 양해를 구하지 않아도 되는 범위 내에서 특별한 폰트나 형태 규칙 사용을 최소화하도록 노력했다. 예를 들면 데몬^{daemon} 그룹과 같은 개체를 언급할 때는 어떤 특별한 형태도 사용하지 않는다.

명령 구문을 위한 매뉴얼 페이지에서도 같은 규칙을 사용한다.

- 대괄호('['와 ']') 사이에 오는 것은 선택 항목
- 줄임표('...')가 따라오는 말은 반복될 수 있음을 의미
- 중괄호('{'와 '}')는 그 사이에 있는 수직기호('|')로 분리된 항목 중 하나를 선택해야 함을 의미

예를 들면 다음 줄이 기술하는 내용은

```
bork [ -x ] { on | off } filename ...
```

다음 명령들과 매치된다.

```
bork on /etc/passwd
bork -x off /etc/passwd /etc/smartd.conf
bork off /usr/lib/tmac
```

패턴 매칭^{pattern matching}에서는 셸 방식의 글로빙 문자^{globbing character}를 사용한다.

- 별표(*)는 0이나 1개 이상의 문자들에 매치된다.
- 물음표(?)는 한 개의 문자에 매치된다.
- 물결표(~)는 현재 사용자의 홈 디렉터리를 의미한다.
- *~user*는 *user*의 홈 디렉터리를 의미한다.

예를 들어 /etc/rc0.d, /etc/rc1.d와 같은 기동 스크립트^{startup script} 디렉터리는 축약 패턴 /etc/rc*.d로 표현할 수 있다.

인용부호 안에 있는 문장은 정밀한 기술적 의미를 갖는다. 이런 경우에는 포함되는 것과 포함되지 않는 것을 혼동하지 않고자 영어의 일반적인 규칙을 무시하고 문장 부호를 인용부호 바깥쪽에 놓는다.

1.6 단위

킬로(kilo-), 메가(mega-), 기가(giga-)와 같은 미터법 접두사들은 10의 거듭제곱으로 정의된다. 예를 들어 1메가달러는 $1,000,000이다. 하지만 컴퓨터 분야에서는 이러한 접두사들을 2의 거듭제곱을 의미하는 것으로 오랫동안 편법으로 사용해 왔다. 예를 들어 메모리 1 메가바이트^{megabyte}는 실제로는 2^{20}이나 1,048,576바이트다. 심지어 이렇게 의미가 바뀐 단위는 JEDEC 솔리드 스테이트 기술협회^{Solid State Technology Association}의 100B.01 표준안과 같은 공식적인 표준안에서도 사용하게 됐다. 혼동의 여지가 있음에도 이 표준안에서는 접두사들을 2의 거듭제곱으로 인식한다. 접두사의 명확성을 되찾기 위한 노력으로 국제전자기술위원회^{Intenational Electrotechnical Commission}는 명시적으로 2의 거듭제곱에 기반을 두는 수치 접두사의 집합을 정의했다. 키비(kibi-), 메비(mebi-), 기비(gibi-) 등이 그것이며 줄여서 Ki, Mi, Gi로 표시한다. 이 단위들을 사용하면 모호함이 완전히 사라지지만 아직 대중화되지 않은 상태다. 원래의 킬로 계열 접두사들은 여전히 양쪽 의미로 사용되고 있다.

문장의 맥락을 살피면 해석에 도움이 된다. 램^{RAM} 크기를 의미할 때는 항상 2의 거듭제곱으로 사용되지만 네트워크 대역폭을 의미할 때는 10의 거듭제곱으로 사용된다. 저장 공간에서는 보통 10의 거듭제곱을 의미하지만 블록이나 페이지 크기는 2의 거듭제곱을 의미한다.

이 책에서는 2의 거듭제곱으로는 IEC 단위를 사용하고 10의 거듭제곱으로는 미터법 단위를 사용한다. 또한 대략적인 값을 나타내거나 거듭제곱근이 정확히 무엇인지 확실치 않거나 문서화되지 않았거나 결정할 수 없을 때는 미터법 단위로 사용한다. 명령 출력이나 환경설정 파일에서 발췌된 부분, 그 식별이 중요하지 않은 부분에서는 원래 값과 단위 지정자[unit designator]를 그대로 남겨두기로 한다. 비트는 b로, 바이트는 B로 줄여 표기한다. 표 1.2는 그 예를 보여준다.

'8KB의 램'에서 축약어 K는 표준어가 아니다. K는 킬로(kilo-)를 의미하는 미터법의 축약어 k가 변해 컴퓨터 전문용어로 정착된 것이며 1,000이 아닌 1,024를 의미한다. 하지만 이보다 더 큰 단위의 미터법 접두사 축약어는 이미 대문자로 돼 있기 때문에 같은 식으로 확대 적용할 수는 없다. 나중에는 사람들이 그 구별에 혼란을 느끼면서 1,000 단위로도 K를 사용하기 시작했다.

대부분의 나라에서는 미국에서 야드파운드법 단위를 사용하는 것처럼 이 문제를 중요하게 다루지 않고 있다. 가까운 장래에는 미터법 접두사가 남용될 것으로 예상된다. 우분투는 도움이 되는 단위 정책을 유지하고 있지만 그럼에도 이 정책이 널리 채택되지는 않을 것으로 보인다. 이에 관한 자세한 내용은 wiki.ubuntu.com/UnitsPolicy를 참고한다.

표 1.2 단위 해석 사례

사례	의미
1kB 파일	1,000바이트가 포함된 파일
4KiB SSD 페이지	4,096바이트가 포함된 SSD 페이지
8KB 메모리	이 책에서는 사용되지 않음
100MB 파일 제한 크기	명목상 10^8바이트; 맥락에 따라 다름, 모호함
100MB 디스크 파티션	명목상 10^8바이트; 맥락에 따라 다름, 99,999,744바이트로 추정[a]

(이어짐)

사례	의미
1GiB 램(RAM)	1,073,741,824바이트 크기의 메모리
1 Gb/s 이더넷	초당 1,000,000,000비트를 전송하는 네트워크
6TB 하드디스크	대략 6,000,000,000,000바이트를 저장할 수 있는 하드디스크

a. 즉, 10^8을 가장 가까운 512바이트 블록 크기의 배수로 버림한 값

1.7 매뉴얼 페이지와 온라인 문서

man 명령으로 불러오기 때문에 보통 '맨페이지^{man pages}'라 불리는 매뉴얼 페이지는 전통적인 '온라인^{online}' 문서다(물론 요즘은 형식만 다를 뿐 모든 문서가 온라인이다). 프로그램에 맞춰져 있는 맨페이지는 새로운 소프트웨어 패키지를 설치할 때 함께 따라온다. 구글 시대에서도 여전히 권위 있는 자원으로 맨페이지를 참고한다. 커맨드라인에서 직접 접근할 수 있을 뿐 아니라 프로그램 옵션에 관한 완전한 세부 사항이 포함돼 있고 유용한 사용 사례와 관련 명령들을 보여주기 때문이다.

맨페이지는 각 명령, 드라이버, 파일 형식, 라이브러리 루틴에 대한 간결한 묘사라고 할 수 있다. "새 장치를 설치하는 방법은?", "이 시스템은 왜 이렇게 느린가?"와 같은 일반적인 주제는 다루지 않는다.

맨페이지의 구성

FreeBSD와 리눅스는 맨페이지를 섹션^{section}으로 나눈다. 표 1.3은 기본적인 매뉴얼 체계를 보여준다. 다른 변형 유닉스에서는 섹션을 조금 다르게 정의하곤 한다. 섹션의 정확한 구조는 그렇게 중요하지 않다. 매뉴얼이 어디에 저장돼 있든 해당되는 페이지를 man이 찾아 보여주기 때문이다. 여러 섹션에 같은 이름을 가진 주제가 나타날 때 섹션 정의에 대해 잘 알고만 있으면 된다. 예를 들면 passwd는 명령이기도 하고 환경설정 파일이기도 하므로 passwd라는 항목은 섹션 1과 섹션 5에 모두 나타난다.

표 1.3 맨페이지의 섹션

섹션	내용
1	사용자 레벨의 명령과 애플리케이션
2	시스템 콜(system call)과 커널 오류 코드(error code)
3	라이브러리 콜(library call)
4	장치 드라이버(device driver)와 네트워크 프로토콜(network protocol)
5	표준 파일 형식
6	게임과 데모
7	기타 파일과 문서
8	시스템 관리자 명령
9	난해한 커널 사양과 인터페이스

man: 맨페이지 읽기

man title 명령은 특정 매뉴얼 페이지를 형식화해서 그 결과를 more, less 또는 PAGER 환경변수에 지정된 프로그램을 통해 터미널로 보낸다. 여기서 title은 보통 명령, 장치, 파일명, 라이브러리 루틴routine명이다. 매뉴얼 섹션은 명령 섹션(섹션 1과 섹션 8)이 보통 먼저 검색되지만 대체적으로 숫자 순서에 따라 검색된다.

man *section title* 형식을 사용하면 특정 섹션을 지정해서 맨페이지를 가져올 수 있다. 따라서 대부분의 시스템에서 man sync는 sync 명령에 대한 맨페이지를 가져오고, man 2 sync는 sync 시스템 콜에 대한 맨페이지를 가져온다.

man -k *keyword* 또는 apropos *keyword*는 맨페이지의 온라인 시놉시스synopsis에 *keyword*가 포함되고 있는 모든 맨페이지의 목록을 프린트한다. 예를 들면 다음과 같다.

```
$ man -k translate
objcopy (1)        - copy and translate object files
dcgettext (3)      - translate message
tr (1)             - translate or delete characters
snmptranslate (1) - translate SNMP OID values into useful information
tr (1p)            - translate characters
```

...

키워드 데이터베이스는 갱신이 필요할 수 있다. 시스템에 새로운 맨페이지를 추가하려면 makewhatis(레드햇, FreeBSD)나 mandb(우분투) 명령으로 데이터베이스를 재구성해야 한다.

맨페이지 저장소

맨페이지용 nroff 입력(즉, 맨페이지의 소스코드)은 /usr/share/man 디렉터리에 공간을 절약하고자 gzip으로 압축 저장돼 있다. man 명령은 실행 시에 압축 파일을 해제해 보여준다.

man은 적절한 디렉터리들의 쓰기 권한이 허용될 경우 /var/cache/man 또는 /usr/share/man 디렉터리에 형식화된 페이지의 캐시^{cache}를 만들어 유지한다. 하지만, 이렇게 하는 것은 보안상 위험하다. 대부분의 시스템은 맨페이지를 설치할 때 한 번 미리 형식화하거나 아니면 전혀 하지 않는다.

man 명령은 요청된 매뉴얼 페이지를 찾고자 여러 개의 맨페이지 저장소^{repository}를 검색할 수 있다. 리눅스 시스템에서는 manpath 명령을 이용해 현재 기본으로 설정돼 있는 검색 경로를 알아낼 수 있다. 다음과 같이 우분투에서 manpath를 실행하면 전형적인 검색 경로가 표시된다.

```
ubuntu$ manpath
/usr/local/man:/usr/local/share/man:/usr/share/man
```

필요에 따라 MANPATH 환경변수를 설정함으로써 기본 경로에 덮어쓸 수 있다.

```
$ export MANPATH=/home/share/localman:/usr/share/man
```

일부 시스템에서는 시스템 전체에 적용되는 맨페이지 기본 검색 경로를 설정할 수 있게 해준다. 이런 기능은 OpenPKG에 의해 생성되는 것과 같이 매뉴얼 페이지의 병렬 트리 구조를 유지할 필요가 있을 때 유용하다. 하지만 로컬 문서를 맨페이지 형태로 배포하려면 운용하고 있는 시스템의 표준 패키지 메커니즘을 이용해 맨페이지를 표준 man 디렉터리에 넣는 것이 더 간단하다. 이에 관한 더 자세한 내용은 6장에서 다룬다.

1.8 기타 권위 있는 문서

맨페이지는 공식 문서의 일부분에 지나지 않는다. 불행히도 나머지 문서의 대부분은 웹상에 흩어져 있다.

시스템 특정 가이드

주요 업체들은 자신만의 전용 문서 프로젝트를 갖고 있다. 많은 업체가 시스템 관리와 설치 가이드를 포함해 책 한 권 분량의 유용한 매뉴얼들을 지속적으로 생산하고 있다. 이런 매뉴얼들은 일반적으로 온라인이나 다운로드 PDF 파일 형태로 제공된다. 표 1.4는 문서의 위치를 보여준다.

이 문서들은 유용하긴 하지만 저녁 때 침대 옆에 놓고 가볍게 읽을 수 있는 그런 종류는 아니다. 일부 업체의 문서는 수면에 도움이 된다는 차원에서 유용하다고 할지는 모르겠다. 사람들은 보통 업체가 제공하는 문서를 읽기 전에 구글링을 통해 답을 찾는다.

패키지 특정 문서

유닉스와 리눅스 세계에서는 중요한 소프트웨어 패키지의 대부분이 개인 또는 인터넷 시스템 컨소시엄[ISC, Internet Systems Consortium]이나 아파치 소프트웨어 재단[ASF, Apache Software Foundation]과 같은 서드파티에 의해 관리된다. 이런 그룹들은 자체적인 문서화 작업을 수행한다. 그 품질은 황당한 수준부터 방대한 규모까지 다양하다. 하지만 git-scm.com/book에 있는 프로 깃[Pro Git]과 같은 보물도 있어 사냥해볼 만한 가치가 있다.

표 1.4 OS 업체 전용 문서를 구할 수 있는 곳

OS	URL	참고 사항
데비안	debian.org/doc	시스템 관리 핸드북은 현재 버전보다 뒤처짐
우분투	help.ubuntu.com	사용자 중심. LTS용으로는 '서버 가이드(server guide)'를 볼 것
레드햇	redhat.com/docs	이해하기 쉬운 시스템 관리자용 문서
센트OS	wiki.centos.org	팁, 방법, FAQ가 포함돼 있음
FreeBSD	freebsd.org/docs.html	시스템 관리 정보를 위해서는 FreeBSD 핸드북을 볼 것

기타 보충 자료로서 논문(기술 보고 자료), 설계서, 특정 주제를 다룬 책이나 팸플릿 등이 있다. 이러한 보충 자료들은 명령 하나만을 설명하는 데 국한되지 않기 때문에 튜토리얼tutorial이나 절차적 접근법을 수용할 수 있다. 많은 소프트웨어가 맨페이지와 장문의 자료를 모두 갖추고 있다. 예를 들면 vim의 맨페이지는 vim에서 허용하는 커맨드라인 인수들에 관한 설명을 담고 있지만 그것들을 이용해 파일을 편집하는 방법을 배우려면 더 깊은 내용을 다룬 문서에 의존해야 한다.

대부분의 소프트웨어 프로젝트에는 사용자, 개발자 메일링 리스트와 IRCInternet Relay Chatting 채널이 있다. 특정 환경설정 문제에 질문할 게 있든지 어떤 버그를 만나게 됐을 때 제일 먼저 방문해야 할 데가 바로 이런 곳이다.

도서

오라일리O'Reilly에서 출판한 책은 기술 분야에서 가장 인기 있는 책이다. 이 회사는 처음에 『UNIX in a Nutshell』로 시작해서 현재는 유닉스와 리눅스의 거의 모든 서브시스템과 명령을 각각 별도의 책으로 출판하고 있다. 오라일리에서는 네트워크 프로토콜, 프로그래밍 언어, 마이크로소프트 윈도우, 그 밖에 유닉스가 아닌 기술 주제에 관한 책도 출판한다. 모든 책이 합리적인 가격과 시점, 주제를 충족하고 있다. 많은 독자가 책, 비디오, 기타 학습 자료에 대한 무제한 전자적 사용을 제공하는 오라일리의 사파리 북 온라인Safari Books Online 가입자 서비스에 의존하고 있다.

오라일리 외에도 많은 출판사가 방대한 도서를 출간하고 있어 폭넓은 선택을 할 수 있다.

RFC 출판물

RFC[Request For Comments] 문서는 인터넷에 사용되는 프로토콜과 절차를 설명한다. 이 문서들은 대부분 매우 구체적이고 기술적이지만 일부는 개요서로 작성되기도 한다. 소프트웨어에 적용되는 '참고 구현[reference implementation]'이라는 말은 "RFC 스펙에 따르는 신뢰 있는 소스로 구현됐다."는 의미로 해석하면 된다. RFC는 절대적인 권위를 갖고 있으며 시스템 관리자에게 매우 유용한 문서가 많다. 이 책에서도 전반에 걸쳐 다양한 RFC를 참조할 것이다.

1.9 기타 정보 출처

앞서 소개한 정보 소스들은 매우 권위 있는 곳에서 작성 또는 검토되는 것들이지만, 유닉스와 리눅스 시스템 관리에 있어서 가장 최신의 정보를 다루지는 못한다. 인터넷에는 수많은 블로그, 포럼[forum], 뉴스피드[news feed]가 있다. 두말할 필요 없이 구글은 시스템 관리자의 가장 친한 친구다. 특정 명령이나 파일 형식에 대해 자세히 알고 싶다면 구글 같은 검색 엔진이야 말로 어떤 질문이든 가장 먼저 상담해야 할 최우선 자원이다. 그것을 습관화해야 한다. 그렇게만 한다면 온라인 포럼에 질문을 올렸을 때 오랜 시간이 걸리거나 구글에 연결된 링크[1]로 답을 받는 수모를 모면할 수 있다. 난관에 봉착하면 웹을 검색한다.

최신 동향 파악

운영체제와 도구 그리고 그것을 지원하는 테크닉은 급속도로 변화되고 있다. 업계 동향을 잘 파악하려면 매일 아침 커피를 마실 때 표 1.5에 있는 사이트들을 방문하자.

표 1.5 최신 동향 파악을 위한 자원

웹 사이트	설명
darkreading.com	보안 뉴스, 동향, 토론
devopsreactions.tumblr.com	애니메이션 GIF 형태의 시스템 관리 유머

(이어짐)

---

1. 더 나쁜 것은 lmgtfy.com을 통한 구글로의 링크

웹 사이트	설명
linux.com	리눅스 재단 사이트; 포럼, 신규 사용자에게 좋음
linuxfoundation.org	리누스 토발즈(Linus Torvalds)가 소속돼 있는 OSS (Open Source Software) 육성 비영리 단체
lwn.net	리눅스 및 OSS에 관한 고급 최신 기사
lxer.com	리눅스 뉴스 제공 웹 사이트
securityfocus.com	보안 취약성 보고서와 보안 관련 메일링 리스트
@SwiftOnSecurity	테일러 스위프트(Taylor Swift)로부터의 정보보안 의견(패러디 계정)
@nixcraft	유닉스와 리눅스에 관한 트위터 계정
everythingsysadmin.com	존경 받는 시스템 관리자 토마스 리몬셀리(Thomas Limoncelli)의 블로그[a]
sysadvent.blogspot.com	매년 12월에 시스템 관리자용 기사를 싣는 블로그
oreilly.com/topics	오라일리 출판사의 다양한 주제의 학습 자료
schneier.com	프라이버시 보안 전문가인 브루스 슈나이어(Bruce Schneier)의 블로그

a. rfc-humor.com에서 톰의 만우절 RFC 모음을 보기 바란다.

소셜 미디어도 유용하다. 특히 트위터[Twitter]와 레딧[Reddit]은 들인 노력에 비해 결과물이 아주 안 좋을 때가 가끔 있지만 많은 것을 제공하는 강력하고 열성적인 커뮤니티를 갖고 있다. 레딧에서 시스어드민[sysadmin], 리눅스[linux], 리눅스어드민[linuxadmin], 넷섹[netsec] 서브레딧에 가입하기 바란다.

하우투와 레퍼런스 사이트

표 1.6는 유닉스와 리눅스에서 특정 작업을 수행하는 방법에 관한 안내서, 튜토리얼, 기사들이 있는 사이트 목록이다.

표 1.6 작업별 포럼과 레퍼런스 사이트

웹 사이트	설명
wiki.archlinux.org	아치(Arch) 리눅스에 관한 기사와 안내서; 일반적인 내용이 많다.
askubuntu.com	우분투 사용자와 개발자용 Q&A
digitalocean.com	OSS, 개발, 시스템 관리 주제를 다루는 튜토리얼[a]
kernel.org	공식적인 리눅스 커널 사이트

(이어짐)

웹 사이트	설명
serverfault.com	협업으로 편집되는 시스템 관리 질의 데이터베이스[b]
serversforhackers.com	시스템 관리에 관한 고급 비디오, 포럼, 기사

a. digitalocean.com/community/tutorials 참고
b. 자매 사이트인 stackoverflow.com도 참조 바람. 프로그래머용이지만 시스템 관리에도 유용하다.

표 1.6에 등재된 스택 오버플로Stack Overflow와 서버 폴트Server Fault는 둘 다 스택 익스체인지Stack Exchange 사이트 그룹의 멤버인데, 이 사이트들은 더욱 상세한 내용을 다룬다. 어떤 문제에 부딪혔을 때 누군가 이미 같은 문제를 만나 이들 사이트 중 하나에 도움을 요청했을 가능성이 높다. 스택 익스체인지 사이트에서 사용하고 있는 평판 기반의 Q&A 형식은 시스템 관리자나 프로그래머들이 접하는 문제들을 다루는데 매우 적합한 것으로 입증됐다. 이 거대한 커뮤니티는 가입할 만한 가치가 있다.

콘퍼런스

산업 콘퍼런스는 전문가 간의 네트워크 형성, 기술 동향 파악, 훈련 수업 수강, 수료증 획득, 최신 서비스와 제품에 관한 학습을 위한 매우 훌륭한 수단이다. 시스템 관리에 맞춰진 많은 콘퍼런스가 최근 몇 해 동안 폭발적으로 늘어났다. 표 1.7은 가장 유명한 콘퍼런스 중 일부를 발췌한 것이다.

밋업Meetup(meetup.com)은 생각이 비슷한 사람들을 서로 연결해서 관계를 맺게 해주는 또 다른 방법이다. 미국을 비롯한 전 세계의 도시 지역에는 대부분 강연회, 토론회, 핵데이Hackday를 후원하는 리눅스 사용자 그룹이나 데브옵스DevOps 밋업이 있다.

1.10 소프트웨어 탐색과 설치 방법

소프트웨어 프로비저닝provisioning은 6장에서 자세히 설명한다. 여기서는 성급한 이들을 위해 현재 운용 중인 시스템에 무엇이 설치돼 있는지 알아내는 방법, 새로운 소프트웨어를 구해 설치하는 방법의 기본 사항만 언급한다. 현대적인 운영체제들은 내용물을 서로 독립적으로 설치할 수 있는 여러 개의 패키지package로 나눈다. 기본 설치에는 초기 패키지만 포함시키고 나머지는 필요에 따라 확장하거나 축소

한다. 소프트웨어를 추가할 때는 보안 모자를 단단히 쓴 채 소프트웨어를 추가하면 해킹의 공격면도 추가적으로 생성된다는 점을 명심해야 한다. 꼭 필요한 것만 설치해야 한다는 얘기다.

표 1.7 시스템 관리와 연관된 콘퍼런스

콘퍼런스	위치	시기	설명
LISA	가변	Q4	대용량 사이트 시스템 관리
Monitorama	포틀랜드	6월	모니터링 도구와 테크닉
OSCON	가변(미국/유럽)	Q2/Q3	장기간 지속된 오라일리 OSS 콘퍼런스
SCALE	패서디나	1월	남부 캘리포니아 리눅스 엑스포
DefCon	라스베이거스	7월	가장 오래된 최대 규모의 해커 대회
Velocity	가변(전 세계)	가변	웹 운영(Web Ops)에 관한 오라일리 콘퍼런스
BSDCan	오타와	5월/6월	초보자부터 최고 전문가까지 BSD에 관한 모든 것
re:Invent	라스베이거스	Q4	AWS 클라우드 컴퓨팅 콘퍼런스
VMWorld	가변(미국/유럽)	Q3/Q4	가상화(Virtualization)와 클라우드 컴퓨팅
LinuxCon	전 세계	가변	리눅스의 미래
RSA	샌프란시스코	Q1/Q2	기업 암호화와 정보보안(infosec)
DevOpsDays	전 세계	가변	개발 팀과 운영 팀 간의 협업에 관한 주제
QCon	전 세계	가변	소프트웨어 개발자 콘퍼런스

애드온Add-on 소프트웨어는 사전에 미리 컴파일된 패키지 형태로 제공되는 경우가 있다. 이런 방법을 어느 정도로 많이 적용할 것인가는 시스템에 따라 천차만별이다. 대부분의 소프트웨어는 소스코드 형태로 소프트웨어를 출시하는 독립적인 그룹에 의해 개발된다. 패키지 저장소package repository는 소스코드를 선택하고 운영 시스템에서 사용하는 규약에 맞춰 적절히 컴파일한 후 바이너리 결과물을 패키징한다. 보통은 오리지널 소스코드를 가져다 컴파일하는 것보다는 특정 시스템에 국한된 바이너리 패키지를 설치하는 게 더 쉽다. 하지만 패키지를 만드는 쪽에서는 최신 버전보다 한두 버전 이전의 것을 출시하는 경우가 있다.

두 시스템이 같은 패키지 형식을 사용한다는 사실이 반드시 두 시스템이 패키지를 상호 교환해서 쓸 수 있다는 것을 의미하지는 않는다. 예를 들어 레드햇과 수세는 모두 RPM을 사용하지만 그들의 파일 시스템 레이아웃은 약간 다르다. 가능한 한 특정 시스템에 맞춰 설계된 패키지를 사용하는 것이 최선이다.

이 책에서 사례로 보여주는 시스템들은 호스팅되는 소프트웨어 저장소를 접근, 탐색하는 도구가 포함된 매우 우수한 패키지 관리 시스템을 제공한다. 배포자는 소프트웨어 패치^{patch}와 업데이트^{update}가 용이하게 커뮤니티를 대표해 이러한 저장소를 적극적으로 관리한다.

패키징된 형식이 만족스럽지 않을 때 시스템 관리자는 옛날 방식으로 소프트웨어를 설치해야 한다. 예를 들면 소스코드의 타르^{tar} 아카이브를 다운로드해 수작업으로 환경을 설정하고 컴파일한 후 설치한다. 소프트웨어와 운영체제에 따라 이 과정은 아주 간단할 수도 있고 밤샘 작업을 해야 할 만큼 고될 수도 있다.

이 책에서는 전반적으로 모든 패키지마다 반복되는 표준 설치 명령으로 독자를 고통스럽게 하기보다는 옵션 소프트웨어가 이미 설치돼 있는 것으로 가정한다. 패키지를 혼동할 가능성이 있는 경우에는 특정 프로젝트를 완성하는 데 필요한 패키지들의 이름을 정확히 언급할 것이다. 하지만 패키지마다 설치 명령은 거의 같기 때문에 반복해서 언급하지 않는 경우가 대부분이다.

소프트웨어 설치 여부를 판단하는 방법

여러 가지 이유로 실제 필요한 소프트웨어가 어떤 패키지에 포함돼 있는지 알아내는 것은 약간 까다로울 수 있다. 이 작업은 패키지 레벨에서 시작하는 것보다 현재 검색 경로에 관련된 바이너리가 이미 있는지 알아내는 which 셸 명령을 사용하는 게 더 쉽다. 예를 들어 다음 명령은 GNU C 컴파일러가 현재 시스템에 설치돼 있는지를 밝혀준다.

```
ubuntu$ which gcc
/usr/bin/gcc
```

which 명령으로 찾는 명령을 찾지 못하면 whereis 명령을 시도해본다. 이 명령은 더 넓은 범위의 시스템 디렉터리를 탐색하며 현재 셸의 검색 경로와는 무관하다.

또 다른 방법으로 locate 명령이 있다. locate 명령은 사전에 컴파일된^{precompile} 파일 시스템 인덱스를 참조해 특정 패턴과 일치하는 파일명을 찾아내는 대단히 유용한 명령이다.

FreeBSD에서는 locate 명령이 기본 시스템에 포함돼 있다. 리눅스에서는 현재 구현된 locate가 mlocate 패키지에 있다. 레드햇과 센트OS에서는 yum으로 mlocate 패키지를 설치해야 한다.

locate는 어떤 타입의 파일이든 찾아낼 수 있다. 명령인지 패키지인지 상관이 없다. 예를 들어 signal.h 인클루드^{include} 파일이 어디에 있는지 모를 때 다음과 같은 명령으로 찾아볼 수 있다.

```
freebsd$ locate signal.h
/usr/include/machine/signal.h
/usr/include/signal.h
/usr/include/sys/signal.h
...
```

locate의 데이터베이스는 updatedb 명령(FreeBSD에서는 locate.updatedb)에 의해 주기적으로 업데이트된다. 이 명령은 cron을 통해 주기적으로 실행된다. 따라서 locate 실행 결과에 항상 파일 시스템의 가장 최근 변경 사항이 반영되는 것은 아니다.

찾고자 하는 패키지 이름을 알고 있다면 패키지 유무를 직접 검사해주는 패키징 유틸리티를 사용할 수도 있다. 예를 들어 레드햇 시스템에서는 다음과 같은 명령으로 파이썬 인터프리터의 설치 여부나 버전을 검사할 수 있다.

```
redhat$ rpm -q python
python-2.7.5-18.el7_1.1.x86_64
```

다음과 같이 특정 파일이 어떤 패키지에 속해 있는지 알아낼 수 있다.

```
redhat$ rpm -qf /etc/httpd
httpd-2.4.6-31.el7.centos.x86_64

freebsd$ pkg which /usr/local/sbin/httpd
```

```
/usr/local/sbin/httpd was installed by package apache24-2.4.12
```
ubuntu$ **dpkg-query -S /etc/apache2**
```
apache2: /etc/apache2
```

신규 소프트웨어 추가

소프트웨어를 추가로 설치할 필요가 있을 때는 우선 관련된 소프트웨어 패키지의
정규 명칭^{canonical name}을 알아야 한다. 예를 들면 "나는 **locate**의 설치를 원한다."를
"나는 **mlocate** 패키지를 설치하고자 한다."로, 또는 "나는 **named**가 필요하다."를
"나는 BIND를 설치해야 한다."로 번역해야 한다. 이 작업을 위해 시스템마다 다른
다양한 색인을 웹에서 찾아보면 도움이 되는데, 보통은 구글이 효과적이다. 예를
들어 'locate command'를 검색하면 관련된 여러 주제로 직접 안내해준다.

다음은 각각의 시스템에서 **tcpdump** 명령을 설치하는 방법을 보여주는 사례다.
tcpdump는 네트워크에서 현재 시스템이 주고받는 원형 패킷을 보여주는 패킷 캡
처 도구다.

 데비안과 우분투에서는 APT^{Advanced Package Tool} 명령을 사용한다.

```
ubuntu# sudo apt-get install tcpdump
Reading package lists... Done
Building dependency tree
Reading state information... Done
The following NEW packages will be installed:
    tcpdump
0 upgraded, 1 newly installed, 0 to remove and 81 not upgraded.
Need to get 0 B/360 kB of archives.
After this operation, 1,179 kB of additional disk space will be used.
Selecting previously unselected package tcpdump.
(Reading database ... 63846 files and directories currently installed.)
Preparing to unpack .../tcpdump_4.6.2-4ubuntu1_amd64.deb ...
Unpacking tcpdump (4.6.2-4ubuntu1) ...
Processing triggers for man-db (2.7.0.2-5) ...
Setting up tcpdump (4.6.2-4ubuntu1) ...
```

레드햇과 CentOS 버전은 다음과 같다.

```
redhat# sudo yum install tcpdump
Loaded plugins: fastestmirror
Determining fastest mirrors
 * base: mirrors.xmission.com
 * epel: linux.mirrors.es.net
 * extras: centos.arvixe.com
 * updates: repos.lax.quadranet.com
Resolving Dependencies
--> Running transaction check
---> Package tcpdump.x86_64 14:4.5.1-2.el7 will be installed
--> Finished Dependency Resolution
tcpdump-4.5.1-2.el7.x86_64.rpm                    | 387 kB 00:00
Running transaction check
Running transaction test
Transaction test succeeded
Running transaction
    Installing : 14:tcpdump-4.5.1-2.el7.x86_64  1/1
    Verifying : 14:tcpdump-4.5.1-2.el7.x86_64   1/1
Installed:
    tcpdump.x86_64 14:4.5.1-2.el7
Complete!
```

 FreeBSD용 패키지 관리자는 pkg다.

```
freebsd# sudo pkg install -y tcpdump
Updating FreeBSD repository catalogue...
Fetching meta.txz:          100%   944 B   0.9kB/s    00:01
Fetching packagesite.txz:   100%   5 MiB   5.5MB/s    00:01
Processing entries: 100%
FreeBSD repository update completed. 24632 packages processed.
All repositories are up-to-date.
The following 2 package(s) will be affected (of 0 checked):

New packages to be INSTALLED:
    tcpdump: 4.7.4
    libsmi: 0.4.8_1

The process will require 17 MiB more space.
2 MiB to be downloaded.
Fetching tcpdump-4.7.4.txz:  100%   301 KiB 307.7kB/s    00:01
```

```
Fetching libsmi-0.4.8_1.txz: 100%      2 MiB   2.0MB/s      00:01
Checking integrity... done (0 conflicting)
[1/2] Installing libsmi-0.4.8_1...
[1/2] Extracting libsmi-0.4.8_1: 100%
[2/2] Installing tcpdump-4.7.4...
[2/2] Extracting tcpdump-4.7.4: 100%
```

소스코드에서 소프트웨어 빌드

하나의 예시로 tcpdump의 한 버전을 소스코드에서 빌드하는 방법을 소개하겠다.

첫 번째 해야 할 일은 코드의 아이디를 결정하는 것이다. 소프트웨어 유지 관리자는
프로젝트의 웹 사이트상에 타볼^{tarball} 형태로 다운로드할 수 있는 릴리스의 색인을
제공한다. 오픈소스 프로젝트를 위해 대부분은 깃^{Git} 저장소에서 코드를 찾는다.

tcpdump 소스는 깃허브^{GitHub}에서 관리되고 있다. 해당 저장소를 /tmp 디렉터리에
클론^{clone}한 후 빌드하고자 하는 태그 버전의 브랜치^{branch}를 생성하고 언패킹^{unpack},
환경설정^{configure}, 빌드^{build}, 설치^{install}한다.

```
redhat$ cd /tmp
redhat$ git clone https://github.com/the-tcpdump-group/tcpdump.git
<저장소를 복제하는 상태 메시지>
redhat$ cd tcpdump
redhat$ git checkout tags/tcpdump-4.7.4 -b tcpdump-4.7.4
Switched to a new branch 'tcpdump-4.7.4'
redhat$ ./configure
checking build system type... x86_64-unknown-linux-gnu
checking host system type... x86_64-unknown-linux-gnu
checking for gcc... gcc
checking whether the C compiler works... yes
...
redhat$ make
<여러 페이지의 컴파일 출력>
redhat$ sudo make install
<파일들을 해당 장소로 이동>
```

이와 같은 configure/make/make install 절차는 C로 작성된 대부분의 소프트웨어
에 공통적이며 모든 유닉스와 리눅스 시스템에서 작동한다. 특정 시스템에만 적

용되는 사항들을 확인하려면 패키지의 INSTALL이나 README 파일을 항상 점검
해보는 것이 좋다. 개발 환경과 패키지가 요구하는 필수 구성 요소들은 반드시 설
치해야 한다(tcpdump의 경우에는 libpcap과 그 라이브러리들이 사전 필수 구성 요소에
해당된다).

때로는 빌드 환경설정을 약간 수정할 필요가 생기기도 한다. 이를 위해
./configure --help 명령을 이용해 각 패키지에 사용 가능한 옵션들을 알아볼 수
있다. 또 다른 유용한 configure 옵션은 --prefix=*directory*다. 이 옵션은 기본 설
치 디렉터리인 /usr/local이 아닌 다른 곳에 설치되는 소프트웨어를 컴파일하는 데
사용된다.

웹 스크립트에서 설치

크로스플랫폼cross-platform 소프트웨어 번들은 curl, fetch, wget[2]를 이용해 웹에서
다운로드한 셸 스크립트로 구동되는 고속 설치 프로세스를 점차 제공하고 있다.
예를 들면 한 시스템을 솔트Salt 클라이언트로 설정하고자 다음과 같은 명령을 실
행할 수 있다.

```
$ curl -o /tmp/saltboot -sL https://bootstrap.saltstack.com
$ sudo sh /tmp/saltboot
```

부트스트랩bootstrap 스크립트가 로컬 환경을 조사한 후 적합한 버전의 소프트웨어
를 다운로드, 설치, 환경설정한다. 이런 식의 설치 방법은 다소 복잡한 설치 과정
에도 불구하고 업체가 사용자 편의를 강력히 도모하고자 할 때 특히 많이 사용된
다(또 다른 좋은 예는 RVM이다).

이러한 설치 방법은 대단히 정교하지만 일부 언급할 만한 이슈가 있다. 우선 미래
에 참조할 수 있는 적절한 설치 기록을 남기지 않는다. 현재 운용되고 있는 운영체
제가 패키지화된 소프트웨어 버전을 제고한다면 웹 설치자를 실행하는 대신 패키
지를 설치하는 것을 더 선호하는 게 보통이다. 패키지는 추적하고 갱신하거나 제

---

2. 이 명령들은 모두 어떤 URL의 내용을 로컬 파일에 다운로드하거나 표준 출력(standard output)에 프린트하는 간단한 HTTP
   클라이언트다.

거하기 쉽다(반면 대부분의 OS 레벨 패키지들이 오래되고 가장 최신 버전의 소프트웨어로 갱신되지 못할 수 있다).

부트 스크립트의 URL이 안전한지, 즉 https:로 시작되는지를 항상 조심해야 한다. 비보안 HTTP는 쉽게 해킹 당할 수 있으며 해커들은 시스템 관리자가 루트 권한으로 실행할 가능성이 높은 설치 URL에 대해 특별한 관심을 갖고 있다. 그와는 대조적으로 HTTPS는 암호화된 신뢰 체인chain of trust을 통해 서버의 정체성을 검증한다. 완전무결하지는 않지만 충분히 신뢰할 만하다고 할 수 있다.

일부 업체는 HTTP 설치 URL를 HTTPS 버전으로 자동 리다이렉트redirect시키는데, 이런 방법은 사실상 직접적인 HTTP보다 더 안전하다고 할 수 없기 때문에 부질없는 짓이다. 초기의 HTTP 교환를 가로채지 못하게 막을 방법이 없기 때문에 업체가 제공하는 자동 리다이렉트까지 가지도 못할 것이다. 하지만 그런 전환이 존재한다는 것은 불안전한 URL로 돼 있는 http를 여러분이 직접 https로 대체하려는 시도를 해볼 만하다는 것을 의미한다. 대부분 잘 작동할 것이다.

셸은 표준 입력standard input을 통해 스크립트 텍스트를 받는다. 이런 특성을 이용해 다음과 같이 간단한 온라인 설치 절차를 만들 수 있다.

```
$ curl -L https://badvendor.com | sudo sh
```

하지만 이런 방법은 curl이 (일시적인 네트워크 결함 등의 문제로) 스크립트 일부를 출력하다가 실패하는 경우에도 여전히 루트 셸이 실행되고 있다는 점에서 잠재적인 문제를 안고 있다. 최종 결과를 예측할 수 없으므로 잠재적으로 좋지 않은 것이다.

이런 원인에 기인하는 문제들에 대한 문서화된 사례까지는 모른다. 그렇기는 하지만 이 문제는 매우 개연성이 높은 고장 유형failure mode이다. 더 중요한 것은 파이프pipe를 통해 curl의 출력을 셸로 넘기는 것이 마치 기본적인 초보자 실수처럼 시스템을 집단 무의식 상태에 빠지게 할 수 있다는 점이다. 이 방법을 꼭 써야만 한다면 최소한 은밀하게 하는 게 좋다.

해결책은 간단하다. 스크립트를 임시 파일에 저장한다. 그런 다음 다운로드가 성공적으로 완료된 후에 스크립트를 따로 실행하면 된다.

1.11 호스팅 장소

운영체제와 소프트웨어는 사설 데이터 센터, 코로케이션^{co-location} 시설, 클라우드 플랫폼 또는 이들이 결합된 형태로 호스팅될 수 있다. 급성장하고 있는 스타트업 회사들은 클라우드를 선택한다. 안정적으로 체계가 잡힌 기업들은 기존의 데이터 센터를 갖고 내부적으로 사설 클라우드^{private cloud}를 운용하고 싶어 한다.

새로운 프로젝트를 위한 가장 실용적인 선택이면서 우리가 추천하는 것은 공개 클라우드^{public cloud} 공급자다. 이런 시설들은 데이터 센터에 비해 상당히 많은 이점이 있다.

- 자본이 필요 없으며 초기 운영비가 저렴하다.
- 하드웨어 설치, 보안, 관리가 필요 없다.
- 저장 용량, 대역폭, 컴퓨팅 성능을 필요에 따라 조정할 수 있다.
- 데이터베이스, 로드밸런서^{load balancer}, 큐^{queue}, 모니터링 등과 같은 공통적인 부가 기능을 위해 사전 준비된 솔루션이 있다.
- 가용성 높고 풍부한 자원의 시스템을 적은 비용으로 간단히 구현할 수 있다.

초기의 클라우드 시스템은 보안과 성능 면에서 취약하다는 평판을 얻었지만 이제 더는 걱정거리가 아니다. 요즘에는 대부분의 시스템 관리 작업이 클라우드에서 이뤄진다. 이와 관련된 전반적인 내용은 9장에서 소개한다.

우리가 선호하는 클라우드 플랫폼은 이 분야의 선구자 아마존 웹 서비스^{AWS, Amazon Web Service}다. 선도적인 기술 연구 회사인 가트너^{Gartner}는 AWS의 규모가 다른 모든 경쟁사를 합친 것의 10배나 된다고 밝혔다. AWS는 급속도로 기술 혁신을 이루고 있으며 다른 어떤 공급자들보다 훨씬 광범위한 종류의 서비스를 제공하고 있다. 그뿐 아니라 훌륭한 고객 지원 서비스로 좋은 평판을 얻었으며 대규모의 열성적 커뮤니티를 지원하고 있다. AWS는 1년간의 저성능 클라우드 서버 사용을 포함해 처음 체험하는 고객들을 위한 무료 서비스를 제공한다.

구글 클라우드 플랫폼^{GCP}은 자사 제품의 개선과 홍보에 매우 적극적이다. 일부에서는 구글의 기술이 다른 공급자들과 맞지 않는다고 주장한다. 지금까지 GCP의 성장이 느렸는데, 여기에는 대중적 상품에 대한 지원을 중단한 구글의 평판에도 일부 원인이 있다. 하지만 구글은 고객 친화적인 가격 정책과 독창적인 기능들로 차별화를 내세우고 있다.

디지털오션^{DigitalOcean}은 고성능을 목표로 내세운 더욱 단순한 서비스다. 이 서비스의 목표 시장은 간결한 API, 낮은 가격, 엄청나게 빠른 부팅으로 개발자들에게 구애하고 있다. 디지털오션은 오픈소스 소프트웨어의 강력한 지지자로서 그들이 만든 대중적인 인터넷 기술용 튜토리얼과 가이드는 가장 많이 활용되고 있다.

1.12 전문화와 인접 분야

시스템 관리자는 외부와 단절된 진공 속에 있는 게 아니다. 전문가 팀은 복잡한 네트워크 구축과 유지 관리를 위해 존재한다. 기술이나 관점에 있어 시스템 관리자에게 기대되는 역할을 알아보자. 일부 관리자는 한 개 이상의 영역에서 전문성을 취득하고자 한다.

시스템 관리자로서 또는 이런 영역에서 일하는 전문가로서 목표는 소속된 조직의 목표를 달성하는 것이다. 일이 진행되는 과정을 방해하는 정책이나 조직을 수립하는 것을 피해야 한다. 뛰어난 시스템 관리자는 문제를 해결하고 정보를 타인과 자유롭게 공유한다.

데브옵스

데브옵스^{DevOps}는 특별한 기능이라기보다는 일종의 문화나 운영 철학에 가깝다. 그 목표는 소프트웨어 제작과 유통의 효율성을 높이는 것이다. 특히 서로 밀접한 관계에 있는 많은 서비스와 팀으로 구성된 대형 사이트를 대상으로 한다. 데브옵스를 실천하고 있는 조직은 엔지니어링 팀 간의 통합을 고취하며 개발과 운영 사이의 경계를 거의 두지 않는다. 이 영역에서 일하는 전문가가 비효율적인 절차를 발견해 조그만 셸 스크립트나 크고 다루기 힘든 셰프^{Chef} 저장소로 대체한다.

사이트 신뢰성 엔지니어

사이트 신뢰성 엔지니어^{SRE, Site Reliability Engineer}는 다른 무엇보다도 시스템 가동 시간과 정확도를 평가한다. 네트워크 모니터링, 소프트웨어 제품 배포, 호출 임무 수행, 증설 계획 수립, 정전 복구 등 모든 것이 이런 가용성 전사들의 왕국 안에 놓여 있다. 단일 장애 지점은 신뢰성 엔지니어에겐 천벌과도 같은 재앙이다.

보안 운영 엔지니어

보안 운영^{SecOps, Security Operations} 엔지니어는 정보 보안 프로그램의 실무적이고 일상적인 면에 중점을 둔다. 이들은 취약점을 탐색하는 도구들을 설치해 운용하고 네트워크상의 공격을 모니터링한다. 또한 방어와 탐지 기술의 효과성을 측정하고자 공격 시뮬레이션에 참여하기도 한다.

네트워크 관리자

네트워크 관리자^{Network Administrator}는 네트워크의 설계, 설치, 환경설정, 운영을 담당한다. 데이터 센터를 운영하고 있는 사이트에서 주로 네트워크 관리자를 고용한다. 그런 시설에서는 관리를 필요로 하는 다양한 물리적 스위치, 라우터, 방화벽 등의 장치들을 보유하기 때문이다. 클라우드 플랫폼도 다양한 네트워킹 옵션을 제공하긴 하지만 대부분의 일을 공급자가 처리하기 때문에 대개 시스템 관리를 전담하는 사람을 필요로 하지 않는다.

데이터베이스 관리자

데이터베이스 관리자^{DBA, DataBase Administrator}는 데이터베이스 소프트웨어를 설치하고 관리하는 전문가를 말한다. 데이터베이스 스키마^{schema}를 관리하고 설치와 갱신을 수행하며, 클러스터링을 구성하고 성능 최적화를 위해 설정을 조정할 뿐 아니라 사용자들이 효율적인 질의^{query}을 작성하도록 돕는다. DBA는 보통 한 가지 이상의 질의에 능숙하고 관계형^{relational}과 비관계형 NoSQL 데이터베이스를 모두 다룰 줄 아는 경험이 풍부한 귀재들이다.

네트워크 운영 센터 엔지니어

네트워크 운영 센터[NOC, Network Operations Center] 엔지니어들은 대형 사이트의 상황을 실시간으로 모니터링하면서 사건이나 사고를 추적하는 일을 한다. 그들은 사용자로부터 접수된 문제들을 해결하고 정기적인 업그레이드를 수행하며, 다른 팀들 사이에 발생하는 일을 조정한다. 그래프와 수치가 표시된 모니터 벽을 주시하고 있는 그들의 모습을 종종 볼 수 있다.

데이터 센터 기사

데이터 센터 기사[Data Center Technician]는 하드웨어를 담당한다. 새 장비를 수령해 재고 상태[inventory]와 생애 주기[life cycle]를 추적하며 서버를 랙에 설치, 케이블 연결, 전원 및 공기 상태 유지 관리 등 데이터 센터에서 매일 발생하는 일상적인 작업을 수행한다. 시스템 관리자와 마찬가지로 데이터 센터 기사도 커피, 카페인이 함유된 부드러운 음료, 술로 매수해 친한 친구로 만들고 싶어 하는 대상이다.

설계자

시스템 설계자[system architect]는 한 가지 이상의 영역에서 깊은 전문성을 갖고 있는 사람으로, 자신의 경험을 활용해 분산 시스템을 설계한다. 그들의 직무 규정에는 시큐리티 존[security zone]과 세그먼테이션[segmentation]의 정의, 단일 장애 지점 제거, 미래를 위한 증설 계획 수립, 다중 네트워크 간의 접속 보장, 서드파티 및 사이트 전반에 걸친 의사결정 등이 포함돼 있다. 뛰어난 설계자는 기술적으로 능숙하며 대개는 자신의 설계를 구현하고 테스트하는 걸 선호한다.

1.13 추천 자료

Abbott, Martin L., Michael T. Fisher. The Art of Scalability: Scalable Web Architecture, Processes, and Organizations for the Modern Enterprise (2nd Edition). Addison-Wesley Professional, 2015.

Gancarz, Mike. Linux and the Unix Philosophy. Boston: Digital Press, 2003.

ALimoncelli, Thomas A., Peter Salus. The Complete April Fools' Day RFCs. Peer-to-Peer Communications LLC. 2007. 엔지니어링 유머. 이 문서는 rfc-humor.com 에서 무료 온라인으로 읽을 수 있다.

Raymond, Eric S. The Cathedral & The Bazaar: Musings on Linux and Open Source by an Accidental Revolutionary. Sebastopol, CA: O'Reilly Media, 2001.

H Salus, Peter H. The Daemon, the GNU & the Penguin: How Free and Open Software is Changing the World. Reed Media Services, 2008. 유닉스의 가장 유명한 역사가가 쓴 이 매혹적인 오픈소스 운동 역사책은 CCL 라이선스로 groklaw.com 에서도 구할 수 있다. 이 책 자체의 URL은 꽤 길므로 groklaw.com에 현재 게시된 링크를 찾아보거나 압축된 링크 tinyurl.com/d6u7j를 시도해보기 바란다.

Siever, Ellen, Stephen Figgins, Robert Love, Arnold Robbins. Linux in a Nutshell (6th Edition). Sebastopol, CA: O'Reilly Media, 2009.

시스템 관리와 데브옵스

Kim, Gene, Kevin Behr, and George Spafford. The Phoenix Project: A Novel about IT, DevOps, and Helping Your Business Win. Portland, OR: IT Revolution Press, 2014. 현대 IT 조직을 운영하는 데 필요한 철학과 사고방식에 관한 안내서로, 서술 체로 작성된 고전 명작이다.

Kim, Gene, Jez Humble, Patrick Debois, and John Willis. The DevOps Handbook: How to Create World-Class Agility, Reliability, and Security in Technology Organizations. Portland, OR: IT Revolution Press, 2016.

Limoncelli, Thomas A., Christina J. Hogan, and Strata R. Chalup. The Practice of System and Network Administration (2nd Edition). Reading, MA: Addison-Wesley, 2008. 시스템 관리의 정책 및 절차적 관점에 특히 집중해서 다룬 좋은 책이다. 작 가는 everythingsysadmin.com에서 시스템 관리 블로그를 운영하고 있다.

Limoncelli, Thomas A., Christina J. Hogan, and Strata R. Chalup. The Practice of Cloud System Administration. Reading, MA: Addison-Wesley, 2014. 바로 앞의 책과 같은 작가가 쓴 것이며 현재 분산 시스템과 클라우드 컴퓨팅에 집중하고 있다.

핵심 도구

Blum, Richard, and Christine Bresnahan. Linux Command Line and Shell Scripting Bible (3rd Edition). Wiley, 2015.

Dougherty, Dale, and Arnold Robins. Sed & Awk (2nd Edition). Sebastopol, CA: O'Reilly Media, 1997. 반드시 갖춰야 할 강력한 텍스트 처리기인 sed와 awk에 관한 고전적인 오라일이 책이다.

Kim, Peter. The Hacker Playbook 2: Practical Guide To Penetration Testing. CreateSpace Independent Publishing Platform, 2015.

Neil, Drew. Practical Vim: Edit Text at the Speed of Thought. Pragmatic Bookshelf, 2012.

Shotts, William E. The Linux Command Line: A Complete Introduction. San Francisco, CA: No Starch Press, 2012.

Sweigart, Al. Automate the Boring Stuff with Python: Practical Programming for Total Beginners. San Francisco, CA: No Starch Press, 2015.

2 부팅과 시스템 관리 데몬

'부팅^{booting}'은 '컴퓨터의 시동'을 의미하는 표준 용어로, 컴퓨터는 "혼자 힘으로 스스로 일어나야 한다."는 개념에서 비롯된 '부트스트래핑^{bootstrapping}'을 줄인 말이다.

부트 프로세스는 몇 가지 폭넓게 정의된 작업으로 구성된다.

- 부트스트랩 코드를 찾아 로딩한 후 실행하는 작업
- OS 커널을 찾아 로딩한 후 실행하는 작업
- 시작 스크립트와 시스템 데몬^{daemon}을 실행하는 작업
- 프로세스 상태를 유지하고 시스템 상태 변화를 관리하는 작업

마지막 항목에 포함된 작업들은 시스템이 살아 있는 동안 계속 유지돼야 하는 일이므로 부트스트랩과 정상적인 운영을 구분하는 경계는 약간 모호하기 마련이다.

2.1 부트 프로세스 개요

시스템 시동 절차는 최근 몇 년간 많이 바뀌었다. 현대식 바이오스^{BIOS}, 즉 UEFI에서
는 적어도 개념상으로 부팅 초기 단계가 더욱 단순화됐다. 그 이후 단계는 대부분의
리눅스 배포판이 전통적인 유닉스 init 대신 systemd라는 시스템 관리자 데몬을 사
용하고 있다. 특히 systemd는 의존성 관리를 추가해 부트 프로세스를 능률적으로
만들며 스타트업 프로세스들의 병행 실행과 종합적인 로깅^{logging} 체계를 지원한다.

시스템이 클라우드로 통합돼 감에 따라 부트 관리도 변화됐다. 가상화^{virtualization},
클라우드 인스턴스^{cloud instance}, 컨테이너화^{containerization}를 지향하는 추세로 말미암
아 시스템 관리자들이 물리적 하드웨어를 직접 다룰 필요가 줄어들고 있다. 대신
이미지 관리, API, 컨트롤 패널을 다루게 된다.

부트스트랩이 진행되는 동안 커널은 메모리에 로딩돼 실행을 시작한다. 여러 가
지 초기화 작업이 수행되고 나서 시스템은 사용자들이 사용할 수 있는 상태가 된
다. 그림 A는 이 과정의 전체적인 개요를 보여준다.

그림 A 리눅스와 유닉스 부트 프로세스

시스템을 부팅하는 데 필요한 대부분의 단계에서 시스템 관리자가 상호작용하며
직접 제어할 일은 거의 없다. 대신 시스템 관리자는 시스템 시동 스크립트용 config
파일을 편집하거나 부트 로더가 커널에 넘겨주는 인수를 변경함으로써 부트스트
랩 구성을 바꿀 수 있다.

시스템 부팅이 완전히 끝나기 전에 파일 시스템 점검과 마운트가 완료되고 시스

템 데몬들이 시작돼야 한다. 이 과정은 '초기 스크립트$^{init\ script}$'라 불리는 일련의 셸 스크립트, 또는 init에 의해 순차적으로 실행되거나 systemd가 파싱^{parsing}하는 유닛^{unit} 파일들에 의해 관리된다. 시동 스크립트의 구체적인 구성과 실행되는 방법은 시스템에 따라 다르다. 이는 이번 장의 뒷부분에서 자세히 다룬다.

2.2 시스템 펌웨어

시스템의 전원이 켜지면 CPU는 ROM에 저장된 부트 코드를 실행하도록 하드웨어 설계가 돼 있다. 가상 시스템에서는 이 'ROM'이 가상적인 것일 수 있지만 개념은 동일하다.

시스템 펌웨어는 SATA 컨트롤러, 네트워크 인터페이스, USB 컨트롤러, 전원 및 온도 센서와 같이 마더보드에 존재하는 모든 장치에 관해 잘 알고 있는 것이 일반적이다.[1] 펌웨어는 이러한 장치들의 하드웨어적 구성뿐 아니라 그것들을 운영체제에 노출시킬 것인지 또는 비활성화시키거나 숨길 것인지 선택할 수 있게 해준다.

가상의 반대되는 개념으로, 물리적 하드웨어에서는 대부분의 펌웨어가 사용자 인터페이스를 제공한다. 하지만 이런 인터페이스는 일반적으로 투박하고 다루기가 까다롭다. 컴퓨터와 콘솔의 제어가 필요하고 전원을 켜자마자 특정 키를 눌러야만 한다. 불행히도 어떤 키를 매직키로 사용하느냐는 제조사마다 다르다. 시스템 전원을 켜자마자 잠깐 나타나는 한 줄의 아리송한 명령을 여러분이 알아볼 수 있을지 의문이다.[2] 그렇지 않다면 Delete 키, Control 키, F6/F8/F10/F11 키를 눌러봐야 한다. 성공 가능성을 높이고자 키를 여러 번 두드린 후 누른 상태로 기다려 본다.

정상적인 부트스트랩이 진행되는 동안에는 시스템 펌웨어가 하드웨어와 디스크를 탐지해서 간단한 점검을 수행한 후 다음 단계의 부트스트랩 코드를 찾는다. 펌웨어 UI를 이용하면 선택할 수 있는 부트 장치들을 우선순위에 나열함으로써 부트 장치를 지정할 수 있다(예를 들면 "DVD 드라이브에서 부팅을 시도하라. DVD가 없다면 다음으로 USB 드라이브를, 그 다음으로 하드디스크를 찾아보라."는 식으로 목록을 만들 수 있다).

---

1. 가상 시스템은 이런 장치들을 똑같이 갖고 있는 것처럼 흉내 낸다.
2. 모니터의 전원 관리 기능을 일시적으로 끄는 것이 도움 될 수 있다.

대부분 경우 시스템의 디스크 드라이브는 두 번째 우선순위 목록에 있다. 특정 드라이브에서 부팅하고자 할 때는 해당 드라이브를 우선순위가 가장 높은 디스크로 설정하고 '하드디스크'가 부트 매체로 활성화돼 있는지 확인해야 한다.

바이오스와 UEFI

전통적인 PC 펌웨어는 기본 입출력 시스템^{Basic Input/Output System}의 줄임말인 바이오스^{BIOS}로 불린다. 하지만 지난 10년 동안 바이오스는 더욱 체계적이고 현대적인 표준통합 확장 펌웨어 인터페이스^{UEFI, Unified Extensible Firmware Interface}로 대체됐다. UEFI는 종종 'UEFI 바이오스'로 표현되기도 하는데, 여기서는 명확한 구분을 위해 바이오스라는 용어는 옛날 표준만을 의미하는 것으로 한정하겠다. UEFI가 구현된 시스템일지라도 부팅되는 운영체제가 UEFI를 지원하지 않는다면 옛날 바이오스 구현으로 분류될 수 있다.

UEFI는 초창기 표준이었던 EFI의 최신 개정판이다. EFI라는 이름은 일부 오래된 문서뿐만 아니라 'EFI 시스템 파티션'과 같이 표준 용어에서도 끈질기게 사용되고 있다. 기술적으로 명확하게 적시해야 하는 상황만 아니라면 이 용어들은 같은 것으로 간주해도 무방하다.

최근에 나온 새 PC 하드웨어는 UEFI 지원이 매우 일반적이지만 현장에는 여전히 많은 바이오스 시스템이 남아 있다. 게다가 가상 환경에서는 하부 부트 메커니즘으로 바이오스를 종종 채택하기 때문에 아직은 바이오스가 멸종 위기에 있다고 볼 수는 없다.

바이오스를 무시하고 UEFI에 대해서만 얘기하고 싶겠지만 앞으로 몇 년간은 두 종류 시스템을 모두 접하게 될 가능성이 높다. UEFI도 옛날 바이오스 체제에 여러 가지를 적용해서 만든 것인 만큼 바이오스에 대한 지식은 UEFI 문서를 이해하는 데 큰 도움이 될 것이다.

레거시 바이오스

전통적인 레거시 바이오스는 부트 장치가 MBR^{Master Boot Record}이라 불리는 하나의

레코드로 시작된다고 가정한다. MBR에는 하나의 1단계 부트 로더('부트 블록^{boot}

block'이라 알려진)와 하나의 기본 디스크 파티션 테이블이 포함돼 있다. 부트 로더에

허용된 공간은 너무 작아 (512바이트 이하) 2단계 부트 로더를 로딩해서 실행하는

것 외에는 다른 일을 할 수 없다.

부트 블록이든 바이오스든 표준 파일 시스템을 읽어낼 만큼 복잡한 코드가 아니

기 때문에 2단계 부트 로더를 찾기 쉬운 위치에 갖고 있어야 한다. 한 가지 전형적

인 방법은 부트 블록이 MBR에서 파티션 정보를 읽어내 '활성^{active}'으로 표시된 디스

크 파티션을 찾는 것이다. 그리고 그 파티션이 시작되는 곳에 있는 2단계 부트 로

더를 읽어 실행시키면 된다. 이런 체계를 볼륨 부트 레코드^{volume boot record}라고 한다.

또 다른 방법은 MBR과 첫 번째 디스크 파티션이 시작되는 곳의 중간에 있는 데드

존^{dead zone}에 2단계 부트 로더를 배치하는 것이다. 전통적인 이유로 첫 파티션은 64

번째 디스크 블록에서 시작되므로 데드존은 최소한 32KB(1 디스크 블록 = 512바이

트, 64 블록 × 512바이트 = 32KB)의 저장 공간을 차지한다. 그렇게 크지는 않지만 파

일 시스템 드라이버를 저장하는 데는 충분한 공간이다.

이런 저장 체계는 GRUB 부트 로더에서 널리 사용된다. 실제로 성공적인 부팅이

이뤄지려면 부트 체인의 모든 요소가 적절히 설치되고 서로 호환돼야 한다. MBR

부트 블록은 OS와 상관없지만 2단계 로더를 위한 특정 위치를 가정하고 있기 때문

에 여러 버전이 있을 수 있다. 일반적으로 2단계 로더는 자신이 지원할 수 있는 여

러 가지 운영체제와 파일 시스템에 대해 알고 있으며 보통 자체적인 환경설정 옵

션을 갖고 있다.

UEFI

UEFI 사양에는 GPT^{GUID Partition Table}라 불리는 현대식 디스크 파티션 체계가 포함돼

있다. 여기서 GUID는 '전역 고유 식별자^{Global Unique Identifier}'를 의미한다. 또한 UEFI

는 MS-DOS에서 시작된 단순하면서도 기능적인 FAT^{File Allocation Table} 파일 시스템을

이해한다. 이런 기능들은 EFI 시스템 파티션^{ESP, EFI System Partition} 개념을 정의하고자

결합된 것이다. 부팅할 때 펌웨어는 ESP를 식별하고자 GPT 파티션 테이블을 참조

한다. 그러고 나서 ESP에 있는 한 파일에서 설정된 목표 애플리케이션을 직접 읽어 실행한다.

ESP는 일반적인 FAT 파일 시스템이기 때문에 어떤 운영체제든 마운트, 읽기, 쓰기, 유지 관리가 가능하다. 디스크 어디에도 '미심쩍은 고기' 같은 부트 블록을 갖다 놓을 필요가 없다.[3]

사실상 기술적으로는 어떤 부트 로더도 요구되지 않는다. UEFI 부트 타깃은 UEFI가 직접 로딩할 수 있게 구성된 유닉스나 리눅스 커널일 수 있다. 따라서 로더 없는 부트스트랩 효과를 얻을 수 있다. 그럼에도 실제 환경에서는 대부분의 시스템이 여전히 부트 로더를 사용하고 있다. 전통 바이오스와 호환성 유지를 더 쉽게 할 수 있다는 이유 때문이다.

UEFI는 ESP에서 로드할 경로명을 환경설정 매개변수로 저장한다. 설정된 매개변수가 없다면 표준 경로를 사용하는데, 신형 인텔 시스템에서는 보통 /efi/boot/bootx64.efi로 돼 있다. 우분투 GRUB 부트 로더의 전형적인 경로명은 /efi/ubuntu/grubx64.efi다. 다른 배포판에서도 유사한 형식을 따른다.

UEFI는 시스템 하드웨어 접근용 표준 API를 정의한다. 이런 점에서는 UEFI가 그 자체로서 하나의 작은 운영체제이기도 하다. UEFI 수준의 부가적인 장치 드라이버를 제공하기까지 한다. 이런 드라이브는 프로세서와 무관한 독립적 언어로 작성되며 ESP 안에 저장된다. 운영체제들은 UEFI 인터페이스를 사용할 수도 있고 하드웨어를 직접 제어할 수도 있다.

UEFI는 공식적인 API을 갖고 있기 때문에 실행 중인 시스템에서 부팅 메뉴 항목을 포함해 UEFI 변수들을 테스트하거나 수정할 수 있다. 예를 들면 efibootmgr -v 명령은 다음과 같이 부팅 환경설정을 보여준다.

```
$ efibootmgr -v
```

---

3. 사실 UEFI는 바이오스 시스템과의 상호운용을 편리하게 하고자 MBR 호환 레코드를 각 디스크의 시작 부분에 배치한다. 바이오스 시스템은 GPT 방식의 파티션 테이블을 모두 볼 수는 없지만 최소한 디스크가 포맷돼 있다는 것은 인식할 수 있다. MBR용 관리 도구를 GPT 디스크에서 실행하지 않도록 유의한다. 그런 도구들은 디스크 레이아웃을 이해하지 못함에도 이해하는 것으로 간주해 잘못 해석할 수 있다.

```
BootCurrent: 0004
BootOrder: 0000,0001,0002,0004,0003
Boot0000* EFI DVD/CDROM PciRoot(0x0)/Pci(0x1f,0x2)/Sata(1,0,0)
Boot0001* EFI Hard Drive PciRoot(0x0)/Pci(0x1f,0x2)/Sata(0,0,0)
Boot0002* EFI Network PciRoot(0x0)/Pci(0x5,0x0)/MAC(001c42fb5baf,0)
Boot0003* EFI Internal Shell MemoryMapped(11,0x7ed5d000,0x7f0dcfff)/
    FvFile(c57ad6b7-0515-40a8-9d21-551652854e37)
Boot0004* ubuntu HD(1,GPT,020c8d3e-fd8c-4880-9b61-
    ef4cffc3d76c,0x800,0x100000)/File(\EFI\ubuntu\shimx64.efi)
```

efibootmgr을 이용해 부팅 순서를 바꾸거나 다음으로 설정된 부팅 옵션을 선택할
수 있으며 부팅 항목을 새로 만들거나 제거할 수도 있다. 예를 들어 네트워크 부팅
을 시도하기 전에 시스템 드라이브를 먼저 시도하도록 부팅 순서를 설정하고 다
른 부팅 옵션은 무시하게 만들려면 다음과 같은 명령을 사용할 수 있다.

```
$ sudo efibootmgr -o 0004,0002
```

위의 결과에서 얻은 Boot0004와 Boot0002를 옵션으로 지정하고 있다. 사용자 공간
User space에서 UEFI 환경설정을 변경할 수 있다는 것은 펌웨어의 환경설정 정보가
읽고 쓸 수 있게 마운트돼 있다는 것을 의미하며 이는 축복이자 저주다. 기본적으
로 쓰기 권한을 허용하는 시스템에서는 보통 systemd 데몬이 있다, rm -rf / 명령
하나로 펌웨어 레벨에서 시스템을 영구히 파괴할 수 있다. rm은 파일을 삭제할 뿐
아니라 /sys를 통해 접근할 수 있는 변수들과 UEFI 정보도 삭제한다.[4]

2.3 부트 로더

대부분의 부트스트랩 과정에는 바이오스/UEFI나 OS 커널과는 완전 별개인 부트
로더boot loader의 실행이 포함돼 있다. 한 단계씩 진행하다 보면 부트 로더는 바이오
스 시스템의 초기 부트 블록과도 별개임을 알 수 있다.

부트 로더의 주된 작업은 해당 운영체제 커널을 찾아 로드하는 것이다. 대부분의

---

4. 더 자세한 내용은 goo.gl/QMSiSG(포로닉스(Phoronix) 기사 링크) 참고

부트 로더는 실행할 수 있는 여러 개의 커널이나 운영체제 중에서 하나를 선택할 수 있도록 부트타임 사용자 인터페이스를 제공할 수도 있다.

부트 로더에 부여된 또 다른 작업은 커널용 환경설정 인수들을 결집해 놓는 것이다. 커널은 커맨드라인 자체를 갖고 있지 않지만 커널이 시작 옵션을 다루는 방법은 셸과 매우 닮았다. 예를 들면 single이나 -s 인수는 커널에게 정상적인 부트 프로세스를 수행하지 말고 단일 사용자 모드$^{single-user\ mode}$로 들어가라고 전한다.

부팅할 때마다 이런 옵션들을 사용하길 원한다면 부트 로더의 환경설정 파일 안에 고정시켜 놓을 수도 있고, 부트 로더의 UI를 통해 실행 시에 제공할 수도 있다.

이제부터는 GRUB(리눅스의 지배적인 부트 로더)와 FreeBSD에서 사용되는 부트 로더에 대해 알아보자.

2.4 GRUB: GRand Unified Boot loader

 GNU 프로젝트에 의해 개발된 GRUB은 대부분의 리눅스 배포판에 포함된 기본 부트 로더다. GRUB의 계통은 크게 두 가지로 나뉜다. 하나는 오리지널 GRUB으로서 요즘은 GRUB 레거시라 부르고, 다른 하나는 따끈따끈한 최신 GRUB 2로, 현재의 표준이다. 두 버전은 상당히 다르기 때문에 자신이 사용하고 있는 GRUB이 어떤 버전인지 반드시 확인해야 한다.

우분투에서는 버전 9.10부터 GRUB 2를 기본 부트 관리자로 사용해 왔으며 최근에는 RHEL 7도 GRUB 2를 기본 부트 관리자로 채택했다. 이 책에서 보여주는 리눅스 배포판 사례는 모두 GRUB 2를 기본으로 사용한다. 이 책에서는 GRUB 2만을 다룰 것이기 때문에 GRUB 2를 GRUB으로 부르겠다.

FreeBSD는 자체적인 부트 로더를 갖고 있다. 하지만 GRUB도 FreeBSD를 완벽하게 부팅할 수 있다. 이 점은 하나의 컴퓨터에서 여러 가지 운영체제를 부팅하려고 할 때 매우 유리하다. 다중 운영체제를 사용하는 경우가 아니라면 FreeBSD 부트 로더만으로도 충분하다.

GRUB의 환경설정

GRUB은 '부트할 커널', '부팅 동작 모드'와 같은 매개변수들을 각각 하나의 GRUB '메뉴 항목menu entry'으로 지정할 수 있게 해준다.

이런 환경설정 정보는 부팅할 때 필요한 것이기 때문에 이 정보들이 시스템 NVRAM이나 부트 로더용 디스크 블록과 같은 어떤 특별한 곳에 저장돼 있을 것이라 생각할 것이다. 사실 GRUB은 널리 사용되는 대부분의 파일 시스템을 이해하며 자체적으로 루트 파일 시스템을 찾아내 읽을 수 있다. 이런 기술 덕분에 GRUB은 일반 텍스트 파일에서 환경설정을 읽을 수 있다.

환경설정 파일은 grub.cfg로 불리며 보통은 /boot/grub(레드햇과 센트OS에서는 /boot/grub2)에 있다. 이 디렉터리에는 GRUB이 부팅 때 필요로 하는 다른 자원과 코드 모듈들도 함께 있다.[5] 부트 환경설정을 변경한다는 것은 결국 grub.cfg 파일을 업데이트하는 일에 불과하다.

grub.cfg 파일은 직접 작성할 수도 있지만 **grub-mkconfig** 유틸리티를 이용해 생성하는 것이 일반적이다. 이 유틸리티는 레드햇과 센트OS에서는 **grub2-mkconfig**로 불리며 데비안과 우분투에서는 **update-grub**으로 래핑wrapping돼 있다. 사실 대부분의 배포판은 grub.cfg를 언제든지 다시 생성해도 된다고 가정하고 있기 때문에 업데이트 후에 자동으로 재생성한다. 이를 방지하지 않는다면 수작업으로 작성한 grub.cfg 파일은 몽땅 지워질 것이다.

리눅스의 모든 부분이 다 그렇듯 각 배포판은 다양한 방법으로 **grub-mkconfig**를 구성한다. 환경설정 내용을 /etc/default/grub 파일에 **sh** 변수 지정 형식으로 기술하는 것이 가장 일반적이다. 표 2.1은 흔히 수정되는 옵션들의 예를 보여준다.

---

5. 유닉스 파일 시스템의 관례를 잘 알고 있다면 /boot/grub이 /var/lib/grub이나 /usr/local/etc/grub과 같이 좀 더 표준처럼 보이는 이름을 사용하지 않았는지 궁금할 것이다. 이는 부팅 때 사용되는 파일 시스템 드라이버가 약간 단순화됐기 때문이다. 부트 로더는 파일 시스템을 탐색할 때 마운트 포인트와 같은 고급 기능을 다룰 수 없다. /boot에 있는 모든 것은 단순한 파일이나 디렉터리여야 한다.

표 2.1 /etc/default/gub의 일반적인 GRUB 환경설정 옵션

셸 변수명	내용과 기능
GRUB_BACKGROUND	배경 이미지[a]
GRUB_CMDLINE_LINUX	리눅스용 메뉴 항목에 추가할 커널 매개변수[b]
GRUB_DEFAULT	기본 메뉴 항목의 개수 또는 타이틀
GRUB_DISABLE_RECOVERY	복구 모드 항목의 생성 금지
GRUB_PRELOAD_MODULES	가장 먼저 로드되는 GRUB 모듈의 목록
GRUB_TIMEOUT	자동 부팅 이전에 부트 메뉴를 표시하는 시간(초)

a. 배경 이미지는 .png, .tga, .jpg, .jpeg 파일이어야 한다.
b. 표 2.3은 여기에 사용할 수 있는 옵션 중 일부를 보여준다.

/etc/default/grub을 편집한 후에는 설정된 환경이 grub.cfg 파일로 변환되도록 update-grub이나 grub2-mkconfig를 실행한다. 환경설정을 만드는 과정의 일부로, 이 명령들은 시스템의 부트 가능한 커널들을 나열함으로써 GRUB 환경설정을 명시적으로 변경하지 않더라도 커널이 변경된 후에 실행될 수 있게 해준다.

/etc/grub.d/40_custom 파일을 편집해 부팅 메뉴에 나열되는 커널 순서를 변경하거나, 부팅 암호를 설정하거나, 부팅 메뉴 항목의 이름을 변경할 수도 있다. 보통은 이러한 편집이 끝나면 update-grub이나 grub2-mkconfig를 실행한다.

예를 들어 우분투 시스템에서 수정된 커널을 호출하는 40_custom 파일을 살펴보자.

```
#!/bin/sh

exec tail -n +3 $0
# 이 파일은 맞춤형 메뉴 항목을 추가하는 쉬운 방법을 제공한다.
# 이 코멘트 뒤에 원하는 메뉴 항목을 추가하기만 하면 된다.
# 위에 있는 'exec tail' 줄 내용을 변경하지 않도록 주의한다.
menuentry 'My Awesome Kernel' {
    set root='(hd0,msdos1)'
    linux   /awesome_kernel root=UUID=XXX-XXX-XXX ro quiet
    initrd /initrd.img-awesome_kernel
}
```

이 예에서 GRUB은 /awesome_kernel에서 커널을 로드한다. 커널 경로는 부트 파티션에 대한 상대 경로다. 부트 파티션은 전통적으로 /boot에 마운트됐지만 UEFI의

발명으로 이제는 마운트되지 않은 EFI 시스템 파티션이 됐다. 현재 디스크를 확인하고 부트 파티션의 상태를 결정하고자 **gpart show**와 **mount** 명령을 사용한다.

GRUB 커맨드라인

GRUB은 부팅 시에 실시간으로 환경설정 파일 항목을 편집할 수 있도록 커맨드라인 인터페이스를 지원한다. 커맨드라인 모드로 들어가려면 GRUB 부트 화면에서 c 키를 누른다.

커맨드라인을 통해, grub.cfg 파일에 나열되지 않은 운영체제를 부팅하거나, 시스템 정보를 표시하거나, 기본적인 파일 시스템 테스트를 수행할 수 있다. grub.cfg를 통해 할 수 있는 모든 일은 커맨드라인에서도 할 수 있다.

사용할 수 있는 명령의 목록을 보려면 Tab 키를 누른다. 표 2.2는 매우 유용한 명령들을 보여준다.

표 2.2 GRUB 명령

명령	기능
boot	지정된 커널 이미지에서 시스템을 부팅한다.
help	명령에 대한 대화형 도움말이다.
linux	리눅스 커널을 로드한다.
reboot	시스템을 재부팅한다.
search	파일, 파일 시스템 레이블, UUID로 장치를 탐색한다.
usb	USB 지원을 테스트한다.

GRUB과 그 커맨드라인 옵션에 대한 자세한 내용은 gnu.org/software/grub/manual에 있는 공식 매뉴얼을 참고하기 바란다.

리눅스 커널 옵션

커널 스타트업 옵션은 커널 매개변수 값을 수정하거나, 커널에게 특정 장치를 탐색하라고 지시하거나, **init** 또는 **systemd** 프로세스에 대한 경로를 지정하거나, 특별한 루트 장치를 지정하고자 사용된다.

표 2.3 커널 부트타임 옵션의 예

옵션	의미
debug	커널 디버깅을 활성화한다.
init=/bin/bash	배시(bash) 셸만 시작한다. 응급 복구 시에 유용하다.
root=/dev/foo	커널에게 /dev/foo를 루트 장치로 사용하라고 지시한다.
single	단일 사용자(single-user) 모드로 부팅한다.

부팅 시에 지정된 커널 옵션들은 계속 유지되지 않는다. 매번 부팅할 때마다 옵션이 영구히 적용되게 하려면 /etc/grub.d/40_custom이나 /etc/defaults/grub 파일의 해당 커널 줄을 수정해야 한다.

보안 패치, 버그 수정, 새로운 기능들은 모두 정기적으로 리눅스 커널에 추가된다. 하지만 일반 소프트웨어 패키지들과는 달리 새로운 커널 릴리스는 예전 커널과 대체되지 않는다. 대신 새 커널을 이전 버전 옆에 나란히 설치함으로써 어떤 문제가 생겼을 때 예전 커널로 되돌아갈 수 있게 해준다.

이런 관례는 부트 메뉴가 점점 옛날 버전 커널로 채워지는 불편은 있지만 커널 패치로 시스템이 망가졌을 때 업그레이드 이전 상태로 되돌리는 데는 큰 도움이 된다. 업데이트 후에 시스템이 부팅되지 않는다면 다른 커널을 골라 시도해본다.

2.5 FreeBSD 부트 프로세스

 FreeBSD의 부트 시스템은 '로더^{loader}'라 불리는 최종 단계 부트 로더가 파일 시스템 기반의 환경설정 파일을 사용하고, 메뉴를 지원하고, 커맨드라인 같은 대화형 모드를 지원한다는 점에서 GRUB과 매우 유사하다. loader는 BIOS와 UEFI 부트 경로 모두에 공통되는 마지막 경로다.

바이오스 경로: boot0

GRUB과 마찬가지로 전체 로더 환경은 MBR 부트 블록에 넣기에는 너무 크기 때문에 바이오스 시스템에서는 기본 부트 로더들을 점차 복잡한 것으로 연결해 최종적으로 로더를 불러 실행시킨다.

GRUB에서는 'GRUB'이라는 이름의 우산 속에 이 모든 요소가 포함돼 있지만 FreeBSD의 초기 부트 로더들은 바이오스에서만 사용되는 boot0라 불리는 별개 시스템의 일부로 존재한다. boot0는 부트 체인의 뒤 단계들을 첫 번째 디스크 파티션 앞이 아닌 볼륨 부트 레코드VBR에 저장하기 때문에 자체적인 옵션을 갖고 있다.

그런 이유로 MBR 부트 레코드는 부트 과정을 계속 진행하고자 사용할 파티션에 대한 포인터를 필요로 한다. 일반적으로 이 모든 일은 FreeBSD 설치 과정의 일부인 것처럼 자동으로 설정된다. 환경설정을 조정해야만 한다면 boot0cfg 명령을 이용한다.

UEFI 경로

UEFI 시스템에서 FreeBSD는 EFI 시스템 파티션을 생성해 그곳의 /boot/bootx64. efi에 부트 코드를 설치한다.[6] 이곳은 부트타임 때 UEFI 시스템이 기본으로 점검하는 경로이므로 장치 부트 우선순위가 적절히 설정됐는지를 확인한 것 외에는 어떤 펌웨어 레벨의 환경설정도 요구하지 않는다.

FreeBSD에서는 부팅 후에 EFI 시스템 파티션의 마운트를 지속하지 않는 것이 기본값이다. 이를 확인하고자 gpart 명령으로 파티션 테이블을 조사해볼 수 있다.

```
$ gpart show
=>          40  134217648  ada0  GPT (64G)
            40       1600     1  efi (800K)
          1640  127924664     2  freebsd-ufs (61G)
     127926304    6291383     3  freebsd-swap (3.0G)
     134217687          1     -  free - (512B)
```

ESP 내용을 보고 싶다면 mount의 -t msdos 옵션을 이용해 ESP를 마운트할 수 있지만 사실상 파일 시스템 전체가 루트 디스크에 있는 /boot/boot1.efifat 이미지의 복제에 지나지 않는다. ESP 내부에는 사용자에게 서비스되는 부분이 전혀 없다.

---

6. EFI 시스템 파티션의 /boot 디렉터리와 FreeBSD 루트 파일 시스템의 /boot 디렉터리를 혼동하지 않도록 주의한다. 물론 둘 다 부트스트랩과 관련이 있지만 그들은 서로 별개며 사용 목적도 다르다.

ESP 파티션이 손상되거나 제거됐을 때는 **gpart**로 파티션을 설정한 후 **dd**를 이용해 파일 시스템 이미지에 복사함으로써 ESP 파티션을 다시 생성할 수 있다.

```
$ sudo dd if=/boot/boot1.efifat of=/dev/ada0p1
```

1단계 UEFI 부트 로더가 freebsd-ufs[7] 타입의 파티션을 발견하면 /boot/loader.efi에서 UEFI 버전의 **loader** 소프트웨어를 로드한다. 그 시점부터 부팅 절차는 바이오스 경우와 똑같이 진행된다. 즉, **loader**가 로딩할 커널을 결정하고 커널 매개변수를 설정한다.

loader 환경설정

loader는 사실 스크립트 환경이며 스크립트 언어는 포스[Forth]다.[8] 한 묶음의 포스 코드가 /boot에 저장돼 있으며 이들이 **loader**의 작동을 제어한다. 하지만 단독self-contained 구조로 설계돼 있어 포스 언어를 배울 필요는 없다.

포스 스크립트는 환경설정 변수의 값을 구하고자 /boot/loader.conf를 실행하므로 수정할 사항이 있다면 이 파일을 편집해야 한다. 이 파일과 /boot/defaults/loader.conf 파일을 혼동해서는 안 된다. 후자는 환경설정 기본값을 갖고 있는 파일이며 수정해서는 안 된다. 다행히도 loader.conf에서 변수 값을 설정하는 구문은 표준 셸의 대입문과 유사하다.

loader와 loader.conf의 맨페이지는 모든 부트 로더 옵션과 그것을 제어하는 환경설정 변수들에 대한 상세한 설명을 제공한다. 그중 흥미로운 것으로는 암호로 부트 메뉴를 보호하는 옵션, 부팅 때 표시되는 시작 화면[splash screen]을 변경하는 옵션, 커널 옵션을 넘겨주는 옵션이 있다.

loader 명령

loader는 다양한 대화형 명령을 이해한다. 예를 들면 다른 커널로 대체해서 부팅

---

7. FreeBSD 버전 10.1 기준으로 ZFS를 UEFI 시스템의 루트 파티션으로 사용할 수 있다.
8. 이 사실은 프로그래밍 언어의 역사에 대해 잘 알고 있는 사람에게는 매우 흥미롭고 주목할 만한 것이다. 그 외에는 별로 중요하지 않다.

하려면 다음과 같은 명령들을 순차적으로 사용한다.

```
Type '?' for a list of commands, 'help' for more detailed help.
OK ls
/
 d .snap
 d dev
...
d rescue
l home
...
OK unload
OK load /boot/kernel/kernel.old
/boot/kernel/kernel.old text=0xf8f898 data=0x124 ... b077]
OK boot
```

이 사례는 기본 루트 파일 시스템의 내용을 표시한 후 기본 커널(/boot/kernel/ kernel)을 언로드^{unload}하고 예전 커널(/boot/kernel/kernel.old)을 로드한 다음 부트 프로세스를 계속 진행시키는 것을 보여준다.

사용할 수 있는 명령에 관한 완전한 문서를 보려면 man loader를 통해 참고하자.

2.6 시스템 관리 데몬

일단 커널이 로드되고 초기화 프로세스가 완료되고 나면 커널의 사용자 공간에 '자발적' 프로세스들을 생성한다. 이 프로세스는 커널이 자체적으로 실행을 시작하기 때문에 '자발적 프로세스'라 부른다. 일반적인 과정에서는 기존 프로세스의 요청에 의해서만 새 프로세스가 생성된다.

자발적 프로세스의 대부분은 실제로 커널 구현의 일부에 해당한다. 자발적 프로세스는 파일 시스템에 있는 프로그램과 대응될 필요는 없다. 그 환경설정을 변경할 수도 없으며 시스템 관리자의 개입을 필요로 하지도 않는다. 자발적 프로세스는 ps 목록에서 확인할 수 있는데, 작은 PID를 갖거나 프로세스명에 괄호가 쳐져 있는 것으로 구별된다(예를 들면 FreeBSD에서는 [pagedaemon], 리눅스에서는 [kdump]).

이런 패턴의 예외로는 시스템 관리 데몬이 있다. 이 프로세스의 ID는 1이며 보통 **init** 아래서 실행된다. 시스템은 **init**에게 몇 가지 특별한 권한을 부여하긴 하지만 대부분은 다른 데몬처럼 사용자 레벨 프로그램에 지나지 않는다.

init의 역할

init의 기능에는 여러 가지가 있지만 주목적은 시스템이 특정 시점에서 올바른 서비스와 데몬을 실행하고 있는지를 확인하는 것이다.

이 목적을 수행하고자 **init**는 시스템이 작동하는 모드[mode] 개념을 사용한다. 일반적으로 정의돼 있는 모드[9]에는 다음과 같은 것들이 있다.

- **단일 사용자 모드**[single-user mode]: 이 모드에서는 최소한의 파일 시스템들만 마운트된다. 어떤 서비스도 실행되지 않으며 루트 셸이 콘솔에서 실행된다.
- **다중 사용자 모드**[multiuser mode]: 이 모드에서는 모든 통상적인 파일 시스템이 마운트되며 윈도우 시스템과 콘솔용 그래픽 로그인 관리자 및 구성된 모든 네트워크 서비스가 시작된다.
- **서버 모드**[server mode]: 멀티유저 모드와 유사하지만 콘솔[console]에서 실행되며 GUI는 실행되지 않는다.

각각의 모드는 하나의 정의된 시스템 서비스들과 결합돼 있으며 초기화 데몬은 시스템의 실제 상태를 활성화된 모드로 옮기고자 서비스를 시작하거나 중지시킨다. 또한 모드는 시작하거나 끝날 때마다 실행시킬 마일포스트[milepost] 태스크를 결합시킬 수 있다.

예를 들면 **init**는 통상적으로 부트스트랩에서 멀티유저 모드로 전환되는 부수적 효과로, 여러 시동 작업을 처리한다. 여기에 해당되는 일들은 다음과 같다.

- 컴퓨터 이름 설정
- 타임존[time zone] 설정
- fsck로 디스크 검사

---

9. 모드 이름이나 설명을 너무 문자 그대로 받아들이지 말길 바란다. 여기서는 대부분 시스템이 여러 가지로 정의하고 있는 일반적인 작동 모드의 예를 든 것에 불과하다.

- 파일 시스템 마운트
- /tmp 디렉터리에 남아 있는 예전 파일 삭제
- 네트워크 인터페이스 구성
- 패킷 필터 구성
- 기타 데몬과 네트워크 서비스 시작

init은 이런 작업들에 대해 알고 있는 정보는 극히 적으며, 단지 특정 콘텍스트[context]에서 실행되도록 정해져 있는 일련의 명령이나 스크립트를 실행하는 것에 지나지 않는다.

init의 구현

요즘은 서로 특성이 다른 세 개의 시스템 관리 프로세스가 널리 사용되고 있다.

- **AT&T의 시스템 V 유닉스 스타일의 init:** '전통적인 init'이라고 부르며 systemd 가 등장하기 전에는 리눅스에서 지배적인 init였다.
- **BSD 유닉스에서 파생된 변형 init:** 대부분의 BSD 기반 시스템(FreeBSD, 오픈BSD, 네트BSD)에서 사용되는 것으로서 SysV init만큼이나 그 신뢰성이 검증됐다. '전통적인 init'로 불러야 한다는 주장도 꽤 있지만 여기서는 명확한 구분을 위해 'BSD init'라 부르기로 한다. 이 변형 init는 SysV 식 init에 비해 매우 간결하다. 이에 대한 자세한 내용은 뒤에서 따로 다루겠다.
- **최근에 등장한 경쟁자 systemd:** 이는 데몬[daemon]과 상태[state]에 관련된 모든 이슈를 한 번에 해결하려는 목적을 지향하고 있다. 그 결과로 systemd는 어떤 옛날 버전의 init보다 훨씬 큰 영토를 개척해냈다. systemd는 다음에 논의되는 것처럼 다소 논란이 있지만 그럼에도 이 책에서 예로 든 모든 리눅스 배포판은 현재 systemd를 채택하고 있다.

오늘날 이러한 구현들이 지배적이기는 해도 유일한 선택은 아니다. 예를 들어 애플의 맥OS는 launchd라는 시스템을 사용한다. 우분투도 systemd를 채택하기 전에는 Upstart라는 또 다른 최신식 변형 init를 사용했다.

이론적으로는 리눅스 시스템에서 시스템의 기본 init를 선호하는 다른 변형 init 로 대체할 수는 있다. 하지만 실제 환경에서 init는 시스템 작동에 매우 근본적인 것이라서 많은 부가 소프트웨어들이 손상되기 쉽다. systemd를 도저히 쓸 수 없다 면 systemd를 사용하지 않는 배포판으로 표준화하는 게 현명하다.

전통적인 init

전통적인 init에서는 시스템 모드(예를 들면 단일 사용자 모드 또는 멀티유저 모드)를 '런 레벨Run Level'이라 부른다. 런 레벨은 대부분 한 글자나 한 자리 숫자로 표시된다.

전통적인 init는 1980년대 초에 시작됐으며 systemd 반대 진영에 있는 머리가 희 끗희끗한 사람들이 가끔 그 원리를 말하곤 한다. "망가지지 않았다면 고치지 마 라". 즉, 전통적인 init에는 현저하게 드러난 단점이 많다.

우선 전통적인 init 자체가 실제로 현대적 시스템의 요구를 충분히 다룰 수 있을 만큼 강력하지 않다. 전통적인 init를 사용하는 대부분의 시스템은 결코 변경되는 방법이 없는 하나의 고정된 표준 환경설정 파일을 갖고 있다. 그 환경설정은 셸 스 크립트들로 구성된 두 번째 계층를 가리키고 셸 스크립트에서 실제로 런 레벨을 변경하거나 시스템 관리자가 환경설정을 바꿀 수 있게 해주는 구조로 돼 있다.

두 번째 스크립트 계층에서 다시 데몬이나 시스템에 특화된 스크립트들로 구성된 세 번째 계층을 관리한다. 세 번째 계층의 스크립트들은 런 레벨에 따라 달리 구성 된 디렉터리에 교차 연결돼 있다. 이 디렉터리는 어떤 런 레벨에서 어떤 서비스가 실행되게 돼 있는지를 의미한다. 다소 억지로 쥐어짜내 만든 보기 흉한 구조다.

좀 더 구체적으로 말하자면 이런 시스템은 서비스 간의 의존성을 나타내는 일반 적인 모델이 없기 때문에 모든 시동과 중지를 시스템 관리자가 관리하는 숫자 순 서에 따라 수행할 것을 요구한다. 뒤에 오는 액션들은 앞서 수행되는 모든 것이 끝날 때까지 실행될 수 없다. 따라서 액션들을 병행해서 실행하는 것이 불가능하 며 시스템 상태를 변경하는 데 오랜 시간이 걸린다.

systemd와 세계

리눅스 영역에서 전통적인 init로부터 systemd로의 전환만큼 열띤 논쟁이 벌어지는 주제는 없다. 대부분의 불만은 겉보기에 계속 늘어나고 있는 systemd의 유효 범위에 집중돼 있다.

systemd는 접착테이프, 저질 셸 스크립트, 시스템 관리자의 땀으로 구현된 init의 모든 특징을 가져다 서비스의 구성, 접근, 관리 방법에 관한 하나의 통일 이론으로 만들었다.

마치 패키지 관리 시스템처럼 systemd는 서비스뿐 아니라 '타깃' 사이에도 강력한 의존성 모델을 규정한다. 여기서 타깃이란 systemd에서 쓰는 용어로, 전통적인 init에서 런 레벨이라 부르던 작동 모드를 의미한다. systemd는 병행 처리되는 프로세스들을 관리할 뿐 아니라 네트워크 접속(networkd), 커널 로그 항목(journald), 로그인(logind)도 관리한다.

systemd 반대 진영에서 유닉스 철학은 시스템 요소들을 작고, 단순하고, 모듈 방식으로 유지해야 한다고 주장하며 init처럼 기본적인 구성 요소는 운영체제의 수많은 다른 하위 시스템을 획일적 방법으로 제어해서는 안 된다고 말한다. systemd는 복잡성을 증가시킬 뿐 아니라 잠재적인 보안 취약점을 일으킬 수 있고 OS 플랫폼과 그 위에서 실행되는 서비스 간의 구분을 모호하게 만든다.

systemd는 리눅스 커널에 새로운 표준과 책무 부과, 코드 품질, 오류 보고에 대한 개발자의 불응, 기본적인 기능들의 기능 설계, 사람들을 우습게 본다는 것에 대해 비판을 받는다. 여기서 이런 문제들을 공정하게 다룰 수는 없지만 without-systemd.org에 있는 'systemd에 대한 반론(Arguments against systemd)' 섹션을 숙독하면 유익한 정보를 얻을 수 있을 것이다. 참고로 이 사이트는 인터넷에서 가장 대표적인 systemd 혐오 사이트다.

판결과 합당한 처벌을 받은 init

앞서 개략적으로 설명한 systemd에 대한 구조학적 반대 의견들은 모두 합리적이다. 실제로 systemd에는 과잉 설계된 소프트웨어 프로젝트라는 숨길 수 없는 단서들이 명확히 나타난다.

하지만 실무 환경에서는 많은 시스템 관리자가 systemd를 꽤 좋아하기 때문에 곧장 이 진영에 빠져든다. 논란은 잠시 접어 두고 systemd에게 여러분의 사랑을 차지할 기회를 줘보자. 일단 systemd에 길들여지면 많은 장점을 감사하게 될 것이다.

적어도 systemd가 쫓아낸 전통적인 init가 국가 보물은 아니라는 점을 명심하자. 최소한 systemd는 리눅스 배포판 간의 불필요한 차이를 없애는 것만으로도 어느 정도 가치가 있다.

사실 논쟁은 이제 중요하지 않다. systemd 쿠데타는 끝났기 때문이다. 레드햇, 데비안, 우분투가 systemd로 바뀌었을 때 사실상 논란은 가라앉았다. 그 밖의 다른 리눅스 배포판들은 선택에 의해서든 아니면 상위 배포판에 의해 끌려왔든 간에 현재 systemd를 채택하고 있다.

작은 설치 공간을 목표로 하거나 systemd의 고급화된 프로세스 관리 기능이 필요하지 않을 때는 전통적안 init가 여전히 그 역할을 맡고 있다. 원리적인 이유로 systemd를 업신여기는 보복주의자들도 상당히 많기 때문에 일부 리눅스 배포판은 전통적인 init를 저항 연극의 형태로 무한정 살려두고 있다.

그럼에도 이 책에서 자세히 다룰 만큼 전통적인 init가 충분한 미래 가치를 갖고 있다고 생각하지는 않는다. 리눅스에서는 systemd로 한정할 것이다. FreeBSD에서 사용되는 간단한 시스템도 뒤에서 다룬다.

2.7 systemd 세부 사항

시스템 서비스의 구성과 제어는 전통적으로 리눅스 배포판들이 서로 차별화시켜 왔던 영역이다. systemd는 이러한 시스템 관리 관점을 표준화하는 것을 목표로 하며, 그를 위해 통상적인 시스템 운용에 더 접근한다.

systemd는 단 하나의 데몬이 아니라 프로그램, 데몬, 라이브러리, 기술, 커널 구성요소의 집합이다. 0pointer.de/blog의 systemd 블로그 포스트는 프로젝트 전체를 빌드하면 69개의 바이너리가 생성된다고 알려준다. 그것을 마치 모든 걸 다 먹어야 하는 맛있는 뷔페로 생각할 수 있다.

systemd는 리눅스 커널의 기능에 크게 의존하기 때문에 리눅스에만 해당되는 말이다. 적어도 향후 5년 이내에는 systemd가 BSD나 다른 변형 유닉스에 포팅porting 되는 것을 볼 수는 없을 것이다.

유닛과 유닛 파일

systemd에 의해 관리되는 개체는 일반적으로 유닛unit으로 알려져 있다. 좀 더 명확히 말하자면 하나의 유닛은 '서비스, 소켓, 장치, 마운트 포인트, 오토마운트 포인트, 스왑swap 파일이나 스왑 파티션, 시동 타깃, 감시되고 있는 파일 시스템 경로, systemd가 제어하고 관리하는 타이머, 자원 관리 슬라이스, 외부에서 생성된 프로세스 그룹', 다른 우주로 통하는 웜홀일 수도 있다. [10]

systemd 안에는 각 유닛의 행동이 정의돼 있으며 유닛 파일에 의해 설정된다. 예를 들어 서비스의 경우 유닛 파일은 데몬용 실행 파일의 위치를 지정하고 systemd에게 서비스의 시작과 중지 방법을 알려주며, 서비스가 의존하고 있는 다른 유닛을 명시한다.

유닛 파일의 상세한 문법syntax은 잠시 후에 다루고, 여기서는 맛보기로 우분투 시스템의 간단한 예를 하나 제시한다.

```
[Unit]
Description=fast remote file copy program daemon
ConditionPathExists=/etc/rsyncd.conf

[Service]
ExecStart=/usr/bin/rsync --daemon --no-detach

[Install]
WantedBy=multi-user.target
```

이 내용을 MS-DOS의 .ini 파일에서 사용된 파일 형식으로 인식했다면 systemd와

---

10. 대부분 systemd.unit 맨페이지에서 인용한 것이다.

혐오자들의 고통을 모두 이해하는 길을 제대로 가고 있는 것이다.

유닛 파일은 여러 장소에 있을 수 있다. 패키지가 설치되는 동안 유닛 파일을 저장해 놓는 주요 장소는 /usr/lib/systemd/system이다. 일부 시스템에서는 /lib/systemd/system을 경로로 사용한다. 이 디렉터리의 내용은 원본으로 간주되기 때문에 수정해서는 안 된다. 로컬 유닛 파일과 수정본들은 /etc/systemd/system에 넣을 수 있다. /run/systemd/system에는 유닛 디렉터리가 있으며 일시적인 유닛을 저장하기 위한 작업 영역이다.

systemd는 이 모든 디렉터리의 내용을 매우 자세히 들여다보며 관리하기 때문에 내용이 거의 같다. 그들 간에 어떤 불일치가 있다면 /etc에 있는 파일이 가장 높은 우선순위를 갖는다.

관례적으로 유닛 파일명에는 유닛 타입에 따라 다른 접미^{suffix}를 붙인다. 예를 들면 서비스 유닛의 접미사는 .service이고 타이머의 접미사는 .timer다. 유닛 파일 안의 일부 섹션(예, [Unit])은 포괄적으로 모든 종류의 유닛에 적용되지만 다른 섹션 (예, [Service])들은 특정 유닛 타입의 문맥에만 나타날 수 있다.

systemctl: systemd의 관리

systemctl은 systemd의 상태를 파악하거나 환경설정을 변경하는 데 사용되는 다목적 명령이다. 깃^{git}이나 그 밖의 다른 복잡한 소프트웨어 묶음처럼 systemctl의 첫 번째 인수는 일반적 주제를 설정하는 하위 명령^{subcommand}이고 뒤따라오는 다음 인수들은 하위 명령과 관련된 옵션들이다. 하위 명령은 독립적으로 실행될 수 있는 최상위 명령이지만 일관성과 명확성을 위해 systemctl이라는 옴니버스에 담기는 것이다.

인수 없이 systemctl을 실행하면 기본값으로 list-units 하위 명령이 호출돼 현재 로딩 및 활성화된 모든 서비스, 소켓, 타깃, 마운트, 장치들을 보여준다. 그중에서 서비스만 보려면 --type=service 한정자를 사용한다.

```
$ systemctl list-units --type=service
```

```
UNIT                       LOAD     ACTIVE  SUB       DESCRIPTION
accounts-daemon.service    loaded   active  running   Accounts Service
...
wpa_supplicant.service     loaded   active  running   WPA supplicant
```

systemctl은 활성화 여부에 관계없이 현재 설치된 유닛 파일들을 보는 데도 도움이 된다.

```
$ systemctl list-unit-files --type=service
UNIT FILE                 STATE
...
cron.service              enabled
cryptdisks-early.service  masked
cryptdisks.service        masked
cups-browsed.service      enabled
cups.service              disabled
...
wpa_supplicant.service    disabled
x11-common.service        masked
188 unit files listed.
```

특정 유닛에 작용하는 하위 명령(예, systemctl status)에 대해서는 systemctl이 유닛 타입 접미사 없는(예, cups.service 대신에 cups) 유닛 이름을 허용하는 게 보통이다. 하지만 단순한 이름에 구체성을 부여하는 유닛 타입의 기본값은 하위 명령에 따라 다르다.

표 2.4는 가장 일반적이고 유용한 systemctl 하위 명령들을 보여준다. 전체 목록은 systemctl 맨페이지를 참고한다.

표 2.4 가장 많이 사용되는 systemctl 하위 명령

하위 명령	기능
list-unit-files [*pattern*]	설치된 유닛을 보여준다. 옵션으로 패턴 매칭을 사용할 수 있다.
enable *unit*	부팅 때 유닛을 활성화한다.
disable *unit*	부팅 때 유닛이 활성화되지 않게 막는다.
isolate *target*	작동 모드(operating mode)를 *target*으로 변경한다.

(이어짐)

하위 명령	기능
start *unit*	유닛을 즉시 활성화시킨다.
stop *unit*	유닛을 즉시 비활성화한다.
restart *unit*	유닛을 즉시 재시작(현재 실행 중이 아니라면 그냥 시작)한다.
status *unit*	유닛의 상태와 최근 로그 항목들을 보여준다.
kill *pattern*	패턴에 매칭되는 유닛에 시그널을 보낸다.
reboot	컴퓨터를 재부팅한다.
daemon-reload	유닛 파일과 systemd 환경설정을 재로드(reload)한다.

유닛 상태

앞서 예로 든 systemctl list-unit-files의 출력을 보면 cups.service가 비활성
화돼 있다. systemctl status 명령을 사용하면 더 자세한 내용을 볼 수 있다.

```
$ sudo systemctl status -l cups
cups.service - CUPS Scheduler
    Loaded: loaded (/lib/systemd/system/cups.service; disabled; vendor
    preset: enabled)
    Active: inactive (dead) since Sat 2016-12-12 00:51:40 MST; 4s ago
     Docs: man:cupsd(8)
 Main PID: 10081 (code=exited, status=0/SUCCESS)

Dec 12 00:44:39 ulsah systemd[1]: Started CUPS Scheduler.
Dec 12 00:44:45 ulsah systemd[1]: Started CUPS Scheduler.
Dec 12 00:51:40 ulsah systemd[1]: Stopping CUPS Scheduler...
Dec 12 00:51:40 ulsah systemd[1]: Stopped CUPS Scheduler.
```

여기서 systemctl은 해당 서비스가 현재 비활성화돼 있는[dead] 상태임을 보여주며
언제 죽었는지도 말해준다(불과 몇 초 전이다. 이 예를 보여주고자 방금 비활성화시켰
기 때문이다). Loaded로 표시된 부분에는 이 서비스가 컴퓨터 시동 때는 기본값에
의해 활성화됐는데, 현재는 비활성화됐음을 보여준다.

마지막 네 줄은 최근 로그 항목이다. 기본값에 의해 로그 항목들은 각 항목이 한
줄만 차지하도록 내용이 압축된다. 이런 압축 때문에 항목을 읽을 수 없는 경우가
종종 발생하므로 앞의 예에서는 항목 전체를 요청하는 -l 옵션을 포함시켰다. 여

기서는 -1 옵션에 의한 차이가 없지만 습관처럼 사용하면 매우 유용하다.

표 2.5는 유닛을 확인할 때 가장 자주 접하는 상태들을 보여준다.

표 2.5 유닛 파일 상태

상태	의미
bad	systemd 내부에 어떤 문제가 발생됐다. 대개는 유닛 파일 오류가 원인이다.
disabled	설치돼 있지만 자동으로 시작되도록 설정되지는 않았다.
enabled	설치돼 있고 실행할 수 있다. 자동으로 시작된다.
indirect	비활성화돼 있지만 Also 섹션 안에 활성화될 수 있는 동급 상대(peer)를 갖고 있다.
linked	심볼릭 링크(symlink)를 통해 사용할 수 있는 유닛이다.
masked	논리적 관점에서 systemd 세계에서 추방된 유닛이다.
static	다른 유닛에 의해 의존되는 유닛이다. 설치 요건을 갖지 않는다.

enabled와 disabled 상태는 systemd의 system 디렉터리들 중 하나에 위치하고(심볼릭 링크에 의해 연결되지 않는다) [Install] 섹션을 갖고 있는 유닛 파일에만 적용된다. '활성화된enabled' 유닛은 사실상 '설치된installed' 유닛으로 간주돼야 한다. 어떤 유닛이 설치됐다는 것은 [Install] 섹션에 있는 지시어들이 이미 실행됐고 그 유닛이 정상적으로 활성화될 준비가 됐다는 것을 의미한다. 대개의 경우 이런 enabled 상태는 시스템이 부트스트랩하고 나면 해당 유닛을 자동으로 활성화시킨다.

마찬가지로 비활성화됐다는 것은 일반적인 활성 경로에 있다는 것이기 때문에 disabled 상태라는 것은 다소 부적절하다. 비활성화된 유닛이라도 systemctl start를 실행해 수작업으로 활성화시킬 수 있으며, systemd는 그에 대해 어떤 불평도 하지 않을 것이다.

설치 절차가 없는 유닛이 많다. 따라서 그런 유닛들은 활성화 또는 비활성화됐다고 말할 수는 없고 사용 가능하다고만 할 수 있다. 그런 유닛들의 상태는 static으로 표기돼 있으며 수작업으로 systemctl start를 실행하거나 다른 활성 유닛과의 의존성에 의해서만 활성화된다.

linked 유닛 파일은 systemctl start에 의해 생성된다. 이 명령은 systemd의 system 디렉터리 중 하나에서 파일 시스템의 다른 곳에 위치하는 유닛 파일을 가리키는 심볼릭 링크^{symbolic link}를 생성한다. 그런 유닛 파일은 명령이나 의존성에 의해 지정될 수 있지만 생태계를 구성하는 완전한 구성원도 아니고 일부 기이한 특성을 갖고 있기도 하다. 예를 들어 linked 유닛 파일에 systemctl disable를 실행하면 링크와 그것을 참조하는 것을 삭제한다.

불행히도 linked 유닛 파일의 정확한 행동은 자세히 설명된 문서가 없다. 로컬 유닛 파일들을 별개의 저장소에 보관한 다음 그것들을 systemd에 링크시키려는 아이디어는 꽤 매력적이긴 하지만 현 시점에서는 최선의 방법은 아닌 것 같다. 링크보다는 그냥 복사하는 게 낫다.

masked 상태는 "관리 차원에서 막아 놓았다."는 것을 의미한다. systemd는 이 유닛에 관해 알고 있지만 systemctl mask를 이용해 유닛이 활성화되거나 환경설정 지시어에 영향을 주지 못하도록 금지시켜 놓은 것이다. 경험으로 보아 활성화되거나 링크된 유닛들은 systemctl disable을 이용해 비활성화시키고 static 유닛에 대해선 systemctl mask를 예약해 놓는다.

cups 서비스로 돌아가서, 이 서비스를 다시 활성화시켜 시작하게 만들고자 다음과 같은 명령을 사용할 수 있다.

```
$ sudo systemctl enable cups
Synchronizing state of cups.service with SysV init with /lib/systemd/
    systemd-sysv-install...
Executing /lib/systemd/systemd-sysv-install enable cups
insserv: warning: current start runlevel(s) (empty) of script `cups'
    overrides LSB defaults (2 3 4 5).
insserv: warning: current stop runlevel(s) (1 2 3 4 5) of script `cups'
    overrides LSB defaults (1).
Created symlink from /etc/systemd/system/sockets.target.wants/cups.socket
    to /lib/systemd/system/cups.socket.
Created symlink from /etc/systemd/system/multi-user.target.wants/cups.
    path to /lib/systemd/system/cups.path.
$ sudo systemctl start cups
```

타깃

유닛 파일은 다른 유닛 파일과의 관계를 다양한 방법으로 선언할 수 있다. 예를 들면 WantedBy 항목은 시스템이 multi-user.target 유닛을 갖고 있다면 rsync.service 유닛이 활성화될 때 multi-user.target 유닛은 rsync.service 유닛에 종속돼야 한다는 것을 의미한다.

유닛은 의존성 관리를 직접 지원하기 때문에 init의 런 레벨과 같은 것을 구현하고자 어떤 것도 추가할 필요가 없다. 정리하자면 systemd는 일반 운영 모드를 위해 잘 알려진 표지^{marker} 역할을 하는 별도의 유닛(.target 타입)을 정의한다. 하지만 타깃은 다른 유닛이 사용할 수 있는 의존성 관리 외에는 어떤 실질적인 파워를 갖고 있지 않다.

전통적인 init는 최소한 7개의 숫자 런 레벨을 정의하지만 실제로 사용되지 않는 것이 많다. systemd는 역사적 연속성을 향한 무리한 몸짓으로, init 런 레벨을 그대로 흉내 내서 만든 타깃(runlevel0.target 등)을 정의한다. 또한 poweroff.target이나 graphical.target과 같이 자주 사용되는 작업을 의미하는 상징 타깃^{mnemonic target}을 정의한다. 표 2.6은 init 런 레벨과 systemd 타깃 간의 상응 관계를 보여준다.

정말 잘 알아야 할 타깃은 그날그날 사용하기 위한 multi-user.target, graphical.target, 싱글 유저 모드에 접근하기 위한 rescue.target이다. 시스템의 현재 작동 모드를 변경하려면 다음과 같이 systemctl isolate 명령을 사용한다.

```
$ sudo systemctl isolate multi-user.target
```

isolate 하위 명령은 명시된 타깃과 그 종속체들만 활성화하고 여타 모든 유닛은 비활성화시키기 때문에 '고립^{isolate}'이라는 이름을 붙인 것이다.

전통적인 init에서는 일단 시스템이 부팅된 후 런 레벨을 변경하려면 telinit 명령을 사용한다. 현재 일부 배포판에서는 telinit를 systemctl에 대한 심볼릭 링크로 정의해 놓는데, 이때 systemctl은 자신이 어떤 방식으로 호출된 것인지 인식해 적절히 대응한다.

표 2.6 init 런 레벨과 systemd 타깃 간의 상응 관계

런 레벨	타깃	설명
0	poweroff.target	시스템 중지
emergency	emergency.target	시스템 복구를 위한 베어본 셸(sh)
1, s, single	rescue.target	단일 사용자 모드
2	multi-user.target[a]	멀티유저 모드(커맨드라인)
3	multi-user.target[a]	멀티유저 모드 + 네트워킹
4	multi-user.target[a]	init에서는 사용되지 않음
5	graphical.target	멀티유저 모드 + 네트워킹 + GUI
6	reboot.target	시스템 재부팅

a. 기본값으로 multi-user.target은 runlevel3.target(멀티유저 모드 + 네트워킹)에 매핑된다.

시스템이 부팅할 때 기본값으로 설정된 타깃을 알려면 **get-default** 하위 명령을 실행한다.

```
$ systemctl get-default
graphical.target
```

대부분의 리눅스 배포판은 **graphical.target**이 기본값으로 돼 있어 GUI가 필요하지 않은 서버에는 적합하지 않다. 하지만 이 설정은 다음과 같이 쉽게 변경할 수 있다.

```
$ sudo systemctl set-default multi-user.target
```

사용할 수 있는 타깃을 모두 보려면 **systemctl list-units**를 실행한다.

```
$ systemctl list-units --type=target
```

유닛 간의 의존성

일반적으로 리눅스 소프트웨어 패키지에는 패키지 고유의 유닛 파일들이 함께 따라온다. 따라서 시스템 관리자는 전체 환경설정 언어에 대해 구체적인 지식을 갖

추지 않아도 된다. 하지만 의존성^{dependency} 문제를 진단하고 해결하려면 systemd의 의존성 시스템이 어떻게 작동하는지에 대한 지식이 필요하다.

첫째, 모든 의존성이 표면적으로 명시되는 것은 아니다. systemd는 옛날 inetd의 기능들을 인수해 그 아이디어를 D-Bus 프로세스 간 통신 시스템의 영역으로 확장한다. 즉, systemd는 특정 서비스가 어떤 네트워크 포트나 IPC 접속을 호스팅할 것인지 알고 있으며 실제로 서비스를 시작하지 않고도 그런 채널로 들어오는 요청을 대기^{listen}할 수 있다. systemd는 클라이언트가 실제로 나타났을 때 서비스를 시작하고 접속을 넘기기만 하면 된다. 즉, 서비스는 실제로 사용될 때만 실행되며 그렇지 않은 경우에는 휴면 상태를 유지한다.

둘째, systemd는 대부분 유닛의 통상적인 행동에 대해 몇 가지 가정을 한다. 정확한 가정 내용은 유닛 타입에 따라 다르다. 예를 들면 systemd는 일반적인 서비스가 시스템 초기화의 이른 단계에서 실행될 수 없는 애드온^{add-on} 서비스라고 가정한다. 각각의 유닛은 자신의 유닛 파일의 [Unit] 섹션에 다음과 같은 줄을 추가해 이런 가정들을 무효화할 수 있다(기본값은 true다). 각 유닛 타입에 적용되는 정확한 가정을 보려면 systemd.*unit-type*의 맨페이지를 참고한다(예, man systemd.service).

```
DefaultDependencies=false
```

세 번째 종류의 의존성은 유닛 파일의 [Unit] 섹션에 명시적으로 선언되는 것들이다. 표 2.7은 사용할 수 있는 옵션을 보여준다.

표 2.7 유닛 파일의 [Unit] 섹션에서의 명시적 의존성

옵션	의미
Wants	가능하면 함께 활성화돼야 하는 유닛들로, 반드시 요구되는 것은 아니다.
Requires	엄격한 의존성으로, 선결 조건이 실패하면 서비스는 종료된다.
Requisite	Requires와 같으나 반드시 이미 활성화돼 있어야 한다.
BindsTo	Requires와 비슷하나 훨씬 밀접하게 결합된다.
PartOf	Requires와 비슷하나 시작할 때와 끝날 때만 적용된다.
Conflicts	부정(negative) 의존성으로, 유닛들이 동시에 활성화될 수 없다.

Conflicts를 제외하고, 표 2.7의 모든 옵션에는 설정 중인 유닛은 다른 유닛들에 종속돼 있다는 기본 개념이 표현돼 있다. 이런 옵션들 간의 정확한 구분은 그다지 중요하지 않으며 주로 서비스 개발자들의 관심사일 뿐이다. 가능하면 가장 제약이 적은 Wants를 사용하는 게 좋다.

/etc/systemd/system에 unit-file.wants나 unit-file.requires 디렉터리를 생성하고 그곳에 다른 유닛 파일에 대한 심볼릭 링크를 추가함으로써 한 유닛의 Wants나 Requires 집단을 확장할 수 있다. 그 일을 systemctl을 이용해서 한다면 더욱 좋다. 다음 명령은 my.local.service에 대한 의존성을 표준 멀티유저 타깃에 추가함으로써 시스템이 멀티유저 모드로 들어갈 때마다 이 서비스가 시작된다는 것을 보장한다.

```
$ sudo systemctl add-wants multi-user.target my.local.service
```

대개 이러한 임시변통의 의존성은 유닛 파일의 [Install] 섹션으로 인해 자동으로 관리된다. 이 섹션에는 한 유닛이 systemctl enable로 활성화되거나 systemctl disable로 비활성화될 때만 읽히는 WantedBy와 RequiredBy 옵션이 포함돼 있다. 이 옵션은 systemctl으로 하여금 모든 WantedBy에 대해 add-wants를, RequiredBy에 대해 add-requires와 같은 명령을 수행하게 만든다.

[Install] 문장 자체는 통상적인 작동에 어떤 영향도 미치지 않는다. 따라서 한 유닛이 시작돼야 함에도 시작된 것으로 보이지 않는다면 사전에 적절히 활성화돼 있는지, 심볼링 링크가 돼 있는지를 확인해야 한다.

실행 순서

유닛 A가 유닛 B를 Requires한다면 유닛 A 이전에 유닛 B가 먼저 시작되고 설정된다고 짐작할 것이다. 하지만 실상은 그렇지 않다. systemd에서는 유닛이 활성화(또는 비활성화)되는 순서는 활성화할 유닛의 순서와는 완전히 다른 별개의 문제다.

시스템이 새로운 상태로 전환될 때 systemd는 영향을 받을 유닛들을 식별하고자 우선 앞 절에 요약돼 있는 여러 의존성 정보 소스들을 추적한다. 그런 다음 작업 목록을 적절히 정렬하고자 유닛 파일에서 Before와 After 섹션을 사용한다. 유닛에 Before나 After 제약이 없으면 없는 만큼 자유롭게 병행해서 조정된다.

사실 이것은 칭찬받을 만한 기능 설계다. systemd의 주요 설계 목표 중 하나는 병행 처리를 용이하게 만드는 것이었으므로 명시적으로 요구하지 않는 한 유닛이 직렬식 의존성을 수용하지 않게 한 것은 매우 합리적이다.

실무에서는 Wants나 Requires보다 After 섹션을 더 자주 사용하는 게 일반적이다. 타깃 정의들은 특히 WantedBy와 RequiredBy 섹션에 기술된 역의존성, 각 작동 모드에서 실행되는 서비스에 관한 전반적인 개요를 기술하고 각각의 개별 패키지는 즉각적이고 직접적인 의존성만 고려한다.

복잡한 유닛 파일 예제

이제 유닛 파일에서 사용되는 일부 지시어들을 좀 더 자세히 살펴보자. 다음은 NGINX 웹 서버용 유닛 파일인 nginx.service다.

```
[Unit]
Description=The nginx HTTP and reverse proxy server
After=network.target remote-fs.target nss-lookup.target

[Service]
Type=forking
PIDFile=/run/nginx.pid
ExecStartPre=/usr/bin/rm -f /run/nginx.pid
ExecStartPre=/usr/sbin/nginx -t
ExecStart=/usr/sbin/nginx
ExecReload=/bin/kill -s HUP $MAINPID
KillMode=process
KillSignal=SIGQUIT
TimeoutStopSec=5
PrivateTmp=true

[Install]
WantedBy=multi-user.target
```

이 서비스는 forking 타입으로, 실제 데몬이 백그라운드로 실행되고 있음에도, 시동 명령은 종료될 것으로 예상된다는 것을 의미한다. systemd는 어떤 데몬도 직접 시작하지 않기 때문에 데몬은 자신의 프로세스 ID[PID]를 PIDFile에 기록함으로써 어떤 프로세스가 데몬의 주된 인스턴스인지를 시스템이 결정할 수 있게 해준다.

Exec 줄은 여러 가지 환경 조건에서 실행되는 명령이다. ExecStartPre 명령은 실제 서비스가 시작되기 전에 실행된다. 여기서 예로 든 명령들은 NGINX 환경설정 파일의 문법적 유효성을 검증하고 기존 PID 파일이 있다면 제거하는 일을 한다. ExecStart는 실제로 서비스를 시작하는 명령이다. ExecReload는 서비스가 환경설정 파일을 다시 읽게 하는 방법을 systemd에게 알려준다(systemd는 자동으로 환경변수 MAINPID에 적절한 값을 설정한다).

서비스의 종료는 KillMode와 KillSignal을 통해 처리된다. 이는 서비스 데몬이 QUIT 시그널을 받으면 정상적인 종료 명령으로 해석한다는 것을 systemd에게 알려준다. 다음 줄은 본질적으로 같은 효과를 갖는다. 데몬이 TimeoutStopSec 초 안에 종료되지 않으면 systemd가 데몬에게 TERM 시그널과 중간 처리가 불가능한 KILL 시그널을 보냄으로써 강제로 문제를 해결한다.

```
ExecStop=/bin/kill -s HUP $MAINPID
```

PrivateTmp 설정은 보안을 강화하는 부분으로, 모든 시스템 프로세스와 사용자가 공유하는 실제 /tmp가 아닌 다른 곳에 서비스의 /tmp 디렉터리를 설정한다.

로컬 서비스와 사용자화

앞의 예에서 본 것처럼 로컬 서비스용으로 유닛 파일을 만드는 일은 비교적 쉽다. /usr/lib/systemd/system에 있는 사례들을 검토해보고 원하는 것과 가장 비슷한 것을 채택하면 된다. 서비스에 관한 완전한 환경설정 옵션 목록을 보려면 systemd. service 맨페이지를 참고한다. 모든 타입의 유닛에 공통적인 옵션들을 보려면 systemd.unit 맨페이지를 참고한다.

작성한 유닛 파일을 /etc/systemd/system에 놓은 후 서비스 파일의 [Install] 섹션에 나열된 종속체들을 활성화하고자 다음 명령을 실행할 수 있다.

```
$ sudo systemctl enable custom.service
```

일반적으로 자신이 작성하지 않은 유닛 파일은 절대 편집하지 않는 것이 좋다. 대신 /etc/systemd/system/unit-file.d에 환경설정 디렉터리를 만들어 그곳에 *xxx.conf*라는 환경설정 파일들을 필요한 만큼 추가한다. *xxx* 부분은 무엇이라도 상관없으며 파일명에 .conf 접미사가 붙어 있는지와 정확한 위치에 있는지만 확실히 하면 된다. override.conf가 표준 이름이다.

.conf 파일은 유닛 파일과 같은 형식을 갖는다. 실제로 **systemd**는 .conf 파일이나 오리지널 유닛 파일이나 모두 같은 것으로 취급한다. 하지만 두 소스 모두 특정 옵션 값을 설정하려고 한다면 오버라이드^{override} 파일이 오리지널 유닛 파일보다 우선순위가 높다.

명심해야 할 한 가지는 많은 **systemd** 옵션이 하나의 유닛 파일 안에 한 번 이상 나타날 수 있다는 점이다. 이런 경우 여러 개의 값이 하나의 목록을 형성하고 모두 동시에 활성화된다. override.conf 파일에서 하나의 값을 배정하면 그 값은 목록에 추가될 뿐 기존 항목을 대체하지는 않는다. 이런 점은 사용자가 원하는 것일 수도 아닐 수도 있다. 기존 항목들을 목록에서 제거하려면 사용자 값을 추가하기 전에 옵션에 빈 값을 배정하면 된다.

예를 하나 들어보자. 어떤 사이트에서 비표준 장소(예를 들면 /usr/local/www/nginx.conf)에 NGINX 환경설정 파일을 유지한다고 가정하자. 그런 경우 올바른 환경설정 파일을 찾을 수 있도록 nginx 데몬을 `-c /usr/local/www/nginx.conf` 옵션과 함께 실행해야 한다.

단순히 이 옵션을 /usr/lib/systemd/system/nginx.service에 추가할 수는 없다. NGINX 패키지가 업데이트되거나 리프레시될 때마다 파일이 대체될 것이기 때문이다. 대신 다음과 같은 명령을 사용할 수 있다.

```
$ sudo mkdir /etc/systemd/system/nginx.service.d
$ sudo cat > !$/override.conf11
```

---

11. >와 !$는 셸의 메타문자(metacharacter)다. >는 출력의 방향을 파일로 리다이렉트하며, !$는 이전 커맨드라인의 마지막 요소로 확장돼 다시 입력할 필요를 없앤다. 모든 종류의 셸이 이런 부호를 이해한다. 그 밖의 다른 편리한 기능들은 7장의 '셸 기초' 절을 참고한다.

```
[Service]
ExecStart=
ExecStart=/usr/sbin/nginx -c /usr/local/www/nginx.conf
<CTRL + D>
$ sudo systemctl daemon-reload
$ sudo systemctl restart nginx.service
```

첫 번째 ExecStart= 문장은 현재 항목을 제거하고 두 번째는 대체할 시동 명령을
설정한다. systemctl daemon-reload는 systemd로 하여금 유닛 파일을 다시 파싱
하게 한다. 하지만 데몬을 자동으로 재시작하지는 않으므로 변경된 내용이 즉시
효과를 내게 하려면 명시적인 systemctl restart가 필요하다.

이 명령 시퀀스는 systemctl을 통해 지금 여기서 직접 구현할 때 널리 사용되는 일
반적 관용구다.

```
$ sudo systemctl edit nginx.service
<편집기 내에서 오버라이드 파일을 편집한다.>
$ sudo systemctl restart nginx.service
```

보다시피 수작업으로 재시작을 수행해야 한다.

오버라이드 파일에 관해 알아야 할 마지막 한 가지는, 오버라이드 파일들은 유닛
파일의 [Install] 섹션을 수정할 수 없다는 점이다. 어떤 변경을 해도 아무런 메시
지 없이 무시된다. systemctl add-wants나 systemctl add-requires를 이용해 직
접 의존성을 추가할 수만 있다.

서비스와 시동 제어에서 주의할 점

systemd에는 많은 구조적 의미가 함축돼 있다. 따라서 systemd를 사용하는 것은
리눅스 배포판을 빌드하는 팀에게 그렇게 간단한 일이 아니다. 현재 나온 릴리스
들은 대부분 systemd의 많은 것을 받아들이면서도 과거로 연결된 일부 링크를 유
지하고 있는 두 얼굴의 프랑켄슈타인 같은 시스템이다. 오랫동안 써오던 것이라
서 완전한 전환을 미뤄온 것뿐인 경우도 있다. 그 밖에도 호환성 편의를 위한 여러
가지 형태의 접착제들이 남아 있다.

systemctl은 서비스와 데몬을 관리하는 용도로 사용될 수 있고 사용돼야 함에도 불구하고 전통적인 init 스크립트나 그와 관련된 보조 명령들을 만날 때 놀라지 않길 바란다. 예를 들면 센트OS나 레드햇 시스템에서 네트워크를 비활성화하고자 systemctl을 사용하려 하면 다음과 같은 내용이 출력된다.

```
$ sudo systemctl disable network
network.service is not a native service, redirecting to /sbin/chkconfig.
Executing /sbin/chkconfig network off
```

전통적인 init 스크립트가 systemd 시스템에서 그 기능을 계속하는 경우가 종종 있다. 예를 들어 시스템 초기화 때나 systemctl daemon-reload가 실행될 때 init 스크립트 /etc/rc.d/init.d/my-old-service는 my-old-service.service와 같은 유닛 파일에 자동으로 매핑될 수도 있다. 우분투 17.04에서 돌아가는 아파치 2가 좋은 예다. apache2.service를 비활성화하려고 시도하면 다음과 같은 내용이 출력된다.

```
$ sudo systemctl disable apache2
Synchronizing state of apache2.service with SysV service script with
    /lib/systemd/systemd-sysv-install.
Executing: /lib/systemd/systemd-sysv-install disable apache2
```

최종 결과는 원하는 대로 됐지만 상당히 우회하는 경로를 거쳐온 것이다.

 RHEL 레드햇과 센트OS는 /etc/rc.d/rc.local 스크립트를 실행 가능한 것으로 설정해 놓으면 부팅할 때 여전히 이 스크립트를 실행한다.[12] 이론적으로는 이 스크립트를 이용해 사이트 고유의 취약점이나 부팅 후 실행되는 작업들을 해킹할 수도 있다 (하지만 여기서는 해킹은 건너뛰고 적절한 유닛 파일들을 생성해 systemd 방식으로 작업해야 한다).

일부 레드햇이나 센트OS의 부트 작업들은 /etc/sysconfig 디렉터리에 있는 환경설정 파일들을 계속 사용한다. 표 2.8은 이 내용을 정리한 것이다.

---

12. sudo chmod +x /etc/rc.d/rc.local 명령은 파일을 실행 가능하게 만들어준다.

표 2.8 레드햇 /etc/sysconfig 디렉터리의 파일과 하위 디렉터리

파일이나 디렉터리	내용
console/	전통적인 맞춤형 키 매핑을 고려한 디렉터리
crond	crond 데몬에게 넘기는 인수
init	시동 스크립트로부터의 메시지를 다루기 위한 환경설정
iptables-config	NAT 헬퍼(helper)와 같은 추가적인 iptable 모듈을 로드
network-scripts/	보조적인 스크립트와 네트워크 config 파일
nfs	선택적인 RPC 및 NFS 인수
ntpd	ntpd용 커맨드라인 옵션
selinux	/etc/selinux/config로 연결된 심링크[a]

a. SELinux용 인수를 설정한다. 완전히 비활성화할 수도 있다.

표 2.8의 일부 항목은 추가 설명이 필요하다.

- network-scripts 디렉터리는 네트워크 설정과 관련해 추가되는 것들을 포함한다. 여기서 유일하게 변경이 필요한 파일은 ifcfg-*interface*다. 예를 들어 network-scripts/ifcfg-eth0에는 **eth0** 인터페이스용 설정 매개변수들이 포함된다. 이에 의해 **eth0** 인터페이스의 IP 주소와 네트워킹 옵션들이 설정된다. 네트워크 인터페이스 설정에 관한 자세한 내용은 13장을 참고한다.
- iptables-config 파일은 사실상 **iptables**(방화벽firewall) 규칙 자체를 수정하는 것은 허용하지 않는다. 패킷을 포워딩하거나 시스템을 라우터로 사용하려고 할 때 네트워크 주소 변환NAT, Network Address Translation용 모듈과 같은 추가 모듈을 로드하는 방법만 제공한다. **iptables** 설정에 관한 자세한 내용은 13장을 참고한다.

systemd 로깅

커널에 의해 생성된 로그 메시지를 캡처하는 일은 일종의 도전이다. 이 일은 가상 및 클라우드 기반 시스템에서는 훨씬 더 중요하다. 시스템 콘솔 앞에 서서 일어나는 일을 지켜보는 것만으로는 가능하지 않기 때문이다. 결정적인 진단 정보가 공중으로 사라져버리는 일이 빈번히 일어난다.

systemd는 부팅 초기부터 마지막 종료[shutdown]까지 모든 커널과 서비스 메시지를 포함하는 유니버설 로깅 프레임워크[Universal Logging Framework]로 이런 문제를 해소시킨다. 저널[journal]이라 불리는 이 기능은 journald 데몬에 의해 관리된다.

journald에 의해 캡처된 시스템 메시지들은 /run 디렉터리에 저장된다. rsyslog는 이 메시지들을 처리해 전통적인 로그 파일에 저장하거나 원격 syslog 서버로 포워딩할 수 있다. journalctl 명령을 이용해 직접 로그에 접근할 수도 있다.

인수 없이 journalctl을 실행하면 모든 로그 항목이 오래된 것부터 차례로 표시된다.

```
$ journalctl
-- Logs begin at Fri 2016-02-26 15:01:25 UTC, end at Fri 2016-02-26
   15:05:16 UTC. --
Feb 26 15:01:25 ubuntu systemd-journal[285]: Runtime journal is using
   4.6M (max allowed 37.0M, t
Feb 26 15:01:25 ubuntu systemd-journal[285]: Runtime journal is using
   4.6M (max allowed 37.0M, t
Feb 26 15:01:25 ubuntu kernel: Initializing cgroup subsys cpuset
Feb 26 15:01:25 ubuntu kernel: Initializing cgroup subsys cpu
Feb 26 15:01:25 ubuntu kernel: Linux version 3.19.0-43-generic (buildd@
   lcy01-02) (gcc version 4.
Feb 26 15:01:25 ubuntu kernel: Command line: BOOT_IMAGE=/boot/vmlinuz-
   3.19.0-43-generic root=UUI
Feb 26 15:01:25 ubuntu kernel: KERNEL supported cpus:
Feb 26 15:01:25 ubuntu kernel: Intel GenuineIntel
...
```

이전의 부팅 메시지들을 계속 유지하도록 journald를 설정할 수도 있다. /etc/systemd/journald.conf 파일을 편집해 Storage 속성을 다음과 같이 설정하면 된다.

```
[Journal]
Storage=persistent
```

일단 journald를 새로 설정하고 나면 이전 부팅 목록을 다음과 같이 볼 수 있다.

```
$ journalctl --list-boots
-1 a73415fade0e4e7f4bea60913883d180dc Fri 2016-02-26 15:01:25 UTC
```

```
       Fri 2016-02-26 15:05:16 UTC
0 0c563fa3830047ecaa2d2b053d4e661d Fri 2016-02-26 15:11:03 UTC Fri
    2016-02-26 15:12:28 UTC
```

이제 다음과 같이 인덱스를 참조하거나 긴 형식의 ID를 이용해 이전 부트의 메시지에 접근할 수 있다.

```
$ journalctl -b -1
$ journalctl -b a73415fade0e4e7f4bea60913883d180dc
```

특정 유닛과 관련된 로그만으로 제한하려면 -u 플래그를 사용한다.

```
$ journalctl -u ntp
-- Logs begin at Fri 2016-02-26 15:11:03 UTC, end at Fri 2016-02-26
    15:26:07 UTC. --
Feb 26 15:11:07 ub-test-1 systemd[1]: Stopped LSB: Start NTP daemon.
Feb 26 15:11:08 ub-test-1 systemd[1]: Starting LSB: Start NTP daemon...
Feb 26 15:11:08 ub-test-1 ntp[761]: * Starting NTP server ntpd
...
```

시스템 로깅은 10장에서 더 자세히 다룬다.

2.8 FreeBSD init와 시동 스크립트

FreeBSD는 런 레벨 개념을 지원하지 않는 BSD 스타일의 init를 사용한다. FreeBSD init는 시스템을 완전히 부팅된 상태로 만들고자 /etc/rc만을 실행한다. 이 프로그램은 셸 스크립트지만 직접 수정해서는 안 된다. 대신 rc 시스템은 시스템 관리자와 소프트웨어 패키지가 시동 시스템을 확장해 환경설정을 변경할 수 있도록 몇 가지 표준화된 방법을 구현한다.

/etc/rc는 주로 /usr/local/etc/rc.d와 /etc/rc.d에 있는 다른 시동 스크립트들을 실행하는 래퍼^{wrapper}다. 하지만 rc는 이런 스크립트들을 실행하기 전에 시스템용 환경설정 정보를 갖고 있는 3개의 파일을 실행한다.

- /etc/defaults/config

- /etc/rc.conf
- /etc/rc.conf.local

이 파일들은 스크립트이긴 하지만 전형적으로 셸 변수 값을 설정하는 정의만 포함하고 있다. 시동 스크립트는 이 변수들을 점검해서 어떻게 행동할지를 결정한다(/etc/rc는 어떤 셸 매직을 이용해서 이 파일에 정의된 변수들을 다른 곳에서도 볼 수 있도록 보장한다).

/etc/defaults/rc.conf는 모든 환경설정 매개변수의 기본값을 설정하는 목록이다. 절대 이 파일을 편집해서는 안 된다. 그렇지 않으면 시동 스크립트 귀신이 쫓아다니면서 시스템이 업데이트될 때마다 변경한 내용을 덮어쓸 것이다. rc.conf를 직접 편집하는 대신 /etc/rc.conf나 /etc/rc.conf.local에 새 값을 설정함으로써 기본값을 덮어쓰게 해야 한다. **rc.conf** 맨페이지에는 지정 가능한 변수들의 방대한 목록이 있다.

이론상으로 rc.conf 파일들은 **local_startup** 변수의 값을 설정함으로써 시동 스크립트를 찾기 위한 다른 디렉터리를 지정할 수도 있다. 기본값은 /usr/local/etc/rc.d이며 이 값을 그대로 두길 권장한다.[13]

/etc/rc.d를 보면 알 수 있듯이 거기에는 표준 설치의 경우 150개 이상이 될 정도의 많은 시동 스크립트가 있다. /etc/rc는 이 스크립트들을 **rcorder** 명령이 계산한 순서대로 실행한다. **rcorder** 명령은 스크립트를 읽어 표준 형식으로 코딩돼 있는 의존성 정보를 찾는다.

FreeBSD의 평범한 서비스용 시동 스크립트들은 매우 간단하다. 예를 들어 **sshd** 시동 스크립트의 맨 윗부분은 다음과 같다.

```
#!/bin/sh
# PROVIDE: sshd
# REQUIRE: LOGIN FILESYSTEMS
# KEYWORD: shutdown
```

13. 로컬 맞춤 작업을 위해 표준 rc.d 스타일의 스크립트를 만들어 /usr/local/etc/rc.d에 두든지, 아니면 시스템 차원의 /etc/rc.local 스크립트를 편집하든지 선택할 수 있다. 보통은 전자를 선호한다.

```
. /etc/rc.subr
name="sshd"
rcvar="sshd_enable"
command="/usr/sbin/${name}"
...
```

rcvar 변수는 rc.conf 스크립트 중 하나에서 정의될 것으로 예상되는 변수명(여기서는 sshd_enable)을 포함한다. 부팅 때 sshd가 자동으로 실행되길 원한다면 /etc/rc.conf 파일에 다음과 같은 줄을 추가하면 된다(여기서 sshd는 시동 스크립트가 아닌 실제 데몬이다. 둘 다 이름은 sshd로 같다).

```
sshd_enable="YES"
```

이 변수가 "NO"로 설정되거나 코멘트 처리돼 있으면 sshd 스크립트는 데몬을 시작하지 않으며 시스템이 종료될 때 중지시킬지 여부도 확인하지 않을 것이다.

service 명령은 FreeBSD의 rc.d 시스템에 대한 실시간 인터페이스를 제공한다.[14] 예를 들어 sshd 서비스를 수작업으로 중지시키려면 다음과 같이 service 명령을 이용할 수 있다.

```
$ sudo service sshd stop
```

이 테크닉은 /etc/rc.conf 파일에 서비스가 활성화돼 있을 때만 작동함에 유의한다. 그렇지 않으면 원하는 바에 따라 하위 명령 onestop, onestart, onerestart를 사용한다(하지만 서비스는 일반적으로 관용적이라 필요할 경우 잘못된 사실을 알려준다).

2.9 재부팅과 종료 절차

유닉스와 리눅스 시스템들은 종료 방법에 매우 민감했던 역사를 갖고 있다. 강력한 파일 시스템이 사용되면서 현대 시스템들은 예전에 비해 덜 민감하게 됐지만 가능한 한 정상적인 방법으로 시스템을 끄는 것이 현명하다.

---

14. FreeBSD가 사용하는 서비스 버전은 리눅스 전통적인 init 서비스를 다루는 리눅스 service 명령에서 파생됐다.

지난날 소비자 운영체제는 어떤 문제를 해결하고자 할 때 제일 먼저 시스템 재부팅부터 해보라고 훈련시켰다. 당시에는 그런 습관에 적응됐지만 요즘은 그렇게 하면 오히려 더 많은 시간 낭비와 서비스 중단을 초래한다. 문제의 근본적 원인을 찾아내는 데 초점을 둬야 한다. 그렇게 하면 재부팅 횟수가 줄어드는 걸 알게 된다.

그렇지만 시동 스크립트를 수정하거나 중요한 설정을 변경한 후에는 재부팅하는 것이 좋다. 시스템이 성공적으로 부팅된다는 것을 확인할 수 있기 때문이다. 어떤 문제를 일으킨 후 몇 주가 지나서야 문제가 발견된다면 가장 최근에 변경한 내용을 상세히 기억하지 못할 가능성이 크다.

물리적 시스템의 종료

halt 명령은 시스템을 종료하는 데 필수적으로 필요한 임무를 수행한다. halt는 종료 로그를 기록하고, 중요하지 않은 프로세스들을 죽이고, 캐싱돼 있는 파일 시스템 블록들을 디스크로 플러시flush한 후에 커널을 멈추게 한다. 대부분 시스템에서 halt -p 명령은 마지막 피날레로 시스템 전원을 끈다.

reboot는 본질적으로 halt와 같지만 시스템을 멈추게 하는 대신 재시동을 한다.

shutdown 명령은 halt와 reboot 위에 있는 계층으로, 로그인돼 있는 사용자들에게 예정된 종료와 그것을 알리는 경고 기능을 제공한다. shutdown의 역사는 시간 공유time-sharing 시스템 시대까지 거슬러 올라가는데, 이제는 쓸모가 없다. shutdown은 halt나 reboot 이상의 기술적 가치가 전혀 없기 때문에 멀티유저 시스템을 갖고 있지 않다면 그냥 무시해도 좋다.

클라우드 시스템의 종료

클라우드 시스템은 서버 안에서 halt나 reboot 명령을 이용해, 또는 클라우드 공급자의 웹 콘솔이나 이에 상응하는 API로 멈추게 하거나 재시작할 수 있다.

일반적으로 클라우드 콘솔cloud console에서 종료하는 것은 전원을 끄는 것과 유사하다. 가상 서버가 자체적으로 종료를 관리한다면 콘솔을 통해 하는 게 낫겠지만 서버가 묵묵부답 상태라면 가상 서버를 자유롭게 죽여도 된다. 사실 그것밖에는 할 수 있는 일이 없다.

어느 쪽이든 클라우드 공급자 관점에서 종료가 무엇을 의미하는지를 확실히 이해해야 한다. 재부팅하려다가 자신의 시스템을 파괴하는 것은 부끄러운 일이다.

AWS에서 Stop과 Reboot 기능은 예상대로 수행된다. "Terminate"는 인스턴스를 종결하고 인벤토리에서 제거한다. 하부 저장 장치가 '종결termination 시에 삭제'로 설정돼 있다면 인스턴스가 파괴될 뿐 아니라 루트 디스크에 있는 데이터도 사라질 것이다. 그렇게 되도록 의도한 것이라면 아무것도 문제될 건 없다. 이것이 나쁜 점으로 생각된다면 '종결 보호termination protection'를 활성화시켜 놓는다.

2.10 부팅되지 않는 시스템을 위한 수단

불완전한 장치에서 잘못된 커널 업그레이드에 이르기까지 다양한 문제로 인해 시스템이 부팅되지 않는 경우가 있다. 이런 상황에 대처하는 데는 다음과 같은 세 가지 접근법이 있다.

- 디버깅하지 않는다. 시스템을 정상적인 상태로 되돌려 놓기만 한다.
- 셸을 실행시켜 대화형으로 디버깅할 수 있는 정도로만 시스템을 살린다.
- 다른 시스템 이미지로 부팅한 후 문제 있는 시스템의 파일 시스템을 마운트 해 조사한다.

첫 번째 옵션은 클라우드에서 가장 흔히 사용되는 것이지만 부트 디스크 전체의 최근 이미지에 접근할 수만 있다면 물리적 서버에는 도움이 될 수도 있다. 운용 사이트가 파일 시스템 단위로 백업을 한다면 전체 시스템을 재저장하는 것은 더 많은 문제를 일으킬지도 모른다. 전체 시스템 재저장 옵션은 '클라우드 시스템의 복구' 절에서 자세히 다룬다.

나머지 두 접근법은 시스템에 접근해 문제를 파악하고 필요한 조치를 하는 방법을 제시하는 데 초점을 두고 있다. 병든 시스템을 부팅해 셸까지 도달하는 것은 당연히 더 나은 선택이지만 부트 시퀀스의 맨 앞단에서 발생하는 문제들은 이런 접근법을 좌절시킨다.

'부트에서 셸까지' 모드는 일반적으로 단일 사용자 모드^{single-user mode} 또는 복구 모드^{rescue mode}로 알려져 있다. systemd를 사용하는 시스템들은 응급 모드^{emergency mode} 형태로 사용되는 더 원초적인 옵션을 갖고 있다. 개념적으로는 단일 사용자 모드와 비슷하지만 셸을 시작하기 전에 최소한의 준비만 한다.

단일 사용자, 복구, 응급 모드는 네트워크를 설정하거나 네트워크 관련 서비스를 시작하지 않기 때문에 작업을 위해서는 콘솔에 물리적으로 접근할 수 있어야 한다. 따라서 단일 사용자 모드는 클라우드 기반 시스템에서는 사용할 수 없다. 손상된 클라우드 이미지를 되살리기 위한 일부 옵션은 뒤에서 다룬다.

단일 사용자 모드

systemd를 사용하는 시스템에서는 rescue.target으로 알려진 단일 사용자 모드에서는 최소한의 프로세스, 데몬, 서비스만 시작된다. 루트 파일 시스템은(대부분은 /usr도) 마운트되지만 네트워크는 초기화되지 않은 상태로 유지된다.

부트 시에 커널에 인수(보통 single이나 -s)를 넘겨 단일 사용자 모드를 요청한다. 부트 로더의 커맨드라인 인터페이스를 통해 할 수도 있고 부트 메뉴 옵션을 통해 자동으로 단일 사용자 모드가 되게 할 수도 있다.

시스템이 실행 중이라면 shutdown(FreeBSD), telinit(전통적인 init), systemctl (systemd) 명령으로 단일 사용자 모드로 전환할 수 있다.

정상적인 시스템이라면 단일 사용자 루트 셸을 시작하기 전에 루트 암호를 물어본다. 불행히도 이는 단일 사용자 모드를 통해 잊어버린 루트 암호를 재설정하는 것은 사실상 불가능하다는 것을 의미한다. 암호를 재설정하고자 한다면 별도의 부트 매체를 통해 디스크에 접근해야 할 것이다.

단일 사용자 셸에서는 완전히 부팅된 시스템에서 로그인한 후에 하던 것과 똑같은 방법으로 명령들을 실행할 수 있다. 하지만 루트 파일 시스템만 마운트돼 있기 때문에 /bin, /sbin, /etc에 없는 프로그램들을 사용하려면 다른 파일 시스템을 수작업으로 마운트해야 한다.

/etc/fstab을 들여다보면 사용 가능한 파일 시스템에 대한 포인터를 발견할 수 있다. 리눅스에서는 **fdisk -l**(소문자 L 옵션) 명령을 사용해 로컬 시스템의 디스크 파티션 목록을 볼 수 있다. 이와 똑같은 작업을 FreeBSD에서 하려면 디스크 장치를 식별하고자 **camcontrol devlist**를 실행한 후 각 디스크에 대해 **fdisk -s** *device*를 실행한다.

단일 사용자 모드 환경에서는 파일 시스템 루트 디렉터리가 읽기 전용으로 마운트된 채 시작되는 경우가 많다. /etc가 루트 파일 시스템의 일부라면(대개 그렇다) 중요한 환경설정 파일을 편집하는 것은 불가능할 것이다. 이 문제를 해결하려면 루트(/)를 읽기/쓰기 모드로 다시 마운트해 단일 사용자 세션을 시작해야 한다. 리눅스에서는 그런 트릭을 구사하고자 다음과 같은 명령을 사용한다.

```
# mount -o rw,remount /
```

FreeBSD 시스템에서는 기존 마운트를 반복하면 리마운트 옵션이 암묵적으로 이뤄지지만 다음과 같이 소스 장치를 명시적으로 기술해야 한다.

```
# mount -o rw /dev/gpt/rootfs /
```

 레드햇과 센트OS에서의 단일 사용자 모드는 좀 더 적극적이다. 셸 프롬프트가 떨어질 때까지 시스템은 모든 로컬 파일 시스템을 마운트하려고 시도한다. 보통 이런 기본 설정이 도움 되기는 하지만 파일 시스템에 이상이 있는 경우에는 문제가 생길 수 있다. 이런 경우에는 부트 로더(보통은 GRUB)에서 커널 인수를 넘길 때 인수에 **systemd.unit=emergency.target**을 추가해서 응급 모드로 부팅하면 된다.

fsck 명령은 정상적인 부팅 때 파일 시스템을 검사하고 복구하고자 실행된다. 루트용으로 어떤 파일 시스템을 사용하느냐에 따라 시스템을 단일 사용자나 응급 모드로 부팅할 때 **fsck**를 수작업으로 실행해야 할 수도 있다. **fsck**에 관한 자세한 내용은 20장을 참고한다.

단일 사용자 모드는 정상적인 부팅 경로상의 한 지점일 뿐이므로 부팅을 계속하려면 **exit**이나 CTRL + D로 단일 사용자 셸을 종료하면 된다. **password** 프롬프트에서 CTRL + D를 누르면 단일 사용자 모드를 생략하고 넘어간다.

FreeBSD의 단일 사용자 모드

 FreeBSD에서는 부트 메뉴에 단일 사용자 옵션이 포함돼 있다.

```
1. Boot Multi User [Enter]
2. Boot Single User
3. Escape to loader prompt
4. Reboot

Options
5. Kernel: default/kernel (1 of 2)
6. Configure Boot Options...
```

FreeBSD 단일 사용자 모드의 좋은 점 하나는 어떤 프로그램을 셸로 사용할 것인지 물어보는 것이다. /bin/sh을 원하면 그냥 Enter를 누른다.

3번 옵션을 선택하면 FreeBSD의 최종 공통 단계 부트 로더인 loader에 의해 구현된 부트 레벨의 커맨드라인 환경으로 들어간다.

GRUB과 단일 사용자 모드

 systemd를 사용하는 시스템에서는 기존 리눅스 커널 줄의 끝에 systemd.unit=rescue.target을 추가해서 응급 모드로 부팅할 수 있다. GRUB 시작 화면에서 원하는 커널을 선택한 후 E 키를 눌러 부트 옵션을 편집한다. 앞에서와 마찬가지로 응급 모드를 위해 systemd.unit=emergency.target을 사용한다. 다음은 전형적인 환경설정 사례다.

```
linux16 /vmlinuz-3.10.0-229.el7.x86_64 root=/dev/mapper/rhel_rhel-root
    ro crashkernel=auto rd.lvm.lv=rhel_rhel/swap rd.lvm.lv=rhel_rhel/root
    rhgb quiet LANG=en_US.UTF-8 systemd.unit=rescue.target
```

모든 변경이 끝나면 CTRL + X를 눌러 시스템을 시작한다.

클라우드 시스템의 복구

클라우드 시스템에서 부트 문제가 발생했을 때 모니터나 USB 스틱을 연결할 수 없다. 클라우드 공급자들은 문제 해결을 편리하게 하고자 할 수 있는 모든 노력을 하지만 근본적인 한계는 어쩔 수 없다.

백업은 모든 시스템에서 중요한데, 특히 클라우드 서버에서는 스냅샷snapshot을 만들기 쉽다. 클라우드 공급자들은 백업 비용을 따로 청구하지만 가격이 저렴하다. 아낌없이 스냅샷들을 넉넉하게 만들어놓으면 언제라도 의지할 수 있는 합당한 시스템 이미지를 갖게 될 것이다.

철학적 관점으로 보자면 사용 중인 클라우드 서버가 부트타임 디버깅을 요구한다면 뭔가를 잘못하고 있는 것이다. 애완동물과 물리적 서버는 병들면 수의사의 보살핌을 받지만 소는 안락사시킨다. 클라우드 서버는 소에 해당된다. 다시 말해 못된 짓을 하면 착한 복제품으로 대체한다. 이런 방식을 받아들이면 치명적인 장애를 피할 수 있을 뿐 아니라 시스템 규모 변경이나 이동도 편리하게 할 수 있다.

그럼에도 불가피하게 클라우드 시스템이나 드라이브 복구를 시도해야 하는 경우가 생기므로 그 과정을 간단히 알아보자.

....

AWSAmazon Web Service에서는 단일 사용자와 응급 모드를 사용할 수 없다. 하지만 EC2Elastic Compute Cloud 파일 시스템은 일래스틱 블록 스토리지EBS, Elastic Block Storage 장치에 의해 지원받는다면 다른 가상 서버에 부착될 수 있다. 이 기능은 대부분 EC2 인스턴스에서 기본으로 제공되므로 필요하다면 이 방법을 사용할 수 있다. 개념적으로는 USB 드라이브에서 부팅하는 것과 유사해서 결국은 물리적 시스템의 부트 디스크를 가져오게 되는 것이다.

해야 할 작업들을 정리하면 다음과 같다.

1. 동일한 가용존availability zone에 문제 있는 인스턴스로 사용할 새 인스턴트를 구동Launching한다. 이 복구 인스턴스가 같은 베이스 이미지에서 구동돼 '문제의' 시스템으로 같은 인스턴스 타입을 사용할 수 있게 하는 것이 가장 이상적이다.

2. 문제의 인스턴스를 중지시킨다('해제terminate·하지 않게 조심한다. 해제 기능은 부트 디스크 이미지를 삭제해 버린다).

3. AWS 웹 콘솔이나 CLI를 이용해 문제의 시스템으로부터 볼륨을 분리해detach 응급 인스턴스에 연결attach한다.

4. 응급 시스템으로 로그인한다. 마운트 포인트를 생성해 볼륨을 마운트한 후 문제 해결에 필요한 작업들을 수행한다. 끝나고 나면 볼륨을 언마운트 한다(언마운트가 안 된다면 현재 디렉터리 위치가 볼륨 안에 있지 않도록 빠져나 온다).

5. AWS 콘솔에서 응급 인스턴스로부터 볼륨을 분리해 문제의 인스턴스에 다 시 부착한다. 문제의 인스턴스를 시작해서 문제가 해결됐음을 확인한다.

....

디지털오션DigitalOcean의 드롭릿droplet은 일부 브라우저에서 웹 앱이 다소 불안정하 게 작동하긴 하지만 VNC가상 네트워크 컴퓨팅가 가능한 콘솔을 제공하므로 웹을 통해 접근 할 수 있다. 디지털오션은 아마존처럼 저장 장치를 떼어 복구 시스템으로 이동시 키는 방법은 제공하지 않는다. 대신 대부분 시스템 이미지가 다른 대체 커널을 이 용해 부팅할 수 있게 해 준다.[15]

복구 커널을 사용하려면 우선 드롭릿을 끈 후 응급 커널을 마운트하고 재부팅한다. 모든 과정이 잘 진행되고 나면 가상 터미널이 단일 사용자 모드에 접근할 수 있게 해준다. 이 과정에 대한 자세한 지시 사항들은 digitalocean.com에서 볼 수 있다.

구글 컴퓨트 엔진Google Compute Engine 인스턴스에서의 부트 이슈는 우선 인스턴스의 시리얼 포트 정보를 확인하는 것부터 살펴봐야 한다.

```
$ gcloud compute instances get-serial-port-output instance
```

GCP 웹 콘솔을 통해서도 같은 정보를 얻을 수 있다.

---

15. 최근의 모든 배포판에서는 복구 커널을 제공하지 않는다. 최신 릴리스를 실행하고 있고, 복구 탭이 "이 드롭릿용 커널은 내부 적으로 관리되며 컨트롤 패널에서는 변경할 수 없다."고 말하고 있다면 디지털오션 사이트의 지원 티켓(support ticket)을 끊어 복구 작업을 계속할 수 있게 해주는 복구 ISO(Recovery ISO)와 연결시켜 달라고 요청해야 한다.

구글 컴퓨트 엔진에서도 앞서 아마존 클라우드용으로 설명한 것과 유사한 디스크 셔플링shuffling 방법이 있다. CLI를 이용해 오작동하는 인스턴스에서 디스크를 제거한 후 그 디스크를 추가 파일 시스템으로 마운트하는 새 인스턴스를 부팅하는 것이다. 그리고 나면 파일 시스템 검사와 부트 매개변수를 수정할 수 있고 필요하다면 새 커널을 선택할 수도 있다. 이 과정의 상세한 정보는 cloud.google.com/compute/docs/troubleshooting에 있는 구글 문서에 잘 나와 있다.

3 접근 제어와 루트 권한

3장에서는 '접근 제어$^{access\ control}$'를 알아본다. 접근 제어는 보안^{security}과 대조되는 개념으로서 커널이나 커널 대행이 보안과 관련된 의사결정을 어떻게 수행하는지에 대한 역학적인 세부 사항들을 중점적으로 다룬다. 27장에서는 침입자들의 원치 않는 접근을 최소화하고자 시스템이나 네트워크를 어떻게 구성하는지에 대한 좀 더 일반적인 문제들을 다룬다.

접근 제어는 활발한 연구가 이뤄지고 있는 영역이며, 운영체제 설계의 오랜 핵심 도전 과제 중 하나였다. 지난 10년간 유닉스와 리눅스는 이 영역에서 새로운 옵션의 캄브리아기 대폭발을 겪어 왔다. 이러한 급증의 주요 원인은 서드파티 모듈에게 전통적인 유닉스 접근 제어 시스템의 확장이나 대체를 허용한 커널 API의 발명이었다. 이러한 모듈 방식의 접근법은 다양한 개척자들을 탄생시킴으로써 접근 제어는 이제 유닉스의 다른 부분들처럼 마음대로 변경하고 실험할 수 있게 됐다.

그럼에도 전통적인 시스템은 유닉스와 리눅스 표준으로 남아 있으며, 대부분의 설치는 그것으로 적당하다. 개척자의 모험을 원하는 시스템 관리자일지라도 기초 지식은 필수적으로 철저히 갖춰야 한다.

3.1 표준 유닉스 접근 제어

표준 유닉스 접근 제어 모델은 수십 년 동안 변화 없이 유지돼 왔으며 약간의 개선만 이뤄진 채 계속해서 범용 OS 배포판의 기본이 됐다. 그 체계는 다음과 같은 몇 가지 기본 규칙을 따른다.

- 접근 제어 결정은 어떤 사용자가 작업을 수행하고 있는가에 따라 결정되거나 유닉스 그룹에 포함되는 사용자의 멤버십에 따라 결정된다.
- 객체(예, 파일, 디렉터리)는 소유자^{owner}를 갖는다. 소유자는 자신의 객체에 대해 폭넓은 제어 권한을 갖는다. 하지만 반드시 무제한의 권한은 아니다.
- 객체는 그 객체를 생성한 사람이 소유한다.
- 루트만이 민감한 시스템 관리 작업을 수행할 수 있다.[1]

어떤 시스템 콜(예, settimeofday)은 루트만 사용하도록 제한돼 있다. 현재 사용자의 ID를 점검해서 루트가 아니라면 작업을 거부하는 것만으로 간단히 구현된다. 다른 시스템 콜(예, kill)은 루트 소유권 검사와 특별한 조건들을 모두 포함하도록 구현된다. 끝으로 파일 시스템은 커널의 VFS 계층과 협력해서 구현되는 자체적인 접근 제어 시스템을 갖고 있다. 일반적으로 이 접근 제어 시스템들은 커널의 다른 곳에 구현된 것들보다 더 정교하다. 예를 들어 파일 시스템은 유닉스의 그룹 접근 제어를 훨씬 많이 이용한다.

커널과 파일 시스템이 밀접하게 엮여 있다는 점 때문에 그림은 더욱 복잡하다. 예를 들면 대부분 장치들은 /dev에 있는 해당 파일을 통해 제어와 통신이 이뤄진다. 커널은 그런 점을 이용해 장치의 주된 접근 제어 수단으로 활용한다.

---

1. 여기서는 접근 제어 시스템의 오리지널 설계에 대해 설명하는 것임에 유념한다. 최근에 와서는 이런 설명들이 모두 말 그대로 성립되는 것은 아니다. 예를 들면 이제는 적절한 역량을 갖춘 리눅스 프로세스는 사전에 루트로 제한된 일부 작업을 수행할 수 있다.

파일 시스템 접근 제어

표준 모델에서의 모든 파일은 소유자와 그룹을 모두 갖고 있다. 그룹은 '그룹 소유자group owner'라고도 한다. 소유자는 파일의 사용 권한permission을 설정할 수 있다. 특히 소유자는 매우 제한적으로 사용 권한을 설정해서 자기 외에는 아무도 파일에 접근할 수 없게 할 수 있다. 파일 사용 권한은 5장에서 자세히 다룬다.

한 파일의 소유자는 항상 한 명이지만 그룹 소유자는 모두 같은 그룹의 멤버라면 여러 명일 수 있다. 전통적으로 그룹은 /etc/group 파일에 정의돼 있지만 요즘은 LDAP와 같은 네트워크 데이터베이스 시스템에 그룹 정보를 저장하기도 한다. 자세한 내용은 17장을 참고한다.

파일 소유자는 그룹 소유자들이 그 파일에 무엇을 할 수 있는지를 지정해야 한다. 이런 체계는 같은 프로젝트를 수행하는 멤버들 간에 파일을 공유할 수 있게 해준다.

```
$ ls -l ~garth/todo
-rw-r----- 1 garth staff 1259 May 29 19:55 /Users/garth/todo
```

이 파일은 사용자 garth와 그룹 staff에 의해 소유된다. 첫 열의 문자와 대시(-)들은 파일의 사용 권한을 부호화한 것이다. 이 정보를 해석하는 구체적인 방법은 5장을 참고한다. 이 사례의 경우 garth는 파일을 읽고 쓸 수 있으며 staff 그룹의 멤버들은 파일을 읽을 수만 있다는 것을 의미한다.

커널과 파일 시스템은 모두 문자 이름보다는 숫자로 소유자와 그룹을 추적한다. 가장 기본적인 예를 들면 사용자 식별자UID는 /etc/passwd 파일 안에 사용자명과 매핑돼 있다. 마찬가지로 그룹 식별자GID는 /etc/group 파일 안에 그룹명과 매핑돼 있다(더 구체적인 옵션은 17장을 참고한다).

UID와 GID에 대응되는 문자 이름은 시스템 사용자의 편의를 위해 정의된 것이다. ls 같은 명령에서 사람이 읽을 수 있는 형태로 소유권 정보를 표시해야 할 때 해당 파일이나 데이터베이스에서 각 이름을 찾아봐야 한다.

프로세스 소유권

한 프로세스의 소유자는 프로세스 시그널$^{process\ signal}$을 보낼 수 있으며 프로세스의 스케줄링 우선순위를 낮출 수도 있다. 프로세스는 자신과 결합된 여러 개의 식별자^{identity}를 갖는다. 사용자 식별자^{UID}에도 실제^{real}, 유효^{effective}, 저장^{saved} UID의 세 가지가 있으며, 그룹 식별자^{GID}에도 실제, 유효, 저장 GID의 세 가지가 있다. 리눅스에서는 파일 접근 허가를 결정할 때만 사용되는 '파일 시스템 ID'도 있다. 실제 숫자는 (지금은 흔적만 남아 있는) 회계용으로 사용되며 유효 숫자는 접근 권한을 결정하는 데 사용된다. 보통은 실제 숫자와 유효 숫자가 같다.

저장 UID와 저장 GID는 현재 사용 중은 아니지만 프로세스가 호출해서 사용할 수 있는 ID가 저장된 주차 공간으로 보면 된다. 저장 ID가 있기 때문에 프로세스가 특권 모드로 들어갔다 나왔다 반복할 수 있는 것이다. 이러한 예방 장치는 의도하지 않은 부정행위의 위험을 감소시킨다. 파일 시스템 UID는 일반적으로 NFS, 즉 네트워크 파일 시스템의 구현으로 설명될 수 있다. 보통은 유효 UID와 같다.

루트 계정

루트 계정은 전지전능한 유닉스 시스템 관리자의 계정이다. 실제 사용자명은 '루트^{root}'지만 슈퍼유저^{superuser} 계정이라고도 한다.

루트 계정을 정의하는 특징은 UID가 0라는 점이다. 이 계정의 사용자명을 바꾸거나 UID가 0인 다른 계정을 추가 생성하는 데는 아무런 제약이 없지만 그렇게 하는 것은 좋지 않다.[2] 그런 변경은 의도하지 않은 시스템 보안의 구멍을 만들 수도 있기 때문이다. 또한 이상하게 구성된 시스템을 다뤄야 하는 다른 사람들이 혼동할 수도 있다.

전통적 유닉스에서 슈퍼유저(즉, 유효 UID가 0인 모든 프로세스)는 모든 파일과 프로세스에 대해 유효한 모든 작업을 수행할 수 있다.[3]

제한된 작업에는 다음과 같은 것들이 있다.

---

2. 우리의 열성적인 기술 비평가 중 한 사람인 제나인 타운센드(jennine Townsend)는 "언급하기조차 두려운 그런 안 좋은 생각들이 일부 사람을 부추길 수도 있다!"고 조언했다.
3. 여기서 핵심이 되는 말은 '유효(valid)'다. 어떤 작업들(예, 실행 권한 비트가 설정되지 않은 파일을 실행하는 것)은 슈퍼유저에게도 허용되지 않으므로 유효하지 않은 작업이 된다.

- 장치 파일의 생성
- 시스템 클록^{clock}의 설정
- 자원 사용 한계치를 늘리거나 프로세스 우선순위를 올리는 것
- 시스템 호스트명^{hostname}의 설정
- 네트워크 인터페이스 설정
- 특권화돼 있는 네트워크 포트(포트 번호가 1,024 이하인 포트)를 오픈하는 것
- 시스템 종료

루트에 의해 소유된 프로세스는 자신의 UID와 GID를 변경할 수 있는 것을 슈퍼유 저 능력의 한 예로 들 수 있다. 로그인 프로그램과 GUI가 여기에 해당된다. 사용자 가 시스템에 로그인할 때 암호를 묻는 프로프트를 던지는 프로세스는 처음에 루 트로 실행된다. 사용자가 입력한 사용자명과 암호가 합당하면 로그인 프로그램 은 자신의 UID와 GID를 사용자의 UID와 GID로 변경하고 사용자의 셸이나 GUI를 시작한다. 일단 루트 프로세스가 자신의 소유권을 변경해 일반 사용자 프로세스 가 되고 나면 다시는 이전 특권 상태로 복귀할 수 없다.

setuid와 setgid의 실행

전통적인 유닉스 접근 제어는 커널과 파일 시스템의 협업으로 구현된 식별자 대 체 시스템^{identity substitution system}에 의해 보완된다. 이 체계는 특수하게 표시된 실행 가 능 파일이 더 높은 사용 권한(보통은 루트)을 갖고 실행될 수 있게 해준다. 이런 체 계적인 방법을 이용해 개발자와 시스템 관리자는 특권을 갖지 못한 사용자가 특 권을 요구하는 작업을 수행할 수 있도록 환경을 설정할 수 있다.

커널은 'setuid'나 'setgid' 사용 권한 비트가 설정돼 있는 실행 파일을 실행할 때는 실행 프로세스의 유효 UID나 GID를 명령을 실행한 사용자의 UID와 GID로 바꾸 는 것이 아니라 프로그램 이미지를 포함하고 있는 파일의 UID와 GID로 바꾼다. 따라서 특정 명령에 한해 실행 시에 사용자의 권한이 높아지게 되는 것이다.

예를 들어 사용자들은 자신의 암호를 바꿀 수 있어야 한다. 하지만 암호는 전통적 으로 /etc/master.passwd나 /etc/shadow 파일에 저장돼 있고 이 파일들은 보호돼

있으므로 사용자가 보호된 파일에 접근할 수 있도록 passwd 명령에 setuid가 설정돼 있어야 한다. passwd 명령은 누가 명령을 실행하고 있는지 확인하고 그에 맞춰 작업을 수행한다. 사용자는 자신의 암호만 변경할 수 있지만 루트는 어떤 암호이든 변경할 수 있다.

setuid를 실행하는(특히 루트로) 프로그램들은 보안 문제에 취약하다. 시스템과 함께 배포된 setuid 명령들은 이론적으로는 안전하지만 보안상 허점이 발견된 적이 있었으며 의심할 여지없이 미래에도 발견될 것이다.

setuid 문제의 발생을 최소화하는 가장 확실한 방법은 setuid 프로그램의 수를 최소화하는 것이다. setuid 실행이 필요한 소프트웨어를 설치할 때는 심사숙고해야 하며 자체적으로 개발한 소프트웨어에서는 setuid 사용을 피해야 한다. setuid가 실행됨을 명확히 밝히고 작성하지 않은 프로그램에서는 setuid 실행을 절대 사용해서는 안 된다.

파일 시스템을 마운트할 때 nosuid 옵션을 지정함으로써 각 파일 시스템에서 setuid나 setgid 실행을 비활성화할 수 있다. 사용자 홈 디렉터리를 포함하는 파일 시스템이나 시스템 관리상 신뢰가 가지 않는 영역에서 마운트되는 파일 시스템에 대해 이 옵션을 사용하는 것은 좋은 생각이다.

3.2 루트 계정 관리

루트 접근은 시스템 관리를 위해 필요하며 시스템 보안의 중심점이기도 하다. 루트 계정을 적절하게 잘 관리하는 것은 매우 중요한 기술이다.

루트 계정 로그인

루트도 하나의 사용자이기 때문에 대부분 시스템에서는 루트 계정으로 직접 로그인하는 것을 허용한다. 하지만 그런 식의 직접 로그인은 좋지 않은 것으로 판명됐고, 그런 이유로 우분투에서는 루트의 직접 로그인 금지가 기본으로 돼 있다.

우선 루트 로그인은 어떤 작업이 루트로 수행됐는지에 관한 어떤 기록도 남기지 않는다. 이런 특성은 지난밤 새벽 3시쯤 뭔가 잘못한 일이 발견됐는데 무엇을 변경했는지 기억나지 않을 때 크게 문제가 된다. 더 최악인 것은 접근 권한도 없는 입장에서 외부 침입자가 시스템에 무슨 짓을 했는지 알아내야 하는 상황이다. 또 다른 단점은 루트로 로그인하게 되면 누가 실제로 작업을 수행했는지에 관한 기록이 남지 않는다는 점이다. 여러 사람이 루트 계정을 공유하는 경우에는 누가 언제 계정을 사용했는지 알 수가 없다.

이런 이유들 때문에 대부분 시스템은 터미널, 윈도우 시스템, 네트워크 등 시스템 콘솔이 아닌 모든 곳에서 루트 로그인을 비활성화하는 것을 허용한다. 이런 기능을 사용할 것을 권장한다. 특정 시스템에서 이러한 정책을 구현하는 방법은 17장의 'PAM: 쿠킹 스프레이인가, 인증의 경이로움인가?' 절을 참고한다.

루트에 암호가 설정돼 있다면(즉, 루트 계정이 활성화돼 있는 상태) 암호를 높은 수준으로 만들어야 한다. 암호 선정에 관한 추가 설명은 27장을 참고한다.

su: 사용자 ID 치환

루트 계정에 접근하는 좀 더 좋은 방법은 su 명령을 사용하는 것이다. su 명령을 인수 없이 호출하면 루트 암호를 묻는 프롬프트가 나오고 이를 통과하면 루트 셸 root shell 이 시작된다. Ctrl + D 키를 누르거나 exit 명령으로 셸을 종료할 때까지 루트 권한이 유지된다. su는 루트로 실행되는 명령을 기록하지는 않지만 누가 언제 루트가 됐는지를 나타내는 로그 항목을 생성한다.

su 명령은 root가 아닌 아이디로 치환할 수도 있다. 특정 사용자의 문제를 재현하거나 디버깅하는 유일한 방법으로, 문제가 발생된 환경을 재현하고자 해당 사용자 계정으로 치환되는 su 명령을 사용해야만 할 때가 있다.

어떤 사용자의 암호를 알고 있다면 su - 사용자명 명령을 써서 그 사람의 계정에 직접 접근할 수 있다. 루트에 su를 사용할 때와 마찬가지로 해당 사용자의 암호를 묻는 프롬프트가 나온다. 대시(-) 옵션을 사용하면 su가 셸을 로그인 모드로 호출한다.

로그인 모드의 정확한 의미는 셸마다 다르지만 일반적으로 로그인 모드에서는 셸이 시작될 때 읽는 파일의 수나 이름이 달라진다. 예를 들면 bash는 로그인 모드에서는 ~/.bash_profile을 읽고 로그인 모드가 아닐 때는 ~/.bashrc를 읽는다. 다른 사용자의 문제를 진단할 때는 로그인 모드로 실행함으로써 그들의 로그인 환경과 최대한 가깝게 재현하는 것이 도움이 된다.

일부 시스템에서는 루트 암호로 어떤 계정에나 su 또는 로그인을 할 수 있게 해준다. 그 밖의 시스템에서는 반드시 명시적으로 루트에 먼저 su를 한 후 다른 계정에 su를 해야 한다. 이때 루트는 암호를 입력하지 않아도 어떤 계정에나 su할 수 있다.

su 명령을 사용할 때는 셸이 명령을 찾아 주길 바라지 말고 전체 경로명(/bin/su 또는 /usr/bin/su)을 입력해 사용하는 습관을 들이도록 한다. 이런 예방책은 루트 암호를 훔칠 의도로 su라는 이름으로 위장한 임의의 프로그램을 명령 검색 경로에 숨겨 놓는 위험에서 보호한다.[4]

대부분 시스템에서 su를 사용하려면 'wheel' 그룹의 멤버여야 한다.

su는 그동안 다음에 설명할 sudo로 많이 대체돼왔다. su는 응급용으로만 사용하는 게 제일 좋다. su는 sudo가 손상되거나 잘못돼 문제를 해결해야 할 때도 도움이 된다.

sudo: 제한된 su

고급 접근 제어 시스템들 중 하나를 사용하지 않고 누군가에게 시스템을 자유롭게 사용할 권한을 주지 않으면서 하나의 작업(예, 백업)을 수행할 수 있게 하는 건 어려운 일이다. 게다가 루트 계정을 여러 명의 시스템 관리자가 사용하고 있다면 누가 루트 계정을 사용하고 있고 무슨 작업을 했는지 알 수 없어 막막하기만 할 것이다.

이런 문제를 해결할 때 가장 널리 사용되는 방법은 sudo라 불리는 프로그램을 사용하는 것이다. 현재 토드 밀러[Todd Miller]에 의해 관리되고 있는 sudo 프로그램은 이 책에서 예로 든 모든 시스템에서 실행되고 있으며, sudo.ws에서 소스코드를 구할

---

4. 같은 이유로 셸의 검색 경로에 '.'(현재 디렉터리)을 포함시키지 않도록 한다. 검색 경로를 보려면 echo $PATH를 실행하면 된다. '.'을 포함시키는 게 편리하긴 하지만 본의 아니게 침입자가 여기저기 함정으로 깔아놓은 '특별한' 버전의 시스템 명령을 실행시킬 위험이 있다. 물론 루트는 이 조언을 더더욱 중시해야 한다.

수도 있다. 루트 계정에 접근하는 주된 방법으로 sudo를 사용하길 권장한다.

sudo는 루트(또는 다른 제한된 사용자)로 실행할 커맨드라인을 인수로 취한다. sudo는 /etc/sudoers(FreeBSD에서는 /usr/local/etc/sudoers) 파일을 읽어 검토한다. 이 파일에는 sudo 명령을 사용하도록 허가된 사람들과 각 호스트에서 실행이 허용된 명령의 목록이 포함돼 있다. sudo는 제출된 명령이 허가된 것이면 사용자 자신의 암호를 묻고, 통과되면 명령을 실행한다.

추가로 실행되는 sudo 명령은 암호를 요구하는 '행위자doer' 없이 실행될 수 있다. 여기에는 5분 주기(설정 가능)의 시간제한이 있다. 이러한 시간제한은 sudo 권한을 갖는 사용자가 터미널을 방치한 채로 자리를 뜨는 경우를 대비한 보호 기능으로 작용한다.

sudo는 실행한 커맨드라인, 호스트, 사람, 디렉터리, 시각을 기록한 로그를 보관한다. 이 정보는 syslog에 기록될 수도 있고 지정한 파일에 저장할 수도 있다. 로그 항목을 안전한 중앙 호스트로 전송할 수 있도록 syslog를 사용하길 권한다.

다음은 사용자 랜디randy가 sudo /bin/cat /etc/sudoers 명령을 실행했을 때의 출력이다.

```
Dec 7 10:57:19 tigger sudo: randy: TTY=ttyp0 ; PWD=/tigger/users/randy;
    USER=root ; COMMAND=/bin/cat /etc/sudoers
```

환경설정 예제

sudoers 파일은 단 하나의 버전으로 여러 호스트에서 사용할 수 있게 설계된 파일이다. 다음은 sudoers 파일의 전형적인 모습이다.

```
# CS & 물리학과의 컴퓨터를 위한 앨리어스 정의
Host_Alias CS = tigger, anchor, piper, moet, sigi
Host_Alias PHYSICS = eprince, pprince, icarus

# 명령 모음을 정의
Cmnd_Alias DUMP = /sbin/dump, /sbin/restore
Cmnd_Alias WATCHDOG = /usr/local/bin/watchdog
```

```
Cmnd_Alias SHELLS = /bin/sh, /bin/dash, /bin/bash

# 권한 설정
mark, ed    PHYSICS = ALL
herb        CS = /usr/sbin/tcpdump : PHYSICS = (operator) DUMP
lynda       ALL = (ALL) ALL, !SHELLS
%wheel      ALL, !PHYSICS = NOPASSWD: WATCHDOG
```

처음 두 세트의 줄은 파일 뒤에 오는 사용 권한^{permission} 설정에서 참조되는 호스트
와 명령 그룹을 정의한다. 설정에서 목록들은 원래 이름대로 작성할 수도 있지만
별칭^{alias}을 사용하면 sudoers 파일을 더 쉽게 읽고 이해할 수 있을 뿐 아니라 나중
에 업데이트하기도 쉽다. 사용자 집합이나 명령을 실행할 수 있는 사용자 집합을
나타내는 별칭을 정의하는 것도 가능하다.

각 사용 권한 설정 줄에 포함되는 정보는 다음과 같다.

- 설정 줄이 적용되는 사용자들
- 설정 줄이 적용되는 호스트들(호스트는 자신의 이름이 포함된 줄에 주목해야
  한다)
- 지정된 사용자가 실행할 수 있는 명령들
- 명령 실행의 명의로 사용될 수 있는 사용자들

사용 권한의 첫 번째 줄은 PHYSICS 그룹(eprince, pprince, icarus)에 속한 시스템에서
사용자 mark와 ed에게 적용된다. 내장된 명령 별칭 ALL은 그들이 어떤 명령을 수
행해도 좋다는 의미다. 괄호 안에 지정된 사용자 목록이 없으므로 sudo는 루트로
명령을 실행한다.

두 번째 줄은 herb에게 CS 시스템에서 tcpdump를 실행하는 것과 PHYSICS 시스템에
서 덤프 관련 명령들(DUMP)을 실행하는 것을 허용한다. 하지만 dump 명령은 루트
가 아닌 오퍼레이터^{operator}로서만 실행할 수 있다. 따라서 herb가 실제로 사용하게
될 커맨드라인은 다음과 같을 것이다.

```
ubuntu$ sudo -u operator /usr/sbin/dump 0u /dev/sda1
```

사용자 lynda는 모든 시스템에서 모든 사용자 명의로 명령을 실행할 수 있지만 표준 셸들을 사용하는 것은 허용되지 않는다. 이는 과연 lynda가 루트 셸을 사용할 수 없다는 것을 의미할까? 물론 아니다.

```
ubuntu$ cp -p /bin/sh /tmp/sh
ubuntu$ sudo /tmp/sh
```

일반적으로 말하면 '...을 제외한 모든 명령'을 허용하고자 하는 시도는 적어도 기술적 관점에서는 결국 실패할 것이다. 하지만 그런 식의 sudoers 파일 설정은 루트 셸은 강력하게 막아야 한다는 경각심을 준다는 점에서는 나름대로 가치가 있다.

마지막 줄은 wheel 그룹에 속한 사용자들이 eprince, pprince, icarus를 제외한 모든 시스템에서 로컬 watchdog 명령을 루트로 실행하는 것을 허용한다. 게다가 명령을 실행하는 데 어떤 암호도 요구되지 않는다.

sudoers 파일에 있는 명령들은 다른 사람들이 프로그램이나 스크립트를 작성해서 루트로 실행하지 못하도록 전체 경로명을 사용해 설정해야 한다는 점에 유의한다. 앞에서 예를 들지는 않았지만 각 명령에서 허용되는 인수들을 지정하는 것도 가능하다.

sudoers 파일을 수작업으로 수정하려면 visudo 명령을 사용한다. visudo는 이 파일이 현재 다른 사람에 의해 편집되고 있지 않음을 확인한 후 편집기(vi 또는 EDITOR 환경변수에 설정한 편집기)를 호출해 실행하며, 설치 전에는 편집된 파일의 구문을 검증해준다. 마지막 단계가 특히 중요하다. 유효하지 않은 sudoers 파일은 잘못된 구문을 고치고자 다시 sudo를 실행하지 못하게 막을 수도 있기 때문이다.

sudo의 장점과 단점

sudo를 사용하면 다음과 같은 이점이 있다.

* 명령 로그가 기록되기 때문에 책임이 매우 강화된다.
* 사용자들은 무제한의 루트 권한이 없어도 소소한 특정 작업들을 수행할 수 있다.

- 실제 루트 암호는 한두 사람만 알고 있어도 된다.[5]
- sudo를 사용하는 것이 su를 사용하거나 루트로 로그인하는 것보다 빠르다.
- 루트 암호를 변경하지 않고도 부여된 특권을 취소할 수 있다.
- 루트 권한을 갖는 모든 사용자의 원형 목록을 관리할 수 있다.
- 루트 셸을 부주의하게 방치하는 경우가 줄어든다.
- 단일 파일로 네트워크 전체의 접근을 제어할 수 있다.

sudo는 몇 가지 단점도 있다. 그중 가장 안 좋은 것은 sudo 사용자 개인 계정의 보안이 뚫리면 그것은 곧 루트 계정 자체가 뚫린 것과 같다는 점이다. 이런 공포에 대처하기 위한 방법은 sudo 사용자에게 루트 계정을 관리하듯이 자신의 계정을 잘 보호하라고 경고하는 것밖에 없다. sudo 사용자들이 안전한 암호를 사용하고 있는지 확인하고자 정기적으로 암호 크래커를 실행시키는 것도 하나의 방법이다. 27장에서 다루는 안전한 암호 선택에 관한 모든 조건은 여기서도 적용된다.

sudo의 명령 기록은 허용된 프로그램 안에서 셸 이스케이프^{shell escape}와 같은 트릭을 쓰거나, sudo sh 또는 sudo su 명령을 이용해 쉽게 전복시킬 수 있다.[6]

sudo와 고급 접근 제어

sudo를 루트 계정 특권을 세분화하는 수단으로 생각한다면 어떤 점에서는 드롭인^{drop-in} 접근 제어 시스템보다 sudo가 더 우수하다.

- 특권을 정확히 어떻게 세분화할 것인지를 결정한다. 출하된 시스템에 미리 정의돼 있는 권한보다 더 성기게 또는 더 세밀하게 분할할 수 있다.
- 환경설정이 간단해서 설정, 유지 관리, 이해가 쉽다.
- sudo는 모든 유닉스/리눅스 시스템에서 실행된다. 플랫폼마다 다른 방법으로 관리해야 하는 것을 걱정하지 않아도 된다.
- 단일 환경설정 파일을 사이트 전체에 공유할 수 있다.
- 일관된 고급 로깅을 무상으로 얻을 수 있다.

---

5. 적합한 종류의 비밀번호 볼트 시스템(password vault system)을 사용하고 있다면 루트 암호를 아무도 모르게 할 수도 있다.
6. 이 명령들은 로그에 나타나기 때문에 최소한 그런 명령이 실행됐다는 것은 알 수 있다.

sudo 시스템은 루트 계정이 침투 당하면 재앙적인 폐해를 면할 수 없기 때문에 모든 시스템 관리자의 계정을 포함하는 범위로 잠재적 공격면^{attack surface}이 확장된다는 점을 sudo 기반 접근 제어의 주요 단점으로 꼽는다.

sudo는 루트 권한에 자주 접근하는 선의의 시스템 관리자에게는 좋은 도구다. 시스템 관리자가 아닌 사람에게 몇 가지 특정한 작업을 시키는 데도 좋다. 하지만 환경설정 구문상으로는 그렇지 않더라도 제한된 자치 영역을 정의하거나 어떤 작업을 범위를 벗어난 곳에 두는 것은 안전한 방법이 아니다.

그런 환경설정은 시도조차 하지 말아야 한다. 그런 기능이 필요하다면 나중에 설명할 드롭인 접근 제어 시스템 중 하나를 활성화시키는 게 훨씬 좋다.

표준 설정

sudo의 환경설정 시스템은 여러 해 동안 많은 기능이 쌓여 구축된 것이다. 특이한 상황이나 극단적인 경우까지도 수용하고자 확장돼왔다. 그 결과 sudo에 관한 현재의 문서들은 반드시 보장된다고는 할 수 없는 그런 것들로 매우 복잡하다는 인상을 준다.

sudo가 믿을 만하고 안전해야 한다는 것은 중요한 문제이므로 su의 고급 기능들을 사용하지 않고 모든 옵션에 정확한 값만 설정한다면 어떤 추가적인 위험에 노출되지 않을 수 있는가 궁금해 하는 것은 자연스러운 일이다. 그 답은 "아니다."이다. sudoers 파일의 90%가 다음과 같이 생겼다.

```
User_Alias    ADMINS = alice, bob, charles
ADMINS        ALL = (ALL) ALL
```

이 줄들은 완벽하게 훌륭한 환경설정이며 대부분의 경우 더 이상 복잡하게 만들 필요가 없다. 몇 가지 추가할 수 있는 것들을 다음 절에서 언급하긴 했지만 그것들은 모두 특별한 상황에서만 도움이 되는 문제 해결 도구일 뿐이다. 일반적인 상황에서 견고함을 위해 더 필요한 것은 없다.

환경 관리

대다수 명령이 환경변수environment variable의 값을 참조해 그 값에 따라 작업 내용을 수정한다. 루트로 실행되는 명령의 경우에는 이러한 메커니즘이 편의를 제공함과 동시에 잠재적인 공격 경로가 된다.

예를 들어 여러 가지 명령이 텍스트 편집기를 호출하고자 EDITOR 환경변수에 지정된 프로그램을 실행한다. 이 변수가 편집기가 아닌 해커의 악성 프로그램을 가리키고 있다면 결국에는 그 프로그램을 루트로 실행하게 될 가능성이 높다.[7]

이런 위험을 최소화하고자 sudo는 기본적으로 자신이 실행하는 명령에 최소한의 기밀 삭제 처리된 환경만을 넘겨준다. 그 밖의 추가적인 환경변수를 넘겨주려면 sudoers 파일의 env_keep 목록에 해당 환경변수들을 추가함으로써 화이트리스트를 만들어야 한다.

```
Defaults    env_keep += "SSH_AUTH_SOCK"
Defaults    env_keep += "DISPLAY XAUTHORIZATION XAUTHORITY"
```

이 줄들은 X 윈도우와 SSH 키 포워딩에서 사용하는 여러 환경변수를 보호한다.

사용자나 그룹마다 다르게 env_keep 목록을 설정할 수 있지만 환경설정이 복잡해진다. 단 하나의 보편적 목록만 만들어 sudoers 파일에 고이 간직함으로써 매우 보수적으로 관리하길 권장한다.

sudoers 파일에 나열되지 않은 환경변수를 보존할 필요가 있다면 sudo 커맨드라인에서 명시적으로 설정할 수도 있다. 예를 들면 다음 명령은 emacs 편집기로 시스템 암호 파일을 편집한다.

```
$ sudo EDITOR=emacs vipw
```

이 기능은 일부 잠재적인 제약이 있긴 하지만 ALL 명령을 실행할 수 있는 사용자에게는 해당되지 않는다.

---

7. 좀 더 확실히 하자면 시스템 관리자의 계정이 위험에 노출됐지만 공격자가 관리자의 실제 암호를 알지 못해 sudo를 직접 실행할 수 없는 경우를 가정한 시나리오다.

암호 없는 sudo

sudo 설정에서 암호를 입력하지 않고 루트로 명령을 실행할 수 있게 허용하는 것을 너무나 흔히 볼 수 있다. 그런 환경설정은 sudoers 파일 안에서 NOPASSWD 키워드를 이용해 이뤄진다. 예를 들면 다음과 같다.

```
ansible    ALL = (ALL) NOPASSWD: ALL          # 이렇게 하지 말자.
```

귀찮아서 이렇게 하는 경우도 있겠지만 대부분은 사람이 개입하지 않는 상태에서 sudo 명령을 실행할 수 있게 하려는 의도 때문이다. 가장 흔한 경우가 앤서블^{Ansible}과 같은 시스템을 통해 원격 환경설정을 수행하거나 크론^{cron}으로 명령을 실행하려고 할 때다.

두말할 필요도 없이 이런 환경설정은 매우 위험하므로 최대한 피해야 한다. 최소한 특정 명령에 대해서만이라도 암호 없는 실행을 제한해야 한다.

원격 실행에서는 수작업으로 입력해야 하는 암호를 ssh-agent와 SSH 키 포워딩을 통한 인증으로 대체하는 것이 더 낫다. sudo가 실제로 수행될 서버에서 PAM을 통해 이런 인증 방법을 구성할 수 있다.

대부분 시스템에는 SSH 기반 인증을 구현한 PAM 모듈이 기본으로 포함돼 있지는 않지만 쉽게 구할 수 있다. pam_ssh_agent_auth 패키지를 찾아보기 바란다.

SSH 키 포워딩은 나름의 보안 이슈들이 있긴 하지만 전혀 인증이 없는 것보다는 훨씬 낫다.

우선권

sudo 호출은 sudoers 파일 내의 여러 항목에 의해 기술될 가능성이 있다. 예를 들어 다음과 같은 설정을 고려해보자.

```
User_Alias        ADMINS = alice, bob, charles
User_Alias        MYSQL_ADMINS = alice, bob

%wheel            ALL = (ALL) ALL
```

```
MYSQL_ADMINS       ALL = (mysql) NOPASSWD: ALL
ADMINS             ALL = (ALL) NOPASSWD: /usr/sbin/logrotate
```

여기서 시스템 관리자는 logrotate 명령을 암호 없이도 어떤 사용자 명의로든 실행할 수 있다. MySQL 관리자는 암호 없이 mysql 명의로 어떤 명령이든 실행할 수 있다. wheel 그룹의 모든 멤버는 모든 UID 명의로 어떤 명령이든 실행할 수 있지만 먼저 암호 인증을 받아야 한다.

사용자 alice가 wheel 그룹의 멤버라면 앨리스는 마지막 세 줄에 의해 커버될 수 있다. 그중 어떤 줄이 sudo의 동작을 결정할지 어떻게 알 수 있을까?

sudo는 항상 매칭되는 마지막 줄에 따르는 것이 규칙이다. 여기서 매칭은 사용자, 호스트, 타깃 사용자, 명령의 네 개 항목 전체가 일치해야 매칭으로 결정된다. 이 항목들의 각각은 환경설정 줄과 일치해야 하며, 그렇지 않은 경우 그냥 무시된다.

따라서 앞에서 보여준 것처럼 NOPASSWD 예외 항목들은 그보다 더 일반적인 항목들 뒤에 따라와야 한다. 마지막 세 줄의 순서가 반대로 되면 가엾은 앨리스는 sudo 명령을 실행할 때마다 암호를 입력해야 할 것이다.

컨트롤 터미널 없는 sudo

암호 없는 인증의 문제점 외에 sudo가 정상적인 컨트롤 터미널 없이 무개입 상태 (예, cron)로 실행되는 경우가 종종 발생한다. 이런 경우가 본질적으로 잘못된 것은 없지만 sudoers 파일에 requiretty 옵션이 켜져 있다면 sudo가 그것을 확인하고는 실행을 거부하는 이상한 상황이 된다.

이 옵션은 sudo 관점에서는 기본값이 아니지만 일부 OS 배포판에서는 sudoers 파일에 기본으로 포함돼 있어 확인 후 제거할 필요가 있다. 다음과 같은 줄이 있는지 찾아보면 된다.

```
Defaults    requiretty
```

발견되면 다음과 같이 바꾼다.

```
Defaults    !requiretty
```

requiretty 옵션은 어떤 공격 시나리오에 대비해서 약간의 상징적인 보호를 제공한다. 하지만 쉽게 피해갈 수 있기 때문에 사실상 보안 효과는 거의 없다. 필자의 견해로는 requiretty는 흔히 문제의 원인이 되기 때문에 당연히 비활성화돼야 한다고 본다.

사이트 sudo 환경설정

sudoers 파일은 현재 호스트를 환경설정 줄의 매칭 기준으로 포함하기 때문에 시스템 관리 도메인 전체에 하나의 마스터 sudoers 파일을 사용할 수 있다. 여기서 도메인은 사이트의 한 영역으로, 그 영역 내에서는 호스트명이나 사용자 계정이 이름이 같아야^{name-equivalent} 같은 것으로 매칭된다. 이런 방식은 sudoers의 초기 설정을 다소 복잡하게 만들지만 여러 가지 면에서 매우 좋은 발상이다. 반드시 하나의 마스터 sudoers 파일을 사용하길 바란다.

이런 방식의 주된 이점은 누가 어떤 호스트에서 어떤 사용 권한을 갖느냐 하는 문제에서 모호함이 없다는 점이다. 모든 것이 하나의 권위 있는 파일에 기록된다. 예를 들면 한 시스템 관리자가 조직을 떠나도 그 사용자가 sudo 사용 권한을 갖고 있던 모든 호스트를 찾아낼 필요가 없다. 변경이 필요하면 간단히 마스터 파일을 수정해서 재배포하면 된다.

이런 방식에서는 sudo 사용 권한이 유닉스 그룹보다는 사용자 계정으로 표현하는 게 당연히 더 낫기 마련이다. 예를 들면 다음과 같다.

```
%wheel    ALL = ALL
```

이 줄은 직관적으로 이해하기엔 좋지만 각 로컬 머신에 대한 특권 사용자들의 구체적인 열거를 미루고 있다. 대상 머신을 직접 방문하지 않고 이 줄만 봐서는 누가 거기에 해당되는지 판단할 수 없다. 이 발상의 취지는 모든 관련 정보를 한곳에 모아 관리한다는 것이기 때문에 네트워크에서 하나의 sudoers 파일을 공유할 때 이와 같은 그룹 옵션은 피하는 게 가장 좋다. 물론 그룹 멤버십이 사이트 전체 범주에서 상호 관계가 잘 짜여 있다면 그룹을 사용해도 좋다.

sudoers 파일의 배포는 23장에서 설명하는 환경설정 관리라는 더 광범위한 시스템을 통해 이뤄지는 게 최선이다. 하지만 조직이 아직 그 정도 수준이 아니라면 직접 만들어 쓰는 것도 어렵지 않다. 하지만 매우 조심스럽게 해야 한다. 가짜 sudoers 파일을 설치하는 것은 대재앙으로 가는 지름길이기 때문이다. sudoers 파일은 일종의 파일 무결성 모니터링 솔루션을 이용해 감시하기에 좋은 파일이기도 하다(28장 참고).

환경설정 관리 시스템이 없다면 각 호스트의 크론에서 실행되는 '풀pull' 스크립트를 사용하는 게 최선이다. scp를 이용해 알려진 중앙 저장소에서 현재 sudoers 파일을 복사한 후 설치 전에 이 sudo가 로컬에서 허용되는지 검증하라. 이 검증은 visudo -c -f newsudoers를 통해 할 수 있다. scp는 원격 서버의 호스트 키를 검사함으로써 sudoers 파일이 위장 서버가 아닌 원래 의도한 서버에서 온 것임을 보장한다.

호스트명hostname 사양은 sudoers 파일을 공유할 때 약간 미묘할 수 있다. sudo는 기본적으로 매칭에 사용할 텍스트로서 hostname 명령의 출력을 사용한다. 사이트에서 적용하는 관례에 따라 이런 이름은 도메인 이름을 포함할 수도 있고 포함하지 않을 수도 있다(예, anchor와 anchor.cs.colorado.edu). 어느 쪽이든 sudoers 파일에 기술된 호스트명들은 각 호스트에서 리턴받는 호스트명과 일치해야 한다(sudoers 파일에서 fqdn 옵션을 활성화시켜 지역 호스트명을 전체 주소 형태fully qualified form로 표준화할 수 있다).

호스트명 매칭은 인스턴스 이름의 기본값이 알고리듬에 의해 생성된 패턴으로 설정되는 클라우드에서 훨씬 더 복잡하다. sudo는 호스트명에 포함된 간단한 패턴 매칭 문자(글로빙globbing)를 이해하므로 sudo 관점에서의 각 호스트 보안 분류 표시를 포함하는 명명 체계naming scheme의 채택을 고려해야 한다.

다른 대안으로, 호스트를 IP 주소로 구분하는 클라우드 공급자의 가상 네트워킹 기능을 이용해 sudoers 파일 내에서 호스트명 대신에 IP 주소로 매칭할 수 있다.

루트 계정의 비활성화

실제 운용 사이트에서 sudo 사용을 표준화한다면 실제 루트 암호를 사용할 일이 거의 없다는 점에 놀랄 것이다. 시스템 관리 팀원 대부분도 루트 암호를 사용할 기회가 전혀 없을 것이다.

그런 사실은 루트 암호가 과연 필요한가라는 문제를 제기한다. 필요 없다고 판단된다면 루트의 암호화된 암호를 별표(*)나 다른 임의의 문자로 설정해서 루트 로그인을 완전히 비활성화할 수 있다. 리눅스에서는 passwd -1 명령을 실행하면 암호화된 암호 앞에 느낌표(!)가 붙어 한 계정이 '잠금lock' 처리된다.

*와 !는 단순한 관례일 뿐 어떤 소프트웨어도 그 문자들을 확인하지는 않는다. 그런 문자들로 이뤄진 문자열은 유효한 암호 해시가 될 수 없기 때문에 그런 효과가 나오는 것이다. 따라서 루트 암호를 확인하는 과정은 그냥 실패로 끝난다.

루트 계정을 잠그는 주목적은 콘솔에서도 루트로 로그인할 수 없게 하는 것이다. 어떤 사용자든 su를 성공적으로 실행할 수 없다. su가 루트 암호를 요구하기 때문이다. 하지만 루트 계정은 계속 존재하므로 루트로 실행되는 소프트웨어들은 계속 실행될 수 있다. 특히 sudo는 정상적으로 작동한다.

루트 계정을 비활성화하는 주된 이점은 루트 암호를 기록하거나 관리할 필요가 없다는 점이다. 루트 암호가 침해 당할 가능성까지도 제거할 수 있지만 그것이 암호를 없애려는 주된 원인이기보다는 부수효과로 얻는 좋은 점이라 할 수 있다.

클라우드나 가상 인스턴스(9장과 24장 참고)에 반해 물리적인 컴퓨터에서는 실제 루트 암호를 갖는 것이 여러모로 도움이 된다. 실제 컴퓨터에서는 하드웨어나 환경설정 문제가 sudo 또는 부트 프로세스를 방해할 경우 응급조치가 필요할 때가 많다. 이런 응급 상황에 대비해 전통적인 루트 계정을 사용할 수 있게 하는 것이 좋다.

 우분투는 루트 계정이 잠금된 상태로 배포되기 때문에 모든 시스템 관리 접근은 sudo나 GUI를 통해 이뤄진다. 원한다면 우분투에서 루트 암호를 설정한 다음에 sudo passwd -u root 명령으로 계정의 잠금을 해제unlock하는 것도 좋다.

루트 외의 시스템 계정

커널의 시각에서 볼 때 루트는 특별한 상태를 갖는 유일한 사용자지만 대부분 시스템에서는 루트 외에 여러 가지 의사 사용자^{pseudo-users}를 정의하고 있다. 낮은 UID 값(보통은 100 이하)을 갖는 허위 계정들^{sham accounts}을 정의할 수 있다. 주로 10 이하의 UID는 시스템 계정이며 10과 100 사이의 UID들은 특정 소프트웨어와 연관된 의사 사용자 계정들이다.

이러한 특수한 사용자의 암호화된 암호 필드는 shadow나 master.passwd 파일에 별표로 넣어 그 계정에 로그인할 수 없게 하는 것이 관례다. 또한 그런 계정들은 SSH 키 파일과 같은 암호 대용을 사용하는 원격 로그인에서 보호하고자 그 셸이 /bin/false나 /bin/nologin으로 설정돼 있어야 한다.

사용자 계정과 마찬가지로 대부분 시스템은 낮은 GID 값을 갖는 다양한 시스템 관련 그룹들을 정의한다.

운영체제의 일부이지만 루트가 소유하지 않는 파일이나 프로세스는 사용자 bin 이나 daemon에 배정된다. 이런 관례는 루트 소유권과 연관된 보안 위험을 회피하는 데 도움이 된다는 취지에서 나온 것이다. 하지만 강제되는 것은 아니어서 현재 시스템들은 그냥 루트 계정을 사용하기도 한다.

의사 계정^{pseudo account}과 의사 그룹^{pseudo group}을 정의하는 주된 이점은 지정된 자원 그룹에 접근함에 있어서 루트 계정보다 더 안전하게 사용될 수 있다는 점이다. 예를 들면 데이터베이스는 자체적으로 정교한 접근 제어 시스템을 구현해 사용한다. 커널 관점에서 보면 데이터베이스는 자신의 모든 데이터베이스 관련 자원을 소유하고 있는 'mysql'과 같은 의사 사용자로 실행되고 있는 것이다.

네트워크 파일 시스템^{NFS, Network File System}은 다른 시스템의 루트 사용자를 나타내고자 'nobody'라는 계정을 사용한다. 원격 루트의 루트 능력을 박탈하고자 원격 UID 0은 로컬 UIO 0이 아닌 다른 것으로 매핑해야 한다. nobody 계정은 원격 루트를 위한 포괄적인 제2의 자아로서 역할을 한다. NFSv4에서는 nobody 계정이 어떤 유효한 로컬 계정에도 대응되지 않는 원격 사용자들에게도 적용될 수 있다.

nobody 계정은 포괄적이면서도 비교적 힘이 없는 사용자를 나타내는 것으로 돼 있기 때문에 이 계정은 어떤 파일도 소유해서는 안 된다. nobody가 파일을 소유하면 원격 루트는 해당 파일들을 장악할 수 있다.

3.3 표준 접근 제어 모델로의 확장

앞 절에서는 전통적인 접근 제어 모델의 주요 개념을 살펴봤다. 이 모델은 단 몇 페이지로 요약될 수 있음에도 간단하고 예측 가능하며 보편적 사이트의 요구 사항들을 다룰 수 있었기 때문에 오랜 테스트 과정을 견뎌냈다. 모든 유닉스와 리눅스 변형들은 계속해서 이 모델을 지원하며 기본 방식으로 유지되고 있고 오늘날 가장 널리 사용되는 모델이 됐다.

현대 운영체제에서 실제로 구현되고 시판됨에 따라 이 모델은 중요한 많은 개선점을 포함하게 됐다. 세 가지 소프트웨어 계층이 현재 상황에 일조하고 있다.

- 지금까지 설명한 표준 모델
- 이 기본 모델을 일반화하고 정밀하게 조율한 확장
- 다른 대안적인 방법으로 구현된 커널 확장

이 카테고리들은 구조적인 계층이 아니라 역사적인 산물에 가깝다. 초기 유닉스 파생품들은 모두 표준 모델을 사용했지만 당시에도 기능이 부족하다는 인식이 널리 퍼져 있었다. 시간이 흐르면서 커뮤니티에서는 일부 시급한 문제에 대한 제2의 해결책을 개발하기 시작했다. 호환을 유지하면서 폭넓은 채택을 촉진하려는 데 관심을 뒀기 때문에 주로 전통 시스템을 개량하는 방식으로 변경됐다. 이렇게 수정된 것 중 일부(예, PAM)는 이제 유닉스 표준으로 정착됐다.

지난 10년간 접근 제어 시스템의 모듈화를 향한 큰 진전이 있었다. 이러한 혁신 덕분에 접근 제어 분야는 좀 더 급진적인 변화가 가능했다. 더욱 일반적인 리눅스와 FreeBSD용 플러그 가능한 옵션 중 일부를 '3.4 최신 접근 제어' 절에서 다룬다.

지금은 대부분 시스템에 포함^{bundle}돼 있는 좀 더 평범한 일부 확장을 살펴본다. 우선 이러한 확장들이 해결하려는 문제를 생각해보자.

표준 모델의 단점

표준 모델은 그 품격에도 불구하고 몇 가지 분명한 단점이 있다.

- 루트 계정은 잠재적인 단일 장애 지점을 보여준다. 루트 계정이 뚫리면 전체 시스템의 무결성이 침해 당하고 공격자가 입힐 수 있는 피해에 근본적으로 한계가 없다.

- 루트 계정의 특권을 분할하는 유일한 방법은 setuid 프로그램을 작성하는 것이다. 불행히도 보안 관련 소프트웨어의 느린 업데이트가 보여주듯이 보안 소프트웨어의 작성은 어렵다. 모든 setuid 프로그램이 잠재적인 공격 목표가 된다.

- 표준 모델은 네트워크 보안에 대해 말할 수 있는 게 거의 없다. 특권 없는 사용자가 물리적으로 접근할 수 있다면 어떤 컴퓨터도 현재 실행하고 있는 프로세스의 소유권을 정확히 나타내고 있다고 신뢰할 수 없다. 누군가 임의로 선택한 UID로 디스크를 재포맷해서 자신의 운영체제를 설치한다면 그것을 누가 알 수 있을까?

- 표준 모델에서 그룹 정의는 특권이 요구되는 작업이다. 예를 들면 일반 사용자는 앨리스와 밥만 어떤 특정 파일에 접근해야 한다는 의도를 표현할 방법이 없다.

- 많은 접근 제어 규칙이 개별적인 명령과 데몬의 코드 안에 삽입돼 있기 때문에(예, passwd 프로그램) 소스코드의 수정과 재컴파일 없이는 시스템 행동을 재정의할 수 없다. 실제 상황에서 이렇게 하는 것은 비현실적이며 오류가 발생하기 쉽다.

- 표준 모델은 감사auditing나 로깅logging을 거의 지원하지 않거나 전혀 지원하지 않는다. 한 사용자가 어느 유닉스 그룹에 속하는지는 알 수 있지만 그 그룹 멤버들이 한 사용자에게 무엇을 할 수 있는 권한을 허용하는지는 판단하지 못할 수도 있다. 게다가 상승된 권한의 사용을 추적하거나 그들이 수행한 작업을 확인할 실질적 방법이 없다.

PAM: 탈착형 인증 모듈

전통적으로 /etc/shadow나 /etc/master.passwd 또는 이에 상응하는 네트워크 데이터베이스에 (암호화된 형태로) 저장된 암호에 의해 사용자 계정의 보안을 관리했다. login, sudo, su, GUI 워크스테이션에서 로그인을 받아들이는 프로그램 등 많은 프로그램이 계정의 인증을 필요로 한다.

이런 프로그램들은 암호의 암호화 및 검증 방법에 관한 어떤 가정을 전제로 하드코드화하면 절대 안 된다. 이상적으로 말하면 암호가 사용되고 있다는 가정조차 하지 말아야 한다. 생체 인식 식별^{biometric identification}, 네트워크 식별 시스템^{network identity system} 또는 일종의 2단계 인증^{2-factor authentication}을 사용하고자 한다면 어떡할 것인가? 탈착형 인증 모듈^{PAM, Pluggable Authentication Module}이 구해줄 것이다.

PAM은 특정 방법의 다양한 인증 라이브러리를 위한 일종의 래퍼^{wrapper}다. 시스템 관리자는 시스템에 사용될 인증 방법들을 각각에 대한 적절한 문맥과 함께 지정한다. 사용자 인증을 요구하는 프로그램들은 자체적으로 인증을 구현하는 대신 간단히 PAM 시스템을 호출하기만 한다. 그러면 PAM이 시스템 관리자가 지정한 인증 라이브러리를 호출한다.

엄격히 말하자면 PAM은 인증 기술이지 접근 제어 기술이 아니다. 다시 말해 "사용자 X가 Y 작업을 수행할 권한이 있는가?"라는 질문을 다루는 게 아니라, "이 사람이 진짜 사용자 X인지 어떻게 알 수 있나?"라는 선행 질문에 답을 주는 것이다.

대부분 시스템에서 PAM은 접근 제어 체인의 중요한 요소며 PAM 환경설정은 일반적인 시스템 관리 업무다. PAM은 17장에서 단일 인증^{SSO, Single Sign-On, 싱글 사인온}을 다룰 때 자세히 다룬다.

커버로스: 네트워크 암호화 인증

PAM과 같이 커버로스^{Kerberos}도 접근 제어 자체가 아닌 인증을 다룬다. 하지만 PAM이 인증 프레임워크인 반면 커버로스는 특정 인증 방법이다. 커버로스를 사용하는 사이트에서는 일반적으로 PAM과 커버로스가 함께 작동한다. PAM은 래퍼 역할을 하고 커버로스는 실제 구현이 된다.

커버로스는 전체 네트워크에 대한 인증을 수행하고자 신뢰할 수 있는 제3자(서버)를 이용한다. 자신이 사용하고 있는 머신에 자신을 인증하지는 않지만 자격증명을 커버로스 서비스에 제공한다. 그러면 커버로스는 다른 서비스에서 자신의 신분증명서로 사용할 수 있는 암호화된 자격증명서를 발급한다.

커버로스는 수십 년간 널리 사용돼온 성숙한 기술이다. 윈도우에서 사용되는 표준 인증 시스템이며 마이크로소프트의 액티브 디렉터리Active Directory 시스템의 일부이기도 하다. 커버로스에 관한 자세한 내용은 17장을 참고한다.

파일 시스템 접근 제어 목록

파일 시스템 접근 제어는 유닉스와 리눅스에서 가장 중심이 되기 때문에 일찍부터 정교화 작업의 목표가 됐다. 가장 보편적으로 추가한 것은 다수의 사용자와 그룹에 대한 사용 권한을 한 번에 설정하게 하는 전통적인 사용자/그룹/기타 사용 권한 모델을 일반화한 접근 제어 목록ACL, Access Control List의 지원이었다.

ACL은 파일 시스템 구현의 일부이므로 어떤 파일 시스템을 사용하든 파일 시스템에 의해 명시적으로 지원돼야 한다. 하지만 모든 주요 유닉스와 리눅스 파일 시스템들은 이제 ACL을 저마다 다른 형태로 지원하고 있다.

ACL은 일반적으로 두 가지 형태 중 하나로 지원된다. 하나는 공식적으로 채택된 적은 없지만 널리 구현된 초기 포직스POSIX 표준 초안이고 다른 하나는 마이크로소프트 윈도우 ACL을 개선해 만든 NFSv4로 표준화된 시스템이다. 두 ACL 표준은 5장에서 자세히 다룬다.

리눅스 자격

자격 시스템capability system은 루트 계정의 권한을 한 줌(~30)의 분리된 사용 권한으로 나눈다.

자격 시스템의 리눅스 버전은 지금은 사라진 포직스 1003.1e 초안에서 파생됐는데, 이 초안은 공식적으로는 표준으로 승인된 적이 없었음에도 조금씩 나아갔다.

이런 좀비의 오명을 견뎌내면서 리눅스의 자격 기능은 이론가들의 분노를 증가시켰다. 리눅스 버전이 자격 시스템의 학술적 개념에 부합되지 않았기 때문이다. 어찌 됐든 리눅스의 자격 시스템은 현존하고 리눅스에서는 그것을 자격^{Capability}이라 부르며 이 책에서도 그렇게 부를 것이다.

자격은 부모 프로세스에서 상속될 수 있다. setuid 실행이 연상되는 방법으로 실행 파일에 설정된 속성^{attribute}에 의해 활성화 또는 비활성화될 수도 있다. 프로세스는 사용할 계획이 없는 자격들은 포기할 수 있다.

전통적인 루트 권한은 모든 가능한 자격의 합집합과 같기 때문에 전통 모델과 자격 모델 사이에는 상당히 직접적인 매핑 관계가 있다. 자격 모델이 좀 더 세밀하다.

예를 들면 **CAP_NET_BIND_SERVICE**라 불리는 리눅스 자격은 한 프로세스가 특권 네트워크 포트(1,024 이하의 포트 번호)에 바인드^{bind}할 수 있는지 제어한다. 전통적으로 루트로 실행되는 일부 데몬은 하나의 특별한 슈퍼유저만을 요구한다. 이론적으로는 자격 모델에서의 데몬은 비특권 사용자로서 실행되고, 그 실행 파일에서 포트바인딩^{port-binding} 자격을 획득할 수 있다. 데몬이 루트로 실행되고 있음을 확인하는 명시적 점검을 하지 않는 한 데몬은 자격에 대해 알 필요조차 없다.

이 모든 것이 현실에서도 실제 그렇게 될까? 아니다. 그런 일이 일어남에 따라 자격 시스템은 계속 진화해서 사용자 대면^{user-facing} 시스템보다 더 기반 기술이 됐다. 자격 시스템은 앱아머^{AppArmor}나 도커^{Docker}(25장 참고)와 같은 더 상위 수준의 시스템에 널리 채택됐지만 단독으로는 좀처럼 사용되지 않는다.

시스템 관리자는 **capabilities(7)** 맨페이지를 읽어보면 자격이라는 상자 안에 무엇이 들어 있는지 감을 잡는 데 도움이 될 것이다.

리눅스 네임스페이스

 리눅스는 프로세스를 계층적 파티션('네임스페이스^{namespace}')들로 나눠 차별화할 수 있다. 네임스페이스를 통해 프로세스는 시스템 파일, 네트워크 포트, 프로세스의 일부분만 볼 수 있다. 이런 체계는 선점 접근 제어의 형태로 작용한다. 커널은 잠재적으로 민감한 기준에 기초해서 접근 제어를 결정하는 게 아니라 주어진 박스 안에서 볼 수 없는 객체의 존재는 간단히 부정해 버린다.

하나의 파티션 안에서는 정상적인 접근 제어 규칙이 적용되며 대부분의 경우 환경에 갇힌 프로세스는 자신이 갇혀 있다는 사실조차 모른다. 그런 감금은 되돌릴 수 없기 때문에 프로세스는 파티션 안에서 루트로 실행되면서 자신이 시스템의 다른 부분을 위험에 빠뜨릴지도 모른다는 공포를 느끼지 않아도 된다.

이런 묘책은 소프트웨어 컨테이너화containerization의 토대 중 하나며 가장 잘 알려진 구현으로 도커Docker가 있다. 전체 시스템은 훨씬 더 복잡하며 쓰기 시 복제COW, Copy-On-Write 파일 시스템 접근과 같은 확장 기능들을 포함하고 있다.

접근 제어 형태로서 네임스페이스는 상당히 거친 접근법이다. 프로세스가 살기에 적합하게 구성된 둥지를 구축하는 것은 다소 편법이기도 하다. 현재 이 기술은 운영체제의 본질적 요소가 아닌 부가 서비스에 주로 적용된다.

3.4 최신 접근 제어

컴퓨팅 환경이 세계적 규모로 성장하고 표준 모델을 개선하려는 노력들이 부분적으로 성공을 거둔 상황에서 커널을 관리하는 사람들은 접근 제어에 관한 논쟁에서 중재자로 나서길 꺼려했다.

리눅스 세계에서는 그런 상황이 2001년 초에 왔다. 미국 국가 안전국U.S. National Security Agency에서 그들의 보안 강화 리눅스SELinux, Security-Enhanced Linux를 커널의 표준 기능으로 통합시킬 것을 제안한 것이다.

커널 메인테이너들Maintainers은 여러 가지 이유를 들어 이러한 통합에 저항했다. 그들은 SELinux나 다른 대안 시스템을 채택하는 대신 리눅스 보안 모듈LSM, Linux Security Module API를 개발했다. LSM은 접근 제어 시스템을 로드 가능한 커널 모듈loadable kernel module로 통합할 수 있게 해주는 커널 수준 인터페이스다.

LSM 기반 시스템은 사용자가 로드해서 활성화시키지 않으면 효과가 없다. 이런 점이 표준 커널에 포함시키기 위한 진입 장벽을 낮췄고 리눅스는 이제 SELinux와 준비된 4개의 다른 시스템(앱아머^{AppArmor}, 스맥^{Smack}, 토모요^{TOMOYO}, 야마^{Yama})과 함께 출시된다.

BSD 쪽에서의 개발은 TrustedBSD 프로젝트에서의 로버트 왓슨^{Robert Watson}의 작업 덕분에 대체적으로 리눅스와 유사하게 병행됐다. 이 코드는 FreeBSD에 버전 5부터 포함됐으며, 애플의 맥OS와 iOS에서 사용된 애플리케이션 샌드박스^{Sandboxing} 기술도 제공한다.

다수의 접근 제어 모듈이 동시에 활성화되면 한 작업은 모든 모듈에 의해 사용 권한이 승인돼야 한다. 불행히도 LSM 시스템은 활성화된 모듈 간에 명시적으로 협력할 것을 요구하는데, 현재 어떤 모듈도 그런 기능을 포함하고 있지 않다. 따라서 리눅스 시스템은 사실상 한 가지 LSM 모듈을 선택하도록 제한되고 있다.

분리된 생태계

접근 제어는 속성상 커널 수준의 관심사다. 파일 시스템 접근 제어 목록을 제외하고는 본질적으로 접근 제어 기재에 관한 대안 시스템 간에는 표준화가 없다. 그 결과 모든 커널은 사용할 수 있는 구현의 목록을 자체적으로 갖고 있을 뿐 그중 어떤 것도 크로스플랫폼^{cross-platform}이 아니다.

 리눅스 배포판은 공통의 커널 계보를 공유하기 때문에 이론적으로는 모든 리눅스 배포판이 모든 리눅스 보안 기능과 호환된다. 하지만 실제로는 그렇지 않다. 이 시스템들은 모두 명령의 추가, 사용자 레벨 구성 요소에 대한 수정, 데몬과 서비스용 보호 프로파일^{securement profile} 등 사용자 레벨의 지원이 필요하다. 그러므로 모든 배포판은 적극적으로 지원할 한 개 또는 두 개의 접근 제어 메커니즘만 가져야 한다.

강제 접근 제어

표준 유닉스 모델은 접근 제어의 대상이 되는 요소의 소유자가 사용 권한을 설정할 수 있기 때문에 임의 접근 제어^{DAC, Discretionary Access Control}의 형태로 간주된다. 예를 들어 다른 사용자가 내 홈 디렉터리 내용을 볼 수 있게 하거나 다른 사람이 내 프로세스에 시그널을 보낼 수 있도록 setuid 프로그램을 작성할 수도 있다.

임의 접근 제어는 사용자 레벨 데이터에 대해 어떤 보안도 보장하지 않는다. 사용자가 권한을 설정하는 것의 단점은 바로 사용자가 사용 권한을 설정할 수 있다는 점이다. 즉, 사용자가 자신의 파일에 무엇을 할지 알 수 없다는 것이다. 게다가 아무리 선의적이거나 훈련을 잘 받았다 하더라도 사용자는 실수할 수 있다.

강제 접근 제어^{MAC, Mandatory Access Control} 시스템은 시스템 관리자로 하여금 접근 제어 정책을 작성하게 한다. 이 정책은 전통 모델에서 임의로 설정된 권한들을 덮어쓰거나 보완한다. 예를 들면 사용자의 홈 디렉터리는 소유자만 접근할 수 있다는 규칙을 만들 수 있다. 그렇게 하면 사용자가 개인적으로 중요한 문서를 복사한 후 문서의 사용 권한 설정에 부주의하더라도 문제될 게 없다. 아무도 그 사용자의 홈 디렉터리를 들여다볼 수 없기 때문이다.

MAC 기능은 미 국방부의 다중 수준 보안^{multilevel security} 시스템과 같은 보안 모델을 구현하는 데 사용된 일종의 기반기술이다. 이 모델의 보안 정책은 제어되고 있는 자원의 중요도에 따라 접근을 제어한다. 사용자에게는 구조화된 계층으로부터 보안 등급이 배정된다. 사용자는 같은 등급이거나 더 낮은 등급의 아이템은 읽고 쓸 수 있으나 더 높은 등급의 아이템에는 접근할 수 없다. 예를 들면 'secret' 접근권을 갖는 사용자는 'secret' 객체를 읽고 쓸 수 있지만 'top secret'으로 분류된 객체는 읽을 수 없다.

정부기관용 민감한 데이터를 다루는 게 아니라면 그런 포괄적이고 '이질적인' 보안 모델을 만날 가능성은 적다. 그보다 일반적으로 MAC은 개별 서비스를 보호하는 데 사용되며, 그 외에는 사용자와 무관하다.

잘 구현된 MAC 정책은 필요할 때만 접근을 허용하는 최소 권한의 원리에 의존한다. 적합하게 설계된 방화벽이 명확히 인식되는 서비스와 클라이언트만 통과시키는 것과 같다.

MAC은 소프트웨어가 요구하는 일부 특정 자원에 대해 위반의 범위를 제한함으로써 코드 실행에 취약점(예, 버퍼 오버플로)이 있는 소프트웨어가 시스템을 침해하지 못하게 할 수 있다.

불행히도 MAC은 '고급 접근 제어'와 같은 의미로 사용되는 유행어가 돼버렸다. 일부 플러그인은 실제로 MAC 기능을 제공하지 않는데도 불구하고 FreeBSD의 기본적인 보안 API조차 MAC 인터페이스라고 불린다.

사용가능한 MAC 시스템들은 표준 모델을 완전히 대체한 것에서부터 특정 도메인이나 용도를 다루는 가벼운 확장에 이르기까지 다양하다. MAC 구현 간에 공통된 흐름은 대체적으로 시스템 관리자가 작성한(또는 업체가 제공한) 중앙 집중식 정책을 파일 사용 권한, 접근 제어 목록, 프로세스 속성들과 함께 접근 제어 시스템에 추가하는 것이다.

전망을 떠나 MAC은 표준 시스템으로부터의 이탈이라는 점에서 잠재적 중요성을 가지며 표준 유닉스 보안 모델을 다루려는 프로그램들이 MAC에서 놀라운 점들을 발견하게 될 것이다. 풀 스케일의 MAC을 배치하기 전에 이 모듈의 로깅 규약을 이해하고 있는지, MAC 관련 문제들을 식별하고 해결하는 방법을 알고 있는지 확인해야 한다.

역할 기반 접근 제어

접근 제어 시스템이 이름을 검사하는 또 다른 방법으로 역할 기반 접근 제어[RBAC, Role-Based Access Control]가 있다. 이의 이론적 모델은 1992년에 데이빗 페라이올로[David Ferraiolo]와 릭 쿤[Rick Kuhn]에 공식화됐다. 기본 아이디어는 접근 제어 계산에 하나의 간접 계층을 추가하는 것이다. 사용 권한을 사용자에게 직접 배정하는 게 아니라 롤[Role]이라는 중간 구성물에 배정한 후 이를 다시 사용자에게 배정하는 것이다. 접근 제어를 결정하고자 시스템은 현재 사용자의 롤을 나열해서 그중 어떤 것이 적절한 사용권을 갖는지 점검한다.

롤은 개념적으로 유닉스 그룹과 유사하지만 파일 시스템 맥락 밖에서 사용될 수 있기 때문에 더 일반적이라고 할 수 있다. 롤은 서로 간에 계층적 관계를 가질 수도 있기 때문에 시스템 관리가 대단히 단순화된다. 예를 들면 '시스템 관리자'의 권한에 X, Y, Z 권한을 추가해 '수석 시스템 관리자' 역할을 정의할 수 있다.

솔라리스, HP-UX, AIX와 같은 많은 변형 유닉스는 일종의 내장형 RBAC 시스템을 포함하고 있다. 리눅스와 FreeBSD에는 뚜렷이 구별되는 원형 RBAC 기능이 없다. 하지만 그런 기능이 더 포괄적인 여러 가지 MAC 옵션 속에 내장돼 있다.

SELinux: 보안 강화 리눅스

SELinux는 가장 오래된 리눅스 MAC 구현 중 하나며 미국 국가 안전국에서 제작한 것이다. SELinux는 보는 관점에 따라 안전한 것일 수도 있고 의심스러운 것일 수도 있다.[8]

SELinux는 사람들이 바라는 MAC과 RBAC의 모든 맛을 구현하는 맥시멀리스트 접근법을 취한다. SELinux는 일부 배포판에서는 발판을 마련했지만 관리와 유지 보수가 어렵기로 악명이 높다. 위키피디아 SELinux 페이지의 예전 버전에서 따온 다음 인용문은 많은 시스템 관리자가 느끼는 불만을 토로하고 있다.

> 흥미로운 점은 SELinux의 존재 이유가 개별화된 접근 제어 정책(특히 조직의 데이터 관리 실무와 규칙)의 생성을 편리하게 하자는 것인데, SELinux가 지원하는 소프트웨어 도구들은 너무 엉성하고 비친화적이어서 업체들은 주로 '컨설팅'에 의존해 연명하고 있으며, 컨설팅은 보통 표준 보안 정책에 대한 수정을 점점 증가시키는 형태를 취한다.

관리의 복잡성에도 불구하고 SELinux 채택은 서서히 증가하고 있다. 특히 강력하고 특별한 보안 요건들을 요구하는 정부, 금융, 의료 분야에서 그렇다. 또한 안드로이드 플랫폼의 표준이기도 하다.

SELinux는 제공하는 혜택보다는 해로움이 더 많다는 게 집필진의 대체적인 의견이다. 불행히도 그 해로움은 시스템 관리자의 시간을 낭비하고 점점 악화될 뿐 아니라 아이러니하게도 보안 과실로 드러날 수 있다. 복잡한 모델은 추론하기 어렵고 SELinux는 사실 실무에 적용할 만한 수준이 아니다. 그에 집중하는 해커들은 일반적인 시스템 관리자들보다 훨씬 더 시스템에 통달해 있다.

특히 SELinux 정책 개발은 복잡하기 이를 데 없는 시도다. 예를 들면 새로운 데몬을 보호하고자 하나의 정책은 반드시 주의를 기울여 파일, 디렉터리 등 프로세스

---

8. 의심 많은 사람이라면 리눅스 커널 배포판의 일부로서 SELinux의 코드베이스는 조사할 수 있도록 공개돼 있다는 점에 유의할 필요가 있다.

가 접근하려는 모든 객체를 나열해야 한다. sendmail이나 httpd와 같은 복잡한 소프트웨어의 경우 이러한 작업은 매우 복잡할 수 있다. 한 회사가 정책 개발에 최소한 3일 간의 교육을 제공해야 할 정도다.

다행히도 일반적으로 사용되는 정책들을 온라인에서 많이 구할 수 있으며 대부분 SELinux 기반 배포판에도 상당수가 기본으로 포함돼 있다. 이들은 특별한 환경에서도 쉽게 설치할 수 있으며 환경설정도 어렵지 않다. 정책 애플리케이션을 쉽게 할 목적으로 만들어진 풀 기능의 정책 편집기를 seedit.sourceforge.net에서 구할 수 있다.

 레드햇(당연히 센트OS도)과 페도라는 모두 SELinux를 잘 지원한다. 레드햇에서는 기본으로 활성화돼 있다.

 데비안과 수세 리눅스도 부분적으로 SELinux를 지원하긴 하지만 추가 패키지를 설치해야 하며 시스템의 기본 환경에는 소극적으로 설정돼 있다.

우분투는 데비안에서 일부 SELinux 지원을 물려받았지만 마지막 몇 버전부터는 앱아머^{AppArmor}에 집중하고 있다. 예전 흔적이 남아 있는 일부 SELinux 관련 패키지가 여전히 있지만 대체적으로 업데이트되지 않고 있다.

/etc/selinux/config는 SELinux의 최상위 제어 파일이다. 그중 관심 있는 부분은 다음 두 줄이다.

```
SELINUX=enforcing
SELINUXTYPE=targeted
```

첫 줄에는 세 가지 값이 가능하다. enforcing(강제), permissive(허용), disabled(비활성)가 그들이다. enforcing으로 설정하면 로딩된 정책이 적용되고 정책 위반을 금지한다. permissive는 위반을 허용하지만 syslog에 위반 사실을 기록해 나중에 디버깅이나 정책 개발에 활용한다. disabled는 SELinux를 완전히 비활성화한다.

SELINUXTYPE은 적용할 정책 데이터베이스의 이름을 나타낸다. 이는 반드시 /etc/selinux 안에 있는 하위 디렉터리명이어야 한다. 한 번에 단 하나의 정책만 활성화되며 이용할 수 있는 정책은 시스템마다 다르게 설정된다.

RHEL 레드햇의 기본 정책은 **targeted**로, 레드햇이 명시적으로 보호하고 있는 일부 데몬용 추가적인 보안을 정의하지만 그 외의 나머지 시스템은 관여하지 않고 그대로 둔다. 한때는 **strict**라는 별도의 정책이 있어 MAC을 시스템 전체에 적용했지만 그 정책은 이제 **targeted**에 통합됐다. **setmodule -d** 명령을 사용하면 **unconfined**와 **unconfineduser** 모듈을 제거함으로써 풀 시스템 MAC을 구현할 수 있다.

또한 레드햇은 **mls** 정책을 정의할 수 있는데, 이 정책은 미국 국방부[DoD] 스타일의 다중 레벨 보안을 구현한 것이다. 이는 **yum install selinux-policy-mls** 명령을 써서 따로 설치해야 한다.

자신만의 SELinux 정책을 직접 개발하는 데 관심이 있다면 **audit2allow** 유틸리티를 검토해보기 바란다. 이 유틸리티는 위반 기록에서 정책 정의를 구축한다. 이 아이디어는 하위 시스템 보호를 관대하게 함으로써 위반 사항을 기록할 뿐 강제적으로 하지는 않는다는 취지다. 그렇게 하면 하위 시스템을 능력껏 체험하게 하고 하위 시스템이 실제로 수행한 모든 것을 허용하는 정책을 구축할 수 있다. 불행히도 이런 임시방편으로 모든 코드 경로의 완전한 커버를 보장하는 것은 매우 어렵기 때문에 자동 생성된 프로파일은 완벽하다고 볼 수는 없다.

앱아머

 앱아머[AppArmor]는 우분투 배포판의 발행자인 캐노니컬[Canonical, Ltd.]의 제품이다. 데비안과 우분투에서 지원하고 있지만 수세[SUSE] 배포판에서도 표준으로 채택하고 있다. 우분투와 수세에서는 이 보호된 서비스의 보완이 많지 않음에도 앱아머를 기본 설치에 포함하고 있다.

앱아머는 MAC의 형태로 구현돼 있으며 전통적인 유닉스 접근 제어 시스템을 보완하려는 의도로 만들어졌다. 앱아머는 어떤 환경설정이든 가능하긴 하지만 사용자 대면 시스템으로 설계되지는 않았다. 앱아머의 주목적은 서비스 보안이다. 즉, 개별 프로그램이 침투 당하거나 비정상 상태에 빠지더라도 입을 수 있는 피해를 제한하려는 것이다.

보호된 프로그램들은 계속해서 표준 모델에 의해 부과된 모든 제약을 따르면서 추가로 지정된 특정 업무에 관한 앱아머 프로파일을 통해 커널이 프로그램의 동작을 필터링한다. 앱아머는 기본적으로 모든 요청을 거절하기 때문에 프로파일은 프로세스에게 허용된 모든 것을 명시적으로 지칭해야 한다.

사용자 셸처럼 프로파일이 없는 프로그램들은 어떤 특별한 제약도 갖지 않으며 마치 앱아머가 설치되지 않은 것처럼 실행된다.

이 서비스 보안의 역할은 본질적으로 레드햇의 **targeted** 환경에서 SELinux에 의해 구현된 것과 동일한 환경이다. 하지만 앱아머는 서비스 보호에 더 중점적으로 설계됐기 때문에 SELinux의 일부 헷갈리는 뉘앙스들을 피하고 있다.

앱아머 프로파일은 /etc/apparmor.d에 저장돼 있으며 시스템에 대해 자세히 몰라도 쉽게 읽을 수 있다. 예를 들어 우분투에서 프린팅 시스템의 일부인 **cups-browsed** 데몬용 프로파일은 다음과 같다.

```
#include <tunables/global>

/usr/sbin/cups-browsed {

    #include <abstractions/base>
    #include <abstractions/nameservice>
    #include <abstractions/cups-client>
    #include <abstractions/dbus>
    #include <abstractions/p11-kit>

    /etc/cups/cups-browsed.conf r,
    /etc/cups/lpoptions r,
    /{var/,}run/cups/certs/* r,
    /var/cache/cups/* rw,
    /tmp/** rw,

    # 사이트에 특정한 추가사항 및 오버라이드는 local/README를 보라.
    #include <local/usr.sbin.cups-browsed>
}
```

이 코드의 대부분은 모듈화된 표준 코드[boilerplate]다. 예를 들어 이 데몬은 호스트명 검색을 수행해야 하므로 프로파일에는 이름 분석[name resolution] 라이브러리, /etc/nsswitch.conf, /etc/hosts, LDAP에 사용되는 네트워크 포트 등에 접근하게 해주는

abstractions/nameservice가 삽입된다.

이 데몬에만 특정화된 프로파일링 정보에는 데몬이 접근할 수 있는 파일의 목록, 각 파일에 허용된 사용 권한이 포함된다. 패턴 매칭 구문이 조금 특이하다. **는 복수의 경로명 구성 요소에 매칭되며, {var/,}는 해당 위치에 var/이 나타나든 안나타나든 모두 매칭됨을 의미한다.

이런 간단한 프로파일조차도 세부적인 구현으로 들어가면 꽤 복잡하다. #include 문장들을 모두 확장하면 거의 750줄에 이른다(앞의 예는 간단해서 선택한 것이다).

앱아머는 파일과 프로그램을 경로명으로 참조하므로 프로파일을 읽을 수 있고 어떤 특정 파일 시스템 구현과 상관없게 해준다. 하지만 이런 접근 방식은 보안 침해의 여지가 있다. 예를 들면 앱아머는 동일한 하부 개체를 가리키는 하드링크hard link를 인식하지 못한다.

3.5 추천 자료

Ferraiolo, David F., D. Richard Kuhn, and Ramaswamy Chandramouli. Role-Based Access Control (2nd Edition). Boston, MA: Artech House, 2007.

Haines, Richard. The SELinux Notebook (4th Edition). 2014. SELinux 관련 정보에 관한 이 개요서는 가장 공식적인 문서에 가깝다. freecomputerbooks.com에서 구할 수 있다.

Vermeulen, Sven. SELinux Cookbook. Birmingham, UK: Packt Publishing, 2014. 이 책은 SELinux를 다루기 위한 다양한 현실적인 팁을 포함한다. 서비스 보안과 사용자 대면 보안 모델을 모두 다룬다.

4 프로세스 제어

프로세스^{precess}라는 것은 현재 실행 중인 프로그램을 의미한다. 프로세스는 추상화된 개체로, 이를 통해 메모리, 프로세서 시간, 입출력$^{I/O}$ 자원들을 관리하고 모니터링한다. 최대한 많은 작업을 커널이 특별하게 다루기보다는 프로세스라는 맥락 안에서 수행하려는 유닉스 철학의 기본 공리에 해당된다. 시스템 및 사용자 프로세스는 동일한 규칙을 따르기 때문에 두 가지 모두를 제어하는 데 단 하나의 도구 세트를 사용할 수 있다.

4.1 프로세스의 구성 요소

하나의 프로세스는 커널 내의 주소 공간$^{address\ space}$과 데이터 구조체$^{data\ structure}$의 집합으로 구성된다. 주소 공간은 커널에 의해 해당 프로세스가 사용 중인 것으로 표시된 메모리 페이지^{page}[1]의 집합이다. 이러한 페이지들은 프로세스가 실행하고 있

---

1. 페이지는 메모리가 관리되는 기본 단위다. 그 크기는 보통 4KiB 또는 8KiB다.

는 코드와 라이브러리, 프로세스의 변수, 스택stack, 프로세스가 실행되는 동안 커널에 필요한 여러 가지 정보를 포함한다. 프로세스의 가상 주소 공간virtual address space은 물리적 메모리에 무작위로 배치되며 그 관계는 커널의 페이지 테이블page table에 의해 추적된다.

커널의 내부 데이터 구조는 각 프로세스에 관한 여러 정보를 기록한다. 그중 비교적 중요한 것을 열거하면 다음과 같다.

- 프로세스의 주소 공간 맵address space map
- 프로세스의 현재 상태(수면 중지, 실행 등)
- 프로세스의 실행 우선순위
- 프로세스가 사용한 자원에 관한 정보(CPU, 메모리 등)
- 프로세스가 오픈한 파일과 네트워크 포트에 관한 정보
- 프로세스의 시그널 마스크signal mask(블록된 시그널에 관한 기록)
- 프로세스의 소유자

'스레드thread'는 프로세스 내부의 실행 콘텍스트context다. 각 프로세스는 최소한 한 개의 스레드를 갖고 있지만 어떤 프로세스들은 여러 개의 스레드를 갖는다. 각 스레드는 자신의 스택과 CPU 콘텍스트를 갖지만 그것을 에두르고 있는 프로세스의 주소 공간 내에서 작동한다.

최신 컴퓨터 하드웨어는 여러 개의 CPU와 각 CPU당 여러 개의 코어를 포함하고 있다. 한 프로세스의 스레드들은 서로 다른 코어에서 동시에 실행될 수 있다. BIND나 아파치 같은 멀티스레드multithread 애플리케이션들은 여러 요청을 각 스레드에 배정하기 때문에 이런 병행 처리 구조에서 상당한 혜택을 얻는다.

한 프로세스와 연관된 많은 매개변수는 프로세스 실행에 직접 영향을 미친다. 예를 들면 프로세스에게 주어진 프로세서 시간processor time의 양이나 프로세스가 접근할 수 있는 파일 등이 이러한 매개변수에 속한다. 다음 절에서는 시스템 관리자 관점에서 가장 관심 있는 매개변수들의 의미와 중요성을 알아본다.

PID: 프로세스 ID 번호

커널은 각 프로세스에 하나의 고유한 ID 번호를 배정한다. 프로세스를 다루는 대부분 명령과 시스템 콜은 작업의 대상을 특정하기 위한 PID를 지정할 것을 요구한다. PID는 프로세스가 생성되는 순서대로 배정된다.

 리눅스는 현재 프로세스 '네임스페이스namespace' 개념을 정의하고 있다. 이 개념은 프로세스 간에 서로 바라보고 영향을 주는 능력을 제약한다. 컨테이너container 구현은 이 기능을 이용해 프로세스들을 분리시킨다. 한 가지 부수효과로, 프로세스는 관측자의 네임스페이스에 따라 다른 PID로 보일 수도 있다. 이는 프로세스 ID에 대한 아인슈타인 상대성 원리와 같은 것이다. 자세한 내용은 25장을 참고한다.

PPID: 부모 PID

유닉스나 리눅스에는 특정 프로그램을 실행하는 새 프로세스를 시작시키는 시스템 콜이 없다. 이런 작업은 두 개의 단계로 분리해 수행한다. 첫째, 기존 프로세스는 새로운 프로세스를 생성하고자 자신을 복제clone한다. 그러면 복제된 프로세스는 현재 실행 중인 프로그램을 다른 것으로 교체할 수 있다.

프로세스가 복제될 때 원본 프로세스는 부모parent라 부르고 복제된 프로세스는 자식child이라 부른다. 한 프로세스의 PPID 속성은 그 프로세스를 복제한 부모의 PID다.[2]

부모 PID는 인식할 수 없는(대개는 오동작하고 있는) 프로세스를 마주쳤을 때 유용한 정보가 된다. 원천 프로세스(그것이 셸이든 어떤 다른 프로그램이든)를 향해 프로세스를 역추적하는 것은 그 프로세스의 목적과 의미에 대한 이해를 돕는다.

UID와 EUID: 실제/유효 사용자 식별자

한 프로세스의 UID는 그 프로세스를 생성한 사용자의 식별 번호다. 좀 더 정확히 말하면 그 프로세스를 복제한 부모 프로세스의 UID 값을 복사한 것이다. 보통은 프로세스의 생성자(즉, 소유자)와 슈퍼유저만 그 프로세스를 다룰 수 있다.

---

2. 최소한 복제 직후에는 그렇다. 원래의 부모가 죽으면 init나 systemd(프로세스 1)가 새로운 부모가 된다.

EUID는 '유효한effective' 사용자 ID로, 어떤 주어진 순간에 프로세스가 접근할 수 있는 자원과 파일을 결정하는 일종의 부가적인 UID다. 대부분 프로세스는 UID와 EUID가 같지만 setuid된 프로세스들은 그렇지 않다.

UID와 EUID, 두 가지 UID가 모두 필요한 이유는 무엇일까? 간단히 말하면 정체성(ID)과 사용 권한Permission을 구분해서 관리하는 데 유용하기 때문이고, setuid 프로그램은 언제나 확장된 사용 권한으로 동작하길 원하지 않을 수 있기 때문이다. 대부분 시스템에서 유효 UID는 사용 권한을 추가적으로 활성화하거나 제약하고자 설정 또는 해제할 수 있다.

또한 대부분 시스템은 '저장된saved UID'를 기록한다. 저장된 UID는 프로세스의 실행이 처음 시작되는 시점에서 EUID를 복제해 놓은 것이다. 프로세스가 이 저장된 UID를 지우는 과정을 밟지 않는 한 실제 또는 유효 UID로 사용할 수 있는 상태를 유지한다. 따라서 보수적으로 작성된 setuid 프로그램은 대부분의 실행에 대해서는 특별한 권한을 포기하고 별도의 특권이 필요할 때만 사용할 수 있다.

 리눅스에서는 파일 시스템의 사용 권한 결정을 제어하는 비표준 FSUID 프로세스 매개변수도 정의하고 있다. 이는 커널 바깥에서 가끔 사용되며 다른 유닉스 시스템에는 호환되지 않는다.

GID와 EGID: 실제/유효 그룹 식별자

GID는 한 프로세스의 그룹 식별자 번호다. EGID와 GID의 관계는 setgid 프로그램의 실행에 의해 '업그레이드'될 수 있다는 점에서 EUID와 UID의 관계와 같다. UID에서와 마찬가지로 커널은 각 프로세스에 대해 저장 GID를 유지한다.

한 프로세스의 GID 속성은 대개 흔적으로만 남아 있다. 하나의 프로세스는 접근을 결정하기 위한 목적으로 한 번에 여러 그룹의 멤버가 될 수 있다. GID나 EGID와는 별도로 전체 그룹 목록이 따로 저장된다. 통상적으로 접근 권한은 EGID와 보조적인 그룹 목록을 고려해 결정되며, GID 자체는 고려되지 않는다.

GID가 실질적으로 의미를 갖는 유일한 때는 프로세스가 새 파일을 생성할 때다.

파일 시스템 사용 권한이 어떻게 설정돼 있느냐에 따라 다르지만 기본적으로 새 파일은 그 파일을 생성하는 프로세스의 GID를 채택한다. 자세한 내용은 5장을 참고한다.

나이스 값

프로세스의 스케줄링 우선순위는 그 프로세스에 할당되는 CPU 시간의 양을 결정한다. 커널은 프로세스가 최근에 소비한 CPU 시간과 실행되길 기다리고 있는 시간의 양을 고려한 동적인 알고리듬으로 우선순위를 계산한다. 또한 커널은 시스템 관리 차원에서 설정된 '나이스^{nice} 값' 또는 '나이스니스^{niceness}'라 불리는 값에 주목한다. 나이스라 불리는 이유는 한 프로세스가 시스템의 다른 사용자에게 얼마만큼 '친절^{nice}'하게 대할 것인지를 지정하는 값이기 때문이다.

제어 터미널

데몬이 아닌 대부분의 프로세스들은 자신과 결합된 제어 터미널$^{control\ terminal}$을 갖는다. 제어 터미널은 표준 입력$^{standard\ input}$, 표준 출력$^{standard\ output}$, 표준 오류$^{standard\ error}$ 채널용 기본 연결을 결정한다. 또한 CTRL + C와 같은 키보드 이벤트에 반응해 프로세스에 시그널을 분배하기도 한다.

물론 이제 실제 터미널은 컴퓨터 박물관에나 가야 볼 수 있을 정도로 현실에서는 거의 사용되지 않는다. 그럼에도 불구하고 터미널은 의사 터미널$^{pseudo-terminal}$의 형태로 여전히 존재하며 유닉스나 리눅스 시스템 전반에 걸쳐 널리 사용되고 있다. 전형적인 예로 셸에서 명령을 실행할 때 터미널 윈도우가 프로세스의 제어 터미널이 된다.

4.2 프로세스의 생애 주기

새 프로세스를 생성하고자 프로세스는 fork 시스템 콜로 자신을 복제한다.[3] fork는 원본 프로세스의 복사판을 생성하며 복사판은 부모와 거의 동일하다. 새 프로

---

3. 좀 더 구체적으로 말하자면 리눅스 시스템은 clone을 사용한다. clone은 fork의 상위 집합(superset)으로, 스레드를 다루고 추가적인 기능들을 포함한다. fork는 하위호환성을 위해 커널에 그대로 남아 있지만 fork의 내부에서는 clone을 호출한다.

세스는 부모와 다른 자신의 PID와 계정 정보를 갖는다.

fork는 두 개의 서로 다른 값을 반환하는 고유한 특성을 갖고 있다. 자식^{child}의 관점에서는 0을 반환한다. 부모는 새로 생성된 자식의 PID를 반환값$^{return\ value}$으로 받는다. 그 외에는 두 개의 프로세스가 동일하기 때문에 두 프로세스는 자신에게 어떤 역할이 주어졌는지 알아내고자 반환값을 반드시 확인해야 한다.

fork 후에 자식 프로세스는 새 프로그램의 실행을 시작하고자 흔히 exec 계열 루틴 중 하나를 사용한다. 이 루틴들은 프로세스가 현재 실행하고 있는 프로그램을 다른 것으로 바꾸고 메모리 세그먼트들을 사전 정의된 초기 상태로 리셋한다. 여러 형태의 다양한 exec는 새 프로그램에 넘겨주는 커맨드라인 인수와 환경을 기술하는 방법만 다를 뿐이다.

시스템이 부팅할 때 커널은 자동으로 여러 프로세스를 생성해 설치한다. 그중 가장 대표적인 것이 init 또는 systemd며 이들의 프로세스 번호는 항상 1이다. 이 프로세스가 수행되는 방법은 유닉스와 리눅스 간에 약간 다르긴 하지만 시스템의 시동 스크립트를 실행한다는 점에서는 같다. 커널이 생성한 프로세스가 아닌 다른 모든 프로세스는 이 원시 프로세스의 후손이다. 부팅과 init 데몬의 다양한 기능에 관한 자세한 내용은 2장을 참고한다.

init(또는 systemd)는 프로세스 관리에서 다른 중요한 역할도 한다. 한 프로세스가 완료됐을 때 init는 자신이 죽을 준비가 됐다고 커널에게 알리고자 _exit라는 루틴을 호출한다. 이때 프로세스는 자신이 존재하는 이유를 말해주는 종결 코드$^{exit\ code}$(한 개의 정수)를 제공한다. 관례적으로 0은 정상적인 또는 '성공적인' 종료를 나타낸다.

죽은 프로세스를 완전히 사라지게 하려면 그 전에 커널은 wait를 호출해 기다리고 있는 부모 프로세스에서 자식 프로세스의 죽음을 확인해야 한다. 부모는 자식의 종결 코드를 복사해서 받는다. 자식이 자진해서 종료한 게 아니라면 죽게 된 원인을 나타내는 종결 코드를 받는다. 또한 부모는 원할 경우 자식의 자원 사용 내역서를 받을 수도 있다.

부모가 자식보다 더 오래 살고 죽은 프로세스가 처분될 수 있도록 충실하게 wait

를 호출하고 있다면 이 체계는 잘 작동한다. 하지만 부모가 자식보다 먼저 죽는다면 커널은 예정된 wait가 없다는 것을 인지한다. 커널은 고아 프로세스^{orphan process}를 수정해 init나 systemd의 자식이 되게 만들어 고아 프로세스가 죽었을 때 그들을 제거하는 데 필요한 wait를 수행한다.

시그널

시그널^{Signal}은 프로세스 수준에서의 인터럽트^{interrupt} 요청이다. 약 30가지의 시그널이 정의돼 있으며 다음과 같이 다양한 방법으로 사용된다.

- 시그널은 프로세스 간의 통신 수단으로 전송될 수 있다.
- 시그널은 프로세스를 죽이거나^{kill}, 인터럽트^{interrupt}를 걸거나, 일시중지^{suspend}시키고자 CTRL + C, CTRL + Z와 같은 키를 누름으로써 터미널 드라이버에 의해 전송될 수 있다.⁴
- 시그널은 여러 가지 종결 처리를 위한 kill 명령을 통해 시스템 관리자에 의해 전송될 수 있다.
- 시그널은 프로세스가 '0으로 나누기'와 같은 위반을 범했을 때 커널에 의해 전송될 수 있다.
- 시그널은 자식 프로세스의 죽음이나 I/O 채널의 데이터 대기와 같은 '특별한' 상황을 프로세스에게 알리고자 커널에 의해 전송될 수 있다.

(코어 덤프^{core dump}는 프로세스 메모리 이미지의 복사본으로, 디버깅할 때 유용하다)

하나의 시그널이 수신될 때 다음 두 가지 중 하나가 일어날 수 있다. 시그널을 수신하는 프로세스가 그 시그널을 위한 핸들러^{handler} 루틴을 지정했다면 시그널이 전달되는 문맥 정보와 함께 핸들러가 호출된다. 핸들러를 지정하지 않았다면 커널은 그 프로세스를 대신해서 어떤 기본 액션을 취한다. 기본 액션은 시그널마다 다르다. 많은 시그널는 프로세스를 종료한다. 코어 덤프가 비활성화돼 있지 않은 경우 일부 시그널은 코어 덤프를 생성하기도 한다.

---

4. CTRL + Z와 CTRL + C의 기능은 stty 명령을 이용해 다른 키로 재배정할 수 있지만 실무에서 그렇게 하는 경우는 거의 없다. 여기서는 관례적인 키 배정의 의미를 사용할 것이다.

한 시그널의 핸들러 루틴을 지정한다는 것은 그 시그널을 캐치^{catch}한다는 의미와 같다. 핸들러가 완료되면 시그널이 접수되는 시점에서 실행을 재시작한다.

시그널이 도착하지 않게 막고자 프로그램은 시그널을 무시^{ignore}하거나 차단^{block}하도록 요청할 수 있다. 무시되는 시그널은 단순히 폐기되며 프로세스에 어떤 영향도 미치지 않는다. 차단된 시그널은 나중에 전달되고자 대기열^{queue}에 들어가지만 커널은 해당 시그널이 명시적으로 차단 해제^{unblock}될 때까지는 프로세스에게 시그널 처리를 요구하지 않는다. 시그널 접수가 차단돼 있는 동안 시그널이 여러 번 수신됐을지라도 새롭게 차단 해제된 시그널용 핸들러는 한 번만 호출된다.

표 4.1은 시스템 관리자가 잘 알고 있어야 할 시그널들을 정리한 것이다. 시그널 이름을 대문자로 표시하는 관례는 C 언어 전통에서 유래된 것이다. 같은 이유로 **SIG** 접두사가 붙은 시그널 이름(예, SIGHUP)도 볼 수 있다.

표 4.1 시스템 관리자가 반드시 알아야 할 시그널^{a}

#^{b}	이름	설명	기본 액션	캐치 가능?	차단 가능?	코어 덤프?
1	HUP	행업(Hangup, 단절)	종료	예	예	아니요
2	INT	인터럽트(Interrupt)	종료	예	예	아니요
3	QUIT	중단(Quit)	종료	예	예	예
9	KILL	킬(Kill)	종료	아니요	아니요	아니요
10	BUS	버스 오류(Bus error)	종료	예	예	예
11	SEGV	세그먼테이션 폴트 (Segmentation fault)	종료	예	예	예
15	TERM	소프트웨어 종료	종료	예	예	아니요
17	STOP	중지(Stop)	중지	아니요	아니요	아니요
18	TSTP	키보드 중지	중지	예	예	아니요
19	CONT	중지 후 계속	무시	예	아니요	아니요
28	WINCH	윈도우 변경	무시	예	예	아니요
30	USR1	사용자정의 #1	종료	예	예	아니요
31	USR2	사용자정의 #2	종료	예	예	아니요

a. 시그널 이름과 번호는 배시의 내부 명령인 kill -l을 이용해 그 목록을 볼 수 있다.
b. 일부 시스템에서는 다를 수도 있다. 자세한 내용은 /usr/include/signal.h나 man signal 명령을 참고한다..

표 4.1에 없는 다른 시그널은 대부분 '위법 명령illegal instruction'과 같이 모호한 오류를 보고하는 데 사용된다. 그런 시그널들은 기본적으로 코어 덤프와 함께 종료되는 것으로 처리된다. 또한 일부 프로그램은 오류를 발생시킨 문제를 해결하고 실행을 계속할 만큼 충분히 스마트하기 때문에 캐치와 차단은 대개 허용된다.

BUS와 SEGV 시그널도 오류 시그널에 해당된다. 이 시그널들은 자주 발생하므로 표에 포함시켰다. 예를 들면 프로그램 충돌crash이 발생했을 때 보통 이 두 시그널 중 하나가 발생해 프로그램을 중단한다. 시그널 자체는 어떤 특정한 진단 값을 갖지 않는다. 두 시그널 모두 메모리의 부적절한 사용이나 접근을 시도했다는 것을 의미한다.

KILL과 STOP 시그널은 캐치, 차단, 무시 모두 할 수 없다. KILL 시그널은 수신 프로세스를 죽이고, STOP 시그널은 CONT 시그널이 수신될 때까지 프로세스 실행을 중지한다. CONT는 캐치 또는 무시할 수는 있지만 차단할 수는 없다.

TSTP는 중지 요청인 STOP의 '소프트soft' 버전이다. 키보드에서 CTRL + Z를 눌렀을 때 터미널 드라이버에 의해 이 시그널이 생성된다. 이 시그널을 캐치하는 프로그램은 보통 자신의 상태를 정리clean-up한 후 중지 작업을 완료하고자 STOP 시그널을 스스로에게 보낸다. 프로그램이 키보드로부터 중지되는 것을 방지하고자 TSTP 시그널을 무시하게 만들 수도 있다.

KILL, INT, TERM, HUP, QUIT 시그널이 모두 비슷한 의미로 들릴 수 있겠지만 실질적인 용도는 매우 다르다. 그렇게 모호한 용어가 선택된 것은 불행한 일이다. 다음은 그 의미의 해석을 돕는 가이드다.

- KILL은 차단 불가능하며 프로세스를 커널 수준에서 종료한다. 프로세스는 절대 이 시그널을 수신하거나 처리할 수 없다.
- INT는 사용자가 CTRL + C를 눌렀을 때 터미널 드라이버에 의해 전송된다. 현재 작업을 중단하라는 요청이다. 간단한 프로그램은 이 시그널을 받았을 때 실행을 중단하거나 커널이 자신을 죽이는 것을 허용해야만 한다. 시그널을 캐치하지 않으면 후자가 기본값으로 설정된다. 셸과 같은 대화형 커맨드라인은 현재 실행 중인 것을 중지하고 모든 것을 정리한 후 다시 사

용자 입력을 기다려야 한다.

- TERM은 실행을 완전하게 종결하라는 요청이다. 수신 프로세스는 자신의 상태를 정리하고 빠져나간다.

- HUP은 일반적으로 두 가지 해석이 가능하다. 첫째, 데몬에 의한 리셋 요청으로 해석된다. 어떤 데몬이 재시작하지 않고 환경설정 파일을 다시 읽어서 변경 사항을 적용하려면 HUP 시그널이 그런 일을 수행하게 만들 수 있다. 둘째, HUP 시그널은 어떤 특정 터미널에 연결된 프로세스들을 '정리'(즉, kill)하려는 시도로 종종 터미널 드라이버에 의해 생성된다. 이런 행위는 유선 터미널과 모뎀 접속을 사용하던 시절부터 지속돼 온 것이다. 그래서 이름도 연결을 끊는다는 의미에서 'hangup'인 것이다.

  C셸 패밀리(tcsh 등)에서 셸은 보통 백그라운드 프로세스가 HUP 시그널에 영향을 받지 않게 함으로써 사용자가 로그아웃한 후에도 백그라운드 프로세스가 계속 실행되게 한다. 본셸 계열(ksh, bash 등)의 사용자는 nohup 명령을 이용해 같은 효과를 구현할 수 있다.

- QUIT는 캐치되지 않을 경우 기본적으로 코어 덤프가 만들어진다는 점 외에는 TERM과 같다. 일부 프로그램에서는 이 시그널을 다른 용도로 변형해서 사용하기도 한다.

USR1과 USR2 시그널에는 사전 설정된 의미가 없다. 이 시그널들은 프로그램에서 원하는 방법으로 사용하고자 제공된다. 예를 들면 아파치 웹 서버는 HUP 시그널을 즉각적인 재시작 요청으로 사용한다. USR1 시그널은 기존의 클라이언트 대화가 끝날 수 있도록 좀 더 완만하게 전환한다.

kill: 시그널 전송

이름이 나타내는 바와 같이 kill 명령은 프로세스를 종료하는 데 자주 사용된다. kill은 어떤 종류의 시그널도 전송할 수 있지만 기본값으로는 TERM을 전송한다. kill은 보통 사용자의 경우 자신이 소유한 프로세스에 대해서만 루트는 어떤 프로세스에 대해서도 사용할 수 있다. 구문은 다음과 같다.

```
kill [-signal] pid
```

여기서 *signal*은 전송되는 시그널의 번호나 부호명이며(표 4.1 참고) *pid*는 시그널을 수신할 타깃 프로세스의 식별 번호다.

시그널 번호가 생략되면 TERM 시그널은 캐치, 차단, 무시될 수 있기 때문에 타깃 프로세스가 죽는 것이 보장되지 않는다. 다음 명령을 사용하면 시그널 9(KILL)는 캐치할 수 없기 때문에 프로세스의 죽음이 보장된다.

```
$ kill -9 pid
```

정중한 요청이 실패할 경우에만 kill -9를 사용하는 게 좋다. 가끔 프로세스가 꼼짝하지 않는 상태가 돼 KILL조차도 영향력을 행사할 수 없는 경우가 생기기 때문에 '보장'이라는 말에 인용부호를 썼다. 보통 이런 상황은 사라진 볼륨을 기다리는 것과 같은 일종의 퇴행적인 I/O 베이퍼록^{vapor lock} 때문에 발생한다. 보통 이런 경우 프로세스들을 제거하는 유일한 방법은 재부팅뿐이다.

killall 명령은 이름을 써서 프로세스를 죽인다. 예를 들어 다음 명령은 모든 아파치 웹 서버 프로세스를 죽인다.

```
$ sudo killall httpd
```

pkill 명령은 이름으로(또는 EUID와 같은 다른 속성으로) 프로세스를 검색해 특정 시그널을 보낸다. 예를 들어 다음 명령은 사용자 ben의 명의로 실행되고 있는 모든 프로세스에 TERM 시그널을 보낸다.

```
$ sudo pkill -u ben
```

프로세스와 스레드 상태

앞 절에서 살펴본 것처럼 프로세스는 STOP 시그널에 의해 일시 중지되고 CONT 시그널에 의해 작업으로 복귀할 수 있다. 일시 중지되거나 실행 가능한 상태는 프로

세스 전체에 적용되며 그 프로세스의 모든 스레드에게 상속된다.[5]

스레드가 명목상으로는 실행 가능한 상태일지라도 실행을 계속하기 전에 커널이 그들을 위한 일부 백그라운드 작업을 완료할 때까지 기다려야 하는 경우가 종종 있다. 예를 들어 스레드가 파일에서 데이터를 읽을 때 커널은 적절한 디스크 블록을 요청하고 나서 그 내용이 요청 프로세스의 주소 공간으로 전달되도록 처리를 해야 한다. 이 시간 동안 요청 스레드는 실행 자격이 상실되는 단기 수면 상태로 들어간다. 하지만 동일한 프로세스의 다른 스레드들은 실행을 계속할 수 있다.

프로세스 전체가 '수면sleeping'으로 표시된 것을 보게 되는 경우(예를 들면 ps 명령의 출력에서)가 종종 있을 것이다. 수면 상태는 스레드 수준의 속성이기 때문에 이런 관례는 다소 기만적이라 할 수 있다. 하나의 프로세스는 자신의 모든 스레드가 수면 중일 때 비로소 '수면 상태'라 할 수 있다. 물론 단일 스레드 프로세스의 경우에는 프로세스와 스레드를 구분해 생각할 필요가 전혀 없다.

대화형 셸이나 시스템 데몬은 대부분의 시간을 수면 상태 또는 터미널 입력이나 네트워크 접속을 기다리는 데 소비한다. 수면 중인 스레드는 그들의 요청이 충족될 때까지는 사실상 차단된 상태이기 때문에 그 스레드의 프로세스는 시그널을 받거나 I/O 요청 중 하나에 대한 응답을 받지 않는 한 CPU 시간을 사용하지 않는다.

어떤 작업들은 프로세스나 스레드를 인터럽트 불가능한 수면 상태로 들어가게 할 수 있다. 이런 상태는 보통 일시적인 것으로 ps 출력으로는 볼 수 없다(STAT 열에서 D로 표시된다. 표 4.2 참고). 하지만 뭔가 잘못된 상황에서 이런 상태가 지속될 수 있다. 가장 흔한 원인은 하드hard 옵션으로 마운트한 NFS 파일 시스템에서 발생하는 서버 문제 때문이다. 인터럽트를 걸 수 없는 수면 상태에 있는 프로세스들은 시그널을 보내도 깨어나지 않기 때문에 죽일 수도 없다. 그런 프로세스들을 죽이려면 문제의 원인을 해결하거나 재부팅하는 수밖에 없다.

현업에서는 때로 '좀비zombie' 프로세스를 만날 수 있다. 좀비 프로세스는 실행을 모두 마쳤으나 부모 프로세스(또는 init나 systemd)에 의해 그들의 상태가 정리 및 수

---

5. 사실상 각 스레드는 유사한 방법으로 관리될 수 있다. 하지만 그런 편의는 주로 개발자의 관심사다. 시스템 관리자는 신경 쓸 필요가 없다.

거되지 않은 프로세스를 말한다. 좀비 프로세스가 배회하는 것을 본다면 ps 명령으로 그들의 PPID를 검사해서 그들이 어디에서 왔는지 알아낸다.

4.3 ps: 프로세스 모니터링

ps 명령은 프로세스를 모니터링하기 위한 시스템 관리자의 주된 도구다. ps 버전에 따라 인수나 표시 방법이 다르긴 하지만 모두 본질적으로는 같은 정보를 제공한다. ps 버전들 사이에 존재하는 광범위한 변형 중 일부는 그 유래가 유닉스 개발역사까지 거슬러 올라간다. 하지만 ps는 업체들이 여러 가지 이유에서 수정하고자 하는 경향이 있는 명령이기도 하다. ps는 커널이 프로세스를 다루는 방법과 밀접하게 관련돼 있기 때문에 업체들이 하부 커널을 수정했을 때 그 내용을 모두 반영하려는 것 같다.

ps는 프로세스들의 PID, UID, 우선순위, 컨트롤 터미널을 보여준다. 프로세스가 사용하고 있는 메모리의 양, 프로세스가 소비한 CPU 시간, 프로세스의 현재 상태 (실행 중, 중지, 수면 등)도 알려준다. 좀비는 ps 목록에서 <exiting>이나 <defunct> 로 나타난다.

수년간 ps 구현은 절망적일 정도로 복잡하게 됐다. 여러 업체가 ps 출력을 의미 있게 표시하고 완전히 설정 가능한 형태의 ps를 만들고자 하는 시도를 단념했다. 약간의 맞춤 작업으로 원하는 출력을 거의 모두 만들 수 있다.

 예를 들자면 리눅스에서 사용되는 ps는 역사적으로 다양한 계통의 옵션 집합을 이해하는 고도의 다형적인^{polymorphous} 버전이다. 유닉스 명령에서 가장 독창적이라 할 수 있는데, 리눅스의 ps는 커맨드라인 플래그^{flag}에 대시 기호를 쓰든 안 쓰든 모두 받아들이지만 그 해석은 달리 한다. 예를 들어 ps -a는 ps a와 같지 않다.

ps의 이런 복잡함에 불안해할 필요는 없다. 이것들은 주로 개발자를 위한 것이지 시스템 관리자를 위한 것이 아니다. ps를 자주 사용한다 하더라도 일부 특정 주문만 알면 된다.

ps aux 명령을 이용하면 현재 시스템에서 실행되고 있는 모든 프로세스에 관한 전반적인 개요를 볼 수 있다. a 옵션은 모든 프로세스를 보여 달라는 의미이며 x 옵션은 컨트롤 터미널이 없는 프로세스까지 보여 달라는 의미다. u 옵션은 '사용자 지향적$^{user\ oriented}$' 출력 형태로 표시하라는 뜻이다. 다음은 레드햇을 실행하고 있는 머신에서의 ps aux 출력 사례다.

```
redhat$ ps aux
  USER    PID  %CPU  %MEM    VSZ    RSS  TTY  STAT  TIME  COMMAND
  root      1   0.1   0.2   3356    560    ?     S  0:00  init [5]
  root      2     0     0      0      0    ?    SN  0:00  [ksoftirqd/0]
  root      3     0     0      0      0    ?    S<  0:00  [events/0]
  root      4     0     0      0      0    ?    S<  0:00  [khelper]
  root      5     0     0      0      0    ?    S<  0:00  [kacpid]
  root     18     0     0      0      0    ?    S<  0:00  [kblockd/0]
  root     28     0     0      0      0    ?     S  0:00  [pdflush]
...
  root    196     0     0      0      0    ?     S  0:00  [kjournald]
  root   1050     0   0.1   2652    448    ?   S<s  0:00  udevd
  root   1472     0   0.3   3048   1008    ?   S<s  0:00  /sbin/dhclient -1
  root   1646     0   0.3   3012   1012    ?   S<s  0:00  /sbin/dhclient -1
  root   1733     0     0      0      0    ?     S  0:00  [kjournald]
  root   2124     0   0.3   3004   1008    ?    Ss  0:00  /sbin/dhclient -1
  root   2182     0   0.2   2264    596    ?    Ss  0:00  rsyslog -m 0
  root   2186     0   0.1   2952    484    ?    Ss  0:00  klogd -x
  root   2519   0.0   0.0  17036    380    ?    Ss  0:00  /usr/sbin/atd
  root   2384     0   0.6   4080   1660    ?    Ss  0:00  /usr/sbin/sshd
  root   2419     0   1.1   7776   3004    ?    Ss  0:00  sendmail: accept
...
```

대괄호 안에 있는 명령 이름은 실제 명령이 아니라 프로세스처럼 스케줄링돼 있는 커널 스레드다. 각 필드의 의미는 표 4.2를 참고한다.

또 다른 유용한 인수 조합으로 lax가 있다. 이 조합은 좀 더 기술적인 정보를 제공한다. a와 x는 앞에서와 같이 모든 프로세스를 의미하고 l은 '긴^{long}' 형태로 출력하라는 뜻이다. ps lax는 각 UID를 사용자명으로 변환하지 않기 때문에 ps aux보다 약간 빠를 수 있다. 시스템이 교착 상태에 빠져 있을 때는 속도와 같은 효율성이 중요할 수도 있다.

표 4.2 ps aux 출력의 설명

필드	내용
USER	프로세스 소유자의 사용자명
PID	프로세스 ID
%CPU	해당 프로세스가 사용하고 있는 CPU 백분율(%)
%MEM	해당 프로세스가 사용하고 있는 실제 메모리 백분율
VSZ	프로세스 가상 크기(virtual size)
RSS	메모리 거주 크기 (메모리에 있는 페이지 수)
TTY	컨트롤 터미널 ID

STAT	현재 프로세스 상태:
	
	  R = 실행 가능 D = 인터럽트할 수 없는 수면 상태
	  S = 수면 중(〈 20초) T = 추적 또는 중지
	  Z = 좀비
	추가 플래그:
	  W = 프로세스가 스왑아웃(swap-out)돼 있는 상태
	  〈 = 프로세가 정상보다 높은 우선순위를 가짐
	  N = 프로세가 정상보다 낮은 우선순위를 가짐
	  L = 일부 페이지가 코어에 잠겨(lock) 있음
	  s = 프로세스가 세션 리더임

TIME	프로세스가 소비한 CPU 시간
COMMAND	명령 이름과 인수[a]

a. 프로그램들은 이 정보를 수정할 수 있기 때문에 반드시 실제 커맨드라인을 정확히 표현한 것이라고 할 수는 없다.

다음의 사례를 보면 ps lax는 부모 프로세스 ID(PPID), 나이스 값(NI), 프로세스가 기다리고 있는 자원의 유형(WCHAN, '채널 대기[wait channel]'를 줄인 말)을 포함하고 있다.

```
redhat$ ps lax
 F   UID   PID  PPID  PRI   NI   VSZ   RSS  WCHAN   STAT TIME  COMMAND
 4     0     1     0   16    0  3356   560  select  S    0:00  init [5]
 1     0     2     1   34   19     0     0  ksofti  SN   0:00  [ksoftirqd/0]
 1     0     3     1    5  -10     0     0  worker  S<   0:00  [events/0]
 1     0     4     3    5  -10     0     0  worker  S<   0:00  [khelper]
 5     0  2186     1   16    0  2952   484  syslog  Ss   0:00  klogd -x
 5    32  2207     1   15    0  2824   580  -       Ss   0:00  portmap
 5    29  2227     1   18    0  2100   760  select  Ss   0:00  rpc.statd
 1     0  2260     1   16    0  5668  1084  -       Ss   0:00  rpc.idmapd
```

```
1      0 2336    1    21   0 3268   556 select   Ss   0:00   acpid
5      0 2384    1    17   0 4080  1660 select   Ss   0:00   sshd
1      0 2399    1    15   0 2780   828 select   Ss   0:00   xinetd -sta
5      0 2419    1    16   0 7776  3004 select   Ss   0:00   sendmail: a
...
```

인수 목록이 긴 명령들은 커맨드라인 출력이 잘릴 수도 있다. 플래그 목록에 w 옵션을 추가하면 더 많은 열을 표시할 수 있다. 열의 폭을 무제한으로 하려면 w를 두 번 추가한다. 이는 일부 자바 애플리케이션과 같이 커맨드라인 인수가 유난히 긴 프로세스들에게 편리한 기능이다.

시스템 관리자들은 한 프로세스의 PID를 알아내야 하는 경우를 자주 만난다. ps의 출력을 그렙^{grep}하면 PID를 찾을 수 있다.

```
$ ps aux | grep sshd
root      6811 0.0 0.0 78056  1340 ?    Ss  16:04 0:00 /usr/sbin/sshd
bwhaley 13961 0.0 0.0 110408   868 pts/1 S+  20:37 0:00 grep /usr/sbin/sshd
```

ps가 실행될 때 프로세스 목록에 grep도 활성화돼 있기 때문에 ps 출력에는 grep 명령 자체도 포함돼 있음에 유의한다. grep -v를 사용하면 출력에서 grep 줄을 제거할 수 있다.

```
$ ps aux | grep -v grep | grep sshd
root      6811   0.0 0.0 78056  1340   ?  Ss 16:04  0:00   /usr/sbin/sshd
```

pidof 명령을 사용해도 한 프로세스의 PID를 알 수 있다.

```
$ pidof /usr/sbin/sshd
6811
```

또한 pgrep 유틸리티를 사용해도 된다.

```
$ pgrep sshd
6811
```

pidof와 pgrep은 넘겨주는 문자열과 일치하는 모든 프로세스를 보여준다. 다소 내용이 장황해도 최대의 유연함을 제공하는 단순 grep을 종종 찾게 된다.

4.4 top을 이용한 대화형 모니터링

ps와 같은 명령은 특정 시점에서의 시스템 스냅샷^{snapshot}을 보여준다. 때로는 그런 한정된 샘플로는 실제 진행되고 있는 상황에 관한 큰 그림을 전달하기에 불충분하다. top은 프로세스와 자원의 사용률에 관한 요약을 규칙적으로 갱신하면서 대화형으로 작동하는 ps의 실시간 버전이라고 볼 수 있다. 예를 하나 들어보자.

```
redhat$ top
top - 20:07:43 up 1:59,  3 users,   load average: 0.45,  0.16,  0.09
Tasks: 251 total, 1 running, 250 sleeping,  0 stopped, 0 zombie
%Cpu(s):   0.7 us, 1.2 sy,0.0 ni,98.0 id,   0.0 wa,0.0 hi,0.2 si,0.0 st
KiB Mem :  1013672 total, 128304 free,  547176 used,   338192 buff/cache
KiB Swap:  2097148 total, 2089188 free,    7960 used.   242556 avail Mem

   PID USER      PR  NI    VIRT    RES    SHR S  %CPU %MEM     TIME+ COMMAND
  2731 root      20   0  193316  34848  15184 S   1.7  3.4   0:30.39 Xorg
 25721 ulsah     20   0  619412  27216  17636 S   1.0  2.7   0:03.67 konsole
 25296 ulsah     20   0  260724   6068   3268 S   0.7  0.6   0:17.78 prlcc
   747 root      20   0    4372    604    504 S   0.3  0.1   0:02.68 rngd
   846 root      20   0  141744    384    192 S   0.3  0.0   0:01.74 prltoolsd
  1647 root      20   0  177436   3656   2632 S   0.3  0.4   0:04.47 cupsd
 10246 ulsah     20   0  130156   1936   1256 R   0.3  0.2   0:00.10 top
     1 root      20   0   59620   5472   3348 S   0.0  0.5   0:02.09 systemd
     2 root      20   0       0      0      0 S   0.0  0.0   0:00.02 kthreadd
     3 root      20   0       0      0      0 S   0.0  0.0   0:00.03 ksoftirqd/0
     5 root       0 -20       0      0      0 S   0.0  0.0   0:00.00 kworker/0:+
     7 root      rt   0       0      0      0 S   0.0  0.0   0:00.20 migration/0
     8 root      20   0       0      0      0 S   0.0  0.0   0:00.00 rcu_bh
     9 root      20   0       0      0      0 S   0.0  0.0   0:00.00 rcuob/0
...
```

시스템에 따라 다르지만 화면 표시는 기본적으로 1~2초마다 갱신된다. 가장 CPU를 많이 사용하는 프로세스들은 화면의 맨 위에 나타난다. top은 키보드에서 입력을 받아 시그널을 전송하거나 프로세스의 나이스 값을 바꾸기도 한다(다음 절 참고). 그렇게 함으로써 어떤 조치가 시스템 전체 상황에 어떻게 영향을 미치는지 관찰할 수 있다.

top 출력의 처음 몇 줄에 나타나는 요약 정보는 시스템의 상태[health]를 분석하고자 봐야 할 첫 장소 중 하나다. 시스템 부하, 메모리 사용, 프로세스 수, 프로세스가 사용되고 있는 방식 등에 관한 내용을 압축해서 보여준다.

멀티코어 시스템에서의 CPU 사용도는 시스템에 있는 모든 코어의 평균치다. 리눅스에서는 top이 오픈돼 있는 상황에서 숫자 1을 누르면 각 개별 코어에 대한 화면으로 전환된다. FreeBSD에서는 같은 효과를 내고자 top -P를 실행한다.[6]

루트는 -q 옵션을 써서 가능한 최고의 우선순위로 끌어올려 top을 실행할 수 있다. 이 옵션은 시스템을 이미 굴복시킨 어떤 프로세스를 추적해 찾아내는 데 유용하다.

한편 top보다 더 많은 기능과 더 좋은 인터페이스를 갖고 있는 오픈소스, 크로스 플랫폼, 대화형 프로세스 뷰어인 htop도 매우 좋다. 이 책에서 예로 든 시스템에서는 아직 패키지로 제공되지 않으나 개발자 웹 사이트 hisham.hm/htop에서 바이너리나 소스 버전을 다운로드할 수 있다.

4.5 스케줄링 우선순위에 영향을 주는 nice와 renice

한 프로세스의 '나이스 값[niceness]'은 CPU를 놓고 다투는 다른 프로세스와의 관계에 있어 해당 프로세스를 어떻게 다룰 것인지에 관한 정보를 커널에 제공하는 숫자 힌트다.[7] 이런 이상한 이름은 이 값이 한 사용자가 시스템의 다른 사용자에게 얼마만큼 친절하게[nice] 굴 것인지를 결정한다는 사실에서 유래됐다. 높은 나이스 값은 프로세스의 우선순위가 낮다는 말이며, 곧 다른 프로세스에게 친절할 것이라는 의미다. 낮은 값이나 마이너스 값은 높은 우선순위를 의미하며 친절하지 않다는 뜻이다.

요즘은 수작업으로 우선순위를 설정하는 일은 매우 드물다. 유닉스가 시작됐던

---

6. FreeBSD 시스템에서는 TOP 환경변수를 설정해 추가적인 인수를 top 명령에 넘겨줄 수 있다. 단순한 요약보다는 멀티스레드 프로세스들의 모든 스레드를 보려면 -H 옵션, 모든 CPU 코어를 표시하려면 -P 옵션의 사용을 권장한다. 셸을 실행할 때마다 이 옵션들을 계속 적용하려면 셸 초기화 파일에 export TOP="-HP" 줄을 추가한다.
7. nice는 CPU 스케줄링 우선순위만을 관리한다. I/O 우선순위를 설정하려면 ionice를 사용한다.

시절의 보잘 것 없는 시스템에서는 CPU를 차지하고 있는 프로세스에 의해 시스템 성능이 크게 영향을 받았다.

모든 데스크톱 컴퓨터에 적당한 CPU 성능 이상을 갖춘 요즘은 스케줄러가 대부분의 작업 부하 관리를 잘 수행하고 있다. 빠른 응답을 필수적으로 요구하는 경우 스케줄링 등급을 추가하면 개발자는 이에 대한 제어를 추가해야 한다.

허용되는 나이스 값의 범위는 시스템마다 다르다. 리눅스에서는 -20부터 +19까지이고, FreeBSD에서는 -20부터 +20까지다.

사용자가 별다른 조치를 취하지 않는 한 새로 생성된 프로세스는 부모 프로세스로의 나이스 값을 상속받는다. 프로세스의 소유자는 그 프로세스의 나이스 값을 높일 수는 있지만 낮출 수는 없다. 기본 나이스 값으로 되돌리려 하는 경우에도 낮출 수는 없다. 이러한 제약은 낮은 우선순위로 실행되고 있는 프로세스가 높은 우선순위의 자식을 낳지 못하게 하기 위함이다. 하지만 슈퍼유저는 나이스 값을 임의로 설정할 수 있다.

I/O 성능은 급속도로 빨라지는 CPU 속도를 쫓아오지 못하고 있다. 최근의 고성능 SSD를 사용하더라도 대부분 시스템에서는 디스크 대역폭이 주요 병목에 해당된다. 불행히도 프로세스의 나이스 값은 커널의 메모리나 I/O 관리에 영향을 미치지 못한다. 즉, 높은 나이스 값을 갖는 프로세스들이 여전히 이러한 자원들을 불공평하게 독점할 수 있다.

프로세스의 나이스 값은 nice 명령으로 프로세스가 생성될 때 설정한 후 나중에 renice 명령으로 조정할 수 있다.

나이스 값 설정과 조정의 예는 다음과 같다.

```
$ nice -n 5 ~/bin/longtask    // 우선순위를 5만큼 낮춘다(나이스 값을 올린다).
$ sudo renice -5 8829         // 나이스 값을 -5로 설정한다.
$ sudo renice 5 -u boggs      // 사용자 boggs의 모든 프로세스 나이스 값을 5로 설정한다.
```

불행히도 바람직한 우선순위 설정 방법은 시스템 간에 합의된 것이 거의 없다. 사실 동일한 시스템에서의 nice와 renice조차도 의견이 일치하지 않는다. 게다가 문제를 복잡하게 만드는 것은 nice의 한 버전이 C 셸과 일부 일반 셸(bash은 아님)에 내장돼 있다는 점이다. nice 명령의 전체 경로를 입력하지 않는다면 운영체제의 nice가 아닌 셸 버전의 nice를 실행하게 된다. 이러한 모호성을 피하고자 시스템 버전의 /usr/bin/nice에 대한 전체 경로를 사용할 것을 권장한다.

표 4.3은 다양한 nice 변형들을 요약한 것이다. prio는 절대적 나이스 값이며 incr은 nice나 renice를 실행하는 셸의 나이스 값에 상대적인 값이다. 셸 nice만 플러스 사인을 이해한다(사실은 반드시 요구한다). 그렇지 않은 경우에는 모두 무시된다.

표 4.3 nice와 renice의 우선순위 표현 방법

시스템	범위	OS nice	csh nice	renice
리눅스	-20 ~ 19	-n incr	+incr 또는 -incr	prio 또는 -n prio
FreeBSD	-20 ~ 20	-n incr	+incr 또는 -incr	incr 또는 -n incr

4.6 /proc 파일 시스템

 ps와 top의 리눅스 버전에서는 /proc 디렉터리에서 프로세스 상태 정보를 읽는다. /proc는 커널이 시스템 상태에 관한 다양한 정보를 노출시키는 의사pseudo 파일 시스템이다.

디렉터리명이 /proc이고 하부 파일 시스템의 타입명도 'proc'지만 프로세스 정보에 국한되지 않고 커널에 의해 생성된 다양한 상태 정보와 통계값이 제공된다. /proc 파일에 쓰기를 함으로써 일부 매개변수를 수정할 수도 있다. 이와 관련된 사례는 11장을 참고한다.

대부분 정보들은 vmstat나 ps와 같은 프론트엔드front-end 명령을 이용해 접근하는 것이 가장 쉬운 방법이긴 하지만 잘 알려지지 않은 정보들은 /proc로부터 직접 읽어내야 한다. 그곳에 있는 모든 것에 익숙해지려면 /proc 디렉터리를 살살이 살펴보는 게 좋다. man proc를 실행하면 /proc에 관한 포괄적인 설명을 볼 수 있다.

커널은 /proc 파일이 읽힐 때 실시간으로 내용을 생성하기 때문에 ls -l 명령으로 목록을 보면 대부분 비어 있는 0바이트 파일로 보인다. /proc가 실제로 포함하고

있는 내용을 보려면 cat나 less 명령으로 읽어봐야 한다. 하지만 주의를 요한다. 일부 파일은 바이너리 데이터를 포함하거나 링크돼 있어 직접 보려고 하면 터미널 에뮬레이터를 혼란스럽게 할 수 있기 때문이다.

프로세스에 관련된 정보는 PID를 이름으로 하는 하위 디렉터리로 나뉜다. 예를 들면 /proc/1은 항상 init에 관한 정보를 포함하는 디렉터리다. 표 4.4는 가장 유용한 프로세스 파일 목록이다.

표 4.4 리눅스 /proc에서의 프로세스 정보 파일(숫자화된 하위 디렉터리)

파일	내용
cgroup	프로세스가 속해 있는 컨트롤 그룹
cmd	프로세스가 실행하고 있는 명령이나 프로그램
cmdline[a]	프로세스의 완전한 커맨드라인(null로 분리됨)
cwd	프로세스의 현재 디렉터리에 대한 심볼릭 링크
environ	프로세스의 환경변수(null로 분리됨)
exe	실행되고 있는 파일에 대한 심볼릭 링크
fd	오픈된 파일 디스크립터(file descriptor)용 링크들을 포함하는 하위 디렉터리
fdinfo	오픈된 파일 디스크립터용 정보들을 포함하는 하위 디렉터리
maps	메모리 매핑 정보(공유 세그먼트, 라이브러리 등)
ns	프로세스가 사용하고 있는 각 네임스페이스에 대한 링크를 포함하는 하위 디렉터리
root	프로세스의 루트 디렉터리(chroot 명령으로 설정)에 대한 심볼릭 링크
stat	전반적인 프로세스 상태 정보(ps 명령으로 가장 잘 해독됨)
statm	메모리 사용 정보

a. 프로세스가 메모리 밖으로 스왑돼 있으면 사용하지 못할 수도 있다.

cmdline과 environ 파일에 포함된 각 구성 요소들은 개행 문자[newline]가 아닌 널[null] 문자에 의해 분리된다. tr "\000" "\n" 명령을 이용해 이들 문자를 필터링하면 그 내용을 쉽게 읽을 수 있다.

fd 하위 디렉터리는 오픈 파일들을 심볼릭 링크[symbolic link] 형태로 표현한다. 파이프[pipe]나 네트워크 소켓에 접속된 파일 디스크립터에는 상응하는 파일명이 없다. 대신 커널은 링크 타깃으로 일반적인 설명을 제공한다.

maps 파일은 한 프로그램이 어떤 라이브러리에 링크되거나 의존할 것인가를 결정하는 데 유용할 수 있다.

 FreeBSD에는 /proc와 비슷하지만 다른 구현이 포함돼 있다. 하지만 코드 베이스의 방치와 보안 문제의 이력 때문에 사용을 강력히 반대해왔다. 호환성을 위해 여전히 존재하지만 기본값은 마운트하지 않는 것으로 돼 있다. 마운트하려면 다음과 같은 명령을 사용한다.[8]

```
freebsd$ sudo mount -t procfs proc /proc
```

파일 시스템 레이아웃은 리눅스 버전의 procfs와 유사하지만 똑같지는 않다. 프로세스에 관한 정보에는 프로세스의 상태, 실행 중인 파일에 대한 심볼릭 링크, 프로세스 가상 메모리에 관한 세부 사항, 기타 낮은 레벨의 정보 등이 포함된다. man procfs를 참고한다.

4.7 strace와 truss: 시그널과 시스템 콜의 추적

프로세스가 실제로 무엇을 하고 있는지 가늠하기 힘들 때가 종종 있다. 일반적으로 그런 상황에서는 첫 단계로 파일 시스템, 로그, ps와 같은 도구에서 수집된 간접적인 데이터에 기초해 논리적으로 추론한다.

그런 정보 소스들이 불충분하다고 판단되면 strace(리눅스, 보통은 옵션 패키지)나 truss(FreeBSD)와 같은 명령으로 더 낮은 수준에서 프로세스를 자세히 들여다볼 수 있다. 이 명령들은 프로세스가 호출하는 모든 시스템 콜과 프로세스가 수신하는 모든 시그널을 표시한다. 실행 중인 프로세스에 strace나 truss를 부착해 한동안 관찰한 후 프로세스에 방해되지 않게 떼어낼 수 있다.[9]

시스템 콜은 비교적 낮은 추상화 수준에서 발생하지만 호출을 추적해 프로세스 행동에 관한 상당히 많은 정보를 알아낼 수 있다. 예를 들어 다음에 오는 로그는

---

8. /proc 파일 시스템을 자동으로 마운트하려면 /etc/fstab 파일에 proc /proc procfs rw 0 0 줄을 추가한다.
9. 일반적으로 strace는 시스템 콜을 인터럽트할 수 있다. 그럴 경우 모니터링되고 있는 프로세스는 시스템 콜을 재시작하게 돼 있어야 한다. 이는 유닉스 소프트웨어 위생(software hygiene)의 표준 규칙이지만 항상 준수되는 것은 아니다.

top의 활성 사본(PID 5810으로 실행 중)을 대상으로 실행된 strace에 의해 만들어진 것이다.

```
redhat$ sudo strace -p 5810
gettimeofday( {1116193814, 213881}, {300, 0} )        = 0
open("/proc", O_RDONLY|O_NONBLOCK|O_LARGEFILE|O_DIRECTORY) = 7
fstat64(7, {st_mode=S_IFDIR|0555, st_size=0, ...} )    = 0
fcntl64(7, F_SETFD, FD_CLOEXEC)                        = 0
getdents64(7, /* 36 entries */, 1024)                 = 1016
getdents64(7, /* 39 entries */, 1024)                 = 1016
stat64("/proc/1", {st_mode=S_IFDIR|0555, st_size=0, ...} ) = 0
open("/proc/1/stat", O_RDONLY)                        = 8
read(8, "1 (init) S 0 0 0 0 -1 4194560 73"..., 1023)  = 191
close(8)                                               = 0
...
```

strace는 프로세스가 호출한 모든 시스템 콜의 이름을 보여줄 뿐 아니라 인수의 의미를 해독하며 커널이 반환한 결과 코드도 보여준다.

앞의 예에서 top은 현재 시간을 검사하는 것으로 시작된다. 그런 다음 /proc 디렉터리를 오픈해 상태를 읽은 후 디렉터리의 내용을 읽어 실행 중인 프로세스들의 목록을 얻는다. 계속해서 top은 init 프로세스를 나타내는 디렉터리의 상태를 구하고자 /proc/1/stat를 오픈해 init의 상태 정보를 읽는다.

시스템 콜 출력에는 프로세스 자체가 보고하는 게 아닌 오류들이 나타날 수 있다. 예를 들어 파일 시스템 사용 권한 오류나 소켓 충돌은 strace나 truss의 출력에 확연히 드러난다. 오류 값을 반환하는 시스템 콜을 찾아 그중 0이 아닌 값들을 점검해보기 바란다.

strace는 여러 옵션으로 포장되는데, 그중 대부분은 맨페이지에 문서화돼 있다. 예를 들면 -f 플래그는 포크[fork]된 프로세스를 쫓아간다. 이 기능은 많은 자식을 낳는 httpd와 같은 데몬을 추적할 때 유용하다. -e trace=file 옵션은 파일과 관련된 작업만 표시한다. 이 기능은 환경설정 파일의 위치가 언급되지 않을 때 그 위치를 찾는 데 특히 편리하다.

다음은 truss를 사용하는 FreeBSD에서 발췌한 비슷한 사례다. cp 명령이 파일을 어떻게 복제하는지를 추적하는 내용이다.

```
freebsd$ truss cp /etc/passwd /tmp/pw
...
lstat("/etc/passwd",{ mode=-rw-r--r-- ,inode=13576,size=2380,
    blksize=4096 }) = 0 (0x0)
umask(0x1ff)                                = 18 (0x12)
umask(0x12)                                 = 511 (0x1ff)
fstatat(AT_FDCWD,"/etc/passwd",{ mode=-rw-r--r-- ,inode=13576,
    size=2380,blksize=4096 },0x0)           = 0 (0x0)
stat("/tmp/pw",0x7fffffffe440)   ERR#2 'No such file or directory'
openat(AT_FDCWD,"/etc/passwd",O_RDONLY,00)  = 3 (0x3)
openat(AT_FDCWD,"/tmp/pw",O_WRONLY|O_CREAT,0100644) = 4 (0x4)
mmap(0x0,2380,PROT_READ,MAP_SHARED,3,0x0)   = 34366304256
    (0x800643000)
write(4,"# $FreeBSD: releng/11.0/etc/mast"...,2380) = 2380 (0x94c)
close(4)                                    = 0 (0x0)
close(3)                                    = 0 (0x0)
...
```

메모리를 할당하고 관련 라이브러리들을 오픈한 후에(예문에서는 생략) cp는 lstat 시스템 콜을 호출해 /etc/passwd 파일의 현재 상태를 확인한다. 그런 다음 복사본의 경로 /tmp/pw에서 stat를 실행한다. 그 파일은 아직 존재하지 않으므로 stat는 실패하고 truss는 오류error를 해독해 '그런 파일이나 디렉터리는 존재하지 않음'이라고 알려준다.

그런 다음 cp는 O_RDONLY 옵션과 함께 openat 시스템 콜을 호출해 /etc/passwd의 내용을 읽는다. 이어서 새로운 목적 파일(/tmp/pw)을 생성하기 위한 O_WRONLY 옵션의 openat 시스템 콜이 뒤따른다. 그리고 mmap으로 /etc/passwd의 내용을 메모리에 매핑시킨 후 write로 데이터를 쓴다. 끝으로 cp는 두 개의 파일 핸들을 닫음으로써 깨끗이 청소한다.

시스템 콜 추적은 시스템 관리자에게는 강력한 디버깅 도구다. 더 전통적인 방법들, 즉 로그 파일을 분석하거나 다량의 메시지를 출력하도록 프로세스를 설정하는 일에 지치게 되면 이런 도구에 의지하는 게 좋다. 빽빽한 출력 내용에 겁먹을 필요는 없다. 대개의 경우 사람이 읽을 수 있는 부분에만 집중해도 충분하다.

4.8 런웨이 프로세스

'런웨이runway' 프로세스란 정상적인 역할이나 행동을 미뤄 짐작할 때 기대치보다 훨씬 많이 CPU, 디스크, 네트워크 자원을 소모하는 프로세스를 말한다. 때로는 프로그램 자체에 작동을 악화시키는 버그가 있을 수 있다. 반면 업스트림 실패를 적절히 다루지 못해 부적응 루프에 빠지는 경우도 있다. 예를 들어 어떤 프로세스가 실패한 작업을 계속 반복해서 재시도함으로써 CPU를 바닥낼지도 모른다. 그 밖에 다른 경우도 있다. 소프트웨어 자체에는 버그가 없지만 단순하고 비효율적인 방식으로 구현돼 시스템 자원에 탐욕을 내는 경우다.

이런 상황들은 모두 시스템 관리자가 조사해볼 필요가 있다. 런웨이 프로세스의 오동작 때문이기도 하지만 실행 중인 다른 프로세스들의 작동을 방해하기 때문이다.

시스템에 과중한 부하가 걸려 있을 때는 병적인 행동과 정상적인 행동 사이의 경계가 모호하다. 종종 진단의 첫 단계는 실제로 관측되는 이러한 현상 중 하나를 알아내는 것이다. 일반적으로 시스템 프로세스들은 항상 정상적으로 작동되고 있어야 한다. 그래서 이런 프로세스 중 하나의 일부에서 명백한 비정상 행동은 자연히 의심이 된다. 웹 서버나 데이터베이스와 같은 사용자 프로세스는 과부하가 걸리기 쉽다.

ps나 top의 출력을 보면 과도한 CPU 시간을 사용하는 프로세스를 식별해낼 수 있다. 평균 시스템 부하가 uptime 명령이 보고하는 것과 같은지도 확인해봐야 한다. 관례에 따라 이런 값들은 마지막 1분, 5분, 15분의 시간 간격에 있었던 실행 가능한 프로세스의 평균 수를 나타낸다. 리눅스에서는 평균 부하load average를 디스크나 기타 I/O 트래픽 때문에 발생하는 '바쁜 정도busyness'로 설명하기도 한다.

CPU 집약적인 시스템에서는 평균 부하가 전체 CPU 코어 수의 합계보다 작아야 한다. 그렇지 않으면 시스템은 과부하 상태가 된다. 리눅스에서는 평균 부하가 클 경우 그것이 CPU와 관련된 것인지 아니면 I/O와 관련된 것인지 판단하고자 top이나 ps를 이용해 전체 CPU 사용률Utilization을 확인해보기 바란다. CPU 사용률이 거의 100%에 이르면 병목현상이 일어난 것으로 볼 수 있다.

물리적 RAM과 관련된 메모리를 과도하게 사용하는 프로세스는 심각한 성능 문제를 일으킬 수 있다. top을 실행하면 각 프로세스의 메모리 크기를 검사할 수 있다. VIRT 열은 각 프로세스에 할당된 가상 메모리의 양을 나타내며, RES 열은 현재 특정 메모리 페이지('상주 집합resident set')에 매핑돼 있는 메모리 부분을 나타낸다.

두 숫자에는 모두 라이브러리 같은 공유 자원이 포함될 수 있으므로 오해의 소지가 있다. 프로세스에 국한된 메모리 소비에 대한 좀 더 직접적인 측정치는 DATA 열을 보면 알 수 있다. DATA 열은 기본으로 표시되지는 않는다. top 명령의 출력에 DATA 열이 표시되게 하려면 일단 top를 실행한 후 F 키를 눌러 목록이 나타나게 하고 스페이스 바를 눌러 DATA를 선택한다. DATA 값은 각 프로세스의 데이터 및 스택 세그먼트에 있는 메모리의 양을 의미하므로 각 개별 프로세스에 매우 특정된(공유 메모리 세그먼트를 제외한) 것이다. 그 절대적 크기만이 아니라 시간에 따른 변화도 관찰하기 바란다. FreeBSD에서는 DATA에 해당하는 것으로 SIZE 열이 있으며 기본으로 표시된다.

런웨이 프로세스로 보이는 것들을 종료하기 전에 무슨 일이 일어나고 있는지 이해하려는 혼신의 노력이 필요하다. 이런 문제를 해결해서 다시는 일어나지 않게 하는 가장 좋은 방법은 언제든 조사할 수 있도록 실제 사례를 갖는 것이다. 일단 악성 프로세스들을 죽이고 나면 유용한 증거들이 대부분 사라진다.

해킹의 가능성도 늘 염두에 둬야 한다. 일반적으로 악성 소프트웨어는 다양한 환경에서의 정확성 테스트를 거치지 않았기 때문에 평균 수준보다 더 쉽게 그런 악화 상태에 빠지는 것 같다. 어떤 프로세스의 불법 행위가 의심된다면 그 프로세스가 무엇을 하는지(예, 암호 해킹) 감을 잡고자 strace나 truss로 시스템 콜을 추적해본다.

출력물이 있는 런웨이 프로세스들은 파일 시스템 전체를 출력물로 채워 수많은 문제를 일으킬 수 있다. 파일 시스템이 꽉 차면 많은 메시지가 콘솔에 기록되며, 그 파일 시스템에 쓰기 작업을 시도하면 오류 메시지가 발생한다.

이런 상황에서 첫 번째로 해야 할 일은 어떤 파일 시스템이 찼는지, 어떤 파일이 그것을 채웠는지 알아내는 것이다. df -h 명령은 사람이 읽을 수 있는 형태로 파일 시스템 디스크 사용 상태를 보여준다. 100% 또는 그 이상 차버린 파일 시스템을 찾는다.[10] 그 파일 시스템에 대해 du -h 명령을 실행하면 어떤 디렉터리가 대부분의 디스크 공간을 사용하고 있는지 알 수 있다. 큰 파일들이 발견될 때까지 지우면서 du를 반복한다.

df와 du는 약간 다른 방식으로 디스크 사용 상태를 알려준다. df는 파일 시스템의 메타데이터에 있는 총 디스크 블록 수를 참조해 마운트된 파일 시스템이 사용하는 디스크 공간을 계산한다. du는 주어진 디렉터리에 있는 모든 파일의 크기를 합산해 알려준다. 어떤 파일이 파일 시스템에 연결돼 있지 않은데도(삭제된 경우) 여전히 일부 실행 프로세스에 의해 참조되고 있다면 df는 그 파일이 차지하는 공간을 포함해 보고하지만 du는 그렇지 않다. 열린 파일 디스크립터가 닫히거나 파일 내용이 잘릴 때까지 이러한 상이함disparity은 지속된다. 어떤 프로세스가 파일을 사용하고 있는지 판단할 수 없다면 더 자세한 정보를 얻고자 fuser와 lsof 명령을 실행해 본다(5장에서 자세히 다룬다).

4.9 주기성 프로세스

때론 사람의 개입 없이 스크립트나 명령을 실행하는 게 유용할 때가 있다. 스케줄에 따른 백업이나 데이터베이스 유지 관리, 야간 일괄 처리 작업 등이 이에 해당된다. 유닉스나 리눅스에서 이런 작업의 구현에는 한 가지 이상의 방법이 있다.

cron: 명령 스케줄링

cron 데몬은 사전에 결정된 스케줄에 따라 명령을 실행하는 전통적인 도구다. 이 데몬은 시스템이 부팅할 때 시작되며 시스템이 살아 있는 한 계속 실행된다. cron에도 여러 가지 구현이 존재하지만 시스템 관리자에게는 다행스럽게도 그 구문과 기능이 거의 똑같다.

 RHEL 어떤 이유인지는 모르겠지만 레드햇에서는 cron이 crond로 이름이 바뀌었다. 하지만 여전히 우리가 잘 알고 있는 cron과 같은 것이다.

---

10. 대부분 파일 시스템 구현에서는 저장 공간의 일부(약 5%)를 '숨 쉴 방(breathing room)'으로 확보해 둔다. 하지만 루트로 실행되는 프로세스들은 이 공간을 잠식할 수 있기 때문에 100%보다 큰 사용률이 표시될 수 있다.

cron은 커맨드라인과 그 명령이 호출되는 시간의 목록을 포함하는 환경설정 파일을 읽는다. 커맨드라인은 sh에 의해 실행되므로 셸에서 수작업으로 할 수 있는 일이라면 cron으로도 할 수 있다. 원하면 cron이 다른 셸을 사용하도록 설정할 수도 있다.

cron 환경설정 파일은 '크론 테이블cron table'을 줄여 '크론탭crontab'이라 부른다. 개별 사용자용 크론탭은 /var/spool/cron(리눅스) 또는 /var/cron/tabs(FreeBSD)에 저장된다. 사용자당 많아야 한 개의 크론탭이 있다. 크론탭 파일은 평범한 텍스트 파일로, 자신이 속한 사용자의 로그인 이름으로 명명돼 있다. cron은 각 파일에 포함된 명령을 실행할 때 이 파일명을 UID로 사용한다. crontab 명령은 크론탭 파일을 이 디렉터리로 전송하거나 가져온다.

cron은 환경설정 파일을 재파싱reparsing하거나 시간을 계산하는 데 소요되는 시간을 최소화하고자 노력한다. crontab 명령은 크론탭 파일이 바뀔 때 그 사실을 cron에 알림으로써 cron의 효율성을 유지하는 데 도움을 준다. 그러므로 절대로 크론탭 파일을 수작업으로 편집해서는 안 된다. 그렇게 하면 변경된 사실을 cron이 알 수 없기 때문이다. 크론탭이 수정된 사실을 cron이 인지하지 못하는 상황이 되면 cron 프로세스에게 HUP 시그널을 보내 강제로 크론탭을 재로드하게 만들어야 한다.

정상적인 경우 cron은 묵묵히 작업을 수행하지만 대부분 버전에서 실행되는 명령과 실행 시간을 기록하는 로그 파일(보통은 /var/log/cron)을 지원한다. cron 작업에 문제가 생겼는데 그 원인을 알 수 없다면 cron 로그 파일을 살펴본다.

크론탭 파일의 구성

시스템에 있는 모든 크론탭 파일은 유사한 구성을 공유한다. 주석comment는 줄의 첫 글자를 샵 기호(#)로 시작한다. 주석이 아닌 줄들은 6개의 필드를 포함하며 한 개의 명령을 나타낸다.

```
minute hour dom month weekday command
```

처음 다섯 개의 필드는 cron에게 명령을 언제 실행할 것인지 말해준다. 이 다섯 필드는 공백에 의해 서로 분리되지만 명령 필드 안에서는 공백이 셸에 그대로 전달된다. 시간을 나타내는 필드들은 표 4.5와 같이 해석된다. 크론탭에 있는 하나하나의 항목을 일명 '크론 잡cron job'이라고 한다.

표 4.5 크론탭 시간 형식

필드	설명	범위
minute	분	0 ~ 59
hour	시간	0 ~ 23
dom	일	1 ~ 31
month	월	1 ~ 12
weekday	요일	0 ~ 6 (0 = 일요일)

각 시간 관련 필드는 다음을 포함할 수 있다.

- 별표(*)는 모든 것과 매치된다.
- 하나의 정수는 정확히 그 값에만 매치된다.
- 대시 기호(-)로 분리된 두 개의 정수는 범위 값과 매치된다.
- 범위 값 다음에는 슬래시(/)와 단계 값step value이 따라온다(예, 1-10/2).
- 콤마(,)로 분리된 정수나 범위의 목록은 나열된 항목 중 하나와 매치된다.

예를 들어 다음의 시간 형식을 보자.

```
45 10 * * 1-5
```

이 예는 '월요일부터 금요일까지 매일 오전 10시 45분'을 의미한다. 매분마다 명령을 실행하려는 게 아니라면 절대 모든 필드에 별표를 넣어서는 안 된다. 그런 설정은 테스트 목적일 때만 사용된다. 1분은 크론 잡에 적용할 수 있는 최소 시간 단위다.

크론탭에서 시간 범위는 단계 값을 포함할 수 있다. 예를 들어 연속된 값 0, 3, 6, 9, 12, 15, 18은 0-18/3으로 간략하게 표현할 수 있다. 또한 월이나 요일 이름에 3글자 연상기호를 쓸 수 있지만 범위와 결합해서 쓸 수는 없다. 이런 기능은 영문 이름에서만 작동하는 것으로 알고 있다.

요일과 날짜 필드에는 모호성이 내재될 가능성이 있으므로 조심해야 한다. 모든 날은 주중의 요일이기도 하고 한 달 중의 날짜이기도 하다. 요일과 날짜가 모두 지정되면 해당 일은 선택된 두 조건 중 하나만 만족하면 된다.

예를 들어 다음은 '13일의 금요일에 매 30분마다'라는 의미가 아니라 '금요일에 매 30분마다 그리고 13일에 매 30분마다'라는 의미다.

```
0,30 * 13 * 5
```

명령은 실행할 sh 커맨드라인으로, 유효한 어떤 셸 명령도 가능하며 인용부호를 써서는 안 된다. 명령은 해당 줄의 끝까지 계속되는 것으로 간주되며 빈칸^{blank}이나 탭^{tab}을 포함할 수 있다.

%는 명령 필드 내에서 개행을 의미한다. 첫 % 기호까지의 텍스트만 실제 명령에 포함되고 줄의 나머지 부분은 명령에 대한 표준 입력으로 주어진다. 명령에서 백슬래시(\)는 이스케이프^{escape} 문자로 사용돼 그 뒤에 오는 문자가 원래 의미를 갖게 한다. 예를 들면 date +\%s와 같이 사용한다.

sh가 명령을 실행하는 데 참여하긴 하지만 로그인 셸의 역할은 아니며, ~/.profile 나 ~/.bash_profile을 읽지도 않는다. 따라서 명령의 환경변수들이 기대한 것과는 다르게 설정될 수도 있다. 어떤 명령이 셸에서는 잘 실행됐는데, 크론탭 파일에 넣었을 때는 실패하는 것으로 보이면 환경변수가 유력한 범인이다. 필요하다면 항상 적절한 환경변수들을 설정하는 스크립트로 명령을 에워쌀 수 있다.

명령의 경로는 완전한 전체 경로를 사용하길 권장한다. PATH가 기대한 대로 설정돼 있지 않더라도 크론 잡의 정상적인 작동을 보장하기 위해서다. 예를 들어 다음은 날짜^{date}와 가동 시간^{uptime}을 사용자의 홈 디렉터리에 매분마다 기록하는 명령이다.

```
* * * * * echo $(/bin/date) - $(/usr/bin/uptime) >> ~/uptime.log
```

다른 방법으로 크론탭의 맨 위에 명시적으로 환경변수를 설정할 수도 있다.

```
PATH=/bin:/usr/bin
* * * * * echo $(date) - $(uptime) >> ~/uptime.log
```

유효한 크론탭 항목들을 몇 개 더 소개하면 다음과 같다.

```
*/10 * * * 1,3,5 echo ruok | /usr/bin/nc localhost 2181 |
    mail -s "TCP port 2181 status" ben@admin.com
```

이 줄은 월, 수, 금요일에 매 10분마다 2181포트에 접속 확인을 한 결과를 이메일로 보낸다. cron은 sh를 통해 명령을 실행하기 때문에 파이프(|)나 리다이렉트(>) 같은 특수 셸 문자들도 기대한 대로 작동한다.

```
0 4 * * Sun (/usr/bin/mysqlcheck -u maintenance --optimize
    --all-databases)
```

이 항목은 일요일 오전 4시에 유지 관리 프로그램인 mysqlcheck을 실행한다. 출력 내용은 파일에 저장되지 않고 그냥 두면 버려지기 때문에 크론탭의 소유자에게 이메일로 전송될 것이다.

```
20 1 * * * find /tmp -mtime +7 -type f -exec rm -f { } ';'
```

이 명령은 매일 새벽 1시 20분에 실행된다. /tmp 디렉터리에 있는 파일 중에서 7일 동안 수정되지 않은 모든 파일을 삭제한다. 줄의 끝에 있는 ';'은 하위 명령 subcommand 인수의 끝을 표시한다.

cron은 시스템이 죽어 있는 동안 놓쳐버린 명령들에 대해서는 보상하지 않는다. 하지만 서머타임daylight saving time이 시작되거나 끝날 때의 시간 조정은 알아서 한다.

크론 잡이 스크립트라면 chmod +x로 실행 가능하게 설정돼 있는지 확인해야 한다. 그렇지 않으면 크론이 실행하지 못한다. 다른 방법으로 셸이 직접 스크립트를 실행하도록 크론 명령을 설정할 수 있다(예, bash -c ~/bin/myscript.sh).

크론탭 관리

crontab 파일명은 이전 버전을 대체해 파일명을 크론탭으로 설치한다. crontab -e는 크론탭의 사본을 만들어 (EDITOR 환경변수에 지정돼 있는) 편집기를 호출하고 편집이 끝나면 다시 그것을 크론탭 디렉터리에 제출한다. crontab -l은 크론탭의 내용을 표준 출력에 출력하며 crontab -r은 크론탭을 삭제해 크론탭이 없는 상태로 만든다.

루트는 편집할 사용자명 인수를 제공하거나 다른 사용자의 크론탭을 볼 수 있다. 예를 들어 crontab -r jsmith는 사용자 jsmith에게 속한 크론탭을 지우며 crontab -e jsmith는 jsmith의 크론탭을 편집한다. 리눅스에서는 같은 명령에서 사용자명과 파일명 인수를 모두 허용하기 때문에 모호성을 피하고자 사용자명 앞에는 반드시 -u를 붙여야 한다(예, crontab -u jsmith crontab.new).

커맨드라인 인수가 없으면 crontab의 대부분 버전에서는 표준 입력에서 크론탭을 읽는다. 우연히 이 모드로 들어가더라도 CTRL + D 키로 빠져나오려 해서는 안 된다. 그렇게 하면 크론탭 전체를 지우게 된다. 대신 CTRL + C를 사용해야 한다. FreeBSD에서는 crontab이 표준 입력을 사용하게 하려면 파일명 인수로 대시(-) 기호를 요구한다. 현명한 방법이다.

많은 사이트가 미세하지만 반복되는 네트워크 문제들을 경험한다. 이런 문제들은 시스템 관리자가 같은 명령을 수백 개의 머신에서 정확히 같은 시간에 실행하도록 cron을 설정했기 때문에 발생하며 이는 지연이나 과부하의 원인이 된다. NTP 시간 동기화는 문제를 악화시킨다. 이 문제는 무작위 지연[random delay] 스크립트로 쉽게 해결할 수 있다.

cron은 syslog를 통해 자신의 행위를 기록하는데, 이때 syslog 호출에 사용되는 기능[facility] 인수는 'cron'이며 대부분의 메시지는 'info' 레벨로 제출된다. 일반적으로 syslog의 기본 설정에서는 크론 로그 데이터를 자신의 파일로 보낸다.

기타 크론탭

cron은 사용자용 크론탭뿐 아니라 /etc/crontab과 /etc/cron.d 디렉터리에 있는 시스템 크론탭 항목도 지원한다. 이 파일들은 사용자별 크론탭 파일과는 약간 다른 구성을 사용한다. 예를 들면 명령이 임의의 사용자 명의로 실행되는 것을 허용한다. 추가 사용자명 필드는 명령 이름 앞에 온다. 크론탭 파일명이 사용자명을 제공하기 때문에 보통의 크론탭 파일에는 사용자명 필드가 없다.

일반적으로 /etc/crontab은 시스템 관리자가 수작업으로 유지 관리하는 파일인 반면 /etc/cron.d는 소프트웨어 패키지들이 필요한 경우 원하는 크론탭 항목을 설치할 수 있는 일종의 창고다. /etc/cron.d에 있는 파일들은 그것을 설치한 패키지 이름을 따서 이름을 붙이는 게 관례지만 cron은 이런 관례에 신경 쓰지 않으며 강요하지도 않는다.

 리눅스 배포판은 디렉터리 집합에 있는 스크립트를 실행하는 사전 설치된 크론탭 항목들을 설치한다. 여기서 리눅스 배포판은 일련의 잘 알려진 디렉터리에 스크립트를 실행하는 크론탭 항목들을 사전 설치함으로써 소프트웨어 패키지가 크론탭 파일을 편집하지 않고도 주기적인 작업을 설치할 수 있는 또 다른 방법을 제공한다. 예를 들면 /etc/cron.hourly, /etc/cron.daily, /etc/cron.weekly는 각각 매시간, 매일, 매주 실행된다.

cron 접근 제어

어떤 사용자가 크론탭 파일을 제출해도 좋은지는 두 개의 환경설정 파일에 의해 결정된다. 리눅스에서는 /etc/cron.{allow,deny}이고, FreeBSD에서는 /var/cron/{allow,deny}다. 많은 보안 표준이 서비스 계정이나 적법한 비즈니스 사용자들에게만 크론탭을 허용하도록 요구한다. allow와 deny 파일은 이러한 요건에 부합하는 기능이다.

cron.allow 파일이 존재하면 그 파일에는 크론탭을 제출해도 좋은 모든 사용자 목록이 한 줄에 한 사용자씩 포함돼 있다. 이 목록에 없는 사람은 크론탭 명령을 실행할 수 없다. cron.allow 파일이 없으면 다음으로 cron.deny 파일이 검사된다. 이 파일도 마찬가지로 사용자 목록을 포함하고 있지만 반대의 의미를 갖고 있다. 즉, 목록에 있는 사용자를 제외한 나머지 사람들만 접근을 허용한다.

cron.allow 파일과 cron.deny 파일이 모두 존재하지 않으면 시스템은 기본적으로 모든 사용자에게 크론탭 제출을 허용하거나 아니면 크론탭 접근을 루트로 제한한다(뚜렷한 관례가 없으며 임의적이다). 실무에서는 보통 기초 설정이 OS 기본 설치에 포함돼 있으므로 환경설정 파일이 없을 때 크론탭이 어떻게 작용할 것인가 하는 질문은 제기할 필요가 없다. 대부분 기본 환경설정은 모든 사용자에게 cron 접근을 기본으로 허용한다.

대부분 시스템에서 접근 제어는 cron이 아니라 crontab에 의해 구현된다는 점에 주목하는 것이 중요하다. 한 사용자가 어떤 수단에 의해 크론탭 파일을 적당한 디렉터리에 은밀히 갖다 놓을 수 있다면 cron은 아무것도 모른 채 그 파일에 포함된 명령을 실행할 것이다. 따라서 /var/spool/cron과 /var/cron/tabs의 소유자를 루트로 유지하는 것은 필수 사항이다. OS 배포판들은 항상 정확한 사용 권한 설정을 기본적으로 제공한다.

systemd 타이머

모든 리눅스 서브시스템의 기능을 복제한다는 임무에 부합해서 systemd에는 사전 정의된 스케줄에 따라 주어진 systemd 서비스를 활성화시키는 타이머timer 개념이 포함돼 있다. 타이머는 크론탭 항목보다 훨씬 강력한 만큼 그 설정과 관리가 복잡하다. 일부 리눅스 배포판(예, 코어OS)은 systemd 타이머를 지지하며 cron을 완전히 포기했다. 하지만 이 책에서 예로 든 시스템들은 모두 cron을 포함하고 있으며 기본으로 실행된다.

systemd 타이머와 크론탭 중 어떤 것을 선택할 것인가에 관해 해줄 만한 유용한 조언이 없다. 주어진 작업에 맞춰 선호하는 것을 사용하면 된다. 불행히도 소프트웨어 패키지들은 그들이 선택한 임의의 시스템에 작업을 추가하기 때문에 모든 시스템에 표준화된 옵션이란 사실상 없다. 따라서 어떤 특정한 작업을 어떻게 실행할 것인가를 결정하려 할 때는 항상 양쪽 시스템을 모두 점검해야 한다.

systemd 타이머의 구조

systemd 타이머는 두 개의 파일로 구성된다.

- 타이머 유닛$^{timer\ unit}$은 스케줄과 활성화시킬 유닛을 기술한다.
- 서비스 유닛$^{service\ unit}$은 실행할 항목의 세부 사항을 기술한다.

크론탭 항목과는 대조적으로 systemd 타이머는 절대 캘린더 용어('수요일 오전 10시')와 다른 사건에 상대적인 용어('시스템 부팅한 지 30초 후')로 모두 기술할 수 있다. 옵션들을 결합하면 크론 잡에서와 같은 제약점으로 고통 받지 않는 강력한 표현을 만들 수 있다. 표 4.6은 시간 표현 옵션들을 보여준다.

표 4.6 systemd 타이머 유형

유형	시간 기준
OnActiveSec	타이머 자신이 활성화된 시간에 상대적
OnBootSec	시스템 부트 시간에 상대적
OnStartupSec	systemd가 시작된 시간에 상대적
OnUnitActiveSec	지정된 유닛이 마지막으로 활성화됐던 시간에 상대적
OnUnitInactiveSec	지정된 유닛이 마지막으로 비활성화됐던 시간에 상대적
OnCalendar	특정 날짜와 시간

이름이 암시하는 바와 같이 이러한 타이머 옵션들의 값은 초 단위로 주어진다. 예를 들면 OnActiveSec=30은 타이머가 활성화된 지 30초 후의 시간을 의미한다. 시간 값은 사실상 유효한 어떤 systemd 시간 표현도 될 수 있으며, 이에 대해서는 뒤에서 자세히 다룬다.

systemd 타이머 예

레드햇과 센트OS에는 하루에 한 번씩 시스템의 임시 파일들을 청소하는 systemd 타이머가 사전 설정돼 있다. 좀 더 자세한 예를 살펴보자. 첫째, systemctl 명령으로 정의된 모든 타이머를 열거한다(아래의 출력 내용은 읽기 쉽게 하고자 행렬을 회전시킨 것이다. 정상적인 출력에서는 각 타이머가 하나의 긴 줄로 돼 있다).

```
redhat$ systemctl list-timers
NEXT       Sun 2017-06-18 10:24:33 UTC
LEFT       18h left
LAST       Sat 2017-06-17 00:45:29 UTC
```

```
PASSED       15h ago
UNIT         systemd-tmpfiles-clean.timer
ACTIVATES    systemd-tmpfiles-clean.service
```

출력에는 타이머 유닛의 이름과 타이머가 활성화시킨 서비스 유닛의 이름이 모두 포함돼 있다. 이 타이머는 기본 시스템 타이머이기 때문에 표준 systemd 유닛 디렉터리인 /usr/lib/systemd/system에 유닛 파일이 들어 있다. 다음은 타이머 유닛 파일의 내용이다.

```
redhat$ cat /usr/lib/systemd/system/systemd-tmpfiles-clean.timer
[Unit]
Description=Daily Cleanup of Temporary Directories
[Timer]
OnBootSec=15min
OnUnitActiveSec=1d
```

타이머는 부팅 후 15분이 지나 처음으로 활성화되며 그 후에는 하루에 한 번씩 트리거된다. 일종의 초기 활성화를 위한 트리거(여기서는 OnBootSec)가 항상 필요하다는 점에 유의한다. 단 한 개의 지정문으로 '매 X분마다' 효과를 낼 수 있는 방법은 없다.

눈치 빠른 관찰자라면 타이머가 실제로 어떤 유닛을 실행할 것인지를 지정하지 않는다는 사실을 알아챘을 것이다. 기본적으로 systemd는 타이머와 같은 이름을 가진 서비스 유닛을 찾는다. Unit 옵션을 사용해 명시적으로 타깃 유닛을 지정할 수 있다.

이 경우 관련 서비스 유닛에는 별다른 것이 없다

```
redhat$ cat /usr/lib/systemd/system/systemd-tmpfiles-clean.service
[Unit]
Description=Cleanup of Temporary Directories
DefaultDependencies=no
Conflicts=shutdown.target
After=systemd-readahead-collect.service systemd-readahead-replay.service
    local-fs.target time-sync.target
```

```
Before=shutdown.target

[Service]
Type=simple
ExecStart=/usr/bin/systemd-tmpfiles --clean
IOSchedulingClass=idle
```

다른 서비스들처럼 systemctl start systemd-tmpfiles-clean 명령을 써서(타이머와 무관하게) 타깃 서비스를 직접 실행할 수 있다. 이 사실은 cron을 사용할 때 시스템 관리에 많은 고통을 췄던 스케줄된 작업의 디버깅을 대단히 편리하게 해준다.

자신만의 타이머를 생성하려면 /etc/systemd/system에 있는 .timer와 .service 파일을 버린다. 타이머가 부팅 때 실행되길 원한다면 타이머의 유닛 파일 끝에 다음 내용을 추가한다.

```
[Install]
WantedBy=multi-user.target
```

systemctl enable로 부팅 타임에 타이머를 활성화시키는 것을 잊지 말자(systemctl start를 사용하면 타이머를 즉각적으로 시작할 수도 있다).

타이머의 AccuracySec 옵션은 지정한 시간 창 내에서 무작위 시간 양만큼 활성화를 지연한다. 이 기능은 네트워크로 연결된 많은 머신에서 타이머를 실행하는데, 모든 타이머가 정확히 같은 순간에 작동되는 걸 회피하고자 할 때 편리하다(cron에서 같은 목적을 구현하고자 무작위 지연 스크립트를 사용했던 점을 떠올려 보자).

AccuracySec의 기본값은 60초다. 타이머가 정확한 스케줄 타임에 실행되길 원한다면 AccuracySec=1ns를 사용하면 된다(나노초면 충분히 근접한 시간일 것이다. 실제로 나노초의 정밀도을 얻을 수 있는 건 아니라는 점에 유의한다).

systemd 시간 표현식

타이머는 날짜, 시간, 시간 간격의 탄력적인 사양을 허용한다. systemd.time 맨페이지는 권위 있는 사양 구문 참고서다.

OnActiveSec와 OnBootSec의 값으로 사용됐던 상대적 타이밍(초) 대신에 시간 간격 표현식을 사용할 수 있다. 예를 들어 다음의 형식들은 모두 유효하다.

```
OnBootSec=2h 1m
OnStartupSec=1week 2days 3hours
OnActiveSec=1hr20m30sec10msec
```

시간 표현식에서 스페이스는 선택 사양이다. 최소 정밀도 단위는 나노초^{nanosecond} 지만 타이머가 너무 빈번하게 (2초에 한 번 이상) 트리거되면 systemd가 해당 타이머를 일시적으로 비활성화한다.

타이머는 주기적 간격으로 트리거되는 것 외에 OnCalendar 옵션을 써서 특정 시각에 스케줄을 활성화시킬 수도 있다. 이 기능은 전통적인 크론 잡 구문에 가장 가깝지만 더 풍부하고 탄력적인 표현의 구문을 제공한다. 표 4.7은 OnCalendar의 값으로 사용할 수 있는 시간 사양의 예를 보여준다.

시간 표현식에서 별표는 어떤 가능한 값에도 매치되는 플레이스홀더^{placeholder}다. 크론탭 파일과 같이 슬래시 기호 뒤에는 단계 값이 따라온다. 하지만 정확한 구문은 크론탭에서 사용된 구문과 약간 다르다. 크론탭은 증가되는 객체가 범위이어야 하지만(예, 9-17/2, '오전 9시와 오후 5시 사이에 매 두 시간마다'), systemd 시간 표현식은 시작 값만 요구한다(예, 9/2, '오전 9시에 시작해서 매 두 시간마다').

표 4.7 systemd 시간과 날짜 인코딩 예

시간 사양	의미
2017-07-04	2017년 7월 4일 0시 정각 (자정)
Fri-Mon *-7-4	매년 7월 4일 (단, 금요일–월요일 사이에 해당될 경우만)
Mon-Wed *-*-* 12:00:00	월, 화, 수요일 정오
Mon 17:00:00	월요일 오후 5:00시
weekly	월요일 0시 정각(자정)
monthly	매월 1일 0시 정각(자정)
*:0/10	0분부터 시작해서 매 10분마다
--* 11/12:10:0	매일 11시 10분과 23시 10분

일시적 타이머

systemd-run 명령을 사용하면 특정 업무에 국한된 타이머나 서비스 유닛 파일 없이도 systemd 타이머 유형에 따라 명령 실행을 스케줄링할 수 있다. 예를 들어 매 10분마다 깃 저장소에서 가져오기를 실행하려면 다음과 같이 한다.

```
$ systemd-run --on-calendar '*:0/10' /bin/sh -c "cd /app && git pull"
Running timer as unit run-8823.timer.
Will run service as unit run-8823.service.
```

systemd는 systemctl로 목록을 볼 수 있는 일시적인 유닛 식별자를 반환한다(다시 말하지만 아래의 출력은 보기 좋게 수정한 것이다).

```
$ systemctl list-timers run-8823.timer
NEXT        Sat 2017-06-17 20:40:07 UTC
LEFT        9min left
LAST        Sat 2017-06-17 20:30:07 UTC
PASSED      18s ago

$ systemctl list-units run-8823.timer
UNIT        run-8823.timer
LOAD        loaded
ACTIVE      active
SUB         waiting
DESCRIPTION /bin/sh -c "cd /app && git pull"
```

일시적 타이머를 취소하거나 제거하려면 다음과 같이 systemctl stop을 실행해 중지시키면 된다.

```
$ sudo systemctl stop run-8823.timer
```

systemd-run은 /run/systemd/system의 하위 디렉터리에 타이머와 유닛 파일을 생성한다. 하지만 일시적 타이머는 재부팅 후에는 지속되지 않는다. 일시적 타이머를 영구히 지속되게 만들려면 /run 디렉터리로부터 빼내서 원하는 대로 수정을 한 다음 /etc/systemd/system에 설치해야 한다. 영구 버전을 시작하거나 활성화하기 전에 반드시 일시적 타이머를 중지해야 한다.

작업 스케줄의 일반적 용도

이번 절에서는 cron이나 systemd를 통해 종종 자동화되는 일반적인 작업들을 소개한다.

메일 전송

다음 크론탭 항목은 간단한 이메일 알림을 구현한 것이다. 이런 항목을 이용해 일일 보고서의 출력이나 명령 실행의 결과를 자동으로 이메일 전송할 수 있다(페이지 크기에 맞춰 여러 줄로 나눠 표시했다. 실제는 하나의 긴 줄이다).

```
30  4 25 * *   /usr/bin/mail -s "Time to do the TPS reports"
    ben@admin.com%TPS reports are due at the end of the month! Get
    busy!%%Sincerely,%cron%
```

명령과 입력 텍스트를 구분하기도 하고 입력 내에서 줄의 끝을 나타내기도 하는 % 문자의 사용에 유의한다. 이 항목은 매달 25일 오전 4시 30분에 이메일을 전송한다.

파일 시스템 청소

프로그램이 실행되다가 충돌^{crash}이 발생하면 커널은 프로그램 주소 공간의 이미지를 포함하는 하나의 파일(보통은 core.pid, core, program.core)을 생성한다. 코어 파일은 개발자에게는 유용하지만 시스템 관리자에게는 공간 낭비일 뿐이다. 사용자들은 대개 코어 파일에 관해 잘 알지 못하므로 스스로 코어 파일의 생성을 비활성화하거나 삭제하지 않는 경향이 있다. 크론 잡을 이용하면 이런 코어 파일이나 오동작/충돌이 발생한 프로세스들이 남긴 흔적들을 청소할 수 있다.

로그 파일 로테이션

시스템마다 기본 로그 파일 관리 내용이 다양해서 로컬 정책에 맞도록 기본값을 조정할 필요가 있다. 로그 파일을 '로테이션^{rotate}'시킨다는 것은 로그 파일을 크기나 날짜에 따라 여러 조각으로 나눠 여러 개의 옛 버전을 보관함으로써 항상 사용할 수 있게 한다는 것을 의미한다. 로그 로테이션은 반복적이고 정기적으로 발생하는 이벤트이기 때문에 스케줄링을 이용하는 것이 가장 이상적이다. 로그 파일 관리와 로테이션에 관한 자세한 내용은 10장을 참고한다.

배치 작업의 실행

오래 실행되는 계산은 배치 작업Batch Job으로 실행하는 것이 최선이다. 예를 들면 대기열이나 데이터베이스 안에 메시지가 쌓일 수 있다. 데이터 웨어하우스data warehouse와 같이 다른 장소로 ETL(추출, 변환, 로드) 작업을 할 때 대기열에 있는 모든 메시지를 한 번에 처리하는 데 크론 잡을 활용할 수 있다.

어떤 데이터베이스들은 일상적으로 반복되는 유지 관리에서 이득을 얻는다. 예를 들면 오픈소스 분산 데이터베이스인 카산드라Cassandra는 같은 클러스터 안에 있는 노드들의 동기화를 유지하는 보수 기능을 갖고 있다. 이러한 유지 관리 작업이야 말로 cron이나 systemd를 활용하기에 좋은 후보들이다.

백업과 미러링

스케줄 작업을 이용하면 자동으로 하나의 디렉터리를 원격 시스템에 백업할 수 있다. 매일 밤에는 바뀐 부분만 백업하고 일주일에 한 번은 풀 백업을 실행하길 권장한다. 시스템 부하가 적게 걸리는 밤늦은 시간에 백업을 실행하여야 한다.

미러링mirroring은 다른 시스템에서 호스팅되고 있는 파일 시스템이나 디렉터리를 바이트 단위로 복제하는 것이다. 미러링 작업은 백업의 형태로, 또는 한 개 이상의 지역에서 파일을 사용할 수 있게 만드는 방법으로 사용될 수 있다. 웹 사이트와 소프트웨어 저장소들은 더 나은 중복성redundancy을 제공함으로써 주요 사이트에서 물리적으로 멀리 떨어진 사용자가 더 빠르게 접근할 수 있도록 종종 미러링된다.

5 파일 시스템

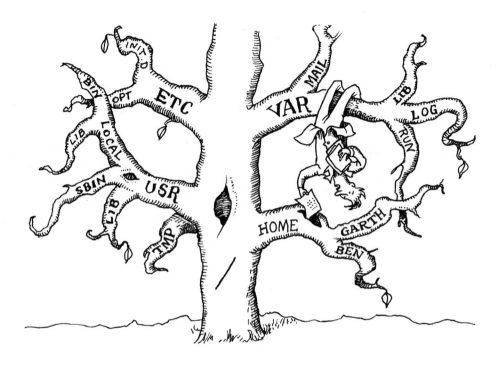

다음 중 '파일 시스템' 안에서 발견할 수 있는 것은 어떤 것일까?

- 프로세스
- 오디오 장치
- 커널 데이터 구조와 튜닝 매개변수
- 프로세스 간 통신 채널

유닉스나 리눅스 시스템이라면 정답은 '위의 모든 것을 포함해서 더 많은 것'이다. 그렇다. 파일 시스템에는 어떤 파일이든 있을 수 있다.[1]

---

1. 더 정확하게 말하자면 이런 개체들이 파일 시스템 내에 표현된다고 할 수 있겠다. 대부분 경우에 파일 시스템은 클라이언트와 그들이 찾고 있는 드라이버를 연결시키는 랑데뷰 포인트(rendezvous point)로 사용된다.

파일 시스템의 기본 목적은 시스템의 저장 자원을 표현하고 구조화하는 것이다. 하지만 프로그래머들은 다른 유형의 객체 관리가 필요할 때마다 바퀴를 재발명해야 하는 일이 없게, 즉 쓸데없는 시간 낭비를 하지 않게 온갖 노력을 해왔다. 이런 다양한 객체를 파일 시스템 네임스페이스 안으로 매핑시키면 매우 편리하다는 것을 알아냈다. 이런 단일화는 장점(일관된 프로그래밍 인터페이스, 셸에서의 쉬운 접근성)도 있고 단점(프랑켄슈타인의 괴물을 연상시키는 파일 시스템 구현)도 있지만 좋든 싫든 간에 바로 이 단일화가 유닉스와 리눅스의 고유한 방식이다.

파일 시스템은 다음과 같은 4개의 주요 요소로 구성될 수 있다.

- **네임스페이스**: 객체들에 이름을 붙이고 계층 구조로 조직화시키는 방법
- **API[2]**: 객체들을 탐색하고 처리하기 위한 시스템 콜들의 집합
- **보안 모델**: 객체들을 보호하거나 숨기고 공유하는 체계
- **구현**: 논리적 모델을 하드웨어와 결합시키는 소프트웨어

현대의 커널들은 서로 다른 여러 개의 백엔드[back-end] 파일 시스템을 수용하는 추상적 인터페이스를 정의하고 있다. 파일 트리의 일부는 전통적인 디스크 기반 구현으로 처리되며 다른 부분은 커널 내에 있는 각각의 드라이버에 의해 처리된다. 예를 들면 네트워크 파일 시스템은 로컬에서 요청한 작업을 다른 컴퓨터의 서버로 전송하는 드라이버에 의해 처리된다.

불행히도 구조적인 한계선이 분명하지 않아 상당수의 특수한 경우가 존재한다. 예를 들어 '장치 파일[device file]'은 프로그램이 커널 내의 드라이버와 통신하는 방법을 정의한다. 장치 파일은 실제 데이터 파일이 아니지만 파일 시스템을 통해 처리되며 그 특성들은 디스크에 저장된다.

또 다른 복잡한 요소로는 커널이 한 개 이상의 디스크 기반 파일 시스템 유형을 지원한다는 점이다. 지금까지는 ext4, XFS, UFS 파일 시스템, 오라클의 ZFS와 Btrfs가 지배적인 표준이다. 하지만 그 밖에도 베리타스[Veritas]의 VxFS와 IBM의 JFS 등 많은 것이 있다.

---

2. API 또는 애플리케이션 프로그래밍 인터페이스는 라이브러리, 운영체제, 소프트웨어 패키지에서 프로그래머가 호출할 수 있는 루틴들의 집합을 의미하는 일반적인 용어다.

마이크로소프트 윈도우에서 사용된 FAT와 NTFS 파일 시스템과 옛날 CD-ROM에서 사용하던 ISO 9660 파일 시스템 등 '외부foreign' 파일 시스템들도 폭넓게 지원되고 있다.

파일 시스템은 다른 여러 관점에서 접근할 수 있는 커다란 주제다. 5장에서는 각 시스템에서 어떤 개체들이 위치한 장소, 파일의 특성, 사용 권한 비트의 의미, 속성을 읽고 설정하는 기본 명령의 사용에 대해 설명한다. 디스크 파티셔닝과 같은 좀 더 기술적인 파일 시스템 주제들은 20장에서 다룬다.

21장에서는 주로 유닉스와 리눅스 시스템 간의 원격 파일 접근용으로 사용되는 파일 공유 시스템인 NFS를 설명한다. 22장에서는 윈도우 세계에서 온 유사한 시스템을 설명한다.

많은 파일 시스템이 서로 다르게 구현돼 있는데도 5장에서 마치 단 하나의 파일 시스템만 있는 것처럼 언급하는 것이 이상하게 보일 수도 있다. 대부분 최신 파일 시스템은 전통적인 파일 시스템 기능들을 더 빠르고 신뢰적인 방법으로 구현하거나 표준 파일 시스템 의미론의 상단에 하나의 계층으로서 부수적인 기능들을 추가하기 때문에 하부 구현 코드에 대해서는 모호한 입장을 취할 수 있다. 어떤 파일 시스템은 두 가지 모두에 해당되기도 한다. 좋고 나쁨을 떠나 너무 많은 소프트웨어가 5장에서 설명하는 모델에 의존하고 있다.

5.1 경로명

파일 시스템은 / 디렉터리에서 시작해 임의의 하위 디렉터리를 통해 아래로 내려가는 단일 통합 계층 구조로 표현된다. /는 루트 디렉터리라고도 부른다. 이러한 단일 계층 시스템은 윈도우에서 사용되는 것과는 다르다. 윈도우에서는 파티션에 국한된 네임스페이스 개념을 채택하고 있다.

그래픽 사용자 인터페이스에서는 디렉터리를 '폴더folder'라고도 하며 리눅스 시스템조차도 그렇게 부르곤 한다. 폴더와 디렉터리는 정확히 같은 것이다. '폴더'는 윈도우와 맥OS 세계에서 파생된 언어일 뿐이다. 그럼에도 불구하고 '폴더'라는 단어가 일부 기술 전문가의 신경을 건드리는 경향이 있음에 주목할 필요가 있다. 우습게 보여도 좋다는 생각이 아니라면 기술적인 맥락에서는 폴더라는 용어를 사용하지 않길 바란다.

하나의 특정 파일에 도달할 때 거쳐야 하는 디렉터리들의 목록에 파일의 파일명을 더하면 하나의 경로명이 형성된다.

경로명은 절대적(예, /tmp/foo)일 수도 있고 상대적(예, book4/filesystem)일 수도 있다. 상대적 경로명은 현재 디렉터리에서 시작하는 것으로 해석한다. 흔히 현재 디렉터리가 셸의 기능인 것으로 생각하기 쉽지만 사실은 모든 프로세스가 현재 디렉터리를 갖고 있다.

파일명, 경로명, 경로^{path}라는 용어들은 서로 혼용하기도 하고 구분해서 사용하기도 하는데, 이 책에서는 혼용하기로 한다. 파일명과 경로는 절대 경로와 상대 경로를 모두 의미할 수 있다. 반면 경로명은 보통 절대 경로를 의미한다.

파일 시스템은 임의의 깊이를 가질 수 있다. 하지만 경로명의 각 구성 요소(즉, 각각의 디렉터리)는 255 글자보다 길지 않아야 한다. 시스템 콜의 인수로 커널에 넘겨줄 수 있는 전체 경로의 길이에도 제한이 있다(리눅스에서는 4,095바이트, BSD에서는 1,024바이트). 이보다 긴 경로명을 갖는 파일에 접근하려면 중간 디렉터리로 현재 디렉터리를 변경(cd)한 후 상대 경로명을 사용해야 한다.

5.2 파일 시스템 마운트와 언마운트

파일 시스템은 더 작은 덩어리들(이들 또한 파일 시스템이라 불린다)로 구성되며, 그 각각은 하나의 디렉터리와 하위 디렉터리들과 파일들로 구성된다. 보통은 맥락을 따져 보면 어떤 타입의 '파일 시스템'을 말하는 것인지 분명히 알 수 있지만 여기서는 명확성을 위해 전체 레이아웃을 의미할 때는 '파일 트리$^{file\ tree}$'라는 용어를 사용하고 그 트리에 부착된 가지들을 의미할 때는 '파일 시스템$^{file\ system}$'이라는 용어를 사용하겠다.

일부 파일 시스템은 디스크 파티션상에 존재하거나 물리적 디스크에 의해 뒷받침

되는 논리적 볼륨^{volume}상에 존재하지만 파일 시스템은 네트워크 파일 서버, 커널 컴포넌트, 메모리 기반 디스크 에뮬레이터 등과 같이 적정한 API를 따르는 어떤 것이든 될 수 있다. 대부분 커널은 쓰기 편리한 '루프^{loop}' 파일 시스템을 갖고 있어 파일들을 마치 별개의 장치처럼 마운트해 사용할 수 있다. 루프 파일 시스템은 디스트에 저장된 DVD-ROM 이미지를 마운트할 때나 재파티셔닝^{repartitioning}에 관한 걱정 없이 파일 시스템 이미지를 개발하고자 할 때 매우 유용하다. 리눅스 시스템에서는 기존 파일 트리의 일부를 파일 시스템으로 취급하는 것까지도 가능하다. 이 트릭을 사용하면 파일 트리의 한 부분을 복제, 이동하거나 숨길 수 있다.

대부분 상황에서 파일 시스템은 mount 명령으로 트리에 연결된다.[3] mount 명령은 마운트 포인트$^{mount\,point}$라 불리는 기존 파일 트리 내의 한 디렉터리를 새로 부착되는 파일 시스템의 루트에 매핑한다. 마운트 포인트에 다른 파일 시스템이 마운트돼 있는 한 그 마운트 포인트의 이전 내용은 일시적으로 접근할 수 없다. 하지만 마운트 포인트는 보통 비어 있는 디렉터리다.

예를 들면 다음 명령은 /dev/sda4라는 디스크 파티션에 저장된 파일 시스템을 경로 /users 아래에 설치한다.

```
$ sudo mount /dev/sda4 /users
```

마운트 후에는 ls /users 명령을 실행해 파일 시스템의 내용을 볼 수 있다.

일부 시스템에서는 mount가 mount.ntfs나 mount_smbfs와 같은 파일 시스템 명령들을 호출하는 단순한 래퍼^{wrapper}다. 필요하다면 이러한 보조 명령들을 자유롭게 호출할 수 있다. 때로는 이런 보조 명령에서 마운트 래퍼가 이해하지 못하는 추가적인 옵션을 제공하기도 한다. 반면 기본적인 mount 명령만으로도 매일 사용하는 용도로는 충분하다.

인수 없이 mount 명령을 실행하면 현재 마운트돼 있는 모든 파일 시스템을 볼 수 있다. 리눅스 시스템에서는 30개 이상 나타날 수 있으며 다양한 커널 인터페이스

---

3. 여기서 '대부분의 상황에서'라고 말한 이유는 ZFS가 파일 시스템의 다른 관리 기능은 말할 것도 없고 마운트/언마운트에서 상당히 다른 접근법을 채택하고 있기 때문이다.

들이 대부분을 차지한다.

/etc/fstab 파일에는 평상시 시스템에 마운트되는 파일 시스템들이 나열돼 있다. 이 파일 안에 있는 정보에 따라 시스템 관리자가 지정한 옵션으로 파일 시스템들이 자동으로 점검^{fsck}되고 부트타임 때 마운트^{mount}된다. 또한 fstab 파일은 디스크 상의 파일 시스템 레이아웃을 기술한 문서이기도 하며 mount /usr과 같은 짧은 명령을 사용할 수 있게도 해준다. fstab에 대해서는 20장을 참고한다.

파일 시스템을 떼어낼 때는 umount 명령을 사용한다. 사용 중인 파일 시스템을 언마운트하려고 하면 umount 명령이 경고 메시지를 표시한다. 떼어내려는 파일 시스템에는 절대 열려 있는 파일이 있어서는 안 되며 프로세스의 현재 디렉터리가 그 파일 시스템 안에 있어도 안 된다. 또한 파일 시스템 내의 어떤 프로그램도 실행 중이면 안 된다.

 리눅스에는 파일 시스템을 명칭 계층 구조에서는 제거하지만 존재하는 모든 파일 참조가 닫힐 때까지는 실제로 언마운트를 하지 않는 '게으른^{lazy}' 언마운트 옵션 (umount -1)이 있다. 이 옵션이 과연 유용한 것인지에 대해서는 논란의 여지가 있다. 우선 존재하는 파일 참조들이 언젠가는 스스로 닫힐 것이라는 보장이 없다. 게다가 '세미 언마운트^{semi-unmounted}'된 상태는 파일 시스템을 사용하는 프로그램에 일관되지 않은 파일 시스템을 제공할 수 있다. 프로그램들은 기존 파일 핸들을 통해 읽고 쓸 수는 있지만 새 파일을 오픈할 수 없거나 다른 파일 시스템 작업을 수행하지 못할 수 있다.

umount -f 명령은 작업 중인 파일 시스템을 강제로 언마운트시킨다. 이 옵션은 이 책의 모든 예제 시스템에서 지원한다. 하지만 NFS가 아닌 마운트에서 이 옵션을 사용하는 것은 매우 좋지 않을 뿐 아니라 어떤 타입의 파일 시스템(예, XFS나 ext4와 같이 저널을 보관하는 파일 시스템들)에서는 작동하지 않을 수도 있다.

언마운트하려고 하는 파일 시스템이 바쁜 상태에 있다는 것을 알았을 때 무조건 umount -f를 시도하는 것보다는 먼저 fuser 명령을 실행해 어떤 프로세스가 파일 시스템을 붙들고 있는지 알아내도록 한다. fuser -c mountpoint 명령은 해당 파일 시스템에 있는 파일이나 디렉터리를 사용하고 있는 모든 프로세스의 PID뿐 아니라 그 행위의 속성을 보여주는 일련의 문자 코드를 프린트한다. 예를 들면 다음과 같다.

```
freebsd$ fuser -c /usr/home
/usr/home: 15897c  87787c  67124x  11201x  11199x  11198x  972x
```

정확한 문자 코드는 시스템마다 다르다. FreeBSD에서 실행된 이 예제에서 c는 해당 프로세스의 현재 작업 디렉터리가 파일 시스템상에 있다는 의미이며, x는 프로그램이 실행되고 있다는 의미다. 하지만 구체적인 내용은 대개 중요하지 않으며 PID만 알면 된다.

문제가 되는 프로세스들을 조사하려면 fuser에서 넘겨받는 PID 목록으로 ps를 실행하면 된다. 예를 들면 다음과 같다.

```
nutrient:~$ ps up "87787 11201"
USER     PID   %CPU  %MEM   STARTED    TIME   COMMAND
fnd     11201  0.0   0.2    14Jul16  2:32.49  ruby: slave_audiochannelbackend
fnd     87787  0.0   0.0    Thu07PM  0:00.93  -bash (bash)
```

여기서 인용부호는 셸이 PID 목록을 하나의 인수로 ps에 넘겨주게 한다.

 리눅스 시스템에서는 fuser 명령에 -v 플래그를 사용하면 ps를 통해 PID를 세탁할 필요가 없다. 이 옵션은 명령 이름을 포함한 출력을 제공하므로 더 읽기 쉽다.

```
$ fuser -cv /usr
        USER    PID ACCESS COMMAND
/usr    root    444 ....m  atd
        root    499 ....m  sshd
        root    520 ....m  lpd
...
```

ACCESS 열에 있는 문자 코드는 fuser의 약식 출력에서 사용된 것과 같다.

fuser보다 더 정교한 방법은 lsof 유틸리티를 사용하는 것이다. lsof는 fuser보다 훨씬 복잡하고 정교한 프로그램이며 출력 또한 상대적으로 더 많은 내용을 담고 있다. lsof는 모든 리눅스 시스템에서 기본으로 설치되며 FreeBSD에서는 패키지로 사용할 수 있다.

 리눅스에서는 프로세스들의 파일 시스템 사용에 관한 특정 정보를 찾는 스크립트들이 /proc에 있는 파일들을 직접 읽을 수도 있다. 하지만 파싱을 쉽게 하고자 lsof의 출력을 지정하는 lsof -F 명령을 사용하는 것이 더 쉽고 더 이식성이 좋은 해법이다. 그 밖의 커맨드라인 플래그들을 사용하면 필요한 정보를 정확하게 요청할 수 있다.

5.3 파일 트리의 조직화

유닉스 시스템은 지금까지 조직적으로 체계화가 잘 진행되지 않았다. 호환되지 않는 다양한 명명 규칙이 동시에 사용되고 있고 서로 다른 유형의 파일들이 같은 명칭 공간에 여기저기 흩어져 있다. 파일들이 바뀔 가능성이 아닌 기능에 의해 분리되는 경우가 많기 때문에 운영체제를 업그레이드하는 데 어려움이 많다. 예를 들어 /etc 디렉터리에 있는 어떤 파일들은 결코 수정되지 않는 파일이고 어떤 파일들은 완전히 지역적인 파일이다. 업그레이드하는 동안에 어떤 파일들이 보존될 것인지를 어떻게 알 수 있을까? 그것을 알 수 없다면 설치 소프트웨어가 올바른 결정을 하기를 믿는 수밖에 없다.

논리적인 사고를 갖춘 시스템 관리자라면 기본으로 제공된 구조 체계를 개선하고 싶을 것이다. 불행히도 파일 트리에는 숨겨진 많은 의존성이 있기 때문에 그런 시도는 결국 많은 문제를 일으키게 된다. 모든 것을 운영체제나 시스템 패키지가 설치한 위치에 그대로 유지하게 한다. 어떤 특별하고 불가피한 이유가 있지 않는 한 설치할 때 위치 선택을 요구할 때는 항상 기본값을 수용하도록 한다.

루트 파일 시스템은 적어도 루트 디렉터리와 최소한의 파일 및 하위 디렉터리 집합을 포함하고 있다. OS 커널을 포함하는 파일은 보통 /boot 아래에 있지만 이름과 위치는 변경될 수 있다. BSD와 일부 유닉스 시스템에서는 커널이 사실상 단일 파일이 아니라 구성 요소들의 집합으로 돼 있다.

매우 중요한 시스템 파일이나 환경설정 파일들을 위한 /etc, 중요한 유틸리티들을 위한 /sbin과 /bin, 임시 파일들을 위한 /tmp 디렉터리도 루트 파일 시스템의 일부다. /dev 디렉터리는 전통적으로 루트 파일 시스템의 일부였지만 최근에는 개별적으로 마운트된 가상 파일 시스템이다(자세한 내용은 11장을 참고한다).

일부 시스템에서는 공유 라이브러리 파일이나 C 전처리기preprocessor와 같은 것들을 /lib나 /lib64 디렉터리에 보관한다. 다른 시스템에서는 이런 항목들을 /usr/lib로 옮기고 /lib를 심볼릭 링크로 남겨 두기도 한다.

/usr과 /var 디렉터리도 매우 중요하다. /usr은 시스템에 치명적 영향을 주지 않는 대부분의 표준 프로그램이 보관되는 장소이며 온라인 매뉴얼이나 라이브러리의 대부분도 이곳에 있다. FreeBSD에서는 지역 환경설정의 상당 부분을 /usr/local에 저장한다. /var은 스풀 디렉터리, 로그 파일, 감사 정보 등 각 호스트마다 다르고 급속히 늘어나거나 변경되는 다양한 항목을 수용하고 있다. 시스템이 멀티유저 모드까지 오게 하려면 반드시 /usr과 /var 모두 사용할 수 있는 상태여야 한다.

과거에는 시스템 디스크를 파티셔닝partitioning하고 파일 트리의 일부를 해당 파티션에 배치하는 일이 표준 관행이었다. 가장 대표적인 것이 /usr, /var, /tmp였다. 그런 관행은 지금도 드물지 않게 지속되고 있지만 전체적인 추세는 하나의 커다란 루트 파일 시스템을 갖는 쪽으로 향하고 있다. 대용량 하드디스크와 점점 정교해지는 파일 시스템 구현에 의해 파티셔닝의 가치가 감소한 것이다.

파티셔닝이 사용되는 경우는 파일 트리의 일부에서 사용할 수 있는 모든 공간을 소모함으로써 시스템 전체가 멈춰버리는 일이 생기지 않게 하려는 경우가 대부분이다. 따라서 /var(문제가 생길 때마다 늘어나는 로그 파일을 포함하고 있다), /tmp, 사용자 홈 디렉터리는 각자 자신의 파티션을 갖게 하는 가장 일반적인 대상이 된다. 전용 파일 시스템도 소스코드 라이브러리나 데이터베이스와 같은 부피가 큰 항목들을 저장할 수 있다.

표 5.1은 중요한 표준 디렉터리들의 목록이다(읽기 편하게 한 줄씩 건너 음영 처리를 했다).

표 5.1 표준 디렉터리와 내용

경로명	내용
/bin	핵심 운영체제 명령
/boot	부트 로더, 커널, 커널에 필요한 파일
/compat	FreeBSD에서 리눅스 바이너리 호환성을 위한 파일과 라이브러리
/dev	디스크, 프린터, 의사 터미널 등을 위한 장치 항목
/etc	시스템에 치명적인 시동 파일과 환경설정 파일
/home	사용자를 위한 기본 홈 디렉터리
/lib	/bin과 /sbin에 의해 사용되는 라이브러리, 공유 라이브러리, 명령
/media	이동식 매체의 파일 시스템을 위한 마운트 포인트
/mnt	이동식 매체용 임시 마운트 포인트
/opt	옵션 소프트웨어 패키지(호환성 때문에 거의 사용되지 않음)
/proc	실행 중인 모든 프로세스에 관한 정보
/root	슈퍼유저용 홈 디렉터리(때로는 그냥 /)
/run	실행 중인 프로그램들을 위한 랑데뷰 포인트(PID, 소켓 등)
/sbin	핵심 운영체제 명령[a]
/srv	웹이나 서버를 통해 배포하고자 보관된 파일
/sys	방대한 양의 다른 커널 인터페이스(리눅스)
/tmp	리부팅할 때 삭제될 수 있는 임시 파일
/usr	2차적인 파일과 명령 계층
/usr/bin	대부분의 명령과 실행 파일
/usr/include	C 프로그램 컴파일용 헤더 파일
/usr/lib	라이브러리(표준 프로그램용 지원 파일들도 포함)
/usr/local	로컬 소프트웨어나 환경설정 데이터(/usr을 반영한 구조)
/usr/sbin	비교적 덜 필수적인 시스템 관리나 복구용 명령
/usr/share	다수의 시스템에 공통적일 수 있는 아이템
/usr/share/man	온라인 매뉴얼 페이지
/usr/src	로컬 소프트웨어가 아닌 두루 사용되지 않는 소프트웨어용 소스코드
/usr/tmp	추가적인 임시 공간(리부팅해도 내용이 유지됨)

(이어짐)

경로명	내용
/var	시스템에 특정된 데이터와 일부 환경설정 파일
/var/adm	로그, 설정 기록, 시스템 관리 관련 특이 자료 등
/var/log	시스템 로그 파일
/var/run	/run과 똑같은 기능. 현재는 심링크돼 있기도 함
/var/spool	프린터, 메일 등을 위한 스풀링(저장) 디렉터리
/var/tmp	추가적인 임시 공간(리부팅해도 내용이 유지됨)

a. 원래 /sbin의 차별화된 특성은 그 내용물들이 정적 링크(static link)돼 있어 시스템의 다른 부분에 대한 의존성이 적다는 것이었다. 요즘은 모든 바이너리가 동적 링크(dinamic link)돼 있어 사실상 /bin과 /sbin의 차이는 없다고 할 수 있다.

대부분 시스템의 **hier** 맨페이지에는 파일 시스템 레이아웃을 위한 일반적인 가이드라인이 요약돼 있다. 하지만 실제 시스템이 모든 면에서 마스터 플랜과 일치할 것으로 기대해선 안 된다.

 리눅스 시스템에서 파일 시스템 계층 구조 표준^{FHS, File system Hierarchy Standard}은 표준 디렉터리들을 성문화하고 정당성을 부여함과 동시에 설명을 제공하려는 시도다.[4] 특이한 상황에 직면해서 어떤 것을 어디에다 놓아야 할지 판단해야 할 때 이 표준은 훌륭한 자문 역할을 해준다. '표준'이라는 이름에도 불구하고 어떤 규범적인 문서라기보다는 현실적 관례를 반영한 문서라고 할 수 있다. 최근에는 업데이트도 별로 이뤄지지 않아 현재 배포판에서 볼 수 있는 파일 시스템 레이아웃들을 설명하지 못하고 있다.

5.4 파일 유형

대부분 파일 시스템 구현에서는 7가지 유형의 파일을 정의하고 있다. 개발자가 (/proc 안에 있는 프로세스 정보와 같이) 어떤 새로운 것을 파일 트리에 추가하고자 할 때조차도 반드시 다음 일곱 가지 유형 중 하나에 해당되게 만들어져야 한다.

- 일반 파일^{Regular File}
- 디렉터리^{Directory}

---

4. wiki.linuxfoundation.org/lsb/fhs를 참고한다.

- 문자 장치 파일^{Character Device File}
- 블록 장치 파일^{Block Device File}
- 네임드 파이프^{Named Pipe}(FIFO)
- 심볼릭 링크^{Symbolic Link}

file 명령을 이용하면 기존 파일의 유형을 알 수 있다. file은 표준 파일 유형만이 아니라 일반 파일 안에서 사용된 형식에 관해서도 상당한 정보를 알려준다.

```
$ file /usr/include
/usr/include: directory
$ file /bin/sh
/bin/sh: ELF 64-bit LSB executable, x86-64, version 1 (FreeBSD),
    dynamically linked, interpreter /libexec/ld-elf.so.1, for FreeBSD 11.0
    (1100122), FreeBSD-style, stripped
```

/bin/sh에 관한 이 모든 내용은 '실행 가능한 명령'이라는 것을 의미한다.

파일을 조사하는 또 다른 옵션으로 ls -ld가 있다. -l 플래그는 자세한 정보를 보여 달라는 의미이며, -d 플래그는 디렉터리 내용이 아니라 디렉터리 정보를 보여 달라는 의미다.

ls 출력의 첫 글자는 파일의 유형을 표시한다. 예를 들어 다음 출력문에서 동그라미 안의 d자는 /usr/include가 디렉터리라는 것을 의미한다.

```
$ ls -ld /usr/include
drwxr-xr-x   27 root    root    4096    Jul 15 20:57  /usr/include
```

표 5.2는 ls 명령이 다양한 유형의 파일을 표현하고자 사용하는 코드를 보여준다.

표 5.2 ls가 사용하는 파일 유형 코드

파일 유형	심볼	생성 명령	삭제 명령
일반 파일	-	편집기, cp 등	rm
디렉터리	d	mkdir	rmdir, rm -r
문자장치 파일	c	mknod	rm

(이어짐)

파일 유형	심볼	생성 명령	삭제 명령
블록 장치 파일	b	mknod	rm
로컬 도메인 소켓	s	socket 시스템 콜	rm
네임드 파이프	p	mknod	rm
심볼릭 링크	l	ln -s	rm

표 5.2에서 보여주는 것처럼 rm은 파일을 삭제하는 범용 도구다. 그러면 이름이 -f인 파일은 어떻게 삭제할 수 있을까? 이런 이름은 대부분 파일 시스템에서 적법한 파일명이지만 rm 명령은 -f를 플래그로 인식하기 때문에 rm -f 명령은 파일명이 -f인 파일을 삭제하지 않는다. 그 해결책은 ./-f와 같이 대시 부호로 시작하지 않는 경로명을 사용하거나 -- 인수를 이용해 그다음에 오는 모든 것은 옵션이 아니라 파일명임을 rm에게 알려주는 것이다(예, rm ---f).

제어 문자나 유니코드 문자를 포함하는 파일명에서도 비슷한 문제가 생긴다. 이런 문자들은 키보드에서 만들어내기가 어렵거나 불가능하기 때문이다. 이런 상황에서는 셸 글로빙^{shell globbing}(패턴 매칭과 같은 의미)을 이용해 삭제할 파일을 특정하면 된다. 패턴 매칭을 사용할 때는 rm의 -i 옵션을 습관적으로 사용함으로써 rm 명령이 각 파일의 삭제를 확인하게 만드는 것이 좋다. 이 기능은 '멀쩡한' 파일이 의도하지 않은 패턴 매칭으로 삭제되는 것을 방지한다. foo<CTRL + D> bar라는 이름을 갖는 파일을 삭제하고자 다음과 같이 할 수 있다.

```
$ ls
foo?bar    foose  kde-root
$ rm -i foo*
rm: remove 'foo\004bar'? y
rm: remove 'foose'? n
```

ls는 제어 문자를 물음표(?)로 표시하기 때문에 다소 헷갈릴 수 있다는 점에 유의한다. 물음표(?)가 셸의 패턴 매칭 문자임을 모른 채 rm foo?bar를 실행한다면 (이 예제에는 해당되지 않지만) 한 개 이상의 파일을 삭제할 수도 있다. 친구처럼 항상 -i 플래그와 함께 다니는 게 좋다.

`ls -b`는 제어 문자를 8진수로 보여준다. 이 기능은 제어 문자들을 특별한 형식으로 나타내고자 할 때 도움이 된다. CTRL + A는 1(8진수로는 \001), CTRL + B는 2라는 식으로 알파벳 순서에 따라 표현할 수 있다. `man ascii`를 실행하거나 위키피디아의 ASCII 페이지를 보면 모든 제어 문자와 각각의 8진수 값이 표로 잘 정리돼 있다.

말도 안 되게 이상한 이름의 파일을 삭제하려면 `rm -i *` 명령의 도움을 받아야 할지도 모른다.

괴상한 이름을 가진 파일을 삭제하기 위한 또 다른 방법은 이맥스^{emacs}의 디렉터리 편집기 모드^{Dired Mode}와 같이 다른 방식의 파일 시스템 인터페이스나 노틸러스^{Nautilus}와 같은 시각적 도구를 사용하는 것이다.

일반 파일

일반 파일은 연속된 일련의 바이트로 구성된다. 파일 시스템은 일반 파일의 내용에 어떤 구조를 요구하지 않는다. 텍스트 파일, 데이터 파일, 실행 파일, 공유 라이브러리는 모두 일반 파일로 저장된다. 순차적 접근^{sequential access}과 무작위 접근^{random access} 모두 허용된다.

디렉터리

디렉터리는 이름으로 참조되는 파일들을 포함한다. 디렉터리는 `mkdir` 명령으로 생성할 수 있으며 내용이 비어 있을 경우에는 `rmdir` 명령으로 디렉터리를 삭제할 수 있다. `rm -r` 명령을 이용하면 비어 있지 않은 디렉터리일지라도 하위 디렉터리를 반복 순환적으로 내려가며 내용까지 모두 삭제할 수 있다.

특수한 디렉터리 항목으로 디렉터리 자신을 나타내는 '.'과 부모 디렉터리를 나타내는 '..'이 있다. 이 두 가지는 삭제될 수 없다. 루트 디렉터리는 사실상 부모 디렉터리가 없기 때문에 경로 '/..'는 경로 '/.'과 동일하다. 둘 다 루트(/)를 나타낸다.

하드 링크

한 파일의 이름은 파일 자체에 저장되는 게 아니라 그 파일의 부모 디렉터리에 저장된다. 실제로 한 개 이상의 디렉터리가(또는 단일 디렉터리 안에서 한 개 이상의 항목이) 동시에 한 파일을 참조할 수 있으며 다른 이름을 가질 수 있다. 그와 같은 편성은 하나의 파일이 동시에 여러 곳에 존재하는 듯한 환상을 낳는다.

이런 추가적인 참조는 다음에 설명하겠지만 심볼릭 링크^{symbolic link}와 구분하고자 '링크^{link}' 또는 '하드 링크^{hard link}'라 부르며 원본 파일과 동일한 것을 의미한다. 파일 시스템에 관한 한 파일에 대한 모든 링크는 동일하다. 파일 시스템은 각 파일을 가리키는 링크의 개수를 관리하며 마지막 링크가 삭제되기 전에는 파일의 데이터 블록을 해제하지 않는다. 하드 링크는 파일 시스템 경계를 넘어 교차될 수 없다.

하드 링크는 ln 명령으로 생성하고 rm 명령으로 삭제할 수 있다. ln 명령의 구문은 cp를 그대로 반영하고 있기 때문에 기억하기 쉽다. cp oldfile newfile 명령은 oldfile의 복사본으로 newfile이란 이름의 새 파일을 만들며, ln oldfile newfile 명령은 oldfile를 참조하는 또 다른 이름으로 newfile이란 이름을 생성한다.

대부분의 파일 시스템 구현에서는 보통 파일만이 아니라 디렉터리에 대한 하드 링크를 만드는 것이 기술적으로 가능하다. 하지만 디렉터리 링크는 파일 시스템에 루프^{loop}를 발생시키거나 여러 개의 모호한 부모를 갖게 되는 등의 악조건을 만들게 된다. 대부분의 경우에는 하드 링크보다는 심볼릭 링크를 선택하는 것이 좋다.

어떤 파일에 대해 몇 개의 링크가 존재하는지 알려면 ls -l 명령을 사용한다. 상세한 내용은 ls 명령의 출력 사례를 보기 바란다. ls -i 명령에 관한 설명에도 유의하기 바란다. 이 옵션은 하드 링크를 식별하는 데 특히 도움이 되기 때문이다.

하드 링크는 파일 유형 중 하나가 아니다. 파일 시스템은 하드 링크라 불리는 '것'을 따로 정의하지 않고 대신 한 개 이상의 디렉터리 항목이 동일한 파일을 가리키게 허용할 뿐이다. 파일의 내용만이 아니라 소유권이나 사용 권한 같은 내부 속성까지도 공유된다.

문자 장치 파일과 블록 장치 파일

프로그램들은 장치 파일^{device file}을 통해 시스템의 하드웨어나 주변 장치와 통신한다. 커널에는 각 시스템 장치용 드라이버 소프트웨어가 포함돼 있거나 로드돼 있다. 이와 같은 드라이버 소프트웨어들은 각 장치를 관리하는 데 필요한 복잡한 세부 사항들을 담당함으로써 커널이 추상적이고 하드웨어 독립적이 될 수 있게 해준다.

장치 드라이버^{device driver}들은 일반 파일처럼 보이는 표준 통신 인터페이스를 제공한다. 파일 시스템은 문자^{character}나 블록^{block} 장치 파일을 참조하는 요청을 받게 되면 요청을 해당 장치 드라이버로 넘겨줄 뿐이다. 장치 파일^{device file}과 장치 드라이버를 구분하는 것이 중요하다. 파일은 드라이버와 통신하기 위한 접선 지점(랑데부 포인트^{rendezvous point})에 불과하며 드라이버 자체가 아니다.

문자 장치와 블록 장치의 구분은 미세한 점들이 있어 여기서 상세히 설명할 필요는 없을 것 같다. 과거에는 일부 유형의 하드웨어를 블록과 문자 장치 파일 모두로 표현했지만 요즘은 그런 구성을 보기 힘들다. 실제로 FreeBSD는 맨페이지나 헤더 파일에 흔적이 아직 남아 있긴 하지만 블록 장치를 완전히 없애 버렸다.

장치 파일들은 메이저 장치 번호^{major device numbe}와 마이너 장치 번호^{minor device number}라 불리는 두 개의 숫자에 의해 특성이 결정된다. 메이저 장치 번호는 커널에게 어떤 드라이버를 참조할 것인가를 알려주며 마이너 장치 번호는 드라이버에게 어떤 물리적 장치를 사용할 것인가를 알려준다. 예를 들면 리눅스 시스템에서 메이저 장치 번호 4는 시리얼 드라이버를 나타낸다. 첫 번째 시리얼 포트(/dev/tty0)는 메이저 장치 번호 4와 마이너 장치 번호 0을 갖는다.

드라이버는 넘겨받은 마이너 장치 번호를 원하는 방식으로 해석할 수 있다. 예를 들어 테이프 드라이브는 장치 파일이 닫힐^{close} 때 테이프 되감기의 여부를 결정하고자 마이너 장치 번호를 사용한다.

먼 옛날에는 /dev가 기본 디렉터리였으며 그 안에서 **mknod**로 장치 파일들을 생성하고 **rm**으로 삭제했다. 불행히도 이런 투박한 시스템들은 지난 수십 년간 출현한 끝없는 드라이버와 장치의 바다를 다루기에는 부적합했다. 또한 실제로 없는 장치를 참조하는 장치 파일, 장치 파일이 없어 접근할 수 없는 장치 등 모든 종류의 환경설정 불일치 문제를 잠재적으로 안고 있었다.

최근의 /dev 디렉터리는 특별한 파일 시스템 유형으로 마운트되는 게 보통이며, 내용은 커널과 사용자 레벨 데몬의 협업에 의해 자동으로 관리된다. 이와 같은 기본 시스템에는 몇 가지 다른 버전들이 있다. 각 시스템의 방식에 관한 자세한 내용은 11장을 참고한다.

지역 도메인 소켓

소켓[socket]은 프로세스들 간의 접속으로 프로세스의 청결한 통신을 가능하게 한다. 유닉스에서는 여러 종류의 소켓을 정의하고 있으며 대부분 네트워크를 수반한다.

지역 도메인 소켓은 지역 호스트에서만 접근할 수 있으며 네트워크 포트가 아닌 파일 시스템 객체를 통해 참조된다. 지역 도메인 소켓은 '유닉스 도메인 소켓'이라고도 한다. 지역 도메인 소켓을 사용하는 표준 기능의 예로 syslog와 X 윈도우 시스템을 꼽을 수 있으며, 그 밖에도 데이터베이스나 애플리케이션 서버를 포함해 많은 것이 있다.

지역 도메인 소켓은 socket 시스템 콜에 의해 생성되며 더 이상 사용자가 없을 때 rm 명령이나 unlink 시스템 콜에 의해 제거된다.

네임드 파이프

지역 도메인 소켓과 마찬가지로 네임드 파이프[named pipe]도 같은 호스트에서 실행되고 있는 프로세스들 간의 통신을 가능하게 해준다. 네임드 파이프는 'FIFO 파일'이라고도 하는데, 여기서 FIFO는 금융 회계에서 사용하는 용어인 '선입선출[first in, first out]'을 줄인 말이다. 네임드 파이프는 mknod로 생성하고 rm으로 삭제할 수 있다.

네임드 파이프와 지역 도메인 소켓은 유사한 목적으로 사용되며 둘 다 존재한다는 사실은 일종의 역사적 산물임을 말해준다. 유닉스나 리눅스가 요즘 설계됐다면 아마도 둘 다 존재하지 않을 것이다. 네트워크 소켓이 두 가지 모두를 대신할 수 있기 때문이다.

심볼릭 링크

심볼릭symbolic 또는 '소프트soft' 링크는 이름에 의해 파일을 가리킨다. 커널이 경로명을 탐색하는 과정에서 심볼릭 링크를 만나게 되면 심볼릭 링크의 내용에 저장돼 있는 경로명으로 탐색을 전환한다. 하드 링크와 심볼릭 링크의 차이는, 하드 링크는 직접적인 참조인 반면에 심볼릭 링크는 이름에 의한 참조라는 점이다. 심볼릭 링크는 그것이 가리키는 파일과는 별개다.

심볼릭 링크는 ln -s 명령으로 생성하며 rm 명령으로 제거한다. 심볼릭 링크는 임의의 경로를 포함할 수 있기 때문에 다른 파일 시스템에 있는 파일이나 존재하지 않는 파일까지도 참조할 수 있다. 일련의 심볼릭 링크가 루프를 형성할 수도 있다.

심볼릭 링크는 하나의 절대 경로나 상대 경로를 포함할 수 있다. 예를 들면 다음과 같다.

```
$ sudo ln -s archived/secure /var/data/secure
```

이 명령은 /var/data/secure를 상대 경로로 /var/data/archived/secure에 링크한다. 새로 심볼릭 링크 /var/data/secure가 생성되며 이 링크의 타깃은 archived/secure가 된다. 다음과 같이 ls 명령을 통해 그 사실을 확인할 수 있다.

```
$ ls -l /var/data/secure
lrwxrwxrwx 1 root root 18 Aug 3 12:54 /var/data/secure -> archived/secure
```

이렇게 하면 링크가 만들어진 이후에 /var/data 디렉터리 전체를 다른 곳으로 이동시켜도 심볼릭 링크의 작동이 멈추는 일이 발생하지 않는다.

이때 ls 명령이 보여주는 심볼릭 링크의 파일 사용 권한(lrwxrwxrwx)은 의미 없는 값이다. 링크를 생성하거나 제거 또는 쫓아가는 사용 권한은 그 링크를 포함하는 디렉터리에 의해 제어된다. 반면 링크의 타깃에 대한 읽기, 쓰기, 실행 권한은 타깃 자신의 사용 권한에 의해 결정된다. 따라서 심볼릭 링크는 자신의 사용 권한에 대한 어떤 정보도 필요하지 않으며 갖고 있지도 않다.

흔히 발생하는 실수 중 하나는 ln -s 명령의 첫 번째 인수가 현재 작업 디렉터리에 상대적이라고 해석하는 것이다. 하지만 실제로 ln은 첫 번째 인수를 파일명으로 해독하지 않으며 심볼릭 링크의 타깃이 되는 하나의 문자열로 인식할 뿐이다.

5.5 파일 속성

전통적인 유닉스 및 리눅스 파일 시스템 모델에서는 모든 파일이 9개의 사용 권한을 갖고 있으며 이를 통해 파일 내용의 읽기, 쓰기, 실행을 누구에게 허용할 것인지 제어한다. 이러한 9개의 사용 권한 비트들은 주로 실행 프로그램의 동작에 영향을 미치는 또 다른 3개의 비트와 함께 한 파일의 '모드'를 구성한다.

총 12개의 모드 비트들은 4비트의 파일 유형file-type 정보와 함께 저장된다. 파일 유형 4비트는 파일이 처음 생성될 때 설정되며 변경할 수 없지만 파일 소유자와 슈퍼 유저는 chmod(change mode) 명령으로 12개의 모드 비트는 수정할 수 있다. ls -l(디렉터리의 경우는 ls -ld) 명령으로 이러한 비트 값들을 확인해보기 바란다.

사용 권한 비트

9개의 사용 권한 비트Permission Bit는 한 파일에 대해 어떤 작업이 누구에 의해 수행될 수 있는지 결정한다. 전통적인 유닉스에서는 사용자별로 사용 권한이 설정되는 것을 허용하지 않는다(현재는 모든 시스템이 여러 종류의 접근 제어 목록을 지원한다). 대신 3세트의 사용 권한을 이용해 순서에 따라 파일 소유자, 그룹 소유자, 그 밖의 사람들에 대한 접근성을 정의한다.[5] 각 사용 권한 세트는 3개 비트(순서에 따라 읽기 비트, 쓰기 비트, 실행 비트)로 구성된다.

파일 사용 권한을 논할 때는 8진수octal number로 말하는 게 편리하다. 8진수의 각 자리는 3비트를 나타내고 사용 권한 비트의 각 그룹은 3비트로 구성되기 때문이다. 맨 앞의 3비트(8진수 값으로 400, 200, 100)는 소유자의 접근을 제어한다. 두 번째 3비트(8진수 값으로 40, 20, 10)는 그룹의 접근을 제어하며, 마지막 세 번째 3비트(8진수 값으로

---

5. 소유자를 'user'로, 다른 사람들을 'other'로 생각하면 휴고(Hugo)라는 이름을 연상함으로써 사용 권한 세트의 순서를 기억할 수 있다. u, g, o는 chmod의 니모닉(mnemonic, 연상기호) 버전에서 사용되는 문자 코드이기도 하다.

4, 2, 1)는 소유자와 그룹을 제외한 모든 사람의 접근을 제어한다. 각 3비트 조합^{triplet}에서 위 비트는 읽기 비트, 중간 비트는 쓰기 비트, 아래 비트는 실행 비트다.

한 명의 사용자가 세 가지 사용 권한 범주 중에서 두 가지에 속한다 하더라도 가장 특정된 사용 권한만 적용된다. 예를 들어 한 파일의 소유자는 소유자 사용 권한 비트에 의해서만 접근이 결정되며 그룹 사용 권한 비트로부터는 영향 받지 않는다. 매우 비정상적인 설정이긴 하지만 'other'나 'group'이 소유자보다 더 많은 접근 권한을 갖는 것도 가능하다.

일반 파일의 읽기 비트는 파일을 오픈하거나 읽는 것을 허용한다. 쓰기 비트는 파일의 내용을 수정하거나 삭제하는 것을 허용한다. 하지만 파일명을 바꾸거나 파일 자체를 삭제하는 능력은 실질적으로 이름-데이터 공간 매핑이 저장돼 있는 부모 디렉터리의 사용 권한에 의해 제어된다.

실행 비트는 파일이 실행되는 것을 허용한다. 두 가지 유형의 실행 파일이 존재하는데, 하나는 CPU가 직접 실행하는 바이너리^{binary}이고 다른 하나는 셸이나 다른 프로그램에 의해 해석돼야 하는 스크립트^{script}다. 관례적으로 스크립트는 다음과 같이 스크립트를 해석할 인터프리터를 지정하는 줄로 시작된다.

```
#!/usr/bin/perl
```

바이너리가 아닌 실행 파일로서 인터프리터가 지정돼 있지 않으면 셸^{sh} 스크립트로 간주된다.[6]

디렉터리의 경우 실행 비트는 경로명을 계산할 때 디렉터리 안으로 들어가거나 통과하는 것을 허용하지만 그 내용의 목록을 보는 것은 허용하지 않는다. 디렉터리의 실행 비트는 '검색^{search}' 비트 또는 '스캔^{scan}' 비트라고도 한다. 읽기와 실행 비트를 조합하면 디렉터리 내용의 목록을 볼 수 있다. 쓰기와 실행 비트를 조합하면 디렉터리 안에서 파일을 생성, 삭제하거나 이름을 변경할 수 있다.

---

6. 커널은 #!('셔뱅(shebang)') 구문을 이해하며 셔뱅 줄에 직접 작용한다. 하지만 인터프리터가 완전하고 정확하게 지정돼 있지 않으면 커널은 해당 파일의 실행을 거부한다. 그런 다음 셸이 /bin/sh를 호출해서 스크립트를 실행하려는 두 번째 시도를 한다. /bin/sh은 보통 암키스트 셸(Almquist shell)이나 배시(bash)에 링크돼 있다. 스벤 마스체크(Sven Mascheck)는 goo.gl/J7izhL 사이트에 셔뱅의 역사, 구현, 크로스플랫폼 행동에 관한 매우 상세한 페이지를 유지 관리하고 있다.

접근 제어 목록, SELinux, 각각의 파일 시스템이 정의한 '보너스bonus' 사용 권한 비트 등 다양한 확장들은 전통적인 9비트 사용 권한 모델을 더 복잡하게 하거나 치환한다. 관찰된 어떤 시스템 행동이 잘 설명되지 않는다면 이와 같은 확장 요소들 중 하나가 개입된 것은 아닌지 확인해봐야 한다.

setuid와 setgid 비트

8진수 값 4000과 2000을 갖는 비트들은 setuid와 setgid다. 실행 파일에 이 비트들이 설정돼 있으면 프로그램을 실행하는 사용자가 접근할 수 없는 파일이나 프로세스에 접근할 수 있게 해준다. 실행 파일의 setud/setgid 메커니즘에 관한 자세한 내용은 3장을 참고한다.

setgid 비트가 디렉터리에 설정돼 있으면 사용자가 디렉터리 안에 새로 생성한 파일들은 사용자의 기본 그룹을 채택하지 않고 디렉터리의 그룹 소유권을 따른다. 이런 규정은 공통 그룹에 속하는 사용자들 간에 디렉터리 공유를 쉽게 해준다. setgid 비트를 이렇게 해석하는 것은 실행 파일에 설정된 setgid의 의미와 관련이 없지만 어떤 의미로 사용됐는지 모호한 경우는 생기지 않는다.

스티키 비트

8진수 값 1000을 갖는 비트는 스티키 비트sticky bit라 불린다. 이 비트는 초기 유닉스 시스템에서 실행 파일용 수정 인자modifier로, 중요한 역할을 했다. 하지만 스티키 비트의 그런 의미는 이제 쓸모가 없게 됐으며 현대의 시스템들은 일반 파일에 설정된 스티키 비트를 조용히 무시해버린다.

스티키 비트가 디렉터리에 설정돼 있으면 디렉터리 소유자나 파일 소유자 또는 슈퍼유저가 아닌 이상 파일 시스템은 파일의 삭제나 이름 변경을 허용하지 않는다. 그 디렉터리에 대한 쓰기 권한을 갖는 것만으로는 충분하지 않다. 이런 규정은 /tmp와 같은 디렉터리를 좀 더 개인적이고 안전하게 만드는 데 도움이 된다.

ls: 파일의 목록과 검사

파일 시스템은 각 파일에 대해 약 40여 개의 개별 정보를 유지 관리하고 있지만 대부분은 파일 시스템 자신에게만 유용한 정보들이다. 시스템 관리자 입장에서는 주로 링크 카운트, 소유자, 그룹, 모드, 크기, 마지막 접근 시간, 마지막 수정 시간, 파일 유형에 관심을 둘 것이다. 이런 정보들은 모두 `ls -l` 명령(디렉터리 경우는 `ls -ld` 명령, -d 플래그가 없으면 `ls`는 디렉터리의 내용을 나열한다)으로 검사할 수 있다.

각 파일의 속성이 변경된 시간도 관리된다. 속성 변경 시간을 나타내는 전통적인 이름('change time'을 줄인 'ctime') 때문에 일부 사람들은 파일의 생성 시간('creation time')이라고 믿는다. 불행히도 그렇지 않으며 ctime은 파일의 속성 정보(소유자, 모드 등)가 마지막으로 변경된 시간을 기록한 것이다(파일의 내용이 수정된 시간은 따로 있다).

다음 예를 보자.

```
$ ls -l /usr/bin/gzip
-rwxr-xr-x    4 root  wheel  37432 Nov 11   2016 /usr/bin/gzip
```

첫 필드는 파일의 유형과 모드를 나타낸다. 첫 글자가 대시이므로 이 파일은 일반 파일이다(다른 코드에 관해서는 표 5.2를 참고).

다음에 오는 9글자는 3세트의 사용 권한 비트다. 세트는 소유자-그룹-기타의 순서로 돼 있으며, 각 세트 안에서의 비트 순서는 읽기-쓰기-실행이다. 이 비트들은 바이너리 값일 뿐이지만 `ls`는 그 값을 해석해서 읽기, 쓰기, 실행을 각각 r, w, x 문자로 보여준다. 이 경우에 소유자는 모든 사용 권한을 가지며, 그 밖의 사람들은 읽기와 실행 권한만을 갖는다.

setuid 비트가 설정돼 있으면 소유자의 실행 권한을 나타내는 x 대신에 s로 표시되고, setgid 비트가 설정돼 있으면 그룹의 사용 권한도 x 대신 s로 표시될 것이다. 파일의 스티키 비트가 설정돼 있으면 사용 권한의 마지막 글자('other'용 실행 권한)는 t로 표시된다. setuid/setgid 비트나 스티키 비트 중 하나가 설정돼 있고 그에 상응하는 실행 비트가 설정돼 있지 않다면 이런 비트들은 S나 T로 표시된다.

다음 필드는 파일의 링크 카운트다. 이 경우에는 링크 카운트가 4로, /usr/bin/gzip 는 이 파일의 4개 이름 중 하나일 뿐이라는 걸 의미한다(이 시스템에서 나머지 3개 이름은 gunzip, gzcat, zcat이며 모두 /usr/bin에 있다). 하드 링크가 만들어질 때마다 파일의 링크 카운트는 1씩 증가한다. 심볼릭 링크는 링크 카운트에 영향을 주지 않는다.

모든 디렉터리는 최소한 두 개의 하드 링크를 갖는다. 하나는 부모 디렉터리로부터의 링크이고, 다른 하나는 디렉터리 자신의 내부에 있는 '.'이라 불리는 특별한 파일로부터의 링크다.

ls 출력에서 다음에 오는 두 필드는 파일의 소유자와 그룹 소유자다. 이 예제에서 파일의 소유자는 root이며 이 파일은 wheel이라는 그룹에 속한다. 실제로 파일 시스템은 이 정보를 이름이 아닌 사용자 ID와 그룹 ID 숫자로 저장한다. 텍스트 버전 (이름)을 결정할 수 없을 때 ls는 이 필드를 숫자로 표시한다. 이런 경우는 파일을 소유하고 있는 사용자나 그룹이 /etc/passwd나 /etc/group 파일에서 삭제됐을 때 발생한다. LDAP를 사용하고 있다면 그곳에 어떤 문제가 생겼음을 암시할 수도 있다. 17장을 참고한다.

다음 필드는 파일의 크기로서 단위는 바이트다. 예제에서 파일의 크기는 37,432바이트다. 그다음 필드는 마지막 수정된 날짜로, 2016년 11월 11일이다. 목록의 마지막 필드는 파일의 이름으로, /usr/bin/gzip이다.

장치 파일의 ls 출력은 약간 다르다. 다음 예제를 보자.

```
$ ls -l /dev/tty0
crw--w----.   1 root tty 4, 0 Aug   3 15:12 /dev/tty0
```

대부분 필드는 같으나 파일 크기 대신 메이저와 마이너 장치 번호가 표시된다. /dev/tty0는 이 시스템(레드햇)의 첫 번째 가상 콘솔이며 장치 드라이버 4(터미널 드라이버)에 의해 제어된다. 모드의 끝에 있는 점dot은 접근 제어 목록ACL이 없음을 의미한다. 이 점을 기본으로 보여주는 시스템도 있고 그렇지 않은 시스템도 있다.

하드 링크를 자세히 살펴보는 데 유용한 ls 옵션으로 -i가 있다. 이 옵션은 각 파일의 'inode 번호'를 보여준다. 간단히 말하면 inode 번호란 파일의 내용과 결합돼 있는 하나의 정수^{integer}다. inode는 디렉터리 항목이 가리키고 있는 '무엇'에 해당한다. 즉, 같은 파일에 대한 하드 링크 항목들은 같은 inode 번호를 갖는다. 복잡한 링크의 거미줄을 파악하려면 링크 카운트와 아이노드^{inode} 번호를 보기 위한 ls -li 명령과 매칭 검색을 위한 find 명령이 모두 필요하다.[7]

그 밖의 중요한 ls 옵션에는 한 디렉터리의 모든 항목(도트로 시작하는 이름까지 포함)을 보여주는 -a 옵션, 마지막 수정 시간에 의해 파일을 정렬하는 -t 옵션(역순으로 정렬하려면 -tr), 디렉터리와 실행 파일이 구별되게 파일명을 보여주는 -F 옵션, 반복 순환적으로 나열하는 -R 옵션, 사람이 읽을 수 있는 형태(예, 8K, 53M)로 파일 크기를 보여주는 -h 옵션이 있다.

요즘 ls의 대부분 버전은 터미널 프로그램이 지원하는 경우에(대부분 지원한다) 파일의 컬러 코딩을 기본으로 제공한다. ls는 제한적이고 추상적인 팔레트('red', 'blue' 등)에 따라 색상을 지정하며, 이런 요청을 특정 색상으로 매핑시키는 일은 터미널 프로그램에 달려 있다. 읽기 쉽고 눈에 잘 띄게 색상을 정하려면 ls(LSCOLORS 또는 LS_COLORS 환경변수)와 터미널 에뮬레이터의 수정이 필요할 수 있다. 반대로 색상을 완전히 없애고자 색상화를 위한 기본 환경설정(보통은 /etc/profile.d/colorls*)을 아예 삭제해버릴 수도 있다.

chmod: 사용 권한 변경

chmod 명령은 파일의 사용 권한을 변경한다. 파일의 소유자나 슈퍼유저만이 파일의 사용 권한을 바꿀 수 있다. 초기 유닉스 시스템에서는 이 명령을 사용하고자 비트의 8진수 표현법을 배워야 했지만 현재 버전에서는 8진수 표기와 니모닉^{mnemonic} 구문을 모두 사용할 수 있다. 일반적으로 시스템 관리자에게는 8진수 구문이 더 편리하지만 사용 권한 비트를 절댓값으로 지정할 때만 사용될 수 있다. 니모닉 구문은 비트의 일부만 수정하고 나머지는 그대로 둘 수 있다.

chmod의 첫 번째 인수는 지정할 사용 권한이고 두 번째 이후의 인수들은 사용 권한

---

7. find 마운트포인트 -xdev -inum *inode* -print를 실행해본다.

을 변경할 파일명들이다. 8진수의 경우 8진수 지정 값의 첫 자릿수는 소유자용, 둘째 자릿수는 그룹용, 셋째 자릿수는 그 밖의 기타용이다. setuid, setgid, 스티키 비트를 설정하길 원한다면 3자리가 아닌 4자리의 8진수를 사용한다. 이때 맨 앞의 자릿수가 세 가지 특별한 비트를 나타낸다.

표 5.3은 3비트로 조합 가능한 8가지 경우를 보여준다. 여기서 r, w, x는 읽기, 쓰기, 실행을 의미한다.

표 5.3 chmod용 사용 권한 코딩

8진수	2진수	사용 권한	8진수	2진수	사용 권한
0	000	--	4	100	r-
1	001	--x	5	101	r-x
2	010	-w	6	110	rw
3	011	-wx	7	111	rwx

예를 들어 **chmod 711 myprog**는 사용자(소유자)에게 모든 권한을 허용하며 그 밖의 다른 사람들에게는 실행 권한만 허용한다.[8]

니모닉 구문을 사용하려면 하나의 연산자(+, -, =는 각각 추가, 제거, 설정을 의미)를 갖는 타깃(u, g, o, a는 각각 사용자, 그룹, 기타, 모두를 의미) 집합과 사용 권한 집합을 결합해야 한다. chmod 맨페이지에 더 자세히 설명돼 있지만 예제를 통해 배우는 것이 가장 좋다. 표 5.4는 니모닉 연산 예제들을 보여준다.

니모닉 구문을 사용하는 데 어려운 점은 o가 소유자[owner]를 의미하는 것인지 기타[other]를 의미하는 것인지를 잘 기억하는 것이다. 기타를 의미하는 게 맞다. u와 g가 UID와 GID랑 같은 것으로 간주하면 남은 o는 기타가 될 수밖에 없다. 아니면 휴고[Hugo]라는 사람 이름의 글자 순서를 기억하는 것도 좋은 방법이다.

---

8. myprog가 셸 스크립트라면 읽기와 쓰기 권한이 모두 설정돼 있어야 한다. 인터프리터가 스크립트를 실행하려면 텍스트 파일처럼 스크립트를 오픈해서 읽을 수 있어야 하기 때문이다. 바이너리 파일은 커널이 직접 실행하므로 읽기 권한이 설정돼야 할 필요는 없다.

표 5.4 chmod 니모닉 구문의 예

구문	의미
u+w	파일 소유자에게 쓰기 권한을 추가한다.
ug=rw, o=r	소유자와 그룹에 읽기/쓰기 권한을 부여하고 기타에게는 읽기 권한만 부여한다.
a-x	모든 카테고리(소유자/그룹/기타)에서 실행 권한을 제거한다.
ug=srx,o=	소유자와 그룹에게만 setuid/setgid, r/x 권한을 부여하고 기타에게는 아무런 권한도 부여하지 않는다.
g=u	그룹의 권한을 소유자 권한과 같도록 설정한다.

 리눅스 시스템에서는 기존 파일에서 모드를 복사해 지정할 수도 있다. 예를 들어 chmod --reference=filea fileb 명령은 fileb의 모드를 filea의 모드와 같도록 설정한다.

-R 옵션을 사용하면 chmod가 한 디렉터리 내의 파일 사용 권한들을 반복 순환적으로 업데이트한다. 하지만 이 기능은 보이는 것보다 까다롭다. 포함되는 파일과 디렉터리들이 모두 같은 속성을 공유하지 않을 수 있기 때문이다. 예를 들어 일부는 실행 파일이고 일부는 텍스트 파일일 수 있다. 니모닉 구문은 명시적으로 설정하지 않은 값들은 그대로 보존되기 때문에 -R 옵션과 함께 사용될 때 특히 유용하다. 예를 들어 다음과 같다.

```
$ chmod -R g+w mydir
```

이 명령은 mydir 디렉터리와 그 안의 모든 내용에 대해 디렉터리와 프로그램의 실행 비트를 건드리지 않고 그룹 쓰기 권한만을 추가한다.

실행 비트를 조정하길 원한다면 chmod -R을 조심해서 사용해야 한다. 이 명령은 디렉터리의 실행 비트가 일반 파일의 실행 비트와 다르게 해석돼야 한다는 사실을 전혀 알지 못한다. 따라서 chmod -R a-x 명령을 실행하면 의도한 결과를 얻지 못할 것이다. 일반 파일만 골라 모드를 바꾸려면 다음과 같이 find 명령을 사용한다.

```
$ find mydir -type f -exec chmod a-x {} ';'
```

chown과 chgrp: 소유권과 그룹의 변경

chown 명령은 파일의 소유권^{ownership}을 변경하며 chgrp은 그룹 소유권을 변경한다. chown과 chgrp의 구문은 첫 인수가 각각 새 소유자나 그룹이라는 점을 제외하곤 chmod와 똑같다.

파일의 그룹을 변경하려면 슈퍼유저나 해당 파일의 소유자가 돼야 하고 변경하려는 타깃 그룹에 속해 있어야 한다. SysV 계열의 옛날 시스템에서는 사용자들이 자신의 파일을 chown으로 양도하는 것을 허용했지만 요즘은 보기 드물다. 현재의 chown은 특권을 요구하는 작업이다.

chmod와 같이 chown과 chgrp도 한 디렉터리와 그 아래 모든 파일의 설정을 바꾸기 위한 반복 순환용 -R 플래그를 제공한다. 예를 들어보자.

```
$ sudo chown -R matt ~matt/restore
$ sudo chgrp -R staff ~matt/restore
```

이러한 순차적 명령은 사용자 matt의 백업으로부터 재저장된 파일들의 소유자와 그룹을 재설정한다. 다음과 같이 chown 명령에서 도트 파일을 사용하는 일이 없도록 주의한다.

```
$ sudo chown -R matt ~matt/.*
```

이렇게 하면 ~matt/..도 패턴에 매칭돼 결국 부모 디렉터리와 어쩌면 다른 사용자의 홈 디렉터리까지 소유권을 변경하게 된다.

다음 구문을 사용하면 하나의 chown 명령으로 파일의 소유자와 그룹을 동시에 바꿀 수 있다.

```
chown user:group file ...
```

예를 들면 다음과 같다.

```
$ sudo chown -R matt:staff ~matt/restore
```

실제로는 사용자나 그룹 중 하나를 생략할 수 있다. 그렇다면 사실상 chgrp 명령은 불필요한 셈이다. 콜론(:)은 있지만 특정 그룹의 이름이 없다면 리눅스 버전의 chown에서는 사용자의 기본 그룹을 사용한다.

일부 시스템에서는 *user:group*과 같은 의미로 *user.group*의 표기법을 채택하고 있다. 이런 차이는 역사적으로 시스템 간에 조금씩 다르게 변형된 것에 지나지 않는다. 의미는 동일하다.

umask: 기본 사용 권한의 지정

내장형 셸 명령인 umask를 사용하면 새로 생성되는 파일에 적용되는 기본 사용 권한에 영향을 미칠 수 있다. 모든 프로세스는 각자 자신의 umask 속성을 갖고 있다. 셸에 내장된 umask 명령은 셸 자신의 umask를 설정해 실행 명령에게 상속한다.

umask는 제거할 사용 권한 비트를 나타내는 3자리 8진수 값으로 지정된다. 파일이 생성될 때 사용 권한은 파일을 생성한 프로그램에서 요청한 대로 설정된 후 umask가 금지하는 비트들을 제거한 값으로 설정된다. 따라서 umask의 각 자릿수는 표 5.5에 있는 사용 권한들을 허용한다.

표 5.5 umask용 사용 권한 코딩

8진수	2진수	사용 권한	8진수	2진수	사용 권한
0	000	rwx	4	100	-wx
1	001	rw	5	101	-w-
2	010	r-x	6	110	--x
3	011	r--	7	111	---

예를 들면 umask 027은 소유자에게는 모든 사용 권한을 허용하고 그룹에게는 쓰기 사용 권한을 금지하고 그 밖의 사람에게는 어떤 권한도 허용하지 않는다. 기본 umask 값은 흔히 022로 설정돼 있다. 이 기본값은 그룹과 기타에게는 쓰기 권한을 금지하고 읽기나 실행 권한만 허용한다.

표준 접근 제어 모델에서는 사용자에게 특정한 umask 값을 갖도록 강제할 수 없다. 사용자들은 언제든지 원하는 대로 umask 값을 재설정할 수 있기 때문이다. 사용자가 생성한 파일의 사용 권한에 대해 더 많은 통제를 원한다면 SELinux와 같은 강제 접근 제어 시스템(MACS)으로 전환해야 한다. 3장을 참고한다.

리눅스 보너스 플래그

리눅스에서는 파일의 특별한 처리를 위해 설정할 수 있는 플래그들을 추가로 정의하고 있다. 예를 들어 a 플래그는 첨부^{append}만 가능하게 하며, i 플래그는 변경이나 삭제를 불가능하게 만든다.

플래그들은 바이너리 값을 갖기 때문에 주어진 파일에 대해 해당 플래그가 있든지 아니면 없든지 둘 중 하나다. 하부 파일 시스템 구현이 상응하는 기능을 지원해야 하므로 모든 타입의 파일 시스템에서 모든 플래그가 사용될 수 있는 것은 아니다. 또한 일부 플래그는 실험적이거나 구현되지 않은 상태이기도 하고 읽기 전용인 것들도 있다.

리눅스에서는 파일 속성을 보거나 변경하고자 lsattr와 chattr 명령을 사용한다. 표 5.6은 자주 사용되는 주요 플래그들의 목록이다.

표 5.6 리눅스 파일 속성 플래그

플래그	파일 시스템[a]	의미
A	XBE	접근 시간(st_atime)을 업데이트하지 않음 (성능 목적)
a	XBE	첨부 모드로만 쓰기를 허용[b]
C	B	쓰기 시 복제(copy-on-write) 업데이트를 비활성화
c	B	내용을 압축
D	BE	디렉터리 업데이트의 쓰기 작업을 강제적으로 동기화
d	XBE	백업하지 말 것(백업 유틸리티는 이 파일을 무시해야 함)
i	XBE	파일을 수정 불가, 삭제 불가로 만듦[b]
j	E	메타데이터뿐 아니라 데이터 변경 저널도 유지
S	XBE	변경된 내용의 쓰기를 강제로 동기화(버퍼링하지 않음)
X	B	데이터 압축이 기본으로 설정돼 있을 때 압축을 방지

a. X = XFS, B = Btrfs, E = ext3와 ext4
b. 루트에 의해서만 설정될 수 있음

뽑기 주머니에서 기능들을 골라 쓰는 것처럼 이 플래그들의 가치는 시스템 관리자마다 다르기 마련이다. 기억해야 할 중요한 점은 특정 파일이 이상한 행동을 보이면 lsattr 명령을 써서 한 개 이상의 플래그가 활성화돼 있는지 점검해보는 것이다.

마지막 접근 시간의 유지 관리를 포기(A 플래그)하는 것이 어떤 상황에서는 시스템 성능을 높일 수 있다. 하지만 그 효과는 파일 시스템 구현과 접근 패턴에 달려 있으므로 직접 벤치마킹을 해봐야 알 수 있을 것이다. 뿐만 아니라 현대적인 커널들은 파일 시스템을 realtime 옵션으로 마운트하는 것이 기본이므로 st_atime 업데이트를 최소화해 A 플래그가 쓸모없게 됐다.

수정 불가와 첨부전용 플래그(i와 a)는 해커나 적대적인 코드에 대한 시스템 저항력을 더욱 강화하는 방법으로 널리 인식됐다. 불행히도 이 플래그들은 소프트웨어를 혼란시킬 수 있으며 chattr -ia 명령조차 쓸 줄 모르는 해커만 방어할 수 있다.

그동안 시스템 관리자가 i(변경 불가) 플래그를 사용함으로써 앤서블^Ansible이나 솔트^Salt와 같은 환경설정 관리 시스템이 변경할 수도 있는 것들을 변경되지 못하게 막는 사례를 많이 봐왔다. 두말할 필요 없이 이런 행위는 나중에 구체적인 작업 내용을 잊게 되면 환경설정 관리가 왜 작동되지 않는지 아무도 알아낼 수 없게 돼 큰 혼란을 불러일으킨다. 절대 이런 짓을 해서는 안 된다(무슨 일을 한 것인지 어머니가 아셨을 때 느끼실 창피함을 생각해보자). 이 문제는 어머니께서 원하시는 대로 환경설정 관리 시스템 안에서 해결하게 한다.

'백업 거부' 플래그(d)는 시스템 관리자가 관심을 가질 만하지만 이 플래그는 일종의 권고 플래그이기 때문에 백업 시스템에서 그것을 허용하는지 확인해본다.

저널링^journaling과 쓰기 동기화에 영향을 미치는 플래그들(D, j, S)은 주로 데이터베이스를 지원하고자 존재한다. 이 플래그들은 시스템 관리자가 일반적으로 사용하는 것들이 아니다. 이 옵션들은 모두 파일 시스템 성능을 심각하게 저하시킬 수 있다. 뿐만 아니라 쓰기 동기화를 조작하는 것은 ext* 파일 시스템의 fsck에 혼란을 일으키는 것으로 알려져 있다.

5.6 접근 제어 목록

전통적인 9비트 소유자/그룹/기타 접근 제어 시스템은 충분히 강력해서 시스템 관리에 필요한 수많은 요구 사항의 대부분을 수용할 수 있다. 이 시스템에는 분명한 한계가 있음에도 불구하고 단순성과 예측 가능성이라는 유닉스 전통('옛날 전통'일 수도 있다)에 매우 잘 부합한다.

접근 제어 목록[ACL]이 더 강력하긴 하지만 그만큼 파일 접근을 제어하는 방식이 더 복잡하다. 각 파일이나 디렉터리는 자신에게 적용될 사용 권한 규칙을 나열한 ACL과 결합돼 있다. ACL 내의 각 규칙들을 접근 제어 항목 또는 ACE라고 부른다.

접근 제어 항목은 사용자나 그룹을 식별해 해당 개체에 적용할 사용 권한 세트를 기술한다. ACL은 세트의 길이를 갖지 않기 때문에 다수의 사용자와 그룹을 위한 사용 권한 사양을 포함할 수 있다. 대부분 운영체제에서는 각 ACL의 길이를 제한하기는 하지만 그 제한 값이 충분히 커서(최소 32항목) 실제로 적용되는 경우가 거의 없다.

좀 더 복잡한 ACL 시스템은 시스템 관리자로 하여금 일부 사용 권한 또는 사용 불허 세트를 지정하게 한다. 대부분은 접근 사양이 새로 생성되는 파일 시스템 개체에 전파되게 하는 상속 기능도 갖고 있다.

경계해야 할 사항

5장의 나머지 부분에서 ACL을 폭넓게 다루고 주목할 것이다. 하지만 그렇다고 해서 ACL을 수용하라고 부추기는 것으로 이해해서는 안 된다. ACL이 틈새시장을 차지하고 있긴 하지만 유닉스나 리눅스 시스템 관리에서는 주류에서 벗어나 있다.

ACL은 주로 윈도우 호환성을 편리하게 하고 실제로 ACL 수준의 탄력성을 요구하는 작은 부서를 지원하고자 존재한다. ACL은 빛나는 차세대 접근 제어 시스템도 아니고 전통 모델을 대체할 목적으로 만들어진 것도 아니다.

ACL의 복잡성은 여러 가지 잠재적인 문제를 발생시킨다. ACL은 쓰기에도 지루할 뿐 아니라 ACL을 인지하지 못하는 백업 시스템, 네트워크 파일 서비스, 심지어 텍스트 편집기 같은 단순한 프로그램과도 예상치 못한 상호작용을 일으킬 수 있다.

ACL은 항목 수가 늘어남에 따라 점점 더 유지 관리가 어려워지는 경향도 있다. 실제 현실에서의 ACL은 이전 항목에 의해 야기된 문제들을 보상하려는 목적으로만 사용된 항목들을 포함하는 경우가 많다. 이와 같이 복잡한 ACL들은 재작성을 통해 단순화할 수는 있지만 위험 부담도 있고 많은 시간이 걸리기 때문에 그런 시도는 거의 하지 않는다.

예전에 5장의 사본을 전문적인 시스템 관리자들에게 보내 리뷰를 부탁한 적이 있었는데, 그때 돌아온 답장에는 이 부분은 좋아 보이긴 하지만 나는 한 번도 ACL을 써본 적이 없어 실제로 어떤지 말해줄 수 없다.

ACL 유형

유닉스 및 리눅스용으로 두 가지 유형의 ACL이 지배적인 표준으로 등장했다. 포직스POSIX ACL과 NFSv4 ACL이다.

포직스 버전은 1990년대 중반에 완료된 표준 사양 작업까지 거슬러 올라간다. 불행히도 실제 표준은 발행된 적이 없으며 초기 구현이 다양하게 변했다. 요즘에는 훨씬 좋은 상태가 됐다. 시스템들이 포직스 ACL용 공통 프레임과 공통 명령 세트(getfacl, setfacl)에 대거 몰려들었다.

간단히 말하면 포직스 ACL 모델은 전통적인 유닉스 rwx 사용권 시스템을 단순히 확장시켜 다수의 그룹과 사용자를 위한 사용 권한을 수용하게 만든 것이다.

포직스 ACL이 두각을 나타내면서 점차 유닉스/리눅스가 윈도우와 파일 시스템을 공유하기 위한 표준이 돼 갔다. 참고로 윈도우에는 자체적인 ACL 규약이 있다. 여기서부터 일이 복잡해진다. 윈도우는 전통 유닉스 모델이나 포직스 ACL에서 볼 수 없는 다양한 구분들이 있기 때문이다. 윈도우 ACL은 의미론적으로 훨씬 복잡하기도 하다. 예를 들면 윈도우 ACL는 사용 불허 권한negative permission('deny' 항목)을 허용하고 있으며 복잡한 상속 체계를 갖고 있다.

NFS 버전 4(공통적인 파일 공유 프로토콜)는 ACL을 최우선 개체로서 통합시키길 원했다. 유닉스와 윈도우는 분열돼 있고 유닉스 ACL들은 일관성 없이 구현돼 있기 때문에 NFSv4 접속의 종단에 있는 시스템들이 서로 다른 유형일 수 있다는 점은 분명했다. 각 시스템은 NFSv4 ACL, 포직스 ACL, 윈도우 ACL을 이해하거나 아니면 어떤 ACL도 이해하지 못할 수 있다. NFSv4 표준은 과도한 충격이나 보안 문제를 일으키지 않고 여러 가지 부분과 상호 정보 교환이 가능해야 했다.

이런 제약점을 고려할 때 NFSv4 ACL이 본질적으로 모든 기존 시스템의 통합이라는 사실은 놀랍지 않다. NFSv4ACL은 포직스 ACL의 엄격한 상위 집합이므로 어떤 포직스 ACL이든 정보의 손실 없이 NFSv4 ACL로 표현될 수 있다. 동시에 NFSv4 ACL은 윈도우 시스템에서 사용하는 모든 사용 권한을 수용하며 윈도우의 의미론적 기능들도 대부분 갖고 있다.

ACL의 구현

이론적으로는 ACL를 관리하고 집행하는 책임은 운영체제의 여러 구성 요소에 배정될 수 있다. ACL은 모든 파일 시스템을 대신해 커널에 구현할 수도 있고 각 파일 시스템이 개별적으로 구현할 수도 있으며 NFS나 SMB 서버와 같은 상위 수준의 소프트웨어에 의해 구현될 수도 있다.

실제로 ACL 지원은 운영체제와 파일 시스템 모두에 의존한다. 한 시스템에서 ACL을 지원하는 파일 시스템이 다른 시스템에서는 ACL을 지원하지 않거나 다른 명령에 의해 관리되도록 약간 다르게 구현될 수도 있다.

파일 서비스 데몬은 자신의 호스트에 있는 고유의 ACL 체계를 파일링 프로토콜(NFS용은 NFSv4 ACL, SMB용은 윈도우 ACL)에 적합한 규약으로 상호 매핑한다. 구체적인 매핑 방식은 파일 서버의 구현에 따라 다르다. 대개 규칙들이 복잡하고 환경 설정 옵션으로 약간의 조정이 가능하다.

ACL 구현이 파일 시스템에 국한돼 있고 시스템은 여러 가지 파일 시스템 구현을 지원하기 때문에 어떤 시스템들은 결국 여러 타입의 ACL을 지원하게 된다. ZFS의 다양한 포트에서 볼 수 있듯이 하나의 지정된 파일 시스템조차 여러 가지 ACL 옵션을 제공할 수 있다. 다중 ACL 시스템들을 사용하고 있다면 조작하는 명령은 같을 수도 있고 다를 수도 있다. 그것은 전적으로 시스템에 달려 있다. 시스템 관리자의 지옥에 온 것을 환영한다.

리눅스 ACL 지원

리눅스는 포직스 스타일의 ACL로 표준화했다. 리눅스 시스템은 당연히 네트워크를 통해 NFSv4 파일 시스템을 마운트하고 공유할 수는 있지만 NFSv4 ACL을 파일 시스템 레벨에서 지원하지는 않는다.

이 표준화의 장점은 이제 XFS, Btrfs, ext* 등 거의 모든 리눅스 파일 시스템이 포직스 ACL 지원을 포함한다는 것이다. NFSv4 스타일의 고유 ACL 시스템을 갖고 있는 ZFS조차도 포직스 ACL로 리눅스에 포팅됐다. 하부 파일 시스템 타입이 무엇인지에 상관없이 표준 getfacl과 setfacl 명령은 어디서나 사용될 수 있다(하지만 파일 시스템을 마운트하고자 정확한 마운트 옵션을 사용해 왔는지 확인해볼 필요가 있다. 파일 시스템은 일반적으로 기본값에 따라 acl 옵션, noacl 옵션 또는 둘 다 지원한다).

리눅스는 NFS 서버로부터 마운트된 파일들의 NFSv4 ACL을 손보기 위한 한 세트의 명령(nfs4_getfacl, nfs4_setfacl, nfs4_editfacl)을 갖고 있다. 하지만 이 명령들은 로컬에 저장된 파일에 대해서는 사용할 수 없다. 뿐만 아니라 배포판의 기본 소프트웨어에는 이 명령들이 거의 포함돼 있지 않아 따로 설치해야만 할 것이다.

FreeBSD ACL 지원

FreeBSD는 포직스 ACL과 NFSv4 ACL을 모두 지원한다. 고유의 getfacl과 setfacl 명령이 NFSv4 스타일의 ACL을 포함하도록 확장됐다. NFSv4 ACL 지원은 (2017년 현재 기준으로) 매우 최근에 개발된 것이다.

파일 시스템 레벨에서 보자면 UFS와 ZFS는 모두 NFSv4 스타일의 ACL을 지원하며 UFS는 포직스 ACL도 지원한다. 여기서 혼동하기 쉬운 것은 ZFS다. ZFS는 BSD와 솔라리스에서는 NFSv4만 지원하고 리눅스에서는 포직스만 지원한다.

UFS에서는 어떤 ACL을 사용하길 원하는지 정하고자 마운트 옵션 acls나 nfsv4acls 중 하나를 사용한다.

포직스 ACL

포직스 ACL은 표준 9비트 유닉스 사용 권한 모델을 단순히 확장한 것이다. 읽기, 쓰기, 실행 권한이 ACL 시스템이 다룰 수 있는 기능의 전부다. setuid나 스티키 비트와 같은 장식물들은 전통적인 모드 비트를 통해서만 처리된다.

ACL의 rwx 비트는 사용자와 그룹의 어떤 조합에 대해서도 독립적으로 설정될 수 있다. 표 5.7은 하나의 ACL 안에 있는 각 항목이 어떤 모습을 하고 있는지 보여준다.

표 5.7 포직스 ACL에서 사용할 수 있는 항목

구성	사용 예	권한 설정의 대상
user::perms	user::rw-	파일 소유자
user:username: perms	user:trent:rw-	특정 사용자
group::perms	group::r-x	파일을 소유하는 그룹
group:groupname:perms	group:staff:rw-	특정 그룹
other::perms	other::---	소유자와 그룹을 제외한 모두
mask::perms	mask::rwx	소유자와 기타를 제외한 모두[a]

a. 마스크(mask)는 약간 까다로워 잠시 후에 따로 설명한다.

사용자와 그룹은 이름이나 UID/GID에 의해 식별될 수 있다. ACL에 포함될 수 있는 정확한 항목 수는 파일 시스템 구현에 따라 다르지만 대개는 최소 32개다. 어쨌든 이 제한 값은 관리할 수 있는 실질적인 한계다.

전통 모드와 ACL 간의 상호작용

ACL을 갖는 파일들은 원래의 모드 비트들을 그대로 유지하지만 자동으로 일관성이 집행되므로 두 세트의 사용 권한이 충돌하는 일은 결코 생기지 않는다. 다음 예는 표준 chmod 명령으로 변경된 모드에 반응해 ACL 항목들이 자동으로 갱신되는 것을 보여준다.

```
$ touch example
$ ls -l example
-rw-rw-r-- 1  garth  garth  0  Jun 14 15:57  example
$ getfacl example
```

```
# file: example
# owner: garth
# group: garth
user::rw-
group::rw-
other::r--
$ chmod 640 example
$ ls -l example
-rw-r-----     1   garth   garth   0   Jun 14 15:57    example
$ getfacl --omit-header example[9]
user::rw-
group::r--
other::::---
```

강제로 일관성을 맞추기 때문에 ACL을 알지 못하는 구식 소프트웨어들도 ACL 세계에서 잘 실행될 수 있다. 하지만 반전이 하나 있다. 위 예제에서 **group::** 항목은 전통 모드 비트의 중간 세트를 쫓고 있는 듯 보임에도 불구하고 항상 그렇게 되지는 않는다.

그 이유를 이해하고자 옛날 프로그램 하나가 전통 모드의 3개 사용 권한 세트에서 모두 쓰기 비트를 없앤다(예, chmod ugo-w *file*)고 가정해보자. 아무도 쓸 수 없는 파일을 만들려는 의도가 분명하다. 하지만 그 결과 ACL이 다음과 같이 보인다면 어떡할 것인가?

```
user::r--
group::r--
group:staff:rw
other::r--
```

옛 프로그램 관점에서 보자면 파일은 수정할 수 없는 것처럼 보이지만 실제로는 staff 그룹에 속하는 사람이면 누구나 쓰기를 할 수 있다. 안 좋은 상황이다. 모호함과 오해의 가능성을 줄이려면 반드시 다음과 같은 규칙을 지켜야 한다.

- **user::** 항목과 **other::** 항목들은 전통 모드로부터의 '소유자[owner]'와 '기타

---

9. 이 예제는 리눅스에서 발췌한 것이다. FreeBSD 버전의 getfacl은 출력에서 주석 줄을 숨기고자 --omit-header 대신 -q 옵션을 사용한다.

other, 사용 권한과 똑같이 정의돼야 한다. 모드를 바꾸면 상응하는 ACL 항목도 바뀌며 그 반대도 마찬가지다.

- 모든 경우에 있어 다른 항목에 의해 달리 언급되지 않은 파일 소유자와 사용자에게 적용되는 실질적 접근 권한은 각각 user::와 other:: ACL 항목에 기술된 것들이다.

- 어떤 파일이 명시적으로 정의된 ACL을 갖고 있지 않거나 하나의 user::와 하나의 group::, 하나의 other:: 항목만으로 구성된 ACL을 갖는다면 이러한 ACL 항목들은 전통적인 3세트의 사용 권한 비트와 동일하다. 앞의 예제에서 getfacl이 보여주던 사례가 바로 이 경우에 해당한다(이런 ACL을 '최소minimal'라고 하며 사실상 최소 ACL은 논리적으로 분리된 ACL로 구현될 필요가 없다).

- 좀 더 복잡한 ACL에서는 전통적인 그룹 사용 권한 비트가 group:: ACL 항목이 아닌 마스크mask라 불리는 특별한 ACL 항목에 대응된다. 마스크는 ACL이 모든 명명된 사용자, 모든 명명된 그룹, 기본 그룹에게 부여할 수 있는 접근을 제한한다.

달리 말하면 마스크는 ACL이 그룹과 사용자에게 개별적으로 지정할 수 있는 접근 위에 상한선을 정하는 것이다. ACL 마스크는 항상 효력이 작용하고 사용 거부권이 아닌 사용 허가권을 지정한다는 점을 제외하곤 개념적으로 umask와 유사하다. 명명된 사용자, 명명된 그룹, 기본 그룹을 위한 ACL 항목들은 마스크에 존재하지 않는 사용 권한 비트들을 포함할 수는 있지만 파일 시스템에 의해 그냥 무시된다.

결과적으로 전통 모드 비트들은 결코 ACL이 허용하는 접근을 전체적으로 이해할 수 없다. 뿐만 아니라, 전통 모드 비트의 그룹 부분 비트를 비활성화시키면 이에 상응하는 ACL 마스크의 비트가 비활성화되므로 파일 소유자를 제외한 모든 사람과 '기타'의 범주에 떨어지는 사람들에게 그 사용 권한이 금지된다.

앞 예제에서 예로 든 ACL을 특정 사용자와 그룹용 항목들을 포함하게 확장한다면 setfacl은 자동으로 적절한 마스크를 제공한다.

```
$ ls -l example
-rw-r-----    1   garth    garth     0 Jun 14 15:57 example
$ setfacl -m user::r,user:trent:rw,group:admin:rw example
$ ls -l example
-r--rw----+   1   garth    garth     0 Jun 14 15:57 example
$ getfacl --omit-header example
user::r--
user:trent:rw-
group::r--
group:admin:rw-
mask::rw-
other::---
```

setfacl의 -m 옵션은 '수정^{modify}'을 의미한다. 현재 없는 항목을 추가하거나 이미 있는 항목을 조정하는 것을 말한다. setacl은 ACL에서 허용된 모든 권한의 효력이 발생하도록 마스크를 자동으로 생성한다는 점에 유의한다. 수작업으로 마스크를 설정하길 원한다면 그 작업 내용을 setfacl에 주어진 ACL 항목 목록에 포함시키거나 setfacl이 마스크를 재생성하지 못하도록 -n 옵션을 사용한다.

setfacl 명령 후에 ls -1은 파일이 실제로 ACL과 결합됐음을 나타내는 + 기호를 파일 모드의 끝에 보여준다. 맨 처음 ls -1에서는 그 시점에 ACL이 '최소^{minimal}' 상태이기 때문에 + 기호를 보여주지 않는다.

ACL이 결합된 파일을 다루고자 전통적인 chmod 명령을 사용한다면 '그룹' 사용 권한을 설정하는 것은 마스크에만 영향을 준다는 점을 잘 알고 있어야 한다. 앞 예제의 명령에 이어 다음 명령을 실행해보자.

```
$ chmod 770 example
$ ls -l example
-rwxrwx---+   1 garth staff     0 Jun 14 15:57 example
$ getfacl --omit-header example
user::rwx
user:trent:rw-
group::r--
group:admin:rw-
mask::rwx
other::---
```

이 경우 ls 출력 내용을 잘못 이해하기 쉽다. 분명히 그룹 사용 권한을 최대로 부여했음에도 불구하고 실제로는 그룹 멤버십이 있더라도 아무도 파일의 실행 권한을 갖지 못한다. 사용 권한을 허용하려면 ACL 자체를 편집하는 수밖에 없다.

ACL을 완전히 제거하고 표준 유닉스 사용 권한 시스템으로 되돌아가려면 setfacl -bn 명령을 이용하면 된다(엄격히 말하자면 -n 플래그는 FreeBSD에서만 필요하다. -n 플래그를 사용하지 않으면 FreeBSD의 setfacl은 마스크 항목의 흔적을 남겨서 나중에 그룹 모드를 변경할 때 엉망이 된다. 하지만 리눅스에서 -n 플래그를 포함시켜도 문제는 없다).

포직스 접근 결정

한 프로세스가 파일을 사용하려고 할 때, 프로세스의 유효 UID는 파일을 소유하는 UID와 비교된다. 두 ID가 같으면 ACL의 user:: 사용 권한에 의해 접근이 결정된다. 같지 않은 경우에는 사용자와 매칭되는 ACL 항목이 존재하면 그 항목과 ACL 마스크를 결합해 사용 권한을 결정한다.

사용자에 해당되는 항목이 없으면 파일 시스템은 요청된 접근을 승인하는 유효한 그룹 관련 항목을 찾는다. 이 항목들은 ACL 마스크와 결합해 처리된다. 매칭되는 어떤 항목도 발견되지 않으면 마지막으로 other:: 항목이 적용된다.

포직스 ACL 상속

표 5.7에 있는 ACL 항목 유형들 외에도 디렉터리용 ACL은 새로 생성되는 파일과 하위 디렉터리의 ACL에 전파되는 기본 항목들을 포함할 수 있다. 하위 디렉터리는 이 항목들을 활성화된 ACL 항목의 형태로 또는 기본 항목의 사본 형태로 받을 수 있다. 그러므로 기본 항목 원본들은 결국 디렉터리 계층 구조의 여러 계층을 통과하면서 아래로 전파돼 내려갈 수 있다.

일단 기본 항목들이 새로운 하위 디렉터리에 복사되고 나면 부모 ACL과 자식 ACL 사이에 계속 유지되는 연결은 없다. 부모의 기본 항목들이 변경돼도 기존 하위 디렉터리의 ACL에는 반영되지 않는다.

기본 ACL 항목들은 setfacl -dm 명령으로 설정할 수 있다. 또는 일반 접근 제어 항목 목록 안에서 맨 앞에 default:를 붙여 기본 항목들을 포함시킬 수 있다.

디렉터리가 어떤 기본 항목을 가지려면 반드시 user::, group::, other::, mask:: 의 풀 세트 기본값을 포함해야 한다. setfacl은 지정하지 않은 기본 항목들을 현재 사용 권한 ACL에서 복사해 채우고 마스크를 생성한다.

NFSv4 ACL

이 절에서는 NFSv4 ACL의 특성을 알아보고 FreeBSD에서 NFSv4 ACL을 설정하고 검사하는 데 사용되는 명령 구문들을 간단히 살펴보자. 리눅스에서는 NFSv4ACL 이 지원되지 않는다.

구조적 관점에서 보면 NFSv4 ACL은 윈도우 ACL과 유사하다. 가장 큰 차이점은 접근 제어 항목이 참조하는 개체의 사양에 있다.

두 시스템 모두 ACL은 개체를 문자열로 저장한다. 전형적으로 윈도우 ACL의 문자열은 윈도우 보안 식별자$^{SID,\ Security\ IDentifier}$를 포함하고 NFSv4의 문자열은 user: *username*이나 group:*groupname*의 형식을 취한다. 또한 문자열은 특별한 토큰 owner@, group@, everyone@ 중의 하나일 수도 있다. 후자에 해당하는 항목들이 가장 일반적이다. 이는 모든 파일에 있는 모드 비트들과 대응되기 때문이다.

유닉스와 윈도우 간에 파일을 공유하는 삼바^{Samba}와 같은 시스템들은 윈도우와 NFSv4 간에 ID를 변환해주는 어떤 수단을 반드시 제공해야 한다.

NFSv4와 윈도우의 사용 권한 모델은 전통적인 유닉스 읽기-쓰기-실행 모델보다 더욱 세분화돼 있다. NFSv4의 주된 개선점들은 다음과 같다.

- NFSv4는 디렉터리 내에서 파일을 생성하기 위한 사용 권한과 하위 디렉터리를 생성하기 위한 사용 권한을 구분한다.
- NFSv4는 별도의 '첨부^{append}' 권한 비트를 갖고 있다.
- NFSv4는 데이터, 파일 속성, 확장 속성, ACL에 대해 읽기와 쓰기 권한들을 따로따로 갖고 있다.
- NFSv4는 표준 ACL 시스템을 통해 사용자의 파일 소유권 변경을 제어한다.

전통 유닉스에서 파일의 소유권 변경은 보통 루트에게만 허용된다.

표 5.8은 NFSv4 시스템에서 지정할 수 있는 다양한 사용 권한들을 보여준다. 또한 사용 권한을 나타내는 한 글자 코드와 정식 명칭도 함께 보여준다.

표 5.8 NFSv4 파일 사용 권한

코드	정식 명칭	사용 권한
r	read_data	데이터를 읽거나(파일), 디렉터리 내용을 나열(디렉터리)
w	write_data	데이터를 쓰거나(파일), 파일을 생성(디렉터리)
x	execute	프로그램으로서 실행
p	append_data	데이터를 첨부하거나(파일), 하위 디렉터리를 생성(디렉터리)
D	delete_child	디렉터리 내의 자식(child)을 삭제
d	delete	삭제
a	read_attributes	비확장 속성 읽기
A	write_attributes	비확장 속성 쓰기
R	read_xattr	명명된('확장된') 속성 읽기
W	write_xattr	명명된('확장된') 속성 쓰기
c	read_acl	접근 제어 목록 읽기
C	write_acl	접근 제어 목록 쓰기
o	write_owner	소유권 변경
s	synchronize	동기화 I/O 요청 허용(보통은 무시됨)

NFSv4 사용 권한 모델은 매우 정밀하지만 각각의 사용 권한들은 대개 설명이 따로 필요 없을 정도로 분명해야 한다('synchronize' 사용 권한은 클라이언트에게 파일 수정이 동기화되도록 지정하는 것을 허용한다. 즉, write 호출은 데이터가 실제로 디스크에 저장되기 전에는 복귀하지 않아야 한다).

확장 속성은 명명된 데이터 조각chunk들로, 파일과 함께 저장된다. 대부분 현대식 파일 시스템들은 확장 속성을 지원한다. 이 대목에서 확장 속성의 주된 용도는 ACL 자체를 저장하는 것이다. 하지만 NFSv4 사용 권한 모델은 ACL을 다른 확장 속성들과 별개로 취급한다.

FreeBSD 구현에서 파일의 소유자는 파일의 ACL이 다르게 지정돼 있더라도 항상 read_acl, write_acl, read_attributes, write_attributes 사용 권한을 갖는다.

사용 권한을 지정할 수 있는 NFSv4 개체

다양한 user:*username*과 group:*groupname* 지정자[specifier]에 더해 NFSv4에서는 ACL 에서 사용 권한을 배정받을 수 있는 여러 가지 특별한 개체를 정의하고 있다. 그중 가장 중요한 것으로 전통적인 9비트 사용 권한 모델 범주에 상응하는 owner@, group@, everyone@이 있다.

NFSv4에는 포직스와 다른 여러 차이점이 있다. 한 가지 예를 들자면 포직스에서 ACL 상속을 제어하는 데 사용된 기본 개체[default entity]가 없다. 대신에 각 접근 제어 항목[ACE]은 상속 가능하다는 플래그가 붙을 수 있다(다음에 오는 NFSv4에서의 ACL 상속을 참조). 또한 NFSv4는 파일의 모드에 지정된 사용 권한을 ACL과 조화시키기 위한 마스크를 사용하지 않는다. 그 모드는 owner@, group@, everyone@로 지정된 설정에 부합해야 하며 NFSv4 ACL을 구현한 파일 시스템은 모드나 ACL 중 하나가 업데이트될 때 이런 일관성이 유지되게 해야 한다.

NFSv4 접근 결정

NFSv4 시스템은 ACE가 사용 권한 집합의 일부만을 기술한다는 점에서 포직스와 다르다. 각 ACE는 '허용[allow]' ACE 아니면 '거부[deny]' ACE이다. 이것은 모든 가능한 사용 권한의 사양이기보다는 마스크와 비슷하게 작용한다. 어떤 상황에도 여러 개의 ACE가 적용될 수 있다.

어떤 특정 작업이 허용되는지 여부를 결정할 때 파일 시스템은 ACL을 순서대로 읽으면서 요청된 모든 사용 권한이 허가될 때까지 또는 요청된 일부 사용 권한이 거부될 때까지 ACE들을 처리해 나간다. 그 개체 문자열이 현재 사용자의 ID와 호환되는 ACE들만이 고려의 대상이 된다.

이와 같이 반복되는 계산 과정은 owner@, group@, everyone@이 상응하는 전통 모드 비트와 완전히 똑같지는 않다는 것을 의미한다. ACL은 이러한 요소들의 사본을 여러 개 포함할 수 있으며 우선순위는 어떤 규칙에 의해서가 아니라 ACL에 나타나는 순서에 의해 결정된다. 특히 everyone@은 구체적으로 기술되지 않은 사용자만이 아니라 모든 사람에게 적용된다.

파일 시스템은 사용 권한 질의에 대한 명확한 답을 구하지 못한 채 ACL의 끝에 도달할 수 있다. NFSv4 표준은 그런 결과를 정의되지 않은 것으로 간주하지만 실제의 구현에서는 접근을 거부한다. 그 이유는 윈도우에서 사용된 규약이기 그렇기 때문이기도 하고 그렇게 하는 것이 유일한 합리적 선택이기 때문이기도 하다.

NFSv4에서의 ACL 상속

포직스 ACL과 같이 NFSv4 ACL도 새로 생성된 객체들이 그들을 포함하고 있는 디렉터리에서 접근 제어를 상속받는 것을 허용한다. 하지만 NFSv4 시스템은 좀 더 강력하면서도 헷갈릴 여지가 있다. 몇 가지 중요한 점을 살펴보자.

- 어떤 ACE든 상속 가능 플래그를 달 수 있다. 새로 생성되는 하위 디렉터리의 상속 플래그(dir_inherit 또는 d)와 새로 생성되는 파일의 상속 플래그(file_inherit 또는 f)는 별개로 돼 있다.

- 부모 디렉터리에 따로 접근 제어 항목을 생성하고 적절히 플래그를 설정함으로써 새 파일과 새 디렉터리에 서로 다른 접근 제어 항목을 적용할 수 있다. 또한 d 플래그와 f 플래그를 모두 활성화시킴으로써 단 하나의 ACE를 (타입에 상관없이) 새로운 모든 자식 개체에 적용할 수도 있다.

- 접근을 결정하는 입장에서 보자면 접근 제어 항목들은 상속 가능 여부에 관계없이 부모(소스) 디렉터리에 동일한 효과를 미친다. 한 항목을 자식들에게만 적용하고 부모 디렉터리 자체에는 적용하지 않길 원한다면 ACE의 inherit_only(i) 플래그를 켜면 된다.

- 새로운 하위 디렉터리는 보통 2개 사본의 ACE를 상속받는다. 상속 플래그들이 꺼진 것은 하위 디렉터리 자체에 적용되며, inherit_only 플래그가 켜진 것은 상속된 ACE들이 전파되도록 새 하위 디렉터리를 설정한다. 이 두 번째 ACE의 생성을 억제하려면 부모 디렉터리의 사본에 no_propagate (n) 플래그를 켜면 된다. 최종 결과로 ACE는 원본 디렉터리의 바로 아래 자식에게만 전파된다.

- 접근 제어 항목의 전파와 순수한 상속을 혼동하지 않게 한다. ACE상에 상속 관련 플래그를 설정하는 것은 ACE가 새 개체에 복사된다는 것을 의미하는 것에 지나지 않는다. 부모 자식 간에 계속 진행되는 어떤 관계도 생성하지 않는다. 나중에 부모 디렉터리의 ACE 항목을 변경해도 자식들은 업데이트되지 않는다.

표 5.9는 이와 같이 다양한 상속 플래그들을 요약해 놓은 것이다.

표 5.9 NFSv4 ACE 상속 플래그

코드	이름	의미
f	file_inherit	ACE를 새로 생성되는 파일에 전파
d	dir_inherit	ACE를 새로 생성되는 하위 디렉터리에 전파
i	inherit_only	전파하지만 현재 디렉터리에는 적용하지 않음
n	no_propagate	새로 생성되는 하위 디렉터리에 전파하지만 상속은 비활성화

NFSv4 ACL 사례

FreeBSD는 포직스 ACL에서 사용된 표준 **setfacl**과 **getfacl** 명령을 확장시켜 NFSv4 ACL도 처리하게 했다. 예를 들어 다음은 새로 생성되는 디렉터리용 ACL이다.

```
freebsd$ mkdir example
freebsd$ ls -ld example
drwxr-xr-x 2 garth    staff   2 Aug 16 18:52 example/
$ getfacl -q example
        owner@:rwxp--aARWcCos:-------:allow
        group@:r-x---a-R-c--s:-------:allow
     everyone@:r-x---a-R-c--s:-------:allow
```

-v 플래그는 상세한 권한 이름을 요청한다(출력은 구조를 분명히 알 수 있게 들여쓰기를 하고 슬래시 기호로 래핑시켰다).

```
freebsd$ getfacl -qv example
    owner@:read_data/write_data/execute/append_data/read_attributes/
        write_attributes/read_xattr/write_xattr/read_acl/write_acl/
        write_owner/synchronize::allow
```

```
group@:read_data/execute/read_attributes/read_xattr/read_acl/
    synchronize::allow
everyone@:read_data/execute/read_attributes/read_xattr/read_acl/
    synchronize::allow
```

새로 생성된 디렉터리의 ACL은 복잡한 것처럼 보이지만 사실은 9비트 모드가 ACL 언어로 번역된 것에 불과하다. ACL과 모드가 똑같기 때문에 파일 시스템이 실제 ACL을 저장할 필요는 없다(포직스 ACL에서와 마찬가지로 그런 목록들을 '최소한minimal' 또는 '사소한trivial' 목록이라 부른다). 디렉터리가 실제로 ACL을 갖고 있으면 ls 명령의 출력은 ACL의 존재를 나타내는 + 기호가 끝에 붙은 모드 비트를 보여준다(즉, drwxr-xr-x+).

각 조항은 하나의 접근 제어 항목을 나타낸다. 그 형식은 다음과 같다.

entity:permissions:inheritance_flags:type

*entity*는 키워드keyword owner@, group@, everyone@이거나 user:*username* 또는 group:*groupname*과 같은 형태일 수 있다. *permissions*와 *inheritance_flags*는 모두 상세 출력에서는 슬래시(/)로 구분되는 옵션들의 목록이며, 짧은 출력에서는 ls 스타일의 비트맵이다.

어떤 출력 형태를 사용하든 개체 필드 내의 보조 구분 기호로 콜론(:)의 사용은 getfacl 출력을 파싱하기 위한 스크립트 작성을 까다롭게 만든다. ACL을 프로그램으로 처리할 필요가 있다면 명령의 출력을 파싱하는 것보다는 모듈화된 API를 통해 하는 것이 최선이다.

ACL과 모드 간의 상호작용

모드와 ACL은 반드시 일관성을 유지함으로써 이 개체들 중 하나를 조정할 때마다 다른 쪽이 그것을 반영해 자동으로 업데이트되게 해야 한다. 특정 ACL에 대해 시스템이 적절한 모드를 결정하는 것은 쉽다. 하지만 일련의 접근 제어 항목들을 이용해 전통적인 모드 행동을 모방하는 것은 까다롭다. 특히 기존 ACL의 맥락에서 더 그렇다. 계산 순서에 의존해 최종적인 효과를 내는 owner@, group@, everyone@

에 대해 시스템은 반드시 모순돼 보이는 다수의 항목 세트를 만들어내야 한다.

일반적으로 일단 하나의 ACL을 적용하고 나면 파일이나 디렉터리의 모드를 손대지 않는 게 최선이다.

NFSv4 ACL 설정

사용 권한 시스템은 파일의 모드와 ACL 간의 일관성을 강제로 유지하기 때문에 모든 파일은 적어도 하나의 최소 ACL을 갖는다. 그러므로 ACL 변경은 항상 업데이트된다.

ACL 변경은 포직스 ACL 체제하에서 했던 바와 같이 setfacl 명령을 써서 한다. 주된 차이점은 NFSv4 ACL에서는 접근 제어 항목의 순서가 중요하므로 기존 ACL 내의 특정 지점에 새 항목을 삽입해야 한다는 것이다. 이 작업은 다음과 같이 -a 플래그를 써서 할 수 있다.

```
setfacl -a position entries file ...
```

여기서 *position*은 그 앞에 새 항목을 삽입할 기존 접근 항목의 인덱스(0에서 시작하는 숫자)다. 예를 들어 다음 명령을 보자.

```
$ setfacl -a 0 user:ben:full_set::deny ben_keep_out
```

이 명령은 사용자 ben의 모든 사용 권한을 거부하는 접근 제어 항목을 ben_keep_out 파일에 설치한다. full_set은 사용할 수 있는 모든 권한을 포함한다는 약칭 표기다(그것을 모두 적어보면 현재로서는 rwxpDdaARWcCos가 될 것이다. 표 5.8과 비교해보기 바란다).

새 접근 제어 항목이 포지션 0에 삽입되기 때문에 새 항목이 첫 항목이 되며 뒤에 오는 다른 항목들보다 높은 우선순위를 갖는다. 예를 들면 사용자 everyone@ 사용 권한이 다른 사용자들에게는 허락될지라도 ben은 파일 접근이 거부될 것이다.

사용 권한을 식별하고자 write_data와 같은 긴 이름을 사용할 수도 있다. 다수의 긴 이름은 슬래시 기호로 분리된다. 단일 문자 코드와 긴 이름을 한 명령 안에서 섞어 사용할 수는 없다.

포직스 ACL에서와 마찬가지로 기존 ACL의 끝에 새 항목을 추가하고자 -m 플래그를 사용할 수 있다.

기존 ACL의 복잡한 변경에 대해 말하자면 ACL을 텍스트 파일로 덤핑한 후 텍스트 편집기를 이용해 접근 제어 항목을 편집한 다음, 다시 전체 ACL을 재로딩하는 것이 최선책이다.

```
$ getfacl -q file > /tmp/file.acl
$ vi /tmp/file.acl # Make any required changes
$ setfacl -b -M /tmp/file.acl file
```

setfacl의 -b 옵션은 file.acl 파일에 나열된 접근 제어 항목들을 추가하기 전에 기존 ACL들을 제거한다. 이 옵션이 있어 간단히 텍스트 파일을 지움으로써 항목들을 삭제할 수 있는 것이다.

6 소프트웨어 설치와 관리

소프트웨어의 설치, 환경설정, 관리는 시스템 관리자 작업의 상당한 부분을 차지한다. 시스템 관리자들은 사용자로부터의 설치와 환경설정 요청에 응대하고 보안 문제를 해결하고자 업데이트를 적용하며, 새 기능과 함께 호환되지 않는 문제가 될 수 있는 새로운 소프트웨어로 전환하는 일을 감독한다. 일반적으로 시스템 관리자는 다음과 같은 일들을 모두 수행한다.

- 방대한 운영체제 설치 작업의 자동화
- 맞춤형 운영체제 환경설정의 유지 관리
- 시스템 및 애플리케이션의 패치와 업데이트
- 소프트웨어 라이선스 추적 관리

- 부가 소프트웨어 패키지 관리

사용자의 필요 또는 보안이나 파일 배치, 네트워크 토폴로지를 위한 지역 규정에 부합하도록 상용 배포판이나 소프트웨어 패키지 환경을 설정하는 과정을 흔히 '지역화localization'라 부른다. 6장에서는 소프트웨어 설치에 따르는 고통을 덜어주고 이런 작업들을 원활하게 해주는 테크닉과 소프트웨어에 대해 알아본다. 또한 플랫폼에 한정된 일반적 도구들을 이용한 배포 자동화용 옵션을 포함해 각 운영체제를 위한 설치 절차도 알아본다.

6.1 운영체제 설치

리눅스 배포판과 FreeBSD의 간단한 기본 설치 절차를 갖고 있다. 물리적 호스트의 경우에는 외부 USB 저장 장치나 광학 매체로부터 부팅하면서 몇 가지 기본적인 질문에 답하고 디스크 파티션을 선택적으로 구성한 후 어떤 소프트웨어 패키지들을 설치할 것인지 인스톨러Installer에게 알려주는 게 일반적이다. 이 책에서 예로 든 모든 배포판을 포함해 대부분 시스템에서는 설치 매체에 '라이브live' 옵션이 포함돼 있어 실제로 로컬 디스크에 운영체제를 설치하지 않고 운영체제를 실행할 수 있다.

로컬 매체에서 기본 운영체제를 설치할 때는 전 과정을 안내하는 GUI 애플리케이션의 도움을 받는다. 표 6.1은 각 운영체제의 상세한 설치 안내서가 있는 곳을 가리키는 목록이다.

표 6.1 설치 문서

시스템	문서 출처
레드햇	redhat.com/docs/manuals/enterprise
센트OS	wiki.centos.org/Manuals/ReleaseNotes/CentOS7
데비안	debian.org/releases/stable/installmanual
우분투	help.ubuntu.com/lts/serverguide/installation.html
FreeBSD	freebsd.org/doc/handbook/bsdinstall.html

네트워크 설치

한 개 이상의 컴퓨터에 운영체제를 설치해야 하는 경우라면 대화형 설치로는 한계가 있다. 시간 낭비이고 오류가 발생할 뿐 아니라 표준 설치 과정을 수백 개의 시스템에 반복 수행하는 것은 지루한 일이 아닐 수 없다. 지역화 점검 목록을 이용해 사람의 오류를 최소화할 수는 있지만 이런 수단조차도 모든 잠재적인 문제를 제거할 수는 없다.

이런 문제들의 일부를 해소하고자 배포를 단순화시키는 네트워크 설치 옵션을 사용할 수 있다. 네트워크 설치는 십여 개 이상의 시스템들로 구성된 사이트에 적합하다. 가장 일반적인 방법은 DHCP와 TFTP를 이용해 물리적 매체가 없는 시스템을 부팅하는 것이다. 그렇게 하면 HTTP나 NFS, FTP를 이용해 네트워크 서버에서 OS 설치 파일들을 받는다.

PXE, 즉 부트 전 실행 환경Preboot eXecution Environment을 통해 완전한 핸드 프리 설치를 구성할 수 있다. 이 방식은 시스템이 네트워크 인터페이스로부터 부팅하게 하는 인텔의 표준으로, 특히 가상화 환경에서 효과적이다.

PXE는 마치 네트워크 카드상의 ROM에 상주하는 작은 OS처럼 작동한다. 시스템 바이오스BIOS가 사용하는 표준화된 API를 통해 네트워크 기능을 드러낸다. 이러한 협업은 각 네트워크 카드용으로 특별한 드라이버를 공급하지 않고도 단일 부트 로더가 PXE 활성화된 PC를 넷부트netboot할 수 있게 해준다.

PXC 프로토콜의 외부(네트워크)는 간단하며 다른 아키텍처에서 사용되는 넷부트 절차와 유사하다. 한 호스트가 PXE 플래그를 켜서 DHCP '디스커버discover' 요청을 브로드캐스팅하면 DHCP 서버나 프록시는 PXE 옵션(부트 서버와 부트 파일의 이름)이 포함된 DHCP 패킷으로 응답한다. 클라이언트는 TFTP(또는 멀티캐스트 TFTP)를 통해 부트 파일을 다운로드한 후 그것을 실행한다. 그림 A는 PXE 부트 절차를 설명한 것이다.

DHCP 요청(PXE 옵션 포함)

DHCP 응답(TFTP 부트 서버에 대한 포인터)

TFTP를 통해 부트 이미지를 요청

부트 이미지와 환경설정을 제공

HTTP/NFS/기타를 통해 설치 이미지를 요청

설치 파일 제공

넷부트
클라이언트

넷부트
서버

DHCP, TFTP, 파일 서버들은 모두 다른 호스트에 위치할 수 있다. TFTP를 통해 제공되는 부트 파일에는 사용할 수 있는 OS 부트 이미지들을 가리키는 포인터 메뉴가 포함돼 있고, 이러한 부트 이미지들은 HTTP나 FTP, NFS 또는 다른 네트워크 프로토콜을 이용해 파일 서버에서 가져올 수 있다.

일반적으로 PXE 부팅은 앞으로 다루게 될 레드햇의 킥스타트^{kickstart}나 데비안의 프리시딩 시스템^{preseeding system}과 같은 무인 설치 도구와 결합해 사용된다. 씬 클라이언트^{thin client}와 같은 디스크 없는 시스템을 부팅하고자 PXE를 사용할 수도 있다.

뒤에서 다룰 코블러^{Clobber}는 넷부팅을 훨씬 쉽게 해주는 만능 도구 같은 것을 포함하고 있다. 하지만 코블러의 근간을 이루는 도구들에 관한 이해는 여전히 필요하므로 PXE부터 시작해보자.

PXE 설정

가장 널리 사용되는 PXE 부트 시스템은 피터 앤빈^{H. Peter Anvin}의 PXELINUX로, 모든 경우를 커버하고자 만든 그의 SYSLINUX라는 부트 로더 세트의 일부다. syslinux.org에서 한번 살펴보기 바란다. 다른 선택으로는 iPXE(ipxe.org)가 있는데, 이는 무선 네트워크용 지원을 포함하는 여러 가지 부가적인 부트스트래핑 모드를 지원한다.

PXELINUX는 TFTP 서버의 tftpboot 디렉터리에 설치한 부트 파일을 제공한다. 네트워크에서 부팅하고자 PC는 TFTP 서버에서 PXE 부트 로더와 환경설정 파일을 다운로드한다. 환경설정 파일에는 운영체제가 부팅할 한 개 이상의 옵션들이 나열돼 있다. 시스템은 처음부터 끝까지 사용자의 개입 없이 특정 OS 설치로 부팅할 수 있으며, 그렇지 않으면 맞춤형 부트 메뉴를 표시할 수도 있다.

PXELINUX는 다운로드를 위해 PXE API를 사용하기 때문에 부트 프로세스가 끝날 때까지 시종일관 하드웨어 독립적이다. PXELINUX는 이름과는 달리 리눅스 부팅에만 제한되지는 않는다. FreeBSD 또는 윈도우를 포함해 다른 운영체제를 설치하는 데도 PXELINUX를 배치할 수 있다.

DHCP 쪽에서는 PXE 정보를 제공하고자 ISC[Internet Systems Consortium]의 DHCP 서버가 가장 좋다. 다른 대안으로는 DNS, DHCP, 넷부트 지원을 갖춘 경량 서버인 Dnsmasq (goo.gl/FNk7a)를 검토해보기 바란다. 아니면 그냥 코블러를 사용해도 좋다.

킥스타트를 이용한 레드햇과 센트OS용 자동 인스톨러

RHEL 킥스타트는 자동 설치를 수행하고자 레드햇이 개발한 도구다. 킥스타트는 실제로는 표준 레드햇 인스톨러 소프트웨어인 아나콘다[Anaconda]에 대한 스크립트 인터페이스에 불과하며 기본 배포판과 RPM 패키지에 모두 의존하고 있다. 킥스타트는 시스템 하드웨어를 자동 감지하는 데 있어 매우 탄력적이고 스마트하기 때문에 단순 하드웨어든 가상 머신이든 똑같이 잘 작동한다. 킥스타트 설치는 광학 매체, 로컬 하드 드라이브, NFS, FTP, HTTP에서 실행될 수 있다.

킥스타트 환경설정 파일의 구성

킥스타트의 동작은 ks.cfg라 불리는 하나의 환경설정 파일에 의해 제어된다. 이 파일의 구성은 간단하다. 시각적인 것을 좋아한다면 레드햇의 편리한 GUI 도구인 **system-config-kickstart**를 이용하면 마우스 클릭만으로 ks.cfg를 마음대로 다룰 수 있다.

킥스타트 환경설정 파일은 순서를 갖는 세 부분으로 구성된다. 첫 부분은 명령 섹션으로 언어, 키보드, 타임존과 같은 옵션들을 설정한다. url 옵션으로 배포의 출처를 지정하는 것도 이 섹션에 포함된다. 다음 예제에서 installserver라 불리는 호스트가 이에 해당된다.

다음은 완전한 명령 섹션의 한 예다.

```
text
lang en_US                    # 설치 중 사용할 언어
langsupport en_US             # 실행에 지원되는 언어
keyboard us                   # 미국 키보드 사용
timezone --utc America/EST    # --utc GMT 타임존의 하드웨어 시계
mouse
rootpw --iscrypted $6$NaCl$X5jRlREy9DqNTCXjHp075/
reboot                        # 설치 후 재부팅. 항상 선택하라.
bootloader --location=mbr # MBR에 기본 부트 로더 설치
install                       # 새 시스템 설치, 업그레이드하지 말라.
url --url http://installserver/redhat
clearpart --all --initlabel   # 현존 파티션 모두 삭제
part / --fstype ext3 --size 4096
part swap --size 1024
part /var --fstype ext3 -size 1 --grow
network --bootproto dhcp
auth --useshadow --enablemd5
firewall --disabled
xconfig --defaultdesktop=GNOME --startxonboot --resolution 1280x1024
    --depth 24
```

킥스타트는 그래픽 모드를 기본으로 사용하기 때문에 무인 설치라는 목적이 의미 없게 된다. 예제의 맨 위에 있는 **text** 키워드가 이 문제를 해결해준다.

rootpw 옵션은 새 머신의 루트 암호를 설정한다. 기본 설정은 암호를 평범한 텍스트로 지정하게 돼 있는데, 그럴 경우 심각한 보안 문제가 발생한다. 암호화된 암호로 지정하고자 항상 **--iscrypted** 플래그를 사용한다. 킥스타트에 사용할 암호를 암호화하려면 **openssl passwd -1** 명령을 사용한다. 하지만 이 옵션을 사용해도 여전히 모든 시스템이 같은 암호로 설정된다는 문제가 남는다. 빌드할 때 암호를 변경하는 부팅 후 프로세스[postboot process]를 실행할 것을 고려해봐야 한다.

clearpart와 **part** 지시어는 디스크 파티션과 크기의 목록을 지정한다. 여기에 **--glow** 옵션을 포함시키면 파티션을 확장해 디스크의 남은 공간을 채우게 만들 수 있다. 이 기능은 시스템들이 각각 다른 크기의 하드디스크를 갖고 있을 때 편리하다. LVM 사용과 같은 고급 파티셔닝 옵션들은 **system-config-kickstart** 도구에 의해서가 아니라 킥스타트에 의해 지원된다. 디스크 레이아웃 옵션에 전체 목록

274

을 보려면 레드햇의 온라인 문서를 참고한다.

두 번째 섹션은 설치할 패키지의 목록이다. 이 섹션은 **%packages** 지시어로 시작된다. 목록에는 개별적인 패키지나 **@ GNOME** 같은 컬렉션, 모든 것을 다 포함하는 **@ Everything** 등이 포함될 수 있다. 개별 패키지를 선택할 때는 패키지 이름만 지정하면 되며 버전이나 .rpm 확장자는 필요하지 않다. 예를 들어 다음과 같다.

```
%packages
@ Networked Workstation
@ X Window System
@ GNOME
mylocalpackage
```

킥스타트 환경설정 파일의 세 번째 섹션에서는 킥스타트가 실행할 임의의 셸 명령들을 지정할 수 있다. 두 가지 명령 세트가 가능하다. **%pre**로 시작되는 세트는 설치 전에 실행되며 **%post**로 시작되는 세트는 설치 후에 실행된다. 두 섹션 모두 시스템이 호스트명을 해석하는 데 일부 제약이 있으므로 네트워크 접근을 원한다면 IP 주소를 사용하는 게 안전하다. 또한 설치 후 명령들은 chroot된 환경에서 실행되므로 설치 미디어에 접근할 수 없다.

ks.cfg 파일은 프로그램으로 쉽게 생성할 수 있다. 킥스타트 환경설정을 읽거나 쓸 수 있는 pykickstart 파이썬 라이브러리를 사용하는 것도 한 방법이다.

예를 들어 서버와 클라이언트에 다른 세트의 패키지를 설치하고자 하는데, 두 개의 분리된 물리적 위치에 약간 다른 맞춤 작업이 필요한 경우를 가정해보자.

pykickstart를 사용해 마스터 매개변수 세트를 4개의 분리된 환경설정 파일(각 사무실에 대해 하나는 서버용, 하나는 클라이언트용)로 변환하는 스크립트를 작성할 수 있다.

그렇게 하면 패키지 구성을 변경하려면 마스터 환경설정 파일만 변경하면 되고 모든 가능한 환경설정 파일을 변경할 필요가 없다. 특정 호스트용으로 개별화된 환경설정 파일을 생성해야 하는 경우도 있는데, 이런 상황에서는 최종적인 ks.cfg 파일이 자동으로 생성되는 것을 원할 것이다.

킥스타트 서버 구축

킥스타트는 서버의 RedHat/RPMS 디렉터리에 저장돼 있는 패키지들과 함께 설치 트리[installation tree]라 부르는 설치 파일들이 배포용 미디어와 같은 구조로 배치돼 있기를 요구한다. FTP, NFS, HTTP를 통해 네트워크상에서 설치하고 있다면 트리가 손상되지 않도록 배포 내용을 복사할 수도 있고 간단히 배포 미디어의 ISO 이미지를 사용할 수도 있다. 이 디렉터리에 독자적인 패키지를 추가할 수도 있다. 하지만 몇 가지 문제를 잘 알고 있어야 한다.

우선 첫째로 ks.cfg의 패키지 섹션에 @ Everything을 사용해 킥스타트에게 모든 패키지 설치를 요구하면 킥스타트는 일단 모든 기본 패키지가 설치되고 난 후 알파벳 순서에 따라 추가 패키지들을 설치한다. 추가하려는 자신의 패키지가 기본 세트에 없는 다른 패키지에 의존하고 있다면 마지막에 설치되는 것을 보장받고자 zzmypackage.rpm와 같은 이름을 사용하고 싶을 수도 있다.

모든 패키지 설치를 원하는 게 아니라면 추가하려는 패키지들을 ks.cfg 파일의 %packages 섹션에 하나하나 열거하거나 한 개 이상의 컬렉션에 자신의 패키지를 추가하면 된다. 컬렉션 목록은 @ GNOME과 같은 항목에 의해 지정되며 이는 미리 정의된 패키지 세트를 의미하는 것으로, 그 구성 요소들은 서버의 RedHat/base/comps 파일 안에 열거돼 있다. 컬렉션은 0이나 1로 시작되는 줄들이다. 여기서 숫자는 컬렉션이 기본으로 선택되는지 여부를 나타낸다.

일반적으로 표준 컬렉션에 손대는 것은 좋은 생각이 아니다. 표준 컬렉션은 레드햇이 정의한 그대로 두고 자신이 추가할 모든 패키지를 ks.cfg 파일에 명시한다.

킥스타트의 환경설정 파일 지정

일단 환경설정 파일을 만들고 나면 킥스타트가 그것을 사용하게 하는 데는 몇 가지 방법이 있다. 공식적으로 승인된 방법은 외장 미디어(USB나 DVD)에서 부팅한 후 초기 boot: 프롬프트에서 linux inst.ks를 지정함으로써 킥스타트 설치를 요청하는 것이다. PXE 부트도 한 가지 방법이다.

추가 인수를 기술하지 않으면 시스템은 DHCP를 이용해 네트워크 주소를 결정한다. 그런 다음 DHCP 부트 서버와 부트 파일 옵션을 구한 후 NFS로 부트 서버 마운트를 시도하고 부트 파일 옵션 값을 킥스타트 환경설정 파일로 사용한다. 부트 파일이 지정되지 않으면 시스템은 /kickstart/host_ip_address-kickstart라는 이름의 파일을 찾는다.

다른 방법으로 inst.ks 옵션에 대한 인수로 하나의 경로를 제공함으로써 킥스타트에게 다른 방법으로 환경설정 파일을 구하라고 요구할 수 있다.[1] 여기에는 여러 가지 방법이 있을 수 있다. 예를 들면 다음의 명령은 킥스타트에게 NFS 대신에 HTTP를 사용해 파일을 다운로드하라고 말한다.

```
boot: linux inst.ks=http:server:/path
```

부트 미디어의 사용을 완전히 배제하려면 PXE로 전환해야 한다.

데비안과 우분투의 설치 자동화

데비안과 우분투는 권장되는 자동 설치 방법인 '프리시딩preseeding'을 위해 데비안 인스톨러를 사용할 수 있다. 레드햇 킥스타트에서와 마찬가지로 인스톨러가 묻는 질문들에 대해 사전 환경설정 파일이 답을 준다.

데비안 인스톨러의 모든 대화형 인터페이스 부분은 debconf 유틸리티를 이용해서 물어야 할 질문과 대답의 기본값을 결정한다. 사전에 체계적으로 잘 만들어 놓은 대답들이 저장된 데이터베이스를 debconf에 제공함으로써 인스톨러를 완전하게 자동화시킬 수 있다. 이러한 데이터베이스는 텍스트 파일이기 때문에 수작업으로 만들 수도 있지만 다음 명령들을 사용해 시스템에 대화형 설치를 수행한 후 debconf 응답을 덤프해서 만들 수도 있다.

```
$ sudo debconf-get-selections --installer > preseed.cfg
$ sudo debconf-get-selections >> preseed.cfg
```

환경설정 파일을 네트워크상에서 사용할 수 있게 만든 후 설치할 때 다음의 커널

---

1. RHEL 7 이전에는 이 옵션이 ks였다. 현재는 두 가지 모두 사용할 수 있지만 미래 버전에서는 ks를 버릴 수도 있다.

인수와 함께 그것을 커널에 넘긴다.

```
preseed/url=http://host/path/to/preseed
```

대개 이름이 preseed.cfg인 프리시드 파일의 구문은 간단하며 레드햇의 ks.cfg를 연상시킨다. 다음의 샘플은 그 내용을 간략하게 줄여 놓은 것이다.

```
d-i debian-installer/locale string en_US
d-i console-setup/ask_detect boolean false
d-i console-setup/layoutcode string us
d-i netcfg/choose_interface select auto
d-i netcfg/get_hostname string unassigned-hostname
d-i netcfg/get_domain string unassigned-domain
...
d-i partman-auto/disk string /dev/sda
d-i partman-auto/method string lvm
d-i partman-auto/choose_recipe select atomic
...
d-i passwd/user-fullname string Daffy Duck
d-i passwd/username string dduck
d-i passwd/user-password-crypted password $6$/mkq9/$G//i6tN.
    x6670.951VSM/
d-i user-setup/encrypt-home boolean false
tasksel tasksel/first multiselect ubuntu-desktop
d-i grub-installer/only_debian boolean true
d-i grub-installer/with_other_os boolean true
d-i finish-install/reboot_in_progress note
xserver-xorg xserver-xorg/autodetect_monitor boolean true
...
```

이 목록에 있는 여러 옵션은 일반적인 상황에서는 필수 사용자 선택을 비활성화한다. 예를 들어 console-setup/ask_detect 항목은 사용자의 키맵 선택을 비활성화한다.

이러한 환경설정은 네트워크에 실제로 접속된 네트워크 인터페이스를 식별해서 (choose_interface select auto) DHCP를 통해 네트워크 정보를 구하려고 시도한다. 시스템의 호스트명과 도메인 값은 DHCP에 의해 사전 결정된 것으로 간주되며 덮어쓸 수 없다.

278

프리시드 설치는 기존 파티션을 사용할 수 없다. 즉, 현재 비어 있는 공간을 사용하거나 디스크 전체를 다시 파티셔닝해야 한다. 위의 코드에 있는 partman* 줄들은 디스크 파티셔닝용으로 partman-auto 패키지가 사용되고 있다는 증거다. 시스템에 단 하나의 디스크만 있는 경우가 아니라면 반드시 설치할 대상 디스크를 지정해야 한다. 여기서는 /dev/sda가 사용됐다.

여러 가지 파티셔닝 예제를 사용할 수 있다.

- atomic은 모든 시스템 파일을 한 파티션에 넣는다.
- home은 /home용으로 별도의 파티션을 만든다.
- multi는 /home, /usr, /var, /tmp용으로 각각 별개의 파티션을 만든다.

여러 passwd 지시어를 이용해 사용자를 생성할 수 있다. 킥스타트 환경설정과 마찬가지로 암호화(해시)된 암호 값을 사용하길 강력히 권고한다. 프리시드 파일들은 종종 HTTP 서버에 저장되기 때문에 호기심 많은 사용자에 의해 발견되기 쉽다(당연한 얘기지만 해시 처리된 암호는 여전히 무제한 공격의 대상이다. 길고 복잡한 암호를 사용한다).

작업 선택(tasksel) 옵션은 설치할 우분투 시스템의 타입을 선택한다. 사용할 수 있는 옵션 값으로는 standard, ubuntu-desktop, dns-server, lamp-server, kubuntu-desktop, edubuntu-desktop, xubuntu-desktop이 있다.

앞에서 보여준 샘플 프리시드 파일은 help.ubuntu.com에 있는 우분투 설치 문서에서 발췌한 것이다. 이 안내서에는 프리시드 파일의 구문과 사용법에 관한 문서 전체가 포함돼 있다.

우분투는 레드햇 계열에서 파생된 게 아님에도 불구하고 자신의 기반 인스톨러상에 킥스타트 제어 파일과의 호환성을 접목시켰다. 게다가 우분투는 이러한 파일들을 생성하기 위한 system-config-kickstart 도구도 포함시켰다. 하지만 우분투 인스톨러의 킥스타트 기능에는 레드햇의 아나콘다에서 지원되는 LVM이나 방화벽 구성과 같은 중요한 일부 기능이 빠져 있다. 킥스타트를 선택하는 특별한 이유(예, 레드햇 시스템과의 호환성 유지)가 없다면 데비안 인스톨러를 고수하기를 권장한다.

오픈소스 리눅스 프로비저닝 서버, 코블러를 이용한 넷부팅

네트워크에 넷부트 서비스를 제공하기 위한 가장 쉬운 방법은 코블러^{Cobbler}를 이용하는 것이다. 코블러는 오픈소스 개발자인 마이클 데한^{Michael DeHaan}에 의해 맨 처음 작성된 프로젝트였다. 코블러는 킥스타트를 개선해서 가장 지루하고 반복적인 관리 요소들의 일부를 제거했다. 코블러는 DHCP, DNS, TFTP를 포함하는 모든 중요한 넷부트 기능을 묶었으며 물리적 머신이나 가상 머신의 구축에 사용되는 OS 이미지들을 관리하는 데 도움을 준다. 또한 코블러에는 시스템 관리를 위한 커맨드라인과 웹 인터페이스가 포함돼 있다.

템플릿^{Template}은 코블러의 가장 흥미롭고 유용한 기능이라 할 수 있다. 다른 호스트 프로파일에 대해 다른 킥스타트와 프리시드 파일이 필요한 경우가 자주 발생한다. 예를 들어 두 개의 데이터 센터에 네트워크 설정은 제외하고 동일한 환경설정을 요구하는 웹 서버들을 갖고 있을 수 있다. 이럴 경우 코블러의 '스니펫^{snippet}' 기능을 이용하면 두 가지 타입의 호스트 간에 환경설정 섹션을 공유할 수 있다.

스니펫은 단순한 셸 명령의 집합에 불과하다. 예를 들어 다음 스니펫은 루트 사용자용으로 인증된 SSH 키에 공개키를 추가한다.

```
mkdir -p --mode=700 /root/.ssh
cat >> /root/.ssh/authorized_keys << EOF
ssh-rsa AAAAB3NzaC1yc2EAAAADAQABAAABAQDKErzVdarNkL4bzAZotSzU/
... Rooy2R6TCzc1Bt/oqUK1RlkuV
EOF
chmod 600 /root/.ssh/authorized_keys
```

이 스니펫을 코블러의 스티펫 디렉터리에 저장한 후 그것을 킥스타트 템플릿에서 참조한다. 예를 들어 위의 스니펫을 **root_pubkey_snippet**으로 저장했다면 다음과 같이 템플릿 안에서 참조할 수 있다.

```
%post
SNIPPET::root_pubkey_snippet
$kickstart_done
```

디스크 파티션의 설정, 조건부 패키지 설치, 타임존 설정, 패키지 저장소 추가, 그 밖의 지역화 요구 수행을 위해 코블러 템플릿을 사용한다.

코블러는 다양한 하이퍼바이저hypervisor하에서 새 가상 머신을 생성할 수도 있다. 코블러는 부팅 후에 머신의 작업 환경을 준비하는 환경설정 관리 시스템에 통합될 수 있다.

코블러 패키지들은 이 책에서 예로 든 리눅스 배포판의 표준 저장소에서 사용할 수 있다. 패지지와 문서는 cobbler.github.io의 코블러 깃허브Cobbler GitHub 프로젝트에서도 구할 수 있다.

FreeBSD 설치 자동화

FreeBSD의 bsdinstall 유틸리티는 FreeBSD 설치 CD나 DVD에서 컴퓨터를 부팅할 때 실행되는 텍스트 기반 인스톨러다. 이 유틸리티의 자동 기능은 레드햇의 킥스타트나 데비안의 프리시드에 비해 매우 기초적이며 문서도 제한돼 있다. 가장 좋은 정보 소스는 bsdinstall 맨페이지다.

맞춤형 무인 설치 이미지를 생성하는 일은 다음 과정들을 포함하는 지루한 작업이다.

1. ftp.freebsd.org에서 최신 설치 ISO(CD 이미지)를 다운로드한다.
2. ISO 이미지를 로컬 디렉터리에 언팩unpack한다.
3. 복제된 디렉터리에서 원하는 편집을 한다.
4. 맞춤 작업을 끝낸 레이아웃에서 새로운 ISO 이미지를 생성해서 미디어를 굽거나 넷부팅용 PXE 부트 이미지를 생성한다.

FreeBSD 버전의 타르tar는 다른 여러 형식을 포함해 ISO 형식을 이해하므로 간단히 CD 이미지 파일들을 추출해 빈 디렉터리에 넣을 수 있다. ISO 파일은 기본적으로 현재 디렉터리에 언패킹하므로 추출하기 전에 하위 디렉터리를 생성하게 한다.

```
freebsd$ sudo mkdir FreeBSD
freebsd$ sudo tar xpCf FreeBSD FreeBSD-11.0.iso
```

일단 이미지 내용을 추출하고 나면 원하는 설치 관련 설정들을 반영하고자 맞춤 작업을 할 수 있다. 예를 들면 자신의 네임 서버를 포함시키고자 FreeBSD/etc/resolv.conf를 편집해서 맞춤 DNS 리졸버^{resolver}를 추가할 수 있다.

일반적으로 bsdinstall은 사용자로 하여금 사용 중인 터미널 타입, 키보드 매핑, 원하는 디스크 파티셔닝 스타일과 같은 설정들을 선택하게 한다. 대화형 질문들을 건너뛰려면 installerconfig 파일을 시스템 이미지의 etc 디렉터리 안에 넣는다.

이 파일의 구성은 bsdinstall 맨페이지에 설명돼 있으며 다음과 같은 두 부분으로 돼 있다.

- **프리앰블**^{preamble}: 설치 관련 설정들을 설정한다.
- **셸 스크립트**^{shell script}: 설치가 완료된 후 실행된다.

여기서 내용을 다시 설명하는 것보다는 맨페이지를 참고한다. 다른 설정들 중에는 ZFS 루트와 맞춤 파티셔닝 구조에 직접 설치하는 옵션이 포함돼 있다.

일단 맞춤 작업이 완료되고 나면 mkisofs 명령으로 새 ISO 파일을 생성할 수 있다. 무인 설치를 위해 PXE 이미지를 생성하거나 ISO를 광학 미디어에 굽는다.

mfsBSD 프로젝트(mfsbsd.vx.sk)는 PXE 친화적인 ISO 이미지를 생성하는 스크립트의 집합이다. 기본 FreeBSD 11 이미지는 용량이 불과 47MiB밖에 되지 않는다. github.com/mmatuska/mfsbsd에 있는 소스 스크립트들을 보기 바란다.

6.2 패키지 관리

유닉스와 리눅스 소프트웨어 자산(소스코드, 빌드 파일, 문서, 환경설정 템플릿)들은 전통적으로 압축된 아카이브 형태로 배포된다. 보통은 gzip으로 압축된 타볼 tarball(.tar.gz 또는 .tgz 파일)을 사용한다. 이런 방식을 개발자들은 좋아했지만 최종 사용자나 시스템 관리자는 불편해했다. 이런 소스 아카이브들은 소프트웨어가 출시될 때마다 각 시스템에 맞게 수작업으로 컴파일하고 빌드해야 했다. 이런 작업은 지루하기도 했지만 그 과정에서 오류가 발생하는 일이 잦았다.

소프트웨어 관리 작업을 단순화하고 편리하게 하고자 패키징 시스템이 등장하기 시작했다. 패키지에는 사전에 컴파일된 바이너리, 의존성 정보, 시스템 관리자가 수정할 수 있는 환경설정 템플릿 등 하나의 소프트웨어를 실행하는 데 필요한 모든 파일이 포함돼 있다. 그중에서도 가장 중요한 것은, 패키징 시스템은 설치 과정을 최대한 원자화^{atomic}시킨다는 점이다. 설치 도중에 오류가 발생하면 하나의 패키지를 철회하거나 재시도할 수 있다. 새 버전의 소프트웨어들은 간단한 패키지 업데이트로 설치될 수 있다.

일반적으로 패키지 인스톨러들은 환경설정 파일에 대해 잘 알고 있으며 시스템 관리자가 수정한 지역화 작업 내용을 덮어쓰지 않는다. 변경할 기존 환경설정 파일들을 백업해 놓거나 샘플 환경설정 파일을 다른 이름으로 제공한다. 새로 설치된 패키지가 시스템에 어떤 문제를 일으킬 때는 시스템을 원래 상태로 재저장하고자 패키지를 완전히 철회할 수 있다. 적어도 이론적으로는 그렇지만 실제 상황에서는 이론대로 되지 않을 수 있으므로 새 패키지를 먼저 테스트해보지 않고 상용 시스템에 바로 적용해서는 안 된다.

패키징 시스템은 의존 모델을 정의함으로써 패키지 관리자로 하여금 애플리케이션들이 의존하는 라이브러리나 지원 인프라가 제대로 설치돼 있는가를 확인할 수 있게 해준다. 불행히도 의존성 그래프들이 완벽하지 못한 경우가 있다. 운이 나쁜 시스템 관리자들은 의존성들 간의 버전 비호환성 때문에 패키지 업데이트가 불가능한 상태가 돼 패키지 의존성의 지옥에 떨어지게 된다. 하지만 다행히도 최신 버전의 패키징 소프트웨어들은 이런 현상에 대해 덜 민감한 것 같다.

패키지들은 설치 과정의 다양한 지점에서 스크립트를 실행할 수 있기 때문에 그저 새 파일을 쏟아내는 것 이상의 일들을 수행할 수 있다. 패키지들은 자주 새 사용자와 그룹을 추가하거나, 문제를 검사하거나, 환경에 따라 설정을 수정한다.

패키지의 버전은 설치하는 소프트웨어의 버전과 항상 직접 대응되지는 않으므로 혼동하지 않도록 한다. 예를 들어 docker-engine용 RPM 패키지를 한번 보자.

```
$ rpm -qa | grep -i docker
```

```
docker-engine-1.13.0-1.el7.centos.x86_64
$ docker version | grep Version
Version: 1.13.1
```

패키지 자체는 버전 1.13.0 이지만 docker 바이너리는 버전 1.13.1로 돼 있다. 이런 경우는 배포판 관리자가 변경 사항을 백포팅^{backporting}한 후 마이너 패키지 버전을 증가시킨 것이다. 패키지 버전 문자열은 실제로 설치되는 소프트웨어 버전을 항상 정확하게 나타내는 것이 아니라는 점을 잘 알고 있어야 한다.

자체적인 지역화나 소프트웨어의 배포 편의를 위해 패키지를 생성할 수도 있다. 예를 들어 어떤 패키지를 설치하면 한 머신의 지역화 정보를 읽어 들여(또는 중앙 데이터베이스에서 읽을 수도 있음) 그 정보들을 지역 환경설정 파일을 구성하는 데 사용하게 할 목적으로 패키지를 만들 수 있다.

완전한 의존성이 포함된 패키지 형태로 지역 애플리케이션들을 번들할 수도 있고 정상적인 패키지 형식으로 배포되지 않은 서드파티 애플리케이션들을 위한 패키지를 생성할 수도 있다. 자신의 패키지에 버전을 부여해 새로운 버전의 지역화 패키지가 출시될 때 자동으로 갱신이 이뤄지도록 의존성 메커니즘을 사용할 수 있다. 여러 종류의 플랫폼용 패키지를 구축할 때 가장 쉬운 방법으로 fpm^{Effing Package Manager}을 소개한다. fpm은 github.com/jordansissel/fpm에서 구할 수 있다.

의존성 메커니즘을 이용해 패키지 그룹을 만들 수도 있다. 예를 들면 설치되는 것은 아무것도 없지만 다른 여러 패키지에 의존하는 패키지를 만들 수 있다. 활성화된 의존성으로 이 패키지를 설치하면 단번에 모든 패키지가 설치된다.

6.3 리눅스 패키지 관리 시스템

리눅스 시스템에서는 일반적으로 두 가지 패키지 형식이 사용된다. 레드햇, 센트OS, 수세, 아마존 리눅스 등 여러 배포판은 RPM을 사용한다. RPM은 'RPM 패키지 관리자'를 재귀적 머리글자로 표현한 것이다. 데비안과 우분투는 각각 별개의 .deb 형식을 사용하지만 둘 다 일반적으로 사용되며 기능적으로 유사하다.

RPM과 .deb 패키징 시스템은 모두 완벽한 기능을 갖춘 환경설정 도구가 됐다. 가장 낮은 수준에서는 패키지들을 설치, 제거하거나 질의하는 도구들이 있다. RPM 용으로는 rpm이 있고 .deb용으로는 dpkg가 있다.

이 명령들의 최상단에는 인터넷에서 패키지를 찾아 다운로드하고 패키지 간의 의존성을 분석하고, 시스템상의 모든 패키지를 갱신하는 방법을 알고 있는 시스템이 있다. yum^{Yellowdog Updater, Modified}은 RPM 시스템에서 작동한다. APT^{Advanced Package Tool}는 .deb 쪽에서 유래했지만 .deb와 RPM 패키지 모두에 대해 잘 작동한다.

이제부터 저수준 명령인 rpm과 dpkg에 대해 알아보자. 이러한 저수준 기능 위에 구축된 포괄적인 업데이트 시스템인 APT와 yum은 '고수준 리눅스 패키지 관리 시스템' 절에서 설명한다. 일상적으로 반복되는 시스템 관리 작업에서는 보통 고수준 도구들을 사용하지만 때로는 rpm과 dpkg 도구로 깊게 들어가야 하는 경우도 발생한다.

rpm: RPM 패키지 관리

 rpm 명령은 패키지를 설치, 검증하거나 패키지 상태를 질의한다. 예전의 rpm은 패키지 빌드까지 수행했지만 현재는 빌드 기능이 rpmbuild라는 별도의 명령에 의해 수행되도록 기능이 축소됐다. rpm의 옵션들은 상호 간에 복잡한 관계를 갖고 있어서 어떤 특정한 조합으로만 함께 사용될 수 있다. rpm은 마치 우연히 같은 이름을 갖게 된 서로 다른 명령들인 것처럼 생각하고 사용하면 좋다.

-i와 -q와 같은 rpm의 진입 모드는 rpm의 여러 가지 접근 방식 중 하나를 지정한다. rpm --help는 모드에 따라 나뉘는 모든 옵션을 보여주지만 RPM 패키지를 자주 사용할 예정이라면 맨페이지를 통해 상세한 내용을 읽어보는 게 좋다.

가장 기본적인 옵션으로는 -i(설치), -U(업그레이드), -e(삭제), -q(질의)가 있다. -q 옵션은 약간 미묘하다. 특정 질문을 던지고자 추가적인 커맨드라인 플래그를 제공해야 한다. 예를 들어 rpm -qa 명령은 시스템에 설치된 모든 패키지를 나열한다.

예를 하나 들어보자. 최근의 보안 패치 때문에 새 버전의 OpenSSH를 설치할 필요가 있다. 일단 패키지를 다운로드하고 나면 옛 버전을 새 버전으로 바꾸고자 rpm -U를 실행할 것이다.

```
redhat$ sudo rpm -U openssh-6.6.1p1-33.el7_2.x86_64.rpm
error: failed dependencies:
    openssh = 6.6.1p1-23 is needed by openssh-clients-6.6.1p1-23
    openssh = 6.6.1p1-23 is needed by openssh-server-6.6.1p1-23
```

어쩌면 예상과는 달리 그렇게 간단하지만은 않을 수도 있다. 여기서 현재 설치된 OpenSSH 버전 6.6.1p1-23은 다른 여러 패키지에서 필요로 하는 것을 알 수 있다. rpm은 변경이 다른 패키지들의 작동에 영향을 줄지도 모르기 때문에 OpenSSH를 6.6.1p1-33으로 업그레이드하는 것을 허용하지 않을 것이다. 이런 유형의 충돌이 잦다는 것이 ATP나 yum 같은 시스템을 개발하게 된 주된 동기가 됐다. 실제 현실에서는 의존성 문제를 수작업으로 해결하려는 시도는 하지 않겠지만 사례 연구의 목적으로 계속해서 rpm을 따로 다뤄보자.

--force 옵션을 이용해 강제적으로 업그레이드를 할 수는 있지만 좋지 않은 생각이다. 의존성 정보는 시간과 문제 발생을 줄이고자 있는 것이지 방해하려고 있는게 아니다. 시스템 관리자의 아침을 망치고자 원격 시스템에 있는 SSH를 망가뜨릴 일은 없다.

그보다는 의존 패키지들의 업데이트된 버전을 가져오는 게 좋다. 좋은 관리자라면 업그레이드를 시도하기 전에 다른 패키지들이 OpenSSH에 의존성을 갖고 있다는 사실을 알고 있어야 한다.

```
redhat$ rpm -q --whatrequires openssh
openssh-server-6.6.1p1-23.el7_2.x86_64
openssh-clients-6.6.1p1-23.el7_2.x86_64
```

모든 패키지의 업데이트 패키지를 구했다고 가정하자. 그것들을 한 번에 하나씩 설치할 수도 있지만 rpm은 동시에 모든 패키지를 다룰 수 있을 만큼 충분히 스마트하다. 여러 개의 RPM들을 커맨드라인에 나열하면 rpm은 설치 전에 의존성에 따라 그것들을 정렬한다.

```
redhat$ sudo rpm -U openssh-*
...
redhat$ rpm -q openssh
openssh-6.6.1p1-33.el7_3
```

성공한 것으로 보인다. 패키지의 전체 이름이나 버전을 기술하지 않아도 rpm은 우리가 어떤 패키지를 말하고 있는지 알고 있다는 점에 유의하자(불행히도 rpm은 설치 후에 sshd를 재시작하지 않는다. 따라서 업그레이드를 완료하려면 수작업으로 재시작할 필요가 있다).

dpkg: .deb 패키지 관리

 RPM 패키지들이 올인원 rpm 명령을 갖고 있듯이 데비안 패키지들은 dpkg 명령을 갖고 있다. 유용한 옵션들로 --install, --remove, 시스템에 설치돼 있는 패키지들의 목록을 보여주는 -l 옵션이 있다. 시스템에 이미 설치돼 있는 패키지에 대해 dpkg --install 명령을 실행하면 설치 전에 이전 버전을 제거한다.

특정 패키지가 설치돼 있는지 알기 위한 가장 쉬운 방법은 dpkg -l | grep package 를 실행하는 것이다.

```
ubuntu$ dpkg -l | grep -i http
ii lighttpd    1.4.35-4+deb8u1    amd64        fast webserver with minimal
    memory footprint
```

이 검색에서는 매우 우수한 오픈소스 경량 웹 서버인 lighttpd 소프트웨어가 발견 됐다. 앞에 오는 ii는 소프트웨어가 설치돼 있다는 것을 의미한다.

우분투 보안 팀이 최근에 잠재적인 보안 문제를 해결하고자 nvi의 수정판을 출시 했다고 가정해보자. 패치를 가져온 후에 그것을 설치하고자 dpkg를 실행했다. 보는 것처럼 rpm보다 훨씬 많은 정보를 표시해주기 때문에 어떤 일이 진행되고 있는 지 정확히 알 수 있다.

```
ubuntu$ sudo dpkg --install ./nvi_1.81.6-12_amd64.deb
```

```
(Reading database ... 24368 files and directories currently installed.)
Preparing to replace nvi 1.79-14 (using ./nvi_1.81.6-12_amd64.deb) ...
Unpacking replacement nvi ...
Setting up nvi (1.81.6-12) ...
Checking available versions of ex, updating links in /etc/alternatives ...
(You may modify the symlinks there yourself if desired - see 'man ln'.)
Leaving ex (/usr/bin/ex) pointing to /usr/bin/nex.
Leaving ex.1.gz (/usr/share/man/man1/ex.1.gz) pointing to /usr/share/
    man/man1/nex.1.gz.
...
```

이제 dpkg -l 명령을 실행하면 설치가 제대로 완료됐는지 검증할 수 있다. -l 플래
그는 접두어 패턴 매치 옵션을 수용하기 때문에 nvi만 검색할 수 있다.

```
ubuntu$ dpkg -l nvi
        Name     Version          Description
   ii  nvi      1.81.6-12        4.4BSD re-implementation of vi.
```

설치는 순조롭게 완료된 것 같다.

6.4 고수준 리눅스 패키지 관리 시스템

APT나 yum과 같은 메타패키지 관리 시스템은 다음과 같은 여러 가지 목적을 공유
한다.

- 패키지를 찾아 다운로드하는 작업을 단순화
- 시스템 업데이트나 업그레이드 과정을 자동화
- 패키지 간 의존성 관리를 간편화

분명히 이 시스템들은 단순한 클라이언트 명령 이상의 것들을 포함하고 있다. 배
포판 메인테이너^{maintainer}가 저작물을 어떤 합의된 방식으로 구성함으로써 클라이
언트가 소프트웨어를 사용하거나 고려할 수 있게 한다.

어떤 단일 공급자도 '리눅스 소프트웨어 세계' 전체를 아우를 수 없기 때문에 시스
템들은 모두 복수 소프트웨어 저장소의 존재를 허용한다. 저장소는 지역 네트워

크에 존재할 수도 있기 때문에 이러한 시스템들은 자체적인 내부 소프트웨어 배포 시스템을 만들기 위한 훌륭한 기반을 제공한다.

RHEL 레드햇 네트워크^{Red Hat Network}는 레드햇 엔터프라이즈 리눅스와 밀접하게 결합돼 있다. 비용을 받고 멋진 GUI, 사이트 전체 시스템 관리, 자동화 기능 면에서 APT나 yum보다 훨씬 많은 것을 제공해주는 상용 서비스다. 레드햇 네트워크는 레드햇의 값비싼 특허 상품인 새틀라이트 서버^{Satellite Server}의 빛나는 호스팅 버전이다. 클라이언트 쪽은 yum이나 ATP 저장소를 참조할 수 있는데, 이 기능은 센트OS와 같은 배포판들이 사유가 아닌 목적을 위한 클라이언트 GUI를 채택할 수 있게 해준다.

APT는 레드햇 네트워크보다 문서가 잘 돼 있고 훨씬 더 이동성이 좋으며 무료다. 또한 "그것을 이용해 무엇을 할 수 있는가"라는 관점에서는 융통성이 더 좋다. APT는 데비안과 dpkg 쪽에서 기원했지만 RPM을 아우르게 확장돼 왔기 때문에 모든 사례 배포판과 작동하는 버전들을 사용할 수 있다. APT는 현 시점에서 우리가 갖고 있는 범용 소프트웨어 배포 표준에 가장 가까운 것이다.

yum은 RPM에서 사용하는 APT라고 보면 된다. yum은 모든 RPM 기반 시스템에서 실행되지만 적절한 형태를 갖춘 저장소를 가리키게만 한다면 레드햇 엔터프라이즈 리눅스와 센트OS에 기본으로 포함된다.

이 책에서는 APT를 선호하며 여러분이 데비안이나 우분투를 사용하고 있다면 분명히 APT를 선택한 것으로 간주하고 여러분의 자동화된 패키지 배포 네트워크를 구성하길 원한다. 자세한 정보는 'APT: 고급 패키지 도구' 절을 참고한다.

패키지 저장소

리눅스 배포자들은 그들이 선택한 패키지 관리 시스템과 협업하는 소프트웨어 저장소를 관리한다. 패키지 관리 시스템용 기본 환경설정은 보통 배포자가 관리하고 있는 한 개 이상의 잘 알려진 웹이나 FTP 서버를 가리킨다.

하지만 이와 같은 저장소에 어떤 것들이 포함돼야 하는지는 명확하지 않다. 저장소에는 단지 공식적인 메이저 릴리스에 해당하는 패키지 세트만 포함돼야 할까?

공식 릴리스뿐 아니라 현재 보안 업데이트도 포함돼야 할까? 공식 릴리스 내에 존재하는 모든 패키지의 최신 버전들은? 배포자에 의해서 공식적으로 지원되지 않는 유용한 서드파티 소프트웨어는? 소스코드는? 여러 하드웨어 아키텍처용 바이너리들은? 시스템을 갱신하고자 apt upgrade나 yum upgrade를 실행하는 것이 정확히 무엇을 의미하는지?

일반적으로 패키지 관리 시스템은 이와 같은 모든 질문에 대해 답을 제시해야 하며 사이트들이 저마다 자신의 소프트웨어 '세계'에 포함하고자 하는 단면도를 쉽게 선택할 수 있게 해줘야 한다. 다음의 개념들은 이런 과정을 구조화하는 데 도움을 준다.

- '릴리스release'는 패키지 세계의 자기모순 없는 스냅샷snapshot이라 할 수 있다. 인터넷 시대 이전에 이름 붙여진 OS 릴리스들은 거의 불변의 것이었으며 하나의 특정된 시간과 결합돼 있었다. 즉, 보안 패치들은 각각 별개로 사용될 수 있게 만들어졌다. 요즘에 말하는 릴리스는 좀 더 모호한 개념이다. 릴리스는 패키지가 업데이트되면서 시간에 따라 진화한다. 레드햇 엔터프라이즈 리눅스와 같은 일부 릴리스는 천천히 진화하도록 특별하게 설계됐다. 즉, 기본적으로 보안 업데이트들만 통합된다. 베타 버전beta version과 같은 릴리스들은 빈번하게 큰 폭으로 변경된다. 하지만 어떤 경우든 릴리스라는 것은 하나의 기준선이자 목표물이며 내 시스템이 그렇게 되게 업데이트하고자 하는 대상이다.
- '구성 요소component'는 릴리스 내부에 있는 소프트웨어 부분집합이다. 배포판들은 각자 다르게 구성돼 있지만 배포자에 의해 만들어진 소프트웨어와 광범위한 공동체에서 만든 기타 소프트웨어들을 구분한다는 한 가지 공통점이 있다. 리눅스 세계에서 일반적인 또 다른 구분은 릴리스의 무료 오픈소스 부분과 일종의 제한된 라이선스 계약에 의해 오점이 된 부분으로 나누는 것이다.

  시스템 관리적 관점에서 특별히 유의해야 할 것은 보안 수정만을 포함하고 있는 최소 활성 컴포넌트들이다. 일부 릴리스는 주류 배포판이 훨씬 빨리 진화하겠지만 보안 컴포넌트와 불변의 기초 컴포넌트를 결합해 매우 안정된 버전의 배포판을 만드는 것을 허용한다.

- '아키텍처^{architecture}'는 하드웨어 종류를 말한다. 같은 아키텍처에 속하는 머신들은 같은 바이너리를 사용할 수 있을 만큼 유사한 것으로 예상할 수 있다. 아키텍처는 릴리스의 한 사례로, 예를 들면 'x86_64용 우분투 지니얼 제루스^{Xenial Xerus}'와 같이 나타낸다. 컴포넌트는 릴리스의 한 부분이기 때문에 각 컴포넌트에 대해서도 특정 아키텍처에 국한된 인스턴스가 존재한다.

- 각 패키지는 컴포넌트를 구성하는 요소이므로 간접적으로는 릴리스를 구성하는 요소가 된다. 패키지들은 특정 아키텍처에 국한되며 메인 릴리스나 다른 패키지와 상관없이 독립적으로 버전이 붙여진다. 패키지와 릴리스 간의 대응 관계는 네트워크 저장소가 구성되는 방법에 내포돼 있다.

배포자에 의해 관리되지 않는 컴포넌트(예, 우분투의 '유니버스^{universe}'와 '멀티버스^{multiverse}')가 존재함으로써 이러한 컴포넌트들이 어떻게 코어 OS 릴리스와 연관되는지? 하는 의문이 제기된다. 그런 컴포넌트들을 과연 특정 릴리스의 '한 컴포넌트'라고 말할 수 있는지? 아니면 완전히 다른 종에 속하는 동물인지? 같은 것 말이다.

패키지 관리 관점에서 보면 대답은 분명하다. 추가되는 컴포넌트도 진짜 컴포넌트다. 그런 컴포넌트들은 특정 릴리스와 연관돼 있고 서로 협력하며 함께 진화한다. 통제가 분리되는 것은 시스템 관리자 입장에서는 관심거리일 수 있지만 시스템 관리자가 수작업으로 여러 저장소를 추가할 수도 있다는 점을 제외하고는 패키지 배포 시스템에는 영향을 미치지 않는다.

RHN: 레드햇 네트워크

RHEL 소비자 리눅스 비즈니스에서 서서히 손을 뗀 레드햇에서는 레드햇 네트워크가 레드햇 엔터프라이즈 리눅스용 시스템 관리 플랫폼이 됐다. 레드햇 네트워크에 가입함으로써 사용권을 구해야 한다. 가장 간단하게는 웹 포탈과 메일링 리스트로서 레드햇 네트워크를 사용할 수 있다. 이런 식으로 사용할 때의 레드햇 네트워크는 유닉스 업체들이 수년간 실행해 왔던 패치 알림 메일링 리스트와 크게 다를 게 없다. 하지만 비용을 지불할 용의가 있다면 더 많은 기능을 사용할 수 있다. 현재

책정돼 있는 가격과 기능을 알아보려면 rhn.redhat.com을 방문하면 된다.

레드햇 네트워크는 새로운 패키지와 대체 커맨드라인을 다운로드하기 위한 웹 기반 인터페이스를 제공한다. 일단 등록하고 나면 사용자의 개입 없이도 필요한 모든 패치와 오류 수정을 받을 수 있다.

자동 등록이 안 좋은 점은 사용자에게 어떤 업데이트가 필요한지를 레드햇이 결정한다는 점이다. 일을 망치지 않으려면 레드햇을 얼마나 신뢰할 것인지 고려할 필요가 있다.

조직 내에 자동 업데이트를 위한 머신을 한 개 등록해 놓는 것이 하나의 합리적 방안이 될 수 있다. 그리고 내부 릴리스용으로 가능성 있는 후보들을 테스트하고자 그 머신으로부터 주기적으로 스냅샷을 만드는 것이다.

APT: 고급 패키지 도구

APT$^{Advanced\ Package\ Tool}$는 가장 성숙한 패키지 관리 시스템이다. 단 하나의 **apt** 명령으로 시스템 전체 소프트웨어의 업그레이드가 가능하며, 레드햇 네트워크에서와 같이 사람이 개입하지 않고도 지속적으로 패키지들이 스스로 업데이트되게 만들 수 있다.

우분투 시스템에서 APT를 사용하기 위한 첫 번째 규칙은 (데비안 패키지의 모든 관리에도 적용) 데비안 패키지 시스템용 프론트엔드 역할을 하고 있는 **dselect**의 존재를 무시하는 것이다. 나쁜 생각은 아니지만 사용자 인터페이스가 빈약해서 초보 사용자를 위협할 수 있다. 일부 문서에서는 **dselect** 쪽으로 가라고 조종할지 모르지만 철저하게 **apt**를 고수하게 한다.

표준 저장소 미러 사이트에서 우분투 설치를 관리하고자 APT를 사용하고 있다면 어떤 패키지를 사용할 수 있는지 알아보기 위한 가장 쉬운 방법은 packages.ubuntu.com에 있는 마스터 목록을 보는 것이다. 그 웹 사이트에는 훌륭한 검색 인터페이스가 있다. 자신의 APT 서버를 구성해 놓았다면 당연히 어떤 패키지들을 사용할 수 있는지 알 것이며 원하는 모든 방식으로 나열할 수 있다.

배포판들은 대개 다른 패키지에게 전제조건만 요구할 목적으로 존재하는 더미 패키지dummy package들을 포함하고 있다. apt는 필요에 따라 전제조건에 해당하는 패키지들을 다운로드하고 업그레이드하기 때문에 더미 패키지는 여러 패키지를 한 블록으로 설치하고 업그레이드하는 것을 용이하게 해준다. 예를 들면 gnome-desktop-environment 패키지를 설치하면 GNOME UI를 실행하는 데 필요한 모든 패키지들을 설치해준다.

APT는 apt-get이나 apt-cache와 같이 대부분의 목적을 위한 저수준 명령들을 포함하고 있으며 이들은 옴니버스 apt 명령에 의해 래핑된다. 래퍼wrapper는 나중에 추가된 것이기 때문에 웹이나 문서에서는 저수준 명령들을 사용하는 것을 종종 볼 수 있다. 간단히 말하자면 비슷하게 보이는 명령들은 실제로 같은 명령이다. 예를 들어 apt intall과 apt-get install 사이에는 차이점이 없다.

일단 /etc/apt/sources.list 파일(아래에 설명)을 구성해놨고 원하는 패키지 이름을 알고 있다면 남은 일은 apt update를 실행해 apt의 패키지 정보 캐시를 리프레시하는 것뿐이다. 그런 다음 특권 사용자가 패키지를 설치하듯이 apt install 패키지 이름을 실행하면 된다. 같은 명령으로 이미 설치돼 있는 패키지를 업데이트한다.

보안 버그가 해결된 새 버전의 sudo 패키지를 설치하려는 경우를 생각해보자. 첫째로 apt update를 항상 실행하라.

```
debian$ sudo apt update
Get:1 http://http.us.debian.org stable/main Packages [824kB]
Get:2 http://non-us.debian.org stable/non-US/main Release [102B]
...
```

이제 실제로 패키지를 가져올 수 있다. 새 sudo 패키지를 가져오고자 sudo를 사용하면 사용 중인 패키지까지도 업그레이드할 수 있다는 점을 유의해야 한다.

```
debian$ sudo apt install sudo
Reading Package Lists... Done
Building Dependency Tree... Done
1 packages upgraded, 0 newly installed, 0 to remove and 191 not upgraded.
```

```
Need to get 0B/122kB of archives. After unpacking 131kB will be used.
(Reading database ... 24359 files and directories currently installed.)
Preparing to replace sudo 1.6.2p2-2 (using .../sudo_1.8.10p3-1+deb8u3_
    amd64.deb) ...
Unpacking replacement sudo ...
Setting up sudo (1.8.10p3-1+deb8u3) ...
Installing new version of config file /etc/pam.d/sudo ...
```

저장소 환경설정

APT 환경설정은 간단하다. 알아야 할 거의 모든 것이 우분투 커뮤니티의 패키지 관리에 관한 문서에 있다.

help.ubuntu.com/community/AptGet/Howto

가장 중요한 환경설정 파일은 패키지를 구할 장소를 APT에게 알려주는 /etc/apt/sources.list다. 각 줄에는 다음과 같은 것들이 기술돼 있다.

- 패키지 유형, 현재 기준으로 데비안식 패키지는 deb이나 deb-src, RPM식 패키지는 rpm이나 rpm-src
- 패키지를 가져올 파일, HTTP 서버, FTP 서버를 가리키는 URL
- 여러 버전의 패키지를 운반하게 해주는 '배포판'(릴리스 이름)[2]
- 잠재적 컴포넌트 목록(릴리스 내의 패키지 카테고리)

자체적인 APT 저장소나 캐시를 구성하길 원하는 경우가 아니라면 기본 환경설정은 대체로 잘 작동한다. 소스 패키지들은 deb-src로 시작되는 항목에서 다운로드된다.

우분투 시스템에서는 더 넓은 리눅스 오픈소스 소프트웨어의 세계로 접근하는 '유니버스universe' 컴포넌트를 포함시키고 싶을 것이다. '멀티버스multiverse' 패키지는 VM웨어VMware 도구나 컴포넌트와 같은 비오픈소스 콘텐츠를 포함한다.

---

2. 배포자들은 '배포판' 필드를 이용해 메이저 릴리스를 식별한다. 하지만 내부 배포 시스템에서는 이 필드를 원하는 방식으로 사용할 수 있다.

sources.list 파일을 편집하는 동안 각 항목들이 가장 가까운 미러를 가리키게 목표를 재설정하길 원할 수도 있다. 우분투 미러의 전체 목록은 launchpad.net/ubuntu/+archivemirrors에서 찾아볼 수 있다. 이 목록은 정기적으로 변경되는 매우 긴 동적 미러 목록이므로 릴리스 중간에도 계속 지켜봐야 한다.

최신 보안 패치들을 사용할 수 있도록 목록 소스에 security.ubuntu.com이 있는지 반드시 확인하도록 한다.

/etc/apt/sources.list 파일의 사례

다음 예는 우분투의 'main' 컴포넌트용 패키지 소스로, archive.ubuntu.com을 사용한다(이 컴포넌트들은 완전히 우분투 팀에 의해 지원된다). 또한 이 sources.list 파일은 지원되지는 않지만 오픈소스인 'universe' 패키지와 'multiverse' 컴포넌트에 있는 비자유[non-free], 비지원[unsupported] 패키지들을 포함한다. 각 컴포넌트에는 업데이트나 버그 수정 패키지용 저장소도 있다. 마지막 여섯 줄은 보안 업데이트를 위한 것이다.

```
# 일반적인 형태: 종류 uri 배포판[구성(main, restricted, universe, multiverse)]
deb http://archive.ubuntu.com/ubuntu xenial main restricted
deb-src http://archive.ubuntu.com/ubuntu xenial main restricted
deb http://archive.ubuntu.com/ubuntu xenial-updates main restricted
deb-src http://archive.ubuntu.com/ubuntu xenial-updates main restricted
deb http://archive.ubuntu.com/ubuntu xenial universe
deb-src http://archive.ubuntu.com/ubuntu xenial universe
deb http://archive.ubuntu.com/ubuntu xenial-updates universe
deb-src http://archive.ubuntu.com/ubuntu xenial-updates universe
deb http://archive.ubuntu.com/ubuntu xenial multiverse
deb-src http://archive.ubuntu.com/ubuntu xenial multiverse
deb http://archive.ubuntu.com/ubuntu xenial-updates multiverse
deb-src http://archive.ubuntu.com/ubuntu xenial-updates multiverse
deb http://archive.ubuntu.com/ubuntu xenial-backports main restricted
    universe multiverse
deb-src http://archive.ubuntu.com/ubuntu xenial-backports main restricted
    universe multiverse
deb http://security.ubuntu.com/ubuntu xenial-security main restricted
deb-src http://security.ubuntu.com/ubuntu xenial-security main restricted
```

```
deb http://security.ubuntu.com/ubuntu xenial-security universe
deb-src http://security.ubuntu.com/ubuntu xenial-security universe
deb http://security.ubuntu.com/ubuntu xenial-security multiverse
deb-src http://security.ubuntu.com/ubuntu xenial-security multiverse
```

배포판distribution과 컴포넌트components 필드는 APT가 표준화된 레이아웃을 갖는 우분투 저장소의 파일 시스템 계층 구조를 탐색하는 것을 돕는다. 주 배포판은 trusty나 xenial, yakkety와 같이 각 릴리스에 주어지는 제목이다. 사용할 수 있는 전형적인 컴포넌트로는 main, universe, multiverse, restricted가 있다. 비지원 소프트웨어(multiverse의 경우에는 라이선스가 제한된 소프트웨어)가 자신의 환경 안에 존재해도 안심할 수 있는 경우에만 universe와 multiverse 저장소를 추가하도록 한다.

sources.list 파일을 업데이트한 후에는 강제적으로 APT가 변경 사항에 반응하게 하고자 apt-get update를 실행한다.

로컬 저장소 미러의 생성

많은 머신에서 apt를 사용할 계획이라면 패키지를 자기 지역에 캐시cache하길 원할 것이다. 모든 머신에서 각 패키지의 사본을 다운로드하는 것은 외부 대역폭을 합리적으로 사용하는 것이 아니다. 저장소의 미러mirror는 지역 시스템 관리를 위한 환경설정이 쉽고 편리하다. 최신 보안 패치로 업데이트되도록 확실히 유지만 하면 된다.

그 작업을 위한 최상의 도구는 편리한 apt-mirror 패키지며 apt-mirror.github.io에서 구할 수 있다. sudo apt install apt-mirror 명령을 이용해 universe 컴포넌트에서 패키지를 설치할 수도 있다.

일단 설치하고 나면 apt-mirror는 /etc/apt에 있는 mirror.list라는 파일을 생성한다. 그 파일은 sources.list 파일의 새도우 버전인데 미러링 작업용 소스로만 사용된다. mirror.list는 실행되고 있는 우분투 버전용 저장소를 모두 포함하는 것이 기본으로 돼 있다.

mirror.list에 있는 저장소들을 실제로 미러링하려면 다음과 같이 루트 권한으로 apt-mirror를 실행하면 된다.

```
ubuntu$ sudo apt-mirror
Downloading 162 index files using 20 threads...
Begin time: Sun Feb 5 22:34:58 2017
[20]... [19]... [18]... [17]... [16]... [15]... [14]...
```

기본적으로 apt-mirror는 저장소 사본을 /var/spool/apt-mirror에 저장한다. mirror. list 안에서 set base_path 지시어 앞의 주석 표시(#)를 지우고 자유롭게 값을 바꿔 본다. 하지만 그러고 나서 새로운 미러 루트 아래에 mirror, skel, var 하위 디렉터리 를 생성해야만 한다는 것을 잘 알고 있어야 한다.

apt-mirror의 첫 실행은 수십 기가바이트의 데이터(현재, 우분투 릴리스당 ~40GB) 를 미러링하는 것이기 때문에 시간이 오래 걸린다. 그다음에 이어지는 실행들은 더 빠르며 크론cron에서 자동으로 실행돼야 한다. 오래된 파일들을 깨끗이 지우고 자 미러의 var 하위 디렉터리에서 clean.sh 스크립트를 실행할 수 있다.

미러 사용을 시작하려면 선택된 웹 서버를 이용해 HTTP를 통해 베이스base 디렉터 리를 공유해야 한다. 웹 루트에 대한 심볼릭 링크를 사용하는 게 좋다. 예를 들면 다음과 같다.

```
ln -s /var/spool/apt-mirror/us.archive.ubuntu.com/ubuntu /var/www/ubuntu
```

클라이언트들이 여러분의 로컬 미러를 사용하게 만들려면 마치 로컬이 아닌 미러 를 선택하는 것처럼 클라이언트의 sources.list 파일을 편집한다.

APT 자동화

정기적인 apt 실행을 스케줄링하려면 크론을 사용한다. 패키지 설치는 자동으로 하지 않더라도 패키지 개요를 업데이트된 상태로 유지하고자 apt update는 정기 적으로 실행되길 바랄 수 있다.

apt upgrade는 현재 로컬 머신에 설치된 패키지의 새 버전을 다운로드하고 설치한다. apt upgrade는 저수준 명령인 apt-get upgrade와는 약간 다르게 정의돼 있다는 점에 유의한다. 여러분이 원하는 쪽은 대개 apt upgrade다(정확히 말하면 apt-get dist-upgrade --with-new-pkgs와 동일하다). apt upgrade는 업그레이된 후의 시스템과 완전히 호환되지 않는 일부 패키지를 삭제할 수도 있으므로 이에 대한 준비가 돼 있어야 한다.

진짜로 위험을 감수하고자 한다면 apt upgrade에 -y 옵션을 포함시켜 사람이 개입하지 않는 방식으로 머신이 자동으로 업그레이드를 수행하게 한다. apt는 확실히 '예!'라는 대답을 확인하고자 확인 질문으로 응답한다. 커널 패키지와 같은 일부 업데이트는 시스템이 재부팅되기 전에는 효과가 나타나지 않을 수 있다.

배포판 미러에서 직접 자동 업그레이드를 수행하는 것은 좋은 생각이 아닐 수 있다. 하지만 여러분의 APT 서버, 패키지, 릴리스 제어 시스템과 협력하면 클라이언트를 동기화시키는 완벽한 방법이 된다. 다음과 같은 한 줄 명령은 APT 서버와의 업데이트를 유지시킨다.

```
# apt update && apt upgrade -y
```

이 명령을 정기적으로 실행하려면 크론 잡으로 수행한다. 부팅할 때 머신이 업데이트되게 만들고자 시스템 시동 스크립트에서 이 명령을 참조할 수도 있다. 크론에 관한 자세한 내용은 4장을 참고한다. 시동 스크립트에 관한 자세한 내용은 2장을 참고한다.

여러 머신에서 크론으로 업데이트를 실행한다면 모든 머신이 동시에 업데이트를 시도하지 않도록 업그레이드 시간을 분배하는 것이 좋다.

패키지 출처를 신뢰하지 않는다면 변경된 모든 패키지를 자동으로 다운로드하되 설치는 하지 않는 방법을 고려한다. apt의 --download-only 옵션을 이용해 그렇게 하도록 요청한 후 수작업으로 패키지를 리뷰하면서 업데이트를 원하는 것만 설치한다. 다운로드된 패키지들은 /var/cache/apt에 저장되며 시간이 흐름에 따라 이 디렉터리는 상당한 크기로 커진다. apt-get autoclean 명령을 이용해 이 디렉터리에 있는 사용되지 않는 파일들을 청소한다.

yum: RPM용 릴리스 관리

yum^{Yellowdog Updater Modified}은 RPM에 기반을 둔 메타패키지 관리자다. 실제로는 더 단순하고 느림에도 불구하고 yum을 APT 클론이라 부르는 것은 약간 불공평하지만 그 주제나 구현 측면에서는 유사하다.

서버 쪽에서의 **yum-arch** 명령은 다량의 패키지(때로는 릴리스 전체)에서 헤더^{header} 정보를 수집해 데이터베이스를 구축한다. 그런 다음 헤더 데이터베이스는 패키지들과 함께 HTTP를 통해 공유된다. 클라이언트는 yum 명령을 이용해 패키지를 가져와 설치한다. yum은 패키지들의 의존성을 계산해서 요청된 패키지의 설치를 완료하는 데 필요한 모든 일을 수행한다. 요청 패키지가 다른 패키지에 의존한다면 yum은 그 패키지도 다운로드해서 설치한다.

apt와 yum의 유사점들은 커맨드라인까지 확장된다. 예를 들면 `yum install foo`는 가장 최신 버전의 **foo** 패키지를(필요하다면 의존 패키지들도) 다운로드하고 설치한다.

하지만 여기에는 최소한 한 개의 주의해야 할 차이점이 있다. `apt update`는 apt의 패키지 정보 캐시를 최신 내용으로 리프레시하지만 `yum update`는 시스템의 모든 패키지를 업데이트한다(`yum update`는 `apt upgrade`와 동일하다). 더욱 혼란스러운 점은, `yum upgrade`는 노후^{obsolescence} 처리가 활성화된다는 점을 제외하곤 `yum update`와 동일하다.

yum은 '*'나 '?'과 같은 글로빙^{globbing} 문자들을 이용해 명시적으로 요구하지 않는 한 부분적인 패키지 이름에는 매칭되지 않는다. 예를 들어 `yum update 'lib*'` 명령은 "lib"로 시작하는 이름을 갖는 모든 패키지를 갱신한다. 셸이 혼동하지 않게 글로빙 문자에는 인용부호를 사용해야 함을 명심한다.

apt와는 달리 yum은 기본적으로 yum이 실행될 때마다 네트워크 저장소의 내용에 대해 패키지 정보 캐시 유효성을 검증한다. 유효성 검증을 하지 않게 하려면 -C 옵션을 사용하고 로컬 캐시를 업데이트하려면 **yum makecache**를 사용한다(실행 시간이 매우 짧다). 불행히도 -C 옵션은 yum의 느린 성능을 향상시키는 데는 큰 도움이 안 된다.

yum의 환경설정 파일은 /etc/yum.conf다. 여기에는 일반적인 옵션들과 패키지 저장소에 대한 포인터들이 포함돼 있다. 여러 개의 저장소가 동시에 활성화될 수 있으며 각 저장소는 여러 URL과 결합될 수 있다.

DNF이라 불리는 yum의 대체품이 현재 개발되고 있다. DNF는 이미 페도라의 기본 패키지 관리자가 됐으며 결국 yum을 완전히 대체할 것이다. DNF는 여러 기능 중에서도 특히 개선된 의존성 해결과 API를 자랑한다. 더 자세한 정보는 rpm-software-management.github.io를 참고한다.

6.5 FreeBSD 소프트웨어 관리

FreeBSD는 여러 릴리스를 거쳐 오는 동안 패키징 기능들을 갖고 있었지만 이제는 완전히 패키지 중심인 배포 모델로 전환되고 있다. 이 모델에서는 대부분의 코어 OS 요소들을 패키지로 정의한다. FreeBSD의 최근 릴리스들은 소프트웨어를 다음과 같은 세 종류의 일반 카테고리로 분류한다.

- 베이스 시스템base system: 번들된 코어 소프트웨어와 유틸리티들을 포함한다.
- 바이너리 패키지 집합: pkg 명령에 의해 관리된다.
- 독립적인 포트port 시스템: 소스코드를 다운로드해 FreeBSD에 국한된 패치들을 적용한 후 빌드하고 설치한다.

FreeBSD 11 기준으로 이러한 영역을 구분하는 경계선들은 더욱 엉망이 돼 버렸다. 베이스 시스템은 패키지화됐지만 베이스 시스템을 하나의 단위로 관리하기 위한 옛날 체계가 여전히 사용되고 있다. 많은 소프트웨어 패키지가 바이너리 패키지로 설치될 수도 있고 포트로 설치될 수도 있다. 본질적으로 그 결과는 같지만 미래의 업데이트에 대해서는 다른 의미를 갖고 있다. 교차 지원은 완전하지 않아서 어떤 것들은 포트든 패키지든 한 가지로만 설치될 수 있다.

FreeBSD 12를 위한 프로젝트 설계 중 하나는 시스템을 단호하게 보편적 패키지 관리 쪽으로 이동시키는 것이다. 베이스 시스템과 포트는 둘 다 어떤 형태로든 계속해서 존재할 수도 있겠지만 미래의 방향은 분명하다.

따라서 가능한 한 최대한 **pkg**를 이용해 부가 소프트웨어를 관리하게 해야 한다. 원하는 소프트웨어의 패키지화된 버전이 없거나 컴파일 옵션을 수정해야 하는 경우가 아니라면 포트 사용을 피해야 한다.

대형 유닉스 시대의 잔여물로 남아 있는 또 다른 특이한 점은 추가되는 패키지들이 FreeBSD가 컴파일해서 공식 패키지 저장소의 일부로 릴리스함에도 불구하고 '로컬local'이라고 고집하는 것이다. 패키지들은 바이너리를 /usr/local에 설치하며 대부분의 환경설정 파일은 결국 /etc가 아닌 /usr/local/etc에 설치된다.

베이스 시스템

베이스 시스템base system은 단일 유닛으로 업데이트되며 다른 부가 패키지들과는 (적어도 이론상으로는) 기능적으로 구별된다. 베이스 시스템은 서브버전Subversion 저장소에 관리된다. 모든 소스 브랜치branch를 포함하는 소스 트리를 svnweb.freebsd.org에서 탐색해 볼 수 있다.

여러 가지 개발 브랜치development branch가 정의돼 있다.

- CURRENT 브랜치는 활동적인 개발 목적을 위한 것이다. 새 기능과 오류 수정들을 받아들이는 첫 단계지만 사용자 커뮤니티에 의해 널리 테스트되지 않는다.
- STABLE 브랜치는 다음번 메이저major 릴리스를 목적으로 개선 사항들이 정기적으로 업데이트된다. 새 기능들을 포함하지만 패키지 호환성을 유지하며 일부 테스팅이 진행되고 있다. 이 브랜치는 버그나 잘못된 변경이 포함될 수 있으므로 모험적인 사람에게만 권장된다.
- RELEASE 브랜치는 릴리스 목표가 달성됐을 때 STABLE에서 파생돼 나온다. 거의 정적인 상태를 유지한다. RELEASE에 대한 유일한 업데이트는 보안 패치나 심각한 버그에 대한 수정뿐이다. 공식적인 ISO 이미지는 RELEASE 브랜치에서 파생되며 상용 시스템에서의 사용이 권장되는 유일한 브랜치다.

사용하는 시스템의 현재 브랜치를 보려면 `uname -r`을 실행한다.

```
$ uname -r
11.0-RELEASE
```

사용 중인 시스템을 최신 패키지들로 업데이트하려면 freebsd-update 명령을 실행한다. 패키지들을 가져오는 것과 설치하는 것은 별개의 작업이지만 다음과 같이 하나의 커맨드라인으로 두 작업을 결합할 수 있다.

```
$ sudo freebsd-update fetch install
```

이 명령은 최신 베이스 바이너리를 가져와 설치한다. RELEASE 브랜치에 대해서만 사용할 수 있다. STABLE이나 CURRENT 브랜치에는 바이너리가 빌드되지 않는다. 같은 도구를 사용해 한 릴리스에서 다음 릴리스로 업그레이드할 수 있다. 예를 들면 다음과 같다.

```
$ sudo freebsd-update -r 11.1-RELEASE upgrade
```

pkg: FreeBSD 패키지 관리자

pkg는 직관적이고 빠르다. 베이스 시스템에 아직 포함돼 있지 않은 소프트웨어를 설치하는 가장 쉬운 방법이다. 사용할 수 있는 하위 명령에 어떤 것들이 있는지 빨리 참조하려면 pkg help를 실행하고 특정 하위 명령의 맨페이지를 출력하려면 pkg help 명령을 실행한다. 표 6.2는 가장 자주 사용되는 하위 명령의 목록이다.

pkg install을 이용해 패키지를 설치할 때 pkg는 로컬 패키지 카탈로그를 참조한 후에 pkg.FreeBSD.org에 있는 저장소에서 요청 패키지를 다운로드한다. 일단 패키지가 설치되고 나면 /var/db/pkg/local.sqlite에 유지되고 있는 SQLite 데이터베이스에 등록된다. 시스템에 어떤 패키지가 설치돼왔는지에 관한 추적 기록을 잃어버리지 않도록 이 파일을 삭제하지 않게 조심한다. pkg backup 하위 명령을 이용해 데이터베이스의 백업을 만든다.

패키지 버전을 비교하기 위한 하위 명령인 pkg version은 특이한 구문을 사용한다. 현재 버전, 최종 버전보다 오래된 버전, 현재 버전보다 새로운 버전의 패키지

를 표시하고자 각각 =, <, > 문자를 사용한다. 업데이트를 갖고 있는 패키지들의 목
록을 표시할 때 다음 명령을 실행한다.

```
freebsd$ pkg version -vIL=
dri-11.2.2,2                        <   needs updating (index has 13.0.4,2)
gbm-11.2.2                          <   needs updating (index has 13.0.4)
harfbuzz-1.4.1                      <   needs updating (index has 1.4.2)
libEGL-11.2.2                       <   needs updating (index has 13.0.4_1)
```

표 6.2 pkg 하위 명령의 예

명령	수행 작업
pkg install -y package	"확실합니까?"와 같은 확인 질문을 하지 않고 설치한다.
pkg backup	로컬 패키지 데이터베이스의 백업을 만든다.
pkg info	설치돼 있는 모든 패키지의 목록을 보여준다.
pkg info package	패키지에 대한 확장 정보를 보여준다.
pkg search -i package	패키지 저장소를 검색한다(대소문자 구분 없음).
pkg audit -F	알려진 보안 취약점을 갖고 있는 패키지들을 보여준다.
pkg which file	해당 이름의 파일을 어떤 패키지가 소유하고 있는지 보여준다.
pkg autoremove	사용되지 않는 패키지들을 제거한다.
pkg delete package	한 패키지를 삭제한다(remove와 같음).
pkg clean -ay	/var/cache/pkg로부터 캐시된 패키지들을 제거한다.
pkg update	패키지 카탈로그의 로컬 사본을 업데이트한다.
pkg upgrade	패키지를 최신 버전으로 업그레이드한다.

이 명령은 설치된 모든 패키지의 인덱스(-I)를 비교해 현재 버전(=)이 아닌(-L) 것
을 찾아 상세한 내용(-v)을 출력한다.

pkg search는 패키지를 찾는 데 있어서는 구글보다 빠르다. 예를 들어 **pkg search
dns**를 실행하면 이름에 'dns'가 포함된 모든 패키지를 찾아낸다. 검색 항은 정규표
현식^{regular expression}이기 때문에 **pkg search ^apache**와 같은 식으로 검색할 수 있다.
자세한 내용을 보려면 **pkg help search**를 실행한다.

포트 컬렉션

FreeBSD 포트[ports]는 FreeBSD가 소스에서 빌드할 수 있는 모든 소프트웨어의 모음이다. 포트 트리가 초기화된 후에는 /usr/ports의 카테고리별 하위 디렉터리에서 사용할 수 있는 모든 소프트웨어를 찾을 수 있다. 포트 트리 초기화는 portsnap 유틸리티를 사용해서 한다.

```
freebsd$ portsnap fetch extract
```

하나의 명령으로 포트 트리를 업데이트하려면 portsnap fetch update를 실행한다.

포트 메타데이터를 다운로드하는 데는 약간의 시간이 걸린다. 다운로드에는 모든 포트의 소스코드에 대한 포인터들만 아니라 FreeBSD 호환성과 관련된 패치들도 포함된다. 메타데이터 설치가 완료되고 나면 소프트웨어를 검색할 수 있으므로 필요한 것들을 빌드해 설치할 수 있다.

예를 들면 zsh 셸은 FreeBSD 베이스에는 포함돼 있지 않다. whereis 유틸리티를 이용해 zsh을 찾은 후 포트 트리에서 빌드하고 설치한다.

```
freebsd$ whereis zsh
bash: /usr/ports/shells/zsh
freebsd$ cd /usr/ports/shells/zsh
freebsd$ make install clean
```

포트 시스템을 통해 설치된 소프트웨어를 제거하려면 해당 디렉터리에서 make deinstall을 실행한다.

포트를 업데이트하는 데는 한 가지 이상의 방법이 있지만 portmaster 유틸리티를 권장한다. 우선 포트 컬렉션에서 portmaster를 설치한다.

```
freebsd$ cd /usr/ports/ports-mgmt/portmaster
freebsd$ make install clean
```

적용할 업데이트가 있는 모든 포트를 보고자 portmaster -L을 실행한 다음, portmaster -a를 실행해 한 번에 모두 업데이트한다.

portmaster를 통해 포트를 설치할 수도 있다. `portmaster`를 사용하면 현재 디렉터리를 떠나지 않아도 되기 때문에 전형적인 `make` 기반의 처리보다 더 편리하다. zsh을 설치할 때 다음 명령을 실행한다.

```
freebsd$ portmaster shells/zsh
```

빈 디스크 공간을 늘리고자 할 때는 `portmaster -c` 명령을 이용해 포트의 작업 디렉터리를 청소한다.

6.6 소프트웨어 지역화와 환경설정

시스템을 자신의 지역(또는 클라우드) 환경에 적응시키는 일은 시스템 관리에 있어 가장 중요한 업무다. 구조적이고 재연할 수 있는 방법으로 지역화 이슈들을 기술해 놓으면 큰 사고 후에 복구가 불가능한 시스템이 되는 것을 피하는 데 도움이 된다.

이 이슈에 대해서는 해야 할 말이 많다. 특히 23장과 26장에서는 이 작업을 구조화시키는 도구를 설명할 것이다. 환경설정 관리 시스템들은 재연할 수 있는 방법으로 소프트웨어를 설치하고 설정할 때 갖춰야 할 도구며 정상적인 지역화를 위한 마스터키라 할 수 있다.

구현 문제는 차치하고 지역 환경이 적절하게 설계돼 있는지는 어떻게 알 수 있을까? 고려해야 할 일부 요점은 다음과 같다.

- 시스템 관리자가 아닌 사람들이 루트 권한을 가져서는 안 된다. 일상적인 작업을 하는 과정에서 루트 권한이 필요하다고 하는 것은 매우 수상쩍은 것이며 지역 환경설정에 뭔가 부정이 있음을 암시하는 것일 수 있다.
- 시스템은 작업의 편의를 제공해야 하지, 사용자들을 방해해서는 안 된다. 사용자들은 고의로 시스템을 파손시키지는 않는다. 내부 보안 설계는 의도하지 않은 오류가 발생하거나 시스템 관리 권한이 확산되더라도 안전하게 보호될 수 있게 설계돼야 한다.
- 부정한 행위를 하는 사용자에게는 배울 기회를 줘야 한다. 정당한 절차를

따르지 않는다고 벌을 주기 전에 상담을 하게 한다. 사용자들은 종종 비효율적인 시스템 관리 절차를 회피해서 일하는 방식으로 반응하기 때문에 불복종은 어떤 구조적 문제가 있음을 암시할 수 있다는 것을 고려해야 한다.

- 고객 중심이 돼야 한다. 사용자와 대화하면서 현재 시스템 설정에서 어떤 작업이 어렵다고 생각하는지 물어봐야 한다. 이런 작업들을 더욱 단순화시킬 방법을 모색한다.

- 관리자의 개인적인 선호도는 관리자의 것일 뿐이다. 사용자는 사용자가 선호하는 것을 선택할 수 있게 해주도록 한다. 가능한 모든 곳에서 선택 기능을 제공한다.

- 시스템 관리 차원에서의 결정이 사용자의 시스템 경험에 영향을 줄 때는 그 결정의 합리적 근거에 대해 잘 알고 있어야 한다. 그리고 그 근거를 널리 알리도록 한다.

- 지역 문서는 항상 업데이트를 유지하고 쉽게 접근할 수 있게 관리한다. 이 주제에 관한 자세한 내용은 31장을 참고한다.

지역화 조직

한 사이트가 수천 개의 컴퓨터로 이뤄져 있고 각 컴퓨터가 저마다의 환경설정을 갖고 있다면 어떤 컴퓨터에는 발생하는 문제가 왜 다른 컴퓨터에서는 발생하지 않는지 알아내는 데 업무 시간의 대부분을 써야 할 것이다. 분명한 해결책은 모든 컴퓨터를 똑같게 만드는 것인데 과연 그럴까? 현실적인 제약과 사용자들의 다양한 요구는 그런 해결책을 불가능하게 만든다.

여러 개의 환경설정과 무한한 환경설정 사이에는 시스템 관리성에서 큰 차이가 있다. 하나의 설정을 관리 가능한 작은 조각으로 쪼개는 것도 한 가지 방법이다. 지역화의 어떤 부분은 관리되는 모든 호스트에 적용되지만 어떤 부분은 일부 호스트에만 적용되며, 또 어떤 부분은 개별 컴퓨터에 국한된다. 환경설정 관리 도구가 아무리 편리할지라도 시스템 간에 너무 많은 가지 수를 만들지 않도록 한다.

지역화 시스템을 어떻게 설계하든 간에 모든 원형 데이터는 리비전revision 제어 시스템 안에 확실히 보존해야 한다. 이러한 예방책은 어떤 변경 사항들이 테스트를 통과해 배포될 준비가 돼 있는지를 추적할 수 있게 해준다. 또한 문제가 있는 변경 사항의 근원을 식별하게 해준다. 더 많은 사람이 이 과정에 관련될수록 이 고려 사항은 더욱 중요하게 된다.

업데이트 구조화

초기 설치를 수행한 후에는 지속적인 업데이트도 필요하다. 가장 중요한 보안 작업이 남아 있는 것이다. 하지만 컴퓨터들은 병행 처리, 안정성, 가동 시간에 있어 서로 다른 요구 사항을 갖는다는 점을 명심해야 한다.

새로운 소프트웨어 릴리스를 일제히 배포하지 않도록 한다. 그보다는 다른 그룹의 요구 사항을 수용하고 시스템을 손상시킬 잠재적 가능성들을 제한하면서 문제를 발견할 시간을 벌고자 점진적인 계획에 따라 펼쳐 나간다. 이렇게 하는 방식을 '탄광 속의 카나리아 새'라는 전설에서 이름을 가져와 '카나리아canary' 릴리스 프로세스라고 한다. 또한 결정적인 서버들은 시스템 관리자가 고심 중인 변경에 대해 어느 정도 확신을 갖기 전에는 절대로 업데이트하지 않는다. 터미널 앞에 앉아 주말 내내 일할 생각이 아니라면 금요일에는 변경을 전개하지 않는다.

보통은 베이스 OS 릴리스와 지역화 릴리스를 분리해 생각하는 것이 유리하다. 지역 환경에서 요구하는 안정성에 따라 마이너 로컬 릴리스는 디버깅 목적으로만 사용할 수 있다. 하지만 많은 변경 내용을 릴리스에 밀어 넣어 서비스가 중단되는 위험을 감수하는 것보다는 새 기능들을 조금만 추가하는 것이 더 원활한 작업을 생산해낸다는 사실이 밝혀졌다. 이 원리는 지속적인 통합 및 전개의 개념과 밀접하게 관련돼 있다. 26장을 참고한다.

경기장 제한

때로는 특정 시점에서 작동시키고자 하는 최대 '릴리스release' 수를 정하는 것도 좋은 생각이다. 일부 시스템 관리자들은 망가지지 않은 소프트웨어는 고칠 이유가 없다고 본다. 그들은 쓸데없이 시스템을 업그레이드하는 데는 시간과 돈이 들며 '첨단

cutting edge'은 모두 '최첨단bleeding edge'을 의미한다고 말한다. 이런 원리를 몸소 실천하는 사람들은 기꺼이 현존 릴리스들의 방대한 카탈로그를 수집해야 할 것이다.

그에 반해 '기를 쓰고 아끼는lean and mean' 부류는 여러 해 전의 릴리스들을 무작위로 수집하는 것을 (관리는 고사하고) 이해하기조차 힘들다는 점과 릴리스에 내재된 복잡성에 대해 말한다. 그들이 갖고 있는 비장의 무기라고 해봐야 엄격한 스케줄에 따라 모든 곳에 적용돼야 할 전형적인 보안 패치들이다. 낡은 버전의 운영체계를 패치하는 것은 종종 실행이 불가능해 시스템 관리자들은 일부 컴퓨터의 업데이트를 건너뛰어야 할지 아니면 충돌crash을 감수하며 내부 릴리스를 업그레이드할지 선택해야 하는 골치 아픈 상황에 직면한다.

이러한 관점들은 어느 것도 옳지 않지만 사람들은 릴리스 수를 한정하는 것을 선호하는 쪽 편을 드는 경향이 있다. 외부 비상에 의해 수행되는 것보다는 스스로 스케줄에 따라 업그레이드를 수행하는 것이 좋은 방법이다.

테스트

변경된 것들은 세상에 풀기 전에 테스트하는 것이 중요하다. 최소한 변경된 지역 환경설정만큼은 테스트할 필요가 있다는 것을 의미한다. 하지만 거래 업체가 릴리스한 소프트웨어들도 반드시 테스트해야 한다. 한 주요 유닉스 업체가 `rm -rf /`를 수행하는 패치를 릴리스했다. 이 패치를 테스트해보지 않고 조직 전체에 설치했다고 가정해보자.

이번 장에서 설명했던 대부분의 패키징 시스템과 같이 자동 패치 기능을 제공하는 서비스를 사용한다면 테스팅은 매우 특별한 이슈가 된다. 중대한 임무를 수행하는 시스템들은 절대로 업체들이 지원하는 업데이트 서비스에 직접 연결하지 않도록 한다. 그보다는 대부분 시스템을 내부 미러 쪽을 향하게 만들어 우선 치명적이지 않은 시스템에 업데이트를 테스트해야 한다.

어떤 업데이트가 사용자에게 문제나 변화를 일으킬 것으로 예상된다면 그에 관한 정보를 사용자들에게 미리 알려 변경 내용과 시점에 관해 대화할 수 있는 기회를 제공해야 한다. 사용자들이 버그를 보고할 쉬운 방법을 확실히 알려준다.

지리적으로 분산돼 있는 조직이라면 다른 오피스에서 테스팅을 도울 수 있는지 확인한다. 국제적인 참여는 다국 언어 환경에서 특히 중요하다. 예를 들어 미국 오피스에 일본어를 할 줄 아는 사람이 없다면 도쿄 오피스를 연결해서 유니코드 지원에 영향을 줄지 모르는 어떤 것을 테스트해달라고 부탁할 수 있다. 엄청난 수의 시스템 매개변수들이 위치에 따라 변한다. 설치 중인 새 버전의 소프트웨어가 UTF-8 인코딩을 망가뜨려 일부 언어로는 텍스트를 읽을 수 없게 만드는 건 아닌지 확인해야 한다.

6.7 추천 자료

Intel Corporation and SystemSoft. Preboot Execution Environment (PXE) Specification, v2.1. 1999. pix.net/software/pxeboot/archive/pxespec.pdf

Lawson, Nolan. 오픈소스 메인테이너가 되는 기분(What it feels like to be an open-source maintainer). wp.me/p1t8Ca-1ry

PXELinux Questions. syslinux.zytor.com/wiki/index.php/PXELINUX

Rodin, Josip. 데비안 새로운 메인테이너 가이드Debian New Maintainers' Guide. debian.org/doc/maint-guide

이 문서는 .deb 패키지에 관한 좋은 정보를 제공한다. 7장의 데비안 FAQ와 2장의 데비안 참고 매뉴얼도 보기 바란다.

7 스크립트와 셸

확장성이 뛰어난 시스템 관리를 구현하려면 다수의 컴퓨터를 대상으로 구조적이면서 재현과 반복이 가능한 방법으로 시스템 변경이 이뤄져야 한다. 현실적인 면에서 그와 같은 시스템 변경은 체크리스트나 기억에 의존해 작업하는 시스템 관리자에서 수행되기보다는 소프트웨어에 의해 구현돼야 한다는 것을 의미한다.

스크립트Script는 시스템 관리 업무를 표준화할 뿐 아니라 시스템 관리자가 더 중요시하고 관심을 두는 업무에 시간을 쓸 수 있게 해방시켜준다. 또한 스크립트는 특정 작업을 완성하는 데 필요한 단계들을 기록한다는 점에서 일종의 저급 문서 역할도 한다.

시스템 관리자가 스크립트 대신 사용할 수 있는 주요 대안은 23장에서 설명할 환경 설정 관리 시스템을 사용하는 것이다. 이런 시스템들은 네트워크나 클라우드 규모에 따라 탄력적으로 확장되는 체계적 시스템 관리 방법을 제공한다. 하지만 좀 더 복잡하고 엄격한 형식을 요구하며 평범한 스크립트에 비해 유연성도 부족하다. 현장에서는 대부분의 시스템 관리자가 스크립트와 환경설정 관리를 조합해 사용한다. 각 방식은 나름대로의 강점이 있고 함께 사용해도 문제없이 잘 작동한다.

7장에서는 스크립트용 언어로 셸^{sh}, 파이썬^{Python}, 루비^{Ruby}에 관해 간단히 알아본다. 셸 사용법에 관한 일부 기본적인 팁과 일반 기술로 정규표현식$^{regular\ expression}$도 다룬다.

7.1 스크립트 철학

7장에는 다양한 스크립트 샘플과 언어의 구체적 용법들이 포함돼 있다. 이런 정보들이 유용하긴 하지만 상세한 내용보다 더 중요한 것은 스크립트를 시스템 관리에 어떻게 적용시킬 것인가, 즉 일반적으로 말하면 어떻게 자동화할 것인가 하는 넓은 의미의 문제의식을 갖는 것이다.

마이크로스크립트 작성

새 시스템 관리자들은 매우 복잡하거나 너무 지겨운 업무에 직면하기 전에는 스크립트를 배우지 않고 기다리는 경향이 있다. 예를 들어 주기적으로 실행되면서 백업 데이터가 두 곳의 다른 데이터 센터에 저장되게 하는 특별한 백업 자동화가 필요할 때가 있다. 또는 클라우드 서버 환경설정을 단일 명령으로 생성, 초기화, 전개하는 것이 편리한 경우도 있다.

이런 경우들은 스크립트 프로젝트로 지극히 타당하지만 스크립트라는 것이 당장 눈앞에 큰 게임이 벌어져야만 박스를 뜯어 꺼내는 코끼리 사냥총과 같다는 인상을 남길지도 모른다. 결국 첫 번째 100줄짜리 스크립트를 작성하고 디버깅하는데 며칠이 걸린다. 하지만 모든 사소한 작업을 할 때마다 며칠씩 소비할 수는 없지 않은가?

사실 여기서 키 입력을 몇 개 줄이고 저기서 명령 몇 개 줄여 효율을 높이는 게 대부분이다. 사이트의 형식 절차라고 할 수 있는 차양막 수준의 스크립트들은 단지 눈에 보이는 빙산의 일각일 뿐이다. 수면 아래에는 시스템 관리에 마찬가지로 유익하고 많은 소형 자동화가 숨어 있다. 일반 법칙으로 모든 사소한 작업에 대해 "앞으로 이 문제를 또 다시 다뤄야만 하는 상황을 어떻게 하면 피할 수 있을까?"라는 질문을 갖고 접근해야 한다.

대부분 시스템 관리자는 개인적 용도의 짧은 스크립트는 자신의 ~/bin 디렉터리에서 모아 보관한다. 매일 수행하는 작업에서 만나는 골치 아픈 문제들을 다루는 데는 이와 같이 짧고 간편한 스크립트를 사용하는 게 좋다. 짧은 스크립트는 대개 단숨에 읽을 수 있을 만큼 짧아 간단한 사용법 메시지 이상의 문서는 필요도 없다. 필요에 따라 그것들을 계속 갱신하기도 한다.

셸 스크립트의 경우 독립형 스크립트 파일 안이 아니라 셸 환경설정 파일(예, .bash_profile) 안에 함수를 정의할 수도 있다. 셸 함수는 독립형 스크립트와 유사하게 작동하지만 셸 함수는 검색 경로와 무관하게 셸 환경이 미치는 곳이면 어디나 함께 따라다닌다.

간단한 예로 다음과 같이 표준화된 명명 규칙에 따라 파일을 백업하는 배시[Bash] 함수를 살펴보자.

```
function backup () {
    newname=$1.`date +%Y-%m-%d.%H%M.bak`;
    mv $1 $newname;
    echo "Backed up $1 to $newname.";
    cp -p $newname $1;
}
```

함수처럼 생긴 구문에도 불구하고 다음과 같이 스크립트나 다른 명령처럼 사용할 수 있다.

```
$ backup afile
Backed up afile to afile.2017-02-05.1454.bak.
```

셸 함수의 큰 단점은 메모리에 저장되기 때문에 새로운 셸을 시작할 때마다 다시

312

파싱돼야 한다는 점이다. 하지만 최신 하드웨어에서는 그 정도 부담은 무시할 만하다.

더 작은 규모에서는 극히 짧은 버전의 스크립트라 할 수 있는 앨리어스[alias]가 있다. 앨리어스는 셸 함수나 셸에 내장된 앨리어스 기능(대개 alias)을 이용해 정의할 수 있다. 앨리어스는 각 명령에 기본으로 사용되는 인자들을 설정하는 데 가장 많이 사용된다. 예를 들면 다음과 같다.

```
alias ls='ls -Fh'
```

이 앨리어스는 ls 명령이 디렉터리와 실행 파일명 뒤에 파일 종류를 나타내는 부호를 붙이고 긴 목록에서 사람이 읽을 수 있는 형식으로(예, 2.4M) 파일 크기를 표시하게 만든다.

일부 도구를 잘 학습하라

시스템 관리자는 수많은 소프트웨어에 직면한다. 그들이 모든 것에 전문가일 수는 없으므로 대개는 문서를 뒤지거나, 실험을 하거나, 새 소프트웨어 패키지의 환경설정을 위해 필요한 만큼만 공부하는 데 능숙하다. 게으름이 미덕인 것이다.

그렇지만 어떤 주제들은 시스템 관리자의 역량과 영향력을 강화하기 때문에 자세히 공부할 만한 가치가 있다. 특히 셸, 텍스트 편집기, 스크립트 언어는 통달해야 한다.[1] 처음부터 끝까지 매뉴얼을 읽고 나서 주기적으로 책과 블로그를 읽는다. 더 배워야 할 것은 항상 있기 마련이다.

이와 같이 기술들을 활성화시키는 일은 몇 가지 이유에서 선행 학습을 보상한다. 도구로서는 상당히 추상적이다. 다시 말해 상세한 내용을 읽어보지 않고는 이런 도구들이 해낼 수 있는 모든 것을 예측하기 힘들다. 잘 알고 있지 못한 기능들은 사용할 수 없는 법이다.

이 도구들을 탐구하면 보상받게 되는 또 다른 이유는 그것들이 '살이 되기' 때문이

---

1. 너무 많은 내용을 다뤄 망치지 않으려면 배시(Bash), 빔(vim), 파이썬(Python)에 집중해야 할 것이다.

다. 즉, 대부분 기능은 시스템 관리자에게 잠재적 가치가 있다. 일반적인 서버 데몬들과 비교해봤을 때 서버 데몬에서는 상황과 무관한 80%의 기능들을 알아내는 일에 주로 도전하고 있다.

셸이나 편집기는 끊임없이 사용되는 도구다. 이 도구들을 이용해 숙련도를 점차 개선하게 되면 생산성이 증가할 뿐 아니라 일에 대한 즐거움도 커진다. 어느 누구도 세부적인 사항들을 반복적으로 수행하느라 시간을 낭비하고 싶어 하지 않는다.

모든 것을 자동화하라

셸 스크립트는 시스템 관리자가 자동화에서 이득을 얻을 수 있는 유일한 것은 아니다. 세상에는 프로그래밍 시스템들이 지천으로 있으므로 그것들을 잘 주시하고만 있으면 된다. 이런 도구들을 적극적으로 탐구해 작업 흐름에 잘 맞춰 사용하도록 한다.

예를 들어 이 책은 명백히 GUI 애플리케이션인 어도비 인디자인^{Adobe InDesign}을 이용해 작성됐다. 하지만 자바스크립트^{JavaScript}로 스크립트 작성도 가능하기 때문에 이 책의 많은 관례적 형식을 구현하고 적용하기 위한 인디자인 스크립트 라이브러리를 만들었다.

그런 기회들은 어느 곳에나 있다.

- 마이크로소프트 오피스 앱들은 비주얼 베이식^{Visual Basic}이나 C#으로 프로그래밍할 수 있다. 자신의 업무에 분석이나 보고가 포함돼 있다면 매일 반복되는 지루한 보고서는 저절로 만들어지게 해야 한다.
- 어도비 애플리케이션들은 대부분 스크립트 사용이 가능하다.
- 데이터베이스 이슈를 담당하고 있다면 SQL 저장 프로시저^{stored procedure}를 이용해 많은 일상적 업무를 자동화할 수 있다. 어떤 데이터베이스들은 추가적인 언어를 지원하기도 한다. 예를 들어 PostgreSQL은 파이썬을 지원한다.
- 파워셸^{PowerShell}은 마이크로소프트 윈도우 시스템의 주류 스크립트 도구다. 오토핫키^{AutoHotKey}와 같은 서드파티 애드온 소프트웨어들은 윈도우 앱

의 자동화에 크게 기여하고 있다.

- 맥OS 시스템에서는 애플스크립트^{AppleScript}를 통해 일부 애플리케이션을 제어할 수 있다. 시스템 레벨에서는 다양한 작업을 자동화하거나 전통적인 스크립트 언어를 GUI에 연결시키고자 오토메이터^{Automator} 앱, 서비스 시스템, 폴더 액션들을 사용한다.

특히 시스템 관리 세계에서 일부 서브시스템은 자체적인 자동화 방식을 갖고 있다. 23장에서 설명할 앤서블^{Ansible}, 솔트^{Salt}, 셰프^{Chef}, 퍼핏^{Puppet}과 같은 범용 자동화 시스템을 이용해 많은 서브시스템의 자동화를 구현할 수 있다. 그 밖의 나머지는 범용 스크립트를 이용해 자동화할 수 있다.

너무 일찍 최적화를 하지 말라

'스크립트^{scripting}'과 '프로그래밍^{programming}'은 사실상 구분되지 않는다. 언어 개발자들은 자기가 낳은 자식이 '스크립트' 범주로 매도 당할 때 공격적인 태도를 취하는 경향이 있다. 그것은 그런 이름표가 붙으면 완성도가 떨어지는 것임을 암시하기 때문이기도 하지만 과거에 일부 스크립트 언어들이 형편없이 설계됐다는 평판을 얻었기 때문이기도 하다.

그럼에도 우리는 여전히 '스크립트'란 용어를 좋아한다. 여러 가지 명령, 라이브러리, 환경설정 파일을 결합시켜 더 풍부한 기능의 풍부한 완전체로 만들어주는 일종의 만능 접착제로서의 소프트웨어 사용을 연상시키기 때문이다.

시스템 관리용 스크립트는 컴퓨터 효율보다는 프로그래머 효율과 코드 명확성에 중점을 둬야 한다. 이 말은 엉성한 관리를 합리화하려고 하는 말이 아니라 어떤 스크립트의 실행 시간이 1/2초 걸리느냐 2초 걸리느냐 하는 것은 거의 문제가 되지 않음을 명확히 인식하자는 것뿐이다. 최적화는 그 투자에 비해 돌아오는 보상이 놀라울 정도로 적을 수 있다. 심지어 크론에서 주기적으로 실행되는 스크립트조차 그렇다.

올바른 스크립트 언어를 선택하라

오랫동안 시스템 관리용 스크립트의 표준 언어는 sh 셸에 의해 정의된 것이었다. 셸 스크립트는 대개 순차적인 명령들을 자동화하거나 데이터를 처리하고자 여러 필터를 조합하는 것과 같은 가벼운 작업에 사용된다.

셸은 언제든지 사용할 수 있으므로 셸 스크립트는 매우 이동성이 좋고 그들이 호출하는 명령 외에는 의존성도 거의 없다. 여러분이 셸을 선택하든 안 하든 셸이 여러분을 선택할 수도 있다. 즉, 대부분 환경에는 기존 sh 스크립트를 보완하는 스크립트들이 많이 포함돼 있어 시스템 관리자는 그런 보완 스크립트들을 읽고 이해하고 수정해야 하는 일이 자주 생긴다.

프로그래밍 언어로서의 sh는 그다지 매력적이지 못하다. 구문이 특이할 뿐 아니라 셸에는 시스템 관리자들에게 특히 유용한 현대 언어의 고급 텍스트 처리 기능이 빠져 있다.

1980년대 후반에 만들어진 펄Perl은 스크립트를 작성하는 시스템 관리자들에게는 커다란 도약이었다. 자유로운 구문과 방대한 사용자 작성 모듈 라이브러리, 내장된 정규표현식 지원 때문에 수년간 시스템 관리자들은 펄을 가장 즐겨 사용했다. 펄은 구문이 틀릴 수도 있는 위험을 무릅쓰고 일단 직관적으로 자유롭게 표현하자는 스타일의 코딩을 허용할 뿐 아니라 한편으로는 장려하기까지 한다. 그런 방식이 장점인지 단점인지에 관해서는 여러 의견이 분분하다.

펄 6는 이전에 펄과 호환되지 않도록 새로 설계됐기 때문에 이전의 펄은 펄 5라고 부른다. 펄 6는 펄을 15년간 잉태하고 나서야 비로소 일반인 릴리스에 도달한 것이다. 불행히도 펄 5는 새로운 언어들에 비하면 오래된 느낌이 들고 펄 6는 안전한 선택으로 권장할 만큼 아직 널리 사용되지 않고 있다. 세상은 펄에서 완전히 벗어날 것으로 보인다. 현 시점에서는 새로운 작업에 펄을 사용하지 말 것을 권한다.

자바스크립트와 PHP는 웹 개발용 언어로 가장 많이 알려져 있지만 범용 스크립트 도구로 사용하도록 강요될 수도 있다. 불행히도 두 언어 모두 자신의 장점을 제약하는 설계 결함이 있으며 시스템 관리자들이 의존하고 있는 많은 서드파티 라이브러리가 부족하다.

웹 개발 분야 출신인 사람은 자신이 갖고 있는 기존의 PHP나 자바스크립트 기술을 시스템 관리에 적용하고 싶을 것이다. 하지만 그렇게 하지 않는 것이 좋다. 코드는 코드일 뿐이지만 다른 시스템 관리자들과 같은 생태계에서 살아가는 것이 장기적인 안목에서 훨씬 이롭다. 적어도 PHP를 사용하지 않으면 지역의 시스템 관리자 밋업^{Meetup}에서 조롱을 받는 일은 생기지 않는다.

파이썬과 루비는 시스템 관리 업무에 적합한 현대적인 범용 프로그래밍 언어다. 이 언어들은 수십 년간 쌓아온 셸과 관련된 언어 설계 기술들을 포함하고 있으며 텍스트 처리 기능은 너무나 강력해 sh가 부끄러워 몸을 숨길 정도다.

파이썬과 루비의 주요 단점은 환경을 설정하기가 다소 까다롭다는 점이다. 특히 C로 작성된 컴포넌트를 컴파일해 만든 서드파티 라이브러리를 사용할 때 그렇다. 셸은 모듈 구조나 서드파티 라이브러리를 사용하지 않아서 이 특별한 문제를 피해간다.

외부 제약점이 없는 파이썬은 가장 유용한 시스템 관리자용 스크립트 언어다. 홀륭하게 설계됐고 널리 사용되면 다른 패키지에 의해 폭넓게 지원된다. 표 7.1은 다른 언어들에 대한 일반적 사항을 보여준다.

표 7.1 스크립트 언어 요약

언어	설계자	용도
본셸(Bourne shell)	스티븐 본(Stephen Bourne)	간단한 명령이나 이동식 스크립트
배시	브라이언 폭스(Brian Fox)	본셸과 같음. 본셸보다 낫지만 이동성은 못하다.
C셸(C shell)	빌 조이(Bill Joy)	스크립트용으로는 사용되지 않음
자바스크립트	브랜든 아이크(Brendan Eich)	웹 개발, 앱 스크립트
펄(Perl)	래리 월(Larry Wall)	빠른 해킹, 한 줄 프로그램(one-liner), 텍스트 처리
PHP	라스무스 레르도프(Rasmus Lerdorf)	나쁜 짓이므로 벌 받아야 함
파이썬	귀도 반 로섬(Guido van Rossum)	범용 스크립트, 데이터 랭글링(data wrangling)
루비	'마츠' 마츠모토('Matz' Matsumoto)	범용 스크립트, 웹

모범 사례를 따르라

이번 장에 예시된 코드에는 몇 개의 명령만 포함돼 있고 사용법 메시지를 출력하지 않는다. 그것은 요점을 강조하고자 각 예제의 골격만 남겨 놓았기 때문이다. 실제 스크립트는 더 잘 만들어야 한다. 모범적 코딩에 관한 책은 많지만 여기서는 몇 가지 기본적인 가이드라인만 제시한다.

- 부적절한 인수를 써서 실행했을 때 스크립트는 사용법 메시지를 출력한 후 종료돼야 한다. 추가 지원을 위해 `--help` 옵션도 구현한다.

- 입력 데이터의 유효성을 검증하고 도출된 값들이 정상인지 확인한다. 예를 들어 산출된 경로에 대해 `rm -rf`를 실행하기 전에 그 경로가 기대한 패턴과 일치하는지를 이중으로 검사하도록 스크립트를 작성할 수 있다.

- 의미 있는 종료 코드[exit code]를 반환한다. 즉, 성공 시에는 0, 실패 시에는 0이 아닌 값을 반환한다. 하지만 각각의 실패 모드에 대해 반드시 고유한 종료 코드를 부여할 필요는 없다. 호출자가 실질적으로 무엇을 원하는지 고려해 결정한다.

- 변수, 스크립트, 루틴에 적합한 명명 규칙[naming convention]을 사용한다. 언어 규칙과 코드베이스[code base], 가장 중요한 것으로 현재 프로젝트에서 정의된 변수나 함수에 부합하게 맞춘다. 긴 이름을 읽기 편하게 하고자 대소문자와 밑줄 문자[underscore]를 혼합해서 사용한다.[2]

- 변수에 저장된 값을 반영하는 변수명을 사용하되 길이를 짧게 한다. `number_of_lines_of_input`는 너무 길다. 이럴 때는 `n_lines`로 하는 게 좋다.

- 공동 작업자들이 같은 규칙에 따라 코드를 작성할 수 있게 스타일 가이드[style guide] 개발을 고려한다. 스타일 가이드는 다른 사람의 코드를 읽기 쉽게 해준다.[3]

- 모든 스크립트는 스크립트가 무슨 일을 수행하는지, 어떤 매개변수를 사

---

2. 스크립트 자체의 명명도 중요하다. 스크립트 명명에서는 `system-config-printer`와 같이 띄어쓰기용으로 밑줄 문자(_)보다는 대시(-)를 사용하는 게 일반적이다.

3. 달리 말하면 스타일 가이드가 있으면 몇 주일 분량의 논쟁을 줄이는 효과를 볼 수 있다. 스타일 가이드를 놓고 논쟁을 벌여서는 안 된다. 합의의 영역을 다루면서 괄호나 콤마의 위치를 놓고 긴 협상을 하는 것은 피한다. 중요한 것은 모든 사람이 하나의 일관된 명명 규칙에 확실히 동의하게 만드는 것이다.

용하는지를 설명하는 주석 블록으로 시작한다. 작성자의 이름과 날짜도 포함시킨다. 스크립트가 비표준 도구나 라이브러리, 모듈의 설치를 요구한다면 그런 사항도 주석에 표시한다.

- 스크립트 작성자가 한두 달 후에 자신이 작성한 스크립트를 다시 봤을 때 도움이 될 만한 수준으로 주석을 작성한다. 예를 들어 선택한 알고리듬, 참조한 웹 사이트, 좀 더 명료한 방식으로 처리하지 않은 이유, 일반적이지 않은 코드 경로, 개발 중 문제가 됐던 것들에 대해 주석을 달면 매우 유용하다.

- 읽는 사람의 입장에서 지능이나 언어 숙련도를 고려해 불필요한 주석으로 코드를 어지럽히지 않는다.

- 스크립트를 루트로 실행하는 것은 괜찮지만 setuid로 만드는 것은 피한다. setuid 스크립트를 완전히 안전하게 만드는 것은 매우 어렵다. 대신 sudo를 사용해 적절한 접근 제어 정책을 구현한다.

- 이해하지 못하는 것을 스크립트로 만들지 않는다. 시스템 관리자는 종종 특정 절차를 다루는 방법에 관한 권위 있는 문서로 스크립트를 바라본다. 어설픈 스크립트를 배포함으로써 잘못된 사례를 만들지 않게 한다.

- 기존 스크립트로부터의 코드는 자유롭게 수용한다. 하지만 코드를 이해하지 못하는 경우에는 '복사하고 붙여 넣고, 기도하기' 식의 프로그래밍은 하지 않는다. 코드를 이해하는 데 시간을 쓴다. 이럴 때 쓰는 시간은 낭비가 아니다.

- 배시에서 실행 전에 명령을 에코^{echo}하려면 -x, 실행하지 않고 명령 구문만 확인하려면 -n을 사용한다.

- 파이썬에서 커맨드라인에 -0 인수를 써서 명시적으로 끄지 않으면 디버그 모드에 있게 된다는 사실을 떠올려보자. 진단 출력을 인쇄하기 전에 특별 변수 __debug__를 테스트할 수 있다.

톰 크리스찬센$^{Tom Christiansen}$은 유용한 오류 메시지를 만들기 위한 다섯 가지 항금률을 다음과 같이 제안한다.

- 오류 메시지는 STDOUT이 아닌 STDERR로 내보내야 한다.
- 오류를 발생시킨 프로그램의 이름을 포함한다.
- 어떤 함수나 연산이 실패했는지 기술한다.
- 시스템 콜이 실패한 경우라면 perror 문자열을 포함시킨다.
- 0이 아닌 종료 코드로 종료한다.

7.2 셸 기초

유닉스는 항상 사용자에게 셸의 선택권을 제공해왔지만 본셸$^{Bourne\ Shell}$ sh의 일부 버전은 모든 유닉스와 리눅스 시스템의 표준으로 존재해왔다. 오리지널 본셸용 코드는 AT&T 라이선스 벽을 한 번도 빠져나온 적이 없기 때문에 요즘에는 sh가 암키스트 셸$^{Almquist\ Shell}$(ash, dash, sh로 알려져 있음)이나 '본어게인$^{Bourne-Again}$' 셸 bash 의 형태로 널리 사용되고 있다.

암키스트 셸은 어떤 추가 기능 없이 오리지널 본셸을 재구현한 것이다. 현대 기준에서 보면 암키스트 셸은 로그인 셸로 유용성을 간신히 유지하고 있으며 sh 스크립트를 효율적으로 실행하기 위한 목적으로만 존재한다.

배시^{bash}는 대화형 사용성에 중점을 뒀다. 배시는 수년에 걸쳐 다른 여러 셸에서 선도적으로 개발된 유용한 기능들을 대부분 흡수했다. 오리지널 본셸용으로 개발된 스크립트들은 여전히 배시에서 실행될 수는 있지만 배시는 스크립트를 위해 최적화된 것은 아니다. 데비안 리니지와 같은 일부 시스템에는 배시와 대시^{dash}가 모두 포함돼 있다. 다른 시스템에서는 스크립트와 대화형 용도, 모두를 배시에 의존하고 있다.

본셸에는 여러 가지 파생물이 있는데, 가장 특별한 것으로 ksh$^{Korn\ shell}$, ksh의 고성능 사촌격인 zsh를 꼽을 수 있다. zsh는 철자 교정이나 강력한 글로빙^{globbing}과 같은 zsh 고유의 기능도 많이 갖추고 있을 뿐 아니라 sh, ksh, bash와도 두루 호환된다. 본셸은 (필자가 아는 한) 어떤 시스템에서도 기본 셸로 사용되고 있지 않지만 일종의 컬트적인 요소들을 갖고 있다.

역사적으로 BSD에서 파생된 시스템들은 대화형 셸로 C셸(csh)을 선호한다. C셸은 현재 tcsh라는 개량된 버전이 가장 널리 사용되고 있다. C셸은 로그인 셸로서 광범위하게 사용된 이력이 있지만 스크립트 언어로서는 권장하지 않는다.[4]

tcsh는 널리 사용되고 있는 훌륭한 셸이긴 하지만 sh에서 파생된 것이 아니다. 셸은 복잡하다. 셸 전문가가 아니라면 스크립트를 위해 한 셸을 배우고 매일 사용하기 위한 용도로 기능과 구문이 다른 두 번째 셸을 배울 만큼 큰 가치가 있지는 않다. 최신 버전의 sh에 집중하면서 그것으로 두 가지 목적을 모두 이루게 한다.

셸을 선택함에 있어 최근 배시는 세계적인 표준으로서 상당한 위치에 있다. 서로 다른 시스템 사이를 힘들지 않게 오가려면 개인 환경을 배시로 표준화한다.

 FreeBSD는 tcsh를 루트의 기본 셸로 유지하고 있으며 bash를 베이스 시스템의 일부로 포함시키지 않는다. 하지만 이 문제는 간단히 해결할 수 있다. bash를 설치하려면 sudo pkg install bash를 실행한 후 chsh 명령을 이용해 자신이나 다른 사용자의 셸을 변경하면 된다. 새로운 사용자의 기본 셸을 bash로 하려면 adduser -C 명령을 실행한다.[5]

셸 스크립트의 세부 사항으로 들어가기 전에 셸의 기본 기능과 구문에 대해 몇 가지 알아야 할 것이 있다.

이번 절에서 사용된 예제들은 독자가 사용하는 구체적인 플랫폼과 상관없이 sh 계열(bash와 ksh는 포함되지만 csh나 tcsh는 포함되지 않음)의 주류 대화형 셸에 적용된다. 잘 알지 못하는 형식들은 직접 테스트하고 실험한다.

명령 편집

사람들이 화살표 키로 커맨드라인을 편집하는 것을 너무나 많이 봤다. 텍스트 편집기 안에서는 그렇게 하지 않을 것 같다.

---

4. 왜 그런지에 대한 자세한 설명은 톰 크리스찬센의 명저 『해로운 Csh 프로그래밍(Csh Programming Considered Harmful)』을 참고한다. 이 책은 웹상에 널리 퍼져 있다. 그중 하나는 harmful.cat-v.org/software/csh다.

5. 기본값을 변경하는 것이 주제넘은 행위일 수 있으나 표준 FreeBSD는 새 사용자들을 암키스트 셸로 밀쳐내고 있다. 더 좋은 곳으로 갈 수밖에 없는 것이다.

이맥스emacs를 선호한다면 편집하는 동안 모든 기본적인 이맥스 명령을 사용할 수 있다. CTRL + E는 줄 끝으로 이동하고 CTRL + A는 줄의 처음으로 이동한다. CTRL + P는 최근 실행된 명령들을 한 스텝씩 뒤로 되돌린다. CTRL + R은 작업 내역에서 점층적인 검색을 수행한다.

vi/vim을 선호한다면 다음과 같이 셸 커맨드라인 편집을 vi 모드로 설정해놓는다.

```
$ set -o vi
```

vi처럼 모드 기반으로 편집되며 입력 모드로 시작한다. Esc 키를 누르면 입력 모드에서 빠져나오고 i를 누르면 다시 입력 모드로 들어간다. 편집 모드에서 w는 한 단어씩 앞으로 이동하며 fX는 줄 내에서 다음에 오는 X를 찾는다. Esc 키를 누르고 k를 누르면 지난 명령 내역을 따라 이동할 수 있다. 다시 이맥스 편집 모드로 돌아가길 원한다면 다음과 같이 하면 된다.

```
$ set -o emacs
```

파이프와 리다이렉션

모든 프로세스는 최소한 3개의 통신 채널, 즉 표준 입력(STDIN), 표준 출력(STDOUT), 표준 오류(STDERR)를 사용할 수 있다. 프로세스는 처음 시작될 때 이 채널들을 부모로부터 상속받으므로 이들이 어디에 연결돼 있는지 반드시 알 필요는 없다. 예를 들면 채널들은 터미널 윈도우에 연결돼 있을 수도 있고 파일이나 네트워크 접속 또는 다른 프로세스에 속해 있는 채널에 연결돼 있을 수도 있다.

유닉스와 리눅스는 각 채널이 파일 디스크립터file descriptor라 불리는 작은 정수로 이름 붙여진 통일된 I/O 모델을 갖는다. 한 채널에 지정된 구체적인 숫자는 중요하지 않지만 STDIN, STDOUT, STDERR은 각각 파일 디스크립터 0, 1, 2로 고정돼 있기 때문에 이 채널들은 안심하고 숫자로 참조해도 된다. 대화형 터미널 윈도우의 경우에 STDIN은 보통 키보드에서 읽으며 STDOUT과 STDERR은 출력을 화면에 쓴다.

많은 전통적인 유닉스 명령은 입력을 STDIN에서 받아들이며 출력은 STDOUT으로 내보낸다. 오류 메시지는 STDERR에 쓴다. 이런 관례는 마치 블록 쌓기처럼 여러 명령을 연결해 합성 파이프라인composite pipeline을 생성할 수 있게 한다.

셸은 <, >, >> 기호를 만나면 한 명령의 입력이나 출력을 파일로 전환하라는 지시어로 해석한다. < 기호는 해당 명령의 STDIN을 기존 파일의 내용물에 연결한다. >와 >> 기호는 STDOUT을 리다이렉트하는데, >는 파일의 기존 내용을 대체하고 >>는 기존 파일의 내용에 추가한다. 예를 들면 다음 명령은 /etc/passwd 파일에서 'bash'란 단어를 포함하는 줄들을 복사해 /tmp/bash-users 파일에 넣되 파일이 없으면 생성한다.

```
$ grep bash /etc/passwd > /tmp/bash-users
```

다음 명령은 파일의 내용을 정렬sorting해서 그 결과를 터미널에 출력한다.

```
$ sort < /tmp/bash-users[6]
root:x:0:0:root:/root:/bin/bash
...
```

STDOUT과 STDERR을 같은 곳으로 리다이렉트시키려면 >& 기호를 사용한다. STDERR만을 리다이렉트하려면 2>를 사용한다.

find 명령은 STDOUT과 STDERR을 왜 따로 다뤄야 하는지 보여준다. find는 두 채널에 모두 출력하는 경우가 많기 때문이다. 특히 특권이 없는 사용자로 실행될 때 그렇다. 예를 들면 다음과 같은 명령은 대개 많은 '권한 없음permission denied' 오류 메시지를 내보냄으로써 찾아낸 항목이 어지러운 출력 속에 묻혀버릴 수 있다.

```
$ find / -name core
```

모든 오류 메시지를 없애려면 다음과 같이 한다.

```
$ find / -name core 2> /dev/null
```

---

6. 사실 소트(sort) 명령은 파일명도 수용하기 때문에 이 구문에서 < 기호는 생략해도 된다. 여기서는 예를 들고자 사용한 것뿐이다.

이렇게 하면 실제로 매치된 것(즉, core 파일의 부모 디렉터리에 읽기 권한을 갖고 있는 경우)만 터미널로 출력된다. 매칭된 경로들의 목록을 파일에 저장하려면 다음 명령을 사용한다.

```
$ find / -name core > /tmp/corefiles 2> /dev/null
```

이 커맨드라인은 매칭된 경로를 /tmp/corefiles에 보내고 오류는 무시하며 터미널 윈도우에는 아무것도 보내지 않는다.

한 명령의 STDOUT을 다른 명령의 STDIN에 연결하려면 파이프^{pipe}라고 부르는 | 기호를 사용한다. 다음 예를 보자.

```
$ find / -name core 2> /dev/null | less
```

첫 명령은 앞서 예로 든 것과 같은 작업을 하지만 발견된 파일들의 목록을 파일이 아닌 less 페이저로 보낸다. 또 다른 예를 보자.

```
$ ps -ef | grep httpd
```

이 커맨드라인은 ps를 실행해 프로세스 목록을 만들어 파이프를 통해 grep 명령으로 보낸다. grep 명령은 httpd라는 단어를 포함하는 줄들을 골라내는데, 그 출력은 다른 곳으로 리다이렉트되지 않았기 때문에 매칭된 줄들은 터미널 윈도우로 보내진다.

```
$ cut -d: -f7 < /etc/passwd | sort -u
```

여기서는 cut 명령이 /etc/passwd 파일에서 각 사용자의 셸 경로를 골라낸다. 그런 다음 sort -u 명령을 통해 셸 목록에서 중복된 것들을 없애고 최종 결과물을 알파벳순으로 정렬한다.

앞 명령이 성공적으로 완료됐을 경우에만 두 번째 명령이 실행되게 하려면 두 명령을 && 기호로 연결한다. 예를 들면 다음과 같다.

```
$ mkdir foo && cd foo
```

이 명령은 foo라는 디렉터리를 생성한다. 디렉터리가 성공적으로 생성되면 cd를 실행한다. 여기서 mkdir 명령의 성공 여부는 종료 코드가 0인가를 기준으로 판단한다. 따라서 이러한 목적으로 '논리적 AND'를 암시하는 기호를 사용하는 것이 다른 프로그래밍 언어의 단축 평가^{short-circuit evaluation}에 익숙한 사람에게는 헷갈릴 수도 있다. 너무 많은 생각을 하지 말고 셸의 관용구로 편하게 받아들이면 된다.

반대로 || 기호는 앞 명령이 실패로 끝났을 경우(즉, 0이 아닌 종료 코드를 발생)에만 뒤에 오는 명령을 실행한다. 예를 들면 다음과 같다.

```
$ cd foo || echo "No such directory"
```

스크립트에서는 한 명령을 여러 줄에 걸쳐 나눠 쓰려면 백슬래시^{backslach}(\) 기호를 사용한다. 이 기능은 오류 처리 코드와 명령 파이프라인의 나머지를 구분하는 데 도움이 된다.

```
cp --preserve --recursive /etc/* /spare/backup \
    || echo "Did NOT make backup"
```

거꾸로 여러 명령을 결합해서 한 줄로 만들려면 명령문들을 구분하기 위한 구분 기호로 세미콜론(;)을 사용하면 된다.

```
$ mkdir foo; cd foo; touch afile
```

변수와 인용

변수명은 값을 지정할 때는 어떤 기호도 사용되지 않으나 그 값을 참조할 때는 변수명 앞에 달러($) 기호가 붙는다. 예를 들면 다음과 같다.

```
$ etcdir='/etc'
$ echo $etcdir
```

= 기호 주변에는 빈칸을 두지 말아야 한다. 그렇지 않으면 셸은 변수명을 명령 이름으로 착각해 나머지 부분을 그 명령의 인수들로 인식한다.

변수를 참조할 때는 변수명 주변을 중괄호({})로 묶음으로써 파서나 사람에게 변수명이 어디부터 어디까지이고 다른 텍스트가 어디서 시작되는지를 명확하게 알려줄 수 있다. 예를 들면 단순하게 $etcdir로 쓰는 것보다는 ${etcdir}로 쓰는 것이다. 중괄호는 평상시에는 요구되지 않지만 큰따옴표로 둘러싸인 문자열 내부에서 변수를 확장하려고 할 때 유용하다. 변수의 내용 다음에 어떤 글자들이나 문장 부호가 따라올 때가 있다. 예를 들면 다음과 같은 경우다.

```
$ echo "Saved ${rev}th version of mdadm.conf."
Saved 8th version of mdadm.conf.
```

셸 변수의 명명에는 어떤 표준 관례가 있는 것은 아니지만 모든 글자가 대문자로 돼 있는 이름은 전형적으로 환경변수나 글로벌 환경설정 파일에서 읽은 변수를 의미한다. 로컬 변수들은 대개 모두 소문자로 표시되며 밑줄(_) 부호로 구성 요소들을 구분한다. 변수명은 대소문자를 구분한다.

셸은 작은따옴표와 큰따옴표로 둘러싸인 문자열을 똑같이 취급하지만 큰따옴표 문자열은 글로빙(*나 ?와 같은 파일명 비교 메타 문자들의 확장)과 변수 확장의 대상이 된다는 점만 다르다. 예를 들면 다음과 같다.

```
$ mylang="Pennsylvania Dutch"
$ echo "I speak ${mylang}."
I speak Pennsylvania Dutch.
$ echo 'I speak ${mylang}.'
I speak ${mylang}.
```

백틱^{backtick}이라고도 불리는 역따옴표^{backquote}(`)는 큰따옴표와 유사하지만 역따옴표는 문자열의 내용이 셸 명령으로 실행돼 그 출력으로 문자열이 대체되는 효과가 있다. 예를 들어 다음 명령의 결과를 보자.

```
$ echo "There are `wc -l < /etc/passwd` lines in the passwd file."
There are 28 lines in the passwd file.
```

환경변수

유닉스 프로세스는 처음 시작될 때 커맨드라인 인수 목록과 '환경변수' 집합이 주어진다. 대부분의 셸은 printenv 명령에 응해 현재 환경을 보여준다.

```
$ printenv
EDITOR=vi
USER=garth
ENV=/home/garth/.bashrc
LSCOLORS=exfxgxgxdxgxgxbxbxcxcx
PWD=/mega/Documents/Projects/Code/spl
HOME=/home/garth
... <약 50줄 가량 존재한다.>
```

관례에 따라 환경변수의 이름은 모두 대문자로 표시되지만 기술적으로 요구되는 것은 아니다.

실행 프로그램들은 이러한 변수들을 참조해 취해야 할 행동을 변화시킨다. 예를 들면 vipw는 EDITOR 환경변수를 확인해 어떤 편집기를 실행할지 결정한다.

환경변수들은 자동으로 셸의 변수 네임스페이스^{namespace}에 들여오기 때문에 표준 구문으로 읽거나 설정할 수 있다. export *varname*을 사용해 셸 변수를 환경변수로 승격시킬 수 있다. 또한 다음과 같이 export문을 값 지정문과 결합시킬 수도 있다.

```
$ export EDITOR=nano
$ vipw
<나노(nano) 편집기를 시작한다.>
```

'환경' 변수라고 부르기는 하지만 이 값들이 시공간의 바깥에 있는 어떤 추상적인 천상계에 존재하는 것은 아니다. 셸은 현재 값들의 스냅샷을 실행할 프로그램에 전달하지만 지속적인 연결이 존재하는 것은 아니다. 게다가 모든 셸이나 프로그램(모든 터미널 윈도우도 마찬가지)은 각각 자신의 환경변수 사본을 갖게 되며 별도로 수정할 수 있다.

로그인할 때마다 설정하길 원하는 환경변수를 위한 명령들은 ~/.profile이나 ~/.bash_profile 파일에 포함시켜야 한다. 현재 작업 디렉터리를 의미하는 PWD와 같은 환경변수들은 셸에 의해 자동으로 관리된다.

일반적인 필터 명령

STDIN에서 읽고 STDOUT으로 출력하는 명령이라면 어떤 것이든 데이터를 처리하는 필터로 사용될 수 있다. 일반적으로 많이 사용되는 필터 명령에 대해 간단히 살펴보기로 하자. 실제로는 이런 필터 명령들이 무한하다고 할 수 있다. 필터 명령들은 팀을 이루는 경향이 있어 때로는 독립적으로 사용되는 예를 보여주기 어려운 면도 있다.

대부분 필터 명령은 커맨드라인에서 한 개 이상의 파일명을 받아들인다. 파일명을 지정하지 않을 경우에만 표준 입력에서 읽는다.

cut: 여러 줄을 필드로 분리한다

cut 명령은 입력 줄에서 선택된 부분만을 출력한다. 가장 흔히 사용되는 예는 구획 문자delimiter에 의해 나뉘는 필드field들을 추출하는 것이다. 하지만 열column 경계에 의해 정의되는 세그먼트segment를 반환할 수도 있다. 기본 구획 문자는 탭Tab이지만 -d 옵션을 이용해 바꿀 수 있다. -f 옵션은 어떤 필드를 출력에 포함시킬지를 결정한다.

cut의 용례는 잠시 후에 소개할 uniq를 참고한다.

sort: 줄들을 정렬한다

sort는 입력 줄들을 정렬한다. 간단한 것 같지만 그렇지 만도 않다. 각 줄에서 정렬되는 정확한 부분(키key)을 지정하는 것과 정렬하는 순서에 있어 미묘한 점들이 있기 때문이다. 표 7.2는 흔히 사용되는 옵션들을 보여준다. 다른 옵션에 대해서는 맨페이지를 참고한다.

다음 명령은 숫자 정렬과 사전^{dictionary} 정렬의 차이를 보여준다. 기본값은 사전 정렬로 돼 있다. 두 명령 모두 /etc/group 파일을 구획 문자 콜론(:)에 의해 구분되는 3번째 필드(그룹ID)로 정렬하고자 -t:와 -k3,3 옵션을 사용하고 있다. 첫 번째 명령은 숫자로 정렬하고 두 번째 명령은 알파벳으로 정렬한다.

표 7.2 정렬 옵션

옵션	의미
-b	앞에 오는 공백 문자들을 무시
-f	대소문자를 구분하지 않고 정렬
-h	'사람이 읽을 수 있는' 숫자(예, 2MB)로 정렬
-k	정렬 키로 사용되는 칼럼들을 지정
-n	필드들을 정수 숫자로 비교
-r	정렬 순서를 거꾸로 바꿈
-t	필드 구분자를 설정(기본값은 공백 문자)
-u	중복 없이 고유한 레코드만 출력

```
$ sort -t: -k3,3 -n /etc/group⁷
root:x:0:
bin:x:1:daemon
daemon:x:2:
...
$ sort -t: -k3,3 /etc/group
root:x:0:
bin:x:1:daemon
users:x:100:
...
```

메가를 의미하는 M이나 기가를 의미하는 G와 같은 접미사들을 이해하는 숫자 정렬을 구현한 -h 옵션도 유용하다. 예를 들면 다음 명령은 출력의 가독성을 잘 유지하면서 /usr 밑에 있는 디렉터리들의 크기를 정확히 정렬한다.

```
$ du -sh /usr/* | sort -h
```

---

7. sort는 (-k3,3이 아닌) 키 -k3를 수용하긴 하지만 기대한 것과는 다른 결과를 얻을 수 있다. 종결 필드 번호를 명시하지 않으면 정렬 키는 줄의 끝까지 적용된다.

```
16K  /usr/locale
128K    /usr/local
648K    /usr/games
15M     /usr/sbin
20M     /usr/include
117M    /usr/src
126M    /usr/bin
845M    /usr/share
1.7G    /usr/lib
```

uniq: 중복 없는 고유한 줄들을 출력한다

uniq는 sort -u와 취지가 비슷하지만 uniq는 sort가 대신하지 못하는 일부 유용한
옵션을 갖고 있다. 각 줄의 빈도수를 세는 -c 옵션과 중복된 줄들만 보여주는 -d
옵션, 중복되지 않는 줄들만 보여주는 -u 옵션이 이에 해당한다. uniq의 입력은 보
통 sort를 통해 미리 정렬돼 있어야 한다.

예를 들어 다음 명령은 20명의 사용자가 로그인 셸로 /bin/bash을 사용하고 있고
12명의 사용자가 /bin/false를 사용하고 있음을 보여준다(후자는 의사 사용자[pseudo-user]이거나 계정이 비활성화된 사용자다).

```
$ cut -d: -f7 /etc/passwd | sort | uniq -c
    20 /bin/bash
    12 /bin/false
```

wc: 줄, 단어, 문자의 수를 센다

파일에 포함된 줄, 단어, 문자의 수를 세는 것은 가장 흔한 작업이며, wc[word count] 명
령은 이 작업을 위한 편리한 수단이다. 옵션 없이 실행하면 세 가지 집계를 모두
보여준다.

```
$ wc /etc/passwd
32 77 2003 /etc/passwd
```

스크립트 입장에서는 wc가 단 하나의 숫자만 출력하도록 -l, -w, -c 옵션을 제공하

는 게 일반적이다. 이런 형식의 wc는 역따옴표 안에서 가장 흔히 사용되는데, 그것은 wc 실행 결과를 저장하거나 어떤 작업을 적용할 수 있기 때문이다.

tee: 입력을 두 곳으로 복사한다

전형적인 명령 파이프라인은 선형^{linear}이지만 때로는 데이터 스트림을 복사해서 파일이나 터미널 윈도우로 보내는 것이 유용할 때가 있다. 이 작업은 표준 입력을 표준 출력으로도 보내고 커맨드라인에 지정한 파일로도 보내는 tee 명령을 써서 할 수 있다. 배관 연결에 사용되는 T자형 접속 배관을 연상하면 이해하기 쉽다.

/dev/tty 장치는 현재 터미널 윈도우와 동의어다. 예를 들면 다음과 같다.

```
$ find / -name core | tee /dev/tty | wc -l
```

이 명령은 core라는 파일의 경로명과 발견된 코어 파일의 개수를 모두 출력한다.

실행 시간이 긴 파이프라인의 끝에 tee 명령을 써서 종결하는 방식이 흔히 관용적으로 사용된다. 그렇게 하면 최종 출력을 파일과 터미널 윈도우 양쪽으로 보내 각각 처리할 수 있다. 파이프라인의 결과가 기대한 대로 진행되고 있는지를 미리 볼 수 있을 뿐 아니라 명령이 실행되고 있는 동안 그 결과가 파일에 저장되고 있음을 알게 된다.

head와 tail: 파일의 시작이나 끝을 읽어낸다

한 파일의 시작이나 끝에 있는 몇 줄을 읽어보는 일은 시스템 관리 작업에서 자주 일어난다. 이 명령들은 10줄을 표시하도록 기본값이 설정돼 있지만 -n *numlines* 옵션을 이용해 원하는 만큼의 줄을 표시할 수 있다.

대화형으로 사용할 경우에는 파일을 페이지 단위로 보여주는 less 명령이 있어 head는 거의 쓸모가 없다. 하지만 스크립트 안에서는 head가 다양하게 사용된다.

tail 명령도 시스템 관리자에게 특히 유용한 -f 옵션을 갖고 있다. tail -f 명령은 요청한 만큼의 줄들을 출력한 후에 곧바로 종료되지 않고 새 줄들이 파일 끝에 추가되길 기다리다가 새 줄이 나타나면 출력한다. 이런 기능은 로그 파일을 모니터링할 때 대단히 유용하다. 하지만 파일에 쓰기 작업을 하고 있는 프로그램이 자신의 출력을 버퍼링할 수도 있다는 점을 잘 알고 있어야 한다. 논리적 관점에서 줄들이 규칙적인 간격으로 추가된다 해도 그 줄들은 1KiB나 4KiB 단위의 조각^{chunk}으로만 볼 수 있을지도 모른다.[8]

head와 tail은 커맨드라인에 여러 개의 파일명을 사용할 수 있다. tail -f 명령조차도 다중 파일을 허용하는데, 이 기능은 꽤나 편리하다. 새 출력이 나타날 때 tail은 그 출력이 나온 파일의 이름을 표시해준다.

모니터링을 끝내려면 CTRL + C를 누른다.

grep: 텍스트 검색

grep은 입력 텍스트를 검색해서 주어진 패턴과 일치하는 줄들을 출력한다. grep이라는 이름은 유닉스 초기 버전(현재 시스템에도 포함)의 ed 편집기에서 사용된 g/정규표현식/p 명령에서 유래됐다.

'정규표현식^{Regular Expression}'은 체계적으로 정의된 표준 패턴 매칭^{pattern-matching} 언어로 작성된 텍스트 매칭 패턴들을 말한다. 정규표현식들은 구현에 따라 조금씩 다른 점이 있긴 하지만 패턴 매칭을 지원하는 대부분의 프로그램에서 사용되는 세계 표준이다. 이 특이한 이름은 컴퓨터 계산 이론 분야에서 처음 사용됐던 정규표현식이란 말에서 유래한 것이다. 정규표현식의 구문은 나중에 상세히 다룬다.

대부분 필터와 마찬가지로 grep도 많은 옵션을 갖고 있다. 일치하는 줄의 수를 표시하는 -c 옵션, 패턴을 비교할 때 대소문자를 구분하지 않는 -i 옵션, 일치하지 않는 줄들을 출력하는 -v 옵션 등이 있다. 다른 유용한 옵션으로 매칭에 성공한 각 줄을 출력하지 않고 파일명만 출력하게 하는 -l(소문자 L) 옵션을 들 수 있다. 예를 들어 다음 명령을 보자.

```
$ sudo grep -l mdadm /var/log/*
/var/log/auth.log
/var/log/syslog.0
```

---

8. 이 단위에 대한 설명은 1장을 참고한다.

이 명령은 mdadm으로부터의 로그 항목들이 두 개의 로그 파일 안에 나타난다는 것을 보여준다.

grep은 전통적으로 매우 기초적인 정규표현식 엔진이지만 일부 버전에서는 다른 언어를 선택할 수 있게 해준다. 예를 들면 리눅스에서 grep -P를 사용하면 펄 스타일 표현식을 선택한다. 다만 유의할 점은, 맨페이지는 "이 옵션은 매우 실험적이며 아직 구현되지 않았다는 경고문이 표시될 수 있다."고 설명하고 있다. 완전한 기능을 원한다면 루비나 파이썬, 펄을 사용하면 된다.

tail -f 명령의 출력을 grep으로 필터링하려면 매칭되는 줄이 발생하자마자 볼 수 있도록 --line-buffered 옵션을 추가한다.

```
$ tail -f /var/log/messages | grep --line-buffered ZFS
May 8 00:44:00 nutrient ZFS: vdev state changed, pool_
guid=10151087465118396807 vdev_guid=7163376375690181882
...
```

7.3 sh 스크립트

sh는 커맨드라인에 타이핑해야 하는 것들을 자동화하는 것과 같은 간단한 스크립트를 작성하는 데 매우 좋다. 커맨드라인 기술에서 sh 스크립트로 넘어가는 것이다. 이로써 sh 학습에 투자한 시간으로부터 최대한의 가치를 뽑아낼 수 있다. 하지만 일단 sh 스크립트가 50줄을 넘거나 sh에 없는 기능이 필요하다면 파이썬이나 루비로 이동할 때가 된 것이다.

스크립트에 있어서는 IEEE와 포직스 표준을 모두 만족하는 오리지널 본셸이 이해하는 언어에 스스로를 제한할 필요가 있다. sh 호환 셸은 이 기준선에 다른 언어의 기능들을 추가로 보충하곤 한다. 이러한 확장이 의도적으로 사용되고 특정 해석기를 요구할 의향이 있다면 문제될 것은 없다. 하지만 스크립트 작성자들은 이런 확장을 의도적으로 사용했다가 나중에 자신이 작성한 스크립트가 다른 시스템에서 작동하지 않는 것을 보고 깜짝 놀라는 일이 비일비재하다.

특히 시스템의 sh 버전이 항상 bash일 것이라는 가정도, bash가 있다는 가정조차도 하지 말아야 한다. 우분투는 2006년에 기본 스크립트 해석기로서 bash를 dash로 대체했다. 그리고 변환 처리의 일부로 경계해야 할 배시즘[bashism]들을 모아 간편한 목록을 만들었다. 이에 관한 내용은 wiki.ubuntu.com/DashAsBinSh를 참고한다.

실행

sh 주석은 샵(#) 기호로 시작해 줄의 끝까지 계속된다. 커맨드라인에서와 마찬가지로 개행[newline] 앞에 백슬래시(\) 기호를 붙임으로써 하나의 논리적 줄을 여러 줄의 물리적 줄로 쪼갤 수 있다. 또한 여러 실행문을 세미콜론(;)으로 구분함으로써 한 개 이상의 실행문을 한 줄에 표시할 수도 있다.

sh 스크립트는 연속된 커맨드라인으로만 구성될 수 있다. 예를 들면 다음의 helloworld 스크립트는 한 개의 echo 명령을 수행한다.

```
#!/bin/sh
echo "Hello, world!"
```

첫 줄은 '섀뱅[shebang]' 문으로 알려져 있으며 현재 텍스트 파일이 /bin/sh에 의해 해석되는 스크립트임을 선언하고 있다(여기서 sh 자체는 dash나 bash에 링크돼 있을 수 있다). 커널은 이 구문을 보고 이 파일의 실행 방법을 결정한다. 스크립트를 실행하고자 호출된 셸의 관점에서 보면 섀뱅 줄은 단지 주석에 불과하다.

이론적으로는 현재 시스템에 sh가 다른 위치에 있다면 섀뱅 줄을 수정할 필요가 있다. 하지만 수많은 기존 스크립트는 /bin/sh가 반드시 링크를 통해서만 변경될 수 있도록 시스템이 지원한다고 가정한다.

자신의 스크립트가 bash로 실행되길 원하거나 모든 시스템에서 동일한 명령 경로를 갖지 않을 수도 있는 다른 해석기로 실행되길 원한다면 /usr/bin/env 명령을 이용해 특정 명령의 PATH 환경변수를 검색할 수 있다.[9] 예를 들면 다음과 같다.

---

9. 경로 검색에는 보안 문제가 내포된다. 특히 스크립트를 sudo로 실행할 때 그렇다. sudo의 환경변수 처리에 관한 자세한 내용은 6장을 참고한다.

```
#!/usr/bin/env ruby
```

이 문장은 루비 스크립트를 시작하는 일반적인 관용구다. /bin/sh처럼 /usr/bin/env도 널리 사용되는 의존 경로라서 모든 시스템은 이를 지원해야 할 의무가 있다.

스크립트가 실행되게 하려면 실행 비트만 활성화시키면 된다(5장 참고).

```
$ chmod +x helloworld
$ ./helloworld10
Hello, world!
```

해석기역할을 하는 셸을 직접 호출할 수도 있다.

```
$ sh helloworld
Hello, world!
$ source helloworld
Hello, world!
```

첫 번째 명령은 새로운 sh 인스턴스로 helloworld 스크립트를 실행하며, 두 번째 명령은 기존 로그인 셸이 파일 내용을 읽어 실행하게 한다. 후자는 스크립트가 환경변수를 설정하거나 현재 셸에만 적용할 어떤 맞춤 작업을 할 때 유용하다. 일련의 변수 지정문으로 작성된 환경설정 파일의 내용을 포함시키는 스크립트에서 흔히 사용된다.[11]

윈도우 쪽에서 온 사람이라면 파일이 어떤 유형이고 실행 가능한 파일인지를 나타내는 파일 확장자에 익숙할 것이다. 유닉스와 리눅스에서는 파일이 실행 가능한지, 가능하다면 누가 실행할 수 있는지를 결정하는 것은 파일의 사용 권한 비트들이다. 원한다면 자신의 셸 스크립트를 기억하고자 이름에 .sh 접미사를 붙일 수는 있지만 그럴 경우 실행할 때도 .sh까지 타이핑을 해야 한다. 유닉스는 편의상 붙인 그런 확장자를 특별하게 취급하지 않기 때문이다.

---

10. 자신의 셸이 ./ 접두사 없이도 helloworld 명령을 찾아 실행한다면 그것은 곧 현재 디렉터리(.)가 검색 경로에 포함돼 있다는 것을 의미한다. 이런 상황을 만드는 것은 매우 좋지 않다. 다른 누군가가 나로 하여금 그들에게 쓰기 권한이 허용된 디렉터리로 이동(cd)해서 특정 명령을 실행하길 기대하는 함정을 현재 디렉터리에 설치할 기회를 제공하기 때문이다.

11. '도트(dot)' 명령은 source와 동의어이므로 source helloworld 명령은 . helloworld로도 쓸 수 있다.

명령에서 스크립트로

sh의 스크립트 기능으로 들어가기 전에 방법론에 관한 한 가지 유의 사항이 있다. 사람들은 대부분 파이썬이나 루비 스크립트를 작성하는 방식으로 sh 스크립트를 작성한다. 즉, 텍스트 편집기를 사용한다. 하지만 보통의 셸 명령 프롬프트를 대화형 스크립트 개발 환경으로 인식하는 것이 훨씬 생산적이다.

예를 들어 .log나 .LOG 접미사가 붙은 이름을 갖는 로그 파일들이 디렉터리 여기 저기에 흩어져 있고 그들의 이름을 모두 대문자로 바꾸려는 상황을 가정해보자. 우선 해당되는 모든 파일을 찾으려면 다음 명령이 필요하다.

```
$ find . -name '*log'
.do-not-touch/important.log
admin.com-log/
foo.log
genius/spew.log
leather_flog
...
```

디렉터리들은 해당되지 않게 패턴에 구분점(.)을 포함시켜야 할 것 같다. CTRL + P를 눌러 방금 실행한 명령을 다시 호출한 후 다음과 같이 내용을 수정한다.

```
$ find . -type f -name '*.log'
.do-not-touch/important.log
foo.log
genius/spew.log
...
```

훨씬 좋아 보인다. 하지만 .do-not-touch 디렉터리가 위험해 보인다. 그 디렉터리 안에서는 어떤 수정도 하지 말아야 할 것 같다.

```
$ find . -type f -name '*.log' | grep -v .do-not-touch
foo.log
genius/spew.log
...
```

이제 이름 변경이 필요한 파일들의 정확한 목록을 구했으니 새로운 이름을 생성한다.

```
$ find . -type f -name '*.log' | grep -v .do-not-touch | while read fname
> do
> echo mv $fname `echo $fname | sed s/.log/.LOG/`
> done
mv foo.log foo.LOG
mv genius/spew.log genius/spew.LOG
...
```

이것들은 이름을 바꾸는 데 필요한 명령들이다. 실제로 이름을 바꾸려면 어떻게 하면 될까? 명령을 다시 호출해서 편집을 통해 echo를 삭제함으로써 mv 명령을 단순히 출력하는 게 아니라 sh가 mv 명령을 실행하게 만들면 된다. 하지만 그 명령들을 파이프를 통해 별도의 sh 인스턴스로 보내는 것이 오류도 적고 앞 명령의 편집을 덜 사용할 수 있다.

CTRL + P를 누르면 친절하게도 bash가 짧은 스크립트를 부숴 한 줄로 만들어버리는 것을 볼 수 있다. 이렇게 압축된 커맨드라인에다가 출력을 sh -x로 보내는 파이프만 추가하면 된다.

```
$ find . -type f -name '*.log' | grep -v .do-not-touch | while read fname;
    do echo mv $fname `echo $fname | sed s/.log/.LOG/`; done | sh -x
+ mv foo.log foo.LOG
+ mv genius/spew.log genius/spew.LOG
...
```

sh의 -x 옵션은 각 명령을 실행하기 전에 명령 내용을 출력한다.

이름 바꾸기 작업은 완료됐지만 나중에 재사용하고자 스크립트를 저장한다. bash의 내부 명령인 fc는 CTRL + P와 매우 유사하지만 마지막 명령을 커맨드라인에 출력하지 않고 선택된 편집기로 보낸다. 새뱅 줄과 사용법 주석을 추가하고 파일을 (~/bin이나 /usr/local/bin 같은) 적당한 위치에 저장한 후 실행할 수 있는 파일로 만든다. 그러면 스크립트가 완성된 것이다.

이러한 방식을 요약해서 정리하면 다음과 같다.

1. 파이프라인을 써서 한 번에 한 단계씩 전적으로 커맨드라인에서 스크립트 (또는 스크립트 구성 요소)를 개발한다. 최종 해석기가 dash나 다른 변형 sh 일지라도 이 과정에서는 bash를 사용한다.

2. 명령 출력을 표준 출력으로 내보내 결과가 올바른지 확인한다.

3. 각 단계에서 셸의 명령 내역을 이용해 파이프라인을 다시 호출하고 셸의 편집 기능을 이용해 내용을 수정한다.

4. 출력 내용이 완전하게 형성될 때까지는 어떤 것도 실제로 실행하지 않는다. 그렇게 하면 명령이 틀렸을 때도 실행 취소[undo]할 것이 없다.

5. 일단 출력이 정확하게 완성되면 실제로 명령이 실행되게 하고 결과가 기대한 바와 같은지 확인한다.

6. fc 명령을 이용해 작업 성과물을 캡처한 후 깨끗하게 정리해 저장한다.

앞의 예제에서 커맨드라인들은 먼저 출력되고 나서 실행을 위해 파이프를 통해 하위 셸에 보내진다. 이런 테크닉이 모든 곳에 적용될 수는 없지만 때로는 유용하다. 다른 대안으로 커맨드라인들을 파일에 리다이렉트해서 출력을 캡처할 수도 있다. 어떤 방식을 쓰던 유해성이 잠재돼 있는 일을 할 때는 그 일을 실행하기 전에 사전 검토 단계에서 완전한 결과를 볼 때까지 기다려야 한다.

입력과 출력

echo 명령은 단순하지만 쓰기 편하다. 좀 더 출력 형식을 제어하고자 한다면 printf 를 사용한다. printf는 줄 바꿈을 원하는 곳에 '\n' 기호를 써서 개행 문자를 명시적으로 표시해줘야 하기 때문에 약간 복잡하긴 하지만 출력에 탭이나 숫자 구성 등을 사용할 수 있는 옵션을 제공한다. 다음 두 명령의 출력을 비교해보기 바란다.

```
$ echo "\taa\tbb\tcc\n"
\taa\tbb\tcc\n
$ printf "\taa\tbb\tcc\n"
    aa  bb  cc
```

일부 시스템에서는 OS 수준의 printf와 echo 명령을 갖고 있다. 이들은 각각 /usr/bin과 /bin에 있다. 명령과 셸 내부 함수는 비슷해 보이지만 세부 사항에 있어서는 미묘한 차이가 있다. 특히 printf의 경우가 그렇다. sh 구문을 고수하든지 아니면 전체 경로명을 써서 외부 printf를 호출한다.

입력을 기다릴 때 read 명령을 사용할 수 있다. 다음 예를 보자.

```
#!/bin/sh

echo -n "Enter your name: "
read user_name

if [ -n "$user_name" ]; then
    echo "Hello $user_name!"
    exit 0
else
    echo "Greetings, nameless one!"
    exit 1
fi
```

echo 명령의 -n 옵션은 줄 바꿈이 일어나지 않게 한다. 하지만 echo -n 대신에 printf를 사용할 수도 있다. if문의 구문은 잠시 후에 다룰 것이므로 여기서는 그 효과만 분명하게 알면 된다. if문의 -n은 문자열 인수가 널[null]이 아니면 진리 값이 참[true]으로 계산된다. 다음은 스크립트가 실제 수행될 때의 모습이다.

```
$ sh readexample
Enter your name: Ron
Hello Ron!
```

파일명 내의 공백

파일이나 디렉터리의 명명은 이름의 길이가 제한된다는 것과 이름에는 슬래시 문자나 널 문자가 포함될 수 없다는 점을 제외하곤 사실상 제한이 없다. 특히 공백 문자[space character]가 허용된다. 불행히도 유닉스는 커맨드라인 인수들을 공백[whitespace]으로 구분하는 오랜 전통을 갖고 있다. 따라서 옛날 소프트웨어들은 파일명 안에 공백 문자가 포함돼 있으면 깨져버리는 경향이 있다.

파일명 내의 공백 문자들은 주로 맥^{Mac}이나 PC와 공유되는 파일 시스템에서 발견되곤 했지만 이제는 유닉스 문화 속으로 전파돼 표준 소프트웨어 패키지에서도 찾아볼 수 있다. 이 문제는 더 이상 선택 사항이 아니다. 시스템 관리용 스크립트들은 파일명 내의 공백 문자를 다룰 준비가 돼 있어야 한다(따옴표나 별표, 그 밖의 여러 가지 위협적인 문장 부호를 언급하지 말아야 한다).

셸이나 스크립트에서 공백 문자가 들어 있는 파일명은 그 조각들을 하나로 유지하고자 인용부호를 써서 묶을 수 있다. 예를 들어 다음과 같다.

```
$ less "My spacey file"
```

less 명령은 "My spacey file"을 한 개의 인수로 간주한다. 또는 백슬래시 문자를 써서 각각의 공백 문자를 이스케이프^{escape}할 수도 있다.

```
$ less My\ spacey\ file
```

대부분 셸의 파일명 완성 기능(대개 Tab 키에 지정)은 백슬래시를 추가해 표시해주는 게 일반적이다.

스크립트를 작성할 때 알아두면 좋을 유용한 무기는 find의 -print0 옵션이다. 이 옵션을 xargs -0와 결합해 사용하면 파일명에 포함돼 있는 공백과 상관없이 find/xargs 조합이 정확하게 작동한다. 예를 들어 다음 명령을 보자.

```
$ find /home -type f -size +1M -print0 | xargs -0 ls -l
```

이 명령은 /home 밑에 있는 크기가 1 메가바이트를 넘는 모든 파일의 ls 목록을 출력한다.

커맨드라인 인수와 함수

스크립트에 대한 커맨드라인 인수^{argument}들은 숫자를 이름으로 갖는 변수가 된다. $1은 커맨드라인의 첫 번째 인수가 되고, $2는 두 번째 인수가 되는 식이다. $0은 호출된 스크립트의 이름이 된다. $0은 ../bin/example.sh와 같은 모습이 될 수도 있기 때문에 스크립트를 실행할 때마다 항상 같은 값을 갖지는 않는다.

변수 $#은 커맨드라인 인수의 개수를 포함하고 있으며, 변수 $*는 모든 인수를 한 덩어리로 묶은 내용을 포함하고 있다. 두 변수 모두 $0는 포함하지 않는다. 인수 사용의 예를 들어보자.

```
#!/bin/sh

show_usage() {
    echo "Usage: $0 source_dir dest_dir" 1>&2
    exit 1
}
# 주프로그램은 여기서 시작

if [ $# -ne 2 ]; then
    show_usage
else # There are two arguments
    if [ -d $1 ]; then
        source_dir=$1
    else
        echo 'Invalid source directory' 1>&2
        show_usage
    fi
    if [ -d $2 ]; then
        dest_dir=$2
    else
        echo 'Invalid destination directory' 1>&2
        show_usage
    fi
fi

printf "Source directory is ${source_dir}\n"
printf "Destination directory is ${dest_dir}\n"
```

인수 없이 또는 부적합한 인수로 스크립트를 호출하면 스크립트는 짧은 사용법 메시지를 출력해 사용자에게 스크립트를 사용하는 방법을 알려줘야 한다. 앞의 예제 스크립트는 두 개의 인수를 수용하며 두 인수가 모두 디렉터리임이 확인되면 그 이름을 출력한다. 인수들이 부정확하면 스크립트는 사용법 메시지를 출력한 후 0이 아닌 반환 코드로 종료한다. 스크립트 호출자는 반환 코드를 점검해봄으로써 스크립트가 정상적으로 실행되지 못하고 종료됐음을 알 수 있다.

앞 예제에서는 별도의 show_usage 함수를 만들어 사용법 메시지를 출력했다. 나중에 스크립트가 더 많은 인수를 수용하도록 업데이트되더라도 사용법 메시지는 한 곳에서만 수정하면 된다. 오류 메시지 출력 줄에 있는 1>&2 표기는 오류 메시지를 STDERR에 출력하라는 의미다.

```
$ mkdir aaa bbb
$ sh showusage aaa bbb
Source directory is aaa
Destination directory is bbb
$ sh showusage foo bar
Invalid source directory
Usage: showusage source_dir dest_dir
```

sh 함수로 넘겨주는 인수들은 커맨드라인 인수들과 마찬가지로 취급된다. 첫 인수는 $1이 되고 나머지도 마찬가지다. 앞에서 본 것처럼 $0에는 스크립트명이 유지된다.

예제 스크립트를 더 강화하고자 show_usage 루틴이 오류 코드를 인수로 받아들이게 만들 수 있다. 실패의 유형을 좀 더 세분화하고자 반환되는 코드를 더 많이 정의하는 것이다. 다음 코드는 예를 보여준다.

```
show_usage() {
    echo "Usage: $0 source_dir dest_dir" 1>&2
    if [ $# -eq 0 ]; then
        exit 99 # 임의의 0이 아닌 코드 반환을 통한 종료
    else
        exit $1
    fi
}
```

이 버전의 루틴에서는 인수가 옵션이다. 함수 안에 있는 $#은 몇 개의 인수를 넘겨받았는지를 말해준다. 어떤 특정 코드도 지정되지 않으면 스크립트는 99 코드로 종료된다. 예를 들어 다음과 같이 5라는 특정 값을 지정하면 사용법 메시지를 출력한 후에 코드 5로 종료된다(셸 변수 $?는 스크립트 내부에 사용되든 커맨드라인에 사

용되든 관계없이 마지막으로 실행된 명령의 종료 상태를 포함한다).

```
show_usage 5
```

셸에서는 함수와 명령이 상당한 유사성을 갖는다. 유용한 함수들을 ~/.bash_profile(보통 sh에서는 ~/.profile) 파일에 정의해놓고 커맨드라인에서 명령처럼 사용할 수 있다. 예를 들면 SSH 프로토콜을 (일종의 '숨김에 의한 보안'으로) 네트워크 포트 7988로 표준화하려 한다면 **ssh**가 항상 옵션 **-p 7988**과 함께 실행되도록 보장하고자 ~/.bash_profile 파일 안에 **ssh** 함수를 다음과 같이 정의할 수 있다.

```
ssh() {
    /usr/bin/ssh -p 7988 $*
}
```

다른 셸들처럼 **bash**도 앨리어스 메커니즘을 갖고 있으므로 앨리어스를 이용해 훨씬 간단히 만들 수도 있지만 함수를 사용하는 게 더 일반적이고 더 강력하다.

제어 흐름

이번 장에서는 이미 여러 가지 **if-then**이나 **if-then-else** 형식들이 사용됐으며 꽤 많은 것을 기대한 대로 수행했다. **if**문의 종결자[terminator]는 **fi**다. **if**절을 연속적으로 연결할 때는 'else if'를 의미하는 **elif** 키워드를 사용할 수 있다. 예를 들면 다음과 같다.

```
if [ $base -eq 1 ] && [ $dm -eq 1 ]; then
    installDMBase
elif [ $base -ne 1 ] && [ $dm -eq 1 ]; then
    installBase
elif [ $base -eq 1 ] && [ $dm -ne 1 ]; then
    installDM
else
    echo '==> Installing nothing'
fi
```

비교를 위한 특이한 [] 구문이나 커맨드라인 옵션처럼 생긴 정수 비교 연산자 이름들(예, -eq)은 모두 오리지널 본셸의 /bin/test 채널링에서 가져온 것이다. 대괄호

bracket는 실제로 text를 호출하는 단축 방법이지 if문의 문법적인 요건이 아니다.[12] 표 7.3은 sh의 숫자와 문자열 비교 연산자들을 보여준다. sh는 숫자에 대해서는 문자[textual] 연산자를, 문자열에 대해서는 기호[symbolic] 연산자를 사용한다.

표 7.3 기본적인 sh 비교 연산자

문자열	숫자	진리 값 참의 조건
x = y	x -eq y	x는 y와 같다.
x != y	x -ne y	x는 y와 같지 않다.
x <[a] y	x -lt y	x는 y보다 작다.
(해당 없음)	x -le y	x는 y보다 작거나 같다.
x >[a] y	x -gt y	x는 y보다 크다.
(해당 없음)	x -ge y	x는 y보다 크거나 같다.
-n x	(해당 없음)	x는 널(null)이 아니다.
-z x	(해당 없음)	x는 널이다.

a. 입력이나 출력 리다이렉션 문자로 해석되는 것을 방지하고자 기호 앞에 백슬래시(\)를 붙여 이스케이프 처리하거나 이중 브래킷으로 묶어야 한다.

sh는 파일 특성을 평가하는 데 사용되는 옵션들이 뛰어나다(다시 말하지만 이들은 모두 /bin/test에서 물려받은 유산이다). 표 7.4는 sh의 많은 파일 테스팅과 파일 비교 연산자 중 일부를 보여준다.

표 7.4 sh 파일 평가 연산자

연산자	참값 조건
-d file	file이 존재하며 디렉터리다.
-e file	file이 존재한다.
-f file	file이 존재하며 일반 파일이다.
-r file	사용자가 file의 읽기 권한을 갖는다.
-s file	file이 존재하며 비어 있는 파일이 아니다.
-w file	사용자가 file의 쓰기 권한을 갖는다.
file1 -nt file2	file1은 file2보다 새로운 파일이다.
file1 -ot file2	file1은 file2보다 오래된 파일이다.

---

12. 사실 이 연산들은 이제 셸 안에 내장됐기 때문에 실제로 /bin/test를 실행하지는 않는다.

elif 형식이 편리하긴 하지만 명확성을 위해서는 case문을 선택하는 것이 더 낫다. 스크립트용 로그를 한군데서 처리하기 위한 다음의 샘플 루틴을 보면 case의 구문을 이해할 수 있다. 특히 유의해야 할 점은 각 조건 다음에 닫는 괄호를 써야 한다는 것과 조건을 만족할 때 실행되는 명령문 블록 다음에 겹 세미콜론(;;)을 사용해야 한다(마지막 조건은 예외)는 것이다. case문은 esac로 종결된다.

```
# 로그 레벨은 광역 변수 LOG_LEVEL에 설정된다.
# 선택할 수 있는 로그 레벨을 가장 심각한 것부터 나열하면 Error, Warning, Info, Debug다.
logMsg() {
    message_level=$1
    message_itself=$2
    if [ $message_level -le $LOG_LEVEL ]; then
        case $message_level in
            0) message_level_text="Error" ;;
            1) message_level_text="Warning" ;;
            2) message_level_text="Info" ;;
            3) message_level_text="Debug" ;;
            *) message_level_text="Other"
        esac
        echo "${message_level_text}: $message_itself"
    fi
}
```

이 루틴은 시스템 관리 애플리케이션에서 많이 사용되는 일반적인 '로그 수준log level' 패러다임을 보여준다. 스크립트 코드는 여러 수준의 구체성을 갖는 메시지를 생성한다. 하지만 광역으로 설정돼 있는 한곗값, 즉 $LOG_LEVEL을 통과한 것들만 실제로 로깅되고 작용된다. 각 메시지의 중요성을 분명히 하고자 메시지 텍스트 앞에는 상응하는 로그 레벨을 나타내는 레이블이 붙는다.

루프

sh의 for...in 구문은 값이나 파일의 집단을 대상으로 어떤 작업을 수행하고자 할 때, 특히 파일명 글로빙(파일명이나 파일명 목록을 구성하는 *나 ?와 같은 간단한 패턴 매칭 문자들의 확장)과 결합해 사용될 때 매우 편리하다. 다음 예제에서 for 루프에 있는 *.sh 패턴은 현재 디렉터리에서 매칭된 파일명 목록을 반환한다. for문은 각 파일명을 순서대로 변수 **script**에 배정하면서 목록이 끝날 때까지 반복된다.

```
#!/bin/sh

suffix=BACKUP--`date +%Y-%m-%d-%H%M`

for script in *.sh; do
    newname="$script.$suffix"
    echo "Copying $script to $newname..."
    cp -p $script $newname
done
```

출력은 다음과 같이 생성된다.

```
$ sh forexample
Copying rhel.sh to rhel.sh.BACKUP--2017-01-28-2228...
Copying sles.sh to sles.sh.BACKUP--2017-01-28-2228...
...
```

파일명 확장은 특별한 마술 같은 게 아니라 커맨드라인에서 확장되는 것과 같은 방식으로 이뤄진다. 즉, 확장이 먼저 일어나고 나서 확장된 형태로 해석기가 처리한다는 뜻이다.[13] 물론 다음과 같이 파일명을 고정적인 형태로 입력할 수도 있다.

```
for script in rhel.sh sles.sh; do
```

사실 변수 내용을 포함해 어떤 목록이든 공백으로만 분리되면 **for...in**의 대상이 될 수 있다. 목록을 (in 키워드와 함께) 완전히 생략할 수도 있다. 그런 경우에 루프는 스크립트의 커맨드라인 인수들(최상위 레벨일 경우)이나 함수에 넘겨주는 인수들에 대해 내포적으로 반복된다.

```
#!/bin/sh

for file; do
    newname="${file}.backup"
    echo "Copying $file to $newname..."
```

---

13. 더 정확히 말하자면 파일명 확장은 각 파일명의 원자성(atomicity) 개념을 유지한다는 점에서는 약간은 마술적이라 할 수 있다. 공백을 포함하는 파일명들은 for 루프를 한 번의 패스로 통과한다.

```
    cp -p $file $newname
done
```

bash(sh은 그렇지 않지만)는 시작, 증가, 종료 절을 기술하는 전통적인 프로그래밍 언어의 **for** 루프와 매우 유사하다. 예를 들면 다음과 같다.

```
# bash-specific

for (( i=0 ; i < $CPU_COUNT ; i++ )); do
    CPU_LIST="$CPU_LIST $i"
done
```

다음 예제는 커맨드라인 인수를 처리하거나 파일 내용을 줄 단위로 읽는 데 유용한 sh의 **while** 루프를 보여준다.

```
#!/bin/sh

exec 0<$1
counter=1
while read line; do
    echo "$counter: $line"
    counter=$((counter + 1))
done
```

이 스크립트의 출력은 다음과 같다.

```
$ sh whileexample /etc/passwd
1: root:x:0:0:Superuser:/root:/bin/bash
2: bin:x:1:1:bin:/bin:/bin/bash
3: daemon:x:2:2:Daemon:/sbin:/bin/bash
...
```

이 스크립트에는 몇 가지 흥미로운 점이 있다. **exec**문은 첫 번째 커맨드라인 인수로 어떤 파일명을 지정하든 그 파일에서 표준 입력을 읽도록 스크립트의 표준 입력을 재정의한다.[14] 파일은 반드시 존재해야 하며 존재하지 않을 경우에는 스크립

---

14. 호출하기에 따라 다른데, exec는 우리에게 더 친숙한 "이 스크립트를 중지하고 다른 스크립트나 표현식으로 제어를 넘기라."는 의미를 가질 수도 있다. 같은 명령문을 통해 두 가지 함수를 모두 구현한 점은 셸의 또 다른 특이한 속성이다.

트 오류가 발생한다.

while절에 있는 read문은 셸의 내장 명령이지만 마치 외부 명령인 것처럼 행동한다. while절 안에 외부 명령을 사용할 수도 있다. 그런 경우 while 루프는 외부 명령이 0이 아닌 종료 상태를 반환할 때 루프를 빠져나온다.

$((counter + 1)) 표현식은 매우 특이하다. $((...)) 표기법을 사용하면 강제로 숫자 계산을 하게 되며, 변수 이름을 나타내는 $ 기호를 선택적으로 사용할 수 있게 한다. 표현식은 산술 계산의 결과로 대체된다.

$((...)) 트릭은 큰따옴표 맥락 안에서도 작동한다. C 언어의 ++ 후 증가 연산자를 지원하는 bash에서는 루프 본체를 한 줄로 압축해 표현할 수 있다.

```
while read line; do
    echo "$((counter++)): $line"
done
```

산술 연산

모든 sh 변수는 문자열 값을 갖기 때문에 sh는 할당문에서 숫자 1과 문자열 "1"을 구분하지 않는다. 차이점은 변수가 사용되는 방법에 있다. 다음 코드는 그 차이를 보여준다.

```
#!/bin/sh

a=1
b=$((2))

c=$a+$b
d=$((a + b))
echo "$a + $b = $c \t(+ 기호는 문자열)"
echo "$a + $b = $d \t(+ 기호는 덧셈 연산자)"
```

이 스크립트는 다음과 같이 출력된다.

```
1 + 2 = 1+2    (+ 기호는 문자열)
```

```
1 + 2 = 3      (+ 기호는 덧셈 연산자)
```

$c의 할당문에 있는 + 기호는 문자열의 결합 연산자^{concatenation operator}로 작용하는 게 아니라는 점에 유의한다. 여기서 + 기호는 텍스트 문자일 뿐이다. 다음 할당문과 똑같은 의미인 것이다.

```
c="$a+$b"
```

강제로 숫자 연산을 하게 하려면 위의 $d 할당문에서와 같이 표현식을 $((...))으로 묶어야 한다. 하지만 이렇게 조치한다고 해서 $d가 숫자 값을 받는 것은 아니다. 다시 말해 계산의 결과는 결국 문자열 "3"이 되는 것이다.

sh는 다양한 종류의 산술, 논리, 관계 연산자 모음을 갖고 있다. 자세한 내용은 맨 페이지를 참고한다.

7.4 정규표현식

앞에서 언급한 것처럼 정규표현식은 텍스트를 파싱^{parsing}(문장을 문법적으로 분석)하고 다루는 표준화된 패턴이다. 예를 들어 다음과 같다.

```
I sent you a che(que|ck) for the gr[ae]y-colou?red alumini?um.
```

이 정규표현식은 미국식 또는 영국식 철자법을 사용하는 문장과 매칭된다.

정규표현식은 그 중요성에 있어서는 서로 다르기는 해도 대부분의 현대 언어에서 지원된다. 또한 grep이나 vi와 같은 유닉스 명령에서도 정규표현식이 사용된다. 정규표현식은 매우 자주 사용되기 때문에 보통 'regex'로 줄여 말한다. 정규표현식의 강력한 기능을 활용하는 방법에 관한 책들은 많이 나와 있다.[15]

셸이 wc -l *.pl과 같은 커맨드라인을 해석할 때 수행하는 파일명 매칭과 확장은 정규표현식 매칭에 해당되지 않는다. 이들은 '셸 글로빙^{shell globbing}'이라 불리는 다

---

15. 여기서 인용한 2권의 책을 이번 장의 끝에 기재했다.

른 종류의 시스템으로, 문법도 다르고 더 단순하다.

정규표현식 자체는 스크립트 언어가 아니지만 매우 유용하기 때문에 스크립트를 논의할 때 그 기능들을 자세히 다룰 만한 충분한 가치가 있다.

매칭 절차

정규표현식을 계산하는 코드는 하나의 지정된 텍스트 문자열을 하나의 지정된 패턴에 매칭하려고 시도한다. 매칭된 '문자열'은 매우 길 수 있으며 중간에 개행 문자가 포함될 수도 있다. 때로는 파일이나 문서의 전체 내용을 매치하고자 하나의 정규표현식을 사용하는 게 편리하다.

매칭 성공으로 선언되려면 반드시 전체 검색 패턴이 검색 텍스트의 연속된 섹션과 매치해야 한다. 하지만 패턴은 어떤 위치에서도 매칭될 수 있다. 성공적인 매치가 이뤄지고 나면 계산자evaluator는 특별하게 나뉘는 패턴의 하위 섹션을 위한 매치 목록과 함께 매치된 텍스트를 반환한다.

리터럴 문자

일반적으로 정규표현식에서의 문자들은 그 문자 자체에 매치된다. 따라서 다음과 같은 문장은 "I am the walrus"라는 문자열에만 매치된다.

```
I am the walrus
```

검색 텍스트의 어느 위치에서든 매치될 수 있기 때문에 이 패턴은 다음과 같은 문자열에도 성공적으로 매치될 수 있다.

```
I am the egg man. I am the walrus. Koo koo ka-choo!
```

하지만 실제 매치는 'I am the walrus' 부분에 국한된다. 매칭은 대소문자를 구분한다.

특수 문자

표 7.5는 정규표현식에서 가장 많이 사용되는 특수 심볼들의 의미를 보여준다. 이

심볼들은 기본적인 것이며 이 밖에도 매우 많은 심볼이 있다.

특수한 구성체들, 예컨대 +나 |와 같은 것은 그 왼쪽이나 오른쪽에 있는 '어떤 것'의 매칭에 영향을 준다. 여기서 말하는 '어떤 것'이란 대개 단일 문자이거나 괄호에 의해 둘러싸인 서브패턴, 또는 대괄호로 묶은 문자 클래스를 말한다. 하지만 | 문자의 경우에는 그런 사물들을 왼쪽과 오른쪽에 무한히 확장할 수 있다. 수직막대의 범위를 제한하고자 한다면 수직막대와 그 양쪽에 있는 것들을 괄호로 묶으면 된다. 예를 들어 다음과 같다.

```
I am the (walrus|egg man)\.
```

이 정규표현식은 "I am the walrus." 아니면 "I am the egg man."과 매치한다. 이 예제는 특수 문자(여기서는 마침표)의 이스케이프 처리도 보여준다.

```
(I am the (walrus|egg man)\. ?){1,2}
```

이 패턴은 다음과 같은 것에 매칭된다.

- I am the walrus.
- I am the egg man.
- I am the walrus. I am the egg man.
- I am the egg man. I am the walrus.
- I am the egg man. I am the egg man.
- I am the walrus. I am the walrus.

표 7.5 정규표현식의 특수 문자(기본적인 것들)

심볼	매칭 대상 또는 수행 작업
.	임의의 한 글자와 매치
[chars]	지정한 문자 세트에 포함되는 한 글자와 매치
[^chars]	지정한 문자 세트에 포함되지 않는 한 글자와 매치
^	한 줄의 시작에 매치

(이어짐)

심볼	매칭 대상 또는 수행 작업
$	한 줄의 끝에 매치
\w	'단어(word)'를 구성하는 한 글자와 매치([A-Za-z0-9_]와 같음)
\s	공백 문자들 중 하나와 매치([\f\t\n\r]와 같음)[a]
\d	숫자를 구성하는 한 자리 숫자와 매치([0-9]와 같음)
|	이 기호의 왼쪽에 있는 요소(element) 또는 오른쪽에 있는 요소와 매치
(expr)	범위(scope)을 제한하거나, 요소들을 그룹으로 묶거나, 매치된 내용을 캡처
?	바로 앞 요소가 없거나(0회) 한 개 요소와 매치
*	바로 앞 요소가 없거나(0회) 한 개 이상과 매치
+	바로 앞 요소의 한 개 이상과 매치
{ n }	바로 앞 요소의 정확히 n개와 매치
{ min, }	바로 앞 요소의 최소한 min개와 매치(콤마에 유의)
{ min,max }	바로 앞 요소의 min개부터 max개까지와 매치

a. 즉, 빈칸(space), 서식 공급(form feed), 탭(tab), 개행 문자(newline), 리턴(return)

반복 횟수는 두 번까지 명시돼 있지만 "I am the walrus. I am the egg man. I am the walrus."에도 매칭된다. 패턴이 검색 텍스트 전체와 매치될 필요는 없기 때문이다. 이때는 정규표현식이 두 문장과 매칭되고 나서 매칭 성공을 선언하며 종결된다. 또 한 번의 반복이 가능하다는 사실은 상관하지 않는다.

정규표현식의 메타문자 *(0 또는 1회 이상을 나타내는 한정자^{quantifier})와 셸의 글로빙 문자 *를 혼동하는 오류는 흔히 일어난다. 정규표현식 버전의 별표(*)는 수정해야 할 대상을 필요로 한다. 대상이 없으면 기대한 대로 수행되지 않을 것이다. (문자를 전혀 포함하지 않는 경우도 포함해서) 임의의 연속된 문자들을 매칭시키려 한다면 .* 을 사용한다.

정규표현식의 예

미국에서의 우편번호('zip') 코드는 5자리 숫자이거나 5자리 숫자 뒤에 대시(-)와 4자리 숫자가 더 따라오는 형식으로 돼 있다. 일반적인 우편번호 코드와 매치하려면 반드시 5자리 숫자와 매치해야 한다. 다음 정규표현식은 그 조건을 만족한다.

```
^\d{5}$
```

^와 $는 검색 텍스트의 시작과 끝에 매치되지만 실제로 텍스트의 문자에는 대응되지 않는 '너비 없는zero-width' 매칭 문자다. 이 문자들은 여기서 정규표현식과 정확히 매치되는 5글자로만 텍스트가 구성되도록 보장하고자 사용됐다. 이 정규표현식은 더 긴 문자열 속에 포함된 다섯 자리 숫자에는 매칭되지 않는다. \d는 숫자와 매칭되고 한정자 {5}는 정확히 5자리일 때만 매칭돼야 한다는 것을 말하고 있다.

5자리 우편번호 코드와 확장형 우편번호(zip+4) 코드를 모두 수용하려면 다음과 같이 대시와 4자리 숫자를 추가해야 한다.

```
^\d{5}(-\d{4})?$
```

괄호를 써서 대시와 추가 자릿수를 함께 묶어 그룹으로 만듦으로써 한 개의 선택적 항목으로 취급할 수 있게 한다. 예를 들면 이 정규표현식은 5자리 우편번호 코드 뒤에 대시만 따라오면 매칭되지 않는다. 대시가 있으면 반드시 4자리 확장 코드도 있어야 하며 그렇지 않은 경우는 매칭되지 않는다.

다음 표현식은 정규표현식 매칭 사례의 고전이라 할 수 있다.

```
M[ou]'?am+[ae]r ([AEae]l[- ])?[GKQ]h?[aeu]+([dtz][dhz]?){1,2}af[iy]
```

이 표현식은 전 리비아 국가 원수 무아마르 가다피의 다양한 이름 철자들을 매칭하기 위한 것인데 다음과 같은 것들이 포함된다.

- Muammar al-Kaddafi(BBC)
- Moammar Gadhafi(Associated Press)
- Muammar al-Qadhafi(Al-Jazeera)
- Mu'ammar Al-Qadhafi(U.S. Department of State)

각각의 이름들이 어떻게 패턴 매칭되는지 이해되는가?[16]

---

16. 이 정규표현식은 패턴 매칭을 보여주고자 자유롭게 만든 것임에 유의한다. 예를 들어 "Mo'ammer el Qhuuuzzthaf"와 같이 합법적 스펠링이 아닌 패턴들도 매칭된다.

이 정규표현식은 가독성의 한계에 얼마나 빨리 도달하는지도 보여준다. 대부분의 정규표현식 시스템은 패턴 안에 있는 공백 문자들을 무시하고 주석을 활성화하는 x 옵션을 지원하므로 패턴을 띄어 쓰거나 여러 줄로 나눠 쓸 수 있다. 그렇게 하면 공백 문자를 이용해 논리적 그룹들을 분리함으로써 마치 절차형 언어procedural language처럼 그 관계를 명확히 드러낼 수 있다. 예를 들어 앞의 것과 동일한 무아마르 가다피 정규표현식을 다음과 같이 훨씬 읽기 쉬운 버전으로 만들 수 있다.

```
M [ou] '? a m+ [ae] r    # 이름: Mu'ammar, Moamar 등
\s                       # 공백; 여기에는 빈 공간 문자를 사용할 수 없음
(                        # 선택적인 성 접두어 그룹
    [AEae] l             # Al, El, al, el
    [-\s]                # 대시나 공백이 뒤따라온다.
)?
[GKQ] h? [aeu]+          # 성의 첫 음절: Kha, Qua 등
(                        # 두 번째 음절의 시작 자음 그룹
    [dtz] [dhz]?         # dd, dh 등
){1,2}                   # Quadhdhafi와 같이 그룹은 두 번 발생할 수 있음
af [iy]                  # 마지막 afi 또는 afy
```

이 사례가 다소 도움은 되지만 나중에 이 코드를 읽게 될 사람에게 고통을 안겨줄 가능성이 여전히 크다. 배려를 위해 될 수 있으면 하나의 긴 정규표현식에 모든 가능한 경우를 다 커버하려고 하지 말고 계층적 구조의 매칭과 여러 개의 작은 매칭을 사용하자.

캡처

매칭이 성공되면 모든 괄호 세트는 매치된 실제 텍스트를 기록하는 '캡처 그룹capture group'이 된다. 이런 캡처 조각을 사용하는 구체적 방법은 그 구현과 맥락에 따라 다르다. 대부분의 경우에는 캡처의 결과물들은 리스트나 배열, 일련의 숫자화된 변수의 형태로 사용된다.

괄호 안에 또 괄호를 삽입할 수 있기 때문에 여러 매치를 서로 구분하기 위한 방법이 필요하게 된다. 방법은 간단하다. 매치는 괄호가 열리는 순서대로 나열된다. 다시 말해 각 괄호 그룹이 실제 매칭에서 수행하는 역할과 관계없이 괄호 열기의 수

만큼 캡처가 이뤄진다. 괄호 그룹이 사용되지 않으면(예, Mu(')?ammar가 'Muammar'
와 매치됐을 때) 이에 대응하는 캡처는 빈 값empty이 된다.

그룹이 한 번 이상 매치되면 마지막으로 매치된 내용만 반환된다. 예를 들어 다음
과 같다.

```
(I am the (walrus|egg man)\. ?){1,2}
```

이 패턴을 다음 텍스트와 매칭시켜보자.

```
I am the egg man. I am the walrus.
```

다음과 같이 각 괄호 세트에 대해 하나씩 매칭되는 두 개의 결과가 나온다.

```
I am the walrus.
walrus
```

두 캡처 그룹 모두 실제로는 두 번 매치되지만 각 괄호 세트에 매치되는 마지막 텍
스트만 실제로 캡처된다.

그리디, 레이지, 재앙과 같은 백트래킹

정규표현식은 왼쪽에서 오른쪽 순서로 매칭된다. 그리디greediness라 불리는 특성
에 따라 패턴의 각 구성 요소는 다음 구성 요소로 넘어가기 전에 최대한 긴 문자열
과 매칭한다.

정규표현식 계산자regex evaluator는 하나의 매칭이 완성될 수 없는 상태에 도달하면
이미 매칭돼 있는 후보를 조금 풀어 텍스트의 일부를 포기하게 만든다. 예를 들어
정규표현식 a*aa를 입력 텍스트 'aaaaaa'에 매칭시킨다고 가정해보자.

우선 정규표현식 계산자는 입력 텍스트 전체를 정규표현식의 a* 부분에 배정한
다. a*가 갖는 그리디 특성 때문이다. 더 이상 매치할 a가 없을 때 계산자는 계속해
서 정규표현식의 다음 파트 매칭을 시도한다. 그런데 다음 파트가 공교롭게도 또
a다. 하지만 입력 텍스트에는 패턴 a와 매칭할 a가 더 이상 없다. 이때 백트래킹이

일어난다. a*는 이미 매칭됐던 a 중 하나를 포기해야 한다.

이제 계산자는 a*a를 매칭할 수 있게 됐지만 패턴에 있는 마지막 a는 여전히 매칭할 수 없다. 따라서 다시 백트래킹이 일어나며 a*에서 두 번째 a를 빼앗는다. 이제 패턴에 있는 두 번째와 세 번째 a는 모두 a와 짝을 이루고 매칭은 완료된다.

이 단순한 예는 중요한 보편적 특성들을 보여준다. 첫째, 그리디 매칭^{greedy matching}과 백트래킹^{backtracking}이 결합되면 파일 전체를 처리할 때 `<img.*></tr>`과 같은 간단한 패턴들을 매칭하는 데 많은 비용이 요구된다.[17] 패턴에서 .* 부분은 첫 번째로 나타나는 `<img`부터 입력의 끝까지 그 사이에 있는 모든 것과 매칭된 상태로 시작되며 오직 반복되는 백트래킹을 통해서만 로컬 태그에 맞을 때까지 줄어든다.

게다가 이 패턴에 결합되는 `></tr>`은 입력 텍스트에서 마지막으로 유효하게 매칭된 것이기 때문에 이것은 원하는 게 아닐 것이다. 물론 의도는 `<img>` 태그 바로 뒤에 따라오는 `</tr>` 태그와 매칭되는 것이다. 이 패턴을 작성하는 가장 좋은 방법은 맨 앞의 와일드카드 매칭이 현재 태그의 끝까지만 확장되게 `<img[^]*>\s*</tr>` 패턴을 사용하는 것이다. 이 패턴은 오른쪽 앵글브래킷(>) 범위를 넘어설 수 없기 때문이다.

레이지^{lazy}(그리디와 반대 개념) 와일드카드 연산자를 사용할 수도 있다. * 대신 *?를 사용하고 + 대신 +?를 사용하는 것이다. 이렇게 하면 최대한 적은 양의 입력 문자들과 매칭한다. 매칭이 실패하면 더 많이 매칭하는 방식이다. 많은 상황에서 이 연산자들이 더 효율적으로 작용하며 그리디 버전에 비해 원하는 바에 더 가깝다.

하지만 레이지 연산자는 그리디 연산자와 다른 매칭 결과를 내놓을 수 있다는 점에 유의해야 한다. 그 차이점은 단순히 구현 문제만은 아니다. 앞에서와 같은 HTML 예를 들어보자면 레이지 패턴은 `<img.*?></tr>`이 된다. 하지만 여기서도 결국은 .*? 패턴이 원치 않는 >들을 포함할 수 있다. `<img>` 다음에 오는 태그가 `</tr>`이 아닐 수도 있기 때문이다. 이것 또한 원하는 결과가 아닐 것이다.

---

17. 이 절에서는 매칭되는 텍스트의 예로 HTML을 인용하긴 했지만 사실 정규표현식은 이런 일을 하는 데 적합한 도구가 아니다. 이 예를 보고 감수자들은 한결 같이 놀라워했다. 루비와 파이썬은 모두 HTML 문서를 최적의 방법으로 파싱하는 탁월한 애드온을 갖고 있다. XPath나 CSS 선택자(selector)를 이용해 관심 있는 부분에 접근할 수 있다. 자세한 내용은 위키피디아의 XPath 페이지와 각 언어의 모듈 저장소를 참고한다.

여러 개의 와일드카드 섹션이 포함된 패턴들은 정규표현식 계산자에서 기하급수적인 행동을 유발할 수 있다. 텍스트의 어떤 부분들이 와일드카드 표현식과 여러 번 매칭되거나 검색 텍스트가 패턴과 매칭되지 않을 경우에 특히 그렇다. 특히 HTML 패턴 매칭에서는 이런 상황이 생각처럼 그렇게 특이한 것이 아니다. 어떤 태그 뒤에 다른 태그들이 따라오고, 훨씬 더 많은 태그에 의해 분리되기도 하고, 정규표현식 계산자로 하여금 가능성 있는 조합들을 여러 번 시도하도록 요구하는 그런 태그 매칭들은 자주 발생한다.

정규표현식의 귀재라 할 수 있는 잰 고이바에르츠^{Jan Goyvaerts}는 이 현상을 '재앙과 같은 백트래킹^{Catastrophic Backtracking}'이라 부르며 이에 관한 글을 그의 블로그에 게재했다. 자세한 내용과 좋은 솔루션들을 보고 싶다면 regular-expressions.info/catastrophic.html을 참고한다.

그 내용들 중에서 꼭 알아둬야 할 몇 가지를 소개하자면 다음과 같다.

- 파일 전체를 한 번에 하는 게 아니라 한 줄씩 패턴 매칭을 할 수 있다면 성능 저하의 위험을 훨씬 줄일 수 있다.
- 정규표현식 표기법에서는 그리디 연산자가 기본으로 돼 있음에도 불구하고 그렇게 해서는 안 된다. 레이지 연산자를 사용한다.
- 모든 .*의 사용은 본질적으로 의심스러운 것이기 때문에 면밀히 살펴봐야 한다.

7.5 파이썬 프로그래밍

파이썬과 루비는 명백한 객체지향적 특성을 가진 해석형 언어다. 두 언어 모두 범용 스크립트 언어로 널리 사용되며 방대한 서드파티 모듈 라이브러리를 갖고 있다.

파이썬은 다른 사람이 작성한 코드를 읽을 때도 쉽게 따라갈 수 있는 단순한 구문으로 돼 있다.

시스템 관리자라면 누구나 파이썬에 능통하면 좋다. 파이썬은 시스템 관리와 범용 스크립트 모두를 위한 현 시대의 필수 언어다. 또한 파이썬은 다른 시스템(예,

PostgreSQL 데이터베이스나 애플의 Xcode 개발 환경) 안에서 사용하기 위한 접착 언어로서도 폭넓게 지원된다. REST API들과 정확하게 인터페이스 연결되며 머신러닝 machine learning, 데이터 분석 data analysis, 수치 계산 numeric computation 용으로 개발된 좋은 라이브러리가 많다.

파이썬 3의 열정

파이썬은 2008년 파이썬 3가 출시됐을 때 이미 전 세계의 기본적인 스크립트 언어로 자리를 잡아 가고 있었다. 이 릴리스 때문에 개발자들은 사소하지만 근본적인 것들을 변경하고 수정할 수 있도록 파이썬 2와의 하위호환성을 포기하기로 했다. 특히 국제화된 텍스트 처리 영역이 변경됐다.[18]

불행히도 파이썬 3의 전개는 크게 실패한 것으로 드러났다. 언어를 업데이트한 것은 대단히 합리적인 것이었지만 기존 코드베이스를 유지하려는 보통의 파이썬 프로그래머들에게는 필수 사항이 되지 못했다. 오랫동안 스크립트 작성자들은 파이썬 3를 회피했다. 그들이 선호하는 라이브러리들이 파이썬 3를 지원하지 않았고 라이브러리 제작자들은 그들의 고객들이 여전히 파이썬 2를 사용하고 있었기 때문에 파이썬 3를 지원하지 않았다.

가장 유리한 환경에서조차 큰 규모의 독립적 사용자 커뮤니티가 호환성 단절을 뛰어넘게 밀어붙이기 어려웠다. 파이썬 3의 경우에는 초기에 제대로 정착하는 데 십 년의 절반 이상이 걸렸다. 하지만 2017년 현재, 그런 상황은 결국 바뀌고 있는 것 같다.

동일한 파이썬 코드를 양쪽 버전에서 모두 실행할 수 있게 해주는 호환 라이브러리들 덕분에 어느 정도 전환이 쉽게 이뤄지고 있다. 하지만 실무에서는 아직도 파이썬 3가 파이썬 2만큼 많이 사용되지는 않는다.

이 글의 작성 시점 기준으로 py3readiness.org에서는 가장 많이 사용되는 360개의 파이썬 파이브러리 중 17개만이 파이썬 3와 호환되지 않는다고 보고하고 있다. 하

---

18. 파이썬 3의 변경 사항에 관한 상세한 목록은 여기서 다루기에 적절치 않으므로 docs.python.org/3.0/whatsnew/3.0.html 문서를 참고한다.

지만 아직 포팅되지 않는 소프트웨어들의 긴 목록을 보면 정신이 퍼뜩 든다. pypi.python.org(Python Package Index, 소위 PyPI)에 보관돼 있는 라이브러리들의 25% 이상이 파이썬 3.19에서 실행된다.[19] 물론 이 프로젝트들의 상당수는 오래돼서 더이상 관리되고 있지 않지만 그렇더라도 25%는 기대보다 낮은 수치다.

파이썬 2인가 파이썬 3인가?

천천히 펼쳐지고 있는 파이썬의 전환에 대해 세상이 내놓은 해법은 파이썬 2와 파이썬 3를 별개의 언어로 취급하는 것이었다. 특정 시스템을 어느 한쪽에 봉헌할 필요는 없으며 두 언어를 충돌 없이 동시에 실행할 수 있다.

이 책의 사례 시스템들은 모두 파이썬 2를 기본으로 하고 있으며 /usr/bin/python는 /usr/bin/python2에 심볼릭 링크돼 있다. 파이썬 3는 별도의 패키지로 설치되는 게 일반적이며 바이너리 이름은 python3로 돼 있다.

RHEL 페도라 프로젝트는 파이썬 3를 시스템 기본으로 만드는 작업을 하고 있지만, 레드햇과 센트OS는 한참 뒤져 있을 뿐 아니라 사전 제작된 파이썬 3용 패키지를 정의조차 하지 않고 있다. 하지만 페도라의 EPEL^Extra Package for Enterprise Linux^(기업 리눅스용 부가 패키지) 저장소에서 파이썬 3 패키지를 가져올 수 있다. 이 저장소를 사용하는 방법은 fedoraproject.org/wiki/EPEL에 있는 FAQ를 참고한다. 설치와 구성은 쉽지만 세부적인 명령들은 버전에 따라 다르다.

새로운 스크립트 작업을 하거나 파이썬을 처음 시작하는 사람들이라면 파이썬 3로 곧장 넘어가는 게 맞다. 사실 여기서 예로 든 간단한 사례에서는 파이썬 2와 파이썬 3가 다른 점은 print 줄뿐이지만 이 책에서는 파이썬 3 구문을 사용할 것이다.

기존의 소프트웨어들에 대해서는 해당 소프트웨어가 선호하는 파이썬 버전을 사용하면 된다. 새 코드냐 옛 코드냐 하는 단순한 문제가 아니라 좀 더 복잡한 상황이라면 이에 관련된 다양한 이슈들과 해결책, 권고 사항들을 잘 모아 놓은 wiki.python.org/moin/Python2orPython3에서 파이썬 위키를 참고한다.

---

19. 최신 통계 자료는 caniusepython3.com을 참고한다.

파이썬 빠르게 시작하기

이 책에서 제공하는 것보다 더 완벽하게 파이썬에 입문하려면 마크 필그림^{Mark} ^{Pilgrim}의 『Dive Into Python 3』로 시작하는 게 좋다. 이 책은 diveintopython3.net에서 직접 읽거나 무료로 다운로드할 수 있으며 에이프레스^{Apress} 출판사에서 인쇄된 책을 구매할 수도 있다.

간단한 'Hello, world!' 스크립트부터 시작해보자.

```
#!/usr/bin/python3
print("Hello, world!")
```

이 스크립트를 실행하려면 실행 비트를 설정하거나 python3 인터프리터를 직접 호출한다.

```
$ chmod +x helloworld
$ ./helloworld
Hello, world!
```

기존 관례를 깨는 파이썬의 가장 특이한 점은 들여쓰기가 논리적으로 의미를 갖는 것이다. 파이썬은 중괄호나 대괄호, 블록을 나타내기 위한 begin과 end를 사용하지 않는다. 동일한 들여쓰기 수준에 있는 명령문들은 자동으로 블록을 형성한다. 구체적인 들여쓰기 스타일(스페이스^{space}, 탭^{tab}, 들여쓰기 깊이)은 문제되지 않는다.

파이썬 블로킹은 한 예를 보면 금방 알 수 있다. 다음과 같은 간단한 if-then-else 문을 살펴보자.

```
import sys

a = sys.argv[1]

if a == "1":
    print('a is one')
    print('This is still the then clause of the if statement.')
else:
    print('a is', a)
    print('This is still the else clause of the if statement.')
```

```
print('This is after the if statement.')
```

첫 줄 argv 배열을 포함하고 있는 sys 모듈을 가져온다. if문을 통과한 두 경로는 모두 동일한 수준으로 들여쓰기 된 두 라인을 갖고 있다(줄의 끝에 있는 콜론은 그 줄 뒤에 들여쓰기 된 블록이 따라옴을 나타내는 단서다). 마지막 print문은 if문의 맥락 바깥에 놓여 있다.

```
$ python3 blockexample 1
a is one
This is still the then clause of the if statement.
This is after the if statement.
$ python3 blockexample 2
a is 2
This is still the else clause of the if statement.
This is after the if statement.
```

파이썬의 들여쓰기 규약은 코드 포매팅만큼 유연하지는 않지만 불필요한 괄호나 세미콜론의 사용을 줄여준다. 이런 방식은 전통적인 구분 문자^{delimiter}에 익숙한 사람들에게는 적응이 필요하지만 나중에는 대부분 이런 방식을 좋아하게 된다.

파이썬의 print 함수는 임의의 개수의 인수를 수용한다. print 함수는 출력할 때 각 쌍의 인수 사이에 한 개의 빈칸을 삽입하며 개행 문자를 자동으로 덧붙인다. 인수 목록의 끝에 end= 또는 sep= 옵션을 추가하면 이런 구분 문자나 개행 문자를 억제하거나 수정할 수 있다.

예를 들어 다음과 같다.

```
print("one", "two", "three", sep="-", end="!\n")
```

이 줄은 다음과 같은 내용을 출력한다.

```
one-two-three!
```

주석은 sh나 펄, 루비에서와 마찬가지로 한 개의 샵 문자(#)로 시작되며 줄의 끝까지 지속된다.

줄이 길면 줄이 끝나는 곳에 백슬래시(\)를 넣어 여러 줄로 나눌 수 있다. 이때 첫 줄의 들여쓰기만 유효하다. 첫 줄 다음에 오는 줄들의 들여쓰기는 원하는 대로 하면 된다. 한 줄에서 소괄호, 중괄호, 대괄호의 쌍이 맞지 않으면 백슬래시가 없어도 자동으로 다음 줄이 연속된다. 하지만 백슬래시를 넣는 것이 코드의 구조를 명확하게 한다면 그렇게 해도 된다.

잘라 붙이기 작업을 하면 탭이 스페이스로 바뀔 수 있으므로 원하는 바를 정확히 알지 못하면 혼란에 빠질 수 있다. 들여쓰기에는 탭과 스페이스를 섞어 사용하지 말고 어느 쪽이든 한 가지만 사용하라는 것이 황금률이다. 탭은 8개의 스페이스 간격으로 설정된다는 전통적인 가정을 세우는 소프트웨어들이 많다. 하지만 이 것은 코드 가독성을 위해 너무 큰 들여쓰기라 할 수 있다. 파이썬 커뮤니티에서는 대부분 스페이스와 4 글자 들여쓰기를 선호하는 것 같다.

들여쓰기 문제를 어떻게 공략하기로 결정하든 대부분의 편집자는 혼란을 줄이는 데 도움이 되는 옵션들을 갖고 있다. 예를 들면 스페이스를 선호하고 탭을 금지 한다든지, 아니면 스페이스와 탭이 다르게 표시되게 한다든지 하는 방법 등이 있다. 최후의 수단으로 expand 명령을 이용해 탭을 스페이스로 변환할 수도 있다.

객체, 문자열, 숫자, 리스트, 딕셔너리, 튜플, 파일

파이썬에서의 모든 데이터 타입은 객체[object]며 다른 언어에서의 데이터 타입보다 더 강력하고 탄력적이다.

파이썬에서의 리스트[list]는 대괄호 안에 표시되며 인덱스는 0부터 시작된다. 파이썬 리스트는 본질적으로 배열[array]과 같지만 리스트는 모든 타입의 객체를 담을 수 있다.[20]

또한 파이썬에는 본질적으로 고정 불변의 리스트에 해당하는 '튜플[tuple]'이 있다. 튜플은 리스트보다 빠르며 상수[constant] 데이터를 표현하는 데 유용하다. 튜플의 구

---

20. 동질적이고 좀 더 효율적인 배열 타입이 배열 모듈에 구현돼 있지만 대부분의 목적에 대해 리스트를 고수하게 한다.

문은 구분 문자로 대문자가 아닌 괄호를 사용한다는 점을 제외하곤 리스트의 구문과 같다. 튜플은 간단한 대수식처럼 보이기 때문에 단 한 개의 요소만 포함하는 튜플은 모호함을 피하고자 표시자로서의 콤마가 필요하다.

다음은 파이썬의 기본적인 변수와 데이터 타입들이다.

```
name = 'Gwen'
rating = 10
characters = [ 'SpongeBob', 'Patrick', 'Squidward' ]
elements = ( 'lithium', 'carbon', 'boron' )
print("name:\t%s\nrating:\t%d" % (name, rating))
print("characters:\t%s" % characters)
print("hero:\t%s" % characters[0])
print("elements:\t%s" % (elements, ))
```

이 예제의 출력은 다음과 같다.

```
$ python3 objects
name:       Gwen
rating:     10
characters: ['SpongeBob', 'Patrick', 'Squidward']
hero:       SpongeBob
elements:   ('lithium', 'carbon', 'boron')
```

리스트와 튜플 타입의 기본적인 문자열 변환은 소스코드에 나타나는 모습 그대로 표현되는 점에 유의한다.

파이썬의 변수들은 구문적으로 표시되거나 타입에 의해 선언되지 않으며 변수가 참조하는 객체가 하부 타입을 갖는다. 파이썬은 대부분의 경우에 타입을 자동으로 변환하지 않지만 각 함수나 연산자들은 타입을 변환할 수 있다. 예를 들어 명시적으로 숫자를 문자열 표현으로 변환하지 않고서는 + 연산자를 써서 문자열string 과 숫자number를 결합시킬 수 없다. 하지만 연산자와 명령문을 포매팅하면 강제로 모든 것을 문자열 형태로 변환한다.

위 예제의 출력에서 볼 수 있는 바와 같이 모든 객체는 문자열로 표현된다. 딕셔너리dictionary와 리스트list, 튜플tuple은 반복 순환적으로 구성 요소들을 문자열로 변환해 이 문자열들을 적절한 구두점과 결합시킴으로써 문자열 표현을 구성한다.

문자열 포매팅 연산자 %는 C 언어의 **sprintf** 함수와 매우 비슷하지만 문자열이 나타날 수 있는 곳이면 어디서나 사용될 수 있다. 연산자 %는 왼쪽에는 문자열을 갖고 오른쪽에는 삽입될 값을 갖는 2항 연산자^{binary operator}다. 두 개 이상의 값이 삽입되면 그 값들은 반드시 튜플로 표현돼야 한다.

해시^{hash} 또는 연관 배열^{associative array}로도 불리는 파이썬 딕셔너리는 키/값 쌍의 집합으로 표현된다. 해시는 배열의 첨자(키)가 임의의 값을 갖는 그런 배열이라고 생각하면 된다. 따라서 해시는 숫자일 필요가 없다. 하지만 실무에서 보면 가장 일반적인 키는 숫자와 문자열이다.

딕셔너리의 문자 값들은 중괄호 안에 표현되며 각 키/값 쌍은 콜론으로 구분한다. 딕셔너리의 사용에 있어서는 첨자(키)들이 정수가 아닌 객체일 수 있다는 점을 제외하곤 리스트와 매우 유사하게 작동한다.

```
ordinal = { 1 : 'first', 2 : 'second', 3 : 'third' }
print("The ordinal dictionary contains", ordinal)
print("The ordinal of 1 is", ordinal[1])

$ python3 dictionary
The ordinal array contains {1: 'first', 2: 'second', 3: 'third'}
The ordinal of 1 is first
```

파이썬은 오픈된 파일을 메서드^{method}가 결합된 객체로 취급한다. 이름 그대로 **readline** 메서드는 한 줄을 읽어 들이므로 다음 예제는 /etc/passwd 파일에서 두 줄을 읽어 출력한다.

```
f = open('/etc/passwd', 'r')
print(f.readline(), end="")
print(f.readline(), end="")
f.close()

$ python3 fileio
root:x:0:0:root:/root:/bin/bash
daemon:x:1:1:daemon:/usr/sbin:/usr/sbin/nologin
```

print 호출의 끝에 있는 개행 문자는 end=""에 의해 억제된다. 각 줄은 이미 원본 파일에서 개행 문자를 포함하고 있기 때문이다. 파이썬은 이와 같이 줄을 읽어 들일 때 개행 문자를 자동으로 잘라내지 않는다.

입력 검증 예제

다음 스크립트는 파이썬에서 입력을 검증하는 일반적 기법을 보여준다. 또한 파이썬에서 함수를 정의하는 방법, 커맨드라인 인수들을 사용하는 방법 등 일부 파이썬 개념도 함께 보여준다.

```python
import sys
import os

def show_usage(message, code = 1):
    print(message)
    print("%s: source_dir dest_dir" % sys.argv[0])
    sys.exit(code)

if len(sys.argv) != 3:
    show_usage("2 args required; you supplied %d" % (len(sys.argv) - 1))
elif not os.path.isdir(sys.argv[1]):
    show_usage("Invalid source directory")
elif not os.path.isdir(sys.argv[2]):
    show_usage("Invalid destination directory")

source, dest = sys.argv[1:3]

print("Source directory is", source)
print("Destination directory is", dest)
```

sys 모듈을 임포트한 후 os.path.isdir 루틴을 사용할 수 있도록 os 모듈도 가져온다. import는 모듈에서 정의하는 어떤 심볼에 접근할 때 단축 경로를 제공하지 않기 때문에 반드시 모듈 이름부터 시작하는 완전한 이름을 사용해야 한다는 점에 유의한다.

show_usage 루틴의 정의는 호출자가 명시적으로 인수를 지정하지 않았을 경우 종료 코드의 기본값을 제공한다. 모든 데이터 타입은 객체이기 때문에 함수의 인수들은 사실상 참조에 의해by reference 전달된다.

sys.argv 리스트의 첫 번째 위치에는 스크립트 이름이 포함되기 때문에 리스트의 길이는 실제로 제공한 커맨드라인 인수의 개수보다 하나 더 많다. sys.argv[1:3] 형식은 리스트 슬라이스^{list slice}를 나타낸다. 특이하게도 슬라이스는 지정한 범위의 맨 끝에 있는 항목은 포함하지 않는다. 따라서 이 슬라이스는 sys.argv[1]과 sys.argv[2]만을 포함한다. 두 번째 인수와 그다음에 오는 모든 인수를 포함하려면 sys.argv[1:]으로 간단히 표현할 수 있다.

sh와 마찬가지로 파이썬은 전용 'else if' 조건문을 갖고 있으며 그 키워드는 elif 다. 파이썬에는 어떤 명시적인 case나 switch 명령문이 없다.

source와 dest 변수의 병행 할당^{parallel assignment}은, 변수 자체는 리스트에 속하지 않는다는 점에서 일부 언어와 약간 다르다. 어떤 형식을 사용하든 파이썬은 병행 할당문을 허용한다.

파이썬은 숫자와 문자열 값에 대해 동일한 비교 연산자를 사용한다. '같지 않다'는 비교 연산자는 !=다. 하지만 단항 연산자^{unary operator} !는 없으므로 not을 사용해야 한다. 불리언 연산자^{boolean operator} and와 or도 마찬가지로 부호가 아닌 단어 전체를 사용해야 한다.

루프

다음 프로그램은 1부터 10까지 반복되는 for...in 구성체를 사용하고 있다.

```
for counter in range(1, 10):
    print(counter, end=" ")
print()                                # 끝에 개행 문자를 추가
```

앞 예제의 배열 슬라이스^{array slice}와 마찬가지로 범위의 오른쪽 끝점은 실제로 포함되지 않는다. 출력에는 1부터 9까지만 포함된다.

```
1 2 3 4 5 6 7 8 9
```

이것은 파이썬의 유일한 for 루프 유형이지만 매우 강력하다. 파이썬의 for 루프

는 다음과 같이 다른 언어의 **for**와 차별화된 여러 가지 특징을 갖고 있다.

- 범위를 숫자로 표현하는 것에는 특별한 점이 없다. 어떤 객체든 파이썬의 반복 모델을 지원할 수 있다. 따라서 문자열(문자 단위), 리스트, 파일(문자, 줄, 블록 단위), 리스트 슬라이스 등을 통한 반복이 가능하다.

- 반복자^iterator^는 복수의 값을 공급할 수 있으므로 여러 개의 루프 변수를 사용할 수 있다. 각 반복의 맨 위에 있는 할당문은 파이썬의 일반적인 다중 할당문^multiple assignment^처럼 작동한다. 이 기능은 딕셔너리를 반복할 때 특히 유용하다.

- **for**와 **while** 루프는 모두 맨 끝에 **else**절을 가질 수 있다. **else**절은 루프가 **break**문으로 빠져나오지 않고 정상적으로 종결될 때만 실행된다. 이 기능은 처음에는 직관에 반하는 것 같지만 어떤 용례에서는 매우 편리한 효과를 볼 수 있다.

다음 예제 스크립트는 커맨드라인에서 정규표현식을 받아들여 백설공주의 난장이들과 그들의 옷 색깔 목록과 대조해보는 것이다.

첫 번째 매치만 인쇄되며 이때 정규표현식과 매칭된 부분은 좌우에 밑줄 문자를 넣어 인쇄한다.

```python
import sys
import re

suits = {
    'Bashful':'yellow', 'Sneezy':'brown', 'Doc':'orange', 'Grumpy':'red',
    'Dopey':'green', 'Happy':'blue', 'Sleepy':'taupe'
}
pattern = re.compile("(%s)" % sys.argv[1])

for dwarf, color in suits.items():
    if pattern.search(dwarf) or pattern.search(color):
        print("%s's dwarf suit is %s." %
            (pattern.sub(r"_\1_", dwarf), pattern.sub(r"_\1_", color)))
        break
    else:
        print("No dwarves or dwarf suits matched the pattern.")
```

다음은 실행했을 때 출력된 사례다.

```
$ python3 dwarfsearch '[aeiou]{2}'
Sl_ee_py's dwarf suit is t_au_pe.

$ python3 dwarfsearch 'ga|gu'
No dwarves or dwarf suits matched the pattern.
```

suits 할당문은 문자 사전을 인코딩하는 파이썬 구문을 보여준다. suits.items() 메서드는 키/값 쌍을 위한 반복자다. 매번 반복될 때마다 난장이 이름과 옷 색깔을 모두 추출하고 있음에 유의한다. 단지 키만 반복하길 원했다면 suits에 dwarf를 썼을 것이다.

파이썬은 re 모듈을 통해 정규표현식 처리를 구현한다. 정규표현식 기능이 언어 자체에 내장돼 있지 않기 때문에 파이썬에서 정규표현식을 다루는 것은 펄 같은 언어에 비해 다소 불편하다. 맨 먼저 정규표현식 패턴은 (캡처 그룹을 구성하고자) 괄호로 둘러싸인 첫 번째 커맨드라인 인수에서 컴파일된다. 그런 다음 정규표현식 객체의 search와 sub 메서드를 이용해 문자열을 테스트하고 수정한다. 또한 정규표현식을 첫 번째 인수로 제공하면서 re.search 등을 함수로 직접 호출할 수도 있다.

치환 문자열에 있는 \1은 첫 번째 캡처 그룹의 내용을 가리키는 역참조back-reference다. 치환 문자열 (r"_\1_")의 맨 앞에 오는 이상하게 보이는 접두사 r은 문자열 상수에서 일어나는 통상적인 이스케이프 시퀀스를 억제한다. 여기서 r은 본래의 '원형raw'을 뜻한다. 이 경우 r을 사용하지 않으면 대체 패턴은 두 개의 밑줄 문자와 그 사이에 있는 숫자 코드 1을 갖는 한 개의 문자로 구성된다.

사전에 관해 한 가지 유의할 점은, 사전은 반복 순서가 정의돼 있지 않다는 것이다. 난장이 검색을 두 번째 실행하면 다른 결과를 얻을 수도 있다.

```
$ python3 dwarfsearch '[aeiou]{2}'
Dopey's dwarf suit is gr_ee_n.
```

368

7.6 루비 프로그래밍

루비^{Ruby}는 일본 개발자 유키히로 '마츠' 마츠모토^{Yukihiro 'Matz' Matsumoto}에 의해 설계 및 관리되고 있으며, 곳곳에 담겨 있는 '모든 것이 객체'라는 개념을 포함해 파이썬과 많은 특징을 공유하고 있다. 1990년대 중반에 처음 출시됐음에도 루비는 십 년이 지난 후 레일즈^{Rails} 웹 개발 플랫폼이 나오기 전까지는 명성을 얻지 못했다.

루비는 여전히 웹과 밀접하게 결합돼 있는 것으로 많은 사람이 인식하고 있지만 루비라는 언어 자체는 웹에 특화된 것이 없다. 루비는 범용 스크립트용으로도 잘 작동한다. 하지만 대중성만 놓고 본다면 주요 스크립트 언어로는 파이썬을 선택하는 것이 낫다.

루비는 여러 가지 면에서 파이썬과 동등하다고 볼 수도 있지만 철학적으로는 더욱 관용적이다. 예를 들면 루비의 클래스들은 다른 소프트웨어에 의한 수정에 대해 오픈 돼 있으며 루비스트^{Rubyist} 커뮤니티는 표준 라이브러리를 수정하는 확장에 주저함이 없다.

루비는 구문적 첨가물^{syntactic sugar}을 좋아하는 취향의 사람들에게 적합하다. 구문적 첨가물이란 기본 언어에는 실질적 변화를 주지 않으면서 코드를 더 간결하고 분명하게 표현하는 것을 허용하는 기능을 말한다. 예를 들면 다음과 같다.

```
due_date = 7.days.from_now
```

레일즈 환경에서 이 실행문은 시간 관련 클래스 이름을 참조하거나 어떤 명시적인 날짜-시간 계산을 하지 않고도 타임^{Time} 객체를 생성한다. 레일즈는 정수를 나타내는 루비 클래스, Fixnum의 확장으로 days를 정의하고 있다. 이 메서드는 Duration 객체를 반환하는데, 이 객체는 하나의 숫자 역할을 하며 604,800에 상당하는 값으로 사용된다. 이 값은 7일에 해당하는 시간을 초로 환산한 값이다. 디버거를 통해 살펴보면 이 객체는 스스로를 '7 days'로 기술하고 있다.[21]

---

21. 이런 형태의 다형성(polymorphism)은 루비와 파이썬에서 모두 일반적인 것으로서 '덕 타이핑(duck typing)'이라고도 한다. 이 용어는 어떤 객체가 오리처럼 걷고 오리처럼 꽥꽥거린다면 그것이 실제 오리인지 아닌지에 대해 걱정할 필요가 없다는 개념에서 나왔다.

루비는 개발자들이 '도메인 특화 언어^{DSL, Domain-Specific Language}'를 쉽게 만들게 해준다. DSL은 사실상 루비지만 마치 전문적인 구성 시스템처럼 사용되는 약식 언어다.

설치

일부 시스템에는 루비가 기본으로 설치돼 있지만 그렇지 않은 시스템들도 있다. 하지만 여러 버전의 패키지 형태로 언제든지 사용할 수 있다.

현재 기준(버전 2.3)에서 루비는 옛 코드와 매우 좋은 호환성을 유지하고 있다. 어떤 특별한 경고만 없다면 대개는 가장 최신 버전을 설치하는 것이 최선이다.

불행히도 대부분의 시스템 패키지들은 루비보다 여러 릴리스가 뒤처져 있다. 패키지 라이브러리가 현재 릴리스를 포함하지 않는다면(이를 확인하려면 ruby-lang. org를 확인해 볼 것) RVM을 통해 가장 최신 버전을 설치한다. RVM을 통하지 않고 직접 작업하려는 시도는 하지 말자.

루비 빠르게 시작하기

루비는 파이썬과 매우 비슷하기 때문에 앞 절에서 다뤘던 파이썬 코드들을 모델로 만든 루비 코드를 살펴보자.

```ruby
#!/usr/bin/env ruby

print "Hello, world!\n\n"

name = 'Gwen'
rating = 10
characters = [ 'SpongeBob', 'Patrick', 'Squidward' ]
elements = { 3 => 'lithium', 7 => 'carbon', 5 => 'boron' }

print "Name:\t", name, "\nRating:\t", rating, "\n"
print "Characters:\t#{characters}\n"
print "Elements:\t#{elements}\n\n"

element_names = elements.values.sort!.map(&:upcase).join(', ')
print "Element names:\t", element_names, "\n\n"

elements.each do |key, value|
    print "Atomic number #{key} is #{value}.\n"
```

```
end
```

이 코드의 출력은 다음과 같다.

```
Hello, world!

Name:          Gwen
Rating:        10
Characters:    ["SpongeBob", "Patrick", "Squidward"]
Elements:      {3=>"lithium", 7=>"carbon", 5=>"boron"}

Element names: BORON, CARBON, LITHIUM

Atomic number 3 is lithium.
Atomic number 7 is carbon.
Atomic number 5 is boron.
```

파이썬처럼 루비도 배열을 구분하는 데는 대괄호를 사용하고 사전의 글자를 구분하는 데는 중괄호를 사용한다. 루비에서는 이런 묶음들을 '해시hash'라고 부른다. 해시 안에 있는 => 연산자는 각 해시 키와 이에 상응하는 값을 분리하며, 키/값 쌍은 콤마에 의해 분리된다. 루비에는 튜플tuple이 없다.

루비의 print는 함수다. 더 정확히 말하면 파이썬 3에서와 같은 글로벌 메서드 global method다. 하지만 개행 문자가 필요하면 반드시 명시적으로 기술해야 한다.[22] 또한 함수 호출 인수들을 둘러싸는 괄호들은 루비에서는 옵션이기 때문에 생략해도 된다. 개발자들은 코드 의미를 분명히 하거나 모호함을 없애는 데 도움이 되지 않는다면 대개 그런 괄호들을 생략한다(예제의 일부 print 호출들은 콤마에 의해서 분리된 여러 개의 인수를 포함하고 있음에 유의한다).

여러 가지 경우에 변수 값들을 큰따옴표로 둘러싸인 문자열 안에 써넣고자 #{} 괄호를 사용했다. 이런 괄호들은 임의의 루비 코드를 포함할 수 있다. 즉, 코드가 어떤 값을 생성하던 간에 그 값은 자동으로 문자열 타입으로 변환돼 문자열 속에 삽입된다. + 연산자를 이용해 문자열들을 연결할 수도 있지만 일반적으로 내삽법 interpolation이 더 효율적이다.

---

22. 개행 문자를 추가해주는 puts 함수도 있지만 약간 지나칠 정도로 스마트한 면이 있다. 개행 문자가 한 개 더 필요해 직접 추가하면 puts는 자신의 개행 문자를 삽입하지 않기 때문이다.

element_names를 계산하는 줄은 여러 가지 루비 문구를 더 많이 보여주고 있다.

```
element_names = elements.values.sort!.map(&:upcase).join(', ')
```

이는 메서드 호출의 연속으로서 각 호출은 앞 메서드가 반환한 결과 위에서 작동한다. 마치 셸에서 볼 수 있는 연속된 파이프와도 같다. 예를 들면 elements의 value 메서드는 문자열 배열을 생성하며, 다음으로 sort!가 그 배열을 알파벳 순서로 정렬한다.[23] 배열의 map 메서드는 각 요소에 대해 upcase 메서드를 호출한 후 모든 결과물을 다시 새 배열 안에 모은다. 마지막으로 join은 하나의 문자열을 생성하고자 사이사이에 콤마를 넣어 최종 배열의 요소들을 연결한다.

블록

앞 절의 코드에서 do와 end 사이의 텍스트가 하나의 블록[block]인데, 다른 언어에서는 흔히 람다 함수[lambda function], 클로저[closure], 익명 함수[anonymous function]로 알려져 있다.[24]

```
elements.each do |key, value|
    print "Atomic number #{key} is #{value}.\n"
end
```

이 블록은 두 개의 인수를 취해 key와 value를 호출하며 각각의 값을 출력한다.

each는 언어의 일부처럼 보이지만 해시에 의해 정의된 메서드에 지나지 않는다. each는 블록을 인수로 받아들여 해시가 포함하고 있는 각 키/값 쌍에 대해 한 번씩 호출한다. 블록과 결합해 사용되는 이러한 유형의 반복 함수는 루비 코드의 가장 큰 특징이다. each는 순수한 반복자[iterator]를 일컫는 표준적인 이름이지만 많은 클래스는 each_line이나 each_character와 같이 더 특화된 버전들을 정의해 사용한다.

루비는 do...end 대신에 중괄호를 구분자로 사용하는 또 다른 블록 구문을 갖고

---

23. sort! 끝에 있는 느낌표는 이 메서드를 사용할 때는 조심해야 할 뭔가가 있다는 것을 경고한다. 루비에서는 어떤 특별한 의미를 갖지 않으며 메서드 이름의 일부로만 보면 된다. 이 사례에서 유의해야 할 점으로 sort!는 제자리 정렬(in-place sort)로 배열을 정렬한다는 것이다. !를 붙이지 않으면 정렬을 위해 새로 생성된 배열을 반환하는 다른 정렬 방법이 사용될 수도 있다.

24. 실제로 이 타입에는 블록(block), 프록(proc), 람다(lambda)로 알려진 3가지 개체가 있다. 이들의 차이점은 미세해서 전체적인 개요를 다룰 때는 중요하지 않다.

있다. 의미는 정확히 똑같지만 표현식의 일부로 사용될 때는 더 편하게 보인다. 예를 들면 다음과 같다.

```
characters.map {|c| c.reverse} # ["boBegnopS", "kcirtaP", "drawdiuqS"]
```

이 형식의 구문은 기능적으로는 characters.map(&:reverse)와 완전 동일하지만 단지 호출할 메서드를 map에게 알려주는 대신 reverse 메서드를 호출하는 명시적인 블록을 포함시켰다.

블록의 값은 블록이 완성되기 전에 계산한 마지막 표현식의 값이다. 쉽게 말하면 루비에서는 거의 모든 것이 표현식이며, 표현식이란 '값을 생성하고자 계산될 수 있는 코드 조각'을 의미한다. case(대부분 언어에서의 switch와 동일)나 if-else와 같은 제어 구조체들도 표현식에 해당된다. 이런 표현식의 값은 어떤 케이스[case]나 분기[branch]가 활성화되든 간에 그것에 의해 생산된 값을 그대로 반영한다.

블록은 반복뿐 아니라 다른 용도로도 많이 사용된다. 한 개의 함수로 다른 코드 부분을 대신해서 설정 절차와 해지 절차를 모두 수행할 수 있게 해준다. 따라서 블록은 데이터베이스 트랜잭션이나 파일 시스템 작업과 같은 여러 단계의 작업을 나타내곤 한다.

예를 들면 다음 코드는 /etc/passwd 파일을 오픈해 루트 계정을 정의한 줄을 출력한다.

```
open '/etc/passwd', 'r' do |file|
    file.each_line do |line|
        print line if line.start_with? 'root:'
    end
end
```

open 함수는 파일을 오픈해서 그 IO 객체를 바깥쪽 블록에 넘겨준다. 블록이 실행을 마치고 나면 open은 자동으로 파일을 닫는다. 설혹 close를 원해서 사용했다고 하더라도 close 작업이 따로 수행될 필요는 없으며, 바깥쪽 블록이 어떻게 종료되느냐에 관계없이 파일은 닫힌다.

여기서 사용된 접미형 if 구조체는 펄을 사용하는 사람들에게는 매우 친숙할 것이다. 핵심 작업 내용을 모호하게 만들지 않으면서 조건을 간단하게 표현하는 것은 좋은 방법이다. 여기서는 한눈에 봐도 안쪽 블록이 일부 줄들을 출력하는 루프라는 것을 분명히 알 수 있다.

print 줄의 구조가 분명하지 않은 경우에는 다음과 같이 선택적인 괄호를 포함시켜 다시 쓸 수 있다. if는 가장 낮은 우선순위를 가지며 양쪽에 한 개의 메서드 호출만 갖는다.

```
print(line) if line.start_with?('root:')
```

물음표 기호는 sort! 메서드와 마찬가지로 불리언^{Boolean} 값을 반환하는 메서드를 위한 명명 규칙에 지나지 않는다.

명명된 함수를 정의하는 구문은 블록의 경우와는 약간 다르다.

```
def show_usage(msg = nil)
    STDERR.puts msg if msg
    STDERR.puts "Usage: #{$0} filename ..."
    exit 1
end
```

괄호들은 여전히 선택적이지만 함수에 인수가 있는 경우라면 이런 맥락에서는 항상 괄호를 사용하는 게 일반적이다. 여기서 msg 인수의 기본값은 nil로 설정된다.

전역 변수 $0은 현재 프로그램을 호출할 때 사용한 이름을 포함하고 있다(전통적으로는 이것이 argv 배열의 첫 인수가 되겠지만 루비에서의 ARGV는 실제 커맨드라인 인수들만 포함한다).

if msg가 보여주는 바와 같이 C 언어처럼 불리언이 아닌 값들을 마치 불리언 값인 것처럼 사용할 수 있다. 하지만 이런 변환을 위해 루비가 사용하는 매핑은 약간 특이하다. nil과 false를 제외한 모든 것은 참값^{true}으로 계산된다. 특히 0은 참값을 갖는다(현실에서 이는 결국 여러분이 원하는 것이 될 것이다).

심볼과 옵션 해시

루비는 심볼^{symbol}이라 불리는 특이한 데이터 타입을 광범위하게 사용한다. 심볼은 콜론을 이용해 :example처럼 표기한다. 심볼은 변하지 않는 문자열로 간주할 수 있다. 일반적으로 심볼은 레이블이나 잘 알려진 해시 키^{hash key}로 사용된다. 루비는 내부적으로 심볼을 숫자로 구현하기 때문에 해시와 비교가 빠르다.

일반적으로 심볼은 해시 키로 많이 사용되기 때문에 루비 2.0에서는 해시 문자들이 과도한 문장 부호 부담을 줄일 수 있도록 별도의 구문을 정의하고 있다.

```
h = { :animal => 'cat', :vegetable => 'carrot', :mineral => 'zeolite' }
```

표준 형식의 이 해시는 다음과 같이 루비 2.0 스타일로 작성할 수 있다.

```
h = { animal: 'cat', vegetable: 'carrot', mineral: 'zeolite' }
```

심볼은 해시 맥락의 밖에서는 코드의 어느 부분에 나타나든 : 접두사를 유지한다. 예를 들어 해시에서 특정 값을 꺼내는 방법은 다음과 같다.

```
healthy_snack = h[:vegetable] # 'carrot'
```

루비는 함수 호출의 옵션을 다루는 데 있어 매우 특이하면서도 강력한 규칙을 갖고 있다. 호출되는 함수가 이런 행위를 요청하면 루비는 해시 쌍과 닮은 함수 호출 인수들을 묶어 새로운 해시로 만든다. 예를 들어 다음과 같은 레일즈 표현식을 보자.

```
file_field_tag :upload, accept: 'application/pdf', id: 'commentpdf'
```

file_field_tag는 두 개의 인수만을 받아들인다. 하나는 :upload 심볼이고 다른 하나는 :accept 키와 :id 키를 포함하는 해시다. 해시는 고정된 순서를 갖지 않기 때문에 옵션들이 어떤 순서로 나타나든 상관없다.

이런 타입의 유연한 인수 처리 방식은 다른 곳에서도 루비의 표준으로 돼 있다. 표준 라이브러리를 포함해 루비 라이브러리들은 최대한 넓은 범위의 입력들을 수용하고자 최선을 다한다. 스칼라, 배열, 해시는 똑같이 유효한 인수로 종종 사용되며 많은 함수가 블록 없이 또는 블록과 함께 호출될 수 있다.

루비에서의 정규표현식

파이썬과는 달리 루비는 정규표현식을 다루는 데 도움이 되도록 언어에서 지원해주는 부분이 별로 없다. 루비는 정규표현식을 위한 전통적인 /.../ 표기법을 지원하며, 그 내용에는 따옴표 인용 문자열처럼 #{} 예외 시퀀스들이 포함될 수 있다.

루비에서는 문자열과 정규표현식 사이의 매치를 테스트하는 =~ 연산자와 그 반대인 !~ 연산자도 정의돼 있다. 이 연산자들의 계산 값은 첫 번째 매치의 인덱스가 되거나 매치되지 않을 경우에는 nil이 된다.

```
"Hermann Hesse" =~ /H[aeiou]/ # => 0
```

매치된 요소들에 접근하려면 정규표현식의 match 메서드를 명시적으로 호출해야한다. 그러면 아무것도 매치되지 않은 경우에는 nil이 반환되고 매치된 경우에는 매치 요소들의 배열로 접근할 수 있는 객체가 반환된다.

```
if m = /(^H\w*)\s/.match("Heinrich Hoffmeyer headed this heist")
    puts m[0] # 'Heinrich'
end
```

다음은 이전의 난장이 옷 예제를 루비 버전으로 바꾼 것이다.

```
suits = {
    Bashful: 'yellow', Sneezy: 'brown', Doc: 'orange', Grumpy: 'red',
    Dopey: 'green', Happy: 'blue', Sleepy: 'taupe'
}
abort "Usage: #{$0} pattern" unless ARGV.size == 1
pat = /(#{ARGV[0]})/

matches = suits.lazy.select {|dwarf, color| pat =~ dwarf || pat =~ color}

if matches.any?
    dwarf, color = matches.first
```

```
    print "%s\'s dwarf suit is %s.\n" %
        [ dwarf.to_s.sub(pat, '_\1_'), color.sub(pat, '_\1_') ]
else
        print "No dwarves or dwarf suits matched the pattern.\n"
end
```

하나의 컬렉션에 적용된 select 메서드는 제공된 블록이 참값으로 계산되는 요소들만 포함하는 새로운 컬렉션을 생성한다. 이 예제에서 matches는 키 또는 값이 검색 패턴과 매칭되는 쌍만 포함하는 새로운 해시가 된다. 시작 해시를 lazy로 만들었기 때문에 결과에서 값의 추출을 시도할 때까지 실제 필터링은 발생하지 않을 것이다. 실제로 이 코드는 한 개의 매치를 발견하는 데 필요한 만큼의 쌍들만 검사한다.

=~ 패턴 매칭 연산자가 난장이들의 이름을 나타내는 심볼에 사용됐다는 것에 놀라지는 않았는가? 이것은 =~ 연산자는 매칭하기 전에 그 심볼들을 문자열로 변환할 정도로 스마트하기 때문에 가능한 것이다. 불행히도 치환 패턴을 적용할 때는 to_s 메서드를 이용해 명시적으로 변환을 수행해야 한다. 즉, sub는 문자열만을 대상으로 정의돼 있기 때문에 sub를 호출할 때 사용할 진짜 문자열이 필요한 것이다.

dwarf와 color의 병행 할당문에도 주목할 필요가 있다. matches.first는 두 개의 요소를 가진 배열을 반환하고 루비는 자동으로 배열을 풀어 각 요소를 배정한다.

문자열용 % 연산자는 파이썬에서 사용된 % 연산자와 유사하게 작동한다. 즉, sprintf의 루비 버전에 해당한다. 여기서는 채워야 할 두 개의 요소가 있으므로 2개 요소를 갖는 배열로 값들을 넘겨준다.

필터로서의 루비

루비는 스크립트 없이도 커맨드라인에 독립된 표현식을 써서 사용할 수 있다. 간단한 텍스트 변환을 하는 데는 이 방법이 편리하다(사실 이런 용도에서는 펄을 사용하는 게 훨씬 낫다).

-p와 -e 커맨드라인 옵션을 이용해 STDIN을 통한 루프를 수행하며 (변수 $_로 표현

되는) 각 줄에 대해 간단한 표현식을 실행하고 결과를 출력한다. 예를 들어 다음 명령은 /etc/passwd를 대문자로 변환한다.

```
$ ruby -pe '$_.tr!("a-z", "A-Z")' /etc/passwd
NOBODY:*:-2:-2:UNPRIVILEGED USER:/VAR/EMPTY:/USR/BIN/FALSE
ROOT:*:0:0:SYSTEM ADMINISTRATOR:/VAR/ROOT:/BIN/SH
...
```

ruby -a 명령은 자동 분할^{autosplit} 모드를 켠다. 이 모드는 입력 줄을 여러 필드로 분리해 배열 $F에 저장한다. 기본 필드 구분자는 공백 문자지만 -F 옵션을 이용해 다른 구분자 패턴을 설정할 수 있다.

자동 분할은 -p 또는 -p의 비자동 인쇄 변형인 -n 옵션과 결합해 사용하면 편리하다. 다음은 ruby -ane 명령을 이용해 사용자명과 셸만을 포함하는 새 버전의 passwd 파일을 생성하는 예다.

```
$ ruby -F: -ane 'print $F[0], ":", $F[-1]' /etc/passwd
nobody:/usr/bin/false
root:/bin/sh
...
```

진짜 용감한 사람은 -pe와 함께 -i 옵션을 이용해 즉석에서 파일을 편집할 수도 있다. 루비는 파일에서 파일을 읽어 들여 편집을 위한 줄들을 제공하고 결과를 원본 파일에 저장한다. -i 옵션에 하나의 패턴을 제공해 루비에게 각 파일의 원본 버전을 어떻게 백업할 것인지 말해줄 수 있다. 예를 들어 -i.bak은 passwd 파일을 passwd.bak으로 백업한다. 백업 패턴을 제공하지 않으면 백업 파일은 전혀 생기지 않는다는 점을 잘 알고 있어야 한다. -i와 접미어 사이에 띄어쓰기를 하지 않는다는 점에 유의한다.

7.7 파이썬과 루비를 위한 라이브러리와 환경 관리

언어들은 패키징이나 버전 제어에 있어 운영체제와 같은 문제들을 갖고 있기 때문에 그런 문제들의 해결에 같은 방법이 사용되곤 한다. 이 점에서는 파이썬과 루비가 유사하므로 여기서는 함께 다루기로 한다.

패키지 찾기와 설치

가장 기본으로 갖춰야 할 요건은 부가 소프트웨어를 찾아 구하고 설치, 업데이트, 배포하기 위한 간편하고 표준화된 방법이라고 할 수 있다. 루비와 파이썬은 모두 이런 목적을 위한 중앙 집중화된 웨어하우스를 갖고 있으며 루비는 rubygems.org 이고 파이썬은 pypi.python.org다.

루비 세계에서는 패키지를 '젬^{gem}'이라 부르며 그 젬들을 다루는 명령도 **gem**이다. **gem search** *regex* 명령은 이름과 매칭되는 사용 가능한 젬들을 보여주며, **gem install** *gem-name* 명령은 젬을 다운로드해 설치한다. **--user-install** 옵션을 사용하면 시스템의 공용 젬을 수정하지 않고 개인적인 사본을 설치할 수 있다.

루비의 **gem**에 해당하는 것으로 파이썬에는 **pip**이 있다. 파이썬 버전에 따라 **pip2** 또는 **pip3**로 불리기도 한다. 모든 시스템에 **pip**이 기본으로 설치돼 있는 것은 아니다. **pip**을 기본으로 포함하고 있지 않는 시스템들은 **pip**을 별도의 (OS 레벨) 패키지로 사용할 수 있게 하는 것이 일반적이다. **gem**과 마찬가지로 **pip search**와 **pip install**이 가장 중심이 되는 명령들이다. **--user** 옵션은 사용자의 홈 디렉터리에 패키지를 설치한다.

gem과 **pip**은 모두 패키지들 간의 의존관계를 이해하고 있다. 적어도 기본적인 수준의 의존관계는 알고 있다. 어떤 패키지를 설치할 때 그 패키지가 의존하고 있는 모든 패키지도 (현재 설치돼 있지 않다면) 함께 설치되도록 암묵적으로 요구할 수 있는 것이다.

루비나 파이썬의 기본 환경에서는 한 개 버전의 패키지만 한 번에 설치될 수 있다. 패키지를 재설치하거나 업그레이드하는 경우에 옛날 버전은 삭제된다.

때로는 표준 언어 메커니즘(gem 또는 pip)을 통해 패키지를 설치할 것인지 아니면 공급업체의 표준 저장소에 저장돼 있는 OS 레벨 패키지를 통해 설치할 것인지 선택할 수 있다. OS 패키지들은 설치와 실행에 있어서는 별 문제가 없는 편이지만 업데이트는 그렇지 못한 것 같다. 어떤 선택이 확실히 뛰어나다고 할 수는 없다.

재현 가능한 환경의 생성

프로그램, 라이브러리, 언어들은 마치 시간이 흐름에 따라 함께 진화하는 것처럼 복잡한 거미줄 같은 의존관계를 만든다. 상용 레벨의 서버는 수십 또는 수백 개의 구성 요소들에 의존하고, 그 구성 요소들은 설치 환경에 대해 저마다 다른 요구를 할 수 있다. 그렇다면 어떤 조합의 라이브러리 버전들이 조화로운 환경을 만들 것인지 어떻게 식별할 수 있을까? 개발실에서 테스트했던 환경설정이 클라우드에 전개된 환경설정과 같은 것인지 어떻게 확인할 수 있을까? 좀 더 근본적으로 말하자면 이 모든 구성품을 관리하는 일이 엄청나게 번거로운 일이 되지 않는다고 어떻게 확신할 수 있을까?

파이썬과 루비는 모두 패키지들이 자신의 의존관계를 표현하는 표준화된 방법을 갖고 있다. 두 시스템에서는 패키지 개발자들이 프로젝트의 루트 디렉터리에 의존관계를 나열한 한 개의 텍스트 파일을 생성한다. 그 파일의 이름은 루비에서는 Gemfile이고 파이썬에서는 requirements.txt다. 두 파일은 모두 의존관계를 위한 유연한 버전 사양을 지원하기 때문에 패키지들은 'simplejson 버전 3 이상의 릴리스' 또는 '레일즈 3은 되지만 레일즈 4는 안 됨'과 같은 식으로 선언할 수 있다. 특정 의존관계에 대해 정확한 버전 요건을 지정할 수 있다.

두 파일 형식은 모두 각 패키지에 대한 소스^source 지정을 허용하기 때문에 해당 언어의 표준 패키지 웨어하우스를 통해 의존관계들을 배포할 필요는 없다. 모든 일반적인 소스는 웹 URL에서 로컬 파일, 깃허브^GitHub 저장소에 이르기까지 지원된다.

파이썬 의존관계들은 `pip install -r requirements.txt` 명령을 이용해 일괄 처리한다. `pip`은 각각의 버전 사양은 아주 잘 해결하지만 불행히도 패키지들 간의 복잡한 의존관계를 독자적으로 해결하지는 못한다. 간혹 개발자들은 만족스런 결과를 얻고자 requirements.txt 안에서 패키지들을 나열하는 순서를 수정해야 할 때가 있다. 흔한 일은 아니지만 새로운 패키지 릴리스가 버전 균형 상태를 깨뜨릴 수도 있다.

pip freeze는 현재 설치돼 있는 파이썬 패키지 목록을 각 패키지의 정확한 버전과 함께 requirements.txt 형식으로 출력한다. 이 기능은 상용 서버의 현재 환경을 복제하는 데 매우 유용하다.

루비에서는 gem install -g *Gemfile* 명령이 pip -r 명령과 동의어라고 할 수 있다. 하지만 대부분 상황에서는 번들러[Bendler] 젬을 이용해 의존관계를 관리하는 것이 좋다. 번들러가 아직 설치돼 있지 않다면 gem install bundler 명령을 실행해 설치를 완료한 후 현재 구성하고 있는 프로젝트의 루트 디렉터리로 이동해 bundle install 명령을 실행한다.[25]

번들러에는 여러 가지 트릭이 숨겨져 있다.

- 번들러는 진정한 순환적 의존성 관리를 하기 때문에 상호 호환되고 모든 제약점을 만족하는 젬들이 있다면 번들러는 도움 없이도 그런 것들을 찾아낼 수 있다.
- 번들러는 버전 계산의 결과를 Gemfile.lock이라는 파일에 자동으로 기록한다. 이와 같은 맥락 정보를 유지 관리함으로써 번들러는 Gemfile에 대한 업데이트를 보수적이고도 효율적인 방법으로 다룰 수 있다. 번들러는 새로운 버전의 Gemfile로 마이그레이션할 때 수정할 필요가 있는 패키지들만 수정한다.
- Gemfile.lock은 이런 방식으로 붙어 다니기 때문에 배포 서버에서 bundle install을 실행하면 개발 환경에 있던 패키지 환경을 자동으로 재현한다.[26]
- 배포 모드[bundle install --deployment]에서 번들러는 누락된 젬들을 로컬 프로젝트 디렉터리에 설치함으로써 시스템 패키지 저장소에 일어날 변화로부터 프로젝트를 격리시키는 것을 돕는다. 그런 다음 이와 같은 하이브리드 젬 환경에서 특정 명령을 실행하려면 bundle exec 명령을 사용할 수 있다.[27]

---

25. 루비 젬들은 셸 레벨의 명령들을 포함할 수 있다. 하지만 이런 명령들은 맨페이지가 없는 것이 보통이다. 구체적인 내용을 보려면 bundle help를 실행하고 완전한 문서를 원한다면 bundler.io를 살펴본다.
26. 아니면 적어도 기본 동작에 해당될 것이다. 필요하다면 Gemfile에 개발 환경 요건과 배포 환경 요건을 서로 다르게 기술하는 것은 쉬운 일이다.
27. 레일즈(Rails)와 같은 일부 소프트웨어 패키지는 번들러를 잘 알고 있으며, bundle exec 명령을 실행하지 않고도 로컬에 설치된 패키지들을 사용할 것이다.

다중 환경

pip과 bundle은 개별적인 파이썬이나 루비 프로그램에 대해 의존성 관리를 다룬다. 하지만 같은 서버에 있는 두 프로그램이 서로 충돌되는 요건을 갖고 있다면 어떻게 할 것인가? 상용 서비스 환경에 있는 모든 프로그램이 시스템이나 다른 프로그램과 무관하게 각자 독립적인 라이브러리 환경을 갖는다면 가장 이상적일 것이다.

virtualenv: 파이썬용 가상 환경

파이썬의 **virtualenv** 패키지는 가상 환경^{Virtual Environment} 디렉터리의 내부에 살아있는 가상 환경을 생성한다.[28] 패키지를 설치한 후 다음과 같이 새 환경을 구축하려는 경로명과 함께 **virtualenv** 명령을 실행하기만 하면 된다.

```
$ virtualenv myproject
New python executable in /home/ulsah/myproject/bin/python
Installing setuptools, pip, wheel...done.
```

각 가상 환경은 파이썬과 PIP용 바이너리들을 포함하고 있는 한 개의 bin/ 디렉터리를 갖는다. 이 바이너리들 중 하나를 실행할 때는 자동으로 그에 상응하는 가상 환경에 놓이게 된다. **pip**의 가상 환경 사본을 실행함으로써 보통의 경우처럼 패키지들을 그 환경에 설치한다.

가상화된 파이썬 프로그램을 cron이나 시스템 시동 스크립트에서 시작하려면 해당 **python** 사본의 경로를 명시적으로 기술해야 한다(다른 방법으로 그 경로를 스크립트의 새뱅 줄에 넣을 수도 있다).

셸에서 대화형으로 작업할 때 **python**과 **pip**의 가상 환경 버전을 기본값으로 설정하려면 가상 환경의 bin/activate 스크립트에 **source** 명령을 적용하면 된다. 이 스크립트는 셸의 PATH 변수를 재배치한다. 가상 환경에서 빠져나오려면 **deactivate**를 사용한다.

---

28. 다른 파이썬 관련 명령들과 마찬가지로 이름 뒤에 숫자가 붙은 버전의 **virtualenv** 명령은 특정 버전의 파이썬에 따라오는 것임을 의미한다.

가상 환경은 특정 버전의 파이썬과 결합돼 있다. 가상 환경이 생성되는 시점에서 상응하는 파이썬 바이너리를 virtualenv의 --python 옵션을 이용해 설정할 수 있다. 파이썬 바이너리가 이미 설치돼 작동하고 있어야 한다.

RVM: 루비 환경 관리자

모든 것이 루비에서도 비슷하지만 설정 사항이 좀 더 많고 복잡하다. 번들러는 특정 애플리케이션을 대신해 루비 젬들의 로컬 사본을 캐싱할 수 있다는 것을 이미 살펴봤다. 이는 프로젝트를 상용 버전으로 옮길 때 합리적인 접근법이지만 대화형 사용에서는 그다지 좋지 못하다. 게다가 시스템에 설치된 버전의 루비 사용을 원한다는 가정을 전제로 하고 있다.

더 일반적인 솔루션을 원하는 사람들이라면 약간의 셸 해킹을 사용하고 있는 복잡하면서도 보기에도 좋지 않은 환경 가상화 관리자인 RVM을 조사해봐야 한다. 공정하게 말하자면 RVM은 '볼썽사나운 해킹' 류를 극도로 세련화한 사례라고 할 수 있다. 실제 상황에서 RVM은 부드럽게 작동한다.

RVM은 루비 버전과 여러 젬 컬렉션을 모두 관리하며 이들 사이를 실시간으로 전환하게 해준다. 예를 들어 다음 명령을 보자.

```
$ rvm ruby-2.3.0@ulsah
```

이 명령은 루비 2.3.0 버전과 ulsah라는 젬세트gemset를 활성화한다. 이제 ruby나 gem에 대한 모든 참조는 지정된 버전을 참조하게 된다. 이런 방식은 bundle이나 rails와 같이 젬에 의해 설치된 프로그램들에도 적용된다. 무엇보다 좋은 점은 젬 관리가 변함없는 것이다. 보통 때와 똑같이 gem이나 bundle을 사용하면 되며 새로 설치되는 젬들도 자동으로 제 위치를 찾아간다.

RVM의 설치 과정에는 배시 스크립트를 웹에서 가져와 로컬에서 실행하는 부분이 있다. 현재 그 명령들은 다음과 같다.

```
$ curl -o /tmp/install -sSL https://get.rvm.io
```

```
$ sudo bash /tmp/install stable
```

하지만 rvm.io의 현재 버전과 암호화 서명을 확인해보자.[29] 이 예문에 있는 것처럼 반드시 sudo를 이용해 설치해야 한다. 그렇지 않으면 RVM은 설치자의 홈 디렉터리에 개인 환경으로 설치한다(그렇더라도 작동은 잘 되겠지만 상용 시스템은 개인 홈 디렉터리를 전혀 참조하지 않을 것이다). 또한 권한이 부여된 RVM 사용자들을 rvm 유닉스 그룹에 추가해야 한다.

첫 단계 RVM 설치가 끝난 후에 젬을 설치하거나 RVM 환경설정을 변경할 때는 sudo를 사용해선 안 된다. RVM은 rvm 그룹에 있는 멤버십을 통해 모든 접근을 제어한다.

내면을 들여다보면 RVM은 셸 환경변수와 검색 경로를 조작함으로써 여러 가지 트릭을 구사한다. 따라서 로그인할 때 어떤 셸 시동 코드를 실행함으로써 마치 흡혈귀처럼 RVM을 사용자 환경 속으로 불러들여야 한다. RVM을 시스템 레벨에서 설치할 때 RVM은 적절한 명령들을 이용해 rvm.sh 스크립틀릿을 /etc/profile.d에 갖다 넣는다. 어떤 셸들은 자동으로 이 일을 수행한다. 그렇지 않은 셸들은 다음과 같이 source 명령을 명시적으로 사용해야 하며 이 명령은 셸 시동 파일에 추가할 수 있다.

```
source /etc/profile.d/rvm.sh
```

RVM은 어떤 식으로도 시스템에 설치된 원본 루비를 수정하지 않는다. 특히 다음과 같은 줄로 시작하는 스크립트들은 더욱 그렇다.

```
#!/usr/bin/ruby
```

셔뱅은 계속해서 시스템의 기본 루비하에서 실행되며 시스템에 설치된 젬들만 본다. 다음은 더 자유롭게 변형된 것이다.

---

29. 여기서 예로 든 명령들이 RVM의 권장 내용과 완전히 일치하지 않는 이유는 1장을 참고한다.

```
#!/usr/bin/env ruby
```

이 새뱅 줄은 루비를 실행하는 사용자의 RVM 맥락에 따라 ruby 명령의 위치를 결정한다.

rvm install 명령은 새 버전의 루비를 설치한다. 이 RVM 기능은 다른 버전의 루비를 설치할 때 발생하는 불편을 상당히 줄여주기 때문에 현재 사용 중인 OS에 있는 네이티브 루비 패키지들보다 우선적으로 이 기능을 사용하는 것이 일반적이다. OS의 루비 패키지들은 업데이트가 잘 이뤄지지 않기 때문이다. rvm install은 해당 바이너리가 존재할 경우 바이너리를 다운로드한다. 바이너리가 존재하지 않는다면 필요한 OS 패키지들을 설치한 후 소스에서 루비를 빌드한다.

다음 예문은 루비 2.2.1과 호환되는 것으로 알려진 레일즈 애플리케이션 배포를 위한 설정 방법을 보여준다.

```
$ rvm install ruby-2.2.1
Searching for binary rubies, this might take some time.
No binary rubies available for: ubuntu/15.10/x86_64/ruby-2.2.1.
Continuing with compilation. Please read 'rvm help mount' to get more
    information on binary rubies.
Checking requirements for ubuntu.
Installing required packages: gawk, libreadline6-dev, zlib1g-dev,
    libncurses5-dev, automake, libtool, bison, libffi-dev...............
Requirements installation successful.
Installing Ruby from source to: /usr/local/rvm/rubies/ruby-2.2.1, this
    may take a while depending on your cpu(s)...
 ...
```

위와 같이 RVM을 설치하면 루비 시스템이 /usr/local/rvm에 설치되며 시스템의 모든 계정에서 사용할 수 있다.

어떤 버전의 루비 RVM이 다운로드와 빌드 방법을 알고 있는지 알아내고자 rvm list known 명령을 사용한다. rvm list 명령이 보여주는 여러 루비는 이미 설치된 것으로 현재 사용할 수 있는 것들이다.

```
$ cd myproject.rails
$ rvm ruby-2.2.1@myproject --create --default --ruby-version
ruby-2.2.1 - #gemset created /usr/local/rvm/gems/ruby-2.2.1@myproject
ruby-2.2.1 - #generating myproject wrappers..........
$ gem install bundler
Fetching: bundler-1.11.2.gem (100%)
Successfully installed bundler-1.11.2
1 gem installed
$ bundle
Fetching gem metadata from https://rubygems.org/..........
Fetching version metadata from https://rubygems.org/...
Fetching dependency metadata from https://rubygems.org/..
Resolving dependencies......
...
```

위에서 ruby-2.2.1@myproject 커맨드라인은 루비 버전과 젬세트 두 가지를 모두
지정한다. 이때 사용된 --create 플래그는 젬세트가 존재하지 않을 때 젬세트를
생성하게 한다. --default 플래그는 이 조합을 RVM 기본값으로 설정하며
--ruby-version 플래그는 루비 인터프리터와 젬세트의 이름을 현재 디렉터리의
.ruby-version 파일과 .ruby-gemset 파일에 쓴다.

.*-version 파일들이 존재하면 RVM은 자동으로 그것들을 읽어 그 디렉터리에 있
는 스크립트를 다룰 때 그 내용을 반영한다. 이 기능은 각 프로젝트들로 하여금
자신의 요건을 지정할 수 있게 해주므로 어떤 게 어떤 것인지 일일이 기억할 필요
가 없다.

패키지를 (.ruby-version과 .ruby-gemset에 기록돼 있는 대로) 요청된 환경에서 실행
하려면 다음 명령을 실행한다.

```
rvm in /path/to/dir do startup-cmd startup-arg ...
```

이는 시동 스크립트나 크론으로부터 작업을 수행할 때 사용하는 간단한 구문이다.
RVM을 설정한 현재 사용자나 현재 사용자의 RVM 환경설정에 의존하지 않는다.

이와 다른 방법으로 다음과 같이 명령 환경을 명시적으로 기술할 수도 있다.

```
rvm ruby-2.2.1@myproject do startup-cmd startup-arg ...
```

또 다른 방법으로 다음과 같이 RVM에 의해 유지되는 래퍼[wrapper] 안에서 루비 바이너리를 실행하는 방법이 있다.

```
/usr/local/rvm/wrappers/ruby-2.2.1@myproject/ruby ...
```

이 명령은 자동으로 myproject 젬세트와 함께 루비 2.2.1의 세계로 들어가게 한다.

7.8 깃을 이용한 리비전 제어

실수는 어차피 피할 수 없는 현실이다. 중요한 것은 환경설정이나 코드 변경이 문제를 일으켰을 때 어떤 잘 알고 있는 정상적인 상태로 쉽게 되돌릴 수 있도록 그러한 변경 사항들을 추적하는 것이다. 리비전 제어 시스템[revision control system]은 파일의 여러 개정판을 추적하고, 저장하고, 접근을 허락하는 소프트웨어 도구다.

리비전 제어 시스템은 여러 가지 문제를 다룬다. 첫째, 한 파일이 수정되는 히스토리를 추적하기 위한 체계적인 방법을 정의한다. 이런 추적에 의해 변경된 내용들의 전후 맥락을 알 수 있으며 이전 버전들을 복구할 수 있는 것이다. 둘째, 버전 부여[versioning] 개념을 개별적인 파일 수준 이상으로 확장한다. 서로 연관된 파일 그룹들은 서로 간의 의존성이 반영되면서 함께 버전 부여될 수 있다. 마지막으로 리비전 제어 시스템은 다수의 편집기 작업들을 중재함으로써 경쟁 상태[race condition]로 인해 누군가의 변경 내용이 영구히 손실되는 일이 생기지 않게 하며[30] 여러 편집기로부터 서로 호환되지 않는 변경이 이뤄졌을 때 그것들이 동시에 활성화되지 않게 한다.

현재 가장 일반적으로 사용되고 있는 대표적인 시스템은 그 유명한 리누스 토발즈[Linus Torvalds]가 만든 깃[Git]이다. 리누스는 그당시 사용하던 버전 제어 시스템에 대

---

30. 예를 들어 시스템 관리자 앨리스와 밥이 동일한 파일을 편집하고 있고 각자 어떤 내용을 변경하는 상황을 가정해보자. 앨리스가 먼저 변경 내용을 저장했다. 밥이 자신의 파일 사본을 저장하면 앨리스가 변경했던 버전을 덮어쓰게 된다. 앨리스가 편집기에서 빠져나오면 그녀가 변경했던 내용은 완전히 사라지고 영영 복구가 불가능하다.

한 불만 때문에 리눅스 커널 소스코드를 관리하고자 깃을 만들었다. 깃은 현재 리눅스만큼이나 세계 모든 곳에서 사용되고 있고 영향력 또한 크다. 리누스가 발명한 것들 중에 어떤 것이 세상에 더 큰 영향을 끼쳤는지를 말하기는 어렵다.

대부분의 현대 소프트웨어들은 깃의 도움으로 개발되며, 따라서 시스템 관리자들은 깃을 매일 접하게 된다. 깃허브^{GitHub}나 깃랩^{GitLab} 또는 그 밖의 소셜 개발 사이트에서 오픈소스 프로젝트를 발견하고 다운로드하거나 프로젝트에 참여할 수 있다. 또한 스크립트, 환경설정 관리 코드, 템플릿, 기타 텍스트 파일 등 시간에 따라 추적될 필요가 있는 것들에 대해 깃을 이용해 변경 내용들을 추적할 수 있다.

깃의 능력은 어떤 특별한 중앙 저장소가 없다는 데 있다. 저장소에 접근하고자 저장소를 (전체 히스토리와 함께) 복제해서 마치 소라게가 소라 껍질을 짊어지고 다니듯이 저장소를 갖고 다닌다.

그 저장소에 대고 하는 일은 모두 로컬 작업이기 때문에 속도가 빠르며 중앙 서버와의 통신을 걱정할 필요도 없다. 깃은 지능형 압축 시스템을 사용해 히스토리 전체를 저장하는 비용을 절감시키므로 대부분의 경우에 이런 시스템은 매우 효과적이다.

깃은 개발자들에게 매우 좋다. 개발자들은 자신의 소스코드를 노트북 컴퓨터에 탑재해서 네트워크에 연결되지 않은 상태에서도 리비전 제어의 모든 혜택을 받으면서 작업을 계속할 수 있기 때문이다. 여러 개발자의 작업 결과를 통합해야 할 시점이 됐을 때 개발자들이 변경한 내용들은 조직의 작업 흐름^{workflow}에 맞는 방식으로 저장소의 한 사본으로부터 다른 사본으로 통합될 수 있다. 저장소의 두 사본이 같은 조상으로부터 갈라진 후에 얼마나 많은 변경과 반복이 일어났는가에 상관없이 두 사본을 그들의 공통된 조상^{ancestor} 상태로 되돌아가게 하는 것은 언제든지 가능하다.

깃의 로컬 저장소 사용은 커다란 도약으로, 리비전 제어에 있어서 또는 좀 더 정확히 말해 커다란 퇴보일지도 모른다. 하지만 좋은 방향일 것이다.

깃이 로컬 저장소를 사용하는 것은 리비전 제어에 있어 하나의 커다란 진전이라고 할 수 있다. 좀 더 정확히 말하자면 좋은 의미에서 크게 후퇴한 것이라도 할 수 있다. RCS나 CVS와 같은 초기 리비전 제어 시스템들은 로컬 저장소를 사용하긴 했지만 협업이나 수정 병합, 독립 개발을 다루지 못했다. 이제 우리는 돌고 돌아서 빠르고 단순한 로컬 리비전 제어로 다시 돌아온 것이다. 그와 동시에 깃의 모든 고급 협업 기능을 사용할 수 있게 됐다.

깃에는 수백 가지 기능이 있어 높은 수준에서 사용할 때는 매우 곤혹스러울 수도 있다. 하지만 대부분의 깃 사용자들은 소수의 간단한 명령들만 갖고 일을 해 나간다. 특별한 상황을 만나게 되면 원하는 작업에 대한 묘사(예, 'git undo last commit') 를 구글로 검색해서 해결하는 것이 최선이다. 검색 결과의 맨 위에는 변함없이 정확한 현재 상황을 말해주고 있는 스택 오버플로^{Stack Overflow} 논의가 나타난다. 무엇보다 당황하지 말자. 저장소를 엉망으로 만들어 마지막 몇 시간의 작업을 날린 것처럼 보일지라도 깃이 사본을 간직하고 있을 가능성이 매우 높다. 가서 그것을 가져올 리플로그^{reflog} 요정이 필요할 뿐이다.

깃 사용을 시작하기 전에 다음과 같이 이름과 이메일 주소를 설정한다.

```
$ git config --global user.name "John Q. Ulsah"
$ git config --global user.email "ulsah@admin.com"
```

이 명령들은 초기화된 깃 환경설정 파일 ~/.gitconfig을 생성한다. 나중에 **git** 명령은 환경설정 내용을 알고자 이 파일을 들여다본다. 깃에 능숙한 파워 사용자들은 그들이 원하는 작업 흐름에 맞추고자 이 파일을 광범위하게 수정한다.

간단한 깃 사용 예

지금까지 셸 스크립트들을 유지 관리하기 위한 저장소로서의 간단한 사례만을 소개했다. 현실에서는 깃을 이용해 환경설정 관리 코드, 인프라 템플릿, 임시 변통 스크립트, 텍스트 문서, 고정 웹 사이트 등 시간 흐름에 따라 계속 작업을 해 나가야 하는 모든 것을 추적할 수 있다.

다음 명령들은 새로운 깃 저장소를 생성하고 기본적인 것들을 상주시킨다.

```
$ pwd
/home/bwhaley
$ mkdir scripts && cd scripts
$ git init
Initialized empty Git repository in /home/bwhaley/scripts/.git/
$ cat > super-script.sh << EOF
> #!/bin/sh
> echo "Hello, world"
> EOF
$ chmod +x super-script.sh
$ git add .
$ git commit -m "Initial commit"
[master (root-commit) 9a4d90c] super-script.sh
 1 file changed, 0 insertions(+), 0 deletions(-)
 create mode 100755 super-script.sh
```

위 과정 중에서 **git init**은 /home/bwhaley/scripts에 .git 디렉터리를 생성함으로써 저장소의 기반을 만든다. 일단 첫 'hello, world' 스크립트가 작성되고 나면 **git add .** 명령은 그 스크립트를 깃의 '인덱스^index'에 복사한다. 인덱스란 앞으로 커밋^commit할 모든 것을 위한 스테이지^staging 구역을 말한다.

인덱스는 단순히 위탁한 파일들의 목록이 아니라 현재 작업 디렉터리나 저장소의 내용과 같이 실제로 존재하는 진짜 파일 트리^file tree다. 인덱스에 있는 파일들은 내용을 갖고 있으며 어떤 명령을 실행하는가에 따라 내용이 저장소나 작업 디렉터리와 다르게 될 수도 있다. **git add** 명령은 실제로 '작업 디렉터리에서 인덱스로 복사'를 의미할 뿐이다.

git commit 명령은 인덱스의 내용을 저장소에 집어넣는다. 모든 커밋에는 로그 메시지가 필요하다. -m 플래그를 사용하면 커맨드라인에 메시지를 포함할 수 있다. -m 플래그를 사용하지 않으면 **git**은 자동으로 편집기를 실행해 로그 메시지를 작성하게 해준다.

이제 스크립트를 수정한 후 그것을 저장소로 체크인해보자.

```
$ vi super-script.sh
$ git commit super-script.sh -m "Made the script more super"
```

```
[master 67514f1] Made the script more super
 1 file changed, 1 insertions(+), 0 deletions(-)
```

git commit 커맨드라인에서 수정된 파일의 이름을 지정하면 깃의 통상적인 인덱스 사용을 우회^{bypass}해서 지정된 파일의 변경된 내용만을 포함하는 리비전을 생성한다. 기존 인덱스는 변함없는 상태로 유지되며 깃은 수정됐을지도 모를 다른 파일들은 무시한다.

여러 개의 파일이 변경된 경우에는 몇 가지 옵션이 있다. 어떤 파일이 변경됐는지 정확히 알고 있는 경우에는 앞에서와 같이 파일들을 커맨드라인에 나열할 수 있다. 그것이 귀찮다면 git commit -a 명령을 실행시켜 깃이 커밋을 수행하기 전에 변경된 모든 파일을 인덱스에 추가하게 만들면 된다. 하지만 후자의 경우 몇 가지 단점이 있다.

첫째, 커밋에 포함시키길 원하지 않는 변경된 파일이 있을 수 있다. 예를 들어 super-script.sh가 하나의 환경설정 파일을 갖고 있고 그 환경설정 파일을 디버깅 목적으로 수정했다면 수정된 파일을 저장소에 커밋하길 원하지 않을 것이다.

둘째, git commit -a 명령은 현재 리비전 제어를 받고 있는 파일의 변경 사항만 골라 커밋한다. 작업 디렉터리에 생성했을 수도 있는 새로운 파일들은 커밋하지 않는다.

깃의 상태를 전체적으로 살펴보려면 git status 명령을 실행한다. 이 명령은 새 파일, 수정된 파일, 스테이징된 파일들을 한 번에 모두 보여준다. 예를 들어 more-scripts/another-script.sh를 추가했다고 가정해보자. 깃은 다음과 같은 상태를 보여준다.

```
$ git status
On branch master
Changes not staged for commit:
    (use "git add <file>..." to update what will be committed)
    (use "git checkout --<file>..." to discard changes in working directory)

        modified: super-script.sh
```

```
Untracked files:
    (use "git add <file>..." to include in what will be committed)

    more-scripts/
    tmpfile

no changes added to commit (use "git add" and/or "git commit -a")
```

위에서 another-script.sh는 목록에 나타나지 않는다. 그것을 포함하고 있는 more-scripts 디렉터리를 깃이 아직 들여다보지 않았기 때문이다. super-script.sh가 수정됐다는 것을 알 수 있으며 저장소에 포함돼서는 안 되는 유사 **tmpfile**도 볼 수 있다. 스크립트의 변경된 내용을 보려면 **git diff super-script.sh**를 실행하면 된다. **git**은 실행해야 할 다음 작업을 위한 명령들을 권고함으로써 도움을 준다.

새로운 another-script.sh과는 별도로 super-script.sh의 변경 내용을 추적하고자 하는 상황을 가정해보자.

```
$ git commit super-script.sh -m "The most super change yet"
Created commit 6f7853c: The most super change yet
 1 files changed, 1 insertions(+), 0 deletions(-)
```

깃 영역에서 **tmpfile**을 근절시키려면 .gitignore 파일을 생성하거나 편집해서 그 안에 파일명을 넣는다. 이렇게 하면 깃은 영원히 **tmpfile**을 무시한다. 파일명뿐 아니라 패턴을 넣어도 똑같이 작동한다.

```
$ echo tmpfile >> .gitignore
```

마지막으로 아직까지 해결되지 않은 모든 변경 내용을 커밋한다.

```
$ git add .
$ sudo git commit -m "Ignore tmpfile; Add another-script.sh to the repo"
Created commit 32978e6: Ignore tmpfile; add another-script.sh to the repo
 2 files changed, 2 insertions(+), 0 deletions(-)
 create mode 100644 .gitignore
 create mode 100755 more-scripts/another-script.sh
```

.gitignore 파일 자체는 관리 대상 파일들의 일부가 된다는 점에 유의한다. 이미 관리되고 있는 파일들을 재추가해도 괜찮기 때문에 `git add .` 명령은 "새로운 저장소 이미지가 .gitignore에 포함된 것들을 제외한 작업 디렉터리와 같은 모습이길 원한다."는 것을 나타내는 쉬운 방법이다. 이런 상황은 `git commit -a` 명령만으로는 해결되지 않는다. 그렇게 하면 another-script.sh와 .gitignore가 모두 선택되기 때문이다. 이 파일들은 깃의 입장에서 보면 새로운 파일이므로 반드시 추가돼야 함에 틀림없다.

깃의 주의 사항

깃은 파일의 내용뿐 아니라 파일의 사용 권한도 다루는 것처럼 착각할 수 있게 새 파일을 저장소에 추가할 때 파일 모드를 보여준다. 사용자를 속이고 있는 것이다. 깃은 파일의 모드나 소유자, 수정 시간은 추적하지 않는다.

깃은 실행 비트를 추적한다. 실행 비트를 설정한 채로 스크립트를 커밋하면 그 후의 사본들은 모두 실행 가능한 파일이 된다. 하지만 깃이 소유권이나 읽기 전용 상태를 추적할 것으로 기대해서는 안 된다. 따라서 소유권과 사용 권한을 중요하게 다루는 상황에서 깃을 이용해 복잡한 파일 계층 구조를 복구하는 것을 기대할 수 없음은 당연한 결과다.

또 다른 필연적 결과는 일반 텍스트 암호나 그 밖의 비밀스러운 것들은 저장소에 절대 포함시켜서는 안 된다는 것이다. 그것들은 저장소에 접근할 수 있는 사람이면 누구에게나 열려 있을 뿐 아니라 본의 아니게 외부에서 접근할 수 있는 형태로 패킹이 풀릴 수도 있다.

깃을 이용한 소셜 코딩

깃허브^{GitHub}나 깃랩^{GitLab}과 같은 소셜 개발 사이트의 급격한 성장은 최근 컴퓨팅 역사에서 가장 중요한 추세이다. 수백만 개의 오픈소스 소프트웨어 프로젝트들이 모든 종류의 언어를 사용하는 거대한 개발 공동체에 의해 투명하게 구축, 관리되고 있다. 지금처럼 소프트웨어를 생성하고 배포하기 쉬웠던 적이 없다.

본질적으로 말하면 깃허브와 깃랩은 통신이나 작업 흐름과 관련된 많은 기능이 추가돼 호스팅되고 있는 깃 저장소라고 할 수 있다. 누구든지 저장소를 생성할 수 있다. 저장소는 깃 명령을 통해서도 접근할 수 있고, 웹에서 접근할 수도 있다. 웹 UI는 사용하기 편리하고 협업collaboration과 통합integration을 지원하는 기능들을 제공한다.

소셜 코딩social coding 경험은 초보자에게는 약간 두려울 수도 있지만 일단 다음과 같은 일부 기본 용어와 방법론만 이해하고 나면 전혀 복잡하지 않다.

- '마스터master'는 새로운 저장소의 첫 번째 브랜치에 기본값으로 배정되는 이름이다. 일부에서는 마스터 브랜치를 전혀 사용하지 않는 경우도 있지만 대부분의 소프트웨어 프로젝트는 주류 개발 라인으로서 이러한 기본값을 사용한다. 마스터 브랜치는 대개 현재 작동되는 코드를 포함하고자 관리된다. 최첨단 개발은 다른 곳에서 일어난다. 가장 최근에 이뤄진 커밋을 마스터 브랜치의 팁tip 또는 헤드head라고 한다.
- 깃허브에서 포크fork는 어떤 특정 시점에서의 저장소 스냅샷이다. 포크는 사용자가 메인 저장소를 수정할 수 있는 권한은 없지만 미래에 있을 주 프로젝트와의 통합을 위해 또는 완전히 별개의 개발 경로를 생성하려는 목적에서 저장소 변경을 원할 때 발생한다.
- 풀pull 요청은 하나의 브랜치나 포크에서 변경된 것을 다른 것과 병합하라는 요청이다. 이러한 풀 요청들은 타깃 프로젝트의 메인테이너에 의해 조회되며, 다른 사용자나 개발자로부터의 코드를 통합하도록 수용된다. 모든 풀 요청은 토론 스레드이기도 하므로 당사자나 조언자 모두 다가올 코드 업데이트에 관해 논평할 수 있다.
- 커미터committer나 메인테이너는 저장소에 쓰기 권한을 갖고 있는 개인이다. 큰 규모의 오픈소스 프로젝트에서는 모두들 원하는 이런 지위는 오랜 기간 기여해온 신뢰있는 개발자들에게만 주어진다.

소프트웨어를 찾거나 업데이트하려고 할 때 깃허브나 깃랩 저장소를 자주 들르게 된다. 그때 어떤 불특정인의 포크가 아니라 트렁크trunk 저장소를 보고 있는 중임을 확인해야 한다. '포크의 출처forked from' 표시를 찾아 쫓아가자.

이 사이트에서 새로운 소프트웨어를 평가할 때는 매우 조심해야 한다. 다음은 개발자의 사이트에서 새로운 소프트웨어를 공개하기 전에 신중히 검토해야 할 질문 사항들이다.

- 몇 명의 기여자가 개발에 참여했는가?
- 커밋 히스토리가 최신 정규 개발을 의미하고 있는가?
- 채택한 라이선스는 어떤 것이며, 그것은 소속된 조직의 요구에 부합하는가?
- 소프트웨어는 어떤 언어로 작성됐으며, 그 언어를 관리하는 방법을 알고 있는가?
- 소프트웨어를 효과적으로 사용할 수 있을 만큼 문서의 완성도가 충분한가?

대부분의 프로젝트는 소프트웨어 변경을 추적하고자 그들이 의존하는 특별한 브랜칭 전략을 갖고 있다. 일부 유지 보수자들은 그들이 선택한 전략을 엄격히 준수할 것을 고집하지만 그 밖의 사람들은 훨씬 관대하다. 가장 널리 사용되는 것들 중 하나는 빈센트 드리센Vincent Driessen이 개발한 깃 플로Git Flow 모델이다. 이에 대한 자세한 내용은 goo.gl/GDaF을 참고한다. 프로젝트에 기여하려면 유지 관리자를 돕고자 개발 실무에 대해 잘 알고 있어야 한다.

무엇보다 오픈소스 개발자들은 무보수로 일하는 경우가 많다는 점을 명심하자. 그들은 코드 기여를 통해 참여하거나 지원 사항들을 공개할 때 당신의 끈기와 호의에 감사한다.

7.9 추천 자료

브룩스 프레더릭 주니어Brooks, Frederick P., Jr.의 『맨먼스 미신』(인사이트 2015)

Chacon, Scott, and Straub, Ben. Pro Git, 2nd edition. 2014. git-scm. com/book/en/v2. The complete Pro Git book, 크리에이티브 커먼즈Creative Commons 라이선스로 무상 배포

셸과 셸 스크립트

Robbins, Arnold, and Nelson H. F. Beebe. Classic Shell Scripting. Sebastopol, CA: O'Reilly Media, 2005. 이 책은 전통적인 (그리고 이식성이 좋은) 본셸을 사용해 스크립트를 다룬다. sed와 awk에 관한 꽤 많은 좋은 정보도 담고 있다.

Powers, Shelley, Jerry Peek, Tim O'Reilly, and Mike Loukides. Unix Power Tools, (3rd Edition), Sebastopol, CA: O'Reilly Media, 2002.

셸리 파워즈[Powers, Shelley], 제리 픽[Jerry Peek], 팀 오라일리[Tim O'Reilly], 마이크 라우키데스[Mike Loukides]의 『유닉스 파워 툴』(한빛미디어 2005). 이 책은 유닉스의 고전으로, 셸 스크립트와 다양한 커맨드라인 기술을 비롯한 풍부한 기초 지식을 커버한다. 일부 절은 오래됐지만 셸 관련 자료는 유효하다.

Sobell, Mark G. A Practical Guide to Linux Commands, Editors, and Shell Programming. Upper Saddle River, NJ: Prentice Hall, 2012. 이 책은 bash뿐 아니라 tcsh도 포함하는 책으로 유명하다.

윌리엄 샤츠 주니어[Shotts, William E., Jr.]의 『리눅스 커맨드라인 완벽 입문서』(비제이퍼블릭 2013). 이 책은 bash에 특화돼 있지만 대화형 소재와 프로그래밍 소재가 잘 결합돼 있으며 덤으로 제공되는 것들이 있다. 소재의 대부분은 리눅스에 더해 유닉스와도 관련돼 있다.

Blum, Richard, and Christine Bresnahan. Linux Command Line and Shell Scripting Bible (3rd Edition). Indianapolis, IN: John Wiley & Sons, Inc. 2015.

블룸[Blum], 리처드[Richard], 리스틴 브레스[Christine Bresnahan]의 『리눅스 커맨드라인 셸 스크립트 바이블』(스포트라잇북 2016). 이 책도 bash에 특화돼 있긴 하지만 쇼츠[Shotts] 책에 비해 셸에 더 초점을 두고 있다.

Cooper, Mendel. Advanced Bash-Scripting Guide. www.tldp.org/LDP/abs/html. 매우 훌륭한 무료 온라인 책이다. 제목은 그렇지만 bash 입문자에게도 적합하다. 좋은 스크립트 예제들이 많이 포함돼 있다.

정규표현식

Friedl, Jeffrey. Mastering Regular Expressions (3rd Edition), Sebastopol, CA: O'Reilly Media, 2006.

Goyvaerts, Jan, and Steven Levithan. Regular Expressions Cookbook. Sebastopol, CA: O'Reilly Media, 2012.

Goyvaerts, Jan. regular-expressions.info. 다양한 언어의 정규표현식에 관한 상세한 온라인 정보 소스

Krumins, Peteris. Perl One-Liners: 130 Programs That Get Things Done. San Francisco, CA: No Starch Press, 2013.

파이썬

Sweigart, Al. Automate the Boring Stuff with Python: Practical Programming for Total Beginners. San Francisco, CA: No Starch Press, 2015.

알 스웨이가트[Sweigart, Al]의 『파이썬 프로그래밍으로 지루한 작업 자동화하기』(스포트라잇북, 2019). 이 책은 이해하기 쉬운 파이썬 3와 일반 프로그래밍용 입문 텍스트다. 일반적인 시스템 관리 업무용 예제들이 포함돼 있다.

Pilgrim, Mark. Dive Into Python. Berkeley, CA: Apress, 2004. 파이썬 2의 고전으로, diveintopython.net 웹 사이트에서 무료로 구할 수 있다.

Pilgrim, Mark. Dive Into Python 3. Berkeley, CA: Apress, 2009. 파이썬 3로 업데이트된 'Dive Into Python'이다. diveintopython3.net 사이트에서 무료로 읽을 수 있다.

Ramalho, Luciano. Fluent Python. Sebastopol, CA: O'Reilly Media, 2015. 고급 과정의 관용적인 파이썬 3를 커버한다.

Beazley, David, and Brian K. Jones. Python Cookbook (3rd Edition), Sebastopol, CA: O'Reilly Media, 2013. 파이썬 3를 커버한다.

Gift, Noah, and Jeremy M. Jones. Python for Unix and Linux System Administrators,

Sebastopol, CA: O'Reilly Media, 2008.

루비

Flanagan, David, and Yukihiro Matsumoto. The Ruby Programming Language. Sebastopol, CA: O'Reilly Media, 2008. 이 책은 루비를 잘 요약한 간결한 고전 책으로, 믿을 만한 사람들이 직접 언급한 내용이 담겨 있다. 매우 사실적으로 기술돼 있으며 루비 2.0 이상은 다루고 있지 않지만 언어적 차이는 미미하다.

Black, David A. The Well-Grounded Rubyist (2nd Edition). Shelter Island, NY: Manning Publications, 2014. 루비에 대한 사전 경험이 없더라도 제목 때문에 겁먹을 필요는 없다. 루비 2.1를 전반적으로 다루는 좋은 입문서다.

Thomas, Dave. Programming Ruby 1.9 & 2.0: The Pragmatic Programmer's Guide (4th Edition). Pragmatic Bookshelf, 2013. 고전이며 자주 업데이트된다.

Fulton, Hal. The Ruby Way: Solutions and Techniques in Ruby Programming (3rd Edition). Upper Saddle River, NJ: Addison-Wesley, 2015. 역시 고전이며 개량된 루비 가이드로, 철학적 개념들이 포함돼 있다.

8 사용자 관리

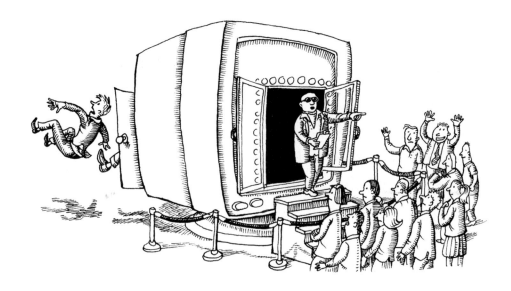

현대의 컴퓨터 환경은 물리적 하드웨어, 클라우드 시스템, 가상 호스트들을 두루 포괄하고 있다. 이러한 하이브리드 인프라가 확산됨에 따라 중앙 집중화된 체계적 계정 관리의 필요성도 점차 증가하고 있다. 시스템 관리자들은 유닉스나 리눅스에서 사용되던 전통적인 계정 모델과 이런 모델들을 LDAP이나 마이크로소프트의 액티브 디렉터리^{Active Directory} 같은 디렉터리 서비스와의 통합을 위해 확장돼 온 방법들을 모두 잘 이해하고 있어야 한다.

계정을 보호하는 것은 시스템 보안을 결정하는 핵심적인 요인이다. 자주 사용되지 않는 계정은 쉽게 짐작할 수 있는 암호처럼 공격자들의 주요 타깃이 된다. 사용자를 추가하거나 삭제하는 자동화된 도구를 사용하더라도 이런 도구에 의해 어떤 내용들이 변경되는지를 이해하는 것은 매우 중요하다. 이런 이유에서 독립형 머신에 사용자들을 추가하고자 수정하는 파일들을 중심으로 계정 관리부터 알아본다. 그런 다음 운영체제에 포함돼 있는 고급 사용자 관리 명령들과 그 명령들의 동작을 제어하는 환경설정 파일들을 다룬다.

대부분의 시스템에는 사용자를 추가하거나 삭제하는 간단한 GUI 도구가 포함돼 있지만 이 도구들은 대개 일괄 처리 모드나 지역화와 같은 고급 기능들을 지원하지 않는다. GUI 도구들은 작업 내용을 자세히 들여다보는 데 도움이 된다고 생각하지 않을 정도로 단순하기 때문에 8장에서는 커맨드라인에만 집중하기로 한다.

8장은 사용자의 추가와 제거에 대해 집중적으로 다룬다. 실제로 사용자 관리와 관련된 많은 주제는 다른 장에서 다루고 있으며, 여기서는 그런 주제들을 간접적으로만 참조하기로 한다. 예를 들면 다음과 같은 것들이 있다.

- 암호화와 강력한 암호를 강제하기 위한 장착형 인증 모듈^{PAM, Pluggable Authentication Module}은 17장에서 다룬다.
- 암호 관리를 위한 비밀번호 볼트^{vault}는 27장에서 다룬다.
- OpenLDAP나 액티브 디렉터리와 같은 디렉터리 서비스는 17장에서 다룬다.
- 정책이나 규제와 관련된 이슈는 31장에서 다룬다.

8.1 계정 관리

하나의 사용자는 사실 하나의 숫자에 불과하다. 정확히 말하자면 사용자 ID 또는 UID라고 부르는 부호 없는 32비트 정수다. 사용자 계정 관리와 관련된 거의 모든 것은 이 숫자를 중심으로 돌아간다.

이 시스템은 표준 C 라이브러리 루틴을 통해 UID 숫자를 더 완전한 세트의 사용자 정보로 양방향 매핑시키는 API를 정의하고 있다. 예를 들어 getpwuid()는 UID를 인수로 받아들여 이에 상응하는 레코드를 반환한다. 이 레코드에는 로그인명, 홈 디렉터리와 같은 정보들이 포함된다. 마찬가지로 getpwnam()은 로그인명에 의해서 이와 같은 정보를 찾아준다.

전통적으로 이런 라이브러리 호출은 텍스트 파일 /etc/passwd에서 직접 정보를 얻는다. 시간이 흐름에 따라 네트워크 정보 데이터베이스(예, LDAP)나 암호화된 암호를 좀 더 안전하게 저장할 수 있는 읽기 보호된 파일과 같은 정보 소스들을 추가로 지원하기 시작했다.

이러한 (주로 nsswitch.conf 파일 안에 설정돼 있는) 추상화 계층들은 상위 수준의 프로세스들이 사용 중인 하부 계정 관리 메서드에 관해 직접적으로 알지 않아도 기능할 수 있게 해준다. 예를 들면 'dotty'로 로그인할 때 로그인하고 있는 프로세스(윈도우 서버, login, getty 등)는 dotty에 대해 `getpwnam()`를 호출한 후 라이브러리에 의해 반환된 암호화된 `passwd` 레코드와 비교해 사용자가 제공한 암호를 검증한다.

지금도 모든 곳에서 지원하고 있는 /etc/passwd 파일 방식부터 시작해보자. 다른 방식들도 형식은 달라도 개념은 이 모델을 모방하고 있다.

8.2 /etc/passwd 파일

/etc/passwd는 시스템이 인식하는 사용자들의 목록이다. 이 파일은 확장되거나 한 개 이상의 디렉터리 서비스로 대체될 수 있기 때문에 독립형 시스템에서만 완전한 권위를 갖는다.

역사적으로 각 사용자의 암호화된 암호는 /etc/passwd 파일에도 저장되며 이 파일은 어디서나 읽을 수 있다. 하지만 더욱 강력한 프로세서의 개발로 인해 이러한 노출된 암호에 대한 해킹이 점차 가능하게 됐다. 이에 대한 대응으로 유닉스와 리눅스에서는 아무나 읽을 수 없는 따로 분리된 파일(FreeBSD에서는 /etc/master. passwd, 리눅스에서는 /etc/shadow)로 암호를 이전시켰다. 최근의 passwd 파일들은 예전에 암호가 있던 필드를 표시하는 특정한 서식 항목(리눅스에서는 x, FreeBSD에서는 *)만을 포함하고 있다.

시스템은 사용자의 UID와 홈 디렉터리를 결정하고자 로그인할 때 /etc/passwd 파일을 참조한다. 파일의 각 줄은 한 명의 사용자를 나타내며, 콜론으로 구분된 다음과 같은 7개 필드를 포함한다.

- 로그인명
- 암호화된 암호 플레이스홀더placeholder

- UID(사용자 ID) 숫자

- 기본 GID(그룹 ID) 숫자

- 선택적 'GECOS' 정보: 성명, 회사, 내선번호, 집 전화

- 홈 디렉터리

- 로그인 셸

예를 들어 다음 줄들은 모두 유효한 /etc/passwd 항목들이다.

```
root:x:0:0:The System,,x6096,:/:/bin/sh
jl:!:100:0:Jim Lane,ECOT8-3,,:/staff/jl:/bin/sh
dotty:x:101:20:: /home/dotty:/bin/tcsh
```

사용자 계정이 LDAP와 같은 디렉터리 서비스를 통해 공유되는 경우에는 passwd 파일에 +나 -로 시작되는 특별한 항목을 볼 수 있다. 이 항목들은 디렉터리 서비스 데이터가 passwd 파일의 내용에 통합되는 방법을 시스템에 알려준다. 이러한 통합은 /etc/nsswitch.conf 파일 안에 설정할 수도 있다.

다음은 /etc/passwd 필드들에 대한 상세한 설명이다.

로그인명

로그인명은 사용자명^{username}이라고도 하는데, 반드시 고유해야 하며 운영체제에 따라 문자 세트에 제한이 있을 수도 있다. 현재 모든 유닉스와 리눅스에서는 로그인명을 32자로 제한하고 있다.

로그인명은 콜론, 개행 문자를 절대 포함할 수 없다. 이런 문자들은 passwd 파일에서 각각 필드 구분자와 항목 구분자로 사용되기 때문이다. 운영체제에 따라서 다른 문자 제한이 있을 수도 있다. 우분투는 숫자나 다른 특수 문자들로 시작되는 로그인명이나 전체가 그런 문자로 구성된 로그인명을 허용하기 때문에 가장 느슨하다고 할 수 있다.[1] 일일이 나열하기에는 너무 많은 이유가 있기 때문에 로그인명은 알파벳과 숫자로 제한하고 소문자로 구성되며, 숫자가 아닌 문자로 시작되는

---

1. 어떤 불운한 이유로 허용 문자 세트는 유니코드 이모티콘까지도 포함한다. 이 점은 우리를 😡하게 만든다.

로그인명을 사용하길 권장한다.

로그인명은 대소문자를 구별한다. 대소문자가 혼합된 로그인명이 어떤 문제를 일으키는지 자세히 알 수는 없지만 소문자 이름을 사용하는 것이 관례이며 타이핑하기도 쉽다. 로그인명 john과 John이 서로 다른 사람이라면 헷갈리게 될 것이다.

로그인명은 기억하기 쉬워야 한다. 따라서 무작위 문자로 로그인명을 만드는 것은 좋지 않다. 로그인명은 종종 이메일 주소로도 사용되기 때문에 표준 방식에 따라 이름을 지어야 유용하다. 다른 사람이 자신의 로그인명을 합리적으로 추측해낼 수 있게 만들어야 한다. 이름, 성, 이니셜 또는 이들을 조합해 이름을 만들면 합리적인 명명 체계가 된다. 일부 이메일 시스템은 주소의 대소문자를 구분하기 때문에 소문자 로그인명으로 표준화해야 하는 또 하나의 합당한 이유가 됨을 명심하자.[2]

로그인명을 선택하는 어떤 고정된 체계는 결국 이름이 중복되는 결과를 낳기 때문에 때로는 예외를 둘 필요가 있다. 이름 뒤에 숫자를 붙이는 것과 같이 이름 충돌을 해결하기 위한 표준 방식을 선택한다.

일반적으로 대형 사이트에서는 외부에 로그인명을 숨기는 전체 성명 이메일 주소 체계(예, John.Q.Pugic@mysite.com)를 구현한다. 이는 좋은 생각이지만 앞에서 말한 명명에 관한 조언들 중 어떤 것도 배제하지 않는다. 정상적인 시스템 관리자라면 로그인명이 사용자의 실제 이름에 대한 명확하고 예측 가능한 대응 관계를 갖게 하는 것이 최선이다.

마지막으로 사용자는 모든 머신에 동일한 로그인명을 갖고 있어야 한다. 이 규칙은 주로 여러분 자신과 사용자 모두의 편의를 위한 것이다.

암호화된 암호

역사적으로 시스템들은 DES를 이용해 사용자 암호를 암호화했다. 컴퓨터 성능이

---

2. RFC5321은 주소의 로컬 부분(즉, @ 기호 앞에 오는 부분)은 대소문자를 구분해서 취급하도록 요구한다. 주소의 나머지 부분은 대소문자를 구분하지 않는 DNS 표준에 따라 처리된다. 불행히도 이러한 차이는 미묘해서 모든 곳에 보편적으로 구현돼 있지는 않다. IETF 인증보다 더 오래 전에 구축된 옛날 이메일 시스템들이 많이 존재한다는 사실에 유념한다.

좋아짐에 따라 이런 암호는 해킹이 쉬워졌다. 시스템들은 숨겨진 암호와 MD5 기반 암호화로 이동했다. 이제는 심각한 취약점이 MD5에서 발견됨으로써 솔트^{salt}화된 SHA-512 기반의 암호 해시가 현재 표준이 됐다. 최신 가이드를 보려면 owasp.org 사이트에 있는 '암호학 가이드^{The Guide to Cryptography}'를 참고한다.

이 책의 예제 시스템들은 다양한 암호화 알고리듬을 지원하지만 모두 SHA-512를 기본으로 사용한다. 아주 오래된 버전에서 시스템을 업그레이드하는 게 아니라면 알고리듬 선택을 업데이트할 필요는 없다.

 FreeBSD의 기본 알고리듬은 /etc/login.conf 파일을 통해 수정될 수 있다.

 데비안과 우분투의 경우 예전에는 /etc/login.defs를 통해 기본 알고리듬이 관리됐지만 이 방식은 더 이상 사용되지 않고 장착형 인증 모듈^{PAM, Pluggable Authentication Module}로 대체됐다. 해싱 알고리듬을 포함해 기본 암호 정책은 /etc/pam.d/common-passwd에 설정돼 있다.

 RHEL 레드햇과 센트OS의 암호 알고리듬은 여전히 /etc/login.defs에 설정하거나 다음과 같이 authconfig 명령으로 설정할 수 있다.

```
$ sudo authconfig --passalgo=sha512 --update
```

암호 알고리듬을 변경해도 기존 암호들을 업데이트하지는 않는다. 따라서 사용자들은 수작업으로 자신의 암호를 업데이트해 새 알고리듬의 효력이 발생되게 해야 한다. 사용자 암호를 무효화하고 강제로 업데이트하려면 다음 명령을 실행한다.

```
$ chage -d 0 username
```

암호 품질은 또 다른 중요한 이슈다. 이론적으로는 서로 다른 다양한 문자 타입(예, 대문자, 문장 부호, 숫자)을 포함하는 암호가 더 안전하듯이 암호는 길수록 더 안전하다.

대부분의 시스템은 사용자들에게 암호 구성 표준을 준수하게 요구하지만 사용자들은 이러한 요구 사항들이 과도하거나 부담된다고 판단되면 이러한 요건들을 능숙하게 피해갈 수 있음을 명심해야 한다. 표 8.1은 예제 시스템에서 사용되는 기본적인 표준이다.

표 8.1 암호 품질 표준

시스템	기본 요구 사항	설정된 장소
레드햇 센트OS	8+ 글자, 복잡성 강제화	/etc/login.defs /etc/security/pwquality.conf /etc/pam.d/system-auth
데비안 우분투	6+ 글자, 복잡성 강제화	/etc/login.defs /etc/pam.d/common-password
FreeBSD	제약 없음	/etc/login.conf

암호 품질 요건에 대해서는 논쟁의 여지가 있지만 이 책에서는 복잡성보다 길이를 우선시할 것을 권장한다.[3] 미래에도 안전한 암호를 만들려면 길이가 최소한 12 글자는 돼야 한다. 12 글자는 모든 시스템의 기본값보다 상당히 긴 것이라는 점에 유의한다. 여러분의 사이트에는 암호 품질에 대한 조직 표준이 있을 수도 있다. 그런 경우에는 표준에서 요구하는 설정에 따른다.

사용자를 추가하고자 시스템 도구들을 사용하는 대신 수작업으로 /etc/passwd 파일을 수정해 새 계정을 생성하려는 경우에는 (vipw 명령을 실행해서) 한 개의 * 표시 (FreeBSD)나 x 표시(리눅스)를 암호화된 암호 필드에 넣는다.

이렇게 하면 시스템 관리자나 사용자가 실제 암호를 설정할 때까지 해당 계정이 허가 없이 사용되는 것을 방지해준다.

암호화된 페스워드는 암호화되기 전의 암호 길이와 관계없이 항상 일정한 길이 (SHA-512에서는 86글자, MD5에서는 34글자, DES에서는 12글자)를 갖는다. 암호는 무작위 '솔트'와 결합돼 암호화되기 때문에 하나의 암호에 상응하는 암호화된 형태는 여러 가지 다른 형태로 나타날 수 있다. 두 명의 사용자가 우연히 같은 암호를 선택했더라도 암호화된 암호만 보고 두 사람이 같은 암호를 선택했다는 사실을 알아낼 수는 없다.

---

3. 이 개념에 관한 보충 설명으로 xkcd.com/comics/password_strength.png를 보기 바란다.

섀도shadow 암호 파일에서 MD5로 암호화된 암호 필드는 항상 1나 $md5$로 시작된다. 블로피시blowfish 암호는 2로 시작되며, SHA-256 암호는 5로, SHA-512 암호는 6로 시작된다.

UID(사용자 ID) 번호

정의에 의해 루트root는 UID 0을 갖는다. 대부분 시스템은 bin이나 daemon과 같은 의사 사용자pseudo-user를 명령이나 환경설정 파일의 소유자로 정의하고 있다. 그와 같은 거짓 로그인들은 /etc/passwd 파일의 맨 앞에 놓고 낮은 UID를 부여하며, 의사 사용자로 로그인하지 못하게 가짜 셸(예, /bin/false)을 설정하는 것이 관례다.

사람이 아닌 사용자들을 미래에 추가할 수 있게 넓은 공간을 확보해 두고자 실제 사용자들에게는 1000 이상의 UID 배정을 권장한다(useradd 명령을 위해 새 UID의 바람직한 범위를 환경설정 파일에 설정할 수 있다). 기본값으로 리눅스 참고 시스템들은 UID를 1000에서 시작해 위로 올라간다. FreeBSD는 첫 사용자에게 UID 1001을 배정하며 한 명이 추가될 때마다 1씩 증가시킨다.

사용자가 퇴사해 계정이 삭제돼도 UID는 재활용하지 않는다. 나중에 파일이 백업으로부터 다시 저장되는 경우 백업에서는 사용자가 로그인명이 아닌 UID로 식별될 수도 있기 때문에 이러한 예방을 통해 혼란을 막는다.

UID는 조직 전체에 걸쳐 고유성을 유지해야 한다. 즉, 특정 UID는 해당 사용자에게 권한이 허용된 모든 머신에서 동일한 로그인명과 동일한 사람을 지칭해야 한다. UID 구별 유지 관리가 실패하면 NFS와 같은 시스템에 보안 문제가 발생할 수 있으며 사용자가 한 작업 그룹에서 다른 작업 그룹으로 이동했을 때 혼란이 발생할 수 있다.

머신 그룹들이 서로 다른 사람이나 조직에 의해 관리되는 경우에는 고유한 UID를 유지하기 힘들 수 있다. 이 문제는 기술적인 것임과 동시에 정책적이기도 하다. 가장 좋은 해결책은 각 사용자의 기록을 포함하고 강제로 고유성을 유지하는 중앙 데이터베이스나 디렉터리 서버를 갖추는 것이다.

더 간단한 방법은 조직 내의 각 그룹에 그룹 고유의 UID 범위를 배정해 자신의 범위 안에서만 UID를 관리하게 만드는 것이다. 이런 해법은 UID 공간을 분리해서 유지하게 하지만, 이와 병행되는 로그인명의 고유성 문제는 해결하지 못한다. 어떤 방법을 사용하든 주목적은 방법의 일관성에 둬야 한다. 일관성을 유지할 수 없다면 차선책은 UID의 고유성을 유지하는 것이다.

경량 디렉터리 접근 프로토콜^{LDAP, Lightweight Directory Access Protocol}은 널리 알려진 계정 정보 관리 및 배포 시스템으로, 대형 사이트에서도 잘 작동한다. LDAP에 관해서는 이번 장에서 개념만 간단히 언급하고, 17장에서 상세히 다룬다.

기본 GID(그룹 ID) 번호

UID처럼 그룹 ID 번호도 32비트 정수다. GID 0은 root, system, wheel이라는 그룹용으로 확보돼 있다. UID에서처럼 시스템은 관리를 위해 사전에 정의해 놓은 여러 가지 그룹을 사용한다. 유감스럽게도 업체 간에는 그룹의 일관성이 없다. 예를 들어 'bin' 그룹의 GID는 레드햇과 센트OS에서는 GID 1이며, 우분투와 데비안에서는 GID 2이고, FreeBSD에서는 GID 7이다.

컴퓨팅 파워가 비쌌던 옛 시절에는 CPU 사용 시간, 로그인 시간, 디스크 사용량에 따라 해당 부서에 정확한 사용료를 청구할 수 있도록 회계 목적에서 그룹이 사용됐다. 오늘날 그룹은 주로 파일 접근을 공유하고자 사용된다.

/etc/group 파일은 로그인할 때 기본(또는 '유효') GID를 제공하는 /etc/passwd의 GID 필드를 이용해 그룹을 정의한다. 접근 권한을 결정할 때 기본 GID가 특별하게 취급되지는 않는다. 기본 GID는 새 파일이나 디렉터리를 생성할 때만 관련된다. 일반적으로 새 파일들은 유효 그룹에 의해 소유된다. 어떤 프로젝트 그룹에 속하는 다른 사람과 파일을 공유하려면 반드시 수작업으로 파일의 그룹 소유자를 변경해야 한다.

협업을 용이하게 하고자 디렉터리에 **setgid** 비트(02000)를 설정하거나 **grpid** 옵션과 함께 파일 시스템을 마운트할 수 있다. 이 두 가지 방법은 부모 디렉터리의 그룹을 새로 생성되는 파일의 그룹으로 기본 설정한다.

GECOS 필드

GECOS 필드는 종종 각 사용자에 관한 개인 정보를 기록하는 데 사용된다. 이 필드는 초기 유닉스 시스템들이 다양한 서비스를 위해 제네럴 일렉트릭 종합 운영체제General Electric Comprehensive Operating System를 사용했던 아주 오랜 옛날부터 전해져온 하나의 유물이다. 이 필드는 명확히 정의된 구문을 갖고 있지 않다. 원하는 어떤 포맷팅 규칙을 사용해도 괜찮지만 관례적으로는 콤마로 분리된 GECOS 항목들을 다음과 같은 순서로 나열한다.

- 성명(이 필드만 유일하게 사용되기도 한다)
- 사무실 전화번호와 건물 주소
- 내선 번호
- 집 전화번호

사용자들은 chfn 명령을 이용해 자신의 GECOS 정보를 수정할 수 있다. chfn은 전화번호 같은 것을 최신으로 유지하는 데 유용하지만 악용될 수도 있다. 예를 들면 사용자가 GECOS 필드를 외설적이거나 부적절한 정보로 변경할 수 있다. 일부 시스템은 chfn이 수정할 수 있는 필드를 제한하도록 구성되기도 한다. 대학 캠퍼스에서는 대개 완전히 막아 놓는다. 대부분 시스템에서 chfn 명령은 passwd 파일만을 인식하기 때문에 로그인 정보를 위해 LDAP나 다른 디렉터리 서비스를 사용하고 있다면 chfn은 전혀 작동하지 않을 수 있다.

홈 디렉터리

한 사용자의 홈 디렉터리는 로그인할 때 기본으로 위치하는 디렉터리다. 홈 디렉터리는 로그인 셸이 명령 별칭aliasing, 환경변수, SSH 키, 서버 핑거프린트, 프로그램 상태 등과 같이 한 계정에 국한된 맞춤 정보들을 찾는 위치이기도 하다.

홈 디렉터리가 네트워크 파일 시스템에 마운트돼 있다면 서버나 네트워크에 문제가 생길 경우 홈 디렉터리를 사용할 수 없다는 사실을 잘 알고 있어야 한다. 로그인할 때 홈 디렉터리가 없다면 시스템은 '홈 디렉터리 없음no home directory'과 같은 메시지를 출력하거나 사용자를 루트(/)에 위치시킬 수도 있다.[4] 그렇지 않으면 시스템 환경설정에 따라 로그인 자체를 완전히 거부할 수도 있다. 홈 디렉터리는 뒤에서 좀 더 자세히 다룬다.

로그인 셸

로그인 셸은 일반적으로 명령 해석기지만 임의의 프로그램이 될 수도 있다. FreeBSD에서는 본셸과 호환되는 sh가 기본이며, 리눅스에서는 bash(GNU '본 어게인' 셸)가 기본이다.

일부 시스템은 사용자가 chsh 명령을 써서 자신의 셸을 변경하는 것을 허용한다. 하지만 chfn과 마찬가지로 로그인 정보를 관리하고자 LDAP나 다른 디렉터리 서비스를 사용한다면 chsh 명령도 작동하지 않을 수 있다. /etc/passwd 파일을 사용한다면 시스템 관리자는 언제나 vipw를 이용해 암호 파일을 편집함으로써 사용자의 셸을 변경할 수 있다.

8.3 리눅스 /etc/shadow 파일

리눅스에서의 섀도 암호 파일은 슈퍼유저만 읽을 수 있으며 암호화된 암호를 염탐꾼이나 암호 해킹 프로그램에게서 보호하는 역할을 한다. 섀도 파일에는 원본 /etc/passwd 구성으로는 제공되지 않는 추가적인 계정 정보들도 포함돼 있다. 요즘은 모든 시스템에서 섀도 암호를 기본으로 사용한다.

shadow 파일은 passwd 파일의 상위 집합이 아니며 passwd 파일은 섀도 파일에서 생성되지 않는다. 두 파일을 모두 직접 관리하거나 이를 대신해 관리해주는 useradd와 같은 도구를 사용해야 한다. /etc/passwd와 같이 /etc/shadow도 사용자당 한 줄씩 내용이 들어간다. 각 줄은 콜론으로 구분된, 다음과 같은 9개의 필드로 구성된다.

---

4. 이 메시지는 콘솔이나 터미널에서 로그인할 때는 나타나지만 xdm, gdm, kdm과 같은 디스플레이 매니저를 통해 로그인할 때는 나타나지 않는다. 메시지를 볼 수 없을 뿐 아니라 대개는 즉각적으로 로그아웃된다. 디스플레이 매니저는 적합한 디렉터리(예. ~/.gnome)에 쓰기 작업을 할 수 없기 때문이다.)

- 로그인명
- 암호화된 암호
- 마지막으로 암호를 변경한 날짜
- 암호 변경을 위한 최소 날짜 수
- 암호 변경을 위한 최대 날짜 수
- 암호가 만료되기 전에 미리 사용자에게 경고할 날짜 수
- 암호 만료 후에 계정을 비활성화할 날짜 수
- 계정 만료 날짜
- 현재는 항상 비어 두지만 미래에 사용하고자 확보해 놓은 필드

사용자명과 암호의 값만 요구된다. /etc/shadow의 절대 날짜 필드들은 1970년 1월 1일 이래로 지금까지의 (초가 아닌) 날짜 수로 기술된다. 이는 유닉스나 리눅스 시스템에서 시간을 계산하는 표준 방식이 아니다.[5]

다음은 shadow 항목의 전형적인 모습이다.

```
millert:$6$iTEFbMTM$CXmxPwErbEef9RUBvf1zv8EgXQdaZg2eOd5uXyvt4sFzi6G4l
    IqavLilTQgniAHm3Czw/LoaGzoFzaMm.YwOl/:16971:0:180:14:::
```

다음은 각 필드에 관한 좀 더 구체적인 설명이다.

- 로그인명은 /etc/passwd에서와 같다. 이 필드는 사용자의 암호와 섀도 항목을 연결해준다.
- 암호화된 암호는 개념이나 실행 면에서 앞서 /etc/passwd에 저장됐던 것과 동일하다.
- 마지막 변경 필드는 사용자의 암호가 마지막으로 변경된 시간을 기록한다.
- 4번째 필드는 암호를 변경한 후 다시 변경하고자 반드시 경과해야 할 날짜 수를 설정한다. 이는 사용자가 암호 변경 요구에 따라 일단 암호를 변경한 후 곧바로 자신에게 익숙한 이전 암호로 되돌리지 못하게 함으로써 실질적인 변경을 강제화하기 위함이다. 하지만 이 기능은 보안 침해의 여파로

---

5. 초 단위와 일 단위 사이에 날짜를 변환하려면 expr `date+%s` /86400 명령을 실행한다.

다소 위험할 수 있다. 이 필드를 0으로 설정할 것을 권장한다.

- 5번째 필드는 암호를 변경해야 하는 최대 날짜 수를 설정한다. 이 기능은 시스템 관리자가 암호 수명을 강제화할 수 있게 해준다. 자세한 내용은 27장을 참고한다. 리눅스에서 실제로 강제화되는 최대 날짜 수는 이 필드 값과 7번째 필드(유예 기간)를 합한 날짜 수다.

- 6번째 필드는 로그인할 때 암호 만료일이 임박했다는 것을 사용자에게 알리기 시작해야 하는, 암호 만료일 이전 날짜 수를 설정한다.

- 8번째 필드는 (1970년 1월 1일 이래로 경과한 날짜 수로) 사용자 계정이 만료될 날을 설정한다. 사용자는 이 날짜 이후에는 시스템 관리자가 이 필드를 재설정할 때까지 로그인할 수 없다. 이 필드를 빈칸으로 남겨두면 계정은 영원히 만료되지 않는다.

  만료 필드는 usermod 명령을 사용해 설정할 수 있다. 이 명령은 날짜를 *yyyy-mm-dd* 형태로 읽는다.

- 9번째 필드는 미래의 사용을 위해 보존한다.[6]

shadow 파일의 예제 줄을 다시 살펴보자.

```
millert:$6$iTEFbMTM$CXmxPwErbEef9RUBvf1zv8EgXQdaZg2eOd5uXyvt4sFzi6G4l
    IqavLilTQgniAHm3Czw/LoaGzoFzaMm.YwOl/:17336:0:180:14:::
```

이 예를 보면 사용자 millert는 2017년 6월 19일에 마지막으로 암호를 변경했다. 그의 암호는 180일 이내에 다시 변경돼야 하며, millert는 이 기간의 마지막 두 주일 동안 암호 변경이 필요하다는 알림을 받게 될 것이다. 그의 계정은 만료일이 없다.

shadow 파일의 내용과 passwd 파일의 내용을 동기화하려면 pwconv 유틸리티를 사용한다. 이 유틸리티는 passwd 파일에 새로 추가된 것들을 선별하고 더 이상 존재하지 않는 사용자들을 삭제한다.

---

6. 어쩌면 지금까지의 상황을 볼 때 영원히 사용되지 않을 수도 있다.

8.4 FreeBSD의 /etc/master.passwd와 /etc/login.conf

 FreeBSD와 리눅스에서는 PAM을 채택하고 유사한 사용자 관리 명령들을 사용함으로써 서로 다른 플랫폼에서도 매우 일관된 계정 관리를 할 수 있게 했다. 적어도 최상위 계층에서는 그렇다. 하지만 하부 구현에서는 약간의 차이가 있다.

/etc/master.passwd 파일

FreeBSD에서의 '실제' 암호 파일은 /etc/master.passwd다. 이 파일은 루트만 읽을 수 있다. /etc/passwd 파일은 역호환성을 위해 존재하지만 어떤 암호도 포함하고 있지 않다. 암호가 있어야 할 위치에는 플레이스홀더로 * 문자가 채워진다.

암호 파일을 편집하려면 vipw 명령을 실행한다. 이 명령은 /etc/master.passwd 파일의 사본을 만들어 그 사본을 대상으로 편집기를 호출한다. 편집이 끝나면 새 버전을 설치하고 변경된 내용을 반영하고자 /etc/passwd 파일을 재생성한다(vipw는 모든 유닉스와 리눅스 시스템에 있는 표준 유틸리티지만 FreeBSD에서는 두 개의 암호 파일을 계속 동기화된 상태로 유지해야 하기 때문에 특히 중요하게 사용된다).

master.passwd 파일은 passwd 파일의 모든 필드를 포함할 뿐 아니라 3개의 보너스 필드를 포함하고 있다. 불행히도 그 3개의 필드가 GID 필드와 GECOS 필드 사이에 비집고 들어갔기 때문에 두 암호 파일의 구성은 직접적인 호환성을 갖지 못한다. 3개의 추가 필드는 다음과 같다.

- 로그인 클래스^{login class}
- 암호 변경 시간
- 만료 시간

로그인 클래스가 지정돼 있다면 이는 /etc/login.conf 파일에 있는 한 항목을 가리킨다. 이 클래스는 자원 사용 제한을 결정하며 다양한 여러 설정을 제어한다. 다음 절에서 구체적으로 설명한다.

암호 변경 시간 필드는 암호 에이징^{aging}을 구현한다. 이 필드에 포함되는 만료 시간은 유닉스 에포크^{epoch} 이래로 경과된 초 단위의 시간으로 표현되며, 만료 시간

이후에 사용자는 강제적으로 암호를 변경해야 한다. 이 필드는 빈칸으로 남겨둘 수 있으며 그럴 경우 암호는 영원히 만료되지 않는다.

계정 만료 시간은 사용자 계정이 만료되는 날짜와 시간(암호 만료 시간과 마찬가지로 단위는 초)을 제공한다. 사용자는 이 날짜가 지나면 시스템 관리자가 재설정하기 전에는 로그인할 수 없다. 이 필드를 빈칸으로 남겨두면 계정은 만료되지 않는다.

/etc/login.conf 파일

FreeBSD의 /etc/login.conf 파일은 사용자와 사용자 그룹의 계정 관련 매개변수들을 설정한다. 그 모습은 콜론으로 분리된 키/값 쌍과 불리언^{boolean} 플래그들로 구성된다.

사용자가 로그인할 때 /etc/master.passwd의 로그인 클래스 필드는 /etc/login.conf 내의 어떤 항목을 적용할지 결정한다. 사용자의 master.passwd 항목이 로그인 클래스를 지정하지 않으면 기본 클래스가 사용된다.

login.conf 항목은 다음 중 하나로 설정될 수 있다.

- 자원 제한(최대 프로세스 크기, 최대 파일 크기, 오픈 파일 수 등)
- 세션 계정 제한(로그인이 허용되는 시간, 세션 시간)
- 기본 환경변수
- 기본 경로(PATH, MANPATH 등)
- '오늘의 메시지' 파일의 위치
- 호스트와 TTY 기반 접근 제어
- 기본 umask
- 계정 제어(대개 PAM 모듈 pam_passwdqc에 의해서 대체된다)

다음은 기본값들을 덮어쓰는 여러 예로, 시스템 관리자들을 위한 것이다.

```
sysadmin:\
    :ignorenologin:\
    :requirehome@:\
    :maxproc=unlimited:\
```

```
:openfiles=unlimited:\
:tc=default:
```

sysadmin 로그인 클래스에 포함된 사용자들은 /var/run/nologin이 존재할 때에도 로그인이 허용되며 작업 홈 디렉터리를 가질 필요가 없다(이 옵션은 NFS가 작동하지 않을 때도 로그인을 허용한다). sysadmin 사용자는 임의의 개수의 프로세스를 실행할 수 있고 임의의 개수의 파일을 오픈할 수 있다.[7] 마지막 줄은 기본 항목의 내용을 인용한다.

FreeBSD는 합리적인 기본값들을 갖고 있지만 그럼에도 시스템 관리자는 유휴 상태의 시간제한$^{idle\ timeout}$이나 암호 만료 경고를 설정하고자 /etc/login.conf 파일을 갱신하는 데 관심을 가질 수 있다. 예를 들면 시간제한을 15분으로 설정하고 암호 만료 7일 전에 경고를 시작하려면 다음과 같은 내용을 기본값 정의에 추가해야 할 것이다.

```
:warnpassword=7d:\
:idletime=15m:\
```

/etc/login.conf 파일을 수정했을 때는 변경된 사항을 일상적으로 시스템이 실제 참조하는 해시 버전의 파일로 컴파일하고자 반드시 다음 명령을 실행해야 한다.

```
$ cap_mkdb /etc/login.conf
```

8.5 /etc/group 파일

/etc/group 파일은 유닉스 그룹명과 각 그룹의 멤버 목록을 포함하고 있다. 다음은 FreeBSD 시스템 group 파일의 일부다.

```
wheel:*:0:root
```

---

7. 커널이 지원할 수 있는 전체 프로세스 수와 오픈 파일 수에는 사실 기술적인 제한이 있긴 하지만 여기서는 인위적인 제한이 없음을 말하는 것이다.

```
sys:*:3:root,bin
operator:*:5:root
bin:*:7:root
ftp:*:14:dan
staff:*:20:dan,ben,trent
nobody:*:65534:lpd
```

각 줄은 하나의 그룹을 나타내며 다음과 같은 4개의 필드를 포함하고 있다.

- 그룹명
- 암호화된 암호 또는 플레이스홀더
- GID 번호
- 멤버 목록(콤마로 분리되며 빈칸이 들어가지 않게 조심한다)

/etc/passwd에서와 같이 필드들은 콜론으로 구분된다. 그룹명은 많은 시스템이 글자 수를 실제로 제한하지는 않지만 호환성을 위해 8글자로 제한돼야 한다.

임의의 사용자들이 **newgrp** 명령을 이용해 특정 그룹으로 들어올 수 있게 그룹 암호를 설정할 수 있다. 하지만 이 기능은 거의 사용되지 않는다. 그룹 암호는 **gpasswd** 명령으로 설정할 수 있다. 리눅스에서는 이 명령을 사용하면 암호화된 암호를 /etc/gshadow 파일에 저장한다.

사용자명과 UID처럼 그룹명과 GID도 네트워크 파일 시스템을 통해 파일을 공유하는 머신 사이에 일관되게 유지돼야 한다. 여러 종류의 다른 머신으로 구성된 환경에서는 일관성을 유지하기가 매우 힘들다. 다른 종류의 운영체제는 표준 시스템 그룹용 GID도 다르기 때문이다.

어떤 사용자가 /etc/passwd에 있는 특정 그룹을 기본 그룹으로 갖고 있는데, /etc/group에 있는 같은 그룹에는 그 사용자가 포함돼 있지 않다면 /etc/passwd 내용이 우선한다. 로그인 때 허락되는 그룹 멤버십은 passwd와 group 파일의 그룹 멤버십의 합집합이다.

일부 옛날 시스템은 한 사용자가 소속될 수 있는 그룹의 수를 제한한다. 요즘의 리눅스나 FreeBSD 커널에서는 실질적인 제한이 없다.

UID의 경우와 마찬가지로 로컬 그룹들은 GID 1000에서 시작해 그 이상을 사용함으로써 잠재적인 GID 충돌을 최소화할 것을 권장한다.

전통적으로 유닉스 초기에는 '학생students' 또는 '재무finance'와 같은 일반적 범주의 그룹으로 새 사용자들을 나눴다. 하지만 이런 관례는 사용자들의 엉성한 사용 권한 설정 때문에 파일 소유자의 의도와는 다르게 다른 사람의 파일을 읽을 수 있을 가능성을 증가시킨다.

이런 문제를 피하고자 useradd나 adduser와 같은 시스템 유틸리티들은 각 사용자가 그들 자신의 개인 그룹(사용자명을 따서 이름 지어진 그룹으로, 그룹에는 해당 사용자만 포함된다)에 속하게 하는 것을 기본으로 하고 있다. 이런 규칙은 개인 그룹의 GID가 사용자의 UID와 일치할 경우 더욱 관리가 쉬워진다.

그룹 메커니즘을 통해 사용자들이 파일을 공유할 수 있게 하려면 그 목적을 위한 별도의 그룹을 생성한다. 개인 그룹personal group을 만든 취지는 그룹 자체를 사용하지 말자는 것이 아니라 각 사용자의 기본 그룹을 좀 더 제한함으로써 의도되지 않은 파일 공유를 방지하자는 것이다. 사용자는 /etc/profile이나 /etc/bashrc와 같은 기본 시동 파일 안에 자신의 기본 umask를 설정해 새로 생성되는 파일이나 디렉터리에 대한 접근을 제한할 수 있다.

그룹 멤버십은 다른 맥락이나 권한을 위한 표시자로도 활용될 수 있다. 예를 들면 각 시스템 관리자의 사용자명을 sudoers 파일에 등록하는 것보다는 'admin' 그룹에 속하는 모든 사람이 자동으로 sudo 권한을 갖게 sudo를 구성하는 것이 좋다.

리눅스는 그룹의 생성, 수정, 삭제를 위해 각각 groupadd, groupmod, groupdel 명령을 제공한다.

FreeBSD에서는 pw 명령을 이용해 같은 기능들을 수행한다. 사용자 'dan'을 그룹 'staff'에 추가한 후 변경 사항이 제대로 적용됐는지 확인하려면 다음과 같은 명령을 실행한다.

```
$ sudo pw groupmod staff -m dan
$ pw groupshow staffstaff:*:20:dan,evi,garth,trent,ben
```

8.6 수작업으로 사용자 추가

기업, 정부, 교육 사이트에서 새 사용자를 위한 계정을 생성할 때는 사용자가 해당 사이트의 로컬 사용자 동의서 및 정책에 서명하고 날짜를 기록하는 것이 중요하다(사용자 동의서와 정책 안내문이 없다면 그것들이 왜 필요한지, 그 안에 어떤 내용이 들어가야 하는지에 관한 자세한 정보를 위해 31장을 참고한다).

사용자들은 정책 동의서에 서명을 원할 만한 특별한 이유가 없기 때문에 어떤 영향력을 행사하면서 그들의 서명을 얻어내는 게 유리하다. 일단 계정이 부여된 후에 서명된 동의서를 얻어내려면 추가적인 노력이 요구된다는 사실을 알게 됐다. 그런 점을 고려한다면 계정 생성에 앞서 문서 작업을 선행시키자.

기계적으로 보면 새 사용자를 추가하는 과정은 시스템이 요구하는 일부 단계와 새 사용자용 환경을 설정하고 해당 사용자를 로컬 관리 시스템에 포함시키는 과정으로 구성된다.

필수 사항은 다음과 같다.

- 사용자 계정을 정의하기 위한 passwd와 shadow 파일의 편집(FreeBSD에서는 master.passwd 파일)
- 사용자를 /etc/group 파일에 추가(반드시 필요한 것은 아니지만 하는 것이 좋다)
- 초기 암호 설정
- 사용자 홈 디렉터리를 생성, 소유자 설정(chown), 사용 권한 설정(chmod)
- 역할 및 권한 설정

사용자용은 다음과 같다.

- 기본 시동 파일을 사용자 홈 디렉터리에 복사

관리자용은 다음과 같다.

- 새 사용자가 사이트 정책에 서명하게 한다.
- 계정이 정확히 구성됐는지 검증한다.
- 사용자 계약 정보와 계정 상태에 관한 문서를 작성한다.

이 목록이 스크립트나 도구화되길 간절히 바란다. 다행히도 이 책에서 예로 든 시스템들은 adduser나 useradd 명령의 형태로 즉시 제품화 가능한 부분적 솔루션을 최소한 한 개는 포함하고 있다. 뒤에서 이러한 도구들을 살펴볼 것이다.

passwd와 group 파일의 편집

passwd와 group 파일을 수작업으로 관리하면 오류 발생과 비효율성을 피할 수 없기 때문에 useradd, adduser, usermod, pw, chsh와 같은 도구들을 일상적으로 사용하길 권장한다.

어쩔 수 없이 수작업으로 변경해야 할 경우라면 vipw 명령을 이용해 passwd와 shadow 파일(FreeBSD에서는 master.passwd 파일)을 편집한다. vipw는 vi 중심적인 것처럼 보이지만 사실은 EDITOR 환경변수에 정의된 편집기를 호출하기 때문에 선호하는 어떤 편집기라도 사용할 수 있다.[8] 여기서 중요하는 것은 같은 파일을 여러 사람이 동시에 편집하거나 한 사람이 파일을 편집하는 동안 다른 사용자가 암호를 변경하는 것과 같은 충돌이 발생하지 않도록 파일을 잠가야 한다[lock]는 점이다.

vipw를 실행하고 나면 리눅스 참조 시스템들은 passwd 파일 편집 후에 shadow 파일을 편집하라고 알려준다. shadow 파일을 편집할 때 vipw -s 명령을 실행한다.

FreeBSD에서는 vipw가 /etc/passwd 대신 master.passwd 파일을 편집한다. 변경 사항을 설치하고 나면 vipw는 pwd_mkdb를 실행해 파생된 passwd 파일과 두 개의 해시 버전 master.passwd 파일을 생성한다(하나는 암호화된 암호가 포함돼 있고 루트만 읽을 수 있으며, 다른 하나는 암호가 포함돼 있지 않고 누구나 읽을 수 있다).

예를 들어 vipw를 실행해 다음 줄을 추가하면 whitney라는 계정이 정의된다.

```
whitney:*:1003:1003::0:0:Whitney Sather, AMATH 3-27, x7919,:
    /home/staff/whitney:/bin/sh
```

암호화된 암호 필드에 표시된 별표(*)에 유의한다. 이 표시는 passwd 명령(다음 절

---

8. vipw(또는 vigr)을 처음 실행할 때 우분투와 데비안은 vim.basic, vim.tiny, nano, ed 중 하나를 고르라고 요구한다. 그 후에 생각이 바뀌면 select-editor를 실행한다.

참고)으로 실제의 암호가 설정될 때까지 계정 사용을 금지한다.

다음으로 vigr을 실행해 /etc/group을 편집한다. 개인 그룹을 사용한다면 새로운 개인 그룹용 줄을 한 줄 추가하고 그 사용자가 멤버십을 가져야 할 각 그룹에 사용자의 로그인명을 추가한다.

vipw와 마찬가지로 vigr을 사용하면 /etc/group 파일의 변경이 다른 편집에 의해 방해받지 않게 원자성atomic이 보장된다. 편집 세션이 끝나면 vigr은 그룹 섀도 파일(gshadow)을 편집하고자 vigr -s 명령을 실행하라고 알려준다. 흔치 않은 일이지만 그룹에 암호를 설정하고 싶지 않다면 이 단계를 건너뛸 수 있다.

 FreeBSD에서는 groupmod 명령을 이용해 /etc/group 파일을 변경한다.

암호 설정

새 사용자의 암호를 설정하려면 다음 명령을 실행한다.

```
$ sudo passwd newusername
```

실제 암호를 요구하는 프롬프트를 받게 될 것이다.

일부 자동화된 새 사용자 추가 시스템은 초기 암호 설정을 요구하지 않는다. 대신 사용자로 하여금 첫 로그인 때 암호를 설정하도록 요구한다. 이 기능은 편리하긴 하지만 보안에는 커다란 구멍이 생긴다. 다시 말해 새로운 로그인명을 추측할 수 있는 (또는 /etc/passwd를 뒤져 새 사용자의 로그인명을 알아낼 수 있는) 사람은 의도하고 있는 사용자가 로그인할 기회를 갖기 전에 계정을 급습해 탈취해버릴 수 있다.

 다른 많은 기능이 있지만 FreeBSD의 pw 명령은 무작위 사용자 암호를 생성하고 설정할 수 있다.

```
$ sudo pw usermod raphael -w random
    Password for 'raphael' is: 1n3tcYu1s
```

일반적으로 무작위 암호를 계속 사용하고 싶어 하는 사람은 없다. 하지만 계정이 실제로 사용될 때까지만 유지할 임시 암호용으로는 좋은 옵션이다.

홈 디렉터리 생성과 시동 파일 설치

useradd와 adduser 명령은 새 사용자의 홈 디렉터리를 생성하지만 새 계정의 사용 권한과 시동 파일의 재확인을 원할 것이다.

홈 디렉터리에 관해서는 어떤 특별한 기법이 없다. 새 사용자를 설정할 때 홈 디렉터리를 포함하지 않았다면 mkdir 명령으로 간단히 생성할 수 있다. 물론 새 디렉터리에는 소유권과 사용 권한의 설정이 필요하지만 이 작업은 로컬 시동 파일들을 설치한 다음에 가장 효율적으로 수행된다.

전통적으로 시동 파일들은 마침표(.)로 시작하고 '실행 명령run command'를 의미하는 rc(CTSS 운영체제의 유물)로 끝난다. 맨 앞의 마침표는 ls 명령으로 디렉터리 목록을 볼 때 -a 옵션을 사용하지 않으면 '관심 밖의' 파일로 간주돼 목록에 나타나지 않는다.

시스템에 일반적인 각 셸용 기본 시동 파일들을 포함시킴으로써 사용자들이 셸을 변경하더라도 계속해서 적합한 기본 환경을 가질 수 있게 할 것을 권장한다. 표 8.2는 일반적인 공통 시동 파일의 목록이다.

표 8.2 공통 시동 파일과 용도

타깃	파일명	전형적 용도
모든 셸	.login_conf	사용자별 로그인 기본값의 설정(FreeBSD)
sh	.profile	검색 경로, 터미널 타입, 환경설정
bash[a]	.bashrc	터미널 타입 설정(필요한 경우) biff와 mesg 스위치 설정
	.bash_profile	환경변수 설정 명령 앨리어스 설정 검색 경로 설정 사용 권한을 제어하는 umask 값 설정 파일명 검색용 CDPATH 설정 PS1(프롬프트)과 HISTCONTROL 변수 설정

(이어짐)

타깃	파일명	전형적 용도
csh/tcsh	.login	csh의 'login' 인스턴스가 읽는다.
	.cshrc	csh의 모든 인스턴스가 읽는다.
vi/vim	.vimrc/.viminfo	vi/vim 편집기 옵션을 설정
emacs	.emacs	emacs 편집기 옵션과 키 결합 설정
git	.gitconfig	깃(Git)용 사용자, 편집기, 색상, 앨리어스 옵션 설정
GNOME	.gconf	gconf를 통한 GNOME 사용자 환경설정
	.gconfpath	gconf를 통한 추가적 사용자 환경설정 경로
KDE	.kde/	환경설정 파일의 디렉터리

a. bash는 sh 에뮬레이션 시에는 .profile나 /etc/profile도 읽는다. .bash_profile 파일은 로그인 셸에 의해 읽히며 .bashrc 파일은 대화형 비로그인 셸에 의해서 읽힌다.

전통적으로 샘플 시동 파일들은 /etc/skel에 보관된다. 사용 중인 시스템의 시동 파일 예제를 수정했다면 수정된 파일은 /usr/local/etc/skel에 갖다 놓는 것이 합리적이다.

표 8.2에 있는 GNOME과 KDE 윈도우 환경용 항목들은 사실상 시작에 불과하다. 특히 윈도우 레지스트리와 같은 방법으로 GNOME용 애플리케이션 환경설정을 저장하는 도구인 gconf를 보자.

새 사용자에게 제공하는 기본 셸 파일들이 umask용 기본값(운용 사이트의 크기와 친화성에 따라, 077, 027, 022를 권함)을 적절하게 설정했는지 확인한다. 새 사용자에게 개별적인 그룹을 배정하지 않는다면 umask 077을 권한다. 이 값은 소유자에게는 완전한 접근권을 제공하지만 그룹이나 기타에게는 어떤 접근도 허용하지 않는다.

사용자 셸에 따라 사용자 자신의 시동 파일이 실행되기 전에 처리되는 시스템 범주의 시동 파일이 /etc에 포함돼 있을 수 있다. 예를 들어 bash와 sh는 ~/.profile과 ~/.bash_profile을 처리하기 전에 /etc/profile을 읽는다. 이 파일들은 사이트 전체에 적용되는 기본값들을 넣기에 좋은 곳이지만 사용자들은 그들 자신의 시동 파일에서 이러한 시스템 기본값들을 덮어쓸 수 있다는 점을 명심한다. 다른 셸의 경우는 해당 셸의 맨페이지를 참고한다.

관례에 따라 리눅스는 시동 파일 조각들을 /etc/profile.d 디렉터리에 보관한다. 이 디렉터리명은 sh의 관례에 따라 붙여진 것이긴 하지만 실제로 /etc/profile.d에는 다른 셸용 시동 파일들도 포함될 수 있다. 어떤 셸을 타깃으로 하느냐는 파일명 접미어(*.sh, *.csh 등)에 의해 구분한다. 셸 자체에 내장돼 있는 profile.d에 관련된 특별한 지원은 없다. 즉, 시동 파일 조각들은 /etc에 있는 기본 시동 스크립트(예, sh이나 bash의 경우는 /etc/profile)에 의해 실행될 뿐이다.

기본 시동 파일들을 여러 조각^{fragment}으로 분리하는 것은 모듈성을 좋게 하고 소프트웨어 패키지들로 하여금 패키지 자체의 셸 기본값을 포함할 수 있게 해준다. 예를 들면 colorls.* 조각은 어두운 배경에서 ls 명령의 출력을 색으로 꾸며줄 방법을 셸에게 알려준다.

홈 디렉터리의 사용 권한과 소유권 설정

사용자 홈 디렉터리를 생성하고 적절한 기본 환경을 복사했다면 다음으로 디렉터리를 사용자에게 넘겨 홈 디렉터리의 사용 권한이 적합한지를 확인한다.

```
$ sudo chown -R newuser:newgroup ~newuser
```

이 명령은 소유권을 올바르게 설정한다. 도트 파일을 chown할 때 다음과 같은 명령을 사용할 수 없다는 점에 유의한다.

```
$ sudo chown newuser:newgroup ~newuser/.*
```

이렇게 하면 *newuser*가 자신의 파일뿐 아니라 부모 디렉터리 '..'까지 소유하게 되기 때문이다.

역할과 시스템 관리 권한 구성

역할 기반 접근 제어^{RBAC, Role-Based Access Control}는 시스템 권한을 개별 사용자에 맞춰 조정하는 것으로, 많은 시스템에서 사용된다. RBAC는 전통적인 유닉스나 리눅스의 접근 제어 모델이 아니며 RBAC를 사용하는 사이트에서는 반드시 역할 환경설정이 사용자 추가 과정의 일부가 돼야 한다. RBAC는 3장에서 자세히 다뤘다.

미국의 사베인스즈옥슬리법^{SOX, Sarbanes-Oxley Act}, 건강보험 정보 이전 및 책임에 관한 법^{HIPAA, Health Insurance Portability and Accountability Act}, 그람-리치-블라일리법^{GLBA, Gramm-Leach-Bliley Act}과 같은 정보 보호법들이 제정됨으로써 사용자 관리를 포함해 기업 시스템 관리의 많은 부분이 복잡하게 됐다. 역할 기반은 SOX, HIPAA, GLBA 요건을 충족시키고자 선택할 수 있는 유일한 옵션일 수도 있다.

끝내기

새 계정이 올바르게 설정됐음을 확인히려면 먼저 로그아웃한 다음, 새 사용자로 로그인한 후 다음 명령을 실행한다.

```
$ pwd        # 홈 디렉터리를 검증
$ ls -la     # 시동 파일의 소유자/그룹을 확인
```

관리자는 새 사용자에게 로그인명과 초기 암호를 알려줘야 한다. 이 정보들을 이메일로 보내는 사이트들이 많은데 이렇게 하는 것은 안전한 방법이 아니다. 개인적으로 직접 전달하거나 전화 또는 텍스트 메시지를 통해 전달하는 것이 더 나은 방법이다(500명의 신입생을 캠퍼스의 CS-1 컴퓨터에 추가하고 있는 중이라면 알림 문제를 강사에게 떠넘긴다). 계정 암호를 이메일로 보내야만 하는 경우라면 암호가 사용되거나 변경되지 않을 때는 수일 내로 만료되도록 설정한다.

정책 동의서나 사용 정책에 사용자의 서명을 요구하는 사이트에서는 새 계정을 공개하기 전에 반드시 이 단계의 작업이 완료됐음을 확인하자.

이러한 확인은 실수를 방지하고 나중에 부과하게 될 어떤 제재의 법적 근거를 강화한다. 또한 이 단계는 사용자들에게 로컬 상황에 필요한 추가 서류를 알려주는 시점이기도 하다.

새 사용자들에게 즉시 암호를 변경하라고 알린다. 이것을 강제하려면 짧은 시간 내에 암호가 만료되게 설정하면 된다. 스크립트를 써서 새 사용자들을 확인해 암

8장 사용자 관리 / 423

호가 변경됐는지를 확인하는 방법도 있다.[9]

사용자들을 개인적으로 알고 있는 환경에서는 누가 왜 시스템을 사용하고 있는지를 추적하는 것은 비교적 쉬운 일이다. 하지만 대규모 동적 사용자 기반 시스템을 관리하는 경우에는 계정을 추적하기 위한 더욱 체계적인 방법이 필요하다. 계약 정보와 계정 상태의 데이터베이스를 운용하면 계정을 생성했던 일이 잘 기억나지 않더라도 어떤 사람들이 왜 계정을 갖고 있는지를 추정하는 데 도움이 된다.

8.7 사용자 추가 스크립트: useradd, adduser, newusers

이 책의 예제 시스템에는 모두 앞에서 설명한 기본적인 작업들을 구현한 useradd, adduser 스크립트가 있다. 하지만 이 스크립트들은 환경설정이 가능하므로 각자의 환경에 맞게 수정하길 원할 것이다. 불행히도 각 시스템은 수정해야 하는 사항, 수정 사항을 구현해야 하는 장소, 수행돼야 할 기본 동작에 관한 생각이 각각 다르다. 따라서 이에 대한 자세한 내용은 업체 사양 부분에서 다루기로 한다.

표 8.3은 사용자 관리와 관련된 명령과 환경설정 파일에 대한 간단한 요약이다.

표 8.3 사용자 관리용 명령과 환경설정 파일

시스템	명령	환경설정 파일
모든 리눅스	useradd, usermod, userdel	/etc/login.defs /etc/default/useradd
데비안/우분투[a]	adduser, deluser	/etc/adduser.conf /etc/deluser.conf
FreeBSD	adduser, rmuser	/etc/login.conf

a. 이 세트는 표준 리눅스 버전을 래핑한 것으로, 몇 가지 기능을 더 갖고 있다.

리눅스에서의 useradd

 리눅스 배포판들은 대부분 /etc/login.defs와 /etc/default/useradd에서 환경설정 매개변수들을 가져오는 기본적인 useradd 세트를 포함하고 있다.

---

9. 같은 암호일지라도 여러 가지 암호화 표현을 가질 수 있기 때문에 이 방법은 사용자가 암호를 재설정했다는 사실만 검증할 뿐 암호가 실제로 다른 암호로 변경됐음은 검증할 수 없다.

login.defs 파일은 암호 에이징, 암호화 알고리듬 선택, 메일 스풀 파일의 위치, 선호하는 UID 및 GID 범위와 같은 문제들을 다룬다. login.defs 파일은 수작업으로 관리한다. 주석은 다양한 매개변수들을 설명하는 데 아주 유용하게 사용된다.

/etc/default/useradd 파일에 저장되는 매개변수에는 홈 디렉터리 위치와 새 사용자용 기본 셸이 포함돼 있다. 이러한 기본값은 useradd 명령 자체를 통해 설정한다. useradd -D 명령은 현재 설정된 값들을 출력하며 -D는 여러 가지 다른 플래그와 결합돼 특정 옵션들의 값을 설정한다. 예를 들면 다음과 같다.

```
$ sudo useradd -D -s /bin/bash
```

이 명령은 bash를 기본 셸로 설정한다.

기본값은 새 사용자를 개별 그룹에 넣고 암호용으로 SHA-512 암호화를 사용하며, /etc/skel로부터의 시동 파일들을 새 사용자의 홈 디렉터리에 상주시키게 돼있다.

기본 형태의 useradd 명령은 커맨드라인에서 새 계정 이름을 받아들인다.

```
$ sudo useradd hilbert
```

이 명령은 /etc/passwd에 한 개의 항목을 생성하며 동시에 섀도 파일에는 다음과 같이 상응하는 항목을 생성한다.

```
hilbert:x:1005:20::/home/hilbert:/bin/sh
```

useradd 명령은 새 계정을 비활성화하게 기본값이 돼 있다. 계정을 사용하려면 반드시 실제 암호를 배정해야 한다.

다음은 좀 더 사실적인 예제다. hilbert의 주 그룹이 'hilbert'가 되고 'faculty' 그룹에도 추가되게 지정한다. 기본 홈 디렉터리 위치와 셸은 덮어쓰기를 하고, 홈 디렉터리가 아직 없다면 생성하라고 useradd에게 요청한다.

```
$ sudo useradd -c "David Hilbert" -d /home/math/hilbert -g hilbert
    -G faculty -m -s /bin/tcsh hilbert
```

이 명령은 다음과 같은 암호 항목을 생성한다.

```
hilbert:x:1005:30:David Hilbert:/home/math/hilbert:/bin/tcsh
```

배정된 UID는 현재 시스템에 존재하는 가장 높은 UID보다 하나 높은 번호이며 이에 상응하는 섀도 항목은 다음과 같다.

```
hilbert:!:14322:0:99999:7:0::
```

passwd와 shadow 파일에 있는 암호 플레이스홀더는 운영체제마다 다르다. 또한 useradd는 hilbert를 /etc/group에 있는 해당 그룹에 추가하고, /home/math/hilbert 디렉터리를 적절한 소유권과 함께 생성해 /etc/skel 디렉터리에서 가져온 것들을 채운다.

데비안과 우분투에서의 adduser

데비안 계열은 useradd 명령군 외에도 이 명령들보다 좀 더 높은 수준의 래퍼로 adduser와 deluser를 제공한다. 이 부가 명령들은 /etc/adduser.conf에 설정돼 있으며 다음과 같은 옵션들을 지정할 수 있다.

- 홈 디렉터리 설정 규칙: 그룹, 사용자명 등에 의함
- 새 홈 디렉터리용 권한 설정
- 시스템 사용자와 일반 사용자를 위한 UID 및 GID 범위
- 각 사용자를 위한 개별 그룹 생성 옵션
- 디스크 쿼터quota(불행히도 불리언 값만 가능)
- 사용자명과 그룹명의 정규표현식 기반 비교

그 밖에 암호 규칙과 같은 전형적인 useradd 매개변수들은 정규 암호 인증을 수행하는 PAM 모듈에 대한 매개변수로 설정된다. PAM^Pluggable Authentication Module에 관한

자세한 내용은 17장을 참고한다. adduser와 deluser는 쌍둥이 형제인 addgroup과 delgroup을 갖는다.

FreeBSD에서의 adduser

FreeBSD에는 adduser와 rmuser 셸 스크립트가 포함돼 있어 있는 그대로 사용할 수도 있고 필요에 따라 수정해 사용할 수도 있다. 이 스크립트들은 pw 명령에 의해 제공되는 기능들 위에 구축된다.

원한다면 adduser를 대화형으로 사용할 수도 있다. 기본적으로 adduser는 사용자와 그룹 항목, 홈 디렉터리를 생성한다. -f 플래그를 이용해 스크립트가 생성할 계정 목록을 포함하는 파일을 참조하게 할 수도 있고, 각 사용자의 항목을 대화형으로 입력할 수도 있다.

예를 들어 새 사용자 'raphael'을 생성하는 과정은 다음과 같다.

```
$ sudo adduser
Username: raphael
Full name: Raphael Dobbins
Uid (Leave empty for default): <return>
Login group [raphael]: <return>
Login group is raphael. Invite raphael into other groups? []: <return>
Login class [default]: <return>
Shell (sh csh tcsh bash rbash nologin) [sh]: bash
Home directory [/home/raphael]: <return>
Home directory permissions (Leave empty for default): <return>
Use password-based authentication? [yes]: <return>
Use an empty password? (yes/no) [no]: <return>
Use a random password? (yes/no) [no]: yes
Lock out the account after creation? [no]: <return>
Username   : raphael
Password   : <random>
Full Name  : Raphael Dobbins
Uid        : 1004
Class      :
Groups     : raphael
Home       : /home/raphael
Home Mode  :
```

```
Shell     : /usr/local/bin/bash
Locked    : no
OK? (yes/no): yes
adduser: INFO: Successfully added (raphael) to the user database.
adduser: INFO: Password for (raphael) is: RSCAds5fy0vxOt
Add another user? (yes/no): no
Goodbye!
```

리눅스의 newusers: 일괄 추가

 리눅스의 **newusers** 명령은 텍스트 파일의 내용을 읽어 한 번에 다수의 계정을 생성한다. 기능이 한쪽으로 치우쳐 있긴 하지만 특정 부류에 속하는 사용자들을 생성할 때처럼 한 번에 많은 사용자를 추가할 때는 편리하게 사용될 수 있다. **newusers**는 암호 필드가 순수한 텍스트로 된 초기 암호를 포함하고 있다는 점을 제외하곤 /etc/passwd 파일과 똑같은 줄들로 구성돼 있는 입력 파일을 요구한다. 그런데 아무래도 그 입력 파일은 보호하는 게 좋겠다.

newusers는 암호 에이징 매개변수 세트를 /etc/login.defs 파일 안에 가져오지만 **useradd**처럼 기본 시동 파일들을 복사해오지는 않는다. 복사해오는 유일한 시동 파일은 .xauth뿐이다.

대학에서 진짜로 필요한 것은 입학이나 등록 데이터에 있는 학생들의 목록을 이용해 **newusers**의 입력을 생성할 수 있는 일괄적인 **adduser** 스크립트다. 사용자명은 로컬 규칙에 따라 유일성이 보장되게 만들고 강력한 암호는 무작위로 생성하며 UID와 GID는 각 사용자마다 하나씩 증가시킨다. **newusers**가 필요한 일을 하게 시도하는 것보다는 파이썬으로 자신의 **useradd**용 래퍼를 작성하는 것이 훨씬 나을 것이다.

8.8 사용자 계정과 파일의 안전한 제거

사용자가 조직을 떠날 때는 사용자가 사용하던 로그인 계정과 파일들을 시스템에서 제거해야 한다. 가능하면 이 일은 수작업으로 하지 않는 게 좋다. 대신에

userdel이나 rmuser가 이 일을 수행하게 한다. 이 도구들은 시스템 관리자나 useradd 프로그램에 의해 추가된 로그인명을 참조하는 모든 것을 확실하게 제거한다. 일단 남은 부분을 제거하고 나면 다음과 같은 체크리스트를 이용해 사용자 데이터가 모두 제거됐는지 검증한다.

- 로컬 사용자 데이터베이스나 전화번호 목록에서 사용자를 제거한다.
- 메일 앨리어스 데이터베이스 및 전달 주소에서 사용자를 제거한다.
- 사용자 크론탭 파일과 미결돼 보류 중인 작업이나 프린트 작업을 제거한다.
- 여전히 실행 중인 사용자 프로세스를 죽인다.
- passwd, shadow, group, gshadow 파일에서 사용자를 제거한다.
- 사용자 홈 디렉터리를 제거한다.
- 사용자 메일 스풀(메일이 로컬에 저장되는 경우)을 제거한다.
- 공유되는 달력, 방 예약 시스템 등의 항목들을 깨끗이 정리한다.
- 삭제된 사용자가 사용하던 메일링 리스트의 소유권을 삭제하거나 이전한다.

누군가의 홈 디렉터리를 제거할 때는 반드시 다른 사용자가 필요로 하는 파일들을 다른 곳으로 옮긴 후에 삭제하자. 시스템 관리자는 어떤 파일들이 누구에게 필요한지 확실히 알 수 없기 때문에 사용자의 홈 디렉터리를 삭제하기 전에 항상 추가적인 백업을 해놓는 것이 좋다.

한 사용자의 모든 자취를 제거하고 나면 그 사용자의 옛 UID가 더 이상 시스템의 어떤 파일도 소유하지 않는다는 것을 확인하고 싶을 것이다. 부모를 잃은 파일들의 경로를 찾으려면 -nouser 인수와 함께 find 명령을 사용하면 된다. find 명령은 조심해서 사용하지 않으면 네트워크 서버로 '빠져나가게^{escaping}' 돼 있으므로, 다음과 같이 -xdev 옵션을 써서 각 파일 시스템을 따로따로 점검하는 게 최선이다.

```
$ sudo find filesystem -xdev -nouser
```

회사에서 사용자들에게 각자의 워크스테이션을 배정해주고 있다면 시스템을 새 사용자에게 넘기기 전에 시스템 전체를 마스터 템플릿^{master template} 이미지로 새로 설치하는 것이 가장 간단하고 효율적인 방법이다. 하지만 재설치하기 전에 로컬 파일들이 미래에 사용될 경우에 대비해 시스템 하드디스크를 백업하는 것이 좋다.[10]

이 책의 모든 사례 시스템에는 사용자 제거 과정을 자동화한 명령들이 포함돼 있음에도 불구하고 사용자 관련 정보가 저장되는 장소가 늘어날 때마다 명령들을 확장시키지 않는다면 만족할 만큼 완벽하게 일을 해내지 못한다.

 데비안과 우분투의 **deluser**는 일반적인 **userdel**을 호출하는 펄 스크립트로, **adduser**가 실행한 모든 것을 원상 복귀^{undo}시킨다. /usr/local/sbin/deluser.local 스크립트가 존재하는 경우 로컬화를 용이하게 하고자 스크립트를 실행한다. 환경 설정 파일 /etc/deluser.conf는 다음과 같은 옵션들을 설정하게 해준다.

- 사용자 홈 디렉터리와 메일 스풀을 제거할지의 여부
- 사용자 파일을 백업할지의 여부와 백업을 저장할 장소
- 시스템에 있는 사용자 소유의 모든 파일을 제거할지의 여부
- 더 이상 멤버가 없는 그룹을 삭제할 것인지의 여부

RHEL 레드햇은 **userdel.local** 스크립트를 지원하지만 곧 제거될 사용자 파일의 백업과 같이 순서에 민감한 작업을 자동화하기 위한 사전 또는 사후 실행 스크립트는 지원하지 않는다.

 FreeBSD의 **rmuser** 스크립트는 사용자 파일과 프로세스, 타 업체의 **userdel** 프로그램은 시도조차 하지 않는 작업의 인스턴스들을 제거하는 일을 잘 해낸다.

8.9 사용자 로그인 잠금

때로는 사용자 로그인을 일시적으로 중지시켜야만 할 때가 있다. 가장 쉬운 방법은 /etc/shadow나 /etc/master.passwd 파일에 있는 암호화된 사용자 암호 앞에 별표나 다른 문자를 넣는 것이다. 이 방법은 대부분의 암호에 기반을 둔 접근이 불통되게 한다. 더 이상 어떤 암호화도 인식되지 못하기 때문이다.

---

10. 라이선스 키를 고려하자.

FreeBSD에서는 다음과 같이 pw 명령으로 간단히 계정을 잠글 수 있다.

```
$ sudo pw lock someuser
```

이 명령은 암호 해시 앞에 *LOCKED라는 문자열을 삽입함으로써 계정을 사용할 수 없게 만든다. 계정을 다시 활성화시키려면 다음을 실행한다.

```
$ sudo pw unlock someuser
```

 이 책에서 예로 든 모든 리눅스 배포판에서 usermod -L user와 usermod -U user 명령은 암호를 잠그고^{Lock} 푸는^{Unlock} 쉬운 방법을 정의하고 있다. 이 명령들은 앞서 설명한 암호 잠금 방식을 간편화한 것에 불과하다. 즉, -L 옵션은 /etc/shadow 파일에 있는 암호화된 암호 앞에 ! 문자를 삽입하고 -U 옵션은 그것을 제거한다.

불행히도 사용자 암호를 수정하는 것은 로그인을 실패로 끝나게 만들 뿐이다. 일시적으로 계정 사용을 금지한다는 사실을 알려주거나 계정이 왜 작동하지 않는가를 설명해주지 않는다.

게다가 시스템 암호를 반드시 확인할 필요가 없는 ssh와 같은 명령들은 계속해서 작동한다.

로그인을 비활성화하는 또 다른 방법은 계정 잠금을 설명하는 메시지를 출력하고 상황을 바로잡기 위한 지시 사항을 제공하는 프로그램으로 사용자 셸을 대체하는 것이다. 그러면 대체 프로그램은 로그인 세션을 끝내고 종료된다.

이 방식은 장단점이 있다. 암호는 확인하지만 셸에는 관심 없는 형태의 접근은 비활성화되지 않는다. '셸 비활성화' 방법을 쉽게 하고자 비로그인 시스템 접근을 제공하는 많은 데몬(예, ftpd)들은 사용자 로그인 셸이 /etc/shells 목록에 있는지 확인해서 없으면 접근을 거부한다. 바라는 방식이긴 하지만 일반적인 것이 아니라서 계정을 비활성화하기 위한 방법으로 셸 변경을 사용하기로 했다면 상당히 포괄적인 테스팅을 해야 할지 모른다.

또 다른 이슈로, 사용자가 윈도우 시스템이나 터미널 에뮬레이터를 통해 로그인을 시도하는 경우에는 신중하게 작성한 정지 계정에 관한 설명문을 보지 못할 수도 있다.

8.10 PAM을 이용한 리스크 감소

장착형 인증 모듈^{PAM, Pluggable Authentication Modules}은 17장에서 다룬다. PAM은 표준 라이브러리 루틴들을 통해 시스템의 인증 기능 관리를 중앙 집중화한다. 따라서 login, sudo, passwd, su와 같은 프로그램들은 자체적으로 특별한 인증 코드를 공급할 필요가 없다. 회사는 암호를 넘어 커버로스^{Kerberos}, 일회용 암호^{one-time password}, ID 동글^{dongle}, 지문 인식기^{fingerprint reader}와 같은 선택적 사양까지도 인증 방법을 쉽게 확장할 수 있다. PAM은 보안 소프트웨어를 작성하는 데 따르는 위험을 감소시키며 시스템 관리자가 사이트 전체에 적용되는 보안 정책을 설정할 수 있게 해주고 새로운 인증 방법을 시스템에 추가하는 간편한 방법을 정의한다.

사용자를 추가하고 제거하는 일에는 PAM 환경설정 조정이 필요하지 않지만 관련 도구들은 PAM의 규칙과 제약 아래 작동한다. 또한 많은 PAM 환경설정 매개변수는 useradd나 usermod에서 사용됐던 매개변수들과 유사하다. 이 장에서 설명한 대로 매개변수들을 변경했는데 useradd가 그러한 변경 사항을 적용하지 않는다면 내가 설정한 새 값을 시스템의 PAM 환경설정이 덮어쓰지 않았는지 확인해봐야 할 것이다.

8.11 중앙 집중식 계정 관리

중앙 집중화된 형태의 계정 관리는 회사, 학교, 정부 기관 등 모든 유형의 중소기업에서 대기업까지 필수적이다. 사용자들은 사이트 전체에 걸쳐 단일 로그인명, UID, 암호의 편의와 보안을 필요로 한다. 시스템 관리자들은 (계정 해지와 같은) 변경 사항을 즉각적으로 모든 곳에 전파할 수 있는 중앙 집중식 시스템이 필요하다.

이러한 중앙 집중화는 여러 가지 방법으로 구현될 수 있는데, (마이크로소프트의 액티브 디렉터리 시스템을 포함해) 대부분은 경량 디렉터리 접근 프로토콜^{LDAP, Lightweight}

Directory Access Protocol을 어느 정도 포함하고 있다. 오픈소스 소프트웨어에 기반을 둔 최소 기능 LDAP 설치에서부터 부담스러운 가격표가 붙은 정교한 상용 아이덴티티 관리 시스템에 이르기까지 다양한 선택을 할 수 있다.

LDAP와 액티브 디렉터리

LDAP는 일반화된 데이터베이스 같은 저장소로, 사용자 관리 데이터와 여러 유형의 데이터를 저장할 수 있다. LDAP는 다수의 동시 클라이언트와 다수의 서버를 지원하는 계층적 클라이언트/서버 모델을 사용한다. 사이트 전체를 커버하는 로그인 데이터 저장소로서 LDAP의 큰 장점 중 하나는 모든 시스템에 걸쳐 유일한 UID와 GID를 강제할 수 있다는 것이다. 또한 LDAP는 윈도우와도 잘 어울리지만 반대로 윈도우는 LDAP와 잘 어울리지 않는다.

마이크로소프트의 액티브 디렉터리는 LDAP와 커버로스를 사용하며 사용자 정보 외에도 많은 종류의 데이터를 관리할 수 있다. 액티브 디렉터리가 유닉스나 리눅스 LDAP 저장소와 상호작용을 할 때는 매우 자기중심적이며 자기가 주인이 되려고 한다. 유닉스나 리눅스 시스템 뿐 아니라 윈도우 데스크톱도 포함하는 사이트를 위한 단일 인증 시스템이 필요하다면 액티브 디렉터리가 주도권을 장악하게 하고 유닉스 LDAP 데이터베이스는 보조 서버로 사용하는 것이 가장 쉬운 방법이 될 것이다.

유닉스나 리눅스에 LDAP, 커버로스, 액티브 디렉터리를 통합하는 방법은 7장을 참고한다.

애플리케이션 레벨의 싱글 사인온 시스템

애플리케이션 레벨에서의 싱글 사인온Single Sign-On 시스템은 사용자 편의와 보안 사이의 균형을 잡는다. 한 사용자는 (로그인 프롬프트, 웹 페이지, 윈도우 박스에서) 한 번 사인온sign on할 수 있으며 바로 그 순간 인증된다는 점에 착안한 것이다. 그리고 나면 사용자는 다른 애플리케이션에 접근할 때 사용할 수 있는 자격증명credential을 얻게 된다. 이 과정은 암묵적으로 이뤄지기 때문에 어떤 능동적인 관리가 요구되지 않는다. 사용자는 여러 개가 아닌 하나의 로그인과 암호 시퀀스만 기억하고 있으면 된다.

이러한 메커니즘은 사용자가 자격증명을 기억하거나 다룰 필요가 없기 때문에 자격증명을 더욱 복잡하게 만들 수 있다. 따라서 이론적으로는 보안성이 증대된다. 하지만 계정이 침해될 경우 받게 될 충격은 훨씬 크다. 공격자가 하나의 로그인으로 다수의 애플리케이션에 접근할 수 있기 때문이다. 이런 시스템에서는 로그인돼 있는 상태에서 데스크톱 머신에서 멀리 떠나는 행위는 심각한 취약점을 만든다. 또한 인증 서버에 치명적인 병목현상이 일어날 수 있다. 인증 서버가 다운되면 진행 중이던 모든 작업이 전사적으로 중단된다.

애플리케이션 레벨의 SSO는 단순한 아이디어만 이면에는 상당한 복잡성을 내포하고 있다. 사용자가 접근하고자 하는 다양한 애플리케이션과 머신들이 인증 과정과 SSO 자격증명을 이해해야만 하기 때문이다.

다음과 같은 여러 가지 오픈소스 SSO 시스템이 존재한다.

- **JOSSO:** 자바로 작성된 오픈소스 SSO 서버
- **CAS:** 예일 대학에서 만든 중앙 인증 서비스(자바)
- **쉬볼레스**Shibboleth**:** 아파치 2 라이선스로 배포되는 오픈소스 SSO

상용 시스템들도 많으며 대부분은 다음에서 설명하는 아이덴티티 관리 시스템에 통합돼 있다.

ID 관리 시스템

'ID 관리Identity Management'는 'ID와 접근 관리'를 의미하는 IAMIdentity and Access Management 이라고도 하며, 사용자 관리에서 흔히 사용되는 용어다. 일반적인 용어로 말하자면 시스템의 사용자들을 식별하고 그들의 ID를 인증하며, 인증된 ID에 따라 권한을 부여하는 것을 말한다. 이 분야의 표준화는 월드와이드웹 컨소시엄World Wide Web Consortium과 오픈 그룹Open Group이 선도했다.

상용 ID 관리 시스템들은 여러 가지 주요 유닉스 개념과 마케팅 전문 용어로 포장

된 친근한 GUI가 결합돼 만들어진다. 이런 상용 시스템들의 기반을 이루는 것은 사용자 인증 및 허가 데이터로 구성된 데이터베이스다. 종종 이러한 데이터들은 LDAP 형태로 저장된다. 유닉스 그룹과 같은 개념으로 제어가 이뤄지며 시스템 관리 권한은 반드시 sudo와 같은 도구를 통해 행사하게 제한된다. 상용 시스템의 대부분은 책임, 추적, 감사 기록을 요구하는 규정에 따르게 설계된다.

이 분야에는 많은 상용 시스템이 있다. 몇 가지 예를 들자면 오라클의 ID 관리[Identity Management], 큐리온[Courion], 아바티어 ID 관리 세트[AIMS, Avatier Identity Management Suite], VM웨어 ID 매니저[VMware Identity Manager], 세일포인트의 IdentityIQ가 있다. ID 관리 시스템을 평가할 때는 다음과 같은 영역에서 기능들을 검토해야 한다.

관리 감독[Oversight] 영역에서는 다음과 같다.

- 기업의 내부와 외부에서 모두 접근 가능한 관리를 위해 보안 웹 인터페이스가 구현돼 있는가?
- 인사 담당 관리자가 계정들이 역할에 따라 프로비저닝되게 요청할 수 있는 인터페이스를 지원하는가?
- 계약이 만료되거나 해고된 직원들에 대해 접근 권한이 자동으로 제거되도록 인사 데이터베이스를 조정할 수 있는가?

계정 관리[Account Management] 영역에서는 다음과 같다.

- 전사적으로 고유한 사용자 ID를 생성하는가?
- 전사적으로 모든 유형의 하드웨어와 운영체제에 사용자 계정을 생성, 변경, 삭제할 수 있는가?
- 작업 흐름 엔진을 지원하는가? 예를 들면 사용자에게 특정 권한을 부여하기 전에 여러 단계의 승인 절차다.
- 특정 권한 세트를 갖고 있는 모든 사용자를 쉽게 표시할 수 있는가? 특정 사용자에게 허락된 권한의 표시도 마찬가지다.
- 역할에 의한 사용자 계정 프로비저닝을 포함해 역할 기반 접근 제어를 지원하는가? 예외 승인을 위한 작업 흐름을 포함해 역할 기반 프로비저닝에 예외를 허용하는가?

- 모든 변경 사항과 시스템 관리 행위의 기록을 설정할 수 있는가? 마찬가지로 로깅 데이터에서 (사용자별, 날짜별 등으로) 보고서가 생성되게 설정할 수 있는가?

사용 편의성 영역에서는 다음과 같다.

- 사용자가 자신의 암호를 변경하거나 초기화하게 할 수 있는가? 강력한 암호를 선택하게 규칙을 강제 적용할 수 있는가?
- 사용자가 한 번의 작업으로 자신의 암호를 전사적으로 변경할 수 있는가?

인증과 허가가 실제로 발생하는 지점에서 시스템이 어떻게 구현됐는지도 검토한다. 시스템이 사용자 지정 에이전트^{custom agent}가 모든 곳에 설치되길 요구하는가? 아니면 하부 기반 시스템에 따르는가?

9 클라우드 컴퓨팅

클라우드 컴퓨팅^{Cloud Computing}은 충분한 용량으로 구성된 공유 공간에서 컴퓨터 자원을 임대해 사용하는 방식을 말한다. 클라우드 서비스의 사용자들은 필요에 따라 자원을 공급받고 사용한 만큼의 요금을 지불한다. 클라우드를 사용하는 사업체들은 전통적인 데이터 센터를 이용하는 사업체에 비해 더 빠른 마케팅을 할 수 있고 상황에 더 유연하게 대처할 수 있으며 자본과 운영비용을 줄일 수 있다.

클라우드는 지금은 고인이 된 컴퓨터 과학자 존 맥카시^{John McCarthy}가 처음으로 착상했던 '유틸리티 컴퓨팅^{utility computing}'을 현실화한 것이다. 그는 1961년, MIT의 한 토론에서 이 아이디어를 설명했다. 맥카시의 선견지명 이후에 이뤄진 많은 과학 기술적 진전은 이 아이디어가 결실을 맺는 데 큰 도움을 줬다. 그중 몇 가지를 소개하면 다음과 같다.

- 가상화^{virtualization} 소프트웨어는 요구에 따라 안정적으로 CPU, 메모리, 저장

소, 네트워크 자원을 할당한다.

- 강력한 보안 계층은 사용자와 가상 머신이 마치 하부 하드웨어를 공유하는 것처럼 서로 격리시킨다.
- 표준화된 하드웨어 컴포넌트들은 막강한 성능과 저장소, 냉각 용량을 갖춘 데이터 센터 구축을 가능하게 한다.
- 신뢰성 있는 광역 네트워크가 모든 것을 연결한다.

클라우드 공급자들은 이러한 혁신적인 기술들을 활용해 호스팅되는 사설 서버에서 완전 관리형 애플리케이션에 이르는 수많은 서비스들을 제공한다. 선도적인 클라우드 업체들은 강력한 경쟁력으로 고수익을 올리고 있으며 급속히 성장하고 있다.

9장에서는 클라우드로 이동하기 위한 동기를 부여하고 일부 주요 클라우드 공급자에 관한 기초 정보를 제공하며 가장 중요한 클라우드 서비스들 중 일부를 소개하고 비용 절감을 위한 팁을 제공한다. 훨씬 간단한 소개로 '클라우드: 플랫폼에 의한 VPS 빠른 시작' 절은 커맨드라인에서 클라우드 서버를 생성하는 방법을 보여준다.

이 책에는 클라우드 서버 관리와 관련된 절들이 포함돼 있는 장이 많다. 표 9.1은 각 내용을 포함하고 있는 절들의 목록이다.

표 9.1 이 책의 다른 곳에서 설명된 클라우드 관련 주제

장	제목
2장	클라우드 시스템의 복구(클라우드의 부트스트래핑 관련 이슈)
13장	클라우드 네트워킹(클라우드 플랫폼용 TCP/IP 네트워킹)
19장	클라우드에서의 웹 호스팅
24장	패커(Packer)(패커를 사용한 클라우드용 OS 이미지 빌드)
25장	컨테이너 클러스터링과 관리(특히 AWS ECS에 관한 절)
26장	CI/CD 실전(클라우드 서비스를 사용하는 CI/CD 파이프라인 사례)
38장	상용 애플리케이션 모니터링 도구(클라우드용 모니터링 도구)

그밖에도 23장은 대체적으로 클라우드 시스템 관리에 적용할 수 있다.

9.1 클라우드 개요

사설 데이터 센터의 서버에서 클라우드로의 전환(이제 흔하게 된)은 매우 빠르고 극적으로 진행돼 왔다. 이러한 쇄도 현상에 대한 원인을 살펴보자.

클라우드 공급자들은 대부분 사업체들이 필적할 수 없는 수준의 기술적으로 진화된 인프라를 만들어낸다. 클라우드 업체들은 전기료가 저렴하고 방대한 네트워킹 교차 연결망을 갖춘 지역에 데이터 센터를 구축한다. 특별히 제작된 서버 섀시chassis를 이용해 에너지 효율을 극대화하고 유지 관리를 최소화한다. 그들의 내부 네트워크에 맞도록 정밀하게 튜닝된 맞춤형 하드웨어와 소프트웨어로 구성된 목적 지향식 네트워크 인프라를 사용한다. 또한 클라우드 업체들은 급속한 확장을 허용하고 사람에 의한 오류를 최소화하고자 적극적인 자동화를 사용한다.

이 모든 기술적 노력 덕분에(규모의 경제는 말할 것도 없고) 작은 데이터 센터를 보유한 전형적인 사업체들에 비해 클라우드 공급자들이 훨씬 저렴한 비용으로 분산 컴퓨팅 서비스를 실행할 수 있다. 비용 절감 효과는 클라우드 서비스 가격과 공급자의 이익 모두에 반영된다.

이러한 하드웨어 기반의 상단에는 인프라의 환경설정을 단순화하고 편리하게 해주는 관리 기능들이 계층화돼 있다. 클라우드 공급자들은 자원의 프로비저닝provisioning과 회수를 제어하는 API와 사용자 대면 도구를 모두 제공한다. 따라서 한 시스템(또는 가상 네트워크에 분산돼 있는 시스템 그룹)의 전체 라이프 사이클이 자동화될 수 있다. 이 개념은 '코드를 통한 인프라infrastructure as code'라는 이름으로 통하며 과거 수작업 방식의 서버 조달 및 프로비저닝 프로세스와 완전히 대비된다.

클라우드를 채택하는 또 다른 중요한 동기는 탄력성이다. 클라우드 시스템은 프로그램 방식으로 요청되고 회수될 수 있기 때문에 주기적으로 요구되는 어떤 비즈니스에 대해서도 최대 사용 기간에는 더 많은 자원을 추가하고 더 이상 필요 없을 때는 불필요한 용량을 제거하는 방식으로 운영비용을 최적화할 수 있다. 일부 클라우드 플랫폼에서 사용할 수 있는 내장 오토 스케일링autoscaling 기능은 이러한 과정을 능률적으로 수행한다.

클라우드 공급자들은 국제적인 입지를 갖고 있다. 기획과 엔지니어링에 조금만 노력하면 여러 지리적 영역에 서비스를 출하함으로써 비즈니스들은 새로운 시장에 도달할 수 있다. 뿐만 아니라 클라우드에서는 물리적으로 분리된 위치에서 시스템들을 실행할 수 있기 때문에 재해 복구를 구현하기가 더 쉽다.

클라우드의 이 모든 특성은 민첩성과 반복성이 강조되는 시스템 관리 업무에 있어 데브옵스^{DevOps} 접근법과 좋은 짝을 이룬다. 클라우드를 사용하면 더 이상 느린 조달이나 프로비저닝 프로세스로 제약 받지 않으며 거의 모든 것이 자동화될 수 있다.

하지만 자신의 하드웨어를 직접 제어하지 않는 경우에는 여전히 일종의 정신적 도약이 요구된다. 산업 메타포 하나가 그 정서를 잘 표현하고 있다. 즉, 서버는 애완동물이 아니라 소로 간주돼야 한다는 것이다. 애완동물은 이름도 지어주고 사랑하며 보살펴준다. 애완동물이 아프면 수의사에게 데려가 건강을 회복할 때까지 간호해준다. 반면 소들은 대량으로 이동하고 거래되며 관리되며, 아픈 소는 죽인다.

클라우드 서버는 그러한 소떼 가운데 한 마리에 지나지 않으며 그렇게 취급하지 않는다면 클라우드 컴퓨팅의 기본적인 사실을 무시하는 것과 같다. 다시 말해 클라우드 시스템들은 하루살이 같은 것이며 언제든지 고장 날 수 있다. 그런 고장에 대비해 계획을 세우면 복구가 빠른 탄력적인 인프라를 실행하는 데 있어 더 큰 성공을 거둘 수 있다.

그 모든 장점에도 클라우드는 빠른 비용 절감이나 성능 개선에 있어서는 만병통치약이 아니다. 기존의 기업 애플리케이션을 데이터 센터에서 클라우드 공급자로 이동시킨다고 해도 신중한 계획이 수반되지 않으면 성공을 거두지 못할 수 있다. 클라우드의 운영 프로세스는 완전히 달라 훈련과 테스팅이 수반된다. 뿐만 아니라 대부분의 기업용 소프트웨어는 정적인 환경용으로 설계되지만 클라우드의 개별 시스템들은 수명이 짧고 비안정적인 것으로 간주돼야 한다. 하나의 시스템이 예상치 못한 사건에 직면하더라도 신뢰성을 유지한다면 클라우드 천성이 있다고 말할 수 있다.

9.2 클라우드 플랫폼 선택

한 사이트의 클라우드 공급자는 여러 요소의 영향으로 결정된다. 비용, 과거 경험, 기존 기술과의 호환성, 보안, 규정 요건, 내부 정책 등이 모두 관여된다. 평판, 공급자 규모, 기능, 마케팅 등에 의해 선택 과정은 흔들릴 수 있다.

다행히 현재 시중에는 수많은 클라우드 공급자가 있다. 이 책에서는 주요 공용 클라우드 공급자 중에서 단 세 곳만을 선정해 집중하기로 한다. 아마존 웹 서비스 AWS, 구글 클라우드 플랫폼GCP, 디지털오션DO이 그것이다. 이 절에서는 독자가 고려할 수 있는 몇 가지 옵션도 추가로 언급한다. 표 9.2는 이 영역에서의 주요 주자를 차례로 나열한 것이다.

표 9.2 가장 널리 사용되는 클라우드 플랫폼

공급자	주목할 만한 품질
아마존 웹 서비스(AWS)	헤비급 최강자로 급속한 혁신, 비싸고 복잡하다.
디지털오션(DO)	간단하고 안정적이다. 매력적인 API로, 개발용으로 좋다.
구글 클라우드 플랫폼	기술적으로 정교하고 개선이 빠르다. 성능을 강조하고 포괄적인 빅데이터 서비스를 제공한다.
IBM 소프트레이어(Softlayer)	클라우드보다는 호스팅에 가깝다. 글로벌 사설 네트워크다.
마이크로소프트 애저(Azure)	규모에 있어서는 크게 뒤진 2위다. 정전된 역사가 있고 마이크로소프트 샵이라면 고려해볼 가치가 있다.
오픈스택(OpenStack)	사설 클라우드를 구축하기 위한 모듈러 DIY 오픈소스 플랫폼으로, AWS와 호환되는 API다.
랙스페이스(Rackspace)	오픈스택을 실행하는 공용 및 사설 클라우드로, AWS와 Azure용 관리형 서비스를 제공하며 열성적으로 지원한다.
VM웨어 vCloud 에어(vCloud Air)	전문 용어가 가득한 공용, 사설, 하이브리드 클라우드용 서비스로, VM웨어 기술을 사용하지만 곧 사라질 듯하다.

공용, 사설, 하이브리드 클라우드

공용 클라우드에서는 업체가 모든 물리적 하드웨어를 제어하며 인터넷을 통해 시스템 접근을 관리한다. 이러한 구조는 사용자를 하드웨어 설치나 관리에서 해방시켜 주지만 플랫폼의 기능과 특성을 제어하는 데 제약을 받는다는 대가를 지불해야 한다. AWS, GCP, DO는 모두 공용 클라우드 공급자다.

사설 클라우드 플랫폼도 이와 비슷하지만 한 조직의 데이터 센터 내부에 호스팅 된다는 것과 하나의 고객을 대신해 업체가 관리한다는 점에서 다르다. 사설 클라우드의 서버들은 단일 임차single-tenant이며 공용 클라우드처럼 다른 고객들과 공유 되지 않는다.

사설 클라우드는 공용 클라우드와 마찬가지로 탄력성과 프로그래밍 방식의 제어 를 제공한다. 사설 클라우드는 이미 하드웨어와 엔지니어에 상당한 자금을 투자 한 회사들에게 매력적일 수 있다. 특히 자신의 환경을 완전히 제어하는 것을 소중 하게 여기는 기업들일수록 사설 클라우드에 매력을 느낀다.

오픈스택은 사설 클라우드를 생성하는 데 사용되는 선도적인 오픈소스 시스템이 다. 오픈 스택은 AT&T나 IBM, 인텔과 같은 기업에서 재정적 지원과 기술적 지원 을 받는다. 랙스페이스는 오픈스택의 최대 공헌자 중 하나다.

공용 클라우드와 사설 클라우드의 결합을 하이브리드 클라우드라 부른다. 하이 브리드는 최대 부하를 처리하고자 일시적으로 용량을 증설하거나 특정 기업에 국 한된 어떤 다양한 시나리오를 구현하고자 처음으로 로컬 서버에서 공용 클라우드 로 이동하려는 기업에게 유용할 수 있다.

vSphere 가상화 기술에 기반을 둔 VM웨어의 vSphere 에어Air 클라우드는, 온프레 미스on-premises 데이터 센터에 VM웨어 가상화를 이미 사용하고 있는 고객들을 위한 이음새 없는 하이브리드 클라우드다. 이 사용자들은 매우 투명한 방식으로 vCloud 에어 인프라와 애플리케이션을 주고받을 수 있다.

'공용 클라우드public cloud'라는 용어는 마치 공용 화장실의 보안과 위생 기준을 따르는 것 같은 약간의 안 좋은 의미를 함축하고 있다. 실제로는 공용 클라우드의 고객들은 하드웨어와 소프트웨어 가상화의 여러 계층에 의해 다른 사람들과 격리돼 있다. 사 설 클라우드가 공용 클라우드에 비해 더 많은 보안 혜택을 제공하지는 않는다.

게다가 사설 클라우드 운영은 결코 가볍게 떠맡을 수 없는 복잡하고 비용이 많이 드는 일이다. 가장 규모가 크고 열성적인 기관만이 강력하고 안전한 사설 클라우드를 구현하는 데 필요한 엔지니어링 자원과 자금을 갖고 있다. 따라서 사설 클라우드는 일단 구현되고 나면 대개 그 기능들이 상업적인 공용 클라우드가 제공하는 기능에 미치지 못하게 된다.

대부분 조직에서 대해서는 사설이나 하이브리드보다는 공용 클라우드를 권장한다. 공용 클라우드는 최상의 가치와 가장 용이한 시스템 관리를 제공한다. 이 책의 나머지 부분에서 다룰 클라우드 범위는 공용 클라우드로 제한하기로 한다. 다음의 절들은 각 사례 플랫폼에 대한 간단한 개요를 제공할 것이다.

아마존 웹 서비스(AWS)

AWS^{Amazon Web Services}는 가상 서버(EC2)에서부터 관리형 데이터베이스와 데이터 웨어하우스(RDS와 레드시프트), 이벤트에 반응해 실행되는 무서버형 기능들(람다^{Lambda})에 이르기까지 수많은 서비스를 제공한다. AWS는 매년 수백 개의 업데이트와 새 기능들을 출시한다. 사용자 커뮤니티도 가장 규모가 크고 가장 활동적이다. 현재까지는 AWS가 최대의 클라우드 컴퓨팅 기업이다.

대부분 사용자 관점에서 볼 때 AWS는 본질적으로는 무한한 용량을 갖고 있다. 하지만 새로운 계정에는 사용자가 청구할 수 있는 컴퓨팅 파워의 양을 조절하는 제약이 따라온다. 이러한 제약은 아마존과 고객, 모두를 보호한다. 서비스가 적절히 관리되지 않는다면 감당할 수 없을 정도로 비용이 급증할 수 있기 때문이다. 제한 값을 늘리려면 AWS 지원 사이트에 있는 서식을 작성하면 된다. 서비스 제한 문서에 각 서비스와 연관된 제약 사항들이 나열돼 있다.

aws.amazon.com/documentation에 있는 온라인 AWS 문서들은 권위 있고 종합적이며 잘 체계화돼 있다. 특정 서비스를 연구할 때는 이 문서들부터 시작하는 게 좋다. 보안, 마이그레이션 경로, 아키텍처에 관한 백서들은 강력한 클라우드 환경 구축에 관심 있는 사람에게는 대단히 소중한 자료들이다.

구글 클라우드 플랫폼

AWS가 현재 군림하는 클라우드 챔피언이라면 구글은 장래의 챔피언이 될 수 있는 도전자라 할 수 있다. 가격을 낮추고 고객들이 겪고 있는 AWS의 약점을 직접 겨냥하는 식의 비도덕적인 편법으로 고객을 위한 경쟁을 하고 있다.

엔지니어에 대한 수요는 너무나 치열해 구글은 AWS에서 직원들을 빼온 것으로 알려져 있다. 그들은 과거에 재능과 사용자를 둘 다 낚고자 라스베이거스에 있는 AWS re:Invent 콘퍼런스와 공동으로 파티를 주최하기도 했다. 클라우드 전쟁이 펼쳐짐에 따라 고객들은 이러한 경쟁으로부터 비용은 낮아지고 기능은 개선되는 혜택을 얻게 된다.

세계에서 가장 진화된 글로벌 네트워크를 운영하고 있는 것이 구글 클라우드 플랫폼의 강점이다. 구글 데이터 센터들은 에너지 효율을 개선하고 운영비용을 절감시키는 많은 혁신을 갖춘 기술적 경이로움의 결과라 할 수 있다.[1] 구글은 운영에 관해서는 비교적 투명하며, 그들의 오픈소스 기여는 클라우드 산업이 발전하는 데 도움이 되고 있다.

구글은 그러한 기술적 능력에도 불구하고 어떤 점에서는 공용 클라우드 분야에서 선도자가 아닌 추종자다. 2011년 아니면 2012년[2]에 GCP가 런칭됐을 때 게임에 참여하기에는 이미 늦은 시기였다. GCP 서비스가 갖고 있던 많은 기능은 AWS와 같았으며 어떤 것들은 이름까지도 같았다. AWS에 친숙한 사람이라면 GCP 웹 인터페이스가 겉만 조금 다를 뿐이라는 것을 알게 된다. 하지만 그 하부 기능은 놀라울 정도로 유사하다.

우리는 GCP가 제품을 개선함에 따라 몇 년 내로 시장 점유율을 확보하고 고객 신뢰를 구축할 것으로 예측한다. GCP는 업계에서 가장 명석하다고 알려진 사람 중 일부를 채용했으며 그들은 혁신적인 기술을 개발해낼 것이다. 소비자로서 우리 모두는 혜택을 누리게 될 것 같다.

디지털오션

디지털오션^{DigitalOcean}은 계열이 다른 공용 클라우드다. AWS와 GCP는 대기업이나

---

1. 구글의 데이터 센터들이 운영되는 방식에 관한 사진이나 자료들은 google.com/about/datacenters을 참고한다.
2. 구글은 이미 2008년에 최초의 서비스형 플랫폼 제품인 앱 엔진(App Engine) 등 다른 클라우드 제품들을 출시했었다. 하지만 구글의 전략과 GCP 브랜드는 2012년이 될 때까지 명확히 드러나지 않았다.

성장 중심의 신생 기업을 대상으로 경쟁하는 반면 디지털오션은 요구 사항이 단순한 작은 고객을 우대한다. 미니멀리즘이 가장 중요한 목표인 것이다. 실험이나 개념증명 프로젝트용으로는 디지털오션을 선호한다.

디지털오션은 북아메리카, 유럽, 아시아에 있는 데이터 센터들을 제공한다. 이러한 각각의 리전^{Region}에는 여러 센터가 있지만 직접 연결돼 있지 않기 때문에 가용영역^{Availability Zone}으로 간주될 수는 없다(9장 참고). 따라서 AWS나 구글에 비해 디지털오션에서는 글로벌하고 가용성이 높은 상용 서비스를 구축하기가 훨씬 더 어렵다.

디지털오션 서버들은 드롭릿^{droplet}이라 불린다. 드롭릿은 커맨드라인이나 웹 콘솔에서 쉽게 프로비저닝할 수 있으며 빠르게 부팅된다. 디지털오션은 이 책에서 예로 든 운영체제 중 레드햇만 제외하고 모든 운영체제용 이미지를 공급한다. 또한 디지털오션은 카산드라^{Cassandra}, 드루팔^{Drupal}, 장고^{Django}, 깃랩^{GitLab}과 같이 널리 사용되는 오픈소스 애플리케이션용 이미지들도 갖고 있다.

디지털오션은 로드밸런서^{load balancer}와 블록 스토리지^{block storage} 서비스도 갖고 있다. 26장에서는 해시코프^{Hashcorp}사의 테라폼^{Terraform} 인프라 프로비저닝 도구를 이용해 디지털오션 로드밸런서에 두 개의 드롭릿을 프로비저닝하는 예를 보여준다.

9.3 클라우드 서비스 기초

클라우드 서비스들은 크게 다음과 같은 세 가지 카테고리로 나눌 수 있다.

- 서비스형 인프라^{IaaS, Infrastructure-as-a-Service}에서는 사용자들이 원형 상태의 컴퓨팅, 메모리, 네트워크, 스토리지 자원을 요청한다. 이 자원들은 VPS로 알려진 가상 사설 서버의 형태로 배포되는 게 일반적이다. IaaS에서는 사용자들이 하드웨어 위에 존재하는 모든 것, 즉 운영체제, 네트워킹, 스토리지 시스템, 사용자 자신의 소프트웨어들을 관리할 책임이 있다.

- 서비스형 플랫폼^{PaaS, Platform-as-a-Service}에서는 개발자들이 업체가 지정한 포맷으로 패키징된 맞춤형 애플리케이션들을 제출한다. 업체는 사용자 대

신 그 코드들을 실행한다. 이 모델에서는 사용자가 자신의 코드에 대한 책임을 지고 업체는 OS와 네트워크를 관리한다.

- 서비스형 소프트웨어[SaaS, Software-as-a-Service]는 가장 광범위한 카테고리다. 여기에서는 업체가 소프트웨어를 호스팅 및 관리하고 사용자들은 가입비 형태로 비용을 지불한다. 사용자는 운영체제나 애플리케이션을 관리하지 않는다. 호스팅되는 거의 모든 웹 애플리케이션들은(워드프레스를 연상하기 바란다) SaaS 카테고리에 속한다.

표 9.3은 이러한 각각의 추상 모델이 전체 배포 과정에 수반되는 여러 계층으로 어떻게 세분화되는지를 보여준다.

이 옵션 중에서 시스템 관리에는 IaaS가 가장 적합하다. IaaS 공급자들은 가상 컴퓨터를 정의할 뿐 아니라 디스크(더 일반적으로 말하자면 '블록 스토리지 장치')나 네트워크처럼 컴퓨터에 연결돼 있는 하드웨어 요소들도 가상화한다. 사용자가 토폴로지, 경로, 주소 지정 등의 특성들을 지정할 수 있는 가상 네크워크에 가상 서버들을 둘 수 있다. 대부분의 경우 이러한 네트워크들은 사용자 조직에 사설로 사용된다.

표 9.3 사용자에게 관리 책임이 있는 계층

계층(Layer)	로컬[a]	IaaS	PaaS	SaaS
애플리케이션	✔	✔	✔	
데이터베이스	✔	✔	✔	
애플리케이션 런타임	✔	✔	✔	
운영체제	✔	✔		
가상 네트워크, 스토리지, 서버	✔	✔		
가상화 플랫폼	✔			
물리적 서버	✔			
스토리지 시스템	✔			
물리적 네트워크	✔			
전원, 공간, 냉방	✔			

a. 로컬: 로컬 서버와 네트워크, IaaS: 서비스형 인프라(가상 서버), PaaS: 서비스형 플랫폼(예, 구글 앱 엔진), SaaS: 서비스형 소프트웨어(예, 대부분의 웹 기반 서비스)

IaaS는 데이터베이스, 큐queue, 키/값 스토어key/value store, 컴퓨트 클러스터compute cluster 등과 같은 다른 코어 서비스들도 포함할 수 있다. 이러한 기능들이 서로 결합돼 전통적인 데이터 센터를 완벽하게 대체하거나 더욱 향상시킨다.

PaaS는 아직까지도 충분히 인식되지 않은 전도 유망한 분야다. 현재 제공되고 있는 AWS의 일래스틱 빈스톡Elastic Beanstalk, 구글의 앱 엔진App Engine, 헤로쿠Heroku와 같은 것들은 환경적인 제약이나 미묘한 차이 때문에 바쁘게 돌아가는 서비스 환경에서 사용하기에는 실용적이지 못하거나 불완전하다. 사업이 너무 커져서 이러한 서비스가 맞지 않게 되는 경우를 여러 번 봤다. 하지만 이 분야의 새로운 서비스들은 많은 주목을 받고 있다. 몇 년 내로 극적인 개선이 이뤄질 것으로 예상한다.

클라우드 공급자들은 정확한 기능과 세부적인 구현 방법에 있어서는 크게 다르지만 매우 유사한 서비스가 많다. 다음 절에서는 클라우드 서비스에 대해 일반적인 설명을 하겠지만 AWS가 이 분야의 선두주자이기 때문에 종종 ASW의 명칭이나 규칙을 기본으로 사용할 것이다.

클라우드에 접근

대부분 클라우드 공급자들의 주된 인터페이스는 일종의 웹 기반 GUI다. 입문하는 시스템 관리자들은 이러한 웹 콘솔을 이용해 계정을 생성하거나 자원들을 구성하는 게 좋다.

클라우드 공급자들은 웹 콘솔의 기능과 똑같은 하부 기능에 접근하는 API도 정의하고 있다. 대부분 공급자들은 이러한 API들을 위해 대부분의 시스템에 이식 가능한 표준 커맨드라인 래퍼도 제공한다.

숙련된 관리자들도 웹 GUI를 자주 사용한다. 하지만 커맨드라인 도구에 익숙해지는 것도 중요하다. 자동화나 반복적 작업을 순조롭게 하는 데 적합하기 때문이다. 모든 것을 브라우저를 통해 요청하는 지루하고 더딘 작업들은 스크립트를 이용하자.

클라우드 업체들은 개발자가 자신들의 API를 사용하는 것을 돕고자 여러 대중적인 언어로 소프트웨어 개발 키트SDK를 지원하기도 한다. 직접 도구를 만든다면 이러한 SDK를 반드시 만나게 될 것이다.

일반적으로 시스템 관리자들은 공개키 인증과 함께 SSH를 이용해 클라우드 안에서 실행되고 있는 유닉스나 리눅스 시스템에 접근한다. SSH의 효과적인 사용법은 27장의 'SSH, 보안 셸' 절을 참고한다.

일부 클라우드 공급자들은 웹 브라우저를 통해 콘솔 세션에 접근할 수 있게 해준다. 이는 방화벽 규칙이나 잘못된 SSH 환경설정 때문에 실수로 접근이 막혔을 때 특히 도움 될 수 있다. 하지만 시스템의 실제 콘솔을 대신하는 것이 아니기 때문에 이 기능을 부트스트래핑이나 BIOS 문제를 디버깅하는 데 사용할 수는 없다.

리전과 가용 영역

클라우드 공급자들은 전 세계에 분포돼 있는 데이터 센터들을 관리한다. 일부 표준 용어는 지리와 관련된 기능을 나타낸다.

'리전Region'은 클라우드 공급자가 데이터 센터를 유지 관리하고 있는 위치를 말한다. 대부분의 경우 데이터 센터 자체는 한곳에 집중돼 있을지라도 리전의 이름 앞에는 대상 서비스의 관할 영역 명칭이 붙는다. 예를 들면 아마존의 us-east-1region은 북버지니아에 있는 데이터 센터에서 서비스를 받고 있다.[3]

일부 공급자들은 '가용 영역Availability Zone'도 갖고 있다. 줄여서 간단히 '존zone'이라고도 하는데, 이것은 한 리전 내에 있는 데이터 센터들의 집합을 의미한다. 하나의 리전 안에 있는 존은 고대역폭, 짧은 지연 속도, 다중 회로를 통해 서로 연결돼 있기 때문에 비용이 싸다고만 할 수는 없지만 존과 존 사이의 통신은 빠르다. 예를 들어 존 간의 지연시간이 1ms 이하인 적도 있었다.

일반적으로 존은 전력과 냉각 시스템 차원에서 서로 간에 독립적이 되도록 설계된다. 지리적으로 흩어져 있기 때문에 하나의 존에 발생한 천재지변이 같은 리전에 속한 다른 존에 영향을 미칠 가능성은 낮다.

리전과 존은 가용성 높은 네트워크 서비스를 구축하는 기반이다. 가용성 요건에

---

3. 광섬유 신호가 1,000km를 가는 데 걸리는 시간은 대략 5ms이기 때문에 미국 동부 해안의 크기의 리전은 성능 관점에서 괜찮다. 데이터 센터의 정확한 위치보다는 데이터 센터가 사용할 수 있는 네트워크 연결성이 더 중요하다.

따라 한 데이터 센터나 지역에 발생하는 장애의 충격을 최소화하고자 여러 존과 리전에 분산해서 배치할 수 있다. 가용 영역의 정전은 발생할 수는 있지만 매우 드물다. 리전의 정전은 더더욱 드물다. 클라우드 업체가 제공하는 대부분의 서비스들은 존에 대해 잘 알고 있으며 존을 이용해 내장된 예비 능력을 구현한다.

그림 A 여러 리전과 존에 분포돼 있는 서버

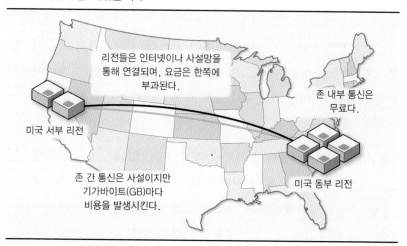

다중 리전의 배치는 리전 간의 물리적 거리와 그에 따르는 긴 지연시간 때문에 더욱 복잡하다. 일부 클라우드 업체는 다른 업체에 비해 더 빠르고 더 안정적인 리전 간 네트워크를 갖고 있다. 서비스를 이용하는 사용자들이 세계적으로 분포돼 있는 사이트라면 클라우드 업체의 네트워크 품질이 다른 무엇보다 중요하다.

사용자 위치의 지리적 근접성에 따라 리전을 선택하자. 개발자와 사용자가 서로 다른 지리적 리전에 있는 경우라면 개발 시스템은 개발자 가까이에서 실행하고 서비스용 시스템은 사용자 가까이에서 실행하는 것을 고려해봐야 한다.

광역적인 사용자 근거지에 서비스를 제공하는 사이트는 다중 리전을 사용하면 최종 사용자에게 실질적인 성능 개선 효과를 줄 수 있다. 네트워크 요청들은 출발지 IP 주소에 의해 클라이언트 위치를 결정하는 지리적 DNS 변환을 이용함으로써 각 클라이언트의 지역 서버로 전달될 수 있다.

대부분 클라우드 플랫폼들은 북아메리카, 남아메리카, 유럽, 아시아태평양 국가들을 위한 리전을 갖고 있다. 중국에는 AWS와 애저Azure만이 직접 진출해 있다. 일부 플랫폼, 특히 AWS와 vCloud는 엄격한 미국 연방 ITAR 요건에 부합하는 리전을 갖고 있다.

가상 사설 서버

클라우드를 선도하는 주력 서비스는 공급자의 하드웨어에서 실행되는 가상 사설 서버Virtual Private Server다. 가상 사설 서버는 인스턴스instance라고도 한다. 인스턴스들은 필요한 만큼 생성할 수 있으며 원하는 운영체제나 애플리케이션을 실행할 수 있을 뿐 아니라 더 이상 필요하지 않을 때는 인스턴스들을 폐쇄할 수도 있다. 사용하는 것에 대해서만 비용을 지불하며 선불은 없는 것이 일반적이다.

인스턴스들은 가상 머신이기 때문에 CPU 성능, 메모리, 디스크 용량, 네트워크 설정들은 인스턴스가 생성될 때 원하는 대로 맞출 수 있으며 나중에 조정할 수도 있다. 공용 클라우드 플랫폼들은 인스턴스 타입instance type이라 불리는 사전 설정된 구성들을 정의해 놓고 있다. 그 구성들은 512MiB 메모리를 갖는 단일 CPU 노드에서 다수의 CPU 코어와 수 TiB 메모리를 갖는 대형 시스템에 이르기까지 다양하다. 일부 인스턴스 타입은 범용 목적으로 균형을 잡은 것이지만 다른 인스턴스들은 CPU나 디스크, 네트워크 집약적인 애플리케이션에 맞춰 특화시켜 놓은 것들이다. 인스턴스 구성은 시장 요구에 맞추고자 클라우드 업체들이 치열하게 경쟁하는 영역이다.

인스턴스는 최소한 루트 파일 시스템과 부트 로더를 포함하는 운영체제의 저장된 상태를 의미하는 '이미지image'에서 생성된다. 하나의 이미지는 추가 파일 시스템용 디스크 볼륨이나 그 밖의 맞춤 설정들을 포함할 수도 있다. 사용자는 자신이 작성한 소프트웨어나 설정들을 포함하는 맞춤 이미지들을 쉽게 생성할 수 있다.

이 책에서 예로 든 모든 운영체제는 널리 사용되고 있기 때문에 클라우드 플랫폼들은 일반적으로 이 운영체제들을 위한 공식적인 이미지들 제공하고 있다.[4] 고객들이 쉽게 채택할 수 있도록 자신들의 소프트웨어들을 미리 설치해 놓은 클라우

---

4. 현재 구글 컴퓨트 엔진을 사용하고 있다면 FreeBSD 이미지는 직접 만드는 수밖에 없다.

드 이미지들을 운용하는 서드파티 소프트웨어 업체들도 많다. 패커^{Packer}에서 가상 머신 이미지를 생성하는 방법은 24장에서 자세히 공부할 것이다.

네트워킹

클라우드 공급자들은 사용자로 하여금 사용자 시스템을 다른 시스템들이나 인터넷에서 격리시키는 맞춤형 토폴로지를 갖는 가상 네트워크를 만들 수 있게 해준다. 이런 기능을 제공하는 플랫폼에서는 네트워크 주소 범위의 설정, 서브넷 정의, 경로^{route} 구성, 방화벽 규칙 설정이 가능하며, 외부 네트워크와 연결하고자 VPN을 구성할 수 있다. 더 크고 복잡한 클라우드 배치를 구축할 때는 네트워크와 관련된 운영 부담이나 유지 관리를 감수함을 예상해야 한다.

시스템 관리자는 공급자로부터 공용 라우팅이 가능한 주소를 임차함으로써 자신의 서버들을 인터넷에 접근시킬 수 있다(모든 공급자는 사용자가 그런 주소들을 뽑아 쓸 수 있는 커다란 풀을 갖고 있다). 또는 공용 주소로는 서버에 접근할 수 없게 만들고자 내부 네트워크용으로 선택한 주소 공간 내에서 사설 RFC1918 주소만을 서버에 배정할 수도 있다.

공용 주소가 없는 시스템들은 관리적 목적일지라도 인터넷에서는 직접 접근할 수 없다. 그런 호스트들은 인터넷에 오픈돼 있는 점프 서버$^{jump\ server}$나 배스천 호스트$^{bastion\ host}$나 클라우드 네트워크에 연결돼 있는 VPN으로 접근할 수 있다. 보안을 위해서는 가상 제국의 외벽에 남아 있는 발자국은 작으면 작을수록 좋다.

이 모든 것이 그럴 듯하지만 전통적인 네트워크보다 가상 네트워크를 더 장악하지 못하고 있으며 여러분이 선택한 공급자가 제공하는 기능 세트로부터 예측 불허의 변동을 겪게 될 것이다. 특히 새 기능들이 런칭됐는데, 자신의 사설 네트워크와 대화할 수 없을 때는 화가 치밀게 된다(아마존이 더 잘 해주기를 바란다).

클라우드에서의 TCP/IP 네트워킹에 관한 자세한 내용은 13장을 참고한다.

스토리지

데이터 스토리지[Data Storage]는 클라우드 컴퓨팅의 주요 부분이다. 클라우드 공급자들은 세상에서 가장 크고 가장 발전된 스토리지 시스템을 보유하고 있기 때문에 그들의 수용 능력과 기능들을 사설 데이터 센터에 맞추는 데 큰 곤란을 겪을 것이다. 클라우드 업체들은 사용자가 저장하는 데이터의 양에 따라 요금을 부과한다. 그들은 가능하면 다양한 형태의 사용자 데이터 저장법을 제공하고자 경쟁적으로 노력하고 있다.[5]

클라우드에서 데이터를 저장하는 방법 중 가장 중요한 몇 가지는 다음과 같다.

- '객체 스토어[Object Store]'는 평면적인 네임스페이스에 이산돼 있는 객체들(본질적으로는 파일)의 모음을 포함한다. 객체 스토어는 신뢰도는 매우 높지만 성능은 비교적 느린 데이터들을 무제한으로 수용할 수 있다. 주로 읽기만 하는 사용 패턴을 위해 고안된 것이다. 객체 스토어에 있는 파일들은 HTTPS를 통해 네트워크로 사용된다. AWS S3와 구글 클라우드 스토리지가 여기에 해당된다.

- 블록 저장 장치들은 가상화된 하드디스크들이다. 블록 저장 장치는 원하는 용량을 요청할 수 있고 전통적인 네트워크에서의 SAN 볼륨처럼 하나의 가상 서버에 부착될 수 있다. 노드 간에 볼륨을 이동하거나 I/O 프로파일을 원하는 대로 수정할 수 있다. 블록 저장 장치의 예로 AWS EBS와 구글 영구 디스크[Persistent Disk]를 들 수 있다.

- 단기 저장소[Ephemeral Storage]는 호스트 서버의 디스크 드라이브로부터 생성된 VPS상에 있는 로컬 디스크 공간이다. 속도가 빠르며 용량도 크지만 VPS를 삭제할 때 데이터가 상실된다. 따라서 단기 저장소는 임시 파일용으로 사용될 때 가장 좋다. AWS에서의 인스턴스 스토어 볼륨인 GCP에서의 로컬 SSD를 예로 들 수 있다.

이러한 원형적인 스토리지 서비스 외에도 클라우드 공급자들은 네트워크를 통해

---

5. 좋은 예로 AWS는 AWS 스노우모바일(Snowmobile)에서 온사이트 방문을 제공한다. 스노우모바일은 고객의 데이터 센터에서 클라우드로 100 PiB를 전송할 수 있는 45피트 길이의 화물 컨테이너를 실은 트럭이다.

접근할 수 있는 다양한 종류의 독립형 데이터베이스 서비스를 제공한다. MySQL, PostgreSQL, 오라클과 같은 관계형 데이터베이스들은 AWS 관계형 데이터베이스 서비스^Relational Database Service에서 서비스로 실행된다. 이러한 데이터베이스 서비스에는 유휴 상태의 데이터를 위한 다중 존 다중화^Multizone Redundancy와 암호화가 내장돼 있다.

AWS 레드시프트^Redshift나 GCP 빅쿼리^BigQuery와 같은 분산 분석 데이터베이스들은 엄청난 투자 수익률을 제공한다. 많은 비용이 요구되는 데이터 웨어하우스를 구축하기 전에 이 두 가지를 검토해볼 만한 가치가 있다. 클라우드 업체들은 레디스^Redis나 memcached와 같은 인메모리^in-memory NoSQL 데이터베이스들도 제공한다.

식별과 승인

시스템 관리자, 개발자, 기술진들은 모두 클라우드 서비스를 관리해야 한다. 최소 권한 법칙에 따라 접근 제어를 하는 것이 가장 이상적이다. 각 보안 주체^Principal는 자신과 관련된 개체에만 접근할 수 있게 하는 것이다. 상황에 따라 그러한 접근 제어 사양을 매우 정교하게 만들 수도 있다.

AWS는 이 분야에서 절대 강자다. 식별 및 접근 관리^IAM, Identity and Access Management라 불리는 AWS의 서비스는 사용자와 그룹뿐 아니라 시스템에서의 역할도 정의한다. 예를 들어 한 서버의 소프트웨어들이 다른 서버를 시작하거나 중지하고 객체 스토어에 데이터를 저장하거나 가져오고 큐와 연동할 수 있게 해주는 (모두 자동 키 교체가 적용된다) 정책들을 서버에 배정할 수 있다. 또한 IAM은 사용자가 비밀 자료를 안전하게 저장할 수 있도록 키 관리^key management용 API를 갖고 있다.

다른 클라우드 플랫폼들은 AWS보다 적은 권한 부여 기능을 갖고 있다. 당연한 얘기지만 애저^Azure 서비스는 마이크로소프트의 액티브 디렉터리를 기반으로 한다. 기존 디렉터리를 통합해야 하는 사이트에 매우 적합하다. IAM이라 불리는 구글의 접근 제어 서비스는 아마존에 비해 다소 엉성하고 완성도가 떨어진다.

자동화

클라우드 업체가 만든 API와 CLI 도구들은 사용자 맞춤 자동화를 구성하는 기본 요소이긴 하지만 더 큰 규모의 자원 집합체를 다루는 데는 불편하거나 현실과 맞지 않는 경우가 많다. 예를 들면 새로운 네트워크를 만들고, 여러 가지 VPS 인스턴스를 런칭하고, 데이터베이스를 프로비저닝하고, 방화벽을 구성한 후 마지막으로 이 모든 것을 연결하려면 어떻게 할 것인가? 원형 그대로의 클라우드 API를 써서 작성하면 복잡한 스크립트를 향해 갈 것이다.

AWS 클라우드포메이션CloudFormation은 이 문제를 다루는 최초의 서비스였다. 원하는 자원 및 이와 연관된 구체적인 환경설정 내용을 표현하는 JSON이나 YAML 형식의 템플릿을 받아들인다.

템플릿을 클라우드포메이션에 제출하면 클라우드포메이션은 템플릿에 오류가 있는지 점검하고 자원들 간의 의존관계를 정리한 후 그 사양에 따라 클라우드 환경설정을 생성하거나 업데이트한다.

클라우드포메이션 템플릿은 강력하긴 하지만 구문 요건이 매우 엄격하기 때문에 사람 손으로 작성하면 오류가 발생하기 쉽다. 완전한 템플릿은 견디기 힘들 만큼 내용이 길며 사람이 읽는 것조차 하나의 도전이다. 이러한 템플릿을 수작업으로 작성하기보다는 마크 피크Mark Peek에서 만든 트로포스피어Troposphere라 불리는 파이썬 라이브러리를 이용해 자동으로 만드는 것이 좋다(github.com/cloudtools/troposphere 참고).

서드파티 서비스들도 이 문제를 목표로 삼고 있다. 오픈소스 회사인 해시코프HashiCorp의 테라폼Terraform은 인프라를 구축하고 변경하는 도구로, 특정 클라우드에 의존하지 않는다. 클라우드포메이션과 마찬가지로 커스텀 템플릿으로 자원들을 표현한 후 테라폼으로 하여금 해당 환경 구성을 구현하는 API 호출을 만들게 한다. 그다음부터는 환경설정 파일을 확인해서 버전 제어를 할 수 있고 시간 경과에 따라 인프라를 관리할 수 있다.

서버리스 함수

클라우드가 등장한 이래로 가장 혁신적인 기능은 클라우드 함수 서비스인데, 서비스형 함수^{functions-as-a-service}라고도 하며, 때로는 '서버리스^{serverless}' 함수라고도 한다. 클라우드 함수들은 어떤 장기적 수명의 인프라를 요구하지 않는 코드 실행 모델이다. 함수들은 새로운 HTTP 요청의 도착이나 어떤 저장소 위치에 객체가 업로드되는 것과 같은 이벤트에 대응해 실행된다.

예를 들어 전통적인 웹 서버를 생각해보자. HTTP 요청은 운영체제의 네트워킹 스택에 의해 웹 서버로 전달되고 웹 서버는 그 요청들을 적절히 라우팅한다. 응답 처리가 완료되면 웹 서버는 계속해서 요청을 기다린다.

이것을 서버리스 모델과 대조해보자. 하나의 HTTP 요청이 도착하면 응답을 처리하기 위한 클라우드 함수가 촉발된다. 응답 처리가 완료되면 클라우드 함수는 종료된다. 소유자는 함수가 실행되는 소요 시간에 대해 비용을 지불한다. 이것을 유지하는 서버도 없으며 관리하는 운영체제도 없다.

AWS는 2014년에 한 콘퍼런스에서 그들의 클라우드 함수 서비스인 람다^{Lambda}를 소개했다. 곧이어 구글도 클라우드 함수^{Cloud Function} 서비스로 뒤따라왔다. 오픈스택^{OpenStack}, 메소스^{Mesos}, 쿠버네티스^{Kubernetes}와 같은 프로젝트용으로 여러 가지 클라우드 함수 구현이 있다.

서버리스 함수는 업계에 밝은 미래를 제시하고 있다. 더 간단하고 더 강력한 클라우드 사용을 지원하기 위한 방대한 도구 생태계가 등장하고 있는 것이다. 우리는 많은 사람이 일상적인 관리 업무에서 이러한 단기 수명의 서버리스 함수들을 사용하고 있음을 발견했다. 앞으로 몇 년 동안 이 분야는 급속한 발전을 이룰 것으로 전망된다.

9.4 클라우드: 플랫폼을 통한 빠른 VPS의 시작

클라우드는 유닉스나 리눅스를 배울 수 있는 아주 훌륭한 샌드박스다. 다음에 오는 간단한 설명은 AWS나 GCP, 디지털오션에서 가상 서버를 실행할 수 있게 도와줄 것이다. 시스템 관리자들은 클라우드와 대화하는 데 있어 웹 GUI가 아닌 커맨드라인에 상당히 많이 의존하기 때문에 여기서도 그런 도구의 사용을 예로 들겠다.

아마존 웹 서비스

AWS를 사용하려면 우선 aws.amazon.com에 계정을 설정해야 한다. 계정을 생성하고 나면 곧바로 AWS 트러스티드 어드바이저[Trusted Advisor]의 안내에 따라 최적의 권장 내용으로 계정의 환경을 구성한다. 그런 다음 EC2나 VPC 등을 위한 개별 서비스 콘솔로 이동할 수 있다.

각 AWS 서비스는 전용 사용자 인터페이스를 갖고 있다. 웹 콘솔로 로그인하면 상단에 서비스 목록을 볼 수 있다. 아마존 내부에서 각 서비스는 독립적인 팀에 의해 관리되기 때문에 불행히도 UI에는 이런 사실이 반영된다. 이러한 분리[decoupling]는 AWS 서비스의 성장에는 도움이 되지만 사용자 경험이 파편화되는 결과를 낳게 된다. 일부 인터페이스들은 다른 인터페이스에 비해 좀 더 정교하고 직관적이다.

계정을 보호하려면 루트 사용자에 대해 다중 요소 인증[MFA, Multi Factor Authentication]을 활성화하고 일상적인 사용을 위해 특권화된 IAM 사용자를 생성한다. 또한 일반적으로 사용자들이 계정 번호를 입력하지 않고도 웹 콘솔에 접근할 수 있도록 앨리어스도 설정해 놓는다. 이 옵션은 IAM 웹 사이트의 첫 페이지에서 볼 수 있다.

aws: AWS 서브시스템 제어

aws는 AWS 서비스들에 대한 단일화된 커맨드라인 인터페이스다. 이 명령은 인스턴스를 관리하고 스토리지를 프로비저닝하며, DNS 레코드를 편집하고 웹 콘솔에서 볼 수 있는 대부분의 다른 태스크들을 수행한다. 이 도구는 AWS API용 파이썬 SDK인 보토[Boto] 라이브러리에 의존하며 파이썬 인터프리터가 작동하는 어떤 시스템에서도 실행될 수 있다. 다음과 같이 **pip**을 이용해 설치한다.

```
$ pip install awscli
```

aws를 사용하고자 우선 '접근 키 ID[access key ID]'라고 하는 한 쌍의 무작위 문자열을 이용해 aws를 AWS API에 인증한다. 이 자격증명을 IAM 웹 콘솔에서 생성한 후 필요한 곳에 복사해 붙이기를 한다.

aws configure 명령을 실행하면 다음과 같이 API 자격증명과 기본 리전을 설정하라는 프롬프트가 뜬다.

```
$ aws configure
AWS Access Key ID: AKIAIOSFODNN7EXAMPLE
AWS Secret Access Key: wJalrXUtnFEMI/K7MDENG/bPxRfiCYEXAMPLEKEY
Default region name [us-east-1]: <return>
Default output format [None]: <return>
```

이 설정들은 ~/.aws/config에 저장된다. 자신의 환경을 설정하는 경우에는 하위 명령들을 좀 더 찾기 쉽도록 배시 셸의 자동 완성 기능을 구성하길 권장한다. 자세한 내용은 AWS CLI 문서를 참고한다.

aws 명령의 첫 인수는 다루고자 하는 특정 서비스의 이름이다. 예를 들어 일래스틱 컴퓨트 클라우드^{Elastic Compute Cloud}를 제어하는 액션들이라면 첫 인수는 ec2가 된다. 어떤 명령의 사용법을 보고 싶다면 그 명령의 끝에 help 키워드를 추가하면 된다. 예를 들어 aws help, aws ec2 help, aws ec2 describe-instances help 명령들은 모두 해당 맨페이지를 보여준다.

EC2 인스턴스 생성

EC2 인스턴스를 생성하고 런칭하려면 aws ec2 run-instances 명령을 사용한다. (--count 옵션을 이용해) 하나의 명령으로 여러 개의 인스턴스를 생성할 수도 있지만 그 인스턴스들은 모두 동일한 환경설정을 공유해야 한다. 다음은 가장 작게 구성된 완전한 명령의 예다.

```
$ aws ec2 run-instances --image-id ami-d440a6e7
    --instance-type t2.nano --associate-public-ip-address
    --key-name admin-key
```

이 명령은 다음과 같이 구체적 환경을 설정한다.

- 기본 시스템 이미지는 ami-d440a6e7라는 센트OS 7의 아마존 제공 버전이다(AWS는 그들이 제공하는 이미지를 '아마존 머신 이미지'라는 뜻에서 AMI라고 부른다). 다른 AWS 객체들과 마찬가지로 이미지의 이름도 그 의미를 연상할 수 있는 기호를 사용하지 않는다. 그 의미를 해독하려면 EC2 웹 콘솔이나 커맨드라인에서 ID를 찾아봐야 한다(aws ec2 describe-images).
- 인스턴스 타입은 t2.nano로, 현재로는 가장 작은 인스턴스 타입이다. 이 타입의 인스턴스는 한 개의 CPU 코어와 512MiB의 램을 갖는다. 사용할 수 있는 인스턴스 타입들에 관한 자세한 정보는 EC2 웹 콘솔에서 찾아볼 수 있다.
- 하나의 사전 설정된 키 쌍key pair SSH 접근을 제어하고자 배정되기도 한다. ssh-keygen 명령(27장 참고)을 이용해 키 쌍을 생성한 후 공개키를 AWS EC2 콘솔에 업로드할 수 있다.

aws ec2 run-instances 명령의 출력은 다음과 같다. 출력 형식은 JSON이기 때문에 다른 소프트웨어에서 쉽게 사용할 수 있다. 예를 들면 인스턴스를 런칭한 후에는 스크립트를 통해 그 인스턴스의 IP 주소를 읽어 내거나 DNS를 구성하고, 인벤토리 시스템을 업데이트하거나 여러 서버의 런칭을 조정할 수 있다.

```
$ aws ec2 run-instances ...   # 위와 같은 명령이다.
{
    "OwnerId": "188238000000",
    "ReservationId": "r-83a02346",
    "Instances": [
        ...
        "PrivateIpAddress": "10.0.0.27",
        "InstanceId": "i-c4f60303",
        "ImageId": "ami-d440a6e7",
        "PrivateDnsName": "ip-10-0-0-27.us-west-2.compute.internal",
        "KeyName": "admin-key",
        "SecurityGroups": [
            {
                "GroupName": "default",
                "GroupId": "sg-9eb477fb"
            }
```

```
        ],
        "SubnetId": "subnet-ef67938a",
        "InstanceType": "t2.nano",
    ...
}
```

기본적으로 VPC 서브넷의 EC2 인스턴스들은 같은 VPC 내의 다른 시스템에서만 접근할 수 있게 만들고자 공용 IP 주소가 부착되지 않는다. 인터넷으로 인스턴스에 직접 접근하려면 앞 예에서 보여준 것처럼 --associate-public-ip-address 옵션을 사용한다. 나중에 aws ec2 describe-instances 명령으로 또는 웹 콘솔에서 인스턴스를 찾음으로써 배정된 IP 주소를 알아낼 수 있다.

EC2의 방화벽들은 '보안 그룹security groups'으로 알려져 있다. 여기서는 보안 그룹을 지정하지 않았기 때문에 AWS는 '기본default' 그룹으로 가정해서 어떤 접근도 허용하지 않는다. 인스턴스에 연결하려면 자신의 IP 주소로부터 SSH를 허용하도록 보안 그룹을 조정한다. 실제 상황에서는 네트워크 설계를 하는 동안 신중하게 보안 그룹 구조를 기획해야 한다. 이 책에서는 13장의 '보안 그룹과 NACL' 절에서 보안 그룹을 다룬다.

aws configure 명령은 기본 리전을 설정하므로 기본값과 다른 리전을 원하지 않는 한 인스턴스의 리전을 지정할 필요는 없다. AMI, 키 쌍, 서브넷은 모두 리전에 국한되므로, 그것들이 지정한 리전에 존재하지 않는다면 aws는 이를 지적할 것이다 (여기서는 AMI, 키 쌍, 서브넷은 모두 us-east-1 리전에 속한다).

출력에 있는 InstanceId 필드에 주목하기 바란다. 이 필드는 새 인스턴스의 고유한 식별자다. 기존 인스턴스에 관한 상세한 내용을 보려면 aws ec2 describe-instances --instance-id id 명령을 사용하며 기본 리전에 속하는 모든 인스턴스를 출력하려면 aws ec2 describe-instances 명령을 사용한다.

일단 인스턴스가 실행되고 기본 보안 그룹이 TCP 포트 22에서 트래픽을 패스하게 조정됐다면 SSH를 이용해 로그인할 수 있다. 대부분 AMI는 sudo 권한을 갖는 root가 아닌 계정으로 환경이 설정된다. 우분투에서는 사용자명이 ubuntu다. 센트OS

에서는 centos다. FreeBSD와 아마존 리눅스는 둘 다 ec2-user를 사용한다. 이들 중 하나가 아니라면 여러분이 선택한 AMI용 문서에 사용자명이 기술돼 있을 것이다.

적절히 환경이 구성된 이미지들은 SSH 인증을 위해 암호가 아닌 공개키만 허용한다. 일단 SSH 개인키로 로그인하고 나면 어떤 암호도 요구되지 않으며 완전한 sudo 접근을 할 수 있다. 첫 번째 부트 후에는 기본 사용자를 비활성화하고 개인적인 이름의 계정을 생성하길 권장한다.

콘솔 로그 보기

시동 문제나 디스크 오류와 같은 낮은 레벨의 문제들을 디버깅하는 일은 해당 인스턴스의 콘솔에 대한 접근 없이는 매우 어려울 수 있다. EC2는 인스턴스의 콘솔 출력을 읽을 수 있게 해준다. 이러한 출력은 인스턴스가 오류 상태이거나 무응답 상태에 빠졌을 때 유용할 수 있다. 이 일은 웹 인터페이스로 하거나 다음과 같이 `aws ec2 get-console-output` 명령을 써서 할 수 있다.

```
$ aws ec2 get-console-output --instance-id i-c4f60303
{
    "InstanceId": "i-c4f60303",
    "Timestamp": "2015-12-21T00:01:45.000Z",
    "Output": "[ 0.000000] Initializing cgroup subsys cpuset\r\n[
        0.000000] Initializing cgroup subsys cpu\r\n[ 0.000000]
        Initializing cgroup subsys cpuacct\r\n[ 0.000000] Linux version
        4.1.7-15.23.amzn1.x86_64 (mockbuild@gobi-build-60006)
        (gcc version 4.8.3 20140911 (Red Hat 4.8.3-9)) #1 SMP Mon Sep
        14 23:20:33 UTC 2015\r\n
    ...
}
```

물론 전체 로그는 이보다 훨씬 길다. 제이슨 덤프에서는 로그 내용 전체가 단 한 줄로 연결돼 있어 읽기 어렵다. 쉽게 읽을 수 있도록 만들려면 다음과 같이 sed를 이용해 깨끗이 정리한다.

```
$ aws ec2 get-console-output --instance-id i-c4f60303 | sed
    's/\\r\\n/\\n/g'
```

```
{
    "InstanceId": "i-c4f60303",
    "Timestamp": "2015-12-21T00:01:45.000Z",
    "Output": "[ 0.000000] Initializing cgroup subsys cpuset
        [ 0.000000] Initializing cgroup subsys cpu
        [ 0.000000] Initializing cgroup subsys cpuacct
        [ 0.000000] Linux version 4.1.7-15.23.amzn1.x86_64
            (mockbuild@gobi-build-60006) (gcc version 4.8.3 20140911
            (Red Hat 4.8.3-9)) #1 SMP Mon Sep 14 23:20:33 UTC 2015
    ...
}
```

이 로그 출력은 리눅스 부트 과정에서 직접 가져온 것이다. 이 사례는 인스턴스가 처음 초기화되는 순간의 로그를 몇 줄 보여준다. 대개는 로그의 맨 마지막 부분에 가장 관심 있는 정보들이 나타난다.

인스턴스의 중지와 종결

하나의 인스턴스 사용을 마쳤을 때는 인스턴스를 종료하되 나중에 다시 사용하고자 인스턴스를 유지시키는 '중지stop'를 실행하거나 인스턴스를 완전히 제거하고자 '종결terminate'을 실행할 수 있다. 기본적으로 종결은 인스턴스의 루트 디스크를 해제해 버린다. 인스턴스는 일단 종결되고 나면 (AWS조차도) 다시는 부활시킬 수 없다.

```
$ aws ec2 stop-instances --instance-id i-c4f60303
{
    "StoppingInstances": [
        {
            "InstanceId": "i-c4f60303",
            "CurrentState": {
                "Code": 64,
                "Name": "stopping"
            },
            "PreviousState": {
                "Code": 16,
                "Name": "running"
            }
        }
    ]
```

```
        }
```

가상 머신은 상태를 즉시 변경하지 않는다는 점에 유의한다. 햄스터들이 재설정되는 데는 일 분 정도 걸린다. '시작 중^{starting}'이나 '중지 중^{stopping}'과 같은 전통적인 상태들이 존재하기 때문이다. 인스턴스를 다루는 스크립트를 작성할 때는 반드시 그런 상태들을 처리하는 것을 잊지 말자.

구글 클라우드 플랫폼

구글 클라우드 플랫폼^{GCP, Google Cloud Platform}을 시작하려면 cloud.google.com에 계정을 하나 만든다. 구글 ID를 이미 갖고 있다면 같은 계정을 사용해 등록할 수 있다.

GCP 서비스들은 프로젝트^{project}라 부르는 일종의 구획 안에서 작동된다. 각 프로젝트는 별도의 사용자들, 청구서 내역, API 자격증명을 갖기 때문에 이질적인 애플리케이션들이나 비즈니스 분야들 간에 완벽한 분리를 구현할 수 있다. 일단 계정을 생성했으면 프로젝트 하나를 생성해 필요에 따라 개별적인 서비스들을 활성화할 수 있다. VPS 서비스인 구글 컴퓨트 엔진^{Google Compute Engine}은 활성화해야 할 첫 번째 서비스다.

gcloud의 설정

파이썬 애플리케이션인 **gcloud**는 GCP용 CLI 도구다. 이것은 구글 클라우드 SDK^{Google Cloud SDK}의 한 컴포넌트로, GCP와 연동하기 위한 다양한 라이브러리와 도구들을 포함하고 있다. **gcloud**를 설치하려면 cloud.google.com/sdk에 있는 설치 지시 사항에 따른다.

맨 처음 해야 할 일은 **gcloud init**를 실행해 환경을 설정하는 것이어야 한다. 이 명령은 작은 로컬 서버를 시작한 후 브라우저 링크를 오픈해 인증을 위한 구글 UI를 표시한다. 웹 브라우저를 통한 인증을 마치고 나면 **gcloud**는 (셸로 돌아가) 프로젝트 프로파일, 기본 존, 기타 기본값들을 선택하도록 요청한다. 그 설정들은 ~/.config/gcloud/에 저장된다.

일반적인 정보를 보려면 gcloud help를 실행하고, 간단한 사용법 요약을 보려면 gcloud -h를 실행한다. 하위 명령에 대한 help도 가능하다. 예를 들어 gcloud help compute 명령은 컴퓨트 엔진 서비스의 맨페이지를 보여준다.

GCE에서의 인스턴스 실행

실행되자마자 즉각 반환되는 aws 명령과는 달리 gcloud compute는 동기적으로 작동한다. 예를 들어 새 인스턴스를 프로비저닝하고자 create 명령을 실행했을 때 gcloud는 필요한 API를 호출한 후 인스턴스가 실제로 생성돼 실행된 후에 반환돼 돌아올 때까지 기다린다. 이런 방식은 인스턴스를 생성한 후 인스턴스의 상태를 폴링polling해야 할 필요를 없앤다.[6]

인스턴스를 생성하려면 제일 먼저 다음과 같이 부팅하고자 하는 이미지의 이름이나 앨리어스를 구한다.

```
$ gcloud compute images list --regexp 'debian.*'
NAME                          PROJECT        ALIAS       DEPRECATED STATUS
debian-7-wheezy-v20160119     debian-cloud   debian-7               READY
debian-8-jessie-v20160119     debian-cloud   debian-8               READY
```

이어서 다음과 같이 원하는 이미지와 인스턴스 이름을 지정해 인스턴스를 생성하고 부팅한다.

```
$ gcloud compute instances create ulsah --image debian-8
# 인스턴스 구동까지 기다린다...
NAME    ZONE          MACHINE_TYPE   INTERNAL_IP   EXTERNAL_IP      STATUS
ulsah   us-central1-f n1-standard-1  10.100.0.4    104.197.65.218   RUNNING
```

일반적으로 이 명령의 출력은 인스턴스가 '선점 가능한preemptible' 것인지를 보여주는데, 이 경우에는 빈칸이므로 출력을 페이지에 맞추고자 제거했다. 선점 가능 인스턴스들은 표준 인스턴스보다 비용이 저렴하지만 24시간 동안만 실행될 수 있기 때문에 구글이 다른 목적으로 자원이 필요하다면 언제든지 선점 가능 인스턴스를 종결할 수 있다. 선점 가능 인스턴스들은 배치 처리 작업과 같이 인터럽트를 허용

---

6. AWS EC2에서 이벤트나 상태의 폴링에 관한 정보를 보려면 aws ec2 wait 명령을 이용한다.

할 수 있는 수명이 긴 작업을 위해 만들어진 것이다.

선점 가능 인스턴스들은 유휴 자원에 대해서는 할인된 요금을 지불한다는 점에서 EC2의 '스팟 인스턴스spot instance'와 개념이 비슷하다. 하지만 구글의 선점 가능 인스턴스는 AWS의 스팟 인스턴스보다 더 실용적이고 단순하다. 하지만 대부분 작업에는 수명이 긴 표준 인스턴스들을 선택하는 게 가장 적합하다.

gcloud는 인스턴스를 공용 및 사설 IP 주소로 초기화한다. SSH와 함께 공용 IP를 사용할 수도 있지만 gcloud는 다음과 같이 SSH 로그인을 간단하게 해주는 유용한 래퍼를 갖고 있다.

```
$ gcloud compute ssh ulsah
Last login: Mon Jan 25 03:33:48 2016
ulsah:~$
```

디지털오션

부팅 시간이 55초라고 광고하는 것처럼 디지털오션의 가상 서버('드롭릿droplet')는 루트 셸에 이르는 가장 빠른 길이다. 입문용 가격은 한 달에 5달러이므로 파산 걱정은 안 해도 된다.

일단 계정을 생성하고 나면 디지털오션의 웹 사이트를 통해 자신의 드롭릿을 관리할 수 있다. 하지만 디지털오션이 제공하는 API를 이용해 루비로 작성한 커맨드라인 도구인 tugboat를 사용하면 더 편리하다. 루비와 루비의 라이브러리 매니저인 젬gem이 로컬 시스템에 설치돼 있다면 터그보트를 실행할 때 gem install tugboat 명령을 실행하기만 하면 된다.

한 번만 실행하면 되는 일부 설정 작업이 필요하다. 우선 다음과 같이 자신의 드롭릿에 대한 접근 제어에 사용할 암호화키 쌍을 생성한다.

```
$ ssh-keygen -t rsa -b 2048 -f ~/.ssh/id_rsa_do
Generating public/private rsa key pair.
Enter passphrase (empty for no passphrase): <return>
Enter same passphrase again: <return>
```

```
Your identification has been saved in /Users/ben/.ssh/id_rsa_do.
Your public key has been saved in /Users/ben/.ssh/id_rsa_do.pub.
```

공개키 파일의 내용을 복사해 디지털오션의 웹 콘솔(현재 기준으로 Settings ▶
Security 아래)에 붙이기를 한다. 그 과정에서 공개키에 짧은 이름을 하나 배정한다.

다음으로 웹 사이트에서 받은 접근 토큰을 입력해 **tugboat**를 디지털오션의 API에
접속시킨다. **tugboat**는 나중에 사용하고자 그 토큰을 ~/.tugboat에 저장한다.

```
$ tugboat authorize
Note: You can get your Access Token from https://cloud.digitalocean.com/
     settings/tokens/new
Enter your access token: e9dff1a9a7ffdd8faf3...f37b015b3d459c2795b64
Enter your SSH key path (defaults to ~/.ssh/id_rsa): ~/.ssh/id_rsa_do
Enter your SSH user (optional, defaults to root):
Enter your SSH port number (optional, defaults to 22):
Enter your default region (optional, defaults to nyc1): sfo1
...
Authentication with DigitalOcean was successful.
```

드롭릿의 생성과 시작을 위해 먼저 다음과 같이 베이스라인으로 사용할 시스템
이미지의 이름을 알아낸다.

```
$ tugboat images | grep -i ubuntu
16.04.1 x64 (slug: , id: 21669205, distro: Ubuntu)
16.04.1 x64 (slug: , id: 22601368, distro: Ubuntu)
16.04.2 x64 (slug: ubuntu-16-04-x64, id: 23754420, distro: Ubuntu)
16.04.2 x32 (slug: ubuntu-16-04-x32, id: 23754441, distro: Ubuntu)
...
```

웹 콘솔에 붙여 넣었던 SSH 키용 디지털오션 숫자 ID도 필요하다.

```
$ tugboat keys
SSH Keys:
Name: id_rsa_do, (id: 1587367), fingerprint:
    bc:32:3f:4d:7d:b0:34:ac:2e:3f:01:f1:e1:ea:2e:da
```

이 출력에서 **id_rsa_do**라 명명된 키를 위한 숫자 ID가 1587367임을 볼 수 있다.

다음과 같이 드롭릿을 생성하고 시작하라.

```
$ tugboat create -i ubuntu-16-04-x64 -k 1587367 ulsah-ubuntu
queueing creation of droplet 'ulsah-ubuntu'...Droplet created!
```

여기서 -k의 인수는 SSH 키 ID이며 마지막 인수는 원하는 대로 지정할 수 있는 드롭릿용 짧은 이름이다.

일단 드롭릿의 부팅 시간이 경과하고 나면 다음과 같이 tugboat ssh 명령으로 로그인할 수 있다.

```
$ tugboat ssh ulsah-ubuntu
Droplet fuzzy name provided. Finding droplet ID...done, 23754420
    (ubuntu-16-04-x64)
Executing SSH on Droplet (ubuntu-16-04-x64)...
This droplet has a private IP, checking if you asked to use the Private IP...
You didn't! Using public IP for ssh...
Attempting SSH: root@45.55.1.165
Welcome to Ubuntu 16.04 ((GNU/Linux 4.4.0-28-generic x86_64)
root@ulsah-ubuntu:~#
```

드롭릿은 얼마든지 필요한 만큼 만들 수 있지만 각각에 대해 (심지어 전원을 껐을 때도) 요금이 청구된다는 사실을 염두에 둬야 한다. 드롭릿을 비활성화하려면 전원을 끄고 시스템 상태를 기억하고자 tugboat snapshot *droplet-name snapshot-name*을 실행한다. 드롭릿을 폐기하려면 tugboat destroy *droplet-name*을 실행한다. 나중에 소스 이미지로 스냅샷을 사용하면 드롭릿을 재생성할 수 있다.

9.5 비용 관리

클라우드 입문자들은 종종 대규모 시스템일수록 클라우드가 데이터 센터보다 훨씬 비용이 적게 들 것으로 생각하는 순진함을 보인다. 이러한 기대감은 아마도 클라우드 플랫폼의 매우 저렴한 인스턴스-시간당 가격을 보고 너무 싸서 놀란 충격 때문에 생겨난 듯싶다. 그게 아니라면 클라우드 마케터들이 주장하는 말에서 그런 생각이 자리 잡았을 수도 있다. 그들이 제시하는 사례들은 언제나 엄청난 비용 절감을 보여주기 때문이다.

출처에 관계없이 그러한 희망과 낙관을 근절시키는 것이 우리의 의무다. 우리 경험으로는 새로운 클라우드 고객들은 비용이 급증할 때 종종 놀라게 된다.

클라우드 가격표는 일반적으로 다음과 같은 여러 요소로 구성된다.

- 가상 사설 서버의 컴퓨트 자원, 로드밸런서 등 서비스를 실행하고자 CPU 사이클을 소모하는 것들로, 가격은 사용 시간당으로 결정된다.
- 인터넷 데이터 전송(유입과 유출 모두), 존과 리전 간의 트래픽. 가격은 전송된 데이터의 GiB당 또는 TiB당으로 결정된다.
- 모든 타입의 스토리지. 블록 스토리지 볼륨, 객체 스토리지, 디스크 스냅샷으로, 일부 경우에는 여러 가지 지속성 스토어persistence store와 주고받는 I/O다. 가격은 매월 저장된 데이터의 GiB나 TiB 단위로 결정된다.

컴퓨트 자원의 경우 '온디맨드 가격 정책on-demand pricing'으로 알려져 있는 사용한 양만큼 지불하는 모델이 가장 비싸다. AWS나 디지털오션의 최소 과금 단위는 한 시간이며 GCP는 1분이다. 가격은 시간당 수분의 1센트(512MiB와 1개 CPU 코어로 구성되는 디지털오션의 가장 작은 드롭릿 타입, 또는 AWS의 **t2.nano** 인스턴스)부터 시간당 몇 달러(32개의 코어와 104GiB 램, 8 x 800GB 로컬 SSD로 구성되는 AWS의 **i2.8xlarge** 인스턴스)에 이르기까지 다양하다.

오랜 기간에 대한 선불을 지급함으로써 가상 서버에서 상당한 비용 절감을 실현할 수 있다. AWS에서는 이를 '예약 인스턴스 가격 정책reserved instance pricing'이라고 부른다. 불행히도 무엇을 구매할 것인지를 세밀하게 결정하는 일은 견디기 힘들 정도로 매우 번거롭고 많은 시간이 요구된다. 예약 EC2 인스턴스들은 특정한 인스턴스 패밀리에 결합돼야 한다. 나중에 가서 다른 것이 필요하다고 판단한다면 이미 투자한 비용을 날리게 된다. 이와 반대로 인스턴스를 예약하면 언제든 사용할 수 있게 보장받을 수 있다. 온디맨드 인스턴스들은 그것을 프로비저닝하려고 할 때 현재 용량과 수요에 따라 원하는 타입이 없어 사용할 수 없을 수도 있다. AWS는 이 가격 체계를 지속적으로 보완하고 있으므로 일이 잘되면 미래에는 현재 시스템이 더 단순화될 수 있다.

인터럽트를 용납하는 대량 고속 처리 작업에 대해 AWS는 현물 가격$^{spot pricing}$을 제공한다. 현물 시장은 일종의 경매^{auction}다. 누구든 현재 현물 가격보다 비싼 가격을 제시하면 그가 제시한 최대 가격보다 비싼 현물 가격이 나올 때까지 그가 요청한 인스턴스 타입의 사용이 보장된다. 즉, 제시한 최고 가격이 인스턴스가 종결되는 지점이 되는 것이다. 가격은 EC2 온디맨드나 예약 가격에 비해 많이 할인될 수 있으나 사용이 제한된다.

그에 비해 구글 컴퓨트 엔진의 가격 체계는 참신할 정도로 단순하다. 지속적인 사용에 대해 자동으로 할인이 적용되며 선불로 지급하는 일은 없다. 매달 첫 주 동안은 기본요금 전체를 지불하고 1주일마다 기본 할인율 20%씩 가격이 내려가며 최대 60%까지 할인된다. 한 달 동안 사용했을 때 실질적 할인율은 30%가 된다. 이 정도면 예약 EC2 인스턴스를 1년 사용할 때의 할인율과 비슷하지만 인스턴스를 언제든지 바꿀 수 있다.[7]

네트워크 트래픽은 정확하게 예측하기가 훨씬 힘들다. 많은 데이터 전송 비용을 발생시키는 주범은 다음과 같은 것들이다.

- 대용량 미디어 파일(비디오, 이미지, PDF, 기타 문서)을 CDN에 떠넘기지 않고 클라우드로부터 직접 가져와 서비스하는 웹 사이트
- 장애 허용$^{fault-tolerance}$을 위해 복제를 수행하는 데이터베이스 클러스터 때문에 발생하는 존 간 또는 리전 간 트래픽. 예를 들면 카산드라^{Cassandra}, 몽고DB^{MongoDB}, 리악^{Riak}과 같은 소프트웨어
- 여러 개의 존에 걸쳐 있는 맵리듀스^{MapReduce}나 데이터 웨어하우스 클러스터
- 백업을 위해(또는 어떤 자동화된 프로세스에 의해) 존이나 리전 사이에 전송되는 디스크 이미지나 볼륨 스냅샷

가용성을 위해 여러 개의 존 사이에 일어나는 복제가 중요한 경우에는 클러스터들을 3개 존 이상으로 사용하지 않고 2개 존으로 제한함으로써 전송 비용을 절약할 수 있다. 일부 소프트웨어는 복제 데이터의 양을 줄이고자 압축과 같은 기능을

---

7. 근검절약을 위한 조언: 이 할인 제도는 과금 주기에 연결돼 있기 때문에 주기가 바뀌는 타이밍에 따라 달라진다. 주기의 시작이나 끝에서 인스턴스 타입을 바꾸면 위약금을 물지 않아도 된다. 가장 나쁜 경우는 과금 주기의 중간에 바꾸는 것이다. 그럴 경우 인스턴스의 월 기본 할인율인 20%의 위약금을 손해 보게 된다.

제공하기도 한다.

AWS에서 실질적으로 비용을 발생시키는 한 가지는 EBS 볼륨용 프로비저닝된 IOPS다. EBS용 가격은 GiB-월 단위나 IOPS-월 단위로 결정된다. 5,000 IOPS의 200GiB EBS 볼륨의 가격은 한 달에 수백 달러나 된다. 이런 것들로 클러스터를 만들면 금방 파산할지도 모른다.

높은 이용료를 막기 위한 최선의 방법은 계측, 모니터링, 과프로비저닝 방지다. 오토 스케일링 기능을 이용해 사용량을 줄일 수 있다. 이는 요구가 낮은 시간대에 더 적은 비용을 낼 수 있게 한다. 더 작고 많은 인스턴스를 사용해서 섬세한 제어를 하라.

예약 인스턴스나 고대역폭 볼륨에 큰 돈을 낭비하기 전에 사용 패턴을 신중하게 검토한다. 클라우드는 유연하므로 필요에 따라 인프라를 변경할 수 있다.

환경이 점차 커지면 돈을 어디에 써야 할 지 판단하는 것은 결코 쉬운 일이 아니다. 클라우드 계정이 커질수록 용도를 분석하거나 추적 및 보고 기능을 제공하는 서드파티 서비스를 활용하는 것이 좋다. 우리가 사용해 왔던 두 가지는 클라우더빌리티[Cloudability]와 클라우드헬스[CloudHealth]다. 둘 다 사용자정의 태그, 서비스 또는 지리적 위치에 의해 리포트를 분리하는 AWS의 과금 기능에 잘 맞는다.

9.6 추천 자료

안드레아스 비티히[Wittig, Andreas], 미하엘 비티히[Michael Wittig]의 『아마존 웹 서비스 인액션』(한빛미디어, 2017).

Google. cloudplatform.googleblog.com. 구글 클라우드 플랫폼의 공식 블로그

Barr, Jeff, and others at Amazon Web Services. aws.amazon.com/blogs/aws. 아마존 웹 서비스의 공식 블로그

DigitalOcean. digitalocean.com/company/blog. 디지털오션의 기술 및 제품 블로그

Vogels, Werner. All Things Distributed. allthingsdistributed.com. 아마존의 CTO인 워너 보겔스(Werner Vogels)의 블로그

Wardley, Simon. Bits or pieces? blog.gardeviance.org. 연구원이자 클라우드 트렌드세터인 사이먼 와들리[Simon Wardley]의 블로그. 클라우드 산업 동향 분석 및 비판.

Bias, Randy. cloudscaling.com/blog. 랜디 바이어스[Randy Bias]는 오픈스택[OpenStack]의 이사이며 사설 클라우드 산업과 미래에 대한 통찰력 있는 견해를 갖고 있다.

Cantrill, Bryan. The Observation Deck. dtrace.org/blogs/bmc. 틈새시장이지만 흥미로운 클라우드 플랫폼인 조이언트[Joyent]의 CTO가 쓴 일반적 컴퓨팅에 관한 흥미로운 시각와 기술적 견해

Amazon. youtube.com/AmazonWebServices. AWS에서 제공하는 콘퍼런스 토론 및 비디오 콘텐츠

10 로깅

시스템 데몬, 커널, 커스텀 애플리케이션은 모두 작업 내용을 기록하는 데이터를 발생시키기 때문에 이 데이터들로 인해 결국은 한정된 디스크 용량을 모두 소진하게 된다. 이 데이터들은 유용한 수명이 한정돼 있으므로 최종적으로 폐기되기 전에 요약, 필터링, 검색, 분석, 압축, 저장해야 할 필요가 있다. 접근 및 회계 감사 기록들은 데이터 유지 규정이나 사이트 보안 정책에 따라 철저히 관리될 필요가 있다.

하나의 로그 메시지는 보통 한 줄의 텍스트로 돼 있으며 여기에는 타임스탬프^{time stamp}, 이벤트 타입과 중요도, 프로세스명과 ID(PID)를 포함하는 특성들이 부착된다. 메시지 자체는 새 프로세스가 시작됐다는 무해한 알림부터 치명적인 오류 상태나 스택 추적에 이르기까지 다양하게 분포될 수 있다. 이렇게 계속 쏟아지는 메시지에서 유용하고 실용적인 정보를 모으는 일은 시스템 관리자의 책무다.

일반적으로 이런 작업은 로그 관리$^{\text{log management}}$로 알려져 있으며 다음과 같은 몇 가지 주요 하위 작업으로 나눠볼 수 있다.

- 다양한 출처에서 로그 수집
- 메시지 질의, 분석, 필터링, 모니터링을 위한 구조화된 인터페이스 제공
- 메시지의 유지와 만료 관리. 유용성이 잠재돼 있거나 법적으로 요구되는 한 정보는 계속 유지되지만 영원하진 않다.

역사적으로 유닉스는 syslog라는 통합적이면서도 기초적인 시스템을 통해 로그를 관리해왔다. syslog는 로그 메시지를 제출하기 위한 표준화된 인터페이스를 애플리케이션들에게 제공하며, 메시지들을 분류해 파일에 저장하거나 네트워크를 통해 다른 호스트에게 전달한다. 불행히도 syslog는 앞서 언급한 로깅 작업 중에서 첫 번째(메시지 수집)만을 수행하며 저장 환경설정이 운영체제마다 크게 다르다.

syslog의 단점 때문이라고 할 수 있는데, 많은 애플리케이션, 네트워크 데몬, 시동 스크립트, 기타 로깅 주체들은 syslog를 완전히 피해서 그들 자신의 로그 파일에 로그를 저장한다. 이러한 무법성으로 인해 로그의 보완이 필요하게 됐고, 이러한 로그들은 여러 종류의 유닉스 사이에 심지어 리눅스 배포판 사이에서도 크게 다르게 됐다.

 리눅스의 systemd 저널^{journal}은 비정상적인 로깅을 정상적으로 되돌리려는 두 번째 시도다. 저널은 메시지를 수집해서 색인화 및 압축된 바이너리 형태로 저장하고, 로그를 보거나 필터링하기 위한 커맨드라인 인터페이스를 제공한다. 저널은 독립적으로 실행되거나 환경설정에 따라 다양한 통합 수준으로 syslog 데몬과 공존할 수 있다.

다양한 서드파티 도구들(사설 또는 오픈소스)은 대규모 시스템 네트워크에서 유래한 메시지 큐레이팅$^{\text{message curating}}$이라는 더 복잡한 문제를 다룬다. 이러한 도구들은 그래픽 인터페이스, 질의 언어, 데이터 가시화, 알림, 자동 이상 감지 등과 같은 보조 기능들을 제공한다. 또한 매일 몇 테라바이트씩 발생하는 메시지 볼륨들을

다룰 수 있게 확장성을 갖고 있다. 이런 제품들은 클라우드 서비스 형태로 가입할 수 있으며 사설 네트워크에서 직접 호스팅할 수도 있다.

그림 A는 앞서 언급한 로그 관리 서비스를 사용하는 사이트의 구조를 묘사한 것이다. 시스템 관리자나 관련 부서에서는 네트워크에 분포돼 있는 시스템의 로그 메시지를 보고자 중앙 집중식 로그 클러스터에 대한 GUI를 실행할 수 있다. 또한 시스템 관리자들은 각 개별 노드에 로그인해 systemd 저널이나 syslog가 작성한 보통 텍스트 파일들을 통해 메시지에 접근할 수 있다. 이 다이어그램을 보고 답보다 더 많은 질문이 생겼다면 바로 이번 장에서 그 질문에 대한 답을 제공할 것이다.

그림 A 중앙 집중식 로깅을 사용하는 사이트의 로깅 구조 체계

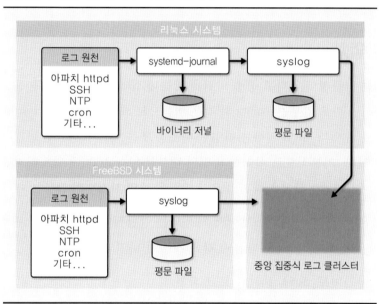

문제나 오류를 디버깅할 때 숙련된 시스템 관리자들은 다른 무엇보다 먼저 로그에 의지한다. 로그 파일들은 종종 귀찮은 환경설정 오류, 소프트웨어 버그, 보안 문제의 원인을 가리키는 중요한 힌트들을 포함하고 있다. 데몬이 충돌해 멈추거나 시작되지 않을 때 또는 만성적인 오류가 부팅하고 있는 시스템을 괴롭힐 때는 로그를 제일 먼저 봐야 한다.

사이트 전체에 적용되는 잘 정의된 로깅 전략을 갖추는 일은 각 산업의 규정들이

성숙해지고 PCI DSS, COBIT, ISO27001과 같은 공식적인 IT 표준들이 채택돼 감에 따라 그 중요성이 증가돼왔다. 오늘날 이러한 외부 표준들은 NTP가 인정하는 타임스탬프 및 엄격히 정의된 보유 스케줄과 함께 로그 활동을 위한 견고하고 중앙 집중화된 전사적 저장소를 요구하고 있다.[1] 하지만 강제 규정이나 규정 준수 요건이 없는 사이트들도 중앙 집중식 로깅 체계에서 많은 혜택을 얻을 수 있다.

이번 장에서는 syslog, systemd 저널, logrotate를 비롯해 리눅스와 FreeBSD에서 사용되는 기본적인 로그 관리 소프트웨어를 다룬다. 네트워크에서의 로그 중앙 집중화나 분석을 위한 일부 도구들도 추가로 소개한다. 실용적인 전 사이트 로그 관리 정책을 설정하기 위한 일반적 조언으로 이 장을 마무리하겠다.

10.1 로그 위치

유닉스는 일관성이 없다고 종종 비판을 받는데 실제 그렇기는 하다. 로그 파일의 디렉터리만 봐도 일부는 maillog와 같은 이름으로 돼 있고 일부는 cron.log와 같은 이름으로 돼 있다. 또한 일부는 다양한 배포용 또는 데몬에 국한된 명명 규칙을 사용하고 있다. 기본적으로 이러한 파일의 대부분은 /var/log에 위치하지만 일부 반항적인 애플리케이션들은 자신의 로그 파일을 파일 시스템의 다른 곳에 작성한다.

표 10.1은 이 책의 사례 시스템에서 사용되는 일반적인 로그 파일에 관한 정보를 모아 놓은 것이다. 표에는 다음과 같은 것들이 나열돼 있다.

- 아카이브, 요약, 잘려진 로그 파일
- 각 로그 파일을 생성하는 프로그램
- 각 파일명이 지정되는 방법
- 합리적인 정리 주기
- 로그 파일을 사용하는 시스템(우리 예제 시스템 중에서)
- 파일의 내용 설명

표 10.1의 파일명들은 다른 언급이 없는 경우 /var/log에 상대적인 경로를 갖는다.

---

1. 물론 정확한 시스템 시간은 규정이 없는 경우일지라도 필수적이다. 모든 시스템에 NTP를 활성화시킬 것을 강력히 추천한다.

syslog는 목록에 있는 파일 중 많은 것을 관리하지만 그 밖의 다른 것들은 애플리케이션에 의해 직접 작성된다.

표 10.1 로그 파일 총 목록

파일	프로그램	위치[a]	주기[a]	시스템[a]	내용
apache2/*	httpd	F	D	D	아파치 HTTP 서버 로그(v2)
apt*	APT	F	M	D	앱티튜드(Aptitude) 패키지 설치
auth.log	sudo 등[b]	S	M	DF	인증
boot.log	rc scripts	F	M	R	시스템 시동 스크립트의 출력
cloud-init.log	cloud-init	F	.	.	cloud init 스크립트의 출력
cron, cron/log	cron	S	W	RF	cron 실행 및 오류
daemon.log	various	S	W	D*	모든 데몬 기능 메시지들
debug*	various	S	D	F,D*	디버깅 출력
dmesg	kernel	H	.	all	커널 메시지 버퍼의 덤프 출력
dpkg.log	dpkg	F	M	D	패키지 관리 로그
faillog[c]	login	H	W	D*	실패한 로그인 시도
httpd/*	httpd	F	D	R	아파치 HTTP 서버 로그
kern.log	kernel	S	W	D	모든 커널 기능 메시지
lastlog	login	H	.	R	사용자별 마지막 로그인 시각(바이너리)
mail*	mail-related	S	W	RF	모든 메일 기능 메시지
messages	various	S	W	R	메인 시스템 로그 파일
samba/*	smbd 등	F	W	.	삼바(Samba, 윈도우/SMB 파일 공유)
secure	sshd 등[b]	S	M	R	개인 인증 메시지
syslog*	various	S	W	D	메인 시스템 로그 파일
wtmp	login	H	M	RD	로그인 레코드(바이너리)
xen/*	Xen	F	1m	RD	젠(Xen) 가상 머신 정보
Xorg.n.log	Xorg	F	W	R	X 윈도우 서버 오류
yum.log	yum	F	M	R	패키지 관리 로그

a. 위치: F = 환경설정 파일, H = 하드와이어드, S = Syslog, 주기: D = 일간, M = 월간, NNm = 크기 기반의 주기(단위 MB, 예, 1m), W = 주간, 시스템: D = 데비안 및 우분투(D* = 데비안만 해당), R = 레드햇 및 CentOS, F = FreeBSD
b. passwd, sshd, login, shutdown도 인증 로그(auth.log)로 출력한다.
c. faillog 유틸리티로 읽어야 하는 바이너리 파일

로그 파일의 소유권과 모드에 대한 규정은 여러 가지로 다양한데, 일반적으로 로그 파일의 소유자는 루트다. 어떤 경우에는 httpd와 같이 권한이 적은 프로세스가 로그 파일에 대한 쓰기 권한을 요구할 수도 있는데, 이럴 경우 소유권과 모드가 적절하게 설정돼 있어야 한다. 엄격한 사용 권한을 갖고 있는 로그 파일을 보려면 sudo 사용이 필요할 수도 있다.

로그 파일은 급격하게 커질 수 있다. 특히 웹이나 데이터베이스, DNS 서버와 같이 일이 많은 서비스의 로그가 그렇다. 통제 불능의 로그 파일은 디스크를 꽉 채워버려 시스템을 다운시킬 수 있다. 이런 이유 때문에 /var/log를 따로 분리된 디스크 파티션이나 파일 시스템으로 정의하는 게 좋다(이 조언은 물리적 서버와 마찬가지로 클라우드 기반의 인스턴스나 사설 가상 머신에도 적용됨에 유의한다).

관리하지 않는 파일

대부분의 로그는 텍스트 파일로, 관심 이벤트가 발생할 때마다 각 줄이 작성된다. 표 10.1에 있는 로그 중 일부는 매우 다른 콘텍스트를 갖고 있다.

wtmp(때로는 wtmpx)는 사용자 로그인과 로그아웃 외에도 시스템 재부팅이나 셧다운 시간을 기록한 레코드를 포함하고 있다. 이는 단순히 새 항목을 파일 끝에 추가한다는 점에서 매우 원초적인 로그 파일이라 할 수 있다. 하지만 wtmp 파일은 바이너리 형태로 관리된다. 이 정보를 해독하려면 last 명령을 사용한다.

lastlog는 wtmp와 유사한 정보를 포함하고 있지만 각 사용자의 마지막 로그인 시각만 기록된다. UID로 인덱싱돼 있는 바이너리 파일로, UID가 순차적인 숫자로 배정된다면 그 크기는 더 작아진다. lastlog는 새 사용자가 로그인하지 않는 한 그 크기가 일정하게 유지되기 때문에 로테이션시킬 필요는 없다.

끝으로 일부 애플리케이션들(특히 데이터베이스)은 바이너리 트랜잭션 로그를 생성한다. 이 파일들은 관리하려고 하면 안 된다. 보려고도 하지 말아야 한다. 그렇지 않으면 사용하던 터미널 윈도우가 작동을 멈추게 될 것이다.

systemd 저널로 로그를 보는 방법

systemd를 실행하는 리눅스 배포판에서 로그를 보는 가장 빠르고 쉬운 방법은 systemd 저널에서 메시지를 인쇄하는 journalctl 명령을 사용하는 것이다. 저널에 있는 모든 메시지를 볼 수도 있으며 -u 플래그를 써서 특정 서비스 유닛에 해당하는 로그만 볼 수도 있다. 시간 범위나 프로세스 ID, 특정 실행 파일의 경로와 같은 조건을 걸어 필터링할 수도 있다.

예를 들어 다음 출력은 SSH 데몬으로부터의 저널 로그를 보여준다.

```
$ journalctl -u ssh
-- Logs begin at Sat 2016-08-27 23:18:17 UTC, end at Sat 2016-08-27
   23:33:20 UTC. --
Aug 27 23:18:24 uxenial sshd[2230]: Server listening on 0.0.0.0 port 22.
Aug 27 23:18:24 uxenial sshd[2230]: Server listening on :: port 22.
Aug 27 23:18:24 uxenial systemd[1]: Starting Secure Shell server...
Aug 27 23:18:24 uxenial systemd[1]: Started OpenBSD Secure Shell server.
Aug 27 23:18:28 uxenial sshd[2326]: Accepted publickey for bwhaley from
   10.0.2.2 port 60341 ssh2: RSA SHA256:aaRfGdl0untn758+UCpxL7gkSwcs
   zkAYe/wukrdBATc
Aug 27 23:18:28 uxenial sshd[2326]: pam_unix(sshd:session): session
   opened for user bwhaley by (uid=0)
Aug 27 23:18:34 uxenial sshd[2480]: Did not receive identification string
   from 10.0.2.2
```

새로운 메시지가 도착할 때마다 프린트하려면 journalctl -f 명령을 사용한다. 이 명령은 보통 텍스트 파일에 내용이 추가되는 것을 추적할 때 애용하는 tail -f 명령과 똑같은 것이다.

다음 절에서는 systemd-journald 데몬과 그 환경설정을 설명한다.

10.2 systemd 저널

 systemd는 다른 모든 리눅스 서브시스템를 대체하려는 목적에 따라 systemd-journald라는 로깅 데몬을 포함하고 있다. systemd는 syslog의 기능들을 대부분 복제했을 뿐 아니라 관리자나 시스템이 그것을 구성하기에 따라 syslog와 협력해 함께 실행될 수도 있다. 지금까지 syslog가 항상 '잘 작동'해왔기 때문에 systemd로 전환하는 것이 꺼림칙하다면 systemd를 잘 알게 될 때까지 시간을 조금 갖는 게 좋다. 실험적으로 조금씩 적용하다 보면 생각보다 좋아질 수도 있다.

로그 메시지를 일반 텍스트 파일로 저장하는 syslog와는 달리 systemd 저널은 바이너리 형태로 메시지를 저장한다. 모든 메시지 속성은 자동으로 인덱싱되기 때문에 로그를 더 쉽고 더 빠르게 검색할 수 있다. 앞서 설명한 바와 같이 저널에 저장된 메시지를 보려면 journalctl 명령을 사용한다.

저널은 다음과 같은 여러 가지 소스에서 메시지를 수집하고 인덱싱한다.

- /dev/log 소켓(syslog 규칙에 따라 메시지를 제출하는 소프트웨어에서 메시지를 수집)
- 장치 파일 /dev/kmsg(리눅스 커널로부터의 메시지를 수집) systemd 저널 데몬은 예전에 이 채널을 주시^{listen}하면서 커널 메시지를 syslog에 전달했던 전통적인 klogd 프로세스를 대체한다.
- 유닉스 소켓 /run/systemd/journal/stdout(로그 메시지를 표준 출력으로 내보내는 소프트웨어를 서비스)
- 유닉스 소켓 /run/systemd/journal/socket(systemd 저널 API를 통해 메시지를 내보내는 소프트웨어를 서비스)
- 커널의 auditd 데몬으로부터의 메시지들을 감사

과감한 시스템 관리자라면 systemd-journal-remote 유틸리티(그리고 이것과 짝을 이루는 systemd-journal-gateway나 systemd-journal-upload)를 이용해 일렬로 정리된 저널 메시지들을 네트워크로 원격 저널에 스트리밍할 수도 있다. 불행히도 이 기능은 일반 배포판에서는 사전 설치돼 있지 않다. 이 책을 쓰는 시점에서는 패키지들이 데비안이나 우분투에는 있지만 레드햇이나 센트OS에는 없다. 이런 누락은 머지않아 개정될 것으로 기대한다. 그때까지는 로그 메시지를 시스템 간에 전달할 필요가 있을 때 syslog로 해결하길 권장한다.

systemd 저널의 환경설정

기본 저널 환경설정 파일은 /etc/systemd/journald.conf지만 이 파일은 직접 편집하기 위한 것이 아니다. 수정된 환경설정들은 /etc/systemd/journald.conf.d 디렉터리에 추가한다. 그곳에 있는 파일 중 .conf 확장자를 갖는 파일들은 모두 자동으로 환경설정에 통합된다. 자신만의 옵션을 설정하려면 새로운 .conf 파일을 이 디렉터리에 생성해 원하는 옵션을 포함시키면 된다.

기본 journald.conf에는 모든 가능한 옵션들이 옵션의 기본값과 함께 주석 처리돼 있기 때문에 모든 가능한 옵션을 한눈에 볼 수 있다. 이러한 옵션에는 저널의 최대 크기, 메시지의 보존 기간, 다양한 비율 제한 설정들이 포함돼 있다.

Storage 옵션은 저널을 디스크에 저장할 것인지의 여부를 결정한다. 이 옵션의 가능한 값들은 약간 헷갈릴 수 있다.

- volatile은 저널을 메모리에만 저장한다.
- persistent는 저널을 /var/log/journal/ 디렉터리에 저장한다. 디렉터리가 없는 경우 새로 생성한다.
- auto는 저널을 /var/log/journal/ 디렉터리에 저장하지만 디렉터리를 생성하지는 않는다. auto가 기본값이다.
- none은 모든 로그 데이터를 삭제한다.

(이 책에서 예로 든 것들을 포함해) 대부분의 리눅스 배포판은 auto가 기본값으로 돼 있으며 /var/log/journal 디렉터리가 포함돼 있지 않다. 그렇기 때문에 불행하게도 저널은 재부팅 때마다 유지되지 않는 게 기본으로 돼 있다.

이런 동작을 수정하려면 다음과 같이 /var/log/journal 디렉터리를 생성하거나 영구 스토리지를 사용하도록 저널을 업데이트하고 systemd-journald를 재시작하면 된다.

```
# mkdir /etc/systemd/journald.conf.d/
# cat << END > /etc/systemd/journald.conf.d/storage.conf
[Journal]
```

```
Storage=persistent
END
# systemctl restart systemd-journald
```

이 명령들은 수정 환경설정 디렉터리 journald.conf.d를 생성하고 **Storage** 옵션을 persistent로 설정하는 환경설정 파일을 생성하며, 저널을 재시작함으로써 새로운 설정들이 적용되게 한다. systemd-journald는 이제부터 디렉터리를 생성하고 저널을 유지한다. 모든 시스템에 이 변경을 적용하길 권장한다. 시스템이 재부팅할 때마다 모든 로그 데이터를 잃는 것은 큰 장애이기 때문이다.

아주 유용한 저널 옵션 중 하나는 **Seal**이다. 이 옵션은 로그 메시지의 무결성을 강화하는 포워드 시큐어 실링^{FSS, Forward Secure Sealing}을 활성화시킨다. FSS가 활성화되면 저널에 제출된 메시지들은 암호화된 키 쌍이 없으면 수정할 수 없다. 키 쌍은 journalctl --setup-keys 명령을 실행해 생성한다. 이 옵션에 관한 최신 정보를 보려면 journald.conf와 journalctl의 맨페이지를 참고한다.

journalctl에 필터링 옵션 추가

앞에서 기본적인 journalctl 로그 검색의 예를 보여줬다. 이 절에서는 journalctl로 메시지를 필터링하거나 저널에 관한 정보를 수집하는 다른 방법을 알아본다.

일반 사용자들이 sudo 권한 없이도 저널을 읽을 수 있게 허용하려면 다음과 같이 사용자들을 systemd-journal 유닉스 그룹에 추가한다.

--disk-usage 옵션은 디스크에서의 저널 크기를 보여준다.

```
# journalctl --disk-usage
Journals take up 4.0M on disk.
```

--list-boots 옵션은 시스템 부팅의 순차적인 목록을 숫자 식별자와 함께 보여준다. 가장 최근의 부팅은 항상 0이다. 줄의 끝에 오는 날짜는 해당 부팅 동안에 생성된 첫 메시지와 마지막 메시지의 타임스탬프를 보여준다.

```
# journalctl --list-boots
-1 ce0... Sun 2016-11-13 18:54:42 UTC.Mon 2016-11-14 00:09:31
0 844... Mon 2016-11-14 00:09:38 UTC.Mon 2016-11-14 00:12:56
```

로그 표시를 특정 부트 세션에 제한하려면 -b 옵션을 사용한다. 예를 들어 현재 세션 동안 SSH가 생성한 로그를 보려면 다음과 같이 한다.

```
# journalctl -b 0 -u ssh
```

어제 자정부터 지금까지의 모든 메시지를 보려면 다음과 같이 한다.

```
# journalctl --since=yesterday --until=now
```

특정 바이너리에서 최근 100개의 저널 항목을 보려면 다음과 같이 한다.

```
# journalctl -n 100 /usr/sbin/sshd
```

이러한 인수들에 대한 신속한 설명을 보려면 journalctl --help 명령을 사용한다.

syslog와의 공존

이 책에서 예로 든 리눅스 시스템들은 기본적으로 syslog와 systemd 저널이 모두 활성화된다. 두 패키지 모두 로그 메시지들을 수집하고 저장한다. 두 가지 모두 실행하고자 하는 이유가 무엇이고, 어떻게 작동까지 되는 것일까?

불행히도 저널에는 syslog에서 사용할 수 있는 많은 기능이 빠져 있다. 나중에 보여주겠지만 rsyslog는 다양한 입력 플러그인에서 메시지를 수신해서 그것들을 필터와 규칙에 따라 다양한 출력으로 보낼 수 있지만 systemd 저널을 사용하면 그 중 어떤 것도 이용할 수 없다. systemd 세계에는 원격 스트리밍 도구인 systemd-journal-remote가 포함돼 있긴 하지만 이는 syslog에 비해 너무 새롭고 테스트가 충분하지 않다. 시스템 관리자들은 어떤 로그 파일들은 저널의 바이너리 형태보다는 syslog처럼 일반 텍스트로 보관하는 게 편리하다는 걸 알아낼 수도 있다.

시간이 흐름에 따라 저널의 새로운 기능들은 **syslog**가 하던 일들을 빼앗아 올 것으로 예상된다. 하지만 현재로서는 리눅스 배포판들이 완전한 기능성을 위해 두 시스템 모두의 실행을 여전히 필요로 하고 있다.

systemd 저널과 **syslog** 간의 연동 구조는 약간 뒤얽혀 있다. 우선 **systemd-journald**가 /dev/log에서 로그 메시지를 수집하는 일을 책임지고 수행한다. 역사적으로 볼 때 /dev/log는 syslog에 의해 관리되는 로깅 소켓이다.[2] 이제 **syslog**가 로깅 세션에 참여하려면 **systemd**를 통한 메시지 스트림에 접근해야만 한다. **syslog**는 다음과 같은 두 가지 방법으로 저널에서 로그 메시지를 읽어낼 수 있다.

- **systemd** 저널은 메시지를 다른 소켓(보통 /run/systemd/journal/syslog)에 전달할 수 있다. **syslog**는 이 소켓에서 메시지들을 읽을 수 있다. 이러한 작동 모드에서 **systemd-journald**는 원래의 메시지 제출자인 것처럼 시뮬레이팅하며 표준 **syslog** API를 준수한다. 따라서 기본적인 메시지 매개변수들만 전달된다. 즉, **systemd**에만 국한되는 메타데이터는 상실된다.
- 다른 방법으로서 **syslog**는 **journalctl** 명령과 똑같은 방법으로 저널 API에서 직접 메시지를 가져다 쓸 수 있다. 이 방법은 **syslogd**의 일부와 협력하겠다는 명시적인 지원을 요구하는데, 이보다는 각 메시지용 메타데이터를 보존하는 것이 더 완전한 형태의 통합이다.[3]

데비안과 우분투는 전자의 방법을 기본으로 사용하지만 레드햇과 센트OS는 후자를 사용한다. 자신의 시스템이 어떤 타입의 통합으로 구성돼 있는가를 알려면 /etc/systemd/journald.conf 파일에서 **ForwardToSyslog** 옵션을 찾아본다. 그 값이 **yes**로 돼 있다면 소켓 전달^socket-forwarding 방식이 사용되고 있는 것이다.

10.3 syslog

에릭 올맨^Eric Allman에 의해 처음 작성된 **syslog**는 포괄적인 로깅 시스템으로, IETF

---

2. 좀 더 구체적으로 설명하자면 저널은 /dev/log를 /run/systemd/journal/dev-log에 링크한다.
3. 사용할 수 있는 메타데이터에 관한 설명을 보려면 `man systemd.journal-fields`를 실행해 맨페이지를 참고한다.

표준 로깅 프로토콜이다.[4] syslog는 두 가지 중요한 기능을 갖고 있다. 하나는 로그 파일을 작성하는 지루한 메커니즘에서 프로그래머를 해방시켜 주는 것이고, 다른 하나는 시스템 관리자에게 로깅 통제권을 제공하는 것이다. syslog 이전에는 모든 프로그램이 자유롭게 자신의 로깅 정책을 만들어 사용했다. 시스템 관리자들은 보관되는 정보와 저장되는 장소에 대해 일관된 통제 방법을 갖고 있지 못했다.

syslog는 융통적이라서 시스템 관리자는 소스('facility')나 중요도('severity level')에 따라 메시지를 정렬할 수 있고, 다양한 목적지(로그 파일, 사용자의 터미널, 다른 머신)로 경로를 전환할 수도 있다. 매우 다양한 소스에서 메시지를 받아 그 속성을 테스트하거나 내용을 수정할 수도 있다. 네트워크용 로깅을 집중화할 수 있는 능력은 syslog의 가장 유용한 기능이다.

리눅스 시스템에서는 syslog 데몬(syslogd)이 rsyslog라는 새로 구현된 데몬(rsyslogd)으로 대체됐다. rsyslog는 오리지널 syslog의 기능을 확장하면서도 역API 호환성을 유지하려는 오픈소스 프로젝트다. rsyslog는 현대 유닉스에서 작업하는 시스템 관리자들에게는 가장 합리적인 선택이며 이번 장에서 다루는 유일한 syslog 버전이다.

 rsyslog는 FreeBSD에서도 사용할 수 있으므로 특별한 이유가 없다면 표준 FreeBSD syslog보다 우선해 rsyslog를 채택하길 권장한다. FreeBSD 시스템이 rsyslog를 사용하도록 전환하는 데 필요한 명령은 wiki.rsyslog.com/category/guides-for-rsyslog를 참고한다. FreeBSD의 전통적인 syslog를 계속 유지하기로 결정했다면 환경설정 정보를 위해 'sysklogd 문법' 절로 건너뛰어도 된다.

syslog 메시지 읽기

syslog의 일반 텍스트 메시지를 읽으려면 grep이나 less, cat, awk와 같은 일반적인 유닉스 및 리눅스 텍스트 처리 도구를 사용하면 된다. 다음의 단편 정보들은 데비안 호스트의 /var/log/syslog에 있는 전형적인 이벤트들을 보여준다.

---

4. syslog 사양의 가장 최신 버전은 RFC5424지만 이전 버전인 RFC3164가 현재 설치돼 있는 현실적 기반을 더 잘 반영할 수도 있다.

```
jessie# cat /var/log/syslog
Jul 16 19:43:01 jessie networking[244]: bound to 10.0.2.15 -- renewal in
    42093 seconds.
Jul 16 19:43:01 jessie rpcbind[397]: Starting rpcbind daemon....
Jul 16 19:43:01 jessie nfs-common[412]: Starting NFS common utilities:
    statd idmapd.
Jul 16 19:43:01 jessie cron[436]: (CRON) INFO (pidfile fd = 3)
Jul 16 19:43:01 jessie cron[436]: (CRON) INFO (Running @reboot jobs)
Jul 16 19:43:01 jessie acpid: starting up with netlink and the input layer
Jul 16 19:43:01 jessie docker[486]: time="2016-07
    16T19:43:01.972678480Z" level=info msg="Daemon has completed
    initialization"
Jul 16 19:43:01 jessie docker[486]: time="2016-07
    16T19:43:01.972896608Z" level=info msg="Docker daemon"
    commit=c3959b1 execdriver=native-0.2 graphdriver=aufs
    version=1.10.2
Jul 16 19:43:01 jessie docker[486]: time="2016-07
    16T19:43:01.979505644Z" level=info msg="API listen on /var/run/
    docker.sock"
```

이 예에는 다양한 여러 데몬과 하위 시스템(네트워킹, NFS, cron, 도커, 전력 관리 데몬,
acpid 등)에서 발생한 요소들을 포함한다. 각 메시지는 다음과 같은 구분 항목을
포함한다.

- 타임스탬프$^{Time Stamp}$
- 시스템의 호스트명(이 경우 jessie)
- 프로세스 이름과 대괄호 안에 PID
- 메시지 페이로드^{payload}

일부 데몬은 메시지에 관한 메타데이터를 추가하고자 페이로드를 인코딩한다.
위의 출력에서 **docker** 프로세스는 자신의 타임스탬프, 로그 레벨, 데몬 자신의 환
경설정에 관한 정보를 포함하고 있다. 이러한 추가적인 정보는 그것을 생성하고
구성하는 발송 프로세스에게 전적으로 달려 있다.

rsyslog 구조

로그 메시지들을 일종의 이벤트 스트림으로, **rsyslog**를 이벤트 스트림 처리 엔진

으로 생각해보자. 로그 메시지 '이벤트'들은 입력으로 제공돼 필터에 의해 처리되고 출력 목적지로 전달된다. rsyslog에서는 이러한 각각의 단계가 구성 가능하고 모듈러하다. rsyslog는 기본적으로 /etc/rsyslog.conf 파일에 환경이 설정된다.

일반적으로 rsyslogd 데몬은 부팅할 때 시작돼 지속적으로 실행된다. syslog를 알고 있는 프로그램들은 로그 항목들을 유닉스 도메인 소켓인 특수 파일^{special file} /dev/log에 쓰기 작업을 한다. systemd가 없는 시스템용 스톡 환경설정^{stock configuration}에서는 rsyslogd가 이 소켓에서 직접 메시지를 읽은 후 그것들을 어떻게 라우팅할 것인지에 관한 안내를 위해 환경설정 파일을 참조해 각 메시지를 해당 목적지로 보낸다. 네트워크 소켓에서 메시지들을 대기하도록 rsyslogd를 구성할 수도 있으며 흔히 그렇게 한다.

/etc/rsyslog.conf나 그 안에 포함되는 파일 중 하나라도 수정을 했다면 변경 내용이 적용돼 효과를 내려면 반드시 rsyslogd 데몬을 재시작해야 한다. TERM 시그널은 데몬을 종료한다. HUP 시그널은 rsyslogd가 열려 있는 모든 로그 파일을 닫게 하는데, 이것은 로그를 로테이션^{rotation}(이름을 바꾸고 재시작 하는 일)하는 데 유용하다.

오랜 관행에 의해 rsyslogd는 자신의 프로세스 ID를 /var/run/syslogd.pid에 써 넣음으로써 스크립트에서 rsyslogd에게 시그널을 전송하기 쉽게 한다.[5] 예를 들어 다음 명령은 행업^{hangup} 시그널을 전송한다.

```
$ sudo kill -HUP `/bin/cat /var/run/syslogd.pid`
```

rsyslogd가 쓰기 작업을 위해 오픈한 로그 파일을 압축하거나 로테이션하려고 하는 것은 정상적인 시도가 아니며 예측할 수 없는 결과를 낳기 때문에 그렇게 하기 전에 HUP 시그널을 보내는 것을 잊지 말아야 한다. logrotate 유틸리티를 이용해 정상적인 로그 로케이션을 하는 방법은 나중에 설명한다.

rsyslog 버전

레드햇과 센트OS는 rsyslog 버전 7을 사용하고 있지만 데비안과 우분투는 버전

---

5. 최근의 리눅스 시스템에서 /var/run는 /run에 심볼릭 링크돼 있다.

8로 업데이트했다. 포트에서 설치하는 FreeBSD 사용자들은 버전 7과 버전 8 중에서 하나를 선택할 수 있다. 당연한 얘기지만 rsyslog 프로젝트에서는 최신 버전 사용을 권장하고 있으며 이 책도 그러한 권장에 따르고 있다. 그렇게 하더라도 선택한 운영체제가 가장 최신 버전보다 뒤떨어진 버전이라면 그동안 쌓아온 로깅 경험을 좌지우지하지는 않을 것이다.

rsyslog 8은 코어 엔진을 재작성한 주요 버전이며 모듈 개발자를 위해 내부를 많이 변경했음에도 사용자와 만나는 지점에서는 거의 바뀐 게 없다. 몇 가지 예외가 있지만 다음 절에서 언급하는 환경설정들은 양쪽 버전에서 모두 유효하다.

rsyslog 환경설정

rsyslogd의 행동은 /etc/rsyslog.conf 안에 있는 설정들에 의해 제어된다. 이 책에서 예로 든 모든 리눅스 배포판에는 대부분 사이트에 적합한 민감한 기본값들과 함께 간단한 환경설정이 포함돼 있다. 빈줄이나 #으로 시작되는 줄은 무시된다. rsyslog 환경설정에 있는 줄들은 시작부터 끝까지 순서대로 처리되기 때문에 순서가 매우 중요하다.

환경설정 파일의 맨 위에는 데몬 자체를 설정하는 글로벌 특성들이 있다. 이 줄들은 어떤 입력 모듈을 로드할 것인지, 메시지의 기본 형태, 파일의 소유권과 사용권한, rsyslog의 상태를 관리하는 데 사용할 작업 디렉터리 등의 설정들을 기술한다. 다음 환경설정 사례는 데비안 제시의 기본 rsyslog.conf에서 가져온 것이다.

```
# 로컬 시스템 로깅 지원
$ModLoad imuxsock

# 커널 로깅 지원
$ModLoad imklog

# 전통 타임스탬프 형식으로 메시지 작성
$ActionFileDefaultTemplate RSYSLOG_TraditionalFileFormat

# 새 로그 파일은 root:adm이 소유한다.
$FileOwner root
$FileGroup adm
```

```
# 새 파일 및 디렉터리를 위한 기본 권한
$FileCreateMode 0640
$DirCreateMode 0755
$Umask 0022

# rsyslog 작업 파일을 저장할 위치
$WorkDirectory /var/spool/rsyslog
```

대부분 배포판은 환경설정 디렉터리(보통 /etc/rsyslog.d/*.conf)에서 추가 파일을 포함시키고자 옛날 지시어^{directive}인 `$IncludeConfig`를 사용한다. 순서가 중요하기 때문에 배포판들은 다음과 같이 파일명 앞에 숫자를 넣어 파일들을 구성한다.

```
20-ufw.conf
21-cloudinit.conf
50-default.conf
```

rsyslogd는 이 파일들을 /etc/rsyslog.conf 안에 사전 순서로 써넣어 최종 환경설정을 만든다.

'셀렉터^{selector}'라고도 불리는 필터^{filter}는 rsyslog 환경설정 모음을 구성한다. 필터는 rsyslog가 메시지를 정렬하고 처리하는 방법을 정의한다. 또한 필터는 특정 메시지 표준과 선택된 메시지들을 원하는 목적지로 경로를 전송하는 액션들을 선택하는 표현식^{expression}에서 만들어진다.

rsyslog가 이해하는 세 가지 환경설정 구문은 다음과 같다.

- 오리지널 syslog 환경설정 파일의 구성을 사용하는 줄들. 이 구성은 커널 로깅 데몬 sysklogd가 나온 이후로 지금은 'sysklogd 방식'으로 알려져 있다. 이 구성은 간단하고 효과적이지만 일부 제약점이 있다. 간단한 필터를 만들 때 이 구성을 사용한다.
- 레거시 rsyslog 지시어들. 이 지시어들은 항상 $ 표시로 시작되는데, 이러한 구문은 rsyslog의 옛날 버전에서 온 것이며 이제는 사라져야 할 것들이다. 하지만 모든 옵션이 새 구문으로 변환되지는 않았기 때문에 이 구문은 어떤 기능들에 대해서는 그 지위를 유지하고 있다.

- rsyslog의 수석 저자인 레이너 제하르드[Rainer Gerhards]의 이름을 딴 레이너스 크립트[RainerScript]. 레이너스크립트는 표현식과 함수를 지원하는 스크립트 구문으로, rsyslog의 전부는 아니지만 대부분의 것을 지원한다.

현실에서 사용되는 여러 환경설정에는 이 세 가지 형태가 모두 혼합돼 있어 간혹 그 효과가 혼란스러울 때가 있다. 레이너스크립트는 2008년부터 사용돼 왔음에도 다른 것에 비해 약간 덜 사용되고 있다. 다행히도 그중 어떤 것이 특별히 복잡하거나 하지는 않다. 게다가 많은 사이트는 자신의 재고 배포판에 포함된 평범한 환경설정을 크게 손볼 필요가 없을 것이다.

전통적인 syslog 환경설정으로부터 마이그레이션하려면 기존의 syslog.conf 파일로 시작하고 활성을 원하는 rsyslog 기능들을 위한 옵션들을 추가하기만 하면 된다.

모듈

rsyslog 모듈은 코어 처리 엔진의 기능들을 확장한다. 모든 입력(출발지)과 출력(목적지)은 모듈을 통해 구성되며 모듈은 메시지들을 파싱하거나 변형할 수 있다. 대부분의 모듈은 레이너 제하르드에 의해 작성됐지만 일부는 서드파티에서 기여한 것이다. C 프로그래머라면 자신의 모듈을 작성할 수 있다.

모듈 이름은 예측 가능한 접두어[prefix] 패턴에 따른다. im으로 시작되는 것들은 입력 모듈이며, om*는 출력 모듈이고, mm*는 메시지 변경자[modifier]다. 대부분 모듈은 그들의 행동을 맞춤 변경하기 위한 추가적인 환경설정 옵션들을 갖고 있다. 모든 설명이 포함돼 있는 rsyslog 모듈 문서를 참고한다.

다음은 비교적 널리 사용되는 (또는 흥미로운) 입력 및 출력 모듈의 일부에 대한 간단한 설명이다.

- 'syslog와의 공존'에서 설명한 것처럼 imjournal은 systemd 저널에 통합된다.
- imuxsock은 유닉스 도메인 소켓에서 메시지를 읽는다. systemd가 존재하지 않으면 이것이 기본값이 된다.
- imklog는 리눅스와 BSD에서 커널 메시지를 읽는 방법을 알고 있다.
- imfile은 보통의 텍스트 파일을 syslog 메시지 형태로 변환한다. syslog를

지원하지 않는 소프트웨어가 생성한 로그 파일을 임포팅importing할 때 유용하다. 여기에는 두 가지 모드가 있다. 하나는 폴링 모드polling mode로 설정된 시간 간격으로 파일의 업데이트를 확인한다. 다른 하나는 경고 모드notification mode(inotify)로 리눅스 파일 시스템 이벤트 인터페이스를 사용한다. 이 모듈은 rsyslogd가 재시작할 때마다 이전에 끝났던 지점에서 다시 시작할 정도로 스마트하다.

- imtcp와 imudp는 각각 TCP와 UDP를 통해 네트워크 메시지를 받아들인다. 이것들을 이용하면 네트워크상에 로깅을 집중화할 수 있다. rsyslog의 네트워크 스트림 드라이버와 결합하면 TCP 모듈은 공통으로 인증된 syslog 메시지들을 TLS로 수용할 수 있다. 극단적으로 큰 볼륨의 리눅스 사이트일 경우에는 imptcp 모듈도 참고한다.

- immark 모듈이 있는 경우라면 rsyslog는 일정한 인터벌로 타임스탬프 메시지를 생산한다. 이러한 타임스탬프들은 단순히 '지난 밤 언젠가'가 아니라 오전 3:00에서 3:20 사이에 시스템에 크래시가 발생했음을 파악하는 데 도움을 줄 수 있다. 이러한 정보는 규칙적으로 발생하는 것처럼 보이는 문제들을 디버깅할 때도 큰 도움을 준다. 표시 간격은 MarkMessagePeriod 옵션을 이용해 설정한다.

- omfile은 메시지들을 파일에 쓰는 작업을 한다. 이 모듈은 가장 흔히 사용되는 출력 모듈이며 기본 설치 때 구성되는 유일한 모듈이다.

- omfwd는 TCP나 UDP를 통해 메시지들을 원격 syslog 서버로 전달한다. 집중화된 로깅을 필요로 하는 사이트라면 omfwd가 바로 원하는 모듈일 것이다.

- omkafka는 아파치 카프카Apache Kafka 데이터 스트리밍 엔진을 위한 생산자producer 구현이다. 대용량 볼륨 사이트의 사용자들은 많은 잠재적 소비자를 갖는 메시지들을 처리하는 능력을 가짐으로써 여러 가지 혜택을 얻을 수 있다.

- omkafka와 마찬가지로 omelasticsearch는 일래스틱서치Elasticsearch 클러스터에 직접 쓰기를 한다. 일래스틱서치를 구성 요소로 갖는 ELK 로그 관리 스택에 관한 자세한 내용은 나중에 다룬다.

- ommysql은 메시지를 MySQL 데이터베이스로 전송한다. rsyslog 소스 배 포판에는 스키마^{schema} 예제가 포함돼 있다. 이 모듈을 레거시 지시어 $MainMsgQueueSize와 결합하면 신뢰성을 더 높일 수 있다.

레거시나 레이너스크립트^{RainerScript} 환경설정 형태 중 한 가지를 통해 모듈들을 로 딩하거나 환경설정할 수 있다. 다음 절에서 각 형태에 따른 몇 가지 예를 보여준다.

sysklogd 문법

sysklogd 문법은 전통적인 syslog 환경설정 형태다. 기성 FreeBSD에 설치돼 있는 버전 같은 표준 syslogd를 만나게 되면 이 형태만 이해해도 된다(하지만 전통적인 syslogd용 환경설정 파일은 /etc/rsyslog.conf가 아니라 /etc/syslog.conf임에 유의한다).

이 형태는 주로 특정 타입의 메시지를 원하는 대상 파일이나 네트워크 주소로 라 우팅하기 위한 것이다. 기본 모습은 다음과 같다.

```
selector        action
```

셀렉터는 한 개 이상의 스페이스나 탭에 의해 액션^{action}과 분리된다. 예를 들어 다 음과 같은 줄은 인증과 관련된 메시지들을 /var/log/auth.log에 저장한다.

```
auth.*          /var/log/auth.log
```

셀렉터는 다음과 같은 구문으로 로그 메시지를 전송하는 소스 프로그램('facility') 과 메시지의 우선순위('severity')를 알아낸다.

```
facility.severity
```

퍼실리티^{facility} 이름과 심각도^{severity} 수준은 둘 다 미리 정의돼 있는 값의 목록에서 선택해야 한다. 즉, 프로그램이 자체적으로 만들어 사용할 수 없다. 퍼실리티는 커널용, 공통 유틸리티 그룹용, 지역에서 작성된 프로그램용으로 정의된다. 그 밖 의 모든 것은 기본 퍼실리티 'user'로 분류된다.

셀렉터는 모든^{all}을 의미하는 *나 없음^{nothing}을 의미하는 none과 같은 특별한 키워드를 포함할 수 있다. 셀렉터는 콤마로 분리된 여러 개의 퍼실리티를 포함할 수 있다. 여러 개의 셀렉터를 세미콜론으로 결합할 수도 있다.

일반적으로 셀렉터들은 논리 연산자 OR로 결합된다. 어떤 메시지가 여러 셀렉터 중 하나의 셀렉터와 매칭되면 해당 줄의 액션이 적용된다. 하지만 none 레벨을 갖는 셀렉터는 같은 줄에 있는 다른 셀렉터들의 내용이 무엇이냐에 관계없이 나열돼 있는 퍼실리티들을 배제한다.

다음은 셀렉터를 구성하거나 결합하는 방법의 사례들을 보여준다.

```
# facility.level에서 액션을 모두에 적용
facility.level                          action
# facility1.level과 facility2.level에서 모두
facility1,facility2.level               action
# facility1.level1과 facility2.level2만
facility1.level1; facility2.level2  action
# 심각도 수준을 갖는 모든 퍼실리티
*.level                                 action
# badfacility를 제외한 모든 퍼실리티
*.level;badfacility.none                action
```

표 10.2는 유효한 퍼실리티 이름의 목록이다. 이들은 표준 라이브러리의 syslog.h에 정의돼 있다.

표 10.2 syslog 퍼실리티 이름

퍼실리티	이 퍼실리티를 사용하는 프로그램
*	'mark'를 제외한 모든 퍼실리티
auth	보안 또는 인가(authorization) 관련 명령
authpriv	민감한 개인 인가 메시지
cron	크론(cron) 데몬
daemon	시스템 데몬
ftp	FTP 데몬, ftpd(구식 폐기)
kern	커널

(이어짐)

퍼실리티	이 퍼실리티를 사용하는 프로그램
local0-7	8가지 유형의 로컬 메시지
lpr	라인프린터 스풀링 시스템
mail	sendmail, postfix, 기타 메일 관련 소프트웨어
mark	규칙적인 시간 간격으로 생성되는 타임스탬프
news	유즈넷(Usenet) 뉴스 시스템(구식 폐기)
syslog	syslogd 내부 메시지
user	사용자 프로세스(기본값)

auth와 authpriv는 너무 엄격하게 구분할 필요는 없다. 인가 관련 메시지들은 모두 민감한 것이며 어떤 것도 외부에서 읽을 수 없다. sudo 로그는 authpriv를 사용한다.

표 10.3은 유효한 심각도^{severity} 수준을 중요성이 큰 것부터 나열한 목록이다.

표 10.3 syslog 심각도 수준

레벨	개략적 의미
emerg	패닉 상태. 시스템 사용 불가
alert	긴급 상태. 즉각적인 조치 필요
crit	결정적인 상태
err	그 밖의 오류 상태
warning	경고 메시지
notice	조사할 필요가 있는 사항
info	정보 제공 메시지
debug	디버깅 전용

한 메시지의 심각도 수준은 그 메시지의 중요도를 나타낸다. 다양한 수준을 서로 구분하는 일은 종종 모호할 때가 있다. notice와 warning 또는 warning과 err은 뚜렷이 구별되지만 crit 상태와 대비해볼 때 alert가 나타내는 의미의 명확한 범위는 추측하기 나름이다.

여기서 수준이란 메시지가 반드시 로깅돼야 하는 최소 중요도를 나타낸다. 예를 들면 SSH로부터의 warning 수준 메시지는 auth.warning 셀렉터뿐 아니라 auth. info, auth. debug, *.warning, *notice, *.info, *.debug 셀렉터에도 매칭된다. 환경설정에서 auth.info 메시지들이 특정 파일에 써지게 돼 있다면 auth.warning 메시지들도 그곳에 써진다.

우선순위 수준 앞에 = 문자와 ! 문자를 붙여 각각 '이 우선순위만', '이 우선순위 이상은 제외하고'라는 의미를 부여할 수 있다. 표 10.4는 여러 사례를 보여준다.

표 10.4 우선순위 수준 수식어의 예

셀렉터	의미
`auth.info`	info 우선순위 이상의 인가 관련 메시지
`auth.=info`	info 우선순위에만 해당되는 메시지
`auth.info;auth.!err`	info, notice, warning 우선순위만 해당
`auth.debug;auth.!=warning`	warning을 제외한 모든 우선순위

action 필드는 각 메시지에 적용할 작업을 말한다. 표 10.5는 선택 가능한 액션들의 목록이다.

표 10.5 공통 액션

액션	의미
filename	메시지를 로컬 머신에 있는 파일에 덧붙인다.
@hostname	메시지를 *hostname* 머신의 rsyslogd에 전달한다.
@ipaddress	메시지를 *ipaddress* 머신의 UDP 포트 514로 보낸다.
@@ipaddress	메시지를 *ipaddress* 머신의 TCP 포트 514로 보낸다.
|fifoname	메시지를 명명된 파이프 *fifoname*에다 쓴다.[a]
user1,user2,...	사용자가 로그인한 상태면 메시지를 사용자 스크린에 쓴다.
*	현재 로그인한 모든 사용자에게 메시지를 쓴다.
~	메시지를 버린다.
^program;template	template 사양에 따라 메시지를 구성한 후 첫 인수를 통해 프로그램으로 보낸다.[b]

a. 자세한 내용은 man mkfifo를 참고한다.
b. 템플릿(template)에 관한 자세한 내용은 man 5 rsyslog.conf를 참고한다.

*filename*이나 *fifoname* 액션이 지정돼 있으면 그 이름은 절대 경로가 돼야 한다.

존재하지 않는 파일명을 사용하면 rsyslogd는 메시지가 처음 수신될 때 파일을 생성한다. 파일의 소유권과 사용 권한은 앞에서 언급했던 글로벌 환경설정 지시어에 지정된다.

다음은 전통적인 구문을 사용하는 일부 환경설정 사례다.

```
# 커널 메시지는 kern.log로
kern.*                             -/var/log/kern.log
# 크론 메시지는 cron.log로
cron.*                             /var/log/cron.log
# 인증 메시지는 auth.log로
auth,authpriv.*                    /var/log/auth.log
# 모든 다른 메시지는 syslog로
*.*;auth,authpriv,cron,kern.none   -/var/log/syslog
```

filename 액션 앞에 대시(-) 기호를 붙여 각 로그 항목이 써진 후에 파일 시스템이 동기화^{sync}되지 않게 할 수 있다. 동기화는 시스템 크래시가 발생했을 때 가능한 한 많은 로깅 정보를 확보한다는 면에서는 도움을 주지만 로그 파일이 밀리게 되면 I/O 성능에 엄청난 충격을 준다. 당연히 대시 기호를 포함시켜 동기화가 일어나지 않게 하길 권장한다. 커널 패닉을 유발한 원인을 조사할 때만 일시적으로 대시를 제거하자.

레거시 지시어

rsyslog는 이 지시어들을 '레거시^{legacy}' 옵션이라고 부르지만 여전히 널리 사용되고 있으며 rsyslog 환경설정의 대부분에서 그것들을 볼 수 있다. 레거시 지시어들은 글로벌 데몬 옵션, 모듈, 필터링, 규칙 등 rsyslog의 모든 기능을 설정할 수 있다.

하지만 현실에서는 주로 모듈이나 rsyslogd 데몬 자체의 환경을 설정하는 데 이 지시어들을 사용한다. rsyslog 문서에서도 메시지 처리 규칙에 레거시 형식을 사용하지 말라고 경고하고 있다. 그것을 제대로 하기란 '엄청나게 어려운' 일이기 때문이다. 실제로 메시지를 필터링하거나 처리하는 데는 sysklogd나 레이너스크립트 형식만을 사용하자.

데몬 옵션과 모듈들은 단순하고 쉽다. 예를 들어 다음 옵션들은 UDP나 TCP를 통해 표준 **syslog** 포트(514)에 로깅하는 것을 활성화한다. 또한 TCP 접속을 열린 상태로 유지하고자 클라이언트에게 킵얼라이브^{keep-alive} 패킷을 보내는 것을 허용한다. 이 옵션은 타임아웃됐을 때 재접속하는 비용을 절감시킨다.

```
$ModLoad imudp
$UDPServerRun 514
$ModLoad imtcp
$InputTCPServerRun 514
$InputTCPServerKeepAlive on
```

이 옵션들이 효력을 내려면 이 줄들을 새 파일에 추가해 /etc/rsyslog.d/10-network-inputs.conf와 같은 주 환경설정에 파일을 포함시켜야 한다. 그런 다음 **rsyslogd**를 재시작한다. 모듈의 행동을 수정하는 모든 옵션은 반드시 모듈이 로딩된 후에 나타나야 한다.

표 10.6는 주로 사용되는 레거시 지시어 중 일부를 보여준다.

표 10.6 rsyslog 레거시 환경설정 옵션

옵션	목적
$MainMsgQueueSize	수신 메시지와 송신 메시지 간의 메모리 버퍼 크기^a
$MaxMessageSize	기본값 8kB, 반드시 입력 모듈의 로딩보다 앞서 나타나야 한다.
$LocalHostName	로컬호스트명을 덮어쓴다.
$WorkDirectory	rsyslog 작업 파일을 저장하는 장소를 지정한다.
$ModLoad	모듈을 로딩한다.
$MaxOpenFiles	rsyslogd를 위해 기본 시스템 nofile 제한 값을 수정한다.
$IncludeConfig	추가적인 환경설정 파일을 포함한다.
$UMASK	rsyslogd에 의해 생성되는 새 파일용 umask 값을 설정한다.

a. 이 옵션은 데이터베이스 삽입과 같은 느린 출력에 유용하다.

레이너스크립트

레이너스크립트^{RainerScript} 문법은 필터링과 제어 흐름 기능을 갖는 이벤트 스트림

처리 언어다. 이론적으로는 레이너스크립트를 통해 기본적인 rsyslogd 옵션들을 설정할 수 있다. 하지만 일부 레거시 옵션들은 아직 그에 상응하는 레이너스크립트가 없기 때문에 복수의 옵션 구문을 사용함으로써 혼란을 야기할 이유가 없는 것이다.

레이너스크립트는 rsyslogd의 레거시 지시어보다 표현력이 더 풍부하고 가독성도 좋지만 지금까지 봐온 여러 가지 환경설정 시스템의 어느 것과도 닮지 않은 특이한 구문을 갖고 있다. 실제로도 약간 무겁게 느껴진다. 그럼에도 필터링^{filtering}과 룰^{rule} 개발에는 레이터스크립트를 사용하길 권장한다. 레이너스크립트의 기능에 대해 그 일부만 간단히 소개하겠다.

 이 책에서 예로 든 배포판 중에서 우분투만 레이터스크립트를 기본 환경설정 파일로 사용한다. 하지만 rsyslog 버전 7이나 이후 버전을 실행하는 모든 시스템에서 레이너스크립트 형식을 사용할 수 있다.

global() 환경설정 객체를 사용해 글로벌 데몬 매개변수들을 설정할 수 있다. 예를 들면 다음과 같다.

```
global(
    workDirectory="/var/spool/rsyslog"
    maxMessageSize="8192"
)
```

대부분의 레거시 지시어들은 workDirectory나 maxMessageSize와 같이 동일한 이름으로 돼 있는 레이너스크립트 짝을 갖는다. 이 환경설정에 상응하는 동일한 레거시 구문은 다음과 같다.

```
$WorkDirectory /var/spool/rsyslog
$MaxMessageSize 8192
```

레이너스크립트를 통해 모듈을 로딩하거나 모듈의 작동 매개변수들을 설정할 수도 있다. 예를 들어 UDP와 TCP 모듈을 로딩하고 앞에서 보여준 것과 동일한 환경설정을 적용하려면 다음과 같은 레이너스크립트를 사용하면 된다.

```
module(load="imudp")
input(type="imudp" port="514")
module(load="imtcp" KeepAlive="on")
input(type="imtcp" port="514")
```

레이너스크립트에서 모듈들은 '모듈 매개변수'와 '입력 매개변수'를 모두 갖는다. 하나의 모듈은 한 번만 로딩되며 모듈 매개변수(예, 앞에서 imtcp 모듈에 있는 KeepAlive 옵션)는 그 모듈에 전역으로 적용된다. 반면에 입력 매개변수들은 같은 모듈에 여러 번 적용될 수 있다. 예를 들면 다음과 같이 rsyslog에게 TCP 포트 514와 1514를 모두 대기[listen]하라고 지시할 수 있다.

```
module(load="imtcp" KeepAlive="on")
input(type="imtcp" port="514")
input(type="imtcp" port="1514")
```

레이너스크립트가 갖고 있는 장점들은 대부분 필터링 기능과 관련돼 있다. 표현식을 써서 어떤 특성 집합과 매칭되는 메시지들을 선택하게 한 후 매칭된 메시지에 특정한 액션을 적용할 수 있다. 예를 들어 다음 줄들은 인가와 관련된 메시지들을 /var/log/auth.log로 보낸다.

```
if $syslogfacility-text == 'auth' then {
    action(type="omfile" file="/var/log/auth.log")
}
```

여기서 **$syslogfacility-text**는 하나의 메시지 프로퍼티[message property], 즉 메시지 메타데이터의 일부다. 프로퍼티 앞에는 달러($) 기호를 붙여 그것이 변수임을 rsyslog에게 알린다. 이 예문에서 액션은 **omfile** 출력 모듈을 사용해 매칭된 메시지들을 auth.log에 쓰는 것이다.

표 10.7은 가장 자주 사용되는 프로퍼티의 목록이다.

표 10.7 자주 사용되는 rsyslog 메시지 프로퍼티

프로퍼티	의미
$msg	메시지 텍스트(메타데이터 불포함)
$rawmsg	수신된 전체 메시지(메타데이터 포함)
$hostname	메시지로부터의 호스트명
$syslogfacility	syslog 퍼실리티(숫자 형식), RFC3164 참조
$syslogfacility-text	syslog 퍼실리티(텍스트 형식)
$syslogseverity	syslog 심각도(숫자 형식), RFC3164 참조
$syslogseverity-text	syslog 심각도(텍스트 형식)
$timegenerated	rsyslogd가 메시지를 수신한 시각
$timereported	메시지 자체로부터의 타임스탬프

하나의 필터는 여러 필터와 여러 액션을 포함할 수 있다. 다음 예는 크리티컬[critical] 심각도를 갖는 커널 메시지들을 대상으로 하고 있다. 메시지들을 파일에 로깅하고 담당 시스템 관리자에게 경보를 알리는 이메일을 보낸다.

```
module(load="ommail")

if $syslogseverity-text == 'crit' and $syslogfacility-text == 'kern' then {
    action(type="omfile" file="/var/log/kern-crit.log")
    action(type="ommail"
        server="smtp.admin.com"
        port="25"
        mailfrom="rsyslog@admin.com"
        mailto="ben@admin.com"
        subject.text="Critical kernel error"
        action.execonlyonceeveryinterval="3600"
    )
}
```

이 예제은 한 시간(3,600초)당 한 개 이상의 이메일 메시지를 원치 않는다고 기술하고 있다.

필터 표현식은 정규표현식, 함수, 기타 복잡한 기술들을 지원한다. 구체적인 내용 전체를 보려면 레이터스크립트 문서를 참고한다.

498

환경설정 파일의 예

이 절에서는 3개의 rsyslog용 환경설정 파일 사례를 보여준다. 첫 번째 사례는 로그 메시지들을 파일에 쓰는 기본적이면서도 완전한 환경설정이다. 두 번째 사례는 syslog 메시지와 httpd 접근, 오류 로그들을 중앙 로그 서버에 전달하는 로깅 클라이언트다. 마지막 사례는 다양한 로깅 클라이언트에서 로그 메시지를 받아들이는 로그 서버다.

이 사례들은 레이너스크립트에 상당히 의존하고 있다. 레이너스크립트가 rsyslog의 최신 버전에서 제안된 구문이기 때문이다. 일부 옵션은 rsyslog 버전 8에서만 유효하며 inotify처럼 리눅스에 국한된 설정들을 포함하고 있다.

rsyslog 기본 환경설정

다음 파일은 어떤 리눅스 시스템에서도 기본 레이너스크립트 rsyslog.conf로 사용될 수 있다.

```
module(load="imuxsock")                  # 로컬 시스템 로깅
module(load="imklog")                    # 커널 로깅
module(load="immark" interval="3600")    # 시간당 기록되는 메시지

# 전역 rsyslogd 매개변수 설정
global(
    workDirectory = "/var/spool/rsyslog"
    maxMessageSize = "8192"
)

# 출력 파일 모듈은 명시적인 로딩이 필요치 않다.
# 하지만 이를 기본 매개변수 값을 덮어쓰고자 로드할 수 있다.
module(load="builtin:omfile"
    # 전통적인 타임스탬프 형태
    template="RSYSLOG_TraditionalFileFormat"

    # 모든 로그 파일을 위한 기본 권한 설정
    fileOwner="root"
    fileGroup="adm"
    dirOwner="root"
    dirGroup="adm"
    fileCreateMode="0640"
```

```
        dirCreateMode="0755"
)

# /etc/rsyslog.d의 파일을 인클루드 한다. 레이너스크립트에는 같은 것이 없다.
$IncludeConfig /etc/rsyslog.d/*.conf
```

이 예문은 **rsyslogd**를 위한 일부 기본 로그 모음 옵션으로 시작한다. 새 로그 파일을 위한 파일 사용 권한 기본값인 **0640**은 **omfile**의 기본값인 **0644**에 비해 더 제한적이다.

네트워크 로깅 클라이언트

이 로깅 클라이언트는 시스템 로그와 아파치 접근, 오류 로그들을 TCP를 통해 원격 서버로 전송한다.

```
# 모든 syslog 메시지를 서버로 전송한다. 이는 sysklogd 문법이다.
*.*                    @@logs.admin.com
# imfile은 파일에서 메시지를 읽는다.
# inotify는 폴링보다 더 효과적이다.
# 이는 기본값이지만 확인을 위해 적어놓았다.
module(load="imfile" mode="inotify")

# imfile 모듈을 통해 아파치 로그를 가져온다.
input(type="imfile"
    Tag="apache-access"
    File="/var/log/apache2/access.log"
    Severity="info"
)

input(type="imfile"
    Tag="apache-error"
    File="/var/log/apache2/error.log"
    Severity="info"
)

# 아파치 로그를 중앙 로그 호스트로 전송한다.
if $programname contains 'apache' then {
    action(type="omfwd"
        Target="logs.admin.com"
        Port="514"
        Protocol="tcp"
```

```
        )
    }
```

아파치 httpd는 메시지를 syslog에 쓰는 것이 기본값으로 돼 있지 않기 때문에 접근이나 오류 로그는 imfile에 의해 텍스트 파일에서 부른다.[6] 메시지들은 나중에 필터 표현식에서 사용하고자 태그가 붙는다.

파일의 끝에 있는 if문은 아파치 메시지들을 찾아 중앙 로그 서버인 logs. admin.com으로 보내는 필터 표현식이다. 로그들은 TCP를 통해 전송된다. TCP가 UDP보다 더 안정적임에도 불구하고 메시지가 누락될 잠재성은 여전히 존재한다. 로그 전달을 확실히 보장하고자 비표준 출력 모듈인 RELP[Reliable Event Logging Protocol]을 사용할 수도 있다.

실제 상황에서는 이 환경설정의 아파치 관련 부분을 서버용 환경설정 관리 구성의 일부로 /etc/rsyslog.d/55-apache.conf에 넘길 수도 있다.

중앙 로깅 호스트

클라이언트에 상응하는 중앙 로그 서버의 구성은 간단하다. TCP 포트 514로 들어오는 로그들을 수신해 로그 타입에 따라 필터링한 후 사이트의 로깅 디렉터리에 있는 파일에 쓰기를 하면 된다.

```
# TCP 입력 모듈을 로드하고 포트 514에 대기시킨다.
# 동시 접속 클라이언트 500 개 이상은 허용하지 말라.
module(load="imtcp" MaxSessions="500")
input(type="imtcp" port="514")

# 메시지 형태에 따라 서로 다른 파일에 저장하라.
if $programname == 'apache-access' then {
    action(type="omfile" file="/var/log/site/apache/access.log")
} else if $programname == 'apache-error' then {
    action(type="omfile" file="/var/log/site/apache/error.log")
} else {
    # 나머지는 모두 사이트 단위 syslog 파일로 간다.
    action(type="omfile" file="/var/log/site/syslog")
```

---

6. httpd는 mod_syslog를 이용해 syslog에 직접 로깅할 수 있지만 여기서는 보여주기 위한 목적으로 imfile을 사용했다.

```
}
```

중앙 로깅 호스트는 메시지를 작성할 때 각 메시지에 대해 타임스탬프를 생성한다. 아파치 메시지에는 **httpd**가 메시지를 로깅할 때 생성되는 별도의 타임스탬프가 포함돼 있다. 이러한 두 가지 타임스탬프는 범사이트 로그 파일에서 모두 볼 수 있다.

syslog 메시지 보안

rsyslog는 TCP 상단에서 실행되는 암호화 및 인증 계층인 TLS를 통해 로그 메시지를 송수신할 수 있다. TLS에 관한 전반적인 내용은 27장을 참고한다.

다음 예문은 인증기관certificate authority, 공인인증서public certificate, 키key가 이미 생성돼 있는 상태임을 가정한다. 공개키 인프라와 인증서 생성에 관한 자세한 내용은 27장을 참고한다.

이 환경설정에는 새로운 옵션이 사용됐다. 네트워크 스트림 드라이버network stream driver, 네트워크와 **rsyslog** 사이에 있는 한 계층layer을 구동하는 모듈이 그것이다. 기본 네트워크의 성능을 개선하는 기능들을 전형적으로 구현하고 있다. TLS는 **gtls** 넷스트림net-stream 드라이버에 의해 활성화된다.

다음 예는 로그 서버용 **gtls** 드라이버를 활성화한다. **gtls** 드라이버는 CA 인증서와 공인인증서, 서버의 개인키private key를 요구한다. 그리고 나서 **imtcp** 모듈이 **gtls** 스트림 드라이버를 활성화한다.

```
global(
    defaultNetstreamDriver="gtls"
    defaultNetstreamDriverCAFile="/etc/ssl/ca/admin.com.pem"
    defaultNetstreamDriverCertFile="/etc/ssl/certs/server.com.pem"
    defaultNetstreamDriverKeyFile="/etc/ssl/private/server.com.key"
)
module(
    load="imtcp"
    streamDriver.name="gtls"
```

```
            streamDriver.mode="1"
            streamDriver.authMode="x509/name"
    )
    input(type="imtcp" port="6514")
```

로그 서버는 TLS 버전의 표준 **syslog** 포트 6514를 이용해 대기한다. **authMode** 옵션
은 syslog에게 어떤 타입의 유효성 검사를 수행할지를 알려준다. 기본값인
x509/name은 인증서가 신뢰할 수 있는 기관에 의해 서명된 것인지를 확인하며,
DNS를 통해 인증서를 특정 클라이언트에 바인딩시키는 주제 이름$^{\text{subject name}}$의 검
증도 수행한다.

TLS 접속의 클라이언트 측 환경설정도 유사하다. 클라이언트 인증서와 개인키를
사용하며 로그 전달 출력 모듈용으로 **gtls** 넷스트림 드라이버를 사용한다.

```
global(
    defaultNetstreamDriver="gtls"
    defaultNetstreamDriverCAFile="/etc/ssl/ca/admin.com.pem"
    defaultNetstreamDriverCertFile="/etc/ssl/certs/client.com.pem"
    defaultNetstreamDriverKeyFile="/etc/ssl/private/client.com.key"
)
*.*      action(type="omfwd"
            Protocol="tcp"
            Target="logs.admin.com"
            Port="6514"
            StreamDriverMode="1"
            StreamDriver="gtls"
            StreamDriverAuthMode="x509/name"
        )
```

이 경우 복합적인 버전의 **syslogd** 구문을 갖는 모든 로그 메시지는 포워딩된다.
즉, 액션 구성 요소가 표준 **sysklogd**식 옵션 중 하나가 아닌 레이너스크립트 형식
으로 돼 있는 메시지들을 말한다. 어떤 메시지를 포워딩할 것인가를 더 까다롭게
결정할 필요가 있을 때는 (또는 서로 다른 클래스의 메시지들을 각각 다른 목적지로 전
송할 필요가 있을 때는) 앞서 제시한 여러 예문에서 보여준 것처럼 레이너스크립트
필터 표현식을 사용할 수 있다.

syslog 환경설정 디버깅

logger 명령은 셸 스크립트나 커맨드라인에서 로그 항목을 제출할 때 유용하다.
또한 rsyslog 환경설정 파일의 변경 내용을 테스트할 때 사용할 수도 있다. 예를
들어 다음과 같은 줄을 새로 추가했다고 하자.

```
local5.warning /tmp/evi.log
```

이것이 제대로 작동되는지 검증하려면 다음 명령을 실행한다.

```
$ logger -p local5.warning "test message"
```

'test message'가 포함된 줄이 /tmp/evi.log 파일에 작성돼야 한다. 제대로 작동하
지 않는다면 rsyslogd를 재시작하는 것을 잊었기 때문일 것이다.

10.4 커널 로깅과 부트타임 로깅

커널과 시스템 시동 스크립트는 로깅 영역에서 어떤 특별한 문제를 겪는다. 커널
의 경우 문제는 어떤 특정 파일 시스템이나 파일 시스템 구성 체계에 종속되지 않
으면서 부트 과정과 커널 작업의 영구 기록을 생성해야 하는 것이다. 시동 스크립
트의 경우 어떤 시스템 데몬을 시동 로그 파일에 영구히 묶어 두지 않고 어떤 프로
그램의 자체 로깅에 방해받지도 않고 시동 스크립트가 부트타임 메시지를 캡처하
는 일에만 매달리지 않게 하면서 시동 과정의 일관되고 정확한 묘사를 캡처해야
하는 것이 문제다.

부트타임 커널 로깅을 위해 제한된 크기의 내부 버퍼에 커널 로그 항목들이 저장
된다. 버퍼는 충분히 크기 때문에 커널의 모든 부트타임 활동에 관한 메시지들을
수용할 수 있다. 시스템이 시동돼 실행되고 있을 때 사용자 프로세스가 커널의 로
그 버퍼에 접근해 그 내용을 처리한다.

 리눅스 시스템에서는 systemd-journald가 장치 파일 /dev/kmsg를 읽음으로써 커
널 버퍼에서 커널 메시지를 읽는다. journalctl -k나 journalctl --dmesg를 실행

하면 이러한 메시지들을 볼 수 있다. 전통적인 dmesg 명령을 사용할 수도 있다.

 FreeBSD와 오래된 리눅스 시스템에서는 dmesg 명령이 커널 버퍼를 보기 위한 가장 좋은 방법이다. 그 출력에는 init가 시작되기 전에 생성된 메시지들까지 포함돼 있다.

커널 로깅과 관련된 또 다른 이슈로 시스템 콘솔의 적절한 관리가 있다. 시스템이 부팅되고 있을 때는 모든 출력을 콘솔로 보내는 것이 중요하다. 하지만 일단 시스템이 부팅을 끝내고 실행이 시작되면 콘솔 메시지는 도움이 되기보다는 짜증스러울지 모른다. 콘솔이 로그인용으로 사용될 때 특히 그렇다.

리눅스에서 dmesg는 커맨드라인 플래그를 이용해 커널의 콘솔 로깅 수준을 설정할 수 있게 해준다. 예를 들면 다음과 같다.

```
ubuntu$ sudo dmesg -n 2
```

레벨 7이 가장 많은 내용을 출력하며 디버깅 정보를 포함하고 있다. 레벨 1은 패닉 메시지만 포함한다. 수준의 숫자가 낮을수록 더 심각한 내용을 담고 있다. 모든 커널 메시지들은 콘솔로 전달되는가에 관계없이 중앙 버퍼로(따라서 syslog로) 계속 보내진다.

10.5 로그 파일의 관리와 로테이션

에릭 트로운[Erik Troan]의 logrotate 유틸리티는 다양한 로그 관리 정책을 구현하며 모든 리눅스 배포판의 표준이 됐다. FreeBSD에서도 실행되지만 포트 컬렉션[ports collection]에서 설치해야만 한다. FreeBSD의 기본값은 newsyslog라는 다른 로그 로테이션 패키지를 사용하게 돼 있다.

logrotate: 크로스플랫폼 로그 관리

logrotate 환경설정은 관리할 로그 파일 그룹에 대한 일련의 사양들로 구성돼 있다. 로그 파일 사양 외에 나타나는 옵션들(다음 예문에 나타나는 errors, rotate, weekly)은 모든 후속 사양에 적용된다. 이 옵션들은 특정 파일의 사양 안에서 덮여 써질 수 있으며 나중에 기본값을 수정하는 파일에서 재지정될 수도 있다.

다음 예는 약간 부자연스럽기는 하지만 여러 가지 로그 파일을 다루는 사례를 보여준다.

```
# 전역 옵션
errors errors@book.admin.com
rotate 5
weekly
# 로그 파일 로테이션 정의 및 옵션
/var/log/messages {
    postrotate
        /bin/kill -HUP `cat /var/run/syslogd.pid`
    endscript
}
/var/log/samba/*.log {
    notifempty
    copytruncate
    sharedscripts
    postrotate
        /bin/kill -HUP `cat /var/lock/samba/*.pid`
    endscript
}
```

이 환경설정은 매주 /var/log/messages를 로테이션한다. 5가지 버전의 파일을 유지하며 파일이 리셋될 때마다 rsyslog에게 그 사실을 알린다. 삼바[Samba] 로그 파일들(여러 개가 있을 수 있다)도 매주 로테이션되지만 옆으로 치워진 다음 재시작되는 것이 아니라 복사된 다음 원 파일의 내용이 잘린다. 삼바 데몬에게는 모든 로그 파일의 로테이션이 완료된 후에만 HUP 시그널이 보내진다.

표 10.8은 가장 유용한 logrotate.conf 옵션들의 목록이다.

표 10.8 logrotate 옵션

옵션	의미
compress	현재 버전이 아닌 모든 포그 파일들을 압축한다.
daily, weekly, monthly	지정된 스케줄대로 로그 파일들을 로테이션한다.
delaycompress	현재와 가장 최근 버전을 제외한 모든 버전의 로그 파일을 압축한다.
endscript	prerotate나 postrotate 스크립트의 끝을 표시한다.
errors *emailaddr*	지정된 이메일 주소(*emailaddr*)로 오류 알림 이메일을 보낸다.
missingok	로그 파일이 존재하지 않는 경우 이의를 제기하지 않는다.
notifempty	로그 파일이 비어 있는 상태면 로테이션하지 않는다.
olddir *dir*	지난 버전의 로그 파일이 *dir* 디렉터리에 있음을 기술한다.
postrotate	로그 로테이션이 완료된 후에 실행될 스크립트를 시작한다.
prerotate	로그 파일의 변경이 이뤄지기 전에 실행될 스크립트를 시작한다.
rotate *n*	로테이션 체계에 *n*개 버전의 로그 파일을 포함시킨다.
sharedscripts	전체 로그 그룹에 대해 오직 한 번만 스크립트를 실행한다.
size *logsize*	로그 파일 크기 > *logsize*(예, 100K, 4M)일 경우에 로테이션한다.

일반적으로 **logrotate**는 하루에 한 번씩 cron에서 실행된다. **logrotate**의 표준 환경설정 파일은 /etc/logrotate.conf지만 **logrotate** 커맨드라인에는 여러 개의 환경설정 파일(또는 환경설정 파일을 포함하고 있는 디렉터리)이 나타날 수 있다.

이러한 기능은 /etc/logrotate.d 디렉터리를 **logrotate** 환경설정 파일의 표준 장소로 정의하고 있는 리눅스 배포판에 의해 사용된다. **logrotate**를 활용하는 소프트웨어 패키지들은 설치 과정의 일부로, 로그 관리 명령들을 실행할 수 있기 때문에 시스템 관리를 매우 단순화시켜준다.

delaycompress 옵션에 대해서는 설명이 좀 더 필요하다. 일부 애플리케이션은 로테이션이 이뤄진 후에도 잠시 동안 이전 로그 파일에 대한 쓰기가 지속된다. 하나의 로테이션 사이클 추가를 위한 압축을 연기하려면 **delaycompress** 옵션을 사용한다. 결과적으로 이 옵션에 의해 세 가지 유형의 로그 파일이 발생하게 된다. 활성 로그 파일active log file, 이미 로테이션됐지만 아직 압축되지 않은 로그 파일, 압축된 로테이션 파일이 그것이다.

logrotate 외에도 우분투에는 개별 파일용 로테이션을 관리하는 savelog라는 더 간단한 프로그램이 있다. 이 프로그램은 logrotate보다 쓰기 쉬우며 환경설정 파일을 사용하지도 않고 필요로 하지도 않는다. 일부 패키지는 logrotate보다는 자체적인 savelog 환경설정을 사용하는 것을 선호한다.

newsyslog: FreeBSD에서의 로그 관리

newsyslog.so는 원래 syslog에 의해 관리되는 파일들을 로테이션할 목적으로 만들어졌기 때문에 이름에 오해의 소지가 있지만 FreeBSD의 logrotate라 보면 된다. 그 구문과 구현은 logrotate와 완전히 다르지만 특이한 날짜 구성을 제외하고는 newsyslog의 환경설정 구문이 좀 더 간단하다.

주 환경설정 파일은 /etc/newsyslog.conf다. 그 구성과 구문에 대한 자세한 내용은 man newsyslog를 참고한다. 기본 /etc/newsyslog.conf 파일에는 표준 로그 파일에 대한 예가 포함돼 있다.

logrotate와 마찬가지로 newsyslog도 크론에서 실행된다. 일반적인 FreeBSD 환경설정에서 /etc/crontab에는 한 시간에 한 번씩 newsyslog를 실행하는 줄이 포함돼 있다.

10.6 대규모 로그 관리

로그 메시지를 캡처해서 디스크에 저장하고 중앙 서버에 전달하는 것이 하나의 일이라면 수백 수천 개 서버로부터의 로깅 데이터를 처리하는 것도 또 다른 큰일이다. 메시지 볼륨들이 너무 크면 이러한 규모에서도 작동하게 설계된 도구 없이는 효과적으로 관리할 수 없다. 다행히도 이런 문제를 해결해주는 여러 가지 상용 오픈소스 도구가 있다.

ELK 스택

오픈소스 영역에서 분명한 리더는 바로 강력한 'ELK' 스택이다. ELK 스택은 일래스틱서치Elasticsearch, 로그스태시Logstach, 키바나Kibana로 구성돼 있다. 실제로도 ELK

스택은 사용하면서 만족스러웠던 훌륭한 소프트웨어 모음 중 하나다. 이 도구 조합은 로깅 클라이언트의 글로벌 네트워크에 의해 생성되는 대용량의 로그 데이터를 분류, 검색, 분석, 시각화하는 데 큰 도움을 준다. ELK는 일래스틱^{Elastic} (elastic.co)에서 만들었으며 ELK를 위한 트레이닝, 지원, 기업용 부가 소프트웨어들을 제공한다.

일래스틱서치는 확장할 수 있는 데이터베이스며 데이터 질의용 RESTful API를 갖춘 검색 엔진으로, 자바로 작성됐다. 일래스틱서치의 설치는 적은 양의 데이터를 다루는 단일 노드에서부터 매초 수천 개의 이벤트를 색인하는 클러스터 내의 수십 개 노드에 이르기까지 다양하다. 로그 데이터를 검색하고 분석하는 것은 흔히 사용되는 일래스틱서치용 애플리케이션 중 하나다.

일래스틱서치가 ELK 스택의 영웅이라고 한다면 로그스태시는 그의 조수이자 믿을 만한 파트너라고 할 수 있다. 로그스태시는 RabbitMQ나 AWS SQS와 같은 큐잉 시스템을 포함한 많은 소스에서 데이터를 받아들인다. 로그스태시는 TCP나 UDP 소켓이나 전통적인 로깅 stalwart, syslog에서 직접 데이터를 읽을 수도 있다. 로그스태시는 메시지들을 파싱해 구조화된 필드들을 추가할 수 있으며 원치 않거나 규칙에 맞지 않는 데이터를 필터링할 수 있다. 일단 메시지를 받아들이고 나면 로그스태시는 다양한 대상에 그 메시지를 쓸 수 있다.

다양한 방법으로 로그 항목들을 로그스태시에 보낼 수 있다. 'rsyslog 환경설정'에서 보여준 것처럼 로그스태시용 syslog 입력을 설정해 rsyslog omfwd 출력 모듈을 사용할 수 있다.

전용 로그 전송 에이전트를 사용할 수도 있다. 일래스틱 고유의 버전은 파일비트^{Filebeat}라 불리며 로그를 로그스태시로 보낼 수 있고 일래스틱서치로 직접 보낼 수도 있다.

마지막 ELK 구성 요소, 키바나는 일래스틱서치용 그래픽 프론트엔드다. 키바나는 일래스틱서치에 의해 색인된 모든 데이터 중에서 필요한 항목을 찾아내는 검색 인터페이스를 제공한다. 키바나는 애플리케이션을 새롭게 통찰하는 데 도움을 주는 그래프와 시각화를 생성할 수 있다. 예를 들어 시스템에 어떤 일이 일어나고 있는지를 지리적으로 보여주고자 지도상에 로그 이벤트를 표시할 수 있다. 그 밖에 경고나 시스템 모니터링 인터페이스를 추가하는 플러그인들도 있다.

물론 ELK가 운용 면에서 부담이 없을 수는 없다. 대규모 ELK 스택을 맞춤형 환경 설정으로 구축하는 것은 간단한 일이 아니며 그것을 관리하는 데는 시간과 전문성이 요구된다. 우리가 알고 있는 (현재 회사도 포함) 대부분 시스템 관리자들은 소프트웨어나 운용상 오류 때문에 뜻하지 않게 데이터를 상실한다. ELK를 배치하기로 결정한다면 그것은 곧 실질적인 시스템 관리 부담을 지겠다는 다짐임을 잘 알아야 한다.

우리는 적어도 logz.io 서비스에 대해 잘 알고 있다. 이 서비스는 상용급 서비스형 ELK를 제공한다. 네트워크로부터의 로그 메시지들을 암호화된 채널을 통해 logz.io가 제공하는 종단점^{endpoint}으로 보낼 수 있다. 그곳에서 키바나를 통해 메시지가 소비돼 색인화되고 이용 가능하게 된다. 이것은 저비용 솔루션은 아니지만 검토해볼 만하다. 클라우드 서비스에서와 같이 서비스를 로컬 복제하는 것이 궁극적으로는 더 많은 비용을 발생시킨다는 사실을 알게 될 수 있다.

Graylog

Graylog는 ELK라는 우두머리를 쫓는 열의에 찬 강아지라 할 수 있다. 여러 가지 면에서 ELK 스택과 비슷하다. 예를 들면 일래스틱서치로 데이터를 보관하며 ELK 스택과 마찬가지로 로그 메시지를 직접 또는 로그스태시를 통해 받아들일 수 있다. 실질적 차이점은 많은 사용자로부터 매우 우수할 뿐 아니라 사용하기 쉽다고 평가받는 Graylog UI에 있다.

역할 기반 접근 제어나 LDAP 통합을 위한 지원 등 ELK의 기업용 기능 중 일부는 Graylog 오픈소스 제품 안에 포함된다. Graylog는 새로운 로깅 인프라를 선택할 때 제품 비교 평가 후보군에 확실히 포함시킬 만한 가치가 있다.

서비스형 로깅

상용 로그 관리 상품에는 여러 가지가 있다. 스플렁크^{Splunk}가 가장 원숙한 경지에 이르렀고 신뢰할 만하다. 호스팅되는 버전과 온프레미스$^{on-premise}$ 버전이 모두 있다. 가장 큰 기업 네트워크 중 일부는 로그 관리자로서만이 아니라 비즈니스 분석 시스템으로서 스플렁크를 사용하고 있다. 하지만 스플렁크를 선택하려면 특권을 위한 값비싼 비용을 치를 준비가 돼 있어야 한다.

대안으로 선택할 수 있는 서비스형 소프트웨어^{SaaS} 선택지로는 스모로직$^{Sumo\ Logic}$, 로글리^{Loggly}, 페이퍼트레일^{Papertrail}이 있으며 이들 모두 syslog 통합과 적합한 검색 인터페이스를 갖고 있다. AWS를 사용하는 경우에는 아마존의 클라우드워치 로그 $^{CloudWatch\ Logs}$ 서비스가 AWS 서비스와 고객의 애플리케이션 모두로부터 로그 데이터를 수집할 수 있다.

10.7 로깅 정책

몇 년 전부터 로그 관리는 시스템 관리 부문의 세부 업무로부터 출현해 독자적인 힘으로 이제는 기업 관리의 엄청난 도전 과제가 됐다. IT 표준, 입법 명령, 보안 사건 처리를 위한 대비책들은 모두 로그 데이터 처리에 관한 요건을 의무적으로 부과할 수도 있다. 주요 사이트들은 결국에 가서 이러한 로그 데이터의 관리에 대한 포괄적이면서도 구조적인 접근법의 수용이 필요하게 될 것이다.

단일 시스템으로부터의 로그 데이터는 저장소에 별로 큰 영향을 주지 않지만 수백 개의 서버와 수십 가지 애플리케이션을 커버하는 중앙 집중화된 이벤트 레지스터는 얘기가 완전히 다르다. 웹 서비스들이 갖고 있는 임무 수행에 필수적으로 요구되는 많은 부분 덕분에 애플리케이션과 데몬 로그는 운영체제가 만들어내는 것만큼이나 중요하게 됐다.

로깅 전략을 수립할 때는 다음과 같은 질문을 염두에 둬야 한다.

- 몇 개의 시스템과 애플리케이션을 포함할 것인가?
- 어떤 타입의 스토리지 인프라를 사용할 수 있는가?

- 로그는 얼마나 오랫동안 보존돼야 하는가?
- 어떤 타입의 이벤트들이 중요한가?

이 질문에 대한 답은 비즈니스 요건이나 적용되는 표준 및 규정에 따라 다르다. 예를 들어 신용카드업계 보안 표준 협의회Payment Card Industry Security Standards Council 의 어떤 표준안은 접근이 쉬운 매체(예, 로컬 마운트된 하드디스크)에 3달 동안 로그를 보존할 것과 최소한 일 년 동안 장기적 저장소에 보관할 것을 요구하고 있다. 이 표준안은 반드시 포함돼야 할 데이터 유형에 관한 지침도 포함하고 있다.

이 책의 리뷰어 중 하나가 언급했듯이 로그 데이터를 보유하지 않았다는 이유로 소환되는 일은 없다. 그렇기 때문에 어떤 사이트들은 민감한 로그 데이터를 수집하지 않거나 의도적으로 파기한다. 여러분이 이런 식의 접근법을 사용해도 괜찮을 것인가 하는 문제는 전적으로 여러분에게 적용되는 법적 요건에 달려 있다.

앞에서 언급한 질문에 대한 답이 어떻든 간에 조직에 정보 보안 감사 부서가 있다면 반드시 그곳에서 자문을 받자.

대부분 애플리케이션에 대해 최소한 다음 정보들의 수집을 고려한다.

- 사용자명 또는 사용자 ID
- 이벤트 성공/실패
- 네트워크 이벤트의 발신 주소source address
- 날짜와 시간(NTP 같은 권위 있는 출처로부터)
- 민감한 데이터의 추가, 변경, 삭제
- 이벤트 세부 사항

로그 서버는 신중하게 검토된 스토리지 전략을 갖고 있어야 한다. 예를 들어 클라우드 기반 시스템이라면 90일간은 데이터에 대한 즉각적인 접근을 제공하고 객체 스토리지 서비스로 전환된 옛날 데이터는 1년간 아카이브 스토리지 솔루션에 저장되는 데이터는 3년간 제공하게 할 수 있다. 스토리지 요구 사항은 시간이 흐름에 따라 진화하기 때문에 성공적인 구현을 위해서는 반드시 변화하는 조건에 쉽게 적응해야 한다.

규정이나 보안 문제를 다루는 데 참여하는 신뢰 받는 시스템 관리자나 직원에게는 중앙 집중화된 로그 서버에 대한 셸 접근을 제한한다. 이러한 로그 웨어하우스 시스템들은 감사 요건을 만족시키는 것을 넘어 조직의 일상적 업무에는 어떤 역할도 하지 않기 때문에 애플리케이션 관리자나 최종 사용자, 헬프데스크에서는 그러한 시스템에 접근할 이유가 없다. 중앙 서버에 있는 로그 파일에 대한 접근은 접근 그 자체가 로깅돼야 한다.

중앙 집중화는 작은 사이트일수록 실질적인 혜택을 발휘하지 못한다. 중앙 집중화를 고려해야 하는 합리적인 기준점으로 20개의 서버를 제안한다. 이보다 적을 때는 로그를 적절히 로테이션하고 디스크가 꽉 차지 않게 자주 아카이브하면 된다. 로그 파일의 증식이 멈추었을 때 그 사실을 알려주는 모니터링 솔루션에 로그 파일들을 포함시키자.

11 드라이버와 커널

커널은 유닉스와 리눅스 시스템의 중앙 정부와 같다. 규정을 집행하고 자원을 분배하고 사용자 프로세스가 의존하는 핵심 서비스들을 제공한다.

우리는 대개 커널이 하는 일에 대해 많은 생각을 하지 않는다. 사실 이는 참 다행스러운 일이다. cat /etc/passwd와 같은 간단한 명령조차도 하부에서는 일련의 복잡한 과정이 수반된다. 시스템을 여객기에 비유한다면 비행기의 조종면을 관리하는 수천 개의 조그만 과정들에 대해 걱정할 필요 없이 '35,000 피트로 고도를 올려라'는 명령으로 생각하는 것과 같다.

커널은 추상적인 고수준 인터페이스 아래에 있는 세부적인 시스템 하드웨어를 숨겨준다. 마치 애플리케이션 프로그래머를 위한 API와 같다. 시스템과 상호작용하기 위한 유용한 기능들을 제공하는 체계적으로 잘 정의된 인터페이스인 것이다.

이러한 인터페이스는 다음과 같은 다섯 가지 기본 기능을 제공한다.

- 하드웨어 장치의 관리와 추상화
- 프로세스와 스레드(그리고 그들 사이에 통신하는 방법)
- 메모리 관리(가상 메모리와 메모리 공간 보호)
- I/O 기능(파일 시스템, 네트워크 인터페이스, 시리얼 인터페이스 등)
- 시스템 관리 기능(시동, 종료, 타이머, 멀티태스킹 등)

시스템 하드웨어의 특정 기능과 통신 프로토콜을 잘 알고 있는 것은 장치 드라이버[Device Drivers]뿐이다. 사용자 프로그램과 커널의 나머지 부분은 그런 지식과 거의 무관하다. 예를 들어 디스크의 파일 시스템과 네트워크 파일 시스템은 매우 다르지만 커널의 VFS 계층은 사용자 프로세스나 커널의 다른 부분에게 서로 다른 파일 시스템이 똑같은 것으로 보이게 해준다. 데이터를 디스크 장치 #8의 3,829 블록에 써야 하는지, TCP 패킷에 넣어 이더넷 인터페이스 e1000e에 써야 하는지를 알 필요는 없다. 지정한 파일 디스크립터[file descriptor]로 보내진다는 것만 알면 된다.

프로세스(프로세스의 가벼운 친척 스레드도 포함)는 커널의 CPU 시간 공유[time sharing]와 메모리 보호를 구현하는 메커니즘이다. 커널은 실행 가능한 각각의 스레드에게 작업 수행을 위한 시간 조각[time-slice]을 제공하면서 시스템 프로세스들 간의 유연한 스위칭을 수행한다. 커널은 사용 권한이 명시적으로 부여되지 않는 한 하나의 프로세스가 다른 프로세스의 메모리 공간을 읽거나 쓰지 못하게 막는다.

메모리 관리 시스템은 각 프로세스의 주소 공간[address space]을 정의하고 프로세스가 연속된 메모리 영역을 무제한으로 소유한다는 환상을 갖게 해준다. 실제로는 서로 다른 프로세스의 메모리 페이지들이 시스템의 물리적 메모리 안에 서로 뒤섞여 있는 것이다. 커널 관리와 메모리 보호 체계만이 페이지들을 정리할 수 있다.

하드웨어 장치 드라이버의 상단에 위치하면서 커널의 다른 부분들보다 아래에 있는 계층이 I/O 기능이다. I/O 기능에는 파일 시스템 서비스, 네트워킹 서브시스템, 시스템에서 데이터를 내보내거나 읽는 다양한 서비스가 포함된다.

11.1 시스템 관리자용 커널 작업

여러 계층으로 구성된 커널의 기능들은 거의 대부분 C로 작성돼 있으며 C 컴파일러 지시어를 통해 접근할 수 없는 CPU 기능(예, 대다수 CPU에 정의돼 있는 읽기-수정-쓰기 원자적 인스트럭션^{atomic instruction})에 접근하고자 약간의 어셈블리어 코드만을 사용한다. C 프로그래머가 되거나 커널 코드를 만지지 않고도 완벽하게 훌륭한 시스템 관리자가 될 수 있음은 다행스러운 일이다.

이 말은 곧 어떤 부분에 대해서는 수정이 불가피하다는 것을 의미한다. 그러한 수정은 여러 가지 형태를 취할 수 있다.

사용자 공간에서 접근할 수 있는 매개변수들을 조정함으로써 커널 동작의 많은 부분(예, 네트워크 패킷 전송)을 제어하거나 영향을 미칠 수 있다. 이러한 매개변수 값을 사용자 환경과 부하에 맞게 적절히 설정하는 것이 일반적인 시스템 관리 업무 중 하나다.

또 다른 일반적인 커널 관련 작업에는 새로운 장치 드라이버 설치가 있다. 새로운 모델이나 유형의 하드웨어(비디오 카드, 무선 장치, 특수한 오디오 카드 등)들은 끊임없이 시장에 등장하고, 업체가 배포하는 커널에는 그러한 하드웨어들이 항상 장착돼 있는 것은 아니다.

어떤 경우에는 새 버전의 커널을 소스코드에서 새로 빌드해야 할 때도 있다. 예전만큼 자주 시스템 관리자가 커널을 빌드할 필요는 없지만 어떤 상황에서는 그럴 필요도 있다. 빌드 작업은 생각보다 쉽다.

커널은 매우 까다롭다. 약간의 변경만으로도 커널을 불안정하게 만들 수 있다. 커널이 부팅되더라도 제 기능을 다 하지 못하는 경우도 있다. 더 안 좋은 것은 작업 결과를 평가하기 위한 체계적인 계획이 없는 경우 시스템 성능이 저하됐다는 사실조차 깨닫지 못할 수 있다는 것이다. 커널을 수정할 때는 매우 보수적이어야 한다. 특히 상용 서비스를 제공하는 시스템에서는 더 조심해야 하며 항상 안정화가 검증된 환경설정으로 되돌아갈 수 있는 대비책을 갖고 있어야 한다.

11.2 커널 버전 부여

커널 내부로 깊이 들어가기 전에 커널 버전과 배포판 사이의 관계에 대해 몇 마디 하고 넘어가는 게 도움이 될 듯하다.

리눅스와 FreeBSD 커널은 지금도 활발히 개발되고 있다. 시간이 흐르면서 버그는 수정되고 새로운 기능이 추가되며 사용되지 않는 낡은 기능은 제거된다.

일부 오래된 커널들은 수명 연장을 위해 계속 지원되고 있다. 마찬가지로 일부 배포판들은 안정성을 강조하면서 더 많은 테스트를 거친 옛날 버전을 실행하고 있다. 반면 어떤 배포판들은 안정성은 조금 떨어지지만 최신 장치 지원과 기능들을 제공하려는 시도를 하고 있다. 여러분은 시스템 관리자로서 사용자들의 요구를 수용하는 방향으로 이러한 선택 사항들을 결정해야 할 의무가 있다. 모든 상황에 적합한 단 하나의 솔루션이란 있을 수 없다.

리눅스 커널 버전

리눅스 커널과 그 커널을 기반으로 하는 배포판은 각각 따로 개발되기 때문에 커널은 독자적인 버전 부여^{versioning} 체계를 갖는다. 일부 커널 릴리스는 일종의 상징적인 대중적 인기를 얻기 때문에 여러 개의 독립된 배포판이 모두 동일한 커널을 사용하는 것은 이상한 일이 아니다. 어떤 시스템이 어떤 커널을 실행하고 있는지 알려면 uname -r 명령으로 확인해보면 된다.

리눅스 커널은 시맨틱^{Semantic} 버전 부여라 불리는 규칙에 따라 이름이 지어진다. 이 규칙에 따라 커널 이름은 메이저 버전, 마이너 버전, 패치 레벨$^{patch\ level}$의 세 가지 요소로 구성된다. 현재로서는 버전 숫자와 의도하는 상태, 즉 안정화된 커널인가 아니면 개발 중인 커널인가를 예측할 수 있는 관계는 없다. 커널은 개발자들이 안정됐다고 결정할 때 안정화된 커널로 인정된다. 또한 역사적으로 볼 때 커널의 메이저 버전 숫자는 불규칙적으로 증가해 왔다.

많은 안정화 버전의 리눅스 커널이 동시에 장기 유지 관리$^{long-term\ maintenance}$에 놓일 수 있다. 메이저 리눅스 배포판에 의해 출하된 커널들은 최신판 커널보다 상당히 뒤떨어져 있는 경우가 종종 있다. 어떤 배포판들은 공식적으로 단종된 커널조차 출하하기도 한다.

커널 소스 트리에서 더 새로운 버전의 커널을 컴파일해 설치할 수도 있지만 그것을 권장하지는 않겠다. 배포판마다 다른 목적이 있기 때문에 자신의 목적에 맞는 커널 버전을 선택한 것이다. 하나의 배포판이 어떤 미묘한 특정 관심사 때문에 더 새로운 버전의 커널을 회피하는 것을 여러분은 결코 알 수 없다. 더 최신 버전의 커널이 필요하다면 기존 시스템에 새 커널을 억지로 우겨 넣는 것보다는 새 커널에 맞춰 설계된 배포판을 설치하자.

FreeBSD 커널 버전

FreeBSD는 버전과 릴리스에 대해 매우 간결한 접근 방식을 택하고 있다. 프로젝트는 두 가지 메이저 프로덕션 버전을 유지 관리한다. 이 책을 쓰는 현재 기준으로는 버전 10과 버전 11이다. 커널은 별도의 버전 부여 체계를 갖지 않는다. 커널은 완전한 운영체제의 일부로 출시되며 운영체제와 버전 숫자를 공유한다.

두 메이저 릴리스 중에서 더 오래된 버전(여기서는 FreeBSD 10)은 유지 관리 버전으로 생각할 수 있다. 유지 관리 버전은 새 기능들을 받아들이지 않고 안정성과 보안 업데이트에만 중점을 두면서 유지 관리된다.

둘 중 더 새로운 버전(여기서는 FreeBSD 11)은 개발이 활발히 이뤄지고 있다. 범용 목적의 안정된 릴리스들도 이 트리에서 나온다. 하지만 커널 코드는 항상 이전 메이저 버전의 커널보다 더 새로운 버전이면서도 실전 테스트는 조금 덜 된 버전이 된다.

일반적으로 도트 릴리스dot release는 대략 4개월마다 발생한다. 메이저 릴리스는 5년 동안 공개적으로 지원되며, 그들의 도트 릴리스는 다음 도트 릴리스가 나온 후 3개월 동안 지원된다. 이 시간은 지난 도트 릴리스에게 그렇게 긴 수명이 아니므로 FreeBSD는 현재 버전에 머물면서 패치할 것을 기대하는 것이다.

11.3 장치와 드라이버

장치 드라이버는 커널의 나머지 부분이 하드웨어의 개별적 특성을 알 필요가 없도록 시스템과 특정 하드웨어의 연동을 관리해주는 추상화 계층이다. 드라이버는 장치가 이해할 수 있는 하드웨어 명령과 커널에 의해 정의되고 사용되는 정형화된 프로그래밍 인터페이스 사이의 통역을 수행한다. 드라이버 레이어는 커널의 대부분이 장치 독립성^{device-independent}을 유지할 수 있게 돕는다.

새로운 하드웨어들이 개발되는 놀라운 속도를 생각할 때 최신 하드웨어로 업데이트된 상태로 주류 OS 배포판을 계속 유지하는 것은 현실적으로 불가능하다. 따라서 가끔 기존 시스템이 새 하드웨어를 지원할 수 있도록 장치 드라이버를 추가할 필요가 있다.

장치 드라이버는 시스템마다 다르며 특정 범위의 커널 개정에 따라 달라지는 경우가 많다. 타 운영체제(예, 윈도우)용 드라이버는 유닉스나 리눅스에서는 작동하지 않기 때문에 새 하드웨어를 구매할 때는 반드시 이 점을 고려해야 한다. 또한 장치들은 여러 가지 리눅스 배포판에서 사용될 때 호환성과 기능성의 정도가 다르므로 시스템 관리자는 자신이 고려하고 있는 하드웨어를 사용해본 다른 사이트의 경험을 신중히 검토해야 한다.

하드웨어 제조업체들은 FreeBSD나 리눅스 시장에 매료돼 있기 때문에 그들의 제품에 적합한 드라이버들을 종종 제공한다. 업체가 드라이버와 설치 안내서를 모두 제공하면 가장 좋겠지만 간혹 필요한 드라이버가 엉성해 보이고 설명도 없는 웹 페이지에서만 발견되는 경우가 있다. 이런 경우 매수자 위험 부담 원칙에 따를 수밖에 없다.

장치 파일과 장치 번호

대부분의 경우 장치 드라이버는 커널의 일부다. 다시 말해 사용자 프로세스가 아닌 것이다. 그렇지만 드라이버는 커널 내에서도 사용자 공간에서도 모두 접근할 수 있다. 보통 /dev 디렉터리에 있는 '장치 파일^{device file}'을 통해 접근한다. 커널은 이 파일을 대상으로 하는 작업들을 드라이버 코드에 대한 호출로 변환한다.

네트워크를 기반으로 하지 않는 대부분의 장치들은 /dev 디렉터리에 한 개 이상의 대응 파일을 갖고 있다. 복잡한 서버에서는 수백 개의 장치를 지원하기도 한다. 장치 파일을 통해 /dev에 있는 파일들은 각각 자신과 결합된 메이저와 마이너 장치 번호$^{Device\ Number}$를 갖게 된다. 커널은 이 숫자들을 이용해 장치 파일을 그에 상응하는 드라이버에 매핑한다.

메이저 장치 번호는 해당 파일에 상응하는 드라이버(즉, 장치 타입)를 특정하는 식별자로 사용된다. 마이너 장치 번호는 보통 지정한 장치 타입의 특정 인스턴스를 가리킨다. 마이너 장치 번호는 유닛 번호$^{Unit\ Number}$라고도 한다.

어떤 장치 파일의 메이저 및 마이너 번호를 알고자 할 때는 ls -1 명령을 실행한다.

```
linux$ ls -l /dev/sda
brw-rw----1 root disk 8, 0 Jul 13 01:38 /dev/sda
```

이 예는 리눅스 시스템에 있는 첫 번째 SCSI/SATA/SAS 디스크를 보여준다. 이 디스크의 메이저 번호는 8이고 마이너 번호는 0이다.

간혹 마이너 장치 번호는 드라이버가 그 장치만 갖고 있는 어떤 특성들을 선택하거나 활성화하는 데 사용되기도 한다. 예를 들어 테이프 드라이브의 경우 /dev에 있는 한 파일을 이용하면 드라이브가 닫힐 때 자동으로 드라이브 되감기가 수행되고 다른 파일을 이용하면 되감기가 수행되지 않게 할 수 있다. 드라이버는 마이너 장치 번호를 어떤 방식이든 원하는 대로 자유롭게 해석할 수 있다. 드라이버들이 관례적으로 마이너 장치 번호를 어떤 의미로 사용하는지를 알려면 맨페이지를 찾아보기 바란다.

실제로 장치 파일에는 두 가지 타입이 있다. 블록 장치$^{block\ device}$와 문자 장치$^{character\ device}$다. 블록 장치는 한 번에 하나의 블록(여러 바이트로 구성된 그룹으로서 대개는 512바이트의 배수로 구성)을 읽고 쓴다. 문자 장치는 한 번에 한 바이트씩 읽고 쓸 수 있다. 앞 예문의 ls 명령 출력에서 맨 앞에 나타나는 문자 b는 /dev/sda가 블록 장치임을 의미한다. 문자 장치인 경우에는 c자가 표시된다.

전통적으로 어떤 장치들은 블록이든 문자든 한 가지로 작동하며 한 가지 모드로 접근할 수 있게 해주는 별개의 장치 파일이 있다. 디스크와 테이프는 두 가지를 모두 갖고 있지만 대부분의 다른 장치는 그렇지 않다. 하지만 이러한 병행 접근 시스템은 더 이상 사용되지 않는다. FreeBSD는 예전에 이중 모드$^{dual-mode}$였던 모든 장치를 문자 장치로 나타내고 있으며 리눅스에서는 블록 장치로 나타내고 있다.

때로는 어떤 실제 장치를 제어하지 않을지라도 장치 드라이버로 추상화를 구현하면 편리한 경우가 있다. 그와 같은 가상적 장치는 의사 장치$^{pseudo-device}$로 알려져 있다. 예를 들어 네트워크를 통해 로그인하는 사용자에게는 의사-TTY$^{PTY, pseudo-TTY}$가 배정되는데, 이 의사-TTY는 상위 계층의 소프트웨어 관점에서 보면 시리얼 포트와 모든 면에서 똑같이 보인다. 이러한 편법을 사용하면 모든 사람이 물리적 터미널을 사용하던 시절에 작성된 프로그램들을 윈도우나 네트워크 환경에서도 계속 사용할 수 있다. 의사 장치의 또 다른 예로는 /dev/zero, /dev/null, /dev/urandom 등이 있다.

어떤 프로그램이 장치 파일을 대상으로 작업을 수행할 때 커널은 그 참조를 가로챈 다음 한 테이블에서 적합한 함수명을 찾아 드라이버의 해당 부분으로 제어를 넘긴다.

파일 시스템 모델에서 직접적으로 유사한 이름이 발견되지 않는 작업(예를 들면 DVD 추출하기)을 수행하려면 사용자 공간에서 드라이버로 직접 메시지를 전달하고자 전통적으로 ioctl 시스템 콜을 사용했다. 표준 ioctl 요청 타입들은 마치 네트워크 프로토콜 번호들이 IANA에 의해 관리되는 것과 같은 방법으로 중앙 권위 기관에 의해 등록된다.

FreeBSD는 전통적인 ioctl 시스템을 계속 사용하고 있다. 전통적인 리눅스 장치들도 ioctl을 사용하지만 현대적인 네트워킹 코드는 RFC3549에 기술돼 있는 더욱 유연한 넷링크^{Netlink} 소켓 시스템을 사용한다. 이러한 소켓들은 중앙 기관을 필요로 하지 않으면서도 ioctl보다 더 탄력적인 메시징 시스템을 제공한다.

장치 파일 관리의 난제

장치 파일은 여러 해 동안 까다로운 문제로 다뤄졌다. 시스템이 몇 가지 유형의 장치만을 지원한다면 장치 파일을 수작업으로도 얼마든지 관리할 수 있다. 하지만 사용하는 장치 수가 증가함에 따라 /dev 파일 시스템은 커다란 클러스터가 된다. 현 시스템과 무관한 파일들도 종종 포함된다. 레드햇 엔터프라이즈 리눅스 버전 3에는 18,000개 이상의 장치 파일이 포함됐다. 시스템에 부착할 수 있는 모든 가능한 장치에 대해 하나씩 장치 파일이 존재했던 것이다. 정적인 장치 파일들을 생성하게 되면 심각한 문제를 일으키며 결국 시스템을 사망에 이르게 한다.

USB, 파이어와이어^{FireWire}, 선더볼트^{Thunderbolt} 등과 같은 장치 인터페이스들은 추가적인 묘안을 도입했다. 이론상으로는 처음에 /dev/sda로 인식된 드라이브는 간헐적으로 접속이 끊기더라도 다른 장치나 버스의 활동과 상관없이 /dev/sda로 사용 가능한 상태를 유지한다. 카메라, 프린터, 스캐너와 같은 일시적인 장치들의 존재는 (다른 타입의 이동식 매체들도 마찬가지) 환경을 혼탁하게 만들며 끊임없이 반복되는 아이덴티티 문제를 더욱 악화시킨다.

네트워크 인터페이스도 같은 문제를 갖고 있다. 다시 말해 네트워크 인터페이스는 장치이긴 하지만 /dev 디렉터리에 그들을 나타내기 위한 장치 파일이 없다. 이런 장치들을 위해 근래에 와서는 비교적 단순한 예측 가능 네트워크 인터페이스 네임^{Predictable Network Interface Names} 시스템을 사용하는 접근 방식을 취하고 있다. 이 방식은 리부팅을 하거나 하드웨어를 변경하거나 드라이버를 변경할 때마다 안정적인 네트워크 이름을 배정한다. 이제 현대적인 시스템들은 다른 장치들의 이름을 다룰 때도 이와 같은 방법을 사용한다.

수작업에 의한 장치 파일 생성

현대적인 시스템들은 장치 파일을 자동으로 관리한다. 하지만 몇 가지 이례적인 경우에는 여전히 mknod 명령을 이용해 수작업으로 장치를 생성할 것을 요구한다. 그 방법은 다음과 같다.

```
mknod filename type major minor
```

여기서 *filename*은 생성할 장치 파일이며, *type*은 문자 장치일 경우에는 c이고 블록 장치일 경우에는 b가 된다. *major*와 *minor*는 각각 메이저 장치 번호와 마이너 장치 번호다. 이미 커널에 존재하는 드라이버를 참조하는 장치 파일을 생성하려는 경우에는 해당 드라이버에 관한 문서를 확인해 정확한 메이저 및 마이너 장치 번호를 알아낸다.

현대적인 장치 파일 관리

리눅스와 FreeBSD는 모두 장치 파일 관리를 자동화했다. 고전적인 유닉스 방식에서는 두 시스템의 개념은 거의 같지만 구현 방법이나 환경설정 파일의 구성은 완전히 다르다. 그 결과 각자 자유롭게 꽃을 피우게 된다.

두 시스템은 모두 새로운 장치가 감지됐을 때 장치에 상응하는 장치 파일을 자동으로 생성한다. 장치가 사라지면(예, USB 메모리를 뽑았을 때) 그에 상응하는 장치 파일도 삭제된다. 구조적인 이유 때문에 리눅스와 FreeBSD는 모두 이 공식의 '장치 파일 생성' 부분을 분리해 구현한다.

FreeBSD에서는 장치들이 /dev에 마운트되는 전용 파일 시스템 타입(devfs)으로 커널에 의해 생성된다. 리눅스에서는 udev라 불리는 사용자 공간에서 실행되는 한 데몬이 이 일을 담당한다. 양쪽 시스템 모두 커널에 의해 발생되는 장치의 도착과 이탈을 알리는 이벤트 스트림을 대기한다.

하지만 여기에는 새로 발견된 장치를 위한 장치 파일을 생성하는 것 외에도 우리가 다루고자 하는 더 많은 것이 있을 수 있다. 예를 들어 새로 발견된 장치가 이동식 저장 매체를 나타낸다면 파일 시스템으로 자동 마운트 되길 원할 수 있다. 허브나 통신 장치라면 적절한 커널 서브시스템으로 환경이 구성되길 원할 수도 있다.

리눅스와 FreeBSD는 모두 그러한 고급 과정들을 사용자 공간의 데몬에게 맡기고 있다. 리눅스의 경우에는 udevd 데몬, FreeBSD의 경우에는 devd 데몬이 그에 해당한다. 두 플랫폼 간의 주요 개념적 차이는, 리눅스는 대부분의 지능을 udevd에 집중화시키는 반면에 FreeBSD의 devfs 파일 시스템은 자체적인 환경설정이 어느 정도 가능하다는 점이다.

표 11.1은 양쪽 플랫폼의 장치 파일 관리 시스템을 구성하는 요소들을 요약한 것이다.

표 11.1 자동 장치 관리의 개요

구성 요소	리눅스	FreeBSD
/dev 파일 시스템	udev / devtmpfs	devfs
/dev FS 환경설정 파일	–	/etc/devfs.conf
		/etc/devfs.rules
장치 관리자 데몬	udevd	devd
데몬 환경설정 파일	/etc/udev/udev.conf	/etc/devd.conf
	/etc/udev/rules.d	
	/lib/udev/rules.d	
파일 시스템 자동 마운트	udevd	autofs

리눅스 장치 관리

 리눅스 시스템 관리자들은 udevd의 룰^{rule} 시스템이 어떻게 작동하는지, udevadm 명령을 어떻게 사용하는지 잘 알아 둘 필요가 있다. 이들에 관한 자세한 내용을 다루기 전에 먼저 udevd에 원시 데이터를 공급하는 장치 정보 저장소^{device information repository}인 sysfs의 하부 구현 기술을 살펴보자.

sysfs: 장치의 영혼으로 들어가는 문

sysfs는 리눅스 커널 버전 2.6에서 추가됐다. 이는 커널에 의해 구현되는 가상의 인메모리^{in-memory} 파일 시스템으로, 사용 가능한 시스템 장치들과 그들의 환경설정 및 현재 상태에 관한 상세하고 체계적인 정보를 제공한다. sysfs 장치 정보는 커널 내부와 사용자 공간 모두에서 접근할 수 있다.

일반적으로 sysfs가 마운트되는 /sys 디렉터리를 탐색하면 어떤 장치가 어떤 IRQ를 사용하고 있는지, 몇 개의 블록이 디스크 컨트롤러의 쓰기용 큐에 대기 중인지 등 모든 것을 알아낼 수 있다. sysfs에 관한 지침 중 하나는 /sys에 있는 각각의 파일은 한 개의 하부 장치 속성만을 나타낸다는 것이다. 이 규칙은 혼란스러운 데이터 집합에 어느 정도의 구조를 부여한다.

표 11.2는 /sys에 있는 디렉터리들을 보여준다. 각 디렉터리는 **sysfs**와 함께 등록되는 하나의 서브시스템이다. 구체적인 디렉터리 목록은 배포판마다 조금씩 다르다.

표 11.2 /sys의 하위 디렉터리

디렉터리	포함된 내용
block	하드디스크와 같은 블록 장치에 관한 정보
bus	커널에 알려진 버스들: PCI-E, SCSI, USB 등
class	장치의 기능 유형에 따라 분류된 트리 구조[a]
dev	문자와 블록 장치로 나뉘는 장치 정보
devices	발견된 모든 장치의 정확한 조상 내역 표현
firmware	ACPI와 같이 플랫폼에 국한된 서브시스템에 대한 인터페이스
fs	커널에 알려진 일부(전부는 아님) 파일 시스템용 디렉터리
kernel	캐시나 가상메모리 상태와 같은 커널 내부 정보
module	커널에 의해 로딩된 동적 모듈
power	시스템 전원 상태에 관한 일부 세부 정보(대부분 사용되지 않음)

a. 예를 들면 사운드나 그래픽 카드, 입력 장치, 네트워크 인터페이스

예전에는 장치 환경설정 정보가 /proc 파일 시스템에 있었다. 시스템 V 유닉스에서 상속된 /proc는 시간이 흐르면서 유기적면서도 약간은 무작위적으로 성장해 왔다. 결국은 프로세스와 무관한 많은 요소를 포함해 서로 관련이 없는 온갖 종류의 정보를 모으게 됐다. /proc에 있던 여러 가지 쓸데없는 정보들은 역호환성을 위해 여전히 지원되고 있지만 /sys는 커널의 내부 데이터 구조를 반영함에 있어서 훨씬 예측 가능하고 체계적인 방법을 사용하고 있다. 시간이 더 지나면 특정 장치에 국한된 정보들은 모두 /sys로 이동될 것으로 예상한다.

udevadm: 장치 탐색

udevadm 명령은 장치 정보를 질의하고 이벤트를 발생시키며 **udevd** 데몬을 제어할 뿐 아니라 **udev**와 커널 이벤트들을 모니터링한다. 시스템 관리자를 위한 **udevadm**

의 주된 용도는 룰을 빌드하고 테스트하는 것이다. 이는 다음 절에서 다룬다.

udevadm은 여섯 가지 명령 중 하나를 첫 번째 인수로 요구한다. 여섯 가지 명령은 info, trigger, settle, control, monitor, test다. 그중에서 특히 시스템 관리자가 관심을 갖는 것은 info다. 이 명령은 장치 고유의 정보를 프린트하고 udevd를 제어 (시작/중지)하거나 강제로 룰 파일을 재로딩한다. monitor 명령은 이벤트가 발생할 때마다 그것들을 화면에 표시한다.

다음 명령은 장치 sdb의 모든 udev 속성을 보여준다. 여기서는 출력의 뒷부분을 잘라버렸지만 실제의 출력은 USB 버스와 같은 모든 부모 장치(장치 트리에서 sdb의 조상들)의 목록을 포함한다.

```
linux$ udevadm info -a -n sdb
...
looking at device '/devices/pci0000:00/0000:00:11.0/0000:02:03.0/
    usb1/1-1/1-1:1.0/host6/target6:0:0/6:0:0:0/block/sdb':
    KERNEL=="sdb"
    SUBSYSTEM=="block"
    DRIVER==""
    ATTR{range}=="16"
    ATTR{ext_range}=="256"
    ATTR{removable}=="1"
    ATTR{ro}=="0"
    ATTR{size}=="1974271"
    ATTR{capability}=="53"
    ATTR{stat}=="  71  986  1561  860  1  0  1  12  0  592  872"
...
```

udevadm 출력에 나타나는 모든 경로(예, /devices/pci0000:00/...)는 절대 경로명처럼 보일 수도 있겠지만 모두 /sys에 대한 상대 경로다.

출력은 룰을 만들 때 udev에게 거꾸로 적용해 사용할 수 있게 구성돼 있다. 예를 들어 ATTR{size}=="1974271"라는 구절이 이 장치에만 해당되는 고유한 것이라면 이 부분만 복사해 룰에 넣음으로써 장치를 식별하는 기준으로 사용할 수 있다.

기타 udevadm 옵션과 구문에 관한 내용은 맨페이지를 참고한다.

룰과 영속 네임

udevd는 룰 집합에 의존해 장치 관리를 운용한다. 기본 룰은 /lib/udev/rules.d 디렉터리에 위치하지만 로컬 룰은 /etc/udev/rules.d 디렉터리에 있다. 기본 룰은 절대 편집하거나 삭제해서는 안 되며, 커스텀 룰 디렉터리에 동일한 이름의 새 파일을 만들어 기본 룰의 효과를 무시하거나 덮어쓰기를 할 수 있다.

udevd용 마스터 환경설정 파일은 /etc/udev/udev.conf다. 하지만 기본 행위는 합리적으로 설정돼 있다. 이 책에서 예로 든 배포판의 udev.conf 파일들은 오류 로깅을 활성화하는 한 줄을 제외하곤 모두 주석^{comment}으로 돼 있다.

불행히도 배포업체와 개발자들 간의 정치적 다툼 때문에 배포판들 사이에 룰 시너지가 거의 없다. 기본 룰 디렉터리에 있는 많은 파일명은 배포판들 간에 동일하지만 파일 내용은 약간씩 다르다.

룰 파일$^{Rule\ File}$들은 *nn-description*.rules 패턴에 따라 이름이 지어진다. 여기서 *nn*은 보통 두 자리 숫자다. 파일들은 어휘 순서대로 처리되기 때문에 낮은 숫자가 먼저 처리된다. 두 개의 룰 디렉터리에 있는 파일들은 udev 데몬인 udevd가 파싱하기 전에 먼저 결합된다. 접미사 .rules는 필수다. 다시 말해 접미사가 없는 파일들은 무시된다.

룰들은 다음과 같은 형식을 갖는다.

```
match_clause, [match_clause, ...] assign_clause, [ assign_clause, ... ]
```

여기서 *match_clause*는 룰이 적용되는 상황을 정의하며 *assign_clause*는 장치가 룰의 모든 *match_clause*와 일치할 때 무엇을 할 것인지를 udevd에게 말해준다. 각 조항^{clause}은 한 개의 키^{key}, 연산자^{operator}, 값^{value}으로 구성된다. 예를 들면 앞에서 언급한 매치 조항 ATTR{size}=="1974271"은 룰의 잠재 요소로 참조된다. 즉, size 속성이 정확히 1,974,271인 모든 장치를 선택한다.

대부분의 매치 키들은 (udevd가 /sys 파일 시스템으로부터 얻은) 장치 속성을 나타내지만 일부 매치 키는 현재 다루고 있는 작업(예, 장치 추가 및 제거)과 같이 다른 맥락의 속성들을 나타낸다. 모든 매치 조항은 반드시 룰이 활성화되는 순서로 매칭돼야 한다.

표 11.3은 udevd가 이해하는 매치 키들을 보여준다.

표 11.3 udevd 매치 키

매치 키	기능
ACTION	이벤트 타입(예, add 또는 remove)을 매칭한다.
ATTR{$filename$}	장치의 sysfs 값을 매칭한다.[a]
DEVPATH	특정 장치 경로를 매칭한다.
DRIVER	장치가 사용하는 드라이버를 매칭한다.
ENV{key}	환경변수의 값을 매칭한다.
KERNEL	장치용 커널 이름을 매칭한다.
PROGRAM	외부 명령을 실행한다. 반환값이 0이면 매칭된다.
RESULT	PROGRAM을 통한 마지막 호출의 출력을 매칭한다.
SUBSYSTEM	특정 서브시스템을 매칭한다.
TEST{$omask$}	파일의 존재 여부를 테스트한다. $omask$는 선택 항목이다.

a. 파일명은 특정 속성에 대응되는 sysfs 트리의 한 리프(leaf)다.

할당 조항assignment clause은 어떤 매칭 이벤트를 다루고자 udevd가 취해야 할 행동을 기술한다. 그 모습은 매치 조항과 유사하다.

가장 중요한 할당 키assignment key인 NAME은 udevd가 새 장치의 이름을 짓는 방법을 나타낸다. SYMLINK 할당 키 옵션은 /dev에 있는 원하는 경로를 통해 장치로 연결되는 심볼릭 링크를 생성한다.

이러한 구성 요소들을 USB 플래시 드라이브용 환경설정 예를 들어 모아봤다. 드라이브의 장치명은 드라이브를 꽂을 때마다 항상 같게 유지되고, 드라이브는 자동으로 마운트되거나 언마운트되길 원한다고 가정한다.

우선 플래시 드라이브를 삽입하고 커널이 그것을 어떻게 식별하는지 확인한다. 이 작업은 몇 가지 방법으로 수행할 수 있다. lsusb 명령을 실행하면 USB 버스를 직접 조사할 수 있다.

```
ubuntu$ lsusb
Bus 001 Device 007: ID 1307:0163 Transcend, Inc. USB Flash Drive
Bus 001 Device 001: ID 1d6b:0002 Linux Foundation 2.0 root hub
Bus 002 Device 001: ID 1d6b:0001 Linux Foundation 1.1 root hub
```

또는 dmesg나 journalctl을 실행해 커널 로그 항목들을 확인할 수도 있다.

이 경우 USB 연결은 광범위한 감사 추적을 남긴다.

```
Aug 9 19:50:03 ubuntu kernel: [42689.253554] scsi 8:0:0:0: Direct-
    Access Ut163 USB2FlashStorage 0.00 PQ: 0 ANSI: 2
Aug 9 19:50:03 ubuntu kernel: [42689.292226] sd 8:0:0:0: [sdb] 1974271
    512-byte hardware sectors: (1.01 GB/963 MiB)
...
Aug 9 19:50:03 ubuntu kernel: [42689.304749] sd 8:0:0:0: [sdb] 1974271
    512-byte hardware sectors: (1.01 GB/963 MiB)
Aug 9 19:50:03 ubuntu kernel: [42689.307182] sdb: sdb1
Aug 9 19:50:03 ubuntu kernel: [42689.427785] sd 8:0:0:0: [sdb] Attached
    SCSI removable disk
Aug 9 19:50:03 ubuntu kernel: [42689.428405] sd 8:0:0:0: Attached scsi
    generic sg3 type 0
```

위의 로그 메시지들은 드라이브가 sdb로 인식됐음을 나타내고 있으며, 이것은 /sys의 장치를 쉽게 식별하는 방법을 제공한다. 이제 udevadm 명령을 써서 /sys 파일 시스템을 검사함으로써 장치의 특성이면서 udev 룰에 통합하는 데 유용할 수도 있는 룰 조각들을 찾아낼 수 있다.

```
ubuntu$ udevadm info -a -p /block/sdb/sdb1
looking at device '/devices/pci0000:00/0000:00:11.0/0000:02:03.0/
    usb1/1-1/1-1:1.0/host30/target30:0:0/30:0:0:0/block/sdb/sdb1':
    KERNEL=="sdb1"
    SUBSYSTEM=="block"
    DRIVER==""
    ATTR{partition}=="1"
    ATTR{start}=="63"
    ATTR{size}=="1974208"
    ATTR{stat}==" 71 792 1857 808 0 0 0 0 0 512 808"

looking at parent device '/devices/pci0000:00/0000:00:11.0/0000:02:03
```

```
.0/usb1/1-1/1-1:1.0/host30/target30:0:0/30:0:0:0/block/sdb':
    KERNELS=="sdb"
    SUBSYSTEMS=="block"
    DRIVERS==""
    ATTRS{scsi_level}=="3"
    ATTRS{vendor}=="Ut163 "
    ATTRS{model}=="USB2FlashStorage"
...
```

udevadm의 출력은 여러 가지 매칭 가능성을 보여준다. size 필드가 이 장치에 고유할 수 있다는 것도 하나의 가능성이다. 하지만 파티션의 크기가 변한다면 장치를 인식할 수 없게 된다. 그보다는 두 개의 값을 결합해 사용해볼 수 있다. 즉, sd의 커널 명명 규칙에 한 개의 문자를 추가한 값과 model 속성 값인 USB2FlashStorage를 결합해 사용하는 것이다. 이 특정 플래시 드라이브에만 적용되는 룰을 생성하기 위한 또 다른 좋은 선택은 장치의 시리얼 번호(예문에서는 생략했다)를 사용하는 것이다.

이제 이 장치용으로 만든 룰을 /etc/udev/rules.d/10-local.rules 파일에 넣는다. 여러 개의 목적을 염두에 두고 있기 때문에 일련의 룰이 필요하다.

우선 /dev에 장치 심링크들을 생성한다. 다음 룰은 장치를 특정하고자 udevadm에서 얻어내 알고 있는 ATTRS와 KERNEL 매치 키를 사용한다.

```
ATTRS{model}=="USB2FlashStorage", KERNEL=="sd[a-z]1",
    SYMLINK+="ate-flash%n"
```

(페이지를 맞추고자 룰을 여기서 두 줄로 나눴다. 원래 파일에서는 전체가 한 줄이다)

룰이 촉발되면 udevd는 장치에 대한 심볼릭 링크로 /dev/ate-flashN을 설정한다 (여기서 N은 0부터 시작하는 순차적인 정수이다). 이 장치들이 실제로 시스템에 한 개 이상 나타날 것으로 기대하지는 않는다. 더 많은 사본이 나타난다면 /dev 내에서 고유한 이름을 받게 되지만 구체적인 이름은 장치 삽입 순서에 따르게 될 것이다.

다음으로 장치들이 USB 버스에 나타날 때마다 어떤 명령들을 실행하고자 ACTION 키를 사용한다. RUN 할당 키를 이용해 적절한 마운트 포인트 디렉터리를 생성하고 그곳에 장치를 마운트한다.

```
ACTION=="add", ATTRS{model}=="USB2FlashStorage", KERNEL=="sd[a-z]1",
    RUN+="/bin/mkdir -p /mnt/ate-flash%n"
ACTION=="add", ATTRS{model}=="USB2FlashStorage", KERNEL=="sd[a-z]1",
    PROGRAM=="/lib/udev/vol_id -t %N", RESULT=="vfat",
    RUN+="/bin/mount vfat /dev/%k /mnt/ate-flash%n"
```

PROGRAM과 RUN 키는 유사하게 보이지만 PROGRAM은 룰 선택 단계에서 활성화되는 매치 키인 반면 RUN은 룰이 촉발될 때 실행되는 룰 액션의 일부인 할당 키다. 위의 두 번째 룰은 mount 명령과 -t vfat 옵션을 이용해 플래시 드라이브를 마운트하기 전에 윈도우 파일 시스템이 포함돼 있는지를 검증한다.

장치가 제거될 때 클린업 작업을 수행하는 룰도 비슷하다.

```
ACTION=="remove", ATTRS{model}=="USB2FlashStorage",
    KERNEL=="sd[a-z]1", RUN+="/bin/umount -l /mnt/ate-flash%n"
ACTION=="remove", ATTRS{model}=="USB2FlashStorage",
    KERNEL=="sd[a-z]1", RUN+="/bin/rmdir /mnt/ate-flash%n"
```

이제 새로 만든 룰들이 모두 제 위치에 자리를 잡았으므로 udevd에게 룰이 변경됐음을 알려야 한다. udevadm의 control 명령은 루트 권한을 요구하는 몇 안 되는 명령이다.

```
ubuntu$ sudo udevadm control --reload-rules
```

오타는 재로드^{reload} 후에 아무런 말없이 무시되기 때문에 (--debug 플래그를 사용할지라도) 룰의 구문은 항상 재점검하자.

전부 끝났다. 이제 플래시 드라이브가 USB 포트에 장착될 때 udevd는 /dev/ate-flash1이라는 심볼릭 링크를 생성하고 드라이브를 /mnt/ate-flash1으로 마운트한다.

```
ubuntu$ ls -l /dev/ate*
lrwxrwxrwx 1 root root 4 2009-08-09 21:22 /dev/ate-flash1 -> sdb1
ubuntu$ mount | grep ate
```

```
/dev/sdb1 on /mnt/ate-flash1 type vfat (rw)
```

FreeBSD 장치 관리

 앞에서 잠깐 살펴본 것처럼 FreeBSD의 자율 관리 /dev 파일 시스템은 **devfs**로 불리며, 그것의 사용자 수준 장치 관리 데몬은 **devd**로 불린다.

devfs: 자동 장치 파일 구성

리눅스의 **udev** 파일 시스템과는 달리 **devfs** 자체는 어느 정도 환경설정이 가능하다. 하지만 그 환경설정 시스템은 특이하면서도 약간 무기력하기까지 하다. 환경설정 시스템은 부트타임 부분(/etc/devfs.conf)과 동적 부분(/etc/devfs.rules)으로 나뉜다. 두 환경설정 파일은 서로 다른 구문을 갖고 있으며 기능도 약간 다르다.

정적인(비이동성) 장치들을 위한 **devfs**는 /etc/devfs.conf에 설정된다. 각 줄은 액션으로 시작하는 하나의 룰이다. 가능한 액션에는 link, own, perm이 있다. link 액션은 특정 장치를 위한 심볼릭 링크를 설정한다. own과 perm 액션은 각각 장치 파일의 소유권ownership과 사용 권한permission을 변경한다.

각 액션은 두 개의 매개변수를 수용하며 매개변수의 해석은 액션에 따라 다르다. 예를 들어 DVD-ROM 드라이브 /dev/cd0가 /dev/dvd라는 이름으로도 사용될 수 있기를 원한다고 가정해보자. 다음 줄은 원하는 목적을 이루게 할 것이다.

```
link cd0 dvd
```

다음 줄들을 이용해 장치의 소유권과 사용 권한을 설정할 수 있다.

```
own cd0 root:sysadmin
perm cd0 0660
```

/etc/devfs.conf가 내장 장치를 위한 액션들을 기술하는 것과 마찬가지로, /etc/devfs.rules는 이동 장치를 위한 룰들을 포함하고 있다. devfs.rules에 있는 룰들은 장치를 숨기거나 접근할 수 없게 만드는 옵션도 갖고 있어 **jail**(8) 환경에 유

용할 수 있다.

devd: 고수준 장치 관리

devd 데몬은 장치와 관련된 커널 이벤트를 기다리면서 /etc/devd.conf에 정의된 룰에 따라 움직이며 백그라운드로 실행된다. devd의 환경설정에 관한 내용은 devd.conf 맨페이지에 자세히 나와 있지만 기본 devd.conf 파일에는 많은 유용한 예와 이해를 돕는 주석이 포함돼 있다.

/etc/devd.conf의 구성은 개념적으로는 간단하다. 여러 그룹의 하위 실행문 substatements을 포함하는 '실행문statement'들로 구성돼 있다. 실행문은 본질적으로 하나의 룰이며, 하위 실행문은 그 룰에 관한 세부 정보를 제공한다. 표 11.4는 사용 가능한 실행문 종류들의 목록이다.

표 11.4 /etc/devd.conf에 있는 실행문 종류

실행문	기술 내용
attach	장치가 삽입될 때 수행할 일
detach	장치가 제거될 때 수행할 일
nomatch	장치와 매칭되는 실행문이 없을 때 수행할 일
notify	장치에 관한 커널 이벤트에 응답하는 방법
options	devd 자신을 위한 환경설정 옵션

개념적으로는 단순하지만 하위 실행문의 환경설정 언어는 다양하고 복잡하다. 따라서 자주 사용되는 환경설정 실행문 중에서 많은 것이 이미 표준 배포판의 환경설정 파일에 포함돼 있다. 기본 /etc/devd.conf 파일을 수정할 필요조차 없는 경우가 많다.

USB 하드디스크나 USB 메모리스틱과 같은 이동매체 장치의 자동 마운트는 이제 devd가 아닌, FreeBSD에서 구현한 autofs에 의해 다뤄진다. autofs에 관한 일반적인 정보는 21장을 참고한다. autofs는 대부분의 유닉스류 운영체제에서 발견됨에도 불구하고 FreeBSD는 특이하게도 이러한 자동 마운트 작업을 autofs에 추가시켰다.

11.4 리눅스 커널 환경설정

리눅스 커널을 구성하는 데는 다음과 같은 3가지 기본적인 방법을 사용할 수 있다. 결국 이 방법들을 모두 사용하게 될 것이다.

- 조정할 수 있는 (동적) 커널 환경설정 매개변수들을 수정한다.
- 처음부터 커널을 빌드한다(수정이나 추가된 소스코드에서 커널을 컴파일한다).
- 새 드라이버나 모듈이 필요할 때 기존 커널에 로딩한다.

이 절차들은 각각 다른 상황에서 사용되기 때문에 어떤 작업에 어떤 방식이 필요한지를 배우는 큰 고비를 넘겨야 한다. 조정 가능한 매개변수들을 수정하는 것이 가장 쉬우면서도 가장 일반적인 커널 조정 방법이며, 반대로 소스코드에서 커널을 빌드하는 것은 가장 힘들고 가장 드물게 사용된다. 다행히도 이 모든 방법은 조금만 연습하면 금방 익숙해질 수 있다.

리눅스 커널 매개변수 튜닝

커널의 많은 모듈과 드라이버는 "한 가지로 모든 것을 해결할 수 없다."는 철학으로 설계됐다. 유연성을 높이고자 내부 테이블의 크기나 특정한 상황에서의 커널 행위와 같은 매개변수들을 필요할 때마다 시스템 관리자가 조정할 수 있게 특별한 연결 고리를 사용한다. 이러한 연결 고리는 /proc 파일 시스템(procfs)에 있는 파일들에 의해 표현되는 커널-사용자 공간 인터페이스를 통해 접근할 수 있다. 어떤 경우에는 크기가 큰 사용자 레벨 애플리케이션(특히 데이터베이스와 같은 인프라 애플리케이션)이 시스템 관리자에게 자신에게 필요한 커널 매개변수를 조정해달라고 요구할 수 있다.

/proc/sys에 있는 특수 파일을 통하면 커널 런타임상 커널 옵션을 보거나 설정할 수 있다. 이 파일들은 표준 리눅스 파일들을 모방한 것이지만 커널 안으로 들어가는 실질적인 백 도어^{back door}다. /proc/sys에 있는 어떤 파일이 갖고 있는 값을 변경하고자 한다면 그 파일에 원하는 값을 쓸 수 있다. 불행히도 (파일의 사용 권한과 관계없이) 모든 파일이 쓰기 가능한 것은 아니며 이에 관한 문서도 별로 많지 않다. 커널 소스 트리가 설치돼 있다면 하위 디렉터리 Documentation/sysctl에서 (또는

kernel.org/doc에서 온라인으로) 일부 값과 그 의미에 관한 정보를 얻을 수도 있다.

예를 들어 시스템이 한 번에 오픈할 수 있는 최대 파일 수를 변경하고자 한다면 다음과 같이 할 수 있을 것이다.

```
linux# cat /proc/sys/fs/file-max
34916
linux# echo 32768 > /proc/sys/fs/file-max
```

이러한 비정통적인 방식의 인터페이스에 일단 익숙해지고 나면 이 방식이 매우 유용하다는 것을 알게 된다. 하지만 이렇게 변경된 내용은 재부팅될 때 유지되지 않는다는 점에 유의한다.

동일한 매개변수를 수정하는 더 영구적인 방법은 sysctl 명령을 사용하는 것이다. sysctl은 커맨드라인이나 환경설정 파일의 *variable=value* 목록에서 각 변수를 설정할 수 있다. 기본적으로 /etc/sysctl.conf는 부트타임 때 읽히며 그 내용은 매개변수의 초기 값을 설정하는 데 사용된다.

예를 들어 다음 명령은 IP 포워딩 기능을 끈다(또는 /etc/sysctl.conf 파일을 수작업으로 편집할 수도 있다).

```
linux# sysctl net.ipv4.ip_forward=0
```

/proc/sys 디렉터리 구조에 있는 슬래시(/)들을 도트(.)로 대체함으로써 sysctl에 의해 사용되는 변수명을 만들 수 있다.

표 11.5는 리눅스 커널 버전 3.10.0 이상에서 가장 빈번하게 조정되는 매개변수들이다. 기본값은 배포판에 따라 다양하게 변한다.

표 11.5 /proc/sys에 있는 조정 가능한 커널 매개변수용 파일

파일	역할
cdrom/autoclose	CD-ROM이 마운트되면 자동으로 닫는다.
cdrom/autoeject	CD-ROM이 언마운트되면 자동으로 추출한다.

(이어짐)

파일	역할
fs/file-max	최대 오픈 파일 수를 설정한다.
kernel/ctrl-alt-del	〈CTRL + Alt + Delete〉를 누르면 리부팅한다. 안전하지 않은 콘솔의 보안을 강화할 수 있다.
kernel/panic	커널 패닉이 발생했을 때 리부팅하기 전에 대기할 시간(초)을 설정한다. 0 = 무한 루프 또는 무한 정지
kernel/panic_on_oops	오류나 버그를 만났을 때 커널의 행동을 결정한다. 1 = 항상 패닉
kernel/printk_ratelimit	커널 메시지들 간의 최소 시간 간격(초)을 설정한다.
kernel/printk_ratelimit_burst	printK_ratelimit가 적용되기 전에 연속적으로 내보낼 메시지의 수를 설정한다.
kernel/shmmax	공유 메모리의 최대 크기를 설정한다.
net/ip*/conf/default/rp_filter	IP 소스 경로 검증을 활성화한다.[a]
net/ip*/icmp_echo_ignore_all	1로 설정되면 ICMP 핑을 무시한다.[b]
net/ip*/ip_forward	1로 설정되면 IP 포워딩을 허용한다.[c]
net/ip*/ip_local_port_range	접속이 구성되는 동안 사용되는 로컬 포트 범위를 설정한다.[d]
net/ip*/tcp_syncookies	SYN 플러드 공격으로부터 보호한다. DoS(Denial-of-Service) 공격이 의심되면 활성화시킨다.
tcp_fin_timeout	마지막 TCP FIN 패킷을 기다리는 시간(초)을 설정한다.[e]
vm/overcommit_memory	메모리 오버커밋(memory overcommit)을 제어한다. 즉, VM 할당 요청을 처리하기에는 물리적 메모리가 충분치 않을 때 커널이 어떻게 반응할 것인가를 결정한다.
vm/overcommit_ratio	오버커밋할 때 사용될 물리적 메모리양(퍼센트)을 정의한다.

a. 이러한 위조 방지(antispoofing) 메커니즘에 의해 커널은 '불가능한(impossible)' 경로에서 수신된 패킷들을 버린다.
b. 관련 변수 icmp_echo_ignore_broadcasts는 브로드캐스트 핑(broadcast ping)을 무시한다. 항상 이 변수 값을 1로 설정해 놓는 것이 좋다.
c. 리눅스 박스를 네트워크 라우터로 사용하려는 명확한 의도가 있을 때만 이 값을 1로 설정한다.
d. 많은 아웃바운드 접속을 개시하는 서버에서는 이 범위가 1024–65000로 늘어난다.
e. 트래픽이 많은 서버에서는 성능 제고를 위해 이 값을 작게(~20) 설정한다.

/proc/sys/net의 IP 네트워킹 하위 디렉터리는 ipv4와 ipv6 두 개가 있음에 유의한다. 과거에는 IPv4가 유일했기 때문에 시스템 관리자는 그것에만 신경을 쓰면 됐다. 하지만 이 책을 집필하는 시점(2017)에 IPv4 주소 블록은 모두 배정이 끝났고 작은 조직 내부에 이르기까지 거의 모든 곳에서 IPv6가 배포돼 사용되고 있다.

일반적으로 양쪽 프로토콜을 모두 지원하고 있다면 IPv4용 변수를 변경할 때 IPv6

용 변수도 변경해야 한다. IP의 한쪽 버전을 수정하고 다른 쪽은 수정하지 않으면 수개월 또는 수년 후에 사용자가 네트워크의 이상을 보고할 때쯤 돼서 문제를 깨닫게 되는 경우가 발생하기 쉽다.

커스텀 커널 빌드

리눅스는 급속히 진화하고 있기 때문에 때에 따라 맞춤형 커널이 필요한 경우를 만나게 된다. 커널 패치, 장치 드라이버, 새 기능들이 꾸준히 지속적으로 현장에 도착하는 흐름에는 장단점이 섞여 있다. 역동적이고 활기찬 소프트웨어 생태계의 한가운데 살고 있다는 특권을 누리는 것은 좋은 점이지만 끊임없이 등장하는 새로운 것에 맞춰 계속 쫓아가는 것은 그 자체가 하나의 일이라는 점에서 좋지 않다.

망가진 게 아니라면 고치려고 하지 말라

커널 업그레이드나 패치를 하려고 할 때는 사이트의 요구 사항과 위험 요소를 조심스럽게 저울질해야 한다. 새로운 릴리스는 가장 신형이면서 가장 좋은 것일지 모르지만 현재 버전만큼 안정적인가를 자문해봐야 한다. 업그레이드나 패치를 연기했다가 이번 달 말에 다른 패치와 함께 설치해도 되지 않을까? 남에게(이 경우 커널 해킹 커뮤니티) 뒤지지 않으려는 유혹을 뿌리치고 자신의 사용자 커뮤니티의 최대 관심사에 집중해야 한다.

경험상으로 볼 때 가장 좋은 원칙은 기대되는 생산성 향상(일반적으로 신뢰성과 성능으로 측정됨)이 설치에 요구되는 노력이나 손실 시간보다 클 때만 업그레이드나 패치를 적용하는 것이다. 특정 이득을 정량화하는 데 어려움이 있다면 그것은 곧 기다렸다가 다른 날 패치하는 게 좋다는 징표다(물론 보안 관련 패치는 즉각 설치하는 게 좋다).

리눅스 커널 빌드를 위한 준비

'안정적stable' 커널을 사용하는 배포판을 실행하고 있다면 자체적으로 커널을 빌드할 필요는 없을 것 같다. 예전에는 버전 번호의 두 번째 부분이 안정적 커널(짝수)인지 개발 중인 커널(홀수)인지를 나타내는 데 사용됐지만 요즘에는 커널 개발자들이 더 이상 그런 시스템을 따르지 않는다. 특정 커널 버전에 관한 공식적인 언급을 보려면 kernel.org를 확인한다. 커널을 제공하는 어떤 특정 배포판이나 업체에 의존하지 않고 있다면 kernel.org 사이트는 리눅스 커널 소스코드를 위한 가장 좋은 출처이기도 하다.

각 배포판은 맞춤형 커널을 구성하고 빌드하는 저마다의 특별한 방법을 갖고 있다. 하지만 배포판들은 전통적인 방법도 지원한다. 여기서는 그 전통적인 방법을 설명한다. 일반적으로 볼 때 배포자가 권장하는 절차를 사용하는 것이 가장 안전하다.

커널 옵션의 설정

대부분 배포판은 커널 소스 파일을 /usr/src/kernels 아래에 있는 버전 하위 디렉터리에 설치한다. 어떤 경우에든 커널 소스 패키지를 설치하고 나서야 시스템에 커널을 빌드할 수 있다. 패키지 설치에 관한 정보는 6장을 참고한다.

커널 환경설정은 커널 소스 디렉터리의 맨 위에 있는 .config 파일을 중심으로 돌아간다. 모든 커널 환경설정 정보가 이 파일에 기술돼 있지만 그 구성은 다소 난해하다. 다양한 옵션이 의미하는 바를 알아내려면 다음 파일에 있는 디코딩 가이드를 이용한다.

```
kernel_src_dir/Documentation/Configure.help
```

옵션 변경의 효과는 항상 명확한 것이 아니기 때문에 .config 파일을 수작업으로 편집하는 것은 대개 권장할 만한 일이 아니다. 옵션들은 상호 의존적인 경우가 많으므로 어떤 옵션을 활성화하는 것은 n을 y로 바꾸는 것처럼 간단한 일이 아닐 수 있다.

.config 파일을 직접 편집하지 않아도 되도록 리눅스는 사용자 인터페이스를 통해 커널 구성을 도와주는 여러 가지 make 타깃을 제공한다. KDE를 사용하고 있다면 make xconfig에 의해 가장 매력적인 환경설정 인터페이스가 제공된다. 마찬가지로 GNOME을 사용 중이라면 make gconfig가 가장 좋은 선택일 것이다. 이러한 명령들은 커널에 추가(또는 로딩 가능한 모듈로서 컴파일)하고자 하는 장치를 선택할

수 있는 그래픽 환경설정 화면을 띄운다.

KDE나 GNOME를 사용하지 않고 있다면 make menuconfig에 의해 호출되는 터미널 기반 인터페이스를 대신 사용할 수 있다. 끝으로 최소한의 골격이라 할 수 있는 make config는 사용 가능한 모든 환경설정 옵션에 대해 사용자가 하나씩 응답할 수 있게 프롬프트를 띄운다. 따라서 매우 많은 질문을 던지게 되며, 응답 후에 마음이 바뀌면 처음부터 다시 시작해야 한다. 지원되기만 한다면 make xconfig나 make gconfig를 사용하길 권장한다. 그렇지 않다면 make menuconfig를 사용한다. 유연성도 가장 부족하고 고통스러운 옵션인 make config는 피하는 게 좋다.

기존 커널 환경설정을 새 커널 버전(또는 트리)으로 이동시키려면 make oldconfig 타깃을 이용해 이전 환경설정 파일을 읽고 새롭게 나타나는 질문들만 물어보게 할 수 있다.

이러한 도구들은 옵션을 활성화시키는 것만큼이나 간단하다. 불행히도 여러 가지 아키텍처나 하드웨어 환경설정들을 모두 수용하고자 여러 버전의 커널을 유지 관리해야 하는 환경이라면 이 도구들을 사용하는 데는 큰 어려움이 따른다.

앞에서 설명한 모든 환경설정 인터페이스는 다음과 같은 .config 파일을 생성한다.

```
# 자동으로 생성되는 make 환경설정이다. 수정하지 말 것
# 코드 성숙도 수준 옵션

CONFIG_EXPERIMENTAL=y

# 프로세서 종류와 기능
# CONFIG_M386은 설정되지 않는다.
# CONFIG_M486은 설정되지 않는다.
# CONFIG_M586은 설정되지 않는다.
# CONFIG_M586TSC는 설정되지 않는다.
CONFIG_M686=y
CONFIG_X86_WP_WORKS_OK=y
CONFIG_X86_INVLPG=y
CONFIG_X86_BSWAP=y
CONFIG_X86_POPAD_OK=y
CONFIG_X86_TSC=y
CONFIG_X86_GOOD_APIC=y
...
```

보다시피 이 파일의 내용은 난해하고 각 CONFIG 태그들이 무엇을 의미하는지에 대한 설명조차 돼 있지 않다. 각 줄 특정 커널 환경설정 옵션을 의미한다. y 값은 해당 옵션을 커널 안으로 컴파일하고 m 값은 옵션을 로드 가능한 모듈^{loadable module}로 활성화한다.

어떤 옵션은 모듈로 설정할 수 있는 반면 어떤 옵션은 그렇지 않다. 모듈로 설정할 수 있는 옵션과 그렇지 못한 옵션을 알고 있어야 한다. 하지만 .config 파일만 봐서는 명확히 알 수 없다. CONFIG 태그들은 의미 있는 정보로 쉽게 연결되지도 않는다.

옵션 계층 구조는 방대하기 때문에 모든 가능성을 면밀히 조사할 계획이라면 많은 시간을 확보해둬 한다.

커널 바이너리 만들기

.config 파일을 올바르게 설정하는 것은 리눅스 커널 환경설정 과정에서 가장 중요한 부분이기는 하지만 그 파일을 완성된 커널로 만들려면 반드시 거쳐야 할 많은 과정이 있다.

다음은 그 전체 과정을 요약한 것이다.

1. 현재 디렉터리를 커널 소스 디렉터리의 맨 위로 변경한다(cd).
2. make xconfig, make gconfig, 또는 make menuconfig를 실행한다.
3. make clean을 실행한다.
4. make를 실행한다.
5. make modules_install을 실행한다.
6. make install을 실행한다.

GRUB 부트 로더의 환경설정 파일이 make install 단계에서 업데이트, 설정, 설치가 수행되지 않는다면 이 작업을 직접 해야 할 수도 있다. GRUB 업데이터는 부트 디렉터리를 스캔해서 어떤 커널들이 사용 가능한지 알아내 부트 메뉴에 그것들을 자동으로 포함시킨다.

make clean 단계는 반드시 필요한 것은 아니지만 깨끗한 빌드 환경에서 시작하는 것이 일반적으로 좋다. 실제로 어떤 문제의 원인을 쫓아 거슬러 올라가다 보면 이러한 클린 단계를 생략했기 때문에 문제가 발생한 경우가 많다.

리눅스 장치 드라이버 추가

리눅스 시스템에서 장치 드라이버는 다음 세 가지 중 하나의 형태로 배포되는 것이 일반적이다.

- 특정 커널 버전을 대상으로 하는 패치
- 로드 가능한 커널 모듈
- 드라이버를 설치하는 설치 스크립트나 패키지

가장 일반적인 형태는 설치 스크립트나 패키지다. 다행히도 새 장치용 설치 스크립트나 패키지가 있다면 새 소프트웨어를 설치하는 표준 절차에 따를 수 있어야 한다.

특정 커널 버전에 대한 패치를 갖고 있는 상황이라면 대부분의 경우에 다음과 같은 방식으로 패치를 설치할 수 있다.

```
linux# cd kernel_src_dir ; patch -p1 < patch_file
```

11.5 FreeBSD 커널 환경설정

 FreeBSD는 커널 매개변수를 변경하는 데 있어 리눅스와 같은 세 가지 방법을 갖고 있다. 실행 중인 커널을 동적으로 튜닝하는 방법, 소스에서 새 커널을 빌드하는 방법, 동적 모듈을 로딩하는 방법이 그것이다.

FreeBSD 커널 매개변수 튜닝

리눅스에서와 마찬가지로 FreeBSD에서도 sysctl 명령을 이용해 많은 커널 매개변수를 동적으로 변경할 수 있다. 그런 명령들을 /et/sysctl.conf 파일에 추가하면 부팅할 때 자동으로 값이 설정되게 할 수 있다. 많은 매개변수를 이런 방법으로 변경할 수 있다. 모든 매개변수를 보려면 sysctl -a 명령을 실행하면 된다. 이 명령으로 출력되는 모든 매개변수가 변경될 수 있는 것은 아니다. 그중에서 많은 것이 읽기 전용이다.

다음에 오는 내용은 비교적 자주 수정되거나 조정하길 바랄 수도 있는 매개변수들의 일부를 요약한 것이다.

net.inet.ip.forwarding과 net.inet6.ip6.forwarding은 각각 IPv4와 IPv6용 IP 패킷 포워딩을 제어한다.

kern.maxfiles는 시스템이 오픈할 수 있는 최대 파일 디스크립터 수를 설정한다. 데이터베이스나 웹 서버와 같은 시스템에서는 이 값을 증가시켜야 할 수 있다.

net.inet.tcp.mssdflt는 TCP 최대 세그먼트 크기의 기본값을 설정한다. 이 값은 IPv4에서 운송되는 TCP 패킷 페이로드^{payload}의 크기다. 어떤 페이로드 크기는 장거리$^{long-haul}$ 네트워크 링크용으로는 너무 크기 때문에 라우터에 의해 낮춰질 수도 있다. 장거리 접속성 문제를 디버깅할 때는 이 매개변수를 변경하는 것이 유용하다.

net.inet.udp.blackhole은 패킷이 닫힌 UDP 포트에 도착할 때 ICMP '포트 도달 불가$^{port\ unreachable}$' 패킷을 반송할 것인지의 여부를 제어한다. 이 옵션을 활성화하면 (즉 '포트 도달 불가' 패킷을 비활성화) 포트 스캐너나 잠재적 공격자들을 둔화시킬 수 있다.

net.inet.tcp.blackhole은 udp.blackhole 매개변수와 개념적으로 유사하다. 일반적으로 TCP는 패킷들이 닫힌 포트에 도착하면 RST(연결 재설정$^{connection\ reset}$) 응답을 보낸다. 이 매개변수를 1로 설정하면 닫힌 포트에 도착한 어떤 SYN (연결 설정 $^{connection\ setup}$)도 RST를 생성하지 못하게 한다. 2로 설정하면 닫힌 포트에 도달하는 어떤 세그먼트에 대해서도 RST 응답을 하지 않게 한다.

kern.ipc.nmbclusters는 시스템에서 사용할 수 있는 mbuf 클러스터의 수를 제어한다. mbuf는 네트워크 패킷용 내부 저장 구조며, mbuf 클러스터는 mbuf '페이로드'로 생각할 수 있다. 과중한 네트워크 부하를 겪고 있는 서버에서는 이 값을 기본값

(FreeBSD 10에서는 현재 253,052)보다 크게 증가시킬 필요가 있다.

kern.maxvnodes는 최대 가상 노드(vnode) 수를 설정한다. 가상 노드는 파일을 추적하는 커널 데이터 구조다. 사용 가능한 가상 노드 수를 증가시키면 과중한 서버의 디스크 처리 능력을 향상시킬 수 있다. 성능 저하를 겪고 있는 서버에서는 vfs. numvnodes 값을 점검해보자. 그 값이 kern.maxvnodes 값에 근접해 있으면 후자의 값을 증가시킨다.

FreeBSD 커널 작성

커널 소스는 FreeBSD 서버에서 압축된 타볼^{tarball} 형태로 제공된다. 그것을 다운로드한 후 풀어서 설치하면 된다. 일단 커널 소스 트리가 설치되고 나면 커널 환경을 설정하고 빌드하는 과정은 리눅스와 유사하다. 하지만 커널 소스는 항상 /usr/src/sys에 위치한다. 이 디렉터리에는 일군의 하위 디렉터리가 있은데, 각 아키텍처마다 한 개의 하위 디렉터리가 지원된다. 이러한 아키텍처 디렉터리들 외에 GENERIC이라는 이름의 환경설정 파일을 포함하고 있는 conf 하위 디렉터리가 있다. GENERIC은 모든 가능한 장치와 옵션을 지원하는 이른바 '제네릭 커널^{generic kernel}' 용 환경설정 파일이다.

환경설정 파일은 리눅스 .config 파일과 비슷하다. 맞춤형 커널을 만드는 첫 단계는 GENERIC 파일을 복사해 같은 디렉터리에 다른 이름의 새 파일(예, MYCUSTOM)을 만드는 것이다. 두 번째 단계는 config 파일을 편집해 불필요한 함수와 장치들을 주석 처리함으로써 매개변수들을 수정하는 것이다. 마지막 단계로 커널을 빌드하고 설치한다. 마지막 단계는 반드시 최상위 /usr/src 디렉터리에서 수행돼야 한다.

FreeBSD 커널 환경설정 파일들은 반드시 수작업으로 편집해야 한다. 리눅스에서와 같은 전용 사용자 인터페이스가 없기 때문이다. 일반적인 구성에 관한 정보는 config(5) 맨페이지에 있으며 config 파일을 사용하는 방법은 config(8) 맨페이지를 찾아보면 된다.

환경설정 파일에는 각 옵션이 수행하는 일을 설명해주는 내부 주석이 포함돼 있다. 하지만 어떤 옵션들을 있는 그대로 남겨둬야 하는지를 잘 알고 결정하려면 다양한 기술에 대한 폭넓은 배경 지식이 필요하다. 일반적으로는 GENERIC 환경설정의 모든 옵션을 활성화된 상태로 남겨 두고 환경설정 파일의 아래쪽에 있는 장치에 고유한 줄들만 수정하길 바랄 것이다. 필요하지 않다는 절대적인 확신이 서지 않는다면 옵션들을 활성화된 상태로 두는 것이 가장 좋다.

마지막 빌드 단계를 위해 FreeBSD에는 고도로 자동화된 단 하나의 `make buildkernel` 타깃이 있다. 이 타깃은 환경설정 파일을 파싱하고, 빌드 디렉터리들을 생성하고, 관련 소스 파일들을 복사하고, 그 파일들을 컴파일하는 작업을 결합해 놓은 것이다. 또한 이 타깃은 빌드 변수 `KERNCONF`의 형태로 맞춤 환경설정 파일명을 받아들인다. 유사한 설치 타깃인 `make installkernel`은 커널과 부트 로더를 설치한다.

다음은 전체 과정의 요약이다.

1. 해당 아키텍처용 /usr/src/sys/arch/conf 디렉터리로 이동(cd)한다.
2. 제네릭 환경설정을 복사한다(cp GENERIC MYCUSTOM).
3. MYCUSTOM 환경설정 파일을 편집한다.
4. /usr/src 디렉터리로 이동한다.
5. `make buildkernel KERNCONF=MYCUSTOM`을 실행한다.
6. `make installkernel KERNCONF=MYCUSTOM`을 실행한다.

이러한 단계들은 크로스컴파일cross-compilation이 가능하지 않음에 유의한다. 즉, 빌드를 수행하는 머신이 AMD64 아키텍처를 갖고 있다면 /usr/src/sys/sparc/conf 디렉터리로 이동해 같은 단계들을 수행함으로써 스파크SPARC용 커널을 만들어낼 수는 없다는 의미다.

11.6 로드 가능한 커널 모듈

로드 가능한 커널 모듈LKM, Loadable Kernel Module은 리눅스와 FreeBSD에서 모두 사용할 수 있다. LKM이 지원되면 커널이 실행되는 동안에도 장치 드라이버들(또는 그밖의 커널 구성 요소들)을 커널 속으로 링크하거나 커널로부터 제거할 수 있다. 이 기능은 커널 바이너리를 업데이트할 필요가 없기 때문에 드라이버 설치를 용이하게 해준다. 또한 드라이버가 필요하지 않을 때는 로딩되지 않으므로 커널이 더 작아질 수 있다.

로드 가능한 드라이버가 편의성은 좋지만 100% 안전한 것은 아니다. 모듈을 로드나 언로드할 때마다 커널 패닉을 일으킬 수 있는 위험이 있다. 따라서 시스템 장애를 일으킬 생각이 아니라면 테스트되지 않은 모듈을 로딩하려는 시도는 하지 말아야 한다.

장치와 드라이버 관리의 다른 부분들과 마찬가지로 로드 가능한 모듈의 구현은 OS에 따라 다르다.

리눅스에서의 로드 가능한 커널 모듈

리눅스에서는 어떤 것이든지 대부분 로드 가능한 커널 모듈로 만들 수 있다. 예외로는 루트 파일 시스템 타입과 PS/2 마우스 드라이버가 있다.

로드 가능한 커널 모듈은 전통적으로 /lib/modules/version에 저장돼왔다. 여기서 verion은 uname -r 명령의 반환값과 같은 리눅스 커널의 버전을 의미한다.

현재 로딩된 모듈들은 lsmod 명령으로 볼 수 있다.

```
redhat$ lsmod
Module           Size     Used by
ipmi_devintf     13064    2
ipmi_si          36648    1
ipmi_msghandler  31848    2 ipmi_devintf,ipmi_si
iptable_filter   6721     0
ip_tables        21441    1 iptable_filter
...
```

이 머신에 로딩된 것은 여러 모듈 중에서도 지능형 플랫폼 관리 인터페이스Intelligent Platform Management Interface 모듈과 iptables 방화벽이다.

커널 모듈을 수작업으로 로딩하는 예와 마찬가지로 다음은 사운드 출력을 USB 장치에 구현한 모듈을 삽입하는 방법의 예다.

```
redhat$ sudo modprobe snd-usb-audio
```

모듈이 로딩될 때 매개변수를 모듈에 넘겨줄 수도 있다. 예를 들면 다음과 같다.

```
redhat$ sudo modprobe snd-usb-audio nrpacks=8 async_unlink=1
```

여기서 modprobe는 더 기초적인 명령인 insmod를 둘러싸고 있는 반자동 래퍼다. modprobe는 의존관계와 옵션, 설치 및 제거 절차를 알고 있다. 또한 실행 중인 커널의 버전 번호를 확인해 /lib/modules 디렉터리에서 적합한 버전의 모듈을 선택하며 /etc/modprobe.conf 파일을 참조해 각각의 개별 모듈을 다루는 방법을 알아낸다.

로드 가능한 커널 모듈이 수작업으로 커널 내부에 삽입되고 나면 명시적으로 모듈의 삭제를 요청하거나 시스템을 재부팅할 때까지는 활성 상태를 유지한다. 앞에서 로딩된 오디오 모듈을 제거하려면 modprobe -r snd-usb-audio 명령을 사용한다. 해당 모듈에 대한 현재 참조 수(lsmod의 출력에서 'Used by' 칼럼에 표시된 값)가 0일 때만 모듈이 삭제된다.

modprob -c 명령을 실행하면 현재 설치돼 있는 모든 모듈에 상응하는 /etc/modprobe.conf 파일을 동적으로 생성할 수 있다. 이 명령은 다음과 같은 긴 파일을 생성한다.

```
#이 파일은 modprobe -c로 생성됨
path[pcmcia]=/lib/modules/preferred
path[pcmcia]=/lib/modules/default
path[pcmcia]=/lib/modules/2.6.6
path[misc]=/lib/modules/2.6.6
...
# 앨리어스
alias block-major-1 rd
alias block-major-2 floppy
...
alias char-major-4 serial
alias char-major-5 serial
alias char-major-6 lp
...
```

```
alias dos msdos
alias plip0 plip
alias ppp0 ppp
options ne io=x0340 irq=9
```

path문은 특정 모듈이 위치하는 장소를 말해준다. 비표준 위치에 모듈을 보관하고자 할 때는 이 타입의 항목들을 수정하거나 추가할 수 있다.

alias문은 모듈 이름, 블록-메이저 장치 번호, 문자-장치 번호, 파일 시스템, 네트워크 장치, 네트워크 프로토콜 간에 매핑을 한다.

options 줄들은 동적으로 생성되지 않기 때문에 반드시 시스템 관리자가 수작업으로 추가해야 한다. 이 줄은 모듈이 로딩될 때 모듈에 넘겨줘야 할 옵션들을 기술한다. 예를 들면 USB 사운드 모듈에 추가 옵션을 넘기려면 다음과 같은 줄을 사용할 수 있다.

```
options snd-usb-audio nrpacks=8 async_unlink=1
```

modprobe는 install문과 remove문도 이해한다. 이 실행문들은 실행 중인 커널에 특정 모듈을 삽입하거나 커널에서 모듈을 제거할 때 실행되는 명령들을 기술한다.

FreeBSD에서의 로드 가능한 커널 모듈

 FreeBSD의 커널 모듈들은 /boot/kernel(배포판의 일부인 표준 모듈들) 또는 /boot/modules(포팅되거나 사설 및 맞춤형 모듈들)에 위치한다. 각 커널 모듈은 .ko 파일명 확장자를 사용하지만 모듈을 로딩 또는 언로딩하거나 상태를 확인할 때 확장자가 항상 필요한 것은 아니다.

예를 들어 foo.ko라는 이름의 모듈을 로딩하려면 해당 디렉터리에서 kldload foo를 실행하면 된다. 그 모듈을 언로딩하려면 현재 위치와 상관없이 kldunload foo를 실행하면 된다. 모듈의 상태를 보려면 어떤 위치에서든 kldstat -m foo를 실행한다. 아무런 매개변수 없이 kldstat를 실행하면 현재 로딩돼 있는 모든 모듈의 상태를 보여준다.

/boot/defaults/loader.conf(시스템 기본값) 또는 /boot/loader.conf 파일에 나열돼 있는 모듈들은 부팅 때 자동으로 로딩된다. /boot/loader.conf에 새 항목을 추가하려면 다음과 같은 형식의 줄을 사용한다.

```
zfs_load="YES"
```

적합한 변수명은 모듈의 기본 이름에 _load를 덧붙인 것이다. 위의 줄은 /boot/kernel/zfs.ko 모듈이 부팅 때 로딩됨을 보장한다. 이 모듈은 ZFS 파일 시스템을 구현한 것이다.

11.7 부팅

지금까지 커널의 기초를 다뤘으며 이제는 커널이 처음 로딩되고 초기화될 때 실제로 어떤 일이 일어나는가를 배워야 할 때다. 누구나 수많은 부트 메시지를 봐왔겠지만 과연 그 모든 메시지가 실제로 무엇을 의미하는지 알고 있지는 않을 것이다.

다음 메시지와 주석들은 부트 과정에서 일부 중요한 단계를 발췌한 것이다. 여러분이 실제 사용하고 있는 시스템과 커널에서 보는 것과 완전히 똑같지는 않겠지만 부팅^{Booting} 과정의 주요 주제에 관한 개념과 리눅스 및 FreeBSD 커널이 어떻게 시작되는가에 관한 느낌을 제공할 것이다.

리눅스 부트 메시지

 살펴볼 첫 부트 로그는 3.10.0 커널을 실행하고 있는 센트OS 7 머신에서 발췌한 것이다.

```
Feb 14 17:18:57 localhost kernel: Initializing cgroup subsys cpuset
Feb 14 17:18:57 localhost kernel: Initializing cgroup subsys cpu
Feb 14 17:18:57 localhost kernel: Initializing cgroup subsys cpuacct
Feb 14 17:18:57 localhost kernel: Linux version 3.10.0-327.el7.x86_64
    (builder@kbuilder.dev.centos.org) (gcc version 4.8.3 20140911 (Red
    Hat 4.8.3-9) (GCC) ) #1 SMP Thu Nov 19 22:10:57 UTC 2015
Feb 14 17:18:57 localhost kernel: Command line: BOOT_IMAGE=/
```

```
vmlinuz-3.10.0-327.el7.x86_64 root=/dev/mapper/centos-root ro
crashkernel=auto rd.lvm.lv=centos/root rd.lvm.lv=centos/swap rhgb
quiet LANG=en_US.UTF-8
```

이 초기 메시지들은 최상위 제어 그룹(cgroup)들이 리눅스 3.10.0 커널에서 시작됨을 말해준다. 메시지들은 누가 어디서 커널을 빌드했는지, 어떤 컴파일러가 사용됐는지(gcc)를 말해준다. 이 로그는 센트OS 시스템에서 가져온 것이지만 센트OS는 레드햇의 클론이라는 사실을 부트 메시지가 상기시켜 주고 있음에 유의한다.

GRUB 부트 환경설정에 설정돼 있고 그곳에서 커널로 넘겨받은 매개변수들이 위의 커맨드라인에 나열돼 있다.

```
Feb 14 17:18:57 localhost kernel: e820: BIOS-provided physical RAM map:
Feb 14 17:18:57 localhost kernel: BIOS-e820: [mem 0x0000000000000000-
    0x000000000009fbff] usable
Feb 14 17:18:57 localhost kernel: BIOS-e820: [mem 0x000000000009fc00-
    0x000000000009ffff] reserved
...
Feb 14 17:18:57 localhost kernel: Hypervisor detected: KVM
Feb 14 17:18:57 localhost kernel: AGP: No AGP bridge found
Feb 14 17:18:57 localhost kernel: x86 PAT enabled: cpu 0, old
    0x7040600070406, new 0x7010600070106
Feb 14 17:18:57 localhost kernel: CPU MTRRs all blank - virtualized
    system.
Feb 14 17:18:57 localhost kernel: e820: last_pfn = 0xdfff0 max_arch_pfn
    = 0x400000000
Feb 14 17:18:57 localhost kernel: found SMP MP-table at [mem 0x0009fff00x0009ffff]
    mapped at [ffff88000009fff0]
Feb 14 17:18:57 localhost kernel: init_memory_mapping: [mem
    0x00000000-0x000fffff]
...
```

이 메시지들은 커널이 감지한 프로세서를 알려주고 RAM이 어떻게 매핑돼 있는지를 보여준다. 커널은 자신이 하이퍼바이저^{hypervisor} 안에서 부팅되고 있는 것이지, 실제로 최하부의 하드웨어에서 실행되고 있는 것이 아님을 잘 알고 있다는 사실에 유의한다.

```
Feb 14 17:18:57 localhost kernel: ACPI: bus type PCI registered
Feb 14 17:18:57 localhost kernel: acpiphp: ACPI Hot Plug PCI Controller
    Driver version: 0.5
...
Feb 14 17:18:57 localhost kernel: PCI host bridge to bus 0000:00
Feb 14 17:18:57 localhost kernel: pci_bus 0000:00: root bus resource [bus
    00-ff]
Feb 14 17:18:57 localhost kernel: pci_bus 0000:00: root bus resource [io
    0x0000-0xffff]
Feb 14 17:18:57 localhost kernel: pci_bus 0000:00: root bus resource
    [mem 0x00000000-0xffffffffff]
...
Feb 14 17:18:57 localhost kernel: SCSI subsystem initializedFeb 14 17:18:57 localhost
kernel: ACPI: bus type USB registered
Feb 14 17:18:57 localhost kernel: usbcore: registered new interface driver
    usbfs
Feb 14 17:18:57 localhost kernel: PCI: Using ACPI for IRQ routing
```

여기서부터 커널은 PCI 버스와 USB 서브시스템을 비롯한 다양한 시스템 데이터
버스들을 초기화한다.

```
Feb 14 17:18:57 localhost kernel: Non-volatile memory driver v1.3
Feb 14 17:18:57 localhost kernel: Linux agpgart interface v0.103
Feb 14 17:18:57 localhost kernel: crash memory driver: version 1.1
Feb 14 17:18:57 localhost kernel: rdac: device handler registered
Feb 14 17:18:57 localhost kernel: hp_sw: device handler registered
Feb 14 17:18:57 localhost kernel: emc: device handler registered
Feb 14 17:18:57 localhost kernel: alua: device handler registered
Feb 14 17:18:57 localhost kernel: libphy: Fixed MDIO Bus: probed
...
Feb 14 17:18:57 localhost kernel: usbserial: USB Serial support
    registered for generic
Feb 14 17:18:57 localhost kernel: i8042: PNP: PS/2 Controller
    [PNP0303:PS2K,PNP0f03:PS2M] at 0x60,0x64 irq 1,12
Feb 14 17:18:57 localhost kernel: serio: i8042 KBD port 0x60,0x64 irq 1
Feb 14 17:18:57 localhost kernel: serio: i8042 AUX port 0x60,0x64 irq 12
Feb 14 17:18:57 localhost kernel: mousedev: PS/2 mouse device common for
    all mice
Feb 14 17:18:57 localhost kernel: input: AT Translated Set 2 keyboard as /
    devices/platform/i8042/serio0/input/input2
Feb 14 17:18:57 localhost kernel: rtc_cmos rtc_cmos: rtc core: registeredrtc_cmos
```

550

```
           as rtc0
Feb 14 17:18:57 localhost kernel: rtc_cmos rtc_cmos: alarms up to one
    day, 114 bytes nvram
Feb 14 17:18:57 localhost kernel: cpuidle: using governor menu
Feb 14 17:18:57 localhost kernel: usbhid: USB HID core driver
```

이 메시지들은 전원 버튼, USB 허브, 마우스, 실시간 클록[RTC] 칩 등 커널이 발견한 다양한 장치들을 기록으로 남긴다. '장치[device]'의 일부는 실제 하드웨어가 아닌 메타장치[metadevice]들이다. 이러한 메타장치는 연관된 실제 하드웨어 장치 그룹을 관리한다. 예를 들어 **usbhid**(USB Human Interface Device) 드라이버는 키보드, 마우스, 태블릿, 게임 컨트롤러, USB 리포팅 표준에 따르는 기타 유형의 입력 장치들을 관리한다.

```
Feb 14 17:18:57 localhost kernel: drop_monitor: Initializing network drop
    monitor service
Feb 14 17:18:57 localhost kernel: TCP: cubic registered
Feb 14 17:18:57 localhost kernel: Initializing XFRM netlink socket
Feb 14 17:18:57 localhost kernel: NET: Registered protocol family 10
Feb 14 17:18:57 localhost kernel: NET: Registered protocol family 17
```

단계에서 커널은 다양한 네트워크 드라이버와 기능들을 초기화한다.

드롭 모니터[drop monitor]는 네트워크 패킷 손실의 종합적인 모니터링을 구현한 레드햇 커널 서브시스템이다. 'TCP cubic'은 소위 롱 팻 파이프[long fat pipe]라 불리는 느린 고대역폭 접속을 위해 최적화된 혼잡 제어[congestion-control] 알고리듬이다.

앞에서 언급했듯이 넷링크[Netlink] 소켓들은 커널과 사용자 레벨 프로세스 간의 통신을 위한 현대적 방법들이다. XFRM 넷링크 소켓은 사용자 레벨 IPsec 프로세스와 커널의 IPsec 루틴을 연결하는 링크다.

마지막 두 줄은 추가적인 두 개의 네트워크 프로토콜 제품군 등록을 기술하고 있다.

```
Feb 14 17:18:57 localhost kernel: Loading compiled-in X.509 certificates
Feb 14 17:18:57 localhost kernel: Loaded X.509 cert 'CentOS Linux kpatch
```

```
        signing key: ea0413152cde1d98ebdca3fe6f0230904c9ef717'
Feb 14 17:18:57 localhost kernel: Loaded X.509 cert 'CentOS Linux Driver
    update signing key: 7f421ee0ab69461574bb358861dbe77762a4201b'
Feb 14 17:18:57 localhost kernel: Loaded X.509 cert 'CentOS Linux kernel
    signing key: 79ad886a113ca0223526336c0f825b8a94296ab3'
Feb 14 17:18:57 localhost kernel: registered taskstats version 1
Feb 14 17:18:57 localhost kernel: Key type trusted registered
Feb 14 17:18:57 localhost kernel: Key type encrypted registered
```

다른 OS와는 달리 센트OS는 업데이트를 통합하고 검증하는 방법을 제공한다. 검증 부분은 커널에 설치된 X.509 인증을 사용한다.

```
Feb 14 17:18:57 localhost kernel: IMA: No TPM chip found, activating
    TPM-bypass!
Feb 14 17:18:57 localhost kernel: rtc_cmos rtc_cmos: setting system clock
    to 2017-02-14 22:18:57 UTC (1487110737)
```

여기서 커널은 신뢰 플랫폼 모듈^{TPM, Trusted Platform Module}을 시스템에서 찾을 수 없다고 보고한다. TPM 칩은 보안 서명 기능을 제공하는 암호화 하드웨어 장치다. 이것을 제대로 사용하면 시스템 해킹이 훨씬 더 어려워진다.

예를 들면 TPM은 커널 코드를 서명하는 데 사용하거나 현재 서명이 TPM 서명과 일치하지 않는 코드의 실행을 시스템이 거부할 수 있게 만드는 데 사용할 수 있다. 이러한 조치는 악의적으로 주입된 코드의 실행을 회피하는 데 도움을 준다.

마지막 메시지는 커널이 배터리로 구동되는 실시간 클록을 현재 날짜 및 시간으로 설정하는 것을 보여준다. 이는 앞에서 장치 식별 때 언급했던 것과 같은 RTC다.

```
Feb 14 17:18:57 localhost kernel: e1000: Intel(R) PRO/1000 Network
    Driver - version 7.3.21-k8-NAPI
Feb 14 17:18:57 localhost kernel: e1000: Copyright (c) 1999-2006 Intel
    Corporation.
Feb 14 17:18:58 localhost kernel: e1000 0000:00:03.0 eth0:
    (PCI:33MHz:32-bit) 08:00:27:d0:ae:6f
Feb 14 17:18:58 localhost kernel: e1000 0000:00:03.0 eth0: Intel(R)
    PRO/1000 Network Connection
```

이제 커널은 기가비트 이더넷 인터페이스를 발견하고 그것을 초기화한다. 현재 머신이 DHCP를 통해 IP 주소를 얻기를 원한다면 인터페이스의 MAC 주소(08:00: 27:d0:ae:6f)에 관심을 갖게 된다. 특정 IP 주소는 서버가 일관된 IP 주소를 갖도록 DHCP 서버 환경설정에서 특정 MAC에 고정시키는 경우가 많다.

```
Feb 14 17:18:58 localhost kernel: scsi host0: ata_piix
Feb 14 17:18:58 localhost kernel: ata1: PATA max UDMA/33 cmd 0x1f0 ctl
    0x3f6 bmdma 0xd000 irq 14
Feb 14 17:18:58 localhost kernel: ahci 0000:00:0d.0: flags: 64bit ncq
    stag only ccc
Feb 14 17:18:58 localhost kernel: scsi host2: ahci
Feb 14 17:18:58 localhost kernel: ata3: SATA max UDMA/133 abar
    m8192@0xf0806000 port 0xf0806100 irq 21
Feb 14 17:18:58 localhost kernel: ata2.00: ATAPI: VBOX CD-ROM, 1.0, max
    UDMA/133
Feb 14 17:18:58 localhost kernel: ata2.00: configured for UDMA/33
Feb 14 17:18:58 localhost kernel: scsi 1:0:0:0: CD-ROM VBOX
    CD-ROM 1.0 PQ: 0 ANSI: 5
Feb 14 17:18:58 localhost kernel: tsc: Refined TSC clocksource
    calibration: 3399.654 MHz
Feb 14 17:18:58 localhost kernel: ata3: SATA link up 3.0 Gbps (SStatus
    123 SControl 300)
Feb 14 17:18:58 localhost kernel: ata3.00: ATA-6: VBOX HARDDISK, 1.0,
    max UDMA/133
Feb 14 17:18:58 localhost kernel: ata3.00: 16777216 sectors, multi 128:
    LBA48 NCQ (depth 31/32)
Feb 14 17:18:58 localhost kernel: ata3.00: configured for UDMA/133
Feb 14 17:18:58 localhost kernel: scsi 2:0:0:0: Direct-Access ATA
    VBOX HARDDISK 1.0 PQ: 0 ANSI: 5
Feb 14 17:18:58 localhost kernel: sr 1:0:0:0: [sr0] scsi3-mmc drive:
    32x/32x xa/form2 tray
Feb 14 17:18:58 localhost kernel: cdrom: Uniform CD-ROM driver Revision:
    3.20
Feb 14 17:18:58 localhost kernel: sd 2:0:0:0: [sda] 16777216 512-byte
    logical blocks: (8.58 GB/8.00 GiB)
Feb 14 17:18:58 localhost kernel: sd 2:0:0:0: [sda] Attached SCSI disk
Feb 14 17:18:58 localhost kernel: SGI XFS with ACLs, security attributes,
    no debug enabled
Feb 14 17:18:58 localhost kernel: XFS (dm-0): Mounting V4 Filesystem
Feb 14 17:18:59 localhost kernel: XFS (dm-0): Ending clean mount
```

여기서 커널은 여러 가지 드라이브를 인식하고 초기화하며, 장치들(하드디스크 드라이브, SCSI기반 가상 CD-ROM, ATA 하드디스크 등)을 지원한다. 장치 매퍼device-mapper 서브시스템(dm-0 파일 시스템)의 일부인 파일 시스템(XFS)의 마운트도 수행한다.

지금까지 봤듯이 리눅스 커널 부트 메시지들은 마치 장애가 발생한 것처럼 내용이 구체적이고 길다. 하지만 시스템이 시동될 때 커널이 수행하는 모든 것을 볼수 있다는 점에서 안도감을 줄 수 있으며, 문제가 발생했을 때는 이 점이 가장 유용한 기능이 된다.

FreeBSD 부트 메시지

아래의 로그는 FreeBSD 10.3-RELEASE 시스템에서 가져온 것이다. 출력의 많은부분이 매우 친숙하게 보일 것이다. 이벤트 시퀀스가 리눅스와 유사하기 때문이다. 한 가지 주목할 만한 차이점이라면 FreeBSD 커널은 리눅스보다 훨씬 적은 양의 부트 메시지를 생산한다는 것이다. 리눅스와 비교했을 때 FreeBSD는 지독하게과묵한 편이다.

```
Sep 25 12:48:36 bucephalus kernel: FreeBSD 10.3-RELEASE #0 r297264: Fri
    Mar 25 02:10:02 UTC 2016
Sep 25 12:48:36 bucephalus kernel: root@releng1.nyi.freebsd.org:/usr/obj/
    usr/src/sys/GENERIC amd64
Sep 25 12:48:36 bucephalus kernel: FreeBSD clang version 3.4.1 (tags/
    RELEASE_34/dot1-final 208032) 20140512
```

위의 초기 메시지들은 OS 릴리스, 커널이 소스에서 빌드된 시간, 빌더의 이름, 사용된 환경설정 파일, 코드를 생성한 컴파일러(클랭Clang 버전 3.4.1)를 보여준다.[1]

```
Sep 25 12:48:36 bucephalus kernel: real memory = 4831838208 (4608 MB)
Sep 25 12:48:36 bucephalus kernel: avail memory = 4116848640 (3926 MB)
```

앞 내용은 시스템 전체의 메모리 용량과 사용자 공간 코드에서 사용할 수 있는 메모리 용량이다. 나머지 메모리는 커널 자신을 위해 확보된다.

---

1. 정확히 말하자면 컴파일러 프론트엔드가 맞다. 트집 잡지는 말자.

전체 메모리 4,608MB는 약간 이상하게 보일 수도 있다. 하지만 이 FreeBSD 인스턴스는 하이퍼바이저에서 실행되고 있다. '실제 메모리'라고 하는 메모리양은 가상 머신이 구성될 때 설정되는 임의의 값일 뿐이다. 순수한 베어메탈^{bare-metal} 시스템에서의 전체 메모리는 실제 RAM 칩이 생산되는 방식에 따라 2의 거듭제곱 수로 돼 있다(예, 8,912MB).

```
Sep 25 12:48:36 bucephalus kernel: vgapci0: <VGA-compatible display>
    mem 0xe0000000-0xe0ffffff irq 18 at device 2.0 on pci0
Sep 25 12:48:36 bucephalus kernel: vgapci0: Boot video device
```

기본 비디오 디스플레이가 PCI 버스에서 발견됐음을 알 수 있다. 출력 내용은 프레임 버퍼가 매핑돼 있는 메모리 범위를 보여준다.

```
Sep 25 12:48:36 bucephalus kernel: em0: <Intel(R) PRO/1000 Legacy
    Network Connection 1.1.0> port 0xd010-0xd017 mem 0xf0000000-
    0xf001ffff irq 19 at device 3.0 on pci0
Sep 25 12:48:36 bucephalus kernel: em0: Ethernet address:
    08:00:27:b5:49:fc
```

위 내용은 이더넷 인터페이스와 그것의 하드웨어(MAC) 주소다.

```
Sep 25 12:48:36 bucephalus kernel: usbus0: 12Mbps Full Speed USB v1.0
Sep 25 12:48:36 bucephalus kernel: ugen0.1: <Apple> at usbus0
Sep 25 12:48:36 bucephalus kernel: uhub0: <Apple OHCI root HUB, class
    9/0, rev 1.00/1.00, addr 1> on usbus0
Sep 25 12:48:36 bucephalus kernel: ada0 at ata0 bus 0 scbus0 tgt 0 lun 0
Sep 25 12:48:36 bucephalus kernel: cd0 at ata1 bus 0 scbus1 tgt 0 lun 0
Sep 25 12:48:36 bucephalus kernel: cd0: <VBOX CD-ROM 1.0> Removable
    CD-ROM SCSI device
Sep 25 12:48:36 bucephalus kernel: cd0: Serial Number VB2-01700376
Sep 25 12:48:36 bucephalus kernel: cd0: 33.300MB/s transfers (UDMA2,
    ATAPI 12bytes, PIO 65534bytes)
Sep 25 12:48:36 bucephalus kernel: cd0: Attempt to query device size
    failed: NOT READY, Medium not present
Sep 25 12:48:36 bucephalus kernel: ada0: <VBOX HARDDISK 1.0> ATA-6
    device
Sep 25 12:48:36 bucephalus kernel: ada0: Serial NumberVBcf309b40-154c5085
```

```
Sep 25 12:48:36 bucephalus kernel: ada0: 33.300MB/s transfers (UDMA2,
    PIO 65536bytes)
Sep 25 12:48:36 bucephalus kernel: ada0: 4108MB (8413280 512 byte
    sectors)
Sep 25 12:48:36 bucephalus kernel: ada0: Previously was known as ad0
```

위와 같이 커널은 USB 버스, USB 허브, CD-ROM 드라이브(실제로는 DVD-ROM 드라이브이지만 CD-ROM처럼 보이게 가상화됐음), ada 디스크 드라이버를 초기화한다.

```
Sep 25 12:48:36 bucephalus kernel: random: unblocking device.
Sep 25 12:48:36 bucephalus kernel: Timecounter "TSC-low" frequency
    1700040409 Hz quality 1000
Sep 25 12:48:36 bucephalus kernel: Root mount waiting for: usbus0
Sep 25 12:48:36 bucephalus kernel: uhub0: 12 ports with 12 removable,
    self powered
Sep 25 12:48:36 bucephalus kernel: Trying to mount root from ufs:/dev/
    ada0p2 [rw]...
```

FreeBSD 부트 로그에서의 마지막 메시지는 나머지 자질구레한 것들을 보여준다.

'랜덤random' 의사 장치pseudo device는 시스템애서 엔트로피를 모아 무작위 숫자를 만든다. 커널은 숫자 생성기에 시드seed를 제공하고 비블로킹 모드에 놓았다. 일부 다른 장치가 나타나고 커널은 루트 파일 시스템을 마운트했다.

여기서 커널 부트 메시지는 끝난다. 일단 루트 파일 시스템이 마운트되고 나면 커널은 멀티유저multiuser 모드로 전환되며 사용자 레벨 시동 스크립트를 시작한다. 이 스크립트들이 순서대로 시스템 서비스들을 시작함으로써 시스템은 사용 가능한 상태에 이른다.

11.8 클라우드에서 다른 커널 부팅

클라우드 인스턴스들은 전통적인 하드웨어와 다르게 부팅한다. 대부분의 클라우드 공급자들은 GRUB을 배제하고 수정된 오픈소스 부트 로더를 사용하거나 부트 로더 사용까지도 회피하는 체계를 사용한다. 따라서 클라우드 인스턴스에 있는 다른 커널의 부팅은 대개 클라우드 공급자의 웹 콘솔이나 API와의 상호작용을 요구한다.

사례로 제시하는 클라우드 플랫폼에서의 부팅과 커널 선택에 관련된 특이 사항들을 간단히 정리해보자. 클라우드 시스템에 대한 좀 더 일반적인 소개는 9장을 참고한다.

AWS에서는 PV-GRUP이라 불리는 부트 로더를 사용하는 기본적인 AMI^{Amazon Machine Image}와 함께 시작하게 될 것이다. PV-GRUB은 옛 GRUB을 패치한 버전을 실행하며 AMI의 menu.lst 파일에 커널을 기술하게 돼 있다.

새 커널을 컴파일한 후에 /boot/grub/menu.lst를 편집해 컴파일된 새 커널을 부트 목록에 추가한다.

```
default 0
fallback 1
timeout 0
hiddenmenu

title My Linux Kernel
root (hd0)
kernel /boot/my-vmlinuz-4.3 root=LABEL=/ console=hvc0
initrd /boot/my-initrd.img-4.3

title Amazon Linux
root (hd0)
kernel /boot/vmlinuz-4.1.10-17.31.amzn1.x86 root=LABEL=/ console=hvc0
initrd /boot/initramfs-4.1.10-17.31.amzn1.x86.img
```

여기서 **My Linux Kernel**이 기본값이 되며 폴백^{fallback} 옵션은 표준 아마존 리눅스^{Amazon Linux} 커널을 가리킨다. 폴백은 맞춤 커널이 로딩되지 않거나 제대로 작동하지 않을 때도 시스템이 부팅될 수 있음을 보장한다. 이 과정에 관한 더 자세한 내용은 아마존 EC2의 리눅스 사용자 안내서를 참고한다.

역사적으로 디지털오션^{DigitalOcean}은 커널과 RAM 디스크를 드롭릿에 직접 로딩하는 QEMU(퀵 에뮬레이터^{Quick Emulator}의 약칭) 기능을 통해 부트 로더를 건너뛰었다. 덕분에 디지털오션은 이제 드롭릿이 자체적인 부트 로더를 사용할 수 있게 됐다.

코어OS, FreeBSD, 페도라, 우분투, 데비안, 센트OS 등을 포함해 가장 현대적인 운영체제들이 지원된다. 커널 선택과 같은 부트 옵션의 변경은 각자의 OS 부트 로더들(대개는 GRUB)이 처리한다.

구글 클라우드 플랫폼^{GCP, Google Cloud Platform}은 부트 관리에 사용될 때 가장 탄력적인 플랫폼이 된다. 구글은 완전한 시스템 디스크 이미지를 컴퓨트 엔진^{Compute Engine} 계정에 업로드할 수 있게 해준다. GCP 이미지가 제대로 부팅되려면 MBR 파티셔닝 구조를 사용하고 (이미 설치돼 있는) 해당 부트 로더를 포함하고 있어야 한다는 점에 유의한다. UEFI와 GPT는 여기에 해당되지 않는다.

이미지 빌드에 관한 cloud.google.com/compute/docs/creating-custom-image 튜토리얼은 놀라울 정도로 철두철미해서 요구되는 커널 옵션들뿐 아니라 커널 보안을 위한 권장 설정까지도 기술하고 있다.

11.9 커널 오류

커널 크래시^{kernel crash}(커널 패닉^{kernel panic}과 같은 말)는 정확하게 설정돼 있는 시스템에서조차 언제든지 일어날 수 있는 불행한 현실이다. 크래시를 일으키는 원인은 다양하다. 특권 사용자가 입력한 잘못된 명령이 시스템을 크래시시킬 수 있다는 것은 분명하지만 더 일반적인 원인은 불완전한 하드웨어에 있다. 물리적 메모리 오류와 하드 드라이브 오류(디스크 원판이나 장치의 불량 섹터)는 둘 다 커널 패닉을 일으키는 주범으로 악명이 높다.

커널 구현 안에 존재하는 버그가 크래시를 일으킬 수도 있다. 하지만 이런 크래시들은 '안정화된^{stable}' 버전의 커널에서는 거의 발생하지 않는다. 하지만 장치 드라이버는 또 다른 문제다. 장치 드라이버는 서로 다른 여러 출처에서 오기 때문에 코드 품질이 수준 이하일 경우가 종종 있다.

하드웨어가 크래시의 근본 원인이라면 크래시를 촉발시킨 장치 오류가 발생하고 나서 한참 후에 크래시가 일어날 수도 있다는 점을 명심해야 한다. 예를 들면 전원을 켠 상태로 교체할 수 있는 핫스왑^{hot-swap} 하드 드라이버를 제거해도 즉각적인 문제를 일으키지 않을 수 있다. 그 시스템은 아무런 불평 없이 잘 실행되다가 나중에 시스템을 리부팅하거나 특정 드라이브에 의존하는 어떤 작업을 수행할 때 크래시를 일으킬 수 있다.

'패닉panic'이나 '크래시crash'라는 이름이 갖는 의미에도 불구하고 일반적으로 커널 패닉은 잘 구조화돼 있는 이벤트다. 사용자 공간 프로그램들은 커널에 의존해서 자신의 잘못된 행동들을 감시한다. 따라서 커널은 지나가는 중요한 데이터 구조나 불변 요소들을 검증하는 세너티 검사sanity-checking 코드를 자유롭게 포함하고 있다. 그러한 검사들은 어떤 것도 실패해서는 안 된다. 실패한다면 시스템을 패닉시켜 멈추게 하는 충분한 원인이 되므로 사전 조치를 취해야 한다.

아니면 적어도 전통적인 방법이 있다. 리눅스는 '움스oops' 시스템을 통해 이 규칙을 어느 정도 완화시켰다. 다음 내용을 보기 바란다.

리눅스 커널 오류

 리눅스에는 네 종류의 커널 장애, 즉 소프트 락업soft lockup, 하드 락업hard lockup, 패닉, 악명 높은 리눅스 '움스'가 있다. 패닉을 일으키지 않고 복구 가능한 일부 소프트 락업을 제외하고, 이들은 각각 완전한 스택 트레이스stack trace를 제공한다.

소프트 락업은 시스템이 수초 이상 커널 모드에 있어 사용자 레벨 작업을 실행할수 없게 할 때 발생한다. 그 시간 간격은 설정 가능하지만 대개는 10초 안팎이다. 10초라는 시간은 한 프로세스에게 CPU 사이클을 거부하기에는 긴 시간이다. 소프트 락업 중에는 유일하게 커널만이 실행되고 있지만 네트워크 인터페이스나 키보드와 같은 곳에서 오는 인터럽트는 계속 서비스를 한다. 잠재적으로는 제대로 기능하지 못하게 되겠지만 데이터는 여전히 시스템 안팎으로 흐른다.

하드 락업은 소프트 락업과 같지만 대부분의 프로세서 인터럽트가 서비스되지 않는다는 더 심각한 문제가 있다. 하드 락업은 비교적 신속하게 감지되는 명백하게 병적인 상태인 반면 소프트 락업은 정확하게 구성돼 있으나 CPU 과부하와 같은 일종의 극한 상황을 겪고 있는 시스템에서도 발생할 수 있다.

두 가지 락업 모두 스택 트레이스와 CPU 레지스터 표시('톰스톤tombstone')가 콘솔에 덤프되는 것이 보통이다. 스택 트레이스는 락업에 이르게 한 함수 호출들을 순차적으로 보여준다. 대부분의 경우에는 이 트레이스를 통해 문제의 원인에 대한 약간의 정보만 얻을 수 있을 뿐이다.

소프트나 하드 락업은 거의 대부분 하드웨어 오류의 결과며 가장 흔한 원인은 메모리 불량이다. 두 번째로 흔한 소프트 락업의 원인은 너무 오래 잡혀 있는 커널 스핀락spinlock이다. 하지만 이런 상황은 일반적으로 비표준 커널 모듈을 사용할 때만 발생한다. 어떤 특이한 모듈을 실행하고 있다면 그 모듈을 언로딩한 후에도 문제가 재발되는지 확인해본다.

락업이 발생할 때 일반적인 행동은 톰스톤을 콘솔에서 볼 수 있게 시스템이 동결된 상태를 유지하는 것이다. 하지만 어떤 환경에서는 시스템 패닉이 일어나 리부팅되는 것을 선호하기도 한다. 이런 시스템들은 락업이 발생한 후에는 안전 모드 커널로 재부팅하도록 환경을 설정해놓곤 한다.

sysctl을 이용해 소프트와 하드 락업 모두를 패닉으로 설정할 수 있다.

```
linux$ sudo sysctl kernel.softlockup_panic=1
linux$ sudo sysctl kernel.nmi_watchdog=1
```

이 매개변수들은 다른 커널 매개변수들과 마찬가지로 /etc/sysctl.conf에 넣어 놓으면 부팅할 때 설정될 수 있다.

리눅스 '웁스' 시스템은 커널 무결성을 위해 '이상이 생기면 패닉'이라는 전통적인 유닉스 방식을 일반화한 것이다. 웁스는 어떤 특별한 의미를 뜻하는 것이 아니며 "앗! 너의 SAN을 또 지워버렸어"라고 말할 때처럼 그냥 영어 단어 웁스oops를 의미한다. 리눅스 커널에서의 웁스는 패닉으로 처리될 수 있지만 항상 그럴 필요는 없다. 개별 프로세스를 죽이는 것과 같이 덜 과감한 조치로 문제를 복구하거나 해결할 수 있다면 패닉 대신 그렇게 처리할 수 있다.

웁스가 발생하면 커널은 톰스톤을 커널 메시지 버퍼에 생성해 dmesg 명령으로 볼 수 있게 한다. 웁스의 원인은 맨 위에 표시된다. 예를 들면 '가상 주소 0x0000000000000

에서 커널 페이징 요청을 처리할 수 있음'과 같이 표시된다.

여러분은 자신의 커널 웁스들을 직접 디버깅하지는 않을 것으로 생각된다. 하지만 풀 톰스톤을 포함해 맥락이나 진단 정보 캡처와 같은 일을 잘 해낸다면 커널 또는 모듈 개발자의 관심을 끌어들일 기회는 크게 늘어난다.

가장 가치 있는 정보는 톰스톤의 시작 부분에 있다. 그 사실은 전면적인 커널 패닉후에 하나의 문제를 일으킬 수 있다. 물리적 시스템에서는 단지 콘솔로 가서 이력을 통해 덤프 내용 전체를 볼 것이다. 하지만 가상 머신에서 콘솔은 리눅스 인스턴스가 패닉됐을 때 멈춰 버린 윈도우일 수 있다. 이 상황은 하이퍼바이저에 따라 다르다. 톰스톤의 텍스트가 스크롤돼 시야에서 벗어나 버렸다면 크래시의 원인을 알아낼 수 없을 것이다.

정보가 손실될 공산을 최소화하는 한 가지 방법은 콘솔 스크린의 해상도를 늘리는 것이다. 1,280 × 1,024 해상도가 대부분 커널 패닉의 풀 텍스트를 표시하는 데 적합하다는 사실이 밝혀졌다.

/etc/grub2/grub.cfg를 수정해 **vga=795**를 부팅하려는 커널의 시동 매개변수로 추가하며 콘솔 해상도를 설정할 수 있다. 이 구절을 GRUB의 부트 메뉴 스크린의 커널 '커맨드라인'에 추가해도 해상도를 설정할 수 있다. 후자의 방법은 영구 변경을 하지 않고도 테스트를 할 수 있게 해준다.

변경 사항을 영구적으로 만들려면 부팅하려는 커널용 부트 명령으로 메뉴 아이템을 찾아 수정한다. 예를 들면 부트 명령이 다음과 같다고 하자.

```
linux16 /vmlinuz-3.10.0-229.el7.x86_64 root=/dev/mapper/centos-
root ro rd.lvm.lv=centos/root rd.lvm.lv=centos/swap crashkernel=auto
biosdevname=0 net.ifnames=0 LANG=en_US.UTF-8
```

그러면 간단히 수정해 **vga=795** 매개변수를 마지막에 추가한다.

```
linux16 /vmlinuz-3.10.0-229.el7.x86_64 root=/dev/mapper/centos-
root ro rd.lvm.lv=centos/root rd.lvm.lv=centos/swap crashkernel=auto
biosdevname=0 net.ifnames=0 LANG=en_US.UTF-8 vga=795
```

다른 해상도는 **vga** 부트 매개변수를 다른 값으로 설정해 만들 수 있다. 표 11.6은 가능한 값들의 목록이다.

표 11.6 VGA 모드 값

해상도	컬러 심도(비트)			
	8	15	16	24
640 × 480	769	784	785	786
800 × 600	771	787	788	789
1024 × 768	773	790	791	792
1280 × 1024	775	793	884	795
1400 × 1050	834	–	–	–
1600 × 1200	884	–	–	–

FreeBSD 커널 패닉

 FreeBSD는 커널 패닉이 발생됐을 때 많은 정보를 누설하지 않는다. 상용 릴리스에서 제네릭 커널을 실행하고 있다면 일반적인 패닉을 만났을 때 취할 수 있는 최선은 커널을 디버깅하는 것이다. 커널 환경설정에 활성화된 makeoptions DEBUG=-g 명령으로 제네릭 커널을 재빌드한 후 새 커널로 재부팅한다. 시스템 패닉이 다시 발생한다면 **kgdb**를 사용해 /var/crash에 만들어진 크래시 덤프에서 스택 트레이스를 생성할 수 있다.

물론 특이한 커널 모듈을 실행하고 있다면 그것들을 로드하지 않으면 커널 패닉을 발생하지 않는다. 어디서 문제가 발생했는지를 알게 해주는 좋은 지표가 된다.

중요한 점: 크래시 덤프는 실제(물리적) 메모리와 크기가 같기 때문에 이러한 덤프를 활성화하기 전에 반드시 /var/crash에 최소한 그 정도의 사용 가능한 공간이 있는지를 확인해야 한다. 하지만 여기에도 여러 가지 방법이 있다. 자세한 정보는 **dumpon**과 **savecore**의 맨페이지와 /etc/rc.conf에 있는 **dumpdev** 변수를 참고한다.

11.10 추천 자료

lwn.net에서 커널 커뮤니티가 하는 일에 대한 최신 정보를 얻을 수 있다. 또한 다음과 같은 책을 추천한다.

다니엘 보베이[Bovet, Daniel P.], 마르코 체사티[Marco Cesati]의 『리눅스 커널의 이해』(한빛미디어, 2006)

로버트 러브[Love, Robert]의 『리눅스 커널 심층 분석』(에이콘출판, 2012)

McKusick, Marshall Kirk, et al. The Design and Implementation of the FreeBSD Operating System (2nd Edition). Upper Saddle River, NJ: Addison-Wesley Professional, 2014.

라미 로젠[Rosen, Rami]의 『리눅스 커널 네트워킹: 커널 코드로 배우는 리눅스 네트워킹의 구현과 이론』(위키북스, 2016)

12 프린팅

프린팅은 일종의 필요악이라 할 수 있다. 아무도 그것을 다루고 싶어 하지 않지만 모든 사용자가 프린트를 원하기 때문이다. 좋든 싫든 유닉스와 리눅스의 프린팅은 최소한의 어떤 환경설정을 요구하며 때로는 시스템 관리자의 보살핌을 필요로 한다.

옛날에는 일반적으로 세 종류의 프린팅 시스템, 즉 BSD와 시스템 V, CUPS(공통 유닉스 프린팅 시스템)가 사용됐다. 요즘은 리눅스와 FreeBSD 모두 최신의 정교하고 네트워크 및 보안 기능을 갖춘 프린팅 시스템인 CUPS를 사용한다. CUPS에는 현대식 브라우저 기반의 GUI뿐 아니라 스크립트로 프린팅 시스템을 제어할 수 있는 셸 수준 명령들이 포함돼 있다.

우선 일반적인 사항 하나를 보자. 시스템 관리자들은 사용자에 비해 프린팅의 우선순위를 낮게 본다. 시스템 관리자들은 문서를 온라인으로 읽는 데 익숙하지만 사용자들은 종종 하드 카피가 필요하며 프린팅 시스템이 24시간 항상 작동하길 원한다. 시스템 관리자 입장에서는 이러한 요구를 만족시켜주는 것이 사용자에게서 점수를 따는 가장 쉬운 방법이다.

프린팅은 몇 안 되는 구성 요소에 의존한다.

- 작업을 모아 스케줄링하는 프린트 '스풀러spooler'. 여기서 '스풀'이라는 단어는 동시적 주변기기 작업 온라인Simultaneous Peripheral Operation On-Line의 줄임말에서 유래한 것이지만 현재는 그냥 일반적인 용어가 됐다.
- 스풀러와 대화하는 사용자 수준의 유틸리티(커맨드라인 인터페이스나 GUI). 이러한 유틸리티들은 스풀러에게 작업job을 보내고 작업의 상황(일시 정지나 완료)에 관해 시스템에 질의하며, 작업을 취소하거나 재스케줄링하고 시스템의 다른 부분들을 설정한다.
- 프린팅 장치와 대화하는 백엔드(백엔드들은 대개 겉에서는 보이지 않으며 바닥 아래 숨겨져 있다)
- 스풀러들이 서로 간에 교신하고 작업을 전달하게 해주는 네트워크 프로토콜

최근 환경에서는 주로 네트워크가 부착된 프린터들이 사용돼 유닉스나 리눅스 쪽에서 수행해야 할 설정과 처리를 최소화한다.

12.1 CUPS 프린팅

CUPS는 마이클 스위트Michael Sweet에 의해 탄생했으며 리눅스, FreeBSD, 맥OS의 기본 프린팅 시스템으로 채택됐다. 마이클은 2007년부터 줄곧 애플사에서 일하면서 CUPS와 그 생태계를 개발해왔다.

새로운 메일 전송 시스템에 샌드메일sendmail이라는 명령이 남아 있어 오래된 스크립트들이(나이 많은 시스템 관리자들도 포함) 샌드메일의 전성기 때와 마찬가지로 항상 작동되게 해주듯이 CUPS에는 lp와 lpr이라는 전통적인 명령이 있어 과거의 유닉스 프린팅 시스템과 역호환성을 유지시켜준다.

CUPS 서버들은 웹 서버이기도 하며 CUPS 클라이언트는 웹 클라이언트이기도 하다. 클라이언트는 CUPS 버전의 `lpr`이나 `lpq`와 같은 명령일 수도 있고 GUI를 갖고 있는 애플리케이션일 수도 있다. 로컬 시스템에서 CUPS 데몬과만 교신할지라도 하부에서 보면 모두 웹 애플리케이션에 해당된다. CUPS 서버들은 다른 CUPS 서버의 클라이언트로 동작할 수도 있다.

CUPS 서버는 모든 기능에 대한 웹 인터페이스를 631 포트에 제공한다. 시스템 관리자에게는 웹 브라우저가 시스템을 관리하는 가장 손쉬운 방법이다. http://printhost:631 주소로 접속만 하면 되기 때문이다. 데몬과 보안 통신이 필요하다면 (그리고 시스템이 제공한다면) https://printhost:433으로 접속한다. 스크립트들은 시스템을 제어하고자 여러 개의 개별적인 명령들을 사용할 수 있으며 사용자들은 GNOME나 KDE 인터페이스를 통해 그것에 접근한다. 이들 경로는 모두 똑같다.

HTTP는 CUPS 서버와 클라이언트들 간의 모든 상호작용을 위한 하부 프로토콜이다. 실제로는 HTTP를 고성능화한 버전인 인터넷 프린팅 프로토콜^{Internet Printing Protocol}이다. 클라이언트들은 HTTP/IPP POST로 작업을 제출하며 HTTP/IPP GET으로 상태를 요청한다. CUPS 환경설정 파일들은 아파치 웹 서버 환경설정 파일과 아주 비슷하다.

프린팅 시스템 인터페이스

CUPS 프린팅은 GUI에서 수행되고, 관리는 웹 브라우저로 수행되는 경우가 많다. 하지만 시스템 관리자라면(또는 일부 매니아 수준의 터미널 사용자들도 포함) 셸 수준 명령도 사용하길 원할 수 있다. CUPS는 옛날 BSD와 시스템 V 프린팅 시스템의 기본적인 셸 수준 프린팅 명령들과 꼭 닮은 명령들을 포함하고 있다. 불행히도 CUPS는 모든 부가적인 기능까지 모방하지는 않는다. 때로는 옛날 방식 인터페이스를 너무나 완전하게 모방한다. 예를 들면 `lpr --help`와 `lp --help` 명령은 간단한 사용법 요약을 알려주는 대신 오류 메시지를 출력할 뿐이다.

다음은 CUPS에서 foo.pdf 파일과 /tmp/testprint.ps 파일을 기본 프린터로 인쇄하는 방법이다.

```
$ lpr foo.pdf /tmp/testprint.ps
```

lpr 명령은 파일 사본들을 CUPS 서버인 cupsd로 전송하며 cupsd는 그 사본들을 프린트 큐^{print queue}에 저장한다. CUPS는 프린터가 사용할 수 있는 상태가 됐을 때 각 파일을 순서대로 처리한다.

프린팅할 때 CUPS는 해당 문서와 프린터의 PPD^{PostScript Printer Description} 파일을 모두 검토해 문서를 정확히 인쇄하고자 수행해야 할 일들을 결정한다(이름은 PPD 파일이지만 포스트스크립트가 아닌 프린터에서도 사용된다).

특정 프린터에 인쇄하기 위한 작업을 준비하고자 CUPS는 작업을 일련의 필터를 통해 전달한다. 예를 들면 한 필터에서는 축소된 두 페이지 이미지를 각각의 물리적 페이지에 인쇄('2 업 프린팅'이라고도 함)하고자 작업을 재구성할 수 있으며, 또 다른 필터에서는 포스트스크립트에서 PCL로 작업을 변환할 수도 있다. 필터들은 프린터 초기화와 같은 프린터 고유의 처리를 수행하기도 한다. 일부 필터들은 "페이지를 가로질러 한 줄을 그어라."와 같은 추상화된 지시어를 비트맵^{bitmap} 이미지로 바꾸는 래스터화^{rasterization}를 수행한다. 래스터화를 수행하는 필터들은 프린터가 자체적으로 래스터화를 하지 못하거나 처음 제출된 작업의 언어를 프린터가 이해하지 못하는 경우에 유용하다.

프린트 파이프라인의 마지막 단계는 이더넷과 같은 적절한 프로토콜을 통해 호스트에서 프린터로 작업을 전송하는 백엔드다. 백엔드는 거꾸로 프린터의 상태 정보를 CUPS 서버에 전달하기도 한다. CUPS 데몬은 프린트 작업을 전송하고 난 후 자신의 큐로 돌아가 클라이언트로부터의 요청을 처리하며 프린터는 자신에게 배송된 작업을 인쇄하고 일을 마친다.

프린트 큐

cupsd의 중앙 집중식 프린팅 시스템 제어에서는 사용자 수준 명령들이 수행하고 있는 일들을 이해하기가 쉽다. 예를 들어 lpq 명령은 서버에서 작업 상태^{job status} 정보를 요청해 그것을 외부에 표시하고자 모습을 바꾼다. 어떤 CUPS 클라이언트들은 서버에게 작업의 일시 중지^{suspend}, 취소^{cancel}, 우선순위 변경^{reprioritize}을 요청한다. 클라이언트들은 작업을 한 큐에서 다른 큐로 옮길 수도 있다.

대부분의 변경에는 작업 번호^{job number}에 의해 식별되는 작업이 요구된다. 작업 번호는 lpq 명령으로 얻을 수 있다. 예를 들어 어떤 프린트 작업을 제거하려면 lprm jobid 명령을 실행하면 된다.

lpstat -t 명령은 프린트 서버의 모든 상태를 보여준다.

다수의 프린터와 큐

CUPS 서버는 각 프린터마다 별개의 큐^{Queue}를 유지한다. 커맨드라인 클라이언트들은 옵션(보통 -P printer 또는 -p printer)을 통해 큐를 지정한다. 다음과 같이 PRINTER 환경변수를 설정해 직접 기본 프린터를 설정할 수도 있다.

```
$ export PRINTER=printer_name
```

또한 다음과 같이 자신의 계정에 대해서는 특정 기본값을 사용하도록 CUPS에게 요구할 수도 있다.

```
$ lpoptions -dprinter_name
```

lpoptions 명령이 루트로 실행될 때는 시스템 전체에 적용되는 기본값을 /etc/cups/lpoptions 파일에 설정한다. 하지만 루트가 아닌 일반 사용자들이 개별적으로 사용하는 것이 더 일반적이다. lpoptions 명령은 각 사용자가 개인용 프린터 인스턴스와 기본값들을 설정할 수 있게 해주며 이 값들은 ~/.cups/lpoptions에 저장된다. lpoptions -l 명령은 현재 설정 값들을 보여준다.

프린터 인스턴스

한 대의 프린터밖에 없지만 그것을 여러 가지 용도로 사용하고자 한다면(초벌 인쇄 작업용과 최종 출판 작업용으로 모두 사용) CUPS는 각 용도별로 다른 '프린터 인스턴스^{printer instance}'를 설정할 수 있게 해준다.

예를 들어 Phaser_6120라는 프린터를 갖고 있을 경우 다음 명령이 있다고 하자.

```
$ lpoptions -p Phaser_6120/2up -o number-up=2 -o job-sheets=standard
```

Phaser_6120/2up이라는 인스턴스를 생성하며, 이 인스턴스는 2 업 프린팅을 수행하고 배너 페이지들을 추가한다. 일단 인스턴스가 생성되고 나면 다음 명령은 포스트스크립트 파일 biglisting.ps를 하나의 배너 페이지를 갖는 2 업 작업으로 인쇄한다.

```
$ lpr -P Phaser_6120/2up biglisting.ps
```

네트워크 프린터 브라우징

CUPS의 관점에서 볼 때는 네트워크로 연결된 머신들이 고립된 머신과 크게 다르지 않다. 모든 컴퓨터가 cupsd를 실행하고 모든 CPUS 데몬이 서로 대화한다.

커맨드라인에서 작업하는 경우 /etc/cups/cupsd.conf 파일을 편집해 CUPS 데몬이 원격 시스템으로부터의 프린트 작업을 받아들이도록 환경을 설정할 수 있다. 이런 방식으로 설정된 서버들은 그들이 서비스하는 프린터들에 관한 정보를 매 30초마다 브로드캐스팅하게 기본값이 설정돼 있다. 따라서 로컬 네트워크에 있는 컴퓨터들은 그들에게 사용이 허락된 프린터들에 대해 자동으로 알게 된다. 브라우저의 CUPS GUI에서 체크박스를 클릭해도 똑같은 환경설정의 효과를 얻는다.

새 프린터가 추가되거나 노트북을 직장으로 가져온 경우 또는 새 워크스테이션의 설치를 방금 마친 경우에는 현재 사용 가능한 프린팅 서비스들에 대해 다시 결정할 것을 cupsd에게 요구할 수 있다. 이 작업은 CUPS GUI의 Administration 탭에 있는 Find New Printers 버튼을 클릭하면 수행된다.

브로드캐스트 패킷은 서브넷 경계를 넘어서지 않기 때문에 프린터를 여러 서브넷에서 사용할 수 있게 만드는 데는 약간의 요령이 필요하다. 한 가지 방법은 각 서브넷에서 종속 서버slave server 하나를 지정해 다른 서브넷의 서버들을 폴링poll하게 해서 정보를 얻어낸 후 그 정보를 로컬 서브넷에 있는 머신들에게 전달하는 것이다.

예를 들어 프린터 서버 allie(192.168.1.5)와 jj(192.168.2.14)가 서로 다른 서브넷에 속해 있고 제3의 서브넷(192.168.3)에 있는 사용자들이 이 두 프린트 서버를 모두 사용할 수 있게 만들고 싶다고 가정해보자. 종속 서버(예를 들어 copeland, 192.168.3.10)를 지정해 이 서버의 cupsd.conf 파일에 다음과 같은 줄을 추가한다.

```
BrowsePoll allie
BrowsePoll jj
BrowseRelay 127.0.0.1 192.168.3.255
```

첫 두 줄은 종속 서버 copeland의 cupsd에게 allie와 jj의 cupsd를 폴링해서 그들이 서비스하는 프린터들에 관한 정보를 얻어오라고 말한다. 세 번째 줄은 copeland에게 그 정보를 자신의 서브넷에 전달하라고 하는 것이다. 매우 간단하다.

필터

CUPS는 각 프린터용으로 특별히 만들어진 프린팅 도구를 사용하기보다는 인쇄되는 각 파일들을 최종 프린터가 이해할 수 있는 형태로 변환하는 필터[Filter] 체인을 사용한다.

CUPS 필터 체계는 매우 훌륭하다. 문서와 타깃 프린터만 제공하면 CUPS는 자신의 .types 필터를 이용해 문서의 MIME 타입을 알아낸다. CUPS는 프린터의 PPD 파일을 참조해 프린터가 어떤 MIME 타입들을 처리할 수 있는지 알 수 있다. 그런다음 .convs 파일을 이용해 어떤 필터 체인을 사용하면 한 형식에서 다른 형식으로 변환할 수 있는지, 예정된 각 체인에 요구되는 비용을 산출해낸다. 최종적으로 하나의 체인을 선택해 그 필터들을 통해 문서를 전달한다. 체인의 마지막 필터는 인쇄 가능한 형식을 백엔드로 넘기고 백엔드는 프린터가 이해하는 하드웨어나 프로토콜을 통해 데이터를 프린터로 전송한다.

이 과정을 좀 더 구체적으로 들여다보자. CUPS는 들어오는 데이터 타입이 무엇인지 알아내고자 /usr/share/cups/mime/mime.types에 있는 규칙들을 사용한다. 예를 들면 다음 규칙이 있다고 하자.

```
application/pdf                    pdf string (0,%PDF)
```

'어떤 파일의 확장자가 .pdf이거나 **%PDF**라는 문자열로 시작된다면 그것의 MIME 타입은 **application/pdf**라는 것을 의미한다.

CUPS는 mime.convs 파일(보통 /etc/cups나 /usr/share/cups/mime에 있음)에 있는 규칙들을 찾아봄으로써 한 데이터 타입에서 다른 타입으로 변환하는 방법을 알아낸다. 예를 들면 다음과 같다.

```
application/pdf                    application/postscript 33 pdftops
```

이 규칙은 "application/pdf 파일을 application/postscript 파일로 변환하려면 **pdftops** 필터를 실행하라"는 의미다. 숫자 33은 변환 비용^{cost of the conversion}이다. CUPS는 한 파일의 타입을 다른 타입으로 변환하는 데 여러 가지 필터 체인이 가능하다는 것이 발견되면 비용의 합계가 가장 낮은 체인을 선택한다(비용은 누구든 mime.convs 파일을 생성하는 사람에 의해 선택된다. 대개는 배포 관리자일 것이다. 자신이 더 좋은 결과를 얻을 수 있다고 생각해서 비용을 튜닝하는 데 시간을 보내려는 사람이 있다면 너무 한가로운 게 아닌가 자문해 볼 일이다).

CUPS 파이프라인의 마지막 구성 요소는 프린터와 직접 대화하는 필터다. 포스트스크립트가 아닌 프린터의 PPD에는 다음과 같은 줄이 나타난다.

```
*cupsFilter: "application/vnd.cups-postscript 0 foomatic-rip"
```

또는 다음과 같을 수도 있다.

```
*cupsFilter: "application/vnd.cups-postscript foomatic-rip"
```

따옴표로 묶은 문자열 부분은 mime.convs에 있는 줄들과 모습은 같지만 2개가 아닌 단 한 개의 MIME 타입만 있다. 이 줄은 **foomatic-rip** 필터가 **application/vnd.cups-postscript** 타입의 데이터를 프린터의 데이터 형식으로 변환한다는 것을 알려주고 있다. 이 단계를 수행하는 방법은 단 하나밖에 없기 때문에 비용은

0(또는 생략)이다(Gutenprint 프로젝트에서 만들어진 비 포스트스크립트 프린터용 PPD의 일부는 약간 다르다).

자신의 시스템에서 사용 가능한 필터들을 알려면 `locate pstops` 명령을 실행한다. `pstops`는 복사본 수를 설정하고자 포스트스크립트 명령을 추가하는 것과 같이 포스트스트립트 작업을 여러 가지 방법으로 처리하는 유명한 필터다. `pstops`가 있는 곳에서 멀지 않은 곳에 다른 필터들이 있을 것이다.

`lpinfo -v` 명령을 실행해 CUPS에게 사용할 수 있는 백엔드의 목록을 요청할 수 있다. 필요한 네트워크 프로토콜의 백엔드가 없다면 웹이나 리눅스 배포자로부터 구할 수 있을 것이다.

12.2 CUP 서버 관리

`cupsd`는 부팅할 때 시작돼 계속 실행된다. 이 책에서 예로 든 시스템들은 모두 기본값으로 다음과 같이 설정된다.

CUPS 환경설정 파일 cupsd.conf는 보통 /etc/cups에 있다. 파일 형식은 아파치 환경설정 파일과 유사하다. 이 파일 중 하나가 편하다면 다른 파일들도 마찬가지로 편할 것이다. cupsd.conf 파일은 텍스트 편집기나 CUPS 웹 GUI를 이용해서 보거나 편집할 수 있다.

기본 환경설정 파일에는 친절한 주석들이 포함돼 있다. 그 주석들과 `cupsd.conf` 맨페이지만 있으면 여기서 구체적인 환경설정 방법을 일일이 설명하지 않아도 될 만큼 충분하다.

CUPS는 처음 시동할 때 환경설정 파일을 읽는다. cupsd.conf의 내용을 변경한다면 그 변경된 내용이 효력을 갖으려면 반드시 `cupsd`를 재시작해야 한다. `cupsd`의 웹 GUI를 통해 변경하는 경우에는 `cupsd`가 자동으로 재시작된다.

네트워크 프린트 서버 설정

네트워크를 통한 프린팅에 문제가 있다면 브라우저 기반의 CUPS GUI를 검토해 모두 정확하게 설정됐는지 확인한다. 예상되는 문제에는 프린터가 등록되지 않은 경우, CUPS 서버가 프린터를 네트워크에 브로드캐스팅하지 않은 경우, CUPS 서버가 네트워크 프린트 작업을 수용하지 않는 경우 등이 포함된다.

cupsd.conf 파일을 직접 편집하는 경우에는 몇 가지 변경해야 할 것이 있다. 첫째, 다음 내용을 변경한다.

```
<Location />
Order Deny,Allow
Deny From All
Allow From 127.0.0.1
</Location>
```

다음과 같이 바꾼다.

```
<Location />
Order Deny,Allow
Deny From All
Allow From 127.0.0.1
Allow From netaddress
</Location>
```

netaddress를 작업을 받아들이고자 하는 네트워크의 IP 주소(예, 192.168.0.0)로 바꾼다.

그런 다음 BrowseAddress 키워드를 찾아 해당 네트워크의 브로드캐스트 주소와 CUPS 포트를 설정한다. 예를 들면 다음과 같다.

```
BrowseAddress 192.168.0.255:631
```

이 과정들은 지정된 서브넷에 있는 모든 머신으로부터의 요청을 받아들이고 서버가 서비스하는 프린터들에 관한 정보를 그 네트워크에 있는 모든 CUPS 데몬에게 브로드캐스팅하라고 서버에 지시한다.

프린터 자동 설정

프린터 없이도 CUPS를 사용할 수 있지만(예, 파일을 PDF나 팩스 형식으로 변환하기) CUPS의 본질적 역할은 실제 프린터들을 관리하는 것이다. 여기서는 프린터 그 자체를 다루는 방법들을 살펴본다.

어떤 경우에는 프린터 추가가 매우 간단하다. USB 프린터가 시스템에 연결되면 CUPS가 프린터를 자동으로 감지해 필요한 설정 작업들을 수행한다.

직접 환경설정 작업을 해야 하는 경우라도 프린터 추가 작업은 그리 어려운 일이 아니다. 프린터를 하드웨어에 연결하고 localhost:631/admin으로 CUPS 웹 인터페이스에 접속한 후 일부 질문에 대답만 하면 된다. KDE나 GNOME에는 그들만의 고유한 프린터 환경설정 위젯이 있어 어떤 사람들은 CUPS 인터페이스보다 그것을 선호할 수도 있다(나는 CUPS GUI를 좋아한다).

어떤 누군가가 프린터를 추가하고 해당 네트워크에 있는 한 개 이상의 CUPS 서버가 그 사실을 알고 있다면 당신의 CUPS 서버도 그 존재를 알게 될 것이다. 로컬 저장소에 프린터를 명시적으로 추가하거나 PPD를 자신의 머신으로 복사할 필요가 없다. 마술처럼 자동으로 이뤄진다.

네트워크 프린터 환경설정

네트워크 프린터들(즉, 주 하드웨어 인터페이스가 유선 이더넷이거나 무선 와이파이인 프린터들)은 단지 TCP/IP 네트워크의 구성원이 되기 위해서라도 자신만의 어떤 환경설정이 필요하다. 특히 자신의 IP 주소와 넷마스크^{netmask}를 알고 있어야 한다. 그 정보는 대개 둘 중 한 가지 방법으로 그들에게 전달된다.

네트워크 프린터는 이 정보를 BOOTP나 DHCP 서버에서 얻을 수 있다. 이 방법은 많은 네트워크 프린터로 구성된 환경에 적합하다. DHCP에 관한 자세한 내용은 13장의 'DHCP: 동적 호스트 환경설정 프로토콜' 절을 참고한다.

다른 방법으로 프린터 콘솔에서 프린터에 정적인 IP 주소를 배정할 수도 있다. 프린터 콘솔은 대개 프린터 전면 패널에 몇 개의 버튼과 한 줄 표시창으로 구성돼 있

574

다. IP 주소를 설정하는 메뉴가 나타날 때까지 여기저기 이동하며 찾아본다(메뉴를 인쇄하는 메뉴 옵션이 있다면 나중에 참조하기 위해서라도 이 옵션을 이용해 메뉴를 인쇄해 프린터 밑에 놓아두자).

일단 환경설정이 끝나고 나면 네트워크 프린터는 브라우저에서 접근할 수 있는 웹 콘솔을 갖게 된다. 하지만 이렇게 웹 콘솔을 통해 프린터에 접근하기 전에 프린터는 반드시 IP 주소를 갖고 있어야 하며 작동이 시작돼 네트워크에서 실행 중에 있어야 한다. 따라서 이런 방식의 인터페이스는 정작 필요할 때는 사용이 불가능한 경우가 많다.

프린터 환경설정 사례

다음 예는 커맨드라인에서 병렬 프린터 groucho와 네트워크 프린터 fezmo를 추가하는 것이다.

```
$ sudo lpadmin -p groucho -E -v parallel:/dev/lp0 -m pxlcolor.ppd
$ sudo lpadmin -p fezmo -E -v socket://192.168.0.12 -m laserjet.ppd
```

groucho는 /dev/lp0 포트에, fezmo는 IP 주소 192.168.0.12에 접속된다. 각 장치는 통합 자원 식별자URI, Universal Resource Indicator 형태로 기술했으며, PPD는 /usr/share/cups/model에서 발췌했다.

cupsd가 네트워크 서버로 설정돼 있는 동안 서버는 새 프린터들을 즉각적으로 네트워크상의 다른 클라이언트가 사용할 수 있게 만들어준다. 재시작은 필요하지 않다.

CUPS는 매우 다양한 프린터 URI를 수용한다. 몇 가지 사례를 더 보자.

- ipp://zoe.admin.com/ipp
- lpd://riley.admin.com/ps
- serial:/dev/ttyS0?baud=9600+parity=even+bits=7
- socket://gillian.admin.com:9100
- usb://XEROX/Phaser%206120?serial=YGG210547

일부 타입에는 옵션이 있지만(예, serial), 다른 것에는 옵션이 없다. `lpinfo -v` 명령은 시스템에 올라와 있는 장치들의 목록과 CUPS가 이해하는 URI 타입들의 목록을 보여준다.

서비스 중단

프린터 제거는 다음과 같이 `lpadmin -x` 명령으로 쉽게 할 수 있다.

```
$ sudo lpadmin -x fezmo
```

하지만 프린터를 제거하는 게 아니라 일시적으로 비활성화하려면 어떻게 해야 할까? 프린트 큐의 양 끝단을 차단block할 수 있다. 큐의 꼬리tail(출구 또는 프린터 쪽)를 비활성화하면 사용자들은 여전히 작업을 제출할 수는 있으나 배출outlet 쪽이 다시 활성화될 때까지는 작업이 인쇄되지 않는다. 큐의 머리head(입구 쪽)를 비활성화하면 이미 큐에 들어 있는 작업은 여전히 인쇄되지만 새로 제출되는 작업들은 큐에 의해 거부된다.

cupsdisable과 cupsenable 명령은 큐의 출구 쪽을 제어하고 reject와 accept 명령은 큐의 제출 쪽을 제어한다. 다음 예를 보자.

```
$ sudo cupsdisable groucho
$ sudo reject corbet
```

어떤 것을 사용해야 할까? 가까운 장래에 인쇄될 가능성이 없는 프린트 작업을 받아들이는 것은 좋은 생각이 아니므로 장시간의 중단을 위한 reject를 사용한다. 사용자가 인지하지 못하는 짧은 중단(예, 토너 카트리지 교체)을 위해서는 cupsdiable을 사용한다.

시스템 관리자들은 가끔 어떤 명령이 큐의 어느 쪽을 제어하는지 기억하는 데 도움이 될 만한 연상법을 필요로 한다. 다음과 같은 연상법을 사용해보자. CUPS가 작업을 '거부reject'한다는 것은 '주입inject'할 수 없다는 것을 의미한다. 명령을 올바르게 기억하는 또 다른 방법은 수용accepting과 거부rejecting는 프린트 작업을 대상으로 하는 반면에 비활성화^{disabling}와 활성화^{enabling}는 프린터를 대상으로 한다고 기억하는 것이다. 프린터나 큐를 '수용^{accept}'한다는 것은 어떤 의미도 갖지 못한다.

간혹 CUPS는 어떤 문제가 있는 프린터(예, 누군가 케이블을 건드려 빠진 경우)에 대해 자체적으로 일시적인 비활성화를 한다. 문제를 해결하고 나면 해당 큐를 다시 cupsenable시키는 것을 잊지 말아야 한다. 잊는 경우 lpstat가 그 사실을 말해줄 것이다(이 문제에 관한 전체적인 설명과 대안은 linuxprinting.org/beh.html를 참고한다).

기타 환경설정 작업

요즘 프린터들은 뛰어난 환경설정 기능을 갖고 있으며 CUPS는 웹 인터페이스나 lpadmin/lpoptions 명령을 통해 다양한 기능을 조정할 수 있다. 경험에 따르면 lpadmin은 시스템 전반에 걸친 작업에 적합하고 lpoptions는 사용자별 작업에 적합하다.

lpadmin은 프린터나 큐에 대한 접근을 제한할 수 있다. 예를 들면 프린팅 쿼터^{printing quotoas}를 설정할 수도 있고 어떤 사용자가 어떤 프린터를 사용할 수 있는지를 지정할 수도 있다.

표 12.1은 CUPS와 포함돼 있는 명령의 목록이며 출처에 따라 분류했다.

표 12.1 CUPS 커맨드라인 유틸리티와 출처

	명령	기능
CUPS	cups-config	API, 컴파일러, 디렉터리, 링크 정보를 인쇄
	cupsdisable[a]	특정 프린터의 인쇄를 중지
	cupsenable[a]	특정 프린터의 인쇄를 다시 시작
	lpinfo	사용 가능한 장치와 드라이버를 보여줌
	lpoptions	프린터 옵션과 기본값을 보여주거나 설정
	lppasswd	다이제스트 암호(digest password)를 추가, 변경, 삭제

(이어짐)

	명령	기능
시스템 V	accept, reject	큐 제출의 수용과 거부
	cancel	프린트 작업을 취소
	lp	프린트 작업을 큐에 넣음
	lpadmin	프린터 환경설정
	lpmove	기존 프린트 작업을 새로운 프린터로 이동
	lpstat	상태 정보를 인쇄
BSD	lpc	전반적인 프린터 제어 프로그램
	lpq	프린트 큐를 보여줌
	lpr	프린트 작업을 큐에 넣음
	lprm	프린트 작업을 취소

a. 사실상 시스템 V의 disable, enable과 같으며 이름만 바뀐 것이다.

12.3 문제 해결 팁

프린터는 기계적 장치의 모든 취약점과 타 운영체제의 모든 통신 특이성을 결합해놓은 것이다. 프린터는 (프린터를 구동하는 소프트웨어도 포함해서) 시스템 관리자와 사용자에게 있어 마치 문제를 일으키기 위한 전용 기계처럼 보인다. 다음 내용에서는 프린터 문제를 다루는 일반적인 팁들을 소개한다.

프린트 데몬 재시작

환경설정 파일의 수정 후에는 반드시 데몬을 재시작하는 것을 잊지 말자.

시스템이 데몬을 재시작할 때 사용하는 일반적 방법으로 cupsd를 재시작할 수 있다. 대개는 systemctl restart org.cups.cupsd.service이거나 이와 유사할 것이다. 이론상으로는 cupsd에게 HUP 시그널을 보낼 수도 있다. 또는 CUPS GUI를 사용할 수 있다.

로그 파일

CUPS는 페이지 로그^{page log}, 접근 로그^{access log}, 오류 로그^{error log}의 세 가지 로그를 유지한다. 페이지 로그는 CUPS가 인쇄했던 페이지들의 목록을 포함한다. 나머지 두 로그는 아파치용 접근 로그와 오류 로그와 똑같다. CUPS 서버도 웹 서버이므로 놀랄 이유는 없다.

cupsd.conf 파일은 로깅 수준과 로그 파일들의 위치를 지정한다. 로그 파일들은 모두 /var/log에 보관되는 것이 일반적이다.

다음은 단일 프린트 작업에 상응하는 어떤 로그 파일에서 발췌한 것이다.

```
I [21/June/2017:18:59:08] Adding start banner page "none" to job 24.
I [21/June/2017:18:59:08] Adding end banner page "none" to job 24.
I [21/June/2017:18:59:08] Job 24 queued on 'Phaser_6120' by 'jsh'.
I [21/June/2017:18:59:08] Started filter /usr/libexec/cups/filter/pstops
    (PID 19985) for job 24.
I [21/June/2017:18:59:08] Started backend /usr/libexec/cups/backend/usb
    (PID 19986) for job 24.
```

직접 프린팅 접속

CUPS에서는 로컬 프린터의 물리적 접속을 확인하고자 직접 프린터의 백엔드를 실행할 수 있다. 예를 들어 USB로 연결된 프린터의 백엔드를 실행하면 다음과 같은 결과가 나온다.

```
$ /usr/lib/cups/backend/usb
direct usb "Unknown" "USB Printer (usb)"
direct usb://XEROX/Phaser%206120?serial=YGG210547 "XEROX Phaser
    6120" "Phaser 6120"
```

Phaser 6120 프린터용 USB가 연결돼 있지 않으면 그 프린터는 백엔드의 출력에서 사라진다.

```
$ /usr/lib/cups/backend/usb
```

```
direct usb "Unknown" "USB Printer (usb)"
```

네트워크 프린팅 문제

네트워크 프린팅 문제를 찾기 시작하려면 우선 프린터 데몬에 접속을 시도한다. 웹 브라우저(*hostname*:631)나 텔넷 명령(telnet *hostname* 631)을 이용해 cupsd에 접속할 수 있다.

네트워크 프린터 연결을 디버깅하는 데 문제가 있다면 반드시 어떤 머신에 작업용 큐가 있어야 하고 작업을 보낸 곳을 알 수 있는 방법, 프린트 큐를 담당한 머신으로 작업을 보내는 방법이 있어야 한다는 점을 명심해야 한다. 프린트 서버에는 반드시 작업을 큐에 넣을 장소가 있어야 하며 그 작업이 인쇄될 수 있게 충분한 사용 권한이 있어야 하고 장치에 출력하는 방법이 있어야 한다.

어떤 순간에는 이러한 전제 조건들의 일부나 전부가 어긋날 것이다. 다음과 같은 여러 가지 장소에서 문제를 찾아낼 준비가 돼 있어야 한다.

- 네임 리졸루션[name resolution]이나 권한[permission] 문제일 때는 발송 머신의 시스템 로그 파일들을 검토한다.
- 사용 권한 문제일 때는 프린트 서버의 로그 파일들을 검토한다.
- 필터 누락, 알 수 없는 프린터, 디렉터리 누락 등의 문제일 때는 발송 머신의 로그 파일들을 검토한다.
- 잘못된 장치명, 부정확한 형식 등에 관한 메시지 문제일 때는 프린트 서버 머신의 프린트 데몬 로그 파일들을 검토한다.
- 작업을 전송할 때 발생하는 오류 문제일 때는 프린팅 머신의 프린터 로그 파일을 검토한다.
- 작업의 전처리[preprocessing]나 큐잉[queuing]의 오류 문제일 때는 발송 머신의 프린터 로그 파일을 검토한다.

CUPS 로그 파일들의 위치는 /etc/cups/cupsd.conf 안에 지정돼 있다. 로그 관리에 관한 전반적인 내용은 10장을 참고한다.

12.4 추천 자료

CUPS에는 HTML 형식의 많은 문서가 포함돼 있다. 그 문서들을 활용하는 아주 좋은 방법은 CUPS 서버에 접속해 온라인 도움말 링크를 클릭하는 것이다. 물론 CUPS 서버에 접속할 수 없는 이유를 알아내고자 문서를 참조하려는 경우에는 이 방법은 도움이 되지 못한다. 시스템 관리자의 컴퓨터에 이러한 문서들을 HTML과 PDF 형식으로 /usr/share/doc/cups에 설치해두는 것이 좋다. 없다면 배포판 패키지 관리자에 요청하거나 cups.org에서 찾아본다.

Shah, Ankur. CUPS Administrative Guide: A practical tutorial to installing, managing, and securing this powerful printing system. Birmingham, UK: Packt Publishing, 2008.

13 TCP/IP 네트워킹

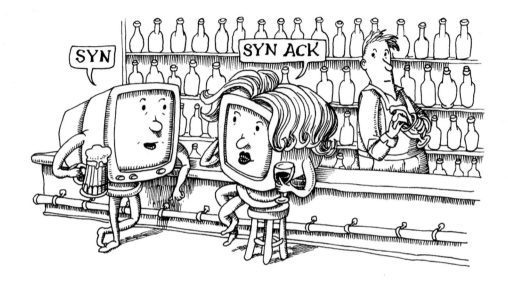

현대 컴퓨팅에서 네트워크의 중요성은 과장할 이유도 없지만 과장이 쉽지도 않다. 많은 사이트가 (심지어 대형 사이트들조차도) 웹이나 이메일을 컴퓨터의 주된 용도로 사용하고 있다. 2017년 현재, internetworldstats.com에서는 인터넷 사용자가 37억 명 이상인 것으로 추산하고 있다. 이는 세계 인구의 절반에 약간 못 미치는 수치에 해당한다. 북아메리카에서 인터넷 보급률은 90%에 달한다.

TCP/IP^{Transmission Control Protocol/Internet Protocol}는 인터넷의 기저를 이루는 네트워킹 시스템이다. TCP/IP는 어떤 특정 하드웨어나 운영체제에 종속되지 않기 때문에 TCP/IP로 통신하는 장치들은 서로 이질적일지라도 모두 데이터를 교환할 수 있다. 즉, '상호 호환'이 가능하다.

TCP/IP는 네트워크의 규모나 토폴로지^{topology}, 외부와의 접속 여부와 상관없이 작동한다. 13장에서는 인터넷의 맥락 안에서 TCP/IP 프로토콜을 소개하지만 독립적인 네트워크도 TCP/IP 수준에서는 매우 유사하다.

13.1 TCP/IP와 인터넷의 관계

TCP/IP와 인터넷은 수십 년 동안 같은 역사를 공유해왔다. 인터넷의 기술적 성공은 전적으로 TCP/IP의 세련되고 유연한 설계와 개방적이고 비 독점적인 프로토콜 세트 덕분이다. 인터넷이 제공하는 레버리지 효과는 한때 유행했던 여러 경쟁적인 프로토콜 세트나 정치적 또는 상업적 이유로 만들어진 다른 프로토콜들을 물리치고 TCP/IP가 승리하는 데 큰 도움을 줬다.

현대 인터넷의 시초는 1969년, 미국 국방성에서 만든 알파넷^{ARPANET}이라는 연구용 네트워크였다. 1980년대 말에 이르자 이 네트워크는 더 이상 연구 목적의 프로젝트가 아닌 상용 인터넷으로 전환됐다. 오늘날의 인터넷은 인터넷 서비스 공급자^{ISP, Internet Service Provider}가 소유한 사설 네트워크들이 피어링 포인트^{peering point}라 불리는 접점에서 서로 연결돼 있는 것이다.

누가 인터넷을 운용하는가?

인터넷과 인터넷 프로토콜의 관리 운용은 오랫동안 협업과 공개적인 노력에 의해 이뤄져왔지만 인터넷이 대중적인 유틸리티와 세계 경제의 동력으로 진화됨에 따라 구체적인 구조는 변화해왔다. 현재의 인터넷 운용은 개략적으로 관리, 기술, 정치로 분할돼 있지만 이러한 기능 간의 경계는 종종 모호하다. 주요 주체들은 다음과 같다.

- ICANN^(Internet Corporation for Assigned Names and Numbers)(국제인터넷주소관리기구): 인터넷을 책임지는 그룹이 하나 있다면 ICANN이라 할 수 있다. 이 단체야 말로 인터넷에서 실질적인 강제력을 발휘할 수 있는 유일한 기구다. ICANN은 인터넷 주소와 도메인 이름을 포함해 프로토콜 포트 번호와 같은 여러 가지 정보의 할당을 관리한다. 캘리포니아에 본사(icann.org)를 두고 있으며 비영리 기관으로 운영된다.

- ISOC^{Internet Society}(인터넷 협회): ISOC는 인터넷 사용자들을 대표하는 개방 회원 단체다. 본래의 기능은 교육과 정책이었지만 인터넷 기술 개발을 위한 우산 조직으로 더 알려져 있다. 특히 ISOC는 대부분의 기술 업무를 감독하

는 인터넷 엔지니어링 태스크포스[IETF, Internet Engineering Task Force](ietf.org)의 상위 조직이다. ISOC는 워싱턴 D.C.와 제네바에 사무소를 둔 국제적인 비영리 기관이다(isoc.org).

- **IGF**[Internet Governance Forum]**(인터넷 거버넌스 포럼):** 비교적 최근에 생긴 IGF는 인터넷에 관련된 국제적인 정책 논의를 위한 터전으로서 2006년에 국제연합[UN]에 의해 만들어졌다. 현재는 연례 협의회로 굳어졌지만 각 정부들이 인터넷 운용에 더 큰 지배력을 갖고자 시도하고 있기 때문에 시간이 흐름에 따라 그 중요성이 증가할 것으로 예상된다.

위 단체 중에서 ICANN이 가장 힘든 일을 담당하고 있다. 인터넷을 책임지는 공인된 기관으로 스스로를 자리매김하고 과거의 잘못된 일들을 바로잡아 나가며 미래를 내다봐야 한다. 그러면서 동시에 사용자, 정부, 기업체 모두가 자신의 관심사에 만족하게 해야 한다.

네트워크 표준과 문서화

이 제목을 읽자마자 따분함을 느끼지 않았다면 커피를 너무 많이 마신 탓일 것이다. 그럼에도 공인된 인터넷 기술 문서의 사용은 시스템 관리자에게는 매우 중요한 기술 중 하나이며 생각보다는 나름 즐길 만하다.

인터넷 커뮤니티의 기술적인 활동들은 RFC[Requests for Comments]라는 문서에 요약돼 있다. 프로토콜 표준, 수정 제안, 정보 게시판 등은 결국 모두 RFC의 형태로 종결된다. RFC는 인터넷 드래프트[Internet Drafts]로 시작돼 수많은 이메일 논쟁과 IETF 미팅을 거친 후에 최종적으로 폐기되든지 RFC 시리즈로 승격되든지 한다. 드래프트나 제안된 RFC에 대해 언급할 것이 있는 사람은 누구나 회신을 보낼 수 있다. RFC 메커니즘은 인터넷 프로토콜의 표준화뿐 아니라 때로는 현행 실무에 관한 여러 측면들을 문서화하거나 설명하기도 한다.

RFC에는 순차적으로 번호가 매겨진다. 현재 약 8,200개의 번호가 사용됐다. RFC에는 그 내용을 나타내는 제목(예, 네트워크 시간 동기화를 위한 알고리듬)이 있긴 하지만 그 모호성을 방지하고자 보통은 숫자로 언급된다. RFC 내용은 일단 배포된 후에는 결코 수정되지 않는다. 업데이트는 다른 참조 번호를 갖는 새로운 RFC로 배포된다. 업데이트는 기존 RFC를 확장해 명확하게 만들기도 하고 완전히 대체하기도 한다.

RFC는 수많은 출처에서 구할 수 있지만 rfc-editor.org가 배포 중심지이며 가장 업데이트된 정보를 갖고 있다. 문서를 읽는 데 시간을 투자하기 전에 rfc-editor.org에서 RFC 상태를 먼저 확인하기 바란다. 읽고 있는 문서가 그 주제에 관한 가장 최신 버전이 아닐 수 있기 때문이다.

인터넷 표준 프로세스 자체는 RFC2026에 자세히 설명돼 있다. 또 다른 유용한 메타RFC는 RFC 시스템의 문화와 기술적 맥락을 설명하고 있는 RFC5540, RFC의 40년이다.

RFC에 담겨 있는 많은 기술적 세부 사항에 겁먹을 필요는 없다. 기술적 세부 사항이 필요 없는 경우일지라도 대부분의 내용은 시스템 관리자들에게 유용한 서론, 개요, 이론들이다. 일부 RFC는 전반적인 개요나 일반적인 정보를 위해 특별히 작성된다. RFC는 어떤 특정 주제를 배우기 위한 가장 쉬운 방법은 아닐 수 있지만 RFC는 공인된 권위가 있으며 매우 구체적인 데다가 무료다.

모든 RFC가 지루한 기술적 세부 사항으로 채워져 있는 것은 아니다. 다음은 사람들이 좋아하는 가벼운 내용의 RFC들이다(대개 4월 1일, 만우절에 작성됨).

- **RFC1149**: 통신용 비둘기를 이용한 IP 데이터그램의 전송 프로토콜[1]
- **RFC1925**: 네트워킹에 관한 12가지 진실
- **RFC3251**: 인터넷을 이용한 전력 전송
- **RFC4041**: 라우팅 영역 초안의 도덕성 섹션에 대한 요구 사항
- **RFC6214**: IPv6를 위한 RFC1149 개정
- **RFC6921**: 빛보다 빠른 통신을 위한 설계 요건
- **RFC7511**: IPv6용 풍경 라우팅 Scenic Routing for IPv6

---

1. BLUG(Bergen Linux User Group, 노르웨이의 베르겐 리눅스 사용자 그룹)의 한 리눅스 마니아 그룹은 RFC1149에 기술된 내용에 따라 실제로 CPIP(Carrier Pigeon Internet Protocol, 통신 비둘기 인터넷 프로토콜)을 구현했다. 이에 관한 자세한 내용은 blug.linux.no/rfc1149 웹 사이트를 참고한다.

RFC에는 각각의 고유한 일련번호가 배정될 뿐 아니라 FYI^For Your Information(참고용) 번호, BCP^Best Current Practice(현행 최고 효과적인 작업 절차) 번호, STD^Standard(표준) 번호도 주어진다. FYI, STD, BCP는 특별한 관심이 있거나 중요한 문서들을 포함하는 RFC의 부차적인 일련번호다.

FYI는 일반 대중들을 위해 만든 간단한 소개나 정보 제공 목적의 문서다. 잘 알지 못하는 주제에 관해 연구할 때 그것과 관련된 FYI 문서가 있다면 좋은 출발점이 될 수 있다. 불행히도 이 시리즈는 최근에 시들해져서 별로 업데이트되지 않고 있다.

BCP는 인터넷 사이트용 권고 절차들을 문서화한 것이다. 관리 차원에서의 권장 사항들로 구성돼 있으며 시스템 관리자들에게는 가장 유용한 RFC 하위 시리즈라고 할 수 있다.

STD는 IETF의 리뷰와 테스팅 과정을 완료해 공식적인 표준으로 채택돼 온 인터넷 프로토콜들을 문서화한 것이다.

RFC, FYI, BCP, STD는 각 시리즈 안에서 순차적으로 번호가 매겨 지기 때문에 하나의 문서가 여러 개의 식별 번호를 가질 수 있다. 예를 들어 RFC1713(DNS 디버깅용 도구)는 FYI27로도 알려져 있다.

13.2 네트워킹 기초

어느 정도 맥락을 얘기했으니 이제 TCP/IP 프로토콜 자체를 살펴보자. TCP/IP는 일종의 프로토콜 '스위트^suite'로, 서로 결합해 원활하게 작동하도록 설계된 네트워크 프로토콜들의 집합이다. 여기에는 여러 가지 구성 요소가 포함돼 있으며 각각의 구성 요소는 표준 트랙 RFC나 RFC 시리즈에 의해 정의된다.

- IP^Internet Protocol(**인터넷 프로토콜**): 한 머신에서 다른 머신으로 경로^route에 따라 데이터 패킷들을 전송한다(RFC791).
- ICMP^Internet Control Message Protocol(**인터넷 제어 메시지 프로토콜**): 오류 메시지, 라우팅 보조, 디버깅 지원 등 IP를 위한 여러 가지 하위 수준의 지원을 정의한다(RFC792).

- **ARP**^{Address Resolution Protocol}: IP 주소를 하드웨어 주소로 변환한다(RFC826).[2]
- **UDP**^{User Datagram Protocol}: 비검증, 단방향 데이터 전송을 구현한 것이다 (RFC768).
- **TCP**^{Transmission Control Protocol}: 신뢰성이 보장된 양방향, 흐름 제어^{flow-control}, 오류 수정^{error-correction} 기반의 통신을 구현한 것이다(RFC793).

이러한 프로토콜들은 계층적으로 또는 '스택^{stack}'의 형태로 배열되며 이때 상위의 프로토콜은 그 밑에 있는 하위 프로토콜들을 활용한다. TCP/IP는 전형적으로 (그림 A가 보여주는 것과 같은) 5계층 시스템을 의미하지만 실제의 TCP/IP 프로토콜은 그중 3계층만 차지한다.

그림 A TCP/IP 계층 모델

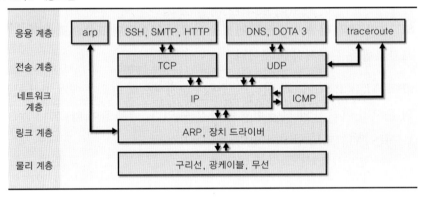

IPv4와 IPv6

최근 50년간 널리 사용돼온 TCP/IP의 버전은 IPv4라 불리는 프로토콜 리비전 4다. 이 버전은 4바이트의 IP 주소를 사용한다. 현대화된 버전인 IPv6는 IP 주소 공간을 16바이트로 확장하고 IPv4를 사용하면서 알게 된 여러 가지 노하우를 포함시켰다. 거의 쓸모가 없는 IP 기능들을 제거해 프로토콜을 잠재적으로 더 빠르게 만들고 구현하기 쉽게 했다. IPv6는 보안과 인증도 기본 프로토콜에 포함시켰다.

운영체제와 네트워크 장치들은 오랫동안 IPv6를 지원해왔다. 구글은 자신의 클라

---

2. 사실 이 말은 약간 거짓이다. ARP는 실제로 TCP/IP의 일부가 아니며 다른 프로토콜 묶음과도 사용될 수 있다. 하지만 대부분의 LAN 매체에서 TCP/IP가 작동하는 방식의 한 구성 요소다.

이언트들의 IPv6 사용에 관한 통계를 google.com/ipv6에 보고한다. 2017년 3월 현재, IPv6를 이용해 구글에 접속하는 피어^{peer}의 비율은 전 세계적으로 약 14%까지 증가했다. 미국에서는 30% 이상이다.

이러한 수치는 건강한 듯 보이지만 사실은 약간 왜곡된 것이라 할 수 있다. 대부분 모바일 장치는 통신회사의 데이터 네트워크에 접속할 때 기본적으로 IPv6를 사용하며 세상에는 수많은 전화가 있기 때문이다. 가정이나 기업 네트워크는 압도적으로 IPv4에 집중돼 있다.

IPv6의 개발과 보급은 세계가 4바이트 IPv4 주소 공간을 거의 다 써버렸다는 우려에 의해 크게 촉진됐다. 실제로도 그러한 우려는 사실인 것으로 입증됐다. 현재 아프리카에만 배정할 수 있는 IPv4 주소가 남아 있다(자세한 내용은 ipv4.potaroo.net를 참고한다). 가장 먼저 주소를 소진한 곳은 아시아태평양 지역이다(2011년 4월 19일).

우리가 이미 IPv4 종말의 시대를 살아왔고 모든 IPv4 주소를 다 써버렸다면 세계가 여전히 IPv4에 대부분 의존하고 있는 것은 어찌된 일일까?

가장 큰 이유는 갖고 있는 IPv4 주소를 더 효율적으로 사용하는 방법을 알게 됐다는 데 있다. 네트워크 주소 변환$^{NAT,\ Network\ Address\ Translation}$은 머신들의 네트워크 전체를 단일 IPv4 주소 뒤에 숨게 해준다. 클래스리스 인터도메인 라우팅$^{CIDR,\ Classless\ Inter-Domain\ Routing}$은 탄력적으로 네트워크를 분할해 효율적인 백본 라우팅을 촉진시킨다. IPv4 주소 경합은 여전히 존재하지만 방송 스펙트럼과 같이 기술적인 방법보다는 경제적인 방법으로 재할당되는 것이다.

IPv6 채택을 제한하는 근본 문제는 어떤 장치가 인터넷에서 기능하고자 IPv4 지원이 필수로 요구되는 경우가 남아 있다는 것이다. 예를 들면 2017년 현재까지도 IPv6를 통해서는 접근할 수 없는 다음과 같은 주요 웹 사이트들이 있다. 아마존^{Amazon}, 레딧^{Reddit}, 이베이^{eBay}, IMDB, 핫메일^{Hotmail}, 텀블러^{Tumblr}, MSN, 애플^{Apple}, 뉴욕타임즈$^{The\ New\ York\ Times}$, 트위터^{Twitter}, 핀터레스트^{Pinterest}, 빙^{Bing}[3] 워드프레스^{WordPress},

---

3. 마이크로소프트 빙은 2012년 세계 IPv6 론치(World IPv6 Launch) 마케팅 캠페인용 자료에 등장하는 몇 안 되는 메이저 사이트들 중 하나였음을 생각하면 이 목록에 포함된 것이 매우 흥미롭다(표제어: "이번엔 진짜다(This time it is for real)"). 이 상황의 숨은 사연을 다 알지는 못하지만 빙은 한때 분명히 IPv6를 지원했고 나중에 그만한 가치가 없다고 판단했던 것이다.

드롭박스^{Dropbox}, 크레이그리스트^{Craigslist}, 스택오버플로^{Stack Overflow}다. 더 나열할 수도 있지만 이미 무슨 말인지 이해했을 것이다.[4]

문제는 IPv4와 IPv6 중 어느 것을 선택하느냐가 아니라 IPv4만 지원할 것인가 아니면 IPv4와 IPv6를 모두 지원할 것인가다. 앞에서 말한 서비스들이 (열거하지 않은 더 많은 서비스도 포함해) 전부 IPv6 지원을 추가한다면 그때는 IPv4 대신 IPv6를 채택하는 것이 합리적일 것이다. 그때까지는 IPv6에게 더 나은 성능과 보안, 기능을 제공함으로써 그 구현 노력을 정당화하라고 요구하는 것은 합리적이지 않은 듯하다. 그게 아니라면 IPv4를 통해서는 접근할 수 없는 IPv6만 서비스하는 세상으로 문을 열고 들어가든지 해야 할 것이다.

불행히도 그런 서비스들은 존재하지 않으며 IPv6는 실제로 어떤 혜택도 제공하지 않는다. 그렇다. IPv6는 IPv4를 개선한 우아하게 잘 설계된 프로토콜일 뿐이다. 어떤 점에서는 IPv4보다 관리하기 쉬우며 편법을 덜 요구하는 것(예, NAT가 덜 필요함)도 사실이다. 그렇지만 결국은 더 큰 주소 공간을 갖는 깨끗한 버전의 IPv4에 지나지 않는다. IPv4와 함께 IPv6를 동시에 관리해야 한다는 사실은 어떤 잠재적인 효율성 이득을 없앤다. IPv6의 존재 이유는 IPv4 주소 공간의 소진이라는 밀레니엄 공포로 계속 남게 될 것이며 아직까지는 그러한 소진 효과가 IPv6로의 대대적인 이동을 촉진할 만큼 충분히 고통스럽지 않았을 뿐이다.

이 책은 오랫동안 출판돼왔는데, 마지막 일부 개정판에서 IPv6는 주요 기술로 다루고 나면 항상 한 걸음씩 더 나아갔던 것 같다. 2017년에는 수평선 위로 더 밝게 떠오르면서도 여전히 당면 문제를 해결하지 못한 채 특별한 인센티브도 제공하지 못하는 IPv6에서 묘한 기시감을 느꼈다. IPv6는 네트워킹의 미래이며 앞으로도 항상 그럴 것임이 분명하다.

자신의 네트워크에 실제로 IPv6를 보급하기 위한 주장들은 다분히 태도의 문제다. 어떤 점에서는 그럴 필요도 있을 것이다. IPv6는 엔지니어링 관점에서는 우수하다. 마침내 IPv6 시대가 도래했을 때 속수무책으로 당하지 않으려면 전문적인 IPv6 기술 개발이 필요하다.

---

4. 이 사이트들은 주 웹 주소가 DNS에 어떤 IPv6 주소(AAAA 레코드)와도 결합돼 있지 않은 사이트들이다.

다시 말해 IPv6가 좋다고 느낀다면 확신을 갖고 계속 지원해 나가라는 얘기다. 그렇게 하는 것이야 말로 책임감 있는 진보적 사고가 가는 길이며 투철한 시민 의식이기도 하다. IPv6를 수용할 때 다루는 모든 것이 IPv6인 그 날이 앞당겨 지기 때문이다. IPv6 세계로 뛰어들 생각이 없다고 해도 좋다. 수년 동안 경고를 겪고 나서야 현실적인 전환의 필요성을 느끼게 될 것이다.

물론 이런 조언들은 인터넷에서 공공 서비스를 제공하는 기관에는 적용되지 않는다. 공공 서비스에서의 IPv6 구현은 엄격히 지켜야 할 의무다. IPv6 채택을 계속 지연시킴으로써 일을 망쳐서는 안 된다. 구글이 되길 바라는가 아니면 마이크로소프트 빙이 되길 바라는가?

데이터 센터의 IPv6에 관한 주장들도 있다. 데이터 센터는 외부 세계의 IPv4에 직접 연결될 필요가 없는 곳이다. 이와 같이 제한된 환경에서는 IPv6로 전환할 것인지 아니면 IPv4로 남아 있음으로써 인프라를 단순화할 것인지는 선택 사항이다. 인터넷을 상대하는 서버들은 내부 트래픽이나 백엔드 트래픽을 모두 IPv6로 라우팅하더라도 인터넷에는 IPv4로 말할 수 있다.

유의 사항들은 다음과 같다.

- IPv6는 오래 전부터 상용화 준비가 돼 있었다. 구현 시에 발생하는 버그는 주된 관심사가 아니다. IPv4만큼의 높은 신뢰도를 기대해도 좋다.
- 하드웨어 관점에서는 모든 신형 장치를 수용하고자 IPv6 지원을 필수적인 것으로 생각해야 한다. 요즘은 기업용 수준의 네트워킹 장비들 중에서는 IPv6를 지원하지 않는 것을 찾아보기 힘들지만 소비자급의 장비에는 IPv4만 지원하는 것들이 남아 있다.

이 책에서는 TCP/IP의 주류 버전으로 IPv4에 중점을 두기로 한다. IPv6에 해당되는 자료는 따로 명시하겠다. 시스템 관리자에게 다행인 점은, IPv4와 IPv6는 거의 유사하다는 것이다. IPv4를 이해하고 있다면 IPv6에 관해 알아야 할 것들의 대부분을 이미 알고 있는 것이나 다름없다. 두 버전의 주요 차이점은 주소 체계^{adressing scheme}에 있다. IPv6는 주소가 더 길 뿐 아니라 일부 주소 개념과 새로운 표기법을 추가했다. 대략 그 정도가 전부다.

패킷과 캡슐화

TCP/IP는 이더넷^{Ethernet}, 토큰링$^{Token\ Ring}$, MPLS$^{Multiprotocol\ Label\ Switching}$, 무선 이더넷, 전화선 기반 시스템 등 다양한 물리적 네트워크와 전송 시스템을 지원한다. 하드웨어는 TCP/IP 아키텍처의 링크 계층에서 관리되며 링크 계층보다 높은 수준에 있는 프로토콜들은 어떤 하드웨어가 사용되고 있는지에 대해 알지 못하며 신경 쓰지도 않는다.

데이터는 네트워크에서 패킷^{Packet}의 형태로 이동한다. 패킷은 링크 계층에서 지정한 최대의 길이를 갖는 데이터 뭉치다. 각 패킷은 헤더^{header}와 페이로드^{payload}로 구성된다. 헤더에는 패킷이 출발한 곳과 가야 할 곳이 적혀 있다. 또한 헤더에는 체크섬^{checksum}, 프로토콜에 고유한 정보, 기타 처리 명령들이 포함될 수도 있다. 페이로드는 전송되는 데이터 자체를 의미한다.

가장 기본이 되는 데이터 단위의 명칭은 프로토콜 계층마다 다르다. 링크 계층에서는 프레임^{frame}이라고 부르며, IP 계층에서는 패킷, TCP 계층에서는 세그먼트^{segment}라고 한다. 이 책에서는 모든 경우를 아우르는 하나의 일반적인 용어로 '패킷'을 사용한다.

패킷이 전송 준비를 위해 프로토콜 스택을 따라 아래로(TCP나 UDP로부터 IP, 이더넷, 물리적 케이블 방향으로) 이동하면서 각각의 프로토콜은 자신의 헤더 정보를 추가한다. 각 프로토콜이 작업을 마친 패킷은 다음 프로토콜이 생성하는 패킷의 페이로드 부분이 된다. 이런 식으로 끼워 넣는 것을 캡슐화^{encapsulation}라고 한다. 패킷을 수신하는 머신에서는 패킷이 프로토콜 스택을 위로 거슬러 올라가면서 역캡슐화$^{reverse\ encapsulation}$가 이뤄진다.

예를 들어 이더넷을 통해 전송되는 UDP 패킷은 3 종류의 래퍼 또는 엔벨로프^{envelope}를 포함한다. 이더넷 케이블상에는 발송지^{source}와 다음 홉^{hop} 목적지의 하드웨어 주소, 프레임의 길이, 프레임의 체크섬 CRC이 포함된 간단한 헤더로 프레임이 구성된다. 이더넷 프레임의 페이로드는 IP 패킷이며 IP 패킷의 페이로드는

UDP 패킷이고, UDP 패킷의 페이로드는 전송 데이터가 된다. 그림 B는 이와 같은 프레임의 구성 요소를 보여준다.

그림 B 네트워크 패킷의 일반적 구성

이더넷 헤더	IPv4 헤더	UDP 헤더	애플리케이션 데이터	이더넷 CRC
14바이트	20바이트	8바이트	100바이트	4바이트

UDP 패킷(108바이트)

IPv4 패킷(128바이트)

이더넷 프레임(146바이트)

이더넷 프레이밍

링크 계층의 주요 작업 중 하나는 패킷에 헤더를 추가하고 그들 사이에 분리자 separator를 넣는 것이다. 헤더는 각 패킷의 링크 계층 주소 정보와 체크섬을 포함하며 분리자들은 수신 측에서 한 패킷이 어디서 끝나고 다음 패킷이 어디서 시작하는지 알 수 있게 해준다. 이와 같이 별도의 비트들을 추가하는 과정을 일반적으로 프레이밍framing이라 한다.

링크 계층은 두 부분으로 나뉜다. 하나는 MAC^Media Access Control(매체 접근 제어) 하위 계층이며 다른 하나는 LLC^Logical Link Control(논리 링크 제어) 하위 계층이다. MAC 하위 계층은 매체를 다루며 패킷을 전송선으로 보낸다. LLC 하위 계층은 프레이밍을 다룬다.

요즘은 이더넷 프레이밍의 단일화된 표준, DIX 이더넷 II가 공통적으로 사용된다. 오래전에는 IEEE 802.2에 기초해 조금씩 다르게 만든 여러 가지 표준이 사용됐었다. 아직까지도 네트워크 문서에서는 프레이밍 선택에 관한 흔적들을 만날 수 있는데, 이제 이 문제는 그냥 무시해도 좋다.

최대 전송 단위

네트워크에서 패킷의 크기는 하드웨어 사양에 의해 제한될 수도 있고 프로토콜 규약에 따라 제한될 수도 있다. 예를 들어 표준 이더넷 프레임의 페이로드는 전통적으로 1,500바이트다. 크기 제한은 링크 계층 프로토콜과 결합돼 있으며 이를 최대 전송 단위 또는 MTU^{Maximum Transfer Unit}라고 부른다. 표 13.1은 전형적인 MTU 값들을 보여준다.

표 13.1 네트워크 유형에 따른 MTU

네트워크 유형	최대 전송 단위
이더넷(Ethernet)	1,500바이트(802.2 프레이밍에서는 1,492바이트)[a]
IPv6 (모든 하드웨어)	IP 계층에서 최소 1,280바이트
토큰링(Token Ring)	설정 가능(주석b)
지점간(Point-to-Point) WAN 링크(T1, T3)	설정 가능(보통 1,500이나 4,500바이트)

a. '점보(jumbo)' 이더넷 패킷에 관한 내용은 14장을 참고한다.
b. 일반적인 값들은 552; 1,064; 2,088; 4,508; 8,232. 때로는 이더넷과 일치하게 1,500이다.

IPv4는 특정 네트워크 링크의 MTU에 부합하도록 패킷을 나눈다. 한 패킷이 여러 네트워크 경로를 통해 이동한다면 중간 네트워크 중 하나의 MTU가 출발지 네트워크의 MTU보다 작은 경우가 있을 수 있다. 그럴 경우 그 패킷을 작은 MTU의 네트워크로 전달하는 IPv4 라우터는 파편화^{fragmentation}라는 과정을 통해 패킷을 더 작게 나눈다.

패킷 전송 중에 수행되는 파편화는 바쁜 라우터에게는 달갑지 않은 일이기 때문에 IPv6는 이 기능을 대대적으로 제거했다. 패킷들은 여전히 파편화되지만 출발지 호스트가 작업을 직접 해야만 한다. 모든 IPv6 네트워크는 IP 계층에서 최소한 1,280바이트의 MTU를 지원하도록 요구되기 때문에 IPv6 발송자도 스스로를 이 크기의 패킷으로 제한하는 옵션을 갖는다.

IPv4 발송자는 패킷의 '파편화 금지' 플래그를 설정함으로써 패킷이 반드시 통과해야 하는 가장 낮은 MTU 링크를 알아낼 수 있다. 패킷을 파편화하지 않고는 전달할 수 없는 중간 라우터에 도착한다면 그 라우터는 발송자에게 ICMP 오류 메시지를 반송한다. ICMP 패킷에는 더 작은 패킷을 요구하는 네트워크의 MTU가 포함돼 있으므로 이 MTU가 목적지까지의 통신을 위한 지배적인 패킷 크기가 된다.

IPv6 경로 MTU 탐색도 이와 비슷하게 작동하지만 중간 라우터들은 IPv6 패킷의 파편화가 허용되지 않기 때문에 IPv6 패킷들은 모두 '파편화 금지' 플래그가 활성화된 것처럼 작동한다. 지나치게 커서 다운스트림downstream 파이프에 들어갈 수 없는 IPv6 패킷이 있다면 이는 발송자에게 ICMP 메시지가 발송된다.

TCP 프로토콜은 자동으로 (심지어 IPv4에서도) 경로 MTU 탐색을 수행한다. UDP는 많은 일을 할 수 없기 때문에 추가적인 작업을 IP 계층에 넘기는 것으로 만족한다.

IPv4 파편화 문제는 은밀하게 일어날 수도 있다. 경로 MTU 탐색이 자동으로 MTU 충돌 문제를 해결할지라도 가끔은 시스템 관리자가 개입해야 한다. 예를 들어 가상 사설 네트워크용 터널 아키텍처를 사용하고 있다면 터널을 횡단하는 패킷들의 크기를 살펴볼 필요가 있다.

패킷들은 대개 1,500바이트에서 시작되지만 터널링 헤더가 추가되면 약 1,540바이트가 되므로 파편화돼야 한다. 링크의 MTU를 더 작은 값으로 설정해 파편화를 피함으로써 터널 네트워크의 전체 성능을 높일 수 있다. 특정 인터페이스의 MTU를 설정하는 방법을 알려면 ifconfig나 ip-link의 맨페이지를 참고한다.

13.3 패킷 주소 지정

편지나 이메일 메시지처럼 네트워크 패킷도 목적지에 도달하려면 정확한 주소가 지정돼야 한다. 다음과 같은 여러 가지 주소 체계가 결합돼 사용된다.

- **MAC(매체 접근 제어) 주소**: 하드웨어에서 사용됨
- **IPv4와 IPv6 네트워크 주소**: 소프트웨어에서 사용됨
- **호스트명(Hostname)**: 사람이 사용함

하드웨어(MAC) 주소 지정

한 호스트에 있는 각각의 네트워크 인터페이스는 보통 물리적 네트워크에서 자신을 다른 머신과 구별하기 위한 한 개의 링크 계층 MAC 주소와 글로벌 인터넷에서 그 인터페이스를 식별하기 위한 한 개 이상의 IP 주소를 갖는다. 뒷부분을 다시 말하면 IP 주소는 머신이 아니라 네트워크 인터페이스를 식별하기 위한 것이다(사용자에

게는 그러한 구분이 상관없겠지만 시스템 관리자들은 반드시 그 사실을 알고 있어야 한다).

가장 낮은 레벨의 주소 지정은 네트워크 하드웨어에 의해 좌우된다. 예를 들어 이더넷 장치들은 생산될 때 고유의 6바이트 하드웨어 주소가 배정된다. 이 주소들은 전통적으로 콜론으로 분리된 2자리 16진수 바이트의 연속으로 표현된다. 예를 들면 `00:50:8d:9a:3b:df`와 같은 식이다.

토큰링 인터페이스도 6바이트 길이의 유사한 주소를 갖는다. 일부 지점 간 네트워크(예를 들면 PPP)들은 하드웨어가 전혀 필요하지 않다. 목적지 식별은 링크가 형성될 때 지정된다.

6바이트 이더넷 주소는 두 부분으로 나뉜다. 앞에 오는 3바이트는 하드웨어 생산자를 식별하는 것이고 뒤에 오는 3바이트는 생산자가 배정한 고유의 일련번호다. 때때로 시스템 관리자들은 업체 ID 테이블에서 3바이트 식별자를 찾아봄으로써 네트워크에 문제를 일으키는 기계의 브랜드를 식별해낼 수 있다. 그 3바이트 코드는 사실 IEEE 조직 고유 식별자[OUI, Organizationally Unique Identifiers]이므로 다음 주소에 있는 IEEE의 데이터베이스에서 직접 찾아볼 수도 있다.

standards.ieee.org/regauth/oui

물론 칩셋, 부품, 시스템 생산자들 간의 관계는 복잡해서 MAC 주소에 삽입돼 있는 업체 ID는 오해의 소지가 있을 수도 있다.

이론적으로 이더넷 하드웨어 주소는 영원히 배정돼 변경되지 않는다. 하지만 많은 네트워크 인터페이스는 사용자가 원하는 주소로 하드웨어 주소를 덮어쓰는 것을 허용하고 있다. 이런 기능은 망가진 머신이나 네트워크 카드를 대체할 때 어떤 이유에서 옛 MAC 주소를 그대로 사용해야만 할 경우에 편리하다(예, 모든 네트워크 스위치가 특정 MAC 주소를 필터링하는 경우 DHCP 서버가 MAC 주소에 따라 주소를 배정하는 경우 또는 MAC 주소가 소프트웨어 라이선스 키일 경우를 예로 들 수 있다). 이렇게 위장 가능한 MAC 주소는 MAC 기반 접근 제어를 사용하는 무선 네트워크에 침투할 때도 유용하다. 하지만 단순화를 위해서는 MAC 주소의 고유성을 보존할 것을 일반적으로 권장한다.

IP 주소 지정

하드웨어 바로 위의 다음 계층에서는 인터넷 주소 지정^{Internet Addressing}(일반적으로는 IP Addressing이란 용어가 더 많이 사용됨)이 사용된다. 하나의 IP 주소는 특정한 네트워크 맥락 안에서 하나의 고유한 특정 목적지를 가리킨다. 하지만 IP 주소가 글로벌 범주에서 고유하다고 말하는 것은 정확한 얘기가 아니다. 물을 흐리게 만드는 여러 가지 특수한 경우가 있기 때문이다. 예를 들면 NAT는 한 개의 인터페이스 IP 주소를 사용해 다수의 머신을 위한 트래픽을 처리한다. 또한 IP 사설 주소 공간들은 주소가 외부 인터넷에 보여지지만 않는다면 다수의 사이트가 동시에 사용할 수 있는 주소들이다. 애니캐스트^{anycast} 주소 지정은 하나의 IP 주소를 여러 머신이 공유한다.

IP 주소에서 하드웨어 주소로의 매핑은 TCP/IP 모델의 링크 계층에서 구현된다. 브로드캐스팅^{broadcasting}(즉, 패킷의 목적지 주소를 '물리적 네트워크상의 모든 호스트'로 지정하는 것)을 지원하는 이더넷과 같은 네트워크에서 발송자는 시스템 관리자의 개입 없이 매핑 관계를 알아내고자 ARP 프로토콜을 사용한다. IPv6에서는 종종 인터페이스의 MAC 주소를 IP 주소의 일부로 사용함으로써 IP와 하드웨어 주소 간의 변환이 사실상 자동으로 수행되게 만들어준다.

호스트명 '주소 지정'

IP 주소들은 일련의 숫자들이기 때문에 사람이 기억하기 어렵다. 운영체제는 한 개 이상의 호스트명을 하나의 IP 주소와 결합시키는 것을 허용하기 때문에 사용자들은 복잡한 4.31.198.49 대신 간편한 rfc-editor.org를 사용할 수 있다. 이런 매핑은 가장 단순한 정적 파일(/etc/hosts)에서부터 LDAP 데이터베이스 시스템, DNS, 전 세계적 도메인 네임 시스템^{Domain Name System}에 이르는 여러 가지 다양한 방법으로 설정할 수 있다. 사실 호스트명은 편의를 위해 간략화한 IP 주소에 지나지 않기 때문에 컴퓨터가 아닌 네트워크 인터페이스를 가리킨다는 점을 명심한다.

포트

IP 주소는 한 기계의 네트워크 인터페이스를 식별하는 데 사용되지만 그 네트워크를 동시에 사용하고 있는 프로세스나 서비스들의 각각을 지칭할 수 있을 만큼 구체적이지 못하다. TCP와 UDP는 포트^{port}라는 개념을 이용해 IP 주소를 확장한다. 포트는 특정 통신 채널을 지정하고자 IP 주소와 함께 제공되는 16비트 숫자다. 유효한 포트 번호의 범위는 1 ~ 65,535다.

SMTP, SSH, HTTP와 같은 표준 서비스들은 /etc/services 파일에 정의돼 있는 '잘 알려진^{well known}' 포트와 결합된다. 다음은 services 파일에서 발췌한 전형적인 항목들의 일부다.

```
...
smtp            25/udp                  # 단순 메일 전송
smtp            25/tcp                  # 단순 메일 전송
...
domain          53/udp                  # 도메인 네임 서버
domain          53/tcp                  # 도메인 네임 서버
...
http            80/udp www www-http     # 월드와이드웹 HTTP
http            80/tcp www www-http     # 월드와이드웹 HTTP
...
kerberos        88/udp                  # 커버로스
kerberos        88/tcp                  # 커버로스
  ...
```

services 파일은 인프라의 일부다. 따라서 비표준 서비스를 추가하려고 할 때 이 파일을 수정할 수 있음에도 결코 수정해서는 안 되며 그럴 필요도 없다. 배정돼 있는 포트들의 전체 목록을 보려면 iana.org/assignments/port-numbers를 참조한다.

TCP와 UDP는 둘 다 포트를 갖고 있고 포트들은 동일한 세트의 값을 갖고 있지만 포트 공간은 완전히 분리돼 있고 서로 관련이 없다. 방화벽은 이러한 각각의 프로토콜을 위해 반드시 따로 설정돼야 한다.

시스템 서비스로 위장하는 것을 방지하고자, 유닉스 시스템은 프로그램이 루트로 실행되거나 적절한 리눅스 자격을 갖추지 않는 한 1,024 이하의 포트 번호에 바인

딩하지 못하게 제한한다. 누구든 낮은 포트 번호에서 실행되고 있는 서버와 통신할 수 있으며 그러한 제한은 포트를 대기하고 있는 프로그램에만 적용된다.

요즘에 와서 특권 포트 시스템은 불법 행위를 막기 위한 장벽만큼이나 귀찮고 성가시게 됐다. 비특권 포트에서 비루트 사용자로서 표준 서비스들을 실행하고, 로드밸런서load balancer(부하 분산 장치)나 다양한 네트워크 기기를 통해 네트워크 트래픽을 높은 숫자의 포트로 보내는 것이 더 안전한 경우가 많다. 이러한 방식은 불필요한 루트 권한의 확산을 제한하고 하부 인프라에 추상화 계층을 추가하는 효과가 있다.

주소 유형

IP 계층에는 다양한 주소 유형이 정의돼 있으며 그중 일부는 링크 계층에 직접적인 대응 상대counterpart를 갖고 있다.

- **유니캐스트**Unicast: 단일 네트워크 인터페이스를 가리키는 주소
- **멀티캐스트**Multicast: 하나의 호스트 그룹을 동시에 타깃으로 하는 주소
- **브로드캐스트**Broadcast: 로컬 서브넷의 모든 호스트를 포함하는 주소
- **애니캐스트**Anycast: 임의의 한 호스트 그룹으로 결정되는 주소

멀티캐스트 주소 지정은 동일한 패킷 세트가 모든 참여자에게 전송돼야 하는 화상 회의와 같은 애플리케이션을 용이하게 한다. 인터넷 그룹 관리 프로토콜IGMP, Internet Group Management Protocol은 하나의 멀티캐스트 목적지로 간주되는 호스트 세트를 구성하고 관리한다.

멀티캐스트는 요즘 인터넷에서는 거의 사용되지 않지만 IPv6에서는 좀 더 대세를 이루고 있다. IPv6 브로드캐스트 주소들은 사실상 특수한 형태의 멀티캐스트 주소라 할 수 있다.

애니캐스트 주소는 네트워크 계층에 로드밸런싱을 제공한다. 여러 목적지 중 네트워크 라우팅 관점에서 가장 가까운 곳으로 패킷을 운반해주기 때문이다. 애니캐스트 주소들이 멀티캐스트 주소와 비슷하게 구현된다고 생각할 수도 있겠지만

실제로는 유니캐스트 주소에 더 가깝다.

애니캐스트 지원을 위한 구체적인 구현의 대부분은 IP가 아닌 라우팅 수준에서 다뤄진다. 사실 애니캐스트 주소의 참신성은 IP 주소는 고유한 목적지를 가리켜야 한다는 전통적인 요건을 완화시킨 것에 불과하다. 공식적으로는 애니캐스트 주소 지정이 IPv6를 위한 것이지만(예를 들면 루트 DNS 네임 서버에 적용했듯이) 동일한 기법을 IPv4에도 적용할 수 있다.

13.4 IP 주소: 상세 설명

멀티캐스트 주소를 제외한 인터넷 주소들은 네트워크 부분과 호스트 부분으로 구성된다. 네트워크 부분은 해당 주소가 가리키는 논리적 네트워크를 식별하며 호스트 부분은 그 네트워크에 있는 한 노드를 식별한다. IPv4에서는 주소 길이가 4바이트이며 네트워크와 호스트 사이의 경계는 관리적으로 설정된다. IPv6에서는 주소 길이가 16바이트며 네트워크와 호스트 부문은 언제나 각각 8바이트다.

IPv4 주소는 각 바이트를 한 개의 10진수로 표기하며 마침표로 바이트를 구분한다. 예를 들면 209.85.171.147과 같은 형식이다. 가장 왼쪽에 있는 바이트가 최상위이며 항상 네트워크 부분에 해당된다.

주소의 첫 바이트가 127일 때는 단 하나의 호스트를 가질 뿐 어떤 실제 하드웨어 인터페이스를 갖지 않는 가상적인 네트워크, 즉 '루프백 네트워크$^{loopback\ network}$'를 의미한다. 루프백 주소 127.0.0.1은 항상 현재 호스트를 가리킨다. 부호명은 'localhost'다(이것은 모든 호스트가 127.0.0.1을 다른 컴퓨터라고 생각하기 때문에 IP 주소 고유성에 있어 또 하나의 작은 위반이다).

IPv6 주소와 그 텍스트 형식의 등가물은 좀 더 복잡하다. 이에 대해서는 'IPv6 주소 지정' 절에서 설명한다.

한 인터페이스의 IP 주소와 매개변수들은 `ip address`(리눅스)나 `ifconfig`(FreeBSD) 명령으로 설정한다. 네트워크 인터페이스의 환경설정에 관한 자세한 설명은 나중에 설명한다.

IPv4 주소 클래스

역사적으로 IP 주소들은 가장 왼쪽 바이트의 첫 비트 내용에 따라 하나의 내재된 '클래스class'를 가졌다. 그 클래스는 주소의 어떤 바이트가 네트워크 부분이고 어떤 바이트가 호스트 부분인지를 결정했다. 오늘날에는 명시적인 마스크mask를 통해 네트워크 부분을 구분하며 그 경계는 단순히 바이트와 바이트 사이가 아니라 두 개의 인접한 비트 사이에 떨어질 수 있다. 하지만 어떤 분할도 명시적으로 지정돼 있지 않으면 전통적인 클래스들이 기본값으로 사용된다.

클래스 A, B, C는 보통의 IP 주소들을 나타낸다. 클래스 D와 E는 멀티캐스팅과 연구용 주소들이다. 표 13.2는 각 클래스의 특성을 보여준다. 한 주소의 네트워크 부분은 N, 호스트 부분은 H로 표기했다.

표 13.2 역사적인 IPv4 주소 클래스

클래스	첫 바이트[a]	형식	설명
A	1-127	N.H.H.H	초창기 네트워크나 DoD용으로 확보된 주소다.
B	128-191	N.N.H.H	대형 사이트용으로 보통은 서브넷을 가지며 얻기 힘들다.
C	192-223	N.N.N.H	얻기 쉬우며 종종 세트로 구한다.
D	224-239	?	멀티캐스트 주소로서 영구 배정은 아니다.
E	240-255	?	실험용 주소들이다.

a. 0은 특수한 값이며 보통 IP 주소의 첫 바이트로서는 사용되지 않는다. 127은 루프백 주소용으로 확보돼 있다.

단 한 개의 물리적 네트워크에 수천 개의 컴퓨터가 연결돼 있는 것은 흔치 않은 일이다. 따라서 (네트워크당 각각 16,777,214개, 65,534개의 호스트를 갖는) 클래스 A와 클래스 B 주소는 대단히 낭비적이다. 예를 들어 127개의 클래스 A 네트워크들은 사용 가능한 4바이트 주소 공간의 절반까지 사용한다. IPv4 주소 공간이 이렇게 귀하게 될 것이라 생각한 사람은 없었을 것이다.

IPv4 서브넷팅

이러한 IPv4 주소들을 효율적으로 사용하고자 명시적인 4바이트(32비트) '서브넷 마스크' 또는 '넷마스크'를 지정함으로써 호스트 부분을 네트워크 부분으로 재배정할 수 있게 됐다. 넷마스크는 네트워크 부분에 1을 대응시키고 호스트 부분에 0을 대응시킨 숫자다. 이때 1은 반드시 왼쪽에 있어야 하며 연속적이어야 한다. 최소한 8비트가 네트워크 부분에 할당돼야 하며 최소한 2비트가 호스트 부분에 할당돼야 한다. 따라서 사용할 수 있는 IPv4 넷마스크 값은 사실상 22개만 존재한다.

예를 들면 4바이트의 클래스 B 주소는 보통 N.N.H.H로 해석된다. 그러므로 클래스 B에 내포돼 있는 넷마스크는 10진수 표기로 255.255.0.0인 셈이다. 255.255.255.0의 넷마스크를 갖는 주소는 N.N.N.H로 해석된다. 넷마스크를 사용함으로써 한 개의 클래스 B 네트워크 주소는 256개의 서로 다른 클래스 C 네트워크로 바뀌고 각각의 클래스 C 네트워크는 254개의 호스트를 지원하게 되는 것이다.

넷마스크는 각 네트워크 인터페이스가 설정될 때 **ip**나 **ifconfig** 명령을 이용해 지정한다. 이 명령들은 어떤 비트가 네트워크 부분인지 계산할 때 주소의 내재적 클래스를 사용하는 것을 기본값이 돼 있다.

바이트 단위로 끝나지 않는 넷마스크의 디코딩은 짜증스러울 수 있기 때문에 종종 /XX로 표기하곤 한다. 여기서 XX는 주소의 네트워크 부분의 비트 수다. 때로는 이것을 CIDR^{Classless Inter-Domain Routing} 표기법이라고도 한다. 예를 들면 네트워크 주소 128.138.243.0/26은 처음에 오는 바이트가 128.138.243인 4개의 네트워크 중에서 첫 번째 것을 가리킨다. 다른 3개의 네트워크는 4번째 바이트 값이 64, 128, 192이다. 이 네트워크와 결합돼 있는 넷마스크는 255.255.255.192 또는 0xFFFFFFC0이며 2진수로 보면 26개의 1과 그 뒤에 6개의 0이 따라오는 값이다. 그림 C는 이 숫자들은 좀 더 상세하게 풀어 설명한 것이다.

그림 C 넷마스크 기수 변환

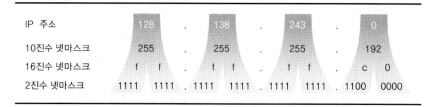

/26 네트워크는 호스트를 번호 부여하고자 6비트(32 – 26 = 6)를 남겨 둔다. 2^6은 64

604

이므로 네트워크는 64개의 호스트 주소를 잠재적으로 갖고 있다. 하지만 실질적으로는 62개의 호스트만을 수용할 수 있다. 모두 0이거나 모두 1인 호스트 주소는 (각각 네트워크 주소와 브로드캐스트 주소로) 예약돼 있기 때문이다.

예로 든 주소 128.138.243.0/26에서 서브넷팅에 의해 얻어지는 네트워크의 추가적인 2비트 값은 00, 01, 10, 11 중에서 하나를 취할 수 있다. 따라서 128.138.243.0 /24 네트워크는 4개의 /26 네트워크로 나뉜다.

- 128.138.243.0/26(10진수 0 = 2진수 00000000)
- 128.138.243.64/26(10진수 64 = 2진수 01000000)
- 128.138.243.128/26(10진수 128 = 2진수 10000000)
- 128.138.243.192/26(10진수 192 = 2진수 11000000)

각 주소의 마지막 바이트의 굵은체 비트들은 네트워크 부분에 속하는 비트들이다.

서브넷 계산을 위한 요령과 도구

이런 복잡한 비트 계산을 모두 머리로만 하려면 상당히 골치 아프지만 좀 더 간단하게 할 수 있는 몇 가지 요령이 있다. 네트워크당 호스트 수와 넷마스크의 마지막 바이트 값을 더하면 항상 256이 된다.

마지막 넷마스크 바이트 = 256 - 네트워크 크기

예를 들면 256 - 64 = 192다. 이 값은 앞에서 예로 든 넷마스크의 마지막 바이트 값이다. 또 다른 산술적 사실은 (넷마스크의 반대가 되는) 실제 네트워크 주소의 마지막 바이트는 반드시 네트워크당 호스트 수로 나눴을 때 딱 떨어져야 한다는 것이다. 이 사실은 이미 128.138.243.0/26 예에 나타나 있다. 여기서 네트워크의 마지막 바이트는 0, 64, 128, 192이며 이 값들은 모두 64로 나눌 수 있다.[5]

IP 주소(예, 128.138.243.100)가 주어졌을 때 이와 결합돼 있는 넷마스크가 없다면 네트워크 주소나 브로드캐스트 주소가 무엇인지 말할 수 없다. 표 13.3은 /16(클래스 B 주소의 기본값), /24(적당한 값), /26(작은 네트워크용으로 적합한 값)에 대해 가능

---

5. 당연히 0은 어떤 수로도 나눌 수 있는 수로 간주된다.

한 값들을 보여준다.

표 13.3 IPv4 주소 디코딩의 예

IP 주소	넷마스크	네트워크	브로드캐스트
128.138.243.100/16	255.255.0.0	128.138.0.0	128.138.255.255
128.138.243.100/24	255.255.255.0	128.138.243.0	128.138.243.255
128.138.243.100/26	255.255.255.192	128.138.243.64	128.138.243.127

네트워크 주소와 브로드캐스트 주소는 각 네트워크에서 2개의 호스트를 빼내는 것이기 때문에 가장 작은 유의미한 네트워크는 4개의 호스트를 갖게 된다. 즉, 두 개의 실제 호스트(보통은 P2P 링크의 양단에 있는)와 네트워크 주소, 브로드캐스트 주소다. 호스트용으로 4개의 값을 갖으려면 호스트 부분에 2비트가 요구되므로 그와 같은 네트워크는 넷마스크 255.255.255.252 또는 0xFFFFFFFC을 갖는 /30 네트워크가 될 것이다. 하지만 /31 네트워크는 특별한 경우(RFC3021 참조)로 취급되며 네트워크나 브로드캐스트를 갖지 않는다. 다시 말해 /31 네트워크의 2개 주소는 모두 호스트용으로 사용되며 넷마스크는 255.255.255.254다.

크리스찬 조디스^{Krischan Jodies}가 만든 IP 계산기^{IP Calculator}라 불리는 간단한 웹 사이트(jodies.de/ipcalc)는 2진수/16진수/마스크 계산에 도움이 된다. IP 계산기는 네트워크 주소, 넷마스크, 브로드캐스트 주소, 호스트 등에 대해 알아야 할 모든 것을 보여준다.

커맨드라인 버전의 도구인 ipcalc를 이용할 수도 있다. ipcalc는 데비안, 우분투, FreeBSD의 표준 저장소에 포함돼 있다.

 RHEL 레드햇과 센트OS에도 ipcalc라는 도구가 있긴 하지만 이름만 비슷할 뿐 관련 없는 프로그램이다. 하지만 이 운영체제들은 기본적인 IP 주소 클래스만을 이해하기 때문에 ipcalc는 거의 쓸모가 없다.

다음은 형식 지정에 도움이 되도록 약간 수정한 샘플 ipcalc 출력의 일부다.

```
$ ipcalc 24.8.175.69/28
Address:    24.8.175.69          00011000.00001000.10101111.0100 0101
```

```
Netmask:   255.255.255.240 = 28   11111111.11111111.11111111.1111 0000
Wildcard:  0.0.0.15               00000000.00000000.00000000.0000 1111
=>
Network:   24.8.175.64/28         00011000.00001000.10101111.0100 0000
HostMin:   24.8.175.65            00011000.00001000.10101111.0100 0001
HostMax:   24.8.175.78            00011000.00001000.10101111.0100 1110
Broadcast: 24.8.175.79            00011000.00001000.10101111.0100 1111
Hosts/Net: 14                          Class A
```

출력에는 이해하기 쉬운 버전의 주소들과 '복사해 붙이기' 버전이 둘 다 포함돼 있어 매우 유용하다.

전용 IP 계산기가 없다면 어떤 기수$^{base\ number}$로도 계산할 수 있는 표준 유틸리티 bc가 좋은 도구가 된다. ibase와 obase 지시어를 이용해 입력 기수와 출력 기수를 설정한다. obase를 먼저 설정해야지 그렇지 않으면 입력되는 숫자가 새로운 ibase로 해석된다.

CIDR: 클래스 없는 도메인 간 라우팅

주소를 직접 확장하는 서브넷팅과 마찬가지로 CIDR$^{Classless\ Inter-Domain\ Routing}$은 명시적인 넷마스크에 의존해 주소의 네트워크와 호스트 경계를 정의한다. 하지만 서브넷팅과는 달리 CIDR에서는 네트워크 부분을 주소에 내재된 클래스가 의미하는 것보다 더 작게 만들 수 있다. 짧은 CIDR 마스크는 라우팅 목적으로 여러 개의 네트워크를 응집하는 효과를 낼 수 있다.

CIDR은 라우팅 정보를 단순화하며 라우팅 과정에 계층 구조를 부여한다. CIDR은 IPv6로 가는 과정에서 임시적인 해결책으로 만든 것임에도 20년 이상 인터넷 증가 문제를 다룰 수 있을 만큼 충분히 강력하다는 것이 입증됐다.

예를 들어 어떤 사이트에 192.144.0.0부터 192.144.7.0까지(CIDR 표기법으로는 192.144.0.0/21) 8개의 클래스 C 주소 블록이 주어졌다고 가정하자. 내부적으로 그 사이트는 주소들을 다음과 같은 방식 등으로 사용할 수 있다.

- 2,046개의 호스트를 갖는 길이 /21의 네트워크 1개, 넷마스크 255.255.248.0

- 254개의 호스트를 갖는 길이 /24의 네트워크 8개, 넷마스크 255.255.255.0
- 126개의 호스트를 갖는 길이 /25의 네트워크 16개, 넷마스크 255.255.255.128
- 62개의 호스트를 갖는 길이 /26의 네트워크 32개, 넷마스크 255.255.255.192

하지만 인터넷 관점에서 보면 이 주소들을 위해 32, 16, 8개의 라우팅 테이블 항목을 만들 필요가 없다. 이 주소들은 모두 같은 조직을 가리키며 모든 패킷은 동일한 ISP로 보내진다. 192.144.0.0/21을 위한 단 하나의 라우팅 항목이면 충분하다. CIDR를 이용하면 배정받은 주소의 일부를 쉽게 하위 할당sub-allocate할 수 있기 때문에 여러 겹으로 사용할 수 있는 주소 수가 늘어난다.

여러분은 자신의 네트워크 안에서 모든 조각이 서로 중복 없이 잘 들어맞기만 한다면 길이가 다른 서브넷 영역들을 혼합할 수 있다. 이렇게 하는 것을 가변 길이 서브넷팅Variable Length Subnetting이라고 한다. 예를 들어 192.144.0.0/21를 할당받은 ISP는 P2P 고객들을 위해 일부는 /30 네트워크, 대형 고객을 위해 일부는 /24 네트워크, 작은 고객들을 위해 일부는 /27 네트워크로 구성할 수 있다.

네트워크에 있는 모든 호스트는 반드시 동일한 넷마스크로 구성돼야 한다. 한 호스트에게는 /24라고 하고 같은 네트워크에 있는 다른 호스트에게는 /25라고 할 수 없다.

주소 할당

공식적으로 배정되는 것은 네트워크 번호뿐이다. 다시 말해 완전한 IP 주소를 만들고자 각 사이트는 자신의 호스트 번호들을 정의해야 한다. 자신에게 배정된 주소 공간을 원하는 서브넷으로 분할할 수 있다.

관리 면에서 보면 ICANNInternet Corporation for Assigned Names and Numbers(국제 인터넷 주소 관리 기구)은 주소 블록들을 5개의 지역별 인터넷 등록기관Regional Internet Registry에 위임해 왔으며 이러한 지역 기관들은 자신의 지역 내에서 서브블록들을 ISP에게 나눠주는 일을 담당하고 있다. 그리고 이런 ISP들이 자신의 블록들을 다시 나눠 각 클라이언트에게 넘겨주는 것이다. 대형 ISP들만이 ICANN이 후원하는 주소 등록기관 중 하나와 직접 거래할 수 있다.

표 13.4는 지역별 등록기관의 목록이다.

표 13.4 지역별 인터넷 등록기관

이름	사이트	담당 지역
ARIN	arin.net	북아메리카, 카리브해 일부
APNIC	apnic.net	아시아/태평양 지역, 호주와 뉴질랜드 포함
AfriNIC	afrinic.net	아프리카
LACNIC	lacnic.net	중앙아메리카, 남아메리카, 카리브해 일부
RIPE NCC	ripe.net	유럽 및 주변 지역

ICANN에서 지역 등록기관에 위임하고 다시 국가나 지역 ISP에게 위임한 것은 백본 라우팅 테이블의 집적화를 감안한 것이었다. ISP의 블록 안에서 주소 공간을 할당받은 ISP 고객들은 개별적인 라우팅 항목들을 백본에 넣을 필요가 없다. ISP를 가리키는 집적된 블록을 위한 단 하나의 항목이면 충분하다.

사설 주소와 네트워크 주소 변환(NAT)

IPv4 주소 위기의 영향을 경감시킨 또 다른 요소는 RFC1918에 기술된 사설 IP 주소 공간^{private IP address space}의 사용이다. 이 주소들은 사이트 내부적으로는 사용되지만 인터넷에는 (의도하지 않는 한) 결코 보이는 일이 없다. 경계 라우터^{border router}는 사용자의 사설 주소 공간과 ISP가 배정한 주소 공간 사이에서 주소 변환을 수행한다.

RFC1918은 1개의 클래스 A, 16개의 클래스 B, 256개의 클래스 C 네트워크를 따로 확보해놨으며 이 주소들은 결코 글로벌하게 할당되지 않을 것이기 때문에 어떤 사이트에서든 내부적으로 사용할 수 있다. 표 13.5는 선택 사항들을 보여준다 ('CIDR 범위' 열은 각 범위를 압축된 CIDR 표기법으로 보여준다).

표 13.5 사설 목적으로 예약된 IP 주소

IP 클래스	시작	끝	CIDR 범위
클래스 A	10.0.0.0	10.255.255.255	10.0.0.0/8
클래스 B	172.16.0.0	172.31.255.255	172.16.0.0/12
클래스 C	192.168.0.0	192.168.255.255	192.168.0.0/16

원래 의도는 사이트들이 조직의 크기에 맞게 이 옵션 중 하나의 소 클래스를 고르게 하는 것이었다. 하지만 이제 CIDR과 서브넷팅이 보편적으로 사용되기 때문에 앞으로 모든 새로운 사설 네트워크는 클래스 A 주소를 (물론 서브넷팅을 이용해) 사용하는 것이 가장 합리적일 것 같다.

이러한 사설 주소를 사용하는 호스트에게 인터넷 접속을 허용하려면 해당 사이트의 경계 라우터가 NAT^{Network Address Translation}(네트워크 주소 변환)라는 시스템을 실행해야 한다. NAT는 내부 주소를 사용하는 패킷을 가로채 유효한 외부 IP 주소와 다른 출발지 포트 번호를 사용해 출발지 주소를 다시 작성한다. NAT는 인터넷으로부터 응답 패킷이 도착했을 때 역방향 작업을 수행할 수 있도록 내부와 외부 주소/포트 쌍 간에 만들어 놓은 매핑 테이블을 유지 관리하기도 한다.

많은 'NAT' 게이트웨이들은 실제로 PAT라고 하는 포트 주소 변환^{Port Address Translation}을 수행한다. 이런 게이트웨이들은 단 하나의 외부 IP 주소를 사용하면서 여러 개의 내부 클라이언트용 접속을 그 단일 주소의 포트 공간에 다중화^{multiplex}한다. 예를 들면 케이블 모뎀과 함께 사용되는 대부분의 양산 라우터들은 PAT가 기본 설정으로 돼 있다. 실제로 NAT와 PAT는 구현 방법이 유사해서 일반적으로 두 시스템을 모두 NAT라고 부른다.

NAT를 사용하는 사이트는 여전히 자신의 ISP로부터 소량의 주소 공간을 요청해야 하지만 그렇게 해서 얻은 대부분의 주소는 NAT 매핑용으로 사용되며 각 개별 사용자에게 직접 배정되지는 않는다. 나중에 ISP를 다른 곳으로 바꾸려고 할 때는 개별 호스트의 설정은 바꿀 필요가 없으며 경계 라우터와 그 NAT 환경설정만 업데이트하면 된다.

NAT와 RFC1918 주소를 사용하는 대규모의 조직들은 부서나 관리 그룹과는 별개로 모든 호스트가 고유한 IP 주소를 갖게 하려면 반드시 중앙 기관과 소정의 협력 절차를 밟아야 한다. RFC1918 주소 공간을 사용하는 한 회사가 같은 방식을 사용하는 다른 회사를 인수하거나 합병할 경우에는 매우 복잡한 상황이 될 수도 있다. 결합된 조직의 일부는 번호를 새로 배정해야만 할 때가 많다.

유닉스나 리눅스 박스가 NAT 기능을 수행하게 할 수도 있지만 대부분 사이트는 NAT 기능을 라우터나 네트워크 접속 장치[6]에 전담시키는 것을 선호한다. 자세한 내용은 이번 장의 뒤에 있는 업체별 특성에 관한 절을 참고한다.

NAT 환경설정을 정확하게 하지 않으면 사설 주소 공간 패킷들이 인터넷으로 빠져나갈 수 있다. 패킷이 목적지에 도착할 수는 있어도 응답 패킷이 되돌아갈 수 없게 된다. 인터넷 백본에서 운용 데이터를 수집하는 기관인 CAIDA[7]는 UCSD 캠퍼스에 있는 샌디에이고 슈퍼컴퓨터 센터의 인터넷 데이터 분석 협동조합Cooperative Association for Internet Data Analysis이다. caida.org는 백본 패킷의 0.1%에서 0.2%가 사설 주소를 갖고 있거나 잘못된 체크섬을 갖고 있다는 것을 발견했다. 매우 적은 양처럼 보이지만 많을 때는 1분당 수천 패킷에 해당한다. 다른 종류의 흥미로운 통계치나 네트워크 측정 도구에 관한 정보는 caida.org 사이트를 참고한다.

NAT에 의해 제기된 한 가지 문제는 인터넷에 있는 임의의 호스트가 여러분 사이트의 내부 머신으로 연결되는 접속을 먼저 개시할 수 없다는 점이다. 이러한 한계를 극복하고자 NAT 구현들은 특정 내부 호스트와 포트로 연결되는 외부에서 볼 수 있는 '터널tunnel'을 사전에 설정할 수 있게 해준다.[8]

또 다른 문제는 일부 애플리케이션이 IP 주소들을 패킷의 데이터 영역에 끼워 넣는다는 것이다. 이런 애플리케이션들은 NAT에 의해 좌절되거나 혼란을 겪는다. 일부 미디어 스트리밍 시스템, 라우팅 프로토콜, FTP 명령을 그 예로 들 수 있다. 때때로 NAT는 VPN을 망가뜨리기도 한다.

---

6. 물론 요즘의 많은 라우터가 임베디드 리눅스 커널을 실행하고 있다. 그렇긴 하지만 일반적으로 이런 전용 시스템들이 패킷을 전달하는 범용 컴퓨터에 비해 더 안정적이고 안전하다.

7. CAIDA는 '케이더'라고 읽는다.

8. 많은 라우터가 마이크로소프트의 유니버설 플러그 앤 플레이(UPnP, Universal Plug and Play)도 지원한다. UPnP의 한 기능은 내부 호스트가 자신의 동적 NAT 터널을 구성할 수 있게 해준다. 이는 보는 관점에 따라 뜻밖의 선물이 될 수도 있고 보안 위험이 될 수도 있다. 원한다면 라우터에서 이 기능을 간단히 끌 수 있다.

NAT는 내부 구조를 숨긴다. 이러한 비밀 유지는 보안처럼 느껴지지만 보안 분야 사람들은 NAT가 실제로는 보안에 도움 되지 않으며 방화벽의 필요성을 대체하는 것도 아니라고 한다. 불행히도 NAT는 인터넷의 크기나 토폴로지를 측정하려는 시도를 좌절시킨다. IPv4에서 NAT의 이점에 대한 사실과 오해를 모두 다룬 논의는 'RFC4864, IPv6를 위한 로컬 네트워크 보호(Local Network Protection for IPv6)'를 참고한다.

IPv6 주소 지정

IPv6 주소들은 128비트의 길이를 갖는다. 이렇게 긴 주소를 만든 원래 의도는 IP 주소 고갈 문제를 해결하고자 함이었다. 하지만 지금의 IPv6 주소는 라우팅^{routing}, 이동성^{mobility}, 참조 국지성$^{locality of reference}$ 문제를 돕는 데 활용되고 있다.

IPv6 주소의 네트워크 부분과 호스트 부분 사이의 경계는 /64에서 고정돼 있기 때문에 주소의 네트워크 부분이 '실제로' 얼마의 길이를 갖느냐에 관해서는 이견이나 혼동이 있을 수 없다. 달리 말하면 '서브넷'이라는 용어가 '로컬 네트워크'의 동의어로 살아 있긴 하지만 IPv6 세계에서는 진정한 서브넷팅이란 더 이상 존재하지 않는다. 네트워크 번호의 길이는 항상 64비트임에도 불구하고 라우터는 라우팅을 결정할 때 모든 64비트에 주의를 기울일 필요가 없다. 라우터는 CIDR에서처럼 접두어^{prefix}에 의해 패킷을 라우팅할 수 있다.

IPv6 주소 표기법

IPv6 주소의 표준 표기법은 128비트 주소를 8그룹으로 나눠 각각을 16비트로 하고 콜론으로 구분한다. 예를 들면 다음과 같다.

```
2607:f8b0:000a:0806:0000:0000:0000:200e
```
[9]

각각의 16비트 그룹은 4자리 16진수로 표현된다. 이런 점이 IPv4 표기법과 다르

---

9. 이것은 실제 IPv6 주소이므로 (실험적 목적일지라도) 독자의 시스템에서 사용하면 안 된다. RFC3849는 문서와 사례는 접두 블록 2001:db8::/32 내에서 IPv6 주소를 보여줄 것을 권장한다. 하지만 우리는 인터넷 백본에 라우팅된 실제 사례를 보여주고 싶었다.

다. IPv4에서는 주소의 각 바이트를 10진수(10을 기수로 함)로 표시한다.

일부 표기 단순화가 IPv6 주소를 표현하는 데 필요한 타이핑 수를 줄여준다. 첫째, 한 그룹 내에서 앞에 오는 0은 넣을 필요가 없다. 이 예에서 세 번째 그룹의 `000a`는 간단히 `a`로 쓸 수 있으며, 네 번째 그룹 `0806`은 `806`으로 쓸 수 있다. `0000` 값을 갖는 그룹들은 `0`으로 표현해야 할 것이다.

```
2607:f8b0:a:806:0:0:0:200e
```

둘째, 0 값을 갖는 16비트 그룹들이 연속적으로 나타날 경우에는 그 수가 몇 개든 한 개의 이중 콜론으로 대체할 수 있다.

```
2607:f8b0:a:806::200e
```

이중 콜론 `::`은 단 한 번만 사용될 수 있다. 하지만 맨 앞이나 맨 뒤에 나타나야 한다. 예를 들어 IPv6 루프백 주소(IPv4의 127.0.0.1에 해당)는 `::1`이며, 이것은 `0:0:0:0:0:0:0:1`과 같다.

본래의 IPv6 주소 사양서인 RFC4921은 이러한 표기 단순화를 문서화했지만 사용을 요구하지는 않았다. 그 결과 앞에서 예로 든 주소가 여러 버전으로 표현되듯이 하나의 IPv6 주소에 대해 RFC4921에 부합하는 여러 가지 표현법이 있을 수 있다.

이러한 다형성[polymorphousness]은 검색이나 비교를 어렵게 만든다. 주소들을 비교하려면 반드시 그 전에 정규화[normalize]돼야 하기 때문이다. 그것은 문제가 된다. 스프레드시트, 스크립트 언어, 데이터베이스와 같이 데이터를 집중적으로 다루는 표준 소프트웨어가 IPv6 표기법을 상세히 알고 있기를 기대할 수 없기 때문이다.

RFC5952는 표기 단순화를 필수적인 의무 사항으로 만들고자 RFC4921을 업데이트한 것이다. 또한 모든 주소가 오직 하나의 텍스트 표현을 갖는다는 것을 보장하고자 다음과 같은 몇 가지 규칙을 추가했다.

- 16진수 a-f는 반드시 소문자로 표현해야 한다.

- :: 항목은 한 개의 16비트 그룹을 대체할 수 없다(단일 16비트 그룹의 표현은 :0: 을 사용한다).
- ::으로 대체할 그룹을 선택할 수 있는 상황이라면 ::은 가장 길이가 긴 0 시퀀스를 대체해야 한다.

현실 세계에서는 여전히 RFC5952에 따르지 않는 주소들을 보게 될 것이며 거의 모든 네트워킹 소프트웨어도 그것을 받아들인다. 하지만 여러분의 환경설정, 기록 관리, 소프트웨어에서는 RFC5952에 따를 것을 강력히 권장한다.

IPv6 접두어

IPv4 주소는 전화번호나 우편번호 같은 방식으로 지리적으로 분할되도록 설계되지는 않았지만 나중에 CIDR 규약의 형태로 클러스터링clustering이 추가됐다(물론 이와 관련된 '지리geograpohy'는 물리적 위치이기보다는 사실상 라우팅 공간이다). CIDR은 기술적으로 매우 성공을 거둬 이제는 네트워크 주소의 계층적 하위 배정이라고 하면 IPv6를 통하는 것으로 간주된다.

여러분의 IPv6 ISP는 표 13.4에 있는 지역별 등록기관 중 하나에서 IPv6 접두어 블록을 얻는다. 그런 다음 ISP는 여러분 주소의 지역 부분(대개 경계 라우터에 있다)에 붙일 접두어를 배정한다. 조직들은 자신에게 배정된 주소 공간 내에서 원하는 대로 자유롭게 위임 경계들을 설정할 수 있다. 주소 접두어를 텍스트 형식으로 표현할 때 IPv6는 항상 CIDR 표기법을 써서 접두어 길이를 나타낸다.

   IPv6 주소/10진수의 접두어 길이

IPv6 주소 부분은 앞에서 설명한 바와 같이 항상 128비트 전체 길이의 주소여야 한다. 대부분의 경우 접두어 뒤의 주소 비트들은 0으로 설정된다. 하지만 때로는 접두어 길이와 함께 완전한 호스트 주소를 기술하는 게 적절할 때가 있다. 그 의도나 의미는 맥락을 통해 명확하게 알 수 있다.

앞에서 예시한 IPv6 주소는 구글 서버로 인도한다. 북아메리카 인터넷 백본에 라우팅되는 32비트 접두어는 다음과 같다.

```
2607:f8b0::/32
```

이런 경우 주소 접두어는 ARIN이 구글에게 직접 배정한다. 이 사실은 arin.net[10]에서 접두어를 찾아보면 확인할 수 있다. 중간에 ISP를 거치지 않는 것이다. 구글은 네트워크 번호의 나머지 32비트를 자신이 원하는 대로 구성하는 데 책임을 진다. 아마도 여러 가지 추가적인 접두어 계층이 구글 인프라 내에서 사용될 것이다.

자동 호스트 번호 부여

한 머신의 64비트 인터페이스 식별자(IPv6 주소의 호스트 부분)는 RFC4291에 문서화돼 있는 '수정 EUI-64'라는 알고리듬을 이용해 인터페이스의 48비트 MAC(하드웨어) 주소에서 직접 얻어낼 수 있다.

특히 인터페이스 식별자는 2바이트 0xFFFE를 가운데 삽입하고 한 비트를 보완한 MAC 주소와 같다. 뒤집히는 비트는 첫 바이트의 7번째 상위 비트다. 달리 말하면 첫 바이트를 0x02와 XOR시키는 것이다. 예를 들어 MAC 주소가 `00:1b:21:30:e9:c7`인 인터페이스에서 자동 생성된 인터페이스 식별자는 `021b:21ff:fe30:e9c7`이 될 것이다. 0x02에서 주목해야 할 숫자는 0이 아니라 2다. 뒤집히는 비트이기 때문이다.

이런 체계는 자동 호스트 번호 부여automatic host numbering를 가능하게 해준다. 자동 호스트 번호 부여는 주소의 네트워크 부분만 관리하면 되기 때문에 시스템 관리자에게는 매우 편리한 기능이다.

MAC 주소를 IP 계층에서 볼 수 있다는 것은 좋은 의미와 나쁜 의미를 모두 갖고 있다. 호스트 번호 설정을 완전 자동화할 수 있다는 것은 좋은 점이다. 반면에 인터페이스 카드 제조사가 MAC 주소의 앞쪽 절반에 인코딩돼 있기 때문에 불가피하게 개인 정보 일부를 포기해야 한다는 것이 나쁜 점이다. 특정 아키텍처용 코드를 갖고 호시탐탐 엿보는 해커들을 돕게 되는 것이다. IPv6 표준은 호스트 ID를 만들고자 MAC 주소를 사용하도록 사이트에 요구하지 않는다고 지적한다. 즉, 사이트들은 자유롭게 원하는 번호 부여 시스템을 사용할 수 있다는 얘기다.

---

10. 이 경우 ARIN이 배정한 주소 블록의 접두어와 백본 라우팅 테이블 항목의 길이는 같다. 하지만 항상 그렇지만은 않다. 할당 접두어는 관리 범주를 결정한다. 여기서 라우팅 접두어는 경로 공간 국지성(route-space locality)과 관련돼 있다.

가상 서버들은 가상 네트워크 인터페이스를 갖는다. 이런 인터페이스와 결합돼 있는 MAC 주소들은 무작위로 선택되는 것이 일반적이다. 이 주소들은 거의 모두 특정 로컬 맥락 안에서 고유성을 보장한다.

스테이트리스 주소 자동 설정

앞서 말한 자동생성 호스트 번호들은 IPv6 인터페이스를 위한 자동 네트워크 환경 설정을 활성화하고자 일부 간단한 IPv6 기능과 결합된다. 그 전체 과정은 SLAAC StateLess Address AutoConfiguration(스테이트리스 주소 자동 설정)로 알려져 있다.

어떤 인터페이스를 위한 SLAAC 설정은 '링크 로컬 네트워크link-local network'에 하나의 주소를 배정하면서 시작된다. 링크 로컬 네트워크의 주소는 fe80::/64로 고정돼 있다. 주소의 호스트 부분은 앞에서 말한 대로 인터페이스의 MAC 주소로부터 설정된다.

IPv6 자체에는 IPv4 스타일의 브로드캐스트 주소가 없지만 링크 로컬 네트워크가 거의 같은 목적의 일을 수행한다. 링크 로컬 네트워크는 '이 물리적 네트워크'를 의미한다. 라우터는 이 네트워크의 주소로 보내진 패킷들은 결코 전달하지 않는다.

인터페이스용 링크 로컬 주소가 일단 설정되고 나면 IPv6 프로토콜 스택은 ICMP 라우터 요청Router Solicitation 패킷을 '모든 라우터' 멀티캐스트 주소로 보낸다.

라우터들은 네트워크에서 사용 중인 IPv6 네트워크 번호(실제로는 접두어)들을 나열한 ICMP 라우터 알림Router Advertisement 패킷으로 응답한다.

이러한 네트워크 중 하나의 '자동 설정 OK' 플래그가 설정돼 있으면 요청 호스트는 라우터가 알려온 네트워크 부분과 수정 EUI-64 알고리듬으로 만든 자동 생성 호스트 부분을 결합시킨 추가 주소를 그 인터페이스에 배정한다. 라우터 알림의 다른 필드들은 라우터가 자기 자신을 기본 게이트웨이로 식별하게 하고 그 네트워크의 MTU를 교신할 수 있게 해준다.

결과적으로 네트워크에 실행 중인 서버가 없어도, 로컬 환경설정이 없어도 새로운 호스트가 IPv6 네트워크의 완전한 시민이 될 수 있는 것이다. 불행히도 시스템은 DNS와 같은 상위 레벨의 소프트웨어 구성은 다루지 않기 때문에 전통적인 DHCPv6 서버의 실행도 여전히 필요할 것이다.

때로는 이웃 탐색 프로토콜^{Neighbor Discovery Protocol}이라는 이름과 관련된 IPv6 네트워크 자동 설정을 보게 된다. RFC4861은 이웃 탐색 프로토콜을 위한 것임에도 그 용어에는 사실 모호한 점들이 있다. 이 프로토콜은 다양한 ICMPv6 패킷 타입들의 사용법과 해석을 다루는데, 그 패킷 타입 중 일부가 단지 지엽적으로 네트워크 이웃 탐색과 관련돼 있다. 기술적 관점에서 보면 그 관련성은 앞에서 설명한 SLAAC 과정이 RFC4861에 정의된 ICMPv6 패킷 타입의 일부(전부가 아님)를 사용한다는 데 있다. 따라서 그것들은 그냥 SLAAC나 'IPv6 자동 설정'이라 부르고, '이웃 탐색'이라는 용어는 IP-to-MAC 매핑 과정을 의미하는 것으로 사용하는 것이 더 명확하다.

IPv6 터널링

그동안 IPv4에서 IPv6로의 전환을 쉽게 하기 위한 다양한 방법이 제안됐는데, 주로 IPv6 지원의 공백을 보상하고자 IPv4 네트워크에 터널을 뚫어 IPv6 트래픽을 통과시키는 방식에 중점을 둔 것들이었다. 가장 일반적으로 사용되는 두 개의 터널링 시스템은 6to4와 테레도^{Teredo}다. 나무에 구멍을 뚫는 선충의 이름을 따서 만든 테레도는 NAT 장치 뒤에 있는 시스템에서 사용될 수 있다.

IPv6 정보 출처

다음은 IPv6에 관한 유용한 추가 정보의 출처들이다.

* worldipv6launch.com: 다양한 IPv6 홍보
* RFC3587: IPv6 글로벌 유니캐스트 주소 형식
* RFC4291: IP 버전6 주소 체계

13.5 라우팅

라우팅^{Routing}은 출발지와 목적지 사이에 존재하는 네트워크 미로를 통과하도록 패킷의 경로를 결정하는 과정이다. TCP/IP 시스템에서의 라우팅은 마치 낯선 나라

에 가서 길을 묻는 것과 비슷하다. 처음 만난 사람은 도시로 가는 길을 알려줄 것이다. 목적지에 더 가까워지면 다음 만난 사람은 정확한 거리에 도착하는 방법을 알려줄 수 있을 것이다. 마침내 충분히 목적지에 가까워지면 누군가 정확한 빌딩을 알려줄 수 있다.

라우팅 정보는 '네트워크 A에 도달하려면 머신 C를 통해 패킷을 보낼 것'과 같은 규칙('경로^{route}')의 형식을 취한다. 명시적인 경로가 존재하지 않는 네트워크로 향하는 패킷들에게 무엇을 해야 할지 알려주는 기본 경로$^{default\ route}$가 있을 수 있다.

라우팅 정보는 커널 내의 한 테이블에 저장된다. 각 테이블 항목은 각 네트워크용 마스크를 포함해 여러 개의 매개변수를 갖는다. 한 패킷을 특정 주소에 라우팅하고자 커널은 매칭되는 경로 중에서 가장 명확한 것(즉, 가장 긴 마스크를 갖는 경로)을 고른다. 관련된 경로도 찾지 못하고 기본 경로도 없다면 커널은 '네트워크 도달 불가$^{network\ unreachable}$' ICMP 오류를 발신자에게 돌려보낸다.

'라우팅'이라는 말은 일반적으로 두 가지 다른 의미로 사용된다.

- 한 패킷을 목적지까지 전달하는 과정의 일부로, 라우팅 테이블에서 네트워크 주소를 탐색하는 것
- 처음에 라우팅 테이블을 구축하는 것

전달 기능을 살펴보고 라우팅 테이블에서 경로를 수작업으로 추가하거나 삭제하는 방법을 알아보자. 라우팅 테이블을 구축하고 유지 관리하는 라우팅 프로토콜의 복잡한 내용은 15장에서 다룬다.

라우팅 테이블

리눅스에서는 ip route show 명령으로, FreeBSD에서는 netstat -r 명령으로 머신의 라우팅 테이블$^{Routing\ Table}$을 볼 수 있다. 리눅스의 netstat는 이제 잘 사용되지 않지만 여전히 존재하며 작동한다. 다음 예문에서는 출력을 두 버전으로 보여주는 것을 피하고자 netstat를 사용했다.

DNS 조회를 피하고, 모든 정보를 숫자로 표현하고자 netstat -rn 명령을 사용한

다. 숫자 표현이 더 유용하기 때문이다. 다음은 IPv4 라우팅 테이블의 간단한 예로, 경로들이 어떤 모습으로 돼 있는지 잘 보여준다.

```
redhat$ netstat -rn
Destination        Genmask            Gateway         Fl  MSS   Iface
132.236.227.0      255.255.255.0      132.236.227.93  U   1500  eth0
default            0.0.0.0            132.236.227.1   UG  1500  eth0
132.236.212.0      255.255.255.192    132.236.212.1   U   1500  eth1
132.236.220.64     255.255.255.192    132.236.212.6   UG  1500  eth1
127.0.0.1          255.255.255.255    127.0.0.1       U   3584  lo
```

이 호스트에는 두 개의 네트워크 인터페이스가 있다. 네트워크 132.236.227.0/24에 있는 132.236.227.93(eth0)과 네트워크 132.236.212.0/26에 있는 132.236.212.1(eth1)이다.

호스트 내에서만 사용하는 경로(그들의 Genmask는 모든 비트가 참조되기 때문에 255.255.255.255다)를 추가할 수도 있겠지만 목적지(Destination) 필드는 대개 네트워크 주소다.

게이트웨이(Gateway) 필드는 반드시 로컬 네트워크 인터페이스나 인접한 호스트의 완전한 IP 주소를 포함하고 있어야 한다. 리눅스 커널에서는 기본 게이트웨이를 호출하고자 0.0.0.0이 사용될 수도 있다.

예를 들어 위 테이블의 4번째 경로가 말하고 있는 것은 네트워크 132.236.220.64/26에 도달하려면 패킷을 인터페이스 eth1을 통해 게이트웨이 132.236.212.6으로 보내야 한다는 것이다. 두 번째 항목은 기본 경로로, 목록상의 세 가지 네트워크 중 한 곳이나 호스트 자신에게 명시적 주소지정이 되지 않는 패킷들은 기본 게이트웨이 호스트 132.236.227.1로 보내진다.

한 호스트는 직접 연결된 네트워크를 통해 도달할 수 있는 게이트웨이 머신에만 패킷을 라우팅할 수 있다. 로컬호스트의 작업은 그들의 목적지까지 한 홉[hop]만 더 가까이 패킷을 이동시킬 수 있게 제한되기 때문에 인접하지 않은 게이트웨이에 관한 정보를 로컬 라우팅 테이블에 포함하는 것은 무의미하다.[11]

---

11. IPv4 소스 라우팅 기능은 이 법칙에 해당되지 않는다.

라우팅 테이블은 정적^{static}, 동적^{dynamic} 또는 두 방식의 결합으로 구성될 수 있다. 정적 경로는 ip(리눅스)나 route(FreeBSD) 명령을 써서 명시적으로 입력한 것이다. 정적 경로들은 시스템이 살아 있는 동안 라우팅 테이블에 유지되며 종종 부팅 시에 시스템 시동 스크립트 중 하나로부터 설정된다. 예를 들어 다음과 같은 리눅스 명령이 있다고 하자.

```
ip route add 132.236.220.64/26 via 132.236.212.6 dev eth1
ip route add default via 132.236.227.1 dev eth0
```

위에서 netstat -rn에 의해 출력된 4번째와 2번째 경로를 추가한다. 이에 상응하는 FreeBSD 명령도 다음과 같이 비슷하다.

```
route add -net 132.236.220.64/26 gw 132.236.212.6 eth1
route add default gw 132.236.227.1 eth0
```

마지막 경로도 부팅 때 추가되는 것으로, 루프백 인터페이스를 설정한다. 이 인터페이스는 호스트에서 자기 자신에게로 보낸 패킷들이 네트워크 바깥으로 나가지 못하게 막는다. 패킷들은 네트워크 출력 큐에서 커널 내부의 네트워크 입력 큐로 직접 전송된다.

안정된 로컬 네트워크에서는 정적 라우팅이 효율적 해결책이다. 관리하기 쉬울 뿐 아니라 안정적이기 때문이다. 하지만 시스템 관리자는 부팅 시에 네트워크 토폴로지를 정확하게 알고 있어야 하며 토폴로지가 자주 바뀌지 말아야 한다.

로컬 영역 네트워크상의 대부분 머신들은 네트워크의 나머지 부분에 도달하기 위한 방법이 단 한 가지밖에 없기 때문에 라우팅 문제가 간단하다. 부팅 때 추가된 기본 경로만 있으면 나가는 길을 가리키는 데 충분하다. IP 주소를 얻고자 DHCP를 사용하는 호스트들은 DHCP로 기본 경로도 얻을 수 있다.

더 복잡한 네트워크 토폴로지에서는 동적 라우팅이 요구된다. 동적 라우팅은 라우팅 테이블을 유지하고 변경하는 데몬 프로세스에 의해 구현된다. 서로 다른 호스트상의 라우팅 데몬들은 네트워크 토폴로지를 알아내 멀리 떨어져 있는 목적지

에 도달하는 방법을 결정하고자 서로 통신한다. 여러 가지 라우팅 데몬을 사용할
수 있다. 자세한 내용은 15장을 참고한다.

ICMP 리다이렉트

일반적으로 IP 자체는 라우팅 정보에 관여하지 않지만 ICMP 리다이렉트^{redirect}라
는 손상 제어^{damage control} 기능을 정의한다. 라우터가 한 네트워크에서 패킷을 받고
그 패킷을 동일한 네트워크에 있는 한 머신으로 전달하는 경우 분명히 뭔가가 잘
못된 것이다. 발송자와 라우터, 다음 홉 라우터가 모두 같은 네트워크에 있기 때문
에 패킷은 2홉이 아닌 1홉으로 전달될 수 있었다. 라우터는 발송자의 라우팅 테이
블이 틀린 것인지 아니면 완전하지 않은 것인지를 판단할 수 있다.

이런 경우 라우터는 ICMP 리다이렉트 패킷을 보냄으로써 발송자에게 문제를 알릴
수 있다. 리다이렉트는 사실상 "당신은 호스트 xxx로 보내야 할 패킷들을 나에게
보내서는 안 된다. 대신 그 패킷들을 yyy에게 보내야 한다."고 말하는 것과 같다.

이론상으로는 리다이렉트의 수신자는 문제를 해결하고자 자신의 라우팅 테이블
을 조정할 수 있다. 실제의 리다이렉트에는 어떤 인증 정보도 포함돼 있지 않으므
로 신뢰할 수 없다. 전용 라우터들은 대개 리다이렉트를 무시하지만 대부분의 유
닉스와 리눅스 시스템은 리다이렉트를 받아들여 처리하는 것이 기본으로 돼 있
다. 자신의 네트워크에서 가능한 리다이렉트 출처들을 따져봐서 문제를 일으킬
수 있다면 그들의 수용을 비활성화해야 할 것이다.

 리눅스에서는 /proc 계층 구조에 있는 변수 `accept_redirects`가 ICMP 리다이렉
트의 수용을 제어한다. 이 변수를 읽거나 재설정하는 명령들은 나중에 다룬다.

 FreeBSD에서는 `net.inet.icmp.drop_redirect`와 `net.inet6.icmp6.rediraccept`
매개변수가 ICMP 리다이렉트 수용을 제어한다. 리다이렉트를 무시하려면 /etc/
sysctl.conf 파일에서 그 매개변수들을 각각 1과 0으로 설정한다(새로 설정된 값들을
활성화하려면 리부팅하거나 `sudo /etc/rc.d/sysctl reload` 명령을 실행한다).

13.6 IPv4 ARP와 IPv6 이웃탐색

IP 주소는 하드웨어와 상관없지만 네트워크 링크 계층 간에 실제로 데이터를 운송하려면 반드시 하드웨어 주소들이 사용돼야 한다.[12] IPv4와 IPv6는 특정 IP 주소와 연관된 하드웨어 주소를 찾고자 서로 별개지만 매우 유사한 프로토콜을 사용한다.

IPv4는 RFC826에 정의된 ARP[Address Resolution Protocol]를 사용한다. IPv6는 RFC4861에 정의된 이웃 탐색 프로토콜[NDP, Neighbor Discovery Protocol]의 일부를 사용한다. 이 프로토콜들은 브로드캐스팅이나 모든 노드 멀티캐스팅을 지원하는 모든 종류의 네트워크에서 사용할 수 있지만 이더넷 용어로 설명하는 경우가 가장 많다.

호스트 A가 동일한 네트워크에 있는 호스트 B에 패킷을 보내는 경우 B의 하드웨어 주소를 알아내고자 ARP나 ND를 사용한다. B가 동일 네트워크에 없으면 호스트 A는 B에 도달하는 경로를 따라가는 다음 홉 경로를 결정하고자 라우팅 시스템을 이용한다. 그런 다음 해당 라우터의 하드웨어 주소를 찾고자 ARP나 ND를 사용한다. 이 프로토콜들은 발신 호스트의 로컬 네트워크에 직접 연결돼 있는 머신들의 하드웨어 주소를 찾는 데만 사용될 수 있다.

각 머신은 ARP 또는 ND 캐시라 불리는 메모리에 테이블을 유지한다. 이 메모리는 최근의 질의 결과를 포함하고 있다. 보통 환경에서는 호스트가 필요로 하는 주소들이 부팅 후 곧바로 발견되는 경우가 많기 때문에 ARP와 ND가 차지하는 네트워크 트래픽은 많지 않다.

이 프로토콜들은 "IP 주소 X의 하드웨어 주소를 누가 알고 있는가?"라고 묻는 패킷을 브로드캐스팅 또는 멀티캐스팅한다. 찾고 있는 머신은 자신의 IP 주소를 인식하고 "내가 알고 있다. 그 IP 주소는 나의 네트워크 인터페이스들 중 하나에 배정된 IP 주소며 그에 상응하는 MAC 주소는 08:00:20:00:fb:6a이다."라고 응답한다.

찾고 있는 머신이 요청자의 IP를 되물어보지 않고도 응답할 수 있도록 처음 질의에는 요청자의 IP와 MAC 주소가 포함돼 있다. 따라서 두 머신은 단 한 번의 패킷 교환으로 서로의 주소 매핑을 알게 된다. 질의 요청자의 첫 브로드캐스트를 엿들

---

12. 한 가지 예외는 간혹 목적지 식별이 내재적으로 돼 있는 지점 간(P2P) 링크다.

은 다른 머신들도 요청자의 주소 매핑을 기록해둘 수 있다.

 리눅스에서는 **ip neigh** 명령으로 ARP나 ND가 생성한 캐시를 읽거나 조작하며 항목들을 추가하거나 삭제하고, 테이블을 비우거나 인쇄한다. **ip neigh show** 명령은 캐시의 내용을 보여준다.

 FreeBSD에서는 **arp** 명령으로 ARP 캐시를 조작하며 **ndp** 명령으로 ND 캐시에 접근한다.

일반적으로 이 명령들은 디버깅 목적이나 특별한 하드웨어가 수반된 상황에서만 유용하다. 예를 들어 같은 네트워크에 있는 두 개의 호스트가 동일한 IP 주소를 사용하고 있다면 하나는 올바른 ARP나 ND 테이블 항목을 갖고 있는 것이고 다른 하나는 틀린 것이다. 캐시 정보를 이용하면 어떤 호스트가 문제인지 알아낼 수 있다.

잘못된 캐시 항목들은 로컬 네트워크에 접근할 수 있는 누군가가 네트워크 트래픽에 대한 하이재킹을 시도하고 있다는 징후일 수 있다. 이런 유형의 공격을 통틀어 ARP 스푸핑^{ARP spoofing} 또는 ARP 캐시 포이즈닝^{ARP cache poisoning}이라고 한다.

13.7 DHCP: 동적 호스트 구성 프로토콜

어떤 장치나 컴퓨터를 네트워크에 연결하면 로컬 네트워크에서 자신의 IP 주소를 얻어 적절한 기본 경로를 설정하고 자신을 로컬 DNS 서버에 연결한다. 동적 호스트 구성 프로토콜^{DHCP}은 이런 마법을 일으키는 숨은 조련사라 할 수 있다.

이 프로토콜은 다양한 네트워크와 관리적 매개변수들의 분배를 책임지고 있는 중앙 서버로부터 DHCP 클라이언트가 그것들을 '임대'하게 해준다. 임대 패러다임은 사용하지 않을 때는 꺼져 있는 PC나 노트북과 같이 일시적인 게스트를 지원해야 하는 네트워크에 특히 편리하다.

임대할 수 있는 매개변수에는 다음과 같은 것들이 포함된다.

- IP 주소와 넷마스크
- 게이트웨이(기본 경로)

- DNS 네임 서버
- Syslog 호스트
- WINS 서버, X 폰트 서버, 프록시 서버, NTP 서버
- TFTP 서버(부트 이미지 로딩용)

이 밖에도 많은 것이 있다(IPv4는 RFC2132를, IPv6는 RFC3315를 참고한다). 하지만 좀 더 특이한 매개변수들이 실제 상황에서 사용되는 경우는 드물다.

클라이언트들은 자신의 임대를 갱신하고자 반드시 DHCP 서버에 주기적인 보고를 해야 한다. 임대를 갱신하지 않으면 결국 만료된다. 그러면 DHCP 서버는 마음대로 그 주소(또는 임대하고 있는 대상)를 다른 클라이언트에게 배정한다. 임대 기간은 설정이 가능하지만 보통은 상당히(몇 시간 또는 며칠) 길다.

각 호스트가 자기만을 위한 영구 IP 주소를 원한다 하더라도 DHCP는 각 호스트에 개별적으로 IP 주소를 배포하는 게 아니라 DHCP 서버에 있는 환경설정 정보에 집중하기 때문에 시간과 노력을 절약할 수 있다. 일단 서버가 가동되기 시작하면 클라이언트들은 부트타임 네트워크 환경설정을 얻고자 DHCP를 이용할 수 있다. 클라이언트들은 일정하게 고정된 환경설정을 받고 있다는 것을 알 필요가 없다.

DHCP 소프트웨어

ISC, 즉 인터넷 시스템 컨소시엄^{Internet Systems Consortium}은 오픈소스 참고용 DHCP 구현을 관리한다. ISC 소프트웨어의 메이저 버전 2, 3, 4는 모두 널리 사용되고 있으며 기본적인 서비스들을 매우 잘 수행하고 있다. 버전 3은 백업 DHCP 서버를 지원하며 버전 4는 IPv6를 지원한다. 서버, 클라이언트, 릴레이 에이전트는 모두 isc.org에서 구할 수 있다.

DHCP의 서버 부분은 명시적으로 설치돼야 하겠지만 ISC 소프트웨어는 모든 업체가 임의의 버전을 패키징하고 있다. 레드햇과 센트OS에서는 서버 패키지를 `dhcp`라고 하며, 데비안과 우분투에서는 `isc-dhcp-server`, FreeBSD에서는 `isc-dhcp43-server`라고 한다. DHCP의 서버와 클라이언트 양쪽에 복수의 구현을 패키징한 시스템들이 많기 때문에 원하는 소프트웨어가 설치되고 있는지 분명하게 확인해야 한다.

DHCP 클라이언트는 그 코드가 매우 단순하고 환경이 사전 설정돼 그대로 사용할 수 있는 상태로 오기 때문에 손대지 않는 것이 좋다. DHCP 클라이언트 쪽을 바꾸는 것은 간단한 일이 아니다.

하지만 DHCP 서버를 실행할 필요가 있다면 업체 구현 위에서 돌아가는 ISC 패키지를 권장한다. 전형적인 이기종heterogeneous 네트워크 환경에서는 단일 구현으로 표준화하면 시스템 관리가 크게 단순화된다. ISC 소프트웨어는 대부분 시스템에서 별다른 작업 없이 빌드되는 안정적인 오픈소스 솔루션이다.

또 하나 고려해야 할 사항은 Dnsmasq로, 이는 DNS 전달자와 결합해 DHCP 서비스를 구현한 서버다. 거의 모든 시스템에서 실행되는 조그만 패키지다. 프로젝트 홈페이지는 thekelleys.org.uk/dnsmasq/doc.html이다.

DHCP 서버 소프트웨어는 대부분의 라우터에도 내장된다. 일반적으로 유닉스나 리눅스 기반의 서버보다 환경설정이 더 힘들지만 신뢰성이나 가용성은 더 높다.

이제부터 DHCP 프로토콜과 그것을 구현한 ISC 서버를 설정하는 방법을 간단히 설명하고 일부 클라이언트 환경설정 문제를 살펴보기로 한다.

DHCP 동작 원리

DHCP는 하위 호환되는 BOOTP의 확장판이라 할 수 있다. BOOTP는 원래 디스크 없는 워크스테이션의 부팅을 지원하고자 고안된 프로토콜이다. DHCP는 제공 매개변수들을 일반화하고 배정된 값의 임대 기간lease period 개념을 추가했다.

DHCP 클라이언트는 "도와주세요! 나는 누구죠?"라는 메시지를 브로드캐스팅하면서 DHCP 서버와의 대화를 시작한다.[13] DHCP 서버가 로컬 네트워크에 존재하면 서버는 IP 주소와 네트워킹 매개변수를 제공하고자 클라이언트와 협상한다. 로컬 네트워크에 DHCP 서버가 없는 경우 릴레이 에이전트relay agent 역할을 하는 별도의 DHCP 소프트웨어를 통해 다른 서브넷에 있는 서버가 처음의 브로드캐스트 메시지를 수신할 수 있다.

---

13. IPv4 클라이언트는 모든 비트 값이 1인 브로드캐스트 주소를 사용해 DHCP 서버와의 대화를 개시한다. 클라이언트는 서브넷 마스크를 아직 모르므로 서브넷 브로드캐스트 주소를 사용할 수 없다. IPv6는 브로드캐스팅 대신 멀티캐스트 주소를 사용한다.

클라이언트 임대 시간의 절반이 지났을 때는 클라이언트가 임대 갱신을 시도한
다. 서버는 자신이 배포해 온 주소들을 추적할 의무가 있으며 이 정보는 재부팅돼
도 계속 유지돼야 한다. 클라이언트도 마찬가지로 재부팅 간에 자신의 임대 상태
를 보존하게 돼 있지만 그렇게 하지 않는 클라이언트가 많다. 목표는 네트워크 환
경설정의 안정성을 극대화하는 것이다. 이론상으로는 모든 소프트웨어가 네트워
크 환경설정이 즉시 바뀔 수 있게 준비하고 있어야 하지만 여전히 일부 소프트웨
어는 네트워크의 지속성에 관해 부적절한 추정을 하고 있다.

ISC의 DHCP 소프트웨어

ISC의 서버 데몬은 dhcpd라고 하며 환경설정 파일은 dhcpd.conf이고 대개 /etc나
/etc/dhcp3에 있다. 환경설정 파일의 구문은 조금 취약하다. 세미콜론을 빠뜨리
면 별 도움이 되지 않는 알 수 없는 오류 메시지를 받게 된다.

새로운 DHCP를 구성할 때는 비어 있는 임대 데이터베이스 파일이 생성됐는지를
반드시 확인해야 한다. 자신의 시스템에서 정확한 임대 파일 위치를 알려면 dhcpd
맨페이지의 끝에 있는 요약을 확인해본다.

dhcpd.conf 파일을 구성하려면 다음 정보들이 필요하다.

- dhcpd가 IP 주소를 관리해야 하는 서브넷과 배포할 주소 범위
- 배정하고자 하는 정적 IP 주소의 목록과 수취인의 MAC(하드웨어) 주소
- 초기 임대 시간 및 최대 임대 시간(초 단위)
- 서버가 DHCP 클라이언트에 넘겨줘야 하는 기타 옵션(넷마스크, 기본 경로,
  DNS 도메인, 네임 서버 등)

dhcpd 맨페이지에는 환경설정 과정이 전반적으로 요약돼 있고 환경설정 파일의
구체적인 구문은 dhcpd.conf 맨페이지에 설명돼 있다. 환경설정뿐 아니라 dhcpd
가 부팅 시에 자동으로 시작되는지도 반드시 확인해야 한다(이에 필요한 지시 사항
은 2장 참고). 사용 중인 시스템이 데몬을 자동으로 실행하지 않는다면 데몬의 시작
은 dhcpd.conf 파일의 존재 여부에 따라 조건적으로 수행되게 만드는 게 좋다.

다음은 두 개의 인터페이스(하나는 내부용, 다른 하나는 인터넷 접속용)를 갖는 리눅스 박스에서 발췌한 dhcpd.conf 파일의 사례다. 이 머신은 내부 네트워크를 위해 NAT 변환을 수행하며 동시에 이 네트워크에 10개의 IP 주소를 임대한다.

서브넷에 DHCP 서비스가 제공되지 않는 경우라도 dhcpd.conf 파일에 비어 있는 외부 인터페이스 항목이 포함되게 모든 서브넷은 반드시 선언돼야 한다. 또한 고정된 주소가 필요한 한 개의 특별한 머신용 호스트 항목이 포함된다.

```
# 전역 옵션

option domain-name "synack.net";
option domain-name-servers gw.synack.net;
option subnet-mask 255.255.255.0;
default-lease-time 600;
max-lease-time 7200;

subnet 192.168.1.0 netmask 255.255.255.0 {
    range 192.168.1.51 192.168.1.60;
    option broadcast-address 192.168.1.255;
    option routers gw.synack.net;
}

subnet 209.180.251.0 netmask 255.255.255.0 {
}

host gandalf {
    hardware ethernet 08:00:07:12:34:56;
    fixed-address gandalf.synack.net;
}
```

위에서의 **gandalf**와 같이 고정 IP 주소를 배정하지 않는 경우에는 DHCP 환경설정을 DNS와 연동하는 방법을 고려해야 한다. 쉬운 방법은 각 동적 임대 주소에 속명(예, dhcp1.synack.net)을 부여해 개별 머신의 이름을 IP 주소에 플로팅^{floating}시키는 것이다. 또는 **dhcpd**가 주소들을 나눠주는 것처럼 DNS 데이터베이스를 업데이트하도록 구성할 수도 있다. 동적 업데이트 방법은 더 복잡하긴 하지만 각 머신의 호스트명이 보존되는 장점이 있다.

ISC의 DHCP 릴레이 에이전트는 **dhcrelay**라 불리는 별개의 데몬이다. 고객 사이트에 적합한 커맨드라인 인수들을 공급하고자 시동 도구가 종종 추가되기는 하지만 이 데몬은 환경설정 파일을 사용하지 않는 간단한 프로그램이다. dhcrelay는 로컬 네트워크에서 DHCP 요청을 대기해서 이 요청들을 지정된 원격 DHCP 서버에 전달한다. DHCP 서비스 관리를 중앙 집중화하거나 백업 DHCP 서버들을 프로비저닝하는 데 편리하다.

ISC의 DHCP 클라이언트도 마찬가지로 환경설정 파일을 사용하지 않는다. 각 접속에 대한 상태 파일을 /var/lib/dhcp 또는 /var/lib/dhclient 디렉터리에 저장한다. 상태 파일들은 해당 인터페이스 이름을 따서 명명된다. 예를 들어 dhclient-eth0. leases는 eth0 인터페이스를 위해 dhclient가 구성했던 모든 네트워킹 매개변수를 포함한다.

13.8 보안 문제

보안과 관련된 주제들은 27장에서 중점적으로 다루겠지만 IP 네트워킹과 관련된 여러 가지 보안 문제는 여기서 다루는 게 좋겠다. 이번 절에서는 보안 문제를 일으키는 것으로 알려진 일부 네트워킹 기능을 간단히 살펴보고 그러한 충격을 최소화하기 위한 방법들을 추천하겠다. 이런 문제들에 대한 사례 시스템의 기본 행동과 그것을 바꾸기 위한 적절한 방법에 관한 구체적 내용은 매우 다양하므로 뒤에서 시스템별 자료를 통해 설명한다.

IP 포워딩

IP 포워딩forwarding이 활성화된 유닉스나 리눅스 시스템은 라우터 역할을 할 수 있다. 즉, 이런 시스템은 한 네트워크 인터페이스에서 서드파티 패킷을 받아 그것을 다른 인터페이스에 있는 게이트웨이나 목적지 호스트와 매칭시켜 패킷을 재전송할 수 있다.

복수의 네트워크 인터페이스를 갖고 있고 라우터로서 기능하게 돼 있는 시스템이 아니라면 이 기능은 끄는 게 좋다. 패킷을 포워딩하는 호스트들은 외부 패킷들이 네트워크 내부에서 온 것처럼 보이게 함으로써 강제로 보안을 통과시키는 경우가 있다. 이러한 속임수는 침입자의 패킷이 네트워크 스캐너나 패킷 필터를 회피하는 데 도움을 줄 수 있다.

다수의 서브넷에 연결된 네트워크 인터페이스들을 갖고 있는 호스트는 외부 패킷은 전달하지 않으면서 자신의 내부 트래픽용으로만 인터페이스를 사용하는 것이 얼마든지 가능하다.

ICMP 리다이렉트

ICMP 리다이렉트는 트래픽 경로를 악의적으로 바꾸고 라우팅 테이블을 조작할 수 있다. 기본적으로 대부분 운영체제는 ICMP 리다이렉트를 대기하면서 그 지시 내용에 따른다. 모든 트래픽이 몇 시간 동안 경쟁사의 네트워크로 경로가 바뀌게 된다면 대단히 나쁜 일이다. 특히 백업이 실행되고 있는 동안에는 더욱 안 좋다. 여러분의 라우터들(라우터 역할을 하는 호스트도 포함)이 ICMP 리다이렉트 시도를 무시하고 그러한 시도를 기록으로 남기기를 권장한다.

소스 라우팅

IPv4의 소스 라우팅^{Source Routing} 메커니즘을 이용하면 한 패킷이 목적지까지 가는 길에 통과하는 일련의 게이트웨이를 명시적으로 지정할 수 있다. 소스 라우팅은 다음 홉 라우팅 알고리듬을 거치지 않고 우회한다. 보통 이 알고리듬은 패킷 전달 방법을 결정하고자 각 게이트웨이에서 실행된다.

소스 라우팅은 원래 IP 사양의 일부였다. 주로 테스팅 편의를 위해 고안됐던 것이다. 소스 라우팅은 패킷의 출발지에 따라 패킷이 걸러지는 경우가 있기 때문에 보안 문제를 일으킬 수 있다. 누군가 패킷이 인터넷이 아닌 내부 네트워크에서 출발한 것처럼 교묘하게 패킷을 라우팅할 수 있다면 방화벽을 통과할 수도 있다. 따라서 소스 라우팅된 패킷들은 수용하지도 말고 전달하지도 말기를 권장한다.

인터넷에서는 IPv4 소스 라우팅을 비관적으로 보고 있음에도 어찌된 영문인지 IPv6에도 슬며시 들어와 있다. 하지만 이 기능은 2007년에 RFC5095에 의해 IPv6에서 더 이상 사용되지 않게 됐다. 이제 IPv6에 부합하는 구현들은 소스 라우팅된 패킷들을 거부하고 발송자에게 오류 메시지를 보내게 돼 있다.[14] 리눅스와 FreeBSD 는 모두 상용 라우터들처럼 RFC5095에 따른다.

브로드캐스트 핑과 다이렉티드 브로드캐스트

주소가 (특정 호스트 주소가 아닌) 네트워크의 브로드캐스트 주소로 돼 있는 핑Ping 패킷들은 해당 네트워크의 모든 호스트에 전달된다. 이런 패킷들은 서비스 거부 공격Denial-of-Service Attack에 사용돼 왔다. 예를 들어 스머프Smurf라 불리는 공격이 이에 해당한다(자세한 내용은 위키피디아의 '스머프 공격'을 참고한다).

브로드캐스트 핑은 멀리 떨어져 있는 네트워크의 브로드캐스트 주소로 전송되는 패킷이라는 점에서 '다이렉티드 브로드캐스트Directed Broadcast'의 한 형태라고 할 수 있다. 이런 패킷들의 기본적인 처리 방법은 점진적으로 변화돼왔다. 예를 들면 시스코Cisco IOS의 버전 11.x까지는 다이렉티드 브로드캐스트 패킷들을 전달하는 게 기본이었지만 12.0 이후에 출시된 IOS들은 그렇지 않다. 먼 곳에서 온 브로드캐스트 패킷을 무시하도록 TCP/IP 스택을 설정할 수는 있지만 각각의 인터페이스에 설정해야 하기 때문에 대형 사이트에서는 결코 쉬운 작업이 아니다.

IP 스푸핑

IP 패킷의 원천 주소는 패킷을 보낸 발송 호스트의 IP 주소로, 이 내용은 커널의 TCP/IP 구현에 의해 채워지는 게 보통이다. 하지만 패킷을 생성한 소프트웨어가 원시 소켓을 사용한다면 소프트웨어가 원하는 발신 주소를 임의로 채워 넣을 수 있다. 이렇게 하는 것을 IP 스푸핑spoofing이라 하며 대개 악의적인 네트워크 행위와 연관돼 있다. 스푸핑된 발신 주소에 해당되는 머신은 (그 주소가 실제 발신 주소가 아니라면) 범죄의 피해자가 될 수밖에 없다. 오류나 반환 패킷들이 피해자의 네트워크 연결을 방해하거나 마비시킬 수 있다. 큰 집단을 이루는 대규모 외부 머신들로부터의 패킷 스푸핑을 '분산 DoS 공격Distributed Denial-of-Service attack'이라 부른다.

외부로 나가는 패킷 중에서 발신 주소가 여러분의 주소 공간 내에 있지 않은 패킷

---

14. 그럼에도 IPv6 소스 라우팅은 '세그먼트 라우팅(segment routing)'의 형태로 일부 복귀할 것 같다. 현재 세그먼트 라우팅은 리눅스 커널에 통합돼 있다. 이에 관한 자세한 설명은 lwn.net/Articles/722804를 참고한다.

들을 막음으로써 경계 라우터$^{border\ router}$에서 IP 스푸핑을 거부할 수 있다. 이러한 예방 조치는 학생들의 실험이나 디지털 복수$^{digital\ vendettas}$에 노출돼 있는 대학 사이트에서 특히 중요하다.

내부적으로 사설 주소를 사용하고 있다면 동시에 인터넷으로 탈출하려는 내부 주소들을 잡아내기 위한 필터링을 할 수 있다. 그런 패킷들은 (백본 경로가 없기 때문에) 결코 응답을 받을 수 없으며 언제나 사이트에 내부 환경설정 오류가 있다고 표시한다.

위조된 발신 주소를 갖고 밖으로 나가려는 패킷$^{outbound\ packet}$들을 감지하는 것 외에 공격자가 강제로 발신 주소를 넣은 외부 패킷을 내부 네트워크에서 발송된 패킷으로 방화벽이 속지 않게 그런 외부 패킷들로부터도 보호해야 한다. '유니캐스트 역경로 전달$^{uRPF,\ unicast\ Reverse\ Path\ Forwarding}$'로 알려진 경험적 방법은 이런 문제를 다루는 데 도움이 된다. 이 방법은 발신 주소가 목적지인 경우 발송한 인터페이스와 다른 인터페이스로 도착한 패킷들을 IP 게이트웨이가 무시하게 만든다. 이 작업은 일반적인 IP 라우팅 테이블을 이용해 네트워크 패킷의 발신지를 검증하는 신속한 정상성 점검 방법이다. 전용 라우터들은 uRPF를 구현하고 있으며 리눅스 커널도 마찬가지다. 리눅스에서는 이 기능이 기본으로 활성화돼 있다.

복수의 인터넷 접속을 갖고 있는 사이트에서는 인바운드^{inbound}와 아웃바운드^{outbound} 경로를 다르게 하는 것이 합리적이다. 이런 상황에서는 라우팅이 제대로 작동하도록 uRPF를 꺼야만 할 것이다. 인터넷으로 나가는 길이 단 하나밖에 없는 사이트에서는 일반적으로 uRPF를 켜는 것이 안전하고 적합하다.

호스트 기반 방화벽

전통적으로 네트워크 패킷 필터나 방화벽은 로컬 네트워크를 외부 세계에 연결하고 사이트 정책에 따라 트래픽을 제어한다. 불행히도 마이크로소프트는 자신의 불안정하기로 악명 높은 윈도우 시스템과 방화벽이 어떻게 작동돼야 하는지에 대해 모든 사람의 인식을 왜곡시켜 왔다. 최근 윈도우 릴리스들은 모두 자체적인 개인 방화벽이 포함돼 있으며 사용자가 그 방화벽을 끄려 시도하면 심각하게 경고한다.

이 책에서 예로 든 시스템들은 모두 패킷 필터링 소프트웨어를 포함하고 있지만 모든 유닉스나 리눅스 머신이 자신의 방화벽을 필요로 한다고 추측해서는 안 된다. 패킷 필터링 기능은 주로 네트워크 게이트웨이 역할을 위해 존재하는 것이다.

하지만 워크스테이션을 방화벽으로 사용하는 것은 권장하지 않는다. 아무리 꼼꼼하게 구성한다고 해도 모든 기능을 갖춘 운영체제는 너무 복잡해서 완전한 신뢰성을 보장하기 힘들다. 전용 네트워크 장비가 (설사 내부적으로는 리눅스를 실행하고 있더라도) 좀 더 예측 가능하고 신뢰도가 높다.

체크 포인트[Check Point] 사(이 회사의 제품들은 유닉스, 리눅스, 윈도우 호스트에서 실행된다)의 제품과 같은 정교한 소프트웨어 솔루션들조차 시스코[Cisco]사의 ASA[Adaptive Security Appliance] 시리즈와 같은 전용 장치만큼 안전하지 못하다. 게다가 소프트웨어만으로 구성된 솔루션들은 가격도 거의 같다. 방화벽과 관련된 주제들은 나중에 자세히 다룬다.

가상 사설 네트워크

여러 곳에 오피스를 두고 있는 조직들은 모든 오피스를 하나의 커다란 사설 네트워크에 연결하길 원한다. 그런 조직들은 여러 곳의 사무실들 간에 일련의 암호화된 '터널[tunnel]'을 만듦으로써 인터넷을 사설 네트워크처럼 이용할 수 있다. 그런 터널들을 포함하는 네트워크를 가상 사설 네트워크 또는 VPN[Virtual Private Network]라고 한다.

VPN 설비는 직원들이 자택이나 현장에서 사설 네트워크에 연결해야만 할 때도 필요하다. VPN 시스템은 그런 임시적인 접속과 관련해 발생할 수 있는 모드 보안 문제를 제거하지는 못하지만 많은 목적을 위해 충분히 안전하다.

일부 VPN 시스템은 1998년에 IETF가 IP의 저수준 부록으로 표준화한 IPsec 프로토콜을 사용한다. OpenVPN과 같은 시스템은 전송 계층 보안[TLS, Transport Layer Security]을 이용해 TCP 상단에 VPN 보안을 구현한다. TLS는 보안 소켓 계층[SSL, Secure Sockets Layer]을 계승한 것이다. TLS는 2017년 현재 기준으로 아직 충분히 채택되지 않았음에도 불구하고 IETF의 표준 트랙에 있다.

다양한 상용 VPN 구현들도 사용할 수 있다. 이런 시스템들은 일반적으로 다른 제품이나 표준 기반 VPN 시스템과 연동되지 않지만 모든 종점endpoint을 제어할 수 있다면 큰 결점이라고 할 수는 없다.

현 시점에서는 TLS 기반 VPN 솔루션들이 시장을 지배하는 것 같다. 이 솔루션들은 IPsec만큼 안전하면서도 훨씬 덜 복잡하다. OpenVPN 형태로 자유롭게 구현하는 것도 나쁘지 않다.

일반적인 개인 사용자들의 공통적인 패러다임은 웹브라우저를 통해 조그만 자바나 실행 가능한 컴포넌트를 다운로드하는 것이다. 그런 다음 이 컴포넌트가 기업 네트워크로 VPN 접속을 하도록 구현한다. 사용자에게는 이런 메커니즘이 편리하지만 브라우저 기반 시스템들은 완전히 다르게 구현된다는 것을 알아야 한다. 다시 말해 일부는 유사 네트워크 인터페이스를 통해 VPN 서비스를 제공하고 다른 것들은 특정 포트만을 전달한다. 또 다른 것들은 약간 미화된 웹 프록시에 지나지 않는다.

검토 중인 솔루션의 기반 기술을 잘 이해해야 하며 가능하지 않은 것을 기대해서는 안 된다. 진정한 VPN 서비스(즉, 네트워크 인터페이스를 통한 완전한 IP 계층 접속)는 관리자 권한을 요구하며 윈도우 시스템이든 리눅스 노트북이든 클라이언트에 소프트웨어 설치가 필요하다. 간혹 브라우저 기반의 VPN 솔루션을 구현할 때 이용된 그래픽 카드가 브라우저에 따라 변환되지 않을 수 있기 때문에 브라우저 호환성도 확인해야 한다.

13.9 기본 네트워크 환경설정

기존의 로컬 네트워크에 새 머신을 추가하는 데는 많은 작업이 필요하지 않지만 모든 시스템은 서로 조금씩 다르다. GUI가 설치된 시스템에는 대개 네트워크 환경설정용 제어 패널이 포함돼 있지만 이러한 가시화 도구들은 간단한 시나리오만 표시한다. 전형적인 서버에서는 네트워크 환경설정을 텍스트 파일에 직접 작성해야 한다.

인터넷에 접속된 네트워크에 새 머신을 연결하기 전에 실수로 공격자를 로컬 네트워크에 끌어들이지 않도록 새 머신을 안전하게 만들어야 한다(27장 참고).

로컬 네트워크에 새 머신을 추가하는 작업은 다음과 같다.

1. 고유한 IP 주소와 호스트명을 지정한다.
2. 네트워크 인터페이스와 IP 주소를 설정한다.
3. 기본 경로와 원하는 라우팅을 설정한다.
4. 인터넷 접근을 허용하기 위한 DNS 네임 서버를 지정한다.

기본적인 프로비저닝을 위해 DHCP을 사용하고 있다면 새 머신을 위한 대부분의 환경설정 작업은 새 머신보다는 DHCP 서버에 의해 수행된다. 새 운영체제 설치는 기본적으로 DHCP를 통해 환경을 설정하게 돼 있기 때문에 새 머신에는 어떤 네트워크 환경설정도 필요하지 않다. 이에 관한 전반적인 내용은 'DHCP' 절을 참고한다.

시스템 시동에 영향을 미치는 부분을 변경했을 때는 머신의 정확한 작동을 검증하고자 항상 리부팅한다. 여섯 달 후에 전원이 끊겨 새로 부팅했을 때 머신이 부팅되지 않는다면 문제를 일으킨 변경 내용을 기억하기는 힘들기 때문이다.

물리적 네트워크의 설계와 설치 과정은 14장에서 다룬다. 기존 네트워크를 다루는 과정에서 구성 방법에 관한 아이디어가 있다면 기존 네트워크를 확장할 계획이 아니라면 네트워킹의 물리적 부분에 관해 너무 많은 것을 공부할 필요는 없다.

여기서는 수작업에 의한 네트워크 환경설정의 다양한 주제를 살펴본다. 이 자료는 충분히 일반적이어서 어떤 종류의 유닉스나 리눅스 시스템에든 적용할 수 있다. 업체 고유의 특징들을 다룰 부분에서는 다양한 업체 시스템들을 구분 짓는 고유한 변형들을 설명할 것이다.

여러 머신에서 기본 네트워크 설정 작업을 하다 보면 ping과 traceroute 같은 기본 도구를 이용해 접속 테스트를 하는 것이 큰 도움이 된다는 것을 알게 된다. 이러한 도구에 관한 설명은 '네트워크 문제 해결' 절을 참고한다.

호스트명과 IP 주소 할당

시스템 관리자들은 호스트명과 IP 주소를 어떻게 매핑시켜야 관리하기에 가장 좋은지에 대해 저마다 다양한 이론을 갖고 있다. 매핑은 hosts 파일, LDAP, DNS 시스템 또는 이런 옵션들의 조합을 통해 이뤄진다. 확장성^{scalability}, 일관성^{consistency}, 유지보수성^{maintainability}을 중시할 것인가, 아니면 모든 서비스가 가능하지 않을 때도 머신들이 부팅해 기능할 수 있을 만큼 충분히 탄력적인 시스템을 중시할 것인가에서 목표들이 충돌한다.

주소 배정 시스템을 설계할 때 고려해야 할 또 다른 사항은 미래에 있을 호스트 번호의 재배정 가능성이다. RFC1918 사설 주소를 사용하지 않는다면 ISP를 바꿀 때 IP 주소들도 바뀌게 된다. 주소를 재설정하고자 네트워크의 모든 호스트를 방문해야 한다면 그런 전환은 매우 감당하기 힘들다. 주소 재배정을 신속하게 하고자 환경설정 파일에 있는 호스트명을 사용하고 주소 매핑을 DNS 데이터베이스나 DHCP 환경설정 파일과 같은 중앙 집중화 장소에 국한시킬 수 있다.

/etc/hosts 파일은 이름을 IP 주소에 매핑시키는 가장 오래되고 간단한 방법이다. 각 줄은 IP 주소로 시작하고 이어서 그 주소를 나타내는 다양한 상징적 이름$^{symbolic\ name}$이 따라온다.

다음은 lollipop이라는 호스트의 전형적인 /etc/hosts 파일이다.

```
127.0.0.1          localhost
::1                localhost ip6-localhost
ff02::1            ip6-allnodes
ff02::2            ip6-allrouters
192.108.21.48      lollipop.atrust.com lollipop loghost
192.108.21.254     chimchim-gw.atrust.com chimchim-gw
192.108.21.1       ns.atrust.com ns
192.225.33.5       licenses.atrust.com license-server
```

최소화된 버전은 처음 세 줄만 포함할 수도 있다. 일반적으로 /etc/hosts 파일의 첫 항목은 localhost다. 이 항목은 많은 시스템에서 필요하지 않지만 포함한다고 해서 해가 되진 않는다. IPv4 주소와 IPv6 주소를 자유롭게 혼합해 사용할 수 있다.

/etc/hosts는 로컬 매핑만 포함하고 있고 각 클라이언트 시스템에서 유지해야 하기 때문에 부팅 때 필요한 매핑(예, 호스트 자체, 기본 게이트웨이, 네임 서버 등)용으로 가장 좋다. 로컬 네트워크의 나머지 부분과 외부 세계를 위한 매핑을 알아내려면 DNS와 LDAP를 사용한다. 외부 세계에서는 알 수 없게 DNS에 등록되지 않길 바라는 매핑들을 지정할 때도 /etc/hosts를 사용할 수 있다.[15]

hostname 명령은 한 머신에 호스트명을 지정한다. hostname은 보통 부팅할 때 시동 스크립트 중 하나에서 실행되며 환경설정 파일에서 지정한 이름을 얻는다(물론 이 과정은 시스템마다 조금씩 다르다). 호스트명은 완전한 조건을 충족해야 한다. 즉, 호스트명은 anchor.cs.colorado.edu와 같이 호스트명과 DNS 도메인 이름을 모두 포함해야 한다.

규모가 작은 사이트에서는 호스트명과 IP 주소를 수작업으로 손쉽게 나눠줄 수 있다. 하지만 많은 네트워크와 서로 다른 많은 관리 그룹이 포함될 때는 각각의 고유성을 보장하고자 일종의 중앙 조직을 갖추는 게 도움이 된다. 동적으로 배정되는 네트워킹 매개변수들은 DHCP가 고유성 문제를 관리한다.

네트워크 인터페이스와 IP 환경설정

네트워크 인터페이스는 네트워크에 잠재적으로 연결될 수 있는 하드웨어의 일부다. 실제의 하드웨어는 매우 다양하다. 유선 이더넷용 신호 전달 하드웨어의 RJ-45 잭일 수도 있고, 무선 통신 장치일 수도 있고, 가상 네트워크에 접속되는 가상 하드웨어의 일부일 수도 있다.

모든 시스템은 최소한 두 개의 네트워크 인터페이스를 갖는다. 하나의 가상 루프백virtual loopback 인터페이스와 한 개 이상의 네트워크 카드나 포트다. 여러 개의 이더넷 잭을 갖고 있는 PC에서는 서로 분리된 네트워크 인터페이스가 각 잭을 제어한다(이런 인터페이스들은 서로 다른 하드웨어를 갖는 경우도 많다).

대부분 시스템에서는 ip link show(리눅스)나 ifconfig -a(FreeBSD) 명령으로 모든 네트워크 인터페이스를 볼 수 있다. 인터페이스들이 이미 설정돼 있는지 또는 현

---

15. 이 목적을 위해서는 분리된 DNS 환경설정을 사용할 수도 있다(16장 참고).

재 실행 중인지 여부는 상관없다. 다음은 우분투 시스템의 사례다.

```
$ ip link show
1: lo: <LOOPBACK,UP,LOWER_UP> mtu 65536 qdisc noqueue state UNKNOWN
   mode DEFAULT group default qlen 1
   link/loopback 00:00:00:00:00:00 brd 00:00:00:00:00:00
2: enp0s5: <BROADCAST,MULTICAST,UP,LOWER_UP> mtu 1500 qdisc pfifo_fast
   state UP mode DEFAULT group default qlen 1000
   link/ether 00:1c:42:b4:fa:54 brd ff:ff:ff:ff:ff:ff
```

인터페이스의 명명 규칙은 다양하다. 현재 버전의 리눅스는 시간이 흘러도 인터페이스 이름이 바뀌지 않는다는 것을 보장하려고 하기 때문에 이름들이 다소 임의적이다(예, enp0s5). FreeBSD나 옛날 리눅스 커널은 좀 더 전통적인 드라이버 + 인스턴스 번호 체계를 사용하므로 em0나 eth0와 같은 이름을 사용한다.

네트워크 하드웨어는 미디어 타입에만 국한되고 TCP/IP 자체와는 별 관련이 없는 설정 가능한 옵션들을 갖는 경우가 종종 있다. 가장 흔한 예로 한 개의 인터페이스가 반이중half-duplex이나 전이중full-duplex 모드로 10, 100, 1000, 심지어 10000Mb/s 속도까지 지원하는 현대식 이더넷을 꼽을 수 있다. 대부분 장비는 카드와 업스트림 연결(보통은 스위치 포트) 모두가 상대방이 원하는 바를 추측하려는 자동 협상autonegotiation 모드가 기본으로 돼 있다.

역사적으로 자동 협상은 눈을 가린 카우보이가 밧줄을 던져 송아지를 잡는 정도밖에 효과가 없었다. 현대식 네트워크 장치들은 서로 간에 협력을 잘 하지만 자동 협상은 여전히 실패의 원인이 될 가능성이 있다. 높은 패킷 손실률은 (특히 대형 패킷들일수록) 실패한 자동 협상의 산물인 경우가 많다.

수작업으로 네트워크 링크를 구성할 때는 양쪽 모두 자동 협상을 끄도록 한다. 그렇게 해야 링크의 한쪽을 수작업으로 설정하고 나서 다른 한쪽이 그 설정들을 자동으로 수용하게 한다는 직관적인 생각을 할 수 있다. 하지만 아쉽게도 이더넷은 그런 식으로 작동하지 않는다. 네트워크가 자동이든 수작업이든 둘 중 하나라는 점을 모든 참가자가 동의해야 하는 것이다.

자동 협상과 같은 네트워크 옵션들을 정확히 설정하는 방법은 매우 다양해서 이에 관한 자세한 내용은 '시스템별 특성' 절에서 따로 다룬다.

인터페이스 하드웨어 수준보다 위쪽에서는 모든 네트워크 프로토콜이 각자 자신의 환경설정을 갖는다. IPv4와 IPv6는 일반적으로 설정하려는 유일한 프로토콜일 수 있지만 환경설정은 인터페이스/프로토콜 쌍으로 정의된다는 것을 이해하는 게 중요하다. 특히 IPv4와 IPv6는 완전히 분리된 세계이며 각자 자신의 환경설정을 따로 갖는다.

IP 환경설정이란 전적으로 인터페이스에 IP 주소를 설정하는 문제다. IPv4도 주소의 네트워크 부분과 호스트 부분을 구별할 수 있도록 연결 네트워크용 서브넷 마스크('넷마스크')를 알 필요가 있다. 인터페이스를 통과하는 네트워크 트래픽의 수준에서 IPv6는 넷마스크를 사용하지 않는다. 즉, IPv6의 네트워크 부분과 호스트 부분은 고정된 크기로 돼 있다.

IPv4에서는 호스트가 부착된 네트워크에 유효한 임의의 IP 주소로 브로드캐스트 주소를 설정할 수 있다. 일부 사이트에서는 브로드캐스트 핑을 사용하는 DoS류의 공격을 피하겠다는 생각에서 브로드캐스트 주소로 이상한 값을 선택하는 경우가 있다. 하지만 이것은 위험한 일이며 지나친 과잉 대응이다. 모든 머신의 브로드캐스트 주소를 적절히 설정하는 데 실패하게 되면 TTL이 만료될 때까지 패킷들이 머신에서 머신으로 떠도는 브로드캐스트 스톰^{broadcast storm}을 일으킬 수 있다.[16]

브로드캐스트 핑 문제를 해결하는 더 좋은 방법은 경계 라우터^{border router}가 브로드캐스트 핑을 전달하지 못하게 하고 각 호스트에게 그것에 응답하지 말라고 알려주는 것이다. IPv6에는 더 이상 브로드캐스팅이 없다. 여러 가지 형태의 멀티캐스팅으로 대체된 것이다.

하나의 인터페이스에 한 개 이상의 IP 주소를 배정할 수 있다. 과거에는 이렇게 하는 것이 여러 개의 웹 사이트를 한 머신이 호스팅하는 데 도움이 되곤 했다. 하지만

---

16. 브로드캐스트 스톰은 IP 브로드캐스트 주소가 무엇으로 설정됐는지와는 상관없이 동일한 링크 계층 브로드캐스트 주소가 패킷 전송에 사용돼야만 하기 때문에 발생한다. 예를 들어 머신 X는 브로드캐스트 주소가 A1이라 생각하고 머신 Y는 A2라고 생각한다고 가정해보자. X가 패킷을 주소 A1에 보내면 Y는 패킷을 수신하고(링크 계층 목적지 주소가 브로드캐스트 주소이기 때문) 해당 패킷이 자신에게 보낸 것이 아니며 브로드캐스트 주소도 아니라고 판단할 것이다. Y는 브로드캐스트 주소가 A2라고 생각하기 때문이다. 그래서 Y는 그 패킷을 다시 네트워크로 되돌려 보낸다. 두 개의 머신이 Y의 상태에 있다면 패킷은 TTL이 만료될 때까지 돌아다닐 것이다. 브로드캐스트 스톰은 (특히 대규모 스위칭 방식의 네트워크에서) 대역폭을 잠식할 수 있다.

이런 기능은 HTTP 호스트 헤더와 TLS의 SNI 기능으로 대체돼 이제는 필요 없게 됐다. 자세한 내용은 19장을 참고한다.

라우팅 환경설정

라우팅에 관한 내용은 이번 장과 15장의 여러 절에 나눠져 있다. 라우팅에 관한 기본 정보는 대부분 이곳에서 다루고 ip route(리눅스)와 route(FreeBSD) 명령에 관한 절에서 다루겠지만 더 자세한 정보가 필요하다면 15장의 앞부분을 참고하는 게 도움이 될 것이다.

라우팅은 IP 계층에서 수행된다. 다른 호스트로 향하는 패킷이 도착하면 그 패킷의 목적지 IP 주소를 커널의 라우팅 테이블에 있는 경로들과 비교한다. 주소가 테이블의 한 경로와 일치하면 패킷은 그 경로와 관련돼 있는 다음 홉 게이트웨이next-hop gateway IP 주소로 전달된다.

여기에는 두 가지 특별한 경우가 있다. 첫째, 패킷이 직접 연결된 네트워크의 어떤 호스트를 목적지로 하는 경우다. 이런 경우 라우팅 테이블에 있는 '다음 홉 게이트웨이' 주소는 로컬호스트 자신의 인터페이스들 중 하나가 되며 패킷은 목적지로 직접 전송된다. 이런 유형의 경로는 네트워크 인터페이스를 설정할 때 ifconfig나 ip address 명령에 의해 라우팅 테이블에 추가된다.

둘째, 어떤 경로도 목적지 주소와 일치하지 않는 경우다. 이런 경우에는 기본 경로가 존재한다면 그것이 호출된다. 존재하지 않는다면 ICMP '네트워크 도달 불가network unreachable'나 '호스트 도달 불가host unreachable' 메시지가 발신자에게 반송된다.

외부로 나가는 길이 하나뿐인 로컬 네트워크들이 많은데, 그런 네트워크들은 출구를 가리키는 한 개의 기본 경로만을 갖는다. 인터넷 백본에서의 라우터들은 기본 경로를 갖지 않는다. 목적지에 해당하는 라우팅 항목이 없다면 그 목적지에는 도달할 수 없다.

각각의 ip route(리눅스)나 route(FreeBSD) 명령은 한 개의 경로를 추가하거나 삭제한다. 다음은 매우 전형적인 두 가지 명령이다.

```
linux# ip route add 192.168.45.128/25 via zulu-gw.atrust.net
freebsd# route add -net 192.168.45.128/25 zulu-gw.atrust.net
```

이 명령들은 zulu-gw.atrust.net 게이트웨이 라우터를 통해 192.168.45.128/25 네트워크에 이르는 경로 한 개를 추가한다. 여기서 게이트웨이는 반드시 인접한 호스트이거나 로컬호스트 자신의 인터페이스 중 하나여야 한다. 당연한 얘기지만 호스트명 zulu-gw.atrust.net은 IP 주소를 해결할 수 있어야 한다. DNS 서버가 게이트웨이의 다른 쪽에 있다면 숫자로 된 IP 주소를 사용한다.

전통적으로 목적지 네트워크는 IP 주소와 넷마스크를 따로 지정했지만 이제는 모든 라우팅 관련 명령이 CIDR 표기(예, 128.138.176.0/20)를 이해한다. CIDR 표기법은 의미가 더 분명하며 시스템마다 다른 구문 문제들을 신경 쓰지 않게 해준다.

여러 가지 팁은 다음과 같다.

- 현재 설정돼 있는 경로를 보려면 netstat -nr 명령을 사용하고 숫자 대신 이름을 보려면 netstat -r 명령을 사용한다. 이름 검색이 작동하지 않을 수도 있기 때문에 디버깅할 때는 숫자를 사용하는 게 더 나을 수 있다. netstat 출력 사례는 13장의 앞부분에서 보여줬다. 리눅스의 ip route 명령은 경로를 확인하는 데 사용되는 공인된 명령이지만 그 출력은 netstat만큼 명확하지 않다고 본다.

- 시스템 기본 경로를 설정할 때는 주소나 네트워크 이름보다는 키워드 default를 사용한다. 이 키워드의 의미는 모든 주소와 매치되면서도 실제의 어떤 라우팅 목적지에 비해 특별하지 않은 형태인 0.0.0.0/0과 동일한 의미를 갖는다.

- 라우팅 테이블의 항목들을 삭제할 때는 ip route del(리눅스)이나 route del(FreeBSD) 명령을 사용한다.

- 라우팅 테이블을 초기화하고 시작할 때는 ip route flush(리눅스)나 route flush(FreeBSD) 명령을 실행한다.

- IPv6 경로는 IPv4 경로와 비슷하게 설정된다. IPv6 라우팅 항목을 설정하려고 한다면 route에 -6 옵션을 포함시킨다. ip route는 보통 (주소 포맷을

살펴봄으로써) 자체적으로 IPv6 경로를 인식할 수 있지만 -6 인수도 허용한다.

- /etc/networks 파일은 마치 hosts 파일이 호스트명을 IP 주소에 매핑하는 것처럼 이름들을 네트워크 번호에 매핑한다. 네트워크 번호를 요구하는 **ip**나 **route** 같은 명령들은 networks 파일에 이름이 등록돼 있으면 이름 사용도 허용한다. 네트워크 이름은 DNS에 등록할 수도 있다. RFC1101을 참고한다.

DNS 환경설정

어떤 머신을 DNS 클라이언트로 설정하려면 /etc/resolv.conf 파일에 설정하기만 하면 된다. DNS 서비스는 엄격하게 요구되는 것은 아니지만 DNS를 완전히 없애길 바라는 상황은 상상하기 어렵다.

resolv.conf 파일에는 불완전한(즉, anchor.cs.colorado.edu 대신 anchor만 사용한 것과 같이 충분한 자격을 갖추지 않은) 이름들을 해결하고자 검색해야 하는 DNS 도메인들과 이름 검색$^{name\ lookup}$을 위해 접촉해야 하는 네임 서버들의 IP 주소가 나열돼 있다. 다음은 그 예를 보여준다. 더 자세한 내용은 16장을 참고한다.

```
search cs.colorado.edu colorado.edu
nameserver 128.138.242.1
nameserver 128.138.243.151
nameserver 192.108.21.1
```

/etc/resolv.conf의 목록에는 '가장 가까운' 안정된 네임 서버가 맨 앞에 나타나야 한다. 서버들은 순서대로 접촉되며 다음 서버를 시도하기 전에 소요되는 타임아웃은 상당히 길 수 있다. 네임 서버 항목은 3개까지 가능하다. 가급적이면 한 개 이상의 네임 서버를 사용하는 게 좋다.

로컬호스트가 DHCP를 통해 DNS 서버들의 주소를 얻는 경우에는 DHCP 클라이언트 소프트웨어가 임대 받은 주소들을 resolv.conf 파일에 채워 넣는다. DHCP 설정은 대부분 시스템에서 기본으로 돼 있기 때문에 DHCP 서버가 정확히 구성돼 있다면 수작업으로 resolv.conf 파일을 구성할 필요가 없는 게 일반적이다.

많은 사이트가 마이크로소프트의 액티브 디렉터리 DNS 서버 구현을 사용한다. 이 구현은 표준 유닉스와 리눅스의 resolv.conf를 이용해 작동되기 때문에 특별히 다른 방법으로 해야 할 일은 없다.

시스템별 네트워크 환경설정

초기 유닉스 시스템에서는 시스템 시동 스크립트를 편집해 그 안의 명령들을 직접 변경해 네트워크를 설정했다. 현대 시스템들은 읽기 전용 스크립트를 갖고 있다. 이 스크립트들은 다양한 환경설정 시나리오를 커버하며 다른 시스템 파일에서 정보를 재사용하거나 자신의 환경설정 파일을 참조해 시나리오를 선택한다.

이와 같은 환경설정과 구현의 분리는 좋은 아이디어지만 시스템마다 방법이 조금씩 다르다. 유닉스나 리눅스 시스템에서 /etc/hosts와 /etc/resolv.conf 파일의 포맷이나 사용법은 매우 일정하지만 확실하게 기대할 수 있는 것은 그게 전부다.

대부분 시스템은 기본 환경설정 작업을 위한 GUI 인터페이스를 제공하지만 내부에서 이뤄지는 시각 인터페이스^{visual interface}와 환경설정 파일 간의 매핑은 명확하지 않을 때가 있다. 게다가 GUI들은 고급 환경설정을 무시하는 경향이 있으며 원격이나 자동 관리가 매우 불편하다.

다음 절에서는 사례 시스템들의 일부 변형을 자세히 살펴보고, 내부에서 돌아가는 과정들을 설명하며 각 운영체제의 네트워크 환경설정에 관한 세부 사항들을 다룬다. 특히 다음과 같은 내용들을 중점적으로 다룬다.

- 기본 환경설정
- DHCP 클라이언트 환경설정
- 동적 재설정^{dynamic reconfiguration}과 튜닝
- 보안, 방화벽, 필터링, NAT 환경설정

대부분 네트워크 환경설정은 부팅 때 실행되므로 여기서 다룰 내용과 2장에서 설명한 내용 사이에는 중복된 부분이 있다는 것을 유념하자.

13.10 리눅스 네트워킹

 리눅스 개발자들은 마음대로 뜯어고치기를 좋아하기 때문에 아직 표준으로 채택되지 않은 기능이나 알고리듬을 구현하는 경우가 많다. 릴리스 2.6.13에서 플러그인 가능한 혼잡 제어congestion-control 알고리듬을 리눅스 커널에 추가한 것이 그 예다. 여러 가지 옵션에는 손실 네트워크, 대량 패킷이 손실되는 고속 WAN, 위성 링크 등이 포함돼 있다. 여전히 기본으로는 표준 TCP '리노reno' 메커니즘(느린 시작, 혼잡 회피, 빠른 재전송, 빠른 복구)이 사용되고 있다. 변형이 자신의 환경에 적합할 수도 있으나 그렇지 않을 수도 있다.[17]

부팅 때 네트워크 환경설정을 제어하는 파일을 수정한 후에는 변경된 내용의 효력을 발생하고자 리부팅하거나 네트워크 인터페이스를 껐다 다시 켤 필요가 있다. 대부분의 리눅스 시스템에서는 이 목적을 위해 `ifdown interface`와 `ifup interface`를 사용할 수 있다.

네트워크매니저

리눅스의 모바일 네트워킹 지원은 2004년에 네트워크매니저NetworkManager가 나타날 때까지는 매우 무차별적으로 이뤄졌다. 네트워크매니저는 지속적으로 실행되는 서비스와 각각의 네트워크 인터페이스를 설정하기 위한 시스템 트레이 앱들로 구성돼 있다. 네트워크매니저는 다양한 종류의 유선 네트워크뿐 아니라 임시적인 무선 네트워크, 무선 브로드밴드, VPN도 다룬다. 사용 가능한 네트워크들을 계속적으로 평가하면서 '우선적인preferred' 네트워크로 서비스를 이동시킨다. 유선 네트워크가 가장 우선권이 높으며, 그다음에 우리에게 친숙한 무선 네트워크가 뒤를 잇는다.

이 시스템은 리눅스 네트워크 환경설정에 상당한 변화를 줬다. 전통적인 정적 환경설정에 비해 훨씬 유연하게 됐을 뿐 아니라 시스템 관리자보다는 일반 사용자들에 의해 실행 관리되게 설계된 것이기도 하다. 네트워크매니저는 여기의 예제들뿐만 아니라 리눅스 배포판에서도 광범위하게 채택됐지만 기존 스크립트와 설

---

17. 대체된 혼잡 제어 알고리듬 사용을 언제 고려해야 하는지는 lwn.net/Articles/701165를 참고한다.

정을 손상시키지 않고자 일반적으로 과거에 사용했던 전통적인 네트워크 환경설정에 더하는 '병렬 유니버스' 네트워크 구성으로 사용할 수 있게 한다.

데비안과 우분투는 네트워크매니저를 기본으로 실행하지만 정적으로 설정되는 네트워크 인터페이스들을 네트워크매니저 영역에서 배제하고 있다. 레드햇과 센트OS는 네트워크매니저를 기본으로 실행하지 않는다.

네트워크매니저는 주로 노트북에서 사용된다. 노트북의 네트워크 환경은 자주 변경되기 때문이다. 서버나 데스크톱 시스템에서는 네트워크매니저가 필요하지 않으며 오히려 시스템 관리를 복잡하게 만들 수 있다. 이런 환경에서는 네트워크매니저를 무시하거나 환경설정에서 배제하는 것이 좋다.

ip: 수작업에 의한 네트워크 환경설정

예전에는 리눅스 시스템들이 네트워크 환경설정이나 상태 확인을 위해 전통 유닉스와 동일한 기본 명령들을 사용했다. 예를 들면 ifconfig, route, netstat와 같은 명령들이다. 이 명령들은 여전히 대부분의 배포판에 포함돼 있지만 적극적인 개발은 ip 명령과 ss 명령으로 특화된 iproute2 패키지 쪽으로 옮겨갔다(ip 명령은 라우팅을 포함한 일상적인 네트워크 환경설정을 위한 것이고 ss 명령은 netstat를 거의 대체한 것으로, 네트워크 소켓의 상태를 확인하기 위한 것이다).

전통적인 명령에 익숙하다면 ip로 전환하고자 애써볼 만하다. 옛날 명령들은 앞으로 영원히 사용되지 않을 것이고 일반적인 환경설정 시나리오들을 커버할 수는 있지만 리눅스 네트워킹 스택의 모든 기능에 완벽하게 접근할 수 없다. ip가 더 깔끔하고 보편적이다.

ip는 두 번째 인수를 통해 값을 설정하거나 내용을 볼 객체를 결정한다. 많은 옵션이 있지만 네트워크 인터페이스 환경을 설정하는 ip link, 네트워크 주소를 인터페이스에 바인딩하는 ip address, 라우팅 테이블을 수정하거나 인쇄하는 ip route가 가장 많이 사용된다.[18] 대부분 객체들은 현재 상태의 요약을 인쇄하는 list나 show를 이해하기 때문에 ip link show는 네트워크 인터페이스 목록을 인쇄하고

---

18. ip 인수들은 축약해 쓸 수 있으므로 ip ad는 ip address와 같다. 여기서는 명확성을 위해 전체 이름을 사용했다.

ip route show는 현재 라우팅 테이블을 덤프하며 ip address show는 배정된 모든
IP 주소의 목록을 보여준다.

ip의 맨페이지는 하위 명령들로 나뉜다. 예를 들어 인터페이스 환경설정에 관한
세부 정보를 보려면 man ip-link를 실행한다. ip link help 명령을 이용해 명령
요약본을 볼 수도 있다.

유닉스 ifconfig 명령은 특정 네트워크 프로토콜용 설정들을 구성하는 개념으로
인터페이스 환경설정 개념을 통합한다. 실제로 여러 프로토콜이 하나의 주어진 네
트워크 인터페이스에서 실행될 수 있으며(IPv4와 IPv6의 동시 사용이 전형적인 예) 각
각의 프로토콜이 복수의 주소를 지원할 수 있기 때문에 ip가 ip link와 ip address
를 구별하는 것은 매우 스마트한 것이다. 전통적으로 시스템 관리자가 '인터페이스
환경설정'이라고 생각하는 것의 대부분은 사실상 IPv4, IPv6 설정과 관련돼 있다.

ip는 IPv4나 IPv6를 명시적으로 지정하고자 -4나 -6 인수를 취하지만 이 옵션들을
사용하는 경우는 매우 드물다. ip는 제공된 주소의 형식을 보기만 해도 정확한 모
드를 추정해낸다.

기본적인 인터페이스 환경설정은 다음과 같은 형식으로 돼 있다.

```
# ip address add 192.168.1.13/26 broadcast 192.168.1.63 dev enp0s5
```

이 경우 broadcast절은 주어진 넷마스크의 경우 기본값이 되기 때문에 불필요한
과잉 부분이다. 하지만 필요한 경우에 어떻게 설정하는지를 보여준다.

물론 일상에서는 수작업으로 네트워크 주소를 설정하는 일은 없을 것이다. 다음
절들은 환경설정 파일 관점에서 배포판들이 네트워크의 정적 환경설정을 다루는
방법을 설명한다.

데비안과 우분투의 네트워크 환경설정

 표 13.6처럼 데비안과 우분투는 /etc/hostname, /etc/network/interfaces 파일에 네
트워크 환경을 설정하며 /etc/network/options 파일에서 약간의 도움을 받는다.

표 13.6 /etc에 있는 우분투 네트워크 환경설정 파일

파일	설정되는 내용
hostname	호스트명
network/interfaces	IP 주소, 넷마스크, 기본 경로

호스트명은 /etc/hostname 파일에 설정된다. 이 파일에 있는 이름은 완전한 조건을 충족해야 한다. 그 값은 다양한 구문 형태로 사용될 수 있으며 그중 일부는 자격조건 충족^{qualification}을 요구한다.

IP 주소, 넷마스크, 기본 게이트웨이는 /etc/network/interfaces 파일에 설정된다. iface 키워드로 시작하는 줄은 각각의 인터페이스를 나타낸다. iface 줄 다음에는 추가적인 매개변수를 지정하는 줄들이 들여쓰기 해서 따라온다. 예를 들면 다음과 같다.

```
auto lo enp0s5
iface lo inet loopback
iface enp0s5 inet static
    address 192.168.1.102
    netmask 255.255.255.0
    gateway 192.168.1.254
```

ifup과 ifdown 명령은 이 파일을 읽어 (ip와 같은) 더 낮은 수준의 명령들을 호출함으로써 인터페이스를 시작하거나 종료한다. auto절은 부팅할 때 또는 언제든 ifup -a를 실행할 때 활성화할 인터페이스들을 지정한다.

iface 줄의 inet 키워드는 IPv4 주소계열이다. IPv6도 설정하려면 inet6를 포함시킨다.

static 키워드는 '메서드^{method}'라고 하며 enp0s5용 IP 주소와 넷마스크가 직접 지정됨을 나타낸다. address와 netmask 줄들은 정적^{static} 환경설정을 위해 요구된다. gateway 줄은 기본 네트워크 게이트웨이의 주소를 지정하며 기본 경로를 설치하는 데 사용된다.

인터페이스를 DHCP로 구성하려면 다음과 같이 인터페이스 파일에 DHCP를 지정

하기만 하면 된다.

```
iface enp0s5 inet dhcp
```

레드햇과 센트OS 네트워크 환경설정

RHEL

레드햇과 센트OS의 네트워크 환경설정은 /etc/sysconfig 디렉터리를 중심으로 이뤄진다. 표 13.7은 다양한 환경설정 파일들을 보여준다.

표 13.7 /etc/sysconfig에 있는 레드햇 네트워크 환경설정 파일

파일	설정 내용
network	호스트명, 기본 경로
network-scripts/ifcfg-ifname	인터페이스별 매개변수: IP 주소, 넷마스크 등
network-scripts/route-ifname	인터페이스별 라우팅: ip route 명령의 인수

머신의 호스트명은 /etc/sysconfig/network 파일에 설정한다. network 파일에는 머신의 DNS 도메인과 기본 게이트웨이를 지정하는 줄들도 포함돼 있다(본질적으로 이 파일은 인터페이스와는 독립적인 모든 네트워크 설정을 지정하는 장소다).

예를 들어 다음은 단 한 개의 이더넷 인터페이스를 갖는 호스트용 network 파일이다.

```
NETWORKING=yes
NETWORKING_IPV6=no
HOSTNAME=redhat.toadranch.com
DOMAINNAME=toadranch.com                    ### 옵션
GATEWAY=192.168.1.254
```

인터페이스 고유의 데이터들은 /etc/sysconfig/network-scripts/ifcfg-ifname 파일에 저장된다. 여기서 **ifname**은 네트워크 인터페이스의 이름이다. 이 환경설정 파일들은 각 인터페이스용 IP 주소와 넷마스크, 네트워크, 브로드캐스트 주소를 설정한다. 또한 인터페이스가 부팅 때 '활성화'되게 할 것인지를 지정하는 줄도 포함돼 있다.

기본 머신에는 이더넷 인터페이스(eth0)와 루프백 인터페이스(lo)용 파일들이 포

함된다. 예들 들면 다음과 같다.

```
DEVICE=eth0
IPADDR=192.168.1.13
NETMASK=255.255.255.0
NETWORK=192.168.1.0
BROADCAST=192.168.1.255
MTU=1500
ONBOOT=yes
```

그리고 다음과 같다.

```
DEVICE=lo
IPADDR=127.0.0.1
NETMASK=255.0.0.0
NETWORK=127.0.0.0
BROADCAST=127.255.255.255
ONBOOT=yes
NAME=loopback
```

이 두 내용은 위의 network 파일에 기술돼 있는 redhat.toadranch.com 머신용 ifcfg-eth0과 ifcfg-lo 파일의 내용이다.

eth0용 DHCP 기반 설정은 다음과 같이 더 간단하다.

```
DEVICE=eth0
BOOTPROTO=dhcp
ONBOOT=yes
```

/etc/sysconfig 파일에 있는 환경설정 정보를 수정한 후에는 **ifdown ifname** 명령을 실행한다. 그리고 나서 해당 인터페이스용 **ifup ifname** 명령을 실행한다. 여러 개의 인터페이스를 한 번에 재설정하려면 **sysctl restart network** 명령을 수행해 네트워킹을 재설정할 수 있다.

network-scripts/route-ifname에 있는 줄들은 상응하는 인터페이스가 설정될 때 **ip route** 명령에 인수로 넘겨진다. 예를 들면 다음과 같다.

```
default via 192.168.0.1
```

이 줄은 기본 경로를 설정한다. 이 줄은 사실 인터페이스 고유의 환경설정은 아니지만 명확성을 위해 기본 경로 패킷들을 전송할 인터페이스에 상응하는 파일 안에 넣어야 한다.

리눅스 네트워크 하드웨어 옵션

ethtool 명령은 링크 속도나 이중^{duplex}과 같이 네트워크 인터페이스의 매체에 고유한 매개변수들을 설정하거나 질의한다. 이 명령은 옛날의 mii-tool 명령을 대체한 것이다. 하지만 일부 시스템은 여전히 두 명령을 모두 포함하고 있다. ethtool이 기본으로 설치돼 있지 않으면 (ethtool로 불리는) 자체적인 옵션 패키지에 포함돼 있는 경우가 대부분이다.

인터페이스 상태를 질의하려면 인터페이스에 이름을 붙이기만 하면 된다. 예를 들면 다음 eth0 인터페이스(PC 메인보드에 있는 기본 NIC)는 자동 협상 모드가 활성화돼 있으며 현재 최대 속도로 실행되고 있다.

```
# ethtool eth0
Settings for eth0:
    Supported ports: [ TP MII ]
    Supported link modes:    10baseT/Half     10baseT/Full
                             100baseT/Half    100baseT/Full
                             1000baseT/Half   1000baseT/Full
    Supports auto-negotiation: Yes
    Advertised link modes:   10baseT/Half     10baseT/Full
                             100baseT/Half    100baseT/Full
                             1000baseT/Half   1000baseT/Full
    Advertised auto-negotiation: Yes
    Speed: 1000Mb/s
    Duplex: Full
    Port: MII
    PHYAD: 0
    Transceiver: internal
    Auto-negotiation: on
    Supports Wake-on: pumbg
```

```
        Wake-on: g
        Current message level: 0x00000033 (51)
        Link detected: yes
```

이 인터페이스를 100Mb/s 전이중^{full-duplex}으로 제한하려면 다음 명령을 사용한다.

```
# ethtool -s eth0 speed 100 duplex full
```

자신의 환경에서 자동 협상의 신뢰성을 판단하고자 한다면 ethtool -r 명령이 도움 된다는 것을 알게 될 것이다. 이 명령은 강제적으로 링크 매개변수들이 즉시 협상되게끔 한다.

또 다른 유용한 옵션은 -k다. 이 옵션은 커널이 수행하고 있는 작업이 아닌 네트워크 인터페이스에 배정된 프로토콜 관련 작업들을 보여준다. 대부분 인터페이스는 체크섬^{checksum}을 계산할 수 있으며 일부는 세그먼테이션^{segmentation}을 돕기도 한다. 네트워크 인터페이스는 이런 작업들을 제대로 하지 못한다고 믿는 게 아니라면 이런 작업들은 네트워크 인터페이스에 떠넘기는 게 언제나 좋다. ethtool -K 명령을 여러 하위 옵션과 함께 사용하면 특정 유형의 오프로딩^{offloading}을 강제하거나 비활성화할 수 있다(-k 옵션은 현재 값을 보여주고 -K 옵션은 값을 설정한다).

ethtool로 수정한 내용들은 일시적인 것이다. 그런 수정들을 항상 일관되게 적용하고자 한다면 ethtool이 시스템 네트워크 환경설정의 일부로 실행되게 하면 된다. 이 작업은 인터페이스별 환경설정의 일부로 실행하는 것이 최선이다. 다시 말하자면 부팅 때 일부 ethtool 명령이 실행되게 만들기만 하면 시스템을 재부팅하지 않고 인터페이스를 재시작하는 경우를 제대로 커버할 수 없다는 얘기다.

 레드햇과 센트OS 시스템에서는 /etc/sysconfig/network-scripts 아래에 있는 인터페이스용 환경설정 파일 안에 ETHTOOL_OPTS= 줄을 포함할 수 있다. ifup 명령은 이 줄 전체를 ethtool에게 인수로 넘긴다.

 데비안과 우분투에서는 /etc/network/interfaces에 있는 특정 네트워크용 환경설정에서 직접 ethtool 명령을 실행할 수 있다.

리눅스 TCP/IP 옵션

리눅스에서는 조정 가능한 커널 변수의 표현을 /proc 가상 파일 시스템에 넣어 놓는다. /proc 메커니즘에 관한 전반적인 정보는 11장의 '리눅스 커널 매개변수 튜닝' 절을 보기 바란다.

네트워킹 변수들은 /proc/sys/net/ipv4와 /proc/sys/net/ipv6 아래에 있다. 예전에는 여기서 전체 목록을 보여줬지만 요즘은 너무 많아 전체를 나열할 수 없다.

ipv4 디렉터리에는 ipv6 디렉터리보다 훨씬 많은 매개변수가 있는데, 대부분 TCP나 UDP와 같이 IP 버전과는 무관한 프로토콜들이 자신의 매개변수들을 ipv4 디렉터리에 넣어 놓았기 때문이다. tcp_나 udp_와 같은 접두어는 해당 매개변수가 어느 쪽 프로토콜과 관련된 것인지를 말해준다.

ipv4와 ipv6 안에 있는 conf 하위 디렉터리에는 각 인터페이스마다 설정되는 매개변수들이 포함돼 있다. 이곳에는 all과 default, (루프백을 포함한) 각 인터페이스용 하위 디렉터리가 포함돼 있다. 각 하위 디렉터리는 동일한 세트의 파일들을 포함한다.

```
ubuntu$ ls -F /proc/sys/net/ipv4/conf/default
accept_local              drop_gratuitous_arp              proxy_arp
accept_redirects          drop_unicast_in_l2_multicast     proxy_arp_pvlan
accept_source_route       force_igmp_version               route_localnet
arp_accept                forwarding                       rp_filter
arp_announce              igmpv2_unsolicited_report_interval   secure_redirects
arp_filter                igmpv3_unsolicited_report_interval   send_redirects
arp_ignore                ignore_routes_with_linkdown      shared_media
arp_notify                log_martians                     src_valid_mark
bootp_relay               mc_forwarding                    tag
disable_policy            medium_id
disable_xfrm              promote_secondaries
```

예를 들어 conf/enp0s5 하위 디렉터리에 있는 한 변수를 변경하면 그 변경은 해당 인터페이스에만 적용된다. conf/all 디렉터리에 있는 값을 변경하면 현재 존재하는 모든 인터페이스에 대해 상응 값이 설정된다고 기대할지 모르겠지만 실제로는 그렇게 되지 않는다. 각 변수는 all을 통해 변경된 내용을 수용하기 위한 각자의 규칙을 갖고 있다. 어떤 값들은 현재 값과 OR되며, 어떤 값들은 AND되고, 어떤 값들은 MAX나 MIN이 된다. 이 과정에 관한 문서는 커널 소스코드 외에는 없는 것으로 알고 있기 때문에 큰 낭패를 당하지 않으려면 피하는 게 최선이다. 따라서 수정 사항들은 모두 개별적인 인터페이스에 넣어둔다.

conf/default 디렉터리에 있는 변수를 변경하면 변경 이후에 설정되는 인터페이스들에 새로운 값이 전파된다. 반면 기본값들은 참고 정보로서 방해받지 않는 상태로 두는 것이 가장 좋다. 다른 변경 작업들을 취소하고자 할 때 정상 여부를 확인할 수 있게 해준다.

/proc/sys/net/ipv4/neigh와 /proc/sys/net/ipv6/neigh 디렉터리에는 각 인터페이스별 하위 디렉터리도 포함돼 있다. 각 하위 디렉터리에 있는 파일들은 ARP 테이블 관리와 해당 인터페이스용 IPv6 이웃 탐색을 제어한다. 다음은 변수들의 목록이다. gc(가비지 콜렉션용)로 시작되는 것들은 ARP 테이블 항목들이 타임아웃^{timeout}되거나 사용되지 않게 하는 방법을 결정한다.

```
ubuntu$ ls -F /proc/sys/net/ipv4/neigh/default
anycast_delay              gc_interval      locktime         retrans_time
app_solicit                gc_stale_time    mcast_resolicit  retrans_time_ms
base_reachable_time        gc_thresh1       mcast_solicit    ucast_solicit
base_reachable_time_ms     gc_thresh2       proxy_delay      unres_qlen
delay_first_probe_time     gc_thresh3       proxy_qlen       unres_qlen_bytes
```

변수 값을 보려면 cat을 사용한다. 값을 설정하려면 echo 명령을 특정 파일명에 리다이렉트시켜 사용할 수 있지만 sysctl 명령(동일 변수에 대한 명령 인터페이스일 뿐임)을 사용하는 게 편리할 때도 있다.

예를 들어 다음 명령은 이 변수의 값이 0임을 보여준다.

```
ubuntu$ cat /proc/sys/net/ipv4/icmp_echo_ignore_broadcasts
0
```

브로드캐스트 핑들을 무시하지 않겠다는 의미다. 이 값을 1로 설정하려면 /proc/

sys/net 디렉터리에서 다음 명령을 실행한다.

```
ubuntu$ sudo sh -c "echo 1 > icmp_echo_ignore_broadcasts"¹⁹
```

또는 다음 명령을 실행한다.

```
ubuntu$ sysctl net.ipv4.icmp_echo_ignore_broadcasts=1
```

sysctl 변수명들은 /proc/sys에 대한 상대적 경로명이다. 도트(.)는 전통적인 구분자^{separator}지만 슬래시(/)를 선호한다면 sysctl은 슬래시 사용도 허용한다.

이러한 변수들을 조정해서 수정하고 있는 네트워크와 동일한 네트워크에 로그인하는 게 일반적이므로 매우 조심하자. 작업이 엉망이 돼 복구를 위해 콘솔에서 재부팅해야하는 상황에 빠질 수 있기 때문이다. 혹시라도 그 시스템이 알래스카의 포인트 배로우^{Point Barrow}(미국에서 가장 추운 알래스카 북쪽 끝)에 있고 1월이라면 쉬운 일이 아니다. 상용 머신의 미세 조정을 고려하기 전에 자신의 데스크톱 시스템에서 먼저 이러한 변수들을 테스트 튜닝하자.

이런 매개변수들을 영구히 변경하려면(또는 좀 더 정확히 말해 시스템 부팅 때마다 매개변수들을 재설정하려면) 해당 변수들을 /etc/sysctl.conf에 추가한다. 이 파일은 부팅 때 sysctl 명령에 의해 읽혀진다. 예를 들어 다음과 같다.

```
net.ipv4.ip_forward=0
```

/etc/sysctl.conf 파일에 있는 위 줄은 현재 호스트에서 IP 포워딩을 비활성화한다.

/proc 아래에 있는 일부 옵션은 문서화가 잘 돼 있다. 가장 좋은 방법은 매뉴얼 섹션 7에서 문제의 프로토콜에 대한 맨페이지를 읽어보는 것이다. 예를 들어 man 7 icmp 명령은 8개의 가능한 옵션 중에서 6개의 문서를 보여준다(프로토콜에 관한 맨페이지를 보려면 리눅스 커널용 맨페이지를 설치해야만 한다).

---

19. 이 명령을 sudo echo 1 > icmp_echo_ignore_broadcasts 형태로 사용하려고 한다면 '사용 권한 거부(permission denied)' 메시지가 생성될 뿐이며 셸은 sudo를 실행하기 전에 출력 파일을 오픈한다. 원하는 바는 sudo가 echo 명령과 리다이렉션 양쪽 모두에 적용되는 것이다. 그러므로 명령 전체를 실행하는 루트 서브셸(subshell)을 생성해야만 한다.

또는 좋은 주석을 보고자 커널 소스 배포판에 있는 ip-sysctl.txt 파일을 읽어볼 수도 있다. 설치된 커널 소스가 없다면 ip-sysctl-txt로 구글 검색하면 동일한 문서를 얻을 수 있다.

보안 관련 커널 변수

표 13.8은 여러 가지 민감한 네트워크 이슈에 관한 리눅스의 기본 행동을 보여준다. 이러한 행위들에 함축된 의미에 관한 간략한 설명은 13장의 앞부분을 참고한다. 브로드캐스트 핑에 응답하지 않고 라우팅 리다이렉트를 리스닝하지도 않으며 소스 라우팅된 패킷들을 수용하지 않도록 이런 변수 값들을 검증하길 권장한다. accept_redirects를 제외한 현재 배포판의 기본값이어야 한다.

표 13.8 리눅스의 기본적인 보안 관련 네트워크 행동

기능	호스트	게이트웨이	제어 파일(/proc/sys/net/ipv4에 위치)
IP 포워딩	끔	켬	ip_forward(시스템 전체에 적용) conf/*interface*/forwarding(인터페이스별로 적용)[a]
ICMP 리다이렉트	수용	무시	conf/*interface*/accept_redirects
소스 라우팅	끔	끔	conf/*interface*/accept_source_route
브로드캐스트 핑	무시	무시	icmp_echo_ignore_broadcasts

a. *interface*는 특정 인터페이스 이름이거나 all일 수 있다.

13.11 FreeBSD 네트워킹

 BSD 계열의 직계 자손인 FreeBSD는 TCP/IP 참조 구현을 유지하고 있다. 여기에는 리눅스 네트워킹 스택을 복잡하게 하는 많은 정교한 기능들이 빠져 있다. 시스템 관리자 입장에서 보면 FreeBSD 네트워크 환경설정은 단순하고 직접적이다.

ifconfig: 네트워크 인터페이스의 환경설정

ifconfig는 네트워크 인터페이스를 활성화 또는 비활성화하며 IP 주소와 서브넷 마스크를 설정하고 여러 가지 옵션과 매개변수를 설정한다. ifconfig는 보통 부

팅 때 config 파일에서 얻어낸 커맨드라인 매개변수들과 함께 실행되지만 시스템 가동 중에 필요에 따라 변경하고자 수작업으로 실행될 수도 있다. 원격으로 로그 인해 ifconfig 변경을 할 때는 매우 조심하자. 많은 시스템 관리자가 이런 식으로 작업을 하다 네트워크가 잠겨 들어갈 수 없는 상태가 돼 문제 해결을 위해 현장으로 달려가곤 한다.

ifconfig 명령은 다음과 같은 형태로 가장 많이 사용된다.

```
ifconfig interface [family] address options ...
```

예를 들어 다음 명령이 있다고 하자.

```
ifconfig em0 192.168.1.13/26 up
```

인터페이스 em0와 관련된 IPv4 주소와 넷마스크를 설정하고 해당 인터페이스를 사용할 수 있게 준비한다.

*interface*는 명령이 적용될 하드웨어 인터페이스를 가리킨다. 루프백 인터페이스는 lo0로 명명된다. 실제 인터페이스의 이름들은 하드웨어 드라이버에 따라 변한다. ifconfig -a 명령은 시스템에 존재하는 네트워크 인터페이스들의 목록과 현재 설정 값들의 요약을 보여준다.

family 매개변수는 ifconfig에게 어떤 네트워크 프로토콜('주소 패밀리')을 설정할 것인지를 말해준다. 하나의 인터페이스에 복수의 프로토콜을 구성해 동시에 모두 사용할 수 있지만 설정은 따로따로 해야 한다. 여기서 주된 옵션은 IPv4용 inet과 IPv6용 inet6다. 매개변수를 생략하면 inet로 가정한다.

address 매개변수는 인터페이스의 IP 주소를 지정한다. 여기에 호스트명도 사용할 수 있지만 반드시 부팅 때 호스트명이 IP 주소로 해석돼야 한다. 이것은 한 머신의 주된 인터페이스용 호스트명은 반드시 로컬 hosts 파일 안에 나타나야 한다는 것을 의미한다. 다른 종류의 이름 탐색name resolution 방법들은 현재 초기화되고 있는 네트워크에 의존하기 때문이다.

up 키워드는 인터페이스를 활성화하고 down은 비활성화한다. 앞의 예문과 같이 ifconfig 명령이 IP 주소를 인터페이스에 배정할 때 up 매개변수가 내포돼 있으며 이름을 언급할 필요는 없다.

서브넷으로 구성돼 있는 네트워크에서는 앞 예문과 같이 CIDR 스타일로 넷마스크를 지정하거나 netmask 인수를 따로따로 설정할 수 있다. 마스크는 도트로 분리된 10진수 표기 또는 0x로 시작하는 4바이트 16진수로 지정할 수 있다.

broadcast 옵션은 해당 인터페이스의 IP 브로드캐스트 주소를 지정하며 16진수나 도트로 분리된 4개 숫자로 표시된다. 기본 브로드캐스트 주소는 호스트 부분이 모두 1로 설정된 주소다. 앞 ifconfig 예문에서 자동으로 설정된 브로드캐스트 주소는 192.168.1.61이다.

FreeBSD의 네트워크 하드웨어 환경설정

FreeBSD에는 리눅스의 ethertool에 해당하는 전용 명령이 없다. 대신 ifconfig가 media와 mediaopt 옵션을 통해 환경설정 정보를 네트워크 인터페이스 드라이버에 넘겨준다. 이 옵션에 사용할 수 있는 값들은 하드웨어마다 다르다. 그 목록을 보려면 특정 드라이버용 맨페이지를 읽어보기 바란다.

예를 들어 em0라는 이름의 인터페이스는 'em' 드라이버를 사용한다. man 4 em 명령을 실행하면 이것이 일종의 인텔 기반 유선 이더넷 하드웨어용 드라이버라는 것을 보여준다. 이 인터페이스를 4쌍의 케이블을 사용하는 기가비트 모드(일반적인 구성)가 되게 만들려면 다음 명령을 사용해야 할 것이다.

```
# ifconfig em0 media 1000baseT mediaopt full-duplex
```

이러한 미디어 옵션들을 해당 인터페이스의 다른 환경설정 구절들과 함께 사용할 수 있다.

FreeBSD 부트타임 네트워크 환경설정

FreeBSD의 정적 환경설정 시스템은 다행스러울 정도로 단순하다. 모든 네트워크 매개변수는 전체 시스템용 설정들과 함께 /etc/rc.conf 안에 있다. 다음은 전형적인 환경설정이다.

```
hostname="freebeer"
ifconfig_em0="inet 192.168.0.48 netmask 255.255.255.0"
defaultrouter="192.168.0.1"
```

각 네트워크 인터페이스는 자신의 **ifconfig_*** 변수들을 갖는다. 변수 값은 간단히 일련의 커맨드라인 인수 형태로 **ifconfig**에 넘겨진다. **defaultrouter**절은 기본 네트워크 게이트웨이를 가리킨다.

DHCP 서버에서 시스템의 네트워킹 환경설정을 얻으려면 다음 토큰을 사용한다.

```
ifconfig_em0="DHCP"
```

이 형식은 특이하게 취급돼 **ifconfig**에 넘겨지지 않는다. **ifconfig**는 DHCP 인수를 해석하는 방법을 모른다. 대신 시동 스크립트가 **dhclient em0** 명령을 실행하게 만든다. DHCP 시스템의 옵션 매개변수들(타임아웃 등)을 수정하려면 /etc/dhclient. conf 파일에 매개변수들을 설정한다. 이 파일의 기본 버전은 주석을 제외하고는 텅 비어 있기 때문에 일반적으로 수정할 필요가 없다.

네트워크 환경설정을 수정한다면 **service netif restart** 명령을 실행해 초기 환경설정 절차를 되풀이할 수 있다. **defaultrouter** 매개변수를 변경했다면 **service routing restart** 명령도 실행하자.

FreeBSD TCP/IP 환경설정

FreeBSD의 커널 수준 네트워킹 옵션들은 한곳에 뿌리를 두고 탐색할 수 있는 /proc 계층 구조가 없다는 점을 제외하고는 리눅스와 유사한 방법(422페이지 참조)으로 관리된다. 대신 **sysctl -ad** 명령을 실행해 사용할 수 있는 매개변수들의 목록과 온라인 설명을 볼 수 있다. 엄청나게 많은 수(FreeBSD 11에서 5,495개)의 매개변수가 있기 때문에 'redirect'나 '^net'와 같이 원하는 대상을 선택해 그렙[grep]할 필요가 있다.

표 13.9는 보안 관련 매개변수에서 선택한 일부의 목록이다.

표 13.9 FreeBSD의 기본 보안 관련 네트워크 매개변수

매개변수	기본값	1로 설정했을 때 수행하는 일
net.inet.ip.forwarding	0	IPv4 패킷용 라우터로 역할
net.inet6.ip6.forwarding	0	IPv6 패킷용 라우터로 역할
net.inet.tcp.blackhole	0	닫힌 포트에 대해 '도달 불가(unreachable)' 메시지를 비활성화
net.inet.udp.blackhole	0	닫힌 TCP 포트에 대해 RST 패킷을 보내지 않음
net.inet.icmp.drop_redirect	0	IPv4 ICMP 리다이렉트를 무시
net.inet6.icmp6.rediraccept	1	IPv6 ICMP 리다이렉트를 수용
net.inet.ip.accept_sourceroute	0	소스 라우팅된 IPv4 패킷을 허용

blackhole 옵션들은 잠재적인 포트 스캐너로부터 보호하려는 시스템에서 유용하지만 UDP와 TCP의 표준 행동을 변화시킨다. IPv4와 IPv6 모두에 대해 ICMP 리다이렉트 수용의 비활성화를 원할 수도 있다.

sysctl을 이용하면 다음 예와 같이 실행 중인 커널에서도 매개변수를 설정할 수 있다.

```
$ sudo sysctl net.inet.icmp.drop_redirect=1
```

이 매개변수를 부팅할 때 설정되게 하려면 다음과 같은 줄을 /etc/sysctl.conf 파일에 등록해 놓는다.

```
net.inet.icmp.drop_redirect=1
```

13.12 네트워크 문제 해결

TCP/IP 계층에서 네트워크를 디버깅하는 데 좋은 여러 가지 도구가 있다. 그러한 도구들은 대부분 낮은 수준의 정보들을 다루기 때문에 도구를 사용하려면 TCP/IP와 라우팅에 관한 주요 개념들을 잘 이해하고 있어야 한다.

일반적인 문제 해결 전략들을 먼저 다루고 나서 ping, traceroute, tcpdump, 와이어샤크^{Wireshark} 등과 같은 필수 도구들을 익히기로 한다. arp, ndp, ss, netstat 명령도 매우 유용한 디버깅 도구이긴 하지만 이번 장에서는 다루지 않는다.

네트워크를 공략하기 전에 다음 원칙들을 고려한다.

- 한 번에 하나씩만 변경한다. 각각의 변경 사항에 대해 의도한 대로 효과를 내는지 확인하기 위한 테스트를 한다. 기대하지 않은 효과를 내는 변경 사항은 모두 철회한다.
- 개입하기 전의 상황을 문서화하고 모든 변경 사항을 순서대로 문서화한다.
- 시스템이나 네트워크의 한쪽 끝에서 시작해 문제에 도달할 때까지 결정적인 시스템 구성 요소들을 관통해 나간다. 예를 들면 한 클라이언트의 네트워크 환경설정을 들여다보는 것부터 시작해 물리적 접속까지 따라가면서 네트워크 하드웨어를 조사하고 마지막으로 서버의 물리적 접속과 소프트웨어 환경설정을 확인한다.
- 그게 아니면 네트워크 계층들을 이용해 문제를 타결한다. '맨 위^{top}'나 '맨 아래^{bottom}'에서 시작해 프로토콜 스택을 관통해 나간다.

마지막 사항은 좀 더 자세히 다룰 필요가 있다. 이전에 설명한 것처럼 TCP/IP 구조는 네트워크의 구성 요소들이 기능하는 여러 개의 추상화 계층을 정의하고 있다. 예를 들어 HTTP는 TCP에 의존하고, TCP는 IP에 의존하고, IP는 이더넷 프로토콜에 의존하며 이더넷 프로토콜은 네트워크 케이블의 무결성에 의존한다. 어떤 계층이 오동작하고 있는지를 우선적으로 알아낸다면 문제를 디버깅하는 데 소모되는 시간을 엄청나게 단축시킬 수 있다.

스택을 오르락내리락하면서 다음과 같은 질문들을 자문해보자.

- 물리적 연결이 돼 있고 링크 표시등이 정상적인가?
- 인터페이스가 적절히 구성돼 있는가?
- ARP 테이블에 다른 호스트들이 나타나는가?
- 로컬 머신에 방화벽이 있는가?

- 나와 목적지 사이 어딘가 방화벽이 있는가?

- 방화벽이 포함돼 있다면 그 방화벽이 ICMP 핑 패킷과 응답을 통과시키는가?

- 로컬호스트localhost 주소(127.0.0.1)를 핑ping할 수 있는가?

- 다른 로컬호스트들을 IP 주소로 핑할 수 있는가?

- DNS가 정확히 작동하고 있는가?[20]

- 다른 로컬호스트들을 호스트명으로 핑할 수 있는가?

- 다른 네트워크에 있는 호스트들을 핑할 수 있는가?

- 웹이나 SSH 서버와 같은 상위 수준 서비스들이 제대로 작동하고 있는가?

- 방화벽들을 실제로 확인했는가?

일단 문제가 어디에 있는지 파악되고 해결책이 떠오르면 한걸음 물러서서 앞으로 실행할 테스트와 해결책이 다른 서비스와 호스트에 미칠 영향을 고려해야 한다.

ping: 어떤 호스트가 살아 있는지를 알기 위한 점검

ping 명령과 그 IPv6 버전 쌍둥이인 ping6는 놀라울 정도로 단순하지만 이 명령이 네트워크 디버깅에 필요한 유일한 명령이 되는 많은 상황이 있다. ping 명령은 하나의 ICMP ECHO_REQUEST 패킷을 표적 호스트에 보낸 후 그 호스트의 응답을 기다린다.

ping을 사용해 개별 호스트의 상태를 점검하거나 네트워크 세그먼트들을 테스트할 수 있다. ping을 처리하는 과정에 라우팅 테이블, 물리적 네트워크, 게이트웨이가 모두 관여하기 때문에 ping이 성공하려면 반드시 네트워크가 거의 작동되고 있어야 한다. ping이 작동하지 않는다면 ping보다 복잡한 어떤 작업도 작동하지 않을 것임을 확신할 수 있다.

하지만 이런 법칙은 방화벽으로 ICMP 에코 요청을 막고 있는 네트워크나 호스트에는 적용되지 않는다.[21] 표적 호스트가 ping을 무시하고 있다는 결론을 내리기

---

20. 어떤 머신이 부팅하다 멈추거나, 매우 느리게 부팅하거나, 또는 인바운드 SSH 접속에 멈추거나 한다면 DNS가 유력한 용의자다. 대부분 시스템은 /etc/nsswitch.conf 파일에 설정 가능한 이름 해법을 사용한다. 네임 서비스 캐싱 데몬(name service caching daemon)인 nscd가 실행되고 있다면 그것도 의심해봐야 한다. nscd에 이상이 생기거나 환경설정이 잘못돼 있다면 이름 조회에 영향을 미친다. getent 명령을 써서 이름 해석이나 네임 서비스가 적절히 작동하고 있는지 확인한다(예, getent hosts google.com).

21. 최신 버전의 윈도우는 핑 요청을 막는 것이 기본값으로 돼 있다는 점에 유의한다.

전에 방화벽이 디버깅을 방해하지 않는다는 것을 확인해야 한다. 디버깅 편의를 위해 방해가 되는 방화벽을 잠시 동안 꺼두는 것을 고려할 수 있다.

네트워크 상태가 좋지 않다면 DNS가 작동하지 않을 가능성이 있다. ping을 실행할 때는 숫자로 된 IP 주소를 사용함으로써 상황을 단순화시키고 ping이 IP 주소를 역룩업^{reverse lookup}하지 않도록 ping의 -n 옵션을 사용한다. 이런 역조회들도 DNS 요청을 촉발한다.

인터넷 접속을 점검하고자 ping을 사용하는 경우라면 방화벽 이슈도 잘 알고 있어야 한다. 잘 알려진 일부 사이트들은 ping 패킷에 응답하지만 어떤 사이트들은 응답하지 않는다. google.com은 항상 응답하는 사이트로 알려져 있다.

ping의 대부분 버전은 패킷 카운트 인수를 지정하지 않는 한 무한 루프로 실행된다. ping을 충분히 실행하고 난 후에 빠져나오려면 인터럽트 문자(보통은 CTRL + C)를 누른다.

다음 예문을 보자.

```
linux$ ping beast
PING beast (10.1.1.46): 56 bytes of data.
64 bytes from beast (10.1.1.46): icmp_seq=0 ttl=54 time=48.3ms
64 bytes from beast (10.1.1.46): icmp_seq=1 ttl=54 time=46.4ms
64 bytes from beast (10.1.1.46): icmp_seq=2 ttl=54 time=88.7ms
^C
--- beast ping statistics ---
3 packets transmitted, 3 received, 0% packet loss, time 2026ms
rtt min/avg/max/mdev = 46.490/61.202/88.731/19.481 ms
```

beast에 대한 ping 출력은 그 호스트의 IP 주소, 각 응답 패킷의 ICMP 일련번호, 왕복 시간을 보여준다. 출력 내용이 말해주는 가장 분명한 사실은 beast 서버가 살아 있으며 네트워크에 연결돼 있다는 것이다.

ICMP 일련번호는 매우 가치가 큰 정보다. 일련번호가 연속적으로 나타나지 않는다는 것은 패킷을 분실했다는 의미를 갖는다. 한 개의 패킷이 분실될 때마다 하나의 메시지가 수반되는 것이 보통이다.

IP는 패킷 운반을 보장하지 않는다는 사실에도 불구하고 건강한 네트워크라면 분실되는 패킷이 매우 적어야 한다. 분실 패킷 문제들은 상위 프로토콜에 의해 가려지는 경향이 있기 때문에 추적에 있어 매우 중요하다. 네트워크는 정확히 작동하는 듯이 보일 수 있지만 재전송되는 패킷뿐 아니라 패킷 손실을 감지하고 처리하는 데 필요한 프로토콜 부하 때문에 정상적일 때보다 느려진다.

패킷이 사라지는 원인을 추적하려면 우선 traceroute(다음 절 참고)를 실행해 패킷이 목표 호스트에 가고자 선택하는 경로를 알아낸다. 그런 다음 중간 게이트웨이들을 차례로 핑해서 어떤 링크가 패킷을 잃어버리는지 찾아낸다. 더 구체적으로 문제를 특정하고자 상당한 양의 패킷을 전송해본다. 오류는 대개 패킷 손실 없이 핑할 수 있는 마지막 게이트웨이와 그다음 게이트웨이 사이의 링크에 존재한다.

핑이 보여주는 왕복 시간은 네트워크를 통해 형성된 한 경로의 전체 성능을 알 수 있게 해준다. 왕복 시간이 변한다고 문제가 있는 것이 아니다. 때로는 분명하지 않은 이유로 수십에서 수백 밀리초까지도 패킷들이 지연될 수 있다. IP는 원래 그런 식으로 작동한다. 가끔은 예외적이지만 대다수 패킷의 왕복 시간은 매우 일관된 것을 볼 수 있다. 요즘 라우터들은 ICMP 패킷에 대해 응답률을 제한하거나 낮은 우선순위로 응답하게 구현된 경우가 많다. 이는 라우터가 많은 양의 다른 트래픽을 처리하고 있는 중이라면 핑에 대한 응답을 미룰 수 있다는 것을 의미한다.

ping 프로그램은 원하는 크기로 에코 요청 패킷을 보낼 수 있기 때문에 네트워크의 MTU(이더넷의 경우 1,500바이트)보다 큰 패킷을 이용해 강제로 파편화fragmentation를 할 수 있다. 이런 활용은 미디어 오류 또는 혼잡한 네트워크나 VPN에서 발생하는 문제와 같은 낮은 레벨의 이슈들을 특정하는 데 도움이 된다. 바이트 단위로 원하는 패킷 크기를 지정하려면 다음과 같이 -s 플래그를 사용한다.

```
$ ping -s 1500 cuinfo.cornell.edu
```

ping처럼 단순한 명령도 극단적 효과를 낼 수 있다는 점에 유의한다. 1998년, 죽음의 핑Ping of Death이라 불리는 공격에 의해 수많은 유닉스와 윈도우 시스템이 파괴 당했다. 엄청나게 큰 ping 패킷을 전송했다는 것만으로 이러한 공격이 시작된 것이다. 파편화된 패킷이 재조립될 때 수신하는 쪽의 메모리 버퍼를 꽉 차게 만들어서 머신을 불능 상태로 만들었다. 죽음의 핑 문제는 오래전에 해결됐지만 핑과 관련된 여러 가지 위험이 존재한다는 것을 유념해야 한다.

첫째, ping 명령만으로는 네트워크 고장과 서버 고장을 구분하기가 쉽지 않다. 핑테스트가 정상적으로 작동하는 환경에서 핑이 실패했다는 것은 뭔가 잘못됐다는 것을 의미할 뿐이다.

핑이 성공해도 목표 머신의 상태에 관해 보장하는 것이 많지 않기 때문에 큰 가치가 없다. 에코 요청 패킷들은 IP 프로토콜 스택에서 처리되며 탐색되는 호스트에게 서버 프로세스 실행을 요구하지 않는다. 응답은 해당 머신의 전원이 켜져 있고 커널이 패닉 상태에 있지 않다는 점만 보장할 뿐이다. HTTP나 DNS와 같은 각 서비스의 사용 가능성을 확인하려면 더 높은 레벨의 방법이 필요하다.

traceroute: IP 패킷 추적

반 제이콥슨Van Jacobson이 처음 만든 traceroute는 IP 패킷이 목적지까지 도달하는 데 경유하는 게이트웨이들을 순차적으로 밝혀준다. 현대의 운영체제에는 모두 traceroute의 한 버전이 포함돼 있다.[22] 사용법은 매우 간단하다.

```
traceroute hostname
```

다양한 옵션 중 대부분은 일상적인 사용에 중요하지 않다. 항상 그렇듯이 호스트 명은 DNS 이름이나 IP 주소 중 하나로 기술될 수 있다. 출력은 첫 번째 게이트웨이에서 시작해 목적지에서 끝나는 단순한 호스트 목록이다. 예를 들어 자신의 jaguar 호스트에서 nubark 호스트까지의 traceroute는 다음과 같은 내용을 출력한다.

```
$ traceroute nubark
traceroute to nubark (192.168.2.10), 30 hops max, 38 byte packets
 1 lab-gw (172.16.8.254) 0.840 ms 0.693 ms 0.671 ms
 2 dmz-gw (192.168.1.254) 4.642 ms 4.582 ms 4.674 ms
 3 nubark (192.168.2.10) 7.959 ms 5.949 ms 5.908 ms
```

---

22. 윈도우도 traceroute를 갖고 있지만 명령 이름이 tracert다(윈도우 역사를 알면 그 이유를 추측할 수 있다).

이 출력에서 jaguar는 nubark에서 3홉 떨어져 있다는 것과 그 연결에 어떤 게이트웨이들이 포함돼 있는지를 알 수 있다. 각 게이트웨이까지의 왕복 시간^{round trip time}도 볼 수 있다. 각 홉에 대해 3개의 시간이 측정돼 표시된다. 인터넷 호스트들 간의 traceroute는 두 사이트가 같은 시내에 있을지라도 15홉 이상을 포함하는 게 보통이다.

traceroute는 외부로 나가는 패킷의 존속 시간^{TTL, Time-To-Live}(사실상 '생존 홉 카운트')필드를 인위적인 낮은 숫자로 설정함으로써 작동한다. 패킷들이 게이트웨이에 도착하면 해당 패킷의 TTL이 감소한다. TTL이 0으로 감소되면 게이트웨이는 해당 패킷을 무시하고 ICMP '시간 초과^{time exceeded}' 메시지를 출발지 호스트로 보낸다.

위에서 처음 3개의 traceroute 패킷은 TTL이 1로 설정된다. 그 패킷(lab-gw)을 본 첫 번째 게이트웨이는 TTL이 초과됐다고 판단하고 jaguar에게 ICMP 메시지를 보내 패킷이 버려졌음을 알린다. 오류 패킷의 헤더에 있는 발송자의 IP 주소를 보고 해당 게이트웨이를 식별한 traceroute는 이 주소를 DNS에서 찾아 호스트명을 알아낸다.

두 번째 홉 게이트웨이를 식별하고자 traceroute는 TTL이 2로 설정된 두 번째 패킷들을 내보낸다. 첫 번째 게이트웨이는 이 패킷들을 라우팅하고 TTL을 1만큼 감소시킨다. 두 번째 게이트웨이는 패킷들을 버리고 앞처럼 ICMP 오류 메시지를 생성한다. 이러한 과정은 TTL이 목적지 호스트까지의 홉 수와 같아 목적지까지 성공적으로 도달할 때까지 계속된다.

대부분의 라우터는 목적지에 '가장 가까운' 인터페이스로부터 자신의 ICMP 메시지를 보낸다. 거꾸로 traceroute를 목적지 호스트에서 실행한다면 같은 라우터들을 가리키는 데 사용된 IP 주소가 다름을 보게 될 것이다. 역방향으로 흐르는 패킷들이 완전히 다른 경로를 취하는 것, 즉 비대칭 라우팅^{asymmetric routing}을 볼 수도 있다.

traceroute는 각각의 TTL 필드 값에 대해 3개의 패킷을 보내기 때문에 간혹 재밌는 사실이 관찰되는 경우가 있다. 중간에서 중재하는 게이트웨이가 여러 개의 경로로 트래픽을 다중화^{multiplex}한다면 패킷들은 서로 다른 호스트에 의해 반송될 수 있다. 이런 경우 traceroute는 간단히 그 내용을 모두 출력한다.

스위스에 있는 호스트에서 샌디에이고 슈퍼컴퓨터 센터의 aida.org까지 이르는 흥미로운 사례를 보자.[23]

```
linux$ traceroute caida.org
traceroute to caida.org (192.172.226.78), 30 hops max, 46 byte packets
  1  gw-oetiker.init7.net (213.144.138.193) 1.122 ms 0.182 ms 0.170 ms
  2  r1zur1.core.init7.net (77.109.128.209) 0.527 ms 0.204 ms 0.202 ms
  3  r1fra1.core.init7.net (77.109.128.250) 18.27 ms 6.99 ms 16.59 ms
  4  r1ams1.core.init7.net (77.109.128.154) 19.54 ms 21.85 ms 13.51 ms
  5  r1lon1.core.init7.net (77.109.128.150) 19.16 ms 21.15 ms 24.86 ms
  6  r1lax1.ce.init7.net (82.197.168.69) 158.23 ms 158.22 ms 158.27 ms
  7  cenic.laap.net (198.32.146.32) 158.34 ms 158.30 ms 158.24 ms
  8  dc-lax-core2-ge.cenic.net (137.164.46.119) 158.60 ms * 158.71 ms
  9  dc-tus-agg1-core2-10ge.cenic.net (137.164.46.7) 159 ms 159 ms 159 ms
 10  dc-sdsc2-tus-dc-ge.cenic.net (137.164.24.174) 161 ms 161 ms 161 ms
 11  pinot.sdsc.edu (198.17.46.56) 161.559 ms 161.381 ms 161.439 ms
 12  rommie.caida.org (192.172.226.78) 161.442 ms 161.445 ms 161.532 ms
```

출력 내용은 Init Seven(init7) 네트워크 내부에서 패킷이 오랫동안 이동하는 것을 보여준다. 때로는 게이트웨이의 이름에서 그 위치를 짐작할 수 있다. Init Seven의 코어[core]는 취리히(zur)부터 프랑크푸르트(fra), 암스테르담(ams), 런던(lon), 로스엔젤레스(lax)까지 계속 이어진다. 여기서 트래픽은 cenic.net으로 넘어가고, cenic.net에 의해 캘리포니아 라호야[La Jolla]에 있는 샌디에이고 슈퍼컴퓨터 센터 네트워크 내부의 caida.org 호스트까지 패킷이 전달된다.

8번째 홉에서 왕복 시간 중 하나가 별표로 돼 있는 것을 볼 수 있다. 이 표시는 탐색에 대한 응답이 없었음(오류 패킷)을 의미한다. 이런 경우는 혼잡한 네트워크 때문인 것으로 짐작되지만 반드시 그런 것만은 아니다. traceroute는 우선순위가 낮은 ICMP 패킷에 의존한다. 스마트한 라우터들은 '실제' 트래픽을 우선적으로 처리하고자 우선순위가 낮은 ICMP 패킷을 버리는 경우가 있다. 별표가 몇 개 있다고 해서 놀랄 필요는 없다.

특정 게이트웨이의 모든 시간 필드가 별표로 돼 있으면 해당 머신으로부터 '시간 초과[time exceeded]' 메시지가 돌아오지 않은 것이다. 아마도 그 게이트웨이가 죽어 있

---

23. 가독성을 위해 줄 바꿈이 생기지 않게 일부 시간의 소수점 이하를 삭제했다.

는 경우일 것이다. 때로는 TTL이 만료된 패킷들을 조용히 무시하도록 게이트웨이나 방화벽을 설정하기도 한다. 이런 경우에도 조용한 호스트 너머의 게이트웨이들은 여전히 볼 수 있다. 또 다른 가능성은 게이트웨이의 오류 패킷이 너무 늦게 돌아와 traceroute가 그때까지 기다리지 못한 경우다.

일부 방화벽은 ICMP '시간 초과' 메시지를 완전히 막아버린다. 그런 방화벽이 경로상에 놓여 있으면 그 너머의 게이트웨이들에 대한 정보는 얻을 수 없다. 하지만 탐색 패킷들은 결국 목적지에 도착하기 때문에 목적지까지의 전체 홉 수는 여전히 판단할 수 있다.

또한 일부 방화벽은 traceroute가 ICMP 응답을 촉발하고자 내보내는 UDP 데이터그램들을 막을지도 모른다. 이 문제는 traceroute가 유용한 정보 보고를 전혀 못하게 만든다. 방화벽이 tracroute 실행을 방해한다는 것을 알아냈다면 방화벽이 ICMP ECHO(type 8) 패킷뿐만 아니라 UDP 포트 33434~33534를 통과시키게 설정돼 있는지 확인해보자.

링크가 느리다고 해서 반드시 기능 장애인 것은 아니다. 어떤 물리적 네트워크들은 지연시간이 긴 속성을 갖는다. UMTS/EDGE/GPRS 무선 네트워크가 좋은 예다. 느려지는 현상은 수신 측 네트워크에 큰 부하가 걸려 있다는 신호일 수도 있다. 왕복 시간이 일정하지 않다면 그럴 가능성이 많다.

별표나 왕복 시간 대신 !N 표시가 보일 때도 있다. 이 표시는 현재 게이트웨이가 패킷 라우팅 방법을 알 수 없다는 의미의 '네트워크 도달 불가network unreachable' 오류를 돌려보냈다는 것을 나타낸다. 그 밖에 '호스트 도달 불가host unreachable'를 의미하는 !H, '프로토콜 도달 불가protocol unreachable'를 의미하는 !P 표시가 나타날 수 있다. 이와 같은 오류 메시지들을 보내는 게이트웨이는 대개 도달할 수 있는 마지막 홉이다. 그런 호스트는 종종 라우팅 문제(네트워크 링크가 끊어져서 발생할 수도 있음)를 안고 있다. 정적 경로static route가 잘못됐거나 동적 프로토콜dynamic protocol이 사용 가능한 목적지까지의 경로를 전파하는 데 실패했거나 둘 중 하나다.

traceroute가 원하는 대로 작동하지 않는 것처럼 보이거나 느리게 작동한다면 DNS를 통해 게이트웨이의 호스트명을 해결하려는 데 시간을 소모하고 있는 중일 수 있다. 추적하고 있는 호스트에서 DNS가 망가져 있으면 숫자로 된 출력을 요청하고자 traceroute -n을 사용하자. 이 옵션은 호스트명 검색을 비활성화한다. 이 옵션을 사용하는 것이 손상된 네트워크에서 traceroute가 기능하게 하는 유일한 방법일 수 있다.

traceroute를 사용하려면 루트 권한이 필요하다. 일반 사용자들도 사용할 수 있게 하려면 반드시 setuid root로 설치해야 한다. 여러 리눅스 배포판이 traceroute 명령을 포함하고 있지만 setuid 비트가 비설정돼 있다. 환경과 필요에 따라 setuid 비트를 다시 재설정하거나 관련 사용자들이 sudo를 통해 명령에 접근할 수 있게 해주면 된다.

지난 몇 년간 ICMP를 막는 방화벽들을 통과할 수 있는 새로운 traceroute 유사 유틸리티들이 등장했다. goo.gl/fXpMeu 사이트에 있는 이런 도구들에 대한 개요를 보려면 PERTKB 위키[Wiki]를 참고한다. 그중에서 인터페이스가 탁월하고 일종의 라이브 traceroute라 할 수 있는 mtr을 특히 선호한다.

라우팅 문제를 디버깅할 때는 외부 세계의 관점에서 사이트를 봐야 한다. 여러 가지 웹 기반 경로 추적 서비스를 이용하면 브라우저 윈도우에서 곧바로 이런 역방향 traceroute를 실행할 수 있다.

토마스 커넨[Thomas Kernen]은 이러한 서비스들의 목록을 traceroute.org 사이트에 유지 관리하고 있다.

패킷 스니퍼

tcpdump와 와이어샤크[Wireshark]는 패킷 스니퍼[Packet Sniffer]라 불리는 종류의 도구에 속한다. 이 도구들은 네트워크 트래픽을 대기하면서 선택된 조건을 만족하는 패킷들을 기록하고 인쇄한다. 예를 들면 특정 호스트로 보내지거나 특정 호스트에서 오는 모든 패킷, 또는 특정 네트워크 접속과 관련된 TCP 패킷들을 조사할 수 있다.

패킷 스니퍼는 이미 알고 있는 문제를 해결하거나 완전히 새로운 문제를 발견하는 데 모두 유용하다. 트래픽이 정상적으로 흐르고 있는 것을 확인하고자 가끔 네트워크를 스니핑해보는 것이 좋다.

패킷 스니퍼는 로컬 머신이 평상시에 수신하지 않는 트래픽도 가로챌 수(아니면 적어도 주목할 수) 있어야 하기 때문에 하부 네트워크 하드웨어는 반드시 모든 패킷에 대한 접근을 허용해야 한다. 이더넷과 같은 브로드캐스트 기술들은 대부분의 현대식 근거리 통신망과 마찬가지로 이러한 일들을 잘 수행한다.

패킷 스니퍼들은 원형 그대로의 네트워크 트래픽을 가능한 한 많이 볼 수 있어야 하기 때문에 설계상 '불필요한' 패킷들이 전파되는 것을 제한하게 만들어진 네트워크 스위치들에 의해 그 목적이 좌절될 수 있다. 하지만 교환망^{switched network}에서 스니퍼를 실행해보는 것은 여전히 유용할 수 있다. 브로드캐스트나 멀티캐스트 패킷과 관련된 문제들이 발견될지도 모르기 때문이다. 스위치 제조사에 따라 볼 수 있는 트래픽 양이 달라지는 것에 놀랄 수도 있다. 다른 시스템의 네트워크 트래픽은 보지 못하더라도 로컬호스트에 관련된 문제들을 추적하는 데는 스니퍼가 도움 될 수 있다.

인터페이스 하드웨어는 모든 네트워크 패킷에 접근하는 것뿐 아니라 그 패킷들을 소프트웨어 계층까지 운반해야 한다. 일반적으로 패킷 주소들은 하드웨어에서 점검되며 브로드캐스트/멀티캐스트 패킷들과 로컬호스트로 주소가 돼 있는 패킷들만 커널로 전달된다. '무차별 모드^{promiscuous mode}'에서는 인터페이스가 네트워크상의 모든 패킷을 (다른 호스트를 향한 패킷들도 포함해서) 커널이 읽을 수 있게 해준다.

패킷 스니퍼들은 표준 네트워크 서비스에서 사용되는 많은 패킷 포맷을 알고 있으므로 이 패킷들을 사람이 읽을 수 있는 형태로 인쇄할 수 있다. 따라서 두 프로그램 사이의 대화 흐름을 쉽게 추적할 수 있게 해준다. 일부 스니퍼는 패킷 헤더뿐 아니라 패킷의 ASCII 내용까지 프린트하기 때문에 고수준 프로토콜을 조사하는 데 매우 유용하다.

일부 프로토콜은 일반 텍스트 형태로 정보를 (암호조차도) 네트워크상에 보내기 때문에 사용자의 개인 정보를 침해하지 않도록 조심한다. 네트워크 패킷에서 일반 텍스트로 된 암호를 캡처해서 보는 일이 생기지 않도록 암호 보안이 매우 필요하다.

스니퍼들은 네트워크 장치에서 원형 데이터를 직접 읽기 때문에 반드시 루트 권한으로 실행돼야 한다. 이러한 루트 제약은 일반 사용자들이 네트워크 트래픽을 들여다볼 가능성을 줄여 주기는 하지만 사실상 큰 장애는 되지 않는다. 일부 사이트는 스니퍼 프로그램의 남용 가능성을 줄이고자 그들을 대부분 호스트에서 삭제하는 방법을 택한다. 최소한 관리자의 인식이나 동의 없이 시스템 인터페이스가 무차별 모드로 실행되고 있지는 않은지 확실히 점검해야 한다.

tcpdump: 커맨드라인 패킷 스니퍼

반 제이콥슨^{Van Jacobson}이 만든 또 하나의 놀라운 네트워크 도구인 tcpdump는 대부분 시스템에서 실행되고 있다. tcpdump는 오랫동안 사용돼 온 업계 표준 스니퍼이며 대부분의 네트워크 분석 도구들이 libpcap 포맷으로 알려져 있는 tcpdump 포맷의 추적 파일들을 읽고 쓸 수 있다.

기본적으로 tcpdump는 자신이 접하는 첫 번째 네트워크 인터페이스에 채널을 맞추게 돼 있다. tcpdump가 잘못된 인터페이스를 선택한다면 -i 플래그를 이용해 강제적으로 인터페이스를 지정할 수 있다. DNS가 망가진 상태이거나 tcpdump가 이름을 검색하는 것을 원하지 않는다면 -n 옵션을 사용하면 된다. 이 옵션은 매우 중요한데, DNS 서비스가 느리면 tcpdump가 패킷을 처리하기 전에 필터가 패킷들을 버리게 하는 원인이 될 수 있기 때문이다.

-v 플래그는 패킷에 관한 정보를 더 많이 제공하며 -vv 플래그는 그보다 더 많은 정보를 제공한다. 끝으로 tcpdump는 -w 플래그를 이용해 패킷을 파일에 저장하고 -r 플래그를 이용해 그 파일을 다시 읽을 수 있다.

tcpdump -w 명령은 기본적으로 패킷 헤더만을 저장한다는 점에 유의한다. 이러한 기본값은 덤프 양을 줄여주지만 가장 유용하고 중요한 정보를 놓칠 수 있다. 따라서 확실하게 헤더만 필요한 경우가 아니라면 -s 옵션을 사용해 약 1560 정도의 값(실제 값은 MTU에 따라 다름)을 설정함으로써 분석을 위한 모든 패킷을 캡처한다.

예를 들어 다음 출력은 nubark라는 머신에서 가져온 것이다. 필터 사양 host bull은 bull 머신에 출발지나 목적지로 직접 관련된 패킷에 한해 그 표시를 제한한다.

```
$ sudo tcpdump host bull
12:35:23.519339 bull.41537 > nubark.domain: A? atrust.com. (28) (DF)
12:35:23.519961 nubark.domain > bull.41537: A 66.77.122.161 (112) (DF)
```

첫 번째 패킷은 bull이 atrust.com에서 nubark에 이르는 경로에 관한 DNS 검색 요청을 보내는 것을 보여준다. 그 응답 내용은 해당 이름에 결합돼 있는 IP 주소(66.77.122.161)다. 왼쪽의 타임스탬프, tcpdump가 애플리케이션 계층 프로토콜(여기서는 DNS)을 이해한다는 점에 유의한다. 임의로 선택된 bull에서의 포트 번호는 숫자(41537)로 표시되지만 서버 포트 번호(53)가 잘 알려진 포트이기 때문에 tcpdump는 그것의 기호명 domain으로 보여주고 있다.

패킷 스니퍼들은 시스템 관리자뿐 아니라 하부 운영체제에 대해 엄청나게 많은 양의 정보를 생산할 수 있다. 바쁜 네트워크에서는 이 문제를 피하고자 tcpdump에 복잡한 필터를 사용한다. 예를 들면 다음과 같은 필터는 하나의 서브넷으로부터 들어오는 웹 트래픽만 수집한다.

```
$ sudo tcpdump src net 192.168.1.0/24 and dst port 80
```

tcpdump 맨페이지에는 기본 요소들의 완전한 목록과 함께 고급 필터링에 관한 여러 가지 좋은 사례가 포함돼 있다.

와이어샤크와 티샤크: 더욱 강력한 tcpdump

tcpdump가 처음부터 사용돼 왔지만 와이어샤크(전에는 이더리얼Ethereal이라 불렸음)라는 새로운 오픈소스 패키지가 급속도로 퍼지기 시작했다. 와이어샤크는 현재도 활발히 개발 중에 있으며 대부분의 상용 스니퍼 제품보다 많은 기능을 통합해 나가고 있다. 와이어샤크는 놀라울 정도로 강력한 분석 도구라서 모든 네트워킹 전문가의 툴킷에 포함될 정도다. 또한 매우 귀중한 학습 도구로도 활용되고 있다.

와이어샤크는 GUI 인터페이스(wireshark)와 커맨드라인 인터페이스(tshark)를 모두 포함하고 있다. 대부분 운영체제의 코어 패키지로 사용할 수 있다. 자신의 시스템 코어 저장소에 와이어샤크가 없다면 그 소스코드와 사전에 컴파일된 다양한 바이너리들을 서비스하고 있는 wireshark.org를 확인해보기 바란다.

와이어샤크는 다른 패킷 스니퍼에서 사용되는 포맷의 추적 파일들을 읽고 쓸 수 있다. 매우 편리한 기능 중 하나는 TCP 대화에서 원하는 패킷을 클릭함으로써 와이어샤크에게 스트림 내 모든 패킷의 페이로드^{payload} 데이터를 재조립해달라고 요청할 수 있다. 이 기능은 네트워크를 통해 이메일 메시지가 전송되는 접속과 같이 완전한 TCP 교환이 이뤄지는 동안 전송되는 데이터를 살펴보려고 할 때 유용하다.

와이어샤크와 tcpdump가 동일한 하부 libpcap 라이브러리를 사용하기 때문에 와이어샤크의 캡처 필터들은 기능적으로 tcpdump와 같다. 와이어샤크에서 얻을 수 있는 중요한 한 가지는 '디스플레이 필터$^{display filters}$' 기능의 추가다. 이 필터는 스니퍼가 실제로 캡처하는 것보다는 사용자가 보는 것에 영향을 미친다. 디스플레이 필터의 구문은 캡처할 때 지원되는 libpcap의 구문보다 훨씬 강력하다. 디스플레이 필터들은 다소 비슷하게 보이지만 동일하지 않다.

와이어샤크에는 SAN을 구현하는 데 사용되는 것들을 포함해 다양한 네트워크 프로토콜 해독기들이 내장돼 있다. 와이어샤크는 패킷들을 분해해 구조화된 트리 형태의 정보 안에 넣는다. 이 정보 안에는 패킷의 모든 비트가 일반 영어로 기술돼 있다.

와이어샤크에 관련된 주의 사항: 와이어샤크는 멋진 기능들을 많이 갖고 있지만 지난 수년간 많은 보안 업데이트를 요구해왔다. 현재 버전을 실행하라. 그리고 민감한 머신에서는 무한 실행 상태로 남겨둬서는 안 된다. 잠재적인 공격 루트가 있을 수 있기 때문이다.

13.13 네트워크 모니터링

28장에서는 시스템과 네트워크의 진행 상황을 일목요연하게 구조화하는 데 도움이 되는 여러 가지 범용 플랫폼을 설명한다. 이런 시스템들은 다양한 소스에서 데이터를 받아 진행 상황을 알 수 있게 정보를 요약해 시스템 관리자가 즉각적으로 주의를 기울여야 하는 문제들을 통보해준다.

네트워크는 모든 컴퓨팅 환경의 핵심적인 요소이기 때문에 체계적인 모니터링을 통해 이득을 얻는 일은 가장 우선적인 인프라 부분이다. 시스템 관리 목적의 모든 일을 위한 단일 모니터링 플랫폼의 채택을 결정할 준비가 돼 있지 않다면 여기서 소개하는 패키지들을 이용해 네트워크에 초점을 둔 소규모 모니터링을 하는 것도 좋은 선택이다.

스모크핑: 시간 경과에 따른 핑 통계 수집

건강한 네트워크조차 때로는 패킷을 잃어버린다. 반면에 네트워크는 빈도가 낮을지라도 자주 패킷을 잃어서는 안 된다. 사용자에게 주는 충격이 매우 심각할 수 있기 때문이다. 하이레벨 프로토콜들은 패킷 손실이 있어도 기능하는 경우가 있기 때문에 적극적으로 패킷을 모니터링하지 않는 한 패킷이 손실됐다는 사실을 전혀 모를 수도 있다.

토비아스 오이티커^{Tobias Oetiker}가 만든 오픈소스 도구인 스모크핑^{SmokePing}은 네트워크 행위를 좀 더 포괄적인 그림으로 보여주는 도구를 개발하는 데 도움 된다. 스모크핑은 여러 핑 패킷을 일정한 시간 간격으로 목표 호스트에 보낸다. 모니터링되는 각 링크의 동작 내역을 웹 프론트를 통해 보여주면서 뭔가 잘못됐을 때 경고를 보낸다. 이 도구는 oss.oetiker.ch/smokeping에서 구할 수 있다.

그림 D는 스모킹핑 그래프를 보여준다. 수직 축은 핑의 왕복 시간이며 수평 축은 시간(단위 주)이다. 회색 선이 날카롭게 튀어 오르는 출발점인 검정색 선은 왕복 시간의 중앙값^{median}을 의미한다. 튀어나온 선 자체는 개별 패킷들의 이동 시간이다. 이 그래프에서 회색은 중앙값 줄 위에만 나타나기 때문에 패킷들은 거의 모두 중앙값에 근접한 속도로 운반되고 있으며 극히 일부 패킷에만 지연이 발생하고 있음이 분명하다. 이는 네트워크 트래픽의 전형적인 모습이다.

중앙값 줄의 계단형 모양은 이 목적지까지의 베이스라인 이동 시간이 모니터링 주기 동안 여러 번 바뀌었음을 의미한다. 이러한 관측 결과를 설명하는 가장 개연성 있는 가정은 호스트가 여러 루트를 거쳐 도달할 수 있거나 실제로 DNS 이름은 동일하지만 복수의 IP 주소를 갖는 여러 호스트의 모음인 경우다.

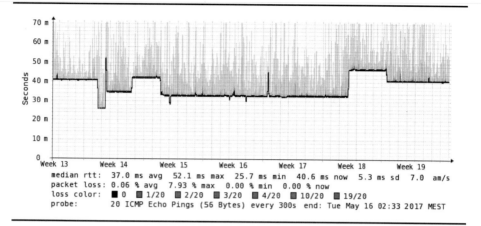

iPerf: 네트워크 성능 추적

핑 기반의 도구들은 도달 가능성을 검증하는 데는 도움 되지만 네트워크 성능을 분석하거나 추적하는 데는 사실상 충분히 강력하지 못하다. iPerf로 들어가 보자. 최신 버전인 iPerf3는 시스템 관리자들이 성능 최대화를 위해 네트워크 설정을 정밀하게 튜닝하는 데 사용할 수 있는 광범위한 기능들을 갖고 있다.

여기서는 iPerf의 스루풋throughput 모니터링만 보기로 한다. 가장 기본적인 레벨에서 iPerf는 두 서버 간에 한 개의 접속을 오픈해 그들 간에 데이터를 전달하고 그것을 처리하는 데 걸린 시간을 기록한다.

일단 두 시스템 모두에 iperf를 설치하고 서버 측에서 시작한다.

```
$ iperf -s
-----------------------------------------------------------
Server listening on TCP port 5001
TCP window size: 85.3 KByte (default)
-----------------------------------------------------------
```

그런 다음 테스트하려는 머신에서 다음과 같이 데이터를 전송한다.

```
$ iperf -c 10.211.55.11
```

```
------------------------------------------------------------
Client connecting to 10.211.55.11, TCP port 5001
TCP window size: 22.5 KByte (default)
------------------------------------------------------------
[ 3] local 10.211.55.10 port 53862 connected with 10.211.55.11 port 5001
[ ID] Interval        Transfer      Bandwidth
[ 3] 0.0-10.0 sec    4.13 GBytes   3.55 Gbits/sec
```

iPerf는 대역폭 추적을 위해 매우 즉각적으로 데이터를 반환한다. 이는 최대 전송 단위^{MTU}의 변경과 같이 네트워크 스택을 제어하는 커널 매개변수들을 변경한 효과를 측정하는 데 특히 도움 된다.

Cacti: 데이터의 수집과 그래프 작성

cacti.net에서 구할 수 있는 Cacti는 여러 가지 매력적인 기능을 제공한다. Cacti는 RRDtool이라는 별도 패키지를 백엔드로 사용해 유지 관리 없는 고정 크기의 데이터베이스 형태로 모니터링 데이터를 저장한다.

Cacti는 원하는 그래프를 생성하는 데 필요한 데이터만을 저장한다. 예를 들어 Cacti는 하루 동안 1분당 한 개의 샘플을 저장할 수도 있고 1주일 동안 1시간당 한 개의 샘플, 또는 일 년 동안 1주일마다 한 개의 샘플을 저장할 수도 있다. 이러한 통합 체계는 중요하지 않은 세부 사항들을 저장하거나 데이터베이스 관리에 시간을 낭비하지 않고도 중요한 작업 내역들을 관리할 수 있게 해준다.

Cacti는 성능 측정값뿐 아니라 어떤 SNMP 변수(28장 참고)든지 기록하고 그래프화할 수 있다. 원하는 데이터가 무엇이든 자유롭게 수집할 수 있다. Cacti를 NET-SNMP 에이전트와 결합해 사용하면 거의 모든 시스템과 네트워크 자원의 이력 관점을 생성할 수 있다.

그림 E는 Cacti가 생성한 그래프의 한 예를 보여준다. 이 그래프들은 네트워크 인터페이스에 걸린 하루 트래픽과 함께 여러 주의 기간 동안 한 장치에 걸린 평균 부하를 보여준다.

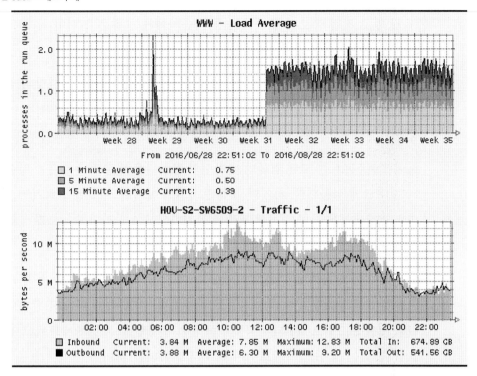

Cacti는 적은 유지 관리와 아름다운 그래프와 같은 RRDtool에 내장돼 있는 여러 장점뿐 아니라 간편한 웹 기반 환경설정을 자랑한다. RRDtool와 Cacti뿐 아니라 수많은 모니터링 도구의 현재 버전에 대한 링크를 원하면 rrdtool.org에 있는 RRDtool 홈페이지를 보기 바란다.

13.14 방화벽과 NAT

이 책에서는 리눅스나 유닉스, 윈도우 시스템을 방화벽[Firewall]으로 사용하는 것을 권장하지 않는다. 모든 기능을 갖춘 범용 목적의 운영체제 실행에는 본질적으로 보안 취약이 따르기 때문이다.[24] 하지만 모든 운영체제가 방화벽 기능을 갖고 있으므로 고가의 방화벽 제품을 위한 예산이 없는 조직에서는 시스템을 단단히 무

---

24. 다시 말해 링크시스(Linksys)의 라우터 제품과 같은 소비자 지향적인 네트워킹 장치들은 리눅스와 iptables를 코어로 사용하는 경우가 많다.

장시켜 대안으로 삼을 수 있다. 마찬가지로 리눅스나 유닉스 방화벽은 보안에 대해 잘 알고 직접 손보길 좋아하는 홈 사용자에게는 좋은 선택이다.

범용 컴퓨터를 방화벽으로 사용하기로 결정했다면 보안 설정과 패치가 업데이트됐는지 확인하자. 방화벽 머신은 27장에서 언급하는 모든 권장 사항의 적용을 연습하기에 아주 좋은 장소다(27장에서는 패킷 필터링 방화벽에 관한 전반적인 설명을 제공한다. 방화벽의 기본 개념을 잘 알지 못하면 이 부분을 먼저 읽고 오는 것이 좋다).

마이크로소프트는 모든 컴퓨터가 자신의 방화벽을 내장해야 한다는 것을 확신시키는 데 크게 성공했다. 하지만 그것은 사실이 아니다. 사실을 말하자면 머신마다 다른 방화벽들은 사이트 전체 표준에 동기화되도록 관리되지 않으면 불안정한 작동이나 원인을 알 수 없는 네트워크 문제들이 끊임없이 발생한다.

머신에 속한 방화벽에 관한 이슈에는 두 가지 주요 관점이 있다. 첫 번째 관점은 그런 방화벽들을 불필요한 과잉으로 간주한다. 이 견해에 따르면 방화벽이란 하나의 일관된(그리고 일관되게 적용되는) 규칙의 집합을 적용해 네트워크 전체를 보호할 수 있는 장소인 게이트웨이 라우터에 속하는 것이다.

두 번째 관점은 머신 방화벽들을 '심층방어$^{defense\ in\ depth}$' 보안 계획의 중요한 구성요소로 간주한다. 게이트웨이 방화벽이 이론적으로는 네트워크 트래픽을 제어하기에 충분하지만 그들도 위험에 노출되거나 우회될 수 있으며 관리 설정이 잘못될 수도 있다. 따라서 여러 개의 중복된 방화벽 시스템을 통해 동일한 네트워크 트래픽 제한을 구현하는 것은 신중한 조치인 것이다.

머신 방화벽을 구현하기로 했다면 일관되면서도 쉽게 업데이트할 수 있는 방법으로 방화벽을 배치하기 위한 시스템이 필요할 것이다. 23장에서 다룰 환경설정 관리 시스템은 이 일에 매우 적합한 대안이다. 수작업에 의한 환경설정에 의존해선 안 된다. 예측 불허의 상황에 너무 취약하기 때문이다.

리눅스 iptables: 룰, 체인, 테이블

 리눅스 커널 2.4 버전은 넷필터^{Netfilter}라는 완전히 새로운 패킷 처리 엔진과 그것을

관리하기 위한 커맨드라인 도구 iptables를 도입했다.[25]

 iptables 환경설정은 다소 번거로울 수 있다. 데비안과 우분투에는 ufw라는 간단한 프론트엔드가 포함돼 있어 이를 이용해 일반적인 조작이나 환경설정을 쉽게할 수 있다. 필요한 요구 사항들이 메인스트림에서 크게 벗어나 있지 않은지 확인해볼 필요가 있다.

iptables는 정렬된 규칙 '체인chain'들을 네트워크 패킷에 적용한다. 체인의 집합은 '테이블table'을 만들어 특정한 트래픽을 처리하는 데 사용된다.

예를 들어 기본 iptables 테이블의 이름은 'filter'다. 이 테이블에 있는 룰 체인chains of rules들은 네트워크 트래픽을 패킷 필터링하는 데 사용된다. filter 테이블은 3개의 기본 체인, FORWARD, INPUT, OUTPUT을 포함하고 있다. 커널에 의해 처리되는 각패킷은 이 체인 중 하나를 통해 전달된다.

FORWARD 체인의 룰들은 하나의 네트워크 인터페이스에 도착해서 다른 네트워크인터페이스로 전달돼야 하는 모든 패킷에 적용된다. INPUT과 OUTPUT 체인의 룰들은 각각 로컬호스트로 가는 주소와 로컬호스트에서 출발한 주소를 갖는 트래픽에적용된다. 보통은 이 세 가지 표준 체인이 두 네트워크 인터페이스 간에 방화벽처리를 하는 데 필요한 전부다. 필요하다면 더 복잡한 계산이나 라우팅 시나리오를 지원하고자 사용자 환경설정을 정의할 수 있다.

iptables는 필터 테이블 외에도 nat와 mangle 테이블을 포함하고 있다. nat 테이블은 네트워크 주소 변환Network Address Translation을 제어하는 룰 체인들을 포함한다. 여기서 nat는 iptables 테이블 이름이고 NAT는 일반적인 주소 변환 체계를 일컫는 이름이다. '사설 주소와 네트워크 주소 변환(NAT)' 절에서는 NAT를 다뤘으며실제 사용되는 nat 테이블의 예는 나중에 볼 수 있다. 이 절의 후반부에서는 스푸핑 방지 패킷 필터링을 위해 nat 테이블의 PREROUTING 체인을 사용할 것이다.

mangle 테이블은 NAT나 패킷 필터링 맥락 밖에서 네트워크 패킷의 내용을 수정하

---

25. 더 새로운 시스템인 nftables는 2014년의 커널 버전 3.13부터 사용 가능했다. nftables는 넷필터 시스템을 더 정교하게개선한 것으로 iptables 명령이 아니라 nft 명령을 이용해 환경을 설정한다. 이 책에서는 nftables를 다루지 않겠지만 최신커널을 사용하는 사이트에서는 검토해볼 만한 가치가 있다.

거나 변경하는 체인들을 포함한다. mangle 테이블은 IP TTL 값을 재설정하는 것과 같은 특정한 패킷 처리에는 편리함에도 불구하고 대부분의 상용 서비스 환경에서는 흔히 사용되지 않는다. 여기서는 필터와 nat 테이블에 관해서만 설명한다.

iptables 룰 타깃

한 체인을 구성하는 각각의 룰은 패킷이 일치될 때 수행할 일을 결정하는 '타깃 target'절을 갖는다. 한 패킷이 룰과 일치하면 대개의 경우 그 운명은 봉인된다. 다시 말해 더 이상 어떤 룰도 추가적으로 확인하지 않는다. 많은 타깃이 iptables에 내부적으로 정의되지만 또 다른 체인을 룰의 타깃으로 지정하는 것이 가능하다.

filter 테이블의 룰에 사용할 수 있는 타깃에는 ACCEPT, DROP, REJECT, LOG, ULOG, REDIRECT, RETURN, MIRROR, QUEUE가 있다. 룰의 결과가 ACCEPT면 일치하는 패킷들은 계속해서 진행이 허용된다. DROP이나 REJECT는 둘 다 패킷을 버린다. DROP은 아무런 응답 없이 처리되고 REJECT는 ICMP 오류 메시지를 반환한다. LOG는 룰과 일치하는 패킷들을 추적하는 간단한 방법을 제공하며 ULOG는 로깅을 확장한다.

REDIRECT는 패킷들을 원래의 편한 길이 아닌 프록시로 우회한다. 예를 들면 이 기능은 한 사이트의 웹 트래픽을 강제로 스쿼드 Squid와 같은 웹 캐시를 통과하게 만드는 데 사용할 수 있다. RETURN은 사용자 정의 체인들을 종료하며 서브루틴 호출에서의 return문과 같다. MIRROR 타깃은 패킷을 보내기 전에 IP 소스와 목적지 주소를 서로 바꾼다. 끝으로 QUEUE는 커널 모듈을 통해 패킷들을 로컬 사용자 프로그램에 넘긴다.

iptables 방화벽 설정

iptables를 방화벽으로 사용하려면 반드시 먼저 IP 포워딩 forwarding을 활성화시키고 여러 가지 iptables 모듈이 커널에 로딩돼 있음을 확인해야 한다. IP 포워딩을 활성화시키는 방법의 자세한 정보는 이전의 '리눅스 TCP/IP 옵션' 절을 보거나 '보안 관련 커널 변수' 절을 보기 바란다. iptables를 설치하는 패키지들은 일반적으로 이러한 활성화와 로딩을 수행하는 시동 스크립트들을 포함한다.

리눅스 방화벽은 보통 rc 시동 스크립트에 포함된 일련의 iptables 명령으로 구현된다. 각각의 **iptables** 명령은 일반적으로 다음 형식 중 한 가지를 취한다.

```
iptables -F chain-name
iptables -P chain-name target
iptables -A chain-name -i interface -j target
```

첫 번째 형식(-F)은 체인에서 모든 이전 룰을 플러시^{Flush}한다. 두 번째 형식(-P)은 해당 체인의 기본 정책(Policy=타깃)을 설정한다. 기본 체인 타깃은 **DROP**을 사용하길 권장한다. 세 번째 형식(-A)은 현재 사양을 체인에 덧붙인다^{Append}. 테이블을 지정할 때 **-t** 인수를 사용하지 않으면 명령들은 **filter** 테이블의 체인들에 적용된다. **-i** 매개변수는 룰을 명명된 인터페이스에 적용하며 **-j** 매개변수는 타깃을 지정한다. **iptables**는 그 밖에도 다른 많은 절을 수용하는데, 표 13.10은 그중 일부를 보여준다.

표 13.10 iptables 필터용 커맨드라인 플래그

절	의미 또는 가능한 값
-p proto	프로토콜 비교: tcp, udp, icmp
-s source-ip	호스트나 네트워크 소스 IP 주소 비교(CIDR 표기법 사용 가능)
-d dest-ip	호스트나 네트워크 목적지 주소 비교
--sport port#	소스 포트 비교(이중 대시 기호에 유의할 것)
--dport port#	목적지 포트 비교 (이중 대시 기호에 유의할 것)
--icmp-type type	ICMP 타입 코드 비교(이중 대시 기호에 유의할 것)
!	구문(clause)의 부정 값(NOT)
-t table	커맨드라인을 적용할 테이블을 지정(기본값은 filter)

종합적인 사례

다음은 하나의 완전한 사례를 따로 분리해낸 것이다. eth1 인터페이스는 인터넷에 연결돼 있고 eth0 인터페이스는 내부 네트워크라고 가정한다. eth1의 IP 주소는 128.138.101.4이고 eth0의 IP 주소는 10.1.1.1이며, 두 인터페이스 모두 넷마스크 255.255.255.0을 갖는다. 이 사례에서는 IP 주소 10.1.1.2의 웹 서버를 보호하고자 스테이트리스^{stateless} 패킷 필터링을 사용한다. 이 방법은 인터넷 서버들을 보호하

는 표준 방법이다. 사례의 후반부에서 데스크톱 사용자들을 보호하고자 스테이트풀[stateful] 필터링을 사용하는 방법을 보여준다.

첫 번째 룰 집합은 필터 테이블을 초기화한다. 우선 테이블에 있는 모든 체인을 지우고[flush] 나서 **INPUT**과 **FORWARD** 체인의 기본 타깃을 **DROP**으로 설정한다. 다른 네트워크 방화벽에서와 마찬가지로 가장 안전한 전략은 명시적으로 허용하지 않은 패킷들은 모두 버리는 것이다.

```
iptables -F
iptables -P INPUT DROP
iptables -P FORWARD DROP
```

룰들은 순서대로 처리되기 때문에 가장 바쁜 룰들을 앞쪽에 놓았다.[26] 첫 번째 룰은 신뢰할 수 있는 네트워크에서 출발한 모든 접속이 방화벽을 통과하는 것을 허용한다. **FORWARD** 체인에 있는 그다음 세 개의 룰은 방화벽을 통과해 10.1.1.2의 네트워크 서비스로 연결되는 접속들을 허용한다. 특히 웹 서버까지 연결되는 SSH(포트 22), HTTP(포트 80), HTTPS(포트 443)를 허용한다.

```
iptables -A FORWARD -i eth0 -p ANY -j ACCEPT
iptables -A FORWARD -d 10.1.1.2 -p tcp --dport 22 -j ACCEPT
iptables -A FORWARD -d 10.1.1.2 -p tcp --dport 80 -j ACCEPT
iptables -A FORWARD -d 10.1.1.2 -p tcp --dport 443 -j ACCEPT
```

방화벽 호스트(10.1.1.1)까지 접속을 허용하는 유일한 TCP 트래픽은 SSH며 이 접속은 방화벽 자체를 관리하는 데 유용하다. 아래 예문의 두 번째 룰은 호스트의 로컬에 머무는 루프백 트래픽을 허용한다. 시스템 관리자들은 기본 루트가 핑되지 않으면 매우 긴장하기 때문에 여기서 세 번째 룰은 내부 IP 주소로부터의 ICMP **ECHO_REQUEST** 패킷들을 허용한다.

```
iptables -A INPUT -i eth0 -d 10.1.1.1 -p tcp --dport 22 -j ACCEPT
iptables -A INPUT -i lo -d 127.0.0.1 -p ANY -j ACCEPT
iptables -A INPUT -i eth0 -d 10.1.1.1 -p icmp --icmp-type 8 -j ACCEPT
```

---

26. 하지만 성능을 위해 룰의 순서를 바꿔도 기능은 수정되지 않는다는 점에 유의해야 한다.

인터넷에서 잘 작동하는 IP 호스트들은 어떤 타입의 ICMP 패킷이든 모두 방화벽을 통과하도록 허용돼야 한다. 다음의 8가지 룰은 최소한의 ICMP 패킷 집합을 방화벽 호스트뿐 아니라 방화벽 너머의 네트워크에도 허용한다.

```
iptables -A INPUT -p icmp --icmp-type 0 -j ACCEPT
iptables -A INPUT -p icmp --icmp-type 3 -j ACCEPT
iptables -A INPUT -p icmp --icmp-type 5 -j ACCEPT
iptables -A INPUT -p icmp --icmp-type 11 -j ACCEPT
iptables -A FORWARD -d 10.1.1.2 -p icmp --icmp-type 0 -j ACCEPT
iptables -A FORWARD -d 10.1.1.2 -p icmp --icmp-type 3 -j ACCEPT
 iptables -A FORWARD -d 10.1.1.2 -p icmp --icmp-type 5 -j ACCEPT
iptables -A FORWARD -d 10.1.1.2 -p icmp --icmp-type 11 -j ACCEPT
```

다음으로 nat 테이블의 PREROUTING 체인에 룰들을 추가한다. nat 테이블은 패킷 필터링용이 아니지만 그것의 PREROUTING 체인은 안티스푸핑antispoofing 필터링에 매우 유용하다. PREROUTING 체인에 DROP 항목들을 넣으면 이 항목들은 INPUT이나 FORWARD 체인에 존재해야 할 필요가 없다. PREROUTING 체인은 방화벽 호스트로 들어오는 모든 패킷에 적용되기 때문이다. 이런 항목들은 중복되지 않게 단일 장소에 넣어 놓는 것이 훨씬 깨끗하다.

```
iptables -t nat -A PREROUTING -i eth1 -s 10.0.0.0/8 -j DROP
iptables -t nat -A PREROUTING -i eth1 -s 172.16.0.0/12 -j DROP
iptables -t nat -A PREROUTING -i eth1 -s 192.168.0.0/16 -j DROP
iptables -t nat -A PREROUTING -i eth1 -s 127.0.0.0/8 -j DROP
iptables -t nat -A PREROUTING -i eth1 -s 224.0.0.0/4 -j DROP
```

끝으로 명시적으로 허락되지 않은 모든 패킷을 금지하는 룰을 갖는 INPUT과 FORWARD 체인으로 마무리하자. 이러한 행위는 iptables -P 명령으로 이미 집행했지만 LOG 타깃은 누가 인터넷으로 문을 두드리고 있는지 볼 수 있게 해준다.

```
iptables -A INPUT -i eth1 -j LOG
iptables -A FORWARD -i eth1 -j LOG
```

선택적으로 내부 네트워크에서 사용되는 사설 주소 공간을 위장하고자 IP NAT을 구성할 수 있다. NAT에 관한 자세한 내용은 앞에서 다뤘다.

넷필터^{Netfilter}가 리눅스 방화벽에 제공한 가장 강력한 기능은 스테이트풀 패킷 필터링이다. 특정한 유입 서비스를 허용하는 대신 인터넷에 접속하는 클라이언트를 위한 방화벽은 해당 클라이언트의 요청에 대한 응답이 들어오는 것을 허용해야 한다. 다음과 같은 간단한 상태 기반 FORWARD 체인은 모든 트래픽이 내부 네트워크를 떠나는 것을 허용하지만 들어오는 트래픽에 대해서는 내부 호스트에 의해 시작된 접속과 관련된 트래픽만을 허용한다.

```
iptables -A FORWARD -i eth0 -p ANY -j ACCEPT
iptables -A FORWARD -m state --state ESTABLISHED,RELATED -j ACCEPT
```

어떤 커널 모듈들은 iptables가 FTP나 IRC와 같은 복잡한 네트워크를 추적할 수 있게 반드시 로딩돼 있어야 한다. 이러한 모듈들이 로딩돼 있지 않으면 iptables는 그런 접속들을 허용하지 않는다. 상태 기반 패킷 필터들은 사이트 보안성을 높여줄 수 있지만 동시에 네트워크 복잡성도 늘어나서 성능을 저하시킬 수 있다. 자신의 방화벽에 상태 기반 기능을 구현하기 전에 그런 기능이 필요한지를 확실하게 검토한다.

iptables 룰셋을 디버깅하는 가장 좋은 방법은 iptables -L -v 명령을 사용하는 것일 것이다. 이 옵션들은 체인의 각 룰이 패킷과 일치하는 횟수를 알려준다. 매칭되는 패킷들에 관해 더 많은 정보가 필요할 경우에는 LOG 타깃으로 임시 iptables 룰을 추가하기도 한다. tcpdump와 같은 패킷 스니퍼^{packet sniffer}를 사용하면 까다로운 문제들도 종종 풀 수 있다.

리눅스 NAT와 패킷 필터링

리눅스는 전통적으로 제한된 형태의 네트워크 주소 변환^{NAT}만을 구현한다. 이런 형태의 NAT은 포트 주소 변환^{PAT}이라고 부르는 게 더 적절하다. PAT는 진정한 NAT 구현이 하는 것처럼 IP 주소 범위를 사용하는 대신 모든 접속을 단일 주소에 다중화^{multiplexing}한다. 이에 관한 자세한 내용이나 차이점은 실제로 그다지 중요하지 않다.

iptables는 패킷 필터링뿐 아니라 NAT를 구현한다. 초기 버전의 리눅스에서는 이 기능이 약간 엉망이었지만 **iptables**가 NAT와 필터링 기능의 분리를 매우 깨끗하게 해냈다. 물론 로컬호스트가 인터넷에 접근하게 하는 데 NAT를 사용한다면 반드시 완전하게 갖춘 방화벽 필터를 사용해야 한다.

NAT를 작동하려면 커널 변수 **/proc/sys/net/ipv4/ip_forward**를 1로 설정함으로써 커널 내의 IP 포워딩을 활성화해야 한다. 또한 적합한 커널 모듈들을 다음과 같이 삽입한다.

```
$ sudo modprobe iptable_nat
$ sudo modprobe ip_conntrack
$ sudo modprobe ip_conntrack_ftp
```

다른 많은 모듈은 접속을 추적한다. 더 완전한 목록을 위해 /lib/modules 아래에 있는 net/netfilter 하위 디렉터리를 보고 필요한 것들을 활성화한다.

```
iptables -t nat -A POSTROUTING -o eth0 -j SNAT --to 128.138.101.4
```

이 예문은 앞 절에서의 필터링 예와 동일한 호스트를 위한 것이기 때문에 eth1은 인터넷에 접속된 인터페이스다. eth1 인터페이스는 위 커맨드라인에 직접 나타나지 않지만 그 IP 주소가 **--to** 인수로 나타나 있다. eth0 인터페이스는 내부 네트워크에 접속돼 있다.

인터넷 호스트들에게는 내부 네트워크에 있는 호스트들에서 출발한 모든 패킷은 eth1의 IP 주소를 갖는 것으로 보인다. NAT를 구현한 호스트는 들어오는 패킷들을 받아 그들의 진짜 목적지를 검색해 해당되는 내부 네트워크 IP 주소로 재작성한 다음 전송한다.

유닉스 시스템용 IPFilter

 대런 리드^{Darren Reed}가 개발한 오픈소스 패키지 IPFilter는 NAT와 상태 기반 방화벽 서비스를 리눅스와 FreeBSD 등의 다양한 시스템에 제공한다. IPFilter를 로딩 가능한 커널 모듈^{loadable kernel module}로 사용하거나(개발자 권장), 커널 내부에 고정적으로 포함시킬 수 있다.

IPFilter는 오랫동안 사용돼 오면서 완전한 기능이 구비됐다. 이 패키지는 적극적인 사용자 커뮤니티와 지속적인 개발의 역사를 갖고 있다. UDP와 ICMP와 같은 스테이트리스 프로토콜조차도 상태 기반 추적을 할 수 있다.

IPFilter는 **iptables**처럼 일련의 명령을 실행하게 요구하기보다는 환경설정 파일(보통 /etc/ipf/ipf.conf 또는 /etc/ipf.conf)에서 필터링 룰을 읽어 들인다. 다음은 ipf.conf에 나타날 수 있는 간단한 룰의 예다.

```
block in all
```

이 룰은 모든 네트워크 인터페이스의 모든 인바운드^inbound 트래픽(예, 시스템이 수신한 네트워크 활동 내역)을 막아 버린다. 확실히 안전하기는 하지만 별로 유용하지는 않다.

표 13.11은 **ipf** 룰에 나타날 수 있는 가능한 조건들의 일부를 보여준다.

표 13.11 주로 사용되는 ipf 조건

조건	의미 또는 가능한 값
on *interface*	지정한 인터페이스에 룰을 적용
proto *protocol*	프로토콜에 따라 패킷을 선택: tcp, udp, icmp
from *source-ip*	소스에 의한 필터: host, network, any
to *dest-ip*	목적지에 의한 필터: host, network, any
port = *port#*	(/etc/services로부터의) 포트 이름이나 포트 번호에 의한 필터[a]
flags *flag-spec*	TCP 헤더 플래그 비트에 따른 필터
icmp-type *number*	ICMP 타입과 코드에 의한 필터
keep state	세션 흐름에 관한 세부 사항을 유지; 아래 참조

a. 모든 비교 연산자(=, 〈, 〉, 〈=, 〉= 등)를 사용할 수 있다.

IPFilter는 환경설정 파일에 나타나는 순서대로 룰들을 처리한다. 마지막으로 매치된 룰이 의무적으로 적용된다. 예를 들어 다음 필터를 지나는 인바운드 패킷들은 항상 통과된다.

```
block in all
pass in all
```

block 룰은 모든 패킷에 매치되지만 pass 룰도 마찬가지이기 때문에 pass가 마지막으로 매치로 적용된다. 매칭 룰을 즉각 적용시켜 IPFilter가 다음에 오는 룰들을 강제로 건너뛰게 하려면 quick 키워드를 사용한다.

```
block in quick all
pass in all
```

아주 강력한 방화벽들은 많은 룰을 포함하고 있어 quick을 자유롭게 사용하는 것은 방화벽 성능을 유지하는 데 매우 중요하다. 그렇지 않으면 모든 패킷에 대해 모든 룰을 계산하기 때문에 큰 낭비를 하게 된다.

가장 일반적인 방화벽 용도는 특정 네트워크나 호스트, 때로는 특정 포트에 대한 접근을 제어하는 일일 것이다. IPFilter는 이러한 수준의 정밀도로 트래픽을 제어하고자 강력한 구문을 갖고 있다. 다음 룰에서 인바운드 트래픽은 10.0.0.0/24 네트워크의 TCP 포트 80과 443, UDP 포트 53에 허용된다.

```
block out quick all
pass in quick proto tcp from any to 10.0.0.0/24 port = 80 keep state
pass in quick proto tcp from any to 10.0.0.0/24 port = 443 keep state
pass in quick proto udp from any to 10.0.0.0/24 port = 53 keep state
block in all
```

keep state 키워드는 특별한 주의를 기울일 필요가 있다. IPFilter는 새로운 세션의 첫 번째 패킷에 주목함으로써 접속들을 추적할 수 있다. 예를 들어 새로운 패킷이 10.0.0.10의 포트 80 주소로 도착했을 때 IPFilter는 state 테이블에 하나의 항목을 만들어 패킷 통과를 허용한다. IPFilter는 첫 번째 룰이 명시적으로 모든 아웃바운드 트래픽을 막고 있음에도 불구하고 웹 서버로부터의 응답도 허용한다.

keep state는 서비스를 제공하지는 않지만 접속을 먼저 열어야 하는 장치에도 유용하다. 다음 룰셋은 192.168.10.10에 의해 시작된 모든 대화를 허용한다. 이미 개시된 접속과 관련된 패킷들을 제외한 모든 인바운드 패킷을 막는다.

```
block in quick all
pass out quick from 192.168.10.10/32 to any keep state
```

keep state 키워드는 UDP와 ICMP 패킷에도 작용하지만 이 프로토콜들은 상태를
유지하지 않기 때문에 좀 더 임시방편적인 메커니즘을 사용한다. IPFilter는 인바
운드 패킷이 필터에 보인 후에 60초 동안 UDP나 ICMP 패킷에 대한 응답을 허용한
다. 예를 들어 10.0.0.10, 포트 32,000에서 나온 UDP 패킷의 목적지 주소가 192.
168.10.10, 포트 53이라면 192.168.10.10에서의 UDP 회신은 60초가 경과할 때까
지 허용된다. 마찬가지로 ICMP 에코 회신(핑 응답)은 에코 요청이 상태 테이블로
들어온 후에 허용된다.

IPFilter는 (pass나 block 대신에) map 키워드를 사용해 NAT 서비스를 제공한다. 다
음 룰에서 10.0.0.0/24 네트워크에서의 트래픽은 em0 인터페이스의 현재 라우팅
가능한 주소로 매핑된다.

```
map em0 10.0.0.0/24 -> 0/32
```

em0가 DHCP를 통해 동적 IP 주소를 임대할 때도 그래야 하지만 em0의 주소가 바
뀐다면 반드시 필터가 재로딩돼야 한다. 이 때문에 IPFilter의 NAT 기능은 인터넷
과 만나는 인터페이스가 고정 IP 주소를 갖고 있는 사이트에서 가장 잘 활용될 수
있다.

표 13.12는 IPFilter 패키지에 따라오는 커맨드라인 도구들의 목록이다.

표 13.12 IPFilter 명령

명령	기능
ipf	룰과 필터 목록을 관리한다.
ipfstat	패킷 필터링에 관한 통계값들을 구한다.
ipmon	기록된 필터 정보를 모니터링한다.
ipnat	NAT 룰을 관리한다.

표 13.12의 명령 중에서 ipf가 가장 많이 사용된다. ipf는 룰 파일을 입력으로 받아 정확히 파싱된 룰들을 커널의 필터 목록에 추가한다. 기존의 모든 룰을 플러싱하는 -Fa 인수를 사용하지 않으면 ipf는 룰들을 필터의 끝에 추가한다.

예를 들어 커널의 기존 필터 셋을 플러시하고 ipf.conf에서 룰을 로딩하려면 다음과 같은 구문을 사용한다.

```
$ sudo ipf -Fa -f /etc/ipf/ipf.conf
```

IPFilter는 접근 제어를 위해 /dev에 있는 의사 장치pseudo-device 파일에 의존하며 오직 루트만이 필터 목록을 편집할 수 있도록 기본값이 돼 있다. 기본 사용 권한을 그대로 유지하면서 필터를 관리할 때는 sudo를 사용하길 권장한다.

환경설정의 구문 오류나 기타 문제들을 디버깅하고자 룰 파일을 로딩할 때는 ipf의 -v 플래그를 사용한다.

13.15 클라우드 네트워킹

클라우드의 흥미로운 기능 중 하나는 가상 서버들이 돌아가는 네트워킹 환경을 정의하는 것이다. 물론 클라우드 서버들은 결국에 가서는 실제 네트워크 하드웨어에 접속된 물리적 컴퓨터에 상주한다. 하지만 그렇다고 해서 반드시 동일 노드에서 실행 중인 가상 서버들이 네트워크로 서로 연결돼 있다는 것을 의미하지는 않는다. 가상화 기술과 프로그래밍 가능한 네트워크 스위칭 장비들의 결합은 클라이언트에 제공하는 네트워킹 모델을 정의하는 데 있어 대단한 유연성을 플랫폼 공급자들에게 제공한다.

AWS의 가상 사설 클라우드

아마존 웹 서비스AWS, Amazon Web Services용 소프트웨어 정의 네트워크 기술인 가상 사설 클라우드VPC, Virtual Private Cloud는 AWS 네트워크 내에 사설 네트워크를 생성한다. VPC는 온프레미스on-premises 데이터 센터와 클라우드 사이를 연결하는 브리지로서

2009년에 처음 소개되면서 기업 조직을 위한 많은 하이브리드 용례들을 펼쳐보였다. 오늘날 VPC는 AWS의 핵심 기능이 돼 모든 계정에 기본 VPC가 포함된다. 신규 AWS 계정들은 반드시 VPC 내에 EC2 인스턴스가 생성돼야 하며 가장 최신의 AWS 서비스들은 네이티브 VPC을 지원하면서 출시된다.[27]

VPC에는 다음과 같은 핵심 기능들이 포함돼 있다.

- CIDR 표기법으로 표현되는 RFC1918 사설 주소 공간에서 채택한 IPv4 주소 범위(예, 10.110.0.0-10.110.255.255 주소 범위는 10.110.0.0/16로 표기)[28]
- VPC 주소 공간을 더 작은 서브네트워크들로 나누기 위한 서브넷
- 트래픽을 보낸 곳을 결정하는 라우팅 테이블
- EC2 인스턴스용 방화벽 역할을 하는 보안 그룹
- 서브넷들을 서로 분리하기 위한 네트워크 접근 제어 목록NACL, Network Access Control Lists

VPC는 얼마든지 필요한 만큼 생성할 수 있으며 자신 외에 다른 AWS 고객은 VPC 내의 네트워크 트래픽에 접근할 수 없다.[29] 동일 리전region의 VPC들은 분리된 네트워크들 간에 전용 루트private routes를 생성해 서로 대등하게 연결될 수 있다. 다른 영역에 속한 VPC들은 인터넷을 통해 소프트웨어 VPN 터널로 연결할 수 있다. 또는 통신회사에서 임대해야 하는 전용선을 통해 AWS 데이터 센터까지 고가의 맞춤형 직접 접속을 이용해 연결할 수도 있다.

VPC는 /28 네트워크만큼 작을 수도 있고 /16만큼 클 수도 있다. 일단 VPC가 생성되고 나면 크기를 조정할 수 없기 때문에 사전에 잘 계획하는 것이 중요하다. 장래에 증가할 분량을 수용하기에 충분하면서도 접속하려는 다른 네트워크와 충돌하지 않는 큰 주소 공간을 선택한다.

서브넷과 라우팅 테이블

전통적인 네트워크들처럼 VPC도 서브넷으로 나눠진다. 공개 서브넷public subnet은

---

27. 장시간 사용자들은 AWS 서비스들이 VPC를 지원할 때까지는 불완전하다고 불평한다.
28. VPC는 최근에 IPv6 지원도 추가했다.
29. 계정 상태에 따라 처음에는 5개의 VPC로 제한될 수도 있다. 하지만 필요하다면 더 많은 VPC를 요청할 수 있다.

인터넷상의 클라이언트들과 직접 대화를 해야 하는 서버들을 위한 것이다. 그들은 전통적인 DMZ와 유사하다. 사설 서브넷private subnet은 인터넷에서 접근할 수 없으며 신뢰받거나 민감한 시스템들을 위한 것이다.

VPC 라우팅은 전통적인 하드웨어 네트워크용 라우팅보다 간단하다. 클라우드는 물리적 토폴로지를 그대로 모방하지 않기 때문이다. 접근할 수 있는 모든 목적지는 하나의 논리적 홉logical hop으로 도달할 수 있다.

물리적 네트워킹 세계에서는 아웃바운드 네트워크 패킷의 라우팅 방법을 말해주는 라우팅 테이블을 모든 장치가 갖는다. 하지만 VPC에서는 라우팅 테이블도 AWS 웹 콘솔이나 그에 상응하는 커맨드라인을 통해 정의되는 추상적 개체다. 모든 VPC 서브넷은 자신과 결합된 VPC 라우팅 테이블을 갖는다. 인스턴스들이 서브넷에 생성될 때 라우팅 테이블들은 VPC 템플릿으로부터 초기화된다.

가장 간단한 라우팅 테이블은 같은 VPC 내의 다른 인스턴스들에 도달하기 위한 기본 고정 루트만 포함하고 있다. 인터넷이나 (VPN 접속을 통해) 온프레미스 네트워크, (피어링 접속을 통해) 다른 VPN에 접근하기 위한 루트들을 추가할 수 있다.

인터넷 게이트웨이Internet Gateway라 불리는 구성 요소가 VPC를 인터넷에 연결한다. 이 개체는 시스템 관리자에게는 보이지 않으며 AWS에 의해 관리된다. 하지만 인스턴스가 인터넷 접속을 갖게 하려면 시스템 관리자가 인터넷 게이트웨이 하나를 생성해 자신의 VPC에 부착해야 한다.

사설 서브넷의 인스턴스들은 공용 IP 주소가 배정돼 있어도 인터넷에서 도달할 수 없다. 새로운 사용자들은 이 점을 매우 혼란스러워 한다. 아웃바운드 접근을 위해 인스턴스들은 반드시 공개 서브넷의 NAT 게이트웨이를 통해 홉hop해야 한다. VPC는 NAT 관리 기능을 제공함으로써 게이트웨이를 직접 실행하는 부담을 줄여 주긴 하지만 시간당 비용이 추가로 발생한다. NAT 게이트웨이는 높은 처리율throughput을 요구하는 애플리케이션에게는 병목 지점이 될 가능성이 있기 때문에 그런 애플리케이션용 서버들은 NAT를 피해 공개 서브넷에 배치하는 게 더 낫다.

AWS의 IPv6 구현에는 NAT가 없으며 모든 IPv6용 인스턴스 설정은 '공개(즉, 라우팅할 수 있는)' IPv6 주소를 받는다. 인바운드 접속을 막는 출구 전용 인터넷 게이트웨이(eigw)를 통해 접속함으로써 IPv6 서브넷을 사설용으로 만들 수 있다.

인스턴스용 네트워크 라우팅을 이해하려면 인스턴스의 실제 라우팅 테이블을 보는 것보다 서브넷용 VPC 라우팅 테이블을 보는 것(인스턴스에 로그인할 때 `netstat -r`이나 `ip route show`를 실행하면 출력되는 내용)이 더 효과적임을 알게 될 것이다. VPC 버전은 AWS 식별자에 의해 게이트웨이들('타깃')을 식별한다. 이렇게 하면 단번에 쉽게 테이블을 파싱할 수 있다.

특히 VPC 라우팅 테이블을 보면 공개 서브넷와 사설 서브넷를 쉽게 구별할 수 있다. 기본 게이트웨이(즉, 주소 0.0.0.0/0와 결합돼 있는 타깃)가 인터넷 게이트웨이^{Internet Gateway}(igw-로 시작하는 이름을 가진 개체)라면 서브넷은 공개용이다. 기본 게이트웨이가 NAT 장치(인스턴스 ID, i-나 nat-로 시작하는 루트 타깃)라면 서브넷은 사설용이다.

표 13.13은 사설 서브넷용 라우팅 테이블의 예를 보여준다.

표 13.13 사설 서브넷용 VPC 라우팅 테이블의 예

목적지	타깃	타깃 유형
10.110.0.0/16	local	로컬 VPC 네트워크용으로 내장돼 있는 루트
0.0.0.0/0	nat-a31ed812	VPC NAT 게이트웨이를 통한 인터넷 접근
10.120.0.0/16	pcx-38c3e8b2	다른 VPC와의 피어링 접속
192.168.0.0/16	vgw-1e513d90	외부 네트워크로 나가는 VPN 게이트웨이

VPC는 리전^{regional}이지만 서브넷은 단일 가용 영역^{availability zone}으로 제한된다. 높은 가용성의 시스템을 구축하려면 존^{zone}당 최소한 한 개의 서브넷을 생성해 모든 서브넷 간에 인스턴스들을 균등하게 배포한다. 로드밸런서^{load balancer}나 프록시^{proxy}들은 공개 서브넷에 놓고 웹, 애플리케이션, 데이터베이스 서버들은 사설 서브넷에 제한되게 설계하는 것이 일반적이다.

보안 그룹과 NACL

보안 그룹^{security group}은 EC2 인스턴스용 방화벽이다. 보안 그룹 규칙들은 어떤 발송

주소source address들을 ICMP, UDP, TCP 트래픽에 허용할 것인가(인그레스 룰ingress rules)와 인스턴스들이 다른 시스템의 어떤 포트들에 접근할 수 있는가(이그레스 룰 egress rules)를 결정한다. 보안 그룹들은 기본적으로 모든 접속을 거부하기 때문에 추가된 모든 규칙이 추가적인 트래픽을 허용한다.

모든 EC2 인스턴스들은 최소한 한 개의 보안 그룹에 속하지만 다섯 개까지 가능한 것으로 돼 있을 것이다.[30] 인스턴스가 속해 있는 보안 그룹이 많을수록 어떤 트래픽의 허용 여부를 구체적으로 판단하기가 더 힘들어진다. 환경설정 결과로 일부 규칙이 그룹들 간에 중복되더라도 각 인스턴스가 한 개의 보안 그룹에만 속하게 하는 것이 낫다.

보안 그룹에 규칙을 추가할 때는 항상 최소 권한의 원칙을 고려한다. 불필요하게 포트를 오픈하면 보안 위험만 커진다. 특히 공개용 라우팅 가능한 IP 주소를 갖는 시스템에서 그렇다. 예를 들어 웹 서버의 경우에는 포트 22(SSH, 시스템 관리와 제어에 사용), 80(HTTP), 443(HTTPS)이 필요할 뿐이다.

또한 모든 호스트는 경로 MTU 탐색을 구현하는 데 사용된 ICMP 패킷들을 수용해야 한다. 이러한 패킷들을 허용하지 않으면 심각한 네트워크 대역폭 감소가 발생할 수 있다. 따라서 이러한 패킷들을 기본으로 막아 놓은 AWS의 결정에 의문을 갖고 있다. 이 패킷들을 활성화시키는 절차에 관해서는 goo.gl/WrETNq(docs.aws.amazon.com으로 연결되는 링크)를 참고한다.

대부분 보안 그룹은 표 13.14처럼 정교한 인바운드 룰을 갖고 있지만 모든 아웃바운드 트래픽을 허용한다. 이 환경설정은 자신의 시스템이 어떤 외부 접속을 갖고 있는지에 관해 생각할 필요가 없으므로 꽤 편리하다. 하지만 공격자들이 도구를 써서 자신의 외부 제어 시스템과 통신하게 할 수 있다면 그들의 작업이 더 쉬워진다는 점도 있다. 가장 안전한 네트워크는 인바운드와 아웃바운드 제한을 모두 갖춰야 한다.

---

30. 보안 그룹은 사실상 네트워크 인터페이스와 연관돼 있고 하나의 인스턴스는 한 개 이상의 네트워크 인터페이스를 가질 수 있다. 따라서 정확하게 기술하자면 최대 보안 그룹 수는 네트워크 인터페이스 수의 다섯 배라 할 수 있다.

표 13.14 전형적인 보안 그룹 규칙의 예

방향	프로토콜	포트	CIDR	설명
Ingress	TCP	22	10.110.0.0/16	내부 네트워크로부터의 SSH
Ingress	TCP	80	0.0.0.0/0	모든 곳으로부터의 HTTP
Ingress	TCP	443	0.0.0.0/0	모든 곳으로부터의 HTTPS
Ingress	ICMP	n/a[a] 0.0.0.0/0	경로 MTU 탐색 허용	
Egress	ALL	ALL	0.0.0.0/0	아웃바운드 트래픽 (모두 OK)

a. 구체적인 지시어에 관해서는 goo.gl/WrETNq를 참고한다. 이 부분은 기술하기가 약간 까다롭다.

NACL은 방화벽 장치의 접근 제어 목록과 매우 유사한 방식으로 서브넷 간의 트래픽을 제어한다. 보안 그룹과는 달리 NACL은 상태를 유지하지 않는다. 즉, 기존 접속과 새로운 접속을 구별하지 않는다. 하드웨어 방화벽의 NACL과 개념적으로 유사하다. NACL은 모든 트래픽을 기본으로 허용한다. 실제 컴퓨팅 환경에서는 NACL보다 보안 그룹이 훨씬 더 자주 사용되는 것을 보게 된다.

샘플 VPC 아키텍처

그림 F 공개 서브넷과 사설 서브넷의 VPC 피어링

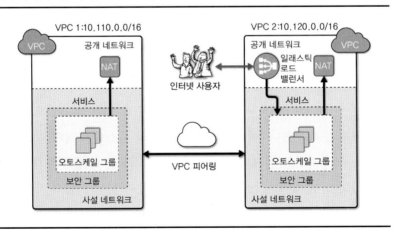

그림 F는 각각 공개 서브넷과 사설 서브넷을 갖는 두 개의 VPC를 보여준다. 네트워크 2는 공개 서브넷의 일래스틱 로드밸런서^{Elastic Load Balancer}를 호스팅한다. ELB는 사설 서브넷에 있는 일부 오토스케일^{autoscaling} EC2 인스턴스용 프록시 역할을

하며 인스턴스들을 인터넷으로부터 보호한다. 네트워크 2에 있는 서비스 2는 네트워크 1에 의해 호스팅되는 서비스 1에 대한 접근을 필요로 하며 VPC 피어링을 통해 사적으로 통신할 수 있다.

그림 F와 같은 아키텍처 도표들은 난해한 기술적 세부 사항을 글로 설명하는 것보다 더욱 이해하기 쉽게 해준다. 여기서 다룰 모든 애플리케이션에 대해 이와 같은 도표들을 유지할 것이다.

테라폼으로 VPC 생성

VPC는 여러 자원으로 구성돼 있으며 각 자원은 자신의 설정과 옵션들을 갖고 있다. 이러한 객체 간의 상호 의존관계는 복잡하다. CLI나 웹 콘솔을 이용해 거의 모든 것을 생성하거나 관리할 수 있지만 그런 방식은 모든 상세한 내용을 머릿속에 담고 있어야 가능하다. 모든 유동적 사항을 초기 설정 단계에서 수행할 수는 있지만 시간이 흐름에 따라 수행 작업을 추적하기는 어렵다.

해시콥^{HashiCorp}에서 만든 도구인 테라폼^{Terraform}은 클라우드 자원들을 생성하고 관리한다. 예를 들면 테라폼은 VPC를 생성하고, 인스턴스를 구동^{launch}하며, 스크립트나 환경설정 관리 도구를 실행해 인스턴스들을 초기화한다. 테라폼 환경설정은 해시콥 환경설정 언어인 HCL^{HashiCorp Configuration Language}로 표현된다. 이 언어는 JSON과 유사한 모습이지만 변수 삽입과 주석이 추가된 서술적 형식의 언어다. 리비전 제어^{revision control}로 파일을 추적할 수 있으므로 업데이트나 수정하기가 쉽다.

다음 예는 한 개의 공개 서브넷을 갖는 간단한 VPC용 테라폼 환경설정을 보여준다. 초보자들도 이해할 수 있을 만큼 자체 문서화됐다.

```
# VPC 주소 범위를 변수로 지정
variable "vpc_cidr" {
    default = "10.110.0.0/16"
}
# 공개 서브넷을 위한 주소 범위
variable "public_subnet_cidr" {
    default = "10.110.0.0/24"
}
```

```
# VPC
resource "aws_vpc" "default" {
    cidr_block = "${var.vpc_cidr}"
    enable_dns_hostnames = true
}

# VPC를 인터넷으로 연결하는 인터넷 게이트웨이
resource "aws_internet_gateway" "default" {
    vpc_id = "${aws_vpc.default.id}"
}

# 공개 서브넷
resource "aws_subnet" "public-us-west-2a" {
    vpc_id = "${aws_vpc.default.id}"
    cidr_block = "${var.public_subnet_cidr}"
    availability_zone = "us-west-2a"
}

# 공개 서브넷용 라우팅 테이블
resource "aws_route_table" "public-us-west-2a" {
    vpc_id = "${aws_vpc.default.id}"
    route {
        cidr_block = "0.0.0.0/0"
        gateway_id = "${aws_internet_gateway.default.id}"
    }
}

# 공개 서브넷에 라우팅 테이블 연결
resource "aws_route_table_association" "public-us-west-2-a" {
    subnet_id = "${aws_subnet.public-us-west-2a.id}"
    route_table_id = "${aws_route_table.public-us-west-2a.id}"
}
```

테라폼 문서는 권위적인 구문 참고서다. 테라폼 깃허브 저장소나 인터넷에는 이
와 같은 환경설정 사례가 많이 있음을 알게 될 것이다.

terraform apply를 실행하면 테라폼이 VPC를 생성한다. (기본값으로) 현재 디렉터
리에서 .tf 파일들을 찾아 각각의 실행 계획을 모아 적절한 순서대로 API 콜을 호출
하면서 처리한다. AWS API 자격증명^{credential}은 환경설정 파일 안에 설정할 수도 있
고 여기서처럼 AWS_ACCESS_KEY_ID와 AWS_SECRET_ACCESS_KEY 환경변수로 설정할
수도 있다.

694

```
$ AWS_ACCESS_KEY_ID=AKIAIOSFODNN7EXAMPLE
$ AWS_SECRET_ACCESS_KEY=wJalrXUtnFEMI/K7MDENGbPxRfiCYEXAMPLEKEY
$ time terraform apply
aws_vpc.default: Creating...
    cidr_block:                 "" => "10.110.0.0/16"
    default_network_acl_id:     "" => "<computed>"
    default_security_group_id:  "" => "<computed>"
    dhcp_options_id:            "" => "<computed>"
    enable_dns_hostnames:       "" => "1"
    enable_dns_support:         "" => "<computed>"
    main_route_table_id:        "" => "<computed>"
aws_vpc.default: Creation complete
aws_internet_gateway.default: Creating...
    vpc_id: "" => "vpc-a9ebe3cc"
aws_subnet.public-us-west-2a: Creating...
    availability_zone:      "" => "us-west-2a"
    cidr_block:             "" => "10.110.0.0/24"
    map_public_ip_on_launch: "" => "0"
    vpc_id:                 "" => "vpc-a9ebe3cc"
aws_subnet.public-us-west-2a: Creation complete
aws_route_table.public-us-west-2a: Creation complete
[snip]
Apply complete! Resources: 5 added, 0 changed, 0 destroyed.
real    0m4.530s
user    0m0.221s
sys     0m0.172s
```

time은 환경설정에 있는 모든 자원을 생성하는 데 걸린 시간(대략 4.5초)을 측정한 것이다. <computed> 값은 테라폼이 기본값을 선택했다는 것을 의미한다. 그런 설정들을 명시적으로 지정하지 않았기 때문에 그렇게 된 것이다.

테라폼이 생성한 모든 자원의 상태는 terraform.tfstate라는 파일에 저장된다. 이 파일은 반드시 보존돼 테라폼이 어떤 자원들을 관리할지 알 수 있게 해야 한다. 앞으로는 테라폼이 자체적으로 알아서 자원을 관리하는 방식을 찾게 될 것이다.

VPC 제거는 매우 쉽게 할 수 있다.

```
$ terraform destroy -force
aws_vpc.default: Refreshing state... (ID: vpc-87ebe3e2)
```

```
aws_subnet.public-us-west-2a: Refreshing state... (ID: subnet-7c596a0b)
aws_internet_gateway.default: Refreshing state... (ID: igw-dc95edb9)
aws_route_table.public-us-west-2a: Refreshing state... (ID: rtb-2fc7214b)
aws_route_table_association.public-us-west-2-a: Refreshing state... (ID:
    rtbassoc-da479bbe)
aws_route_table_association.public-us-west-2-a: Destroying...
aws_route_table_association.public-us-west-2-a: Destruction complete
aws_subnet.public-us-west-2a: Destroying...
aws_route_table.public-us-west-2a: Destroying...
aws_route_table.public-us-west-2a: Destruction complete
aws_internet_gateway.default: Destroying...
aws_subnet.public-us-west-2a: Destruction complete
aws_internet_gateway.default: Destruction complete
aws_vpc.default: Destroying...
aws_vpc.default: Destruction complete
Apply complete! Resources: 0 added, 0 changed, 5 destroyed.
```

테라폼은 클라우드와 무관하기 때문에 AWS, GCP, 디지털오션, 애저, 도커 등 여타 공급자용 자원들을 관리할 수 있다.

언제 테라폼을 사용하고 언제 CLI를 사용할지 어떻게 알 수 있을까? 팀이나 프로젝트용 인프라를 구축하고 있거나 이미 구축돼 있는 것을 나중에 수정하거나 반복할 필요가 있을 때는 테라폼을 사용한다. 테스트와 같이 일시적인 인스턴스를 신속히 만들거나, 한 자원의 세부 사항을 조사하거나, 셸 스크립트에서 API에 접근할 필요가 있을 때는 CLI를 사용한다.

구글 클라우드 플랫폼 네트워킹

구글 클라우드 플랫폼^{GCP, Google Cloud Platform}에서는 네트워킹이 별개의 서비스로 나타나는 것이 아니라 기능적으로 플랫폼의 일부가 된다. GCP 사설 네트워크들은 글로벌하다. 다시 말해 us-east1 리전에 있는 인스턴스가 사설 네트워크를 통해 europe-west1에 있는 다른 인스턴스와 통신할 수 있다. 이눈 글로벌 네트워크 서비스를 구축하기 쉽다는 것을 의미한다. 같은 존에 있는 인스턴스들 간의 네트워크 트래픽은 자유롭지만 존이나 리전 간의 트래픽에는 수수료가 있다.

새 프로젝트는 10.240.0.0/16 주소 범위의 기본 네트워크를 갖는다. 프로젝트당

5개까지의 분리된 네트워크를 생성할 수 있으며 인스턴스들은 단 하나의 네트워크의 멤버가 된다. 많은 사이트가 이런 네트워크 아키텍처를 사용해 테스트 및 개발 시스템을 상용 서비스 시스템과 분리시킨다.

네트워크들은 서브넷을 갖는 리전에 의해 더 세분화할 수 있다. 이 기능은 AWS의 서브넷과 기능을 차별화하고자 아주 최근에 GCP에 추가됐다. 글로벌 네트워크는 단일 IPv4 접두어 범위의 일부일 필요가 없으며, 리전당 여러 개의 접두어가 있을 수 있다. GCP는 모든 라우팅을 구성해주기 때문에 같은 네트워크의 다른 CIDR 블록에 있는 인스턴스들은 여전히 서로 도달할 수 있다. 그림 G는 이러한 토폴로지를 보여준다.

그림 G 서브네트워크를 갖는 멀티리전 사설 GCP 네트워크

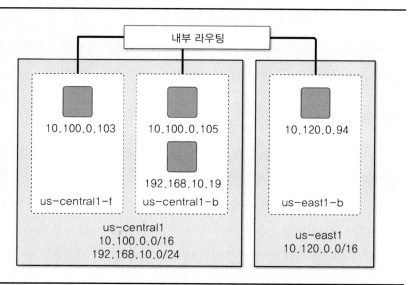

서브네트워킹에는 공개나 사설의 개념이 없다. 대신 인터넷에서 인바운드 트래픽을 받아들일 필요가 없는 인스턴스들은 인터넷과 만나는 공개 주소를 가질 수 없을 뿐이다. 구글은 고정 외부 IP 주소를 제공하기 때문에 다른 고객에게 배정될지도 모른다는 두려움 없이도 DNS 레코드에 사용하기 위한 주소를 빌릴 수 있다. 인스턴스가 외부 주소를 갖더라도 `ip addr show`를 실행했을 때 여전히 그 주소를 볼 수 없다. 구글이 알아서 주소 변환을 다루기 때문이다.

기본적으로 GCP 네트워크의 방화벽 규칙들은 모든 인스턴스에 적용된다. 더 작은 집합의 인스턴스에 룰을 제한하고자 인스턴스에 태그를 붙여 그 태그에 따라 룰을 필터링할 수 있다. 기본적으로 글로벌 방화벽 규칙들은 다음을 제외한 모든 것을 거부한다.

- 0/0의 ICMP 트래픽
- 0/0의 RDP(윈도우용 원격 데스크톱, TCP 포트 3389)
- 0/0의 SSH(TCP 포트 22)
- 내부 네트워크(기본값 10.240.0.0/16)의 모든 포트와 프로토콜

보안에 충격을 준다는 판단이 서게 되면 항상 최소 권한의 원칙으로 돌아온다. 이런 경우 RDP를 완전히 막고자 기본 룰들을 최대한 줄이고, SSH는 관리자 자신의 발송지 IP에만 허용하고 GCP 네트워크 내의 트래픽을 더 제한할 것을 권장한다. ICMP도 막길 원할 수도 있겠지만 경로 MTU 탐색을 활성화하려면 타입 3, 코드 4의 ICMP 패킷을 허용해야 한다는 점을 잘 알고 있어야 한다.

디지털오션 네트워킹

디지털오션은 사설 네트워크를 갖지 않는다. 적어도 GCP나 AWS와 유사한 사설 네트워크가 없다. 드롭릿droplet들은 같은 리전 내에서 내부 네트워크를 통해 통신하는 사설 인터페이스를 가질 수 있다. 하지만 그런 네트워크는 동일 리전 내에 있는 모든 다른 디지털오션 고객과 공유된다. 이 점은 인터넷을 사용하는 것에 비하면 약간 개선된 것이긴 하지만 방화벽과 전송 중in-transit 암호화가 엄격히 요구된다.

다음과 같이 **tugboat** CLI를 이용해 부팅된 디지털오션 드롭릿을 살펴볼 수 있다.

```
$ tugboat info ulsah
Droplet fuzzy name provided. Finding droplet ID...done, 8857202
    (ulsah-ubuntu-15-10)
Name:          ulsah-ubuntu-15-10
ID:            8857202
Status:        active
IP4:           45.55.1.165
IP6:           2604:A880:0001:0020:0000:0000:01EF:D001
```

Private IP:	10.134.131.213
Region:	San Francisco 1 - sfo1
Image:	14169855 - ubuntu-15-10-x64
Size:	512MB
Backups Active:	false

출력에는 공개 및 사설 IPv4 주소뿐 아니라 IPv6 주소도 포함돼 있다.

로컬 인터페이스상의 주소들을 보면 인스턴스에 관해 더 자세히 살필 수 있다.

```
# tugboat ssh ulsah-ubuntu-15-10
# ip address show eth0
2: eth0: <BROADCAST,MULTICAST,UP,LOWER_UP> mtu 1500 qdisc pfifo_fast
    state UP group default qlen 1000
    link/ether 04:01:87:26:d6:01 brd ff:ff:ff:ff:ff:ff
    inet 45.55.1.165/19 brd 45.55.31.255 scope global eth0
        valid_lft forever preferred_lft forever
    inet 10.12.0.8/16 scope global eth0
        valid_lft forever preferred_lft forever
    inet6 fe80::601:87ff:fe26:d601/64 scope link
        valid_lft forever preferred_lft forever
# ip address show eth1
3: eth1: <BROADCAST,MULTICAST,UP,LOWER_UP> mtu 1500 qdisc pfifo_fast
    state UP group default qlen 1000
    link/ether 04:01:87:26:d6:02 brd ff:ff:ff:ff:ff:ff
    inet 10.134.131.213/16 brd 10.134.255.255 scope global eth1
        valid_lft forever preferred_lft forever
    inet6 fe80::601:87ff:fe26:d602/64 scope link
        valid_lft forever preferred_lft forever
```

공개 주소는 다른 클라우드 플랫폼처럼 공급자에 의해 변환되는 것이 아니라 eth0 인터페이스에 직접 배정된다. 각 인터페이스는 IPv6 주소도 갖기 때문에 동시에 IPv4와 IPv6를 통해 트래픽을 서비스할 수 있다.

13.16 추천 자료

역사

더글러스 코머^{Comer, Douglas E.}의 『TCP/IP 인터네트워킹(Volume 1)』(피어슨 에듀케이션, 2006)

Doug Comer의 Internetworking with TCP/IP 시리즈는 오랜 기간 동안 TCP/IP 프로토콜의 표준 참고서였다. 이 책들은 대학 교재로 제작된 것이며 배경 지식을 쌓는 데 아주 좋은 입문서다.

Salus, Peter H. Casting the Net, From ARPANET to INTERNET and Beyond. MA: Addison-Wesley Professional, 1995.

이 책은 인터넷까지 성장해온 알파넷^{ARPANET}의 좋은 역사서로, 유닉스 전문가들과 오랫동안 함께 어울리면서 그중 하나가 된 역사가에 의해 저술됐다.

인터넷과 다양한 기술의 역사에 관한 문서들을 훌륭하게 모아 놓은 것을 isoc.org/internet/history에서 볼 수 있다.

고전과 필독서

Stevens, W. Richard. UNIX Network Programming. Upper Saddle River, NJ: Prentice Hall, 1990.

리처드 스티븐슨^{Stevens, W. Richard}, 빌 페너^{Bill Fenner}, 앤드류 러더프^{Andrew M. Rudoff}의 『UNIX Network Programming (vol. 1)』(교보문고, 2005)

리처드 스티븐슨의 『UNIX Network Programming (vol. 2)』(교보문고, 2001)

유닉스 네트워킹 프로그래밍 책들은 프로그래밍을 포함한 네트워킹 수업에서 학생들의 필독서다. 버클리 소켓 인터페이스만 필요하다면 초판도 여전히 좋은 참고서가 된다. 스트림^{STREAMS} 인터페이스도 필요하다면 IPv6를 포함하고 있는 3판이 좋다. 이 세 가지 모두가 전형적인 리처드 스티븐스의 명쾌한 스타일로 작성돼 있다.

타넨바움 앤드류^{Tanenbaum, Andrew S.}, 데이비드 웨더럴^{David J. Wetherall}의 『컴퓨터 네트워크』(YOUNG, 2011)

『컴퓨터 네트워크』는 첫 번째 네트워킹 교과서였으며 여전히 고전으로 읽히고 있다. 이 책에는 프로토콜 스택의 물리 계층과 링크 계층에 나오는 모든 핵심 세부 사항에 관한 철두철미한 설명이 포함돼 있다. 가장 최신판에는 무선 네트워크, 기가비트 이더넷, 피어투피어 네트워크, 인터넷 전화(VoIP), 셀룰러 네트워크 등을 다루는 내용도 포함돼 있다.

프로토콜

Fall, Kevin R., and W. Richard Stevens. TCP/IP Illustrated, Volume One: The Protocols (2nd Edition). Reading, MA: Addison-Wesley, 2011.

Wright, Gary R., and W. Richard Stevens. TCP/IP Illustrated, Volume Two: The Implementation. Reading, MA: Addison-Wesley, 1995.

TCP/IP Illustrated 시리즈의 책들은 TCP/IP 프로토콜 스택으로 인도하는 매우 훌륭한 완벽 가이드다.

Hunt, Craig. TCP/IP Network Administration (3rd Edition). Sebastopol, CA: O'Reilly Media, 2002.

넛셸(nutshell) 시리즈의 다른 책들처럼 이 책은 유닉스 시스템 관리자들을 위한 것이다. 책의 절반은 TCP/IP에 관한 것이며 나머지는 이메일이나 원격 로그인과 같은 상위 수준의 유닉스 기능을 다룬다.

Farrel, Adrian. The Internet and Its Protocols: A Comparative Approach. San Francisco, CA: Morgan Kaufmann Publishers, 2004.

찰스 코지에록^{Kozierak, Charles M.}의 『TCP/IP 완벽 가이드』(에이콘출판, 2007)

Donahue, Gary A. Network Warrior: Everything You Need to Know That Wasn't on the CCNA Exam. Sebastopol, CA: O'Reilly Media, 2015.

14 물리적 네트워킹

시스템이 데이터 센터에 있든 클라우드에 있든 또는 오래된 미사일 격납고에 있든 상관없이 그들이 가진 한 가지 공통 요소는 네트워크 통신이 필요하다는 점이다. 데이터를 신속하고 정확하게 이동시킬 수 있는 능력은 모든 환경에서 필수적이다. 유닉스 기술이 인간의 삶과 다른 운영체제에 영향을 미친 영역이 하나 있다면 그것은 대규모 패킷 데이터 전송을 실제로 현실화한 것이다.

네트워크는 서버들이 열고 있는 새로운 길을 똑같이 따라가고 있다. 서버에서는 각자의 환경설정을 갖는 가상화 계층에 의해 네트워크의 물리적 관점과 논리적 관점이 점점 더 분리됐다. 클라우드에서는 이런 식의 구성이 표준이지만 요즘에는 물리적 데이터 센터들까지도 소프트웨어 정의 네트워킹^{SDN, Software-Defined Networking} 계층을 포함하는 경우가 많다.

시스템 관리자들은 실제의 네트워크 하드웨어 작업을 예전보다는 덜 하게 됐지만 전통적인 네트워킹을 잘 알아야 중요한 기술들을 유지할 수 있다. 가상화된 네트워크들은 기능이나 용어, 아키텍처, 토폴로지에 있어 물리적 네트워크를 거의 똑같이 모방한다.

수년간 많은 링크 계층 기술이 촉진돼 왔지만 이더넷이 분명하고 결정적인 승자가 됐다. 이제 이더넷이 게임 콘솔부터 냉장고에 이르기까지 모든 곳에 나타나는 상황이 된 만큼, 이 기술을 철두철미하게 익히는 것은 시스템 관리자의 성공을 결정하는 요소라 할 수 있다.

분명한 것은, 네트워크의 속도와 신뢰성은 한 조직의 생산성에 직접적인 영향을 미친다는 사실이다. 하지만 요즘은 네트워킹이 어디에나 들어가 있어 네트워크의 상태는 전화를 거는 것 같은 기본적인 작업에도 영향을 미친다. 네트워크가 엉망으로 설계되면 개인도 전문가도 혼란을 겪게 되며 이는 곧 파국적인 사회적 영향을 미칠 수도 있다. 게다가 그것을 바로잡는 데는 많은 비용이 든다.

최소한 다음과 같은 네 가지 주요 요소를 갖춰야 성공에 이를 수 있다.

- 합리적인 네트워크 설계의 개발
- 고성능 하드웨어의 선택
- 올바른 설치와 문서화
- 능숙한 실시간 운용과 유지 관리

14장에서는 기업 환경에서의 이더넷 네트워크에 관한 이해, 설치, 운용에 초점을 맞춘다.

14.1 이더넷: 네트워킹의 맥가이버칼

전 세계 지역 네트워크^{LAN} 시장의 95% 이상을 차지하고 있는 이더넷은 거의 모든 곳에서 여러 가지 형태로 찾아볼 수 있다. MIT에서 밥 메트컬프^{Bob Metcalfe}의 박사 논문으로 시작됐지만 지금은 여러 가지 IEEE 표준으로 설명된다.

이더넷은 최초에는 3Mb/s(초당 메가비트)로 지정됐으나 곧 10Mb/s로 바뀌었다. 마침내 1994년에 100Mb/s 표준이 되자 향후 이더넷은 다른 것으로 대체되기보다는 계속 진화해 나갈 것이 분명하게 됐다. 이러한 인식은 점점 더 빠른 버전의 이더넷을 구축하려는 경쟁을 촉발시켰으며 그러한 경쟁은 지금도 계속되고 있다. 표 14.1은 다양한 이더넷 표준의 진화 과정을 확실하게 보여준다.[1]

표 14.1 이더넷의 발전 과정

연도	속도	일반 명칭	IEEE#	거리	매체[a]
1973	3 Mb/s	제록스 이더넷	–	?	동축케이블
1976	10 Mb/s	이더넷 1	–	500m	RG-11 동축
1989	10 Mb/s	10BASE-T	802.3	100m	Cat 3 UTP 구리선
1994	100 Mb/s	100BASE-TX	802.3u	100m	Cat 5 UTP 구리선
1999	1 Gb/s	1000BASE-T('기가비트')	802.3ab	100m	Cat 5e, 6 UTP 구리선
2006	10 Gb/s	10GBASE-T('10기가')	802.3an	100m	Cat 6a, 7, 7a UTP
2009	40 Gb/s	40GBASE-CR4	P802.3ba	10m	UTP 구리선
		40GBASE-SR4		100m	MM 광섬유
2009	100 Gb/s	100GBASE-CR10	P802.3ba	10m	UTP 구리선
		100GBASE-SR10		100m	MM 광섬유
2018[b]	200 Gb/s	200GBASE-FR4	802.3bs[c]	2km	CWDM 광섬유
		200GBASE-LR4		10km	CWDM 광섬유
2018[b]	400 Gb/s	400GBASE-SR16	802.3bs	100m	MM 광섬유(16심)
		400GBASE-DR4		500m	MM 광섬유(4심)
		400GBASE-FR8		2km	CWDM 광섬유
		400GBASE-LR8		10km	CWDM 광섬유
2020[b]	1 Tb/s	TbE	미정	미정	미정

a. MM = 다중 모드(Multimode), SM = 단일 모드(Single-mode), UTP = 비차폐 연선(Unshielded twisted pair), CWDM = 저밀도 파장 분할 다중화(Coarse wavelength division multiplexing))
b. 산업계 추정치)
c. 좋은 쪽으로 해석해서 이 문자의 선택은 불행한 우연의 일치로 가정하겠다.

---

1. 갑자기 불쑥 나타난 일반성이 떨어지는 이더넷 표준 중 일부는 생략했다.

이더넷 시그널링

이더넷이 사용하는 하부 모델은 손님(컴퓨터)들이 다른 손님을 방해하지 않고 모두 대화가 멈춰 잠잠해지길(네트워크 케이블에 트래픽이 없음) 기다린 후에 말을 시작하는 점잖은 저녁 파티에 비유해 설명할 수 있다. 두 손님이 동시에 말을 시작한다면(충돌) 둘 다 말을 멈추고 사과한 후에 약간의 시간을 기다리고 나서 그중 하나가 다시 말을 시작한다.

이런 체계를 기술적 용어로 CSMA/CD라고 한다.

- CS^{Carrier Sense}(반송파 감지): 누군가 말하고 있는지를 알 수 있다.
- MA^{Multiple Access}(다중 접속): 누구든 말할 수 있다.
- CD^{Collision Detection}(충돌 탐지): 내가 말한 것이 다른 누군가의 대화를 방해했는지를 알 수 있다.

충돌이 발생한 후의 실질적인 지연시간은 다소 무작위적이다. 이 규칙은 두 호스트가 동시에 네트워크에 전송하고 나서 충돌을 탐지하고 똑같은 시간을 기다렸다가 다시 재전송했을 때 다시 충돌이 일어나 네트워크가 충돌로 마비되는 상황을 회피한다. 하지만 항상 회피할 수 있는 것은 아니다.

요즘은 어떤 주어진 충돌 도메인에서 호스트 수를 2개로 제한하는 스위치의 발명으로 CSMA/CD 규약의 중요성이 덜해졌다('저녁 파티' 비유를 계속하자면 이러한 스위칭 방식의 이더넷은 두 사람이 긴 공식 만찬 테이블의 양쪽 끝에 앉아 있는 옛날 영화의 한 장면과 유사한 것으로 생각할 수 있다).

이더넷 토폴로지

이더넷 토폴로지^{Ethernet Topology}는 루프^{loop}를 갖지 않는 분기 버스^{branching bus}다. 하나의 패킷은 동일 네트워크에 있는 두 개의 호스트 사이를 한 방향으로만 이동할 수 있다.

한 세그먼트에서 교환될 수 있는 패킷에는 세 가지 유형이 있다. 즉, 유니캐스트^{unicast}, 멀티캐스트^{multicast}, 브로드캐스트^{broadcast} 패킷이다. 유니캐스트 패킷은 하나의 호스트에만 전달된다. 멀티캐스트 패킷은 한 그룹의 호스트에 전달된다. 브로드캐스트 패킷은 한 세그먼트에 있는 모든 호스트에 전달된다.

'브로드캐스트 도메인broadcast domain'은 하드웨어 브로드캐스트 주소를 향한 패킷들을 수신하는 호스트들의 집합이다. 각각의 논리적 이더넷 세그먼트에는 정확히 하나의 브로드캐스트 도메인이 정의된다. 초기 이더넷 표준과 매체(예, 10BASE5)에서는 물리적 세그먼트와 논리적 세그먼트는 완전히 동일했다. 호스트 인터페이스들이 연결돼 있는 하나의 커다란 케이블에 모든 패킷이 전송됐기 때문이다.[2]

스위치의 발명으로 요즘의 논리적 세그먼트들은 (수십 또는 수백 개까지 이를 수 있는) 많은 물리적 세그먼트로 구성되며, 각 물리적 세그먼트에는 단 두 개의 장치(스위치 포트와 호스트[3])만 연결된다. 스위치들은 의도한 수취인이 거주하는 물리적 (또는 무선) 세그먼트까지 멀티캐스트와 유니캐스트 패킷들을 호송하는 일을 책임진다. 브로드캐스트 트래픽은 논리적 세그먼트에 있는 모든 포트에 전달된다.

한 개의 논리적 세그먼트는 서로 다른 속도로 작동하는 물리적(또는 무선) 세그먼트들로 구성될 수 있다. 그렇기 때문에 스위치들은 어떤 잠재적인 타이밍 불일치에도 순조롭게 대처할 수 있도록 반드시 버퍼링과 타이밍 능력을 갖춰야 한다.

비차폐 연선

역사적으로 비차폐 연선UTP, Unshielded Twisted-Pair Cabling은 대부분의 사무실 환경에서 이더넷용으로 선호하던 케이블 매체였다. 요즘은 많은 상황에서 무선 네트워킹으로 대체돼 UTP가 사라졌다. UTP 네트워크의 일반적인 '형태'는 그림 A와 같다.

UTP 선은 보통 8가지로 세분화된다. 대형 케이블 공급업체인 애닉스터Anixter에 의해 성능 평가 시스템이 처음으로 도입됐다. 이 표준들은 미국 통신 산업 협회TIA, Telecommunications Industry Association에 의해 공식화됐으며 현재는 카테고리 1에서 카테고리 8까지로 알려져 있고, 카테고리 5e와 카테고리 6a와 같은 일부 변형도 추가로 포함됐다.

---

2. 농담이 아니라 새 컴퓨터를 네트워크에 부착하려면 특수한 드릴로 케이블 외피에 구멍을 뚫어 중심 도체에 연결했다. 그런 다음 외부 도체와 연결되는 '뱀파이어 탭(vampire tap)'을 나사로 고정시켰다.

3. 무선 네트워크들은 또 다른 일반적 유형의 논리적 이더넷 세그먼트다. 무선 네트워크는 여러 호스트가 한 개의 케이블을 공유하는 전통적인 형태의 이더넷에 가까운 방식으로 작동한다.

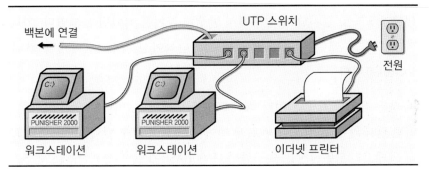

백본에 연결

UTP 스위치

전원

워크스테이션   워크스테이션   이더넷 프린터

국제 표준화 기구ISO, International Organization for Standardization도 이러한 고수익의 케이블 분류 세계로 뛰어들었다. 그들은 높은 번호의 TIA 카테고리들과 똑같거나 거의 동일한 표준들을 촉진시켰다. 예를 들어 TIA 카테고리 5 케이블은 ISO 클래스 D 케이블과 동일하다. 독자 중의 전문가를 위해 표 14.2는 현대의 다양한 분류 간의 차이점을 보여준다. 파티에서 동료에게 깊은 인상을 남기려면 이 정보들을 기억해 두는 것이 좋다.

표 14.2 UTP 케이블 특성

매개변수	단위	Cat 5[b] Class D	Cat 5e	Cat 6 Class E	Cat 6a Class EA	Cat 7 Class F	Cat 7a Class FA	Cat8 Class I
주파수 범위	MHz	100	100	250	500	600	1000	2000
감쇠	dB	24	24	21.7	18.4	20.8	60	50
NEXT[a]	dB	27.1	30.1	39.9	59	62.1	60.4	36.5
ELFEXT[a]	dB	17	17.4	23.2	43.1	46.0	35.1	–
반사손실	dB	8	10	12	32	14.1	61.93	8
전파지연	ns	548	548	548	548	504	534	548

a. NEXT = 근단 누화(Near-end crosstalk), ELFEXT = (등위 원단 누화, Equal level far-end crosstalk)
b. 추가적인 TIA와 ISO의 요건 TSB95와 FDAM 2를 포함한다.

카테고리 5 케이블은 100Mb/s를 지원할 수 있으며 요즘은 네트워크 연결을 위해 기본적으로 요구된다. 카테고리 5e와 카테고리 6, 카테고리 6a 케이블링은 1Gb/s를 지원하며 현재 데이터 케이블링용으로 가장 널리 사용되는 표준이다. 카테고리 6a는 새로 설치할 때 선택되는 케이블이다. 옛날 이더넷 신호 표준(예, 10BASE-T)으로부터의 신호 간섭에 대해 특히 저항력이 있기 때문이다. 이러한 신호 간섭은 카테고리 5/5e로 설치할 때 일부에서 발생해 골치를 썩이던 문제였다. 카테고리 7과 카테고리 7a 케이블은 10Gb/s 용도로 만들어진 것이며, 마지막 카테고리 8은 40Gb/s용이다.

더 빠른 속도의 표준은 여러 쌍의 UTP를 요구한다. 여러 개의 전도체를 사용하면 어떤 형태의 단일 쌍보다 빠르게 데이터를 전송할 수 있다. 100BASE-TX는 두 쌍의 카테고리 5 통신선을 요구한다. 1000BASE-TX는 4쌍의 카테고리 5e나 카테고리 6/6a 선을 요구하며, 10GBASE-TX는 4쌍의 카테고리 6a나 7, 7a 선을 요구한다. 이러한 표준들은 모두 길이가 100미터로 제한된다.

PVC 피복선과 테플론^{Teflon} 피복선 둘 다 사용할 수 있다. 피복의 선택은 케이블이 설치되는 환경에 따라 결정한다. 빌딩의 통풍 시스템('환기구')으로 들어가는 밀폐된 영역에서는 보통 테플론이 사용된다.[4] PVC는 저렴하며 작업하기 쉽지만 화재 시 유독 가스가 발생되기 때문에 환기구 바깥에 설치해야 한다.

4쌍의 UTP 케이블을 패치 패널^{patch panel}과 RJ-46 벽면 잭에서 연결할 때 TIA/EIA-568A RJ-45 배선 표준을 사용하길 권장한다. RJ-45의 다른 용도(예, RS-232)와 호환되는 이 표준은 케이블 쌍 자체에 쉽게 접근할 수 있는지는 무관하게 접속 양단에서의 배선을 항상 일관되게 해주는 편리한 방법이다. 표 14.3은 배선의 핀 배치^{pinout}를 보여준다.

표 14.3 4쌍의 UTP를 RJ-45 잭에 연결하는 TIA/EIA-568A 표준

쌍	색상	연결 핀	쌍	색상	연결 핀
1	백/청	핀 5/4	3	백/녹	핀 1/2
2	백/주황	핀 3/6	4	백/갈	핀 7/8

기존의 빌딩 배선은 언제 어떤 방법으로 설치됐는지에 따라 네트워크용으로 적합할 수도 있고 아닐 수도 있다.

---

4. 설치 영역의 요구 사항들을 결정하려면 소방 담당 부서나 지역 소방서에 확인한다.

광섬유

광섬유^{optical fiber}는 구리선이 적합하지 않은 상황에서 사용된다. 광섬유는 구리선보다 더 멀리 신호를 전송하며 전기적 간섭에 대한 저항력도 강하다. 광섬유가 반드시 필요한 경우가 아니라면 보통은 구리선을 선호한다. 구리선이 더 싸고 작업이 수월하기 때문이다.

'멀티 모드^{multimode}'와 '싱글 모드^{single mode}' 광섬유가 가장 많이 사용된다. 전형적으로 멀티 모드 광섬유는 빌딩이나 캠퍼스에서의 활용을 위해 사용된다. 싱글 모드 광섬유보다 굵으며 복수의 광선을 전송할 수 있다. 이러한 특징 때문에 상대적으로 덜 비싼 전자 부품(예, 광원으로서 LED)을 사용할 수 있다.

도시 사이나 주 사이의 접속과 같은 장거리 애플리케이션에서는 싱글 모드 광섬유가 가장 많이 나타난다. 싱글 모드는 단 하나의 광선만을 전송할 수 있으며 종단 부분에 값비싼 정밀 전자 부품이 필요하다.

광섬유 링크의 대역폭을 증가시키기 위한 가장 일반적인 방법은 저밀도 파장 분할 다중화^{CWDM, Coarse Wavelength Division Multiplexing}다. 이는 여러 개의 데이터 채널을 단일 광섬유를 통해 여러 개의 광 파장(색상)으로 전송하는 방법이다. 빠른 속도의 이더넷 표준들은 기본적으로 이 메커니즘을 사용한다. 하지만 CWDM은 기존의 다크 파이버^{dark fiber} 링크의 역량을 확장하기 위해서도 채택할 수 있으며 이때는 CWDM 다중화 기기^{multiplexer}가 사용된다.

TIA-598C는 표 14.4와 같이 일반적인 광섬유의 색상 코딩^{color-coding}을 권장한다. 기억해야 할 핵심 규칙은 모든 것이 일치해야 한다는 것이다. 종단^{endpoint}을 연결하는 광섬유와 광섬유 교차 연결 케이블, 종단 전자기기는 모두 같은 타입과 크기를 가져야 한다. OM1과 OM2가 모두 주황색으로 돼 있지만 서로 바꿔 쓸 수 없다는 점에 유의한다. 케이블에 새겨진 크기를 점검해서 모두 일치하는지를 확인해야 한다. 이 규칙에 따르지 않으면 원인을 알 수 없는 문제들을 수없이 겪게 된다.

광섬유의 종단에는 30가지 이상의 커넥터^{connector}들이 사용되며 어떤 커넥터가 어디에 사용되는가에 관해서는 일정한 규칙이나 이유가 없다. 특정한 경우에 어떤 커넥터를 사용해야 하는지는 장비업체에 물어보거나 기존 빌딩의 광섬유 시설을 참조하면 가장 빨리 알 수 있다. 변환 점퍼들을 매우 쉽게 구할 수 있다는 점은 좋은 소식이다.

표 14.4 표준 광섬유의 속성

모드	ISO명[a]	코어 직경	피복 직경	색상
멀티	OM1	62.5 μm	125 μm	주황
멀티	OM2	50 μm	125 μm	주황
멀티	OM3	50 μm[b]	125 μm	청록
싱글	OS1	8.10 μm	125 μm	노랑

a. ISO 11801에 따른다.
b. OM3는 레이저 광선 전송용으로 최적화된 것이다.

이더넷 접속과 확장

이더넷은 여러 유형의 장치를 통해 연결될 수 있다. 다음 옵션들은 대략적인 가격에 따라 나열된 것이며 가장 값싼 옵션이 제일 앞에 온다. 어떤 장치가 한 네트워크에서 다른 네트워크로 데이터를 전송하는 데 더 많은 로직을 사용할수록 그 장치는 더 많은 하드웨어와 임베디드 소프트웨어가 필요하며 가격은 더 비싸진다.

허브

옛날부터 내려온 장치인 허브[hub]는 집중화기[concentrator] 또는 중계기[repeater]라고도 한다. 허브는 물리적 계층에서 이더넷 세그먼트들을 연결하는 능동 기기[active device]이며 외부 전원이 필요하다.

허브는 이더넷 프레임들을 시간을 재조정[retime]하거나 재전송[retransmit]하기는 하지만 해석하지는 않는다. 허브는 패킷이 어디로 가는지, 어떤 프로토콜을 사용하고 있는지 알지 못한다. 매우 이례적인 특별한 경우가 아니라면 이제 허브는 기업 네트워크에서는 사용하지 않는 게 좋다. 거주지(소비자) 네트워크에서도 허브를 사용하지 말라고 권하고 싶다. 스위치들이 네트워크 대역폭을 훨씬 더 효율적으로 사용할 수 있으며 요즘은 가격도 저렴하다.

스위치

스위치^{Switch}는 링크 계층에서 이더넷을 연결한다. 스위치는 두 개의 물리적 네트워크를 결합해 하나의 커다란 물리적 네트워크처럼 보이게 만든다. 요즘의 스위치는 이더넷 장치들을 연결하는 산업 표준이 됐다.

스위치는 하드웨어에서 패킷들을 수신, 재생성, 재전송하며 동적 학습 알고리듬 dynamic learning algorithm을 사용한다. 스위치는 어떤 출발지 주소가 어떤 포트에서 온 것인지 안다. 필요할 경우에만 포트 간에 패킷을 전달한다. 처음에는 모든 패킷을 포워딩하지만 수초 후에 스위치는 대부분의 호스트 위치를 학습해 선별적으로 포워딩할 수 있게 된다.

모든 패킷이 네트워크 간에 포워딩되는 것은 아니기 때문에 한 스위치에 연결된 각 케이블 세그먼트는 모든 머신이 같은 케이블에 있을 때보다 트래픽이 덜 포화된다. 대부분의 통신이 지역화되는 경향을 고려할 때 피상 대역폭apparent bandwidth은 극적으로 증가할 수 있다. 그리고 논리적 네트워크 모델은 스위치의 존재 여부에 영향을 받지 않기 때문에 스위치를 설치함으로써 발생되는 관리적 주요점은 거의 없다.

네트워크에 루프가 포함되면 스위치들은 혼선을 일으킬 수 있다. 이러한 혼선은 단일 호스트에서의 패킷이 두 개 이상의 스위치 포트에 있는 것처럼 보이기 때문에 발생한다. 하나의 이더넷은 루프를 포함할 수 없지만 여러 개의 이더넷을 라우터나 스위치로 연결함에 따라 한 호스트로 가는 여러 개의 경로가 토폴로지에 포함될 수 있다. 일부 스위치는 기본 루트가 불통인 경우에 대안 루트를 역방향으로 선택함으로써 이런 상황을 다룰 수 있다. 이런 스위치들은 나머지 섹션에 네트워크의 각 노드에 이르는 경로가 오직 하나만 존재할 때까지 자신에게 보이는 네트워크의 가지들을 쳐낸다. 일부 스위치는 동일한 두 개의 네트워크 사이에 존재하는 중복된 링크들을 다룰 수 있으며 트래픽을 라운드로빈round robin 방식으로 라우팅한다.

스위치들은 패킷을 포워딩할 것인지를 결정하고자 반드시 모든 패킷을 스캔해야 한다. 스위치 성능은 보통 패킷 스캔율packet scanning rate과 패킷 전달률packet forwarding rate로 측정된다. 많은 업체가 성능을 나타내는 그림에서 패킷 크기를 언급하지 않으므로 실제의 성능은 광고하는 것보다 낮을 수 있다.

이더넷 스위칭 하드웨어의 속도는 계속 빨라지고 있음에도 단 하나의 논리적 세그먼트에 백 개 이상의 호스트를 연결하는 데는 여전히 합당한 기술이 아니다. 브로드캐스트 트래픽은 반드시 스위치 기반 세그먼트에 있는 모든 포트에 전달돼야 하기 때문에 '브로드캐스트 스톰broadcast storm'과 같은 문제들은 대규모 스위치 기반 네트워크를 괴롭힌다. 이런 문제를 해결하려면 라우터를 사용해 스위칭 세그먼트들 간에 브로드캐스트 트래픽을 분리시킴으로써 한 개 이상의 논리적 이더넷을 생성한다.

스위치를 선택하는 일은 어려울 수 있다. 스위치 시장은 경쟁이 매우 치열한 컴퓨터 산업 분야라서 터무니없는 마케팅 클레임으로 시달리고 있다. 스위치 업체를 선택할 때는 업체가 제공하는 데이터에 의존하지 말고 독립적으로 평가해야 한다. 최근 몇 년간 '최상의' 제품을 보유한 업체가 몇 달 동안 성능 개선을 시도하다가 성능과 신뢰성을 완전히 상실해서 다른 제조업체가 정상에 등극하는 일이 흔했다.

모든 경우에 있어 스위치의 백플레인 속도backplane speed가 적당한지를 확인하자. 결국에 가서 실제로 중요한 것은 백플레인 속도이기 때문이다.

VLAN 스위치

대규모 사이트에서는 포트들을 가상 랜VLAN, Virtual Local Area Network이라 불리는 작은 그룹들로 나누는 스위치를 사용하면 여러 가지 이점을 얻을 수 있다. VLAN은 마치 포트들이 자신의 전용 스위치에 접속돼 있는 것처럼 동일한 논리적 세그먼트에 속해 있는 포트들의 그룹이다. 이런 식의 파티셔닝은 트래픽을 분리하는 스위치 능력을 늘려주며 보안과 성능 면에서 모두 좋은 효과를 볼 수 있다.

VLAN들 간의 트래픽은 라우터 또는 스위치 내의 계층 3 라우팅 모듈이나 라우팅 소프트웨어 계층에 의해 처리된다. 이런 시스템의 확장으로 'VLAN 트렁킹trunking'(IEEE 802.1Q 프로토콜에 기술된 것과 같음)은 물리적으로 분리된 스위치들이 같은 논리적 VLAN상의 포트들을 서비스할 수 있게 해준다.

VLAN만으로는 보안 증대 효과가 거의 없다는 점을 인식하는 게 중요하다. 어떤 잠재적인 보안 효과를 얻으려면 반드시 VLAN들 간에 트래픽을 필터링해야 한다.

라우터

라우터^{Router}('계층 3 스위치'라고도 함)는 OSI 네트워크 모델의 세 번째 계층인 네트워크 계층에서 트래픽을 지휘한다. TCP/IP 프로토콜 헤더에 있는 정보에 따라 패킷의 마지막 목적지까지 패킷을 나른다. 단순히 한 장소에서 다른 장소로 패킷을 옮기는 것 외에도 라우터는 패킷 필터링(보안 목적), 우선순위 지정(서비스 품질 목적), 거시적 네트워크 토폴로지 탐색과 같은 기능들도 수행할 수 있다. 라우팅이 실제로 어떻게 작동하는지에 관한 모든 세부 사항은 14장을 참고한다.

라우터는 두 가지 형태, 즉 고정 환경설정$^{fixed\ configuration}$과 모듈러^{modular} 중 하나를 취한다.

- 고정 환경설정 라우터는 공장에서 영구적으로 설치된 네트워크 인터페이스를 갖는다. 이런 라우터들은 보통 소규모의 특화된 애플리케이션에 적합하다. 예를 들어 T1 인터페이스와 이더넷 인터페이스를 갖는 라우터는 소규모 회사를 인터넷에 연결하는 데 좋다.
- 모듈러 라우터는 최종 사용자가 인터페이스를 추가할 수 있는 슬롯이나 버스 구조로 돼 있다. 이 방식의 라우터가 가격은 더 비싸지만 장래를 고려할 때 유연성이 훨씬 좋다.

요구되는 신뢰성이나 기대하는 트래픽 부하에 따라 라우터 역할을 하도록 구성된 유닉스나 리눅스 시스템을 사용하는 것보다 전용 라우터를 사용하는 것이 더 저렴할 수도 있고 그렇지 않을 수도 있다. 하지만 전용 라우터는 대개 매우 우수한 성능과 신뢰도를 갖고 있다. 이는 네트워크 설계의 한 영역으로, 대개는 나중에 생길 골칫거리를 피하고자 미리 추가 비용을 지불하는 것이 바람직하다.

자동 협상

다양한 이더넷 표준이 등장하면서 네트워크가 어떻게 구성됐는지를 파악하고 그에 따라 설정을 조정할 수 있는 장치들이 필요하게 됐다. 예를 들어 링크의 한쪽에서는 네트워크가 1Gb/s로 작동한다고 생각하고 다른 한쪽에서는 10Mb/s로 작동한다고 생각한다면 그 네트워크는 작동하지 않을 것이다. IEEE 표준의 이더넷 자동 협상^{Ethernet Autonegotiation} 기능은 이런 문제를 탐지하고 해결하기 위한 것이다. 그러나 그 기능이 잘 작동하는 경우도 있지만 어떤 경우에는 잘못 적용돼 문제를 더 심각하게 만든다.

자동 협상에는 다음과 같은 두 가지 철칙이 있다.

- 모든 1Gb/s 이상의 인터페이스는 반드시 자동 협상을 사용해야 한다. 이것은 표준에 의해 요구되는 사항이다.
- 100Mb/s 이하로 제한되는 인터페이스는 반드시 링크의 양단을 모두 자동 협상으로 설정하든지, 아니면 양쪽 모두 속도와 이중 모드(전이중 또는 반이중)를 수작업으로 설정해야 한다. 한쪽만 자동 협상 모드로 설정하면 (대부분의 경우에) 다른 한쪽이 어떻게 설정돼 있는지를 '학습'하지 못하게 된다. 따라서 환경설정이 불일치해 성능이 저하되는 결과를 얻게 된다.

네트워크 인터페이스의 자동 협상 정책을 설정하는 방법을 알려면 TCP/IP 네트워킹의 시스템별 부분을 참고한다.

이더넷을 통한 전원 공급

이더넷을 통한 전원공급^{PoE, Power over Ethernet}은 UTP 이더넷(IEEE 802.3af)의 확장으로, 이더넷 신호를 전달하는 UTP 케이블을 통해 장치들에게 전원을 공급한다. 네트워크 접속뿐 아니라 비교적 적은 양의 전원을 필요로 하는 인터넷 전화^{VoIP, Voice over IP}나 무선 접근 포인트^{access point}에서 특히 유용하다.

PoE 시스템의 전원 공급 용량은 3.84와트에서 25.5와트까지의 범위 안에서 네 단계로 분류된다. 이러한 용량은 결코 만족할 수 없는 것이어서 업계에서는 더 큰 용량의 전원 표준(802.3bt)에 관한 작업을 하고 있다. 아마도 100와트 이상을 공급하게 될 것이다. 회의실에 있는 네트워크 포트에서 전원을 끌어다 이지베이크 오븐^{Easy-Bake Oven}을 작동시키면 편리하지 않을까?[5]

---

5. 궁금해 하는 분들을 위해 PoE 포트에서 작은 리눅스 시스템을 부팅하는 것이 가능하다. 아마도 가장 간단한 선택은 파이 PoE 스위치 HAT 보드가 장착된 라즈베리 파이(Raspberry Pi)일 것이다.

PoE는 시스템 관리자에게 중요한 두 가지 영향을 준다.

- PoE 기능이 포함된 스위치 포트들의 사용 계획을 수립할 수 있도록 기반 시설에 포함된 PoE 장치들을 잘 알고 있어야 한다. PoE가 있는 장치들은 없는 장치들보다 훨씬 비싸다.

- PoE 스위치들을 보관하는 데이터 클로짓^{data closet}을 위한 전력 예산은 반드시 PoE 장치들의 전력량을 포함해야 한다. PoE 전력을 소모함으로써 발생되는 대부분의 열은 클로짓 바깥에서(주로 사무실) 소진되기 때문에 클로짓용 냉각을 위한 예산을 추가로 잡을 필요는 없다는 점에 유의한다.

점보 프레임

이더넷은 1,500바이트(프레임 포함 1,518바이트)의 전형적인 패킷 크기로 표준화됐다. 이 값은 아주 오래전 네트워크가 느리고 버퍼용 메모리가 부족하던 시절에 선택된 값이다. 요즘의 기가비트 이더넷의 관점에서 보면 이런 1,500바이트 패킷들은 간결해 보인다. 모든 패킷에는 오버헤드와 시간 지연이 있기 때문에 더 큰 패킷 크기가 허용된다면 네트워크 처리 능력은 더 커질 수 있다.

불행히도 다양한 타입의 이더넷용 오리지널 IEEE 표준들은 상호 호환성 문제 때문에 커다란 패킷을 금지했다. 하지만 도로 교통량이 이상하게도 종종 규정된 속도 제한보다 더 빠르게 흐르는 것처럼 요즘의 네트워크에서는 매우 큰 이더넷 패킷들이 흔히 보인다. 고객들의 요구로 대부분 네트워크 장비 제조사들은 자신들의 기가비트 제품 속에 대형 프레임 지원을 포함시켰다.

점보 프레임^{Jumbo Frames}이라 불리는 이런 패킷들을 사용하려면 네트워크 인터페이스의 MTU 등급을 올리기만 하면 된다. 처리량 이득은 트래픽 패턴에 따라 다르지만 TCP에서의 대량 전송(예, NFSv4 또는 SMB 파일 서비스)일 때 최대의 이득을 볼 수 있다. 그다지 크지는 않지만 대략 10% 정도의 상당한 향상을 기대할 수 있다.

다음과 같은 사항들도 잘 알아두기 바란다.

- 스위치와 라우터를 포함해 서브넷의 모든 네트워크 장비는 점보 프레임을

지원하고 사용해야 한다. 지원하지 않는 장비와 섞어 사용할 수 없다.

- 점보 프레임은 표준이 아니기 때문에 보통은 명시적으로 활성화시켜야 한다. 장치들은 기본으로 점보 프레임을 수용하지만 생성하지는 않을 수도 있다.

- 점보 프레임은 일종의 위법이라 할 수 있으므로 점보 프레임이 정확히 얼마나 클 수 있고 최소한 어느 정도 커야 하는지에 관해서는 전체적으로 합의된 바가 없다. 가장 일반적인 값은 9,000바이트 또는 프레임을 포함해서 9,018바이트다. 자신의 장치가 사용하는 최대 패킷 크기를 판단하려면 장치를 조사해봐야 한다. 9K보다 큰 프레임들은 가끔 '슈퍼 점보 프레임^{super} $^{jumbo\ frame}$'이라 부르기도 하지만 극단적인 이름에 겁먹을 필요는 없다. 더 클수록 더 좋은 게 일반적이며 적어도 64K 정도까지 가능하다.

필자는 기가비트 이더넷에서 점보 프레임의 사용을 지지하지만 뭔가 잘못됐을 때 추가적인 디버깅 작업을 할 준비가 돼 있어야 한다. 새로운 네트워크는 기본 MTU로 전개하고 기반 네트워크의 신뢰성이 검증된 후에 점보 프레임으로 전환하는 것이 가장 합리적이다.

14.2 무선: 노마드를 위한 이더넷

무선 네트워크$^{wireless\ network}$는 무선 접근 포인트$^{Wireless\ Access\ Point}$(WAP 또는 AP)과 무선 클라이언트들로 구성된다. WAP는 전통적인 유선 네트워크에 연결되거나(이것이 일반적인 구조임) 다른 접속점에 무선으로 연결될 수도 있다. 후자를 '무선 메시$^{wireless\ mesh}$'라고도 한다.

무선 표준

요즘의 일반적인 무선 표준은 IEEE 802.11g와 802.11n, 802.11ac다. 802.11g는 2.4GHz 주파수 대역$^{frequency\ band}$에서 작동하며 54Mb/s 속도까지 LAN과 같은 접속을 제공한다. 작동 범위는 장비와 지형에 따라 100미터에서 40킬로미터까지 다양하다.

802.11n은 600Mb/s[6] 대역폭까지 전송하며 5GHz 주파수 대역(권장)과 2.4GHz 대역을 모두 사용할 수 있다. 일반적인 작동 범위는 802.11g의 약 두 배다. 802.11ac는 1Gb/s까지의 다중 스테이션 처리량multistation throughput을 지원하는 802.11n의 확장이다.

이러한 표준들은 모두 '와이파이Wi-Fi'라는 일반 용어로 통칭된다. 이론적으로는 IEEE 802.11 패밀리의 이더넷 구현에만 와이파이 레이블을 사용하도록 제한돼 있다. 하지만 이는 실제로 구매할 수 있는 무선 이더넷 하드웨어의 유일한 종류이기 때문에 사실상 모든 무선 이더넷은 와이파이다.

요즘은 802.11g와 802.11n이 가장 흔하다. 송수신기transceiver 값이 싸며 대부분의 노트북에 내장돼 있다. 데스크톱 PC용으로는 값싼 확장 카드가 널리 사용되기도 한다.

무선 클라이언트 접근

적당한 하드웨어와 드라이버만 있다면 무선 네트워크에 클라이언트로 접속되게 유닉스나 리눅스 박스를 구성할 수 있다. 대부분의 PC 기반 무선 카드들은 아직도 마이크로소프트 윈도우용으로 설계되기 때문에 FreeBSD나 리눅스 드라이버는 제품에 포함되지 않을 수도 있다.

FreeBSD나 리눅스 시스템에 무선 접속을 추가하려면 다음과 같은 명령들이 필요할 것이다.

- **ifconfig:** 무선 네트워크 인터페이스의 환경을 설정한다.
- **iwlist:** 사용 가능한 무선 접속점의 목록을 보여준다.
- **iwconfig:** 무선 접속 매개변수들을 설정한다.
- **wpa_supplicant:** 무선(또는 유선 802.1x) 네트워크에 인증한다.

불행히도 저가 하드웨어를 팔기 위한 업체들의 치열한 경쟁으로 인해 종종 무선

---

6. 802.11n의 600Mb/s 대역폭은 대략적인 이론값이다. 실제 운용에서는 대략 400Mb/s의 대역폭이 최적화된 환경설정을 위한 좀 더 현실적인 기대치다. 이론적 처리량과 현실적 처리량 사이의 차이는 대부분 클라이언트 장치의 환경과 기능에서 온다. 무선의 세계에서는 항상 "당신의 마일리지는 달라질 수 있다."는 말이 적용된다.

어댑터를 유닉스나 리눅스에서 정확히 작동하게 만드는 데 수 시간의 시행착오를 겪기도 한다. 사전에 계획을 잘 세우거나 자신이 사용하는 것과 같은 OS 버전에서 인터넷의 누군가가 성공을 거둔 사례가 있는 어댑터를 구매하자.

무선 인프라와 WAP

누구나 모든 곳에서 모든 것을 무선으로 하고 싶어 하기 때문에 아주 다양한 제품들이 무선 서비스를 제공하고자 판매되고 있다. 하지만 모든 게 그렇듯이 얻는 만큼 가격을 치르게 돼 있다. 값싼 장치들은 홈 사용자의 요구는 충족시키지만 기업 환경에서는 규모 확장에 실패하곤 한다.

무선 토폴로지

WAP는 보통 한 개 이상의 무선장치와 일종의 임베디드 네트워크 운영체제(가장 기본적인 버전의 리눅스)로 구성된 전용 기기다. 단일 WAP는 다수의 클라이언트를 위해 접속점을 제공할 수 있지만 클라이언트 수가 무제한인 것은 아니다. 경험 법칙상 한 개의 기업용 WAP에서 40개를 넘지 않는 클라이언트를 동시에 서비스하는 것이 좋다. WAP가 제공하는 무선 표준을 통해 통신하는 장치는 모두 클라이언트 역할을 할 수 있다.

WAP는 SSID라고 부르는 한 개 이상의 '서비스 세트 식별자'$^{Service Set Identifier}$를 공고 ^{advertise}하도록 설정된다. SSID는 무선 랜의 이름과 같은 역할을 하며 특정 영역 내에서 고유한 것이어야 한다. 클라이언트가 무선 랜에 접속하길 원하면 어떤 SSID들이 현재 공고되고 있는지 대기해서 해당 네트워크들을 사용자가 선택할 수 있게 해준다.

SSID 이름은 '3층 공공장소'와 같이 기억하기 쉽고 식별하는 데 도움이 되는 이름이 좋으며 좀 더 창의적인 이름을 사용해도 좋다. 필자가 선호하는 창의적인 SSID 이름 중에는 다음과 같은 것들도 있다.

- FBI Surveillance Van(FBI 감시 차량)
- The Promised LAN('약속의 땅'에서 Land 대신 LAN을 사용)

- IP Freely("나는 아무데나 오줌을 눈다."와 같은 발음)

- Get Off My LAN("내 LAN에서 나가시오")

- Virus Distribution Center(바이러스 배포 센터)

- Access Denied(접근 거부)

유머만큼 좋은 것은 없다. 가장 간단한 시나리오는 한 개의 WAP가 하나의 SSID를 공고하고 한 클라이언트가 그 SSID에 접속하는 게 전부인 경우다. 그러면 네트워크상에 있게 되는 것이다.

하지만 무선 네트워킹에서는 그렇게 단순하지 않다. 집이나 빌딩이 너무 커서 하나의 WAP으로 서비스할 수 없다면 어떻게 할까? 또는 직원과 방문객처럼 다른 사용자 그룹에는 다른 네트워크를 제공해야 한다면 어떻게 할 것인가? 이런 경우에는 무선 네트워크를 전략적으로 구조화할 필요가 있다.

사용자나 직무 그룹들을 나누고자 여러 개의 SSID를 사용할 수 있다. 일반적으로는 그것들을 서로 분리된 VLAN에 매핑시키고 나서 유선 네트워크와 같이 원하는 것으로 라우팅하거나 필터링할 수 있다.

802.11 무선에 할당된 주파수 스펙트럼은 흔히 채널channel이라 불리는 대역band들로 분할된다. WAP는 자동으로 SSID 공고를 위한 조용한 무선 채널을 선택한다. 그런 다음 클라이언트와 WAP는 그 채널을 이용해 단일 브로드캐스트 도메인을 형성하면서 서로 통신한다. 근방의 다른 WAP들은 사용할 수 있는 대역폭을 최대화하고 간섭을 최소화하고자 다른 채널을 선택할 것이다.

이론의 골자는 클라이언트가 다른 곳으로 이동하게 되면 신호가 약해져 WAP에서 연결이 해제되고 더 강력한 신호를 가진 가까운 WAP에 연결된다는 것이다. 하지만 이론과 현실이 일치하지 않는 경우가 종종 있다. 많은 클라이언트가 더 좋은 옵션을 무시하고 죽음에 이를 때까지 약한 WAP 신호를 계속 붙들곤 한다.

대부분의 상황에서는 WAP가 선호하는 채널을 자동으로 선택할 수 있게 하는 것이 좋다. 불가피하게 이런 과정을 수작업으로 개입해서 802.11b/g/n을 사용하려고 한다면 채널 1, 6 또는 11을 선택한다. 이 채널들에 할당된 스펙트럼은 중첩되지 않기 때문에 이 채널들을 결합하면 완전 개방된 무선 도로의 가능성이 가장 커진다. 802.11a/ac용 기본 채널들은 전혀 중첩되지 않으므로 선호하는 숫자를 고르기만 하면 된다.

일부 WAP는 여러 개의 안테나를 갖고 다중 입력 다중 출력^{MIMO} 기술을 활용한다. 이 기술을 사용하면 전파 지연으로 생기는 신호 오프셋^{signal offset}을 이용해 여러 개의 발신기와 수신기를 최대한 활용함으로써 사용할 수 있는 대역폭을 늘릴 수 있다. 또한 일부 상황에서는 안테나의 눈부신 확산이 가져오는 기대만큼의 향상은 아니겠지만 약간의 성능 향상은 제공할 수 있다.

물리적으로 더 넓은 영역을 커버하고자 한다면 여러 개의 WAP를 배치하면 된다. 그 영역이 완전히 개방된 상태이면 그리드^{grid} 구조로 배치할 수 있다. 물리적 플랜트에는 벽이나 그 밖의 장애물도 포함되기 때문에 전문적인 무선 측량에 투자하고자 할 수도 있다. 무선 측량은 특정 공간의 물리적 속성이 주어졌을 때 최선의 WAP 배치를 알려준다.

저가 무선 제품

우리는 저가 고성능 홈 네트워크용으로 유비쿼티(ubnt.com)사에서 만든 제품들을 선호한다. 구글 와이파이^{Google Wifi}는 훌륭한 클라우드 기반 솔루션으로서 원격 가족 구성원을 지원한다면 대단히 좋은 제품이다. 또 다른 옵션은 상용 WAP에서 OpenWrt나 LEDE와 같은 최소 버전의 리눅스를 실행하는 것이다. 더 자세한 정보와 호환 하드웨어 목록을 보려면 openwrt.org를 참조한다.

요즘은 정말로 많은 업체가 무선 접근 포인트 제품들을 판매하고 있다. 홈디포^{Home Depot}에서도 살 수 있으며 심지어 편의점에서도 살 수 있다. 30달러 대의 싸구려 제품들은 대량 파일 전송이나 한 명 이상의 액티브 클라이언트를 다룰 때 형편없는 성능을 보여주는 듯하다.

고가 무선 제품

크기가 큰 무선 제품은 가격도 높다는 것을 의미한다. 대규모의 영역(병원, 경기장, 학교, 도시)에 안정된 고밀도 무선기기를 공급하는 일은 물리적 플랜트의 제약점,

사용자 밀도, 성가신 물리 법칙들에 의해 복잡하기 이를 데 없는 일종의 도전 과제다. 이 같은 상황에서는 각 WAP의 위치와 상태를 잘 알아 최선의 결과를 내기 위한 WAP 채널, 신호 강도, 클라이언트 결합을 능동적으로 조정할 수 있는 기업용 급의 무선 장비들이 필요하다. 이러한 시스템들은 보통 투명성 있는 로밍^{transparent roaming}을 지원하기 때문에 클라이언트와 특정 VLAN과의 결합을 허용함으로써 클라이언트가 다른 WAP로 이동해도 세션이 끊어짐 없이 그 결합을 따라갈 수 있게 해준다.

필자가 가장 선호하는 대형 무선 플랫폼은 에어로하이브 앤드 머라키^{Aerohive and Meraki}(현재는 시스코 소유)에서 만든 것들이다. 이 차세대 플랫폼들은 클라우드로 관리되기 때문에 해변에서 마티니를 마시며 브라우저를 통해 자신의 네트워크를 모니터링할 수 있다. 안락한 비치 의자에 누워 개별 사용자를 무선 네트워크에서 방출시키는 것도 가능하다.

대규모로 무선 네트워크를 전개하고 있는 중이라면 무선 네트워크 분석기^{wireless network analyzer}에 투자가 필요할 것이다. 에어마그넷^{AirMagnet}에서 만든 분석 제품들을 강력히 추천한다.

무선 보안

전통적으로 무선 네트워크 보안은 매우 취약했다. 유선 동등 프라이버시^{WEP, Wired Equivalent Privacy}는 공중파로 전송되는 패킷들을 암호화하고자 옛 802.11b 네트워크와 함께 사용되는 프로토콜이다. 불행히도 이 표준에는 치명적인 설계 결함이 포함돼 있어 스누퍼^{snooper}들 상대로 범퍼 역할을 거의 하지 못한다. 빌딩이나 집 밖에 앉아 있는 누구라도 네트워크에 직접적으로 눈에 띄지 않게 보통 일 분 안에 접근할 수 있다.

최근의 와이파이 보호 접속^{WPA, Wi-Fi Protected Access} 보안 표준들은 무선 보안에 새로운 신뢰성을 가져왔다. 요즘에는 모든 새로운 설치에 WEP 대신 WAP(특히 WPA2)가 사용돼야 한다. WPA2가 없다면 그 무선 네트워크는 완전히 불안전한 것으로 간주해야 하고 기업 방화벽 안쪽에 있어서는 안 된다. 집에서조차도 WEP는 사용하지 말자.

WEP가 불안전한 것이고 WPA가 안전한 것임을 쉽게 기억하려면 WEP가 유선 동등 프라이버시를 의미한다는 것만 기억하면 된다. 그 이름은 정확하다. WEP는 누군가 나의 유선 네트워크에 직접 접속한 것과 같은 만큼의 보호를 제공한다는 의미이다(다시 말해 적어도 IP 레벨에서는 어떤 보호도 없다는 뜻이다).

14.3 SDN: 소프트웨어 정의 네트워킹

서버 가상화와 마찬가지로 물리적 네트워크 하드웨어를 네트워크의 기능적 구조에서 분리하면 유연성과 관리성이 매우 크게 증가할 수 있다. 이 경로를 따라가는 최고의 견인력은 소프트웨어 정의 네트워킹^{SDN, Software-Defined Networking} 운동이다.

SDN의 핵심 개념은 네트워크를 관리하는 요소들(제어 평면^{control plane})을 패킷을 전송하는 요소들(데이터 평면^{data plane})에서 물리적으로 분리하는 것이다. 데이터 평면은 제어 평면을 통해 프로그래밍할 수 있기 때문에 성능, 보안, 접근성 목표를 만족시키고자 데이터 경로를 정밀하게 또는 동적으로 설정할 수 있다.

통신 업계의 많은 것이 그렇듯이 기업 네트워트용 SDN도 일종의 마케팅 술책이 돼 왔다. 원래의 목적은 제조업체에 종속되지 않고 독립적으로 네트워크 구성 요소들을 재구성하는 방법을 표준화하는 것이었다. 이러한 이상적 목표의 일부는 실현됐지만 지금은 많은 업체가 SDN의 원래 목적에 반하는 자기만의 고유한 기업용 SDN 제품들을 공급하고 있다. 기업 SDN 공간을 탐색하고 있는 중이라면 공개 표준에 부합하고 다른 업체의 제품과 호환되는 제품을 선택하길 바란다.

대형 클라우드 공급자들에 대해 SDN은 특정 자원의 물리적 위치를 알아야 하거나 신경 써야 할 필요를 덜어주는 유연성 계층을 추가한다. 이러한 해법들은 업체의 사유물이지만 클라우드 공급자들의 플랫폼에 밀접하게 통합돼 있으며 가상 인프라를 손쉽게 구성할 수 있다.

SDN과 그 API 구동 환경설정 시스템은 지속적 통합 및 전개를 위한 데브옵스^{DevOps} 방식의 도구를 이용해 네트워크 토폴로지 관리를 통합하는 기회를 시스템 관리자에게 제공한다. 아마도 일부 이상적인 환경에서는 한 번의 클릭으로 활성화될 준비가 돼 있는 '다음 단계'의 상용 서비스 환경을 항상 갖게 될 것이다. 새로운 환경이 상용으로 이동하면서 네트워크 인프라는 마술처럼 바뀌며 사용자가 볼 수 있는 서비스 가동 중지 시간이나 유지 관리 윈도우의 일정을 계획할 필요가 없어진다.

14.4 네트워크 테스팅과 디버깅

네트워크 디버깅의 핵심은 그것을 구성 요소 파트들로 쪼개서, 문제를 일으키는 장치나 케이블을 분리해낼 때까지 각 조각을 테스트하는 것이다. 스위치에나 허브에 있는 '링크 상태'나 '패킷 트래픽'과 같은 '경고등idiot light'은 종종 문제의 출처에 대한 즉각적인 단서를 포함하고 있다. 이러한 표시등들이 시스템 관리자 편의에 맞도록 작동하게 만들려면 배선 체계에 관한 최고의 문서화 작업이 필수다.

대부분 업무에서와 같이 올바른 도구를 사용하는 것이 그 작업을 빠르고 정확하게 수행할 수 있게 해주는 가장 중요한 부분이다. 시장에서는 통일된 하나의 장치로 빠르게 통합되고 있으나 주로 두 가지 타입의 네트워크 디버깅 도구를 제공하고 있다.

첫 번째 타입의 도구는 휴대용 케이블 분석기Hand-held Cable Analyzer다. 이 장치는 '시간 영역 반사 측정 기법Time Domain Reflectometry'이라는 근사한 기술을 이용해 주어진 케이블의 길이를 포함한 여러 가지 전기적 특성들을 측정할 수 있다. 보통 이 분석기는 절단되거나 잘못 배선된 케이블과 같은 간단한 오류도 찾아낼 수 있다.

우리가 가장 선호하는 LAN 케이블 분석 제품은 플루크 랜미터Fluke LanMeter다. 이 제품은 네트워크를 향해 IP 핑까지도 수행할 수 있는 올인원 분석기다. 상위 버전은 자체적으로 웹 서버를 갖고 있어 작업 내역 통계를 보여줄 수 있다. WAN(통신사) 회로의 경우에는 T-BERD 라인 분석기가 매우 훌륭하다. 이 제품은 비아비Viavi (viavisolutions.com)에서 만들었다.

두 번째 타입의 디버깅 도구는 네트워크 스니퍼Network Sniffer다. 스니퍼는 케이블을 지나는 바이트들을 캡처해서 네트워크 패킷을 분해해 프로토콜 오류, 환경설정 오류, 일반적인 문제들을 찾는다. 스니퍼는 전기적 계층이 아닌 네트워크의 링크 계층에서 작동하기 때문에 케이블 문제나 네트워크 인터페이스에 영향을 주는 전기적 문제들은 진단할 수 없다.

상용 스니퍼들을 구매할 수도 있지만 노트북에서 자유롭게 쓸 수 있는 와이어샤크^{Wireshark}라는 프로그램이 최선의 선택이라는 것을 발견했다.[7] 자세한 내용은 '패킷 스니퍼' 절을 보기 바란다.

14.5 빌딩 배선

빌딩 배선^{building wiring} 프로젝트를 시작하려는 중이라면 여기서 해줄 수 있는 가장 중요한 조언은 "처음에 정확하게 하라."는 것이다. 이 일은 지나치게 물자를 아끼거나 원칙을 무시해도 되는 영역이 아니다. 양질의 자재를 구매하고, 경쟁력 있는 배선 업자를 선택하고, 여분의 연결(드롭)을 설치하는 것은 미래의 좌절과 가슴앓이에서 여러분을 구해줄 것이다.

UTP 케이블링 옵션

카테고리 6a 케이블은 현재 시장에서 가장 뛰어난 가격 대비 성능을 제공한다. 일반적인 포맷은 피복당 4쌍으로, RS-232부터 기가비트 이더넷에 이르기까지 다양한 데이터 연결용으로 적합하다.

카테고리 6a 사양은 접점까지 선 꼬임^{twist}의 유지를 요구한다. 이 요건을 만족하려면 특수한 트레이닝 및 종단 장치가 필요하다. 반드시 카테고리 6a 잭과 패치 패널^{patch panel}이 사용돼야 한다. 지금까지는 운 좋게도 시몬^{Siemon}에서 만든 부품들을 사용할 수 있었다.

사무실까지 연결

지난 수년간 사무실당 몇 개의 케이블이 연결돼야 하는지에 관한 논쟁이 지속돼 왔다. 사무실당 한 개의 접속은 충분하지 않다는 것은 명백하다. 하지만 두 개가

---

7. 수많은 대중적 프로그램들처럼 와이어샤크도 종종 해커들의 공격 타깃이 되곤 한다. 가장 최신 버전으로 업데이트된 것인지 꼭 확인하자.

좋을까? 네 개가 좋을까? 고대역폭 무선의 발명으로 인해 이제 우리는 여러 가지 이유로 두 개를 권장한다.

- 음성 전화와 기타 특수 장치를 지원하려면 유선 접속을 한 개 이상 사용하는 게 일반적이다.
- 이제 대부분의 사용자 장치들은 무선 네트워킹을 통해 접속될 수 있으며 사용자들은 케이블에 얽매이는 것보다 무선을 선호한다.
- 네트워크 배선 예산은 각 사무실에 케이블을 더 배정하는 것보다는 (클로 짓까지 광케이블을 끌고 오는 등의) 코어 인프라에 투자하는 게 낫다.

빌딩 전체의 와이어링 공사를 진행하고 있다면 복도, 회의실, 식당, 화장실뿐 아니라 (무선 접속점을 위해) 천장에도 아웃렛^{outlet} 설치를 고려하고 있을 것이다. 하지만 보안을 염두에 두고 공개된 접속 포트는 내부 네트워크 자원에 접근할 수 없는 '손님용^{guest}' VLAN에 둬야 함을 잊어서는 안 된다. 802.1x 인증을 구현함으로써 공개 포트를 안전하게 할 수도 있다.

배선 표준

현대식 빌딩들은 내부에서 일어나는 모든 다양한 활동을 지원하고자 크고 복잡한 와이어링 인프라를 종종 요구한다. 통신 배선반 안으로 들어가는 일은 비위 약한 사람들에게는 충격적인 체험이 될 수도 있다. 레이블도 없이 색상으로 식별되는 전선들이 벽을 덮고 있는 경우가 많기 때문이다.

추적 가능성을 높이고 빌딩 와이어링을 표준화하려는 노력으로 미국 전기통신공업회^{TIA}에서는 1993년에 TIA/EIA-606(상용 통신 인프라를 위한 관리 표준)을 발행했으며, 그 후 2012년에 TIA/EIA-606-B로 업데이트했다.

EIA-606은 통신 인프라의 식별과 문서화를 위한 요건과 가이드라인을 규정한다. EIA-606가 다루는 항목에는 다음과 같은 것들이 포함된다.

- 종단^{Termination} 하드웨어
- 케이블

- 케이블 경로^{Cable Pathway}
- 장비 공간
- 인프라 컬러 코딩^{Color Coding}
- 레이블링^{Labeling} 요건
- 표준 구성 요소를 위한 심볼

특히 이 표준은 와이어링에 사용되는 색상들을 규정한다. 표 14.5는 구체적 내용을 보여준다.

표 14.5 EIA-606 색상 차트

종단 타입	색상	코드[a]	설명
분계점(demarcation point)	주황색	150C	전화국(central office) 종단
네트워크 접속	녹색	353C	기타 회로 종단용으로도 사용
공통 장비[b]	보라색	264C	주요 스위칭/데이터 장비 종단
1수준 백본	백색	–	케이블 종단
2 수준 백본	회색	422C	케이블 종단
스테이션	청색	291C	수평 케이블 종단
빌딩간 백본	갈색	465C	캠퍼스 케이블 종단
기타	황색	101C	유지 보수, 알람 등
중요 전화 시스템	적색	184C	–

a. 팬톤 매칭 시스템(Pantone Matching System) 색상 코드
b. PBX, 호스트, 랜, 다중화기 등

팬톤^{Pantone}은 종이용 잉크, 직물용 물감, 컬러 플라스틱을 위한 팬톤 시스템들 간의 매핑 소프트웨어를 판매하고 있다. 좀 더 생각해보면 와이어링, 설치자의 유니폼, 배선 문서도 색상 좌표를 이용할 수 있다는 것을 알게 된다.

14.6 네트워크 설계 이슈

이 절에서는 네트워크의 논리적, 물리적 설계를 다룬다. 중간 크기의 설치에 목표를 두기로 한다. 여기서 제시되는 개념들은 수백 개의 호스트까지 확장될 수 있으나 3개의 머신에 적용하기에는 너무 지나치고 수천 개 머신에는 부적합하다. 적당

한 예산을 갖고 있고 부분적으로만 맞는 얘기지만 백지 상태부터 시작한다는 가정도 세운다.

대부분의 네트워크 설계는 다음 사항들을 지정하는 것으로 구성된다.

- 사용할 매체 타입
- 케이블의 토폴로지와 라우팅
- 스위치와 라우터의 사용

네트워크 설계의 또 다른 주요 이슈는 혼잡 제어^{congestion control}다. 예를 들어 NFS나 SMB와 같은 파일 공유 프로토콜들은 네트워크를 매우 무겁게 만들기 때문에 백본 케이블에서의 파일 서비스는 바람직하지 않다.

다음 절에 제시된 이슈들은 어떤 네트워크 설계에서든 반드시 고려해야 할 전형적인 것들이다.

네트워크 아키텍처와 빌딩 아키텍처

네트워크 아키텍처가 빌딩 아키텍처에 비해 더욱 탄력적이긴 하지만 그 두 가지는 반드시 공존해야 한다. 운 좋게도 빌딩을 구축하기 전에 네트워크를 기술할 수 있다면 아끼지 말고 넉넉하게 설계하자. 우리 대부분은 이미 빌딩과 시설 관리 부서를 모두 갖고 있으며 그들은 다소 융통성이 부족한 편이다.

기존 빌딩에서의 네트워크는 빌딩 아키텍처를 사용해야 하며 그 점에 대해서는 논쟁할 필요가 없다. 현대식 빌딩에는 고전압 전기 배선, 수도관이나 가스관 외에도 데이터 및 전화 케이블을 위한 배선 관로^{utility raceway}가 포함돼 있다. 네트워크 설치자에게 매우 요긴한 매달린 천장^{drop ceiling}이 종종 사용된다. 많은 캠퍼스와 기업이 네트워크 설치를 편리하게 해주는 지하 유틸리티 터널을 갖고 있다.

완전한 상태의 방화벽[8]이 관리돼야 한다. 방화벽을 통해 케이블을 라우팅한다면 그 구멍은 반드시 딱 맞는 크기여야 하고 불연성 소재로 채워져야 한다. 선택한 케이블의 환기 천장 속을 준수해야 한다. 소방법을 위반하면 벌금을 물어야 할 뿐

---

8. 이런 타입의 방화벽은 화재의 확산이나 건물 전소를 막아주는 콘크리트나 벽돌, 내연재로 된 벽이다. 네트워크 보안 방화벽과는 다르지만 똑같이 중요하다.

아니라 네트워크 전체를 해체하고 재구축해야 한다 하더라도 일으킨 문제의 시정이 요구될 수 있다.

네트워크의 논리적 설계는 빌딩의 물리적 제약점들에 딱 들어맞아야 한다. 네트워크를 기술해 나갈 때 논리적으로 좋은 해법을 그린 후에 물리적으로 구현하기 어렵거나 불가능한 점들을 찾아내는 것이 더 쉽다는 점을 염두에 둬야 한다.

확장

향후 10년의 미래 수요를 예측하는 것은 특히 컴퓨터와 네트워킹 분야에서는 힘들다. 따라서 네트워크를 설계할 때는 확장Expansion과 대역폭 증가를 염두에 두고 설계를 해야 한다. 케이블을 설치할 때, 특히 산간벽지나 접근하기 어려운 장소에서는 실제 필요한 케이블 수의 3배 내지는 4배를 설치한다. 설치비용의 대부분은 자재 값이 아니라 인건비라는 점을 기억해두자.

광케이블을 사용할 계획이 없을지라도 빌딩 배선 공사를 할 때는 일부라도 설치하는 게 현명하다. 나중에 케이블 설치가 어려운 상황이라면 특히 그렇다. 멀티 모드와 싱글 모드 광섬유를 모두 설치한다. 미래에 필요한 케이블 종류는 설치하지 않은 종류일 때가 많은 법이다.

정체 현상

네트워크는 체인과 같다. 즉, 가장 약하고 가장 느린 링크에 의해 품질이 결정된다. 이더넷 성능은 다른 네트워크 아키텍처의 성능처럼 네트워크에 부하가 걸림에 따라 비선형적으로 감소한다.

과부하가 걸린 스위치, 맞지 않는 인터페이스, 느린 속도의 링크는 모두 네트워크 정체 현상Congestion을 유발한다. 서브넷을 만들어 라우터와 같은 연결 장치를 사용함으로써 로컬 트래픽을 분리시키는 것이 좋다. 서브넷은 실험용으로 사용되는 머신을 차단하는 데도 사용될 수 있다. 여러 머신이 포함된 실험에서는 그 머신을 네트워크의 나머지 부분으로부터 물리적, 논리적으로 분리할 수 없다면 실험 수행이 힘들다.

유지 관리와 문서화

네트워크의 유지 보수성은 문서화 품질과 밀접한 상관관계가 있다는 것이 밝혀졌다. 정확하고 완전하고 업데이트된 문서화는 필수불가결한 것이다.

케이블의 모든 종단점에는 레이블^{label}을 붙여야 한다. 로컬 케이블 맵의 사본을 통신 배선반 안에 붙여 변경이 이뤄질 때 즉석에서 맵을 업데이트할 수 있게 하는 것은 좋은 아이디어다. 몇 주에 한 번씩 변경 사항들을 배선 데이터베이스에 입력한다.

인구 밀집 지역들을 스위치나 라우터의 형태로 결합하는 것은 네트워크의 부분들을 분리해서 따로 디버깅할 수 있게 함으로써 디버깅을 편리하게 해준다. 비슷한 이유로 정치적인 영역과 행정적인 영역을 결합하는 것도 도움이 된다.

14.7 관리 이슈

네트워크가 정확하게 작동하려면 어떤 것들은 중앙 집중화하고 일부는 분산시키고 일부는 로컬에 둬야 한다. 합리적인 기본 원칙과 '모범 시민' 가이드라인이 공식화되고 합의돼야 한다.

다음은 전형적인 네트워크 환경에 포함되는 것들이다.

- 빌딩 간 백본 네트워크
- 백본에 접속된 부서 서브넷
- 부서 내의 그룹 서브넷
- 외부 세계로의 접속(인터넷 또는 현장 사무소 VPN)

네트워크 설계 및 구현의 여러 가지 측면에는 반드시 사이트 전체의 제어, 책임, 유지 관리, 재무가 포함돼 있어야 한다. 부서들이 자신의 지역 비용을 최소화하려고 함에 따라 각 접속에 대해 지불 거절^{chargeback} 알고리듬을 갖춘 네트워크들이 이상하면서도 예측할 수 있는 방식으로 증가한다. 중앙 제어의 주목표는 다음과 같은 것들이다.

- 네트워크 설계(서브넷, 라우터, 스위치 등의 사용을 포함)
- 백본 네트워크(백본으로의 접속 포함)
- 호스트 IP 주소, 호스트명, 서브도메인명
- 프로토콜들(주로 그들 간의 연동을 보장)
- 인터넷에 대한 라우팅 정책

도메인명, IP 주소, 네트워크명은 이미 ARIN(미국 인터넷 번호 등록 협회)이나 ICANN과 같은 기관에 의해 중앙에서 제어된다고 할 수 있다. 하지만 사이트 내에서의 사용은 지역적으로 체계적인 관리를 해야 한다.

중앙 기관은 네트워크의 설계, 용량, 예상되는 성장률 등의 전체적인 시야를 갖고 있다. 그들은 모니터링 장비와 그것을 운용할 직원을 소유하거나 백본 네트워크를 건실하게 유지할 수 있는 여유가 있다. 캠퍼스 백본에 연결하고자 라우터를 구매하고 서브넷을 구축할 때조차도 부서에 올바른 네트워크를 설계하도록 요구할 수 있다. 그러한 판단은 새로운 접속이 기존 네트워크에 악영향을 미치지 않는다는 것을 보장할 때 필요할 수 있다.

네트워크가 많은 종류의 머신이나 운영체제, 프로토콜을 지원하고 있다면 네트워크 간의 게이트웨이로서 계층 3의 장치를 사용하는 것은 거의 필수적이다.

14.8 권장 업체

지난 30년 이상, 전 세계에 네트워크가 설치되면서 사양이 충족되지 않거나 허위 광고와 지나친 가격 등으로 기대에 못 미치는 제품들로 인해 수차례 타격을 입었다. 다음은 우리가 지금까지도 신뢰하고 추천하고 사용하는 미국 업체들의 목록이다.

케이블과 커넥터

AMP (part of Tyco) (800) 522-6752 amp.com

Anixter (800) 264-9837 anixter.com

Black Box Corporation (724) 746-5500 blackbox.com

Belden Cable (800) 235-3361 (765) 983-5200 belden.com

Siemon (860) 945-4395 siemon.com

Newark Electronics (800) 463-9275 newark.com

테스트 장비

Fluke (800) 443-5853 fluke.com

Siemon (860) 945-4395 siemon.com

Viavi (844) 468-4284 viavisolutions.com

라우터/스위치

Cisco Systems (415) 326-1941 cisco.com

Juniper Networks (408) 745-2000 juniper.net

14.9 추천 자료

ANSI/TIA/EIA-568-A, Commercial Building Telecommunications Cabling Standard, ANSI/TIA/EIA-606, Administration Standard for the Telecommunications Infrastructure of Commercial Buildings, 빌딩 배선에 관한 통신 업계의 표준이다. 불행히도 무료가 아니다. tiaonline.org를 참고한다.

Barnett, David, David Groth, and Jim McBee. Cabling: The Complete Guide to Network Wiring (3rd Edition). San Francisco, CA: Sybex, 2004.

Goransson, Paul, and Chuck Black. Software Defined Networks, A Comprehensive Approach (2nd Edition). Burlington, MA: Morgan Kaufman, 2016.

Spurgeon, Charles, and Joann Zimmerman. Ethernet: The Definitive Guide: Designing and Managing Local Area Networks (2nd Edition). Sebastopol, CA: O'Reilly, 2014.

15 IP 라우팅

전 세계적으로 43억 개 이상의 IP 주소를 사용할 수 있기 때문에 인터넷에서 정확한 장소까지 패킷을 전달하는 것은 쉬운 일이 아니다.[1] 13장에서 IP 패킷 포워딩에 관해 간단히 소개했다. 15장에서는 포워딩 과정을 더욱 자세히 살펴보고 라우터가 효율적인 경로를 자동으로 찾아내게 해주는 여러 가지 네트워크 프로토콜에 관해 살펴본다. 라우팅 프로토콜은 라우팅 정보를 유지하기 위한 일상적인 관리 업무 부담을 줄여줄 뿐 아니라 라우터나 링크 또는 네트워크가 끊어졌을 때 네트워크 트래픽을 우회할 수 있게 해준다.

IP 패킷들을 실제로 포워딩하는 과정과 이 과정을 구동하는 라우팅 테이블의 관리를 구분하는 것이 중요하다. 흔히 이 두 가지를 모두 '라우팅^{routing}'이라 부르기 때문이다. 패킷 포워딩은 단순한 반면에 경로 계산은 까다롭다. 따라서 실제로는 두 번째 의미가 더 자주 사용된다. 15장에서는 유니캐스트 라우팅만 설명하기로 한

---

1. wapo.st/world-ip를 참고한다.

732

다. 패킷을 가입자 그룹에 보내는 멀티캐스트 라우팅은 매우 이질적인 복잡한 문제들을 포함하고 있기 때문에 이 책의 범위를 벗어난다.

대부분의 경우 라우팅에 관해 알아야 할 내용은 13장에서 다룬 정도면 충분하다. 적당한 네트워크 인프라가 이미 준비돼 있다면(13장의 '라우팅' 절에서 설명한 것처럼) 단일 고정 기본 루트를 설정할 수 있으므로 인터넷상의 어디든 도달할 수 있는 충분한 정보를 갖게 된다. 어쩔 수 없이 복잡한 네트워크 토폴로지 내에 있어야 하거나 네트워크의 일부로서 유닉스나 리눅스 시스템을 사용하고 있다면 이번 장에서 다룰 동적 라우팅 프로토콜과 도구에 관한 정보가 도움이 될 것이다.[2]

IP 라우팅(IPv4와 IPv6 모두 해당)은 '넥스트 홉next hop' 라우팅이다. 어떤 주어진 지점에서 패킷을 처리하는 시스템은 최종 목적지까지의 패킷 여행에서 가야 할 다음 호스트나 라우터만을 결정해야 한다. 이것은 출발지 호스트를 떠나기 전에 패킷이 여행할 정확한 경로를 결정하는 소스 라우팅source routing을 사용하는 과거의 프로토콜들과는 다른 방식이다.[3]

15.1 패킷 포워딩: 자세히 살펴보기

라우팅 테이블 관리에 들어가기에 앞서 그 테이블들이 어떻게 사용되는지 좀 더 자세히 들여다보는 것이 좋겠다. 그림 A에 있는 네트워크를 살펴보자.

그림 A 네트워크 사례

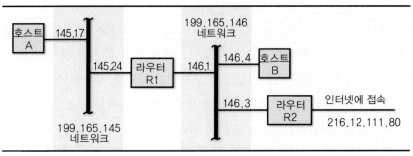

---

2. 생산 인프라에서는 네트워크 라우터로서 유닉스나 리눅스 시스템 사용을 권장하지 않는다. 전용 라우터를 사용하자.

3. IP 패킷들은 (적어도 이론적으로는) 소스 라우팅도 가능하지만 거의 사용되지 않는다. 이 기능은 보안 문제 때문에 폭넓게 지원되지 않는다.

편의상 이 사례를 IPv4로 시작하겠다. IPv6 라우팅 테이블은 뒤에서 다룬다.

라우터 R1은 두 개의 네트워크를 연결하고 라우터 R2는 그중 하나를 외부 세계로 연결한다. 이들 호스트와 라우터의 라우팅 테이블을 들여다보면 어떤 특정 패킷 포워딩 시나리오를 살필 수 있다. 우선 호스트 A의 라우팅 테이블을 살펴보자.

```
A$ netstat -rn
Destination     Gateway         Genmask         Flags  MSS Window  irtt  Iface
127.0.0.0       0.0.0.0         255.0.0.0       U      0   0       0     lo
199.165.145.0   0.0.0.0         255.255.255.0   U      0   0       0     eth0
0.0.0.0         199.165.145.24  0.0.0.0         UG     0   0       0     eth0
```

위 예는 믿을 만한 netstat 도구를 이용해 라우팅 테이블을 조회한 것이다. 이 도구는 FreeBSD와 함께 배포되며 리눅스에서는 net-tools 패키지의 일부로 사용할 수 있다. net-tools는 더 이상 적극적으로 유지되지 않고 있어 점차 사라지고 있다. 이 정보를 얻고자 공식적으로 권장되는 방법은 상대적으로 기능이 적은 ip route 명령이다.

```
A$ ip route
default via 199.165.145.24 dev eth0 onlink
199.165.145.0/24 dev eth0 proto kernel scope link src 199.165.145.17
```

netstat -rn 명령의 출력이 좀 더 읽기 쉽기 때문에 앞으로의 예문들과 그림 A의 설명에서는 이 명령을 사용하겠다.

호스트 A는 네 개의 머신 중에서 가장 간단한 라우팅으로 구성된다. 처음 두 개의 경로는 머신 자체의 네트워크 인터페이스들을 표준 라우팅 용어로 묘사한다. 이 항목들은 직접 연결된 네트워크로의 포워딩이 특별한 경우로 취급되지 않게 하고자 존재한다. eth0는 호스트 A의 이더넷 인터페이스며 lo는 소프트웨어로 에뮬레이션되는 가상 인터페이스인 루프백 인터페이스다. 이와 같은 항목들은 보통 네트워크 인터페이스가 구성될 때 자동으로 추가된다.

호스트 A상의 기본 경로는 루프백 주소나 199.165.145 네트워크로 가지 않는 모든 패킷들을 현재 네트워크에서 주소 199.165.145.24인 라우터 R1으로 포워딩한다.

게이트웨이는 반드시 1홉만큼만 떨어져 있어야 한다.

호스트 A의 한 프로세스가 주소 199.165.146.4인 호스트 B에 패킷 하나를 보낸다고 가정해보자. IP 구현은 목표 네트워크 199.165.146까지의 경로를 찾지만 일치하는 경로가 없다. 기본 경로가 호출되며 패킷은 R1으로 포워딩된다.

그림 B는 실제로 이더넷에서 밖으로 나가는 패킷을 보여준다. 이더넷 헤더에 있는 주소들은 145 네트워크에서의 A와 R1 인터페이스의 MAC 주소들이다.

그림 B 이더넷 패킷

이더넷 목적지 주소는 라우터 R1의 주소지만 이더넷 프레임 안에 숨겨진 IP 패킷은 R1을 전혀 언급하지 않는다. R1이 받은 패킷을 조사할 때 IP 목적지 주소를 보고 그것이 패킷의 최종 목적지가 아님을 알게 된다. R1은 IP 헤더를 재작성하지 않고 자신의 라우팅 테이블을 이용해 패킷을 호스트 B로 포워딩한다. 헤더는 여전히 패킷이 A에서 온 것임을 보여준다.

다음은 호스트 R1의 라우팅 테이블이다.

```
R1$ netstat -rn
Destination    Gateway        Genmask         Flags   MSS Window   irtt   Iface
127.0.0.0      0.0.0.0        255.0.0.0       U       0   0        0      lo
199.165.145.0  0.0.0.0        255.255.255.0   U       0   0        0      eth0
199.165.146.0  0.0.0.0        255.255.255.0   U       0   0        0      eth1
0.0.0.0        199.165.146.3  0.0.0.0         UG      0   0        0      eth1
```

이 테이블은 두 개의 물리적 네트워크 인터페이스를 보여주는 것을 제외하곤 호스트 A와 유사하다. 이 경우의 기본 경로는 R2를 가리킨다. R2가 인터넷으로 통하는 게이트웨이이기 때문이다. 199.165 네트워크들 중 어느 한쪽을 향하는 패킷들은 직접 전달될 수 있다.

호스트 A와 마찬가지로 호스트 B도 오직 하나의 네트워크 인터페이스를 갖고 있다. 하지만 B는 정확하게 작동하고자 추가적인 경로가 필요하다. B는 두 개의 다른 라우터에 직접 연결돼 있기 때문이다. 199.165.145 네트를 향하는 트래픽은 반드시 R1을 통과해야 하지만 다른 트래픽은 R2를 통해 인터넷으로 나가야 한다.

```
B$ netstat -rn
Destination     Gateway         Genmask         Flags  MSS Window  irtt   Iface
127.0.0.0       0.0.0.0         255.0.0.0       U      0   0       0      lo
199.165.145.0   199.165.146.1   255.255.255.0   U      0   0       0      eth0
199.165.146.0   0.0.0.0         255.255.255.0   U      0   0       0      eth0
0.0.0.0         199.165.146.3   0.0.0.0         UG     0   0       0      eth0
```

이론적으로는 처음에는 오직 하나의 게이트웨이만 알고 ICMP 리다이렉트의 도움에 의존해 추가적인 홉을 제거하도록 호스트 B를 구성할 수 있다. 호스트 B의 초기 설정으로 가능한 한 가지 예를 살펴보자.

```
B$ netstat -rn
Destination     Gateway         Genmask         Flags  MSS Window  irtt   Iface
127.0.0.0       0.0.0.0         255.0.0.0       U      0   0       0      lo
199.165.146.0   0.0.0.0         255.255.255.0   U      0   0       0      eth0
0.0.0.0         199.165.146.3   0.0.0.0         UG     0   0       0      eth0
```

B가 패킷을 호스트 A(199.165.145.17)로 보내면 어떤 경로도 매치되지 않으므로 패킷은 전송을 위해 R2로 포워딩된다. R2(아마도 네트워크에 관한 완전한 정보를 갖고 있는 라우터일 것이다)는 패킷을 R1으로 보낸다. R1과 B는 동일 네트워크상에 있으므로 R2는 B에게 ICMP 리다이렉트를 통지하고 B는 다음과 같은 A의 호스트 경로를 자신의 라우팅 테이블에 넣는다.

```
199.165.145.17 199.165.146.1   255.255.255.255   UGHD   0  0       0      eth0
```

이 경로는 앞으로 A를 향하는 모든 트래픽은 R1을 통해 보낸다. 하지만 A의 네트워크에 있는 다른 호스트들을 향하는 라우팅에는 영향을 주지 않는다. 다른 모든 호스트들은 R2에서 별도의 리다이렉트에 의해 라우팅돼야 한다.

어떤 사이트들은 이런 방식이 동적이라는 생각으로 일종의 저렴한 라우팅 프로토콜로 ICMP 리다이렉트를 이런 식으로 사용한다. 불행히도 시스템과 라우터들은 모두 리다이렉트를 다르게 처리한다. 일부는 리다이렉트를 무한정 붙잡고 있기도 하고 일부는 비교적 짧은 주기(5~15분) 후에 라우팅 테이블에서 삭제하기도 하며 완전히 무시하기도 한다. 완전히 무시하는 것은 어쩌면 보안 관점에서는 옳은 방식일 수도 있다.

리다이렉트는 여러 가지로 잠재적인 단점을 갖고 있다. 몇 가지 예를 들자면 네트워크 부하와 R2 부하가 증가하고 라우팅 테이블이 복잡해질 뿐 아니라 별도의 서버에 종속된다. 따라서 리다이렉트 사용은 권장하지 않는다. 잘 구성된 네트워크에서는 결코 라우팅 테이블에 리다이렉트가 나타나지 않는다.

IPv6 주소를 사용하고 있다면 같은 모델이 적용된다. 다음은 IPv6를 실행하고 있는 FreeBSD 호스트의 라우팅 테이블이다.

```
$ netstat -rn
Destination              Gateway              Flags   Netif Expire
default                  2001:886b:4452::1    UGS     re0
2001:886b:4452::/64      link#1               U       re0
fe80::/10                ::1                  UGRS    lo0
fe80::%re0/64            link#1               U       re0
```

IPv4에서와 마찬가지로 첫 번째 경로는 어떤 항목도 일치하지 않을 때 사용되는 기본 경로다. 다음 줄은 호스트가 위치한 글로벌 IPv6 네트워크, 2001:886b:4452::/64로 가는 경로를 포함한다. 마지막 두 줄은 특별하다. 이것들은 예약된 IPv6 네트워크 fe80으로 가는 경로를 나타낸다. 이 네트워크는 링크 로컬 유니캐스트 네트워크link-local unicast network로 알려져 있다. 이 네트워크는 로컬 브로드캐스트 도메인(동일한 물리적 네트워크 세그먼트)에 국한되는 트래픽에 사용된다. 이 네트워크는 OSPF와 같은 유니캐스트 네트워크에서 서로 상대를 찾아야 하는 네트워크 서비스들이 가장 많이 사용한다. 일반적인 네트워킹 목적으로는 링크 로컬 주소를 사용하지 않는다.

15.2 라우팅 데몬과 라우팅 프로토콜

그림 A에 있는 것과 같은 간단한 네트워크에서는 수작업으로 라우팅을 구성하는 것이 가장 좋다. 하지만 어떤 시점에 이르면 이런 식으로 관리하기에는 너무 복잡한 네트워크가 된다. 모든 네트워크상의 모든 컴퓨터에게 다른 모든 컴퓨터와 네트워크에 도달하는 방법을 명시적으로 알려야 하는 것보다는 컴퓨터들이 서로 협력해 라우팅을 구성할 수 있다면 매우 좋을 것이다. 바로 이것이 라우팅 프로토콜과 그 프로토콜을 구현한 데몬이 하는 일이다.

라우팅 프로토콜은 네트워크 상태의 변화에 반응하고 수용할 수 있다는 점에서 정적static 라우팅 시스템에 비해 큰 장점을 갖고 있다. 링크가 다운되면 라우팅 데몬은 그 링크가 서비스하던 네트워크들에 도달하기 위한 대체 경로를 (그런 경로가 존재한다면) 찾아내 전파시킬 수 있다.

라우팅 데몬은 세 가지 소스에서 정보를 수집한다. 환경설정 파일, 기존의 라우팅 테이블, 다른 시스템에 있는 라우팅 데몬이다. 이 정보는 최적의 경로 모음을 계산하고자 병합된 후 새 경로들은 시스템 라우팅 테이블에 삽입된다(라우팅 프로토콜을 통해 다른 시스템에 넣어질 수도 있다). 네트워크 상태는 시간이 흐름에 따라 변화하기 때문에 라우팅 데몬들은 라우팅 정보가 현재 상태인지 재확인하고자 반드시 주기적으로 서로 연락을 주고받아야 한다.

경로를 계산하는 정확한 방법은 라우팅 프로토콜에 달려 있다. 두 가지 타입의 프로토콜이 가장 널리 사용된다. 하나는 거리-벡터 프로토콜distance-vector protocol이고 다른 하나는 링크-상태 프로토콜link-state protocol이다.

거리-벡터 프로토콜

거리-벡터('가십성gossipy'이라고도 함) 프로토콜은 "라우터 X가 네트워크 Y로부터 다섯 홉만큼 떨어져 있고 내가 라우터 X에 인접해 있다면 나는 네트워크 Y로부터 여섯 홉 떨어져 있음이 틀림없다."는 일반적 개념에 기초한다. 내가 알고 있는 네트워크에서 내가 얼마나 멀리 떨어져 있다고 생각하는지를 내가 공표한다. 나의 이웃들이 각 네트워크에 도달하기 위한 더 나은 방법을 모른다면 내 이웃들은 나를 최선의 게이트웨이로 표시한다. 그들이 더 짧은 경로를 이미 알고 있다면 내가 공표한 경로는 무시한다. 시간이 흐름에 따라 모든 라우팅 테이블은 안정된 상태로 수렴하게 돼 있다.

이것은 매우 세련된 발상이다. 말한 대로만 작동한다면 라우팅은 매우 간단할 것이다. 불행히도 기본 알고리듬은 토폴로지의 변화를 제대로 다루지 못한다.[4] 어떤 경우에는 무한 루프(예, 라우터 X가 라우터 Y로부터 정보를 받아 그것을 라우터 Z에 보냈는데, 라우터 Z는 그것을 다시 라우터 Y에게 보내는 경우)가 발생해 경로들이 전혀 수렴되지 못한다. 현실에서의 거리-벡터 프로토콜은 복잡한 경험적 지식[Heuristics]을 도입하거나 15홉 이상 떨어져 있는 네트워크에는 도달할 수 없다는 RIP[Routing Information Protocol](라우팅 정보 프로토콜) 개념과 같은 임의의 제약 사항들을 강제로 적용함으로써 반드시 그런 문제들을 피해야 한다.

병적이지 않은 경우에서도 모든 라우터가 안정적 상태에 도달하는 데는 많은 업데이트 사이클을 요구할 수 있다. 따라서 확장된 시간 동안 라우팅이 혼잡하지 않게 보장하려면 반드시 사이클 타임[cycle time]을 짧게 해야 하며 이런 이유 때문에 거리-벡터 프로토콜은 부산한 경향이 있다. 예를 들면 RIP은 라우터가 모든 라우팅 정보를 매 30초마다 브로드캐스팅할 것을 요구한다. EIGRP는 매 90초마다 업데이트를 전송한다.

반면 BGP[Border Gateway Protocol]는 전체 테이블을 한 번 전송하고 나서 변경이 일어날 때마다 변경 사항들을 전송한다. 이러한 최적화는 '재잘대는'(거의 쓸모없는) 트래픽의 잠재성을 실질적으로 감소시킨다.

표 15.1은 최근에 많이 사용되는 거리-벡터 프로토콜들이다.

---

4. 문제는 토폴로지 변경이 최적 루트를 강화할 수 있다는 것이다. EIGRP와 같은 일부 DV 프로토콜들은 항상 대비책(fallback plan)을 갖고자 여러 개의 가능한 루트에 관한 정보를 관리한다. 더 자세한 내용은 중요하지 않다.

표 15.1 많이 사용되는 거리-벡터 라우팅 프로토콜

이름	전체 이름	응용
RIP	Routing Information	Protocol 내부 LAN
RIPng	Routing Information Protocol, next generation	IPv6 LAN
EIGRP[a]	Enhanced Interior Gateway Routing Protocol	WAN, 기업용 LAN
BGP	Border Gateway Protocol	인터넷 백본 라우팅

a. 이 프로토콜(EIGRP)은 시스코(Cisco)사의 소유다.

링크-상태 프로토콜

링크-상태 프로토콜은 비교적 가공되지 않은 형태로 정보를 배포한다. 라우터 간에 교환되는 레코드는 "라우터 X는 라우터 Y에 인접해 있고 그 링크는 살아 있다."의 형식으로 구성된다. 그러한 레코드의 전체 집합은 각 라우터가 자신의 라우팅 테이블을 계산할 수 있는 네트워크의 연결 맵을 구성한다. 거리-벡터 프로토콜에 비해 링크-상태 프로토콜이 제공하는 주된 장점은 재난이 발생한 후에 운용 가능한 라우팅 해법을 신속히 커버할 수 있다는 점이다. 상충점은 각 노드에서 전체 네트워크 맵을 유지하려면 거리-벡터 라우팅 시스템에서는 필요하지 않았던 메모리 및 CPU 역량을 요구한다는 점이다.

링크-상태 프로토콜에서 라우터들 간의 통신은 실제 루트 계산 알고리듬의 일부가 아니기 때문에 그러한 통신들은 전송 루프가 발생하지 않는 방법으로 구현될 수 있다. 토폴로지 데이터베이스의 업데이트는 네트워크 대역폭과 CPU 타임에 있어 낮은 비용으로 효율적으로 네트워크에 전파된다.

링크-상태 프로토콜은 거리-벡터 프로토콜보다 더 복잡한 경향이 있지만 이러한 복잡성은 링크-상태 프로토콜이 서비스 유형[TOS, Type-of-Servie] 라우팅이나 동일 목적지에 대한 다중 루트와 같은 고급 기능을 구현하기 쉽다는 사실에 의해 어느 정도 이해될 수 있다. 일반적으로 사용되는 링크-상태 프로토콜은 OSPF만 존재한다.

비용 메트릭

라우팅 프로토콜이 어떤 네트워크 경로가 최단 거리인지를 결정할 때 프로토콜은

'최단shortest'이 의미하는 바가 무엇인지를 정의해야 한다. 가장 적은 수의 홉hop을 포함한 경로인가, 아니면 지연시간이 가장 짧은 경로인가? 최소 중간 대역폭이 가장 큰 경로인가? 재정적 비용이 가장 낮은 경로인가?

라우팅에서의 링크 품질은 비용 메트릭cost metric이라 불리는 숫자로 표현된다. 경로 비용은 그 경로상에 있는 각 링크의 비용을 합한 것이다. 가장 단순한 시스템에서 모든 링크는 1의 비용을 갖기 때문에 경로 메트릭path metric은 홉 카운트hop count와 같게 된다. 하지만 앞에서 언급한 모든 고려 사항은 숫자로 된 비용 메트릭으로 변환할 수 있다.

라우팅 프로토콜 설계자들은 비용 메트릭을 탄력적으로 정의하고자 오랫동안 애써 왔다. 일부 프로토콜들은 네트워크 트래픽의 종류가 다르면 다른 메트릭을 사용할 수 있게까지 했다. 그럼에도 불구하고 99%의 경우에 있어서는 이러한 힘든 작업이 모두 문제없이 무시될 수 있었다. 대부분 시스템의 기본 메트릭은 별 문제 없이 잘 작동한다.

목적지까지의 실제 최단 경로가 정책적 또는 재정적 이유 때문에 좋은 기본 경로가 아닌 상황에 처할 수도 있다. 그런 경우에는 결정적인 링크들의 비용을 인위적으로 끌어올림으로써 그런 링크들이 덜 중시되게 만들 수 있다. 라우팅 환경설정의 나머지는 그대로 둔다.

인테리어와 익스테리어 프로토콜

'자율 시스템AS, Autonomous System'은 단일 독립체로서 관리 통제 아래 있는 네트워크 그룹을 말한다. 이러한 정의는 모호한 면이 있다. 실제 현실에 있어 자율 시스템들은 범세계적 기업 네트워크만큼 클 수도 있고 빌딩 또는 단일 학과만큼 작을 수도 있다. 그 모든 것은 라우팅을 어떻게 관리하길 원하는가에 달려 있다. 일반적인 경향은 할 수 있는 한 최대한 크게 자율 시스템을 만드는 것이다. 이러한 관례는 관리를 단순화하고 라우팅을 최대한 효율적으로 만든다.

자율 시스템 내에서의 라우팅은 자율 시스템 간의 라우팅과는 조금 다르다. AS들 간의 라우팅을 위한 프로토콜('익스테리어exterior' 프로토콜)은 많은 네트워크(예, 인터넷 전체)용 경로들을 다뤄야 하며 이웃 라우터들은 다른 사람의 관리하에 있다는 사실을 조화롭게 다뤄야 한다. 익스테리어 프로토콜들은 자율 시스템 내부의 토폴로지를 드러내지 않기 때문에 어떤 의미에서는 개별적 호스트나 케이블을 다루기보다는 네트워크 집합을 다루는 라우팅 계층 구조의 두 번째 계층으로 간주될 수 있다.

현실 환경에서는 작거나 중간 크기의 사이트들은 한 개 이상의 ISP에 연결돼 있지 않는 한 익스테리어 프로토콜를 실행할 필요가 거의 없다. 여러 개의 ISP에 연결돼 있는 경우 네트워크를 단순히 로컬과 인터넷 도메인으로 나누는 것은 더 이상 통하지 않으며 라우터들은 특정 주소에 대해 어떤 인터넷 경로가 최선인지를 결정해야만 한다(하지만 모든 라우터가 이 정보를 알고 있어야 한다는 얘기는 아니다. 대부분 호스트는 그것을 알지 못한 상태에서 더 많은 정보를 갖고 있는 내부 게이트웨이를 통해 기본 패킷들을 라우팅한다).

익스테리어 프로토콜들은 그에 상응하는 인테리어 프로토콜들과 크게 다르지 않지만 여기서는 인테리어 프로토콜과 그것을 지원하는 데몬에 대해 집중하기로 한다. 여러분의 사이트가 익스테리어 프로토콜도 사용해야 한다면 권장할 만한 참고 자료를 위해 '추천 자료' 절을 보기 바란다.

15.3 프로토콜 소개

여러 가지 라우팅 프로토콜이 널리 사용되고 있다. 그중 가장 많이 사용되는 프로토콜들을 소개하고 장단점을 요약해보자.

RIP과 RIPng: 라우팅 정보 프로토콜

RIP은 IP 네트워크용으로 채택됐던 옛날 제록스^{Xerox} 프로토콜이다. IP 버전은 1988년경, RFC1058에 처음으로 지정됐다. 이 프로토콜은 세 가지 버전, 즉 RIP, RIPv2, IPv6 전용의 RIPng('차세대')으로 존재해 왔다.

RIP의 모든 버전은 홉 카운트를 비용 메트릭으로 사용하는 단순한 거리-벡터 프로토콜이다. IP는 컴퓨터가 비싸고 네트워크 규모가 작은 시절에 설계됐기 때문에 RIPv1은 15홉 이상 떨어진 호스트는 도달할 수 없는 것으로 간주한다. 이후의 RIP 버전들은 복잡한 사이트의 시스템 관리자들이 좀 더 정교한 라우팅 프로토콜로 전환하게 고무하려는 목적에서 홉 카운트 제한을 유지해왔다.

RIPv2는 RIP의 소폭 개정판으로, 넷마스크를 다음 홉 주소와 함께 배포한다. 따라서 서브넷화된 네트워크를 지원하며 그 CIDR은 RIPv1의 CIDR보다 낫다. RIP의 보안을 증대하기 위한 다소 모호한 노력도 포함돼 있다.

RIPv2는 원형 RIP의 수신자들을 완전히 포기하지 않으면서 새 기능들을 대부분 유지하는 호환 모드로 실행될 수 있다. 거의 모든 면에서 RIPv2는 원래의 프로토콜과 동일하므로 원형 RIP보다 우선적으로 사용돼야 한다.

RIPng는 IPv6용으로 만들어진 RIP의 수정판이다. RIPng는 IPv6 전용이며 RIP은 IPv4 전용으로 유지된다. IPv4와 IPv6를 모두 RIP으로 라우팅하려면 RIP과 RIPng를 따로따로 실행해야 한다.

RIP은 브로드캐스팅을 남발하는 것으로 알려져 있지만 네트워크가 자주 변경되거나 원격 네트워크들의 토폴로지가 알려져 있지 않은 때는 일을 잘 해낸다. 하지만 한 링크가 다운되면 안정화되는 데 느릴 수 있다.

처음에는 OSPF와 같이 더 정교한 라우팅 프로토콜이 발명되자 RIP은 사라질 것으로 생각됐다. 하지만 RIP은 많은 설정을 요구하지 않는 단순하고 구현이 쉬운 프로토콜에 대한 수요를 계속 채우고 있으며 복잡성이 낮은 네트워크에서는 잘 작동한다.

RIP은 비유닉스 플랫폼에 널리 구현됐다. 프린터에서 SNMP 지원 네트워크 구성품에 이르기까지 널리 사용되는 다양한 장치는 RIP 광고를 대기함으로써 네트워크 게이트웨이에 대해 알 수 있다. 뿐만 아니라 일부 형태의 RIP 클라이언트들은 모든 유닉스와 리눅스 버전에서 사용할 수 있기 때문에 RIP은 사실상의 최소 공통분모 라우팅 프로토콜 표준인 셈이다. 종종 RIP은 LAN 라우팅용으로 사용하고 더 많은 기능의 프로토콜은 광역 연결용으로 사용하곤 한다.

일부 사이트에서는 네트워크상의 라우팅 업데이트를 대기하지만 자신의 정보는 브로드캐스팅하지 않는 수동적인 RIP 데몬(보통 routed 또는 콰가^{Quagga}의 ripd)을 실행한다. 실질적인 경로 계산은 OSPF(다음 절 참고)와 같은 더 효율적인 프로토콜에 의해 수행된다. RIP은 배포 메커니즘으로서만 사용된다.

OSPF: 개방형 최단 경로 우선

OSPF$^{Open\ Shortest\ Path\ First}$는 가장 많이 사용되는 링크-상태 프로토콜이다. '최단 경로 우선$^{Shortest\ Path\ First}$'은 경로를 계산하는 수학적 알고리듬을 말한다. 여기서 '개방형^{Open}'이란 말은 "특정인의 전유물이 아니다."라는 의미로 사용된 것이다. RFC2328은 기본 프로토콜(OSPF 버전 2)을 정의하며, RFC5340은 IPv6 지원을 위해 확장된 것이다(OSPF 버전 3). OSPF 버전 1은 폐기돼 이제는 사용되지 않는다.

OSPF는 업계에서 인정된 강력한 프로토콜로서 대규모의 복잡한 토폴로지에서도 잘 작동한다. 하나의 목적지에 이르는 다수의 경로를 관리할 수 있고 상위 수준의 라우팅 정보만을 공유하는 여러 섹션('영역^{area}')으로 네트워크를 분할할 수 있는 등 RIP보다 뛰어난 여러 가지 장점을 제공한다. 프로토콜 자체가 복잡하기 때문에 상당한 규모의 사이트에서만 라우팅 프로토콜 행위가 분명히 차별화되므로 쓸 만한 가치가 있다. OSPF를 효과적으로 사용하려면 사이트의 IP 주소 체계를 매우 계층 구조적으로 구성해야 한다.

OSPF 프로토콜 사양은 어떤 특정한 비용 메트릭을 필수적으로 요구하지 않는다. 시스코 사의 구현은 대역폭과 관련된 값을 기본값으로 사용한다.

EIGRP: 향상된 인테리어 게이트웨이 라우팅 프로토콜

EIGRP$^{Enhanced\ Interior\ Gateway\ Routing\ Protocol}$는 시스코 라우터에서만 실행되는 사유^{proprietary}의 라우팅 프로토콜이다. 이전 모델이었던 IGRP는 OSPF와 같은 강력한 표준이 나오기 전에 RIP의 일부 취약점을 보완하고자 만들어졌다. IGRP는 CIDR 마스크를 수용한 EIGRP가 등장함으로써 더 이상 사용되지 않는다. IGRP와 EIGRP는 하부 프로토콜 설계는 많이 다르지만 환경설정 방법은 유사하다.

EIGRP는 IPv6를 지원하지만 다른 라우팅 프로토콜에서와 마찬가지로 IPv6 세계와 IPv4 세계가 따로 구성되며 병행되지만 따로 분리된 라우팅 도메인으로 동작한다.

EIGRP는 거리-벡터 프로토콜이지만 여타 DV 시스템에서 볼 수 있었던 루핑^{looping} 이나 수렴^{convergence} 문제들을 피하고자 설계됐다. 현재는 가장 진화된 거리-벡터 프로토콜로 널리 인식되고 있다. 대부분의 용도에서 EIGRP와 OSPF는 똑같이 기능한다.

BGP: 보더 게이트웨이 프로토콜

BGP$^{Border Gateway Protocol}$는 익스테리어 라우팅 프로토콜이다. 다시 말해 개별 네트워크들이 아닌 자율 시스템 간의 트래픽을 관리하는 프로토콜이다. 한때는 여러 익스테리어 라우팅 프로토콜이 사용됐지만 그중 BGP가 가장 오래 사용돼 왔다.

현재 BGP는 인터넷 백본 라우팅용으로 사용되는 표준 프로토콜이 됐다. 2017년 중반 현재 기준으로 인터넷 라우팅 테이블은 약 66만 개의 접두어를 포함하고 있다. 이러한 숫자로 볼 때 백본 라우팅은 로컬 라우팅과는 매우 다른 스케일링^{scaling} 요건을 갖고 있음이 분명하다.

15.4 라우팅 프로토콜 멀티캐스트 코디네이션

라우터들은 네트워크상의 특정 장소에 도달하는 방법을 알고자 서로 대화할 필요가 있다. 하지만 이를 위해서는 먼저 다른 라우터와 대화하는 방법을 알아야 한다. 닭이 먼저냐 달걀이 먼저냐 하는 이런 문제는 멀티캐스트 통신을 통해 해결하는 것이 가장 일반적이다. 친구와 서로 헤어졌을 때는 특정 길모퉁이에서 만나기로 약속하는 것과 같은 네트워킹이다. 평상시에는 이 과정이 시스템 관리자에게 보이지 않지만 패킷 추적이나 네트워크 디버깅을 할 때 간혹 이러한 멀티캐스트 트래픽을 볼 수 있다. 표 15.2는 여러 가지 라우팅 프로토콜을 위한 약속된 멀티캐스트 주소들의 목록이다.

표 15.2 라우팅 프로토콜 멀티캐스트 주소

설명	IPv6	IPv4
이 서브넷상의 모든 시스템	ff02::1	224.0.0.1
이 서브넷상의 모든 라우터	ff02::2	224.0.0.2
(미정)	ff02::3	224.0.0.3
DVMRP 라우터	ff02::4	224.0.0.4
OSPF 라우터	ff02::5	224.0.0.5
OSPF DR 라우터	ff02::6	224.0.0.6
RIP 라우터	ff02::9	224.0.0.9
EIGRP 라우터	ff02::10	224.0.0.10

15.5 라우팅 전략 선택 기준

네트워크의 라우팅은 그 복잡성에 따라 다음과 같이 4가지 필수적인 수준에서 관리될 수 있다.

- 라우팅 없음
- 정적 라우팅 전용
- 대부분 정적 경로를 사용하지만 클라이언트는 RIP 업데이트를 대기
- 모든 곳에 동적 라우팅

전체 네트워크의 토폴로지는 개별 세그먼트의 라우팅 요건에 극적인 영향을 미친다. 네트워크가 다르면 전혀 다른 수준의 라우팅 지원이 필요할 수도 있다. 다음의 경험 법칙들은 전략을 선택하는 데 도움이 될 수 있다.

- 독립형 네트워크는 어떤 라우팅도 요구하지 않는다.
- 출구가 오직 하나뿐인 네트워크에서 클라이언트(게이트웨이를 제외한 머신)들은 단독 게이트웨이에 이르는 하나의 정적 기본 경로를 갖고 있어야 한다. 게이트웨이 자체를 제외하곤 그 밖의 어떤 환경설정도 필요하지 않다.
- 한쪽에 소수의 네트워크가 있는 게이트웨이와 다른 쪽에 '바깥 세계'로 연결된 게이트웨이는 전자를 가리키는 명시적인 정적 경로들과 후자를 가리

키는 기본 경로를 가질 수 있다. 하지만 양쪽 모두 선택할 수 있는 라우팅이 한 개 이상이면 동적 라우팅이 바람직하다.

- 네트워크들이 정책적 또는 관리적 경계를 넘지 않을 때는 네트워크 복잡성 때문에 라우팅 프로토콜의 사용을 권장되지 않더라도 경계를 넘어선다면 그런 지점에서 동적 라우팅을 사용한다.

- RIP은 잘 작동하고 폭넓게 지원된다. 너무 말이 많다는 평판을 가진 낡은 프로토콜이라는 이유만으로 RIP을 배제하지는 말아야 한다. RIP이 가진 문제는 무한정 확장될 수 없다는 것이다. 즉, 팽창하는 네트워크는 결국 한계에 이르게 돼 있다. 그 사실이 RIP을 협소한 구역에만 적용할 수 있는 과도적인 프로토콜로 만드는 것이다. 그 구역의 범위는 한쪽은 어떤 라우팅 프로토콜을 요구하기에는 너무 단순한 네트워크에 의해 제한되고 다른 한쪽은 RIP을 사용하기에는 너무 복잡한 네트워크에 의해 제한된다. 네트워크 계획에 지속적인 성장이 포함돼 있다면 'RIP 구역'을 완전히 무시하는게 합리적일 것이다.

- 광역 라우팅 전략에 RIP이 좋은 선택이 아닌 경우일지라도 경로들을 리프노드leaf node에 배포하는 것은 여전히 좋은 방법이다. 하지만 필요하지 않은 곳에는 사용하지 않는다. 오직 하나의 게이트웨이만 갖는 네트워크상의 시스템들은 결코 동적 업데이트를 필요로 하지 않는다.

- EIGRP와 OSPF는 기능적으로는 거의 같지만 EIGRP는 시스코 전유물이다. 시스코는 가격 경쟁력이 있는 우수한 라우터들을 만든다. 그럼에도 EIGRP의 표준화는 미래 확장을 위한 선택을 제약한다.

- 여러 개의 업스트림 공급자를 통해 인터넷에 연결된 라우터들은 반드시 BGP를 사용해야 한다. 하지만 대부분의 라우터들은 단 하나의 업스트림 경로를 갖고 있으므로 단순한 정적 기본 경로를 사용할 수 있다.

상당히 안정된 로컬 구조를 갖고 있고 다른 누군가의 네트워크에 연결된 중간 크기 사이트의 좋은 기본 전략은 정적 라우팅과 동적 라우팅을 결합해 사용하는 것이다. 외부 네트워크로 나가지 않는 로컬 구조 내부의 라우터들은 정적 라우팅을 사용하면서 모든 불확실한 패킷은 외부 세계를 이해하고 동적 라우팅을 하는 기본 머신에 전달할 수 있다.

너무 복잡해서 이런 방식으로는 관리하기 힘든 네트워크는 동적 라우팅에 의존해야 한다. 기본 정적 경로들은 리프 네트워크에서는 여전히 사용될 수 있지만 한 개 이상의 라우터를 갖는 네트워크상의 머신들은 routed나 그 밖의 다른 RIP 수신 자를 패시브 모드^{passive mode}로 실행해야 한다.

15.6 라우팅 데몬

유닉스나 리눅스 시스템을 생산 네트워크용 라우터로 사용하지 말자. 전용 라우 터가 더 간단하고 안정적이며 안전하고 빠르다(그것들이 내부적으로는 리눅스 커널 을 실행하고 있더라도 그렇다). 6달러짜리 네트워크 카드와 20달러짜리 스위치만으 로도 하나의 새로운 서브넷을 구성할 수 있는 게 좋다는 의미다. 테스트용과 예비 용 네트워크를 적게 사용하기 위해서도 그것이 합리적인 접근법이다.

그러한 서브넷들에 대해 게이트웨이 역할을 하는 시스템들은 자신의 라우팅 테이 블을 관리하는 데 어떤 도움도 필요하지 않다. 정적 경로들은 게이트웨이 머신과 서브넷 자체에 있는 머신들 모두에게 완벽하게 충분하다. 하지만 서브넷이 같은 사이트의 다른 시스템에서도 도달할 수 있기를 바란다면 해당 서브넷의 존재를 알리고 그 서브넷으로 향하는 패킷들을 보낼 라우터를 지정할 필요가 있다. 일반 적인 방법은 게이트웨이에서 라우팅 데몬을 실행하는 것이다.

유닉스나 리눅스 시스템들은 다양한 라우팅 데몬을 통해 대부분의 라우팅 프로토 콜에 참여할 수 있다. 특별한 예외는 EIGRP로서 우리가 아는 한 EIGRP를 폭넓게 사용할 수 있는 유닉스나 리눅스 구현은 없다.

라우팅 데몬들은 생산 시스템에서 사용되는 경우가 흔치 않기 때문에 사용법과 환경설정에 대해서는 자세히 다루지 않겠다. 하지만 일반적으로 사용되는 소프 트웨어 옵션들과 구체적인 환경설정 정보는 다음과 같다.

routed: 구식 RIP 구현

routed는 오랫동안 유일한 표준 라우팅 데몬이었으며 지금까지도 일부 시스템에서 사용하고 있다. routed는 RIP만으로 대화하며 그것조차 어설프다. RIPv2용 지원도 엉망으로 이뤄졌다. routed는 콰가Quagga와 같은 현대식 데몬에서만 제한적으로 구현된 프로토콜인 RIPng를 사용하지 않는다.

routed는 주로 '침묵quiet' 모드(-q)로 사용되기 때문에 라우팅 업데이트를 대기하긴 하지만 자신은 어떤 정보도 브로드캐스트하지 않는다. 커맨드라인 플래그와는 달리 일반적으로 routed는 환경설정을 요구하지 않는다. 번거롭게 많은 환경설정을 다루지 않고도 라우팅 업데이트를 할 수 있는 쉽고 저렴한 방법이다.

routed는 발견된 경로들을 커널의 라우팅 테이블에 추가한다. 각 경로는 반드시 최소한 4분마다 다시 나타나야 하며 그렇지 않을 경우에는 제거된다. 하지만 routed는 자신이 어떤 경로를 추가했는지를 알기 때문에 route나 ip 명령에 의해 설치된 정적 경로는 제거하지 않는다.

콰가: 주류 라우팅 데몬

콰가Quagga(quagga.net)는 쿠니히로 이시구로Kunihiro Ishiguro와 요시나리 요시카와Yoshinari Yoshikawa가 단일체 애플리케이션 대신 독립적인 데몬들을 모아 멀티프로토콜 라우팅을 구현하고자 시작한 GNU 프로젝트, 제브라Zebra의 개발 분과다. 현실에서는 1870년에 마지막으로 촬영된 얼룩말의 아종인 콰가가 멸종됐지만 디지털 세계에서는 오히려 콰가가 살아남고 얼룩말은 더 이상 활발하게 개발되지 않고 있다.

콰가는 현재 RIP(모든 버전), OSPF(버전 2, 3), BGP를 구현하고 있다. 리눅스, FreeBSD 등 여러 플랫폼에서 실행된다. 콰가는 기본으로 설치되거나 시스템의 표준 소프트웨어 저장소를 통해 옵션 패키지로 사용할 수 있다.

콰가 시스템에서 핵심적인 zebra 데몬은 라우팅 정보를 위한 중앙 정보 처리 기관으로서 역할을 한다. zebra 데몬은 개별적인 라우팅 프로토콜(ripd, ripngd, ospfd, ospf6d, bgpd)을 위해 커널 라우팅 테이블과 데몬들 간의 상호작용을 관리한다. 또한 프로토콜 간의 라우팅 정보 흐름을 제어한다. 각 데몬은 /etc/quagga 디렉터리에 자신의 환경설정 파일을 갖는다.

커맨드라인 인터페이스(vtysh)를 통해 임의의 콰가 데몬에 접속해 환경설정을 질의하거나 수정할 수 있다. 명령 언어 자체는 시스코사의 IOS 운영체제 사용자들에게 친숙하게 만들어졌다. 좀 더 자세한 내용은 다음의 시스코 라우터에 관한 절을 참고한다. IOS에서와 마찬가지로 **enable**을 사용해 '슈퍼유저^{superuser}' 모드로 들어갈 수 있으며 **config term**을 사용해 환경설정 명령들을 입력할 수 있고 **write**를 사용해 변경된 환경설정들을 데몬의 환경설정 파일에 다시 저장할 수 있다.

quagga.net에 있는 공식 문서들은 HTML이나 PDF 형태로 사용할 수 있다. 이 문서들은 완전하지만 대부분은 전문가 수준의 옵션 카탈로그이며 시스템 개요에 대해서는 많은 것을 제공하지 않는다. 현실적인 문서들은 quagga.net/docs에 있다. 설명이 잘 돼 있는 환경설정, FAQ, 팁의 예를 보려면 그곳을 찾아보기 바란다.

환경설정 파일들은 간단한 포맷으로 돼 있지만 설정하고 있는 프로토콜들을 잘 이해함으로써 어떤 옵션들을 활성화 또는 설정할 것인가에 대해 잘 알아야 할 것이다. 라우팅 프로토콜에 관한 좋은 책들은 '추천 자료' 절을 참고한다.

XORP: 박스형 라우터

XORP^{eXtensible Open Router Platform}(확장 가능한 개방형 라우터 플랫폼) 프로젝트는 제브라와 거의 같은 시기에 시작됐지만 XORP의 야망이 더욱 보편적이다. XORP는 라우팅에 집중하는 대신 패킷 필터링과 트래픽 관리를 포함한 전용 라우터의 모든 기능을 모방하는 데 목표를 뒀다. xorp.org를 살펴보기 바란다.

XORP의 한 가지 재밌는 점은 여러 운영체제(리눅스, FreeBSD, 맥OS, 윈도우 서버)에서 실행될 뿐 아니라 PC 하드웨어에서 직접 실행되는 라이브 CD로도 사용할 수 있다는 점이다. 라이브 CD는 내부적으로 리눅스에 기반을 두고 있지만 일반 PC를 전용 라우팅 기기로 만들고자 먼 길을 나선 것이다.

15.7 시스코 라우터

시스코 시스템사$^{Cisco\ Systems,\ Inc.}$가 만든 라우터들은 오늘날 인터넷 라우팅에 있어서 사실상의 표준이 됐다. 라우터 시장의 56% 이상을 차지하면서 시스코 제품들은 널리 알려지고 그 제품들을 작동할 줄 아는 직원들은 구하기 쉬워졌다. 시스코 이전에는 여러 개의 다중 네트워크 인터페이스가 장착된 유닉스 박스가 종종 라우터로 사용됐다. 이제 전용 라우터들은 네트워크 케이블이 설치된 통신사의 배선반 안이나 천장 타일 위에 함께 설치하기에 가장 좋은 장비가 됐다.

대부분의 시스코 라우터 제품들은 시스코 IOS라 불리는 운영체제(시스코 소유로서 유닉스와는 무관하다)를 실행한다. 이 운영체제의 명령 모음은 상당히 크다. 전체 문서는 약 1.4미터나 되는 책 선반을 차지한다. 여기서 시스코 IOS 전체를 다룰 수는 없지만 몇 가지 기본적인 것들을 알아두면 오랫동안 유용할 것이다.

기본적으로 IOS는 두 가지 수준의 접근(사용자, 특권)을 정의하고 있으며 둘 다 암호로 보호된다. 사용자 모드로 들어가려면 간단히 ssh 명령을 이용해 시스코 라우터에 접속한다.

사용자 수준 접근을 위한 암호를 묻는 프롬프트가 나타난다.

```
$ ssh acme-gw.acme.com
Password: <암호>
```

정확한 암호를 입력하자마자 시스코의 EXEC 명령 해석기에서 다음과 같은 프롬프트를 받는다.

```
acme-gw.acme.com>
```

이 프롬프트에서 show interfaces와 같은 명령을 입력해 라우터의 네트워크 인터페이스를 볼 수도 있고 show ? 명령을 입력해 다른 목록들을 볼 수도 있다.

특권 모드로 들어가려면 enable 명령을 입력한 후 특권용 암호를 입력한다. 일단 특권 수준에 들어가게 되면 프롬프트는 # 기호로 끝난다.

```
acme-gw.acme.com#
```

이 프롬프트에서는 라우터의 환경설정 정보를 지우거나 운영체제를 지우는 등 무슨 일이든 할 수 있으므로 매우 조심한다. 조금이라도 의심이 드는 경우에는 시스코 매뉴얼이나 시스코 출판사에서 출간한 종합 도서 중 하나를 참고해서 답을 얻는 것이 좋다.

show running을 실행하면 현재 적용 중인 라우터 환경설정을 볼 수 있으며 show config를 실행하면 현재의 비휘발성 환경설정을 볼 수 있다. 이 두 가지 내용은 대부분 동일하다.

다음은 전형적인 환경설정의 예다.

```
acme-gw.acme.com# show running
Current configuration:
version 12.4
hostname acme-gw
enable secret xxxxxxxx
ip subnet-zero

interface Ethernet0
    description Acme internal network
        ip address 192.108.21.254 255.255.255.0
        no ip directed-broadcast
interface Ethernet1
    description Acme backbone network
        ip address 192.225.33.254 255.255.255.0
        no ip directed-broadcast

ip classless
line con 0
transport input none

line aux 0
    transport input telnet
line vty 0 4
    password xxxxxxxx
    login

end
```

라우터 환경설정은 다양한 방법으로 수정할 수 있다. 시스코는 유닉스/리눅스의 일부 버전과 윈도우에서 실행되는 그래픽 도구를 제공한다. 실제 네트워크 관리자들은 이런 도구를 사용하지 않으며 언제나 확실한 방책으로 명령 프롬프트를 사용한다.

명령 프롬프트에서 환경설정을 변경하려면 **config term**을 입력한다.

```
acme-gw.acme.com# config term
Enter configuration commands, one per line. End with CNTL/Z.
acme-gw(config)#
```

그런 다음 **show running** 명령의 출력에 나타나는 모습과 똑같이 새로운 환경설정 명령들을 입력한다. 예를 들어 앞의 환경설정에서 Ethernet0 인터페이스의 IP 주소를 변경하고자 한다면 다음과 같이 입력할 수 있다.

```
interface Ethernet0
ip address 192.225.40.253 255.255.255.0
```

환경설정 명령들의 입력을 마쳤으면 CTRL + Z를 눌러 보통 명령 프롬프트로 돌아온다. 새로운 환경설정에 문제가 없고 만족스러우면 **write mem**을 입력해 환경설정을 비활성 메모리에 저장한다.

다음은 시스코 라우터를 성공적으로 체험하기 위한 몇 가지 팁이다.

- **hostname** 명령을 이용해 라우터의 이름을 붙인다. 이 처방은 엉뚱한 라우터의 환경설정을 변경함으로써 일어나는 사고를 예방하는 데 도움이 된다. 호스트명은 항상 명령 프롬프트에 나타난다.
- 항상 백업 라우터 환경설정을 따로 보관한다. 매일 밤 다른 시스템에 현재의 환경설정을 보관하고자 **scp**나 **tftp** 명령을 이용할 수 있다.
- 환경설정의 사본을 NVRAM이나 이동식 점프 드라이브jump drive에 저장하는 것이 가능할 때가 종종 있다. 가능하다면 그렇게 한다.
- 라우터의 VTY에 접근 목록을 넣어 라우터 커맨드라인에 대한 접근을 제어한다(VTY는 유닉스 시스템의 PTY와 같은 것이다). 이 처방은 원치 않는 사

람들이 라우터에 몰래 잠입하지 못하게 막아준다.

- 각 라우터 인터페이스에 접근 목록을 설정해 자신의 네트워크를 통해 (외부 세계로 나갈 수도 있는) 흘러가는 트래픽을 제어한다.

- 라우터들을 물리적으로 안전하게 보호한다. 누군가 시스코 박스에 물리적으로 접근한다면 특권 암호를 쉽게 재설정할 수 있다.

여러 개의 라우터와 라우터 관리자가 있다면 shrubbery.net에서 제공하는 무료 도구 RANCID를 검토해보기 바란다. RANCID라는 이름이 제품 기능을 효과적으로 알려주고 있지만 간단히 요약을 하자면 다음과 같다. RANCID는 매일 밤 라우터에 로그인해서 환경설정 파일들을 복구한다. RANCID는 환경설정들의 차이를 비교해서 무엇이 변경됐는지를 알려준다. 또한 자동으로 환경설정 파일들을 리비전 제어revision control하에 보관한다(7장 참고).

15.8 추천 자료

Perlman, Radia. Interconnections: Bridges, Routers, Switches, and Internetworking Protocols (2nd Edition). Reading, MA: Addison-Wesley, 2000.

이 책은 이 주제에 관한 최고의 작품이다. 네트워킹 기초에 관한 책을 단 한 권만 산다면 이 책이 돼야 한다. 또한 라디아Radia와 함께 즐거운 시간을 보낼 기회를 놓쳐서는 안 된다. 그녀는 매우 재밌으며 두뇌에는 믿지 못할 만큼의 지식이 보관돼 있다.

Edgeworth, Brad, Aaron Foss, and Ramiro Garza Rios. IP Routing on Cisco IOS, IOS XE, and IOS XR: An Essential Guide to Understanding and Implementing IP Routing Protocols. Indianapolis, IN: Cisco Press, 2014.

Huitema, Christian. Routing in the Internet (2nd Edition). Upper Saddle River, NJ: Prentice Hall PTR, 2000.

이 책은 근본부터 철저하고 명쾌하게 잘 써진 라우팅 입문서다. 가장 널리 사용되는 대부분의 프로토콜을 다루고 있으며 멀티캐스팅과 같은 고급 주제들도 일부 다룬다.

라우팅 관련 RFC가 많이 있다. 표 15.3은 주요 사항을 보여준다.

표 15.3 라우팅 관련 RFC

RFC	제목	저자
1256	ICMP 라우터 탐색 메시지 ICMP Router Discovery Messages	디어링(Deering)
1724	RIP 버전 2 MIB 확장 RIP Version 2 MIB Extension	맬킨, 베이커(Malkin, Baker)
2080	IPv6를 위한 RIPng RIPng for IPv6	맬킨, 미니어(Malkin, Minnear)
2328	OSPF 버전 2 OSPF Version 2	모이(Moy)
2453	라우팅 정보 프로토콜 버전 2 Routing Information Protocol Version 2	맬킨(Malkin)
4271	경계 게이트웨이 프로토콜 4 A Border Gateway Protocol 4 (BGP-4)	렉터, 리, 등(Rekhter, Li, et al.)
4552	OSPFv3를 위한 인증/기밀성 Authentication/Confidentiality for OSPFv3	굽타, 멜람(Gupta, Melam)
4822	RIPv2 암호화 인증 RIPv2 Cryptographic Authentication	앳킨슨, 팬토(Atkinson, Fanto)
4861	IPv6를 위한 이웃 탐색 Neighbor Discovery for IPv6	나텐 등(Narten et al.)
5175	IPv6 라우터 통지 플래그 옵션IPv6 Router Advertisement Flags Option	하버만, 힌덴(Haberman, Hinden)
5308	IS-IS와 IPv6 라우팅 Routing IPv6 with IS-IS	홉스(Hopps)
5340	IPv6를 위한 OSPF OSPF for IPv6	콜툰 외(Coltun et al.)
5643	OSPFv3를 위한 관리 정보 기반 Management Information Base for OSPFv3	얄, 맨랄 외(Joyal, Manral, et al.)

16 DNS: 도메인 네임 시스템

인터넷은 전 세계에 분포돼 있는 모든 자원에 즉각적인 접근을 전달하며 그러한 자원들의 각 컴퓨터와 사이트는 고유한 이름(예, google.com)을 갖고 있다. 하지만 관중들로 가득 찬 경기장에서 친구나 잃어버린 아이를 찾으려는 사람이라면 단순히 이름을 큰 목소리로 외쳐보는 것만으로는 충분치 않다는 것을 안다. 무언가를 (또는 누군가를) 찾는 데 필수적인 것은 이름과 위치를 주고받거나 갱신하고 배포하기 위한 체계적인 시스템이다.

사용자나 사용자 수준의 프로그램들은 이름(예, amazon.com)을 사용해 자원을 지칭하는 것을 좋아하지만 낮은 수준의 네트워크 소프트웨어는 오직 IP 주소(예, 54.239.17.6)만을 이해한다. 이름과 주소 간의 매핑은 DNS, 즉 도메인 네임 시스템 Domain Name System의 가장 잘 알려진 기능이자 단언컨대 가장 중요한 기능이라 할 수 있다. DNS에는 그 밖의 다른 요소나 기능들도 포함돼 있지만 이들은 거의 예외 없이 주목적을 지원하고자 존재한다.

인터넷 역사에서 DNS는 칭송과 비판을 모두 받아왔다. 처음의 세련됨과 단순성은 초기 채택을 고무시켰으며 약간의 중앙 집중된 관리만으로 인터넷을 급성장시켰다. 추가 기능에 대한 요구가 증가하자 DNS 시스템도 마찬가지 상황이 됐다. 때로는 이러한 기능들이 요즘 기준에서 보면 형편없는 방법으로 추가됐다. 반대론자들은 인터넷이 붕괴 직전이라는 증거로서 DNS 인프라의 취약성을 지적한다.

어쨌든 DNS의 기본 개념과 프로토콜은 지금까지 한 국가의 수백 개 호스트로부터 10억 개 이상의 호스트에 있는 30억 명 이상의 사용자를 지원하는 전 세계적 네트워크로 줄곧 성장해 왔다.[1] 이렇게 적은 이슈들을 갖고 이 정도 규모까지 성장해온 정보 시스템은 어디에서도 찾아볼 수 없다. DNS가 없었다면 인터넷은 오래전에 실패했을 것이다.

16.1 DNS 아키텍처

DNS는 일종의 분산 데이터베이스다. 이 모델에서 한 사이트는 자신이 알고 있는 컴퓨터들에 대한 데이터를 저장하고 있고 다른 사이트도 자신의 컴퓨터들에 대한 데이터를 저장하고 있으며 그 사이트들은 한 사이트가 다른 사이트의 데이터를 탐색할 필요가 있을 때 서로 협력해 데이터를 공유한다. 시스템 관리자 관점에서 보자면 자신의 도메인에 구성해 놓은 DNS 서버는 외부 세계에서 자기 도메인에 있는 이름에 관한 질의가 올 때 이에 응답한다. 또한 사용자들을 대신해 다른 도메인의 서버에 질의하기도 한다.

질의와 응답

DNS 질의^Query(이하 '쿼리'로 번역)는 하나의 이름과 하나의 레코드 타입으로 구성된다. 돌아오는 대답은 쿼리에 응답하는 '리소스 레코드^RR, Resource Record'의 집합이다. 또는 요청한 이름과 레코드 타입이 존재하지 않는다는 것을 의미하는 응답일 수도 있다.

---

1. 사용자 통계값의 출처는 internetlivestats.com/internet-users다. 호스트 통계값은 statista.com에서 가져왔다.

"응답한다.^{responsive}"는 것이 항상 '결정적^{dispositive}'인 것을 의미하는 것은 아니다. DNS 서버들은 계층 구조 안에 배열돼 있기 때문에 특정 쿼리에 응답하려면 여러 계층에 있는 서버와의 접촉이 필요할 수도 있다.[2] 쿼리에 대한 답을 모르는 서버들은 답을 알고 있는 서버를 클라이언트가 찾아갈 수 있게 돕는 자원 레코드를 돌려보낸다.

가장 흔한 쿼리는 A 레코드를 위한 것인데, 이 레코드는 하나의 이름과 결합돼 있는 IP 주소를 반환한다. 그림 A는 전형적인 시나리오를 보여준다.

그림 A 간단한 이름 검색

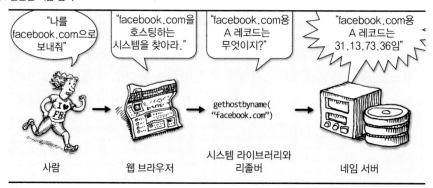

첫째, 원하는 사이트의 이름을 사람이 입력해 웹브라우저에 입력한다. 그러면 브라우저는 DNS '리졸버^{resolver}' 라이브러리를 호출해 이름에 상응하는 주소를 검색한다. 리졸버 라이브러리는 A 레코드를 위한 쿼리를 만들어 네임 서버에 보내고 네임 서버는 A 레코드를 반환해 응답한다. 마지막으로 브라우저는 네임 서버에서 반환된 IP 주소를 통해 타깃 호스트에 TCP 접속을 오픈한다.

DNS 서비스 공급자

몇 해 전만 해도 모든 시스템 관리자의 주요 업무 중 하나는 DNS 서버를 구성하고 유지 관리하는 일이었다. 요즘은 양상이 변했다. 어떤 조직이 DNS 서버를 유지 관리하고 있다면 대개는 내부용일 것이다.[3]

---

2. 네임 서버들은 일반적으로 UDP 포트 53에서 쿼리를 수신한다.

3. 마이크로소프트의 액티브 디렉터리 시스템에는 기업 환경에서 발견되는 다른 마이크로소프트향의 서비스들과 잘 맞물려 돌아가는 통합 DNS 서버가 포함돼 있다. 하지만 액티브 디렉터리는 내부 용도로만 사용하는 데 적합하다. 잠재적인 보안 문제가 있기 때문에 절대로 (인터넷을 향한) 외부 DNS 서버로 사용돼서는 안 된다.

여전히 모든 조직이 외부지향 DNS 서버를 필요로 하지만 이제는 그 기능을 수행하고자 많은 상용 '관리형managed' DNS 공급자 중 하나를 이용하는 것이 일반화됐다. 이러한 서비스들은 하루에 몇 페니(또는 달러)만 지불하면 GUI 관리 인터페이스와 높은 가용성, 안전한 DNS 인프라를 제공한다. 아마존 루트 53Amazon Route 53, 클라우드플레어CloudFlare, 고대디GoDaddy, DNS 메이드 이지DNS Made Easy, 랙스페이스Rackspace는 주요 공급자 중 극히 일부에 지나지 않는다.

물론 원한다면 지금도 자신의 DNS 서버를 직접 구성하고 유지할 수 있다. 선택 가능한 수십 개의 DNS 구현 중에서 버클리 인터넷 네임 도메인BIND, Berkeley Internet Name Domain 시스템이 여전히 인터넷을 지배하고 있다. DNS 서버의 75% 이상은 일정 형태의 BIND 실행하고 있다.[4]

어떤 경로를 선택하든지 간에 시스템 관리자로서 필요한 것은 DNS의 기본 개념과 구조에 관한 이해다. 이번 장 앞부분의 일부 절에서는 그런 중요한 기초 지식에 중점을 두었다. 나중에 일부 특정한 BIND용 환경설정을 보여주겠다.

16.2 검색용 DNS

자체적인 네임 서버를 운용하든, 관리형 DNS 서비스를 사용하든, 또는 그 밖의 다른 방법으로 DNS 서비스를 제공하든 상관없이 DNS에서 이름 검색look up하고자 모든 시스템의 설정을 원한다는 점만은 분명하다.

그렇게 하는 데는 두 단계의 작업이 필요하다. 첫째, 시스템들을 DNS 클라이언트로 설정한다. 둘째, 정적인 /etc/hosts 파일과 같은 이름 검색 방법과는 달리 그 시스템들에게 DNS를 언제 사용할 것인지를 말해준다.

resolv.conf: 클라이언트 리졸버 환경설정

네트워크상의 모든 호스트는 DNS 클라이언트가 돼야 한다. 클라이언트 측 리졸버를 /etc/resolf.conf 파일 안에 설정한다. 이 파일에는 호스트가 쿼리를 보낼 수

---

4. 2015년 7월 ISC 인터넷 도메인 서베이에서 인용

있는 네임 서버들의 목록이 있다.

DHCP 서버에서 IP 주소와 네트워크 매개변수들을 얻는 호스트가 있다면 일반적으로 /etc/resolv.conf 파일은 자동으로 구성된다. 그렇지 않다면 그 파일을 수작업으로 편집해야 한다. 파일 구성은 다음과 같다.

```
search 도메인명 ...
nameserver IP 주소
```

네임 서버는 세 개까지 나열할 수 있다. 다음은 하나의 완전한 예다.

```
search atrust.com booklab.atrust.com
nameserver 63.173.189.1              ; ns1
nameserver 174.129.219.225           ; ns2
```

search 줄에는 하나의 호스트명이 충분한 자격을 갖추지 못했을 때 질의를 보낼 도메인들을 나열한다. 예를 들어 한 사용자가 ssh coraline 명령을 제출한다면 리졸버는 search 목록에 있는 첫 번째 도메인으로 이름을 완성시켜 coraline.atrust.com을 찾는다. 그런 이름이 존재하지 않으면 리졸버는 coraline.booklab.atrust.com이라는 이름으로 재시도한다. search 지시어에 지정할 수 있는 도메인 수는 리졸버 마다 다르다. 대부분은 6개에서 8개를 허용하며 256 글자로 제한된다.

resolv.conf 파일에 나열돼 있는 네임 서버들은 반드시 여러분이 사용하는 호스트의 쿼리 제출을 허용하도록 설정돼 있어야 한다. 또한 네임 서버들은 재귀적[recursive]이어야 한다. 다시 말해 네임 서버들은 능력이 되는 한 반드시 쿼리에 응답해야 하며 여러분에게 다른 네임 서버를 참조하라고 해서는 안 된다.

DNS 서버들은 순서대로 접촉된다. 첫 번째 서버가 계속 쿼리에 응답하는 한 다른 서버들은 무시된다. 어떤 문제가 발생하면 쿼리는 결국 시간이 초과돼 다음 차례의 서버를 시도한다. 각 서버는 차례로 네 번까지 시도될 수 있다. 실패할 때마다 시간 초과 간격[timeout interval]이 증가한다. 기본 시간 초과 간격은 참을성 없는 사용자들에게는 영원처럼 느껴지는 5초다.

nsswitch.conf: 누구에게 이름을 요청했는가?

FreeBSD와 리눅스는 모두 /etc/nsswitch.conf 스위치 파일을 이용해 호스트명-IP 주소 매핑이 수행되는 방법을 지정하며 DNS가 가장 먼저 시도돼야 하는지 아니면 가장 나중에 시도돼야 하는지 또는 전혀 사용되지 않는지를 지정한다. 스위치 파일이 존재하지 않으면 다음과 같은 기본 행동을 취한다.

```
hosts: dns [!UNAVAIL=return] files
```

!UNAVAIL 섹션은 DNS가 사용 가능하지만 이름이 발견되지 않을 때 계속해서 다음 항목(이런 경우 /etc/hosts 파일)을 시도하지 말고 검색이 실패한 것으로 처리하라는 의미다. 실행 중인 네임 서버가 없다면 (부팅 중일 때처럼) 이름 검색 프로세스는 hosts 파일을 참조한다.

이 책에서 예로 든 배포판들은 모두 다음과 같은 기본 nsswitch.conf 항목을 제공한다.

```
hosts: files dns
```

이 설정은 /etc/hosts 파일에 우선권을 주므로 이 파일이 항상 점검된다. DNS는 /etc/hosts를 통해 해결될 수 없는 이름에 대해서만 사용된다.

사실상 검색을 구성하는 가장 좋은 방법이란 없다. 사이트를 관리하는 방법에 따라 다르기 때문이다. 일반적으로는 가능한 한 많은 호스트 정보를 DNS로 유지하는 것을 선호하지만 필요한 경우에는 부팅이 진행되는 동안 정적 호스트 파일로 돌아갈 수 있는 능력을 항상 보존한다.

네임 서비스가 외부 조직에 의해 제공되는 경우에는 resolv.conf와 nsswitch.conf를 설정하고 나면 DNS 환경설정은 끝난 것일 수 있다. 그런 경우라면 이번 장의 나머지 부분은 건너뛰어도 좋고 더 많은 학습을 위해 계속 읽어도 좋다.

16.3 DNS 네임스페이스

DNS 네임스페이스^{namespace}는 순방향 매핑과 역방향 매핑을 모두 포함하는 트리 구조로 구성된다. 순방향 매핑^{forward mapping}은 호스트명을 IP 주소 및 다른 레코드들로 매핑하고 역방향 매핑^{reverse mapping}은 IP 주소를 호스트명으로 매핑한다. 모든 완전한 호스트명(예, nubark.atrust.com)은 트리의 순방향 브랜치에 있는 하나의 노드^{node}며 이론적으로 모든 IP 주소는 역방향 브랜치에 있는 하나의 노드다. 그림 B는 네이밍 트리^{naming tree}의 일반적인 구조다.

그림 B DNS 존 트리

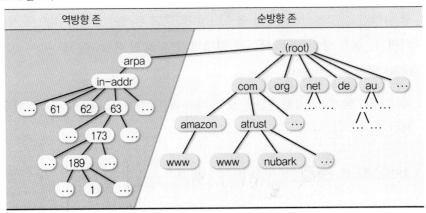

동일한 DNS 시스템이 이름과 IP 주소를 모두 관리할 수 있도록 네임스페이스의 IP 브랜치는 IP 주소의 바이트를 거꾸로 나열함으로써 도치된다. 예를 들어 호스트 nubark.atrust.com이 IP 주소 63.173.189.1을 갖는다면 그에 상응하는 네이밍 트리의 순방향 브랜치 노드는 'nubark.atrust.com.'이며 역방향 브랜치 노드는 '1.189.173.63.in-addr.arpa.'가 된다.[5]

파일의 전체 경로명이 항상 슬래시로 시작하는 것처럼 이러한 이름들은 모두 도트로 끝난다. 이렇게 해서 '전체 주소 도메인명^{FQDN, Fully Qualified Domain Name}'이 만들어진다.

DNS 구문 밖에서는 (마지막 도트가 없는) nubark.atrust.com와 같은 이름을 '전체

---

5. 이름의 in-addr.arpa 부분은 고정된 접미어다.

주소 호스트명'이라고 부를 때도 있지만 그것은 구어적 표현일 뿐이다. DNS 시스템 내부에서는 마지막 도트의 존재 여부는 결정적으로 중요하다.

최상위 수준 도메인에는 두 가지 유형이 있다. 하나는 국가 코드 최상위 도메인(ccTLD)이고 다른 하나는 일반 최상위 도메인(gTLD)이다. 국제 인터넷 주소 관리 기구[ICANN, Internet Corporation for Assigned Names and Numbers]는 com, net, org와 같은 gTLD에 이름들을 등록하기 위한 공용 등기소 프로젝트의 일부로, 다양한 에이전시들을 파견한다. ccTLD 이름을 등록하려면 인터넷 할당 번호 관리 기관[IANA, Internet Assigned Numbers Authority] 웹 페이지 iana.org/cctld를 방문해 특정 국가의 등록을 책임지고 있는 등기소를 찾는다.

도메인명 등록

2차 도메인명(예, blazedgoat.com)을 얻으려면 반드시 적절한 최상위 도메인을 위해 도메인 대행업체[registrar]에 신청해야 한다. 도메인 등록 양식을 완성하려면 아직 사용되지 않은 이름을 선택해야 하며 기술 담당자와 시스템 관리자, 자신의 도메인용 네임 서버로 사용할 최소한 두 개의 호스트를 지정해야 한다. 요금은 대행업체마다 다르지만 요즘은 전반적으로 가격이 저렴한 편이다.

서브도메인 만들기

서브도메인을 만드는 절차는 중앙 기관이 로컬(좀 더 정확히 말하자면 조직 내)로 됐다는 점을 제외하곤 2차 도메인을 만드는 절차와 유사하다. 구체적인 단계는 다음과 같다.

- 로컬 맥락에서 고유한 이름을 고른다.
- 새 도메인용 서버가 될 두 개 이상의 호스트를 기술한다.[6]
- 상위 도메인의 시스템 관리자와 협의한다.

상위 도메인들은 위임을 수행하기 전에 하위 도메인의 네임 서버들이 살아서 가

---

6. '두 개 이상의 서버'라는 규칙은 정책이지 기술적 요건이 아니다. 원한다면 단일 서버를 사용할 수 있도록 자신의 서브도메인 규칙을 만들 수도 있다.

동되고 있음을 확인해야 한다. 서버들이 작동하고 있지 않으면 '불완전 위임^{lame delegation}'이 돼 DNS 작업을 깨끗이 정리할 것을 요구하는 불쾌한 이메일을 받을 수도 있다. 나중에 불완전 위임을 자세히 다룰 것이다.

16.4 DNS의 동작 원리

전 세계의 네임 서버들은 쿼리에 응답하고자 서로 협력한다. 일반적으로 쿼리 타깃에 가장 근접해 있는 시스템 관리자가 유지하고 있는 정보를 배포한다. 네임 서버들의 역할과 관계를 이해하는 것은 일상적 운용이나 디버깅에 모두 중요하다.

네임 서버

네임 서버^{Name Server}는 다음과 같은 여러 가지 일을 수행한다.

- 자기 사이트의 호스트명과 IP 주소에 관한 쿼리에 응답한다.
- 자신의 사용자들을 대신해 로컬 또는 원격 호스트에 관한 질의를 한다.
- 쿼리에 대한 응답을 캐싱해 둠으로써 다음번에 더 빨리 응답할 수 있게 한다.
- DNS 데이터를 동기화하고자 다른 로컬 네임 서버들과 대화한다.

네임 서버들은 '존^{zone}'을 다룬다. 여기서 존이란 본질적으로는 한 도메인에서 그 서브도메인들을 뺀 부분을 말한다. 존이 실제로 의미하는 곳에서 '도메인^{domain}'이라는 용어가 사용되는 것을 종종 보게 될 것이다.

네임 서버들은 여러 가지 다른 모드에서 작동할 수 있다. 모드들 간의 구분은 여러 축을 따라 형성되므로 최종적인 분류는 깔끔하지 않은 경우가 종종 있다. 게다가 더 혼동스러운 점은 하나의 서버가 서로 다른 존에 대해 역할을 달리 할 수 있다는 것이다. 표 6.1은 네임 서버를 설명하는 데 사용되는 수식어들의 목록을 보여준다.

표 16.1 네임 서버 분류 체계

서버 유형	설명
authoritative	공식적으로 하나의 존을 나타낸다.
master	하나의 존을 위한 마스터 서버. 디스크 파일로부터 데이터를 얻는다.
primary	마스터 서버의 다른 이름
slave	마스터에서 데이터를 복사한다.
secondary	슬레이브(slave) 서버의 다른 이름
stub	슬레이브와 같으나 네임 서버 데이터만 복사한다(호스트 데이터는 복사하지 않음).
distribution	하나의 도메인 내에서만 광고되는 서버(일명 '스텔스 서버')
nonauthoritative[a]	캐시로부터의 쿼리에 응답한다. 데이터가 여전히 유효한지는 알지 못한다.
caching	이전 쿼리에서 데이터를 캐싱한다. 보통은 로컬 존을 갖지 않는다.
forwarder	많은 클라이언트를 대신해 쿼리를 수행한다. 커다란 캐시를 구축한다.
recursive	응답이 오거나 오류가 발생할 때까지 당신을 대신해 질의한다.
nonrecursive	쿼리에 응답할 수 없다면 다른 서버를 참조한다.

a. 엄격하게 말하자면 '비권한(nonauthoritative)'이란 말은 서버의 속성이 아니라 DNS 쿼리 응답의 속성이다.

이러한 분류는 네임 서버의 데이터 소스(authoritative, caching, master, slave), 저장된 데이터 유형(stub), 쿼리 경로(forwarder), 배포된 응답의 완성도(recursive, nonrecursive), 서버의 가시성(distribution)에 따라 달라진다. 다음 절에서는 이러한 구분에 있어 가장 중요한 점을 좀 더 구체적으로 다룬다.

권한 서버와 캐시 전용 서버

마스터, 슬레이브, 캐시 전용^{Caching-only} 서버들은 두 가지 특성에 의해 구별된다. 즉, 데이터의 출처가 어디인가와 서버가 도메인에 대한 권한을 갖고 있는가이다. 일반적으로 각각의 존은 한 개의 마스터 네임 서버를 갖는다.[7] 마스터 서버는 해당 존의 공식적인 데이터 사본을 디스크에 보관하고 있다. 시스템 관리자는 마스터 서버의 데이터 파일들을 편집해 존 데이터를 변경한다.

슬레이브^{slave} 서버는 '존 트랜스퍼^{zone transfer}' 작업을 통해 마스터 서버에서 데이터

---

7. 일부 사이트는 여러 개의 마스터를 사용하거나 전혀 사용하지 않는다. 여기서는 단일 마스터의 경우를 설명한다.

를 가져온다. 하나의 존은 여러 개의 슬레이브 네임 서버를 가질 수 있으며 최소한 한 개는 갖고 있어야 한다. 스터브[stub] 서버는 마스터에서 NS(네임 서버) 레코드만을 가져오는 특별한 종류의 슬레이브 서버다. 동일한 머신이 일부 존에 대해서는 마스터 서버이면서 다른 존에 대해서는 슬레이브 서버가 될 수 있다.

캐시 전용 네임 서버는 시동 파일에서 루트 도메인용 서버들의 주소를 가져와 자신이 해결한 쿼리 응답들을 캐싱함으로써 나머지 데이터들을 축적한다. 캐시 전용 네임 서버는 자신의 데이터를 갖지 않으며 어떤 존에 대해서도 권한이 없다 (localhost 존은 예외).

네임 서버에서의 권한 응답은 그 정확성이 '보장[guaranteed]'된다. 반면 비권한 응답은 유효 기간이 지난 것일 수 있다. 하지만 비권한 응답의 상당수는 정확하다. 마스터와 슬레이브 서버들은 그들 자신의 존에 대해서는 권한이 있지만 다른 도메인에 관해 캐싱해 온 정보들에 대해서는 권한이 없다. 사실을 말하자면 권한 응답조차도 시스템 관리자가 마스터 서버의 데이터를 변경하고 나서 변경 내용을 전파시키는 것을 잊는다면 부정확할 수 있다(예, 존의 일련번호를 변경하지 않음).

각 존에는 최소한 한 개의 슬레이브 서버가 요구된다. 이상적인 것은 최소한 두 개의 슬레이브가 있어서 그중 하나는 마스터와 공통 인프라를 공유하지 않는 위치에 두는 것이다. 현장의 슬레이브는 다른 네트워크, 다른 전원상에 있어야 한다. 네임 서비스가 중단되면 모든 정상적인 네트워크 접근도 중단된다.

재귀적 서버와 비 재귀적 서버

네임 서버들은 재귀적[recursive]이든 비재귀적[nonrecursive]이든 둘 중 하나다. 비재귀적 서버가 이전 트랜잭션에서 캐싱된 질의에 대한 응답을 갖고 있거나 질의와 관련된 도메인에 대한 권한이 있다면 적절한 응답을 제공한다. 그렇지 않은 경우에는 실제 응답을 반환하는 대신 답을 알만한 다른 도메인의 권한 서버에 대한 참조[referral](이하 리퍼럴)를 반환한다. 비재귀적 서버의 클라이언트는 반드시 그러한 리퍼럴을 받아들여 조치할 준비가 돼 있어야 한다.

비재귀적 서버들은 게으른 것처럼 보일지도 모르나 대개는 추가적인 작업을 취하지 않는 합당한 이유가 있다. 권한 전용 서버들(예, 루트 서버들과 최상위 도메인 서버들)은 모두 비재귀적이지만 그들은 초당 수만 개의 쿼리를 처리하기 때문에 원칙에서 벗어나도 봐줄 수 있는 것이다.

재귀적 서버는 실제 응답과 오류 메시지만을 반환한다. 추천된 서버를 자신이 따라감으로써 클라이언트에서 이러한 책임의 부담을 덜어준다. 다른 관점에서 보면 쿼리를 해결하기 위한 기본적인 절차는 본질적으로 같다.

보안을 위해 한 조직의 외부 접근 가능한 네임 서버들은 항상 비재귀적이어야 한다. 외부에서 볼 수 있는 재귀적 네임 서버들은 캐시 포이즈닝^{cache poisoning} 공격에 취약할 수 있다.

유의할 점: 리졸버 라이브러리는 리퍼럴을 이해하지 못한다. 클라이언트의 resolv.conf 파일에 나열돼 있는 모든 로컬 네임 서버는 반드시 재귀적이어야 한다.

리소스 레코드

각 사이트는 전 세계 DNS 시스템을 구성하는 분산 데이터베이스의 조각들을 한 개 이상 갖고 있다. 데이터베이스 조각은 각 호스트용 레코드를 포함하는 텍스트 파일들로 구성된다. 이 레코드들을 '리소스 레코드^{resource record}'라고 부른다. 각 레코드는 한 줄에 해당하며 하나의 이름(대개는 호스트명), 레코드 타입, 일부 데이터 값으로 구성된다. 이름 필드는 그 값이 앞줄의 값과 같을 때는 생략할 수 있다.

예를 들어 atrust.com이라는 '순방향^{forward}' 파일에 있는 다음 줄과

```
nubark        IN     A       63.173.189.1
              IN     MX      10 mailserver.atrust.com.
```

63.173.189.rev라는 '역방향^{reverse}' 파일에 있는 다음 줄은

```
1             IN     PTR     nubark.atrust.com.
```

nubark.atrust.com을 IP 주소 63.173.189.1과 결합시킨다. MX 레코드는 이 머신으로 주소가 돼 있는 이메일을 호스트 mailserver.atrust.com으로 라우팅한다.

IN 필드는 레코드 클래스를 나타낸다. 실무에서 이 필드는 인터넷을 위해 항상 IN 이다.

리소스 레코드는 DNS의 국제 공통어며 어떤 주어진 DNS 서버 구현의 작동을 제어하는 환경설정 파일과는 관계없다. 리소스 레코드는 DNS 시스템들을 흘러 다니며 다양한 장소에 캐싱되는 데이터 조각이기도 하다.

위임

모든 네임 서버는 로컬 환경설정 파일에서 루트 서버들의 ID를 읽거나 코드 속에 넣어 포함시킨다. 루트 서버^{root server}들은 com, net, edu, fi, de, 그 밖의 최상위 도메인용 네임 서버들을 알고 있다. 더 아래로 내려가서 edu는 colorado.edu, berkeley. edu 등을 안다. 각 도메인은 자신의 서브도메인용 권한을 다른 서버에게 위임 ^{Delegation}할 수 있다.

실제 사례를 살펴보자. lair.cs.colorado.edu 머신에서 vangogh.cs.berkeley.ed의 주소를 검색한다고 가정한다. 호스트 lair는 자신의 로컬 네임 서버 ns.cs.colorado. edu에게 응답을 달라고 요청한다. 그림 C는 그 후에 일어나는 과정을 보여준다.

그림 C vangogh.cs.berkeley.edu에 대한 DNS 쿼리 과정

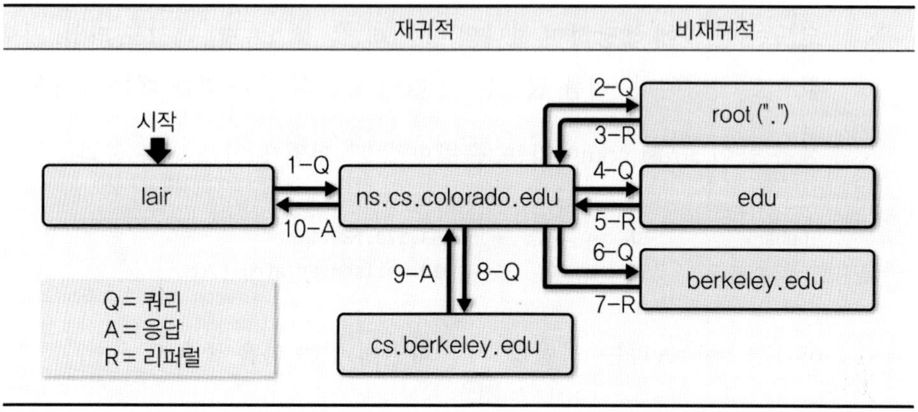

서버들 사이의 화살표에 있는 숫자들은 이벤트의 순서를 보여주며 문자는 트랜잭션 타입(쿼리, 리퍼럴, 응답)을 나타낸다. 루트 도메인에서 서버들의 이름과 IP 주소 외에는 쿼리 전에 어떤 요청 정보도 캐싱되지 않았다고 가정한다.

768

로컬 서버는 vangogh의 주소를 알지 못한다. 실제로 로컬 서버는 cs.berkeley.edu 나 berkeley.edu뿐 아니라 edu에 대해서도 전혀 모른다. 하지만 루트 도메인용 서버들을 알기 때문에 루트 서버에게 vangogh.cs.berkeley.edu에 관해 질의하고 edu 서버에 대한 리퍼럴을 받는다.

로컬 네임 서버는 재귀적 서버다. 쿼리에 대한 답이 다른 서버를 가리키는 리퍼럴로 구성돼 있으면 로컬 서버는 그 쿼리를 새로운 서버에게 다시 보낸다. 찾고 있는 데이터를 가진 서버를 발견할 때까지 계속 리퍼럴을 쫓아간다.

이 경우 로컬 네임 서버는 쿼리를 edu 도메인의 한 서버로 보내며(항상 마찬가지로 vangogh.cs.berkeley.edu에 관한 요청임) berkeley.edu의 서버들을 가리키는 리퍼럴을 되받는다. 로컬 네임 서버는 berkeley.edu에서 같은 쿼리를 다시 반복한다. Berkeley 서버는 캐싱돼 있는 응답이 없으면 cs.berkeley.edu의 서버들을 가리키는 리퍼럴을 반환한다. cs.berkeley.edu 서버는 요청된 정보에 대해 권한이 있으므로 자신의 존 파일에서 답을 찾아 vangogh의 주소를 반환한다.

모든 게 수습되고 나면 ns.cs.colorado.edu는 vangogh의 주소를 캐싱하게 된다. 뿐만 아니라 edu, berkeley.edu, cs.berkeley.edu 서버에도 데이터가 캐싱된다.

dig + trace 또는 **drill -T**를 사용해 쿼리 프로세스를 자세히 볼 수 있다.[8]

캐싱과 효율성

캐싱은 검색의 효율을 높여준다. 즉, 캐싱돼 있는 응답은 비용이 거의 발생하지 않으며 호스트명-주소 매핑은 자주 변하지 않기 때문에 대개 정확하다. 응답은 해당 데이터 레코드의 소유자가 지정하는 '생존 시간$^{TTL, Time To Live}$'이라 불리는 기간 동안 저장된다.

대부분의 질의는 로컬호스트용이므로 신속하게 해결될 수 있다. 사용자들도 많은 쿼리를 반복하기 때문에 은연중에 효율성을 도울 수 있다. 즉, 쿼리의 첫 인스턴스 후에 반복되는 것들은 거의 비용이 들지 않는다.

---

8. dig와 drill은 DNS 쿼리 도구다. dig는 BIND 배포판에 있으며 drill은 NLnet Labs에서 만든 것이다.

보통 상황에서는 사이트의 리소스 레코드는 한 시간에서 하루 사이의 TTL을 사용해야 한다. TTL이 길면 길수록 최신 레코드 사본을 얻으려는 인터넷 클라이언트에 의해 소모되는 네트워크 트래픽은 적어질 것이다.

논리적 서브넷들 간에 로드밸런싱되는 특정 서비스('글로벌 서버 로드밸런싱'이라고 함)를 갖고 있다면 로드밸런싱 업체에 의해 10초나 1분과 같이 훨씬 짧은 TTL을 선택하도록 요구될 수 있다. 짧은 TTL은 작동하지 않는 서버나 서비스 거부 공격에 대해 로드밸런서가 신속히 반응하게 한다. TTL이 짧아도 시스템은 여전히 정확하게 작동하지만 네임 서버들은 열심히 일해야 한다.

위의 vangogh 사례에서 roots의 TTL은 42일, edu는 2일, berkeley.edu는 2일, vangogh.cs.berkeley.edu는 1일이었다. 이 값들은 합리적이다. 대대적인 수치 변경을 계획하고 있다면 시작 전에 TTL을 더 짧은 값으로 변경하게 한다.

DNS 서버들은 네거티브 캐싱negative caching을 구현하기도 한다. 즉, 어떤 쿼리가 실패한 때를 기억해 네거티브 캐싱 TTL 값이 만료될 때까지는 해당 쿼리를 반복하지 않는다. 네거티브 캐싱은 잠재적으로 다음과 같은 유형의 응답들을 저장할 수 있다.

- 질의된 이름과 일치하는 호스트나 도메인이 없음
- 요청된 데이터 타입이 현재 호스트에는 존재하지 않음
- 서버가 응답하지 않음
- 네트워크 문제로 서버에 도달할 수 없음

BIND 구현은 앞쪽 두 가지 타입의 네거티브 데이터를 캐싱하며 네거티브 캐시 타임을 설정할 수 있게 해준다.

다중 응답과 라운드로빈 DNS 로드밸런싱

네임 서버는 쿼리에 대한 응답으로 복수의 레코드를 받는 경우가 종종 있다. 예를 들어 root 도메인의 네임 서버들에 대한 쿼리의 응답은 13개의 서버들을 모두 나열할 수도 있다.

여러 개의 서로 다른 IP 주소들을 한 개의 호스트명에 배정함으로써 이러한 밸런

싱 효과를 활용할 수 있다.

```
www        IN A        192.168.0.1
           IN A        192.168.0.2
           IN A        192.168.0.3
```

대부분의 네임 서버들은 쿼리를 받을 때마다 라운드로빈[round robin](순환) 방식으로 돌려가며 다른 순서로 다중 레코드 세트를 반환한다. 클라이언트가 다중 레코드로 응답을 받았을 때 취하는 가장 일반적인 행동은 DNS 서버가 반환한 순서대로 주소들을 처리하는 것이다.[9]

이런 방식을 흔히 라운드로빈 DNS 로드밸런싱이라고 한다. 하지만 이 방식은 단순한 해법에 지나지 않는다. 대형 사이트에서는 로드밸런싱 소프트웨어(예, HAProxy, 19장 참고)나 전용 로드밸런싱 기기를 사용한다.

쿼리 도구를 이용한 디버깅

DNS 데이터베이스에 질의하는 다섯 개의 커맨드라인 도구(nslookup, dig, host, drill, delv)가 BIND와 함께 배포된다. nslookup과 host는 간단하고 출력이 예쁘지만 구체적인 내용을 모두 얻으려면 dig나 drill이 필요하다. 다음에 나오는 DNSSEC 시그너처 체인에는 drill이 더 좋다. drill이란 이름은 dig(Domain Information Groper)를 재치 있게 표현한 말로, dig보다 훨씬 많은 정보를 DNS에서 얻을 수 있다는 의미를 담고 있다. delv는 BIND 9.10에 처음 포함된 것으로 결국은 DNS-SEC 디버깅용으로 drill을 대체할 것이다.

기본적으로 dig와 drill은 /etc/resolv.conf에 설정돼 있는 네임 서버들에 질의한다. @nameserver 인수는 지정한 네임 서버에 질의하게 한다. 특정 서버에 질의할 수 있는 기능은 존의 변경 사항들이 이차적인 서버와 외부 세계로 전파됐음을 확인할 수 있게 해준다. 이 기능은 뷰[view]를 사용(스플릿 DNS)하고 그 환경설정이 정확히 됐는지 확인할 필요가 있을 때 특히 유용하다.

---

9. 하지만 이런 방식이 항상 요구되는 것은 아니다. 일부 클라이언트는 다른 방식을 사용할 수도 있다.

레코드 타입을 지정하면 dig와 drill은 해당 타입에 대해서만 질의한다. 의사 ^{pseudo} 타입인 any는 약간 교묘하다. 한 이름에 연관된 모든 데이터를 반환하는 게 아니라 캐싱돼 있는 모든 데이터를 반환한다. 따라서 모든 레코드를 얻으려면 dig *domain* NS 뒤에 dig @ns1.*domain domain* any를 붙여 실행해야만 할 수도 있다(이런 문맥에서 권한 데이터는 캐싱된 것으로 간주된다).

dig는 약 50개의 옵션을 갖고 있으며 drill은 그것의 절반쯤 된다. 각 명령은 다양한 옵션 목록을 보여주는 -h 플래그를 수용한다(less를 통해 출력을 파이프하길 원할 수도 있다). 양쪽 도구 모두 -x는 IP 주소의 바이트를 거꾸로 뒤집어 역방향 쿼리를 수행한다. dig의 +trace 플래그나 drill의 -T 플래그는 루트에서의 해결 과정에서 되풀이되는 단계들을 보여준다.

dig와 drill은 응답에 권한이 있으면(즉, 해당 존의 마스터나 슬레이브 서버에서 직접 온 것이라면) 출력 플래그에 aa 표시를 포함한다. 코드 ad는 응답이 DNSSEC에 의해 인증됐음을 의미한다. 새로운 환경설정을 테스트할 때는 로컬과 원격 호스트 모두에 대해 데이터 검색을 확실히 해야 한다. IP 주소에 의해 한 호스트에 접근할 수 있으나 이름으로는 접근할 수 없다면 DNS가 문제의 원인일 것이다.

dig가 가장 많이 사용되는 경우는 특정 이름에 대해 어떤 레코드가 현재 반환되고 있는지를 판단할 때다. AUTHORITY 응답만 반환된다면 다른 네임 서버로 참조된 것이다. ANSWER 응답이 반환된다면 질의가 직접 응답된 것이다(다른 정보도 포함될 수 있다). 모든 것이 정상적임을 검증하고자 루트 서버에서 위임 체인을 수작업으로 쫓아가는 것이 유용할 때도 종종 있다. 아래에서 www.viawest.com라는 이름에 대해 그 과정의 사례를 보자. 우선 viawest.com의 권한을 누가 갖고 있는지를 루트 서버에 질의하고자 권한 시작^{SOA, Start-Of-Authority} 레코드를 요청한다.

```
$ dig @a.root-servers.net viawest.com soa
; <<>> DiG 9.8.3-P1 <<>> @a.root-servers.net viawest.com soa
; (1 server found)
;; global options: +cmd
;; Got answer:
;; ->>HEADER<<- opcode: QUERY, status: NOERROR, id: 7824
```

```
;; flags: qr rd; QUERY: 1, ANSWER: 0, AUTHORITY: 13, ADDITIONAL: 14
;; WARNING: recursion requested but not available

;; QUESTION SECTION:
;viawest.com.                 IN SOA

;; AUTHORITY SECTION:
com.             172800 IN NS   c.gtld-servers.net.
com.             172800 IN NS   b.gtld-servers.net.
com.             172800 IN NS   a.gtld-servers.net.
...
;; ADDITIONAL SECTION:
c.gtld-servers.net.   172800 IN A      192.26.92.30
b.gtld-servers.net.   172800 IN A      192.33.14.30
b.gtld-servers.net.   172800 IN AAAA   2001:503:231d::2:30
a.gtld-servers.net.   172800 IN A      192.5.6.30
...
;; Query time: 62 msec
;; SERVER: 198.41.0.4#53(198.41.0.4)
;; WHEN: Wed Feb  3 18:37:37 2016
;; MSG SIZE  rcvd: 489
```

반환된 상태^{status}가 NOERROR임에 유의한다. 이것은 쿼리가 별다른 오류 없이 응답을 반환했다는 것을 말해준다. 다른 상태 값으로는 요청된 이름이 존재하지 않음(또는 등록되지 않음)을 의미하는 NXDOMAIN과 네임 서버 자체의 환경설정 오류를 의미하는 SERVFAIL이 있다.

AUTHORITY SECTION은 글로벌 최상위 도메인(gTLD) 서버들이 이 도메인의 권한 체인에서 다음 링크라는 것을 말해준다. 따라서 한 개를 무작위로 골라 동일한 쿼리를 반복한다.

```
$ dig @c.gtld-servers.net viawest.com soa
; <<>> DiG 9.8.3-P1 <<>> @c.gtld-servers.net viawest.com soa
; (1 server found)
;; global options: +cmd
;; Got answer:
;; ->>HEADER<<- opcode: QUERY, status: NOERROR, id: 9760
;; flags: qr rd; QUERY: 1, ANSWER: 0, AUTHORITY: 2, ADDITIONAL: 2
;; WARNING: recursion requested but not available
```

```
;; QUESTION SECTION:
;viawest.com.                    IN SOA

;; AUTHORITY SECTION:
viawest.com.        172800 IN NS      ns1.viawest.net.
viawest.com.        172800 IN NS      ns2.viawest.net.

;; ADDITIONAL SECTION:
ns1.viawest.net.  172800 IN A       216.87.64.12
ns2.viawest.net.  172800 IN A       209.170.216.2

;; Query time: 52 msec
;; SERVER: 192.26.92.30#53(192.26.92.30)
;; WHEN: Wed Feb  3 18:40:48 2016
;; MSG SIZE  rcvd: 108
```

이 응답은 훨씬 더 간단명료해서 질의할 다음 서버가 ns1.viawest.com(또는 ns2.viawest.com)이라는 것을 알 수 있다.

```
$ dig @ns1.viawest.net viawest.com soa
; <<>> DiG 9.8.3-P1 <<>> @ns2.viawest.net viawest.com soa
; (1 server found)
;; global options: +cmd
;; Got answer:
;; ->>HEADER<<- opcode: QUERY, status: NOERROR, id: 61543
;; flags: qr aa rd; QUERY: 1, ANSWER: 1, AUTHORITY: 1, ADDITIONAL: 1
;; WARNING: recursion requested but not available

;; QUESTION SECTION:
;viawest.com.                    IN SOA

;; ANSWER SECTION:
viawest.com.        3600   IN SOA     mvec.viawest.net. hostmaster.
    viawest.net. 2007112567 3600 1800 1209600 3600

;; AUTHORITY SECTION:
viawest.com.        86400  IN NS      ns2.viawest.net.

;; ADDITIONAL SECTION:
ns2.viawest.net.  3600   IN A       209.170.216.2

;; Query time: 5 msec
;; SERVER: 216.87.64.12#53(216.87.64.12)
;; WHEN: Wed Feb  3 18:42:20 2016
;; MSG SIZE  rcvd: 126
```

이 쿼리는 viawest.com 도메인에 대해 **ANSWER**를 반환한다. 이제 권한 네임 서버를 알고 실제로 원하는 이름 www.viawest.com에 대해 질의할 수 있다.

```
$ dig @ns1.viawest.net www.viawest.com any
; <<>> DiG 9.8.3-P1 <<>> @ns1.viawest.net www.viawest.com any
; (1 server found)
;; global options: +cmd
;; Got answer:
;; ->>HEADER<<- opcode: QUERY, status: NOERROR, id: 29968
;; flags: qr aa rd; QUERY: 1, ANSWER: 1, AUTHORITY: 1, ADDITIONAL: 1
;; WARNING: recursion requested but not available

;; QUESTION SECTION:
;www.viawest.com.           IN ANY

;; ANSWER SECTION:
www.viawest.com.    60      IN CNAME hm-d8ebfa-via1.threatx.io.

;; AUTHORITY SECTION:
viawest.com.        86400   IN NS ns2.viawest.net.
;; ADDITIONAL SECTION:
ns2.viawest.net.    3600    IN A 209.170.216.2

;; Query time: 6 msec
;; SERVER: 216.87.64.12#53(216.87.64.12)
;; WHEN: Wed Feb  3 18:46:38 2016
;; MSG SIZE  rcvd: 117
```

마지막으로 이 쿼리는 www.viawest.com이 hm-d8ebfa-via1.threatx.io를 가리키는 **CNAME** 레코드를 갖는다는 것을 보여주며, 이는 곧 threatx 호스트(클라우드 기반의 분산 서비스 거부 공급자에 의해 운영되는 호스트)의 다른 이름임을 의미한다.

물론 재귀적 네임 서버에 질의하면 대신해 전체 위임 체인에 따를 것이다. 하지만 디버깅 중이라면 일반적으로 체인 링크를 하나하나 조사하는 것이 더욱 유용하다.

16.5 DNS 데이터베이스

존의 DNS 데이터베이스는 그 존의 마스터 네임 서버의 시스템 관리자에 의해 유지되는 텍스트 파일의 집합이다. 이 텍스트 파일들을 존 파일zone file이라고 한다.

존 파일은 두 가지 타입의 항목을 포함하고 있다. 하나는 파서 명령들^{parser commands}($ORIGIN이나 $TTL 같은 것들)이고 다른 하나는 리소스 레코드^{resource records}다. 리소스 레코드만이 실제로 데이터베이스의 일부며 파서 명령들은 레코드를 입력하기 위한 간편한 방법을 제공할 뿐이다.

존 파일의 파서 명령

명령들은 존 파일 안에 삽입돼 존 파일의 가독성을 높이고 유지 관리를 쉽게 해준다. 이 명령들은 파서가 뒤따라오는 레코드들을 해독하는 방법에 영향을 주거나 다중 DNS 레코드 자체로 확장된다. 일단 존 파일을 읽어서 해독하고 나면 어떤 명령도 존 데이터의 일부로 남아 있지 않는다(최소한 원래 형태로는 남지 않는다).

세 개의 명령($ORIGIN, $INCLUDE, $TTL)은 모든 DNS 구현에서 표준이며 네 번째 **$GENERATE** 명령은 BIND에서만 볼 수 있다. 명령들은 반드시 첫 번째 칼럼에서 시작해야 하며 홀로 한 줄로 나타나야 한다.

존 파일들은 위에서 아래로 순차적으로 읽히고 파싱된다. 네임 서버는 존 파일을 읽어 나가면서 아직 충분한 자격을 갖추지 못한 이름에는 기본 도메인(또는 '오리진 ^{origin}')을 추가한다. 오리진의 기본값은 해당 네임 서버의 환경설정 파일에 지정된 도메인명이 된다. 하지만 다음과 같이 $ORIGIN 지시어를 사용해 존 파일 내부에 오리진을 설정하거나 값을 변경할 수 있다.

```
$ORIGIN domain-name
```

완전한 자격을 갖춘 이름이 나타나야 할 곳에 상대적 이름을 사용하면 많은 타이핑을 줄일 수 있고 존 파일을 읽기 쉽게 해준다.

많은 사이트가 존 데이터베이스 파일 안에 **$INCLUDE** 지시어를 사용해 간접적인 레코드들을 데이터 레코드와 분리하고 존 파일의 논리적 부분을 분리하거나 제한된 사용 권한으로 파일 내에 암호화키들을 보관한다. 그 구문은 다음과 같다.

```
$INCLUDE filename [origin]
```

지정된 파일은 $INCLUDE 지시어 위치에서 데이터베이스로 읽어 들인다. 파일명이 절대 경로가 아니라면 실행 중인 네임 서버의 홈 디렉터리에 상대적인 경로로 해석된다.

origin 값을 제공하면 파서는 $ORIGIN 지시어가 읽고 있는 파일의 내용보다 우선하는 것으로 처리한다. 이때 주의할 점은, *origin*은 $INCLUDE가 실행된 후에는 이전 값으로 되돌아갈 수 없다. 인클루드되는 파일의 끝이나 $INCLUDE 문장 다음에 오는 줄에서 *origin*의 재설정을 원할 수도 있을 것이다.

$TTL 지시어는 뒤따라오는 레코드들의 생존 시간 필드를 위한 기본값을 설정한다. 이 지시어는 반드시 존 파일의 맨 첫 줄이어야 한다. $TTL 값의 기본 단위는 초이지만 시간은 h로, 분은 m으로, 하루는 d로, 일주일은 w로 숫자를 정량화할 수도 있다. 예를 들어 다음 줄들은 모두 $TTL을 1일로 설정한다.

```
$TTL 86400
$TTL 24h
$TTL 1d
```

리소스 레코드

DNS 계층 구조의 각 존은 자신과 결합된 리소스 레코드^{Resource Record} 집합을 갖는다. 리소스 레코드의 기본 형태는 다음과 같다.

```
[name] [ttl] [class] type data
```

각 필드는 공백(탭이나 스페이스)으로 분리되며 표 16.2에 있는 특수 문자들을 포함할 수 있다.

name 필드는 레코드가 묘사하고 있는 항목(보통 호스트나 도메인)을 가리키는 식별자다. 여러 개의 연속된 레코드가 같은 항목을 가리킬 때는 다음에 오는 레코드들이 공백 문자로 시작되는 한 첫 번째 레코드 이후에는 이름을 생략할 수 있다. 이름이 있는 경우 *name* 필드는 반드시 첫 번째 열에서 시작해야 한다.

표 16.2 리소스 레코드의 특수 문자

문자	의미
;	주석의 시작
@	현재 존의 이름
( )	데이터가 여러 줄로 확장되게 한다.
*	와일드카드(name 필드만 가능)[a]

a. 와일드카드에 관한 일부 경고문 참조

이름은 상대적이거나 절대적일 수 있다. 절대 이름[absolute name]은 도트로 끝나며 완전한 이름을 갖춘다. 소프트웨어는 내부적으로 절대 이름만을 다룬다. 즉, 도트로 끝나지 않는 모든 이름에 현재 오리진과 도트(.)를 추가한다. 이 기능으로 이름들을 더 짧게 만들 수 있지만 실수를 유발하는 원인이 되기도 한다.

예를 들어 현재 도메인이 cs.colorado.edu라면 이름 'anchor'는 'anchor.cs.colorado.edu.'로 해석될 것이다. 실수로 'anchor.cs.colorado.edu'라는 이름을 입력한다면 마지막에 도트가 없기 때문에 상대적 이름으로 간주돼 'anchor.cs.colorado.edu.cs.colorado.edu.'라는 이름으로 해석되는 결과를 낳게 된다. 이런 종류의 실수는 흔히 발생된다.

ttl(생존 시간) 필드는 시간의 길이를 초 단위로 지정한다. 이 시간은 레코드가 캐싱돼 유효성이 인정되는 시간이다. 루트 서버의 힌트 파일을 암시한다는 점을 제외하고 이 필드는 종종 생략된다. *ttl*의 기본값은 $TTL 지시어에 의해 설정돼 있는 값으로, 이 지시어는 반드시 존 데이터 파일의 첫 번째 줄에 있어야 한다.

ttl 매개변수 값을 약 1주일로 늘리면 실질적으로 네트워크 트래픽과 DNS 부하는 감소한다. 하지만 일단 레코드가 로컬 네트워크 외부에 캐싱되면 그것들을 강제로 없앨 수 없다. 대대적인 수치 재설정 작업을 계획하고 있고 예전 *ttl* 값이 1주일이라면 더 짧은 $TTL 값(예, 한 시간)은 최소한 일주일 후에야 의도한 대로 적용될 것이다. 이러한 예비 단계는 일주일 길이의 *ttl*을 가진 레코드들이 만료되고 한 시간 길이의 *ttl*을 갖는 레코드들로 대체됐음을 보장한다. 그리고 나서야 모든 업데이트가 한 시간 내에 모두 전파될 것임을 확신할 수 있다. 이런 갱신 작업을 완전

778

히 끝낸 후에 *ttl* 값을 원래 값으로 되돌리도록 한다.

일부 사이트에서는 인터넷과 접해 있는 서버를 향한 레코드의 TTL을 낮은 값으로 설정해 서버에 문제(네트워크 장애, 하드웨어 장애, 서비스 거부 공격 등)가 생겼을 때 시스템 관리자가 서버의 이름-IP 주소 매핑을 변경해 응대할 수 있게 한다. 원래의 TTL이 짧기 때문에 새 값은 금방 전파된다. 예를 들어 google.com이라는 이름은 5분의 TTL을 갖고 있지만 구글의 네임 서버는 4일(345,600초)의 TTL을 갖는다.

```
google.com.        300     IN A    216.58.217.46
google.com.        345600  IN NS   ns1.google.com.
ns1.google.com.    345600  IN A    216.239.32.10
```

이 레코드를 얻는 데 **dig**를 사용했으며 출력의 불필요한 부분은 생략했다.

*class*는 네트워크 타입을 지정한다. 인터넷을 의미하는 **IN**이 기본값이다.

다른 많은 타입의 DNS 레코드들이 정의돼 있지만 10개 미만의 것들이 주로 사용된다. IPv6에서는 좀 더 추가된다. 이 책에서는 리소스 레코드를 4개의 그룹으로 분류한다.

- **존 인프라 레코드**: 도메인과 네임 서버들을 식별한다.
- **기본 레코드**: 이름과 주소 간의 매핑을 하고 메일을 라우팅한다.[10]
- **보안 레코드**: 존 파일에 인증과 서명을 추가한다.
- **옵션 레코드**: 호스트나 도메인에 관한 추가 정보를 제공한다.

data 필드의 내용은 레코드 타입에 따라 다르다. 특정 도메인과 레코드 타입에 대한 DNS 쿼리는 해당 존의 파일에서 일치하는 모든 리소스 레코드를 반환한다. 표 16.3은 일반적으로 사용되는 레코드 타입의 목록이다.

---

10. MX 메일 라우팅 레코드는 각 개별적 호스트뿐 아니라 전체 존도 참조할 수 있기 때문에 존 인프라와도 맞고 기본 레코드와도 잘 맞는다.

표 16.3 DNS 레코드 타입

	타입	이름	기능
존	SOA	권한 시작	DNS 존을 정의한다.
	NS	네임 서버	서버들을 식별화하고 서브도메인을 위임한다.
기본	A	IPv4 주소	이름-주소 변환
	AAAA	IPv6 주소	이름-IPv6 주소 변환
	PTR	포인터	주소-이름 변환
	MX	메일 교환기	메일 라우팅을 제어한다.
보안	DS	위임 서명자	서명된 자식 존의 키 서명 키(key-signing key)의 해시
	DNSKEY	공개키	DNS 네임용 공개키
	NSEC	Next Secure	부정 응답용으로 DNSSEC와 함께 사용된다.
	NSEC3	Next Secure v3	부정 응답용으로 DNSSEC와 함께 사용된다.
	RRSIG	서명	서명되고 인증된 리소스 레코드 세트
옵션	CNAME	정규 이름	호스트의 별명이나 가명
	SRV	서비스	잘 알려진 서비스의 위치를 제공한다.
	TXT	텍스트	주석 또는 활자화되지 않은 정보

일부 레코드 타입은 더 이상 사용되지 않거나, 실험적이거나, 널리 사용되지 않는다. 전체 목록을 확인하려면 자신이 사용하는 네임 서버의 구현 문서를 보자. 대부분 레코드들은 수작업(텍스트 파일 편집, 웹 GUI에서 입력)으로 관리되지만 보안 리소스 레코드는 암호화 처리를 요구하므로 반드시 소프트웨어 도구를 이용해 관리해야 한다. 이러한 레코드들은 'DNSSEC' 절에 설명돼 있다.

존 파일 내에서 리소스 레코드들의 순서는 임의대로 해도 되지만 전통적으로 SOA 레코드가 맨 처음에 오고 이어서 NS 레코드들이 따라온다. 각 호스트용 레코드들은 보통 한데 모아둔다. *name* 필드의 순서로 정렬하는 것이 일반적 관례지만 일부 사이트에서는 사용되지 않는 주소들의 식별을 손쉽게 하고자 IP 주소로 정렬하기도 한다.

다음 절에서 각각의 리소스 레코드 타입을 설명할 것이므로 atrust.com 도메인의 데이터 파일에서 가져온 일부 레코드의 예를 살펴보기로 하자. 이 문맥에서 기본 도메인은 'atrust.com.'이므로 'bark'로 지정된 호스트는 실제로는 'bark.atrust.com.'를 의미한다.

각 리소스 레코드 타입의 포맷과 해석은 IETF에 의해 RFC 시리즈에 규정돼 있다. 이제부터 (시작 연도와 함께) 각 레코드 타입과 관련된 특정 RFC들을 나열해보자.

SOA 레코드

SOA[Start Of Authority](권한 시작) 레코드는 DNS 네임스페이스 내에서 같은 장소에 위치한 리소스 레코드들의 그룹인 존의 시작을 표시한다. DNS 도메인용 데이터는 보통 최소한 두 개의 존을 포함한다. 하나는 호스트명을 IP 주소로 변환하기 위한 것(순방향 존[forward zone]), 다른 하나는 거꾸로 IP 주소를 호스트명으로 매핑하기 위한 것(역방향 존[reverse zone])이다.

각 존은 정확히 한 개의 SOA 레코드를 갖는다. SOA 레코드에는 존의 이름, 기본 서버, 기술 담당자, 여러 가지 시간제한 값들이 포함돼 있다. 주석은 세미콜론으로 시작된다. 다음 예를 보자.

```
; atrust.com의 SOA 레코드
atrust.com.    IN SOA ns1.atrust.com. hostmaster.atrust.com. (
    2017110200    ; 시리얼 넘버
    10800         ; 리프레시   (3시간)
    1200          ; 재시도     (20분)
    3600000       ; 만료       (40일 이상)
    3600 )        ; 최소       (1시간)
```

SOA 레코드의 *name* 필드(예, atrust.com)는 종종 @ 기호를 포함하는데, 이는 현재 존의 이름을 줄여 표기한 것이다. @의 값은 named.conf 파일의 **zone**문에 지정된 도메인 이름이다. 이 값은 존 파일 안에서 **$ORIGIN** 파서 지시어를 이용해 변경될 수 있다.

이 예문에는 *ttl* 필드가 없다. 클래스는 인터넷을 의미하는 **IN**이고, 타입은 SOA이며 나머지 항목들은 *data* 필드를 형성한다. 괄호 안의 숫자로 된 매개변수들은 시간제한[timeout] 값들이며 주석 없이 한 줄로 쓰는 경우가 많다.

'ns1.atrust.com.'은 존의 마스터 네임 서버다.[11]

원래 'hostmaster.atrust.com.'은 user@host의 표준 형식이 아닌 'user.host'의 형식으로 기술 담당자의 이메일 주소를 나타낼 의도였다. 불행히도 스팸 등과 같은 문제 때문에 대부분 사이트에서는 이러한 담당자 정보를 업데이트하지 않는다.

괄호는 SOA 레코드를 여러 줄에 걸쳐 계속되게 한다.

첫 번째 숫자 매개변수는 존의 환경설정 데이터의 시리얼 넘버다. 시리얼 넘버는 슬레이브 서버가 데이터를 리프레시할 때를 결정하는 데 사용한다. 어떤 32비트 정수 값도 사용될 수 있으며 존의 데이터 파일이 변경될 때마다 증가한다. 많은 사이트가 파일의 수정 날짜를 시리얼 넘버로 인코딩한다. 예를 들어 2017110200은 2017년 11월 2일에 존이 처음으로 변경됐음을 의미한다.

시리얼 넘버들이 연속될 필요는 없지만 반드시 일정한 방향으로 증가해야만 한다. 우연히 마스터 서버에 매우 큰 값을 설정하고 그 값이 슬레이브에 전송된 다음에 마스터 서버의 시리얼 넘버를 고치는 것은 먹히지 않는다. 슬레이브들은 마스터의 시리얼 넘버가 자신의 것들보다 클 경우에만 새 데이터를 요청한다.

이 문제는 두 가지 방법으로 해결할 수 있다.

- 한 가지 해결책은 시리얼 넘버가 존재하는 순차 공간sequence space의 특성을 이용하는 것이다. 이 과정은 부풀려진 시리얼 넘버에 아주 큰 값(2^{31})을 더해 모든 슬레이브 서버가 데이터를 전송하게 한 다음 시리얼 넘버를 정확히 원하는 값으로 설정하는 것이다. 이런 이상한 연산법은 'DNS와 BIND'라는 제목의 오라일리 책에 자세히 나와 있다. 순차 공간은 RFC1982에 기술돼 있다.

- 교활하지만 좀 지루한 문제 해결 방법은 마스터의 시리얼 넘버를 변경하고, 슬레이브 서버들을 종료하고, 슬레이브의 백업 데이터 파일을 삭제해서 강제적으로 마스터에서 다시 로딩하게 만든 다음, 슬레이브를 재시작하는 것이다. 단순히 파일을 삭제하고 재로딩하는 것만으로는 해결되지

---

11. 사실 동적 DNS를 사용하고 있지 않다면 존의 어떤 네임 서버도 SOA 레코드에 사용될 수 있다. 그런 경우 SOA 레코드는 반드시 마스터 서버를 명명해야 한다.

않는다. 반드시 슬레이브 서버들을 죽인 다음 재시작해야 한다. 슬레이브 서버들이 지리적으로 분산돼 있고, 특히 그러한 슬레이브 서버들의 시스템 관리자가 아니라면 이 방법은 매우 어렵다.

데이터 파일을 변경한 후 시리얼 넘버를 업데이트하지 않는 실수는 흔히 일어난다. 변경 사항들을 슬레이브에 전달하는 데 실패함으로써 네임 서버한테 벌을 받게 된다.

SOA 레코드의 다음 4개 항목은 시간제한 값(단위, 초)들이다. 이 값들은 전 세계 DNS 데이터베이스를 통해 다양한 지점에서 데이터가 얼마나 오랫동안 캐싱될 수 있는지를 제어한다. 시간은 m, h, d, w 접미사를 사용해 각각 분, 시간, 일, 주 단위로도 표현할 수 있다. 예를 들어 1h30m은 1시간 30분을 의미한다. 시간제한 값은 효율성(새 값을 가져오는 것보다는 예전 값을 사용하는 것이 더 싸다)과 정확성(새 값이 더 정확하다) 사이의 균형점을 나타낸다. 4개의 시간제한 필드는 각각 리프레시[refresh], 업데이트[update], 만료[expire], 최소[minimum] 값으로 불린다.

refresh 타임아웃은 존의 환경설정 파일의 시리얼 넘버가 변경됐는지 확인하고자 슬레이브 서버들이 마스터를 얼마나 자주 확인해야 하는지를 결정한다. 존이 변경될 때마다 슬레이브들은 반드시 자신의 존 데이터 사본을 업데이트해야 한다. 슬레이브는 시리얼 넘버를 비교한다. 마스터의 시리얼 넘버가 더 크면 슬레이브는 데이터 업데이트를 위해 존에 전송을 요청한다. *refresh* 타임아웃의 일반적인 값은 1에서 6시간(3,600 ~ 21,600초)이다.

BIND용 마스터 서버들은 단순히 슬레이브 서버가 타임아웃되기를 수동적으로 기다리지 않고 존이 변경될 때마다 그들의 슬레이브에게 변경 사실을 알린다. 하지만 업데이트 알림이 네트워크 혼잡 때문에 분실될 수도 있기 때문에 *refresh* 타임아웃은 여전히 합리적인 값으로 설정돼야 한다.

슬레이브 서버가 마스터의 시리얼 넘버를 확인하려고 하는데 마스터가 응답하지 않는다면 슬레이브는 *retry* 타임아웃 시간이 경과된 후에 다시 시도한다. 경험상 20~60분(1,200~3,600초)이 적당한 값이다.

마스터 서버가 오랫동안 다운돼 있으면 슬레이브는 여러 번 데이터 리프레시를 시도해도 계속 실패할 것이다. 마침내 각 슬레이브는 마스터가 결코 돌아오지 않을 것이며 자신의 데이터는 노후된 것임이 확실하다고 판단한다. expire 매개변수는 마스터가 없는 상태에서 슬레이브가 얼마나 오랫동안 도메인의 데이터를 공식적으로 서비스할 것인지를 결정한다. 마스터 서버가 수일 정도 다운된다면 시스템이 생존할 수 있어야 하므로 이 매개변수는 꽤 긴 값을 가져야 한다. 한 달이나 두 달 정도를 권장한다.

SOA 레코드의 minimum 매개변수는 캐싱돼 있는 부정 응답에 대한 생존 시간을 설정한다. 긍정 응답(예, 실제 레코드)에 대한 기본값은 존 파일의 맨 앞에 $TTL 지시어로 지정된다. 경험상 $TTL 값은 몇 시간에서 며칠이 적당하며 minimum은 한 시간에서 몇 시간 정도가 적당하다. BIND는 3시간보다 큰 minimum 값은 암묵적으로 무시한다.

$TTL, expire, minimum 매개변수는 결국 강제적으로 DNS를 사용하는 모든 것이 옛날 데이터 값을 무시하게 만든다. DNS의 초기 설계는, 호스트 데이터는 상대적으로 안정되고 자주 변경되지 않는다는 사실에 의존했다. 하지만 DHCP, 모바일 호스트, 인터넷의 폭발적 증가로 그런 규칙이 바뀌게 됐다. 네임 서버들은 동적 업데이트와 나중에 설명할 점증적인 존 전송 메커니즘에 대처하고자 필사적인 노력을 하고 있는 중이다.

NS 레코드

NS(네임 서버) 레코드는 한 존에 대한 권한을 가진 서버들(즉, 모든 마스터와 슬레이브 서버)을 식별하며 서브도메인들을 다른 조직에 위임한다.

NS 레코드는 보통 존의 SOA 레코드 바로 다음에 오며 그 포맷은 다음과 같다.

```
zone [ttl] [IN] NS hostname
```

다음 예를 보자.

	NS	ns1.atrust.com.
	NS	ns2.atrust.com.
booklab	NS	ubuntu.booklab.atrust.com.
	NS	ns1.atrust.com.

처음 두 줄은 도메인 atrust.com을 위한 네임 서버를 정의하는 것이다. 해당 레코드 앞에 있는 SOA 레코드의 네임 필드와 동일하기 때문에 나열된 이름이 없다. 따라서 네임을 생략할 수 있다. 또한 클래스도 생략됐다. IN이 기본값이며 명시적으로 서술할 필요가 없기 때문이다.

세 번째와 네 번째 줄은 booklab.atrust.com이라는 하위 도메인을 네임 서버 ubuntu.booklab.atrust.com과 ns1.atrust.com에 위임한다는 것이다. 이 레코드는 실제로 booklab 하위 도메인 부분이지만 위임을 위해 상위 존 atrust.com에도 나타나야 한다. 비슷한 방식으로 atrust.com을 위한 NS 레코드는 .com 존 파일에 저장돼 atrust.com 하위 도메인을 정의하고 해당 서버를 식별한다. .com 서버는 atrust.com의 호스트에 대한 쿼리들이 .com 도메인 내의 atrust.com에 대한 NS 레코드에 나열된 서버를 참조한다.

부모 존에서 네임 서버들의 목록은 가능한 한 존 자신의 것으로 업데이트돼 있어야 한다. 클라이언트들은 결국 기능하고 있는 네임 서버들 중 하나를 발견하겠지만 부모 존의 목록에는 있지만 존재하지 않는 서버들은 네임 서비스를 지연시킬 수 있다. 부모 목록에 있는 네임 서버들 중 단 하나도 자식의 목록에 존재하지 않는다면 불완전 위임^{lame delegation}이 발생한다.

자식 서버들 중 최소한 한 개라도 여전히 부모의 NS 레코드를 갖고 있다면 자식 쪽에 있는 여분의 서버들은 문제가 없다. 서버 집합이 적절하게 지정돼 있는지 확인하고자 **dig**나 **drill**을 이용해 위임 상황을 자주 확인해본다.

A 레코드

A(주소) 레코드는 DNS 데이터베이스의 핵심이다. 이 레코드들은 호스트명에서 IP 주소로의 매핑을 제공한다. 하나의 호스트는 보통 각각의 네트워크 인터페이스

에 대해 한 개의 A 레코드를 갖는다. 포맷은 다음과 같다.

```
hostname [ttl] [IN] A ipaddr
```

다음 예를 보자.

```
ns1          IN A        63.173.189.1
```

여기서 *name* 필드는 도트로 끝나지 않기 때문에 네임 서버는 기본 도메인을 추가해 완전한 자격을 갖춘 이름 'ns1.atrust.com.'을 만든다. 레코드는 그 이름을 IP 주소 63.173.189.1과 결합시킨다.

AAAA 레코드

AAAA 레코드는 IPv6의 A 레코드와 같은 것이다. 레코드들은 그것을 운반하는 데 사용되는 전송 프로토콜과 무관하다. 다시 말해 DNS 존에서 IPv6 레코드를 사용한다고 해서 IPv6를 통해 DNS 쿼리에 응답해야 한다는 것을 의미하지는 않는다.

AAAA 레코드의 모습은 다음과 같다.

```
hostname [ttl] [IN] AAAA ipaddr
```

다음 예를 보자.

```
f.root-servers.net.          IN AAAA 2001:500:2f::f
```

콜론으로 분리된 각각의 주소 부분은 4개의 16진수를 나타낸다. 앞자리에 오는 0들은 보통 생략된다. 두 개의 인접한 콜론은 '완전한 IPv6 주소의 128비트를 채우는 데 충분한 0들'을 의미한다. 하나의 주소에는 그러한 더블 콜론이 많아야 한 개만 포함될 수 있다.

PTR 레코드

PTR(포인터) 레코드는 IP 주소를 다시 호스트명으로 매핑한다. DNS 네임스페이스

786

에서 설명했듯이 역매핑 레코드는 in-addr.arpa 도메인에 있으며 역순으로 된 IP 주소의 바이트들로 이름이 돼 있다. 예를 들어 앞 예문에서 189 서브넷에 대한 존은 189.173.63.in-addr.arpa가 된다.

PTR 레코드의 일반적인 형태는 다음과 같다.

```
addr [ttl] [IN] PTR hostname
```

예를 들어 앞에서 ns1의 A 레코드에 상응하는 189.173.63.in-addr.arpa 존의 PTR 레코드는 다음과 같다.

```
1              IN PTR     ns1.atrust.com.
```

이름 1은 도트로 끝나지 않기 때문에 상대적이다. 하지만 무엇에 상대적인 걸까? atrust.com은 아니다. 예로 든 레코드가 정확하려면 기본 존은 '189.173.63.in-addr.arpa.'이어야만 한다.

각 서브넷에 대한 PTR 레코드들을 각자의 파일에 넣음으로써 존을 설정할 수 있다. 파일과 결합되는 기본 도메인은 네임 서버 환경설정 파일에 설정돼 있다. 역매핑을 하는 또 다른 방법은 173.63.in-addr.arpa의 기본 도메인과 함께 다음과 같은 레코드를 포함시키는 것이다.

```
1.189          IN PTR     ns1.atrust.com.
```

일부 사이트는 모든 리버스 레코드를 같은 파일 안에 넣고 $ORIGIN 지시어를 사용해 서브넷을 지정한다. 호스트명 ns1.atrust.com은 기본 도메인 173.63.in-addr.arpa가 자신의 이름 뒤에 붙지 않게 도트로 끝낸다는 점에 유의한다.

atrust.com과 189.173.63.in-addr.arpa는 DNS 네임스페이스에서 서로 다른 리전이므로 두 개의 분리된 존을 구성한다. 각 존은 반드시 자신의 SOA 레코드와 리소스 레코드를 가져야 한다. 각각의 실제 네트워크에 대해 in-addr.arpa를 정의하는 것 외에 루프백 네트워크(127.0.0.0)를 돌보는 것도 정의해야 한다. 적어도 BIND를 실행하고 있다면 그렇게 해야 한다.

서브넷들이 바이트 단위로 정의된다면 이 모든 것은 잘 작동한다. 하지만 63.173. 189.0/26와 같은 서브넷을 위한 역매핑은 어떻게 다룰 것인가? 여기서 마지막 바이트는 네 가지 서브넷 0~63, 64~127, 128~191, 또는 192~255 중 하나일 수 있다. RFC2317에 정의돼 있는 방편은 이 작업을 수행하고자 CNAME 리소스 레코드를 이용한다.

A 레코드는 자신과 상응하는 PTR 레코드들을 비교한다는 점이 중요하다. 일치하지 않거나 누락된 PTR 레코드들은 인증 실패의 원인이 돼 시스템을 기어가듯이 느리게 만든다. 이 문제는 그 자체만으로도 매우 성가신 일이다. A 레코드 비교를 위한 역매핑을 요청하는 애플리케이션에 대한 서비스 거부 공격을 쉽게 만들 수 있기 때문이다.

IPv6에서 AAAA 주소 레코드에 상응하는 역매핑 정보는 ip6.arpa 최상위 도메인에 있는 PTAR 레코드다.

'니블nibble' 형식은 콜론으로 분리된 각각의 주소 조각들을 완전한 4자리의 16진수로 확장한 다음, 각 자리 숫자들의 순서를 거꾸로 배열하고 맨 마지막에 ip6.arpa를 붙여 AAAA 주소 레코드를 역으로 만든다.

```
f.0.0.0.0.0.0.0.0.0.0.0.0.0.0.0.0.0.0.0.f.2.0.0.0.0.5.0.1.0.0.2.ip6.arpa.
    PTR f.root-servers.net.
```

이 줄은 페이지에 맞추고자 반으로 접힌 것이다. 불행히도 시스템 관리자가 타이핑하거나 디버깅, 심지어 읽는 데도 별로 편하지 않다. 물론 실제 DNS 존 파일에서 $ORIGIN문은 복잡함의 일부를 숨겨줄 수 있다.

MX 레코드

메일 시스템은 메일 교환기MX, Mail Exchanger 레코드를 사용해 메일을 더욱 효율적으로 라우팅한다. 수령자 사이트의 허브로 메시지를 보내는 대부분의 경우에 MX 레코드는 메시지 발신자가 지정한 목적지를 선취한다. 이 특성은 한 사이트로 가는 메일 흐름을 발신자보다는 로컬 시스템 관리자가 제어하게 만든다.

MX 레코드의 모습은 다음과 같다.

```
name [ttl] [IN] MX preference host ...
```

다음 레코드들은 목적지가 user@somehost.atrust.com인 메일을 (머신이 살아 있고 이메일을 받고 있다면) mailserver.atrust.com 머신으로 라우팅한다. mailserver를 사용할 수 없다면 메일은 mail-relay3.atrust.com으로 간다. MX 레코드에 이름이 올라와 있는 어떤 머신도 메일을 받지 않는다면 그에 대한 대응 조치는 원래의 주소대로 메일을 전송하는 것이다.

```
somehost        IN MX       10 mailserver.atrust.com.
                IN MX       20 mail-relay3.atrust.com.
```

선호 값이 작은 호스트들이 먼저 시도된다. 0이 가장 선호하는 값이고 65,535가 가장 선호하지 않는 값이다.

MX 레코드들은 다음과 같은 여러 상황에서 유용하다.

- 들어오는 메일을 위한 중앙 메일 허브나 서비스 공급자를 갖고 있을 때
- 메일을 전송하기 전에 스팸이나 바이러스들을 필터링하고자 할 때
- 목적지 호스트가 다운됐을 때
- 목적지 호스트를 인터넷에서 직접 도달할 수 없을 때
- 로컬 시스템 관리자가 메일을 보내야 하는 곳을 가장 잘 알고 있을 때

다른 호스트를 대신해 이메일을 수령하는 머신은 그 기능을 활성화하고자 메일 전송 프로그램을 구성해야 한다. 센드메일^{sendmail}과 포스트픽스^{Postfix} 이메일 서버에서 이러한 환경을 설정하는 방법은 18장을 참고한다.

DNS 데이터베이스에는 간혹 와일드카드^{wildcard} MX 레코드가 나타나기도 한다.

```
*               IN MX       10 mailserver.atrust.com.
```

언뜻 보면 이 레코드는 많은 타이핑을 절약하고 모든 호스트에 대한 기본 MX 레코드를 추가하는 것처럼 보인다. 하지만 와일드카드 레코드는 그런 식으로 작동하지 않는다. 이 레코드는 리소스 레코드의 *name* 필드에 있는 이름이 또 다른 리소스 레코드의 명시적 이름으로 아직 나열돼 있지 않을 때 매치된다.

따라서 모든 호스트에 대한 기본값을 설정하고자 별표를 사용할 수는 없다. 하지만 반대로 자신의 호스트가 아닌 이름들에 대한 기본값을 설정하는 데는 사용할 수 있다. 이런 설정은 많은 메일이 거부되고자 자신의 허브로 보내지는 결과를 낳게 된다. 별표와 매칭되는 호스트명은 사실상 자신의 도메인에 속하지 않는 것들이기 때문이다. 결론적으로 말하자면 MX 레코드에서는 와일드카드 사용을 피하자.

CNAME 레코드

CNAME 레코드는 호스트에 이름을 추가로 배정한다. 이러한 별칭들은 한 호스트에 하나의 기능을 결합시키거나 긴 호스트명을 짧게 만들고자 할 때 흔히 사용된다. 실제 이름은 표준 이름^canonical name^(따라서 'CNAME')이라고도 한다. 다음 예를 보자.

```
ftp          IN CNAME   anchor
kb           IN CNAME   kibblesnbits
```

CNAME 레코드의 형식은 다음과 같다.

```
nickname [ttl] [IN] CNAME hostname
```

DNS 소프트웨어가 CNAME 레코드를 만나면 닉네임에 대한 쿼리를 중단하고 실제 이름에 대한 쿼리를 다시 한다. 어떤 호스트가 CNAME 레코드를 갖는다면 그 호스트의 다른 레코드들(A, MX, NS 등)은 반드시 닉네임이 아닌 실제 이름을 참조해야 한다.[12]

CNAME 레코드는 8단계까지 삽입될 수 있다. 즉, 하나의 CNAME 레코드가 다른 CNAME을 가리키고, 그 CNAME은 세 번째 CNAME을 가리키면서 7번까지 반복할

---

12. 이런 CNAME 규칙은 각 DNS 리소스 레코드 세트에 디지털 서명을 추가한 DNSSEC에 대해서는 분명히 느슨하다. CNAME용 RRSIG 레코드는 닉네임을 참조한다.

수 있다. 여기서 여덟 번째 타깃은 반드시 실제 호스트명이어야 한다. CNAME을 사용한다면 PTR 레코드는 닉네임이 아니는 실제 이름을 가리켜야 한다.

호스트의 실제 이름과 닉네임에 모두 A 레코드를 사용함으로써 CNAME을 완전히 회피할 수 있다. 이런 설정은 검색 시간을 약간 빠르게 한다. 추가적인 간접 계층이 불필요하기 때문이다.

RFC1033은 한 개 이상의 A 또는 AAAA 레코드를 해결하고자 존의 '에이펙스apex'를 요구한다. 에이펙스는 '루트 도메인root domain' 또는 '네이키드 도메인naked domain'이라고도 한다. CNAME 레코드의 사용은 금지된다. 다시 말해 다음과 같이 쓸 수는 있지만,

```
www.yourdomain.com.        CNAME some-name.somecloud.com.
```

다음과 같이 쓸 수는 없다.

```
yourdomain.com.            CNAME some-name.somecloud.com.
```

이런 제한은 매우 성가실 수 있다. 에이펙스가 클라우드 공급자 네트워크 내의 어떤 곳을 가리키게 하거나 서버의 IP 주소가 바뀔 수 있을 때 특히 그렇다. 이런 상황에서 정적 A 레코드는 믿을만한 옵션이 아니다.

문제를 해결하려면 RFC1033 요건을 다루고자 모종의 시스템을 개발해 온 AWS Route 53이나 클라우드플레어CloudFlare와 같은 관리형 DNS 공급자가 필요할 것이다. 이런 시스템들은 CNAME과 유사한 방법으로 에이펙스 레코드를 지정하게 하지만 실제로는 외부 세계에 A 레코드를 서비스한다. DNS 공급자는 실제 타깃과 동기화된 A 레코드를 유지하는 일을 수행한다.

SRV 레코드

SRV 레코드는 도메인 내에서의 서비스 위치를 지정한다. 예를 들어 하나의 SRV 레코드는 원격 도메인에게 FTP 서버 이름을 쿼리하게 해준다. SRV 이전에는 원격 시스템 관리자가 관습에 따라 서버의 DNS 레코드에 'ftp'용 CNAME을 추가해야 했다.

이런 응용에는 CNAME보다 SRV 레코드가 더 타당하며 시스템 관리자가 서비스들을 여기 저기 이동하거나 사용을 제어하는 데는 더 좋은 방법임에 틀림없다. 하지만 SRV 레코드는 반드시 클라이언트에 의해 명확하게 발견돼 파싱돼야 하기 때문에 모든 장소에 사용되지는 않는다. 하지만 윈도우에서는 광범위하게 사용된다.

SRV 레코드는 로컬 DNS 관리자가 외부 세계로부터의 접속들을 조종하고 로드밸런싱하는 필드를 갖고 있는 일반화된 MX 레코드와 같다고 할 수 있다. 그 형식은 다음과 같다.

```
service.proto.name [ttl] [IN] SRV pri weight port target
```

여기서 *service*는 IANA에 배정된 숫자 데이터베이스에 정의돼 있는 서비스다 (iana.org/numbers.htm의 목록을 참조한다). *proto*는 tcp나 udp며, *name*은 SRV 레코드가 참조하는 도메인이고, *pri*는 MX 스타일의 우선순위이며, *weight*는 여러 서버간의 로드밸런싱에 사용되는 가중치다. *port*는 서비스가 실행되고 있는 포트며, *target*은 서비스를 제공하는 서버의 호스트명이다. 두 번째 왕복 운동을 피하고자 DNS 서버들은 SRV 쿼리에 대한 답과 함께 타깃의 A 레코드를 반환하는 것이 보통이다.

가중치 매개변수의 값이 0이면 어떤 특별한 로드밸런싱도 수행되지 않아야 한다는 것을 의미한다. 타깃의 값이 '.'이면 해당 사이트에서는 서비스가 실행되지 않는다는 것을 의미한다.

다음 예는 RFC2782에서 가져와 atrust.com에 맞게 고친 것이다.

```
_ftp._tcp         SRV     0 0 21 ftp-server.atrust.com.
; 연결의 1/4는 오래된 곳으로, 3/4는 새 곳으로 간다.
_ssh._tcp         SRV     0 1 22 old-slow-box.atrust.com.
                  SRV     0 3 22 new-fast-box.atrust.com.
; 메인 서버는 포트 80, 새 머신의 백업은 포트 8000
_http._tcp        SRV     0 0 80 www-server.atrust.com.
                  SRV     10 0 8000 new-fast-box.atrust.com.
; http://www.atrust.com과 http://atrust.com이 모두 동작한다.
```

```
_http._tcp.www      SRV    0 0 80 www-server.atrust.com.
                    SRV    10 0 8000 new-fast-box.atrust.com.
; 다른 서비스는 모두 차단(target = .)
*._tcp              SRV    0 0 0 .
*._udp              SRV    0 0 0 .
```

위 예는 가중치 매개변수(SSH)와 우선순위 매개변수(HTTP)의 사용을 모두 보여준다. 두 SSH 서버가 모두 사용되며 둘 간에 작업이 분할된다. 백업 HTTP 서버는 주 서버를 사용할 수 없을 때만 사용된다. TCP와 UDP 둘 다 다른 서비스들은 모두 막아버린다. 하지만 다른 서비스들이 DNS에 나타나지 않는다는 사실이 실질적으로 실행되지 않는다는 의미가 아니며 단지 DNS를 통해 그 서비스들을 찾을 수 없다는 것을 의미할 뿐이다.

TXT 레코드

TXT 레코드는 호스트의 DNS 레코드에 임의의 텍스트를 추가한다. 예를 들어 일부 사이트는 다음과 같이 자신을 식별하기 위한 TXT 레코드를 갖는다.

```
                    IN TXT        "Applied Trust Engineering, Boulder, CO, USA"
```

이 레코드는 atrust.com 존의 SOA와 NS 레코드를 직접 따르기 때문에 그들에서 *name* 필드를 상속받는다.

TXT 레코드의 형식은 다음과 같다.

```
name [ttl] [IN] TXT info ...
```

모든 *info* 항목은 인용부호를 사용해야 한다. 인용부호가 쌍으로 돼 있는지 확인하자. 누락된 인용부호는 DNS 데이터를 엉망으로 만든다. 누락된 인용부호와 다음 인용부호 사이의 모든 레코드가 사라지기 때문이다.

다른 리소스 레코드들과 마찬가지로 서버는 무작위 순서로 TXT 레코드들을 반환한다. 주소와 같이 긴 항목을 인코딩하려면 여러 TXT 레코드의 모음을 사용하기보다는 긴 텍스트 줄들을 사용한다.

TXT 레코드들은 특별한 형식이 없으므로 때로는 DNS 시스템 자체에 대한 변경 없이 다른 목적을 위해 정보를 추가하는 데 사용된다.

SPF, DKIM, DMARC 레코드

SPF[Sender Policy Framework](발송자 정책 프레임워크), DKIM[Domain Keys Identified Mail](도메인키 식별 메일), DMARC[Domain-based Message Authentication, Reporting, and Conformance](도메인 기반 메시지 인증 보고 적합성)는 인터넷에서 항상 늘어만 가는 불필요한 상업 메일(UCE 또는 스팸)의 흐름을 저지하기 위한 표준이다. 이런 시스템들은 DNS를 통해 스팸 퇴치 정보를 TXT 레코드 형태로 배포하기 때문에 이 레코드들은 진정한 DNS 레코드 타입이 아니다.[13] 그런 이유로 이 시스템들에 관해서는 18장에서 다룬다.

DNSSEC 레코드

현재 다섯 가지 리소스 레코드 타입이 DNS의 암호화 보안 버전인 DNSSEC과 연관돼 있다.

DS와 DNSKEY 레코드는 다양한 타입의 키[key]와 지문[fingerprint]을 저장한다. RRSIG는 존에 있는 다른 레코드들(실제는 레코드 집합)의 서명을 포함한다. 끝으로 NSEC과 NSEC3 레코드는 DNS 서버에게 존재하지 않는 레코드를 서명하는 방법을 제공함으로써 암호 보안을 부정 쿼리 응답으로 확장한다. 이러한 여섯 가지 레코드는 직접 입력하는 것이 아니라 소프트웨어에 의해 생성된다는 점에서 매우 다르다.

DNSSEC은 그 자체만으로도 커다란 주제이기 때문에 이 레코드들과 그 사용에 관해서는 'DNSSEC' 절에서 다룬다.

16.6 BIND 소프트웨어

BIND[Berkeley Internet Name Domain](버클리 인터넷 네임 도메인) 시스템은 리눅스, 유닉스,

---

13. 이 말은 약간 거짓이다. SPF용으로 정의된 DNS 레코드 타입이 있다. 하지만 TXT 레코드 버전을 선호한다.

맥OS, 윈도우 시스템용 DNS를 구현한 인터넷 시스템 컨소시엄ISC, Internet Systems Consortium에서 만든 오픈소스 소프트웨어 패키지다. BIND에는 세 개의 주요 버전으로 BIND 4, BIND 8, BIND 9이 있으며 BIND 10은 현재 ISC가 개발 중이다. 이 책에서는 BIND 9만 다룬다.

BIND의 구성 요소

BIND 배포판은 다음과 같은 네 개의 주요 구성 요소를 갖는다.

- 쿼리에 응답하는 named라는 이름의 네임 서버 데몬
- 사용자를 대신해 DNS 서버에 쿼리하는 리졸버 라이브러리
- DNS에 대한 커맨드라인 인터페이스: nslookup, dig, host
- named를 원격으로 제어하는 rndc라는 프로그램

BIND와 관련해 시스템 관리자에게 가장 힘든 일은 BIND가 지원하는 수많은 옵션과 기능을 통해 정렬하고 그중 어느 것이 상황에 적합한지 판단하는 일일 것이다.

환경설정 파일

named의 완전한 환경설정은 환경설정 파일(named.conf), 각 호스트의 주소 매핑을 포함하는 존 데이터 파일, 루트 네임 서버 힌트hint 파일로 구성된다. 권한 서버들은 자신이 마스터 서버로 돼 있는 각 존에 대해 named.conf와 존 데이터 파일을 필요로 한다. 캐싱 서버들은 named.conf와 루트 힌트 파일이 필요하다.

named.conf는 자체 포맷을 갖고 있다. 다른 모든 파일은 개별적인 DNS 데이터 레코드들의 모음이며, 그 포맷은 'DNS 데이터베이스' 절에서 다뤘다.

named.conf 파일은 현재 호스트의 역할(마스터, 슬레이브, 스터브, 캐싱전용)과 서비스하는 각 존을 위한 데이터 사본을 얻는 방법을 지정한다. 옵션들이 지정되는 장소이기도 하다. 이 옵션에는 named의 모든 작업과 관련된 전역 옵션과 DNS 트래픽의 일부에만 적용되는 서버 또는 존 전용 옵션들이 모두 포함된다.

환경설정config 파일은 일련의 문장으로 구성되는데, 그 구문에 대해서는 다음에 오

는 절에서 설명하기로 한다. 불행히도 그 포맷은 상당히 취약해서 세미콜론 하나를 빠뜨리거나 인용부호의 쌍이 맞지 않으면 완전히 파괴된다.

주석은 공백을 넣을 수 있는 곳이면 어디든지 나타날 수 있다. C, C++, 셸 스타일 주석을 모두 이해할 수 있다.

```
# 이 줄은 끝까지 모두 주석이다.
/* 이것은 여러 줄에 걸쳐 확장할 수 있는 주석이다. */
// 현재 줄의 끝까지 나타나는 모든 것이 주석이다.
# 현재 줄의 끝까지 나타나는 모든 것이 주석이다.
```

각 문장은 문장의 유형을 나타내는 키워드로 시작한다. 옵션과 로깅을 제외하고는 각 유형의 문장에는 한 개 이상의 인스턴스가 있을 수 있다. 문장이나 문장의 일부는 생략된 항목에 대해서는 기본 행동이 호출되게 남겨둘 수 있다.

표 16.4는 사용 가능한 문장들이다.

표 16.4 named.conf에 사용되는 문장

문장	기능
include	파일을 삽입
options	글로벌 환경설정 옵션/기본값을 설정
acl	접근 제어 목록을 정의
key	인증 정보를 정의
server	서버별 옵션들을 지정
masters	스터브와 슬레이브 존의 마스터 목록을 정의
logging	로깅 카테고리와 목적지를 지정
statistics-channels	실시간 통계를 XML 포맷으로 출력
zone	리소스 레코드의 존을 정의
controls	rndc를 이용해 named를 제어하는 데 사용되는 채널들을 정의
view	존 데이터의 뷰를 정의
lwres	named도 리졸버가 돼야 함을 지정

이러한 문장들과 이들을 사용해 **named**의 환경을 설정하는 방법을 설명하기 전에

많은 문장에서 사용되는 데이터 구조와 주소 매치 목록[address match list]을 설명할 필요가 있다. 주소 매치 목록은 다음 항목들을 포함할 수 있는 IP 주소를 일반화한 것이다.

- IP 주소, IPv4 또는 IPv6(예, 199.165.145.4 또는 fe80::202:b3ff:fe1e:8329)
- CIDR[14] 넷마스크로 지정된 IP 네트워크(예, 199.165/16)
- 앞서 정의된 접근 제어 목록의 이름
- 암호화 인증 키의 이름
- 부정을 의미하는 느낌표(!)

주소 매치 목록들은 많은 문장과 옵션에 매개변수로 사용된다. 다음은 그 예다.

```
{ ! 1.2.3.13; 1.2.3/24; };
{ 128.138/16; 198.11.16/24; 204.228.69/24; 127.0.0.1; };
```

첫 번째 목록에서 호스트 1.2.3.13은 제외되지만 1.2.3.0/24 네트워크의 나머지는 포함된다. 두 번째 목록은 콜로라도 대학에 배정된 네트워크들을 정의한다. 실제로는 중괄호와 마지막 세미콜론은 주소 매치 목록의 일부가 아니지만 여기서는 이해를 돕고자 포함시켰으며 그것들은 주소 매치 목록을 에워싸 담는 문장의 일부다.

IP 주소나 네트워크가 하나의 매치 목록에 비교될 때 목록은 매치가 발견된 때까지 순서대로 탐색된다. 이러한 '첫 매치' 알고리듬에서는 항목들의 순서가 중요하다. 예를 들어 위에서 첫 번째 주소 매치 목록은 두 개 항목의 순서를 거꾸로 하면 기대하는 효과를 볼 수 없다. 1.2.3.13 호스트가 1.2.3.0/24와의 매칭에서 성공하기 때문에 부정 항목을 결코 만날 수 없기 때문이다.

이제 각 구문으로 들어가 보자. 어떤 구문은 간단하고 쉽지만 거의 한 장의 분량에 해당하는 것들도 있다.

include문

커다란 환경설정을 잘게 쪼개서 짜임새 있게 구성하고자 서로 다른 환경설정 부

---

14. CIDR 넷마스크에 관한 설명은 13장을 참고한다.

분들을 각각의 분리된 파일에 담을 수 있다. 부수적인 파일들은 다음과 같은 include문을 이용해 named.conf 안으로 가져올 수 있다.

```
include "path";
```

*path*가 상대적 경로라면 directory 옵션에 지정된 디렉터리에 상대적인 것으로 해석된다.

include문은 외부에서 읽어서는 안 되는 암호화키를 통합하는 데 흔히 사용된다. named.conf 파일 전체에 대한 읽기 권한을 금지하는 것보다는 named만 읽을 수 있는 제한된 접근 권한을 갖는 파일에 키들을 보관하는 경우가 많다. 그런 다음 이 파일들을 named.conf에 include시키는 것이다.

많은 사이트에서 존 문장들을 별도 파일에 저장한 다음 incude문을 이용해 존들을 읽는다. 이런 식의 설정은 자주 변경될 것 같은 부분들과 비교적 정적인 부분들을 분리하는 데 유용하다.

options문

options문은 전역 옵션들을 지정한다. 옵션 중 일부는 특정 존이나 서버에 의해서 나중에 덮어 쓰일 수도 있다. 일반적인 형태는 다음과 같다.

```
options {
    option;
    option;
    ...
};
```

named.conf에 어떤 options문도 존재하지 않는다면 기본값이 사용된다.

BIND는 풍부한(사실은 너무 많은) 옵션을 갖고 있다. 9.9 릴리스에는 170개 이상의 옵션이 있어서 시스템 관리자가 모두 이해하기 힘들다. 불행히도 BIND 사용자가 별로 좋지 않거나 더 이상 필요하지 않은 옵션 중 일부를 제거하려고 하면 곧바로 그러한 낡은 옵션의 사용을 필요로 하는 사이트에서 반발을 사게 된다. 여기서는

BIND 옵션 전체를 다루지는 않을 것이다. 다만 이 책의 범주 안에서 사용을 권장하는 옵션들만 설명하겠다(또한 어떤 옵션들을 다루는 게 좋은지에 관해 BIND 개발자들에게 제안을 요청하는 바이며, 그들의 조언을 따를 것이다).

옵션들에 관해 좀 더 완전하게 커버하려면 이번 장의 끝에 게시된 DNS와 BIND에 관한 책을 참고한다. BIND에 포함돼 따라오는 문서를 참고해도 좋다. 배포판의 doc 디렉터리에 있는 ARM 문서는 각각의 옵션을 설명하며 구문과 기본값을 모두 보여준다. doc/misc/options 파일에도 옵션의 전체 목록이 포함돼 있다.

가능한 옵션의 약 4분의 1 정도를 커버할 것이다. 기본값들은 각 옵션 옆에 대괄호로 표시돼 있다. 그러한 기본값들은 대부분의 사이트에 잘 적용된다. 옵션들은 특별한 순서 없이 나타난다.

```
directory "path";        [서버가 시작된 디렉터리]
key-directory "path";    [directory 항목과 같음]
```

directory문은 named가 지정된 디렉터리로 이동(cd)하게 한다. named의 환경설정 파일에 상대 경로명이 나타나면 항상 현재 디렉터리에 상대적인 것으로 해석된다. path는 절대 경로여야 한다. 모든 출력 파일(디버깅, 통계 등)도 이 디렉터리에 써진다. key-directory는 암호화키가 저장된 장소로, 외부에서 읽을 수 있어서는 안 된다.

모든 BIND 관련 환경설정 파일들을 /var 아래에 있는 한 하위 디렉터리(또는 다른 프로그램용 환경설정 파일들을 보관한 장소)에 넣으려고 한다. /var/named 또는 /var/domain 디렉터리를 사용한다.

```
version "문자열";         [서버의 실제 버전 숫자]
hostname "문자열";        [서버의 실제 호스트명]
server-id "문자열";       [none]
```

version 문자열은 서버에서 실행되고 있는 네임 서버 소프트웨어의 버전을 나타낸다. hostname 문자열은 server-id 문자열과 마찬가지로 서버 자신을 지칭한다. 이 옵션들은 실제 값을 속일 수 있게 해준다. 각 옵션은 데이터를 (기본값인 IN 클래스가 아닌) CHAOS 클래스 TXT 레코드에 넣기 때문에 호기심 많은 사람은 dig 명령을 이용해 TXT 레코드들을 찾아볼 수 있다.

hostname과 server-id 매개변수는 루트와 gTLD 서버들의 인스턴스를 복제하기 위한 애니캐스트^{anycast} 라우팅 사용이 동기가 돼 추가된 것이다.

```
notify yes | master-only | explicit | no;    [yes]
also-notify server-ipaddrs;                   [비워둔다.]
allow-notify address-match-list;              [비워둔다.]
```

notify와 also-notify는 마스터 서버에만 적용된다. allow-notify는 슬레이브 서버에만 적용된다.

BIND의 초기 버전들은 존의 SOA 레코드에 있는 리프레시 타임아웃이 만료될 때만 마스터와 슬레이브 서버 간의 존 파일들을 동기화시켰다. 요즘에는 (notify가 yes로 설정돼 있다면) 상응하는 존 데이터베이스가 재로딩될 때마다 자동으로 마스터 named가 상대에게 알려준다. 그런 다음 슬레이브 서버들은 파일이 변경됐는지 확인하고자, 또는 변경됐다면 존 데이터 사본들을 업데이트하고자 마스터와 접촉할 수 있다.

notify는 전역 옵션으로도 사용할 수 있고 존에 국한된 옵션으로도 사용할 수 있다. notify에 의해 존 파일이 변경되고 나서 훨씬 더 신속하게 반영될 수 있다. 기본적으로는 모든 권한 서버가 업데이트 사항들을 다른 모든 권한 서버에게 보내게 돼 있다(폴 빅시$^{Paul\ Vixie}$는 이런 시스템을 '스플래터캐스트^{splattercast}'라고 불렀다). notify를 master-only로 설정하면 현재 서버가 마스터로 돼 있는 존의 슬레이브 서버들에게만 알림을 보냄으로써 과도한 트래픽을 억제하게 된다.

보통 상황에서의 named는 존의 NS 레코드를 봄으로써 어떤 머신들이 그 존의 슬레이브 서버인가를 알아낸다. also-notify가 지정돼 있으면 NS 레코드로 광고되지 않는 추가 서버들도 알림을 받을 수 있다. 이러한 편법은 사이트가 내부 서버들을 갖고 있을 때 가끔 필요하다.

also-notify의 목표는 IP 주소들(포트는 옵션)의 목록이다. 마스터가 아닌 다른 네임 서버가 알리게 하고 싶다면 반드시 2차적인 named.conf 파일들에 `allow-notify`절을 사용해야 한다.

여러 개의 네트워크 인터페이스를 갖는 서버들은 추가적인 옵션들이 외부로 나가는 알림을 위해 사용할 IP 주소와 포트를 지정한다.

```
recursion yes | no;                        [yes]
allow-recursion { address-match-list };    [모든 호스트]
```

`recursion` 옵션은 `named`가 사용자를 대신해 쿼리들을 재귀적으로 처리할 것인지를 결정한다. 이 옵션을 자신의 존 데이터의 권한 서버에서 활성화시킬 수는 있으나 그것은 좋지 않다. 가장 권장할 만한 방법은 권한 서버와 캐싱 서버를 분리하는 것이다.

이 네임 서버가 자신의 클라이언트에 대해 재귀적이어야 한다면 자기 사이트에서 시작된 쿼리인지 아니면 원격 쿼리인지를 `named`가 구분할 수 있도록 `recursion`을 `yes`로 설정하고 `allow-recursion`절을 포함시킨다. `named`는 자기 쿼리에 대해서는 재귀적으로 작동하고 원격 쿼리에 대해서는 비재귀적으로 작동할 것이다. 자신의 네임 서버가 모든 사람에 대해 재귀적 쿼리에 응답한다면 그것을 오픈 리졸버 open resolver라고 하며 일종의 공격을 위한 반사 장치가 될 수 있다. RFC5358을 참고한다.

```
recursive-clients number;    [1000]
max-cache-size number;       [unlimited]
```

어떤 서버가 비정상적으로 과도한 양의 트래픽을 처리하고 있다면 `recursive-clients`와 `max-cache-size` 옵션을 조절할 필요가 있다. `recursive-clients` 옵션은 서버가 동시에 처리할 수 있는 재귀적 검색의 수를 제어한다. 각 검색은 약 20KiB의 메모리를 요구한다. `max-cache-size`는 쿼리에 대한 응답을 캐싱하고자 서버가 사용하는 메모리양을 제한한다. 캐시가 너무 커지면 `named`는 메모리 사용을 제한 값 이하로 유지하고자 TTL이 만료되기 전에 레코드들을 삭제한다.

```
use-v4-udp-ports { range begin end; };      [range 1024 65535]
use-v6-udp-ports { range begin end; };      [range 1024 65535]

avoid-v4-udp-ports { port-list };           [비워둔다.]
avoid-v6-udp-ports { port-list };           [비워둔다.]

query-source v4-address [port]      [any]   # 주의, 포트를 사용하지 말 것
query-source-v6 v6-address [port]   [any]   # 주의, 포트를 사용하지 말 것
```

DNS에서는 출발지 포트가 중요하게 됐다. 댄 카민스키^{Dan Kaminsky}가 발견한 DNS 프로토콜의 취약점, 즉 네임 서버가 예측 가능한 소스 포트와 쿼리 ID를 사용할 때 DNS 캐시 포이즈닝^{cache poisoning}을 허용하기 때문이다. named 소프트웨어의 수정과 함께 UDP 포트의 사용(use-)과 배제(avoid-) 옵션으로 이러한 공격을 완화시켰다.

예전에는 일부 시스템 관리자들이 특정한 발신용 포트 번호를 설정함으로써 방화벽이 그것을 인식해 해당 포트에 대해서만 UDP 패킷을 받아들이도록 구성할 수 있었다. 하지만 카민스키 이후 시대에 이런 방식은 더 이상 안전하지 않다. DNS 쿼리를 위한 고정된 발신 포트를 지정하고자 query-source를 사용해선 안 된다. 그렇지 않으면 넓은 범위의 무작위 포트들이 제공하는 카민스키 보호를 받지 못하게 될 것이다.

use-*의 기본값들은 그대로 두는 게 좋으며 수정할 필요가 없다. 하지만 그 의미는 잘 알아야 한다. 쿼리들은 무작위의 높은 번호로 된 포트를 통해 나가고 그 응답은 같은 포트로 돌아온다. 따라서 방화벽은 무작위의 높은 번호 포트에서 UDP 패킷을 받아들일 준비가 돼 있어야 한다.

방화벽이 이 범위 안에 있는 어떤 포트(예, RPC용 2049 포트)를 막아버리면 약간의 문제가 발생한다. 네임 서버가 쿼리를 보내고 그 송출지로서 막힌 포트 중 하나를 사용하면 방화벽은 그 응답을 막아버린다. 결국 네임 서버는 기다리는 것을 멈추고 쿼리를 다시 보내게 된다. 치명적인 것은 아니지만 사용자 불만이 폭증한다.

이런 문제를 사전에 방지하려면 avoid-* 옵션을 사용해 BIND를 막힌 포트에서 벗어나게 해야 한다. 방화벽에 의해 막힌 높은 번호의 UDP 포트들을 모두 목록에

포함시켜야 한다.[15] 어떤 위협적인 공격에 대응해 방화벽을 업데이트한다면 이곳에 있는 포트 목록의 업데이트도 잊지 않게 한다.

query-source 옵션은 발신 쿼리에 사용되는 IP 주소를 지정한다. 예를 들어 방화벽을 통과하거나 내부와 외부 뷰를 구분할 때 특정한 IP 주소의 사용이 필요할 수 있다.

```
forwarders { in_addr; in_addr; ... };    [빈 리스트]
forward only | first;                     [first]
```

모든 네임 서버가 각자의 외부 쿼리를 수행하게 하는 대신 한 개 이상의 서버들을 전달자^{forwarder}로 지정할 수 있다. 보통의 서버는 자신의 캐시나 자기가 권한을 갖고 있는 레코드들을 들여다볼 수 있다.

찾고 있는 답을 얻지 못하는 경우에는 쿼리를 전달자 호스트로 보낼 수 있다. 이런 방식으로 전달자들은 사이트 전체를 이롭게 하는 캐시들을 구축해 나간다. 목적지는 함축적이다. 전달자의 환경설정 파일에는 '당신이 전달자'라는 의미의 어떤 것도 명시돼 있지 않다.

forwarders 옵션에는 전달자로서 사용하고자 하는 서버들의 IP 주소가 열거된다. 그 주소들은 순서대로 질의된다. 전달자의 사용은 루트 서버에서 시작해 리퍼럴 체인을 쫓아가는 통상적인 DNS 절차에 따르지 않는다. 순방향 루프가 생기지 않도록 조심한다.

전달 전용 서버는 응답을 캐싱하고 전달자들에게 질의하지만 그 외의 다른 것은 질의하지 않는다. 전달자가 응답하지 않으면 쿼리는 실패로 끝난다. 전달 우선 서버는 전달자를 우선적으로 다루지만 전달자들이 응답하지 않으면 전달 우선 서버는 쿼리를 자신이 직접 완수한다.

forwarders 옵션은 기본값이 없기 때문에 미리 특정 값을 설정하지 않으면 전달은 발생하지 않는다.

---

15. 일부 방화벽은 상태 추적이 가능해 어떤 DNS 응답이 수 초 전의 쿼리에 상응하는 쌍이라는 것을 인식할 정도로 지능적이다. 그런 방화벽들은 이 옵션의 도움이 필요 없다.

전달 기능은 글로벌로 활성화시키거나 아니면 **zone**문 안에서 활성화시킬 수 있다.

```
allow-query { address-match-list };          [모든 호스트]
allow-query-cache { address-match-list };    [모든 호스트]
allow-transfer { address-match-list };       [모든 호스트]
allow-update { address-match-list };         [none]
blackhole { address-match-list };            [빈 값]
```

이 옵션들은 어떤 호스트(또는 네트워크)가 네임 서버나 캐시에 질의할 수 있고 존 데이터의 블록 전송을 요청하거나 동적으로 존을 업데이트할 수 있는지를 지정한다. 이 비교 목록들은 급이 낮은 보안 형태라서 IP 주소 스푸핑에 취약하기 때문에 이 목록에 의존하는 데는 위험 부담이 있다. 누군가 속임수를 써서 서버가 어떤 DNS 쿼리에 응답하게 하는 것은 큰 문제가 아닐 수도 있겠지만 **allow_update**와 **allow_transfer** 옵션은 사용을 회피해야 한다. 대신 암호화키를 사용하자.

blackhole 주소 목록은 결코 대화를 원하지 않는 서버들을 가리킨다. **named**는 그런 서버에서 오는 쿼리를 받아들이지 않을 뿐 아니라 어떤 응답도 요청하지 않는다.

```
edns-udp-size number;    [4096]
max-udp-size number;     [4096]
```

인터넷상의 모든 머신은 반드시 512바이트 이하의 크기로 나눠진 UDP 패킷을 재조합할 수 있어야 한다. 이런 보수적 요건이 1980년대에는 합당했겠지만 현대 표준에서는 터무니없이 작다. 현대식 라우터와 방화벽들은 훨씬 더 큰 패킷들을 다룰 수 있지만 IP 체인에 악성 링크가 한 개만 있어도 전체 경로를 사용하지 못한다.

기본적으로 DNS는 쿼리에 UDP를 사용하고 DNS 응답은 종종 512바이트를 넘기 때문에 DNS 시스템 관리자는 커다란 UDP 패킷들이 손실되는 것에 대해 염려해야 한다. 큰 크기의 응답이 나눠지고 방화벽이 첫 번째 조각만 통과시킨다면 수신자는 뒤가 짤린 응답을 받게 돼 TCP를 이용해 쿼리를 재시도한다. TCP는 UDP보다 비싼 프로토콜이고 모든 방화벽의 고장으로 인해 늘어난 TCP 트래픽을 루트나 TLD의 바쁜 서버에게 줄 필요가 없다.

edns-udp-size 옵션은 네임 서버가 DNS 프로토콜의 확장인 EDNS0를 통해 광고

할 재조합 버퍼의 크기를 설정한다. max-udp-size 옵션은 서버가 실제로 전송할 최대 패킷 크기를 설정한다. 두 옵션 모두 단위는 바이트다. 512 ~ 4,096바이트 범위의 값이 적당하다.

```
dnssec-enable yes | no;                    [yes]
dnssec-validation yes | no;                [yes]
dnssec-must-be-secure domain yes | no;     [none]
```

이 옵션들은 DNSSEC 지원 환경을 설정한다. DNSSEC에 관한 전반적인 설명과 사이트에 DNSSEC을 구성하는 방법은 이번 장의 뒷부분에서 다룬다. 권한 서버는 dnssec-enable 옵션을 켜야 하며 재귀적 서버는 dnssec-enable과 dnssec-validation 옵션을 켜야 한다.

dnssec-enable과 dnssec-validation 옵션은 기본으로 활성화되며 다음과 같은 의미를 갖는다.

- DNSSEC 인식 비트가 ON으로 설정된 쿼리에 응답하는 서명된 존의 권한 서버는 요청된 리소스 레코드와 서명으로 응답한다.
- DNSSEC 인식 비트가 설정되지 않은 쿼리에 응답하는 서명된 존의 권한 서버는 DNSSEC 이전처럼 요청된 리소스 레코드만으로 응답한다.
- 서명되지 않은 존의 권한 서버는 요청된 리소스 레코드만으로 쿼리에 응답한다. 어떤 서명도 포함되지 않는다.
- 재귀적 서버는 DNSSEC 인식 비트를 설정해서 사용자를 대신해 쿼리를 보낸다.
- 재귀적 서버는 사용자에게 데이터를 반환하기 전에 포함된 서명을 서명된 응답으로 인증한다.

dnssec-must-be-secure 옵션을 이용하면 특정 도메인에서 보안 응답만을 수용하게 하거나 반대로 보안 여부에 상관없이 비보안 응답도 수용하게 지정할 수 있다. 예를 들어 important-stuff.mybank.com 도메인에 대해서는 yes로, marketing.mybank.com 도메인에 대해서는 no로 설정할 수 있다.

```
zone-statistics yes | no     [no]
```

이 옵션은 named가 글로벌 통계값 뿐만 아니라 각 존 별로 통계값을 유지하게 한다. 통계값을 파일로 덤프하려면 rndc stats 명령을 실행한다.

```
clients-per-query int;      [10]          # 동일한 쿼리를 기다리는 클라이언트
max-clients-per-query int;  [100]         # 서버 삭제 전 최대 클라이언트
datasize int;               [unlimited]   # 서버가 사용할 수 있는 최대 메모리
files int;                  [unlimited]   # 현재 오픈 된 파일의 최대 수
lame-ttl int;               [10min]       # 불완전한 서버 데이터를 캐시하는 시간(초)
max-acache-size int;        [ ]           # 추가 데이터를 위한 캐시 크기
max-cache-size int;         [ ]           # 캐시된 응답answer을 위한 최대 메모리
max-cache-ttl int;          [1week]       # 파지티브positive 데이터 캐싱을 위한 최대 TTL
max-journal-size int;       [ ]           # 트랜잭션 저널을 위한 최대 크기
max-ncache-ttl int;         [3hrs]        # 네거티브negative 데이터 캐싱을 위한 최대 TTL
tcp-clients int;            [100]         # 동시 TCP 클라이언트 최대 수
```

이와 같은 긴 옵션 목록은 자신의 하드웨어에서 named가 잘 실행되게 튜닝하는 데 사용될 수 있다. 여기서 자세한 설명을 하지는 않겠지만 성능에 문제가 있다면 이 옵션들이 튜닝의 출발점을 제공할 것이다.

acl문

접근 제어 목록은 이름이 있는 주소 매치 목록일 뿐이다.

```
acl acl-name {
    address-match-list
};
```

주소 매치 목록이 호출되는 곳이면 어디든지 acl-name을 사용할 수 있다.

반드시 acl문은 named.conf에서 최상위문이어야 하므로 다른 옵션 선언문 중간에 껴넣으려고 해서는 안 된다. 또한 named.conf는 싱글 패스로 읽히기 때문에 접근 제어 목록을 사용하기 전에 먼저 정의돼야 한다는 점을 명심하자. 다음과 같은 4개의 목록이 미리 정의된다.

- **any:** 모든 호스트
- **localnets:** 로컬 네트워크에 있는 모든 호스트
- **localhost:** 머신 자체
- **none:** 어떤 머신도 해당되지 않음

`localnets` 목록은 호스트가 직접 접속돼 있는 네트워크에 있는 모든 것을 포함한다. 달리 말하자면 머신의 네트워크 주소 모듈로^{modulo} 넷마스크의 목록이다.

(TSIG) key문

key문은 두 서버 간의 통신을 인증하는 '공유된 비밀'(즉, 암호)을 정의한다. 예를 들면 존 전송을 위한 마스터 서버와 슬레이브 간의 통신, 또는 그것을 제어하는 서버와 rndc 프로세스 간의 통신을 말한다. BIND의 암호 인증 지원에 관한 배경 지식은 'DNS 보안 이슈' 절에서 다룬다. 여기서는 그 프로세스의 메커니즘에 관해서만 간단히 설명하겠다.

키 레코드를 만들려면 사용하고자 하는 암호화 알고리듬과 base-64로 인코딩된 문자열로 표현된 공유 비밀을 모두 지정한다.

```
key key-id {
    algorithm 문자열;
    secret 문자열;
};
```

접근 제어 목록과 마찬가지로 *key-id*도 반드시 사용 전에 key문으로 정의돼야 한다. 키와 특정 서버를 결합하려면 그 서버의 server문에서 key절에 *key-id*를 포함시키기만 하면 된다. 키는 그 서버로부터의 요청을 검증하는 데도 사용되고 그러한 요청에 대한 응답에 서명하는 데도 사용된다.

공유된 비밀은 민감한 정보이므로 외부 세계에서 읽을 수 있는 파일에 보관해서는 안 된다. include문을 사용해 named.conf 파일 안으로 가져오자.

server문

named는 잠재적으로 많은 서버와 대화할 수 있지만 그들 모두가 현재 소프트웨어를 실행하고 있는 것이 아니며, 그들 모두가 명목상으로 정상적인 것도 아니다. server문은 named에게 원격 대상^{remote peer}의 특성에 관해 말해준다. server문은 특정 서버에 대해서는 기본값을 덮어쓸 수 있다. 즉, 존 전송용 키의 설정을 원하는 게 아니라면 필요하지 않다.

```
server ip_addr {
    bogus yes | no;                         [no]
    provide-ixfr yes | no;                  [yes]
    request-ixfr yes | no;                  [yes]
    keys { key-id; key-id; ... };           [none]
    transfer-source ip-address [port];      [가장 가까운 인터페이스]
    transfer-source-v6 ipv6-address [port]; [가장 가까운 인터페이스]
};
```

server문을 사용해 각 개별 서버의 전역 환경설정 옵션 값들을 덮어쓸 수 있다. 기본값을 원하지 않는 옵션들을 열거하기만 하면 된다. 서버용 옵션들을 모두 보여주지는 않았지만 필요할 것 같은 옵션들만 추려서 보여줬다. 전체 옵션 목록은 BIND 문서를 참고한다.

서버를 bogus로 설정하면 named는 어떤 쿼리도 보내지 않을 것이다. 이 지시어는 실제로 잘못된 서버에만 사용돼야 한다. bogus는 외부로 나가는 쿼리만을 억제한다는 점에서 전역 옵션인 blackhole과 다르다. 반대로 blackhole 옵션은 목록에 열거된 서버들과의 모든 형태의 통신을 완전히 제거한다.

동적으로 업데이트되는 존의 마스터 역할을 하는 BIND 네임 서버는 provide-ixfr가 yes로 설정돼 있을 경우 점증적인 존 전송^{incremental zone transfer}을 수행한다. 마찬가지로 슬레이브 역할의 서버는 request-ixfr가 yes로 설정돼 있으면 마스터에서의 점증적 존 전송을 요청한다.

keys절은 트랜잭션 서명과 함께 사용하고자 앞서 key문에 정의했던 키 ID를 가리킨다. 원격 서버로 전송되는 모든 요청은 이 키로 서명된다. 원격 서버에서 출발한 요청들은 서명이 요구되지는 않지만 서명이 있다면 그 서명은 검증될 것이다.

transfer-source절은 존 전송 요청에 대한 소스 주소(포트)로 사용될 인터페이스 (및 선택에 따라 포트)의 IPv4 또는 IPv6 주소를 제공한다. 이 절은 시스템에 여러 인터페이스가 있고 원격 서버가 특정 IP 주소를 allow-transfer절에 명시한 경우에만 필요하다. 주소들은 일치해야 한다.

masters문

masters문은 한 개 이상의 마스터 서버 집합에 IP 주소와 암호키를 지정해 이름을 붙이게 해준다. 그런 다음 IP 주소와 키를 반복해서 사용하는 대신 정의된 이름을 zone문의 master절에 사용할 수 있다.

masters 기능은 여러 개의 슬레이브나 스터브 존이 동일한 원격 서버에서 데이터를 얻는 데 매우 유용하다. 원격 서버의 주소나 암호키가 변경되면 서로 다른 여러 개의 zone문을 변경하는 대신 masters문을 업데이트하면 된다.

그 구문은 다음과 같다.

```
masters name { ip_addr [port ip_port] [key key] ; ... } ;
```

logging문

named는 현재 '지구상에서 가장 다양하게 설정할 수 있는 로깅 시스템' 상을 보유하고 있다고 할 수 있다. Syslog는 로그 메시지들의 우선순위 부여를 프로그래머에게 맡기고 메시지들의 배치는 시스템 관리자에게 맡겼다. 하지만 어떤 주어진 우선순위에 대해 시스템 관리자는 "나는 이 메시지에는 관심이 있지만 저 메시지에는 관심 없다."고 말할 수 있는 방법이 없다. BIND는 타입에 의해 로그 메시지들을 분류하는 카테고리[category]들과 메시지 배치를 위한 선택의 폭을 넓혀주는 채널[channel]들을 추가했다. 카테고리는 프로그래머에 의해 결정되며 채널은 시스템 관리자에 의해 결정된다.

statistics-channels문

statistics-channels문은 브라우저를 이용해 실행 중인 named에 접속해 통계값들을 볼 수 있게 해준다. 네임 서버의 통계값은 보안상 중요할 수 있기 때문에 이 데이터에 대한 접근은 사이트의 신뢰되는 호스트들로만 제한해야 한다.

```
statistics-channels {
    inet (ip-addr | *) port port# allow { address-match-list } ;
    ...
}
```

inet-port-allow 시퀀스는 여러 개가 포함될 수 있다. 그 기본값들은 공개되므로 매우 조심해야 한다. IP 주소 기본값은 any이며 포트 기본값은 80(보통 HTTP), allow의 기본값은 누구에게나 접속을 허용하는 것으로 돼 있다. 통계값 채널을 사용하려면 반드시 named가 libxml2와 함께 컴파일돼야 한다.

zone문

zone문은 named.conf 파일의 핵심으로, named가 권한을 갖는 존에 관한 정보를 말해주며 각 존을 관리하는 데 적합한 옵션들을 설정한다. 또한 zone문은 캐싱 서버가 루트 서버의 힌트들(즉, DNS 검색 프로세스를 부팅하는 루트 서버들의 이름과 주소)을 사전에 로딩하는 데도 사용된다.

zone문의 정확한 포맷은 named가 해당 존에 대해 수행하는 역할에 따라 다양하다. 사용할 수 있는 존 타입에는 master, slave, hint, forward, stub, delegation-only가 있다. stub 존(BIND에서만 사용)이나 delegation-only 존(등록대행업체 서비스를 광고하고자 최상위 존에서 와일드카드 레코드의 사용을 중지하는 데 사용)에 대해서는 설명하지 않겠다.

앞서 다뤘던 전역 옵션 중 많은 것이 zone문의 일부가 될 수 있으며 앞서 정의된 값들을 덮어쓴다. 그러한 옵션들은 자주 사용되는 것들을 제외하고는 여기서 다시 반복하지 않겠다.

존을 위한 마스터 서버의 환경설정

다음은 현재 named가 마스터 서버인 존에 필요한 포맷이다.

```
zone "domain-name" {
    type master;
    file "path";
};
```

zone에 지정된 domain-name은 항상 큰따옴표 안에 나타나야 한다.

존의 데이터는 사람이 읽고 편집할 수 있는 파일 형태로 디스크에 보관된다. 파일 명에는 기본값이 없기 때문에 반드시 마스터 존을 선언할 때 file문을 제공해야 한다. 존 파일은 DNS 리소스 레코드들을 앞에서 설명한 포맷으로 모아 놓은 것에 불과하다.

존 설정에 자주 지정되는 기타 서버 특정 속성도 있다. 다음 예를 보자.

```
allow-query { address-match-list };        [any]
allow-transfer { address-match-list };     [any]
allow-update { address-match-list };       [none]
zone-statistics yes | no                   [no]
```

접근 제어 옵션들은 반드시 요구되는 것은 아니지만 사용하는 것이 좋다. 이 옵션들은 어떤 종류의 주소 매치 목록이든 수용하기 때문에 IP 주소나 TSIG 암호화키를 써서 보안 환경을 설정할 수 있다. 보통은 암호화키가 안전하다.

해당 존에 동적 업데이트가 사용된다면 업데이트를 발생시킬 수 있는 호스트를 제한하는 주소 매치 목록과 함께 allow-update가 존재해야 한다. 동적 업데이트는 마스터 존에만 적용된다. allow-update는 슬레이브 존에는 사용될 수 없다. allow-update는 인터넷 전체가 아닌 자신의 머신들만(예, DHCP 서버) 포함한다는 점에 유의한다.[16]

zone-statistics 옵션은 named로 하여금 리퍼럴, 오류, 재귀 요구 응답의 수와 백

---

16. 방화벽에는 인그레스 필터링(ingress filtering)도 필요하다(13장 참고). 그보다 더 좋은 것은 인증에 TSIG를 사용하는 것이다.

분율과 같은 쿼리/응답 통계값들을 추적하게 한다.

존과 관련된 이러한 옵션들(그리고 이 책에서 다루지 않은 약 40개 이상의 옵션들) 때문에 환경설정이 복잡한 것처럼 보이기 시작한다. 하지만 단순히 존 파일의 경로명만으로 구성된 마스터 존 선언은 완벽할 만큼 합리적이다. 다음은 BIND 문서에서 가져와 약간 수정한 예다.

```
zone "example.com" {
    type master;
    file "forward/example.com";
    allow-query { any; };
    allow-transfer { my-slaves; };
}
```

여기서 **my-slaves**는 앞서 정의해 놓은 접근 제어 목록일 것이다.

존을 위한 슬레이브 서버의 환경설정

슬레이브용 **zone**문은 마스터의 경우와 유사하다.

```
zone "domain-name" {
    type slave;
    file "path";
    masters { ip_addr [port ip_port] [key keyname]; ... };
    allow-query { address-match-list };                    [any]
};
```

일반적으로 슬레이브 서버들은 자기 존의 데이터베이스의 완전한 사본을 유지한다. file문은 복제된 데이터베이스가 저장될 수 있는 로컬 파일을 지정한다. 서버가 존의 새로운 사본을 가져올 때마다 그 데이터를 이 파일에 저장한다. 서버에 충돌이 발생해 작동하지 않거나 리부팅되면 파일은 네트워크를 통해 전송하지 않고도 로컬 디스크에서 재로딩될 수 있다.

이 캐시 파일은 named에 의해 유지되기 때문에 편집해서는 안 된다. 하지만 마스터 서버의 데이터 파일에 오류를 만들었음이 의심된다면 검사해볼 수는 있다. 슬레이브의 디스크 파일은 named가 원래의 존 데이터를 어떻게 해석했는지 보여준다. 특히 상대적인 이름과 $ORIGIN 지시어는 모두 확장돼 있는 것이다. 다음 중 하나와 비슷하게 보이는 이름이 데이터 파일에 있다면 뒤에 붙는 도트를 어디선가 빠뜨렸음을 확인할 수 있다.

```
128.138.243.151.cs.colorado.edu.
anchor.cs.colorado.edu.cs.colorado.edu.
```

masters는 존 데이터베이스를 얻을 수 있는 한 개 이상의 머신들의 주소를 열거한다. 또한 이전의 masters문에 의해 정의된 마스터 목록의 이름을 포함할 수도 있다.

하나의 존에는 오직 한 개의 머신만 마스터가 될 수 있다고 말했었다. 그렇다면 한 개 이상의 주소를 열거하는 것이 왜 가능할까? 두 가지 이유가 있다. 첫째, 마스터 머신은 한 개 이상의 네트워크 인터페이스를, 따라서 한 개 이상의 IP 주소를 가질 수 있다. 다른 인터페이스들은 여전히 접근이 되는데 한 인터페이스가 (네트워크나 라우팅 문제 때문에) 도달할 수 없는 상태가 될 수 있다. 따라서 토폴로지상으로 서로 별개인 마스터 서버의 주소들을 모두 목록에 열거하는 것이 실용적이다.

둘째, named는 존 데이터가 어디에서 오는지는 상관하지 않는다. named는 마스터에서 가져오는 것만큼이나 쉽게 슬레이브 서버에서 데이터베이스를 가져올 수 있다. 이러한 특성을 이용해 잘 연결돼 있는 슬레이브 서버를 일종의 백업 마스터처럼 서비스하게 만들 수 있다. 작동하는 서버가 발견될 때까지 차례로 IP 주소들을 시도하기 때문이다. 이론적으로는 하나의 마스터가 여러 개의 두 번째 계층 서버들을 서빙하고 다시 그것들이 여러 개의 세 번째 계층 서버들을 서빙하도록 서버들을 계층적으로 구성할 수도 있다.

루트 서버 힌트의 설정

또 다른 형식의 zone문은 named에게 루트 네임 서버들의 이름과 주소로 캐시를 사전에 로딩할 수 있는 파일을 가리켜준다.

```
zone "." {
```

```
    type hint;
    file "path";
};
```

'hint'는 루트 도메인용 서버들을 열거한 DNS 레코드의 집합이다. hint는 named의 재귀적 캐싱 인스턴스에게 다른 사이트의 도메인에 관한 정보 검색을 시작하는 장소를 제공한다. hint가 없다면 named는 자신이 서비스하는 도메인과 그 서브도메인에 대해서만 알게 된다.

named가 시작할 때 루트 서버 중 하나에서 hint를 재로딩한다. 그러므로 힌트 파일이 유효하고 도달 가능한 루트 서버를 적어도 한 개를 포함하고 있다면 아무 문제될 게 없다. 장애 발생 시 대비책으로서 루트 서버 hint는 named 안에도 컴파일돼 있다.

힌트 파일은 종종 root.cache로도 불린다. 힌트 파일에는 루트 도메인에서 어떤 루트 서버에 네임 서버 레코드를 쿼리할 때 얻는 응답이 포함돼 있다. 사실 힌트 파일은 dig를 이용해 다음과 같은 방법으로 생성할 수 있다. 예를 들어보자.

```
$ dig @f.root-servers.net . ns > root.cache
```

도트를 조심하자. f.root-servers.net가 응답하지 않는다면 다음과 같이 특정 서버를 지정하지 않고 쿼리를 실행할 수 있다.

```
$ dig . ns > root.cache
```

출력은 비슷하다. 하지만 권한 소스로부터가 아닌 로컬 네임 서버의 캐시로부터 루트 서버 목록을 얻게 된다. 네임 서버를 1, 2년 동안 리부팅하거나 재시작하지 않더라도 TTL이 만료됨에 따라 루트 서버 레코드들이 리프레시되므로 아무런 문제가 없다.

포워딩 존의 구성

forward 타입의 존은 특정 도메인에 대한 named의 기본 쿼리 경로를 덮어쓴다(이전에 설명한 것처럼 루트에게 먼저 물어본 다음 리퍼럴들에게 묻는다).

```
zone "domain-name" {
    type forward;
    forward only | first;
    forwarders { ip_addr; ip_addr; ... };
};
```

다른 그룹이나 회사와 전략적인 업무 관계가 있는 조직이거나 표준 쿼리 경로를 우회해서 회사의 네임 서버로 직접 트래픽을 집중하고자 한다면 **forward** 존을 사용할 수 있다.

rndc용 controls문

controls문은 실행 중인 **named** 프로세스와 **rndc** 간의 상호작용을 제한한다. **rndc**는 시스템 관리자가 **named**에게 시그널을 보내거나 제어하는 데 사용하는 프로그램이다. **rndc**는 **named**를 시작하거나 중지할 수 있고, 그 상태를 덤프할 수 있으며, 디버그 모드로 들어가게 할 수 있다. **rndc**는 네트워크를 통해 작동하기 때문에 환경설정이 잘못되면 인터넷상의 누군가가 네임 서버를 손상시킬 수 있다. 구문은 다음과 같다.

```
controls {
    inet addr port port allow { address-match-list } keys { key_list };
}
```

rndc는 포트를 따로 지정하지 않으면 953 포트를 통해 **named**와 통신한다.

네임 서버의 원격 제어를 허용하면 편리하면서도 위험하다. **allow**의 **key** 항목을 통한 강력한 인증이 필요하다. 주소 매치 목록에 있는 키들은 무시되므로 반드시 controls문의 **key**절에 명시적으로 선언해야 한다.

rndc와 **named** 간에 사용할 인증 키는 **rndc-confgen** 명령을 사용해 생성할 수 있다. 키 사용을 설정하는 데는 기본적으로 두 가지 방법이 있다. 키를 알아내고자 **named**와 **rndc**가 모두 동일한 환경설정 파일(예, /etc/rndc.key)을 참조하는 방법이 있고,

rndc의 환경설정 파일과 named의 환경설정 파일(rndc는 /etc/rndc.conf, named는 /etc/named.conf)에 모두 키를 포함시키는 방법이 있다. 후자가 좀 더 복잡하지만 named와 rndc가 서로 다른 컴퓨터에서 실행되는 경우에는 후자가 필요하다. rndc-confgen -a 명령은 로컬호스트^{localhost} 접근용 키를 구성한다.

controls문이 존재하지 않으면 BIND는 주소 매치 목록에 루프백 주소를 기본값으로 해 /etc/rndc.key에 있는 키를 찾는다. 강력한 인증이 필수적으로 요구되기 때문에 rndc 명령은 키가 존재하지 않으면 named를 제어할 수 없다. 이러한 예방책이 가혹하게 보일지 모르지만 한번 생각해보자. rndc가 127.0.0.1에서만 작동되고 이 주소가 방화벽에서 외부 세계로부터 막혀 있을지라도 여전히 모든 로컬 사용자가 네임 서버를 무단으로 손대지 않을 것이라고 신뢰하고 있는 것이다. 어떤 사용자라도 컨트롤 포트에 telnet을 연결해 'stop'을 입력할 수 있다. 이것은 상당히 효과적인 서비스 거부 공격인 것이다.

다음은 256비트 키가 요청됐을 때 rndc-confgen에서 표준 출력^{standard output}으로 출력된 사례다. 여기서 256비트를 선택한 이유는 페이지에 맞게 표시되기 때문이다. 여러분은 일반적으로 더 긴 키를 선택하고 출력을 /etc/rndc.conf로 리다이렉트하게 된다. 출력의 맨 아래에 있는 주석은 named와 rndc가 함께 동작하도록 하고자 named.conf에 추가해야 할 줄을 보여준다.

```
$ ./rndc-confgen -b 256
# rndc.conf의 시작
key "rndc-key" {
    algorithm hmac-md5;
    secret "orZuz5amkUnEp52zlHxD6cd5hACldOGsG/elP/dv2IY=";
};

options {
    default-key "rndc-key";
    default-server 127.0.0.1;
    default-port 953;
};
# rndc.conf의 끝

# 필요에 따라 허가 리스트를 적용할 때 다음 내용을 named.conf에 사용하라:
```

```
# key "rndc-key" {
#    algorithm hmac-md5;
#    secret "orZuz5amkUnEp52zlHxD6cd5hACldOGsG/elP/dv2IY=";
# };
#
# controls {
#   inet 127.0.0.1 port 953
#   allow { 127.0.0.1; } keys { "rndc-key"; };
# };
# named.conf의 끝
```

16.7 분리된 DNSSplit DNS와 view문

인터넷에서 보이는 네트워크 뷰^{view}와는 다른 내부용 뷰를 보기 원하는 사이트가 많다. 예를 들어 내부 사용자들에게는 특정 존의 모든 호스트를 보여주지만 외부에서 보이는 뷰에는 일부 잘 알려진 서버만 드러나게 제한할 수 있다. 또는 양쪽 뷰에 동일한 호스트 집합을 드러내지만 내부 사용자에게는 추가적인(또는 다른) 레코드를 공급할 수도 있다. 예를 들어 메일 라우팅용 MX 레코드들이 도메인 외부와는 단일 메일 허브 머신으로 향하지만 내부 사용자들 관점에서는 각각의 개별 워크스테이션으로 향할 수 있다.

분리된 DNS 구성은 내부 네트워크에 RFC1918 사설 IP 주소를 사용하는 사이트에 특히 유용하다. 예를 들어 IP 주소 10.0.0.1과 결합된 호스트명을 묻는 쿼리는 결코 글로벌 DNS 시스템에서 응답을 받을 수 없지만 로컬 네트워크의 맥락에서는 의미가 있다. 루트 네임 서버에 도착하는 쿼리 중에서 4% ~ 5%는 사설 주소 범위 내의 IP 주소에서 온 것이다. 이러한 쿼리들은 응답을 받을 수 없다. BIND의 분리된 DNS이든 마이크로소프트의 '도메인^{domains}'이든 모두가 잘못된 환경설정의 결과인 것이다.

view문은 어떤 클라이언트가 어떤 뷰를 볼 수 있는가를 제어하는 접근 목록, 뷰의 모든 존에 적용되는 옵션, 존 자체를 한데 묶은 것이다. 그 구문은 다음과 같다.

```
view view-name {
    match-clients { address-match-list } ;            [any]
    match-destinations { address-match-list } ;       [any]
    match-recursive-only yes | no;                    [no]
    view-option; ...
    zone-statement; ...
} ;
```

뷰는 쿼리의 소스 IP 주소를 필터링하는 match-clients절을 항상 갖고 있다. 일반적으로 이것은 사이트 DNS 데이터의 내부 및 외부 뷰를 서비스한다. 더 정밀한 제어를 위해 쿼리 목적지 주소를 필터링하고 재귀적 쿼리를 요구할 수도 있다.

match-destinations절은 보내는 쿼리의 목적지 주소를 본다. 이것은 쿼리가 도착한 인터페이스에 따라 다른 DNS 데이터를 서비스하고자 할 때 멀티홈 머신(즉, 한개 이상의 네트워크 인터페이스를 갖는 머신)에서 유용하다. match-recursive-only절은 쿼리가 허용된 클라이언트에서 출발된 것임과 동시에 재귀적이어야 할 것을 요구한다. 반복적인 쿼리에 대해서는 사이트의 캐시를 살피는데, 이 옵션은 그것을 막는다.

뷰들은 순서대로 처리되므로 가장 제한적인 뷰를 앞에 놓는다. 다른 뷰에 속한 존들은 같은 이름을 가질 수 있지만 그 데이터는 다른 파일에서 가져온다. 뷰는 전부아니면 전무인 양자택일 제안이다. 즉, 뷰를 사용하면 named 환경설정의 모든 zone문은 반드시 뷰 맥락으로 나타난다.

다음은 BIND 9 문서에 있는 간단한 예다. 두 개의 뷰는 같은 존을 정의하지만 다른 데이터를 갖는다.

```
view "internal" {
    match-clients { our_nets; };          // 내부 네트워크 전용
    recursion yes;                        // 내부 클라이언트 전용
    zone "example.com" {                  // 존의 완전한 뷰
        type master;
        file "example-internal.db";
    };
};
```

```
view "external" {
    match-clients { any; };          // 모든 쿼리 허용
    recursion no;                    // 하지만 재귀는 없음
    zone "example.com" {             // '공개' 호스트 전용
        type master;
        file "example-external.db";
    }
};
```

뷰 순서를 반대로 하면 아무도 내부 뷰를 볼 수 없게 된다. 내부 호스트들은 내부 뷰에 도달하기 전에 외부 뷰에 있는 **match-clients**절의 **any** 값에 매치될 것이다.

뒤에 언급되는 두 번째 DNS 환경설정 사례는 뷰의 예를 추가로 보여준다.

16.8 BIND 환경설정 예

named.conf에 대해 궁금한 점들을 알아봤으니 이제 다음과 같은 두 개의 완전한 환경설정 예를 살펴보자.

- 로컬호스트^{localhost} 존
- 분리된 DNS를 사용하는 소규모 보안 회사

로컬호스트 존

IPv4 주소 127.0.0.1은 호스트 자신을 가리키며 'localhost'라는 이름으로 매핑돼야 한다.[17] 일부 사이트에서는 이 주소를 'localhost.*localdomain*'에 매핑한다. 이에 상응하는 IPv6 주소는 ::1이다.

로컬호스트 존의 설정을 빠뜨리면 사이트는 결국 로컬호스트 정보를 루트 서버에 질의하게 된다. 루트 서버들은 이런 쿼리를 너무 많이 받게 되므로 운용자는 루트 레벨에서 로컬호스트와 127.0.0.1 간의 기본 매핑을 추가할 것을 고려하게 된다. '유사^{bogus} TLD' 카테고리에 속하는 또 다른 이름으로는 lan, home, localdomain, domain 등이 있다.

---

17. 실제로는 클래스 A 네트워크 127/8 전체가 로컬호스트를 가리키지만 대부분 127.0.0.1만을 사용한다.

로컬호스트용 순방향 매핑은 (적절한 $ORIGIN문과 함께) 해당 도메인의 포워드 존 파일이나 자신의 파일에 정의할 수 있다. 일반적으로 캐싱 서버를 포함해서 모든 서버는 자신의 역방향reverse 로컬호스트 도메인의 마스터가 된다.

다음은 named.conf에서 로컬호스트를 설정하는 부분이다.

```
zone "localhost" {                  // 로컬호스트 포워드 존
    type master;
    file "localhost";
    allow-update { none; };
};
zone "0.0.127.in-addr.arpa" {       // 로컬호스트 리버스 존
    type master;
    file "127.0.0";
    allow-update { none; };
};
```

이에 상응하는 순방향 존 파일 localhost는 다음 줄들을 포함한다.

```
$TTL 30d
; localhost.
@   IN      SOA         localhost. postmaster.localhost. (
                        2015050801  ; Serial
                        3600        ; Refresh
                        1800        ; Retry
                        604800      ; Expiration
                        3600 )      ; Minimum
            NS      localhost.
            A       127.0.0.1
```

역방향 파일 127.0.0은 다음 줄들을 포함한다.

```
$TTL 30d
; 0.0.127.in-addr.arpa
@   IN      SOA         localhost. postmaster.localhost. (
                        2015050801  ; Serial
                        3600        ; Refresh
                        1800        ; Retry
                        604800      ; Expiration
```

```
                  3600 )          ; Minimum
          NS      localhost.
          1       PTR localhost.
```

로컬호스트 주소(127.0.0.1)의 매핑은 결코 변하지 않기 때문에 시간제한 값은 매우 클 수 있다. 날짜를 인코딩한 시리얼 번호에 주목하자. 이 파일이 마지막으로 수정된 때는 2015년이다. 마스터 네임 서버만이 로컬호스트 도메인에 등록됨에도 유의한다. 여기서 @의 의미는 "0.0.127.in-addr.arpa."다.

소규모 보안 회사

두 번째 예는 보안 컨설팅을 전문으로 하는 소규모 회사에 관한 것이다. 레드햇 엔터프라이즈 리눅스 최신판에서 BIND 9를 실행하며, 내부 및 외부 사용자들이 서로 다른 호스트 데이터를 보게 되는 분리된 DNS 시스템을 구현하고자 뷰를 사용한다. 또한 내부적으로 사설 주소 공간을 사용한다. 그 공간 내의 주소에 관한 쿼리들은 결코 인터넷으로 탈출해 글로벌 DNS 시스템을 어지럽힐 수 없다. 다음은 named.conf 파일로, 포맷을 바꾸고 약간의 주석을 추가했다.

```
options {
    directory "/var/domain";
    version "root@atrust.com";
    allow-transfer { 82.165.230.84; 71.33.249.193; 127.0.0.1; };
    listen-on { 192.168.2.10; 192.168.2.1; 127.0.0.1; 192.168.2.12; };
};

include "atrust.key";              // 600 권한을 가진 파일
controls {
    inet 127.0.0.1 allow { 127.0.0.1; } keys { atkey; };
};

view "internal" {

    match-clients { 192.168.0.0/16; 206.168.198.192/28; 172.29.0.0/24; };
    recursion yes;

    include "infrastructure.zones";  // 루트 hint, 로컬호스트 포워딩 + 리버스

    zone "atrust.com" {              // 내부 포워드 존
        type master;
```

```
            file "internal/atrust.com";
        };
        zone "1.168.192.in-addr.arpa" {  // 내부 리버스 존
            type master;
            file "internal/192.168.1.rev";
            allow-update { none; };
        };
        ... // 여러 존이 존재함

        include "internal/tmark.zones";  // atrust.net, atrust.org 슬레이브

};  // 내부 뷰의 끝

view "world" {                         // 외부 뷰

    match-clients { any; };
    recursion no;

    zone "atrust.com" {                // 외부 포워드 존
        type master;
        file "world/atrust.com";
        allow-update { none; };
    };
    zone "189.173.63.in-addr.arpa" { // 외부 리버스 존
        type master;
        file "world/63.173.189.rev";
        allow-update { none; };
    };
    include "world/tmark.zones";       // atrust.net, atrust.org 마스터
    zone "admin.com" {                 // 외부에서만 보는 마스터 존
        type master;
        file "world/admin.com";
        allow-update { none; };
    };
    ... // 많은 마스터 + 슬레이브 존이 존재

};  // 외부 뷰의 끝
```

atrust.key 파일은 **atkey**라는 이름의 키를 다음과 같이 정의한다.

```
key "atkey" {
    algorithm hmac-md5;
    secret "shared secret key goes here";
};
```

tmark.zones 파일에는 atrust.com의 변형된 이름들이 포함돼 있다. 최상위 레벨 도메인(net, org, us, info 등)이 다른 이름과 철자가 다른 이름(applied-trust.com 등)들이 모두 포함된다. infrastructure.zones 파일은 루트 힌트$^{root\ hints}$와 로컬호스트 파일들을 포함하고 있다.

존들은 뷰(internal 또는 world)와 타입(master 또는 slave)에 의해 구조화되며 존 데이터 파일의 명명 규칙$^{naming\ convention}$은 이러한 체계를 반영한다. 이 서버는 모든 로컬호스트를 포함하는 내부 뷰에 대해서는 재귀적이며, 많은 로컬호스트가 사설 주소를 사용한다. 이 서버는 외부 뷰에 대해서는 재귀적이지 않다. atrust.com의 선택된 호스트들과 그것들이 마스터나 슬레이브 DNS 서비스를 제공하는 외부 존들만 외부 뷰에 포함된다.

다음은 internal/atrust.com 파일과 world/atrust.com 파일의 일부이다. 우선 internal 파일을 보자.

```
; atrust.com - 내부 파일
$TTL 86400
$ORIGIN atrust.com.
@  3600    SOA    ns1.atrust.com. trent.atrust.com. (
                        2015110200 10800 1200 3600000 3600 )
    3600   NS NS1.atrust.com.
    3600   NS NS2.atrust.com.
    3600   MX 10 mailserver.atrust.com.
    3600   A  66.77.122.161
ns1        A  192.168.2.11
ns2        A  66.77.122.161
www        A  66.77.122.161
mailserver A  192.168.2.11
exchange   A  192.168.2.100
secure     A  66.77.122.161
...
```

IP 주소 범위를 보면 이 사이트는 내부적으로 RFC1918 사설 주소를 사용하고 있음을 알 수 있다. CNAME으로 호스트에 닉네임을 배정하지 않고 여러 개의 A 레코드를 사용해 동일한 IP 주소를 가리키게 한다는 점에도 유의한다.[18] 이렇게 해도 문제없지만 리버스 존에서는 각 IP 주소가 하나의 PTR 레코드만 가져야 한다.

다음은 world/atrust.com에 있는 동일한 도메인의 외부 뷰다.

```
; atrust.com - 외부 파일
$TTL 57600
$ORIGIN atrust.com.
@                       SOA ns1.atrust.com. trent.atrust.com. (
                                2015110200 10800 1200 3600000 3600 )
                        NS  NS1.atrust.com.
                        NS  NS2.atrust.com.
                        MX  10 mailserver.atrust.com.
                        A   66.77.122.161
ns1.atrust.com.         A   206.168.198.209
ns2.atrust.com.         A   66.77.122.161
www                     A   66.77.122.161
mailserver              A   206.168.198.209
secure                  A   66.77.122.161

; 리버스 맵
exterior1               A   206.168.198.209
209.198.168.206         PTR exterior1.atrust.com.
exterior2               A   206.168.198.213
213.198.168.206         PTR exterior2.atrust.com.
...
```

내부 뷰에서와 같이 닉네임들은 A 레코드로 구현된다. (발췌된 내용의 뒷부분이 잘려서 명확히 드러나진 않지만) 실제로 일부 호스트만이 외부 뷰로 볼 수 있다. 양쪽 뷰에 모두 나타나는 머신들(예, ns1)은 내부적으로 RFC1918 사설 주소를 갖고 있지만 외부적으로는 공개적으로 등록되고 배정된 주소들을 갖는다.

이러한 존 파일들의 TTL은 16시간(57,600초)으로 설정된다. 내부 존에서의 TTL은 하루(86,400초)다.

---

18. A 레코드들은 한 번은 CNAME보다 더 빠르게 해석할 수 있다. 클라이언트가 CNAME의 타깃 주소를 얻기 위한 두 번째 DNS 쿼리를 수행할 필요가 없기 때문이다. 요즘의 DNS 서버들은 더욱 스마트해져서 처음 쿼리 응답에 타깃의 A 레코드를 자동으로 포함시킨다.

16.9 존 파일 업데이트

도메인 데이터를 변경하려면(예, 호스트 추가 또는 삭제) 마스터 서버의 존 데이터 파일을 업데이트한다. 그 존의 SOA 레코드에 있는 시리얼 넘버도 반드시 증가시켜야 한다. 끝으로 네임 서버 소프트웨어가 변경 사항들을 갖다가 배포하게 해야 한다.

이 마지막 단계는 소프트웨어에 따라 다르다. BIND의 경우에는 named에게 변경 사항들을 가져가라는 시그널을 보내고자 rndc reload를 실행하기만 하면 된다. named를 죽였다가 재시작할 수도 있지만 서버가 존에 권한이 있으면서 동시에 사용자에게 재귀적이라면 다른 도메인에서 온 캐시된 데이터들을 버리게 된다.

업데이트된 존 데이터는 즉시 BIND의 슬레이브 서버들에게 전파된다. 기본값에 의해 notify 옵션이 활성화돼 있기 때문이다. 알림이 켜져 있지 않으면 슬레이브 서버들은 존의 SOA 레코드에 설정돼 있는 리프레시 시간(보통은 한 시간, 단위 초)이 경과할 때까지는 변경 사항들을 가져가지 않는다.

notify 옵션을 끈 상태라면 각 슬레이브에서 rndc reload 명령을 실행해 강제로 BIND 슬레이브가 스스로 업데이트하게 할 수 있다. 이 명령은 슬레이브가 마스터를 점검해 데이터가 변경됐는지 확인하고 존 전송을 요청하자.

호스트명이나 IP 주소를 변경하는 경우에는 순방향forward과 역방향reverse 존을 모두 수정하는 것을 잊지 말아야 한다. 역방향 파일들을 잊으면 교묘한 오류들이 남게 된다. 예를 들면 어떤 명령은 작동하고 어떤 명령은 작동하지 않는 것과 같은 오류다. 존 데이터만 변경하고 시리얼 넘버를 변경하지 않으면 (제로딩 후에) 마스터 서버에만 효과가 나타나고 슬레이브에는 효과가 없다.

슬레이브 서버의 데이터 파일들은 편집하지 말자. 이 파일들은 네임 서버에 의해서 관리되며 시스템 관리자가 관여해서는 안 된다. BIND 데이터 파일을 변경하지 않는 한 보는 것은 괜찮다.

존 전송

DNS 서버들은 존 전송^{zone transfer}이라는 메커니즘을 통해 동기화된다. 존 전송은 전체 존을 포함할 수도 있고(AXFR) 점증적인 변경(IXFR)으로 제한될 수도 있다. 기본적으로 존 전송은 포트 53에 TCP 프로토콜을 사용한다. BIND는 전송과 관련된 정보를 'xfer-in' 또는 'xfer-out' 카테고리로 로깅한다.

자신의 데이터를 리프레시하고자 하는 슬레이브는 반드시 마스터 서버에서의 존 전송을 요청해 디스크에 존 데이터의 백업 사본을 만들어야 한다. 마스터의 데이터에 변경된 것이 없다면(이것은 실제 데이터가 아닌 시리얼 넘버의 비교에 의해서 판단한다) 아무런 업데이트도 일어나지 않으며 백업 파일은 터치만 될 뿐이다(즉, 파일들의 수정 시간이 현재 시간으로 설정된다).

존 전송이 진행되는 동안에는 보내는 서버와 받는 서버가 모두 쿼리에 응답할 수 있는 상태를 유지한다. 전송이 완료된 후에만 슬레이브가 새 데이터를 사용하기 시작한다.

존의 규모가 크거나(예, com) 동적으로 업데이트(다음 절 참고)될 때는 변경 사항들은 전체 존의 크기에 비해 상대적으로 작은 것이 보통이다. IXFR을 이용하면 변경된 내용이 존 전체보다 크지 않는 한 변경된 내용만 전송된다. 변경 내용이 존보다 클 때는 보통의 AXFR 전송이 수행된다. IXFR 메커니즘은 새 데이터베이스와 일치하도록 기존 데이터베이스를 변경하는 프로그램 패치 메커니즘과 유사하다.

BIND에서는 동적 업데이트로 설정된 모든 존에 대한 기본값은 IXFR이며, named는 zonename.jnl이라는 이름의 트랜잭션 로그를 유지한다. 각 상대에 개별적으로 server문에 provide-ixfr과 request-ixfr 옵션을 설정할 수 있다. provide-ixfr 옵션은 현재 서버가 마스터로 돼 있는 존에 대해 IXFR 서비스를 활성화 또는 비활성화한다. request-ixfr 옵션은 현재 서버가 슬레이브로 돼 있는 존에 대해 IXFR을 요청한다.

```
provide-ixfr yes ;      # BIND 서버 구문
request-ixfr yes ;      # BIND 서버 구문
```

IXFR은 수작업으로 편집된 존에 대해서도 작동한다. 그렇게 하려면 `ixfr-from-differences`라는 BIND 존 옵션을 사용한다. IXFR은 존 파일이 표준 순서^{canonical order}로 정렬되도록 요구한다. IXFR을 지원하지 않는 서버에 대한 IXFR 요청은 자동으로 표준 AXFR 존 전송으로 되돌린다.

동적 업데이트

원래의 DNS는 이름에서 주소로의 매핑이 매우 안정적이고 자주 변하지 않는다는 가정하에서 설계됐다. 하지만 머신이 부팅할 때마다 동적으로 IP 주소를 배정해 네트워크에 결합시키고자 DHCP를 사용하는 사이트는 이러한 규칙을 깨버린다. 두 가지 기본적인 해법이 있다. 기본적이고 정적인 항목들을 DNS 데이터베이스에 추가하거나 존 데이터에 작고 빈번한 변화를 주는 어떤 방법을 제공하는 것이다.

첫 번째 해법은 대중 시장(가정) ISP에 의해 자신에게 배정된 IP 주소용 PTR 레코드를 봐 왔던 모든 사람에게 친숙해야 한다. DNS 환경설정은 보통 다음과 같은 모습을 갖게 된다.

```
dhcp-host1.domain.    IN  A   192.168.0.1
dhcp-host2.domain.    IN  A   192.168.0.2
...
```

이 해법은 간단하지만 호스트명들은 영구적으로 특정 IP 주소와 결합되므로 컴퓨터들은 새로운 IP 주소를 받을 때마다 호스트명을 변경한다는 의미를 갖고 있다. 이런 환경에서는 호스트명 기반의 로깅과 보안 대책이 매우 어려워진다.

RFC2136에 기술된 동적 업데이트 기능은 대안을 제공한다. 이 기능은 DNS 프로토콜을 확장해 업데이트 작업을 포함시킴으로써 DHCP 데몬과 같은 개체들이 네임 서버에게 주소 배정을 알리게 한다. 동적 업데이트는 리소스 레코드들을 추가, 삭제, 수정할 수 있다.

BIND에서 동적 업데이트가 활성화돼 있으면 named는 서버에 장애가 발생했을 때 참조할 수 있게 동적 변경 사항들의 저널(zonename.jnl)을 관리한다. named는 원본 존 파일을 읽은 다음 저널에서 변경 사항들을 재적용해 존의 메모리 상태를 복구한다.

동적으로 업데이트된 존은 동적 업데이트 스트림을 먼저 중지하지 않고는 수작업으로 편집할 수 없다. rndc freeze zone 명령이나 rndc freeze zone class view 명령이 그 일을 수행한다. 이 명령들은 저널 파일을 디스크에 있는 마스터 존 파일에 동기화시킨 다음 저널을 삭제한다. 그런 다음 존 파일을 수작업으로 편집할 수 있다. 불행히도 존 파일의 원래 모습은 named의 조작에 의해 파괴돼 있을 것이다. 마치 파일은 슬레이브 서버의 named에 의해 관리되는 것처럼 보일 것이다.

존이 동결돼 있는 동안에 동적 업데이트 시도는 거부된다. 디스크에서 존 파일을 재로딩해 동적 업데이트를 다시 활성화하려면 존을 동결시킬 때 사용했던 것과 같은 인수를 써서 rndc thaw 명령을 실행한다.

BIND 9에서 제공하는 nsupdate 프로그램은 동적 업데이트를 위한 커맨드라인 인터페이스와 함께 따라온다. 이 프로그램은 키보드나 파일에서 명령을 받아들이면서 배치batch 모드로 실행된다. 빈 줄이나 send 명령은 업데이트의 끝을 알리며 변경 사항들을 서버로 보낸다. 두 개의 빈 줄은 입력의 끝을 나타낸다. 명령 언어는 "현재 호스트명이 DNS에 존재하지 않는다면 새로 추가하시오."와 같은 문장 구조를 표현할 수 있게 기본적인 if문을 포함하고 있다. nsupdate의 서술 부분으로, 존재하거나 존재하지 않는 이름 또는 리소스 레코드 세트를 요구할 수 있다.

예를 들어 다음은 새 호스트를 추가하고 아직 사용되고 있지 않은 닉네임을 기존 호스트에 추가하는 간단한 nsupdate 스크립트다. 여기서 꺾쇠괄호(>) 프롬프트는 nsupdate가 만든 것이지 명령 스크립트의 일부가 아니다.

```
$ nsupdate
> update add newhost.cs.colorado.edu 86400 A 128.138.243.16
>
> prereq nxdomain gypsy.cs.colorado.edu
> update add gypsy.cs.colorado.edu CNAME evi-laptop.cs.colorado.edu
```

DNS의 동적 업데이트는 무섭다. 중요한 시스템 데이터에 대한 통제할 수 없는 쓰기 권한을 제공할 잠재성이 있기 때문이다. 접근 제어용 IP 주소들은 너무나 쉽게 위조될 수 있기 때문에 사용해서는 안 된다. 공유 비밀키를 이용한 TSIG 인증이 구하기 쉽고 환경설정도 쉽기 때문에 더 낫다. BIND 9은 다음과 같이 둘 다 지원한다.

```
$ nsupdate -k keydir:keyfile
```

또는

```
$ nsupdate -y keyname:secretkey
```

암호는 커맨드라인에 -y 형태로 오기 때문에 그 순간에 w나 ps 명령을 사용하는 사람은 누구나 그것을 볼 수 있다. 이런 이유로 -k 형식이 선호된다. TSIG에 관한 자세한 내용은 나중에 해당 절을 보기 바란다.

존의 동적 업데이트는 named.conf에서 allow-update 또는 update-policy절을 이용해 활성화된다. allow-update는 IP 기반 또는 키 기반 인증에 따라 모든 레코드를 업데이트할 수 있는 사용 권한을 허락한다. update-policy는 호스트명이나 레코드 타입에 따라 업데이트를 정교하게 제어하는 BIND 9의 확장으로, 키 기반 인증을 요구한다. 두 형식 모두 zone문에서만 사용할 수 있으며 특정 존 내에서 상호 배타적이다.

동적 호스트들로 구성된 존은 클라이언트에게 A나 PTR 레코드의 업데이트는 허용해도 SOA 레코드나 NS 레코드, KEY 레코드의 변경은 허용하지 않도록 update-policy를 기본값으로 사용하는 것이 좋다.

update-policy(여러 개일 수 있음)의 구문은 다음과 같다.

```
(grant|deny) identity nametype name [types];
```

identity는 업데이트를 인증하는 데 필요한 암호키의 이름이다. nametype은 네 가지 값, 즉 name, subdomain, wildcard, self 중 하나다. self 옵션은 호스트들에게 자신의 레코드만 업데이트하게 허용하기 때문에 특히 중요하다. 상황이 허락한다면 가급적 self를 사용한다.

name은 업데이트되는 존이며 type은 업데이트될 수 있는 리소스 레코드 타입들이다. 아무런 **type**이 지정되지 않으면 SOA, NS, RRSIG, NSEC, NSEC3를 제외한 모든 타입이 업데이트될 수 있다.

다음은 완전한 예다.

```
update-policy { grant dhcp-key subdomain dhcp.cs.colorado.edu A } ;
```

이 환경설정은 **dhcp-key** 키를 알고 있는 모든 사람에게 dhcp.cs.colorado.edu 서브도메인의 주소 레코드 업데이트를 허용한다. 이 문장은 마스터 서버의 named.conf 파일 내의 dhcp.cs.colorado.edu용 **zone**문에 나타난다(dhcp-key를 정의하고자 어딘가에 key문이 있을 것이다).

콜로라도 대학 컴퓨터 과학부의 named.conf 파일에서 발췌한 다음 코드 조각은 시스템 관리반에 속하는 학생들이 자신의 서브도메인은 업데이트할 수 있으나 DNS 환경의 다른 나머지 부분은 손대지 못하도록 **update-policy**문을 사용한다.

```
zone "saclass.net" {
    type master;
    file "saclass/saclass.net";
    update-policy {
        grant feanor_mroe. subdomain saclass.net.;
        grant mojo_mroe. subdomain saclass.net.;
        grant dawdle_mroe. subdomain saclass.net.;
        grant pirate_mroe. subdomain saclass.net.;
        ...
    };
...
```

16.10 DNS 보안 이슈

DNS는 처음에는 오픈 시스템으로 시작됐지만 점점 더 보안이 강화된(아니면 적어도 보안이 가능한) 시스템으로 발전했다. 기본적으로 인터넷상의 모든 사람은 **dig**, **host**, **nslookup**, **drill**과 같은 도구를 이용해 개별적인 쿼리를 통해 어떤 도메인이든 조사할 수 있다.

그런 취약점을 해결하고자 네임 서버들은 호스트와 네트워크 주소 또는 암호화 인증을 참조하는 다양한 형태의 접근 제어를 지원한다. 표 16.5에는 named.conf 에 구성할 수 있는 보안 기능들이 요약돼 있다.

BIND는 보안 위험을 최소화하고자 권한이 없는 UID 아래서 **chroot**된 환경으로 실행될 수 있다. 또한 마스터와 슬레이브 서버 또는 네임 서버와 제어 프로그램 간의 통신을 제어하고자 트랜잭션 서명을 사용할 수도 있다.

표 16.5 BIND의 보안 기능

기능	문맥	지정하는 내용
acl Various	접근 제어 목록	
allow-query	options, zone	존이나 서버에 쿼리할 수 있는 요소
allow-recursion	options	재귀적 쿼리를 할 수 있는 요소
allow-transfer	options, zone	존 전송을 요구할 수 있는 요소
allow-update	zone	동적 업데이트를 할 수 있는 요소
blackhole	options	완전히 무시할 서버
bogus	server	결코 쿼리하지 않을 서버
update-policy	zone	동적 업데이트를 할 수 있는 요소

BIND의 접근 제어 목록

접근 제어 목록ACL, Access Control List은 **allow-query**, **allow-transfer**, **blackhole**과 같은 구문에 인수로 나타날 수 있는 명명된 주소 매치 목록이다. 그 기본 구문은 이전에 설명했다. ACL은 다양한 방법으로 DNS 보안 강화에 도움을 줄 수 있다.

각 사이트는 최소한 허위bogus 주소용 ACL 한 개와 로컬 주소용 ACL 한 개를 갖고 있어야 한다. 예를 들면 다음과 같다.

```
acl bogusnets {              // 허위 네트워크용 ACL
    0.0.0.0/8 ;              // 기본값, 와일드카드 주소
    1.0.0.0/8 ;             // 예약된 주소
    2.0.0.0/8 ;             // 예약된 주소
    169.254.0.0/16 ;        // 링크-로컬 위임된 주소
```

```
    192.0.2.0/24 ;              // 샘플 주소들(예, example.com)
    224.0.0.0/3 ;               // 멀티캐스트 주소 공간
    10.0.0.0/8 ;                // 사설 주소 공간(RFC1918)[19]
    172.16.0.0/12 ;             // 사설 주소 공간(RFC1918)
    192.168.0.0/16 ;            // 사설 주소 공간(RFC1918)
} ;
acl cunets {                    // 콜로라도 대학 네트워크용 ACL
    128.138.0.0/16 ;            // 메인 캠퍼스 네트워크
    198.11.16/24 ;
    204.228.69/24 ;
};
```

환경설정 파일의 전역 **option** 섹션에 다음 내용을 포함할 수 있다.

```
allow-recursion { cunets; } ;
blackhole { bogusnets; } ;
```

존 전송을 적법한 슬레이브 서버로 제한하는 것도 좋은 생각이다. ACL은 다음과
같이 그런 일들을 깔끔하게 처리한다.

```
acl ourslaves {
    128.138.242.1 ;             // 앵커(anchor)
    ...
} ;
acl measurements {
    198.32.4.0/24 ;             // v4 주소
    2001:478:6:0::/48 ;         // v6 주소
};
```

실질적 제한은 다음과 같은 줄로 구현된다.

```
allow-transfer { ourslaves; measurements; } ;
```

여기서 전송은 자신의 슬레이브 서버들과 인터넷 측정 프로젝트의 머신들로 제한
된다. 이 프로젝트는 역변환 DNS 트리를 쫓아가면서 인터넷 크기와 잘못 설정된

---

19. 사설 주소를 사용하고 내부 DNS 서버를 설정하고 있다면 사설 주소를 bogus로 만들면 안 된다.

서버들의 점유율을 계산한다. 이런 방식으로 전송을 제한하면 다른 사이트에서 dig와 같은 도구를 써서 내 사이트의 전체 데이터베이스를 덤프하는 것은 불가능하다.

물론 각 호스트의 라우터 접근 제어 목록과 표준 보안 위생을 통해 네트워크를 낮은 수준에서 보호해야 하는 건 마찬가지다. 그런 측정이 가능하지 않다면 가까이서 모니터링하고 있는 게이트웨이 머신을 제외하곤 DNS 패킷을 거부할 수 있다.

오픈 리졸버

오픈 리졸버^{open resolver}는 인터넷상의 누군가로부터 쿼리를 받아 응답하는 재귀적 캐싱 네임 서버다. 오픈 리졸버는 외부인이 허락이나 알림 없이 자원을 소모할 수 있기 때문에 좋지 않다. 악의를 가진 사람들이라면 리졸버 캐시를 악성코드로 오염시킬지 모른다.

더 안 좋은 것은, 오픈 리졸버는 간혹 범법자에 의해 분산된 서비스 거부 공격을 증폭시키는 데 사용되곤 한다는 점이다. 공격자는 공격 피해자를 가리키는 가짜 소스 주소를 이용해 리졸버에게 쿼리를 보낸다. 리졸버는 그런 쿼리에 충실히 응답해 덩치 큰 패킷들을 피해자에게 보낸다. 피해자는 그 쿼리를 시작하지 않았는데도 네트워크 트래픽을 라우팅하고 처리해야 하는 것이다. 다수의 오픈 리졸버들을 동원하면 피해자는 심각한 문제를 겪게 된다.

통계치는 현재 캐싱 네임 서버의 70%에서 75%가 오픈 리졸버임을 보여준다. dns.measurement-factory.com/tools는 사이트 테스트에 도움을 줄 수 있다. 그곳에 가서 '오픈 리졸버 테스트^{open resolver test}'를 선택한 다음 자신의 네임 서버 IP 주소를 입력한다. 아니면 관련된 모든 서버를 테스트하고자 네트워크 번호를 입력하거나 WHOIS 식별자를 입력할 수 있다.

캐싱 네임 서버가 자신의 사용자로부터의 쿼리에만 응답하도록 제한하려면 named.conf에 접근 제어 목록을 사용한다.

chroot된 환경에서 실행

해커들이 네임 서버를 훼손시키면 그들은 네임 서버가 실행되는 ID의 사용자를 가장해 잠재적으로 시스템에 대한 접근 권한을 얻을 수 있다. 누군가 이런 상황에서 가할 수 있는 피해를 제한하고자 서버를 chroot된 환경에서 실행하거나 네임 서버가 비권한 사용자로서 실행되게 할 수 있다.

named의 커맨드라인 플래그 -t는 chroot할 디렉터리를 지정하며, -u 플래그는 named가 실행될 UID를 지정한다. 예를 들어보자.

```
$ sudo named -u 53
```

이 명령은 처음에는 named를 루트로 시작하지만 named가 루트로서의 작업을 마치고 나면 루트 권한는 양도하고 UID 53으로 실행된다.

많은 사이트가 -u와 -t 플래그 사용에 신경을 쓰지 않고 있지만 새로운 취약점이 공개될 때 그런 사이트들은 해커들이 공격하는 것보다 빠르게 업그레이드해야만 할 것이다.

chroot 환경은 비어 있을 수 없다. 평상시에 네임 서버가 실행해야 하는 모든 파일(/dev/null, /dev/random, 존 파일, 환경설정 파일, 키, syslog 타깃 파일, syslog용 유닉스 도메인 소켓, /var 등)을 반드시 포함해야 하기 때문이다. 이 모든 것을 설정하는 데는 약간의 작업이 필요하다. chroot 시스템 호출은 라이브러리 로딩이 완료된 후에 수행되므로 공유 라이브러리를 환경으로 복사할 필요가 없다.

TSIG와 TKEY를 이용한 안전한 서버 대 서버 통신

DNSSEC(다음 절에서 다룸)이 개발되고 있던 기간에 IETF는 '트랜잭션 서명transaction signature'을 이용해 서버들 간에 보안 통신을 할 수 있도록 TSIG(RFC2845)라 불리는 더 간단한 메커니즘을 개발했다. 트랜잭션 서명을 통한 접근 제어는 IP 소스 주소만 사용하는 접근 제어보다 훨씬 안전하다. TSIG는 마스터 서버와 슬레이브 서버 사이의 존 전송을 안전하게 할 뿐 아니라 동적 업데이트도 안전하게 해준다.

메시지상의 TSIG 봉인은 상대^{peer}를 인증하고 데이터가 오염되지 않았음을 보장한다. 서명은 패킷이 수신될 때 확인된 후 버려진다. 서명들은 캐시되지 않으며 DNS 데이터의 일부가 되지도 않는다.

TSIG는 대칭적인 암호를 사용한다. 즉, 암호화키$^{encryption key}$가 복호화키$^{decryption key}$와 동일하다. 이러한 단일키를 '공유 비밀$^{shared secret}$'이라 부른다. TSIG 사양은 복수의 암호화 방법을 허용하며 BIND는 그중 일부를 구현했다. 안전하게 통신하고자 하는 각 서버 쌍에는 서로 다른 키를 사용한다.

TSIG는 공개키 암호화 기법에 비해 연산적으로 훨씬 비용이 적게 들지만 환경설정의 수작업을 요구하기 때문에 통신 서버 쌍의 수가 적은 로컬 네트워크에만 적합하다. 글로벌 인터넷까지 확장되지 않는다.

BIND용 TSIG 설정

우선 BIND의 dnssec-keygen 유틸리티를 사용해 두 서버(master와 slave1)를 위한 공유 비밀 호스트 키를 다음과 같이 생성한다.

```
$ dnssec-keygen -a HMAC-SHA256 -b 128 -n HOST master-slave1
Kmaster-slave1.+163+15496
```

-b 128 플래그는 dnssec-keygen에게 128비트 키를 생성하라고 지시한다. 여기서는 이 책의 페이지 크기에 맞게끔 키를 짧게 만들려고 128비트만을 사용한다. 실제 환경에서는 더 긴 키를 원할 수도 있다. 512비트가 허용되는 최대 길이다.

이 명령은 다음의 두 파일을 생성한다.

Kmaster-slave1.+163+15496.private

Kmaster-slave1.+163+15496.key

163은 SHA-256 알고리듬을 나타내며 15496은 동일한 서버 쌍에 여러 개의 키를 갖고 있는 경우에 키 식별자로 사용된 숫자다.[20] 두 파일 모두 같은 키를 포함하지만 포맷이 다르다.

---

20. 숫자가 무작위인 듯이 보이지만 실제로는 TSIG 키의 해시일 뿐이다.

.private 파일은 다음과 같은 모습을 갖는다.

```
Private-key-format: v1.3
Algorithm: 163 (HMAC_SHA256)
Key: owKt6ZWOlu0gaVFkwOqGxA==
Bits: AAA=
Created: 20160218012956
Publish: 20160218012956
Activate: 20160218012956
```

.key 파일은 다음과 같다.

```
master-slave1.    IN KEY    512 3 163 owKt6ZWOlu0gaVFkwOqGxA==
```

dnssec-keygen이 .key 파일의 파일명과 내용에서 키 이름의 끝에 도트 하나를 추가한다는 점에 유의한다. 이런 관례는 dnssec-keygen이 존 파일에 추가되는 DNSSEC 키에 사용될 때 반드시 키 이름은 완전히 갖춘 도메인 이름이어야 하므로 도트로 끝나야 하기 때문에 생긴 것이다. 아마도 두 개의 도구가 필요할 텐데 하나는 공유 비밀키를 생성하기 위한 것이고 다른 하나는 공개키 쌍을 생성하기 위한 것이다.

.key 파일은 dnssec-keygen이 두 개의 다른 작업을 수행하는 데 사용된 부산물일 뿐 실제로 필요하진 않다. 그냥 삭제하면 된다. KEY 레코드의 512는 키의 길이가 아니라 레코드를 DNS 호스트 키로 식별하기 위한 플래그 비트에 가깝다.

이 모든 복잡한 과정 끝에 생성된 키가 긴 무작위 숫자일 뿐이라는 것을 알고 실망할 수도 있다. 마치 무언가의 base-64 인코딩인 것처럼 (4로 나눠지는) 정확한 길이로 ASCII 문자열을 써서 수작업으로 키를 만들 수도 있다. 또는 mmencode 명령을 사용해 무작위 문자열을 인코딩할 수도 있다. 키를 생성하는 방법은 중요하지 않으며 양쪽 머신에 존재하기만 하면 된다.

scp 또는 잘라 붙이기를 이용해 .private 파일에서 master와 slave1에 키를 복사한다. 키를 복사하는 데 telnet이나 ftp를 사용해선 안 된다. 내부 네트워크일지라도 안전하지 않다.

키는 반드시 양쪽 머신의 named.conf 파일에 모두 포함돼 있어야 한다. named. conf는 보통 외부 어디서나 읽을 수 있고 키는 읽을 수 없어야 하기 때문에 키는 named.conf에 포함되는 별도의 파일에 넣어야 한다. 키 파일은 600 모드로 설정 돼야 하고 named 사용자에 의해 소유돼야 한다.

예를 들면 다음과 같은 코드 조각을 master-slave1.tsig 파일에 넣을 수 있다.

```
key master-slave1. {
    algorithm hmac-md5 ;
    secret "shared-key-you-generated" ;
} ;
```

named.conf 파일의 맨 위에는 다음 줄을 추가한다.

```
include "master-slave1.tsig" ;
```

이 환경설정 부분은 키들을 간단히 정의한다. 실제로 업데이트를 서명하고 검증 하는 데 사용하려면 마스터는 전송용 키를 요구하고 슬레이브는 server문과 key 절을 이용해 마스터를 식별해야 한다. 예를 들어 마스터 서버의 zone문에 다음 줄 을 추가할 수 있다.

```
allow-transfer { key master-slave1. ;} ;
```

다음 줄은 슬레이브의 named.conf 파일에 추가할 수 있다.

```
server master's-IP-address { keys { master-slave1. ; } ; } ;
```

마스터 서버가 동적 업데이트를 허용하면 자신의 zone문에 있는 allow-update절 에 그 키를 사용할 수도 있다.

여기서 예로 든 키 이름은 꽤 기본적인 것이다. 많은 존에 TSIG 키를 사용한다 면 모든 것을 직관적으로 알아볼 수 있게 존 이름을 키 이름에 포함시킬 수도 있다.

트랜잭션 서명을 처음으로 활성화할 때는 오류 메시지가 발생하는지 보고자 당분간 디버그 레벨 1으로 named를 실행한다.

마스터와 슬레이브 서버 간에 TSIG 키와 트랜잭션 서명을 사용할 때는 서버의 클록을 NTP와 동기화되도록 유지한다. 클록이 너무 어긋나 있으면(5분 이상) 서명 검증은 작동하지 않을 것이다. 이 문제는 알아내기가 매우 어려울 수 있다.

TKEY는 키를 배포하기 위한 전화 통화나 보안 사본 없이도 두 호스트가 공유 비밀 키를 자동으로 생성하게 하는 BIND 메커니즘이다. TKEY는 디피 헬만^{Diffie-Hellman} 키 교환이라 불리는 알고리듬을 사용한다. 이 알고리듬을 이용해 양측은 무작위 숫자를 만들어 어떤 계산을 한 다음 그 결과를 상대에게 보낸다. 그런 다음 양측은 같은 키에 이르도록 자신이 수신한 전송 값과 자신의 숫자를 수학적으로 결합한다. 도청하는 사람이 엿듣는다 해도 수학적으로 역변환할 수는 없다.[21]

마이크로소프트 서버들은 TKEY를 통해 공유 비밀을 교환하는 GSS-TSIGS라 불리는 비표준 방식으로 TSIG를 사용한다. 마이크로소프트 서버와 BIND의 통신이 필요하다면 tkey-domain과 tkey-gssapi-credential 옵션을 사용한다.

SIG(0)는 서버 간이나 동적 업데이트와 마스터 서버 간의 트랜잭션을 서명하기 위한 또 다른 메커니즘이다. 이는 공개키 암호화 기법을 사용한다. RFC 2535와 2931을 참고한다.

DNSSEC

DNSSEC은 공개키 암호화 기술을 이용해 존 데이터의 출발지를 인증하고 그 무결성을 검증하는 DNS 확장 세트다. 그 확장들은 DNS 클라이언트들이 "이 DNS 데이터는 실제로 그 존의 소유자로부터 온 것인가?", "이것은 실제로 소유자가 보낸 데이터인가?"와 같은 질문을 할 수 있게 해준다.

DNSSEC은 연쇄식 신뢰 체인에 의존한다. 루트 서버는 최상위 도메인 정보를 검증하고 최상위 도메인은 2단계 도메인을 검증하는 식으로 연쇄적으로 내려간다.

---

21. 여기에 사용된 수학을 이산 로그 문제(discret log problem)라 부르며 모듈러 연산에서 제곱수를 취하는 것은 쉽지만 제곱수를 역으로 풀고자 로그를 취하는 것은 불가능에 가깝다.

공개키 암호 시스템은 두 개의 키를 사용한다. 하나는 암호화(서명)하는 것이고 다른 하나는 해독(검증)하는 것이다. 발행자는 자신의 데이터를 비밀 '개인^{private}' 키를 이용해 서명한다. 누구든 그것과 매칭되는 '공개^{public}' 키를 이용해 서명의 유효성을 검증할 수 있다. 공개키는 널리 배포된다. 공개키가 존 파일을 정확히 해독하면 그 존은 그에 상응하는 개인키로 암호화된 것임에 틀림없다. 비법은 검증에 사용한 공개키가 진본임을 확신하는 데 있다. 공개키 시스템은 하나의 개체가 다른 개체의 공개키를 서명하게 해서 그 키의 합법성을 보증하는 것이다. 그런 이유로 '신뢰 체인^{chain of trust}'이라는 용어를 사용하는 것이다.

DNS 존의 데이터는 너무 방대해서 공개키 암호화 기술로 암호화하기 힘들다. 암호화하는 과정이 너무 느리다. 대신 데이터가 비밀이 아니므로 보안 해시가 데이터에 실행되고 해시 결과가 존의 개인키에 의해 서명(암호화)된다. 해시 결과는 데이터의 지문과 같은 것이어서 디지털 서명^{digital signature}이라고 부른다. 서명은 서명된 존 파일의 RRSIG 레코드로서 인증하는 데이터에 첨부된다.

서명을 검증하려면 서명자의 공개키로 해독하고 동일한 보안 해시 알고리듬을 통해 데이터를 실행해 계산된 해시 값을 해독된 해시 값과 비교한다. 그들이 일치하면 서명자를 인증한 것이고 데이터 무결성을 검증한 것이다.

DNSSEC 시스템에서 각 존은 자신의 공개 및 개인키를 갖는다. 실제로는 두 세트의 키를 갖는다. 존 서명 키 쌍과 키 서명 키 쌍이다. 개인 존 서명 키는 각 RRset를 서명한다. (즉, 동일한 호스트에 동일한 타입을 갖는 각 레코드 세트) 공개 존 서명 키는 서명을 검증하며 DNSKEY 리소스 레코드 형태로 존의 데이터에 포함된다.

부모 존은 자식 존이 스스로 서명한 키-서명 키 DNSKEY 레코드의 해시인 DS 레코드를 포함한다. 네임 서버는 자식 존의 DNSKEY 레코드를 부모 존의 서명과 대조해 그것의 진위를 검증한다. 부모 존의 키가 진본임을 검증하고자 네임 서버는 부모의 부모를 확인하면서 루트까지 거슬러 올라갈 수 있다. 루트 존의 공개키는 광범위하게 발행되며 루트 힌트 파일에 포함된다.

DNSSEC 사양은 한 존이 여러 개의 키를 갖고 있는 경우 데이터가 검증될 때까지 하나씩 시도할 것을 요구한다. 이런 방식을 요구하는 것은 DNS 서비스가 중단되지 않고도 키를 변경할 수 있게 하기 위해서다. DNSSEC을 인식하는 재귀적 네임 서버가 서명되지 않은 존에게 쿼리를 했을 때 돌아오는 비서명 응답은 유효한 것으로 수용된다. 하지만 서명이 만료되거나 부모와 자식 존이 자식의 현재 DNSKEY 레코드에 합의하지 않는 경우에는 문제가 발생한다.

DNSSEC 정책

DNSSEC를 전개하기 전에 몇 가지 정책과 절차들을 확실하게 해두거나 적어도 고려는 해봐야 한다. 예를 들면 다음과 같은 것들이다.

- 키의 크기를 얼마로 할 것인가? 키가 더 길수록 더 안전하지만 패킷이 더 커진다.
- 보안 사고가 없더라도 얼마나 자주 키를 변경할 것인가?

각 키와 사용된 하드웨어와 운영체제, 배정된 키 태그, 키 생성 소프트웨어의 버전, 사용된 알고리듬, 키 길이, 서명 유효 주기를 기록한 키 로그key log를 보관할 것을 권장한다. 나중에 암호화 알고리듬이 위태로운 상황에 처했을 때 취약성을 판단하고자 로그를 점검해볼 수 있다.

DNSSEC 리소스 레코드

DNSSEC은 DS, DNSKEY, RRSIG, NSEC, NSEC3의 다섯 가지 리소스 레코드 타입을 사용한다. 앞의 'DNS 데이터베이스' 절에서 다루긴 했지만 자세히 설명하지는 않았다. 여기서 전반적으로 설명한 후에 존 서명의 진행 단계들을 살펴보기로 한다. 이 레코드들은 각각 텍스트 편집기로 존 파일에 입력되는 게 아니라 DNSSEC 도구에 의해 생성된다.

DSDesignated Signer(지정 서명자) 레코드는 부모 존에만 나타나며 서브존이 안전하다 (서명됨)는 것을 의미한다. 자신의 KEY 리소스 레코드 세트를 자기 서명self-sign하고자 자식에 의해 사용된 키라는 것을 식별하는 것이기도 하다. DS 레코드는 키 식별자key identifier(5자리 숫자)와 암호화 알고리듬, 다이제스트 타입digest type, 자식 키 리소스 레코드를 서명하도록 허용된(또는 사용된) 공개키 레코드의 다이제스트를 포함

한다. 다음은 그 예를 보여준다.[22]

```
example.com.   IN DS 682 5 1 12898DCF9F7C2E89A1AD20DBCE159E7...
```

부모와 자식 존에 있는 기존 키들을 어떻게 변경하는가 하는 문제는 그동안 골칫거리였으며 마치 부모와 자식 간에 협력과 통신이 요구될 수밖에 없는 것처럼 보였다. DS 레코드의 생성, 키 서명과 존 서명 키의 분리된 사용, 다중 키 쌍의 사용은 이 문제를 해결하는 데 도움을 줬다.

DNSKEY 리소스 레코드에 포함된 키들은 키-서명 키[KSK]이든 존-서명 키이든 둘 중 하나일 수 있다. '보안 진입점secure entry point'를 의미하는 SEP이라 불리는 플래그가 그것을 구분해준다. 플래그 필드의 15번째 비트가 1로 설정돼 있으면 KSK이고 0으로 설정돼 있으면 ZSK다. 이 규칙에 의해 플래그 필드를 10진수로 변환했을 때 KSK의 플래그 필드는 홀수가 되고 ZSK는 짝수가 된다.

다중 키들은 한 키에서 다음 키로 순조롭게 넘어갈 수 있게 생성되고 서명될 수 있다. 자식은 부모에게 알리지 않고 자신의 존-서명 키를 변경할 수 있다. 자식이 키-서명 키를 변경하는 경우에는 부모와 조정만 한다. 키가 변경돼감에 따라 어떤 구간에서는 옛 키와 새 키가 모두 유효하다. 일단 인터넷상에 캐싱된 값이 만료되고 나면 옛 키는 더 이상 사용하지 않을 수 있다.

RRSIG 레코드는 리소스 레코드 집합(즉, 하나의 존 안에서 타입과 이름이 같은 모든 레코드의 집합)의 서명이다. RRSIG 레코드들은 존-서명 소프트웨어에 의해 생성되며 서명된 버전의 존 파일에 추가된다.

RRSIG 레코드에는 다음과 같은 정보들이 포함된다.

- 서명되는 레코드 세트의 타입
- 사용된 서명 알고리듬. 작은 정수로 인코딩됨
- 이름 필드에서 레이블(도트로 분리되는 조각) 수
- 서명된 레코드 세트의 TTL

---

22. 이 절에서 base-64로 인코딩된 해시와 키들은 모두 공간 절약과 레코드 구조의 시각적 이해를 돕고자 뒷부분을 생략했다.

- 서명 만료 시간(yyyymmddhhssss 형식)

- 레코드가 서명된 시간(yyyymmddhhssss 형식)

- 키 식별자(5자리 숫자)

- 서명자 이름(도메인 이름)

- 디지털 서명 자체(base-64 인코딩)

다음은 그 예다.

```
RRSIG  NS 5 2 57600 20090919182841 (
        20090820182841 23301 example.com.
        pMKZ76waPVTbIguEQNUojNVlVewHau4p...== )
```

존이 서명됨에 따라 NSEC이나 NSEC3 레코드도 생성된다. 이것들은 서명 레코드 세트라기보다는 레코드 세트 이름들 사이의 간격을 확인해 '존재하지 않는 도메인[no such domain]'이나 '존재하지 않는 리소스 레코드 세트[no such resource record set]'와 같은 서명된 응답을 보낼 수 있다. 예를 들어 서버는 bork.atrust.com이라는 이름의 A 레코드 쿼리에 대해 bark.atrust.com과 bundt.atrust.com 사이에는 어떤 A 레코드도 존재하지 않음을 확인해주는 NSEC 레코드로 응답할 수 있다.

불행히도 NSEC 레코드에 엔드포인트 이름[endpoint name]을 포함시키면 누군가가 존을 헤집고 다니면서 모든 유효한 호스트명을 얻어낼 수 있다. NSEC3는 엔드포인트 이름 자체가 아닌 엔드포인트 이름의 해시를 포함시킴으로써 이 문제를 해결한다. 하지만 연산 비용이 매우 많이 든다. 즉, 보안을 더 강화할수록 성능은 저하된다. NSEC와 NSEC3는 현재 모두 사용되고 있으며 키를 생성하고 존에 서명할 때 둘 중 하나를 선택할 수 있다.

존을 탐색하지 못하게 보호하는 것이 사이트에 매우 중요한 것이 아니라면 현재로서는 NSEC을 사용하길 권한다.

DNSSEC 활성화

두 개의 분리된 작업 흐름이 서명된 존의 전개에 관여한다. 첫째는 키를 생성하고 존을 서명하는 것이고, 둘째는 서명된 존의 내용을 서비스하는 것이다. 이 두 가지가 동일한 머신에 구현될 필요는 없다. 실제로 인터넷에서 공개적으로 접근할 수 없는 머신에서는 비밀키와 CPU 집약적인 서명 프로세스를 격리시키는 것이 더 좋다(물론 실제로 데이터를 서비스하는 머신은 인터넷에서 볼 수 있어야 한다).

DNSSEC을 설정하는 첫 단계는 존의 모든 데이터 파일이 하나의 디렉터리 안에 있게 존 파일들을 구조화하는 것이다. DNSSEC 존을 관리하는 도구들은 그런 구조를 요구한다.

다음으로 named.conf 옵션을 이용해 서버에 DNSSEC을 활성화한다.

권한 서버의 경우는 다음과 같은 옵션을 사용한다.

```
options {
    dsnsec-enable yes;
}
```

재귀적 서버는 다음 옵션을 사용한다.

```
options {
    dsnsec-enable yes;
    dnssec-validation yes;
}
```

dnssec-enable 옵션은 권한 서버에게 DNSSEC을 인식하는 네임 서버로부터의 쿼리에 응답할 때 응답 안에 DNSSEC 레코드 세트 서명을 포함할 것을 지시한다. dnssec-validation 옵션은 named가 다른 서버로부터의 응답에서 받은 서명의 적법성을 검증하게 한다.

키 쌍 생성

서명하고자 하는 각 존에 대해 반드시 두 개의 키 쌍$^{key pair}$, 즉 존-서명^{ZSK} 쌍과 키-서명^{KSK} 쌍을 생성해야 한다. 각 쌍은 하나의 공개키와 하나의 비밀키로 구성된다. KSK의 비밀키는 ZSK를 서명하며 해당 존의 보안 진입점을 생성한다. ZSK의 비밀키는 존의 리소스 레코드를 서명한다. 그러고 나서 공개키들을 발행해 다른 사이트에서 자신의 서명을 검증할 수 있게 한다.

다음 명령은 example.com용으로 RSA와 SHA-256 알고리듬을 사용하는 1,024비트 ZSK 쌍과 상응하는 2,048비트 KSK 쌍을 생성한다.[23] UDP 패킷 크기 제한의 중요한 문제는 짧은 존-서명 키를 사용하면서 자주 변경하는 것이 최선임을 암시한다. 일부 보안의 복원을 돕고자 더 긴 키-서명 키를 사용할 수 있다.

```
$ dnssec-keygen -a RSASHA256 -b 1024 -n ZONE example.com
Kexample.com.+008+29718
$ dnssec-keygen -a RSASHA256 -b 2048 -n ZONE -f KSK example.com
Kexample.com.+008+05005
```

이런 키들을 생성하는 데는 몇 분이 걸릴 수 있다. 그 제약 요소는 보통 CPU 성능이 아니라 무작위 추출^{randomization}에 사용할 수 있는 엔트로피다. 리눅스에서는 추가적인 소스에서 엔트로피를 수확해 키 생성 속도를 빠르게 하고자 haveged 데몬을 설치할 수 있다.

dnssec-keygen 명령은 표준 출력에 생성한 키들의 기본 파일명을 출력한다. 여기서는 example.com이 키의 이름이며 008은 RSA/SHA-256 알고리듬 모음의 식별자이고 29718과 05005는 키 식별자^{key identifier}, 키 풋프린트^{key footprint}, 또는 키 태그^{key tag}라 불리는 해시다. TSIG 키들을 생성할 때처럼 dnssec-keygen의 각 실행은 두 개의 파일(.key와 .private)을 생성한다.

```
Kexample.com.+008+29718.key          # Public zone-signing key
Kexample.com.+008+29718.private      # Private zone-signing key
```

여러 가지 암호화 알고리듬을 사용할 수 있으며 각 알고리듬은 사용 가능한 키의 길이를 갖고 있다. 아무런 인수 없이 dnssec-keygen을 실행하면 현재 지원되는 알고리듬 목록을 볼 수 있다. BIND는 다른 소프트웨어에서 생성된 키도 사용할 수 있다.

소프트웨어 버전에 따라 사용할 수 있는 알고리듬의 이름 뒤 또는 앞에 NSEC3가

---

23. 2,048비트는 확실히 과도하다. 많은 사이트가 1,500 이하를 사용한다.

844

붙을 수 있다. 서명된 부정 응답용으로 NSEC 레코드 대신 NSEC3 레코드를 사용하길 원한다면 NSEC3 알고리듬 중 하나와 NSEC3 호환성을 갖는 키를 생성해야 한다. 이에 관한 자세한 내용은 dnssec-keygen의 매뉴얼 페이지를 보기 바란다.

.key 파일들 각각은 example.com에 대해 단 하나의 DNSKEY 리소스 레코드를 포함하고 있다. 예를 들어 다음과 같은 존-서명 공개키가 있다. 플래그 필드가 KSK용 257이 아닌 256이므로 ZSK라 할 수 있다.

```
example.com.      IN DNSKEY 256 3 8 AwEAAcyLrgENt8OJ4PIQiv2ZhWwSviA...
```

이 공개키는 존 파일의 맨 끝이나 SOA 레코드 바로 다음에 인클루드($INCLUDE)되거나 삽입돼야 한다. 키들을 존 파일에 복사하고자 cat[24]를 이용해 첨부하거나 텍스트 편집기를 이용해 붙이기를 할 수 있다.

이론적으로 어떤 키 쌍의 공개키 부분은 오프라인으로 보관되거나 최소한 공개적인 인터넷상에 있지 않은 머신에 보관된다. 이러한 예방책은 동적 업데이트 존에서는 불가능하고 존-서명 키에는 실용적이지 않지만 매우 오랫동안 살아 있을 키-서명 키에는 완벽하게 합리적이다. ZSK에 대해서는 외부에서 접근할 수 없는 숨겨진 마스터 서버를 고려한다. 비밀 KSK는 인쇄하거나 USB 메모리에 저장한 다음 다시 필요할 때까지 안전하게 보관한다.

새로운 비밀키들을 안전하게 보관하는 동안은 새 키들을 키 로그 파일에 기록할 적절한 시점이기도 하다. 키 자체를 포함할 필요는 없으며 ID와 알고리듬, 날짜, 목적 등만 포함하면 된다.

서명 유효 기간의 기본값은 RRSIG 레코드(리소스 레코드 세트의 서명)의 경우 한 달이며 DNSKEY 레코드(ZSK의 KSK 서명)는 3달이다. 현재 가장 실용적인 것은 1,024 길이의 ZSK를 3달에서 1년까지 사용하고 1,280 길이의 KSK를 1~2년 사용하는 것이다.[25] 권장한 키 유지 기간은 서명 유효 기간 기본값보다 길기 때문에 반드시 존

---

24. cat Kexample.com.+*.key >> zonefile과 같은 명령을 사용한다. 존 파일에 추가로 첨부하려면 >>를 사용하고 전체를 대체하려면 >를 사용한다(>를 잘못 사용해서 전체를 망치지 않기 바란다.

25. 웹 사이트 keylength.com에는 암호화키의 길이 제안에 관한 다양한 조직의 권장 사항들이 표로 잘 정리돼 있다.

서명을 할 때 더 긴 유효 기간을 지정하든지, 아니면 키가 변경되지 않을지라도 주기적으로 존을 재서명해야 한다.

존 서명

이제 키를 얻었으니 dnssec-signzone 명령을 이용해 존 서명을 할 수 있다. 이 명령은 각 리소스 레코드 세트에 대해 RRSIG와 NSEC 또는 NSEC3 레코드를 추가한다. 이 명령들은 원본 존 파일을 읽어 별도의 zonefile.signed라는 이름의 서명된 사본을 생성한다.

그 구문은 다음과 같다.

```
dnssec-signzone [-o zone][-N increment][-k KSKfile] zonefile [ZSKfile]
```

여기서 *zone*의 기본값은 *zonefile*이며 키 파일들의 기본값은 앞에서 설명한 것처럼 dnssec-keygendp에 의해 만들어진 파일명이다.

존의 이름을 따서 존 데이터 파일을 명명하고 원본 키 파일의 이름을 유지한다면 명령을 다음과 같이 줄일 수 있다.

```
dnssec-signzone [-N increment ] zonefile
```

-N increment 플래그는 SOA 레코드의 시리얼 넘버를 자동으로 증가시켜 그것을 잊지 않게 해준다. -N의 값을 unixtime으로 지정해 시리얼 넘버를 현재 유닉스 타임(1970년 1월 1일 이래로 경과한 초 단위 시간)으로 업데이트하게 할 수도 있고, keep으로 지정해 dnssec-signzone이 원본 시리얼 넘버를 수정하지 못하게 할 수도 있다. 시리얼 넘버는 서명된 존 파일에서 증가되는 것이지 원본 존 파일에서 증가되는 것이 아니다.

다음은 앞에서 생성된 키들을 사용한 구체적인 예다.

```
$ sudo dnssec-signzone -o example.com -N increment
    -k Kexample.com.+008+05005 example.com Kexample.com.+008+29718
```

서명된 파일은 알파벳 순서로 정렬되며 수작업으로 추가했던 DNSKEY 레코드들과 서명하는 동안 생성된 RRSIG과 NSEC 레코드들을 포함한다. 존의 시리얼 넘버는 이미 증가됐다.

NSEC3 호환 알고리듬으로 키를 생성했다면 앞과 같지만 -3 salt 플래그와 함께 존을 서명하게 된다.

표 16.6 유용한 dnssec-signzone 옵션

옵션	기능
-g	부모 존에 포함된 DS 레코드들을 생성한다.
-s start-time	서명이 유효하게 되는 시간을 설정한다.
-e end-time	서명이 만료되는 시간을 설정한다.
-t	통계값들을 인쇄한다.

서명 유효성의 날짜와 시간은 yyyymmddhhmmss 형식의 절대 시간으로 또는 +N 형식의 현재에 상대적인 시간으로 표현할 수 있다. 여기서 N은 초 단위다. 서명 유효 기간의 기본값은 과거 한 시간부터 미래 30일까지다. 다음은 서명이 2017년 말까지 유효해야 함을 지정하는 예다.

```
$ sudo dnssec-signzone -N increment -e 20171231235959 example.com
```

서명된 존 파일들은 보통 원래 존보다 4배에서 10배 크며 논리적 순서들은 모두 상실된다. 다음 줄은

```
mail-relay          A   63.173.189.2
```

다음과 같이 여러 줄로 변한다.

```
mail-relay.example.com.  57600  A   63.173.189.2
    57600   RRSIG      A 8 3 57600 20090722234636 (
                    20150622234636 23301 example.com.
                    Y7s9jDWYuuXvozeU7zGRdFCl+rzU8cLiwoev
                    0I2TGfLlbhsRgJfkpEYFVRUB7kKVRNguEYwk
                    d2RSkDJ9QzRQ+w== )
```

```
3600    NSEC       mail-relay2.example.com. A RRSIG NSEC
3600    RRSIG      NSEC 8 3 3600 20090722234636 (
                   20150622234636 23301 example.com.
                   42QrXP8vpoChsGPseProBMZ7twf7eS5WK+4O
                   WNsN84hF0notymRxZRIZypqWzLIPBZAUJ77R
                   HP0hLfBDoqmZYw== )
```

실용적인 면에서 서명된 존 파일은 더 이상 사람이 읽을 수 있는 형태가 아니며 RRSIG와 NSEC 또는 NSEC3 레코드 때문에 수작업으로 편집할 수도 없다. 내부에는 사용자가 서비스할 수 있는 어떤 부분도 없다.

DNSKEY 레코드를 제외하곤 각 리소스 레코드 세트(같은 이름에 같은 타입의 리소스 레코드들)는 ZSK에서 한 개의 서명을 얻는다. DNSKEY 리소스 레코드들은 ZSK와 KSK 모두에 의해 서명되기 때문에 두 개의 RRSIG를 갖는다. 많은 등호(=)로 끝나는 base-64로 표현된 서명은 4의 배수 길이를 가져야 한다.

일단 존이 서명되고 나면 남은 일은 네임 서버가 서명된 버전의 존 파일을 겨냥하게 하는 것뿐이다. BIND를 사용하고 있다면 named.conf에서 각 존에 상응하는 존 구문을 찾아 파일 매개변수를 example.com에서 example.com.signed로 변경한다.

끝으로 네임 서버 데몬을 재시작해 `sudo rndc reconfig` 명령과 `sudo rndc flush` 명령을 이용해 환경설정 파일을 다시 읽는다.

이제 DNSSEC 서명된 존을 서비스하는 상태가 됐다. 변경을 위해 원래의 비서명 존이나 서명된 존 중 하나를 편집한 후 존을 재서명할 수 있다. 서명된 존을 편집하는 것은 악몽 같은 일이지만 전체 존을 재서명하는 것보다는 훨씬 빠르다. 변경한 어떤 레코드에 상응하는 RRSIG 레코드들을 분명히 제거했는지 확인한다. 버전 왜곡을 피하고자 비서명 존에 똑같은 변경을 원할 수 있다.

`dnssec-signzone` 명령의 인수로 서명된 존을 넘기면 비서명된 레코드들이 모두 서명되며 만료 시간에 근접한 레코드들의 서명은 갱신된다. '만료에 근접한'이란 말은 유효 기간의 4분의 3이 된 것으로 정의된다. 재서명을 하면 보통 변화가 생기므로 존의 시리얼 넘버를 수작업으로 증가시키거나 `dnssec-signzone -N increment`

명령을 이용해 자동으로 증가시켰는지를 확실히 해야 한다.

DNSSEC 환경설정의 논리적 부분은 그것이 전부다. 남은 일은 자신의 안전한 DNS 섬을 DNS 군도의 신뢰할 수 있고 서명돼 있는 다른 부분들에 접속하는 난해한 문제다.

DNSSEC 신뢰 체인

DNSSEC 설정 예를 계속 이어가면 이제 example.com은 서명돼 있고 그 네임 서버들은 DNSSEC이 활성화됐다. 이것은 네임 서버들이 쿼리할 때 EDNS0과 확장 DNS 프로토콜을 사용하고 패킷의 DNS 헤더에 DNSSEC 인식 옵션을 설정한다는 것을 의미한다. 그 비트가 설정된 채로 도착한 쿼리에 응답할 때 응답에 서명 데이터를 포함시킨다.

서명된 응답을 수신한 클라이언트는 적절한 공개키를 이용해 레코드의 서명을 확인함으로써 응답을 검증할 수 있다. 하지만 클라이언트는 이 키를 존 자신의 DNSKEY 레코드에서 얻는다. 생각해보면 이 레코드는 상당히 의심스러운 것이다. 어떤 방법으로 사기꾼이 가짜 레코드와 그것을 유효하게 하는 가짜 키를 갖고 서비스하지 못하게 할 수 있을까?

원형적인 해법은 존 파일에 포함시킬 DS 레코드를 부모 존에게 주는 것이다. 부모 존에서 온 덕분에 DS 레코드는 부모의 비밀키에 의해 인증된다. 클라이언트가 나의 부모 존을 신뢰한다면 부모 존의 DS 레코드는 내 존의 공개키를 정확히 반영하고 있다는 점을 신뢰해야 한다.

마찬가지로 부모 존은 그의 부모에 의해 인증되고 그것이 반복되며 루트까지 거슬러 올라간다.

DNSSEC 키 롤오버

키 롤오버[key rollover]는 항상 DNSSEC의 고질적인 문제였다. 특히 키가 생성, 변경, 삭제될 때 부모와 자식 존 사이에 요구되는 통신 문제를 해결하고자 실제로 최초의 사양들이 변경됐다. 새로운 사양은 DNSSEC-bis라 불린다.

ZSK 롤오버는 비교적 단순하며 부모 존이나 어떤 신뢰 앵커$^{trust anchor}$를 포함하지 않는다. 유일하게 까다로운 부분은 타이밍이다. 키는 만료 시간을 갖기 때문에 그 시간이 되기 전에 롤오버가 발생해야 한다. 하지만 키는 존 파일에 정의된 TTL도 갖고 있다. 예를 들어 TTL이 하루이며 앞으로 일주일 동안은 키가 만료되지 않는다고 가정해보자. 다음과 같은 단계들이 수반된다.

- 새로운 ZSK를 생성한다.
- 그것을 존 파일에 포함시킨다.
- KSK와 이전 ZSK를 이용해 존을 서명하거나 재서명한다.
- 네임 서버에게 알려 존을 재로딩하게 한다. 이제 새 키는 네임 서버에 있다.
- 24시간(TTL)을 기다린다. 이제 모든 사람이 이전 키와 새 키를 모두 갖고 있다.
- KSK와 새로운 ZSK로 존을 다시 서명한다.
- 네임 서버에게 존을 재로딩하라고 알린다.
- 또다시 24시간을 기다린다. 이제 모든 사람이 새로 서명된 존을 갖는다.
- 시간이 될 때(예, 다음번 존이 변경될 때) 지난 ZSK를 제거한다.

이런 메커니즘을 사전 발행^{prepublishing}이라고 한다. 분명한 것은 모든 사람이 새 키를 사용할 필요가 있는 시점에서 최소한 2 TTL 이전에 이 프로세스를 시작해야 한다는 것이다. 기다리는 기간에 의해 캐싱된 값을 갖고 있는 사이트는 항상 캐싱된 데이터에 상응하는 캐싱된 키를 갖는다는 것이 보장된다.

이 과정에 영향을 미치는 또 다른 변수는 가장 느린 슬레이브 서버가 마스터 서버에 의해 알림을 받았을 때 존 사본을 업데이트하는 데 걸리는 시간이다. 따라서 롤오버 프로세스를 시작하거나 서명이 만료되고 있는 존을 재서명하는 마지막 순간까지 기다려서는 안 된다.

KSK를 롤오버하는 메커니즘을 이중 서명$^{double signing}$이라고 하는데, 이것도 상당히 단순하다. 하지만 새로운 DS 레코드를 부모에게 전해야 할 필요가 있다. 새 키로 전환하기 전에 부모로부터 긍정 확인 응답을 확실하게 받아야 한다.

- 새로운 KSK를 생성한다.

- 그것을 존 파일에 포함시킨다.
- KSK와 ZSK의 이전 것과 새 것 모두로 존을 서명한다.
- 네임 서버에게 존을 재로딩하라고 알린다.
- 24시간(TTL)을 기다린다. 모든 사람이 새 키를 갖는다.
- 확인 후에 이전 KSK 레코드를 존에서 삭제한다.
- 새 KSK와 ZSK로 존을 재서명한다.

DNSSEC 도구

BIND 9.10의 개발로 새로운 디버깅 도구가 나왔다. 도메인 객체 검색 및 검증 [DELV, Domain Entity Lookup and Validation] 엔진은 dig와 매우 유사하지만 DNSSEC을 더 잘 이해한다. 사실 delv는 BIND 9 named에서 사용된 것과 동일한 코드를 이용해 DNSSEC 검증 체인[validation chain]을 확인한다.

BIND에 포함된 DNSSEC 도구 외에도 4개의 전개 및 테스팅 툴 세트, 즉 ldns, DNSSEC-Tools(전 스파르타[Sparta]), RIPE, OpenDNSSEC(opendnssec.org)도 도움이 된다.

ldns 도구, nlnetlabs.nl/projects/ldns

NL넷 랩[NLnet Labs]에서 만든 ldns는 DNS 도구들을 작성하기 위한 루틴들의 라이브러리와 이 라이브러리를 사용하는 프로그램 사례들의 모음이다. 다음 목록은 그 도구들과 기능을 열거한 것이다. 배포판에서 자신의 디렉터리를 갖고 있는 drill을 제외하고 모든 도구는 examples 디렉터리에 있다. 각 명령의 매뉴얼 페이지도 있다. 최상위 README 파일에는 매우 간단한 설치 명령들이 포함돼 있다.

- ldns-chaos: CHAOS 클래스에 저장된 네임 서버 ID 정보를 보여준다.
- ldns-compare-zones: 두 존 파일의 차이를 보여준다.
- ldns-dpa: tcpdump 추적 파일의 DNS 패킷을 분석한다.
- ldns-key2ds: DNSKEY 레코드를 DS 레코드로 변환한다.
- ldns-keyfetcher: 존들의 DNSSEC 공개키를 가져온다.
- ldns-keygen: TSIG 키와 DNSSEC 키 쌍을 생성한다.

- ldns-notify: 존의 슬레이브 서버가 업데이트를 점검하게 한다.
- ldns-nsec3-hash: 어떤 이름의 NSEC3 해시를 인쇄한다.
- ldns-read-zone: 존을 읽어 다양한 포맷으로 인쇄한다.
- ldns-revoke: DNSKEY 키 RR의 취소 플래그를 설정한다(RFC5011).
- ldns-rrsig: RRSIG에서 사람이 읽을 수 있는 형태로 만료 날짜를 인쇄한다.
- ldns-signzone: 존 파일을 NSEC이나 NSEC3로 서명한다.
- ldns-update: 동적 업데이트 패킷을 보낸다.
- ldns-verify-zone: RRSIG, NSEC 또는 NSEC3 레코드가 정상인지 검증한다.
- ldns-walk: DNSSEC NSEC 레코드들을 따라 하나의 존을 보여준다.
- ldns-zcat: ldns-zsplit으로 쪼개진 존 파일들을 재조립한다.
- ldns-zsplit: 존을 동시에 서명될 수 있게 여러 개의 덩어리로 쪼갠다.

이 도구 중 많은 것이 간단하고 단 하나의 작은 DNS 작업을 수행한다. 그런 도구들은 ldns 라이브러리의 사용 예로 작성된 것이며 라이브러리를 이용해 어려운 작업들을 수행할 때 얼마나 코드가 간단해지는지 보여준다.

dnssec-tools.org

DNSSec-tools는 BIND 도구 위에 구축된 것이며 다음과 같은 명령들을 포함한다.

- dnspktflow는 tcpdump에 의해 캡처된 쿼리/응답 시퀀스 동안에 DNS 패킷의 흐름을 추적해 멋진 다이어그램을 만들어준다.
- donuts는 존 파일을 분석해 오류와 불일치를 찾아낸다.
- donutsd는 일정한 주기로 donuts를 실행해 문제점을 알려준다.
- mapper는 존 파일을 지도화해 안전한 부분과 안전하지 않은 부분을 보여준다.
- rollerd, rollctl, rollinit은 ZSK의 사전 발행 기능과 KSK의 이중 서명 방법을 이용해 키 롤오버를 자동화한다.
- trustman은 신뢰 앵커를 관리하고 RFC5011 키 롤오버의 구현을 포함시킨다.
- validate는 커맨드라인으로부터 서명의 유효성을 검증한다.

- **zonesigner**는 키를 생성하고 존을 서명한다.

이 웹 사이트는 이러한 모든 도구에 관한 좋은 문서와 튜토리얼들을 포함하고 있다. 소스코드를 다운로드할 수 있으며 BSD 라이선스로 커버된다.

RIPE 도구, ripe.net

RIPE의 도구들은 BIND의 DNSSEC 도구들의 프론트엔드 역할을 하며 키 관리에 중점을 둔다. 이 도구들은 많은 인수와 명령을 더 직관적인 형태로 실행하고 포장하기 때문에 그 메시지들이 더욱 친근하다.

OpenDNSSEC, opendnssec.org

OpenDNSSEC는 비서명 존을 취해 DNSSEC용 서명과 레코드들을 추가하고 그 존에 대한 권한 네임 서버에 전달하는 도구들의 모음이다. 이러한 자동화는 DNSSEC의 초기 설정을 매우 단순화시켜준다.

DNSSEC 디버깅

DNSSEC는 서명 존과 비서명 존 모두에 작동하며 DNSSEC을 인식하는 네임 서버와 못하는 서버에도 모두 작동한다. 따라서 점증적인 배치가 가능하며 대부분 잘 작동하지만 항상 그렇지는 않다.

DNSSEC은 수많은 이동 부분을 갖고 있는 분산 시스템이다. 서버, 리졸버, 그들 간의 경로가 모두 문제를 겪을 수 있다. 지역적으로 나타나는 문제가 먼 곳에서 비롯된 것일 수도 있기 때문에 분산 시스템 상태를 모니터링하는 섹스파이더[SecSpider]나 밴티지[Vantage]와 같은 도구들이 도움 될 수 있다. 이런 도구들과 앞서 언급했던 유틸리티들, 네임 서버 로그 파일이 가장 중요한 디버깅 수단이 된다.

named.conf에서 DNSSEC 로깅 카테고리를 로컬 머신의 파일로 라우팅했는지 확인한다. 어떤 다른 로깅 카테고리도 이 파일로 라우팅되지 않도록 DNSSEC 관련 메시지들을 따로 분리시키는 것이 좋다. 다음은 **named**용 로깅 사양의 예다.

```
channel dnssec-log {
    file "/var/log/named/dnssec.log" versions 4 size 10m ;
    print-time yes ;
    print-category yes ;
    print-severity yes ;
    severity debug 3 ;
} ;
category dnssec { dnssec-log; } ;
```

BIND에서는 서명을 검증하려는 재귀적 BIND 서버가 수행하는 검증 단계들을 보려면 디버깅 레벨을 3 이상으로 설정한다. 이 로깅 수준은 서명당 약 2페이지 가량의 로깅을 출력한다. 바쁜 서버를 모니터링하는 중이라면 여러 쿼리로부터의 로그 데이터가 뒤섞일 수도 있다. 그런 엉망인 상태의 로그 데이터를 정렬하는 것은 대단히 어렵고 지루한 일이다.

drill은 특별히 유용한 두 개의 플래그를 갖고 있다. -T는 루트에서 지정된 호스트까지 신뢰 체인을 추적하고 -S는 지정된 호스트에서 거꾸로 루트까지 서명들을 추적한다. 다음은 NLnet Labs의 'DNSSEC HOWTO'에서 가져온 drill -S의 샘플 출력을 보기 편하게 손본 것이다.

```
$ drill -S -k ksk.keyfile example.net SOA
DNSSEC Trust tree:
example.net. (SOA)
|---example.net. (DNSKEY keytag: 17000)
    |---example.net. (DNSKEY keytag: 49656)
    |---example.net. (DS keytag: 49656)
        |---net. (DNSKEY keytag: 62972)
            |---net. (DNSKEY keytag: 13467)
            |---net. (DS keytag: 13467)
                |---. (DNSKEY keytag: 63380)
                    |---. (DNSKEY keytag: 63276)  ;; Chase successful
```

검증하는 네임 서버가 서명을 확인할 수 없다면 SERVFAIL을 반환한다. 문제의 원인은 신뢰 체인의 존 중 하나에서 누군가에 의한 환경설정 오류 또는 침입자에 의한 위조 데이터, 검증을 수행하는 재귀 서버 자신의 설정 문제일 수 있다. drill을 사용해서 신뢰 체인을 따라 서명들을 추적해 문제가 발생한 곳을 찾게 한다.

모든 서명이 검증되고 나면 **dig**와 **dig +cd** 명령으로 문제 사이트에 쿼리를 시도한다(cd 플래그는 검증을 비활성화한다). 이 작업을 신뢰 체인의 각 존에 수행해 문제를 발견할 수 있는지를 확인한다. 신뢰 체인을 위 또는 아래 방향으로 따라가면서 작업할 수 있다. 그 결과는 아마도 신뢰 앵커가 만료되거나 서명이 만료됐을 가능성이 크다.

16.11 BIND 디버깅

BIND는 세 개의 기본 디버깅 도구를 제공한다. 다음에 설명할 로깅logging, 제어 프로그램, 커맨드라인 쿼리 도구가 그것이다.

BIND의 로깅

named의 로깅 기능은 놀라울 만큼 유연하다. 원래 BIND는 오류 메시지나 이상한 점을 보고하고자 syslog를 사용했을 뿐이다. 최신 버전들은 또 다른 간접 계층과 직접적인 파일 로깅의 지원을 추가해 syslog 개념을 일반화했다. 본격적으로 들어가기 전에 표 16.7에 있는 BIND 로깅 용어들을 살펴보자.

표 16.7 BIND 로깅 어휘

용어	의미
category	named가 생성하는 메시지들의 종류. 예를 들면 동적 업데이트에 관한 메시지, 쿼리에 응답하는 종류의 메시지
module	메시지를 생성하는 소스 모듈의 이름
severity	오류 메시지의 '심각한 정도(badness)'. syslog는 이것을 우선순위로 참조한다.
channel	메시지가 갈 수 있는 장소: syslog, 파일, /dev/null[a]
facility	syslog 기능 이름. DNS는 자신의 특정 기능을 갖고 있지 않지만 모든 표준 기능 중 하나를 골라 사용할 수 있다.

a. /dev/null은 모든 입력을 버리는 의사(pseudo) 장치다.

BIND 로깅은 named.conf 파일에 **logging**문을 이용해 설정한다. 우선 채널과 가능한 메시지 목적지들을 정의한다. 그런 다음 다양한 메시지 카테고리가 특정 채널로 가게끔 지시한다.

메시지가 생성될 때 출발지의 관점에서 카테고리, 모듈, 심각도^{severity}가 메시지에
배정된다. 그런 다음 해당 카테고리와 모듈에 결합된 모든 채널에 배포된다. 각
채널은 어떤 심각도 레벨로 메시지가 통과해야 하는지를 알려주는 심각도 필터
^{severity filter}를 갖는다. syslog로 가는 채널들은 메시지에 지정된 기능 이름을 각인한
다. syslog로 가는 메시지들은 /etc/syslog.conf에 있는 규칙에 따라 필터링되기도
한다. 다음은 logging문의 간단한 예다.

```
logging {
    channel-def;
    channel-def;
    ...
    category category-name {
        channel-name;
        channel-name;
        ...
    };
};
```

채널

channel-def는 채널^{Channel}이 파일 채널인지, syslog 채널인지에 따라 약간 다른 모
습을 갖는다. 각 채널에 대해 반드시 file이나 syslog 중 하나를 선택해야 한다.
채널은 그 두 가지가 동시에 될 수는 없다.

```
channel channel-name {
    file path [ versions numvers | unlimited ] [ size sizespec ];
    syslog facility;
    severity severity;
    print-category yes  | no;
    print-severity yes  | no;
    print-time yes  | no;
};
```

파일 채널의 경우 numvers는 얼마나 많은 백업 버전 파일을 보관할 것인가를 의미
하며 sizespec은 파일이 자동으로 로테이션되기 전에 얼마의 크기(예, 2048, 100k,
20m, unlimited, default)까지 늘어날 수 있는지를 지정한다. 파일 채널 이름을

mylog라고 하면 로테이션된 버전들의 이름은 **mylog.0**, **mylog.1** 등이 된다.

syslog의 경우 *facility*에는 메시지를 로깅하는 **syslog** 기능의 이름을 사용한다. 표준 기능이라면 무엇이든 사용할 수 있다. 실제는 데몬과 local0부터 local7까지 만이 합리적으로 선택된다.

channel-def의 나머지 구문들은 선택적이다. *severity*는 (심각도가 큰 순서로) **critical, error, warning, notice, info, debug**의 값을 (선택적인 숫자 레벨과 함께, 예를 들어 severity debug 3) 갖는다. **dynamic** 값도 인식되며 서버의 현재 디버그 레벨과 일치한다.

다양한 **print** 옵션은 메시지 접두어를 추가하거나 생략한다. **syslog**는 로깅되는 각 메시지에 시간과 리포팅 호스트를 앞에 붙일 수 있지만 심각도와 카테고리는 붙일 수 없다. 메시지를 생성한 소스 파일명(모듈)도 **print** 옵션으로 사용할 수 있다. 파일 채널용으로만 **print-time**을 활성화시키는 것이 합리적이다. **syslog**가 자신의 타임스탬프를 추가하므로 다시 중복할 필요가 없다.

표 16.8의 목록에 있는 4가지 채널은 기본값으로 사전 정의돼 있는 것들이다. 이러한 기본값들은 대부분의 설치에서 정상적으로 작동돼야 한다.

표 16.8 BIND에서 사전 정의된 로깅 채널

채널 이름	기능
default_syslog	facility 데몬, 심각도 정보들을 syslog로 보낸다.
default_debug	dynamic으로 설정된 심각도로 named.run 파일에 로그를 보낸다.
default_stderr	심각도 정보를 named 프로세스의 표준 오류로 보낸다.
null	모든 정보를 무시한다.

카테고리

카테고리[Category]는 코드가 작성될 때 프로그래머에 의해 결정된다. 프로그래머들은 단순한 심각도가 아닌 주제나 기능에 의해 로그 메시지들을 체계적으로 조직화한다. 표 16.9는 현재의 메시지 카테고리 목록을 보여준다.

표 16.9 BIND 로깅 카테고리

카테고리	포함된 내용
client	클라이언트 요청
config	파싱 및 처리하는 환경설정 파일
database	데이터베이스 작업에 관한 메시지
default	특정 로깅 옵션이 없을 경우 기본 카테고리 값
delegation-only	위임 전용 존에 의해 강제로 NXDOMAIN으로 보내지는 쿼리
dispatch	서버 모듈로 들어오는 패킷들의 배정
dnssec	DNSSEC 메시지
edns-disabled	장애로 중지된 서버에 관한 정보
general	비분류 메시지용 보관함
lame-servers	존을 서빙하기로 돼 있으나 하지 않고 있는 서버[a]
network	네트워크 작업
notify	'존 변경됨(zone changed)' 알림 프로토콜에 관한 메시지
queries	서버가 수신한 모든 쿼리에 대한 짧은 로그 메시지(!)
resolver	DNS 이름 해석(resolution). 예, 클라이언트 재귀적 조회(recursive lookup)
security	승인/비승인된 요청
unmatched	named가 분류할 수 없는 쿼리(잘못된 클래스 값, 일치하는 뷰가 없음)
update	동적 업데이트에 관한 메시지
update-security	업데이트 요청의 승인 또는 거부
xfer-in	서버가 수신하고 있는 존 전송
xfer-out	서버가 보내고 있는 존 전송

a. 부모 존이나 자식 존 중 하나가 잘못될 수 있다. 세밀한 조사 전에는 말하기 어렵다.

로그 메시지

기본 로깅 설정은 다음과 같이 한다.

```
logging {
    category default { default_syslog; default_debug; };
};
```

로깅 수준을 증가시키는 것과 같이 BIND에 큰 변화를 줬을 경우에는 로그 파일들을 주시해야 한다. 일단 named가 안정적임을 확인하고 나면 중요한 메시지들만 보존되게 환경을 재설정한다.

쿼리 로깅을 통해 많은 것을 배울 수 있다. 자신이 만든 allow절이 잘 작동하는지 검증할 수 있으며, 주로 누가 쿼리를 보내는지도 알 수 있고 잘못된 클라이언트를 식별해 낼 수도 있다. 큰 변화의 재설정을 한 후에 쿼리 로깅을 수행하는 것은 좋은 확인 방법이며, 특히 변경 전에 쿼리 부하가 어땠는지를 잘 알고 있다면 더 좋다.

쿼리 로깅을 시작하려면 쿼리 카테고리를 채널에 지시하기만 하면 된다. syslog에 쓰는 것은 파일에 직접 쓰는 것보다 비효율적이므로 모든 쿼리를 로깅할 때는 로컬 디스크상의 파일 채널을 사용한다. 디스크 공간을 많이 확보하고 일단 충분한 데이터를 얻고 나면 쿼리 로깅을 비활성화할 준비를 한다(rndc querylog 명령은 쿼리 로깅을 동적으로 켰다 껐다 한다).

뷰가 디버깅에는 번거로울 수 있으나 다행히도 특정 쿼리와 매칭된 뷰가 그 쿼리와 함께 로깅될 수 있다.

다음은 가장 일반적인 로그 메시지들의 목록이다.

- **Lame server resolving xxx**: 자신의 존 중 하나와 관련해 이 메시지를 받는다면 환경설정에 뭔가 잘못이 있는 것이다. 이 메시지가 인터넷상의 어떤 존과 관련된 것이라면 해로운 것은 아니다. 다른 누군가의 문제이기 때문이다. 이 메시지를 없애는 좋은 방법 중 하나는 null 채널로 보내는 것이다.
- **...query (cache) xxx denied**: 이 메시지는 원격 사이트의 환경설정이 잘못됐거나 누군가 나에게 존을 위임했지만 나는 그것을 설정하지 않은 경우일 수 있다.
- **Too many timeouts resolving xxx: disabling EDNS**: 이 메시지는 방화벽에 문제가 생겨 512바이트 이상의 UDP 패킷을 허용하지 않거나 조각화를 허용하지 않는 경우에 발생할 수 있다. 또는 지정된 호스트에 문제가 있다는 징조일 수도 있다. 자신의 방화벽에 문제가 없음을 검증해 이 메시지들을 null 채널로 보낼 것인지를 판단한다.

- **Unexpected RCODE (SERVFAIL) resolving xxx**: 이 메시지는 공격일 수도 있지만 불능 상태의 존에 반복적으로 쿼리를 보내 생긴 문제일 가능성이 더 높다.

- **Bad referral**: 이 메시지는 존의 네임 서버들 간의 통신 장애를 의미한다.

- **Not authoritative for**: 슬레이브 서버가 존의 권한 데이터를 얻을 수 없는 상태다. 잘못된 마스터를 가리키고 있거나 마스터가 해당 존을 로딩하는 데 문제가 발생했을 가능성이 높다.

- **Rejected zone**: named가 오류가 포함된 존 파일을 거부한 것이다.

- **No NS RRs found**: 존 파일이 SOA 레코드 다음에 NS 레코드를 포함하지 않았다. 레코드가 상실됐거나, 탭이나 공백으로 시작하지 않았을 수 있다. 후자의 경우 레코드들은 SOA 레코드의 존에 첨부되지 않으므로 잘못 해석된다.

- **No default TTL set**: 리소스 레코드의 기본 TTL 값을 설정하고자 우선적으로 사용하는 방법은 존 파일의 최상단에 $TTL 지시어를 사용하는 것이다. 이 오류 메시지는 BIND 9에서 요구되는 $TTL이 누락됐음을 의미한다.

- **No root name server for class**: 서버가 루트 네임 서버를 발견하는 데 문제가 있다. 힌트 파일과 서버의 인터넷 접속을 확인한다.

- **Address already in use**: named가 실행하고자 하는 포트가 이미 다른 프로세스(named의 다른 사본일 가능성이 높음)에 의해 사용되고 있다. 주위에 다른 named가 없다면 아마 중단됐거나 rndc 제어 소켓을 오픈된 상태로 남겨 놨을 수 있다. 이런 소켓들은 추적해서 제거해야 할 것이다. 이 문제를 해결하는 좋은 방법은 다음과 같이 rndc를 이용해 named 프로세스를 중단시킨 다음 named를 재시작하는 것이다.

```
$ sudo rndc stop
$ sudo /usr/sbin/named ...
```

- **...updating zone xxx: update unsuccessful**: 존의 동적 업데이트가 시도됐지만 거부됐다. 대부분의 원인은 해당 존의 named.conf에 있는 allow-update 또는 update-policy절 때문이다. 매우 일반적인 오류 메시지며 환경설정이 잘못된 윈도우에 의해 종종 발생한다.

BIND 로깅 환경설정의 예

트래픽이 많은 TLD 네임 서버의 ISC named.conf 파일에서 발췌한 다음 코드 조각은 전반적인 로깅 방법을 보여준다.

```
logging {
    channel default-log { # 기본 채널, 파일로 작성
        file "log/named.log" versions 3 size 10m;
        print-time yes;
        print-category yes;
        print-severity yes;
        severity info;
    };
    channel xfer-log { # 존 전송 채널, 파일로 작성
        file "log/xfer.log" versions 3 size 10m;
        print-category yes;
        print-severity yes;
        print-time yes;
        severity info;
    };
    channel dnssec-log { # DNSSEC 채널, 파일로 작성
        file "log/dnssec.log" versions 3 size 1M;
        severity debug 1;
        print-severity yes;
        print-time yes;
    };
    category default { default-log; default_debug; };
    category dnssec { dnssec-log; };
    category xfer-in { xfer-log; };
    category xfer-out { xfer-log; };
    category notify { xfer-log; };
};
```

BIND의 디버깅 레벨

named 디버그 레벨은 0에서 100까지의 정수로 표현된다. 더 높은 숫자일수록 더 많은 정보가 출력된다. 레벨 0는 디버깅을 끈다. 레벨 1과 2는 환경설정이나 데이

터베이스 디버깅에 적합하다. 4를 넘는 레벨들은 코딩 작업을 주로 하는 사람들에게 적합하다.

디버깅은 named 커맨드라인에 -d 플래그를 사용해 호출한다. 예를 들면 다음과 같다.

```
$ sudo named -d2
```

이 명령은 named를 디버그 레벨 2로 시작한다. 기본적으로 디버깅 정보는 named가 시작되는 현재 작업 디렉터리의 named.run 파일에 쓰인다. named.run 파일을 빠른 속도로 증가하기 때문에 디버깅하는 동안에는 맥주 마시러 나가지 않는다. 그렇지 않으면 돌아왔을 때 훨씬 더 큰 문제에 부딪히게 될 것이다.

rndc trace 명령으로 디버그 레벨을 1 증가시키거나 rndc trace level 명령으로 디버깅 레벨을 지정된 값으로 설정하면 named가 실행되는 도중에도 디버깅을 켤 수 있다. rndc notrace 명령은 디버깅을 완전히 꺼버린다. 다음과 같이 심각도 severity 사양이 포함된 로깅 채널을 정의함으로써 디버깅을 활성화할 수도 있다.

```
severity debug 3;
```

이 줄은 레벨 3까지의 모든 디버깅 메시지를 특정 채널에 보낸다. 채널 정의에 있는 다른 줄들은 각자의 디버깅 메시지 목적지를 지정한다. 심각도 레벨이 더 높을수록 더 많은 정보가 로깅된다.

로그나 디버깅 출력을 보면 실제 현실에서 DNS가 얼마나 자주 잘못된 설정을 사용하는가를 알 수 있다. 이름 끝에 오는 작은 점 하나 때문에 (또는 그 점의 누락 때문에) 놀랄 만큼의 DNS 트래픽 양이 증가하기도 한다.

rndc를 이용한 네임 서버 제어

표 16.10은 rndc가 수용하는 옵션들의 목록이다. 아무런 인수 없이 rndc를 실행하면 사용할 수 있는 명령들의 목록과 간단한 기능 설명을 보여준다. rndc의 초기 버전에서는 시그널을 사용했지만 명령이 25개를 넘어가면서 BIND는 오래전에 시

그널을 다 소진해버렸다. 파일을 생성하는 명령들은 named.conf에서의 **named** 홈처럼 어디든 지정하는 디렉터리에 파일을 넣는다.

rndc reload는 **named**가 환경설정 파일을 다시 읽고 존 파일들을 다시 로딩하게 한다. **reload zone** 명령은 오직 한 개의 존만 변경돼 모든 존이 재로딩되길 원하지 않을 때, 특히 서버가 바쁠 때 사용하기 좋다. 존 데이터의 선택된 뷰만을 재로딩하도록 클래스와 뷰를 지정할 수도 있다.

rndc reload는 완전히 새로운 존을 추가하는 데는 충분하지 않다는 점에 유의한다. **named**가 named.conf 파일과 새 존 파일을 모두 읽어야 하기 때문이다. 새 존의 경우에는 **rndc reconfig** 명령을 사용해 환경설정 파일을 다시 읽어 기존 존을 방해하지 않으면서 새 존을 로딩하게 한다.

rndc freeze zone은 동적 업데이트를 중지하고 동적 업데이트의 저널을 데이터 파일에 일치시킨다. 존을 동결한 후에는 존을 수작업으로 편집할 수 있다. 존이 동결돼 있는 동안 동적 업데이트는 거부된다. 편집을 마치고 나면 동적 업데이트를 다시 받아들이고자 **rndc thaw zone**을 실행한다.

rndc dumpdb는 **named**에게 데이터베이스를 named_dump.db에 덤프하라고 명령한다. 덤프 파일은 매우 크며 로컬 데이터뿐 아니라 네임 서버가 축적해 온 모든 캐시 데이터도 포함한다.

표 16.10 rndc 명령[a]

명령	기능
dumpdb	DNS 데이터베이스를 named_dump.db에 덤프한다.
flush [view]	모든 캐시 또는 지정한 뷰의 캐시를 플러시한다.
flushname name [view]	서버 캐시에서 지정한 이름을 플러시한다.
freeze zone [class [view]]	동적 존에 대한 업데이트를 일시 중지한다.
thaw zone [class [view]]	동적 존에 대한 업데이트를 다시 재개한다.
halt	현재 보류돼 있는 업데이트를 쓰지 않고 named를 중단시킨다.
querylog	들어오는 질의의 추적을 켰다 껐다 한다.

(이어짐)

명령	기능
notify zone [class [view]]	존에 대한 알림 메시지들을 재전송한다.
notrace	디버깅을 끈다.
reconfig	환경설정 파일을 다시 로딩해 새로운 존을 로딩한다.
recursing	현재 재귀 중인 쿼리들을 named.recursing에 덤프한다.
refresh zone [class [view]]	존의 유지 관리 스케줄을 정한다.
reload	named.conf와 존 파일들을 재로딩한다.
reload zone [class [view]]	지정한 존이나 뷰만 재로딩한다.
retransfer zone [class [view]]	마스터 서버로부터 존 데이터를 다시 복사한다.
stats	통계값들을 named.stats에 덤프한다.
status	현재 실행 중인 named의 상태를 표시한다.
stop	보류 중인 업데이트를 저장한 다음 named를 중지시킨다.
trace	디버그 레벨을 1 증가시킨다.
trace level	디버그 레벨을 level 값으로 변경한다.
validation newstate	실시간 DNSSEC 검증을 활성화/비활성화한다.

a. 여기서 class 인수는 인터넷이 IN으로 표시되는 리소스 레코드의 class와 같다.

named와 rndc의 버전은 반드시 서로 일치해야 한다. 그렇지 않으면 프로토콜 버전 불일치에 관한 오류 메시지를 보게 될 것이다. 그 둘은 한 머신에 함께 설치되는 게 일반적이지만 다른 컴퓨터에 있는 **named**를 제어하려고 할 때는 버전 왜곡이 문제가 될 수 있다.

불완전 위임에 대한 커맨드라인 쿼리

도메인 이름을 신청할 때, DNS 네이밍 트리naming tree의 일부가 신청자의 네임 서버와 DNS 관리자에 위임되도록 요청한다. 도메인을 사용하지 않거나 부모 존과 협의하지 않고 네임 서버나 IP 주소를 변경한다면 '불완전 위임lame delegation'이 발생한다.

불완전 위임의 효과는 대단히 안 좋을 수 있다. 서버 중 하나가 불완전하면 DNS 시스템의 효율은 떨어진다. 한 도메인의 모든 네임 서버가 불완전하다면 아무도 그 도메인에 도달할 수 없다. 응답이 캐싱된 경우가 아니라면 모든 쿼리는 루트에서 시작되기 때문에 불완전 서버들과 SERVFAIL 오류의 네거티브 캐싱^{negative caching}을 하지 않는 소극적 소프트웨어는 루트에서 불완전 도메인에 이르는 경로상에 있는 모든 것의 부하를 증가시킨다.

doc('domain obscenity control') 명령이 불완전 위임을 식별하는 데 도움이 될 수 있지만 로그 파일을 살펴보기만 해도 불완전 위임을 찾아낼 수 있다.[26] 다음 로그 메시지의 예를 보자.

```
Jul 19 14:37:50 nubark named[757]: lame server resolving 'w3w3.com' (in
   'w3w3.com'?): 216.117.131.52#53
```

.com gTLD 서버 중 하나에서 w3w3.com용 네임 서버를 찾아보면 다음과 같은 결과가 나온다. 여기서는 dig의 출력이 너무 길어 뒷부분을 잘랐다. 참고로 dig의 +short 플래그는 출력을 훨씬 더 제한한다.

```
$ dig @e.gtld-servers.net w3w3.com ns
;; ANSWER SECTION:
w3w3.com.       172800 IN NS  ns0.nameservices.net.
w3w3.com.       172800 IN NS  ns1.nameservices.net.
```

이 서버들의 각각을 차례로 질의하면 ns0으로부터는 응답을 받지만 ns1에서는 받지 못한다.

```
$ dig @ns0.nameservices.net w3w3.com ns
;; ANSWER SECTION:
w3w3.com.  14400   IN  NS  ns0.nameservices.net.
w3w3.com.  14400   IN  NS  ns1.nameservices.net.

$ dig @ns1.nameservices.net w3w3.com ns
;; QUESTION SECTION:
;w3w3.com. IN NS

;; AUTHORITY SECTION:
com.   92152   IN  NS  M.GTLD-SERVERS.NET.
com.   92152   IN  NS  I.GTLD-SERVERS.NET.
```

---

26. lame—servers 로깅 채널을 /dev/null로 향하게 해놓고 다른 사람들의 불완전 위임에 대해 신경 쓰지 않는 사이트들이 많다. 자신의 도메인이 아주 깨끗해서 불완전 위임의 원인도 아니고 피해자도 아니라면 문제될 것은 없다.

```
com.    92152   IN  NS  E.GTLD-SERVERS.NET.
```

서버 ns1.nameservices.net는 .com 서버에 의해 w3w3.com에 대한 책임을 위임받았지만 그 책임을 받아들이지 않는다. 불완전 위임의 결과를 가져오는 잘못된 환경설정인 것이다. w3w3.com을 검색하려는 클라이언트는 느린 서비스를 겪게 될 것이다. w3w3.com이 nameservices.net의 DNS 서비스 비용을 지불하고 있다면 환불을 요구할 만하다.

권한 서버에서 **dig**를 실행해 불완전성을 찾으려는 시도를 하면 **dig**가 아무런 정보를 반환하지 않는 경우가 있다. 해당 서버가 정확히 무엇을 알고 있는지 알려면 **+norecurse** 플래그를 사용해 다시 쿼리를 시도한다.

16.12 추천 자료

DNS와 BIND에 관한 설명은 배포판에 따라오는 문서나 인터넷 주제의 여러 책, 그리고 오라일리 넛셀^{O'Reilly Nutshell} 시리즈의 책, 다양한 온라인 자원 등 그 소스가 다양하다.

도서와 문서

The Nominum and ISC BIND Development Teams. BIND 9 Administrator Reference Manual. 이 매뉴얼은 isc.org의 BIND 배포판(doc/arm)에 포함돼 있으며 같은 사이트에 따로 분리해 놓은 것도 있다. BIND 9의 시스템 관리에 대한 개요가 설명돼 있다.

Liu, Cricket, and Paul Albitz. DNS and BIND (5th Edition). Sebastopol, CA: O'Reilly Media, 2006. 이 책은 조금 오래됐지만 BIND의 바이블이나 다름없다.

Liu, Cricket, and Paul Albitz. DNS and BIND (5th Edition). Sebastopol, CA: O'Reilly Media, 2006.

Liu, Cricket. DNS & BIND Cookbook. Sebastopol, CA: O'Reilly Media, 2002.

오라일리 DNS 책의 꼬마 버전인 이 책은 실무 위주로 돼 있으며 다양한 네임 서버 작업을 위한 명쾌한 명령들과 사례를 제공한다. 구식이지만 여전히 유용하다.

Liu, Cricket. DNS and BIND on IPv6. Sebastopol, CA: O'Reilly Media, 2011. 이 책은 IPv6에 중점을 둔 DNS와 BIND의 부록이다. 짧으며 IPv6 관련 내용만 포함하고 있다.

Lucas, Michael W. DNSSEC Mastery: Securing the Domain Name System with BIND. Grosse Point Woods, MI: Tilted Windmill Press, 2013.

온라인 자원

웹 사이트 isc.org, dns-oarc.net, ripe.net, nlnetlabs.nl에는 DNS 정보, 연구, 측정 결과, 프리젠테이션 등의 자료가 풍부하게 있다.

DNS 프로토콜, 리소스 레코드와 같은 것들의 모든 핵심적인 세부 사항이 iana. org/assignments/dns-parameters에 정리돼 있다. 이 문서에는 DNS 팩트에서 그 것을 기술한 RFC로의 멋진 매핑이 포함돼 있다.

올라프 콜크만[Olaf Kolkman]이 작성한 튜토리얼인 'DNSSEC HOWTO'는 DNSSEC의 전개와 디버깅을 구석구석 자세히 다룬 70페이지짜리 문서다. nlnetlabs.nl/dnssec_howto/dnssec_howto.pdf에서 구할 수 있다.

RFC 자료

DNS 시스템을 정의한 RFC는 rfc-editor.org에서 구할 수 있다. 예전에는 가장 중요한 DNS 관련 RFC들의 목록을 한 페이지 가량 제공했지만 이제는 너무 많아서 (100개 이상, 그 외에 50개 인터넷 초안들) rfc-editor.org를 방문해 아카이브 전체를 찾아보는 게 더 좋을 것이다.

DNS와 관련된 RFC 전체를 보려면 현재 BIND 배포판의 doc/rfc 및 doc/draft 디렉터리를 참고한다.

17 싱글 사인온

사용자와 시스템 관리자는 계정 정보가 모든 환경의 컴퓨터에 마법처럼 전파돼 같은 자격증명을 갖는 모든 시스템에 사용자가 로그인할 수 있기를 바란다. 이런 기능을 일컫는 가장 일반적인 용어가 '싱글 사인온$^{SSO, Single Sign-On}$(통합 인증, 단일 인증)'이며 그 필요성은 어디에나 보편적으로 존재한다.

SSO에는 두 가지의 핵심적인 보안 개념이 포함돼 있다. 신분^{identity}과 인증^{authentication}이다. 사용자 신분은 시스템이나 애플리케이션에 접근하고자 하는 개인의 추상적 표현이다. 여기에는 보통 사용자명^{username}, 암호^{password}, 사용자 ID, 이메일 주소가 포함된다. 인증은 어떤 개인이 특정 신분의 합법적 소유자임을 증명하는 행위다.

17장에서는 단일 조직 내에서 하나의 유닉스 및 리눅스 시스템 요소로서의 SSO에 초점을 맞춘다. 조직 간의 SSO(자신의 시스템을 서비스형 소프트웨어 공급자와 통합하는 것과 같은 경우)를 위해서는 여러 가지 표준 기반의 상용 SSO 솔루션들을 시중에서 구할 수 있다. 그런 경우에는 SAML^{Security Assertion Markup Language}(보안 보장 마크업 언어)에 관한 학습부터 시작하길 권장한다.

17.1 SSO의 핵심 요소

SSO를 구성하는 데는 많은 방법이 있지만 일반적으로 다음과 같은 네 가지 요소가 모든 시나리오에 요구된다.

- 사용자 신분과 권한 정보를 포함하고 있는 중앙 집중화된 디렉터리 저장 소^{directory store}. 가장 일반적인 솔루션들은 경량 디렉터리 접근 프로토콜^{LDAP, Lightweight Directory Access Protocol}에 기반을 둔 디렉터리 서비스들이다. 윈도 우, 유닉스, 리눅스 시스템들이 혼재된 환경에서는 항상 그래왔듯이 마이 크로소프트 액티브 디렉터리 서비스가 좋은 선택이다. 액티브 디렉터리 는 맞춤형 비표준 LDAP 인터페이스다.

- 디렉터리에 있는 사용자 정보를 관리하는 도구. 원형적인 LDAP 구현이라 면 phpLDAPadmin이나 아파치 디렉터리 스튜디오^{Apache Directory Studio}를 추천 한다. 둘 다 사용하기 쉬운 웹 기반 도구로서 디렉터리 항목의 들여오기, 추가^{add}, 수정, 삭제를 가능하게 해준다. 마이크로소프트 액티브 디렉터리 를 좋아하는 사람이라면 윈도우식 MMC 스냅인인 '액티브 디렉터리 사용 자와 컴퓨터^{Active Directory Users and Computers}'를 사용해 디렉터리 내의 정보들을 관리할 수 있다.

- 사용자 신분을 인증하는 메커니즘. LDAP 저장소에 직접 대조해서 사용자 를 인증할 수도 있지만 MIT에서 처음 개발한 커버로스^{Kerberos} 티켓 기반 인 증 시스템을 사용하는 경우도 흔하다.[1] 윈도우 환경에서 액티브 디렉터리 는 사용자 신분에 대한 LDAP 접근을 제공하며 맞춤 버전의 인증용 커버로 스를 사용한다.

---

1. 어느 쪽을 통해 수행될 때 인증이 가장 안전한가에 있어서 보안 공동체는 LDAP와 커버로스로 나뉜다. 인생길은 결정하지 못해 납작 엎드려 있는 다람쥐들로 포장돼 있다. 일단 선택했으면 뒤돌아보지 말자.

- 현대의 유닉스와 리눅스 시스템에서의 인증은 PAM이라 불리는 장착형 인증 모듈^{Pluggable Authentication Module}을 통해 이뤄진다. 시스템 보안 서비스 데몬^{System Security Service Daemon}(sssd)을 사용해 사용자 신분과 인증 서비스에 대한 접근을 취합한 후 PAM이 sssd를 향하게 할 수 있다.
- C 라이브러리 루틴의 중앙 집중식 신분 및 인증 인식 버전은 사용자 속성을 탐색한다. 이런 루틴들은 (예, getpwent) 전통적으로 /etc/passwd와 /etc/group과 같은 파일들을 읽어 그 내용을 참조해 쿼리에 응답한다. 요즘은 데이터 소스가 네임 서비스 스위치 파일 /etc/nsswitch.conf에 설정된다.

다음 페이지의 그림 A는 전형적인 환경설정에서의 다양한 구성 요소들의 상위 관계를 보여준다. 이 예는 디렉터리 서버로서 액티브 디렉터리를 사용한다. 커버로스를 사용하는 환경에서는 시간 동기(NTP)와 호스트명 매핑(DNS) 모두가 결정적으로 중요하다는 점에 유의한다. 인증 티켓은 타임스탬프가 찍혀 있고 제한된 유효 기간을 갖기 때문이다.

이번 장에서는 핵심적인 LDAP 개념을 다루고 특정한 유닉스 및 리눅스용 LDAP 서버 두 개를 소개한다. 그런 다음 하나의 머신이 중앙 집중식 디렉터리 서비스를 사용해 로그인을 처리하는 데 필요한 과정들을 설명한다.

그림 A SSO 구성 요소

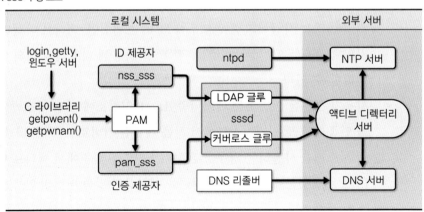

17.2 LDAP: 경량 디렉터리 서비스

디렉터리 서비스는 몇 가지 전제 사항을 갖고 있는 일종의 데이터베이스다. 그 전제 사항들과 일치하는 모든 종류의 데이터는 디렉터리에 포함될 수 있다. 기본 전제 사항들은 다음과 같다.

- 데이터 객체가 비교적 작다.
- 데이터베이스는 광범위하게 복제되며 캐싱된다.
- 정보는 속성을 기반으로 한다.
- 데이터 읽기는 자주 발생하지만 쓰기는 드물게 일어난다.
- 일반적으로 수행되는 작업은 검색이다.

현재 이러한 역할을 충족시키는 IETF 표준 트랙 프로토콜은 경량 디렉터리 접근 프로토콜LDAP, Lightweight Directory Access Protocol이다.[2] LDAP는 원래 TCP/IP 클라이언트가 (현재는 폐기된) X.500이라 불리는 옛날 디렉터리 서비스와 대화할 수 있게 해주는 일종의 게이트웨이 프로토콜이었다.

마이크로소프트의 액티브 디렉터리는 가장 많이 사용되는 LDAP 구현으로, 많은 사이트에서 윈도우와 유닉스/리눅스 인증을 위해 액티브 디렉터리를 사용한다. 액티브 디렉터리를 사용할 수 없는 환경에서는 OpenLDAP 패키지(openldap.org)가 표준으로 사용된다. 영리한 이름을 가진 389 디렉터리 서버(예전에는 페도라 디렉터리 서버와 넷스케이프 디렉터리 서버라 불렀음)는 오픈소스이기도 하며 port389.org에서 구할 수 있다.[3]

LDAP의 사용

LDAP는 어느 정도 체험하기 전까지는 잡기 어려운 미끄러운 생선과도 같다. LDAP 자체는 어떤 특별한 관리 문제도 해결해 주지 않는다. 요즘에 와서 LDAP의 가장 일반적인 용도는 로그인 네임, 암호 등의 계정 속성들을 위한 중앙 저장소 역할을 하는 것이다. 하지만 LDAP는 다음과 같은 여러 가지 다른 용도로도 사용될 수 있다.

---

2. 아이러니하게도 LDAP는 단지 경량 역할만 한다.
3. TCP 포트 389는 모든 LDAP 구현의 기본 포트다.

- LDAP는 전화번호, 집 주소, 사무실 위치 등 추가적인 디렉터리 정보를 저장할 수 있다.
- 샌드메일^sendmail, 엑심^Exim, 포스트픽스^Postfix 등 대부분의 메일 시스템은 LDAP에서 라우팅 정보의 많은 부분을 끌어낼 수 있다.
- LDAP는 애플리케이션들(다른 팀이나 부서에서 작성한 것들까지도)이 계정 관리의 정확하고 구체적인 사항들을 염려하지 않고도 사용자 인증을 쉽게 할 수 있게 해준다.
- LDAP는 코드 라이브러리를 통해 펄^Perl, 파이썬^Python과 같은 일반적인 스크립트 언어에 의해 잘 지원된다. 그런 이유로 LDAP는 지역에서 작성된 스크립트와 관리 유틸리티의 환경설정 정보를 배포하기 위한 좋은 방법이 될 수 있다.
- LDAP는 공공 디렉터리 서비스로도 잘 지원된다. 대부분의 주된 이메일 클라이언트들은 LDAP에 저장된 사용자 디렉터리를 읽을 수 있다. 간단한 LDAP 검색은 LDAP URL 타입을 통해 많은 웹 브라우저에 의해서도 지원된다.

LDAP 데이터 구조

LDAP 데이터는 LDAP 분야에서 '엔트리^entry'라 부르는 속성 목록^property list의 형태를 취한다. 각 엔트리는 (description이나 uid와 같은) 명명된 속성과 속성 값들의 집합으로 구성된다. 모든 속성은 여러 개의 값을 가질 수 있다. 윈도우 사용자들은 이런 구조를 윈도우 레지스트리^registry의 구조와 유사한 것으로 생각할 수도 있다.

예를 들어 다음은 LDAP 엔트리로 표현된 전형적인 (하지만 단순화시키지 않은) /etc/passwd 줄이다.

```
dn: uid=ghopper,ou=People,dc=navy,dc=mil
objectClass: top
objectClass: person
objectClass: organizationalPerson
objectClass: inetOrgPerson
objectClass: posixAccount
objectClass: shadowAccount
```

```
uid: ghopper
cn: Grace Hopper
userPassword: {+rypt}$1$pZaLAflRL$MPDJo+?afuhHY6yk8HgFp?
loginShell: /bin/bash
uidNumber: 1202
gidNumber: 1202
homeDirectory: /home/ghopper
```

이런 표기법은 대부분의 LDAP 관련 도구와 서버 구현에서 사용되는 LDAP 데이터 교환 형식^{Data Interchange Format}인 LDIF의 간단한 예다. LDAP 데이터는 일반 텍스트로 쉽게 상호 변환될 수 있다는 사실이 성공 요인의 일부다.

엔트리들은 일종의 검색 경로를 형성하는 '구분명^{distinguished names}'(속성명: dn)의 사용을 통해 하나의 계층으로 구조화된다. DNS에서와 같이 '최상위 비트^{MSB, Most Significant Bit}'가 오른쪽에 온다. 앞의 예에서 DNS명 navy.mil은 LDAP 계층 구조의 최상단을 구성하며 두 개의 도메인 요소^{dc, domain component} 'navy'와 'mil'로 쪼개진다. 하지만 이것은 여러 가지 일반적인 관례 중 하나일 뿐이다.

모든 엔트리는 정확히 한 개의 고유한 이름을 갖는다. 엔트리들은 서로 완전히 분리되며 dn 속성에 의해 암묵적으로 정의된 것을 제외하고는 어떠한 계층 관계도 갖지 않는다. 이런 접근법은 고유성을 요구하며 구현에 있어 데이터를 효율적으로 인덱싱하고 검색하는 방법에 관한 힌트를 제공한다. 다양한 LDAP 소비자가 dn 속성에 의해 정의된 가상 계층 구조를 사용하지만 그것은 LDAP 시스템의 명시적인 기능이기보다는 데이터 구조화 관례에 가깝다. 하지만 엔트리 간의 심볼릭 링크와 다른 서버에 대한 참조에 대한 대비책들이 있다.

LDAP 엔트리들은 보통 objectClass 속성의 사용으로 도식화된다. 객체 클래스는 하나의 엔트리가 포함할 수 있는 속성들을 지정한다. 그러한 속성 중 일부는 유효성 검증에 요구된다. 스키마타^{schemata}는 각 속성에 데이터 타입을 지정하기도 한다. 객체 클래스는 전통적인 객체지향적 방식으로 서로 삽입되거나 결합된다. 객체 클래스 트리의 최상단은 top이라 부르는 클래스로, 단지 엔트리가 objectClass 속성을 가져야만 함을 지정한다.

표 17.1은 흔히 사용되는 LDAP 속성 중에서 그 의미를 즉각 알지 못할 수도 있는 속성들의 일부를 보여준다.

표 17.1 LDAP 계층 구조에 흔히 나타나는 속성명

속성	의미	기능
o	Organization	한 사이트의 최상위 엔트리를 지칭[a]
ou	Organizational unit	논리적 하위 조직(예, 'marketing')
cn	Common name	엔트리를 표현하는 가장 자연스러운 이름
dc	Domain component	계층 구조를 DNS에 모델링한 사이트에서 사용
objectClass	Object class	현재 엔트리의 속성이 부합하는 스키마

a. LDAP 계층 구조를 DNS에 모델링한 사이트에서는 보통 사용하지 않는다.

OpenLDAP: 전통적인 오픈소스 LDAP 서버

OpenLDAP는 미시건 대학교에서 처음 완성했던 작업의 확장이다. 현재는 오픈소스 프로젝트로 지속되고 있다. OpenLDAP는 반드시 기본 설치에 포함돼 있는 것은 아니지만 어쨌든 대부분의 리눅스 배포판에 포함돼 있다. 문서화 작업은 "매우 활발하다."는 말로 표현하는 게 가장 적절할 것 같다.

OpenLDAP 배포판에서 **slapd**는 표준 LDAP 서버 데몬이다. 여러 개의 OpenLDAP 서버를 갖는 환경에서는 **slurpd**가 마스터 서버에서 실행되며 변경 사항들을 슬레이브 서버에 푸시[push]함으로써 복제를 처리한다. 커맨드라인 도구를 선택하면 LDAP 데이터를 쿼리하고 수정할 수 있다.

설정은 간단하다. 우선 OpenLDAP 서버와 함께 설치된 사례를 복사해서 /etc/openldap/slapd.conf 파일을 생성한다. 다음은 특히 주의를 기울여야 할 줄들이다.

```
database bdb
suffix "d+=mydomain, dc=com"
rootdn "cn=admin, dc=mydomain, dc=com"
rootpw {crypt}abJnggxhB/yWI
directory /var/lib/ldap
```

데이터베이스 포맷은 OpenLDAP 시스템 내에 상주하는 데이터에 적합한 버클리

DB가 기본으로 돼 있다. 실시간으로 데이터를 생성하는 스크립트와 같은 방편들을 포함해 여러 가지 다른 백엔드를 사용할 수 있다.

suffix는 'LDAP 기본명^basename'으로, DNS 도메인과 유사한 개념으로서 LDAP 네임스페이스에서 해당 부분의 기초가 된다. 실제로 위 예는 DNS 도메인명을 LDAP 기본명으로 사용하는 일반적인 사례를 보여준다.

rootdn은 시스템 관리자의 이름이며 rootpw는 시스템 관리자의 해시 암호다. 시스템 관리자 이름 전까지의 도메인 요소들은 반드시 기술돼야 함에 유의한다. slappasswd 명령을 사용해 이 필드의 값을 생성할 수 있다. 명령의 출력을 복사해서 파일 안에 붙여 넣으면 된다.

이러한 암호 해시가 존재하기 때문에 slapd.conf 파일은 루트에 의해 소유되며 그 사용 권한은 600이어야 함을 명심한다.

/etc/openldap/ldap.conf 파일을 편집해 LDAP 클라이언트 요청을 위한 기본 서버와 기초명을 설정한다. 이 작업은 매우 간단해 host 항목의 인수를 해당 서버의 호스트명으로 설정하고 base를 slapd.conf 파일에 있는 suffix와 같은 값으로 설정하기만 하면 된다. 두 줄 모두 주석 처리돼 있지 않음을 확인하자. 다음은 atrust.com에서 인용한 예다.

```
BASE        dc=atrust,dc=com
URI         ldap://atlantic.atrust.com
```

이 시점에서 slapd를 인수 없이 실행함으로써 slapd를 간단히 시작할 수 있다.

389 디렉터리 서버: 오픈소스 LDAP 서버의 대안

OpenLDAP와 마찬가지로 389 디렉터리 서버^Directory Server(port389.org)는 미시건 대학에서 한 작업의 확장이다. 하지만 389 디렉터리 서버는 상용 제품(넷스케이프)에서 몇 년간 사용되고 나서 오픈소스 프로젝트로 돌아왔다.

OpenLDAP의 대안으로 389 디렉터리 서버를 고려하는 데는 여러 가지 이유가 있지만 문서가 매우 훌륭하다는 점이 하나의 뚜렷한 장점이다. 389 디렉터리 서버는 상세한 설치와 전개 방법을 비롯한 여러 가지 전문가급 시스템 관리 및 사용 안내서가 따라온다.

다음은 389 디렉터리 서버의 주요 기능들이다.

- 장애 허용fault tolerance과 우수한 쓰기 성능을 위한 다중 마스터 복제
- 액티브 디렉터리 사용자와 그룹 동기화
- 모든 측면의 사용자, 그룹, 서버 관리를 위한 그래픽 콘솔
- 가동 중단 없는 온라인 LDAP 기반의 스키마, 환경설정, 관리, 인트리in-tree 접근 제어 정보ACI의 갱신

389 디렉터리 서버는 활동적인 개발 공동체를 OpenLDAP보다 훨씬 많이 갖고 있다. 새로운 설치에 대해서는 OpenLDAP보다 389 디렉터리 서버를 권장한다.

관리적 관점에서 보면 두 오픈소스 서버의 구조와 동작은 매우 유사하다. 이 사실은 두 패키지가 모두 동일한 코드 베이스 위에 만들어진 것이라는 점에서 그다지 놀랄 일은 아니다.

LDAP 쿼리

LDAP를 관리하려면 데이터베이스의 내용을 보거나 조작할 수 있어야 한다. 앞서 언급한 phpLDAPadmin 도구는 '직관적으로 가리키고 클릭하기' 식의 인터페이스를 제공하기 때문에 이런 목적으로 사용할 수 있는 훌륭한 무료 도구 중 하나다. phpLDAPadmin을 선택할 수 없다면 ldapsearch(OpenLDAP와 389 디렉터리 서버 모두에 포함돼 있음)가 LDIF 형식으로 출력할 수 있는 유사한 커맨드라인 도구다. ldapsearch는 특히 스크립트로 사용하거나 액티브 디렉터리가 LDAP 서버의 역할을 하고 있는 디버깅 환경에서 사용하기 좋다.

다음 쿼리 예는 ldapsearch를 이용해 cn이 'ned'로 시작하는 모든 사용자의 디렉터리 정보를 검색하는 것이다. 이 경우에는 하나의 결과만이 존재한다. 다양한 커맨드라인 플래그들의 의미는 다음에 설명한다.

```
$ ldapsearih -h atlantiihatrusthiom -p 389
    -x -D "in=trent,in=users,di=boulder,di=atrust,di=iom" -W
    -b "in=users,di=boulder,di=atrust,di=iom" "in=ned*"

Enter LDAP Password: <password>

# LDAPv3
# base <cn=users, dc=boulder, dc=atrust, dc=com> with scope sub
# filter: +n=ned*
# requesting: ALL
#
# ned, Users, boulder.atrust.com
dn: cn=ned, cn=Users, dc=boulder, dc=atrust, dc=com
objectClass: top
objectClass: person
objectClass: organizationalPerson objectClass: user
cn: ned
sn: McClain
telephoneNumber: 303 555 4505
givenName: Ned
distinguishedName: cn=ned, cn=Users, dc=boulder, dc=atrust, dc=com
displayName: Ned McClain
memberOf: cn=Users, cn=Builtin, dc=boulder, dc=atrust, dc=com
memberOf: cn=Enterprise Admins, cn=Users, dc=boulder, dc=atrust, dc=com
name: ned
sAMAccountName: ned
userPrincipalName: ned@boulder.atrust.com
lastLogonTimestamp: 129086952498943974
mail: ned@atrust.com
```

ldapsearch의 -h와 -p 플래그는 각각 쿼리하고자 하는 LDAP 서버의 호스트와 포트를 지정한다.

보통은 자기 자신을 LDAP 서버에 인증해야 한다. 이 경우에는 (SASL과는 달리) -x 플래그가 간단한 인증을 요청한다. -D 플래그는 쿼리를 실행하는 데 필요한 권한을 갖고 있는 사용자 계정의 고유한 이름을 지정하며 -W 플래그는 ldapsearch가 상응하는 암호를 프롬프팅^{prompt}하게 만든다.

-b 플래그는 ldapsearch에게 검색을 시작할 LDAP 계층에서의 위치를 말해준다. 이 매개변수는 baseDN으로 알려져 있기 때문에 b인 것이다. 기본적으로 ldapsearch는

baseDN 아래에서 매칭되는 모든 항목을 반환한다. 이 기능은 -s 플래그를 이용해 조정할 수 있다.

마지막 인수는 무엇을 찾고 있는가를 기술하는 일종의 '필터^{filter}'다. 이것은 옵션 플래그를 요구하지 않는다. 이 필터(cn=ned*)는 'ned'로 시작하는 공통된 이름을 갖는 모든 LDAP 항목을 반환한다. 필터는 별표를 셸 글로빙$^{shell\ globbing}$으로부터 보호하고자 양쪽에 인용부호가 사용된다.

주어진 baseDN 아래의 모든 항목을 추출하려면 검색 필터로 objectClass=*를 사용하거나 그냥 생략하면 된다. 이 값이 기본값이기 때문이다.

필터 뒤에 따라오는 인수들은 반환할 특정 속성들을 선택한다. 예를 들어 위의 커맨드라인에서 mail givenName을 추가하면 ldapsearch는 일치하는 속성들의 값만 반환한다.

passwd와 group 파일을 LDAP으로 변환

LDAP으로 옮겨가고 있는 중이고 기존 사용자와 그룹 정보가 일반 파일에 저장돼 있다면 기존 데이터를 이주시키고 싶을 것이다. RFC2307은 passwd나 group 파일과 같은 전통적인 유닉스 데이터 세트에서 LDAP 네임스페이스로의 표준 매핑을 정의하고 있다. 그것은 적어도 이론적으로는 유닉스 환경에서 LDAP를 사용하고자 하는 시스템 관리자에게 매우 유용한 참고 자료다. 실제 환경에서 그 사양들은 사람보다는 컴퓨터가 읽는 것이 훨씬 쉽다. 예를 보는 게 더 나을 것이다.

패들 소프트웨어$^{Padl\ Software}$는 기존 일반 파일이나 NIS 맵을 LDAP로 이주시키는 무료 펄 스크립트 세트를 제공한다. padl.com/OSS/MigrationTools.html에서 구할 수 있으며 스크립트들은 실행하기 쉽다. 스크립트들은 LDIF를 생성하는 필터로 사용되거나 데이터를 직접 업로드하는 라이브 서버 대신 실행될 수 있다. 예를 들면 migrate_group 스크립트는 다음과 같은 /etc/group의 줄을

```
csstaff:x:2033:evi,matthew,trent
```

다음 LDIF로 변환한다.

```
dn: cn=csstaff,ou=Group,dc=domainname,dc=com
cn: csstaff
objectClass: posixGroup
objectClass: top
userPassword: {crypt}x
gidNumber: 2033
memberuid: evi
memberuid: matthew
memberuid: trent
```

17.3 로그인을 위한 디렉터리 서비스 사용

일단 디렉터리 서비스를 구성했다면 다음과 같은 환경설정 작업들을 완료해 시스템이 SSO 낙원으로 들어갈 수 있게 한다.

- 액티브 디렉터리를 커버로스^{Kerberos}와 함께 사용할 계획이라면 커버로스를 구성하고 시스템을 액티브 디렉터리 도메인에 결합시킨다.
- 적절한 식별 및 인증 저장소(LDAP, 액티브 디렉터리, 또는 커버로스)와 통신하고자 sssd를 구성한다.
- 사용자, 그룹, 암호 정보의 소스로서 sssd를 사용하고자 네임 서비스 스위치 nsswitch.conf를 구성한다.
- sssd를 통해 인증 요청을 서비스하고자 PAM을 구성한다.[4]

이 과정들을 차례로 다룰 것이다.

커버로스

커버로스는 대칭키 암호화 기술을 사용하는 티켓 기반 인증 시스템이다. 커버로스의 최근 인기는 그것을 액티브 디렉터리와 윈도우 인증의 일부로 사용한 마이크로소프트에 의해 주도됐다. SSO 목적에서 리눅스와 FreeBSD에 어떻게 액티브 디렉터리 커버로스 환경을 통합하는가를 설명하겠다. 액티브 디렉터리가 아닌

---

4. 일부 소프트웨어는 전통적인 getpwent 라이브러리 루틴들을 사용해 사용자 정보를 검색한다. 반면 현대식 서비스들은 PAM 인증 루틴들을 직접 호출하는 경우가 많다. 완전하게 기능하는 환경을 보장하려면 PAM과 nsswitch.conf를 모두 구성한다.

다른 LDAP서버를 사용하고 있거나 커버로스 경로보다는 LDAP경로를 통해 액티브 디렉터리를 인증하고자 한다면 'sssd' 절로 건너뛸 수 있다.

AD 통합을 위한 리눅스 커버로스 환경설정

 시스템 관리자는 종종 그들의 리눅스 시스템이 액티브 디렉터리 도메인의 멤버이길 원한다. 예전에는 이러한 구성의 복잡성 때문에 시스템 관리자들이 많이 힘들어 했다. 다행히도 realmd의 등장으로 이런 업무들이 훨씬 간편하게 됐다. realmd는 sssd와 커버로스 모두를 위한 환경설정 도구의 역할을 한다.

액티브 디렉터리 도메인에 가입을 시도하기 전에 다음과 같은 사항을 확인한다.

- 도메인에 가입시키려는 리눅스 시스템에 realmd가 설치돼 있다.
- sssd가 설치돼 있다(아래 참고).
- ntpd가 설치돼 있고 실행되는 중이다.
- 내 AD 도메인의 정확한 이름을 알고 있다.
- 시스템들을 도메인에 가입시키게 허용된 AD 계정용 자격증명을 갖고 있다. 이 액션의 결과로 커버로스 티켓 승인 티켓$^{\text{TGT, Ticket-Granting Ticket}}$이 시스템에 발행돼 시스템은 시스템 관리자 암호에 접근하지 않고도 계속되는 인증 작업을 수행할 수 있게 된다.

예를 들어 AD 도메인 이름이 ULSAH.COM이고 AD 계정 trent에게 시스템의 도메인 가입이 허용돼 있다면 다음과 같은 명령을 사용해 시스템들을 도메인에 가입시킬 수 있다.

```
$ sudo realm join --user=trent ULSAH.COM
```

그런 후 다음과 같이 그 결과를 확인할 수 있다.

```
$ realm list
ulsah.com
    type: kerberos
    realm-name: ULSAH.COM
    domain-name: ulsah.com
```

```
    configured: kerberos?member
    server-software: active-directory
    client-software: sssd
    required-package: sssd
    required-package: adcli
    required-package: samba-common
    login-formats: %U@ulsah.com
    login-policy: allow-real logins
```

AD 통합을 위한 FreeBSD 커버로스 환경설정

 커버로스는 복잡한 환경설정 프로세스(특히 서버 쪽) 때문에 그 악명이 높다. 불행히도 FreeBSD에는 커버로스 구성과 액티브 디렉터리 도메인 가입을 한 번에 할 수 있는 리눅스의 **realmd**와 같은 매끄러운 도구가 없다. 하지만 커버로스의 클라이언트 쪽만 구성하면 된다. 환경설정 파일은 /etc/krb5.conf다.

우선 시스템의 완전한 도메인명이 /etc/hosts에 포함돼 있는지, NTP가 구성돼 있고 작동하고 있는지를 재확인한다. 그런 다음 krb5.conf를 편집해 다음 예와 같이 영역을 추가한다. ULSAH.COM을 자신의 AD 도메인명으로 대체한다.

```
[logging]
    default = FILE:/var/log/krb5.log
[libdefaults]
    clockskew = 300
    default_realm = ULSAH.COM
    kdc_timesync = 1
    ccache_type = 4
    forwardable = true
    proxiable = true
[realms]
    ULSAH.COM = {
        kdc = dc.ulsah.com
        admin_server = dc.ulsah.com
        default_domain = ULSAH
    }
[domain_realm]
    .ulsah.com = ULSAH.COM
    ulsah.com = ULSAH.COM
```

앞의 예에는 여러 가지 흥미로운 값이 있다. NTP를 통해 시간이 설정되지만 5분의 시간 불일치가 허용된다. 이런 여유를 줌으로써 NTP에 문제가 생겨도 시스템이 기능할 수 있게 한다. 기본 **realm** 값은 AD 도메인으로 설정되며, 키 분배 센터^{KDC,} Key Distribution Center는 AD 도메인 컨트롤러로 설정된다. krb5.log는 디버깅 목적으로 사용된다.

kinit 명령을 실행해 액티브 디렉터리 컨트롤러에서 티켓을 요청한다. 유효한 도메인 사용자 계정을 지정한다. '시스템 관리자^{administrator}' 계정이 테스트하기에는 좋지만 다른 계정을 사용해도 무방하다. 프롬프트가 나오면 도메인 암호를 입력한다.

```
$ kinit administrator@ULGAIh?OM
Password for administrator@ULSAH.COM: <password2>
```

커버로스 티켓을 보려면 **klist** 명령을 사용한다.

```
$ klist
Ticket cache: FILE:/tmp/krb5cc_1000
Default principal: administrator@ULSAH.COM

Valid  starting        Expires                 Service  principal
04/30/17 13:40:19      04/30/17 23:40:21       krbtgt/ULSAH.COM@ULSAH.COM
        renew  until   05/01/17  13:40:19

Kerberos 4 ticket cache: /tmp/tkt1000
klist: You have no tickets cached
```

티켓이 표시된다면 인증은 성공한 것이다. 이 경우에는 티켓이 10시간 동안 유효하며 24시간 동안 갱신될 수 있다. **kdestroy** 명령을 사용하면 티켓을 무효화할 수 있다.

마지막 단계는 다음과 같이 시스템을 도메인에 가입시키는 것이다. 사용된 시스템 관리자 계정(이 경우에는 trent)은 시스템을 도메인에 가입시킬 때 반드시 액티브 디렉터리 서버에 관한 적절한 권한을 갖고 있어야 한다.

```
$ net ads join -U trent
Enter trent's password: <password>
Using short domain -- ULSAH
Joined 'example.ulsah.+om' to domain 'ULSAH.COM'
```

다른 환경설정 옵션들을 보려면 krb5.conf 맨페이지를 참고한다.

sssd: 시스템 보안 서비스 데몬

유닉스와 리눅스가 SSO라는 열반에 이르는 길은 험난했다. 수년 전만 해도 모든 서비스 및 애플리케이션에 대해 독립적 인증을 구성하는 것이 일반적이었다. 이런 접근법은 종종 분리된 환경설정의 늪에 빠지게 하고 시간이 지나면 관리가 불가능한 문서화되지도 않은 종속성들을 낳게 한다. 사용자의 암호가 어떤 애플리케이션에서는 작동하고 다른 애플리케이션에서는 작동하지 않아 모든 사람이 불만을 느끼게 했다.

예전에 마이크로소프트는 액티브 디렉터리 안에 유닉스 사용자와 그룹들을 쉽게 수용할 수 있게 해주는 확장을 내놓았다. 이 확장은 처음에는 '유닉스용 서비스 Services for UNIX'로 불리다가 '유닉스용 윈도우 보안 및 디렉터리 서비스 Windows Security and Directory Services for UNIX'로 바뀌었으며 마지막에는 윈도우 서버 2012에서 '유닉스용 아이덴티티 관리 Identity Management for UNIX'로 이름이 바뀌었다. 하지만 이러한 속성들의 관리에 필요한 권한을 비유닉스 시스템에 넣음으로써 부자연스러운 옷을 입게 됐다. 더 많은 것을 구제하고자 마이크로소프트는 이 기능을 윈도우 서버 2016부터 지원을 중단했다.

이 문제들은 일종의 포괄적 솔루션을 요구하며 그것은 곧 시스템 보안 서비스 데몬(sssd)이 제공하는 바였다. 리눅스와 FreeBSD에서도 사용 가능한 sssd는 사용자 식별 논쟁, 인증, 계정 매핑을 한꺼번에 해결해주는 원스톱 상점이다. 자격증명을 오프라인으로 캐싱할 수도 있어 모바일 장치에 유용하다. sssd는 토종 LDAP을 통해서도, 커버로스를 통해서도 모두 인증을 지원한다.

sssd는 sssd.conf 파일을 통해 구성한다. 다음은 액티브 디렉터리를 디렉터리 서비스로 사용하는 환경을 위한 기본적인 예다.

```
[sssd]
services = nss, pam
domains = ULSAH.COM

[domain/ULSAH.COM]
id_provider = ad
access_provider = ad
```

AD가 아닌 LDAP 서버를 사용하고 있다면 sssd.conf 파일은 다음과 같은 모습일
것이다.

```
[sssd]
services = nss, pam
domains = LDAP

[domain/LDAP]
id_provider = ldap
auth_provider = ldap
ldap_uri = ldap://ldap.ulsah.com
ldap_user_search_base = dc=ulsah,dc=com
tls_reqcert = demand
ldap_tls_cacert = /etc/pki/tls/certs/ca-bundle.crt
```

뻔히 예상되는 보안 문제 때문에 sssd는 암호화되지 않은 채널에 대해서는 인증을
허용하지 않으므로 LDAPS/TLS의 사용이 요구된다. 위 예에서는 tls_reqcert 속
성을 demand로 설정해 sssd가 서버 인증서를 추가로 검증하게 한다. sssd는 인증
서에 결함이 발견되면 접속을 끊는다.

일단 sssd가 시작돼 실행 중이면 식별과 인증 정보를 위한 출처로 sssd를 사용할
것을 시스템에 알려야 한다. 이 과정에서 해야 할 다음 단계는 네임 서비스 스위치
와 PAM의 환경을 구성하는 것이다.

nsswitch.conf: 네임 서비스 스위치

네임 서비스 스위치^{NSS, Name Service Switch}는 다양한 환경설정 데이터베이스와 네임 해
석 메커니즘들 사이에서 선택을 용이하게 하고자 개발됐다. 모든 환경설정은

/etc/nsswitch.conf 파일 안으로 들어간다.

그 구문은 간단하다. 특정 검색 타입에 대해 조회되는 순서대로 소스들을 나열하기만 하면 된다. 항상 시스템의 로컬 passwd와 group 파일들이 제일 먼저 조회(files에 의해 지정)돼야 하지만 그런 다음에는 sssd를 거쳐 액티브 디렉터리나 다른 디렉터리 서비스(sss에 의해 지정)로 넘길 수 있다. 이러한 항목들이 필요한 작업들을 수행하는 것이다.

```
passwd: files sss
group:  files sss
shadow: files sss
```

일단 nsswitch.conf 파일의 설정이 완료되면 getent passwd 명령을 이용해 환경설정을 테스트해볼 수 있다. 이 명령은 /etc/passwd 포맷으로 된 모든 소스에 의해 정의된 사용자 계정들을 출력한다.

```
$ getent  passwd
root:x:0:0:root:/root:/bin/bash
daemon:x:1:1:daemon:/usr/sbin:/bin/sh
...
bwhaley:x:10006:10018::/home/bwhaley:/bin/sh
guest:*:10001:10001:Guest:/home/ULSAH/guest:/bin/bash
ben:*:10002:10000:Ben Whaley:/home/ULSAH/ben:/bin/bash
krbtgt:*:10003:10000:krbtgt:/home/ULSAH/krbtgt:/bin/bash
```

로컬 사용자와 도메인 계정을 구별하는 유일한 방법은 위 출력의 마지막 세 줄에서 볼 수 있듯이 사용자 ID와 홈 디렉터리의 경로를 살피는 것이다.

PAM: 쿠킹 스프레이인가 경이로운 인증 수단인가?

PAM은 '장착형 인증 모듈Pluggable Authentication Module'을 의미한다. PAM 시스템은 인증 시스템에 직접 접속을 구현해야 하는 작업에서 프로그래머를 해방시켜주고, 시스템 관리자에게는 시스템의 인증 방법들을 탄력적이고 모듈러하게 제어할 수 있게 해준다. 그 개념과 용어는 모두 썬 마이크로시스템즈Sun Microsystems(현재는 오라클에 합병), 선 소프트^{SunSoft}의 사마르^{Samar}와 라이^{Lai}의 1996년 논문에서 온 것이다.

훨씬 이전에는 **login**과 같은 명령은 사용자에게 암호를 묻는 프롬프트를 표시하고 그 암호를 /etc/shadow(당시에는 /etc/passwd)에서 가져온 암호화된 버전과 비교해 두 암호가 일치하는지를 판단하는 고정된 인증 코드를 포함하고 있었다. 물론 다른 명령들(예, **passwd**)도 유사한 코드를 포함하고 있었다. 소스코드가 없다면 인증 방법을 변경하는 것은 불가능했으며 시스템 관리자들은 시스템이 '암호'를 유효한 암호로 수용해야 하는지 같은 세부 사항을 제어할 방법이 거의 없었다. PAM은 그 모든 것을 바꿨다.

PAM은 시스템의 인증 루틴들을 **login**과 다른 프로그램이 호출할 수 있는 공유 라이브러리에 넣었다. 인증 기능을 별개의 서브시스템으로 분리함으로써 PAM은 인증과 암호화의 새로운 기술들을 컴퓨팅 환경에 통합할 수 있게 만들었다. 예를 들어 다중 인증^{multifactor authentication}은 **login**과 **passwd**의 소스코드를 변경하지 않고 지원된다.

시스템 관리자는 필요한 수준의 인증 보안을 설정할 수 있어 환경설정 업무가 간단하게 됐다. 더 이상 지루한 인증 코드를 작성할 필요가 없게 된 프로그래머들도 만족스러웠다. 더욱 중요한 점은 인증 시스템들이 첫 시도에서도 정확히 구현된다는 것이다. PAM은 모든 종류의 활동(사용자 로그인, 다른 형태의 시스템 접근, 보호된 웹 사이트의 사용, 애플리케이션의 환경설정까지도 가능)을 인증할 수 있다.

PAM 환경설정

PAM 환경설정 파일들은 한 줄 정의의 연속이라 할 수 있으며 각 줄은 시스템에서 사용되는 특정 모듈을 지칭한다. 일반적인 모습은 다음과 같다.

```
moduIe-type control-flag moduIe-path [ arguments ]
```

각 필드는 공백 문자로 구분된다.

PAM 환경설정 파일에 모듈이 나타나는 순서는 중요하다. 예를 들면 사용자에게 암호를 프롬프팅하는 모듈은 반드시 암호 유효성을 검사하는 모듈 이전에 와야 한다. 한 모듈은 환경변수나 PAM 변수를 설정해 자신의 출력을 다음 모듈에게 넘겨줄 수 있다.

module-type 매개변수(auth, account, session, password)는 모듈이 수행할 작업을 결정한다. auth 모듈은 사용자를 식별하고 그룹 멤버십을 허락한다. account 작업을 수행하는 모듈은 하루 중 특정 시간에 로그인을 제한하거나 동시 사용자 수 또는 로그인이 일어날 수 있는 포트를 제한하는 것과 같은 강제적 제약 사항들을 수행한다(예를 들면 *account-type* 모듈을 사용해 콘솔의 루트 로그인을 제한할 수 있다). session 작업은 사용자의 접근이 허락되기 전후에 수행되는 작업을 포함한다. 예를 들면 사용자 홈 디렉터리의 마운트와 같은 것이다. 끝으로 password 모듈은 사용자 암호나 암호 구문^{passphrase}을 변경한다.

*control-flag*는 스택에 있는 모듈들이 그 스택의 최종 결과를 만들고자 연동되는 방법을 기술한다. 표 17.2는 일반적인 값들을 보여준다.

표 17.2 PAM 제어 플래그

플래그	실패하면 중지?	성공하면 중지?	설명
include	–	–	스택의 현재 위치에 다른 파일을 포함한다.
optional	No	No	이 모듈이 단독 모듈일 때만 의미를 갖는다.
required	No	No	이 모듈이 실패하면 결국 스택이 실패로 끝나게 된다.
requisite	Yes	No	required와 같으나 스택은 즉각적으로 실패한다.
sufficient	No	Yes	이 이름은 일종의 거짓말이다. 다음 설명을 참고한다.

PAM이 스택에 있는 첫 번째 개별 모듈이 실패하자마자 실패 코드를 간단히 반환할 수만 있다면 *control-flags* 시스템은 더 단순하다. 불행히도 대부분의 모듈이 자신의 형제 모듈의 성공이나 실패 여부에 관계없이 실행될 수 있는 기회를 가질 수 있게 시스템이 설계되므로 이런 사실이 제어 흐름에 어떤 감지하기 힘든 미묘한 문제들을 야기한다(원래 의도는 공격자가 PAM 스택의 어떤 모듈이 실패를 유발하는지 학습하지 못하게 하는 것이다).

required 모듈은 성공해야 한다. 이 모듈 중 어떤 하나가 실패하면 전체 스택은 결국 실패로 끝난다. 하지만 required로 표시된 한 모듈의 실패가 스택의 실행을 즉각적으로 중지하지는 않는다. 즉각적인 중지를 원한다면 **required** 대신 **requisite** 컨트롤 플래그를 사용한다.

sufficient 모듈의 성공은 스택을 즉각적으로 중단한다. 하지만 **sufficient** 모듈은 앞선 **required** 모듈의 실패를 덮어쓸 수 없기 때문에 스택의 최종적인 결과는 성공이 보장되지 않는다. 앞선 **required** 모듈이 이미 실패했다면 성공한 **sufficient** 모듈은 스택을 중단시키며 전체 결과로 실패를 반환한다.

시스템의 보안 설정을 수정하기 전에 시스템을 완전히 이해하고 특별한 것들은 확실히 재확인하자(PAM 설정을 매일 하지는 않을 것이다. 어떤 버전이 **requisite**이고 어떤 버전이 **required**인지 기억할 수 있을까?).

PAM의 예

다음은 **sssd**를 실행하고 있는 한 리눅스 시스템에서 가져온 /etc/pam.d/login 파일을 재정리한 것이다. 더욱 일목요연하게 보이도록 인클루드된 파일들을 확장했다.

```
auth       requisite   pam_nologin.so
auth       [user_unknown=ignore  success=ok  ignore=ignore  auth_err=die
            default=bad] pam_securetty.so
auth       required    pam_env.so
auth       sufficient  pam_unix2.so
auth       sufficient  pam_sss.so  use_first_pass

account    required    pam_unix2.so
account    [default=bad  success=ok  user_unknown=ignore]  pam_sss.so

password   requisite   pam_pwcheck.so  nullok  cracklib
password   required    pam_unix2.so  use_authtok  nullok
password   sufficient  pam_sss.so  use_authtok

session    required    pam_loginuid.so
session    required    pam_limits.so
session    required    pam_unix2.so
session    sufficient  pam_sss.so
session    optional    pam_umask.so
session    required    pam_lastlog.so  nowtmp
session    optional    pam_mail.so standard
```

auth 스택은 여러 모듈을 포함하고 있다. 첫 줄에 있는 pam_nologin 모듈은 /etc/nologin 파일의 존재를 검사한다. 존재한다면 사용자가 루트가 아닌 한 로그인을 즉각적으로 중단한다. pam_securetty 모듈은 /etc/securetty에 열거된 터미널에서만 루트가 로그인할 수 있음을 보장한다. 이 줄은 pam.conf 맨페이지에 설명돼 있는 다른 리눅스 구문을 사용한다. 이 경우에 요청된 행위는 required 제어 플래그의 행위와 유사하다. pam_env는 /etc/security/pam_env.conf로부터의 환경 변수들을 설정하고 그런 다음 pam_unix2는 표준 유닉스 인증을 수행함으로써 사용자의 자격증명을 검사한다. 사용자가 로컬 유닉스 계정을 갖고 있지 않으면 pam_sss는 sssd를 통해 인증을 시도한다. 이 모듈 중 하나라도 실패하면 auth 스택은 오류를 반환한다.

account 스택은 pam_unix2와 pam_sss 모듈만을 포함한다. 현재 맥락에서는 계정 자체의 유효성을 평가하고 있다. 예를 들어 계정이 만료됐거나 암호가 변경된 것이 분명하면 이 모듈은 오류를 반환한다. 후자의 경우 관련 모듈은 사용자로부터 새로운 암호를 받아 password 모듈에 넘긴다.

pam_pwcheck 줄은 cracklib 라이브러리를 호출해 제안된 새 암호의 강도를 검사한다. 새 암호가 요건을 충족하지 않으면 오류를 반환한다. 하지만 nullok 플래그 때문에 빈 암호도 허용한다. pam_unix2와 pam_sss 줄은 실제 암호를 갱신한다.

끝으로 session 모듈들은 여러 가지 관리 작업을 수행한다. pam_loginuid는 사용자의 UID에 커널의 loginuid 프로세스 속성을 설정한다. pam_limits는 /etc/security/limits.conf로부터의 리소스 사용 제한 값들을 읽어 그것을 강제하는 상응 프로세스 매개변수들을 설정한다. pam_unix2와 pam_sss는 사용자의 시스템 접근을 로깅하며 pam_umask는 초기 파일 생성 모드를 설정한다. pam_lastlog 모듈은 보안 점검으로 사용자의 마지막 로그인 시간을 표시하며 pam_mail 모듈은 사용자에게 새 메일이 와 있을 때 알림 메시지를 출력한다. 끝으로 pam_ck_connector는 ConsoleKit 데몬(로그인 세션을 관리하는 시스템 범주의 데몬)에게 새 로그인을 알린다.

프로세스의 끝에 이르면 사용자는 성공적으로 인증된 것이며 PAM은 제어권을
login에게 반환한다.

17.4 다른 대안

현재 사용자 식별 및 인증 정보를 조직 내에 중앙 집중화하기 위한 가장 일반적인
방법은 LDAP이지만 수십 년 동안 다른 방법들도 많이 등장했었다. 오래된 것 중
두 가지 NIS와 rsync는 지금까지도 일부 독립된 곳에서 사용되고 있다.

NIS: 네트워크 정보 서비스

1980년에 선[Sun]이 출시한 NIS는 첫 번째로 '절정기'를 누렸던 관리적 데이터베이스
였다. 처음에는 선 옐로우 페이지[Sun Yellow Page]로 불렸지만 나중에 법적인 문제로 이
름을 바꿔야 했다. 지금도 NIS 명령들은 yp로 시작하기 때문에 원래의 이름을 잊
을 수 없다. NIS는 광범위하게 채택됐으며 현재도 FreeBSD와 리눅스 모두가 지원
하고 있다.

하지만 NIS는 이제 쓸모없는 구닥다리가 됐다. NIS는 새로운 배치에서는 사용하
지 말아야 하며, 기존에 배치된 것들은 LDAP과 같은 현대식 대안으로 이주시켜야
한다.

rsync: 보안 파일 전송

앤드류 트리젤[Andrew Tridgell]과 폴 매커라스[Paul Mackerras]가 작성한 rsync는 링크, 수정
시간, 사용 권한을 세밀하게 보존하는 고성능 버전의 scp 같은 것이다. 각각의 파
일들을 들여다보고 버전 간의 차이만 전송하기 때문에 네트워크 효율이 좋다.

/etc/passwd와 /etc/group 같은 파일들을 배포하기 위한 빠르고 간편한 방법 하나
는 마스터 서버에서 그것들을 rsync시키는 cron 작업을 설정하는 것이다. 이런 메
커니즘은 구성하기도 쉽고 유사시에 유용하지만 사용자 암호 변경을 포함한 모든
변경 사항을 마스터에 직접 적용해야 함을 요구한다.

예를 들어 다음 명령은 /etc/passwd와 /etc/shadow 파일을 머신 lollipop으로 전송한다.

```
# rsync -gopt -e ssh /etc/passwd /etc/shadow lollipop:/etc
```

-gopt 옵션은 파일의 사용 권한, 소유권, 수정 시간을 보존한다. rsync는 ssh를 전송 계층으로 사용하므로 접속은 암호화된다. 하지만 이 명령이 스크립트에서 실행되길 원한다면 lollipop에 있는 sshd는 암호를 요구하지 않도록 설정돼야 한다. 물론 그런 설정은 심각한 잠재적 보안 문제가 있으므로 코딩하는 사람은 조심해야 한다.

--include와 --exclude 플래그를 이용하면 파일명 비교를 위한 정규표현식 목록을 지정할 수 있으므로 복잡한 전송 기준들의 집합을 설정할 수 있다. 커맨드라인이 너무 복잡하고 길면 --include-file과 --exclude-file 옵션을 이용해 별도의 파일에서 패턴을 읽을 수 있다.

앤서블^{Ansible}과 같은 환경설정 관리 도구는 시스템 간에 파일을 배포하기 위한 또 다른 일반적인 방법이다. 더 자세한 내용은 23장을 참고한다.

17.5 추천 자료

LDAP에 관한 일반적인 입문서로는 LDAP 아키텍처와 프로토콜을 다룬 『로켓 과학자를 위한 LDAP(LDAP for Rocket Scientists)』가 좋다. zytrax.com/books/ldap에서 온라인으로 구할 수 있다. 또 다른 좋은 정보 소스는 방대하고 다채로운 LDAP 관련 RFC들이다. 하지만 일반적인 용도로는 사용되지 않는 것들로 너무나 복잡하다는 인상을 주는 경향이 있다. 표 17.3은 이러한 RFC 중에서 가장 중요한 것들의 목록이다.

표 17.3 중요한 LDAP 관련 RFC

RFC	제목
2307	네트워크 정보 서비스(NIS)로 LDAP를 사용하는 방법
2820	LDAP용 접근 제어 요건
2849	LDAP 데이터 교환 형식(LDIF)-기술 사양
3112	LDAP 인증 암호 스키마
3672	경량 디렉터리 접근 프로토콜(LDAP)의 하위 항목
4511	LDAP: 프로토콜
4512	LDAP: 디렉터리 정보 모델
4513	LDAP: 인증 방법과 보안 메커니즘
4514	LDAP: 고유 이름의 문자열 표현
4515	LDAP: 검색 필터의 문자열 표현
4516	LDAP: 통합 자원 주소(URL)
4517	LDAP: 구문과 매칭 룰
4519	LDAP: 사용자 애플리케이션용 스키마

다음은 오래됐지만 훌륭한 LDAP에 관한 책이다.

Carter, Gerald. LDAP System Administration. Sebastopol, CA: O'Reilly Media, 2003.

Voglmaier, Reinhard. The ABCs of LDAP: How to Install, Run, and Administer LDAP Services. Boca Raton, FL: Auerbach Publications, 2004.

PAM에 관한 내용만을 다룬 좋은 책도 있다.

Lucas, Michael. PAM Mastery. North Charleston, SC: CreateSpace, 2016.

끝으로 다음은 액티브 디렉터리에 관한 오라일리의 우수한 책이다.

Desmond, Brian, Joe Richards, Robbie Allen, and Alistair G. Lowe-Norris. Active Directory: Designing, Deploying, and Running Active Directory. Sebastopol, CA: O'Reilly Media, 2013.

18 이메일

수십 년 전에는 치킨 요리를 할 때 닭을 튀기는 일만 하지 않았다. 닭장에서 어리고 순한 닭을 골라 숨을 끊고 털을 뽑는 등의 일이 필요했다. 오늘날 대부분은 상점이나 정육점에서 포장된 닭을 사기만 하면 되기 때문에 많은 일을 건너뛸 수 있다.

이메일도 비슷한 방식으로 진화해왔다. 옛날에는 기관들이 이메일 인프라를 직접 구축하는 게 보통이었으며 때로는 정확한 메일 라우팅을 미리 결정해놓기도 했다. 오늘날에는 구글 Gmail이나 마이크로소프트 오피스 365와 같이 패키징된 클라우드 호스티드cloud-hosted 이메일 서비스를 사용한다.

이메일 시스템이 클라우드에서 실행되는 경우일지라도 시스템 관리자는 여전히 그런 이메일 시스템을 이해하고 지원하고 상호작용해야 할 때가 있다. 로컬 이메일 서버를 사용하는 경우라면 환경설정, 모니터링, 테스팅 작업을 해야 하므로 업무 부담은 훨씬 늘어난다.

이와 같이 많은 수작업 업무가 요구되는 상황 중 하나에 해당된다면 18장을 공부할 필요가 있다. 그렇지 않은 경우라면 이번 장은 건너뛰고 이메일 시스템 관리에 사용할 시간은 수백 만 달러를 움직이는 데 도움이 필요한 부유한 외국인에게서 온 메시지에 응답하는 데 사용해 큰 보상을 받자.[1]

18.1 메일 시스템 아키텍처

메일 시스템은 다음과 같이 명확히 구별되는 여러 요소로 구성된다.

- **메일 사용자 에이전트**mail user agent**(MUA 또는 UA)**: 사용자가 메일을 읽거나 작성하게 해준다.
- **메일 제출 에이전트**mail submission agent**(MSA)**: MUA에서 나가는outgoing 메일을 받아 적절히 가공해 전송 시스템에 제출한다.
- **메일 전송 에이전트**mail transport agent**(MTA)**: 머신 간에 메시지를 라우팅한다.
- **전달 에이전트**delivery agent**(DA)**: 메시지들을 로컬 메시지 저장소에 갖다 놓는다.[2]
- **선택적 접근 에이전트**access agent**(AA)**: 사용자 에이전트를 메시지 저장소에 접속시킨다(예, IMAP 또는 POP 프로토콜을 통해).

이러한 기능적 구분은 다소 추상적임에 유의한다. 실제 현실의 메일 시스템들은 이러한 역할들을 쪼개 약간씩 다르게 패키징한다.

이 기능 중 일부에는 스팸, 바이러스, (밖으로 유출되는) 회사 내부 비밀을 인식하기 위한 도구들이 첨부된다. 그림 A는 하나의 메시지가 발신자에서 수신자까지 전달되는 과정에서 다양한 부위가 서로 맞물려 돌아가는 방법을 보여준다.

---

1. 물론 농담이다.
2. 수신하는 사용자들의 메일박스나 데이터베이스

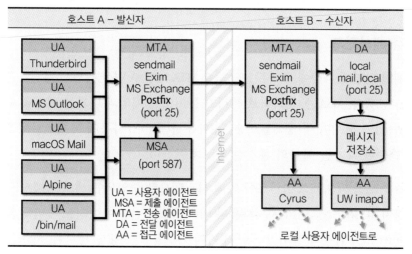

사용자 에이전트

이메일 사용자들은 메시지를 읽고 작성하고자 사용자 에이전트^{User Agent}(때로는 이메일 클라이언트라고도 부른다)를 실행한다. 원래의 이메일 메시지는 텍스트만으로 구성됐으나 현재는 다목적 인터넷 메일 확장^{MIME, Multipurpose Internet Mail Extensions}으로 알려진 표준이 텍스트 포맷과 (바이러스를 포함한) 첨부 자료를 인코딩한다. MIME은 사용자 에이전트 대부분이 지원한다. 일반적으로 MIME은 메일의 주소나 전송에는 영향을 주지 않기 때문에 더 자세히 설명하지는 않겠다.

/bin/mail은 초기의 사용자 에이전트였으며 셸 프롬프트에서 텍스트 이메일 메시지를 읽는 용도로 사용하면 좋을 '구식 예비용품'으로 유지되고 있다. 인터넷에서의 이메일은 텍스트 시대를 한참 지나왔기 때문에 텍스트 기반의 사용자 에이전트는 더 이상 대부분의 사용자에게 실용적이지 못하다. 하지만 /bin/mail을 완전히 버리지는 말아야 한다. 스크립트와 다른 프로그램들에게는 여전히 편리한 인터페이스이기 때문이다.

그림 A가 보여주는 훌륭한 특징 중 하나는 사용자 에이전트가 반드시 메일 시스템의 나머지 부분과 같은 시스템(또는 같은 플랫폼)에서 실행될 필요가 없다는 점이다. 사용자들은 IMAP이나 POP과 같은 접근 에이전트 프로토콜을 통해 윈도우 노트북이나 스마트폰에서도 자신의 이메일에 접근할 수 있다.

제출 에이전트

이메일 반열에 나중에 추가된 MSA들은 MTA의 일부 연산 작업의 부담을 덜어주고자 고안됐다. MSA는 메일 허브 서버가 들어오는 메일과 나가는 메일을 쉽게 구별할 수 있게 해주며(예, 중계를 허용하는가를 판단할 때) 사용자 에이전트에게 일정하고 단순한 나가는 메일의 환경설정을 제공한다.

MSA는 로컬 사용자 에이전트에 의해 시스템으로 주입되는 새로운 메시지의 '접수 담당자'라 할 수 있다. MSA는 사용자 에이전트와 전송 에이전트 사이에 앉아서 예전에는 MTA 업무의 일부였던 여러 가지 기능을 인수해 담당한다. MSA는 사용자 에이전트와의 보안(암호화 및 인증) 통신을 구현하며 종종 사소한 헤더 재작성이나 들어오는 메시지의 정제를 수행한다. MSA는 단지 서로 다른 환경설정을 적용하면서 포트들을 대기하는 MTA에 지나지 않는 경우가 많다.

MSA는 MTA가 사용하는 것과 같은 메일 전송 프로토콜을 사용함으로써 MSA는 MTA에게 사용자 에이전트 관점으로 보인다. 하지만 MSA는 MTA 표준인 포트 25가 아닌 포트 587 접속을 대기하는 게 일반적이다. 이런 체계가 작동하려면 사용자 에이전트는 반드시 포트 25 대신 포트 587에 접속해야 한다. 사용자 에이전트에게 포트 587을 사용하라고 알릴 수 없다면 포트 25에 MSA를 실행할 수는 있지만 그런 경우 반드시 MTA를 실행하는 시스템과 다른 시스템에서도 그렇게 해야 한다. 한 번에 한 프로세스만이 특정 포트를 대기할 수 있다.

MSA를 사용한다면 MSA가 수행한 재작성이나 헤더 교정 작업을 중복해서 하지 않도록 전송 에이전트의 환경을 설정해야 한다. 중복 처리는 메일 처리의 정확성에 영향을 미치지는 않지만 불필요한 작업으로 낭비가 발생한다.

MSA는 MTA를 사용해 메시지들을 중계하기 때문에 MSA와 MTA는 반드시 SMTP-AUTH를 사용해 서로 인증해야 한다. 그렇지 않으면 소위 오픈 릴레이[open relay]를 생성하게 돼 스패머들이 공격할 수 있으며 다른 사이트에서 현재 사이트를 블랙 리스트에 올릴 수 있다.

전송 에이전트

전송 에이전트$^{transport\,agent}$는 반드시 사용자 에이전트나 제출 에이전트에서 메일을 받아 수령자의 주소를 해석해 메일을 정확한 호스트에 전달해야 한다. 전송 에이전트는 최초에 RFC821로 정의됐으나 현재는 RFC5321로 대체 및 확장된 단순 메일 전송 프로토콜$^{SMTP,\,Simple\,Mail\,Transport\,Protocol}$을 사용한다. 확장된 버전은 ESMTP라 불린다.

메일 발신자와 수신자로서의 MTA 작업 목록은 다음과 같다.

* 원격 메일 서버에서 이메일 메시지를 수신
* 수령자 주소 해석
* 전달 에이전트가 이해할 수 있는 형식으로 주소를 재작성
* 메시지를 다음 책임 메일 서버로 전달하거나 로컬 전달 에이전트에게 넘겨서 사용자의 메일박스에 저장

메일 시스템을 구성하는 데 필요한 작업의 대부분은 MTA 환경설정과 관련돼 있다. 이 책에서는 세 개의 오픈소스 MTA, 즉 sendmail, Exim, Postfix를 다룬다.

로컬 전달 에이전트

로컬 전달 에이전트$^{LDA,\,Local\,Delivery\,Agent}$로도 불리는 전달 에이전트는 전송 에이전트에서 메일을 받아 로컬 머신에 있는 해당 수신자의 메일 박스로 메일을 전달한다. 처음 기술된 바와 같이 이메일은 사람, 메일링 리스트, 파일뿐 아니라 프로그램에게도 전달될 수 있다. 하지만 마지막 두 가지 타입의 수신자는 시스템의 보안이나 안전을 해칠 수 있다.

MTA는 손쉬운 전달을 위해 보통 로컬 전달 에이전트를 내장하고 있다. procmail(procmail.org)와 Maildrop(courier-mta.org/maildrop)은 메일을 전달하기 전에 필터링이나 정렬을 할 수 있는 LDA다. 일부 접근 에이전트^{AA}도 전달과 로컬 관리 작업을 모두 할 수 있는 내장된 LDA를 갖고 있다.

메시지 저장소

메시지 저장소^{Message Stores}는 일단 이메일 메시지가 인터넷 여행을 마치고 수신자에게 전달되고 나면 휴식을 취하는 마지막 장소다.

메일은 전통적으로 mbox 형식이나 Maildir 형식으로 저장돼 왔다. 전자는 모든 메일을 단일 파일(보통 /var/mail/username)에 저장하며 각각의 메시지는 특별한 From 줄에 의해 구분된다. Maildir 형식은 각 메시지를 별개의 파일에 저장한다. 메시지마다 다른 파일을 사용하는 것이 훨씬 편리하지만 엄청나게 많은 작은 크기의 파일을 갖는 디렉터리를 생성한다. 때문에 일부 파일 시스템은 괴로울 수도 있다.

mbox나 Maildir 형식의 일반 파일들은 지금도 널리 사용되지만 수천 수백만 이메일 클라이언트를 갖고 있는 ISP들은 메시지 저장을 위한 다른 기술(대개는 데이터베이스)로 이동했다. 불행히도 이것은 메시지 저장소가 점점 더 불명확하다는 것을 의미한다.

접근 에이전트

두 개의 프로토콜이 메시지 저장소에 접근해 이메일 메시지들을 로컬 장치(워크스테이션, 노트북, 스마트폰 등)에 다운로드한다. 인터넷 메시지 접근 프로토콜 버전 4^{IMAP4, Internet Message Access Protocol version 4}와 포스트 오피스 프로토콜 버전 3^{POP3, Post Office Protocol version 3}가 그것이다. 이 프로토콜들의 초기 버전에는 보안 문제가 있었다. 반드시 SSL 암호화를 포함하고 따라서 인터넷에 일반 텍스트로 암호를 전송하지 않는 버전(IMAPS 또는 POP3S)을 사용한다.

IMAP이 POP보다 훨씬 우수하다. IMAP은 한 번에 모든 메시지를 전달하는 것이 아니라 한 번에 한 메시지씩 메일을 전달하기 때문에 네트워크에 (특히 느린 연결에서) 더 친화적이며 한 장소에서 다른 장소로 여행하는 사람들에게 좋다. 특히 IMAP은 사람들이 보내고 싶어 하는 매우 큰 첨부 파일을 다룰 때 좋다. 메시지 헤더를 브라우징해 첨부 파일을 다룰 준비가 될 때까지는 첨부 파일을 다운로드하지 않을 수 있다.

18.2 메일 메시지 해부

메일 메시지는 다음과 같이 명확히 구분되는 세 부분으로 구성돼 있다.

- 엔벨로프^{Envelope}
- 헤더^{Header}
- 메시지 바디^{Body of the message}

엔벨로프는 메시지가 전달될 장소를 결정하거나 메시지가 전달될 수 없다면 반환될 사람을 결정한다. 엔벨로프는 사용자에게 보이지 않으며 메시지 자체의 일부도 아니다. MTA에 의해 내부적으로 사용되는 것이다.

일반적으로 엔벨로프 주소들은 발신자와 수신자가 개인일 때는 헤더의 From과 To 줄과 부합한다. 메시지가 메일링 리스트로 보내지거나 신분을 숨기려고 하는 스패머에 의해 생성된 것이라면 엔벨로프와 헤더는 일치하지 않을 수 있다.

헤더는 RFC5322에 기술된(RFC6854에 의해 갱신됨) 속성/값^{property/value} 쌍의 모음이다. 이것들은 전송 날짜 및 시간, 경유할 전송 에이전트, 발신자 및 수신자 등과 같은 메시지에 관한 모든 종류의 정보를 기록한다. 헤더는 메일 메시지의 가장 중요한 부분이지만 일반적으로 사용자 에이전트는 사용자에게 메시지를 보여줄 때 덜 관심 있는 내용들은 숨긴다.

메시지 바디는 전송되는 내용이다. 텍스트는 종종 다양한 형태의 바이너리나 리치 텍스트^{RichText} 내용을 위해 안전 메일 인코딩으로 표현되기도 하지만 보통은 평범한 텍스트로 구성돼 있다.

메일 시스템 내의 문제를 찾고자 메일 헤더를 분석하는 것은 필수적인 시스템 관리자 기술이다. 많은 사용자 에이전트가 헤더를 숨기지만 메시지 저장소에서 편집기를 사용해서라도 그것을 볼 수 있는 방법은 있다.

다음은 스팸이 아닌 전형적인 메시지에서 가져온 헤더 내용의 대부분이다(생략된 일부 내용은 …으로 표시했다). Gmail이 스팸 필터링의 일부로 사용하는 헤더 페이지의 나머지 절반은 제거했다.

```
Delivered-To: sailingevi@gmail.com
Received: by 10.231.39.205 with SMTP id...; Fri, 24 May 2013 08:14:27
    -700 (PDT)***3***
Received: by 10.114.163.26 with SMTP id...; Fri, 24 May 2013 08:14:26
    -700 (PDT)
Return-Path: <david@schweikert.ch>
Received: from mail-relay.atrust.com
    (mail-relay.atrust.com [63.173.189.2]) by mx.google.com with
    ESMTP id 17si2166978pxi.34.2009.10.16.08.14.20; Fri, 24 May 2013
    08:14:25 -0700 (PDT)³
Received-SPF: fail (google.com: domain of david@schweikert.ch does not
    designate 63.173.189.2 as permitted sender) client-ip=63.173.189.2;
Authentication-Results: mx.google.com;  spf=hardfail  (google.com:  domain
    of david@schweikert.ch does not designate 63.173.189.2 as permitted
    sender) smtp.mail=david@schweikert.ch
Received: from  mail.schweikert.ch  (nigel.schweikert.ch  [88.198.52.145])
    by mail-relay.atrust.com (8.12.11/8.12.11) with ESMTP id n9GFEDKA0
    for <evi@atrust.com>; Fri, 24 May 2013     09:14:14 -0600
Received: from localhost (localhost.localdomain [127.0.0.1]) by mail.
    schweikert.ch (Postfix) with ESMTP id 3251112DA79; Fri, 24 May 2013
    17:14:12 +0200 (CEST)
X-Virus-Scanned: Debian amavisd-new at mail.schweikert.ch
Received: from mail.schweikert.ch ([127.0.0.1]) by localhost (mail.
    schweikert.ch [127.0.0.1]) (amavisd-new, port 10024) with ESMTP id
    dV8BpT7rhJKC; Fri, 24 May 2013 17:14:07 +0200 (CEST)
Received: by mail.schweikert.ch (Postfix, from userid 1000)
    id 2A15612DB89; Fri, 24 May 2013 17:14:07 +0200 (CEST)
Date: Fri, 24 May 2013 17:14:06 +0200
From: David Schweikert <david@schweikert.ch>
To: evi@atrust.com
Cc: Garth Snyder <garth@garthsnyder.com>
Subject: Email chapter comments
Hi evi,

I just finished reading the email chapter draft, and I was pleased to see
...
```

이 끔찍한 내용을 해독하려면 Received 줄부터 읽되 아래(발신자 쪽)부터 읽어야 한다. 이 메시지는 schweikert.ch 도메인에 있는 David Schweikert의 집 컴퓨터에서 그의 메일 서버(mail.schweikert.ch)로 가서 그곳에서 바이러스 스캔이 이뤄진

---

3. 이번 장을 처음 소유했던 에비(Evi Nemeth)를 추모해 이 역사적인 예는 손대지 않은 채 유지돼 왔다.

다. 그런 다음 메시지는 recipient evi@atrust.com으로 전달된다. 하지만 수신 호스트 mail-relay.atrust.com은 메시지를 sailingevi@gmail.com으로 보내고 그곳에서 Evi의 메일박스에 들어간다.

헤더들 중간에서 발신자 정책 프레임워크^{SPF, Sender Policy Framework} 검증 실패를 볼 수 있는데, 이것은 메시지가 스팸으로 표시됐다는 것을 의미한다. 이러한 실패는 구글이 mail-relay.atrust.com의 IP 주소를 확인해서 그것을 schweikert.ch에 있는 SPF 레코드와 비교했기 때문에 생긴 것이다. 물론 일치하지 않는다. 이것은 SPF에 의존해서 위조를 식별하는 방법의 고질적인 취약점이다. 중계되는 메일에는 먹히지 않는다.

종종 사용된 MTA들(schweikert.ch에서는 Postfix, atrust.com에서는 sendmail 8.12)을 볼 수 있으며, 이 사례에서는 데비안 리눅스를 실행하고 있는 머신의 포트 10,024에서 amavisd-new로 바이러스 스캐닝이 수행됐다는 것도 알 수 있다. 중앙 유럽 서머 타임 지역(CEST +0200)에서 온 메시지가 콜로라도(-0600)까지, Gmail 서버(PDT -0700)까지 진행되는 과정을 따라가 볼 수 있다. 여기서 숫자들은 지역 시간과 협정 세계 표준시^{UTC, Coordinated Universal Time} 간의 차이를 나타낸다. 정말 많은 정보가 헤더에 숨겨져 있다.

다음은 스팸 메시지의 헤더(내용 일부는 생략)다.

```
Delivered-To: sailingevi@gmail.com
Received: by 10.231.39.205 with SMTP id...; Fri, 19 Oct 2009 08:59:32
    -0700...
Received: by 10.231.5.143 with SMTP id...; Fri, 19 Oct 2009 08:59:31
    -0700...
Return-Path: <smothering139@sherman.dp.ua>
Received: from mail-relay.atrust.com (mail-relay.atrust.com
    [63.173.189.2]) ...
Received-SPF: neutral (google.com: 63.173.189.2 is neither
    permitted nor denied by best guess record for domain of
    smothering139@sherman.dp.ua) client-ip=63.173.189.2;
Authentication-Results: mx.google.com; spf=neutral (google.
    com: 63.173.189.2 is neither permitted nor denied by best
    guess record for domain of smothering139@sherman.dp.ua)
```

```
    smtp.mail=smothering139@sherman.dp.ua
Received: from SpeedTouch.lan (187-10-167-249.dsl.telesp.net.br
    [187.10.167.249] (may be forged)) by mail-relay.atrust.com ...
Received: from 187.10.167.249 by relay2.trifle.net; Fri, 19 Oct 2009
    13:59: ...
From: "alert@atrust.com"  <alert@atrust.com>
To: <ned@atrust.com>
Subject: A new settings file for the ned@atrust.com mailbox
Date: Fri, 19 Oct 2009 13:59:12 -0300 ...
```

From 헤더에 따르면 이 메시지의 발신자는 alert@atrust.com이다. 하지만 엔벨로프 발신자의 사본을 포함하고 있는 **Return-Path** 헤더에 따르면 최초 발신자는 우크라이나 주소의 smothering139@sherman.dp.ua였다. 메시지를 처리했던 첫 번째 MTA는 브라질에 있는 IP 주소 187.10.167.249다. 교활한 스패머인 것이다.[4]

구글에서의 SPF는 다시 실패하고 이번에는 sherman.dp.ua 도메인이 mail-relay.atrust.com의 IP 주소와 비교할 SPF 레코드를 갖지 않기 때문에 '중립적인' 결과를 낳는다.

수신자 정보도 최소한 부분적으로는 사실이 아니다. To 헤더는 메시지 목적지가 ned@atrust.com임을 말하고 있다. 하지만 메시지가 sailingevi@gmail.com까지 전달되려면 엔벨로프 수신자 주소들은 반드시 evi@atrust.com을 포함했어야 한다.

18.3 SMTP 프로토콜

단순 메일 전송 프로토콜SMTP, Simple Mail Transport Protocol과 그 확장 버전인 ESMTP는 RFC 시리즈(RFC5321, RFC7504로 갱신)에 표준화돼 있으며 다음과 같이 메일 시스템의 여러 부분 간의 메시지 전달에 사용된다.

- **UA-MSA/MTA:** 메시지를 메일 시스템 안으로 주입
- **MSA-MTA:** 메시지가 운송 여행을 시작
- **MTA/MSA:** 안티바이러스/안티스팸 스캐닝 프로그램

---

4. Received 줄을 포함해 헤더의 많은 줄이 위조될 수 있다는 점에 유의하는 것이 중요하다. 이런 데이터는 극도로 조심해서 사용해야 한다.

- **MTA–MTA:** 메시지를 한 사이트에서 다른 사이트로 전달
- **MTA–DA:** 메시지를 로컬 메시지 저장소에 전달

메시지 포맷과 전송 프로토콜은 모두 표준화돼 있기 때문에 서로 다른 사이트의 MTA가 같아야 할 필요는 없으며 상대의 MTA를 식별할 필요도 없다. 단지 SMTP나 ESMTP로 대화할 수만 있으면 된다. 다양한 메일 서버는 서로 다른 MTA를 실행할 수 있으며 상호 연동에는 아무런 문제가 없다.

SMTP는 이름처럼 단순하다. MTA는 메일 서버에 접속해 "여기 메시지가 있으니 user@your.domain으로 전송을 부탁한다."라고 말하면 MTA는 'OK'라고 응답한다.

SMTP 프로토콜이 요구하는 엄격한 규칙 덕분에 스팸이나 악성 소프트웨어와 싸우기 위한 기술이 됐다. 따라서 메일 시스템 관리자가 프로토콜에 대해 잘 아는 것이 중요하다. 이 언어에는 일부 명령만이 있을 뿐이다. 표 18.1은 가장 중요한 명령들을 보여준다.

표 18.1 SMTP 명령

명령	기능
HELO 호스트명	대화를 개시하는 SMTP라면 접속할 호스트를 지칭한다.
EHLO 호스트명	대화를 개시하는 ESMTP라면 접속할 호스트를 지칭한다.
MAIL FROM: *revpath*	메일 트랜잭션을 시작한다(엔벨로프 발신자).
RCPT TO: *fwdpath*[a]	엔벨로프 수신자(들)를 지칭한다.
VRFY *address*	주소가 유효한지(전달 가능)를 검증한다.
EXPN *address*	별칭(alias)과 .forward 매핑의 확장을 보여준다.
DATA	메시지 바디(헤더 뒤에 따라옴)를 시작한다.[b]
QUIT	교환을 끝내고 접속을 닫는다.
RSET	접속 상태를 초기화한다.
HELP	SMTP 명령의 요약을 출력한다.

a. 한 메시지에 여러 개의 RCPT 명령이 있을 수 있다.
b. 한 개의 도트(.)로 구성된 줄을 넣어 바디를 종료한다.

EHLO

ESMTP 화자^{speaker}는 HELO 대신 EHLO로 대화를 시작한다. 상대 쪽 프로세스가 그것을 이해하고 OK로 응답하면 참여자들은 지원되는 확장들을 놓고 협상해서 교환을 위한 최소 공통분모에 합의한다. 상대가 EHLO에 응답해 오류를 반환하면 ESMTP 화자는 SMTP로 되돌아간다. 하지만 요즘에는 거의 모두가 ESMTP를 사용한다.

이메일 메시지를 운송하기 위한 전형적인 SMTP 대화는 HELO 또는 EHLO, MAIL FROM:, RCPT TO:, DATA, QUIT와 같은 것들이다. 발신자가 대화의 대부분을 수행하고 수신자는 오류 코드나 확인을 보낸다.

SMTP와 ESMTP는 둘 다 텍스트 기반 프로토콜이므로 메일 시스템을 디버깅할 때 프로토콜을 직접 사용할 수 있다. TCP 포트 25나 587에 텔넷^{telnet}을 실행해 SMTP 명령을 입력만 하면 된다. 다음 페이지의 예문을 참고한다.

SMTP 오류 코드

SMTP를 정의한 RFC에는 일시적이거나 영구적인 오류 코드의 집합도 기술돼 있다. 이 코드들은 원래 3자리 코드(예, 550)였으며 각 자릿수는 따로따로 해석된다. 첫 자리의 2는 성공을 의미하며, 4는 일시적인 오류, 5는 영구적인 오류를 의미한다.

세 자리 오류 코드 시스템은 확장성이 없었기 때문에 RFC3463(RFC 3886, 4468, 4865, 4954, 5248로 업데이트됐음)은 그것을 재구성해 더욱 탄력적으로 만들었다. RFC는 배달 상태 알림^{DSN, Delivery Status Notification}이라 불리는 확장 오류 코드 형태를 정의했다. DSN은 예전의 XXX 대신 X.X.X 형태로 돼 있으며 각각의 X는 여러 자리 숫자가 될 수 있다. 첫 X는 여전히 2, 4, 5가 돼야 한다. 두 번째 자리의 숫자는 주제를 기술하며, 세 번째 자리는 세부 사항을 제공한다. 새로운 시스템은 호스트 오류와 메일박스 오류를 구분하고자 두 번째 숫자를 사용한다. 표 18.2는 DSN 코드의 일부 목록이다. RFC3463의 부록에는 모든 DSN 코드가 나열돼 있다.

SMTP 인증

RFC4954(RFC5248로 업데이트됨)는 SMTP 클라이언트가 스스로 메일 서버에 신분을 밝히고 인증할 수 있게 한 SMTP 프로토콜의 확장을 정의하고 있다. 그러고 나면 서버는 그 클라이언트를 통해 메일을 중계할 수 있게 할 수도 있다. 그 프로토콜은 여러 가지 다른 인증 메커니즘을 지원한다. 교환은 다음과 같이 한다.

1. 클라이언트는 EHLO라고 말함으로써 ESMTP 사용을 알린다.
2. 서버는 이에 응답해 자신의 인증 메커니즘을 광고한다.
3. 클라이언트는 AUTH라 말하고 자신이 사용하길 원하는 특정 메커니즘의 이름을 말한다(선택적으로 인증 데이터를 포함할 수 있다).
4. 서버는 AUTH와 함께 보내온 데이터를 받아들이거나 클라이언트와 도전-응답 시퀀스를 시작한다.
5. 서버는 인증 시도를 수용하거나 거부한다.

표 18.2 RFC3463 배달 상태 알림

일시적	영구적	의미
4.2.1	5.2.1	메일박스 비활성화
4.2.2	5.2.2	메일박스 가득 참
4.2.3	5.2.3	메시지가 너무 큼
4.4.1	5.4.1	호스트로부터 응답 없음
4.4.4	5.4.4	라우팅 불가
4.5.3	5.5.3	수신자가 너무 많음
4.7.1	5.7.1	인증되지 않은 전송. 메시지 거부됨
4.7.*	5.7.*	사이트 정책 위반

서버가 어떤 인증 메커니즘을 지원하는지 알려면 포트 25에 텔넷을 실행해 EHLO를 입력해본다. 예를 들어 다음은 메일 서버 mail-relay.atrust.com과의 대화 내용이다(타이핑해서 입력한 명령은 굵은체로 표시했다).

```
$ telnet mail-relay.atrust.com 25
Trying 192.168.2.1...
```

```
Connected to mail-relay.atrust.com.
Escape character is '^]'.
220 mail-relay.atrust.com ESMTP AT Mail Service 28.1.2/28.1.2; Mon, 12
    Sep 2016 18:05:55 -0600
ehlo booklab.atrust.com
250-mail-relay.atrust.com Hello [192.168.22.35], pleased to meet you
250-ENHANCEDSTATUSCODES
250-PIPELINING
250-8BITMIME
250-SIZE
250-DSN
250-ETRN
250-AUTH LOGIN PLAIN
250-DELIVERBY
250 HELP
```

이 경우 메일 서버는 LOGIN과 PLAIN 인증 메커니즘을 지원한다. sendmail과 Exim, Postfix는 모두 SMTP 인증을 지원한다. 자세한 환경설정은 나중에 다룬다.

18.4 스팸과 악성 소프트웨어

스팸spam은 원치 않는 상업 목적의 이메일UCE, Unsolicited Commercial Email로 알려져 있는 정크 메일을 의미하는 전문 용어다. 인터넷에서 사람들이 가장 싫어하는 것이다. 옛날에는 시스템 관리자가 일주일에 몇 시간씩을 써가면서 차단 목록을 수작업으로 정리하거나 집에서 만든 스팸 필터링 도구들을 써서 판단 가중치들을 조정하던 때가 있었다. 불행히도 스패머들은 너무나 영악하고 상업화돼서 이런 방법은 더 이상 시스템 관리자에게 효과적인 시간 활용이 되지 못한다.

이번 절에서는 각 MTA의 기본적인 안티스팸 기능들을 살펴보자. 하지만 자경단이 돼 홀로 스팸과 맞서 싸우는 것은 헛된 시도일 수도 있다. 현실적으로는 맥아피McAfee의 사스 이메일 프로텍션SaaS Email Protection이나 구글의 G 스위트G Suite, 바라쿠다Barracuda 와 같은 클라우드 기반의 스팸 퇴치 서비스를 구매해서 그런 문제를 좋아하는 전문가들에게 스팸 전투를 맡기는 게 좋다. 전문가들은 광범위한 이메일 세계의 상황에 대해 더 많은 지식을 갖고 있으며 누구보다 훨씬 빨리 새 정보에 대처할 수 있다.

절대적인 응답률은 낮아졌지만 지불 비용당 응답 수가 높아졌기 때문에 스팸은 심각한 문제가 됐다(3천만 개 이메일 주소 목록의 비용은 약 20달러다). 스팸이 스패머들을 이롭게 하지 않는다면 그런 문제들도 없을 것이다. 조사 보고서에 따르면 모든 메일의 95%~98%가 스팸이라고 한다.

더욱 저렴한 예산으로 훨씬 효율적으로 스팸을 발송하는 것만을 주목적으로 설립된 벤처기업들도 있다(그들은 그것을 스팸이라 하지 않고 '마케팅 이메일'이라 부르지만 말이다). 그런 회사에서 일하거나 그런 회사에서 서비스를 구매한다면 과연 밤에 잠을 잘 수 있을지 알 수가 없다.

어떤 경우든 사용자들에게는 스팸을 받자마자 무조건 삭제하라고 조언하길 바란다. 많은 스팸 메시지가 메일링 리스트에서 수신자를 삭제할 수 있는 방법을 설명하는 안내문을 포함하고 있다. 그런 안내문을 따라가면 스패머들이 현재 목록에서 수신자를 삭제할 수도 있지만 "실제로 메시지를 읽는 사람에게 도달했다."는 주석과 함께 즉시 수신자를 여러 개의 다른 목록에 추가한다. 그렇게 되면 그 수신자의 이메일 주소는 훨씬 더 값어치가 나가는 것으로 분류된다.

위조

위조^{Forgery} 이메일은 그다지 큰 문제가 아니다. 많은 사용자 에이전트가 발신자 주소란에 무엇이든 원하는 내용을 채울 수 있게 해주기 때문이다. MTA는 로컬 서버들 간에 SMTP 인증을 사용할 수 있지만 인터넷 규모까지 확장하지는 않는다. 일부 MTA는 위조된 것으로 생각되는 발신 로컬 메시지에 경고 헤더를 추가한다.

메일 메시지에서는 어떤 사용자든 가장할 수 있다. 이메일이 회사의 출입구 열쇠, 접근 카드, 돈과 같은 것들을 움직일 수 있는 수단이 되지 않게 조심해야 한다. 위조 이메일을 이용해 사용자들을 타깃으로 노리는 것을 흔히 '피싱^{phishing}'이라고 한다. 그런 경우에는 관리 사용자들에게 이러한 사실을 알리고 권한을 가진 사람으로부터 온 것처럼 보이는 의심스러운 메일을 보게 되면 메시지가 유효한 것인지 검증하도록 제안해야 한다. 이례적인 사람에게 비합리적인 권한을 주도록 요청하는 메시지라면 더더욱 조심해야 한다.

SPF와 발신자 ID

스팸을 퇴치하는 가장 좋은 방법은 원천봉쇄하는 것이다. 간단하고 쉬울 것 같지만 현실적으로는 거의 불가능에 가깝다. 인터넷은 구조적으로 한 메시지의 실제 출처를 추적해서 진위를 검증하기 어렵게 돼 있다.

인터넷 공동체는 이메일을 보낸 주체가 실제로 누구인지, 또는 자신을 무엇이라고 주장하는지를 확인할 확실한 방법을 필요로 한다. 이 문제를 다루는 많은 제안이 있었지만 SPF와 발신자 ID$^{Sender\ ID}$가 가장 큰 견인력을 이뤄냈다.

발신자 정책 프레임워크$^{SPF,\ Sender\ Policy\ Framework}$는 IETF에 의해 RFC7208에 기술돼 왔다. SPF는 어떤 조직에서 밖으로 나가는 공식적인 메일 서버들을 지정할 수 있게 하는 DNS 레코드의 집합을 정의한다. 그렇게 하면 MTA는 해당 조직의 도메인에서 온 것이라고 주장하는 이메일에 대해 이러한 공식적 출처 중 하나에서 온 것이 아닐 때는 그것을 거부할 수 있다. 물론 이런 시스템은 조직의 대다수가 SPF 레코드를 발행할 때만 잘 작동한다.

발신자 ID와 SPF는 개념적으로 그 형식과 기능이 같다. 하지만 발신자 ID의 핵심적인 부분은 마이크로소프트가 특허를 갖고 있기 때문에 많은 논란이 있어왔다. 이 책을 쓰는 시점(2017년)에서는 여전히 마이크로소프트가 자신의 특허 표준을 채택하라고 업계에 강압적 요구를 시도하고 있는 중이다. IETF는 채택하지 않기로 결정하고 발신자 ID에 관해서는 RFC4406으로 SPF에 관해서는 RFC7208을 발행했다. 이런 형태의 스팸 회피 전략을 구현하는 조직들은 일반적으로 SPF를 사용하고 있다.

중계되는 메시지들은 SPF와 발신자 ID를 모두 깨뜨려 이런 시스템들의 심각한 결함이 된다. 수신자는 공인된 서버 목록을 알아내고자 SPF 레코드의 최초 발신자에게 조회한다. 하지만 그 주소들은 메시지 전송에 관여한 어떤 중계 머신들과도 매칭되지 않는다. SPF 실패에 응대해 어떤 판단을 해야 하는지를 신중히 고려한다.

DKIM

DKIM^{Domain Keys Identified Mail}은 이메일 메시지를 위한 암호화된 서명 시스템이다. 수신자가 발신자의 신분만이 아니라 메시지가 오염되지 않았다는 사실까지도 검증할 수 있게 한다. 이 시스템은 DNS 레코드를 이용해 도메인의 암호화키와 메시지 서명 정책을 발행한다. DKIM은 이번 장에서 설명하는 모든 MTA에 의해 지원되지만 현실에서는 그동안 거의 배포되지 않았다.

18.5 메시지 개인 정보와 암호화

기본적으로 모든 메일은 암호화되지 않은 상태로 전송된다. 외부 암호화 패키지를 이용하거나 회사 차원에서 이메일용 암호화 솔루션을 제공하지 않는다면 절대로 중요한 데이터를 이메일로 보내지 말 것을 사용자들에게 교육한다. 암호화됐더라도 전자 통신은 100% 안전을 보장할 수 없다.[5] 돈을 지불하면 기회를 얻을 뿐이지 결과가 보장되는 것은 아니다.

역사적으로 가장 널리 사용된 외부 암호화 패키지는 PGP^{(Pretty Good Privacy}, PGP의 GNU 클론인 GPG, S/MIME이었다. S/MIME과 PGP는 모두 RFC 시리즈에 문서화돼 있으며 S/MIME은 표준 트랙에 있다. 대부분의 사용자 에이전트는 두 솔루션 모두를 위한 플러그인을 지원한다.

이러한 표준들은 이메일 비밀 보장, 인증, 메시지 무결성 보증, 발신자 부인 방지의 토대를 제공한다.[6] PGP/GPG와 S/MIME은 프라이버시에 신경 쓰는 기술 집약적인 사용자들에게는 잠재적으로 실현 가능한 솔루션이지만 단순한 사용자들에게는 너무 복잡하고 다루기 힘든 것으로 판명됐다. 둘 다 암호키 관리 능력과 하부 암호화 전략의 이해를 요구한다.

중요한 데이터를 이메일로 다루는 대부분의 조직들(특히 의료 기관과 같이 대중과

---

5. (컴퓨터 보안 전문가) 도널드 J. 트럼프는 "나는 이메일을 믿지 않는다. 해킹 당할 수 있다고 생각하기 때문이다. 하지만 보내야 할 메일이 있다면 대부분 안 보낸다. 나는 이메일을 믿는 사람이 아니다."라고 말한 바 있다. 이 말은 보안 측면에서는 명언이다.

6. 프로 팁: PGP/GPG나 S/MIME을 사용하고 있다면 공개키나 인증서가 자주 만료되거나 교체되게 함으로써 남아 있는 보안성을 강화할 수 있다. 하나의 키를 오래 사용하면 부지불식간에 피해를 입을 가능성이 높아진다.

교신하는 조직들)은 메시지 암호화를 위한 독점적 기술을 사용하는 중앙 집중식 서비스를 선택한다. 그런 시스템들은 시스코[Cisco]의 아이언포트[IronPort]와 같이 자신의 데이터 센터에 설치하는 자체 보유[on-premise] 솔루션들을 사용하거나 직스[Zix](zixcorp.com)와 같이 외부로 나가는 메시지들을 그 내용과 규칙에 따라 암호화하게 설정할 수 있는 클라우드 기반 서비스들을 사용한다. 중앙 집중식 이메일 암호화는 같은 기능을 직접 만들어 쓰기보다는 상용 솔루션을 사용하는 게 상책인 서비스 카테고리 중 하나다.

최소한 이메일 영역에서는 데이터 손실 방지[DLP, Data Loss Prevention]는 중앙 집중식 암호화와 먼 친척 관계다. DLP 시스템들은 조직 바깥으로 나가는 이메일 스트림 속에 독점적 정보가 유출되는 것을 방지(최소한 감지)한다. 나가는 이메일이 잠재적으로 민감한 내용을 포함하고 있는지 스캔한다. 의심스러운 메시지들을 표시하거나, 막거나, 발신자에게 되돌려 보낼 수 있다. DLP 기능도 포함돼 있는 중앙 집중식 암호화 플랫폼을 선택하길 권장한다. 관리해야 할 플랫폼을 하나 줄여 주기 때문이다.

MTA 간의 전송을 암호화하는 것뿐 아니라 사용자 에이전트와 접근 에이전트 간의 통신도 항상 암호화를 보장하는 것이 중요하다. 특히 이 채널은 접속을 위한 사용자 자격증명들을 포함하고 있기 때문이다. 접근 에이전트가 보안 및 TLS 사용 버전의 IMAP과 POP 프로토콜만을 허용하는지를 분명히 확인한다(이들 버전은 각각 IMAPS와 POP3S로 알려져 있다).

18.6 메일 앨리어스

모든 MTA에 공통적인 또 하나의 개념은 별칭[alias](앨리어스)의 사용이다. 앨리어스를 이용해 시스템 관리자나 개별 사용자는 메일을 다시 라우팅할 수 있다.[7] 앨리어스는 메일링 리스트를 정의하거나, 머신들 간에 메일을 전달하거나, 한 개 이상의 이름으로 사용자를 참조할 수 있다. 앨리어스 처리는 재귀적이므로 하나의 앨리어스는 다른 앨리어스들을 목적지로 가리킬 수 있다.

---

7. 엄밀히 말하자면 앨리어스는 시스템 관리자에 의해서만 설정된다. .forward 파일 사용을 통한 사용자의 메일 라우팅 제어는 사실상 앨리어싱이 아니지만 여기서는 그냥 한데 뭉뚱그렸다.

시스템 관리자들은 종종 역할이나 기능에 따른 앨리어스(예, printers@example.com)를 사용해 특정 이슈에 관한 이메일을 현재 해당 이슈를 다루고 있는 모든 사람에게 라우팅한다. 다른 예를 들자면 매일 밤 이뤄지는 보안 스캐닝의 결과를 수령하는 앨리어스나 이메일을 책임지고 있는 포스트마스터postmaster용 앨리어스를 생각해볼 수 있다.

앨리어스를 설정하는 가장 일반적인 방법은 잠시 후에 설명할 /etc/mail/aliases와 같은 단순한 파일을 사용하는 것이다. 이 방법은 원래 sendmail에서 처음 사용했지만 엑심Exim과 포스트픽스Postfix도 이 방법을 지원한다.

대부분의 사용자 에이전트도 일종의 '앨리어싱' 기능(보통 '내 그룹', '내 메일링 리스트', 또는 그런 성질의 어떤 것으로 불린다)을 제공한다. 하지만 사용자 에이전트는 메일이 MSA나 MTA에 도달하기 전에 그런 앨리어스들을 확장한다. 이런 앨리어스들은 사용자 에이전트의 내부에서 사용되며 메일 시스템의 나머지 부분으로부터의 지원을 요구하지 않는다.

앨리어스는 각 사용자의 홈 디렉터리에 있는 포워딩 파일(보통은 ~/.forward)에서도 정의할 수 있다. 비표준 구문을 사용하는 이런 앨리어스들은 특정 사용자에게 전달되는 모든 메일에 적용된다. 종종 메일을 다른 계정으로 전달하거나 "휴가 중입니다."와 같은 자동 응답을 구현하는 데 사용된다.

MTA는 글로벌 앨리어스 파일(/etc/mail/aliases 또는 /etc/aliases)에서 앨리어스를 먼저 찾아본 다음, 수신자의 포워딩 파일에서 앨리어스를 찾는다. 앨리어싱은 전송 에이전트가 로컬로 판단한 메시지에만 적용된다.

aliases 파일 항목의 구성은 다음과 같다.

```
Local-name: 수신자1, 수신자2,...
```

여기서 *Local-name*은 들어오는 메시지와 대조되는 원래 주소며 수신자 목록은 수신자 주소나 다른 앨리어스명을 포함한다. 들여쓰기 한 줄들은 앞줄의 연속으로 간주된다.

메일 관점에서 보면 aliases 파일은 /etc/passwd를 대체하므로 다음 항목은 로컬 사용자 david가 어떤 메일도 영원히 수신하지 못하게 만든다.

```
david: david@somewhere-else.edu
```

따라서 시스템 관리자와 **adduser** 도구는 새로운 사용자명을 선택할 때 passwd 파일과 aliases 파일을 모두 점검해봐야 한다.

aliases 파일은 메일 시스템을 유지 관리하는 담당자에게 메일을 전달하는 'postmaster'라는 이름의 앨리어스를 항상 포함해야 한다. 마찬가지로 'abuse'용 앨리어스는 외부의 누군가가 현재 사이트에서 출발한 스팸이나 의심스러운 네트워크 행동과 관련해 담당자와 접촉하고자 하는 경우에 적합하다. MTA로부터의 자동 메시지를 위한 앨리어스도 반드시 존재해야 한다. 이것은 보통 메일러 데몬^{Mailer-Daemon}으로 불리며 postmaster에게 앨리어싱되는 경우가 많다.

불행히도 요즘의 메일 시스템은 너무나 흔하게 남용돼 일부 사이트에서는 표준 연락 주소들을 담당자에게 전달하기보다는 메일을 날려버리게 설정해놓는다. 다음과 같은 항목들이 흔히 사용된다.

```
# 기본 시스템 앨리어스 - 반드시 있어야 한다.
mailer-daemon: postmaster
postmaster:    "/dev/null"
```

이메일을 통해 해당 사이트를 접촉하는 데 문제를 겪고 있는 사람들은 간혹 포스트마스터 주소로 편지를 쓰기 때문에 이런 사례를 권장하지는 않는다.

다음과 같은 방법이 더 나을 수 있다.

```
# 기본 시스템 앨리어스 - 반드시 있어야 한다.
mailer-daemon: "/dev/null"
postmaster:    root
```

루트의 메일은 해당 사이트의 시스템 관리자나 매일 로그인하는 누군가로 전달돼야 한다. bin, sys, daemon, nobody, hostmaster 계정(그리고 사이트에서 고유하게 설정해 놓은 의사 사용자 계정들)은 모두 비슷한 앨리어스를 갖고 있어야 한다.

사용자 목록의 추가 외에도 앨리어스는 다음과 같은 것들을 가리킬 수 있다.

- 주소 목록을 포함한 파일
- 메시지가 첨부돼야 하는 파일
- 메시지가 입력으로 제공돼야 하는 명령

아래 두 가지는 여러분의 보안 점검을 통과해야 한다. 메시지 발신자가 완전히 그 내용을 결정하기 때문이다. 콘텐츠를 파일에 첨부하거나 명령의 입력으로 전달할 수 있다는 것은 꽤 무서운 얘기다. 많은 MTA는 이런 앨리어스 타깃을 허용하지 않거나 수용 가능한 명령과 파일 사용 권한을 엄격하게 제한한다.

앨리어스는 메일 루프를 야기할 수 있다. MTA는 메일이 영원히 제자리를 맴돌게 하고 발신자에게 잘못된 메시지를 반환하게 하는 루프를 감지하려고 한다. 메일이 루프를 돌고 있다는 것을 판단하고자 MTA는 메시지 헤더의 Received 줄 수를 카운팅해 그 횟수가 미리 설정해 놓은 한곗값(보통 25)에 도달하면 전달을 중지한다. 이메일 용어로 새로운 머신에 대한 각각의 방문을 '홉hop'이라 부른다. 메시지를 발신자에게 반환하는 것은 '바운싱bouncing'으로 알려져 있다. 따라서 루프 처리를 좀 더 전문 용어를 사용해 요약하면 "메일이 25홉 후에 바운스한다."고 말할 수 있다.[8] MTA가 메일 루프를 감지할 수 있는 또 다른 방법은 메시지가 전달되는 각 호스트마다 Delivered-To 헤더를 추가하는 것이다. MTA가 Delivered-To 헤더에 이미 언급돼 있는 호스트에 메시지를 보내려고 하는 자신을 발견하면 메시지가 루프 안에서 돌고 있다는 사실을 알게 된다.

파일에서 앨리어스 만들기

aliases 파일(또는 사용자의 .forward 파일)에 있는 :include: 지시어는 앨리어스의 타깃 목록을 지정된 파일에서 얻을 수 있게 해준다. 사용자가 자신의 로컬 메일링 리스트를 관리할 수 있게 해주는 것은 대단히 훌륭한 방법이다. 포함된 파일은 사

---

8. 이번 장에서 반환된 메시지를 '바운스(bounce)'라고도 했고 '오류(error)'라고도 했다. 실제로 의미하고자 하는 바는 전달 상태 알림(DSN, 특별하게 포맷팅된 이메일 메시지)이 생성됐다는 것이다. 보통 그런 알림은 하나의 메시지가 전달될 수 없어 발신자에게 반환되고 있다는 것을 의미한다.

용자가 소유하고 시스템 관리자의 개입 없이 수정할 수 있다. 하지만 그런 앨리어스는 입맛에 맞는 효과적인 스팸 확장 수단이 될 수도 있기 때문에 외부로부터의 이메일이 그곳으로 향하지 않게 한다.

:include:를 사용할 목록을 설정할 때 시스템 관리자는 반드시 앨리어스를 글로벌 aliases 파일에 입력하고 포함된 파일을 생성한 후 포함된 파일의 소유자를 그 메일링 리스트를 유지 관리하는 사용자로 해야 한다. 예를 들면 aliases 파일은 다음과 같은 줄을 포함할 수 있다.

```
sa-book: :include:/usr/local/mail/ulsah.authors
```

ulsah.authors 파일은 로컬 파일 시스템에 있어야 하며 소유자에게만 쓰기 권한이 있어야 한다. 나머지 작업을 완성하려면 다음과 같이 메일링 리스트 소유자용 앨리어스도 포함시켜 목록으로 향하는 메시지의 발신자가 아닌 목록의 소유자에게 오류(바운스)가 보내지게 해야 한다.

```
owner-sa-book: evi
```

파일로 메일 보내기

앨리어스 타깃이 절대 경로명이면 메시지들은 지정된 파일에 첨부된다. 파일은 이미 존재하고 있어야 한다. 다음 예를 보자.

```
cron-status: /usr/local/admin/cron-status-messages
```

경로명이 특수 문자들을 포함하고 있다면 반드시 인용부호로 둘러싸야 한다.

메일을 파일로 보내는 기능은 매우 유용하지만 이 기능은 보안상 좋지 않으므로 사용이 제한된다. 이 구문은 aliases 파일과 사용자의 .forward 파일(또는 :include: 지시어를 이용해 이러한 파일 중 하나에 삽입돼 있는 파일)에서만 유효하다. 파일명은 일반적인 주소로 인식되지 않기 때문에 /etc/passwd@example.com으로 주소가 지정돼 있는 메일은 반송될 것이다.

목적지 파일이 aliases 파일에서 참조된다면 그 파일은 모든 사람에게 쓰기가 허용되고(권장하지 않음) setuid가 설정됐으나 실행할 수는 없는 파일이거나 MTA의 기본 사용자가 소유하고 있는 파일임에 틀림없다. 기본 사용자의 ID는 MTA의 환경설정 파일에 설정된다.

파일이 .forward 파일에서 참조된다면 그 파일은 원래의 메시지 수신자가 소유자이고 쓰기 가능한 파일일 것이다. 이때 원래 메시지 수신자는 반드시 passwd 파일에 항목이 있고 /etc/shells에 있는 유효한 셸을 가진 유효한 사용자여야 한다.

프로그램으로 메일 보내기

앨리어스는 메일을 한 프로그램의 표준 입력으로 라우팅할 수도 있다. 이런 행동은 다음과 같은 줄로 기술된다.

```
autolog: "|/usr/local/bin/autologger"
```

이 기능을 이용하면 파일로 메일링하는 것보다 훨씬 더 쉽게 보안 취약점을 만들수 있기 때문에 aliases와 .forward 또는 :include: 파일에서만 허용되며 간혹 제한된 셸 사용을 요구한다.

해시된 앨리어스 데이터베이스 구축

aliases 파일에 있는 항목들은 순서가 없기 때문에 MTA가 이 파일을 직접 검색하는 것은 비효율적이다. 대신 버클리 DB 시스템을 이용해 해시된 버전을 구축할 수 있다. 해싱hashing은 앨리어스 검색 속도를 상당히 빠르게 한다. 특히 큰 파일일수록 효과도 크다.

/etc/mail/aliases에서 만들어진 파일은 aliases.db라 불린다. 포스트픽스나 센드메일을 실행하고 있다면 aliases 파일을 수정할 때마다 newaliases 명령을 이용해 해시된 데이터베이스를 다시 빌드해야 한다. 엑심Exim은 aliases 파일의 수정된 내용을 자동으로 감지한다. newaliases를 자동으로 실행한다면 (aliases 파일에 구성 오류가 생길 수도 있으므로) 오류 출력은 저장하라.

18.7 이메일 환경설정

이메일 시스템의 심장은 MTA(메일 전송 에이전트)다. sendmail은 에릭 올맨^{Eric Allman}이 여러 해 전 대학원생 시절에 만들었던 최초의 유닉스 MTA다. 그 후 다른 MTA들의 호스트가 개발됐다. 그중 일부는 상용 제품이고 일부는 오픈소스 구현이다. 이번 장에서는 세 가지 오픈소스 메일 전송 에이전트를 다루겠다. 그 세 가지는 sendmail, IBM 연구소의 비에체 베네마^{Wietse Venema}가 만든 포스트픽스^{Postfix}, 캠브리지 대학교의 필립 하젤^{Philip Hazel}이 만든 엑심이다.

MTA 환경설정은 시스템 관리자의 중요한 업무일 수 있다. 다행히도 MTA에 따라오는 기본값이나 샘플 환경설정은 종종 평균 사이트가 요구하는 수준에 가깝다. 따라서 MTA 환경을 설정할 때 백지 상태부터 시작할 필요는 없다.

시큐리티스페이스^{SecuritySpace}(securityspace.com)는 다양한 MTA의 시장 점유율을 판단하고자 매달 설문조사를 한다. 2017년 6월 조사에서는 조사된 2백만 MTA 중에서 1.7백만 개가 사용 중인 MTA 소프트웨어를 식별해주는 배너로 응답했다. 표 18.3은 이 결과를 포함해 2009년 시큐리티스페이스 결과와 다른 조사에서 얻어진 2001년 값들을 보여준다.

표 18.3 메일 전송 에이전트(MTA) 시장 점유율

MTA	출처	기본 MTA로 사용하는 운영체제	시장 점유율		
			2017	2009	2001
Exim	exim.org	데비안	56%	30%	8%
Postfix	postfix.org	레드햇, 우분투	33%	20%	2%
Exchange	microsoft.com/exchange	–	1%	20%	4%
sendmail	sendmail.org	FreeBSD	5%	19%	60%
기타	–	–	⟨3% ea	⟨3% ea	⟨3% ea

추세는 sendmail에서 멀어지고 엑심과 포스트픽스를 향해 가는 것이 분명하며 마이크로소프트는 거의 제로까지 떨어졌다. 이 데이터는 인터넷에 직접 노출된 MTA들만을 포함한다는 점을 명심해야 한다.

여기서 다룰 각 MTA에 대해 다음과 같은 공통 관심 영역들에 관한 세부 사항을 설명한다.

- 단순 클라이언트들의 환경설정
- 인터넷 접점 메일 서버의 환경설정
- 내부향 및 외부향 메일 라우팅의 제어
- 중앙 서버나 도메인 자체에서 오는 메일의 스탬핑^{stamping}
- 보안
- 디버깅

메일 시스템을 처음부터 구현하는 중이고 다뤄야 할 어떤 사이트 정책이나 방향이 없다면 MTA를 선택하기는 힘들다는 것을 알게 될 것이다. sendmail은 순수한 FreeBSD 사이트를 제외하곤 한참 유행이 지난 것이다. 엑심은 강력하고 고도의 환경설정이 가능하지만 너무 복잡하다. 포스트픽스는 비교적 단순하고 빠르며 보안을 주목적으로 설계됐다. 자신의 사이트나 시스템 관리자가 특정 MTA를 사용해온 전력이 있다면 그 MTA가 제공하지 않는 어떤 기능들을 필요로 하지 않는 한 MTA를 다른 것으로 바꿀만한 가치는 없을 것이다.

sendmail 환경설정은 다음 절에서 다룬다. 엑심과 포스트픽스 환경설정은 나중에 다룬다.

18.8 sendmail

sendmail 배포판은 sendmail.org에서 소스코드 형태로 구할 수 있다. 하지만 요즘엔 sendmail을 처음부터 새로 빌드할 필요가 거의 없다.⁹ 처음부터 새로 빌드해야하는 상황이라면 그 방법은 최상위 레벨의 INSTALL 파일을 참고한다. 일부 빌드 기본값을 조정하려면 devtools/OS/your-OS-name에 있는 sendmail의 전제 조건들을 살펴본다. devtools/Site/site.config.m4 파일을 편집해 기능들을 추가하자.

sendmail은 컴파일뿐 아니라 환경설정에도 m4 매크로 전처리기^{macro preprocessor}를

---

9. 2013년 10월 현재 기준으로 sendmail은 공개 기업인 프루프포인트사(Proofpoint, Inc.)에 의해 지원되고 배포된다.

사용한다. m4 환경설정 파일의 이름은 보통 hostname.mc이며, 사용자 친화적인 구문으로 돼 있는 이 파일은 완전히 해독 불가한 하위 레벨 언어로 변환돼 /etc/mail/sendmail.cf로 저장된다.

자신의 시스템에 어떤 버전의 sendmail이 설치돼 있는지, 어떻게 컴파일됐는지를 알려면 다음 명령을 실행한다.

```
linux$ /usr/sbin/sendmail -d0.1 -bt < /dew/null
Version 8.13.8
 Compiled with: DNSMAP HESIOD HES_GETMAILHOST LDAPMAP LOG MAP_REGEX
    MATCHGECOS MILTER MIME7TO8 MIME8TO7 NAMED_BIND NETINET NETINET6
    NETUNIX NEWDB NIS PIPELINING SASLv2 SCANF SOCKETMAP STARTTLS
    TCPWRAPPERS USERDB USE_LDAP_INIT
============ SYSTEM IDENTITY (after readcf) ============
        (short  domain  name) $w = ross
      (canonical domain name) $j = ross.atrust.com
            (subdomain name) $m = atrust.com
                (node name) $k = ross.atrust.com
=======================================================
```

이 명령은 sendmail을 주소 테스트 모드(-bt)와 디버그 모드(-d0.1)에 놓지만 테스트할 어떤 주소도 제공하지 않는다(</dev/null). 그 부수효과로 sendmail은 자신의 버전과 빌드 시에 사용된 컴파일러 플래그들을 보여준다. 일단 버전 넘버를 알고 나면 해당 릴리스와 관련해 어떤 보안 취약점들이 있는지를 sendmail.org 웹 사이트에서 찾아볼 수 있다.

시스템에서 sendmail 파일들을 찾아보려면 설치돼 있는 /etc/mail/sendmail.cf의 시작 부분을 살펴본다. 그곳에 있는 주석들은 어떤 디렉터리에 환경설정이 빌드돼 있는지를 말해준다. 그 디렉터리는 환경설정의 최초 소스인 .mc 파일이 어디에 있는지를 알려준다.

sendmail을 제공하는 대부분의 업체들은 운영체제 파일에 따라 일부 장소를 숨긴 배포 트리에서 바이너리뿐만 아니라 cf 디렉터리도 포함시킨다. 표 18.4는 배포 트리를 찾는 데 도움을 준다.

표 18.4 환경설정 디렉터리 위치

시스템	디렉터리
우분투	/usr/share/sendmail
데비안	/usr/share/sendmail
레드햇	/etc/mail
센트OS	/etc/mail
FreeBSD	/etc/mail

스위치 파일

대부분 시스템들은 '서비스 스위치service switch' 환경설정 파일 /etc/nsswitch.conf를 갖고 있다. 이 파일은 사용자 검색이나 호스트 검색과 같은 다양한 표준 질의를 만족시킬 수 있는 방법들을 열거해 놓은 것이다. 특정 질의 타입에 대해 한 개 이상의 해석 방법이 열거돼 있다면 서비스 스위치 파일은 여러 방법을 조회하는 순서를 결정하기도 한다.

스위치 파일의 존재는 일반적으로 소프트웨어에 투명하다. 하지만 sendmail은 최대한 정교하게 검색을 제어하고 싶어 하기 때문에 현재는 시스템 스위치 파일을 무시하고 대신 자신의 내부 서비스 환경설정 파일(/etc/mail/service.switch)을 사용한다.

스위치 파일에 있는 두 개의 필드, 즉 aliases와 hosts가 메일 시스템에 큰 영향을 미친다. 호스트 서비스에 사용 가능한 값들은 dns, nis, nisplus, files다. 앨리어스에 가능한 값들은 files, nis, nisplus, ldap이다. 사용하는 메커니즘을 위한 지원(파일을 제외하고)은 반드시 서비스가 사용되기 전에 sendmail 속으로 컴파일돼야 한다.

sendmail 시작

sendmail은 inetd나 systemd에 의해 제어되지 않아야 하기 때문에 부팅할 때 따로 명시적으로 시작돼야 한다. 시동에 관한 세부 사항은 2장을 참고한다.

sendmail이 시작할 때 사용되는 플래그들은 sendmail의 행동 양식을 결정한다. sendmail은 -b 플래그를 이용해 여러 가지 다른 모드에서 시작할 수 있다. -b는 'be'나 'become'을 의미하며 항상 sendmail이 수행할 역할을 결정하는 또 다른 플래그와 함께 사용된다. 표 18.5는 -b에 적합한 플래그 값들과 MTA 및 MSA 방식 중 하나를 선택하는 -A 플래그를 함께 나열한 것이다.

표 18.5 sendmail의 주요 모드에 사용되는 커맨드라인 플래그

플래그	의미
-Ac	submit.cf 환경설정 파일을 사용하며 MSA 역할을 한다.
-Am	sendmail.cf 환경설정 파일을 사용하며 MTA 역할을 한다.
-ba	ARPANET 모드(줄 끝에 CR/LF를 요구)로 실행한다.
-bd	데몬 모드로 실행하며 포트 25에서 접속을 대기한다.
-bD	데몬 모드로 실행하지만 백그라운드가 아닌 포어그라운드(foreground)로 실행된다.[a]
-bh	최근 접속 정보를 보여준다(hoststat와 같음).
-bH	오래된 접속 정보의 디스크 사본을 제거한다(purgestat와 같음).
-bi	해시된 앨리어스를 초기화한다(newaliases와 같음).
-bm	메일러(mailer)로서 실행하며 보통 방법으로 메일을 전송한다(기본값).
-bp	메일 큐를 인쇄한다(mailq와 같음).
-bP	공유 메모리를 통해 큐에 있는 항목의 수를 인쇄한다.
-bs	SMTP 서버 모드로 들어간다(포트 25가 아닌 표준 입력을 대기한다).
-bt	주소 테스트 모드로 들어간다.
-bv	메일 주소 검증만 한다. 메일을 보내지는 않는다.

a. 오류 메시지나 디버깅 메시지를 볼 수 있게 디버깅 시에는 이 모드를 사용한다.

인터넷에서 들어오는 메일을 받으려는 서버를 구성하고 있다면 sendmail을 데몬 모드(-bd)로 실행한다. 이 모드에서는 sendmail이 네트워크 포트 25를 대기하면서 작업을 기다린다.[10] 대개는 -q 플래그도 지정해서 sendmail이 메일 큐를 처리하는 시간 간격을 설정한다. 예를 들어 -q30m은 매 30분마다 큐를 실행하고 -q1h는 매 시간마다 큐를 실행한다.

---

10. sendmail이 대기하는 포트는 DAEMON_OPTIONS에 의해 결정된다. 포트 25는 기본값이다.

sendmail은 보통 즉각적으로 메일 전송을 시도하며 신뢰성을 보장하기 위해서만 일시적으로 메일을 큐에 저장한다. 하지만 호스트가 너무 바쁘거나 목적지 머신에 도달할 수 없는 상황이라면 sendmail은 메시지를 큐에 저장해 나중에 다시 전송을 시도한다. sendmail은 보통 부팅 때 시작되는 지속적인 큐 실행자^{quene runner}들을 사용한다. 또한 잠금^{locking} 메커니즘을 사용하므로 복수 개의 동시 큐 실행이 보장된다. '큐 그룹^{queue group}' 환경설정 기능을 사용하면 대량 메일 목록과 큐의 전송을 편리하게 해준다.

sendmail은 시작할 때만 환경설정 파일 sendmail.cf를 읽는다. 따라서 환경설정 파일을 수정할 때는 반드시 sendmail을 죽이고 재시작하거나 HUP 시그널을 보내야 한다. sendmail은 자신의 프로세스 ID와 시작 명령을 포함하는 sendmail.pid 파일을 생성한다. sendmail은 HUP 시그널을 받으면 스스로 재실행하기 때문에 절대 경로로 시작돼야 한다. sendmail.pid 파일은 프로세스가 다음과 같은 명령으로 행업(HUP)될 수 있게 해준다.

```
$ sudo kill -HUP `head -1 sendmail.pid`
```

PID 파일의 위치는 OS에 따라 다르다. 보통은 /var/run/sendmail.pid이거나 /etc/mail/sendmail.pid지만 다음과 같이 환경설정 파일 안에서 confPID_FILE 옵션을 이용해 그 위치를 설정할 수 있다.

```
define(+onfPID_FILE, `/war/run/sendmail.pid`)
```

메일 큐

sendmail은 최소한 두 개의 큐^{queue}를 사용한다. 하나는 포트 25에서 MTA 역할을 할 때 사용하는 /var/spool/mqueue이고 다른 하나는 포트 587에서 MSA 역할을 할 때 사용하는 /var/spool/clientmqueue다.[11] 모든 메시지는 전송되기 전에 최소한 잠깐이라도 큐에 멈췄다가 전송된다.

---

11. sendmail은 성능을 높이고자 mqueue 밑에 다중 큐(multiple queues)를 사용할 수 있다.

18장 이메일 / 921

큐에 들어간 메시지들은 여러 개의 다른 파일에 조각 형태로 저장된다. 표 18.6은 6가지 가능한 조각을 보여준다. 각 파일명은 조각을 식별하기 위한 두 글자의 접두어를 가지며 이어서 sendmail의 프로세스 ID에서 만들어진 무작위 ID가 따라온다.

표 18.6 메일 큐에 있는 파일들의 접두어

접두어	파일 내용
qf	메시지 헤더와 제어 파일
df	메시지 바디
tf	qf 파일이 업데이트되는 동안의 임시 버전의 qf 파일
Tf	32번 이상의 잠금(locking) 시도 실패가 발생했다는 알림
Qf	메시지가 바운스(bounce)돼 반송될 수 없었다는 알림
xf	메일러로부터 온 오류 메시지의 임시 내용(transcript) 파일

하위 디렉터리 qf, df, xf가 큐 디렉터리에 존재한다면 메시지 조각들은 해당 하위 디렉터리에 놓인다. qf 파일은 메시지 헤더뿐 아니라 엔벨로프 주소, 메시지를 전달할 수 없을 때 반환돼야 하는 날짜, 큐에서의 메시지 우선순위, 메시지가 큐에 들어온 원인을 포함하고 있다. 각 줄은 그 줄의 나머지 부분을 식별하기 위한 한 글자 코드로 시작된다.

큐에 있는 각 메시지는 반드시 하나의 qf와 하나의 df 파일을 갖고 있어야 한다. 다른 접두어들은 모두 전송을 시도하는 동안 sendmail에 의해 사용된다. 머신이 장애로 멈춰서 재부팅할 때는 sendmail의 시동 절차는 각 큐에서 tf, xf, Tf 파일을 삭제해야 한다. 메일을 담당하는 시스템 관리자라면 로컬 환경설정이 바운스를 일으키고 있는 경우에는 가끔씩 Qf 파일들을 확인한다. 큐 디렉터리를 가끔 들여다봄으로써 재앙적 상황이 되기 전에 문제를 찾아낼 수 있다.

메일 큐는 어떤 일이 잘못될 여러 가지 가능성을 열어 놓고 있다. 예를 들면 파일 시스템이 꽉 찰 수 있고(/var/spool/mqueue와 /var/log를 동일한 파티션에 놓지 않는다) 큐가 막힐 수 있으며, 갈 곳을 잃은 메일 메시지가 큐 안에 갇힐 수 있다. sendmail은 바쁜 머신의 성능을 높이는 데 도움을 주는 환경설정 옵션들을 갖고 있다.

sendmail 환경설정

sendmail은 단일 환경설정 파일(일반적으로 MTA로 실행되는 sendmail용은 /etc/mail/sendmail.cf, MSA로 실행되는 sendmail용은 /etc/mail/submit.cf)에 의해 제어된다. sendmail이 시작될 때 주어지는 플래그들은 어떤 환경설정을 사용할 것인가를 결정한다. -bm, -bs, -bt는 submit.cf가 존재한다면 그것을 사용하고 다른 모드들은 모두 sendmail.cf를 사용한다. 이 이름들은 커맨드라인 플래그나 환경설정 파일 옵션으로 변경할 수 있지만 그대로 두는 것이 최선이다.

원형의 환경설정 파일 형식은 사람이 아닌 기계가 파싱하기 쉽게 설계됐다. m4 소스(.mc) 파일에서 .cf 파일을 생성하게 개선됐지만 까다롭고 엄격한 구문 때문에 사용자 친화성으로 상을 받지는 못할 것이다. 다행히도 구성하고자 하는 많은 패러다임을 비슷한 것이 필요했던 다른 사람들이 이미 해결해 놨으며 배포판에서 사전 패키징된 기능으로 제공하고 있다.

sendmail 환경설정은 다음과 같은 여러 단계로 구성된다.

1. 환경설정을 하고 있는 머신의 역할(클라이언트, 서버, 인터넷 접속 메일 리시버 등)을 결정한다.
2. 그 역할을 구현하는 데 필요한 기능들을 선택하고 환경설정용 .mc 파일을 빌드한다.
3. m4를 이용해 .mc 파일을 컴파일해서 .cf 환경설정 파일을 생성한다.

사이트 전체에 영향을 미치는 인터넷 접점 서버들과 작은 데스크톱 클라이언트들이 모두 공통적으로 사용하는 기능들을 다뤄보자. 더 자세한 내용을 다루고 싶다면 sendmail의 관리와 운용에 관한 두 개의 핵심적인 문서를 소개한다. 브라이언 코스테일즈[Bryan Costales] 등이 저술한 오라일리 책 『sendmail』과 배포판에 포함된 파일, cf/README다.

m4 전처리기

원래 프로그래밍 언어의 프론트엔드[front-end]로 만들어진 m4는 사용자가 더욱 가독성이 좋은 (어떤 경우에는 더 해독하기 힘들게) 프로그램을 작성할 수 있게 해준다.

m4는 많은 입력 변환 상황에서 유용하게 쓸 수 있을 만큼 강력하며 sendmail 환경 설정 파일용으로도 훌륭하게 기능한다.

m4 매크로는 다음의 형태를 갖는다.

---

name(arg1, arg2, ..., argn)

---

*name*과 여는 괄호 사이에 공백 문자가 있어서는 안 된다. 왼쪽과 오른쪽 작은따옴표(즉, 역따옴표와 보통의 작은따옴표)는 인수로서의 문자열을 나타낸다. 왼쪽과 오른쪽 따옴표를 다른 문자로 사용하는 m4의 따옴표 규칙은 좀 독특하다. 따옴표들은 중첩해서 사용해도 된다. m4는 일부 내장 매크로를 갖고 있으며 사용자들이 자신의 매크로를 정의할 수도 있다. 표 18.7은 가장 흔히 사용되는 내장 매크로들의 목록으로, 이 매크로들은 sendmail 환경설정에 사용된다.

표 18.7 sendmail에서 자주 사용되는 m4 매크로

매크로	기능
define	arg2의 값을 갖는 arg1이라는 이름의 매크로를 정의한다.
divert	출력 스트림을 관리한다.
dnl	다음 개행 문자(newline)를 포함해 그곳까지의 문자들을 무시한다.
include	arg1이라는 이름의 파일을 포함(삽입)한다.
undefine	앞서 정의된 arg1이라는 이름의 매크로를 폐기한다.

sendmail 환경설정 조각

sendmail 배포판에는 cf 하위 디렉터리가 포함돼 있고 그 아래에는 m4 환경설정에 필요한 모든 조각이 있다. 표 18.4는 sendmail 소스를 설치하지 않고 공급업체에 의존하는 경우 cf 디렉터리의 위치를 보여준다. cf 디렉터리에 있는 README 파일은 sendmail의 환경설정 문서다. 표 18.8의 하위 디렉터리들은 여러 사례와 환경 설정할 때 가져다 쓸 수 있는 프로그램 조각들을 포함하고 있다.

cf/cf 디렉터리는 .mc 파일들의 예를 포함하고 있다. 실제로 이 디렉터리에는 매우 많은 예가 포함돼 있어서 그 안에서 길을 잃을 수도 있다. 배포된 cf 디렉터리에

있는 .mc 파일들과는 별도로 자신의 .mc 파일을 따로 보관하기를 권장한다. 자기 사이트용으로 이름 붙인 새 디렉터리(cf/사이트명)를 만들거나 cf 디렉터리를 cf.examples로 이름을 바꾸고 새로운 cf 디렉터리를 생성한다. 이렇게 한 경우 README 파일에 있는 명령들이 변함없이 작동하도록 Makefile과 Build 스크립트를 자신의 새로운 디렉터리에 복사해 덮어쓴다. 다른 방법으로 자신의 모든 환경설정 .mc 파일을 sendmail 배포판 내부에 남겨두지 말고 어떤 중앙의 장소에 복사할 수 있다. Build 스크립트는 상대 경로명을 사용하므로 .mc 파일에서 .cf 파일을 빌드하고 sendmail 배포판 계층 구조 안에 있지 않기를 원한다면 스크립트를 수정해야만 할 것이다.

cf/ostype 디렉터리에 있는 파일들은 각각의 특정 운영체제용 sendmail의 환경을 설정한다. 사전 정의돼 있는 것들이 많지만 어떤 것들을 시스템 여러 곳으로 이동했다면 수정하거나 새로 만들어야 할 것이다.

표 18.8 sendmail 환경설정 하위 디렉터리

cf	샘플 .mc(master configuration) 파일
domain	버클리의 다양한 도메인을 위한 샘플 m4 파일
feature	다양한 기능들을 구현한 프로그램 조각
hack	그 가치나 구현이 의심스러운 특별한 기능
m4	기본적인 환경설정 파일과 기타 핵심 파일
mailer	공통 메일러를 기술하는 m4 파일(전달 에이전트)
ostype	OS에 따라 다른 파일 위치들과 특별한 기능
sh	m4에 의해 사용되는 셸 스크립트

cf/feature 디렉터리는 필요한 환경설정 조각들을 쇼핑하는 장소다. sendmail을 실행하는 사이트에서 유용한 모든 기능이 있다.

cf 아래의 다른 디렉터리들은 훨씬 상용구적인 표준이라서 수정할 필요가 없으며 심지어 이해할 필요도 없이 그냥 사용하기만 하면 된다.

샘플 .mc 파일에서 만든 환경설정 파일

sendmail 환경설정에서 사용하게 될 다양한 환경설정 매크로, 기능, 옵션의 험한 세계로 뛰어들기 전에 순서를 좀 바꿔서 전반적인 처리 과정의 도식화를 위해 '순수한' 환경설정을 고안하려고 한다. 리프 노드[leaf node]인 myhost.example.com을 예로 들겠다. 여기서 마스터 환경설정 파일은 myhost.mc다. 다음은 .mc 파일의 완전한 내용이다.

```
divert(-1)
#### example.com을 위한 basi+ .m+ 파일
divert(0)
VERSIONID(`$Id$')
OSTYPE(`linux')
MAILER(`local')
MAILER(`smtp')
```

divert와 주석을 제외하고 각 줄은 사전 패키징된 매크로를 호출한다. 첫 네 줄은 늘 사용하는 상용구로, sendmail의 버전, 환경설정이 빌드된 디렉터리 등을 알리고자 컴파일된 파일에 주석을 삽입한다. OSTYPE 매크로는 ../ostype/linux.m4 파일을 포함한다. MAILER 줄은 (myhost.example.com에 계정을 둔 사용자들에게 보내는) 로컬 전송과 인터넷 사이트들로 보내는 전송을 허용한다.

실제 환경설정 파일을 빌드하려면 다음과 같이 새로운 cf 디렉터리에 복사한 Build 명령을 실행하기만 하면 된다.

```
$ ./Build myhost.cf
```

끝으로 정확한 지점(일반적으로는 /etc/mail/sendmail.cf지만 일부 업체는 다른 곳을 사용한다)에 myhost.cf를 설치한다. 업체들이 즐겨 사용하는 장소는 /etc나 /usr/lib다.

규모가 더 큰 사이트에서는 사이트 전체에 적용되는 기본값들을 보관한 m4 파일을 (cf/domain 디렉터리에) 따로 생성하고자 할 수 있다. 그런 다음 각각의 호스트는 DOMAIN 매크로를 이용해 이 파일의 내용을 포함시킬 수 있다. 모든 호스트가 별도의 환경설정 파일을 필요로 하지는 않지만 비슷한 호스트들의 그룹(동일한 아키텍처와 서버 또는 클라이언트 등의 동일한 역할)은 자신만의 환경설정이 필요할지도 모른다.

.mc 파일에서 매크로의 순서는 임의적인 것이 아니며 다음과 같은 순서로 돼야 한다.

```
VERSIONID
OSTYPE
DOMAIN
FEATURE
지역 매크로 정의
MAILER
```

sendmail의 쉽고 편리한 m4 환경설정 시스템에서도 자신의 사이트를 위한 여러 가지 환경설정을 결정해야 하는 것은 마찬가지다. 다음에 설명된 기능들을 잘 읽으면서 자기 사이트에 어떻게 맞출 것인가 생각하자. 소규모 사이트는 허브 노드^{hub node}와 리프 노드^{leaf node}만 갖고 있으므로 두 가지 버전의 환경설정 파일만 필요할 것이다. 규모가 큰 사이트는 착신 및 발신 메일용으로 별도의 허브가 필요할 수도 있으며 별도의 POP/IMAP 서버가 필요할 수도 있다.

사이트가 얼마나 복잡하든 사이트가 외부 세계에 어떻게 보이든 간에(예를 들면 방화벽 뒤에 노출되거나 가상 사설망에 있는 등) cf 디렉터리는 미리 만들어져 있는 환경설정 코드 조각들을 포함하고 있어 그것들을 간단히 수정해 작동시키게 돼 있을 가능성이 크다.

환경설정 기본 사항

sendmail 환경설정 명령들은 대소문자를 구분한다. 관례적으로 사전 정의된 매크로의 이름은 모두 대문자를 사용하고(예, OSTYPE), m4 명령들은 모두 소문자를 사용하며(예, define), 환경설정 옵션 이름은 소문자 conf로 시작해서 대문자 변수명으로 끝난다(예, confFAST_SPLIT). 매크로는 보통 ../macroname/arg1.m4라는 m4 파일을 참조한다. 예를 들면 OSTYPE(`linux') 참조는 ../ostype/linux.m4 파일이 포함되게 한다.

테이블과 데이터베이스

특정 환경설정 기본 요소를 다루기 전에 우선 테이블(맵map 또는 데이터베이스database 라고도 함)에 대해 먼저 다뤄야 한다. sendmail은 테이블을 이용해 메일 라우팅이나 주소 재작성을 수행한다. 대부분의 테이블은 FEATURE 매크로와 결합해서 사용된다.

테이블은 일종의 라우팅, 앨리어싱, 정책, 기타 정보의 캐시cache(보통은 텍스트 파일)다. 테이블은 makemap 명령을 이용해 데이터베이스 형태로 변환된 후 한 개 이상의 sendmail 검색 연산용 정보 소스로 사용된다. 데이터는 보통 텍스트 파일로 시작되지만 sendmail 테이블용 데이터는 DNS, LDAP, 기타 소스에서 올 수 있다. 중앙 집중형 IMAP 서버의 사용은 sendmail이 사용자를 추적하는 부담을 덜어주고 테이블의 일부가 필요 없게 만든다.

sendmail은 다음과 같은 세 가지 데이터베이스 맵 타입을 정의한다.

- **dbm:** 레거시로, 확장 가능한 해싱 알고리듬을 사용(dbm/ndbm)
- **hash:** 표준 해싱 체계를 사용(DB)
- **btree:** B 트리 데이터 구조를 사용(DB)

대부분의 sendmail 테이블 애플리케이션들에게는 해시 데이터베이스 타입(기본값)이 최선이다. makemap 명령을 사용해서 텍스트 파일로부터 데이터베이스 파일을 빌드한다. 이때 데이터베이스 타입과 출력 파일 기본명basename을 지정한다.

```
$ sudo makemap hash /etc/mail/access < /etc/mail/access
```

얼핏보면 이 명령은 텅 빈 출력 파일이 입력 파일을 덮어쓰게 하는 실수를 저지른 것처럼 보인다. 하지만 makemap은 적절한 접미어를 덧붙여서 실제 출력 파일이 /etc/mail/access.db가 되게 하므로 사실상 아무런 충돌도 일어나지 않는다. 텍스트 파일이 수정될 때마다 반드시 데이터베이스 파일을 makemap으로 재빌드해야 한다(하지만 sendmail에게 HUP 시그널을 보낼 필요는 없다).

맵이 만들어지는 텍스트 파일에 주석이 나타날 수 있다. 주석은 #으로 시작하며 줄의 끝까지 적용된다.

대부분 상황에서 데이터베이스 키에는 가장 긴 매치가 사용된다. 모든 해싱된 데이터 구조에서와 같이 입력 텍스트 파일에서의 항목 순서는 의미를 갖지 않는다. 일부 FEATURE는 데이터베이스 파일을 매개변수로 요구한다. 데이터베이스 타입의 기본값은 hash며 데이터베이스용 파일명의 기본값은 /etc/mail/tablename.db다.

기본 매크로와 기능

표 18.9는 흔히 사용되는 환경설정 기본 요소들과 전형적 사용 여부(예, 아니요, 가능), 기능을 간략하게 설명한 목록이다.

표 18.9 sendmail 기본 환경설정 요소

기본 요소	사용?[a]	설명
OSTYPE	예	OS 고유의 경로와 메일러 플래그를 포함
DOMAIN	아니요	사이트 고유의 환경설정 세부 사항들을 포함
MAILER	예	메일러 활성화. 일반적으로 smtp와 local
FEATURE	가능	다양한 메일러 기능들을 활성화
use_+w_file	예(S)	메일을 받아들일 호스트들의 목록
redirect	가능(S)	사용자가 이동할 때 메일을 반송
always_add_domain	예	UA가 하지 않았다면 호스트명을 완전 검증
access_db	가능(S)	메일을 중계할 호스트들의 데이터베이스를 설정
virtusertable	가능(S)	도메인 앨리어싱(가상 도메인)을 활성화
ldap_routing	가능(S)	LDAP를 사용해 착신 메일을 라우팅
MASQUERADE_AS	예	모든 메일이 한곳에서 오는 것처럼 만듦
EXPOSED_USER	예	위장돼서는 안 되는 사용자들의 목록
MAIL_HUB	예(S)	착신용 메일 서버 지정
SMART_HOST	예(C)	발신용 메일 서버 지정

a. S = 서버, C = 클라이언트

OSTYPE 매크로

OSTYPE 파일은 메일 관련 파일들의 예상 위치, sendmail에 필요한 명령들의 경로명,

메일러 프로그램의 플래그 등과 같이 업체 고유의 다양한 정보를 패키지화한 것이다. OSTYPE 파일에 정의될 수 있는 모든 변수의 목록은 cf/README를 참조한다.[12]

DOMAIN 매크로

DOMAIN 지시어는 사이트 전체에 적용되는 전반적인 정보를 한 장소(cf/domain/filename.m4)에 지정한 후 DOMAIN(`filename')을 이용해 그것을 각 호스트의 환경 설정 파일에 포함할 수 있게 해준다.

MAILER 매크로

활성화하려는 모든 전달 에이전트에 대해 반드시 MAILER 매크로를 포함해야 한다. 지원되는 메일러들의 완전한 목록은 cf/mailers 디렉터리에서 찾을 수 있지만 보통은 local과 smtp만 필요하다. 일반적으로 MAILER 줄은 .mc 파일에 마지막으로 나타난다.

FEATURE 매크로

FEATURAE 매크로는 feature 디렉터리의 m4 파일들을 포함함으로써 흔히 사용되는 시나리오들(마지막 세어본 결과는 56개)을 모두 갖추게 할 수 있다. 그 구문은 다음과 같다.

```
FEATURE(keyword, arg, arg, ...)
```

여기서 keyword는 cf/feature 디렉터리에 있는 keyword.m4 파일에 상응하며, 그것에 args가 넘겨진다. 한 기능에는 많아야 9개의 인수가 있을 수 있다.

use_cw_file 기능

sendmail 내부 클래스 w(그래서 이름이 cw)는 현재 호스트가 메일을 수용하고 전달하는 모든 로컬호스트의 이름을 포함한다. 이 기능은 한 줄에 하나씩 /etc/mail/local-host-names에 나열돼 있는 호스트들에 대해 메일이 수용됨을 지정한다.

---

12. 그렇다면 OSTYPE 매크로 자체는 어디서 정의될까? cf/m4 디렉터리에 있는 한 파일에서 정의되며 이 파일은 Build 스크립트를 실행할 때 환경설정 파일 앞에 붙여진다.

```
FEATURE(`use_+w_file')
```

이 매크로는 해당 기능^{feature}을 호출한다. 클라이언트 머신은 별칭을 갖고 있지 않는 한 사실상 이 기능이 필요 없지만 착신용 메일 허브 머신은 이 기능이 필요하다. local-host-names 파일은 백업 MX 레코드가 나를 가리키는 사이트들을 포함해서 이 메일을 수용하고자 하는 모든 로컬호스트와 가상 도메인을 포함하고 있어야 한다.

이 기능이 없다면 sendmail은 메일의 목적지 주소가 sendmail이 실행되고 있는 머신일 때만 로컬로 메일을 전달한다.

사이트에 새 호스트를 추가하면 반드시 그 호스트를 local-host-names 파일에 추가하고 HUP 시그널을 sendmail에게 보내 변경된 내용이 적용되게 해야 한다.

redirect 기능

사람들이 조직을 떠날 때는 그들의 메일을 전달하든지, 아니면 발신자에게 오류로 반송한다. redirect 기능은 메일을 반송하는 더 세련된 방법을 지원한다.

조 스미스^{Joe Smith}가 oldsite.edu(로그인명 smithj)를 졸업하고 새로운 회사 newsite.com(로그인명 joe)에 들어갔다면 다음과 같은 매크로로 redirect를 활성화하고

```
FEATURE(`redirect')
```

다음 줄을 oldsite.edu의 aliases 파일에 추가하면

```
smithj: joe@newsite.com.REDIRECT
```

smithj에게 보낸 메일은 발신자에게 joe@newsite.com 주소로 다시 보내라고 권하는 오류 메시지와 함께 반환된다. 메시지 자체는 자동으로 전달되지 않는다.

always_add_domain 기능

always_add_domain 기능은 모든 이메일 주소를 완전하게 검증한다. 이 기능은 항상 사용돼야 한다.

access_db 기능

access_db 기능은 중계와 기타 정책 이슈들을 제어한다. 일반적으로 이 기능을 유발하는 원형 데이터는 LDAP에서 오거나 /etc/mail/access라는 텍스트 파일에 보관돼 있다. 후자의 경우 텍스트 파일은 앞에서 설명한 바와 같이 반드시 makemap 명령을 이용해 일종의 인덱스화된 형태로 변환돼야 한다. 일반 파일을 사용하려면 환경설정 파일에 FEATURE(`access_db')를 사용한다. LDAP 버전의 경우에는 FEATURE(`access_db', `LDAP')를 사용한다.[13]

접근 데이터베이스에서 키[key] 필드는 Connect;, To:, From:과 같은 옵션 태그를 갖는 IP 네트워크나 도메인 이름이다. 값 필드는 메시지를 어떻게 처리할 것인가를 기술한다.

가장 일반적인 값은 메시지를 수용하는 OK, 메시지가 중계되도록 허용하는 RELAY, 전반적인 오류로 거부하는 REJECT, 특정 메시지와 함께 거부하는 ERROR: '오류 코드와 메시지'다. 다른 가능한 값들을 사용하면 더욱 정교하게 제어할 수 있다. 다음은 샘플 /etc/mail/access 파일에서 가져온 코드 조각이다.

```
localhost       RELAY
127.0.0.1       RELAY
192.168.1.1     RELAY
192.168.1.17    RELAY
66.77.123.1     OK
fax.com         OK
61              ERROR:"550 We don't accept mail from spammers"
67.106.63       ERROR:"550 We don't accept mail from spammers"
```

virtusertable 기능

virtusertable 기능은 /etc/mail/virtusertable에 저장된 맵을 통해 착신 메일용 도메인 앨리어싱을 지원한다. 이 기능은 한 머신이 여러 가상 도메인을 호스팅할 수 있게 해주며 웹 호스팅 사이트에서 자주 사용된다. 테이블의 키 필드는 이메일 주

---

13. 이 형식은 cf/sendmail.schema 파일에 정의돼 있는 기본 LDAP 스키마를 사용한다. 다른 스키마 파일을 사용하려면 FEATURE 문에서 추가적인 인수를 사용한다.

소(user@host.domain) 또는 도메인 사양(@domain)을 포함한다. 값 필드는 로컬 또는 외부 이메일 주소다. 키가 도메인이면 값은 변수 %1로 user 필드를 함께 넘기거나 메일을 다른 사용자에게 라우팅할 수 있다. 다음은 일부 사례다.

```
@appliedtrust.com            %1@atrust.com
unix@book.admin.com          sa-book-authors@atrust.com
linux@book.admin.com         sa-book-authors@atrust.com
webmaster@example.com        billy.q.zakowski@colorado.edu
info@testdomain.net          ausername@hotmail.com
```

데이터 매핑의 왼쪽에 있는 모든 호스트 키는 반드시 cw 파일 /etc/mail/local-host-names에 열거돼 있거나 VIRTUSER_DOMAIN 목록에 포함돼 있어야 한다. 그렇지 않으면 sendmail은 로컬 메일을 수용한다는 것을 알지 못하므로 인터넷에서 목적지 호스트를 찾게 될 것이다. 하지만 DNS MX 레코드들이 sendmail에게 현재 서버로 다시 향하게 지시해서 결국은 반송 메시지에서 '로컬 환경설정 오류' 메시지를 얻게 될 것이다. 불행히도 sendmail은 이런 상황에서 오류 메시지가 사실상 "cw 파일에 virtusertable 키가 없다."라는 뜻임을 판단할 수 없다.

ldap_routing 기능

경량 디렉터리 접근 프로토콜, 즉 LDAP는 앞서 설명한 일반적인 표 형식의 데이터뿐 아니라 앨리어스나 메일 라우팅 정보를 위한 데이터 소스일 수 있다. cf/README 파일에는 많은 사례와 함께 LDAP에 관한 긴 절이 있다.

이런 방식으로 LDAP를 사용하려면 반드시 LDAP 지원을 포함하도록 sendmail을 빌드했어야 한다. 다음 줄들을 .mc 파일에 추가한다.

```
define(`confLDAP_DEFAULT_SPEC', `-h server -b sear+hbase')
FEATURE(`ldap_routing')
LDAPROUTE_DOMAIN(`my_domain')
```

이 줄들은 sendmail에게 지정된 도메인으로 주소가 돼 있는 착신 메일들을 라우팅하고자 LDAP 데이터베이스 사용을 원한다는 것을 말해준다. LDAP_DEFAULT_SPEC 옵션은 검색을 위한 LDAP 서버와 LDAP 기본명을 지정한다. LDAP는 정의에 -p ldap_port를 추가해 다른 포트를 지정하지 않는 한 포트 389를 사용한다.

sendmail은 LDAP 데이터베이스에 다음과 같은 두 태그의 값을 사용한다.

- **mailLocalAddress:** 착신 메일의 수취인
- **mailRoutingAddress:** 이메일을 보내야 하는 목적지

sendmail은 mailHost 태그도 지원하는데, 이 태그가 있다면 지정된 호스트의 MX-지정 메일 핸들러로 메일을 라우팅한다. 수신자 주소는 mailRoutingAddress 태그의 값을 그대로 유지한다.

LDAP 데이터베이스 항목들은 와일드카드 항목 @domain을 지원한다. 이것은 (virtusertable의 경우와 마찬가지로) 지정된 도메인에 있는 누군가에게로 가는 메일을 재라우팅한다.

기본값에 의해 user@host1.mydomain로 가는 메일은 우선 user@host1.mydomain을 검색한다. 실패하면 sendmail은 user@mydomain이 아닌, @host1.mydomain을 시도할 것이다. 다음 줄을 포함하면

```
LDAPROUTE_EQUIVALENT(`host1.mydomain')
```

user@mydomain과 @mydomain도 시도한다. 이 기능은 복잡한 사이트에서 단일 데이터베이스에 의한 메일 라우팅을 가능하게 해준다. **LDAPROUTE_EQUIVALENT** 구문을 위한 항목들을 파일에서 가져올 수도 있다는 점이 이 기능을 더욱 유용하게 만든다.

그 문법은 다음과 같다.

```
LDAPROUTE_EQUIVALENT_FILE(`파일명')
```

ldap_routing 기능에 인수들을 추가하면 LDAP 스키마에 관한 더 세부적인 것들을 지정할 수 있으며 **+detail** 부분을 갖고 있는 수취인 이름의 처리를 제어할 수 있다. 구체적인 내용은 cf/README 파일을 참고한다.

Masquerading 기능

이메일 주소는 보통 사용자명, 호스트, 도메인으로 구성되지만 많은 사이트가 자신들의 내부 호스트명이 인터넷에 노출되는 것을 원치 않는다. MASQUERADE_AS 매크로는 다른 머신들을 뒤에 숨길 단일 ID를 지정하게 해준다. 모든 메일은 지정된 머신이나 도메인에서 나온 것처럼 보인다. 이것은 보통 사용자들에게는 아무 문제가 없지만 루트와 같은 시스템 사용자들은 디버깅 목적을 위해 위장에서 배제시키는 것이 좋다.

예를 들어 다음과 같은 시퀀스는

```
MASQUERADE_AS(`atrust.com')
EXPOSED_USER(`root')
EXPOSED_USER(`Mailer-Daemon')
```

루트나 메일 시스템이 보낸 메일이 아니라면(이런 경우 메일은 원래 호스트의 이름을 실어나른다) user@atrust.com에서 온 것처럼 메일 소인을 찍는다.

MASQUERADE_AS는 사실 수많은 변형과 예외를 통해 아래로 확장되는 거대한 빙산의 일각에 지나지 않는다. allmasquerade와 masquerade_envelope 기능은 (MASQUERADE_AS와 결합해) 필요한 만큼의 로컬 정보를 숨길 뿐이다. 자세한 내용은 cf/README를 참조한다.

MAIL_HUB와 SMART_HOST 매크로

위장^{masquerading}은 헤더나 엔벨로프를 재작성함으로써 모든 메일이 단 하나의 호스트나 도메인에서 온 것처럼 보이게 만든다. 하지만 대부분 사이트는 바이러스나 스팸, 회사 기밀의 흐름을 제어할 수 있게 모든 메일이 실제로 한 머신에서 오기를 (또는 한 머신으로 가기를) 원한다. 이런 제어는 DNS의 MX 레코드와 착신 메일용 MAIL_HUB 매크로, 발신 메일용 SMART_HOST 매크로를 결합해 구현할 수 있다.

예를 들어 구조화된 이메일 구현에서 MX 레코드는 인터넷으로부터 들어오는 이메일을 네트워크 DMZ에 있는 MTA로 보낸다. 수신된 이메일에 바이러스나 스팸이 없고 유효한 로컬 사용자에게 보낸 것임이 검증된 후에 메일은 다음과 같은 정의를 이용해 전달용 내부 라우팅 MTA에게 전달될 수 있다.

```
define(`MAIL_HUB', `smtp:routingMTA.mydomain')
```

마찬가지로 클라이언트 머신들은 자신의 메일을 환경설정에서 nullclient 기능으로 지정된 SMART_HOST로 전달한다. 그런 다음 SMART_HOST는 자신의 사이트에서 온 메일이 인터넷을 오염시키지 않도록 바이러스나 스팸을 필터링한다.

SMART_HOST의 구문은 MAIL_HUP의 구문과 평행을 이루며 기본 전달 에이전트는 마찬가지로 relay다. 다음 예를 보자.

```
define(`SMART_HOST', `smtp:outgoingMTA.mydomain')
```

착신 메일과 발신 메일용 서버로 동일한 머신을 사용할 수 있다. 반드시 SMART_HOST와 MAIL_HUB는 모두 중계를 허용해야 한다. 자기 도메인 내부의 클라이언트가 우선이고 DMZ의 MTA로부터가 그다음이다.

클라이언트 환경설정

대부분의 사이트 머신은 사용자가 생성한 발신 메일을 보내기만 하고 수신은 전혀 하지 않는 클라이언트로 설정돼야 한다. sendmail의 FEATURE 중 하나인 nullclient는 이런 상황에 딱 맞는다. nullclient는 모든 메일을 SMTP를 통해 중앙 허브로 전달하는 환경설정 파일을 생성한다. VERSIONID와 OSTYPE 줄 다음에 오는 전체 환경설정 파일은 다음과 같이 간단하다.

```
FEATURE(`nocanonify')
FEATURE(`nullclient', `maiIserver')
EXPOSED_USER(`root')
```

여기서 mailserver는 자기 중앙 허브의 이름이다. nocanonify 기능은 sendmail에게 DNS 검색을 하거나 완전히 검증된 도메인 이름을 갖는 주소들을 재작성하지 말라고 지시한다. 그 모든 작업은 mailserver 호스트에 의해 수행된다. 이 기능은

SMART_HOST와 유사해서 클라이언트가 MASQUERADE_AS mailserver를 실행할 것으로 가정한다. EXPOSED_USER절은 루트를 위장에서 면제시켜 디버깅하기 쉽게 해준다.

mailserver 머신은 반드시 널 클라이언트[null client]에서의 중계를 허용해야 한다. 그 권한은 앞에서 설명한 access_db에서 승인된다. 널 클라이언트는 mailserver를 가리키는 하나의 연관 MX 레코드를 가져야 하며 mailserver의 cw 파일(보통은 /etc/mail/local-host-names)에도 포함돼 있어야 한다. 이런 설정들은 mailserver가 클라이언트를 위한 메일을 수용할 수 있게 한다.

sendmail은 클라이언트 머신의 사용자 에이전트에게 메일 발송용으로 포트 587을 사용하라고 알릴 수 있다면 (-bd 플래그 없이) MSA로 실행돼야 한다. 그렇지 않은 경우 데몬 모드(-bd)로 sendmail을 실행할 수 있다. 하지만 루프백 인터페이스에서만 접속을 대기하도록 DAEMON_OPTIONS 환경설정 옵션을 설정한다.

m4 환경설정 옵션

환경설정 파일 옵션들은 m4 define 명령으로 설정한다. m4 변수로 접근할 수 있는 완전한 옵션 목록은 그 기본값과 함께 cf/README 파일에 있다.

보안에 대해 너무 집착하지 않고 성능에도 크게 관심을 두지 않는 평범한 사이트에서 기본값들은 보통 OK다. 기본값들은 중계를 끄고 완전한 조건을 갖춘 주소를 요구하며 발신자의 도메인이 IP 주소를 해결할 것을 요구함으로써 스팸으로부터의 보호를 시도한다. 메일 허브 머신이 바쁘고 많은 양의 메일링 리스트를 서비스하고 있다면 일부 성능 값의 조정이 필요할 것이다.

표 18.10은 조정이 필요할 수도 있는 일부 옵션들(175개 이상의 환경설정 옵션 중 약 10%)의 목록이다. 각각의 기본값은 괄호 안에 표시했다. 지면을 절약하고자 옵션 이름은 conf 접두어 없이 표시했다. 예를 들어 FAST_SPLIT 옵션의 실제 이름은 confFAST_SPLIT이다. 변수가 다루는 이슈의 종류(자원 관리, 성능, 보안, 스팸 제거, 기타 옵션들)에 따라 표를 서브섹션으로 나눴다. 일부 옵션은 한 개 이상의 카테고리에 해당되지만 여기서는 한 군데만 포함시켰다.

표 18.10 기본적인 sendmail 환경설정 옵션

	옵션명	설명(기본값)
자원	MAX_DAEMON_CHILDREN	최대 자식 프로세스 수(무제한)[a]
	MAX_MESSAGE_SIZE	단일 메시지의 최대 크기(단위, 바이트)(무한)
	MIN_FREE_BLOCKS	메일을 수용하기 위한 최소 파일 시스템 공간(100)
	TO_lots_of_stuff	모든 종류의 자원에 대한 시간제한(다양함)
성능	DELAY_LA	발송 지연이 일어나게 하는 부하 평균(0=무제한)
	FAST_SPLIT	수취인들이 정렬돼 여러 큐로 분할되기 때문에 MX 조회를 억제한다(1=참값).
	MCI_CACHE_SIZE	캐싱돼 있는 오픈 발신 TCP 접속의 수(2)
	MCI_CACHE_TIMEOUT	캐싱돼 있는 접속의 오픈 상태 유지 시간(5m)
	MIN_QUEUE_AGE	작업이 큐에 머물러야 하는 최소 시간(0)
	QUEUE_LA	메일을 즉각 전송하지 않고 큐에 넣어야 하는 부하 평균(8 * CPU 수)
	REFUSE_LA	메일을 거부해야 하는 부하 평균(12 * CPU 수)
보안과 스팸	AUTH_MECHANISMS	SMTP 인증 메커니즘[b]
	CONNECTION_RATE_THROTTLE	접속 수용률을 제한한다(무제한).
	DONT_BLAME_SENDMAIL	보안이나 파일 체킹을 덮어쓴다(안전).[c]
	MAX_MIME_HEADER_LENGTH	MIME 헤더의 최대 크기를 설정한다(무제한).[d]
	MAX_RCPTS_PER_MESSAGE	스팸 전송을 지연시킨다. 더 이상의 수취인은 연기되며 임시 오류 메시지를 보낸다(무한).
	PRIVACY_FLAGS	SMTP가 내어준 정보를 제한한다(authwarnings).
기타	DOUBLE_BOUNCE_ADDRESS	많은 스팸을 잡아낸다. 일부 사이트는 /dev/null을 사용해 심각한 문제들을 숨길 수 있다(postmaster).
	LDAP_DEFAULT_SPEC	서버가 실행되는 호스트/포트를 포함해 LDAP 데이터베이스 스펙을 매핑한다(undefined).

a. 더 구체적으로 말하자면 한 번에 실행할 수 있는 최대 자식 프로세스 수
b. 기본값은 EXTERNAL GSSAPI KERBEROS_V4 DIGEST-MD5 CRAM-MD5다. PLAIN LOGIN을 추가하지 않는다. 암호가 뻔히 보이는 텍스트로 전송되기 때문이다. 내부적으로는 문제되지 않을 수도 있지만 접속이 SSL 사용을 통해서도 안전하게 보호되지 않는 한 인터넷에서는 사용하지 않는다.
c. 이 설정을 실수로 변경하지 않는다.
d. 이 옵션은 사용자 에이전트의 버퍼 오버플로를 방지할 수 있다. '256/128'이 사용하기에 좋은 값이다. 이 값은 헤더당 256바이트와 그 헤더에 넘겨지는 매개변수당 128바이트를 의미한다.

sendmail의 스팸 관련 기능

sendmail에는 다음과 같이 스팸과 바이러스를 통제하는 데 도움을 주는 다양한 기능과 환경설정 옵션이 있다.

- (마구잡이식으로 개방돼 있는) 제3자 중계를 통제하는 규칙들로, 한 오프사이드 사용자가 다른 오프사이드 사용자에게 메일을 보내고자 나의 메일 서버를 사용하는 경우를 말한다. 스패머들은 종종 메일의 진짜 출처를 숨겨서 ISP들이 감지하지 못하게 하고자 중계^{relaying}를 사용하곤 한다. 중계는 스패머들이 자기 자원을 아끼고 남의 자원을 사용하게 하기도 한다.
- 수취인 주소를 필터링하기 위한 접근 데이터베이스로, 이 기능은 이메일용 방화벽이라 할 수 있다.
- sendmail이 확인해서 배제시킬 수 있는 공개된 릴레이와 스팸 친화적 사이트들의 블랙리스트다.
- 특정 유형의 나쁜 행위가 감지됐을 때 메일 수용을 지연시킬 수 있는 스로틀^{Throttle}이다.
- libmilter라 불리는 전반적인 메일 필터링 인터페이스에 의한 헤더 점검과 입력 메일 필터링으로, 이것을 이용하면 메시지 헤더와 내용을 임의대로 스캐닝해서 특정 프로필과 일치하는 메시지들을 거부할 수 있다.

릴레이 제어

sendmail은 착신 메일을 수용해서 엔벨로프 주소를 보고 메일이 어디로 가야 하는지를 판단한 다음, 메시지를 해당 목적지로 넘겨준다. 목적지는 로컬일 수도 있으며 운송 체인 안에서 더 멀리 떨어진 또 다른 전송 에이전트일 수도 있다. 착신 메시지에 로컬 수취인이 없으면 그것을 다루는 전송 에이전트에게 중계 역할을 하라고 지시한다.

접근 데이터베이스에 **RELAY** 태그가 붙어 있거나, /etc/mail/relay-domains에 열거돼 있는 호스트만이 메일을 중계할 수 있다. 일부 유형의 중계는 유용하고 타당하다. 중계할 메시지와 거부할 메시지를 어떻게 구분할 수 있을까? 중계는 사실상 다음과 같은 세 가지 상황에서만 필요하다.

- **전송 에이전트가 어떤 방법으로도 도달할 수 없는 호스트들을 위한 게이트웨이 역할을 할 때:** 예를 들면 항상 켜져 있지 않은 호스트(노트북, 윈도우 PC)나 가상 호스트로, 이런 상황에서는 중계하고자 하는 모든 수취인이 동일한 도메인 안에 있다.
- **전송 에이전트가 그다지 스마트하지 않은 다른 호스트들을 위한 발신 메일 서버일 때:** 이 경우 모든 발신자의 호스트명이나 IP 주소는 로컬이다(최소한 열거는 할 수 있다).
- **다른 사이트를 위한 백업 MX 목적지가 되기로 동의했을 때**

그 밖에 중계를 요구하는 듯이 보이는 다른 모든 상황은 설계가 잘못됐다는 것을 의미할 뿐이다(모바일 사용자 지원이 제외됐을 가능성이 있음). 클라이언트 접근용으로 사용되는 POP이나 IMAP을 이용해 메시지 수신을 위한 중앙 집중 서버를 지정함으로써 첫 번째 중계 사용을 배제할 수 있다. 두 번째 경우는 항상 허용돼야 하지만 자신의 호스트들에 대해서만 그렇다. IP 주소나 호스트명을 검사할 수 있다. 세 번째 경우에는 접근 데이터베이스에서 다른 사이트의 목록을 보고 해당 사이트의 IP 주소 블록에 대해서만 중계를 허용한다.

sendmail은 기본값으로 중계 기능이 꺼져 있지만 여러 가지 기능이 중계 기능을 완전히 또는 제한되고 통제된 방법으로 다시 켤 수 있다. 이 기능들을 다음에 모두 나열해 놓았지만 너무 많이 이용할 때는 매우 조심할 것을 권장한다. 제한된 중계를 허용하는 가장 안전한 방법은 access_db 기능이다.

- **FEATURE(`relay_entire_domain'):** 자신의 도메인을 위한 중계만 허용한다.
- **RELAY_DOMAIN(`domain, ...'):** 중계되는 더 많은 도메인을 추가한다.
- **RELAY_DOMAIN_FILE(`filename'):** 위와 같으며 파일에서 도메인 목록을 얻는다.
- **FEATURE(`relay_hosts_only'):** RELAY_DOMAIN, accessdb에 영향을 준다.

특정 메일 서버 머신을 통해 메일을 라우팅하고자 SMART_HOST 또는 MAIL_HUB 지정을 사용한다면 예외를 둘 필요가 있다. 해당 서버는 반드시 로컬호스트로부터의 메일을 중계하도록 설정돼야 한다. 서버 환경을 다음과 같이 설정한다.

```
FEATURE(`relay_entire_domain')
```

어떤 형태로든 중계 기능을 활성화할 것을 고려한다면 cf/README에 있는 **sendmail** 문서를 확실히 참조해 본의 아니게 스패머가 되는 일이 없게 한다. 작업이 완료된 후에는 스스로가 우연히 오픈 릴레이[open relay]를 생성하지 않았는가를 중계 확인 사이트 중 하나(spamhelp.org)를 통해 검증하자.

사용자 또는 사이트 블랙리스트

메일을 차단하고자 하는 로컬 사용자나 호스트를 갖고 있다면 다음 매크로를 사용한다.

```
FEATURE(`blacklist_recipients')
```

이 기능은 접근 파일에 있는 다음과 같은 유형의 항목들을 지원한다.

```
To:nobody@             ERROR:550 Mailbox disabled for this user
To:printer.mydomain    ERROR:550 This host does not accept mail
To:user@host.mydomain  ERROR:550 Mailbox disabled for this user
```

이 줄들은 사용자 모든 호스트의 **nobody**, 호스트 프린터, 한 머신의 특정 사용자 주소로 들어오는 착신 메일을 차단한다. **To:** 태그의 사용은 이런 사용자들이 메시지를 받을 수 없게 만들 뿐 메시지를 보낼 수는 있게 해준다. 일부 프린터에는 그런 기능이 있다.

착신 메일에 대한 DNS 스타일의 블랙리스트를 포함하려면 다음과 같이 **dnsbl** 기능을 사용한다.

```
FEATURE(`dnsbl', `zen.spamhaus.org')
```

이 기능은 **sendmail**이 세 가지 알려진 스패머 블랙리스트(SBL, XBL, PBL)에 있는 IP 주소를 갖는 모든 사이트에서 온 메일을 거부하게 만든다. 이 블랙리스트는

spamhous.org에서 관리한다. 다른 목록들은 오픈 릴레이, 스패머들의 피난처로 알려진 주소 블록들을 실행하는 사이트들을 게시한다. 이런 블랙리스트들은 DNS 시스템의 수정을 통해 배포된다. 그런 이유로 dnsbl이라는 이름을 갖는다.

dnsbl 기능에 세 번째 인수를 넘겨주면 반환하고 싶은 오류 메시지를 지정할 수 있다. 이 인수를 생략하면 sendmail은 레코드들을 포함하고 있는 DNS 데이터베이스에서 가져온 고정된 오류 메시지를 반환한다.

여러 개의 남용자 목록을 확인하고자 dnsbl 기능을 여러 번 포함할 수 있다.

스로틀, 접속률, 접속 제한

표 18.11은 클라이언트 행위가 의심스러울 때 메일 처리를 지연시킬 수 있는 여러 가지 sendmail 컨트롤의 목록이다.

표 18.11 sendmail의 '지연(slow down)' 환경설정 요소

기본 요소	설명
BAD_RCPT_THROTTLE	스패머들이 주소를 수집하는 것을 지연시킨다.
MAX_RCPTS_PER_MESSAGE	메시지에 너무 많은 수취인이 포함돼 있으면 전달을 연기한다.
ratecontrol feature	접속률을 제한한다.
conncontrol feature	동시 접속 수를 제한한다.
greet_pause feature	HELO 응답을 지연하고 강제적으로 엄격한 SMTP 규정을 준수한다.

해당 계정 없음[no-such-login]의 횟수가 BAD_RCPT_THROTTLE 옵션에 지정된 제한 값에 이르면 sendmail은 각각의 거부된 RCPT 명령 후에 1초 동안 잠든다. 이렇게 함으로써 스패머들의 크롤링을 이용한 주소 수집을 지연시킨다.

```
define('+onfBAD_RCPT_THROTTLE', `3')
```

MAX_RCPTS_PER_MESSAGE 옵션을 설정하면 발신자가 나중에 수취인을 추가로 큐에 넣을 수 있게 해준다. 이것은 의심스러울 정도로 수취인이 많은 메시지를 위한 값싼 형태의 관찰 대상 목록[greylist]이라 할 수 있다.

ratecontrol과 conncontrol 기능은 착신 접속에 허용된 비율과 동시 접속 수에 각각

호스트당 또는 네트워크당 제한 값을 허용한다. 두 기능 모두 적용할 제한 값과 도메인을 지정하고자 /etc/mail/access 파일을 사용한다. 전자는 키 필드에 **ClientRate:** 태그를 사용하고 후자는 **ClientConn:** 태그를 사용한다. 비율 제어를 활성화하려면 .mc 파일에 다음과 같은 줄들을 삽입한다.[14]

FEATURE(`ratecontrol', `nodelay',`terminate')

FEATURE(`conncontrol', `nodelay',`terminate')

그런 다음, /etc/mail/access 파일에 제어할 호스트나 네트워크 목록과 제한된 한 곗값들을 추가한다. 예를 들어 다음과 같은 라인은,

```
ClientRate:192.168.6.17    2
ClientRate:170.65.3.4      10
```

192.168.6.17 호스트와 170.65.3.4 호스트에게 각각 분당 두 개의 새로운 접속과 분당 10개의 새로운 접속으로 제한한다. 다음 줄은 192.168.2.8 호스트에는 두 개의 동시 접속 제한 값을, 175.14.4.1에는 일곱 개, 그 밖의 다른 호스트들에는 10 개의 동시 접속 제한 값을 설정한다.

```
ClientConn:192.168.2.8    2
ClientConn:175.14.4.1     7
ClientConn:              10
```

또 다른 유용한 기능으로 **greet_pause**가 있다. 원격 전송 에이전트가 내 **sendmail** 서버에 접속할 때 SMTP 프로토콜은 대화를 시작하기 전에 내 서버의 환영 인사를 기다리도록 의무화해놨다. 하지만 스팸 메일러들은 즉각적으로 **EHLO/HELO** 명령을 실행하는 것이 일반적이다. 이런 행위는 스팸 전송 도구의 SMTP 프로토콜이 허술하게 구현된 것으로 부분적 설명이 가능하지만 한편으론 스패머를 대신해 시간을 절약할 목적으로 만든 기능이라고도 할 수 있다. 원인이 무엇이든 이러한 행위는 수상한 것으로서 '슬래밍slamming'으로 알려져 있다.

---

14. FEATURE(`access_db')도 반드시 있어야 한다.

greet_pause 기능은 접속이 시작될 때 sendmail이 지정된 시간만큼 기다린 후에 새로 발견된 친구를 응대하게 한다. 이렇게 지정된 시간 동안 원격 MTA가 제대로 된 응답을 기다리지 않고 EHLO나 HELO 명령을 계속하면 sendmail은 오류로 기록하고 원격 MTA에서 오는 다음 명령들을 거부한다.

응대 지연은 .mc 파일에 다음 항목을 넣어 활성화시킬 수 있다.

```
FEATURE(`greet_pause', `700')
```

이 줄은 새로운 접속이 시작될 때마다 700밀리초 지연을 유발한다. 접근 데이터베이스에 GreetPause: 접두어를 사용하면 호스트당 또는 네트워크당 지연을 설정할 수 있지만 대부분 사이트는 지연 기능에 하나의 전반적인 값을 사용한다.

보안과 sendmail

인터넷의 폭발적인 성장과 함께 사용자가 제공하는 임의의 입력을 받아 로컬 사용자나 파일, 셸에게 전달하는 sendmail과 같은 프로그램들은 해커들의 공격 루트를 빈번히 제공해왔다. DNS나 IP와 함께 sendmail은 이러한 기초적인 보안 문제들에 대한 내부 해결책으로 인증과 암호화를 고려하고 있다.

sendmail은 SMTP 인증과 전송 계층 보안TLS, Transport Layer Security(예전의 보안 소켓 계층 Secure Sockets Layer)을 이용한 암호화를 모두 지원한다. TLS는 인증 파일과 키 파일을 위한 6개의 새로운 환경설정 옵션을 도입했다. 접근 데이터베이스 매칭을 위한 새로운 액션들은 분명한 인증 성공을 요구할 수 있다.

sendmail은 파일 사용 권한들을 신중하게 검사한 후에야 .forward나 aliases 같은 파일의 내용을 신뢰한다. 이와 같은 보안 강화는 일반적으로 환영할 만한 것이지만 때로는 엄격한 정책을 완화할 필요가 있다. 이 때문에 sendmail은 DontBlameSendmail 옵션을 도입했다. 시스템 관리자에게 그들이 하고 있는 일이 안전하지 못하다는 것을 이름을 통해 암시하도록 이런 이름을 붙였다.

이 옵션에는 사용할 수 있는 많은 값(마지막으로 세었을 때 55개)이 있다. 기본값은 safe이며 가장 엄격한 값이다. 이 값들의 완전한 목록은 sendmail 배포판의

doc/op/op.ps나 오라일리의『sendmail』책을 참고한다.

소유 권한

sendmail 세계에서는 세 가지 사용자 계정 DefaultUser, RunAsUser, TrustedUser가 중요하다.

기본적으로 sendmail의 모든 메일러는 메일러의 플래그를 달리 지정하지 않는 한 DefaultUser로 실행된다. passwd 파일에 사용자 mailnull, sendmail, daemon이 존재하면 DefaultUser는 그것이 된다. 그렇지 않으면 DefaultUser는 기본값으로 UID 1과 GID 1이 된다. mailnull 계정과 mailnull 그룹의 사용을 권장한다. 그것을 암호, 유효 셸 없음, 홈 디렉터리 없음의 의미로 별표로 표시하고 mailnull의 기본 그룹을 사용해 /etc/passwd 파일에 추가한다. mailnull 항목을 group 파일에도 추가해야 할 것이다. mailnull 계정은 어떤 파일도 소유해서는 안 된다. senmail이 루트로 실행되고 있지 않으면 메일러는 반드시 setuid돼 있어야 한다.

RunAsUser가 설정돼 있으면 sendmail은 DefaultUser 값을 무시하고 RunAsUser로 모든 것을 수행한다. setgid돼 있는 sendmail을 실행 중이라면 제출 sendmail은 SMTP를 통해 메시지들을 실제 sendmail에 넘겨주기만 한다. 실제 sendmail은 setuid 비트가 설정돼 있지 않지만 시동 파일에서 루트로 실행된다.

RunAsUser는 sendmail이 포트 25 소켓 접속이 오픈된 후에 sendmail이 실행되는 UID이다. 1,024보다 작은 포트 번호는 슈퍼유저만 오픈할 수 있다. 따라서 sendmail은 반드시 초기부터 루트로 실행돼야 한다. 하지만 이 작업을 수행한 후에는 sendmail이 다른 UID로 바뀔 수 있다. 이러한 UID 변경은 sendmail이 뭔가 나쁜 일을 수행하도록 조작된 경우 손상이나 접근 위험을 감소시킨다. 사용자 계정이나 다른 서비스들을 지원하는 머신에서는 RunAsUser 기능을 사용하지 않는다. 다시 말해 방화벽firewall이나 요새 호스트bastion host에서만 사용하라는 의미다.[15]

기본적으로 sendmail은 ID를 변경하지 않고 계속 루트로 실행된다. RunAsUser를 루트가 아닌 다른 것으로 변경한다면 여러 가지 다른 것도 변경해야만 한다.

---

15. 요새 호스트(bastion host)는 DMZ나 방화벽 외부에 놓일 때 공격을 견뎌낼 수 있도록 특별히 강화된 호스트를 말한다.

RunAsUser는 반드시 메일 큐를 소유해야 하며 모든 맵과 인클루드 파일을 읽을 수 있어야 하고 프로그램들을 실행할 수 있어야 한다. 반드시 변경돼야 할 모든 파일 및 디렉터리 소유 권한을 찾아내는 데는 몇 시간을 소비해야 할 것이다.

sendmail의 TrustedUser는 맵과 앨리어스 파일들을 소유할 수 있다. TrustedUser 에게는 데몬의 시작이나 aliases 파일의 재빌드가 허용된다. 이 기능은 대개 특정 사용자에게 제한된 관리 제어를 제공하기 위한 sendmail GUI 인터페이스를 지원 하고자 존재한다. TrustedUser를 설정한다면 그것이 가리키는 계정을 확실하게 보호해야 한다. 이 계정은 루트 접근을 획득하고자 쉽게 이용 당할 수 있기 때문이 다. TrustedUser는 누가 메시지의 From 줄을 재작성할 수 있는가를 결정하는 TRUSTED_USERS 클래스와는 다르다.[16]

사용 권한

파일 및 디렉터리 사용 권한Permission은 sendmail 보안에 매우 중요하다. 표 18.12에 열거된 설정들을 사용하는 것이 안전하다.

표 **18.12** sendmail 관련 디렉터리의 소유 권한과 사용 권한

경로	소유자	모드	포함된 내용
/var/spool/clientmqueue	smmsp:smmsp	770	초기 제출용 큐
/var/spool/mqueue	RunAsUser	700	메일 큐 디렉터리
/, /var, /var/spool	root	755	mqueue의 경로
/etc/mail/*	TrustedUser	644	맵, 환경설정 파일, aliases
/etc/mail	TrustedUser	755	맵용 부모 디렉터리
/etc	root	755	메일 디렉터리 경로

sendmail은 .forward 파일에 이르는 디렉터리 경로가 느슨한 사용 권한을 갖고 있 으면 링크 카운트가 1보다 큰 .forward 파일은 더 이상 읽지 않는다. 이런 규칙 때 문에 사용자 에비Evi는 그녀의 .forward 파일 중 하나를 .forward.to.boulder나 .forward.to.sandiego에 하드링크로 연결해 놓았을 때 그녀가 많은 메일을 수신하 지 않았던 조그만 사이트에서 온 메일을 포워딩하는 데 실패하고 아무런 알림도

---

16. TRUSTED_USERS 기능은 메일링 리스트 소프트웨어를 지원하는 데 전형적으로 사용된다.

받지 못했다. "나는 당신의 메일을 전혀 받은 적 없다."고 하는 것이 그녀 자신의 잘못이지 상대의 변명이 아니라는 걸 깨닫기까지는 수개월이 걸렸다.

DontBlameSendmail 옵션을 사용하면 앞에서 언급한 여러 가지 제한적인 파일 접근 정책을 꺼버릴 수 있지만 그렇게 하지 않는다.

파일과 프로그램으로 보내는 더 안전한 메일

프로그램 메일러로는 /bin/sh 대신 smrsh를 사용하고 로컬 메일러로는 /bin/mail 대신 mail.local을 사용하길 권한다. 두 프로그램 모두 sendmail 배포판에 포함돼 있다. 그들을 환경설정에 통합하려면 다음과 같은 줄을 .mc 파일에 추가한다.

```
FEATURE(`smrsh', `path-to-smrsh')
FEATURE(`local_lmtp', `path-to-mail.local')
```

명시적인 경로를 생략하면 명령들은 /usr/libexec에 있는 것으로 간주된다. sendmail 의 confEBINDIR 옵션을 사용하면 바이너리의 기본 위치를 원하는 곳으로 변경할 수 있다. 표 18.13은 업체들이 사용해 온 위치를 찾는 데 도움을 준다.

smrsh는 한 디렉터리(기본값은 /usr/adm/sm.bin)에 포함된 프로그램들만 실행하는 제한된 셸이다. smrsh는 사용자 정의 경로는 무시하며 자신의 잘 알려진 안전한 디렉터리에서 요청된 명령을 찾으려고 한다. smrsh는 입력 리다이렉션^{input redirection} 기호인 <와 같은 특정 셸 메타문자의 사용을 차단하기도 한다. sm.bin에서는 심볼 릭 링크^{symbolic link}가 허용되므로 프로그램 사본들을 복제할 필요가 없다.

표 18.13 sendmail의 제한된 전달 에이전트 위치

OS	smrsh	mail.local	sm.bin
우분투	/usr/lib/sm.bin	/usr/lib/sm.bin	/usr/adm
데비안	/usr/lib/sm.bin	/usr/lib/sm.bin	/usr/adm
레드햇	/usr/sbin	–	/etc/smrsh
센트OS	/usr/sbin	–	/etc/smrsh
FreeBSD	/usr/libexec	/usr/libexec	/usr/adm

vacation 프로그램은 sm.bin에 적합한 후보다. procmail을 그곳에 놓지 않는다. 안전하지 않다.

다음은 셸 명령의 사례와 그에 대해 가능한 smrsh 해석이다.

```
vacation eric                    # /usr/adm/sm.bin/vacation eric을 실행함
cat /etc/passwd                  # 거부됨. sm.bin에는 cat이 없음
vacation eric < /etc/passwd      # 거부됨. < 기호는 허용되지 않음
```

sendmail의 SafeFileEnvironment 옵션은 이메일이 aliases나 .forward 파일에 의해 파일로 방향 전환될 때 파일 쓰기를 할 수 있는 곳을 제어한다. 이 옵션은 sendmail이 chroot 시스템 콜을 실행하게 함으로써 파일 시스템의 루트가 더 이상 /가 아니고 /safe 또는 SafeFileEnvironment 옵션으로 지정한 경로가 되게 만든다. 예를 들어 메일을 /etc/passwd 파일로 방향 전환한 앨리어스는 실제로는 /safe/etc/passwd에 써진다.

SafeFileEnvironment 옵션은 보통 파일에만 쓰기를 허용함으로써 디바이스 파일, 디렉터리, 기타 특수 파일들을 보호하기도 한다. 보안성을 높이는 것 외에도 이 옵션은 사용자 실수로 인한 영향을 개선시킨다. 일부 사이트에서는 이 옵션을 /home으로 설정해 시스템 파일 사용 금지를 유지하면서 홈 디렉터리 접근을 허용한다.

메일러들은 chroot된 디렉터리에서도 실행될 수 있다.

개인 정보 보호 옵션

sendmail 개인 정보 보호 옵션들은 다음 사항들도 제어한다.

- 외부에서 SMTP를 통해 현재 사이트에 대해 결정할 수 있는 것
- SMTP 접속의 반대쪽 호스트에게 요구할 수 있는 것
- 현재 사이트의 사용자들이 메일 큐를 보거나 실행할 수 있는지 여부

표 18.14는 이 책의 집필 시점에서 프라이버시 옵션으로 가능한 값의 목록이다. 최신 정보를 보려면 배포판의 doc/op/op.ps 파일을 참고한다.

표 18.14 PrivacyOption 변수의 값

값	의미
authwarnings	외부로 나가는 메시지가 변조된 것으로 보이면 경고 헤더를 추가한다.
goaway	모든 SMTP 상태 쿼리(EXPN, VRFY 등)를 비활성화한다.
needexpnhelo	HELO 없이는 주소 확장(EXPN)을 하지 않는다.
needmailhelo	SMTP HELO(원격 호스트를 식별)를 요구한다.
needvrfyhelo	HELO 없이는 주소 검증(VRFY)을 하지 않는다.
nobodyreturn	DSN에서 메시지 바디를 반환하지 않는다.
noetrn[a]	비동기 큐 실행을 허용하지 않는다.
noexpn	SMTP EXPN 명령을 허용하지 않는다.
noreceipts	성공적인 반환 수령에 대해서는 전달 상태 알림을 끈다.
noverb[b]	EXPN에 대해 상세(verbose) 모드를 허용하지 않는다.
novrfy	SMTP VRFY 명령을 허용하지 않는다.
public	어떤 개인 정보 보호/보안 점검도 하지 않는다.
restrictexpand	-bv와 -v 플래그에 의해 표시되는 정보를 제한한다.[c]
restrictmailq	mqueue 디렉터리의 그룹만 큐를 볼 수 있게 허용한다.
restrictqrun	mqueue 디렉터리 소유자만 큐를 실행할 수 있게 허용한다.

a. ETRN은 전화 인터넷 접속(dial-up) 호스트가 사용하기 위한 ESMTAP 명령이다. 이 명령은 해당 호스트로 보내지는 메시지에 대해서만 큐가 실행될 것을 요구한다.
b. EXPN 명령이 주어지고 사용자 메일의 현재 위치에 관한 더 많은 정보를 보고할 때 verbose 모드는 .forward 파일에 따른다. 외부에 노출되는 머신에서는 noverb나 noexpn을 사용하며 후자가 더 낫다.
c. 루트나 TrustedUser에 의해 실행되는 게 아닐 때만 해당한다.

보수적일 것을 권한다. 다음 내용을 .mc 파일에 사용한다.

```
define(`confPRIVACY_OPTIONS', ``goaway, authwarnings, restrictmailq,
    restrictqrun'')
```

프라이버시 옵션에 대한 **sendmail**의 기본값은 **authwarnings**다. 앞의 설정 줄은 그 값을 재설정한다. 이중 인용부호에 주의한다. 일부 m4 버전에서는 프라이버시 옵션을 나열하기 위한 콤마를 보호하고자 이를 요구한다.

chroot된 sendmail의 실행(편집적인 사람들을 위한 것)

sendmail이 파일 시스템에 접근하는 것을 우려한다면 sendmail을 chroot된 환경 형태로 실행할 수 있다. 이 환경 안에는 /dev/null, /etc 필수 항목들(passwd, group, resolv.conf, sendmail.cf, 맵 파일들 mail/*), sendmail이 필요로 하는 공유 라이브러리들, sendmail 라이브러리, 메일 큐 디렉터리, 로그 파일 등을 포함하는 최소한의 파일 시스템을 생성한다. 이를 제대로 하려면 목록을 손봐야 한다. 환경에 갇힌 sendmail을 시작할 때 chroot 명령을 사용한다. 예를 들면 다음과 같다.

```
$ sudo chroot /jail /usr/sbin/sendmail -bd -30m
```

서비스 거부 공격

어떤 연역적 방법도 하나의 메시지가 이메일의 유효한 일부가 아닌 공격이라고 판단할 수 없기 때문에 서비스 거부 공격을 막는 것은 힘들다. 공격자들은 위조된 접속을 이용해 SMTP 포트를 폭주하게 하거나, 엄청나게 큰 메시지들로 디스크 파티션을 채우거나, 외부로 나가는 접속을 막히게 하고 메일 폭탄을 보내는 등 여러 가지 교활한 방법을 시도할 수 있다. sendmail은 서비스 거부 공격의 충격을 지연시키거나 제한하는 데 도움이 되는 일부 환경설정 매개변수를 갖고 있지만 이러한 매개변수들은 합법적인 메일 전달까지도 방해할 수 있다.

MaxDaemonChildren 옵션은 sendmail 프로세스 수를 제한한다. 이 옵션은 시스템이 sendmail 작업에 압도되는 것을 막는다. 하지만 공격자가 SMTP 서비스를 쉽게 중단시킬 수 있게도 한다.

MaxMessageSize 옵션은 메일 큐 디렉터리가 꽉 차는 것을 막는 데 도움을 줄 수 있다. 하지만 너무 낮게 설정하면 합당한 메일이 반송될 것이다. 메일이 반송되더라도 사용자들이 놀라지 않게 그 제한 값을 알려줄 수 있다. 일부 합당한 메일은 매우 크기 때문에 어느 정도 높은 제한 값(50MB)을 사용하길 권장한다.

초당 허용된 접속 수를 제한하는 ConnectionRateThrottle 옵션은 작업을 다소 느리게 할 수 있다. 끝으로 한 개의 메시지에 허용된 최대 수령자 수를 제어하는

`MaxRcptsPerMessage`를 설정하는 것도 도움이 될 수 있다.

`sendmail`은 시스템 부하 평균에 따라 언제든지 접속을 거부하거나(옵션 REFUSE_LA), 이메일을 큐에 넣을(QUEUE_LA) 수 있다. 하나의 변형된 형태인 **DELAY_LA**는 메일이 계속 흐르게 하지만 속도를 늦춘다.

메일 시스템을 위한 이 모든 보호에도 불구하고 메일 폭탄을 보내는 사람들은 여전히 합당한 메일을 방해할 것이다. 메일 폭탄은 매우 심각할 수 있다.

TLS: 전송 계층 보안

암호화/인증 시스템인 TLS는 RFC3207에 기술돼 있다. TLS는 STARTTLS라는 SMTP 확장으로서 `sendmail` 안에 구현돼 있다.

강력한 인증은 호스트명이나 IP 주소 대신 메일을 중개하거나 가장 우선적인 호스트에서의 접속을 수용하기 위한 인증 토큰으로 사용될 수 있다. `access_db`에 있는 다음 항목을 보자.

```
TLS_Srv:secure.example.com    ENCR:112
TLS_Clt:laptop.example.com    PERM+VERIFY:112
```

이 항목은 STARTTLS가 사용 중이며 secure.example.com 도메인으로 보내진 이메일은 반드시 최소한 112비트 암호화키로 암호화돼야 함을 나타내고 있다. laptop.example.com 도메인에 있는 호스트에서 온 이메일은 클라이언트가 스스로 인증했을 경우에만 수용돼야 한다.

STARTTLS는 강력한 암호화를 제공하지만 그 보호력은 '다음 홉hop'까지의 전송만을 커버한다는 점에 유의한다. 일단 메시지가 다음 홉에 도달하고 나면 그 메시지는 보안 전송 방법을 사용하지 않는 또 다른 MTA로 전달될지도 모른다. 경로에 있는 모든 가능한 MTA에 대한 통제권을 갖고 있다면 안전한 메일 전송 네트워크를 만들 수 있다. 그렇지 않다면 (PGP/GPG와 같은) UA 기반의 암호화 패키지나 중앙 집중식 이메일 암호화 서비스에 의존해야 할 것이다.

센드메일Sendmail, Inc.의 그렉 샤피로Greg Shapiro와 클로즈 애스만Claus Assmann은 웹에서

의 보안과 **sendmail**에 관한 (조금 오래된) 별도의 문서를 숨겨 두고 있었다. 이 문서는 sendmail.org/~gshapiro와 sendmail.org/~ca에 가면 구할 수 있다.

sendmail 테스팅과 디버깅

m4 기반의 환경설정은 어느 정도 사전 테스트가 돼 있다. 그것을 사용한다면 낮은 수준의 디버깅을 할 필요는 없을 것이다. 하지만 이를 사용하는 사람의 설계는 디버깅 플래그를 통해 테스트할 수 없다.

이번 장을 연구하는 동안 집필진은 테스트했던 환경설정 파일과 설계의 여러 곳에서 오류들을 발견했다. 그 오류들은 사전에 필수적으로 요구되는 매크로 없이 어떤 기능을 호출하는(예, MASQUERADE_AS로 매스커레이딩을 미리 켜지 않고 masquerade_envelope를 활성화하기) 것에서부터 **sendmail** 환경설정 설계와 메일이 허용되는 조건을 통제하는 방화벽 사이의 총체적인 충돌에 이르기까지 다양했다.

메일 시스템을 외부와 단절된 상태에서 설계할 수는 없다. 메일 시스템은 반드시 DNS MX 레코드 및 방화벽 정책과 일치돼야(최소한 충돌은 하지 말아야) 한다.

큐 모니터링

큐에 들어 있는 메시지의 상태를 보려면 **mailq** 명령(sendmail -bp와 같다)을 사용하면 된다. 메시지들은 운송되는 동안이거나 운송을 시도했지만 실패했을 때 큐에 들어간다.

mailq는 어떤 순간에 /var/spool/mqueue에 있는 파일들에 관한 정보를 사람이 읽을 수 있는 형태로 인쇄한다. 그 출력 내용은 한 메시지가 지연되고 있는 원인을 판단하는 데 유용하다. 메일 백로그가 점점 늘어가고 있는 듯이 보인다면 그러한 걸림 현상을 제거하고자 **sendmail**이 시도하는 상태를 모니터링할 수 있다.

두 개의 기본 큐가 있다. 하나는 포트 25에서 수신되는 메시지들을 위한 것이고, 다른 하나는 포트 587(클라이언트 제출 큐)에서 수신되는 메시지들을 위한 것이다. 클라이언트 큐를 보려면 **mailq -Ac**를 호출하면 된다.

mailq로부터의 전형적인 출력인 다음 내용은 세 개의 메시지가 운송을 기다리고 있음을 보여준다.

```
$ sudo mailq
/var/spool/mqueue (3 requests)
-----Q-ID----- -Size- ---Q-Time---        -------Sender/Recipient------
k623gYYk008732 23217  Sat  Jul 1 21:42  MAILER-DAEMON
    8BITMIME (Deferred: Connection refused by agribusinessonline.com.)
                                <Nimtz@agribusinessonline.com>
k5ULkAHB032374 279    Fri Jun 30 15:46  <randy@atrust.com>
    (Deferred: Name server: k2wireless.com.: host name lookup fa)
                                <relder@k2wireless.com>
k5UJDm72023576 2485   Fri Jun 30 13:13  MAILER-DAEMON
    (reply: read error from mx4.level3.com.)
                                <lfinist@bbnplanet.com>
```

sendmail보다 상황을 더 잘 이해하고 있다고 생각하거나 sendmail이 큐에 들어 있는 메시지들을 즉각적으로 재전송하길 원하는 것뿐이라면 sendmail -q 명령을 이용해 강제적으로 큐를 실행할 수 있다. sendmail -q -v 명령을 사용하면 sendmail은 각 운송 시도의 결과를 실행 단위로 보여준다. 이 정보는 디버깅에 유용하다. sendmail은 결과를 그대로 둔 채 큐 실행 주기(보통은 30분)마다 전송을 재시도한다.

로깅

sendmail은 오류나 상태 메시지들을 로깅하고자 syslog를 사용한다. 이때 syslog의 기능은 'mail'을, 수준은 'debug'부터 'crit'까지를 사용한다. 메시지들은 'sendmail' 문자열로 태그가 붙는다. -L 커맨드라인 옵션을 이용하면 'sendmail' 로깅 문자열을 다른 문자열로 덮어쓸 수 있다. 이 기능은 sendmail의 한 사본을 디버깅하면서 다른 사본은 정상적인 이메일 작업을 수행할 때 편리하다.

커맨드라인이나 환경설정 파일에 지정된 confLOG_LEVEL 옵션은 sendmail이 로깅 수준의 경계 값으로 사용하는 심각도$^{severity level}$를 결정한다. 높은 값의 로그 레벨은 낮은 심각도를 의미하며 더 많은 정보가 로깅된다.

표 18.15는 sendmail 로그 수준과 syslog 심각도 간의 대략적인 매칭 관계를 보여준다.

표 18.15 sendmail 로그 수준(L)과 syslog 수준

L	Syslog 수준	L	Syslog 수준
0	로깅 안 함	4	주의
1	경보 또는 심각	5–11	정보
2	심각	≥ 12	디버그
3	오류 또는 경고		

특정 수준으로 **syslog**에 로깅된 메시지는 해당 수준과 그 위의 수준에 보고된다. /etc/syslog.conf나 /etc/rsyslog.conf 파일은 각 메시지의 최종적인 목적지를 결정한다. 표 18.16은 그 위치들의 기본값을 보여준다.

표 18.16 sendmail의 기본 로그 위치

시스템	로그 파일 위치
데비안	/var/log/mail.log
우분투	/var/log/mail.log
레드햇	/var/log/maillog
센트OS	/var/log/maillog
FreeBSD	/var/log/maillog

sendmail 로그 파일의 내용을 요약해 보여주는 프로그램에는 간단한 카운트와 텍스트 테이블(mreport)에서부터 보기 좋은 웹 페이지(Yasma)에 이르기까지 여러 가지 제품이 있다. 이런 데이터에 대한 접근을 제한하거나 최소한 데이터를 수집하고 있음을 사용자들에게 알릴 필요가 있을지도 모른다.

18.9 엑심

엑심[Exim] 메일 전송 및 제출 에이전트는 1995년, 캠브리지 대학의 필립 헤이즐[Philip Hazel]이 만들었으며 GNU 일반 공중 라이선스[GPL, General Public License]로 배포되고 있다. 현재 릴리스인 엑심 버전 4.89는 2017년 봄에 출시됐다. 수많은 엑심 문서를 온라인으로 구할 수 있으며 소프트웨어 제작자가 작성한 책도 두어 권 있다.

엑심에 관한 의문 사항들을 구글 검색해보면 종종 오래되거나 부적합한 자료들이

나오는 경우가 많으므로 공식 문서부터 먼저 확인한다. 400페이지 이상의 사양 및 환경설정 문서(doc/spec.txt)가 배포판에 포함돼 있다. 이 문서는 exim.org 사이트에서도 PDF 파일로 구할 수 있다. 이 문서가 가장 최종적인 엑심 참고 자료이며 새로운 릴리스가 나올 때마다 확실하게 업데이트된다.

엑심 환경설정과 관련해 두 가지 문화로 나뉜다. 즉, 데비안 문화와 데비안이 아닌 문화다. 데비안은 사용자들을 지원하고자 자체적인 메일링 리스트 세트를 실행한다. 여기서는 데비안 특유의 환경설정 확장은 다루지 않겠다.

엑심은 본질적으로 이메일과 관련해 진행 중인 모든 작업을 수행하는 단일 프로세스로 구현된다는 점에서는 sendmail과 유사하다. 하지만 엑심은 sendmail의 모든 역사적인 짐(인터넷상에 있지 않은 호스트에 메일을 보내는 데 필요한 아주 오래된 주소 형태 등)을 가져오지 않는다. 엑심의 많은 행동 양식은 컴파일 타임에 지정된다. 대표적인 예로 엑심의 데이터베이스와 메시지 저장 형식을 들 수 있다.

엑심 시스템에서 가장 많은 일을 하는 부분을 라우터router와 트랜스포트transport라 부른다. 둘 다 일반적인 '드라이버' 카테고리에 포함된다. 라우터는 메시지가 전달되는 방법을 결정하며 트랜스포트는 전달을 수행하는 메커니즘을 결정한다. 라우터가 시도할 것들의 서열 목록ordered list인 반면에 트랜스포트는 운송 방법의 비서열 집합unordered set이다.

엑심의 설치

엑심의 최신 배포판은 exim.org나 패키지 저장소에서 다운로드할 수 있다. 최상위 README 파일과 src/EDITME 파일을 참고한다. EDITME 파일 안에 설치 위치와 사용자 ID, 기타 컴파일 타임 매개변수들을 설정해야 한다. EDITME는 1,000줄 이상으로 길지만 대부분은 컴파일 프로세스의 전 과정을 안내하는 주석이다. 변경이 요구되는 것들은 레이블로 잘 표시돼 있다. 편집이 끝난 후에는 make를 실행하기 전에 해당 파일을 ../Local/Makefile 또는 ../Local/Makefile-운영체제명(같은 배포판 디렉터리에서 여러 개의 다른 운영체제용 환경설정을 만드는 경우)으로 저장한다.

다음은 EDITME 파일에서 일부(저자의 관점에서) 중요한 변수들과 (엑심 개발자 관점에서) 권장되는 값들이다. 맨 앞의 다섯 개는 반드시 요구되는 것이며 나머지는 권장되는 것들이다.

```
BIN_DIRECTORY=/usr/exim/bin            # 엑심 바이너리 위치
SPOOL_DIRECTORY=/var/spool/exim        # 메일 스풀 디렉터리
CONFILURE_FILE=/usr/exim/configure     # 엑심 환경설정 파일
SYSTEM_ALIASES_FILE=/etc/aliases       # 앨리어스 파일 위치
EXIM_USER=ref:exim                     # 잡일을 마친 후 실행하는 사용자

ROUTER_ACCEPT=yes                      # 인클루드할 라우터 드라이버
ROUTER_DNSLOOKUP=yes
ROUTER_IPLITERAL=yes
ROUTER_MANUALROUTE=yes
ROUTER_QUERYPROGRAM=yes
ROUTER_REDIRECT=yes

TRANSPORT_APPENDFILE=yes               # 인클루드할 전송 드라이버
TRANSPORT_AUTOREPLY=yes
TRANSPORT_PIPE=yes
TRANSPORT_SMTP=yes

SUPPORT_MAILDIR=yes                    # 메일박스 포맷
SUPPORT_MAILSTORE=yes
SUPPORT_MBX=yes

LOOKUP_DBM=yes                         # 인클루드할 DB 룩업 방식
LOOKUP_LSEARCH=yes                     # 선형 검색 룩업
LOOKUP_DNSDB=yes                       # 임의 DNS 룩업 허용
USE_DB=yes                             # 버클리DB(README) 사용
DBMLIB=-ldb                            # (README에서)
WITH_CONTENT_SCAN=yes                  # ACL을 통한 내용 스캔 포함

EXPERIMENTAL_SPF=yes                   # SPF 지원, libspf2 필요
CFLAGS += -I/usr/local/include         # www.libspf2.org 참조
LDFLAGS += -lspf2

LOL_FILE_PATH=/war/log/exim_%slog      # file, syslog 또는 모두에 해당되는 로그 파일
LOG_FILE_PATH=syslog
LOG_FILE_PATH=syslog:/var/log/exim_%slog
EXICYCLOL_MAX=10                       # 로그 파일의 합축/순환, 10을 유지하라
```

라우터와 트랜스포트는 사용할 의도가 있다면 반드시 코드 안으로 컴파일돼야 한다. 많은 메모리를 사용하는 요즘에는 그것들을 모두 내장시키는 게 낫다. 일부

기본 경로들은 비표준인 게 확실하다. 예를 들어 /usr/exim/bin에 있는 바이너리와 /var/spool/exim에 있는 PID 파일이 그렇다. 설치돼 있는 다른 소프트웨어들과 일치시키고자 이 값들을 조정할 수도 있다.

MySQL, 오라클, LDAP를 포함해 대략 열 가지의 데이터베이스 검색 방법을 사용할 수 있다. LDAP를 포함한다면 반드시 `LDAP_LIB_TYPE` 변수를 지정해 어떤 LDAP 라이브러리를 사용하고 있는 엑심에게 말해줘야 한다. LDAP 인클루드 파일과 라이브러리 경로의 지정이 필요할 수도 있다.

EDITME 파일은 선택한 데이터베이스에 수반되는 종속 관계에 관해 말해주는 좋은 역할도 한다. 앞에서 주석 줄에 '(from README)'를 갖고 있는 항목들은 src/EDITME에는 없고 README에는 있는 것들이다.

EDITME에는 SMTP AUTH, TLS, PAM 지원이나 파일 소유권과 사용 권한을 제어하기 위한 옵션과 같은 많은 보안 옵션이 추가돼 있다. 소프트웨어가 침해 당했을 때 공격자가 끼칠 수 있는 손상을 제한하고자 임의의 엑심 옵션들을 컴파일 타임에 비활성화할 수 있다.

설치를 완료하기 전에 EDITME 파일 전체를 읽어보는 것이 바람직하다. 그러면 환경설정 파일을 통해 런타임에 무엇을 제어할 수 있는지에 대해 감을 잡을 수 있다. 최상위 README 파일에는 EDITME 파일에도 추가해야 할 필요가 있을지도 모를 OS 특유의 것들에 관한 많은 세부 사항이 있다.

EDITME를 수정해 `Local/Makefile`로 설치를 완료했으면 배포 트리의 맨 위에서 `make`를 실행한 다음 이어서 `sudo make install` 명령을 실행한다. 다음 단계는 새 `exim` 바이너리를 테스트해 메일이 원하는 대로 전송되는지를 확인한다. doc/spec.txt 파일에는 좋은 테스팅 문서가 포함돼 있다.

엑심이 만족스럽게 정확히 작동하는 것이 확인됐으면 /usr/sbin/sendmail을 `exim`에 링크시킴으로써 많은 사용자 에이전트에 의해 사용되는 전통적 메일 시스템 커맨드라인 인터페이스를 엑심이 에뮬레이션할 수 있게 만든다. 부트타임에 `exim`이 시작될 수 있게 만드는 작업도 해야 한다.

엑심 시동

메일 허브 머신에서 **exim**은 부트타임에 데몬 모드로 시작해 포트 25를 대기하면서 SMTP를 통해 메시지를 받아들이는 일을 지속적으로 실행하는 것이 일반적이다. 각 운영체제의 시동^{startup}에 관한 자세한 내용은 2장을 참고한다.

sendmail과 마찬가지로 엑심은 특정 플래그나 대체 명령을 이용해 시작하면 여러 가지 다른 기능을 수행한다. 엑심의 모드 플래그는 **sendmail**이 이해하는 플래그들과 유사하다. **exim**은 사용자 에이전트나 다른 도구들에 의해 호출될 때 호환성을 유지하게 애쓰기 때문이다. 표 18.17은 일부 공통 플래그들의 목록이다.

표 18.17 자주 사용되는 exim 커맨드라인 플래그

플래그	의미
-bd	데몬 모드로 실행하고 포트 25에서 접속을 대기한다.
-bf 또는 -bF	사용자 또는 시스템 필터 테스트 모드에서 실행한다.
-bi	해시된 앨리어스들을 재빌드한다(newaliases와 같다).
-bp	메일 큐를 인쇄한다(mailq와 같다).
-bt	주소 테스트 모드로 들어간다.
-bV	환경설정 파일의 구문 오류를 검사한다.
-d+-category	카테고리 기반 환경설정을 신축적으로 적용해 디버그 모드로 실행한다.
-q	큐 실행자(queue runner)를 시작한다(runq와 같다).

파스^{parse} 타임 때 감지될 수 있는 환경설정 파일의 오류들은 **exim -bV** 명령으로 잡아낼 수 있지만 일부 오류는 실행시에만 잡아낼 수 있다. 가장 흔한 실수는 위치가 잘못된 중괄호 기호의 사용이다.

exim 맨 페이지는 광범위한 디버깅 정보를 포함해 **exim**의 커맨드라인 플래그와 옵션들의 구석구석에 관한 많은 세부 사항을 제공한다.

엑심 유틸리티

엑심 배포판에는 설치된 엑심을 모니터링하고, 디버깅하고, 정상 여부를 점검하는 데 도움이 되는 많은 유틸리티가 포함돼 있다. 다음은 현재의 유틸리티 목록과 각 유

틸리티에 대한 간단한 설명이다. 더 자세한 내용은 배포판에 있는 문서를 참고한다.

- **exicyclog:** 로그 파일을 로테이션한다.
- **exigrep:** 메인 로그를 검색한다.
- **exilog:** 다중 서버들의 로그 파일을 시각화한다.
- **exim_checkaccess:** 주어진 IP 주소에서 주소 허용 여부를 확인한다.
- **exim_dbmbuild:** DBM 파일을 빌드한다.
- **exim_dumpdb:** 힌트 데이터베이스를 덤프한다.
- **exim_fixdb:** 힌트 데이터베이스를 패치[patch]한다.
- **exim_lock:** 메일박스 파일을 잠근다.
- **exim_tidydb:** 힌트 데이터베이스를 청소한다.
- **eximstats:** 로그에서 통계값들을 추출한다.
- **exinext:** 재시도 정보를 추출한다.
- **exipick:** 다양한 기준에 따라 메시지들을 선택한다.
- **exiqgrep:** 큐를 검색한다.
- **exiqsumm:** 큐의 내용을 요약한다.
- **exiwhat:** 엑심 프로세스가 수행 중인 일들을 열거한다.

엑심 세트의 일부인 또 다른 유틸리티 eximon은 엑심의 상태, 엑심 큐의 상태, 로그 파일의 끝부분을 보여주는 X 윈도우 애플리케이션이다. 주 배포판과 마찬가지로 eximon은 exim_monitor 디렉터리에서 주석이 잘 돼 있는 EDITME 파일을 편집한 후 make를 실행해서 빌드할 수 있다. 하지만 eximon의 경우에는 기본값들이 잘 설정돼 있어 애플리케이션을 빌드하기 위한 많은 설정이 필요 없다. 일부 환경설정과 큐 관리는 eximon GUI에서도 잘 수행할 수 있다.

엑심 환경설정 언어

엑심 환경설정 언어는(좀 더 정확히 말하자면 언어들이다. 필터용 언어, 정규표현식용 언어 등이 있다) 옛날(1970년대) 언어인 포스[Forth]와 조금 닮았다.[17] 엑심 환경설정을

---

17. 컴퓨터 전문가들은 포스 언어가 '튜링에 완전(Turing-complete)'하다고 말한다. 일반 사람들은 "강력하고 복잡하다."는 뜻으로 이해하면 된다.

처음 읽을 때는 키워드와 옵션명(엑심에 의해 고쳐짐), 변수명(환경설정문을 통해 시스템 관리자가 정의함)을 구분하기 힘들 수도 있다.

엑심은 환경설정이 쉽고 방대한 문서를 갖추고 있다고 알려져 있음에도 불구하고 새로운 사용자에게는 상당한 학습곡선이 있을 수 있다. 사양 문서에 있는 '엑심이 메일을 수신하고 운송하는 방법' 절은 신규 사용자에게 필독서다. 이 문서는 시스템의 하부 개념에 대해 쉽게 감을 잡게 해준다.

하나의 값이 지정될 때 엑심 언어의 사전 정의된 옵션들은 때로 액션을 발생시킨다. 액션에 반응해 약 120개의 사전 정의된 변수의 값들도 변할 수 있다. 이러한 변수들은 조건문에 포함될 수 있다.

if문과 같은 것들을 처리하기 위한 언어는 휴렛패커드 계산기의 전성기 때 사용되던 역폴란드 표기법^{reverse Polish notation}을 연상시킬 것이다.

```
acl_smtp_rcpt = ${if ={25}{$interface_port} \
    {acl_check_rcpt} {acl_check_rcpt_submit} }
```

acl_smtp_rcpt 옵션이 설정되면 SMTP 교환에서 각 수신자에 대해 ACL이 구현(SMTP RCPT 명령)되게 한다. 이 옵션에 지정되는 값은 엑심 변수 $interface_port의 값이 25인가 아닌가에 따라 acl_check_rcpt 또는 acl_check_rcpt_submit이 된다.

이 장에서는 엑심 환경설정 언어를 자세히 다루지 않겠지만 대신 많은 문서를 참고하도록 소개하겠다. 특히 엑심 사양 중에서 문자열 확장 부분에 주목하길 바란다.

엑심 환경설정 파일

엑심의 실행 시 동작은 보통 /usr/exim/configure라는 단일 환경설정 파일에 의해 제어된다. 그 이름은 EDITME 파일에 지정돼 바이너리 속으로 컴파일되는 요구 변수 중 하나다.

기본 제공되는 환경설정 파일 src/configure.default에는 자세한 주석이 달려 있으며 엑심을 이제 막 구성하려는 사이트들은 이 파일에서 시작하는 것이 좋다. 사실 엑심 패러다임을 완전히 이해하고 특정 목적을 위해 기본 환경설정을 정교하게 다룰 필요가 있을 때까지는 이 파일에서 너무 멀리 벗어나지 말기를 권장한다. 엑심은 흔히 일어나는 상황들을 지원하도록 작동하며 합리적인 기본값들을 갖고 있다.

기본 환경설정 파일에서 사용된 변수명들을 그대로 유지하는 것도 도움이 된다. 이러한 명명 규칙들은 exim-users 메일링 리스트에 있는 사람들에 의해 상정된 것이다. 이 사람들은 환경설정 문제에 관해 상의할 수 있는 좋은 자원이기도 하다.

exim은 표준 오류(stderr)에 메시지를 출력하며 환경설정 파일에 구문 오류가 있을 때 메시지가 존재한다. 하지만 모든 구문 오류를 즉각 잡아내지는 않는다. 필요할 때까지는 변수들을 확장하지 않기 때문이다.

환경설정 파일에서의 항목 순서는 완전히 임의적인 것은 아니다. 글로벌 환경설정 옵션 섹션은 반드시 존재해야 하고 맨 앞에 와야 한다. 다른 섹션들은 모두 선택적이며 임의의 순서로 나타날 수 있다.

가능한 섹션에는 다음과 같은 것들이 포함된다.

- 글로벌 환경설정 옵션(필수)
- **acl:** 주소와 메시지를 필터링하는 접근 제어 목록
- **authenticators:** SMTP AUTH 또는 TLS 인증용
- **routers:** 메시지가 어디로 가야 하는지 결정하는 순서화된 시퀀스
- **transports:** 실제 운송을 수행하는 드라이버의 정의
- **retry:** 문제 있는 메시지들을 다루기 위한 정책 설정
- **rewrite:** 글로벌 주소 재작성 규칙
- **local_scan:** 유연성 제공을 위한 연결 고리

첫 섹션을 제외한 각 섹션은 예를 들면 begin acl과 같이 섹션명 구문으로 시작한다. end 섹션명 구문은 없다. 한 섹션의 끝은 다음 섹션의 begin문에 의해 인지된다. 종속 관계를 보여주기 위한 들여쓰기는 환경설정 파일을 사람이 읽기 쉽게 해줄 뿐 엑심에게는 아무런 의미가 없다.

일부 환경설정 구문들은 메시지 흐름을 제어하고자 나중에 사용될 객체들에 이름

을 붙인다. 그런 이름들은 반드시 영문자로 시작해야 하며 영문자와 숫자, 밑줄 문자만을 포함해야 한다. 한 줄에서 처음으로 나타나는 비공백 문자가 #이라면 그 줄의 나머지는 주석으로 간주된다. 이것은 하나의 구문과 같은 줄에 주석을 넣을 수 없다는 것을 의미한다. 첫 문자가 #이 아니기 때문에 주석으로 인식되지 않는다.

엑심은 환경설정 파일의 어느 곳에나 파일을 포함할 수 있게 해준다. 다음과 같이 두 가지 형태의 인클루드가 사용된다.

```
.include 절대 경로
.include_if_exists 절대 경로
```

첫 번째 형태는 파일이 존재하지 않을 경우 오류를 발생시킨다. 인클루드 파일들은 환경설정 파일을 깔끔하게 유지해주기는 하지만 한 메시지의 생애 동안 여러 번 읽히기 때문에 파일 내용을 환경설정 속에 직접 포함시키는 게 최선일 수도 있다.

전역 옵션

전역 옵션^{global options} 섹션에는 운영체제 매개변수(현재 호스트에 있는 메일 서버의 한 곗값, 크기, 타임아웃, 특성), 목록 정의(로컬호스트, 중계하려는 로컬호스트, 중계하려는 원격 도메인), 매크로(호스트명, 연락처, 위치, 오류 메시지, SMTP 배너) 등 많은 것이 지정된다.

옵션

옵션^{Options}은 다음과 같은 기본 구문으로 설정된다.

```
option_name = value[s]
```

여기서 *values*는 불리언값, 문자열, 정수, 10진수, 시간 간격일 수 있다. 여러 개의 값을 가진 옵션들도 허용된다. 그런 경우 여러 값은 콜론으로 분리된다.

값 구분자로 콜론을 사용하면 주소의 일부로 콜론을 사용하는 IPv6 주소를 표현할 때 문제가 발생한다. 두 개의 콜론을 써서 주소에 사용된 콜론임을 나타낼 수도 있지만 가장 쉽고 읽기 쉬운 방법은 옵션에 값을 지정할 때 < 문자를 이용해 구분자를 재정의하는 것이다. 예를 들어 다음의 두 줄은 모두 IPv4와 IPv6 주소를 포함하는 localhost_interfaces 옵션에 값을 설정한다.

```
local_interfaces = 127.0.0.1 : ::::1
local_interfaces = <; 127.0.0.1 ; ::1
```

세미콜론을 구분자로 재정의한 두 번째 형태가 훨씬 읽기 쉬우며 덜 헷갈린다.

문서의 옵션 색인에는 500개 이상의 수많은 옵션이 있다. 그리고 저자는 sendmail이 복잡하다고 했다. 대부분 옵션은 합리적인 기본값을 갖고 있으며 모든 옵션이 기능을 묘사하는 이름을 갖고 있다. 새 옵션을 탐구하는 중에는 선호하는 텍스트 편집기에서 배포판으로부터 doc/spec.txt 파일의 사본을 만들어두는 게 편리하다. 모든 옵션을 다루지는 않겠으며 예로 든 환경설정에 나타나는 것들만 다루겠다.

목록

엑심에는 네 종류의 목록이 있다. 이들은 각각 키워드 hostlist, domainlist, addresslist, localpartslist로 시작된다. 다음의 두 예는 hostlist를 사용한다.

```
hostlist my_relay_list = 192.168.1.0/24 : myfriend.example.com
hostlist my_relay_list = /usr/local/exim/relay_hosts.txt
```

멤버들은 줄에 열거하거나 파일에서 가져올 수 있다. 인라인의 경우에는 콜론으로 구분한다. 이름을 갖는 각 유형의 목록들을 16개까지 열거할 수 있다. 앞의 인라인 예에서는 로컬 /24 네트워크에 있는 모든 머신과 특정 호스트명을 포함시켰다.

목록의 멤버로 @ 기호를 사용할 수 있는데, 로컬호스트의 이름을 의미하며 사이트에 있는 허브가 아닌 대부분의 머신들에 대해 작동하는 단 하나의 포괄적인 환경설정 파일을 작성하는 데 도움을 준다. 엑심이 대기하고 있는 모든 IP 주소(즉, 로컬호스트의 모든 IP 주소)를 의미하는 @[] 표기도 유용하다.

목록들은 다른 목록에 대한 참조를 포함할 수 있으며 ! 문자는 부정[negation]을 의미한다. 변수에 대한 참조(예, $변수명)를 포함하는 목록들은 엑심이 목록을 평가한 결과를 캐싱할 수 없기 때문에 처리를 느리게 만든다.

목록을 참조할 때 목록의 멤버들과 매칭시키려면 이름 앞에 +를 넣고 비멤버와 매칭시키려면 !+를 넣는다. 예를 들면 **+my_relay_list**와 같이 쓴다. + 기호와 목록 이름 사이에는 빈칸을 생략한다.

매크로

매크로^{Macros}를 사용하면 매개변수, 오류 메시지 등을 정의할 수 있다. 파싱을 기본 요소로 하기 때문에 한 매크로의 이름이 다른 매크로의 일부분이 되면 예측할 수 없는 결과를 낳으므로 그런 매크로는 정의할 수 없다.

구문은 다음과 같다.

MACRO_NAME = 줄의 나머지 부분

예를 들어 다음 줄들 중 첫 줄은 **ALIAS_QUERY**라는 이름의 매크로를 정의한다. 이 매크로는 MySQL 데이터베이스에서 한 사용자의 앨리어스 항목을 찾는다. 두 번째 줄은 실제 검색을 수행하는 매크로의 사용을 보여준다. 그 결과는 **data**라는 변수에 저장된다.

```
ALIAS_QUERY  = \
    select mailbox from user where  login  =  '${quote_mysql:$local_part}';
data = ${lookup mysql{ALIAS_QUERY}}
```

매크로 이름은 모두 대문자일 필요는 없지만 반드시 대문자로 시작해야 한다. 하지만 모두 대문자를 사용하는 관례에 따르는 것이 명확성을 높인다. 환경설정 파일은 **ifdef**을 포함해서 그것을 이용해 환경설정 파일의 어떤 부분을 포함할 것인지 여부를 결정할 수 있다. 상상할 수 있는 모든 형태의 **ifdef**가 지원된다. 그것들은 모두 도트(.)로 시작한다.

접근 제어 목록

접근 제어 목록^{ACL}은 들어오는 메시지의 주소를 필터링해 그것을 수용하거나 거부한다. 엑심은 들어오는 주소들을 사용자를 나타내는 로컬 부분과 수신자의 도메인에 해당하는 도메인 부분으로 나눈다.

ACL은 HELO, MAIL, RCPT, DATA 등 SMTP 대화의 모든 스테이지에 적용될 수 있다. 일반적으로 ACL은 HELO 스테이지에서는 SMTP 프로토콜을 엄격히 고수하고 MAIL 스테이지에서는 발신자와 발신자 도메인을 확인하며 RCPT 스테이지에서는 수신자들을 확인하고 DATA 스테이지에서는 메시지 내용을 스캔한다.

acl_smtp_명령의 이름을 가진 많은 옵션은 SMTP 프로토콜에서 각 명령 다음에 어떤 ACL이 적용돼야 하는지를 기술한다. 예를 들어 acl_smtp_rcpt 옵션은 메시지 수신자인 각 주소에 대해 ACL 실행을 지시한다. 자주 사용되는 또 다른 체크포인트인 acl_smtp_data는 메시지를 수신한 후에 그 메시지에 대해 ACL을 점검(예를 들면 내용을 스캔)한다. ACL들은 환경설정 파일의 acl 섹션이나 acl_smtp_명령 옵션이 참조하는 파일 안에, 또는 옵션이 정의될 때 인라인으로 정의할 수 있다.

my_acl_check_rcpt라는 이름의 샘플 ACL이 다음에 정의돼 있다. 그 이름을 환경설정 파일의 전역 옵션 섹션에 있는 acl_rcpt 옵션에 지정함으로써 ACL을 호출할 것이다(이 ACL이 RCPT 명령 수준에서 어떤 주소를 거부하면 송신 서버는 해당 주소를 포기하고 다시는 시도하지 않아야 한다).

이 ACL 사양은 매우 길어서 우리가 각각 따로 해석할 수 있는 이해하기 쉬운 조각들로 나눴다.

첫 번째 부분은 다음과 같다.

```
begin acl
    my_acl_check_rcpt:
        accept hosts = :
                control = dkim_disable_verify
```

이 접근 제어 목록의 기본 이름은 acl_check_rcpt다. 여기서 하는 것처럼 그 이름은 바꾸지 말아야 한다. 그 이름은 엑심에게 특별한 어떤 키워드가 아니라 단지 기술하려는 무엇임을 강조하고자 비표준 이름을 사용했다.

콜론을 포함해 첫 accept 줄은 비어 있는 목록이다. 원격 호스트들의 빈 목록은 로컬 MUA가 MTA의 표준 입력에 메시지를 제출하는 경우와 매칭된다. 테스트되고 있는 주소가 이 조건을 만족하면 ACL은 그 주소를 수용하고 (기본적으로 활성화돼 있는) DKIM 서명 검증을 비활성화한다. 주소가 이 address절과 매칭되지 않으면 컨트롤은 ACL 정의의 다음 절까지 내려간다.

```
deny    message = Restricted characters in address
        domains = +local_domains
        local_parts = ^[.] : ^.*[@%!/|]
deny    message = Restricted characters in address
        domains = !+local_domains
        local_parts = ^[./|] : ^.*[@%!] : ^.*/\\.\\./
```

첫 deny절은 로컬 도메인으로 들어오는 메시지들을 위한 것이다. 로컬 부분(사용자명)이 도트로 시작하거나 특수 문자 @, %, !, /, |를 포함하는 주소를 거부한다. 두 번째 deny는 사용자에 의해 바깥으로 전송되는 메시지들에 적용된다. 이것도 마찬가지로 사용자 머신이 바이러스나 악성 소프트웨어에 감염된 경우에는 주소의 로컬 부분에 어떤 특수 문자나 시퀀스가 포함되는 것을 허용하지 않는다. 과거에 그런 주소들은 스패머들이 ACL을 교란시키는 데 사용되거나 그 밖의 보안 문제에 연루돼 있었다.

일반적으로 (예를 들어 메일을 저장하거나 휴가 안내 파일을 찾고자) 파일 디렉터리 경로에 $local_parts(아마도 수신자의 사용자명)를 사용하려고 한다면 원하지 않는 행위를 일으킬 수 있는 어떤 특수 문자들을 ACL이 필터링해버리는 것을 조심해야 한다(앞의 예에서는 문자 시퀀스 /../을 찾는다. 이것은 사용자명이 경로에 삽입되면 문제의 소지가 될 수 있다).

```
accept local_parts = postmaster
       domains = +local_domains
```

이 accept절은 포스트마스터^{postmaster}에게 보낸 메일이 로컬 도메인으로 보내진 경우 항상 도착하도록 보장한다. 이는 디버깅에 도움이 될 수 있다.

```
require verify = sender
```

require 줄은 반송 메시지^{bounce message}를 반환할 수 있는지 여부를 검사한다. 하지만 발신자의 도메인만을 검사한다.[18] 발신자의 사용자명이 위조됐다면 반송 메시지는 여전히 실패할 수 있다. 즉, 반송 메시지 자체가 반송될 수 있다는 뜻이다. 이곳에서 다른 프로그램을 호출해 좀 더 광범위한 검사를 추가적으로 할 수 있지만 어떤 사이트들은 그런 호출을 모욕적이라 여겨 당신의 메일 서버를 블랙리스트나 평판이 안 좋은 서버 목록에 추가할지도 모른다.

```
accept hosts = +relay_from_hosts
       control = submission
       control = dkim_disable_verify
```

이 accept절은 현재 호스트를 통한 중계가 허용된 호스트들(즉, 시스템에 메일을 제출하는 로컬호스트들)을 점검한다. control 줄은 엑심이 메일 제출 에이전트 역할을 수행해야 함과 사용자 에이전트에서 메시지가 도착함에 따라 헤더 결함을 교정해야 함을 기술한다. 오류 반환은 많은 사용자 에이전트를 혼란스럽게 하기 때문에 수신자 주소는 점검하지 않는다(이 환경설정 부분은 스마트한 호스트에게 중계하는 로컬 머신에게만 적합하며 중계하고자 하는 외부 도메인에 대해서는 적합하지 않다). 이러한 메시지들은 현재 사용자들로부터 바깥으로 나가는 것이거나 친구들을 중계하는 것이기 때문에 DKIM 검증은 비활성화된다.

```
accept authenticated = *
       control = submission
       control = dkim_disable_verify
```

마지막 accept줄은 SMTP AUTH를 통해 인증하는 로컬호스트들을 다룬다. 다시 말하지만 이러한 메시지들은 사용자 에이전트에서 제출된 것으로 취급된다.

---

18. require는 "일치되지 않으면 거부한다."라는 의미다.

```
require    message = Relay not permitted
           domains = +local_domains : +relay_to_domains
           requireverify = recipient
```

여기서 메시지가 향하고 있는 목적지 도메인을 점검해 그것이 local_domains 목록이나 중계가 허용된 도메인들인 relay_to_domains 목록 안에 있어야 할 것을 요구한다(이러한 도메인 목록들은 ACL 맥락 밖에서 정의된다). 이 목록 중 하나에 있지 않은 목적지들은 모두 오류 메시지와 함께 거부된다.

```
accept
```

끝으로 앞의 모든 요건을 충족하고 더 구체적인 accept나 deny 규칙이 적용되지 않았다면 수신자들을 확인하고 메시지를 수용한다. 로컬 사용자에게 보내지는 대부분의 인터넷 메시지는 이 부류에 속한다.

앞의 예에서는 블랙리스트 스캐닝을 포함하지 않았다. 블랙리스트에 접근하려면 기본 환경설정 파일에 있는 사례 중 하나를 사용하거나 다음과 같이 한다.

```
deny    condition = ${if isip4{$sender_host_address}}
        !authenticated = *
        !hosts = +my_whitelist_ips
        !dnslists = list.dnswl.org
        domains = +local_domains
        verify = recipient
        message = You are on RBL $dnslist_domain: $dnslist_text
        dnslists = zen.spamhaus.org
        logwrite = Blacklisted sender [$sender_host_address] \
            $dnslist_domain: $dnslist_text
```

쉬운 말로 옮기자면 이 코드는 어떤 메시지가 다음의 모든 기준과 일치하면 오류 메시지와 함께 메시지가 거부되고 그 사실이 기록됨을 기술하고 있다.

- 메시지가 IPv4 주소에서 온 것이다(일부 목록은 IPv6를 정확히 다루지 않는다).
- 메시지가 인증된 SMTP 세션과 부합하지 않는다.
- 메시지가 로컬 화이트리스트에 있지 않은 발신자에서 온 것이다.

- 메시지가 글로벌(인터넷) 화이트리스트에 있지 않은 발신자에서 온 것이다.
- 메시지가 유효한 로컬 수신자를 향하고 있다.
- 발신 호스트가 zen.spamhaus.org 블랙리스트상에 있다.

변수 dnslist_text와 dnslist_domain은 dnslists에 지정해 설정되며 블랙리스트 검색을 유발한다. 이 deny절은 주소에 이상한 문자가 있는지 점검하는 부분의 바로 다음에 놓일 수 있다.

다음은 원격 사이드가 HELO를 제대로 말하지 않는 경우 메일을 거부하는 또 다른 ACL의 예다.

```
acl_check_mail:
    deny    message = 503 Bad command - must send HELO/EHLO first
            condition = ${if !def:sender_helo_name}
    accept
```

엑심은 기본으로 활성화되는 smtp_enforce_sync 옵션을 이용해 초기 화자 문제 early talker problem('HELO를 제대로 말하지 않는 것'의 좀 더 특별한 경우)를 해결한다.

ACL 시점에서의 콘텐츠 스캐닝

엑심은 메일 시스템 메시지 운송의 여러 지점에서 강력한 콘텐츠 스캐닝을 지원한다. 즉, ACL 시점에 (SMTP DATA 명령 다음) transport_filter 옵션을 통해 운송 시점에, 또는 모든 ACL 점검이 완료된 후에 local_scan 함수를 이용해서 콘텐츠 스캐닝을 할 수 있다. 이를 위해서는 반드시 EDITME 파일에 있는 WITH_CONTENT_SCAN 변수를 설정해 콘텐츠 스캐닝 지원을 엑심 안에 컴파일해 넣어야 한다. 기본적으로 이 변수는 주석 처리돼 있다. 이 옵션은 ACL에 더욱 강력한 기능과 유연성을 부여하며 두 개의 새로운 환경설정 옵션(spamd_address와 av_scanner)을 추가한다.

ACL 시점에서의 스캐닝은 MTA와 발신 호스트의 대화를 이용해 메시지가 인라인으로 거부될 수 있게 한다. 해당 메시지는 결코 전이가 허용되지 않기 때문에 반송될 필요도 없다. 이런 방식의 메시지 거부는 위조된 발신자 주소로 보내진 반송 메시지에 의해 야기되는 백스캐터backscatter를 회피하기 때문에 좋다.

인증자

인증자[authenticator]란 SMTP **AUTH** 명령의 질의응답 시퀀스와 상호작용해 클라이언트와 서버 모두가 수용 가능한 인증 메커니즘을 찾아내는 드라이버를 말한다. 엑심은 다음과 같은 메커니즘을 지원한다.

- **AUTH_CRAM_MD5**(RFC2195)
- **AUTH_PLAINTEXT**(PLAIN과 LOGIN을 모두 포함한다)
- **AUTH_SPA**(마이크로소프트의 보안 암호 인증을 지원한다)

엑심이 메일 수신 중이라면 SMTP **AUTH** 서버 역할을 한다. 메일 송신 중이라면 클라이언트에 해당한다. 인증자 인스턴스의 정의에 나타나는 옵션에는 엑심의 역할에 따라 다른 환경설정이 허용되도록 server_ 또는 client_ 접두어가 붙는다.

인증자는 앞의 ACL 사례에 있는 다음 구절과 같은 접근 제어 목록에 사용된다.

```
deny    !authenticated = *
```

다음은 클라이언트 측과 서버 측 모두의 **LOGIN** 메커니즘을 보여주는 예다. 이 간단한 예는 고정된 사용자명과 암호를 사용하며 소규모 사이트에 적합하지만 대규모 설치에는 적절하지 않을 수 있다.

```
begin authenticators
   my_+lient_fixed_login:
       driver = plaintext
       public_name = LOGIN
       client_send = : myusername : mypasswd

   my_serwer_fixed_login:
       driver = plaintext
       public_name = LOGIN
       server_advertise_condition = ${if def:tis_cipher}
       server_prompts = User Name : Password
       server_condition = ${if and {{eq{$auth1}{username}} \
           {eq{$auth2}{mypasswd}}}}
       server_set_id = $auth1
```

인증 데이터는 LDAP, PAM, /etc/passwd 등의 여러 소스에서 올 수 있다. 앞에서 server_advertise_condition절은 접속 시 메일 클라이언트가 (STARTTLS나 SSL을 통해) TLS 보안을 요구함으로써 보통 문자로 암호를 전송하지 못하게 한다. 엑심이 클라이언트 시스템 역할을 할 때도 같은 행위를 원한다면 client절에도 마찬가지로 tis_cipher와 함께 client_condition 옵션을 사용한다.

사용 가능한 모든 인증 옵션과 예에 관한 자세한 내용은 엑심 문서를 참고한다.

라우터

라우터[router]는 수신자 메일 주소를 재작성하거나 전송 계층에 배정해 목적지를 향해 가게 수신자 메일 주소에 대한 작업을 한다. 특정 라우터는 각각 옵션이 다른 여러 개의 인스턴스를 가질 수 있다.

라우터 시퀀스를 지정해 놓으면 메시지는 첫 번째 라우터로 시작해서 메시지가 수용되거나 거부될 때까지 목록의 끝까지 진행된다. 일반적으로 수용 라우터는 메시지를 전송 드라이버에게 넘긴다. 라우터는 들어오는 메시지와 나가는 메시지를 모두 다룬다. 라우터는 프로그래밍 언어에서의 서브루틴과 같이 느껴질 것이다.

라우터는 한 메시지에 대해 표 18.18에 있는 처리 결과 중 하나를 반환할 수 있다.

표 18.18 엑심 라우터 상태

상태	의미
accept	라우터가 주소를 수용해 전송 드라이버에 넘긴다.
pass	라우터가 주소를 처리할 수 없어서 다음 라우터로 넘긴다.
decline	라우터가 주소를 처리하지 않기로 결정해 다음 라우터로 넘긴다.
fail	주소가 유효하지 않다. 라우터는 반송 메시지를 위해 주소를 큐에 넣는다.
defer	메시지를 큐에 남겨뒀다가 나중에 처리한다.
error	라우터 사양에 오류가 있다. 메시지는 연기된다.

메시지가 시퀀스에 있는 모든 라우터에서 pass나 decline을 받으면 그 메시지는 라우팅이 불가능하다. 엑심은 그런 메시지를 맥락에 따라 반송하거나 거부한다.

어떤 메시지가 한 라우터의 전제 조건을 만족하고 그 라우터가 no_more문으로 끝
난다면 현재 라우터에 의한 처리 결과와 상관없이 그 메시지는 어떤 라우터에도
추가로 제출되지 않는다. 예를 들어 원격 SMTP 라우터가 domains = !+local_
domains라는 전제 조건을 갖고 있고 no_more를 설정했다면 로컬 사용자한테로 가
는 메시지들만(즉, domains 전제 조건을 만족하지 않는 메시지들) 계속해서 시퀀스 내
의 다음 라우터로 갈 것이다.

라우터들은 선택할 수 있는 많은 옵션을 갖고 있다. 흔히 사용되는 것들로 전제 조
건, 수용, 실패 조건, 반환할 오류 메시지, 사용할 전송 드라이버를 예로 들 수 있다.

다음에 오는 일부 섹션은 accept, dnslookup, manualroute, redirect라 불리는 라
우터들에 관해 자세히 설명한다. 예로 든 환경설정 코드 조각들은 엑심이
example.com 도메인의 한 로컬 머신에서 실행되고 있다고 가정한다. 코드 조각
들은 모두 단순 명료하다. 더 복잡한 라우터들을 사용하려면 문서를 참고한다.

accept 라우터

accept 라우터는 주소에 OK 레이블을 붙여 연관 메시지를 전송 드라이버로 넘긴
다. 다음은 accept 라우터 인스턴스의 예로, 로컬 메일을 전달하기 위한 localusers
와 아카이브에 추가하기 위한 sawe_to_file이다.

```
localusers:
    driver  =  accept
    domains = example.com
    check_local_user
    transport = my_local_delivery
save_to_file:
    driver  = accept
    domains = dialup.example.com
    transport  = bat+hsmtp_appendfile
```

localusers 라우터 인스턴스는 목적지 주소의 도메인 부분이 example.com인지,
주소의 로컬 부분이 로컬 사용자의 로그인 이름인지를 점검한다. 두 조건을 모두
만족하면 라우터는 메시지를 my_local_delivery라는 전송 드라이버 인스턴스에

게 넘긴다. my_local_delivery는 transports 섹션에 정의된다. save_to_file 인스턴스는 전화 사용자용으로 설계된 것이다. 이 인스턴스는 메시지를 batchsmtp_ appendfile 전송 정의에 지정돼 있는 파일에 첨부한다.

dnslookup 라우터

일반적으로 dnslookup 라우터는 바깥으로 나가는 메시지를 처리한다. 수신자 도메인의 MX 레코드를 보고 운송을 위한 SMTP 전송 드라이버에게 메시지를 넘긴다. 다음은 remoteusers라는 인스턴스다.

```
remoteusers:
    driver =  dnslookup
    domains = !+example.com
    transport = my_remote_delivery
```

dnslookup 코드는 수신자용 MX 레코드를 찾아본다. MX 레코드가 존재하지 않으면 A 레코드를 시도한다. 이 라우터 인스턴스의 일반적인 확장은 특정 IP 주소로의 전송을 금지한다. 인터넷에서 라우팅될 수 없는 RFC1918 사설 주소를 중요한 예로 들 수 있다. 더 자세한 정보는 ignore_target_hosts 옵션을 참고한다.

manualroute 라우터

탄력적인 manualroute 드라이버는 원하는 어떤 방식으로도 이메일을 라우팅할 수 있다. 라우팅 정보는 수신자 도메인에 의해 비교되는 규칙들의 테이블(route_list)일 수도 있고 모든 도메인에 적용되는 단일 규칙(route_data)일 수도 있다.

다음은 manualroute 인스턴스의 두 가지 사례다. 첫 번째 예는 '스마트 호스트smart host' 개념을 구현한다. 외부로 나가는 모든 비로컬 메일을 중앙('스마트') 호스트로 보내 처리하는 개념이다. 이 인스턴스를 smarthost라 하며 local_domains 목록에 있지 않은 (! 문자) 모든 수신자 도메인에 적용된다.

```
smarthost:
    driver =  manualroute
    domains = !+local_domains
```

```
    transport = remote_smtp
    route_data = smarthost.example.com
```

다음의 **firewall** 라우터 인스턴스는 SMTP에게 들어오는 메시지들을 방화벽 내부의 호스트들에게 (아마도 스팸이나 바이러스 확인 후에) 보내라고 말한다. 이 인스턴스는 로컬호스트들의 이름을 포함하고 있는 DBM 데이터베이스에서 각 수신자 도메인에 대한 라우팅 데이터를 찾아본다.

```
firewall:
    driver = manualroute
    transport = remote-smtp
    route_data = ${lookup{$domain} dbm {/internal/host/routes}}
```

redirect 라우터

redirect 드라이버는 주소를 시스템 전체에 적용되는 aliases 파일이나 사용자의 ~/.forward 파일에서 요구되는 것과 같은 주소 재작성을 수행한다. 일반적으로 재작성된 주소를 전송에 배정하지는 않는다. 그 작업은 체인 내의 다른 라우터에게 남겨진다.

다음의 첫 번째 인스턴스인 **system_aliases**는 /etc/aliases 파일의 선형 검색(lsearch)을 이용해 앨리어스들을 찾는다. aliases 파일이 작을 때는 선형 검색이 괜찮지만 매우 클 때는 선형 검색을 데이터베이스 검색으로 대체한다. 두 번째 인스턴스, **user_forward**는 메일이 로컬 사용자한테 가는 메일인지를 먼저 확인한 다음, 해당 사용자의 .forward 파일을 검사한다.

```
system_aliases:
    driver = redirect
    data = ${lookup{$local_part} lsearch {/etc/aliases}}
user_forward:
    driver = redirect
    check_local_user
    file = $home/.forward
    no_verify
```

check_local_user 옵션은 수신자가 유효한 로컬 사용자임을 보장한다. no_verify 는 포워드forward 파일이 메시지를 리다이렉트하려는 주소의 유효성을 검증하지 말 것을 지시한다. 주소 검증 없이 그냥 그 주소로 보내라는 의미다.

.forward 파일을 통한 사용자별 필터링

엑심은 .forward 파일을 통한 포워딩을 가능하게 할 뿐 아니라 필터링도 허용한다. IETF에 의해 표준화되고 있는 시브 필터링Sieve Filtering뿐 아니라 자신의 필터링 시스템도 지원한다. 사용자 .forward 파일의 첫 줄이

```
#Exim filter
```

또는

```
#Sieve filter
```

라면 그다음에 오는 필터링 명령들(약 15개)은 메시지가 어디로 전달돼야 하는지 를 결정할 수 있다. 필터링은 메시지를 실제로 전달하는 게 아니라 목적지에 손을 댈 뿐이다. 예를 살펴보자.

```
#Exim filter
if  $header_subject: contains sysadmin
then
    save $home/mail/sysadmin
endif
```

사용자가 자신의 .forward 파일에서 무엇을 할 수 있고 무엇을 할 수 없는지를 제어하기 위한 많은 옵션이 있다. 옵션 이름들은 forbid_나 allow_로 시작한다. 이들은 사용자가 해서는 안 될 때 셸을 실행하거나, 라이브러리를 바이너리 안에 로딩하거나, 내장 펄 인터프리터Perl Interpreter에 접근하지 못하게 할 수 있기 때문에 중요하다. 사용자들이 .forward 파일에서 너무 많은 기능을 사용하지 못하게 하려면 업그레이드할 때마다 어떤 새로운 forbid_* 옵션들이 있는지 확인한다.

전송

라우터는 메시지가 가야 할 곳을 결정하며 전송[Transport]은 메시지를 실제로 그곳으로 보낸다. 로컬 전송은 흔히 어떤 파일에 첨부하거나, 파이프를 통해 로컬 프로그램에 보내거나, LMTP 프로토콜을 통해 IMAP 서버로 보낸다. 원격 전송은 SMTP를 통해 인터넷을 거쳐 상대편에게 보낸다.

엑심 전송에는 appendfile, lmtp, smtp, autoreply, pipe의 다섯 가지가 있다. 여기서는 appendfile과 smtp를 자세히 다룬다. autoreply 전송은 휴가 메시지를 보내는 데 흔히 사용되고 pipe 전송은 유닉스 파이프를 통해 메시지를 어떤 명령의 입력으로 넘겨주는 데 사용된다. 라우터에서는 반드시 전송 인스턴스를 정의해야 하며 동일한 타입의 전송이 여러 인스턴스를 가질 수 있다. 전송에는 순서가 중요하지 않지만 라우터에게는 중요하다.

appendfile 전송

appendfile 드라이버는 메시지를 mbox, mbx, Maildir, 또는 지정된 파일이나 디렉터리에 mailstore 형식으로 저장한다. 엑심을 컴파일할 때는 반드시 적합한 메일박스 형식들을 포함해야만 한다. 이 포맷들은 기본적으로 EDITME 파일에서 주석으로 처리돼 있다.

다음 예는 localusers 라우터 인스턴스 정의에서 참조되고 있는 (appendfile 전송 인스턴스) my_local_delivery 전송을 정의한다.

```
my_local_delivery:
    driver = appendfile
    file = /war/mail/$local_part
    delivery_date_add
    envelope_to_add
    return_path_add
    group = mail
    mode = 0660
```

다양한 *_add 줄들은 메시지에 헤더를 추가한다. group과 mode절은 전송 에이전트가 파일에 쓰기 권한이 있음을 보장한다.

smtp 전송

smtp 전송은 모든 메일 시스템의 핵심 일꾼이다. 다음은 두 개의 인스턴스, 즉 하나는 표준 SMTP 포트(25)용, 다른 하나는 메일 제출 포트(587)용 인스턴스를 정의한다.

```
my_remote_delivery:
    driver = smtp
my_remote_delivery_port587:
    driver = smtp
    port = 587
    headers_add = X-processed-by: MACRO_HEADER port 587
```

두 번째 인스턴스 **my_remote_delivery_port587**은 포트와 외부로 나가는 포트 표시를 포함하는 메시지에 추가될 헤더를 지정한다. **MACRO_HEADER**는 환경설정 파일 어딘가에 정의돼 있을 것이다.

retry 환경설정

환경설정 파일의 **retry** 섹션은 반드시 존재해야 하며, 존재하지 않는다면 엑심이 첫 시도에서 전송할 수 없었던 메시지의 재전송을 시도하는 일이 없어야 한다. 세 개의 시간 간격^{time interval}을 지정할 수 있으며 각각은 앞의 시간 간격보다 커야 한다. 마지막 간격이 만료되고 나면 메시지는 전달될 수 없는 것으로 간주돼 발신자에게로 반송된다. **retry**문은 분, 시간, 일, 주를 의미하는 **m, h, d, w**의 접미어를 이해한다.

서로 다른 호스트나 도메인에 대해 각각 다른 시간 간격을 지정할 수 있다.

다음은 **retry** 섹션의 모습이다.

```
begin retry
    *   *   F, 2h, 15m; F, 24h, 1h; F, 4d, 6h
```

이 예는 "모든 도메인은 일시적으로 실패한 주소에 대해 2시간 동안 매 15분마다 재시도돼야 하며, 그다음 24시간 동안은 매시간마다, 그 다음 4일 동안은 매 6시간마다 재시도돼야 하고 마지막에는 전송 불가로 반송돼야 한다."는 것을 의미하고 있다.

rewriting 환경설정

환경설정 파일의 rewriting 섹션은 begin rewrite로 시작한다. 이 섹션은 주소를 교정하기 위한 것이지 메시지 경로를 재설정하기 위한 것이 아니다. 예를 들면 다음과 같은 목적을 위해 외부로 나가는 주소에 사용할 수 있다.

- 메일이 개별 호스트가 아닌 현재 도메인에서 온 것처럼 보이게 만든다.
- 사용자명을 이름.성과 같은 표준 형식으로 매핑한다.

내부로 들어오는 메일에 있는 주소에는 재작성을 적용하지 않는다.

로컬 스캔 함수

엑심의 기능을 더 추가해서 맞추려면 예를 들어 가장 최신에 유행하는 바이러스를 필터링하고자 한다면 스캐닝을 수행하는 C 함수를 작성한 다음 환경설정 파일의 local_scan 섹션에 설치할 수 있다. 이 방법에 관한 자세한 내용과 사례는 엑심 문서를 참고한다.

로깅

엑심은 기본적으로 3가지 다른 로그 파일을 작성한다. 메일 로그[mail log], 거부 로그[reject log], 패닉 로그[panic log]가 그것이다. 각 로그 항목에는 메시지가 작성된 시간이 포함돼 있다. 로그 파일의 위치는 EDITME 파일에 (엑심을 빌드하기 전에) 지정하거나 런타임 환경설정 파일에 log_file_path 옵션 값으로 지정한다. 기본값으로 로그 파일들은 /var/spool/exim/log 디렉터리에 보관된다.

log_file_path 옵션은 콜론으로 구분되는 값들을 두 개까지 수용한다. 각 값은 키워드 syslog이거나 main, reject, panic이라는 이름을 대체할 수 있는 곳에 삽입된 %s를 포함하는 절대 경로여야 한다. 다음 예를 보자.

```
log_file_path = syslog : /war/log/exim_%s
```

이 옵션은 ('mail' 기능을 이용해) 로그를 syslog에도 기록하고 /var/log 디렉터리에 각각 분리돼 있는 파일 exim_main, exim_reject, exim_panic에도 기록한다. 엑심은 main 로그 항목들은 info 우선순위로, reject 항목들은 notice 우선순위로, panic 항목들은 alert 우선순위로 제출한다.

main 로그는 각 메시지의 도착과 전송에 대해 한 줄씩 포함한다. 그 내용은 엑심 배포판에 포함돼 있는 펄 스크립트 eximstats로 요약해서 볼 수 있다.

reject 로그는 악성 소프트웨어, 스팸 등의 정책적 이유로 거부된 메시지들에 관한 정보를 기록한다. 이 로그는 main 로그에서 메시지에 대한 요약 줄을 포함하며 거부된 메시지들의 원래 헤더도 포함한다. 정책을 변경한 후에는 모든 것이 여전히 정상적으로 작동하는지 확인하고자 reject 로그를 점검한다.

panic 로그는 소프트웨어의 심각한 오류를 위한 것이다. 엑심은 작업을 포기하기 직전에 이곳에 기록한다. panic 로그는 문제가 없을 때는 존재하지 않아야 한다. 그 존재 여부를 점검하도록 cron에게 시켜놓고, 존재할 경우에는 패닉의 원인이 되는 문제를 해결한 후 로그 파일을 삭제한다. 엑심은 다음번 패닉에 상당하는 상황이 발생할 때 패닉 로그를 재생성할 것이다.

디버깅할 때는 로그 데이터의 양과 타입을 늘릴 수 있다. 다음과 같은 log_selector 옵션을 호출한다.

```
log_selector = +smtp_connection +smtp_incomplete_transaction +...
```

log_selector 메커니즘에 의해 포함하거나 배제할 수 있는 로깅 카테고리들은 엑심 사양서의 끝부분에 있는 'Log files'라는 절에 나열돼 있다. 실제로 디스크를 가득 채우게 할 +all를 포함해 약 35개의 카테고리가 정의돼 있다.

또한 exim은 자신이 다루는 각 메시지에 대해 임시 로그를 보관하기도 한다. 그런 로그는 이름이 메시지 ID로 돼 있으며 /var/spool/exim/msglog 디렉터리에 저장된다. 특정 목적지에 대해 문제를 갖고 있다면 그곳을 확인해보기 바란다.

디버깅

엑심은 강력한 디버깅^{Debugging} 수단들을 갖고 있다. 각각의 잠재적 디버깅 주제에 관해 알고자 하는 정보의 양을 설정할 수 있다. exim -d 명령은 exim이 디버깅 모드로 들어가게 한다. 디버깅 모드에서는 exim이 포어그라운드 상태에 머물며 터미널에서 이탈하지 않는다. 하나의 특정 디버깅 카테고리를 출력하거나 생략하고자 카테고리 앞에 +나 - 기호를 붙여 -d 옵션에 추가할 수 있다. 예를 들어 -d+expand+ acl은 통상적인 디버깅 출력에 추가해 문자열 확장과 ACL 해독에 관한 상세한 출력을 요청한다(이 두 가지 카테고리는 가장 흔히 발생하는 문제들이다). 30개 이상의 디버깅 정보 카테고리를 잘 조정해 사용할 수 있다. 그 목록은 맨페이지를 참고한다.

메일 시스템을 디버깅할 때 일반적으로 사용하는 기법은 MTA를 비표준 포트에서 시작한 다음 텔넷^{telnet}을 통해 MTA와 대화하는 것이다. 예를 들어 디버깅 정보를 활성화하고 포트 26을 대기하면서 exim을 데몬 모드로 시작하려면 다음과 같이 실행한다.

```
$ sudo exim -d -oX 26 -bd
```

그러고 나면 포트 26에 telnet을 연결해 현재 디버깅 중인 문제를 재연하고자 SMTP 명령들을 입력할 수 있다.

또는 swaks에게 SMTP 대화를 시킬 수 있다. swaks는 SMTP 디버깅을 더 빠르고 쉽게 해주는 펄 스크립트다. swaks --help 명령으로 일부 문서를 볼 수 있으며 jetmore.org/john/code/swaks는 세부 사항 전부를 제공한다.

로그 파일에 약 30초의 타임아웃이 보인다면 그것은 DNS 문제일 가능성을 암시한다.

18.10 포스트픽스

포스트픽스^{Postfix}는 sendmail의 널리 알려진 또 다른 대안이다. 비에체 베네마^{Wietse} ^{Venema}는 1996년, IBM의 왓슨 연구소에서 안식년을 보내면서 포스트픽스 프로젝트를 시작했으며 지금도 활발하게 개발 중에 있다. 포스트픽스 프로젝트는 최초의 설계 목적이 보안에 있었지만 이후에 오픈소스 배포 정책, 빠른 성능, 견고성, 유연성도 목적에 포함됐다. 주요 리눅스 배포판들은 모두 포스트픽스를 포함하며 버전 10.3부터는 맥OS도 sendmail 대신 포스트픽스를 자신의 기본 메일 시스템으로 출시했다.

포스트픽스에서 알아야 할 가장 중요한 것은 첫째, 포스트픽스는 거의 환경설정 없이 작동한다(가장 단순한 환경설정 파일은 한 줄이나 두 줄로 돼 있다)는 점이며 둘째, 포스트픽스는 이메일을 효과적으로 필터링하기 위한 정규표현식 맵을 펄 호환 정규표현식$^{PCRE, Perl-Compatible Regular Expression}$ 라이브러리와 결합해 제공한다. 포스트픽스의 aliases와 .forward 파일이 sendmail과 동일한 형식과 의미를 갖는다는 점에서 포스트픽스는 sendmail과 호환된다.

포스트픽스는 ESMTP로 통신한다. 가상 도메인과 스팸 필터링이 모두 지원된다. 주소 재작성을 위해 포스트픽스는 일반 파일, 버클리 DB, DBM, LDAP, 넷인포, SQL 데이터베이스로부터의 테이블 검색에 의존한다.

포스트픽스 아키텍처

포스트픽스는 서로 협력하는 여러 개의 작은 프로그램으로 구성된다. 이 프로그램들은 네트워크 메시지를 발송하고, 메시지를 수신하며, 로컬 이메일을 전달하는 등의 일을 한다. 그들 간의 통신은 로컬 도메인 소켓이나 FIFO를 통해 수행된다. 이런 구조는 한 개의 큰 프로그램이 대부분의 일을 수행하는 sendmail과 엑심의 구조와 상당히 다르다.

마스터 프로그램이 시작되고 이 프로그램이 모든 포스트픽스 프로세스를 모니터링한다. 마스터 프로그램의 환경설정 파일 master.cf에는 하위 프로그램들과 그것을 시작하는 방법들이 열거돼 있다. 그 파일에 있는 기본값 세트는 대부분의 요구를 커버한다. 일반적으로는 조정할 필요가 없다. 흔히 변경하는 한 가지는, 예를 들어 클라이언트가 SMTP 포트를 사용하지 말아야 할 때 smtpd와 같은 프로그램을 주석 처리하는 것이다.

그림 B는 이메일 전송에 관여하는 가장 중요한 서버 프로그램들을 보여준다.

그림 B 포스트픽스 서버 프로그램

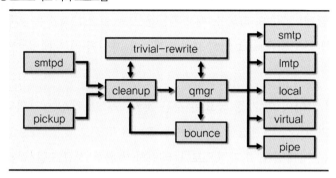

메일 수신

smtpd는 SMTP를 통해 시스템으로 들어오는 메일을 수신한다. 또한 smtpd는 접속된 클라이언트들이 전달하려는 메일을 전송할 권한을 갖는지를 검증한다. 이메일이 /usr/lib/sendmail 호환 프로그램을 통해 로컬로 보내졌을 때는 하나의 파일이 /var/spool/postfix/maildrop 디렉터리에 작성된다. 이 디렉터리는 새로운 파일이 발견되면 처리하는 pickup 프로그램에 의해 주기적으로 스캐닝된다.

들어오는 모든 이메일은 상실된 헤더를 추가하고 정규 및 가상 맵에 따라 주소를 재작성하는 cleanup을 통과한다. cleanup은 메일을 착신 큐^{incoming queue}에 넣기 전에 완전한 형식을 갖추지 못한 주소에 메일 도메인을 추가하는 것과 같은 사소한 주소 교정을 실행하는 trivial-rewrite에게 메일을 넘긴다.

메일 대기 큐의 관리

qmgr은 다음과 같이 전송을 기다리는 메일을 포함하고 있는 다섯 개의 큐를 관리한다.

* **incoming:** 도착 중인 메일

- **active:** 전송 중인 메일
- **deferred:** 과거에 전송을 실패한 메일
- **hold:** 시스템 관리자에 의해 큐 안에 차단된 메일
- **corrupt:** 읽거나 파싱을 할 수 없는 메일

큐 관리자$^{queue\ manager}$는 처리할 다음 메시지를 선택하고자 일반적으로 단순 FIFO 전략을 따르지만 대량 발송 메일$^{bulk\ mail}$보다는 수신자가 적은 메시지를 우선하는 복잡한 선점^{preemption} 알고리듬을 지원하기도 한다.

하나의 수신 호스트, 특히 가동이 중단됐던 호스트를 과도하게 압박하는 것을 회피하고자 포스트픽스는 이메일 전송 시도의 속도를 제어하는 슬로우스타트$^{slow\mbox{-}start}$ 알고리듬을 사용한다. 연기된 메시지에는 기하급수적 비율로 점점 더 긴 시간을 배정하는 재시도$^{try\mbox{-}again}$ 스탬프를 붙임으로써 전송 불가한 메시지 때문에 자원이 낭비되지 않게 한다. 도달 불가한 목적지의 상태 캐시는 불필요한 전송 시도를 피하게 해준다.

메일 전송

qmgr은 trivial-rewrite의 도움을 받아 메시지를 어디로 보내야 하는지를 결정한다. trivial-rewrite에 의한 라우팅 결정은 룩업 테이블(transport_maps)을 통해 덮어쓸 수 있다.

SMTP 프로토콜을 통한 원격 호스트로의 전송은 smtp 프로그램이 수행한다. lmtp 는 LMTP(RFC2033에 정의된 로컬 메일 전송 프로토콜)로 메일을 전송한다. LMTP는 SMTP에서 파생된 것이지만 이 프로토콜은 메일 서버에게 메일 큐 관리를 요구하지 않도록 수정됐다. 이 메일러는 사이러스 IMAP$^{Cyrus\ IMAP}$ 소프트웨어 묶음과 같은 메일박스 서버로 이메일을 전송할 때 특히 유용하다.

local이 수행하는 작업은 로컬 이메일을 전달하는 것이다. local은 aliases 테이블에 있는 주소들을 해결하고 수신자의 .forward 파일에 있는 명령에 따른다. 메시지들은 또 다른 주소로 전달되고 처리를 위한 외부 프로그램에 넘겨지거나 사용자의 메일 폴더에 저장된다.

virtual 프로그램은 이메일을 '가상 메일박스^{virtual mailbox}'로 전달한다. 가상 메일박스란 로컬 유닉스 계정과는 관련이 없지만 여전히 유효한 이메일 목적지를 나타내고 있는 메일박스들을 말한다. 끝으로 pipe는 외부 프로그램을 통한 전송을 구현한다.

보안

포스트픽스는 여러 수준에서 보안^{Security}을 구현한다. 대부분의 포스트픽스 서버 프로그램은 chroot된 환경에서 실행될 수 있다. 그들은 부모/자식 관계를 갖지 않는 따로 분리된 프로그램들이다. 그중 어떤 것도 setuid돼 있지 않다. 메일이 저장되는 디렉터리는 postdrop 그룹에 의한 그룹 쓰기 권한이 설정돼 있고 postdrop 프로그램은 postdrop 그룹에 setgid돼 있다.

포스트픽스 명령과 문서

다음과 같은 여러 가지 커맨드라인 유틸리티를 이용해 메일 시스템과의 사용자 대화가 가능하다.

- **postalias:** 앨리어스 테이블을 빌드, 수정, 질의한다.
- **postcat:** 큐 파일의 내용을 출력한다.
- **postconf:** 주 환경설정 파일 main.cf를 보여주거나 편집한다.
- **postfix:** 메일 시스템을 시작하거나 중지한다(루트 권한으로 실행해야 한다).
- **postmap:** 룩업 테이블을 빌드, 수정, 질의한다.
- **postsuper:** 메일 큐를 관리한다.
- **sendmail, mailq, newaliases:** sendmail과 호환되는 대체품이다.

포스트픽스 배포판에는 모든 프로그램과 옵션을 설명하는 맨페이지가 포함돼 있다. postfix.org의 온라인 문서들은 포스트픽스의 다양한 기능을 구성하고 관리하는 방법을 설명한다. 이 문서들은 포스트픽스 배포판의 README_FILES 디렉터리에도 포함돼 있다.

포스트픽스 환경설정

main.cf 파일은 포스트픽스의 주된 환경설정 파일이다. master.cf 파일은 서버 프로그램들의 환경을 설정한다. 또한 main.cf에서 참조하고 다른 유형의 서비스 매핑을 제공하는 여러 가지 룩업 테이블을 정의한다.

postconf(5) 맨페이지는 main.cf 파일에서 설정할 수 있는 모든 매개변수를 설명한다. postconf 프로그램도 있어 man postconf라고만 입력하면 postconf(5) 대신에 postconf 명령에 대한 맨페이지를 볼 수 있다. 버전을 알고 싶으면 man -s 5 postconf 명령을 사용한다.

포스트픽스 환경설정 언어는 일련의 셸(sh) 주석과 대입문처럼 보인다. 변수들은 변수명 앞에 $ 기호를 붙여 다른 변수를 정의할 때 참조할 수 있다. 변수 정의는 환경설정 파일에 나타나는 것과 똑같이 저장된다. 즉, 변수들이 사용될 때까지는 확장되지 않으며 사용될 때 치환이 일어난다.

변수에 값을 지정함으로써 새 변수를 생성할 수 있다. 기존 환경설정 변수들과 충돌하지 않는 이름을 선택하는 데 유의한다.

룩업 테이블들을 포함해 모든 포스트픽스 환경설정 파일은 공백 문자로 시작하는 줄을 앞줄에 이어지는 줄로 간주한다. 이런 규칙은 환경설정 파일을 읽기 쉽게 만들어주지만 그 때문에 새로운 줄은 반드시 첫 번째 열에서 시작해야 한다.

main.cf에 넣을 내용

500개 이상의 매개변수들을 main.cf 파일에 지정할 수 있다. 하지만 보통 사이트에서는 그중 몇 가지만을 필요로 한다. 포스트픽스의 제작자는 기본값이 아닌 값을 갖는 매개변수들만 환경설정 파일에 포함할 것을 강력히 권장한다. 그렇게 하면 미래에 매개변수의 기본값이 변경될 경우 환경설정 파일은 새 기본값을 자동으로 수용할 것이다.

배포판에 따라오는 샘플 main.cf 파일에는 많은 매개변수의 예가 간단한 설명과 함께 주석으로 처리돼 있다. 원래 버전은 참조를 위해 따로 남겨두는 것이 가장 좋다. 변경해 놓은 설정이 방대한 주석 속에 묻혀 찾기 어렵게 만들지 않도록 환경 설정은 빈 파일에서 시작하자.

기본 설정

가장 단순한 포스트픽스 환경설정은 빈 파일이다. 놀랍게도 이 빈 파일이야말로 완벽하게 합리적인 설정이다. 결과적으로 메일 서버는 로컬호스트명과 같은 도메인 안에서 로컬 이메일을 전달하며, 로컬이 아닌 주소로 가는 메시지들은 모두 해당 원격 서버로 직접 보낸다.

널 클라이언트

또 다른 간단한 환경설정은 '널 클라이언트[null client]'다. 널 클라이언트란 이메일을 로컬로는 전달하지 않고 오히려 바깥으로 나가는 메일을 지정된 중앙 서버에게 전달한다. 이러한 환경설정을 구현하려면 호스트명의 도메인 부분을 정의하는 **mydomain**과 불완전한 이메일 주소에 첨부되는 메일 도메인인 **myorigin**으로 시작하는 여러 가지 매개변수를 정의한다. 이 두 매개변수가 같다면 다음과 같이 작성할 수 있다.

```
mydomain = cs.colorado.edu
myorigin = $mydomain
```

설정해야 하는 또 다른 매개변수는 로컬 메일 도메인들을 지정하는 **mydestination**이다. 어떤 메시지의 수신자 주소가 메일 도메인으로 **mydestination**을 갖는다면 그 메시지는 (관련된 앨리어스나 .forward 파일이 없다고 가정할 때) 로컬 프로그램을 통해 상응하는 사용자에게 전달된다. 한 개 이상의 메일 도메인이 **mydestination**에 포함돼 있다면 이 도메인들은 모두 같은 도메인에 대한 앨리어스로 간주된다.

널 클라이언트의 경우 어떤 로컬 전송도 필요하기 않기 때문에 이 매개변수는 빈 상태로 남겨둔다.

```
mydestination =
```

끝으로 relayhost 매개변수는 포스트픽스에게 로컬이 아닌 모든 메시지를 해당 목적지로 직접 보내는 대신에 지정된 호스트로 보낼 것을 지시한다.

```
relayhost = [mail.cs.colorado.edu]
```

대괄호는 포스트픽스에게 지정한 문자열을 메일 도메인명(DNS MX 레코드)이 아닌 호스트명(DNS A 레코드)으로 취급할 것을 지시한다.

널 클라이언트는 다른 시스템으로부터 메일을 받지 않아야 하기 때문에 널 클라이언트 환경설정에서 마지막으로 해야 할 일은 master.cf 파일에서 smtpd 줄을 주석 처리하는 것이다. 이 변경으로 포스트픽스는 smtpd를 전혀 실행하지 않게 된다. 이와 같이 몇 줄만으로도 완전한 기능을 갖춘 널 클라이언트를 정의했다.

'진짜' 메일 서버를 위해서는 약간의 환경설정 옵션과 일부 매핑 테이블이 더 필요할 것이다. 그 방법을 알아보자.

postconf의 사용

postconf는 포스트픽스의 환경설정을 돕는 손쉬운 도구다. 어떤 인수도 없이 실행하면 현재 설정돼 있는 모든 매개변수를 보여준다. 특정 매개변수를 인수로 지정하면 postconf는 해당 매개변수의 값을 보여준다. -d 옵션은 postconf가 현재 설정돼 있는 값 대신 기본값을 인쇄하게 한다. 다음 예를 보자.

```
$ postconf mydestination
mydestination =
$ postconf -d mydestination
mydestination = $myhostname, localhost.$mydomain, localhost
```

또 다른 유용한 옵션으로 postconf에게 기본값과 다른 매개변수들만 인쇄하라는 -n 옵션이 있다. 포스트픽스 메일링 리스트에 관한 도움을 청한다면 그것은 이메일에 넣어야 하는 환경설정 정보다.

룩업 테이블

포스트픽스의 많은 행동 방식은 룩업 테이블의 사용을 통해 결정된다. 룩업 테이블은 키에 값을 매핑시키거나 단순 목록들을 구현할 수 있다. 예를 들어 alias_maps 테이블의 기본 설정은 다음과 같다.

```
alias_maps = dbm:/etc/mail/aliases
```

데이터 소스들은 *type:path* 표기 방식으로 지정된다. 여러 개의 값은 쉼표나 빈칸, 또는 둘 다 사용해서 구분할 수 있다. 표 18.19는 사용 가능한 데이터 소스들의 목록이다. postconf -m 명령을 이용해도 이 정보를 볼 수 있다.

dbm과 sdbm 타입은 전통적인 sendmail 앨리어스 테이블과의 호환성을 위해서만 사용된다. 버클리 DB(해시^{hash})는 좀 더 현대식 구현으로 더 안전하며 빠르다. 호환성이 문제되지 않는다면 다음과 같이 한다.

```
alias_database = hash:/etc/mail/aliases
alias_maps = hash:/etc/mail/aliases
```

alias_database는 newaliases에 의해 재빌드되는 테이블을 지정하며, alias_maps에 지정한 테이블과 상응돼야 한다. alias_maps가 재빌드 필요 없는 mysql과 같이 DB가 아닌 소스를 포함할 수도 있기 때문에 두 매개변수는 분리된다.

모든 DB급 테이블(dbm, sdbm, hash, btree)은 텍스트 파일을 효율적 검색이 가능한 바이너리 포맷으로 컴파일한다. 이런 텍스트 파일들을 위한 구문은 주석과 연속 줄에 관한 환경설정 파일의 구문과 유사하다.

표 18.19 포스트픽스 룩업 테이블용 정보 소스

타입	설명
dbm/sdbm	옛날 dbm 또는 gdbm 데이터베이스 파일
cidr	CIDR 형식의 네트워크 주소
hash/btree	버클리 DB 해시 테이블 또는 B트리 파일(dbm을 대체)

(이어짐)

타입	설명
ldap	LDAP 디렉터리 서비스
mysql	MySQL 데이터베이스
pcre	펄 호환의 정규표현식
pgsql	PostgreSQL 데이터베이스
proxy	proxymap을 통한 접근(예, chroot에서 벗어나기 위함)
regexp	포직스(POSIX) 정규표현식
static	키와 관계없이 경로로 지정된 값의 반환
unix	/etc/passwd와 /etc/group 파일[a]

a. unix:passwd.byname은 passwd 파일이며 unix:group.byname은 group 파일이다.

sendmail 호환성을 유지하고자 키 다음에 콜론을 사용하는 앨리어스 테이블을 제외하고는 항목들은 공백 문자로 구분되는 단순 키/값 쌍으로 지정된다. 예를 들어 다음 줄들은 앨리어스 파일에 적합하다.

```
postmaster: david, tobias
webmaster: evi
```

또 다른 예로, 다음 줄은 cs.colorado.edu로 끝나는 호스트명을 갖는 클라이언트로부터의 메일을 중계하기 위한 접근 테이블이다.

```
.cs.colorado.edu       OK
```

텍스트 파일들은, 보통 테이블은 **postmap** 명령을 이용하고, 앨리어스 테이블은 **postalias** 명령을 이용해 바이너리 형식으로 컴파일된다. 반드시 테이블 타입을 포함한 테이블 사양이 첫 번째 인수로 주어져야 한다. 다음 예를 보자.

```
$ sudo postmap hash:/eti/postfix/aiiess
```

postmap은 룩업 테이블에 있는 값들을 질의할 수도 있다(일치하는 게 없으면 출력도 없다).

```
$ postmap -q blabla hash:/etc/postfix/access
$ postmap -q .cs.colorado.edu hash:/etc/postfix/access
OK
```

로컬 전송

local 프로그램은 메일을 로컬 수신자에게 전달한다. 또한 로컬 앨리어싱도 다룬다. 예를 들어 mydestination이 cs.colorado.edu로 설정돼 있고 수신자 evi@cs.colorado.edu에게로 가는 메일이 도착한다면 local은 맨 먼저 alias_maps 테이블을 조회해 일치되는 항목이 있다면 항목들을 회귀적으로 치환한다.

어떤 앨리어스도 일치하지 않는다면 local은 사용자 evi의 홈 디렉터리에서 .forward 파일을 찾아보고 파일이 존재하면 그 안에 있는 명령에 따른다(그 구문은 앨리어스 맵의 오른쪽 구문과 같다). 끝으로 .forward 파일이 발견되지 않는다면 이 메일은 evi의 로컬 메일박스로 전달된다.

기본적으로 local은 /var/mail 아래의 표준 mbox 포맷 파일에 메일을 쓴다. 표 18.20에 있는 매개변수들을 이용하면 처리 방식을 변경할 수 있다.

표 18.20 로컬 메일박스 전송용 매개변수(main.cf에 설정)

매개변수	설명
home_mailbox	지정된 상대 경로 아래의 ~user에게 메일을 전달한다.
mail_spool_directory	모든 사용자를 서비스하는 중앙 디렉터리로 메일을 전달한다.
mailbox_command	외부 프로그램(일반적으로 procmail)을 이용해 메일을 전달한다.
mailbox_transport	master.cf에 정의돼 있는 서비스를 통해 메일을 전달한다.[a]
recipient_delimiter	확장 사용자명을 허용한다(아래 설명 참조).

a. 이 옵션은 사이러스 imapd와 같은 메일박스 서버와의 인터페이스를 제공한다.

mail_spool_directory와 home_mailbox 옵션은 mbox 포맷의 메일박스를 생성하는 게 보통이지만 Maildir 메일박스를 생성할 수도 있다. 그렇게 하려면 경로명 끝에 슬래시(/)를 추가한다.

recipient_delimiter가 +라면 evi+*아무문자*@cs.colorado.edu로 보내진 메일은

수용돼 evi 계정으로 전달된다. 이 기능을 이용해 사용자들은 특수 목적의 주소들을 만들거나 목적지 주소로 메일을 정렬할 수 있다. 포스트픽스는 우선 주소 전체에 대해 검색을 시도해 실패할 경우에만 확장된 요소를 떼어내 기본 주소로 되돌린다. 포스트픽스는 계속해서 앨리어싱을 처리하고자 상응하는 포워딩 파일 .forward+*아무문자*도 찾는다.

가상 도메인

포스트픽스 메일 서버에서 메일 도메인을 호스팅하려면 다음 세 가지 중 하나를 선택해야 한다.

- mydestination에 도메인을 열거한다. 전송은 앞에서 설명한 것처럼 수행된다. 앨리어스들은 확장되며 메일은 상응하는 계정으로 전달된다.
- virtual_alias_domains 매개변수에 도메인을 열거한다. 이 옵션은 시스템 사용자 계정으로부터 독립된 자체 주소 네임스페이스를 도메인에 부여한다. 이 도메인 내의 모든 주소는 (매핑을 통해) 반드시 외부의 실제 주소로 해결돼야 한다.
- virtual_mailbox_domains 매개변수에 도메인을 열거한다. virtual_alias_domains 옵션과 마찬가지로 이 도메인은 자체적인 네임스페이스를 갖는다. 모든 메일박스는 반드시 지정된 디렉터리 아래에 존재해야 한다.

이 세 곳 중 하나에만 도메인 목록을 만든다. 그 선택에 따라 많은 환경설정 요소들이 결정되기 때문에 신중하게 선택한다. mydestination 방식으로 처리하는 과정은 이미 살펴봤다. 다음은 다른 옵션들에 관한 설명이다.

가상 앨리어스 도메인

한 도메인이 virtual_alias_domains 매개변수의 값으로 열거된다면 그 도메인으로 가는 메일은 포스트픽스에 의해 수용돼 로컬 머신이나 다른 곳에 있는 실제 수신자에게 전달돼야 한다.

가상 도메인 내의 주소들을 위한 포워딩은 반드시 virtual_alias_maps 매개변수에 포함돼 있는 룩업 테이블에 정의돼야 한다. 그 테이블의 항목들은 왼쪽에는 가상 도메인 내의 주소를 갖고 오른쪽에는 실제 목적지 주소를 갖는다. 오른쪽의 이름이 완전한 형식을 갖추지 않았다면 로컬 사용자명으로 해석된다.

main.cf에 있는 다음 예를 살펴보자.

```
myorigin = cs.colorado.edu
mydestination = cs.colorado.edu
virtual_alias_domains = admin.com
virtual_alias_maps    = hash:/etc/mail/admin.com/virtual
```

/etc/mail/admin.com/virtual에 다음 줄들을 만들 수 있다.

```
postmaster@admin.com  evi, david@admin.com
david@admin.com       david@schweikert.ch
evi@admin.com         evi
```

evi@admin.com에게 가는 메일은 (myorigin이 첨부돼) evi@cs.colorado.edu로 리다이렉트되며 cs.colorado.edu가 **mydestination**에 포함돼 있기 때문에 최종적으로는 사용자 evi의 메일박스로 전달된다.

정의는 재귀적recursive일 수 있다. 왼쪽에서 더 정의되는 주소들을 오른쪽에 포함할 수 있다. 오른쪽에는 주소 목록만 올 수 있다는 점에 유의한다. 외부 프로그램을 실행하거나 :include: 파일들을 사용하려면 나중에 필요에 따라 확장할 수 있는 하나의 앨리어스에 이메일을 리다이렉트한다.

한 파일에 모든 것을 보관하려면 **virtual_alias_domains**를 **virtual_alias_maps** 와 동일한 룩업 테이블로 설정하고 그것을 가상 앨리어스 도메인으로 표시하는 특별한 항목을 테이블에 넣는다. main.cf에는 다음 줄들을 넣는다.

```
virtual_alias_domains = $virtual_alias_maps
virtual_alias_maps = hash:/etc/mail/admin.com/virtual
```

/etc/mail/admin.com/virtual에는 다음 줄들을 넣는다.

```
admin.com              notused
postmaster@admin.com  evi, david@admin.com
...
```

메일 도메인(admin.com)용 항목의 오른쪽 부분은 실제로 사용되지 않는다. 테이블 내에 admin.com이 독립된 항목으로 존재하는 것만으로 포스트픽스가 그것을 가상 앨리어스 도메인으로 간주하게 하기에 충분하다.

가상 메일박스 도메인

virtual_mailbox_domains에 열거된 도메인들은 로컬 도메인과 유사하지만 사용자와 사용자에 상응하는 메일박스들의 목록은 반드시 시스템의 사용자 계정과 관계없이 독립적으로 관리돼야 한다.

virtual_mailbox_maps 매개변수는 도메인에 있는 모든 유효한 사용자를 나열한 테이블을 가리킨다. 맵 형식은 다음과 같다.

```
user@domain     /path/to/mailbox
```

경로가 슬래시(/)로 끝나면 메일박스들은 Maildir 포맷으로 저장된다. virtual_mailbox_base의 값에는 항상 지정된 경로가 앞에 붙는다.

가상 메일박스 도메인에 있는 일부 주소의 앨리어싱이 필요한 경우가 종종 있다. virtual_alias_map이 바로 그 일을 해준다. 다음은 완전한 예다. main.cf에는 다음 내용을 넣는다.

```
virtual_mailbox_domains = admin.com
virtual_mailbox_base = /var/mail/virtual
virtual_mailbox_maps = hash:/etc/mail/admin.com/vmailboxes
virtual_alias_maps = hash:/etc/mail/admin.com/valiases
```

/etc/mail/admin.com/vmailboxes에는 다음과 같은 항목을 포함할 수 있다.

```
evi@admin.com nemeth/evi/
```

/etc/mail/admin.com/valiases에는 다음 항목을 포함할 수 있다.

```
postmaster@admin.com  evi@admin.com
```

가상 앨리어스 도메인에 있지 않은 주소들에 대해서도 가상 앨리어스 맵을 사용할 수 있다. 가상 앨리어스 맵은 도메인 타입(표준, 가상 앨리어스, 가상 메일박스)과 관계없이 임의의 도메인에서 임의의 주소를 리다이렉트할 수 있게 해준다. 메일박스 경로는 가상 메일박스 맵의 오른쪽에만 올 수 있기 때문에 이 메커니즘은 해당 도메인에 앨리어스를 설정하는 유일한 방법이다.

접근 제어

메일 서버들은 신뢰할 수 있는 클라이언트들을 위해서만 서드파티용 메일을 중계해야 한다. 메일 서버가 알 수 없는 클라이언트로부터의 메일을 다른 서버로 전달하면 소위 말하는 '오픈 릴레이open relay'가 되며 이것은 좋지 않은 것이다.

포스트픽스는 오픈 릴레이 역할이 기본값으로 돼 있지 않다. 사실 포스트픽스의 기본값들은 상당히 제한적이다. 그 기본값들을 더 제한하기보다는 오히려 더 자유로운 권한을 부여할 필요가 있을 것이다. 포스트픽스에서는 '접근 제한 목록'을 통해 SMTP 트랜잭션의 접근 제어를 설정한다. 표 18.21이 보여주는 매개변수들은 SMTP 세션의 각 단계가 진행되는 동안 점검해야 할 것들을 제어한다.

표 18.21 SMTP 접근 제한용 포스트픽스 매개변수

매개변수	적용 시기
smtpd_client_restrictions	접속 요청에 대한 제한
smtpd_data_restrictions	DATA 명령(메일 바디)에 대한 제한
smtpd_etrn_restrictions	ETRN 명령에 대한 제한[a]
smtpd_helo_restrictions	HELO/EHLO 명령에 대한 제한(세션의 시작)
smtpd_recipient_restrictions	RCPT TO 명령에 대한 제한(수신자 사양)
smtpd_relay_restrictions	서드파티 도메인으로의 중계 시도에 대한 제한
smtpd_sender_restrictions	MAIL FROM 명령에 대한 제한(발신자 사양)

a. 이 명령은 큐에 있는 메시지를 재전송하는 데 사용되는 특별한 명령이다.

가장 중요한 매개변수는 **smtpd_recipient_restrictions**다. 접근 제어는 수신자 주소가 알려져 있고 로컬인지 아닌지를 식별할 수 있을 때 가장 쉽게 접근 제어를 수행할 수 있기 때문이다. 표 18.21의 다른 매개변수들은 모두 기본값이 비어 있는 것으로 설정돼 있다. 수신자 제한 매개변수의 기본값은 다음과 같이 돼 있다.

```
smtpd_recipient_restrictions = permit_mynetworks,
    reject_unauth_destination
```

메일을 어떻게 처리해야 할 것인가에 대한 명확한 결정이 내려질 때까지 지정된 각각의 제한 조건들은 순서대로 테스트된다.

표 18.22 일반적인 포스트픽스 접근 제한

제한	기능
check_client_access	룩업 테이블을 통해 클라이언트 호스트 주소를 점검한다.
check_recipient_access	룩업 테이블을 통해 수신자 메일 주소를 점검한다.
permit_mynetworks	mynetworks에 열거된 주소들에 대한 접근을 허용한다.
reject_unauth_destination	로컬이 아닌 수신자들에 대한 메일을 거부한다. 즉, 중계하지 않는다.

smtpd_sender_restrictions에 있는 발신자 주소와 같은 특정 정보뿐 아니라 이러한 제한들로 모든 것을 테스트할 수 있다. 간단히 말하자면 모든 제한을 단 하나의 매개변수에 넣을 수도 있다. 그런 **smtpd_recipient_restrictions**를 만든다. 이 매개변수야말로 (DATA 부분을 제외하고) 모든 것을 테스트할 수 있는 유일한 매개변수이기 때문이다.

smtpd_recipient_restrictions와 **smtpd_relay_restrictions**는 메일 중계가 테스트되는 곳이다. **reject_unauth_destination** 제한을 그대로 유지하고 그 앞에 '허용permit'되는 제한들을 신중히 선택한다.

접근 테이블

각각의 제한은 표 18.23의 액션 중 하나를 반환한다. 접근 테이블은 **check_client_access**나 **check_recipient_access**와 같은 제한에서 각각 클라이언트 호스트 주소와 수신자 주소에 따른 액션을 선택하는 데 사용된다.

표 18.23 접근 테이블용 액션

액션	의미
4nn text	임시 오류 코드 *4nn*과 메시지 텍스트를 반환한다.
5nn text	영구 오류 코드 *5nn*과 메시지 텍스트를 반환한다.
DEFER_IF_PERMIT	제한 결과가 PERMIT라면 임시 오류로 변경한다.
DEFER_IF_REJECT	제한 결과가 REJECT라면 임시 오류로 변경한다.
DISCARD	메시지를 수용하지만 조용히 무시한다.
DUNNO	키가 발견되지 않은 척한다. 계속 제한들을 테스트한다.
FILTER *transport:dest*	필터 *transport:dest*를 통해 메일을 넘겨준다.
HOLD	메일을 큐에 묶어 둔다.
OK	메일을 수용한다.
PREPEND *header*	메시지에 헤더를 추가한다.
REDIRECT *addr*	메일을 지정된 주소로 전달한다.
REJECT	메일을 거부한다.
WARN *message*	주어진 경고 메시지를 로그에 기록한다.

예를 들어 cs.colorado.edu 도메인에 있는 모든 머신에 대해 중계를 허용하고 신뢰할 수 있는 클라이언트들에게만 내부 메일링 리스트 newsletter@cs.colorado.edu로 포스팅할 수 있기를 원한다고 가정해보자. 이 정책을 구현하려면 main.cf에 다음 줄들을 넣는다.

```
smtpd_recipient_restrictions =
    permit_mynetworks
    check_client_access hash:/etc/postfix/relaying_access
    reject_unauth_destination
    check_recipient_access hash:/etc/postfix/restricted_recipients
```

매개변수 값들의 목록이 지정될 때는 쉼표는 선택적임에 유의한다.

/etc/postfix/relaying_access에는 다음 줄이 들어간다.

```
.cs.colorado.edu          OK
```

/etc/postfix/restricted_recipients에는 다음 줄이 들어간다.

```
newsletter@cs.colorado.edu    REJECT Internal list
```

REJECT 다음에 오는 텍스트는 오류 코드와 함께 클라이언트에게 보내지는 선택적 문자열이다. 그 내용은 메일이 거부된 이유를 발신자에게 말해준다.

클라이언트 인증과 암호화

집에서 메일을 발송하는 사용자들에게는 메일에 나타나는 발신자 주소와 관계없이 바깥으로 나가는 메일을 ISP의 메일 서버를 통해 라우팅하는 것이 가장 쉽다. 대부분 ISP는 자신들의 직접적인 클라이언트들을 신뢰하고 중계를 허용한다. 이런 환경설정이 가능하지 않거나 Sender ID나 SPF와 같은 시스템을 사용하고 있다면 자신의 네트워크 바깥에 있는 모바일 사용자가 자기 smtpd에 메시지를 제출하게 인증될 수 있도록 보장해야 한다.

이 문제에 대한 해법은 SMTP AUTH 메커니즘이 SMTP 수준에서 직접 인증하게 하는 것이다. 그렇게 하려면 포스트픽스가 SASL 라이브러리 지원과 함께 컴파일돼야 한다. 그러면 다음과 같은 기능을 설정할 수 있다.

```
smtpd_sasl_auth_enable = yes
smtpd_recipient_restrictions =
    permit_mynetworks
    permit_sasl_authenticated
    ...
```

누구나 알 수 있는 텍스트로 암호를 전송하지 못하게 암호화된 접속을 지원할 필요도 있다. 이를 위해서는 main.cf에 다음과 같은 내용을 추가한다.

```
smtpd_tls_security_level = may
smtpd_tls_auth_only = yes
smtpd_tls_loglevel = 1
smtpd_tls_received_header = yes
smtpd_tls_cert_file = /etc/certs/smtp.pem
smtpd_tls_key_file = $smtpd_tls_cert_file
```

```
smtpd_tls_protocols = !SSLv2
```

/etc/certs/smtp.pem에는 정확히 서명된 인증서를 넣을 필요가 있다. 외부로 나가는 SMTP 접속에 암호화를 활성화시키는 것도 좋은 생각이다.

```
smtp_tls_security_level = may
smtp_tls_loglevel = 1
```

디버깅

포스트픽스에 문제가 있다면 우선 로그 파일부터 확인한다. 문제에 대한 해답은 대개 로그 파일에 있으며 그것을 찾는 일이 문제일 뿐이다. 일반적으로 모든 포스트픽스 프로그램은 자신이 처리하는 모든 메시지에 대해 하나의 로그 항목을 제출한다. 예를 들어 나가는 메시지의 맨 끝부분은 다음과 같은 모습으로 돼 있다.

```
Aug 18 22:41:33 nova postfix/pickup: 0E4A93688: uid=506
    from=<dws@ee.ethz.ch>
Aug 18 22:41:33 nova postfix/cleanup: 0E4A93688:
    message-id= <20040818204132.GA11444@ee.ethz.ch>
Aug 18 22:41:33 nova postfix/qmgr: 0E4A93688:
    from=<dws@ee.ethz.ch>, size=577,nrcpt=1 (queue active)
Aug 18 22:41:33 nova postfix/smtp: 0E4A93688:
    to=<evi@ee.ethz.ch>,relay=tardis.ee.ethz.ch[129.132.2.217],
    delay=0, status=sent (250 Ok: queued as 154D4D930B)
Aug 18 22:41:33 nova postfix/qmgr: 0E4A93688: removed
```

보다시피 흥미로운 정보는 여러 줄에 걸쳐 있다. 식별자 0E4A93688이 모든 줄에 공통적으로 나타남에 유의한다. 하나의 메시지가 메일 시스템으로 들어오자마자 포스트픽스는 하나의 큐 ID를 배정한 다음 다시는 바꾸지 않는다. 따라서 로그에서 어떤 메시지의 이력을 찾을 때는 우선 메시지의 큐 ID를 결정하는 데 집중한다. 일단 알아냈으면 모든 관련 항목을 로그에서 그렙grep한다.

포스트픽스는 자신이 주목하는 문제들에 관한 유용한 메시지들의 로깅에 능하다. 하지만 수천 개의 평범한 상태 메시지 중에서 중요한 줄을 골라내기 힘들 때가 있다. 여기서 10장의 '대규모 로그 관리' 절에서 설명하는 일부 도구의 사용을 고려해보는 것도 괜찮다.

큐 내용 보기

문제를 찾는 또 다른 장소는 메일 큐$^{mail\ queue}$다. sendmail 시스템에서와 같이 mailq 명령은 큐의 내용을 보여준다. 이 명령을 이용해 메시지 불통의 여부와 원인을 알아낼 수 있다.

또 다른 유용한 도구는 최신 버전의 포스트픽스에 포함돼 있는 qshape 스크립트다. 이 도구는 큐 내용에 관한 통계값들을 요약해서 보여준다. 출력은 다음과 같다.

```
$ sudo qshape deferred
                   T    5   10   20   40   80  160  320  640  1280  1280+
        TOTAL  78    0    0    0    7    3    3    2   12     2     49
     expn.com  34    0    0    0    0    0    0    0    9     0     25
 chinabank.ph   5    0    0    0    1    1    1    2    0     0      0
prob-helper.biz   3    0    0    0    0    0    0    0    0     0      3
```

qshape 명령은 주어진 큐(여기서는 deferred 큐)를 요약해서 수신자 도메인 순서로 정렬한다. 세로 열들은 관련 메시지들이 큐에 머물렀던 시간(단위 분)을 나타낸다. 예를 들면 앞 예에서는 expn.com으로 가는 25개의 메시지들이 1,280분 이상 큐에 머물렀음을 알 수 있다. 예의 모든 목적지는 스팸에 대응해 휴가 스크립트에서 보내진 메시지들을 연상시킨다.

qshape에 -s 플래그를 사용하면 발신자 도메인에 의한 요약도 가능하다.

소프트 바운싱

soft_bounce가 yes로 설정돼 있으면 포스트픽스는 '알 수 없는 사용자$^{user\ unknown}$'나 '중계 거부$^{relaying\ denied}$'와 같은 영구 오류 메시지들을 보낼 때마다 임시 오류 메시지를 보낸다. 이것은 꽤 훌륭한 테스팅 기능으로, 합법적인 이메일을 영구히 상실하는 위험 부담 없이 환경설정 변경 후의 메시지 처리를 모니터링할 수 있게 해준다. 거부했던 모든 것은 결국 또 다른 시도를 위해 돌아온다. 테스팅이 끝나면 이 기능을 꺼버리는 것을 잊지 말자. 그렇지 않으면 모든 거부된 메시지를 계속 되풀이해서 다뤄야만 할 것이다.

18.11 추천 자료

다음에 열거된 참고 자료들은 혼란을 피하고자 MTA와 주제에 따라 정렬했다.

sendmail 참고 자료

Costales, Bryan, Claus Assmann, George Jansen, and Gregory Neil Shap- iro. sendmail, 4th Edition. Sebastopol, CA: O'Reilly Media, 2007. 이 책은 **sendmail** 환경설정에 관한 최고의 책으로 1,300페이지의 가치가 있는 매우 두꺼운 책이다. 완벽한 참고 절뿐 아니라 시스템 관리자 가이드도 포함돼 있고 전자책 버전도 있다. 집필진에는 기술적 정확성을 보장하고 집필진에 통찰력을 제공한 두 명의 핵심적인 **sendmail** 개발자, 클라우스[Claus]와 그렉[Greg]이 포함돼 있다.

sendmail 배포판의 doc/op 디렉터리에 있는 'Sendmail 설치와 운용 가이드(Sendmail Installation and Operation Guide)'에서는 설치 명령과 환경설정 파일에 관한 상세한 설명을 다룬다. 이 문서는 거의 완벽하며 cf 디렉터리의 README 파일과 함께 **sendmail** 시스템의 기본 개념을 훌륭하게 제공한다.

sendmail.org, sendmail.org/~ca, sendmail.org/~gshapiro에는 **sendmail**과 관련된 문서와 HOWTO, 투토리얼이 포함돼 있다.

엑심 참고 자료

Hazel, Philip. The Exim SMTP Mail Server: Official Guide for Release 4, 2nd Edition. Cambridge, UK: User Interface Technologies, Ltd., 2007.

Hazel, Philip. Exim: The Mail Transfer Agent. Sebastopol, CA: O'Reilly Media, 2001.

엑심 사양서는 엑심 환경설정을 정의하는 문서다. 거의 완벽한 문서로서 새로운 배포판이 나올 때마다 업데이트된다. 텍스트 버전은 배포판의 doc/spec.txt 파일에 포함돼 있으며 PDF 버전은 exim.org에서 찾을 수 있다. 웹 사이트에는 여러 가지 방법[how-to] 문서들도 있다.

포스트픽스 참고 자료

Dent, Kyle D. Postfix: The Definitive Guide. Sebastopol, CA: O'Reilly Media, 2003.

Hildebrandt, Ralf, and Patrick Koetter. The Book of Postfix: State of the Art Message Transport. San Francisco, CA: No Starch Press, 2005. 이 책이 가장 우수하다. 복잡한 환경들까지 다룰 수 있도록 포스트픽스 환경설정의 모든 세부 사항을 안내한다. 작가들은 포스트픽스 커뮤니티에서 활발히 활동하고 있으며 정기적으로 postfix-users 메일링 리스트에 참여하고 있다. 불행히도 이 책은 더 이상 출판되지 않지만 중고 사본들을 쉽게 구할 수 있다.

RFC

RFC 5321(7504로 갱신)과 5322(6854로 갱신)는 RFC 821과 822의 최신 버전이다. 이들은 SMTP 프로토콜, 메시지와 인터넷 이메일용 주소의 포맷을 정의한다. RFC 6531과 6532는 다국적 이메일 주소를 위한 확장을 다룬다. 현재 약 90개의 이메일 관련 RFC가 있으며 여기에 열거하기에는 너무 많아 생략했다. 더 자세한 내용은 rfc-editor.org에 있는 일반적인 RFC 검색 엔진을 참고한다.

19 웹 호스팅

유닉스와 리눅스는 웹 애플리케이션을 서비스하는 데 가장 지배적인 플랫폼이다. w3techs.com의 데이터에 따르면 최상위 1백만 웹 사이트 중 67%가 리눅스나 FreeBSD에 의해 서비스되고 있다. OS 레벨 위에서는 오픈소스 웹 서버 소프트웨어 명령들이 시장의 80% 이상을 차지하고 있다.

규모 면에서 보면 웹 애플리케이션들은 단일 시스템에서 실행되지 않는다. 대신 시스템 그물망을 통해 분산돼 있는 소프트웨어 컴포넌트들의 모음이 서로 협력해 최대한 신속하고 유연하게 요청에 응답한다. 이런 아키텍처를 구성하는 각 부분은 반드시 서버 장애, 부하 급등, 네트워크 분할, 목표 공격 등에 대해 탄력적인 복구력을 갖고 있어야 한다.

클라우드 인프라는 이런 요구들을 다루는 데 도움을 준다. 수요에 대응해 신속하게 용량을 늘려 공급할 수 있는 능력은 웹상에 출현하는 사용자들의 급작스럽고도 예측 불가한 변화를 다루는 데 적격이다. 뿐만 아니라 클라우드 공급자들이 제공하는 부가 서비스에는 일반적인 요건들을 충족하는 다양하고 편리한 예제들이 포함돼 있어 설계, 전개, 웹 시스템 운용을 대폭 단순화시켜준다.

19.1 HTTP: 하이퍼텍스트 전송 프로토콜

HTTP는 웹상에서의 통신을 위한 핵심 네트워크 프로토콜이다. 표면적으로는 믿을 수 없을 만큼 단순한 스테이트리스stateless 요청과 응답이지만 그 아래에는 유연성과 복잡성을 모두 제공하는 정제된 계층들이 숨어 있다. HTTP에 대한 전반적인 이해는 모든 시스템 관리자의 핵심 능력이다.

가장 단순한 형태로 보자면 HTTP는 클라이언트/서버, 1 요청/1 응답 프로토콜이다. 사용자 에이전트user agent라고도 부르는 클라이언트는 HTTP 서버에게 자원 요청을 제출한다. 서버는 들어오는 요청을 받아 로컬 디스크에서 파일을 추출하거나 다른 서버에게 다시 제출하든지, 또는 데이터베이스에 질의하거나 그 밖의 다른 계산들을 원하는 만큼 수행함으로써 요청을 처리한다. 웹상에서 볼 수 있는 흔한 페이지 뷰 하나는 수십에서 수백에 이르는 요청/응답들을 수반한다.

대부분 인터넷 프로토콜과 마찬가지로 HTTP는 천천히 오랜 시간에 걸쳐 적응해 왔다. 프로토콜 핵심 기능에서 최신 인터넷에 이르기까지 이뤄졌던 업데이트들은 위험 부담이 매우 큰 제안들이었다. 공식적인 개정은 위원회 회의, 메일링 리스트 협상, 대중 검토 기간, 기득권을 가진 이해 당사자들의 책략 등 악전고투를 거쳐야 했다. RFC에서 공식 개정판들이 문서화되는 긴 공백 기간 동안 필요에 따라 비공식적인 프로토콜 확장들이 생겨나 널리 퍼지게 되고 결국은 다음 버전의 사양에 기능으로 포함된다.

HTTP 버전 1.0과 1.1은 보통의 텍스트 형태로 전파된다. 모험심이 강한 시스템 관리자들은 telnet이나 netcat을 실행해 직접 서버와 대화할 수 있다. 그들은 tcpdump와 같이 프로토콜을 몰라도 사용할 수 있는 패킷 캡처 소프트웨어를 이용해 HTTP가 주고받는 내용을 관찰하거나 수집할 수도 있다.

웹은 현재 이전 버전과의 호환성을 유지하면서도 다양한 성능 개선을 도입한 HTTP/2의 채택을 진행하고 있다. 차세대 웹을 위한 HTTPS(보안 암호화된 HTTP)의 광범위한 사용을 촉진시키고자 파이어폭스나 크롬 같은 주요 브라우저들은 TLS 암호화된 접속에서만 HTTP/2를 지원하기로 결정했다.

HTTP/2는 파싱을 단순화하고 네트워크 효율성을 개선하고자 일반 텍스트에서 바이너리 포맷으로 이동하고 있다. HTTP의 의미론semantics은 동일하게 유지되지만 이제는 전송되는 데이터를 사람이 직접 해석할 수 없기 때문에 telnet과 같은 원형 도구들은 더 이상 유용하지 않다. github.com/golang/net의 Go 언어 네트워킹 저장소의 일부인 h2i 커맨드라인 유틸리티는 HTTP/2 접속에 대한 대화와 디버깅을 일부 복원하는 데 도움을 준다. curl과 같이 HTTP에 특화된 많은 도구는 기본적으로 HTTP/2도 지원한다.

URL

URL^{Uniform Resource Locator}은 하나의 자원에 접근하기 위한 방법과 위치를 지정하는 식별자다. URL은 HTTP에 국한되는 것이 아니며 다른 프로토콜에도 사용된다. 예를 들어 모바일 운영체제는 애플리케이션 간의 통신을 편리하게 하고자 URL을 사용한다.

때로는 동의어라 할 수 있는 URI^{Uniform Resource Identifier}나 URN^{Uniform Resource Name}이 사용되는 것을 보게 된다. URL, URI, URN의 정확한 분별이나 분류학적 관계는 모호하며 중요하지 않다. 'URL'을 사용하자.

URL의 일반적 패턴은 스킴scheme:주소address다. 여기서 스킴은 목표가 되고 있는 프로토콜이나 시스템을 가리키며 주소는 그 스킴 안에서 의미를 갖는 문자열이다. 예를 들면 URL mailto:ulsah@admin.com은 이메일 주소를 내포하고 있다. 이 URL이 웹에서 하나의 링크 타깃으로 호출된다면 대부분의 브라우저는 메일을 전송하기 위한 윈도우를 띄울 것이다.

웹과 관련된 스킴은 http와 https다. 실제 환경에서는 ws(WebSocket), wss(TLS상에서의 WebSocket), ftp, ldap 등 다른 여러 스킴을 볼 수 있다.

웹 URL의 주소 부분은 약간의 내부 구조를 허용한다. 다음은 URL의 전체 패턴이다.

```
scheme://[username:password@]hostname[:port][/path][?query][#anchor]
```

스킴^{scheme}과 호스트명^{hostname}을 제외하고 다른 모든 요소는 옵션이다.

URL에 사용자명^{username}과 암호^{password}를 사용하면 대부분 사용자 에이전트와 서버가 지원하는 'HTTP 기본 인증'을 할 수 있다. 일반적으로 URL 안에 암호를 넣는 것은 좋지 않다. URL은 기록, 공유되거나 즐겨찾기로 저장될 수 있을 뿐 아니라 ps 출력으로 볼 수 있는 등의 위험이 있기 때문이다. 사용자 에이전트들은 URL이 아닌 다른 소스에서 자격증명을 얻을 수 있으며, 일반적으로 그렇게 하는 것이 더 좋은 선택이다. 웹 브라우저에서는 그냥 자격증명 없이 그대로 둠으로써 브라우저가 별도의 자격증명을 얻고자 프롬프트를 주게 만든다.

HTTP 기본 인증은 자기 보안을 하지 않는다. 이것은 해당 트랙잭션을 대기하고 있는 모든 사람이 암호에 접근할 수 있다는 것을 의미한다. 따라서 기본 인증은 보안 HTTPS 접속에서만 사용돼야 한다.

호스트명은 실제의 호스트명뿐 아니라 도메인명이나 IP 주소일 수도 있다. *port*는 접속할 TCP 포트 번호다. **http**와 **https**는 각각 포트 80과 443을 사용하게 제도화돼 있다.

쿼리^{query} 섹션은 앰퍼샌드 기호(&)로 분리된 여러 개의 매개변수를 포함할 수 있다. 각 매개변수는 키=값 쌍이다. 예를 들어 어도비 인디자인^{Adobe InDesign} 사용자들은 놀랍게 친숙한 다음과 같은 URL을 볼 수도 있다.

http://adobe.com/search/index.cfm?term=indesign+crash&loc=en_us

암호와 마찬가지로 민감한 데이터는 절대 URL 쿼리 매개변수로 나타나지 말아야 한다. URL 경로는 종종 일반 텍스트로 로깅되기 때문이다. 대안은 매개변수들을 요청 바디의 일부로 전송하는 것이다(다른 사람들의 웹 소프트웨어에서 이것을 통제할 수는 없지만 자신의 사이트가 제대로 운용되게 보장할 수는 있다).

앵커^{anchor}는 특정 URL의 보조 타깃을 가리킨다. 예를 들어 위키피디아는 명명된 앵커를 섹션 표제^{section heading}로 폭넓게 사용함으로써 한 항목의 특정 부분들이 직접 링크될 수 있게 한다.

HTTP 트랜잭션 구조

HTTP 요청과 응답은 구조가 비슷하다. 첫 한 줄 다음에는 요청과 응답이 모두 일련의 헤더, 빈 줄 하나, 페이로드payload라 불리는 메시지 바디를 포함한다.

HTTP 요청

요청Request의 첫 줄은 서버가 수행할 액션을 지정한다. 요청 메서드(벌브verb라고도 함)와 액션을 수행할 경로, 사용하는 HTTP 버전으로 구성된다. 예를 들어 최상위 HTML 페이지를 호출하는 요청은 다음과 같은 모습을 갖는다.

```
GET /index.html HTTP/1.1
```

표 19.1은 가장 많이 사용되는 HTTP 요청 메서드를 보여준다. 'safe'로 표시된 벌브들은 서버의 상태를 변화시키지 않아야 한다. 하지만 이것은 강제적 조건이라기보다는 관례에 가깝다. 벌브 해석의 방법을 결정하는 것은 전적으로 요청을 처리하는 소프트웨어에 달려 있다.

표 19.1 HTTP 요청 메서드

벌브(Verb)	보안?	목적
GET	예	지정한 자원을 가져온다.
HEAD	예	GET과 같으나 페이로드는 요청하지 않고 메타데이터만 가져온다.
DELETE	아니요	지정한 자원을 삭제한다.
POST	아니요	지정된 자원에 요청 데이터를 적용한다.
PUT	아니요	POST와 비슷하지만 기존 내용의 대체를 의미한다.
OPTIONS	예	지정된 경로에 대해 서버가 어떤 메서드를 지원하는지 보여준다.

GET은 지금까지 가장 많이 사용된 HTTP 벌브며 그 뒤에는 POST[1]가 따라온다. 나중

---

1. POST와 PUT의 차이는 미묘해서 웹 API 개발자들에게는 큰 관심사다. PUT은 멱등적(idempotent)이어야 한다. 즉, 아무런 부작용 없이 반복될 수 있음을 의미한다. 예를 들어 서버가 이메일을 보내게 만드는 트랜잭션은 PUT으로 나타내서는 안 된다. HTTP 캐싱 규칙도 PUT과 POST가 크게 다르다. 자세한 내용은 RFC2616을 참고한다.

에 애플리케이션 프로그래밍 인터페이스^{API} 부분에서 다룰 REST API들은 PUT이나 DELETE 같은 좀 더 이색적인 벌브들을 사용하는 것 같다.

HTTP 응답

상태 줄$^{status\ line}$이라 불리는 응답^{Response}의 첫 줄은 요청의 성격을 나타낸다. 상태 줄은 다음과 같다.

```
HTTP/1.1 200 OK
```

중요한 부분은 세 자리 숫자의 상태 코드다. 뒤따라오는 구절은 이해를 돕기 위한 영어 해석이며 소프트웨어는 이를 무시한다.

코드의 첫 자리는 응답 클래스^{class}를 결정한다. 즉, 결과의 일반적 속성을 나타낸다. 표 19.2는 정의돼 있는 다섯 가지 클래스를 보여준다. 한 클래스 내에서 추가적인 세부 사항은 나머지 두 자리 숫자에 의해 제공된다. 60개 이상의 상태 코드가 정의돼 있지만 실제 상황에서는 그중 몇 가지만 흔히 볼 수 있다.

표 19.2 HTTP 응답 클래스

코드	일반적 의미	예
1xx	요청 수신; 처리 중	101 프로토콜 전환
2xx	성공	200 OK
		201 생성 완료
3xx	추가 액션 필요	301 영구 이동
		302 발견[a]
4xx	불만족 요청	403 금지
		404 찾을 수 없음
5xx	서버 또는 환경 실패	503 서비스 지원 안함

a. 일시적인 리다이렉트에 가장 많이 사용됨(사양에 따르면 부적합)

헤더와 메시지 바디

헤더^{header}는 압축의 허용 여부, 수용 및 기대, 제공하는 콘텐츠 유형, 중간 캐시가 데이터를 다루는 방법과 같이 요청이나 응답에 관한 메타데이터를 기술한다. 요청의 경우 웹 서버 소프트웨어가 어떤 사이트를 접촉하고 있는지를 판단하고자 사용하는 Host가 유일하게 요구되는 헤더이다.

표 19.3은 가장 많이 사용되는 헤더의 일부를 보여준다.

표 19.3 가장 자주 접하는 HTTP 헤더

이름:값의 예	방향[a]	내용
Host: www.admin.com	→	요청된 도메인명과 포트
Content-Type: application/json	←→	원하거나 포함된 데이터 포맷
Authorization: Basic QWx...FtZ==	→	HTTP 기본 인증용 크리덴셜
Last-Modified: Wed, Sep 7 2016...	←	객체의 마지막으로 알려진 수정 날짜
Cookie: flavor=oatmeal	→	사용자 에이전트로부터 반환된 쿠키
Content-Length: 423	←→	바디의 길이(바이트)
Set-Cookie: flavor=oatmeal	←	사용자 에이전트에 의해 저장된 쿠키
User-Agent: curl/7.37.1	→	요청을 제출한 사용자 에이전트
Server: nginx/1.6.2	←	요청에 응답하고 있는 서버 소프트웨어
Upgrade: HTTP/2.0	←→	다른 프로토콜로의 변경 요청
Expires: Sat, 15 Oct 2016 14:02:...	←	자원이 캐싱될 수 있는 시간의 길이
Cache-Control: max-age=7200	←→	Expires와 같으나 더 많은 제어가 가능

a. 방향: → 요청 전용, ← 응답 전용, ←→ 모두 가능

표 19.3은 완전한 목록이 아니다. 실제로는 트랜잭션의 양쪽은 원하는 어떤 헤더든 포함할 수 있다. 양쪽 모두 자신이 이해하지 못하는 헤더들은 반드시 무시해야 한다.[2]

헤더는 하나의 빈 줄에 의해 메시지 바디와 분리된다. 요청의 경우 바디는 (POST나 PUT 요청을 위한) 매개변수들이나 업로드하려는 파일의 내용을 포함할 수 있다. 응답의 경우 메시지 바디는 요청된 자원의 페이로드(예를 들면 HTML, 이미지 데이터, 쿼리 결과 등)다. 메시지 바디는 이미지나 바이너리 데이터를 포함할 수 있기 때문

---

2. 원래는 관례적으로 맞춤형이나 실험형인 헤더들 앞에 'X-'를 붙였다. 하지만 (X-Forwarded-For와 같은) 일부 X- 헤더들은 사실상의 표준이 돼 호환성을 깨뜨리지 않고자 접두어를 제거할 수 없게 됐다. 이제는 RFC6648에 의해 X- 접두어는 더 이상 사용되지 않는다.

에 반드시 사람이 읽을 수 있는 것은 아니다. GET 요청이나 대부분의 오류 응답처럼 바디는 비어 있을 수도 있다.

curl: 커맨드라인에서의 HTTP

curl(cURL)은 대부분 플랫폼에서 사용할 수 있는 편리한 커맨드라인 HTTP 클라이언트다.[3] curl을 이용해 HTTP 교환을 살펴보자.

다음은 암호화되지 않는(즉 HTTPS가 아닌) 요청일 때 기본값인 TCP 포트 80에서 웹사이트 admin.com의 루트를 요청하는 curl을 호출하는 것이다. 응답 페이로드(즉 admin.com 홈페이지)와 curl 자체로부터의 일부 정보 메시지는 -o /dev/null과 -s 플래그를 이용해 숨겼다. 헤더를 포함해 curl이 길고 상세한 내용을 출력하게 -v 플래그도 포함시켰다.

```
$ curl -s -v -o /dev/null http://admin.com
* Rebuilt URL to: http://admin.com/
* Hostname was NOT found in DNS cache
*   Trying 54.84.253.153...
* Connected to admin.com (54.84.253.153) port 80 (#0)
> GET / HTTP/1.1
> User-Agent: curl/7.37.1
> Host: admin.com
> Accept: */*
>
< HTTP/1.1 200 OK
< Date: Mon, 27 Apr 2015 18:17:08 GMT
* Server Apache/2.4.7 (Ubuntu) is not blacklisted
< Server: Apache/2.4.7 (Ubuntu)
< Last-Modified: Sat,  02 Feb 2013 03:08:20 GMT
< ETag: "66d3-4d4b52c0c1100"
< Accept-Ranges: bytes
< Content-Length: 26323
< Vary: Accept-Encoding
< Content-Type: text/html
<
{ [2642 bytes data]
```

---

3. 시스템 관리자는 개발자들이 자신들의 소프트웨어에 curl 방식의 강력한 기능들을 제공하고자 사용할 수 있는 클라이언트 라이브러리 libcurl을 접할 것이다.

```
* Connection #0 to host admin.com left intact
```

>와 <로 시작하는 줄은 각각 요청과 응답을 의미한다. 요청에서 사용자 에이전트 는 curl이고 호스트 admin.com을 찾고 있으며, 응답으로서 모든 유형의 콘텐츠를 수용할 것임을 클라이언트가 서버에게 알려준다. 서버는 자신의 신분을 아파치 2.4.7로 밝히면서 다양한 메타데이터와 함께 HTML 타입의 콘텐츠로 응답한다.

curl의 -H 인수를 이용하면 헤더를 명시적으로 설정할 수 있다. 이 기능은 DNS를 우회해서 직접 IP 주소에 대응하는 요청을 만들 때 특히 유용하다. 예를 들면 원격 서버에게 사용자 에이전트가 접촉하려는 도메인을 알려주는 호스트[Host] 헤더를 다 음과 같이 설정함으로써 www.admin.com용 서버가 admin.com으로 보내진 요청 들에 대해 똑같이 응답하는가를 확인할 수 있다.

```
$ curl -H "Host: www.admin.com" -s -v -o /dev/null 54.84.253.153
```

파일을 다운로드하려면 -O 인수를 사용한다. 다음 예는 curl 소스코드의 타르볼 을 현재 디렉터리에 다운로드한다.

```
$ curl -O http://curl.haxx.se/snapshots/curl-7.46.0-20151105.tar.gz
```

지금까지는 curl 기능의 겉만 다뤘을 뿐이다. curl은 POST나 DELETE와 같은 다른 요청 방법들을 다룰 수 있으며, 쿠키를 저장하거나 제출할 수도 있고, 파일을 다운 로드하거나 다양한 디버깅 시나리오를 지원할 수 있다.

구글의 크롬 브라우저는 'Copy as cURL'이라는 기능을 제공하는데, 이 기능은 헤 더, 쿠키, 기타 세부 사항들을 포함한 브라우저 자체의 행동을 시뮬레이션하는 curl 명령을 생성한다. 여러 가지 조정 값을 써서 손쉽게 요청을 재시도해 브라우 저와 동일한 결과를 볼 수 있다(이 옵션을 사용하지 않으려면 개발자 도구 패널의 Network 탭에 있는 리소스 이름을 오른쪽 클릭하면 된다).

TCP 접속 재사용

TCP 접속에는 고비용이 든다. 관리하는 데 필요한 메모리뿐 아니라 새 접속을 만드는 데 사용되는 3방향 핸드셰이크[3-way Handshake]는 HTTP 요청이 시작도 되기 전에 전체 왕복과 동등한 지연시간이 추가된다.[4]

웹 통계값들을 추적하는 프로젝트, HTTP 아카이브[Archive]에서는 보통 수준의 사이트에서 페이지 로드당 99개의 자원 요청이 발생하는 것으로 추산하고 있다. 각 자원이 새로운 TCP 접속을 요구한다면 웹 성능은 그야말로 형편없이 저하될 것이다. 사실 이런 현상이 웹 초기 시절에는 실제로 발생했었다.

최초의 HTTP/1.0 사양서에는 접속 재사용을 위한 어떤 지원도 포함되지 않았지만 일부 모험적인 개발자가 확장 기능으로 실험적인 지원을 추가했다. **Connection: Keep-Alive** 헤더가 클라이언트와 서버에 비공식적으로 추가됐으며, 그 후 개선돼 HTTP/1.1의 기본 사양이 됐다. 지속 접속[persistent connection]으로도 알려진 킵얼라이브[keep-alive] 접속을 이용해, HTTP 클라이언트와 서버들은 단일 접속을 통해 여러 개의 요청을 보내므로 비용과 초기화 지연을 줄이고 다중 접속을 허물어 버렸다.

TCP 오버헤드는 HTTP/1.1 지속 접속이 사용될 때조차 적지 않은 것으로 판명됐다. 대부분의 브라우저는 성능을 향상시키고자 무려 6개의 병렬 접속을 서버에 오픈한다. 따라서 바쁜 서버들은 다양한 상태에서 수천 개의 TCP 접속을 유지해야 하며 결국 네트워크 혼잡과 자원 낭비라는 결과를 초래한다.

HTTP/2는 해결책으로 다중화[multiplexing]를 도입함으로써 단일 접속상에 여러 개의 트랜잭션이 혼재하는 것을 허용한다. 따라서 HTTP/2 서버들은 각 클라이언트가 유발하는 오버헤드가 적기 때문에 시스템당 더 많은 클라이언트를 지원할 수 있다.

TLS를 통한 HTTP

HTTP 자체는 어떤 네트워크 수준의 보안도 제공하지 않는다. URL, 헤더, 페이로드는 오픈돼 있어 클라이언트와 서버 사이의 어느 지점에서든 읽거나 수정할 수

---

4. TCP 패스트 오픈(TFO, TCP Fast Open)은 TCP 3방향 핸드셰이크의 SYN과 SYN-ACK 패킷이 데이터도 운반할 수 있게 허용함으로써 이런 상황을 개선할 목적으로 제안된 것이다. RFC7413을 참고한다.

있다. 악의적인 잠입자들이 메시지를 가로채 내용을 변경하거나 요청의 방향을 자신이 선택한 서버 쪽으로 바꿀 수 있다.

TCP와 HTTP 사이에서 하나의 분리된 계층으로 실행되는 전송 계층 보안[TLS, Transport Layer Security]으로 들어가 보자.[5] TLS는 접속의 보안과 암호화만을 제공할 뿐 HTTP 계층에는 관여하지 않는다.

사용자 에이전트는 TLS 접속 과정의 일부로, 서버의 정체성을 확인해 위조 서버에 의한 스푸핑[spoofing](위장)의 가능성을 제거한다. 일단 접속이 이뤄지고 나면 정보 교환이 이뤄지는 동안에는 그 내용들이 스푸핑이나 수정으로부터 보호된다. 공격자들은 여전히 TCP 계층에서 사용된 호스트와 포트를 볼 수 있지만 요청 URL이나 그에 수반하는 헤더와 같은 HTTP 세부 사항에는 접근할 수 없다.

가상 호스트

웹의 초창기에는 하나의 서버가 단 한 개의 웹 사이트만을 호스팅하는 게 일반적이었다. 예를 들어 admin.com이 요청됐을 때 클라이언트는 그 이름과 결합된 IP 주소를 찾고자 DNS 룩업을 수행해 얻은 주소의 포트 80에 HTTP 요청을 보냈다. 그 주소에 있는 서버는 자신이 admin.com의 호스팅을 전담하고 있음을 알고 있었으며 그에 따른 결과들을 서비스했다.

웹 사용이 증가함에 따라 시스템 관리자들은 단 하나의 서버가 한 번에 한 개 이상의 사이트를 호스팅할 수 있다면 규모의 경제 효과를 볼 수 있음을 깨달았다. 하지만 두 종류의 트래픽이 동일한 네트워크 포트에서 끝난다면 admin.com으로 가는 요청과 example.com으로 가는 요청을 어떻게 구분할 것인가 하는 문제가 생긴다.

한 가지 가능한 방법은 가상 네트워크 인터페이스를 정의해 여러 개의 서로 다른 IP 주소가 단 하나의 물리적 접속으로 향하게 허용하는 것이다. 대부분 시스템은 이것을 허용하고 잘 작동하지만 이 방식은 꽤 번거로우며 다른 여러 계층에서의 관리를 요구한다.

---

5. TLS의 선구자는 보안 소켓 계층(SSL, Secure Sockets Layer)으로 알려진 것이었다. 모든 버전의 SSL은 이제는 구식이 돼 공식적으로 폐기됐지만 SSL이라는 이름은 아직도 구어체로 널리 사용되고 있다. 암호화를 다루는 영역 밖에서는 SSL이라고 말해도 실제로는 TLS를 의미하는 것으로 가정한다.

더 좋은 해결책인 가상 호스트^{virtual host}는 RFC2616에서 HTTP 1.1로 제공된다. 이 방식은 사용자 에이전트가 접촉하려는 사이트를 나타내고자 명시적으로 설정하는 호스트 HTTP 헤더를 정의한다. 서버들은 헤더를 보고 그것에 따라 행동한다. 이러한 방식은 IP 주소를 절약하고 관리를 단순화한다. 특히 단일 서버에 수백 또는 수천 개의 웹 사이트를 갖고 있는 사이트에서 유용하다.

HTTP 1.1은 사용자 에이전트에게 호스트 헤더를 제공할 것을 요구한다. 따라서 가상 호스트는 이제 웹 서버와 시스템 관리자가 서버 통합을 다루는 표준 방식이 됐다.

TLS와 결합해 이름 기반의 가상 호스트를 사용하는 것은 내부적으로 약간 까다롭다. TLS 인증서는 인증서가 생성될 때 선택한 특정 호스트명에 제출된다. TLS 접속은 반드시 서버가 호스트 헤더를 HTTP 요청으로부터 읽을 수 있기 전에 이뤄져야 한다. 하지만 호스트 헤더가 없으면 서버는 어떤 가상 호스트로 역할을 해야 하는지 알 수 없기 때문에 어떤 인증서를 선택해야 하는지도 알 수 없다.

그 해결책은 SNI^{Server Name Indication}다. 클라이언트는 자신이 요청하고 있는 호스트명을 초기 TLS 접속 메시지의 일부로 제출한다. 현대의 서버와 클라이언트들은 모두 SNI를 자동으로 처리한다.

19.2 웹 소프트웨어 기초

오픈소스 소프트웨어의 풍부한 라이브러리는 유연하고 탄력적인 웹 애플리케이션의 제작을 용이하게 해준다. 표 19.4는 HTTP로 말하고 웹 애플리케이션 스택내에서 특정 함수들을 수행하는 일부 일반적인 카테고리 서비스의 목록이다.

표 19.4 HTTP 서버 유형 목록의 일부

유형	목적	예
애플리케이션 서버	웹 앱 코드, 웹 서버 인터페이스를 실행한다.	Unicorn, Tomcat
캐시	자주 요청되는 내용에 대한 접근을 가속화한다.	Varnish, Squid
로드밸런서	요청들을 다운스트림 시스템들에게 전달한다.	Pound, HAProxy

(이어짐)

유형	목적	예
웹 앱 방화벽[a]	일반적인 공격에 대비해 HTTP 트래픽을 검사한다.	ModSecurity
웹 서버	정적인 내용을 서비스하거나 다른 서버로 연결한다.	Apache, NGINX

a. 종종 WAF로 줄여서 쓴다.

웹 프록시는 클라이언트에서 HTTP 요청을 받아 일부 처리를 선택적으로 수행하고 요청들을 최종 목적지로 전달하는 중재자다. 프록시는 보통 클라이언트에게는 보이지 않는다. 로드밸런서, 웹 애플리케이션 방화벽, 캐시 서버들은 모두 특별한 유형의 프록시 서버다. 웹 서버는 요청을 애플리케이션 서버에 전달하는 경우에는 일종의 프록시로서의 역할도 한다.

그림 A는 HTTP 교환에서 각 서비스가 수행하는 역할을 보여준다. 요청들은 요청된 자원이 충족될 수 있다면 스택의 더 높은 곳을 수행할 수 있지만 문제가 발생한다면 4xx나 5xx 코드와 함께 거부된다. 데이터베이스에 질의를 요구하는 요청은 모든 계층을 가로지른다.

그림 A 웹 애플리케이션 스택의 구성 요소

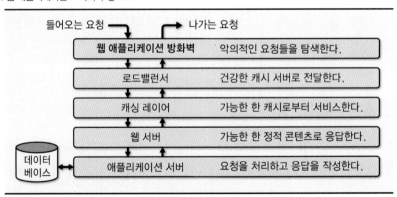

가용성을 극대화하려면 각 레이어가 한 개 이상의 노드에서 동시에 실행돼야 한다. 중복된 여분이 지리적으로 여러 지역에 펼쳐져 있어 전체 설계가 어떤 단일 물리적 센터에 종속되지 않게 하는 게 가장 이상적이다. 이러한 목표는 근본 구성 요소로서 잘 정의된 지리적 지역을 제공하는 클라우드 플랫폼에 웹을 구축할 때 훨씬 쉽게 달성할 수 있다.

현실 세계에서의 구조는 그림 A가 보여주는 것만큼 단순하지 않은 게 보통이다. 뿐만 아니라 대부분 웹 소프트웨어 구성 요소는 한 개 이상의 지역에서 기능들을 수행한다. 예를 들어 엔진엑스^{NGINX}는 웹 서버로서 가장 많이 알려져 있지만 캐시와 로드밸런서로서도 고도의 기능을 수행할 수 있다. 캐싱 기능이 활성화된 엔진엑스 웹 서버는 각 가상 머신에서 실행되고 있는 독립된 서버들의 스택에 비해 훨씬 효율적이다.

웹 서버와 HTTP 프록시 소프트웨어

대부분 사이트는 애플리케이션 서버에 대한 HTTP 접속을 프록시하거나 직접 정적 콘텐츠를 서비스하고자 웹 서버를 사용한다. 웹 서버가 제공하는 기능에는 다음과 같은 것들이 포함돼 있다.

- 가상 호스트(많은 사이트가 단일 서버 내에서 평화롭게 공존할 수 있게 해준다)
- TLS 접속의 처리
- 요청이나 응답을 추적하는 설정 가능한 로깅
- HTTP 기본 인증
- 요청 URL에 따라 다른 다운스트림 시스템으로 라우팅
- 애플리케이션 서버를 통한 동적 콘텐츠의 실행

선도적인 오픈소스 웹 서버는 흔히 httpd라고 하는 아파치 HTTP 서버와 엔진엑스로 불리는 NGINX다.

영국의 인터넷 연구 및 보안 회사인 넥크래프트^{Netcraft}는 매월 웹 서버의 시장 점유율 통계를 발표한다. 2017년 6월 현재, 넥크래프트는 활발한 웹 사이트의 약 46%가 아파치를 실행하고 있음을 보여준다. 엔진엑스는 20%를 차지하고 있으며 2008년 이래로 꾸준히 증가하고 있다.

아파치 httpd는 현재 우수한 오픈 소프트웨어 프로젝트를 다양하게 지원하고 있는 것으로 알려진 아파치 소프트웨어 파운데이션^{Apache Software Foundation}에서 처음 수행된 프로젝트다. httpd는 1995년 이래로 활발하게 개발돼 왔으며 참조용 HTTP 서버 구현으로 널리 간주되고 있다.

엔진엑스는 속도와 효율성을 목표로 설계된 다목적 서버다. httpd와 마찬가지로 엔진엑스도 정적 웹 콘텐츠 서비스, 로드밸런싱, 다운스트림 서버 모니터링, 프록싱, 캐싱, 기타 관련 기능들을 지원한다.

일부 개발 시스템(특히 Node.js와 Go 언어)은 웹 서버를 내부적으로 구현해 별도의 웹 서버가 없어도 많은 HTTP 작업 흐름을 처리할 수 있다. 이런 시스템들은 복잡하고 정교한 접속 관리 기능이 통합돼 있어 상용 작업 부하를 충분히 감당할 수 있을 만큼 강력하다.

H2O 서버(h2o.example.net: 'example'에 포함된 숫자 1에 유의한다)는 HTTP/2 기능을 최대한 이용해 엔진엑스보다도 더 우수한 성능을 실현한 최신 웹 서버 프로젝트다. 이 서버는 2014년에 처음 출시됐기 때문에 아파치나 엔진엑스의 실적에 맞설 수는 없지만 반면에 httpd와 같은 역사적인 구현의 결정 사항에 제약받지도 않는다. 새로운 배포를 검토해볼 만한 가치가 있음은 확실하다.

이러한 서버들은 모두 훌륭하기 때문에 그 선택에 있어 강력한 추천을 하기란 어렵다. 주류 상용 서비스 용도라면 엔진엑스를 권장한다. 엔진엑스는 탁월한 성능과 매우 간단하고 현대적인 환경설정 시스템을 제공한다.

로드밸런서

사용량이 매우 많은 웹 사이트를 단일 서버에서 실행할 수는 없다. 그런 구성은 사용자들을 서버로 겪게 되는 모든 잠재적인 장애에 노출시킬 뿐 아니라 시스템 관리자에게도 시스템 중단 없이 소프트웨어, 운영체제, 환경설정을 업데이트할 방법을 제공하지 않는다.

또한 단일 서버는 과부하나 의도적 공격에 매우 취약하기도 하다. 서버의 부하가 점점 커질수록 필요한 작업을 수행하는 대신 스래싱^{thrashing}에 더 많은 시간을 소비하게 된다. 어떤 부하 한계치^{load threshold}(쓰라린 경험을 통해 발견해야 할 것이다)를 넘어서면 성능은 점진적으로 저하되는 게 아니라 급격히 떨어진다.

이런 문제를 피하고자 로드밸런서를 사용할 수 있다. 로드밸런서는 들어오는 요청들을 다운스트림 웹 서버들의 집합에 배포하는 일종의 프록시 서버다. 로드밸런서는 서버들이 적절한 시간 내에 정확한 응답을 제공하는 것을 보장하고자 서버들의 상태를 모니터링하기도 한다.

그림 B는 구조 다이어그램에서 로드밸런서의 위치를 보여준다.

그림 B 로드밸런서의 역할

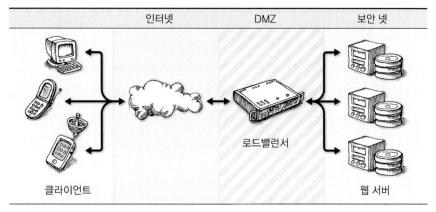

- 로드밸런서는 요청을 처리하지는 않고 다른 시스템에 라우팅만 한다. 따라서 로드밸런서는 보통의 웹 서버보다 훨씬 많은 동시 요청을 다룰 수 있다.
- 웹 서버가 소프트웨어 업그레이드가 필요하거나 여러 가지 이유로 오프라인이 돼야 할 때 로테이션에서 쉽게 제거될 수 있다.
- 서버 중 하나에 문제가 생긴 경우 로드밸런서의 헬스 점검 메커니즘이 문제를 탐지해 오류 시스템이 다시 정상화가 될 때까지 그 시스템을 서버 풀에서 제거한다.

로드밸런서 자체가 장애의 단일점이 되는 것을 피하고자 보통은 쌍으로 실행된다. 환경설정에 따라 하나의 밸런서는 수동적 백업 역할을 하고 다른 하나는 트래픽을 서비스하게 할 수도 있고, 두 밸런서 모두 동시에 요청을 서비스하게 할 수도 있다.

요청을 분배하는 방법은 보통 설정이 가능하다. 다음은 일부 일반적인 알고리듬이다.

- **라운드로빈**^{Round Robin}: 고정된 로테이션 순서에 따라 활성화된 서버들에게 요청이 배포된다.
- **부하 균등화**^{Load Equalization}: 새로운 요청은 현재 가장 적은 접속이나 요청을 처리하고 있는 다운스트림 서버로 간다.
- **파티셔닝**^{Partitioning}: 로드밸런서는 클라이언트 IP 주소의 해시에 따라 서버를 선택한다. 이 방법은 같은 클라이언트로부터의 요청은 항상 같은 웹 서버로 배포되는 것을 보장한다.

일반적으로 로드밸런서는 OSI 모델의 4번째 계층에서 작동한다. 이 계층에서 로드밸런서는 요청의 IP 주소와 포트에만 기초해 요청을 라우팅한다. 하지만 요청을 조사해 목적지 URL이나 쿠키 값, 기타 HTTP 헤더에 따라 라우팅함으로써 7번째 계층에서 작동할 수도 있다. 예를 들어 example.com/linux로 가는 요청은 example.com/bsd로 가는 요청과는 다른 별도의 서버 집합으로 라우팅될 수 있다.

추가된 보너스로서 로드밸런서는 보안을 개선할 수 있다. 로드밸런서는 보통 네트워크의 DMZ 부분에 상주해 있고 프록시는 내부 방화벽 뒤에서 웹 서버에 요청한다. HTTPS가 사용 중이라면 로드밸런서는 TLS 종결도 수행한다. 클라이언트로부터 로드밸런서까지의 접속은 TLS를 사용하지만 로드밸런서로부터 웹 서버까지의 접속은 평범한 HTTP일 수 있다. 이런 배치는 웹 서버에서 처리 부하를 일부 덜어준다.

로드밸런서는 HTTP에 더해(또는 대신에) 다른 종류의 트래픽을 분배할 수 있다. 흔히 사용되는 것이 MySQL이나 레디스^{Redis} 같은 데이터베이스에 대한 요청을 분배하는 로드밸런서를 추가하는 것이다.

유닉스와 리눅스용으로 가장 일반적인 오픈소스 로드밸런서는 이미 웹 서버로 소개했던 엔진엑스와 유연한 환경설정, 안정성, 강력한 성능 때문에 베테랑 시스템 관리자들이 좋아하는 고성능 TCP, HTTP 프록시, HAProxy다. 둘 다 매우 우수한 로드밸런서며 문서도 잘 돼 있고 거대한 사용자 커뮤니티를 갖고 있다(널리 사용되는 것을 보지 못했지만 아파치 httpd도 로드밸런싱 모듈을 갖고 있다).

F5와 씨트릭스^{Citrix}에 있는 것과 같은 상용 로드밸런서는 데이터 센터에 설치된 하

드웨어 장치로도 사용할 수 있고 소프트웨어 솔루션으로도 사용할 수 있다. 그런 로드밸런서들은 그래픽 환경설정 인터페이스, 오픈소스 도구보다 많은 기능, 단순한 로드밸런싱에 더해 여러 가지 추가 기능들을 제공하는 것이 일반적이며 가격도 상당히 비싸다.

아마존은 EC2 가상 머신과 함께 사용할 목적으로 전용 로드밸런싱 서비스, 일래스틱 로드밸런서$^{ELB, Elastic Load Balancer}$를 제공한다. ELB는 완전한 관리형 서비스다. 로스밸런서 자체를 위해서는 가상 머신이 요구되지 않는다. ELB는 극단적으로 많은 양의 병렬 접속을 다루며 여러 가용성 존$^{availability zone}$ 간의 트래픽 균형을 잡아줄 수 있다.

ELB 용어로 '리스너^{listener}'는 클라이언트에서 접속을 받아들여 실질적인 작업을 수행하는 백엔드 EC2 인스턴스에게 프록싱한다. 리스너들은 TCP, HTTP 또는 HTTPS 트래픽을 프록싱할 수 있다. 부하는 '최소 접속$^{least connections}$' 알고리듬에 따라 분배된다.

ELB는 모든 기능을 완전하게 갖춘 로드밸런서는 아니지만 개념적으로는 어떤 관리적 주의도 요구하지 않기 때문에 AWS에 의해 호스팅되는 시스템에 대해서는 추천하는 솔루션이다.

캐시

웹 캐시$^{Web Cache}$는 클라이언트가 짧은 시간 동안 자주 반복적으로 동일한 콘텐츠에 접근한다는 관측 결과에서 탄생했다. 캐시는 클라이언트와 웹 서버 사이에 상주하면서 가장 빈번한 요청들의 결과를 저장한다. 때로는 메모리에 저장하기도 한다. 그런 다음 캐시는 정확한 응답을 알고 있는 요청들에 대해 자신이 중간에 개입해 대신 응답함으로써 주도적인 웹 서버의 부하를 덜어주고 사용자에게는 응답 시간을 향상시켜준다.

캐싱 분야의 전문 용어로 오리진^{origin}은 원래의 콘텐츠 제공자, 즉 콘텐츠의 진짜 출처를 의미한다. 캐시는 그 내용을 오리진으로부터 직접 가져오거나 또 다른 업스트림 캐시부터 가져온다.

다음과 같은 여러 요소가 캐시 행동을 결정한다.

- Cache-Control, ETag, Expires 등과 같은 HTTP 헤더 값들
- 요청이 HTTPS에 의해 서비스되고 있는 가의 여부. 그럴 경우 캐싱은 더 많은 의미를 갖는다.[6]
- 응답 상태 코드. 어떤 내용들은 캐싱을 할 수 없다(RFC2616 참고).
- HTML <meta> 태그의 내용[7]

이미지, 비디오, CSS 스타일시트, 자바스크립트 파일과 같은 정적인 것들은 거의 그 내용이 변하지 않기 때문에 캐싱에 매우 적합하다. 데이터베이스나 다른 실시간 시스템에서 로딩되는 동적인 콘텐츠는 캐싱이 훨씬 어렵긴 하지만 불가능한 것만은 아니다. 절대 캐싱돼서는 안 될 변화가 심한 페이지들에 대해 개발자들은 다음과 같은 HTTP 헤더를 설정한다.

```
Cache-Control: no-cache, no-store
```

그림 C는 HTTP 요청에서 여러 가지 잠재적인 캐시 계층의 위치를 보여준다.

그림 C HTTP 요청을 처리하는 데 관여하는 캐싱 주체

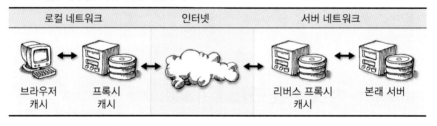

브라우저 캐시

현대의 웹 브라우저들은 모두 최근에 사용된 자원들(이미지, 스타일시트, 자바스크립트 파일, 일부 HTML 페이지)을 로컬에 저장함으로써 백트래킹과 재방문을 가속화한다. 이론적으로 브라우저 캐시는 HTTP 캐시와 정확히 똑같은 캐싱 규칙에 따라

---

6. HTTPS 페이로드는 암호화되기 때문에 캐시 서버가 TLS 접속을 종결시켜 페이로드를 해독하지 않는 한 응답은 캐싱될 수 없다. 따라서 캐시 서버에서 기점까지의 접속은 별도의 암호화된 TLS 접속을 요구할 수도 있고(둘 사이의 접속을 신뢰할 수 있는가의 여부에 따라) 하지 않을 수도 있다.

7. 이들은 모든 캐시가 관심을 두지 않기 때문에 효과가 떨어지는 경향이 있다.

야 한다.[8]

프록시 캐시

모든 사용의 접근 속도를 빠르게 하고자 조직 네트워크의 끝단에 프록시 캐시^{Proxy} ^{Cache}를 설치할 수 있다. 사용자가 어떤 웹 사이트를 로딩할 때 요청은 먼저 프록시 캐시가 수신한다. 요청된 자원이 캐싱돼 있으면 원격 사이트를 조회하지 않고 즉각적으로 그 자원을 사용자에게 반환한다.

프록시 캐시는 두 가지 방법으로 구성할 수 있다. 하나는 능동적인 방법으로, 프록시를 가리키게 사용자의 브라우저 설정을 변경하는 것이다. 다른 하나는 수동적인 방법으로, 네트워크 라우터가 모든 웹 트래픽을 캐시 서버를 통해 보내게 만드는 것이다. 후자는 인터셉트 프록시^{intercept proxy}로 알려져 있다. 사용자 에이전트가 자동으로 관련 프록시를 발견할 수 있게 하는 방법도 있다.

리버스 프록시 캐시

웹 사이트 운영자는 자신의 웹 및 애플리케이션 서버에서 트래픽 부하를 줄이고자 '리버스 프록시^{reverse proxy}' 캐시를 설정한다. 들어오는 요청들은 우선 리버스 프록시 캐시로 라우팅돼 요청된 자원이 있다면 그곳에서 요청을 즉각적으로 서비스한다. 리버스 프록시는 캐싱돼 있지 않은 자원들에 대한 요청은 그냥 통과시켜서 해당 웹 서버까지 가게 한다.

서버 사이트들은 주로 기점 서버의 부하를 줄일 수 있다는 이유에서 리버스 프록시 캐시를 사용한다. 클라이언트 입장에서는 응답 시간을 빠르게 하는 부수효과도 있다.

캐시 문제

웹 캐시는 웹 성능에 대단히 중요하지만 복잡하다는 문제도 있다. 어떤 캐싱 계층에 문제가 생기면 기점 서버 입장에서 유효 기간이 지난 낡은 콘텐츠를 사용하게

---

8. 브라우저의 뒤로 가기(Back) 버튼이 즉시 이전 페이지로 가게 하지 않고 대개는 약간의 지연을 보이는 이유가 이것 때문이다. 페이지를 렌더링하는 데 필요한 대부분의 자원은 로컬에 캐싱됨에도 불구하고 페이지의 최상위 HTML 래퍼(wrapper)는 보통 동적이고 캐싱이 불가하므로 서버까지 갔다 와야 하는 왕복 여행이 여전히 요구된다. 브라우저는 단순히 이전 방문에서 획득한 자원들(그리고 그것을 수행하는 데 사용된 한두 개의 자원들)을 렌더링할 수도 있지만 이런 손쉬운 방법은 캐싱의 정확성을 깨뜨리고 여러 가지 미묘한 문제를 발생시킨다.

된다. 캐시 문제는 사용자와 시스템 관리자 모두에게 혼란을 야기할 수 있으며 때로는 디버깅하기도 어렵다.

낡은 캐시 항목들은 경로를 따라 각 홉에서 직접적인 쿼리로 찾아내는 것이 최선이다. 사이트 운영자라면 curl을 이용해 기점으로부터 직접 문제의 페이지를 요청한 다음, 리버스 프록시 캐시로부터 요청하고, 프록시 캐시가 있다면 프록시 캐시로부터 요청한 다음, 요청 경로에 있는 나머지 캐시들에서 페이지를 요청한다.

캐시 리프레시를 정식으로 요청하려면 curl -H "Cache-Control: no-cache"를 실행하면 된다.[9] 규칙을 준수하는 캐시라면 이 명령에 따르겠지만 여전히 노후된 데이터가 보인다면 해당 서버에서 증명할 수 있지 않는 한 재로딩 요청이 이뤄졌다고 가정해서는 안 된다.

캐시 소프트웨어

표 19.5는 일부 오픈소스 캐싱 소프트웨어 구현들의 목록이다. 그중 엔진엑스를 가장 빈번하게 사용하고 있음이 밝혀졌다. 엔진엑스의 캐싱은 환경설정이 쉬우며 엔진엑스는 이미 프록시나 웹 서버로 사용 중인 경우가 많다.

표 19.5 오픈소스 캐싱 소프트웨어

서버	유의 사항
스퀴드(Squid)	최초의 오픈소스 캐시 구현 중 하나다. 보통은 프록시 캐시로 사용된다. 안티바이러스나 TLS와 같은 중요한 기능들을 포함하고 있다.
바니쉬(Varnish)	탁월한 환경설정 언어 멀티스레드를 지원한다. 모듈성과 확장성이 좋다.
아파치 mod_cache	이미 httpd를 사용하고 있는 사이트에 적합하다.
엔진엑스(NGINX)	엔진엑스를 실행하고 있는 사이트에 적합하다. 우수한 성능으로 평판이 좋다.
아파치 트래픽 서버	트래픽이 극도로 심한 서버에서 실행한다. HTTP/2를 지원한다. 야후(Yahoo!)에 의해 아파치 파운데이션(Apache Foundation)에 기증된다.

---

9. 웹 브라우저에서 〈Shift-Reload〉를 호출하는 것과 같다.

콘텐츠 전송 네트워크

콘텐츠 전송 네트워크^{CDN, Content Delivery Network}는 콘텐츠를 사용자에게 더욱 가깝게 이동함으로써 웹 성능을 개선시킨 글로벌 분산 시스템이다. CDN의 노드들은 지리적으로 수백에서 수천 개의 지역에 흩어져 있다. 클라이언트가 CDN을 사용하는 어떤 사이트의 콘텐츠를 요청하면 엣지 서버^{edge server}라 불리는 가장 가까운 노드에 라우팅돼 지연을 감쇄시키고 기점 서버의 혼잡을 줄여준다.

엣지 서버들은 프록시 캐시와 유사하다. 엣지 서버들은 콘텐츠 사본을 로컬에 저장한다. 요청 자원의 로컬 사본을 갖고 있지 않거나 콘텐츠 버전이 만료된 것이면 자원을 기점 서버에서 가져와 클라이언트에 응답을 보내고 캐시를 업데이트한다.

CDN은 클라이언트를 지리적으로 가장 근접한 호스트로 리다이렉팅하고자 DNS를 사용한다. 그림 D는 작동 원리를 보여준다.

그림 D 콘텐츠 전송 네트워크에서의 DNS의 역할

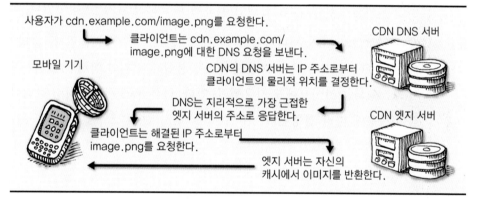

현재의 CDN은 동적 콘텐츠를 호스팅할 수 있지만 전통적으로는 이미지나 스타일 시트, 자바스크립트 라이브러리, HTML 파일, 다운로딩 가능한 객체와 같은 정적 콘텐츠에 가장 적합한 것이었다. 넷플릭스^{Netflix}와 유튜브^{YouTube} 같은 스트리밍 서비스들은 대량의 미디어 파일들을 서비스하고자 CDN을 사용한다.

CDN은 성능 향상 이상의 가치를 제공하기도 한다. 대부분의 CDN은 서비스 거부 공격^{denial-of-service attack} 방지, 웹 애플리케이션 방화벽과 같은 보안 서비스를 제공한다. 일부 특별한 CDN은 페이지 렌더링을 최적화하거나 기점 서버의 부하를 줄여

주는 혁신적 기능들을 제공한다.

최근에는 웹 콘텐츠의 상당 부분이 CDN에 의해 서비스된다. 대형 사이트라면 빠른 성능의 특권을 누리는 대가로 재정 지출을 고려해야 할 것이다. 좀 더 작은 서비스를 실행하고 있다면 CDN으로 전환하기 전에 로컬 캐싱 계층을 최적화한다.

가장 오래되고 권위 있는(이 말은 곧 가장 '비싼') CDN은 매사추세츠 주에 본사를 둔 아카마이^{Akamai}다. 아카마이는 세계에서 가장 큰 정부 및 기업의 일부를 고객으로 두고 있다. 가장 큰 규모의 글로벌 네트워크를 갖고 있을 뿐 아니라 가장 발전된 CDN 기능들을 갖고 있다. 지금까지 아카마이를 선택해서 해고된 사람은 없다.

클라우드플레어^{CloudFlare}는 또 다른 유명한 CDN이다. 아카마이와는 달리 클라우드플레어는 최근에 와서 목표 시장을 기업 쪽으로 이동했지만 비교적 작은 고객들에게 판매한 역사를 갖고 있다. 그들의 웹 사이트에는 가격표가 명확하게 게재돼 있을 뿐 아니라 최상의 보안 기능들도 일부 제공하고 있다. 클라우드플레어는 모든 고객에게 HTTP/2를 전개한 최초의 대규모 공급자 중 하나였다.

아마존^{Amazon}의 CDN 서비스는 클라우드프론트^{CloudFront}라 불린다. 클라우드프론트는 S3, EC2, ELB와 같은 AWS 서비스에 통합돼 있지만 아마존 클라우드 바깥에서 호스팅되는 사이트에도 사용될 수 있다. 다른 AWS 제품들처럼 경쟁력 있는 가격이 사용에 따라 결정된다.

웹 언어

웹은 거의 정적인 것에서 시작해 다채로운 대화형 경험으로 진화돼 왔다. 웹 앱들은 이런 풍부한 기능들을 사용하고자 다양한 종류의 프로그래밍 언어들로 코딩되며 각 언어는 저마다의 고유한 도구와 특징을 갖고 있다. 시스템 관리자는 각 언어의 생태계를 위한 표준에 따라 소프트웨어 라이브러리를 관리하고 애플리케이션 서버를 설치하며 웹 애플리케이션을 구성해야 한다.

다음 절에서 언급하는 언어들은 모두 요즘 웹에서 일반적으로 사용되고 있는 것들이다. 이 언어들은 모두 개발자 커뮤니티, 방대한 지원 라이브러리, 잘 문서화된 최상의 사례 등을 갖추고 있다. 일반적으로 사이트들은 자신에게 가장 편안한 언어와 프레임워크를 선택하는 것이 보통이다.

루비

루비^{Ruby}는 셰프^{Chef}와 퍼핏^{Puppet}에서 사용됐기 때문에 데브옵스^{DevOps}와 시스템 관리계에 잘 알려져 있다. 루비는 널리 사용되는 웹 프레임워크, 루비온레일즈^{Ruby on Rails}의 언어이기도 하다. 레일즈^{Rails}는 신속한 개발 프로세스에 적합하며 종종 새로운 아이디어의 프로토타입 제작에 사용된다.

레일즈는 성능이 별로 좋지 않고 모놀리틱^{monolithic} 애플리케이션을 조성한다는 평판을 갖고 있다. 많은 레일즈 애플리케이션이 시간이 지남에 따라 수정하기 힘든 배기지^{baggage}가 축적되는 경향이 있다. 결국 시간이 지남에 따라 성능이 점차적으로 저하되는 현상을 겪게 된다.

루비는 젬^{gem}이라 불리는 큰 라이브러리 모음을 갖고 있어 개발자들이 프로젝트를 단순화하는 데 사용할 수 있다는 게 특징이다. 젬의 대부분은 rubygems.org에서 호스팅하고 있으며 커뮤니티에 의해 큐레이팅되고 있지만 품질이 낮은 것이 많다. 한 시스템에 설치된 루비의 버전과 다양한 젬의 종속 관계를 관리하는 일은 지루할 뿐 아니라 골칫거리이기도 하다.

파이썬

파이썬^{Python}은 웹 개발뿐 아니라 광범위한 과학 훈련에서도 사용되는 범용 언어다. 파이썬은 읽거나 배우기 쉽다. 가장 널리 배포된 파이썬용 웹 프레임워크는 많은 장단점이 루비온레일즈와 같은 장고^{Django}다.

자바

현재 오라클에 의해 관리되고 있는 자바^{Java}는 비교적 개발 작업 흐름이 느린 기업 환경에서 가장 빈번히 사용된다. 자바는 복잡하고 투박한 도구와 많은 추상 계층을 감수하는 대신 빠른 성능을 제공한다. 자바의 도발적인 라이선스 요건과 둔감한 규칙들에 초심자들은 좌절감을 느낄 수도 있다.

Node.js

자바스크립트^{JavaScript}는 웹 브라우저 안에서 실행되는 최초의 클라이언트 측 스크립트 언어로 알려져 있다. 언어로서의 자바스크립트는 성급히 만들어지고 읽기 어려우며 직관에 반하는 경우가 많았기 때문에 한때 조롱을 받았었다. 현재는 서버에서 자바스크립트를 실행하기 위한 엔진 Node.js 덕분에 자바스크립트는 중앙 무대로 다시 들어올 수 있게 됐다.

공정하게 말하면 Node.js는 높은 병렬성과 원형적인 실시간 메시징 기능이 자랑할 만하다. 새로운 언어로 Node.js는 지금까지 다른 시스템에서 수년간 쌓여 온 좋지 않은 점들의 상당 부분을 회피해왔다.

PHP

PHP는 쉽게 시작할 수 있다는 점 때문에 경험이 많지 않거나 갓 입문한 프로그래머들에게 인기가 좋은 편이다. PHP 애플리케이션들은 유지 관리가 힘든 것으로 악명이 높다. PHP의 과거 버전들은 개발자가 애플리케이션에 커다란 보안 허점을 만들기가 너무나 쉬웠지만 최신 버전들은 그런 부분들이 상당히 개선됐다. PHP는 워드프레스^{WordPress}, 드루팔^{Drupal}, 여타 콘텐츠 관리 시스템에서 사용되는 언어다.

Go

Go는 구글에서 만든 더 낮은 수준의 언어다. Go 도커^{Docker}와 같은 주요 오픈소스 프로젝트에서 사용됨으로써 최근 몇 년 동안 인기를 얻기 시작했다. Go는 시스템 프로그래밍용으로 우수하지만 강력하고 원형적인 병렬성 프리미티브^{primitive}들 때문에 웹 애플리케이션에도 매우 적합하다. 시스템 관리자 입장에서는 Go 소프트웨어는 대개 독립형$^{stand-alone}$ 바이너리를 따르기 때문에 배포가 쉽다는 것이 좋은 점이다.

애플리케이션 프로그래밍 인터페이스

웹 API$^{Application Programming Interface}$는 사람이 아니라 소프트웨어 에이전트가 사용할 목적으로 만든 애플리케이션 인터페이스다. API는 원격 시스템이 애플리케이션의 데이터와 서비스를 이용할 수 있게 하는 방법들의 집합을 정의한다. API는 흩어져 있는 많은 클라이언트 간의 협력을 촉진하기 때문에 웹상의 어느 곳에나 존재하게 됐다.

API는 새로울 게 없다. 운영체제는 사용자 공간 애플리케이션이 커널과 대화할 수 있게 API를 정의한다. 거의 모든 소프트웨어 패키지가 코드 베이스 내부 함수들의 분리와 모듈화를 쉽게 하고자 정의된 인터페이스를 사용한다. 하지만 웹 API는 외부 개발자들의 사용을 촉진하려는 목적에서 공공 웹상에 노출된다는 점에서 조금 특별하다.

웹 API는 평범한 HTTP 요청이다. 웹 API가 'API'로 불리는 이유는 클라이언트와 서버가 규약에 따라 어떤 URL과 동사들이 특정한 의미를 갖고 대화 도메인 안에서 영향을 미친다는 점에 합의했기 때문이다.

웹 API는 주로 텍스트 기반 직렬화 serialization 포맷을 사용해 교환 데이터를 인코딩한다. 이런 포맷은 비교적 단순해서 어떤 언어로 작성된 애플리케이션이든 쉽게 파싱할 수 있다. 많은 포맷이 존재하지만 가장 일반적인 것은 자바스크립트 객체 표현법 JSON, JavaScript Object Notation[10]과 확장성 생성 언어 XML, eXtensible Markup Language다.

HTTP API들은 예를 들어 설명하는 게 가장 쉽다. 스포티파이 Spotify 뮤직 서비스는 그들의 음악 라이브러리를 표현하는 API를 공개하고 있다. API의 클라이언트는 앨범, 아티스트, 트랙에 관한 정보를 요청하거나 검색을 실행하는 등 여러 가지 액션을 수행할 수 있다. 이런 API는 스포티파이 자신의 클라이언트 애플리케이션(브라우저, 데스크톱, 모바일 클라이언트)에 의해서도 사용되지만 스포티파이 서비스를 포함하고자 하는 서드파티에 의해서도 사용된다.

웹 API는 HTTP 요청들로 구성되기 때문에 웹 브라우저와 curl을 포함해 모든 일반적인 HTTP 도구들을 이용해 API와 대화할 수 있다. 예를 들면 다음과 같은 방법으로 비틀즈에 관한 스포티파이의 JSON 레코드를 구할 수 있다.[11]

---

10. JSON 포맷이란 이름을 짓고 널리 홍보한 더글라스 크락포드(Douglas Crockford)는 JSON이 사람 이름인 '제이슨'처럼 발음된다고 말한다. 하지만 기술 커뮤니티에서는 '제이손'으로 발음하는 게 일반화됐다.

11. 비틀즈의 스포티파이 ID가 3WrFJ7ztbogyGnTHbHJFl2인 것은 어떻게 알 수 있었을까? API를 통해 https://api.spotify.com/v1/search?type=artist&q=beatles로 검색해보기 바란다.

```
$ curl https://api.spotify.com/v1/artists/3WrFJ7ztbogyGnTHbHJF12 | jq '.'
{
    "external_urls": {
        "spotify": "https://open.spotify.com/artist/3WrFJ7ztbogyGnTHbHJF12"
    },
    "followers": {
        "href": null,
        "total": 1566620
    },
    "genres": [ "british invasion" ],
    "href": "https://api.spotify.com/v1/artists/3WrFJ7ztbogyGnTHbHJF12",
    "id": "3WrFJ7ztbogyGnTHbHJF12"
    "images": [ <생략> ]'
    "name": "The Beatles",
    "popularity": 91,
    "type": "artist",
    "uri": "spotify:artist:3WrFJ7ztbogyGnTHbHJF12"
}
```

여기서는 보기 쉽게 하고자 JSON 출력을 파이프를 통해 jq로 보냈다.[12] 터미널에서는 jq가 출력을 색상화까지 한다.

스포티파이의 API는 요즘 지배적인 방식인 'RESTful' API의 사례이기도 하다. 레스트REST, Representational State Transfer는 로이 필딩Roy Fielding이 자신의 박사 학위 논문에서 소개한 API 설계의 구조적 스타일이다.[13] 이 용어가 처음 사용됐을 때는 매우 특정한 의미를 가졌으나 요즘은 1) 통신 목적으로 HTTP 동사를 명시적으로 사용하고, 2) 자원의 위치를 나타내고자 디렉터리 방식의 경로 구조를 사용하는 웹 서비스들을 지칭하는 말로 느슨하게 사용되고 있다. 대부분의 REST API는 하부의 데이터 표현 방법으로 JSON을 사용하고 있다.

REST는 시스템 간의 대화를 위한 엄격하고 정교한 다단계 가이드라인을 정의한 HTTP API의 초기 구현 시스템인 단순 객체 접근 프로토콜SOAP, Simple Object Access Protocol과는 극명하게 대조된다. SOAP API는 모든 호출을 일부 특정 URL을 통해 보내는 복잡한 XML 기반 포맷을 사용하기 때문에 결과적으로 HTML 페이로드가 커지고

---

12. jq는 단지 형태뿐 아니라 훨씬 많은 일을 하므로 커맨드라인에서의 JSON 파싱과 필터링에 jq를 적극 권장한다.

13. 필딩(Fielding)은 HTTP 사양의 주요 저자이기도 하다.

성능이 좋지 않을 뿐 아니라 개발, 디버깅, 배포의 어려움이 끝없이 반복된다.[14]

19.3 클라우드에서의 웹 호스팅

클라우드 공급자는 웹 애플리케이션 호스팅을 위해 수많은 서비스를 제공하며 매주 그 환경이 변한다. 따라서 모든 것을 다룰 수는 없지만 웹 관리자가 특히 흥미를 가질 만한 몇 가지를 살펴보기로 한다.

사용자가 많지 않고 간혹 가동이 중지돼도 허용될 만한 소형 사이트들은 웹 서버로 단 하나의 가상 클라우드 인스턴스만 사용해도 그런 대로 넘어갈 수 있다(신뢰성을 향상시키고자 로드밸런서 뒤에 두 개의 인스턴스를 사용할 수도 있다). 하지만 클라우드는 비용이나 관리 복잡성을 크게 증가시키지 않고도 이러한 단순 구성을 개선시킬 수 있는 많은 기회를 제공한다.

빌드와 구매

클라우드 플랫폼에서 작업하는 시스템 관리자들은 '원형^{raw}의' 가상 머신으로부터 시작해 자체적으로 관리하는 맞춤형 웹 애플리케이션들을 빌드할 수 있다. 다른 대안으로는 설계의 구성 요소들을 이미 상품화돼 있는 클라우드 서비스들에게 맡김으로써 모든 일을 직접 설계하고 설정하고 운영하는 데 드는 노동력을 줄일 수 있다. 효율성을 위해서라면 가능한 한 공급업체의 서비스에 의존하는 게 낫다.

로드밸런서가 바로 이런 트레이드오프^{tradeoff}의 좋은 예라 할 수 있다. 예를 들어 AWS에서는 오픈소스 로드밸런싱 소프트웨어를 이용해 EC2 인스턴스를 실행할 수도 있고 AWS가 제공하는 일래스틱 로드밸런서^{Elastic Load Balancer}를 신청할 수도 있다. 전자는 원하는 대로 기능을 수정해서 맞출 수 있지만 로드밸런서의 운영체제를 관리하고 로드밸런싱 소프트웨어의 환경을 설정해야 하며 성능도 최적화하고 미래에 출시될 보안 패치들도 즉각적으로 설치해야 한다. 뿐만 아니라 소프트웨

---

14. SOAP 생태계 개발은 기술적 주도권이 빗나갈 수 있는 경우에 관한 매우 흥미로운 연구 사례다. 특히 가늠하기 힘든 불확실한 미래를 위한 시스템을 설계하려는 것이 얼마나 위험한 것인지를 보여준다. SOAP는 플랫폼(platform-), 언어(language-), 데이터(data-), 전송 신경망(transport-neural)을 계속 유지하는 데 엄청난 노력을 쏟아 부었으며 실제로 그런 목표들을 크게 이뤘다(심지어 정수 같은 기본적인 데이터 타입조차도 그 정의가 오픈된 채로 남았다).

어나 인스턴스에 발생하는 장애를 원활하게 처리하는 데 필요한 조치들은 생각보다 훨씬 복잡하다.

반면에 ELB는 단 몇 초만에 생성될 수 있으며 어떤 관리 작업도 요구하지 않는다. AWS가 뒤에서 모든 일을 처리한다. ELB에 원하는 어떤 특별한 기능이 빠져 있지 않는 한 ELB가 매우 적절한 방편임은 분명하다.

결국 이것은 원하는 서비스를 직접 빌드할 것인가, 아니면 공급업체로부터 아웃소싱할 것인가를 결정하는 문제다.

서비스형 플랫폼

서비스형 플랫폼^{PaaS, Platform-as-a-Service} 개념은 개발자들의 관심사에서 인프라스트럭처^{infrastructure}를 제거함으로써 웹 호스팅을 단순하게 해준다. 개발자들은 자신의 코드를 특정 포맷으로 패키징해서 PaaS 공급자에게 업로딩하면 공급자는 적절한 시스템들을 프로비저닝해서 자동으로 개발자 코드들을 실행한다. 공급자는 클라이언트의 실행 애플리케이션에 접속된 DNS 엔드포인트를 발급해 클라이언트가 DNS CNAME 레코드를 이용해 수정할 수 있게 해준다.

PaaS가 제공하는 것들은 인프라 관리를 대폭 단순화시켜주지만 융통성이나 맞춤성을 희생시킨다. 제공되는 대부분은 셸에 대한 관리자 접근을 허용하지 않거나 적극적으로 만류한다. PaaS 사용자들은 업체가 만든 임의의 설계 결정 사항들을 수용해야만 한다. 사용자들이 어떤 기능을 구현하는 능력은 제약될 수 있다.

구글 앱 엔진^{Google App Engine}은 PaaS 개념을 개척했으며 가장 탁월한 제품으로 남아 있다. 앱 엔진은 파이썬, 자바, PHP, Go를 지원하며 크론 스타일로 스케줄링된 작업 실행, 로그나 실시간 메시지에 대한 프로그램 접근, 다양한 데이터베이스 접근과 같은 지원 기능들을 많이 갖고 있다. 앱 엔진은 PaaS가 제공하는 최고의 산물로 간주된다.

이에 필적하는 AWS의 경쟁 제품은 일래스틱 빈스톡^{Elastic Beanstalk}으로 불린다. 앱 엔진이 지원하는 모든 언어 외에도 루비, Node.js, 마이크로소프트 닷넷^{Microsoft .NET},

독커 콘테이너^{Docker Container}를 지원한다. 일래스틱 로드밸런서와 AWS의 자동 확장^{Auto Scaling} 기능이 통합돼 있어 AWS 생태계의 역량을 배가시킨다.

실제 운용을 통해 일래스틱 빈스톡이 여러 가지가 혼재된 가방이라는 것을 알게 됐다. 맞춤 수정은 AWS 소유의 지루한 확장 프레임워크를 통해 가능하다. 사용자들은 여전히 애플리케이션을 호스팅하는 EC2 인스턴스를 실행할 책임이 있다. 따라서 일래스틱 빈스톡이 프로토타입에는 잘 맞을지 몰라도 많은 서비스로 구성된 상용 서비스의 작업량을 위해서는 좋은 선택이 아니라고 믿는다.

헤로쿠^{Heroku}는 이 분야에서 주목할 만한 또 다른 업체다. 헤로쿠에서의 애플리케이션은 다이노^{dyno}(경량 리눅스 컨테이너를 의미하는 헤로쿠 용어)에게 배포된다. 사용자들은 다이노 배포를 제어한다. 헤로쿠는 데이터베이스, 로드밸런싱, 기타 통합물을 제공하는 강력한 제휴망을 갖고 있다. 헤로쿠는 내부적으로 자신의 인프라를 AWS에서 실행하기 때문에 부분적으로 가격이 더 높다.

정적 콘텐츠 호스팅

단지 정적 웹 사이트를 호스팅할 목적으로 하나의 운영체제를 실행하는 것은 과잉인 것으로 보인다. 다행히도 클라우드 공급자들이 그런 정적 콘텐츠^{Static Content}를 대신 호스팅해줄 수 있다. AWS S3에서는 사용자가 콘텐츠용 버킷을 생성한 다음, 사용자 도메인으로부터 공급자 내부의 종단점까지 CNAME 레코드를 구성한다. 구글 파이어베이스^{Firebase}에서는 커맨드라인 도구를 이용해 로컬 콘텐츠를 구글로 복사하고, 구글은 SSL 인증서를 공급하고 사용자 파일들을 호스팅한다. 두 경우 모두 성능 향상을 위해 CDN에서 콘텐츠를 서비스할 수 있다.

서버리스 웹 애플리케이션

AWS 람다^{Lambda}는 이벤트 기반 컴퓨팅 서비스다. 람다를 사용하는 개발자들은 큐에 메시지 도착, 버킷에 새로운 객체 생성, 심지어 HTTP 요청과 같은 이벤트에 반응해 실행되는 코드를 작성한다. 람다는 이벤트 페이로드와 메타데이터를 사용자 정의 함수의 입력으로 공급하며 사용자 정의 함수는 처리를 수행해 응답을 반환한다. 여기에는 관리해야 할 어떤 인스턴스도 운영체제도 없다.

HTTP 요청을 처리하고자 람다는 API 게이트웨이라 불리는 다른 AWS 서비스와 결합해 사용된다. API 게이트웨이는 수십만 개의 동시 요청까지 확장이 가능한 프록시다. API 게이트웨이는 접근 제어, 속도 제한, 캐싱과 같은 기능들을 추가하고자 기점 서버 앞에 끼워진다. HTTP 요청들은 API 게이트웨이가 수신하며 요청이 도착하면 게이트웨이는 람다 함수를 호출한다.

그림 E와 같이 람다와 API 게이트웨이는 S3의 정적 호스팅과 결합해 웹 애플리케이션을 실행하기 위한 완전한 무서버 플랫폼을 구현할 수 있다.

그림 E AWS 람다, API 게이트웨이, S3를 이용한 서버리스 웹 호스팅

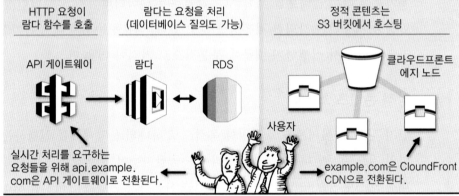

이런 기술은 아직 초기 단계에 있지만 이미 웹 애플리케이션 호스팅의 역학 구조를 변화시키고 있다. 많은 개선점, 프레임워크, 경쟁 서비스, 모범 사례들이 앞으로 수년 안에 급속히 성숙 단계에 이를 것으로 기대한다.

19.4 아파치 HTTPD

httpd 웹 서버는 유닉스나 리눅스가 있는 곳이면 어디에나 있다. 이 웹 서버는 아키텍처들 간의 이동성이 좋고 사전에 빌드된 패키지들이 모든 주류 시스템용으로 존재한다. 불행히도 OS 업체들은 저마다 httpd 환경설정 방식에 변화를 줬고 자신의 방식을 고집했다.

모듈러 아키텍처^{modular architecture}는 아파치^{Apache}가 채택한 근본이 돼 왔다. 동적 모듈들은 환경설정을 통해 활성화되며 2차 인증 옵션, 향상된 보안, 대부분 언어로 작성된 코드 실행 지원, 강력한 URL-재작성 등 여러 가지 기능을 제공한다.

여러 가지 역사적인 이유로 아파치는 다중 처리 모듈^{MPM, Multi-Processing Module}이라 불리는 장착 가능한^{pluggable} 접속 처리 시스템을 갖고 있다. MPM은 네트워크 I/O 계층에서 HTTP 접속을 어떻게 다뤄야 할지 결정한다. 이벤트 MPM이 가장 세련된 선택으로 워커^{worker} MPM이나 프리포크^{prefork} MPM보다 우선적으로 권장된다.[15]

특권 포트^{privileged port}(HTTP 80 포트나 HTTPS 443 포트와 같은 1024 이하의 포트)에 바인딩하려면 최초 httpd 프로세스가 반드시 루트^{root}로 실행돼야 한다. 그 후에 httpd 프로세스는 실제 요청들을 처리하고자 더 낮은 권한을 가진 로컬 계정 아래에 있는 추가적인 워커 프로세스들을 포크한다. 80 포트나 443 포트를 리스닝할 필요가 없는 사이트들은 루트 권한이 전혀 없어도 실행될 수 있다.

httpd는 아파치 스타일의 구문을 사용하는 일반 텍스트 파일 안의 디렉티브(환경설정 옵션을 의미하는 아파치 용어)들을 통해 설정된다. 수백 개의 디렉티브들이 존재하지만 보통 시스템 관리자가 조정할 필요가 있는 디렉티브는 몇 개 되지 않는다. 디렉티브와 그 값들은 아파치 웹 사이트뿐 아니라 OS와 함께 제공되는 기본 파일 안에 직접 문서화돼 있다.

httpd 사용

시스템 V init, BSD init, systemd는 모두 httpd를 제어할 수 있다. 어떤 것이 시스템 표준인지를 기본값으로 설정해놔야 한다. 하지만 디버깅이나 환경설정을 위해서는 시동 스크립트와 무관하게 데몬과 대화할 수 있다.

시스템 관리자는 httpd를 직접 실행하거나 apachectl을 사용할 수 있다.[16] httpd 호출은 서버 데몬에 대한 직접적인 제어를 제공하지만 모든 옵션을 기억하고 일일

---

15. mod_php와 같이 스레드세이프(thread-safe)하지 않은 일부 옛날 소프트웨어들은 프리포크 MPM을 사용해야 한다. 프리포크 MPM은 각 접속을 위해 스레드가 아닌 프로세스를 사용한다.

16. httpd는 데몬의 바이너리 이름이기도 하며 프로젝트 이름이기도 하다. 우분투는 임의로 httpd라는 이름을 apache2로 바꿨는데, apt 패키지 이름과는 일치하지만 사람들을 매우 혼란스럽게 만든다.

이 입력하는 일은 결코 쉽지 않다. apachectl은 httpd를 내포하고 있는 셸 스크립트 래퍼다. 각 운영체제 업체는 자신의 init 프로세스 관례에 부합하게 apachectl을 수정해서 사용한다. 또한 apachectl은 아파치를 시작, 중지, 재로딩하거나 상태를 보여줄 수 있다.

예를 들어 다음은 기본 환경설정으로 서버를 시작하는 방법이다.

```
# apachectl start
Performing sanity check on apache24 configuration:
Syntax OK
Starting apache24.
# apachectl status
apache24 is running as pid 1337.
```

이것은 FreeBSD 시스템에서의 출력인데, 여기서 apachectl은 먼저 httpd -t를 실행해 린트(lint) 방식의 환경설정 점검을 수행한 다음 데몬을 시작한다.[17]

apachectl graceful을 실행하면 현재 오픈돼 있는 접속들이 끝나기를 기다린 후에 서버를 재시작한다. 이 기능은 현재 작업 중인 접속을 끊지 않고 업데이트할 때 편리하다. 이 명령은 시스템 시동이나 중지 스크립트를 통해서도 사용할 수 있다.

수정된 환경설정으로 아파치를 시작하려면 다음과 같이 apachectl의 -f 플래그를 사용하면 된다.

```
# apachectl -f /etc/httpd/conf/custom-config.conf -k start
```

일부 업체는 httpd를 직접 실행하는 걸 선호하기 때문에 이 기능의 사용을 반대하고 있다.

부팅 시에 httpd가 자동으로 시작되게 환경을 설정하는 방법은 2장을 참고한다.

---

17. 린트(lint)는 C 코드를 분석해서 어떤 잠재적인 버그를 찾아내는 유닉스 프로그램이다. 지금은 이 용어가 오류나 버그, 기타 문제들을 찾아내고자 소프트웨어나 환경설정 파일을 검사하는 모든 도구를 지칭하는 말로 폭넓게 사용되고 있다.

httpd 환경설정 구조

httpd 환경설정 전체를 단 하나의 파일에 포함시킬 수 있음에도 운영체제 관리자들은 보통 기본 환경설정을 여러 개의 파일과 디렉터리로 분리하고자 Include 디렉티브를 사용한다. 이런 구조는 사이트 관리를 단순화하며 자동화에 매우 적합하다. 예상할 수 있듯이 구체적 환경설정 계층 구조는 시스템마다 다르다. 표 19.6은 이 책에서 예로 든 플랫폼들의 아파치 환경설정 기본값 목록이다.

표 19.6 플랫폼별 아파치 환경설정 세부 항목

	RHEL/센트OS	데비안/우분투	FreeBSD
패키지 이름	httpd	apache2	apache24
환경설정 루트	/etc/httpd	/etc/apache2	/usr/local/etc/apache24
주 환경설정 파일	conf/httpd.conf	apache2.conf	httpd.conf
모듈 환경설정	conf.modules.d/	mods-available/ mods-enabled/	modules.d/
가상 호스트 환경설정	conf.d/	sites-available/ sites-enabled/	Includes/
로그 위치	/var/log/httpd	/var/log/apache2	/var/log/httpd-*.log
사용자	apache	www-data	www

httpd는 시작할 때 주 환경설정 파일(보통은 httpd.conf)을 조회해 Include 디렉티브가 가리키는 추가적인 파일들을 통합한다. 기본으로 제공되는 httpd.conf 파일에는 상당한 양의 주석이 달려 있어 빠른 참조를 위한 용도로 사용될 수 있다. 이 파일에 있는 환경설정 옵션들은 3개의 카테고리로 나눌 수 있다.

- httpd의 환경설정 루트의 경로, 실행할 사용자와 그룹, 활성화할 모듈, 대기^{listen}할 네트워크 인터페이스와 포트 등과 같은 전역 설정$^{global settings}$
- 지정된 도메인에 서비스를 제공하는 방법을 정의한 VirtualHost 섹션(보통은 하위 디렉터리에 위임되고 주 환경설정 파일에서 Include된다)
- 어떤 VirtualHost 정의에도 해당되지 않는 요청에 응답하는 명령

많은 시스템 관리자는 광역 설정으로 만족할 것이며 개별적인 VirtualHost의 관

리만 필요할 것이다.

모듈들은 **httpd** 코어와 관계없이 독립적으로 존재하며 모듈 자체의 환경설정 옵션을 갖고 있는 경우가 많다. 대부분 OS 업체는 모듈 환경설정을 따로 분리해서 하위 디렉터리로 나누는 방법을 택하고 있다.

데비안과 우분투는 아파치 환경설정을 매우 특이한 방식으로 접근한다. 하위 디렉터리와 환경설정 파일, 심링크symlink의 구조는 (적어도 이론적으로는) 훨씬 더 유연한 서버 관리 시스템을 창출한다.

그림 F는 이런 퍼즐 같은 구조를 명확하게 보여준다. 마스터 apache2.conf 파일에는 /etc/apache2에 있는 *-enabled 하위 디렉터리들의 모든 파일이 포함돼 있다. 이 파일들은 실제로는 *-available 하위 디렉터리에 있는 파일에 연결돼 있는 심볼릭 링크들이다. 심링크를 생성하고 삭제하는 한 쌍의 환경설정 명령이 각 하위 디렉터리 세트를 위해 제공된다.

그림 F 데비안 기반 시스템에서의 /etc/apache2 하위 디렉터리

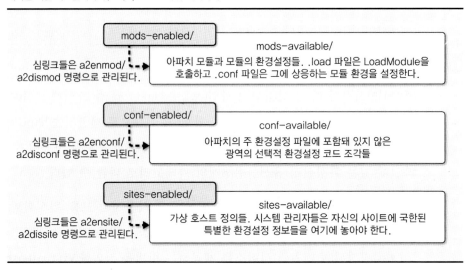

우리 경험으로는 데비안 시스템은 불필요한 게 많고 지나치게 복잡하다. 보통은 단순한 사이트 환경설정 하위 디렉터리만으로도 충분한 구조를 제공할 수 있다. 그럼에도 데비안이나 우분투를 사용하고 있는 사람이라면 그들이 제공하는 기본값을 고수하는 게 합리적일 것이다.

가상 호스트 환경설정

httpd 환경설정의 가장 큰 몫은 가상 호스트 정의에 있다. 일반적으로 사이트당 하나의 파일을 생성하는 게 좋다.

HTTP 요청이 도착했을 때 httpd는 그 요청의 HTTP Host 헤더와 네트워크 포트를 참조해 선택할 가상 호스트를 식별한다. 그런 다음 httpd는 요청된 URL의 경로 부분을 Files, Directory, Location 디렉티브로 매칭시켜 요청 콘텐츠의 서비스 방법을 결정한다. 이러한 매핑 프로세스는 요청 라우팅^{request routing}으로 알려져 있다.

다음 예는 admin.com의 HTTP와 HTTPS 환경설정을 보여준다.

```
<VirtualHost *:80>
    ServerName    admin.com
    ServerAlias   www.admin.com
    ServerAlias   ulsah.admin.com
    Redirect /    https://admin.com/
</VirtualHost>

<VirtualHost *:443>
    ServerName    admin.com
    ServerAlias   www.admin.com
    ServerAlias   ulsah.admin.com
    DocumentRoot  /var/www/admin.com/
    CustomLog     /var/log/apache2/admin_com_access combined
    ErrorLog      /var/log/apache2/admin_com_error
    SSLEngine     on
    SSLCertificateFile"/etc/ssl/certs/admin.com.crt"
    SSLCertificateKeyFile "/etc/ssl/private/admin.com.key"
    <Directory "/var/www/admin.com">
        Require all granted
    </Directory>
    <Directory "/var/www/admin.com/photos">
        Options +Indexes
    </Directory>
    <IfModule mod_rewrite.c>
        RewriteEngine on
        RewriteRule ^/(usah|lsah)$ /ulsah
    </IfModule>
    ExtendedStatus On
```

```
<Location /server-status>
    SetHandler server-status
    Require ip 10.0.10.10/32
</Location>
</VirtualHost>
```

읽기만 해도 의미를 알 수 있는 부분이 많지만 다음과 같은 몇 가지 세부 사항은 언급하는 게 좋겠다.

- 첫 번째 가상 호스트는 포트 80에서 응답하며 HTTPS를 사용하도록 admin.com, www.admin.com, ulsah.admin.com에 대한 모든 HTTP 요청을 리다이렉팅한다.
- admin.com/photos 요청은 해당 디렉터리에 있는 모든 파일의 인덱스를 수신한다.
- /usah나 /lsah 요청은 /ulsah로 재작성된다.

www.admin.com/server-status에 있는 환경설정에서 접근할 수 있는 **server-status**는 데몬의 CPU 및 메모리 사용, 요청 상태, 평균 초당 요청 수 등에 관한 통계값들을 포함한 유용한 런타임 성능 정보를 보여주는 모듈이다. 모니터링 시스템은 이 기능을 이용해 웹 서버에 관한 데이터를 수집해 HTTP 트래픽의 경보, 보고, 가시화를 한다. 여기서는 서버 상태에 관한 접근이 단일 IP 주소, 10.0.10.10으로 제한돼 있다.

HTTP 기본 인증

HTTP 기본 인증 체계에서 클라이언트는 Authorization HTTP 헤더 안에 base-64로 인코딩된 사용자명과 암호를 전달한다. 사용자가 이름과 암호를 URL에 포함시키면(예, https://user:pass@www.admin.com/server-status) 브라우저는 자동으로 인코딩을 수행해 그 값을 Authorization 헤더로 전달한다.

사용자명과 암호는 암호화되지 않기 때문에 기본 인증은 어떤 신뢰성도 제공하지 않는다. 따라서 HTTPS와 결합해 사용될 때만 안전하다.

아파치의 기본 인증은 **Location**이나 **Directory** 블록에서 설정된다. 예를 들면 다음 코드 조각은 /server-status에 접근하고자 인증을 요구하며 서브넷에 대한 접근을 제한한다.

```
<Location /server-status>
    SetHandler server-status
    Require ip 10.0.10.0/24
    AuthType Basic
    AuthName "Restricted"
    AuthUserFile /var/www/.htpasswd
    Require valid-user
</Location>
```

계정 정보는 환경설정 파일의 외부에 저장된다는 점에 유의한다. 계정 항목을 생성하려면 htpasswd 명령을 이용한다.

```
# htpasswd -c /var/www/.htpasswd ben
New password: <암호>
Re-type new password: <암호>
Adding password for user ben
# cat /var/www/.htpasswd
ben:$apr1$mPh0x0Cj$hfqMavkdHfVRVscE678Sp0
# chown www-data /var/www/.htpasswd        # 소유권 설정
# chmod 600 /var/www/.htpasswd             # 제한된 사용 권한
```

암호 파일들은 관례적으로 .htpasswd라고 불리는 숨겨진 파일들이지만 이름은 마음대로 정할 수 있다. 암호가 암호화돼 있지만 .htpasswd 파일의 사용 권한은 web-server 사용자만 읽을 수 있도록 설정한다. 이러한 예방책은 공격자가 소프트웨어를 해킹해서 사용자명을 보고 암호를 실행하지 못하게 제한한다.

TLS 환경설정

SSL이 TLS로 이름이 바뀌었을 수도 있으나 역호환성 관점에서 아파치는 환경설정 옵션에 SSL이란 이름을 계속 유지하고 있으며 다른 많은 소프트웨어 패키지도 그렇게 하고 있다. TLS를 설정하는 데는 다음과 같이 단 몇 줄만 필요하다.

```
SSLEngine              on
```

```
SSLProtocol          all -SSLv2 -SSLv3
SSLCertificateFile    "/etc/ssl/certs/admin.com.crt"
SSLCertificateKeyFile "/etc/ssl/private/admin.com.key"
```

여기서 TLS 인증서와 키는 리눅스의 중앙 시스템 장소인 /etc/ssl에 있다. 공개 인증서는 누구든지 읽을 수 있지만 키는 아파치 master-process 사용자(대개 root)만 접근할 수 있다. 우리는 인증서는 444, 키는 400의 사용 권한 설정을 선호한다.

실제 SSL 프로토콜(TLS의 선행 프로토콜)의 모든 버전은 안전하지 않기 때문에 앞에서와 같이 SSLProtocol 디렉티브를 이용해 비활성화해야 하는 것으로 알려져 있다.

일부 암호는 취약한 것으로 알려졌다. SSLCipherSuite 디렉티브를 이용해 웹 서버에서 지원되는 암호들을 설정할 수 있다. 구체적으로 어떤 설정을 사용해야 최선인지는 늘 그렇듯이 유동적이다. 모질라 서버 측 TLS 가이드가 가장 훌륭한 TLS 사례들을 담고 있는 최신 리소스라고 알고 있다. 이 가이드는 아파치, 엔진엑스, HA 프록시를 위한 편리한 환경설정 구문 참조도 포함하고 있다.

아파치에서의 웹 애플리케이션 실행

httpd는 모듈 시스템 내부에서 파이썬이나 루비, 펄, PHP, 기타 언어로 작성된 프로그램들을 실행하도록 확장할 수 있다. 모듈들은 아파치 프로세스 안에서 실행되며 HTTP 요청/응답 라이프 사이클 전체에 접근할 수 있다.

모듈들은 시스템 관리자가 애플리케이션의 런타임 특성들을 제어할 수 있게 해주는 추가적인 환경설정 디렉티브들을 제공한다. 표 19.7은 가장 많이 사용되는 애플리케이션 서버 모듈 중 일부의 목록이다.

표 19.7 httpd용 애플리케이션 서버 모듈

모듈	언어	
mod_php	PHP	사양 추세. 프리포크 MPM에서만 사용
mod_wsgi	파이썬	웹 서버 게이트웨이 인터페이스, 파이썬 표준
mod_passenger	다중	루비, 파이썬, Node.js 등의 다중 언어를 위한 유연한 애플리케이션 서버로서 상업적으로 지원됨

(이어짐)

모듈	언어	
mod_proxy_fcgi	모든 언어	어떤 언어로든 사용 가능한 표준 서버 인터페이스
mod_perl	펄	httpd 내부에 있는 펄 해석기

다음 예는 (api.admin.com 사이트의 파이썬 장고 애플리케이션 환경을 설정하고자) **mod_wsgi** 모듈을 사용한다.

```
LoadModule wsgi_module mod_wsgi.so

<VirtualHost *:443>
    ServerName api.admin.com

    CustomLog /var/log/apache2/api_admin_com_access combined
    ErrorLog /var/log/apache2/api_admin_com_error

    SSLEngine on
    SSLCertificateFile "/etc/ssl/certs/api_admin.com.crt"
    SSLCertificateKeyFile "/etc/ssl/private/api_admin.com.key"

    WSGIDaemonProcess admin_api user=user1 group=group1 threads=5
    WSGIScriptAlias / /var/www/api.admin.com/admin_api.wsgi

    <Directory /var/www/api.admin.com>
        WSGIProcessGroup admin_api
        WSGIApplicationGroup %{GLOBAL}
        Require all granted
    </Directory>
</VirtualHost>
```

아파치에 의해 일단 mod_wsgi.so가 로딩된 후에는 여러 가지 WSGI 환경설정 디렉티브들을 사용할 수 있다. 앞의 환경설정에 있는 WSGIScriptAlias 파일, admin_api.wsgi는 WSGI 모듈이 필요로 하는 파이썬 코드를 포함하고 있다.

로깅

httpd는 로그 데이터를 매우 정밀하게 제어할 수 있고 가상 호스트에 의한 로그 데이터를 따로 분류할 수 있는 최상의 로깅 기능을 제공한다. 시스템 관리자는 환경설정 문제를 디버깅하거나 잠재적인 보안 위협을 감지하거나 사용률 정보를 분석하는 데 이런 로그 데이터를 활용할 수 있다.

다음은 admin.access.log에서 가져온 로그 메시지의 예다.

```
127.0.0.1 - - [19/Jun/2015:15:21:06 +0000] "GET /search HTTP/1.1 200
    20892 "-" "curl/7.38.0"
```

로그 메시지는 다음과 같은 내용을 보여준다.

- 요청 소스(여기서는 127.0.0.1, 즉 로컬호스트)
- 타임스탬프
- 요청 자원의 경로(/search)와 HTTP 메서드(GET)
- 응답 상태 코드(200)
- 응답 크기
- 사용자 에이전트(curl 커맨드라인 도구)

mod_log_config 문서에는 원하는 대로 로그 포맷을 만드는 방법에 관한 모든 세부 사항이 포함돼 있다.

트래픽이 많은 웹 사이트는 디스크를 금방 채울 만큼 방대한 양의 요청 로그를 만들어낸다. 시스템 관리자는 그런 일이 발생하지 않게 할 책임이 있다. 과대한 로그 파일로 인해 시스템의 다른 부분에 영향이 주지 않도록 웹 서버 로그는 별도의 전용 파티션에 생성되게 한다.

대부분의 리눅스 배포판에서는 아파치의 기본 패키지 설치에 적절한 logrotate 설정이 포함돼 있다. FreeBSD에는 그런 기본값이 포함돼 있지 않으므로 시스템 관리자가 대신해서 아파치 로그용으로 /etc/newsysog.conf에 항목을 추가해야 한다.

로그 디렉터리와 그 안의 파일들은 마스터 httpd 프로세스의 사용자(일반적으로 root)에 의해서만 쓰기가 가능해야 한다. 루트가 아닌 사용자들이 쓰기 권한을 갖게 되면 다른 파일로 연결되는 심링크를 생성할 수 있기 때문에 위조 데이터 덮어쓰기의 원인이 된다. 시스템의 기본값들은 안전하게 설정된 것이므로 사용자나 그룹을 수정하는 일은 피하자.

19.5 엔진엑스

트래픽이 많은 웹 서버는 수천 개의 동시 요청에 응답해야 한다. 각 요청을 처리하는 시간의 대부분은 네트워크나 디스크에서 데이터가 도착하길 기다리는 데 소비된다. 실질적으로 요청을 처리하는 데 소비되는 시간은 상대적으로 매우 짧다.

엔진엑스는 이러한 작업 부하workload를 효율적으로 다루고자 단 몇 개의 워커 프로세스만으로 많은 요청을 동시에 처리하는 이벤트 기반 시스템을 사용한다. 요청이나 응답(즉, 이벤트)이 서비스할 준비가 되면 워커 프로세스는 신속히 처리를 완료하고 다음 이벤트로 넘어간다. 무엇보다 엔진엑스는 네트워크나 디스크 I/O의 막힘 현상을 없애는 데 목표를 두고 있다.

가장 최신 버전의 아파치에 포함돼 있는 이벤트 MPM도 이와 유사한 아키텍처를 사용하지만 성능이 매우 중시되는 대규모 사이트에서는 여전히 엔진엑스를 선택해야 할 소프트웨어로 꼽고 있다.

엔진엑스를 사용하는 시스템 관리자들은 최소한 두 개의 프로세스에 주목할 것이다. 하나는 마스터master이고 다른 하나는 워커worker다. 마스터 프로세스는 소켓 열기, 환경설정 읽기와 같은 관리 임무를 수행한다. 워커 프로세스는 요청 처리와 같은 힘든 일의 대부분을 수행한다. 일부 환경설정은 캐싱을 전담하는 추가적인 프로세스를 사용하기도 한다. 아파치에서와 같이 마스터 프로세스는 1024 이하의 포트에 소켓을 오픈할 수 있도록 루트 권한으로 실행된다. 다른 프로세스들은 그보다 더 낮은 권한의 사용자로 실행된다.

워커 프로세스의 수는 설정할 수 있다. 경험 법칙으로 볼 때 시스템이 갖고 있는 CPU 코어 수만큼의 워커 프로세스를 실행하는 게 좋다. 데비안과 우분투는 엔진엑스를 패키지에서 설치할 때 그런 방식으로 기본값을 설정한다. FreeBSD와 RHEL은 단 하나의 워커 프로세스로 기본값이 설정돼 있다.

엔진엑스의 설치와 실행

엔진엑스는 갈수록 더 대중화되고 세계에서 가장 트래픽이 많은 웹 사이트 중 일부에서 아주 중요하게 사용되고 있음에도 OS 배포판들은 여전히 엔진엑스 지원을 미루고 있다. FreeBSD가 훨씬 최신판인데 비해 데비안과 RHEL의 공식적인 저장소에 있는 버전들은 대개 유효 기간이 지난 것들이다. 엔진엑스는 오픈소스이기 때문에 직접 수작업으로 빌드하고 설치할 수 있다. 이 프로젝트의 웹 페이지(nginx.org)는 배포판에서 제공하는 것보다 더 최신 버전의 **apt**와 **yum**용 패키지들을 제공하고 있다.

통상적인 시스템 서비스 관리는 매일매일 발생하는 엔진엑스에 관한 이슈들을 다루기에 적합하다. 개발이나 디버깅 중에도 엔진엑스 데몬을 실행할 수 있다. 맞춤 수정된 환경설정 파일을 지정하려면 **-c** 인수를 사용한다. **-t** 옵션은 환경설정 파일의 구문 검사를 수행한다.

엔진엑스는 시그널을 이용해 여러 가지 유지 관리 작업을 작동시킨다. 표 19.8은 그렇게 작동되는 작업들의 목록이다. 마스터 엔진엑스 프로세스(대개는 가장 낮은 PID를 가진 프로세스)를 타깃으로 하고 있음에 유의한다.

표 19.8 엔진엑스 데몬이 이해하는 시그널

시그널	기능
TERM 또는 INT	즉각적인 종료
QUIT	현재 오픈된 모든 접속의 작업을 완료하고 닫은 후에 종료
USR1	로그 파일들을 재오픈(로그 로테이션을 용이하게 하는 데 사용)
HUP	환경설정을 재로딩[a]
USR2	서비스를 중단하지 않고 서버 바이너리를 순조롭게 교체[b]

a. 이 옵션은 새 환경설정의 구문을 검사해서 구문이 유효하면 새 환경설정으로 새 워커 프로세스를 시작한다. 그런 다음 이전 워커 프로세스를 순조롭게 종결시킨다.
b. 이 방법의 구체적 내용은 엔진엑스 커맨드라인 문서를 참고한다.

엔진엑스 환경설정

엔진엑스 환경설정 방식은 대체적으로 C 언어와 유사하다. 환경설정 줄들의 블록을 구분하고자 중괄호 기호를 사용하고, 줄들을 구분하고자 세미콜론을 사용한다. 주 환경설정 파일은 nginx.conf가 기본값으로 돼 있다. 표 19.9는 가장 중요한 시스템 고유의 엔진엑스 환경설정들을 요약한 것이다.

표 19.9 플랫폼별 엔진엑스 환경설정 세부 사항

	RHEL/센트OS	데비안/우분투	FreeBSD
패키지명	nginx[a]	nginx	nginx
데몬 경로	/sbin/nginx	/usr/sbin/nginx	/usr/local/sbin/nginx
환경설정 루크	/etc/nginx	/etc/nginx	/usr/local/etc/nginx
가상 호스트 환경설정[b]	conf.d/	sites-available/sites-enabled/	정해진 경로 없음
기본 사용자	nginx	www-data	nobody

a. EPEL 소프트웨어 저장소를 반드시 활성화해야 한다(fedoraproject.org/wiki/EPEL를 참고할 것).
b. 환경설정 루트 디렉터리에 상대적인 경로다.

nginx.conf 파일 안에서 중괄호로 묶은 환경설정 디렉티브 들의 블록을 콘텍스트 context라 부른다. 콘텍스트는 해당 환경설정 블록에 특정된 디렉티브들을 포함하고 있다. 예를 들면 다음은 3개의 콘텍스트로 구성된 최소한의 (하지만 완전한) 엔진엑스 환경설정이다.

```
events { }
http {
    server {
        server_name www.admin.com;
        root /var/www/admin.com;
    }
}
```

가장 바깥쪽 콘텍스트(main)는 내재적으로 의미를 가지며 핵심적인 기능을 설정한다. 따라서 events와 http 콘텍스트는 main 안에 존재하는 것이다. events는 접속 처리를 설정하고자 요구되는 콘텍스트다. 앞 예에서는 그 내용이 비어 있기 때문에 내재적으로 기본값들이 적용된다. 다행히도 기본값들은 다음과 같이 유추할 수 있다.

- 한 개의 워커 프로세스를 실행한다(비특권 사용자 계정을 사용).
- 루트로 실행되면 80 포트를 대기하고 아니면 8000 포트를 대기한다.
- 로그는 /var/log/nginx에 써진다(컴파일할 때 선택됨).

http 콘텍스트는 웹 및 HTTP 프록시 서비스와 관련된 모든 디렉티브를 포함한다. 가상 호스트를 정의하는 server 콘텍스트는 http 안에 삽입된다. http 안에 있는 여러 개의 server 콘텍스트는 여러 개의 가상 호스트를 설정하게 된다.

Host 헤더가 서브도메인 그룹에 매칭될 수 있게 다음과 같이 server_name 안에 앨리어스들이 포함될 수 있다.

```
http {
    server {
        server_name admin.com www.admin.com;
        root /var/www/admin.com;
    }
    server {
        server_name example.com www.example.com;
        root /var/www/example.com;
    }
}
```

server_name의 값은 정규표현식도 가능하며, 매칭된 내용은 캡처할 수도 있고 나중에 환경설정할 때 사용할 수 있게 변수로 명명할 수도 있다. 이 기능을 이용해 앞서 설정된 환경을 다음과 같이 재구성할 수 있다.

```
http {
    server {
        server_name ~^(www\.)?(?<domain>(example|admin)com)$;
        root /var/www/$domain;
    }
}
```

여기서 틸드(~)로 시작되는 정규표현식은 example.com이나 admin.com과 매칭되며, 그 앞에 www가 선택적으로 올 수도 있다. 매칭된 도메인의 값은 $domain 변수에 저장되며 나중에 어떤 서버를 루트로 선택할지 결정하는 데 사용될 수 있다.[18]

---

18. 이런 구문의 사용은 엔진엑스로 하여금 모든 HTTP 요청에 대해 정규표현식 매칭을 수행하게 한다는 것을 잘 알고 있어야 한다. 여기서는 엔진엑스의 유연성을 보여주고자 이런 구문을 사용했지만 실제 서비스 환경에서는 일반 텍스트 형태로 가능한 모든 호스트명의 목록을 만드는 게 나을 수 있다. nginx.conf에서 정규표현식을 사용하는 것은 얼마든지 가능한 일이지만 그것들이 실제로 값을 전달하고 있음을 분명히 확인해야 하며, 특정 상황에서만 활성화되게 환경설정 계층 구조에서 낮은 위치에 있게 해야 한다.

이름 기반의 가상 호스트들은 listen과 server_name 디렉티브를 함께 사용함으로써 IP 기반의 호스트들과 구별될 수 있다.

```
server {
    listen 10.0.10.10:80
    server_name admin.com www.admin.com;
    root /var/www/admin.com/site1;
}
server {
    listen 10.0.10.11:80
    server_name admin.com www.admin.com;
    root /var/www/admin.com/site2;
}
```

이 환경설정은 서로 다른 웹 루트에서 서비스되는 두 가지 버전의 admin.com을 보여준다. 요청이 수신된 인터페이스의 IP 주소가 클라이언트가 보게 될 버전의 사이트를 결정한다.

루트는 가상 호스트의 HTML, 이미지, 스타일시트, 스크립트, 기타 파일들이 저장 돼 있는 기본 디렉터리다. 엔진엑스는 기본값으로 루트에서 파일들을 서비스하지만 좀 더 정교한 요청 라우팅을 하고자 location 디렉티브를 사용할 수 있다. 주어진 경로가 location 디렉티브와 일치하지 않으면 엔진엑스는 자동으로 경로를 루트로 되돌린다.

다음 예는 location 디렉티브를 proxy_pass 디렉티브와 함께 사용한다. 대부분의 요청은 웹 루트에서 서비스하지만 http://www.admin.com/nginx에 대한 요청은 nginx.org로 넘기도록 지시한다.

```
server {
    server_name admin.com www.admin.com;
    root /var/www/admin.com;
    location /nginx/ {
        proxy_pass http://nginx.org/;
    }
}
```

proxy_pass는 엔진엑스에게 프록시로서 역할을 할 것과 클라이언트로부터의 요청을 다른 다운스트림 서버에게 전달할 것을 지시한다. proxy_pass 디렉티브는 엔진엑스를 로드밸런서로 사용하는 방법을 설명할 때 다시 보게 될 것이다.

location은 정규표현식을 이용해 요청 콘텐츠에 따라 다른 소스로 연결하는 강력한 경로 기반 라우팅을 수행할 수 있다. 엔진엑스 공식 문서에는 엔진엑스가 요청 라우팅을 위해 server_name, listen, location 디렉티브들을 적용하는 방법이 설명돼 있다.

배포판에서 가장 흔히 사용되는 패턴은 광역 http 콘텍스트의 많은 디렉티브에 합리적인 기본값들을 설정한 후 다음과 같이 include 디렉티브를 사용해 사이트 고유의 가상 호스트들을 마지막 환경설정에 추가하는 것이다.

```
include /etc/nginx/conf.d/*.conf;
```

이 아키텍처는 모든 자식이 광역 설정들을 상속받기 때문에 불필요한 과잉 설정들을 제거하는 데 도움을 준다. 단순한 환경에 있는 시스템 관리자들이라면 가상 호스트 환경설정을 server 콘텍스트로 표현해 작성하는 것 외에는 어떤 일도 필요하지 않을 수 있다.

엔진엑스용 TLS 환경설정

엔진엑스는 아파치 환경설정 스타일을 많이 차용하지는 않았음에도 엔진엑스의 TLS 환경설정은 아파치와 매우 유사한 부분이다. 아파치에서와 같이 환경설정 키워드들은 모두 SSL(TLS의 예전 이름)을 이름으로 사용한다.

다음과 같이 TLS를 활성화하고 인증서와 개인키 파일을 가리키게 한다.

```
server {
    listen 443;
    ssl on;
    ssl_certificate /etc/ssl/certs/admin.com.crt;
    ssl_certificate_key /etc/ssl/private/admin.com.crt;
    ssl_protocols TLSv1 TLSv1.1 TLSv1.2;
```

```
    ssl_ciphers ECDHE-RSA-AES128-GCM-SHA256:ECDHE... # 뒷 부분 생략
    ssl_prefer_server_ciphers on;

    server_name admin.com www.admin.com;
    root /var/www/admin.com/site1;
}
```

옛 SSL 버전이 아닌 실제 TLS 프로토콜만 활성화돼야 한다. SSL 프로토콜들은 이제 사용되지 않는다. 인증서와 키의 사용 권한은 '아파치 TLS' 절에 요약된 권장 사항을 따라야 한다.

암호학적으로 강력한 암호를 요구하고 취약한 암호는 사용하지 못하게 `ssl_ciphers` 디렉티브를 사용한다. `ssl_prefer_server_ciphers` 옵션은 `ssl_ciphers`와 결합해 엔진엑스에게 클라이언트가 아닌 서버의 목록에서 암호를 선택할 것을 지시한다. 그렇지 않으면 클라이언트가 원하는 어떤 암호든 제안할 수 있다(앞의 예는 암호 목록이 너무 길기 때문에 전체를 보여주지 않는다. 권장 값들을 보려면 모질라 서버 측 TLD 가이드를 참고한다. 더 짧은 암호 목록을 원한다면 cipherli.st에 있는 목록을 참고한다).

엔진엑스에서의 로드밸런싱

엔진엑스는 웹 서버와 캐시 서버 역할 외에 로드밸런서로도 사용될 수 있다. 그 환경설정 방식은 유연하긴 하지만 다소 불명확하다.

명명된 서버 그룹을 생성하려면 `upstream` 모듈을 사용한다. 예를 들어 다음과 같은 절은 `admin-servers`를 두 서버의 묶음으로 정의한다.

```
upstream admin-servers {
    server web1.admin.com:8080 max_fails=2;
    server web2.admin.com:8080 max_fails=2;
}
```

`upstream` 그룹들은 가상 호스트 정의에서 참조할 수 있다. 특히 호스트명과 같은 프록싱 목적지로 사용될 수 있다.

```
http {
    server {
        server_name admin.com www.admin.com;
        location / {
            proxy_pass http://admin-servers;
            health_check interval=30 fails=3 passes=1 uri=/health_check
                match=admin-health      # 원본 파일에서는 줄이 나뉘어 있지 않음
        }
    }
    match admin-health {
        status 200;
        header Content-Type = text/html;
        body ~ "Red Leader, Standing By";
    }
}
```

여기서 admin.com과 www.admin.com의 트래픽은 라운드로빈 순서(기본값)로 web1과 web2 서버에게 위탁된다.

이 환경설정은 백엔드 서버들을 위한 상태 확인^{health check}도 설정한다. /health_check 종단점(uri=/health_check)에 있는 각 서버에 대해 30초마다(interval=30) 확인을 수행한다. 상태 확인이 3번 연속(fails=3) 실패하면 엔진엑스는 해당 서버가 다운된 것으로 표시하겠지만 단 한 번이라도(passes=1) 성공한다면 해당 서버를 다시 로테이션에 추가할 것이다.

match 키워드는 엔진엑스 특유의 키워드다. 상태 확인을 성공으로 간주하는 조건들을 제시한다. 앞의 경우 엔진엑스는 반드시 200 응답 코드를 수신해야 하며, Content-Type 헤더는 text/html로 설정돼 있어야 하고, 응답 바디는 'Red Leader, Standing By.'라는 문구를 포함하고 있어야 한다.

최대 접속 시도 실패 수를 2로 설정한 추가 조건은 upstream 콘텍스트 안에 추가했다. 즉, 엔진엑스가 두 번의 시도로도 서버에 접속할 수 없다면 해당 서버를 포기하고 풀에서 제거한다. 이것은 health_check절의 체계적인 상태 확인을 보완해주는 추가적인 접속 점검인 것이다.

19.6 HAProxy

HAProxy는 가장 널리 사용되는 오픈소스 로드밸런싱 소프트웨어다. HTTP와 TCP를 프록싱하며 지정된 클라이언트를 특정 웹 서버에 고정시키기 위한 스티키 세션$^{sticky\ session}$을 지원하며 고급 상태 확인 기능을 제공한다. 최신 버전은 TLS, IPv6, HTTP 압축도 지원한다. HTTP/2 지원은 현재 작업이 진행 중이며 곧 완성돼 HAProxy 버전 1.7부터 지원될 것으로 예상된다.

HAProxy의 환경설정은 보통 단일 파일 haproxy.cfg에 포함돼 있다. 이 파일은 OS 업체들이 일을 복잡하게 만들지 않고 프로젝트에서 권장하는 기본 디렉터리 구조를 수용하도록 매우 간단하게 돼 있다.

데비안과 RHEL 시스템에서는 /etc/haproxy/haproxy.cfg에 환경설정이 있다. FreeBSD는 사실상 이렇다 할 만한 로드밸런싱이 없기 때문에 기본값을 제공하지 않으며 시스템 관리자의 설정에 전적으로 의존한다. FreeBSD는 HAProxy 패키지 설치 후에 /usr/local/share/examples/haproxy에서 환경설정 예를 찾아볼 수 있다.

다음의 간단한 환경설정 예는 HAProxy가 80 포트를 대기하고 두 서버 web1과 web2의 8080 포트에 라운드로빈 방식으로 요청을 분산 배포하도록 설정한다.

```
global
    daemon
    maxconn 5000
defaults
    mode http
    timeout connect    5000        # 밀리초
    timeout client     10000
    timeout server     10000
frontend http-in
    bind *:80
    default_backend    webservers
backend webservers
    balance            roundrobin
    server web1        10.0.0.10:8080
    server web2        10.0.0.11:8080
```

이 예에서는 그림 G와 같은 HAProxy의 **frontend**와 **backend** 키워드를 사용한다.

frontend는 HAProxy가 클라이언트에서 요청을 수신하는 방법을 제시한다. 즉, 어떤 주소와 포트를 사용할 것인가, 어떤 유형의 트래픽을 서비스할 것인가, 클라이언트와 대면하는 고려 사항들을 제시한다. **backend**는 실제로 요청을 처리하는 서버들의 집합을 설정한다. 여러 개의 **frontend/backend** 쌍이 한 개의 환경설정 파일 안에 존재할 수 있으므로 하나의 HAProxy가 복수의 사이트를 서비스할 수 있다.

timeout을 설정하면 서버에 새로운 접속을 오픈하려고 할 때 시스템이 얼마나 기다려야 하는지, 접속이 일단 개통되고 나면 얼마나 오랫동안 접속을 오픈 상태로 유지할 것인지와 같은 정밀한 제어가 가능하다. 트래픽이 많은 웹 서버에서는 이러한 값들을 정밀하게 조정하는 것이 매우 중요하다. 로컬 네트워크에서는 새 접속이 신속하게 수립돼야 하기 때문에 **timeout connect** 값이 상당히 낮을(500ms 이하) 수 있다.

그림 G HAProxy fontend와 backend 사양

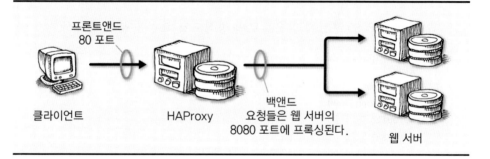

상태 확인

앞서 예로 든 환경설정은 기본적인 기능을 제공함에도 다운스트림 웹 서버의 상태는 확인하지 않는다. web1이나 web2가 오프라인이 되면 들어오는 요청의 절반이 실패하기 시작할 것이다.

HAProxy의 상태 확인 기능은 각 서버의 상태를 판단하고자 일반적인 HTTP 요청을 수행한다. 서버가 HTTP 200 응답 코드로 응답하는 한 서버는 서비스 중인 상태

로 남아 계속 로드밸런서에서 요청을 수신한다.

서버가 상태 확인에 실패(200이 아닌 상태 코드를 반환)하면 HAProxy는 오류가 난 서버를 풀에서 제거한다. 하지만 HAProxy는 계속 해당 서버의 상태 확인을 수행한다. 일단 서버가 다시 성공적으로 응답하기 시작하면 HAProxy는 서버를 다시 풀로 불러들인다.

어떤 요청 메서드를 사용할 것인가, 확인 간격을 얼마로 할 것인가, 요청 경로 등과 같은 상태 확인 특성들은 모두 조정할 수 있다. 다음 예에서는 HAProxy가 각 서버의 /에 대한 GET 요청을 30초마다 수행한다.

```
backend webservers
    balance roundrobin
    option httpchk GET /
    server web1 10.0.0.10:8080 check inter 30000
    server web2 10.0.0.11:8080 check inter 30000
```

어떤 머신의 웹 서버와 접속할 수 있다는 것을 알면 안심이 되긴 하지만, 그것이 곧 서버가 건강하다는 것을 의미하는 것은 아니다. 잘 구축된 웹 애플리케이션들은 서버가 실제로 건강한지를 판단하고자 애플리케이션의 철저한 검사를 수행하는 상태 확인 종단점을 노출시킨다. 이런 확인에는 성능 모니터링뿐 아니라 데이터베이스 검증, 캐시 연결성이 포함된다. 가능하다면 이와 같은 정교한 확인 기능을 사용한다.

서버 통계

HAProxy는 아파치의 **mod_status**와 같이 서버 통계값들을 표시해주는 편리한 웹 인터페이스를 제공한다. HAProxy 버전은 풀 안에 있는 각 서버의 상태를 보여주며 필요에 따라 수작업으로 서버를 켜거나 끌 수 있게 해준다.

구문은 다음과 같이 간단하다.

```
listen stats :8000
    mode http
```

```
stats enable
stats hide-version
stats realm HAProxy\ Statistics
stats uri /
stats auth myuser:mypass
stats admin if TRUE
```

서버 통계값들은 그 기능을 해당 설정에 제한하고자 특정 리스너 또는 backend나 frontend 블록 안에 설정될 수 있다.

스티키 세션

HTTP는 상태를 갖지 않는 프로토콜이기 때문에 각 트랜잭션은 하나의 독립적인 세션이다. 프로토콜 관점에서는 동일한 클라이언트로부터의 요청들은 서로 관련이 없다.

동시에 대부분의 웹 애플리케이션은 대부분 시간이 흐름에 따라 사용자 행동을 추적하기 위한 상태를 필요로 한다. 상태의 전형적인 예는 쇼핑 카트다. 사용자들은 상점을 둘러보고 물품들을 카트에 추가하며 계산할 준비가 됐을 때 그들의 지불 정보를 제출한다. 웹 애플리케이션은 여러 페이지 뷰에 걸쳐 카트의 내용을 추적할 수 있는 어떤 방법을 필요로 한다.

대부분의 웹 애플리케이션은 상태를 추적하는 데 쿠키를 사용한다. 웹 애플리케이션은 사용자를 위한 세션을 생성해 세션 ID를 쿠키에 넣고 쿠키를 응답 헤더에 넣어 사용자에게 보낸다. 클라이언트가 서버에 요청을 제출할 때마다 요청과 함께 쿠키를 보낸다. 서버는 쿠키를 사용해 클라이언트의 콘텍스트를 복원한다.

웹 애플리케이션이 자신의 상태 정보를 데이터베이스와 같이 영속적이고 공유되는 매체에 저장하는 게 가장 이상적이지만 일부 형편없는 웹 애플리케이션은 자신의 세션 데이터를 서버 메모리나 로컬 디스크와 같은 곳에 로컬 형태로 보관한다. 이런 애플리케이션들이 로드밸런서 뒤에 놓이게 되면 로드밸런서 스케줄링 알고리듬의 예측할 수 없는 변화에 따라 단일 클라이언트로부터의 요청들이 여러 서버로 라우팅될 수 있기 때문에 애플리케이션이 작동하지 않는다.

이 문제를 해결하고자 HAProxy는 자신의 쿠키를 응답에 삽입할 수 있는데 이런 기능을 스티키 세션^sticky session이라 한다. 동일한 클라이언트에서 오는 미래의 요청들은 해당 쿠키를 포함하게 된다. HAProxy는 쿠키 값을 이용해 해당 요청을 동일한 서버로 라우팅할 수 있다.

스티키 세션을 지원하고자 수정된 앞의 예로 든 환경설정은 다음과 같은 모습을 갖는다. cookie 디렉티브의 추가에 주목한다.

```
backend webservers
    balance roundrobin
    option httpchk GET /
    cookie SERVERNAME insert httponly secure
    server web1 10.0.0.10:8080 cookie web1 check inter 30000
    server web2 10.0.0.11:8080 cookie web2 check inter 30000
```

이 환경설정에서 HAProxy는 **SERVERNAME** 쿠키를 유지해서 클라이언트가 다루고 있는 서버를 추적한다. secure 키워드는 쿠키가 TLS 접속으로만 보내져야 함을 기술하고 있다. **httponly**는 브라우저에게 HTTP상에서만 쿠키를 사용할 것을 알린다. 이 속성들에 관한 자세한 정보는 RFC6265를 참고한다.

TLS 종료

HAProxy 1.5 이후 버전에는 TLS 지원이 포함된다. HAProxy 서버에서 TLS 접속을 종료하고 보통의 HTTP상에서 백엔드 서버와 통신하게 환경을 설정하는 것이 일반적이다. 이런 방식은 백엔드 서버에서 암호화로 인한 부하를 덜어주며 개인키를 필요로 하는 시스템 수를 줄인다.

특히 보안에 민감한 사이트에서는 HAProxy에서 백엔드 서버까지 HTTPS를 사용하는 것도 가능하다. 같은 TLS 인증서를 사용할 수도 있고 다른 것을 사용할 수도 있다. 어느 쪽이든 프록시에서의 TLS 종료와 재초기화는 여전히 필요하다.

블록에 영속적인 환경설정을 추가할 필요가 있다.

```
frontend https-in
```

```
bind *:443 ssl crt /etc/ssl/private/admin.com.pem
default_backend webservers
```

아파치와 엔진엑스는 PEM 포맷으로 된 별개의 파일에 개인키와 인증서를 요구하지만 HAProxy는 같은 파일에 두 가지 모두 존재할 것을 요구한다. 다음과 같이 따로 돼 있는 파일을 이어 붙여 간단히 합성 파일을 만들 수 있다.

```
# cat /etc/ssl/{private/admin.com.key,certs/admin.com.crt} >
    /etc/ssl/private/admin.com.pem
# chmod 400 /etc/ssl/private/admin.com.pem
# ls -l /etc/ssl/private/admin.com.pem
-r-------- 1 root root 3660 Jun 18 17:46 /etc/ssl/private/admin.com.pem
```

개인키는 합성 파일의 한 부분이므로 파일은 반드시 루트에 의해 소유되고 다른 사용자는 읽을 수 없게 해야 한다(어떤 특권 포트도 사용하지 않기 때문에 HAProxy를 루트로 실행하지 않는다면 키 파일의 소유자가 HAProxy의 실행 ID와 일치하게 해야 한다).

TLS의 모든 모범 사례는 HAProxy에도 적용된다. SSL 시대의 프로토콜들은 모두 비활성화하고 수용 가능한 암호화 세트를 명시적으로 설정하게 한다.

19.7 추천 자료

Adrian, David, et al. Weak Diffie-Hellman and the Logjam Attack. weakdh.org. 이 자료는 디피-헬만 키 교환 프로토콜에서의 로그잼 공격을 설명하고 시스템을 안전하게 만드는 방법을 제시한다.

CloudFlare, Inc. blog.cloudflare.com. 콘텐츠 전송 네트워크 클라우드플레어 CloudFlare의 기업 블로그다. 일부는 단순한 마케팅 정보지만 많은 포스트에 최신 웹 동향과 기술에 대한 통찰이 포함돼 있다.

Google, Inc. Web Fundamentals. developers.google.com/web/fundamentals. 웹 개발의 다양한 모범 사례로 안내하는 유용한 가이드다. 사이트 설계, 사용자 인터페이스, 보안, 성능, 그밖에 개발자와 시스템 관리자에게 흥미로운 주제에 관한 섹션들이 포함돼 있다. 특히 캐싱에 관한 부분이 좋다.

Grigorik, Ilya. High Performance Browser Networking. O'Reilly Media. 2013. 웹의 프로토콜, 강점, 한계, 성능 면을 다루는 매우 탁월한 안내서다. 개발자와 시스템 관리자에게 유용하다.

IANA. Index of HTTP Status Codes. www.iana.org/assignments/http-status-codes.

International Engineering Task Force. Hypertext Transfer Protocol Version 2. http2.github.io/http2-spec. HTTP2 사양의 작업 초안이다.

Mozilla. Security/Server Side TLS. wiki.mozilla.org/Security/Server_Side_TLS. 다양한 플랫폼의 TLS 환경설정에 관한 모범 사례들을 문서화한 매우 우수한 자료다.

Stenberg, Daniel. daniel.haxx.se/blog. curl의 저자이자 HTTP 전문가인 다니엘 스텐버그[Daniel Stenberg]의 블로그다.

van Elst, Remy. Strong Ciphers for Apache, nginx, and Lighthttpd. cipherli.st. TLS 환경설정 테스터뿐 아니라 아파치 httpd, 엔진엑스, lighttpd 웹 서버를 위한 올바르고 안전한 암호 환경설정을 알려준다.

3부

스토리지

20 스토리지

데이터 스토리지 시스템은 무한한 모습으로 구성할 수 있는 거대한 레고 블록 세트를 점점 닮아 가고 있다. 미션 크리티컬mission-critical 데이터베이스용 초고속 저장 공간부터, 모든 데이터에 대해 3개의 사본을 저장해 원하는 과거 시점으로 되돌릴 수 있는 방대한 기록 보관소에 이르기까지 무엇이든 원하는 대로 구축할 수 있다.

기계적인 하드 드라이브들은 용량이 가장 중시되는 대중적 저장 매체로 남아 있지만 성능에 민감한 애플리케이션들은 SSDSolid State Drive를 선호한다. 캐싱 시스템은 소프트웨어와 하드웨어 모두 이러한 스토리지 유형들의 특징을 최적으로 결합하는 데 도움을 준다.

클라우드 서버에서는 보통 스토리지 하드웨어의 선택권이 주어지는데, SSD에 기반을 둔 가상 디스크를 위해서는 더 많은 비용을 지불해야 한다. 객체 저장, 무한 확장 가능한 네트워크 드라이브, 관계형 데이터베이스 서비스 등과 같이 특정 목적을 위한 다양한 스토리지 유형 중 하나를 선택할 수도 있다.

이와 같은 실제 또는 가상 하드웨어의 상단에서는 원형 상태의 저장 장치와 사용자에게 보이는 파일 시스템 계층 구조의 중간에 위치한 다양한 소프트웨어 구성 요소가 실행되고 있다. 이러한 소프트웨어 구성 요소에는 디바이스 드라이버, 파티셔닝 규칙, RAID 구현, 논리 볼륨 관리자^{LVM, Logical Volume Manager}, 네트워크상에서의 디스크 가상화용 시스템, 파일 시스템 구현 등이 포함된다.

20장에서는 이러한 각 계층에서 발생하는 관리 업무와 결정 사항을 다룬다. 기본 디스크를 리눅스나 FreeBSD에 추가하기 위한 '단축' 명령들로 시작해보자. 그런 다음 스토리지 관련 하드웨어 기술들을 살펴보고 스토리지 소프트웨어의 전반적인 구조를 다루기로 한다. 그 후 낮은 레벨 포맷팅부터 파일 시스템 수준까지 올라가면서 스토리지 스택을 공부한다. 그 과정에서 디스크 파티셔닝^{disk partitioning}, RAID 시스템^{RAID system}, 논리 볼륨 관리자를 다룬다.

개별 머신 레벨 위로는 네트워크에서 데이터를 공유하는 다양한 체계가 존재한다. 21장과 22장에서는 가장 일반적인 두 가지 공유 시스템, 즉 유닉스와 리눅스 시스템 간의 원초적 공유를 위한 NFS와 윈도우 및 맥OS 시스템과의 상호 연동을 위한 SMB를 설명한다.

20.1 단순한 디스크 추가

스토리지 아키텍처와 이론에 관한 본격적인 설명 전에 우선 가장 흔히 일어나는 상황을 생각해보자. 하드디스크 하나를 설치해 파일 시스템을 통해 접근할 수 있게 만들려는 경우다. 어떤 꾸밈도 없고 RAID도 사용하지 않으며 드라이브의 모든 공간을 단일 볼륨으로 만들고 기본 파일 시스템 타입이 되게 한다.

첫 단계는 드라이브를 부착하는 것이다. 해당 머신이 클라우드 서버라면 일반적으로 공급자의 관리 GUI(또는 API를 통해서) 안에서 원하는 크기의 가상 드라이브를 프로비저닝한 다음 그것을 기존 가상 서버에 부착하면 된다. 클라우드(가상) 커널은 실행 중에 그런 하드웨어 변경을 인식하기 때문에 서버를 재부팅할 필요는 없는 것이 일반적이다.

물리적 하드웨어의 경우 USB 포트를 통해 통신하는 드라이브들은 단순히 전원을 켜고 꽂기만 하면 부착된다. SATA 및 SAS 드라이브는 베이^{bay}나 인클로저^{enclosure}, 크래들^{cradle}에 장착해야 한다. 일부 하드웨어와 드라이브는 SATA 드라이브의 '작동 중 추가^{hot-addition}'를 허용하도록 설계돼 있지만 이 기능은 하드웨어 지원을 필요로 하며 일반 시장의 하드웨어에서는 흔치 않다. 부팅 시에 재생성되는 환경설정이 OS에 확실히 적용되도록 시스템을 재부팅한다.

윈도우 시스템이 설치돼 있는 데스크톱 머신을 사용하고 있다면 새로운 디스크를 연결했을 때 포맷이 필요할 수 있다. 특히 외부 USB 디스크나 썸드라이브^{thumb drive}를 플러그인할 때 포맷을 요구할 가능성이 크다. 보통은 자동 포맷 옵션이면 충분하므로 그런 옵션이 제공된다면 사용한다. 하지만 (터미널 윈도우에서 mount 명령을 실행해) 마운트 세부 사항들을 검사해서 드라이브가 원치 않는 제약 조건(예, 실행 시 소유권이나 평상시 소유권이 비활성화돼 있는 경우)으로 마운트돼 있지 않음을 확인한다.

수작업으로 디스크를 구성하는 경우에는 디스크 장치를 정확하게 식별해서 포맷하는 것이 대단히 중요하다. 새로 추가된 드라이브가 항상 제일 높은 숫자로 된 디바이스 파일로 표현되는 것은 아니며 어떤 시스템에서는 새 드라이브를 추가하면 (보통은 재부팅 후에) 기존 드라이브의 장치명이 바뀔 수도 있다. 내용을 파괴할 수도 있는 어떤 작업을 실행하기 전에는 반드시 제조업체, 크기, 모델 번호 등을 확인함으로써 새 드라이브의 정체를 재차 확인하자. 이때 다음 두 절에서 설명하는 명령들을 사용한다.

리눅스 예제

 우선 lsblk 명령을 실행해 시스템 디스크 목록을 보고 새 드라이브의 실체를 파악한다. 새 드라이브를 결정적으로 식별하는 데 충분한 정보가 출력되지 않는다면

lsblk -o +MODEL,SERIAL 명령을 이용해 모델과 시리얼 넘버를 출력해볼 수 있다.

일단 어떤 디바이스 파일이 새로운 디스크(/dev/sdb라고 가정하자)를 가리키는지 알고 나면 그 디스크에 파티션 테이블을 설치한다. 이 작업은 parted, gparted, fdisk, cfdisk, sfdisk 등 여러 가지 명령과 유틸리티를 이용해 수행할 수 있다. GPT 방식 파티션 테이블을 이해하는 거라면 어떤 것을 사용하든 상관없지만 그래픽 사용자 인터페이스를 사용하는 시스템에서는 gparted가 가장 사용하기 쉬울 것이다. 다음은 모든 리눅스 시스템에서 작동하는 fdisk 예제를 보여준다(아직도 일부 시스템은 GPT를 이해하지 못하는 parted 버전을 제공하고 있다).

```
$ sudo fdisk /dev/sdb
Welcome to fdisk (util-linux 2.23.2).

Changes will remain in memory only, until you decide to write them.
Be careful before using the write command.

Command (m for help): g
Building a new GPT disklabel (GUID:
    AB780438-DA90-42AD-8538-EEC9626228C7)

Command (m for help): n
Partition number (1-128, default 1): <Return>
First sector (2048-1048575966, default 2048): <Return>
Last sector, +sectors or +size{K,M,G,T,P} (2048-1048575966, default
    1048575966): <Return>
Created partition 1

Command (m for help): w
The partition table has been altered!

Calling ioctl() to re-read partition table.
Syncing disks.
```

g 하위 명령은 GPT 파티션 테이블을 생성한다. n 하위 명령은 새로운 파티션을 생성한다. 모든 fdisk 질문에 Return 키를 눌러 응답하면 사용 가능한 모든 공간을 새로운 파티션(파티션 1)에 할당한다. 끝으로 w 하위 명령은 새 파티션 테이블을 디스크에 저장한다.

새로 생성된 파티션에 대한 디바이스 파일은 디스크 전체에 대한 디바이스 파일에 1을 붙인 것과 같다. 앞에서 파티션은 /dev/sdb1이다.

이제 다음과 같이 **mkfs** 명령을 이용해 /dev/sdb1에 파일 시스템을 만들 수 있다. **-L** 옵션을 사용하면 파일 시스템에 간단한 레이블(여기서는 'spare')을 붙일 수 있다. 이후의 부팅에서 해당 파일 시스템을 포함하는 디스크에 다른 장치명이 지정되더라도 레이블은 동일하게 유지된다.

```
$ sudo mkfs -t ext4 -L spare /dev/sdb1
mke2fs 1.42.9 (28-Dec-2013)
Discarding device blocks: done
Filesystem label=spare
OS type: Linux
Block size=4096 (log=2)
...
```

그 후 다음과 같이 마운트 포인트를 생성해 새로운 파일 시스템을 마운트한다.

```
$ sudo mkdir /spare
$ sudo mount LABEL=spare /spare
```

해당 파티션을 식별하기 위한 방법으로 **LABEL=spare** 대신 /dev/sdb1을 지정할 수도 있겠지만 그렇게 하면 이후로는 작동하지 않을 수도 있다.

부팅할 때 파일 시스템이 자동으로 마운트되게 하려면 /etc/fstab 파일을 편집해 기존 항목 중 하나를 복제한다. 장치명과 마운트 포인트를 다음과 같이 변경해 앞에서 예로 든 **mount** 명령에 있는 것들과 일치하게 만든다.

```
LABEL=spare /spare        ext4        errors=remount-ro      0        0
```

파일 시스템을 식별하는 데는 UUID를 사용할 수도 있다. 이에 관해서는 'USB 드라이브 마운트' 절을 참고한다.

리눅스의 디스크용 디바이스 파일들에 관한 자세한 내용은 '디스크 디바이스 파일' 절을 참고한다. 파티션 정보에 관해서는 '리눅스 파티셔닝' 절을 참고한다. ext4 파일 시스템에 관한 내용은 20.10절을 참고한다.

FreeBSD 예제

커널이 인식하는 디스크 장치의 목록을 보려면 geom disk list 명령을 실행한다. 불행히도 FreeBSD는 장치명과 크기 이상의 많은 정보를 알려주지 않는다. geom part list 명령을 실행해 어떤 디바이스가 기존 파티션들을 갖는지 알아냄으로써 어떤 디스크인지 파악할 수 있다. 포맷돼 있지 않은 디스크는 어떤 파티션도 갖지 않는다.

일단 디스크명을 알고 나면 파티션 테이블을 설치하고 파일 시스템을 생성할 수 있다. 다음 예에서는 디스크명이 ada1이고, 새 파일 시스템을 /spare에 마운트한다고 가정한다.

```
$ sudo gpart create -s GPT ada1     # GPT 파티션 테이블 생성
ada1 created

$ sudo gpart add -l spare -t freebsd-ufs -a 1M ada1     # 파티션 생성
ada1p1 added

$ sudo newfs -L spare /dev/ada1p1    # 파일 시스템 생성
/dev/ada1p1: 5120.0MB (10485680 sectors) block size 32768, fragment
    size 4096
    using 9 cylinder groups of 626.09MB, 20035 blks, 80256 inodes.
super-block backups (for fsck_ffs -b #) at:
 192, 1282432, 2564672, 3846912, 5129152, 6411392, 7693632,
    8975872, 10258112
...
```

gpart add 명령의 -l 옵션은 새 파티션에 텍스트 레이블을 적용한다. 그 레이블은 커널이 하부 디스크 장치에 지정한 장치명과 상관없이 /dev/gpt/spare라는 경로를 통해 파티션에 접근할 수 있게 해준다. newfs 명령의 -L 옵션은 유사한(하지만 다른) 레이블을 새 파일 시스템에 적용해 /dev/ufs/spare 경로로 파티션에 접근할 수 있게 한다.

다음 명령들을 이용해 파일 시스템을 마운트한다.

```
$ sudo mkdir /spare
$ sudo mount /dev/ufs/spare /spare
```

파일 시스템이 부팅 때 자동으로 마운트되게 하려면 이 명령들을 /etc/fstab 파일에 추가한다.

20.2 스토리지 하드웨어

요즘과 같은 인터넷 이후의 세상이라도 컴퓨터 데이터는 몇 가지 기본적인 방법으로만 저장될 수 있다. 즉, 하드디스크, 플래시 메모리, 자기 테이프, 옵티컬 미디어가 이에 해당한다. 뒤에 오는 두 가지 기술은 시스템의 주 파일 시스템으로 사용할 수 없는 매우 큰 제약점을 갖고 있다. 하지만 백업용이나 '니어라인near-line' 스토리지용으로 여전히 사용되고 있다. '니어라인'이란 즉각적인 사용이나 재기록성이 중요하지 않은 경우를 말한다.

40년간의 전통적인 자기 디스크 기술 이후 성능에 민감한 시스템 구축자들은 마침내 SSD 형태의 실용적인 대안을 수용하기에 이르렀다. 이런 플래시 메모리 기반 장치들은 표준 디스크와는 다른 상충점들을 제공하므로 앞으로 수년간 데이터베이스, 파일 시스템, 운영체제의 아키텍처에 영향을 미칠 것이다.

동시에 전통적인 하드디스크들도 기하급수적으로 용량이 증가하고 있다. 요즘도 사용되고 있는 5.25인치 디스크의 시초였던 삼십 년 전에는 60MB 하드디스크의 비용이 1,000달러였다. 요즘은 가장 흔한 4TB 드라이브가 125달러 정도밖에 하지 않는다. 이는 가격 대비 용량 면에서 50만 배 이상 늘어난 것이며 1.6년마다 두 배로 늘어난 셈이다. 같은 기간 동안 시중에서 판매되는 드라이브의 순차적 처리량sequential throughput은 500kB/s에서 200MB/s로 증가했으며 이는 비교적 미미한 400배에 불과하다. 또한 임의 접근random-access 탐색 시간seek time은 거의 바뀌지 않았다. 변하는 것이 많아질수록 변함없는 것도 많아지는 법이다.

디스크 용량은 메모리와는 달리 바이트의 10억 배인 기가바이트gigabyte로 표시된다. 메모리 용량은 2^{30}(1,073,741,824)바이트를 의미하는 '기가바이트'(실제로는 기비바이트gibibyte)로 표시된다. 두 단위는 약 7%의 차이가 난다. 용량을 계산하거나 비교할 때는 항상 단위를 명확히 확인하자.

하드디스크와 SSD는 자유롭게 서로 대체해 사용할 수 있을 만큼 유사하다. 적어도 하드웨어 측면에서는 그렇다. 같은 하드웨어 인터페이스와 인터페이스 프로토콜을 사용한다. 그럼에도 그 둘은 표 20.1에 요약된 것처럼 매우 다른 강점을 갖고 있다.

표 20.1 HDD와 SSD 기술의 비교[a]

특성	HDD	SSD
일반적 용량	〈 16TB	〈 2TB
임의접근시간	8ms	0.25ms
순차읽기	200MB/s	450MB/s
랜덤읽기	2MB/s	450MB/s
IOPS[b]	150ops/s	100,000ops/s
비용	$0.03/GB	$0.26/GB
신뢰성	나쁨	나쁨[c]
쓰기 제한	없음	이론상 있음

a. 성능과 비용 수치는 2017년 중반 기준
b. 초당 I/O 작업 수
c. HDD보다는 장치 전체의 고장이 적지만 데이터 손실은 더 많다.

다음 절에서는 하이브리드 드라이브[hybrid drive]와 같은 최신 스토리지 장치와 함께 이러한 기술들을 하나씩 살펴본다.

하드디스크

전형적인 하드 드라이브에는 자기 필름으로 코팅된 여러 개의 회전 플래터[platter]가 들어있다. 앞뒤로 움직이며 위치를 잡는 금속 암[arm]에 장착된 조그만 헤드가 이러한 플래터를 읽거나 쓴다. 헤드는 플래터 표면에 매우 근접해 떠 있지만 실제로 접촉되지는 않는다.

플래터를 읽어내는 작업 자체는 매우 빠르다. 랜덤 접근 처리 속도를 저하시키는 것은 특정 섹터에 위치시키는 기계적인 이동이다. 다음과 같은 두 가지 원인에서 지연이 발생한다.

첫째, 헤드 전기자[head armature]는 반드시 해당 트랙 위로 움직여야 한다. 이때 걸리는 시간을 탐색 지연seek delay이라 한다. 둘째, 시스템은 플래터가 회전함에 따라 해당 섹터가 헤더 밑으로 올 때까지 기다려야 한다. 이 시간을 회전 지연rotational latency이라 한다. 읽기가 최적의 순차로 이뤄진다면 디스크는 수백 MB/s로 데이터를 읽어낼 수 있지만 랜덤 읽기는 수 MB/s를 넘기지 못한다.

서로 다른 플래터에 있으면서 회전축spindle으로부터 같은 거리에 있는 모드 트랙의 집합을 실린더cylinder라 부른다. 실린더의 데이터는 암을 추가로 이동하지 않고 읽어낼 수 있다. 헤드는 엄청난 속도로 움직이지만 디스크가 회전하는 속도에 비하면 매우 천천히 이동하는 셈이다. 따라서 새로운 위치를 찾고자 헤드를 움직이지 않아도 되는 경우의 디스크 접근은 훨씬 빠를 것이다.

회전 속도는 다양하다. 대중 시장에서 기업용 및 성능 지향 드라이브들의 회전수는 7,200 RPM 정도가 표준이다. 최상급 제품 중에는 10,000 RPM과 15,000 RPM 드라이브들도 일부 구할 수 있지만 값싼 SSD가 발명됨에 따라 이런 드라이브들은 점차 작아지는 틈새시장에 갇히게 됐다. 회전 속도가 더 빠를수록 지연은 감소하고 데이터 전송 대역폭은 증가하지만 드라이브에 높은 열이 발생하게 된다.

하드디스크 신뢰성

하드디스크는 작동하지 않는 경우가 빈번히 발생한다. 10만 개의 드라이브를 조사한 2007년 구글 랩 연구에서 2년 이상된 하드디스크들의 연평균 고장률AFR, Annual Failure Rate이 6% 이상이며, 이는 제조업체들이 단기 테스팅을 통해 추정한 예상 고장률보다 훨씬 높은 것임이 밝혀져 세상을 놀라게 했다. 처음 몇 달간은 초기 파손율infant mortality이 나타나고 몇 % 정도의 연평균 고장률을 유지하는 2년의 밀월 기간을 거친 다음 6%~8%까지의 AFR로 껑충 뛰는 양상을 보였다. 종합적으로 보면 구글 연구에서의 하드디스크는 5년간 생존 확률이 75%보다 적은 것이다.

흥미롭게도 구글은 예전에는 중요하다고 생각됐던 두 가지 환경적 요인(작동 온도와 드라이브 활동성)과 고장률 사이의 상관관계를 찾지 못했다. 이에 관한 논문은 goo.gl/Y7Senk에서 볼 수 있다.

좀 더 최근에는 클라우드 스토리지 공급자인 백블레이즈Backblaze가 다양한 하드디스크의 사용 체험에 관한 정규 업데이트를 backblaze.com/blog에 포스팅했다. 이 데이터는 최초의 구글 연구보다 10년 이후의 최신 데이터지만 높은 초기 파손율과 2~3년 정도의 밀월 기간이 지난 후 연평균 고장률의 급격한 증가라는 기본 패턴은 동일하다는 것을 보여준다. 그 수치들 또한 매우 비슷하다.

고장 모드와 메트릭스

전형적인 하드디스크 고장은 플래터 표면의 손상(배드 블록)이나 기계적인 고장에서 기인한다. 드라이브들은 눈에 보이지 않게 이전 영역의 오류들을 정정해 복구된 데이터를 디스크의 다른 부분에 리매핑remapping을 시도한다. 블록 오류가 운영체제 레벨에서 (즉, 로그 파일에서) 관측이 된다면 그것은 데이터가 이미 손실됐다는 것을 의미한다. 나쁜 전조 증상이므로 드라이브를 교체해야 한다.

디스크의 펌웨어와 하드웨어 인터페이스는 보통 고장 후에도 작동 가능한 상태를 유지하므로 디스크 상태에 관한 세부 사항을 알아내고자 디스크 쿼리를 시도해볼 수는 있다. 하지만 디스크는 비용이 저렴하므로 학습 목적이 아니고는 그런 시도에 시간을 낭비하는 일은 거의 없다.

제조사들은 종종 시간 단위로 표시하는 평균 고장 시 간격MTBF, Mean Time Between Failures으로 드라이브 신뢰성을 언급한다. 기업용 드라이브의 일반적인 MTBF 값은 약 120만 시간 정도다. 하지만 MTBF는 통계값일 뿐이므로 실제 개별 드라이브가 140년 이후에나 고장이 발생할 것이라는 의미로 해석해서는 안 된다.

MTBF는 드라이브의 안정 상태 기간(즉, 초기 수습 기간 이후부터 마모되기 전까지의 기간)의 AFR의 역수로 정의된다. 제조사의 120만 시간 MTBF는 연간 0.7% AFR에 해당된다. 이 값은 샘플 드라이브의 밀월 기간 동안 구글과 백블레이즈가 측정한 AFR 범위(1%~2%)와 정확히는 아니지만 거의 일치한다.

제조사의 MTBF 값은 정확할 수도 있겠지만 각 드라이브 생애 중 가장 안정된 단계에서 선별된 것이다. 따라서 MTBF 값은 신뢰성의 상한 값으로 간주해야지 장기간에 걸쳐 실제로 기대할 수 있는 고장률로 예측해서는 안 된다.[1] 앞에서 인용한 한

---

1. 우리의 기술 자문인 존 코빗(Jon Corbet)는 이것들을 '비초과 보장 신뢰도(reliability guaranteed not to exceed)' 값이라 한다.

정된 데이터에 기초해 좀 더 현실적인 5년간 고장률 추정치를 구하고자 제조사의 MTBF를 약 7.5 정도의 값으로 나눌 수 있다.

드라이브 유형

하드 드라이브 제조사는 시게이트^{Seagate}와 웨스턴 디지털^{Western Digital} 두 업체만 남아 있다. 시중에서 볼 수 있는 일부 다른 브랜드들도 결국은 이 두 업체에 의해 만들어진 것이며 두 업체 모두 10년 이상의 인수합병을 지속해왔다.

하드디스크 판매업체들은 제품들을 다음과 같은 몇 가지 카테고리로 분류하고 있다.

- **저가형 드라이브:** 이 제품들은 가능한 란 낮은 가격으로 많은 양의 스토리지를 제공한다. 성능이 우선시되지는 않지만 성능도 좋은 편이다. 요즘의 최저 사양 드라이브는 5~10년 전의 최고 사양 드라이브보다 빠르다.

- **대중시장 고성능 드라이브:** 최종 사용자(주로 게이머)를 목표로 하는 이 제품들은 동일 가격대의 다른 제품에 비해 더 빠른 회전 속도와 더 큰 캐시를 갖고 있다. 대부분의 벤치마크 테스트에서 저가형 드라이브보다 훨씬 좋은 성능을 보인다. 저가형 드라이브와 마찬가지로 펌웨어는 대량의 순차적인 읽기/쓰기와 같은 단일 사용자 접근 패턴에 집중하도록 조정된다. 드라이브가 과열되는 경우가 종종 생긴다.

- **NAS 드라이브:** 나스^{NAS}는 '네트워크 연결 스토리지^{Network-Attached Storage}'를 의미하지만 이 드라이브들은 모든 종류의 서버, RAID 시스템, 어레이^{Array} 등 여러 개의 드라이브가 함께 내장돼 사용되는 모든 곳에서 사용할 목적으로 만들어진다. 이 드라이브들은 항시적으로 작동하면서 성능, 신뢰도의 균형을 잡고 열 방출을 낮추도록 설계된다.

  독립형 접근 패턴을 반복하는 벤치마크에서는 저가형 드라이브에 비해 큰 성능 차이를 드러내지 않지만 NAS 드라이브는 독립적인 여러 개의 작업 스트림을 훨씬 지능적으로 처리한다. 펌웨어가 그런 패턴에 최적화돼 있기 때문이다. NAS 드라이브는 저가형 드라이브보다 보증 기간이 더 긴 것이 보통이며 가격대는 저가형 드라이브와 고성능 드라이브의 사이에 위치한다.

- **기업용 드라이브:** 하드디스크를 언급할 때 '기업enterprise'이란 말은 여러 가지를 의미할 수 있겠지만 대부분은 '비싸다'는 것을 의미한다. SATA가 아닌 인터페이스를 갖고 있고 10,000 RPM 이상의 회전 속도와 같이 평범치 않은 기능들을 갖고 있는 드라이브들이 바로 여기에 해당된다. 이 드라이브들은 일반적으로 보증 기간이 긴(주로 5년) 프리미엄 드라이브들이다.

이러한 드라이브 카테고리 간의 차이점은 절반은 실질적인 것이고 절반은 마케팅에 의한 것이라고 할 수 있다. 모든 수준의 드라이브가 모든 애플리케이션에 잘 작동하지만 성능과 신뢰성에 차이가 있을 뿐이다. NAS 드라이브는 다양한 잠재적 수요를 충족시키고자 보관해야 할 드라이브용으로는 최선의 선택일 것이다.

하드디스크는 원자재격인 제품이라 특정한 크기, 등급, 회전 속도를 갖는 한 브랜드의 모델은 다른 브랜드의 모델과 매우 유사하다. 요즘은 경쟁 드라이브들을 (최소한 성능 면에서) 정밀하게 구별하려면 전용 품질 검사실이 필요하다.

신뢰성은 또 다른 문제다. 구글과 백블레이즈 데이터는 모델들 간에 상당한 차이가 있음을 보여준다. 가장 신뢰도가 낮은 모델들은 가장 높은 것들에 비해 고장날 가능성이 몇 배나 더 높을 것이다. 불행히도 1~2년 동안 판매된 후에 현실적인 평판을 얻기 전까지는 실제의 신뢰도를 알 수 있는 마땅한 방법이 없다.[2]

가장 좋은 드라이브조차도 고장률이 높다.

중요한 데이터가 위태로울 때는 백업 및 여분의 스토리지에 대한 필요성을 피할 수 없다. 드라이브들이 고장 날 것이라는 가정하에 인프라를 설계하고 그런 맥락에서 신뢰성이 더 좋은 드라이브들을 얼마나 더 늘릴 수 있는지에 관한 계획을 수립한다.

보증과 퇴출

하드 드라이브들은 다른 종류의 하드웨어에 비해 보증 서비스를 요구하는 경향이

---

2. 그렇긴 하지만 히타치(HGST, 현재는 웨스턴 디지털의 일부)는 특별히 높은 신뢰도의 브랜드로 인정될 만한 자격이 있다. 지난 십 년 동안 히타치 드라이브는 꾸준히 신뢰성 차트를 선도해왔다. 하지만 HGST 상표의 드라이브들은 경쟁사 제품에 비해 상당한 프리미엄 가격을 요구한다.

높기 때문에 보증 기간은 중요한 구매 조건 중 하나다. 업계 표준 보증 기간은 겨우 2년으로 줄어들었는데, 하드 드라이브의 평균 밀월 기간에 매우 가깝다. 많은 NAS 드라이브에서 제공하는 3년 보증 기간은 상당한 장점이다.

제조사가 제공하는 진단 테스트에서 실패했음을 보여줄 수만 있다면 보증 계약이 돼 있는 하드디스크의 교환은 쉽게 이뤄진다. 테스트 프로그램은 윈도우에서만 실행되는 게 일반적이며, 가상화 환경을 허용하지 않고 USB 크래들과 같이 중간에 다른 하드웨어를 통한 접속도 허용하지 않는다. 조직 운용에 빈번한 드라이브 교체가 수반된다면 드라이브 테스팅용으로 윈도우 전용 머신을 하나 배정하는 것이 좋다.

드라이브들을 적극적으로 서비스에서 퇴출시키는 것이 오히려 득이 되는 경우가 많다. 해당 드라이브들이 보증 계약에 따라 합법적으로 교환 받을 수 있음을 명확히 입증할 수 없는 경우에도 그렇다. 겉보기에는 미미한 증상(예, 이상한 잡음이나 임시 파일의 블록 오류 등)이 드라이브의 수명이 다 됐다는 암시일 수 있다.

SSD

SSD는 플래시 메모리 셀로 이뤄진 뱅크들을 읽고 쓰는 저장 매체인데, 이들 각각의 셀은 하드디스크에 비해 오히려 느리다. 하지만 병행 처리성 때문에 전체적으로 SSD는 전통적인 디스크 대역폭을 충족하거나 초과한다. SSD의 가장 큰 강점은 현실에서 가장 흔한 접근 방식인 무작위 형태로 데이터 읽기와 쓰기를 매우 잘 수행하는 것이다.

스토리지 장치 제조사들은 자신들의 제품에 대한 순차 전송률$^{sequential\ transfer\ rate}$을 인용하길 좋아한다. 수치가 인상적으로 높기 때문이다. 하지만 전통적인 하드디스크의 경우 이러한 순차 값들은 무작위 읽기 쓰기에서 측정되는 처리량과는 거의 관계가 없다.[3]

하지만 SSD의 성능에는 그만한 대가가 따른다. 기가바이트당 가격이 하드디스크

---

3. 작업 부하에 대해 알고 있으면 득이 된다. 실제로 매우 강한 순차적 접근 패턴을 갖는 경우 하드디스크는 여전히 SSD에 대해 경쟁력이 있다. 특히 하드웨어 비용이 중요한 고려 사항일 때는 더욱 그렇다.

에 비해 더 비쌀 뿐 아니라 스토리지 방정식에 새로운 문제와 불확실성을 가져온다. 2009년 3월에 쓴 아난드 쉼피^{Anand Shimpi}의 SSD 기술에 관한 기사는 SSD의 약속과 위험에 관한 최고의 소개서다. tinyurl.com/dexnbt에서 기사를 볼 수 있다.

재기록의 한계

SSD 플래시 메모리의 각 페이지(현재 제품들에서는 4KiB가 일반적)는 제한된 횟수(기반 기술에 따라 다르며 보통은 약 10만 번)로만 재기록을 할 수 있다. 특정 페이지의 읽고 쓰기를 제한하고자 SSD 펌웨어는 매핑 테이블^{mapping table}을 유지하며 드라이브의 모든 페이지에 걸쳐 기록을 분산시킨다. 드라이브를 하나의 연속적인 선형 블록으로 인식하는 운영체제는 이러한 리매핑^{remapping}을 볼 수 없다. 스토리지를 위한 가상 메모리로 생각하면 된다.

플래시 메모리 재기록의 이론적 한계는 초기에 보였던 것만큼 큰 이슈가 아니다. 단순한 산술적 문제로, 500GB SSD에 100MB/s 속도로 15년 동안 연속적으로 데이터를 전송하고 난 후에야 재기록^{Rewritability} 한계에 맞닥뜨리기 시작할 것이다. 하지만 더 일반적으로 장기적인 SSD 신뢰성에 관해 질문한다면 아직은 답할 수 없다. 5년 전 제조된 SSD가 시간이 흐름에 따라 어떤 상태를 유지했는지는 잘 알고 있지만 요즘 제품들은 다른 결과를 보여줄 것임이 분명하기 때문이다.

플래시 메모리와 컨트롤러 타입

SSD는 여러 가지 타입의 플래시 메모리로 구성된다. 타입들 간의 주요 차이점은 각각의 플래시 메모리 위치에 얼마나 많은 정보 비트가 저장되는지와 관련이 있다. 단일 레벨 셀^{SLC}은 단 하나의 비트를 저장하므로 가장 빠르지만 가장 값비싼 선택이다. 멀티레벨 셀^{MLC}과 트리플 레벨 셀^{TLC}에서도 원리는 마찬가지다.

SSD 리뷰들은 당연히 이와 같은 세부적인 구현 사항들을 친절히 설명해주고 있지만 왜 구매자가 그런 것에 신경 써야 하는지는 분명치 않다. 일부 SSD는 다른 SSD보다 빠르지만 그런 사실을 알고자 어떤 특별한 하드웨어 관련 사항을 이해해야 할 필요는 없다. 표준 벤치마크가 그러한 성능 차이를 매우 잘 잡아낸다.

이론상으로는 SLC 플래시 메모리가 다른 타입에 비해 신뢰성에 강점을 갖는다. 실제 운용 환경에서의 신뢰성은 드라이브의 펌웨어가 메모리를 얼마나 잘 관리하는 가와 제조사가 문제를 일으키는 셀을 대체하고자 얼마나 많은 메모리를 확보하는 가에 더 관련이 있는 것 같다.

SSD 구성 요소들을 조직화하는 컨트롤러들은 계속 진화 중이다. 일부가 다른 것들에 비해 더 낫긴 하지만 요즘의 주류 제품들은 모두 쓸 만하다. SSD 하드웨어를 자세히 살펴보는 데 시간을 투자할 의향이 있다면 SSD의 개별 브랜드나 모델을 조사하는 것보다는 SSD를 구현하는 데 사용된 플래시 메모리 컨트롤러의 평판을 조사해보는 게 훨씬 효율적이다. SSD 제조사들은 보통 자신들이 사용하고 있는 컨트롤러에 관해서는 꽤 개방적이다. 제조사가 말해주지 않는다면 리뷰어들이 분명히 말해줄 것이다.

페이지 클러스터와 사전 삭제

또 다른 복잡한 문제는 플래시 메모리 페이지는 반드시 재기록 전에 내용을 지워야 한다는 것이다. SSD가 알아서 세부 작업을 하지만 삭제^{erasing}는 기록^{writing}보다 느린 별개의 작업이다. 페이지들을 따로따로 지우는 것도 불가능하다. 반드시 인접한 페이지들의 클러스터(대개는 128페이지 또는 512KiB)가 함께 지워져야 한다. 미리 삭제된 페이지 풀이 소진돼 드라이브가 진행 중인 기록을 서비스하고자 실시간으로 페이지를 복구해야만 할 때 SSD의 쓰기 성능은 현저하게 떨어진다.

삭제된 페이지들의 버퍼를 다시 만드는 것은 생각보다 어렵다. 전통적인 하드디스크용으로 설계된 파일 시스템들은 더 이상 사용하지 않을 데이터 블록들을 실제로 지우지 않기 때문이다. 스토리지 장치는 파일 시스템이 현재 어떤 특정 블록을 사용 가능한 블록으로 간주하고 있다는 것을 알지 못한다. 스토리지 장치는 오래전 누군가가 자신한테 그곳에 저장할 데이터를 줬다는 것만 안다. SSD가 사전 삭제된 페이지의 캐시를 유지하려면 파일 시스템이 SSD에게 어떤 페이지들이 더 이상 필요하지 않은지를 알려줄 수 있어야만 한다. 이 작업을 위한 지원으로 TRIM이 파일 시스템들 사이에 널리 퍼졌다. 이 책에서 예로 든 시스템 중에서 아직도 TRIM을 지원하지 않는 유일한 파일 시스템은 리눅스의 ZFS다.

SSD 신뢰성

비앙카 슈뢰더[Bianca Schroeder] 등이 작성한 2006년도 논문(goo.gl/1zuX6c)에는 구글 데이터 센터로부터의 방대한 SSD 관련 데이터 집합이 요약돼 있다. 주요 결론은 다음과 같다.

- 메모리 기술은 신뢰성과 아무런 관련이 없다. 신뢰성은 모델에 따라 다양하게 변하지만 하드디스크와 마찬가지로 신뢰성은 시간이 흐른 후에 소급해서 평할 수밖에 없다.

- 대부분의 읽기 오류는 비트 수준에서 발생하며 중복 스토리지 코딩[redundant storage coding]을 통해 정정된다. 이러한 '기본적인' (하지만 정정 가능한) 읽기 오류들은 흔히 발생하며 예상되는 것들이다. 이런 오류들은 거의 매일 대부분의 SSD 드라이브에서 발생한다.

- 가장 흔한 고장 모드는 코딩 시스템에 의해 복구될 수 있는 비트 수보다 많은 불량 비트[bad bit]가 블록에서 발견되는 것이다. 이런 오류들은 감지될 수는 있으나 정정될 수는 없기 때문에 데이터 손실이 불가피하다.

- 가장 신뢰도가 높은 SSD 모델들조차도 20%의 드라이브가 최소 한 개의 복구 불가능한 읽기 오류를 겪는다. 신뢰도가 가장 낮은 모델들은 63%가 겪는다.

- 드라이브 사용 기간과 작업량 모두 정정 불가 오류율과 관련은 있지만 상관관계가 약하다. 특히 연구 결과 오래된 SSD일수록 어떤 고장을 향해서 점점 다가가는 시한폭탄이 작동된다는 것을 의미하는 어떤 증거도 찾지 못했다.

- 정정 불가능한 오류들은 작업량과 미미한 관계가 있을 뿐이므로 제조사가 인용하는 표준 신뢰성 수치(정정 불가 비트 오류율[UBER])는 의미가 없다. 작업량은 관찰되는 오류 수에 거의 영향을 미치지 않기 때문에 신뢰성은 비율로 특성화돼서는 안 된다.

이런 발견들 중 가장 주목할 만한 것은 읽을 수 없는 블록들이 흔히 발생한다는 것과 대부분 고립돼 발생한다는 점이다. SSD가 블록 오류를 보고한 후 평상시처럼 계속해서 기능하는 것이 일반적이다.

물론 비신뢰성 스토리지 장치들은 새로울 게 없다. 어떤 하드웨어를 사용하든 백업과 중복은 필수적이다. 하지만 SSD 고장은 하드디스크를 다루며 익숙해진 고장들에 비해 더 까다롭다. 하드디스크와는 달리 SSD는 명확하고 분명한 방식으로 고장을 다룸으로써 시스템 관리자의 개입을 거의 요구하지 않는다. SSD는 구조적이고 시스템 적인 모니터링을 필요로 한다.

오류는 드라이브의 사용률과 관계없이 시간이 흐름에 따라 발생되기 때문에 SSD는 아카이브 스토리지용으로는 좋은 선택이 아닐 수 있다. 반대로 고립된 배드 블록bad block이 있다고 해서 SSD가 불량이 됐거나 가용 수명이 다 돼 간다는 것을 의미하지는 않는다. 더 큰 규모의 고장 패턴이 없다면 그런 드라이브는 재포맷해서 다시 서비스에 사용해도 좋다.

하이브리드 드라이브

SSHD(플래시 메모리 캐시가 내장돼 있는 하드디스크)는 베이퍼웨어 범주에서 여러해를 보내고 나서야 사용이 증가하기 시작했다. 현재 제품들은 최종 소비자들을 대상으로 하는 것들이다.

SSHD는 '솔리드 스테이트 하이브리드 드라이브Solid State Hybrid Drive'의 줄임말인데, 이것은 마치 SSD와의 혼동을 부추기려고 만든 것처럼 일종의 마케팅 승리로 볼수 있다. SSHD는 로직 보드에 일부 회로를 추가한 전통적인 하드디스크일 뿐이다. 실제로 일반 식기세척기처럼 '솔리드 상태solid state'이긴 하다.

현재의 SSHD 제품들을 벤치마킹한 결과는 별로 인상적이지 못하다. 벤치마크가 실제 현실과 같은 접근 패턴을 에뮬레이션할 때도 마찬가지다. 대부분은 현재 제품들이 아주 적은 양의 플래시 메모리 캐시를 명목상으로 사용하고 있기 때문이다.

현재 SSHD의 탁월하지 못한 성능에도 불구하고 멀티레벨 캐싱multilevel caching이라는 기본 발상은 ZFS나 애플의 퓨전 드라이브Fusion Drive와 같은 시스템에서 매우 잘활용돼 왔다. 플래시 메모리 가격이 계속 내려감에 따라 플래터 기반 드라이브들이 점점 더 많은 캐시를 포함할 것으로 예상한다. 이런 제품들은 어쩌면 SSHD라는 명칭으로 판매되지 않을 수도 있다.

어드밴스트 포맷과 4KiB 블록

수십 년 동안 디스크 블록의 표준 크기는 512바이트로 고정돼 있었다. 이 크기는 대부분 파일 시스템의 관점에서는 너무 작아 실용적이지 못했기 때문에 파일 시스템들은 자체적으로 512바이트 섹터sector들을 묶어 1KiB에서 8KiB에 이르는 페이지 클러스터page cluster 단위로 읽고 쓰기를 해왔다.

스토리지 하드웨어와 통신하는 어떤 소프트웨어도 사실상 512바이트 단위로 데이터를 읽고 쓰는 데는 관심이 없기 때문에 하드웨어가 그렇게 작은 크기의 섹터를 유지하는 것은 비효율적이고 낭비적이다. 지난 십 년 동안 스토리지 산업은 어드밴스드 포맷Advanced Format으로 알려진 4KiB의 새로운 표준 블록 크기로 이동했다. 대부분의 현대식 스토리지 장치들은 클라이언트 관점에서 여전히 512바이트 블록을 에뮬레이트하고 있음에도 내부적으로는 모두 4KiB 섹터를 사용한다.

현재 스토리지 장치들은 다음과 같은 세 가지 다른 '세계' 중 하나에 속해 살게 된다.

- 512n(또는 512 네이티브) 장치들은 실제로 512바이트 섹터를 갖고 있는 구식 장치다. 이 장치들은 더 이상 생산되지는 않지만 현실에서는 여전히 곳곳에서 많이 사용되고 있다. 이런 드라이브들은 고급 포맷을 전혀 인식하지 못한다.

- 4Kn(또는 4K 네이티브) 장치들은 4KiB 섹터(SSD의 경우에는 페이지)를 갖고 있고 호스트 컴퓨터에게 자신의 블록 크기를 4KiB로 보고하는 어드밴스드 포맷 장치들이다. 장치를 직접 다루는 모든 인터페이스 하드웨어와 모든 소프트웨어는 반드시 4KiB 블록을 잘 인식하고 그것을 처리할 준비가 돼 있어야 한다.

    4Kn은 미래를 향한 추세지만 하드웨어와 소프트웨어 지원을 모두 요구하기 때문에 채택은 점진적으로 이뤄질 것이다. 4Kn 인터페이스를 갖춘 기업용 드라이브들이 2014년에 판매되기 시작했지만 아직까지는 특정해

서 4Kn 드라이브를 주문하지 않는 한 4Kn 드라이브를 만나게 될 위험은 없다.

- 512e(또는 512 에뮬레이티드) 장치들은 내부적으로는 4KiB 블록을 사용하지만 호스트 컴퓨터에는 자신의 블록 크기를 512바이트로 보고한다. 장치의 펌웨어가 512바이트 블록 단위의 작업을 결합해 실질적으로는 4KiB 스토리지 블록의 작업이 되게 한다.

512n에서 512e로의 전환은 2011년에 완성됐다. 이 두 가지 시스템은 호스트 컴퓨터 관점에서는 본질적으로 동일한 것으로 보이기 때문에 512e 장치들은 옛날 컴퓨터나 운영체제에서도 잘 작동한다.

512e에 관해 알아야 할 한 가지는 파일 시스템 페이지 클러스터와 하드웨어 디스크 블록 간의 정렬 오류에 민감하다는 것이다. 디스크는 (전통적인 512바이트 블록을 에뮬레이션함에도 불구하고) 4KiB 페이지로만 읽고 쓸 수 있기 때문에 파일 시스템 클러스터 경계와 하드디스크 블록 경계가 일치해야 한다. 하나의 4KiB 논리 클러스터가 한 4KiB 디스크 블록의 절반과 다른 디스크 블록의 절반으로 나뉘어 대응되는 것을 원하지 않을 것이다. 그런 레이아웃이 되면 디스크는 서비스해야 할 논리 클러스터 수의 두 배에 해당하는 물리적 페이지를 읽거나 써야 할지도 모른다.

파일 시스템은 보통 파일 시스템에 배정된 스토리지의 맨 처음부터 카운팅해 나가기 때문에 디스크와 파일 시스템 페이지의 가능한 크기에 비해 더 큰 2의 거듭제곱 경계(예, 64KiB)에 디스크 파티션을 정렬시킴으로써 정렬 문제를 해결할 수 있다. 최근 버전의 윈도우, 리눅스, BSD에 있는 파티셔닝 도구는 자동으로 그런 정렬을 수행한다. 하지만 옛날 시스템에서 잘못 파티셔닝된 512e 디스크들은 투명하게 교정될 수 없기 때문에 파티셔닝 경계를 조정하고 데이터를 물리적으로 이동하려면 정렬 유틸리티를 실행해야만 할 것이다. 또는 단순하게 장치를 완전히 지운 후에 처음부터 다시 시작할 수도 있다.

20.3 스토리지 하드웨어 인터페이스

요즘 흔히 사용되는 인터페이스 표준은 몇 가지뿐이다. 어떤 시스템이 여러 종류의 인터페이스를 지원한다면 속도, 중복성, 이동성, 가격에 대한 요건을 가장 잘 만족시키는 인터페이스를 사용한다.

SATA 인터페이스

SATA(시리얼 ATA)는 지배적인 스토리지 하드웨어 인터페이스다. SATA는 고속 전송률(현재 6Gb/s)을 지원할 뿐 아니라 서버 환경에서 결국 ATA를 SAS의 대안으로 만든 두 가지 기능, 즉 핫스왑hot-swapping과 명령 대기열command queueing을 지원한다.

SATA 케이블은 짝을 이루는 커넥터에 쉽게 밀어 넣을 수 있지만 그만큼 쉽게 빠질 수 있다. 잠금 장치가 있는 케이블도 있지만 장단점이 있다. 6개 또는 8개의 SATA 커넥터가 한 묶음으로 돼 있는 마더보드에서는 한 쌍의 뾰족한 플라이어를 사용하지 않으면 잠금 커넥터를 풀기 힘들 수 있다.

또한 SATA는 eSATA라 불리는 외부용 케이블 표준을 도입했다. 이 케이블은 전기적으로는 표준 SATA와 동일하지만 커넥터가 약간 다르다. 값싼 변환 브라켓을 설치하면 내부용 SATA 커넥터만 있는 시스템에 eSATA 포트를 추가할 수 있다.

eSATA 포트가 단 하나뿐인 외부용 멀티드라이브 케이스encloser는 의심해봐야 한다. 이런 케이스 중 일부는 특별한 전용 드라이버를 요구하는 스마트(RAID) 케이스이며 이런 드라이버들은 유닉스나 리눅스를 거의 지원하지 않는다. 또 다른 케이스로는 SATA 포트 멀티플라이어가 내장돼 있는 덤 케이스dumb enclosure가 있다. 이런 케이스들은 유닉스 시스템에서 사용할 잠재적 가능성은 있으나 모든 SATA 호스트 어댑터가 포트 확장기를 지원하는 것은 아니기 때문에 주의를 기울여 호환성 정보를 살펴야 한다. 다중 eSATA 포트를 갖춘 케이스(드라이브 베이당 한 포트)가 항상 안전하다.

PCI 익스프레스 인터페이스

PCI 익스프레스Peripheral Component Interconnect Express(줄여서 PCIe) 백플레인 버스는 10년

이상 PC 마더보드에서 사용돼 왔다. 현재는 비디오 카드를 포함한 모든 종류의 부가 회로 보드를 접속하는 데 사용되는 지배적인 표준이 됐다.

SSD 시장이 발전함에 따라 SATA 속도는 6Gb/s조차도 머지않아 가장 빠른 스토리지 장치를 다루기엔 부족할 것이란 게 자명해졌다. 전통적인 2.5인치 노트북 하드디스크보다는 최고급의 SSD가 시스템의 PCIe 버스에 직접 플러그인되는 회로 보드의 형태를 취하기 시작했다.

PCIe는 유연한 아키텍처와 빠른 신호 속도가 매력적이었다. 이제는 주류가 된 PCIe 3.0 버전은 신호 속도가 초당 8기가(GT/s)다. 실질적인 처리량은 장치가 갖고 있는 신호 채널의 수에 따라 다르며 적게는 1 많게는 16GT/s에 이른다. 가장 채널이 많은 장치는 15GB/s 이상의 처리량을 수행할 수 있다.[4] 곧 출현할 PCIe 4.0 표준은 기본 신호 속도가 두 배인 16G/s로 늘어난다.

PCIe를 SATA와 비교할 때 6Gb/s라는 SATA의 속도는 초당 기가비트 단위로 언급된 것이다. 최대의 폭을 가진 전폭 PCIe는 실제로 SATA에 비해 20배 이상 빠를 수 있다.

SATA 표준은 압박을 느끼고 있다. 불행히도 SATA 생태계는 과거의 설계 사양과 기존 케이블 및 커넥터에 대한 지원 요구에 의해 제약을 받는다. SATA 인터페이스의 속도가 향후 몇 년간 크게 향상될 것 같지는 않아 보인다.

대신 최근 작업들은 SATA와 PCIe를 상호 접속의 수준에서 통합을 시도하는 데 중점을 두고 있다. 플러그인 카드를 위한 M.2 표준은 SATA, (4개까지의 데이터 레인을 갖는) PCIe, USB 3.0 접속을 하나의 표준 커넥터를 통해 전송한다. 이런 슬롯들 중 한두 개는 현재 노트북 컴퓨터의 표준이 됐으며 데스크톱 시스템에서도 발견된다.

M.2 카드는 대략 1인치의 폭을 가지며 약 4인치까지 늘어날 수 있다. 두께는 매우 얇아 컴포넌트의 양쪽에 겨우 몇 밀리미터만 허용된다. U.2는 최근에 와서 M.2 방식을 좀 더 수정한 것으로, 이제 막 사용되기 시작했다. USB를 대신해 U.2는 SATA와 PCIe에 추가해서 SAS 접속 기능을 제공한다.

---

4. 대역폭의 일부는 신호 처리(signaling)로 소모되기 때문에 정확히 16GB/s라고 할 수는 없다. 하지만 소모량은 매우 작아 (약 1.5%) 무시해도 될 정도다.

SAS 인터페이스

SAS는 직렬 연결 SCSI^{Serial Attached SCSI}를 의미하며, 여기서 SCSI는 소형 컴퓨터 시스템 인터페이스^{Small Computer System Interface}로서 한때 서로 다른 유형의 주변기기들을 연결하는 데 사용됐던 기본적인 데이터 파이프다. 요즘은 USB가 주변기기 접속 시장을 모두 장악했고 SCSI는 많은 수량의 스토리지 장치를 연결하는 데 사용되는 기업용 수준의 인터페이스인 SAS의 형태로만 볼 수 있다.

SAS와 SCSI가 대체로 같은 의미로 사용되는 요즘, 1986년까지 거슬러 올라가는 SCSI 기술의 방대한 역사는 혼란만 가중시킨다. 운영체제는 실제 SCSI 장치가 연결됐는지 여부에는 상관없이 'SCSI 서브시스템'을 통한 모든 디스크 접근을 필터링하기 때문에 차이점은 더 희석된다. 이러한 역사는 모두 무시하고 SAS 시스템을 그 자체로 생각하길 권한다.

SATA처럼 SAS도 두 지점 간의 점대점^{point-to-point} 시스템이므로 케이블이나 직결 마운트 백플레인을 통해 SAS 포트에 드라이브를 플러그인한다. 하지만 SAS는 여러 개의 장치를 단일 호스트 포트에 연결하고자 '확장기^{expander}' 사용을 허용한다. 이런 확장기들은 SATA 포트 다중화기와 유사하지만 포트 다중화기는 지원될 수도 있고 안 될 수도 있지만 SAS 확장기는 항상 지원된다.

SAS는 현재 SATA 속도의 두 배인 12Gb/s로 작동한다.

이 책의 지난 버전에서는 SCSI를 서버 애플리케이션용 인터페이스로 분명한 선택을 했었다. SCSI는 최대 가용 대역폭, 비순차적^{out-of-order} 명령 실행(태그드 커맨드 큐잉^{tagged command queueing}으로 알려짐), 낮은 CPU 사용, 많은 수량의 스토리지 장치의 손쉬운 제어, 가장 최신형의 하드 드라이브에 대한 접근 등을 제공했었다.

SATA가 발명되면서 이런 장점들의 대부분이 사라지거나 최소화됐기 때문에 SAS는 SCSI가 제공했던 것과 같은 확실한 장점들을 제공하지 않는다. SATA 드라이브는 거의 모든 영역에서 SAS 디스크와 경쟁하며, 어떤 경우에는 능가한다. 동시에 SATA 장치뿐 아니라 그것들을 연결하는 데 사용되는 인터페이스와 케이블도 더 싸고 쉽게 구할 수 있다.

SAS는 아직도 몇 가지 우월한 점이 있다.

- 제조사가 스토리지 시장을 계층화하고자 계속 SATA/SAS 드라이브 사용을 유지한다. 프리미엄 가격을 정당화하고자 가장 빠르고 신뢰도가 가장 높은 드라이브들은 여전히 SAS 인터페이스로만 구할 수 있다.
- SATA는 큐 깊이가 32개의 대기 작업으로 제한된다. SAS는 수 천 개를 다룰 수 있다.
- SAS는 하나의 호스트 인터페이스에서 많은(수백에서 수천) 스토리지 장치를 다룰 수 있다. 하지만 그 장치들은 모두 하나의 호스트 파이프를 공유한다는 점을 명심해야 한다. 따라서 합산 대역폭은 여전히 12Gb/s로 제한된다.

SAS와 SATA의 비교 논쟁은 SAS 표준이 SATA 드라이브 지원을 포함하기 때문에 궁극적으로는 논할 필요가 없을 것이다. SAS와 SATA 커넥터들은 서로 비슷해서 하나의 SAS 백플레인이 양쪽 타입의 드라이브를 모두 수용하기에 충분하다. SATA 명령들은 논리 계층을 그냥 통과해 SAS 버스로 넘어간다.

이와 같은 융합은 놀라운 기술적 성과지만 경제적 평가는 다소 불분명하다. SAS 설치에 드는 비용은 거의 호스트 어댑터, 백플레인, 인프라에서 발생한다. SAS 드라이브 자체는 그렇게 비용이 많이 들지 않는다. 일단 SAS 구성에 투자하고 나면 처음부터 끝까지 SAS에 매달리게 될지 모른다(한편으로 보면 SAS 드라이브에 적당한 가격 프리미엄을 지불하는 것은 SAS 드라이브를 쉽게 SATA 드라이브로 대체할 수 있다는 사실에서 기인한 것일 수 있다).

USB

범용 직렬 버스[USB, Universal Serial Bus]는 외장 하드디스크를 연결하기 위한 매우 일반적인 옵션이다. 현재 속도는 USB 3.0은 4Gb/s, USB 3.1.5는 최대 10GB/s다.[5] 두 시스템 모두 가장 빠른 SSD 스트리밍 데이터를 최고 속도로 수용할 수 있을 만큼 빠르다. 하지만 480Mb/s 정도가 한계인 USB 2.0은 너무 느려서 기계적인 하드 드라이브조차 따라가지 못한다.

---

5. USB 3.0의 속도는 5Gb/s라고 주장하는 경우가 종종 있지만 필수적인 인코딩 부하 때문에 실제 전송 속도는 4Gb/s에 가깝다.

스토리지 장치 자체가 USB 인터페이스로 돼 있는 경우는 없다. USB 인터페이스로 판매되는 외장 드라이브는 예외 없이 케이스 안에 프로토콜 변환기를 내장하고 있는 SATA 드라이브다. 이런 케이스를 따로 사서 원하는 하드디스크를 설치할 수도 있다.

USB 어댑터는 크래들^{cradle}이나 케이블 동글^{cable dongle} 형태로도 구할 수 있다. 크래들은 디스크를 자주 교체해야만 할 때 특히 유용하다. 간단히 예전 디스크를 잡아 빼내고 새 디스크를 꽂아 넣으면 된다.

USB 썸 드라이브^{thumb drive}는 완벽하게 적합한 스토리지 장치다. 일반적으로 성능은 그렇게 뛰어나진 않지만 다른 디스크들과 유사한 블록 인터페이스를 제공한다. 기반 기술은 SSD와 유사하지만 SSD의 뛰어난 속도와 견고함을 제공하는 기능의 일부가 누락돼 있다.

20.4 드라이브의 연결과 저수준 관리

디스크를 시스템에 연결하는 방법은 인터페이스에 따라 다르다. 나머지는 모두 마운트 브라켓과 케이블링이다. 다행히도 현대식 접속 체계는 모두 누구나 할 수 있을 정도로 쉽다.

SAS는 핫플러그인^{hot-plugging}이 가능한 인터페이스이므로 시스템 전원을 끄거나 재시작하지 않고 새 드라이브를 플러그인해도 된다. 커널은 새 장치를 자동으로 인식해 장치 파일을 생성할 수 있어야 한다. SATA 인터페이스도 이론적으로는 핫플러그인을 지원할 수 있다. 하지만 SATA 사양은 이 기능의 지원을 요구하지는 않기 때문에 시중에서 판매되는 대부분의 하드웨어에는 핫플러그인이 구현돼 있지 않다.

어떤 시스템에서 핫플러그인이 작동하는지 알아보고자 SATA 드라이브의 핫플러그인을 시도해봐도 괜찮다. 그렇게 해도 아무것도 손상되지 않는다. 일어날 수 있는 최악의 상황이라고 해봐야 시스템이 해당 드라이브를 무시하는 것뿐이다.[6]

---

6. 핫플러그인은 소프트웨어 쪽에서 복잡하게 개입하지 않고도 불량 디스크를 교체해낼 수 있는 기능과 같이 모든 종류의 옵션을 창출하는 묘수처럼 보일지도 모른다. 하지만 스토리지 스택의 상위 계층에서 이런 기능을 안전하고 신뢰성 있게 구현하는 것은 매우 까다로운 일이다. 이 책에서는 핫플러그인 관리를 다루지 않는다.

하드웨어 수준에서의 설치 검증

새 디스크를 설치한 후에는 시스템이 가장 낮은 수준에서 새 디스크의 존재를 인식하는지를 확인해야 한다. 이 작업이 물리적 PC에서는 쉽다. BIOS가 시스템에 접속돼 있는 SATA와 USB 디스크의 목록을 보여주기 때문이다. 마더보드가 직접 SAS를 지원한다면 SAS 디스크도 이 목록에 포함될 수 있다. 시스템이 별도의 SAS 인터페이스 카드를 갖고 있다면 디스크 목록을 볼 때 해당 카드를 위한 BIOS 설정 호출이 필요할 것이다.

핫플러그인이 가능한 드라이브들을 지원하는 클라우드 서버와 시스템에서는 약간의 탐문 작업이 필요할 수 있다. 커널이 장치를 탐색해서 얻은 진단 출력을 확인한다. 예를 들어 이 책에서의 테스트 시스템 중 하나는 버스로직^{BusLogic} SCSI 호스트 어댑터에 부착돼 있는 옛날 SCSI 디스크에 대해 다음과 같은 메시지를 보여줬다.

```
scsi0 : BusLogic BT-948
scsi : 1 host.
    Vendor: SEAGATE    Model: ST446452W       Rev: 0001
    Type: Direct-Access                ANSI SCSI revision: 02
Detected scsi disk sda at scsi0, channel 0, id 3, lun 0
scsi0: Target 3: Queue Depth 28, Asynchronous
SCSI device sda: hdwr sector=512 bytes. Sectors=91923356 [44884 MB]
    [44.9 GB]
```

이 정보는 시스템이 부팅을 끝내고 난 후에 볼 수 있을 것이다. 시스템 로그 파일 안에 이 정보가 기록되기 때문이다. 커널로부터의 부팅 메시지를 다루는 방법의 자세한 내용은 10장을 참고한다.

시스템이 인식하고 있는 디스크 목록은 여러 가지 명령으로 출력할 수 있다. 리눅스 시스템에서 가장 많이 사용하는 명령은 lsblk로서 모든 배포판의 표준 명령이다. 더 자세한 정보를 보려면 다음과 같이 모델과 시리얼 넘버를 요청한다.

```
lsblk -o +MODEL,SERIAL
```

FreeBSD에서는 **geom disk list** 명령을 사용한다.

디스크 장치 파일

새로 추가된 디스크는 /dev 디렉터리 안에 장치 파일^{device file}로 표현된다. 장치 파일에 관한 전반적인 내용은 5장을 참고한다.

이 책에서 예로 든 모든 시스템은 이러한 장치 파일들을 자동으로 생성해주지만 장치 파일이 있는 위치와 새 장치에 대응하는 장치 파일을 식별하는 방법을 알아야 할 필요가 있다. 엉뚱한 장치 파일을 포맷하는 것은 재앙에 이르는 지름길이다.

표 20.2는 각 참조 시스템에서의 디스크 장치명의 관례를 요약한 것이다. 장치명을 정하는 추상적 패턴을 보여주는 대신 표 20.2는 시스템의 첫 디스크 이름의 전형적인 예를 보여준다.

표 20.2 표준 디스크 장치명

시스템	디스크 전체	파티션
리눅스	/dev/sda	/dev/sda1
FreeBSD	/dev/ada0	/dev/ada0p1

디스크 전체에 대한 장치명은 장치 드라이버에 의해 결정되는 기본명^{basename}과 서로 다른 디스크를 구분 짓는 일련번호나 문자로 구성된다. 예를 들면 리눅스에서 /dev/sda는 sd 드라이버에 의해 관리되는 첫 번째 드라이브다. 그다음 드라이브는 /dev/sdb가 되고 그다음도 마찬가지 규칙에 따른다. FreeBSD에서는 다른 드라이버 이름을 사용하며 문자 대신 숫자가 사용되지만 패턴은 동일하다.

디스크 장치 파일에 나타나는 드라이버 이름에 너무 많은 의미를 부여하지 않는다. 요즘 커널들은 SATA와 SAS 관리를 모두 일반 SCSI 계층을 통해 하기 때문에 SATA 디스크가 마치 SCSI 장치인 것처럼 행동해도 놀랄 일은 아니다. 드라이버 이름은 클라우드와 가상화된 시스템에서도 다양하다. 가상 SATA 디스크는 실제 SATA 디스크와 동일한 드라이버 이름을 가질 수도 있고 그렇지 않을 수도 있다.

파티션용 장치 파일은 장치 파일에 파티션 넘버를 의미하는 부분을 첨가해서 만들어진다. 파티션 넘버링은 보통 0이 아닌 1에서 시작한다.

임시 장치명

디스크명은 커널이 시스템에 존재하는 다양한 인터페이스와 장치에 번호를 붙여 나감에 따라 순차적으로 배정된다. 디스크를 추가하면 기존 디스크의 이름을 변경시키는 일이 발생할 수 있다. 실제로 시스템을 리부팅만 해도 이름이 바뀌는 경우가 있을 수 있다.

이런 사실들은 시스템 관리자에게 다음과 같은 몇 가지 좋은 규칙을 시사한다.

- 안정화된 시스템에서조차도 현재 작업 중인 디스크의 정체성을 검증하지 않은 채 디스크나 파티션, 파일 시스템을 변경해서는 안 된다.
- 미래의 어떤 시점에서 디스크 장치가 바뀔 것을 걱정해 환경설정 파일에 디스크 장치를 직접 언급해서는 안 된다.

두 번째 문제는 부팅 시에 시스템이 마운트해야 할 파일 시스템 목록이 담겨 있는 /etc/fstab 파일을 설정할 때 가장 두드러지게 나타난다. 한때는 /etc/fstab에 있는 장치 파일들에 의해 디스크 파티션을 식별하는 게 일반적이었지만 이제는 더 이상 안전하지 않다. 그 대안은 나중에 다룬다.

리눅스에는 '임시 이름ephemeral names' 문제에 관한 몇 가지 일반적인 방법이 있다. /dev/disk 아래에 있는 하위 디렉터리들은 제조업체 ID나 접속 정보와 같은 여러 가지 안정적인 특성을 이용해 디스크들을 나열한다. 이러한 장치명들은 사실상 /dev에 있는 최상위 파일에 연결돼 있는 링크로 안정적이지만 너무 길고 불편하다.

파일 시스템과 디스크 어레이 수준에서 리눅스는 고유 ID 문자열과 텍스트 레이블을 모두 사용해 객체를 지속적으로 식별한다. 이와 같은 긴 ID들은 직접 다룰 필요가 없게 완전히 숨겨진다.

parted -1 명령은 시스템에 있는 모든 디스크의 크기, 파티션 테이블, 모델 번호, 제조업체의 목록을 보여준다.

포맷과 배드 블록 관리

사람들은 '포맷formatting'이란 단어를 "디스크에 파티션 테이블을 쓰고 그 파티션에 파일 시스템을 설정한다."는 뜻으로 사용하곤 한다. 하지만 이번 절에서는 하드웨어 수준에서 디스크 매체를 설정하는 더 근본적인 작업을 의미하는 것으로 사용하기로 한다. 전자의 의미로는 '초기화^{initializing}'라는 용어를 선호하지만 현실에서는 두 용어가 다소 혼용되기 때문에 문장의 맥락을 통해 의미를 파악해야 한다.

포맷 프로세스는 각 섹터^{sector}를 기술하고자 플래터에 주소 정보와 타이밍 마크$^{timing\ mark}$를 쓰는 것이다. 포맷팅은 매체의 결함으로 인해 안정적으로 읽거나 쓸 수 없는 영역, 즉 배드 블록을 가려내기도 한다. 모든 현대식 디스크는 배드 블록 관리가 내장돼 있어 사용자나 드라이버가 디스크 결함 관리를 걱정할 필요는 없다. 드라이브 펌웨어는 이런 목적으로 확보해둔 디스크의 백업 스토리지 영역으로부터의 우량 블록으로 대체한다.

모든 하드디스크는 사전 포맷된 상태로 판매되며 공장 포맷은 최소한 사용자가 자신의 환경에서 할 수 있는 어떤 포맷보다도 우수하다. 반드시 필요한 경우가 아니라면 로우레벨$^{low-level}$ 포맷은 하지 않는 것이 최선이다. 마치 당연한 듯이 새 드라이브를 재포맷하는 일은 없게 한다.

디스크를 사용하다 읽기 또는 쓰기 오류를 만나게 되면 우선 케이블, 터미널, 주소 등의 문제부터 점검해본다. 이 문제들은 모두 배드 블록의 문제와 비슷한 증상을 유발할 수 있다. 이 절차를 통과하고 나서도 여전히 디스크 손상이 확실하다고 생각된다면 해당 디스크를 다시 포맷하느라 오랜 시간을 기다리면서 문제가 사라지길 희망하는 것보다는 새 디스크로 교체하는 게 더 나을 수 있다.

디스크를 포맷한 후에 확실하게 드러난 배드 블록들은 자동으로 처리될 수도 있고 그렇지 않을 수도 있다. 변질된 데이터를 확실하게 재구성할 수 있다고 드라이브가 확신한다면 새로 발견된 손상 부위는 실행 중에 매핑 아웃되고 새로운 위치에 데이터가 다시 써진다. 좀 더 심각한 오류나 복구 가능 여부가 확실치 않은 오류들에 대해서는 드라이브가 읽기 및 쓰기 작업을 중단하고 호스트 운영체제에 오류를 보고한다.

SATA 디스크는 보통 공장 밖에서 포맷하게 설계되지 않는다. 하지만 제조업체에서 포맷 소프트웨어를 구할 수 있는데, 대개 윈도우용이다. 소프트웨어가 포맷하

려는 드라이브와 일치하는지를 반드시 확인하고 주의를 기울여 제조사의 지시에 따른다.[7]

SAS 디스크는 호스트 컴퓨터에서 보내는 표준 명령에 응답해 스스로를 포맷한다. 이 명령을 보내는 과정은 시스템마다 다르다. PC에서는 SAS 컨트롤러의 BIOS에서 명령을 보낼 수 있다. 운영체제 내부에서 포맷 명령을 제출하려면 리눅스에서는 **sg_format** 명령을, FreeBSD에서는 **camcontrol** 명령을 사용한다.

다양한 유틸리티를 이용하면 무작위 패턴을 디스크에 쓴 다음 다시 읽어내는 방법으로 디스크 무결성을 검증할 수 있다. 철저하게 테스팅하는 데는 긴 시간(수 시간)이 소요되며 불행히도 그것을 예측하기 위한 예후 값은 거의 없는 것 같다. 어떤 디스크가 불량인데도 단순히 교체할 수 없는 경우가 아닌 한(또는 시간당으로 비용이 청구되는 경우라면) 이와 같은 테스팅은 생략하고 건너뛸 수 있다. 그렇지 않다면 테스트가 밤새 실행되게 그냥 둔다. 지나친 과용이나 공격적인 테스팅으로 인한 디스크 마모 현상에 대해서는 우려할 필요가 없다. 기업용 수준의 디스크들은 일관되게 행동하도록 설계돼 있다.

ATA 보안 삭제

2000년 이후로 PATA와 SATA 디스크에는 복구 시도에서 안전하게 지키고자 제조사가 선택한 방법에 따라 디스크에 데이터 덮어쓰기를 하는 '보안 삭제secure erase' 명령이 구현됐다. 보안 삭제는 대부분 요구에 맞게 NIST 인증된 것이다. 미 국방부 분류하에서 보안 삭제는 '기밀secret'보다 낮은 보안 수준에서 사용하게 승인된다.

왜 이런 기능까지 필요할까? 우선 파일 시스템은 일반적으로 자신의 데이터를 지우는 작업을 하지 않기 때문에 디스크 데이터에 **rm -rf *** 명령을 실행해도 모든 것이 그대로 남아 있어 소프트웨어 도구로 복구가 가능하다.[8] 디스크를 버릴 때 그 목적지가 이베이ebay든 쓰레기통이든 이 사실을 기억하는 것이 대단히 중요하다.

---

7. 4TB 드라이브 가격은 100불 정도밖에 안 하는데 크게 신경 쓸 필요가 있을까?

8. 이제는 대부분의 파일 시스템이 SSD에게 더 이상 시스템에 필요하지 않는 블록들을 알려주는 TRIM 명령을 지원한다. 이 주장은 예전보다 사실에서 멀어졌다. 하지만 TRIM은 단지 조언을 해주는 것이기 때문에 이에 반응해 SSD가 무언가를 지우도록 요구되는 것은 아니다.

둘째, 전통적인 하드디스크의 모든 섹터에 수작업으로 다시 쓰기를 해도 마그네틱 흔적이 남아 있어 실험실에 접근할 수 있는 집요한 공격자에 의해 복구가 가능할 수 있다. 보안 삭제는 이러한 그림자 신호를 제거하고자 필요한 만큼의 덮어쓰기를 반복해서 수행한다. 대부분 사이트에서는 이와 같은 마그네틱 잔여물이 심각한 주제가 아닐 수 있겠지만 자신의 조직이 대외비 데이터를 외부 세계에 방출하고 있지 않다는 사실을 항상 확신한다는 것은 좋은 일이다. 어떤 사이트에서는 데이터가 나중에 삭제될 방법을 지시하는 규정이나 비즈니스 요건을 갖고 있기도 한다.

마지막으로 보안 삭제는 SSD를 완전히 지워진 상태로 초기화하는 효과를 갖는다. ATA TRIM 명령(하나의 블록을 삭제하는 명령)을 사용할 수 없는 경우에 이런 초기화는 성능을 향상시킬 수 있다. 이런 경우는 SSD에 사용된 파일 시스템이 그 명령을 알지 못하거나 TRIM을 전파시키지 않는 호스트 어댑터 또는 RAID 인터페이스를 통해 SSD가 연결돼 있기 때문에 발생한다.

ATA 보안 삭제 명령은 의도하지 않았는데 활성화되는 위험을 줄이고자 드라이브 수준에서 암호로 보호된다. 따라서 명령을 사용하기 전에 반드시 드라이브에 암호를 설정해야 한다. 하지만 암호를 기록해두는 데 신경 쓸 필요는 없다. 언제든지 원하면 암호를 초기화할 수 있기 때문이다. 드라이브가 잠겨 버릴 위험은 없다.

 리눅스에서는 hdparm 명령을 사용해 보안 삭제를 활성화할 수 있다.

```
$ sudo hdparm --user-master u --security-set-pass 암호 /dev/디스크
$ sudo hdparm --user-master u --security-erase 암호 /dev/디스크
```

 이와 유사한 FreeBSD 명령은 camcontrol이다.

```
$ sudo camcontrol security 디스크 -U user -s 암호 -e 암호
```

SAS에는 ATA의 보안 삭제 명령과 비슷한 명령은 없지만 '포맷과 배드 블록 관리' 절에서 설명된 SCSI 'format unit' 명령이 합리적인 대안이 될 수 있다.

개별 파일의 내용을 안전하게 삭제하는 shred 유틸리티를 갖고 있는 시스템이 많

다. 불행히도 이 유틸리티는 한 파일의 블록들을 덮어쓸 수 있다는 가정에 의존한다. 이러한 가정이 성립되지 않는 상황들(SSD상의 파일 시스템, 스냅샷을 가진 논리적 볼륨, ZFS나 Btrfs상의 객체들)이 너무 많기 때문에 shred의 전반적인 유용성에는 문제가 있다.

PC 시스템 전체를 한 번에 살균 처리하는 게 목적이라면 또 다른 옵션으로 데릭의 부트와 누크^{Darik's Boot and Nuke}(ban.org)가 있다. 이 도구는 자신의 부트 디스크에서 실행되므로 매일 사용하게 될 도구는 아니다. 하지만 오래된 옛날 하드웨어를 폐기하는 데는 매우 편리한 도구다.

hdparm과 camcontrol: 디스크와 인터페이스 매개변수 설정

hdparm(리눅스)와 camcontrol(FreeBSD) 명령은 단지 보안 삭제^{secure erase} 명령을 보내는 것 이상의 일들을 수행할 수 있다. 이 명령들은 SATA와 SAS 하드디스크의 펌웨어와 대화하는 일반적인 방법을 제공한다.

하드웨어 계층에 근접해 작동하는 도구로, 이 명령들은 가상화되지 않은 시스템에서만 제대로 작동한다. 전통적인 물리적 서버에서는 사실상 시스템 디스크 장치에 관한 정보를 얻는 가장 좋은 방법(hdparm -I와 camcontrol devlist)이다. 이 도구들이 가상 시스템에서는 작동하지 않는다는 이유 때문에 다른 곳(예, 이번 장 시작 부분에 있었던 '디스크 추가' 예제)에서는 이 도구들을 언급하지 않았다.

hdparm은 IDE 이전의 역사에서 유래된 것이며 점차 성장해 SATA와 SCSI 기능을 커버하는 부분까지 포함하게 됐다. camcontrol은 SCSI 랭글링^{wrangling} 도구로 시작해서 SATA의 일부 기능을 커버하게 확장돼 왔다. 구문은 서로 다르지만 요즘 이 도구들은 거의 같은 영역을 커버하고 있다.

다른 무엇보다 이 도구들은 드라이브 전원 옵션을 설정할 수 있으며 소음 감소^{noise reduction} 옵션을 활성화/비활성화하고, 읽기 전용 플래그를 설정할 수 있고, 세부 드라이브 정보를 출력할 수 있다.

SMART를 이용한 하드디스크 모니터링

하드디스크는 호스트 운영체제에서 자신의 결함을 숨기고자 오류 교정error-correction 코딩과 지능형 펌웨어를 사용하는 장애 허용fault-tolerant 시스템이다. 어떤 경우에는 드라이브가 운영체제에 보고하게 돼 있는 교정 불가능한 오류라는 것은 교정은 가능하지만 뭔가 의심쩍은 문제가 점점 증폭돼 가는 상황에서 가장 최근에 발생한 사건에 지나지 않을 수 있다. 재앙이 발생하기 전에 그러한 징조들에 대해 잘 알고 있는 것이 좋다.

SATA 장치에는 구체적인 형태의 상태 보고가 구현돼 있어 때로는 디스크 장애를 예견하기도 한다. 이 표준은 '셀프 모니터링Self-Monitoring, 분석Analysis, 보고Reporting 기술Technology'를 의미하는 SMART로 불리며 호스트 컴퓨터에 의한 검사를 위해 50개 이상의 작업 매개변수를 드러내고 있다.

앞에서 언급했던 구글 디스크 드라이브 연구는, SMART 데이터는 드라이브 장애를 예측하지 못한다는 결론으로서 미디어 리포트에 널리 인용돼 왔다. 그런 인용은 정확한 것이 아니다. 사실 구글은 4개의 SMART 매개변수가 높은 장애 예측률을 보이고 있지만 그 장애가 SMART 값의 변화 후에 항상 발생하지 않는다는 것을 발견했다. 이 연구에서 고장 난 드라이브 중 56%는 가장 예측력 있는 4개의 매개변수 값에 변화를 보이지 않았다. 반면에 절반 가까이 고장 날 것으로 예측된 것들은 아무런 문제가 없었다.

그와 같은 4가지 민감한 SMART 매개변수는 다음과 같다.

- 스캔Scan 오류 카운트
- 재할당Reallocation 카운트
- 오프라인 재할당 카운트
- 보류 중on probation인 섹터 수

이 값들은 모두 0이어야 한다. 구글 랩 연구에 따르면 이 필드의 값이 0이 아니면 60일 이내에 고장 날 가능성은 각각 39배, 14배, 21배, 16배로 늘어난다.

SMART 데이터를 활용하려면 드라이브에 질의를 던져 값을 얻은 후 현재 읽힌 값이 시스템 관리자에 통지해야 할 만큼 충분히 좋지 않은 징후인가를 판단하는 소프트웨어가 필요하다. 불행히도 보고 방식의 표준은 드라이브 제조사마다 달라서 직접적인 단순 해석이 항상 가능한 것은 아니다. 대부분의 SMART 모니터는 기초적인 데이터를 수집한 다음 절댓값을 해석하기보다는 '나쁜' 방향으로의 급작스러운 변화를 찾는다(구글 연구에 따르면 빅4에 추가해서 이러한 '소프트(soft)' SMART 표시자들을 고려하면 모든 고장의 64%를 예측할 수 있다고 한다).

SMART 랭글링용 표준 소프트웨어는 smartmontools.org에서 만든 smartmontools 패키지다. 이 패키지는 레드햇, 센트OS, FreeBSD 시스템에서는 기본으로 설치되며 다른 시스템에서는 보통 기본 패키지 저장소에 있다.

smartmontools 패키지는 드라이브를 지속적으로 모니터링하는 smartd 데몬과 대화형 쿼리나 스크립트용으로 사용할 수 있는 smartctl 명령으로 구성된다. 데몬은 하나의 환경설정 파일(보통 /etc/smartd.conf)을 갖고 있으며 이 파일 안에는 많은 양의 주석이 붙어 있고 풍부한 예문을 포함하고 있다.

SCSI는 아웃오브밴드^{out-of-band} 상태 보고를 위한 자체적인 시스템을 갖고 있지만 불행히도 그 표준은 SMART에 비해 훨씬 구체성이 떨어진다. smartmontools는 자신의 체계 안에 SCSI 장치를 포함시키려고 하지만 SCSI 데이터의 예측값들은 덜 명확하다.

20.5 스토리지의 소프트웨어 측면: 양파 껍질 벗기기

디스크를 삽입하고 윈도우 시스템이 디스크 포맷을 원하는지 물어보는 일에 익숙하다면 복잡하게만 보이는 유닉스와 리눅스 시스템 스토리지 관리에 놀랄지도 모른다. 그 모든 것이 왜 그렇게 복잡한 것일까?

우선 복잡함의 정도는 선택 사항이다. 윈도우 매니저를 사용하는 유닉스와 리눅스 시스템에서는 데스크톱으로 로그인해서 같은 USB 드라이브에 접속하고 윈도우에서와 같은 경험을 가질 수 있다. 개인용 데이터 스토리지를 위한 간단한 설정을 얻을 것이며 더 이상 필요한 게 없다면 그것으로 다 된 것이다.

이 책에서는 항상 그랬듯이 주로 기업 수준의 스토리지 시스템에 관심을 둘 것이다. 그런 시스템에서의 파일 시스템은 많은 사용자나 프로세스(로컬과 원격 모두)가 접근하며, 안정적이고 고성능이며, 백업하기 쉽고 미래의 수요에 쉽게 적응한다. 이런 시스템들은 생각을 좀 더 요구하며 유닉스와 리눅스는 생각해야 할 많은 것을 제공한다.

스토리지 시스템의 요소

그림 A는 물리적 스토리지 장치와 최종 사용자 사이에서 중재할 수 있는 전형적인 소프트웨어 구성 요소 집합을 보여준다. 그림 A가 보여주는 아키텍처는 리눅스용이지만 다른 시스템들도 유사한 기능을 포함하고 있다.

그림 A 스토리지 관리 계층

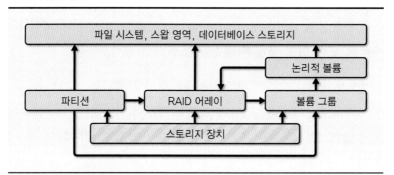

그림 A에서 화살표는 "그 위에 만들 수 있다."는 것을 의미한다. 예를 들어 리눅스 파일 시스템은 파티션이나 RAID 어레이, 논리적 볼륨 위에 만들 수 있다. 각 스토리지 장치를 최종 애플리케이션에 연결하는 모듈 스택을 구축하는 것은 시스템 관리자의 일이다.

관찰력이 좋은 독자는 그래프에 사이클cycle이 존재함을 알아차렸겠지만 현실의 환경설정에서는 루프loop가 있어서는 안 된다. 리눅스는 RAID와 논리적 볼륨이 스택되는 순서를 양쪽 모두 허용하지만 어떤 구성 요소도 (기술적으로는 가능할 수 있어도) 한 번 이상 사용돼서는 안 된다.

다음은 그림 A의 각 요소가 나타내는 의미다.

- 스토리지 장치^{storage device}란 디스크처럼 보이는 모든 것이 될 수 있다. 하드디스크일 수도 있고 플래시 드라이브, SSD, 하드웨어로 구현된 외장 RAID 어레이일 수도 있으며, 심지어 원격 장치에 대한 블록 수준의 접근을 제공하는 네트워크 서비스일 수도 있다. 그 장치가 무작위 접근^{random access}을 허용하고 블록 I/O를 다루며 장치 파일로 표현되는 한 구체적으로 어떤 하드웨어인가는 중요하지 않다.

- 파티션^{partition}은 고정된 크기를 갖는 스토리지 장치의 일부분이다. 각 파티션은 자신의 장치 파일을 갖고 독립적인 스토리지 장치처럼 행동한다. 효율성을 위해 보통은 하부 장치를 다루는 동일한 드라이버가 파티셔닝을 구현한다. 파티셔닝 체계는 각 파티션의 블록 범위를 기록하고자 장치의 시작 부분에 몇 개 정도의 블록을 차지한다.

- 볼륨 그룹^{volume group}과 논리적 볼륨^{logical volume}은 논리적 볼륨 관리자^{LVM, Logical Volume Manager}와 결합돼 있다. 이런 시스템들은 볼륨 그룹이라 불리는 스토리지 풀을 구성하고자 물리적 장치들을 모아서 합친다. 그리고 나면 시스템 관리자는 마치 디스크를 여러 개의 파티션으로 나눌 수 있듯이 이 풀을 여러 개의 논리적 볼륨으로 나눌 수 있다. 예를 들어 6TB 디스크와 2TB 디스크는 8TB 볼륨 그룹으로 합쳐진 다음 두 개의 4TB 논리적 볼륨으로 나눌 수 있다. 최소한 하나의 볼륨은 양쪽 하드디스크로부터의 데이터 블록을 포함하게 될 것이다.

  LVM은 논리적 블록과 물리적 블록 사이에 간접 계층을 추가하기 때문에 간단히 매핑 테이블의 사본을 만들어 한 볼륨의 논리적 상태를 동결할 수 있다. 따라서 논리적 볼륨 관리자들은 일종의 '스냅샷^{snapshot}' 기능을 갖는 경우가 종종 있다. 그런 경우 해당 볼륨에 대해 쓰기 작업을 하면 새 블록에 쓰고 LVM은 이전과 이후 매핑 테이블을 모두 유지한다. 물론 LVM은 원래의 이미지와 모두 수정된 블록을 둘 다 저장해야 하므로 스냅샷을 영원히 삭제하지 않으면 결국은 사용 가능한 공간이 모두 소진될 수밖에 없다.

- RAID 어레이(비싸지 않고 독립적인 디스크들로 구성된 데이터 복원 목적의 중복 디스크 어레이)는 복수의 저장 장치들을 결합해 만든 하나의 가상화된 장치

다. 어레이를 어떻게 구성하느냐에 따라 (디스크를 동시에 병렬적으로 읽거나 씀으로써) 성능을 높이거나 (여러 디스크에 중복해서 데이터를 복제하거나 패리티 검사를 함으로써) 신뢰성을 높일 수 있으며 두 가지를 모두 구현할 수도 있다. RAID는 운영체제 또는 다양한 형태의 하드웨어에 의해 구현될 수 있다. 이름이 시사하는 바와 같이 RAID는 가장 기본적인 드라이브들을 모아 놓은 것으로 인식되는 것이 일반적이나, 현대에 와서는 디스크처럼 작용하는 것이면 무엇이든 RAID 어레이의 구성 요소가 될 수 있게 구현돼 있다.

- **파일 시스템**은 파티션이나 RAID 어레이, 논리적 볼륨으로 표현되는 원초적인 블록 집합과 프로그램이 기대하는 표준 파일 시스템 인터페이스 사이를 중재한다. 그러한 인터페이스에는 /var/spool/mail과 같은 경로, 유닉스 파일 타입, 유닉스 사용 권한 등이 있다. 그러한 파일 시스템은 파일의 내용이 어디에 어떻게 저장돼 있는지, 파일 시스템 네임스페이스가 디스크에서 어떻게 표현되고 검색되는지, 시스템이 어떻게 데이터를 손상 방지 또는 복구 가능하게 만들어져 있는지를 결정한다.

  대부분의 저장 공간은 결국 파일 시스템의 일부일 수밖에 없지만 어떤 시스템(현재의 리눅스 버전은 해당 안 됨)에서는 잠재적으로 스왑 공간과 데이터베이스 스토리지가 파일 시스템의 '도움'이 없을 때 약간 더 효율적일 수 있다. 커널이나 데이터베이스는 자신의 구조를 스토리지에 부과함으로써 파일 시스템을 불필요하게 만든다.

이러한 분류 체계가 한 블록짜리 스토리지 장치를 구현하는 작은 구성 요소들을 너무 과하게 포함하는 것처럼 보인다면 걱정할 필요 없다. 지난 몇 년간의 추세는 이런 구성 요소들을 통합해서 효율성을 증대시키고 중복을 제거하는 쪽으로 진행돼 왔다. 원래 논리적 볼륨 관리자는 RAID 컨트롤러로서의 기능은 하지 않았음에도 대부분은 일부 RAID식 기능(특히 스트라이핑과 미러링)을 흡수해버렸다.

요즘의 첨단 기술에는 파일 시스템과 RAID 컨트롤러, LVM 시스템을 모두 결합해 하나의 견고한 통합 패키지에 넣은 시스템들이 있다. ZFS가 가장 앞선 사례였지만 리눅스용 Btrfs 파일 시스템도 유사한 설계 목적을 갖고 있다. ZFS와 Btrfs에 관해서는 나중에 자세히 다룬다(스포일러 주의: 이 시스템 중 하나를 사용할 수 있다면 사용하는 게 좋다).

리눅스 디바이스 매퍼

그림 A에서는 단순화를 위해 리눅스 스토리지 스택의 중심 구성 요소인 디바이스 매퍼device mapper를 생략했다. 디바이스 매퍼는 다중 맥락으로 삽입된 손가락들을 가진 변화무쌍한 동물로 볼 수 있다. 주요 예로 LVM2의 구현, 컨테이너화를 위한 파일 시스템 계층의 구현(25장 참고), 전체 디스크 암호화의 구현(웹에서 LUKS를 검색해 볼 것)을 들 수 있다.

디바이스 매퍼는 다른 블록 장치들의 모음 위에 구축되는 한 블록 장치one block device의 개념을 추상화한다. 장치들의 매핑 테이블이 주어지면 디바이스 매퍼는 장치들 간의 실시간 변환을 구현해 각 블록을 해당 홈으로 라우팅한다.

대개 디바이스 매퍼는 리눅스 스토리지 구현의 일부이지 직접 다뤄야 할 대상은 아니다. 하지만 /dev/mapper 아래에 있는 장치들에 접근할 때마다 디바이스 매퍼의 기록을 보게 될 것이다. dmsetup 명령을 이용해 독자적인 매핑 테이블을 설정할 수도 있지만 그럴 필요가 있는 경우는 매우 드물다.

다음 절에서는 파티셔닝, RAID, 논리적 볼륨 관리자, 파일 시스템과 같이 스토리지 환경설정에 관련된 계층을 자세히 알아본다.

20.6 디스크 파티셔닝

파티셔닝Partitioning과 논리적 볼륨 관리LVM는 하나의 디스크(LVM의 경우에는 디스크 풀)를 알려진 크기의 덩어리들로 나누는 두 가지 방법이다. 리눅스와 FreeBSD는 두 가지 방법 모두를 지원한다.

전통적으로 파티셔닝은 가장 낮은 수준에서의 디스크 관리였으며 디스크만이 파티셔닝될 수 있었다. 예를 들어 각 개별적인 디스크 파티션들을 RAID 컨트롤러나 논리적 볼륨 관리자가 제어하게 둘 수는 있지만 그렇게 하면 결과적인 논리적 볼륨이나 RAID 볼륨을 파티셔닝할 수는 없다.

디스크, 파티션, LVM 풀, RAID 어레이가 서로 간에 임의의 순서나 조합으로 파생된 수 있는 더욱 일반적인 모델을 위해 디스크만 파티셔닝할 수 있다는 규칙은 점차 무시되고 있다. 소프트웨어 아키텍처 관점에서 보면 이런 구조는 매우 아름답고 세련된 것이다. 하지만 실용적 측면에서 보자면 디스크가 아닌 것을 파티셔닝하는 데는 어떤 타당한 이유가 있다는 것을 시사하는 부작용이 있다.

실제로 대부분의 경우 파티셔닝은 논리적 볼륨 관리에 비해 덜 바람직하다. 거칠고 불안정할 뿐 아니라 스냅샷 관리와 같은 기능이 빠져 있기 때문이다. 파티셔닝은 한 번 결정하고 나면 나중에 다시 수정하기 어렵다. 논리적 볼륨 관리에 비해 파티셔닝이 갖는 유일한 장점은 단순성, 윈도우와 PC BIOS가 파티셔닝을 이해하고 요구한다는 점이다. 독자적인 하드웨어에서 실행되는 일부 유닉스 버전은 파티셔닝을 폐지해버렸고 그런 시스템에서는 아무도 파티셔닝을 원하는 것 같지 않다.

파티셔닝과 논리적 볼륨은 둘 다 백업을 쉽게 해주며 한 사용자가 다른 사용자의 디스크 공간을 침범하지 못하게 하고 통제 불능의 프로그램으로 인한 잠재적 피해를 국한시킨다. 모든 시스템은 /와 대부분의 로컬호스트 환경설정 데이터를 포함하고 있는 하나의 루트 '파티션'을 갖는다. 원칙적으로는 시스템이 싱글 유저 모드까지 오는 데 필요한 모든 것은 루트 파티션의 일부다. 여러 가지 하위 디렉터리(가장 일반적인 것으로 /var, /usr, /tmp, /share, /home)를 따로 떼어 독자적인 파티션이나 볼륨에 넣을 수 있다. 대부분의 시스템은 최소한 한 개의 스왑^{swap} 영역을 갖고 있다.

시스템마다 사용되는 기본값이 다르듯이 디스크를 나누는 가장 좋은 방법에 대한 의견도 다르다. 대부분의 설정은 매우 단순하다. 그림 B는 리눅스 시스템의 데이터 디스크에서 볼 수 있는 전통적인 파티션-파일 시스템 구조를 보여준다(부트 디스크는 보여주지 않는다).

다음은 일반적인 지침들이다.

- 아주 오래전에는 정상적인 루트 파티션에 문제가 생겼을 때 부팅할 수 있는 백업 루트 장치를 갖는 것이 유용할 때가 있었다. 요즘은 부팅 가능한 USB 썸드라이브$^{thumb\ drive}$나 OS 설치 DVD가 대부분의 시스템에서 더 나은 복구 옵션이다. 백업 루트 파티션은 가치에 비해 번거로운 점이 더 많다.

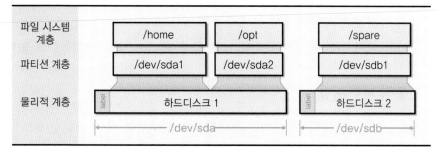

- /tmp를 별개의 파일 시스템으로 놓으면 임시 파일들을 한정된 크기로 제한해 백업하지 않아도 되게 해준다. 일부 시스템은 성능 목적에서 /tmp를 위해 메모리 기반 파일 시스템을 사용한다. 메모리 기반 파일 시스템에도 여전히 스왑 공간이 지원되기 때문에 다양한 범주의 상황에서 잘 작동한다.

- 로그 파일들은 /var/log에 보관되기 때문에 /var/이나 /var/log 중 하나를 별도의 디스크 파티션으로 만드는 것은 좋은 생각이다. /var를 크기가 작은 루트 파티션의 일부로 남겨두면 루트가 금방 꽉 차서 시스템 중단 상태에 빠지게 된다.

- 사용자 홈 디렉터리들을 분리된 파티션이나 볼륨에 만드는 것도 유용하다. 루트 파티션이 오염되거나 파괴되더라도 사용자 데이터가 온전하게 유지될 가능성이 높다. 반대로 사용자의 잘못된 셸 스크립트가 /home 디렉터리를 가득 채워버려도 시스템은 계속 작동할 수 있다.

- 요즘의 값싼 RAM을 이용해 스왑을 전혀 하지 않는 게 더 낫지만 어쨌든 스왑 공간을 여러 개의 물리적 디스크로 나누면 성능은 잠재적으로 증가한다. 이런 테크닉은 파일 시스템에 대해서도 적용된다. 즉, 작업량이 많은 파일 시스템들을 서로 다른 디스크에 만드는 것이다. 이 주제에 관한 내용은 29장을 참고한다.

- 머신에 메모리를 추가하듯이 스왑 공간도 추가할 수 있다. 가상 메모리에 관한 자세한 내용은 29장을 참고한다.

- 급변하는 정보들은 자주 백업되는 몇 개의 파티션에 모아 놓는다.

- 인터넷 보안 센터The Center for Internet Security는 다양한 운영체제의 환경설정 가

이드라인들을 www.cisecurity.org/cis-benchmarks에 게재하고 있다. 그것들은 최상의 모범 사례라는 점에서 '표준'이 된다. 문서에는 파티셔닝과 파일 시스템 레이아웃에 대한 유용한 권고 사항들이 포함돼 있다.

전통적 파티셔닝

파티셔닝을 지원하는 시스템들은 파티셔닝을 구현할 때 각 파티션에 포함되는 블록의 범위를 정의하고자 디스크의 시작 부분에 '레이블^{label}'을 써넣는다. 구체적 내용은 시스템마다 다르지만 레이블은 반드시 (부트 블록과 같은) 다른 시동 정보와 공존해야 하며 디스크 전체를 식별하는 이름이나 고유 ID와 같은 추가 정보를 포함한다.

디스크 표현을 책임지는 디바이스 드라이버가 레이블을 읽어 각 파티션의 물리적 위치를 계산할 때 파티션 테이블을 사용한다. 일반적으로 하나의 디바이스 파일로 각 파티션을 나타내며 디스크 전체를 나타내는 디바이스 파일이 추가된다.

논리적 볼륨 관리자를 보편적으로 사용할 수 있음에도 다음과 같은 일부 상황에서는 여전히 전통적인 파티셔닝을 요구되거나 유리할 때가 있다.

- 최근에는 두 가지 파티셔닝 체계, 즉 MBR과 GPT만이 사용된다. 다음 절에서 이 두 가지 체계를 자세히 다룬다.
- PC 하드웨어에서 부트 디스크는 반드시 하나의 파티션 테이블$^{partition\ table}$을 가져야 한다. 2012년 이전에 생산된 시스템들은 보통 MBR을 요구하고 그 이후의 시스템들은 GPT를 요구한다. 새로운 시스템들은 대부분 둘 다 지원한다.
- MBR이나 GPT 파티션 테이블을 설치하면 각 파티션의 내용을 윈도우가 이해할 수 없을지는 몰라도 디스크 자체는 이해할 수 있게 된다. 윈도우와 연동할 어떤 특별한 계획이 없더라도 어디에나 존재하는 윈도우의 범용성과 가상 머신의 광범위한 보급, 하드디스크의 이식성을 고려한다.
- 파티션은 디스크상에 정의된 위치를 갖고 있기 때문에 참조 지역$^{locality\ of\ reference}$을 보장한다. 논리적 볼륨은 그렇지 않다(적어도 기본값에 의해 참조

지역을 갖는 일은 없다). 대개의 경우 이런 사실이 크게 중요하지는 않지만 기계적인 하드디스크에서는 짧은 탐색이 긴 탐색보다 빠르며 디스크의 바깥쪽 실린더(가장 낮은 번호의 블록들을 포함하는 실린더)가 안쪽 실린더보다 30% 이상 처리 속도가 빠를 수 있다.

- RAID 시스템은 서로 일치하는 디스크나 파티션을 사용한다. 어떤 RAID 구현이 서로 다른 크기의 개체들을 수용할 수도 있지만 그럴 경우 모든 장치가 공통적으로 갖고 있는 블록 범위만을 사용할 것이다. 여분의 공간을 낭비하는 것보다는 따로 분리해 별도의 파티션으로 사용할 수 있다. 하지만 이렇게 할 때는 여분 파티션을 자주 접근하지 않는 데이터용으로 사용한다. 그렇지 않으면 그 파티션에 발생하는 트래픽이 RAID 어레이의 성능을 떨어뜨릴 것이다.

MBR 파티셔닝

마스터 부트 레코드^{MBR, Master Boot Record} 파티셔닝은 1980년대까지 거슬러 올라가는 마이크로소프트의 옛날 표준이다. 이 파티셔닝은 2TB보다 큰 용량의 디스크는 지원하지 않는 처음부터 잘못 설계된 비좁은 포맷이다. 디스크가 그렇게 커질 줄은 아무도 몰랐다.

MBR은 옛날 PC 하드웨어가 윈도우를 부팅할 수 있는 유일한 포맷이라는 점을 제외하곤 GPT에 비해 어떤 장점도 제공하지 않는다. 어쩔 수 없이 MBR 파티션을 사용해야만 하는 환경이 아니라면 MBR을 원할 이유가 없다. 불행히도 MBR은 많은 배포판에 있어 여전히 기본 설정으로 돼 있다.

MBR 레이블은 한 개의 512바이트 디스크 블록을 차지하며 그중 대부분은 부트 코드로 사용된다. 남아 있는 공간은 4개의 파티션을 정의할 수 있을 뿐이다. 이 파티션들은 MBR 안에 직접 정의되기 때문에 '프라이머리^{primary}' 파티션이라 부른다.

이론적으로는 프라이머리 파티션 중 하나를 자체적인 2차 파티션 테이블을 포함하고 있음을 의미하는 '확장^{extended}' 파티션으로 정의할 수 있다. 불행히도 확장 파티션들은 여러 가지 미묘한 문제를 야기하는 것으로 알려졌다. 요즘 같은 MBR의

황혼 시기에는 확장 파티션을 사용하지 않는 게 최선이다.

윈도우 파티셔닝 시스템은 한 파티션을 '활성[active]'으로 표시한다. 부트 로더는 활성 파티션을 찾아 그곳에서 운영체제 로딩을 시도한다.

또한 각 파티션은 파티션의 내용을 시사하기로 돼 있는 1바이트 속성[attribute]을 갖고 있다. 일반적으로 그 코드는 파일 시스템 유형이나 운영체제를 나타낸다. 이러한 코드는 중앙에서 배정되는 것은 아니지만 어떤 공통적인 관례가 반영된다. 그에 대한 내용은 goo.gl/ATi3에 안드리스 브라우어[Andries E. Brouwer]가 정리해놨다.

하드디스크를 파티셔닝하는 MS-DOS 명령은 fdisk라고 한다. MBR 스타일의 파티션을 지원하는 대부분의 운영체제는 자신의 파티셔닝 명령으로 이 이름을 채택했으나 fdisk에는 많은 변형이 존재한다. 윈도우 자신은 다른 이름으로 바꿨다. 최신판 윈도우의 커맨드라인 도구는 diskpart로 부른다. 또한 윈도우는 mmc의 디스크 관리[Disk Management] 플러그인을 통해 사용이 가능한 파티셔닝 GUI도 갖고 있다.

어떤 디스크를 윈도우로 파티셔닝하느냐 아니면 다른 운영체제로 파티셔닝하느냐는 문제가 되지 않는다. 결과는 같기 때문이다.

GPT: GUID 파티션 테이블

인텔의 확장 가능 펌웨어 인터페이스[EFI, Extensible Firmware Interface] 프로젝트는 PC BIOS의 노후된 관습들을 좀 더 현대적이고 기능적인 아키텍처로 대체시켰다.[9] EFI 펌웨어는 이제 PC 하드웨어의 새로운 표준이 됐으며 EFI의 파티셔닝 체계는 운영체제들 사이에서 광범위한 지원을 얻게 됐다.

'GUID 파티션 테이블' 또는 GPT로 알려진 EFI 파티셔닝 체계는 MBR의 명백한 취약점들을 제거했다. GPT는 한 종류의 파티션만을 정의하며(따라서 '확장 파티션으로서의 논리 파티션'은 더 이상 없음) 원하는 만큼의 파티션들을 생성할 수 있다. 각 파티션은 어떤 중앙 중재도 필요로 하지 않는 16바이트 ID 코드(전 세계적으로 고유한 ID, GUID)로 지정된 파티션 타입을 갖고 있다.

---

9. EFI는 최근에 UEFI가 됐다. 이는 다수 업체의 노력에 의해 지원되는 '통합(unified)' EFI이다. 하지만 일반적 용도에서는 EFI가 더 흔히 사용되는 용어로 남아 있다. UEFI와 EFI는 기본적으로 상호교환할 수 있다.

중요한 것은 GPT가 MBR을 파티션 테이블의 첫 번째 블록으로 끌고 옴으로써 MBR 기반 시스템과 원초적인 호환성을 유지한다는 점이다. 이와 같이 '거꾸로 가는' MBR은 마치 하나의 커다란(최소한 MBR의 한계인 2TB까지의) MBR 파티션이 디스크를 차지하고 있는 것처럼 보이게 한다. 이런 MBR이 그 자체로는 유용하지 않지만 최소한 단순 무지한 시스템들이 디스크를 재포맷하지 못하게 막아줄 것이라는 기대는 할 수 있다.

비스타 시절부터의 윈도우 버전들은 데이터용 GPT 디스크를 지원하지만 EFI 펌웨어가 있는 시스템들만 디스크에서 윈도우를 부팅할 수 있다. 리눅스와 GRUB 부트 로더는 그보다 낫다. GPT 디스크가 운영체제에 의해 지원되며 어떤 시스템에서도 부팅할 수 있다. 인텔 기반의 맥OS 시스템은 EFI와 GPT 파티셔닝을 모두 사용한다.

GPT는 이미 운영체제 커널들에 의해 널리 채택돼 왔음에도 많은 디스크 관리 유틸리티가 제대로 유지 관리되지 않아 GPT 지원이 누락돼 있다. GPT 디스크에 어떤 유틸리티를 실행할 때는 실제로 GPT를 지원하는지 확인하자.

리눅스 파티셔닝

리눅스 시스템은 GPT를 인식하지 못하는 시스템들을 감안해 파티셔닝을 위한 여러 가지 옵션을 제공한다. (원조격인 솔라리스 레이블을 포함해) 다양한 레이블 포맷을 인식하고 단순히 파티션들을 생성하거나 제거하는 것 외에도 이동하거나 크기를 변경할 수 있는 커맨드라인 도구인 parted가 기본값으로 돼 있다. GUI 버전으로는 gparted가 있으며 GNOME에서 실행된다.

일반적으로는 parted보다 gparted를 권장한다. 둘 다 사용은 간단하지만 gparted를 이용하면 시작 블록과 끝 블록 범위를 지정하는 대신 원하는 파티션 크기를 지정할 수 있다. 부트 디스크 파티셔닝을 위해서는 대부분 배포판이 제공하는 그래픽 설치자가 최선의 선택이다. 특정 배포판의 레이아웃과 잘 작동하는 파티셔닝 계획을 권장하기 때문이다.

FreeBSD 파티셔닝

 리눅스처럼 FreeBSD도 여러 가지 파티셔닝 도구를 갖고 있다. gpart를 제외하고 나머지는 모두 잊어도 좋다. 다른 도구들은 여러 종류의 심각한 실수를 저지르게 유혹할 뿐이다.

gpart 맨페이지에서(그리고 FreeBSD에서는 스토리지 관련 맥락에서) 언급되는 것을 볼 수 있는 신비한 'geom'들은 FreeBSD의 스토리지 장치 추상화다. 모든 geom이 디스크 드라이브는 아니지만 모든 디스크 드라이브는 geom이므로 geom이 요구되는 곳에서는 ada0와 같은 기본 디스크명을 사용할 수 있다.

이전의 '디스크 추가' 예제에서는 새로운 디스크에 파티션 테이블을 구성하고자 gpart를 사용했다.

20.7 논리적 볼륨 관리

파티션이 얼마나 커야 하는지를 정확히 알지 못하는 상황을 생각해보자. 파티션을 생성한 후 6개월이 지나서 그 파티션은 너무 큰 반면에 이웃 파티션은 공간이 충분하지 않다는 것을 발견한다. 익숙한 얘기일 것이다. 논리적 볼륨 관리자는 욕심 많은 파티션에서 궁핍한 파티션 쪽으로 공간을 동적으로 재할당하게 해준다.

논리적 볼륨 관리는 본질적으로 강력하고 추상화된 버전의 디스크 파티셔닝이다. 개별적인 스토리지 장치들을 묶어 '볼륨 그룹volume group'으로 만든다. 그렇게 하면 볼륨 그룹에 속하는 블록들은 블록 장치 파일로 표현되고 마치 디스크 파티션처럼 행동하는 '논리적 볼륨logical volume'에 할당될 수 있다.

하지만 논리적 볼륨들은 디스크 파티션보다 더 탄력적이고 강력하다. 다음은 볼륨 관리자가 실행할 수 있게 해주는 작업들의 일부다.

* 서로 다른 물리적 장치들 간에 논리적 볼륨을 이동시킨다.
* 작동 중에 논리적 볼륨을 키우거나 줄인다.
* 논리적 볼륨의 쓰기 시 복제copy-on-write 스냅샷을 취한다.

- 서비스를 방해하지 않고 온라인 드라이브들을 교체한다.
- 미러링^{mirroring}이나 스트라이핑^{striping}을 논리적 볼륨에 통합한다.

논리적 볼륨의 구성 요소들은 다양한 방법으로 합쳐진다. 결합^{concatenation}은 각 장치의 물리적 블록들을 모아 장치들을 일렬로 연결한다. 스트라이핑은 구성 요소들을 교대로 삽입함으로써 인접한 가상 블록들이 실제로는 복수의 물리적 디스크에 분산되게 한다. 한 디스크에 발생하는 병목현상을 줄임으로써 스트라이핑은 대역폭을 늘리고 지연을 낮추는 결과를 얻을 수 있다.

RAID를 이미 체험한 적이 있다면 스트라이핑에서 RAID 0가 연상된다는 것을 알게 될 것이다. 하지만 스트라이핑 방식의 LVM 구현은 RAID보다 훨씬 탄력적인 경향이 있다. 예를 들면 스트라이핑이 항상 실제로 일어나지는 않을지라도 자동으로 스트라이핑을 최적화하거나 크기가 다른 장치들의 스트라이핑을 허용한다. LVM과 RAID의 경계는 사실상 불분명해졌으며 RAID 5와 RAID 6과 같은 패리티 구조조차도 볼륨 관리자에 흔히 나타나고 있다.

리눅스 논리적 볼륨 관리

 LVM2라 불리는 리눅스의 볼륨 관리자는 본질적으로 베리타스^{Veritas} 소프트웨어에 기초한 HP-UP 볼륨 관리자의 클론이다. 두 시스템의 명령들은 본질적으로 똑같다. 표 20.3은 LVM 명령 세트를 요약한 것이다.

LVM의 최상위 레벨 아키텍처는 개별 디스크들과 파티션들(물리적 볼륨)을 볼륨 그룹이라는 스토리지 풀 안에 모아 놓은 것이다. 볼륨 그룹들은 다시 파일 시스템을 포함하는 블록 장치들인 논리적 볼륨으로 나뉜다.

물리적 볼륨은 pvcreate 명령을 이용해 LVM 레이블을 붙여야 한다. 그런 레이블을 만드는 것이 LVM을 통해 장치에 접근하기 위한 첫 단계 작업이다. 레이블에는 관리 목적의 정보 외에도 해당 장치를 식별하기 위한 고유 ID가 포함돼 있다.

'물리적 볼륨^{Physical Volume}'은 약간 오해의 소지가 있는 용어다. 물리적 볼륨은 물리적 장치와 직접 대응 관계를 가질 필요가 없기 때문이다. 물리적 볼륨은 디스크일 수도 있지만 디스크 파티션이나 RAID 어레이일 수도 있다. LVM은 물리적 볼륨이 실제 무엇인가는 상관하지 않는다.

표 20.3 리눅스의 LVM 명령

개체	작용	명령
물리적 볼륨	생성	pvcreate
	검사	pvdisplay
	수정	pvchange
	확인	pvck
볼륨 그룹	생성	vgcreate
	수정	vgchange
	확장	vgextend
	검사	vgdisplay
	확인	vgck
	활성화	vgscan
논리적 볼륨	생성	lvcreate
	수정	lvchange
	크기 변경	lvresize
	검사	lvdisplay

LVM은 (표 20.3에 요약돼 있는) 많은 명령을 이용하거나 단일 lvm 명령과 다양한 하위 명령을 이용해 제어할 수 있다. 이 옵션들은 본질적으로 같은 것이다. 실제로 개별적 명령들은 lvm에 연결된 링크일 뿐이다. 그렇게 만든 이유는 어떤 이름으로 호출됐는가를 보고 수행해야 할 작업을 알아내기 위한 것으로 보인다. man lvm 명령을 실행하면 lvm 시스템과 도구들에 관한 좋은 가이드를 볼 수 있다.

리눅스 LVM의 환경설정 절차는 다음과 같다.

- 물리적 볼륨의 생성(사실상 정의)과 초기화
- 볼륨 그룹에 물리적 볼륨 추가
- 볼륨 그룹에 논리적 볼륨 생성

LVM 명령들은 그 명령들이 어떤 레벨의 추상화에서 작동하는지를 명확히 말해주는 문자들로 시작된다. 즉, pv 명령들은 물리적 볼륨들을 다루고, vg 명령들은 볼륨 그룹을 다루며, lv 명령들은 논리적 볼륨들을 다룬다. 접두어가 lvm인 일부 명령은(예, lvmchange) 시스템 전체에 작동한다.

다음 예는 LVM을 사용할 1TB 하드디스크(/dev/sdb)를 설정하고 논리적 볼륨을 생성한다. 디스크는 앞에 설명한 것처럼 전체 공간을 단 하나의 파티션 /dev/sdb1에 배정해서 파티셔닝됐다고 가정한다. 파티셔닝 단계를 완전히 생략하고 가공하지 않은 원형 디스크를 물리적 장치로 사용할 수도 있지만 그렇게 하면 성능 향상 효과를 볼 수 없다. 파티셔닝은 가장 광범위하고 다양한 소프트웨어와 운영체제에게 디스크를 이해할 수 있게 해준다.

첫 단계는 sdb1 파티션을 LVM 물리적 볼륨으로 레이블을 붙이는 것이다.

```
$ sudo pvcreate /dev/sdb1
Physical volume "/dev/sdb1" successfully created
```

이제 물리적 장치가 볼륨 그룹에 추가될 준비가 됐다.

```
$ sudo vgcreate DEMO /dev/sdb1
Volume group "DEMO" successfully created
```

이 예제에서는 물리적 장치 하나만 사용하고 있지만 당연히 추가 장치를 추가할 수 있다. 작업을 검토하고자 vgdisplay 명령을 사용한다.

```
$ sudo vgdisplay DEMO
--- Volume group --
VG Name               DEMO
System ID
Format                lvm2
Metadata Areas        1
Metadata Sequence No  1
VG Access             read/write
VG Status             resizable
Open LV               0
```

```
Max PV              0
Cur PV              1
Act PV              1
VG Size             1000.00 GiB
PE Size             4.00 MiB
Total PE            255999
Alloc PE / Size     0 / 0
Free PE / Size      255999 / 1000.00 GiB
VG UUID             n26rxj-X5HN-x4nv-rdnM-7AWe-OQ21-EdDwEO
```

PE는 물리적 크기로, 볼륨 그룹이 나뉘는 할당 단위다.

마지막 단계는 DEMO 안에 논리적 볼륨을 생성하고 그 볼륨 안에 파일 시스템을 생성하는 것이다. 여기서는 100GB 크기의 논리적 볼륨을 만들기로 한다.

```
$ sudo vgdisplay DEMO
Logical volume "web1" created
```

LVM의 흥미로운 옵션들은 대부분 논리적 볼륨 레벨에 있다. 스트라이핑, 미러링, 연속 할당과 같은 기능들을 사용하고 있다면 그곳에서 요청한다.

이제 /dev/DEMO/web1 장치를 통해 볼륨에 접근할 수 있다. 파일 시스템에 관한 일반적인 내용은 나중에 다루지만 여기서는 몇 가지 추가적인 LVM 트릭들을 보여 줄 수 있도록 ext4 파일 시스템을 생성하는 것만 간단히 살펴보기로 한다.

```
$ sudo mkfs /dev/DEMO/web1
...
$ sudo mkdir /mnt/web1
$ sudo mount /dev/DEMO/web1 /mnt/web1
```

볼륨 스냅샷

파일 시스템을 포함하던 포함하지 않던 어떤 LVM 논리적 볼륨이든 쓰기 시 복제 copy-on-write 사본들을 생성할 수 있다. 이 기능은 다른 장소에 백업되는 파일 시스템 의 잠정 이미지quiescent image를 생성하는 데 편리하다. 하지만 ZFS나 Btrfs 스냅샷과 는 달리 LVM2 스냅샷은 버전 제어의 일반적 방법으로서는 그다지 유용하지 않다.

문제는 논리적 볼륨은 크기가 고정돼 있다는 점이다. 논리적 볼륨을 생성할 때 볼륨 그룹에서 저장 공간이 할당된다. 쓰기 시 복제 사본은 처음에는 어떤 공간도 소모하지 않지만 블록이 수정됨에 따라 볼륨 관리자는 지난 버전과 새 버전을 모두 저장할 공간을 찾아야만 한다. 수정된 블록을 위한 이 공간은 스냅샷을 생성할 때 반드시 따로 확보돼야 하며 다른 LVM 볼륨처럼 할당된 저장 공간은 고정된 크기를 갖는다.

원본 볼륨을 수정하느냐 아니면 스냅샷(기본값은 쓰기 가능으로 돼 있다)을 수정하느냐는 중요하지 않다는 점에 유의한다. 어느 쪽이든 블록을 복제하는 비용은 스냅샷의 몫이다. 스냅샷 자체가 가동되고 있지 않을 때조차도 소스 볼륨의 활동에 의해 스냅샷의 할당은 감축될 수 있다.

볼륨이 소모하는 만큼의 스냅샷 공간을 할당하지 않는다면 스냅샷 공간이 바닥날 잠재적 가능성이 있다. 그런 상황은 생각보다 훨씬 큰 재앙이 된다. 볼륨 관리자가 스냅샷의 일관된 이미지를 유지할 방법이 없기 때문이다. 추가적인 저장 공간은 단지 스냅샷을 동일하게 유지하고자 요구될 뿐이다. 공간이 부족하면 LVM이 스냅샷 유지 관리를 중단하게 돼 스냅샷이 손상된다.

따라서 현실에서의 LVM 스냅샷은 그 생이 짧거나 크기가 소스 볼륨만큼 커야 한다. '수많은 값싼 가상 사본'에 대해서는 이 정도 언급하기로 하자.

/dev/DEMO/web1의 스냅샷으로 /dev/DEMO/web1-snap을 생성하고자 다음 명령을 사용한다.

```
$ sudo lvcreate -L 100G -s -n web1-snap DEMO/web1
Logical volume "web1-snap" created.
```

스냅샷은 자신의 이름을 갖고 있으며 스냅샷의 소스는 반드시 volume_group/volume으로 지정돼야 함에 유의한다.

이론상으론 파일 시스템의 무결성을 보장하고자 /mnt/web1이 가장 먼저 언마운트돼야 하는 게 맞다. 실제로는 가장 최근에 업데이트된 일부 데이터 블록이 손실될 수는 있지만 ext4가 파일 시스템이 손상되지 않게 보호해준다. 이것은 백업 소스로 사용될 스냅샷을 위한 완전히 합리적인 절충안이다.

스냅샷의 상태를 확인하려면 lvdisplay 명령을 실행한다. lvdisplay가 스냅샷이 '비활성화된' 상태라고 말하고 있다면 그것은 스냅샷이 공간을 모두 소진해 삭제돼야 함을 의미한다. 일단 이 상태에 이르면 스냅샷으로 할 수 있는 일이란 거의 없다.

파일 시스템 리사이징

파일 시스템 오버플로는 디스크 충돌보다 더 흔하게 발생하며 하드 파티션에 비해 구조 조정과 리사이징Resizing이 훨씬 더 쉽다는 것이 논리적 볼륨의 한 가지 장점이다. 우리는 개인 비디오 저장용으로 사용되는 서버에서부터 쓸데없는 이메일들까지 잔뜩 쌓아 놓는 업무 부서에 이르기까지 모든 것을 경험했다.

논리적 볼륨 관리자는 볼륨의 내용에 관해서는 아무것도 알지 못하기 때문에 시스템 관리자가 볼륨과 파일 시스템 수준에서 리사이징 작업을 직접 해야만 한다. 그 순서는 작업에 따라 다르다. 축소할 때는 파일 시스템 작업을 먼저 해야 하고 확장할 때는 볼륨 작업을 먼저 해야 한다. 이 규칙을 외울 필요는 없다. 단지 실제로 일어나고 있는 일에 대해 생각하고 상식적으로 판단하기만 하면 된다.

앞에서 다룬 예에서 /mnt/web1이 예측했던 것보다 크게 늘어나서 추가로 100GB 공간이 필요하다고 가정해보자. 우선 추가할 가용 공간이 있는지 확인하고자 다음과 같이 볼륨 그룹을 확인한다.

```
$ sudo vgdisplay DEMO
--- Volume group --
VG Name             DEMO
System ID
Format              lvm2
Metadata Areas      1
Metadata Sequence No 4
VG Access           read/write
VG Status           resizable
Open LV             1
Max PV              0
```

```
Cur PV              1
Act PV              1
VG Size             1000.00 GiB
PE Size             4.00 MiB
Total PE            255999
Alloc PE / Size     51200 / 200.00 GiB
Free PE / Size      204799 / 800.00 GiB
VG UUID             n26rxj-X5HN-x4nv-rdnM-7AWe-OQ21-EdDwEO
```

100GB는 원래의 파일 시스템용으로, 100GB는 스냅샷용으로 총 200GB 공간이 사용됐음에 주목한다. 하지만 여전히 많은 공간을 더 사용할 수 있다. 다음과 같이 파일 시스템을 언마운트하고 lvresize 명령을 이용해 논리적 볼륨에 공간을 추가한다.

```
$ sudo umount /mnt/web1
$ sudo lvchange -an DEMO/web1
$ sudo lvresize -L +100G DEMO/web1
Size of logical volume DEMO/web1 changed from 100.00 GiB (25600
    extents) to 200.00 GiB (51200 extents).
Logical volume DEMO/web1 successfully resized.
$ sudo lvchange -ay DEMO/web1
```

lvchange 명령은 리사이징을 하고자 볼륨을 비활성화하거나 이후에 그 볼륨을 다시 재활성화하는 데 필요하다. 이 부분이 필요한 이유는 앞서 보인 예에서 web1의 기존 스냅샷이 그대로 남아 있기 때문이다. 리사이징 작업 후에 그 스냅샷은 추가적인 100GB의 할당 공간을 '보게' 될 것이지만 그것에 포함돼 있는 파일 시스템은 크기가 100GB뿐이므로 스냅샷은 여전히 사용될 수 있게 된다.

이제 다음과 같이 resize2fs를 이용해 파일 시스템을 리사이징할 수 있다(여기서 2라는 숫자는 원래의 ext2 파일 시스템에서 온 것이지만 이 명령은 모든 버전의 ext를 지원한다). resize2fs는 볼륨에서 새 파일 시스템의 크기를 결정할 수 있으므로 새로운 크기를 명시적으로 지정할 필요는 없다. 파일 시스템을 줄일 때는 명시적으로 지정해야만 한다.

```
$ sudo resize2fs /dev/DEMO/web1
resize2fs 1.43.3 (04-Sep-2016)
```

```
Resizing the filesystem on /dev/DEMO/web1 to 52428800 (4k) blocks.
The filesystem on /dev/DEMO/web1 is now 52428800 (4k) blocks long.
```

이것이 전부다. **df**의 출력을 다시 확인해보면 다음과 같은 변화를 알 수 있다.

```
$ sudo mount /dev/DEMO/web1 /mnt/web1
$ df -h /mnt/web1
Filesystem              Size Used Avail    Use%   Mounted on
/dev/mapper/DEMO-web1   197G 60M  187G     1%     /mnt/web1
```

다른 파일 시스템의 리사이징을 위한 명령들도 비슷하게 작동한다. XFS 파일 시스템(레드햇과 센트OS 시스템의 기본 파일 시스템)에서는 **xfs_growfs** 명령을 사용하며 UFS 파일 시스템(FreeBSD의 기본 파일 시스템)에서는 **growfs** 명령을 사용한다. XFS 파일 시스템은 확장을 위해 반드시 마운트돼야 한다. 이 명령들의 이름이 암시하는 바와 같이 XFS와 UFS 파일 시스템은 확장될 수는 있지만 더 작게 만들 수는 없다. 공간을 제거할 필요가 있는 경우에는 파일 시스템의 내용을 더 작은 새로운 파일 시스템에 복사해야 할 것이다.

볼륨 관리자 자체는 클라우드의 어디에든 상주할 수 있음에도 클라우드의 가상 머신에 할당하고 부착하는 '디스크'들은 본질적으로 논리적 볼륨이라는 사실에 주목할 필요가 있다. 이러한 볼륨들은 보통 클라우드 공급자의 관리 콘솔이나 커맨드라인 유틸리티를 통해 리사이징이 가능하다.

클라우드 파일 시스템을 리사이징하는 절차는 앞서 언급한 절차와 많은 부분이 같지만 이러한 가상 장치들은 디스크 드라이브를 가장한 것이므로 파티션 테이블을 갖고 있다는 점을 명심한다. 3개의 분리된 계층, 즉 클라우드 공급자 수준, 파티션 수준, 파일 시스템 수준에서 리사이징할 필요가 있을 것이다.

FreeBSD 논리적 볼륨 관리

 FreeBSD는 자체적으로 완벽한 기능을 갖춘 논리적 볼륨 관리자를 갖고 있다. 이전 버전에서는 바이넘^{Vinum}이라는 이름으로 알려져 있었지만 현재는 FreeBSD의 일반화된 저장 장치용 겸 아키텍처^{geom architecture}에 부합하게 시스템이 재작성됐으며, 그 이름은 GVinum으로 바뀌었다. LVM2과 같이 GVinum은 다양한 RAID 유형을 구현한다.

FreeBSD는 최근에 ZFS 지원에 많은 노력을 기울여 왔으며, GVinum이 공식적으로 폐기된 것은 아님에도 개발자들의 공개적인 논평들을 보면 앞으로의 논리적 볼륨 관리와 RAID를 위한 방법으로 ZFS가 권장되고 있음을 알 수 있다. 따라서 여기서는 GVinum에 대한 설명은 하지 않겠다. ZFS는 나중에 다룬다.

20.8 RAID: 합리적인 디스크의 다중 어레이

백업용일지라도 서버에서의 디스크 장애는 치명적인 결과를 초래할 수 있다. RAID, '합리적인 디스크의 다중 어레이'는 데이터들을 여러 개의 디스크에 걸쳐 분산시키고 복제하는 시스템을 말한다.[10] RAID는 데이터 손실을 방지할 뿐 아니라 하드웨어 장애와 관련된 가동 중지를 (보통 0까지) 최소화하며 잠재적 성능을 증가시킨다.

RAID는 한 그룹의 하드디스크들을 단일 합성 드라이브로 운영체제에 제공하는 전용 하드웨어로 구현될 수 있다. RAID는 RAID 규칙에 따라 운영체제가 다중 디스크를 읽거나 씀으로써 간단하게 구현될 수도 있다.

소프트웨어 RAID와 하드웨어 RAID

RAID 구현에 있어 가장 심각한 병목현상은 항상 디스크 자체에서 발생하기 때문에 하드웨어 기반 RAID 구현이 반드시 소프트웨어나 운영체제 기반 구현보다 빠르다고 할 수는 없다. 과거에는 두 가지 요인, 즉 소프트웨어 대안이 부족하다는 점(운영체제의 직접적인 RAID 지원이 없었음)과 비활성 메모리에 쓰기 작업을 버퍼링할 수 있는 하드웨어적 기능 때문에 하드웨어 RAID가 지배적이었다.

비활성 메모리 버퍼링 기능은 쓰기 작업이 즉각적으로 완료된 것처럼 보이게 만들기 때문에 성능을 향상시킨다. 또한 'RAID 5 쓰기 구멍write hole'이라 불리는 잠재

---

10. RAID는 '독립 디스크의 다중 어레이(Redundant Arrays of Independent Disks)'을 의미하는 것으로 해석하기도 한다. 역사적으로 두 가지 모두 올바른 표현이다.

적인 메모리 오염^{memory corruption} 문제에서도 보호해준다. 이 문제는 나중에 자세히 설명한다. 하지만 다음과 같은 사실을 잘 알고 있어야 한다. PC용으로 흔히 판매되고 있는 많은 'RAID 카드^{RAID cards}'는 비활성 메모리를 전혀 갖고 있지 않으며 일부 RAID 소프트웨어를 온보드에 장착해 SATA 인터페이스를 미화시킨 것에 불과한 것이다. PC 마더보드상에 구현된 RAID도 이런 류에 속한다. 이런 시스템에서는 리눅스나 FreeBSD의 RAID 기능을 사용하는 것이 훨씬 낫다(아니면 ZFS나 Btrfs를 사용해도 더 낫다).

우리는 중요한 상용 서버에서의 디스크 컨트롤러 장애를 경험했다. 데이터를 여러 개의 물리적 드라이브에 복제해 놓더라도 잘못된 하드웨어 RAID 컨트롤러는 모든 디스크상의 데이터를 파괴했다. 길고도 험한 재저장 과정이 뒤따랐다. 재구축된 서버는 이제 또 다른 RAID 컨트롤러 장애 가능성을 제거해 자신의 RAID 환경을 관리하고자 커널 소프트웨어에 의존한다.

RAID 레벨

RAID는 두 가지 기본적인 것을 수행할 수 있다. 첫째, 데이터를 여러 드라이브에 걸쳐 '스트라이핑'해 단일 데이터 스트림을 공급하거나 받아들이는 데 여러 드라이브가 동시에 작동하게 함으로써 성능을 향상시킬 수 있다. 둘째, RAID는 데이터를 여러 개의 다중 드라이브에 중복 복제해 단일 장애 디스크와 결합된 위험을 감소시킬 수 있다.

복제^{replication}는 두 가지 기본 형태를 가정한다. 하나는 데이터 블록이 여러 개의 다른 드라이브에 비트 단위로^{bit-for-bit} 재생산되는 미러링^{mirroring}이며 다른 하나는 한 개 이상의 드라이브가 나머지 드라이브상에 있는 블록들의 오류 수정 체크섬^{error-correcting checksum}을 포함하는 패리티 스킴^{parity scheme}이다. 미러링은 빠르지만 더 많은 디스크 공간을 소모한다. 패리티 스킴은 디스크 공간 효율성은 좋지만 성능은 떨어진다.

RAID는 전통적으로 어레이에 의해 구현되는 병행성^{parallelism}과 중복성^{redundancy}을 정밀하게 나타내는 '레벨^{level}'로 설명한다. '더 높은' 레벨이라고 해서 반드시 '더 좋은' 것은 아니기 때문에 이 용어는 다소 오해의 소지가 있다. 레벨은 서로 다른 설정에 불과하므로 필요에 따라 편리한 버전을 사용하면 된다.

다음에 오는 그림에서 숫자는 스트라이프를 가리키며 문자 a, b, c는 한 스트라이프 내에서의 데이터 블록을 가리킨다. p와 q로 표시된 블록들은 패리티^{parity} 블록들이다.

- '선형 모드^{Linear Mode}'는 JBOD^{Just a Bunch Of Disks}(단순한 디스크 묶음)라고도 하는데, 실제 RAID 레벨이라고 할 수는 없다. 그럼에도 불구하고 모든 RAID 컨트롤러가 선형 모드를 구현하는 것 같다. JBOD는 여러 드라이브의 블록 주소들을 연속적으로 이어서 하나의 커다란 가상 드라이브를 만든다. 데이터 중복도 없으며 성능 이점도 없다. 요즘에 와서 JBOD 기능은 RAID 시스템보다는 논리적 볼륨 관리자를 통해 가장 많이 구현된다.

- RAID 레벨 0은 성능을 향상시킨다. 똑같은 크기를 갖는 두 개 이상의 드라이브를 결합하되 끝에서 끝으로 쌓아 올리는 게 아니라 풀^{pool} 안의 디스크들 사이에 데이터를 교대로 스트라이핑한다. 따라서 순차적인 읽기와 쓰기가 여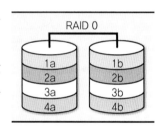 러 디스크에 분산돼 쓰는 시간과 읽는 시간이 감소된다.

  RAID 0은 분리된 디스크들에 비해 매우 우수한 신뢰성을 갖는다. 두 개의 드라이브로 구성된 어레이의 연간 장애율은 단일 디스크의 약 2배가 되며 디스크 수에 비례한다.

- RAID 레벨 1은 흔히 미러링으로 알려져 있다. 쓰기 작업이 두 개 이상의 드라이브에 동시에 중복 수행된다. 이런 배치는 단일 드라이브에 비해 약간 느리다. 하지만 읽기 작업들을 여러 개의 중복 디스크 드라이브에 나눠 맡길 수 있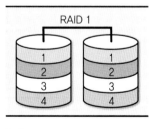 기 때문에 RAID 0와 비슷한 읽기 속도를 제공한다.

- RAID 레벨 1+0과 0+1은 각각 미러의 스트라이프와 스트라이프의 미러다. 논리적으로 보면 RAID 0과 RAID 1을 결합한 것이지만 많은 컨트롤러와 소

프트웨어 구현이 이 레벨을 직접 지원한다. 두 모드의 목적은 RAID 0의 성능과 RAID 1의 중복성을 얻고자 하는 것이다. 이 구성은 최소한 4개의 장치가 필요하다.

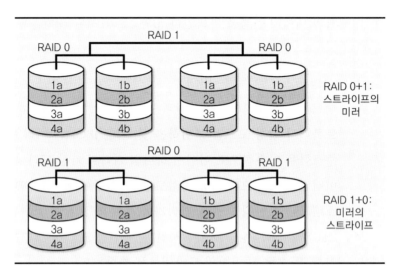

RAID 레벨 5는 데이터와 패리티 정보를 모두 스트라이핑해 중복성을 추가하면서 동시에 읽기 성능도 향상시킨다. 또한 RAID 5는 디스크 공간의 사용에 있어 RAID 1보다 더욱 효율적이다. 하나의 어레이가 N개의 드라이브로 구성돼 있다면(최소한 3개가 요구됨) 그중 N-1개는 데이터를 저장할 수 있다. 따라서 RAID 5의 공간 효율성은 최소한 67%인 반면 미러링은 50%를 넘을 수 없다.

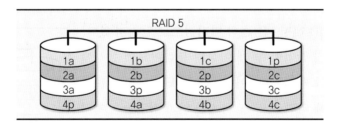

RAID 레벨 6은 두 개의 패리티 디스크를 갖는 RAID 5와 유사하다. RAID 6 어레이는 두 개의 드라이브가 완전히 고장 나더라도 데이터를 잃지 않을 수 있다. RAID 6은 최소한 4개의 디바이스가 필요하다.

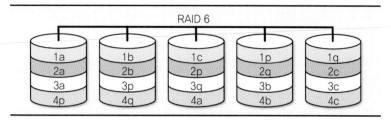

RAID 레벨 2, 3, 4도 정의돼 있지만 거의 사용되지 않는다. 논리적 볼륨 관리자는 보통 스트라이핑(RAID 0)과 미러링(RAID 1) 기능을 모두 포함한다.

RAID 시스템, 논리적 볼륨 관리자, 파일 시스템이 모두 하나로 통합됨에 따라 ZFS 와 Btrfs는 RAID 5, 6과 유사한 스트라이핑, 미러링, 구성들을 지원한다. 이 옵션들 에 관한 자세한 내용은 나중에 다룬다.

 리눅스는 ZFS와 Btrfs를 지원한다. ZFS는 따로 설치해야 할 수도 있다. Btrfs의 RAID 5, 6 지원은 공식적으로는 상용 목적으로 준비된 것은 아니다.

이런 파일 시스템들의 맥락에서 벗어난 단순한 스트라이핑과 미러링 구성을 위해 리눅스는 전용 RAID 시스템(md)과 논리적 볼륨 관리자(LVM) 간의 선택을 제공한 다. LVM 방식이 더 탄력적이지만 md 방식은 좀 더 엄격하게 예측할 수 있다. md를 선택하더라도 여전히 LVM을 이용해 RAID 볼륨의 공간을 관리할 수 있다. RAID 5와 6을 위해서는 md를 사용해 소프트웨어 RAID를 구현해야만 한다.

 ZFS는 FreeBSD에서 선호하는 RAID 구현이다. 하지만 추가적인 두 가지 구현도 사 용할 수 있다.

FreeBSD의 geom 시스템은 RAID 0, RAID 1, RAID 3 지원을 이용해 디스크 드라이 버 레벨에서 디스크들을 RAID 어레이 속에 결합시킬 수 있다(RAID 3은 풀 안의 모든 디스크에 패리티를 분산시키는 대신 전용 패리티 디스크를 사용한다는 점을 제외하곤 RAID 5와 같다). geom 모듈들은 스태킹^{stacking}할 수 있으므로 RAID 1+0과 RAID 0+1 도 가능하다.

FreeBSD의 논리적 볼륨 관리자, GVinum 안에는 RAID 0, RAID 1, RAID 5도 포함돼 있다. 하지만 FreeBSD의 ZFS 완전 지원이 등장함으로써 GVinum의 미래는 어떻게 될지 의문이다. 아직까지는 공식적으로 단종되지는 않았지만 더 이상은 활발히 유지되지는 않을 것 같다.

디스크 장애 복구

앞에서 언급했던 구글 디스크 장애 연구는 대부분의 상용 서비스 환경에서 어떤 형태로든 스토리지 중복이 필요하다는 사실에 관한 꽤 설득력 있는 증거다. 8%의 연중 장애율을 갖고 있는 조직은 평균적으로 한 달에 한 개의 디스크에 장애가 발생하는 서비스를 위해서는 150개의 하드디스크만이 필요하다.

하드웨어 문제가 발생할 때 JBOD와 RAID 0 모드는 전혀 도움이 되지 않는다. 백업에서 수작업으로 데이터를 복구해야만 한다. 다른 RAID 유형들은 문제가 된 장치들이 장애로 표시된 일종의 퇴화된 모드로 들어간다. 성능은 저하됐음에도 스토리지 클라이언트 관점에서 RAID 어레이는 계속 평상시처럼 기능한다.

어레이의 중복 저장을 위해 불량 디스크는 가능한 새것으로 교체돼야 한다. RAID 5 어레이나 두 개의 RAID 1 어레이는 단 한 개 장치의 고장은 견뎌낼 수 있다. 일단 장애가 발생하면 어레이는 두 번째 장애에 대해서는 취약한 상태가 된다.

대개 세부적인 과정은 꽤 단순하다. 고장 난 디스크를 동일하거나 더 큰 크기의 다른 디스크로 교체한 다음 RAID 구현에게 옛 디스크를 새것으로 교체했다고 알린다. 패리티나 미러 정보를 텅 빈 새 디스크에 다시 쓰는 동안 확장된 주기가 뒤따른다. 이 작업은 대개 밤샘 작업으로 이뤄진다. 이 단계에서 어레이는 클라이언트에게 사용 가능한 상태를 유지하지만 성능은 매우 떨어지게 된다.

가동 정지 시간downtime과 두 번째 장애에 대한 어레이의 취약성을 제한하고자 대부분의 RAID 구현은 한 개 이상의 디스크를 '핫 스페어hot spare'로 지정하게 한다. 장애가 발생하면 장애 디스크는 자동으로 스페어와 교체되며 어레이를 재동기화하는 과정이 즉각 시작된다. 핫 스페어가 지원된다면 당연히 사용해야만 한다.

RAID 5의 결점

RAID 5는 매우 일반적인 구성이지만 몇 가지 단점도 있다. 다음의 문제들은 RAID

6에도 적용되지만 단순화를 위해 RAID 5에 국한해 설명한다.

첫째, RAID 5가 일반적인 오프라인 백업들을 대체하지 않는다는 사실에 주목하는 것이 대단히 중요하다. RAID 5는 하나의 디스크 장애에서 시스템을 보호하는 게 전부다. 뜻하지 않은 파일 삭제는 보호하지 않는다. 컨트롤러 장애, 화재, 해커 등 수많은 위험도 보호해주지 않는다.

둘째, RAID 5는 쓰기 성능이 매우 좋다는 사실이 잘 알려져 있지 않다. RAID 5는 N-1개의 디스크에 데이터 블록을 쓰고 N번째 디스크에 패리티 블록을 쓴다.[11] 하나의 무작위 블록이 써질 때마다 최소한 한 개의 데이터 블록과 해당 스트라이프용 패리티 블록이 업데이트돼야 한다. 게다가 RAID 시스템은 옛 패리티 블록과 옛 데이터를 읽기 전까지는 새로운 패리티 블록이 무엇을 포함하고 있어야 하는지 알지 못한다. 따라서 각각의 무작위 쓰기는 4개의 작업으로 확장된다. 두 번의 읽기와 두 번의 쓰기 작업이다(스마트한 구현이라면 순차적 쓰기가 훨씬 좋을 것이다).

끝으로 RAID 5는 어떤 상황에서는 데이터 오염에 취약하다. 점차 증가하는 패리티 데이터 업데이트는 원래 데이터에서 전체 스트라이프를 읽어 스트라이프의 패리티를 재계산하는 것보다 훨씬 효율적이다. 반면 그것은 어떤 단계에서도 패리티 데이터가 검증되거나 재계산되지 않는다는 것을 의미한다. 한 스트라이프에 있는 어떤 블록이 패리티 블록과 동기화되지 않은 상태가 되면 평상시 사용에서는 그 사실이 결코 명확히 드러나지 않는다. 데이터 블록을 읽으면 여전히 정확한 데이터가 반환될 것이다.

디스크 장애가 발생했을 때만 문제가 드러나게 된다. 최초로 비동기화가 발생한 이후로 패리티 블록은 여러 번 다시 써졌을 것이다. 따라서 대체 디스크에 새로 만들어진 데이터 블록은 본질적으로 무작위 데이터로 구성된다.

이런 종류의 데이터와 패리티 블록 간의 비동기화는 그렇게 드물게 일어나는 것도 아니다. 디스크 드라이브는 트랜잭션 기반의 장치가 아니다. 안전을 보장하는 추가적인 레이어가 없이는 두 개의 다른 디스크상에 있는 두 개의 블록 또는 제로

---

11. 패리티 데이터는 어레이의 모든 드라이브에 분산된다. 각 스트라이프는 서로 다른 드라이브에 저장된 자신의 패리티를 갖는다. 어떤 패리티 전용 디스크가 없기 때문에 어떤 단일 디스크가 병목으로 작용할 가능성은 거의 없다.

블록이 정확히 업데이트될 것을 보장하는 간단한 방법이란 없다. 크래시, 정전 또는 잘못된 순간에 발생한 통신 문제는 데이터/패리티를 서로 어긋나게 만들 가능성이 높다.

이 문제는 RAID 5 '쓰기 구멍write hole' 문제로 알려져 있으며 지난 10여 년 동안 점점 큰 주목을 받아 왔다. ZFS 파일 시스템을 만든 사람들은 ZFS가 가변폭variable-width 스트라이프를 사용하기 때문에 RAID 5 쓰기 구멍의 영향을 받지 않는다고 주장한다. 이 점은 실질적으로 그 개념은 유사함에도 ZFS가 자신의 RAID 구현을 RAID 5가 아닌 RAID-Z로 부르는 이유이기도 하다.

다른 잠재적 해법으로는 디스크 어레이가 상대적으로 한가할 때 패리티 블록을 하나씩 검증하는 '스크러빙scrubbing'이 있다. 대부분의 RAID 구현에는 어떤 종류든 스크러빙 기능이 포함돼 있다. 그것을 (cron이나 systemd 타이머에서 초기화시킴으로써) 정기적으로 활성화시키는 것만 잊지 않으면 된다.

mdadm: 리눅스 소프트웨어 RAID

리눅스용 표준 소프트웨어 RAID 구현은 '다중 디스크multiple disks' 드라이버라는 의미에서 md로 불린다. md는 RAID 4뿐 아니라 앞에서 언급한 모든 RAID 구성을 지원한다. raidtools로 알려진 초기 시스템은 더 이상 사용되지 않는다.

논리적 볼륨 관리자LVM를 통하거나 내장된 볼륨 관리와 RAID 기능을 갖춘 Btrfs나 다른 파일 시스템을 통해서도 리눅스에 RAID를 구현할 수 있다. LVM2와 차세대 파일 시스템은 나중에 다룬다. 전반적으로 이러한 다중 구현들은 서로 다른 소프트웨어 개발 세대를 나타낸다. 가장 이른 세대가 mdadm이고 가장 최신 세대가 ZFS/Btrfs이다.

이러한 시스템들은 모두 활발히 관리되고 있으므로 어떤 것이든 선호하는 것을 선택만 하면 된다. 설치 기반이 없는 사이트들은 그냥 무시하고 Btrfs처럼 올 인원 시스템으로 곧장 뛰어드는 것이 최선이다.

어레이의 생성

다음 시나리오는 3개의 동일한 1TB 하드디스크로 구성돼 있는 RAID 5 어레이를 설정한다. md는 가공되지 않은 원형 디스크를 구성 요소로 사용할 수 있음에도, 여기서는 일관성을 위해 모든 디스크에 파티션 테이블을 제공함으로써 gparted 를 실행하고 각 디스크에 GPT 파티션 테이블을 생성한 후 모든 디스크 공간을 '리눅스 RAID' 타입의 단일 파티션에 배정할 수 있다.

다음 명령은 3개의 전체 디스크 파티션에서 하나의 RAID 5를 만든다.

```
$ sudo mdadm --create /dev/md/extra --level=5 --raid-devices=3
    /dev/sdf1 /dev/sdg1 /dev/sdh1
mdadm: Defaulting to version 1.2 metadata
mdadm: array /dev/md/extra started.
```

가상 파일 /proc/mdstat는 항상 md의 상태와 모든 시스템 RAID 어레이의 상태에 대한 개요를 포함하고 있다. 이 정보는 새 디스크를 추가하거나 고장 난 드라이브를 대체한 후에 /proc/mdstat 파일을 주시할 때 특히 유용하다(watch cat /proc/mdstat은 매우 편리한 명령 관용구다).

```
$ cat /proc/mdstat
Personalities : [linear] [multipath] [raid0] [raid1] [raid6] [raid5]
    [raid4] [raid10]
md127 : active raid5 sdh1[3] sdg1[1] sdf1[0]
    2096886784 blocks super 1.2 level 5, 512k chunk, algo 2 [3/2] [UU_]
    [>...................] recovery = 0.0% (945840/1048443392)
        finish=535.2min speed=32615K/sec
    bitmap: 0/8 pages [0KB], 65536KB chunk
unused devices: <none>
```

md 시스템은 어레이의 어떤 블록이 사용됐는지를 추적하지 않기 때문에 모든 패리티 블록을 그에 상응하는 데이터 블록들과 수작업으로 동기화시켜야 한다. md 는 불량 하드디스크를 교환할 때 사용되는 절차와 사실상 같기 때문에 '복구recovery' 작업을 호출한다. 큰 어레이에서는 몇 시간이 소요될 수 있다.

시스템 로그(보통 var/log/messages나 /var/log/syslog)에는 유익한 알림들이 나타난다.

```
kernel: md: bind<sdf1>
kernel: md: bind<sdg1>
kernel: md: bind<sdh1>
kernel: md/raid:md127: device sdg1 operational as raid disk 1
kernel: md/raid:md127: device sdf1 operational as raid disk 0
kernel: md/raid:md127: allocated 3316kB
kernel: md/raid:md127: raid level 5 active with 2 out of 3 devices,
    algorithm 2
kernel: RAID conf printout:
kernel: --- level:5 rd:3 wd:2
kernel: disk 0, o:1, dev:sdf1
kernel: disk 1, o:1, dev:sdg1
kernel: created bitmap (8 pages) for device md127
mdadm[1174]: NewArray event detected on md device /dev/md127
mdadm[1174]: DegradedArray event detected on md device /dev/md127
kernel: md127: bitmap initialized from disk: read 1 pages, set 15998 of
    15998 bits
kernel: md127: detected capacity change from 0 to 2147212066816
kernel: RAID conf printout:
kernel: --- level:5 rd:3 wd:2
kernel: disk 0, o:1, dev:sdf1
kernel: disk 1, o:1, dev:sdg1
kernel: disk 2, o:1, dev:sdh1
kernel: md: recovery of RAID array md127
kernel: md: minimum _guaranteed_ speed: 1000 KB/sec/disk.
kernel: md: using maximum available idle IO bandwidth (but not more than
    200000 KB/sec) for recovery.
kernel: md: using 128k window, over a total of 1048443392k.
mdadm[1174]: RebuildStarted event detected on md device /dev/md127
```

최초 생성 명령은 어레이를 '활성화^activate(사용할 수 있는 상태로 만드는 것)'시키는 역할도 한다. (여기서 든 예를 포함해서) 대부분의 배포판들은 이후에 오는 재부팅에서 자동으로 모든 기존 어레이를 찾아 활성화시킨다.

mdadm --create를 실행할 때는 합성 어레이에 대한 장치 경로명을 실행자가 지정해야 한다는 점에 유의한다. 옛날 스타일의 **md** 장치 경로는 /dev/md0와 같은 형식이었지만 앞에서 예로 든 것처럼 /dev/md 디렉터리 내의 경로를 지정할 때는 **mdadm**이 실행자가 선택한 이름을 어레이의 슈퍼 블록에 써넣는다. 이런 방식은 어레이가 자동으로 시작돼 다른 어레이 번호가 배정될 때조차도 항상 논리적 경로로 어레이를 찾을 수 있게 보장해준다. 앞의 로그 항목에서 볼 수 있는 바와 같이 어레이는 전통적인 이름(여기서는 /dev/md127)도 갖는다. /dev/md/extra는 실제 어레이 장치를 가리키는 심볼릭 링크에 불과하다.

mdadm.conf: 문서를 통한 어레이 설정

mdadm은 환경설정 파일을 기술적으로 요구하지는 않지만 보통 /etc/mdadm/ mdadm.conf나 /etc/mdadm.conf와 같은 환경설정 파일을 제공한다면 그것을 사용할 것이다. 새로운 어레이를 생성함에 따라 ARRAY 항목들을 환경설정 파일에 추가하길 권장한다. 그렇게 하면 표준 장소에 RAID 환경설정을 문서로 남겨 어떤 문제가 발생할 때 정보를 찾기 위한 명확한 장소를 시스템 관리자에게 제공하게 된다.

mdadm --detail --scan 명령은 현재 RAID 설정을 포함하게 요구되는 형식으로 mdadm.conf 안에 덤프한다. 다음 예를 보자.

```
$ sudo mdadm --detail --scan
ARRAY /dev/md/extra metadata=1.2 name=ubuntu:extra UUID=b72de2fb:60b30
    3af:3c176048:dc5b6c8b
```

이 줄을 추가하면 mdadm은 시동이나 종료할 때 mdadm.conf를 읽어 어레이 관리를 쉽게 할 수 있다. 예를 들어 앞에서 생성된 어레이를 해체할 때 다음 명령을 실행할 수 있다.

```
$ sudo mdadm -S /dev/md/extra
```

어레이를 다시 시작하려면 다음과 같은 명령을 실행한다.

```
$ sudo mdadm -As /dev/md/extra
```

이 명령들을 처음 실행할 때는 mdadm.conf 파일이 없어도 작동하지만 두 번째부터는 그렇지 않다.

각 어레이의 구성 요소를 위한 DEVICE 항목들도 mdadm.conf 파일에 추가할 것을 앞서 권장한 바 있다. 그 말을 철회한다. 요즘에는 장치명들의 수명이 훨씬 짧아져서 mdadm이 어레이 구성 요소를 찾거나 식별하는 데 있어 예전보다 더 좋다. 이제는 더 이상 DEVICE 항목들이 최선이라는 생각을 하지 않는다.

mdadm은 데몬 프로세스로 계속 실행되면서 RAID 어레이에 문제가 감지됐을 때 경보를 울리는 --monitor 모드를 갖고 있다. 이 기능을 꼭 사용하기 바란다. 이 기능을 설정하려면 MAILADDR이나 PROGRAM 줄을 mdadm.conf 파일에 추가한다. MAILADDR은 이메일로 문제를 알려주며 PROGRAM 설정은 실행자가 제공하는 외부 리포팅 도구를 실행한다(모니터링 시스템을 통합하는 데 유용하다. 28장 참고).

부팅할 때 실행할 모니터 데몬을 정리하는 것도 필요하다. 이 책에서 예로 든 모든 배포판은 이 일을 수행하는 init 스크립트를 갖고 있지만 활성화에 필요한 이름과 절차는 약간씩 다르다.

```
debian$ sudo update-rc.d mdadm enable
ubuntu$ sudo update-rc.d mdadm enable
redhat$ sudo systemctl enable mdmonitor
centos$ sudo systemctl enable mdmonitor
```

장애 시뮬레이션

디스크에 실제 장애가 발생했을 때 어떤 일이 일어날까? mdadm은 디스크 장애를 시뮬레이션하는 편리한 옵션을 제공한다.

```
$ sudo mdadm /dev/md/extra -f /dev/sdg1
mdadm: set /dev/sdg1 faulty in /dev/md/extra

$ sudo tail -1 /var/log/messages
Apr 10 16:18:39 ubuntu kernel: md/raid:md127: Disk failure on sdg1,
    disabling device.#012md/raid:md127: Operation continuing on 2
    devices.

$ cat /proc/mdstat
Personalities : [linear] [multipath] [raid0] [raid1] [raid6] [raid5]
    [raid4] [raid10]
md127 : active raid5 sdh1[3] sdf1[0] sdg1[1](F)
    2096886784 blocks super 1.2 level 5, 512k chunk, algo 2 [3/2] [UU_]

unused devices: <none>
```

RAID 5는 중복 구성을 갖기 때문에 어레이는 저하된 모드에서 계속 기능하므로 사용자들이 항상 문제를 인지하는 것은 아니다.

RAID 구성에서 문제의 드라이브를 제거할 때 mdadm -r 명령을 다음과 같이 실행한다.

```
$ sudo mdadm /dev/md/extra -r /dev/sdg1
mdadm: hot removed /dev/sdg1 from /dev/md/extra
```

일단 디스크가 논리적으로 제거되고 나면 시스템을 종료해 드라이브를 교체할 수 있다. 핫스왑이 가능한 드라이브 하드웨어라면 시스템을 끄거나 재부팅하지 않고도 교환을 할 수 있다.

RAID 구성 요소가 가공되지 않은 새 디스크라면 똑같은 드라이브로만 교체한다. 파티션 기반 구성 요소는 비슷한 크기의 어떤 파티션과도 대체할 수 있다. 이 점이 바로 가공되지 않은 디스크보다는 파티션 위에 어레이를 만드는 이유다. 대역폭 일치를 위해서는 여전히 하부 드라이브 하드웨어가 유사한 것이 가장 좋다(물론 RAID 구성이 파티션 위에 만들어진 경우에는 교체 디스크를 어레이에 추가하기 전에 파티션 유틸리티를 실행해 파티션들을 적절히 정의해야만 한다).

앞의 예에서 장애는 단지 시뮬레이션된 것이므로 하드웨어 교체 없이 다음 명령으로 드라이브를 다시 어레이에 추가할 수 있다.

```
$ sudo mdadm /dev/md/extra -a /dev/sdg1
mdadm: hot added /dev/sdc1
```

md는 즉각적으로 어레이를 다시 만들기 시작한다. 항상 그렇듯이 그 진행 과정은 /proc/mdstat에서 볼 수 있다. 재구성하는 데는 몇 시간이 걸릴 수도 있으므로 이 점을 재해 복구 계획과 테스팅 계획에 반영해야 한다.

20.9 파일 시스템

하드디스크가 개념적으로 여러 파티션이나 논리적 볼륨으로 분할된 다음일지라도 파일을 저장할 준비가 된 것은 아니다. 5장에서 설명한 모든 추상과 여러 가지, 즉 파일 시스템^{File system}이 가공되지 않은 디스크 블록 차원에서 구현돼야만 한다.

파일 시스템은 이런 것들을 구현하는 코드이며 약간의 파일 시스템 자체 오버헤드와 데이터 추가가 필요하다.

초기 시스템들은 파일 시스템 구현을 커널 안에 묶어 넣었지만 곧 여러 유형의 파일 시스템을 지원하는 것이 중요한 설계 목표임이 분명해졌다. 유닉스 시스템들은 여러 유형의 파일 시스템들을 동시에 구동할 수 있는 잘 정의된 커널 인터페이스를 개발했다. /dev에 있는 장치 파일들을 통해 디스크에 접근하는 다른 유닉스 프로그램들처럼 파일 시스템 인터페이스는 하부 하드웨어를 추상화함으로써 여러 파일 시스템이 거의 같은 인터페이스로 저장 장치들을 바라볼 수 있게 해준다.

다중 파일 시스템 타입의 지원은 NFS와 이동식 미디어용 파일 시스템 지원의 필요성에 의해 처음으로 시작됐다. 하지만 일단 수문이 열리자 '~이라면?' 시대가 시작됐다. 다른 많은 그룹이 파일 시스템 개선 작업을 시작했다. 일부는 특정 시스템에 국한됐으며 (ReiserFS와 같은) 다른 파일 시스템들은 특정 운영체제에 제한되지 않았다.

대부분의 시스템은 한두 개의 주류 파일 시스템을 기본으로 갖추는 것에 안착했다. 이런 파일 시스템들은 시스템의 나머지 부분과 함께 엄격하게 테스트된 후에 안정된 릴리스가 공개됐다.

시스템들은 전통적 스타일의 파일 시스템(UFS, ext4, XFS) 하나와 볼륨 관리와 RAID 기능을 포함한 차세대 파일 시스템(ZFS, Btrfs) 하나를 공식적으로 지원하는 것이 지배적인 패턴이었다. 후자의 지원은 대개 물리적 하드웨어에서 가장 좋다. 클라우드 시스템은 그것들을 데이터 파티션용으로 사용할 수는 있지만 어떤 경우에는 부트 디스크용으로는 사용할 수 없다.

다른 파일 시스템 구현들은 단지 패키지 설치일 뿐이지만, 부가^{add-on} 파일 시스템은 위험이나 잠재적 불안정을 수반한다. 파일 시스템은 시스템의 기초인 만큼 어떤 사용 시나리오에서도 100% 안정과 신뢰가 필요하다. 파일 시스템 개발자들은

이런 수준의 강건성을 달성하고자 치열한 노력을 하지만 위험은 완전히 제거될 수는 없다.[12]

특정 애플리케이션을 위해 스토리지 풀이나 데이터 디스크를 구성하는 게 아니라면 시스템이 제공하는 파일 시스템에서 벗어나지 말 것을 권장한다. 문서나 관리 도구들이 그런 가정을 전제로 작성되기 때문이다.

다음에 올 내용은 가장 일반적인 파일 시스템들과 그 관리에 대한 좀 더 자세한 설명이다. 우선 전통 파일 시스템인 UFS, ext4, XFS에 대해 설명한 후 차세대 시스템인 ZFS와 Btrfs로 넘어가자.

20.10 전통 파일 시스템: UFS, ext4, XFS

UFS와 ext4, XFS는 각각 다른 코드 베이스와 역사를 갖고 있지만 시간이 지나면서 시스템 관리 관점에서는 놀라울 정도로 서로 비슷하게 됐다.

이 파일 시스템들은 볼륨 관리와 RAID를 파일 시스템 자체에서 분리시켜 따로 구현한 옛날 방식의 전형적인 사례다. 파일 시스템은 정의된 크기의 블록 장치에 만들어진 평범한 파일 저장소로 제한된다. 그 기능들은 5장에서 설명했던 기능들로 거의 제한된다.

이 카테고리에 속하는 더 오래된 파일 시스템들은 쓰기 작업 도중에 전원이 차단되면 감지하기 힘든 미묘한 데이터 손상이 발생하기 쉽다. 그런 경우 디스크 블록이 일치하지 않는 데이터 구조를 포함할 수 있기 때문이다. 이런 종류의 문제를 위해 파일 시스템을 확인하고 가장 흔한 문제들을 자동으로 복구하고자 부팅할 때 fsck 명령이 사용된다.

현대식 파일 시스템에는 이런 유형의 데이터 손상 가능성을 방지하는 저널링 journaling이라는 기능이 포함돼 있다. 파일 시스템 작업이 발생할 때 요구되는 수정을 우선 저널journal에 쓴다. 저널 갱신이 완료되고 나면 항목의 끝을 표시하고자 '커

---

12. 애플은 최근에 (10억 개 이상으로 추산되는) 전 세계 iOS 기기들을 완전히 새로 작성한 APFS라 불리는 파일 시스템으로 변경했다. 이러한 전환이 어떤 재앙도 일으키지 않고 눈에 보이지 않게 실행됐다는 사실은 진정한 엔지니어링의 역사적 개가였다.

밋 레코드^{commit record}가 써진다. 그런 다음에 통상적인 파일 시스템이 수정된다. 갱신하는 동안 충돌이 발생하면 나중에 파일 시스템은 완전하게 일치하는 파일 시스템을 재구성하고자 저널 로그를 재실행할 수 있다.[13]

저널링은 파일 시스템의 무결성 점검('fsck' 절 참고)을 수행하는 데 필요한 시간을 파일 시스템당 약 1초 정도로 줄여준다. 하드웨어 장애만 없다면 한 파일 시스템의 상태는 거의 즉시적으로 평가되고 복구될 수 있다.

1980년대에 맥쿠식^{McKusick} 등에 의해 구현된 버클리 패스트 파일 시스템^{Berkeley Fast File System}은 많은 유닉스 시스템에 전파됐던 초창기 표준이었다. 약간의 조정을 거쳐 마침내 이 파일 시스템은 유닉스 파일 시스템^{UFS, UNIX File System}으로 불리게 됐으며 리눅스 ext 시리즈 등 다른 여러 파일 시스템 구현의 기초가 됐다. UFS는 FreeBSD에서 사용하는 기본 파일 시스템으로 남아 있다.

'두 번째 확장 파일 시스템^{second extended file system}'인 ext2는 오랜 동안 주류 리눅스 표준이었다. 주로 레미 카드^{Remy Card}, 티어도르 초^{Theodore Ts'o}, 스티븐 트위디^{Stephen Tweedie}에 의해 설계 및 구현됐다. ext2용 코드는 특히 리눅스용으로 작성됐음에도 기능적으로는 버클리 패스트 파일 시스템과 유사하다.

ext3는 저널링을 추가했으며, ext4는 일부 크기 제한을 추가하거나 특정 작업의 성능을 높이고 단순한 개별 디스크 블록이 아닌 스토리지 할당용 '익스텐트^{extents}'(디스크 블록 범위)의 사용을 허용하는 등 비교적 평범한 업데이트가 반영된 것이다. ext4는 데비안과 우분투의 기본 파일 시스템이다.

실리콘 그래픽스사(후에 SGI로 알려짐)에서 개발한 XFS는 유닉스의 SGI 버전인 IRIX용 기본 파일 시스템이었으며 최초의 익스텐트 기반 파일 시스템 중 하나였다. XFS는 대규모 미디어 파일을 처리하는 사이트에 특히 적합했으며 많은 SGI 고객이 그런 사이트에 해당됐다. XFS는 레드햇과 센트OS의 기본 파일 시스템이다.

---

13. 대부분의 경우에 메타데이터 변경만 저널링된다. 실제 저장되는 데이터는 파일 시스템에 직접 써진다. 일부 파일 시스템은 데이터에 대해서도 저널을 사용할 수 있지만 상당한 성능 비용을 지불해야 한다.

파일 시스템 용어

대체적으로 공통된 역사를 갖고 있기 때문에 많은 파일 시스템이 일부 기술 용어를 공유하고 있다. 하부 객체 구현은 종종 변화됐지만 용어들은 여전히 시스템 관리자들에 의해 기초 개념용 레이블로 널리 사용되고 있다.

'아이노드^{Inode}'는 고정된 길이를 갖는 테이블 항목으로, 각각의 아이노드는 하나의 파일에 관한 정보를 담고 있다. 이 용어는 정확한 어원이 밝혀지지 않았지만 '인덱스 노드$^{\text{index node}}$'의 줄임말로 추정된다. 원래 아이노드는 파일 시스템이 생성될 때 미리 할당됐지만 일부 파일 시스템은 이제 아이노드가 필요할 때 동적으로 생성한다. 어느 쪽 방법이든 하나의 아이노드는 보통 하나의 식별 번호를 갖고 있으며 ls -i 명령으로 그 번호들을 볼 수 있다.

아이노드는 디렉터리 항목이 가리키는 '그 무엇'이다. 기존 파일에 대한 하드 링크를 생성할 때 하나의 새로운 디렉터리 항목을 생성하지만 새로운 아이노드를 생성하는 것은 아니다.

슈퍼블록^{superblock}은 파일 시스템 특성들을 기술하는 하나의 레코드다. 슈퍼블록은 디스크 블록의 길이, 아이노드 테이블의 크기와 위치, 디스크 블록 맵과 사용 정보, 블록 그룹의 크기, 그 밖의 중요한 파일 시스템 매개변수들에 관한 정보를 포함하고 있다. 슈퍼블록이 손상되면 결정적으로 중요한 정보들이 지워질 수 있기 때문에 여러 사본이 분산된 위치에 관리된다.

커널은 효율성을 높이고자 디스크 블록들을 캐싱한다. 슈퍼블록, 아이노드 블록, 디렉터리 정보 등 모든 유형의 블록이 캐싱될 수 있다. 통상적으로 캐시는 '라이트 스루$^{\text{write through}}$'가 아니므로 애플리케이션이 블록을 썼다고 생각하는 시점과 블록이 실제로 디스크에 저장되는 시점 사이에는 지연이 있을 수 있다. 애플리케이션들은 한 파일에 대해 좀 더 예측 가능한 행동을 요청할 수는 있지만 그런 선택은 처리량을 감소시킨다.

sync 시스템 콜은 수정된 블록들을 영구적 저장소인 디스크로 플러시^{flush}함으로써 아주 짧은 순간에 디스크상의 파일 시스템과 완전히 일치하는 상태로 만든다.

이러한 주기적인 저장은 저장되지 않은 블록들 때문에 머신 크래시가 발생하더라도 데이터 손실량을 최소화한다. 파일 시스템은 자신의 스케줄에 따라 sync를 실행할 수도 있고 OS에 맡겨 버릴 수도 있다. 현대의 파일 시스템들은 크래시 때문에 발생하는 구조적 데이터 손상의 가능성을 최소화하거나 제거해주는 저널링 메커니즘을 갖고 있으므로 이제 sync 주기는 얼마나 많은 블록이 크래시로 손실될 수 있는가 하는 문제와 대부분 관련이 있다.

파일 시스템의 디스크 블록 맵^{disk block map}은 파일 시스템이 포함하고 있는 사용 가능한 블록들의 테이블이다. 새 파일이 쓰여질 때 이 맵을 검토해 효율적인 레이아웃 체계를 수립한다. 블록 사용 개요^{block usage summary}는 이미 사용되고 있는 블록들에 관한 기본 정보를 기록한다.

파일 시스템 다형성

파일 시스템은 여러 컴포넌트로 구성된 소프트웨어 패키지다. 한쪽은 커널 안에 존재하면서(또는 리눅스에서는 잠재적으로 사용자 공간에 존재하기도 한다) 표준 파일 시스템 API를 디스크 블록의 읽기와 쓰기로 변환하는 작업의 핵심을 구현한다. 다른 한쪽은 새 볼륨들을 표준 포맷으로 초기화하고 파일 시스템의 데이터 손상을 점검하며, 다른 포맷에 국한된 작업들을 수행하는 사용자 수준 명령들이다.

아주 오래전의 표준 사용자 수준 명령들은 시스템이 사용하는 '특정 파일 시스템'에 대해 알고 있었기 때문에 적절한 기능을 쉽게 구현했다. mkfs나 newfs는 새 파일 시스템을 생성하고, fsck는 문제를 해결하고, mount는 적합한 하부 시스템 콜을 호출하기만 했다.

요즘은 훨씬 많은 파일 시스템이 존재하기 때문에 시스템은 이러한 광범위한 선택의 문제를 어떻게 해결해야 하는지를 결정해야만 한다. 리눅스는 이런 명령들을 래퍼^{wrapper}로 만들어서 모든 파일 시스템을 mkfs와 fsck의 표준 틀에 끼워 맞추려고 오랫동안 시도했다. 래퍼들은 현재 다루고 있는 파일 시스템의 유형에 따라 이름을 달리하는(예, mkfs.fsname 또는 fsck.fsname) 별개의 명령들을 호출했다. 요즘에 와서 파일 시스템 간의 동질성을 겉으로만 위장하는 것은 한계점을 넘어섰

1130

기에 이제 대부분의 시스템들은 파일 시스템 고유의 명령들을 직접 호출해서 사용할 것을 권고하고 있다.

파일 시스템 포맷

 새로운 리눅스 파일 시스템을 생성하는 일반적 예제는 다음과 같다.

```
mkfs.fstype [ -L label ] [ other_options ] device
```

FreeBSD에서 UFS 파일 시스템을 생성하는 방법도 비슷하지만 **newfs** 명령을 사용한다.

```
newfs [ -L label ] [ other_options ] device
```

mkfs와 **newfs** 모두 **-L** 옵션은 'spare', 'home', 'extra'와 같은 파일 시스템의 볼륨 레이블을 설정한다. 이 옵션은 많은 옵션 중 하나일 뿐이지만 모든 파일 시스템에서 이 옵션을 사용하길 권장한다. 파일 시스템에 레이블을 붙이면 파일 시스템이 어느 장치에 설치된 것인지 쫓아가서 확인할 필요가 없게 해준다. 특히 하드웨어를 조정할 때마다 디스크 장치명이 변할 수 있는 경우에 편리하다.

사용가능한 *other_options*는 파일 시스템마다 다르지만 이것들을 사용하는 경우는 드물다.

fsck: 파일 시스템 점검과 복구

블록 버퍼링과 디스크 드라이브가 진정한 트랜잭션 장치가 아니라는 사실 때문에 파일 시스템 데이터 구조는 자기 불일치 상태가 될 잠재적 가능성이 있다. 이런 문제들이 신속하게 해결되지 않으면 점점 전파돼 눈덩이처럼 불어나게 된다.

최초의 데이터 손상 복구 방법은 모든 데이터 구조를 면밀히 검사해서 모든 파일에 대한 할당 트리^{allocation tree}를 쫓아가는 **fsck**(file system consistency check)라는 명령이었다(스펠링을 하나하나 읽거나 'FS 점검' 또는 '피스크'라고 읽는다). **fsck**는 업데이트하는 동안 다양한 지점에서 오류가 생긴 다음 파일 시스템 상태가 어떤 모습을 갖게 되는지에 관한 일련의 경험 법칙에 의존한다.

초기 fsck 방식은 놀라울 정도로 잘 작동했으나 디스크상의 모든 데이터를 읽기 때문에 드라이브가 클 경우 수 시간이 걸릴 수 있었다. 초기에 이뤄진 최적화는 '파일 시스템 클린^{file system clean}' 비트였다. 파일 시스템이 정상적으로 언마운트될 때 슈퍼 블록 안에 이 비트가 설정된다. 시스템이 재시작될 때 클린 비트를 보게 되면 fsck 검사를 건너뛰어도 좋다는 것을 알게 된다.

현재는 파일 시스템 저널들이 fsck로 하여금 장애 발생 시 일어나고 있었던 활동을 정확히 알 수 있게 해준다. fsck는 파일 시스템을 마지막 알려진 무결 상태로 되돌리기만 한다.

통상적으로 디스크들은 시스템의 /etc/fstab 파일 목록에 등록돼 있으면 부팅 시에 자동으로 fsck된다. fstab 파일은 파일 시스템 검사의 순서와 병행 처리를 정하는 'fsck 시퀀스'라는 옛날 필드를 갖고 있다. 하지만 이제 fsck는 매우 빠르기 때문에 루트 파일 시스템이 가장 먼저 검사돼야 한다는 점 외에는 문제될 것이 없다.

원래의 fsck 절차와 같은 방식으로 더욱 자세한 심층 검사를 수행하고자 fsck를 수작업으로 실행할 수 있지만 많은 시간이 요구된다는 점을 알고 있어야 한다.

 리눅스 ext-패밀리 파일 시스템들은 임의의 횟수만큼 리마운트된 후 또는 임의의 시간이 흐른 후에는 모든 언마운트가 '클린' 상태일지라도 강제적으로 다시 검사하게 설정할 수 있다. 이런 예방책은 파일 시스템 위생에 매우 좋다고 생각되며 대부분의 경우 그 기본값(약 20회의 마운트)은 수용할 만하다. 하지만 데스크톱 워크스테이션과 같이 파일 시스템을 자주 마운트하는 시스템에서는 그 정도의 fsck 빈도도 매우 성가실 수 있다. 인터벌을 50회의 마운트로 늘이려면 다음과 같이 tune2fs 명령을 사용한다.

```
$ sudo tune2fs -c 50 /dev/sda3
tune2fs 1.43.3 (04-Sep-2016)
Setting maximal mount count to 50
```

파일 시스템이 손상을 입은 것처럼 보이고 fsck가 손상을 자동으로 복구할 수 없는 경우 확고한 백업을 만들기 전까지는 파일 시스템으로 실험해서는 안 된다. 최선의 안전한 정책은 dd 명령을 이용해 디스크 전체를 백업 파일이나 백업 디스크에 복제하는 것이다.

대부분 파일 시스템은 각 파일 시스템의 루트에 lost+found 디렉터리를 생성하며 fsck는 그곳에 부모 디렉터리가 판단할 수 없는 파일들을 보관할 수 있다. lost+found 디렉터리는 일부 여분의 공간을 미리 할당함으로써 추가적인 디렉터리 항목들을 불안정한 파일 시스템에 할당하지 않고도 fsck가 부모 없는 파일들을 그곳에 저장할 수 있게 해준다. 이 디렉터리는 삭제하지 않는다.[14]

한 파일에 주어진 이름은 파일의 부모 디렉터리에만 기록되기 때문에 부모 없는 고아 파일orphan file들의 이름은 사용할 수 없으므로 lost+found에 있는 파일들은 아이노드 번호로 이름이 붙여진다. 하지만 아이노드 테이블은 파일 소유자의 UID를 기록하고 있으므로 파일들이 원래 소유자한테 돌아가게 하는 것은 비교적 쉽다.

파일 시스템 마운트

파일 시스템은 마운트돼야만 프로세스들이 볼 수 있게 된다. 파일 시스템의 마운트 포인트는 어떤 디렉터리든 가능하지만 그 디렉터리에 파일과 하위 디렉터리들이 있다면 파일 시스템이 마운트돼 있는 동안에는 사용할 수 없다. 자세한 내용은 5장의 '5.2 파일 시스템 마운트와 언마운트' 절을를 참고한다.

새로운 디스크를 설치한 후에 모든 작업이 정상적으로 수행되는 것을 확인하려면 새 파일 시스템을 수작업으로 마운트한다. 예를 들어 다음 명령을 실행해보자.

```
$ sudo mount /dev/sda1 /mnt/temp
```

장치 파일 /dev/sda1(장치명은 시스템마다 다르다)으로 표현되는 파티션에 있는 파일 시스템을 하위 디렉터리 /mnt에 마운트한다. /mnt는 임시적으로 마운트하는 데 사용되는 전통적인 경로다.

---

14. 일부 시스템은 이 디렉터리가 삭제된 경우 재생성하는 데 사용할 수 있는 mklost+found 명령을 갖고 있다.

df 명령을 이용하면 파일 시스템의 크기를 확인할 수 있다. 다음 예는 '사람이 읽을 수 있는' 출력을 요청하고자 리눅스 -h 플래그를 사용한다. 불행히도 대부분 시스템의 df는 '디스크 블록'과 같은 별로 도움 되지 않는 단위가 기본값으로 돼 있다. 하지만 보통은 df가 키비바이트^{kibibytes}나 기비바이트^{gibibyte}와 같은 특별한 단위로 보고하게 하는 플래그가 존재한다.

```
$ df -h /mnt/web1
Filesystem              Size   Used   Avail   Use%   Mounted on
/dev/mapper/DEMO-web1   197G   60M    187G    1%     /mnt/web1
```

자동 마운트의 설정

로컬 파일 시스템들은 부팅할 때 마운트하도록 시스템을 구성하는 게 일반적이다. /etc/fstab 파일에는 시스템에 장착된 모든 디스크의 장치명과 마운트 포인트 목록이 들어 있다.

mount, umount, swapon, fsck 명령은 모두 fstab 파일을 읽기 때문에 그곳에 나타나는 데이터가 정확하고 완전해야 도움이 된다. mount와 umount는 커맨드라인에 파티션 이름이나 마운트 포인트만 지정했을 때 수행돼야 하는 일을 파악하고자 카탈로그^{catalog}를 사용한다. 예를 들어 리눅스 fstab으로 설정돼 있을 경우 다음 두 명령은 똑같은 효과를 갖는다.

```
$ sudo mount /media/cdrom0
$ sudo mount -t udf -o user,noauto,exec,utf8 /dev/scd0 /media/cdrom0
```

mount -a 명령은 파일 시스템 카탈로그에 나열돼 있는 모든 일반 파일 시스템을 마운트한다. 이 명령은 보통 부팅할 때 시동 스크립트$^{startup\ script}$에서 실행된다.[15] -t fstype 인수는 특정 유형의 파일 시스템에만 적용되도록 명령을 제한한다. 예를 들어 다음 명령은 모든 로컬 ext4 유형의 파일 시스템을 마운트한다.

```
$ sudo mount -at ext4
```

---

15. noauto 마운트 옵션은 지정된 파일 시스템을 mount -a 명령에 의한 자동 마운트에서 제외한다.

mount 명령은 fstab을 순차적으로 읽는다. 따라서 다른 파일 시스템 밑에 마운트 되는 파일 시스템들은 반드시 fstab에서 부모 파티션 다음에 와야 한다. 예를 들어 /var과 /var/log가 각각 다른 파일 시스템일 경우 /var/log용 줄은 /var용 줄 다음에 와야 한다.

파일 시스템을 언마운트하기 위한 umount 명령도 유사한 구문을 사용한다. 어떤 프로세스가 현재 디렉터리로 사용하고 있거나 파일이 열려 있는 파일 시스템은 언마운트할 수 없다. umount 시도를 방해하고 있는 프로세스를 찾아내는 명령에는 여러 가지가 있다. 5장을 참고한다.

 FreeBSD의 fstab 파일은 이 책에서 예로 든 시스템 중에서 가장 전통적이다. 다음은 루트 다음에 단 하나의 실제 파일 시스템(/spare)만 갖고 있는 시스템에서 가져온 샘플이다.

```
# Device            Mountpoint  FStype    Options   Dump      Pass#
/dev/gpt/rootfs     /           ufs       rw        1         1
/dev/gpt/swap-a     none        swap      sw        0         0
/dev/gpt/swap-b     none        swap      sw        0         0
fdesc               /dev/fd     fdescfs   rw        0         0
proc                /proc       procfs    rw        0         0
/dev/gpt/spare      /spare      ufs       rw        0         0
```

각 줄은 공백 문자로 구분되는 여섯 개의 필드로 구성된다. 한 줄이 하나의 파일 시스템을 설명한다. 전통적으로 각 필드는 읽기 쉽게 정렬되지만 필수적인 것은 아니다.

첫 필드는 장치명이다. fstab 파일은 원격 시스템으로부터의 마운트를 포함할 수 있다. 그런 경우에 첫 필드는 NFS 경로명을 포함한다. server: /export로 표기돼 있으면 server라는 이름의 머신에 있는 /export 디렉터리를 의미한다.

두 번째 필드는 마운트 포인트mount point를 지정하며, 세 번째 필드는 파일 시스템 유형을 나타낸다. 로컬 파일 시스템을 식별하는 데 사용되는 정확한 유형명은 머신마다 다르다.

네 번째 필드는 기본적으로 적용되는 마운트 옵션들을 나타낸다. 다양한 옵션이 가능하므로 모든 파일 시스템 유형에 공통적으로 사용되는 것들을 알려면 mount 맨페이지를 참고한다. 각 파일 시스템은 대개 자신만의 옵션들을 사용한다.

다섯 번째와 여섯 번째 필드는 과거의 흔적이다. '덤프 빈도수dump frequency' 열과 fsck 병렬처리를 제어하는 열로 추정된다. 둘 다 현대 시스템에서는 중요하지 않다.

/dev/fd와 /proc용으로 나열된 장치들은 더미dummy 항목들이다. 이런 가상 파일 시스템들은 특정 작업에 국한돼 있어 마운트되고자 어떤 추가 정보도 요구하지 않는다. 그 밖의 장치들은 실제 장치명을 사용하는 것보다 더욱 강력한 옵션인 GPT 파티션 레이블에 의해 식별된다. 기존 파티션의 레이블을 알고자 다음 명령을 실행하면 해당 디스크의 파티션 테이블을 출력한다.

```
gpart show -l disk
```

파티션 레이블을 설정하려면 다음 명령을 사용한다.

```
gpart modify -i index -l Label disk[16]
```

UFS 파일 시스템들도 자신의 레이블을 갖고 있으며 그것들은 /dev/ufs 디렉터리 밑에 나타난다. UFS 레이블과 파티션 레이블은 별개이지만 같은 값을 가질 수 있으며 그렇게 하는 것이 좋다. 예를 들면 /dev/gpt/spare뿐 아니라 /dev/ufs/spare도 잘 작동할 것이다. 한 파일 시스템의 현재 레이블을 알려면 다음 명령을 실행한다.

```
tunefs -p device
```

레이블을 설정하려면 다음 명령을 실행한다.

```
tunefs -L Label device.
```

레이블을 설정하려면 그 전에 파일 시스템을 언마운트해야 한다.

---

16. 경고: 파티션 테이블은 간혹 '디스크 레이블(disk label)'로 참조되기도 한다. 문서를 읽을 때는 개별 파티션의 레이블과 디스크 자체의 '레이블'을 확실히 구별하자. 디스크의 파티션 테이블을 덮어쓰면 잠재적으로 처참한 결과를 초래할 수 있다.

다음은 우분투 시스템의 **fstab**에서 추가적으로 발췌해온 예다. 전체적인 포맷은 같지만 리눅스 시스템들은 디스크 장치의 명명을 회피하는 데 다른 방법을 사용한다.

```
# <file system>      <mount point>   <type>        <options>                 <d> <p>
proc                 /proc           proc          defaults                  0   0
UUID=a8e3...8f8a     /               ext4          errors=remount-ro         0   1
UUID=13e9...b8d2     none            swap          sw                        0   0
/dev/scd0            /media/cdrom0   udf,iso9660   user,noauto,exec,utf8     0   0
```

첫 줄은 사실상 커널 드라이버에 의해 제공되고 실질적인 보조 기억장치를 갖지 않는 /proc 파일 시스템을 설명하고 있다. 앞서 살펴본 FreeBSD의 예와 마찬가지로 첫 열에 있는 proc 장치는 빈칸을 메꾸기 위한 플레이스홀더^{placeholder}에 불과하다.

두 번째와 세 번째 줄은 볼륨을 가리키고자 장치명 대신 파일 시스템 ID(읽기 쉽게 발췌문의 UUID를 줄여서 표현)를 사용한다. 이 시스템은 식별자가 문자열이 아닌 긴 무작위 숫자라는 점을 제외하곤 FreeBSD에서 사용하는 UFS 레이블 시스템과 유사하다. 특정 파일 시스템의 UUID를 알려면 **blkid** 명령을 사용한다.

파일 시스템들은 관리 목적으로 지정된 레이블을 가질 수도 있다. 이런 레이블을 읽거나 설정하려면 **e2label**이나 **xfs_admin** 명령을 사용한다. **fstab**에서 레이블을 사용해 간결하게 하려면 **UUID=긴_무작위_숫자**를 **LABEL=레이블**로 대체하면 된다.

GPT 디스크 파티션들은 자신의 UUID와 레이블을 가질 수 있으며 이것들은 파티션이 포함돼 있는 파일 시스템의 UUID와 레이블과는 독립적이다. 이 옵션들을 이용해 **fstab** 파일의 파티션들을 가리키려면 **PARTUUID=** 과 **PARTLABEL=**가 사용된다. 하지만 실제 사용은 파일 시스템 UUID 쪽으로 모아진 것 같다.

/dev/disk 디렉터리 아래의 경로명들로 장치를 가리킬 수도 있다. /dev/disk/by-uuid와 /dev/disk/by-partuuid와 같은 서브디렉터리들은 **udev**에 의해 자동으로 관리된다.

USB 드라이브 마운트

USB 저장 장치들은 몇 가지 예를 들자면 개인용 '썸thumb' 드라이브, 디지털 카메라, 대용량 외장 디스크 등 다양한 형태로 나타난다. 데이터 저장 장치들과 마찬가지로 이들은 대부분 유닉스 시스템에 의해 지원된다.

과거에는 USB 장치를 다루고자 특별한 편법이 필요했다. 하지만 운영체제가 동적 장치 관리를 기본 요건으로 포함하고 있는 요즘의 USB 장치들은 경고 없이 나타났다 사라지는 또 하나의 장치에 지나지 않는다.

스토리지 관리 관점에서 보면 다음과 같은 두 가지 이슈가 있다.

- 커널이 장치를 인식하고 장치 파일을 배정하게 하는 것
- 어떤 배정이 이뤄졌는지를 알아내는 것

첫 단계는 보통 자동으로 일어난다. 일단 장치 파일이 배정되고 나면 어떤 배정이 이뤄졌는지 알려면 이전에 살펴본 디스크 장치 파일에 설명된 통상적 절차들을 사용할 수 있다. 동적 장치 관리에 관한 자세한 내용은 11장을 참고한다.

스왑 권고 사항

구조화된 파일 시스템이 아닌 가공되지 않은 파티션이나 논리적 볼륨들은 보통 스왑 공간swap space용으로 사용된다. 파일 시스템을 이용해 스왑 영역의 내용을 추적하는 대신 커널은 메모리 블록에서 스왑 공간 블록으로의 단순화된 매핑을 자체적으로 관리한다.

일부 시스템에서는 파일 시스템 파티션 내의 한 파일에 스왑하는 것도 가능하다. 옛날 커널에서는 이런 설정이 전용 파티션을 사용하는 것보다 느릴 수 있지만 비상시에는 유용할 수 있다. 어떤 경우든 논리적 볼륨 관리자를 사용하게 되면 스왑 볼륨이 아닌 스왑 파일을 사용해야 할 이유들이 대부분 사라진다.

스왑 공간이 더 많을수록 프로세스들이 더 많은 가상 메모리를 할당할 수 있다. 최고의 가상 메모리 성능은 스왑 영역이 여러 드라이브로 나뉠 때 성취된다. 물론 최선의 선택은 스왑을 하지 않는 것이다. 스왑 성능을 최적화할 필요가 있음을 알

게 됐을 때 RAM 추가를 고려한다.

적절한 스왑 공간 할당량은 머신이 사용되는 방법에 달려 있다. 디스크 공간이 더 줄어든다는 점을 제외하곤 과도하게 프로비저닝한다고 해서 손해 볼 것은 없다. 경험 법칙상 RAM 크기의 절반을 권장하지만 물리적 서버에서는 2GB보다 작아선 안 된다.

시스템이 잠자기hibernate(보통은 개인용 머신들) 모드에 들어간다면 정상적 작동 중에 스왑되는 모든 페이지를 저장하는 것뿐 아니라 메모리 내용 전체를 스왑에 저장할 수 있어야 한다. 이런 머신에서는 앞에서 권장한 스왑 공간을 RAM의 크기만큼 더 늘리도록 한다.

클라우드와 가상화된 인스턴스들은 스왑 공간에 있어 특이한 성질을 갖는다. 페이징은 항상 성능을 저하시키기 때문에 일부 소스는 스왑 공간이 전혀 없이 실행하길 권장한다. 더 큰 메모리가 필요하다면 더 큰 인스턴스가 필요한 것이다. 반면에 작은 인스턴스들은 대개 빈약한 RAM을 배당받기 때문에 스왑 영역이 없이는 거의 부팅을 할 수 없다. 정상적인 상태에서 스왑 공간을 사용하지 않는 한(그렇지 않으면 비용을 지불한다) 인스턴스가 스왑 공간을 갖는 것은 괜찮다는 것이 일반적 규칙이다. 어떤 방식을 선택하든 어떻게 설정돼 있는지 알고자 기본 이미지들을 확인한다. 스왑이 사전에 설정돼 오는 경우도 있고 그렇지 않은 경우도 있다.

일부 아마존 EC2 인스턴스는 로컬 '인스턴스 스토어instance store'가 따라온다. 이것은 본질적으로 하이퍼바이저hypervisor를 실행하는 머신의 로컬 하드디스크의 한 부분이다. 인스턴스 스토어의 내용은 시작하고 중지될 때마다 계속 유지되지 않는다. 스토어는 인스턴스 가격에 포함되기 때문에 최소한 스왑 공간용으로 스토어를 사용하는 것이 좋을 것이다.

 리눅스 시스템에서는 스왑 볼륨의 장치명을 인수로 받아들이는 mkswap 명령으로 스왑 영역을 초기화한다. mkswap은 일부 헤더 정보를 스왑 영역에 쓴다. 그 데이터에는 UUID가 포함돼 있는데, 이런 이유로 /etc/fstab의 관점에서는 스왑 파티션이 '파일 시스템'으로 간주돼 UUID에 의해 식별될 수 있는 것이다.

swapon 장치 명령을 이용해 수작업으로 특정 장치에 스왑을 활성화할 수 있다. 하지만 일반적으로는 이 기능이 부팅 시에 자동으로 수행되길 원할 것이다. 보통 fstab 파일 안에 스왑 영역들을 나열하고 스왑의 파일 시스템 유형만 지정하면 된다.

시스템의 활성화된 스왑 설정을 보려면 리눅스 시스템에서는 swapon -s 명령을 실행하고 FreeBSD에서는 swapctl -1 명령을 실행한다.

20.11 차세대 파일 시스템: ZFS와 BTRFS

ZFS와 Btrfs는 흔히 파일 시스템으로 불리긴 하지만 논리적 볼륨 관리자와 RAID 컨트롤러의 기능을 포함한 스토리지 관리에 대한 수직적 통합 방식을 나타낸다. 두 파일 시스템의 현재 버전들은 일부 제약이 있지만 대부분은 '구조적 이유로 불가한' 범주라기보다는 '아직 구현되지 않은' 범주에 속한다.

쓰기 시 복제

ZFS와 Btrfs는 준비된 데이터의 덮어쓰기를 피하고 대신 '쓰기 시 복제copy on write'로 알려진 방식을 사용한다. 예를 들어 한 블록의 메타데이터를 업데이트하고자 파일 시스템은 메모리상in-memory의 사본을 수정한 다음 그것을 비어 있는 디스크 블록에 쓴다. 물론 데이터 블록은 자신을 가리키는 부모 블록을 갖고 있을 것이므로 부모 블록도 재작성된다. 마찬가지로 부모의 부모가 계속 이어져 파일 시스템의 최상위 레벨까지 거슬러 올라간다(실제로는 캐싱과 데이터 구조의 신중한 설계가 이런 쓰기 작업들을 최적화한다. 적어도 단기적으로는 그렇다).

이런 구조의 장점은 파일 시스템의 디스크 사본이 영속적으로 일관성을 유지한다. 루트 블록이 업데이트되기 전에는 파일 시스템이 루트가 마지막으로 업데이트됐을 때와 똑같은 모습을 갖는다. 일부 '빈empty' 블록이 수정되긴 했지만 어떤 블록도 그들을 가리키지 않기 때문에 차이를 만들지 않는다. 파일 시스템 전체가 하나의 무결 상태에서 다른 무결 상태로 직접 이동한다.

오류 검출

ZFS와 Btrfs는 전통적 파일 시스템에 비해 데이터 무결성^{data integrity}를 훨씬 중요하게 취급한다. 이 파일 시스템들은 모든 디스크 블록에 대해 체크섬^{checksum}을 저장하고, 모든 블록 읽기를 검증해 읽기 오류의 검출을 보장한다. 미러링이나 패리티를 포함하는 스토리지 풀에서의 불량 데이터는 알고 있는 정상적인 사본에서 자동으로 다시 만들어진다.

디스크 드라이브들은 자신의 고유한 오류 검출과 오류 정정 계층을 구현하며 빈번하게 오류가 발생함에도 호스트 컴퓨터에 오류를 보고하지 않고 처리해서는 안되게 돼 있다. 그럼에도 불구하고 때로는 오류 표시 없이 불량 데이터를 반환할 때도 있다.

흔히 인용되는 경험 법칙 한 가지는 75TB의 데이터 읽기마다 하나의 암묵적 데이터 손상이 예상된다는 것이다. 바이라바순다람^{Bairavasundaram} 등에 의한 2008년 연구에서는 넷앱^{NetApp} 서버에 있는 150만 개 이상의 디스크 드라이브의 서비스 레코드를 조사한 결과 0.5%의 드라이브들이 매년 암묵적 읽기 오류의 증거를 보인다는 것을 알아냈다.[17]

이런 오류 빈도가 낮긴 하지만 모든 증상에 의해 디스크 용량과 같은 수준이 되고 디스크에 저장된 데이터 볼륨들은 기하급수로 확장된다.

머지않아 너무 커서 50% 이상의 확률로 암묵적 오류를 만나지 않고는 전체 내용을 읽을 수 없는 하드디스크들을 갖게 될 것이다. ZFS와 Btrfs에 의해 수행되는 추가적인 검증이 정말 중요하게 보인다.[18]

패리티 RAID는 (적어도 정상적인 사용에서는) 이 문제를 다루지 않는다. 패리티는 스트라이프 전체의 내용을 읽지 않고는 검사할 수 없으며 디스크를 읽을 때마다 스트라이프 전체를 읽도록 확장하는 것은 비효율적이다. 스크러빙^{scrubbing}은 잠복

---

17. 흥미롭게도 이 연구에서 알아낸 한 가지 중요한 사실은 기업용 등급의 하드디스크들은 이런 유형의 오류를 경험할 가능성이 훨씬 적다는 점이다.

18. 관련돼 있으면서도 인정받지 못하는 문제는 RAM의 무작위 비트 오류의 위험이다. 이 오류들은 자주는 아니지만 일어난다. 모든 상용 서버는 ECC 메모리를 사용해야 하며 모니터링해야 한다.

된 오류를 찾아내는 데 도움이 될 수 있지만 재생이 가능할 경우에만 그렇다.

성능

지금도 흔히 사용되고 있는 모든 전통적인 파일 시스템은 비슷한 성능을 갖고 있다.

작업량을 조절해 어떻게든 한 파일 시스템이 다른 파일 시스템보다 낫다는 걸 보여줄 수는 있지만 범용 벤치마크는 그런 차이를 거의 보여주지 않는다.

쓰기 시 복제^{copy on write} 파일 시스템들은 전통 파일 시스템들과는 약간 다른 방법으로 스토리지 미디어에 접근하는데, 이들에게는 수십 년간 반복적으로 교정하면서 옛 파일 시스템들이 현재의 세련된 상태에 이르게 한 역사적 과정이 없다. 대개 전통적 파일 시스템들은 파일 시스템 성능에 상한선을 설정한다.

많은 벤치마크^{benchmark}에서 ZFS와 Btrfs는 전통 파일 시스템에 견줄 만한 성능을 보였다. 하지만 최악의 상황에서도 이런 파일 시스템들은 전통적인 옵션들의 약 절반 정도로 빠를 수 있다.

리눅스 벤치마크(Btrfs는 리눅스만 가능하기 때문에 직접 비교가 가능한 유일한 플랫폼이다)로부터 판단하자면 현재의 Btrfs는 ZFS에 비해 성능이 약간 우세하다. 하지만 결과는 접근 패턴에 따라 다양하게 변한다. 이런 파일 시스템 중 하나가 특정 벤치마크에서 좋은 성능을 보이는 반면에 다른 것들은 한참 뒤떨어지는 성능을 보이는 것은 이상한 일이 아니다.

이런 파일 시스템들은 성능을 높이기 위한 어떤 잠재적 편법들을 각자 갖고 있다는 점이 성능 비교를 복잡하게 만드는 것이다. 벤치마크는 보통 이런 우회적 방법들을 고려하지 않는다. ZFS는 스토리지 풀에 캐시 SSD를 추가하게 해준다. 이렇게 하면 자동으로 자주 읽는 데이터를 캐시에 복사해서 하드디스크 접근을 완전히 회피한다. Btrfs에서는 **chattr +C** 명령을 이용해 특정 파일(보통은 대용량이거나 자주 수정되는 파일들)의 데이터에 대해 쓰기 시 복제를 비활성화함으로써 성능을 저하시키는 시나리오를 피할 수 있다.

루트 파일 시스템과 홈 디렉터리 스토리지로서의 일반적 사용에는 ZFS와 Btrfs이 좋은 성능과 많은 유용한 장점을 제공한다. 특정 서버 작업에 대해서는 데이터 스토리지로서도 잘 작동한다. 하지만 후자의 경우에는 특별한 환경에서 잘 작동하는지를 이중 확인하는 데 충분한 시간을 할애해야 한다.

20.12 ZFS: 모든 스토리지 문제 해결

ZFS는 단순히 파일 시스템, RAID 컨트롤러, 볼륨 관리자를 하나로 래핑한 것 이상이다. 원래는 오픈솔라리스^{OpenSolaris}용으로 여겨졌던 ZFS는 파일 시스템을 마운트하는 방법에서부터 NFS나 SMB를 통해 다른 시스템으로 엑스포트되는 방법에 이르기까지 모든 것을 다루는 스토리지 관련 시스템 관리를 포괄적으로 재고한 것이다.

현대의 BSD와 리눅스 시스템들은 다양한 파일 시스템을 수용하고자, 어쩔 수 없이 원래의 포괄적인 ZFS 방법에서 조금 뒤로 물러서야만 했다. 그럼에도 불구하고 ZFS는 기능 추가보다는 구조적으로 꽤 많은 시스템 관리 문제를 해결한 사려 깊게 설계된 시스템으로 남아 있다.

리눅스에서의 ZFS

ZFS는 자유 소프트웨어^{free software}임에도 소스코드가 썬 마이크로시스템즈^{Sun Microsystems}의 공동 개발 및 배포 라이선스^{CDDL, Common Development and Distribution License}에 의해 보호된다는 사실 때문에 리눅스에서의 사용이 제약을 받아왔다. 자유 소프트웨어 재단^{FSF, Free Software Foundation}은 CDDL이 리눅스커널을 커버하는 GNU 일반 공중 라이선스^{GNU Public License}와 호환되지 않게 유지하고 있다. 리눅스용 ZFS의 부가 버전은 오픈 ZFS 프로젝트(openzfs.org)를 통해 오랫동안 사용이 가능했음에도 FSF의 입장은 리눅스 배포판들이 ZFS를 기본 시스템에 포함하지 못하게 했다.

이 문제로 인한 교착 상태가 거의 십 년이나 지난 지금 FSF의 입장은 결국 우분투 개발자들인 캐노니컬사^{Canonical Ltd.}로부터 도전을 받고 있다. 법적 검토 끝에 캐노니컬은 공식적으로 FSF의 GPL 해석을 반박하고 우분투 16.04에 로더블 커널 모듈의 형태로 ZFS를 포함시켰다. 그 결과 지금까지(2017년 중반) 어떤 소송도 없었다. 캐노니컬이 처벌받지 않고 끝난다면 ZFS는 우분투에서 완전하게 지원되는 루트

파일 시스템이 되고, 다른 배포판들도 ZFS를 지원하는 스위트를 따르게 될 가능성이 있다.[19]

ZFS 아키텍처

그림 C는 ZFS 시스템의 주요 객체들과 그들 간의 관계를 보여준다.

ZFS '스토리지 풀'은 다른 논리적 볼륨 관리 시스템의 '볼륨 그룹'과 같은 말이다. 각 풀은 '가상 장치'들로 구성되는데, 가상 장치는 가공되지 않은 저장 장치(디스크, 파티션, SAN 장치 등)가 될 수도 있고 미러 그룹이나 RAID 어레이가 될 수도 있다. ZFS RAID는 한 개 이상의 패리티 장치를 이용해 중복 어레이를 구현한다는 점에서 개념적으로는 RAID 5와 같다. 하지만 ZFS는 RAID-Z 방식을 호출하며 RAID 5 라이트홀[write hole]을 제거하고자 가변 크기의 스트라이프를 사용한다. 스토리지 풀에 대한 모든 쓰기는 풀의 가상 장치들 간에 스트라이핑되므로 이렇게 구성된 장치들은 크기가 같을 필요가 없음에도 불구하고 개별적 저장 장치들만 포함하는 풀은 RAID 0의 구현과 같은 효과를 갖는다.

그림 C ZFS 아키텍처

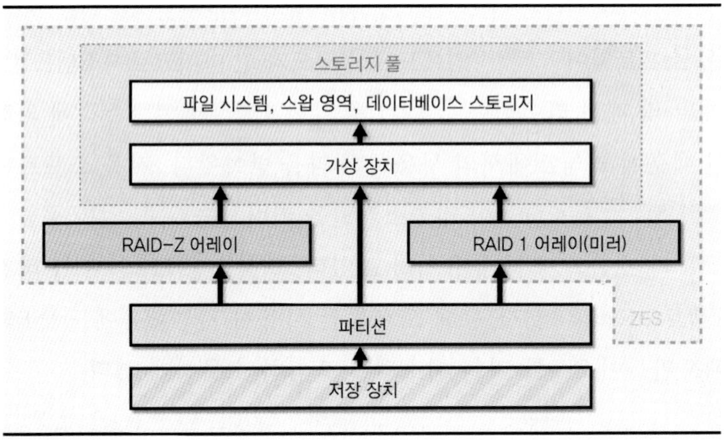

불행히도 현재의 ZFS RAID는 다소 불안정하다. 어레이가 일단 정의되고 나면 새

---

19. 적어도 ZFS의 사연은 GPL이 적극적으로 오픈소스 소프트웨어 패키지의 개발을 방해하고 사용자와 배포자의 채택을 차단한 흥미로운 사례다. 법적인 세부 사항에 관심이 있다면 goo.gl/PC9i3t에 있는 리차드 폰타나(Richard Fontana)의 '2016년 오픈소스 간추린 법률 뉴스'를 보면 도움이 될 것이다.

장치들을 추가할 수 없고 장치를 영구적으로 제거할 수도 없다. 대부분 RAID 구현에서와 같이 하나의 RAID 세트에 있는 장치들은 반드시 크기가 같아야 한다. 강제적으로 ZFS가 혼합된 크기들을 수용하게 할 수는 있지만 그렇게 하면 가장 작은 볼륨의 크기가 어레이 전체의 크기를 좌우한다. ZFS RAID와 결합해 다른 크기의 디스크들을 효율적으로 사용하려면 사전에 디스크들을 파티셔닝하고 남은 영역들을 별도의 장치로 정의해야 한다.

대부분의 ZFS 설정과 관리는 두 개의 명령, 즉 **zpool**과 **zfs**를 통해 실행된다. 스토리지 풀을 만들고 관리하는 데는 **zpool**을 사용한다. 풀에서 생성된 개체, 주로 파일 시스템, 스왑 공간으로 사용되는 가공되지 않은 볼륨, 데이터베이스 스토리지 또는 SAN 볼륨용 백업을 생성하거나 관리하는 데는 **zfs**를 사용한다.

예: 디스크 추가

ZFS의 세부 사항으로 들어가기 전에 상위 수준의 예를 보자. FreeBSD 시스템에 새로운 디스크를 추가했고 그 디스크는 /dev/ada1으로 나타났다고 가정하자(정확한 장치를 판단하는 쉬운 방법은 `geom disk list` 명령을 실행하는 것이다).

첫 단계는 다음과 같이 새로운 스토리지 풀에 디스크를 추가하는 것이다.

```
$ sudo zpool create demo ada1
```

두 번째 단계는 없다. ZFS는 'demo'라는 풀을 생성하고 그 풀 안에 파일 시스템 루트를 생성하며 그 파일 시스템을 /demo로 마운트한다. 파일 시스템은 시스템이 부팅할 때 자동으로 다시 마운트된다.

```
$ ls -a /demo
...
```

기존 루트 디스크(FreeBSD에서는 기본적으로 'zroot'라 부른다)의 스토리지 풀에 새 디스크를 간단히 추가할 수 있다면 훨씬 더 인상적일 것이다(그 명령은 `sudo zpool add rpool ada1`이 될 것이다). 불행히도 루트 풀은 단 한 개의 가상 디바이스만 포함할 수 있다. 하지만 다른 풀들은 이런 방법으로 쉽게 확장될 수 있다.

파일 시스템과 속성

ZFS는 자동으로 새 스토리지 풀에 파일 시스템을 생성해도 좋다(기본값). ZFS 파일 시스템들은 어떤 특정량의 공간을 소모하지 않는다. 풀 안에 있는 모든 파일 시스템은 풀의 가용 공간에서 도출될 수 있다.

서로 독립적인 전통 파일 시스템들과는 달리 ZFS 파일 시스템들은 계층 구조적이며 그들의 부모와 자식 파일 시스템들은 여러 가지 방법으로 상호작용을 한다. 다음과 같이 zfs create 명령을 이용해 새로운 파일 시스템들을 생성할 수 있다.

```
$ sudo zfs create demo/new_fs
$ zfs list -r demo
NAME          USED    AVAIL   REFER   MOUNTPOINT
demo          432K    945G    96K     /demo
demo/new_fs   96K     945G    96K     /demo/new_fs
```

zfs list 명령에 -r 플래그를 사용하면 자식 파일 시스템들을 통해 반복적으로 순환된다. 대부분의 다른 zfs 하위 명령들도 -r 플래그를 인식한다. 도움이 되는 것은 ZFS가 새 파일 시스템을 생성하자마자 그것을 자동 마운트한다는 점이다.

고정 크기의 전통 파일 시스템들을 시뮬레이션하고자 '예약^{reservation}(파일 시스템이 사용할 목적으로 스토리지 풀에 예약된 일정량의 공간)'과 쿼터^{quota}를 추가하도록 파일 시스템 특성을 조정할 수 있다. 이런 파일 시스템 특성 조정은 ZFS 관리의 핵심 중 하나며 다른 시스템에 익숙한 시스템 관리자들에게 있어서는 일종의 패러다임의 전환이라 할 수 있다. 여기서는 다음과 같이 두 가지 모두 값을 1GB로 설정한다.

```
$ sudo zfs set reservation=1g demo/new_fs
$ sudo zfs set quota=1g demo/new_fs
$ zfs list -r demo
NAME          USED    AVAIL   REFER   MOUNTPOINT
demo          1.00G   944G    96K     /demo
demo/new_fs   96K     1024M   96K     /demo/new_fs
```

새로운 쿼터는 /demo/new_fs의 **AVAIL** 열에 나타나 있다. 마찬가지로 예약은 /demo의 **USED** 열에 즉각적으로 나타난다. /demo의 자손 파일 시스템들의 예약은 크기 총계에 포함되기 때문이다.[20]

두 속성 변경은 모두 순수한 관리용 항목들이다. 실제 스토리지 풀에 대한 유일한 변경은 새로운 설정을 기록하기 위한 한두 블록의 업데이트뿐이다. 어떤 프로세스도 /demo/new_fs용으로 예약된 1GB의 공간을 포맷하려고 나서지 않는다. 새 스토리지 풀과 새 파일 시스템의 생성을 포함해 ZFS 작업들은 대부분 경량(lightweight)이다.

이러한 계층 구조적 공간 관리 시스템을 이용하면 쉽게 여러 가지 파일 시스템을 그룹화해 집단 크기가 어떤 임계점을 초과하지 않도록 보장할 수 있다. 각 개별 파일 시스템에 한계를 설정할 필요가 없는 것이다.

전통적인 고정 크기 파일 시스템을 정확히 에뮬레이트하려면 반드시 쿼터와 예약 속성을 모두 설정해야 한다.[21] 예약만 설정하면 파일 시스템이 최소한 그만큼 성장할 수 있는 충분한 사용 공간을 갖고 있음을 보장할 뿐이다. 쿼터는 이런 성장을 위해 사용 가능한 공간이 있다는 것을 보장하지 않고 파일 시스템의 최대 크기를 제한한다. 따라서 다른 객체가 풀의 모든 사용 가능한 공간을 가져가버려 /demo/new_fs를 확장할 공간이 남지 않게 될 수도 있다.

다른 한편으로 현실에서 파일 시스템을 이런 방식으로 구성하는 몇 가지 이유가 있다. ZFS의 공간 과금(space accounting) 시스템을 보여주고 원한다면 ZFS가 전통 모델과 호환된다는 것을 강조하고자 이런 속성들의 사용을 보여준 것이다.

속성 상속

많은 속성이 자식 파일 시스템들에게 자연적으로 상속된다. 예를 들어 /demo 대신 /mnt/demo에 demo 풀의 루트를 마운트하고자 한다면 다음과 같이 루트의 마

---

20. REFER 열은 각 파일 시스템의 활성 사본에 의해 참조되는 데이터양을 보여준다. /demo와 /demo/new_fs는 둘 다 비어 있는 파일 시스템이기 때문에 비슷한 REFER 값을 갖는 것이지 숫자들 사이에 어떤 상속 관계가 있기 때문이 아니다.

21. 예약과 쿼터 속성은 스냅샷이 소비하는 공간을 포함해 파일 시스템의 모든 스토리지 비용을 고려한다. 활성화된 파일 시스템 복사본의 크기만 제한하려면 refreservation과 refquota 속성을 사용한다. 접두어 'ref'는 활성화된 파일 시스템에 의해 '참조되는 데이터의 양'을 의미하며, zfs list 출력에서 REFER 열에 나타나는 합계와 같다.

운트포인트 매개변수를 간단히 설정할 수 있다.

```
$ sudo zfs set mountpoint=/mnt/demo demo
$ zfs list -r demo
NAME           USED    AVAIL   REFER   MOUNTPOINT
demo           1.00G   944G    96K     /mnt/demo
demo/new_fs    96K     1024M   96K     /mnt/demo/new_fs
$ ls /mnt/demo
new_fs
```

mountpoint 매개변수를 설정하면 자동으로 파일 시스템을 리마운트하며 마운트 포인트 변경은 간단하고 예측 가능한 방식으로 자식 파일 시스템들에 영향을 준다. 하지만 파일 시스템 활동과 관련된 평상시의 규칙들은 여전히 적용된다. 5장을 참고한다.

특정 속성의 유효 값을 보려면 zfs get 명령을 사용한다. zfs get all 명령은 모든 속성을 출력한다. SOURCE 열은 각 속성이 특정한 값을 갖는 이유를 말해준다. local은 속성이 명시적으로 설정된 것을 의미하고 대시(-) 기호는 속성이 읽기 전용임을 의미한다. 속성 값이 조상 파일 시스템에서 상속된 것이면 SOURCE는 상속에 관한 세부 사항도 보여준다.

```
$ zfs get all demo/new_fs
NAME          PROPERTY       VALUE                SOURCE
demo/new_fs   type           filesystem           -
demo/new_fs   creation       Mon Apr 03 0:12 2017 -
demo/new_fs   used           96K                  -
demo/new_fs   available      1024M                -
demo/new_fs   referenced     96K                  -
demo/new_fs   compressratio  1.00x                -
demo/new_fs   mounted        yes                  -
demo/new_fs   quota          1G                   local
demo/new_fs   reservation    1G                   local
demo/new_fs   mountpoint     /mnt/new_fs          inherited from demo
demo/new_fs   checksum       on                   default
demo/new_fs   compression    off                  default
        ... <이하 생략, 전체 출력은 약 55줄>
```

예리한 독자라면 available, referenced 속성이 zfs list 실행 결과에서 보이는 AVAIL, REFER와 매우 닮았다는 것을 알아챘을 것이다. 사실 zfs list 명령은 파일 시스템 속성을 보여주는 또 다른 방법이다. 앞에서 zfs get 명령의 출력을 모두 보여줬다면 used 속성도 나타났을 것이다. zfs list 명령으로 원하는 속성을 보려면 해당 속성을 -o 옵션으로 지정한다.

used나 다른 크기 속성들에 값을 지정하는 것은 의미가 없기 때문에 이런 속성들은 읽기 전용으로 돼 있다. used를 계산하는 특정 규칙들이 요건에 맞지 않는다면 usedbychildren이나 usedbysnapshots와 같은 다른 속성들이 디스크 공간이 어떻게 사용되고 있는지를 더 잘 말해줄 수도 있다.

개인적인 용도나 로컬 스크립트 용도로 파일 시스템에 대한 추가적인 비표준 속성들을 설정할 수 있다. 그 설정 과정은 표준 속성들과 같다. 예를 들어 ZFS용 백업이나 스냅샷 유틸리티들은 파일 시스템 속성에서 환경설정 정보를 읽는다.

맞춤형 속성들의 이름은 표준 속성들과 구분하고자 반드시 콜론을 포함해야 한다.

사용자당 하나의 파일 시스템

파일 시스템들은 생성하는 데 어떤 공간이나 시간도 소모하지 않기 때문에 최적의 파일 시스템 수는 '몇 개' 정도라기보다는 '아주 많은' 쪽에 가깝다. ZFS 스토리지 풀에 사용자들의 홈 디렉터리를 보관한다면 각 홈 디렉터리를 별개의 파일 시스템으로 만드는 것이 도움이 된다는 걸 알게 될 것이다.

그렇게 하면 다음과 같은 여러 이점이 있다.

- 디스크 사용 쿼터를 설정할 필요가 있다면 홈 디렉터리들은 그것을 구현하는 자연스러운 최소 단위가 된다. 각 개인의 사용자 파일 시스템에도 쿼터를 설정할 수 있고 모든 사용자를 포함한 파일 시스템에도 쿼터를 설정할 수 있다.
- 스냅샷은 파일 시스템당 하나다. 각 사용자의 홈 디렉터리가 별개의 파일 시스템으로 돼 있다면 사용자는 ~/.zfs를 통해 지난 스냅샷들에 접근할 수

있다.[22] 이것은 곧 사용자가 자신의 파일 재저장 요구의 대부분을 직접 수행할 수 있다는 것을 의미하므로 이 기능만으로도 시스템 관리자는 엄청난 시간을 절약할 수 있다.

- ZFS는 스냅샷을 만들거나 파일 시스템을 이전 상태로 되돌리는 것과 같은 다양한 작업을 수행하기 위한 권한을 위임하게 해준다. 원한다면 사용자들에게 사용자 자신의 홈 디렉터리에 대한 이런 작업들의 제어를 제공할 수 있다. 하지만 이 책에서는 ZFS 사용 권한 관리에 관한 상세한 내용을 다루지 않을 것이다. zfs allow 명령에 관한 맨페이지를 참고한다.

스냅샷과 클론

논리적 볼륨 관리자와 마찬가지로, ZFS는 순간 스냅샷의 생성을 허용함으로써 쓰기 시 복제를 사용자 레벨로 가져온다. 하지만 한 가지 중요한 차이점이 있다. ZFS 스냅샷은 볼륨 단위가 아니라 파일 시스템 단위로 구현되기 때문에 임의의 단위 크기를 갖는다는 점이다.

커맨드라인에서 zfs snapshot을 실행함으로써 스냅샷을 생성할 수 있다. 예를 들어 다음 명령 시퀀스는 스냅샷의 생성, 파일 시스템의 .zfs/snapshot 디렉터리를 통한 스냅샷의 사용, 이전 상태로의 파일 시스템 복귀를 보여준다.

```
$ sudo touch /mnt/demo/new_fs/now_you_see_me
$ ls /mnt/demo/new_fs
now_you_see_me
$ sudo zfs snapshot demo/new_fs@snap1
$ sudo rm /mnt/demo/new_fs/now_you_see_me
$ ls /mnt/demo/new_fs
$ ls /mnt/demo/new_fs/.zfs/snapshot/snap1
now_you_see_me
$ sudo zfs rollback demo/new_fs@snap1
$ ls /opt/demo/new_fs
now_you_see_me
```

---

22. 이 디렉터리는 기본적으로 숨겨진다. 따라서 ls -a 출력에는 나타나지 않는다. zfs set snapdir=visible filesystem 명령을 이용하면 이 디렉터리를 볼 수 있다.

각 스냅샷이 생성될 때 스냅샷에 이름을 지정한다. 스냅샷에 대한 완전한 지정자는 보통 filesystem@snapshot의 형태로 작성된다.

스냅샷을 재귀적으로 생성하려면 zfs snapshot -r 명령을 사용한다. 그 효과는 포함돼 있는 각 객체에 대해 개별적으로 zfs snapshot을 실행하는 것과 같다. 각 하위 구성 요소는 각자 자신의 스냅샷을 받게 된다. 모든 스냅샷은 같은 이름을 갖지만 파일 시스템 부분이 다르기 때문에 논리적으로는 구분된다.

ZFS 스냅샷들은 읽기 전용이며 속성들을 품고 있을 수는 있지만 실제 파일 시스템은 아니다. 하지만 다음과 같이 클론clone을 만드는 '클로닝cloning'을 함으로써 모든 것을 완전히 갖춘 쓰기 가능한 파일 시스템으로 스냅샷을 인스턴스화할 수 있다.

```
$ sudo zfs clone demo/new_fs@snap1 demo/subclone
$ ls /mnt/demo/subclone
now_you_see_me
$ sudo touch /mnt/demo/subclone/and_me_too
$ ls /mnt/demo/subclone
and_me_too now_you_see_me
```

클론의 기반이 되는 스냅샷은 달라지지 않고 읽기 전용의 상태를 그대로 유지한다. 하지만 새로운 파일 시스템(예에서 demo/subclone)은 스냅샷과 그 기초가 되는 파일 시스템 양쪽에 대한 링크를 모두 유지하며 클론이 존재하는 한 어느 것도 삭제될 수 없다.

클로닝은 흔한 작업은 아니지만 파일 시스템 진화에서 분기되는 하나의 브랜치를 생성하는 유일한 방법이다. 앞에서 예로 든 zfs rollback 작업은 파일 시스템을 가장 최근의 스냅샷으로만 되돌릴 수 있기 때문에 목표가 되는 스냅샷으로 복귀하려면 목표 스냅샷 이후에 만들어진 스냅샷들을 모두 영구 삭제(zfs destroy)해야 한다. 클로닝은 최근에 이뤄진 변경 사항들에 대한 접근을 잃지 않고 과거로 돌아갈 수 있게 해준다.

예를 들어 지난 주 언젠가 발생한 보안 침해를 발견했다고 가정해보자. 안전을 위해 파일 시스템을 해커가 설치한 백도어가 없는 게 확실한 일주일 이전의 상태로 되돌리길 원할 것이다. 동시에 최근의 작업이나 포렌식 분석용 데이터도 잃지 않기를 원할 것이다. 그 해결책은 일주일 전 스냅샷을 새 파일 시스템으로 클로닝하고 옛날 파일 시스템을 zfs rename한 다음, 원래의 파일 시스템 대신 클론을 zfs rename하는 것이다.

게다가 추가적으로 클론을 zfs promote한다. 이 작업은 클론과 원래의 파일 시스템 간의 관계를 반전시킨다. 프로모션 후에 주류 파일 시스템은 모든 예전 파일 시스템의 스냅샷에 접근할 수 있으며 옆으로 비켜난 예전의 파일 시스템은 '클로닝'된 브랜치가 된다.

원시 볼륨

파일 시스템을 만드는 방법과 마찬가지로 zfs create 명령을 이용해 스왑 영역과 원시 저장 영역을 만든다. -V size 인수는 zfs가 새 객체를 파일 시스템이 아닌 원시 볼륨으로 취급하게 한다. size는 어떤 단위든 사용할 수 있다(예, 128m).

그 볼륨은 파일 시스템을 포함하고 있지 않기 때문에 마운트되지 않는다. 대신 /dev/zvol 디렉터리에 나타나며 마치 하드디스크나 파티션처럼 참조될 수 있다. ZFS는 이 디렉터리에서 계층적 구조의 스토리지 풀을 미러링하기 때문에 sudo zfs create -V 128m demo/swap 명령은 /dev/zvol/demo/swap에 위치한 128MB 스왑 볼륨을 생성한다.

미가공 볼륨은 파일 시스템과 똑같이 스냅샷을 만들 수 있다. 하지만 .zfs/snapshot 디렉터리를 넣을 파일 시스템 계층 구조가 없기 때문에 스냅샷들은 소스 볼륨과 같은 디렉터리에 나타난다. 클론도 원하는 대로 작동한다.

기본적으로 원시 볼륨들은 지정된 크기와 똑같은 공간 예약을 받는다. 예약은 마음대로 줄일 수도 있고 없앨 수도 있으나 그런 설정을 사용하면 볼륨에 쓰기 작업을 할 경우 '공간 부족out of space' 오류가 반환될 수 있다는 점에 유의해야 한다. 원시 볼륨의 클라이언트들은 그런 오류를 다루게 설계돼 있지 않을 수도 있다.

스토리지 풀 관리

지금까지 파일 시스템과 블록 클라이언트 수준에서 ZFS가 제공하는 기능의 일부를 살펴봤으므로 이제 ZFS의 스토리지 풀에 대해 더 자세히 알아볼 준비가 됐다.

지금까지는 앞에서 단일 디스크에 만들었던 'demo'라는 풀을 사용했다. 그 풀은 **zpool list** 명령의 출력에 다음과 같이 나타난다.

```
$ zpool list
NAME    SIZE   ALLOC  FREE   EXPANDSZ   FRAG   CAP    DEDUP   HEALTH ALTROOT
demo    976M   516K   976G   -          0%     0%     1.00x   ONLINE -
zroot   19.9G  16.3G  3.61G  -          24%    81%    1.00x   ONLINE -
```

'zroot' 풀은 부팅 가능한 루트 파일 시스템을 포함하고 있다. 부팅 가능한 풀들은 현재 여러 가지로 제약을 받는다. 단일 가상 장치만 포함할 수 있으며 그 장치는 미러 어레이^{mirror array}거나 단일 디스크 드라이브여야만 한다. 스트라이핑 세트나 RAID-Z 어레이는 될 수 없다(이것은 구현상의 한계 때문일 수도 있고 루트 파일 시스템의 강건성을 강력하게 지향하기 위함일 수도 있는데, 어느 쪽인지는 확실치 않다).

zpool status 명령은 스토리지 풀을 구성하는 가상 장치들에 관한 좀 더 상세한 정보들을 추가해 현재 상태를 보고한다.

```
$ zpool status demo
 pool: demo
state: ONLINE
 scan: none requested
config:

    NAME    STATE   READ   WRITE   CKSUM
    demo    ONLINE  0       0       0
     ada1   ONLINE  0       0       0

errors: No known data errors
```

이 demo 풀을 없애고 좀 더 복잡한 것을 만들어보자. 보기 시스템에 다섯 개의 1TB 드라이브를 부착했다. 우선 다음과 같이 RAID-Z 단일 패리티^{single-parity}로 구성돼 있는 드라이브 중 3개를 포함하는 'monster'라는 풀을 생성한다.

```
$ sudo zpool destroy demo
$ sudo zpool create monster raidz1 ada1 ada2 ada3
$ zfs list monster
NAME      USED    AVAIL   REFER   MOUNTPOINT
monster   87.2K   1.84T   29.3K   /monster
```

ZFS는 이중과 삼중 패리티 구성을 위한 raidz2와 raidz3도 이해한다. 최소 디스크 수는 항상 패리티 장치 수보다 하나 더 많다. 여기서 세 드라이브 중 하나는 패리티 용이므로 약 2TB가 파일 시스템용으로 사용 가능하다.

예를 들고자 다음과 같이 미러로 구성된 나머지 두 개의 드라이브를 추가한다.

```
$ sudo zpool add monster mirror ada4 ada5
invalid vdev specification
use '-f' to override the following errors:
mismatched replication level: pool uses raidz and new vdev is mirror
$ sudo zpool add -f monster mirror ada4 ada5
```

zpool은 처음에는 두 개의 가상 장치가 서로 다른 중복 체계를 갖기 때문에 이런 구성을 거부한다. 이런 특별한 구성은 양쪽 vdev가 모두 어떤 중복성을 갖고 있기 때문에 사용할 수는 있다. 실제 사용에 있어서는 중복적 vdev와 비중복적 vdev를 혼합하지 않는다. 어떤 블록이 어떤 장치에 저장될지 예측할 방법이 없기 때문이다. 따라서 부분적인 중복성은 쓸모가 없다.

```
$ zpool status monster
 pool: monster
state: ONLINE
 scan: none requested
config:

    NAME        STATE   READ    WRITE   CKSUM
    monster     ONLINE  0       0       0
     raidz1-0   ONLINE  0       0       0
       ada1     ONLINE  0       0       0
       ada2     ONLINE  0       0       0
       ada3     ONLINE  0       0       0
     mirror-1   ONLINE  0       0       0
```

```
      ada4    ONLINE 0       0       0
      ada5    ONLINE 0       0       0
errors: No known data errors
```

ZFS는 쓰기 작업을 스토리지 풀의 모든 가상 장치에 분산시킨다. 앞 예에서 보여준 것처럼 모든 가상 장치가 같은 크기를 가질 필요는 없다.[23] 하지만 중복 그룹 내부의 구성 요소들은 비슷한 크기를 가져야 한다. 그렇지 않으면 각 구성 요소에 대해 가장 작은 크기만 사용된다. 스토리지 풀에서 함께 사용되는 여러 개의 단순 디스크는 본질적으로 RAID 0로 구성된다.

언제든지 풀에 더 많은 vdev들을 추가할 수 있다. 하지만 기존 데이터들은 병행 효과를 살리고자 재배포되지는 않는다. 불행히도 현재로서는 기존의 RAID 어레이나 미러에는 장치들을 추가할 수 없다. 이것이 Btrfs가 다른 것과 구별되는 장점을 갖는 영역이다. Btrfs는 비교적 간결하고 자동적인 방법으로 모든 종류의 재구성을 수용하기 때문이다.

ZFS는 읽기 캐싱^{read caching}이 매우 잘 구현돼 있어 SSD 활용이 뛰어나다. 이런 환경의 구성을 위해 SSD들을 cache 타입의 vdev로서 스토리지 풀에 추가하기만 하면 된다. 캐싱 시스템은 일반적인 LRU^{Least Recently Used}(최소 최근 사용) 캐시보다 훨씬 지능적인 IBM에서 개발한 적응형 교체 알고리듬^{adaptive replacement algorithm}을 사용한다. 이 알고리듬은 어떤 블록들이 얼마나 최근에 사용됐는가 뿐 아니라 얼마나 자주 사용됐는가도 알기 때문에 대용량 파일을 읽는다고 해서 캐시가 지워지게 돼 있지는 않다.

핫 스페어^{hot spare}들은 spare 타입의 vdev로 취급된다. 여러 스토리지 풀에 동일한 디스크를 추가할 수 있다. 따라서 어느 풀이든 디스크 장애를 처음 겪는 풀이 스페어 디스크를 요청할 권리는 얻는다.

---

23. 이 예에서 디스크들은 모두 같은 크기를 갖지만 가상 장치들은 그렇지 않다(2TB vs. 1TB).

20.13 BTRFS: 리눅스용 ZFS 라이트 버전

오라클의 Btrfs 파일 시스템 프로젝트('B-트리 파일 시스템')는 ZFS가 라이선스 문제로 리눅스에서 제외될 것 같았던 긴 공백 기간 동안 많은 ZFS 장점을 리눅스 플랫폼에 구현할 목적으로 시작됐다('버터 페이스^{butter face}'라는 단어가 먼저 떠오르지만 그래도 공식적으로는 '버터 FS'나 '베터 FS'로 읽는다).

여전히 Btrfs는 활발히 개발 중이지만 이 파일 시스템은 2009년 이래로 리눅스 커널 트렁크^{trunk}의 표준 파트가 됐다. 거의 모든 리눅스 시스템에서 사용할 수 있으며 수세 엔터프라이즈 리눅스^{SUSE Enterprise Linux}는 이것을 루트 파일 시스템용 지원 옵션으로 만들기까지 했다. 코드 베이스가 빠르게 진화하기 때문에 지금은 레드햇과 같은 안정 지향 배포판에서는 Btrfs를 회피하는 게 최선일 것이다. 옛 버전에는 알려진 문제들이 있다.

Btrfs와 ZFS

Btrfs와 ZFS는 일부 기술적 토대를 공유하기 때문에 이 둘 간의 비교는 어쩌면 필연적이라 할 수 있다. 하지만 Btrfs는 ZFS 클론이 아니며 ZFS의 아키텍처를 복제하려고 하지도 않는다. 예를 들어 다른 파일 시스템의 볼륨들처럼 mount 명령을 실행하거나 /etc/fstab 파일 목록에 넣어 Btrfs 볼륨을 마운트한다.

Btrfs 볼륨들과 그 하위 볼륨들은 하나로 통합된 네임스페이스 안에 존재함에도 불구하고 그들 간에는 어떤 계층 구조적 관계가 없다. Btrfs 하위 볼륨 그룹에 어떤 변화를 주려면 반드시 각 볼륨을 개별적으로 수정해야만 한다. Btrfs 명령은 재귀적으로 작동하지 않으며 볼륨 속성들은 상속되지 않는다. 이는 빠진 것이 아니라 설계상 선택이다. 개발자들은 "셸 스크립트로 에뮬레이션할 수 있는 기능들을 무엇하러 파일 시스템에 실을까?"라는 질문을 한다.

Btrfs는 이러한 단순함에 대한 선호를 다양한 방법으로 반영한다. 예를 들면 Btrfs 스토리지 풀은 하나의 특정한 구성(예, RAID 5)에서 오직 하나의 디스크 그룹만을 포함할 수 있다. 반면에 ZFS 풀들은 디스크 캐싱, 집중적인 로그, 핫스페어뿐 아니라 여러 개의 디스크 그룹을 포함할 수 있다.

소프트웨어 세계에서는 흔한 일이지만 ZFS와 Btrfs의 상대적 장점에 관한 논쟁은 가열돼 취향의 차이로 모아지는 경향이 있다. 하지만 두 파일 시스템 간에는 사소한 트집이나 개인 취향의 수준 이상으로 다음과 같은 여러 가지 차이점이 제기된다.

- Btrfs는 하드웨어 구성을 변경하는 데 있어서는 확실한 승자다. 이런 경우 ZFS는 비교 대상도 되지 않는다. 언제든지 디스크를 추가하거나 제거할 수 있으며 RAID 타입까지도 바꿀 수 있을 뿐 아니라 Btrfs는 온라인 상태를 유지하면서 기존 데이터를 적절하게 분산한다. ZFS에서는 데이터를 외장 매체에 덤프한 후 다시 시작하지 않는 한 그런 식의 변경은 불가능하다.
- 중복 제거deduplication와 같은 메모리 집약적인 기능이 활성화되지 않아도 넉넉한 양의 램이 있으면 ZFS는 최상으로 기능한다. 최소한 2GB를 추천한다. 그 정도면 가상 서버용으로 많은 메모리다.
- 읽은 데이터를 분리된 캐시 SSD에 자주 캐싱하는 ZFS 기능은 많은 사례를 해결해주는 핵심 기능이며 Btrfs가 현재로서는 답을 갖고 있지 않은 문제들에 대한 해결책이기도 하다.
- 2017년 현재, 패리티 RAID(RAID 5와 6)의 Btrfs 구현들은 아직 상용 목적으로 준비되지 않았다. 이는 우리 의견이 아니라 개발자들의 공식적인 말이다. 아주 중요한 기능이 빠져 있는 것이다.

설정과 스토리지 전환

이 절에서는 앞 절에서 ZFS용으로 보여준 것과 똑같이 흔히 사용되는 일부 Btrfs 절차들을 보기로 하자. 우선 RAID 1(미러링)용으로 구성된 2개의 1TB 하드디스크 세트에서 사용할 목적으로 Btrfs를 설정해보자.

```
$ sudo mkfs.btrfs -L demo -d raid1 /dev/sdb /dev/sdc
Label:            demo
UUID:
Node size:        16384
Sector size:      4096
Filesystem size:  1.91TiB
Block group profiles:
```

```
        Data:          RAID1             1.00GiB
        Metadata:      RAID1             1.00GiB
        System:        RAID1             8.00MiB
SSD detected:          no
Incompat features:extref, skinny-metadata
Number of devices:2
Devices:
    ID     SIZE   PATH
     1  978.00GiB  /dev/sdb
     2  978.00GiB  /dev/sdc
$ sudo mkdir /mnt/demo
$ sudo mount LABEL=demo /mnt/demo
```

mount 커맨드라인에는 어떤 구성 장치든 이름을 지정할 수 있지만 그냥 해당 그룹에 지정했던 레이블 'demo'를 사용하는 것이 가장 간단하다.

btrfs filesystem usage 명령은 다음과 같이 디스크들의 공간이 현재 어떻게 사용되고 있는지를 보여준다.

```
$ sudo btrfs filesystem usage /mnt/demo
Overall:
    Device size:              1.91TiB
    Device allocated:         4.02GiB
    Device unallocated:       1.91TiB
    Device missing:           0.00B
    Used:                     1.25MiB
    Free (estimated):       976.99GiB   (min: 976.99GiB)
    Data ratio:               2.00
    Metadata ratio:           2.00
    Global reserv/e:         16.00MiB   (used: 0.00B)

Data,RAID1: Size:1.00GiB, Used:512.00KiB
    /dev/sdb          1.00GiB
    /dev/sdc          1.00GiB

Metadata,RAID1: Size:1.00GiB, Used:112.00KiB
    /dev/sdb          1.00GiB
    /dev/sdc          1.00GiB

System,RAID1: Size:8.00MiB, Used:16.00KiB
    /dev/sdb          8.00MiB
    /dev/sdc          8.00MiB
```

```
Unallocated:
    /dev/sdb        975.99GiB
    /dev/sdc        975.99GiB
```

여기서 주목할 만한 흥미로운 점은 데이터, 메타데이터, 시스템 블록용으로 RAID 1 그룹들에 초기 배정되는 작은 할당이다. 대부분의 디스크 공간은 어떤 본질적 구조를 갖지 않는 할당되지 않은 풀로 남아 있다. 요청했던 미러링은 전체로서 디스크에 적용되지 않고 실제로 사용 중인 블록에만 적용된다. 이는 블록 그룹 수준에서 구현된 정책만큼 엄격한 구조가 아니다.

이런 차이점이 Btrfs가 변화하는 요건과 하드웨어 프로비저닝에 어떻게 적응할 수 있는지를 이해하는 데 열쇠가 된다. 다음은 일부 파일을 새 파일 시스템에 저장한 다음, 세 번째 디스크를 추가할 때 일어나는 일들을 보여준다.

```
$ mkdir /mnt/demo/usr
$ cd /usr; tar cf - . | (cd /mnt/demo/usr; sudo tar xfp -)
$ sudo btrfs device add /dev/sdd /mnt/demo
$ sudo btrfs filesystem usage /mnt/demo[24]
Overall:
    <출력에서 생략>

Data,RAID1: Size:3.00GiB, Used:2.90GiB
    /dev/sdb        3.00GiB
    /dev/sdc        3.00GiB

Metadata,RAID1: Size:1.00GiB, Used:148.94MiB
    /dev/sdb        1.00GiB
    /dev/sdc        1.00GiB

System,RAID1: Size:8.00MiB, Used:16.00KiB
    /dev/sdb        8.00MiB
    /dev/sdc        8.00MiB

Unallocated:
    /dev/sdb        973.99GiB
    /dev/sdc        973.99GiB
    /dev/sdd        978.00GiB
```

---

24. btrfs 하위 명령은 고유의 접두어로 생략될 수 있다. 예를 들어 btrfs filesystem usage 명령은 btrfs f u로 줄여 사용해도 된다. 여기서는 의미의 확실성과 공식성을 위해 줄임말을 사용하지 않는다.

새 디스크 /dev/sdd는 풀에서 사용 가능하게 됐지만 기존 블록 그룹들은 있는 그 대로 문제가 없으므로 새로운 디스크를 참조하지 않는다. 이후의 할당들은 자동 으로 새 디스크를 활용할 것이다. 원한다면 다음과 같이 강제적으로 Btrfs가 모든 디스크에 데이터를 대등하게 할당하도록 만들 수 있다.

```
$ sudo btrfs balance start --full-balance /mnt/demo
Starting balance without any filters,
Done, had to relocate 5 out of 5 chunks 2
```

RAID 레벨들 간의 변환은 일종의 밸런싱balancing이기도 하다. 이제 세 개의 디스크 가 사용 가능하므로 다음과 같이 RAID 5로 변환할 수 있다.

```
$ sudo btrfs balance start -dconvert=raid5 -mconvert=raid5 /mnt/demo
Done, had to relocate 5 out of 5 chunks
```

변환하는 동안 사용 상태를 확인해 보면 RAID 1과 RAID 5용 블록 그룹이 모두 동 시에 활성화돼 있음을 보게 된다. 디스크 제거도 비슷하게 작동한다. Btrfs는 모든 블록을 제거할 디스크를 포함하지 않은 그룹에 점증적으로 복사해서 결국 제거할 디스크에는 어떤 데이터도 남지 않게 된다.

볼륨과 하위 볼륨

Btrfs에서 스냅샷과 쿼터는 파일 시스템 수준의 개체이므로 파일 트리의 일부를 별 개의 개체로 정의할 수 있어야 도움이 된다. Btrfs는 이것을 '하위 볼륨subvolume'이라 부른다. 하위 볼륨은 보통의 파일 시스템 디렉터리와 매우 유사하며 사실 다음과 같이 부모 볼륨의 하위 디렉터리로 접근할 수 있다.

```
$ sudo btrfs subvolume create /mnt/demo/sub
Create subvolume '/mnt/demo/sub'
$ sudo touch /mnt/demo/sub/file_in_a_subvolume
$ ls /mnt/demo/sub
file_in_a_subvolume
```

하위 볼륨은 자동으로 마운트되지 않는다. 여기서는 부모 볼륨의 일부로 보여주는 것이다. 하지만 subvol 마운트 옵션을 이용하면 부모와 독립적으로 하위 볼륨을 마운트할 수 있다. 다음 예를 보자.

```
$ mkdir /sub
$ sudo mount LABEL=demo -o subvol=/sub /sub
$ ls /sub
file_in_a_subvolume
```

부모 볼륨이 마운트될 때 부모 볼륨 안에서 하위 볼륨이 나타나지 않게 할 방법은 없다. 여러 개의 독립적이고 상호작용하지 않는 볼륨의 구조를 만들려면 subvol 옵션을 이용해 루트의 하위 볼륨으로 만들어 각각을 따로 마운트하면 된다. 루트 자체는 꼭 어디에 마운트돼야 할 필요는 없다. 사실 Btrfs는 어떤 subvol 옵션도 요청되지 않을 때 루트가 아닌 볼륨이 기본 마운트 타깃이 되도록 지정할 수 있게 해 준다. btrfs subvolume set-default를 참고한다.

이런 환경에서 완전한 Btrfs 계층 구조 전체를 보거나 조작하려면 subvol=/ 옵션과 함께 루트를 비어 있는 디렉터리에 마운트하면 된다. 볼륨들은 여러 번 마운트돼도 좋으며 다중 경로를 통해 접근할 수 있다.

볼륨 스냅샷

Btrfs 버전의 볼륨 스냅샷은 복사가 얕고 처음에는 모든 스토리지를 부모 볼륨과 공유한다는 점을 제외하곤 cp와 매우 유사하게 작동한다.

```
$ sudo btrfs subvolume snapshot /mnt/demo/sub /mnt/demo/sub_snap
Create a snapshot of '/mnt/demo/sub' in '/mnt/demo/sub_snap'
```

ZFS 스냅샷과는 달리 Btrfs 스냅샷은 기본으로 쓰기가 가능하다. 사실 Btrfs에는 '스냅샷' 그 자체와 같은 것은 없으며 스냅샷은 어쩌다 일부 스토리지를 다른 볼륨과 공유하게 된 볼륨에 불과하다.

```
$ sudo touch /mnt/demo/sub/another_file
$ ls /mnt/demo/sub
```

```
another_file    file_in_a_subvolume
$ ls /mnt/demo/subsnap
file_in_a_subvolume
```

불변의 스냅샷을 위해서는 `brfs subvolume snapshot`에 `-r` 옵션을 넘기면 된다. Btrfs는 ZFS가 하는 방식으로 읽기 전용 스냅샷과 쓰기 가능 사본을 본질적으로 구분하지 않는다(ZFS에서는 쓰기 가능 사본들은 '클론clone'이다. 클론을 만들려면 우선 읽기 전용 스냅샷을 만든 다음 그 스냅샷에 기반을 둔 클론을 생성하면 된다).

Btrfs는 하위 볼륨과 스냅샷을 정의할 때 어떤 특별한 명명이나 위치 규칙들을 강제적으로 요구하지 않기 때문에 이런 개체들을 어떻게 구조화하고 이름을 붙일 것인지는 전적으로 사용자에게 달려 있다. btrfs.wiki.kernel.org에 있는 Btrfs 문서들은 몇 가지 고려할 만한 규칙을 권장하고 있다.

Btrfs는 볼륨을 어떤 특정 스냅샷 시점의 상태로 리셋하는 '롤백rollback' 기능도 갖고 있지 않다. 대신 원본 볼륨을 옆으로 비켜 이동시키고 그 자리에 스냅샷을 `mv`시키거나 복사할 수 있을 뿐이다.

```
$ ls /mnt/demo/sub
another_file    file_in_a_subvolume
$ sudo mv /mnt/demo/sub /mnt/demo/sub.old
$ sudo btrfs subvolume snapshot /mnt/demo/sub_snap /mnt/demo/sub
Create a snapshot of '/mnt/demo/sub_snap' in '/mnt/demo/sub'
$ ls /mnt/demo/sub
file_in_a_subvolume
```

이런 변경은 하위 볼륨의 직접 마운트들을 혼란스럽게 만든다는 점에 유의한다. 그런 마운트들은 나중에 다시 마운트돼야 할 것이다.

얕은 복사

Btrfs 스냅샷과 `cp`의 유사성은 단순한 우연의 일치 이상이다. 하위 볼륨 루트가 아닌 파일이나 디렉터리 같은 것의 스냅샷은 만들 수 없다. 하지만 흥미롭게도 `cp --relink`를 이용하면 임의의 파일이나 디렉터리의 얕은 복사shallow copy를 만들 수 있다. 심지어 하위 볼륨의 경계를 넘어서도 가능하다.

이 옵션은 cp 내부에 쓰기 시 복제를 하도록 파일 시스템과 직접 협상하는 Btrfs 특유의 기능을 작동시킨다. 기능적 의미론이 일반 cp와 동일하며 스냅샷의 의미론과도 매우 유사하다.

Btrfs는 얕은 복사를 스냅샷처럼 추적하지 않으며 활발히 수정되는 디렉터리 계층 구조를 위한 특정 시점의 완벽한 무결성을 반드시 보장하지도 않는다. 하지만 다른 관점에서 보면 두 기능은 대단히 유사하다. 얕은 복사의 뛰어난 한 가지 특징은 어떤 특별한 사용 권한도 요구하지 않는다는 것이다. 따라서 어떤 사용자든 그것을 활용할 수 있다.

--reflink=auto의 형태로 cp 옵션을 지정하면 cp는 가능할 경우에는 얕은 복사를, 그렇지 않을 때는 정상적인 복사를 수행한다. 그 점 때문에 다음과 같이 ~/.bashrc에서 이 옵션을 앨리어스로 애용하게 된다.

```
alias cp="cp --reflink=auto"
```

20.14 데이터 백업 전략

일반적으로 스토리지 환경에서 주 관심사는 뛰어난 성능 유지와 사용할 수 잇는 충분한 공간의 보장이다. 불행히도 항상 문제는 발생한다. 디스크 드라이브가 5년 동안 살아 있을 확률이 75% 이하임을 발견한 구글 랩 연구로 상황은 우리에게 불리하게 판이 짜여졌다. 귀중한 데이터가 치명적 손실을 입지 않도록 항상 시스템들을 정상 가동시켜야 하고 예고 없이 복구 절차를 시작할 준비가 돼 있어야 한다.

RAID나 그 밖의 데이터 중복 체계들은 단 하나의 기능이나 개체로 구성된 하드웨어에 장애가 발생할 때의 위험에서 보호하기 위한 것이다. 하지만 이런 기술들이 다루지 못하는 데이터들이 손실되는 많은 경우가 있다. 예를 들어 랜섬웨어에 의한 보안 침입이나 감염을 당한다면 물리적 계층이 완벽한 비접촉 상태를 유지한다고 해도 데이터는 수정되거나 오염될 수 있다. 훼손된 데이터를 여러 디스크나 사이트에 자동으로 복제하는 것은 위험을 더 증폭시킬 뿐이다. 폴백^{fallback} 옵션처럼 되돌릴 수 있는 변경 불가능한 특정 시점의 중요한 데이터 백업이 필요하다.

과거 수십 년간은 자기 테이프^{magnetic tape}와 같은 매체들이 오프라인 백업용으로 가장 대중적인 저장 방법이었다. 하지만 이런 매체들의 용량은 기하급수적으로 커지는 하드 드라이브와 SSD의 크기를 감당할 수 없게 됐다. 테이프들을 운반, 저장하거나 다루기 힘든 기계식 테이프 드라이브를 유지하는 데 물리적 어려움이 있었을 뿐 아니라 용량 문제 때문에 결국은 테이프 매체도 35mm 카메라 필름과 같은 신세로 전락하게 됐다. 엄밀히 말하자면 아직도 시장에 존재하긴 하지만 실제로 누가 그런 물건을 살지 의심된다.

요즘은 대부분의 클라우드 플랫폼이 자동화된 스케줄에 따라 스냅샷의 형태로 특정 시점의 백업을 캡처해준다. 각 스냅샷에 의해 소비된 스토리지 용량만큼 월간 비용을 지급하게 되며 독자적인 보존 정책을 설정할 수 있다.

백업을 구현하는 데 사용된 구체적 기술과 상관없이 최소한 다음과 같은 질문들에 대해 답을 제시하는 계획서가 필요하다.

종합 전략:

- 어떤 데이터를 백업할 것인가?
- 어떤 시스템과 기술로 백업을 수행할 것인가?
- 백업 데이터를 어디에 저장할 것인가?
- 암호화된 백업을 사용할 것인가? 그렇다면 암호키를 어디에 보관할 것인가?
- 시간이 흐름에 따라 백업을 저장하는 데 드는 비용은 얼마나 되는가?

타임라인:

- 얼마나 자주 백업을 수행할 것인가?
- 얼마나 자주 백업을 검증하고 재저장 테스트를 실행할 것인가?
- 얼마나 오랫동안 백업을 보유할 것인가?

사람:

- 누가 백업 데이터의 접근권을 가질 것인가?
- 누가 백업 데이터를 보호하기 위한 암호화키의 접근권을 가질 것인가?
- 누가 백업 실행의 확인을 책임질 것인가?
- 누가 백업의 검증과 재저장 테스트에 책임을 질 것인가?

사용과 보호:

- 비상시에는 백업 데이터를 어떻게 접근하거나 재저장할 것인가?
- 해커나 위장 프로세스가 백업을 훼손, 수정, 삭제할 수 없다는 것을 어떻게 보장할 것인가?
- 적대적인 클라우드 공급자, 업체, 정부기관에 의해 볼모로 잡히지 않도록 백업 데이터를 어떻게 보호할 것인가?

이 질문들에 대한 최선의 답은 조직, 데이터 유형, 규제 환경, 기술 플랫폼, 예산 등에 따라 달라진다. 이들은 일부 잠재적 요소를 예로 든 것에 불과하다.

각자의 환경을 위한 백업 플랜을 수립하거나 현재의 백업 플랜을 검토하는 데 시간을 투자해 보기로 하자.

20.15 추천 자료

Lucas, Michael W., and Allan Jude. FreeBSD Mastery: ZFS. Tilted Windmill Press, 2015.

Jude, Allan, and Michael W. Lucas. FreeBSD Mastery: Advanced ZFS. Tilted Windmill Press, 2016.

이 두 책은 최신 ZFS를 위해 읽어야 할 참고서다. FreeBSD에 국한해 작성됐지만 대부분의 내용은 리눅스 ZFS에도 잘 적용된다. 『Advanced ZFS』는 환경, 사용 권한 위임, 캐싱 전략, 성능 분석과 같은 다양한 주제를 커버하는 데 특히 유용하다.

Lucas, Michael W., and Allan Jude. FreeBSD Mastery: Storage Essentials. Tilted Windmill Press, 2015.

McKusick, Marshall Kirk, George V. Neville-Neil, and Robert N. M. Watson. The Design and Implementation of the FreeBSD Operating System (2nd Edition).

Upper Saddle River, NJ: Addison-Wesley Professional, 2014. 이 책은 다양한 커널 관련 주제들을 다루지만 UFS, ZFS, VFS 계층에 관한 내용을 완전하게 다룬 장들을 포함하고 있다.

21 네트워크 파일 시스템

NFS로 알려진 네트워크 파일 시스템 프로토콜은 컴퓨터 간 파일 시스템을 공유하는 데 사용된다. NFS는 사용자에게 그 존재가 인지되지 않고 NFS 서버에 문제가 생기더라도 자료가 사라지지 않는다. 클라이언트는 그저 서버가 돌아오길 기다리다가 아무 일도 없었다는 듯이 계속하면 된다.

NFS는 썬 마이크로시스템즈가 1984년에 공개했다. 원래는 디스크가 없는 클라이언트를 위한 대리 파일 시스템으로 구현됐지만 그 프로토콜이 일반적인 파일 공유 솔루션으로도 유용하고 잘 설계됐음이 증명됐다. 오늘날에는 모든 유닉스 벤더^{vendor} 및 리눅스 배포판에서 NFS의 버전을 제공한다. NFS 프로토콜은 RFC에 문서화된 공개 표준이다(RFC 1094, 1813, 7530 참고).

21.1 네트워크 파일 서비스 보기

네트워크 파일 시스템의 목적은 원격 시스템의 디스크에 저장된 파일과 디렉터리에 공유 접근을 허용하는 것이다. 사용자 애플리케이션은 로컬 파일을 위해 사용되는 것과 같은 시스템 콜을 사용해 파일들에 읽고 쓰기가 가능해야 한다. 이러한 파일은 네트워크 어디에 든 저장되며 애플리케이션이 신경 쓸 필요가 없게 해야 한다. 여러 네트워크 클라이언트 또는 애플리케이션이 한 파일을 동시에 수정하려 한다면 여기서 발생하는 모든 충돌은 파일 공유 서비스가 해결해야 한다.

경쟁자

NFS는 유일한 파일 공유 시스템이 아니다. 윈도우와 맥OS에는 파일 공유 기능을 위한 서버 메시지 블록SMB 프로토콜이 내장돼 있다. 그러나 유닉스 및 리눅스도 삼바Samba 애드온 패키지를 이용해 SMB와 통신할 수 있다. 여러분이 서로 다른 운영체제가 포함된 하이브리드 네트워크를 운용 중이라면 SMB가 가장 적은 호환성 문제를 갖는 프로토콜이라는 것을 알 수 있을 것이다.

NFS는 유닉스와 리눅스가 지배적인 시장에서 사용되는 가장 일반적인 프로토콜이다. 이러한 관점에서 NFS는 좀 더 자연스럽고 높은 단계의 통합을 제공한다. 그러나 이러한 환경에서도 SMB 역시 그럴듯하게 동작한다. 유닉스와 리눅스 시스템이 독점적인 시스템에서는 SMB를 주 파일 공유 프로토콜로 사용하는 경우가 아주 없지는 않지만 흔하지는 않다.

네트워크에서 파일 공유는 간단해보이는 작업이지만 실상 경계 조건과 미묘한 사항이 많은 경우 무척 복잡한 문제다. 많은 프로토콜 이슈가 비일상적인 환경에서 나타나는 버그를 통해 밝혀졌다. NFS와 SMB 모두 오랜 개발과 방대한 사용을 통해 보안, 성능, 안정성을 유지하기 위한 피나는 노력을 보여준다. 오늘날의 관리자는 이러한 프로토콜이 데이터를 망치거나 이로 인해 사용자가 화나게 할 수 있다는 걱정을 하지 않아도 된다. 그러나 이를 위해 엄청난 작업과 경험이 축적돼 왔음은 알아둬야 한다.

스토리지 영역 네트워크^{SAN} 시스템은 네트워크상 고성능 스토리지 관리를 위한 또 다른 선택지다. SAN 서버는 파일 시스템에 대한 이해를 필요로 하지 않는다. 이들은 원시 스토리지 장치 대신 파일과 파일 시스템에서 동작하는 NFS나 SMB와는 다르게 디스크 블록만을 제공하기 때문이다. SAN은 빠른 읽기/쓰기 접근을 보여주지만 클러스터 파일 시스템의 도움 없이는 다중 클라이언트로 인한 동시적인 접근은 관리하지 못한다.

빅데이터 프로젝트의 경우 다양한 오픈소스 분산 파일 시스템이 사용되고 있다. GlusterFS와 Ceph는 둘 다 POSIX 호환 파일 시스템과 실패 감내^{fault tolerance, 고장 허용}를 위한 클러스터 간 분산된 RESTful 객체 스토리지를 구현한다. 이 두 시스템의 상업 버전은 이 두 시스템의 개발자들을 흡수한 레드햇^{Red Hat}이 판매한다. 두 시스템 모두 제품에서 사용할 수 있으며 빅데이터 처리나 고성능 컴퓨팅 같은 사용 사례를 위해 고려할 만한 가치를 갖는 고가용성 파일 시스템이다.

클라우드 기반 시스템은 추가적인 선택지가 있다. 9장을 참고하라.

상태 이슈

네트워크 파일 시스템을 설계할 때 고려해야 할 사항 중 하나는 시스템의 어느 부분에서 각 클라이언트가 열고 있는 파일을 추적할 것인가를 결정하는 것이다. 이는 '상태'로 일컬어지는 정보다. 파일과 클라이언트의 상태를 기록하는 서버는 스테이트풀^{stateful}이라 말한다. 반대는 스테이트리스^{stateless}다. 두 접근법 모두 수년간 사용돼 왔으며 각기 장단점이 있다.

스테이트풀 서버는 네트워크의 모든 파일을 추적한다. 이러한 운용 방식은 생각보다 많은 복잡도를 야기하고 문제 상황 발생 시 복구를 훨씬 어렵게 한다. 문제 상황에서 서버가 돌아오면 클라이언트와 서버 간 통신의 마지막 상태를 조정하기 위한 교섭이 발생한다. 스테이트풀은 클라이언트가 파일을 좀 더 제어할 수 있게 하며 읽기/쓰기 모드로 열린 파일의 강건한 관리를 용이하게 한다.

스테이트리스 서버에서 각 요청은 이전의 요청과 독립적이다. 서버나 클라이언트가 다운되더라도 절차상 아무것도 손실되지 않는다. 이러한 설계에서는 서버가 다운됐을 때나 재부팅시키는 것이 힘들지 않다. 서버가 어떤 콘텍스트도 유지하고 있지 않기 때문이다. 그러나 이러한 경우 어떤 클라이언트가 쓰기를 위해 파일을 열었는지 알 수 없고, 이는 동시성을 관리할 수 없게 만든다.

성능 고려 사항

네트워크 파일 시스템은 사용자에게 원활한 경험을 제공해야 한다. 네트워크를 통한 파일 접근은 로컬 파일 시스템의 파일 접근과 달라서는 안 된다. 불행히도 와이드 영역 네트워크는 동작을 불안하게 만드는 높은 지연시간을 갖고 큰 파일에 낮은 성능을 보이는 낮은 대역폭을 갖는다. NFS를 포함한 대부분의 파일 서비스 프로토콜은 로컬이든 와이드 영역 네트워크든 성능 문제를 최소화하기 위한 기술을 포함한다.

대부분의 프로토콜은 네트워크 요청 수의 최소화를 목표로 한다. 예를 들어 파일의 새 위치를 읽을 때 지연을 피하고자 로컬 메모리 버퍼에 파일의 일부를 사전 로딩한다. 서버와 전체를 주고받기 위한 지연시간을 피하기 위한 것으로, 적은 추가 네트워크 대역폭만이 사용된다.

이와 같이 일부 시스템은 메모리에 쓰기를 캐시하고 갱신 사항을 배치^{batch}로 보낸다. 이는 서버로 쓰기 동작을 위한 통신 발생 시 지연을 줄이기 위해서다.

보안

네트워크에 존재하는 파일로의 편리한 접근을 가능하게 하는 서비스는 모두 보안 문제를 발생시킬 가능성이 있다. 로컬 파일 시스템은 복잡한 접근 제어 알고리듬을 구현하고 세세한 권한을 통해 파일을 보호한다. 네트워크에서 이러한 작업은 매우 복잡하다. 이는 컴퓨터 간 환경설정의 차이, 경계 조건, 파일 서비스 소프트웨어 버그, 파일 공유 프로토콜 내의 해결되지 않은 에지 케이스^{edge case} 같은 예측 불허의 조건 때문이다.

디렉터리와 중앙화된 인증 서비스의 발달은 네트워크 파일 시스템의 보안을 향상시켰다. 기본적으로 클라이언트는 그 자체로 안전하게 인증할 것이라고 신뢰하지 않는다. 따라서 믿을 만한 중앙화된 시스템이 신원을 검증하고 파일로의 접근을 승인해야만 한다. 대부분의 파일 공유 서비스는 여러 인증 제공자와 통합할 수 있다.

파일 공유 프로토콜은 보통 개인 정보나 무결성에 대한 이슈를 적어도 직접 다루지 않는다. 인증을 통해 이러한 책임은 보통 다른 계층으로 넘겨진다. 여기에는 커버로스^{Kerberos}, SSH, VPN 터널링 같은 것이 포함된다. 그러나 SMB의 최근 버전에는 강력한 암호화와 무결성 검사가 추가됐다. 신뢰할 수 있는 LAN에서 NFS를 운용하는 많은 사이트는 쉽고 고성능인 솔루션이 불가능하므로 암호화를 포기한다.

21.2 NFS 접근법

NFS 프로토콜의 최신 버전은 플랫폼 독립성을 증가시키고 인터넷과 같은 와이드 영역 네트워크에서의 성능을 향상시키며 강력하고 모듈화된 보안 특징을 추가하고자 개정됐다. 대부분의 구현은 환경설정과 성능 문제를 디버깅하는 데 도움을 주는 진단 유틸리티도 포함하고 있다.

NFS는 네트워크 프로토콜이다. 따라서 이론상 다른 네트워크 서비스와 같이 사용자 영역에 구현될 수 있다. 그러나 성능을 향상시키기 위한 전통적인 접근법은 NFS 구현(서버와 클라이언트 측 모두)을 커널에 두게 하는 것이다. 이러한 일반적인 형태는 잠금^{locking} 함수와 특정 시스템 콜이 사용자 영역으로의 이동이 어렵다는 것이 증명됐지만 리눅스에도 계속됐다. 다행히도 NFS의 커널 상주 부분은 환경설정이 필요 없고 대부분 관리자가 신경 쓸 필요가 없다.

NFS는 모든 파일 공유 문제에 잘 들어맞지 않는다. 고가용성은 웜 스탠바이^{warm} ^{standby}[1]로만 이뤄진다. 그러나 NFS는 백업 서버와 싱크를 위한 내장 기능이 없다. NFS 서버가 네트워크에서 갑자기 사라진다면 클라이언트는 손상된 파일 핸들을 쥐고서 재부팅으로만 이를 정리할 수 있게 된다. 강력한 보안은 가능하지만 매우 복잡하다. 이러한 단점에도 불구하고 LAN상에서 유닉스와 리눅스 파일 공유를

---

1. 마스터 서버로 되기 전까지는 접속이 안 되는 서버 – 옮긴이

위해서는 NFS가 가장 일반적인 선택이다.

프로토콜 버전과 역사

NFS 프로토콜의 첫 공개 릴리스는 1989년의 버전 2였다. 이 프로토콜은 성능과 연속성에 트레이드오프가 커 금방 개선됐다. 현재에는 이 버전을 사용할 일은 거의 없을 것이다.

NFS 버전 3는 1990년 초반에 발표됐다. 비동기 쓰기를 가능케 하는 일관성 스킴 coherency scheme을 통해 이러한 병목현상을 제거했다. 또한 성능 문제를 야기하는 다양한 프로토콜 요소를 개선하고 대용량 파일의 처리를 개선했다. 그 결과로 NFS 버전 3는 버전 2에 비해 상당히 빠르게 됐다.

NFS 버전 4는 2003년에 발표됐지만 십수 년이 지날 때까지 널리 사용되지는 못했다. 이는 여러 수정 사항과 특징을 포함하는 큰 전면 개편 버전으로, 주요 향상점은 다음과 같다.

- 방화벽과 NAT 장비와 호환성 및 협업
- 잠금lock과 마운트mount 프로토콜을 핵심 NFS 프로토콜로 통합
- 스테이트풀 동작
- 강력하고 모듈러화된 보안
- 복제와 이전을 위한 지원
- 유닉스와 윈도우 클라이언트 모두 지원
- 접근 제어 목록ACL
- 유니코드 파일명 지원
- 낮은 대역폭 연결에서도 괜찮은 성능

다양한 NFS 프로토콜 버전은 서로 통신이 불가능하지만 NFS 서버(모든 시스템 사례를 포함해서)는 보통 이 세 버전 모두를 구현한다. 현실적으로 NFS 클라이언트와 서버의 모든 조합은 어떤 버전의 프로토콜로 연동할 수 있다. 양쪽에서 지원이 된다면 항상 V4 프로토콜을 사용하라.

NFS는 개발이 활발하게 진행되며 널리 사용되고 있다. 썬[Sun]의 헤이데이에서 누군가가 작성한 버전 4.2는 이른 2015년에 RFC 드래프트 상태에 들어갔다. 2016 중반에 사용 가능하게 된 AWS의 일래스틱 파일 시스템 서비스는 EC2 인스턴스에서 사용하고자 NFSv4.1 파일 시스템을 추가했다.

V4가 여러 방면에서 현격한 발전이 있더라도 NFS 환경설정과 관리 절차는 많이 다르지 않다. 어떤 경우에 이는 장점이다. 예를 들어 여전히 모든 버전의 NFS를 관리하기 위한 같은 환경설정 파일과 명령을 사용한다. 그러나 어떤 경우에는 문제가 된다. 환경설정 절차 중 일부 요소는 임시 조치[jury-rigged](FreeBSD에는 특히 더 그렇다)처럼 느껴지며 일부 옵션은 애매하거나 너무 큰 역할을 한다. 사용 중인 NFS의 버전에 따라 서로 다른 뜻을 갖거나 다른 환경설정 형식을 가질 수 있기 때문이다.

원격 프로시저 콜

1980년대 썬이 NFS의 첫 버전을 개발했을 때 NFS를 위해 해결이 필요한 여러 네트워크 관련 문제가 다른 네트워크 기반 서비스에도 적용될 수 있음을 인지했다. 그들은 RPC 또는 SunRPC로 알려진 원격 프로시저 콜을 위한 좀 더 일반적인 프레임워크를 개발했다. 그리고 그 위에 NFS를 올렸다. 이 작업은 원격 시스템에서 마치 그들이 로컬 애플리케이션으로 동작하듯이 프로시저 실행을 위한 모든 종류의 애플리케이션에 도움을 줬다.

썬의 RPC 시스템은 매우 원시적이고 약간 독창적이었다. 이런 요구를 만족하는 훨씬 더 나은 시스템이 있다.[2] 그럼에도 불구하고 NFS는 여전히 대부분의 기능을 썬 스타일 RPC에 의존하고 있다. 파일을 읽고 쓰고, 파일 시스템을 마운트하고, 파일 메타데이터에 접근하고, 파일 권한을 검사하는 동작은 모두 RPC로 구현됐다. NFS 프로토콜 명세는 일반적으로 작성됐기 때문에 뚜렷한 RPC 계층은 기술적으로 필요하지 않다. 그러나 알려진 바로는 이 본래의 구조에서 벗어난 NFS 구현은 없다.

---

2. SunRPC보다 더 무섭고 기괴한 SOAP를 찾아보라.

전송 프로토콜

NFS 버전 2는 본래 UDP를 사용했다. 이 프로토콜이 1980년대 LAN과 컴퓨터 환경에서 최적의 성능을 냈기 때문이다. NFS가 고유의 패킷 나열 재조합과 오류 점검을 수행하긴 했지만 UDP와 NFS는 모두 거대 IP 네트워크에서 좋은 성능을 내는데 필수적인 혼잡 제어 알고리듬은 포함하지 않고 있다.

이러한 문제를 완화하고자 NFS는 버전 3에서 UDP 또는 TCP를 선택할 수 있게 변경됐다. 그리고 버전 4에서 TCP만 사용하도록 변경됐다.[3] TCP 선택지는 라우터와 인터넷을 거치는 NFS 업무를 돕고자 시작됐다. 시간이 지나면서 UDP 오버 TCP$^{UDP\ over\ TCP}$를 선호하는 본래의 이유 대부분이 빠른 CPU, 싼 메모리, 고속의 네트워크 등으로 인해 증발됐다.

상태

클라이언트는 NFS 파일 시스템을 사용하기 전에 명시적으로 마운트해야 한다. 그러나 NFS 버전 2와 3은 스테이트리스다. 서버는 어떤 클라이언트가 각 파일 시스템을 마운트하고 있는지 추적하고 있지 않다. 대신 서버는 단순히 마운트 협상 성공 시점에 비밀 '쿠키^{cookie}'를 전달한다. 이 쿠키는 NFS 서버로 마운트된 디렉터리를 식별하고 클라이언트가 내용에 접근할 수 있는 방법을 제공한다. 쿠키는 서버의 재부팅 때까지 존재한다. 따라서 충돌로 인해 클라이언트가 복구 불가능한 상태에 머물게 하지 않는다. 클라이언트는 간단하게 서버가 다시 사용가능한 상태가 될 때까지 기다렸다가 요청을 다시 전송하면 된다.

반면 NFSv4는 스테이트풀 프로토콜이다. 클라이언트와 서버 모두 열린 파일과 잠금에 대한 정보를 유지한다. 서버에 문제가 생기면 클라이언트는 충돌 전에 상태 정보를 서버로 보냄으로써 복구 절차에 관여한다. 복구되는 서버는 새 동작과 잠금을 허용하기 전에 이전 클라이언트가 상태 정보를 보고할 수 있게 하는 사전에 정의된 유예 기간만큼 기다린다. V2와 V3의 쿠키 관리는 NFSv4에는 더 이상 존재하지 않는다.

---

3. 기술적으로 혼잡 제어를 구현하는 모든 전송 프로토콜을 사용할 수 있지만 오늘날에는 TCP만이 유일하게 믿을 만한 선택이다.

파일 시스템 내보내기

NFS 서버는 클라이언트가 네트워크를 통해 사용할 수 있는 디렉터리의 목록을 관리한다(exports 또는 shares라고 불린다).

그 정의에 의하면 모든 서버는 적어도 하나의 디렉터리를 내보낸다. 클라이언트는 내보내진 디렉터리를 마운트할 수 있으며 `fstab` 파일에 추가할 수 있다.

V2와 V3에서 각 내보내기는 별도로 내보내진 독립적인 엔티티entity로 다뤄진다. V4 명세에서 서버는 내보내지는 모든 디렉터리를 포함하는 단일 계층 의사pseudo 파일 시스템을 내보낸다. 특히 의사 파일 시스템은 내보내지지 않는 모든 것을 제거하기 위한 서버 고유의 파일 시스템 네임스페이스다.

예를 들어 다음의 디렉터리 목록을 고려해보자. 굵은 글씨는 내보내진 디렉터리다.

```
/www/domain1
/www/domain2
/www/domain3
/var/logs/httpd
/var/spool
```

NFS 버전 3에서는 내보내야 할 각 디렉터리는 별도로 설정돼야 한다. 클라이언트 시스템은 서버에서 내보내진 모든 디렉터리로의 접근을 얻고자 서로 다른 세 개의 마운트 요청을 수행해야만 한다.

그러나 NFS 버전 4에서는 NFS 클라이언트를 위한 단일 시점을 생성하고자 접속이 끊긴 디렉터리 구조를 의사 파일 시스템이 연결 짓는다. 각각의 /www/domain1, /www/domain2, /var/logs/httpd 마운트를 위해 별도의 요청을 보내는 대신 클라이언트는 단순히 서버의 전체 의사 루트 디렉터리를 마운트하고 그 계층을 탐색할 수 있다.

/www/domain3나 /var/spool 같이 내보내지지 않은 디렉터리는 이러한 탐색에 나타나지 않는다. 추가로 /, /var, /www, /var/logs에 포함된 각 파일은 클라이언트에서 보이지 않는다. 계층의 의사 파일 시스템 부분이 디렉터리만 포함하기 때문

이다. 따라서 클라이언트가 보는 NFSv4 파일 시스템은 다음과 같다.

```
/
├── var
│   └── logs
│   └── httpd
└── www
    ├── domain1
    └── domain2
```

서버는 보통 /etc/exports 파일로 지정되는 환경설정 파일에 내보내는 파일 시스템의 루트를 명시한다. 순수 NFSv4 클라이언트는 원격 서버의 마운트 목록을 읽어낼 수 없다. 대신 의사 루트를 마운트하고 마운트 포인트를 통해 내보내진 모든 디렉터리가 접근 가능해진다.

이것이 RFC 명세를 따른 이야기지만 현실에서는 상황이 좀 다르다. 솔라리스Solaris 구현은 이 명세와 일치한다. 리눅스의 초기 NFSv4 코드에서는 의사 파일 시스템을 지원하고자 내키지 않는 방법을 만들었다. 하지만 후에는 좀 더 완전하게 지원하고자 변경됐다. 오늘날의 버전은 RFC를 존중하는 것처럼 보인다. FreeBSD는 RFC에서 기술한 의사 파일 시스템을 구현하지 않는다. FreeBSD의 내보내기 방식은 핵심적으로는 버전 3과 같다. 내보내진 모든 하위 디렉터리는 클라이언트에서 사용할 수 있다.

파일 잠금

파일 잠금(flock, lockf, fcntl 시스템 콜 등으로 구현된)은 오랫동안 유닉스 시스템의 아픈 부분이었다. 로컬 파일 시스템에서 이는 완벽하지는 않게 동작했다. NFS와 사용에도 여전히 문제가 있다. 설계상으로 NFS 서버의 초기 버전은 스테이트리스다. 이는 주어진 파일이 어떤 머신에서 사용되고 있는지 알 수 없다는 것이다. 그러나 잠금을 구현하고자 상태 정보가 필요하다. 어찌하란 말인가?

전통적인 답은 NFS와는 독립적으로 파일 잠금을 구현하는 것이다. 대부분의 시스템에서 두 개의 별도 데몬이 존재한다. 파일 잠금을 할 수 있게 하는 lockd와 statd

가 그것이다. 불행히도 이러한 작업은 미묘한 여러 이유 때문에 어려웠다. 그리고 rockd와 statd를 통한 NFS 파일 잠금은 일반적으로 신뢰할 수 없다.

NFSv4는 파일 잠금을 핵심 프로토콜로 넣음으로써(또한 스테이트풀로 구현함으로써) lockd와 statd의 필요를 제거했다. 이러한 변경점은 현격한 복잡함을 야기했지만 이전 NFS 버전의 많은 관련 문제를 제거했다. 불행히도 사이트가 여전히 V2와 V3 클라이언트를 사용한다면 이를 지원하고자 별도의 lockd와 statd는 여전히 필요하다. 예제 시스템에서는 모든 이전 버전 NFS를 활성화하기 때문에 별도의 데몬이 기본적으로 여전히 돌고 있다.

보안 고려 사항

많은 경우 NFS V2와 V3는 유닉스와 리눅스 보안에서 얼마나 잘못될 수 있는지에 대한 모델이다. 이들 프로토콜은 본래 보안과는 관련 없이 설계되고 그 간편함만이 장점이다. NFSv4는 사용자 식별에 대한 더 나은 수단을 구축하고 강력한 보안 서비스를 지원하게 함으로써 초기 버전에서부터 보안 고려 사항을 염두에 뒀다.

모든 NFS 프로토콜 버전은 보안 메커니즘에 독립적이길 원한다. 그리고 대부분의 서버는 여러 방식의 보안을 지원한다. 공통적인 방식은 다음과 같다.

- **AUTH_NONE**: 인증 없음
- **AUTH_SYS**: 유닉스 방식의 사용자와 그룹 접근 제어
- **RPCSEC_GSS**: 유연한 보안 스킴을 가능하게 하는 좀 더 강력한 방식

역사적으로 AUTH_SYS 인증을 사용하는 모든 사이트는 유닉스 사용자와 그룹 식별자에 의존적이다. 이 스킴에서 클라이언트는 서버로의 접근 요청에 단순히 사용자의 로컬 UID와 GID를 사용한다. 서버는 고유의 /etc/passwd file[4]의 값과 비교하고 사용자가 접근을 갖고 있는지 결정한다. 그러므로 사용자 mary와 bob이 서로 다른 클라이언트에서 같은 UID를 공유한다면 서로 다른 파일에 접근하게 될 것이다. 게다가 시스템의 루트 접근이 가능한 사용자는 su를 사용해 원하는 UID를 이용할 수 있다. 서버는 대응되는 사용자 파일에 접근할 수 있게 할 것이다.

---

4. 또는 NIS나 LDAP 같은 네트워크 데이터베이스 같은 것들

AUTH_SYS를 사용하는 환경에서 시스템 간에 passwd 파일을 일치하게 하는 것은 핵심이다. 하지만 이것이 절대적인 것은 아니다. 모든 불량 호스트(또는 말도 안 되게, 윈도우 머신)가 해당 사용자를 인증할 수 있다. 물론 이들은 NFS 보안을 파괴한다.

이러한 문제를 막고자 대부분의 사이트는 좀 더 강건한 보안 메커니즘을 사용할 수 있다. NFS RPCSEC_GSS 계층과 함께 사용하는 커버로스가 그중 하나다. 이 환경 설정은 커버로스 영역 내에 클라이언트와 서버 모두를 참여시켜야 한다. 커버로스 영역은 클라이언트를 중앙에서 인증해, 앞에 서술된 자기 식별의 문제를 피한다. 또한 커버로스는 네트워크를 통해 전송된 파일에 대한 강력한 암호화와 무결성 보장을 제공한다. 프로토콜을 따르는 모든 NFS 버전 4 시스템은 RPCSEC_GSS를 구현해야 한다. 그러나 이는 버전 3에서는 선택 사항이다.

NFS 버전 4는 전송 프로토콜로 TCP를 요구하며 포트 2049를 통해 통신한다. V4가 다른 포트에는 사용하지 않기 때문에 방화벽을 통한 접근 시작은 단지 TCP 포트 2049를 여는 것이다. 모든 접근 목록 설정과 함께 포트뿐 아니라 원천지^{source}와 목적지^{destination} 주소를 명시하는 것도 중요하다. 인터넷을 통한 NFS 서비스를 제공할 필요가 없다면 방화벽을 통한 접근을 막거나 로컬 패킷 필터를 사용하라.

NFSv2와 NFSv3를 사용하는 광역 네트워크 파일 서비스는 추천하지 않는다. RPC 프로토콜의 오래된 버그와 강력한 보안 메커니즘의 부재가 그 이유다. NFS 버전 3 서버의 관리자는 TCP 및 UDP 포트 2049와 portmap 포트 111을 막아야 한다.

AUTH_SYS 보안의 다양하고 명확한 단점 때문에 NFSv3을 더 이상 사용하지 않기를 강력하게 바란다. NFSv4 호환으로 업데이트할 수 없는 오래된 운영체제를 사용한다면 네트워크 연결을 제한하기 위한 패킷 필터만이라도 사용하라.

버전 4에서 식별 매핑

더 논의하기 전에 AUTH_SYS 보안의 모든 구현은 보안 목적에서 문제가 있다는 사실을 경고한다. 유일하게 안전한 선택지인 커버로스와 RPCSEC_GSS 인증을 사용할 것을 강력히 권고한다.

8장에서 다뤘듯이 유닉스 운영체제는 로컬 passwd 파일 또는 LDAP 디렉터리의 UID와 GID 집합을 통해 사용자를 식별한다. 반면 NFS 버전 4에서는 use@nfs-domain과 group@nfs-domain과 같은 형태의 문자열로 사용자와 그룹을 표현한다. NFSv4 클라이언트와 서버는 유닉스 식별자 값을 이러한 형태의 문자열로 전환하는 식별 매핑 데몬을 구동한다.

V4 클라이언트가 `ls -al`(stat 콜이 기저 오퍼레이션이다)을 통해 파일의 소유자를 나열하는 것처럼, 식별을 반환하는 동작을 수행하면 서버의 식별 매핑 데몬은 로컬 passwd 파일을 사용해 각 파일 객체의 UID와 GID를 문자열 ben@admin.com과 같은 형태로 변환한다. 클라이언트의 식별 매핑은 이 절차를 역으로 수행해 ben@admin.com을 로컬 UID와 GID 값으로 변환한다. 이는 서버의 것과는 같을 수도, 다를 수도 있다. 이 문자열 값이 어떤 로컬 값과 일치하지 않는다면 플레이스홀더로 nobody 사용자 계정이 할당된다.

이 시점에서 원격 파일 시스템 콜(stat)은 완료되며 UID와 GID 값을 호출자에게(여기서는 `ls` 명령) 반환한다. `ls`가 -l 옵션과 함께 호출됐으므로 숫자 대신 문자 이름으로 출력할 필요가 있다. 따라서 `ls`는 **getpwuid**와 **getgrgid** 라이브러리 루틴을 이용해 ID를 문자 이름으로 재변환한다. 이러한 루틴은 다시 한 번 passwd 파일 또는 네트워크 데이터베이스를 조회한다. 이는 상당히 길고 복잡한 과정이긴 하다.

혼동될 수도 있지만 식별 매핑은 오직 파일 속성^{file attribute}(주로 소유권)을 조회하고 설정할 때만 사용된다. 식별 매핑은 인증이나 접근 제어에는 역할이 없다. 이 모든 것은 RPC에 의해 전통적인 형태로 처리된다. 식별 매퍼^{mapper}는 기저 NFS 프로토콜보다 매핑 작업을 더 잘 해낸다. 이는, NFS 서버가 실제로 적용하는 권한과 파일 권한의 충돌을 야기한다.

예를 들어 NFSv4 클라이언트에서 다음 명령을 생각해보자.

```
[ben@nfs-client]$ id ben
uid=1000(ben) gid=1000(ben) groups=1000(ben)

[ben@nfs-client]$ id john
uid=1010(john) gid=1010(john) groups=1010(john)
```

```
[ben@nfs-client]$ ls -ld ben
drwxr-xr-x 2 john root    4096 May 27 16:42 ben

[ben@nfs-client]$ touch ben/file
[ben@nfs-client]$ ls -l ben/file
-rw-rw-r-- 1  john nfsnobody   0      May 27 17:07   ben/file
```

먼저 ben은 UID 1000을 가지며, john은 UID 1010을 갖는다. NFS로 내보내진 홈 디렉터리 ben은 권한 755를 가지며 john이 소유하고 있다. 그러나 `ls -l` 결과 쓰기 권한이 없다고 나타남에도 불구하고 ben은 이 디렉터리에 파일을 생성할 수 있다.

서버에서 john은 UID로 1000을 갖는다. john이 클라이언트에서는 UID 1010을 갖고 있으므로 앞에 언급했듯이 식별 매퍼는 UID 변환을 수행한다. 그 결과 john은 디렉터리의 소유자로 인식된다. 그러나 식별 매핑 데몬은 접근 제어에는 관여하지 않는다. 파일 생성 동작의 경우 ben의 UID 1000은 서버로 직접 보내지며 john의 UID로 해석되고 권한이 승인된다.

어떤 동작이 식별 매핑이 되며 어떤 동작은 안 되는지 어떻게 알 것인가? 그 답은 간단하다. UID 또는 GID가 파일 시스템 API(stat 또는 chown)에 나타나면 이것은 매핑된다. 사용자의 고유 UID와 GID가 접근 제어에 암시적으로 사용되면 지정 인증 시스템을 통해 처리된다.

때문에 일관적인 passwd 파일을 유지하거나 LDAP에 의존하는 것은 AUTH_SYS 보안의 사용자를 위해 핵심적인 요소다.

불행히도 관리자의 경우 식별 매핑 데몬은 시스템을 통틀어 표준화되지 않았다. 따라서 환경설정 절차는 다를 수도 있다.

루트 접근과 nobody 계정

사용자가 일반적으로 어디에 가든지 항상 동일한 권한을 가져야 하지만 전통적으로 NFS 마운트 파일 시스템에서 루트를 갖는 것을 막는다. 기본적으로 NFS 서버는 UID 0으로 생성된 요청은 가로채 다른 사용자로부터 온 것처럼 변경한다. 이러한 변경은 '스쿼싱 루트squashing root'라 불린다. 루트 계정이 전체적으로 막히는 것은 아니지만 일반 사용자의 기능으로 제한된다.

nobody 플레이스홀더 계정은 NFS 서버에서 원격 루트 마스커레이드^masquerade를 하는 특별 의사 사용자로 지정돼 있다. nobody의 전통적인 UID는 65,534(UID −2의 16비트 2의 보수)다.[5] exports 파일에서 루트를 위한 기본 UID와 GID 매핑을 바꿀 수도 있다. 어떤 시스템은 all_squash 옵션을 가져 모든 클라이언트 UID를 서버 내의 같은 의사 사용자 UID로 매핑한다. 이러한 설정은 사용자 간 모든 구분을 제거하고, 일종의 공개 접근 파일 시스템을 만든다.

이러한 예방의 의도는 좋지만 궁극적인 가치는 보이는 것처럼 대단하지는 않다. NFS 클라이언트의 루트는 원하는 모든 UID로의 su가 가능하다는 것을 알아두자. 따라서 사용자 파일은 절대로 보호되지 않는다. root 스쿼시의 실제 효과는 단지 루트가 소유자여서 전체적으로 읽기나 쓰기가 불가능한 파일로의 접근을 막는 것뿐이다.

버전 4에서의 성능 고려 사항

NFSv4는 광대역 네트워크를 통해서도 좋은 성능을 이루고자 설계됐다. 대부분의 WAN은 LAN 대비 더 높은 지연시간과 더 낮은 대역폭을 갖는다. NFS는 다음과 같은 제련을 통해 이러한 문제를 해결하고자 한다.

- COMPOUND라 불리는 RPC는 다중 파일 오퍼레이션을 하나의 요청에 넣는다. 이는 다중 원격 프로시저 콜에서 발생하는 오버헤드와 지연시간을 줄인다.
- 대리 메커니즘은 클라이언트 측에서 파일 캐싱을 가능하게 한다. 클라이언트는 파일에 쓰기를 위한 열기를 포함하는 로컬 제어를 유지한다.

이러한 특징은 핵심 NFS 프로토콜의 일부며 시스템 관리자가 더 신경 쓸 필요가 없다.

---

5. 레드헷 NFS 서버 기본값이 UID −2지만 passwd 파일의 nobody 계정은 UID 99를 사용한다. 그대로 두고 사용할 수도 있고 UID −2를 passwd 엔트리에 넣고 사용할 수도 있다. 또는 anonuid와 anongid를 99로 바꿔 사용해도 된다. 큰 상관이 없다. 어떤 시스템은 nfsnobody 계정을 갖고 있기도 하다.

21.3 서버 측 NFS

NFS 서버는 다른 머신에 의해 사용할 수 있는 디렉터리를 만들 때 디렉터리를 '내보내기' 한다. 내보내기는 NFSv4 클라이언트에는 의사 파일 시스템을 통해 단일 파일 시스템 계층으로 표현된다.

NFS 버전 3에서는 파일 시스템을 마운트하고자 클라이언트에 의해 사용되는 프로세스는 파일에 접근하는 데 사용되는 프로세스와 분리된다. 이들 동작은 서로 다른 프로토콜을 사용한다. 그리고 해당 요청은 서로 다른 데몬에 의해 처리된다. 마운트 발견과 요청을 위해서는 mountd를 사용한다. 실제 파일 서비스를 위해서는 nfsd를 사용한다. 어떤 시스템에서 이러한 데몬은 rpc.nfsd와 rpc.mountd로 불린다. 이들이 기저 메커니즘으로 RPC에 의존적이기 때문이다(게다가 portmap 데몬의 구동도 필요하다). 이번 장에서는 가독성을 위해 rpc 접미사는 뺐다.

NFSv4는 mountd를 전혀 사용하지 않는다. 여러분이 NFSv3만 지원하는 오래된 클라이언트를 사용해야만 한다면 mountd는 활성화된 상태로 남아 있을 것이다.

mountd와 nfsd는 둘 다 시스템이 부팅될 때 시작돼야 한다. 그리고 시스템이 켜져 있는 동안에는 둘 모두 동작해야 한다. 리눅스와 FreeBSD에서는 NFS 서비스를 활성화하면 자동으로 이 데몬들을 구동한다.

NFS는 어떤 파일 시스템이 내보내지고, 어떤 클라이언트가 마운트할 수 있는지 알려주는 단일 접근 제어 데이터베이스를 사용한다. 이 데이터베이스의 복제본은 xtab이라 불리는 파일에 유지되며 커널 내의 테이블에도 유지된다. xtab은 서버 데몬이 사용하고자 유지되는 바이너리 파일이다.

수동으로 바이너리 파일을 유지 관리하는 것은 즐거운 일은 아니다. 따라서 대부분의 시스템은 텍스트 파일로 유지 관리하게끔 한다. 보통 /etc/exports를 사용해서 관리한다. 이 파일은 시스템이 내보내는 디렉터리와 그 접근 설정을 나열한다. 그 후 시스템은 이 텍스트 파일을 부트 시간에 조회해 자동으로 xtab 파일을 구축한다.

/etc/exports는 내보내진 디렉터리에 대한 표준 및 인간 친화적 목록이다. 그 내용

은 리눅스에서 exportfs -a를 통해 읽을 수 있다. FreeBSD에서는 간단히 NFS 서버를 재시작하면 된다. /etc/exports 파일을 수정한 후 리눅스에서 exportfs -a를 사용하면 변경점을 활성화한다. FreeBSD에서는 service nfsd restart를 통해 가능하다. FreeBSD에서 V3 클라이언트를 사용한다면 mountd 역시 재시작한다(service mountd reload).

NFS는 파일 시스템의 논리 계층을 다룬다. 모든 디렉터리는 내보내질 수 있다. 이들은 물리적 파일 시스템의 마운트 포인트이거나 루트일 필요가 없다. 그러나 보안을 위해 NFS는 파일 시스템 간 경계에 주의를 기울이며 각 장치가 별도로 내보내져야 함을 요구한다. 예를 들어 별도의 파티션으로 chimchim/users이 설정된 한 머신에서 /chimchim/users 디렉터리를 암시적으로 내보내지 않고 /chimchim 디렉터리를 내보낼 수 있다.

클라이언트는 보통 내보내진 디렉터리의 하위 디렉터리의 마운트를 허용한다. 프로토콜이 이 기능을 필요로 하지 않는다 해도 말이다. 예를 들어 서버가 /chimchim/users를 내보낸다면 클라이언트는 /chimchim/users/joe만 마운트할 수 있고, users 디렉터리의 나머지는 무시한다.

리눅스에서 내보내기

 리눅스에서 exports 파일은 내보내질 디렉터리의 목록으로 구성된다. 가장 좌측 열에는 접근이 가능한 호스트가 오며 오른편에는 관련된 옵션이 따라온다. 공백은 클라이언트 목록에서 파일 시스템을 분리한다. 그리고 각 클라이언트 뒤에는 괄호로 둘러싸이고 콤마로 분리된 옵션이 위치한다. 한 줄은 백슬래시로 계속될 수 있다. 예를 들어 다음을 살펴보자.

```
/home   *.users.admin.com(rw) 172.17.0.0/24(ro)
```

/home을 users.admin.com 도메인에서 모든 머신에 의해 읽기/쓰기가 가능하게 마운트된다. 그리고 172.17.0.0/24 클래스 C 네트워크의 모든 머신에 의해 읽기 전용으로 마운트가 가능하다. users.admin.com 도메인의 시스템이 172.17.0.0/24

네트워크에 존재한다면 해당 클라이언트는 읽기 전용 접근을 승인할 것이다. 최소 권한 규칙이 적용된다.

특별한 호스트 지정 없이 exports 파일에 나열된 파일 시스템은 보통 모든 머신에서 마운트가 가능하다. 이는 커다란 보안 구멍이다.

또한 잘못된 공백을 통한 우발적으로 생성된 보안 구멍이 있다. 다음을 보라.

```
/home *.users.admin.com (rw)
```

이는 *.users.admin.com을 제외한 모든 호스트에게 읽기/쓰기 접근을 허용한다. 읽기 권한만 갖는 호스트들에게 말이다. 이는 큰 문제를 일으킬 것이다.

단일 옵션 설정을 위해 여러 클라이언트를 나열하는 방법은 아쉽지만 없다. 모든 클라이언트를 위해 옵션을 반복해야 한다. 표 21.1은 exports 파일에서 사용할 수 있는 클라이언트 타입 명세를 보여준다.

표 21.1 리눅스 /etc/exports 파일의 클라이언트 명세

종류	문법	의미
호스트명	hostname	개별 호스트
넷그룹	@groupname	NIS 넷그룹(자주 사용되지 않는다)
와일드카드	*와 ?	와일드카드를 포함한 FQDNs[a]; *는 .와 일치되지 않는다.
IPv4 네트워크	ipaddr/mask	CIDR 스타일 명세(예, 128.138.92.128/25)
IPv6 네트워크	ipaddr/mask	CIDR 표기를 갖는 IPv6 주소(2001:db8::/32)

a. 전체 주소 도메인 네임(Fully Qualified Domain Names)의 약자

표 21.2에서는 리눅스에서 가장 일반적으로 사용하는 내보내기 옵션을 보여준다.

subtree_check 옵션(기본)은 클라이언트가 접근하는 모든 파일을 하위 디렉터리를 포함해 검증한다. 이 옵션을 끈다면 내보내진 파일 시스템 내의 파일만 검증한다. 하위 트리 점검은 파일이 열린 상태에서 요청 파일의 이름이 변경되면 때로 문제를 일으킨다. 이러한 상황에 자주 놓이는 환경에 있다면 **no_subtree_check**를 설정하라.

표 21.2 리눅스에서의 공통 내보내기 옵션

옵션	설명
ro	읽기 전용으로 내보내기
rw	읽기와 쓰기로 내보내기(기본값)
rw=list	읽기가 잦은 방식으로 내보내기, list는 쓰기 마운트가 가능한 호스트를 나열한다. 다른 호스트들은 읽기 전용이다.
root_squash	UID 0과 GID 0을 anonuid와 anongid에 명시된 값으로 매핑한다(일명 'squashes'). 기본값이다.
no_root_squash	루트에 의한 일반적인 접근을 허용한다. 위험하다.
all_squash	모든 UID와 GID를 익명 버전으로 매핑한다.[a]
anonuid=xxx	원격 루트가 스쿼시돼야 할 UID를 지정한다.
anongid=xxx	원격 루트가 스쿼시돼야 할 GID를 지정한다.
noaccess	이 디렉터리와 그 하위 디렉터리(중첩 내보내기를 사용한다)로의 접근을 막는다.
wdelay	여러 갱신을 합치길 의도하며 쓰기를 늦춘다.
no_wdelay	데이터를 디스크에 가능한 한 바로 쓴다.
async	실제로 디스크에 쓰기 전에 서버가 쓰기 요청에 응답하게 한다.
nohide	내보내진 파일 트리 내에 마운트된 파일 시스템을 드러낸다.
subtree_check	내보내진 하위 트리 내의 각 요청된 파일을 검증한다.
no_subtree_check	내보내진 파일 시스템을 참조하는 파일 요청만 검증한다.
secure_locks	모든 잠금 요청에 대해 인증을 필요로 한다.
insecure_locks	덜 깐깐한 잠금 기준을 적용한다(오래된 클라이언트 지원).
sec=flavor	내보내진 디렉터리[b]를 위해 보안 방식을 나열한다.
pnfs	직접 클라이언트 접근을 위한 V4.1 병렬 NFS 확장을 활성화한다.
replicas=path@host	이 내보내기를 위한 대체 위치의 목록을 클라이언트에 보낸다.

a. 이 옵션은 PC 또는 신뢰할 수 없는 단일 사용자 호스트를 지원하고자 유용하다.
b. 값은 다음 중 하나가 된다. sys(유닉스 인증, 기본값), dh(DES, 추천되지 않음), krb5(커버로스 인장), krb5i(커버로스 인증 및 통합), krb5p(커버로스 인증, 무결성, 보안), none(익명 접근, 추천되지 않음)

async는 NFS 서버로 하여금 프로토콜 사양을 무시하고 디스크에 쓰기 전에 요청에 응답하라 알리는 옵션이다. 이는 약간의 성능 향상을 야기하지만 서버가 예상치 못하게 재시작된다면 데이터가 깨질 수 있다. 기본값은 sync다.

replicas 옵션은 단지 서버가 꺼진 경우 클라이언트가 미러^{mirror}를 탐색하게 돕는 옵션이다. 파일 시스템의 실제 복제는 rsync 또는 DRBD(리눅스의 복제 관리 소프트웨어) 같은 기타 메커니즘를 통해 다뤄지고 있어야 한다. 복제 위탁 기능은 NFSv4.1에 추가됐다.

리눅스 NFSv4 구현의 초기 버전은 관리자가 /etc/exports에 의사 파일 시스템 루트로 fsid=0 플래그를 지정하게 했다. 이는 더 이상 필요로 하지 않는다. RFC에서 서술된 의사 파일 시스템을 생성하려면 그저 일반적으로 내보내기를 나열하면 된다. 그리고 NFSv4 클라이언트에서 서버의 /를 마운트한다. 마운트 포인트의 하위 디렉터리도 내보내질 것이다. fsid=0을 통해 내보내기를 지정한다면 파일 시스템과 하위 디렉터리는 V4 클라이언트를 위해 내보내질 것이다.

FreeBSD에서 내보내기

오래된 유닉스 전통에 따라 FreeBSD의 exports 형태는 리눅스의 그것과는 완전히 다르다(주석에 #이 들어가는 것은 빼고 말이다). 파일의 각 줄은 세 요소로 구성된다. 내보낼 디렉터리의 목록, 이 내보내기에 적용할 옵션, 내보내기가 적용되는 호스트 모음이 그것이다. 리눅스와 같이 백슬래시는 줄이 계속된다는 것을 말한다.

```
/var/www -ro,alldirs www*.admin.com
```

위의 줄은 /var/www와 그 하위의 모든 디렉터리를 www*.admin.com 패턴에 맞는 모든 호스트에 읽기 전용으로 내보낸다. 서로 다른 클라이언트를 위한 다른 마운트 옵션을 구현하려면 단순히 해당 줄을 반복한 후 다른 값을 지정해주면 된다. 예를 들어 다음과 같다.

```
/var/www -alldirs,sec=krb5p -network 2001:db8::/32
```

위 줄은 해당 IPv6 네트워크로 명명된 모든 호스트에 읽기/쓰기 접근을 허용한다. 인증, 무결성, 정보 보호에는 커버로스를 사용한다.

FreeBSD에서 내보내기는 서버 파일 시스템당 이뤄진다. 같은 파일 시스템에서 여러 클라이언트 호스트로 다중 내보내기는 같은 줄에 들어가야 한다. 예를 들어 다음과 같다.

```
/var/www1 /var/www2 -ro,alldirs www*.admin.com
```

같은 호스트 목적지를 갖는 www1과 www2가 다른 줄에 있으면 오류가 날 것이다. 여기서 www1과 www2는 같은 파일 시스템에 있는 것을 가정한다.

NFSv4를 활성화하려면 줄에 **V4:** 접두사를 붙여야 한다. 예를 들어 다음과 같다.

```
V4: /exports -sec=krb5p,krb5i,krb5,sys -network *.admin.com
```

하나의 유효한 V4 루트 경로^path^만 허용된다. 그러나 서로 다른 클라이언트를 위한 서로 다른 옵션을 위해서는 하나 이상 지정이 가능하다. 루트는 exports 파일의 어디에든 위치할 수 있다.

V4: 줄은 실제로는 어떤 파일 시스템도 내보내기 하지 않는다. 이는 NFSv4 클라이언트가 마운트할 수 있게 기본 디렉터리를 선택하는 것뿐이다. 이를 활성화하고자 루트에 내보낼 것을 나열한다.

```
/exports/www -network *.admin.com
```

V4 루트 지정에도 불구하고 FreeBSD NFS 서버는 RFC에 서술된 의사 파일 시스템을 구현하지는 않는다. V4 루트가 지정되고 루트 아래에 적어도 하나의 내보내기가 나열된다면 V4 클라이언트는 루트와 해당 파일과 디렉터리 모두를 마운트할 수 있다. 그 내보내기 상태와는 무관하게 말이다. 이러한 정보는 exports(5) 문서에는 명확하게 나와 있지 않다. 그리고 묵시성은 꽤 위험하다. 서버의 고유 파일 시스템 루트(/)를 V4 루트로 지정하지 말라. 그렇지 않으면 서버의 전체 루트 파일 시스템이 클라이언트에 의해 접근 가능해질 것이다.

V4 루트 때문에 V2와 V3 클라이언트는 V4 클라이언트가 갖는 것과는 다른 마운트 경로를 갖는다. 예를 들어 다음의 내보내기를 살펴보자.

```
/exports/www -network 10.0.0.0 -mask 255.255.255.0
V4: /exports -network 10.0.0.0 -mask 255.255.255.0
```

10.0.0./24 네트워크의 V2 또는 V3 클라이언트는 /exports/www를 마운트한다. 그러나 /exports에 지정된 의사 파일 시스템 때문에 V4 클라이언트는 /www로 마운트 해야 한다. 또 다른 방식으로 V4 클라이언트는 /를 마운트하고 해당 마운트 포인트에서 www 디렉터리에 접근할 수 있다.

다수의 클라이언트에 내보내기를 수행할 때 최고의 성능을 내기 위한 네트워크 범위를 사용하라. IPv4의 경우 CIDR 표기나 서브넷 마스크를 사용할 수 있다. IPv6 의 경우 CIDR을 반드시 사용해야 한다. -mask 옵션은 허용되지 않는다. 예를 들어 다음을 살펴보자.

```
/var/www -network 10.0.0.0 -mask 255.255.255.0
/var/www -network 10.0.0.0/24
/var/www -network 2001:db8::/32
```

FreeBSD는 리눅스에 비해 좀 더 적은 옵션을 갖는다. 표 21.3은 그들을 나열한다.

표 21.3 FreeBSD에서의 내보내기 옵션

옵션	설명
alldirs	파일 시스템의 어느 포인트에서건 마운트를 허용한다.
ro	읽기 전용으로 내보낸다(읽기/쓰기가 기본값).
o	ro의 동의어, 읽기 전용으로 내보낸다.
maproot=xxx	원격 루트 사용자로부터 접근을 위한 매핑용 사용자명 또는 UID
mapall=xxx	모든 클라이언트 사용자를 특정 유저로 매핑한다(maproot처럼).
sec=flavor	허용되는 보안 방식[a]

a. 콤마로 구분되는 목록 형태로 여러 요소를 선호하는 대로 지정할 수 있다. 가능한 값은 sys(유닉스 인증, 기본값), krb5(커버로스 인증), krb5i(커버로스 인증 및 무결성), krb5p(커버로스 인증, 무결성, 정보 보호), none(익명 접근, 추천되지 않음)

nfsd: 파일 제공

클라이언트의 마운트가 한 번 검증되고 나면 그 클라이언트는 여러 파일 시스템

1188

동작을 요청할 수 있다. 이러한 요청은 서버 측 NFS 운영 데몬[6]인 nfsd에 의해 다뤄진다. 클라이언트가 고유의 파일 시스템을 내보내지 않는 이상 NFS 클라이언트 머신에서는 nfsd가 구동될 필요가 없다.

nfsd는 환경설정 파일을 갖지 않는다. 옵션은 커맨드라인 매개변수로 전달된다. 시스템의 표준 서비스 메커니즘을 통해 nfsd를 시작하고 멈출 수 있다. 예를 들면 systemd를 구동 중인 리눅스 시스템에서는 systemctl, FreeBSD에서는 service 명령이 그것이다. 표 21.4에서는 nfsd에 전달되는 매개변수를 변경하고자 어떤 파일과 옵션이 사용되는지 보여준다.

리눅스 시스템에서는 systemctl restart nfs-config.service nfs-server.service를 사용하면 nfsd 환경설정 변경을 적용할 수 있다. FreeBSD에서는 service nfsd restart와 service mountd restart를 사용하면 된다.

nfsd에 -N 옵션을 전달하면 지정된 NFS 버전을 비활성화한다. 예를 들어 버전 2와 3를 비활성화하고 싶다면 -N 2 -N 3를 표 21.4에 나열된 적절한 파일에 옵션으로 설정하면 된다. 그리고 나서 서비스를 재시작한다. 오래된 클라이언트의 지원이 필요 없는 경우 좋은 옵션이다.

표 21.4 nfsd를 위한 시작 옵션 위치

시스템	환경설정 파일	설정 옵션
우분투	/etc/default/nfs-kernel-server	RPCNFSDOPTS[a]
레드햇	/etc/sysconfig/nfs	RPCNFSDARGS
FreeBSD	/etc/rc.conf	nfs_server_flags

a. nfs-kernel-server 패키지의 특정 버전은 RPCMOUNTDOPTS를 nfsd 옵션으로 설정하길 제안하는 경우가 있는데. 무시하자.

nfsd는 몇 개의 서버 스레드를 포크[fork]할지 결정하는 숫자 매개변수를 취한다. nfsd의 적절한 개수를 선택하는 것은 중요하긴 하지만 불행히도 요술 같은 것이다. 숫자가 너무 낮거나 높으면 NFS 성능에 영향을 미칠 것이다.

nfsd 스레드의 최적 개수는 사용하는 운영체제와 하드웨어에 따라 다르다. ps가

---

6. 현실에서 nfsd는 단지 커널에 내장된 NFS 서버 코드로 반환되지 않는 시스템 콜을 만든다.

보통 nfsd의 상태를 D()로 보여주거나 일부 아이들idle CPU가 보인다면 스레드의 개수를 늘리는 걸 고려해보라. nfsd를 추가한 후에 부하 평균(uptime에 의해 보고되는)이 늘어나는 것이 보인다면 너무 나간 것이므로 조금 줄여보라.

nfsd 스레드의 개수와 관련 있을 수 있는 성능 문제를 점검하고자 nfsstat를 주기적으로 수행해보라.

 FreeBSD에서는 nfsd에 --minthread와 --maxthreads 옵션을 사용하면 특정 구간 내에서 스레드 개수를 자동으로 관리할 수 있다. FreeBSD에서는 man rc.conf를 보고, NFS 서버 설정에 대한 내용은 nfs_ 접두사를 갖는 옵션을 참고하라.

21.4 클라이언트 측 NFS

NFS 파일 시스템은 로컬 디스크 파일 시스템과 같은 방식으로 마운트된다. mount 명령은 호스트명과 디렉터리 경로에 호스트명:디렉터리 표기를 사용한다. 로컬 파일 시스템과 같이 mount는 원격 호스트의 원격 디렉터리를 로컬 파일 트리 내의 디렉터리로 연결 짓는다. 마운트가 완료되면 로컬 파일 시스템과 같이 NFS 마운트 파일 시스템에 접근할 수 있다. mount 명령과 관련 NFS 확장은 NFS 클라이언트의 시스템 관리자의 가장 중요한 명령으로 대표된다.

NFS 파일 시스템이 마운트될 수 있도록 사전에 적절히 내보내져야 한다. NFSv3 클라이언트에서는 showmount 명령을 통해 파일 시스템이 적절히 내보내졌는지 확인할 수 있다.

```
$ showmount -e monk
Export list for monk:
/home/ben harp.atrust.com
```

이 예제에서는 디렉터리 서버상의 /home/ben 디렉터리가 클라이언트 시스템인 harp.atrust.com으로 내보내진다.

NFS 마운트가 동작하지 않으면 먼저 서버에서 파일 시스템이 잘 내보내졌는지 검증하라. 서버의 exports 파일을 갱신하고 나서 exportfs -a(리눅스) 또는 service nfsd restart 및 service mountd reload(FreeBSD)를 수행했는지 확인하라. 그다음으로 showmount의 출력물을 재점검하라.

서버에서 디렉터리가 올바르게 내보내졌지만 showmount의 출력물에 오류가 있거나 빈 목록이 나온다면 서버의 모든 필요 프로세스가 다 잘 동작하는지 확인하라 (portmap, nfsd, V3의 경우엔 mountd, statd, lockd도 추가). 또한 올바른 클라이언트에 있는지 확인하고 hosts.allow와 hosts.deny 파일에 앞에서와 같은 데몬들에 대한 접근 설정이 올바르게 허용돼 있는지 확인하라.

showmount(예, 앞에서의 /home/ben)이 표시하는 경로 정보는 NFS 버전 2와 3 서버에서만 유효하다. NFS 버전 4 서버는 단일화된 의사 파일 시스템을 내보내며 마운트 프로토콜을 사용하지 않는다. 분리된 마운트 포인터라는 전통적인 NFS 개념은 버전 4의 모델에는 해당되지 않는다. 따라서 showmount는 V4 환경에서는 적용되지 않는다.

불행히도 NFSv4에서 showmount의 적절한 대체재는 없다. 서버에서는 exportfs -v 를 통해 현존하는 내보내기를 확인할 수 있다. 그러나 이는 당연히도 로컬에만 해당된다. 서버로 직접 접근이 되지 않는다면 서버의 V4 루트를 마운트한 후 디렉터리 구조를 손수 탐색하는 방법을 시도해볼 수 있다. 또한 내보내진 루트 파일 시스템의 하위 디렉터리를 마운트할 수도 있다.

버전 2와 3에서 파일 시스템을 실제로 마운트하려면 다음과 같은 명령을 실행하라.

```
$ sudo mount -o rw,hard,intr,bg server:/home/ben /nfs/ben
```

리눅스 시스템상 버전 4에서 같은 행위를 하려면 다음을 사용하라.

```
$ sudo mount -o rw,hard,intr,bg server:/ /nfs/ben
```

이 경우 -o 옵션으로 지정된 것은 읽기/쓰기(rw), 인터럽트 가능(intr), 백그라운드에서 재시도(bg)다. 표 21.5에서는 대부분의 리눅스 마운트 옵션을 보여준다.

NFS의 클라이언트 측은 보통 프로토콜의 적절 버전을 자동으로 맞춘다. -o nfsvers=n 옵션을 전달하면 특정 버전을 지정할 수 있다.

FreeBSD에서 **mount**는 NFS 마운트용 /sbin/mount_nfs의 래퍼다. 이 래퍼는 NFS 옵션을 설정하고 **nmount** 시스템 콜을 호출한다. FreeBsd에서 버전 4 서버를 마운트하려면 다음을 사용하라.

```
$ sudo mount -t nfs -o nfsv4 server:/ /mnt
```

버전을 명시적으로 지정하지 않으면 **mount**는 역순으로 자동 협상을 수행한다. 사실 이 경우 간단한 **mount server:/ /mnt**를 사용하면 되기는 한다. **mount**가 참조하는 파일 시스템의 포맷이 NFS라는 것을 추론할 수 있기 때문이다.

표 21.5 리눅스에서의 NFS 마운트 플래그와 옵션

플래그	설명
rw	읽기/쓰기로 파일 시스템 마운트(이 방식으로 내보내져야 한다)
ro	읽기 전용으로 파일 시스템 마운트
bg	마운트가 실패하면(서버가 응답하지 않으면) 백그라운드에서 계속 시도하고 마운트 요청을 계속한다.
hard	서버가 멈추면 서버가 돌아올 때까지 서버로의 접근 동작을 블록한다.
soft	서버가 멈추면 불필요한 마운트에 의해 프로세스가 멈추는 것을 막고자 서버로의 접근 동작은 실패하고 오류를 반환한다.
intr	사용자가 블록된 동작을 인터럽트하게 허용한다(오류를 반환한다).
nointr	사용자의 인터럽트를 허용하지 않는다.
retrans=n	소프트 마운트 파일 시스템에서 오류를 반환하기 전에 요청을 몇 번 반복할 것인지 횟수를 지정한다.
timeo=n	요청의 타임아웃 기간을 정한다(10초 단위).
rsize=n	n바이트로 읽기 버퍼를 설정한다.
wsize=n	n바이트로 쓰기 버퍼를 설정한다.
sec=flavor	보안 방식 지정
nfsvers=n	NFS 프로토콜 버전 지정
proto=proto	전송 프로토콜 선택. NFS 버전 4의 경우 tcp여야만 한다.

hard(기본값)로 마운트된 파일 시스템은 그 서버가 다운^{down}되면 멈춘다^{hang}. 이 동작은 해당 프로세스가 표준 데몬일 경우 특히 성가시다. 따라서 중요한 시스템 바이너리를 NFS로 제공하는 것은 추천하지 않는다. 보통 intr 옵션은 NFS 관련 문제의 수를 줄여 준다.[7] 앞에서 논의한 autofs 같은 오토마운트 솔루션 또한 마운트상 문제점들을 위한 해결책으로 사용할 수 있다.

읽기 및 쓰기 버퍼 크기는 클라이언트와 서버 모두가 지원하는 값 중 가장 큰 값으로 결정된다. 이 값은 1KiB부터 1MiB까지의 값으로 설정할 수 있다.

df를 사용하면 NFS 마운트에서 사용 가능한 공간을 볼 수 있다. 파일 시스템과 같이 말이다.

```
$ df /nfs/ben
Filesystem          1k-blocks      Used    Available  Use%   Mounted on
leopard:/home/ben   17212156    1694128    14643692   11%    /nfs/ben
```

NFS 파일 시스템 내에서 umount 역시 로컬 파일 시스템처럼 동작한다. 언마운트를 시도할 때 NFS 파일 시스템을 사용 중이라면 다음과 같은 오류를 볼 것이다.

```
umount: /nfs/ben: device is busy
```

fuser 또는 lsof는 파일 시스템에서 파일을 열어 놓은 프로세스를 찾는 데 사용된다. 이를 kill하거나 셸인 경우 디렉터리를 변경하라. 이 모두가 실패한다면 서버가 다운된 것이다. umount -f를 통해 강제로 파일 시스템을 언마운트해보자.

부트 시 원격 파일 시스템 마운트

임시로 네트워크 마운트를 구축하고자 mount를 사용할 수 있다. 그러나 시스템의 영구적인 환경설정을 위해 /etc/fstab 내에 마운트를 기재해야 한다. 이렇게 함으로써 부팅 시간에 자동으로 마운트할 수 있다. 대체재로 autofs와 같은 자동 마운트 서비스를 이용해 마운트할 수도 있다.

---

7. 기술 리뷰어인 제프 포리스(Jeff Forys)가 언급하길 대부분의 마운트는 hard, intr, bg를 사용해야 한다. 이 옵션들이 NFS의 본래 설계 목표를 지켜주기 때문이다. soft는 혐오스럽고 못생긴 사탄과 같은 방법이다. 사용자가 인터럽트하길 원해도 괜찮지만 서버를 기다리면 결국 데이터 손실 없이 다시 돌아올 것이다.

아래의 fstab 엔트리는 서버에서 /home 파일 시스템을 마운트한다.

```
# filesystem mountpoint fstype flags                         dump   fsck
monk:/home    /nfs/home nfs    rw,bg,intr,hard,nodev,nosuid 0      0
```

mount -a -t nfs를 수행하면 부팅 없이 즉시 변경을 적용할 수 있다.

/etc/fstab의 flags 필드는 NFS 마운트 옵션으로 mount 커맨드라인에 지정하는 것과 같은 옵션을 기재하면 된다.

권한이 주어진 포트로의 내보내기 제한

NFS 클라이언트는 NFS 서버로 접속할 때 TCP 또는 UDP 원천 포트 중 원하는 것을 선택해 사용할 수 있다. 그러나 어떤 서버는 권한 포트(1024보다 낮은 포트 번호)에서 요청 받길 요구할 수 있다. 이러한 동작은 옵션으로 허용할 수 있다. 권한 포트의 사용은 보안을 약간 향상시킨다.

그럼에도 불구하고 대부분의 NFS 클라이언트는 잠재적인 충돌을 피하고자 기본 권한 포트를 사용하는 전통적인(그리고 여전히 추천되는) 접근법을 이용한다. 리눅스에서는 insecure 내보내기 옵션을 이용하면 권한 없는 포트에서 마운트할 수 있다.

21.5 NFS 버전 4를 위한 식별 매핑

앞에서 NFSv4의 식별 매핑 시스템에 대한 일반 기저 아이디어를 소개했다. 이 절에서는 식별 매핑 데몬의 관리적인 사항을 다룬다.

NFSv4 네트워크에 있는 모든 시스템은 모두 같은 NFS 도메인을 가져야 한다. 대부분의 경우 NFS 도메인으로 여러분의 DNS 도메인을 사용하는 것이 좋다. 예를 들어 서버 ulsah.admin.com이 NFS 도메인으로는 admin.com을 선택하는 것이 직관적이다. 서브도메인(예, books.admin.com)에 있는 클라이언트는 NFS 통신 구축을 위해 같은 도메인명(예, admin.com)을 사용할 수도 아닐 수도 있다.

관리자에게는 불행히도 NFSv4 UID 매핑은 표준 구현이 없다. 따라서 관리의 상세는 시스템마다 조금 다르다. 표 21.6은 리눅스와 FreeBSD의 매핑 데몬을 보여주며 환경설정 파일의 위치를 표시한다.

표 21.6 NFSv4 식별 매핑 데몬과 환경설정 파일

시스템	데몬	환경설정 파일	매뉴얼 페이지
리눅스	/usr/sbin/rpc.idmapd	/etc/idmapd.conf	nfsidmap(5)
FreeBSD	/usr/sbin/nfsuserd	/etc/rc.conf 내의 nfsuserd_flags	idmap(8)

NFS 도메인 모음을 갖는 대신 식별 매핑 서비스는 관리자로부터 약간 도움을 받는다. 이 데몬은 다른 NFS 데몬을 관리하는 같은 스크립트에 의해 부팅 시간에 시작된다. 환경설정을 변경하고 난 후 식별 매퍼 데몬을 재시작해야 한다. 풍부한 로깅 verbose logging이나 nobody 계정의 대체 관리 같은 옵션은 항상 사용할 수 있다.

21.6 NFSSTAT: NFS 통계 덤프

nfsstat는 NFS 시스템에서 관리되는 다양한 통계를 보여준다. nfsstat -s는 서버 측 통계를 보여주고 nfsstat -c는 클라이언트 측 동작에 대한 정보를 보여준다.

기본적으로 nfsstat는 모든 프로토콜 버전에 대한 통계를 보여준다. 예를 들어 다음과 같다.

```
$ nfsstat -c
Client rpc:
    calls    badcalls   retrans    badxid    timeout    wait   newcred    timers
    64235       1595        0          3       1592        0        0         886
Client nfs:
    calls    badcalls   nclget    nclsleep
    62613        3       62643        0
     null     getattr   setattr   readlink    lookup     root     read
      0%        34%        0%        21%        30%       0%       2%
    write     wrcache    create    remove     rename     link   symlink
      3%         0%        0%         0%         0%       0%                  0%
    mkdir     readdir    rmdir     fsstat
      0%         6%        0%         0%
```

이 예제는 비교적 문제없는 NFS 클라이언트에서 왔다. RPC 호출의 타임아웃이 3%를 넘는다면 NFS 서버나 네트워크에 문제가 있다고 생각할 수 있다. 이는 보통 `badxid` 필드를 점검함으로써 알 수 있다. 타임아웃이 3%가 넘고 `badxid`가 0에 가깝다면 서버로 오고 가는 패킷은 네트워크에서 실종될 수 있다.

이러한 현상은 `rsize`와 `wsize` 마운트 매개변수(읽기 및 쓰기 블록 크기)를 줄임으로써 해결할 수 있을 것이다.

`badxid`가 `timeout`에 가까워진다면 서버는 응답하겠지만 매우 느릴 것이다. 서버를 교체하거나 `timeo` 마운트 매개변수를 늘린다.

`nfsstat`와 `netstat`를 주기적으로 수행하면 사용자가 문제를 느끼기 전에 NFS 문제를 발견하는 데 도움이 된다. 이러한 데이터를 사이트 모니터링 및 경고 시스템에 추가하길 권한다.

21.7 전용 NFS 파일 서버

빠르고 안정적인 파일 서버는 제품화된 컴퓨팅 환경에서 핵심적인 요소다. 고유의 워크스테이션이나 기성품 하드디스크를 통해 파일 서버를 구축할 수 있겠지만 이는 최고의 성능이나 관리가 편한 솔루션solution(비용이 저렴하긴 해도 말이다)은 아닐 것이다.

전용 NFS 파일 서버 제품은 오랫동안 시장에 존재했다. 이들은 집에서 구축한 방식보다는 잠재적 이점이 있는 호스트를 제공한다.

- 파일 서비스에 최적화돼 있고 보통 최고의 NFS 성능을 제공한다.
- 저장소 요구 사항이 늘어나면 수 테라바이트 저장소와 수백 사용자로의 문제없는 규모 변경이 가능하다.
- 단순한 소프트웨어, 충분한 하드웨어, 디스크 미러링의 사용으로 인해 스스로 만든 머신에 비해 더 믿을 만하다.
- 보통 유닉스와 윈도우 클라이언트 모두를 위한 파일 서비스를 제공한다. 대부분 HTTPS, FTP, SFTP 서버도 포함돼 있다.

- 바닐라^{vanilla} 유닉스 시스템에서 찾을 수 있는 우월한 백업 및 체크포인트 checkpoint 기능이 보통 포함된다.

많이 사용되는 전용 NFS 서버는 NetApp에서 제작한다. 그들의 제품은 아주 작은 규모부터 아주 큰 규모까지 영역이 다양하고 가격 역시 괜찮다. EMC는 하이앤드 high-end 서버 시장에 있는 다른 회사다. 그들도 좋은 제품을 생산하지만 많은 스티커에 대한 충격과 마케팅 유행어의 남발에 미리 대비하면 좋다.

AWS 환경에서는 일래스틱 파일 시스템 서비스가 EC2 인스턴스로 파일 시스템을 내보내는 스케일러블^{scalable} NFSv4.1 서비스형 서버^{Server as a service}다. 각 파일 시스템은 파일 시스템 크기에 따라 수 GiB/s 성능을 제공한다. 더 자세한 정보는 aws. amazon.com/efs를 살펴보라.

21.8 자동 마운트

/etc/fstab에 나열된 파일 시스템을 부팅 시간에 마운트하는 것은 대규모 네트워크에서는 관리 이슈를 일으킬 수 있다. 먼저 스크립트와 환경설정 관리 시스템의 도움을 받더라도 fstab 파일에 수백 개의 머신을 유지하는 것은 매우 지루하다. 각 호스트는 조금씩 다른 요구 사항을 가지며 개별 옵션 적용이 필요하다. 둘째로 공유 파일 시스템이 서로 다른 다수의 호스트로부터 마운트된다면 클라이언트는 서로 다른 여러 다운스트림^{downstream} 서버에 의존적이게 될 것이다. 이들 서버 중 하나에 문제가 생긴다면 혼란의 도가니가 될 것이다. 해당 서버의 마운트 포인트로의 접근 명령 모두가 멈추게 될 것이다.

이러한 문제는 automounter를 통해 완화할 수 있다. 이는 참조될 때에는 파일 시스템을 마운트하고 더 이상 사용하지 않는 경우에 언마운트하는 데몬이다. 실제로 필요할 때까지 마운트를 지연시키는 것뿐 아니라 대부분의 automounter는 또한 파일 시스템을 위한 복제^{replicas}(백업 복제본)의 목록을 받는다. 이러한 백업은 주 서버가 사용 불가능에 빠지더라도 네트워크에서 해당 기능을 계속 수행할 수 있게 해준다.

FreeBSD automounter 제작자인 에드워드 토마즈 나피에랄라^{Edward Tomasz Napierala}가 서술한 바에 따르면 이러한 마법은 몇 가지 관련된 소프트웨어의 협업이 필요하다.

- autofs: 커널에 상주하는 파일 시스템 드라이버다. 마운트 요청, 호출 프로그램 정지, 호출자로의 제어 반환 전에 목적 파일 시스템 마운트를 위한 automounter 호출 등을 위해 파일 시스템을 지켜본다.
- automountd와 autounmountd: 관리용 환경설정을 읽고 실제로 파일 시스템을 마운트, 언마운트한다.
- automount: 관리용 유틸리티

대부분의 경우 automounter는 사용자에게 가려져 있다. 실제 파일 시스템을 미러링하는 대신 automounter는 환경설정 파일에 주어진 명세에 따라 가상 파일 시스템 계층을 가장한다. 사용자가 automounter의 가상 파일 시스템에 있는 디렉터리를 참조한다면 automountd는 해당 참조를 가로채고 사용자가 사용하기 원하는 실제 파일 시스템을 마운트한다. 일반적인 유닉스에서 NFS 파일 시스템은 autofs 파일 시스템 아래에 마운트된다.

automounter의 아이디어는 본래 썬에서 나왔다. 리눅스 버전 기능은 그것이 독립적인 구현이라 하더라도 썬의 그것을 흉내낸 것이다. FreeBSD는 10.1 릴리스에서 널리 사용되던 automouter인 amd를 버리고 좀 다른 구현을 유지한다.

여러 automount 구현은 서로 다른 세 종류의 환경설정 파일을 이해한다. 이들은 맵으로 참조되며 직접 맵, 간접 맵, 마스터 맵[8]으로 이뤄진다. 직접, 간접 맵은 automount되는 파일 시스템에 대한 정보를 갖는다. 마스터 맵은 automount가 관리해야 할 직접 및 간접 맵의 목록을 가진다. 오직 하나의 마스터 맵만이 한 번에 활성화된다. 기본 마스터 맵은 FreeBSD에서는 /etc/auto_master이며, 리눅스에서는 /etc/auto.master다

대부분의 시스템에서 automount는 환경설정 파일을 읽고 필요한 autofs 마운트를 설정하고 종료하는 단일 명령이다. automount된 파일 시스템으로의 실제 참조는 별도의 데몬 프로세스인 automountd를 통해 처리된다(autofs를 통한다). 이 데몬은

---

8. 직접 맵은 NIS 데이터베이스 또는 LDAP 디렉터리로 관리가 가능하다. 하지만 이는 편법적이다.

조용히 동작하며 추가적인 환경설정이 필요치 않다.

 리눅스 시스템에서 이 데몬은 automountd 대신 automount라 불린다. 그리고 이 설정 기능은 시스템 시작 스크립트(현대 배포판에서는 systemd)를 사용해 수행된다. 리눅스에 대한 자세한 내용은 나중에 다룬다. 아래에서 설정 명령은 automount로, 데몬은 automountd로 이야기한다.

참조하고 있는 마스터 맵이나 직접 맵을 변경한다면 변경점을 적용하고자 automount를 재실행해야 한다. -v 옵션을 함께하면 automount는 환경설정에 적용하는 값을 보여준다. -L 옵션을 추가하면 환경설정을 시험해보고 문제를 디버깅할 수 있게 드라이 런$^{dry run}$을 수행한다.

automount(FreeBSD의 autounmountd)는 -t 매개변수를 통해 실제 언마운트되기 전 미사용으로 남아 있을 수 있는 automount된 파일 시스템의 시간(초 단위)을 전달한다. 기본값은 300초(10분)다. 서버가 죽은 NFS 마운트가 프로그램의 멈춤 상태를 유발할 수 있기 때문에 더 이상 사용하지 않는 automount를 청소하는 것이 좋다. 타임아웃을 너무 크게 늘리지 말라.[9]

간접 맵

간접 맵은 공통 디렉터리 내에 있는 여러 파일 시스템을 automount한다. 그러나 이 디렉터리의 경로는 간접 맵 자체가 아니라 마스터 맵에 지정된다. 예를 들어 간접 맵은 다음과 같이 보일 것이다.

```
users     harp:/harp/users
devel     -soft harp:/harp/devel
info      -ro harp:/harp/info
```

첫 열은 각 automount가 설치돼야 할 하위 디렉터리의 이름이다. 그 뒤로는 파일 시스템의 마운트 옵션과 NFS 경로가 뒤따른다. 이 예제는(아마도 /etc/auto.harp에 저장) automount에게 harp 서버로부터 /harp/users, /harp/devel, /harp/info 디렉터

---

9. 이 이슈의 또 다른 면은 파일 시스템을 마운트할 때 필요한 시간이다. 파일 시스템이 계속해서 재마운트되지 않는다면 시스템 응답이 더 빠르고 부드러울 것이다.

리를 마운트할 수 있다고 알려준다. info는 읽기 전용으로 마운트되며 devel은 소프트^{soft}로 마운트된다.

이 환경설정에서 harp의 경로와 로컬호스트는 같다. 그러나 이러한 일치는 꼭 필요한 사항은 아니다.

직접 맵

직접 맵은 /usr/src와 /cs/tools 같은 일반적인 접두사를 공유하지 않는 파일 시스템을 나열한다. automount해야 할 두 파일 시스템을 서술한 직접 맵(예, /etc/auto.direct)은 다음과 같이 보일 것이다.

```
/usr/src      harp:/usr/src
/cs/tools     -ro monk:/cs/tools
```

이들이 공통 부모 디렉터리를 공유하고 있지 않기 때문에 이 automount는 분리된 autofs 마운트로 각각 구현돼야 한다. 이 환경설정은 더 큰 오버헤드를 필요로 하겠지만 ls 같은 명령으로 마운트 포인트와 디렉터리 구조가 항상 접근 가능하다는 장점을 준다. 간접 마운트로 가득 찬 디렉터리에서 ls의 실행은 사용자에게 꽤 혼란스러울 수 있다. automount는 그들을 보여주지 않기 때문이다.

마스터 맵

마스터 맵은 automount가 알아 둬야 할 직접 및 간접 맵의 목록을 포함한다. 각 간접 맵의 경우 맵에 정의된 마운트에 의해 사용되는 루트 디렉터리 역시 지정한다.

이전 예제에 보이는 직접 또는 간접 맵을 참조하는 마스터 맵은 다음과 같이 보일 것이다.

```
# 디렉터리 맵
/harp      /etc/auto.harp -proto=tcp
/-         /etc/auto.direct
```

첫 열은 간접 맵 또는 직접 맵의 특별한 토큰 /-을 위한 로컬 디렉터리명이다. 둘째

열은 맵이 저장된 파일을 식별한다. 각 타입별 여러 맵을 가질 수 있다. 줄의 끝에서 마운트 옵션을 지정할 때 맵에 있는 모든 마운트를 위한 기본값을 설정한다. 리눅스 관리자는 항상 NFS 버전 4 서버를 위한 -fstype=nfs4 마운트 플래그를 지정해야 한다.

 대부분의 시스템에서 마스터 맵 엔트리에 설정된 기본 옵션은 그것이 가리키는 직/간접 맵에 지정된 옵션과 섞이면 안 된다. 맵 엔트리가 고유의 옵션 목록이 있다면 기본값은 무시된다. 그러나 리눅스는 두 모음을 병합하며 두 곳에 같은 값이 지정된다면 맵 엔트리 값은 기본값을 덮어쓴다.

실행 가능 맵

맵 파일이 실행 가능하다면 이는 동적으로 automount 정보를 생성하는 스크립트이거나 프로그램일 것이라 가정한다. 이 맵을 텍스트 파일로 읽는 대신 automounter는 이를 사용자가 접근을 시도하는 하위 디렉터리가 어떤 것인지 가리키는 매개변수(키^{key})와 함께 실행한다. 스크립트는 적절한 맵 엔트리를 출력한다. 지정된 키가 유효하지 않다면 스크립트는 단순히 아무것도 출력하지 않고 종료한다.

이 강력한 기능은 automounter의 약간 이상한 환경설정 시스템의 부족함을 채워 준다. 사실상 원하는 형식을 갖는 사이트 단위의 automount 환경설정 파일을 쉽게 정의할 수 있다. 각 머신에 전역 환경설정을 해독하는 스크립트를 작성할 수 있다. 일부 시스템은 호스트명을 키로 취하는 /etc/auto.net 실행 가능 맵을 가지며 해당 호스트에 내보내진 모든 파일 시스템을 마운트한다.

automount 스크립트가 필요에 따라 동적으로 실행되기 때문에 매 변경 이후 마스터 환경설정 파일을 배포하거나 automounter 형태로 사전에 변환할 필요가 없다. 사실 전역 환경설정 파일은 NFS 서버에 상주할 수 있다.

automount 가시성

automount된 파일 시스템의 부모 디렉터리의 내용을 나열할 때 automount된 파일 시스템의 개수와 관계없이 해당 디렉터리는 비어 있는 것으로 보인다. GUI 파일 시스템 브라우저에서는 automount를 탐색할 수 없다.

예제를 보자.

```
$ ls /portal
$ ls /portal/photos
art_class_2010    florissant_1003        rmnp03
blizzard2008      frozen_dead_guy_Oct2009  rmnp_030806
boston021130      greenville.021129      steamboat2006
```

photos 파일 시스템은 문제가 없으며 /portal 아래 automount돼 있다. 이는 전체 경로명을 통해 접근할 수 있다. 하지만 /portal 디렉터리에서 살펴보면 그 존재는 보이지 않는다. 이 파일 시스템을 fstab 파일이나 수동 mount 명령을 통해 마운트했다면 다른 디렉터리처럼 동작할 것이며 부모 디렉터리의 멤버로 보일 것이다.

이러한 탐색 문제를 빗겨가는 한 방법은 automount 포인트에 심볼릭^{symbolic} 링크를 포함하는 셰도우^{shadow} 디렉터리를 생성하는 것이다. 예를 들어 /automounts/photos가 /portal/photos로의 링크라면 photos가 automount된 디렉터리라는 것을 탐색하고자 ls를 통해 /automounts의 내용을 확인할 수 있다. /automounts/photos로의 참조는 automounter를 통해 이뤄지지만 잘 동작한다.

불행히도 이러한 심볼릭 링크는 유지 보수가 필요하고 스크립트를 통해 주기적으로 재구축하지 않으면 실제 automount와 싱크^{sync}가 맞지 않을 수 있다.

복제된 파일 시스템과 automount

어떤 경우에는 /usr/share와 같은 읽기 전용 파일 시스템이 서로 다른 여러 서버에 걸쳐 동일한 경우가 있다. 이 경우 해당 파일 시스템을 위해 automount에 여러 잠재 원천을 지정할 수 있다. 그러고 나면 네트워크 경로, NFS 프로토콜 버전, 초기 쿼리에 대한 응답 시간 등을 통해 어떤 서버가 가장 가까운지에 따라 서버를 선택한다.

automount 자체는 파일 시스템에서 마운트가 어떻게 사용되는지 신경 쓰지 않는다 하더라도 복제된 마운트는 /usr/share 또는 /usr/local/X11 같은 읽기 전용 파일 시스템으로 표현돼야 한다. automount가 서버 걸쳐 쓰기를 동기화하는 방법은 없다. 따라서 복제된 읽기/쓰기 파일 시스템은 아주 실용적인 사용법은 아니다.

여러분은 어떤 복제본이 먼저 선택돼야 하는지 우선순위를 명시적으로 지정할 수 있다. 이 우선순위는 작은 정수다. 더 큰 수는 낮은 우선순위를 나타낸다. 기본 우선순위는 0이고 가장 적합하다.

복제 파일 시스템으로 /usr/man과 /cs/tools를 정의하는 auto.direct 파일은 다음과 같이 생겼다.

```
/usr/man    -ro harp:/usr/share/man monk(1):/usr/man
/cs/tools   -ro leopard,monk:/cs/tools
```

각각 서버 경로가 같다면 서버명은 같이 나열될 수 있다. 첫 줄의 monk에 뒤따르는 (1)은 /usr/man에 대응되는 서버의 우선순위다. harp 뒤에 우선순위가 없다는 것은 암시적으로 우선순위 0을 갖는다는 것을 말한다.

자동 automount(V3; 리눅스 제외)

직접 또는 간접 맵에 모든 가능한 마운트를 나열하는 대신 automount에 파일 시스템 명명 규칙을 일부 알려주고 그로 하여금 스스로 찾게 할 수 있다. 이를 동작하게끔 하는 핵심 요소는 원격 서버에서 구동 중인 mountd가 서버에서 내보낸 파일 시스템을 탐색하기 위한 쿼리query를 받을 수 있다는 것이다. NFS 버전 4에서 내보내기는 항상 /다. 이는 이러한 자동화를 위한 필요성을 제거한다.

'자동 automount'는 여러 방식으로 설정할 수 있다. 가장 쉬운 방법은 FreeBSD에서 -hosts 마운트 타입을 지정하는 것이다. 마스터 맵 파일에 맵 이름으로 -hosts를 나열하면 automount는 원격 호스트의 내보내기export를 지정된 automount 디렉터리로 매핑한다.

```
/net    -hosts -nosuid,soft
```

예를 들어 /usr/share/man을 내보낸다면 이 디렉터리는 automounter를 통해서는

/net/harp/usr/share/man 경로로 접근이 가능할 것이다.

-hosts의 구현은 마운트 가능한 파일 시스템에서 모든 가능 호스트를 나열하는 것은 아니다. 이는 불가능하다. 대신 참조할 개별 하위 디렉터리명을 기다린다. 그러고 나서 요청된 호스트에서 내보내진 파일 시스템을 마운트한다.

간접 맵 파일에 +와 & 와일드카드를 사용함으로써 비슷하지만 좀 더 세부적인 효과를 이룰 수 있다. 또한 맵 내에 몇 가지 매크로를 사용해 현재 호스트명, 아키텍처 타입 등을 확장할 수 있다. 더 자세한 사항은 automount(1M) 매뉴얼 페이지를 보라.

리눅스에만 특별한 사항

automount의 리눅스 구현은 원래의 썬 표준에서 분기했다. 변경 사항은 대부분 명령과 파일의 명칭에 관련된 부분이다.

먼저 automount는 원격 파일 시스템을 실제로 마운트, 언마운트하는 데몬이다. 이는 다른 시스템에서의 automountd 데몬과 같은 위치며 수동으로 구동할 필요가 없다.

기본 마스터 맵 파일은 /etc/auto.master다. 그 형태와 간접 맵 형태는 이전에 서술했다. 문서는 찾기 힘들지만 마스터 맵 형태는 auto.master(5)에 서술돼 있다. 간접 맵 형태는 autofs(5)에 서술돼 잇다. 주의하지 않으면 autofs(8)를 조회하게 될 것이다. 여기서는 autofs 명령의 문법을 알려준다(맨 페이지에는 "문서가 많이 남아 있다."라고 말한다). 마스터 맵의 변경점이 효력을 갖게 하려면 /etc/init.d/autofs reload 명령을 수행하라, 이는 썬 측의 automount와 동일한 것이다.

리눅스 구현은 자동 automount를 위한 솔라리스 스타일 -hosts절을 지원하지 않는다.

21.9 추천 자료

표 21.7의 목록은 NFS 프로토콜에 대한 RFC 문서들이다.

표 21.7 NFS 관련 RFC

RFC	제목	저자	날짜
1094	네트워크 파일 시스템 프로토콜 명세	썬 마이크로시스템즈	1989년 3월
1813	NFS 버전 3 프로토콜 명세	B.콜라간 외	1995년 6월
2623	NFS 버전 2와 버전 3 보안 이슈	M. 에이슬러	1999년 6월
2624	NFS 버전 4 설계 고려 사항	S. 쉐플러	1999년 6월
3530	NFS 버전 4 프로토콜	S. 쉐플러 외	2003년 4월
5661	NFS 버전 4 마이너 버전 1 프로토콜	S. 쉐플러 외	2010년 1월
7862	NFS 버전 4 마이너 버전 2 프로토콜	T. 하이니스	2016년 11월

22 SMB

21장에서는 유닉스 및 리눅스 시스템 간 파일 공유에 가장 인기 있는 시스템을 다뤘다. 그러나 유닉스 시스템은 기본적으로 NFS를 지원하지 않는 윈도우 같은 시스템을 이용해 파일을 공유할 필요가 있다. SMB에 대해 알아보자.

1980년대 초에 베리 프레겐바움^{Barry Feigenbaum}은 파일 및 리소스로의 공유 네트워크 접근을 제공하고자 BAF 프로토콜을 만들었다. 배포 전에 그 이름은 저자 이름의 첫 글자에서 서버 메시지 블록^{SMB, Server Message Block}으로 바뀌었다. 마이크로소프트와 PC 커뮤니티에서는 프로토콜을 빠르게 받아들였다. 이 프로토콜은 원격 시스템의 파일을 '로컬처럼' 제공했기 때문이었다.

1996년, CIFS^{Common Internet File System}로 불리던 버전을 주로 마케팅 활동으로 마이크

로소프트가 배포했다.[1] 소개된 CIFS(자주 버그가 있는)는 원래의 SMB 프로토콜을 변경한 것이다. 결과적으로 마이크로소프트는 2006년에 SMB 2.0을, 그다음 2012년에 SMB 3.0을 배포했다. CIFS 같은 SMB 파일 공유를 참조하는 것이 산업계에서는 일반적임에도 실제로 CIFS는 오래전에 버려졌다. 오직 SMB만 사용되고 있다.

동종의 유닉스 및 리눅스 환경에서 작업하고 있는 경우 이번 장의 내용이 적합하지 않을 수 있다. 그러나 유닉스 및 윈도우 시스템 간 파일 공유 방식이 필요하다면 계속 읽어보자.

22.1 SAMBA: 유닉스를 위한 SMB 서버

삼바Samba는 GNU 퍼블릭 라이선스에 따라 사용 가능한 인기 있는 소프트웨어 패키지다. 이는 유닉스 및 리눅스 호스트에서 SMB 프로토콜의 서버 측을 구현한다. 삼바는 원래 처음으로 SMB 프로토콜을 리버스 엔지니어링하고 1992년에 결과 코드를 게시한 앤드류 트리젤Andrew Tridgell이 만들었다. 이번 장에서는 삼바 버전 4에 집중할 것이다.

삼바는 잘 지원되고 있으며 기능을 확장하고자 활발하게 개발 중이다. 이는 유닉스와 윈도우 시스템 간에 파일을 공유하는 안정적이고 산업적인 방법을 제공한다. 삼바의 진정한 멋은 서버 측에 단 하나의 패키지만 설치한다는 것이다. 윈도우 측에는 특별히 필요한 소프트웨어가 없다.

윈도우 환경에서 네트워크를 통해 이용할 수 있는 파일 시스템이나 디렉터리를 '공유'라 한다. 유닉스에서는 약간 이상하게 들릴 수 있지만 SMB 파일 시스템을 언급할 때 이 관례를 따르고자 한다.

이번 장에서는 파일 공유만 살펴보지만 다음과 같은 삼바는 다양한 다른 플랫폼 서비스를 구현할 수도 있다.

- 인증과 승인

---

1. 썬 마이크로시스템도 1996년 WebNFS 제품으로 경쟁을 시작했고 마이크로소프트는 좀 더 사용자 친화적인 구현과 이름으로 SMB를 마케팅할 기회를 엿보고 있었다.

- 네트워크 인쇄
- 이름 확인
- 서비스 공지(파일 서버와 프린터 '찾기')

삼바는 윈도우 액티브 디렉터리 컨트롤러의 기본 기능도 수행할 수 있다. 이 구성은 어느 정도 거품이 포함돼 있는데, AD 컨트롤러로 동작하는 것은 윈도우 서버에 맡겨두는 것이 가장 좋을 것이다.

유닉스와 리눅스 시스템을 클라이언트로 AD 도메인에 추가하는 것은 확실히 가치가 있다. 이 구성을 이용해 사이트 전체에서 ID와 인증 정보를 공유할 수 있다. 이에 대한 더 자세한 내용은 17장을 참고한다.

마찬가지로 인쇄 서버로 삼바를 권장하지 않는다. 여기에는 CUPS가 가장 적절할 수 있다. CUPS를 이용한 유닉스와 리눅스에서의 인쇄에 대한 더 자세한 내용은 12장을 참고한다.

대부분의 삼바 기능은 두 개의 데몬 smbd와 nmbd로 구현된다. smbd는 파일 및 인쇄 서비스뿐만 아니라 인증 및 권한 서비스도 구현한다. nmbd는 다른 주요 SMB 구성 요소, 이름 확인, 서비스 공지를 책임지고 있다.

커널 수준 지원을 필요로 하는 NFS와 달리 삼바는 드라이버나 커널 변환을 요구하지 않으며 전적으로 사용자 프로세스로 실행된다. SMB 요청[request]을 위해 소켓이 연결되고 클라이언트의 리소스 접근 요청을 기다린다. 일단 요청이 인증되면 smbd는 요청 중인 사용자 프로세스로 실행되고 있는 자신의 인스턴스를 포크[fork]한다. 결과적으로 그룹 권한을 포함한 모든 일반적인 파일 접근 권한을 준수하는 것이다. smbd가 여기에 추가한 유일한 특별 기능은 잠금 의미가 익숙한 윈도우 시스템이 제공하는 파일 잠금 서비스다.

말해두지만 NFS 같은 유닉스 통합 원격 파일 시스템에서 SMB를 사용하는 이유가 궁금하다면 그 답은 어디에나 있다. 거의 모든 OS는 일정 수준의 SMB를 지원한다. 표 22.1은 SMB와 NFS 간의 주요 차이점 일부를 요약한 것이다.

표 22.1 SMB와 NFS

SMB	NFS
사용자 영역 서버 및 프로세스	스레드를 이용한 커널 서버
사용자 서버 프로세스마다	모든 클라이언트를 위한 삼바 서버(하나의 프로세스)
접근 제어를 위한 기본 OS 사용	자체 전근 제어 시스템 보유
마운터: 보통 개별적인 사용자	마운터: 보통 시스템
매우 좋은 성능	최고 성능

더 자세한 내용은 21장을 참고한다.

22.2 삼바 설치와 환경설정

삼바는 모든 예제 시스템에서 사용할 수 있다. 대부분의 리눅스 배포판에 기본적으로 포함돼 있다. 패치, 문서, 기타 유용한 정보는 samba.org에서 얻을 수 있다. 많은 업데이트가 보안 취약성을 해결하므로 최신 삼바 패키지를 이용하고 있는지 확인해야 한다.

삼바가 시스템에 설치돼 있지 않은 경우 **pkg install samba44**를 이용해 FreeBSD에 설치할 수 있다. 리눅스 시스템에서는 선택한 패키지 관리자를 통해 **samba-common** 패키지를 가져온다.

/etc/samba/smb.conf(FreeBSD는 /usr/local/etc/smb4.conf) 파일에 삼바를 구성한다. 이 파일은 공유할 디렉터리, 파일에 대한 접근 권한, 삼바의 일반적인 운용 매개변수를 지정할 수 있다. 리눅스 패키지는 새로운 설정에 좋은 시작점인 주석이 많은 샘플 구성을 제공할 만큼 충분히 친절하다.

삼바는 환경설정 옵션에 합리적인 기본값을 제공하며 대부분의 사이트가 작은 환경 환경설정 파일만 요구한다. 모든 삼바 환경설정 옵션과 현재 설정된 값을 보려면 **testparm -v** 명령을 실행하면 된다. 이 목록은 smb.conf나 sbm4.conf 파일에 재정의하지 않은 기본값으로 설정돼 있다. 일단 삼바가 실행되면 다시 시작하지 않아도 몇 초마다 이 환경설정 파일을 확인하고 변경 값을 로딩한다.

삼바의 가장 일반적인 용도는 윈도우 클라이언트를 이용한 파일 공유다. 이러한 공유에 대한 접근은 사용자 계정을 통해 두 가지 옵션 중 하나로 인증돼야 한다. 첫 번째 옵션은 도메인 로그인 같은 다른 계정들과 별도로 관리되는 암호를 사용자가 지정하는 로컬 계정을 사용한다. 두 번째 옵션은 액티브 디렉터리 인증을 통합해 사용자의 도메인 로그인 자격증명에 편승한다.

로컬 인증을 통한 파일 공유

삼바 공유에 접근하고 싶은 사용자를 인증하는 가장 쉬운 방법은 유닉스나 리눅스 서버에 이를 위한 로컬 계정을 만드는 것이다.

윈도우 암호는 유닉스의 암호와 아주 다르게 동작하므로 삼바는 사용자의 기존 계정 암호를 이용해 SMB 공유에 대한 접근을 제거할 수 없다. 따라서 로컬 계정을 사용하려면 모든 사용자를 위한 별도의 SMB 암호 해시를 저장하고 유지해야 한다.

그러나 단순성이 사용자 편의성보다 중요할 때도 있으며 실제로 이러한 인증 시스템은 간단하다. 다음은 이를 사용하는 예제 파일 smb.conf의 시작부분이다.

```
[global]
workgroup = ulsah
security = user
netbios name = freebsd-book
```

security = user 매개변수는 삼바가 로컬 유닉스 계정을 사용하게 한다. workgroup 이름이 환경에 맞게 설정돼 있는지 확인해야 한다. 이것은 윈도우 환경에 있는 경우 일반적인 액티브 디렉터리 도메인이다. 그렇지 않은 경우 이 설정을 생략할 수 있다.

삼바에는 윈도우 스타일 암호 해시를 설정하기 위한 smbpasswd 명령이 있다. 예를 들면 다음은 사용자 tobi를 추가하고 tobi를 위한 암호를 설정한다.

```
$ sudo smbpasswd -a tobi
```

```
New SMB password: <password>
Retype new SMB password: <password>
```

유닉스 계정은 삼바 암호를 설정하기 전에 이미 존재해야 한다. 사용자는 옵션 없이 smbpasswd를 실행시켜 삼바 암호를 변경할 수 있다.

```
$ smbpasswd
New SMB password: <password>
Retype new SMB password: <password>
```

이 예는 삼바 서버에서 현재 사용자의 삼바 암호를 변경하는 것이다. 안타깝게도 윈도우 전용 사용자는 공유 암호를 변경하려면 서버의 셸 프롬프트에 로그인해야 한다. 원격 로그인 기능은 대부분 SSH를 통해 별도로 설정해야 한다.

액티브 디렉터리에 의해 인증된 계정을 통해 파일 공유

기본 프로세스는 간단하지만 smbpasswd를 이용하는 공유를 위해 별도의 인증 데이터베이스를 유지하는 것은 오늘날의 고도의 통합 세계에서는 구식으로 보인다. 대부분의 경우 사용자는 액티브 디렉터리나 LDAP와 같이 일종의 중앙 집중식 권한을 통해 인증하기를 원할 것이다.

최근 몇 년간 이 분야에서 유닉스와 리눅스는 크게 발전했다. 17장에서 디렉터리 서비스, sssd[2], nsswitch.conf 파일, PAM을 포함한 필수 구성 요소를 다룬다. 이러한 구성 요소를 배포하면 이를 활용해 삼바가 환경설정하는 것이 쉬워진다.

다음은 액티브 디렉터리가 사용자 인증(sssd를 통해)을 수행하는 환경을 위한 smb.conf 파일의 시작 부분이다.

```
[global]
    workgroup = ulsah
    realm = ulsah.example.com
    security = ads
    dedicated keytab file = FILE:/etc/samba/samba.keytab3
```

---

2. 역사적으로 winbind는 액티브 디렉터리와 삼바를 통합하는 데 사용됐다. 요즘 선호되는 방식은 sssd다.

```
kerberos method = dedicated keytab
```

이 경우 **realm** 매개변수는 로컬 액티브 디렉터리 도메인명과 동일해야 한다. 전용 keytab 파일[3]과 커버로스 메서드 매개변수는 삼바가 액티브 디렉터리의 커버로스 구현을 이용해 적절하게 동작할 수 있다.

공유 설정

삼바의 일반적인 설정과 인증을 구성한 후 SMB를 통해 공유할 디렉터리를 smb.conf 파일에 지정할 수 있다. 노출시킨 각 공유에는 환경설정 파일에 자체 스탠자 stanza가 필요하다. 스탠자의 이름은 SMB 클라이언트에 알리는 공유 이름이 된다.

예를 들면 다음과 같다.

```
[bookshare]
    path = /storage/bookshare
    read only = no
```

SMB 클라이언트는 마운트 가능한 공유 \\sambaserver\bookshare를 볼 수 있다. 서버의 /storage/bookshare에 있는 파일 트리에 접근할 수 있다.

홈 디렉터리 공유

smb.conf 파일에 매직 스탠자 이름 **[homes]**를 이용해 사용자의 home 디렉터리를 고유한 SMB 공유로 자동 변환할 수 있다.

```
[homes]
comment = Home Directories
browseable = no
valid users = %S
read only = no
```

예를 들면 이 구성은 사용자 janderson이 네트워크의 모든 윈도우 시스템에서 경

---

3. 이 keytab 파일은 17장의 지침(intstructions)에 따라 설정한 경우 sssd에 의해 생성된다. 삼바의 keytabs에 대한 더 자세한 내용은 goo.gl/ZxCUKA (wiki.samba.org 내의 하위 링크)를 참고한다.

로 \\sambarserver\janderson을 통해 자신의 home 디렉터리에 접근할 수 있게
한다.

일부 사이트에서는 home 디렉터리에 대한 기본 권한으로 사용자가 다른 사용자
의 파일을 탐색할 수 있게 한다. 삼바는 유닉스 파일 권한에 따라 접근 제어 구현이
다르므로 삼바를 통해 들어오는 윈도우 사용자들은 다른 사용자의 home 디렉터
리도 읽을 수 있다. 그러나 경험상 이러한 동작은 윈도우 사용자를 혼란스럽게 하
고 노출돼 있다고 느끼게 하는 경향이 있다.

앞 예제에서 유효한 사용자의 값으로 나열된 변수 %S는 각 공유와 관련된 사용자
명으로 확장된다. 따라서 home 디렉터리의 소유자에 대한 접근을 제한한다. 원
하는 동작이 아니라면 이 줄을 생략하면 된다.

삼바는 마지막 수단으로 [homes] 섹션을 사용한다. 특정 사용자의 home 디렉터리
가 환경설정 파일에 명확하게 정의된 공유를 갖고 있는 경우 매개변수는 [homes]
를 통해 설정된 값을 재정의한다.

프로젝트 디렉터리 공유

삼바는 윈도우 접근 제어 목록[ACL]을 기본 파일 시스템에서 지원하는 경우 기존 유
닉스 파일 권한이나 ACL에 매핑할 수 있다. 그러나 실제로는 ACL이 대부분의 사
용자가 다루기에 너무 복잡하다는 것을 알 수 있다.

ACL을 사용하는 대신 일반적으로 공동 작업 영역을 필요로 하는 각 사용자 그룹을
위해 특정 공유를 설정한다. 사용자가 이 영역을 마운트하려고 하면 삼바는 접근
을 허용하기 전에 적절한 유닉스 그룹에 있는 신청자인지 확인한다. 다음 예제의
사용자는 공유를 마운트해 파일에 접근하려면 eng 그룹에 속해야 한다.

```
[eng]
comment = Group Share for engineering
; eng 그룹에 속한 모두는 이 공유에 접근할 수 있다.
; 사용자는 삼바 계정으로 로그인해야 한다.
valid users = @eng
path = /home/eng
```

```
; 여기서 사용하지 않기 때문에 NT ACL을 비활성화한다.
nt acl support = no

; 모든 파일이 정확한 권한을 갖고 있는지 확인하라.
; 따라서 디렉터리(그룹 승계)는 setgid 비트 설정을 갖는다.
create mask = 0660
directory mask = 2770
force directory mode = 2000
force group = eng

; 일반적인 공유 매개변수
browseable = no
read only = no
guest ok = no
```

이 구성은 공유된 디렉터리의 소유자로 동작하는 의사 사용자를 필요로 하지 않는다. 공유 대상 사용자를 포함한 유닉스 그룹(여기서는 eng)만 있으면 된다.

사용자는 자신의 계정으로 공유를 마운트하지만 협업을 용이하게 하고자 공유에 생성된 모든 파일을 eng 그룹이 소유하는 것이 좋다. 이렇게 하면 기본적으로 다른 팀 구성원이 새로 생성한 파일에 접근할 수 있다.

이러한 동작을 보장하기 위한 첫 번째 단계로 공유에 대한 접근을 제어하는 유닉스 그룹 eng에 마운터의 유효 그룹 ID를 강제하고자 force group 옵션을 사용한다. 그러나 새 파일과 디렉터리를 eng의 그룹 소유자로 지정되게 하는데, 이 단계만으로는 충분하지 않다.

5장에서처럼 디렉터리의 setgid 옵션은 해당 디렉터리에서 생성된 새 파일을 디렉터리의 그룹 소유자[4]가 상속하게 한다. 공유의 루트 그룹을 설정하고 해당 디렉터리의 setgid 비트를 설정함으로써 새 파일은 eng가 소유하게 된다는 것을 보장할 수 있다.

```
$ sudo chown root:eng /home/eng
$ sudo chmod u=rwx,g=rwxs,o= /home/eng
```

---

4. 적어도 리눅스에서는 이렇게 한다. FreeBSD는 디렉터리의 setgid 비트를 받아들이지 않지만 기본 동작은 리눅스가 setgid 비트를 설정하는 것처럼 그룹을 상속하는 것이다. FreeBSD에서의 setgid 비트 설정이 해로운 것은 아니다.

이러한 방법으로 공유의 루트에 생성된 파일을 충분히 관리할 수 있다. 그러나 시스템이 복잡한 파일 계층 구조에서 동작하게 하려면 새롭게 생성된 디렉터리의 **setgid** 비트가 설정돼 있는지도 확인할 필요가 있다. 앞의 예제 구성은 디렉터리 모드와 디렉터리 마스크 옵션을 이용해 이러한 요구 사항을 구현한 것이다.

22.3 SMB 파일 공유 마운트

SMB 파일 공유 마운트는 다른 네트워크 파일 시스템에서 수행하는 방식과는 상당히 다르게 동작한다. 특히 SMB 볼륨은 시스템 자체에 의한 마운트가 아닌 특정 사용자에 의해 마운트된다.

SMB 마운트를 수행하는 데 로컬 권한이 필요하다. 또한 원격 SMB 서버가 공유를 마운트하게 허용할 ID를 위한 암호도 필요하다. 리눅스의 일반적인 커맨드라인은 다음과 같다.

```
$ sudo mount -t cifs -o username=joe //redmond/joes /home/joe/mnt
```

그리고 FreeBSD에서는 다음과 같다.

```
$ sudo mount -t smbfs //joe@redmond/joes /home/joe/mnt
```

윈도우는 네트워크 마운트를 특정 사용자에 의해 설정되는 것으로 개념화하는 반면 유닉스는 이러한 마운트를 좀 더 일반적으로 전체 시스템에 속하는 것으로 간주한다. 윈도우 서버는 일반적으로 여러 사람이 마운트된 윈도우 공유에 접근한다는 개념을 처리할 수 없다.

유닉스 클라이언트 관점에서 마운트된 디렉터리의 모든 파일은 이 디렉터리를 마운트한 사용자에게 속하는 것으로 보인다. 공유를 루트로 마운트하면 모든 파일이 루트에 속하고 보통 수준의 사용자는 윈도우 서버에 파일 쓰기를 못할 수도 있다.

마운트 옵션 uid, gid, fmask, dmask을 수정해 소유권과 권한 비트가 해당 공유를 위해 만들어진 접근 정책과 더 잘 조화되게 한다. 이러한 옵션에 대한 더 자세한 정보는 **mount.cifs**(리눅스) 또는 **mount_smbfs**(FreeBSD) 매뉴얼 페이지에서 확인할 수 있다.

22.4 SMB 파일 공유 탐색

삼바는 실제 마운트 없이 파일 공유를 나열할 수 있게 커맨드라인 유틸리티 **smbclient**를 포함하고 있다. 또한 대화형 접근을 위한 FTP 같은 인터페이스를 정의하고 있다. 이 기능은 디버깅하거나 스크립트가 공유에 접근해야 하는 경우에 유용할 수 있다.

예를 들면 다음은 서버 저장기에서 사용자 dan이 이용할 수 있는 공유를 나열하는 방법이다.

```
$ smbclient -L //hoarder -U dan
Enter dan's password: <password>
Domain=[WORKGROUP] OS=[Unix] Server=[Samba 3.6.21]

    Sharename    Type    Comment
    ---------    ----    -------
    Temp         Disk    Temp Storage
    Programs     Disk    Various Programs and Applications
    Docs         Disk    Shared Documents
    Backups      Disk    Backups of all sorts
```

공유에 연결해 파일을 전송하고자 **-L** 플래그를 생략하고 공유 이름을 포함시킨다.

```
$ smbclient //hoarder/Docs -U dan
```

일단 연결되면 이용 가능한 명령을 나열하려면 **help**를 입력하면 된다.

22.5 삼바 보안 확인

네트워크를 통해 파일 및 기타 리소스를 공유하는 경우의 보안적인 영향에 대해 알고 있는 것이 중요하다. 일반적인 사이트의 경우 기본 수준의 보안을 보장하고자 다음 두 가지를 수행해야 한다.

- 삼바가 공유하는 리소스에 접근할 수 있는 클라이언트를 명확하게 지정한다. 이러한 구성은 smb.conf 파일의 **hosts allow**절에 의해 제어된다. IP 주소, 주소 범위, 호스트명만 포함된다.

  smb.conf 파일의 **hosts deny**절을 포함시킬 수도 있지만 거부에 우선순위가 있음을 알아야 한다. **host deny**절과 **host allow**절에 호스트명이나 주소를 포함시키면 호스트는 리소스에 접근할 수 없다.

- 조직 외부에서의 서버 접근을 차단한다. 삼바는 암호 인증에만 암호화를 사용한다. 데이터 전송에 암호화를 사용하지 않는다. 거의 모든 경우에 사용자가 실수로 인터넷을 통해 일반 텍스트로 파일을 다운로드하지 못하게 조직 외부에서의 접근을 차단해야 한다.

  차단은 일반적으로 네트워크 방화벽 수준에서 구현된다. 삼바는 UDP 포트 137-139와 TCP 포트 137, 139, 445를 사용한다.

삼바 버전 3 배포 후 삼바의 위키 wiki.samba.org에서 우수한 보안 문서를 이용할 수 있다.

22.6 삼바 디버깅

삼바는 일반적으로 많은 주의를 요구하지 않고 실행된다. 문제가 발생하면 디버깅 정보에 대한 두 가지 주요 소스인 smbstatus 명령과 삼바의 로깅 기능을 참고한다.

smbstatus를 이용해 삼바의 상태 쿼리

smbstatus는 현재 활성화된 연결과 잠긴 파일을 보여준다. 문제가 발생할 때 가장 먼저 살펴보는 곳이다. 이 정보는 잠금 문제(예, 어떤 사용자가 파일 xyz를 읽기/쓰기 전용으로 열었는가?)를 추적하는 데 특히 유용하다.

```
$ sudo smbstatus          # 출력의 일부는 간결함을 위해 삭제했다.
Samba version 4.3.11-Ubuntu
```

```
PID     Username   Group       Machine
---------------------------------------------------------------
6130    clay       atrust      192.168.20.48
23006   dan        atrust      192.168.20.25

Service        pid     machine          Connected at
---------------------------------------------------------------
admin          6130    192.168.20.48    Wed Apr 12 07:25:15 2017
swdepot2       6130    192.168.20.48    Wed Apr 12 07:25:15 2017
clients        6130    192.168.20.48    Wed Apr 12 07:25:15 2017
clients        23006   192.168.20.25    Fri Apr 28 14:32:25 2017

Locked files:
Pid     Uid    DenyMode     R/W      Oplock  SharePath           Name
---------------------------------------------------------------------------
6130    1035   DENY_NONE    RDONLY   NONE    /atrust/admin       New Hire Proces...
6130    1035   DENY_ALL     RDONLY   NONE    /home/clay          .
23006   1009   DENY_NONE    RDONLY   NONE    /atrust/clients     Acme_Supply/Con...
```

출력의 첫 번째 섹션은 연결된 사용자를 나열한 것이다. 다음 섹션 **Service**는 사용자가 마운트한 실제 공유를 보여준다. 공간을 절약하고자 몇 개의 열은 생략하고 마지막 섹션에는 활성 파일 잠금이 나열된다.

특정 사용자와 관련된 **smbd**를 종료하면 해당 사용자의 모든 잠금이 사라진다. 일부 애플리케이션은 이 상황을 적절하게 처리하고 필요한 잠금을 다시 획득한다. 그렇지 않은 애플리케이션의 경우에는 멈추고 종료된다. 이때 응답 없는 애플리케이션 윈도우를 여러 번 클릭하는 상황이 발생되기도 한다. 심각한 것처럼 들리겠지만 그러한 절차로 인한 파일 손상을 아직은 보지 못했다.

윈도우가 다른 애플리케이션에 의해 파일이 잠겼음을 주장하는 것에 주의해야 한다. 서버의 잠금을 무차별 시도로 해결하는 대신 문제가 되는 애플리케이션을 닫아 클라이언트 측 문제를 해결한다.

삼바 로깅 구성

smb.conf 파일에 로깅 매개변수를 구성한다.

```
[global]
# %m은 각 클라이언트에 별도의 파일을 작성하게 한다.
log file = /var/log/samba.log.%m
max log size = 10000

# 삼바가 syslog를 통해서만 로깅하게 하려면 다음과 같이 설정한다.
# 'yes'에 대한 매개변수
syslog only = no

# 삼바가 최소한의 정보를 syslog에 기록하게 한다.
# 모든 것은 /var/log/samba/log.{smbd,nmbd}로 이동한다.
# syslog를 통해 로깅하려면 다음 매개변수를 늘려야 한다.
syslog = 7
```

로그 수준이 높을수록 더 많은 정보가 생성된다. 로깅은 시스템 리소스를 사용하므로 적극적으로 디버깅하지 않는다면 너무 많은 세부 정보를 요청하지 않아야 한다.

다음 예제는 실패한 연결 시도로 생성된 로그 항목을 보여준다.

```
[2017/04/30 08:44:47.510724, 2, pid=87498, effective(0,
    0), real(0, 0), class=auth] ../source3/auth/
    auth.c:315(auth_check_ntlm_password)
check_ntlm_password: Authentication for user [dan] -> [dan] FAILED
    with error NT_STATUS_WRONG_PASSWORD
[2017/04/30 08:44:47.510821, 3] ../source3/smbd/
    error.c:82(error_packet_set)
NT error packet at ../source3/smbd/sesssetup.c(937) cmd=115
    (SMBsesssetupX) NT_STATUS_LOGON_FAILURE
```

성공적인 연결 시도는 다음과 같다.

```
[2017/04/30 08:45:30.425699, 5, pid=87502, effective(0,
    0), real(0, 0), class=auth] ../source3/auth/
    auth.c:292(auth_check_ntlm_password)
check_ntlm_password: PAM Account for user [dan] succeeded
[2017/04/30 08:45:30.425864, 2, pid=87502, effective(0,
    0), real(0, 0), class=auth] ../source3/auth/
    auth.c:305(auth_check_ntlm_password)
check_ntlm_password: authentication for user [dan] -> [dan] -> [dan]
```

```
succeeded
```

smbconstrol 명령은 smb.conf 파일을 변경하지 않고 실행 중인 삼바 서버의 디버 깅 수준 변경을 편리하게 한다. 예를 들면 다음과 같다.

```
$ sudo smbcontrol smbd debug "4 auth:10"
```

이 명령은 전역 디버그 수준을 4로 설정하고 인증 관련 문제에 대한 디버그 수준을 10으로 설정한다. smbd 인수는 시스템의 모든 smbd 데몬이 디버그 수준을 설정하게 지정한다. 특별히 설정된 연결을 디버깅하려면 연결을 처리하는 smbd 데몬을 확인하고 해당 PID를 smbcontrol에 전달하는 smbstatus 명령을 사용해 해당 연결만 디버깅한다.

100이 넘는 로그 수준에서는 로그에 암호화된 암호를 볼 수 있게 된다.

문자 세트 관리

버전 3.0부터 삼바는 모든 파일명을 UTF-8로 인코딩한다. 서버가 UTF-8 로케일(권장)로 실행되는 경우 이것이 매우 적절하다.[5] 유럽에 있고 서버에서 ISO 8859 로케일 중 하나를 사용하는 경우 삼바가 생성한 파일명을 찾을 수 있다. 이 파일명에 악센트 부호가 있는 문자(예, ä, ö, ü, é, è)는 ls를 실행할 때 올바르게 출력되지 않는다. 이에 대한 해결책은 삼바가 서버와 동일한 인코딩을 사용하게 하는 것이다.

```
unix charset = ISO8859-15
display charset = ISO8859-15
```

파일명 인코딩이 처음부터 올바른지 확인해야 한다. 그렇지 않으면 잘못 인코딩된 이름을 가진 파일이 누적된다. 나중에 이를 수정하는 것은 매우 복잡한 작업이 될 것이다.

---

5. 시스템이 UTF-8 모드에서 실행 중인지 확인하고 싶은 경우 echo $LANG을 입력한다.

22.7 추천 자료

레드햇의 『레드햇 엔터프라이즈 리눅스 시스템 관리자 가이드: 파일 및 프린터 서버』. goo.gl/LPjNXa(이하 연결 링크 access.redhat.com/documentation).

삼바 프로젝트^{Samba Project}. Samba 위키 페이지. wiki.samba.org. 이 위키는 상대적으로 자주 업데이트 되고 권위 있는 정보 자원이지만, 일부는 다소 혼란스럽다.

4부

오퍼레이션

23 환경설정 관리

시스템 관리의 오랜 신념은 변경 사항이 머신 간 구조화, 자동화돼야 하며 지속적으로 적용돼야 한다는 것이다. 그러나 다양한 상태에 놓인 이기종의 시스템과 네트워크 집합에 직면했을 경우 말처럼 쉽지는 않다.

환경설정 관리 소프트웨어는 네트워크 운영체제 관리를 자동화한다. 관리자는 서버 구성 방식에 대해 설명하는 사양을 작성하고 환경설정 관리 소프트웨어는 사양에 맞춰 현실을 구현한다. 환경설정 관리를 수행하는 다양한 오픈소스 구현이 널리 사용되고 있다. 23장에서는 환경설정 관리의 기본을 소개하고 주요 구현에 대해 설명한다.

자동화 도구로서 환경설정 관리는 데브옵스^{DevOps}의 IT 오퍼레이션 철학과 밀접하게 관련돼 있다. 이 부분에 대한 자세한 내용은 31장에서 다룬다. 사람들은 가끔 데브옵스와 환경설정 관리를 하나로 생각하고 용어를 바꿔 사용하는 경우가 있다. 그럼에도 불구하고 데브옵스와 환경설정 관리는 구별된다. 23장에서는 환경설정 관리가 데브옵스의 몇 가지 핵심 요소를 활성화하지만 동일하지 않음을 보여주는 몇 가지 예를 설명한다.

'환경설정 관리 시스템'은 읽고 쓰기에 약간 불편하지만 주로 'CM 시스템'(또는 간단히 CM)이라는 용어로 줄여서 쓴다(안타깝게도 CMS라는 약어는 이미 '저작물 관리 시스템'으로 널리 사용되고 있다).

23.1 환경설정 관리 핵심

시스템 관리 자동화를 위한 전통적입 접근법은 스크립트가 실패할 때마다 급한 불을 꺼가며 만들어내는 복잡한 자체 개발 셸 스크립트다. 이 계획은 어찌어찌 잘 작동한다. 시간이 지나면서 이러한 방식으로 관리되던 시스템은 확실하게 재현할 수 없는 패키지 버전과 환경설정의 혼란스러운 잔해로 바뀌었다. 두 시스템이 똑같지 않기 때문에 때때로 시스템 관리의 눈송이 모델이라고 불린다.

환경설정 관리는 더 나은 처리 방식이다. 코드 형태로 원하는 상태를 캡처한다. 그런 다음 감사 추적과 참조 지점을 생성하는 버전 제어 시스템으로 시간에 따른 변경 사항과 업데이트 사항을 추적할 수 있다. 이 코드는 네트워크에 대한 비공식 문서 역할도 한다. 모든 관리자나 개발자는 이 코드로 시스템 환경설정 방식을 확인할 수 있다.

모든 사이트의 서버가 환경설정 관리를 받고 있는 경우 CM 시스템은 인벤토리 데이터베이스와 네트워크의 명령 및 제어 센터 두 가지 모두 효과적으로 수행한다. CM 시스템은 또한 원격으로 변경 사항을 적용시키고 임시 명령을 실행하는 오케스트레이션^{Orchestration} 기능을 제공한다. 호스트명이 특정 패턴과 일치하거나 환경설정 변수가 주어진 값 세트와 일치하는 호스트 그룹을 대상으로 할 수 있다. 관리되고 있는 클라이언트는 분석과 모니터링을 위해 자신에 대한 정보를 중앙 데이터베이스에 보고한다.

대부분의 환경설정 관리 '코드'는 절차가 아닌 선언적 관용구를 사용한다. 시스템에 변경해야 할 사항을 알려주는 스크립트를 작성하는 대신 달성하려는 상태를 설명한다. 그런 다음 환경설정 관리 시스템은 필요에 따라 대상 시스템을 조정하고자 자체 로직을 사용한다.

궁극적으로 CM 시스템의 역할은 오퍼레이션으로 알려진 일련의 환경설정 사양을 개별 머신에 적용하는 것이다. 오퍼레이션은 세분화에 따라 다르지만 일반적으로 사용자 계정 생성, 소프트웨어 패키지 설치 등의 시스템 관리자의 할 일 목록을 나타내는 듯한 항목에 맞출 수 있는 정도로 대략적이다. 데이터베이스 같은 서브시스템은 완전한 구성을 위해 5~20개의 오퍼레이션이 필요할 수 있다. 새로 부팅된 시스템의 완전한 구성은 수십 또는 수백 개의 오퍼레이션을 필요로 한다.

23.2 환경설정 관리의 위험

환경설정 관리는 임시 접근 방식에 비해 크게 개선됐지만 만능은 아니다. 관리자가 앞서 알아둬야 할 몇 가지 중요한 부분이 존재한다.

모든 주요 CM 시스템은 유사한 개념 모델을 사용하지만 다른 어휘들로 이러한 모델을 설명한다. 안타깝게도 특정 CM 시스템에서 사용되는 용어는 명확성 극대화보다 마케팅 주제에 더 부합한다.

그 결과 시스템 간 적합성과 표준화 부족이 일반적이다. 대부분의 관리자는 직장에서 여러 CM 시스템을 접하고 그 경험을 기반으로 선호하는 부분을 개발하게 된다. 안타깝게도 한 시스템에 대한 지식을 다른 시스템에 직접적으로 적용할 수는 없다.

사이트가 성장함에 따라 환경설정 관리 시스템을 지원하는 데 너무 많은 인프라가 요구된다. 수천대의 서버를 가진 사이트는 CM 업무를 실행하기 위한 전용 시스템이 필요하다. 이러한 오버헤드는 하드웨어 리소스와 지속적인 유지 보수 형태로 직간접적인 비용을 발생시킨다. CM 시스템은 그 자체로 주요 프로젝트가 될 수는 없다.

사이트가 환경설정 관리를 완전히 수용하려면 일정 수준의 운영 성숙도와 엄격함이 필요하다. 일단 호스트가 CM 시스템의 제어를 받으면 수동으로 수정하지 않아야 한다. 그렇지 않으면 즉시 눈송이 시스템 상태로 되돌아간다.[1]

일부 CM 시스템이 다른 시스템보다 더 쉽게 선택할 수 있지만 학습 난이도가 높은 것으로 악명 높다. 자동화에 대한 사전 경험이 부족한 관리자에게 특히 그렇다. 이 내용에 부합하는 경우 제품 네트워크를 다루기 전에 가상 머신 랩에서 기술 연마를 위해 연습하는 것을 고려해봐야 한다.

23.3 환경설정 관리의 요소

이 절에서는 CM 시스템의 구성 요소와 좀 더 세부적으로 환경설정하고자 사용되는 개념을 살펴본다. 그런 다음 가장 보편적으로 사용되는 네 가지 CM 시스템인 앤서블Ansible, 솔트Salt, 퍼핏Puppet, 쉐프Chef를 조사한다.

특정 CM 시스템의 용어보다 각 개념을 찾아볼 수 있는 명확하고 가장 직접적인 기술 용어를 사용한다. 표 23.2는 앞에서의 어휘와 나열한 네 개의 CM 시스템 용어의 대응관계를 매핑한다. 이러한 CM 시스템 중 한 시스템에 이미 익숙하다면 다음 자료를 읽으면서 이 표를 참조하면 도움이 될 것이다.

오퍼레이션과 매개변수

이미 특정 상태에 도달하고자 CM 시스템에서 사용하는 소규모 동작과 점검에 대한 오퍼레이션 개념을 소개했다. 모든 CM 시스템은 대규모 지원 오퍼레이션 세트를 포함하고 있으며 새로운 각 배포마다 더 많은 오퍼레이션이 제공된다.

다음은 모든 CM 시스템이 즉시 처리할 수 있는 샘플 오퍼레이션의 일부다.

- 사용자 계정 생성이나 제거, 속성 설정

---

1. 성급한(또는 게으른) 관리자가 수동으로 환경설정 관리 호스트를 업데이트하고 변경 사항을 변경하지 못하게 설정해서 예상되는 상태를 무시하고 CM 시스템이 향후 변경 사항을 적용하지 못하게 하는 경우를 한 번 이상 보게 된다. 이런 종류의 해킹은 관리자의 동료가 예상된 구성이 적용되지 않는 이유를 빠르게 파악할 수 없을 때 큰 혼란을 야기한다. 어떤 경우에는 주요 서비스 중단이 발생한다.

- 구성 중인 시스템 간 파일 복사
- 디렉터리 내용 동기화
- 환경설정 파일 템플릿 렌더링
- 환경설정 파일에 새로운 줄 추가
- 서비스 재시작
- cron 작업이나 systemd 타이머 추가
- 임의의 셸 명령 실행
- 새로운 클라우드 서비스 인스턴스 생성
- 데이터베이스 계정 생성이나 제거
- 데이터베이스 운영 매개변수 설정
- 깃^{Git} 오퍼레이션 수행

이것은 단지 일부 사례일 뿐이다. 대부분의 CM 시스템은 특정 데이터베이스, 런타임 환경 또는 하드웨어 부분 설정 같은 잠재적으로 복잡한 자잘한 오퍼레이션을 수행하는 많은 오퍼레이션을 비롯해 수백 개의 오퍼레이션을 정의한다.

오퍼레이션이 셸 명령과 미심쩍게 유사해 보인다면 그 직관이 정확하다. 오퍼레이션은 보통 CM 시스템 자체의 구현 언어로 작성되고 시스템의 표준 도구와 라이브러리를 활용하는 스크립트다. 대부분의 경우 이 오퍼레이션은 구현의 일부분으로 내부에서 표준 셸 명령을 실행한다.

유닉스 명령이 인수를 받는 것처럼 대부분의 오퍼레이션은 매개변수를 받는다. 예를 들면 패키지 관리 오퍼레이션은 패키지명, 버전 및 패키지 설치나 제거 위치를 지정하는 매개변수를 받는다.

매개변수는 오퍼레이션에 따라 다르다. 편의상 가장 일반적인 사용 사례에 맞춰 기본값을 두는 것이 보편적이다.

CM 시스템은 매개변수를 정의하고자 다양한 값(다음 절 참고)을 사용한다. 또한 네트워크 상주, 특정 구성 속성의 존재 여부, 시스템의 호스트명이 지정된 규칙과 일치하는지 여부 등 시스템의 환경에 따라 매개변수 값을 추론할 수 있다.

제대로 동작하는 오퍼레이션은 결국 적용 받을 호스트에 대해 알지 못한다. 구현은 비교적 일반적이고 모든 OS에서 동작하게 작성된다. 특정 시스템에 오퍼레이션을 연결하는 것은 환경설정 관리 계층의 상위 수준에서 발생한다.

CM 시스템이 선언적 구성에 초점을 두고 있음에도 오퍼레이션은 결국 다른 모든 명령처럼 실행돼야 한다. 실행은 시작과 끝에 있다. 성공하거나 실패할 수 있다. 호출 환경에 그 상태를 다시 보고한다.

그러나 오퍼레이션은 다음과 같은 몇 가지 중요한 측면에서 전형적인 유닉스 명령과는 다르다.

- 대부분의 오퍼레이션은 문제없이 반복적으로 적용되도록 설계된다. 선형 대수의 용어를 사용하자면 '먹등성'이라는 속성을 간혹 볼 수 있다.
- 오퍼레이션은 시스템의 실질적인 상태를 언제 변경하는지 알고 있다.
- 오퍼레이션은 시스템 상태를 변경해야 하는 시기를 알고 있다. 현재 구성이 이미 해당 사양과 일치하는 경우 오퍼레이션은 어떠한 작업도 하지 않고 종료된다.
- 오퍼레이션은 CM 시스템에 결과를 보고한다. 이 보고 데이터는 유닉스 스타일 종료코드보다 풍부하고 디버깅에 도움이 될 수 있다.
- 오퍼레이션은 크로스플랫폼이 되고자 노력한다. 일반적으로 지원하는 모든 플랫폼에 공통적인 제한된 함수 세트를 정의하고 로컬 시스템과 일치되도록 요청을 해석한다.

콘텍스트에 대해 더 많이 알고 있는 시스템 관리자의 도움 없이 일부 오퍼레이션을 먹등적으로 만들 수 없다. 예를 들면 오퍼레이션이 흔한 유닉스 명령을 실행하는 경우 CM 시스템은 그 명령이 시스템에 미치는 영향을 직접적으로 알지 못한다.

또한 사용자 지정 오퍼레이션을 작성하는 옵션도 있다. 이는 단순한 스크립트며 CM 시스템이 일반적으로 표준 오퍼레이션과 사용자 지정 오퍼레이션을 통합하도록 적절한 방향을 제시한다.

변수

변수는 환경설정이 개별 머신에 적용되는 방식에 영향을 주는 명명된 값이다. 일반적으로 매개변수 값을 설정하고 환경설정 템플릿의 공백을 채운다.

CM 시스템은 다양한 변수 관리를 풍부하게 제공한다. 다음은 몇 가지 참고 사항이다.

- 일반적으로 환경설정 베이스 내의 다양한 위치와 콘텍스트로 변수를 정의할 수 있다.
- 각 정의는 그 스코프scope를 갖는다. 스코프 유형은 CM 시스템마다 다르며 단일 머신, 머신 그룹, 특정 오퍼레이션 세트를 포함한다.
- 주어진 콘텍스트에 여러 스코프를 활성화할 수 있다. 스코프는 중첩될 수 있지만 일반적으로는 단순한 공동 작업이다.
- 동일한 변수 값에 여러 스코프를 정의할 수 있으므로 어떠한 형태로든 충돌 해결이 필요하다. 일부 시스템은 값을 병합하지만 대개 우선순위 규칙을 사용하거나 우위 값을 선택하고자 순서를 정의한다.

변수가 스칼라 값을 갖게 제한되지 않는다. 배열과 해시 또한 모든 CM 시스템에서 허용되는 변수 값이다. 일부 오퍼레이션은 스칼라가 아닌 매개변수 값도 허용하지만 그런 값은 일반적으로 개별 오퍼레이션 이상의 수준으로 사용된다. 예를 들면 배열은 다른 매개변수를 이용해 한 번 이상 동일한 오퍼레이션을 적용하는 루프에 열거될 수 있다.

팩트

CM 시스템은 각 환경설정 클라이언트를 조사해 주요 네트워크 인터페이스의 IP 주소 및 OS 유형과 같은 기술적 정보를 확인한다. 그런 다음 이 정보는 변수 값을 통해 환경설정 베이스에서 접근할 수 있다. 다른 변수와 마찬가지로 매개변수 값을 정의하거나 템플릿을 확장하고자 이 값을 사용할 수 있다.

특정 시스템에 관련된 모든 정보를 확인하는 데 시간이 걸린다. 그 결과 CM 시스템은 보통 정보를 캐시해 실행될 때마다 재구축하지 않아도 된다. 특정 구성 흐름에 오래된 구성 데이터가 있는 경우 캐시를 명시적으로 무효화해야 할 수 있다.

모든 CM 시스템은 선언으로 정적 파일을 포함시키거나 대상 머신에 사용자 지정 코드를 실행시켜 대상 머신이 자신의 값을 정보 데이터베이스에 추가할 수 있게 한다. 이러한 기능은 정보 데이터베이스를 통해 접근 가능한 정보의 유형을 확장하고 정적인 구성 정보를 클라이언트 머신으로 이동시키는 데 유용하다.

클라이언트 측 힌트는 클라우드 및 가상 서버를 관리하는 데 특히 유용하다. 인스턴스를 생성할 때 간단히 클라우드 수준의 마커(예, EC2 태그)를 적용하면 환경설정 관리 시스템은 마커를 확인해 적절한 구성을 구체화한다. 그러나 이러한 접근법의 보안 의미를 염두에 둬야 한다. 클라이언트는 보고하는 정보를 제어해 문제가 되는 클라이언트가 환경설정 관리 시스템을 부당하게 이용해서 추가적인 권한을 얻을 수 없게 해야 한다.

CM 시스템에 따라 변수나 정보 영역을 잘 뒤저보면 로컬 콘텍스트 이상의 것을 얻을 수 있다. 현재 호스트에 대한 구성 정보에 접근하는 것 외에도, 다른 로스트에 대한 데이터에 접근하거나 환경설정 베이스 자체의 상태를 조사할 수도 있다. 이는 서버 클러스터 같은 분산 시스템을 조정하는 데 유용한 기능이다.

핸들러 변경

웹 서버의 환경설정 파일을 변경하려면 웹 서버를 다시 시작하는 것이 좋다. 이것이 기본 구성의 일부가 아닌 일종의 이벤트나 상황에 대한 응답으로 실행되는 핸들러의 기본 개념이다.

대부분의 시스템에서 하나 이상의 지정된 오퍼레이션 보고서 세트가 대상 시스템을 변경할 때마다 핸들러가 실행된다. 핸들러는 변경의 정확한 특성에 대해 알려주지 않지만 오퍼레이션과 핸들러 간의 연결이 상당히 구체적이기 때문에 추가 정보는 필요하지 않다.

바인딩

바인딩은 특정 오퍼레이션 집합을 특정 호스트나 호스트 그룹과 연관 지음으로써 기본 환경설정 모델을 완성한다. 또한 팩트나 변수의 값에 의해 정의된 동적 클라이언트 집합에 오퍼레이션을 바인딩할 수 있다. CM 시스템이 로컬 인벤토리 시스템에 정보를 살펴보거나 원격 API를 호출해 호스트 그룹을 정의할 수도 있다.

기본 연결 역할 외에도, 대부분의 CM 시스템에 바인딩은 가변 스코프로 동작한다. 이 기능은 대상 클라이언트의 변수 값을 정의하거나 사용자 지정으로 할당하는 오퍼레이션 동작을 사용자 정의할 수 있게 한다.

주어진 호스트는 다양한 바인딩의 기준과 일치할 수 있다. 예를 들면 노드는 특정 서브넷에 상주할 수 있고 특정 부서에서 관리하거나 명시적으로 지정된 역할(예, 아파치^Apache 웹 서버)을 맡을 수 있다. CM 시스템은 이러한 모든 요소를 고려하고 각 바인딩에 연관된 오퍼레이션을 활성화한다.

호스트에 바인딩이 설정되면 CM 시스템이 타깃에서 순서대로 실행돼야 하는 모든 오퍼레이션을 식별할 수 있도록 CM 시스템의 최상위 "모든 것을 환경설정하라." 메커니즘을 호출할 수 있다.

번들과 번들 저장소

웹 서버 설치, 환경설정 및 실행과 같은 특정 함수를 수행하기 위한 오퍼레이션 모음이 번들^bundle이다. CM 시스템은 배포나 재사용에 적합한 형식으로 번들을 패키징^packaging할 수 있게 한다. 대부분의 경우 디렉터리로 번들을 정의하고 디렉터리 명은 번들 이름으로 정의한다.

CM 공급자는 공식적으로 승인된 번들과 사용자가 기여한 번들 모두 포함돼 있는 공용 저장소^repository를 유지한다. 사용자는 '있는 그대로' 또는 필요에 따라 수정해 사용할 수 있다. 대부분의 CM 시스템은 저장소와 상호작용하기 위한 기본 명령을 제공한다.

환경

환경설정이 관리되는 클라이언트를 기존의 개발, 테스트, 제품 범주^{category}와 같은 여러 '세계'로 분리하는 것이 유용한 경우가 많다. 대규모 설치에서는 새 코드를 점진적('단계적')으로 제품에 출시하는 것과 같은 절차를 지원하고자 훨씬 더 세밀한 구분을 생성할 수 있다.

서로 다른 세계는 일반적으로 환경^{Environments}으로 알려져 있는데, 여기에는 환경설정 관리 콘텍스트 내부와 외부 모두 포함된다. 이는 모든 환경설정 관리 시스템이 사용하는 단일 용어인 것 같다.

제대로 구현된 경우 환경은 단순한 클라이언트 그룹이 아니다. 환경설정의 여러 측면에 영향을 줄 수 있는 추가적인 변형 축이다. 예를 들어 개발 및 운영 환경은 웹 서버 및 데이터베이스 서버 모두가 포함되지만 이러한 역할^{role}을 정의하는 방식에 대한 세부 정보는 환경에 따라 차이가 있다.

예를 들면 개발 환경에서 데이터베이스와 웹 서버는 같은 머신에서 실행시키는 것이 일반적이다. 그러나 운영 환경은 일반적으로 유형마다 여러 서버가 있다. 또한 운영 환경은 로드밸런싱을 하거나 DMZ 프록시^{proxy}로 작동하는 것과 같이 개발 환경에 존재하지 않는 서버 유형을 정의할 수 있다.

환경 시스템은 일반적으로 환경설정 코드를 위한 일종의 파이프라인^{pipeline}으로 간주된다. 머릿속으로 생각을 통해 고정된 클라이언트 그룹이 개발, 테스트 및 운영 환경을 실행한다고 상상할 수 있다. 주어진 환경설정 베이스의 검증을 통해, 최종적으로 가장 중요한 제품 시스템에 도달하기 전에 변경 사항이 적절하게 검사됐음을 보장하면서 한 환경에서 다음 환경으로 전파된다.

대부분의 CM 시스템에서 서로 다른 환경은 같은 환경설정 베이스에 다른 버전일 뿐이다. 깃 사용자라면 깃 저장소의 태그^{tag}로 생각하면 된다. 개발 태그는 대부분 최신 버전의 환경설정 베이스를 가리키고 프로덕션^{production} 태그는 몇 주 전 커밋^{commit}을 가리킨다. 태그는 릴리스가 테스트 및 배포를 거듭하며 나아간다.

서로 다른 환경은 클라이언트에 서로 다른 변수 값을 제공할 수 있다. 예를 들면 네트워크 구성과 접근이 허용된 사용자와 그룹에 대한 세부 사항과 개발에서 사용되는 데이터베이스 자격증명은 제품 시스템에서 사용되는 것과 다를 것이다. 더 자세한 정보는 26장을 참고한다.

클라이언트 인벤토리와 등록

CM 시스템이 클라이언트를 범주로 나누는 다양한 방법을 정의하기 때문에 환경설정 관리를 받는 전반적인 머신의 영역을 잘 정의해야 한다. 관리되는 호스트의 목록은 플랫 파일이나 적절한 관계형 데이터베이스에 있을 수 있다. 어떤 경우 완전히 동적일 수 있다.

환경설정 코드가 배포, 파싱^{parsing}, 실행되는 정확한 메커니즘은 CM 시스템마다 다르다. 대부분의 시스템은 실제로 이것과 관련해 몇 가지 옵션을 제공한다. 다음은 몇 가지 일반적인 접근 방식이다.

- 데몬은 각 클라이언트에서 지속적으로 실행된다. 데몬은 지정된 CM 서버 (또는 서버 그룹)에서 환경설정 코드를 가져온다.
- 중앙 CM 서버는 환경설정 데이터를 각 클라이언트에 푸시^{push}한다. 이 프로세스는 정기적인 스케줄에 맞춰 실행하거나 관리자가 시작할 수 있다.
- 각 관리 노드는 주기적으로 웨이크업^{wakeup}하고 환경설정 베이스의 로컬 클론^{clone}에서 환경설정 데이터를 보고, 자체에 관련 환경설정을 적용하는 클라이언트를 실행시킨다.

환경설정 정보는 민감하고 주로 암호 같은 비밀을 포함하고 있다. 이 데이터를 보호하고자 모든 CM 시스템은 클라이언트와 서버가 서로 인증하고 개인 정보를 암호화하게 하는 방법을 정의한다.

환경설정 관리를 받는 새로운 클라이언트를 넣는 절차는 적절한 클라이언트 측 소프트웨어를 설치하는 것만큼 간단하게 만들 수 있다. 자동 부트스트랩^{bootstrap}을 지원하도록 환경을 구성하는 경우 새로운 클라이언트는 자동으로 해당 구성 서버와 연결시켜 자신을 인증하고 구성 프로세스를 시작할 수 있다. OS 특정 초기화 메커니즘은 일반적으로 클라이언트가 처음으로 부트스트랩되도록 연속 이벤트를 시작한다. 흐름은 그림 A에서 보여준다.

그림 A CM의 관리를 받는 새로운 클라이언트의 초기화 프로세스

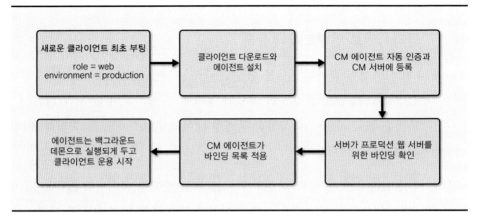

23.4 유명한 CM 시스템 비교

현재 4개의 주요 시스템인 앤서블, 솔트, 퍼핏, 쉐프가 유닉스 및 리눅스 시스템의 일반적인 환경설정 관리 시장을 점유하고 있다. 표 23.1은 이 패키지들에 대한 일부 일반적인 정보를 나타낸다.

표 23.1 주요 환경설정 관리 시스템

언어와 형식					데몬	
시스템	웹 사이트	구현	환경설정	템플릿	서버	클라이언트
앤서블	ansible.com	파이썬	YAML	Jinja	해당되지 않음	해당되지 않음
솔트	saltstack.com	파이썬	YAML	Jinja	선택 가능	선택 가능
퍼핏	puppet.com	루비	커스텀	ERB[a]	선택 가능	선택 가능
쉐프	chef.io	루비	루비	ERB	선택 가능	해당

a. ERB(embedded 루비)는 템플릿에 임베디드 루비 코드를 위한 기본 문법이다.

이 패키지들 모두 비교적 신생이다. 가장 오래된 퍼핏은 2005년에 설립됐다. 이른 시작으로 여전히 가장 큰 시장 점유율을 차지하고 있다. 쉐프는 2009년에 뒤이어 2011년에 솔트, 2012년에 앤서블이 릴리스됐다.

환경설정 관리 소프트웨어의 일반적인 범주는 1993년 마크 버그스^{Mark Burgess}의 CFEngine에 의해 개척됐다. CFEngine은 여전히 주변에 존재하며 여전히 활발히 개발되고 있지만 새로운 시스템이 주요 사용자 기반을 차지하고 있다. 최신 정보는 cfengine.com을 참고한다.

마이크로소프트는 파워셸 요구 상태 환경설정^{PowerShell Desired State Configuration} 형태로 자체 CM 솔루션을 보유하고 있다. 윈도우 세계에서 시작돼 주로 윈도우 클라이언트를 구성하도록 설계됐지만 마이크로소프트는 리눅스 시스템도 구성하도록 확장했다. 표 23.1에 네 가지 시스템 모두 윈도우 클라이언트도 구성할 수 있다는 점을 주목할 필요가 있다.

많은 프로젝트가 환경설정 관리의 특정 서브도메인, 특히 새로운 시스템 프로비저닝(예, 코블러^{Cobbler})과 소프트웨어 배포(예, 패브릭^{Fabric}과 캐피스트라노^{Capistrano})에 중점을 둔다. 이러한 시스템 이면의 일반적인 제안은 특정 문제 영역을 좀 더 자세히 모델링해 더 간단하고 좀 더 목적에 맞는 기능 세트를 제공할 수 있다는 것이다.

필요에 따라 이러한 전문 시스템이 학습 투자에 대한 합리적인 수익률을 제공한다는 사실을 알 수도 모를 수도 있다. 표 23.1과 같은 일반적인 환경설정 관리 시스템이 가능한 모든 활동에 완벽하게 적합한 것은 아니다.

표 23.1의 시스템은 거의 모든 유형의 최신 유닉스 호환 클라이언트 머신에서 작동하지만 항상 지원의 한계가 있다. 쉐프는 호환성도 있고 AIX도 지원한다.

구성 서버 측의 OS 지원(구성 서버를 사용하는 시스템의 경우)은 더 제한적이다. 예를 들어 쉐프는 서버에 RHEL이나 우분투가 필요하다. 그러나 어디서나 실행될 수 있는 컨테이너화된 서버 버전이 보이는 것만큼 큰 장애물은 아니다.

용어

표 23.2는 환경설정 관리 요소에 설명된 개체에 대해 각 예제 CM 시스템에서 사용하는 용어를 보여준다.

표 23.2 환경설정 관리 로제타 스톤

용어	앤서블	솔트	퍼핏	쉐프
오퍼레이션	태스크	스테이트	리소스	리소스
오퍼레이션 유형	모듈	함수	리소스 타입, 프로바이더	프로바이더
오퍼레이션 리스트	태스크	스테이트	클래스, 매니페스트	예제
매개변수	매개변수	프로퍼티	어트리뷰트	어트리뷰트
바인딩	플레이(북)	탑 파일	클래시피케이션, 선언	런 리스트
마스터 호스트	컨트롤	마스터	마스터	서버
클라이언트 호스트	호스트	미니언	에이전트, 노드	노드
클라이언트 그룹	그룹	노드 그룹	노드 그룹	롤
변수	변수	변수	매개변수, 변수	어트리뷰트
팩트	팩트	그레인	팩트	자동 어트리뷰트
통지	통지	레퀴지트	노티파이	노티파이
핸들러	핸들러	스테이트	구독	구독
번들	롤	포뮬라	모듈	쿡북
번들 리포	갤럭시	깃허브	포지	슈퍼마켓

비즈니스 모델

우리가 다루는 모든 제품은 프리미엄^{freemium} 모델 패키지이다. 즉, 기본 시스템은 오픈소스로 무료지만 각 시스템에는 지원, 컨설팅 서비스, 애드온 패키지를 판매하는 기업 후원자가 있다.

이론상 판매사는 애드온을 판매하려는 목적으로 오픈소스 배포에서 유용한 기능을 보류하려는 잠재적 동기를 갖고 있다. 그러나 환경설정 관리 부분에서는 이러한 효과가 분명하지 않다. 소프트웨어 오픈소스 버전이 완전한 기능을 포함하고 있으며 대부분의 사이트에 적절하다.

애드온 서비스는 대개 대규모 조직에 관심을 둔다. 사이트가 이 범주에 해당하는 경우 풀스택 제품의 기능 및 가격과 관련해 환경설정 관리 시스템을 평가할 수 있다. 주요 판매 중점은 일반적으로 지원, 맞춤형 개발, 교육, GUI, 보고, 모니터링 솔루션이다. 이 책에서는 기본, 무료 버전만 설명한다.

아키텍처 옵션

이론적으로 CM 시스템은 서버를 필요로 하지 않는다. 소프트웨어는 구성 중인 머신에서만 실행시킬 수 있다. 각 대상 호스트에 환경설정 베이스를 복사하고 간단히 "여기에서 이 사양에 따라 구성하라."라는 명령을 실행하면 된다.

현실에서 환경설정 정보를 클라이언트로 푸시[push]하고 실행하는 세부 정보에 대해 고민할 필요가 없다. '어디에서 로그인하고 있는지, 환경설정 베이스의 클론을 갖고 있는지'로 마스터 시스템이 정의된다 하더라도 CM 시스템은 항상 중앙 집중식 제어를 위한 대비를 한다.

앤서블은 데몬을 전혀 사용하지 않는다(sshd 제외). 이는 흥미롭게 단순화돼 있다. 서버 관리자(또는 cron job)의 ansibleplaybook 명령을 받으면 환경설정이 실행된다. ansibleplaybook은 SSH를 통해 적절한 원격 명령을 실행시키고 환경설정이 완료된 후 클라이언트 머신에 존재의 흔적을 남기지 않는다. 클라이언트 머신에 대한 유일한 요구 조건은 SSH를 통해 접근할 수 있어야 하고 파이썬 2가 설치돼 있어야 한다는 것이다.[2]

솔트, 퍼핏, 쉐프는 마스터와 클라이언트 측 데몬을 모두 포함하고 있다. 전형적인 배포 시나리오는 관계 양쪽 모두에서 데몬을 실행하고 이것이 대부분의 문서에 설명돼 있는 환경이다. 또한 서버 없이 이들 각각을 실행시킬 수 있지만 이런 구성은 일반적이지 않다.

데몬을 가진 CM 시스템은 데몬이 없는 경우(예, 앤서블)에 비해 더 무겁고 더 복잡하다고 가정할 수 있지만 반드시 그런 것은 아니다. 솔트와 퍼핏의 경우 데몬은 일을 용이하게 하고자 촉진 및 가속시킨다. 이는 유용하지만 선택할 수 있다. 그리고 이들이 일부 고급 기능을 활성화함에도 불구하고 시스템의 기본 아키텍처를 변경하지 않는다. 원한다면 데몬 없는 시스템을 실행시킬 수 있고 손쉽게 환경설정 베이스를 복제할 수 있다. 솔트에는 앤서블과 유사하게 작동하는 SSH 기반 모드도 있다.

---

2. 시스템에 따라 파이썬 애드온이 한두 개 필요할 수 있다. 예를 들면 페도라(Fedora)는 python-dnf 패키지를 필요로 한다.

그렇다면 왜 많은 선택적 데몬을 갖고 꾸물거리고 있는가? 몇 가지 이유가 있다.

- 더 빠르다. 앤서블은 클라이언트 측 캐싱 부족과 SSH로 인한 성능 제한을 극복하고자 노력하지만 여전히 솔트에 비해 눈에 띄게 더 느리다. 여러분이 시스템 관리 서적을 읽을 때 10초는 금방 지나간다. 그러나 중단 문제를 해결하는 과정 중, 특히 수십 또는 수백 명의 클라이언트를 해결해야 할 때는 시간이 멈춘 것 같이 느껴진다.
- 일부 기능은 중앙 조정 없이 존재할 수 없다. 예를 들면 솔트는 클라이언트가 전체 디스크 같은 이벤트를 구성 마스터에게 알리게 한다. 그런 다음 일반적인 환경설정 관리 기능을 통해 이러한 이벤트에 응답할 수 있다. 중앙 연결 포인트가 있으면 다양한 클라이언트 간 데이터 공유 기능을 용이하게 한다.
- 마스터 측 데몬만 실제로 관리적 복잡성의 잠재적인 원인이 된다. CM 시스템은 데몬이 포함돼 있는지에 대한 여부와 관계없이 클라이언트 부트스트랩을 한 줄 오퍼레이션으로 만들고자 노력한다.
- 클라이언트와 서버 모두 활성화된 에이전트가 존재하면 단방향 구성에서는 이용할 수 없는 다양한 아키텍처 옵션을 둔다.

아키텍처 면에서 쉐프는 서버 데몬이 개념 모델의 최상위 개체라는 점에서 환경설정 관리 시스템 중 특이한 시스템이다. 솔트와 퍼핏은 디스크에 일반 텍스트 파일로 직접 구성 데이터를 제공한다. 변경하려면 간단히 파일을 편집하면 된다. 반대로 쉐프 서버는 불투명하고 신뢰할 수 있는 구성 정보 소스다. 변경 사항은 knife 명령으로 서버에 업로드시켜야 한다. 그렇지 않으면 클라이언트에서 이용할 수 없다(그러나 쉐프도 chef-solo의 형태로 서버리스 오퍼레이션 모드를 갖고 있다).

서버풀serverful 시스템 자체를 홍보하는 것이 아니라 단순히 CM 시스템 간 주요 결함 줄이 쉐프와 그 밖의 것들 사이에서 실행된다는 점을 지적하기 위한 것이다. 앤서블, 솔트, 퍼핏 모두 거의 같고 적당한 수준의 전체적인 복잡성을 가진다. 쉐프는 특히 대규모 추가 모듈 줄이 믹스mix에 추가된 경우 유지 보수하고 완전히 익히는 데 훨씬 더 많은 투자를 요구한다.

서버리스serverless 모델로 인해 앤서블은 환경설정 관리에 일종의 '쉬운 선택'으로 태그가 붙는 경우가 종종 있다. 그러나 실제로 솔트와 퍼핏의 기본 아키텍처는 비슷하게 접근할 수 있다.[3] 이를 고급 옵션으로 간주하지 않는다.

그 반대도 마찬가지다. 앤서블은 집중 시간이 짧은 시스템 관리자를 위한 단순한 초보자 시스템 그 이상이다. 이런 맥락에서 볼 때 부진한 성능이 점점 더 명확해지긴 하지만 복잡한 사이트에 적합한 선택이다.

언어 선택

앤서블과 솔트는 파이썬으로 작성됐다. 퍼핏과 쉐프는 루비로 작성됐다. 그러나 쉐프의 경우를 제외하고 이 정보는 처음 생각했던 것보다는 관련성이 적다.

일반적인 앤서블이나 솔트 환경설정에는 보이는 파이썬 코드가 없다. 이런 시스템 모두 주요 환경설정 언어로 YAML(JSON이라고도 알려진 자바스크립트 객체 표기법을 대체하는 구문)을 사용한다. YAML은 구조적인 데이터일 뿐 코드가 아니므로 환경설정 관리 시스템이 할당한 해석 외에 고유한 동작은 없다.

다음은 SSH 서비스가 활성화돼 실행되고 있는 간단한 솔트 예제다.

```
ssh.server.run_ssh:
    service:
        - name: sshd
        - running
        - enable: true
```

YAML 파일을 더 동적으로 표현하고자 앤서블과 솔트 모두 템플릿 시스템 진자 2[Jinja2]를 전처리기로 보강한다.[4] 진자는 파이썬에 근거를 두고 있지만 단순한 파이썬 래퍼는 아니다. 사용 시에는 실제 프로그래밍 언어라기보다 템플릿 시스템처럼 느껴진다. 앤서블보다 진자에 더 많이 의존하는 솔트도 진자 코드에 너무 많은 로직을 넣지 않도록 주의해야 한다.

---

3. 고급 기능과 다소 독특한 문서를 무시하면 솔트가 가장 간단한 시스템이라는 강력한 사례를 만들 수 있다.
4. 공정하게 솔트는 실제로 형식과 전처리기에 제한되지 않고 여러 입력 파이프라인(원시 파이썬 포함)을 즉시 지원한다. 그러나 진자와 YAML의 잘 닦인 길을 벗어나는 것은 문서와 나머지 세계를 등지는 것을 의미한다. 솔트에 완전히 익숙해질 때까지 최대한 연기하는 것이 좋다.

요점은 사용자 지정 오퍼레이션 유형을 작성하거나 파이썬에 명시적 이스케이프를 사용하지 않는 이상 앤서블과 솔트 세계에서 파이썬을 자주 접하지 않는다는 것이다[5](그러나 고유 코드를 통한 CM 시스템 확장이 실제로 아주 쉽고 매우 유용할 수 있다).

퍼핏과 쉐프 모두 도메인 특정 언어인 루비를 주요 구성 시스템으로 사용한다. 쉐프의 버전은 웹 개발 세계에서 레일즈^{Rails}의 환경설정 관리 유사품과 매우 유사하다. 즉, 환경설정 관리를 용이하게 하도록 설계된 몇 가지 개념을 더해 확장했지만 여전히 루비다. 예를 들면 다음과 같다.

```
service 'sshd' do
    supports :restart => true, :status => true
    action [:enable, :start]
end
```

대부분의 환경설정 관리 태스크는 루비의 이면을 자세히 살펴보지 않고 수행할 수 있지만 필요한 경우 루비의 모든 기능을 사용할 수 있다. 루비와 쉐프가 더 익숙하게 됨에 따라 깊이 숨겨둔 부분을 높이 평가하게 될 것이다.

반대로 퍼핏은 루비와 개념적으로 독립하고 구현 단계로만 사용하고자 많은 작업을 수행했다. 루비가 내부에 남아있고 루비 코드의 주입을 처리할 수 있지만 퍼핏 언어는 프로그래밍 언어보다 YAML과 같은 선언적 시스템과 더 유사한 자신의 고유 구조를 갖고 있다.

```
service {
    "ssh":
    ensure => "running",
    enable => "true"
}
```

퍼핏은 이 아키텍처를 이용하는 관리자에게 어떤 호의도 베풀지 않는다. 루비에 대한 기존 지식을 활용(또는 퍼핏 경험을 이용해서 루비에 쉽게 다가가는)하는 대신 퍼

---

5. 기술 리뷰어 중 한 명인 존 코벳(Jon Corbet)은 이러한 시스템은 끔찍하게 잘못될 때까지 파이썬을 그다지 표출하지 않는다는 데 동의한다. 표시하지 않는다. "그 시점에 파이썬 역추적 기술과 데이터 구조 표현에 익숙하면 많은 도움이 된다."라고 덧붙였다.

핏은 자체적인 격리 세계를 정의할 뿐이다.

종속성 관리 옵션

환경설정 관리 시스템이 그들의 데이터를 구조화하는 방법에 관계없이 주어진 클라이언트에 대한 작업 목록은 궁극적으로 클라이언트가 실행해야 하는 오퍼레이션 집합으로 요약된다. 이러한 오퍼레이션 중 일부는 실행 순서 종속성이 있지만 일부는 그렇지 않다.

예를 들면 웹 애플리케이션이 파일을 소유하는 데 사용될 수도 있는 www 사용자 계정을 설치하기 위한 다음 앤서블 태스크를 고려해보자.

```
- name: Ensure that www group exists
  group: name=www state=present

- name: Ensure that www user exists
  user: name=www group=www state=present createhome=no
```

보통 www 사용자가 www라는 이름의 전용 그룹을 갖길 바란다. 앤서블의 **user** 모듈은 자동으로 그룹을 생성하지 않으므로 별도의 단계가 수행돼야 한다. 그룹 생성은 www 계정 생성 이전에 수행돼야 한다. **user** 오퍼레이션에 존재하지 않는 **group**을 지정하는 것은 오류다.

앤서블은 구성에 표시된 순서대로 오퍼레이션을 실행해 이 구성의 코드 조각도 잘 작동한다. 쉐프 역시 이러한 방식으로 작동한다. 데이터보다 코드를 재정렬하는 것이 훨씬 더 어렵기 때문이다. 쉐프는 원한다고 해서 코드를 확실하게 나눌 수도 없고 적합해보인다고 해서 조각을 조립할 수도 없다.

반대로 퍼핏과 솔트는 종속성을 명시적으로 선언할 수 있다. 예를 들면 솔트에서 동등한 상태 세트는 다음과 같다.

```
www-user:
  user.present:
         - name: www
         - gid: www
```

```
            - createhome: false
            - require:
                - www-group

    www-group:
        group.present:
            - name: www
```

극적인 효과를 위해 여기서 오퍼레이션 순서를 뒤집었다. 그러나 **require** 선언으로 인해 소스 파일에 나타나는 것과 무관하게 오퍼레이션은 올바른 순서로 실행된다. 다음 명령은 환경설정을 적용한다.

```
$ sudo salt test-system state.apply order-test
test-system:
----------
          ID: www-group
    Function: group.present
        Name: www
      Result: True
     Comment: Group www is present and up to date
     Started: 23:30:39.825839
    Duration: 3.183 ms
     Changes:
----------
          ID: www-user
    Function: user.present
        Name: www
      Result: True
     Comment: User www is present and up to date
     Started: 23:30:39.829218
    Duration: 27.435 ms
     Changes:

Summary for test-system
------------
Succeeded: 2
Failed: 0
------------
Total states run: 2
```

명명된 전제조건이 현재 오퍼레이션 이전에 실행됨을 보장하고자 **require** 매개변수를 모든 오퍼레이션(솔트의 'state')에 추가한다. 솔트는 종속성 관계의 다양한 유형을 정의하며 선언은 관계의 양측에 나타날 수 있다.

퍼핏도 비슷하게 작동한다. 또한 일부 일반적인 상황에서 자동으로 추론해 종속성을 선언하는 수고를 덜어준다. 예를 들어 특정 그룹 이름을 정하는 사용자 구성은 자동으로 해당 그룹을 구성하는 리소스에 자동으로 종속된다.

그렇다면 구성 순서가 자연스럽고 수월해 보일 때 종속성을 명시적으로 선언하는 이유가 무엇일까? 솔트와 퍼핏 모두 표현 순서가 중요한 하이브리드 종속성 모델로 움직일 때 분명히 많은 관리자는 이런 질문을 해왔을 것이다. 그러나 이는 주어진 환경설정 파일의 요소일 뿐이다. 파일 간 종속성은 여전히 명시적으로 선언돼야 한다.

종속성 선언의 주요 이점은 구성을 좀 더 탄력적이고 명시적으로 만든다는 것이다. CM 시스템은 문제가 발생한 첫 징후가 보여도 구성 프로세스를 중단할 의무가 없다. 장애로 후속 작업에 미칠 영향에 대해 알고 있기 때문이다. 하나의 종속성만 중단하고 나머지는 계속할 수 있다. 훌륭하지만 종속성 선언에 대한 추가 작업에 대한 큰 보상은 아닌 것 같다.

이론적으로 종속성 정보를 알고 있는 CM 시스템은 특정 호스트에서 독립적인 오퍼레이션 체인의 실행을 병렬화할 수 있다. 그러나 솔트나 퍼핏 모두 이런 위업을 시도하지 않는다.

쉐프에 대한 일반적인 의견

다양한 규모의 조직에서 주류 CM 패키지 배포를 봤고 모두 엔트로피 경향을 보인다. '앤서블 접근 옵션' 절에 정리정돈의 몇 가지 힌트가 있다. 그러나 훨씬 더 근본적인 규칙rule은 환경에 도움이 되는 것보다 더 복잡한 것을 피하는 것이다.

현실에서는 여러분이 쉐프 영역에 있는지 여부를 명확히 해야 함을 의미한다. 쉐프는 크게 생각한다. 쉐프를 최대한 활용하려면 다음이 필요하다.

- 환경설정 관리 중인 수백 또는 수천대의 시스템
- 동일하지 않은 권한과 경험이 있는 관리 직원(쉐프의 내부 권한 시스템 및 여

러 인터페이스가 여기에서 매우 유용하다)

- 실행해야 하는 특정 보고, 규정 준수, 규제 사항
- 쉐프 경험 없는 새로운 팀원을 교육할 수 있는 인내

물론 단일 머신에서 무료로 쉐프 독립형을 실행시킬 수 있다. 아무도 막지 않는다. 그러나 여러분이 사용하지 않는 많은 엔터프라이즈 수준의 기능에 대한 인지적 오버헤드는 여전히 지불해야 한다. 이는 아키텍처와 문서에 있다.

우리는 쉐프를 좋아한다. 다른 대안보다 더 완전하고, 견고하며, 확장할 수 있다. 그러나 핵심은 앤서블, 솔트, 퍼핏과 동일한 기본을 수행하는 또 다른 환경설정 관리 시스템이다. 쉐프를 긴 안목으로 보며 그저 '가장 강력하기 때문에'(또는 '루비 사용'은 말할 것도 없이) 채택하려는 유혹에 넘어가지 말자.

초보자가 쉐프를 이용해 속도를 높이는 것은 의미 있는 도전이며, 특히 이전에 환경설정 관리 경험이 없는 사람에게 더 그러함을 알 수 있다. 쉐프는 다른 시스템보다 개발자의 사고방식이 더 필요하다. 이전에 프로그래밍 경험이 있는 것이 도움이 된다.

쉐프의 속성 우선 시스템은 강력하지만 좌절의 원인이 될 수도 있다. 식도락가와 인터넷 밈Internet-meme 명명법의 독특한 조합은 성가시고 유익하지 않다. 쿡북cookbook 간 종속성을 해결하는 것은 만만치 않다. 때로는 업스트림 종속성도 깨지고 모든 종속성을 특정 버전에 고정해야 함을 기억하지 않는다면 모든 시스템에서 문제가 발생한다.

퍼핏에 대한 일반적인 견해

퍼핏은 4개의 주요 CM 시스템 중 가장 오래 됐고 가장 큰 설치 기반을 가진 시스템이다. 많은 사용자, 많은 사용자 기여 모듈, 무료 웹 GUI가 있다. 그럼에도 최근 경쟁자들에게 꾸준히 시장 점유율을 잃고 있다. 명확히 중간에 위치함으로써 퍼핏은 시장 양쪽에서 압력을 받고 있다. 수천의 호스트를 관리할 때 문제가 발생하는 서버 측 병목현상으로 유명하며 지난 몇 년 동안 여러 주요 퍼핏 배포에서 이를 포기했다(가장 공개적으로 솔트를 채택한 Lyft). 오늘날 이러한 대규모 시나리오는 계층

화된 쉐프나 솔트 네트워크에서 더 잘 처리되는 것 같다.

소규모 배포 무대에서 앤서블과 솔트는 진입 장벽이 상대적으로 낮아 심각한 도전이 되고 있다. 앞에서 설명했듯 퍼핏은 본질적으로 복잡하지 않다. 그러나 일부 역사적인 짐을 끌고 있어 신규 이용자를 방해하는 경향이 있다. 예를 들면 비교적 적은 오퍼레이션이 퍼핏 코어에 내장된다. 대부분의 사이트는 기본 구성을 완성하고자 사용자 기여 모듈을 찾아야 할 것이다.

주관적인 생각은 퍼핏이 설계와 개발 초기에 잘못된 시작을 겪었다는 것이다. 퍼핏은 이러한 문제들을 바로잡고자 노력했지만 역사와 퇴보하는 호환성이 현재 제품에 불가피한 피해를 입혔다.

퍼핏이 루비의 황금 보물을 퍼핏 구성 언어인 석탄 덩어리로 변환한다고 해서 도움이 되는 것은 아니다. 루비는 애매했고 스타덤에 오를 레일즈^{Rails}가 아직 무대에 등장하지 않았던 2005년에는 현명한 결정이었을 것이다. 요즘에는 퍼핏 환경설정 언어는 불필요해보인다.

이러한 문제 중 어느 것도 큰 문제는 아니지만 퍼핏은 그런 우려를 상쇄할 명확하고 강력한 이점이 없는 것 같다. 퍼핏이 권장 옵션으로 등장했던 지난 몇 년 동안에 작성된 비교 검토에 대해서는 알지 못한다.

물론 기존 퍼핏 설치를 이어서 사용하는 경우 즉시 대체품을 찾을 필요는 없다. 퍼핏도 잘 작동한다. 이러한 시스템 간의 차이는 대부분 스타일과 불충분한 이점의 문제다.

앤서블과 솔트에 대한 일반적인 견해

앤서블과 솔트 모두 좋은 시스템이며 주요 사이트에서 이 시스템 중 하나를 권장한다.

앤서블과 솔트를 소개하는 절에서 이 시스템 모두를 자세히 살펴본다. 각 절에서 시스템의 구성 구문과 일상적인 사용의 일반적인 특정을 검토한다.

앤서블과 솔트는 표면상 믿을 수 없을 정도로 비슷해보인다. 이는 주로 기본 형식으로 YAML과 진자를 사용하고 있기 때문이다. 그러나 내부적으로는 이보다 더 다를 수 없다. 따라서 앤서블과 솔트의 직접적인 비교는 뒤로 미루고 일단 모두에 대해 더 자세히 알아본다.

시스템을 살펴보기 전에 YAML 자체를 살펴보자.

YAML: 과장됨

앞서 언급했듯이 YAML은 JSON의 대체 구문일 뿐이다. 예를 들어 다음은 앤서블을 위한 YAML이다.[6]

```
- name: Install cpdf on cloud servers
  hosts: cloud
  become: yes
  tasks:
    - name: Install OCAML packages
    package: name={{ item }} state=present
    with_items:
      - gmake
      - ocaml
      - ocaml-opam
```

이는 다음 JSON와 같다.

```
[{
    "name": "Install cpdf on cloud servers",
    "hosts": "cloud",
    "become": "yes",
    "tasks": [{
        "name": "Install OCAML packages",
        "package": {
            "name": "{{ item }}",
            "state": "present",
        },
        "with_items": [ "gmake", "ocaml", "ocaml-opam" ]
    }]
}]
```

---

6. 이론상 YAML 문서는 한 줄에 세 개의 대시로 시작해야 하며 앤서블 문서는 종종 이러한 관례를 따른다. 그러나 이 'YAML 문서 시작' 줄은 퇴화됐다. 우리가 아는 한 모든 경우 안전하게 생략할 수 있다.

JSON에서 대괄호는 배열을 의미하고 중괄호는 해시를 의미한다. 콜론은 해당 키와 값을 구분한다. 이런 구분 기호는 YAML에서 직접 나타낼 수 있지만 YAML은 또한 파이썬처럼 구조를 나타내는 들여쓰기도 이해한다.

앤서블과 솔트는 실제로 JSON 기반 세계이므로 앞의 YAML 예제가 JSON에 매핑되는 방식을 이해하는지 잠시 확인하자. YAML은 간단한 표현 방법일 뿐이다. YAML 버전이 좀 더 특이하기 때문에 아래에서 앤서블을 선택하지만 대부분의 일반적인 점은 솔트에도 적용된다.[7]

분명 YAML 버전은 JSON 버전보다 더 읽기 쉽다. 문제는 YAML 자체가 아니라 오히려 환경설정 관리 시스템에서 발견되는 복잡한 데이터를 JSON의 틀에 억지로 맞추려는 내재된 타협이다.

YAML은 단순한 데이터 구조를 나타내는 데 적합하지만 임의의 복잡성으로 확장할 수 있는 도구는 아니다. 그 모델에 균열이 나타나는 경우 이것을 여러 가지 임시 수정으로 덮어야 한다.

앞의 예제에 이미 패치가 포함돼 있다.

```
package: name={{ item }} state=present
```

`{{ item }}` 부분은 무시하라. 진자 확장일 뿐이다. 여기서 진짜 문제는 `name=value` 구문이다. 이것은 실제로 서브해시를 정의하기 위한 비표준 축약형이다.

```
package:
    name: {{ item }}
    state: present
```

실제로는 다르다. 앤서블은 진자 확장으로 시작하는 해시 값을 허용하지 않기 때문이다. 진자 용어는 다음과 같이 인용문을 표시해야 한다.

---

7. 다시 한 번 솔트파는 이러한 시스템에 대한 실질적인 의존성은 없기 때문에 솔트가 YAML과 진자에 대한 비난을 받을 수 없다고 항의할 것이다. 여러 대안 중 하나를 자유롭게 사용할 수 있다. 그게 사실이다. 하지만 투표를 하지 않았기 때문에 국가 정부에 대한 책임이 없다고 말하는 것과 비슷하다.

```
package:
    name: "{{ item }}"
    state: present
```

오퍼레이션이 '자유 형식' 인수를 허용하면 어떻게 될까?

```
- name: Cry for help
  shell: echo "Please, sir, I just want the syntax to be consistent"
  args:
    warn: no
```

겉보기에는 그렇게 나쁘게 보이지 않는다. 그러나 실제로 무슨 일이 일어나는지 생각해보자. shell은 오퍼레이션 유형이고 warn은 이전 예제에 state가 package의 매개변수인 것처럼 shell의 매개변수다. 그렇다면 별도의 args 딕셔너리는 어떤 역할인가?

셸은 보통 주요 인자(실행할 shell 명령)로 복잡한 문자열을 갖고 있으므로 인자 값으로 매개변수 해시 대신 문자열을 받아들이는 특정 유형의 오퍼레이션으로 만들어졌다. args 딕셔너리는 실제로 셸 오퍼레이션이 아닌 태스크 항목 래퍼의 속성이다. 그 내용은 전체 구성 작업을 대신해줄 셸 오퍼레이션에 묵시적으로 채워진다.

문제없으니 계속하면 된다. 그러나 상대적으로 기본적인 예제를 뒤죽박죽으로 만드는 것은 혼란스럽다.

문제는 이런 특정 시나리오가 아니다. 구성 데이터를 JSON 형식으로 하도록 강요하는 데 필요한 극단적인 경우 모호함, 타협이 끊임없이 쏟아져 나온다는 것이다. 특정 인수가 오퍼레이션에 포함되는가? 상태에? 바인딩에? 모두 큰 JSON 계층 구조이므로 대답은 그리 명확하지 않다.

'클라우드 서버에 cpdf 설치' 플레이 북을 다시 살펴보자. with_items가 패키지와 동일한 수준에 있고 이름과 상태(실제 논리적으로 패키지 아래 있다)는 동일한 수준이 아니어야 한다는 것이 확실한가? 아마 아닐 것이다.

YAML 접근법의 근본적인 의도는 칭찬할 가치가 있다. 사람들이 이미 알고 있는 기존 형식을 사용하고 구성 정보를 코드 대신 데이터로 표현하기 때문이다. 그러나 이러한 시스템에는 실제 프로그래밍 언어에서 허용되지 않을 것 같은 구문이 있다.[8]

23.5 앤서블 소개

앤서블은 서버 데몬이 아니며 클라이언트에 자체 소프트웨어를 설치하지 않는다. 클라이언트를 관리하려는 시스템에 설치하는 명령 세트(특히 ansible-playbook, ansible-vault, ansible)일 뿐이다.

패키지명은 시스템마다 다르지만 표준 OS 수준 패키지를 앤서블에서 널리 사용할 수 있다. RHEL과 센트OS에서는 마스터 시스템에 EPEL 저장소가 활성화돼 있는 확인한다. 대부분 그렇듯이 OS별 패키지는 최신에 비해 시대에 뒤떨어져 있다. 패키지 관리자를 포기해도 괜찮다면 앤서블은 깃허브 저장소(ansible/ansible)나 **pip**을 통해 쉽게 설치할 수 있다.[9]

앤서블의 마스터 환경설정 파일의 기본 위치는 /etc/ansible/ansible.cfg다(대부분의 애드온과 마찬가지로 FreeBSD는 앤서블 디렉터리를 /usr/local/etc로 옮긴다). 기본 ansible.cfg 파일은 짧고 가볍다. 권장하는 유일한 변경 사항은 마지막에 다음과 같은 줄을 추가하는 것이다.[10]

```
[ssh_connection]
pipelining = true
```

이 줄은 성능을 상당히 향상시키는 SSH 기능인 파이프라이닝을 시작한다. 파이프라이닝은 클라이언트의 **sudo**가 대화형 터미널을 요구하도록 구성하지 않아야 한다. 이것이 기본값이다.

---

8. 환경설정 관리 시스템에 사용되는 YAML의 느슨함에도 불구하고 그 사양은 실제로 상당히 길다. 실제로 전체 Go 프로그래밍 언어의 사양보다 길다.

9. pip은 파이썬용 패키지 관리자다. pip install ansible을 사용해 최신 버전의 PyPI(Python Package Index)를 가져온다. 배포의 패키징 시스템에서 먼저 pip을 설치해야 한다.

10. ansible.cfg가 YAML 대신 .ini 형식을 사용하는 것이 기이하다. 우리는 이에 대한 이유를 모른다.

/etc/ansible 아래에 구성 데이터를 보관하려면 sudo를 사용해 변경하고 하나의 특정 서버 머신을 연결해야 한다. 혹은 자신의 계정 아래에서 사용하도록 앤서블을 쉽게 설정할 수 있다. 서버는 다른 시스템에 도달하고자 ssh를 실행하므로 서버 측에서 권한 있는 명령을 실행해야 하는 것이 아니라면 루트 권한은 필요하지 않다.

다행스럽게도 앤서블은 시스템 전체와 개인 구성을 쉽게 결합할 수 있다. 시스템 전체 구성을 제거하면 안 된다. ~/.ansible.cfg를 생성하고 인벤토리 파일과 롤 디렉터리의 위치를 설정함으로써 이를 숨긴다.

```
[defaults]
inventory = ./hosts
roles_path = ./roles
```

인벤토리^{inventory}는 클라이언트 시스템 목록이다. 롤^{role}은 클라이언트 구성을 다양한 측면으로 추상화하는 번들이다. 곧 이 두 가지 주제로 돌아갈 것이다.

여기서는 두 위치를 모두 상대 경로로 정의한다. 환경설정 베이스의 클론에 cd하고 정해진 명명 규칙을 따른다고 가정한다. 앤서블은 또한 여러분이 고정 경로를 선호하는 경우 home 디렉터리에 대한 셸의 ~ 표기법도 이해한다(앤서블은 거의 모든 곳에서도 ~를 허용한다).

앤서블 예제

자세히 살펴보기 전에 먼저 몇 가지 기본적인 앤서블 오퍼레이션을 확인하는 작은 예제를 살펴본다.

다음은 새로운 시스템에 sudo를 설정하는 예제다(필요에 따라 예를 들면 FreeBSD에서는 기본적으로 sudo를 포함하고 있지 않다).

1. sudo 패키지 설치
2. 표준 sudoers 파일을 서버에서 복사해 로컬에 설치
3. sudoers 파일이 적절한 권한과 소유권이 있는지 확인
4. 'sudo'라는 유닉스 그룹 생성

5. 로컬 머신에 계정을 가진 모든 시스템 관리자를 sudo 그룹에 추가

다음 앤서블 코드는 이런 단계를 구현한 것이다. 이 코드는 앤서블에 대한 몇 가지 요점을 설명하도록 설계됐으므로 관용법에 맞는 앤서블 코드 예제는 필요하지 않다.

```
- name: Install sudo package
  package: name=sudo state=present

- name: Install sudoers file
  template:
    dest: "{{ sudoers_path }}"
    src: sudoers.j2
    owner: root
    group: wheel
    mode: 0640

- name: Create sudo group
  group: name=sudo state=present

- name: Get current list of usernames
  shell: "cut -d: -f1 /etc/passwd"
  register: userlist

- name: Add administrators to the sudo group
  user: name={{ item }} groups=sudo append=true
  with_items: "{{ admins }}"
  when: "{{ item in userlist.stdout_lines }}"
```

이 명령문은 셸 스크립트처럼 순서대로 적용된다.

이중 중괄호(예, {{admins}})에 둘러싸인 표현식은 변수 확장이다. 앤서블은 유사한 방식으로 팩트^{Fact}를 삽입한다. 이런 종류의 매개변수 관리 유연성은 환경설정 관리 시스템의 공통 특성이며 원시 스크립트에 비해 갖는 주요 이점 중 하나다. 한 곳에서 일반적인 순서를 정의하고 다른 곳에서 구성 세부 사항을 정의한다. 그런 다음 CM 시스템은 전역 사양을 지우고 적절한 매개변수가 각 대상 호스트에 적용됐는지 확인한다.

sudoers.j2 파일은 Jinja2 템플릿으로 대상 머신에서 sudoers 파일이 되게 확장된다. 템플릿은 정적 텍스트로 구성되거나 자체 내부 논리와 변수 확장을 가질 수 있다.

템플릿은 보통 환경설정과 함께 동일 깃 저장소에 보관돼 구성이 적용될 때 원스톱 쇼핑이 가능하다. 템플릿을 복사할 수 있는 별도의 파일 서버를 유지할 필요가 없다. 환경설정 관리 시스템은 템플릿을 설치하고자 대상 호스트에 대한 기존 접근을 사용하므로 자격증명 관리를 한 번만 설정하면 된다.

몇 가지 다듬어지지 못한 것들을 해결해야 했다. 여기서 시스템 관리자를 sudo 유닉스 그룹에 추가하는 데 사용된 앤서블의 user 모듈은 일반적으로 지정된 계정이 존재하는지 확인하고 없다면 계정을 생성한다. 이 시나리오에서는 이미 존재하는 계정에만 영향을 주려는 것이므로 사용자 수정을 허용하기 전에 각 계정의 존재 여부를 수동으로 살펴봐야 한다.[11]

이를 위해 구성은 셸 명령 cut -d: -f1 /etc/passwd을 실행해 기존 계정 목록을 얻고 userlist 이름 아래 출력을 캡처(등록)한다. 원칙적으로 sh 줄과 비슷하다.

```
userlist=$(cut -d: -f1 /etc/passwd)
```

admins 변수(with_items : "{{admins}}")에 나열된 각 계정은 별도로 고려된다. 차례가 되면 계정 이름을 변수 item에 할당한다(이름 item은 앤서블 규칙이다. 환경설정은 이를 지정하지 않는다). cut 명령의 출력(when절)에서 찾은 각 계정에 대해 user 절이 호출된다.

이 구성을 특정 대상 호스트 세트에 바인딩하고 앤서블에 루트로 변경하도록 지시하는 아직 보여주지 않은 추가 부분이 있다. 해당 바인딩을 활성화하면(ansibl-playbook example.yml 실행), 앤서블은 여러 대상 호스트를 병렬로 구성하는 작업을 시작한다. 오퍼레이션이 실패하면 앤서블은 오류를 보고하고 오류를 일으킨 호스트에서 작업을 중지한다. 다른 호스트들은 완료될 때까지 계속할 수 있다.

클라이언트 설정

앤서블은 각 환경설정 관리 클라이언트에서 다음 세 가지를 요구한다.

---

11. 좀 더 일반적인 시나리오에서는 환경설정 관리 시스템이 관리자 계정 설정뿐만 아니라 sudo 접근도 담당한다. 두 기능에 대한 구성 사양은 동일한 관리자 변수를 참조하므로 충돌 가능성이 없으며 각 계정 이름을 확인할 필요가 없다.

- SSH 접근
- sudo 권한[12]
- 파이썬 2 인터프리터

클라이언트가 리눅스 클라우드 서버라면 즉시 앤서블에 접근할 수 있다. 기본적으로 sudo나 파이썬을 설치하지 않는 FreeBSD와 같은 시스템은 약간 더 조정이 필요하지만 일반적인 파이썬 래퍼 없이 원격으로 명령을 실행하는 raw 오퍼레이션으로 앤서블을 통해 초기 부트스트랩 중 일부를 수행할 수 있다. 또는 자신만의 부트스트랩 스크립트를 작성할 수도 있다.

앤서블 클라이언트를 설정할 때 몇 가지 선택을 해야 한다. '앤서블 접근 옵션' 절에서 합리적인 계획을 제안한다. 하지만 지금은 클라이언트 전용의 '앤서블' 사용자를 생성하고 적절한 SSH 키가 기본 세트에 있으며 sudo 암호를 직접 입력한다고 가정하자.

클라이언트는 앤서블에 스스로를 소개하지 않으므로 앤서블 호스트 인벤토리에 해당 클라이언트를 추가해야 한다. 기본적으로 인벤토리는 /etc/ansible/hosts라는 단일 파일이다.

앤서블의 한 가지 좋은 기능은 환경설정 파일을 동일한 이름의 디렉터리로 바꿀 수 있다는 것이다. 그런 다음 앤서블은 디렉터리가 포함하고 있는 파일의 내용을 병합한다. 환경설정 베이스를 구조화하는 데 유용한 기능으로 동적 정보를 통합하는 앤서블의 방법이기도 하다. 특정 파일이 실행 가능한 경우 앤서블은 이를 실행시키고 파일을 직접 읽는 대신 출력을 캡처한다.[13]

이러한 집합 기능은 매우 유용하고 매우 일반적으로 사용되므로 대부분의 환경설정 파일의 미숙한 플랫 파일 단계를 우회해 직접 디렉터리로 건너뛸 것을 권장한다. 예를 들어 /etc/ansible/hosts/static(또는 개인 환경설정 베이스의 ~/hosts/static)에 다음 줄을 추가해 앤서블 클라이언트를 정의할 수 있다.

---

12. 앤서블은 실제로 sudo 접근이 필요하지 않다. 보통 그러겠지만 권한 있는 오퍼레이션을 실행하고 싶을 때만 필요하다.
13. 실제로 앤서블은 이보다 훨씬 더 똑똑하다. 특정 파일 유형(예, .ini 파일)을 완전히 무시한다. 따라서 스크립트를 포함시키는 것뿐만 아니라 스크립트에 환경설정 파일을 넣을 수 있다.

```
new-client.example.com ansible_user=ansible
```

 FreeBSD 클라이언트는 파이썬을 특이한 위치에 배치해 앤서블에 다음과 같이 알려야 한다.

```
freebsd.example.com ansible_python_interpreter=/usr/local/bin/python
    ansible_user=ansible
```

이 모든것은 호스트 파일에 한 줄에 있어야 한다(나중에 이러한 변수를 설정하는 더 좋은 방법을 제시하지만 이 방법은 동일한 방안을 일반화한 것이다).

새 호스트와의 연결성을 확인하고자 클라이언트의 팩트 카탈로그를 반환하는 setup 오퍼레이션을 실행한다.

```
$ ansible new-client.example.com -m setup
new-client.example.com | SUCCESS => {
    "ansible_facts": {
        "ansible_all_ipv4_addresses": [
            "172.31.25.123"
        ],
    ...
<200+줄 넘게 출력된다.>
```

실제로 명시적인 설정이 필요하지 않기 때문에 'setup'이라는 이름이 안타깝다. 원한다면 실제 구성 오퍼레이션으로 직접 이동할 수 있다. 또한 클라이언트의 팩트 카탈로그를 검토하고 싶을 때마다 setup 오퍼레이션을 실행할 수 있다.

sudo를 통한 권한 상승escalation 또한 올바르게 작동하는지 확인하자.

```
$ ansible new-client.example.com -a whoami --become --ask-become-pass
SUDO password: <password>
new-client.example.com | SUCCESS | rc=0 >>
root
```

여기서 셸 명령을 실행하는 command 오퍼레이션은 기본값이다. -m 명령은 동일한 결과를 명시적으로 지정한다. -a 플래그는 오퍼레이션 매개변수를 도입한다. 이

1256

경우 실행한 실제 명령이 그것이다.

'비커밍Becoming'은 권한 상승에 대한 앤서블의 이상한 용법이다. 이는 여러분이 다른 사용자가 되는 것이다. '다른 사용자'라 함은 기본적으로 루트를 말하지만 -u 옵션을 사용해 다른 사용자를 지정할 수 있다. 안타깝게도 앤서블은 sudo 암호 (--ask-becom-pass를 이용)를 강제 요청해야 하고 원격 시스템이 실제로 암호를 묻는 프롬프트가 표시되는지 여부에 관계없이 그렇게 한다.

클라이언트 그룹

호스트 디렉터리 내에서도 그룹을 정의할 수 있지만 구문이 약간 어색해질 수 있다.

```
client-four.example.com

[webservers]
client-one.example.com
client-two.example.com

[dbservers]
client-one.example.com
client-three.example.com
```

이것이 그렇게 나쁘게 보이지 않는다면 주요 문제 부분을 회피했기 때문이다. .ini 형식은 단순 텍스트다. 따라서 계층적 그룹을 정의하거나 호스트 파일에 직접 추가 항목을 삽입하려는 경우(예, 그룹에 대한 변수 할당) 약간의 트릭이 필요하다. 그러나 이러한 기능은 사실상 실전에서는 중요하지 않다.

client-four 호스트는 어떤 그룹에도 속하지 않기 때문에 파일의 맨 위에 넣어야 한다. 구분을 위해 빈 줄을 추가하더라도 client-four가 dbservers 그룹에 포함되기 때문에 이를 그냥 hosts 파일의 끝에 추가해서는 안 된다.

이는 환경설정 디렉터리가 유용한 또 다른 이유다. 실제로 각 그룹 정의를 별도의 파일에 넣는 것이 좋을 것이다.

앤서블은 환경설정 베이스 내에서 커맨드라인에 클라이언트 이름과 그룹 이름을 자유로이 혼합할 수 있다. 모두 특별하게 표시되지는 않았으며 둘 다 글로빙 대상이 될 수 있다. 정규 표현 스타일 매칭도 모두에 사용할 수 있다.

~를 이용해 패턴을 시작하자. 또한 다양한 방식으로 클라이언트 집단을 결합하는 집합 대수 표기도 있다.

예를 들어 다음 명령은 웹 서버 그룹을 선택하고자 글로빙 표현식을 사용한 것이다. 해당 그룹의 각 구성원에 대해 **ping** 오퍼레이션을 실행한다.

```
$ ansible 'web*' -m ping
client-one.example.com | SUCCESS => {
    "changed": false,
    "ping": "pong"
}
client-two.example.com | SUCCESS => {
    "changed": false,
    "ping": "pong"
}
```

변수 할당

앞에서 봤듯이 인벤토리 파일 내에서 변수 값을 할당할 수 있다. 하지만 그건 서투른 방식이다. 그렇게 하면 안 된다.

모든 호스트와 그룹은 YAML 형식으로 자신의 변수 정의 모음을 가질 수 있다. 기본적으로 이러한 정의는 호스트나 그룹의 이름이 지정된 파일 /etc/ansible/host_vars와 /etc/ansible/group_vars에 저장돼 있다. 원하는 경우 .yml 접미사를 사용할 수 있다. 앤서블은 어느 쪽이든 적절한 파일을 찾는다.

앤서블의 다른 구성과 마찬가지로 일부 추가 환경설정이나 스크립트를 추가하고 싶은 경우 디렉터리를 이런 파일로 변환할 수 있다. 앤서블은 환경설정 파일을 무시하고 스크립트를 실행한다. 그리고 모든 결과를 최종 패키지로 결합하는 일반적인 루틴을 수행한다.

앤서블은 자동으로 'all'이라는 그룹을 정의한다. 다른 그룹처럼 'all'은 자신의 그룹 변수를 가질 수 있다. 예를 들면 환경설정 관리를 위해 'ansible'이라는 클라이언트 계정을 사용하도록 표준화하는 경우 글로벌 구성(여기서는 group_vars/all/basics 내를 말한다)을 넣는 것이 좋다.

```
ansible_user: ansible
```

하나의 변수에 여러 값을 선언하는 경우 앤서블은 선언 순서가 아닌 선언 규칙에 따라 최종 값을 선택한다. 앤서블은 현재 14가지 다른 우선순위 카테고리를 갖고 있지만 이 경우와 관련된 점은 호스트 변수가 그룹 변수보다 우위에 있다는 것이다.

겹치는 그룹 간의 충돌을 무작위로 해결한다. 여기서 일관되지 않은 동작과 까다로운 디버깅이 발생할 수 있다. 변수 선언을 구조화해 중복 가능성이 없게 하자.

동적이고 계산된 클라이언트 그룹

앤서블의 그룹화 시스템은 실제로 동적 스크립트가 혼합될 때 진가를 발휘한다. 예를 들면 클라우드 제공업체에서 사용하는 동적 인벤토리 스크립트는 모든 이용 가능한 서버를 간단히 나열하지 않는다. 이들 서버는 클라우드의 메타데이터에 따라 임시 그룹으로 나뉘어 들어간다.

예를 들어 아마존의 EC2는 각 인스턴스에 임의의 태그를 할당한다. NGINX 스택을 필요로 하는 모든 인스턴스에 **webserver** 태그를, PostgreSQL을 필요로 하는 모든 인스턴스에 **dbserver**를 할당할 수 있다. 그러면 ec2.py 동적 인벤토리 스크립트가 **tag_webserver**와 **tag_dbserver**라는 이름의 그룹을 생성한다. 이런 그룹은 고유한 그룹 변수를 갖고 다른 그룹처럼 바인딩('playbooks')에서 명명될 수 있다.

팩트의 값처럼 앤서블 내부 기준으로 클라이언트를 그룹화한다면 이 상황은 더 어둡다. 이를 직접 할 수는 없다. 대신, 할 수 있는 것은 플레이북[playbook]을 더 광범위한 그룹('all'과 같은)에 대상으로 하고 개별 오퍼레이션에 조건식을 적용하는 것이다. 이때 적절한 조건이 적용되지 않는다면 오퍼레이션을 건너뛰는 원인이 될 것이다.

예를 들면 다음 플레이북은 /etc/rc.conf가 각 FreeBSD 클라이언트에 호스트명을 구성하는 줄이 포함돼 있는지 확인한다.

```
- name: Set hostname at startup on FreeBSD systems
  hosts: all
  tasks:
    - lineinfile:
        dest: /etc/rc.conf
        line: hostname="{{ hostname }}"
        regexp: ^hostname
      when: ansible_os_family == "FreeBSD"
```

마지막 줄에 {{ }}가 필요한 것처럼 보이면 감이 좋은 것이다. 이것은 실제로 구성을 깔끔하게 유지하는 데 도움이 되는 앤서블 구문의 장점 중 일부다. when절이 항상 진자 표현식이 되므로 앤서블은 자동으로 내용을 이중 괄호로 둘러싼다. 이 기능은 유용하지만 앤서블의 YAML 파싱에 상당히 광범위한 불규칙 목록 중 하나일 뿐이다.

이 예제에서 인벤토리의 모든 호스트는 lineinfile 오퍼레이션을 고려한다. 그러나 when절 덕분에 FreeBSD 호스트만 실제로 이 오퍼레이션을 실행한다. 이러한 접근 방식은 잘 동작하지만 FreeBSD 호스트를 제대로 된 그룹으로 만들지는 않는다. 예를 들면 주위에 있는 것을 이용해 효과를 시뮬레이션할 수 있지만 일반 group_vars 항목을 가질 수는 없다.

구조적으로 더 낫긴 하지만 약간 더 자세한 대안은 로컬에서 실행되고 템플릿을 지정하는 임의의 키 값에 따라 호스트를 분류하는 group_by 오퍼레이션을 사용하는 것이다.

```
- name: Group hosts by OS type
  hosts: all
  tasks:
    - group_by: key={{ ansible_os_family }}
- name: Set hostname at startup on FreeBSD systems
  hosts: FreeBSD
  tasks:
    - lineinfile:
        dest: /etc/rc.conf
        line: hostname="{{ hostname }}"
```

```
regexp: ^hostname
```

기본적인 계획은 비슷하지만 분류는 별도의 '플레이play'(바인딩을 일컫는 앤서블 용어)로 발생한다. 그런 다음 새로운 플레이를 시작해 다른 대상 호스트 세트를 지정할 수 있다. 이번에는 첫 플레이로 정의한 FreeBSD 그룹을 사용한다.

group_by를 사용하는 이점은 분류를 단 한 번만 수행한다는 것이다. 그런 다음에 의도한 클라이언트만을 대상으로 한다는 확신이 있으므로 두 번째 플레이에 많은 태스크를 중단할 수 있다.

태스크 목록

앤서블은 오퍼레이션을 '태스크'라 하고 별도의 파일에 있는 태스크 모음을 태스크 목록이라 한다. 앤서블 구성의 일부분을 제외한 모든 부분과 마찬가지로 태스크 목록은 YAML일 뿐이므로 그 파일은 .yml 접미사를 갖고 있다.

특정 호스트에 태스크 목록을 바인딩하는 것은 플레이북이라는 상위 수준 객체에서 수행된다. 지금은 오퍼레이션 자체에 집중하며 특별한 호스트에 적용되는 방식은 신경 쓰지 않겠다.

예를 들어 앞의 예제 'sudo 설치'를 약간 다른 초점과 구현으로 다시 살펴본다. 이번에는 관리자 계정을 처음부터 만들고 각 계정에 동일한 이름의 유닉스 그룹을 부여한다. 그런 다음 관리자를 명시적으로 나열하는 sudoers 파일을 설정한다 ('sudo' 유닉스 그룹에 권한을 할당하는 대신).[14]

이러한 오퍼레이션을 만들어가는 데 일부 입력 데이터가 필요하다. 특히 sudoers 파일의 위치, 관리자의 이름과 사용자명이 필요하다. 이 정보는 별도의 변수 파일, 예제로 말하자면 group_vars/all/admins.yml에 넣어야 한다.

```
sudoers_path: /etc/sudoers
admins:
```

---

14. 태스크나 스테이트 파일은 일반적으로 잘 정의된 도메인과 명확한 목표를 갖고 있는 반면 이 의제는 약간 난잡하다. 적절한 환경설정 베이스 구조의 예제가 아닌 약간 일반적인 요소를 설명하고자 이러한 오퍼레이션을 선택했다.

```
  - { username: manny, fullname: Manny Calavera }
  - { username: moe, fullname: Moe Money }
```

admins의 값은 해시 배열이다. 모든 계정을 생성할 때 이 배열을 반복한다. 완전한 태스크 목록은 다음과 같다.

```
- name: Install sudo package
  package: name=sudo state=present
- name: Create personal groups for admins
  group: name={{ item.username }}
  with_items: "{{ admins }}"
- name: Create admin accounts
  user:
    name: "{{ item.username }}"
    comment: "{{ item.fullname }}"
    group: "{{ item.username }}"
    groups: wheel
  with_items: "{{ admins }}"
- name: Install sudoers file
  template:
    dest: "{{ sudoers_path }}"
    src: templates/sudoers.j2
    owner: root
    group: wheel
    mode: 0600
```

YAML과 JSON의 관점에서 태스크는 리스트를 형성한다. 왼쪽 여백의 각 대시는 새로운 태스크 시작이며 해시로 표시된다.

이 예제에서 모든 태스크에는 영어로 그 기능을 설명하는 **name** 필드가 있다. 그 이름은 기술적으로 선택 사항이지만 이름이 포함돼 있지 않으면 앤서블은 구성을 실행할 때 하고 있는 것에 대해 거의 알려주지 않는다(모듈 이름: package, group 등을 나열하는 것은 제외).

각 태스크는 키를 가져야 하고 그 키에는 정확히 하나의 오퍼레이션 모듈 이름이 있어야 한다. 해당 키의 값 자체는 오퍼레이션 매개변수를 열거하는 해시다. 명시적으로 설정하지 않은 매개변수는 기본값이라 가정한다.

표기법은 다음과 같다.

```
- name: Install sudo package
  package: name=sudo state=present
```

기본적으로 다음과 같은 YAML에 대한 앤서블 확장이다.

```
- name: Install sudo package
  package:
    name: sudo
    state: present
```

'자유 형식' 인수를 갖는 shell 같은 오퍼레이션의 경우 여기에 일부 잠재적인 이상한 점이 있지만 여기서 되풀이하지는 않는다. 'YAML: 과장됨' 절을 참고하자.

한 줄 형식은 더 간결한 것뿐만 아니라 관리자용 개인 그룹을 생성하는 태스크에서 봤듯 매개변수의 값을 따옴표 없는 진자 표현식으로 설정할 수 있다. 일반적인 구문에서 진자 표현식은 전체 값에 따옴표를 사용하지 않는다면 값의 시작 부분을 나타낼 수 없다. 따옴표를 사용하는 것은 친절하지만 시각적인 혼선이 더해진다. 따옴표는 일반적인 모양과 달리 값을 문자열로 강제 변환하지 않는다.

이제 다음 절에서 이 태스크 목록 예제에 대한 몇 가지 주목할 만한 측면을 살펴볼 준비가 됐다.

state 매개변수

앤서블에서 오퍼레이션 모듈은 요청 state에 따라 다른 여러 태스크를 수행할 수 있다. 예를 들어 package 모듈의 경우 state=present는 패키지를 설치하고, state=absent는 패키지를 제거하고, state=latest는 패키지가 존재하고 최신 상태인지를 확인한다. 오퍼레이션은 호출되는 상태에 따라 다른 매개변수 세트를 찾는다.

몇 가지 경우(예, 데몬을 재시작하는 데 state=restarted를 사용하는 service 모듈), 이런 모델은 보편적으로 '상태'로 생각되는 것에서 약간 벗어나지만 전반적으로 잘 동작한다. state를 생략할 수 있다(여기서는 sudo 그룹을 생성할 때 표시됐다). 이런 경우 일반적으로 present, configured, running과 같은 긍정적이고 권한을 부여하는 기본값으로 가정한다.

반복

with_items는 제공되는 각 요소에 대한 태스크를 한 번씩 반복하는 반복 구조다. 빠른 참조를 위해 여기서는 with_items를 사용하는 예제에 다른 두개의 태스크 복사본을 사용한다.

```
- name: Create personal groups for admins
  group: name={{ item.username }}
  with_items: "{{ admins }}"
- name: Create admin accounts
  user:
    name: "{{ item.username }}"
    comment: "{{ item.fullname }}"
    group: "{{ item.username }}"
    groups: wheel
  with_items: "{{ admins }}"
```

with_items는 태스크의 속성이지 태스크를 실행하는 오퍼레이션이 아니라는 것에 주의해야 한다.

루프를 반복할 때마다 앤서블은 with_items에 제공되는 항목 중 하나로 항목 값을 설정한다. 이런 경우 변수 admins에 해시 리스트를 할당했으므로 item은 항상 해시다. item.username은 item['username']의 축약 표기다. 원하는 표현으로 사용하면 된다.

이러한 각 태스크는 admins 배열을 통해 개별적으로 반복한다. 위에서 하나는 유닉스 그룹을 생성하고 다른 하나는 사용자 계정을 생성한다. 앤서블이 태스크에 대한 그룹화 메커니즘을 정의(블록이라 함)하지만 이러한 구성체는 안타깝게도 with_ items를 지원하지 않는다.

실제로 여러 태스크를 순서대로 실행하는 단일 루프의 효과가 필요한 경우 루프

본문을 별도의 파일로 옮기고 주요 태스크 목록을 그 안에 포함시키면 된다.

```
- include: sudo-subtasks.yml
  with_items: "{{ admins }}"
```

`with_items`는 앤서블에서 이용 가능한 유일한 루프는 아니다. 해시(파이썬에서는 'dictionaries'라고 함), 파일 목록, 글로빙 패턴으로 반복하게 만들어진 루프 형식이 있다.

진자와 상호작용

앤서블 문서는 YAML과 진자가 상호작용하는 방식에 대해 구체적으로 서술하고 있지는 않지만 세부 사항을 이해하는 것이 중요하다. `with_items`와 같은 구조가 증명하듯 진자는 YAML로 넘어가기 전에 파일을 통해 실행되는 단순한 전처리기가 아니다(솔트의 경우처럼). 실제로 앤서블은 진자 표현식을 그대로 사용해 YAML을 파싱한다. 그런 다음 사용하기 직전에 각 문자열 값을 진자가 확장한다. 반복 오퍼레이션의 매개변수는 각 반복 중에 재평가된다.

진자는 루프와 조건문을 포함한 자체 제어 구조를 갖고 있다. 그러나 본질적으로 앤서블의 지연 평가 아키텍처와 호환되지 않으므로 앤서블의 YAML 파일에서 허용되지 않는다(템플릿에서는 사용할 수 있지만). `when`과 `with_items` 같은 앤서블 구조는 단지 진자에 상응하는 겉치레가 아니다. 이들은 환경설정을 구성하는 다른 접근법을 타나낸다.

템플릿 렌더링

앤서블은 동적 요소를 YAML 파일에 추가하고 `template` 모듈에 의해 설치된 환경설정 파일 템플릿을 구체화하고자 Jinja2 템플릿 언어를 사용한다. 이 예제에서 템플릿을 사용해 sudoers 파일을 설정한다.

```
sudoers_path: /etc/sudoers
admins:
  - { username: manny, fullname: Manny Calavera }
  - { username: moe, fullname: Moe Money }
```

태스크 코드는 다음과 같다.

```
- name: Install sudoers file
  template:
    dest: "{{ sudoers_path }}"
    src: templates/sudoers.j2
    owner: root
    group: wheel
    mode: 0600
```

sudoers.j2 파일은 동적 비트를 위한 일반 텍스트와 Jinja2 코드가 섞여 있다. 예제로 다음은 'sudo ALL' 권한을 각 관리자에게 부여하는 기본적인 예제다.

```
Defaults env_keep += "HOME"

{% for admin in admins %}
{{ admin }} ALL=(ALL) ALL
{% endfor %}
```

{% %}로 묶인 for 루프는 Jinja2 구문이다. 안타깝게도 루프 본문에는 실제 프로그래밍 언어에서 하는 것처럼 들여쓰기를 할 수 없다. 그렇게 하면 템플릿의 출력도 들여쓰기 될 수 있기 때문이다.

확장된 버전은 다음과 같다.

```
Defaults env_keep += "HOME"

manny ALL=(ALL) ALL
moe ALL=(ALL) ALL
```

변수 값이 템플릿으로 자동 전달된다는 것에 주의해야 한다. 값은 이를 정의하는 데 사용한 정확히 같은 이름으로 환경설정 파일에서 사용할 수 있다. 접두사나 추가적인 계층은 부과되지 않는다. 자동 검색되는 팩트 변수는 최상위 네임스페이스에도 있지만 잠재적인 이름 충돌을 미연에 방지하고자 모두 ansible_ 접두사로 시작한다.

정적 파일을 설치하기 위한 앤서블의 모듈을 copy라 한다. 그러나 환경설정 파일의 콘텐츠가 초기에 정적 텍스트로 구성되더라도 모든 환경설정 파일을 템플릿으로 처리할 수 있다. 그런 다음 구성 코드를 건드리지 않고도 나중에 사용자 정의를 추가할 수 있다. 바이너리 파일과 공개키처럼 확장이 필요하지 않은 정적 파일을 위해 copy 모듈을 보유해야 한다.

바인딩: 플레이와 플레이북

바인딩은 클라이언트 머신 집합과 태스크를 연결시키는 메커니즘이다. 앤서블의 바인딩 객체를 플레이라 한다. 다음은 간단한 예제다.

```
- name: Make sure NGINX is installed on web servers
  hosts: webservers
  tasks:
    - package: name=nginx state=present
```

태스크 목록을 형성해 여러 태스크를 연결하는 것처럼 여러 플레이가 순차적으로 '플레이북'을 형성한다.

다른 시스템과 만찬가지로 바인딩의 기본 요소는 호스트 세트와 태스크 세트다. 그러나 앤서블의 시스템에서는 몇 가지 추가적인 옵션을 플레이 레벨에 따라 지정할 수 있다. 이 옵션은 표 23.3에서 보여준다.

표 23.3 앤서블 플레이 요소

키	형식	지정 사항
name	문자열	플레이 실행 시 출력할 이름, 선택 사항
host	리스트, 문자열	관련 태스크와 롤을 실행할 클라이언트 시스템
vars	해시	이 플레이 범위에서 설정할 변수 값
vars_files	문자열	변수 값을 읽을 파일
become*	리스트	권한 상승(예, sudo) 옵션
tags	리스트	선택적 실행을 위한 카테고리
tasks	리스트	실행할 오퍼레이션. 별도의 파일을 포함할 수 있음
handlers	리스트	Notify에 상응하는 실행 오퍼레이션
roles	리스트	이러한 호스트에게 호출하는 번들(롤)

여기서 중요한 것은 변수 관련 옵션이다. 그 자체가 플레이에 나타나기 때문이 아니라 실행할 때를 포함해 거의 모든 곳에서 아주 많이 사용할 수 있기 때문이다. 앤서블은 다른 변수 값 세트를 이용해 동일한 태스크 목록이나 플레이북을 반복해서 활성화할 수 있다. 이는 함수를 정의(예, '사용자 계정 만들기')하고 다른 인수 세트를 이용해 이 함수를 호출하는 것과 비슷하다.

앤서블은 이 시스템을 번들 구현(일명 '롤')으로 공식화한다. 롤은 강력하기도 하지만 내부적으로 include를 수행하기 위한 표준 규칙 세트이므로 이해하기도 쉽다.

다음은 핸들러 사용을 보여주는 간단한 플레이다.

```
- name: Update cow-clicker web app
  hosts: clickera,clickerb
  tasks:
    - name: rsync app files to /srv
      synchronize:
        mode: pull
        src: web-repo:~sites/cow-clicker
        dest: /srv/cow-clicker
        notify: restart nginx
  handlers:
    - name: restart nginx
      service: name=nginx state=restarted
```

이 플레이북은 호스트 clickera와 clickerb에서 실행된다. rsync(동기화 모듈을 사용)를 실행해 중앙(로컬) 저장소에서 파일을 미러링mirroring한 다음 업데이트되면 NGINX 웹 서버를 재시작한다.

notify절을 이용하는 태스크가 시스템을 변경시킬 때 앤서블은 요청된 이름에 대한 핸들러를 실행한다. 핸들러는 그 자체로 태스크지만 플레이의 별도 섹션에서 선언된다.

플레이북은 앤서블의 기본 실행 단위다. ansibleplaybook으로 실행한다.

```
$ ansibleplaybook global.yml --ask-sudo-pass
```

앤서블은 태스크별로 멀티호스트 실행 태스크에 접근한다. 플레이북에서 읽은 대로 각 태스크는 대상 호스트에서 병렬로 실행된다. 모든 호스트가 태스크를 완료했을 때 앤서블은 다음 태스크를 계속한다. 기본적으로 앤서블은 최대 다섯 개의 호스트에서 동시에 태스크를 실행하지만 -f 플래그를 이용해 다른 제한을 설정할 수 있다.

디버깅 문제의 경우 -vvvv 인수를 포함해 디버깅 결과량을 늘리는 데 도움이 될 때가 종종 있다. 원격 시스템에서 실행시킨 정확한 명령과 자세한 응답을 확인할 수 있다.

롤

앞에서 전체적으로 설명했듯이 번들(우리의 용어)은 CM 시스템에 의해 정의된 패키징 메커니즘으로 구성 조각^{fragment}의 재사용과 공유를 용이하게 한다.

앤서블은 이러한 번들은 '롤'이라 하며 실제로 include 오퍼레이션과 변수 우선순위 규칙으로 구조화된 시스템일 뿐이다. 롤은 단일 디렉터리의 구성과 관련된 변수 정의, 태스크 목록, 템플릿을 넣기 쉽게 해서 손쉽게 재사용과 공유를 가능하게 한다.

각 롤은 일반적으로 환경설정 베이스의 최상위 수준에서 발견되는 roles라는 디렉터리의 하위 디렉터리에 있다. 또한 앞에서 봤듯이 ansible.cfg에 role_path 변수를 설정해 사이트 전역에 롤 디렉터리를 추가할 수 있다. 알려진 모든 롤 디렉터리는 플레이북에 롤을 추가할 때마다 검색된다.

롤 디렉터리는 표 23.4에 보이는 하위 디렉터리를 가질 수 있다.

롤은 플레이북을 통해 호출되며 그 밖에 다른 곳에서는 호출되지 않는다. 앤서블은 각 롤의 하위 디렉터리에 있는 main.yml이라는 파일을 찾는다. 파일이 존재하는 경우 콘텐츠는 롤을 호출하는 모든 플레이북에 자동으로 포함된다. 예를 들어 플레이북은 다음과 같다.

```
- name: Set up cow-clicker app throughout East region
  hosts: web-servers-east
  roles:
    - cow-clicker
```

앤서블 롤의 하위 디렉터리

하위 디렉터리	콘텐츠
defaults	변수의 기본값(재정의 가능)
vars	변수 정의(재정의는 불가능하지만 재정의를 참조할 수 있음)
tasks	태스크 목록(오퍼레이션 세트)
handlers	알림에 응답하는 오퍼레이션
files	데이터 파일(일반적으로 copy 오퍼레이션의 소스로 사용됨)
template	설치 전 Jinja에 의해 처리되는 템플릿
meta	이 번들을 준비하고자 실행할 번들 목록

대략 다음과 같다.

```
- name: Set up cow-clicker app throughout East region
  hosts: web-servers-east
  vars_files:
    - roles/cow-clicker/defaults/main.yml
    - roles/cow-clicker/vars/main.yml
  tasks:
    - include: roles/cow-clicker/tasks/main.yml
  handlers:
    - include: roles/cow-clicker/handlers/main.yml
```

그러나 기본 폴더의 변수 값은 이미 설정한 값을 재정의하지 않는다. 또한 앤서블은 파일 및 템플릿 디렉터리에서 파일을 쉽게 참조하게 하며 meta/main.yml 파일에 종속성으로 언급된 모든 롤을 부차로 포함한다.

main.yml 외의 파일은 롤 시스템에서 무시되므로 구성을 적절한 부분들로 나누고 main.yml에 이 부분들을 포함시킬 수 있다.

앤서블은 롤의 특정 인스턴스에 변수 값 세트를 전달할 수 있다. 사실상 롤이 일종의 매개변수화된 기능으로 동작할 수 있게 한다. 예를 들면 Rail 앱을 배포하는 데 사용되는 번들을 정의할 수 있다. 플레이북 내에서 해당 번들을 여러 번 호출해 각 호출에 관련된 다른 앱에 매개변수를 제공한다.

```
- name: Install ULSAH Rails apps
  hosts: ulsah-server
  roles:
      - { role: rails_app, app_name: ulsah-reviews }
      - { role: rails_app, app_name: admin-com }
```

이 예제에서 rails_app 롤은 nignx 또는 일부 다른 웹 서버의 롤에 의존할 것이므로 웹 서버 롤을 명시적으로 언급할 필요가 없다. 웹 서버 설치를 사용자 정의하면 rails_app 호출에 적절한 변수 값을 간단히 포함시킬 수 있고 해당 값은 아래쪽으로 전파된다.

앤서블의 공용 롤 저장소는 galaxy.ansible.com에 있다. ansiblegalaxy 명령을 이용해 롤을 검색할 수 있지만 웹 사이트를 사용하는 것이 좋다. 등급이나 다운로드 횟수별로 정렬할 수 있고 각 롤을 위한 실제 코드를 호스팅하는 깃허브 저장소에 쉽게 연결할 수 있다. 보통 가장 일반적인 시나리오를 다루고자 몇 가지 롤을 사용할 수 있으므로 요구 사항에 가장 적합한 버전을 결정하고자 코드를 검토하는 것이 좋다.

일단 롤 구현을 결정했다면 ansiblegalaxy install을 실행해 롤 디렉터리로 파일을 복사한다. 예를 들면 다음과 같다.

```
$ ansiblegalaxy install ANXS.postgresql
- downloading role 'postgresql', owned by ANXS
- downloading role from https://github.com/ANXS/postgresql/v1.4.0.tar.gz
- extracting ANXS.postgresql to /etc/ansible/roles/ANXS.postgresql
- ANXS.postgresql was installed successfully
```

환경설정 베이스 구조화를 위한 권장 사항

대부분의 환경설정 베이스는 계층적으로 구성된다. 즉, 구성의 다양한 부분은 전역 상태를 제어하는 마스터 플레이북에 제공된다. 그러나 전체적 설계와 관련이 없는 태스크별 플레이북을 정의할 수도 있다.

태스크 목록과 핸들러가 플레이북에 영향 받지 않게 해야 한다. 대신 별도의 파일에 넣고 `include`를 이용해 보충해야 한다. 이 구조는 바인딩과 동작을 명확히 구분하고 모든 태스크를 동일한 기반에 둔다. 추가적인 스타일 포인트의 경우 독립적인 태스크 목록을 완전히 회피하고 롤을 표준화한다.

하나의 플레이북이 논리적으로 구별되는 각 호스트 그룹과 관련된 모든 태스크를 처리해야 하는 경우가 있다. 예를 들면 웹 서버에 관련된 모든 롤과 태스크는 하나의 webserver.yml 플레이북에 포함돼 있어야 한다. 이러한 접근 방식은 호스트 그룹의 복제를 방지하고 각 호스트 그룹을 위해 명확한 제어 위치를 제공한다.

반면 이러한 규칙에 따른다는 것은 디버깅을 위해서도 일부 전역 구성을 실행하기 위한 직접적인 방법이 없다는 것을 의미한다. 앤서블은 플레이북만 실행할 수 있다. 주어진 머신에서 특정 태스크 목록을 실행하는 간단한 명령은 없다.

이 문제에 대한 공식적인 해결책은 태그를 지정하는 것이다. 제대로 동작하지만 설정이 필요하다. 모든 태스크 안이나 위에 태그 필드를 포함시켜 분류할 수 있다. 커맨드라인에서 ansibleplaybook의 -t 옵션을 사용해 실행하고 싶은 태그의 하위 세트를 지정한다. 또한 대부분의 디버깅 시나리오에서 -l 옵션을 사용해 실행을 지정된 테스트 호스트로 제한할 수 있다.

구성 계층 내에서 가능한 한 높은 수준에서 태그를 할당하라. 일반적인 상황에서는 개별 태스크에 태그를 할당할 필요는 없다(그랬다면 특정 태스크 목록을 분할해야 한다는 신호일 수 있다).

대신 특정 태스크 목록이나 롤을 구성에 통합하는 include나 role절에 태그를 첨부하면 된다. 그러면 그 태그가 포함된 모든 태스크를 포함하게 된다.

그렇지 않으면 환경설정 베이스의 부분들을 테스트 호스트에서 실행시키는 스크래치 플레이북scratch playbook을 구성할 수 있다. 이런 스크래치 플레이북을 설정하는 것은 사소한 불편함이 있지만 태그 지정도 마찬가지다.

앤서블 접근 옵션

앤서블은 클라이언트 시스템마다 SSH와 sudo 접근을 필요로 한다. 이것은 환경설정 관리 시스템이 전체 조직에 대한 마스터키를 갖고 있다고 가정한다면 쉽고 익숙하게 들린다. 데몬 기반 시스템이 구성 서버의 루트 계정보다 더 안전하기는 어렵지만 앤서블은 잠재적으로 사려 깊은 계획을 통해 이보다 더 잘할 수 있다.

단순성을 위해 각 클라이언트는 'ansible'처럼 동일한 이름을 가진 전용 계정을 통해 SSH 접근을 제공하는 것이 가장 좋다. 이 계정은 간단한 셸을 사용해야 하며 최소한의 도트 파일 구성이 있어야 한다.

클라우드 서버에서는 앤서블 제어를 위해 표준 부트스트랩 계정(EC2의 ec2-user와 같은)을 사용할 수 있다. 초기 설정 후에 계정이 제대로 잠겨 있는지 확인하고, 예를 들어 암호 없이 루트를 허용하지 않았는지 확인해야 한다.

실제 보안 설계와 관련해 약간의 유연성이 있다. 그러나 다음 사항에 유의해야 한다.

- 앤서블은 원격 시스템에 접근하고자 하나의 자격증명(암호 또는 개인키)가 필요하고 sudo를 이용해 권한을 상승시키고자 또 다른 자격증명이 필요하다. 이러한 자격증명이 분리된 자격증명이어야 보안에 좋다. 하나의 손상된 자격증명이 대상 머신에 대한 루트 권한을 침입자에게 부여해서는 안된다.[15]

- 두 자격증명은 동일한 보호(암호화, 파일 권한) 형태로 동일한 위치에 저장되면 효과적으로 자격증명이 이뤄진다.

- 자격증명은 피어 연결 머신(예, 웹 서버 팜)에서 재사용 가능하지만 한 서버의 자격증명을 더 민감한(또는 많이 다른) 서버에 접근하는 데 사용할 수 없게 해야 한다.

- 앤서블은 ansiblevault 명령을 통해 암호화된 데이터를 투명하게 지원하

---

15. 일부 사이트는 sudoers 파일에서 NOPASSWD 옵션을 사용해 클라이언트 측 'ansible' 계정을 설정한다. 따라서 sudo를 실행하는 ansible 계정에 암호가 요구되지 않는다. 이것은 매우 안전하지 않은 구성이다. 암호 입력을 할 수 없는 경우 적어도 PAM SSH 에이전트 모듈을 설치하고 sudo 접근을 위해 전달된 SSH 키를 요구한다. PAM에 대한 더 자세한 내용은 17장을 참고한다.

지만 데이터가 YAML이나 .ini 파일에 포함된 경우에만 가능하다.

- 관리자는 몇 개의 암호만 기억할 수 있다.
- 주어진 오퍼레이션을 위해 하나 이상의 암호를 요구하는 것은 불합리하다.

사이트는 자체적인 절충을 갖게 되지만 우리는 이러한 지침에 맞춰 강력하고도 사용 가능한 기준으로 다음 시스템을 제안한다.

- SSH 접근은 앤서블만 사용하는 키 쌍으로 제어된다.
- 암호 기반 SSH 접근은 클라이언트 시스템에서 금지된다(/etc/ssh/sshd_config에서 PasswordAuthentication no 설정).
- SSH 개인키는 암호문^passphrase으로 보호된다(ssh-keygen -p로 설정). 모든 개인키는 동일한 암호문이 있다.
- 개인 SSH 키는 앤서블 마스터 머신에 알려진 위치에서 보관한다. 키는 환경설정 베이스에 있지 않으며 관리자는 다른 곳에 복사하지 않는다.
- 원격 계정('ansible' 계정)에는 암호화된 형식으로 환경설정 베이스에 나열된 임의의 유닉스 암호가 있다. 모든 암호는 동일한 암호문으로 암호화돼 있지만 SSH 개인키에 사용되는 암호문은 다르다. 올바른 암호가 올바른 클라이언트 호스트에 사용됐음을 보장하고자 일부 앤서블 글루^glue를 추가해야 한다.

이런 구조에서 두 자격증명 세트는 암호화돼 있다. 이는 파일 권한에 대한 단순한 위반을 막을 수 있게 한다. 이러한 간접 계층은 기저의 키를 변경하지 않고 마스터 암호문을 쉽게 변경할 수 있게 한다.

관리자는 SSH 개인키에 접근하는 암호문과 앤서블이 호스트 특정 sudo-passwords (및 환경설정 베이스에 포함된 기타 비밀 정보)를 복호화할 수 있게 하는 앤서블 볼트^vault 암호, 두 가지 암호문만 기억한다.

관리자 권한에 대한 더 자세한 정보가 필요한 경우(그럴 가능성이 있다면) 다른 암호문을 이용해 여러 자격증명 세트를 암호화할 수 있다. 이러한 세트가 누적되는 경우(분리가 아닌) 개별 관리자는 두 개 이상의 암호문을 기억할 필요가 없다.

이 시스템에서는 관리자가 ssh-agent를 사용해 개인키에 대한 접근을 관리한다고 가정한다. 모든 키는 단일 ssh-add 명령으로 활성화되고 SSH 암호는 세션당 한 번만 입력하면 된다. 보통의 앤서블 마스터 이외의 시스템에서 작업하려면 관리자는 SSH의 ForwardAgent 옵션을 사용해 작업을 수행되고 있는 머신을 통해 키를 터널링할 수 있다. 다른 모든 보안 정보는 환경설정 베이스 자체에 포함돼 있다.

ssh-agent와 키 전달이 실행되는 시스템만큼 안전하다는 것은 사실이다(상대적으로 실제 유예 기간이 있는 sudo와 마찬가지로 개인 계정만큼만 안전하다). 그러나 이러한 위험성은 시간과 상황에 대한 제한으로 완화된다. ssh-agent 또는 ssh-add에 -t 인수를 사용해 활성화된 키의 수명을 한정하고 키를 더 이상 사용하지 않는 경우 전달된 키에 접근할 수 있는 연결을 종료한다.

가능하면 개인키를 클라이언트 시스템에 배포해서는 안 된다. 클라이언트가 제어된 리소스에 권한이 있는 접근을 요청하는 경우(예, 제어된 깃 저장소를 클론하고자) SSH와 앤서블에 내장된 프록시 기능을 사용하거나 ssh-agent를 사용해 클라이언트가 개인키를 복사하지 않고 임시로 사용할 수 있게 만든다.

어떤 이유에선지 앤서블은 현재 환경설정 베이스에서 암호화된 파일을 인식할 수 없고 복호화를 위한 암호문을 입력하라는 프롬프트를 띄운다. ansibleplaybook과 앤서블 명령에 -ask-vault-pass 인수를 이용해 강제로 손을 써야 한다. 비대화형 사용에서 이용할 수 있는 옵션 -vault-password-file이 있지만 물론 보안이 저하된다. 암호 파일을 사용하기로 결정한 경우 전용 앤서블 계정만 접근할 수 있게 해야 한다.

23.6 솔트 소개

현업에서 Salt, SaltStack, Salt Open이라고 불리는 솔트Salt를 볼 수 있다. 이런 용어는 본질적으로 서로 바꿔 사용할 수 있다. 공급자의 이름이 SaltStack이고 전체 제품 라인을 나타내는 일반적인 용어로 SaltStack을 사용한다. 제품은 이 책에서 다루지 않는 일부 엔터프라이즈 애드온을 포함하고 있다. 그러나 많은 사람이 오픈소스 시스템을 SaltStack이라고도 한다.

Salt Open은 솔트의 오픈소스 구성 요소만 지정하는 최근에 도입된 이름이다. 하지만 현재 그 이름은 slatstack.com 외부에서는 사용되지 않는 듯하다.

SaltStack은 모든 리눅스 패키징 시스템을 위한 최신 패키지를 호스팅하는 repo.saltstack.com에 자체 패키지 저장소를 유지하고 있다. 구성에 저장소를 추가하는 방법의 설명은 웹 사이트에서 참고하면 된다. 일부 배포판에는 자체 무료 솔트 패키지가 포함돼 있지만 일반적으로 소스로 직접 설치하는 것이 가장 좋다.

구성 서버('마스터')에 **salt-master** 패키지가 필요하다. 클라우드 공급자와 거래하는 경우 **salt-cloud** 패키지도 설치해야 한다. 이는 다양한 클라우드 공급자가 표준 인터페이스를 묶고 솔트로 관리할 수 있는 새로운 클라우드 서버를 만드는 프로세스를 간소화한다. 클라우드 공급자의 기본 CLI 도구와 본질적으로 유사하지만 솔트와 클라우드 계층 모두에서 머신을 다룬다. 새로운 머신은 자동으로 부트스트랩, 등록, 승인되며 삭제된 머신은 솔트와 공급자의 클라우드에서 제거된다.

 SaltStack은 FreeBSD를 위한 패키지 저장소를 호스팅하지 않지만 플랫폼은 지원한다. 웹 설치 프로그램이 FreeBSD를 인식한다.

```
$ curl -L https://bootstrap.SaltStack.com -o /tmp/saltboot
$ sudo sh /tmp/saltboot -P -M
```

기본적으로 웹 설치 프로그램은 클라이언트 측 소프트웨어뿐만 아니라 마스터 서버를 설치한다. 이를 원하지 않는 경우 **saltboot**에 **-N** 옵션을 전달하면 된다.

솔트의 환경설정 파일은 마스터 서버, 클라이언트('미니언') 모두 /etc/salt 위치에 있다. 이론적으로 서버 데몬을 권한 없는 사용자로 실행시킬 수 있지만 솔트가 상호작용할 것으로 예상되는 다수의 시스템 디렉터리를 수동으로 **chown**처리를 해야 할 필요가 있다. 이 길을 가고 싶다면 컨테이너화된 서버 버전을 사용하거나 미리 구운 머신 이미지에 구성을 저장하는 것이 좋을 수 있다.

솔트에는 권한 없는 사용자가 미니언에서 솔트 오퍼레이션을 시작할 수 있게 구성할 수 있는 단순한 접근 제어 시스템이 있다. 그러나 루트가 아닌 오퍼레이션에 필요한 것과 유사한 수동 권한 해킹을 수행해야 한다. 마스터가 모든 미니언에 대한 직접적인 루트 접근 권한을 갖고 있다는 점을 고려할 때 이 기능은 보안 측면에서 다소 의심스럽다는 것을 알 수 있다. 이를 사용하는 경우 부여된 권한을 철저히 확인해야 한다.

솔트는 변수 값을 설정하는 환경설정 파일('필러^{pillar}')과 오퍼레이션을 정의한 환경설정 파일('스테이트^{state}')을 구별할 수 있게 한다. 이러한 구별은 계층의 가장 상위에 있다. 이러한 구성 계층에 대해 별도의 위치를 설정해야 한다. 필러와 스테이트는 /srv 아래 있는 것이 기본이며 이는 아래 /etc/salt/master 파일에 해당한다.

```
file_roots:
  base:
    - /srv/salt

pillar_roots:
  base:
    - /srv/pillar
```

여기서 **base**는 추가적인 환경(예, 개발)을 계층화할 수 있는 필수 공통 환경이다. 변수 정의는 /srv/pillar 루트에 있고 그 밖에 다른 정의는 /srv/salt에 있다.

경로 자체는 대시로 시작하는 목록 요소라는 것을 알고 있어야 한다. **salt-master** 데몬이 나열된 디렉터리를 병합해 미니언에게 제공할 수 있도록 여러 디렉터리를 포함할 수 있다. 이는 솔트가 기본적으로 이해하지 못하는 구조를 추가할 수 있게 허용하기 때문에 대규모 환경설정 베이스를 구성할 때 유용한 기능이다.

일반적으로 솔트와 필러 하위 디렉터리를 포함하는 단일 깃 저장소로 환경설정 베이스를 관리하는 것이 좋다. /srv는 저장소 루트가 된다는 것을 의미하기 때문에 기본 레이아웃에 적합하지 않다. /srv/salt/salt와 /srv/salt/pillar에 한 단계 아래로 모든 것을 옮기는 것을 고려해야 한다.

솔트 문서는 필러와 스테이트가 완전히 구별돼야 하는 이유를 잘 설명하지는 못하지만 실제로 이러한 구분이 솔트 아키텍처의 핵심이다. salt-master 데몬은 state 파일에 주의를 거의 기울이지 않는다. 단순히 이를 파싱하고 실행할 책임이 있는 미니언이 이용할 수 있게 한다.

필러는 완전히 다르다. 마스터에서 평가되고 단일, 통합 JSON 계층 구조로 미니언에 전파된다. 각 미니언은 필러를 다른 관점으로 보지만 누구도 이러한 관점 뒤에 구현 시스템을 볼 수 없다.

부분적으로 이것은 보안 조치다. 솔트는 미니언이 서로의 필러에 접근할 수 없도록 강하게 보증한다. 또한 동적 pillar 콘텐츠는 항상 마스터에서 생성되므로 데이터 소싱 구분이기도 하다. 이는 미니언에서 시작된 그레인즈^{grains}(팩트^{Fact}의 솔트 버전)와 훌륭한 상호 보완성을 만든다.

솔트의 통신 버스는 서버에서 TCP 포트 4505와 4506을 사용한다. 이 포트가 서버와 예상 클라이언트 간에 놓인 방화벽이나 패킷 필터를 통해 허용되는지 확인해야 한다. 클라이언트 자체는 네트워크 연결을 허용하지 않으므로 이 단계는 서버에 대해 한 번은 수행돼야 한다.

솔트를 처음 조사할 때 터미널 창(시스템 서비스가 아닌)에서 salt-master -l debug를 실행하는 것이 유익할 수 있다. salt-master를 포어그라운드^{foreground}에서 실행시키고 솔트의 통신 버스에 활동이 발생하면 출력된다.

미니언 설정

마스터 측과 마찬가지로 SaltStack의 저장소나 범용 부트스트랩 스크립트에서 기본 패키지를 선택할 수 있다. 저장소는 미니언에서 소란 피울 가치가 없으므로 후자를 권장한다.

```
$ curl -o /tmp/salt boot -sL https://bootstrap.saltstack.com
$ sudo sh /tmp/salt boot -P
```

부트스트랩 스크립트는 지원되는 모든 시스템에서 작동한다. curl 없는 시스템에서는 wget과 getch도 잘 동작한다. 특정 설치 시나리오와 소스코드는 깃허브에

saltstack/salt-bootstrap 저장소를 참조하면 된다.[16]

기본적으로 **salt-minion** 데몬은 'salt'라는 이름으로 스스로를 마스터 머신에 등록하려고 한다(이 '매직 이름' 시스템은 퍼핏에 의해 처음 대중화됐다). 그 이름을 적절하게 풀어줄 DNS 마법사를 이용하거나 /etc/salt/minion(FreeBSD에서는 /usr/local/etc/salt/minion)에 명시적 마스터를 설정할 수 있다.

```
master: salt.example.com
```

이 파일을 수정한 후 **salt-minion**을 재시작한다(보통 service salt_minion restart, 대시 기호가 아닌 밑줄 표시underscore라는 것을 기억해야 한다).

salt-master는 도달할 수 있는 모든 임의의 머신의 클라이언트 등록을 수락하지만 활성화되기 전에 마스터 구성 서버에 **salt-key** 명령을 이용해 각 클라이언트를 승인해야 한다.

```
$ sudo salt-key -l unaccepted
Unaccepted Keys:
new-client.example.com

# 모든 것이 괜찮다면 모든 보류 중인 키를 수락한다.

$ sudo salt-key -yA
The following keys are going to be accepted:
Unaccepted Keys:
new-client.example.com
Key for minion new-client.example.com accepted
```

이제 **test** 모듈을 사용해 서버에서 연결을 검사할 수 있다.

```
$ sudo salt new-client.example.com test.ping
new-client.example.com:
    True
```

이 예제에서 new-client.example.com은 호스트명이 의심스럽게 보이지만 실제로

---

16. 자동으로 시작되는 프로덕션 시스템의 경우 로컬에 캐시된 버전의 부트 스크립트를 다운로드해 외부 이벤트에 대한 노출을 최소화해야 한다. 로컬 캐시에서 솔트 클라이언트의 특정 버전을 설치하거나 머신 이미지에 미리 로드한다. 부트 스크립트를 -h 옵션과 함께 실행해 지원하는 모든 옵션을 확인하면 된다.

는 그렇지 않다. 머신의 솔트 ID일뿐이다. 호스트명을 사용하는 것이 기본이지만 클라이언트의 /etc/salt/minion 파일에서 마음에 드는 이름으로 설정할 수도 있다.

```
master: salt.example.com
id: new-client.example.com
```

ID와 IP 주소는 서로 관련이 없다. 예를 들어 52.24.149.191은 클라이언트의 실제 IP 주소인 경우에도 솔트 명령으로 직접 대상을 지정할 수 없다.[17]

```
$ sudo salt 52.24.149.191 test.ping
No minions matched the target. No command was sent, no jid was assigned.
ERROR: No return received
```

미니언에 변수 값 바인딩

'서버 설정' 절에서 봤듯 솔트는 스테이트 바인딩과 변수 값 바인딩('필러pillar')를 위한 별도의 파일 시스템 계층을 갖고 있다. 이러한 각 디렉터리 트리는 미니언 그룹과 트리 내의 파일을 바인딩하는 top.sls 파일이 루트에 있다. 두 개의 top.sls 파일 모두 동일한 레이아웃을 사용한다(.sls는 YAML 파일을 위한 솔트의 표준 확장자다).

예를 들어 다음은 솔트와 필러 루트 모두를 보여주는 간단한 솔트 환경설정 베이스 레이아웃이다.

```
$ tree /srv/salt
/srv/salt
├── salt
│   ├── top.sls
│   ├── hostname.sls
│   ├── bootstrap.sls
│   ├── sshd.sls
│   └── baseline.sls
└── pillar
    ├── top.sls
    ├── baseline.sls
```

---

17. 물론 IP 기반 매칭을 할 수 있다. 명시적이어야 한다.

```
        ├── webserver.sls
        └── freebsd.sls

   2 directories, 9 files
```

pillar/baseline.sls와 pillar/freebsd.sls에 정의된 변수를 예제 클라이언트에 바인
딩하고자 /pillar/top.sls에 다음 줄을 포함시킬 수 있다.

```
base:
  new-client.example.com:
    - baseline
    - freebsd
```

마스터 파일과 같이 **base**는 더 정교한 설정으로 오버레이될 수 있는 필수 공통 환
경이다.

baseline.sls와 freebsd.sls에 동일한 변수 값 중 일부를 정의할 수 있다. 스칼라 및 배
열 값의 경우 top.sls에 나열된 마지막 소스를 적용하지만 해시는 병합된다.

예를 들어 다음과 같이 미니언이 하나의 변수 파일을 바인딩하는 경우

```
admin-users:
  manny:
    uid: 724
  moe:
    uid: 740
```

그리고 다음과 같다.

```
admin-users:
  jack:
    uid: 1004
```

그런 다음 솔트는 두 버전을 병합한다.

미니언에 제공된 필러 데이터는 다음과 같다.

```
admin-users:
  manny:
    uid: 724
  moe:
    uid: 740
  jack:
    uid: 1004
```

미니언 매칭

앞 시나리오에서 원하는 것은 baseline.sls를 모든 클라이언트에 적용하고 freebsd. sls를 FreeBSD를 실행하는 모든 클라이언트에 적용하는 것이다. 다음은 pillar/ top.sls 파일의 선택 패턴을 이용해 이를 수행하는 방법이다.

```
base:
  '*.example.com':
    - baseline
  'G@os:FreeBSD':
    - freebsd
```

별표는 example.com의 모든 클라이언트 ID와 매칭된다. 여기에 '*'를 사용했을 수도 있지만 글로빙 패턴이라는 것을 강조하기를 원했다. G@ 접두사는 grain 값에 대한 매칭을 요청하는 것이다. 검사 중인 grain은 os 이름이고 얻으려는 값은 FreeBSD다. 글로빙은 여기서도 허용된다.

FreeBSD를 위한 매칭 표현을 덜 마법적인 방법으로 작성하면 다음과 같다.

```
'os:FreeBSD':
  - match: grain
  - freebsd
```

선택은 사용자에게 달려있지만 @ 표기법은 괄호와 불리언 오퍼레이션을 포함한 복잡한 표현식으로 깔끔하게 확장된다. 표 23.5는 대부분의 일반적인 매칭 유형을 나열한 것으로 몇 가지는 생략됐다.

표 23.5가 불안할 정도로 복잡해보인다면 용기를 내자. 이것들은 옵션일 뿐이다.

실제 셀렉터는 간단한 예제와 더 많이 비슷하다.

맞춰 볼 수 있는 이런 모든 grains와 pillar 값이 무엇인지 궁금하다면 쉽게 찾을 수 있다.

```
$ sudo salt minion grains.items
```

또는

```
$ sudo salt minion pillar.items
```

완전한 목록을 얻으려면 위와 같이 사용하면 된다.

/etc/salt/master 파일에 명명된 그룹을 정의할 수 있다. 노드 그룹이라고 하며 top. sls 파일에서 복잡한 그룹 셀렉터를 제외시키는 데 유용하다. 그러나 사실 재사용을 위해 패턴의 이름을 정하는 방법만큼 진정한 그룹화 메커니즘은 아니다.

표 23.5 솔트 미니언 매칭 유형

코드	대상	매치 유형	매치:	예제
_a	ID	글롭	glob	*.cloud.example.com
E	ID	정규표현식	pcre	E@(nw|wc)-link-\d+
L	ID	목록	list	L@hosta,hostb,hostc[b]
G	grain	글롭	grain	G@domain:*.example.com
E	grain	정규표현식	grain_pcre	E@virtual:(xen|VMWare)
I	pillar	글롭	pillar	I@scaling_type:autoscale
J	pillar	정규표현식	pillar_pcre	J@server-class:(web|database)
S	IP 주소	CIDR 블록	ipcidr	S@52.24.9/20
_c	복합	복합	compound	not G@os_family:RedHat

a. 이것이 기본값이다. 매칭 유형 코드가 필요하지 않다(또는 정의됨).
b. 공백이 없음에 주의해야 한다. 개별적인 표현식에는 이를 포함시킬 수 없다.
c. 코드는 개별 용어에 레이블을 붙이는 데 사용된다.

결과적으로 노드 그룹의 동작은 약간 혼란스럽다. 복합 유형의 셀렉터(예를 들어 L@절을 사용하지 않는 경우 단순한 클라이언트 목록에 의해서는 그렇지 않음)라는 관점에서만 정의될 수 있으며 대조해보고자 명시적인 `match: nodegroup`의 유형을 사용해야 한다. 전역 축약 표기법은 없다.

솔트 스테이트

솔트 오퍼레이션을 '스테이트'라 한다. 앤서블과 마찬가지로 YAML 형식으로 정의돼 있으며 실제로 앤서블 태스크와 미묘하게 비슷하다. 그러나 세세한 사항들은 상당히 다르다. .sls 파일에 일련의 스테이트 정의를 포함할 수 있다.

스테이트는 환경설정 베이스의 솔트 부분 루트에 있는 top.sls 파일의 특정 미니언에 바인딩된다. 이 파일은 변수 바인딩으로 top.sls 파일과 정확히 같아 보이며 같은 기능을 한다.

앞에서 앤서블로 작업한 예제와 동일한 다음 솔트 버전 예제를 살펴보자. sudo를 설치하고 sudo 권한이 있어야 하는 관리자를 할당할 sudo 그룹을 생성한다. 그런 다음 관리자 계정 그룹을 생성한다. 각각의 관리자 계정은 동일한 이름의 고유 유닉스 그룹이 있다. 마지막으로 환경설정 베이스에서 sudoers 파일을 복사한다.

때마침 앤서블이 사용했던 정확하게 동일한 변수 파일을 솔트에서 사용할 수 있다.

```
sudoers_path: /etc/sudoers
admins:
  - { username: manny, fullname: Manny Calavera }
  - { username: moe, fullname: Moe Money }
```

모든 미니언에서 이런 정의를 사용할 수 있게 하고자 환경설정 베이스 pillar/example.sls에 정의를 둬야 하고 top.sls에 바인딩을 추가해야 한다.

```
base:
  '*':
    - example
```

다음은 솔트 버전의 오퍼레이션이다.

```
install-sudo-package:
  pkg.installed:
    - name: sudo
    - refresh: true

create-sudo-group:
  group.present:
    - name: sudo

{% for admin in pillar.admins %}

create-group-{{ admin.username }}:
  group.present:
    - name: {{ admin.username }}

create-user-{{ admin.username }}:
  user.present:
    - name: {{ admin.username }}
    - gid: {{ admin.username }}
    - groups: [ wheel, sudo ]
    - fullname: {{ admin.fullname }}

{% endfor %}

install-sudoers-file:
  file.managed:
    - name: {{ pillar.sudoers_path }}
    - source: salt://files/sudoers
    - user: root
    - group: wheel
    - mode: '0600'
```

이 버전은 앞에서 동등한 앤서블 태스크 목록과 쉽게 비교하도록 가장 표준이 되는 형태로 오퍼레이션을 보여준다. 몇 가지 추가적인 변경 사항으로 약간 정리할 수 있지만 먼저 긴 버전을 살펴본다.

솔트와 진자

가장 먼저 주목해야할 점은 파일이 {% %}로 구분된 진자 루프를 포함하고 있다는 것이다. 이러한 구분자는 {% %}가 값을 반환하지 않는다는 점을 제외하고 {{ }}과 비슷하다. 루프의 내용은 루프가 실행될 때마다 YAML 파일에 삽입된다.

진자는 파이썬과 유사한 구분을 사용하지만 YAML은 이미 .sls 파일에 들여쓰기를 이해하고 있으므로 진자는 endfor 같은 블록 종료 토큰을 강제로 정의해야 한다. 일반 파이썬에서 블록은 일반적으로 들여쓰기를 통해 정의된다.

솔트는 기본 YAML 체계에 가장 기본적인 반복 구조만을 정의하고 있다. 조건부 및 문제없는 반복은 진자에 의해, 또는, .sls 파일을 실행하는 템플릿 언어에 의해 제공돼야 한다(실제로 솔트는 YAML에 대해서는 신경 쓰지 않는다. 지정된 파이프라인을 통해 환경설정 파일을 확장하고 완전히 문자열로 구성되는 최종 JSON 결과를 사용할 뿐이다).

한편으로 이 접근 방식은 깔끔하다. 진행되고 있는 일에 대한 개념적 모호함이 없고 의도하는 것을 확인하고자 확장자 .sls 파일을 검토하기 쉽다. 템플릿 코드와 YAML의 혼합은 다소 눈부시게 보이기 쉽다. HTML 템플릿만 사용하는 웹 앱의 논리를 작성하는 것과 약간 비슷하다.

몇 가지 경험에 의한 규칙이 솔트 구성을 깔끔하게 유지하는 데 도움이 될 수 있다. 첫째, 솔트는 변수 값 오버레이를 구현하기 위한 유용하고 잘 정의된 메커니즘을 갖고 있다. 이것을 사용해 코드가 아닌 도메인에서 가능한 한 많은 구성을 유지한다.

솔트 문서에 있는 많은 예제는 최상의 해결책이 아닌 경우 진자 조건문을 사용한다.[18] 다음 .sls 파일은 다른 배포판에 다른 패키지명을 가진 아파치 웹 서버를 설치한다.

```
# apache-pkg.sls
apache:
pkg.installed:
  {% if grains['os'] == 'RedHat' %}
  - name: httpd
  {% elif grains['os'] == 'Ubuntu' %}
  - name: apache2
    {% endif %}
```

이 변형은 필러를 통해 좀 더 우아하게 처리할 수 있다.

---

18. 이러한 예제는 특정 부분을 설명하도록 설계됐다. 깔끔함이 아니고 말이다.

```
# apache-pkg.sls
{{ pillar['apache-pkg'] }}:
  pkg.installed

# pillar/top.sls
base:
  '*':
    - defaults
  'G@os:Ubuntu':
    - ubuntu
# pillar/defaults.sls
apache-pkg: httpd

# pillar/ubuntu.sls
apache-pkg: apache2
```

하나의 파일을 4개로 바꾸는 것은 초기에는 간소화된 것처럼 보이지 않겠지만 지금은 확장 가능한 코드 프리^{code-free} 시스템이다. 다중 OS 환경은 이러한 많은 변형을 접하고 한곳에서 모두 처리할 수 있다.

값을 동적으로 계산해야 하는 경우 .sls 파일의 최상위에 코드를 배치하고 변수에서 사용하고자 나중에 이를 기억할 수 있는지 고려해야 한다. 예를 들어 앞의 아파치 패키지 설치를 작성하는 다른 방법은 다음과 같다.

```
{% set pkg_name = 'httpd' %}
{% if grains['os'] == 'Ubuntu' %}
  {% set pkg_name = 'apache2' %}
{% endif %}

{{ pkg_name }}:
  pkg.installed:
```

이것은 적어도 진자 로직을 실제 구성과 분리하는 이점이 있다.

진자 로직과 YAML을 혼합해야 하는 경우 YAML 세그먼트 일부를 별도의 파일로 나눌 수 있는지 여부를 고려해야 한다. 그런 다음 이러한 세그먼트를 적절하게 보간할 수 있다. 다시 한 번 목적은 코드와 YAML을 왔다 갔다 하는 것이 아닌 단순히 분리하는 것이다.

중대한 계산의 경우 YAML을 완전히 버리고, 순수 파이썬이나 솔트가 기본으로 포함돼 있는 파이썬 기반 DSL 중 하나로 대체할 수 있다. 더 자세한 정보는 '렌더러'에 대한 솔트 문서를 참고한다.

스테이트 ID와 종속성

sudo 예제로 돌아가 보자. 참고를 위해 첫 두 스테이트를 보자.

```
install-sudo-package:
  pkg.installed:
    - name: sudo
    - refresh: true

create-sudo-group:
  group.present:
    - name: sudo
```

개별 스테이트는 목록의 항목(앤서블에 있는 것처럼)이 아니라 해시의 요소다. 각 스테이트에 대한 해시 키는 ID라는 임의의 문자열이다. 해시와 마찬가지로 ID는 고유해야 하며 그렇지 않으면 충돌이 발생한다.

문제의 잠재적인 영역은 이런 특정 파일이 아니라 전체 클라이언트 구성에 있다. 솔트는 결국 하나의 큰 해시로 스테이트 ID 모두를 채울 것이기 때문에 스테이트 ID는 전역에서 고유해야 한다.

여기서 흥미로운 점은 키 순서를 유지하고 있다는 것이다. 표준 해시에서 키는 해시가 열거될 때 임의의 순서로 나타나는데, 이것이 솔트가 사용했던 방식이기도 하다. 결과적으로 스테이트의 모든 종속성을 명시적으로 선언해야 했다. 요즘 해시는 기본적으로 표시 순서를 유지한다. 그러나 명시적으로 종속성을 선언한 경우(또는 이 동작이 마스터 파일에서 해제된 경우) 여전히 재정의할 수 있다.

그래도 여전히 약간 까다롭다. 다른 제약 조건이 없는 경우 실행 순서는 원본 .sls 파일을 따른다. 그러나 솔트는 의존성이 존재한다고 하지 않는 한 여전히 스테이트가 서로에게 논리적으로 독립적이라 가정한다. 스테이트가 실행에 실패하면 솔트는 오류를 기록하지만 계속해서 다음 스테이트를 실행한다.

선행 작업이 실패할 경우 종속 스테이트가 실행되지 않게 하려면 명시적으로 선언하면 된다. 예를 들면 다음과 같다.

```
create-sudo-group:
  group.present:
    - name: sudo
    - require:
      - install-sudo-package
```

이 구성에서 솔트는 sudo 패키지가 성공적으로 설치되지 않았다면 sudo 그룹을 생성하려고 하지 않는다.

여러 파일에서 스테이트를 배치할 때도 필수 조건이 중요하다. 앤서블과 달리 솔트는 include를 만나는 지점에서 인클루드 파일의 내용을 보충하지 않는다. 단순히 읽을 목록에 파일을 추가한다. 여러 파일을 동일한 소스에 인클루드하려는 경우 최종 병합 부분에 단 하나의 소스 사본만 있고 스테이트의 순서는 예상했던 것과 다를 수 있다. 순차 실행은 파일 내에서만 보장된다. 스테이트가 외부에서 정의된 오퍼레이션에 의존하는 경우 명시적인 필수 조건을 선언해야 한다.

필수 조건 기재는 앤서블의 통지^{notification}와 유사한 효과를 달성하고자 사용될 수 있다. 사실 require의 대안은 문법적으로 상호교환이 가능하지만 동작이 미묘하게 다를 수 있다. 그중 하나는 watch로, 다른 스테이트가 시스템에 변경을 가할 때 무언가를 수행하고자 할 때 특히 유용하다.

예를 들어 다음 환경설정이 시스템의 타임존^{time zone}과 ntpd에 전달되는 매개변수를 설정한다고 하자. 이 환경설정은 ntpd가 실행 중인지 확인해 부팅 시간에 이를 시작하게 한다. 추가로 시스템 타임존이나 ntpd 플래그가 갱신되면 ntpd를 재시작한다.

```
set-timezone:
  timezone.system:
    - name: America/Los_Angeles

set-ntpd-opts:
```

```
    augeas.change: 19
      - context: /files/etc/rc.conf
      - lens: shellvars.lns
      - changes:
        - set ntpd_flags '"-g"' 20
ntpd:
  service.running:
    - enable: true
    - watch:
      - set-ntpd-opts
      - set-timezone
```

스테이트와 실행 함수

.sls 파일에 스테이트 ID 바로 아래에 보이는 이름들은 해당 스테이트에서 실행돼야
하는 오퍼레이션이다. 예제에서 보면 **pkg.installed**와 **group.present**가 그것이다.

이들은 '모듈module' 부분과 '함수function' 부분을 포함한다. 이들은 앤서블 모듈 이름
state 값과 비교적 비슷하다. 예를 들어 앤서블에서 state=present와 함께 package
모듈을 사용해 패키지를 설치하는데, 솔트에서는 고유의 **pkg.installed** 함수를
pkg 모듈 내에서 사용한다.

솔트는 대상 시스템('실행 함수execution functions')에 수행할 오퍼레이션을 만든다. 여기
서 특정 환경설정을 멱등적으로 강제한다('상태 함수'). 스테이트 함수는 보통 변경
을 해야 할 때 연관된 실행 함수를 호출한다.

.sls 파일에는 스테이트 함수만 언급되고 실행 함수는 커맨드라인에만 나타나야
한다는 것이 일반적이다. 솔트는 기본적으로 이러한 규칙을 강제하지만 때로 혼
란스러운 효과가 나타난다.

스테이트 및 실행 함수는 별도의 파이썬 모듈로 존재하지만 관련된 모듈은 보통
같은 이름을 공유한다. 예를 들어 **timezone** 스테이트 모듈과 **timezone** 실행 모듈
이 존재한다. 모호함이 발생된다 하더라도 두 모듈 사이에 함수 이름이 겹치면 안
된다. 즉, .sls 파일에서 타임존을 설정하려면 **timezone.system**을 사용해야 한다.

```
set-timezone:
  timezone.system:
    - name: America/Los_Angeles
```

그러나 커맨드라인에서 미니언의 타임존을 설정하려면 `timezone.set_zone`을 사용한다.

```
$ sudo salt minion timezone.set_zone America/Los_Angeles
```

무언가 잘못돼 문서를 봐야 하는 경우 매뉴얼의 서로 다른 두 부분에서 `timezone`을 찾을 수 있을 것이다. 어떤 형태의 함수가 정확히 어떤 식으로 동작하는지 항상 명료하지는 않다. 예를 들어 깃 저장소 옵션을 설정하는 `git.config_set`은 스테이트 함수지만 `state.apply`는 멱등적으로 환경설정을 강제하는 실행 함수다.

결론적으로 어떤 함수가 무엇인지, 그들이 어떤 내용을 담고 있는지를 알아야 한다. '다른' 콘텍스트에서 함수를 호출(때로 필요하다)할 필요가 있다면 어댑터 함수인 `module.run()`과 `state.single()`을 사용할 수 있다. 예를 들어 앞의 내용이 적용된 타임존 호출은 다음과 같다.

```
set-timezone:
  module.run:
    - name: timezone.set_zone
    - timezone: America/Los_Angeles
```

그리고 다음과 같다.

```
# salt minion state.single timezone.system name=America/Los_Angeles
```

매개변수와 이름

앞의 예제에서 첫 두 스테이트를 갖고 왔다.

```
install-sudo-package:
  pkg.installed:
```

```
      - name: sudo
      - refresh: true
create-sudo-group:
  group.present:
    - name: sudo
```

각 오퍼레이션의 이름 아래 들여쓰기 된 것은 매개변수 목록이다. 앤서블에서 오퍼레이션의 매개변수는 거대한 해시형태를 갖는다. 솔트에서는 목록을 가져오며 각 엔트리는 대시 뒤에 붙는다. 좀 더 자세히 말하면 솔트는 해시의 목록을 원한다. 각 해시에는 일반적으로 하나의 키만 존재하지만 말이다.

대부분의 매개변수 목록은 name이라 불리는 매개변수를 포함한다. 이는 '이 오퍼레이션이 환경설정하는 것'을 가리키는 표준 레이블이다. 달리 말해 names라 불리는 매개변수에 대상 목록을 제공할 수도 있다. 예를 들면 다음과 같다.

```
create-groups:
  group.present:
    - names:
      - sudo
      - rvm
```

names 매개변수를 제공한다면 솔트는 names 목록에서 하나의 요소를 각 name 매개변수로 대체해 오퍼레이션을 여러 번 재실행한다. 이는 기계적인 절차며 오퍼레이션 자체는 순환을 인지하지 못한다. 이는 실행 시간(파싱parse 시간의 반대) 오퍼레이션이며 앤서블의 with_items 생성자와 같다. 그러나 진자 확장이 이미 완료됐기 때문에 다른 매개변수의 값에 해당 이름을 기반으로 할 수 없다. 다수의 매개변수를 적용해야 한다면 names를 무시하고 그냥 진자 루프를 순환하라.

일부 오퍼레이션은 다수의 인자를 한 번에 처리할 수 있다. 예를 들어 pkg.installed는 다수의 패키지명을 한 번에 기저 OS 패키지 관리자로 전달한다. 이는 효율성이나 의존성을 해결할 때 유용하다. 솔트가 names 순환을 숨기기 때문에 이러한 오퍼레이션은 벌크 오퍼레이션을 활성화하고자 별도의 매개변수명을 사용하도록 강제된다.

```
install-packages:
  pkg.installed:
    - names: [ sudo, curl ]
```

그리고 다음과 같다.

```
install-packages:
  pkg.installed:
    - pkgs: [ sudo, curl ]
```

둘 다 sudo와 curl을 설치한다. 위의 버전은 별도의 두 오퍼레이션으로 수행하고 아래 버전은 한 번에 수행한다.

사소하게 보이는 이러한 부분도 강조하는 이유는 names를 사용할 때 실수를 저지르기 쉽기 때문이다. 이 순환이 기계적이기 때문에 names는 name 매개변수에 관심 없는 오퍼레이션도 순환한다. 솔트 로그를 리뷰해보면 다수의 실행이 성공적으로 실행되는 것을 볼 수 있을 것이지만 대상 시스템은 아직 적절히 설정되지 않은 것처럼 보인다. 로그 리뷰를 통해 무슨 일이 벌어졌는지 정확하게 이해하는 데 도움이 된다.

스테이트를 위해 명시적인 name을 지정하지 않는다면 솔트는 스테이트 ID를 이 필드에 복사한다. 스테이트 정의를 조금 단순화하고자 이 행위를 사용할 수 있다. 예를 들면 다음과 같다.

```
create-sudo-group:
  group.present:
    - name: sudo
```

위는 다음과 같이 된다.

```
sudo:
  group.present
```

아래와 같이도 된다.

```
sudo: group.present
```

YAML은 값이 없는 해시 키는 허용하지 않는다. 따라서 group.present는 어떠한 나열된 매개변수도 갖지 않는다. 매개변수 목록을 값으로 갖는 해시 키 대신 단순한 문자열이 돼야 한다. 이는 괜찮다. 솔트가 이를 명확하게 점검한다.

단축 버전은 잠재적인 문제점이 있다. 스테이트 ID가 반드시 전역적으로 유일해야 하기 때문에 공통 시스템 엔티티를 위한 짧은 ID는 ID 충돌에 더 취약하다. 솔트는 충돌을 탐지하고 보고한다. 따라서 이는 심각한 이슈라기보다는 귀찮음이다. 하지만 여러분이 여러 환경설정 베이스에 재사용하기 위한 솔트 포뮬라를 작성하거나 솔트 커뮤니티에 이를 공유하고자 한다면 충돌 가능성이 적은 ID를 사용하라.

솔트는 단일 스테이트에 포함되는 여러 오퍼레이션을 허용한다. 위의 두 오퍼레이션이 name 필드를 공유하기 때문에 명시적인 names 없이 이를 단일 스테이트로 합칠 수 있다. 그러나 또 다른 YAML 문제가 기다리고 있다.

```
sudo:
  pkg.installed:
    - refresh: true
  group.present: []
```

sudo 키의 값은 이제 해시여야 한다. 문자열 group.present를 갖는 해시는 안 된다. 따라서 group.present는 해시 키로 다루고 명시적 매개변수 목록을 값으로 제공해야 한다. 그 값이 비어 있더라도 말이다. pkg.installed에서 refresh 매개변수를 없애더라도 괜찮다.

```
sudo:
  pkg.installed: []
  group.present: []
```

이 두 스테이트를 줄인 것처럼 사용자 계정 관리를 수행하는 두 스테이트도 줄일 수 있다. 스테이트 목록의 더 관용적인 버전은 다음과 같다.

```
sudo:
  pkg.installed: []
  group.present: []
{% for admin in pillar.admins %}
{{ admin.username }}:
  group.present: []
  user.present:
    - gid: {{ admin.username }}
    - groups: [ wheel, sudo ]
    - fullname: {{ admin.fullname }}
{% endfor %}

{{ pillar.sudoers_path }}:
  file.managed:
    - source: salt://files/sudoers
    - user: root
    - group: wheel
    - mode: '0600'
```

미니언즈로 스테이트 바인딩

솔트 스테이트 바인딩에 대해서는 많이 이야기할 것이 없다. 이는 필러[pillar] 바인딩
과 같이 동작한다. 스테이트 계층의 최상단에 top.sls 파일 있으며 이는 미니언 그
룹을 상태 파일과 매핑한다. 다음은 대략적인 예제다.

```
base:
  '*':
    - bootstrap
    - sitebase
  'G@os:Ubuntu':
    - ubuntu
  'G@webserver':
    - nginx
    - webapps
```

이 환경설정에서 모든 호스트는 스테이트 계층의 최상단에 있는 bootstrap.sls와
sitebase.sls에서 스테이트를 적용한다. 또한 우분투 시스템은 ubuntu.sls를 실행
하고 웹 서버는 NGINX와 로컬 웹 앱 설정을 위한 스테이트를 실행한다.

top.sls 내의 순서는 각 미니언에서의 일반적인 실행 순서를 나타낸다. 그러나 보통 스테이트 내의 명시적인 의존성 정보는 기본 순서를 덮어쓴다.

하이스테이트

솔트는 top.sls의 바인딩을 미니언의 '하이스테이트[highstate],19로 참조한다. 미니언에 매개변수 없는 state.apply 함수를 실행하게 함으로써 하이스테이트를 활성화할 수 있다.

```
$ sudo salt minion state.apply
```

state.highstate 함수는 매개변수 없는 state.apply와 같다. 두 형태 모두 사용됨을 알 수 있을 것이다.

특히 새 스테이트 정의를 디버깅할 때 미니언이 단일 스테이트 파일을 실행하게 하고 싶을 것이다. state.apply를 사용하면 쉽게 할 수 있다.

```
$ sudo salt minion state.apply statefile
```

스테이트 파일명에서 .sls 접미사는 솔트가 추가할 것이므로 넣지 않아도 된다. 또한 스테이트 파일의 경로는 여러분의 현재 디렉터리와는 관계가 없다는 것을 알아두자. 이는 항상 미니언의 환경설정 파일에 정의된 스테이트 루트를 기본으로 해석된다. 이 명령은 미니언의 하이스테이트를 재정의하지는 않는다. 이는 단순히 지정된 스테이트 파일을 실행한다.

솔트 명령은 서로 다른 미니언 그룹을 대상으로 하는 다양한 플래그를 수용한다. 그러나 '컴파운드'의 -C를 기억하고 표 23.5에 있는 옵션을 사용하라.

예를 들어 모든 레드햇 미니언으로의 하이스테이트는 다음과 같다.

```
$ sudo salt -C G@os:RedHat state.highstate
```

---

19. 용어 사용에 잠재적인 혼동이 있을 수 있다. 솔트는 '하이스테이트'를 '파싱되고 어셈블된 스테이트의 JSON 트리(tree)'를 구성하는 절차를 뜻하는 데도 사용하기 때문이다. 실행 엔진에 입력되는 JSON 트리 형태의 저수준 입력을 '로우스테이트'라 한다.

기본 매치 형태는 ID다. 따라서 다음 명령은 '전체 사이트의 환경설정을 평가'하기 위한 명령이다.

```
$ sudo salt '*' state.highstate
```

솔트의 미니언-센트릭^{centric} 실행 모델에서 모든 병행 실행은 동시적으로 시작된다. 그리고 미니언은 그들의 실행이 완료되기 전까지는 보고를 되돌려 보내지 않는다. 솔트 명령은 각 미니언의 결과를 받는 즉시 출력한다. 스테이트 파일이 실행 중에 증분 결과를 표시할 방법은 없다.

미니언이 많거나 복잡한 환경설정 베이스를 갖고 있다면 솔트 명령의 기본 출력은 보기에 상당히 복잡할 것이다. 모든 미니언에서 오는 모든 오퍼레이션을 보고하기 때문이다. --state-ouptut=mixed 옵션을 추가하면 성공하고 변경을 야기하지 않는 오퍼레이션을 위해 한 줄을 출력한다. --state-verbose=false는 변경이 없는 오퍼레이션은 전체적으로 억제한다. 그러나 솔트는 각 미니언의 헤더와 개요는 출력한다.

솔트 포뮬라

솔트는 번들^{bundle}을 '포뮬라^{formula}'라고 부른다. 앤서블의 롤^{role}과 같이 이들은 단지 파일의 디렉터리다. 솔트 포뮬라는 일부 메타데이터와 버전 정보를 갖고 있는 외부 래퍼지만 말이다. 실제 사용에서는 내부 포뮬라 디렉터리만 필요하다.

포뮬러 디렉터리는 master 파일에 정의된 솔트 루트의 하나로 이동한다. 원한다면 포뮬라만을 위한 루트를 생성할 수도 있다. 포뮬라는 때로 예제 필러 데이터를 포함하지만 설치에 대한 책임은 스스로 갖는다.

top.sls 파일이나 include 구문에 디렉터리를 명명하는 경우를 제외하면 솔트는 포뮬라 지원을 위해 특별하게 하는 것은 없다. 이 규약은 포뮬라에 명확한 기본 경로를 제공한다. 많은 포뮬라 역시 독립^{stand-alone} 스테이트를 포함해 디렉터리와 파일명을 둘 다 지정함으로써 참조할 수 있다.

솔트는 환경설정에 어떠한 것도 한 번 이상 인클루드시킬 수 없다. 여기에는 포뮬라도 포함된다. 다중 인클루드 요청을 만들 수는 있지만 이들은 합쳐질 것이다. 결과적으로 포뮬라는 앤서블의 롤이 하는 방식처럼 여러 번 인스턴스화할 수 없다.

솔트에서는 필라 내에 변수 값을 집어넣는 방식 외에는 포뮬라에 매개변수를 전달할 방법이 없기 때문에 상관이 없다(진자 표현으로 변수의 값은 설정할 수 있지만 이러한 설정은 현재 파일의 콘텍스트에서만 존재한다).

반복적인 포뮬라 호출의 영향을 시뮬레이션해보고자 포뮬라가 순환할 수 있는 리스트나 해시의 형태로 이뤄진 필라 데이터를 제공할 수 있다. 그러나 포뮬라는 이 구조를 염두에 두고 명시적으로 작성돼야 한다.

커뮤니티가 기여하는 포뮬러를 위한 중앙 솔트 저장소는 현재 깃허브뿐이다. `salt-formulas` 사용자명을 찾아보라. 각 포뮬라는 별도의 프로젝트다.

환경

솔트는 환경을 명시적으로 지원하기 위한 몇 가지 기능을 만든다(예, 개발, 테스트, 운영 환경의 분리). 불행히도 환경 시스템은 기묘하며 대부분의 일반적인 실사용 사례와는 직관적으로 맞지 않는다. 약간의 결심과 진자를 통해 환경을 구축하고 실행할 수 있다. 그러나 현실에서는 많은 사이트가 그저 각 환경에서 분리된 마스터 서버를 구동한다. 이는 네트워크 계층에서 환경을 분리해야 하는 보안 및 규정 준수 표준과 잘 맞는다.

앞에서 봤듯이 /etc/salt/master 파일에는 환경설정 정보가 저장돼 있는 다양한 위치가 나열돼 있다. 또한 이는 환경과 관련된 경로들이 존재한다.

```
file_roots:
  base:
    - /srv/salt
pillar_roots:
  base:
    - /srv/pillar
```

/srv/솔트와 /srv/pillar는 **base**라 불리는 기본 환경을 위한 스테이트와 필라 루트

디렉터리다. 단순함을 위해 다음 논의에서 필라 데이터에 대한 언급은 생략했다. 환경 관리는 환경설정 베이스의 두 가지와 같은 방식으로 동작한다.

하나 이상의 환경을 갖는 사이트는 보통 각각을 나타내는 환경설정 디렉터리 계층에 추가적인 단계를 넣는다.

```
file_roots:
  base:
    - /srv/base/ salt
  development:
    - /srv/development/ salt
  production:
    - /srv/production/ salt
```

(분명히 이 예제에는 테스트 환경이 없다. 이를 집에서 시도하지 말라.)

환경은 다수의 루트 디렉터리를 나열할 수 있다. 이들이 하나 이상이라면 서버는 그 내용을 투명하게 병합한다. 그러나 각 환경은 별도의 병합을 실행하고 최종 결과는 분리된 상태로 남겨진다.

top.sls 파일 내에(미니언을 특정 스테이트와 필라 파일에 연결하는 바인딩) 최상위 키 key는 항상 환경의 이름이다. 여태까지는 **base** 환경만을 사용하는 예제를 봤지만 모든 유효 환경이 올 수 있다. 예를 들어 다음과 같다.

```
base:
  '*':
    - global
development:
  '*-dev':
    - webserver
    - database
production:
  '*web*-prod':
    - webserver
  '*db*-prod':
    - database
```

top.sls 파일 내 환경에 대한 정확한 모습은 여러분이 어떻게 솔트를 설정했는지에 따라 다르다. 모든 경우 환경은 master 파일에 정의돼 있어야 한다. top 파일은 새 환경을 생성하지는 못한다. 추가로 스테이트 파일은 언급된 환경 콘텍스트 내에서 생성돼야 한다.

기본적으로 솔트는 미니언을 어느 특정 환경과 연관 짓지 않는다. 그리고 미니언은 top.sls의 환경 일부 또는 전부에서 스테이트를 할당받을 수 있다. 예를 들어 앞의 코드 조각에서 모든 미니언은 global.sls 스테이트를 베이스 환경에서 실행한다. 그 ID에 따라 개별 미니언은 운영이나 개발 환경에서 스테이트를 받을 수도 있다.[20]

솔트 문서는 환경을 설정하기 위한 이러한 방식을 추천하지만 여기에는 몇 가지 제한이 있다. 잠재적인 문제점 중 하나는 미니언이 여러 환경에서 환경설정 요소를 갖고 오는 프랑켄슈타인 서버가 되는 것이다. 모든 미니언이 다수의 부모를 갖고 있기 때문에 특정 시점에 미니언의 환경설정을 특정 환경 하나로 추적할 수 없다.

단일 베이스 환경이 다른 모든 환경에 공유돼야 하기 때문에 이 구별이 중요하다. 어떤 것이어야 하는가? 베이스 환경의 개발 버전인가? 운영 버전인가? 완전히 별도의 스테이지^{stage}된 환경설정 베이스인가? 정확히 언제 베이스 환경을 새 릴리스로 이전해야 하는가?

또한 여기엔 수면 아래에 숨어 있는 추가적인 복잡성도 있다. 각 환경은 완전한 솔트 환경설정 계층이다. 따라서 이론적으로 고유의 top.sls 파일을 가질 수 있다. 이러한 top.sls 파일 각각은 다수의 환경을 참조할 수 있다. 이러한 상황에 직면했을 때 솔트는 모든 top 파일을 하나의 복합 프랑켄슈타인 환경설정[21]으로 병합하려 한다. 환경은 그가 소유하거나 제어하지 못하거나 아무 정보도 없는 다른 환경의 스테이트의 실행을 요구할 수 있다.

이러한 아키텍처가 쓰이는 정확한 사용 사례는 명료하지 않다. top 파일 병합이 기본 동작이기는 하지만 문서에서는 이러한 식으로 반복적으로 구성하는 것은 경고하고 있다. 대신 모든 환경을 제어하기 위한 단일 top.sls 파일을 설계하기를 권

---

20. 미니언의 ID를 개발 또는 제품 패턴과 일치시키게 설정할 때 기능적으로 대응되는 환경과 연결 지을 것이다. 그러나 솔트 자체는 어떠한 명시적인 연결도 만들지 않는다. 적어도 이 설정에서는 말이다.

21. 병합은 YAML 수준에서 이뤄진다. 따라서 다수의 top 파일이 같은 환경 내에 같은 패턴으로 스테이트를 할당하지 않길 바라야 할 것이다. 그렇게 된다면 일부 스테이트는 경고 없이 무시될 것이다.

한다. base처럼 말이다.

이렇게 하더라도 이러한 '외부' top 파일과 환경의 나머지 것들 사이에 조직적인 분할이 생기게 된다. top 파일은 환경의 환경설정에 중요한 부분이다. 따라서 스테이트와 top 파일은 일반적으로 함께 개발된다. 즉, 하나가 변경되면 다른 것도 변경해야 한다. 별도의 top 파일을 이용해 각 환경을 서로 수동적으로 동기화돼야 하는 두 조각으로 효과적으로 분리해야 한다. 추가로 마스터 top 파일은 다른 모든 환경과 공유, 동기화, 비교돼야 한다. 예를 들어 테스트 환경을 운영 환경으로 변경할 때 마스터 top.sls가 새 제품 릴리스의 특정 버전을 위해 적절한 설정을 반영하고 있는지 확인해야 한다.

대안으로 미니언을 주어진 환경에 강하게 연결^{hard-wire}할 수 있다. 이는 미니언에서 /etc/salt/minion 파일의 environment 값을 설정하거나 솔트 커맨드라인에 솔트 env=environment 플래그를 포함시킴으로써 수행할 수 있다. 이러한 제도에서 미니언은 할당된 환경의 top.sls 파일만 본다. top 파일 내에서 그 시야 역시 해당 환경 내에 보이는 요소들로 제한된다.

예를 들어 개발 환경에 할당된 머신은 top.sls 파일을 볼 것이다. 그 간략한 형태는 다음과 같다(top.sls 파일은 개발 스테이트 트리의 루트에서 찾을 수 있다고 가정한다).

```
development:
  '*-dev':
    - webserver
    - database
```

이러한 운영 모드는 전통적인 환경 개념의 기본값과 훨씬 더 가깝다. 여기에는 환경 간 의도치 않은 상호 소통이 있을 수 없다. 환경설정 베이스의 특정 버전이 환경 체인을 따라 승진^{promote}되므로 top.sls 파일의 서로 다른 부분이 자동으로 클라이언트로 적용되는 장점도 있다.

주요 단점은 하나 이상의 환경에서 공통인 환경설정 부분을 빼내는 기능을 잃는 것이다. 현재 환경의 콘텍스트 밖을 '바라보는' 내장된 방법은 없다. 따라서 베이스라인^{baseline} 환경설정의 요소는 반드시 모든 환경으로 복제돼야 한다.

이러한 접근법의 콘텍스트에서 작동하도록 재작성된 top.sls 파일은 다음과 같이 보일 것이다.

```
development:
  '*':
    - global
  '*-dev':
    - webserver
    - database
production:
  '*':
    - global
  '*web*-prod':
    - webserver
  '*db*-prod':
    - database
```

베이스 환경 자체는 이제 흔적만 남아 있다. 따라서 top.sls 파일에서 이를 제외하고 키의 이전 내용을 직접 개발 및 운영 환경으로 복사했다.

이제 우리는 모든 환경 트리가 고유의 top.sls 파일을 갖고 있는 세계에서 작업을 하고 있다는 것을 염두에 두자. 이 예제에서 top.sls 파일이 두 환경 사이에 분할되지 않았다고 가정한다. 따라서 top.sls의 두 복제본에는 같은 내용이 있을 것이다.

물론 손수 각 환경 내의 공통 환경 요소를 재현하는 것은 오류가 발생하기 쉽다. 더 나은 선택지는 진자 매크로를 통해 공통 환경설정을 정의하는 것이다. 이를 통해 자동으로 반복할 수 있다.

```
{% macro baseline() %}
  '*':
    - global
{% endmacro %}

development:
  {{ baseline() }}
  '*-dev':
    - webserver
    - database
```

```
production:
  {{ baseline() }}
  '*web*-prod':
    - webserver
  '*db*-prod':
    - database
```

이 시나리오에서는 모든 미니언이 특정 환경에 지정돼 있다고 가정한다. 따라서 이제 미니언의 ID에서 환경 디렉티브를 잠재적으로 제거할 수 있다. 그러나 보안을 위해 남겨두는 것이 더 좋은 생각이다.

문제는 미니언이 고유의 **environment** 설정을 통제한다는 것이다. 예를 들어 개발 환경의 미니언이 노출되면 스스로를 운영 서버로 선언할 수 있고 잠재적으로 운영 환경[22]에서 사용된 키와 환경설정에 대한 접근을 얻을 수 있다(이는 솔트 문서가 환경 지정의 추천을 주저하는 것에 대한 이유가 된다).

환경설정과 미니언 ID를 조건으로 하는 환경 특정 환경설정은 공격에서 이를 보호한다. 미니언이 그 ID를 변경한다면 마스터는 이들을 더 이상 승인된 클라이언트로 인지하지 않으며 관리자가 **salt-key** 명령을 통해 변경을 승인하지 않는 이상 무시된다.

ID 사용을 원치 않는다면 대체재로 교차 점검을 위해 필라 데이터를 사용하는 것도 있다. 무얼 하든지 이 환경설정의 공유 부분이 이미 '*'를 키로 사용하고 있기 때문에 접미사를 버리거나 '*-dev'를 '*'로 변경할 수 없다. 환경의 중복된 패턴은 YAML 오류다.

환경을 디버깅할 때 특히 유용한 실행 함수를 일부 발견하게 될 것이다. config.get은 특정 미니언(또는 미니언 모음)이 환경설정 옵션을 위해 사용 중인 값을 보여준다.

```
$ sudo salt new-client-dev config.get environment
new-client-dev:
    development
```

---

22. 미니언이 모든 스테이트 파일에 자유로운 접근이 가능하기 때문에 이 이슈는 사실 스테이트 환경설정은 아니다. 문제는 마스터 측에 모여 있고 계속 보호 상태로 유지돼야 하는 필라 데이터에 있다.

여기서 ID로 new-client-dev를 가진 미니언이 그 ID가 나타내듯이 개발 환경에 지정돼 있다는 것을 볼 수 있다. 미니언의 입장에서 top.sls 환경설정이 어떻게 생겼는지 보려면 state.show_top을 사용하라.

```
$ sudo salt new-client-dev state.show_top
new-client-dev:
    ----------
    development:
        - global
        - webserver
        - database
```

출력에서 대상 미니언을 위해 활성화되고 선택된 스테이트만 볼 수 있다. 다른 말로 해당 미니언에서 state.highstate를 호출한다면 실행되는 스테이트다.

출력된 모든 스테이트가 개발 환경에서 왔다는 것을 알아두자. 미니언이 지정돼 있기 때문에 항상 개발 환경에서 온다.

문서화 로드맵

솔트의 문서(docs.SaltStack.com)는 초반의 좌절 기간이 지나고 나면 감탄을 자아낼 것이다. 주 걸림돌은 주제들이 여러 단계 깊이 중첩돼 있지만 상위 두 층이 세 번째 층에서 찾을 수 있는 것들에 대한 충분한 힌트를 주지 않고 있다는 것이다.

가장 유용한 참고 자료는 시나리오^{scenarios} 또는 튜토리얼^{tutorials}로 구성된 절에 있다. 이를 뒤죽박죽 읽게 되면 시스템 관리자는 헷갈릴 것이다. 주제는 명확하지 않고 여기저기 이해되지 않는 부분이 있을 것이다. 어느 정도 시간이 지나면 상태의 심각도를 알 수 있는 명쾌한 순간을 경험하게 될 것이다.

몇 가지 추천 주제는 다음과 같다.

- 최상위 Using salt 절은 개념에 대한 개요다. Configuration Management는 튜토리얼이다. 그 형식 덕분에 이러한 절은 보조적인 자료로 보이지만 이는 사실이 아니다. 이는 이 문서에서 꽤 중요한 부분이니 건너뛰지 말라.
- 가장 좋은 참고 정보는 Configuration Management 내 State System Reference

에 있다. 여기에 있는 많은 것이 처음에는 중요치 않다. 그러나 Highstate data structure definitions, Requisites and other global state arguments, The top file은 특히 읽을 가치가 있다(The top file은 또한 환경을 위한 권위 있는 문서다).

- 여러분이 가장 자주 사용할 문서(스테이트와 실행 함수를 다루는)는 솔트 Module Reference에 있으며 모듈 개발자가 가장 흥미를 갖는 19가지 다른 모듈 타입으로 위장하고 있다. Full list of builtin state modules와 Full list of builtin execution modules를 북마크해두라.

23.7 앤서블과 솔트 비교

앤서블과 솔트 모두 좋은 도구다. 각각은 단점이 존재하지만 서로 다른 환경에서 사용하길 추천한다. 다음 절에서는 둘 중 하나를 선택할 때 고려해야 할 요소를 다룬다.

배포 유연성과 확장성

솔트는 앤서블보다 더 넓은 범위의 배포 환경을 다룬다. 단일 서버를 관리하는 데 사용해도 좋을 만큼 간단하지만 제한 없이 효과적으로 규모를 변경할 수 있다. 다양한 범위의 사용 사례에 대응하는 시스템을 배우고 싶다면 솔트가 좋다.

부분적으로 솔트의 구조가 마스터 서버에 대해 적은 요구 사항을 갖고 있기 때문이다. 미니언즈Minions는 지시 사항instruction을 수신해서 이것이 완료되기 전 까지는 보고를 되돌려 보내지 않는다. 모든 상태 정보는 한 번에 보고된다. 미니언즈는 환경설정 데이터를 얻고자 서버를 호출하지만 주 데이터를 제공하는 것 말고도 서버는 자체적으로 상대적으로 적은 컴퓨팅을 수행한다.

사이트가 단일 솔트 마스터 수준을 벗어나면 인프라스트럭처를 티어 또는 복제 서버 방식으로 변화할 수 있다. 이 책에서는 해당 옵션을 다루지는 않지만 설정이 쉽고 잘 동작한다.

앤서블의 경우 규모가 큰 배포는 비교적 약점이다. 멀티티어^{multitier} 서버 시스템을 구현하는 데 도움이 되는 몇 가지 기능을 포함하고 있지만 이 모델로의 전환은 솔트만큼 자연스럽지 않다.

앤서블은 솔트에 비해 상당히 느리다. 그리고 그 구조 때문에 일괄적으로 클라이언트를 처리해야 한다. 그러나 대부분의 서버는 기본적으로 동시에 5개보다 더 많은 클라이언트를 처리할 수 있다. 또한 앤서블의 실행 전략을 변경해서 클라이언트가 서로 엄격히 잠금을 유지하지 않게 할 수 있다. 심지어 튜닝된 앤서블 시스템이 솔트의 속도를 따라가진 못하더라도 기본적인 상태보다는 더 나을 것이다.

내장 모듈과 확장성

환경설정 관리 소프트웨어 구축에는 다양한 시스템이 지원하는 오퍼레이션을 다양하게 비교하는 것을 포함한다. 그러나 이러한 비교는 기저에 있는 구조 차이 때문에 올바르게 수행하기가 어렵다. 예를 들어 앤서블 내 다수의 모듈에 걸쳐 퍼진 함수는 솔트에서 하나로 해결할 수 있다. 한 시스템의 원자적 오퍼레이션은 다른 곳에서는 여러 오퍼레이션에 대응될 수도 있다.

현재 솔트와 앤서블은 이 점에서 대충 비교가 가능하다. 확장 표준 라이브러리와 더불어 두 시스템은 모두 커뮤니티에서 작성된 모듈을 핵심으로 흡수하거나 애드온 팩에 쉽게 접근하게 할 수 있는 구조를 갖고 있다.

어쨌든 전체 모듈 개수는 사이트에서 사용되는 시스템과 소프트웨어의 적용 범위만큼은 중요하지 않다. 모든 CM 시스템은 기본 오퍼레이션을 꽤 잘 지원하지만 이미 살펴봐서 알겠지만 들쭉날쭉하다.

여러분은 결국 CM 시스템의 기성 솔루션에 없는 일부 작업을 직접 해결해야 할 것이다. 다행히도 솔트와 앤서블은 모두 고유의 파이썬 코드를 통해 확장이 쉽다. 이러한 확장성을 빠르게 수용하고 레퍼토리로 만들자.

보안

앞의 '앤서블 접근 옵션'에 소개됐듯이 앤서블은 재량에 의해 상당히 안전한 시스템을 구축할 수 있다. 보안에 대한 유일한 한계는 암호의 재입력과 보안 문제를 잘 다루고자 하는 의지다.

앤서블의 볼트^{vault} 시스템은 환경설정 데이터를 암호화된 형태로 유지할 수 있게 한다. 앤서블 서버나 환경설정 기반에 특별한 보안이 필요치 않기 때문에 이는 상당히 좋다(솔트의 모듈러 구조에서도 이 기능을 추가하기는 쉽지만 내장은 아니다).

반대로 솔트는 마스터 서버에서 루트 계정만큼만 안전할 수 있다. 마스터 데몬의 설정이 쉽긴 하지만 그 데몬이 실행되는 서버는 사이트의 대부분 적극적인 보호를 받아야 한다. 이상적으로 마스터는 이 작업에 특화된 머신이나 가상 머신이어야 한다.

현실에서 관리자는 침습적인 보안 프로토콜을 싫어한다. 대부분의 앤서블 설치는 상대적으로 느슨한 보안성을 갖는다. 앤서블이 임의의 보안을 제공하는 것처럼 임의의 비보안일 수도 있다.

앤서블을 최대한 안전하게 유지하려는 노력에도 불구하고 사이트의 규모가 늘어남에 따라 이러한 방식을 유지하는 데 어려움을 가질 수 있다. 어떤 환경설정 관리를 관리자가 손수 명령을 터미널 윈도우에 입력함으로써 다룰 수 있는지에 대한 관점에서 말이다. 예를 들어 관리자가 부재하는 경우 암호를 입력할 수 없다는 것이다. 이러한 제약을 우회하는 방법은 불가피하게 루트 계정을 사용하도록 보안의 수준을 낮추는 것이다.

요점은 앤서블이 문제를 일으킬 만한 더 많은 옵션과 더 많은 기회를 제공한다는 것이다. 앤서블이 보안에 더 강할지 몰라도 그것이 더 안전하다는 뜻은 아니다. 일반적인 사이트에서는 두 시스템 모두 괜찮다. 이러한 시스템을 평가할 때 고유의 요구와 제약 조건을 자세히 고려하라.

기타

표 23.6과 23.7은 앤서블과 솔트의 장단점을 요약한 것이다.

표 23.6 앤서블의 장단점

장점	단점
SSH와 파이썬만이 필요하다. 데몬이 없다.	매우 느리다
명료한 문서	서버가 무거워 규모 변경이 어렵다
내장 루프와 조건적이고 최소화된 진자	같은 이름을 갖는 많은 파일
비루트 사용자로도 동작	특이한 YAML 문법
각 동작이 서로의 출력을 사용할 수 있다.	손수 관리되는 클라이언트 인벤토리
깔끔하고 유연한 config 디렉터리 사용	적은 그룹 관련 기능
안전하고 일반적인 암호화 기능	서로 다른 여러 변수 범위
역할이 반복돼 인스턴스화 가능하다.	데몬이 없다는 건 선택지가 적다는 뜻이다.
솔트보다 넓은 저변	환경에 대한 진짜 지원은 없음

표 23.7 솔트의 장단점

장점	단점
빠르다.	진자에 강하게 의존한다.
기본적으로 앤서블보다 간단하다.	문서의 구성이 좋지 않다.
유연하고 일관된 바인딩	루트가 아닌 사용을 잘 지원하지 않는다.
클라우드 서버를 위한 통합 지원	포뮬라가 인스턴스화되지 않는다.
간결한 환경설정 문법	내장 암호화 솔루션의 부재
멀티티어 서버 배포	오퍼레이션 결과로의 접근 부재
구조화된 이벤트 모니터링	여러 기본값을 위한 최소한의 지원
실행 로그의 쉬운 내보내기	명시적인 의존성 선언이 필요함
광적인 모듈화	광적인 모듈화

23.8 모범 사례

소프트웨어 프로젝트에 참여하고 있다면 개발 단계에서 익숙해져야 할 환경설정 관리 시스템에서 야기되는 문제가 많다는 것을 알 수 있을 것이다. 개발 환경은 다양한 문제점을 갖고 있다. 여기에는 다중 플랫폼, 같은 코드 기반에서 파생된 다양한 제품, 여러 형태의 빌드와 환경설정 종류, 개발, 테스트, 제품의 연속적인 단계를 통한 배포 등이 그것이다.

이는 복잡한 이슈며 개발 환경은 도구일 뿐이다. 개발자는 다양한 추가적인 통제(개발 가이드라인, 설계 리뷰, 코딩 표준, 내부 문서, 명료한 구조적 경계 등)를 통해 문제를 줄여 나간다.

불행히도 관리자는 자주 개발자가 마련해준 적절한 갑옷 없이 환경설정 관리의 영역을 방황한다. 처음에 환경설정 관리는 믿을 수 없을 정도로 직관적이다. 일상적인 스크립트 업무에 대한 약간 일반적이고 정교한 방식과 같이 말이다. 환경설정 관리 벤더는 이러한 인상을 강하게 주고자 노력한다. 그들의 웹 사이트는 쉽고 은혜로운 찬송가와 같다. 그들은 단 10줄의 환경설정 코드를 통해 웹 서버를 배포하는 튜토리얼을 제공한다.

현실에서는 보이는 것보다는 좀 더 암울하다. 특히 다수의 관리자가 같은 환경설정 기반에 계속 기여할 때는 더 그렇다. 심지어 단일 목적 서버에서 실제 명세의 경우에도 여러 기능적 역할로 나눠진 수백 줄의 코드로 구성된다. 적절한 조정 없이 CM 시스템은 코드의 충돌과 병행으로 인한 혼란으로 가득 찰 것이다.

모범 사례는 환경설정 관리 시스템과 그 환경에 따라 다양하지만 대부분의 상황에 적용할 수 있는 몇 가지 규칙이 있다.

- 버전 제어를 이용해서 환경설정 기반을 유지하라. CM 무결성을 위한 기본 요구 사항만큼 모범 사례는 아니지만 깃은 변경점 추적과 히스토리를 지원하는 것뿐 아니라 관리 영역에서 프로젝트를 조정하는 부분에 있어 다양한 기계적 문제를 해결했다.
- 환경설정 기반은 적어도 논리적인 부분에서 본질적으로 계층적이다. 일부 표준은 사이트 범위로 적용되고 일부는 특정 부문 또는 지역의 모든 서버에 적용된다. 그리고 일부는 특정 호스트에만 특정적이다. 추가로 특정 경우를 위한 예외를 만들어야 할 수도 있다. 사이트의 동작에 따라 다수의 독립적인 계층을 유지해야 할 필요로 있을 것이다.
  이러한 구조 모두에 대해 사전에 계획하라, 그리고 환경설정 기반의 서로 다른 부분을 제어하는 서로 다른 그룹으로 이뤄진 경우를 관리하는 방법을 고려하라. 아주 최소한 호스트(예, EC2 인스턴스, 인터넷에 접촉하는 호스트, 데이터베이스 서버)를 분류하는 규약은 사이트 단위에서 조정되며 일관되게 준수해야 한다.

- CM 시스템은 서로 다른 디렉터리나 저장소에 유지되는 환경설정 베이스의 다른 부분을 허용한다. 그러나 이러한 구조가 실제 이득을 주지는 않는다. 그리고 이는 매일의 환경설정 작업을 어렵게 만든다. 하나의 크고 통합된 환경설정 기반을 추천한다. 깃을 통해 계층과 정합성을 관리하라.

- 민감한 데이터(키, 암호)는 암호화 없이 버전 제어에 올려서는 안 된다. 사설 코드 저장소라고 하더라도 말이다. 특히 깃은 비밀을 관리하고자 설계되지 않았다. 여러분의 CM 시스템은 내장 암호 기능을 갖고 있을 수 있다. 그렇지 않으면 사용하지 말라.

- 다른 여러 호스트에 루트 접근을 갖고 있기 때문에 환경설정 서버는 조직에서 가장 보안 위험이 높은 중앙 요소다. 이 역할을 위한 서버를 할당해 놓는 것이 좋다. 또한 가장 높은 수준의 깊은 보안 관심도를 가져야 한다.

- 환경설정은 가짜 변경점을 보고하지 않고 수행돼야 한다. 스크립트와 셸 명령은 보통 가장 큰 걸림돌이다. 이 주제에 대해 CM 시스템의 문서를 통해 조언을 얻으라. 이는 사용자가 맞닥뜨리는 가장 잦은 이슈다.

- 제품 서버에서 테스트하지 말라. 그러나 테스트는 수행하라. 클라우드나 베이그런트^Vagrant에 테스트 시스템을 돌리는 것이 가장 간단하다. 쉐프 역시 키친^Kitchen의 형태를 갖는 정교한 테스트 및 개발 시스템을 제공한다. 같은 머신 이미지와 네트워크 환경설정을 사용해 테스트 시스템이 실제 시스템과 일치하는지 보장하라.

- 공개 저장소에서 얻을 수 있는 애드온 번들을 위한 코드를 읽어라. 이러한 소스가 특히 의심스러워서 그런 것이 아니라 이러한 시스템과 규약이 광범위하게 다르기 때문이다. 많은 경우 아주 적은 수정이 필요할 것이다. CM 시스템의 패키지 관리자를 우회하고 깃 저장소에서 번들을 직접 클론할 수 있다면 사용자화를 잃지 않은 채로 새로운 릴리스로 쉽게 업그레이드할 수 있을 것이다.

- 무자비하게 환경설정을 작게 나누라. 모든 파일은 명확해야 하고 단일 목적을 갖고 있어야 한다(앤서블 사용자는 main.yml이라 명명된 50개의 서로 다른 파일을 잘 다룰 수 있는 편집기를 원할 것이다).

- 환경설정 관리 중인 서버는 100% 관리돼야 한다. 즉, 아무도 다시 수행할 수 없는 손수 수행한 관리 작업이 있어서는 안 된다. 이는 현존 서버를 환경설정 관리로 이동할 때 주요한 문제가 된다.[23]

- 여러분이나 여러분의 팀이 노드의 CM 시스템을 임시로라도 비활성화하거나 CM 시스템을 덮어쓸 수 있는 수 제작 방식을 이용하게 두지 말라(예를 들어 CM 제어에 있는 환경설정 파일에 불변 속성을 설정하는 것 말이다). 이러한 변경은 필연적으로 잊히며 지속적으로 혼동 또는 서비스 중단이 생길 것이다.

- 기존 관리 데이터베이스에서 환경설정 관리 시스템으로의 문을 여는 것은 어렵지 않다. 그리고 이렇게 하기 위한 많은 값도 존재한다. CM 시스템은 이러한 연결을 위해 설계됐다. 예를 들어 사이트 범위 LDAP 데이터베이스에서 시스템 관리자와 활동 존zone을 식별할 수 있다. 그리고 이러한 정보를 게이트웨이gateway 스크립트를 통해 환경설정 관리 환경에 넣을 수 있다. 이상적으로 정보의 모든 조각은 단일 인증 원천을 갖고 있어야 한다.

- 머신의 상태를 관리하고자 할 때 CM 시스템이 잘 맞는다. 소프트웨어 배포 같은 스테이트풀stateful 및 통합 활동을 의도하진 않는다. 문서와 일부 예제는 여러분이 이런 활동을 수행하는 것처럼 믿게 하지만 말이다. 경험상 별도의 지속적인 통합 시스템이 더 낫다.

- 실시간 수요에 따라 컴퓨팅 용량을 갖는 탄력적인 클라우드 환경에서 환경설정 관리를 통해 새 노드를 구동하는 데 걸리는 시간이 꽤 느릴 수 있다. 패키지와 오래 걸리는 환경설정 요소를 부팅 시간에 다운로드하고 설치하지 말고 기본 머신 이미지에 이들을 포함하라.

  애플리케이션용 환경설정 매개변수를 위해 환경설정 관리를 사용한다면 구동 절차의 초반에 이러한 매개변수가 올라오게 하라, 따라서 애플리케

---

23. 기존 '눈송이' 서버를 환경설정 관리로 변환할 때 비교를 위해 기반으로 사용할 본래의 시스템을 클론하는 것이 유용하다. 시스템의 모든 상세 사항에 대해 여러 주기의 환경설정 관리와 테스트가 필요할 수 있다.

이션이 더 빠르게 준비될 수 있다. 동적으로 그 규모가 변경되는 노드들의 경우 CM 수행 시간은 60초 이내로 하게 한다.

- CM 시스템을 이용하는 관리자로 CM 코드를 작성하고 대표적인 시스템 모음에 대한 변경점 테스트, 저장소에 갱신 커밋[commit], 단계적으로 사이트에 변경점을 적용하는 데 많은 시간을 들일 것이다. 효율적으로 하고자 선택한 시스템에 대한 모범 사례와 트릭[trick]을 배우고자 사전에 시간을 투자해 이러한 절차를 완성해야 한다.

23.9 추천 자료

Cowie, Jon. Customizing Chef: Getting the Most Out of Your Infrastructure Automation. Sebastopol, CA: O'Reilly Media, 2014.

Frank, Felix, and Martin Alfke. Puppet 4 Essentials (2nd Edition). Birmingham, UK: Packt Publishing, 2015.

Geerling, Jeff. Ansible for DevOps: Server and configuration management for humans. St. Louis, MO: Midwestern Mac, LLC, 2015. 이 책은 대부분 기본 앤서블 기능에 집중돼 있다. 하지만 앤서블과 특정 시스템(예, 베이그런트, 도커, 젠킨스)과 연동하는 데 유용한 자료도 포함된다.

로린 혹스테인[Hochstein, Lorin]의 『앤서블 시작과 실행: 쉬운 자동화 설정 관리부터 배포 방법』(에이콘, 2019). 이 책은 앤서블의 기본 및 베이그런트, EC2 와 같은 일반적인 환경과의 소통을 다룬다. 여기엔 거대 규모 예제 환경설정, 고유의 앤서블 모델 제작, 디버깅 팁 등이 포함된다.

키프 모리스[Morris, Kief]의 『코드로 인프라 관리하기: 효율적인 인프라 관리를 위한 자동화 방법』(한빛, 2017). 이 책은 환경설정 관리에 대한 내용이 포함되지만 환경설정 관리가 더 넓은 데브옵스 및 구조화된 관리와 어떻게 통합할 수 있는지 알아볼 수 있다.

Sebenik, Craig, and Thomas Hatch. Salt Essentials. Sebastopol, CA: O'Reilly Media,

2015. 이 책은 솔트의 기본에 관한 아주 간단한 책이다. 일반적으로 추천할 만한 책의 형태는 아니지만 공식 문서가 깔끔하지 않기 때문에 차선책으로 이 책을 참고하는 것도 좋다.

Taylor, Mischa, and Seth Vargo. Learning Chef: A Guide to Configuration Management and Automation. Sebastopol, CA: O'Reilly Media, 2013.

Uphill, Thomas, and John Arundel. Puppet Cookbook (3rd Edition). Birmingham, UK: Packt Publishing, 2015.

24 가상화

서버 가상화는 하나의 물리 하드웨어 위에 다양한 운영체제 인스턴스[instance]를 실행할 수 있게 해준다. 가상화 소프트웨어는 CPU, 메모리, I/O 자원을 여러 게스트[guest] 운영체제에 동적으로 할당하고 자원 충돌을 해결하는 등의 방법을 제공한다. 사용자의 입장에서 가상 서버는 물리 서버와 같은 방식으로 동작하는 것처럼 보인다.

하드웨어를 운영체제와 분리하는 것은 엄청난 노력이 필요하다. 가상화된 서버는 베어메탈[bare metal] 서버에 비해 더 유연하다. 이들은 휴대성이 있고 프로그래밍을 통해 관리할 수 있다. 기저 하드웨어를 좀 더 유연하게 사용할 수 있어 여러 게스트가 동시에 제공할 수 있다. 뿐만 아니라 가상화 기술은 클라우드 컴퓨팅과 컨테이너를 받치고 있다.

가상화의 구현은 수년간 변화해왔지만 이 분야에서 핵심 개념은 새로운 것이 아니다. 빅블루^{Big Blue}는 1960년대에 시공유^{time shared} 개념을 연구하는 과정에서 초기 메인프레임에 가상 머신을 사용했다. 1980년대 클라이언트/서버 붐^{boom}이 생길 때까지 1970년대에 같은 기술이 헤이데이^{heyday} 메인프레임을 통해 사용됐다. 인텔 x86 구조의 가상화 복잡성은 상대적으로 짧은 기간 동안 가상화 기술이 휴지상태에 있게 했다.

현대 시스템에서 점점 커지는 서버 팜^{farm}은 가상화에 대한 관심에 다시 불을 붙였다. VMware와 기타 업체들은 x86의 도전을 정복했고 운영체제의 자동 프로비저닝^{provisioning}을 쉽게 만들었다. 이러한 방식은 결과적으로 인터넷에 연결된 주문형 ^{on-demand} 가상 서버를 부흥시켰다. 이러한 인프라스트럭처는 클라우드 컴퓨팅이라 알려진다. 좀 더 최근에는 OS 수준의 가상화 발전을 통해 컨테이너라 불리는 OS 추상화의 새 영역으로 나타났다.

24장에서 유닉스와 리눅스를 위한 가상화를 이해하는 데 필요한 용어와 개념을 명확하게 할 것이다. 그리고 나서 예제 운영체제를 사용해 이 분야를 이끄는 가상화 솔루션을 소개한다.

24.1 가상화 용어

기술의 발전 방식 때문에 가상화를 설명하는 용어는 때로 명확하지 않다. 개발사들은 표준을 지정하지 않고 독립적으로 작업하며 경쟁하기 때문에 당황스럽고 갈피를 잡지 못하는 문장 및 축약어[1] 등이 사용된다.

더 복잡하게 '가상화' 자체는 앞에서 설명한 게스트 운영체제가 가상화된 하드웨어의 문맥 내에 실행된다는 시나리오보다 훨씬 더 복잡한 용어다. OS 수준 가상화(좀 더 일반적으로는 컨테이너화)도 관계가 있지만 도처에 존재하는 서버 가상화라는 개념과는 구분된다. 이러한 기술을 실습해보지 않는다면 그 차이점을 알아채

---

1. 콘웨이(Conway)의 법칙을 염두에 두자. "시스템을 설계하는 조직은 조직의 소통 구조와 닮은 설계를 생산한다."

기는 어려울 수 있다. 이 절 후반에 두 접근법에 대한 차이점을 다룰 것이다.

하이퍼바이저

하이퍼바이저(가상 머신 모니터virtual machine monitor로 알려진)는 가상 머신VM과 그 가상 머신이 구동되는 물리적 기저 하드웨어 간을 중재하는 소프트웨어 계층이다. 하이퍼바이저는 게스트 운영체제 간 시스템 자원의 공유를 담당한다. 이때 하이퍼바이저를 통해 가상 머신 간 또는 하드웨어로의 접근은 베타적으로 분리된다.

게스트 운영체제는 독립적이다. 따라서 같을 필요가 없다. 예를 들면 센트OS가 FreeBSD나 윈도우와 함께 동작할 수 있다. 하이퍼바이저들로는 VMware ESX, XenServer, FreeBSD bhyve가 있다. 리눅스 커널 기반 가상 머신KVM은 리눅스 커널을 하이퍼바이저로 변모시킨다.

완전 가상화

첫 하이퍼바이저는 모든 기본 컴퓨팅 자원을 위해 가상 대체재를 정의함으로써 기저 하드웨어를 완전하게 에뮬레이션emulation했다. 하드디스크, 네트워크 장치, 인터럽트, 메인보드 하드웨어, 바이오스 등이 그것이다. 이 모드는 완전 가상화라 부르며 게스트는 수정 없이 수행할 수 있지만 하이퍼바이저가 시스템의 실제 하드웨어와 게스트에 노출된 가상 하드웨어 간을 완전하게 변환해야 하므로 성능의 불이익이 존재한다.

전체 PC를 시뮬레이션simulation하는 것은 복잡한 작업이다. 완전 가상화를 제공하는 대부분의 하이퍼바이저는 다중 환경을 유지 관리(가상화)하기 위한 작업과 각 환경에서 하드웨어를 시뮬레이션하는 작업(에뮬레이션)을 분리한다.

이러한 시스템이 사용하는 가장 공통적인 에뮬레이션 패키지는 오픈소스 프로젝트인 QEMU이다. qemu.org에서 더 자세한 정보를 확인할 수 있다. 그러나 대부분의 경우 에뮬레이터는 관리자가 그렇게 신경 쓸 만한 것은 아니다.

반가상화

Xen 하이퍼바이저는 반가상화^{paravirtualization}를 소개했다. 수정된 게스트 운영체제가 그 가상화된 상태를 탐지하고 하드웨어 접근을 위해 그 하이퍼바이저와 적극적으로 협동한다. 이 접근법은 엄청난 차이 그 이상의 성능 향상을 보여준다. 그러나 이 방식으로 동작하고자 게스트 운영체제가 업데이트돼야 하고 사용 중인 하이퍼바이저에 따라 수정이 이뤄져야 한다.

하드웨어 보조 가상화

2004년과 2005년에 인텔과 AMD는 x86 플랫폼에서 가상화를 지원하는 CPU 기능(인텔 VT, AMD-V)을 소개했다. 이 확장^{extention}은 '하드웨어 보조 가상화^{Hardware-assisted}' 또는 '가속된 가상화'를 부흥시켰다. 이 방식에서 CPU와 메모리 컨트롤러는 하드웨어에 의해 가상화된다. 하이퍼바이저의 관리하에 있긴 해도 말이다. 성능은 매우 좋다. 그리고 게스트 운영체제는 가상화된 CPU에서 동작하고 있다는 것을 알 필요가 없다. 오늘날에는 하드웨어 보조 가상화가 기본으로 여겨진다.

CPU가 하드웨어와 게스트 운영체제 사이의 주 접점이지만 이는 시스템의 구성 요소 중 하나일 뿐이다. 하이퍼바이저는 여전히 나머지 시스템의 하드웨어 대해 표출하거나 에뮬레이션하는 방법이 필요하다. 완전 가상화 또는 반가상화는 이러한 작업을 위해 사용된다. 일부 경우 이러한 방식을 섞어 사용한다. 이는 게스트가 가상화에 대해 인지하는지 아닌지에 따라 달라진다.

반가상화 드라이버

하드웨어 보조 가상화의 가장 큰 장점은 장치 드라이버 수준의 반가상화 지원을 위한 필요를 제한한다. 모든 운영체제는 애드온^{add-on} 드라이버를 허용한다. 따라서 반가상화 디스크 드라이브, 디스플레이 카드, 네트워크 인터페이스를 갖는 게스트를 설정하는 것은 적절한 드라이버를 설치하는 것만큼 쉽다. 이 드라이버들은 하이퍼바이저의 반가상화 지원에 접속하게끔 하는 비밀 핸드셰이크^{secret handshake}를 알고 있다. 게스트 OS는 이를 잘 인지하지 못한다.

PC 아키텍처에서 인터럽트 컨트롤러와 바이오스 자원 같은 몇 가지 성가신 요소는 CPU나 장치 드라이버 모두의 도메인에 들어가지 않는다. 예전에는 이러한 잔여 구성 요소의 구현은 완전 가상화를 통해 하는 것이 지배적이었다. 예를 들어 Xen의 하드웨어 가상 머신^{HVM} 모드는 CPU 수준 가상화 확장을 위한 지원과 QEMU PC 에뮬레이터의 복제를 결합한다. 그리고 반가상화 HVM^{PVHVM} 모드는 이러한 반가상화된 드라이버를 게스트 운영체제에 추가한다. 이는 시스템을 계속 구동하고자 완전 가상화 필요성을 상당히 줄여준다. 그러나 하이퍼바이저는 여전히 각 가상 머신을 위한 QEMU의 활성 복제본을 필요로 한다. 따라서 반가상화된 드라이버로 인해 처리되지 않은 부분을 보완한다.

현대의 가상화

최신의 Xen과 기타 하이퍼바이저는 레거시 하드웨어를 에뮬레이트할 필요를 많이 지웠다. 대신 CPU 수준 가상화, 반가상화된 게스트 OS 드라이버, 게스트 커널에 내장된 추가적인 반가상화 코드 섹션^{section} 기능을 활용한다. Xen은 이러한 모드를 반가상화된 하드웨어^{PVH}라 부른다. 이는 현실적인 변형으로 최적의 성능을 양보하지만 게스트 커널이 필요한 요구 사항을 가능한 한 적게 의도하는 것이다.

현업에서나 문서를 읽을 때 앞에 서술된 가상화에 대한 다양한 내용을 맞닥뜨릴 것이다. 그러나 가상화 모드에 대해 외우려 노력하거나 걱정할 필요는 없다. 이러한 모드 간의 경계는 구멍이 많으며 하이퍼바이저는 주어진 게스트를 위해 최선의 선택지를 산정한다. 소프트웨어를 최신으로 유지한다면 최신 개선에 대한 이점을 자동으로 얻을 것이다. 기본 운영체제 모드 대신 다른 것을 선택하는 유일한 이유는 오래된 하드웨어나 하이퍼바이저를 지원하기 위한 것뿐이다.

타입 1과 타입 2 하이퍼바이저

여러 참조 자료는 타입 1과 타입 2 하이퍼바이저의 구분을 모호하게 그려낸다. 타입 1 하이퍼바이저는 OS의 지원 없이 하드웨어 위에서 직접 수행된다. 따라서 베어메탈이나 네이티브^{native} 하이퍼바이저로 불린다. 타입 2 하드웨어는 사용자 영역 애플리케이션으로 일반 목적 OS의 위에 수행된다. 그림 A는 두 모델의 차이를 보여준다.

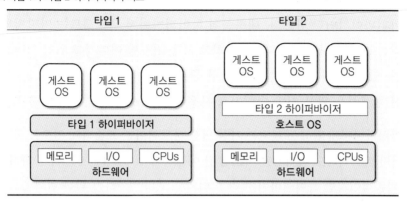

VMware ESXi 와 XenServer는 타입 1이다. FreeBSD의 bhyve는 타입 2다. 또한 오라클의 VirtualBox나 VMware Workstation 같은 워크스테이션 지향 가상화 패키지도 타입 2다.

타입 1 과 타입 2 시스템이 다르다는 것은 사실이지만 그 묘사는 항상 명확하지는 않다. 예를 들어 KVM은 CPU 가상화 기능으로 직접 접근하는 가상 머신을 지원하는 리눅스 커널 모듈이다. 하이퍼바이저의 타입을 구분하는 것은 현실적이기보다는 좀 더 학문적인 성향이다.

라이브 마이그레이션

가상 머신은 서로 다른 물리 하드웨어에서 동작하는 하이퍼바이저 간에 실시간으로 이동할 수 있다. 이때 서비스의 장애나 접속의 끊어짐 없이 이뤄지는데, 이러한 기능을 라이브 마이그레이션이라 한다. 이러한 마법의 비밀은 원천지와 목적지 호스트 사이의 메모리를 다루는 데 있다. 하이퍼바이저는 원천지에서 목적지로 변경점을 복사하고 메모리가 두 부분에서 같아지는 시점에서 마이그레이션이 완료된다. 라이브 마이그레이션은 고사용성 로드밸런싱load balancing 재난 복구, 서버 유지 보수, 일반적 시스템 유동성 등에 도움이 된다.

가상 머신 이미지

가성 서버는 이미지에서 생성된다. 이미지는 하이퍼바이저가 로드load와 실행

execute이 가능한 이미 환경설정된 운영체제 템플릿template이다. 이미지 파일 형식은 하이퍼바이저마다 다르다. 대부분의 하이퍼바이저 프로젝트는 이미지의 모음을 관리하고 있어 여러분이 다운로드하고 고유 커스텀 이미지를 위한 기반으로 사용할 수 있다. 또한 이미지를 만들거나 중요한 데이터를 백업하고자 더 많은 가상 머신의 생성을 위한 기반 이미지로 사용할 때 가상 머신의 스냅샷을 뜰 수 있다.

하이퍼바이저에 의해 표시되는 가상 머신 하드웨어는 표준화돼 있으므로 실제 하드웨어가 다르더라도 이미지는 시스템 간 이동성이 있다. 이미지는 특정 하이퍼바이저에 의존적이지만 하이퍼바이저 간 이미지를 포팅porting하기 위한 변환 도구가 있다.

컨테이너화

OS 수준 가상화(또는 컨테이너화)는 하이퍼바이저를 사용하지 않고 고립시키는 좀 다른 접근법이다. 이는 시스템의 나머지 구성 요소와 프로세스를 고립시키는 커널 기능에 의존한다. 각 프로세스 '컨테이너container' 또는 'jail'은 개인 루트 파일 시스템과 프로세스 네임스페이스를 갖는다. 컨테이너 프로세스는 호스트 OS의 다른 서비스와 커널을 공유한다. 그러나 그 컨테이너 밖의 파일이나 자원에 접근할 수 없다. 그림 B는 이 아키텍처를 보여준다.

이것이 하드웨어의 가상화를 필요로 하지 않기 때문에 OS 수준 가상화의 자원 오버헤드overhead는 굉장히 낮다. 대부분의 구현은 거의 네이티브와 같은 수준의 성능을 보여준다. 이러한 가상화 타입은 다양한 운영체제의 사용을 배제한다.

그림 B 컨테이너화

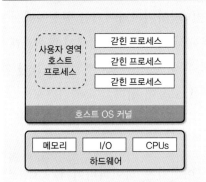

호스트 커널이 모든 컨테이너[2]와 공유되기 때문이다. 리눅스의 LXC, 도커 컨테이너, FreeBSD jail이 각 컨테이너의 구현이다.

가상 머신과 컨테이너를 헷갈리기 쉽다. 두 가지 모두 휴대성, 독립된 실행 환경을 정의하며 루트 파일 시스템과 프로세스 수행을 통해 완전 운영체제와 같이 보이고 동작하기 때문이다. 물론 그 둘의 구현은 완전히 다르다.

가상 머신은 OS 커널, init 프로세스, 하드웨어와 통신을 위한 드라이버, 유닉스 운영체제의 모든 트랩trap을 가진다. 반면 컨테이너는 운영체제의 겉모습일 뿐이다. 이는 앞에 서술된 전략을 사용해서 개별 프로세스에 잘 맞는 실행 환경을 제공한다. 표 24.1은 현실적 차이를 보여준다.

가상 머신과 컨테이너를 결합해 사용하는 것이 일반적이다. 가상 머신은 물리 서버를 관리 가능한 조각으로 나누는 가장 좋은 방법이다. 그리고 나서 VM 위에 컨테이너로 애플리케이션을 구동할 수 있다. 이는 최적의 시스템 밀도(이러한 절차는 '바이너리 패킹bin packing'이라 불린다)를 달성하게 도와준다. VM상의 컨테이너 아키텍처는 공개 클라우드 인스턴스 위에 구동해야 하는 컨테이너화된 애플리케이션을 위해 표준화됐다.

24장의 나머지는 실제 가상화에 집중하고 25장에서 컨테이너화를 더 자세히 다룬다.

24.2 리눅스 가상화

Xen과 KVM은 리눅스에서 오픈소스 가상화 프로젝트를 선도하고 있다. Xen은 현재 리눅스 재단의 프로젝트이고 가장 큰 공개 클라우드에서 활용된다. 여기에는 아마존 웹 서비스와 IBM의 소프트레이어SoftLayer가 포함된다. KVM은 커널 기반 가상 머신으로 리눅스 커널 메인라인mainline에 통합됐다. Xen과 KVM 모두 대규모 사이트에 여러 제품 설치를 통해 그 안정성을 입증했다.

---

2. 완전한 사실은 아니다. FreeBSD의 리눅스 에뮬레이션 계층은 FreeBSD 호스트에서 리눅스 컨테이너를 허용한다.

표 24.1 가상 머신과 컨테이너의 비교

가상 머신	컨테이너
하이퍼바이저를 통해 기저 하드웨어를 공유하는 본격적인 OS	공유 커널에 의해 관리되는 독립 프로세스 그룹
초기화를 위한 완전한 부트 절차 필요. 시작까지 1~2분이 걸린다.	커널에 의해 직접적으로 실행되는 프로세스, 부팅할 필요 없이 1초 내로 시작된다.
수명이 길다.	자주 대체된다.
하이퍼바이저를 통해 고유의 가상 디스크가 하나 이상 붙는다.	일 시스템은 컨테이너 엔진에 의해 정의되는 계층화된 구조로 보인다.
기가바이트 단위의 이미지	메가바이트 단위의 이미지
물리 호스트당 수십 개 미만	물리 및 가상 호스트당 다수
게스트별로 완전히 분리됨	OS 커널과 서비스는 호스트와 공유된다.
다수의 독립적인 운영체제가 실행된다.	호스트와 같은 커널이 동작돼야 한다(OS 배포판은 다를 수 있다)

Xen

초기에는 캠브리지 대학교에서 연구 프로젝트로 이안 프랫[Ian Pratt]에 의해 개발됐다. 리눅스에 친화적인 Xen은 성능, 보안, 비용에 있어 거대 상용 제품과도 맞먹을 정도로 무서운 가상화 플랫폼으로 변모했다.

반가상화 하이퍼바이저로, Xen은 0.1% ~ 3.5%의 오버헤드[overhead]를 갖는다. 이는 완전 가상화 솔루션에 비해 현저히 작은 오버헤드다. Xen이 오픈소스이기 때문에 다양한 수준의 기능을 지원하는 여러 관리 도구를 사용할 수 있다. Xen 소스코드는 xenproject.org에서 얻을 수 있지만 여러 리눅스 배포판 역시 그 지원을 포함한다.

Xen은 물리 하드웨어에서 직접 구동되는 베어메탈 하이퍼바이저다. 가상 머신의 수행은 도메인이라 불린다. 항상 적어도 하나의 도메인이 존재한다. 도메인 0은 dom0라 불리며, dom0는 모든 하드웨어에 접근할 수 있고 다른 도메인을 관리한다. 그리고 모든 하이퍼바이저의 고유한 장치 드라이버를 수행한다. 비권한 도메인은 domU로 불린다.

dom0은 보통 리눅스 배포판으로 실행된다. 이는 단지 Xen 아키텍처를 구성하는 데몬, 도구, 라이브러리를 포함하고 domU, dom0, 하이퍼바이저 간 통신이 활성화된 리눅스 시스템으로 보일 뿐이다.

하이퍼바이저는 시스템 전체의 CPU 스케줄링과 메모리 관리를 책임진다. 이는 dom0을 포함하는 모든 도메인을 제어한다. 하지만 하이퍼바이저 자체는 dom0에서 제어 및 관리된다.

표 24.2에서 리눅스 dom0의 중요한 부분을 보여준다.

표 24.2 dom0에서의 Xen 구성 요소

경로	내용
/etc/xen	주 환경설정 디렉터리
auto	호스트 부팅 시간에 자동으로 시작되는 게스트 OS 환경설정 파일
scripts	네트워크 인터페이스 등을 생성하는 유틸리티 스크립트
/var/log/xen	Xen 로그 파일
/usr/sbin/xl	Xen 게스트 도메인 관리 도구

/etc/xen 내의 각 Xen 게스트 도메인 환경설정 파일은 domU에서 사용할 수 있는 가상 자원을 지정한다. 여기에는 디스크 장치, CPU, 메모리, 네트워크 인터페이스가 포함된다. 각 domU는 별도의 환경설정 파일을 갖는다. 그 형태는 유연하고, 관리자로 하여금 각 게스트에 설정된 제한 사항을 세세하게 제어할 수 있게 한다. domU 환경설정 파일로의 심볼릭symbolic 링크가 auto 하위 디렉터리에 추가된다면 호스트 부팅 시 게스트 OS가 자동으로 시작된다.

Xen 게스트 설치

Xen에서 게스트 서버를 구동하려면 몇 단계 작업을 수행해야 한다. 보통 절차의 간단함을 위해 **virt-manager**(virt-manager.org) 같은 도구를 사용하는 것을 추천한다. **virt-manager**는 본래 레드햇 프로젝트였다. 그러나 이제는 상용에서 벗어나 대부분의 리눅스 배포판에서 사용할 수 있다. **virt-install**은 커맨드라인 OS 프로비저닝 도구로, 다양한 소스source에서 설치 미디어(SMB, NFS 마운트, 물리 CD, DVD, HTTP URL 등)를 가져온다.

게스트 도메인의 디스크는 보통 dom0의 가상 블록 장치^{VBD}에 저장된다. VBD는 물리 디스크 드라이브나 논리 볼륨처럼 고유의 자원으로 접속될 수 있다. 또는 파일 기반 VBD로 알려진(dd로 생성되는) 루프백^{loopback} 파일일 수도 있다. 성능은 고유 디스크나 볼륨을 이용한 것이 더 좋다. 그러나 파일을 사용하면 좀 더 유연하고 일반적인 리눅스 명령(mv 및 cp)으로 dom0에서 관리할 수 있다. 파일은 필요에 따라 커질 수 있는 희소^{sparse} 파일이다.

시스템이 성능 병목현상을 겪지 않는 한 파일 기반 VBD나 보통 좋은 선택지다. 필요에 따라 VBD를 고유 디스크로 변환하는 것은 쉬운 작업이다.

게스트 도메인의 설치는 다음과 같다.

```
$ sudo virt-install -n chef -f /vm/chef.img -l http://example.com/myos
   -r 512 --nographics
```

이는 'chef'라는 이름을 갖는 전형적인 Xen 게스트 도메인이다. 디스크 VBD 위치는 /vm/chef.img며 설치 미디어는 HTTP를 통해 얻는다. 인스턴스의 램은 512MiB며 설치되는 동안 X 윈도우 지원을 사용하지 않는다.

virt-install은 설치를 시작하고자 필요한 파일을 다운로드하고 설치자 프로세스를 시작한다.

스크린이 정리되면 표준 텍스트 기반 프로세스를 통해 리눅스가 설치된다. 여기에는 네트워크 환경설정과 패키지 선택이 포함된다. 설치가 완료되고 나면 게스트 도메인은 재시작되고 사용하고자 준비된다. 게스트 콘솔에서 접속을 끊고 dom0로 돌아가려면 CTRL +]를 누르면 된다.

이 예제가 텍스트 기반 설치를 사용하지만 살펴볼 필요가 있다. 가상 네트워크 컴퓨팅^{VNC}을 통한 그래픽 기반 설치도 역시 사용할 수 있다.

virt-install은 도메인의 환경설정을 /etc/xen/chef에 저장한다. 다음과 같이 보일 것이다.

```
name = "chef"
uuid = "a85e20f4-d11b-d4f7-1429-7339b1d0d051"
maxmem = 512
memory = 512
vcpus = 1
bootloader = "/usr/bin/pygrub"
on_poweroff = "destroy"
on_reboot = "restart"
on_crash = "restart"
vfb = [ ]
disk = [ "/vm/chef.dsk,xvda,w" ]
vif = [ "mac=00:16:3e:1e:57:79,bridge=xenbr0" ]
```

NIC 기본값이 브리지^{bridge} 모드인 것이 보인다. 이 경우 VBD는 '블록 탭^{tap}' 파일이며 표준 루프백 파일보다 더 나은 성능을 보여준다. 이 쓰기 가능한 디스크 이미지 파일은 게스트에서 /dev/xvda로 표현된다.

xl은 가상 머신을 관리하기에 편리한 도구다. 이를 통해 VM의 시작과 중지, 콘솔로의 연결, 현재 상태 점검 등을 할 수 있다. 다음은 동작 중인 게스트 도메인을 보여주고 chef domU의 콘솔에 연결한다. 할당된 ID는 게스트 도메인이 생성된 순서대로 증가한다. 그리고 호스트가 재부팅되면 초기화된다.

```
$ sudo xl list
Name          ID  Mem(MiB)  VCPUs  State      Time(s)
Domain-0      0   2502      2      r-----     397.2
chef          19  512       1      -b----     12.8
$ sudo xl console 19
```

게스트 도메인(예, 다른 디스크 연결, 네트워크를 브리지 모드에서 NAT로 변경)의 환경설정을 변경하고자 게스트의 환경설정을 변경하고 게스트를 재부팅한다.

KVM

커널 기반 가상 머신인 KVM은 대부분의 리눅스 배포판에서 기본으로 포함된 완전 가상화 플랫폼이다. Xen의 HVM 모드처럼 KVM은 인텔 VT와 AMD-V CPU 확장에서 이점을 취한다. 그리고 (일반적인 설정에서) 완전 가상화된 하드웨어 시스템을 구현하고자 QEMU에 의존한다. 시스템이 리눅스 네이티브지만 또한 로딩 가능한 커널 모듈로 FreeBSD로 포팅돼 있다.

KVM이 완전 가상화의 기본이기 때문에 윈도우를 포함하는 많은 게스트 운영체제를 지원한다. 반가상화된 이더넷^{Ethernet}, 디스크, 그래픽 카드 드라이버 등도 리눅스, FreeBSD, 윈도우를 위해 사용할 수 있다. 이들의 사용은 선택적이지만 성능을 위해 추천된다.

KVM에서 리눅스 커널은 하이퍼바이저로 동작한다. 메모리 관리와 스케줄링은 호스트의 커널을 통해 다뤄진다. 게스트 머신은 보통의 리눅스 프로세스다. 이러한 독자적인 접근법을 통해 가상화에서 큰 이점을 얻었다. 예를 들어 멀티코어 프로세서에서 생기는 복잡성은 커널에서 처리한다. 이들을 지원하고자 하이퍼바이저가 변경될 필요가 없다. top, ps, kill 같은 리눅스 명령을 통해 가상 머신을 보고 제어한다. 다른 프로세스들이 그렇듯이 말이다. 리눅스와의 통합은 아주 원활하다.

KVM 게스트 설치

Xen과 KVM 이면의 기술이 기본적으로 다르긴 하지만 게스트 운영체제의 설치와 관리를 담당하는 도구는 비슷하다. Xen에서와 같이 virt-install을 사용해 새 KVM 게스트를 생성할 수 있다. virsh 명령을 사용해 관리한다.

virt-install에 전달되는 플래그는 Xen 설치에서 사용된 것과 약간 다를 뿐이다. 먼저 --hvm 플래그를 전달해 게스트가 하드웨어 가상화됐음을 알린다. 이는 반가상화와는 반대다. 추가로 --connect 인자는 원하는 하이퍼바이저를 선택한다. virt-install이 하나 이상의 하이퍼바이저를 지원하기 때문이다. 끝으로 --accelerate의 사용이 추천된다. 이는 KVM에서 가속 기능의 이점을 취한다. 우분투 서버 게스트를 DVD-ROM에서 설치하는 전체 명령은 다음과 같다.

```
$ sudo virt-install --connect qemu:///system -n UbuntuYakkety
  -r 512 -f ~/ubuntu-Yakkety.img -s 12 -c /dev/dvd --os-type linux
  --accelerate --hvm --vnc
Would you like to enable graphics support? (yes or no)
```

우분투 설치 DVD가 삽입돼 있다는 것을 전제로 이 명령은 설치를 시작하고 게스트를 ~/ubuntu-Yakkety.img에 저장한다. 파일 크기는 12GB까지 허용된다. --nographics나 --vnc를 지정하지 않았기 때문에 virt-install은 그래픽을 활성화할 것인지 물어본다.

virth 유틸리티는 커맨드라인을 실행할 수 있는 고유의 셸을 연다. 셸을 열고자 virth ---connect qemu:///system을 사용한다. 다음 나열된 명령은 virsh의 핵심 기능을 시연한다. help를 입력하면 완전한 목록이나 상세 사항을 위한 매뉴얼 페이지가 나온다.

```
$ sudo virsh --connect qemu:///system
virsh # list --all
    Id    Name                    State
    -------------------------------------------
    3     UbuntuYakkety           running
    7     CentOS                  running
    -     Windows2016Server       shut off

virsh # start Windows2016Server
Domain WindowsServer started

virsh # shutdown CentOS
Domain CentOS is being shutdown

virsh # quit
```

24.3 FreeBSD bhyve

FreeBSD의 가상화 소프트웨어는 bhyve다. FreeBSD 10.0에 처음 추가된 상대적으로 새 시스템이다. 이는 BSD, 리눅스, 심지어 윈도우 게스트를 실행할 수 있다. 하지만 하드웨어 제한이 있으며 다른 구현에서 찾을 수 있는 핵심 기능 중 일부는 빠져 있다.

시장에는 이미 FreeBSD를 지원하는 많은 가상화 플랫폼이 있다. 왜 bhyve가 시작됐는지는 명료하지 않다. FreeBSD 가상화가 꼭 들어가야 하는 커스텀 플랫폼을 개발하는 것이 아닌 이상 이 프로젝트가 성숙하기 전 까지는 다른 솔루션을 선택하기를 추천한다.

24.4 VMware

VMware는 가상화 산업에서 가장 큰 부분을 차지하고 있으며 까다로운 x86 플랫폼을 가상화하기 위한 기술을 개발하는 첫 벤더^{vendor}였다. VMware는 상용이지만 그 제품 중 일부는 무료다. 그들 모두 사이트 단위의 가상화 기술을 선택할 때 고려해볼만하다.

유닉스와 리눅스 관리자가 관심을 가질 만한 주 제품은 ESXi[3]다. 이는 인텔 x86 아키텍처를 위한 베어메탈 하이퍼바이저다. ESXi는 무료지만 일부 유용한 기능은 라이선스를 구입해야 사용할 수 있다.

ESXi와 더불어 VMware는 가상 머신의 중앙 집중화된 배포와 관리를 위한 강력하고 진보된 제품을 제공한다. 또한 가장 진보된 라이브 마이그레이션 기술을 갖고 있다. VMware 제품 스위트^{suite}에 대해 모두 다루는 것은 24장의 범위를 넘어가기 때문에 다루지 않는다.

24.5 VirtualBox

VirtualBox는 소비자용 크로스플랫폼^{cross-patform} 타입 2 하이퍼바이저다. 이는 개인의 경우 '쓸 만한' 시스템 가상화를 수행한다. 이는 무료이고 설치가 쉬우며, 사용이 쉽고 테스트 환경의 관리와 생성이 단순하기 때문에 개발자와 말단 사용자에게 유명하다. 성능과 하드웨어 지원은 둘 다 약점이다. VirtualBox는 보통 '제품' 가상화에서는 적합하지 않다.[4]

VirtualBox의 역사는 길고 복잡하다. 이는 본래 이노텍^{Innotek} GmbH의 상용 제품으로 시작했지만 이노텍이 썬 마이크로시스템즈에 2008년 흡수되기 전에 오픈소스로 발표됐다. 2010년 오라클이 썬을 삼킨 후 이 제품은 오라클 VM VirtualBox로 이름이 바뀌었다. VirtualBox는 (GPLv2 오픈소스 라이선스로 이용할 수 있다) 아직 살아 있으며 오라클에서 개발 중인 상태로 있다.

---

3. ESXi는 Elastic Sky X, integrated의 약자다.
4. VirtualBox 웹 사이트는 전문적인 솔루션으로는 엔터프라이즈 라이선스를 제공한다. 이는 사실 오라클 운영체제의 경우일 것인데, 이는 유일한 사전 빌드된 VM일 것이다.

VirtualBox는 리눅스, FreeBSD, 윈도우, 맥OS, 솔라리스에서 사용할 수 있다. 오라클은 FreeBSD 호스트 버전은 발표 및 지원하지 않지만 커뮤니티 지원 버전으로는 사용할 수 있다. 지원되는 게스트 OS로는 윈도우, 리눅스, FreeBSD가 있다.

기본적으로 VirtualBox GUI를 통해 가상 머신을 다룬다. GUI가 동작하지 않는 시스템에서 VM을 실행하는 데 관심이 있다면 VBoxHeadless를 검색해보라. 이는 약간 섬뜩하지만 VirtualBox의 CLI 도구 이름이다. VirtualBox의 다운로드와 자세한 내용은 virtualbox.org를 보라.

24.6 패커

오픈소스 회사 HashiCorp에서 만든 패커^{Packer}(packer.io)는 어떤 파일에서 가상 머신 이미지를 만드는 도구다. 다양한 가상화와 클라우드 플랫폼을 위한 이미지를 만들 수 있다. 패커를 여러분의 작업 흐름에 통합하면 가상화 플랫폼과는 관계없이 수행할 수 있다. 사용하는 플랫폼이 무엇이든 사용자화된 이미지를 쉽게 제작할 수 있다.

이미지를 제작하고자 패커는 선택한 원천 이미지에서 인스턴스를 구동한다. 그러고 나서 지정된 스크립트를 실행하거나 원하는 프로비저닝 스텝을 호출함으로써 인스턴스를 사용자화한다. 끝으로 가상 머신의 복제본을 새 이미지로 저장한다.

이 절차는 서버 관리의 방법으로 '코드를 통한 인프라스트럭처'를 지원하는 데 특히 유용하다. 이미지를 손수 변경하기보다는 추상화된 방식의 이미지 서술을 갖는 템플릿을 수정한다. 그러고 나서 전통적인 소스코드처럼 저장소에 이를 올린다. 이러한 기술은 높은 투명성, 재활용성, 양면성을 제공한다. 또한 명확한 감사^{audit} 추적을 제공한다.

패커 환경설정은 JSON 파일이다. 대부분의 관리자는 JSON이 좋은 선택은 아니라는 데 동의한다. 이는 대개 따옴표와 콤마로 인해 까다롭기 때문이다. 또한 주석을 허용하지 않는다. 다행히도 HashiCorp가 곧 패커에 훨씬 향상된 커스텀 환경설정 방식을 적용할 것이다. 그러나 그때까지는 JSON을 사용해야 한다.

템플릿에서 'builders'는 이미지 생성 방식을 정의한다. 'provisioners'는 이미지를 위한 소프트웨어를 설정하고 설치한다. 빌더[Builder]는 AWS, GCP, 디지털오션[DigitalOcean], VMware, 버추얼박스[VirtualBox], 베이그런트[Vagrant] 등을 지원한다. 프로비저너[Provisioner]는 셸 스크립트, 셰프 쿡북, 앤서블 롤 등 환경설정 관리 도구일 수 있다.

다음의 템플릿 custom_ami.json은 AWS의 **amazon-ebs** 빌더와 **shell** 프로비저너를 보여준다.

```json
{
    "builders": [{
        "type": "amazon-ebs",
        "access_key": "AKIAIOSFODNN7EXAMPLE",
        "secret_key": "wJalrXUtnFEMI/K7MDENG/bPxRfiCYEXAMPLEKEY",
        "region": "us-west-2",
        "source_ami": "ami-d440a6e7",
        "instance_type": "t2.medium",
        "ssh_username": "ubuntu",
        "ssh_timeout": "5m",
        "subnet_id": "subnet-ef67938a",
        "vpc_id": "vpc-516b8934",
        "associate_public_ip_address": true,
        "ami_virtualization_type": "hvm",
        "ami_description": "ULSAH AMI",
        "ami_name": "ULSAH5E",
        "tags": {
            "Name": "ULSAH5E Demo AMI"
        }
    }],
    "provisioners": [
        {
            "type": "shell",
            "source": "customize_ami.sh"
        }
    ]
}
```

CLI 도구로 인스턴스를 구동하고자 특정 매개변수가 필요한 것처럼 **amazon-ebs** 빌더도 API 자격증명, 인스턴스 종류, 새 이미지를 위한 원천 AMI, 인스턴스가 위치하게 될 VPC 서브넷과 같은 데이터가 필요하다. 패커는 프로비저닝 단계를 수행하는 데 SSH를 사용한다. 따라서 인스턴스가 공개 IP 주소를 갖고 있는지 확인해둬야 한다.

이 경우 프로비저너는 customize_ami.sh라 불리는 셸 스크립트다. 패커는 scp를 통해 이 스크립트를 원격 시스템으로 복사한 후 실행한다. 스크립트에 특별한 것은 없다. 스크립트를 통해 수행할 수 있는 것은 모두 가능하다. 예를 들어 새 사용자를 추가할 수 있고 소프트웨어를 다운로드하고 설정할 수 있으며 보안 강화 단계를 실행할 수 있다.

AMI를 생성하고자 `packer build`를 호출한다.

```
$ packer build custom_ami.json
```

`packer build`는 콘솔에 생성 절차의 각 단계를 기록한다. amazon-ebs 빌더의 작업은 다음과 같다.

1. 키 페어key pair와 보안 그룹security group을 자동으로 생성한다.
2. 인스턴스를 시작하고 네트워크에서 접근 가능해질 때까지 기다린다.
3. scp와 ssh를 사용해서 요구하는 프로비저닝 단계를 수행한다.
4. EC2 CreateImage API를 호출해 AMI를 생성한다.
5. 작업 정리를 위해 인스턴스를 종료한다.

모든 것이 올바르게 동작 했다면 이미지가 사용할 수 있게 될 때 패커는 AMI ID를 출력한다. 빌드 중에 문제가 발생한다면 패커는 붉은 색으로 오류 메시지를 출력하고 스스로를 종료한다.

-debug 인자를 parker build에 전달하면 문제 해결을 위해 각 단계마다 멈추게 된다. null 빌더를 사용하면 빌드를 수행하고자 할 때 인스턴스의 구동 없이 오류를 수정할 수 있다.

24.7 베이그런트

이 또한 HashiCorp에서 개발했다. 베이그런트^{Vagrant}는 VMware, 버추얼박스 VirtualBox, 도커^{Docker}와 같이 가상화 플랫폼의 최상위에 존재하는 래퍼다. 그러나 이는 그 자체로 가상화 플랫폼은 아니다.

베이그런트는 가상 환경 프로비저닝과 환경설정을 단순화한다. 그 목적은 운영 환경에서 간단하게 사용하고 사전에 설정된 배포 환경을 빠르고 간편하게 생성하는 것이다. 이러한 기능은 개발자로 하여금 시스템 관리자나 운영 팀의 개입을 최소화하고 코드를 작성하고 테스트할 수 있게 한다.

패커와 베이그런트를 함께 사용하는 것도 가능하다(필수는 아니다). 예를 들어 패커를 통해 제품 플랫폼을 위해 사용할 기본 이미지를 표준화할 수 있다. 그리고 나서 해당 이미지의 베이그런트 빌드를 개발자에게 배포한다. 그 개발자는 해당 이미지와 필요한 커스터마이제이션을 이용 인스턴스를 노트북이나 선택한 클라우드 프로바이더^{provider}에 구동할 수 있다. 이 방법은 개발자가 직접 제어할 수 있는 비슷한 환경에 접근하기 위한 개발자의 요구와 제품 이미지 관리의 중앙 집중화 필요 사이의 균형을 맞춘다.

24.8 추천 자료

웹 사이트 virtualization.info는 가상화와 클라우드 컴퓨팅 분야에서 최신 뉴스, 트렌드, 소문에 대한 좋은 공급원이다.

HASHIMOTO, MITCHELL. Vagrant: Up and Running: Create and Manage Virualized Development Environments. Sebastopol, CA: O'Reilly Media. 2013

Kusnetsky, Dan. Virtualization: A Manager's Guide: Big Picture of the Who, What, and Where of Virtualization. Sebastopol, CA: O'Reilly Media, 2011.

Mackey, Tim, and J. K. Benedict. XenServer Administration Handbook: Practical Recipes for Successful Deployments. Sebastopol, CA: O'Reilly Media, 2016.

Senthil, Nathan. VirtualBox at Warp Speed: Virtualization with VirtualBox. Seattle, WA: Amazon Digital Services, 2015.

Troy, Ryan, and Matthew Helmke. VMware Cookbook: A Real-World Guide toEffective VMware Use, 2nd Edition. Sebastopol, CA: O'Reilly Media, 2012.

25 컨테이너

컨테이너 분야에서는 최근 수년간 흥분되며 사기처럼 보이는 몇 가지 기술이 개발됐다. 이는 2013년에 오픈소스 도커^{Docker} 프로젝트의 발표와 함께 유명세가 폭발했다. 컨테이너는 특히 시스템 관리자에 흥미롭다. 이는 오랫동안 손보지 못했던 소프트웨어 패키징을 표준화하기 때문이다.

컨테이너의 활용성을 알아보고자 현대적인 언어와 프레임워크로 개발된 전통적인 웹 애플리케이션을 살펴보자. 해당 애플리케이션을 설치하고 구동하고자 최소한 다음과 같은 사항이 포함돼야 한다.

- 애플리케이션 코드와 그 환경설정이 올바르게 돼 있다.
- 십수 개에 해당하는 라이브러리 및 기타 의존성 관련 사항. 각각은 호환성 때문에 특정 버전에 관련이 있다.
- 코드를 실행하기 위한 인터프리터(파이썬 또는 루비) 또는 런타임(JRE). 또

한 버전이 지정돼 있다.

- 사용자 계정, 환경설정, 운영체제가 제공하는 서비스 같은 지역화^{Localization}

전통적인 사이트는 이런 애플리케이션을 수십 수백 개 실행한다. 다수의 애플리케이션 배포 간에 이러한 영역 각각을 균일하게 유지 보수 하는 것은 항상 도전적이다. 23장과 26장에서 다루는 보조 도구를 사용하더라도 말이다. 별도의 애플리케이션에서 필요한 호환되지 않는 의존성은 그들을 공유 불가능하게 하기 때문에 시스템의 활용도가 떨어지게 만든다. 추가로 소프트웨어 개발자와 시스템 관리자가 기능적으로 분리된 사이트에서는 운영 환경의 어떤 부분을 누가 책임지고 있는지 식별하기가 직관적이지 않은 경우가 있으므로 주의 깊게 협업해야 한다.

컨테이너 이미지는 애플리케이션과 사전에 필요한 부분들을 표준화하고 휴대성 있는 파일로 패키징^{packing}하기 때문에 이를 단순화할 수 있다. 호환성 있는 컨테이너 런타임 엔진을 갖는 모든 호스트는 이미지를 템플릿으로 사용해서 컨테이너를 생성할 수 있다. 수십 수백 개의 컨테이너가 충돌 없이 동시에 실행할 수 있다. 수백 메가 크기 이하의 이미지는 시스템 간의 복사도 할 수 있다. 이러한 높은 애플리케이션 휴대성은 컨테이너가 각광받게 된 가장 큰 이유다.

25장에서는 도커에 집중한다. 도커 이전의 초기 사업은 컨테이너를 주요 사용처로 가져오는 중앙 역할을 했다. 그리고 여러분은 시스템 관리자로 도커에 맞닥뜨릴 확률이 높다. Docker Inc.는 컨테이너와 관련된 여러 제품을 제공한다. 하지만 이 책에서는 주 컨테이너 엔진과 스웜^{Swarm} 클러스터 관리자로 논의를 제한할 것이다.

다른 여러 컨테이너 엔진도 있다. 센트OS의 rkt가 가장 완전하다. 이는 도커보다 더 명료한 처리 모델과 더 강한 기본 보안 환경설정을 갖고 있다. rkt는 쿠버네티스 오케스트레이션^{Orchestration} 시스템과 잘 통합된다. systemd 프로젝트의 systemd-nspawn는 경량 컨테이너를 위한 또 다른 대체재다. 이는 도커나 rkt보다는 적은 기능을 갖고 있지만 어떤 경우에서는 좋은 선택일 수 있다. rkt는 컨테이너 네임스페이스를 설정하고자 systemd-nspawn을 활용한다.

25.1 기본과 핵심 개념

컨테이너의 빠른 증가는 단일 기술의 출현보다는 타이밍에 기인한 면이 있다. 컨테이너는 다양한 현존 커널, 파일 시스템, 네트워크 기술을 융합한 것이다. 컨테이너 엔진은 이 모든 것을 함께 관리하는 소프트웨어다.

간략하게 컨테이너는 별도의 루트 파일 시스템과 프로세스 네임스페이스를 구분하는 고립된 프로세스들의 집합이다. 컨테이너화된 프로세스는 호스트 OS의 커널과 기타 서비스를 공유하지만 기본적으로 컨테이너 밖의 파일이나 시스템 자원에 접근할 수는 없다. 컨테이너 내에서 동작하는 애플리케이션은 그들이 컨테이너화돼 있다는 상태를 알지 못하고 그에 따라 수정이 필요치 않다.

다음의 절들을 읽고 나면 컨테이너가 더 이상 마법과 같다고 생각하지 않을 것이다. 사실 이들은 수년 동안 있어 왔던 유닉스와 리눅스의 특정 기능에 의존한다. 24장에서 가상 머신과 컨테이너가 어떻게 다른지 설명한다.

커널 지원

컨테이너 엔진은 프로세스를 고립시키기 위한 여러 커널 기능을 사용한다. 다음을 보자.

- **네임스페이스**: 네임스페이스는 다양한 운영체제 기반 구조에서 컨테이너화된 프로세스를 고립시킨다. 이러한 기반 구조에는 파일 시스템 마운트, 프로세스 관리, 네트워킹 등이 포함된다. 예를 들어 마운트 네임스페이스는 프로세스에 파일 시스템 계층을 커스텀화된 방식으로 보여준다.[1] 컨테이너는 이러한 네임스페이스가 어떻게 설정돼 있는지에 따라 호스트 운영체제와 다양한 통합 수준을 갖고 실행된다.
- **컨트롤 그룹(cgroup)**: 컨트롤 그룹은 특정 프로세스에서 사용하는 시스템 자원과 우선순위를 제한한다. cgroup은 사용 가능한 CPU와 메모리를 모두 소비하는 것을 막는다.

---

1. 이는 chroot 시스템 콜과 원리적으로 비슷하다. chroot는 프로세스의 루트 디렉터리를 설정하며 chroot의 수준 밖으로는 파일과 디렉터리에 접근할 수 없게 한다.

- **자격**[Capability]: 이는 프로세스가 특정 민감한 커널 동작과 시스템 콜을 수행할 수 있게 한다. 예를 들어 프로세스가 파일의 소유권을 변경하도록 허용하거나 시스템 시간을 설정하도록 능력을 부여할 수 있다.
- **보안 컴퓨팅 모드(seccomp)**: 이는 시스템 콜로의 접근을 제한한다. 이는 허용보다 더 섬세한 제어를 가능하게 한다.

이러한 기능의 개발은 리눅스 컨테이너 프로젝트 LXC의 일부로 진행됐다. 이는 2006년에 구글에서 시작된 프로젝트로, LXC는 구글의 내부 가상화 플랫폼인 Borg를 기반으로 한다. LXC는 리눅스 컨테이너를 생성하고 구동하는 데 필요한 원시 기능과 도구를 지원한다. 그러나 30개가 넘는 커맨드라인 도구와 환경설정 파일이 존재한다. 도커의 초기 릴리스는 LXC를 사용하기 쉽게 만든 래퍼였다.

도커는 이제 발전되고 표준기반 컨테이너 런타임을 맡고 있는 **containerd**에 의존한다. 이 역시 컨테이너 고립에 리눅스 네임스페이스, cgroup, 자격에 의존한다. containerd.io를 살펴보라.

이미지

컨테이너 이미지는 컨테이너를 위한 템플릿이 될 수 있다. 이미지는 그 성능과 휴대성을 위해 유니온[union] 파일 시스템 마운트에 의존한다. 유니온은 단일, 일관된 계층을 생성하고자 여러 파일 시스템을 중첩한다.[2] 컨테이너 이미지는 전통적인 리눅스 배포판에서의 루트 파일 시스템과 유사하게 조직돼 있는 유니온 파일 시스템이다. 디렉터리의 구조와 바이너리, 라이브러리, 지원되는 파일의 위치는 모두 표준 리눅스 파일 시스템 계층 명세를 따른다. 컨테이너 이미지의 기본으로 사용하기 위한 특수한 리눅스 배포판도 개발됐다.

컨테이너를 생성하고자 도커는 이미지의 읽기 전용 유니온 파일 시스템을 가리키고 컨테이너가 갱신할 수 있게 하는 읽기/쓰기 계층을 추가한다. 컨테이너화된 프로세스가 파일 시스템을 수정하면 그 변경점은 읽기/쓰기 계층에 투명하게 저장

---

2. LWN.net의 기고문 '유니온 마운트의 역사(A brief history of union mounts)'에서 관련된 기반 지식을 설명한다. 이와 관련된 기고문도 읽을 만하다. lwn.net/Articles/396020을 보라.

된다. 기본 이미지는 수정되지 않은 상태로 남아 있다. 이는 쓰기 시 복제 전략이라 한다.

여러 컨테이너가 같은 불변의 기본 레이어를 공유할 수 있다. 따라서 스토리지 효율성이 증가하고 시작 시간이 줄어든다. 그림 A에서 이러한 내용을 보여준다.

그림 A 도커 이미지와 통합 파일 시스템

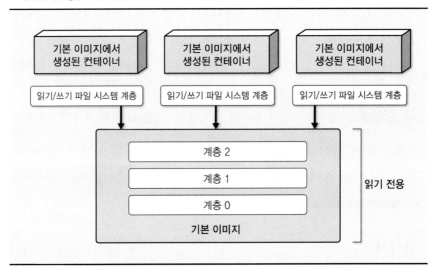

네트워킹

네트워크에 컨테이너를 접속하게 하는 기본 방식은 호스트의 네트워크 네임스페이스와 브리지를 사용하는 것이다. 이 설정에서 컨테이너는 호스트의 밖에서는 접근이 불가능한 사설 IP 주소를 갖는다. 호스트는 IP 라우터처럼 동작하고 트래픽을 밖과 컨테이너 간에 전달한다. 이러한 아키텍처는 관리자에게 어떤 컨테이너 포트를 바깥 세계로 열지 결정할 수 있게 한다.

물론 사설 컨테이너 주소 방식을 포기하고 전체 컨테이너를 직접 네트워크에 연결할 수도 있다. 이는 호스트 모드 네트워킹이라 불리고 컨테이너가 호스트의 네트워크 스택에 자유로운 접근이 가능하다는 것을 말한다. 이는 어떤 상황에서는 바람직하지만 컨테이너가 완전히 독립돼 있지 않기 때문에 보안상 위험이 있다.

더 자세한 내용은 '도커 네트워크' 절을 참고한다.

25.2 도커: 오픈소스 컨테이너 엔진

Docker, Inc.의 주 제품은 컨테이너를 만들고 관리하는 클라이언트/서버 애플리케이션이다. 도커 컨테이너 엔진은 Go로 작성돼 있으며 높은 수준으로 모듈러화돼 있다. 분리된 개별 프로젝트들은 탈부착 가능한 스토리지, 네트워킹, 기타 기능을 관리하기 위한 것이다.

Docker, Inc.에 문제가 없지는 않다. 그들의 도구가 너무 빠르게 진화하고 있고 새 버전이 현재의 배포 버전과 때로 호환되지 않기 때문이다. 일부 사이트는 도커의 생태계에 의지하는 것이 해당 벤더에 묶이게 되는 것을 걱정한다. 그리고 다른 새 기술처럼 컨테이너는 복잡성을 만들어내고 이해를 위한 학습을 요구한다.

이러한 문제를 해결하고자 Docker, Inc.는 오픈 컨테이너 이니셔티브 Open Container Initiative의 일원이 됐다. 이는 표준과 협업을 증진하는 건강한 방향의 경쟁을 통해 컨테이너 기술의 향상을 가져오는 것을 목표로 하는 협회. 이에 대해서는 opencontainers.org에서 더 알아본다. 2017년에 도커는 모비Moby 프로젝트를 시작하고 주 도커 깃 저장소를 해당 프로젝트에 기여해 도커 실행 엔진을 커뮤니티에서 쉽게 개발할 수 있게 했다. 자세한 정보는 mobyproject.org를 참고한다.

이 책에서는 도커 1.13.1을 기반으로 한다. 도커는 개발의 속도가 매우 빠르다. 현재 기능은 움직이는 표적과 같다. 여기서는 현재의 기능에 집중한다. 그러나 제공된 튜토리얼을 보조하고자 docs.docker.com의 참고 자료도 살펴본다. 또한 play-with-moby.com을 통해 모비 샌드박스sandbox 또는 labs.play-with-docker.com의 도커 랩 환경에 발을 담글 수도 있다.

기본 구조

docker는 실행 명령으로, 도커 시스템을 관리하는 모든 작업을 처리한다. dockerd는 상주하는 데몬daemon 프로세스로, 컨테이너와 이미지 동작을 구현하는 프로세스다. docker는 dockerd와 같은 시스템에서 실행할 수 있고 유닉스 도메인 소켓을 통해 통신하거나 원격 호스트에서 TCP를 통해 dockerd에 접근할 수 있다. 이러한 아키텍처는 그림 B에서 보여준다.

dockerd는 컨테이너를 실행하고자 필요한 모든 기반 요소를 갖고 있다. 이는 컨테이너와 이미지가 저장된(기본값 /var/lib/docker) 데이터 디렉터리를 유지 관리하거나 가상 네트워크 연결을 생성한다. 이는 적절한 시스템 콜 호출, 유니온 파일 시스템 설정, 프로세스 실행을 통해 컨테이너를 생성하게 된다. 즉, 컨테이너 관리 소프트웨어라는 것이다.

그림 B 도커 구조

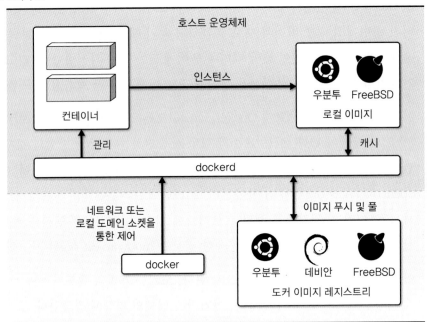

docker 클라이언트의 하위 명령을 커맨드라인에서 실행하면 dockerd로 명령을 내릴 수 있다. 예를 들어 docker run 명령을 통해 컨테이너를 실행할 수 있고 docker info를 통해 서버에 대한 정보를 볼 수 있다. 표 25.1은 자주 사용되는 하위 명령을 요약한다.

이미지는 컨테이너를 위한 템플릿template이다. 여기에는 컨테이너 인스턴스에서 구동되는 프로세스가 의존하고 있는 라이브러리, 운영체제 바이너리, 애플리케이션 등의 파일을 포함한다. 리눅스 배포판은 간편한 기본 이미지로 사용할 수 있다. 이들이 완전한 운영체제 환경을 갖고 있기 때문이다. 그러나 이미지가 리눅스 배포판에 기반을 둬야만 하는 것은 아니다. '스크래치scratch' 이미지는 좀 더 현실적인 이미지의 생성을 위한 기본 이미지를 의도하는 명시적으로 비어 있는 이미지다.

컨테이너는 실행의 기반으로 이미지 템플릿에 의존적이다. dockerd가 컨테이너를 실행할 때 본래의 이미지에서 분리된 쓰기 가능한 파일 시스템 계층을 생성한다. 컨테이너는 해당 이미지의 모든 파일과 기타 메타데이터를 읽을 수 있지만 모든 쓰기는 컨테이너 고유의 읽기/쓰기 계층으로 제한된다.

이미지 레지스트리^{registry}는 중앙화된 이미지 모음이다. docker pull을 했는데, 이미지가 아직 없는 경우 또는 docker push를 해 고유의 이미지를 올린 경우 dockerd와 레지스트리가 통신한다. 기본 레지스트리는 도커 허브다. 이는 여러 유명한 애플리케이션용 이미지를 저장하고 있다. 대부분의 표준 리눅스 배포판들 역시 도커 이미지를 게재하고 있다.

표 25.1 자주 사용되는 도커 하위 명령

하위 명령	작업
docker info	데몬에 대한 요약 정보 표시
docker ps	실행 중인 컨테이너 표시
docker version	서버와 클라이언트에 대한 포괄적인 버전 정보 표시
docker rm	컨테이너 삭제
docker rmi	이미지 삭제
docker images	로컬 이미지 표시
docker inspect	컨테이너의 환경설정 표시(JSON 형식)
docker logs	컨테이너에서 표준 출력 표시
docker exec	기존 컨테이너에서 명령 실행
docker run	새 컨테이너 실행
docker pull/push	원격 저장소에서 이미지 다운로드 또는 이미지 업로드
docker start/stop	기존 컨테이너 시작 또는 정지
docker top	컨테이너화된 프로세스 상태 표시

고유의 레지스트리도 운용하거나 커스텀 이미지를 도커 허브에서 호스팅^{hosting}하는 개인 레지스트리에 추가할 수 있다. 레지스트리가 네트워크를 통해 접근이 가능하다면 도커를 사용하는 모든 시스템은 이미지를 받을 수 있다.

설치

도커는 리눅스, 맥OS, 윈도우, FreeBSD에서 동작한다. 그러나 리눅스에서 가장 잘 동작한다. FreeBSD 지원은 실험적이다. 여러분의 환경에서 어떤 것이 가장 잘 맞는 설치 방식인지 선택하고자 docker.com을 방문하라.

도커 그룹의 사용자는 사용자에게 적절히 루트 권한을 주며 소켓^{socket}을 통해 도커 데몬을 제어한다. 이는 현격한 보안 위험이다. 따라서 도커 그룹에 사용자를 추가하기보다는 docker 접근을 제어하고자 sudo를 사용할 것을 권한다. 다음 예제에서는 루트 사용자로 docker 명령을 수행한다.

설치 프로세스는 데몬을 바로 시작하지는 않을 수 있다. 구동 중이 아니라면 시스템의 일반적인 init 시스템을 통해 시작하라. 예를 들어 센트OS의 경우 sudo systemctl start docker를 수행한다.

클라이언트 설정

로컬 dockerd에 접속하고 도커 그룹이나 sudo 권한을 갖고 있다면 클라이언트 설정은 필요하지 않다. docker 클라이언트는 기본적으로 로컬 소켓을 통해 dockerd에 접속한다. 환경변수를 설정함으로써 이러한 기본 클라이언트 동작을 변경할수 있다.

원격 dockerd에 접속하려면 DOCKER_HOST 환경변수를 설정한다. 보통 데몬을 위한 HTTP 포트는 2375, TLS 버전은 2376이다.

예를 들어 다음과 같다.

```
$ export DOCKER_HOST=tcp://10.0.0.10:2376
```

이는 항상 TLS를 사용해서 원격 데몬에 통신한다. 일반 HTTP를 사용한다면 네트워크에 있는 모두에게 루트 권한을 넘겨주는 것이나 다름없다. 추가적인 상세 사항은 'TLS 사용의 도커 TLS 환경설정' 절을 참고한다.

또한 콘텐트 신뢰를 활성화할 것을 권한다.

```
$ export DOCKER_CONTENT_TRUST=1
```

이 기능은 도커 이미지의 무결성과 제공자를 검증한다. 콘텐트 신뢰를 활성화하면 신뢰하지 않는 이미지를 클라이언트가 받는 것을 막는다.

sudo를 통해 docker를 실행한다면 -E 플래그를 이용해 sudo가 환경변수를 제거하는 것을 막을 수 있다. 또한 지정하고 싶은 특정 환경변수를 /etc/sudoers에 env_keep 변수를 설정함으로써 유지할 수 있다. 예를 들면 다음과 같다.

```
Defaults env_keep += "DOCKER_CONTENT_TRUST"
```

컨테이너 예제

컨테이너를 생성하고자 템플릿으로 사용할 이미지가 필요하다. 이 이미지는 프로그램을 실행하는 데 필요한 모든 파일을 포함한다. 새로 설치된 도커에는 이미지가 없다. 도커 허브에서 이미지를 다운로드하려면 docker pull을 사용한다.[3]

```
# docker pull debian
Using default tag: latest
latest: Pulling from library/debian
f50f9524513f: Download complete
d8bd0657b25f: Download complete
Digest: sha256:e7d38b3517548a1c71e41bffe9c8ae6d6...
Status: Downloaded newer image for debian:latest
```

16진수 문자열은 유니온 파일 시스템 계층이다. 하나의 이미지에 하나 이상의 같은 계층이 사용된다면 도커는 하나의 복제본만 필요로 한다. 여기서는 데비안 이미지의 특정 태그 또는 버전을 요청하지 않았다. 따라서 도커는 'latest' 태그를 기본으로 사용해서 다운로드한다.

docker images로 로컬에서 사용할 수 있는 이미지를 확인한다.

---

3. hub.docker.com을 탐색하면 사용할 수 있는 이미지를 살펴볼 수 있다.

```
# docker images
REPOSITORY      TAG         IMAGE ID        CREATED         SIZE
ubuntu          latest      07c86167cdc4    2 weeks ago     187.9 MB
ubuntu          wily        b5e09e0cd052    5 days ago      136.1 MB
ubuntu          trusty      97434d46f197    5 days ago      187.9 MB
ubuntu          15.04       d1b55fd07600    8 weeks ago     131.3 MB
centos          7           d0e7f81ca65c    2 weeks ago     196.6 MB
centos          latest      d0e7f81ca65c    2 weeks ago     196.6 MB
debian          jessie      f50f9524513f    3 weeks ago     125.1 MB
debian          latest      f50f9524513f    3 weeks ago     125.1 MB
```

이 머신은 여러 리눅스 배포판용 이미지를 가진다. 여기에 방금 다운로드한 데비안 이미지를 볼 수 있다. 같은 이미지가 한 번 이상 태그된 것이 보인다. debian: jessie와 debian:latest는 이미지 ID를 공유하는 것을 확인하자. 이는 같은 이미지가 다른 두 이름을 갖는다는 것을 의미한다.

이미지로 기본 컨테이너를 매우 간단히 실행해보자.

```
# docker run debian /bin/echo "Hello World"
Hello World
```

동작을 살펴보자. 도커는 데비안 기본 이미지에서 컨테이너를 실행하고, /bin/ echo "Hello World" 명령을 그 안에서 실행했다.[4] 컨테이너는 해당 명령이 종료되면 수행을 멈춘다. 이 경우에는 echo가 완료되는 즉시 멈춘다. 'debian' 이미지가 로컬에 이미 존재하지 않는다면 데몬은 명령 실행 전에 자동으로 이를 다운로드할 것이다. 여기서 태그를 지정하지 않았으므로 기본적으로 'latest' 이미지를 사용한다.

docker run에 -i와 -t 플래그를 붙이면 셸을 통해 상호작용할 수 있다. 다음 명령은 컨테이너 내의 bash 셸을 실행하고 컨테이너 밖 셸의 I/O와 이를 연결한다. 또한 로그에서 식별하는 데 도움이 되도록 컨테이너 호스트명을 할당한다(그렇지 않으면 컨테이너의 임의의 ID를 로그 메시지에서 볼 것이다).

---

4. 이는 GNU echo다. 대부분의 셸에 포함된 echo 명령과 헷갈리지 말라. 물론 같은 일을 수행한다.

```
ben@host$ sudo docker run --hostname debian -it debian /bin/bash
root@debian:/# ls
bin   dev   home   lib64   mnt   proc   run   srv   tmp var
boot  etc   lib    media   opt   root  sbin   sys   usr
root@debian:/# ps aux
USER    PID   %CPU   %MEM   VSZ    RSS TTY    STAT   START  TIME  COMMAND
root    1     0.5    0.4    20236  1884 ?     Ss     19:02  0:00  /bin/bash
root    7     0.0    0.2    17492  1144 ?     R+     19:02  0:00  ps aux
root@debian:/# uname -r
3.10.0-327.10.1.el7.x86_64
root@debian:/# exit
exit
ben@host$ uname -r
3.10.0-327.10.1.el7.x86_64
```

앞의 절차는 가상 머신에 접속하는 것과 매우 비슷하다. 여기에는 완전한 루트 파일 시스템이 있지만 프로세스 트리는 거의 비어 있다. /bin/bash는 PID 1이다. 컨테이너 내에서 도커가 실행한 명령이기 때문이다.

uname -r의 결과는 컨테이너의 안팎에서 같은 결과를 보여준다. 이는 커널이 공유되고 있음을 보여준다고 할 수 있다.

컨테이너의 프로세스들은 시스템에서 돌아가는 다른 프로세스를 볼 수 없다. 그것은 PID 네임스페이스 때문이다. 그러나 호스트의 프로세스는 컨테이너화된 프로세스를 볼 수 있다. 컨테이너 내에서 볼 수 있는 프로세스의 PID는 호스트에서 보이는 PID와는 그 값이 다르다.

실제 업무 상황에서는 백그라운드에서 오랫동안 돌아가며 네트워크를 통해 연결을 받는 컨테이너가 필요하다. 다음 명령은 백그라운드(-d)에서 돌아가며 공식 NGINX 이미지에서 생성되는 'nginx'라 명명된 컨테이너를 구동한다. 호스트에서 포트 80을 컨테이너 내의 같은 포트로 터널링^{tunnelling}한다.

```
# docker run -p 80:80 --hostname nginx --name nginx -d nginx
Unable to find image 'nginx:latest' locally
latest: Pulling from library/nginx
fdd5d7827f33: Already exists
```

```
a3ed95caeb02: Pull complete
e04488adab39: Pull complete
2af76486f8b8: Pull complete
Digest: sha256:a234ab64f6893b9a13811f2c81b46cfac885cb141dcf4e275ed3
    ca18492ab4e4
Status: Downloaded newer image for nginx:latest
0cc36b0e61b5a8211432acf198c39f7b1df864a8132a2e696df55ed927d42c1d
```

'nginx' 이미지는 로컬에 없다. 따라서 도커는 이를 레지스트리에서 가져와야 한다. 이미지를 다운로드하고 나면 도커는 컨테이너를 시작하고 그 ID를 표시한다. ID는 고유한 65글자 16진수 문자열이다.

docker ps는 구동 중인 컨테이너의 간략한 요약을 보여준다.

```
# docker ps
IMAGE   COMMAND                STATUS         PORTS
nginx   "nginx -g 'daemon off"  Up 2 minutes   0.0.0.0:80->80/tcp
```

우리는 docker에게 컨테이너 내에서 무엇을 구동하라고 말하지 않았다. 따라서 이미지가 생성될 때 지정된 기본 명령을 사용한다. 위 결과는 그것이 nginx -g 'daemon off'라는 것을 알려준다. 이 명령은 nginx을 백그라운드 데몬 대신 포어그라운드로 실행하라는 것을 말한다. 컨테이너는 프로세스를 관리하기 위한 init를 갖지 않는다. 그리고 nginx 서버가 데몬으로 시작되면 컨테이너는 이를 구동하지만 nginx 프로세스를 포크^fork해 백그라운드에 진입하고자 본 프로세스를 종료하는 즉시 컨테이너를 종료할 것이다.

대부분의 서버 데몬은 커맨드라인 플래그를 통해 그 실행을 포어그라운드에서 할 수 있게 하는 플래그를 제공한다. 여러분의 소프트웨어가 포어그라운드에서 실행되지 않거나 한 컨테이너 내에서 여러 프로세스를 실행해야 한다면 컨테이너를 위해 경량 init처럼 동작하는 supervisord 같은 프로세스 제어 시스템을 할당할 수 있다.

컨테이너 내에서 동작하는 NGINX와 호스트에서 매핑된 포트 80를 이용하면 curl을 이용해 컨테이너로의 HTTP 요청을 만들 수 있다. NGINX 서버는 기본 HTML

환영 페이지를 제공한다.

```
host$ curl localhost
<!DOCTYPE html>
<html>
<head>
<title>Welcome to nginx!</title>
...
```

docker logs를 사용하면 컨테이너의 STDOUT을 볼 수 있다. 이 경우에서는 NGINX 접근^{acess} 로그다. 트래픽은 위에서 수행한 curl 요청뿐이다.

```
# docker logs nginx
172.17.0.1 - - [24/Feb/2017:19:12:24 +0000] "GET / HTTP/1.1" 200 612
    "-" "curl/7.29.0" "-"
```

컨테이너 출력을 실시간으로 보고 싶다면 docker logs -f를 사용할 수 있다. 계속 내용이 늘어나는 로그 파일에서 tail -f를 사용하는 것처럼 말이다.

docker exec는 기존 컨테이너에 새 프로세스를 생성한다. 예를 들어 디버그나 문제 해결을 위해 컨테이너에 상호작용을 위한 셸을 시작할 수 있다.

```
# docker exec -ti nginx bash
root@nginx:/# apt-get update && apt-get -y install procps
root@nginx:/# ps ax
  PID TTY      STAT   TIME COMMAND
    1 ?        Ss     0:00 nginx: master process nginx -g daemon off;
    7 ?        S      0:00 nginx: worker process
    8 ?        Ss     0:00 bash
   21 ?        R+     0:00 ps ax
```

컨테이너 이미지는 가능한 한 가벼워야 한다. 그래서 일반적인 관리 유틸리티가 없다. 따라서 먼저 패키지 인덱스를 갱신하고 procps 패키지의 일부인 ps를 설치한다.

이 프로세스 목록은 nginx 마스터 데몬, nginx 워커, 접속해 있는 bash 셸을 나타낸다. docker exec로 생성된 셸을 종료하면 컨테이너는 계속 실행된다. 셸이 살아 있는 동안 PID 1이 종료되면 컨테이너는 종료되고 셸 역시 종료될 것이다.

다음과 같이 컨테이너를 시작하고 종료할 수 있다.

```
# docker stop nginx
nginx
# docker ps
IMAGE   COMMAND                    STATUS          PORTS
# docker start nginx
# docker ps
IMAGE   COMMAND                    STATUS          PORTS
nginx   "nginx -g 'daemon off"     Up 2 minutes    0.0.0.0:80->80/tcp
```

docker start는 docker run으로 컨테이너를 생성할 때 전달한 것과 같은 매개변수를 갖고 컨테이너를 시작한다.

컨테이너가 종료되면 컨테이너는 휴면 상태로 시스템에 남겨진다. docker ps -a를 사용하면 멈춰 있는 것을 포함한 모든 컨테이너 목록을 볼 수 있다. 필요 없는 오래된 컨테이너가 남아 있는 것이 그다지 유해하지는 않다. 그러나 깔끔하지는 않고 이름을 다시 사용해야 할 경우가 생길 수 있다.

컨테이너를 종료할 때 컨테이너를 정지하고 제거한다.

```
# docker stop nginx && docker rm nginx
```

docker run --run은 컨테이너를 구동하고 이 컨테이너가 종료되면 자동으로 삭제한다. 그러나 이는 -d를 통해 데몬화되지 않는 컨테이너에서만 동작한다.

볼륨

대부분의 컨테이너를 위한 파일 시스템 계층은 정적 애플리케이션 코드, 라이브러리, 기타 지원, OS 파일로 이뤄져 있다. 읽기/쓰기 파일 시스템 계층은 컨테이너가 로컬 수정 사항을 이 계층에 쓸 수 있게 한다. 그러나 오버레이 파일 시스템의 강한 의존은 데이터베이스 같이 데이터에 특화된 애플리케이션에는 최적의 스토리지 솔루션은 아니다. 이러한 애플리케이션을 위해 도커는 볼륨이라는 개념을 제공한다.

볼륨은 유니온 파일 시스템과는 별도로 유지 관리되는 컨테이너 내에서 독립적이고 쓰기 가능한 디렉터리다. 컨테이너가 제거되면 볼륨의 데이터는 유지되고 호스트에서 접근할 수 있다. 볼륨은 여러 컨테이너에서 공유할 수 있다.

docker에 -v 매개변수를 사용하면 컨테이너에 볼륨을 추가한다.

```
# docker run -v /data --rm --hostname web --name web -d nginx
```

/data가 컨테이너 내에 이미 존재한다면 해당 디렉터리의 모든 파일은 볼륨으로 복사된다. docker inspect를 수행하면 호스트의 모든 볼륨을 찾을 수 있다.

```
# docker inspect -f '{{ json .Mounts }}' web
...
"Mounts": [
    {
        "Name": "8f026ebb9c0cda27441fb7fd275c8e767685f260...f5fd1939823558",
        "Source": "/var/lib/docker/volumes/8f026ebb9c0cda...93823558/_data",
        "Destination": "/data",
        "Driver": "local",
        "Mode": "",
        "RW": true,
        "Propagation": ""
    }
]
```

inspect 하위 명령은 풍부한 출력을 보여준다. 여기서 필터를 적용했기 때문에 마운트된 볼륨만 출력될 것이다. 컨테이너를 종료하거나 제거해야 한다면 호스트의 원천 디렉터리에서 데이터 볼륨을 찾을 수 있다. 이름은 ID처럼 생겼지만 나중에 볼륨을 식별하려 할 때 유용할 것이다.

시스템의 볼륨에 대한 더 높은 수준의 개요를 보려면 docker volume ls를 실행하면 된다.

또한 도커는 '바인드 마운트'를 지원한다. 이는 호스트의 볼륨을 컨테이너에 마운트한다. 예를 들어 호스트의 /mnt/data를 컨테이너의 /data에 바인드 마운트할 수 있다. 다음의 명령이 그것이다.

```
# docker run -v /mnt/data:/data --rm --name web -d nginx
```

컨테이너가 /data에 쓰기를 수행하면 변경점은 호스트의 /mnt/data에서도 확인할 수 있다.

바인드 마운트 볼륨의 경우 도커는 컨테이너의 마운트 디렉터리에 있던 기존 파일을 볼륨으로 복사하지 않는다. 기존의 전통적인 파일 시스템 마운트와 같이 볼륨의 내용은 컨테이너의 마운트된 디렉터리의 본래 내용을 대체한다.

컨테이너가 클라우드에서 실행 중이라면 바인드 마운트를 클라우드 프로바이더provider가 제공하는 블록 스토리지와 통합하는 걸 제안한다. 예를 들어 AWS의 일래스틱 블록 스토리지Elastic Block Storage 볼륨은 도커 바인드 마운트를 위한 멋진 하위 스토어backing store다. 이들은 내장 스냅샷 기능을 가지며 EC2 인스턴스 간 이동이 가능하다. 또한 노드 간 복사도 가능하다. 이는 컨테이너 데이터를 얻는 다른 시스템을 위해 매우 직관적이다. 또한 EBS 본연의 스냅샷 기능을 활용해 간단한 백업 시스템을 만들 수도 있다.

데이터 볼륨 컨테이너

실제 경험에서 떠오른 도움이 될 만한 방식 중 하나는 데이터만 갖는 컨테이너다. 목적은 다른 컨테이너의 이면에 볼륨 환경설정만 갖기 위한 것이며, 따라서 이러한 컨테이너는 쉽게 재시작되거나 교체될 수 있다.

호스트에 일반적인 볼륨이나 바인드 마운트 볼륨을 사용해 데이터 컨테이너를 생성한다. 데이터 컨테이너는 실제로 실행되지는 않는다.

```
# docker create -v /mnt/data:/data --name nginx-data nginx
```

이제 nginx 컨테이너에서 데이터 컨테이너 볼륨을 사용할 수 있다.

```
# docker run --volumes-from nginx-data -p 80:80 --name web -d nginx
```

'web' 컨테이너는 데이터만 갖고 있는 'nginx-data' 컨테이너의 /data 볼륨으로 읽기 및 쓰기 접근을 갖는다. 'web'은 재시작, 삭제, 교체가 가능하지만 --volumes-from으로 시작되는 한 /data의 파일은 영구적으로 남을 것이다.

사실 컨테이너와 영구적인 데이터를 결합하는 것이 자연스럽지는 않다. 컨테이너는 외부의 이벤트event에 대한 응답을 통해 즉시 생성과 삭제가 되게 만들어졌다. 이상적으로는 dockerd를 구동하는 같은 서버의 묶음을 갖고 서버 각각은 컨테이너를 실행하게 하는 것이다. 그러나 한 번 영구적 데이터 볼륨을 추가하면 컨테이너는 특정 서버에 묶이게 된다. 실사용에서 살아가는 이상 많은 애플리케이션이 영구적 데이터를 필요로 한다.

도커 네트워크

'네트워킹' 절에서 논의했듯이 컨테이너가 네트워크에 접속하게 하는 방법은 많다. 설치하는 동안 도커는 세 가지 기본 네트워킹 옵션을 생성한다. docker network ls를 통해 조회할 수 있다.

```
# docker network ls
NETWORK ID          NAME                DRIVER
6514e7108508        bridge              bridge
1a72c1e4b230        none                null
e0f4e608c92c        host                host
```

기본 브리지bridge 모드에서 컨테이너는 호스트의 개인 네임스페이스 네트워크에 존재한다. 브리지는 호스트의 네트워크를 컨테이너 네임스페이스에 접속시킨다. 컨테이너를 생성하고 docker run -p를 통해 호스트의 포트를 매핑할 때 도커는 호스트에서 공개 인터페이스의 트래픽을 브리지 네트워크상 컨테이너의 인터페이스로 라우팅route하는 iptabes 규칙을 생성한다.

'host' 네트워킹에서는 별도의 네트워크 네임스페이스가 사용되지는 않는다. 대신 컨테이너는 호스트와 네트워크 스택을 공유한다. 여기에는 모든 인터페이스가 포함된다. 또한 컨테이너가 노출한 포트는 호스트의 인터페이스에도 노출된다. 일부 소프트웨어는 호스트의 네트워킹과 함께할 때 더 잘 동작한다. 그러나 이러한 환경설정은 포트 충돌 등의 문제도 야기할 수 있다.

'None' 네트워킹은 도커가 네트워크 환경설정을 위해 어떤 것도 수행하지 않는다는 것을 말한다. 이는 커스텀 네트워킹 요구 사항을 위한 고급 사용 사례를 위해 의도됐다.

docker run에 --net 매개변수를 이용하면 컨테이너의 네트워크를 선택할 수 있다.

네임스페이스와 브리지 네트워크

브리지는 리눅스 커널 기능으로 두 네트워크 세그먼트segment를 연결한다. 설치하는 동안 도커는 별다른 출력 없이 호스트에 docker0이라 불리는 브리지를 생성한다. 도커는 브리지를 위해 IP 주소 공간을 선택하는데, 호스트가 닿을 수 있는 모든 네트워크와 충돌을 최대한 피하게끔 계산한다. 각 컨테이너는 브리지 네트워크 범위에 있는 IP 주소를 갖는 네임스페이스화된 가상 네트워크 인터페이스를 갖는다.

주소 선택 알고리듬은 현실적이지만 완벽하지는 않다. 여러분의 네트워크는 호스트가 볼 수 없는 경로route를 가질 것이다. 충돌이 발생하면 호스트는 더 이상 중첩된 주소 공간을 갖는 원격 네트워크에 접근할 수 없다. 그러나 로컬 컨테이너에는 접근이 가능할 것이다. 이러한 상황을 발견하거나 어떤 이유로 브리지의 주소 공간을 커스터마이제이션 해야 한다면 dockerd에 --fixed-cidr 매개변수를 사용한다.

그림 C 도커 브리지 네트워크

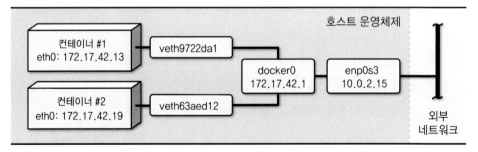

네트워크 네임스페이스는 한쪽은 호스트의 네임스페이스, 다른 쪽은 컨테이너의 네임스페이스를 갖는 쌍으로 생성된 이상한 구조의 가상 인터페이스에 의존한다. 데이터는 해당 쌍의 한쪽에서 다른 쪽으로 흐른다. 따라서 컨테이너를 호스트에 연결한다. 대부분의 경우 컨테이너는 하나의 쌍만 갖는다. 그림 C에서 해당 개

넘을 보여준다.

각 쌍의 한쪽은 호스트의 네트워크 스택에서 볼 수 있다. 예를 들어 하나의 컨테이너가 구동 중인 센트OS 호스트에서 볼 수 있는 인터페이스는 다음과 같다.

```
centos$ ip addr show
2: enp0s3: <BROADCAST,MULTICAST,UP,LOWER_UP> mtu 1500 qdisc pfifo_fast
    state UP qlen 1000
    link/ether 08:00:27:c3:36:f0 brd ff:ff:ff:ff:ff:ff
    inet 10.0.2.15/24 brd 10.0.2.255 scope global dynamic enp0s3
        valid_lft 71368sec preferred_lft 71368sec
    inet6 fe80::a00:27ff:fec3:36f0/64 scope link
        valid_lft forever preferred_lft forever
3: docker0: <BROADCAST,MULTICAST,UP,LOWER_UP> mtu 1500 qdisc noqueue
    state UP
    link/ether 02:42:d4:30:59:24 brd ff:ff:ff:ff:ff:ff
    inet 172.17.42.1/16 scope global docker0
        valid_lft forever preferred_lft forever
    inet6 fe80::42:d4ff:fe30:5924/64 scope link
        valid_lft forever preferred_lft forever
53: veth584a021@if52: <BROADCAST,MULTICAST,UP,LOWER_UP> mtu 1500 qdisc
    noqueue master docker0 state UP
    link/ether d6:39:a7:bd:bf:eb brd ff:ff:ff:ff:ff:ff link-netnsid 0
    inet6 fe80::d439:a7ff:febd:bfeb/64 scope link
        valid_lft forever preferred_lft forever
```

위 결과는 enp0s3가 호스트의 주 인터페이스이고 docker0는 172.17.42.0/16 주소 영역을 갖는 가상 이더넷 브리지라는 것을 보여준다. veth 인터페이스는 컨테이너를 브리지 네트워크에 연결하는 호스트 측 가상 인터페이스 쌍이다.

브리지 쌍에서 컨테이너 측은 네트워킹 스택의 저수준low level 조사가 없이는 호스트에서 보이지 않는다. 이러한 비시인성은 네트워크 네임스페이스 방식의 부작용일 뿐이다. 그러나 컨테이너 자체를 검사함으로써 인터페이스를 찾을 수 있다.

```
# docker inspect -f '{{ json .NetworkSettings.Networks.bridge }}' nginx
    "bridge": {
        "Gateway": "172.17.42.1",
        "IPAddress": "172.17.42.13",
```

```
        "IPPrefixLen": 16,
        "MacAddress": "02:42:ac:11:00:03"
    }
```

컨테이너의 IP 주소는 172.17.42.13이다. 그리고 기본 게이트웨이는 docker0 브리지 인터페이스다(이는 그림 C에 그려진 브리지 네트워크다).

기본 브리지 환경설정에서 같은 가상 네트워크에 존재하기 때문에 모든 컨테이너는 다른 것들과 통신할 수 있다. 그러나 컨테이너를 다른 것들에서 독립시키고자 추가 네트워크 네임스페이스를 생성할 수 있다. 이 방식으로 같은 컨테이너 인스턴스의 집합에서 여러 독립된 환경을 제공할 수 있다.

네트워크 오버레이

도커는 고급 사용 사례를 돕기 위한 유동성 있는 여러 추가 네트워크를 사용할 수 있다. 예를 들어 컨테이너 연결을 자동으로 하는 사용자 정의 사설 네트워크를 생성할 수 있다. 네트워크 오버레이 소프트웨어를 사용하면 별도의 분리된 호스트에서 구동 중인 컨테이너는 이러한 사설 네트워크 주소 공간을 통해 서로 트래픽을 주고받을 수 있다. RFC7348에 기술된 가상 확장 랜^{VXLAN} 기술은 고급 네트워킹 기능을 구현하고자 컨테이너와 결합해 사용할 수 있는 시스템 중 하나다. 더 자세한 정보는 도커 네트워킹 문서를 참고한다.

스토리지 드라이버

유닉스와 리눅스 시스템은 유니온 파일 시스템을 구현하기 위한 다양한 방법을 제공한다. 도커는 이런 방법은 인지하지 않으며 모든 파일 시스템 오퍼레이션을 여러분이 선택한 스토리지 드라이버로 처리한다.

스토리지 드라이버는 **docker daemon** 구동 옵션의 일부로 설정된다. 여러분이 선택한 스토리지 엔진은 성능과 안정성에 지대한 영향을 미친다. 특히 다수의 컨테이너를 지원하는 운영 환경에서는 더 그렇다. 표 25.2는 현재 드라이버의 종류를 보여준다.

표 25.2 도커 스토리지 드라이버

드라이버	설명과 주석
aufs	본래의 UnionFS의 재구현 본래의 도커 스토리지 엔진 데비안과 우분투의 기본값 이제는 메인라인(mainline) 리눅스 커널의 일부가 아니게 됐으므로 사용되지 않는다.
btrfs	Btrfs 쓰기 시 복제 파일 시스템 사용 Btrfs는 안정적이고 메인라인 리눅스 커널에 포함돼 있다. 도커는 배포판 한정으로 사용하며 아직 실험적이다.
devicemapper	RHEL/센트OS 6의 기본값이다. 직접 LVM 모드를 강력히 추천하지만 설정이 필요하다. 버그가 많다. 도커의 devicemapper 문서를 공부하라.
overlay	OverlayFS를 기반으로 한다. AuFS의 대체재로 고려된다. 오버레이 커널 모듈이 로딩돼 있다면 센트OS 7의 기본값이다.
vfs	실제 유니온 파일 시스템은 아니다. 느리지만 안정적이고 일부 운영 환경에 적합하다. 개념증명이나 테스트베드(testbed)로 좋다.
zfs	ZFS 쓰기 시 복제 파일 시스템을 사용 FreeBSD의 기본값이다. 리눅스에서는 실험적이다.

VFS 드라이버는 유니온 파일 시스템을 필요 없게 만들어준다. 도커는 각 컨테이너용 이미지의 완전한 복제본을 생성하며 이는 높은 디스크 사용량과 더 오랜 컨테이너 시작 시간을 갖게 한다. 그러나 이러한 구현이 간단하고 강건하다. 여러분의 사용 사례에 오래 구동되는 컨테이너가 포함된다면 VFS는 믿을 만한 선택이다. 그러나 제품에 VFS를 사용한 경우는 아직 보지 못했다.

Btrfs와 ZFS도 진짜 유니온 파일 시스템은 아니다. 그러나 이들은 태생적으로 쓰기 시 복제 파일 시스템 클론을 지원하기 때문에 효율적이고 신뢰할 만한 오버레이^{overlay}를 구현한다. 도커는 Btrfs를 지원하며 ZFS는 일부 특정 리눅스 배포판(그리고 FreeBSD)으로 제한적이다. 다만 미래에는 좋은 선택일 수 있으니 눈여겨봐두자. 파일 시스템이 컨테이너에 덜 종속적인 것이 더 좋다.

스토리지 드라이버 선택은 미묘한 주제다. 팀에서 여러분이나 어떤 누군가가 위와 같은 파일 시스템에 대한 충분한 지식이 있지 않은 이상 배포판에서 제공하는 기본값을 사용하길 추천한다. 더 자세한 정보는 도커 스토리지 드라이버 문서를 참고한다.

dockerd 옵션 변경

필연적으로 dockerd의 설정을 수정해야 할 것이다. 옵션의 수정에는 스토리지 엔진, DNS 옵션, 이미지나 메타데이터가 저장될 기본 디렉터리 등이 포함된다. dockerd -h를 입력하면 완전한 매개변수 목록을 볼 수 있다.

docker info를 통해 구동 중인 데몬의 환경설정을 확인할 수 있다.

```
centos# docker info
Containers: 6
    Running: 0
    Paused: 0
    Stopped: 6
Images: 9
Server Version: 1.10.3
Storage Driver: overlay
    Backing Filesystem: xfs
Logging Driver: json-file
Plugins:
    Volume: local
    Network: bridge null host
Kernel Version: 3.10.0-327.10.1.el7.x86_64
Operating System: CentOS Linux 7 (Core)
OSType: linux
Architecture: x86_64
```

이 결과는 여러분이 수행한 커스터마이제이션을 확인하기 좋다.

도커는 데몬 프로세스의 관리를 위해 운영체제의 본래 init 시스템을 따른다. 여기에는 시작 옵션을 위한 설정도 포함된다. 예를 들어 systemd를 사용하는 배포판에서는 다음의 명령을 통해 도커가 기본값이 아닌 스토리지 드라이버, DNS 서버, 브리지 네트워크용 커스텀 주소 공간 값들을 설정하도록 서비스 유닛을 수정할 수 있다.

```
$ systemctl edit docker
[Service]
ExecStart=
ExecStart=/usr/bin/docker daemon -D --storage-driver overlay \
    --dns 8.8.8.8 --dns 8.8.4.4 --bip 172.18.0.0/19
```

중복되는 ExecStart=는 실수가 아니다. 이는 systemd의 방식인데, 기본값을 초기화해서 새 정의를 확실히 사용하게 하기 위함이다. 수정이 완료되면 systemctl을 통해 데몬을 재시작하고 변경점을 확인하자.

```
centos$ sudo systemctl restart docker
centos$ sudo systemctl status docker
  docker.service
     Loaded: loaded (/etc/systemd/system/docker.service; static;
        vendor preset: disabled)
  Drop-In: /etc/systemd/system/docker.service.d
           └override.conf
     Active: active (running) since Wed 2016-03-09 23:14:56 UTC; 12s ago
 Main PID: 4328 (docker)
   CGroup: /system.slice/docker.service
           └4328 /usr/bin/docker daemon -D --storage-driver overlay
      --dns 8.8.8.8 --dns 8.8.4.4 --bip 172.18.0.0/19
...
```

upstart를 사용하는 시스템에서는 /etc/default/docker에서 데몬 옵션을 수정할 수 있다. SysV 스타일의 init을 사용하는 시스템의 경우 /etc/sysconfig/docker를 보자.

기본적으로 dockerd는 docker에서의 접속을 유닉스 도메인 소켓 /var/run/docker.sock을 통해 대기한다. 대신 데몬이 TLS 소켓을 통해 대기하도록 설정하려면 데몬 옵션 -H tcp://0.0.0.0:2376을 사용하라. TLS 설정에 대한 더 자세한 내용은 나중에 다룬다.

이미지 빌딩

여러분은 애플리케이션 코드를 포함하는 이미지를 빌드^{build}함으로써 고유의 애플리케이션을 컨테이너화할 수 있다. 빌드 절차는 기본 이미지부터 시작된다. 기본 이미지에 변경 사항을 커밋함으로써 애플리케이션을 새 계층으로써 추가하고 이미지를 로컬 이미지 데이터베이스에 저장한다. 그러고 나서 이 이미지에서 컨테이너를 생성할 수 있다. 또한 도커를 실행하는 다른 시스템에서 접근 가능하게 하고자 이미지를 레지스트리에 올릴push 수 있다.

이미지의 각 계층은 콘텐츠를 암호화 해시해 식별한다. 이 해시는 이미지의 내용에 충돌이 없는지 또는 악성 간섭으로 인해 변경됐는지 등을 검증하기 위한 시스템으로 동작한다.

기본 이미지 선택

커스텀 이미지를 생성하기 전에 적당한 기본 이미지를 선택하라. 기본 이미지를 선택할 때에는 더 작은 것을 고르기를 경험에 의해 추천한다. 기본 이미지는 여러분의 소프트웨어를 실행하는 데 필요한 것만 들어 있으면 된다.

대부분의 공식 이미지는 알파인 리눅스Alpine Linux라 불리는 배포판을 기반으로 한다. 이는 5MB 근처의 무게를 갖지만 일부 애플리케이션과는 라이브러리가 호환되지 않는다. 우분투 이미지는 188MB보다 크지만 전형적인 서버 설치 버전에 비해 상대적으로 작다. 여러분의 런타임 구성 요소가 이미 설정된 기본 이미지를 찾을 수도 있을 것이다. 기본 이미지는 대부분의 언어, 런타임, 애플리케이션 플랫폼을 위해 이미 존재한다.

최종 선택을 내리기 전에 여러분의 기본 이미지를 자세히 살펴보라. 기본 이미지의 Dockerfile(다음 절 참고) 파일을 점검하고 갑작스러운 문제를 피하고자 명확하지 않은 의존성을 확인하라. 기본 이미지는 예상치 못한 요구 사항이나 취약점을 가진 소프트웨어 버전을 포함하고 있을 수 있다. 일부 환경에서는 기본 이미지의 Dockerfile을 복사하고 여러분의 요구에 맞는 이미지를 재빌드rebuild해야 할 수 있다.

dockerd가 이미지를 다운로드할 때 이미 갖고 있지 않은 계층만 다운로드한다. 여러분의 애플리케이션 모두가 같은 기본 이미지를 사용한다면 데몬의 입장에서 다운로드해야 할 데이터는 더 적고 컨테이너는 첫 시작이 더 빠를 것이다.

Dockerfile에서 빌드

Dockerfile은 이미지 빌딩을 위한 예제다. 이 파일에는 지시 사항과 셸 명령이 포함된다. **docker build** 명령은 Dockerfile을 읽어 그 지시 사항을 순서대로 실행하고 그 결과를 이미지에 커밋한다. Dockerfile을 갖는 소프트웨어 프로젝트는 항상 이 파일을 깃 저장소의 루트 디렉터리에 위치시킨다. 이는 해당 소프트웨어를 포함하는 새 이미지를 빌드하기 위함이다.

Dockerfile의 첫 지시 사항은 기본 이미지로 사용할 이미지를 지정하는 것이다. 다음으로 따르는 지시 사항은 새 계층으로 변경점을 커밋하는 것이다. 이는 다음 지시 사항을 위한 기본 이미지로 사용된다. 각 계층은 이전 계층에서의 변경점만을 포함한다. 유니온 파일 시스템은 컨테이너의 루트 파일 시스템을 생성하고자 모든 레이어를 병합한다.

다음은 데비안에서 공식 NGINX 이미지를 빌드하기 위한 Dockerfile이다.[5]

```
FROM debian:jessie
MAINTAINER NGINX Docker Maintainers "docker-maint@nginx.com"
ENV NGINX_VERSION 1.10.3-1~jessie
RUN apt-get update \
    && apt-get install -y ca-certificates nginx=${NGINX_VERSION} \
    && rm -rf /var/lib/apt/lists/*
# 요청과 오류 로그를 도커 로그 수집기로 전달한다.
RUN ln -sf /dev/stdout /var/log/nginx/access.log \
    && ln -sf /dev/stderr /var/log/nginx/error.log
EXPOSE 80 443
CMD ["nginx", "-g", "daemon off;"]
```

NGINX는 기본 이미지로 **debian:jessie**를 사용한다. 메인테이너^maintainer^를 선언한 후 이 파일은 환경변수(NGINX_VERSION)를 설정한다. 그리고 나서 Dockerfile 내에서 뒤 따르는 모든 지시 사항에서 사용할 수 있다. 또한 이미지가 빌드 및 인스턴스화되고 나면 컨테이너 내에서 실행되는 모든 프로세스에서도 사용할 수 있다.

---

5. github.com/nginxinc/docker-nginx에서 가져 왔다(약간 단순화했다).

첫 **RUN** 지시 사항은 패키지 저장소에서 NGINX를 설치함으로써 시작된다.

기본적으로 NGINX는 로그 데이터를 /var/log/nginx/access.log로 보내지만 컨테이너를 위해 로그 메시지는 **STDOUT**으로 보내진다. 마지막 **RUN** 명령에서는 메인테이너는 접근 로그를 **STDOUT** 장치 파일로 보내도록 리다이렉트하게 하는 심볼릭 링크를 사용한다. 비슷하게 오류는 컨테이너의 **STDERR**로 리다이렉트된다.

EXPOSE 명령은 컨테이너가 대기할 포트를 지정하도록 dockerd에게 알린다. 노출된 포트는 docker run에 옵션 -p를 사용해서 실행 시간에 컨테이너가 덮어쓰게 할 수 있다.

NGINX Dockerfile의 마지막 지시 사항은 dockerd가 컨테이너를 시작할 때 수행하는 명령이다. 이 경우 컨테이너는 **nginx** 바이너리를 포어그라운드 프로세스로 실행한다.

공통 Dockerfile 지시 사항을 살펴보려면 표 25.3을 보라. 참조 매뉴얼 docs.docker.com은 공인된 문서다.

수정된 Dockerfile 구성

공식 이미지를 교체하는 커스텀 index.html을 추가한 수정 NGINX 이미지를 빌드하기 위한 매우 간단한 Dockerfile을 사용할 수 있다.

```
$ cat index.html
<!DOCTYPE html>
<title>ULSAH index.html file</title>
<p>A simple Docker image, brought to you by ULSAH.</p>
$ cat Dockerfile
FROM nginx
# 새 index.html을 문서 루트에 추가하라.
ADD index.html /usr/share/nginx/html/
```

커스텀 index.html을 갖는 것 말고는 새 이미지는 기본 이미지와 완전히 같다. 다음은 커스텀 이미지 빌드 방법이다.

```
# docker build -t nginx:ulsah .
Step 1 : FROM nginx
    ---> fd19524415dc
Step 2 : ADD index.html /usr/share/nginx/html/
    ---> c0c25eaf7415
Removing intermediate container 04cc3278fdb4
Successfully built c0c25eaf7415
```

docker build에 -t nginx:ulsah를 사용해 공식 NGINX 이미지와 구분하고자 nginx라는 이름을 갖고 ulsah라는 태그를 갖는 이미지를 생성한다. 맨 뒤의 마침표는 docker build가 Dockerfile을 찾기 위한 위치다(이 경우에는 현재 디렉터리).

표 25.3 Dockerfile 지시 사항에 들어가는 축약 목록

지시	설명
ADD	파일을 빌드 호스트에서 이미지로 복사한다.[a]
ARG	빌드 중에 참조할 변수를 설정한다. 이는 최종 이미지에서는 사용할 수 없다. 보안을 위해 사용할 수 없다.
CMD	컨테이너에서 실행할 기본 명령을 설정한다.
COPY	ADD와 같지만 파일 및 디렉터리만 가능하다.
ENV	추후 모든 빌드 지시 사항과 이미지에서 구동된 컨테이너에서 사용할 수 있는 환경변수를 설정한다.
EXPOSE	컨테이너에서 노출할 네트워크 포트를 dockerd로 알린다.
FROM	기본 이미지를 설정한다. 반드시 첫 지시 사항이어야 한다.
LABEL	이미지 태그를 설정한다(docker inspect에서 보인다).
RUN	명령을 실행하고 그 결과를 이미지에 저장한다.
STOPSIGNAL	docker stop으로 종료할 때 프로세스로 전달하기 위한 시그널(signal)을 지정한다. 기본값은 SIGKILL이다.
USER	컨테이너를 실행할 때 및 추후 빌드 지시 사항에서 사용할 계정명을 설정한다.
VOLUME	영구적인 데이터를 저장할 볼륨을 지정한다.
WORKDIR	추후 지시 사항을 위한 기본 작업 디렉터리를 설정한다.

a. 소스는 파일, 디렉터리, 타볼(tarball), 원격 URL이 가능하다.

이제 이미지를 실행하면 커스텀화된 index.html을 볼 수 있다.

```
# docker run -p 80:80 --name nginx-ulsah -d nginx:ulsah
$ curl localhost
<!DOCTYPE html>
<title>ULSAH index.html file</title>
<p>A simple Docker image, brought to you by ULSAH.</p>
```

docker images 명령을 사용하면 로컬 이미지 중에서 우리 이미지가 있는 것을 확인할 수 있다.

```
# docker images | grep ulsah
REPOSITORY      TAG        IMAGE ID       CREATED         SIZE
nginx           ulsah      c0c25eaf7415   3 minutes ago   134.6 MB
```

이미지를 지울 때 docker rmi를 사용한다. 컨테이너가 이미 해당 이미지를 사용하고 있다면 해당 이미지를 정지 및 삭제하고 난 후 이미지를 지울 수 있다.

```
# docker ps | grep nginx:ulsah
IMAGE            COMMAND               STATUS          PORTS
nginx:ulsah      "nginx -g 'daemon off"  Up 37 seconds   0.0.0.0:80->80/tcp
# docker stop nginx-ulsah && docker rm nginx-ulsah
nginx-ulsah
nginx-ulsah
# docker rmi nginx:ulsah
```

docker stop과 docker rm은 해당 명령이 적용된 컨테이너의 이름을 출력한다. 따라서 여기서 nginx-ulsah가 두 번 출력된다.

레지스트리

레지스트리는 dockerd가 HTTP를 통해 접근할 수 있는 도커 이미지의 인덱스다. 로컬 디스크에는 존재하지 않는 이미지가 요청되면 dockerd는 이를 레지스트리에서 가져온다. 이미지는 docker push를 통해 레지스트리로 업로드된다. 이미지 동작이 docker 명령으로 이뤄졌지만 사실상 dockerd만이 레지스트리와 통신한다.

도커 허브는 도커가 제공하는 호스티드hosted 레지스트리 서비스다. 이는 이 책에서 사용하는 예제 리눅스 시스템을 포함한 다양한 배포판과 오픈소스 프로젝트를 위해 이미지를 호스팅한다. 이러한 공식 이미지의 무결성은 콘텐트 신뢰 시스템을 통해 검증된다. 또한 여러분이 다운로드하는 이미지에 대한 확인은 레이블에 적한 이름을 갖는 벤더^{vendor}에 의해 제공된다. 여타 사용 목적을 위해 여러분도 도커 허브에 고유한 이미지를 공표할 수 있다. 또한 깃허브 저장소에서 커밋이 발견될 때마다 이미지 빌드를 촉발할 수 있다.

도커 허브가 유일한 구독 기반 레지스트리는 아니다. quay.io, 아티팩토리^{Artifactory}, 구글 컨테이너 레지스트리, 아마존 EC2 컨테이너 레지스트리 등이 존재한다.

도커 허브는 거대한 이미지 생태계의 후원자다. 또한 특별한 요청이 없는 경우 기본 레지스트리가 되는 이점도 있다.

예를 들어 다음 명령을 보자.

```
# docker pull debian:jessie
```

먼저 이미지의 로컬 복제본을 찾는다. 이미지가 로컬에 없는 경우 다음 단계는 도커 허브다. 여러분은 docker에게 이미지 명세에 호스트명이나 URL을 포함시킴으로써 다른 레지스트리를 사용하게 할 수 있다.

```
# docker pull registry.admin.com/debian:jessie
```

이미지를 빌딩하고 커스텀 레지스트리로 푸시^{push}할 때 레지스트리의 URL을 기입해야 한다. 푸시 전에 인증을 먼저 한다.

```
# docker tag debian:jessie registry.admin.com/debian:jessie .
...
# docker login https://registry.admin.com
Username: ben
Password: <암호>
# docker push registry.admin.com/debian:jessie
```

도커는 home 디렉터리의 .dockercfg에 로그인 상세 정보를 저장한다. 따라서 추후 개인 레지스트리와 상호작용을 위해 다시 로그인할 필요는 없다.

성능과 보안을 이유로 고유의 이미지 레지스트리가 더 편할 수 있다. 레지스트리 프로젝트는 오픈소스(github.com/docker/distribution)이고 레지스트리가 간편하게 컨테이너로 운영할 수 있다.

```
# docker run -d -p 5000:5000 --name registry registry:2
```

레지스트리 서비스는 이제 포트 5000으로 제공된다. 여기서 찾는 이미지의 이름을 통해 이미지를 받을^{pull} 수 있다.

```
# docker pull localhost:5000/debian:jessie
```

레지스트리는 token과 htpasswd 두 가지 인증 방식을 구현한다. token은 인증을 외부 제공자에게 대리하게 한다. 이는 커스텀 개발 노력이 필요하다는 것을 말한다. htpasswd는 더 간단하다. 이는 레지스트리 접근에 HTTP 기본 인증을 허용한다. 대체재로는 인증을 처리하는 프록시(예, NGINX)를 설정할 수 있다. 레지스트리는 항상 TLS와 함께 운용한다.

기본 개인(사설) 레지스트리 환경설정은 대규모 배포 환경에는 적절하지 않다. 운영 환경에 사용하려면 스토리지 공간, 인증 및 권한 부여 요구 사항, 이미지 정리, 기타 유지 보수 작업 등을 고려해야 한다.

여러분의 컨테이너화된 환경이 더 커짐에 따라 레지스트리도 새 이미지로 넘치게 될 것이다. 클라우드에서 작업하는 사용자를 위해 모든 데이터를 저장하기 위한 방법으로 아마존 S3 또는 구글 클라우드 스토리지와 같은 객체 스토어를 사용할 수 있다. 레지스트리는 기본적으로 두 서비스를 모두 지원한다.

물론 클라우드 플랫폼에서 제공하는 레지스트리에 여러분의 레지스트리 기능을 아웃소싱^{outsource}할 수도 있다. 이렇게 하면 걱정거리가 하나 줄어든다. 구글과 아마존 모두 관리가 가능한 컨테이너 레지스트리 서비스를 제공한다. 여러분은 이미지의 업로드와 다운로드를 위한 네트워크 트래픽과 스토리지에 대한 비용만 지불하면 된다.

25.3 현실에서의 컨테이너

컨테이너들의 작업이 마음에 들게 동작하도록 한 후에 특정 관리를 위한 잡무가 컨테이너마다 다르게 적용돼야 한다는 것을 발견할 것이다. 예를 들어 컨테이너화된 애플리케이션을 위해 로그 파일을 관리하려면 어떻게 해야 하는가? 보안 고려 사항은 어떤 것이 있는가? 오류를 어떻게 수정할 것인가?

다음에 나열된 내용들은 컨테이너와 함께 업무를 하는 데 도움을 줄 만한 몇 가지 규칙을 담고 있다.

- 여러분의 애플리케이션이 주기적인 작업을 수행해야 한다면 컨테이너 내의 cron을 사용하지 말라. 해당 작업을 수행하고 종료하는 짧은 생명을 갖는 컨테이너를 호스트의 cron 데몬(또는 systemd 타이머)을 통해 사용하라. 컨테이너는 가볍게 쓰고 삭제하게 돼 있다.

- 로그인해서 프로세스가 무엇을 하는지 확인해야 한다면? 여러분의 컨테이너 내에 sshd를 실행하지 말라. ssh를 이용해서 호스트에 로그인한 후 docker exec를 사용해서 상호작용이 가능한 셸을 열게 한다.

- 가능하면 여러분의 소프트웨어가 환경변수에서 환경설정 정보를 받아들이도록 설정하라. docker run에 -e KEY=value 매개변수를 전달하면 컨테이너에 환경변수를 전달할 수 있다. 또는 --env-file filename으로 별도 파일 하나에 여러 변수를 설정한다.

- '한 컨테이너에 한 프로세스'라는 일반적인 조언은 무시하라. 이는 말이 안 된다. 프로세스를 여러 컨테이너로 나누는 것은 정말 그것이 필요할 때 그렇게 한다. 예를 들어 애플리케이션과 그 데이터베이스 서버는 별도의 컨테이너에 두는 것이 좋다. 그들이 명백히 다른 구조상 경계가 존재하기 때문이다. 그러나 하나의 컨테이너에 하나 이상의 프로세스를 갖는 것도 괜찮다. 적절하다면 말이다. 상식적으로 생각하라.

- 여러분의 환경을 위한 자동 컨테이너 생성에 집중하라. 이미지 빌드와 이들을 레지스트리에 업로드하는 스크립트를 작성한다. 소프트웨어 배포 절차에는 컨테이너 교체도 포함되게 한다. 그대로 있는 상태에서 갱신하

게 하는 것이 아니라 말이다.

- 웬만하면 컨테이너 유지 보수를 피하라. 무언가를 고치고자 수동으로 컨테이너에 접근하고, 문제가 무엇인지 찾고, 이미지 내에서 해결한다면 즉시 오토메이션^{automation} 도구를 갱신한다.
- 작업이 막혔는가? 도커 유저 메일링 리스트, 도커 커뮤니티 슬랙^{Slack}, freenode IRC 채널 #docker에 물어보라.

애플리케이션이 필요한 기능 모두는 컨테이너 내에서 사용할 수 있어야 한다. 파일 시스템, 네트워크 접근, 커널 기능들이 그것이다. 컨테이너 내에서 실행되는 프로세스는 여러분이 실행한 것만 있어야 한다. cron, rsyslogd, sshd와 같은 일반적인 OS 서비스들을 실행하는 것은 좋은 예가 아니다. 그것이 가능하기는 해도 말이다. 이러한 것들은 호스트 OS에 남겨두는 것이 좋다. 이러한 것을 컨테이너 내에서 구동해야 한다면 문제를 한 번 더 살펴보고 좀 더 컨테이너적인 방식으로 해결할 수 있는지 점검한다.

로깅

유닉스와 리눅스 애플리케이션은 로그^{log} 메시지를 처리하고자 전통적으로 syslog (여기서는 rsyslogd 데몬)를 사용한다. syslog는 로그의 필터링, 정렬, 원격 시스템으로 라우팅을 다룬다. 어떤 애플리케이션은 syslog를 사용하지 않고 대신 로그 파일에 직접 작성한다.

컨테이너는 syslog를 실행하지 않는다. 대신 도커는 로깅 드라이버를 이용해서 로그를 수집한다. 컨테이너의 프로세스는 그저 로그는 STDOUT으로, 오류는 STDERR로 작성하면 된다. 도커는 이러한 메시지를 수집해 환경설정이 가능한 목적지로 보낸다.

여러분의 소프트웨어가 파일로의 로깅만 지원한다면 NGINX와 같은 기술을 적용하라. 이미지를 빌드할 때 로그 파일을 /dev/stdout과 /dev/stderr로 심볼링 링크를 생성하는 것이다.

도커는 수신하는 로그를 선택 가능한 로깅 드라이버로 전달한다. 표 25.4에서 공통적이고 유용한 로깅 드라이버를 나열한다.

표 25.4 도커 로깅 드라이버

드라이버	설명
`json-file`	JSON 로그를 데몬의 데이터 디렉터리로 작성한다(기본값).[a]
`syslog`	로그를 환경설정 가능한 `syslog` 목적지에 작성한다.[b]
`journald`	`systemd` 저널에 로그를 작성한다.[a]
`gelf`	Graylog 확장 로그 형식으로 로그를 작성한다.
`awslogs`	AWS CloudWatch 서비스에 로그를 작성한다.
`gcplogs`	Google Cloud Logging에 로그를 작성한다.
`none`	로그를 수집하지 않는다.

a. 이렇게 저장된 로그는 `docker logs` 명령을 통해 접근할 수 있다.
b. UDP, TCP, TCP+TLS를 지원한다.

json-file 또는 **journald**를 사용하면 커맨드라인에서 **docker logs** 컨테이너 ID로 로그 데이터에 접근할 수 있다.

dockerd에서 기본 로깅 드라이버의 설정은 **--log-driver** 옵션을 통해 가능하다. 또한 컨테이너를 실행할 때에는 **docker run --loging-driver**를 통해 로깅 드라이버를 지정할 수 있다. 어떤 드라이버는 추가 옵션을 받는다. 예를 들어 **json-file** 드라이버에서는 로그 파일 로테이션^{rotation}을 설정하는 옵션인 **--log-opt max-size**를 받는다. 이 옵션을 사용하면 로그 파일로 인해 디스크가 가득 차는 것을 피할 수 있다. 자세한 내용은 도커 로깅 문서를 참고한다.

보안 권장 사항

컨테이너의 보안은 컨테이너 내의 프로세스들이 샌드박스 밖의 파일, 프로세스, 기타 자원의 접근을 막게 하는 데 있다. 공격자가 컨테이너를 벗어나게 하는 보안 취약점(브레이크아웃 공격이라 알려짐)은 심각하긴 하지만 드물다. 컨테이너 고립에 관련된 코드는 2008년 이후부터 리눅스 커널 내에 존재한다. 이는 성숙하며 안정적이다. 베어메탈 또는 가상화된 시스템에서 고립 계층에서의 취약점보다는 비보안 환경설정에 의한 문제가 더 크다.

도커는 컨테이너화로 경감할 수 있건 없건 잘 알려진 보안 취약점의 목록을 관리한다. docs.docker.com/engine/security/non-events를 보라.

데몬으로의 접근 제한

무엇보다 먼저 도커 데몬을 보호하라. dockerd가 상승된 권한으로 동작하기 때문에 데몬에 대한 접근 권한이 있는 모든 사용자가 호스트에 접근하는 전체 루트 접근 권한을 얻는 것은 쉬운 일이 아니다.

다음 명령을 통해 해당 위험을 보여준다.

```
$ id
uid=1001(ben) gid=1001(ben) groups=1001(ben),992(docker)
# docker run --rm -v /:/host -t -i debian bash
root@e51ae86c5f7b:/# cd /host
root@e51ae86c5f7b:/host# ls
bin    dev    home    lib64    mnt    proc    run    srv    test    usr
boot   etc    lib     media    opt    root    sbin   sys    tmp     var
```

위 예제는 도커 그룹 내의 모든 사용자가 호스트의 루트 파일 시스템을 컨테이너에 마운트할 수 있다는 것을 보여준다. 그리고 그 내용의 모든 제어를 얻는다. 이는 도커를 통한 권한 상승에 대한 많은 가능성 중 하나일 뿐이다.

데몬과의 통신을 위해 기본 유닉스 도메인 소켓을 사용한다면 신뢰하는 사용자를 소켓 접근이 가능한 도커 그룹에 추가한다. 하지만 sudo를 통한 접근 제어를 추천한다.

TLS 사용

이전에도 이를 언급했었다. 하지만 다시 살펴볼 것이다. 도커 데몬이 원격 접근을 허용해야만 한다면(dockerd -H) 네트워크 통신을 암호화하고 클라이언트와 서버 간 상호 인증을 위해 TLS를 사용해야 한다.

TLS의 설정은 인증기관에서 도커 데몬과 클라이언트에 인증서를 발급받는 것이 포함된다. 키 쌍과 인증기관이 설정되면 docker와 dockerd를 위한 TLS 활성화는 올바른 커맨드라인 매개변수를 제공하는 것만 하면 된다. 표 25.5에 핵심 설정을 보여준다.

표 25.5 docker와 dockerd를 위한 공통 TLS 매개변수

매개변수	의미
--tlsverify	인증이 필요하다.
--tlscert[a]	서명된 인증서의 위치
--tlskey[a]	개인키의 위치
--tlscacert[a]	신뢰 기관의 인증서 위치

a. 선택적이다. 기본 위치는 ~/.docker/{cert,key,ca}.pem이다.

TLS의 성공적인 사용은 성숙한 인증서 관리 절차에 관련돼 있다. 인증서 발급, 폐지, 만료에 대해 약간의 주의가 필요하다. 보안에 민감한 관리자에게 있어서는 부담이다.

권한 없는 사용자로 프로세스 실행

컨테이너의 프로세스는 비컨테이너 운영체제의 그것과 같이 루트가 아닌 사용자로 실행돼야 한다. 이러한 방식은 브레이크아웃 공격을 감행하는 공격자의 영향을 제한한다. Dockerfile을 작성할 때 USER 디렉티브를 사용해 이미지 내에서 수행되는 미래의 명령을 지정된 사용자 계정으로 실행하게 한다.

읽기 전용 루트 파일 시스템 사용

컨테이너를 더 제한하고자 docker run --read-only를 지정할 수 있다. 이는 컨테이너가 읽기 전용 루트 파일 시스템을 사용하도록 제한한다. 이는 쓰기가 전혀 필요치 않은 스테이트리스 서비스를 제공하는 경우 잘 맞는다. 물론 여러분의 프로세스가 수정할 수 있는 읽기/쓰기 볼륨을 마운트할 수 있다. 그러나 루트 파일 시스템은 읽기 전용으로 남겨둔다.

자격 제한

리눅스 커널은 프로세스에 할당 가능한 40개의 별도 자격capabilities을 정의한다. 기

본적으로 도커 컨테이너는 이중 다수를 승인한다. 컨테이너를 --privileged 플래그와 함께 구동하면 더 많은 수를 활성화할 수 있다. 그러나 이 옵션은 도커를 통해 취할 수 있는 여러 장점을 비활성화한다. --cap-add와 --cap-drop 매개변수를 컨테이너화된 프로세스에 사용하면 원하는 특정 자격을 사용할 수 있다.

```
# docker run --cap-drop SETUID --cap-drop SETGID debian:jessie
```

모든 권한을 제거하거나 다시 넣고 싶은 것 하나만 넣을 수 있다.

```
# docker run --cap-drop ALL --cap-add NET_RAW debian:jessie
```

보안 이미지

도커 콘텐트 신뢰 기능은 레지스트리에 있는 이미지의 신뢰성과 무결성을 검증한다. 이미지의 제공자는 보안키를 이용해 서명하고 레지스트리는 대응되는 공개키를 이용해 검증한다. 이러한 절차는 이미지가 검증된 제작자로부터 제작됐음을 보장한다. 여러분의 고유 이미지를 서명하거나 원격 레지스트리에 있는 이미지를 검증할 때에도 콘텐트 신뢰를 사용할 수 있다. 이 기능은 도커 허브 및 Artifactory 같은 일부 서드파티 레지스트리에서도 사용할 수 있다.

불행히도 도커 허브의 대부분의 콘텐트는 서명되지 않았기 때문에 신뢰할 수 없다고 생각해야 한다. 사실 허브의 대부분의 이미지는 패치patch, 갱신, 감사audit되지 않는다.

다수의 도커 이미지에 관련된 적절한 신뢰성의 부족은 보통 인터넷에서 보안 상태가 부족함을 나타낸다. 소프트웨어 패키지가 서드파티 라이브러리에 의존하는 것은 아주 일반적이다. 이러한 서드파티 라이브러리는 그것이 포함하고 있는 내용에 대한 신뢰성을 크게 고려하지 않은 경우가 많다. 일부 소프트웨어 저장소는 전혀 암호화 시그니처signature를 갖고 있지 않다. 또한 검증 비활성화를 독려하는 기고문을 찾아보는 것도 어렵지 않다. 책임 있는 시스템 관리자는 잘 모르거나 신뢰할 수 없는 소프트웨어 저장소에 대해 높은 경각심을 가진다.

디버깅과 문제 해결

컨테이너는 애매한 디버깅 기술에 대해 특별한 보완책을 제공한다. 애플리케이션이 컨테이너화되면 그 증상은 특정 짓기 더 어렵고 이유를 찾기는 복잡하다. 많은 애플리케이션은 컨테이너 내에서 수정 없이 실행할 수 있지만 일부 시나리오에서는 다르게 동작한다. 또한 도커 자체에서 버그를 발견할 수도 있다. 이 절은 디버깅의 세계를 탐험하는 데 도움이 된다.

오류는 보통 로그 파일에 명백하게 나열된다. 따라서 로그 파일을 처음으로 살펴보면 된다. 컨테이너에 로깅을 설정하려면 이전의 '로깅' 절에 있는 조언을 보라. 그리고 이슈를 맞닥뜨리면 항상 로그를 살펴보라.

컨테이너 실행에 문제가 발생한다면 다음을 시도해본다.

```
docker exec -ti 컨테이너명 bash
```

이는 상호작용 셸을 실행한다. 여기서부터 문제점을 재현해보고 증거를 위한 파일 시스템을 검사하고 환경설정 오류를 탐색할 수 있다.

도커 데몬에 관련된 오류를 보거나 데몬을 구동하는 데 문제가 있다면 github.com/moby/moby에 나열된 이슈를 검색해보자. 같은 문제를 찾아볼 수 있을 것이다. 그중 누군가가 잠재적인 수정이나 우회 방법workaround을 발견했을 수 있다.

도커는 자동으로 이미지나 컨테이너를 정리하지 않는다. 이들을 무시하면 이러한 잔재는 디스크 용량을 소비할 수 있다. 여러분의 컨테이너의 부하가 예측 가능하다면 docker system prune과 docker image proune을 실행하는 cron 작업을 설정해 주기적으로 정리하라.

이와 관련된 문제점 중 하나는 '댕글링dangling' 볼륨이다. 이는 컨테이너에 언젠가 붙은 적이 있지만 컨테이너가 제거된 경우를 말한다. 볼륨은 컨테이너에 독립적이다. 따라서 그 안의 파일은 볼륨이 제거되기 전까지는 디스크 용량을 계속 소비하고 있을 것이다. 다음 명령을 통해 고아가 된 볼륨을 정리할 수 있다.

```
# docker volume ls -f dangling=true          # 댕글링 볼륨 확인
# docker volume rm $(docker volume ls -qf dangling=true)  # 그들을 지운다.
```

사용하는 기본 이미지는 Dockerfile에 **VOLUME**을 갖고 있을 수 있다. 이런 경우를
인지하지 못한다면 이미지에서 컨테이너를 여러 개 실행한 후 디스크가 가득 차
는 현상을 볼 수 있을 것이다. 컨테이너에 연결된 볼륨을 확인하는 방법은 다음과
같다.

```
# docker inspect -f '{{ .Volumes }}' 컨테이너명
```

25.4 컨테이너 클러스터링과 관리

컨테이너화의 가장 큰 장점은 상호의존성과 충돌을 피하면서도 같은 호스트에 다
양한 애플리케이션이 공존할 수 있다는 것이다. 게다가 서버의 사용을 더 효율적
으로 만들어준다. 이는 핑크빛 미래 중 하나지만 도커 엔진은 개별 컨테이너들만
책임진다. 고사용성 환경에서 분산된 여러 호스트에 얼마나 많은 컨테이너를 분
산할 것인가에 대한 넓은 의문에 대해 답이 되진 않는다.

쉐프^{Chef}, 퍼핏^{Puppet}, 앤서블^{Ansible}, 솔트^{Salt} 같은 환경설정 관리 도구는 모두 도커를
지원한다. 이들은 선언된 환경설정에 따라 컨테이너의 특정 모음을 호스트에 실
행하게 한다. 또한 이들은 이미지 빌딩, 레지스트리 인터페이스, 네트워크, 볼륨
관리, 기타 컨테이너 관련 작업을 지원한다. 이러한 도구는 컨테이너 환경설정을
중앙화, 표준화한다. 그러나 이들은 많은 컨테이너의 배포를 여러 서버의 네트워
크에 걸쳐 수행할 때 생기는 문제를 해결해주지 않는다(환경설정 관리 시스템이 컨
테이너 관련 작업에서 다양하게 활용도가 높다고 하더라도 컨테이너 내에서 환경설정 관
리를 사용하는 일은 적을 것이다).

네트워크 수준의 컨테이너 배포의 경우 컨테이너 오케스트레이션 소프트웨어가
필요하다. 이는 컨테이너 스케줄링 또는 컨테이너 관리 소프트웨어로 알려져 있
다. 다수의 컨테이너를 관리하는 오픈소스와 상용 도구를 사용할 수 있다. 이러한

도구는 운영 환경에서 대규모 컨테이너 수행을 위해 필수다.

이러한 시스템이 어떻게 동작하는지 이해하려면 네트워크상 컴퓨트 가용 팜farm에서의 서버를 생각해보라. 이 팜 내에서 각 노드는 스케줄러에 CPU, 메모리, 디스크, 네트워크 자원을 제공한다. 스케줄러가 컨테이너(또는 컨테이너 집합) 실행 요청을 받으면 컨테이너의 요구에 맞는 알맞은 가용 공간을 찾아 노드에 컨테이너를 위치시킨다. 컨테이너를 어디에 위치시킬 것인지를 스케줄러가 알고 있기 때문에 네트워크 요청을 클러스터 내의 올바른 노드로 가는 것을 도와줄 수 있다. 관리자는 컨테이너 엔진을 개별적으로 다루는 것보다는 컨테이너 관리 시스템과 상호작용한다. 그림 D는 이러한 구조를 보여준다.

그림 D 기본 컨테이너 스케줄러 구조

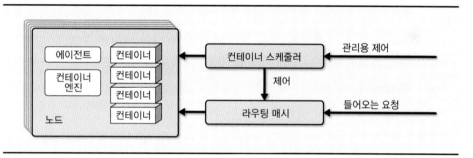

컨테이너 관리 시스템은 다음과 같은 유용한 기능을 지원한다.

- 스케줄링 알고리듬은 요청된 자원과 클러스터의 활용도에 따라 최적의 노드를 선택한다. 예를 들어 높은 대역폭 요구량을 갖는 작업은 10Gb/s 네트워크 인터페이스를 갖는 노드를 받을 것이다.

- 정형화된 API는 프로그램으로 하여금 클러스터에 작업을 제출할 수 있게 해준다. 이 API는 외부 도구의 통합이 가능하게끔 열려 있다. 소프트웨어 배포를 위해 컨테이너 관리 시스템을 CI/CD 시스템과 결합하는 것은 매우 쉽다.

- 컨테이너의 배치는 고사용성 환경설정의 요구 사항에 알맞다. 예를 들어 애플리케이션이 지리적으로 떨어진 곳에서 여러 호스트 노드에 실행될 필요가 있을 것이다.

- 상태 모니터링은 내장돼 있다. 시스템은 종료될 수 있고 비정상적 작업은 재 스케줄링되며 비정상 노드에서 작업을 내보낼 수 있다.
- 용량을 쉽게 더하거나 뺄 수 있다. 여러분의 컴퓨터 팜이 요구 사항 만족을 위해 가용 자원이 충분하지 않다면 간단하게 다른 노드를 추가할 수 있다. 이러한 기능은 클라우드 환경에서 특히 잘 맞는다.
- 컨테이너 관리 시스템은 외부 클라이언트에서 오는 네트워크 트래픽을 처리하고자 로드밸런서와 함께 동작할 수 있다. 이 기능은 컨테이너화된 애플리케이션으로의 네트워크 접근을 수동으로 설정하는 복잡한 관리 절차를 방지해준다.

분산 컨테이너 시스템에서 가장 도전적인 작업 중 하나는 서비스명을 컨테이너에 매핑하는 것이다. 컨테이너는 자연적으로 단발성ephemeral이라는 것과 동적 포트가 할당돼 있을 수 있다는 것을 기억해두자. 알아보기 쉽고 영구적인 서비스명을 다수의 컨테이너에 어떻게 매핑할 것인가? 특히 노드와 포트가 자주 변경되는 경우에 말이다. 이 문제는 서비스 탐색으로 잘 알려져 있다. 그리고 컨테이너 관리 시스템은 여러 가지 해결책을 갖는다.

오케스트레이션 도구를 자세히 알아보기 전에 기저 컨테이너 실행 엔진에 익숙해지는 것이 도움이 될 것이다. 우리가 알고 있는 모든 컨테이너 관리 시스템은 여러 엔진을 지원하기는 하지만 기본 컨테이너 실행 엔진으로 도커를 선택했다.

컨테이너 관리 소프트웨어 개요

상대적으로 최신 기술임에도 불구하고 다음에 나열된 컨테이너 관리 도구는 수년간 성숙해져왔고 운영 환경에서 사용할 수 있을 정도가 됐다. 사실 많은 제품이 이미 높은 관심과 거대한 규모의 테크놀로지 회사에서 사용되고 있다. 대부분은 오픈소스고 충분한 사용자 커뮤니티를 보유하고 있다. 최신 유행에 따라 가까운 미래에는 이 분야에 개발이 활발할 것으로 예상한다.

다음 절에서 널리 사용되는 시스템의 기능과 특징을 알아본다. 또한 통합 지점과 공통 사용 사례도 다룬다.

쿠버네티스

쿠버네티스^{Kubernetes}(줄여서 k8s로 사용한다. k와 s사이에 글자가 8개라서 그렇다)는 컨테이너 관리 영역에서 선두주자다. 이는 구글 내에서 시작됐으며 구글의 내부 클러스터 관리자인 Borg를 개발하던 개발자들에 의해 발표됐다. 쿠버네티스는 2014년에 오픈소스 프로젝트로 릴리스됐으며 지금은 천 명 이상의 기여자들을 갖고 있다. 이는 우리가 알고 있는 시스템 중 가장 기능이 많고 빠른 개발 사이클^{cycle}을 갖고 있다.

쿠버네티스는 클러스터를 형성하고자 통합되는 몇 가지 독립적인 서비스로 구성돼 있다. 기본적인 구성 요소는 다음과 같다.

- 운영 요청을 위한 API 서버
- 작업 분배를 위한 스케줄러
- 클러스터 상태의 추적을 위한 컨트롤러 관리자
- 모든 클러스터 노드에서 실행되는 에이전트인 kubelet
- 컨테이너 메트릭^{metric}을 모니터링하기 위한 cAdvisor
- 들어오는 요청을 적절한 컨테이너로 보내주기 위한 프록시

위 목록의 첫 세 줄은 고사용성을 위해 마스터에서 실행된다(선택적으로 한 서버에 여러 역할이 가능하다). kubelet과 cAdvisor 프로세스는 각 노드에서 실행된다. 이는 컨트롤러 관리자에서 들어오는 요청을 처리하고 각 작업의 상태에 대한 통계를 보고한다.

쿠버네티스에서 컨테이너는 하나 이상의 컨테이너를 갖는 '팟^{pod}'으로 배포된다. 팟에 포함된 모든 컨테이너는 같은 노드에 함께 위치한다. 팟은 클러스터 내에서 고유한 IP 주소를 갖는다. 그리고 식별 및 배치 목적을 갖는 레이블을 갖는다.

팟은 오랫동안 상주하는 것을 목표로 하지 않는다. 노드가 죽으면 컨트롤러는 새 IP 주소를 갖는 대체 팟을 다른 노드에 스케줄링한다. 게다가 팟의 주소를 오래 쓸 이름으로 사용할 수 없다.

서비스는 관련된 팟의 집합으로 변경되지 않는 주소를 갖는다. 서비스 내의 팟이

죽거나 상태 점검에 실패하면 서비스는 해당 팟을 삭제한다. 여러분은 내장 DNS 서버를 사용해 서비스에 이름을 할당할 수 있다.

쿠버네티스에는 서비스 탐색, 보안 관리, 배포, 팟 오토스케일링을 위한 지원이 통합돼 있다. 컨테이너 네트워크 오버레이^{overlay}를 활성화하기 위한 탈착 가능한 네트워킹 옵션을 갖는다. 필요에 따라 노드 간 이주 가능한 볼륨을 통해 스테이트풀 애플리케이션을 지원할 수 있다. CLI 도구인 kubectl은 가장 자주 사용하는 도구일 것이다. 짧게 말하면 이 짧은 단락으로 다룰 수 있는 것보다 많은 기능을 갖고 있다.

쿠버네티스가 가장 활발하고 적극적인 커뮤니티를 갖고 가장 발전된 기능을 제공하더라도 이들은 가파른 학습 곡선을 수반한다. 최근 버전은 처음 사용자에게도 향상된 경험을 제공하지만 완전히 발달된 커스텀화된 쿠버네티스 배포는 그렇지 않다. 제품에서 k8s 배포는 상당한 관리와 운용 부담을 준다.

구글 컨테이너 엔진은 쿠버네티스로 구현됐다. 또한 이는 클러스터 관리의 운용 과부하 없이도 컨테이너화된 작업들을 수행하기 원하는 팀을 위해 최고의 경험을 선사한다.

메소스와 마라톤

메소스^{Mesos}는 완전히 다른 종류다. 이는 캘리포니아 대학교 버클리에서 2009년에 일반적인 클러스터 관리자로 시작됐다. 이는 현재는 수천 노드 위에서 실행 중인 트위터^{Twitter}로 그 길을 잡았다. 오늘날 메소스는 아파치 재단의 최상위 프로젝트며 수많은 엔터프라이즈 사용자를 갖는다.

메소스에 있는 큰 개념 요소는 마스터, 에이전트, 프레임워크다. 마스터는 에이전트와 프레임워크 사이의 프록시^{proxy}다. 마스터는 시스템 자원의 오퍼^{offer}를 에이전트에서 프레임워크로 전달한다. 프레임워크가 실행해야 할 작업이 있다면 오퍼를 고르고 마스터에게 해당 작업을 수행하게 한다. 마스터는 작업에 대한 상세를 에이전트로 보낸다.

마라톤^{Marathon}은 컨테이너를 배포하고 관리하는 메소스 프레임워크다. 여기엔 애플리케이션 관리를 위한 미려한 사용자 인터페이스 및 간단한 RESTful API가 포함된다. 애플리케이션을 실행하려면 JSON 형태의 요청 명세를 작성하고 이를 API 또는 UI를 통해 마라톤으로 보낸다. 이것이 외부 프레임워크이기 때문에 마라톤의 배포는 유연성이 있다. 마라톤은 편리성을 위해 마스터와 같은 노드에서 실행될 수도 있고 외부에서 실행될 수도 있다.

현존하는 다양한 프레임워크의 지원은 메소스의 가장 큰 장점이다. 빅데이터 처리 도구인 아파치 스파크^{Spark}, NoSQL 데이터베이스인 아파치 카산드라^{Cassandra}는 둘 다 메소스 프레임워크를 제공한다. 게다가 스파크 또는 카산드라 클러스터에 노드로 메소스 에이전트를 사용하도록 허용한다. 크로노스^{Chronos}는 스케줄링된 작업을 위한 프레임워크다. 이는 개별 머신 대신 클러스터에서 동작하는 cron과 같은 존재다. 같은 노드 집합에서 많은 프레임워크를 실행하는 능력은 멋진 특징이며 관리자가 통합되고 중앙화된 경험을 생성하는 데 도움이 된다.

쿠버네티스와는 달리 메소스는 부가 기능이 포함돼 있지 않다. 예를 들어 로드밸런싱과 트래픽 라우팅은 선택 가능한 옵션이기 때문에 선호하는 솔루션을 사용할 수 있다. 마라톤에는 로드밸런서로 Marathon-lb라는 도구가 포함돼 있다. 하지만 여러분 고유의 것을 선택할 수 있다. HashiCorp의 컨설^{Consul}과 HAProxy를 사용하는 것도 좋다. 정확한 솔루션의 설계와 구현은 관리자를 위한 부분으로 남겨둔다.

쿠버네티스와 마찬가지로 메소스는 이해 및 사용을 위한 요소들이 존재한다. 메소스와 그 대부분의 프레임워크는 클러스터 정합성을 위해 아파치 주키퍼^{Zookeeper}에 의존한다. 주키퍼는 관리자에게는 조금 복잡하며 복잡한 실패 사례로 유명하다. 또한 고사용성 메소스 클러스터에는 최소한 세 개의 노드가 필요하다. 이는 어떤 사이트에서는 번거로울 수 있다.

도커 스웜

뒤쳐지지 않게 도커는 스웜^{Swarm}을 제공한다. 이는 도커에 직접 제작된 컨테이너 클러스터 관리자다. 현재의 스웜은 메소스, 쿠버네티스, 내부적으로 도커 컨테이너를 사용하는 기타 클러스터 매니저 등의 유명세를 등에 엎고 2016년에 발표됐다. 컨테이너 오케스트레이션[orchestration]은 이제 Docker, Inc의 중점 주제다.

스웜은 메소스나 쿠버네티스보다 시작하기 더 쉽다. 도커를 실행하는 모든 노드는 작업 노드로 스웜에 참여할 수 있다. 그리고 모든 작업 노드는 관리자가 될 수도 있다. 노드를 마스터[6]로서 별도로 구동할 필요가 없다. 스웜의 구동은 **docker swarm init**로 하면 된다. 여기에는 관리나 환경설정을 위한 추가적인 프로세스는 없다. 그리고 따라야 할 상태도 없다. 이는 즉시 사용할 수 있다.

스웜에서 서비스(컨테이너 집합인 쿠버네티스에서와 같은)를 구동하고자 친숙한 **docker** 명령을 사용할 수 있다. 원하는 작업의 명세를 선언('웹 애플리케이션을 구동하는 세 컨테이너')하면 스웜은 클러스터에 해당 작업을 스케줄링한다. 자동으로 실패 상태와 중지 없는 업데이트[update]를 처리한다.

스웜은 컨테이너가 추가되고 제거됨에 따라 자동으로 적응하는 내장 로드밸런서를 가진다. 스웜 로드밸런서는 NGINX나 HAProxy와 같이 완전한 기능을 제공하는 로드밸런서는 아니다. 반면 관리자가 신경 써야 할 부분은 없다.

스웜은 기본적으로 보안 Docker를 지원한다. 스웜에 있는 모든 노드 간의 접속은 TLS로 암호화된다. 그리고 관리자가 해야 할 환경설정은 없다. 이는 다른 경쟁자들과 비교해서 스웜이 갖는 가장 큰 장점이다.

AWS EC2 컨테이너 서비스

AWS는 ECS를 제공한다. 이는 EC2 인스턴스(AWS의 네이티브 가상 서버)를 위해 설계된 컨테이너 관리 서비스다. 많은 아마존 서비스가 그렇듯이 AWS는 최소한의 기능을 갖는 ECS를 발표했지만 시간이 지나면서 점차 이를 향상시켰다. ECS는 AWS에서 이미 개발돼 있고 E-Z 모드에 묶여도 괜찮은 사이트를 위한 괜찮을 만큼 충분히 성숙했다.

ECS는 '대부분이 관리 가능한' 서비스다. 클러스터 관리자 구성 요소는 AWS에 의해 운영된다. 사용자는 도커 및 ECS 에이전트가 설치된 EC2 인스턴스를 구동한

---

6. 엄밀히 말해 이는 쿠버네티스와 메소스 모두에게 맞는 말이다. 그러나 고사용성 환경에서는 마스터를 에이전트에서 분리하는 것이 일반적인 사례로 보인다.

다. 이 에이전트는 중앙 ECS API에 접속하고 그 자원 사용 가능 양을 등록한다. ECS 클러스터에서 작업을 하고자 API를 통해 JSON 형태로 작업 정의서를 업로드한다. ECS는 해당 작업을 여러분의 노드 중 하나로 스케줄링한다.

이 서비스가 대부분 관리 가능하기 때문에 접근 난이도는 낮다. ECS의 사용은 몇 분 내로 사용할 수 있다. 이 서비스는 수백 개의 노드와 수천 개의 동시 작업을 무리 없이 처리할 수 있다.

ECS는 다른 AWS 서비스와 통합된다. 예를 들어 필수 서비스 탐색과 함께 다양한 작업 간 로드밸런싱은 애플리케이션 로드밸런서 서비스에서 다룬다. EC2 오토스케일링autoscaling의 장점을 취함으로써 ECS 클러스터에 자원 용량을 추가할 수 있다. 또한 ECS는 AWS의 식별Identity 및 접근 관리Access Management 서비스와 연동돼 다른 서비스들과 통신하기 위한 컨테이너 작업을 위한 권한을 승인할 수 있다.

ECS에서 가장 빛나는 부분은 도커 이미지 레지스트리에 포함돼 있다는 것이다. 여러분은 도커 이미지를 모든 도커 클라이언트(ECS에서 동작하든 아니든)에서 사용할 수 있는 EC2 컨테이너 레지스트리에 업로드할 수 있다. AWS에서 컨테이너를 구동 중인 것이 아니라면 여러분의 인스턴스와 같은 리전region에 있는 컨테이너 레지스트리를 사용한다. 다른 레지스트리를 사용하는 것보다 더 나은 신뢰성과 성능을 얻을 수 있을 것이다.

ECS 사용자 인터페이스는 잘 동작하지만 다른 AWS 인터페이스의 제한 사항을 공유한다. AWS CLI 도구는 ECS API를 완벽하게 지원한다. ECS에 있는 애플리케이션을 관리하고자 좀 더 나은 경험을 위해 Empire(github.com/remind101/empire) 또는 Convox(convox.com) 같은 서드파티 오픈소스 도구를 추천한다.

25.5 추천 자료

Docker, Inc. 공식 도커 문서. docs.docker.com. 도커는 잘 정리된 문서를 제공한다. 이는 이해가 쉽고 잘 갱신된다.

칼 마티아스Matthias, Karl, 션 케인Sean Kane의 『도커: 설치에서 운영까지』(제이펍, 2015)

는 운영 환경에서 도커 컨테이너를 실행하는 것에 중점을 둔다.

Mouat, Adrian. Using Docker: Developing and Deploying software with Containers. Sebastopol, CA: O'Reilly Media, 2016. 이 책은 다양한 예제를 통해 기본부터 고급까지의 주제를 다룬다.

Turnbull, James. The Docker Book. www.dockerbook.com.

컨테이너 솔루션즈의 블로그 container-solutions.com/blog는 기술적인 HOWTO, 최적 실습, 컨테이너 영역의 전문가 인터뷰를 포함한다.

26 지속적인 통합 및 배포

지난 수십 년간 소프트웨어 업데이트는 시간이 많이 들어가며 고통 속에서 머리털을 뽑는 것과 같은 작업이었다. 릴리스^{release} 절차는 일반적으로 뒤죽박죽에 오래되고 불완전한 문서를 갖고 호출된 애드혹$^{ad\ hoc}$, 손수 작성한 스크립트^{script}를 포함한다. 테스트(있기만 해도 다행이다)는 개발 사이클^{cycle}과는 관계가 없고 코드 전달에 큰 장애물이 되는 품질 보장 팀이 수행한다. 관리자, 개발자, 프로젝트 관리자 등은 사용자에게 갱신을 릴리스하기 위한 마지막 무대에서 오랜 시간이 걸리는 마라톤을 계획한다. 서비스 중지는 미리 몇 주를 잡아 놓는다.

위와 같은 문제 때문에 일부 지혜로운 사람들은 이러한 상황을 타개하고자 부지런히 일했다. 어떤 이가 문제만 보고 있을 때 다른 이는 기회를 봤다.

그중 가장 선두는 마틴 포울러$^{Martin Fowler}$다. 그는 소프트웨어 산업의 선구자며 영향력 있는 개발사인 쏫웍스^{ThoughtWorks}의 선임 개발자다. 그의 통찰력을 보여주는 기고문(goo.gl/Y2lisI)에서 포울러는 '팀원이 그들의 작업을 자주 통합하기 위한 소프트웨어 개발 업무'로서 지속적인 통합을 서술했다. 게다가 소프트웨어 작업의 큰 고통 부분을 제거했다. 이는 오랫동안 독립적인 개발 덕분에 극적으로 나눠진 코드 조각을 재결합하는 귀찮은 작업이다. 지속적인 통합 업무는 이제 소프트웨어 개발 팀에는 어디든 존재한다.

지속적인 제공$^{continuous delivery}$은 이러한 혁신을 통해 만들어졌다. 개념이 비슷하지만 별도의 목표를 대상으로 하며, 목표는 구동 중인 시스템에 업데이트된 소프트웨어를 안정성 있게 배포하는 것이다. 지속적인 제공은 IT 인프라스트럭처에 가해지는 작고 늘어지는 변경점의 릴리스를 포함한다. 문제가 생긴다면('리그레션 ^{regression}'이 생긴다면) 버전 간 변경점이 작기 때문에 문제의 구별과 이슈의 해결이 매우 직관적이다. 극단적으로 보면 어떤 사이트^{site}는 새 코드를 하루에 몇 번씩이라도 사용자에게 배포한다. 버그와 보안 이슈^{issue}는 몇 주 대신 몇 시간이면 해결될 수 있다.

즉, 지속적인 통합$^{continuous integration}$과 지속적인 제공(줄여서 CI/CD)은 증가하는 소프트웨어 및 환경설정 업데이트를 다루고자 필요한 도구와 절차들을 아우른다.

CI/CD는 데브옵스 철학의 기둥과 같다. 이는 개발자와 운영자 사이를 묶어주는 접착제 같은 존재다. 이는 기술 혁신임과 동시에 사업 자산이다. CI/CD가 소개된 이후 이전에 혼돈으로 가득 찼던 릴리스 절차에서 논리와 조직화를 해냈기 때문에 IT 조직의 기반이 됐다.

시스템 관리자는 설계, 구현, CI/CD 시스템의 유지 보수 등에 핵심이다. 관리자는 CI/CD 기능을 만드는 도구를 설치, 설정, 운용한다. 그들은 소프트웨어 빌드 절차가 빠르고 안정성 있게 동작하도록 하는 책임을 진다.

테스트는 CI/CD에서 중요한 요소다. 그리고 관리자가 테스트를 작성하지 않더라도(가끔 하기는 한다) 그들은 보통 테스트가 수행되는 인프라스트럭처와 시스템을 설정하기 위한 책임이 있다. 가장 중요한 사람은 바로 CI/CD의 '배포' 요소를 관리하는 시스템 관리자일 것이다.

효과적인 CI/CD 시스템은 도구 하나로만 구현되지 않으며 결합력 있는 형태를 갖는 환경을 위해 조화로운 소프트웨어의 집합으로 구현된다. CI/CD의 다양한 요소와 협동하는 무수한 오픈소스와 상용 도구를 사용할 수 있다. 이러한 협동 도구는 실제 작업을 수행하는 다른 소프트웨어 패키지에 의존한다(예, 특정 환경설정에서의 코드 컴파일 또는 서버 설정). 사실 CI/CD에 처음 접근하는 것이 압도적일 만큼 다양한 옵션이 존재한다. 최근 이 분야의 도구들이 급증하는 것을 봐서 CI/CD의 성장이 이 산업에서 중요하다는 것을 알 수 있다.

26장에서는 CI/CD 개념, 용어, 도구의 미로를 탐색한다. 또한 CI/CD 파이프라인 pipeline의 기초, 여러 테스트 종류 및 CI/CD와의 관계, 병렬로 여러 환경을 수행하는 방법, 가장 유명한 오픈소스 도구들을 다룬다. 26장의 마지막에는 유명한 도구를 사용하는 CI/CD 파이프라인의 예제를 해부해본다. 이 장을 모두 읽고 나면 강력하고 유연한 CI/CD 시스템을 생성하는 데 들어가는 원리와 기술을 이해할 수 있을 것이다.

26.1 CI/CD 핵심 사항

CI/CD와 관련된 용어는 상당히 비슷하고, 의미가 중첩된다. 따라서 먼저 지속적인 통합integration, 제공delivery, 배포deployment의 차이점을 살펴보자.

- **지속적인 통합:** 공유된 코드의 협업, 이종의 코드 변경점을 하나의 버전 제어 시스템으로 병합, 자동으로 빌드 생성, 테스트 등의 절차다.
- **지속적인 제공:** 지속적인 통합 절차가 완료된 후 비운영 환경에 빌드를 자동으로 배포하는 절차다.
- **지속적인 배포:** 운영 요원의 간섭 없이 실사용자에게 서비스를 제공하는 실제 시스템에 배포하는 것이다.

사람의 감독이 없는 지속적인 배포는 위협적일 수 있지만 그것이 바로 요점이다. 가능한 한 자주 배포를 함으로써 자동 릴리스를 활성화하기 위한 테스트 및 도구들에 팀이 충분한 확신을 갖기 전까지 더 많은 이슈를 제거해서 공포 요소를 줄인다는 것이다.

지속적인 배포는 모든 사이트에서 완전한 목표가 될 필요는 없다. 여기에는 파이프라인에서 어느 지점이라도 일시 정지할 이유가 있을 수 있다. 그런 경우 마지막 버튼을 누른 사람을 위해 가능한 한 간단하게 절차의 각 단계를 만들면 좋다. 모든 조직은 고유의 경계를 정해야 한다.

이론과 연습

사업 민첩성은 CI/CD의 핵심 장점 중 하나다. 지속적인 배포는 잘 테스트된 기능의 제품 릴리스를 몇 주 또는 몇 개월에서 수 분 또는 수 시간으로 줄인다. 모든 변경점이 빌드, 테스트, 배포가 즉시 이뤄지기 때문에 버전 간 차이점이 훨씬 작다. 그리고 이는 배포의 위험성을 줄여주고 무엇이 잘못되더라도 원인의 범위를 줄여주는 데 도움이 된다. 일 년 동안 아주 큰 배포를 적은 수로 행하는 대신 몇 주 또는 며칠에 한 번씩 새 코드를 여러 번 릴리스하는 스스로를 볼 것이다.

CI/CD는 더 많은 기능을 더 자주 릴리스하는 것을 강조한다. 이 목표는 개발자가 코드의 작성과 커밋commit을 비슷한 조각으로 제작할 때 가능하다. 지속적인 통합을 현실화하고자 개발자는 로컬 테스트를 수행한 후 적어도 하루에 한 번 이상 코드 변경점을 푸시할 필요가 있다.

관리자의 경우 CI/CD 절차는 릴리스 준비와 구현에 소요되는 시간의 양을 현저히 줄여준다. 또한 배포가 갑자기 실패한 경우 이를 수정하는 데 걸리는 시간도 줄여준다. 사람의 개입 없이 운영 환경에 새 기능을 릴리스하는 것보다는 더 많은 만족이 있을 것이다.

다음 절에서는 CD/CD 절차를 개발하는 데 명심해야 할 기본 규칙을 다룬다.

리비전 제어 사용

모든 코드는 소스 제어 시스템에서 추적돼야 한다. 여기서는 깃을 추천한다. 그러나 다른 많은 선택지도 있다. 대부분의 소프트웨어 개발 팀은 기본적으로 소스 제어를 사용한다.

코드를 통한 인프라스트럭처를 포용하는 사이트의 경우 애플리케이션뿐 아니라 인프라스트럭처에 관련된 코드도 추적할 수 있다. 소스 제어에 문서 및 환경설정도 저장할 수 있다.

버전 제어가 단일 소스 원천이라는 것을 명심하자. 손수 또는 비공식적으로는 아무것도 관리해선 안 된다.

빌드는 한 번, 배포는 자주

CI/CD 파이프라인은 빌드로 시작한다. 빌드의 결과물('아티팩트^{artifact}')은 그 시점부터 테스트와 배포를 위해 사용된다. 특정 빌드가 제품에 보낼 준비가 됐다는 것을 판단하는 유일한 방법은 해당 빌드에 대한 테스트 수행이다. 같은 아티팩트를 운영 환경과 가장 가깝게 설정된 적어도 하나 이상의 환경에 배포해보자.

처음부터 끝까지 자동화

수동 개입 없는 코드의 빌드, 테스트, 배포는 신뢰성 있고 재생 가능한 갱신의 핵심이다. 제품에 계속 코드를 배포할 계획이 없더라도 최종 제품 배포 단계는 일단 사람에 의해 촉발되고 나면 자동화돼야 한다.

통합 커밋마다 빌드

통합^{integration}은 여러 개발자나 개발 팀에서 만들어진 변경점을 병합한다. 제품은 모두의 갱신을 통합한 혼성 코드다.

통합은 개발자의 손에서 진행 중인 작업을 무작위로 가로채 메인라인 코드 기반으로 붙이는 것이 아니다. 개별 개발자는 그들 고유의 개발 부분을 관리할 책임이 있다. 준비가 되면 통합을 시작한다. 통합은 가능한 한 자주 발생한다.

통합은 소스 제어 시스템을 통해 실행된다. 상세한 작업 흐름은 모두 다르다. 각 개발자는 그들의 작업을 트렁크^{trunk}에 병합할 책임을 갖거나 여러 개발자 또는 팀을 한 번에 통합하는 지정된 릴리스 감독관을 둔다. 병합 프로세스는 광범위하게 자동화돼 있을 수 있지만 두 변경점이 충돌을 일으킬 가능성은 항상 있다. 이러한 상황에서는 사람의 개입이 필요하다.

지속적인 통합에서는 리비전revision 제어 시스템의 통합 브랜치branch에 들어오는 커밋이 자동으로 빌드되게 한다. 소스 제어가 다양한 목적을 제공하기 때문에 '통합 브랜치' 부분이 중요하다. 협업과 통합을 위한 부분과 더불어 백업 시스템, 진행 중인 작업의 중단점, 논리적으로 분리된 갱신과 관련된 변경점을 유지하면서 개발자들이 여러 가지 갱신 작업을 하게 하는 것으로도 유용하다.

잦은 통합은 빌드에 문제가 발생했을 때 추적해 문제를 일으킨 정확한 코드의 줄을 찾을 수 있게 해준다. 그리고 나서 리비전 제어 시스템은 담당 개발자를 식별하게 한다. 그러나 빌드가 깨졌다고 해서 부담을 줘서는 안 된다. 목적은 빌드가 다시 실행되는 것으로 해야 한다. 비난하지 않는 팀 문화를 독려하라.

책임 공유

무언가 잘못됐을 때 파이프라인pipeline이 수정돼야 한다. 이전 문제가 수정되기 전까지는 새 코드는 푸시되면 안 된다. 이는 공장에서 조립 라인의 정지와 같다. 개발 작업을 재개하기 전에 빌드를 수정하는 것은 팀 전체의 책임이다.

CI/CD는 백그라운드에서 실행되며 무언가 고장 났을 때 이메일을 주기적으로 보내는 미스터리한 시스템이어서는 안 된다. 모든 팀원은 대시보드dashboard와 로그를 보고자 CI/CD 인터페이스로 접근할 수 있어야 한다. 어떤 사이트는 파이프라인의 현재 상태를 시각적으로 보여주는 RGB 라이트와 같은 익살스러운 위젯을 만들기도 한다.

빌드와 수정을 빠르게

CI/CD는 가능한 한 빠르게 피드백feedback을 주도록 설계됐다. 이상적으로는 코드를 소스 제어에 푸시한 후 몇 분 이내다. 이렇게 빠른 응답은 개발자가 그 결과에 주의를 기울이게끔 한다. 빌드가 실패하면 개발자는 해당 문제를 빠르게 수정할 수 있다. 그들이 커밋한 변경점이 매우 익숙하기 때문이다. 늦은 빌드 절차는 생산성에 좋지 않다. 중복되고 시간이 소요되는 단계를 줄이기 위해 노력하라. 여러분의 빌드 시스템이 충분한 에이전트를 갖고 있는지 확인하라. 그리고 해당 에이전트가 빌드를 빠르게 수행할 충분한 시스템 자원을 갖는지도 확인한다.

감사와 검증

CI/CD 시스템은 모든 소프트웨어 릴리스의 상세 히스토리를 포함한다. 여기에는 개발에서 제품까지의 진행도 포함된다. 이러한 검증 가능성은 승인된 빌드만 배포되게 하는 데 도움이 된다. 각 환경에 관련된 설정 및 사건 타임라인도 완벽하게 검증된다.

환경

애플리케이션은 독립적으로 실행되지 않는다. 그들은 데이터베이스, 캐시, 네트워크 파일 시스템, DNS 레코드, 원격 HTTP API, 다른 애플리케이션, 외부 네트워크 서비스 등 외부 자원에 의존한다. 실행 환경은 이 모든 자원과 애플리케이션이 실행에 필요한 모든 것을 포함한다. 이러한 환경을 빌드하고 유지 보수하는 것은 상당한 관리적 주의를 필요로 한다.

대부분의 사이트는 적어도 세 환경을 구동한다. 다음은 그 환경들을 중요도에 따라 나열한 것이다.

- **개발 환경(줄여서 dev):** 여러 개발자로부터의 업데이트 통합, 인프라스트럭처 변경점 테스트, 명백한 실패 점검을 위한 것이다. 개발 환경은 대부분 기술 스태프에 의해 사용되며 상업적 형태나 말단 사용자를 위한 것이 아니다. CI/CD의 입장에서 개발 환경은 하루에 몇 번씩이고 생성되고 리셋될 수 있다.
- **스테이징 환경(줄여서 stage):** 수동 및 자동 테스트, 변경점과 소프트웨어 업데이트를 좀 더 검증하기 위한 환경이다. 어떤 조직은 이를 '테스트' 환경이라 부른다. 테스터, 제품 소유자, 기타 상업 스테이크홀더stakeholder는 새 기능과 버그 수정을 리뷰하고자 스테이징 환경을 사용한다. 스테이징 환경은 침투 테스트 및 기타 보안 테스트를 위해 사용될 수도 있다.
- **운영 환경(prod):** 실사용자를 위한 서비스를 구현하기 위한 환경이다. 운영

환경은 보통 고성능 및 강력한 보안을 보장하고자 다양한 기준을 포함한다. 운영 환경의 중단은 모두 달라붙어 즉시 해결해야만 하는 긴급 상황이다.

전형적인 CI/CD 시스템은 이러한 환경을 연속적으로 사용해서 오류와 소프트웨어 약점을 제거함으로써 소프트웨어를 발전시킨다. 여러분은 변경점이 다른 두 환경에서 이미 테스트가 완료된 상태라는 것을 알기 때문에 확신을 갖고 제품을 배포할 수 있다.

환경의 일치는 관리자에게 있어 복잡한 주제다. 비운영 또는 '낮은' 환경의 목적은 그들이 제품에 적용하기 전에 모든 종류의 변경점을 준비 및 검토하기 위한 것이다. 이러한 환경 간 독립적인 차이는 성능 저하, 서비스 중지, 심지어는 데이터 유실을 일으키는 예측할 수 없는 비호환을 야기할 수 있다.

예를 들어 개발 및 스테이징 환경에서는 운영체제가 업그레이드됐지만 운영 환경에서는 여전히 오래된 OS 버전에서 돌아간다고 생각해보자. 이제 소프트웨어 배포의 시간이 왔다. 새 소프트웨어는 개발 및 스테이징 환경에서 심도 깊게 테스트됐고 잘 동작하는 것처럼 보인다. 그러나 운영 환경에서는 특정 라이브러리의 오래된 버전 때문에 새 코드에서 사용 중인 기능의 부재로 인해 예상치 못한 비호환이 생길 수 있다.

이러한 경우는 꽤 일반적이다. 이것이 바로 관리자가 환경의 동기화를 유지하는 데 방심하지 않아야 하는 이유다. 하위 환경을 운영과 더 가깝게 맞출수록 소프트웨어의 전달과 고사용성 유지가 가능해진다.

완전히 같은 다수의 환경을 유지하는 것은 비용도 높고 시간도 소요된다. 운영 환경은 기저 환경에 비해 더 많은 사용자를 처리하기 때문에 해당 환경에서 더 비싼 시스템을 더 많이 운용한다. 운영 데이터 집합은 거대하고, 따라서 사용된 디스크 공간과 서버의 크기는 그에 맞게 증강된다.

심지어 이러한 형태의 환경설정 차이가 예기치 않은 문제를 야기할 수 있다. 개발 또는 스테이징 환경에서는 큰 문제가 되지 않은 로드밸런서의 잘못된 환경설정이 문제가 될 수 있다. 또는 개발 및 스테이징 환경에서 빠르게 수행되는 데이터베이스 쿼리^{query}는 운영 규모의 데이터에 적용할 때에는 훨씬 느릴 수 있다.

운영 환경의 규모를 기저 환경에 맞추는 것은 쉬운 문제가 아니다. 적어도 하나의 기저 환경이 운영 환경이 갖고 있는 것과 같은 고사용성을 갖게 하라(예, 다수의 웹 서버, 완전히 복제되는 데이터베이스, 다른 모든 클러스터 시스템을 위한 실패 감내 전략). 성능 점검을 수행하기 위한 모든 테스트가 운영 규모에서는 영향이 없기 때문에 스테이징 서버들은 더 작은 규모로 유지해도 괜찮다.

최선의 결과를 위해 기저 환경의 데이터 집합은 운영의 그것과 비슷한 크기와 내용을 유지해야 한다. 하나의 방법은 운영의 모든 관련 데이터를 매일 밤 스냅샷하고 기저 환경으로 복사하는 것이다. 법 준수와 보안을 위해 민감한 사용자 정보는 익명화해야 할 것이다. 엄청나게 큰 데이터는 현실적으로 복사할 필요가 없다. 더 작은 집합을 가져오되 의미 있는 샘플이어야 한다.

여러분의 노력에도 불구하고 기저 환경은 운영 환경과 완전히 같을 수는 없다. 일부 환경설정(예를 들어 자격증명, URL, 주소, 호스트명)은 다를 것이다. 환경 간 이러한 환경설정 차이를 추적하고자 환경설정 관리를 사용하라. CI/CD 시스템이 배포를 수행할 때 해당 환경을 위한 관련 설정에 문제가 없는지 환경설정 관리를 통해 확인한다. 이는 모든 환경이 같은 방식으로 배포되는지 확실히 할 것이다.

기능 플래그

기능 플래그는 환경설정의 값에 따라 애플리케이션 기능을 활성화 및 비활성화한다. 개발자는 소프트웨어에 기능 플래그를 지원하도록 빌드할 수 있다. 여러분은 기능 플래그를 사용해 특정 환경에서 특정 기능을 활성화할 수 있다. 예를 들어 사용자에게 준비 및 완전한 테스트를 거치기 전까지 운영 환경에서는 비활성화되고 스테이징 환경에서는 활성화되는 기능을 넣을 수 있다.

예를 들어 쇼핑 카트를 지원하는 전자상거래 애플리케이션을 생각해보자. 사용자는 코드에 변경이 필요한 프로모션을 실행하길 원한다. 개발 팀은 이 기능을 빌드하고 모든 세 환경에 사전에 릴리스 하지만 개발 및 스테이징 환경에만 활성화할 수 있다. 사용자가 광고와 프로모션을 진행할 준비가 되면 소프트웨어 릴리스 대신 위험이 적은 환경설정 변경을 통해 간단하게 활성화할 수 있다. 이 기능에 오류가 있다면 소프트웨어의 업데이트 없이 기능을 비활성화하기 쉽다.

26.2 파이프라인

CI/CD 파이프라인은 순서대로 실행되는 '스테이지'라 불리는 단계들의 나열이다. 각 스테이지는 사실 소프트웨어 프로젝트에 관련된 작업을 수행하는 스크립트다.

가장 기본적인 수준에서 CI/CD 파이프라인은 다음과 같다.

- 신뢰성 있는 빌드와 소프트웨어 패키징
- 버그와 환경설정 오류를 탐색하고자 자동화된 테스트 수행
- 하나 이상의 환경에 코드 배포, 궁극적으로는 운영 환경에 배포한다.

그림 A는 CI/CD 파이프라인의 스테이지를 간단하게 보여준다.

그림 A 기본 CI/CD 파이프라인

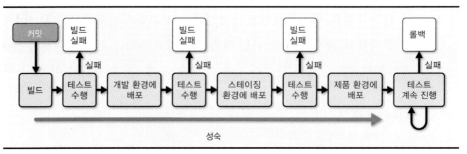

다음 절에서는 세 스테이지를 더 자세히 나눠 살펴본다.

빌드 절차

빌드는 소프트웨어 프로젝트의 현 상태를 스냅샷한다. 이는 보통 보안 위험을 탐색하고 코드 품질을 모니터링하는 코드 분석 스테이지 이후에 있는 모든 CI/CD 파이프라인의 첫 스테이지다. 빌드 단계는 코드를 설치 가능한 소프트웨어 조각으로 변환한다. 빌드는 코드 저장소의 통합 브랜치의 커밋에 의해 촉발되거나 주기적인 스케줄 또는 요구가 있을 때 실행할 수 있다.

1390

모든 파이프라인은 빌드와 함께 시작된다. 그러나 모든 빌드가 제품에 도달하는 것은 아니다. 한번 빌드가 테스트에 성공하면 이는 '릴리스 후보release candidates'가 된다. 릴리스 후보가 실제로 제품에 배포되면 이는 '릴리스'가 된다. 배포를 계속 진행한다면 모든 릴리스 후보는 릴리스가 된다. 그림 B는 이러한 분류를 나타낸다.

그림 B 빌드, 릴리스 후보, 릴리스

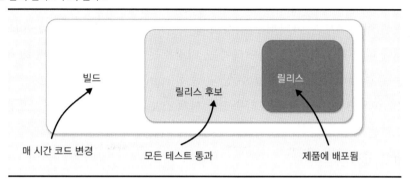

상세한 빌드 절차 단계는 언어와 소프트웨어에 따라 다르다. C, C++, Go로 작성된 프로그램의 경우 빌드 절차는 주로 make로 시작되는 컴파일이다. 컴파일의 결과로 실행 가능 바이너리가 나온다. 파이썬이나 루비같이 컴파일이 필요하지 않은 언어의 경우 빌드 단계에는 모든 관련 의존성, 애셋asset을 갖는 프로젝트를 패키징하는 것이 포함된다. 애셋에는 라이브러리, 이미지, 템플릿, 마크업 파일들이 포함된다. 어떤 빌드는 환경설정 변경 사항만 포함한다.

빌드 단계의 출력물은 '빌드 아티팩트'라 한다. 아티팩트는 소프트웨어와 파이프라인의 나머지 환경설정에 따라 다르다. 표 26.1은 공통적인 아티팩트 형태를 보여준다. 그 형태가 무엇이든 간에 아티팩트는 나머지 파이프라인을 통한 배포의 기본이 된다.

표 26.1 일반적인 빌드 아티팩트 형태

형태	목적
.jar 또는 .war 파일	자바 아카이브 또는 자바 웹 애플리케이션 아카이브
정적 바이너리	C 또는 Go를 통해 정적으로 컴파일된 프로그램
.rpm 또는 .deb 파일	레드햇 또는 데비안 등 OS에서 사용하는 소프트웨어 패키지

(이어짐)

형태	목적
pip 또는 gem 패키지	패키징된 파이썬 또는 루비 애플리케이션
컨테이너 이미지	도커 내에서 실행되는 애플리케이션
머신 이미지	공개 및 사설 클라우드를 위한 가상 서버
.exe 파일	윈도우 실행 파일

빌드된 아티팩트는 아티팩트 저장소에 저장된다. 저장소의 형태는 아티팩트의 형태에 따라 다르다. 가장 간단하게는, 저장소는 SFTP 또는 NFS를 통해 접근할 수 있는 원격 서버의 디렉터리일 수 있다. 또한 yum이나 APT 저장소, 도커 이미지 저장소, AWS S3 버킷과 같은 클라우드의 객체 스토리지일 수 있다. 저장소는 반드시 배포하는 동안 아티팩트를 다운로드하고 설치하게 될 모든 시스템에서 사용할 수 있어야 한다.

테스트

CI/CD 파이프라인의 각 스테이지는 버그가 있을 법한 코드나 잘못된 빌드를 잡고자 테스트를 수행한다. 따라서 운영으로 가는 코드는 결함에 안전하다(적어도 거의 안전하다). 테스트는 이 절차의 급소다. 이는 릴리스의 배포가 준비됐다는 신뢰를 준다.

어떤 테스트에서 빌드가 실패한다면 나머지 파이프라인의 스테이지는 의미가 없어진다. 팀은 왜 빌드가 실패했는지 판단하고 기저에 있는 이슈를 처리해야 한다. 빌드가 모든 코드 푸시마다 생성되기 때문에 문제점을 마지막 커밋과 분리하는 것이 편하다. 빌드 간에는 몇 줄 되지 않는 코드가 변경되기 때문에 문제점을 분리하는 것도 쉽다.

빌드 실패는 항상 소프트웨어 오류가 아닐 수 있다. 관리자의 주의가 필요한 네트워크 상태나 인프라스트럭처 오류에 의해 발생할 수 있다. 애플리케이션이 서드파티 API와 같은 외부의 자원에 의존한다면 외부 자원의 업스트림[upstream] 문제일 수 있다. 어떤 테스트는 독립적으로 수행이 가능하지만 다른 테스트는 제품에 존재하는 것과 같은 인프라스트럭처와 데이터를 필요로 한다.

여러분의 CI/CD 파이프라인에 다음과 같은 테스트들을 추가하는 것을 고려해보라.

- 정적 코드 분석은 문법 오류, 중복, 코드 규약 위반, 보안 문제, 심각한 코드 복잡도 등을 점검한다. 이 점검은 빠르지만 실제 코드 실행은 포함하지 않는다.

- 유닛 테스트는 애플리케이션 코드를 작성한 개발자와 같은 개발자가 작성한다. 이는 코드가 어떻게 동작해야 하는가에 대한 개발자의 관점을 보여준다. 이는 코드 내 모든 메서드와 함수(유닛)의 입력과 출력을 테스트하는 것이다. '코드 커버리지code coverage'(때로 오해하긴 하지만)는 어떤 코드에 유닛 테스트를 해야 하는지 서술하는 측정 기준이다.[1]

- 통합Integration 테스트는 유닛 테스트를 의도하는 실행 환경에서 애플리케이션 실행을 통해 한 단계 더 수행하는 것이다. 통합 테스트는 기저 프레임워크와 외부 API, 데이터베이스, 큐, 캐시와 같은 외부 의존성과 함께 애플리케이션을 실행한다.

- 인수acceptance 테스트는 일반적인 사용을 시뮬레이션한다. 유닛 테스트와는 반대로 인수 테스트는 사용자의 관점을 반영한다. 웹 기반 소프트웨어의 경우 이 스테이지는 셀레늄Selenium 같은 도구를 통해 원격 제어 브라우저 페이지 로드를 포함한다. 모바일 소프트웨어의 경우 빌드 아티팩트는 서로 다른 다양한 모바일 기기가 실행되는 디바이스 팜으로 이동된다. 서로 다른 브라우저와 버전이 인수 테스트의 도전을 받는다. 그러나 결국 이러한 테스트는 의미 있는 결과를 갖는다.

- 성능Performance 테스트는 최신 코드에 의해 발생한 성능 문제를 점검한다. 병목현상을 식별하고자 일명 스트레스 테스트를 수행해서 운영 환경과 완전히 같은 환경과 실제 트래픽 패턴을 갖는 환경에 애플리케이션을 실행한다. JMeter 또는 Gatling과 같은 도구는 미리 정의된 패턴을 통해 애플리케이션과 상호작용하는 수천 명의 동시 사용자를 시뮬레이션할 수 있다. 성능 테스트에서 최적의 결과를 얻고자 모니터링과 그래프 도구를 준비해

---

1. 테스트하기 어려운 코드가 결함을 갖기 쉽다. 여러분의 코드가 85% 코드 커버리지(이는 산업 표준에서 상당히 높은 수준)를 가진다고 해도 가장 복잡한 코드가 테스트되지 않는다면 오류를 놓칠 것이다. 코드 커버리지는 코드 품질의 절대적인 측정값이 아니다.

두자. 이러한 도구는 새로운 애플리케이션 빌드의 일반적인 성능과 동작을 둘 다 확인할 수 있다.

- 인프라스트럭처 테스트는 프로그램으로 프로비저닝되는 클라우드 인프라스트럭처로 간다. CI/CD 파이프라인의 일부로 임시 클라우드 인프라스트럭처를 생성한다면 인프라스트럭처 자체의 환경설정과 동작을 검증하기 위한 테스트 케이스를 작성할 수 있다. 환경설정 관리를 통해 시스템 수행이 성공인지, 필요한 데몬만 실행되고 있는지 등이 그것이다. 이 분야에서는 서버스펙^{Serverspec}(serverspec.org)이 괜찮은 도구다.

여러분의 프로젝트 성격에 따라 특정 테스트가 더 중요할 수 있다. 예를 들어 REST API를 구현하는 소프트웨어는 브라우저 기반 인수 테스트는 필요치 않다. 대신 통합 테스트에 더 신경 써야 할 것이다. 반면 쇼핑 카트 소프트웨어의 경우 모든 중요 사용자 경로(카탈로그, 제품 페이지, 카트, 결제)를 위한 브라우저 테스트는 필수다. 프로젝트의 요구 사항을 고려해 그에 따라 테스트를 구현한다.

이러한 작업 흐름은 선형적일 필요는 없다. 사실 목적 중 하나가 피드백을 최대한 빠르게 받는 것이기 때문에 테스트를 가능한 한 병렬로 진행하는 것이 좋다. 하지만 어떤 테스트는 다른 테스트의 결과에 의존성이 있기 때문에 서로 간섭할 수 있다는 것을 알아두자(이상적으로 테스트는 서로 의존성이 있어서는 안 된다).

실패한 테스트를 간과하거나 무시하고자 하는 욕구를 피하라. 실패가 무해하거나 적용 불가능하다는 것을 고려하거나 테스트를 막는 등 실패의 이유를 이해하는 습관이 들기 쉽다. 그러나 이러한 생각은 위험하고 신뢰성이 덜한 테스트 시스템을 야기한다. CI/CD의 황금률을 염두에 두라. 깨진 파이프라인을 고치는 것이 최고의 우선순위를 갖는다.

이런 문제를 해결하고자 실패한 테스트를 무시하기 어렵게 만들자. 이는 CI/CD 소프트웨어를 통해 어떠한 테스트가 실패하더라도 제품 배포는 불가능하게 하는 강화된 기술적인 요구 사항이어야 한다.

배포

배포는 소프트웨어를 설치하고 서버 환경 내에서 사용을 위해 준비하는 것이다. 이들이 수행되는 방식은 기술 스택에 달려 있다. 배포 시스템은 빌드 아티팩트를 어떻게 받을 건지(예, 패키지 저장소 또는 컨테이너 이미지 레지스트리 등에서), 이들을 서버에 어떻게 설치하는지, 설정 절차는 어떻게 되는지 등을 알고 있어야 한다. 배포는 오래된 버전이 비활성화되고 새 버전의 소프트웨어가 동작함으로써 완성된다.

배포는 디스크의 특정 HTML 파일을 갱신하는 것처럼 단순할 수 있다. 재시작이나 추가 환경설정이 필요치 않다. 그러나 대부분의 경우 배포에는 패키지의 설치와 애플리케이션의 재시작이 포함된다. 복잡하고 거대한 규모의 제품 배포에는 트래픽을 실시간으로 처리하고 있는 다수의 시스템에 서비스 정지 없이 코드를 설치하는 것이 포함될 수 있다.

시스템 관리자는 배포 절차에서 중요한 역할을 한다. 그들은 일반적으로 배포 스크립트, 배포 중 중요 애플리케이션 상태 디렉티브 모니터링, 다른 팀원의 인프라스트럭처 및 환경설정 요구 사항 만족 등을 책임진다.

다음 목록은 소프트웨어를 배포하는 몇 가지 방법을 나열한 것이다.

- 각 시스템에 ssh를 수행하는 간단한 셸 스크립트를 수행하고 빌드 아티팩트를 다운로드한 후 설치한다. 그리고 나서 애플리케이션을 재시작한다. 이러한 종류의 스크립트는 간단한 시스템에서 쓰이며 큰 규모로는 확장되지 않는다.
- 관리되는 시스템 묶음에 걸쳐 설치 절차를 지휘하기 위한 환경설정 관리 도구를 사용한다. 이 전략은 셸 스크립트의 사용보다 좀 더 조직화되고 규모에 따라 적용할 수 있다. 대부분의 환경설정 관리 시스템이 이러한 용도로 사용이 가능하긴 하지만 배포 활성화를 위해 특별히 디자인되지는 않았다.
- 빌드 아티팩트가 컨테이너 이미지고 애플리케이션이 쿠버네티스, 도커 스웜, AWS ECS 같은 컨테이너 관리 플랫폼에서 실행된다면 배포는 컨테이너 관리자에 신속하게 API를 호출하는 것 이상의 작업은 없을 것이다. 컨테이너 서비스는 스스로가 나머지 배포를 관리한다.

- 일부 오픈소스 프로젝트는 배포를 표준화하고 능률적으로 한다. 카피스트라노[Capistrano](capistranorb.com)는 루비의 레이크[Rake] 시스템을 확장해 원격 시스템에서 명령을 실행하는 루비 기반 배포 도구다. 패브릭[Fabric](fabfile.org)은 파이썬으로 작성된 비슷한 도구다. 이러한 개발자들에 의한 개발자들을 위한 도구는 셸 스크립트를 정교하게 만들어준다.
- 소프트웨어 배포는 공개 클라우드의 사용자에게 잘 처리돼 온 문제다. 대부분의 클라우드 생태계는 CI/CD 파이프라인에서 사용할 수 있는 통합된 서드파티 배포 서비스를 포함한다. 그 예로는 구글 배포 관리자, AWS 코드 디플로이[CodeDeploy], 헤로쿠[Heroku]가 있다.

배포 기술을 여러분의 사이트 기술 스택과 서비스 요구 사항에 맞춘다. 여러분이 서버 몇 개와 소규모 애플리케이션을 갖는 간단한 환경을 갖고 있다면 환경설정 관리 도구가 적당할 것이다. 데이터 센터에 걸쳐 대규모의 서버를 갖는 사이트라면 특수화된 배포 도구가 필요할 것이다.

'불변의' 배포는 서버가 한 번 초기화되고 나서 절대 변경되지 않는다는 것을 말한다. 새 릴리스를 배포하고자 CI/CD 도구는 이미지에 갱신된 빌드 아티팩트를 갖는 완전히 새로운 서버를 생성한다. 이 경우 서버들은 처분이 쉽게 가능하고 임시적인 것이라 생각할 수 있다. 이러한 전략은 API 호출을 통해 인스턴스를 할당할 수 있는 공개 및 개인 클라우드처럼 프로그래밍 가능한 인프라스트럭처를 기반으로 한다. 공개 클라우드의 사용자 대부분은 불변의 배포를 받아들인다.

'현실에서의 CI/CD' 절에서 HashiCorp의 테라폼[terraform] 도구를 사용해 인프라스트럭처를 생성하고 갱신하는 불변의 배포 예제를 살펴본다.

중지 시간 없는 배포 기술

어떤 사이트에서는 서비스 정지가 발생하면 수용할 수 없는 위험(헬스케어, 정보 서비스)이 발생하거나 상당한 재정 비용(대규모 전자상거래 또는 파이낸셜 서비스)을 감내해야 하기 때문에 업그레이드 또는 재배포 동안에도 서비스를 지속해야만 한다. 서비스 장애 없는 소프트웨어 실시간 갱신은 소프트웨어 배포의 도원향이다.

그리고 이는 큰 근심의 원인이 된다.

중지 시간 없는 릴리스를 가능하게 하는 일반적인 방법은 '블루/그린' 배포다. 그 기본 개념은 직관적이다. 대기 시스템(또는 시스템 집합)에 새 소프트웨어를 위치시키고 확인을 위해 그 기능을 테스트한다. 테스트가 완료되면 서비스 중인 시스템에서 대기 시스템으로 트래픽을 옮기는 것이다.

이러한 전략은 로드밸런서를 통해 분산되는 트래픽의 경우 특히 잘 동작한다. 서비스 중인 시스템은 대기 시스템이 준비될 때까지 모든 사용자 연결을 처리한다. 시간이 되면 대기 시스템은 로드밸런서에 추가되고 이전에 서비스하던 시스템은 제거된다. 모든 이전 시스템이 제거되고 그들이 처리하던 모든 트랜잭션이 마무리되면 배포는 완료된다.

'롤링^{rolling}' 배포는 한 번에 한 시스템씩 소프트웨어를 수정하는 단계적인 방식으로 기존 시스템을 갱신한다. 각 시스템은 로드밸런서에서 제거된 후 갱신되고 사용자 트래픽을 받을 수 있게 다시 로드밸런서에 들어간다. 이러한 형태의 배포는 서로 다른 두 애플리케이션 버전이 동시에 동작할 수 없다면 문제가 될 수 있다.

블루/그린 과 롤링 배포 전략은 모두 '카나리^{canary}'를 수용할 수 있다. 이는 탄광의 불운한 카나리아와 비슷하다.[2] 먼저 적은 양의 트래픽을 새 릴리스가 동작되는 단일 시스템(또는 시스템의 일부)에 할당한다. 새 릴리스에 문제가 있다면 다시 되돌리고 문제를 해결한다. 이 방식은 적은 사용자에게만 영향을 끼칠 것이다. 물론 카나리 시스템은 문제가 발생했는지 아닌지 판단하고자 섬세한 측정과 모니터링이 필요하다.

26.3 젠킨스: 오픈소스 자동화 서버

젠킨스^{Jenkins}는 자바로 작성된 자동화^{Automation} 서버다. 이는 CI/CD를 구현하는 데 사용되는 가장 유명한 소프트웨어다. 방대한 채택 사례와 광범위한 플러그인 생태계 덕분에 젠킨스는 다양한 사용 사례에 잘 맞는다.

---

2. 탄광에 일산화탄소를 점검하고자 카나리아를 먼저 보내는 작업에서 유래했다. – 옮긴이

도커 컨테이너를 실행하면 젠킨스를 갖고 놀기 쉽다.

```
$ docker run -p 8080:8080 --name jenkins jenkinsci/jenkins
```

컨테이너가 시작되면 웹 브라우저로 포트 8080을 통해 젠킨스 사용자 인터페이스에 접속할 수 있다. 초기 관리 암호는 컨테이너 출력에 포함돼 있다. 현실에서는 암호를 즉시 변경해야 한다.

배움을 목적으로는 단일 컨테이너 환경설정도 괜찮다. 그러나 운영 환경에서는 좀 더 강건한 해결책이 필요할 것이다. 젠킨스 다운로드 페이지(jenkins.io/download)에는 여기서 다시 반복할 필요가 없는 설치 방법이 있다. 리눅스와 FreeBSD에서 설치 문서를 참고한다. 젠킨스 제작사인 클라우드비^{CloudBee}도 젠킨스 엔터프라이즈라 불리는 고사용성 버전을 제공한다.

젠킨스는 필요한 작업 거의 모두에 대해 플러그인이 존재한다. 서로 다른 에이전트 형태에 대한 빌드, 통지 보내기, 릴리스 협업, 스케줄링 된 작업 실행 등을 맡기고자 플러그인을 사용한다. 플러그인은 모든 주 클라우드 플랫폼과 외부 SaaS 프로바이더와 오픈소스 도구를 통합한다. 플러그인은 젠킨스에 엄청난 능력을 부여한다.

대부분의 젠킨스 환경설정은 웹 UI를 통해 이뤄진다. 주의를 집중하고자 UI에 대한 내용은 여기서 다루지 않는다. 대신 젠킨스의 근간을 이루는 중요한 기능을 소개한다.

기본 젠킨스 개념

젠킨스는 일련의 도구를 묶거나 CI/CD 용어로 파이프라인을 사용하게끔 하는 통합 서버다. 젠킨스는 소스코드 저장소, 컴파일러, 빌드 도구, 테스트 도구, 배포 시스템 같은 외부 서비스에 의존성이 있는 작업을 도와주며 조직화한다.

젠킨스 잡 또는 프로젝트는 연결된 단계^{stage}의 집합이다. 프로젝트를 생성하는 것은 새 설치를 위해 해야 하는 가장 첫 번째 작업이다. 이 프로젝트의 단계를 연결 지을 수 있으며, 따라서 순서대로 또는 병렬로 이들을 수행할 수 있다. 또한 이전 단계의 결과에 따라 서로 다른 작업을 수행하게끔 조건적인 단계를 설정할 수도 있다.

모든 프로젝트는 소스코드 저장소에 접속돼야 한다. 젠킨스는 상당히 다양한 버전 제어 시스템을 기본적으로 지원한다. 여기에는 깃, 서브버전^{Subversion}, 머큐리얼^{Mercurial}, 고대의 시스템인 CVS와 같은 것도 지원한다. 또한 깃허브, 깃랩^{GitLab}, 빗버킷^{BitBucket}과 같은 고수준 버전 제어 서비스를 위한 통합 플러그인도 있다. 여러분이 해야 할 것은 저장소에서 코드를 다운로드하게끔 허용하는 적절한 자격증명을 젠킨스에 제공하는 것이다.

'빌드 콘텍스트'는 빌드를 실행하고 있는 젠킨스 시스템에서 작업 중인 현재 디렉터리를 말한다. 소스코드는 빌드에 필요한 모든 지원 파일과 함께 이 빌드 콘텍스트에 복사된다.

한번 젠킨스를 버전 제어 저장소에 연결하고 나면 빌드 트리거^{trigger}를 생성할 수 있다. 이는 젠킨스로 하여금 현재 소스코드를 복사하고 빌드 절차를 시작하게 하는 신호다. 젠킨스는 새 커밋이 생기면 소스 저장소를 폴링^{poll}해서 빌드를 시작할 수 있다. 또한 스케줄에 맞춰 빌드를 시작하거나 깃허브가 지원하는 기능인 웹 훅^{web hook}을 통해 촉발할 수도 있다.

트리거를 설정하고 나면 빌드 단계를 설정한다. 이는 빌드를 생성하게 되는 특정 작업이다. 스 텝은 코드에 특정되거나 일반적인 셸 스크립트일 수 있다. 예를 들어 자바 프로젝트는 보통 메이븐^{Maven}이라 불리는 도구와 함께 구축된다. 젠킨스는 플러그인을 통해 메이븐을 직접 지원한다. 따라서 여러분은 그저 메이븐 빌드 설정을 추가하기만 하면 된다. C로 작성된 프로젝트의 경우 첫 빌드 단계는 make를 실행하는 셸 스크립트가 될 것이다.

남아 있는 빌드 단계는 프로젝트의 목적에 달려 있다. 가장 일반적인 빌드 단계는 앞에서 논의한 테스트 작업을 구축하는 것이다. 타볼^{tarball}, OS 패키지, 컨테이너 이미지와 같은 커스텀 빌드 아티팩트를 생성하는 단계도 필요할 수 있다. 또한 관리자 통지 전송, 배포 관련 작업 수행, 외부 도구와의 협업 등으로 이뤄진 단계를 포함시킬 수 있다.

CI/CD 프로젝트의 경우 빌드 단계에서 파이프라인의 모든 단계를 말하기도 한다. 코드 빌드, 테스트 수행, 아티팩트를 저장소로 업로드, 배포 시작 등이 그것이다.

파이프라인의 각 단계는 젠킨스 프로젝트에 있는 빌드 단계다. 젠킨스 인터페이스는 각 단계의 상태에 대한 개요를 보여준다. 따라서 파이프라인에서 일어나는 일을 간략히 살펴보기가 쉽다.

많은 애플리케이션을 갖는 사이트는 각각 개별 젠킨스 프로젝트를 가져야 한다. 각 프로젝트는 별도의 코드 저장소와 빌드 단계를 갖는다. 해당 젠킨스 시스템은 각 프로젝트 모두에 해당하는 빌드를 실행하기 위한 도구와 의존성이 필요하다. 예를 들어 자바 프로젝트와 C 프로젝트 모두 설정해야 한다면 관련 젠킨스 시스템은 메이븐과 make가 둘 다 설치돼 있어야 한다.

또한 프로젝트는 다른 프로젝트에 의존될 수 있다. 프로젝트를 일반적이고 상속 가능한 템플릿으로써 구조화해 이점을 취하자. 예를 들어 빌드는 다르게 되지만 배포는 같은 방식(예, 서버 클러스터 내에서 실행되는 컨테이너로서)으로 되는 여러 애플리케이션을 갖고 있다고 하면 공통 배포 단계를 관리하는 일반적인 '배포' 프로젝트를 생성할 수 있다. 개별 애플리케이션 프로젝트는 배포 프로젝트를 실행할 수 있다. 이렇게 함으로써 중복되는 빌드 단계를 제거할 수 있다.

분산 빌드

각각의 의존성과 빌드 단계를 갖는 십수 개의 애플리케이션을 지원하는 사이트에서는 너무 많은 파이프라인이 한 번에 실행되기 때문에 무의식적으로 의존성 충돌과 병목현상을 만들어내기 쉽다. 이를 보상하고자 젠킨스는 분산 빌드 아키텍처를 제안한다. 이러한 방식에서는 모든 프로젝트와 현재 상태를 추적하는 중앙 시스템인 '빌드 마스터'와 프로젝트를 위해 실제 빌드 단계를 실행하는 '빌드 에이전트'를 사용한다. 젠킨스를 많이 사용한다면 이러한 환경설정으로 꽤 빠르게 넘어가게 될 것이다.

빌드 에이전트는 빌드 마스터와는 분리된 호스트에서 실행된다. 젠킨스 마스터는 슬레이브slave에 로그인(주로 SSH를 통해)해 에이전트 프로세스를 시작하고 슬레이브의 목적을 표시하는 레이블을 붙인다. 예를 들어 자바를 위한 에이전트와 C를 위한 에이전트를 구분하고자 적당한 레이블을 붙인다.

최적의 결과를 위해 에이전트를 컨테이너, 원격 VM, 일시적인 클라우드 인스턴스(필요에 따라 규모를 늘리거나 줄일 수 있는)에서 실행한다. 컨테이너 클러스터를 갖고 있다면 젠킨스 플러그인을 이용해서 컨테이너 관리 시스템을 통해 클러스터에 에이전트를 실행할 수 있다.

코드형 파이프라인

여기까지 웹 UI에서 각각의 빌드 단계를 묶어 젠킨스 프로젝트를 설정하는 절차를 설명했다. 이는 젠킨스를 시작하기에 가장 빠른 방법이지만 인프라스트럭처의 관점에서는 다소 명료하지 않다. 각 빌드 단계의 내용을 말하는 '코드'란 젠킨스에 의해 관리된다. 코드 저장소에 그래픽 빌드 단계를 넣을 수 없다. 그리고 젠킨스 서버를 잃는다면 이를 교체할 수 있는 쉬운 방법이 없다. 여러분은 최신 백업에서 프로젝트를 복구해야 할 것이다.

젠킨스 버전 2에서는 새로운 주요 기능인 파이프라인을 소개했다. 이는 CI/CD 파이프라인을 위한 최적의 지원을 제공한다. 젠킨스 파이프라인은 프로젝트의 단계를 선언적으로 그루비Groovy 프로그래밍 언어를 기반인 도메인 특정 언어로 코드화한다. 이러한 젠킨스 파이프라인 코드, 즉 Jenkinsfile을 파이프라인과 관련 있는 코드와 더불어 커밋할 수 있다.

다음의 Jenkinsfile은 기본적인 빌드/테스트/배포 사이클을 보여준다.

```
pipeline {
    agent any
    stages {
        stage('Build') {
            steps {
                sh 'make'
            }
        }
        stage('Test') {
```

```
        steps {
            sh 'make test'
        }
    }
    stage('Deploy') {
        steps {
            sh 'deploy.sh'
        }
    }
}
}
```

agent any 표기는 젠킨스로 하여금 이 파이프라인의 모든 빌드 에이전트[3]를 위한 작업 공간을 준비하도록 지시한다. 빌드, 테스트, 배포 단계는 CI/CD 파이프라인의 단계 기준으로는 같은 수준이다. 이 예제에서 각 단계는 셸(sh)을 호출해 명령을 실행하는 단일 단계로 이뤄져 있다.

배포 단계는 커스텀 스크립트 deploy.sh를 호출한다. 이는 빌드 아티팩트(빌드 단계에서 생성된)를 서버의 모음에 복사하고 서버 프로세스를 재시작하는 것을 포함해 전체 배포를 다룬다. 현실적으로 배포는 전체 절차를 관리하고 더 나은 시야를 제공하고자 보통 여러 단계로 분리된다.

26.4 현실에서의 CI/CD

이제 지금까지 알아본 개념을 그려보는 예제를 살펴볼 차례다. 간단한 애플리케이션인 UlsahGo를 보자. 이는 여러분이 실업무에서 관리하게 될 것들보다는 매우 간단하다. 또한 이는 단독으로 동작하기 때문에 다른 애플리케이션에 의존성이 없다.

예제에서는 다음과 같은 요소들이 포함된다.

- 단 하나의 기능만 갖는 UlsahGo 웹 애플리케이션
- 애플리케이션을 위한 유닛 테스트

---

3. 작업 공간은 빌드 콘텍스트와 같다. 에이전트의 로컬 디스크에 위치하며 빌드에 필요한 모든 파일을 갖고 있다. 소스코드 및 의존성을 포함해서 말이다. 모든 빌드는 개별 작업 공간을 갖는다.

- 디지털오션^{DigitalOcean}을 위한 가상 머신 이미지. 애플리케이션이 포함됨
- 온디멘드^{on demand}로 생성된 단일 서버 배포 환경
- 온디멘드로 생성된 로드밸런스와 함께 하는 다중 서버 스테이징 환경
- 이러한 것들을 모두 함께 묶는 CI/CD 파이프라인

널리 알려진 여러 도구도 이 예제에서 사용된다.

- 코드 저장소로서의 깃허브
- 디지털오션 가성 머신과 로드밸런서
- 디지털오션 이미지를 프로비저닝하기 위한 HashiCorp의 패커^{Packer}
- 배포 환경 생성을 위한 HashiCorp 테라폼^{Terraform}
- CI/CD 파이프라인 관리를 위한 젠킨스

여러분의 애플리케이션은 다른 기술 스택을 사용할 수 있다. 하지만 일반적인 개념은 도구와 무관하게 비슷하다.

그림 C에서는 예제 파이프라인의 첫 단계를 일부 보여준다. 이 다이어그램에서 파이프라인은 UlsahGo 프로젝트에 가해지는 새 커밋을 위해 깃허브를 폴링한다. 커밋이 발견되면 젠킨스는 유닛 테스트 스위트를 실행한다. 테스트가 성공하면 젠킨스는 바이너리를 빌드한다. 바이너리 빌드가 성공하면 파이프라인은 배포 아티팩트를 생성한다. 여기에서는 바이너리를 포함하는 디지털오션 머신 이미지다. 한 단계라도 실패한다면 파이프라인은 오류를 보고한다.

그림 C 예제 파이프라인(첫 번째)

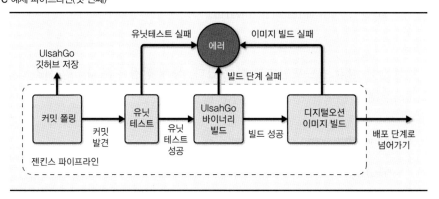

자세한 배포 단계는 다음에 다룬다. 먼저 초기 단계를 살펴보자.

UlsahGo: 기초적인 웹 애플리케이션

예제 애플리케이션은 하나의 기능을 갖는 웹 서비스다. 이는 이 책의 정해진 판에 관련된 저자를 나타내는 JSON을 반환한다. 예를 들어 다음의 쿼리는 이 판의 저자를 보여준다.

```
$ curl ulsahgo.admin.com/?edition=5
{
    "authors": [
        "Evi",
        "Garth",
        "Trent",
        "Ben",
        "Dan"
    ],
    "number": 5
}
```

사용자에게 적절한 오류를 표현하는 건전성 검사를 수행한다. 예를 들어 해당 없는 판을 조회하면 다음과 같이 나타난다.

```
$ curl -vs ulsahgo.admin.com/?edition=6
< HTTP/1.1 404 Not Found
< Content-Type: application/json
{
    "error": "6th edition is invalid."
}
```

또한 상태 점검 엔드포인트도 갖고 있다. 상태 점검은 모니터링 시스템이 애플리케이션에게 상태를 묻는 가장 쉬운 방법이다.

```
$ curl ulsahgo.admin.com/healthy
{
    "healthy": "true"
}
```

개발자는 보통 CI/CD 파이프라인의 빌드 및 테스트 단계를 만들고자 관리자와 가까이 작업한다. 이 경우 애플리케이션이 Go로 작성돼 있기 때문에 파이프라인에는 표준 Go 도구(go build 및 go test)를 사용한다.

UlsahGo 유닛 테스트

유닛 테스트는 소스코드 수준에서 동작하기 때문에 테스트 스위트의 가장 첫 단계다. 유닛 테스트에는 가능한 한 가장 작은 단위(함수 및 메서드)의 애플리케이션 기능 테스트가 포함된다. 대부분의 언어는 유닛 테스트를 지원하는 기본 테스팅 프레임워크를 갖는다.

UlsahGo를 위한 유닛 테스트를 하나 살펴보자. 다음의 함수를 예로 든다.

```go
func ordinal(n int) string {
    suffix := "th"
    switch n {
        case 1:
            suffix = "st"
        case 2:
            suffix = "nd"
        case 3:
            suffix = "rd"
    }
    return strconv.Itoa(n) + suffix
}
```

이 함수는 입력으로 정수형을 받아 서수 표현으로 바꾼다. 예를 들어 1을 전달하면 1st를 반환한다. UlsahGo는 이 함수를 이용해 잘못된 판을 위한 오류 메시지를 텍스트 형태로 만들고자 사용한다.

유닛 테스트는 주어진 몇 가지 입력을 증명한다. 함수는 기대되는 출력을 반환한다. 다음은 이 함수를 검증하기 위한 유닛 테스트다.

```go
func TestOrdinal(t *testing.T) {
    ord := ordinal(1)
    exp := "1st"
```

```
    if ord != exp {
        t.Error("expected %s, got %s", exp, ord)
    }
    ord = ordinal(10)
    exp = "10th"
    if ord != exp {
        t.Error("expected %s, got %s", exp, ord)
    }
}
```

이 유닛 테스트는 두 값 1 과 10을 갖고 함수를 실행한다. 그리고 실제 응답이 기대와 일치하는 지 확인한다.[4] Go의 내장 테스트 프레임워크를 통해 이 테스트를 실행할 수 있다.

```
$ go test
PASS
ok      github.com/bwhaley/ulsahgo        0.006s
```

미래에 애플리케이션의 일부가 변경된다면(예를 들어 ordinal() 함수가 갱신된다면) 테스트는 기대 출력과 달라진 점을 보고한다. 개발자는 코드 변경을 통해 유닛 테스트를 갱신할 책임이 있다. 숙련된 개발자는 설계에서부터 테스트가 쉽도록 코드를 작성한다. 유닛 테스트의 목적은 각 메서드와 함수 모두를 다루는 것이다.

젠킨스 파이프라인에서 첫 단계 수행

배포용 코드와 유닛 테스트가 준비되면 CI/CD를 위한 첫 단계는 젠킨스에서 프로젝트를 설정하는 것이다. GUI 인터페이스를 통해 이 절차가 가능하다. 다음 몇 가지 선택지가 있다.

- 우리의 새 프로젝트는 코드로 정의하는 파이프라인 프로젝트다. 이는 대부분 사용자 인터페이스 요소를 통해 정의되는 빌드 단계를 갖는 전통적인 '프리스타일' 프로젝트와는 다르다.

---

4. ordinal() 함수는 세 가지 특수한 경우와 일반적인 경우를 구현한다. 완전한 유닛 테스트는 코드를 통해 가능한 모든 경로를 실험할 것이다.

- Jenkinsfile을 통해 소스코드 저장소에서 파이프라인을 함께 추적하길 원한다. 따라서 파이프라인 정의를 위해 'Pipeline script from SCM'을 선택한다.
- 깃허브의 커밋을 폴링함으로써 빌드를 촉발할 수 있다. 젠킨스가 UlsahGo 저장소에 접근하고 5분마다 깃허브 변경점을 폴링하게 설정하고자 자격 증명을 추가한다.

초기 설정은 몇 분 정도 걸린다. 실제로는 새 커밋이 올라오면 깃허브 웹훅^{webhook}을 이용해서 젠킨스에 알린다. 이는 불필요한 API를 호출하는 폴링을 피하고 깃허브 API를 소모하는 일을 피한다.

이 설정에서 새 커밋이 깃허브에 푸시될 때마다 젠킨스는 저장소의 Jenkinsfile에 기술된 파이프라인을 수행한다.

저장소의 구조를 생각해보자. 이 프로젝트에서 CI/CD와 애플리케이션 코드를 한 저장소에 합쳐놨다. 모든 CI/CD 관련 파일은 pipline 하위 디렉터리에 보관된다. UlsahGo 저장소는 다음과 같다.

```
$ tree ulsahgo
ulsahgo
├── pipeline
│   ├── Jenkinsfile
│   ├── packer
│   │   ├── provisioner.sh
│   │   ├── ulsahgo.json
│   │   └── ulsahgo.service
│   ├── production
│   │   ├── tf_prod.sh
│   │   └── ulsahgo.tf
│   └── testing
│       ├── tf_testing.sh
│       └── ulsahgo.tf
├── ulsahgo.go
└── ulsahgo_test.go
```

통합 구조는 위와 같이 작은 프로젝트에서는 잘 동작한다. 젠킨스, 패커, 테라폼

등 다양한 도구는 그들의 환경설정 파일을 위해 pipeline 디렉터리를 살펴본다. 배포 파이프라인의 수정은 저장소를 갱신하면 된다. 공통 인프라스트럭처를 공유하는 다양한 프로젝트가 있는 더 복잡한 환경에서는 별도의 인프라스트럭처 저장소를 두는 것이 옳다.

프로젝트가 제 위치에 있으니 첫 Jenkinsfile을 커밋할 수 있다. 모든 파이프라인의 첫 단계는 소스코드를 체크아웃하는 것이다. 다음은 해당 작업을 수행하는 완전한 Jenkinsfile 파이프라인 스크립트다.

```
pipeline {
    agent any
    stages {
        stage('Checkout') {
            steps {
                checkout scm
            }
        }
    }
}
```

checkout scm 줄은 젠킨스가 '소프트웨어 환경설정 관리'에서 코드를 체크아웃 하게 하는 것이다. 이는 소스 제어에서는 일반적인 용어다.

젠킨스가 깃허브 폴링과 체크아웃 단계를 완료하면 테스트와 빌드 단계 설정으로 넘어간다. 우리의 Go 프로젝트는 외부 의존성은 없다. 코드 빌드와 테스트를 위해 필요한 것은 go 바이너리뿐이다. 이미 go는 젠킨스 시스템에(apt-get -y install golang-go를 통해) 설치가 돼 있다. 따라서 Jenkinsfile에 테스트 및 빌드 단계를 추가만 하면 된다.

```
stage('Unit tests') {
    steps {
        sh 'go test'
    }
}
stage('Build') {
    steps {
```

```
        sh 'go build'
    }
}
```

변경점을 커밋하고 나면 젠킨스는 새 커밋을 발견하고, 파이프라인을 실행한다. 젠킨스는 작업이 완료됐다는 로그 결과를 출력한다.

```
Mar 30, 2017 4:35:00 PM hudson.triggers.SCMTrigger$Runner run
INFO: SCM changes detected in UlsahGo. Triggering #4
Mar 30, 2017 4:35:11 PM org.jenkinsci.plugins.workflow.job.WorkflowRun
    finish
INFO: UlsahGo #4 completed: SUCCESS
```

젠킨스 GUI는 최신 빌드의 상태를 가리키는 날씨 표시를 사용한다. 태양 아이콘은 프로젝트가 빌드를 성공적으로 수행했다는 것을 의미한다. 번개 치는 구름 아이콘은 실패를 나타낸다. 여러분은 빌드 상세에서 찾을 수 있는 콘솔 출력을 조사함으로써 실패한 빌드를 디버그할 수 있다. 여기서는 빌드 중 모든 부분에서 STDOUT으로 출력되는 결과를 볼 수 있다.

다음은 파이프라인의 go test와 go build 단계 중 일부다.

```
[Pipeline] stage
[Pipeline] { (Unit Tests)
[Pipeline] sh
[UlsahGo] Running shell script
+ go test
PASS
ok _/var/jenkins_home/workspace/UlsahGo      0.006s
[Pipeline] }
[Pipeline] // stage
[Pipeline] stage
[Pipeline] { (Build)
[Pipeline] sh
[UlsahGo] Running shell script
+ go build
[Pipeline] }
[Pipeline] // stage
```

```
[Pipeline] }
[Pipeline] // node
[Pipeline] End of Pipeline
Finished: SUCCESS
```

로그를 참고하면 실패한 빌드의 원인이 무엇인지 집어낼 수 있다. 실패한 단계를 식별하는 오류 메시지를 살펴보자. 또한 시스템 상태에 대한 실마리를 제공하는 고유의 로그 메시지(실행 중 주어진 지점의 변수 값 또는 스크립트 내용)를 추가할 수 도 있다. 디버깅 목적의 출력 작성은 프로그래밍의 오랜 전통이다.

빌드의 출력은 단일 바이너리 파일 ulsahgo다. 이는 전체 애플리케이션을 담고 있다(이는 우연히도 Go 프로그램의 가장 큰 장점이자 Go가 시스템 관리자에게 각광받는 이유다. Go는 다양한 아키텍처에서 실행되며 외부 의존성이 없는 정적 바이너리를 생성하기가 쉽다. Go 애플리케이션의 설치는 시스템에 그 바이너리를 복사하는 것처럼 쉽다).

디지털오션 이미지 빌드

UlsahGo가 배포 완료되면 다음은 디지털오션 클라우드용 가상 머신 이미지를 빌드한다. 시작은 순수 우분투 16.04 이미지로 하고, 최신 업데이트를 설치하고, ulsahgo를 설치한다. 결과물 이미지는 파이프라인의 나머지 단계에서 배포 아티팩트가 된다.

가상 머신 이미지를 생성하는 **packer** 도구에 익숙하지 않다면 계속 진행하기 전에 앞의 '패커' 절을 참고하라.

packer는 머신과 이미지를 생성하는 원격 API와 상호작용하는 **builders**와 커스텀 환경설정 단계를 실행하는 **provisioners**를 갖는 템플릿에서 이미지 환경설정을 읽는다.

UlsahGo 이미지를 위한 템플릿은 하나의 **builder**를 갖는다.

```
"builders": [{
    "type": "digitalocean",
    "api_token": "rj8FsrMI17vqTlB8qqBn9f7xQedJkkZJ7cqJcB1O5nmO6ihz",
```

```
    "region": "sfo2",
    "size": "512mb",
    "image": "ubuntu-16-04-x64",
    "snapshot_name": "ulsahgo-latest",
    "ssh_username": "root"
}]
```

빌더는 packer에게 이미지 빌드를 하기 위한 플랫폼과 다른 프로바이더 관련 구성 요소 사이에 API를 인증하는 방법을 알린다.

여기서는 프로비저닝의 세 단계가 있다.

```
"provisioners": [
    {
        "type": "file",
        "source": "ulsahgo",
        "destination": "/tmp/ulsahgo"
    },{
        "type": "file",
        "source": "pipeline/packer/ulsahgo.service",
        "destination": "/etc/systemd/system/ulsahgo.service"
    },{
        "type": "shell",
        "script": "pipeline/packer/provisioner.sh"
    }
]
```

프로비저닝의 첫 두 단계는 이미지에 파일을 추가한다. 첫 파일은 나중에 사용을 위해 /tmp에 업로드되는 ulsahgo 애플리케이션 자체다. 둘째는 서비스를 관리하기 위한 systemd 유닛 파일이다.

마지막 프로비저너는 원격 시스템에 커스텀 셸 스크립트를 실행한다. 스크립트 provisioner.sh는 시스템을 갱신하고 애플리케이션을 설정한다.

```
#!/usr/bin/env bash
app=ulsahgo

# OS를 갱신하고 사용자를 추가
```

```
apt-get update && apt-get -y upgrade
/usr/sbin/useradd -s /usr/sbin/nologin $app

# 작업 디렉터리와 앱을 설정
mkdir /opt/$app && chown $app /opt/$app
cp /tmp/$app /opt/$app/$app
chown $app /opt/$app/$app && chmod 700 /opt/$app/$app

# systemd 유닛을 활성화
systemctl enable $app
```

셸 스크립트와 더불어 packer는 모든 유명 환경설정 관리 도구를 프로비저닝 스텝으로 사용하게 해준다. 퍼핏Puppet, 쉐프Chef, 앤서블Ansible, 솔트Salt를 호출해서 좀 더 구조화되고 규모 변경이 가능한 이미지를 프로비저닝할 수 있다.

끝으로 Jenkinsfile에 이미지 빌드 단계를 추가할 수 있다.

```
stage('Build image') {
    steps {
        sh 'packer build pipeline/packer/ulsahgo.json > packer.txt'
        sh 'grep ID: packer.txt | grep -E -o \'[0-9]{8}\' > do_image.txt'
    }
}
```

첫 번째 단계는 packer를 호출하고 그 결과를 빌드 작업 디렉터리 내의 packer.txt에 저장한다. 결과물의 끝에 새 이미지의 ID가 포함된다.

```
==> digitalocean: Gracefully shutting down droplet...
==> digitalocean: Creating snapshot: ulsahgo-latest
==> digitalocean: Waiting for snapshot to complete...
==> digitalocean: Destroying droplet...
==> digitalocean: Deleting temporary ssh key...
Build 'digitalocean' finished.
==> Builds finished. The artifacts of successful builds are:
--> digitalocean: A snapshot was created: (ID: 23838540)
```

두 번째 단계는 packer.txt에서 ID를 grep하고 이를 빌드 내용 내부의 새 파일에 저장한다. 이미지가 배포 아티팩트이기 때문에 파이프라인의 나중 단계에서 이 ID를 참조할 수 있다.

테스트를 위한 단일 시스템 프로비저닝

이 시점에는 지속적으로 수행되는 유닛 테스트 수행, 애플리케이션 빌드, 빌드 아티팩트로 가상 머신 이미지 생성을 위한 절차를 갖는다. 남은 빌드 단계에서는 아티팩트의 배포와 이들을 실제 환경에서 테스트하는 데 중점을 둔다. 그림 D에서는 그림 C에서 남겨진 부분을 보여준다.

그림 D 예제 파이프라인(두 번째)

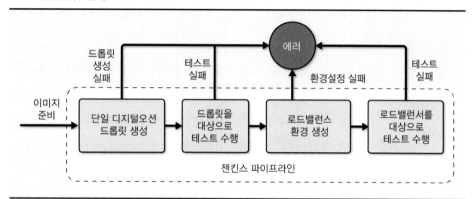

UlsahGo 인프라스트럭처를 생성하고 관리하고자 HashiCorp에서 만든 테라폼을 선택했다. 테라폼은 환경설정을 JSON 기반 환경설정 파일인 '플랜plan'에서 읽는다. 플랜은 요구 인프라스트럭처 환경설정을 서술하는 파일이다. 그러고 나서 적절한 API 호출을 만들어 플랜에 서술된 클라우드 자원을 생성한다. 테라폼은 십수 개의 클라우드 프로바이더와 다양한 서비스를 지원한다.

다음의 테라폼 환경설정 ulsahgo.tf는 파이프라인에서 전 단계에 생성한 이미지를 실행하는 단일 드롭릿을 요구한다.

```
variable "do_token" {}
variable "ssh_fingerprint" {}
variable "do_image" {}
provider "digitalocean" {
    token = "${var.do_token}"
}
resource "digitalocean_droplet" "ulsahgo-latest" {
```

```
    image = "${var.do_image}"
    name = "ulsahgo-latest"
    region = "sfo2"
    size = "512mb"
    ssh_keys = ["${var.ssh_fingerprint}"]
}
```

대부분은 읽기만 해도 알 수 있을 법하다. 디지털오션을 프로바이더로 사용하고 제공된 토큰을 이용해서 인증한다. 지정된 이미지 ID에서 sfo2 리전^{region}에 드롭릿을 생성한다.

앞의 '패커 템플릿'에서 빌더 환경설정에 API 토큰 같은 매개변수를 직접 포함했다. 이러한 접근은 큰 문제인데, 비밀에 해당하는 API 키를 소스코드 저장소에 저장하기 때문이다. 키는 클라우드 프로바이더의 API에 접근하게 하기 때문에 나쁜 손에 들어가면 위험하다. 비밀을 리비전 제어에 유지하는 것은 7장에서 더 자세히 설명한 보안 사항에 위배된다.

이 예제에서는 매개변수를 변수로 읽는다. 세 변수가 있는데, 다음과 같다.

- 디지털오션 API 토큰
- 드롭릿 접근을 허용하게 해주는 SSH 키 핑거프린트^{fingerprint}
- 새 시스템에서 사용할 이미지 ID. 이는 파이프라인의 이전 단계에서 취한다.

젠킨스는 API 토큰과 같은 비밀을 '자격증명 저장소$^{credential store}$'에 저장할 수 있다. 이 저장소는 비밀과 같은 민감한 데이터를 위한 암호화 공간이다. 파이프라인은 이 자격증명 저장소에서 값을 읽어 환경변수에 저장할 수 있다. 이 값은 버전 제어 시스템에 저장하지 않고도 파이프라인을 통해 접근할 수 있게 된다.

다음은 Jenkinsfile의 설정이다.

```
pipeline {
    environment {
        DO_TOKEN = credentials('do-token')
```

1414

```
        SSH_FINGERPRINT = credentials('ssh-fingerprint')
    }
...
```

디지털오션 머신 이미지 ID를 빌드 공간의 파일 do_image.txt로 저장했던 것을 상기해보자. 이 ID는 새 파이프라인 단계에 필요하다. 이번 단계는 실제 디지털오션 드롭릿을 생성하는 것이다. 새 단계를 위한 코드는 그저 프로젝트 저장소에서 스크립트를 수행하는 것이다.

```
stage('Create droplet') {
    steps {
        sh 'bash pipeline/testing/tf_testing.sh'
    }
}
```

파이프라인의 나머지 부분에서 복잡한 스크립트 코드를 분리하는 것은 매우 간단하고 유지 보수가 더 쉽다. tf_testing.sh에는 다음과 같은 내용을 담는다.

```
cp do_image.txt pipeline/testing
cd pipeline/testing
terraform apply \
 -var do_image="$(<do_image.txt)" \
 -var do_token="${DO_TOKEN}" \
 -var ssh_fingerprint="${SSH_FINGERPRINT}"
terraform show terraform.tfstate \
 | grep ipv4_address | awk "{print $3}" > ../../do_ip.txt
```

이 스크립트는 저장된 이미지 ID를 임시 디렉터리 pipeline/testing으로 복사한다. 그러고 나서 해당 디렉터리에서 terraform을 실행한다. terraform은 .tf 확장자를 갖는 현재 디렉터리에서 파일을 검색한다. 따라서 정확한 플랜 파일의 이름을 지정할 필요는 없다(앞에서 살펴본 ulsahgo.tf 파일 같은 것 말이다).

다음은 그 설명이다.

- 파이프라인에서는 모든 셸 명령에서 DO_TOKEN과 SSH_FINGERPRINT 환경변수를 사용할 수 있다. 앞에 나온 environment 섹션은 필요하다면 전체 파

이프라인의 수준이나 특정 단계에서 볼 수 있다.

- $(<do_image.txt)는 이전 단계에 저장된 텍스트 파일의 내용에서 디지털 오션 이미지 ID를 읽는다.
- tf_testing.sh 스크립트의 마지막 줄은 terraform으로 생성된 드롭릿을 검사하고, 그 IP 주소를 얻고, 그 주소를 다음 단계에서 사용하고자 텍스트 파일에 저장한다. terraform.tfstate 파일은 terraform의 시스템 상태 스냅샷이다. terraform이 자원을 추적하는 방식이 이것이다.

packer와 같이 terraform은 유용한 출력물을 젠킨스 콘솔 출력 페이지로 보낸다. 다음은 terraform apply 명령과 관련된 내용이다.

```
[Pipeline] { (Create droplet)
[Pipeline] sh
[UlsahGo] Running shell script
digitalocean_droplet.ulsahgo-latest: Creating...
    disk:                  "" => "<computed>"
    image:                 "" => "23888047"
    ipv4_address:          "" => "<computed>"
    ipv4_address_private:  "" => "<computed>"
    name:                  "" => "ulsahgo-latest"
    region:                "" => "sfo2"
    resize_disk:           "" => "true"
    size:                  "" => "512mb"
    ssh_keys.#:            "" => "1"
    ssh_keys.0:            "" => "****"
    status:                "" => "<computed>"
digitalocean_droplet.ulsahgo-latest: Still creating... (10s elapsed)
digitalocean_droplet.ulsahgo-latest: Still creating... (20s elapsed)
digitalocean_droplet.ulsahgo-latest: Still creating... (30s elapsed)
digitalocean_droplet.ulsahgo-latest: Creation complete (ID: 44486631)
Apply complete! Resources: 1 added, 0 changed, 0 destroyed.
```

이 단계가 완료되면 Ulsahgo를 갖는 드롭릿이 구동된다.

드롭릿 테스트

유닛 테스트 단계를 통과했기 때문에 코드가 잘 동작하리라는 확신은 있다. 하지만 디지털오션 드롭릿 부분을 성공적으로 수행하는지 확인할 필요가 있다. 이 수준에서의 테스트는 통합 테스트의 형태를 띠고 있다. 여기서는 새 이미지가 생성될 때마다 통합 테스트를 수행하길 원한다. 따라서 Jenkinsfile에 새로운 단계를 추가한다.

```
stage('Test and destroy the droplet') {
    steps {
        sh '''#!/bin/bash -l
        curl -D - -v \$(<do_ip.txt):8000/?edition=5 | grep "HTTP/1.1 200"
        curl -D - -v \$(<do_ip.txt):8000/?edition=6 | grep "HTTP/1.1 404"
        terraform destroy -force
        '''
    }
}
```

때로는 무디고 무거운 것이 작업을 위해 알맞은 도구일 수 있다. 이 두 curl 명령은 원격 드롭릿의 포트 8000을 갖는 ulsahgo로 쿼리를 보낸다. 다섯 번째 판에 대한 요청을 보냈을 때 HTTP 코드 200(성공)을 반환하고 여섯 번째 판에 대한 요청은 HTTP 404(실패)를 반환함을 확인한다. 우리는 애플리케이션에 잘 알고 있으므로 이러한 지정 상태 코드가 반환되리라는 것을 알고 있다.

이 테스트를 마무리하고자 더 이상 필요하지 않은 드롭릿을 삭제한다. 이 드롭릿은 파이프라인이 수행될 때마다 생성, 테스트, 삭제된다.

드롭릿 페어 와 로드밸런서로 UlsahGo 배포

마지막 파이프라인 작업은 두 디지털오션 드롭릿과 로드밸런서로 구성된 제품(모조) 환경에 배포하는 것이다. 한 번 더 말하지만 테라폼은 작업에 달려 있다.

단일 드롭릿 terraform 플랜 파일에 있는 환경설정의 일부를 재사용할 수 있다. 여전히 같은 변수와 드롭릿 자원이 필요하다. 여기서는 두 번째 드롭릿 자원을 추가한다.

```
resource "digitalocean_droplet" "ulsahgo-b" {
```

```
    name       = "ulsahgo-b"
    size       = "512mb"
    image      = "${var.do_image}"
    ssh_keys   = ["${var.ssh_fingerprint}"]
    region     = "sfo2"
}
```

또한 로드밸런서 자원을 추가한다.

```
resource "digitalocean_loadbalancer" "public"
{
    name = "ulsahgo-lb"
    region = "sfo2"

    forwarding_rule {
        entry_port = 80
        entry_protocol = "http"
        target_port = 8000
        target_protocol = "http"
    }

    healthcheck {
        port = 8000
        protocol = "http"
        path = "/healthy"
    }

    droplet_ids = [
        "${digitalocean_droplet.ulsahgo-a.id}",
        "${digitalocean_droplet.ulsahgo-b.id}"
    ]
}
```

로드밸런서는 포트 80을 대기하고, 요청을 ulsahgo가 대기중인 각 드롭릿 포트 8000에 전달한다. 또한 로드밸런서에 /healthy 앤드포인트를 이용해서 각 서비스가 실행 중인지 확인하게 한다. 로드밸런서는 이 앤드포인트로 쿼리를 보내 200 상태 코드를 받는다면 로테이션에 드롭릿을 추가한다.

이제 파이프라인의 새 단계로 운영 환경설정을 추가한다.

1418

```
stage('Create LB') {
    steps {
        sh 'bash pipeline/production/tf_prod.sh'
    }
}
```

로드밸런서 단계는 단일 인스턴스 단계와 비슷하다. 외부 스크립트는 매우 비슷하다. 따라서 그 내용을 여기에 넣는다. 이 스크립트를 수정해 단일 버전으로 두 환경 모두를 처리할 수 있다. 그러나 지금은 스크립트를 별도로 구분해놨다.

테스트 단계도 추가할 수 있다. 여기선 로드밸런서의 IP 주소를 이용해 동작한다.

```
stage('Test load balancer') {
steps {
    sh '''#!/bin/bash -l
    curl -D - -v -s \$(<do_lb_ip.txt)/?edition=5 | grep "HTTP/1.1 200"
    curl -D - -v -s \$(<do_lb_ip.txt)/?edition=6 | grep "HTTP/1.1 404"
    '''
    }
}
```

이전 설정과 **curl** 명령이 비슷하다. 그러나 대상 포트는 로드밸런서가 대기하고 있는 80이다.

예제 파이프라인의 결론

이 데모 CI/CD 구현은 실제 파이프라인의 몇 가지 중요 요소를 갖는다.

- 첫 두 단계(유닛 테스트와 빌드)는 지속적인 통합을 보여준다. 개발자가 코드를 커밋할 때 마다 젠킨스는 유닛 테스트를 수행하고 프로젝트 빌드를 시도한다.
- 세 번째 단계(빌드 아티팩트로 디지털오션 이미지 생성)는 지속적인 전달의 시작이다. 각 환경에 배포할 때 같은 이미지를 사용할 수 있다.
- 단일 드롭릿으로의 배포는 '개발' 또는 '테스트' 환경으로 여겨진다.
- 마지막 단계에서 **ulsahgo**를 고사용성 운영 환경과 비슷한 환경에 배포한

다. 여기서 지속적인 배포 파이프라인의 루프가 종료된다.

- 파이프라인의 어떤 단계라도 실패한다면 그 뒤의 단계는 취소된다. 이 경우 문제를 디버깅하고자 콘솔 출력을 사용하면 된다.

이 파이프라인은 오픈소스 도구에 전체적으로 의존한다. 모든 배포 코드는 일부 텍스트 파일에 저장되고 이는 애플리케이션 소스코드와 같은 저장소에 저장된다.

재빠른 독자는 이 단계에서 수행할 수 있는 개선 사항을 생각할 것이다. 몇 가지 나열해보면 다음과 같다.

- 제품 단계에서 중지 시간이 없게 하는 블루/그린 배포
- 각 단계 상태 알림을 위한 이메일 또는 채팅방
- 새 배포가 발생했을 때 모니터링 시스템을 돕는 훅^{hook}
- 단계 간 이미지 ID 같은 데이터를 전파하기 위한 더 나은 방법

지속적인 발전은 CI/CD(시스템 관리에서도 역시)의 필수 요소다. 시간이 지나며 점진적인 향상을 통해 높은 효율성과 자동화된 소프트웨어 전달 시스템을 이루게 될 것이다.

26.5 컨테이너와 CI/CD

대부분의 소프트웨어는 서드파티 라이브러리, 특정 파일 시스템 레이아웃, 특정 환경변수의 사용성, 기타 로컬라이제이션^{localization} 같은 외부 의존성이 존재한다. 요구되는 의존성 간 충돌은 단일 가상 머신에서 여러 애플리케이션을 실행하는 것을 어렵게 만든다.

더 복잡한 문제는 애플리케이션 빌드가 실행하는 곳과는 다른 자원이 필요하다는 것이다. 예를 들어 빌드 절차는 컴파일러와 테스트 스위트가 필요할 것이다. 그러나 이러한 추가요소는 런타임에는 필요하지 않다.

컨테이너는 이러한 문제에 우아한 해결책을 제시한다. 운영의 입장에서 환경은 컨테이너를 실행할 수만 있으면 된다. 앱을 위한 모든 의존성과 로컬라이제이션은 컨테이너 안에 내장되기 때문에 추가적인 환경설정 노력 없이 컨테이너 호환

시스템에 컨테이너만 활성화하면 된다. 같은 시스템에서 여러 컨테이너를 충돌 없이 동시에 실행할 수 있다.

CI/CD 환경을 단순화하고자 여러 방식으로 컨테이너를 사용할 수 있다.

- CI/CD 시스템 자체를 컨테이너에서 실행한다.
- 애플리케이션 빌드를 컨테이너 내에서 실행한다.
- 배포를 위한 빌드 아티팩트로 컨테이너 이미지를 사용한다.

첫 번째 항은 명확하다. 여러분의 CI/CD 소프트웨어(마스터 및 에이전트 모두를 포함)를 컨테이너에서 실행하는 것이다. 이는 CI/CD 인프라스트럭처 고유의 시스템을 갖는 오버헤드를 피할 수 있다.

다른 두 시나리오는 좀 더 설명이 필요하다. 다음 절에서 이를 더 자세히 다룬다.

빌드 환경으로 사용하는 컨테이너

애플리케이션을 빌드하는 데 필요한 알맞은 환경은 프로젝트에 따라 다르고 때로는 복잡하다. 모든 필요 도구를 설치하고 소프트웨어를 빌드하고, 의존 사항들을 CI/CD 에이전트 시스템에 직접 두는 것 보다 컨테이너 내에서 소프트웨어를 빌드하고, CI/CD 에이전트를 깨끗하고 포괄적인 상태로 유지할 수 있다. 그러면 빌드 절차는 특정 CI/CD 에이전트에 독립적이고 휴대성을 갖게 된다.

PostgreSQL 데이터베이스와 레디스^{Redis} 키/값 스토어에 의존하는 전형적인 애플리케이션을 생각해보자. 이 애플리케이션을 전통적인 설정에서 빌드하고 테스트하려면 각 요소를 위한 별도의 서버가 필요할 것이다. 각각 애플리케이션 자체, 레디스, PostgreSQL 데몬 등을 위한 것 말이다. 간단하게는 이 모든 구성 요소를 한 시스템에서 실행할 수도 있지만 서로 다른 의존성을 갖는 서로 다른 서비스를 빌드하고 테스트할 때 같은 서버를 사용하지 않을 수 있다.

대신 각 구성 요소를 위해 수명이 짧은 컨테이너를 사용할 수 있다. 한 컨테이너는 애플리케이션을 빌드하고 실행한다. 이는 PostgreSQL과 레디스를 위한 별도의 컨테이너(같은 컨테이너일 수도 있고 다른 컨테이너일 수도 있다)에 접속할 수 있다. 빌드 절차가 완료되면 해당 컨테이너는 정지되고 삭제된다. 서로 다른 의존성을 갖는 애플리케이션 사이에 충돌 위험 없이 같은 CI/CD 에이전트를 이용해 빌드할 수 있다.

오늘날 대부분의 CI/CD 도구는 컨테이너를 위한 지원을 포함한다. 젠킨스는 도커 플러그인을 지원해 파이프라인에 자연스러운 통합이 가능하다. 또한 컨테이너를 위해 설계된 CI/CD 플랫폼인 드론Drone(try.drone.io)을 참고한다.

빌드 아티팩트로서의 컨테이너 이미지

빌드의 결과물은 컨테이너 오케스트레이션 시스템을 통해 배포 가능한 컨테이너 이미지일 수 있다. 컨테이너는 경량이고 휴대성이 높다. 이미지 레지스트리를 통해 컨테이너 이미지를 시스템 간에 이동하는 것은 매우 쉽고 빠르다. 모든 CI/CD 도구는 컨테이너를 생산하기 위한 전략을 취할 수 있다.

기본 작업 흐름은 다음과 같다.

1. 빌드 지정 컨테이너 내에서 애플리케이션을 빌드
2. 애플리케이션과 그 의존성을 포함하는 컨테이너 이미지 생성
3. 레지스트리에 이미지 푸시
4. 이미지를 컨테이너를 사용하도록 준비된 실행 환경에 배포

이는 보통 도커 스웜, 메소스/마라톤, 쿠버네티스, AWS EC2 컨테이너 서비스 같은 컨테이너 관리 플랫폼을 사용해 이미지를 운영 환경에 배포하기에 최적이다. 여러분의 파이프라인의 배포 단계는 적절한 API를 호출해 플랫폼에게 원하는 것을 처리하게 할 수 있다. 그림 E는 그 절차를 보여준다.

컨테이너가 성숙한 CI/CD 파이프라인과 완벽하게 조화롭다는 것을 알아냈다. 매우 빠른 사이클 시간은 새 코드의 배포와 문제 발생 시 이전 버전으로 회귀 둘 다 쉽게 만들어준다. 가상 머신과 환경설정 관리 시스템은 모두 엄청나게 느린 편이다.

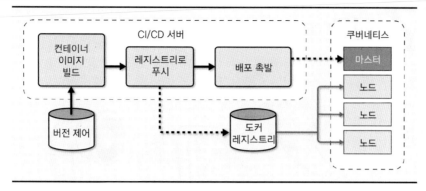

26.6 추천 자료

Beck, Kent, et al. Manifesto for Agile Software Development. agilemanifesto.org

Duvall, Paul M., Steve Matyas, and Andrew Glover. Continuous Integration: Improving Software Quality and Reducing Risk. Upper Saddle River, NJ: Addison-Wesley, 2007.

빅토르 파르시트[Farcic, Viktor]의 『데브옵스 2.0 툴킷: 컨테이너화된 마이크로서비스로 지속적인 배포 파이프라인 자동화하기』(에이콘, 2016)

Fowler, Martin. Continuous Integration. goo.gl/Y2lisI (martinfowler.com)

제즈 험블[Humble, Jez], 데이비드 팔리[David Farley]의 『신뢰할 수 있는 소프트웨어 출시: 효과적이고 지속적인 소프트웨어 개발의 모든 것』(에이콘, 2013)

키프 모리스[Morris, Kief]의 『코드로 인프라 관리하기: 효율적인 인프라 관리를 위한 자동화 방법』(한빛미디어, 2017)

jenkinsci-docs@googlegroups.com. Jenkins User Handbook. jenkins.io/doc/book

27 보안

컴퓨터 보안은 좋지 않은 상태에 있다. 컴퓨팅 환경 거의 모든 곳에서 보이는 진보와는 반대로 보안 결함은 점점 더 증가하고, 결과는 더 심각해지고 있다. 컴퓨터 보안 이슈는 세계의 직접적인 영향을 끼치며 위협적이다.

27장을 건너뛰려는 사람을 위해 이 책의 마지막 판이 나올 시기에 발생한 일부 컴퓨터 보안 사건을 나열해 호기심을 이끌어보겠다.

- 정교한 스턱스넷^{Stuxnet} 웜^{worm}. 2010년에 발견됐으며 이란의 우라늄 농축 시설을 손상시킴으로써 핵 프로그램을 공격했다.
- 2013년, 에드워드 스노우덴^{Edward Snowden}은 막대한 양의 NSA 감시 머신을 유출했다. 이는 일부 거대 인터넷 회사가 정부의 허락하에 미국 시민에 대한 감사에 연루됐다는 것을 밝혔다.

- 2013년, 랜섬웨어라는 새로운 형태의 공격이 나타났다. 공격자는 대상 시스템을 취해서 그 데이터를 암호화하고 인질로 삼는다. 피해자는 보통 복구를 위해 몸값을 지불해야 한다.
- 2015년, 미국 인사관리 사무소에 문제가 있었다. 2천백만 이상의 미국 시민에 대한 민감한 개인 정보가 유출됐다. 그중 다수는 보안 허가를 갖고 있었다.
- 2016년, 러시아가 후원하는 해커들이 미국 대선 결과에 영향을 미칠 수 있는 캠페인을 벌인 것으로 알려졌다.
- 2017년, 전례 없는 규모의 랜섬웨어 공격이 150개국이 넘는 곳의 윈도우 시스템을 공격했다. 해당 공격은 NSA에서 개발된 업적을 사용했다.

피해액은 그 어느 때보다 높았으며 이는 더 나아지기보다는 안 좋아질 것이다.

문제는 보안 문제가 항상 순수한 기술적인 문제가 아니라는 점이다. 충분한 수준의 보안 요구 사항을 만족하려면 인내, 경계, 지식, 지속성 등이 필요하다. 여러분이나 시스템 관리자만이 아니라 전체 사용자와 관리 주체가 모두 포함된다.

시스템 관리자는 매우 무거운 짐을 진다. 조직의 시스템과 네트워크를 보호하고자 경계를 강화하고 사용자와 직원들에게 적절한 교육을 실시하는 등 과제를 밀어붙여야 한다. 각자 스스로도 최신 보안 기술에 익숙해지고 사이트의 취약점을 해결하고 식별하고자 전문가와 함께해야 한다. 보안은 모든 결정의 일부가 돼야 한다.

보안과 사용성 간의 균형을 맞춘다. 다음을 보자.

$$보안 = \frac{1}{(1.072)(편리함)}$$

보안에 대해 고려할수록 여러분과 여러분의 사용자를 좀 더 구속하게 된다. 사용자를 위한 의도를 고심하고 나서 이 장에서 제안된 보안 고려 사항을 구현하자.

유닉스가 안전한가? 물론 아니다. 유닉스와 리눅스만 아니라 네트워크와 통신하는 모든 운영체제는 안전하지 않다. 완벽한 보안 시스템을 가져야 한다면 여러분의 컴퓨터와 다른 기기 사이를 연결하지 않고 떨어뜨려놔야 한다.[1] 누군가는 전자 기파를 차폐하는 특수한 방에 컴퓨터를 봉인해야 할 필요도 있다고 말한다('패러 데이 새장(Faraday cage)'을 찾아보라). 이 얼마나 웃긴 일인가?

이 장에서는 공격의 기원, 시스템을 보호하는 기본적인 방법, 그를 위한 도구, 추가 정보의 출처 등 컴퓨터 보안의 다양한 분야를 알아본다.

27.1 보안 요소

정보 보호의 분야는 방대하다. 그러나 보통은 'CIA 삼인조'라고 서술하는 것이 가장 나은 설명이다. CIA란 다음과 같다.

- 기밀성Confidentiality
- 무결성Integrity
- 가용성Availability

기밀성은 데이터의 개인 정보를 고려한다. 정보로의 접근은 그 정보에 인가된 사람에 한정돼야 한다. 인증, 접근 제어, 암호화는 이러한 기밀성을 위한 부가 요소 중 일부다. 해커가 시스템에 침범해서 고객 연락처 데이터베이스를 훔친다면 기밀성이 침해된 것이다.

무결성은 정보의 신뢰성과 관계가 있다. 데이터 무결성 기술은 정보가 유효하고 비정상적인 방식으로 변경되지 않았음을 보장한다. 또한 정보의 출처가 신뢰할 수 있음을 나타낸다. 보안 웹 사이트가 서명 TLS 인증을 취득했다고 표현한다면 사용자에게 암호화된 정보를 제공하는 것뿐 아니라 신뢰할 수 있는 인증기관(베리사인VeriSign 또는 이퀴팩스Equifax 같은)에서 해당 원천을 검증했다는 뜻이다. PGP와 같은 기술도 데이터 무결성을 보장하는 데 사용된다.

가용성은 정보가 필요한 인증된 사용자만 접근이 가능하게 하는 것을 말한다. 그 이외의 경우에는 데이터가 의미가 없다. 공격자가 아닌 것으로 인해 발생되는 문

---

1. 때로는 떨어뜨려 놓는 것이 충분하지 않을 수 있다. 2014년, 젠킨(Genkin), 샤미르(Shamir), 트로머(Tromer)의 논문에는 파일을 복호화할 때 발생하는 고역대의 주파수를 분석해 노트북으로부터 RSA 암호화키를 추출하는 기술을 소개했다.

제(예, 관리적인 오류 또는 전원 차단 등)도 가용성 문제의 범위에 해당된다. 불행히도 뭔가 잘못되기 전까지는 가용성은 무시되기 일쑤다.

시스템과 네트워크를 설계, 구현, 유지 보수할 때 CIA 원리를 고려하라. 오래된 보안 관련 속담에 다음과 같은 말이 있다. "보안은 절차다."

27.2 보안이 깨지는 모습

이 절에서는 현업에서 보안 문제가 어떻게 생기는지 일반적인 사례를 살펴본다. 대부분의 보안 실패는 다음과 같은 분류 중 하나에 포함된다.

소셜 엔지니어링

컴퓨터 시스템의 사용자(그리고 관리자)는 보안 체인chain에서 가장 약한 고리다. 보안 인식이 높아진 현대에서도, 좋은 의도를 갖는 사용자에 대해 의심하지 않는 것은 민감한 정보를 쉽게 넘길 수 있게 한다. 사용자 요소를 보호할 수 있는 완벽한 기술은 존재하지 않는다. 여러분은 사용자 커뮤니티에 높은 보안 인식을 심어줘서 함께 보호에 참여할 수 있게 해야 한다.

이 문제는 다양한 방식으로 나타난다. 공격자는 피해자들에게 무작위로 전화해서 시스템 접근을 돕게 하고자 사용자를 혼란스럽게 만든다. 일부는 문제 해결을 위해 관련 내용을 공개 포럼에 비의도적으로 올리기도 한다. 겉으로는 합법적인 유지 보수 인력으로 보이는 사람이 네트워크를 조작하고자 나타날 때 생긴다.

'피싱phishing'은 사용자로부터 정보를 취득하려 시도하거나 문제 있는 행동을 하도록 유도하는 것을 말한다. 예를 들면 멀웨어malware를 설치하거나 하는 것 말이다. 피싱은 속이기 위한 이메일, 인스턴트 메시지, 텍스트 메시지, 소셜 미디어 접촉으로 시작된다. '스피어 피싱spear phishing'이라 불리는 대상을 정한 공격은 대항하기가 매우 어렵다. 그 대화에는 주로 진짜처럼 보이는 피해자에 특정된 정보를 포함하기 때문이다.

소셜 엔지니어링은 매우 강력한 해킹 기술이고 막기가 매우 어려운 위협 중 하나다. 사이트 보안 정책의 새 고용자를 위한 트레이닝에 이를 반드시 넣어야 한다. 소셜 미디어 위협, 물리적인 보안, 이메일 피싱, 다중 인증, 올바른 암호 선택에 대해 직원에 알리기 위한 효율적인 방법은 정기적이고 조직 단위의 소통이다.

소셜 엔지니어링에 대한 조직의 대응 정도를 판단하고자 스스로 특정 소셜 엔지니어링 공격을 시도하기 위한 유효한 방법을 찾아보는 것일 수 있다. 물론 여러분의 관리자에게 여러분이 이를 수행할 수 있는 명백한 권한이 있는지 확인을 먼저 하라. 명백한 위임이 없이 수행된다면 아주 의심스러워 보일 것이다. 내부적인 스파이의 형태도 있으므로 솔직하게 처리되지 않는 경우 원한을 살 가능성도 있다.

많은 조직은 사용자들에게 관리자가 절대 암호를 요구하지 않는다는 사실을 이야기한다. 사용자들이 이러한 암호 요구를 받는다면 IT 부서에 즉시 보고하도록 이야기하라.

소프트웨어 취약점

시간이 지나면서 컴퓨터 소프트웨어에 셀 수 없는 보안 약화 버그가 있다는 사실이 밝혀졌다. 세세한 프로그래밍 오류나 의존성을 악용해서 해커는 다양한 지점으로 시스템을 조작할 수 있다.

버퍼 오버플로buffer overflow는 복잡한 보안 구현에서 프로그래밍 오류의 한 예다. 개발자는 특정 정보를 저장하고자 보통 버퍼라고 불리는 사전에 지정된 크기의 임시 메모리 공간을 할당한다. 코드에서 정보를 저장하는 공간의 크기와 데이터의 크기를 올바르게 점검하지 않는다면 인접 메모리의 공간이 덮어써질 위험이 있다. 교활한 해커는 조작된 데이터를 이용해서 프로그램을 충돌에 이르게 하거나 최악의 경우 임의의 코드를 실행할 수 있다.

버퍼 오버플로는 입력 검증 취약점으로 알려진 소프트웨어 보안 버그의 하위 분류에 속한다. 거의 모든 프로그램은 사용자로부터 특정 형태의 입력을 받는다(예, 커맨드라인 인자, HTTP 요청을 위한 매개변수 등). 코드가 이러한 데이터의 형태와 내용을 엄격하게 점검하지 않는다면 안 좋은 일이 생길 것이다.

여러 가지 부분에서 오픈소스 운영체제는 보안에 이점을 갖는다. 리눅스와 FreeBSD 의 소스코드는 모두가 사용할 수 있고 수천 명의 사람이 보안 위협 가능성을 점검 하고자 코드의 각 줄을 조사하고 수정할 수 있다. 이러한 점은 제한된 사람이 코드 의 약한 부분을 확인할 기회가 있는 폐쇄적인 운영체제에 비해 좀 더 나은 보안을 제공한다고 믿는다.

이러한 형태의 공격을 막고자 관리자로서 여러분이 할 수 있는 일은 무엇일까? 애 플리케이션에 따라 다르긴 하겠지만 한 가지 확실한 방법은 애플리케이션의 권한 을 줄여 보안 버그의 영향을 최소화하는 것이다. 프로세스가 비권한 사용자로 동 작하면 루트로 동작하는 것보다 적은 피해를 입힐 수 있다. 좀 더 상세하게 들어가 고자 이 방식에 SELinux 같은 의무 접근 제어 시스템을 포함시킬 수 있다. 제한된 자격을 갖는 컨테이너 또한 여기에 잘 맞는다.

시간이 지나면서 오픈소스 커뮤니티는 소프트웨어 취약점을 처리하기 위한 표준 절차를 개발했다. 초기 보고서가 소프트웨어 개발자에게 직접 전달돼 해커가 이 를 악용하기 전에 이슈 수정을 위한 패치가 개발되고 릴리스되게 한다. 추후 보안 이슈의 상세 사항은 대중에 공개되고 관리자가 이를 인지한 후 이 이슈 및 패치가 대중의 검사를 받을 수 있게 한다. 이런 이유 때문에 패치와 보안 공개 사항을 계속 주시하는 것은 관리자의 업무 중 가장 중요한 업무다. 다행히도 현대 운영체제는 소프트웨어 업데이트가 매우 직관적이며 자동화하기 매우 쉽다.

분산 서비스 거부 공격(DDoS)

DDoS 공격은 사용자가 서비스를 이용할 수 없게 만들어서 서비스를 방해하거나 그 성능에 불리한 영향을 끼치는 것을 목적으로 한다. 보통 엄청난 네트워크 트래 픽을 사이트로 보내 사이트의 가용 대역폭이나 시스템 자원을 모두 소비하게 한 다. DDoS 공격은 재정적인 이유 때문이거나(공격자가 랜섬을 위해 사이트를 쥐고 있 는 경우) 정치적인 이유일 수 있다.

공격을 수행하고자 공격자는 피해자의 네트워크 밖의 보호되지 않은 장비에 악의 적인 코드를 심는다. 이 코드는 공격자가 원격에서 중계 시스템('봇넷'botnet'의 형태를 갖는)에 명령을 내릴 수 있게 한다. 대부분의 일반적인 DDoS 사례에서는 봇넷의 위성 프로그램이 피해자의 네트워크 트래픽을 교란한다.

최근에 봇넷은 IP 카메라, 프린터, 심지어는 아기용 모니터 같은 인터넷 연결 장치에도 포함된다. 이러한 장치는 기본적으로 보안이 존재하지 않는다. 소유자는 일반적으로 이러한 장치가 해킹 당했다는 것을 알지 못한다. 봇넷 관리를 위한 정교한 명령 & 제어 도구는 다크 웹^{dark web}에서 구매만 하면 누구에게나 열려 있다. 몇몇은 심지어 무료 고객 지원을 포함한다.

2016년 가을, 미라이^{Mirai} 봇넷은 보안 연구자와 블로거 브라이언 크레브즈^{Brian Krebs}를 대상으로 삼았다. 수만 개의 IP 주소 원천에서 620Gb/s의 트래픽을 그의 사이트에 쏟아부었다. 자연히 그의 호스팅 회사는 그에게 다른 곳으로 이전하라고 요구했다. 미라이 봇넷 코드는 오픈소스였다.

DDoS 공격을 막거나 경감하기 위한 책임은 대부분 네트워크 관리 계층에 존재한다. 소프트웨어 및 하드웨어는 공격을 탐지하고 적절한 서비스가 이뤄지는 동안 정지하는 것이 가능하다. 공개 클라우드 프로바이더와 그들이 위치한 시설에는 이러한 기술을 갖고 있다. 그러나 경감하는 것이 완벽하지는 않고 위협은 지속적으로 나타난다.

내부 남용

직원, 계약인, 컨설턴트는 조직이 신뢰하는 인원들이며 특수 권한을 갖고 있다. 때로 이러한 권한이 남용된다. 내부자들은 데이터를 훔치거나 드러낼 수 있으며 재정적인 이득을 얻고자 시스템에 피해를 주거나 정치적인 이유로 피해를 만들어낼 수 있다.

이러한 형태의 공격은 보통 탐지하기가 가장 어렵다. 대부분의 보안 대책은 외부의 위협에서 보호를 제공한다. 따라서 접근이 허용된 사용자에 효과적으로 대응하기엔 어렵다. 내부자는 보통 처음에 의심받지 않는다. 가장 엄격한 조직만이 시스템적으로 직원을 모니터링한다.

시스템 관리자는 특정 목적을 위해 환경에 백 도어^{back door}를 설치해서는 절대 안 된다. 이러한 시설은 다른 사람에 의해 쉽게 탈취될 수 있다.

네트워크, 시스템, 애플리케이션 환경설정 오류

소프트웨어는 안전하게 또는 안전하지 않게 환경설정된다. 소프트웨어는 유용하게 사용하고자 개발되기 때문에 기본값은 안전하지 않게 돼 있기도 하다. 해커는 일반적으로 덜 위험한 환경에서 도움이 되고 편리하다고 여겨지는 기능을 탈취해서 접근 권한을 얻어낸다. 이러한 환경에는 암호 없는 계정, 룰^{rule}을 너무 열어놓은 방화벽, 보호되지 않는 데이터베이스 등이 있다.

호스트 환경설정 취약점에 대한 예제는 부트 로더 암호를 요구하지 않고 리눅스 시스템을 부팅하는 것을 허용하는 것이 가장 표준적인 예이다. GRUB은 설치 시에 암호를 요구하게 할 수 있지만 관리자는 이 옵션을 활성화하지 않는다. 이를 생략하면 물리적인 공격에 시스템을 노출하게 된다.

그러나 이는 사용성과 보안의 균형이 필요하다는 예가 될 수도 있다. 암호를 요구하는 것은 시스템이 의도치 않게(예, 전원 차단 후) 재부팅된 경우 관리자가 이 시스템을 다시 동작하게 하고자 물리적으로 근처에 있어야 한다는 것을 말한다.

시스템을 안전하게 하기 위한 가장 중요한 단계는 해커에게 편리한 요소를 무의식적으로 만들어 놓지 않게 하는 것이다. 이러한 종류의 문제는 찾아 고치기가 쉽다. 잠재적으로 많이 존재하고 점검하기가 명백하지는 않지만 말이다. 이 장 후반에 다루는 포트와 취약점 스캐닝 도구를 이용하면 문제가 생기기 전에 관리자가 식별할 수 있게 도와준다.

27.3 기본 보안 대책

대부분의 시스템은 처음부터 보안이 완벽하게 준비돼 있지 않다. 설치 중 또는 후에 이뤄지는 사용자화를 통해 새 시스템을 위한 보안 프로파일을 변경한다. 관리자는 새 시스템을 강화하고 해당 시스템을 로컬 환경에 통합하고, 장기 보안 유지 보수를 위한 계획을 세우고자 노력을 기울여야 한다.

감사가 이뤄진다면 다음과 같은 표준 절차를 따르고 있다는 것을 증명하면 좋을 것이다. 특히 이 절차가 외부 추천을 따르고 여러분의 분야에 잘 맞는다면 말이다. 시스템 강화 표준의 선택에 대한 추천이 나와 있는 '보안 정보 출처'를 참고하라.

다음과 같은 사항을 염두에 두면 여러분 사이트의 보안을 향상시킬 수 있을 것이다.

- 각 요소, 사람, 역할에 필요한 최소한의 권한만을 할당함으로써 최소 권한의 원칙을 적용한다. 이 원칙은 방화벽 규칙, 사용자 퍼미션, 파일 퍼미션, 기타 접근 제어가 필요한 상황 등에 적용된다.
- 보호를 성공적으로 이루고자 보안 대책 계층을 마련한다. 예를 들어 네트워크 보호를 위한 외부 방화벽 하나에만 의지하지 않는다. 그렇게 하면 투시팝^{Tootsie Pop}(겉은 단단하고 내부는 부드러운 사탕)과 같은 구조를 구축할 수 있을 것이다.
- 공격이 가능한 부분을 최소화한다. 최소한의 인터페이스, 노출된 시스템, 불필요한 서비스, 사용하지 않는 시스템 등 취약점과 보안 약점의 가능성을 낮춘다.

자동화는 보안 전쟁에서 가까운 동맹이다. 환경설정 관리와 스크립트를 사용해 보안 시스템과 애플리케이션을 반복적으로 생성할 수 있다. 더 많은 보안 절차를 자동화할수록 사용자 오류의 가능성을 낮춘다.

소프트웨어 업데이트

관리자의 최고 보안 업무는 시스템이 최신의 패치를 갖도록 업데이트를 유지하는 것이다. 대부분의 시스템은 벤더의 패키지 저장소를 가리키게끔 사전 설정돼 있다. 이는 몇 가지 명령을 통해 패치를 적용할 수 있게 해준다. 큰 사이트에서는 벤더의 저장소를 미러링하는 로컬 저장소를 사용할 수 있다. 이를 통해 외부 대역폭을 아끼고, 업데이트 속도를 올릴 수 있다.

패치를 하기 위한 적절한 방법은 다음과 같은 요소를 포함해야 한다.

- 꾸준하게 패치를 주기적으로 설치하기 위한 스케줄을 짠다. 이 스케줄을 짤 때 패치가 사용자에게 미치는 영향을 고려한다. 월간 업데이트가 보통 가장 적합하지만 중요한 패치를 짧은 알림과 함께 적용할 수 있게 준비한다.
- 각 패치의 영향에 대한 문서, 설치 후 테스트 단계 개요 작성, 문제 발생 시 변경점을 되돌리는 방식 서술 등 변경 계획을 세운다. 이러한 변경 계획을 위해 모든 관련 부서와 소통한다.
- 어떤 패치가 이 환경에 맞는지에 대해 이해한다. 관리자는 벤더 특정 보안 메일링 리스트, 블로그, 버그트랙BugTraq과 같은 일반화된 보안 토론 포럼을 구독한다.
- 여러분의 환경에서 사용된 애플리케이션과 운영체제의 정확한 목록을 유지한다. 이것을 유지함으로써 전체 범위를 판단하는 데 도움이 된다. 설치된 기반들을 추적하고자 보고 소프트웨어를 사용한다.

소프트웨어 패치는 때로 고유의 기발한 보안 문제나 약점을 노출한다. 그러나 대부분 공격의 대상은 널리 알려진 오래된 취약점이다. 계속 말하지만 주기적으로 업데이트되는 시스템을 유지하는 것이 훨씬 낫다. 이 작업이 조직적이고 지속적으로 이뤄지게 한다.

불필요한 서비스

상용 시스템은 기본적으로 많은 기본 서비스를 구동한다. 그중 필요 없는 것(특히 네트워크 데몬의 경우)들을 비활성화(또는 제거)한다. 네트워크를 사용하는 서비스에 어떤 것이 있는지 확인하려면 netstat 명령을 사용한다. 다음은 FreeBSD 시스템에서 해당 명령의 결과 일부를 보여준 것이다.

```
freebsd$ netstat -an | grep LISTEN
tcp6       0       0  *.22      *.*            LISTEN
tcp6       0       0  *.2049    *.*            LISTEN
tcp6       0       0  *.989     *.*            LISTEN
tcp6       0       0  *.111     *.*            LISTEN
```

리눅스는 같은 목적으로 ss 명령을 사용하도록 전환되고 있다. 하지만 netstat 역시 동작한다.

특정 포트를 사용하는 서비스를 얻어내는 데 도움이 되는 다양한 명령이 있다. 예를 들어 lsof를 사용할 수 있다.

```
freebsd$ sudo lsof -i:22
COMMAND  PID  USER     FD  TYPE  SIZE/OFF  NODE  NAME
sshd     701  root     3u  IPv6       0t0  TCP   *:ssh (LISTEN)
sshd     701  root     4u  IPv4       0t0  TCP   *:ssh (LISTEN)
sshd     815  root     3u  IPv4       0t0  TCP   10.0.2.15:ssh->10.0.2.2:54834
    (ESTABLISHED)
sshd     817  vagrant 3u  IPv4       0t0  TCP   10.0.2.15:ssh->10.0.2.2:54834
    (ESTABLISHED)
```

PID를 얻고 나면 ps를 이용해 특정 프로세스를 식별할 수 있다. 해당 서비스가 필요 없으면 정지하고 부팅 시간에 재시작되지 않게 한다. lsof를 사용할 수 없다면 fuser 또는 netstat -p를 사용할 수도 있다.

시스템의 전체적인 발자국을 제한한다. 더 적은 패키지는 더 적은 취약한 소프트웨어를 의미한다. 산업 전체적으로 기본 설치된 패키지의 개수를 줄이는 것을 통해 이 문제를 처리하기 시작했다. 코어OS와 같은 일부 특수 배포판은 컨테이너 내에서 이 모두를 집어넣어 수행할 수 있게 한다.

원격 이벤트 로깅

syslog 서비스는 로그 정보를 파일, 일련의 사용자, 네트워크상 다른 호스트로 전달한다. 전달된 이벤트와 응답을 적절히 처리하는 중앙 로깅 머신으로 동작할 보안 호스트 설정을 고려해보자. 단일화된 중앙 로그 수집기는 다양한 기기에서 로그를 모으고 의미 있는 이벤트 발생 시 관리자에 알림을 보낸다. 또한 원격 로깅은 해커가 시스템을 취했을 때 해당 시스템의 로그 파일을 재작성하거나 지움으로써 흔적을 지우는 것을 막아줄 수 있다.

대부분의 시스템은 기본적으로 syslog를 사용하게 돼 있다. 그러나 원격 로깅을 설정하려 한다면 환경설정을 수정해야 할 것이다.

백업

정기적인 시스템의 백업은 보안 계획의 핵심 부분이다. 이는 CIA 요소 중 '가용성'에 해당된다. 모든 파일 시스템을 정기적으로 복제하고 오프사이트에 백업을 저장한다. 커다란 보안 문제가 발생한 경우 이 백업에서 복구를 위한 오염되지 않은 지점을 찾을 수 있다.

그러나 백업 역시 보안 위협 요소가 될 수 있다. 백업 파일을 암호화해서 접근을 제한(그리고 모니터링)함으로써 백업을 보호한다.

바이러스와 웜

유닉스와 리눅스는 바이러스에서 보통 안전하다. 소수만 존재하고(대부분은 학술적인 이유로 존재하는) 윈도우 운영체제에서와 같이 비용이 많이 드는 혼란을 초래하는 것은 없다. 그럼에도 이러한 사실이 안티바이러스 회사가 멀웨어로 인한 플랫폼의 파괴를 예측하는 것을 막지는 못한다. 안티바이러스 제품을 특별히 싼 가격으로 구매하지 않는다면 말이다.

위협적인 소프트웨어가 없다는 것에 명확한 이유는 없다. 일부는 유닉스의 시장이 데스크톱 경쟁자에 비해 적고 바이러스 제작자의 흥미로운 대상이 되지 않는다고 말하기도 한다. 다른 이는 유닉스의 접근 제어 환경이 스스로 전파하는 웜이나 바이러스의 피해를 제한한다고 주장한다.

후자는 어느 정도 말이 된다. 유닉스는 파일 시스템 수준에서 시스템 실행 파일로의 쓰기 접근을 제한한다. 권한이 없는 사용자 계정은 나머지 환경을 오염시키지 못한다. 바이러스 코드가 루트로 실행되지 않는 이상, 감염의 범위는 현격히 제한된다. 사기꾼은 매일 작업을 위해 루트 계정을 사용하지 못한다. 이러한 이슈에 대해 자세한 내용은 3장을 참고한다.

사례를 쥐어짜보자면 유닉스 서버에 안티바이러스 소프트웨어를 실행하는 하나의 이유는 윈도우 전용 바이러스로부터 여러분의 사이트상 윈도우 시스템을 보호하기 위해서다. 메일 서버는 바이러스가 첨부돼 있는 수신 이메일을 스캔할 수 있고 파일 서버는 공유 파일이 감염됐는지 스캔할 수 있다.

토마즈 콤$^{Tomasz\ Kojm}$이 제작한 ClamAV가 유명하다. 이는 유닉스와 리눅스를 위한 무료 안티바이러스 제품이다. 광범위하게 사용되는 이 GPL 도구는 수천 개의 바이러스를 탐지할 수 있는 안티바이러스 툴킷이다. 최신 버전은 clamav.net에서 다운로드할 수 있다.

물론 일련의 사람은 안티바이러스 소프트웨어 자체가 창의적이지 않다고 이야기한다. 탐지와 보호율은 평범하고 라이선스와 관리 비용은 부담이 된다. 높은 빈도로 안티바이러스 소프트웨어는 시스템의 다른 요소를 망가뜨린다. 이는 기술 지원상 다양한 문제를 야기한다. 때로 안티바이러스 인프라스트럭처 자체를 공격해 도용되는 결과도 나타난다.

마이크로소프트 윈도우의 최신 버전에는 윈도우 디펜더라 불리는 기본적인 안티바이러스 도구가 포함된다. 이는 새로운 멀웨어 형식을 찾는 데 가장 빠르지는 않지만, 효율적이며 시스템의 다른 요소를 상대적으로 방해하지 않는다.

루트킷

악의적인 해커는 자신의 흔적을 지우고 탐지를 피하려 한다. 그들은 여러분의 시스템을 계속 사용해서 불법 소프트웨어를 배포하고 다른 네트워크를 탐색하며 다른 시스템으로 공격을 들어가려 한다. 그들은 보통 '루트킷$^{Root\ kit}$'을 사용해 탐지되지 않은 상태로 남는다. 소니는 루트킷과 비슷한 능력을 갖는 소프트웨어를 그들의 수백만 음악 CD 내 복제 방지 소프트웨어에 포함시킨 것으로 유명하다.

루트킷은 프로세스, 디스크, 네트워크 활동과 같은 중요 시스템 정보를 숨기는 프로그램 및 패치다. 찾기가 매우 힘든 커널 모듈을 치환하는 간단한 애플리케이션(ls와 ps의 해킹된 버전 같은)에서부터 정교한 것까지 다양하다.

OSSEC과 같은 호스트 기반 침투 탐지 소프트웨어는 시스템에 루트킷의 존재를 모니터링하는 효율적인 방법이다. 리눅스의 AIDE 같은 파일 무결성 모니터링 도구는 예기치 않게 수정된 파일이 생기면 알림을 준다. 루트킷 탐색 스크립트 (chkrootkit, chkrootkit.org 같은)도 잘 알려진 도구다.

프로그램이 관리자를 도와 도용된 시스템에서 루트킷을 제거하지만 철저하게 청소하는 것이 데이터를 구하고 시스템을 지우는 데 걸리는 시간보다 더 나을 수 있다. 가장 발전된 루트킷은 일반적인 제거 프로그램을 인지하고 그들을 파괴하려 한다.

패킷 필터링

인터넷에 접속돼 있는 네트워크에 시스템을 연결하려면 패킷 필터링 라우터나 방화벽을 시스템과 외부 세계 사이에 설치해야 한다. 패킷 필터는 시스템에 특별히 원하는 서비스를 위한 트래픽만 통과하게 한다. 외부로 여러분의 시스템이 최소한만 노출되게 제한하는 것이 최전방 방어선이다. 많은 시스템은 인터넷에 직접 접근을 필요로 하지 않는다.

인터넷 게이트웨이gateway에 방화벽 시스템과 더불어 FreeBSD의 `ipfw`, 리눅스의 `iptables`(또는 `ufw`)와 같은 호스트 기반 패킷 필터를 추가할 수 있다. 호스트에 어떤 서비스가 구동 중인지 확인하고 이러한 서비스를 위한 포트만 열어둔다. 어떤 경우에는 각 포트로 접근이 허용되는 원천 주소를 제한할 수도 있다. 많은 시스템은 하나 또는 두 개의 포트만 접근하면 된다.

여러분의 시스템에 클라우드 환경에 있다면 물리적인 방화벽 말고 보안 그룹을 사용할 수 있다. 보안 그룹 규칙rule의 설계는 세밀한 설정이 가능하다. 공격자가 여러분의 호스트에서 외부로 나가는 연결을 만들 수 있는 상황을 제한하고자 나가는outbound 규칙을 추가하는 것도 고려하자. 이 주제에 대한 자세한 사항은 13장을 참고한다.

암호와 다중 요소 인증

우리는 단순한 규칙을 갖는 단순한 사람이다. 모든 계정은 암호를 가져야 하고 이는 쉽게 추측할 수 없어야 한다. 암호의 복잡도 규칙은 귀찮지만 이유는 있다. 추측 가능한 암호는 시스템 손상의 주요소 중 하나다.

우리가 선호하는 최신 유행 중 하나는 다요소 인증^{MFA} 시스템 지원의 확산이다. 이 방식은 여러분이 알고 있는(암호 또는 암호 구문^{passphrase}) 또는 갖고 있는 (물리 장치, 일반적으로 휴대전화) 것을 통해 여러분의 식별자를 검증한다. 유닉스 셸 계정부터 은행 계좌까지 거의 모든 인터페이스는 MFA로 보호할 수 있다. MFA의 활성화는 쉽고 강력하게 보안을 강화하는 방식이다.

다양한 이유로 MFA는 관리자 권한이 주어지는 인터넷에 연결된 부분을 위한 최소한의 요구 사항이 됐다. 여기에는 VPN, SSH 접근, 웹 애플리케이션을 위한 관리 인터페이스 등이 포함된다. 단일 요소(암호만 사용하는) 인증 방식은 모든 사용자 인증에 적용할 수 없다는 논란도 있다. 그러나 적어도 모든 관리 인터페이스는 MFA로 강화해야 한다. 다행히도 구글 인증기와 듀오(duo.com) 같은 훌륭한 클라우드 기반 MFA 서비스를 사용할 수 있다.

경계

시스템의 보안을 강화하고자 그 상태^{health}, 네트워크 연결, 프로세스 테이블, 전체적인 상태(보통 일일)를 주기적으로 모니터링한다. 이 장에서 언급되는 강력한 도구를 이용해 주기적인 자가 평가를 수행한다. 보안 손상은 작은 발판으로부터 이를 확장하면서 시작된다. 따라서 이상한 점을 더 빠르게 식별하는 것이 낫다. 이는 말한 것보다 훨씬 쉽다.

또한 포괄적 취약점 분석을 수행하는 외부 기관과 함께 업무를 수행하면 이점을 얻을 수 있다. 이러한 프로젝트는 여러분이 사전에 고려하지 못한 문제에 대해 알려줄 수 있다. 적어도, 여러분이 가장 노출된 영역에 대한 이해 기반을 구축한다. 이러한 일을 통해 클라이언트의 네트워크에 이미 둥지를 틀고 있는 해커를 발견할 수 있다.

애플리케이션 침투 테스트

인터넷에 노출된 애플리케이션은 일반적인 시스템과 네트워크 청결도에 더불어 고유의 보안 주의 사항이 필요하다. 널리 알려진 취약점 데이터와 개발된 도구의 확산 덕분에 설계한 보안 사항과 적절한 제어를 갖는지 검증하고자 모든 애플리케이션 침투 테스트를 해보는 것이 좋다.

보안은 가장 약한 연결 고리다. 여러분이 보안 네트워크와 시스템 인프라스트럭처를 갖고 있지만 해당 인프라스트럭처에서 실행되는 애플리케이션이 암호(예를 들면)없이 민감한 데이터에 접근할 수 있다면 전투에는 승리할지 몰라도 전쟁에서는 진다.

침투 테스트는 잘 정립되진 않은 이론이다. 침투 테스트 서비스를 광고하는 많은 회사는 스모크^{smoke}와 미러^{mirror}에 중점을 둔다. 1980년대 터미널로 가득 찬 창 없는 지하의 사춘기 아이들이 있는 장면을 상상해보라. 끔찍할 것이다. 구매자들은 유의하기 바란다.

다행히도 오픈 웹 애플리케이션 보안 프로젝트^{OWASP}는 공통 애플리케이션 취약점과 이러한 이슈를 조사하는 애플리케이션에 대한 정보를 발행한다. 추천하는 방식은 전문 서드파티(애플리케이션 침투 테스트에 특화된)가 구동할 때와 애플리케이션의 생애동안 주기적으로 침투 테스트를 수행하게 하는 것이다. 이들이 OWASP 방식을 준수하는지도 확인한다.

27.4 암호와 사용자 계정

다중 요소 인증을 통해 모든 인터넷 대면 권한 접근을 보호하는 것과 더불어 암호를 안전하게 선택하고 관리하는 것이 중요하다. sudo의 세계에서 관리자의 개인 암호는 루트 암호와 같이 중요하다. 사실 더 자주 사용되는 암호는 무차별 대입 이외의 방식을 통해 손상될 가능성이 더 높다.

좀 더 협소한 기술적 관점에서 가장 안전한 암호는 숫자, 특수문자, 문자가 무작위로 구성된 가장 긴 암호다. 대부분의 사람은 수년간의 광고와 웹 사이트 암호 폼^{form}을 통해 이 방식을 사용해야 한다는 것을 알게 됐다. 물론 암호를 기억하는 비밀번호 저장소를 사용하지 않는 이상 이를 따르지 않는다. 무작위 암호는 무차별 대입 공격에 대응하기 위한 길이(12자 이상)를 적용했을 때 기억하기 쉽지 않다.

암호는 길이에 따라 보안성이 기하급수적으로 올라가기 때문에 아주 긴 암호(암호 구문passphrase)를 사용하는 것이 최선이지만 기억하기 쉽지 않다. 신뢰성을 위해 암호에 맞춤법 오류나 수정된 문자를 넣을 수도 있지만 일반적으로 길이를 늘리는 것이 더 도움이 된다.

예를 들어 'six guests drank Evi's poisoned wine'는 훌륭한 암호 구문이다(적어도 이 책에서 현재까지 보여준 것에 비하면). 이 암호 구문이 일반적이고 소문자이며 사전에 나타난 단어로 구성돼 있고, 문법적으로 나열되며 논리적으로 관련 있는 단어로 구성돼 있긴 하지만 사실이긴 하다.

모든 관리자와 사용자가 알아둬야 할 다른 핵심 개념은 주어진 암호 구문은 하나 이상의 목적을 위해 사용해서는 안 된다는 것이다. 대규모 유출이 발생해 사용자 명과 암호가 노출되는 것이 흔한 일이다. 이러한 사용자명과 암호가 다른 곳에서도 사용된다면 모든 계정이 도용된 것이다. 관리 경계에 있는 곳(예, 은행과 소셜 네트워크)에 같은 암호를 사용하지 말자.

암호 변경

다음과 같은 경우에 루트와 관리자 암호를 변경한다.

- 적어도 6개월에 한 번
- 접근 권한이 있는 사람이 사이트를 떠날 때마다
- 보안이 도용됐는지에 대한 우려가 있을 때

과거에는 미탐지 접근 가능성에 대비해 암호를 자주 바꾸는 것이 현명하다고 생각됐다. 그러나 암호 변경은 나름의 위험이 있고 관리자의 삶을 방해한다. 유능한 해커는 사이트에 침투하자마자 백업 접근 기재를 설치한다. 따라서 암호 변경은 처음 생각만큼 유용하지 않을 수 있다.

여전히 주기적인 변경은 추천하지만 너무 자주할 필요는 없다. 보안성을 높이길 원한다면 암호의 질을 높이는 것이 더 중요하다.

비밀번호 저장소와 비밀번호 에스크로

암호에 대해 "써 놓으면 안 된다."라는 말을 들어봤을 것이다. 하지만 이는 옳지 않은 사람이 접근하게 남겨둬서는 안 된다는 말이 더 적합할 것이다. 보안 전문가 브루스 슈나이어^{Bruce Schneier}에 의하면 관리자의 지갑 안에 종이조각으로 보관하는 것이 인터넷에 연결된 저장소에 저장하는 것보다 상대적으로 안전하다고 한다.

비밀번호 저장소는 소프트웨어로(또는 소프트웨어 및 하드웨어 조합) "암호를 기억하기 위한 도구가 필요한가?"보다는 더 안전한 방식으로 조직을 위해 암호를 저장하게 해준다.

다양한 개발로 인해 비밀번호 저장소는 필수품이 됐다.

- 암호가 컴퓨터에 로그인할 때만 사용되는 것이 아니라 웹 페이지 접근, 라우터 및 방화벽 환경설정, 원격 서비스 관리 등에도 확산됐다.
- 약한 암호가 쉽게 무너질 수 있음으로 인해 컴퓨터들이 더 강력한 암호를 필요로 하게 됐다.
- 한 사람이 추적 가능한 특정 데이터로의 접근에 대한 규제. 예를 들면 루트로 공유 로그인 금지 같은 것 말이다.

암호 관리 시스템은 정부, 재정, 보건과 같은 분야에 추가적인 요구 사항을 의도하는 미 법률 이후에 더 유명해졌다. 특정한 경우 이 법에서 다중 요소 인증을 요구한다.

또한 비밀번호 저장소는 자체 머신뿐 아니라 고객의 머신을 위한 암호를 안전하고 추적 가능하게 관리하기 위한 회사를 지원하는 시스템 관리자에게 혜택이 있다.

비밀번호 저장소는 그들이 저장하는 암호를 암호화한다. 일반적으로 모든 사용자는 별도의 저장소 암호를 갖는다(암호에 관련된 문제가 끝났다고 생각했을 때 걱정해야 할 암호가 하나 더 늘었다).

다양한 비밀번호 저장소 구현을 사용할 수 있다. 개인을 위한 무료 저장소(예,

KeePass)는 암호를 로컬에 저장한다. 이는 로깅 없이 암호 데이터에 모 아니면 도 방식의 접근을 제공한다. 대규모 엔터프라이즈(예, CyberArk)를 위한 어플라이언스^{Appliance}는 수만 달러의 비용이 들 수 있다. 상용 제품 중 다수는 사용자의 수나 저장하는 암호의 개수에 따라 비용을 청구한다.

추천하는 저장소 시스템은 애자일비츠^{AgileBits}(1password.com)의 1Password이다. 1Password는 대규모 시장에서 왔기 때문에 웹 브라우저에 통합되고 크로스플랫폼 UI를 포함한다. 1Password는 개인 암호 관리를 조직 비밀 영역으로 확장한 '팀' 계층이 존재한다.

참고하면 좋을 다른 시스템으로 Thycotic(thycotic.com)의 시크릿 서버가 있다. 이 시스템은 브라우저 기반이며 조직의 요구를 만족하고자 설계됐다. 이는 역할 기반 접근 제어(3장 참고)와 미세 권한 옵션과 확장 관리 및 감사 기능을 포함한다.

암호 관리 시스템에서 찾을 수 있는 유용한 기능은 '유리 부수기' 옵션이다. 이 이름은 긴급 상황 시 유리를 부수고 거대하고 빨간 래버를 당기게 하는 호텔의 화재 경보 시스템에서 착안했다. 이 경우 '유리 부수기'는 보통은 접근해서는 안 되는 암호를 얻었을 때 큰 알림을 관리자에게 전달하는 것을 말한다. 이는 암호 공유(현실적인)와 긴급 화재 진압이라는 현실 사이의 적절한 타협점이다.

서투른 암호 관리는 일반적인 보안 약점이다. 기본적으로 /etc/passwd와 /etc/shadow 파일의 내용(FreeBSD에서는 /etc/master.passwd 파일)은 누가 로그인할 수 있는지 결정한다. 따라서 이러한 파일은 침략자로부터 시스템을 방어하기 위한 최전방이다. 이들은 꼼꼼하게 관리돼야 하고 오류, 보안 위험, 이어져온 문제점으에서 자유로워야 한다.

유닉스는 사용자들이 고유의 암호를 선택할 수 있게 해준다. 이것이 간편하긴 하지만 많은 보안 문제를 야기한다. 이전의 '암호와 사용자 계정' 절에 따르면 사용자 암호에도 같이 적용된다는 것을 볼 수 있다.

모든 로그인이 암호를 사용한다는 것을 주기적(하루에 한 번)으로 검증하는 것이 중요하다. 파일을 소유하고 있지만 로그인한 적이 없는 '데몬'과 같은 의사 사용자

pseudo-user를 정의하고 있는 /etc/shadow 파일의 요소는 그들의 암호화된 암호 필드에 별표star 또는 감탄 부호exclamation를 갖고 있어야 한다. 어떤 암호도 일치시키지 않으며 계정의 사용을 방지한다.

LDAP이나 액티브 디렉터리 같은 중앙화된 인증 방식을 사용하는 사이트의 경우에도 같은 논리가 적용된다. 암호 복잡성 요구 사항을 강제하고 몇 번의 로그인 시도 실패 후 계정을 잠근다.

암호 에이징

셰도우shadow 암호를 갖는 대부분의 시스템은 사용자들이 암호를 주기적으로 바꾸게끔 한다. 이를 암호 에이징aging이라 부른다. 이 기능은 처음에 보기에는 매력적으로 보이지만 몇 가지 문제를 갖고 있다. 사용자는 보통 새 암호를 잊어버리기 원치 않기 때문에 암호 변경에 화를 낸다. 그들은 입력하고 기억하기 쉬운 간단한 것을 선택한다. 많은 사용자는 암호 변경 요구가 오면 두 암호를 바꿔가면서 사용하거나 암호의 숫자를 증가시키거나 해서 암호 에이징의 목적을 반감시킨다. PAM 모듈은 이러한 문제를 피하고자 강력한 암호를 강제하는 데 도움이 된다.

 리눅스 시스템에서 chage 프로그램은 암호 에이징을 제어한다. chage를 사용하면 관리자는 암호 변경 사이의 최소 및 최대 기간, 암호 만료 날짜, 암호 만료 사전 경고 날짜, 계정이 자동으로 잠기기 전 허용되는 비활성화 기간 등을 지정할 수 있다. 다음의 명령은 암호 변경의 최소 날짜를 2일로, 최대 날짜를 90일로, 만료일을 2017년 7월 31일로, 알림은 14일 이전에 하게 한다.

```
linux$ sudo chage -m 2 -M 90 -E 2017-07-31 -W 14 ben
```

 FreeBSD에서는 pw 명령을 사용해서 암호 에이징 매개변수를 관리한다. 이 예제에서는 암호 유효 기간을 90일로 설정하고 만료일을 2017년 9월 25일로 한다.

```
freebsd$ sudo pw user mod trent -p 2017-09-25 -e 90
```

그룹 로그인과 공유 로그인

한 사람 이상이 사용하는 로그인은 좋지 않다. 그룹 로그인(예, 'guest' 또는 'demo')은 해커가 상주하기 좋은 지역이며 HIPAA와 같은 연방법에 의해 많은 부분이 금지된다. 여러분의 사이트에서는 이를 허용하지 말라. 그러나 암호를 공유하는 사용자를 기술적으로 막을 수는 없다. 따라서 교육이 가장 나은 전략이다.

사용자 셸

이론적으로, 커스텀 스크립트를 포함하는 프로그램에 관련된 사용자 계정을 위해 셸을 설정할 수 있다. 현실에서는 bash나 tcsh 같은 표준이 아닌 셸의 사용은 위험한 요소다. 이러한 로그인이 필요한 경우 암호 구문이 아닌 SSH 키 쌍을 대신 고려해보자.

루트 엔트리

루트 로그인의 안 좋은 기능은 UID가 0이라는 것이다. 이 UID를 사용하는 요소가 하나 이상 /etc/passwd 파일에 존재할 수 있기 때문에 루트로 로그인하는 방법은 하나 이상이다.

해커가 루트 셸을 취득하고 나서 백도어를 설치하는 일반적인 방법은 새 루트 로그인을 /etc/passwd에 넣는 것이다. who나 w 같은 프로그램은 로그인 셸을 소유하는 UID 대신 utmp에 저장된 이름을 참조한다. 따라서 이는 무고한 사용자로 보이지만 UID 0으로 로그인한 해커를 노출하지 못한다.

원격에서 들어오는 루트 로그인은 허용하지 말자. 표준 루트 계정이라고 하더라도 말이다. OpenSSH에서 /etc/ssh/sshd_config 파일에 PermitRootLogin 환경설정 옵션을 No로 설정하면 제한을 강제할 수 있다.

sudo(3장 참고) 때문에 루트로 로그인할 필요성은 시스템 콘솔에서도 빈도가 적다.

27.5 보안을 위한 강력한 도구

앞 절에서 언급한 시간이 소요되는 잡무는 자유롭게 사용할 수 있는 도구를 통해 자동화될 수 있다. 다음은 살펴보면 좋을 몇 가지 도구를 소개한다.

엔맵: 네트워크 포트 스캐너

엔맵[Nmap]의 주 기능은 특정 TCP와 UDP 포트가 서버에 의해 사용되는지 보고자 대상 호스트 집합을 점검하는 것이다.[2] 대부분의 네트워크 서비스가 '잘 알려진' 포트 번호와 연결돼 있기 때문에 이 정보는 머신에서 구동 중인 소프트웨어에 대한 많은 것을 알려준다.

엔맵을 실행하면 어떤 시스템을 통해 누군가 외부에서 침투하려 하는지 찾아낼 수 있다. 다음은 우분투 시스템 제품의 보고 예다.

```
ubuntu$ nmap -sT ubuntu.booklab.atrust.com

Starting Nmap 7.40 ( http://insecure.org ) at 2017-03-01 12:31 MST
Interesting ports on ubuntu.booklab.atrust.com (192.168.20.25):
Not shown: 1691 closed ports
PORT        STATE   SERVICE
25/tcp      open    smtp
80/tcp      open    http
111/tcp     open    rpcbind
139/tcp     open    netbios-ssn
445/tcp     open    microsoft-ds
3306/tcp    open    mysql

Nmap finished: 1 IP address (1 host up) scanned in 0.186 seconds
```

기본적으로 nmap은 -sT 인자를 사용해 대상 호스트상 각 TCP 포트에 일반적인 방식[3] 접속을 시도한다. 접속이 체결되면 nmap은 즉시 연결을 해제한다. 이는 무례하긴 하지만 네트워크 서버에 해를 끼치지 않는다.

---

2. 13장에서 설명했듯이 포트는 숫자로 구성된 통신 채널이다. IP 주소가 전체 머신을 식별한다면 IP 주소 + 포트 번호는 머신의 특정 서버나 네트워크 통신을 식별한다.

3. 사실 권한 포트(1,024 이하의 포트 번호) 및 잘 알려진 포트만 기본적으로 점검된다. –p 옵션을 사용하면 스캔을 위한 포트 범위를 명시적으로 지정할 수 있다.

앞의 예제에서 호스트 ubuntu는 두 서비스를 실행하고 있으며 사용되지 않는 것으로 보이고 보안 문제와 관련이 있을 가능성이 있다는 것을 알 수 있다. 이들은 portmap(rpcbind)와 이메일 서버(smtp)다. 공격자는 정보 수집 절차의 다음 단계로 더 많은 정보를 위해 이러한 포트를 조사하려 한다.

nmap의 출력에서 STATE 열이 open인 경우 서버가 대기 중인 포트가 있다는 것이고, closed는 서버가 사용하지 않는다는 것이다. unfiltered는 포트가 알 수 없는 상태라는 뜻이고 filtered는 끼어드는 패킷 필터 때문에 조사가 불가능하다는 뜻이다. nmap은 ACK 스캔을 실행하지 않는 이상 포트를 unfiltered로 두지 않는다. 다음은 더 안전한 서버 secure.booklab.atrust.com으로부터의 결과다.

```
ubuntu$ nmap -sT secure.booklab.atrust.com

Starting Nmap 7.40 ( http://insecure.org ) at 2017-03-01 12:42 MST
Interesting ports on secure.booklab.atrust.com (192.168.20.35):
Not shown: 1691 closed ports
PORT      STATE   SERVICE
25/tcp    open    smtp
80/tcp    open    http

Nmap finished: 1 IP address (1 host up) scanned in 0.143 seconds
```

이 경우 호스트가 SMTP(이메일)와 HTTP 서버를 허용하고 있다는 것이 명백하다. 다른 포트들은 방화벽이 막고 있다.

TCP와 UDP의 직접적인 조사 말고도 nmap은 실제 연결을 하지 않고 포트를 조사하는 방법도 갖고 있다. 대부분의 경우 nmap은 TCP 통신의 중간(시작 지점이 아니라)에서 얻어온 패킷을 조사하고 되돌아가는 진단 패킷을 기다린다. 이러한 스텔스^{stealth} 조사는 방화벽을 통과하거나 포트 스캐너를 감시하는 네트워크 보안 모니터의 탐지를 피하는 데 효과적이다. 여러분의 사이트가 방화벽('방화벽' 절 참고)을 사용한다면 이러한 대체 스캐닝 모드를 사용해 살펴보는 것이 좋다.

nmap은 TCP/IP 구현의 특정 부분을 살펴봄으로써 원격 시스템이 어떤 운영체제를 갖고 있는지 추측하는 유용한 기능을 갖고 있다. 이는 때로 열려진 포트에 구동 중인 소프트웨어를 식별하는 데 사용할 수도 있다. -O와 -sV 옵션을 사용하면 해당 동작이 가능하다. 예를 들어 다음과 같다.

```
ubuntu$ sudo nmap -sV -O secure.booklab.atrust.com

Starting Nmap 7.40 ( http://insecure.org ) at 2017-03-01 12:44 MST
Interesting ports on secure.booklab.atrust.com (192.168.20.35):
Not shown: 1691 closed ports
PORT        STATE   SERVICE     VERSION
25/tcp      open    smtp        Postfix smtpd
80/tcp      open    http        lighttpd 1.4.13
Device type: general purpose
Running: Linux 2.4.X|2.5.X|2.6.X
OS details: Linux 2.6.16 - 2.6.24

Nmap finished: 1 IP address (1 host up) scanned in 8.095 seconds
```

이 기능은 로컬 네트워크의 목록을 취할 때 유용하다. 불행히도 이는 대상 OS와 서버의 알려진 취약점을 공격하고자 하는 해커에게도 유용하다.

좋은 의도임에도 불구하고 대부분의 관리자는 그들의 네트워크를 스캔해 취약점을 가리키는 노력에 감사하지 않는다는 것을 염두에 두자. 네트워크의 관리자에게서 권한을 얻지 않고 다른 누군가의 네트워크에 **nmap**을 실행하지 말자.

네서스: 차세대 네트워크 스캐너

네서스^{Nessus}는 르노 데레슨^{Renaud Deraison}이 1998년에 릴리스한 강력하고 유용한 소프트웨어 취약점 스캐너다. 현 시점에서 로컬 및 원격 보안 결점을 점검하기 위한 31,000개 이상의 플러그인이 있다. 이제는 폐쇄 소스, 사유 제품임에도 불구하고 여전히 자유롭게 사용할 수 있으며 새 플러그인도 주기적으로 릴리스된다. 이는 가장 넓게 적용되고 훌륭한 취약점 스캐너다.

네서스는 아무것도 당연하다 생각하지 않는 보안 스캐너다. 예를 들어 모든 웹 서버가 포트 80으로 동작한다고 가정하는 대신 모든 포트에서 동작하는 웹 서버를 스캔하고 취약점을 점검한다. 접속한 서비스가 보고하는 특정 버전 번호에 의존하는 대신 네서스는 서비스가 취약한지 확인하고자 알려진 취약점을 밝히려 시도한다.

네서스를 구동하고자 필요한 설정 시간이 상당하더라도(일반적인 시스템에는 설치되지 않는 여러 패키지가 필요 하다) 노력을 쏟을 만하다. 네서스 시스템은 클라이언트와 서버를 포함한다. 서버는 데이터베이스로 동작하며 클라이언트는 GUI 표현을 처리한다. 네서스 서버와 클라이언트는 윈도우와 리눅스 플랫폼 모두에 존재한다.

네서스의 가장 큰 장점은 시스템의 모듈화된 설계다. 이는 서드파티가 새 보안 점검을 추가하기 쉽게 만들어준다. 활발한 사용자 커뮤니티에 감사하며 네서스는 수년간 가장 유용한 도구가 됐다.

메타스플로잇: 침투 테스트 소프트웨어

침투 테스트는 보안 취약점을 탐색하고자 소유자의 권한으로 컴퓨터 네트워크를 뚫고 들어가는 역할을 한다. 메타스플로잇^{Metasploit}은 루비로 작성된 오픈소스 소프트웨어 패키지로 이 절차를 자동화한다.

메타스플로잇은 US 기반 보안 회사 Rapid7에 의해 관리된다. 그러나 이 깃허브 프로젝트는 수백 명 이상의 기여자가 있다. 메타스플로잇은 알려진 소프트웨어 취약점을 위한 수백 개의 처리 방법 데이터베이스를 포함한다. 기술이 있고 제작을 원하는 사람을 위해 데이터베이스 추가를 위한 커스텀 플러그인을 제작할 수 있다.

메타스플로잇은 다음과 같은 작업 흐름을 따른다.

1. 원격 시스템을 스캔해 필요한 정보를 탐색한다.
2. 발견한 정보를 기반으로 처리 방법을 선택, 실행한다.
3. 대상이 침투됐다면 포함된 도구를 사용해서 원격 네트워크상 도용된 시스템부터 다른 호스트까지 둘러본다.
4. 결과를 문서로 작성한다.
5. 원격 시스템에 가해진 모든 변경점을 되돌리고 정리한다.

메타스플로잇은 커맨드라인, 웹 인터페이스, 완전한 GUI 클라이언트 등 여러 인터페이스를 갖는다. 원하는 형태를 선택한다. 모두 동일한 기능을 제공한다. metasploit.com에서 더 자세히 알아본다.

리니스: 온박스 보안 감사

오래된 나무 헛간의 벽에 구멍을 발견했다면 헛간 외부를 둘러보며 벌어진 구멍을 찾을 것이다. 네서스와 같은 네트워크 기반 취약점 스캐닝 도구는 시스템의 보안 프로파일의 이런 관점을 제공한다. 밝은 날에 헛간 안으로 가면 벽의 아주 작은 구멍도 잘 보인다. 시스템의 점검에도 같은 방식을 적용하고자 시스템 자체에 실행되는 리니스[Lynis] 같은 도구가 필요하다.

이 보안 파워 도구는 시스템 환경설정, 패치, 하드닝[hardening] 상태에 대한 감사를 한 번 실행하거나 주기적으로 수행한다. 이 오픈소스 도구는 리눅스와 FreeBSD에서 동작하며 수백 개의 자동화된 준수 사항 점검을 수행한다. cisofy.com/lynis에서 다운로드할 수 있다.

존 더 리퍼: 안전하지 않은 암호 추적

취약한 암호 선택을 방해하는 방법 중 하나는 스스로 암호를 망가뜨리고 망가진 암호를 변경하게 하는 것이다. 존 더 리퍼[John the Ripper]는 솔라 디자이너[Solar Designer]에서 제작한 단일 도구로, 여러 암호 크래킹[cracking]을 구현하는 정교한 도구다. 이는 이 책의 이전 판에서 다룬 crack을 대체한다.

대부분의 시스템이 보이는 부분에서 암호화된 암호를 숨기고자 셰도우 암호 파일을 사용하더라도 사용자의 암호는 크래킹에 저항성[4]을 갖고 있도록 검증하는 것이 좋다. 사용자의 암호를 아는 것은 매우 유용한데, 사용자는 같은 암호를 계속 사용하려 하기 때문이다. 단순한 암호를 통해 다른 시스템에 접근을 허용하고 사용자의 홈 디렉터리에 저장된 파일을 복호화하기도 하며 웹의 금융 계정에 접근할 수 있다(암호를 이렇게 재사용하는 것은 보안 관점에서 현명하지 않다. 그러나 아무도 수백 개의 암호를 외우고 싶어 하지는 않는다).

내부적인 복잡도를 고려해 존 더 리퍼는 사용이 극히 단순한 프로그램이다. john에게 파일을 크래킹하게 지시해보자. 보통 /etc/shadow이며 무슨 일이 생기는지 보자.

---

4. 특히 sudo 권한을 갖는 시스템 관리자의 암호

```
$ sudo ./john /etc/shadow
Loaded 25 password hashes with 25 different salts (FreeBSD MD5 [32/32])
password   (jsmith)
badpass    (tjones)
```

이 예제에서는 셰도우 파일에서 25개의 유일한 암호를 읽었다. 암호가 크랙됐기 때문에 john은 스크린에 이들을 표시하고 john.pot 파일에 저장한다. 출력의 좌측 열에는 암호를, 우측 열에 괄호로는 로그인명을 표시한다. john이 작업을 완료한 후 암호를 재인쇄하려면 -show 인자를 추가해 같은 명령을 실행한다.

이 글을 작성하는 시점에 존 더 리퍼의 최신 안정 버전은 1.8.0이다. 이는 openwall.com/john에서 얻을 수 있다. 존 더 리퍼의 출력에 문제가 있는 암호가 포함되기 때문에 이 출력은 주의 깊게 처리돼야 하며, 사용자의 암호가 불안전하다는 것을 확인하고 난 후 즉시 삭제해야 한다.

대부분의 보안 모니터링 기술과 같이 존 더 리퍼를 사용해서 암호를 크래킹하기 전에 명확하게 관리 승인을 얻는 것이 중요하다.

브로: 프로그래밍 가능한 네트워크 침투 탐지 시스템

브로Bro는 오픈소스 네트워크 침입 탐지 시스템NIDS으로, 네트워크 트래픽을 모니터링하고 의심스러운 활동을 찾는다. 번 팩손Vern Paxson에 의해 제작됐으며 bro.org에서 사용할 수 있다.

브로는 네트워크의 들어오고 나가는 모든 트래픽을 검사한다. 이는 의심스러운 활동에 알림을 생성하는 패시브passive 모드로 동작하거나 의심스러운 활동을 방해하는 트래픽을 주입하는 액티브active 모드로 동작할 수 있다. 둘 모두 다 네트워크 환경설정의 수정을 필요로 한다.

다른 NIDS와는 다르게 브로는 개별 패킷 내의 패턴을 확인하기보다는 트래픽 흐름을 모니터링한다. 이러한 동작 방식이 의미하는 바는 브로가 누가 누구에게 대화하는지를 관찰해 의심스러운 활동을 탐지할 수 있다는 것이다. 어떠한 특정 문자열이나 패턴을 찾지 않더라도 말이다. 예를 들어 브로는 다음과 같은 사항을 수행할 수 있다.

- 관련된 인바운드^{inbound} 및 아웃바운드^{outbound} 트래픽을 연결 지음으로써 '디 딤돌'로 사용된 시스템을 탐지한다.
- 인바운드 연결 이후 예기치 않은 아웃바운드 연결을 살펴봄으로써 백도어 가 설치된 서버를 탐지한다.
- 비표준 포트로 동작하는 프로토콜을 탐지한다.
- 올바르게 추측된 암호를 보고한다.

이러한 특징 중 일부는 추가적인 시스템 자원을 필요로 하지만 브로는 센서 머신 의 그룹을 관리하도록 도움을 주는 클러스터링을 지원한다.

브로를 위한 언어 설정은 복잡하며 현격한 코드 경험을 요구한다. 불행히도 초보 자를 위한 단순 설치 기본 환경설정은 존재하지 않는다. 대부분의 사이트에서 적 절한 수준의 사용자화를 필요로 한다.

브로는 국제 컴퓨터 과학 연구소^{ISCI}의 네트워킹 연구 그룹에 의해 어느 정도 지원 되지만 대부분은 브로 사용자 커뮤니티에 의해 관리된다. 턴키 상용 NIDS를 찾고 있다면 브로에 실망할 수도 있다. 그러나 브로는 비상용 NIDS가 할 수 있는 일을 할 수 있다. 그리고 네트워크상 상용 솔루션을 대체하거나 보조할 수도 있다.

스노트: 유명 네트워크 침투 탐지 시스템

스노트^{Snort}(snort.org)는 오픈소스 네트워크 침입 방지 및 탐지 시스템으로, 본래 마 티 로쉬^{Marty Roesch}가 제작했고 현재 상업적 부분은 시스코^{Cisco}의 관리하에 있다. 이 는 개인이 제작한 NIDS 배포를 위한 산업 표준이 됐으며 여러 상업 및 '매니지드 서비스' NIDS 구현의 기본이다.

스노트 자체는 오픈소스 패키지로 무료로 배포됐지만 시스코가 대부분의 탐지 규 칙에 접근할 때에는 구독 사용료를 요구한다.

스노트와 결합 또는 확장하는 다양한 서드파티가 있다. 그리고 이들 프로젝트 중 일부는 오픈소스다. 가장 훌륭한 예는 Aanval(aanval.com)이다. 이는 다수의 스노트 센서에서 데이터를 취합해 웹 콘솔에 보여준다.

스노트는 네트워크에서 원시^{raw} 패킷을 수집^{capture}해 규칙 모음(시그니처^{signature})과 비교한다. 스노트가 관심 있다고 정의한 이벤트^{event}를 탐지하면 시스템 관리자에게 알림을 보내거나 원치 않는 트래픽을 막고자 네트워크 장치에 접속한다.

브로가 훨씬 더 강력한 시스템이지만 스노트는 훨씬 간단하며 환경설정이 쉽다. 이러한 특징은 NIDS 플랫폼의 초보자에게 좋은 선택이다.

OSSEC: 호스트 기반 침투 탐지

OSSEC은 무료 소프트웨어며 GNU 일반 공중 라이선스가 적용되는 소스코드로 사용할 수 있다. OSSEC은 다음과 같은 내용을 다룬다.

- 루트킷^{Root kit} 탐지
- 파일 시스템 무결성 점검
- 로그 파일 분석
- 시간 기반 알림
- 적극적 대응

OSSEC은 관련 있는 시스템에서 동작하며 그들의 활동을 모니터링한다. 이는 여러분이 설정한 역할 모음에 따라 알림을 주거나 행동을 수행한다. 예를 들어 OSSEC은 승인되지 않은 파일이 추가되는지 확인하고자 시스템을 모니터링하고 다음과 같은 알림 메일을 보낸다.

```
Subject: OSSEC Notification - courtesy - Alert level 7
Date: Fri, 03 Feb 2017 14:53:04 -0700
From: OSSEC HIDS <ossecm@courtesy.atrust.com>
To: <courtesy-admin@atrust.com>

OSSEC HIDS Notification.
2017 Feb 03 14:52:52

Received From: courtesy->syscheck
Rule: 554 fired (level 7) -> "File added to the system."
Portion of the log(s):
```

```
New file
'/courtesy/httpd/barkingseal.com/html/wp-content/uploads/2017/02/hbird.jpg'
added to the file system.

--END OF NOTIFICATION
```

이러한 방식으로 OSSEC은 시스템에서 365일 눈과 귀가 돼 준다. 모든 제품 시스템에 OSSEC를 구동하길 권한다.

OSSEC 기본 개념

OSSEC은 두 가지의 주요소를 갖는다. 하나는 매니저(서버)고 다른 하나는 에이전트(클라이언트)다. 네트워크에 하나의 매니저가 필요하고 이 컴포넌트를 먼저 설치해야 한다. 매니저는 전체 네트워크를 위한 파일 무결성 점검 데이터베이스, 로그, 이벤트, 룰, 디코더^{decoder}, 주 환경설정 옵션, 시스템 감사 엔트리를 저장한다. 매니저는 운영체제와는 관계없이 모든 OSSEC 에이전트에 접속할 수 있다. 또한 매니저는 별도의 OSSEC 에이전트를 갖고 있지 않은 특정 장치를 모니터링할 수 있다.

에이전트는 모니터링하고자 하는 시스템에서 실행되며 매니저로 상태를 보고한다. 설계상 이는 적은 족적을 갖고 있으며 최소한의 권한으로 동작한다. 대부분의 에이전트 환경설정은 매니저에서 가져온다. 서버와 에이전트 사이의 통신은 암호화되며 인증이 필요하다. 매니저에서 각 에이전트를 위한 인증키를 생성해야 한다.

OSSEC는 0에서 15까지의 심각도 수준을 정의하며 15가 가장 높은 심각도다.

OSSEC 설치

ossec.github.io에 대부분의 배포판을 위한 OSSEC 패키지가 있다.

OSSEC 매니저로 동작시키고자 하는 시스템에 서버를 설치하고 모니터링하고자 하는 모든 시스템에 에이전트를 설치한다. 설치 스크립트는 추가적인 질문을 한다. 예를 들면 알림이 보내질 이메일 주소나 어떤 모니터링 모듈을 활성화할 것인지 등이다.

설치가 완료되고 나면 다음과 같이 OSSEC를 실행한다.

```
server$ sudo /var/ossec/bin/ossec-control start
```

다음으로 각 에이전트를 매니저에 등록한다. 서버에서 다음을 실행한다.

```
server$ sudo /var/ossec/bin/manage_agents
```

다음과 같은 메뉴를 보게 될 것이다.

```
****************************************
* OSSEC HIDS v2.8 Agent manager.
* The following options are available:
****************************************
   (A)dd an agent (A).
   (E)xtract key for an agent (E).
   (L)ist already added agents (L).
   (R)emove an agent (R).
   (Q)uit.
Choose your action: A,E,L,R or Q:
```

A를 선택해 에이전트를 추가한다. 그러고 나서 해당 에이전트의 이름과 IP 주소를 입력한다. 다음으로 E를 선택해 에이전트의 키를 추출한다. 다음과 같이 보일 것이다.

```
Available agents:
   ID: 001, Name: linuxclient1, IP: 192.168.74.3
Provide the ID of the agent to extract the key (or '\q' to quit): 001
Agent key information for '001' is:
MDAyIGxpbnV4Y2xpZW50MSAxOTIuMTY4Ljc0LjMgZjk4YjMyYzlkMjg5MWJlMT
...
```

끝으로 에이전트 시스템에 로그인해 manage_agents를 실행한다.

```
agent$ sudo /var/ossec/bin/manage_agents
```

클라이언트에서는 다음과 같이 좀 다른 메뉴를 볼 수 있을 것이다.

```
****************************************
* OSSEC HIDS v2.8 Agent manager.
* The following options are available:
****************************************
   (I)mport key from the server (I).
   (Q)uit.
Choose your action: I or Q:
```

I를 선택하고 앞에서 추출한 키를 입력한다. 에이전트를 추가하고 나서는 OSSEC 서버를 재시작해야 한다. 키 생성, 추출, 접속하고자 하는 각 에이전트 설치의 절차를 반복한다.

OSSEC 환경설정

일단 OSSEC가 설치 및 실행되고 나면 이를 수정해 더 많은 정보를 수집하게 할 수 있다. 환경설정의 대부분은 서버의 /var/ossec/etc/ossec.conf 파일에 저장돼 있다. 이 XML 파일은 주석이 잘 달려 있긴 하지만 수많은 옵션을 갖고 있다.

일반적으로 수정을 많이 하는 요소는 파일 무결성을 점검할 때 무시할 파일의 목록이다. 예를 들어 사용자 애플리케이션이 /var/log/customapp.log에 그 로그를 기록한다고 가정하면 다음과 같은 줄을 **<syscheck>** 섹션에 추가할 수 있다.

```
<syscheck>
    <ignore>/var/log/customapp.log</ignore>
</syscheck>
```

변경 후 OSSEC 서버를 재시작하고 나면 OSSEC는 이 로그 파일이 변경될 때마다 알림을 보내는 것을 하지 않을 것이다. OSSEC 환경설정 옵션에 대한 설명은 ossec.net/main/manual/configuration-options에서 찾아볼 수 있다.

HIDS 시스템을 구동하고 수정하는 데는 많은 시간과 노력이 필요하다. 그러나 몇 주가 지나면 익숙해질 것이다. 그리고 시스템은 환경의 변경 사항에 대한 가치 있는 정보를 생성하기 시작할 것이다.

페일투밴: 무차별 대입 공격 대응 시스템

페일투밴^{Fail2Ban}은 /var/log/auth.log와 /var/log/apache2/error.log 같은 로그 파일을 모니터링하는 파이썬 스크립트다. 이는 다수의 로그인 시도 실패나 긴 URL로의 요청 등 의심스러운 활동을 점검한다. 그리고 나서 페일투밴은 이러한 위협을 처리한다. 예를 들어 특정 IP 주소로부터의 네트워크 트래픽을 임시로 막거나 대응 팀에 해당 사건을 이메일로 알린다. fail2ban.org를 참고하라.

27.6 암호학 입문

대부분의 소프트웨어는 보안을 염두에 두고 설계되며 강력한 암호문을 사용한다. 보안 표준과 규정은 암호화 알고리듬과 암호문으로 보호돼야 하는 데이터 형태를 강력히 규제한다. 현대에 사용되는 대부분의 네트워크 프로토콜은 보안을 위해 암호문에 의존한다. 간략히 말해 암호문은 컴퓨터 보안의 기둥이며 시스템 관리자는 매일 이를 마주한다. 기본적인 부분을 이해하고 넘어가는 것이 좋다.

암호문은 통신 보안의 문제에 수학을 적용한다. 암호화 알고리듬, 즉 암호^{cipher}는 메시지를 안전하게 만들기 위한 수학적인 처리의 집합이다. 이러한 알고리듬은 학술, 정부, 연구소 등 전 세계에서 관심을 갖고 있는 전문가들의 위원회에서 설계된다. 새 알고리듬의 적용은 길고 지루한 절차다. 이들이 공개되기 전까지 철저한 심사를 거친다.

암호화^{encryption}는 평문 메시지를 읽을 수 없는 암호화된 메시지^{ciphertext}로 변환하고자 암호^{cipher}를 사용하는 절차다. 복호화는 이 절차를 거꾸로 하는 것이다. 암호화된 메시지는 몇 가지 이점을 제공한다.[5]

- **기밀성**^{confidentiality}: 메시지는 의도된 수신자 외에는 아무도 읽을 수 없다.
- **무결성**^{integrity}: 탐지 없이 내용의 수정은 불가능하다.
- **부인 불가**$^{non-repudiation}$: 메시지가 확실함을 검증할 수 있다.

다른 말로 암호화는 여러분이 비보안 채널에서 비밀을 유지하면서 통신할 수 있

---

5. 일부 암호는 그중 일부만 제공한다. 주로 다수의 암호를 하이브리드 암호화 시스템을 통해 함께 사용함으로써 전체를 지원한다.

게 해 준다. 게다가 전송자를 식별하고 메시지가 올바른지 증명하는 기능도 가능하다. 이들은 매우 가치가 있다.

수학은 강력한 암호화 알고리듬이 믿을 만한 보안을 가져다준다는 것을 보여준다. 그러나 이러한 알고리듬을 구현하는 소프트웨어는 약점을 가질 수 있다. 또한 암호화된 비밀을 지키는 시스템의 보안 요소도 취약점을 가질 수 있다. 따라서 비밀을 지키고, 잘 설계되고 쉽게 업데이트 가능한 암호화 소프트웨어를 선택하는 것이 최우선이다.

암호화에는 단순한 메시지 통신에 참여하고자 세 주체를 위한 전통적인 이름을 사용한다. 앨리스^{Alice}와 밥^{Bob}은 사적으로 통신하길 바라는 주체며, 멜로리^{Mallory}는 이들의 통신을 방해하고 비밀을 취하고자 하는 주체다. 우리도 이 주체들을 적용하자.

다음 절에서는 다양한 암호화 기초 요소, 관련 암호 및 각각의 사용 사례들을 소개한다.

대칭키 암호화

대칭키 암호화는 '전통적인' 또는 '클래식' 암호화라고 불린다. 이들이 오랫동안 사용돼 온 개념이기 때문이다. 이는 간단한데, 앨리스와 밥이 메시지를 암호화 및 복호화하고자 비밀키를 공유하는 것이다. 그들은 공유된 비밀을 비밀리에 교환하는 방법을 찾아야 한다. 둘 다 키를 알게 되면 그들이 원하는 한 계속 재사용할 수 있다. 멜로리는 그녀가 같은 키를 갖고 있는 경우에만 메시지를 조사(또는 방해)할 수 있다.

대칭키는 CPU 사용량과 암호화된 페이로드^{payload}의 크기 입장에서 상대적으로 효율적이다. 결과적으로 대칭 암호화는 효율적인 암호화 및 복호화가 필요한 애플리케이션에서 자주 사용된다. 그러나 공유키를 사전에 배포해야 한다는 것은 많은 경우 심각한 문제점이다.

AES(고급 암호화 표준, 미국 국립표준기술연구소NIST에서 개발)는 가장 널리 사용 중인 대칭키 알고리듬이다. 암호화 및 보안 전문가인 브루스 슈나이어[Bruce Schneier]가 제작한 투피쉬[Twofish]와 그 전처리기인 블로우피쉬[Blowfish] 또한 선택지 중 하나다. 이러한 알고리듬은 SSH, TLS, IPsec, VPN, PGP 등 여러분이 사용할 수 있는 모든 네트워크 프로토콜의 보안에서 사용할 수 있다.

공개키 암호화

대칭키의 한계는 사전에 비밀키를 교환해야 한다는 데 있다. 이를 완벽하게 수행하기 위한 유일한 방법은 사람이 은밀히 서로 만나는 것이다. 따라서 아주 불편하다. 수세기 동안 이러한 요구 사항은 암호화의 현실적인 활용을 제한해왔다. 이러한 문제를 해결하는 공개키 암호화가 1970년대 발명됨으로써 이러한 문제가 해결됐다.

암호화는 다음과 같은 방식으로 동작한다. 앨리스는 키 쌍을 생성한다. 개인키는 숨겨두지만 공개키는 널리 알려도 된다. 밥도 비슷하게 키 쌍을 생성하고 공개키를 공개한다. 앨리스가 밥에게 메시지를 보낼 때 밥의 공개키를 이용해서 메시지를 암호화한다. 개인키를 갖고 있는 밥은 해당 메시지를 복호화할 수 있는 유일한 사람이다.

그림 A 공개키 암호화를 통해 암호화된 메시지를 전달하는 방식

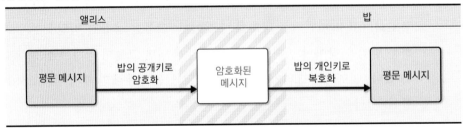

또한 앨리스는 메시지를 그녀의 개인키로 서명할 수 있다. 밥은 앨리스의 서명 및 그녀의 공개키를 사용해 신뢰성을 검증할 수 있다. 이 절차(여기서는 간소화돼 있다)는 디지털 서명으로 알려져 있다. 이는 멜로리가 아닌 앨리스가 메시지를 보냈다는 것을 증명한다.

디피-헬만-머클[Diffie-Hellman-Merkle] 키 교환 방식은 공개키 암호화 시스템에서 처음

으로 사용된 것이다. 그 후 론 라이베스트[Ron Rivest], 아디 샤미르[Adi Shamir], 레오나르드 아들만[Leonard Adleman]으로 이뤄진 팀에 의해 RSA 공개키 암호화 시스템이 나왔다. 이 기술은 현대 네트워크 보안의 기초가 됐다.

비동기 암호화로 불리는 공개키 암호화는 트랩도어 함수라는 수학적 개념을 이용한다. 이는 값을 계산하기는 쉬우나 값을 생성하는 단계를 구하는 것은 어렵고 비용이 많이 든다. 비대칭 암호화 성능의 특징은 일반적으로 대량의 데이터를 암호화하기엔 실용적이지 않다. 보통 대칭 암호화와 함께 사용돼 장점을 극대화한다. 공개키는 세션을 구축하고 대칭키를 공유한다. 그리고 대칭키는 진행 중인 통신을 암호화한다.

공개키 인프라스트럭처

공개키를 기록하고 배포하기 위한 신뢰할 수 있는 방식을 조직하는 것은 복잡한 사업의 영역이다. 앨리스가 밥에게 개인 메시지를 보내고자 할 때 그녀는 밥을 위해 그녀가 갖고 있는 공개키가 실제로 멜로리의 것이 아닌 밥의 것이라는 것을 신뢰해야 한다. 인터넷 규모에서 공개키의 신뢰성을 검증하는 것은 만만치 않은 도전이다.

PGP에서 적용한 하나의 해결책은 웹 평판 평가다. 이는 다양한 방식으로 서로를 신뢰하는 요소의 네트워크로 이뤄진다. 여러분의 개별 네트워크 밖의 간접적인 신뢰 연쇄를 따름으로써 합리적인 수준의 확신을 갖는 공개키를 구축할 수 있다. 불행히도 PGP가 이 알려지지 않음에 따라 키 서명 및 암호에 친화적인 네트워크 구축에 참여하는 데 일반적인 대중의 관심은 열광적이지 않다.

웹에서 TLS를 구현하고자 사용된 공개키 인프라스트럭처는 공개키를 보증하는 인증기관[CA]이라 알려진 서드파티 신뢰를 이용해서 이 문제를 처리한다. 앨리스와 밥은 서로 모를 수도 있지만 모두 CA를 신뢰하고 CA의 공개키를 인지한다. CA는 앨리스와 밥의 공개키를 위한 인증서를 그들의 고유 개인키를 이용해 서명한다. 그리고 나서 앨리스와 밥은 키가 합법적이라는 석을 확인해주는 CA의 배서[endorsement]를 검사할 수 있다.

지오트러스트^{GeoTrust}나 베리사인^{VeriSign}과 같은 주요 CA들의 인증서는 운영체제 배포판에 포함된다. 클라이언트가 암호화된 세션을 시작할 때 상대^{peer}의 인증서가 기관에 의해 서명됐고 클라이언트의 로컬 트러스트 스토어에 이미 존재하는지 확인한다. 그러므로 클라이언트는 CA의 서명을 신뢰할 수 있고 상대의 공개키가 유효하다는 것을 신뢰할 수 있다. 이러한 방식은 그림 B에 도식화돼 있다.

인증기관은 서명 서비스에 비용을 부과한다. 그 비용은 CA의 평판, 시장 상황, 인증서의 다양한 기능에 따라 정해진다. 전체 하위 도메인을 위한 와일드카드 인증서 또는 좀 더 엄격한 백그라운드 점검을 수행하는 '확장 검증 인증서' 같은 변형은 더 비싸다.

그림 B 웹을 위한 공개키 인프라스트럭처 절차

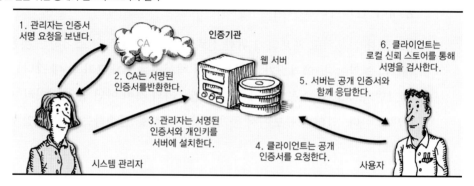

이 시스템에서 CA는 신뢰성이 있다고 가정한다. 초기에는 적은 수의 신뢰할 만한 CA가 존재했다. 그러나 시간이 흐르며 많은 수가 더해졌다. 현대의 데스크톱과 모바일 운영체제는 기본적으로 수백 개의 인증기관을 신뢰한다. 따라서 CA는 해당 CA가 갖고 있는 개인키를 사용하고자 하는 공격자들이 그들 고유의 인증서에 서명을 하고자 노리는 주요 대상이다.

기관이 해킹 당하면 전체 시스템의 신뢰가 무너진다. 이미 여러 CA가 공격에 당한 것으로 알려져 있다. 그리고 널리 알려진 사고에서는 CA가 정부와 공모한 것으로 알려져 있다. 서명 서비스에 비용을 들일 때에는 발행 CA의 선택에 주의를 기울이길 권한다.

2016년, 무료 서비스(전자 프런티어 재단^{Electronic Frontier Foundation}, 모질라 재단^{Mozilla Foundation},

시스코 시스템즈^{Cisco Systems}, 스탠포드 로스쿨^{Stanford Law School}, 리눅스 재단^{Linux Foundation} 등이 후원하는)인 Let's Encrypt가 발족됐다. 이는 자동화된 시스템을 통해 인증서를 발행한다. 2016년 말에 이 서비스는 2천 4백만 건 이상의 인증서를 발행했다. 일부 상용 CA의 잘 알려진 운용 이슈 때문에 Let's Encrypt를 쓸 만한 무료 대체재로 추천한다.

물론 고유의 인증기관처럼 활동하는 것도 가능하다. OpenSSL을 통해 CA를 생성하고 CA의 인증서를 여러분의 사이트를 통해 신뢰 스토어에 넣는 것이 가능하다. 그리고 인증서를 해당 인증기관을 통해 발행할 수 있다. 이는 신뢰 인증 스토어에 대한 완전한 제어를 갖고 있는 조직을 갖는 인트라넷^{intranet}에서 보안 서비스를 위한 일반적인 사례다.

조직은 회사에서 발행한 머신에서 그들의 고유 신뢰 기관을 구현하고자 할 때 주의를 기울여야 한다. 전문 CA에서 제공하는 것과 같은 수준의 엄밀하고 감사된 보안을 갖고 있지 않는 이상 여러분의 환경에 그저 취약점을 만드는 것일 뿐이다. 결과적으로 여러분 컴퓨터의 신뢰 스토어에 고유의 인증서를 설치하는 조직에서 근무한다면 고유의 보안이 손상될 수 있음을 인지하고 그에 따라 행동하라.

전송 계층 보안

전송 계층 보안^{TLS}은 공개키 암호와 PKI를 이용해서 네트워크 노드 간 메시지를 보호한다. 이는 SSL(보안 소켓 계층)의 후속으로, 오래된 SSL이 더 이상 쓰이지 않음에도 불구하고 SSL과 TLS 축약어가 섞여서 사용된다는 것을 흔히 볼 수 있다. HTTP와 묶인 TLS는 HTTPS로 알려져 있다.

TLS는 TCP 연결을 감싸는 독립된 계층으로 동작한다. 이는 연결을 위한 보안만 제공하고 HTTP 트랜잭션에 참여하지는 않는다. 이러한 깔끔한 구조 덕분에 TLS는 HTTP뿐 아니라 SMTP와 같은 다른 프로토콜도 보호할 수 있다.

클라이언트와 서버가 TLS 연결을 구축하고 나면 URL과 헤더 및 그 내용은 암호화를 통해 보호된다. 상세 정보는 캡슐화된 TCP 연결을 통해 이뤄지므로 공격자는 호스트와 포트만 식별할 수 있다. OSI 모델에서 TLS는 4와 7계층 사이 어딘가에 위치한다.

일반적인 사용 방식이 편도 TLS 암호화(클라이언트가 서버를 검증하는)이긴 하지만 왕복 TLS를 사용하는 빈도도 늘고 있다. 이는 상호 인증이라 불린다. 이러한 방식에서 클라이언트는 자신의 식별을 증명하는 인증서를 서버에 제공해야 한다. 예를 들면 넷플릭스^{Netflix} 클라이언트(셋톱박스 및 넷플릭스로부터 비디오를 스트리밍할 수 있는 모든 것)는 넷플릭스 API를 통해 인증한다.

TLS의 최신 리비전은 1.2다. 약점이 존재하는 모든 SSL 버전 및 TLS 버전 1.0은 비활성화하라. TLS 1.3은 활발하게 개발되고 있으며 특정 산업[6]의 경우 현격한 영향을 주는 주요한 변경점을 갖는다.

암호 해시 함수

해시 함수는 특정 길이의 입력 데이터를 받아 해당 데이터에서 얻어진 작고 고정된 길이의 값을 생성한다. 출력값은 해시 값, 해시, 서머리^{summary}, 다이제스트^{digest}, 체크섬^{checksum}, 핑거프린트^{fingerprint}로 참조되는 다양한 값으로 참조된다. 해시 함수는 결정론적이다. 따라서 특정 입력에 특정 해시 함수를 수행한다면 항상 같은 해시 값을 생성하게 될 것이다.

해시가 고정 길이를 갖고 있기 때문에 가능한 출력값은 유한하다. 예를 들어 8비트 해시는 단지 2^8(즉 256개)의 출력만 가질 수 있다. 따라서 어떤 입력은 필연적으로 같은 해시 값을 생성하게 된다. 이러한 사건은 충돌^{collision}이라 불린다. 더 긴 해시 값은 충돌의 빈도를 줄여주지만 이들을 완전히 없앨 수는 없다.

소프트웨어에는 백여 개가 넘는 서로 다른 해시 함수들이 사용되지만 시스템 관리자와 수학자들에 특히 관심이 있는 것은 암호 해시 함수다. 이 문맥에서 '암호'란 '좋음'을 의미한다. 이러한 해시 함수는 다음과 같이 해시 함수에서 얻기를 원하는 속성을 잘 갖게 설계된 해시 함수다.

- **얽힘**^{Entanglement}: 해시 값의 모든 비트^{bit}는 입력 데이터의 모든 비트와 관련이 있다. 평균적으로 입력의 한 비트를 수정하면 해시 비트의 50%는 변경돼야 한다.

---

6. 금융 서비스 산업의 대리인은 TLS 개발 메일링 리스트에서 기술적인 선택에 영향을 끼치고자 했지만 2년 정도 늦었다. 이러한 우려는 재미있는 이메일 스레드에서 즉시 거부됐다. 스레드 goo.gl/uAEwPN을 참고한다.

- **의사 난수**Pseudo-randomness: 해시 값은 무작위 데이터와 구분할 수 없어야 한다. 물론 해시 값이 무작위는 아니다. 이는 입력 데이터로부터 결정론적이고 재생산 가능하게 만들어진다. 그러나 여전히 무작위 데이터인 것처럼 보여야 한다. 이들은 탐지 가능한 내부 구조를 가져서는 안 되고 입력 데이터와 명백한 관계를 가져서는 안 되며 난수성을 검사하는 모든 알려진 통계적 검사를 통과해야 한다.

- **되돌릴 수 없음**nonreversibility: 주어진 해시 값은 같은 해시 함수를 생성하는 입력을 알아낼 수 있게 계산돼서는 안 된다.

적절한 고품질의 해시 알고리듬과 긴 해시 값 길이를 통해 같은 해시 값을 생성하는 두 입력이 사실 같은 값이라는 것을 추론할 수 있다. 물론 모든 해시는 충돌이 있기 때문에 이론적으로 확신은 불가능하지만 말이다. 그러나 해시 값의 길이를 늘림으로써 요구되는 통계적인 증명 수준을 맞출 수 있다.

암호 해시는 무결성을 검증한다. 이는 주어진 환경설정 파일이나 명령 바이너리가 변형됐거나 이메일 송신자에 의해 서명된 메시지가 전송 중에 수정되지 않았음을 보장한다. 예를 들어 FreeBSD 시스템과 리눅스 시스템이 동일한 sshd_config 파일을 사용한다는 것을 검증하고자 다음과 같은 명령을 사용할 수 있다.

```
freebsd$ sha256 /etc/ssh/sshd_config
SHA256 (/etc/ssh/sshd_config) = 3ef2d95099363d...8c14f63c5b9f741ea8d5

linux$ sha256sum /etc/ssh/sshd_config
3ef2d95099363d...8c14f63c5b9f741ea8d5 /etc/ssh/sshd_config
```

간략함을 위해 해시 값의 일부를 제거했다. 대부분의 사용 사례에서 출력값은 16진수 표기로 보인다. 그러나 실제 해시 값은 바이너리 데이터며 이 데이터는 다양한 방식으로 표출될 수 있다는 점을 알아두자.

여러 암호 해시 알고리듬이 존재하지만 일반적인 사용을 위해 이 시점에서 추천하는 방식은 SHA-2와 SHA-3(보안 해시 알고리듬Secure Hash Algorithm) 군이다. 이는 NIST[7]의 광범위한 검토 절차를 통해 선정됐다.

---

7. SHA-1은 깨졌으므로 더 이상 사용되지 않는다.

이 알고리듬 각각은 서로 다른 해시 값 길이를 통해 다양한 방식으로 존재한다. 예를 들어 SHA3-512는 512비트 해시 값을 생성하게 설정된 SHA-3 알고리듬이다. 버전 번호가 없는 SHA 알고리듬, 예를 들어 SHA-256 같은 경우에는 항상 SHA-2 군에 포함된다.

또 다른 유명 암호 해시 알고리듬은 MD5다. 이는 암호 소프트웨어가 널리 지원한다. 하지만 이는 다수의 입력이 같은 해시 값을 나오도록 만들 수 있는 취약점을 갖고 있다고 알려져 있다. MD5가 암호를 위해 사용하기에는 안전하지 않지만 여전히 잘 동작하는 해시 함수며 낮은 보안 애플리케이션의 경우에는 이론적으로 괜찮다. 그러나 뭐 하러 신경 쓰는가? 그냥 SHA를 이용하라.

오픈소스 소프트웨어 프로젝트는 커뮤니티에 배포하는 그들의 파일에 대한 해시를 공개한다. OpenSSH 프로젝트를 예로 들면 그 검증을 위해 타볼^{tarball}에 대한 PGP 서명(암호 해시 함수에 의존하는)을 공개한다. 다운로드의 신뢰성과 무결성을 검증하려면 실제 대운로드한 파일의 해시 값을 계산하고 공개된 해시 값과 비교하면 된다. 그리고 나면 비트에 오류가 없이 완전하고 변형되지 않은 파일을 받았다고 확신할 수 있다.

또한 해시 함수는 메시지 인증 코드^{MAC}의 구성 요소로도 사용된다. MAC 내의 해시 값은 개인키로 서명된다. MAC을 검증하는 절차는 MAC 자체의 신뢰성(대응되는 공개키로 복호화함으로써 확인)과 내용의 무결성(내용의 해시를 검사함으로써 확인) 모두를 검사하는 것이다. MAC의 설계는 웹 애플리케이션 보안에서 더 중요한 역할을 담당한다.

난수 생성

암호화 시스템은 키를 생성하고자 무작위수 소스가 필요하다. 그러나 알고리듬은 무작위나 예측할 수 없는 동작이 아니다. 어떻게 해야 할까?

무작위에 관한 표준은 은하핵으로부터의 방사성 붕괴 및 RF 노이즈 같은 물리적인 무작위 프로세스로부터의 데이터다. random.org를 보면 실제 무작위 데이터에 접근할 수 있고 이들이 어떻게 얻어지는지에 대한 설명도 볼 수 있다. 그러나 이들은 일상의 암호화에는 직접적인 도움을 주지 않는다.

전통적인 '의사 난수' 생성기는 무작위로 보이는 데이터의 나열을 생성하는 해시 함수와 비슷한 방식을 사용한다. 그러나 이 절차는 결정론적이다. 한 번 내부의 난수 생성기 상태를 안다면 출력 나열을 정확하게 재현할 수 있다. 때문에 이는 암호화의 경우에는 보통 좋지 않은 선택이다. 무작위 2048비트 키를 생성할 때 여러분은 2048비트의 무작위성을 원하지 알고리듬을 통해 2048비트로 보정된 128비트의 수 생성기 상태를 원하진 않을 것이다.

다행히도 커널 개발자는 시스템 동작의 미세한 변형을 기록하고 이를 난수의 원천으로 삼는 데 상당한 노력을 기울였다. 이러한 소스에는 네트워크에서 보이는 패킷 타이밍에서부터 디스크 드라이브와 같은 하드웨어 장치와의 변덕스러운 통신으로의 하드웨어 인터럽트 타이밍까지 모두 포함된다. 가상 및 클라우드 서버에서도 난수를 생성하고자 해당 환경에 충분한 엔트로피^{entropy}를 갖고 있다.

이러한 모든 소스는 임의의 데이터 스트림 출력이 합리적인 통계 속성을 보장하는 보조 의사 난수 생성기로 전달된다. 데이터 스트림은 장치 드라이버를 통해 사용된다. 리눅스와 FreeBSD에서 이는 /dev/random과 /dev/urandom으로 표현된다.

난수에 대해 알아야 할 것은 주로 두 가지다.

- 사용자 영역에서 동작하는 것은 커널의 난수 생성기의 품질과는 비교가 불가능하다. 암호화 소프트웨어가 고유의 무작위 데이터를 생성하게 두지 않는다. 항상 /dev/random이나 /dev/urandom을 사용한다. 대부분의 소프트웨어는 이를 기본으로 사용한다.
- /dev/random과 /dev/urandom의 선택은 논쟁이 있지만 불행히도 여기에 서술하기에는 미세하고 수학적이다. 간단히 말하면 리눅스에서 /dev/random은 시스템이 충분한 엔트로피를 쌓지 않는다고 커널이 판단한다면 데이터 생성을 전혀 보장하지 않는다. 충분한 공부를 한 이후에 하나를 선택하거나 그저 /dev/urandom을 사용한 후 걱정을 덜어두자. 대부분의 전문가는 후자를 사용하길 권한다. FreeBSD 사용자는 전투에 참여하지 않아도 된다. BSD 커널에서의 /dev/random과 /dev/urandom은 동일하기 때문이다.

암호화 소프트웨어 선택

모든 보안 소프트웨어와 암호화 서비스를 제공하는 패키지에 높은 의심을 가질 만한 좋은 이유가 있다. 주요 국제 정부가 암호화 프로토콜과 그 알고리듬의 설계에 영향을 주려고 한다는 소문이 있었다. 여러 자금 지원을 잘 받는 단체가 특정 암호화 프로젝트를 취하려고 한다고 가정하는 것이 무리한 것은 아니다.

따라서 클로즈드 소프트웨어보다는 오픈소스 소프트웨어를 더 신뢰한다. OpenSSL과 같은 프로젝트는 심각한 취약점에 대한 역사를 갖고 있지만 이러한 문제는 공개 포럼을 통해 투명하게 해결 및 경감됐다. 이 프로젝트 역사와 소스코드는 수천 명의 사람들이 평가한다.

소규모 암호화 방식에 의존하지 말라. 라이브러리를 올바르게 사용하기 매우 어렵다. 맞춤형 암호화 시스템은 취약점에 당할 수 있다.

openssl 명령

openssl은 관리자의 TLS 멀티툴이다. 이는 공개/개인키 쌍을 생성하고 파일을 암호화/복호화하며 원격 시스템의 암호화 속성을 평가하고, 인증기관을 생성하고, 파일 형식 간 변환, 기타 암호화 동작 등을 수행하는 데 사용된다.

키와 인증서 준비

openssl의 가장 일반적인 기능은 CA에 의한 서명을 위해 인증서를 준비하는 것이다. 2048비트 개인키를 생성하는 것으로 시작해보자.

```
$ openssl genrsa -out admin.com.key 2048
```

인증서 서명 요청을 생성하고자 개인키를 사용한다. openssl은 요청에 포함시킬 구별 이름DN, Distinguished Name으로 알려진 메타데이터를 묻는 프롬프트를 보여준다. 또한 다음과 같이 커맨드라인 대신 파일에 이 정보를 표현할 수도 있다.

```
$ openssl req -new -sha256 -key admin.com.key -out admin.com.csr
```

```
Country Name (2 letter code) [AU]:US
State or Province Name (full name) [Some-State]:Oregon
Locality Name (eg, city) []:Portland
Organization Name (eg, company) [Internet Widgits Pty Ltd]:ULSAH5E
Organizational Unit Name (eg, section) []:Crypto division
Common Name (e.g. server FQDN or YOUR name) []:server.admin.com
```

admin.com.csr의 내용을 CA에 제출한다. CA는 여러분이 인증서(도메인으로 이뤄진 주소로 이메일을 보냄으로써)를 얻고자 하는 도메인을 확인하기 위한 검증 절차를 수행하고 서명된 인증서를 반환한다. 그러고 나서 admin.com.key와 CA에서 서명된 인증서를 여러분의 웹 서버 환경설정에 사용할 수 있다.

이러한 필드^{field} 대부분은 임의의 값이지만 공통 이름^{Common Name}은 중요하다. 이는 반드시 여러분이 제공하길 원하는 하위 도메인의 이름과 일치해야 한다. 예를 들어 여러분이 www.admin.com을 위한 TLS를 제공하고자 한다면 이를 공통 이름으로 만든다. 여러분은 하나의 인증서에 다수의 이름을 요청하거나, 하위 도메인 전부를 위해 와일드카드(예, *.admin.com)를 사용해 요청할 수 있다.

한번 인증서를 얻고 나면 그 속성을 평가할 수 있다. 다음은 *.google.com을 위한 와일드카드 인증서의 상세 정보다.

```
$ openssl x509 -noout -text -in google.com.pem
depth=2 /C=US/O=GeoTrust Inc./CN=GeoTrust Global CA
...
        Signature Algorithm: sha256WithRSAEncryption
        Issuer: C=US, O=Google Inc, CN=Google Internet Authority G2
        Validity
            Not Before: Dec 15 13:48:27 2016 GMT
            Not After : Mar  9 13:35:00 2017 GMT
        Subject: C=US, ST=California, L=Mountain View, O=Google Inc,
    CN=*.google.com
```

유효 기간은 2016년 12월 15년부터 2017년 3월 9일까지다. 이 기간을 지나서 접속하는 클라이언트는 인증서가 더 이상 유효하지 않다는 오류 메시지를 보게 될 것이다. 인증서 만료 날짜를 추적하고 관리하는 것은 보통 시스템 관리자의 책임이다.

TLS 서버 디버깅

openssl s_client를 사용하면 원격 서버의 TLS 상세를 평가할 수 있다. 이 정보는 인증서 문제를 갖는 웹 서버를 디버깅할 때 유용하게 사용할 수 있다. 예를 들어 google.com(출력은 간소화됐다)의 TLS 속성을 평가하려면 다음을 참고한다.

```
$ openssl s_client -connect google.com:443
---
New, TLSv1/SSLv3, Cipher is AES128-SHA
Server public key is 2048 bit
Secure Renegotiation IS supported
Compression: NONE
Expansion: NONE
SSL-Session:
    Protocol  : TLSv1
    Cipher    : AES128-SHA
    Session-ID : 4F72DC56EE4E80568F7E0EF9F59C8D7855C87F366B49BF1D9808...
    Session-ID-ctx:
    Master-Key : 095C6D8AF9B6B81E3E16BA05C0C9ACFACD72EF3335A32B86F3D3...
    Key-Arg   : None
    Start Time : 1484163220
    Timeout   : 300 (sec)
    Verify return code: 0 (ok)
---
```

서버가 지원하는 TLS 프로토콜 버전을 확인할 때도 openssl s_client를 사용할 수 있다. TLS 서버를 시작시키는 openssl s_server도 살펴보라. 이는 클라이언트를 테스트하고 디버깅하는데 편리하다.

PGP: Pretty Good Privacy

필 짐머만^{Phil Zimmermann}의 PGP 패키지는 이메일 보안에 집중된 보안 유틸리티를 제공하는 도구다. 이를 통해 데이터를 암호화하고 서명을 생성하며 파일과 메시지의 원천을 검증할 수 있다.

PGP는 소송, 범죄, 본래 PGP 스위트^{suite} 부분의 사유화를 포함하는 흥미로운 역사를 가진다. 최근 PGP는 일반적으로 사용하는 모드에서 너무 많은 메타데이터를

1468

노출한다는 이유로 강한 비난을 받고 있다. 노출된 메시지 길이, 수신자, 클리어 텍스트^clear-text^ 드래프트 스토리지는 잠재적으로 공격 당할 수 있는 약점이다. 하지만 PGP는 여전히 평문에 정보를 보내는 것보다는 훨씬 낫다.

PGP의 파일 형식과 프로토콜은 IETF에서 OpenPGP라는 이름으로 표준화되고 있다. 그리고 제안된 표준을 따르는 다양한 구현이 존재한다. GNU 프로젝트는 훌륭하고 자유로우며 널리 사용되는 구현인 GnuPG를 gnupg.org를 통해 제공한다. 간결함을 위해 각 구현이 그들 고유의 이름을 갖고 있긴 하지만 이러한 시스템을 전체적으로 PGP로 참조한다.

유닉스와 리눅스 버전은 이들을 사용하기 위한 암호화 배경 지식을 이해해야 하기에는 충분하다. 여러분의 업무에서 PGP가 유용하다는 것을 알게 되더라도 사용자에게 이를 지원하는 것은 추천하지 않는다. 여러 복잡한 의문점을 일으키는 것으로 알려져 있기 때문이다. 경험상 윈도우 버전은 수많은 서로 다른 운영 모드에서 **gpg** 명령보다 더 사용이 쉽다는 것을 발견했다.

인터넷에 있는 소프트웨어 패키지는 보통 소프트웨어의 원천과 그 불변성을 보장하는 취지로 PGP 서명 파일과 함께 배포된다. 그러나 PGP 사용자가 아닌 사람이 이러한 서명을 검증하는 것은 어렵기도 하고 불가능하기도 하다. 사용자는 개인적으로 검증된 식별자를 갖는 사람들로부터 공개키를 수집해야 한다. 단일 공개키와 함께 서명 파일 및 배포된 소프트웨어를 다운로드하는 것은 배포 소프트웨어만 단독으로 받는 것보다는 일면 안전하다.

일부 이메일 클라이언트는 들어오고 나가는 암호화된 메시지를 위해 간단한 GUI를 더한다. 구글 크롬 사용자는 '종단 간^end to end^' 익스텐션을 사용해 지메일을 위한 PGP 지원을 추가할 수 있다.

커버로스: 네트워크 보안으로의 단일 접근

MIT에서 설계한 커버로스^Kerberos^ 시스템은 네트워크 보안 이슈를 지속적이고 확장 가능한 방식으로 처리하고자 한다. 커버로스는 인증 시스템으로 사용자와 서비스가 누가 요청하는지를 보장하는 메커니즘이다. 이는 추가적인 보안이나 암호화를 제공하지 않는다.

커버로스는 대칭 및 비대칭 암호화를 사용해 '티켓ticket'이라 불리는 자격증명을 구축한다. 티켓은 네트워크를 돌아다니며 사용자를 증명하며 네트워크 서비스로의 접근을 제공한다. 각 커버로스 사이트는 커버로스 데몬을 구동하는 적어도 하나의 물리 보안 머신(인증 서버라 불리는)을 갖고 있어야 한다. 이러한 데몬은 인증 요청이 있을 때 자격증명을 나타내는 (암호 같은) 티켓을 사용자나 서비스에 발권한다.

본질적으로 커버로스는 전통적인 암호 보안을 두 방식으로 향상시킨다. 하나는 네트워크상에 암호화되지 않은 암호를 절대 전송하지 않는다. 다른 하나는 암호를 반복적으로 입력해야 할 필요를 줄여줘서 네트워크 서비스상 암호 보호를 좀 더 향상시킨다.

커버로스 커뮤니티는 암호화 시스템에 대해 명료하게 작성된 문서를 자랑한다. 빌 브라이언트Bill Bryant의 '인증 시스템의 설계: 네 주제에 대한 의견(Designing an Authentication System: a Dialogue in Four Scenes)'은 오래된 글임에도 불구하고 암호화에 관심이 있는 사람이라면 읽어봐야 할 글이다. 이 글은 다음에서 찾을 수 있다.

web.mit.edu/kerberos/www/dialogue.html

커버로스는 '네트워크 보안 따위는 없는' 모델보다는 더 나은 네트워크 보안 모델을 제공하지만 이는 완벽한 보안을 제공하거나 그 설치와 구동에 고통이 없다는 것을 의미하진 않는다. 이 장에서 서술한 다른 보안 요소들을 대체하진 않는다.

불행히도(아마 예측했겠지만) 윈도우 액티브 디렉터리의 일부로 배포된 커버로스 시스템 사유proprietary의 문서화되지 않은 프로토콜 확장을 사용한다. 그 결과 MIT의 코드를 기반으로 한 배포판과는 상호 잘 동작하지 않는다. 다행히도 ssd 데몬은 유닉스와 리눅스 시스템이 커버로스의 액티브 디렉터리 버전과 소통하게 도와준다. 자세한 정보는 17장을 참고한다.

27.7 SSH: 보안 셸

타투 요넨[Tatu Ylonen]이 개발한 SSH 시스템은 원격 로그인과 비보안 네트워크상 보안 네트워크 서비스를 위한 프로토콜이다. SSH의 기능에는 원격 명령 실행, 셸 접근, 파일 전송, 포트 포워딩, 네트워크 프록시 서비스, VPN 터널링이 포함된다. 이는 시스템 관리자에게 있어서는 맥가이버 칼과 같은 필수 도구다.

SSH는 두 호스트 간 통신의 인증, 기밀성, 무결성을 위한 암호문을 사용하는 클라이언트/서버 프로토콜이다. 또한 이는 산업이 발전함에 따라 갱신되고 더 이상 사용되지 않는 기저 암호문 프로토콜을 허용하는 알고리듬적 융통성을 갖도록 설계됐다. SSH는 RFC 4250부터 4256까지 관련 프로토콜 모음으로 문서화돼 있다.

이 절에서는 OpenSSH에 대해 다룬다. 이는 유닉스 및 리눅스의 거의 모든 버전에서 기본적으로 포함돼 있는 오픈소스 SSH 구현이다. 또한 탐험과 열린 마음으로 대체 솔루션을 언급할 것이다.

OpenSSH 핵심

OpenSSH는 1999년 OpenBSD 프로젝트로 개발됐으며 해당 조직이 계속 유지 관리해 오고 있다. 이 소프트웨어 스위트에는 다양한 명령이 포함된다.

- **ssh:** 클라이언트
- **sshd:** 서버 데몬
- **ssh-keygen:** 공개/비밀키 쌍 생성
- **ssh-add 및 ssh-agent:** 인증 키 관리를 위한 도구
- **ssh-keyscan:** 서버에서 공개키를 받기 위함
- **sftp-server:** SFTP를 통한 파일 전송을 위한 서버 프로세스
- **sftp 및 scp:** 파일 전송 클라이언트 유틸리티

가장 공통적이고 기본 사용법은 서버에 연결을 구축하고 인증하며 명령을 실행하는 셸을 여는 것이다. 인증은 상호 지원과 클라이언트 및 서버의 설정에 따라 협상[negotiate]하는 방식이다. 다수의 사용자가 동식에 접속할 수 있다. 입력과 출력을 원

격 시스템으로 주고받고자 의사 터미널이 각각에 할당된다.

접속을 하고자 첫 인자로 원격 호스트를 포함해 ssh를 호출하면 된다.

```
$ ssh server.admin.com
```

ssh는 IANA에서 표준 SSH 포트로 지정한 22번 포트로 TCP 연결을 시도한다. 연결이 구축되면 서버는 인증을 위한 공개키를 전송한다. 서버가 이미 알려져 있고 신뢰하는 서버가 아니라면 ssh는 사용자에게 서버의 공개키의 해시(키 지문[key fingerprint]이라 불리는)를 표시함으로써 사용자에게 확인을 받는다.

```
The authenticity of host 'server.admin.com' can't be established.
ECDSA key fingerprint is SHA256:quLdFoXBI6OpU6HwnUy/K50cR9UuU.
Are you sure you want to continue connecting (yes/no)?
```

이를 위해 사전에 서버 관리자가 호스트 키를 사용자에게 공유했다는 것을 전제로 한다. 그리고 나서 사용자는 관리자로부터 수신한 정보를 첫 접속에서 서버가 제공한 지문과 비교한다. 이 둘이 일치하면 호스트의 식별은 완료된다.

사용자가 키를 승인하고 나면 추후 사용을 위해 지문은 ~/.ssh/known_hosts에 추가된다. 서버의 키가 변경되지 않는 한 ssh는 이를 다시 묻지 않는다. 서버의 식별자가 변경되면 경고 메시지를 표시할 것이다.

현실에서 이러한 서버 인증 방식은 종종 무시된다. 관리자는 그들의 호스트 키를 사용자에게 거의 전달하지 않으며 사용자는 검증 없이 호스트 키를 승인한다. 이러한 방식의 인증은 사용자가 공격을 당하기 쉽게 만든다. 다행히도 이러한 절차는 자동화돼 있고 간결하다. 이에 대해서는 'SSHFP를 통한 호스트 키 인증' 절에서 다룬다.

호스트 키가 승인되고 나면 서버는 그것이 지원하는 인증 방식을 보여준다. OpenSSH는 SSH RFC에 서술된 모든 방식을 구현한다. 여기에는 단순 유닉스 암호 인증, 신뢰 호스트, 공개키, 커버로스와 통합된 GSSAPI, PAM과 일회용[onetime] 암호를 지원하기 위한 방식인 유동적인 시도 응답 등이 포함된다. 그중 공개키 인증이 가장 널리 사용되며 대부분의 사이트에 추천하는 방식이다. 이는 강력한 보안과 사용성 사이의 가장 나은 균형을 보여준다. SSH에서의 공개키 사용은 '공개키 인증' 절에서 더 자세히 다룬다.

ssh와 sshd는 다양한 요구와 인증 방식에 따라 변경될 수 있다. 환경설정은 /etc/ssh 디렉터리에서 찾을 수 있으며 여러 유닉스 및 리눅스에서 일반적인 위치로 별다른 차이점이 없다. 표 27.1에는 해당 디렉터리에서 찾을 수 있는 파일을 보여준다.

표 27.1 /etc/ssh의 환경설정 파일

파일	권한	내용
ssh_config	0644	사이트 범위 클라이언트 환경설정
sshd_config	0644	서버 환경설정
moduli	0644	DH 키 교환을 위한 소수 및 제너레이터
*_key	0600	서버에 의해 지원되는 모든 알고리듬을 위한 개인키
*_key.pub	0644	각 개인키에 맞는 공개키

/etc/ssh와 더불어 OpenSSH는 공개 및 개인키를 저장하고자 ~/.ssh를 사용한다. 이는 사용자별 클라이언트 설정 및 여타 목적을 위한 것이다. ~/.ssh 디렉터리는 권한이 0700으로 설정되지 않으면 무시된다.

OpenSSH는 보안 취약점을 위한 완벽한 추적 기록을 제공하지 않지만 훌륭하다. CVE 데이터베이스(cve.mitre.org)에 따르면 초기 버전에는 다양하고 치명적인 취약점이 발견됐다. 2006년에 이러한 취약점의 마지막 사항이 문서화됐다. 때로 서비스 거부 공격과 바이패스bypass 취약점이 계속 공개되지만 그들의 대부분은 위험도가 낮은 편이다. 물론 주기적인 업데이트를 통해 OpenSSH 패키지를 최신으로 유지하는 것이 중요하다.

ssh 클라이언트

ssh를 사용하기 시작하는 것은 쉽지만 많은 옵션을 통해 강력함과 다재다능함을 볼 수 있다. 환경설정을 통해 암호화 알고리듬과 암호를 선택하고 편리한 호스트 앨리어스alias를 생성하며 포트 포워딩을 설정할 수 있다.

기본 문법은 다음과 같다.

```
ssh [ options ] [ username@ ]host [ command ]
```

예를 들어 /var/log의 디스크 공간을 확인하려면 다음과 같다.

```
$ ssh server.admin.com "df -h /var/log"
```

command 부분을 넣는다면 ssh는 호스트 인증 후 명령을 실행한 후 인터렉티브 셸을 열지 않고 종료한다. *username*을 입력하지 않는다면 ssh는 로컬 사용자명을 사용해서 원격 호스트에 접속할 것이다.

ssh는 사이트 범위의 설정 파일인 /etc/ssh/ssh_config와 사용자별 추가적인 옵션 파일인 ~/.ssh/config에서 환경설정을 읽는다. 표 27.2에는 이 파일에 설정할 수 있는 몇 가지 옵션을 나열했다. 추후 이 옵션들에 대한 더 자세한 내용을 다룬다.

표 27.2 유용한 SSH 클라이언트 환경설정 옵션

옵션	의미	기본값
AddKeysToAgent	ssh-agent에 자동으로 키를 추가한다.	no
ConnectTimeout	초 단위의 연결 타임아웃(timeout)	다양함[a]
ControlMaster	멀티플렉싱 연결 허용	no
DynamicForward	SOCKS4 또는 SOCKS5 프록시 설정	–
ForwardAgent	ssh-agent 포워딩 활성화	no
Host	새 호스트 앨리어스를 위한 마커	–
IdentityFile	인증 개인키 경로	~/.ssh/id_rsa[b]
Port	접속 포트	22
RequestTTY	TTY가 필요한지 여부	auto
ServerAliveInterval	서버로 연결을 위한 핑(ping)	0(비활성화)
StrictHostKeyChecking	호스트 키 필수(yes) 또는 무시(no)	ask

a. 기본값은 커널의 TCP 기본값으로 결정된다.
b. 정확한 이름은 인증 알고리듬에 따른다. 기본적으로 모든 키는 id_로 시작된다.

ssh가 최종 환경설정을 수집할 때 커맨드라인 인자는 ~/.ssh/config에 있는 것보

다 우선한다. /etc/ssh/ssh_config에 설정된 전역 환경설정은 설정 옵션 중 가장 낮은 우선순위를 갖는다.

특별한 값이 설정되지 않는 한 ssh는 현재 사용자명을 로그인명으로 보낸다. -l 플래그 또는 @ 문법을 사용하면 다른 사용자명을 제공할 수 있다.

```
$ ssh -l hsolo server.admin.com
$ ssh hsolo@server.admin.com
```

ssh의 직접 인자로 사용되지 않는 클라이언트 옵션은 -o 플래그를 커맨드라인에 추가하면 된다. 예를 들어 서버를 위한 호스트 점검을 비활성화한다면 다음과 같이 사용할 수 있다.

```
$ ssh -o StrictHostKeyChecking=no server.admin.com
```

-v 옵션은 디버그 메시지를 출력한다. v를 여러 번(최고 3번까지) 사용하면 더 많은 내용을 출력할 수 있다. 인증 문제를 디버깅할 때 이 플래그가 아주 유용하다는 것을 알 수 있을 것이다.

편리함을 위해 ssh는 원격 명령의 종료 상태를 반환한다. 스크립트에서 ssh를 호출하는 경우 오류 상태를 점검할 때 사용한다.

man ssh와 man ssh_config를 통해 사용할 수 있는 옵션과 기능에 익숙해지자. ssh -h를 이용하면 간략하게 도움을 얻을 수 있다.

공개키 인증

OpenSSH(일반적인 SSH 프로토콜)는 원격 시스템을 위한 사용자 인증에 공개키 암호화를 사용할 수 있다. 사용자는 공개/개인키 쌍을 생성하는 것으로 시작한다. 공개키를 서버 관리자에 제공해 서버의 ~/.ssh/authorized_keys에 추가하자. 그리고 나서 원격 사용자명과 맞는 개인키와 함께 ssh를 사용하면 원격 서버에 로그인할 수 있다.

```
$ ssh -i ~/.ssh/id_ecdsa hsolo@server.admin.dom
```

ssh-keygen을 사용해서 이 키 쌍을 생성할 수 있다. 비트 길이 등과 함께 원하는 암호화 알고리듬을 선택할 수도 있다. 예를 들어 384비트 타원 곡선^{elliptic curve} 크기를 갖는 ECDSA 키 쌍을 생성하려면 다음과 같이 한다.

```
$ ssh-keygen -t ecdsa -b 384
Generating public/private ecdsa key pair.
Enter file in which to save the key (/home/ben/.ssh/id_ecdsa): <return>
Enter passphrase (empty for no passphrase): <return>
Enter same passphrase again: <return>
Your identification has been saved in /home/ben/.ssh/id_ecdsa.
Your public key has been saved in /home/ben/.ssh/id_ecdsa.pub.
The key fingerprint is:
SHA256:VRh6raUfpn3YdtMm7GURbIoyfcp/npbwhsmvsdrlhK4 ben
```

공개키(~/.ssh/id_ecdsa.pub)와 개인키(~/.ssh/id_ecdsa) 파일은 base64로 인코딩된 ASCII 파일이다. 개인키는 절대 공유하지 말라. ssh-keygen은 공개키와 개인키를 각각 권한 0644, 0600으로 설정한다. 이 예제에서 ECDSA를 사용했지만 2048 또는 4096 비트를 갖는 -t rsa를 사용해도 괜찮다.

ssh-keygen은 개인키를 암호화하기 위한 암호문^{passphrase}을 요구(선택 가능)한다. 암호문을 사용한다면 ssh가 그 파일을 읽기 전에 키를 복호화하고자 암호문을 입력해야 한다. 이는 인증 절차에 추가적인 검증 단계를 더하므로 보안을 향상시킨다. 인증하기 전에 복호화를 위한 키 파일과 암호문을 모두 갖고 있어야 한다.

모든 권한 계정(즉, sudo 권한을 갖고 있는 계정)에는 암호문을 설정하길 권한다. 자동화 절차에 사용하고자 암호문 없는 키를 사용해야 한다면 서버 계정의 권한을 제한한다.

여러분이 서버 관리자고 새 사용자의 공개키를 추가해야 한다면 다음 단계를 따른다.

1. 유효한 셸을 갖는 활성화된 계정을 갖고 있는 사용자인지 확인한다.
2. 사용자의 공개키를 사용자로부터 얻는다.

3. 사용자의 디렉터리에 0700 권한을 갖는 .ssh 디렉터리를 생성한다.

4. ~user/.ssh/authorized_keys에 공개키를 추가하고 권한을 0600으로 설정한다.

예를 들어 hsolo의 공개키가 /tmp/hsolo.pub에 저장돼 있다면 절차는 다음과 같을 것이다.

```
$ grep hsolo /etc/passwd
hsolo:x:503:503:Han Solo:/home/hsolo:/bin/bash
$ mkdir -p ~hsolo/.ssh && chmod 0700 ~hsolo/.ssh
$ cat /tmp/hsolo.pub >> ~hsolo/.ssh/authorized_keys
$ chmod 0600 ~hsolo/.ssh/authorized_keys
```

이러한 작업을 자주 수행한다면 절차를 스크립트로 만드는 것이 좋다는 걸 경험할 것이다. 앤서블^{Ansible}과 쉐프^{Chef} 같은 환경설정 관리 시스템이 이러한 작업을 깔끔하게 처리할 수 있다.

ssh-agent

ssh-agent 데몬은 복호화된 개인키를 캐시한다. 여러분의 개인키를 에이전트에 로드하고 새 서버에 접속할 때 그 절차를 간소화하고자 ssh는 이러한 키를 자동으로 제공한다.

ssh-add 명령을 사용해서 새 키를 로드할 수 있다. 키가 암호문을 요구하면 입력을 위한 프롬프트가 나온다. 현재 로드된 키를 보려면 ssh-agent -1을 사용한다.

```
$ ssh-add ~/.ssh/id_ecdsa
Enter passphrase for ~/.ssh/id_ecdsa: <passphrase>
Identity added: ~/.ssh/id_ecdsa (~/.ssh/id_ecdsa)
$ ssh-add -l
384 SHA256:VRbIoyfcp/npbwhsmvsdrlhK4 ~/.ssh/id_ecdsa (ECDSA)
```

여러 키를 한 번에 활성화할 수 있다. ssh-add -d 경로를 사용하면 키를 제거할 수 있다. 모두 제거하고 싶다면 ssh-add -D를 사용한다.

에이전트에서 개인키를 제거하려면 공개키가 같은 디렉터리에 있어야 하고 파일명은 .pub 확장자를 갖는 같은 이름이어야 한다. 공개키가 사용 불가능하면 키가 존재하지 않는다는 오류 메시지를 볼 수 있을 것이다.

```
$ ssh-add -d ~/.ssh/id_ecdsa
Bad key file /home/ben/.ssh/id_ecdsa: No such file or directory
```

ssh-keygen으로 공개키를 추출하고 요구하는 파일명으로 저장함으로써 이 문제를 쉽게 해결할 수 있다(이 방식은 개인키와 함께 공개키의 복제본을 개인키 파일에 함께 보관하고 있기 때문에 가능하다).

```
$ key=/home/ben/.ssh/id_ecdsa
$ ssh-keygen -yf $key > $key.pub
Enter passphrase: <passphrase>
```

ssh-agent는 키 포워딩 기능을 활용할 때 더 유용하다. 이는 ssh로 로그인돼 있는 상태에서 로드된 키를 원격 호스트에서 사용할 수 있다. 이 기능은 개인키를 원격 시스템에 복제하지 않고도 한 서버에서 다른 서버로 점프[jump]할 때 사용할 수 있다. 그림 C를 참고한다.

그림 C ssh-agent 포워딩

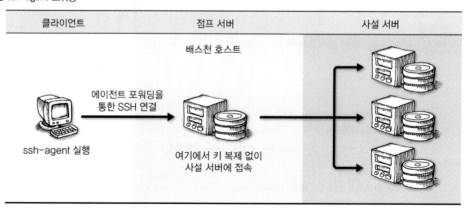

에이전트 포워딩을 활성화하려면 ForwardAgent yes를 ~/.ssh/config에 추가하거나 ssh -A를 사용한다.

키 포워딩은 서버를 신뢰하는 경우에만 사용한다. 포워드한 서버를 제어할 수 있는 누구라도 여러분을 식별할 수 있고 원격 시스템에 접근할 수 있다. 여러분의 개인키를 직접 읽을 수는 없지만 포워딩 에이전트를 통한 작업은 할 수 있다.

~/.ssh/config의 호스트 앨리어스

다수의 서버를 관리하거나 그들과 상호작용한다면 서로 다른 다양한 SSH 환경설정에 마주치게 될 것이다. 편리성을 위해 ~/.ssh/config 파일의 앨리어스를 이용하면 개별 호스트를 쉽게 사용할 수 있다.

예를 들어 두 시스템을 생각해보자. 처음 것은 포트 2222를 사용하는 sshd가 있는 IP 주소 54.84.253.153를 사용하는 웹 서버다. 해당 서버의 사용자명은 han이고 인증을 위해 개인키를 갖고 있다. 다음 것은 debian.admin.com으로, 사용자 명은 hsolo다. 암호 인증은 전부 비활성화하길 바라지만 데비안 서버는 그를 필요로 한다.

커맨드라인에서 이들 서버에 접속하고자 다음과 같은 옵션을 사용할 수 있다.

```
$ ssh -l han -p 2222 -i /home/han/.ssh/id_ecdsa 54.84.253.153
$ ssh -l hsolo debian.admin.com
```

이 경우 -o PasswordAuthentication=no를 항상 넣는 것은 번거롭기 때문에 암호 인증이 활성화(기본값)돼 있어야 한다.

다음의 ~/.ssh/config 설정은 각 호스트를 위한 앨리어스를 설정하고 있으며 기본적으로 암호 인증을 비활성화한다.

```
PasswordAuthentication no
Host web
    HostName 54.84.253.153
    User han
    IdentityFile /home/han/.ssh/id_ecdsa
    ForwardAgent yes
    Port 2222
Host debian
    Hostname debian.admin.com
```

```
    User hsolo
    PasswordAuthentication yes
```

이제 훨씬 쉬운 명령 ssh web과 ssh debian을 통해서도 이들 호스트에 접속할 수 있다. 클라이언트는 앨리어스를 읽고 각 시스템에 자동으로 옵션을 설정한다.

또한 ssh는 다음과 같은 간단한 형태도 이해한다.

```
Host *
    ServerAliveInterval 30m
    ServerAliveCountMax 1
Host 172.20.*
    User luke
```

이 예제에서는 모든 서버에서 30분의 연결 유지 시간을 설정하도록 ssh에 알려준다. 또한 172.20/16 네트워크의 호스트에 접속할 때 luke를 사용자명으로 설정한다.

Host 앨리어스는 OpenSSH과 결합되면 상상 이상으로 강력해진다.

연결 멀티플렉싱

ControlMaster는 ssh의 멋진 기능이다. 이는 멀티플렉싱 접속을 가능하게 한다. 또한 WAN 링크를 통한 SSH 성능을 향상시킬 수 있다. 이것이 활성화된 경우 호스트에 연결되는 첫 연결은 재사용 가능한 소켓을 생성한다. 이후 연결은 같은 소켓을 공유하지만 인증은 별도로 요구된다.

Host 앨리어스에서 ControlMaster, ControlPath, ControlPersist 옵션을 사용하면 멀티플렉싱을 활성화할 수 있다.

```
Host web
    HostName 54.84.253.153
    User han
    Port 2222
    ControlMaster auto
    ControlPath ~/.ssh/cm_socket/%r@%h:%p
    ControlPersist 30m
```

ControlMaster auto는 이 기능을 활성화한다. ControlPath는 지정된 위치에 소켓을 생성한다. ConntrolPath 파일명으로 사용할 수 있는 것들을 확인하려면 man ssh_config를 참고한다. 이 경우 파일은 원격 로그인 사용자면 호스트 IP 주소, 포트에 따라 명명된다. 이 호스트로의 접근은 다음과 같은 소켓을 만든다.

```
$ ls -l ~/.ssh/cm_socket/
srw-------    1 ben ben 0   Jan 2  15:22 han@54.84.253.153:2
```

이러한 형태는 각 소켓을 위한 고유의 파일명을 보장한다. ControlPersist는 첫 연결('마스터master')이 끊기더라도 지정된 기간 동안 소켓을 저장한다.

이를 설정하는 데 30초면 된다. 여러분의 시간을 절약하고 멀티플렉싱을 구현할 수 있게 해준 OpenBSD 재단에 기부하는 것은 어떤가?

포트 포워딩

SSH의 또 다른 유용한 보조 기능은 암호화 채널을 통해 보안 TCP 연결을 터널링하는 기능이다. 이는 원격지에 비보안 또는 방화벽으로 가려진 서비스에 연결을 허용한다. 그림 D는 SSH 터널의 전형적인 사용법을 보여주며 동작 방식을 이해하는 데 도움이 된다.

그림 D HTTP를 위한 SSH 터널

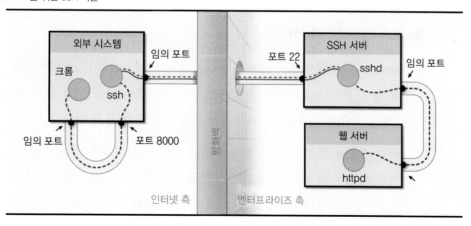

이 경우 원격 사용자(앨리스라 가정하자)는 엔터프라이즈 네트워크에 있는 웹 서버

에 HTTP 연결을 구축하고자 한다. 이 호스트 또는 포트 80으로의 접근은 방화벽으로 막혀 있다. 그러나 SSH 접근은 허용된다. 앨리스는 SSH 서버를 통해 접근을 우회할 수 있다.

이를 설정하고자 앨리스는 ssh를 통해 원격 SSH 서버에 로그인한다. ssh 커맨드라인에 임의의(그러나 이 경우에는 8000) 로컬 포트를 지정해서 ssh가 보안 터널을 통해 원격 웹 서버의 포트 80으로 포워딩할 수 있게 한다.

```
$ ssh -L 8000:webserver:80 server.admin.com
```

이 예제의 모든 원천 포트는 초기 연결 시 프로그램이 포트를 알아서 정하기 때문에 임의로 지정된다.

웹 서버에서 접근하고자 앨리스는 자기 머신의 포트 8000에 접속할 수 있다. 로컬 ssh는 연결을 받아 앨리스의 트래픽을 기존 원격 sshd로의 SSH 연결을 통해 터널링된다. 이제 sshd는 이 연결을 웹 서버의 포트 80으로 포워딩한다.

물론 이러한 터널은 의도적이거나 비의도적인 백도어가 될 수 있다. 터널은 주의게 사용해야 하고, 사용자가 이 기능을 인가 없이 사용하는 것을 모니터링 한다. sshd의 포트포워딩을 비활성화하려면 환경설정 옵션에 AllowTCPForwarding no를 사용한다.

sshd: OpenSSH 서버

OpenSSH 서버 데몬에서 sshd는 클라이언트로부터의 연결을 위해 기본적으로 포트 22를 사용한다. 그 환경설정 파일 /etc/ssh/sshd_config에는 다양한 옵션이 존재한다. 그중 몇은 여러분의 사이트를 튜닝하는 데 필요할 수 있다.

sshd는 루트로 실행된다. 연결하는 사용자와 같은 권한을 갖는 연결된 각 클라이언트를 위해 비권한 자식 프로세스를 포크fork한다. sshd_config 파일을 수정하면 부모 프로세스에 HUP 시그널을 보냄으로써 ssh를 강제로 재로딩할 수 있다.

```
$ sudo kill -HUP $(sudo cat /var/run/sshd.pid)
```

리눅스에서는 sudo systemctl reload sshd를 사용할 수 있다. 변경점은 새 연결부터 적용된다. 기존 연결은 끊어지지 않고 보존되지만 이전 설정을 사용한다.

다음의 sshd_config 예제는 사용자 편의성과 서버 보안상 균형을 이루는 일반적으로 사용되는 옵션을 보여준다.

```
# inet은 IPv4에만, inet6는 IPv6에만 적용
AddressFamily any

# 명명된 사용자와 그룹만 로그인 허용
# 사용자 추가에는 재로드가 필요하다.
AllowUsers foo bar hsolo
AllowGroups admins

# TCP 포워딩은 편리하지만 오용될 수 있다.
AllowTcpForwarding yes

# 사용자 인증 전 메시지 출력
# 법적 이유 및 호환 요구를 위해 중요한 사항이다.
Banner /etc/banner

# 공개키 인증만 사용하길 권한다.
ChallengeResponseAuthentication no
PasswordAuthentication no
RSAAuthentication no
GSSAPIAuthentication no
HostbasedAuthentication no
PubkeyAuthentication yes

# 비활성 클라이언트는 5분 후에 연결 끊김
ClientAliveInterval 300
ClientAliveCountMax 1

# 모든 활동에 압축 허용
Compression yes

# 포워딩 된 포트를 사용하는 원격 호스트를 허용하지 않음
GatewayPorts no

# 실패한 로그인 시도를 기록
LogLevel VERBOSE

# 기본값인 6보다 작은 값 사용
MaxAuthTries 3

# 루트 로그인 금지(sudo의 사용을 권장함)
```

```
PermitRootLogin no

# authorized_keys 파일에 있는 사용자가 환경을 설정하는 것을 방지
PermitUserEnvironment no

# syslog 메시지를 위해 auth 퍼실리티 사용
SyslogFacility AUTH

# TCP 연결을 잃는다면 세션 종료
TCPKeepAlive no

# X를 사용하지 않는다면 X 포워딩 금지
X11Forwarding no
```

사용 가능한 암호문과 키 교환 알고리듬을 명시적으로 나열하길 바란다. 해당 정보에 대한 상세 사항은 여기서는 다루지 않는다. 이름이 꽤 길고 그 대상이 변경되기 때문이다. goo.gl/Xxgx7H(wiki.mozilla.org의 링크)에서 찾을 수 있는 모질라의 OpenSSH 환경설정 가이드라인을 따르자.

SSHFP를 통한 호스트 키 인증

이전에 살펴본 바에 의하면 SSH 서버 호스트 키는 서버 관리자와 사용자 선호에 따라 무시된다. 클라우드 인스턴스instance에서는 관리자가 로그인 전에 호스트 키에 대한 지식이 없기 때문에 이 문제가 약화된다.

다행히도 SSHFP로 알려진 DNS 레코드는 이 문제를 처리하고자 개발됐다. 전제는 서버의 키가 DNS 레코드로 저장된다는 것이다. 클라이언트가 알려지지 않은 시스템에 접속할 때 SSH는 SSHFP 레코드를 확인하고 사용자에게 검증을 묻지 않고 서버의 키를 검증한다.

sshfp 유틸리티는 github.com/xelerance/sshfp에서 얻을 수 있다. 이는 원격 서버(-s 플래그)를 스캐닝scan하거나 known_hosts 파일(-k 플래그 사용, 기본값)에서 사전에 승인된 키를 파싱함으로써 SSHFP DNS 자원을 생성한다. 물론 두 경우 모두 키의 원천이 올바르다는 것을 전제로 한다.

예를 들어 다음 명령은 server.admin.com을 위한 BIND 호환 SSHFP 레코드를 생성한다.

```
$ sshfp server.admin.com
server.admin.com IN SSHFP 1 1 94a26278ee713a37f6a78110f1ad9bd...
server.admin.com IN SSHFP 2 1 7cf72d02e3d3fa947712bc56fd0e0a3i...
```

이 레코드를 도메인 존^{zone} 파일(이름과 $ORIGIN을 유념해두자)에 추가하고 도메인을
재로드한다. 그리고 dig로 키를 검증한다.

```
$ dig server.admin.com. IN SSHFP | grep SSHFP
; <<>> DiG 9.5.1-P2 <<>> server.admin.com. IN SSHFP
; server.admin.com. IN SSHFP
server.admin.com.  38400  IN SSHFP 1 1 94a26278ee713a37f6a78110f...
server.admin.com.  38400  IN SSHFP 2 1 7cf72d02e3d3fa947712bc56f...
```

기본적으로 ssh는 SSHFP 레코드를 참조하지 않는다. 검사를 활성화하고자
VerifyHostKeyDNS 옵션을 /etc/ssh/ssh_config에 추가한다. 대부분의 SSH 클라이
언트 옵션과 같이 처음 새 시스템에 접속 시 -o VerifyHostKeyDNS=yes를 ssh 커맨
드라인에 추가할 수 있다.

서버의 초기 스크립트에 SSHFP 레코드 생성을 넣음으로써 이 절차를 자동화할 수 있
다. 동적 DNS를 사용하거나 선호 DNS 제공자의 API를 사용해 레코드를 생성한다.

파일 전송

OpenSSH는 파일 전송을 위한 두 유틸리티 scp와 sftp를 제공한다. 서버 측에서
sshd는 sftp-server라 불리는 별도의 프로세스를 구동해 파일 전송을 처리한다.
SFTP는 기존 비보안 파일 전송 프로토콜 FTP와 관계가 없다.

scp를 사용해 여러분의 시스템에서 원격 호스트, 원격 호스트에서 여러분의 시스
템, 또는 원격시스템 간 파일을 전송할 수 있다. 기본적인 사용법은 cp와 같지만
호스트와 사용자명을 지정하기 위한 추가적인 옵션이 있다.

```
$ scp ./file server.admin.com:
$ scp server.admin.com:file ./file
$ scp server1.admin.com:file server2.admincom:file
```

sftp는 전통적인 FTP 클라이언트와 비슷한 상호작용 경험을 제공한다. 또한 대부분의 데스크톱 운영체제를 위해 그래픽 SFTP 인터페이스를 찾을 수 있다.

보안 로그인 대체재

대부분의 시스템과 사이트는 보안 원격 접근을 위해 OpenSSH에 의존한다. 그러나 이것이 유일한 선택지는 아니다.

드롭베어Dropbear는 간단한 족적을 유지하는 데 중점을 둔 SSH 구현이다. 이는 정적 링크 110KiB 바이너리로 컴파일하며 사용자 수준의 라우터와 기타 임베디드 장비에 완벽히 맞는다. 이는 OpenSSH와 같은 여러 기능을 포함한다. 여기엔 공개키 인증과 에이전트 포워딩을 포함한다.

그래비테이셔널Gravitational의 텔레포트Teleport도 다양한 이점을 제공하는 대체 SSH 서버다. 그 인증 모델은 사용자의 공개키 배포와 설정의 문제를 없애는 인증서 만료에 의존한 모델이다. 텔레포트의 인상적인 기능 중에는 각 접속을 위한 선택적 감사 트레일trail과 다수의 사용자가 세션을 공유하는 창의적인 협업 시스템이 존재한다. OpenSSH와 비교해 텔레포트는 상대적으로 새롭고 증명되지 않았다. 그러나 아직 보고된 취약점은 없다. 그래비테이셔널의 빠른 개발 속도를 기대해본다.

모쉬Mosh는 MIT의 환상적인 팀에서 개발했다. 이는 SHS의 대체품이다. SSH와는 다르게 모쉬는 암호화 및 인증된 UDP 데이터그램에서 동작한다. 이는 WAN 연결에서 더 나은 성능을 위해 설계됐다. 예를 들어 한 IP 주소에서 다른 주소로 이동할 때 또는 연결이 끊어질 때 연결을 유지할 수 있다. 2012년에 처음 릴리스된 모쉬는 OpenSSH보다 훨씬 짧은 역사를 갖고 있지만 첫 몇 년간 아무런 보안 취약점이 보고되지 않았다. 드랍베어와 같이 OpenSSH보다 훨씬 작은 족적을 남긴다.

27.8 방화벽

각 머신을 보호하는 것에 더해 네트워크 수준의 보안 경계를 구축할 수 있다. 네트워크 보안의 기본적인 도구는 방화벽이다. 이는 네트워크와 시스템에 접근하는 패킷 중 원치 않는 것을 막기 위한 기기 또는 소프트웨어다. 방화벽은 오늘날 어디에나 있고 데스크톱 시스템과 서버에서부터 상용 라우터와 엔터프라이즈 수준의 네트워크 기기까지 넓은 범위에서 사용된다.

패킷 필터링 방화벽

패킷 필터링 방화벽은 패킷 헤더의 정보에 따라 인터넷 게이트웨이(또는 조직 내 분리된 도메인 사이 내부 게이트웨이)를 통하는 트래픽 종류를 결정할 수 있다. 이는 나라의 경계에서 세관 점검을 통과해 지나는 것과 같다. 여러분은 목적지 주소, 포트 번호, 프로토콜 형태를 명시하고 게이트웨이는 단순히 프로파일에 맞지 않는 패킷을 버린다(어떤 경우 기록으로 남긴다).

패킷 필터링 소프트웨어는 리눅스 시스템에서 iptables(좀 더 사용자 친화적인 도구로는 ufw가 있다)의 형태로, FreeBSD에서는 ipfw의 형태로 포함된다. 13장에서 더 자세한 정보를 볼 수 있다.

이러한 도구가 정교한 필터링을 제공하고 추가적인 보안을 가져다줄 수 있지만 기본적으로 유닉스와 리눅스 시스템을 네트워크 라우터로 사용하는 것을 권장하지 않는다. 특히 엔터프라이즈 방화벽 라우터로는 말이다. 일반 목적 운영체제의 복잡성은 본질적으로 보안 수준이 낮고 특수 목적 장치보다 신뢰성이 낮다. 체크 포인트^{Check Point}와 시스코^{Cisco}에서 제작한 전용 방화벽 기기가 사이트 단위의 네트워크 보호에는 더 나은 선택이다.

서비스 필터링

대부분의 유명한 서비스는 관련 네트워크 포트를 /etc/services 파일에 저장하거나 벤더 특정 위치에 저장한다. 이러한 서비스를 책임지는 데몬은 적절한 포트에 연결돼 원격에서의 연결을 기다린다. 대부분의 잘 알려진 서비스 포트는 '우선권'을 갖는다. 그들의 포트 번호는 1에서 1023까지다. 이들 포트는 루트(또는 적절한 리눅스 권한)로 동작하는 프로세스에 의해서만 사용할 수 있다. 포트 1024와 그 이후 번호는 비권한 포트로 사용된다.

서비스 특정 필터링은 클라이언트(TCP 또는 UDP를 연결하는 머신)가 비권한 포트를 사용해서 서버의 권한 포트에 연결한다고 가정한다. 예를 들어 192.108.21.200 주소를 갖는 머신에서 들어오는 HTTP 연결만 허용하고자 한다면 해당 주소의 포트 80을 대상으로 하는 TCP 패킷만 허용하게 하고, 나가는 TCP 패킷은 모두에게 허용하는 필터[8]를 설치할 수 있다. 정확한 필터는 라우터의 종류나 여러분이 사용하는 필터링 시스템에 따라 다르게 설치된다.

보안에 충실한 사이트는 두 단계의 필터링 방식을 사용한다. 하나는 게이트웨이에서 인터넷으로 나가는 것이고 다른 하나는 외부 게이트웨이와 나머지 로컬 네트워크 사이의 필터다. 이 두 필터 사이에 있는 시스템으로의 인터넷 연결은 모두 종료된다. 이러한 시스템이 나머지 네트워크와 관리상 분리돼 있다면 인터넷을 위한 다양한 서비스를 더 적은 위험으로 다룰 수 있다. 부분적으로 보안이 설정된 네트워크는 보통 비무장지대 또는 DMZ라 불린다.

패킷 필터를 사용하는 가장 안전한 방법은 들어오는 연결을 전혀 허용하지 않는 것이다. 그리고 나서 동작하지 않는 것 중 필요한 것이 발견될 때마다 조금씩 필터를 풀 수 있다. 모든 인터넷 접근 서비스를 DMZ에 있는 시스템으로 옮긴다.

스테이트풀 검사 방화벽

스테이트풀 검사 방화벽은 이론적으로 붐비는 공항에서 이뤄지는 모든 언어의 대화를 이해하고 상세히 들을 수 있다면 비행기에 폭탄을 설치할 수 없게 할 수 있다는 것이다. 스테이트풀 검사 방화벽은 그들을 통하는 트래픽을 검사하고 실제로 일어나야 하는 네트워크 활동을 비교하도록 설계됐다.

예를 들어 H.323 비디오 시퀀스에서 교환된 패킷이 데이터 연결을 위해 나중에 사용할 포트를 지정한다면 방화벽은 그 포트를 통한 데이터 연결만 기대할 것이다. 원격지에서 다른 포트를 이용한 연결 시도는 가짜라고 생각하고 버려져야 한다.

벤더가 스테이트풀 검사를 제공하는 방식은 무엇일까? 그들의 제품은 제한된 수의 연결 또는 프로토콜을 모니터링하거나 지정된 '안 좋은' 상태를 탐색한다. 이것

---

8. /etc/services에 정의된 대로 포트 80은 표준 HTTP 포트다.

이 잘못됐다는 것이 아니라 트래픽 이상을 감지할 수 있는 모든 기술에서 얻을 수 있는 이점이 있다. 그러나 특정 경우 대부분 마케팅용어라는 사실을 기억하라.

방화벽: 안전한가?

방화벽은 침공에 대비하기 위한 방어의 의미만 가져서는 안 된다. 이는 사려 깊이 생각해야 할 다중 계층 보안 전략의 한 요소일 뿐이다. 방화벽은 때로 잘못된 보안 감각을 주기도 한다. 방화벽이 다른 보호 장치를 완화하게 한다면 여러분의 사이트 보안에 부정적인 영향을 끼칠 것이다.

조직의 모든 호스트는 브로^{Bro}, 스노트^{Snort}, 엔맵^{Nmap}, 네서스^{Nessus}, OSSEC 같은 도구를 통해 개별적으로 패치, 강화, 모니터링돼야 한다. 그렇지 않으면 여러분의 전체 사용자 커뮤니티는 기본 보안 위생에 대해 교육받아야 할 것이다.

이상적으로 로컬 사용자는 그들이 원하는 모든 인터넷 서비스에 접속할 수 있어야 한다. 그러나 인터넷의 머신은 여러분의 DMZ에 있는 로컬 서비스 중 일부에만 접속할 수 있어야 한다. 예를 들어 로컬 아카이브 서버로의 SFTP 접근을 허용하고 들어오는 이메일을 받고자 서버에 SMTP 연결을 허용하길 원할 수 있다.

인터넷 연결의 가치를 극대화하고자 네트워크 설정을 어떻게 할지 결정할 때 편리함과 접근성을 우선에 둘 것을 추천한다. 결국 방화벽 하드웨어의 멋들어짐보다는 시스템 관리자의 경계가 네트워크를 안전하게 만든다.

27.9 가상 사설 네트워크(VPN)

가장 간단한 형태로 VPN은 원격 네트워크 연결을 마치 직접 연결된 것처럼 보이게 한다. 물리적으로는 수천 마일 떨어져 있고 많은 라우터 홉이 떨어져 있더라도 말이다. 보안을 강화하고자 이 연결은 특정 방식으로 인증돼야 할 뿐 아니라 종단 간 트래픽도 암호화돼야 한다(보통 암호문^{passphrase} 같이 공유 비밀번호를 통해서 말이다). 이러한 방식을 보통 '보안 터널'이라 한다.

다음은 VPN이 유용한 상황에 대한 예다. 시카고, 볼더, 마이애미에 사무실을 갖고 있는 회사를 상상해보자. 각 사무실이 로컬 ISP에 접속돼 있다면 회사는 VPN을 사용해서 신뢰할 수 없는 인터넷을 통해 사무실을 투명하게(또한 보통 보안성 높게) 연결할 수 있다. 또한 회사는 세 개의 사무실을 연결하는 전용선을 빌려 비슷한 결과를 얻을 수도 있지만 이는 상대적으로 비싸다.

다른 예로는 집에서 작업하는 직원과 소통하는 회사인 경우다. VPN은 이러한 사용자들이 고속의 비싸지 않은 케이블 모뎀 서비스를 사용해서 회사 네트워크에 직접 연결된 것처럼 보이게 할 수 있다.

편리한 기능과 유명함 덕분에 모두가 특정 형태의 VPN 솔루션을 제공한다. 라우터 벤더가 제공하는 여러분의 운영체제에 맞는 플러그인이나 여러분의 네트워크를 위한 전용 VPN 등의 서비스를 구입할 수 있다. 여러분의 예산이나 확장성 필요에 따라 다양한 상업 VPN 솔루션 중 하나를 고려할 수 있다.

예산이 넉넉하지 않고 빠른 방법을 찾는다면 SSH를 통해 보안 터널링을 사용할 수 있다. 앞에서 언급한 '포트 포워딩' 절을 참고한다.

IPsec 터널

IETF 표준을 선호하거나(또는 비용 절감을 원한다면) 실제 VPN 솔루션이 필요하다면 IPsec(인터넷 프로토콜 보안)을 알아보라. IPsec은 본래 IPv6용으로 개발됐다. 그러나 IPv4를 위해서도 널리 구현됐다. IPsec은 IETF에서 승인한 종단 간 인증 및 암호화 시스템이다. 거의 대부분의 VPN 벤더는 IPsec 호환 모드를 지원하는 제품을 제공한다. 리눅스와 FreeBSD도 IPsec을 위한 내장 커널을 지원한다.

IPsec은 인증과 암호화 서비스를 구현하고자 강력한 암호문을 사용한다. 인증은 패킷이 올바른 송신자로부터 보내진 것인지, 전송 중에 대체되지 않았는지 보장하며 암호화는 패킷 내용의 미 인증 검증을 막는다.

터널 모드에서 IPsec은 송신지 및 목적지 포트 번호를 갖는 전송 계층 헤더를 암호화한다. 불행히도 이러한 방식은 대부분의 방화벽과 충돌한다. 때문에 전송 모드 대부분의 현대 구현에서는 패킷의 페이로드^{payload} 부분(전송되는 데이터)만 암호화한다.

IPsec 터널과 MTU 크기 사이에 문제가 있다. 한 패킷이 IPsec으로 암호화되고 나면 터널을 횡단하는 네트워크 경로에서 파편화되지 않게 해야 한다. 이를 이루고자 터널 앞 장치의 MTU를 낮춰야 할 수도 있다(현실에서 1,400바이트가 보통 잘 동작한다). MTU 크기에 관한 자세한 정보는 13장을 참고한다.

필요한 것이 VPN뿐인가?

슬프게도 VPN에는 단점도 있다. 두 종단 간의 신뢰할 수 없는 네트워크 간 보안 터널을 구축함에도 종단 자체의 보안은 다루지 않는다. 예를 들어 회사 백본^{backbone}과 CEO의 집에 VPN을 구축할 때 우연히 그의 15세 딸에게 네트워크 환경 모두를 향한 직접 접근을 허용할 수도 있다.

요점은 VPN 터널로부터의 접속은 외부 접근처럼 다뤄야 하며 추가적인 권한은 필요한 경우에만 사려 깊게 허용해야 한다. VPN 접속을 위한 규칙을 다루고자 보안 정책에 특별한 절을 추가하는 것을 검토하자.

27.10 인증서와 표준

27장의 주제가 부담스럽더라도 겁먹지 말라. 컴퓨터 보안은 셀 수 없이 많은 책, 웹 사이트, 잡지가 증명하듯 복잡하고 거대한 주제다. 다행히도 가용 정보를 정량화하고 조직화하는 데 도움이 되는 작업이 많이 진행됐다. 십수 개의 표준과 인증서가 존재하고 주의력 깊은 시스템 관리자는 이들의 권고를 따라야 한다.

인증

거대한 회사는 정보를 보호하는 것을 업으로 삼는 수많은 전업 피고용인을 고용한다. 현업에서 신뢰를 얻고 그들의 현재 지식을 유지하고자 이런 전문가들은 트레이닝 코스를 밟고 인증을 얻는다. 가장 유명한 인증 일부는 업무에 사용되므로 스스로 준비해두는 것이 좋다.

가장 널리 쓰이는 보안 인증은 CISSP^{Certified Information Systems Security Professional}다. 이는 (ISC)²^{International Information Systems Security Certification Consortium}에서 관리한다. CISS의 주목적

중 하나는 (ISC)²의 표기 '공통 지식 기반CBK, Common Body of Knowledge'이다. 그 핵심은 정보 보안의 산업 수준 최적 가이드다. CBK는 법, 암호학, 인증, 물리 보안 등을 다룬다. 보안 관련 업무 관련자들에게는 훌륭한 참고 자료다.

CISSP에 대한 비판 중 하나는 범위가 너무 넓어 깊이가 부족하다는 것이다. CBK에 너무 많은 주제가 있고 시간은 없다. 이를 해결하고자 (ISC)²은 아키텍처, 엔지니어링, 관리에 집중하는 CISSP 집중 프로그램을 내놨다. 이 특수 인증은 일반적인 CISSP 인증에 깊이를 더했다.

SANS 인스티튜트는 1999년 인증 스위트, 글로벌 정보 보험 인증GIAC, Global Information Assurance Certification을 만들었다. 이는 5개 분류로 나눠진 테스트를 갖는 정보 보안 분야를 다루는 삼십여 개의 시험으로 구성된다. 이 인증의 난이도 범위는 보통 수준의 GISF 두 시험부터 23시간의 전문가 수준의 GSE까지 다양하다. GSE는 산업에서 가장 어려운 인증으로 유명하다. 다수의 시험은 기술 특화에 집중돼 있으며 꽤 많은 경험을 필요로 한다.

끝으로 CISACertified Information Systems Auditor 자격증명은 감사 및 절차 인증이다. 이는 비즈니스 지속성, 절차, 모니터링, 기타 관리 콘텐츠에 집중한다. CISA는 조직의 보안 관리자 역할에 맞는 중간 수준의 인증으로 알려져 있다. 가장 매력적인 사실은 단 한 번의 시험만 치르면 된다는 것이다.

인증은 개인의 노력이지만 비즈니스에 적용하는 것은 거부할 수 없다. 점점 더 많은 회사가 전문가의 기준으로 인증을 인지하고 있다. 여러 산업에서 인증을 가진 직원에 더 많은 급여와 진급을 제공한다. 인증을 따기로 했다면 관련 비용을 조직이 낼 수 있도록 협력을 구하자.

보안 표준

데이터 시스템의 신뢰성이 증가함에 따라 민감하고 사업에 치명적인 정보를 관리하기 위한 법규가 생겨났다. HIPAA, FISMA, NERC CIP, SOXSarbanes-Oxley Act 같은 주요 미국 법안에는 모두 IT 보안에 대한 내용이 포함된다. 구현에 비용이 많이 드는 문제가 있지만 기술에서는 놓치기 쉬운 지점에 적절히 집중할 수 있도록 도움을 준다.

불행히도 법안은 법률 용어로 가득 차 있기 때문에 이해가 어려울 수 있다. 대부분은 이 요구 사항을 어떻게 만족해야 하는지에 대한 서술은 포함하지 않는다. 결과적으로 표준은 숭고한 법안 요구 사항을 맞추고자 관리자를 돕기 위해 개발됐다. 이러한 표준은 법안에만 특정돼 있지는 않지만 이를 따르는 것은 표준 준수를 보장한다. 한 번에 다양한 표준의 요구 사항을 만족하는 것은 어려울 수 있다. 따라서 먼저 전체적으로 하나의 표준을 통해 작업하는 것이 좋다.

ISO 27001:2013

ISO/IEC 27001(과거 ISO 17799) 표준은 세계에서 가장 널리 채용된 표준일 것이다. 처음 소개된 것은 1995년 영국 표준이었다. 접근 제어를 위한 정책에서부터 물리적 보안에 이르기까지 전반적인 사항을 다루는 전체 34페이지, 11개 절로 이뤄져 있었다. 각 절의 목표는 특별한 요구 사항을 정의하고 각 목표의 통제는 제안된 최적의 솔루션을 서술한다. 이 문서는 약 200달러다.

요구 사항은 기술적이지는 않았고 필요한 경우 가장 적합한 방식으로 모든 조직에 맞출 수 있었다. 표준의 일반적인 용어는 독자의 넓은 융통성으로 남겨졌다. 비평가들은 공격에 노출된 조직을 위한 내용이 부재하나는 점을 비판한다.

그럼에도 이 표준은 정보 보안 산업에서 사용 가능한 가장 가치 있는 문서다. 이는 관리와 엔지니어 사이의 명백한 거리를 줄여주는 가교 역할을 하며 두 집단 사이에 발생할 수 있는 위험을 최소화하는 데 도움이 된다.

PCD DSS

PCI DSS^{Payment Card Industry Data Security Standard}는 완전히 다른 표준이다. 이는 신용카드 처리 산업에서 심각한 정보 유출이 발생함에 따라 보안을 향상시키고자 만들어졌다. 예를 들어 2013년 미국 정부는 JCPenny를 포함하는 다양한 비자 라이선스를 갖는 1억 6천만 건의 신용카드 번호를 유출했다. 이는 미국 역사상 가장 큰 사이버 범죄다.

PCI DSS 표준은 비자와 마스터카드 간 협력의 결과다. 현재는 비자에 의해 관리되고 있지만 말이다. ISO 27001과는 달리 이는 누구나 다운로드해 사용할 수 있다.

이는 카드홀더^{cardholder} 데이터 시스템을 보호하는 데 집중한다. 보호를 위해 필요한 요구 사항을 정의하는 12개 절로 구성돼 있다.

PCI DSS가 카드 처리에 집중하고 있기 때문에 신용카드 데이터를 다루지 않는 산업에는 일반적으로 적절하지 않다. 그러나 신용카드를 다루는 경우 엄청난 벌금이나 범죄 기소를 피하고자 엄격하게 준수해야 한다. 해당 문서는 pcisecuritystandards.org에서 찾을 수 있다.

NIST 800 시리즈

NIST에서는 컴퓨터 보안에 대한 그들의 연구, 가이드라인, 지원 활동을 보고하기 위한 문서, SP^{Special Publication} 800 시리즈를 만들었다. 이 문서는 미연방 전부를 위해 데이터를 처리하는 조직이 FISMA[9] 준수 여부를 측정하고자 사용한다. 좀 더 일반적으로는 훌륭한 내용을 갖는 표준이 공개됐으며 산업에서 널리 사용되고 있다.

SP 800 시리즈에는 100개가 넘는 문서를 포함한다. 그들 모두는 csrc.nist.gov/publications/PubsSPs.html에서 볼 수 있다. 표 27.3에는 이 표준을 볼 때 고려해야 할 몇 가지가 나열돼 있다.

표 27.3 NIST SP 800 시리즈의 추천 문서

문서	제목
800-12	컴퓨터 보안 소개: NIST 핸드북
800-14	IT 시스템 보호를 위해 일반적으로 적용된 원리와 실제
800-34	R1 정보 기술 시스템을 위한 비상 계획 가이드
800-39	정보 시스템에서의 위험 관리: 조직 관점
800-53	R4 연방 IT와 조직을 위한 추천 보안 제어
800-123	일반 서버 보안 가이드

공통 평가 기준

정보 기술 보안 평가를 위한 공통 평가 기준('Common Criteria'라고 알려진)은 IT 제품의 보안 수준을 평가하기 위한 표준이다. 이 가이드라인은 다양한 제조사와 산

---

9. 2002년 연방 정보 보안 관리 행동

업의 회원으로 구성된 국제 위원회에서 발족했다. 표준에 대한 자세한 내용은 commoncriteriaportal.org를 보라.

OWASP: 오픈 웹 애플리케이션 보안 프로젝트

OWASP[Open Web Application Security Project]는 애플리케이션 소프트웨어의 보안을 향상시키기 위한 비영리 국제 조직이다. 그중 웹 애플리케이션 보안 위험에 대한 '탑 10'이 가장 잘 알려져 있다. 이는 애플리케이션의 보안을 강화할 때 참고하면 도움이 된다. 현재 목록과 기타 참고 사항은 owasp.org에서 볼 수 있다.

CIS

CIS[Center for Internet Security]는 관리자를 위한 최고의 자원이다. 가장 볼만한 것은 아마도 CIS 벤치마크일 것이다. 이는 운영체제의 보안을 높이고자 추천되는 기술 환경 설정의 모음이다. 여러분의 예제 유닉스 및 리눅스 시스템을 위한 벤치마크를 찾을 수 있다. 또한 CIS는 클라우드 프로바이더, 모바일 기기, 데스크톱 소프트웨어, 네트워크 기기 등을 위한 벤치마크도 수행한다. cisecurity.org을 참고한다.

27.11 보안 정보의 출처

시스템을 안전하게 유지하는 노력의 반은 세계에서 개발되고 있는 보안 관련 사항을 꾸준히 따라잡는 것이다. 여러분의 사이트에 문제가 생길 때 해당 문제는 참신한 기술을 사용해 이뤄지진 않을 것이다. 대부분 보호의 틈새는 결국 벤더의 지식 기반, 보안 관련 뉴스그룹, 메일링 리스트 등에서 널리 토론되고 있는 알려진 취약점으로 밝혀질 것이다.

securityfocus.com, BugTraq 메일링 리스트, OSS 메일링 리스트

SecurityFocus.com은 보안 관련 뉴스와 정보에 특화돼 있다. 이 뉴스에는 일반적인 이슈와 특정 문제에 대한 현재 기고문들이 포함된다. 또한 이 사이트는 유용한 논문의 광범위한 기술 라이브러리를 포함하며 주제에 따라 잘 정리돼 있다.

SecurityFocus의 보안 도구 모음은 짧은 광고와 사용자 평가를 통해 다양한 운영체제용 소프트웨어도 포함한다. 이는 우리가 아는 한 가장 종합적이고 자세한 도구의 출처다.

BugTraq 목록은 보안 취약점에 대한 토론과 버그 수정을 위한 적절한 포럼이다. 구독하려면 securityfocus.com/archive를 방문하라. 이 목록의 트래픽은 꽤 많겠지만 신호 대 잡음비는 꽤 낮은 편이다. BugTraq 취약점 보고 데이터베이스는 웹사이트에서도 사용할 수 있다.

oss-security 메일링 리스트(openwall.com/lists/oss-security)는 오픈소스 커뮤니티에 대한 보안 토막 뉴스를 얻기에 훌륭한 출처다.

보안 전문가 슈나이어

브루스 슈나이어의 블로그도 읽을 만하다. 때로는 컴퓨터 보안, 암호화 등에 대한 흥미로운 정보 출처다. 슈나이어는 여러 저서 중 잘 알려진 『Applied Cryptography』와 『Secrets and Lies』의 저자다. 이 블로그의 정보는 Crypto-Gram이라 알려진 월간 뉴스레터의 형태로 취합된다. schneier.com/crypto-gram.html에서 더 자세히 알아보라.

버라이즌 데이터 위반 검사 보고서

매년 발매되는 이 보고서는 데이터 침해 원인과 출처에 대한 통계를 모아 놓은 것이다. 게다가 읽기에 재미있다. 2016년 판에서는 3,141건의 사고 분석을 기반으로 80%의 데이터 침해가 돈을 목적으로 한 것이라 이야기한다. 스파이 활동은 꽤 떨어진 일이다. 또한 이 보고서에는 현실에서 보이는 공격으로 인한 고장에 대한 내용도 포함된다.

SANS 인스티튜트

SANS(시스템 관리자^{SysAdmin}, 감사^{Audit}, 네트워크^{Network}, 보안^{Security}) 인스티튜트는 보안 관련 콘퍼런스와 트레이닝 프로그램을 제공하는 전문 조직이다. 또한 다양한 보안 정보를 출판한다. sans.org 사이트에는 SecurityFocus와 CERT 사이 정도로 평가되는 유용한 자원이 있다. 전자보다는 덜 열광적이고 후자보다는 덜 답답하다.

SANS는 사이트에 가입하면 사용할 수 있는 다양한 주간 및 월간 이메일 보드를 제공한다. 주간 NewesBites는 영양가가 높다. 그러나 월간 요약은 중복이 너무 많아 보인다. 하지만 둘 모두 최신 보안 뉴스에 대한 훌륭한 출처다.

배포판 특정 보안 자원

보안 문제가 잠재적으로 좋지 않은 평판을 상당히 높이기 때문에 벤더^{vendor}는 보통 고객의 시스템을 안전하게 유지하도록 도와주려 한다. 대부분의 대형 벤더는 공식 메일링 리스트를 통해 보안 관련 공지 사항을 알린다. 그리고 그들의 웹 사이트를 통해 보안 이슈를 공지한다. 소프트웨어 지원을 위해 비용을 받는 벤더의 경우에도 보안 관련 소프트웨어 패치를 무료로 배포하는 것이 일반적이다.

SecurityFocus.com 같은 웹 보안 포털은 벤더에 특정되는 정보를 포함하고 최신 공식 벤더 규칙으로의 링크를 제공한다.

우분투는 다음과 같은 보안 메일링 리스트가 있다.

 https://lists.ubuntu.com/mailman/listinfo/ubuntu-security-announce

RHEL 레드햇 보안 정보의 경우 '엔터프라이즈 와치^{watch}' 리스트를 구독하면 레드햇 제품의 보안에 대한 공지 사항을 얻을 수 있다. 다음을 참고하라.

 https://redhat.com/mailman/listinfo/enterprise-watch-list

센트OS는 일반적으로 레드햇 보안 권고와 같지만 센트OS에 대해 구독하려면 아래의 링크를 참고한다.

https://lists.centos.org/pipermail/centos-announce/

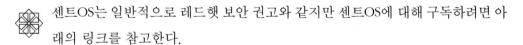

FreeBSD는 메일링 리스트에 활동적인 보안 그룹이 있다.

https://lists.freebsd.org/mailman/listinfo/freebsd-security

기타 메일링 리스트와 웹 사이트

앞에 나열된 목록은 네트워크에서 사용할 수 있는 다양한 보안 자원 중 일부다. 현재 사용할 수 있는 방대한 정보와 빠르게 변화하는 자원 현황을 통해 가장 유용한 것들이라 생각했다.

시작점으로 괜찮은 곳 중 하나는 linuxsecurity.com이다. 여기엔 매일 적절한 리눅스 보안 이슈를 다양하게 제공한다. 또한 리눅스 보안 권고, 다가올 이벤트, 사용자 그룹 등을 유지한다.

<(IN)SECURE> 매거진은 현재 보안 트렌드, 제품 발표, 보안 전문가에 대한 뉴스를 다루는 두 달에 한 번 발행되는 무료 잡지다. 기고문 중 일부는 너무 재미없고 항상 기고자를 확인해야 한다. 많은 경우 저자는 그들 고유의 제품을 소개하는 것뿐이다.

<The Linux Weekly News>는 커널, 보안, 배포판, 기타 주제에 대해 주기적으로 다루는 재밌는 사이트다. LWN의 보안 섹션은 lwn.net/security에서 찾을 수 있다.

27.12 사이트가 공격 당했을 때

공격을 처리하는 핵심은 단순하다. 당황하지 않는 것이다. 여러분이 침입을 탐지할 때까지 피해는 이미 상당히 발생했을 것이다. 사실 이러한 공격은 수주 또는 수개월간 계속돼 왔을 것이다. 여러분이 한 시간 전에 탐지한 부분은 별것 아니다.

이러한 관점에서 심호흡을 하고 침입을 처리하기 위한 전략을 신중하게 생각하고 발전시켜 나가야 한다. 침입을 알림으로써 침입자에게 알림을 주거나 여러분의 사이트를 수주간 지켜봤을 수도 있는 사람에게 비정상적으로 보이는 활동을 수행하는 것은 피해야 한다. 이 시점에서 백업을 수행하는 것은 괜찮은 생각이다. 그리고 이는 침입자에게 일반적인 활동으로 보일 것이다.[10]

또한 60% 정도의 보안 사고에는 내부자도 함께한다는 사실을 상기할 필요가 있

---

10. 시스템 백업이 일반적인 작업이 아니라면 보안 침입보다 훨씬 큰 문제를 갖고 있다는 뜻이다.

다. 모든 증거가 확실하다 생각하기 전 까지는 이러한 사고를 다른 누군가와 논의할 때 주의를 기울여라.

다음은 위기를 맞이했을 때 도움이 될 만한 9단계 계획이다.

1. **당황하지 말라.** 많은 경우 문제가 발생한지 한 시간 또는 며칠 만에 발견되지 않는다. 몇 시간 또는 며칠 더 지난다고 큰 영향을 주지 않는다. 대응을 당황스럽게 하느냐 이성적으로 하느냐는 큰 영향을 준다. 중요 로그, 상태의 파괴와 초기에 갈팡질팡하며 얻은 추적 정보는 대부분 복구에 악영향을 끼친다.

2. **적절한 수준의 대응 결정.** 과장된 보안 사고에서 얻을 수 있는 이득은 없다. 조용히 처리한다. 반드시 참여해야 할 직원과 자원을 확보하고 나머지는 모든 작업이 끝나면 점검할 수 있게 한다.

3. **모든 가용 추적 정보 저장.** 파일과 로그를 점검한다. 문제가 발생한 부분을 찾는다. 시스템을 모두 백업한다. 실제 시스템에 연결돼 있다면 물리적으로 쓰기 보호된 제거할 수 있는 매체를 사용한다.

4. **노출 정도 평가.** 어떠한 종류의 치명적인 정보가 노출됐는지 찾는다. 적절한 경감 전략을 고안한다. 미래의 위험 수준을 결정한다.

5. **플러그를 뽑는다.** 필요한 경우 네트워크에서 도용된 머신을 제거한다. 출혈 부위를 막는다. CERT는 침입을 분석하기 위한 단계를 추천한다. 해당 문서는 cert.org/tech_tips/win-UNIX-system_compromise.html에서 찾을 수 있다.

6. **복구 계획 고안.** 창의적인 동료와 함께 칠판에 복구 계획을 그려본다. 이 절차는 키보드에서 벗어나 있을 때 가장 효율적이다. 급한 불을 끄고 피해를 최소화하는 데 집중한다. 비난하려 하거나 흥분하지 않는다. 복구 계획에는 사용자 커뮤니티에서 경험할 수 있는 심리적 영향을 처리하는 부분도 잊지 않는다. 사용자는 본질적으로 다른 사용자를 신뢰한다. 신뢰를 져 버리면 많은 사람을 불안하게 한다.

7. **복구 계획에 대한 소통.** 사용자와 관리자에게 침투의 영향, 미래의 문제에 대한 가능성, 예비 복구 전략을 교육한다. 공개적이고 솔직해야 한다. 보안

사고는 현대 네트워크 환경에서 일상의 일부다. 그것이 여러분의 시스템 관리자로서의 능력을 반영하거나 당황할 것은 아니다. 여러분이 문제를 갖고 있다는 것을 공개적으로 인정하는 것은 현 상황을 타개하기 위한 전략이 있다는 것을 의미한다.

8. **복구 계획 구현.** 시스템이나 네트워크에 대해 여러분보다 더 잘 아는 사람은 없다. 여러분의 계획과 직관을 따른다. 올바른 방향으로 가고자 직관을 동료와 의논한다(여러분을 잘 아는 사람이 좋다).

9. **사고를 기관에 보고.** 이 사고에 외부 단체가 관련돼 있다면 CERT에 보고한다. (412) 268-5800으로 전화하거나 cert@cert.org에 이메일을 보낸다. 가능한 한 최대한의 정보를 제공한다.

표준 형식은 cert.org에서 찾을 수 있다. 포함시키면 도움이 되는 것들을 다음에 더 나열한다.

- 도용된 머신의 이름, 하드웨어, OS 버전
- 사고가 발생한 시점에 적용된 패치 목록
- 도용된 것으로 알려진 계정 목록
- 참여한 원격 호스트 전부의 이름과 IP 주소
- 원격 사이트의 관리자 연락처 정보
- 관련 로그와 감사audit 정보

이전에 문서화되지 않은 소프트웨어 문제가 포함된다면 소프트웨어 개발사에게도 이 사고를 보고한다.

27.13 추천 자료

Dykstra, Josiah. Essential Cybersecurity Science: Build, Test, and Evaluate Secure Systems. Sebastopol, CA: O'Reilly Media, 2016.

Fraser, B., Editor. RFC2196: Site Security Handbook. rfc-editor.org, 1997.

Garfinkel, Simson, Gene Spafford, and Alan Schwartz. Practical UNIX and Internet

Security (3rd Edition). Sebastopol, CA: O'Reilly Media, 2003.

Kerby, Fred, et al. "SANS Intrusion Detection and Response FAQ." SANS. 2009. sans.org/resources/idfaq

고든 표도르 라이언^{Lyon, Gordon 'Fyodor'}의 『엔맵 네트워크 스캐닝: 네트워크 발견과 보안 스캐닝을 위한 Nmap 공식 가이드』(에이콘, 2009). 엔맵의 제작자가 말해주는 엔맵 사용법

Ristić, Ivan. Bulletproof SSL and TLS: Understanding and Deploying SSL/TLS and PKI to Secure Servers and Web Applications. London, UK: Feisty Duck, 2014.

Schneier, Bruce. Liars and Outliers: Enabling the Trust that Society Needs to Thrive. New York, NY: Wiley, 2012.

Thompson, Ken. "Reflections on Trusting Trust." in ACM Turing Award Lectures: The First Twenty Years 1966-1985. Reading, MA: ACM Press (Addison-Wesley), 1987.

28 모니터링

모니터링에 대한 의무는 전문 시스템 관리자의 절대적인 요소다. 경험이 없는 시스템 관리자는 종종 시스템을 모니터링하지 않고 의도한 작업을 완료할 수 없어서 좌절하고 화가 난 사용자가 지원 센터에 전화할 때 오류를 '감지'한다. 좀 더 알고 있는 그룹은 모니터링 플랫폼을 설정하지만 이들이 너무 귀찮기 때문에 근무 시간 이후 알림을 비활성화한다. 어느 쪽이든 두 경우 모두 불과 물을 왔다 갔다 한다. 이러한 접근 방식은 기업에 부정적인 영향을 미치고 복구 업무를 복잡하게 하며 시스템 관리 팀에 대한 나쁜 평판을 갖게 한다.

전문적인 시스템 관리자는 모니터링을 종교처럼 대한다. 모든 시스템은 가동되기 전에 모니터링 플랫폼에 추가되며 점검 배터리는 정기적으로 테스트되고 조정된다. 측정 기준과 동향은 사전에 평가돼 사용자에게 영향을 미치거나 데이터가 위험해지기 전에 문제점을 발견할 수 있다.

주요 온라인 비디오 스트리밍 서비스는 원격 측정 시스템을 중요시해 모니터링 중단보다 서비스 중단을 더 낫다고 여긴다. 모니터링하지 않는다면 어차피 무슨 일이 일어나고 있는지도 몰랐을 것이다.

모니터링 우선 철학(그 관련 도구와 함께)은 여러분을 슈퍼 히어로 시스템 관리자로 만든다. 소프트웨어와 애플리케이션을 더 잘 이해해 개발하고 작은 문제가 눈덩이처럼 불어나 심각한 오류가 되기 전에 수정하고, 오류 조건을 찾고, 문제를 디버깅하고, 복잡한 시스템 성능을 이해하는 데 더 효과적이게 한다. 또한 모니터링은 추수 감사절 오전 3시가 아닌 편한 시간에 대부분의 문제를 해결할 수 있도록 해서 삶의 질을 향상시킨다.

28.1 모니터링 개요

모니터링의 목적은 IT 인프라 전체가 예상대로 작동하는지 확인하고 관리와 계획에 유용한 데이터에 접근할 수 있고 쉽게 소화할 수 있는 형식으로 시스템을 구축하는 것이다. 간단하지만 이 간단한 설명 안에는 잠재적으로 방대한 영역이 포함돼 있다.

실제 모니터링 시스템은 가능한 모든 차원에 따라 다양하지만 모두 동일한 기본 구조를 공유한다.

- 원시 데이터는 관심 있는 시스템과 장치에서 수집된다.
- 모니터링 플랫폼은 데이터를 검토하고 보통 행정적으로 설정된 규칙을 적용해 적절한 조치를 취한다.
- 모니터링 시스템에 의해 결정되는 원시 데이터와 모든 동작은 적절한 작업을 수행하는 백엔드backend로 전달된다.

실제 모니터링 시스템은 사소한 것에서 임의의 복잡한 것에 이르기까지 다양하다. 예를 들면 다음 펄Perl 스크립트는 위에 나열된 모든 요소를 포함한다.

```
#!/usr/bin/env perl
$loadavg = (split /[\s,]+/, `uptime`)[10];

# 부하가 5보다 크면 시스템 관리자에게 알린다.
if ($loadavg > 5.0) {
    system 'mail -s "Server load is too high" dan@admin.com < /dev/null'
}
```

스크립트는 uptime 명령을 실행해 시스템의 평균 로드를 얻는다. 1분 부하 평균이 5.0보다 크면 관리자에게 메일을 보낸다. 데이터를 얻고 평가하며 반응한다.

예전에는 '멋진' 모니터링 설정에 cron에서 실행되는 이와 같은 스크립트 모음이 포함돼 있었으며 시스템 관리자의 호출기에 메시지를 보내고자 모뎀을 주문했다. 오늘날에는 모니터링 파이프라인의 모든 단계에서 여러 가지 옵션을 이용할 수 있다.

물론 여전히 개별 모니터링 스크립트를 작성해 cron에서 실행시킬 수 있다. 이것이 정말 필요한 모든 것이라면 반드시 일을 단순하게 유지해야 한다. 그러나 한두 개 서버만 담당하지 않는다면 이러한 임시 접근 방법으로는 보통 충분하지 않다.

다음 절에서 파이프라인의 단계를 좀 더 자세히 검토한다.

수단

조직에 유용함을 입증할 수 있는 광범위한 데이터는 성능 계수(응답 시간, 사용률, 전송률), 가용 수치(접근성 및 가동 시간), 용량, 상태 변경, 로그 항목, 평균 장바구니 가치 또는 클릭 전환율과 같은 비즈니스 메트릭metric까지 포함된다.

컴퓨터에서 수행할 수 있는 모든 작업은 잠재적인 모니터링 대상이므로 모니터링 시스템은 일반적으로 데이터 소스에 구애받지 않는다. 다양한 입력에 대한 지원을 내장하고 있는 경우가 많다. 직접적인 지원이 없는 데이터 소스도 일반적으로 어댑터 코드 몇 줄이나 StatsD와 같은 별도의 데이터 게이트웨이를 이용해 가져올 수 있다.

수집할 데이터가 아주 많기 때문에 수집 시스템을 설계하는 데 있어 무엇을 무시해야 하는지 아는 것이 어렵다. 명확하고 실행 가능한 목적을 갖고 있지 않은 데이터는 수집하지 않아야 한다. 데이터 초과 수집은 모니터링 시스템과 모니터링 중인 개체 모두에 부담이 된다. 또한 잡음의 바다로 빠져들게 해서 진정으로 중요한 가치를 모호하게 하는 경향이 있다.

안타깝게도 유용한 데이터와 쓸모없는 데이터를 구별하는 것이 쉽지 않다. 모니터링 대상을 지속적으로 재평가하고 데이터가 시스템이 운영되는 동안 어떻게 동작하는지 재고해야 한다.

데이터 유형

가장 높은 수준에서 모니터링 데이터는 크게 세 가지로 분류된다.

- **환경의 운영 상태를 특성화하는 실시간 메트릭.** 보통 숫자 또는 불리언 값이다. 일반적으로 이러한 측정 기준을 예상과 비교해 테스트하고 현재 값이 사전 정의된 범위나 임곗값을 초과하는 경우 알림을 생성하는 것은 모니터링 시스템이 책임진다.
- **주로 로그 파일 항목이나 서브시스템의 '푸시' 알림 형식을 취하는 이벤트.** 패턴 기반 메트릭이라고 알려진 이러한 이벤트는 상태 변경, 알람 조건, 또는 기타 작업이 발생했음을 나타낼 수 있다. 이벤트는 숫자 메트릭(예, 총계 또는 비율)을 형성하거나 모니터링 응답을 직접 트리거할 수 있다.[1]
- **보통 실시간 메트릭의 시계열 모음으로 집계 및 요약된 과거 동향.** 시간에 따른 변화를 분석하고 시각화할 수 있다.

유입과 처리

대부분의 모니터링 시스템은 모니터링되는 시스템에서 데이터를 흡수하고, 적절한 처리를 수행하고, 대응해야 할 일을 결정하고자 관리 규칙을 적용하는 중앙 모니터링 플랫폼을 중심으로 돌아간다.

---

1. 애플리케이션 모니터링 소프트웨어에 의해 수집된 많은 데이터 포인트가 '이벤트' 범주에 속한다. 때때로 정량적 데이터가 첨부되기도 한다. 이벤트 간의 상호 관계(예, '사용자가 설정 페이지를 봤지만 아무것도 변경하지 않고 취소함')는 조사에 도움이 되는 경우가 많다. 범용 모니터링 플랫폼은 이런 종류의 상호 참조를 잘하지 않는 경향이 있다. 이것이 애플리케이션 모니터링이 이벤트 범주인 이유 중 하나다.

나기오스^{Nagios} 및 아이신가^{Icinga}와 같은 1세대 플랫폼은 발생하는 문제를 감지하고 대응하는 데 중점을 뒀다. 이런 시스템은 그 시대에 혁명적이었으며 현대 모니터링 세계로 이끌었다. 그럼에도 모든 모니터링 데이터가 시계열 데이터라는 업계의 점진적인 인식으로 인해 시간이 지남에 따라 이런 1세대 플랫폼은 쇠퇴했다. 값이 변하지 않으면 모니터링하지 않을 것이다.

분명 데이터 지향적인 접근 방식이 필요하다. 그러나 모니터링 데이터는 보통 너무 방대해 간단히 기존 데이터베이스에 모든 데이터를 저장해 축적할 수 없다. 이것은 성능 저하와 디스크 오버플로에 대한 방안이다.

현대적인 접근 방식은 시계열 데이터를 처리하고자 특화된 데이터 저장소 중심의 모니터링을 구성하는 것이다. 모든 데이터는 초기 기간 동안 저장되지만 데이터가 오래되면 저장소 요구 사항을 제한하고자 점점 더 높은 수준의 요약을 적용한다. 예를 들면 저장소는 1시간 분량의 데이터를 1초 단위 해상도로, 1주일 분량의 데이터는 1분 단위의 해상도로, 1년 분량의 데이터는 1시간 단위의 해상도로 보관할 수 있다.

기록 데이터는 대시보드 프레젠테이션뿐만 아니라 비교 기준으로도 유용하다. 현재 네트워크 오류율이 과거 평균보다 15% 이상인가? 같은 것 말이다.

통지

일단 모니터링 프레임워크가 구축되면 모니터링 결과 처리에 대해 신중해야 한다. 첫 번째 우선순위는 주의가 필요한 문제에 대해 관리자와 개발자에게 통지하는 것이 일반적이다.

알림^{notification}은 실행 가능한 것이어야 한다. '이것이 해결됐는지 나중에 확인'하는 것과 같은 일반적인 행동일지라도 해당 알림을 받는 모든 사람은 이에 대응해 잠재적으로 조치를 취하도록 모니터링 시스템을 구성해야 한다. 순수한 정보 제공 알림은 직원이 알림을 무시하도록 만들어 버린다.

대부분의 경우 알림은 최적의 효과를 위해 이메일 이상으로 확장돼야 한다. 중요한 문제의 경우 관리자의 휴대폰에 보내는 SMS 알림(즉, 문자 메시지)이 쉽고 효율적이다. 수신자는 원하는 경우 한밤중에 깨어날 수 있도록 벨 소리와 전화 볼륨을 설정할 수 있다.

또한 알림은 팀의 ChatOps 구현에 통합돼야 한다. 덜 중요한 알림(작업 상태, 로그인 실패, 정보 알림과 같은)을 하나 이상의 대화방으로 보내 관심 있는 당사자는 관심을 두고 있는 하위 집합 경고를 적극적으로 받을 수 있다.

이러한 기본 채널을 넘어 가능성은 무한하다. 시스템 상태에 따라 색상을 변경하는 LED 조명 시스템은 데이터 센터나 네트워크 운영 센터에서 한눈에 볼 수 있는 표시로 유용할 수 있다. 모니터링 시스템이 식별하는 상황에 대응하기 위한 다른 옵션은 다음과 같은 것이 있다.

- 데이터베이스 덤프나 로그 로테이션과 같은 자동화된 작업
- 관리자에게 전화
- 공개 디스플레이를 위한 월 보드로 데이터 전송
- 추후 분석을 위한 시계열 데이터베이스에 데이터 저장
- 아무것도 하지 않고 시스템 자체를 통해 추후 검토할 수 있음

대시보드와 UI

명백히 예외적인 환경에 대한 경고 이외에 모니터링의 주목적 중 하나가 다수의 원시 데이터보다 더 체계적이고 이해하기 쉬운 방식으로 환경 상태를 표시하는 것이다. 이런 디스플레이를 일반적으로 '대시보드'라 한다.

대시보드는 환경의 특정 측면에 관심을 두고 있는 관리자나 다른 이해 당사자들에 의해 설계된다. 그들은 여러 가지 다양한 기술을 사용해 원시 데이터를 가치 있는 정보로 변환한다.

첫째, 제시하는 것에 있어 선택적이다. 주어진 도메인에 대한 가장 중요한 메트릭, 일반적인 상태나 성능을 나타내는 것에 집중한다. 둘째, 표시된 데이터의 중요도와 가져오기에 대한 문맥상 단서를 제공한다. 예를 들면 문제가 있는 숫자와 상태

는 보통 빨간색으로 표시되고 주요 메트릭은 더 큰 크기의 글꼴로 표시된다. 값 사이의 관계는 그룹화를 통해 표시된다. 셋째, 대시보드는 데이터 시리즈를 차트로 표시해 한눈에 쉽게 평가할 수 있다.

물론 수집된 대부분의 데이터는 대시보드에 표시되지 않는다. 모니터링 시스템도 데이터 스키마의 조사와 수정을 용이하게 하고 임의의 데이터베이스 쿼리를 수행하고, 임의의 정의된 데이터 시퀀스를 즉시 차트화할 수 있는 일반화된 UI가 있는 경우에 유용하다.

28.2 모니터링 문화

28장은 대부분 도구에 관한 것이지만 문화도 그 못지않게 중요하다. 모니터링 여행을 시작할 때 다음 원칙을 준수해야 한다.

- 누군가 시스템 또는 서비스에 관심이 있거나 의존하는 경우 이것을 모니터링해야 한다. 이보다 더 중요한 것은 없다. 서비스 또는 사용자가 의존하는 환경에서 모니터링되지 않은 채로 남아 있을 수 있는 것은 없다.
- 제품 장치, 운영 시스템 또는 서비스가 모니터링 가능한 속성을 노출하는 경우 해당 속성을 모니터링해야 한다. '소등 신호' 하드웨어 관리 인터페이스가 있는 서버가 팬이 고장 났음을 알리려고 몇 주를 헛되이 보내지 않게 해야 한다.
- 모든 고가용성 구조를 모니터링해야 한다. 백업 서버가 실패한 후에만 주요 서버가 고장이라는 것을 알게 된다면 유감일 것이다.
- 모니터링은 선택 사항이 아니다. 모든 시스템 관리자, 개발자, 운영직원, 관리자, 프로젝트 관리자의 작업 계획에서는 모니터링을 위한 조항이 포함돼야 한다.
- 모니터링 데이터(특히 과거 데이터)는 모든 사람에게 유용하다. 데이터를 쉽게 접근하고 볼 수 있게 해서 모든 사람이 근원 분석, 계획, 수명주기 관리, 아키텍처 개선 기회를 지원하는 데 사용할 수 있게 한다. 모니터링 대시보드를 생성하고 승격하는 데 노력과 리소스를 투자해야 한다.

- 모든 사람이 경고에 응답해야 한다. 모니터링은 단순한 운영문제가 아니다. 모든 기술적 역할은 알림을 받고 문제 해결을 위해 함께 노력해야 한다. 이러한 접근 방식은 근본적인 문제를 해결하는 데 가장 적합한 개인이 성실히 근원 분석을 하도록 장려한다.

- 적절히 구현된 모니터링은 긍정적인 방식으로 삶의 질에 영향을 미친다. 견고한 모니터링 방식은 시스템 상태에 대해 걱정하지 않게 하고 다른 사람이 지원할 수 있게 한다. 모니터링과 적절한 문서가 없는 경우 기본적으로 연중무휴 24시간 통화할 수 있다.

- 경보를 그대로 두는 것이 아니라 수정하도록 응답자를 교육한다. 거짓 반응이나 시끄러운 경고를 평가하고 더 이상 부적절하게 트리거되지 않도록 조정한다. 허위 경고는 모든 사람이 모니터링 시스템을 무시하게 한다.

28.3 모니터링 플랫폼

여러 시스템과 몇 가지 이상의 메트릭을 모니터링할 계획의 경우 풀^{full} 서비스 모니터링 플랫폼 배포에 시간을 투자하는 것이 좋다. 이는 여러 리소스에서 데이터를 수집하고 상태 정보의 표시와 요약을 용이하게 하며 작업과 경고를 정의하는 표준 방식을 확립하는 범용 시스템이다.

좋은 소식은 다양한 선택이 가능하다는 것이다. 좋지 않은 소식은 하나의 완벽한 플랫폼이 아직 존재하지 않는다는 것이다. 이용 가능한 옵션 중에 선택할 때 다음과 같은 문제를 고려해야 한다.

- **데이터 수집 유연성.** 모든 플랫폼은 다양한 소스에서 데이터를 흡수할 수 있다. 그러나 모든 플랫폼이 이런 점에 있어 동등한 것은 아니다. 실제로 사용하고 싶은 데이터 소스를 고려해야 한다. SQL 데이터베이스에서 데이터를 읽어야 하는 경우인가? DNS 레코드에서 얻어야 하는가? HTTP 연결로 얻어야 하는가?

- **사용자 인터페이스 품질.** 많은 시스템이 사용자 정의 가능한 GUI 또는 웹 인터페이스를 제공한다. 오늘날 대부분의 잘 마케팅된 패키지는 데이터 표

현을 위한 JSON 템플릿을 이해하는 능력을 자랑한다. UI는 단순한 마케팅 광고가 아니다. 명확하고 간단하며 이해할 수 있는 정보를 전달하는 인터페이스가 필요하다. 조직 내 그룹에 따라 다른 인터페이스가 필요한가?

- **비용.** 일부 상용 관리 패키지는 터무니없이 비싸다. 많은 기업은 그들의 사이트가 고급 사용 시스템에 의해 관리되고 있다고 말할 수 있다는 점에서 가치를 찾는다. 이것이 조직에서 그다지 중요하지 않은 경우 자빅스^{Zabbix}, 센수^{Sensu}, 칵티^{Cacti}, 아이신가^{Icinga} 같은 무료 옵션을 살펴보자.

- **자동 검색.** 많은 시스템이 네트워크 '검색'을 제공한다. 브로드캐스트 핑, SNMP 요청, ARP 테이블 조회 및 DNS 쿼리 조합으로 로컬호스트와 장치를 식별한다. 봐왔던 모든 발견 구현물은 매우 잘 동작하지만 복잡성이나 방화벽이 많은 네트워크에서는 정확도가 떨어진다.

- **보고 기능.** 많은 제품이 경고 이메일을 보내고 ChatOps와 통합하고, 문자 메시지를 보내고, 일반적인 문제 추적 시스템을 위한 티켓을 자동으로 생성할 수 있다. 선택한 플랫폼이 융통성 있는 보고를 수용하는지 확인해야 한다. 몇 년 안에 어떤 전자 장치를 다루게 될지 누가 알겠는가?

오픈소스 실시간 플랫폼

나기오스, 아이신가, 센수 코어$^{Sensu\ Core}$ 같은 플랫폼은 모든 작업을 조금씩 수행하지만 즉각적(또는 임곗값 기반) 메트릭을 처리하는 데 강하기로 유명하다.

이러한 시스템에 대한 지지자가 있었지만 1세대 모니터링 도구로서의 이 시스템은 시계열 시스템에 대한 선호도를 점점 잃고 있다. 처음부터 시작하는 대부분의 사이트는 시계열을 선택하는 것이 좋다.

나기오스와 아이신가

나기오스와 아이신가는 오류 상태에 대한 실시간 알림을 전문으로 한다. 지난 달 대역폭 사용이 얼마나 증가했는지를 확인하는 데 도움이 되지 않지만 웹 서버가 오프라인이 되면 추적할 수 있다.

나기오스와 아이신가는 원래 단일 소스 트리의 포크^{fork}였지만 현대 아이신가 2는 완전히 재작성됐다. 그러나 대부분의 면에서 나기오스와 호환된다.

두 시스템에는 광범위한 SNMP 모니터링 기능과 함께 모든 형태와 크기의 모니터링 서비스용 스크립트가 포함돼 있다. 아마도 가장 큰 강점은 모듈식이며 사용자 정의가 가능한 구성 시스템으로, 사용자 정의 스크립트를 작성해 생각할 수 있는 모든 메트릭을 모니터링하는 것이다.

야심이 있거나 마조히즘적이라면 펄, PHP, 파이썬, C로도 새 모니터를 재빨리 만들어낼 수 있다. 이메일, 웹 보고서, 문자 메시지 등 많은 표준 알림 방법이 내장돼 있다. 그리고 모니터링 플러그인과 마찬가지로 알림과 동작 스크립트를 쉽게 운행할 수 있다.

나기오스 및 아이신가는 호스트와 장치가 천 개 미만인 네트워크에서 잘 동작한다. 사용자 지정 및 확장이 쉽고 중복성, 원격 모니터링 및 알림 에스컬레이션과 같은 강력한 기능이 포함돼 있다.

새로운 모니터링 인프라를 처음부터 배포하는 경우 나기오스보다 아이신가 2를 권장한다. 이 코드 기반이 일반적으로 더 깨끗하며 팬과 커뮤니티 지원이 빠르게 증가되고 있다. 기능적 관점에서 UI는 더 깨끗하고 더 빠르며 복잡한 환경에 필수적일 수 있는 서비스 종속성을 자동 빌드할 수 있다.

센수

센수는 오픈소스 에디션(센수 코어)과 상업적으로 지원되는 유료 추가 기능, 모두 사용할 수 있는 풀스택^{fullstack} 모니터링 프레임워크다. 초현대적인 UI를 갖고 있으며 레거시 나기오스, 아이신가, 자빅스^{Zabbix} 모니터링 플러그인 모두 실행시킬 수 있다. 나기오스의 대체품으로 설계돼 플러그인 호환성이 가장 매력적인 기능이다. 센수는 로그스태쉬^{Logstash} 및 슬랙^{Slack} 알림과 쉽게 통합할 수 있으며 설치 프로세스가 특히 쉽다.

오픈소스 시계열 플랫폼

현재 문제에 대한 감지와 대응은 모니터링의 한 측면일 뿐이다. 시간이 지남에 따라 값이 어떻게 변하는지, 다른 값과 어떤 관련이 있는지 아는 것도 마찬가지로 중요할 때가 많다. 4개의 인기 있는 시계열 플랫폼 그라파이트^{Graphite}, 프로메테우스^{Prometheus}, 인플럭스DB^{InfluxDB}, 무닌^{Munin}은 이 가려운 곳을 긁어내는 것을 목표로 한다.

이러한 시스템은 모니터링 에코 시스템 내의 전면과 중앙에 데이터베이스를 배치한다. 독립형 모니터링 시스템으로 완성도에 따라 다양하며 일반적으로 아이신가와 같은 기존 시스템보다 더 모듈화된 환경을 위해 설계됐다. 완전한 모니터링 플랫폼을 구축하고자 몇 가지 추가 구성 요소를 제공해야 할 필요가 있다.

그라파이트

그라파이트는 틀림없는 차세대 시계열 모니터링 플랫폼의 선구자였다. 그 핵심에는 사용하기 쉬운 쿼리 언어를 이용하는 유연한 시계열 데이터베이스가 있다. #monitoringlove 운동의 이유와 그라파이트가 프론트엔드 UI에 미치는 엄청난 영향력의 이유가 메트릭을 집계하고 요약하는 방식에 있다. 분당 모니터링에서 1초 미만의 모니터링으로 변화하기 시작했다.

이름에서 짐작할 수 있듯이 그라파이트에는 웹 시각화용 그래프 기능이 포함돼 있다. 그러나 패키지의 이러한 측면은 그라파나^{Grafana}에 의해 다소 가려졌다. 그라파이트는 요즘 다른 구성 요소, 카본^{Carbon}과 위스퍼^{Whisper}로 더 잘 알려져 있다. 이 요소는 데이터 관리 시스템의 핵심을 형성한다.

그라파이트는 다른 도구와 결합해 수십만 개의 메트릭을 흡수하고 보고할 수 있는 확장 가능하고 분산된 클러스터형 모니터링 환경을 생성할 수 있다.

그림 A는 이러한 구현에 대한 아키텍처 다이어그램을 보여준다.

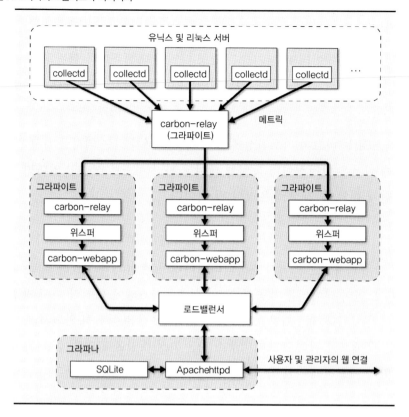

프로메테우스

오늘날 가장 선호하는 시계열 플랫폼이 프로메테우스[Prometheus]다. 통합된 수집, 추세, 경고 구성 요소를 포함하고 있는 포괄적인 플랫폼이다. 구성 요소는 시스템 관리자와 개발자 모두에게 친숙해 데브옵스[DevOps] 샵에 아주 좋은 선택이 됐다. 그러나 클러스터링이 허용되지 않아서 고가용성을 요구하는 사이트에는 적합하지 않을 수 있다.

인플럭스DB

인플럭스DB[InfulxDB]는 다양한 프로그래밍 언어를 지원하는 개발자에게 매우 편리한 시계열 모니터링 플랫폼이다. 그라파이트와 흡사한 인플럭스DB는 실제로 시계열 데이터베이스 엔진이다. 알림 같은 기능을 포함하고 있는 완전한 모니터링 시스템을 구성하고자 그라파나와 같은 외부 구성 요소로 패키지를 완성해야 할 필요가 있다.

인플럭스DB의 데이터 관리 기능은 앞서 나열된 대체품보다 훨씬 풍부하다. 그러나 인플럭스DB의 추가 기능은 일반적인 설치에 원하지 않는 약간의 복잡성도 추가시킨다.

인플럭스DB는 버그와 비호환성에 있어 다소 문제가 되는 역사를 갖고 있다. 그러나 현재 버전은 안정적이며 독립형 데이터 관리 시스템을 찾고 있다면 그라파이트의 현재 대안 중 가장 좋은 방법일 것이다.

무닌

무닌Munin은 역사적으로 특히 스칸디나비아에서 꽤 인기가 있었다. 이는 데이터 수집 플러그인이 데이터를 제공할 뿐만 아니라 시스템에 데이터 제시 방법을 알리는 영리한 아키텍처를 기반으로 만들어졌다. 무닌은 여전히 완벽하게 사용할 수 있지만 새 배포를 위해 프로메테우스 같은 최신 대안을 고려해야 한다. 무닌은 경우에 따라 애플리케이션 특정 모니터링에 여전히 유용한 도구다.

오픈소스 차트 플랫폼

대시보드와 차트를 생성하는 데 두 가지 주요 선택 사항은 그라파이트에 내장된 그래프 기능과 새로운 패키지 그라파나다.

그라파이트는 위스퍼Whisper(그라파이트 패키지의 기본 데이터 저장 구성 요소) 이외의 저장소에서 데이터를 가져올 수 있지만 이것이 반드시 잘 이뤄진 경로는 아니다.

데이터베이스에 구애 받지 않는 패키지 그라파나는 앞 절에 나열된 모든 데이터 저장소를 포함해 외부 데이터 저장소를 잘 수용한다. 최종적으로 30개 이상의 백엔드가 지원됐다. 그라파나는 원래 그라파이트용 그래프를 개선하려는 시도로 시작됐기 때문에 그라파이트 환경에서도 상당히 편안하다.

그라파이트와 그라파나는 통찰력 향상과 관리 기능을 지원하는 시각화를 생성할 수 있는 대시보드와 같은 그래프 인터페이스를 제공한다. 이를 사용해 하위 수준 시스템 메트릭에서 비즈니스 수준 표시기까지 모든 항목을 표시할 수 있다. 그라파나의 UI가 뛰어나고 멋진 그래프를 그려준다는 것에는 모두 동의할 것이다.

그림 B는 간단한 그라파나 대시보드를 보여준다.

그림 B 그라파나 대시보드 예

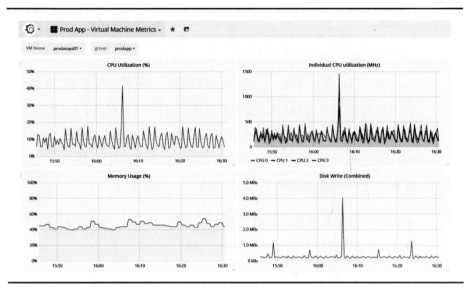

상용 모니터링 플랫폼

수백 개의 회사가 모니터링 소프트웨어를 판매하며 매주 새로운 경쟁자가 시장에 진입한다. 상용 솔루션을 찾고 있다면 적어도 표 28.1에 나열된 옵션을 고려해야 한다.

표 28.1 인기 있는 상용 모니터링 플랫폼

플랫폼	URL	해설
Datadog	datadoghq.com	클라우드 기반 애플리케이션 모니터링 플랫폼 지원되는 시스템, 앱 및 서비스의 방대한 목록
Librato	librato.com	기존 오픈소스 플러그인을 이용한 플러그앤플레이
Monitus	monitus.net	전자상거래 플랫폼 모니터링
Pingdom	pingdom.com	SaaS 기반 모니터링 플랫폼[a]

(이어짐)

플랫폼	URL	해설
SignalFx	signalfx.com	클라우드 통합의 긴 목록에 있는 SaaS 플랫폼
SolarWinds	solarwinds.com	충실한 네트워크 모니터링
Sysdig Cloud	sysdig.com	전문 분야: 도커(Docket) 모니터링 및 경고 서비스 간 이벤트 상관 관계가 쉬움
Zenoss	zenoss.com	아이신가에 대한 매우 복잡한 대안

a. 소프트웨어 설치가 필요하지 않다. 웹에만 적합

시스템이 클라우드에 있든, 데이터 센터 하이퍼바이저에 있든, 벽장에 있든 대부분의 기업은 자체 모니터링 스택을 구축해서는 안 된다. 아웃소싱은 더 저렴하고 신뢰할 수 있다. 따라서 일반적인 애플리케이션과 서버 세트에 대한 모니터링 스택이 필요한 경우 데이터도그Datadog, 리브라토Librato, 시그널Fx SingalFx, 시스디그 클라우드Sysdig Cloud를 고려하는 것이 좋다.

상용 모니터링 플랫폼을 조사할 때 종종 가격을 먼저 고려한다. 그러나 운영 세부 사항도 조사하는 것을 잊어서는 안 된다.

- 구성 관리 시스템에 얼마나 쉽게 통합할 수 있는가?
- 시스템이 새로운 플러그인을 어떻게 배포하는가, 또는 호스트를 어떻게 확인하는가? 푸시push인가, 풀pull인가?
- 기존 알림 플랫폼이 있는 경우 기존 플랫폼과 잘 통합되는가?
- 현재 환경이 클라우드 기반 모니터링 솔루션을 용이하게 하는 데 필요한 외부 연결 유형을 허용하는가?

이는 플랫폼을 조사할 때 물어봐야 하는 몇 가지 질문일 뿐이다. 결국 사이트에 가장 적합한 플랫폼은 쉽게 구성할 수 있고 예산을 충족하며 사용자가 쉽게 채택할 수 있는 플랫폼이다.

호스팅되는 모니터링 플랫폼

자체 네트워크 모니터링 도구를 설정하고 유지하는 데 관심이 없다면 호스팅(클라우드) 솔루션을 고려할 수 있다. 많은 무료 및 상용 옵션이 있지만 인기 있는 옵션은 스테이터스케이크^{StatusCake}(statuscake.com)다. 네트워크의 내부 상세 정보를 볼 수 있는 외부 제공업체의 기능은 제한적이지만, 호스팅되는 옵션은 공용 서비스와 웹 사이트의 상태를 검증하는 데 적합하다.

호스팅되는 모니터링 제공업체는 조직의 일반적인 인터넷 연결 제약에서 해방될 수도 있다. 대부분의 사이트가 궁극적으로 그렇지만 내부 모니터링 시스템에서 알림을 전송하고자 업스트림 네트워크에 의존하는 경우 업스트림 네트워크가 그 자체로 모니터링되고 계측되는 것을 확인해 직원이 문제 발생 시 직원을 호출할 수 있다.

28.4 데이터 수집

앞 절에서는 사이트의 중앙 모니터링 엔진 역할을 할 수 있는 다양한 패키지를 검토했다. 그러나 이러한 시스템 중 하나를 선택하고 배포하는 것은 설정 프로세스의 첫 부분일 뿐이다. 이제 모니터링하려는 데이터와 이벤트가 중앙 모니터링 플랫폼으로 이동하는지 확인해야 한다.

이 계측 프로세스의 세부 사항은 모니터링하려는 시스템과 모니터링 플랫폼의 철학에 따라 다르다. 대부분의 경우 상태 정보를 모니터링 플랫폼이 이해할 수 있는 형식으로 변환하려면 간단한 글루^{glue} 스크립트를 작성해야 한다. 아이신가와 같은 일부 플랫폼은 일반적으로 모니터링되는 시스템에서 표준 메트릭을 수집하는 매우 다양한 플러그인을 함께 제공한다. 그라파이트와 인플럭스DB 같은 다른 제품들은 데이터 입력을 위한 실질적인 기능은 전혀 제공하지 않으며 이러한 역할을 처리하는 프론트엔드로 보완해야 한다.

다음 절에서는 먼저 범용 데이터 수집 프론트엔드 StatsD를 살펴본 다음 일반적으로 모니터링되는 일부 시스템을 계측하기 위한 몇 가지 도구와 기술을 검토한다.

StatsD: 일반 데이터 제출 프로토콜

StatsD는 Etsy의 엔지니어가 자신의 환경에서 모든 것을 추적하기 위한 방법으로 작성했다. 소비, 계산, 표시를 위해 사용자가 던지는 모든 데이터를 모니터링 플랫폼에 덤프하는 UDP 기반의 프론트엔드 프록시다. StatsD의 초월적인 능력은 임의의 통계를 수집하고 계산을 수행하는 기능이다.

Etsy의 StatsD 데몬은 Node.js로 작성됐다. 그러나 요즘 'StatsD'는 이것을 구현하는 많은 소프트웨어 패키지 중 하나보다 프로토콜을 더 많이 참조한다(사실 Etsy의 버전이 원본도 아니다. 플리커^{Flickr}의 비슷한 이름의 프로젝트에서 영감을 받았다). 구현은 다양한 언어로 작성됐지만 여기에서는 Etsy의 버전에 중점을 둔다.

StatsD는 Node.js에 의존하므로 StatsD를 설치하기 전에 패키지가 설치돼 있고 적절하게 구성돼 있는지 확인해야 한다. Etsy 구현은 대부분의 OS 공급업체의 패키지 저장소에 포함돼 있지 않지만 StatsD의 다른 버전은 포함돼 있는 경우도 있다. 이를 혼동하지 않아야 한다. 깃허브에서 직접 Etsy 버전을 클론하는 것이 가장 쉽다.

```
$ git clone https://github.com/etsy/statsd
```

StatsD는 믿을 수 없을 정도로 모듈식이며 다양한 백엔드와 클라이언트에 수신 데이터를 공급할 수 있다. 백엔드로 그라파이트를 사용하는 간단한 예를 살펴보자.

그라파이트와 StatsD가 올바르게 통신하려면 그라파이트의 저장소 구성 요소인 카본^{Carbon}을 수정해야 한다. /etc/carbon/storage-schemas.conf를 편집하고 다음과 유사한 스탠자^{stanza}를 추가한다.

```
[stats]
pattern = ^stats.*
retentions = 10s:12h,1min:7d,10min:1y
```

이 구성은 카본에 10초 간격으로 12시간의 데이터를 보관하도록 지시한다. 카본은 만료 데이터를 1분 간격으로 요약하고 이 요약 정보를 추가로 7일 동안 보관한다. 마찬가지로 10분 단위의 데이터는 1년 동안 유지된다. 이 선택에 마법 같은 것이 없다. 조직의 보존 요구 사항과 수집되는 데이터에 적합한 것을 결정해야 한다.

시계열 데이터 '요약'의 정확한 의미는 데이터 유형에 따라 다르다. 예를 들어 네트워크 오류를 계산하는 경우 값을 더해 요약할 수 있다. 로드나 사용률을 나타내는 메트릭을 확인하는 경우 평균이 필요할 수 있다. 누락된 데이터를 처리하는 적절한 방법을 명시해야 할 수도 있다.

이러한 정책은 파일 /etc/carbon/storage-aggregation.conf에 명시돼 있다. 아직 동작 중인 그라파이트 설치가 없다면 그라파이트 샘플 구성이 시작점으로 유용할 수 있다.

```
/usr/share/doc/graphite-carbon/examples/storage-aggregation.conf.example
```

다음은 storage-aggregation.conf 파일에 포함되는 기본값이다.

```
[min]
pattern = \.lower$
xFilesFactor = 0.1
aggregationMethod = min

[max]
pattern = \.upper(_\d+)?$
xFilesFactor = 0.1
aggregationMethod = max

[sum]
pattern = \.sum$
xFilesFactor = 0
aggregationMethod = sum

[count]
pattern = \.count$
xFilesFactor = 0
aggregationMethod = sum

[count_legacy]
pattern = ^stats_counts.*
xFilesFactor = 0
aggregationMethod = sum

[default_average]
pattern = .*
xFilesFactor = 0.3
aggregationMethod = average
```

모든 구성 블록에는 데이터 시리즈의 이름을 일치시키기 위한 정규식 패턴이 있다. 블록은 순서대로 읽히고 첫 번째로 일치하는 블록이 각 데이터 시리즈에 대한 제어 사양이 된다. 예를 들어 sample.count라는 시리즈는 [count] 블록의 패턴과 일치한다. 그 값에 데이터가 더해져서 수집된다(aggregationMethod = sum).

xFilesFactor 설정은 메트릭을 의미 있게 축소하는 데 필요한 최소 샘플수를 결정한다. 샘플수는 0과 1 사이의 숫자로 표현된다. 이는 null이 아닌 값의 백분율을 나타내는데, 축적 계층이 null이 아닌 값을 갖기 위한 것으로 각각의 개별 계층에 있어야 한다. 예를 들어 위의 [min]과 [max]에 대한 xFilesFactor 설정은 10%이므로 storage-schema.conf 파일의 설정을 고려하면 단일 데이터 값도 이 기준을 충족한다. 기본 값은 50%다. 숫자를 신중하게 설정하지 않으면 데이터가 부정확하거나 누락된다.

netcat(nc)을 이용해 StatsD에 일부 테스트 데이터를 보낼 수 있다.

```
$ echo "sample.count:1|c" | nc -u -w0 statsd.admin.com 8125
```

이 명령은 1의 값을 count 메트릭(c로 표시됨)으로 sample.count 데이터 세트에 제출한다. 패킷은 statsd.admin.com의 포트 8125로 이동한다. 이것은 statsd가 기본적으로 수신하는 포트다. 이 자료가 그라파이트 대시보드에 표시되면 많은 StatsD 클라이언트 중 하나를 통해 모든 종류의 모니터링 데이터를 수집할 준비가 된 것이다. StatsD와 통신할 수 있는 일부 클라이언트의 목록은 StatsD 깃허브 위치 페이지(github.com/etsy/statsd/wiki)를 참고한다.

또는 직접 작성해도 된다. 프로토콜은 간단하고 가능성은 무한하다.

명령 출력에서 데이터 수집

커맨드라인으로 조사할 수 있는 것은 모니터링 플랫폼에서 추적할 수 있다. 관심 있는 데이터 덩어리를 추출할 때 필요한 것은 몇 줄의 스크립트뿐이다. 그런 다음 모니터링 플랫폼이 허용하는 형식으로 조작한다.

예를 들어 uptime은 시스템이 가동된 시간, 로그인한 사용자 수, 지난 1, 5, 15분 동안의 평균 부하를 보여준다.

```
$ uptime
07:11:50 up 22 days, 10:13, 2 users, load average: 1.20, 1.41, 1.88
```

사람은 한눈에 출력을 분석해 현재 부하 평균이 1.20임을 확인할 수 있다. 해당 값을 정기적으로 확인하거나 다른 모니터링 프로세스에 제공하는 스크립트를 작성하려면 텍스트 조작 명령을 사용해 원하는 값을 분리할 수 있다.

```
$ uptime | perl -anF'[\s,]+' -e 'print $F[10]'
1.20
```

여기서는 펄을 사용해 공백과 쉼표가 있는 곳마다 출력 결과를 분할하고 10번째 필드의 내용을 출력한다(1분 부하 평균).

펄은 대부분의 도메인에서 파이썬과 루비처럼 현대 언어로 인해 가려졌지만 여전히 속전속결의 텍스트 싸움 왕으로 남아있다. 이런 용도로 펄을 배우는 것은 의미가 없지만 한 줄 명령으로 정교한 텍스트 변환을 표현하는 펄의 기능은 유용하다.

부하 평균을 결정짓는 짧은 스크립트로 이 한 줄을 쉽게 확장할 수 있다.

```
#!/usr/bin/env perl

use Net::Statsd;
use Sys::Hostname;

$Net::Statsd::HOST = 'statsd.admin.com';

$loadavg = (split /[\s,]+/, `uptime`)[10];
Net::Statsd::gauge(hostname . '.loadAverage' => $loadavg);
```

이 스크립트를 한 줄 StatsD 테스트 명령 및 위의 **uptime** 출력에 대한 한 줄 구문 분석과 비교해보자. 여기서 펄은 **uptime** 명령을 실행하고 출력을 문자로 처리해야 하므로 그 부분이 한 줄로 된 것과 다소 다르게 보인다(한 줄은 펄의 자동 분할 모드에 의존한다).

네트워크 데이터 전송을 StatsD로 처리하고자 **nc**를 사용하는 대신 CPAN[2] 아카이브

---

2. 포괄적인 펄 아카이브 네트워크, cpan.org

에서 다운로드하는 간단한 StatsD 래퍼를 사용한다. 이것이 일반적으로 선호되는 접근 방식이다. 라이브러리는 핵[hack]보다 덜 취약하며 코드의 의도를 명확하게 한다.

많은 명령이 둘 이상의 출력 형식을 생성할 수 있다. 출력을 분석하기 전에 이용할 수 있는 옵션을 확인하려면 명령에 대한 매뉴얼 페이지를 확인한다. 일부 형식을 다른 형식보다 처리하기가 훨씬 쉽다.

몇 가지 명령은 특히 구문 분석을 용이하게 하는 출력 형식을 지원한다. 다른 것들은 정말로 원하는 필드만을 요청하는 구성 가능한 출력 시스템을 갖고 있다. 그렇지만 또 다른 일반적인 옵션은 출력에 설명 헤더 줄을 숨기는 플래그다.

28.5 네트워크 모니터링

네트워크 상태 모니터링은 일반적으로 모니터링과 대시보드의 광범위한 세계에 대한 많은 사이트의 첫 시도였으므로 여러 가지 모니터링 유형 중에 우리가 처음으로 저세히 살펴보는 유형이다. 이후 절에서는 OS 수준 모니터링, 애플리케이션, 서비스 모니터링, 보안 모니터링도 살펴본다.

네트워크 모니터링의 기본 단위는 ICMP 에코[echo] 요청 패킷이라고도 하는 네트워크 핑[ping]이다. 커맨드라인에서 핑을 보내는 ping 및 ping6 명령과 함께 13장에서 기술 세부 사항을 자세히 설명했다.

개념은 간단하다. 에코 요청 패킷을 네트워크의 다른 호스트에 보내면 해당 호스트의 IP 구현이 응답으로 패킷을 반환한다. 이 정찰용 요청에 대한 응답을 받으면 사용자와 대상 호스트 사이에 있는 모든 네트워크 게이트웨이와 장치가 작동 중이라는 것을 알 수 있다. 또한 대상 호스트의 전원이 켜져 있고 커널이 실행 중임을 알 수 있다. 그러나 핑은 TCP/IP 프로토콜 스택 내에서 처리되기 때문에 대상 호스에 실행될 수 있는 상위 수준의 소프트웨어 상태에 대한 어떤 것도 보장하지 않는다.

핑은 네트워크에 많은 오버헤드를 부과하지 않으므로 자주(10초마다) 보내는 것이 좋다. 핑 전략을 신중하게 설계해 모든 중요한 게이트웨이와 네트워크를 포함시키자. 핑이 게이트웨이를 통과할 수 없다면 핑의 실패를 보고하는 데이터를 모니터링할 수도 없음을 기억해야 한다. 중앙 모니터링 호스트 자체에서 시작되는 최소 하나 이상의 핑 집합이 필요하다.

네트워크 게이트웨이는 핑 패킷에 응답하는 데 필요하지 않으므로 핑은 사용 중인 게이트웨이에서 삭제될 수 있다. 적절히 작동하는 네트워크도 가끔 패킷을 잃는다. 그러므로 문제의 첫 징후에 경보를 울려서는 안 된다. 핑 데이터를 이진 이벤트 레코드(통과/통과하지 않음)로 수집해 장기간에 걸쳐 패킷 손실율의 총계 측정 값으로 이를 축적하는 것이 좋다.

네트워크의 두 지점 사이 처리량을 측정하는 것도 흥미로울 수 있다. 이는 iPerf를 이용하며, 자세한 내용은 13장을 참고한다.

대부분의 네트워크 장치 운영 데이터의 이름을 지정하고 수집하는 업계 표준 방식인 SNMP^{Simple Network Management Protocol}(간이 망 관리 프로토콜)를 지원한다. SNMP가 네트워킹 루트를 훨씬 넘어서 전이됐지만 기본 네트워크 모니터링 이외의 목적에는 쓸모없는 것으로 간주한다.

SNMP는 그 자체로 좀 더 큰 주제이므로 28장의 뒷부분에서 더 자세히 설명할 것이다. 자세한 내용은 'SNMP: 간이 망 관리 프로토콜' 절을 참고한다.

28.6 시스템 모니터링

커널은 시스템의 CPU, 메모리, I/O, 장치를 제어하기 때문에 모니터링하고 싶은 대부분의 흥미로운 시스템 수준의 상태 정보는 커널 내부 어딘가에 있다. 특정 시스템을 조사하든, 자동화된 모니터링 플랫폼을 설정하든 이 상태 정보를 추출하고 표시할 올바른 도구가 필요하다. 대부분 커널은 이런 정보를 내보낼 공식 채널을 정의한다.

안타깝게도 커널은 다른 유형의 소프트웨어와 같다. 오류 검사, 계측 및 디버깅 기능은 사후 고려 사항이 되는 경우가 많다. 최근 몇 년 동안 투명성이 향상됐지만 모니터링하려는 정확한 매개변수를 식별하고 이해하는 것은 어렵고 때로는 불가능하기도 하다.

특정 값은 종종 한 가지 이상의 방법으로 얻을 수 있다. 예를 들면 부하 평균의 경우 리눅스 시스템에서는 /proc/loadavg에서 직접 값을 읽고 FreeBSD에서는 sysctl -n vm.loadavg를 사용해 값을 읽을 수 있다. 부하 평균은 uptime, w, sar, top 명령의 출력에도 포함된다(비대화형 사용에는 top이 적합하지 않다). 일반적으로 할 수 있다면 커널에서 (sysctl 또는 /proc를 통해) 직접 값에 접근하는 것이 가장 쉽고 효율적이다.

나기오스와 아이신가 같은 모니터링 플랫폼은 공통적으로 모니터링되는 요소를 얻는 데 사용할 수 있는 커뮤니티에서 개발한 다양한 모니터링 플러그인 세트를 포함하고 있다. 또한 명령을 실행하고 출력 결과를 구분 분석하는 간단한 스크립트인 경우가 많지만 이미 테스트되고 디버깅돼 여러 플랫폼에서 작동하는 경우가 많다. 관심 있는 값을 산출해내는 플러그인을 찾을 수 없는 경우 직접 작성할 수 있다.

시스템 모니터링을 위한 명령

표 28.2는 모니터링에서 일반적으로 사용되는 몇 가지 명령 목록이다. 이러한 많은 명령은 제공하는 커맨드라인 옵션에 따라 매우 다양한 출력을 산출하므로 자세한 내용은 매뉴얼 페이지를 참고한다.

표 28.2 일반적으로 모니터링 되는 매개변수를 산출하는 명령

명령	사용 가능한 정보
df	여유 디스크 공간 및 사용된 디스크 공간과 inode
du	디렉터리 크기
free	여유, 사용, 스왑(가상) 메모리
iostat	디스크 성능과 처리량
lsof	파일과 네트워크 포트 열기
mpstat	멀티프로세서 시스템의 프로세서당 사용률
vmstat	프로세스, CPU, 메모리 통계

커맨드라인 데이터 추출의 맥가이버 칼은 sar(시스템 활동 보고서의 약자)이다. 이 명령은 원래 1980년대에 유닉스 시스템 V에 도입된 역사를 갖고 있다.[3] 이 명령의

---

3. sar을 잘 알고 있는 시스템 관리자는 구식이라 평가 받기도 한다.

주된 매력은 광범위한 시스템에서 구현돼 있어 스크립트와 시스템 관리자 모두에 대한 이식성을 향상시킨다는 점이다. 애석하게도 BSD 포트는 더 이상 유지되지 않고 있다.

다음 예제는 1분 동안 2초마다 보고서를 요청한다(예, 30개의 보고서). **DEV** 인수는 장치 또는 인터페이스 이름에 대한 플레이스홀더가 아닌 문자 그대로 키워드다.

```
$ sar -n DEV 2 30
17:50:43  IFACE rxpck/s  txpck/s  rxbyt/s  txbyt/s  rxcmp/s txcmp/s  rxmcst/s
17:50:45  lo      3.61     3.61   263.40   263.40     0.00    0.00      0.00
17:50:45  eth0   18.56    11.86  1364.43  1494.33     0.00    0.00      0.52
17:50:45  eth1    0.00     0.00     0.00     0.00     0.00    0.00      0.00
```

이 예제는 두 개의 네트워크 인터페이스가 있는 리눅스 시스템에서 가져온 것이다. 출력에는 바이트와 패킷 단위의 인터페이스 사용률에 대한 순간 및 평균 판독치 모두가 포함돼 있다. 두 번째 인터페이스(eth1)는 분명히 사용 중이 아니다.

collectd: 일반 시스템 데이터 수집기

시스템 관리 작업이 개별 시스템 다루기에서 가상화된 인스턴스 집단 관리로 발전함에 따라 간단한 커맨드라인 도구가 모니터링 세계에 많은 마찰을 일으키기 시작했다. 매개변수를 수집하고 분석하기 위한 스크립트 작성은 실용적이고 유연한 접근 방식이지만 빠르게 여러 시스템 간 코드 기반의 일관성을 유지하는 것이 번거롭게 됐다. collectd, sysdig, dtrace 같은 최신 도구는 이러한 유형의 데이터를 수집하는 데 좀 더 확장 가능한 접근 방식을 제공한다.

시스템 통계 수집은 지속적인 프로세스여야 하며 진행 중인 작업에 대한 유닉스 솔루션은 이를 처리하기 위한 데몬을 만드는 것이다. 시스템 통계 수집 데몬 collectd를 입력해보자.

이 인기 있고 성숙한 도구는 리눅스와 FreeBSD 모두에서 실행된다. 일반적으로 collectd는 로컬 시스템에서 실행되고 지정된 간격으로 메트릭을 수집하며 결과 값을 저장한다. 또한 하나 이상의 collectd 인스턴스가 다른 서버의 그룹에서 데이터를 집계하는 클라이언트/서버 모드에서 실행되도록 collectd를 구성할 수 있다.

수집할 메트릭과 이를 저장하는 목적지에 대한 사양은 융통성이 있다. 100개 이상의 플러그인으로 정확한 요구 사항을 충족시킬 수 있다. 일단 collectd가 실행되면 아이신가나 나기오스 같은 플랫폼에 의해 즉각적인 모니터링에 대해 쿼리되거나 시계열 분석을 위해 그라파이트나 인플럭스DB 같은 플랫폼으로 데이터를 전달할 수 있다.

collectd 환경설정 파일의 예는 다음과 같다.

```
## /etc/collectd/collectd.conf

Hostname client1.admin.com
FQDNLookup false
Interval 30
LoadPlugin syslog
<Plugin syslog>
    LogLevel info
</Plugin>

LoadPlugin cpu
LoadPlugin df
LoadPlugin disk
LoadPlugin interface
LoadPlugin load
LoadPlugin memory
LoadPlugin processes
LoadPlugin rrdtool

<Plugin rrdtool>
    DataDir "/var/lib/collectd/rrd"
</Plugin>
```

이 기본 구성은 30초마다 여러 가지 흥미로운 시스템 통계를 수집하고 RRDtool 호환 데이터 파일을 /var/lib/collectd/rrd에 기록한다.

sysdig와 dtrace: 실행 추적

sysdig(리눅스) 및 dtrace(BSD)는 커널 및 사용자 프로세스 활동을 포괄적으로 계측한다. 이들은 커널 자체에 삽입되는 구성 요소가 포함돼 딥 커널 매개변수뿐 아니라 프로세스별 시스템 호출 및 기타 성능 통계도 보여준다. 이러한 도구는 '커널 및 프로세스용 와이어샤크^{Wireshark}'라고도 한다.

이들 도구는 둘 다 복잡하다. 그러나 이들은 다룰 가치가 있다. 주말에 둘 중 하나를 배우면 놀라운 새로운 초능력을 얻을 수 있고 시스템 관리자 분야에서 높은 성취를 이룰 수 있다.

sysdig는 컨테이너를 인식하므로 도커와 LXC 같은 도구를 사용하고 있는 환경에 대한 뛰어난 가시성을 제공한다. sysdig는 오픈소스로 배포되며 나기오스나 아이신가 같은 다른 모니터링 도구와 통합할 수 있다. 또한 개발자는 전체 모니터링 및 경고 기능이 있는 상용 모니터링 서비스(Sysdig Cloud)도 제공한다.

28.7 애플리케이션 모니터링

소프트웨어 지구라트^{ziggurat}의 최상위에는 애플리케이션 모니터링이라는 성배가 있다. 이러한 유형의 모니터링은 다소 모호하게 정의돼 있지만 일반적인 개념은 시스템이나 네트워크 전체가 아닌 특정 소프트웨어의 상태와 성능을 검증하는 것이다. 대부분의 경우 애플리케이션 모니터링은 이러한 시스템에 도달해 내부 작업을 프로파일링할 수 있다.

올바른 사항을 모니터링하고 있는지 확인하고자 사업부와 개발자가 참여해 그들의 관심사와 우려 사항을 더 많이 알려야 한다. 예를 들어 LAMP 스택에서 실행되는 웹 사이트가 있는 경우 페이지 조회 시간을 모니터링하고 중요한 PHP 오류를 표시하고, MySQL 데이터베이스를 확인하고, 과도한 연결 시도와 같은 특정 문제를 모니터링하고 있는 것을 확인하고 싶을 수 있다.

이 레이어에 대한 모니터링은 복잡할 수 있지만 이 영역은 모니터링이 매력적으로 느껴지는 곳이기도 하다. 지난 1시간 동안 판매한 위젯의 수나 어떤 항목이 장바구니에 남아있는 평균 시간에 대한 모니터링(그리고 아름다운 그라파나^{Grafana} 대시보드로 가져오는 것)을 상상해보자. 애플리케이션 개발자와 프로세스 소유자에게 해당 기능의 수준을 보여주는 경우 보통 즉각적인 구매를 통해 더 많은 모니터링을 추가하고 이를 구현하는 데 도움을 받을 수도 있다. 결국, 모니터링 계층은 비즈니스에 매우 귀중하게 됐고 모니터링, 메트릭, 데이터 분석의 챔피언으로 인식되기 시작한다.

애플리케이션 수준 모니터링은 환경 내의 다른 이벤트에 대한 추가적인 통찰력을 얻을 수 있다. 예를 들면 위젯 판매가 급격히 감소하면 광고 네트워크 중 하나가 다운됐음을 나타낼 수 있다.

로그 모니터링

가장 기본적인 형식의 로그 모니터링은 모니터링하고 싶은 흥미로운 데이터를 찾고자 로그 파일을 검색하고 해당 데이터를 추출해 분석, 표시, 알림에 사용할 수 있는 형식으로 처리하는 것을 포함한다. 로그 메시지는 자유 형식의 텍스트로 구성되기 때문에 파이프라인의 구현은 사소한 것부터 까다로운 것까지 복잡할 수 있다.

로그는 일반적으로 해당 목적을 위해 설계된 포괄적인 집계 시스템으로 가장 잘 관리된다. 10장의 '대규모 로그 관리' 절에서 이러한 시스템을 설명했다. 이러한 시스템은 주로 로그 데이터의 중앙 집중화와 쉬운 검색 및 검토에 중점을 두지만 대부분의 집계 시스템은 임곗값, 경보, 보고 기능도 지원한다.

몇 가지 특정 목적을 위해 자동화된 로그 검토가 필요하고 좀 더 일반적인 로그 관리 솔루션을 꺼리는 경우 logwatch와 OSSEC같은 몇 가지 소규모 도구를 권장한다.

logwatch는 유연하고 일괄 처리 지향적인 로그 요약 도구다. 주요 용도는 로그에 보고된 이벤트의 일일 요약을 생성하는 것이다. logwatch를 하루 한 번 이상 실행할 수 있지만 실시간 모니터링을 위해 설계되지 않았다. 이를 위해 앞에서 다룬 OSSEC를 살펴보고 싶을 수 있다. OSSEC는 보안 도구로 홍보됐지만 아키텍처는 다른 종류의 모니터링에도 유용할 정도로 일반적이다.

슈퍼바이저 + 무닌: 제한된 도메인을 위한 간단한 옵션

아이신가 또는 프로메테우스 같은 만능 플랫폼은 사용자 요구 사항이나 환경에 과도할 수 있다. 특정 애플리케이션 프로세스를 모니터링하는 데에만 관심이 있고 완전히 발달된 모니터링 플랫폼의 골칫거리를 원하지 않는 경우는 어떨까? 무닌Munin과 슈퍼바이저Supervisor의 결합을 고려해보자. 설치가 쉽고 구성이 거의 필요하지 않으며 함께 잘 동작한다.

슈퍼바이저 및 서버 프로세스 supervisord는 프로세스를 모니터링하고 프로세스가 종료되거나 예외가 발생할 때 이벤트나 알림을 생성하는 데 도움이 된다. 이 시스템은 Upstart 또는 systemd의 프로세스 관리 부분과 유사하다.

앞에서 언급했듯이 무닌은 일반 모니터링 플랫폼으로 애플리케이션 모니터링에 특별히 강점이 있다. 펄로 작성됐으며 모니터링하려는 모든 시스템에서 실행되는 무닌 노드Node라는 에이전트가 필요하다. 새로운 노드를 설정하는 것은 쉽다. munin-node 패키지를 설치하고 munin-node.conf를 편집해 마스터 시스템을 지정하면 된다.

무닌은 기본적으로 수집한 데이터로 RRDtool 그래프를 생성하므로 많은 구성없이 그래픽 피드백을 얻을 수 있는 좋은 방법이다. 300개 이상의 플러그인이 무닌과 함께 배포되며 거의 200개의 다른 플러그인은 제공되는 라이브러리로 이용할 수 있다. 요구 사항에 맞춰 기존 플러그인을 찾을 수 있다. 그렇지 않은 경우 munin-node를 실행할 때 새로운 스크립트를 작성하는 것도 쉽다.

상용 애플리케이션 모니터링 도구

구글Google에서 '애플리케이션 모니터링 도구'를 검색하면 평가할 여러 페이지의 상품을 찾아볼 수 있다. 훌륭한 기업 실사를 위해 APM(애플리케이션 성능 모니터링)에 관한 여러 단계의 최근 논의를 살펴봐야 한다.

이런 곳에서 데브옵스에 대한 많은 참조를 볼 수 있으며 충분한 이유가 있다. 애플리케이션 모니터링과 APM은 데브옵스의 핵심 원칙이다. 팀이 성능과 안전성을 향상시키기 위한 노력으로 가장 많은 유익한 스택 영역을 결정하는 데 사용할 수 있는 정량적 메트릭을 제공한다.

우리는 뉴 렐릭New Relic(newrelic.com)과 앱다이내믹스AppDynamics(appdynamics.com)

가 이 분야에서 두드러진다고 생각한다. 이러한 시스템 기능은 여러모로 겹치지만 앱다이내믹스는 보통 더 많은 '풀스택' 모니터링 솔루션을 대상으로 하는 반면 뉴 렐릭은 애플리케이션 계층 자체 내의 프로파일링 동작을 더 많이 처리한다.

애플리케이션을 모니터링하는 방법에 관계없이 개발 팀이 프로세스에 계속 참여하는 것이 중요하다. 모든 중요한 메트릭이 모니터링되고 있는지 확인하는 데 도움이 된다. 모니터링에 대한 긴밀한 협력은 팀 간의 관계를 촉진하고 업무의 중복을 한정한다.

28.8 보안 모니터링

보안 모니터링은 그 자체로 우주와 같다. 운영 관행 영역은 보안 운영이나 SecOps라고 한다.

수십 개의 오픈소스와 상용 도구 및 서비스는 환경 보안 모니터링을 돕고자 등록할 수 있다. MSSP^{Managed Security Service Providers}라는 서드파티 공급자는 아웃소싱 서비스를 제공한다.[4] 이러한 모든 옵션에도 불구하고 보안 침해는 여전하며 수개월 또는 수년 동안 감지되지 않는 경우가 많다.

보안 모니터링에 대해 알아야 할 가장 중요한 점은 자동화된 도구나 서비스로는 충분하지 않다는 것이다. 몇 가지 요소를 말하자면 사용자 행동, 데이터 저장, 사고 대응 절차에 대한 표준을 포함하는 포괄적인 보안 프로그램을 구현해야 한다. 27장에서 이러한 기본 사항을 다뤘다.

두 가지 핵심 보안 기능, 시스템 무결성 확인, 침입 감지는 자동화된 지속적인 모니터링 전략에 통합돼야 한다.

시스템 무결성 검증

시스템 무결성 검증(종종 파일 무결성 모니터링 또는 FIM이라고 한다)은 잘 알려진 기

---

4. 보안 작업을 아웃소싱하는 것은 항상 매력적으로 보일 수 있다. 환경이 안전한지 확인하는 것이 다른 사람의 문제가 되기 때문이다. 하지만 이렇게 생각해보자. 바쁜 기차역에서 10,000개의 다른 지갑을 갖고 테이블에 앉아 현금이 가득한 여러분의 지갑을 보고 있는 누군가에게 지불하는 것이 편할까? 그렇다면 MSSP가 적절할 수 있다.

준에 따라 시스템의 현재 상태를 확인하는 것이다. 대부분 이러한 유효성 검사는 시스템 파일(커널, 실행 가능 명령, 환경설정 파일)의 내용과 SHA-512 같은 암호 표기법처럼 들리는 체크섬과 비교한다.[5] 실행 중인 시스템에 파일의 체크섬 값이 기준 버전과 다른 경우 시스템 관리자에게 알림을 보낸다. 물론 계획된 변경, 업데이트, 패치 같은 규칙적인 유지 관리 활동을 고려해야 한다. 모든 변화가 의심스러운 것은 아니다.

가장 일반적으로 배포되는 FIM 플랫폼은 트립와이어^{Tripwire}와 OSSEC이다. OSSEC은 앞에서 자세히 설명했다. AIDE의 리눅스 버전에도 파일 무결성 모니터링이 포함돼 있지만 안타깝게도 FreeBSD 버전에는 이 구성 요소가 없다.

간단할수록 더 좋다. 훌륭한 내장 FIM 옵션은 mtree다. mtree는 파일 상태와 내용 변경을 모니터링하는 쉬운 방법이며 모니터링 스크립트에 쉽게 통합된다. 다음은 mtreee를 사용하는 빠른 스크립트 예제다.

```bash
#!/bin/bash
if [ $# -eq 0 ]; then
    echo "mtree-check.sh [-bv]"
    echo "-b = create baseline"
    echo "-v = verify against baseline"
    exit
fi

## 시드 값
KEY=93948764681464

## 기준 디렉터리
DIR=/usr/local/lib/mtree-check

if [ $1 = "-b" ]; then
    rm -rf $DIR/mtree_*
    cd $DIR
    mtree-c -K sha512 -s $KEY -p /sbin > mtree_sbin
fi

if [ $1 = "-v" ]; then
    cd $DIR
```

---

5. 허용 가능한 해싱 알고리듬은 시간이 지남에 따라 변경된다. 예를 들면 MD5는 더 이상 암호학적으로 안전하지 않은 것으로 간주되며 더 이상 사용되지 않아야 한다.

```
    mtree -s $KEY -p /sbin < mtree_sbin | \
        mail -s "`hostname` mtree integrity check" dan@admin.com
 fi
```

-b 플래그를 사용하면 스크립트는 기준선을 생성해 저장한다. -v 플래그와 함께 다시 실행하면 기준선에 비해 /sbin의 현재 내용을 확인한다.

시스템 관리의 많은 측면과 마찬가지로 FIM 플랫폼을 설정과 시간에 따른 운영은 별개의 문제다. FIM 데이터를 유지하고 FIM 경고에 응답하는 정의된 프로세스가 필요하다. FIM 플랫폼의 정보를 모니터링 및 경고 인프라에 제공해 열외시키거나 무시되지 않게 하는 것이 좋다.

침입 탐지 모니터링

침입 탐지 시스템[IDS]의 두 가지 일반적인 형태, 호스트 기반(HIDS)과 네트워크 기반(NIDS)이 사용된다. NIDS 시스템은 네트워크를 통과하는 트래픽을 검사하고 예상하지 못했거나 의심스러운 패턴을 식별하려고 한다. 가장 일반적인 NIDS 시스템은 스노트[Snort]를 기반으로 하며 앞에서 자세히 다뤘다.

HIDS 시스템은 각 시스템에서 프로세스 세트로 실행된다. 일반적으로 네트워크 연결, 파일 수정 시간 및 체크섬, 데몬 및 애플리케이션 로그, 상승된 권한 사용, 권한 없는 접근을 용이하게 하도록 설계된 도구('루트킷')의 작동 신호를 보내는 기타 단서를 포함해 다양한 것을 감시한다. HIDS는 보안을 위한 원스톱 솔루션은 아니지만 포괄적인 접근 방식의 중요한 구성 요소다.

가장 유명한 오픈소스 HIDS 플랫폼 두 가지는 OSSEC[Open Source SECurity]와 AIDE[Advanced Intrusion Detection Environment]이다. 경험상 OSSEC가 확실히 더 나은 선택이다. AIDE가 리눅스의 훌륭한 FIM 플랫폼이지만 OSSEC는 더 광범위한 기능을 포함하고 있다. 마이크로소프트 윈도우 및 다양한 네트워크 인프라 장치 같은 비유닉스 클라이언트를 지원하는 클라이언트/서버 모드에 사용될 수도 있다.

FIM 경고와 마찬가지로 HIDS 데이터는 주의하는 만큼만 유용하다. HIDS는 '설정하고 잊어버리는' 서브시스템이 아니며 전체적인 모니터링 시스템과 함께 HIDS

경고를 통합해야 한다. 이 문제를 해결하고자 찾은 가장 효과적인 전략은 문제의 티켓 시스템에 HIDS 경고를 위한 티켓을 자동으로 열어 두는 것이다. 그런 다음 해결되지 않은 모든 HIDS 티켓을 알리는 모니터링 검사를 추가할 수 있다.

28.9 SNMP: 간이 망 관리 프로토콜

몇 년 전 네트워킹 산업은 모니터링 데이터 수집용 표준 프로토콜을 만드는 것이 도움 될 것이라고 결정했다. 이는 SNMP라고도 하는 간이 망 관리 프로토콜이다. 이름과 달리 SNMP는 실제로 매우 복잡하다. 관리 데이터의 계층적 네임스페이스와 각 네트워크 장치에 해당 데이터를 읽고 쓰는 방법을 정의한다. 또한 SNMP는 관리되는 서버와 장치('에이전트')가 이벤트 알림 메시지('트랩')를 관리 스테이션으로 보내는 방법을 정의한다.

SNMP의 비밀을 알아보기 전에 이와 관련된 기술이 네트워킹 분야에서 발견되는 가장 형편없는 기술 중 일부라는 점에 유의해야 한다. 대부분의 경우 SNMP 개념 및 개체에 대한 표준 이름은 진행 상황을 이해하지 못하게 한다.

그렇기는 하지만 프로토콜 자체는 간단하다. 대부분의 SNMP의 복잡성은 네임 스페이스 구성에서 프로토콜 계층 위에 있으며 보호 셸처럼 SNMP를 둘러싼 불필요하게 기괴한 어휘에 있다. 내부 메커니즘에 대해 너무 열심히 생각하지 않는다면 SNMP는 사용하기 쉽다.

SNMP는 라우터 같은 전용 네트워크 하드웨어에 의해 구현되도록 설계됐으며, 그런 의미에서 그럴듯한 선택 사항으로 남아있다. SNMP는 나중에 서버와 데스크톱 시스템의 모니터링을 포함하도록 확장됐지만 이런 목적에 대한 적합성은 항상 의심스러웠다. 오늘날 훨씬 더 나은 대체품(예, collectd)을 이용할 수 있다.

다른 것을 지원하지 않는 특수 목적의 장치와 함께 사용하는 저수준 데이터 수집 프로토콜로 SNMP에 접근하는 것이 좋다. 가능한 한 빨리 SNMP 세계에서 데이터를 가져와 저장 및 처리를 위한 범용 모니터링 플랫폼으로 전환해야 한다. SNMP는 방문하기에 흥미로운 지역이 될 수 있지만 그 곳에 살고 싶지는 않을 것이다.

SNMP 구조

SNMP 데이터는 표준화된 계층 구조로 배열된다. 이름 지정 계층은 SNMP를 통해 접근할 수 있는 데이터를 설명하는 구조화된 텍스트 파일 'MIB[Management Information Bases]'로 구성된다. MIB는 개체 식별자 또는 OID라는 이름으로 참조되는 특정 데이터 변수에 대한 설명을 포함하고 있다.[6] 현재의 모든 SNMP 가능 장치는 RFC1213으로 정의된 MIB-II에 대한 구조를 지원한다. 그러나 각 공급업체는 해당 MIB를 더 확장해 더 많은 데이터와 메트릭을 추가할 수 있다.

OID는 노드가 이름이 지정되는 게 아닌 번호가 매겨지는 계층적 네임스페이스 내에 존재한다. 그러나 쉽게 참조할 수 있도록 노드에도 기존 텍스트 이름이 있다. 경로명 구성 요소의 구분 기호는 점이다. 예를 들면 장치 업타임[uptime]을 나타내는 OID는 1.3.6.1.2.1.1.3이다. 또한 이 OID는 사람이 읽을 수 있는 이름(추가적인 문서 없이 사람이 이해할 수 있는 것은 아니다)이다.

```
iso.org.dod.internet.mgmt.mib-2.system.sysUpTime
```

표 28.3은 네트워크 가용성을 평가하고자 모니터링해야 할 OID 노드 샘플링을 보여준다.

보편적으로 지원되는 MIB-II 외에도 다양한 종류의 하드웨어 인터페이스와 프로토콜을 위한 MIB, 개별 공급업체를 위한 MIB, 다양한 snmpd 서버 구현을 위한 MIB, 특정 하드웨어 제품을 위한 MIB가 있다.

MIB는 관리 데이터 이름 지정을 위한 스키마일 뿐이다. 효용성을 위해 SNMP 네임스페이스와 장치의 실제 상태를 매핑하는 에이전트 측 코드로 MIB를 백업해야 한다.

유닉스, 리눅스, 윈도우에서 실행되는 SNMP 에이전트는 MIB-II에 대한 기본 지원을 제공한다. 대부분은 추가 MIB를 지원하고 이러한 MIB의 관련 데이터를 가져오고 저장하는 실제 작업을 하는 스크립트와 인터페이스하도록 확장할 수 있다. SNMP가 새로운 것이었던 과거 시대에 남겨진 이와 같은 많은 소프트웨어를 볼 수

---

6. OID는 관리되는 정보의 특정 부분을 이름 짓는 멋진 방법이다.

있다. 그러나 이는 모두 연기일 뿐 불이 아니다. 네트워크 구성에 대한 가장 기본적인 쿼리에 응답하는 경우를 제외하고 요즘에는 유닉스 시스템에서 SNMP 에이전트를 실행해서는 안 된다.

표 28.3 MIB-II에서 선택한 OID

OID[a]	형식	내용
system.sysDescr	string	시스템 정보: 공급업체, 모델, OS 유형 등
interfaces.ifNumber	int	존재하는 네트워크 인터페이스 수
interfaces.ifTable	table	각 인터페이스에 대한 정보 비트 테이블
ip.ipForwarding	int	시스템이 게이트웨이인 경우 1, 그렇지 않으면 2
ip.ipAddrTable	table	IP 주소 데이터(마스크 등)에 대한 테이블
icmp.icmpInRedirects	int	수신된 ICMP 리다이렉션 수
icmp.icmpInEchos	int	수신된 핑 수
tcp.tcpInErrs	int	수신된 TCP 오류 수

a. iso.org.dod.internet.mgmt.mib-2를 따른다.

SNMP 프로토콜 동작

네 가지 기본 SNMP 작업인 get, get-next, set, trap만이 존재한다.

get과 set은 특정 OID로 식별되는 노드에 데이터를 읽고 쓰기 위한 기본 작업이다. get-next는 MIB 계층 구조를 통해 움직이며 테이블의 내용도 읽을 수 있다.

trap은 관심 이벤트나 조건의 발생을 보고하는 서버(에이전트)에서 클라이언트(관리자)로의 비요구형 비동기 알림이다. '방금 도착' 알림, 네트워크 링크의 오류 또는 복구 보고서, 다양한 라우팅 및 인증 문제 알림을 비롯해 몇 가지 표준 트랩이 정의된다. 트랩 메시지의 대상이 지정되는 메커니즘은 에이전트 구현에 따라 다르다.

SNMP 메시지는 잠재적으로 구성 정보를 수정할 수 있기 때문에 약간의 보안 메커니즘이 필요하다. 가장 간단한 버전의 SNMP 보안은 SNMP '커뮤니티 문자열' 개념을 사용한다. 이는 실제로 '암호'를 말하는 지독하게 난잡한 방법이다. 보통 읽기 전용 접근을 위한 커뮤니티 문자열 하나와 쓰기가 허용되는 다른 커뮤니티 문자열이 있다.[7] 요즘에는 SNMPv3 관리 프레임워크를 설정하는 것이 훨씬 더 합리적이다. 이는 개별 사용자를 위한 권한 부여와 접근 제어를 포함한 더 많은 보안을 허용한다.

Net-SNMP: 서버용 도구

리눅스 및 FreeBSD에서 SNMP를 구현한 가장 일반적인 패키지는 Net-SNMP다. 에이전트(snmpd), 일부 커맨드라인 도구, 수신용 트랩을 위한 서버, SNMP 인식 애플리케이션을 개발하기 위한 라이브러리가 포함된다.

요즘 Net-SNMP는 에이전트가 아닌 명령과 라이브러리 때문에 주된 관심사가 됐다. 많은 유닉스 계열 시스템으로 이식돼 스크립트를 작성할 수 있는 일관된 플랫폼 역할을 한다. 따라서 대부분의 배포는 패키지에서 Net-SNMP 에이전트를 분리해 명령으로 설치하는 것이 더 쉽다.

 데비안 및 우분투에서 Net-SNMP 패키지는 snmp와 snmpd라고 한다. apt-get install snmp 명령으로 설치하면 된다.

 레드햇 및 센트OS에는 유사한 패키지 net-snmp와 net-snmp-tools가 있다. yum install net-snmp-tools 명령을 사용해 설치하면 된다.

 리눅스에서 구성 정보는 /etc.snmp에 있다. 해당 위치에 있는 snmpd.conf 파일과 snmp.d 디렉터리를 기록해 둔다. systemctl start snmpd를 실행해 에이전트 데몬을 시작한다.

 FreeBSD에는 하나의 패키지 pkg install net-snmp에 모든 것이 포함돼 있다. 구성 정보는 /usr/local/etc/snmp에 있으며 직접 생성해야 한다. service snmpd start를 사용해 에이전트를 직접 시작하거나 /etc/rc.conf에 다음과 같이 넣는다.

```
snmpd_enabled="YES"
```

---

7. 많은 시스템에는 기본 커뮤니티 문자열이 'public'으로 설정돼 있다. 이 기본값을 그대로 두면 안 되고 읽기 전용 및 읽기/쓰기 커뮤니티 문자열 모두를 위한 실제 암호를 설정해야 한다.

부팅할 때 시작한다.

SNMP 에이전트를 실행해야 하는 모든 시스템에서 UDP 포트 162가 방화벽에 의해 차단돼 있지 않은가를 확인해야 한다.

Net-SNMP와 함께 제공되는 이 명령은 SNMP에 익숙해질 수 있으며 특정 OID의 일회성 검사에도 유용하다. 표 28.4는 가장 일반적으로 사용되는 도구 목록이다.

표 28.4 Net-SNMP 패키지의 커맨드라인 도구

명령	기능
snmpdelta	시간 경과에 따른 SNMP 변수의 변화 모니터링
snmpdf	SNMP를 통해 원격 호스트의 디스크 공간 모니터링
snmpget	에이전트에서 SNMP 변수의 값을 가져옴
snmpgetnext	다음 변수를 순서대로 가져옴
snmpset	에이전트에 SNMP 변수를 설정
snmptable	SNMP 변수 테이블을 가져옴
snmptranslate	MIB 계층 구조에서 OID를 검색하고 설명
snmptrap	트랩 경고 생성
snmpwalk	특정 OID에서 시작하는 MIB를 지나침

기본 SNMP 검사는 일반적으로 **snmpget**과 **snmpdelta**의 일부 조합을 사용한다. 멋진 엔터프라이즈 관리 도구에서 모니터링할 새로운 OID를 식별하려는 경우 다른 프로그램이 유용하다. 예를 들면 **snmpwalk**는 지정된 OID(또는 기본적으로 MIB의 시작 부분)에서 시작하고 에이전트에 'get next' 호출을 반복적으로 수행한다. 이 프로세스는 이용할 수 있는 OID와 관련 값의 전체 목록을 덤프한다.

예를 들면 다음은 리눅스 시스템 호스트 tuva의 축약된 샘플 **snmpwalk**다. 커뮤니티 문자열은 'secret813community'이고 -v1은 단순 인증을 명시한 것이다.

```
$ snmpwalk -c secret813community -v1 tuva
SNMPv2-MIB::sysDescr.0 = STRING: Linux tuva.atrust.com 2.6.9-11.ELsmp #1
SNMPv2-MIB::sysUpTime.0 = Timeticks: (1442) 0:00:14.42
SNMPv2-MIB::sysName.0 = STRING: tuva.atrust.com
IF-MIB::ifDescr.1 = STRING: lo
```

```
IF-MIB::ifDescr.2 = STRING: eth0
IF-MIB::ifDescr.3 = STRING: eth1
IF-MIB::ifType.1 = INTEGER: softwareLoopback(24)
IF-MIB::ifType.2 = INTEGER: ethernetCsmacd(6)
IF-MIB::ifType.3 = INTEGER: ethernetCsmacd(6)
IF-MIB::ifPhysAddress.1 = STRING:
IF-MIB::ifPhysAddress.2 = STRING: 0:11:43:d9:1e:f5
IF-MIB::ifPhysAddress.3 = STRING: 0:11:43:d9:1e:f6
IF-MIB::ifInOctets.1 = Counter32: 2605613514
IF-MIB::ifInOctets.2 = Counter32: 1543105654
IF-MIB::ifInOctets.3 = Counter32: 46312345
IF-MIB::ifInUcastPkts.1 = Counter32: 389536156
IF-MIB::ifInUcastPkts.2 = Counter32: 892959265
IF-MIB::ifInUcastPkts.3 = Counter32: 7712325
...
```

이 예제에서 시스템에 대한 일반 정보 다음으로 호스트의 네트워크 인터페이스 lo0, eth0, eth1에 대한 통계가 이어진다. 관리 중인 에이전트에서 지원하는 MIB에 따라 전체 덤프가 수백 줄까지 실행될 수 있다. 사실 모든 MIB를 지원하도록 구성된 우분투 시스템에 전체 설치가 돼 있는 경우 12,000개 이상의 줄을 출력한다.

우분투 시스템에 최신 버전의 **Net-SNMP**에 대한 MIB[8]를 검색하면 5분 부하 평균 OID가 1.3.6.1.4.1.2021.10.1.3.2임을 알 수 있다. 로컬호스트(커뮤니티 문자열 'public'으로 구성됨)에 대한 5분 부하 평균을 확인하려면 다음과 같이 실행해야 한다.

```
$ snmpget -v 2c -c public localhost .1.3.6.1.4.1.2021.10.1.3.2
iso.3.6.1.4.1.2021.10.1.3.2 = STRING: "0.08"
```

유용한 많은 SNMP 관련 펄, 루비, 파이썬 모듈은 이러한 언어의 각 모듈 저장소에서 사용할 수 있다. **Net-SNMP** 명령으로 스크립트를 작성할 수 있지만 일반적으로 선택한 언어에 맞춰 사용자 정의된 기본 모듈을 사용하는 것이 더 쉽고 깔끔하다.

---

8. mibdepot.com을 확인하거나 snmp-mibs-downloader 패키지를 설치한다.

28.10 모니터링을 위한 팁과 요령

수년에 걸쳐 모니터링의 효율성을 극대화하는 방법에 대한 몇 가지 팁을 수집했다. 다음은 그 주요 내용이다.

- 번아웃^{burn-out} 모니터링을 피한다. 정규 근무 시간 외에 알림을 수신하는 시스템 관리자는 정기적인 휴식이 필요하다. 두 명 이상의 개인이 하루 또는 한 주 동안 당직 중이고 그다음에 다음 팀에게 인계하는 로테이션 시스템일 때 이 목표가 가장 잘 달성된다. 이 조언에 주의를 기울이지 않으면 본인의 직업을 싫어하는 괴로운 시스템 관리자가 된다.

- 실제로 연중무휴 24시간 주의가 필요한 환경을 정의하고 이러한 정보가 모니터링 팀, 당직 중인 팀과 지원하는 고객 또는 사업부에 명확하게 전달되게 한다. 뭔가를 모니터링하고 있다는 단순한 사실은 어떤 값이 임계치를 벗어난 경우 오전 3시 30분에 관리자를 소집해야 한다는 의미가 아니다. 정상적인 업무 시간 동안 많은 문제를 해결해야 한다.

- 모니터링 소음을 제거한다. 중요하지 않은 서비스에 대한 거짓 반응이나 알림이 생성되는 경우 이를 중지시키고 수정하기 위한 시간을 둬야 한다. 그렇지 않으면 양치기 소년처럼 모든 알림이 결국 필요한 주의를 받지 못한다.

- 모든 것을 위한 런북^{run books}을 만든다. 일반적인 재시작, 재설정, 수정 절차는 그 시스템에 익숙하지 않은 응답자가 적절한 조치를 취할 수 있는 형식으로 문서화돼야 한다. 이러한 문서를 보유하지 않으면 문제가 신속하게 해결되지 않고 실수가 발생하며 긴급 상황을 처리하고자 직원을 추가로 배치해야 한다. 위키^{Wiki}는 이러한 유형의 문서를 유지하는 데 유용하다.

- 모니터링 플랫폼을 모니터링한다. 모니터링 플랫폼도 다운되기 때문에 심각한 중단(정전)을 놓친 경우 이 문제가 분명해보일 것이다. 실수에서 배우고 주의 깊은 눈으로 주시하고 있는지 확인해야 한다.

- 모니터링되지 않은 문제로 인해 중단이 누락됐는가? 다음번에 이 문제를 파악할 수 있도록 추가돼 있는지 확인해야 한다.

- 마지막으로 가장 중요한 것은 모니터링 시스템에 먼저 추가시키지 않고 서버나 서비스를 제품화 하지 않는다. 예외는 없다.

28.11 추천 자료

Hecht, James. Rethinking Monitoring for Container Operations. 컨테이너 모니터링을 위한 전략 및 철학에 대해 자세히 다뤘다. 이는 다음 링크를 통해 찾을 수 있다.

http://thenewstack.io/monitoring-reset-containers/

Turnbull, James. The Art of Monitoring. Seattle, WA: Amazon Digital Services, 2016.

Dixon, Jason. Monitoring with Graphite: Tracking Dynamic Host and Application Metrics at Scale. Sebastopol, CA: O'Reilly Media, 2017.

29 성능 분석

성능 분석과 튜닝^{tuning}은 종종 일종의 시스템 관리의 마법으로 취급된다. 실제로 마법은 아니지만 과학과 예술 모두에 해당한다. '과학' 부분은 세심한 정량적 측정과 과학적 방법 응용을 포함한다. '예술' 부분은 한 애플리케이션이나 사용자를 위한 최적화가 다른 애플리케이션이나 사용자에게 문제가 될 수 있기 때문에 실용적이고 신중한 방식으로 자원의 균형을 유지해야 하는 필요성과 관련이 있다. 인생의 많은 것과 마찬가지로 모든 사람을 행복하게 만드는 것은 불가능하다는 점을 알게 될 것이다.

사람들은 종종 오늘날의 성능 문제가 수십 년 전의 성능 문제와 상당히 다르다고 주장한다. 이 주장은 정확하지 않다. 시스템은 더 복잡해졌지만 이를 측정하고 관리하기 위한 성능 결정 기준과 고수준 추상화는 항상 동일하다. 안타깝게도 시스템 성능 향상은 이용할 수 있는 모든 자원을 사용하는 커뮤니티의 능력과 밀접하게 관련이 있다.

최근 몇 년 동안 추가된 복잡성은 종종 서버와 클라우드의 물리적 인프라 사이에 있는 많은 추상화 계층이다. 서버에 스토리지나 CPU 주기를 제공하는 하드웨어를 정확히 파악하는 것은 보통 불가능하다.

클라우드의 마법과 도전은 같은 형태의 두 가지 측면이 있다. 대중적인 신념에도 불구하고 서버가 가상이라고 해서 성능에 대한 고려 사항을 무시할 수 없다. 실제로 클라우드 제공업체가 사용하는 청구 모델은 운영 효율성과 서버 비용 간에 보다 직접적인 연결을 형성한다. 성능을 측정하고 평가하는 방법을 아는 것은 어느 때보다도 더 중요하다.

29장에서는 서버로 사용되는 시스템의 성능에 중점을 둔다. 데스크톱 시스템(및 노트북)에서는 일반적으로 서버와 동일한 유형의 성능 문제가 발생하지 않는다. 데스크톱 머신의 성능 향상 방법의 질문에 대한 답은 거의 항상 '하드웨어 업그레이드'다. 사용자들은 이런 대답을 좋아한다. 새로운 시스템을 더 많이 마음에 들어한다는 의미이기 때문이다.

29.1 성능 튜닝 철학

유닉스 및 리눅스가 나머지 주요 운영체제와 다른 한 가지는 내부 작업을 특성화하는 데 방대한 데이터를 사용할 수 있다는 것이다.

자세한 정보는 시스템의 모든 수준에서 생성되고 관리자는 튜닝할 수 있는 다양한 매개변수를 제어한다. 이용할 수 있는 기기 장치에도 불구하고 성능 문제 원인을 확인하는 데 어려움이 있는 경우 보통 소스코드를 검토할 수 있다. 이런 이유로 유닉스 및 리눅스는 일반적으로 성능을 중요시하는 사이트에서 선택하는 운영체제다.

그럼에도 불구하고 성능 튜닝은 쉽지 않다. 사용자 및 관리자 모두 올바른 '마법'을 알고 있을 때만 시스템이 두 배 빨라진다고 생각한다. 그러나 이것은 사실이 아니다.

일반적인 환상 중 하나는 페이징paging 시스템과 버퍼buffer 풀pool을 제어하는 커널 변수를 수정하는 것이다. 요즘 커널은 다양한 부하 조건에서 합리적인(최적이 아니라는 것을 인정하지만) 성능을 달성하도록 미리 조정돼 있다. 특정 성능 측정(예, 버퍼 이용) 기반으로 시스템을 최적화하려는 경우 다른 성능 측정 항목과 부하 조건에 관해 시스템 동작을 왜곡시킬 가능성이 높다.

가장 심각한 성능 문제는 애플리케이션 내에 있으며 근본적인 운영체제와 거의 관련이 없다. 29장에서는 시스템 수준의 성능 튜닝을 설명하고 대부분 애플리케이션 수준의 튜닝은 다른 사용자에게 맡긴다. 시스템 관리자는 애플리케이션 개발자 역시 사람이라는 것을 염두에 둬야 한다. "네트워크 문제가 틀림없다."라고 몇 번이나 생각했는가? 같은 방법으로 애플리케이션 개발자는 초기에는 주로 모든 문제가 다른 사람의 책임인 하위 시스템에서 발생해야 한다고 가정한다.

최신 애플리케이션의 복잡성을 고려할 때 일부 문제는 애플리케이션 개발자, 시스템 관리자, 서버 엔지니어, DBA, 스토리지 관리자, 네트워크 설계자 간의 협력으로만 해결할 수 있다. 이 장에서는 이러한 다른 사람들이 실제로 그들의 영역에 문제가 있는 경우 성능 문제를 해결할 수 있도록 줄 수 있는 데이터와 정보를 결정하는 데 도움을 준다. 이러한 접근 방식은 "모든 것이 괜찮아 보입니다. 그것은 제 문제가 아닙니다."라고 말하는 것보다 훨씬 더 생산적이다.

모든 경우 인터넷을 통해 얻을 수 있는 것은 모두 취한다. 시스템 성능 영역에서 모든 종류의 주제에 대해 표면적으로 설득력 있는 주장을 보게 된다. 그러나 이러한 이론의 지지자 대부분이 유효한 실험을 설계하는 데 필요한 지식, 규율, 시간이 없다. 대중적인 지원은 거의 의미가 없다. 모든 말도 안 되는 제안에 대해 "조Joe가 말했듯이 버퍼 캐시의 크기를 10배 늘렸는데, 시스템이 훨씬 더 빨라졌다!!"라는 아우성을 볼 수 있다.

다음은 기억해야 할 몇 가지 규칙이다.

- 시스템에 대한 이력 정보를 수집하고 검토한다. 시스템이 일주일 전에 제대로 작동했다면 변경된 시스템 측면에 대한 조사는 스모킹 건smoking gun으로 이어질 수 있다. 응급 상황에서 벗어나고자 본인만의 기준과 동향을 유

지한다. 첫 번째 단계로 근본적인 하드웨어 문제가 발생했는지 로그 파일을 검토한다.

- 28장에서 설명했던 동향 모음과 분석 도구에 익숙해져야 한다. 이러한 도구는 성능 평가에 중요하다.

- 시스템의 이전 기준과 현재 결과를 비교하는 방식으로 시스템을 튜닝한다.

- 의도적으로 시스템이나 네트워크에 과부하를 주지 않는다. 커널은 각 프로세스에 무한 자원의 환상을 갖게 한다. 그러나 일단 시스템 자원이 100% 사용되면 커널은 그 환상을 유지하고자 열심히 노력해야 하고 프로세스를 지연시키고 자원 자체의 상당량을 소비하는 경우가 많다.

- 입자 물리학과 마찬가지로 시스템 모니터링 유틸리티로 더 많은 정보를 수집할수록 관찰하는 시스템에 더 많은 영향을 미친다. 루틴 관찰을 백그라운드(예, sar 또는 vmstat)에서 실행시키는 단순하고 가벼운 것에 의존하는 것이 가장 좋다. 이러한 더듬이로 뭔가 중요한 것을 본다면 다른 도구를 사용해 추가로 조사할 수 있다.

- 변경을 가할 때는 한 번에 하나씩만 변경하고 각 변경 사항에 대해 문서화한다. 다른 것을 변경하기 전에 결과를 관찰, 기록, 숙고해야 한다.

- 실제로 상황을 더 악화시킨다면 마법의 수정 방식 롤백rollback 계획을 갖고 있는지 항상 확인한다.

29.2 성능을 향상시키는 방법

다음은 성능을 향상시키고자 할 수 있는 작업이다.

- 시스템에 충분한 메모리가 있는지 확인한다. 다음 절에서 볼 수 있겠지만 메모리 크기는 성능에 큰 영향을 미친다. 시스템이 클라우드에서 실행되는 경우 인스턴스에 할당된 메모리양은 일반적으로 조정하기 쉽다(종종 전체 시스템 프로필에 다른 자원 할당과 함께 번들로 제공되긴 하지만 말이다).

- 가능하다면 기계적 운영에 스토리지 자원이 의존하지 않게 한다. SSD를 광범위하게 이용할 수 있으며 비트를 읽는 데 디스크나 정류자armature를 물

리적으로 옮길 필요가 없기 때문에 성능을 크게 향상시킬 수 있다.

- 웹 서버나 다른 유형의 네트워크 애플리케이션 서버로 유닉스나 리눅스를 사용하는 경우 물리 또는 가상 로드밸런서를 이용해 서버 시스템 간의 트래픽을 분산시킬 수 있다. 이런 기기는 '가장 반응이 빠른 서버' 또는 '라운드로빈round robin' 같은 사용자 선택 알고리듬 중 하나에 따라 로드 균형을 조절한다.

  이러한 로드밸런서는 서버가 다운될 경우 유용한 중복성을 가능하게 해준다. 사이트가 예상하지 못한 트래픽 급증을 처리해야 하는 경우 로드밸런서는 매우 필수적이다.

- 시스템 및 개별 애플리케이션의 구성을 다시 한 번 확인한다. 엄청난 성능 향상을 위해 많은 애플리케이션을 튜닝한다(예, 디스크의 데이터를 분산시키거나 DNS 룩업Lookup을 상황에 따라 수행하지 않거나 서버의 여러 인스턴스를 실행한다).

- '실제작업'(한 번에 너무 많은 서비스를 실행, 비효율적인 프로그래밍 관례, 과도한 우선순위로 실행되는 일괄 작업, 하루 중 부적절한 시간에 실행되는 대규모 작업)으로 인한 문제와 시스템(원하지 않는 데몬과 같은)으로 인한 문제, 두 가지 모두의 사용 문제를 수정한다.

- 하드디스크와 파일 시스템을 구성해 균등한 로드밸런싱으로 I/O 처리량을 최대화한다. 데이터베이스와 같은 특정 애플리케이션의 경우 데이터 전송을 최적화하고자 스트라이핑striped RAID 같은 품질 높은 다중 디스크 기술을 사용할 수 있다. 데이터베이스 판매업체에 컨설팅을 받을 것을 권고한다. 리눅스 시스템의 경우 디스크에 적합한 리눅스 I/O 스케줄러를 선택했는지 확인해야 한다.

  다른 유형의 애플리케이션과 데이터베이스가 여러 디스크로 분산되는 경우 다르게 반응한다는 것을 기억해야 한다. RAID는 많은 형태로 제공된다. 특정 애플리케이션에 적합한 형식(있는 경우)을 결정하는 데 시간을 할애해야 한다.

- 네트워크 모니터링으로 트래픽이 포화 상태가 되지 않고 오류율이 낮은

지 확인한다. 네트워크 정보는 **netstat**(FreeBSD) 및 **ss**(리눅스) 명령으로 사용할 수 있다.

- 시스템은 요구 사항을 충족시키고자 근본적인 부적당한 사례를 식별한다. 이러한 상황에서 벗어날 수가 없다.

이러한 효과들은 대략 효율성 순서로 나열된다. 메모리를 추가하고 SSD로 전환하고 여러 서버의 트래픽 균형을 맞추면 성능이 크게 달라질 수 있다. 다른 방법들은 그 효과가 눈에 띄는 것도 있고 없을 수도 있다.

소프트웨어 데이터 구조와 알고리듬의 분석 및 최적화는 거의 항상 상당한 성능 향상으로 이어진다. 그러나 로컬 소프트웨어의 실질적인 기반이 없다면 이런 수준의 설계는 일반적으로 제어할 수 없다.

29.3 성능에 영향을 주는 요소

성능은 시스템 자원의 기본 용량과 해당 자원이 할당되고 공유되는 효율성에 의해 결정된다. '자원'의 정확한 정의는 다소 모호하다. CPU 칩의 캐시된 콘텍스트와 메모리 컨트롤러의 주소 테이블에 있는 항목과 같은 내용들이 포함될 수 있다. 그러나 대략 다음 네 가지 자원만 성능에 큰 영향을 미친다.

- CPU 이용률(및 빼앗긴 사이클, 아래 참조)
- 메모리
- 스토리지 I/O
- 네트워크 I/O

활성 프로세스가 원하는 작업을 완료한 후에도 자원이 여전히 남아있는 경우 시스템의 성능은 거의 최고다.

이동시킬 자원이 충분하지 않은 경우 프로세스가 교대로 진행돼야 한다. 필요한 자원을 즉시 접근하지 못하는 프로세스는 아무것도 하지 않고 대기해야 한다. 대기로 소요되는 시간의 양은 성능 저하의 기본 측정 기준 중 하나다.

역사적으로 CPU 사용률은 일정량의 처리 능력을 항상 사용할 수 있었기 때문에 측정하기에 가장 쉬운 자원이었다. 오늘날 일부 가상화나 클라우드 환경에서는 CPU를 좀 더 동적으로 할당할 수 있다. 할당된 CPU의 90% 이상을 사용하는 프로세스는 완전히 CPU 제한적이며 기본적으로 시스템의 이용할 수 있는 컴퓨팅 능력을 모두 소비한다.

CPU 자원이 시스템 전체 성능에 영향을 미치는 가장 중요한 요소라고 많은 사람이 생각한다. 무한히 많은 다른 모든 자원이나 특정 유형의 애플리케이션(예, 수치 시뮬레이션)을 고려하면 더 빠른 CPU(또는 더 많은 CPU 코어)가 극적인 차이를 만든다. 그러나 일상에서 CPU는 사실 상대적으로 중요하지 않다.

성능 병목현상의 일반적인 이유로 디스크 대역폭이 있다. 기존 하드디스크는 기계 시스템이기 때문에 디스크 블록의 위치를 찾아 그 내용을 가져오고 대기 중인 프로세스를 웨이크업wakeup하는 데 몇 밀리초가 걸린다. 이 정도의 지연은 성능 저하의 다른 모든 원인을 가린다. 각 디스크 접근은 수백만 개 CPU 인스트럭션의 중단 원인이 된다. SSD는 이런 문제를 해결하는 데 사용할 수 있는 하나의 도구다.

가상 메모리 덕분에 디스크 대역폭과 메모리는 물리적 메모리 수요가 공급보다 더 클 경우 직접 관련될 수 있다. 실제 메모리가 부족한 상황이 종종 메모리 페이지를 디스크에 기록해 다른 목적을 위해 환원하거나 재사용할 수 있다. 이러한 상황에서 메모리를 사용하는 것은 디스크를 사용하는 것만큼 비용이 많이 든다. 성능이 중요한 경우 이 함정을 피해야 한다. 모든 시스템에 물리적 메모리가 충분한지 확인해야 한다.

네트워크 대역폭은 네트워크 통신과 관련된 지연시간으로 여러 면에서 디스크 대역폭과 유사하다. 그러나 네트워크는 개별 컴퓨터보다 전체 통신에 관련이 있다는 점에서 이례적이다. 또한 하드웨어 문제와 서버 과부하에 특히 민감하다.

29.4 빼앗긴 CPU 사이클

클라우드(및 좀 더 일반적인 가상화)의 약속은 필요한 자원이 항상 서버에 있게 하겠다는 것이다. 실제로 이러한 풍부함은 대부분 교묘한 속임수로 만들어진다. 대규모

가상 환경에서도 자원 경쟁은 가상 서버의 성능에 눈에 띄는 영향을 미칠 수 있다.

CPU는 가장 일반적으로 영향을 미치는 자원이다. 가상 머신이 CPU 사이클을 훔칠 수 있는 두 가지 방법이 있다.

- VM을 실행하는 하이퍼바이저는 계약된 CPU 성능 정도를 기반으로 CPU 할당량을 적용한다. 부족분은 하이퍼바이저 수준에서 더 많은 자원을 할당하거나 클라우드 공급자에서 더 큰 크기의 인스턴스를 구입함으로써 해결할 수 있다.
- 물리적 하드웨어가 필요 이상으로 신청되고 이러한 인스턴스 모두 CPU 할당량 부족일 수 있지만 모든 VM 인스턴스의 현재 요구를 충족할 수 있는 물리적 CPU 사이클이 충분하지 않은 것이다. 클라우드 공급업체에서 이 문제를 해결하는 방식은 인스턴스를 다시 시작하는 것만큼 간단하다. 새로운 물리적 하드웨어에 재할당한다. 데이터 센터의 해결책은 더 많은 자원으로 가상 환경의 업그레이드를 요구할 것이다.

CPU 도용은 가상화 플랫폼에서 실행되는 모든 운영체제에서 발생할 수 있지만 리눅스는 top, vmstat, mpstat에 st 메트릭('도난됨stolen')을 이용해 이런 현상에 가시성을 제공한다.

다음은 앞에서 본 예제다.

```
top - 18:36:42 up 3 days, 18:03, 1 user, load average: 3.40, 2.25, 2.08
Tasks: 218 total, 4 running, 217 sleeping, 0 stopped, 0 zombie
%Cpu: 41.6 us, 42.2 sy, 0.0 ni, 0.0 id, 0.0 wa, 0.0 hi, 0.0 si, 16.2 st
```

이 예제에서 그중 16.2%는 시스템이 작업을 수행할 준비가 됐지만 CPU가 하이퍼바이저에 의해 VM에서 전환됐기 때문에 실행할 수 없다는 것이다. 대기했던 이 시간은 즉시 처리량 감소로 이어진다. 가상 서버에서 주의해 이 항목을 모니터링해 작업량에 의도치 않게 CPU 부족이 되지 않게 해야 한다.

29.5 성능 문제 분석

복잡한 시스템에서 성능 문제를 분리하는 것은 어렵다. 시스템 관리자는 특별한 원인이나 수정 사항을 제안하는 입증되지 않은 문제 보고를 자주 받는다(예, "모든 AJAX 호출 때문에 웹 서버가 몹시 느려 졌다."). 이러한 정보를 기록하되 정확하거나 신뢰할 수 있다고 가정하면 안 된다. 스스로 조사하는 것이 좋다.

엄격하고 투명한 과학적 방법의 적용은 관리자를 포함한 조직의 모든 사람이 신뢰할 수 있는 결론에 도달할 수 있게 한다. 그런 접근 방식은 다른 사람들이 관리자의 결과를 평가하고 관리자에 대한 신뢰성을 높이며 관리자가 제안한 변경 사항이 실제로 문제를 해결할 가능성을 높인다.

'과학적'이라는 것이 관련된 모든 데이터를 직접 수집해야 한다는 의미는 아니다. 외부 정보는 일반적으로 많은 도움이 된다. FAQ에서 쉽게 찾을 수 있는 문제와 관련된 실험에 시간을 소비하지 않아야 한다.

다음과 같은 다섯 단계를 제안한다.

1. **질문을 공식화한다.** 정의된 기능 영역에서 특정 질문을 제기하거나 고려하고 있는 잠정적인 결론이나 권고 사항을 설명한다. 기술 유형, 관련 구성 요소, 고려 중인 대안, 관심의 결과를 상세히 한다.

2. **증거를 수집하고 분류한다.** 문서, 지식 기반^{knowledge base}, 알려진 문제, 블로그, 백서, 포럼^{forum}, 다른 자원에 대한 체계적인 검색을 수행해 질문에 관련된 외부 증거를 찾는다. 시스템에서 원격 측정 데이터를 캡처하고 필요한 경우 또는 가능한 경우 특정 시스템이나 관심 있는 애플리케이션 영역을 점검한다.

3. **데이터를 비판적으로 평가한다.** 각 데이터 소스의 관련성을 검토하고 유효성에 대해 비판한다. 핵심 정보를 주상화하고 소스의 품질을 기록한다.

4. **증거를 설명과 도표로 요약한다.** 여러 출처에서 나온 결과를 서술적 전제와 가능한 한 그래픽적 표현으로 결합한다. 숫자 형식으로 모호하게 보이는 데이터는 차트를 작성하면 결정적일 때가 많다.

5. **결론 문장을 작성한다.** 결론(예, 질문에 대한 답)은 간결하게 서술한다. 결론을 뒷받침하는 증거의 전체적인 강점이나 약점의 수준을 나타내는 등급을 지정한다.

29.6 시스템 성능 점검

일반적인 내용은 충분히 봤다. 이제 관심 있는 분야와 특정 도구를 살펴보자. 측정하기 전에 뭘 찾아야 하는지 먼저 알아야 한다.

장비 재고 조사

물리 또는 가상 하드웨어, 특히 CPU 및 메모리 자원의 인벤토리를 확인하면서 시작하라. 이 인벤토리는 다른 도구에서 제시하는 정보를 해석하는 데 도움이 되고 성능의 상한을 고려해 현실적인 기대치를 설정하는 데 도움이 될 수 있다.

리눅스 시스템에서 /proc 파일 시스템은 운영체제가 소유하고 있다고 생각하는 하드웨어의 개요를 찾을 수 있는 곳이다(더 자세한 하드웨어 정보는 /sys에서 찾을 수 있다. 11장 참고). 표 29.1는 일부 핵심 주요 파일을 보여준다. /proc에 대한 일반적인 정보는 4장을 참고한다.

표 29.1 리눅스의 하드웨어 정보 소스

파일	내용
/proc/cpuinfo	CPU 유형과 설명
/proc/meminfo	메모리 크기와 사용률
/proc/diskstats	디스크 장치와 사용 통계

/proc/cpuinfo에 네 줄은 시스템의 정확한 CPU, `vendor_id`, `cpu family`, `model`, `model name`을 식별하는 데 도움이 된다. 일부 값은 암호화돼 있다. 온라인으로 해당 정보를 조회하는 것이 가장 좋다.

/proc/cpuinfo 변수에 함축된 정확한 정보는 시스템과 프로세서에 따라 다르지만 대표적인 예는 다음과 같다.

```
$ cat /proc/cpuinfo
processor       : 0
vendor_id       : GenuineIntel
cpu family      : 6
model           : 15
model name      : Intel(R) Xeon(R) CPU E5310 @ 1.60GHz
stepping        : 11
cpu MHz         : 1600.003
cache size      : 4096 KB
physical id     : 0
cpu cores       : 2
siblings        : 2
...
```

파일에는 OS가 표시하는 각 프로세서 코어에 대한 항목이 하나씩 포함돼 있다. 데이터는 커널 버전에 따라 약간 다르다. 프로세서 값은 각 코어를 고유하게 식별한다. physical id 값은 CPU 소켓별로 고유하며 core id 값(위에 표시되지 않음)은 CPU 소켓 내의 코어별로 고유하다. 하이퍼스레딩(다른 처리 기능의 중복 없이 CPU 콘텍스트 중복)을 지원하는 코어는 플래그 필드(위에 표시되지 않음)에 ht로 식별된다. 하이퍼스레딩은 실제로 사용 중인 경우 각 코어의 시블링^{sibling} 필드는 주어진 코어에서 이용 가능한 콘텍스트 수를 보여준다.

FreeBSD와 리눅스에 대한 정보를 위해 실행할 또 다른 명령은 dmidecode다. 시스템의 데스크톱 관리 인터페이스^{DMI, Desktop Management Interface}(일명 SMBIOS) 데이터를 덤프^{dump}한다. 가장 유용한 옵션은 -t type이다. 표 29.2는 유효한 type을 보여준다.

표 29.2 dmidecode -t의 type 값

값	설명
1	시스템 정보
2	베이스 보드 정보
3	섀시 정보
4	프로세서 정보
7	캐시 정보

(이어짐)

값	설명
8	포트 커넥터 정보
9	시스템 슬롯 정보
11	OEM 문자열
12	시스템 구성 옵션
13	BIOS 언어 정보
16	물리적 메모리 배열
17	메모리 장치
19	메모리 배열 매핑 주소
32	시스템 부팅 정보
38	IPMI 장치 정보

다음 예는 일반적인 정보를 보여준다.

```
$ sudo dmidecode -t 4
# dmidecode 2.11
SMBIOS 2.2 present.

Handle 0x0004, DMI type 4, 32 bytes.
Processor Information
    Socket Designation: PGA 370
    Type: Central Processor
    Family: Celeron
    Manufacturer: GenuineIntel
    ID: 65 06 00 00 FF F9 83 01
    Signature: Type 0, Family 6, Model 6, Stepping 5
...
```

몇 가지 네트워크 구성 정보가 시스템에 흩어져 있다. ifconfig -a(FreeBSD) 및 ip
a(리눅스)는 구성된 각 인터페이스의 IP와 MAC 정보에 대한 최상의 소스다.

성능 데이터 수집

대부분의 성능 분석 도구는 특정 지점에서 무슨 일이 일어나고 있는지 알려준다.
그러나 부하의 양과 특성은 하루 종일 변경될 수 있다. 조치를 취하기 전에 단면 자료를 모아야 한다. 시스템 성능에 대한 최상의 정보는 장기간(한 달 이상)의 자료 수집 후에만 명확해지는 경우가 많다. 사용량이 가장 많은 기간에 자료를 수집하는 것이 특히 중요하다. 자원 제한과 시스템의 잘못된 구성은 머신이 과부하일 때만 종종 보인다. 자료 수집과 분석에 대한 자세한 정보는 28장을 참고한다.

CPU 사용량 분석

전체 사용률, 부하 평균, 프로세스당 CPU 소비라는 세 종류의 CPU 자료를 수집할 수 있다. 전체 사용률은 CPU 속도 자체가 병목현상인 시스템을 식별하는 데 도움이 된다. 부하 평균은 전체 시스템 성능의 개요를 알려준다. 프로세스 CPU 소비 데이터는 자원을 독차지하는 특정 프로세스를 식별할 수 있다.

vmstat 명령을 사용해 요약 정보를 얻을 수 있다. vmstat는 출력의 각 줄에 대한 시스템을 모니터링하는 시간(초)과 인쇄할 보고서 수, 두 개의 인수를 받는다. 보고서의 수를 지정하지 않으면 vmstat는 CTRL + C>를 누를 때까지 vmstat이 실행된다. 예를 들면 다음과 같다.

```
$ vmstat 5 5
procs ----------memory---------- -swap- ---io-- -system-- ----cpu----
 r b swpd   free   buff cache   si so  bi  bo   in   cs us sy id wa
 1 0 820 2606356 428776 487092   0  0 4741 65 1063 4857 25 1 73 0
 1 0 820 2570324 428812 510196   0  0 4613 11 1054 4732 25 1 74 0
 1 0 820 2539028 428852 535636   0  0 5099 13 1057 5219 90 1  9 0
 1 0 820 2472340 428920 581588   0  0 4536 10 1056 4686 87 3 10 0
 3 0 820 2440276 428960 605728   0  0 4818 21 1060 4943 20 3 77 0
```

정확한 열은 시스템마다 다르지만 CPU 사용률 통계는 플랫폼 전반에 걸쳐 상당히 일관성이 있다. 사용자 시간, 시스템(커널) 시간, 유휴 시간, I/O는 가장 오른쪽 us, sy, id, wa 열에 표시된다. 사용자 시간에 많은 CPU 번호는 일반적으로 계산을 나타내며 시스템 번호가 높으면 프로세스가 많은 시스템 호출을 수행하거나 많은 I/O를 수행하고 있다는 것을 나타낸다.

수년 동안 잘 지원해온 범용 컴퓨팅 서버의 경험에 근거한 규칙은 다음과 같다. 시스템은 총 동작 시간의 약 50%를 사용자 공간에서 나머지 50%를 시스템 공간에서 소비해야 한다. 전체 유휴 비율은 0이 아니어야 한다.

단일 CPU 집약적 애플리케이션에 서버를 전용으로 주는 경우 주요 시간을 사용자 공간에서 사용해야 한다.

cs 열에는 주기^{interval}당 콘텍스트 스위치(실행 중인 프로세스를 커널이 변경한 횟수)가 표시된다. 주기당 인터럽트 수(보통 하드웨어 장치 또는 커널의 구성 요소에 의해 생성 됨)는 in 열에 표시된다. cs나 in 값이 매우 크다면 보통 하드웨어 장치가 오작동하 거나 잘못 구성됐음을 나타낸다. 다른 열은 이번 장의 후반에 설명하는 메모리와 디스크 분석에 유용하다.

CPU 통계의 장기적 평균은 기본적으로 충분한 CPU 성능이 있는지 확인시켜준다. CPU는 보통 유휴 상태에서 그 시간의 일부를 소비하는 경우 예비 사이클이 있다. 더 빠른 CPU로 업그레이드하면 개별 작업의 속도가 빨라질 수 있지만 시스템의 전체 처리량을 크게 향상시키지는 않는다.

이 예제에서 볼 수 있듯이 CPU는 일반적으로 사용량이 많을 때와 유휴 상태 사이 에서 왔다 갔다 한다. 그러므로 시간 경과에 따른 평균으로 이러한 수치를 관찰해 야 한다. 모니터링 주기가 짧을수록 결과의 일관성이 떨어진다.

멀티프로세서 머신에서 대부분의 도구는 모든 프로세서에 걸쳐 프로세서 통계의 평균을 표시한다. 리눅스에서 mpstat 명령은 개별 프로세서에 대한 vmstat와 유 사한 출력을 만들어낸다. -P 플래그는 보고할 특정 프로세서를 지정한다. mpstat 는 대칭적 다중 처리를 지원하는 소프트웨어를 디버깅 하는 데 유용하다. 또한 시 스템이 멀티프로세서를 얼마나 (비)효율적으로 사용하는지 확인하는 것에도 도 움이 된다. 다음은 4개의 프로세서 각각의 상태를 보여주는 예제다.

```
linux$ mpstat -P ALL
08:13:38 PM  CPU  %user  %nice  %sys  %iowait %irq   %soft   %idle   intr/s
08:13:38 PM  0    1.02   0.00   0.49  1.29    0.04   0.38    96.79   473.93
08:13:38 PM  1    0.28   0.00   0.22  0.71    0.00   0.01    98.76   232.86
08:13:38 PM  2    0.42   0.00   0.36  1.32    0.00   0.05    97.84   293.85
08:13:38 PM  3    0.38   0.00   0.30  0.94    0.01   0.05    98.32   295.02
```

단 한 명의 사용자가 이용하는 워크스테이션에서 CPU는 일반적으로 대부분의 시간을 유휴 상태로 보낸다. 그런 다음 웹 페이지를 렌더링하거나 창을 전환할 때 CPU는 짧은 기간 동안 많이 사용된다. 이 상황에서 장기간 평균 CPU 사용률에 대한 정보는 의미가 없다.

시스템의 부담을 특징으로 나타내는 데 유용한 두 번째 CPU 통계는 '부하 평균'이다, 실행 가능한 프로세스의 평균 개수를 나타낸다. CPU pie는 몇 개의 조각으로 나뉘는지 알 수 있게 한다. 부하 평균은 uptime 명령으로 얻는다.

```
$ uptime
11:10am    up 34 days, 18:42, 5 users, load average: 0.95, 0.38, 0.31
```

1분, 5분, 15분 평균에 해당하는 세 가지 값이 제공된다. 일반적으로 부하 평균이 높을수록 시스템의 전체 성능이 더 중요하다. 실행 가능한 프로세스가 단 하나인 경우 프로세스는 보통 단일 자원(일반적으로 디스크 대역폭 또는 CPU)으로 제한된다. 한 자원에 대한 최대 수요는 성능을 결정하는 요소가 된다.

더 많은 프로세스가 시스템을 공유하면 부하가 더 균등하게 분산되는 경향이 있다. 시스템의 프로세스가 모두 CPU, 디스크,메모리를 혼합해 사용하는 경우 시스템 성능은 단일 자원에 대한 제약에 의해 좌우될 가능성이 적다. 이 상황에서 전체 CPU 사용률 같은 평균 소비 측정값을 확인하는 것이 가장 중요하다.

시스템 부하 평균은 시스템 기준선의 일부로 추적할 수 있는 훌륭한 척도다. 일반적인 날에 시스템의 부하 평균을 알고 있고 나쁜 날에 동일한 범위에 있는 경우 성능 문제를 다른 곳(네트워크 같은)에서 찾아봐야 한다는 암시다. 예상했던 표준을 초과하는 부하 평균은 시스템 자체에서 실행되는 프로세스를 살펴봐야 한다는 것을 암시한다.

CPU 사용량을 보는 또 다른 방법은 ps -aux 명령을 실행해 각 프로세스가 얼마나 많은 CPU를 사용하는지 확인하는 것이다. 사용 중인 시스템에서 CPU의 최소 70%는 한두 개의 프로세스에 의해 소비되는 경우가 많다. CPU 호그^{hog} 실행을 미루거나 우선순위를 낮추면 다른 프로세스에서 CPU를 더 많이 사용할 수 있다.

ps에 대한 훌륭한 대안은 top이라는 프로그램이다. ps와 거의 동일한 정보를 제공하지만 시간 경과에 따라 시스템의 상태를 표시하는 형식으로, 규칙적으로 라이브 업데이트되는 정보를 제공한다.[1]

시스템이 메모리를 관리하는 방법

커널은 보통 4KiB 이상의 페이지라는 단위로 메모리를 관리한다. 프로세스가 메모리를 요청하면 가상 페이지를 할당한다. 각 가상 페이지는 실제 스토리지, RAM이나 디스크의 '백업 저장소'에 매핑된다. 커널은 이러한 가상 페이지와 실제 메모리 페이지 간의 매핑을 추적하고자 '페이지 테이블'을 사용한다.

커널은 스왑swap 영역을 이용해 실제 RAM을 크게 만들기 때문에 프로세스가 요구하는 만큼의 메모리를 효과적으로 할당할 수 있다. 프로세스는 가상 페이지가 실제 메모리에 매핑될 것으로 예상하기 때문에 커널이 다른 페이지에 접근할 때 RAM과 스왑 영역 간에 페이지를 계속 섞어야 할 수 있다. 이 활동을 페이징이라고 한다.[2]

커널이 시스템의 메모리를 관리해 최근에 접근된 페이지를 메모리에 두고 덜 활성화된 페이지는 디스크로 옮겨둔다. 가장 최근에 사용된 페이지가 디스크로 옮겨진(페이지아웃) 페이지이기 때문에 이러한 체계는 LRU 시스템으로 알려져 있다.

커널이 모든 메모리 참조를 추적하는 것은 비효율적이기 때문에 메모리에 유지할 페이지를 결정하고자 캐시 같은 알고리듬을 사용한다. 정확한 알고리듬은 시스템에 따라 다르지만그 개념은 플랫폼 전반에 걸쳐 유사하다. 이 시스템은 LRU 시스템보다 더 저렴하며 유사한 결과를 제공한다.

메모리가 부족한 경우 커널은 비활성 목록의 어떤 페이지가 가장 최근에 사용됐는지를 추측한다. 이 페이지가 프로세스에 의해 수정됐다면 'dirty'로 간주되고 메모리를 재사용하기 전에 디스크로 옮기는 페이징이 필요하다. 이런 방식으로 돌려진(또는 'dirty'로 시작되지 않은) 페이지는 'clean'이 되고 다른 곳에서 재활용할 수 있다.

---

1. top의 출력을 너무 빠르게 새로 고침하면 그 자체로 CPU를 많이 사용하므로 top을 신중하게 사용해야 한다.
2. 오래 전에는 모든 프로세스의 페이지가 디스크로 동시에 푸시되는 '스와핑'이라는 두 번째 프로세스가 발생할 수 있었다. 오늘날에는 요구 페이징이 모든 경우에 사용된다.

프로세스가 비활성 목록에 페이지를 참고할 때 커널은 페이지의 메모리 매핑을 페이지 테이블로 반환하고 페이지의 age를 재설정한 다음 비활성 목록의 페이지를 활성 목록으로 이전한다. 디스크에 써진 페이지는 메모리의 페이지가 다시 매핑되는 경우 다시 활성화되기 전에 페이징 돼 있어야 한다. '소프트 폴트^{soft fault'}'는 프로세스가 메모리 내의 비활성 페이지를 참고하려는 경우 발생하고, '하드 폴트 ^{hard fault'}'는 비상주(페이지아웃) 페이지를 참고하려는 결과다. 다시 말해 하드 폴트는 디스크에서 페이지를 읽어야 하고 소프트 폴트는 그렇지 않다.

커널은 메모리에 대한 시스템의 요구보다 앞서고자 하기 때문에 페이지아웃 이벤트와 프로세스 실행에 의한 페이지 할당 간에 일대일 대응이 반드시 필요한 것은 아니다. 시스템의 목적은 프로세스가 새로운 할당을 해야 할 때마다 실제로 페이지아웃을 기다릴 필요가 없도록 충분한 여유 메모리를 편리하게 유지하는 것이다. 시스템이 사용 중 일 때 급격히 증가하면 더 많은 RAM이 도움이 될 수 있다.

커널에 스왑 백업 페이지 복구와 파일 백업 페이지 복구 간 균형을 맞추는 방법을 알리는 커널의 swappiness 매개변수(/proc/sys/vm/swappiness)를 조정할 수 있다. swappiness를 0으로 설정하면 완전히 파일 백업 페이지 복구에 초점을 맞춘다. swappiness를 100으로 하면 두 백업 페이지 간 균형을 맞춘다. 기본적으로 swappiness 매개변수의 값은 60이다(이 매개변수를 변경하고 싶다면 시스템용 RAM을 더 구입해야 한다).

커널이 페이지를 복구할 수 없는 경우 리눅스는 이러한 조건을 처리하고자 '메모리 부족 킬러(OOM killer)'를 사용한다. 킬러 기능은 메모리를 확보하고자 프로세스를 선택해 종료한다. 커널이 시스템에서 가장 중요한 사용자 프로세스를 중단하려는 것이기는 하지만 메모리 부족은 항상 피해야 하는 것이다. 이런 상황에서는 시스템 자원의 상당 부분이 유용한 작업이 아닌 메모리 관리에 사용된다.

메모리 사용량 분석

활성 가상 메모리의 총량과 현재 페이징 비율, 두 개의 숫자는 메모리 활동을 요약한다. 첫 번째 숫자는 메모리 전체 요구량을 말하고, 두 번째 숫자는 활동적으로 사용되는 메모리의 비율을 나타낸다. 목표는 페이징이 허용 가능한 수준으로 유지될 때까지 활동을 줄이거나 메모리를 늘리는 것이다. 간헐적인 페이징은 불가피하므로 완전히 제거하려고 하지 말자.

swapon -s를 실행해 현재 사용 중인 페이징(스왑) 영역의 양을 확인한다.

```
linux$ swapon -s
Filename        Type        Size        Used    Priority
/dev/hdb1       partition   4096532     0       -1
/dev/hda2       partition   4096564     0       -2
```

swapon은 KB 단위의 사용량을 보고한다. 이러한 프로그램에서 제시된 크기에는 코어 메모리의 내용이 포함돼 있지 않기 때문에 직접 가상 메모리 총량을 계산해야 한다.

```
VM = size of real memory + amount of swap space used
```

FreeBSD 시스템에서 vmstat를 이용해 얻은 페이징 통계는 다음과 같다.

```
freebsd$ vmstat 5 5
procs  memory              page                    disks       faults
r b w avm      fre     flt    re pi po  fr     sr  da0 cd0     in    sy
0 0 0 412M     1.8G    97     0  1  0   200    6   0   0       51    359
2 0 0 412M     1.8G    1      0  0  0   0      7   0   0       5     27
2 0 0 412M     1.8G    0      0  0  0   0      7   0   0       4     25
1 0 0 412M     1.8G    0      0  0  0   0      6   0   0       4     25
0 0 0 412M     1.8G    0      0  0  0   0      7   0   0       6     26
```

CPU 정보가 이 예제에서는 제거됐다. procs 제목 아래에는 즉시 실행 가능하고, I/O에서 차단되고, 실행 가능하지만 스왑된 프로세스 수가 표시된다. w 열값이 0이 아니면 시스템의 메모리가 현재 부하에 비해 부적절할 수 있다.

memory 제목 아래 활성 가상 메모리(avm)와 여유 가상 메모리(fre) 모두를 볼 수 있다. page 제목 아래 열은 페이징 활동에 대한 정보를 제공한다. 모든 열은 초당 평균값을 나타낸다. 표 29.3은 그 의미를 보여준다.

표 29.3 FreeBSD vmstat 페이징 통계에 대한 가이드

열	의미
Fit	총 페이지 폴트 수
Re	다시 확보된 페이지 수(여유 페이지 목록에서 복구됨)
Pi	페이징된 KB 수
Po	페이지아웃된 KB 수
Fr	여유 페이지 목록에 있는 KB 수
sr	clock 알고리듬에 의해 스캔된 페이지 수

리눅스 시스템에서 **vmstat**로 얻은 페이징 통계는 다음과 같다.

```
linux$ vmstat 5 5
procs ---------memory-------- -swap- ---io-- -system- -----cpu-----
 r  b  swpd   free   buff   cache   si   so    bi   bo    in   cs us sy id wa st
 5  0     0  66488  40328  597972    0    0   252   45  1042  278  3  4 93  1  0
 0  0     0  66364  40336  597972    0    0     0   37  1009  264  0  1 98  0  0
 0  0     0  66364  40344  597972    0    0     0    5  1011  252  1  1 98  0  0
 0  0     0  66364  40352  597972    0    0     0    3  1020  311  1  1 98  0  0
 0  0     0  66364  40360  597972    0    0     0   21  1067  507  1  3 96  0  0
```

FreeBSD 출력과 마찬가지로 즉시 실행 가능하고 I/O에서 차단된 프로세스 수는 **procs** 제목 아래 표시된다. 페이징 통계는 두 개의 열 **si**와 **so**로 압축되며 각각 페이지인과 페이지아웃에 해당하는 스왑된 페이지를 나타낸다.

메모리 관련 열 사이의 분명한 불일치는 대부분 환상이다. 일부 열은 페이지를 계산하고 다른 열은 KB를 계산한다. 모든 값은 반올림된 평균이다. 뿐만 아니라 일부는 스칼라 수량의 평균이며 나머지는 평균 차이다.

si와 **so** 필드를 사용해 시스템 스와핑 동작을 평가한다. 페이지인(si)은 스왑 영역에서 복구되는 페이지를 나타낸다. 페이지아웃(so)은 커널에 의해 강제로 내보내진 후 스왑 영역에 기록되는 데이터를 나타낸다.

시스템에 끊임없이 페이지아웃이 있는 경우 더 많은 물리적 메모리를 갖는 것이

이점을 얻을 수 있다. 그러나 페이징이 가끔만 발생하고 성가신 일시적 고장이나 사용자 불만이 발생하지 않는다면 무시해도 된다. 시스템이 중간 어딘가에 있다면 추가 분석은 대화형 성능(예, 워크스테이션)을 위해 최적화하려고 하는지, 서버와 유사한 워크로드를 위해 최적화하려고 하는지에 따라 달라진다.

디스크 I/O 분석

iostat 명령을 이용해 디스크 성능을 모니터링할 수 있다. vmstat처럼 선택적 인수를 받아 초 단위 간격과 반복 횟수를 지정하며 출력의 첫째 줄은 부팅 후 요약을 나타낸다. 리눅스의 iostat 출력은 다음과 같다.

```
linux$ iostat
...
Device:        tps    kB_read/s    kB_wrtn/s    kB_read    kB_wrtn
sda            0.41        8.20         1.39     810865     137476
dm-0           0.39        7.87         1.27     778168     125776
dm-1           0.02        0.03         0.04       3220       3964
dm-2           0.01        0.23         0.06      22828       5652
```

각 하드디스크에 tps, kB_read/s, kB_wrtn/s, kB_read, kB_wrtn 열이 있으며 초당 전송 수, 초당 읽은 킬로바이트, 초당 쓰는 킬로바이트, 읽은 총 킬로바이트, 쓰는 총 킬로바이트를 나타낸다.

검색 비용은 기계적 디스크 드라이브 성능에 영향을 미치는 가장 중요한 요소다. 디스크 회전 속도와 디스크에 연결된 버스 속도는 상대적으로 거의 영향을 미치지 않는다. 최신 기계식 디스크는 연속적인 섹터를 읽는 경우 초당 수백 메가바이트의 데이터를 전송할 수 있지만 초당 약 100~300회 검색만 수행할 수 있다. 검색당 한 섹터를 전송하면 드라이브 최고 처리량의 5% 미만을 쉽게 달성할 수 있다. SSD 디스크는 기계적인 이전 디스크보다 상당히 유리하다. SSD의 성능은 플래터flatter의 회전이나 헤드 이동과 관련이 없기 때문이다.

기계식 디스크를 사용하든 SSD를 사용하든 성능을 최대화하고자 별도의 디스크에서 함께 사용할 파일 시스템을 배치해야 한다. 버스 아키텍처와 장치 드라이버가 효율성을 좌우하지만 대부분의 컴퓨터는 여러 디스크를 독립적으로 관리할 수 있으므로 처리량이 증가한다. 예를 들면 자주 접근하는 웹 서버 데이터와 웹 서버 로그를 서로 다른 디스크로 분리하는 것이 좋다.

페이징이 전체 시스템의 속도를 저하시키는 경향이 있으므로 가능하면 여러 디스크 간에 페이징(스왑) 영역을 분할하는 것이 특히 중요하다. 많은 시스템이 포맷된 파일 시스템에 전용 스왑 파티션과 스왑 파일 모두 사용할 수 있다.

오픈된 파일을 나열하는 lsof 명령과 파일 시스템을 사용하는 프로세스를 보여주는 fuser 명령은 디스크 I/O 성능 문제를 분리하는 데 유용할 수 있다. 이 명령은 프로세스와 파일 시스템 간 상호작용을 보여준다. 그중 일부는 의도하지 않았을 수 있다. 예를 들면 애플리케이션이 로그를 작성하는 장치와 데이터베이스 로그를 위해 사용되는 장치가 동일한 경우 디스크 병목현상이 발생할 수 있다.

fio: 스토리지 서브시스템 성능

fio(github.com/axboe/fio)는 리눅스와 FreeBSD에서 이용할 수 있다. 이를 사용해 스토리지 하위 시스템의 성능을 테스트한다. 공유 스토리지 자원(SAN 같은)을 배포하는 대규모 환경에 특히 유용하다. 스토리지 성능과 관련된 상황에 처한 경우 다음과 같은 정량 값을 결정하는 것이 종종 중요해진다.

- 초당 I/O 작업 처리량IOPS(읽기, 쓰기, 혼합)
- 평균 지연시간(읽기와 쓰기)
- 최대 지연시간(최대 읽기 또는 쓰기 지연시간)

fio 배포의 일부로 이와 같은 일반적인 테스트를 위한 config(.fio) 파일은 examples 하위 디렉터리에 포함돼 있다. 다음은 간단한 읽기/쓰기 테스트 예제다.

```
$ fio read-write.fio
ReadWriteTest: (g=0): rw=rw, bs=4K-4K/4K-4K/4K-4K, eng=posixaio, depth=1
fio-2.18
Starting 1 thread
Jobs: 1 (f=1): [M] [100.0% done] [110.3MB/112.1MB/0KB /s]
    [22.1K/28.4K/0 iops] [eta 00m:00s]
```

```
read : io=1024.7MB, bw=91326KB/s, iops=20601, runt= 9213msec
   slat (usec): min=0, max=73, avg= 2.30, stdev= 0.23
   clat (usec): min=0, max=2214, avg=20.30, stdev=101.20
   lat (usec): min=5, max=2116, avg=22.21, stdev=101.21
   clat percentiles (usec):
   |  1.00th=[    4],  5.00th=[    6], 10.00th=[    7], 20.00th=[    7],
   | 30.00th=[    6], 40.00th=[    7], 50.00th=[    7], 60.00th=[    7],
   | 70.00th=[    8], 80.00th=[    8], 90.00th=[    8], 95.00th=[   10],
   | 99.00th=[  668], 99.50th=[ 1096], 99.90th=[ 1208], 99.95th=[ 1208],
   | 99.99th=[ 1256]
...
 READ: io=1024.7MB, aggrb=91326KB/s, minb=91326B/s, maxb=91326KB/s,
   mint=10671msec, maxt=10671msec
WRITE: io=1023.4MB, aggrb=98202KB/s, minb=98202KB/s, maxb=98202KB/s,
   mint=10671msec, maxt=10671msec
```

많은 성능과 관련된 메트릭과 마찬가지로 이러한 측정값에 대해 보편적으로 올바른 값은 없다. 벤치마크를 설정하고, 조정하고, 다시 측정하는 것이 가장 좋다.

sar: 시간에 따른 통계 수집과 보고

sar 명령은 성능 모니터링 도구로 약간 모호한 커맨드라인 구문임에도 불구하고 여러 유닉스 및 리눅스 시대에 걸쳐 사용되고 있다. 원래 명령은 초기의 AT&T 유닉스에 뿌리를 두고 있다.

처음에 sar은 vmstat와 iostat처럼 동일 정보를 표시하는 것 같았다. 그러나 한 가지 중요한 차이점이 있다. sar은 현재 데이터뿐만 아니라 과거 데이터를 보고할 수 있다.

옵션이 없으면 sar 명령은 다음과 같이 자정 후 10분 간격으로 하루 동안 CPU 이용률을 보고한다. 이 기록 데이터 모음은 sar 도구 세트의 일부인 sa1 스크립트에 의해 가능하고 주기적인 간격으로 cron에서 실행되게 설정돼 있어야 한다. sar은 수집한 데이터를 바이너리 형식으로 /var/log 디렉터리 아래에 저장한다.

```
linux$ sar
Linux 4.4.0-66-generic (nuerbull) 03/19/17 _x86_64_ (4 CPU)
```

```
19:10:01    CPU    %user    %nice    %system    %iowait    %steal    %idle
19:12:01    all     0.02     0.00       0.01       0.00      0.00    99.97
19:14:01    all     0.01     0.00       0.01       0.00      0.00    99.98
```

CPU 정보 외에도 sar은 디스크 및 네트워크 활동과 같은 메트릭에 대해 보고할 수도 있다. 오늘 디스크 활동에 대한 요약은 sar -d를 사용하고 네트워크 인터페이스 통계에 대해서는 sar -n DEV를 사용한다. sar -A는 모든 이용 가능한 정보를 보고한다.

sar은 몇 가지 제한 사항이 있지만 빠르고 간편하게 기록을 확인하는 데 적합하다. 성능 모니터링에 대한 장기적인 약속을 진지하게 생각한다면 그라파나^{Grafana} 같은 데이터 수집과 그래프 플랫폼 설정을 제안한다.

리눅스 I/O 스케줄러 선택

 리눅스 시스템은 I/O 스케줄링 알고리듬을 사용해 디스크 I/O를 수행하고자 경쟁하는 프로세스를 중재한다. I/O 스케줄러는 디스크 요청의 순서와 타이밍을 조작해서 주어진 애플리케이션이나 상황에 가능한 최상의 전체 I/O 성능을 달성한다.

세 가지 다른 스케줄링 알고리듬을 현재 리눅스 커널에서 사용할 수 있다.

- **CFS**^{Completely Fair Scheduler}: 이것은 기본 알고리듬이며 일반적으로 범용 서버의 기계식 하드디스크에 가장 적합한 선택이다. I/O 대역폭에 대한 접근 권한을 균등하게 분산시키려고 한다(최소한 알고리듬은 확실히 마케팅 상을 받을 자격이 있다. 완전히 공정한 스케줄러를 누가 거절할 수 있겠는가?).
- **데드라인**^{Deadline}: 이 알고리듬은 각 요청의 지연시간을 최소화하려고 한다. 성능을 높이고자 요청을 재정리한다.
- **NOOP:** 이 알고리듬은 간단한 FIFO 큐^{queue}를 구현한다. I/O 요청은 이미 드라이버에 의해 최적화 또는 재정리돼 있거나 장치(지능형 컨트롤러에 의해 수행될 수 있는)에 의해 최적화 또는 재정리돼 있는 것이라고 가정한다. 이 옵션은 일부 SAN 환경에서 최상의 선택일 수 있으며 SSD 드라이브에 가장 적합하다(SSD 드라이브가 가변 검색 지연시간이 없기 때문이다).

/sys/block/disk/queue/scheduler 파일을 통해 특정 장치에서 사용 중인 알고리듬을 보거나 설정할 수 있다. 활성 스케줄러는 대괄호로 묶여 있다.

```
$ cat /sys/block/sda/queue/scheduler
noop deadline [cfq]
$ sudo sh -c "echo noop > /sys/block/sda/queue/scheduler"
$ cat /sys/block/sda/queue/scheduler
[noop] deadline cfq
```

환경에 가장 적합한 스케줄링 알고리듬을 결정하면(각 스케줄러로 테스트를 수행해야 할 수 있다) I/O 성능을 향상시킬 수 있다.

안타깝게도 스케줄링 알고리듬은 이 방식으로 설정하면 재부팅 후에도 유지되지 않는다. elevator=algorithm 커널 인수를 사용해 부팅 시 모든 장치에 대해 설정할 수 있다. 이 구성은 일반적으로 GRUB 부트 로더의 환경설정 파일 grub.conf에서 설정된다.

perf: 리눅스 시스템을 자세히 프로파일링

 리눅스 커널 버전 2.6 이상에는 커널의 성능 메트릭 이벤트 스트림에 사용자 수준의 접근을 제공하는 perf_events 인터페이스가 포함돼 있다. perf 명령은 강력한 통합 시스템 프로파일러^{profiler}로 이러한 스트림에서 정보를 읽고 분석한다. 하드웨어, 커널 모듈, 커널 자체, 공유 라이브러리, 애플리케이션 같은 시스템의 모든 구성 요소가 프로파일링된다.

perf를 시작하려면 linux-tools 패키지 세트가 필요하다.

```
$ sudo apt-get install linux-tools-common linux-tools-generic
    linux-tools-`uname -r`
```

일단 소프트웨어를 설치한 후 goo.gl/f88mt의 튜토리얼에서 예제와 사용 사례를 확인한다(이것은 perf.wiki.kernel.org의 하위 링크다).

시작을 위한 간략한 방법은 시스템 전체 CPU 사용에 대한 top처럼 보여주는 perf

top을 해보는 것이다. 물론 다음의 간단한 예제는 perf의 기능을 간략히 보여준다.

```
$ sudo perf top
Samples: 161K of event 'cpu-clock', Event count (approx.): 21695432426
Overhead    Shared Object          Symbol
    4.63%   [kernel]               [k] 0x00007fff8183d3b5
    2.15%   [kernel]               [k] finish_task_switch
    2.04%   [kernel]               [k] entry_SYSCALL_64_after_swapgs
    2.03%   [kernel]               [k] str2hashbuf_signed
    2.00%   [kernel]               [k] half_md4_transform
    1.44%   find                   [.] 0x0000000000016a01
    1.41%   [kernel]               [k] ext4_htree_store_dirent
    1.21%   libc-2.23.so           [.] strlen
    1.19%   [kernel]               [k] __d_lookup_rcu
    1.14%   find                   [.] 0x00000000000169f0
    1.12%   [kernel]               [k] copy_user_generic_unrolled
    1.06%   [kernel]               [k] kfree
    1.06%   [kernel]               [k] _raw_spin_lock
    1.03%   find                   [.] 0x00000000000169fa
    1.01%   find                   [.] 0x0000000000016a05
    0.86%   find                   [.] fts_read
    0.73%   [kernel]               [k] __kmalloc
    0.71%   [kernel]               [k] ext4_readdir
    0.69%   libc-2.23.so           [.] malloc
    0.65%   libc-2.23.so           [.] fcntl
    0.64%   [kernel]               [k] __ext4_check_dir_entry
```

Overhead 열은 CPU가 샘플링될 때 해당 함수에 있는 시간의 백분율이 표시된다. Shared Object 열은 구성 요소(예, 커널), 공유 라이브러리 또는 함수가 있는 프로세스를 표시하고, Symbol 열은 함수 이름이다(symbol 정보가 제거되지 않은 경우).

29.7 서버가 느려진 경우 참고 사항

앞 절에서는 대체로 시스템의 평균성에 관련한 문제를 언급했다. 이런 장기적인 문제에 대한 해결책은 일반적으로 환경설정 조정이나 업그레이드 형태를 취한다.

그러나 적절하게 구성된 시스템도 때때로 평소보다 느려지는 것을 알게 된다. 다행스럽게도 일시적인 문제는 쉽게 진단할 수 있다. 대부분의 경우 다른 프로세스에 영향을 미치는 CPU 성능, 디스크, 네트워크 대역폭을 단순히 너무 많이 소비하는 탐욕스러운 프로세스greedy process에 의해 발생한다. 가끔 악의적인 프로세스는 의도적으로 시스템이나 네트워크를 느리게 하고자 이용할 수 있는 자원을 독차지한다. 이를 'DOS(서비스 거부)' 공격이라고 한다.

진단의 첫 번째 단계는 ps auxww 또는 top을 실행해 명확히 폭주 프로세스를 찾는 것이다. CPU의 50% 이상을 사용하는 프로세스에는 오류가 있을 수 있다. CPU를 지나치게 공유하는 단일 프로세스가 없다면 최소 10%를 얻는 프로세스 수를 확인해야 한다. 두 개나 세 개 이상 걸리면(ps 자체는 세지 않는다) 부하 평균이 상당히 높을 수 있다. 이것은 그 자체로 성능 저하의 원인이 된다. uptime으로 부하 평균을 확인하고 vmstat나 top을 사용해 CPU가 유휴 상태인지 확인한다.

눈에 띄는 CPU 경쟁이 없다면 vmstat를 실행해 얼마나 많은 페이징이 진행되고 있는지 확인한다. 모든 디스크 활동은 흥미롭다. 많은 페이지아웃은 메모리 경쟁을 나타내고 페이징이 없는 디스크 트래픽은 프로세스가 지속적으로 파일을 읽거나 쓰는 방식으로 디스크를 독점하고 있다는 것을 의미할 수 있다.

프로세스에 디스크 작업을 연결하는 직접적인 방법은 없지만 ps는 의심 가능성의 범위를 좁힐 수 있다. 디스크 트래픽을 생성하는 프로세스는 일정 시간 CPU를 사용해야 한다. 보통 어떤 활성 프로세스가 진범인지에 대해 지식을 갖고 추측할 수 있다.[3] kill -STOP을 사용해 프로세스를 중단하고 이론을 테스트한다.

특정 프로세스에 문제가 있음을 발견했다고 가정하자. 어떻게 해야 할까? 일반적으로 할 수 있는 것이 없다. 일부 오퍼레이션은 많은 자원을 요구하며 시스템 속도가 틀림없이 느려질 것이다. 이것이 반드시 불법이라는 의미는 아니다. 그러나 때때로 눈에 띄는 CPU 바운드 프로세스를 renice하는 것이 유용하다.

때때로 애플리케이션 튜닝은 CPU 자원에 대한 프로그램의 요구를 크게 줄일 수 있다. 이 효과는 특별히 웹 애플리케이션과 같은 사용자 정의 네트워크 서버 소프

---

3. 대규모 가상 주소 공간 또는 상주 집합이 의심스러운 신호였지만 공유 라이브러리가 이 숫자의 유용함을 떨어뜨렸다. ps가 개별 프로세스의 주소 영역에서 시스템 전체 공유 라이브러리 오버헤드를 분리하는 데 그리 영리하지 않다. 많은 프로세스가 활성 메모리 수십 또는 수백 메가바이트를 갖고 있는 것으로 잘못 나타난다.

트웨어에서 볼 수 있다.

디스크 또는 메모리를 독차지하는 프로세스는 종종 쉽게 처리할 수 없다. 일반적으로 renice는 도움이 되지 않는다. 이런 프로세스를 종료하거나 중지하는 옵션이 있지만 이 상황이 비상사태가 아닌 경우 이를 권장하지 않는다. 소유자에게 나중에 프로세스를 실행할 것을 요청하는 비기술적 해결책을 요청할 수 있다.

 리눅스는 **ionice** 명령 형태로 과도한 디스크 대역폭을 소비하는 프로세스를 처리하는 편리한 옵션을 갖고 있다. 이 명령은 프로세스의 I/O 스케줄링 클래스를 설정한다. 이용 가능한 클래스 중 적어도 하나의 클래스는 숫자 I/O 우선순위를 지원한다(ionice를 통해서도 설정할 수 있음). 유념해야 할 가장 유용한 호출은 **ionice -c 3 -p** *pid*다. 이 호출은 다른 프로세스가 원하지 않는 경우에만 명명된 프로세스가 I/O를 수행할 수 있게 한다.

커널은 프로세스가 물리적 메모리 사용을 제한할 수 있게 한다.[4] 또한 이 기능은 내장된 **ultimit** 명령(FreeBSD에서는 limits)을 통해 셸에서 이용할 수 있다. 예를 들어 다음 명령을 실행해보자.

```
$ ulimit -m 32000000
```

이 명령은 사용자가 실행하는 모든 후속 명령이 실제 메모리 사용을 32MB로 제한한다. 이 기능은 메모리에 바인딩된 프로세스에 대한 **renice**와 거의 동일하다.

폭주 프로세스가 성능 저하의 원인이 아닌 것 같은 경우 두 가지 가능성이 있는 원인을 조사한다. 첫 번째는 과부하된 네트워크다. 많은 프로그램이 네트워크와 너무 밀접하게 연결돼 시스템 수행이 끝나고 네트워크 수행이 시작되는 위치를 파악하기 어렵다.

일부 네트워크 과부하 문제는 매우 빠르게 발생해 진행되기 때문에 진단하기 어렵다. 예를 들면 네트워크의 모든 머신이 네트워크 관련 프로그램을 매일 특정 시간에 cron으로 실행하는 경우 짧지만 극적인 작은 문제가 종종 발생한다. 네트워

---

4. 클래스 기반 커널 자원 관리 기능을 통해 좀 더 세분화된 자원 관리를 수행할 수 있다(ckrm.sourceforge.net 참고).

크상의 모든 머신이 5초 동안 멈춘 다음 문제가 발생하는 즉시 사라진다.

서버 관련 지연은 또 다른 성능 문제 가능성이 있는 원인이다. 유닉스와 리눅스 시스템은 NFS, 커버로스[Kerberos], DNS, 기타 12가지 설비를 위해 지속적으로 원격 서버와 통신하고 있다. 서버가 정지됐거나 일부 다른 문제가 서버와 통신하는 데 비용이 많이 드는 경우 그 효과는 클라이언트 시스템을 통해 파급된다.

예를 들어 사용량이 많은 시스템에서 일부 프로세스는 몇 초마다 gethostent 라이브러리 루틴을 사용할 수 있다. DNS 결함으로 이 루틴이 완료하는 데 2초가 걸리는 경우 전체 성능의 차이를 인지할 수 있다. DNS 정방향과 역방향 조회 구성 문제는 놀랄 만한 수의 서버 성능 문제의 원인이 된다.

29.8 추천 자료

Drepper, Ulrich. What Every Programmer Should Know about Memory. lwn.net/Articles/250967에서 온라인으로 기사를 찾아볼 수 있다.

Ezolt, Phillip G. Optimizing Linux Performance. Upper Saddle River, NJ: Prentice Hall PTR, 2005.

Gregg, Brendan. Systems Performance: Enterprise and the Cloud. Upper Saddle River, NJ: Prentice Hall PTR, 2013

Koziol, Prabhat, and Quincey Koziol. High Performance Parallel I/O. London: CRC Press, 2014.

30 데이터 센터 기초

서비스는 이를 제공하는 데이터 센터 수준에서만 안정적이다.[1] 실무 경험이 있는 사람들에게는 상식이다.

클라우드 컴퓨팅의 지지자들은 클라우드가 물리 및 가상 세계를 연결하는 사슬을 마법처럼 깨뜨릴 수 있음을 시사하는 것으로 보일 수 있다. 클라우드 제공업체는 복원력과 가용성을 높이는 데 도움이 되는 다양한 서비스를 제공하는 것을 목표로 하지만 모든 클라우드 자원은 궁극적으로 평범한 곳에 존재한다.

데이터가 실제로 어디에 있는지 이해하는 것은 시스템 관리자로서 중요한 부분이다. 타사 클라우드 제공업체 선택에 관여하는 경우 업체와 그들의 시설을 정량적으로 평가해야 한다. 또한 보안, 데이터 주권, 정책 문제로 인해 자체 데이터 센터를 구축하고 유지해야 하는 위치에 있을 수도 있다.

---

1. 물론 대략 그렇다는 것이다. 여러 데이터 센터 간의 서비스를 분산시켜 한 센터에서의 장애로 인한 영향을 최소화할 수 있다.

데이터 센터는 다음과 같이 구성돼 있다.

- 물리적으로 안전하고 보안이 유지되는 공간
- 컴퓨터, 네트워킹, 저장장치를 보관하는 랙^{rack}
- 설치된 장치를 작동하기에 충분한 전력(및 대기 전력)
- 장치를 작동 온도 범위 내에서 유지하기 위한 쿨링^{cooling}
- 데이터 센터와 기타 외부(엔터프라이즈 네트워크, 파트너, 공급업체, 인터넷)를 연결하는 네트워크
- 장치 및 인프라를 지원하는 현장 운영 인원

물리적 레이아웃, 전원, 쿨링과 같은 데이터 센터 요소는 전통적으로 '시설' 또는 '물리적인 공장' 직원에 의해 설계되고 유지 보수돼 왔다. 그러나 IT 기술의 빠른 변화와 작동 중지 시간에 대해 점점 낮아지는 내성은 IT와 시설 직원이 데이터 센터 계획과 운영의 파트너로 결합하게 만들었다.

30.1 랙

전원, 쿨링, 네트워크 연결, 통신 라인 모두 바닥 아래에 숨겨져 있는 전형적인 상면 방식의 데이터 센터 시대는 끝났다. 미로 같은 바닥 아래로 지나는 한 케이블을 추적해본 적이 있는가? 우리의 경험은 유리를 통해 멋지게 보이는 '클래식'한 상면 방식 머신 룸이 사실은 숨겨진 쥐의 둥지일 뿐이라는 것을 알려준다. 오늘날에는 전력 공급을 숨기고 냉각된 공기를 분배하는 것 외에는 상면 방식을 사용할 이유가 없다. 네트워크 케이블(구리 및 광섬유 모두)은 이러한 목적을 위해 특별하게 설계된 천장 배선관로^{overhead raceways}를 통해 라우팅돼야 한다.²

전용 데이터 센터에서 장비를 랙에 보관하는 것(이를 테면 테이블이나 바닥에 설치하는 것이 아닌)은 유일하게 유지 보수 가능한 전문적인 선택이다. 가장 나은 방식은 케이블을 분배할 수 있는 천장 트랙 시스템과 상호 연결된 랙을 사용하는 것이다. 이 접근 방식은 조직 구성이나 유지 보수성을 희생하지 않고도 멋진 하이테크 느

---

2. 요즘에는 전기 공급도 종종 천장에 있다.

낌을 부여한다.

우리가 알고 있는 최고의 천장 트랙 시스템은 챗스워스 프로덕트^{Chatsworth Products}에서 만든 것이다. 표준 19인치 싱글 레일 텔코^{Telco} 랙에 선반 장착^{shelf-mounted} 및 랙 장착^{rack-mounted} 서버 모두를 위한 시설을 구성할 수 있다. 2개의 19인치 연속 텔코 랙은 장비의 전면과 후면 모두에 랙 하드웨어를 붙여야 하는 상황을 위해 첨단 기술처럼 보이는 '전통적인' 랙을 만든 것이다. 챗스워스는 랙, 케이블 레이스, 케이블 관리 장치뿐 아니라 건물에 장착하는 데 필요한 모든 하드웨어를 제공한다. 케이블이 눈에 보이는 선로에 놓여 있기 때문에 쉽게 추적하고 자연스럽게 깔끔히 정리할 수 있다.

30.2 전력

깨끗하고 안정적이며 내결함성을 갖는 전원을 데이터 센터에 제공하려면 몇 가지 전략이 필요할 수 있다. 일반적인 옵션은 다음과 같다.

- **무정전 전원 공급 장치^{UPS}**: UPS는 정상적인 장기간 전원(예, 상용 전력망)을 이용할 수 없을 때 전원을 공급한다. 크기와 용량에 따라 UPS는 몇 분에서 몇 시간의 전력을 제공할 수 있다. UPS만으로는 장기간 정전이 발생한 경우 현장을 지원할 수 있다.
- **현장 전력 생성**: 상용 그리드를 사용할 수 없는 경우 현장 대기 발전기가 장기 전력을 제공할 수 있다. 발전기는 일반적으로 디젤, LP 가스, 천연 가스로 연료를 공급하고 연료를 사용할 수 있는 한 현장을 지원할 수 있다. 현장에 최소 72시간의 연료를 저장하고 여러 공급업체에서 연료 구입을 준비하는 것이 관례다.
- **중복 전원 공급**: 일부 위치에서 상용 전력망(다른 발전기에서 가능)에서 하나 이상의 전원 공급을 얻을 수 있다.

서버와 네트워크 인프라 장비는 최소한 무정전 전원 공급 장치는 꼭 달아야 한다. 좋은 UPS에는 전원을 공급하는 기계나 더 높은 수준의 응답을 끌어낼 수 있는 중앙 모니터링 인프라에 연결하는 이더넷 또는 USB 인터페이스가 있다. 이러한 연결은 UPS가 컴퓨터나 운영자에게 전원이 차단됐고 배터리가 소진되기 전에 깨끗하게 종료돼야 한다는 것을 경고할 수 있게 한다.

다양한 크기와 용량의 UPS를 이용할 수 있지만 가장 큰 UPS도 장기간 백업 전력을 제공할 수는 없다. UPS가 처리할 수 있는 것보다 더 오랫동안 대기 전력으로 작동해야 하는 경우 UPS에 더해 로컬 발전기가 필요하다.

5kW에서 2,500kW 이상의 용량까지 다양한 종류의 대기 발전기를 사용할 수 있다. 최적의 표준은 커민스 오난^{Cummins Onan}(power.cummins.com)에서 만든 발전기 제품군이다. 대부분은 연료 유형을 디젤로 선택한다. 추운 기후에 있는 경우 '윈터 믹스 디젤'로 탱크를 채우거나 겔화를 방지하고자 제트 A-1 항공기 연료로 대체하는 것이 좋다. 디젤은 화학적으로 안정적이지만 해조류가 발생할 수 있으므로 장기간에 걸쳐 보관하려는 디젤에 살조제를 첨가해 두는 것을 고려해야 한다.

발전기와 이를 지원하는 인프라는 비용이 많이 들지만 어떤 면에서는 비용을 절약하는 것이기도 하다. 대기 발전기를 설치하는 경우 UPS는 소비 전력과 발전기의 전력 생산 사이의 짧은 시간 간격을 감당할 수 있을 만큼 커야 한다.

UPS 또는 발전기가 전원 전략의 일부인 경우 주기적인 테스트 계획을 세우는 것이 매우 중요하다. 최소 6개월 주기로 대기 전력 시스템의 모든 구성 요소를 테스트하는 것이 좋다. 또한 사용자(또는 공급업체)는 적어도 매년 대기 전력 구성 요소에 대한 예방 유지 관리를 수행해야 한다.

랙 전력 요구 사항

데이터 센터의 전력 계획은 어려운 과제다. 일반적으로 새로운 데이터 센터를 구축(또는 기존 데이터 센터를 대폭 개조)할 기회가 10년 정도마다 생긴다. 따라서 전력 시스템을 계획할 때 길게 보는 것이 중요하다.

대부분의 설계자는 센터의 면적에 마법의 수를 곱해 데이터 센터에 필요한 전력량을 계산하는 데 편향돼 있다. 이러한 접근법은 대부분의 실제 사례에서 비효율적임이 입증됐다. 데이터 센터의 크기만으로 결국에는 수용할 장비의 유형에 대해 거의 알려주지 않기 때문이다. 권장 사항은 랙당 전력 소비 모델을 사용하고 연면적을 무시하는 것이다.

과거 기록상 데이터 센터는 각 랙에 1.5kW에서 3kW 사이의 전력을 제공하도록 설계했다. 그러나 이제 서버 제조업체가 서버를 1U 랙 공간에 넣고 20개 이상의 블레이드를 유지하는 블레이드 서버 섀시를 구축하기 시작했기 때문에 최신 장비의 전체 랙 지원에 요구되는 전력이 급증했다.

전력 밀도 문제를 해결하는 한 가지 접근 방식은 각 랙에 소수의 1U 서버만 배치하고 나머지 랙은 비워두는 것이다. 이 기술은 랙에 더 많은 전력을 제공할 필요는 없지만 엄청난 공간 낭비가 있다. 더 나은 전략은 각 랙에 요구될 수 있는 전력의 현실적인 예측기를 개발해 그에 따라 전력을 공급하는 것이다.

장비는 전력 요구 사항에 따라 다르며 앞으로 어떻게 될지 정확히 예측하기 어렵다. 좋은 접근 방식은 특정 계층의 모든 랙에 동일한 양의 전력을 할당하는 전력소비 계층 시스템을 만드는 것이다. 이 체계는 현재 장비의 요구 사항을 충족시킬 뿐만 아니라 향후 사용을 계획하는 데에도 유용하다. 표 30.1은 계층 정의에 대한 몇 가지 기본 시작점의 개요를 서술한 것이다.

표 30.1 데이터 센터의 랙에 대한 전력 계층 추정

전력 계층	와트/랙
비정상적으로 높은 밀도 또는 '사용자 맞춤형'	40kW
초고밀도	25kW
매우 높은 밀도(예, 블레이드 서버)	20kW
높은 밀도(예, 1U 서버)	16kW
저장 장비	12kW
네트워크 스위칭 장비	8kW
정상 밀도	6kW

일단 전력 계층을 정의한 다음에는 각 계층에 필요한 랙을 추정한다. 평면도에 동일한 계층의 랙을 함께 배치한다. 이러한 구역은 고출력 랙을 집중시키고 그에 맞춰 리소스 쿨링 계획을 가능하게 한다.

kVA와 kW

IT 직원, 시설 직원, UPS 엔지니어 간 일반적인 단절 지점 중 하나는 이러한 각 그룹이 서로 다른 전원 장치를 사용한다는 것이다. UPS가 제공할 수 있는 전력량은 보통 kVA(킬로볼트-암페어)로 표시된다. 그러나 데이터 센터를 지원하는 컴퓨터 장비와 전기 엔지니어는 일반적으로 와트(W) 또는 킬로와트(kW)로 표현한다. 4학년 과학 수업에서 와트 = 볼트 × 암페어라는 것을 기억할 것이다. 안타깝게도 4학년 교사는 와트가 벡터 값이라는 점을 언급하지 않았을 것이다. AC 전원은 '역률(pf)'을 볼트 및 암페어와 함께 포함하고 있다.

여러분이 대형 모터와 기타 중장비를 포함한 맥주 공장에서 병을 채우는 라인을 설계하는 경우 이 섹션을 무시하고 자격을 갖춘 엔지니어를 고용해 계산에 사용할 올바른 역률을 결정하는 것이 좋다. 그러나 현대 컴퓨터 장비의 경우 kVA와 kW 간의 '대략 충분한' 변환을 위한 상수를 사용할 수 있다.

kVA = kW / 0.85

마지막으로 주목할 점은 데이터 센터에 필요한 전력량을 추정할 때(또는 UPS 크기를 표시할 때) 장비의 레이블에 표시돼 있듯 제조업체의 명시 값에 의존하기보다 장치의 실제 전력 소비량을 측정해야 한다는 것이다. 레이블 값은 일반적으로 최대로 가능한 전력 소비량을 표시하므로 오해의 소지가 있다.

에너지 효율

에너지 효율은 데이터 센터의 평가를 위한 대중적인 운영 지표가 됐다. 산업계에서 시설의 전체적인 효율성을 표현하는 방법으로 전력 사용 효율(PUE)이라 하는 단순한 비율을 표준화했다.

PUE = 시설에서 소비하는 총 전력 / IT 장비가 소비하는 총 전력

가설에 근거해 완벽한 데이터 센터는 PUE가 1.0이다. 즉, 오버헤드 없이 정확히 IT 장비가 필요로 하는 전력량을 소비한다. 물론 이 목표는 실제적인 면에서 도달할 수 없다. 장비는 제거해야 할 열을 생성하고 작업자는 조명과 기타 환경 시설

등을 필요로 한다. PUE 값이 클수록 데이터 센터를 운영하기 위한 에너지 효율은 떨어진다(그리고 비용이 많이 든다).

합리적인 에너지 효율성을 제공하는 오늘날의 데이터 센터는 PUE 비율이 1.4 이하다. 참고로 10년 전에 데이터 센터는 보통 PUE 비율이 2.0 ~ 3.0 범위였다. 에너지 효율성에 중점을 둔 구글은 규칙적으로 PUE 비율을 게시하고 2016년에는 데이터 센터 전체에서 평균 PUE 1.12를 달성했다.

계측

계측^{Metering}한 값을 얻는다. 에너지 효율성을 진지하게 고려하고 있다면 실제로 대부분의 에너지를 소모하는 장치에 대해 이해하는 것이 중요하다. PUE 비율은 비IT 오버헤드로 소비되는 에너지양에 대한 일반적인 결과를 제공하지만 실제 서버의 전력 효율성에 대해서는 거의 알려주지 않는다(실제로 서버를 전력 효율이 더 높은 모델로 교체하면 PUE는 감소하기보다 증가된다).

최소의 에너지를 사용하는 구성 요소를 선택하는 것은 데이터 센터 관리자의 결정에 달려있다. 명백한 측정 방법 중 하나는 통로, 랙 및 장치에서의 전력 소비량 측정이다. 이러한 중요 사용 데이터를 쉽게 제공할 수 있는 데이터 센터를 선택하거나 구축한다.

비용

예전에 전력비용은 여러 위치에 있는 데이터 센터 간 거의 동일했다. 요즘 거대 규모 클라우드 산업(아마존, 구글, 마이크로소프트 등)은 세계 곳곳에 잠재적인 비용 효율성을 추구하는 데이터 설계자를 파견한다. 한 가지 성공적인 전략은 대규모 데이터 센터를 수력 발전소 같은 저렴한 전력원 근처에 배치하는 것이다.

데이터 센터 운영 여부를 결정할 때 전력비용을 평가에 포함시켜야 한다. 대기업은 이런 운영 측면(및 기타)에서 기본적인 비용상의 혜택이 있을 가능성이 있다. 광범위한 광케이블^{fiber}과 대역폭 가용성은 팀 근처에 데이터 센터를 배치하라는 기존의 조언을 대체로 쓸모없게 만들었다.

원격 제어

커널이나 하드웨어 결함으로 인해 서버의 전원을 규칙적으로 껐다 켜야 하는 경우도 있다(또는 비슷한 유형의 문제에 더 취약한 데이터 센터에 비리눅스 서버가 있을 수 있다). 두 경우 모두 원격 제어로 문제의 서버 전원을 껐다가 켤 수 있게 하는 시스템 설치를 고려해볼 수 있다.

원격으로 관리할 수 있는 제품은 내장된 이더넷 포트를 통해 배전 장치에 도달하는 웹 브라우저로 제어할 수 있다는 것을 제외하면 개념상 전원 코드와 유사하다.

30.3 냉각과 환경

인간처럼 컴퓨터도 환경이 좋으면 더 잘 동작하고 수명이 길어진다. 안전한 작동 온도 유지는 이러한 환경을 위한 전제 조건이다.

미국 냉난방 공조 협회^{ASHRAE}는 전통적으로 데이터 센터 온도(서버 흡입구에서 측정)를 20° ~ 25°C(68° ~ 77°F) 범위로 유지할 것을 권장한다. 이 범위는 유용하지 않은 것처럼 보이지만 오늘날의 하드웨어가 다양한 환경에서 번창할 수 있음을 시사한다.

냉각 부하 추정

온도 유지 관리는 냉각 부하$^{Cooling\ load}$의 정확한 추정으로 시작된다. 데이터 센터 냉각을 위한 기존 교과서 모델(2000년대의 모델도)은 오늘날의 고밀도 블레이드 서버 섀시의 현재와 최대 10배까지 차이가 있다. 따라서 HVAC 직원이 생성한 냉각 부하 추정치를 재차 확인하는 것이 좋음을 알 수 있다.

다음 구성 요소에 의해 발생하는 열 부하를 확인할 필요가 있다.

- 지붕, 벽, 창문
- 전자 장비
- 조명 기구
- 운영자(사람)

그중 첫 번째만 HVAC 직원에게 맡겨야 한다. 다른 구성 요소는 HVAC 팀이 평가할 수 있지만 또한 직접 계산해야 한다. 공사 시작 전에 직접 계산한 결과와 HVAC 팀의 결과 사이에 불일치가 충분히 설명됐는지 확인해야 한다.

지붕, 벽, 창문

지붕, 벽, 창문(태양열을 잊지 않아야 함)은 환경에서 냉방 부하의 한 원인이 된다. HVAC 엔지니어는 보통 이러한 요소에 대한 많은 경험을 갖고 있고 좋은 추정치를 제공할 수 있어야 한다.

전자 장비

전력 소비량을 확인해 서버(및 기타 전자 장비)에서 발생되는 열 부하를 추정할 수 있다. 현실적으로 소비되는 모든 전력은 결국 열로 끝난다.

전력 처리 용량을 계획할 때와 마찬가지로 전력 소비량을 직접 측정하는 것이 이러한 정보를 얻는 가장 좋은 방법이다. 친절한 이웃 전기 기사가 도움을 주거나 저렴한 계량기를 구입해 직접 할 수 있다. P3에서 만든 Kill A Watt 미터기는 약 20달러의 인기 있는 선택이지만 표준 벽면 콘센트에 플러그를 연결해 작은 부하(15A)로 제한된다. 더 큰 부하나 비표준 커넥터의 경우 이러한 측정을 위해 Fluke 902('전류 클램프'로 알려짐) 같은 클램프온 전류계를 사용한다.

대부분의 장비에는 최대 전력 소비량이 와트로 표시돼 있다. 그러나 일반적인 소비는 최대 소비량보다 훨씬 더 적게 소비하는 경향이 있다.

3.413 BTUH/와트를 곱해 표준 열 단위 BTUH(영국 열량 단위)로 전력 소비를 변환할 수 있다. 예를 들면 각각 450와트 정격의 서버 25대를 수용하는 데이터 센터를 구축하려는 경우 계산은 다음과 같다.

(서버 25대)(450와트/서버 1대)(3.412 BTUH/와트) = 38,385 BTUH

조명 기구

전자 기어와 마찬가지로 전력 소비로 인한 조명 기구 열 부하를 추정할 수 있다.

일반적인 사무실 조명기구로 40와트 형광등 4개를 사용한다. 새로운 데이터 센터가 이러한 설비 6개를 갖고 있는 경우 계산은 다음과 같다.

(설비 6대)(160와트/설비 1대) (3.412 BTUH/와트) = 3,276 BTUH

운영자

어떤 경우 무언가를 서비스하고자 사람이 데이터 센터에 들어갈 필요가 있을 것이다. 각 사용자에게 300 BTUH를 허용하자. 4명의 사람이 동시에 데이터 센터를 이용할 수 있게 하려면 계산은 다음과 같다.

(4명)(300BTUH/1명) = 1,200BTUH

전체 열 부하

일단 각 구성 요소에 대한 열 부하를 계산한 후 그 결과를 합해 전체 열 부하를 결정한다. 이 예제에서는 HVAC 엔지니어가 지붕, 벽, 창문으로 인한 부하를 20,000 BTUH로 추정했다고 가장하자.

20,000	BTUH, 지붕, 벽, 창문용
38,385	BTUH, 서버, 기타 전자 장비용
3,276	BTUH, 조명 기구용
1,200	BTUH, 운영자용
62,861	BTUH, 합계

쿨링 시스템 용량은 일반적으로 톤^{ton}으로 표현된다. 12,000 BTUH/톤으로 나누어 BTUH를 톤으로 변환할 수 있다. 또한 오류와 향후 증가를 처리하고자 최소 50%의 기울기 계수$^{slop factor}$를 허용한다.

(62,681 BTUH)(1톤/12,000 BTUH)(1.5) = 7.86톤 냉각 필요

HVAC 직원의 추정치와 얼마나 일치하는지 확인하자.

열기 통로와 냉기 통로

물리적 배치를 고려해 데이터 센터의 냉각 문제를 크게 줄일 수 있다. 가장 일반적

이고 효과적인 전략은 열기와 냉기 통로를 교대로 사용하는 것이다.

상면 방식의 바닥이 있고 기존의 CRAC(컴퓨터실 에어컨)로 냉각되는 시설은 대체로 시원한 공기가 바닥 아래 공간으로 들어가 천공 바닥 타일의 구멍을 통해 위로 올라가 장비를 냉각하고, 그다음 따뜻한 공기로 방의 맨 위로 올라가 환기 배관으로 흡입된다. 전통적으로 랙과 천공 타일은 데이터 센터에 '무작위'로 배치돼 비교적 균일한 온도 분포를 제공하는 환경을 만든다. 그 결과 인간에게는 편안하지만 컴퓨터에는 최적화되지 않은 환경이 된다.

더 나은 전략은 열기와 냉기 통로를 랙 사이에 교대로 배치하는 것이다. 냉기 통로는 천공 냉각 타일이 있고 열기 통로는 그렇지 않다. 장비가 냉기 통로에서 공기를 끌어와 열기 통로로 배출하도록 랙을 배치한다. 그래서 인접한 두 랙의 배기면이 마주하고 있다. 그림 A는 기본 개념을 보여준다.

그림 A 열기와 냉기 통로, 상면 바닥

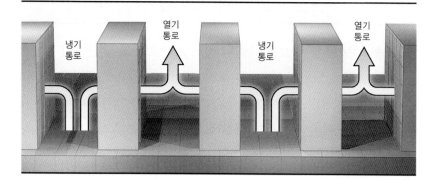

이 배열은 냉각의 흐름을 최적화해 공기 흡입부가 다른 서버의 뜨거운 배기가 아닌 항상 차가운 공기를 흡입하게 한다. 적절히 구현된 교차 열 전략은 눈에 띄게 춥고 더운 통로를 만든다. 현대 시스템 관리자의 필수 도구인 플루크 62와 같은 적외선 온도계를 이용해 냉각이 성공적이라는 것을 측정할 수 있다. 이 보고서의 100달러짜리 장치는 최대 6피트 떨어진 곳에 모든 목표 물체의 온도를 즉시 측정한다.

바닥 아래에 케이블을 연결해야 하는 경우 냉기 통로 아래 전원을 연결하고 열기 통로 아래 네트워크 케이블을 연결한다.

상면 바닥이 없는 시설은 APC(apc.com)에서 제조한 것과 같은 인로우in-row 냉각 장치를 사용할 수 있다. 이 장치는 얇고 랙 사이에 있다. 그림 B는 이 시스템의 작동 방식을 보여준다.

그림 B 인로우 냉각(조감도)을 이용한 열기와 냉기 통로

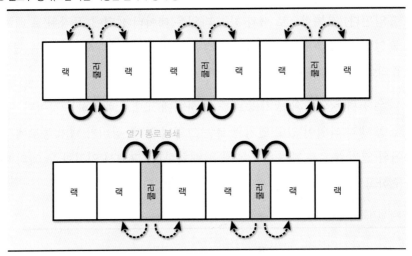

CRAC과 연속 쿨링 장치 모두 데이터 센터 외부로 열을 분산시킬 방법이 필요하다. 이 필요조건은 일반적으로 실외에 열을 전달하는 액체 냉매 루프(냉수, Puron/R410A, 또는 R22 같은)로 충족된다. 단순하게 그림 A와 그림 B에서 냉매 루프를 생략했지만 대부분의 설치에서는 이를 필요로 한다.

습도

2012 ASHRAE 지침에 따라 데이터 센터 습도는 8%에서 60% 사이로 유지해야 한다. 습도가 너무 낮으면 정전기가 문제가 된다. 최근 테스트에서 8%와 이전 표준 25% 사이에 작동 차이가 거의 없는 것으로 나타났다. 그래서 이에 따라 최소 습도 표준을 조정했다.

습도가 너무 높으면 회로 기판에 응결이 형성돼 단락이나 산화가 발생할 수 있다.

지리적 위치에 따라 적절한 수준의 습도를 유지하고자 가습 장비나 제습 장비가 필요할 수 있다.

환경 모니터링

임무 지향mission-critical 컴퓨팅 환경을 지원하는 경우 데이터 센터에 상주하지 않을 때에도 온도(및 소음과 전력 같은 기타 환경 요소)를 모니터링하는 것이 좋다. 월요일 아침에 도착해 데이터 센터 바닥에 녹은 플라스틱 웅덩이를 발견하는 것은 실망스러울 수 있다.

다행스럽게도 자동화된 데이터 센터 모니터는 사용자가 없는 동안 제품을 볼 수 있다. 센서폰Sensaphone 제품군을 사용하며 이를 권장한다. 이 저렴한 제품은 온도, 소음, 전력과 같은 환경변수를 모니터링하고 문제를 감지하면 전화나 문자를 보낸다.

30.4 데이터 센터 안정성 티어

업타임 인스티튜트Uptime Institute는 데이터 센터를 인증하는 상업기관이다. 그들은 표 30.2에 요약된 데이터 센터에 대한 신뢰성을 분류하는 4계층 시스템을 개발했다. 이 표에서 N은 일반적인 요구 사항을 충족시키기에 충분한 것(예, UPS 또는 발전기)이 있음을 의미한다. N+1은 여분이 하나 있음을 의미한다. 2N은 각 장치 자체 예비용이 있음을 의미한다.

표 30.2 업타임 인스티튜트 가용성 분류 시스템

티어	발전기	UPS	전력 공급	HVAC	가용성
1	해당 없음	N	단일	N	99.671%
2	N	N+1[a]	단일	N+1	99.741%
3	N+1	N+1[a]	이중, 교체 가능	N+1	99.982%
4	2N	2N	이중, 동시 가능	2N	99.995%

a. 중복 구성 요소 사용

최상위 계층에 있는 센터는 '구분화'돼야 한다. 즉, 한 시스템 그룹의 장애가 다른 그룹에 영향을 미치지 않는 방식으로 시스템 그룹에 전원이 공급되고 냉각돼야 한다.

99.671%의 가용성도 처음에는 꽤 괜찮아 보일 수 있지만 연간 거의 29시간의 다운타임이 발생한다. 99.995% 가용성은 연간 26분의 다운타임에 해당한다.

물론 형편없이 관리되거나 부적절하게 설계된 경우 과잉 전원이나 냉각으로 애플리케이션을 계속 사용할 수는 없다. 데이터 센터는 기본적인 빌딩 블록이지만 최종 사용자의 관점에서 전체적인 가용성을 보장하기에는 충분하지 않다.

업타임 인스티튜트의 인증 표준(설계, 건설, 운영 단계 인증 포함)에 대한 자세한 내용은 웹 사이트 uptimeinstitute.org에서 확인할 수 있다. 경우에 따라 조직은 업타임 인스티튜트의 막대한 인증 비용을 지불하지 않고 이러한 계층 개념을 사용한다. 중요한 것은 틀이 박힌 명판이 아니라 공통 어휘와 평가 방법론을 사용해 데이터 센터를 비교하는 것이다.

30.5 데이터 센터 보안

말할 것도 없이 명백하지만 데이터 센터의 물리적 보안은 적어도 환경 속성만큼은 중요하다. 자연적(예, 화재, 홍수, 지진) 및 인간(예, 경쟁자와 범죄자)의 위협이 주의해 고려되고 있는지 확인해야 한다. 보안에 대한 계층화된 접근이 한 번의 실수나 과실로 인해 치명적인 결과가 발생하지 않게 하는 가장 좋은 방법이다.

위치

가능하다면 데이터 센터는 산불, 토네이도, 허리케인, 지진, 홍수가 발생하기 쉬운 지역에 위치해 있어서도 안 된다. 비슷한 이유로 공항, 고속도로, 정유소, 탱크 농장 같은 인공 위험 지대를 피하는 것이 좋다.

선택(또는 구축)한 데이터 센터는 오랫동안 사용할 가능성이 있으므로 현장 선택 시 가능성 있는 위험 데이터를 조사하는 데 시간을 투자하는 것이 좋다. U.S. 지올로지컬 서베이$^{Geological Survey}$(usgs.gov)는 지진 확률과 같은 통계를 게시하고 업타임 인스티튜트는 데이터 센터 위치 위험에 대한 복잡한 지도를 생성한다.

경계

표적 공격의 위험을 줄이고자 데이터 센터는 건물의 모든 면에서 최소 25피트 떨어진 곳에 울타리로 둘러싸야 한다. 울타리 경계의 내부에 대한 접근은 보안 요원이나 다원적인 배지 접근 시스템에 의해 제어돼야 한다. 울타리 경계 내에서 허용되는 차량이라도 건물에서 25피트 이내에서는 허용하지 않아야 한다.

지속적인 비디오 모니터링은 모든 게이트, 진입로, 주차장, 지붕 등 외부 경계의 100%를 포함해야 한다.

건물에는 표시가 없어야 한다. 건물이 어떤 회사에 속하는지를 알게 하거나 데이터 센터가 있다는 것을 언급하는 표지판이 있어서는 안 된다.

시설 접근

데이터 센터 자체에 대한 접근은 보안 요원과 생체 인식 요소를 통합하는 다원적인 배치 시스템에 의해 제어돼야 한다. 이상적으로 승인된 당사자는 데이터 센터에 처음 방문하기 전에 물리적 접근 제어 시스템에 등록해야 한다. 이것이 가능하지 않은 경우 현장 보안 요원은 각 개인 신원 확인과 승인 조치를 포함하는 검열 과정을 따라야 한다.

보안 요원 훈련에서 가장 까다로운 상황은 에어컨 같은 인프라 일부를 수리하러 왔다고 주장하는 '공급업체'의 모습을 적절하게 처리하는 것이다. 실수하면 안 된다. 보안 요원은 누군가 공급업체 방문을 승인하거나 요청했음을 확인할 수 없는 경우 그러한 방문자를 거부해야 한다.

랙 접근

대규모 데이터 센터는 종종 다른 당사자들과 공유된다. 이는 비용 효율적인 접근 방식이지만 각 랙(또는 '랙 장')을 보호할 추가적인 책임이 따른다. 이는 승인된 당사자만 장비에 접근할 있게 하고자 다중 요소 접근 제어 시스템이 요구되는 또 다른 경우다. 또한 각 랙은 비디오를 통해 개별적으로 모니터링해야 한다.

30.6 도구

적합한 시스템 관리자는 효과적인 시스템 관리자다. 전용 도구 상자 보유는 비상 시 가동 중기 시간을 최소화하기 위한 중요한 열쇠다. 표 30.3에는 도구 박스에 보관하거나 최소한 쉽게 접근할 수 있는 항목이 나열돼 있다.

표 30.3 시스템 관리자의 도구 상자

일반적인 도구	
6각(알랜) 렌치 키트	볼핀 해머, 4oz
가위	전기 작업용 칼 또는 맥가이버 칼
소형 LED 손전등	필립스 스크루 드라이버: #0, #1, #2
소켓 렌치 키트	플라이어, 롱노우즈 또는 일반적인 형태 모두
스터드 파인더	Ridgid SeeSnake 마이크로 검사 카메라
줄자	슬롯 스크루 드라이버: 1/8", 3/16", 5/16"
Torx 렌치 키트	Teensy 작은 보석 사용 드라이버
족집게	
컴퓨터 관련 특수 도구	
PC 나사 키트	케이블 타이(및 Velcro cousins)
적외선 온도계	디지털 멀티미터(DMM)
RJ-45 엔드 크림퍼	휴대용 네트워크 분석기/노트북
SCSI 터미네이터	예비 카테고리 5 및 6A RJ-45 크로스오버 케이블
예비 전원 코드	예비 RJ-45 커넥터(솔리드 코어와 연선)
정적 접지 스트랩	와이어 스트리퍼(통합 와이어 커터 포함)
기타	
Q-Tips	텔레스코핑 마그네틱 픽업 완드
휴대전화	이부프로펜과 아미노펜을 포함한 구급상자
전기 테이프	당직 지원 팀의 집 전화와 호출기 번호
압축 공기 캔	비상 유지 보수 연락처 목록[a]
치과의사용 거울	맥주 6캔 짜리 한 팩

a. 해당되는 경우 유지 보수 계약 번호

30.7 추천 자료

ASHRAE, Inc. ASHRAE Thermal Guidelines for Data Processing Environments (3rd edition). Atlanta, GA: ASHRAE, Inc., 2012.

Telecommunications Infrastructure Standard for Data Centers. ANSI/TIA/EIA 942.

에너지 효율성에 관련된 여러 가지 유용한 정보 및 표준은 데이터 센터의 에너지 효율 전문 센터 웹 사이트 datacenters.lbl.gov에서 확인할 수 있다.

31 방법론, 정책, 정치

지난 40년 동안 비즈니스와 일상생활에서 정보 기술의 역할은 극적으로 변했다. 이제는 즉각적인 인터넷 검색을 통한 만족감 없는 세상을 상상하는 것이 어렵다.

이 기간 동안 대부분 IT 관리의 지배적 철학은 변화를 최소화해 안정성을 높이는 것이었다. 많은 경우 수백 또는 수천 명의 사용자가 단일 시스템에 의존했다. 오류가 발생하면 하드웨어는 수리를 위해 특급 배송을 해야 했고, 소프트웨어를 재설치하고 상태를 복원하는 데 몇 시간의 작동 중지 시간이 필요했다. IT 팀은 오류가 발생할 때 고칠 수 없을지도 모른다는 두려움 속에 살았다.

변경 최소화에는 원치 않는 부작용이 있다. IT 부서는 종종 과거에 갇혀 비즈니스 요구를 따라가지 못했다. 업그레이드나 교체가 절실히 요구되는 시스템과 애플리케이션의 형태로 축적된 '기술 부채'는 모든 사람이 무언가를 고장 내는 것을 꺼리기 때문에 만지는 것을 두려워했다. IT 직원은 회의실에서 휴일 파티에 이르기까지 모든 곳에서 농담의 대상이 됐고 가장 인기가 적은 사람들이 됐다.

다행스럽게도 그 시간은 지나갔다. 클라우드 인프라, 가상화, 자동화 도구, 광대역 통신의 출현으로 영구적 시스템의 필요성이 크게 감소했다. 이런 서버는 대대적으로 관리되는 클론clone 군으로 대체됐다. 결과적으로 이러한 기술적 요소는 IT 조직이 변화에 저항하기보다 주도하고 장려해 데브옵스DevOps로 알려진 서비스 철학의 발전을 가능하게 했다.

IT 조직은 와이파이Wi-Fi 핫스팟hotspot과 컴퓨터를 설정하는 기술 인력 그룹 그 이상이다. 전략적인 관점에서 IT는 조직의 임무를 가속화하고 지원하도록 기술을 사용하는 사람과 역할의 모음이다. 시스템 관리의 황금률을 잊어서는 안 된다. 기업은 IT 활동을 이끌어야 한다. 그 반대가 아니다.

31장에서는 데브옵스를 주요 스키마로 사용하는 성공적인 IT 조직 운영에 대한 비기술적 측면을 설명한다. 31장에서 설명하는 대부분의 주제와 아이디어는 특별한 환경에 특정되지 않는다. 이는 파트타임 시스템 관리자나 대규모 풀타임 전문가 그룹에 똑같이 적용된다. 이는 어떤 경우에도 도움이 될 것이다.

그림 A 예의 있는 사진 한 장

31.1 거대 통합 이론: 데브옵스

IT 내의 시스템 관리와 기타 운영 역할은 예전부터 애플리케이션 개발과 프로젝트 관리 같은 범주와 분리됐다. 이론은 앱 개발자가 새로운 기능과 개선점으로 제품을 발전시키는 전문가라는 것이었다. 한편 둔감하고 변화를 좋아하지 않는 운영 팀은 생산 환경에 대한 24×7 관리를 제공한다. 이러한 방식은 보통 엄청난 내부 갈등을 야기하고 궁극적으로 비즈니스와 고객의 요구를 충족시키지 못한다.

데브옵스 접근법은 IT 운영 직원(시스템 및 네트워크 관리자, 보안 모니터, 데이터 센터 직원, 데이터베이스 관리자)과 개발자(프로그래머, 애플리케이션 분석가, 애플리케이션 소유자, 프로젝트 관리자)를 긴밀하게 통합된 방법으로 결합시킨다. 이 철학은 협력 팀으로 함께 일하는 것이 장벽을 허물고 손가락질을 줄이며 더 나은 결과를 낳는다는 믿음에 뿌리를 두고 있다. 그림 B는 몇 가지 주요 개념을 보여준다.

그림 B 데브옵스란?

데브옵스는 IT 관리에 있어서 비교적 새로운 발전이다. 2000년대 초반, 하우스 개발 쪽에 변화를 가져왔으며 '폭포수Waterfall' 릴리스 주기에서 반복적인 개발을 특징으로 하는 민첩한 접근 방식으로 바뀌었다. 이 시스템은 제품, 기능 생산, 수정의 속도를 높였지만 운영 측면은 개발 측면만큼 빠르게 이동할 준비가 되지 않았기 때문에 이러한 향상된 기능의 배포가 지연됐다. 개발 및 운영 그룹을 연결시켜 누구나 같은 속도로 나아갈 수 있게 했고 데브옵스를 탄생시켰다.

데브옵스는 CLAMS다

데브옵스 철학의 원칙은 문화^{Culture}, 간결함^{Lean}, 자동화^{Automation}, 측정^{Measurement}, 공유^{Sharing}의 약어 CLAMS로 가장 쉽게 설명된다.

문화

사람들은 성공적인 팀의 궁극적인 원동력이므로 데브옵스의 문화적 측면이 가장 중요하다. 데브옵스가 독자적인 문화 정보와 요령을 갖고 있지만 주목적은 누구나 함께 작업하고 전체적인 그림에 집중하는 것이다.

데브옵스 속에 모든 지식 분야가 함께 작동해 수명주기의 모든 단계에 공통의 비즈니스에 변화를 일으키는 직접적인 요인(제품, 목표, 커뮤니티 등)을 지원한다. 이 목표를 달성하려면 궁극적으로 보고 구조(더 이상 격리된 애플리케이션 개발 그룹이 아님), 좌석 배치, 업무 책임까지 변경해야 할 수 있다. 요즘 훌륭한 시스템 관리자는 가끔 코드(종종 자동화 또는 배포 스크립트)를 작성하고 훌륭한 애플리케이션 개발자는 인프라 성능 메트릭^{metric}을 정기적으로 검사하고 관리한다.

다음은 데브옵스 문화의 몇 가지 일반적인 기능이다.

- 데브^{Dev}와 옵스^{Ops} 모두 연중무휴(24×7)로, 동시에('모든 사람 호출') 전체 환경에 대해 당직이 책임을 진다. 이 규칙은 근본 원인이 발생할 때마다 해결할 수 있다는 굉장한 효과를 갖고 있다.[1]

- 시스템과 애플리케이션 모두의 수준에서 자동화된 테스트와 모니터링 없이 시작할 수 있는 애플리케이션이나 서비스는 없다. 이 규칙은 기능을 봉인하고 데브와 옵스 간의 계약을 생성한다. 마찬가지로 개발 및 운영 팀은 어떤 출시라도 승인을 받아야 한다.

- 모든 제품 생산 환경은 동일한 개발 환경에 의해 반영된다. 이 규칙은 테스트를 위한 활주로를 만들고 제품 생산에 사고를 줄인다.

- 데브 팀은 옵스가 초대되는 정기적인 코드 리뷰를 수행한다. 코드 아키텍처와 기능은 더 이상 단순한 데브 기능이 아니다. 마찬가지로 옵스는 데브

---

1. 공유 대기(on-call) 모델의 처음 6주 정도는 고통스럽다. 그런 다음 갑자기 괜찮아진다.

와 관련된 정기적인 인프라 리뷰를 수행한다. 데브는 근본적인 인프라에 대한 결정을 인지하고 기여해야 한다.

- 데브와 옵스는 정기적인 합동 스탠드업 회의를 갖는다. 일반적으로 회의는 최소화돼야 하지만 합동 스탠드업은 의사소통을 촉진하는 데 유용한 임시방편이 된다.

- 데브와 옵스 모두 전략적(아키텍처, 방향, 크기 조정) 및 운영 문제에 대해 논의하는 공통 채팅방에 있어야 한다. 이 통신 채널은 종종 ChatOps로 알려져 있으며 몇 가지 놀라운 플랫폼이 이를 지원할 수 있게 한다. 몇 가지만 열거하면 힙챗HipChat, 슬랙Slack, 매터모스트MatterMost, 줄립Zulip 등을 확인해보자.

성공적인 데브옵스 문화는 데브와 옵스를 아주 가깝게 해서 서로의 영역을 상호 침투하고 모두가 그것에 익숙해지는 법을 배운다. 이러한 최적의 융합은 문화적 세뇌가 없이 자연스럽게 선호하게 되는 것보다 더 높은 수준이다. 팀 구성원은 다른 분야에서 공식적으로 교육받은 동료의 작업에 대해 질의와 피드백에 적절하게 반응하는 법을 배워야 한다.

간결함

데브옵스의 간결한 측면을 설명하는 가장 쉬운 방법은 데브옵스 구현 계획을 논의하기 위한 조직에서 반복적인 주간회의 일정을 잡으면 즉시 실패한다는 점에 주목하는 것이다.

데브옵스는 사람, 프로세스, 시스템 간의 실시간 상호작용과 상호 소통에 대한 것이다. 실시간 도구(ChatOps 같은)를 사용해 가능한 한 소통하고 한 번에 하나씩 구성 요소 문제를 해결하는 데 집중한다. 문제에 대한 진전을 위해 항상 "오늘은 무엇을 할 수 있는가?"를 물어본다. 핵심에 집중하고 불필요한 행위는 피하자.

자동화

자동화는 데브옵스의 가장 널리 알려진 측면이다. 자동화의 두 가지 황금률은 다음과 같다.

- 작업을 두 번 이상 수행해야 하는 경우 자동화해야 한다.
- 이해하지 못하는 것을 자동화하면 안 된다.

자동화는 다음과 같은 많은 이점을 제공해준다.

- 직원이 일상적인 작업 수행에 갇히지 않게 한다. 직원의 지적 능력과 창의력은 새롭고 더 어려운 과제를 해결하는 데 사용될 수 있다.
- 인적 오류의 위험을 줄인다.
- 버전과 결과를 추적할 수 있게 코드 형태의 인프라를 캡처한다.
- 진화를 촉진하는 동시에 위험도 감소시킨다. 변경이 실패하는 경우 자동화된 롤백이 쉽게 수행돼야 한다.
- 가상화 또는 클라우드 리소스의 사용을 용이하게 해서 확장성과 중복성을 이룬다. 더 필요하면 가상 머신을 더 구동하고 필요 없으면 종료하면 된다.

도구는 자동화를 추구하는 데 중요하다. 앤서블Ansible, 솔트Salt, 퍼핏Puppet, 쉐프Chef (23장 참고) 같은 시스템은 전면과 중앙에 있다. 젠킨스Jenkins 및 뱀부Bamboo(26장 참고)와 같은 지속적인 통합 도구는 반복하거나 촉발된 작업을 관리하는 데 도움이 된다. 패킷Packet 및 테라폼Terraform과 같은 패키징과 실행 유틸리티는 낮은 수준의 인프라 작업을 자동화한다.

환경에 따라 이러한 도구 중 하나, 일부 또는 모두가 필요할 수 있다. 새로운 도구와 향상된 기능이 빠르게 개발되고 있으므로 자동화하고 있는 프로세스나 특정 기능에 적합한 도구를 찾는 데 집중하자. 가장 중요한 것은 1~2년마다 도구 세트를 재평가하는 것이다.

자동화 전략에는 최소한 다음과 같은 요소가 포함돼야 한다.

- **새 머신의 설정 자동화:** 단순한 OS 설치가 아니다. 운영 환경에 머신이 들어가는 데 필요한 모든 추가적인 소프트웨어와 로컬 구성이 포함된다. 사이트가 하나 이상의 구성 유형을 지원해야 하는 것이 불가피하므로 처음부터 계획에 여러 머신 유형을 포함시켜야 한다.
- **구성 관리 자동화:** 구성 변경 사항이 구성 기반에 입력되고 같은 유형의 모

든 머신에 자동으로 적용돼야 한다. 이 규칙은 환경을 일관되게 유지시키는 데 도움이 된다.

- **코드 프로모션 자동화:** 개발 환경에서 테스트 환경으로, 테스트 환경에서 제품으로 새로운 기능을 전파해야 한다. 평가와 프로모션을 위한 명확한 기준으로 테스트 자체를 자동화해야 한다.

- **기존 시스템의 체계적인 패치 적용과 업데이트:** 설정에 문제가 있는 경우 영향받는 모든 시스템에 업데이트를 배포하기 위한 표준화되고 쉬운 방법이 필요하다. 서버가 항상 켜져 있는 것은 아니기 때문에(설령 항상 켜져 있더라도) 업데이트 계획으로 업데이트가 시작될 때 온라인 상태가 아닌 시스템을 올바르게 처리해야 한다. 부팅 시 업데이트를 확인하거나 정기적으로 업데이트할 수 있다. 더 자세한 내용은 4장을 참고한다.

측정

가상화 또는 클라우드 인프라를 확장하는 기능(9장 참고)은 계측과 측정의 세계를 새로운 위치로 끌어올렸다. 오늘날의 중요한 표준은 전체 서비스 스택(비즈니스, 애플리케이션, 데이터베이스, 하위 시스템, 서버, 네트워크 등)에 대한 1초 미만의 측정치 모음이다. 그라파이트Graphite, 그라파나Grafana, ELK(일래스틱서치Elasticsearch + 로그스태쉬Logstash + 키바나 스택Kibana stack)와 같은 일부 데브옵스-yDevOps-y 도구와 아이신가Icinga 및 제노스Zenoss 같은 모니터링 플랫폼이 더해져 이러한 노력을 지원한다.

그러나 측정 데이터를 갖고 있는 것과 이를 이용해 유용한 일을 하는 것은 다른 일이다. 성숙한 데브옵스는 모든 이해 관계자(IT 내외부 모두)에게 환경의 메트릭을 보여주고 전달되게 한다. 데브옵스는 각 메트릭에 대한 명목상의 목표를 설정해서 그 원인을 알아내고자 모든 이상을 찾아내야 한다.

공유

성공적인 데브옵스 노력의 핵심에 협력 작업과 기능 공유Sharing 개발이 있다. 직원이 작업을 내부(점심식사와 프레젠테이션, 팀 쇼앤텔show-and-tell, 위키 방법 문서) 및 외부(미팅, 백서, 콘퍼런스) 모두에서 공유하도록 권장하고 장려해야 한다. 이러한 노력은 로컬 작업그룹을 넘어 사일로 버스팅silo-busting[2] 철학을 확장하고 모두가 배우고 성장할 수 있게 돕는다.

데브옵스 세계의 시스템 관리

시스템 관리자는 항상 IT 세계의 만물박사 역할을 해왔으며 이것은 더 넓은 데브옵스 상부 아래에서도 마찬가지다. 시스템 관리자 역할은 보통 다음과 같은 영역에 대한 기본적인 책임을 포함해 시스템과 인프라 감독하는 것이다.

- 시스템 인프라 구축, 구성, 자동화, 배포
- 운영체제와 주요 하위 시스템이 안전하고 패치가 적용돼 최신 상태인지 확인
- 지속적인 통합, 지속적인 배포, 모니터링, 측정, 컨테이너화, 가상화, ChatOps 플랫폼에 대한 데브옵스 기술 배포, 지원과 전파
- 인프라와 보안 모범 사례에 대해 다른 팀원 코칭
- 성능과 가용성 조건을 충족하는지 확인할 수 있게 인프라(물리적, 가상 또는 클라우드) 모니터링과 유지 관리
- 사용자 리소스 또는 개선 요청에 응답
- 발생하는 시스템과 인프라 문제 해결
- 시스템, 인프라와 용량의 향후 확장 계획
- 팀원 간 협력적인 상호작용 옹호
- 다양한 외부 공급업체(클라우드, 코로케이션, 재해복구프로젝트, 데이터 보존, 연결, 물리적 플랜트, 하드웨어 서비스) 관리
- 인프라 구성 요소의 수명주기 관리
- 그다지 상쾌하지 않은 날 다른 팀원과 함께 공유할 진통 해열제, 알코올, 초콜릿 비상 보관함 유지

이는 성공적인 시스템 관리자가 다루는 범위의 일부에 불과하다. 다양한 분야를 부드럽게 돌아가게 하기 위한 역할을 수행한다.

특히, 데브옵스는 일반적인 영토적 충동을 극복하는 데 기반을 두고 있다. 다른 팀

---

2. 사내 환경에 갇혀 제한적 사고를 하는 방식 타파 – 옮긴이

원들과 전쟁하고 있는 스스로를 발견하면 한발 물러나 다른 모든 사람을 성공하게 돕는 영웅으로 보이는 경우 가장 효과적이라는 것을 기억하자.

31.2 티켓과 작업 관리 시스템

티켓과 작업 관리 시스템은 모든 기능을 수행하는 IT 그룹의 핵심이다. 데브옵스와 마찬가지로 모든 IT 분야를 아우르는 하나의 티켓 시스템을 갖추는 것이 중요하다. 특히 개선 요청, 문제 관리, 소프트웨어 버그 추적은 모두 동일한 시스템의 일부여야 한다.

좋은 티켓 시스템은 직원이 가장 일반적인 워크플로 위험 중 두 가지를 피하는 데 도움이 된다.

- 모든 사람은 다른 사람이 자신을 돌보고 있다고 생각하기 때문에 빠지는 작업
- 여러 사람이나 그룹이 조정 없이 동일한 문제에 대해 작업할 때 중복된 노력으로 낭비되는 자원

티켓 시스템의 공통 기능

티켓 시스템은 다양한 인터페이스(가장 일반적인 이메일과 웹)를 통해 요청을 수락하고 제출부터 솔루션까지 추적한다. 관리자는 그룹이나 개별 직원에게 티켓을 할당할 수 있다. 직원은 시스템에 질의해 티켓의 대기열을 확인하고 그중 일부를 해결한다. 사용자는 요청 상태를 확인하고 작업 중인 사용자를 확인한다. 관리자는 다음과 같은 고급 정보를 찾아볼 수 있다.

- 열려 있는 티켓 수
- 티켓 마감에 걸리는 평균 시간
- 직원의 생산성
- 미해결 티켓의 비율
- 해결 시간에 따른 워크로드 분배

티켓 시스템에 저장된 요청 기록은 IT 인프라가 가진 문제의 기록이 되고 이러한 문제에 대한 솔루션도 된다. 이 기록을 쉽게 검색할 수 있다면 관리 직원에게 귀중한 자원이 된다.

해결된 티켓은 초보 직원과 교육생에게 제공되거나 FAQ 시스템에 삽입되거나 나중에 찾아볼 수 있게 검색할 수 있게 한다. 새로운 직원은 비공개 티켓의 사본을 받을 수 있다. 이러한 티켓은 기술 정보만이 아니라 고객과 함께 사용하기에 적합한 말투와 의사소통 방식의 예도 포함돼 있다.

모든 문서와 마찬가지로 티켓 시스템의 기록 데이터는 잠재적으로 법정에서 조직에 대해 사용될 수 있다. 법무부에서 설정한 문서 보존 지침을 따라야 한다.

대부분의 요청 추적 시스템은 자동으로 새 요청을 확인하고 제출자가 요청 상태에 대해 추적하고 문의하는 데 사용할 수 있도록 티켓 번호를 할당한다. 자동 응답 메시지는 단순한 확인임을 분명하게 명시해야 한다. 문제나 요청을 처리하기 위한 계획을 설명하는 실제 사람의 메시지는 즉시 받을 수 있어야 한다.

티켓 소유권

일을 공유할 수는 있지만 경험에 의하면 책임은 배포에 거의 적용되지 않는다. 모든 작업은 하나의 잘 정의된 소유자가 있어야 한다. 그 사람이 감독관이나 관리자가 될 필요는 없으며 코디네이터 역할을 하려는 사람으로, "이 작업이 완료됐는지 확인하는 책임이 있다."라고 말할 수 있는 사람이다.

이 접근 방식의 중요한 부작용은 누가 무엇을 구현했는지, 누가 무엇을 변경했는지 분명히 한다는 것이다. 이러한 투명성은 특정 방식으로 수행된 이유 또는 갑자기 다르게 작동하거나 더 이상 작동하지 않는 이유를 파악하려는 경우 중요하다.

작업에 대해 '책임'을 진다는 것을 문제가 발생하는 경우 희생양이 된다는 것과 동일시해서는 안 된다. 조직이 책임감을 비난할 만한 것으로 정의하면 이용할 수 있는 프로젝트 소유자의 수가 급격히 줄어들 수 있다. 소유권을 할당하는 목적은 단순히 각 문제를 누가 해결해야 하는지에 대한 모호성을 제거하는 것이다. 도움을 요청한 직원을 처벌하지 않아야 한다.

고객의 관점에서 좋은 할당 시스템은 박식하고 빠르고 완벽하게 문제를 해결할 수 있는 사람에게 문제를 전달하는 시스템이다. 그러나 경영상의 관점에서 직원이 계속해서 성장하고 일을 하는 과정에서 배울 수 있게 할당하는 방식은 때때로 관리인에게 도전적이어야 한다. 과제는 고객과 직원 모두를 행복하게 하면서 직원의 강점에 대한 의존과 도전할 필요성의 균형을 맞추는 것이다.

더 큰 작업은 모든 것에 영향을 받을 수 있고 완전한 소프트웨어 엔지니어링 프로젝트를 포함할 수 있다. 이러한 작업은 공식적인 프로젝트 관리와 소프트웨어 엔지니어링 도구의 사용을 필요로 할 수 있다. 여기서는 이러한 도구를 설명하지 않는다. 그럼에도 불구하고 도구는 중요하며 간과해서는 안 된다.

가끔 시스템 관리자는 특정 작업을 수행해야 한다는 것을 알고 있지만 작업이 불쾌해 수행하지 않는다. 무시되거나 할당되지 않았거나 인기가 없는 작업을 지적하는 시스템 관리자가 해당 작업을 할당 받을 수도 있다. 이 상황은 시스템 관리자가 그런 상황에 대해 침묵을 지키도록 동기를 부여함으로써 이해 상충을 야기한다. 자신의 현장에서 그렇게 해서는 안 된다. 시스템 관리자에게 문제를 지적할 수 있는 방법을 제공해야 한다. 소유자를 지정하거나 문제에 스스로를 연결시키지 않고 티켓을 열도록 허용하거나 전달할 수 있는 문제에 대해 이메일 앨리어스alias를 생성할 수 있다.

티켓 시스템의 사용자 수락

실제 사람으로부터 신속한 응답을 받는 것은 개인 응답이 자동 응답보다 더 많은 정보를 포함하고 있지 않더라도 고객 만족도를 결정하는 중요한 요소다. 대부분의 문제는 즉시 문제를 해결하기보다 티켓이 실제 사람에 의해 검토됐음을 제출자에게 알리는 것이 훨씬 더 중요하다. 관리자가 많은 요청을 받고 있음을 사용자는 이해하며 자신에게 집중시킬 공평하고 합리적인 시간을 기꺼이 기다린다. 그러나 기꺼이 무시 당하는 것은 아니다.

사용자가 티켓을 제출하는 메커니즘은 시스템에 대한 인식에 영향을 준다. 조직의 문화와 사용자의 선호도를 이해했는지 확인하자. 웹 인터페이스를 원하는가? 맞춤형 애플리케이션? 이메일 별칭? 아마도 전화를 걸기만 할 수도 있다.

또한 관리자가 시간을 내서 사용자가 실제로 요청하는 내용을 이해하고 있는지 확인하는 것도 중요하다. 이런 점은 당연하게 들리지만 고객 서비스나 기술 지원 별칭으로 이메일을 보냈던 지난 다섯 번을 다시 생각해보자. 응답이 질문과 관련 없는 것처럼 보이는 경우가 최소 두어 번은 있었을 것이다. 해당 회사가 특히 무능했던 것이 아니라 티켓을 정확하게 파싱하는 것이 보기보다 더 어렵기 때문이다.

일단 티켓을 충분히 읽고 고객이 질문하는 것에 대해 감이 생기면 나머지 티켓은 '시시한 일'처럼 보이기 시작한다. 클라이언트는 단지 요청이 잘못 해석돼 다시 제출하거나 다시 작성해야 하는 것을 배우고자 사람에게 전달되는 것을 싫어한다.

티켓이 모호하거나 부정확한 경우가 종종 있다. 제출자는 시스템 관리자가 하는 방식으로 문제를 설명하는 데 필요한 기술적 배경이 없기 때문이다. 그렇다고 해서 사용자가 무엇이 잘못됐는지 직접 추측하는 것을 막을 수는 없다. 때때로 이러한 추측이 완벽하게 옳기도 하다. 다른 경우 먼저 티켓을 디코딩해 사용자는 무엇이 문제라고 생각하는지 확인한 다음, 근본적인 문제를 직관적으로 알고자 사용자의 사고방식에 따라 확인한다.

샘플 티켓 시스템

다음 표는 몇 개의 잘 알려진 티켓 시스템의 특성을 요약한 것이다. 표 31.3은 오픈소스 시스템이며 표 31.2는 상용 시스템이다.

표 31.1 오픈소스 티켓 시스템

이름	입력[a]	언어	백엔드[b]	웹 사이트
Double Choco Latte	W	PHP	MP	github.com/gnuedcl/dcl
Mantis	WE	PHP	M	mantisbt.org
OTRS	WE	Perl	DMOP	otrs.org

(이어짐)

이름	입력[a]	언어	백엔드[b]	웹 사이트
RT: Request Tracker	WE	Perl	M	bestpractical.com
OSTicket	WE	PHP	M	osticket.com
Bugzilla	WE	Perl	MOP	bugzilla.org

a. 입력 형식: W = 웹, E = 이메일
b. 백엔드: D = DB2, M = MySQL, O = Oracle, P = PostgreSQL

표 31.2는 요청 관리를 위한 몇 가지 상업적 대안을 보여준다. 상거래용 웹 사이트는 대부분 마케팅 광고이기 때문에 구현 언어 및 백엔드와 같은 상세 정보는 표시되지 않는다.

일부 상용 제품은 너무 복잡해서 유지 관리, 구성, 실행 유지에 한 사람 이상의 전념이 필요하다. 기타(Jira, ServiceNow 같은) 제품은 '서비스형 소프트웨어' 제품으로 사용할 수 있다.

티켓 올리기

대규모 그룹 중 멋진 티켓 시스템을 가진 그룹도 여전히 해결해야 할 문제가 하나 있다. 일부 사람이 현재 하고 있는 작업과 요청 대기열 사이에 주의를 분산시키는 것은 비효율적이다. 특히 요청이 개인 이메일을 통해 들어오는 경우에 그렇다. 이 문제에 대한 두 가지 해결책을 실험했다.

표 31.2 사용 티켓 시스템

이름	규모	웹 사이트
EMC Ionix (Infra)	Huge	infra-corp.com/solutions
HEAT	Medium	ticomix.com
Jira	Any	atlassian.com
Remedy (now BMC)	Huge	remedy.com
ServiceDesk	Huge	ca.com/us/service-desk.aspx
ServiceNow	Any	servicenow.com
Track-It!	Medium	trackit.com

첫 번째 시도는 시스템 관리 그룹의 직원에게 문제의 대기열 업무에 대해 반나절

근무를 할당하는 것이었다. 근무자는 교대 근무 중에 들어오는 질의에 대해 최대한 많은 답변을 하려고 한다. 이 접근 방식의 문제는 모든 질문에 답하고 모든 문제를 해결할 수 있는 기술을 모두가 갖고 있지 않다는 것이다. 근무자가 새로 왔고 고객, 고객의 환경에 익숙하지 않거나 고객에게 적용된 특정 지원 계약에 대해 잘 모르기 때문에 답변이 부적절할 때도 있었다. 그 결과 더 많은 상급자가 주시해야 했고 그로 인해 그들의 작업에 집중할 수가 없었다. 결국 서비스 품질은 더 나빠졌고 실제 얻은 것이 없었다.

이러한 경험 후 고위 관리자 그룹 사이에 매월 교체되는 '디스패처dispatcher' 역할을 만들었다. 디스패처는 티켓 시스템에서 새 항목을 확인하고 특정 직원에게 작업을 맡긴다. 필요한 경우 디스패처는 사용자에게 연락해 요청 우선순위를 지정하고자 필요한 추가 정보를 얻는다. 디스패처는 자체 개발한 직원 기술 데이터베이스를 사용해 지원 팀에서 주어진 티켓을 처리할 적절한 기술과 시간을 갖고 있는지 결정한다. 또한 디스패처는 요청이 시기적절하게 해결되는지 확인한다.

31.3 로컬 문서 유지 관리

대부분의 사람이 운동과 잎이 많은 녹색 채소에 대한 건강상의 이점을 받아들이는 것처럼 모든 사람이 훌륭한 문서화를 높이 평가하고 그것이 중요하다는 막연한 생각을 갖고 있다. 안타깝게도 그렇다고 해서 반드시 꾸물거리지 않고 문서를 작성하거나 업데이트한다는 의미는 아니다. 정말로 신경 써야 하는 이유는 무엇일까?

- 문서화는 단 한 가지 실패 가능성을 줄인다. 즉시 워크스테이션을 배포하고 하나의 명령으로 패치를 배포하는 도구가 있다는 것은 훌륭하지만 문서가 없고 휴가 중이거나 그만두면 이러한 도구는 거의 쓸모가 없다.
- 문서화는 재현성을 더해준다. 관행과 절차가 기관 저장소에 저장되지 않는다면 일관되게 따르지 않을 것이다. 관리자가 어떤 작업을 수행하는 방식에 대한 정보를 찾을 수 없는 경우 임기응변으로 대처해야 한다.
- 문서화하면 시간이 절약된다. 작성할 때는 시간이 절약되는 것 같지 않

만 이전에 해결했어도 해결책을 잊었던 문제를 다시 해결하는 데 며칠을 소비하면 대부분의 관리자는 문서 작성에 시간을 충분히 소비할 수 있다고 확신하게 된다.

- 마지막으로 가장 중요한 것은 문서화가 시스템의 명료성을 향상시키며 후속 수정으로 시스템 작동 방식과 일치하는 방식을 만들 수 있게 한다는 것이다. 부분적인 이해를 기반으로 수정하면 아키텍처에 맞지 않는 경우가 있다. 엔트로피는 시간이 지남에 따라 증가하고 시스템에서 작업하는 관리자도 이것을 무질서한 해킹 모음으로 간주한다. 그 결과 모든 것을 폐기하고 처음부터 다시 시작하고자 하는 경우가 많다.

로컬 문서는 내부 위키wiki 같이 분명한 곳이나 구글 드라이브와 같은 타사 서비스를 이용해 보관해야 한다. 일단 관리자가 구성과 관리 방법을 문서화하도록 설득한 후 이 문서를 잘 보관하는 것도 중요하다. 악의적인 사용자는 조직의 문서를 조작해 많은 피해를 입힐 수 있다. 문서를 필요로 하는 사람이 이를 찾아 읽을 수 있고(검색 가능하게 함) 문서를 유지하는 모든 사람이 이를 변경할 수 있는지 확인한다. 그러나 접근성과 보호의 필요성 사이 균형을 유지해야 한다.

코드형 인프라스트럭처

또 다른 중요한 문서 형식은 '코드형 인프라스트럭처'로 알려져 있다. 다양한 형태를 취할 수 있지만 깃과 같은 버전 제어 시스템에 저장하고 추적할 수 있는 구성 정의(퍼핏Puppet 모듈이나 앤서블Ansible 플레이북과 같은) 형태로 표시되는 것이 가장 일반적이다. 시스템과 변경 사항은 환경설정 파일에 잘 기록돼 있으며 환경을 구축하고 정기적으로 표준과 비교할 수 있다. 이러한 접근 방식은 문서화와 환경이 항상 일치하고 최신 상태며 기존 문서의 가장 일반적인 문제를 해결한다는 것을 보장한다. 자세한 내용은 23장을 참고한다.

문서화 표준

수동으로 요소를 문서화해야 하는 경우 경험상 문서를 유지하는 가장 쉽고 가장 효과적인 방법은 짧고 가벼운 문서로 표준화하는 것이다. 조직을 위한 시스템 관리 안내서를 작성하는 대신 각각 하나의 주제를 다루는 한 페이지짜리 문서를 여러 개 작성하자. 큰 그림으로 시작해 추가적인 정보를 포함하는 여러 조각으로 나눈다. 어딘가 더 자세히 설명해야 하는 경우 특별히 어렵거나 복잡한 단계에 초점을 맞춘 한 페이지짜리 추가 문서를 작성한다.

이 접근 방식에는 몇 가지 장점이 있다.

- 고위 관리자는 일반적인 환경설정에만 관심을 둔다. 앞의 질문에 답하거나 경영상의 토론을 수행하는 데 필요한 것은 그 뿐이다. 너무 많은 세부 사항을 흘리지 않아야 한다. 그렇지 않으면 상사가 간섭하게 유도할 것이다.
- 고객도 마찬가지다.
- 신입 사원이나 조직에서 새로운 직무를 수행하는 사람이 생산성을 높이고자 인프라스트럭처에 대한 개요가 필요하다. 그러한 사람들을 정보에 파묻는 것은 도움이 되지 않는다.
- 큰 문서를 훑어보는 것보다 올바른 문서를 사용하는 것이 더 효율적이다.
- 쉽게 찾을 수 있도록 페이지를 인덱싱할 수 있다. 관리자가 정보를 찾는 데 소요되는 시간이 적을수록 좋다.
- 단일 페이지를 업데이트함으로써 문서를 최신 상태로 유지하기가 더 쉽다.

마지막 요점이 특히 중요하다. 문서를 최신 상태로 유지하는 것은 매우 어려운 과제다. 문서화는 시간이 부족할 때 가장 먼저 중단된다. 우리는 몇 가지 특정 접근 방식이 문서를 계속 유지한다는 것을 발견했다.

첫째, 문서가 간결하고 적절하며 더 이상 다듬어지지 않을 것이라고 예상해보자. 바로 본론으로 들어가서 중요한 것은 정보를 얻는 것이다. 디자인 이론에 관한 논문을 쓰려고 하는 것은 너무 지나치다. 너무 많은 문서를 요청하면 얻지 못할 수 있다. 시스템 관리자가 사용할 간단한 형식이나 템플릿 개발을 고려해야 한다. 표준 구조는 빈 페이지에 대한 불안을 피할 수 있게 하고 시스템 관리자가 관련 정보를 기록할 수 있게 안내한다.

둘째, 문서를 프로세스에 통합한다. 환경설정 파일의 주석은 가장 좋은 문서 부분이다. 필요로 하는 곳에 항상 존재하며 유지 관리에 사실상 시간이 거의 소요되지 않는다. 대부분의 표준 환경설정 파일은 주석을 허용하며 특별히 주석에 친숙하지 않은 파일에도 약간의 추가 정보를 입력할 수 있다.

로컬에 빌드된 도구는 표준 구성 정보의 일부로 문서를 요구할 수 있다. 예를 들면 새로운 컴퓨터를 설정하는 도구는 이러한 사실이 머신의 소프트웨어 구성과 직접적인 관련이 없더라도 컴퓨터의 소유자, 위치, 지원 상태, 결제 정보에 대한 정보를 요구할 수 있다.

문서를 중복으로 생성해서는 안 된다. 예를 들어 시스템의 사이트 전체 마스터 목록을 유지하는 경우 이 정보가 수동으로 업데이트되는 다른 장소가 없어야 한다. 여러 위치에서 업데이트하는 것은 시간 낭비일 뿐만 아니라 시간이 지남에 따라 서서히 불일치가 나타날 것이다. 이 정보가 다른 콘텍스트와 환경설정 파일에 필요한 경우 마스터 구성에서 정보를 얻거나 업데이트하는 스크립트를 작성한다. 중복성을 완전히 제거할 수 없는 경우 최소한 어느 출처가 신뢰할 수 있는지 명확히 해야 한다. 그리고 크론^{cron}에서 정기적으로 실행할 수도 있는 불일치를 잡는 도구를 작성한다. 위키^{Wiki}, 블로그, 기타 간단한 지식 관리 시스템과 같은 도구의 출현으로 IT 문서를 훨씬 쉽게 추적할 수 있다. 모든 문서를 찾고 업데이트하는 단일 위치를 설정하자. 그러나 정리하는 것을 잊지 않아야 한다. 200개 하위 페이지 모두 하나의 목록에 있는 한 페이지짜리 위키는 사용하기 번거롭고 어렵다. 시스템을 최대한 활용하고자 검색 기능을 포함시켜야 한다.

31.4 환경 분리

자체 소프트웨어를 작성하고 배포하는 조직은 개발, 테스트, 운영 환경을 분리할 필요가 있으므로 릴리스는 체계적인 과정을 거쳐 일반 용도로 이용될 수 있다.[3] 별도여야 하지만 동일해야 한다. 개발 시스템이 업데이트되면 변경 사항이 테스트 및 제품 생산 환경에도 전파되는지 확인해야 한다. 물론 구성 업데이트 자체에는 코드와 동일한 종류의 구조적 릴리스 제어가 적용된다. '구성 변경'은 OS 패치에서 애플리케이션 업데이트와 관리 변경까지 모든 것을 포함한다.

---

3. 대부분의 경우 이 진술은 ERP나 금융 시스템과 같은 복잡한 기성 소프트웨어를 실행시키는 사이트에도 적용된다.

역사적으로 프로모션promotion 절차 전반에 걸쳐 역할 분리를 시행함으로써 제품 생산 환경을 '보호'하는 것이 표준 관행이었다. 예를 들면 개발 환경에 관리 권한을 가진 개발자는 다른 환경에 관리와 승격 권한을 가진 사람과 동일하지 않다. 두려웠던 것은 코드 승격 권한을 가진 불만이 있는 개발자가 개발 단계에서 악성코드를 삽입한 다음 이를 제품 생산으로 승격시킬 수 있다는 것이다. 승인 및 승격 업무를 다른 사람에게 분배함으로써 여러 사람이 공모하거나 실수를 해야 문제가 제품 생산 시스템으로 흘러 들어가게 된다.

안타깝게도 그런 가혹한 방법으로 예상되는 이점은 거의 실현되지 않는다. 코드 프로모터promoter는 실제로 고의적인 장난을 잡아낼 수준으로 코드 변경을 검토할 기술이나 시간을 갖고 있지 않은 경우가 많다. 돕는 것이 아니라 시스템은 잘못된 보호 의식을 생성하고 불필요한 장애물을 도입하며 자원을 낭비한다.

데브옵스 시대에서 이 문제는 다른 방식으로 해결된다. 별도의 역할보다 선호되는 접근 방법은 변경할 수 없는 검사 추적을 가진 저장소(깃과 같은)에서 '코드로' 모든 변경 사항을 추적하는 것이다. 바람직하지 않은 모든 변경 사항은 이를 추가한 사람에 대해 추적할 수 있으므로 엄격한 역할 분리가 필요하지 않다. 구성 변경은 각 환경에 자동화 방식으로 적용되기 때문에 동일한 변경 사항을 제품 생산 환경으로 승격되기 전에 더 낮은 환경(개발 또는 테스트 환경)에서 평가해 의도하지 않은 결과가 발생하지 않게 할 수 있다. 문제가 발견되면 문제가 되는 커밋commit을 식별해 일시적으로 우회하는 것만큼 원상태로 되돌리기도 쉽다.

완벽한 세상에서는 개발자나 운영 직원 모두 제품 생산 환경에 관리 권한이 없다. 대신 모든 변경 사항은 적절한 권한을 가진 자동화된 추적 프로세스를 통해 이뤄진다. 이것이 가치 있는 야심찬 목표이긴 하지만 경험에 따르면 대부분의 조직에서는 아직 현실적이지 않다. 이 유토피아적 환상을 향해 노력하되, 갇히지 않아야 한다.

31.5 재난 관리

조직은 작동하는 IT 환경에 의존한다. 일상적인 작업에 대한 책임은 본인에게 있으며 합리적으로 예견할 수 있는 모든 상황에 대처할 계획을 마련해야 한다. 이러한 대규모 문제에 대한 준비는 전반적인 게임 계획과 일상적인 작업을 정의하는 방식에 영향을 미친다. 이 절에서는 다양한 종류의 재해와 적절하게 복구하는 데 필요한 데이터와 복구 계획의 중요한 요소를 살펴본다.

위험 평가

재해 복구 계획을 설계하기 전에 보유 중인 자산, 직면한 위험, 이미 시행 중인 완화 단계를 이해하는 데 도움이 되는 위험 평가를 종합하는 것이 좋다. NIST 800-30 특별 간행물은 광범위한 위험 평가 프로세스를 자세히 설명하고 있다. 이 간행물은 nist.gov에서 다운로드할 수 있다.

위험 평가 프로세스의 일부는 잠재적인 재해에서 보호하기 위한 명시적인 서면 카탈로그를 만드는 것이다. 재해는 모두 동일하지 않으며 모든 가능성을 다루고자 여러 가지 다른 계획을 필요로 한다. 예를 들면 몇 가지 일반적인 위협 범주는 다음과 같다.

- 내외부의 악의적인 사용자[4]
- 홍수
- 화재
- 지진
- 허리케인과 토네이도
- 전기 폭풍과 전력 스파이크
- 단기와 장기 정전
- 극심한 열 장비나 냉각 장비 고장
- ISP/통신/클라우드 중단

---

4. 역사적으로 보안 침해의 절반 정도가 내부자에 의해 발생한다. 내부적인 잘못된 행동이 대부분의 사이트에서 계속해서 최대의 재난이 된다.

- 장치 하드웨어 오류(데드 서버, 하드디스크 손상)
- 테러
- 좀비 아포칼립스
- 네트워크 장치 오류(라우터, 스위치, 케이블)
- 우발적인 사용자 오류(파일 및 데이터베이스 삭제 또는 손상, 구성 정보 손실, 암호 분실 등)

각 잠재적 위협에 대해 해당 사건이 시사하는 모든 가능성을 고려하고 기록한다.

일단 위협을 이해한 후 IT 환경 내의 서비스 우선순위를 정한다. IT 서비스를 나열하고 각 우선순위를 할당하는 테이블을 만든다. 예를 들면 '서비스형 소프트웨어' 회사는 외부 웹 사이트를 최우선 서비스로 평가하는 반면 단순한 정보 제공 외부 웹 사이트가 있는 사무실은 재해 발생 시 사이트의 운명을 걱정하지 않을 수 있다.

복구 계획

점점 더 많은 조직이 문제 발생 시 자동으로 보조 서버로 시스템 대체 작업을 하도록 중요한 시스템을 설계하고 있다. 서비스 중단에 대한 허용치가 거의 또는 전혀 없는 경우 이것이 훌륭한 방법이 된다. 그러나 데이터를 미러링^{mirroring}하고 있기 때문에 오프라인 백업이 필요하지 않다는 믿음에 희생물이 되지 않아야 한다. 데이터 센터가 몇 마일 떨어져 있더라도 모두 잃을 가능성이 있다.[5] 재해 계획에 데이터 백업이 포함돼 있는지 확인해야 한다.

클라우드 컴퓨팅은 재해 계획에 필요 요소다. 아마존^{Amazon}의 EC2와 같은 서비스를 통해 전용 하드웨어 비용을 지불하지 않고 몇 분 내로 원격 사이트를 설정하고 작동시킬 수 있다. 이 서비스를 사용할 때 사용한 것에 대해서만 지불한다.

재해 복구 계획에는 다음 섹션이 포함돼야 한다(NIST 재해 복구 표준 800-34에서 파생).

- **소개:** 문서의 목적과 범위
- **운영 개념:** 시스템 설명, 복구 목표, 정보 분류, 계승 서열, 책임

---

5. 악의적인 해커와 랜섬웨어는 읽기 전용 오프라인 백업을 유지하지 않는 조직을 쉽게 파괴할 수 있다.

- **알림과 활성화:** 알림 절차, 손상 평가 절차, 계획 활성화
- **복구:** 복구에 필요한 일련의 이벤트와 절차
- **정상 운영으로 복귀:** 동시 처리, 재구성된 시스템 테스트, 정상 작동으로 복귀, 비활성화 계획

네트워크를 통해 문서를 전달하고 접근하는 데 익숙하다. 그러나 이러한 시설은 사고 후 사용할 수 없거나 손상될 수 있다. 모든 관련 연락처와 절차를 오프라인으로 저장한다. 온라인 데이터를 참조하지 않고 최근 백업을 얻는 위치와 사용하는 방식을 알 수 있다.

모든 재해 시나리오에서 필수 정보의 온라인과 오프라인 사본 모두 접근할 필요가 있을 것이다. 가능하다면 온라인 사본은 풍부한 도구, 주요 시스템 관리자가 있으며 자체 네임 서버를 실행하며 완전한 로컬 /etc/hosts 파일을 갖고 있고 파일 공유 종속성이 없는 등 자급자족할 수 있는 환경에 보관해야 한다.

다음은 재해 지원 환경에 보관할 편리한 데이터 목록이다.

- **복구 절차의 개요:** 누구를 부를 것인지, 무엇을 말할 것인지
- 서비스 계약 전화번호와 고객 번호
- **주요 지역 전화번호:** 경찰, 소방서, 직원, 상사
- 클라우드 공급업체 로그인 정보
- 백업 미디어 인벤토리와 이를 생성하는 백업 스케줄
- 네트워크 맵
- 소프트웨어 일련번호, 라이선스 데이터와 암호
- 소프트웨어 설치 미디어 사본(ISO 파일로 보관 가능)
- 시스템 서비스 설명서 사본
- 공급업체 연락처 정보
- 관리 암호
- **하드웨어, 소프트웨어, 클라우드 환경 구성 데이터:** OS 버전, 패치 수준, 파티션 테이블 등
- 특정 순서에 의해 다시 온라인으로 전환해야 하는 시스템에 대한 시작 지침

재해에 대비한 인력 배치

재해 복구 계획은 재난 사고 발생 시 책임을 질 사람에 대해 문서화해야 한다. 일련의 명령을 설정하고 주요 책임자principals의 이름과 전화번호를 오프라인으로 유지한다. 중요한 이름과 전화번호는 깨알 같은 글자로 인쇄된 작은 카드로 보관된다. 편리하며 지갑에 꼭 맞다.

책임자로 가장 적합한 사람은 IT 책임자(일반적으로 이 역할에 적합하지 않은 선택)가 아닌 시스템 관리자일 수 있다.

담당자는 최소한의 정보(예, 전체 부서의 네트워크 연결을 끊는 결정)로 어려운 결정을 내리는 권한과 결단력을 가진 사람이어야 한다. 그런 결정을 내리고 합리적인 방식으로 소통하며 위기 상황에서 직원을 통솔하는 능력은 시스템과 네트워크 관리에 대한 이론적인 통찰력보다 더 중요할 수 있다.

대부분의 재해 계획에서 중요하지만 가끔 언급하지 않는 가정은 시스템 관리 직원이 상황을 처리할 수 있다는 것이다. 안타깝게도 사람들이 병에 걸리고 휴가를 가고, 다른 직장으로 떠나고, 스트레스가 많은 시기에는 적대적으로 변할 수도 있다. 추가적인 긴급 도움이 필요한 경우 어떻게 할 것인지 고려해야 한다(시스템이 취약하거나 사용자가 관련지식이 없는 경우 시스템 관리자가 충분하지 않으면 그 자체로 비상사태가 될 수 있다).

시스템 관리 능력을 공유할 수 있는 현지 컨설팅 회사와 일종의 NATO 협정을 맺을 수도 있다. 물론 친구에게 문제가 생기면 기꺼이 공유해야 한다. 가장 중요한 것은 일상생활 중 전선 가까이에서 작동하지 않는 것이다. 충분한 시스템 관리자를 고용하고 하루 12시간 일할 것으로 기대하지 않아야 한다.

보안 사고

시스템 보안은 27장에서 자세히 다뤘다. 그러나 보안 고려 사항이 관리 작업의 대부분에 영향을 미치기 때문에 여기서도 언급할 가치가 있다. 보안을 고려하지 않고는 사이트 관리 전략의 어떤 측면도 설계할 수 없다.

보통 27장은 보안 사고 발생을 방지하는 방법에 중점을 뒀다. 그러나 보안 관련 사고에서 복구할 수 있는 방법을 생각하는 것은 보안 계획에서 똑같이 중요한 부분이다.

웹 사이트 하이재킹hijacking은 특히 당혹스러운 유형의 침입이다. 웹 호스팅 회사의 시스템 관리자에게 하이재킹은 특히 신용카드 데이터를 처리하는 사이트에 관련돼 있는 경우 재앙을 초래하는 사건이 될 수 있다. 고객, 미디어, CNN에서 하이재킹 소식을 방금 접한 회사 VIP의 전화가 걸려올 것이다. 누가 전화를 받을 것인가? 그 사람에게 어떤 말을 해야 하는가? 누가 책임자인가? 각 사람은 어떤 역할을 하는가? 가시성이 높은 비즈니스의 경우 이런 유형의 시나리오를 심사숙고하고, 미리 계획된 답변을 제시하고, 세부 사항을 해결하기 위한 연습 세션을 갖는 것이 확실히 좋다.

신용카드 데이터를 허용하는 사이트에는 하이재킹 후 처리해야 할 법적 요구 사항이 있다. 조직의 법무 팀이 보안 사고 계획에 참여하고 있는지 확인하고 위기의 시기에 전화할 관련 연락처 이름과 전화번호가 있는지 확인해야 한다.

CNN이나 레딧Reddit에서 웹 사이트가 다운됐음을 알리면 도로변에서 사고를 보고자 고속도로 교통을 느리게 만드는 것과 동일한 효과로 인터넷 트래픽이 엄청나게 증가해 방금 수정한 것이 무엇이든 깨질 수 있다. 웹 사이트에서 25% 이상의 트래픽 증가를 처리할 수 없을 때 로드밸런싱 장치가 있는 경우 "죄송합니다. 너무 바빠서 요청을 바로 처리할 수 없습니다."라는 간단한 페이지를 표시하는 서버로 초과 연결을 라우팅한다. 물론 클라우드로의 자동 확장(9장 참고)을 포함하는 미래 지향적인 역량 계획은 이러한 상황을 완전히 피할 수도 있다.

완벽한 사고 처리 가이드를 개발해 보안 문제 관리에 대한 추측을 제거한다. 보안 사고 관리에 대한 자세한 내용은 27장을 참고한다.

31.6 IT 정책과 절차

포괄적인 IT 정책과 절차는 현대 IT 조직의 기반이 된다. 정책은 사용자와 관리자들을 위한 표준을 설정하고 모든 관계자에게 일관성을 촉진한다. 점점 더 많은 정책이 사용자가 내용을 준수하기로 동의했음을 나타내는 서명이나 기타 증명 형식의 확인을 요구한다. 일부에게는 과도하게 보일지라도 실제로는 장기적으로 관리자를 보호하는 좋은 방법이다.

ISO/IEC 27001:2013 표준은 정책을 구성하기 위한 좋은 기초다. IT 보안 및 인사부서의 역할과 같은 다른 중요한 요소와 일반 IT 정책을 함께 사용한다. 다음 몇개의 절에서는 ISO/IEC 27001:2013 프레임워크에 대해 논하고 가장 중요하고 유용한 요소를 강조한다.

정책과 절차의 차이점

정책과 절차는 별개의 것이지만 혼동되는 경우가 많고 단어를 서로 바꿔 사용하기도 한다. 그러나 이러한 상황이 혼란을 만든다. 안전을 위해 다음과 같이 생각해보자.

- 정책은 요구 사항이나 규칙을 정의하는 문서다. 요구 사항은 일반적으로 비교적 높은 수준에서 명시된다. 정책의 예는 증분 백업을 매일 수행해 매주 전체 백업을 완료하는 것이다.
- 절차는 요구 사항이나 규칙이 충족되는 방법에 대한 설명이다. 따라서 앞의 정책과 관련된 절차는 "증분 백업이 서버 backups01에 설치된 Back Exec 소프트웨어를 통해 수행된다."로 말할 수 있다.

이러한 구분은 정책이 자주 변경되지 않아야 하기 때문에 중요하다. 매년 정책을 검토하고 한두 가지 변경할 수 있다. 반면 절차는 아키텍처, 시스템, 구성의 변경으로 인해 지속적으로 발전한다.

일부 정책 결정은 실행 중인 소프트웨어나 ISP 같은 외부 그룹의 정책에 영향을 받는다. 일부 정책은 사용자 데이터의 개인 정보를 보호하려면 필수적이다. 이러한 주제를 '협상 불가능한 정책'이라 한다.

특히 IP 주소, 호스트명, UID, GID, 사용자명 모두 사이트 전체에서 관리돼야 한다. 일부 사이트(예, 다국적 기업)는 확실히 너무 방대해 이러한 정책을 구현할 수 없지만 할 수만 있다면 사이트 전체 관리가 작업을 훨씬 더 간단하게 만든다. 35,000명의 사용자와 100,000대의 머신에 대한 사이트 전체 관리를 수행하는 회사를 알고 있으므로 사이트 단위 관리를 위해, 매우 커지는 조직의 경우 임곗값은 어느 정도 높아야 한다.

기타 중요한 문제는 범위가 로컬 IT 그룹보다 더 넓다는 것이다.

- 보안 침입 처리
- 파일 시스템 내보내기 제어
- 암호 선택 기준
- 원인에 대한 로그인 제거
- 저작권이 있는 자료(예, MP3와 영화)
- 소프트웨어 불법 복제

정책 모범 사례

여러 정책 프레임워크를 사용할 수 있으며 이 프레임워크는 거의 동일한 영역을 다룬다. 다음은 일반적으로 IT 정책 세트에 포함되는 항목의 예제다.

- 정보 보안 정책
- 외부 당사자 연결 협정
- 자산 관리 정책
- 데이터 분류 시스템
- 인적 자원 보안 정책
- 물리적 보안 정책
- 접근 제어 정책
- 개발, 유지 보수와 새로운 시스템에 대한 보안 표준
- 사고 관리 정책

- 업무 지속성 관리(재해 복구)
- 데이터 보존 표준
- 사용자 개인 정보 보호
- 규정 준수 정책

프로시저

체크리스트나 예제 형태의 절차는 기존 관행을 체계화할 수 있다. 새로운 시스템 관리자와 기존 사용자 모두에게 유용하다. 실행 가능한 스크립트를 포함시키거나 앤서블, 솔트, 퍼핏, 쉐프 같은 구성 관리 도구로 캡처하는 절차가 더 좋다. 장기간에 걸쳐 대부분의 절차는 자동화돼야 한다.

표준 절차에서 몇 가지 이점이 발생한다.

- 작업은 항상 동일한 방식으로 수행된다.
- 체크리스트는 오류 발생이나 잊어버린 단계가 있을 가능성을 줄인다.
- 시스템 관리자가 예제에서 작업하는 것이 더 빠르다.
- 변경 사항은 자체 문서화된다.
- 서면 절차는 측정 가능한 정확성 기준을 제공한다.

다음 절차를 설정하는 일반적인 작업이다.

- 호스트 추가
- 사용자 추가
- 새 머신에 대한 백업(및 스냅 샷) 설정
- 새 머신 보안
- 구 머신 제거
- 복잡한 소프트웨어 다시 시작
- 응답하지 않거나 데이터를 제공하지 않는 웹 사이트 재생
- 운영체제 업그레이드
- 패치 소프트웨어
- 소프트웨어 패키지 설치

- 중요 소프트웨어 업그레이드
- 파일 백업과 복원
- 이전 백업 만료
- 긴급 종료 수행

정책과 절차 사이에는 많은 문제가 있다. 예를 들면 다음과 같다.

- 네트워크 계정은 누가 가질 수 있는가?
- 계정 소유자가 떠나면 어떻게 되는가?

이런 문제의 해결책을 기록함으로써 일관성을 유지하고, "엄마는 안 된다고 말했다. 아빠에게 물어보자!"라는 잘 알려진 4세 아이의 계략에 사로잡히지 않을 수 있다.

31.7 서비스 수준 계약

IT 조직이 사용자를 만족시키고 기업의 요구를 충족시키고자 제공되는 서비스의 정확한 세부 사항을 협상하고, 동의하며, '서비스 수준 계약' 또는 SLA로 문서화한다. 좋은 SLA는 적절한 기대치를 설정하고 질문이 발생할 경우 참조 역할을 하는 도구다(그러나 IT가 장애물이 아닌 솔루션을 제공한다는 것을 기억해야 한다).

어떤 것이 고장 났을 때 사용자는 수리되는 시기를 알고 싶어 한다. 그 뿐이다. 사용자는 실제로 어떤 하드디스크나 발전기가 고장 났는지 그 이유도 신경 쓰지 않는다. 관리 보고서를 위해 그 정보를 남겨둬야 한다.

사용자 관점에서는 무소식이 희소식이다. 시스템은 작동하거나 작동하지 않으며 후자의 경우 이유는 중요하지 않다. 고객은 IT 서비스의 존재를 인지하고 있지 않을 때 가장 행복한 것이다. 슬프지만 사실이다.

SLA는 최종 사용자와 지원 인력을 조정하는 데 도움이 된다. 잘 작성된 SLA는 다음 절에서 설명하는 각 문제를 해결한다.

서비스 범위와 설명

이 절은 SLA의 기초다. 조직이 IT에서 기대할 수 있는 부분을 설명하고 있기 때문이다. 기술적이지 않은 직원이 이해할 수 있는 용어로 작성해야 한다. 다음은 몇 가지 예시 서비스다.

- 이메일
- 채팅
- 인터넷과 웹 접근
- 파일 서버
- 비즈니스 애플리케이션
- 인증

이러한 서비스를 제공할 때 IT가 준수할 표준 또한 정의돼야 한다. 예를 들면 가용성 섹션은 운영 시간, 합의된 유지 관리 기간, IT 직원이 실시간 지원을 제공할 수 있는 시간에 대한 기대치를 정의한다. 어떤 조직은 평일 오전 8시부터 오후 6시까지 정기적인 지원을 해야 하지만 긴급 지원을 연중무휴 24시간 이용 가능해야 한다. 또 다른 조직은 항상 사용 가능한 표준 라이브 지원이 필요하다고 결정할 수도 있다.

표준을 문서화하는 경우 다음과 같은 문제들을 고려해야 한다.

- 응답 시간
- 주말 및 근무 시간 외 서비스(및 응답 시간)
- 집 전화(가정 환경 지원)
- 이상(고유 또는 독점) 하드웨어
- 업그레이드 정책(노후 하드웨어, 소프트웨어 등)
- 지원되는 운영체제
- 지원되는 클라우드 플랫폼
- 표준 구성
- 데이터 보존
- 특수 목적 소프트웨어

서비스 표준을 고려할 때 소프트웨어가 사용자 정의 방지를 위해 고정돼 있지 않은 경우 많은 사용자가 자신의 환경을(또는 시스템까지도) 사용자 정의하고 싶어 한다는 점을 명심해야 한다. 고정 관념적인 IT 대응은 모든 사용자 수정을 금지하는 것이지만 정책이 IT를 더 쉽게 만들어주는 것임에도 불구하고 조직을 위한 최고의 정책은 아니다.

SLA에서 이 문제를 해결하고 몇 가지 특정 구성에서 표준화를 시도하는 것이 좋다. 그렇지 않으면 쉬운 유지 관리 및 조직과 함께 성장할 수 있는 확장의 목적이 몇 가지 심각한 장애를 충족시킬 것이다. 창의적인 OS 관련 직원이 자신의 작업에 필요한 수정 사항을 제안하도록 장려하자. 그리고 이러한 제안을 표준 구성에 통합하는 데 부지런하고 관대하자. 이렇게 하지 않을 경우 사용자는 규칙을 파괴하고자 열심히 노력할 것이다.

대기열 우선순위 정책

어떤 서비스가 제공되는지를 아는 것에 더해 사용자는 작업 대기열을 관리하고자 사용되는 우선순위 제도에 대해서도 알아야 한다. 우선순위 제도는 항상 흔들림이 있지만 예외가 거의 또는 전혀 없이 대부분의 상황을 다루는 제도를 설계하려고 한다. 일부 우선순위 관련 변수는 다음과 같다.

- 전체 조직에 대한 서비스의 중요성
- 상황이 보안에 미치는 영향(보안 침해가 있는가?)
- 고객이 지불했거나 계약한 서비스 수준
- 영향 받는 사용자 수
- 관련 기한의 중요성
- 영향을 받는 사용자의 소리 크기(목소리가 큰 사람)
- 영향을 받는 사용자의 중요성(까다롭지만 솔직히 말하자면 조직의 일부 사용자가 다른 사용자보다 더 많은 영향을 받는다)

이러한 모든 요소가 순위에 영향을 미치지만 예외를 처리하고자 몇 가지 상식과 간단한 규칙을 권장한다. 다음과 같은 기본 우선순위를 사용한다.

- 많은 사람이 일할 수 없다.
- 한 사람이 일할 수 없다.
- 개선 요청

최고 우선순위이고 요청을 동시에 처리할 수 없는 요청이 두 개 이상인 경우 문제의 심각도를 평가해 먼저 해결해야 할 문제를 결정한다(예, 이메일이 동작하지 않으면 거의 모든 사람을 불행하게 만드는 반면 웹 서비스의 일시적인 사용 불가는 소수의 사람만 방해할 수 있다). 우선순위가 낮은 대기열은 보통 FIFO 방식으로 처리된다.

적합성 측정

SLA는 계약 조건을 이행하는 데 있어서 조직이 성공에 대해 평가하는 방법을 정의해야 한다. 목표와 목적은 직원이 공통의 결과를 위해 노력하게 하고 조직 전체에 걸쳐 협력의 토대를 마련할 수 있다. 물론 합의된 메트릭을 측정할 수 있는 도구가 있는지 확인해야 한다.

최소한 IT 인프라에 대한 다음과 같은 메트릭을 추적해야 한다.

- 시간과 예산에 따라 완료된 프로젝트의 비율이나 수
- 이행된 SLA 요소의 비율이나 수
- 시스템별 가동 시간 비율(예, '1분기까지 이메일 99.92% 사용 가능')
- 만족스럽게 해결된 티켓의 비율이나 수
- 티켓 해결에 소요되는 평균 시간
- 새로운 시스템 프로비저닝 시간
- 문서화된 사고 처리 프로세스에 따라 처리된 보안 사고의 비율이나 수

31.8 규정 준수: 규정과 표준

오늘날 IT 감사와 관리는 큰 문제다. 규정 준수를 지정, 측정, 인증하기 위한 규정과 준표준은 무수한 약어를 만들어냈다. 몇 가지 예를 들면 SOS, ITIL, COBIT, ISO 27001이 있다. 안타깝게도 이러한 알파벳 수프는 시스템 관리자의 입에 나쁜 취향

을 남기고 최근 법률에서 필요로 하는 모든 제어를 구현하는 고품질 소프트웨어가 현재 부족하다.

시스템 관리자에게 적용시킬 수 있는 몇 가지 주요 자문 표준, 지침, 산업 프레임워크, 법적 요구 사항이 다음에 나열돼 있다. 입법 요건은 미국에만 적용된다.

일반적으로 사용해야 하는 표준은 조직 유형이나 처리해야 하는 데이터에 따라 결정된다. 미국 이외의 지역에서는 해당 규정을 식별해야 한다.

- **CJIS**(형사 사법 정보 시스템) 표준은 범죄 정보를 추적하고 해당 정보를 FBI의 데이터베이스에 통합시키는 조직에 적용된다. 요구 사항은 온라인 fbi.gov/hq/cjisd/cjis.htm에서 찾을 수 있다.
- **COBIT**는 업계 모범 사례를 체계화하려는 정보 관리를 위한 자발적인 프레임워크다. 정보 시스템 감사 및 제어 협회(ISACA)와 IT 거버넌스 연구소(ITGI)가 공동으로 개발했다. 자세한 내용은 isaca.org를 참고한다. COBIT의 임무는 '비즈니스 관리자와 감사관이 일상적으로 사용하고자 일반적으로 인정되는 정보 기술 제어 목표의 권위 있는 최신 국제 세트를 연구, 개발, 광고, 홍보하는 것'이다.

  프레임워크의 초판은 1996년에 출판됐으며 지금은 2012년에 5.0 버전이 출판됐다. 이 최신 버전은 사베인즈옥슬리법^Sarbanes-Oxley Act의 요구 사항에 크게 영향을 받았다. APO(정렬, 계획, 구성), BAI(구축, 획득, 구현), DSS(제공, 서비스, 지원), MEA(모니터링, 평가, 감사), EDM(평가, 지시, 모니터링) 등 5개의 도메인으로 분류된 37개의 고급 프로세스가 포함돼 있다.
- **COPPA**(어린이 온라인 사생활 보호법)은 13세 미만의 아동에 대한 정보를 수집하거나 저장하는 조직을 규제한다. 특정 정보를 수집하려면 보호자 승인을 요구한다.
- **FERPA**(가족 교육 권리 및 개인 정보 보호법)은 교육부 장관이 관리하는 연방 정부의 지원을 받는 모든 기관에 적용된다. 이 규정은 학생 정보를 보호하고 학생의 데이터와 관련된 학생 특유의 권리를 부여한다. 자세한 내용은 ed.gov에서 FERPA를 검색하면 된다.

- FISMA(연방 정보 보안 관리법)은 모든 정부 기관과 그 계약자에게 적용된다. NIST(국가 표준 기술 연구소)의 다양한 IT 보안 간행물을 준수하도록 강요하는 크고 다소 모호한 요구 사항 집합이다. 조직이 FISMA의 명령에 해당하는지에 관계없이 NIST 문서는 검토할 가치가 있다. 자세한 내용은 nist.gov를 참고한다.

- FTC의 세이프 하버^{Safe Harbor} 프레임워크는 개인 정보 보호법에 대한 미국과 EU의 접근 방식 간의 격차를 해소하고 유럽 기업과 상호작용하는 미국 조직이 데이터 보안을 입증할 수 있는 방법을 정의한다. export.gov/safeharbor를 참고한다.

- GLBA^{Gramm-Leach-Bliley Act}(금융 서비스 현대화법)은 금융 기관의 소비자 개인 정보의 사용을 규제한다. 전 세계 은행, 신용카드 발행인, 증권사, 보험사가 개인 정보 보호 정책을 요구하는 이유는 금융 서비스 현대화법 때문이다. 자세한 내용은 ftc.gov를 참고한다. 현재 최고의 GLBA 정보는 웹 사이트의 Tips & Advice 부분의 비즈니스 섹션에 있다. 바로가기 goo.gl/vv2011이 현재 하위 링크로 작동하고 있다.

- HIPPA(건강 보험 양도 및 책임에 관한 법)은 보호된 건강 정보(일명 PHI)를 전송하거나 저장하는 조직에 적용된다. 이는 원래 서비스 제공 및 건강 보험에서 낭비, 사기, 남용을 방지하고자 고안된 광범위한 기준이다. 그러나 이제는 건강 정보의 보안을 측정하고 개선하는 데도 사용된다. hhs.gov/ocr/privacy/index.html을 참조하자.

- ISO 27001:2013 및 ISO 27002:2013은 IT 조직을 위한 보안 관련 모범 사례의 자발적(정보 제공) 모음이다. iso.org를 참고한다.

- CIP(중요 인프라 보호법)는 자연 재해와 테러의 위험으로부터 전력, 전화, 금융 그리드와 같은 인프라 시스템의 강화를 촉진하는 NERC(북미 전기 신뢰 공사)의 표준 제품군이다. 조직적 '권력 의지'에 대한 니체 철학 개념의 교과서적 설명에서 대부분의 경제는 NERC의 17개 '중요 인프라 및 핵심 자원'(CI/KR) 부문 중 하나에 속하는 것으로 판명돼 그 결과 CIP 지침이 많이 필요하다. 이러한 부분의 조직은 적절하게 시스템을 평가하고 보호해야

한다. nerc.com을 참고한다.

- **PCI DSS**(지불 카드 업계 데이터 보안 표준)는 아메리칸 익스프레스^{American} Express, 디스커버^{Discover}, 마스터카드^{MasterCard}, JCB, 비자^{Visa}를 포함한 결제 브랜드 컨소시엄에 의해 만들어졌다. 이는 지불 카드 데이터의 관리를 다루며 신용카드 결제를 허용하는 모든 조직에 관련이 있다. 이 표준에는 두 가지 형태, 소규모 조직을 위한 자체 평가와 더 많은 거래를 처리하는 조직에 대한 서드파티 감사가 있다. pcisecuritystandards.org를 참고한다.

- **FTC**의 **위험 신호**^{red flag} **규칙**은 소비자(예, 청구서를 보내는 모든 조직)에게 신용을 제공하는 사람은 신원 도용을 방지하고 감지하는 공식 프로그램 구현을 전제로 한다. 이 규칙은 신용 발행자가 의심스러운 계정 활동을 식별하기 위한 휴리스틱(어림법, 발견법) 개발을 필요로 한다. 이런 이유로 '위험 신호'라 한다. 자세한 내용은 ftc.gov에서 'red flag'를 검색하면 된다.

- 1990년대와 2000년대 초에 **ITIL**(정보 기술 인프라 라이브러리)는 포괄적인 IT 서비스 관리 솔루션을 찾는 조직을 위한 실질적인 표준이었다. 많은 대규모 조직은 각 프로세스를 위한 프로젝트 관리자, 프로젝트 관리자에 대한 관리자, 프로젝트 관리자의 관리자에 대한 보고가 완비된 공식적인 ITIL 프로그램을 배포했다. 격리된 기능과 결합시킨 과도한 프로세스 집중은 아주 다루기 힘든 IT 변비를 초래했다. 이 형식적인 관료주의는 스타트업이 잘 설립된 회사의 시장 점유율을 훔칠 수 있는 기회를 만들어 많은 IT 실무 경력자를 새로운 활동지로 보낸다. ITIL의 마지막을 봤기를 바란다. 일부는 데브옵스^{DevOps}가 반ITIL 방법론이라고 한다.

- 마지막으로 분명히 중요한 **ITGC**(IT 일반 통제)와 사베인즈옥슬리법^{SOX}은 모든 공기업에 적용되며 회계 오류와 사기 행위에서 주주를 보호하도록 설계됐다. sec.gov를 참고한다.

이런 표준 중 일부는 준수할 필요가 없는 조직에도 좋은 조언이 포함돼 있다. 채택하고 싶은 모범 사례가 포함돼 있는지 확인하고자 몇 가지 대충 훑어 볼만한 가치가 있다. 다른 제약 사항이 없는 경우 NERC CIP와 NIST 800-53을 확인하자. 우리가 가장 좋아하는 광범위한 상황에 대한 철저함과 적용 가능성에 관한 것이다.

국가 표준기술 연구소[NIST]는 관리자와 기술자에게 유용한 다수의 표준을 게시한다. 가장 일반적으로 사용되는 두 가지가 다음에 언급돼 있지만 지루한 상황이고 표준을 찾고 있다면 웹 사이트를 확인하면 된다. 실망스럽지 않을 것이다.

NIST 800-53, 연방 정보 시스템 및 조직을 위한 권장 보안 제어[Recommended Security Controls for Federal Information Systems and Organizations]는 정보 시스템의 보안을 평가하는 방법을 설명한다. 조직이 민감한 정보를 보유하는 내부 애플리케이션을 개발한 경우 NIST 800-53이 정확히 보안을 유지하도록 도움이 될 수 있다. 그러나 주의해야 한다. NIST 800-53 준수 여정을 시작하는 것은 마음이 약한 사람을 위한 것이 아니다. 100페이지에 가까운 문서로 끝날 가능성이 크고 까다로운 세부적인 내용을 포함하고 있다.[6]

NIST 800-34, 정보 기술 시스템을 위한 비상 계획 가이드[Contingency Planning Guide for Information Technology Systems]는 NIST의 재난 복구에 관한 바이블과 같다. 정부 기관을 대상으로 하지만 모든 조직에서 혜택을 받을 수 있다. NIST 800-34 계획 프로세스를 따르려면 시간이 걸리지만 "어떤 시스템이 가장 중요한가?", "이러한 시스템 없이 얼마나 오래 살아남을 수 있는가?", "주요 데이터 센터가 손실된 경우 어떻게 복구하는가?"와 같은 중요한 질문에 답할 수 있어야 한다.

31.9 법적 문제

미국 연방 정부와 여러 주에서는 컴퓨터 범죄에 관한 법률을 제정했다. 연방 차원에서 1990년대 초부터 두 가지 법률이 시행되고 세 가지가 더 최근에 입법됐다.

- 전자 통신 개인 정보 보호법
- 컴퓨터 사기 및 남용법
- 전자 절도 금지법
- 디지털 밀레니엄 저작권법
- 이메일 개인 정보 보호법

---

6. 미국 정부 기관과 사업할 계획이라면 원하든 원하지 않든 NIST 800-53 평가를 완료해야 한다.

- 2015년 사이버 보안법

법률 분야의 몇 가지 주요 문제에는 시스템 관리자, 네트워크 공급자, 공용 클라우드에 대한 책임 문제, P2P 파일 공유 네트워크 문제, 저작권 문제, 개인 정보 문제가 있다. 이 절에서는 이러한 문제, 시스템 관리와 관련된 그 밖의 여러 가지 법률상의 결함을 설명한다.

개인 정보 보호

개인 정보 보호는 항상 보호하기 어려웠으며 인터넷의 발달로 좀 더 위험해졌다. 의료 기록은 제대로 보호되지 않는 시스템, 노트북 도난, 잘못된 백업 테이프로 인해 거듭 노출됐다. 신용카드 번호로 가득 찬 데이터베이스는 일상적으로 손상돼 암시장에서 거래된다. 바이러스 백신 소프트웨어를 제공한다고 주장하는 웹 사이트는 실제로 사용할 때 스파이웨어를 설치한다. 가짜 이메일은 거의 매일 도착하며 은행에서 보낸 것처럼 보이고 계좌에 문제가 있다고 주장해 계좌 데이터 확인을 요구한다.[7]

기술적 조치는 이러한 공격으로부터 결코 보호할 수 없다. 사이트의 가장 취약한 약점인 사용자를 대상으로 하기 때문이다. 최선의 방어는 잘 교육받은 사용자 기반이다. 첫 번째로 합법적인 이메일이나 웹 사이트는 다음과 같이 하지 않는다.

- 상을 받았다고 제시한다.
- 계정 정보나 암호를 '확인'하게 요청한다.
- 이메일 전달을 요청한다.
- 명시적으로 검색하지 않은 소프트웨어 설치를 요청한다.
- 바이러스나 기타 보안 문제를 알려준다.

이러한 위험에 대해 기본적으로 이해하고 있는 사용자는 팝업 창에서 무료 맥북 MacBook을 받았다고 주장할 때 합리적인 선택을 할 가능성이 더 높다.

---

7. 일반적으로 이메일을 면밀히 조사하면 데이터가 은행이 아닌 동유럽이나 아시아의 해커에게 전달됐음이 드러난다. 이러한 유형의 공격을 '피싱'이라고 한다.

정책 집행

로그 파일은 사람 X가 나쁜 짓 Y를 했다는 결론을 내릴 수 있지만 법정에서는 전해 들은 증거일 뿐이다. 서면 정책으로 스스로를 보호해야 한다. 로그 파일에 타임스탬프가 포함된 경우가 있으므로 유용하지만 클럭을 참조 표준에 따라 동기화하도록 컴퓨터가 네트워크 시간 프로토콜NTP을 실행하고 있다고 증명할 수 없다면 반드시 증거로 인정되는 것은 아니다.

오용으로 누군가를 기소하고자 보안 정책이 필요할 수 있다. 이 정책은 다음과 같은 문장을 포함하고 있어야 한다. "컴퓨팅 시스템의 무단 사용은 조직 정책 위반뿐 아니라 주 연방법 위반을 수반할 수 있다. 무단 사용은 범죄이며 형사 및 민사 처벌을 포함할 수 있다. 법이 허용하는 최대 범위에서 기소될 것이다."

사용자에게 스누핑 정책을 알려주는 스플래시 화면을 표시하는 것이 좋다. "실제 또는 의심되는 보안 사고가 발생할 경우 활동을 모니터링할 수 있다."와 같은 것을 말할 수 있다.

사용자가 최소 한 번 이상 알림을 볼 수 있게 하고자 새로운 사용자에게 제공하는 시작 파일에 알림을 포함시킨다. 로그인에 SSH를 사용해야 하는 경우(반드시 사용해야 하는 경우) SSH가 항상 스플래시 화면을 표시하도록 /etc/ssh/sshd_config를 구성할 수 있다.

사용자가 자신의 계정을 사용하는 행위를 통해 서면 정책을 승인하도록 지정해야 한다. 사용자가 정책 문서의 추가 사본을 얻을 수 있는 위치를 설명하고 적절한 웹 페이지에 주요 문서를 게시한다. 또한 비준수에 대한 구체적인 처벌도 포함시킨다(예, 계정 삭제).

스플래시 화면을 표시하는 것 이외에 사용자가 시스템에 접근하기 전에 정책 계약에 서명하게 한다. 법무부서와 연계해 허용 가능한 사용 계약을 작성하자. 현재 직원과 계약을 체결하지 않은 경우 이를 얻어내고 그 후 계약서 서명을 신입 사원 교육 과정의 표준 부분으로 만들면 된다.

또한 정보 보안에 대한 교육 세션을 주기적으로 제공하는 것도 고려할 수 있다.

피싱 사기와 같은 중요한 문제, 소프트웨어 설치를 허용하는 경우와 그렇지 않은 경우 비밀번호 보안, 사용자 환경에 영향을 미치는 기타 사항에 대해 사용자를 교육할 수 있는 좋은 기회다.

통제 = 책임

서비스 공급자(ISP, 클라우드 등)는 일반적으로 업스트림 공급자에 의해 지정되고 다운스트림 고객의 요구에 적절한 사용 정책AUP, Appropriate Use Policy을 갖고 있다. 이러한 책임의 '흐름'은 사용자 행동에 대한 책임을 서비스 제공자나 서비스 제공자의 업스트림 제공자가 아닌 사용자 자신에게 부여한다. 이런 정책은 고객 계정에 불법적 또는 저작권이 있는 자료를 저장해둔 경우 스팸 제어를 시도하고 서비스 제공자를 보호하고자 사용된다. 해당 지역의 법률을 확인해보자. 상황에 따라 달라질 수 있다.

정책에는 사용자가 조직의 자원을 불법 활동에 사용하지 않아야 한다는 것을 분명하게 명심해야 한다. 그러나 실제 이것으로 충분하지 않다. 사용자의 불법 활동을 발견하는 경우 징계가 필요하다. 위반에 대해 알고 있지만 조치를 취하지 않을 조직은 연루돼 기소될 수 있다. 시행되지 않거나 일관되지 않은 정책은 실용적인 그리고 법적인 관점 모두에서 없는 것보다 더 나쁘다.

사용자 활동에 연루된 것으로 밝혀질 위험이 있기 때문에 일부 사이트는 로그를 남기는 데이터, 파일 유지 시간, 백업 테이프에 보관되는 로그 파일 기록의 양을 제한한다. 일부 소프트웨어 패키지는 시스템 관리자가 디버그 문제를 돕지만 사용자의 개인 정보를 침해하지 않는 로깅 수준을 포함시켜 이러한 정책의 실행을 돕는다. 그러나 현지 법률이나 자신에게 적용되는 규제 표준에 따라 어떤 종류의 로깅이 요구되는지 항상 알고 있어야 한다.

소프트웨어 라이선스

많은 사이트는 소프트웨어 패키지의 K 사본에 대해 비용을 지불하고 N 사본을 매일 사용한다. 여기서 K는 N보다 작다. 이 상황에 빠지면 회사에 해를 끼칠 수 있다. 어쩌면 N-K 기타 라이선스 비용보다 더 큰 피해를 입힐 수 있다. 다른 사이트는 값비싼 소프트웨어 패키지의 데모 사본을 받고 이를 해킹(컴퓨터의 날짜 재설정, 라이선스 키 찾기 등)해 데모 기간이 만료된 후에도 계속 작동하게 한다. 라이선스 계약을 위반하고 라이선스 없는 컴퓨터에 소프트웨어 사본을 만들라는 요청을 시스템 관리자로서 어떻게 할 것인가? 자신이 담당하는 컴퓨터에 불법 복제 소프트웨어가 실행되고 있다는 사실을 알게 됐을 때 어떻게 할 것인가?

이는 어려운 결정이다. 경영자는 라이선스 없는 소프트웨어 사본을 제거하거나 비용을 지불하라는 관리자의 요청을 지지하지 않는 경우가 많다. 종종 관리자는 특정 날짜 이후 데모 사본을 제거하기로 계약에 서명하지만 경영자는 데모 사본을 제거하지 않기로 결정한다.

시스템 관리자의 직속 관리자가 상황을 처리하지 않고 시스템 관리자에게 평지풍파를 일으키지 말라고 지시하는 몇 가지 사례를 알고 있다. 그런 다음 관리자는 상황을 바로잡아 달라고 상사에게 요청하고 라이선스가 있는 소프트웨어 사본 수와 사용 중인 수를 문서화하는 메모를 작성했다. 관리자는 라이선스 계약의 일부 문구를 인용하고 회사 사장과 상사의 관리자가 참조할 수 있게 한다. 어떤 경우에는 이러한 절차가 효과가 있었고 시스템 관리자의 관리자가 해고됐다. 또 다른 경우 더 높은 경영진이 올바른 일을 거부했을 때 시스템 관리자가 그만두게 됐다. 그 상황에서 무엇을 하든 서면으로 작성해야 한다. 서면 답변을 요청해야 한다. 말 뿐이라면 지시 사항에 대해 이해한 내용을 문서화한 간단한 메모를 작성해 담당자에게 보내야 한다.

31.10 조직, 회의, 기타 리소스

많은 유닉스 및 리눅스 지원 그룹(일반 및 공급자별)은 동일한 소프트웨어를 실행하는 다른 사람들과 네트워크 연결을 지원한다. 표 31.3에 이러한 일부 조직이 간략히 나열돼 있지만 다른 많은 국가 및 지역 그룹은 여기에 나열돼 있지 않다.

표 31.3 시스템 관리자에게 관심 있는 유닉스 및 리눅스 조직

이름	설명
FSF	자유 소프트웨어 재단, GNU 후원
USENIX	유닉스/리눅스 사용자 그룹, 상당히 기술적으로 지향[a]
LOPSA	전문 시스템 관리자 연맹
SANS	시스템 관리자(Sysadmin)와 보안 콘퍼런스 후원
SAGE-AU	Oz에서 매년 콘퍼런스를 개최하는 호주 시스템 관리자
Linux Foundation	비영리 리눅스 컨소시엄. 특히 LinuxCon을 만듦
LinuxFest Northwest	훌륭한 콘텐츠를 제공하는 풀뿌리 회의(Grass-roots Conference)

a. 2016년에 퇴적한 LISA 특별 이익 단체의 유명한 모체 조직

FSF(자유 소프트웨어 재단)은 GNU 프로젝트('GNU's Not Unix', 재귀 약자)를 후원한다. FSF의 이름에서 'free'는 자유로운 무료 맥주가 아닌 자유 발언이다. FSF는 또한 GNU 공중 라이선스의 기원으로 현재 여러 버전이 존재하며 유닉스 및 리눅스 시스템에 사용되는 많은 무료 소프트웨어 패키지가 포함돼 있다.

리눅스, 유닉스 및 기타 오픈소스 운영체제 사용자 조직인 USENIX는 1회 총회와 여러 번의 전문(작은) 콘퍼런스 또는 워크숍을 개최한다. ATC^{Annual Technical Conference}는 깊이 있는 유닉스 및 리눅스 주제로 간추린 발췌록이며 커뮤니티와의 네트워킹을 위한 좋은 장소다.

LOPSA^{League of Professional System Administrators}는 상당히 복잡하고 다소 지저분한 역사를 갖고 있다. 원래는 USENIX와 관련이 있었으며 USENIX의 시스템 관리 특수 이익 그룹 SAGE의 역할을 맡을 계획이었다. 안타깝게도 LOPSA와 USENIX는 원만하지 못한 관계로 헤어졌고 지금은 별개의 조직이다.

현재 LOPSA는 7월 마지막 금요일에 열리는 시스템 관리자 감사의 날과 같은 이벤트를 포함해 다양한 시스템 관리자 관련 네트워킹, 멘토링, 교육 프로그램을 후원한다. 이 휴일의 관례적인 선물은 스카치 한 병이다.

SANS는 보안 분야에 교육 과정과 세미나를 제공하고 다소 독립적으로 운영되는 인증 프로그램 GIAC^{Global Information Assurance Certification}도 설립했다. 인증은 시스템 관

리, 코딩, 사고 처리, 포렌식과 같은 특정 기술 영역에서 사용할 수 있다. 자세한 내용은 giac.org를 참고한다.

많은 로컬 영역에는 고유 지역 유닉스, 리눅스 또는 개방형 시스템 사용자 그룹이 있다. Meetup.com은 지역에서 관련 그룹을 찾을 수 있는 훌륭한 리소스다. 지역 그룹은 일반적으로 정기적인 회의, 현지 또는 방문 연사와 함께 워크숍을 개최하며 종종 회의 전후 함께 저녁 식사를 한다. 다른 시스템 관리자와 네트워크를 형성하는 좋은 방법이다.

31.11 추천도서

프레더릭 브룩스^{Brooks, Frederick P.}의, 『맨먼스 미신:소프트웨어 공학에 관한 에세이』 (케이엔피 IT, 2007)

Kim, Gene, Kevin Behr, and George Spafford. The Phoenix Project: A Novel About IT, DevOps, and Helping Your Business Win (Revised Edition). Scottsdale, AZ: IT Revolution Press, 2014.

Kim, Gene, et al. The DevOps Handbook: How to Create World-Class Agility, Reliability, and Security in Technology Organizations. Scottsdale, AZ: IT Revolution Press, 2016.

진 킴^{Kim, Gene}과 동료들의 『데브옵스 핸드북: 세계 최고 수준의 기민성, 신뢰성, 안정성을 갖춘 기술 조직의 비밀』(에이콘, 2018)

Limoncelli, Thomas A. Time Management for System Administrators. Sebastopol, CA: O'Reilly Media, 2005.

Machiavelli, Niccolò. The Prince. 1513. gutenberg.or 에서 온라인으로 확인할 수 있다.

키프 모리스^{Morris, Kief}의, 『코드로 인프라 관리하기: 효율적인 인프라 관리를 위한 자동화 방법』(한빛미디어, 2017). 이 책은 클라우드에서 시스템 관리를 위한 데브옵스 및 대규모 도구에 대해 잘 작성된 대략적인 개요다. 구성 관리 자체에 대한 세부 사항은 거의 포함돼 있지 않지만 구성 관리가 데브옵스 및 구조화된 관리의 더 큰 체계에 통합되는 방식을 이해하는 데 도움이 된다.

itl.nist.gov 사이트는 NIST 정보 기술 연구소의 시작 페이지며 표준에 대한 많은 정보를 포함하고 있다.

전자 프런티어 재단^{Electronic Frontier Foundation} 웹 사이트인 eff.org는 개인 정보 보호, 암호화 및 법률에서 최신 문제에 대한 논평을 찾을 수 있는 좋은 사이트다. 항상 흥미로운 읽을거리가 있다.

SANS는 sans.org/resources/policies에서 보안 정책 템플릿 모음을 호스팅한다.

A 시스템 관리의 간략한 역사

기술 역사가 피터 살루스(Peter H. Salus) 박사

현대의 대부분 사람들은 시스템 관리자가 하는 일에 대해 모호한 생각을 갖고 있다. 사용자와 조직의 요구 사항을 충족하고자 지칠 줄 모르고 강력한 컴퓨팅 환경을 계획 및 구현하고 다양한 모자에서 속담에 나오는 토끼를 끌어낸다. 시스템 관리자는 종종 저임금과 저평가로 간주되지만 대부분의 사용자는 최소한 친근한 로컬 시스템 관리자를 식별할 수 있다. 대부분의 경우 상사의 상사를 명명할 수 있는 것보다 더 빠르게 식별할 수 있다.

항상 이랬던 것은 아니다. 지난 50년(그리고 이 책의 30년 역사) 동안 시스템 관리자의 역할은 유닉스 및 리눅스와 함께 발전해왔다. 시스템 관리에 대한 완전한 이해를 위해서는 우리가 어떻게 여기에 왔는지 우리의 풍경을 형성한 몇 가지 역사적 영향에 대한 이해가 필요하다.

컴퓨팅의 시작: 시스템 운영(1952~1960)

최초의 상용 컴퓨터인 IBM 701은 1952년에 완성됐다. 701 이전에는 모든 컴퓨터가 일회성이었다. 1954년에 701의 재설계 버전이 IBM 704로 발표됐다. 4096 워드의 자기 코어 메모리와 3개의 인덱스 레지스터를 가졌다. 36비트 워드(701의 18비트 워드와는 대조적으로)를 사용하고 부동소수점 연산을 수행했다. 매초 40,000개의 명령을 실행했다.

그러나 704는 단순한 업데이트 이상이었고, 701과 호환되지 않았다. 1955년 말까지 배송은 시작되지 않았지만 기존 18대의 701(현대 시스템 관리자의 전임자) 운영자는 이미 안달하고 있었다. 이 '업그레이드'에서 어떻게 살아남을 것이며 어떤 함정이 앞에 놓여 있는가?

IBM 자체는 업그레이드와 호환성 문제의 해결책이 없다. 1952년 8월에 701 고객을 위한 '교육 강좌'를 주최했지만 교과서는 없었다. 교육 강좌에 참석한 일부 사람은 계속해서 비공식적으로 만나 시스템에 대한 경험을 논의했다. IBM은 운영자가 만나 문제를 논의하고 솔루션을 공유하도록 장려했다. IBM은 회의 자금을 지원하고 300개의 컴퓨터 프로그램 라이브러리를 회원들이 이용할 수 있게 했다. SHARE로 알려진 이 그룹은 여전히 IBM 고객이 정보를 교환하고자 만나는 장소(60년 이상 지난 후)다.[1]

단일 목적에서 시간 공유로(1961~1969)

초기 컴퓨팅 하드웨어는 물리적으로 크고 매우 값이 비쌌다. 이러한 사실은 구매자가 자신의 컴퓨터 시스템을 단일 특정 임무에 전념하는 도구로 생각하도록 장려했다. 임무가 무엇이든 컴퓨터의 비용과 불편함을 정당화하기에 충분히 크고 충분히 구체적이었다.

컴퓨터가 단일 목적 도구(예를 들면 톱)였다면 해당 컴퓨터를 유지 관리하는 직원이 톱의 운영자가 된다. 초기 시스템 운영자는 '집을 짓는데 필요한 것을 제공하는 사람들'이 아닌 '재목을 자르는 사람들'로 더 많이 인식됐다. 시스템 운영자에서

---

1. SHARE는 원래 공급업체가 후원하는 조직이었지만 현재는 독립된 조직이다.

시스템 관리자로의 전환은 컴퓨터가 다목적 도구로 인식되기 시작할 때까지 시작되지 않았다. 시간 공유^{time sharing}의 출현이 이러한 관점 변화의 주요 원인이 됐다.

존 매카시^{John McCarthy}는 1950년대 중반에 시공유를 생각하기 시작했다. 그러나 잭 데니스^{Jack Dennis}와 페르난도 코르바토^{Fernando Corbato}는 '각 컴퓨터 사용자가 컴퓨터를 단독으로 제어하는 것처럼 행동'하도록 허용하는 것에 대해 진지하게 이야기하는 것은 MIT(1961~ 62년)에서만 가능했다.

1964년, MIT, 제네럴 일렉트릭^{General Electric}, 벨연구소에서 멀티플렉스 정보와 컴퓨팅 서비스인 멀틱스^{Multics}라는 야심 찬 시공유 시스템을 구축하기 위한 프로젝트에 착수했다. 5년 후 멀틱스는 예산을 초과했고 일정보다 훨씬 지연됐다. 벨연구소는 프로젝트에서 손을 뗐다.

유닉스 탄생(1969~1973)

벨연구소의 멀틱스 프로젝트 포기로 NJ 주 머레이 힐^{Murray Hill}에 연구할 것이 없는 일부 연구원을 남겨뒀다. 그중 켄 톰슨^{Ken Thompson}, 러드 캐너데이^{Rudd Canaday}, 데이스 리치^{Dennis Ritchie}는 멀틱스의 특정 측면을 좋아했지만 시스템의 크기와 복잡성에 대해 만족하지 않고 디자인 철학을 탐구하고자 화이트보드 앞에 모이곤 했다. 연구소는 멀틱스를 GE-645에서 실행시키고 톰슨은 '재미를 위해' 계속해서 작업했다. 그룹 관리자인 다우그 매클로이^{Doug McIlroy}는 "멀틱스가 일을 시작했을 때 가장 먼저 일한 곳이 여기였다. 세 사람이 과부하가 걸릴 수 있다."고 말했다.

1969년 여름, 톰슨은 그의 아내 보니^{Bonnie}가 서부 해안에 있는 친척을 만나고자 연년생 아들을 데리고 간 몇 달 동안 잠시 홀로 있었다. 톰슨은 "운영체제, 셸, 에디터 및 어셈블러에 각각 일주일을 할당했다. 어느 정도 알려진 도구를 이용해 운영체제처럼 보이는 형식으로 완전히 다시 작성됐다."고 회상했다. 알고 있듯이 어셈블러, 에디터, 셸 자체가 유지되고 있지 않으면 GECOS² 연결을 완전히 끊고자 스스로를 유지하기 직전에 기본적으로 한 달 동안 사람이 필요하게 된다.

다음 해에 벨연구소에 입사한 스티브 본^{Steve Bourne}은 리치와 톰슨이 사용한 버려진

---

2. GECOS는 General Electric Comprehensive Operating System이다.

PDP-7에 대해 설명했다. "PDP-7은 어셈블러와 로더만 제공했다. 한 번에 한 사용자만 컴퓨터를 사용할 수 있었다. 환경은 조잡했고 단일 사용자 유닉스 시스템의 일부가 출시될 예정이었다. 어셈블러와 기초적인 운영체제 커널은 GECOS의 PDP-7용으로 작성되고 크로스어셈블링됐다. UNICS라는 용어는 1970년에 장난을 좋아하는 피터 뉴만[Peter Neumann]에 의해 만들어졌다." 원래의 유닉스는 단일 사용자 시스템이었으며 확실히 '핵심이 빠져 있는 멀틱스'였다. 그러나 멀틱스의 영향을 받은 UNICS/UNIX의 측면들이 있었지만 데니스 리치[Dennis Ritchie]가 말한 것처럼 '심오한 차이'도 있었다.

그는 "우리는 대형 시스템 사고방식에 약간의 압박을 받았다."라고 말했다. "켄은 단순한 일을 하고 싶었다. 아마 무엇보다 중요한 것은 우리의 자산이 훨씬 작았다는 사실이었다. 우리는 멋진 멀틱스 하드웨어 없이 작은 머신만 얻을 수 있었다. 그래서 유닉스는 멀틱스에 대해 그다지 좋지 않은 반응을 보였다. 멀틱스는 더 이상 존재하지 않았지만 멀틱스가 제공하지 않는 대화식 컴퓨팅이 마음에 들었다. 켄은 자신이 해결해야 하는 시스템의 수행 방식에 대한 몇 가지 아이디어를 갖고 있었다. 멀틱스는 유닉스 접근 방식을 다채롭게 했지만 지배적이지는 않았다."

켄과 데니스의 '장난감' 시스템은 오랫동안 단순하게 유지되지 않았다. 1971년까지 사용자 명령에는 as(어셈블러), cal(간단한 달력 도구), cat(catenate와 print), chdir(작업 디렉터리 변경), chmod(모드 변경), chown(소유자 변경), cmp(2개 파일 비교), cp(파일 복사), date, dc(탁상 계산기), du(디스크 사용량 요약), ed(에디터), 기타 24개 이상이 포함돼 있다. 이러한 명령 대부분은 여전히 사용되고 있다.

1973년 2월까지 16개의 유닉스 설치가 있었다. 두 가지 큰 혁신이 일어났다. 첫 번째는 마틴 리차드[Martin Richards]의 BCPL[Basic Combined Programming Language]의 '단축' 버전 자체인 B를 기반으로 하는 '새로운' 프로그래밍 언어 C였다. 다른 혁신은 파이프[pipe]에 대한 아이디어였다.

파이프는 간단한 개념이다. 이것은 한 프로그램의 출력을 다른 프로그램의 입력으로 연결하는 표준화된 방식이다. 다트머스 시간 공유 시스템[Dartmouth Time-Sharing System]에는 파이프를 기대하는 통신 파일이 있지만 파이프 사용은 훨씬 더 구체적이었다. 일반 시설로서의 파이프 개념은 다우그 맥클로이Doug Mcllroy의 개념이며, 맥클로이의 주장에 따라 켄 톰슨의 구현으로 했다("유닉스에 대한 관리 권한을 발휘한 유일한 곳 중 하나였다."라고 다우그가 말했다).

맥클로이는 "'cat을 grep으로, 그를 ...으로 보내기' 또는 'who를 cat으로, 그것을 grep으로 보낸다.' 등을 말하는 것은 쉽다."라고 말했다. "말하기 쉽고 처음부터 말하고 싶은 것이 분명했다. 그러나 모두 이러한 측면의 매개변수가 있다. 그리고 가끔 '이렇게 만드는 것은 어떤가?'라고 말하던 어느 날 파이핑을 이용한 셸용 구문을 생각해냈고, 켄은 '내가 하겠다!'라고 말했다."

다시 쓰기 능력으로 톰슨은 모든 유닉스 프로그램을 하룻밤 만에 업데이트했는데, 다음날 아침 한 줄짜리가 있었다. 이것은 개별 프로그램이 아닌 프로그램들 간의 관계에서 유닉스 힘의 진정한 시작이었다. 유닉스는 현재 고유한 언어와 철학을 갖고 있다.

- 한 가지 일을 잘하는 프로그램을 작성한다.
- 함께 동작하는 프로그램을 작성한다.
- 범용 인터페이스로 문자 스트림을 처리하는 프로그램을 작성한다.

범용 시분할 OS가 탄생했지만 벨연구소에 갇혀 있었다. 유닉스는 프로젝트, 그룹 및 조직 간 컴퓨팅 리소스를 쉽고 원활하게 공유하도록 약속해줬다. 그러나 이런 다목적 도구가 세상에서 사용되기 전에 탈출하고 증식해야 했다.

유닉스의 대세(1974~1990)

1973년 10월, ACM은 뉴욕 요크타운 하이츠에 있는 IBM의 새로운 T. J. 왓슨 연구 센터 강당에서 SOSPSymposium on Operating Systems Principles를 개최했다. 켄과 데니스는 논문을 제출했고 아름다운 가을날 이를 전달하고자 허드슨 계곡을 따라 운전했다(톰슨은 실제 발표를 했다). 약 200명의 사람이 관중석에 있었고 그 강연은 대히트였다.

향후 6개월 동안 유닉스 설치 수는 3배가 됐다. 이 논문이 <ACM 커뮤니케이션즈> 1974년 7월호에 게재됐을 때 반응은 압도적이었다. 연구실과 대학은 공유 유닉스 시스템을 컴퓨팅 리소스에 대한 수요 증가에 대비한 잠재적인 솔루션으로 보았다.

1958년, 독점 금지 조약에 따라 AT&T(벨연구소의 부모)의 활동은 국가 전화 시스템 운영과 연방 정부를 대표해 행해진 특별 사업으로 제한됐다. 따라서 AT&T는 유닉스를 제품으로 판매할 수 없고 벨연구소는 그 기술을 다른 사람들에게 허가해야 했다. 요청에 대한 응답으로 켄 톰슨Ken Thompson은 유닉스 소스코드의 사본을 발송하기 시작했다. 전설에 따르면 각 패키지에는 '사랑해, 켄'이라 적힌 개인적인 메모가 포함돼 있다.

켄에게서 테이프를 받은 어떤 사람은 캘리포니아 대학교 버클리 캠퍼스의 로버트 패브리Robert Fabry 교수였다. 1974년 1월, 버클리 유닉스Berkeley UNIX의 씨앗이 심어졌다.

전 세계의 다른 컴퓨터 과학자들도 유닉스에 관심을 가졌다. 1976년, 존 라이온스John Lions(호주 뉴사우스웨일스 대학교의 교수진에 관해)는 V6라는 커널 버전에 대해 자세한 설명을 게재했다. 이러한 노력은 유닉스 시스템에 대한 최초의 진지한 문서가 됐고 다른 사람들이 켄과 데니스의 작업을 이해하고 확장하는 데 도움이 됐다.

버클리의 학생들은 자신들의 욕구를 충족하고자 벨연구소에서 받은 유닉스 버전을 향상시켰다. 최초의 버클리 테이프(1BSD, Berkeley Software의 약자)에는 PDP-11용 파스칼Pascal 시스템과 vi 에디터가 포함돼 있다. 릴리스 뒤에 빌 조이Bill Joy라는 대학원생이 있었다. 2BSD는 이듬해에 출시됐으며 DEC VAX의 첫 번째 버클리 릴리스인 3BSD는 1979년 후반에 배포됐다.

1980년대에 패브리 교수는 유닉스 개발을 계속하고자 DARPADefense Advanced Research Project Agency와 계약을 체결했다. 이 계약으로 버클리에 CSRGComputer Systems Research Group가 형성됐다. 이듬해 말, 4BSD가 릴리스 됐다. 그당시 상용 컴퓨팅 플랫폼인 DEC VAX 11/750에서 실행되는 유닉스의 유일한 버전이었기 때문에 상당히 유명해졌다. 4BSD의 또 다른 큰 발전은 TCP/IP 소켓의 도입과 인터넷을 생성하고 지금은 대부분의 운영체제에서 사용되는 일반화된 네트워킹 추상화였다. 1980년대 중반까지 대부분의 주요 대학 및 연구 기관은 최소 하나의 유닉스 시스템을 운영하고 있었다.

1980년 빌 조이$^{Bill Joy}$는 4.2BSD 테이프로 썬 마이크로시스템스$^{Sun Microsystems}$(현재 오라클 아메리카$^{Oracle America}$의 일부)와 썬 운영체제(SunOS)를 시작했다. 1983년에 법원이 명령한 AT&T 매각이 시작됐다. 매각으로 인한 예상치 못했던 부작용 중 하나는 AT&T가 이제 제품으로 유닉스를 판매할 수 있다는 점이었다. 그들은 잘 알려져 있기는 하지만 상업적 구현이 어설픈 AT&T 유닉스 시스템 V를 출시했다.

버클리, AT&T, 썬, 기타 유닉스 배포판이 다양한 조직에서 사용됨으로써 유닉스 기술을 기반으로 하는 일반적인 컴퓨팅 인프라의 기반이 마련됐다. 천문학 분야에서 별의 거리를 계산하는 데 사용되는 것과 동일한 시스템이 응용 수학 분야에서 망델브로^{Mandelbrot} 집합을 계산하고자 사용할 수 있다. 그리고 동일한 시스템이 전체 대학에 이메일을 동시에 주고 있었다.

시스템 관리자의 부상

범용 컴퓨팅 시스템 관리는 20년 전에 요구하는 것과는 다른 기술을 요구했다. 특수 작업을 수행하는 단일 컴퓨터 시스템 확보에 집중하는 시스템 운영자의 시대는 지났다. 시스템 관리자는 1980년대 초에 광범위한 애플리케이션과 사용자의 요구를 충족시키고자 유닉스 시스템을 운영하는 사람들로 거듭났다.

유닉스는 대학에서 인기가 있었고 이러한 환경에는 최신 기술을 배우고자 하는 많은 학생이 있었기 때문에 대학은 조직화된 시스템 관리 그룹 발전에 초기 리더였다.

퍼듀대학교, 유타대학교, 콜로라도대학교, 메릴랜드대학교, 뉴욕주립대학교^{SUNY} 버팔로와 같은 대학교는 시스템 관리의 온상이 됐다.

또한 시스템 관리자는 다수의 자체 프로세스, 표준, 모범 사례, 도구(sudo 같은)를 개발했다. 이러한 제품의 대부분은 필요에 따라 제작됐다. 이런 제품들 없이는 불안정한 시스템과 불행한 사용자를 초래했다.

에비 네메스$^{Evi Nemeth}$는 콜로라도대학교의 공과대학을 지원하고자 시스템 관리자로 일할 학부생을 모집해 '시스템 관리자의 어머니'로 알려지게 됐다. 유타대학교의 버클리 및 SUNY 버팔로에서 사람들과 긴밀한 관계를 통해 팁과 도구를 공유하는 시스템 관리 커뮤니티를 만들었다. 'munchkins' 또는 'Evi slaves'라고 불리는 그녀의 크루는 USENIX 및 기타 콘퍼런스에 참석하고 콘퍼런스에서 정보를 흡수할 기회를 얻고자 현장 직원으로 일했다.

시스템 관리자는 모든 거래의 과격한 잭[jack]이어야 한다는 것이 초기에는 분명했다. 시스템 관리자는 VAX 백플레인의 인터럽트 점퍼를 수정하는 와이어 랩 도구를 사용해 1980년대에 일반적인 하루를 시작할 수 있었다. 오전 중반 작업에는 오작동하는 1세대 레이저 프린터에서 쏟아진 토너를 빨아들이는 작업이 포함될 수도 있다. 점심시간에는 대학원생이 새로운 커널 드라이버를 디버그하도록 돕고 오후에는 백업 테이프를 작성하고 사용자가 파일 시스템에 공간을 확보하고자 홈 디렉터리를 정리하는 번거로움으로 구성될 수 있다. 시스템 관리자는 모든 것을 고치는 수호천사였고 지금도 그렇다.

1980년대에는 신뢰할 수 없는 하드웨어 시대이기도 했다. 1980년대의 CPU는 단일 실리콘 칩이 아닌 수백 개의 칩으로 구성돼 실패하기 쉬웠다. 고장 난 하드웨어를 찾아내 신속하게 교체하는 것이 시스템 관리자의 임무였다. 안타깝게도 페덱스[FedEx] 부품이 흔해지기 전의 시대이기도 했기 때문에 현지 공급업체에서 올바른 부품을 찾는 것이 어려운 일인 경우가 많았다.

한 경우는 우리가 좋아하는 VAX 11/780이 다운돼 이메일도 없이 캠퍼스 전체를 떠났던 적이 있다. '연구 목적'으로 (냉전 당시) 소련으로 운송하고자 VAX를 포장했던 길거리 장사꾼이 있었음을 알고 있었다. 필사적으로 주머니에 거대한 현금 뭉치를 갖고 그들의 창고에 나타나 약 한 시간의 협상 끝에 필요한 보드를 갖고 탈출했다. 그당시 누군가 볼더[Boulder]의 VAX 부품보다 마약을 사는 것이 더 편한 것 같다고 말했었다.

시스템 관리 문서와 교육

더 많은 개인이 스스로를 시스템 관리자로 인식하고 시스템 관리자로서 적절히 생활할 수 있다는 것이 분명해짐에 따라 문서와 훈련에 대한 요청이 더 보편화됐다. 이에 대응해 팀 오라일리^{Tim O'Reilly}와 그의 팀(이전에는 오라일리 연합^{O'Reilly and Associates}, 지금은 오라일리 미디어^{O'Reilly Media})은 실무 경험과 직관적인 방식으로 작성된 유닉스 문서를 게재하기 시작했다.

직접적 상호작용을 위한 수단으로 USENIX 연합은 1987년 시스템 관리자에 초점을 둔 첫 번째 콘퍼런스를 개최했다. 이 LISA^{Large Installation System Administration} 콘퍼런스는 주로 서해안 군중을 대상으로 했다. 3년 후 SANS(시스템 관리자, 감사, 네트워크, 보안) 기관이 동부 해안의 요구를 충족시키고자 설립됐다. 오늘날 LISA 및 SANS 콘퍼런스는 미국 전 지역에 서비스를 제공하고 두 콘퍼런스 모두 여전히 강세를 보이고 있다.

1989년, 『UNIX System Administration Handbook』이라는 제목으로 이 책의 초판을 출판했다. 어쩌면 대안이 없었기 때문에 커뮤니티에서 빠르게 받아들여졌다. 그당시 유닉스는 게시자에게 너무 익숙하지 않아서 프로덕션 부서에서 문자열 'etc'의 모든 인스턴스를 'and so on'으로 대체해 /and so on/passwd와 같은 파일명이 생성된다. 처음부터 끝까지 모든 부분을 완전히 통제하고자 이 상황을 이용하지만 게시자는 오늘날 유닉스에 훨씬 더 정통하다. 이 같은 게시자와의 30년 관계는 몇 가지 좋은 이야기가 나왔지만 다른 식으로 우호적인 관계를 망칠까 두려워서 생략한다.

거의 죽음을 맞이한 유닉스, 리눅스 탄생(1991~1995)

1990년대 말까지 유닉스는 세계를 장악하고 있는 것처럼 보였다. 의심할 여지없이 연구 및 과학 컴퓨팅으로 선택한 운영체제였으며 타코 벨^{Taco Bell} 및 맥도날드^{McDonald's} 같은 주요 기업에서 채택했다. 그당시 커크 맥뮤직^{Kirk McKusic}, 마이크 카렐스^{Mike Karels}, 키스 보스틱^{Keith Bostic} 등으로 구성된 버클리의 CSRG 그룹은 CCI Power 6/32(코드명 타호^{Tahoe}) 프로세서 지원을 추가한 이전 4.3 릴리스에 대한 말장난 같은 이름의 4.3BSD-Reno를 출시했었다.

SunOS와 같은 유닉스의 상용 릴리스도 번성했으며 그 성공은 인터넷 및 전자상거래 출현의 한 부분으로 이어졌다. PC 하드웨어는 필수품이 됐다. 합리적으로 신뢰할 수 있고 저렴하며 비교적 성능이 높았다. PC에서 운영되는 유닉스 버전이 있었지만 모든 좋은 옵션이 상업적이고 폐쇄적인 소스였다. 그 분야는 오픈소스 PC 유닉스로 더 훌륭해졌다.

1991년에 BSD 릴리스(돈 실리^{Donn Seeley}, 마이크 카렐^{Mike Karels}, 빌 졸릿츠^{Bill Jolitz}, 트렌트 헤인^{Trent R. Hein})를 함께 작업했던 개발자 그룹이 일부 다른 BSD 옹호자와 함께 버클리 소프트웨어 디자인^{BSDI, Berkeley Software Design, Inc.}을 설립했다. 롭 콜스태드^{Rob Kolstad}의 지도 아래 BSDI는 PC 플랫폼에 완전히 작동하는 상용 버전 BSD 유닉스의 바이너리와 소스코드를 제공했다. 특히 이 프로젝트는 저렴한 PC 하드웨어가 프로덕션 컴퓨팅에 사용될 수 있음을 입증했다. BSDI는 초기 인터넷 서비스 제공업체^{ISP}가 선택한 운영체제가 되면서 초기 인터넷에 폭발적인 성장을 촉진했다.

1973년에 램프에서 탈출한 지니를 되찾고자 AT&T는 1992년에 BSDI와 캘리포니아 대학교의 관리위원회에 대해 코드 복사 및 영업 비밀 절도 혐의로 소송을 제기했다. AT&T 변호사가 위반 코드를 식별하는 데 2년 이상이 걸렸다. 모든 것을 말하고 완료되면 소송이 해결되고 세 개의 파일(18,000개 이상 중에서)이 BSD 코드 베이스에서 제거됐다.

안타깝게도 2년간의 불확실한 기간은 전체 유닉스 세계, BSD, 비BSD 버전 모두에 치명적인 영향을 미쳤다. 많은 회사가 마이크로 소프트 윈도우로 뛰어들었고 거의 죽음에 이른 아이를 달래듯 AT&T 지배를 받게 될까봐 두려워했다. 먼지가 제거될 무렵 BSDI와 CSRG는 모두 치명상을 입었다. BSD 시대가 끝나가고 있었다.

한편 헬싱키 대학생인 리누스 토발즈^{Linus Torvalds}는 미닉스^{Minix}를 갖고 놀았고 유닉스 복제품을 쓰기 시작했다.³ 1992년까지 다양한 리눅스 배포판(수세^{SuSE} 및 이그드라실 리눅스^{Yggdrasil Linux} 포함)이 등장했다. 1994년에 레드햇^{Red Hat}과 리눅스 프로^{Linux Pro}가 설립됐다.

여러 요인이 리눅스의 경이로운 성공에 기여했다. 시스템이 누리는 강력한 커뮤니티 지원과 GNU 아카이브의 방대한 소프트웨어 카탈로그는 리눅스를 매우 강력하게 만든다. 프로덕션 환경에서 잘 동작하며 일부 사람은 다른 운영체제뿐만 아

---

3. 미닉스(Minix)는 암스테르담 자유 대학 교수 앤드류 타넨바움(Andrew S. Tanenbaum)이 개발한 PC 기반 유닉스 복제품이다.

니라 리눅스 위에 더 안정적이고 성능 기준에 맞는 시스템을 구축할 수 있다고 주장한다. 리눅스 성공의 일부는 BSDI와 버클리에 대한 AT&T의 조치로 인해 창출된 절호의 기회와 관련이 있을 수 있다는 점을 고려하는 것도 흥미롭다. 이때 맞지 않는 소송은 전자상거래가 시작되고 인터넷 거품이 시작되는 순간 유닉스 옹호자들의 마음에 두려움을 불러 일으켰다.

하지만 누가 신경 쓸까? 이러한 모든 극적인 변화를 통해 변함없이 유지되는 것은 시스템 관리자의 필요성이었다. 유닉스 시스템 관리자의 기술은 리눅스에 직접 적용할 수 있으며 대부분의 시스템 관리자가 1990년대 격동의 바다에서 사용자를 우아하게 안내했다. 이는 훌륭한 시스템 관리자의 또 다른 중요한 특징으로 폭풍이 몰아치는 동안의 침착함 같은 것이다.

윈도우의 세계(1996~1999)

1993년, 마이크로소프트가 처음 윈도우 NT를 출시했다. 인기 있는 사용자 인터페이스를 가진 윈도우 '서버' 버전의 출시는 세계를 상대로 모든 사람이 라이선스 비용을 지불해야 한다는 사실을 AT&T가 설득하느라 바빴던 것처럼 상당한 흥분을 불러일으켰다.

안타깝게도 유닉스, 리눅스, 윈도우 관리자가 처음에는 적대적인 입장에서 이러한 시장 경쟁에 접근했다. 전 세계의 조직에서 '덜 채움' 대 '맛 좋음' 논쟁이 발생했다.[4] 많은 유닉스와 리눅스 시스템 관리자는 윈도우를 배우기 시작했으며 그렇지 않으면 물러나야 할 것이라고 확신했다. 결국 윈도우 2000은 곧 시작됐다. 밀레니엄이 끝날 무렵 유닉스의 미래는 암울해보였다.

번창하는 유닉스와 리눅스(2000~2009)

인터넷 거품이 꺼지면서 모든 사람은 무엇이 진짜 고 무엇이 벤더 자본의 신기루였는지 확인하는 것으로 분주했다. 연기가 사라지면서 성공적인 기술 전략을 가진 많은 조직이 윈도우와 함께 유닉스나 리눅스를 사용하고 있다는 것이 분명해

---

4. 기록을 위해 윈도우는 실제로 덜 채움

졌다. 더 이상 전쟁이 아니었다. 여러 평가에서 리눅스 서버의 총 소유 비용[TCO]이 윈도우 서버의 총 소유 비용보다 훨씬 낮다는 것을 보여줬다. 2008년, 경제 위기의 영향으로 TCO가 그 어느 때보다 중요해졌다. 세계는 다시 유닉스와 리눅스의 오픈소스 버전으로 향했다.

하이퍼스케일 클라우드의 유닉스와 리눅스(2010~현재)

리눅스 및 FreeBSD와 같은 PC 기반 유닉스 변형 버전은 시장 점유율을 계속 늘려왔으며 리눅스는 서버의 시장 점유율이 증가하는 유일한 운영체제다. 제외할 수 없는 애플[Apple]의 현재 풀 크기 운영체제, 맥OS는 유닉스의 변형 버전이기도 하다.[5] 최근 유닉스와 리눅스의 많은 성장이 가상화와 클라우드 컴퓨팅의 맥락에서 발생했다. 이러한 기술에 대한 자세한 내용은 24장과 9장을 참고한다.

API 호출로 가상 인프라(그리고 전체 가상 데이터 센터)를 생성하는 기능은 근본적으로 강의 흐름을 다시 한 번 바꿨다. 물리적 서버를 수동으로 관리하던 시대는 지났다. 인프라를 확장하는 것은 더 이상 신용카드를 두드리고 적재함에 나타날 상자를 기다린다는 의미가 아니다. 구글 GCP, 아마존 AWS, 마이크로소프트 애저[Microsoft Azure]와 같은 서비스 덕분에 하이퍼스케일 클라우드의 시대가 도래했다. 표준화, 도구, 자동화는 그저 참신함이 아닌 모든 컴퓨팅 환경의 본질적인 속성이다.

오늘날 대규모 서버의 효율적인 관리는 광범위한 지식과 기술이 필요하다. 시스템 관리자는 훈련된 전문가여야 한다. 그들은 인프라를 구축하고 확장하는 방법, 데브옵스 환경에 동료들과 함께 작업하는 방법, 간단한 자동화 및 모니터링 스크립트를 코딩하는 방법, 한 번에 수천 대의 서버가 다운됐을 때 침착하게 유지하는 방법을 알아야 한다.[6]

유닉스와 리눅스의 미래

다음은 어디로 갈까? 지난 수십 년 동안 유닉스를 잘 지원해온 간결한 모듈식 패러

---

5. 애플의 아이폰(iPhone)도 유닉스의 사촌쯤 되는 버전으로 실행하고 있으며 구글의 안드로이드(Android) 운영체제는 리눅스 커널에서 파생됐다.

6. 한 가지는 변하지 않았다. 여전히 많은 시스템 관리자에게 위스키는 친한 친구다.

다임은 최신 사물 인터넷^{IoT, Internet of Things}의 기초가 된다. 브루킹스 인스티튜션^{Brookings Institution}은 2020년까지 500억 개의 소형 분산 장치 IoT 장치가 존재할 것으로 예상한다(brook.gs/2bNwbya 참고).

과거의 네트워크에 연결되지 않은 일반 가전제품(예, 토스터 오븐 또는 블런더)에 대해 생각한 것처럼 이러한 장치에 대한 생각만으로도 좋다. 플러그를 꽂고 몇 년 동안 사용하고 깨지면 쓰레기장에 버린다.[7] '관리'나 중앙 관리가 필요하지 않는가?

사실 그건 전혀 그렇지 않다. 이러한 많은 장치 중 상당수가 민감한 데이터(예, 거실의 마이크에서 스트리밍되는 오디오)를 처리하거나 집 온도 제어와 같은 임무 수행에 필수적인 기능들을 수행한다.

이러한 장치 중 일부는 OSS 세계에서 파생된 임베디드 소프트웨어를 실행한다. 그러나 기기 자체 내부에 있는 것과 무관하게 짐작하는 것처럼 다수가 유닉스나 리눅스에서 실행되는 클라우드의 모선에 다시 보고한다. 초기 시장 점유율에서 많은 장치가 보안에 대해 또는 미래에 생태계가 어떻게 작동하는지에 대한 많은 생각 없이 이미 배포됐다.

IoT 열풍은 소비자 시장에만 국한되지 않는 현대 상용 건물에는 몇 가지 예를 들자면 조명, HVAC, 물리적 보안 및 비디오용 네트워크 장치와 센서가 가득하다. 이러한 장치는 종종 IT나 정보 보안부서의 조정 없이 네트워크에 나타난다. 그런 다음 지속적인 관리, 패치, 모니터링에 대한 계획 없이 이 장치들을 잊는다.

네트워크와 연결된 시스템의 경우 크기는 중요하지 않다. 시스템 관리라는 크기, 위치, 기능에 관계없이 IoT 장치(및 지원 인프라)의 보안, 성능, 가용성을 지지해야 한다.

시스템 관리자는 세계의 컴퓨팅 인프라를 함께 유지하고 효율성, 확장성, 자동화에 대한 어려운 문제를 해결하며 사용자와 관리자 모두에게 전문 기술 리더십을 제공한다.

우리는 시스템 관리자다. 우리의 함성을 들어라.

---

7. 그러지 않아야 한다. 모든 것을 재활용해야 한다.

추천 자료

McKusick, Marshall Kirk, Keith Bostic, Michael J. Karels, and John S. Quarterman. The Design and Implementation of the 4.4BSD Operating System (2nd Edition). Reading, MA: Addison-Wesley, 1996.

Salus, Peter H. A Quarter Century of UNIX. Reading, MA: Addison-Wesley, 1994.

Salus, Peter H. Casting the Net: From ARPANET to Internet and Beyond. Reading, MA: Addison-Wesley, 1995.

Salus, Peter H. The Daemon, the Gnu, and the Penguin. Marysville, WA: Reed Media Services, 2008. 이 책은 www.groklaw.net에서도 연재됐다.

찾아보기

유닉스·리눅스 시스템 관리 핸드북 5/e

발 행 | 2022년 1월 3일

지은이 | 에비 네메스 · 가스 스나이더 · 트렌트 헤인 · 벤 웨일리 · 댄 맥킨
옮긴이 | 김 세 영 · 정 윤 선

펴낸이 | 권 성 준
편집장 | 황 영 주
편 집 | 이 지 은
디자인 | 송 서 연

에이콘출판주식회사
서울특별시 양천구 국회대로 287 (목동)
전화 02-2653-7600, 팩스 02-2653-0433
www.acornpub.co.kr / editor@acornpub.co.kr

한국어판 ⓒ 에이콘출판주식회사, 2022, Printed in Korea.
ISBN 979-11-6175-599-1
http://www.acornpub.co.kr/book/unix-linux-system

책값은 뒤표지에 있습니다.